D1720911

J. von Staudingers
Kommentar zum Bürgerlichen Gesetzbuch
mit Einführungsgesetz und Nebengesetzen
Buch 2 · Recht der Schuldverhältnisse
§§ 255–304
(Leistungsstörungsrecht I)

Kommentatorinnen und Kommentatoren

Dr. Thomas E. Abeltshauser, LL.M.
Professor an der Universität Hannover, Richter am Oberlandesgericht Celle

Dr. Karl-Dieter Albrecht
Vorsitzender Richter am Bayerischen Verwaltungsgerichtshof, München

Dr. Hermann Amann
Notar in Berchtesgaden

Dr. Christian Armbrüster
Professor an der Freien Universität Berlin

Dr. Martin Avenarius
Professor an der Universität zu Köln

Dr. Wolfgang Baumann
Notar in Wuppertal

Dr. Roland Michael Beckmann
Professor an der Universität des Saarlandes, Saarbrücken

Dr. Detlev W. Belling, M.C.L.
Professor an der Universität Potsdam

Dr. Andreas Bergmann
Wiss. Assistent an der Universität des Saarlandes, Saarbrücken

Dr. Werner Bienwald
Professor an der Evangelischen Fachhochschule Hannover

Dr. Claudia Bittner, LL.M.
Privatdozentin an der Universität Freiburg i. Br.

Dr. Dieter Blumenwitz
Professor an der Universität Würzburg

Dr. Reinhard Bork
Professor an der Universität Hamburg

Dr. Wolf-Rüdiger Bub
Rechtsanwalt in München, Professor an der Universität Potsdam

Dr. Elmar Bund
Professor an der Universität Freiburg i. Br.

Dr. Jan Busche
Professor an der Universität Düsseldorf

Dr. Michael Coester, LL.M.
Professor an der Universität München

Dr. Dagmar Coester-Waltjen, LL.M.
Professorin an der Universität München

Dr. Heinrich Dörner
Professor an der Universität Münster

Dr. Christina Eberl-Borges
Professorin an der Universität Siegen

Dr. Werner F. Ebke, LL.M.
Professor an der Universität Konstanz

Dr. Jörn Eckert
Professor an der Universität zu Kiel, Richter am Schleswig-Holsteinischen Oberlandesgericht in Schleswig

Dr. Volker Emmerich
Professor an der Universität Bayreuth, Richter am Oberlandesgericht Nürnberg a. D.

Dipl.-Kfm. Dr. Norbert Engel
Ministerialdirigent im Thüringer Landtag, Erfurt

Dr. Helmut Engler
Professor an der Universität Freiburg i. Br., Minister in Baden-Württemberg a. D.

Dr. Karl-Heinz Fezer
Professor an der Universität Konstanz, Honorarprofessor an der Universität Leipzig, Richter am Oberlandesgericht Stuttgart

Dr. Johann Frank
Notar in Amberg

Dr. Rainer Frank
Professor an der Universität Freiburg i. Br.

Dr. Bernhard Großfeld, LL.M.
Professor an der Universität Münster

Dr. Beate Gsell
Professorin an der Universität Augsburg

Dr. Karl-Heinz Gursky
Professor an der Universität Osnabrück

Dr. Ulrich Haas
Professor an der Universität Mainz

Norbert Habermann
Richter am Amtsgericht Offenbach

Dr. Stefan Habermeier
Professor an der Universität Greifswald

Dr. Johannes Hager
Professor an der Universität München

Dr. Rainer Hausmann
Professor an der Universität Konstanz

Dr. Dr. h. c. mult. Dieter Henrich
Professor an der Universität Regensburg

Dr. Reinhard Hepting
Professor an der Universität Mainz

Dr. Elke Herrmann
Professorin an der Universität Siegen

Christian Hertel, LL.M.
Notar a. D., Geschäftsführer des Deutschen Notarinstituts, Würzburg

Joseph Hönle
Notar in Tittmoning

J. von Staudingers
Kommentar zum Bürgerlichen Gesetzbuch
mit Einführungsgesetz und Nebengesetzen

Buch 2
Recht der Schuldverhältnisse
§§ 255–304
(Leistungsstörungsrecht I)

Neubearbeitung 2004
von
Claudia Bittner
Manfred Löwisch
Hansjörg Otto

Redaktor
Manfred Löwisch

Sellier – de Gruyter · Berlin

Die Kommentatorinnen und Kommentatoren

Neubearbeitung 2004
§§ 255–274: CLAUDIA BITTNER
§§ 275–278; 285–304: MANFRED LÖWISCH
§§ 280–284: HANSJÖRG OTTO

Neubearbeitung 2001
§§ 255–274: CLAUDIA BITTNER
§§ 275–304: MANFRED LÖWISCH

Dreizehnte Bearbeitung 1995
§§ 255–274: WALTER SELB †
§§ 275–304: MANFRED LÖWISCH

12. Auflage
§§ 255–274: WALTER SELB (1978)
§§ 275–304: MANFRED LÖWISCH (1978)

11. Auflage
§§ 255–304: Rechtsanwalt Dr. ALFRED WERNER (1964)

Sachregister

Rechtsanwalt Dr. Dr. VOLKER KLUGE, Berlin

Zitierweise

STAUDINGER/BITTNER (2004) § 255 Rn 1
STAUDINGER/LÖWISCH (2004) Vorbem 1 zu §§ 293–304

Zitiert wird nach Paragraph bzw Artikel und Randnummer.

Hinweise

Das Vorläufige Abkürzungsverzeichnis 1993 für das „Gesamtwerk STAUDINGER" befindet sich in einer Broschüre, die den Abonnenten zusammen mit dem Band §§ 985–1011 (1993) bzw seit 2000 gesondert mitgeliefert wird. Eine aktualisierte Neubearbeitung befindet sich in Vorbereitung und wird den Abonnenten wiederum kostenlos geliefert werden.

Der Stand der Bearbeitung ist jeweils mit Monat und Jahr auf den linken Seiten unten angegeben.

Am Ende des Bandes befindet sich eine Übersicht über den aktuellen Stand des „Gesamtwerk STAUDINGER".

Die Deutsche Bibliothek verzeichnet diese Publikation in der Deutschen Nationalbibliografie; detaillierte bibliografische Daten sind im Internet über http://dnb.ddb.de abrufbar.

ISBN 3-8059-0995-0

Satz: jürgen ullrich typosatz, Nördlingen.

Druck: H. Heenemann GmbH & Co., Berlin.

Bindearbeiten: Lüderitz und Bauer, Buchgewerbe GmbH, Berlin.

Umschlaggestaltung: Bib Wies, München.

♾ Gedruckt auf säurefreiem Papier, das die DIN ISO 9706 über Haltbarkeit erfüllt.

Vorwort

Die Schuldrechtsreform ist zwei Jahre in Kraft. Rechtspraxis und Gerichtspraxis müssen sich mehr und mehr auf die Änderungen einstellen, die sie mit sich gebracht hat. Dabei will ihnen der STAUDINGER in bewährter Weise wissenschaftlich fundiert und zugleich praxisorientiert zur Seite stehen.

Schwerpunkt dieses Bandes ist die erstmalige Kommentierung der neuen Vorschriften über den Ausschluß der Leistungspflicht insbesondere im Fall der Unmöglichkeit, über Pflichtverletzung, Schadensersatz und Ersatzherausgabe. Auch die erneute Korrektur des Rechts des Schuldnerverzugs mußte erläutert werden.

Mit den in Kürze erscheinenden Bänden zu den §§ 312–314, 315–326 und 328–359 wird im STAUDINGER eine umfassende Darstellung des vollständig umgestalteten allgemeinen Leistungsstörungsrechts vorliegen. Lediglich die Kommentierungen der culpa in contrahendo (§ 311 Abs 2 und 3) und des anfänglichen Ausschlusses der Leistungspflicht (§ 311a) stehen noch aus; sie werden voraussichtlich Anfang 2006 folgen.

Die Erläuterungen sind auf dem Stand von Januar 2004.

Für ihre wertvolle Mitarbeit an der Neubearbeitung danken wir Wiss Ass Dr GEORG CASPERS (Vorbem zu §§ 275–278, § 275), Wiss Ass Dr DANIELA NEUMANN (§§ 276, 277), stud iur CHRISTIAN PICKER (§ 278), Assessorin DANIELA STIEGEL (Vorbem zu §§ 280–285, § 280), Assessor Dipl-Jur CARSTEN PAULINI (§ 281), Referendarin Dipl-Jur CLAUDIA LOHSE (§§ 282, 283), Referendar Dipl-Jur NORMANN GRABOW (§ 284), Referendar PHILIPP WIESENECKER (§§ 286–292) und stud iur CORNELIA FELDMANN (§§ 293–304) sowie nicht zuletzt den Sekretärinnen GISELA HARTMANN (Freiburg) und ANNELIE KESSLER (Göttingen).

Freiburg, im Februar 2004

CLAUDIA BITTNER
MANFRED LÖWISCH
HANSJÖRG OTTO

Inhaltsübersicht

---

* Zitiert wird nicht nach Seiten, sondern nach
Paragraph bzw Artikel und Randnummer; siehe
dazu auch S VI.

Allgemeines Schrifttum

Das Sonderschrifttum ist zu Beginn der einzelnen Kommentierungen bzw in Fußnoten innerhalb der Kommentierung aufgeführt.

1. Vor der Schuldrechtsreform

Alternativkommentar zum BGB, Band 2, Allgemeines Schuldrecht (1980); zitiert: AK-BGB/BEARBEITER

ACHILLES/GREIFF, Bürgerliches Gesetzbuch (21. Aufl 1958 mit Nachtrag 1963)

BAUMGÄRTEL, Handbuch der Beweislast im Privatrecht, Band 1 (2. Aufl 1991); zitiert: BAUMGÄRTEL/BEARBEITER

BAUR/STÜRNER, Sachenrecht (17. Aufl 1999); zitiert: BAUR/STÜRNER, SaR

BLOMEYER, Allgemeines Schuldrecht (4. Aufl 1969)

DE BOOR, Bürgerliches Recht, Band I, Allgemeiner Teil, Recht der Schuldverhältnisse, Sachenrecht (2. Aufl 1954)

DÖLLE, Kommentar zum einheitlichen Kaufrecht (1976); zitiert: DÖLLE/BEARBEITER

ENNECCERUS/LEHMANN, Lehrbuch des Bürgerlichen Rechts, Band 2: Recht der Schuldverhältnisse (15. Bearbeitung 1958); zitiert: ENNECCERUS/LEHMANN

ENNECCERUS/NIPPERDEY, Allgemeiner Teil des Bürgerlichen Rechts (15. Bearbeitung 1960)

ERMAN, Handkommentar zum Bürgerlichen Gesetzbuch, Bände 1 und 2 (10. Aufl 2000); zitiert: ERMAN/BEARBEITER

ESSER/SCHMIDT, Schuldrecht, Band 1, Allgemeiner Teil, 1. Teilband (8. Aufl 1995); 2. Teilband (8. Aufl 2000); zitiert: ESSER/SCHMIDT I 1 und I 2

ESSER/WEYERS, Schuldrecht, Band 2, Besonderer Teil, 1. Teilband (8. Aufl 1998); 2. Teilband (8. Aufl 2000); zitiert: ESSER/WEYERS II 1 und II 2

FIKENTSCHER, Schuldrecht (9. Aufl 1997); zitiert: FIKENTSCHER

FLUME, Allgemeiner Teil des Bürgerlichen Rechts, Band 2, Das Rechtsgeschäft (4. Aufl 1992); zitiert: FLUME, AT Bd II

GERNHUBER, Das Schuldverhältnis (1989)

ders, Die Erfüllung und ihre Surrogate (2. Aufl 1994)

vGIERKE, Deutsches Privatrecht, Band 3, Schuldrecht (1917); zitiert: GIERKE III

HECK, Grundriß des Schuldrechts (1929; unveränderter Nachdruck 1958)

HEDEMANN, Schuldrecht des BGB (3. Aufl 1949)

HENLE, Schuldrecht (1932)

HUBER, Leistungsstörungen, Bände I und II (1999); zitiert: HUBER I, II

JAKOBS/SCHUBERT, Die Beratung des Bürgerlichen Gesetzbuchs, Recht der Schuldverhältnisse I, §§ 241–432 (1978); zitiert: JAKOBS/SCHUBERT, SchR

KITTNER, Gesamtsystem Schuldrecht (1998)

KRESS, Lehrbuch des Allgemeinen Schuldrechts (1919, unveränderter Neudruck 1974)

ders, Lehrbuch des Besonderen Schuldrechts (1934)

LARENZ/WOLF, Allgemeiner Teil des deutschen Bürgerlichen Rechts (8. Aufl 1997); zitiert: LARENZ/WOLF

LARENZ, Lehrbuch des Schuldrechts, Band I, Allgemeiner Teil (14. Aufl 1987); Band II, Besonderer Teil, Halbband 1 (13. Aufl 1986); zitiert LARENZ I und LARENZ II 1

LARENZ/CANARIS, Band II Halbband 2 (13. Aufl 1994); zitiert: LARENZ/CANARIS

LEONHARD, Band I, Allgemeines Schuldrecht des BGB (1929); Band II, Besonderes Schuldrecht des BGB (1931); zitiert: LEONHARD I und LEONHARD II

Münchener Handbuch zum Arbeitsrecht, Bände 1–3 (2. Aufl 2000); zitiert: MünchArbR/BEARBEITER

Münchener Kommentar zum BGB, Band 2 Schuldrecht Allgemeiner Teil, §§ 241–432 (4. Aufl 2001); zitiert: MünchKomm/BEARBEITER

OERTMANN, Bürgerliches Gesetzbuch, Recht
der Schuldverhältnisse, Band I (5. Aufl 1928);
Band II (5. Aufl 1929); zitiert: OERTMANN
PLANCK, Bürgerliches Gesetzbuch nebst Einführungsgesetz, Band II, Recht der Schuldverhältnisse, 1. Hälfte, Allgemeiner Teil, bearbeitet
von SIBER (1914); 2. Hälfte, Einzelne Schuldverhältnisse bearbeitet von FLAD, GREIFF,
KNOKE, LANDOIS, OEGG (4. Aufl 1928); zitiert:
PLANCK/BEARBEITER
Reichsgerichtsräte-Kommentar, Das Bürgerli-
che Gesetzbuch mit besonderer Berücksichtigung der Rechtsprechung des Reichsgerichts
und des Bundesgerichtshofes, Kommentar herausgegeben von den Mitgliedern des Bundesgerichtshofes (12. Aufl 1974 ff); zitiert: BGB-
RGRK/BEARBEITER
Reichsgerichtsräte-Kommentar zum Handelsgesetzbuch (3. Aufl 1967 ff; teilweise 4. Aufl
1985 ff); zitiert: GroßKomm HGB/BEARBEITER
SCHLEGELBERGER, Kommentar zum Handelsgesetzbuch (5. Aufl 1973 ff); zitiert: SCHLEGEL-
BERGER/BEARBEITER
SCHOLLMEYER, Recht der Schuldverhältnisse,
Allgemeiner Teil des Rechts der Schuldverhältnisse (§§ 241–432) (1900)
SIBER, Schuldrecht (1931)
SOERGEL, Bürgerliches Gesetzbuch (12. Aufl
1987 ff; teilweise 13. Aufl 1999 ff); zitiert: SOER-
GEL/BEARBEITER
STAUB/CANARIS, Handelsgesetzbuch (4. Aufl
1995 ff); zitiert: STAUB/BEARBEITER
STEIN/JONAS, Kommentar zur Zivilprozessord-
nung (21. Aufl 1993 ff, teilweise 22. Aufl 2002 ff);
zitiert: STEIN/JONAS/BEARBEITER
TITZE, Bürgerliches Recht, Recht der Schuldverhältnisse (4. Aufl 1932; unveränderter Nachdruck 1948)
vTUHR, Der Allgemeine Teil des Deutschen
Bürgerlichen Rechts, Band I (1910); Band II,
1. Halbband (1914); 2. Halbband (1918); (unveränderter Nachdruck 1957); zitiert: vTUHR I, II
WARNEYER, Das BGB, Band I Allgemeiner Teil
und Recht der Schuldverhältnisse, bearbeitet
von BOHNENBERG (11. Aufl 1950)
WINDSCHEID/KIPP, Lehrbuch des Pandekten-
rechts (9. Aufl 1909)
ZÖLLER, Zivilprozeßordnung (23. Aufl 2002);
zitiert: ZÖLLER/BEARBEITER.

Weiteres Schrifttum aus der Zeit vor der
Schuldrechtsreform im Schrifttumsverzeichnis
der Vorauflage.

2. Zur und nach der Schuldrechtsreform

Anwaltkommentar s DAUNER-LIEB
BAMBERGER/ROTH, Bürgerliches Gesetzbuch
Band 1: §§ 1–610 (1. Aufl 2003); zitiert: BAM-
BERGER/ROTH/BEARBEITER
BROX/WALKER, Allgemeines Schuldrecht
(28. Aufl 2002); zitiert: BROX/WALKER, SchR I
dies, Besonderes Schuldrecht (27. Aufl 2002);
zitiert: BROX/WALKER, SchR II
CANARIS, Schuldrechtsmodernisierung 2002
(2002)
ders, Die Neuregelung des Leistungsstörungs-
und des Kaufrechts – Grundstrukturen und
Problemschwerpunkte –, in: Karlsruher Forum
2002 (2003)
DAUNER-LIEB, Das neue Schuldrecht in der
anwaltlichen Praxis (2002); zitiert: DAUNER-
LIEB, AnwPrax
dies, Anwaltkommentar Schuldrecht. Erläuterungen der Neuregelungen zum Verjährungsrecht, Schuldrecht, Schadensersatzrecht und
Mietrecht; zitiert: DAUNER-LIEB, AnwKomm
dies, Das neue Schuldrecht. Ein Lehrbuch
(2002); zitiert: DAUNER-LIEB, Lehrbuch
DAUNER-LIEB/KONZEN/SCHMIDT, Das neue
Schuldrecht in der Praxis (2003); zitiert:
DAUNER-LIEB, Praxis
Deutscher Juristentag, „Empfiehlt sich die von
der Schuldrechtskommission vorgeschlagene
Neuregelung des allgemeinen Leistungsstörungsrechts, der Mängelhaftung bei Kauf-
und Werkvertrag und des Rechts der Verjährung?", Verhandlungen des 60. Deutschen
Juristentags (1994), Band 1 Gutachten, Band 2
Sitzungsberichte
EHMANN/SUTSCHET, Modernisiertes Schuldrecht (2002)
EMMERICH, Das Recht der Leistungsstörungen
(5. Aufl 2003); zitiert: EMMERICH, Leistungsstörungen
ders, Schuldrecht, Besonderer Teil (10. Aufl
2003); zitiert: EMMERICH, BT

ERNST/ZIMMERMANN, Zivilrechtswissenschaft
und Schuldrechtsreform: zum Diskussionsentwurf eines Schuldrechtsmodernisierungsgesetzes
des Bundesministeriums der Justiz (2001)
HABERMANN/HORN/LÖWISCH/MARTINEK/
REUTER, Das Schuldrechtsmodernisierungs-
gesetz – Seine Auswirkungen auf J von Stau-
dingers Kommentar zum BGB. Benutzer-
anleitung (2002)
HAAS/MEDICUS/ROLLAND/SCHÄFER/WENDT-
LAND, Das neue Schuldrecht (2002)
HELMS/NEUMANN/CASPERS/SAILER/SCHMIDT-
KESSEL (Hrsg), Das neue Schuldrecht; Freibur-
ger Tagung, 5.–8. September 2001, Jahrbuch
Junger Zivilrechtswissenschaftler 2001 (2001)
HENSSLER/GRAF VON WESTPHALEN, Praxis der
Schuldrechtsreform (2. Aufl 2003)
HIRSCH, Allgemeines Schuldrecht (4. Aufl 2002)
HUBER/FAUST, Schuldrechtsmodernisierung.
Einführung in das neue Recht (2002)
JAUERNIG, Bürgerliches Gesetzbuch (10. Aufl
2003); zitiert: JAUERNIG/BEARBEITER
juris, PraxisKommentar BGB Allgemeiner Teil
und Schuldrecht, www.jurisPK.de; zitiert:
jurisPK/BEARBEITER
KOTHE, Das neue Schuldrecht. Kompaktkom-
mentar (2003)
KROPHOLLER, Studienkommentar BGB (6. Aufl
2003)
LOOSCHELDERS, Schuldrecht Allgemeiner Teil
(2003)
LORENZ/RIEHM, Lehrbuch zum Neuen Schuldrecht (2002)
Eine umfassende online-Dokumentation der
Schuldrechtsreform bietet LORENZ
www.lrz-muenchen.de/~Lorenz/schumod/
literaturhinweise.htm (zuletzt abgerufen am
30. 9. 2003)
MAGNUS, Europäisches Schuldrecht. Verordnungen und Richtlinien (2002)
MEDICUS, Bürgerliches Recht (19. Aufl 2002);
zitiert: MEDICUS, BR
ders, Schuldrecht I, Allgemeiner Teil (14. Aufl
2003); zitiert: MEDICUS, SchR I
ders, Schuldrecht II, Besonderer Teil (11. Aufl
2003); zitiert: MEDICUS, SchR II
Münchener Kommentar zum BGB, Band 2 a
Schuldrecht Allgemeiner Teil, §§ 241–432
(4. Aufl 2003); zitiert: MünchKomm/BEARBEITER

OETKER/MAULTZSCH, Vertragliche Schuldverhältnisse (2002)
OLZEN/WANK, Die Schuldrechtsreform: eine
Einführung (2003)
PALANDT, Bürgerliches Gesetzbuch (63. Aufl
2004); zitiert: PALANDT/BEARBEITER
ders, Gesetz zur Modernisierung des Schuldrechts (2002); zitiert: PALANDT (Erg)/BEARBEI-
TER
SCHIMMEL/BUHLMANN, Frankfurter Handbuch
zum neuen Schuldrecht (2002)
SCHLECHTRIEM, Schuldrecht Allgemeiner Teil
(5. Aufl 2003); zitiert: SCHLECHTRIEM, SchR I
ders, Schuldrecht Besonderer Teil (6. Aufl 2003);
zitiert: SCHLECHTRIEM, SchR II
SCHLECHTRIEM/SCHWENZER, Kommentar zum
einheitlichen UN-Kaufrecht (4. Aufl 2004);
zitiert: SCHLECHTRIEM/SCHWENZER/BEARBEI-
TER, CISG
SCHMIDT-KESSEL, System und Standards vertraglicher Haftung – Überlegungen am Übergang vom alten zum neuen Schuldrecht (2004);
zitiert: SCHMIDT-KESSEL, System
SCHMIDT-RÄNTSCH, Das neue Schuldrecht –
Anwendung und Auswirkungen in der Praxis
(2002)
ders, Das neue Schuldrecht. Einführung, Texte,
Materialien (2002)
SCHULZE/DÖRNER/EBERT/ECKERT/HOEREN/
KEMPER/SAENGER/SCHULTE-NÖLKE/STAUDIN-
GER, Bürgerliches Gesetzbuch (3. Aufl 2003);
zitiert: Hk-BGB/BEARBEITER
SCHULZE/SCHULTE-NÖLKE, Die Schuldrechtsreform vor dem Hintergrund des Gemeinschaftsrechts (2001)
SCHWAB/WITT, Einführung in das neue Schuld-
recht (2002)
dies, Examenswissen zum neuen Schuldrecht
(2. Aufl 2003)
WESTERMANN, Das Schuldrecht 2002 (2002).
Zeitschriften- und Festschriftenbeiträge zur
Schuldrechtsreform finden sich in den Schrift-
tumsangaben zu den einzelnen Abschnitten und
Vorschriften der Kommentierung.

3. Materialien zur Schuldrechtsreform
Gutachten und Vorschläge zur Überarbeitung
des Schuldrechts, Bände 1–3 (1981 ff)

Abschlußbericht der Kommission zur Überarbeitung des Schuldrechts (1992); zitiert: BGB-KE

Diskussionsentwurf eines Schuldrechtsmodernisierungsgesetzes des Bundesjustizministeriums, BMJ I B 2 – 3420/22 vom 4. 8. 2000, in: CANARIS, Schuldrechtsmodernisierung 2002 (2002); zitiert: Diskussionsentwurf (DE)

Konsolidierte Fassung eines Schuldrechtsmodernisierungsgesetzes des Bundesjustizministeriums, in: CANARIS, Schuldrechtsmodernisierung 2002 (2002) 349; zitiert: Konsolidierte Fassung (KF)

Entwurf der Bundesregierung für ein Schuldrechtsmodernisierungsgesetz, BT-Drucks 14/ 6857 vom 31. 8. 2001, Anl 1 ohne Abdruck mit Hinweis auf den gleichlautenden (Koalitions-) Entwurf, BT-Drucks 14/6040 vom 14. 5. 2001 Seiten 3 bis 286; zitiert: RE

Stellungnahme des Bundesrats vom 13. 7. 2001, abgedruckt als Anlage 2 in BT-Drucks 14/6857 vom 31. 8. 2001; zitiert: Stellungnahme des BR

Gegenäußerung der Bundesregierung, abgedruckt als Anlage 3 in BT-Drucks 14/6857 vom 31. 8. 2001; zitiert: Gegenäußerung d BReg

Beschlussempfehlung und Bericht des Rechtsausschusses zum Entwurf eines Gesetzes zur Modernisierung des Schuldrechts, BT-Drucks 14/7052 vom 9. 10. 2001; zitiert: Beschlussempfehlung und Bericht d Rechtsausschusses.

§ 255
Abtretung der Ersatzansprüche*

Wer für den Verlust einer Sache oder eines Rechts Schadensersatz zu leisten hat, ist zum Ersatz nur gegen Abtretung der Ansprüche verpflichtet, die dem Ersatzberechtigten auf Grund des Eigentums an der Sache oder auf Grund des Rechts gegen Dritte zustehen.

Materialien: E I § 223; II § 218; JAKOBS/ SCHUBERT, SchR I 118.

Schrifttum

BÖRNSEN, Strukturen der Gesamtschuld, Versuch einer Präzisierung (Diss Kiel 1969)

DILCHER, Zu Begriff und Funktion der Gesamtschuld, JZ 1967, 110

ders, Zum Gesamtschuldausgleich in Schadensersatzfällen, JZ 1973, 199

EHMANN, Die Gesamtschuld (1972)

FROTZ, Dogmatische Fortschritte im Verständnis der Regreßmethoden bei Schuldnermehrheit?, JZ 1964, 665

GLÖCKNER, Gesamtschuldvorschriften und Schuldnermehrheiten bei unterschiedlichen Leistungsinhalten (1997)

GOETTE, Gesamtschuldbegriff und Regreßproblem (1974)

ders, Konkurrenz der Regreßwege über § 255 BGB und § 426 BGB? Zugleich ein Beitrag zum Verständnis des § 255 BGB, VersR 1974, 526

HANAU, Hinkende Gesamtschulden, VersR 1967, 516

HILLENKAMP, Zur Lehre von der unechten Gesamtschuld (Diss Hamburg 1966)

HÜFFER, Der Rückgriff gegen den deliktisch handelnden Schädiger bei Entschädigungsleistungen Dritter (1970)

JÜRGENS, Teilschuld – Gesamtschuld – Kumulation (1988)

G KAISER, Struktureigenschaften der Gesamtschuld, BauR 1984, 32

KLINGMÜLLER, Unechte Gesamtschuldverhältnisse, JherJb 64 (1914) 31

KORINTENBERG, Echte und unechte Gesamtschuld, Sächs Archiv 1931, 1

KÜHNE, Anmerkung zu BGHZ 52, 39, JZ 1969, 565

LANGE, Schadenersatz (2. Aufl 1990) § 11

LAST, Anspruchskonkurrenz und Gesamtschuldverhältnis (1908)

LIPPMANN, Das BGB über Einheits- und Mehrheitsschuld in Bürgschaft und Gesamtschuld, AcP 111 (1914) 135

MARCUSE, Zur Auslegung des § 843 Abs 4 BGB, JW 1915, 264

MARSCHALL VON BIEBERSTEIN, Reflexschäden und Regreßrechte (1967)

METZLER, Der praktische Fall: Bürgerliches Recht – Das gestohlene Farbfernsehgerät –, JuS 1971, 589

MIROW, Die sogenannten unechten und scheinbaren Gesamtschulden bei Ansprüchen auf Schadenersatz (Diss Würzburg 1970)

MITTEIS, Zur Lehre von den passiven Gesamtschuldverhältnissen, GrünhutsZ 14 (1987) 419

MÜNCHBACH, Regreßkonstruktionen in Schadensfällen (1976)

NICKNIG, Die Haftung der Mitglieder einer BGB-Gesellschaft für Gesellschaftsschulden (1972)

OERTMANN, Die Vorteilsausgleichung beim Schadensersatzanspruch im römischen und deutschen bürgerlichen Recht (1901)

PETERSEN, Der gesamtschuldnerische Ausgleich

* Frau INSE VON MASSENBACH danke ich für ihre tatkräftige Hilfe bei der Materialbeschaffung, Herrn MORITZ VOGES für seine Unterstützung bei den Korrekturarbeiten.

Claudia Bittner

bei einer Mehrheit polizeirechtlich verantwortlicher Personen (Diss Hamburg 1991)

PREDIGER, Zur Auslegung und Anwendung der Regelung im BGB über die Gesamtschuld (1988)

PREISSER, Grundfälle zur Gesamtschuld im Privatrecht, JuS 1987, 208 ff, 289

RABEL, Ausbau oder Verwischung des Systems? Zwei praktische Fragen, RheinZ 10 (1919/20) 89

RAISCH, Zur Begriffsbestimmung der Gesamtschuld, JZ 1965, 703

REEB, Der Ausgleich bei Doppelbefriedigung des bestohlenen Eigentümers durch Dieb und Abnehmer des Diebes – BGHZ 52, 39, JuS 1970, 214

D REINICKE/TIEDTKE, Gesamtschuld und Schuldsicherung durch Bürgschaft, Hypothek, Grundschuld, Pfandrecht an beweglichen Sachen und Rechten (2. Aufl 1988)

H ROTH, Zessionsregreß nach § 255 BGB und gesamtschuldnerischer Ausgleich, in: FS Medicus (1999) 495

RÜSSMANN, Noch einmal: Das gestohlene Farbfernsehgerät, JuS 1972, 44

RÜSSMANN, Die Abgrenzung der Gesamtschuld von anderen Schuldnermehrheiten – BGHZ 59, 97, JuS 1974, 292

R SCHMIDT, Unechte Solidarität, JherJb 72, 1

ders, Rezension der Studie von Selb, AcP 163 (1964) 530

W SCHMIDT, Gesamtschuld und Gesamtschuldregreß (Diss Köln 1973)

F SCHULZ, Rückgriff und Weitergriff, Studien zur gesetzlichen und notwendigen Zession (1907)

SELB, Schadensbegriff und Regreßmethoden (1963)

ders, Individualschaden und soziale Sicherung, VersR 1964 (Beiheft) 3

ders, Entstehungsgeschichte und Tragweite des § 255, in: FS Larenz (1973) 517

STAMM, Regreßfiguren im Zivilrecht (2000)

THIELE, Gesamtschuld und Gesamtschuldnerausgleich, JuS 1968, 149

ders, Gedanken zur Vorteilsausgleichung, AcP 167 (1967) 193

WACKE, Der Erlaß oder Vergleich mit einem Gesamtschuldner, AcP 170 (1970) 42

WERNECKE, Die Gesamtschuld (Diss Kiel 1990)

WINTER, Teilschuld, Gesamtschuld und unechte Gesamtschuld (1985)

M WOLF, Gesamtschuld und andere Schuldnermehrheiten, JA 1985, 369 ff, 628 ff, 710 ff, 797 ff, 961 ff.

Systematische Übersicht

Alphabetische Übersicht

I. Allgemeine Einführung

1. Notwendige Zession und Legalzession

Die Rechtsordnung des BGB kennt, wie schon die des römischen und des gemeinen **1**
Rechts, in § 255 den **Fall einer notwendigen Zession** (beneficium cedendarum actio-

Claudia Bittner

num), in dem ein Schuldner zur Leistung an den Gläubiger nur verpflichtet ist, wenn dieser Gläubiger ihm eine gegen einen Dritten gerichtete Forderung abtritt. Der notwendigen, dh zumindest durch ein Zurückbehaltungsrecht (§ 273) erzwingbaren, aber doch gewillkürten Zession in der Grundidee vergleichbar ist die Legalzession. Fälle gesetzlicher, dh fingierter, Zession finden sich beim Gesamtschuldausgleich nach § 426 Abs 2 S 1, beim Bürgenrückgriff nach § 774, beim Rückgriff des Ablösungsberechtigten nach den §§ 268, 1150, 1249, beim Rückgriff des Grundstücks- und des Pfandeigentümers, der nicht persönlicher Schuldner ist, nach den §§ 1143, 1225 uam, und vor allem in Nebengebieten des Zivilrechts, etwa beim Rückgriff des Sozialversicherungsträgers nach § 116 SGB X, beim Rückgriff des Privatversicherers nach § 67 VVG, beim Rückgriff des Arbeitgebers nach § 6 EntgFZG, beim Rückgriff des Pensionssicherungsvereins nach § 9 BetrAVG und in vielen anderen Fällen.

2 § 285 (§ 281 aF) liegt ein umgekehrtes Rollenverständnis als § 255 zugrunde: Anders als § 255 behandelt § 285 beim in einer Forderung bestehenden **stellvertretenden Commodum** nicht den Fall eines vom Gläubiger an den Schuldner abzutretenden Anspruchs gegen einen Dritten, sondern den Fall eines vom Schuldner anstelle der unmöglich gewordenen Leistung für den geschuldeten Gegenstand erlangten Ersatzanspruchs gegen einen Dritten, welcher an Stelle der unmöglichen Leistung an den Gläubiger abzutreten ist (näher zur ratio des § 285 STAUDINGER/LÖWISCH Rn 3 ff). Ist der Gläubiger seinerseits, etwa nach § 326 Abs 2, 3 zur Gegenleistung verpflichtet (dazu STAUDINGER/OTTO [2004] § 326 Rn D 1 ff), ist der Gläubiger zu dieser Gegenleistung nur Zug um Zug gegen Abtretung der Forderung gegen den Dritten verpflichtet (THIELE 153). Anders als wenn sich der Übergang des Ersatzanspruchs im Wege der Legalzession vollzöge, sichert umgekehrt das Erfordernis der Abtretung nach § 285 dem Schuldner seine Zug-um-Zug-Einrede, die ihm gemäß § 320 gegenüber dem Gläubiger zusteht (STAMM 206).

3 Die verschiedenen Anlässe zur notwendigen Zession und Legalzession lassen sich nicht aus einem allgemeinen Prinzip ableiten und nicht in einer einzigen Regel zusammenfassen. Die **ratio legis des § 255** ist am klarsten zu fassen, wenn man mit einer Mindermeinung die Anwendung der Bestimmung auf Fälle beschränkt, in denen wegen einer noch existierenden Sache Ersatz zu leisten ist, die als Gegenstand eines Herausgabeanspruchs in Betracht kommt (SOERGEL/MERTENS § 255 Rn 3; MÜNCHBACH 14 f; STAMM 83). Zieht man mit der herrschenden Meinung den Anwendungsbereich weiter und sieht in § 255 eine Regreßnorm bei Schuldnermehrheit, bereitet insbesondere die Abgrenzung des § 255 zu Fällen der Gesamtschuld (unten Rn 13) und zur über eine analoge Anwendung des § 285 begründeten Drittschadensliquidation (vgl hierzu STAMM 213 ff) Schwierigkeiten.

2. Funktion des § 255

4 Ihre Wurzeln hat die Bestimmung des § 255 in einem gemeinrechtlichen Satz, der sich ebenso auf Vindikations- wie auf Schadensersatzfälle stützt (näher STAUDINGER/SELB [1995] § 255 Rn 2; SELB, in: FS Larenz 526 ff). Ihrer Stellung nach gehört die Bestimmung zu den §§ 249 ff, die den **Inhalt eines Schadensersatzanspruches** bestimmen sollen. § 255 gewährt bei Verlust einer Sache unabhängig von der Möglichkeit der Rückverschaffung dem Gläubiger einen Schadensersatzanspruch gegen den Schuldner auf das volle Wertinteresse. Um eine doppelte Befriedigung zu vermeiden, ordnet § 255

für den Fall, daß der Gläubiger vom Schuldner Schadensersatz verlangt, eine Pflicht des Gläubigers zur Abtretung der ihm gegen den Dritten zustehenden Ansprüche an. Diese Funktion des § 255 als **Regreßnorm** knüpft an die durch § 255 vorgenommene Inhaltsbestimmung des Schadensersatzanspruches an (STAMM 31 f, 72).

Durch die notwendige Zession nach § 255 erhält der gegenüber dem Eigentümer **5** oder Rechtsinhaber zum vollen Ersatz des Sach- oder Rechtswerts Verpflichtete im Gegenzug einen Anspruch gegen einen Dritten. Je nachdem, ob es ihm gelingt, diesen Anspruch ganz oder zum Teil durchzusetzen, trägt der Ersatzverpflichtete im Ergebnis den vollen Schaden, einen Teil des Schadens oder gar keinen Schaden. Das Liquidationsrisiko für den abgetretenen Anspruch liegt bei ihm. Der von ihm letztlich zu tragende Verlustschaden entspricht damit nicht notwendig dem vollen Sachwert oder Rechtswert, den der Eigentümer oder Rechtsinhaber von ihm beanspruchen kann.

Nach der von STAUDINGER/SELB (1995) § 255 vertretenen Deutung des § 255 als **6** Inhaltsbestimmung eines Schadensersatzanspruchs geht die Bestimmung von einer vorgegebenen **besonderen beschränkten Art der Ersatzpflicht** aus, bei der der Verpflichtete nach der zugrundeliegenden Ersatznorm nicht schlechthin vollen Sach- wert- oder Rechtswertersatz zu leisten habe, wie zB der Täter in den Fällen der Sachzerstörung oder Sachbeschädigung nach § 823 Abs 1. Vielmehr behandele sie ausschließlich Fälle, in denen den Sachwert betreffende Ansprüche gegen Dritte bestünden, der für den Verlust Ersatzpflichtige iS des § 255 aber gerade dafür ein- zustehen habe, daß der Berechtigte nicht mehr die Sache oder das Recht selbst, sondern nur noch diese Ansprüche gegen Dritte habe. Darin liege eine beschränktere Haftung als die zur Herausgabe der Sache nach § 985 oder zum Ersatz des vollen Sachwerts nach § 823 Abs 1. Die zu § 255 gebildeten Beispiele seien daher auch immer wieder jene, daß der Entleiher oder Verwahrer den Diebstahl der Sache durch einen Dritten schuldhaft nicht verhindert habe (ENNECCERUS/LEHMANN [1958] § 17 II 2; LARENZ I § 32 I; ROTH 496). Die Bestimmung des § 255 befasse sich nun lediglich mit eben dieser *vorgegebenen* beschränkten Haftung und verwirkliche sie **technisch** auf dem **Weg, das Liquidationsrisiko zu überbürden**. Sie sage keineswegs etwas darüber aus, **wann** denn im einzelnen jemand in solcher Weise beschränkt für Sach- oder Rechtsverlust hafte. Diese Aussage sei denjenigen Rechtsnormen zu entnehmen, welche die besondere Schadensersatzpflicht für den Verlust der Sache oder des Rechts begründeten.

Nun ist aber auch § 823, der Figur der positiven Vertragsverletzung wie auch anderen **7** zum Schadensersatz verpflichtenden Normen selbst eben diese Aussage einer solcher Art „beschränkten Haftung" nicht ohne weiteres zu entnehmen. Im Fall des nach- lässigen Verwahrers haftet dieser dem Eigentümer aus § 280 und gegebenenfalls nach § 823 ebenso wie der Dieb auf den vollen Schadensersatz. Allein der Umstand, daß wegen eines und desselben Schadensereignisses dem Geschädigten zwei Schadens- ersatzansprüche auf das ganze Interesse gegen zwei verschiedene Personen zustehen, macht es notwendig, diese in Beziehung zueinander zu setzen und in einer wertenden Betrachtung festzustellen, wer von den beiden dem Geschädigten zum vollen Ersatz Verpflichteten den Schaden letztlich tragen soll.

Als schadensersatzrechtliche Norm macht § 255 hierzu dreierlei deutlich. Erstens, **8**

Claudia Bittner

Ansprüche des Geschädigten (zB des Eigentümers) gegen einen Dritten (zB einen Dieb) mindern nicht den Ersatzanspruch gegen den Schädiger (zB den nachlässigen Verwahrer), dieser haftet voll. Deshalb ist es auch irreführend von einer „beschränkten Haftung" (Staudinger/Selb [1995] § 255 Rn 3) des Ersatzpflichtigen zu sprechen, da dieser dem Geschädigten vollen Schadensersatz schuldet, allerdings im Gegenzug Abtretung der Ansprüche gegen Dritte verlangen kann. Zweitens, da der Geschädigte nicht doppelt entschädigt werden soll, ist er zur Abtretung des Anspruchs gegen den Dritten an den Schädiger verpflichtet (Planck/Siber § 255 Anm 2 a; Esser/Schmidt I 2 § 33 V 2 c „Verbot doppelter Liquidation"). Drittens, im Verhältnis zum Schädiger wird der Dritte allein belastet (Roth 496; Studienkommentar/Medicus [2. Aufl 1979] § 255 Anm 1 c).

9 Dazu, wer im Verhältnis der beiden zum Schadensersatz Verpflichteten die Rolle des nach § 255 „begrenzt haftenden", also die des das Liquidationsrisiko übernehmenden Schädigers, und wer die Rolle des „voll haftenden" Dritten innehat, der nicht Abtretung der Ansprüche gegen den anderen Verpflichteten verlangen kann und den Schaden letztlich tragen soll, läßt sich § 255 nichts entnehmen. Diese Abstufung wird von § 255 vorausgesetzt, nicht aber geregelt. Die gestufte Haftung zeigt sich darin, wie sich die **Leistung auf eine der konkurrierenden Verbindlichkeiten auf die andere Verbindlichkeit auswirkt** (OLG Hamm NJW-RR 1999, 1276, 1277). Leistet im Beispielsfalle der beim Entleiher gestohlenen Sache der Dieb vollen Schadensersatz an den Verleiher, gibt die Sache oder ihren Wert zurück, so wird auch der Entleiher von seiner Ersatzpflicht befreit. Leistet jedoch der Entleiher vollen Schadensersatz, so wird dadurch der Dieb nicht befreit. Nach der im Schadensersatz entwickelten Lehre zum Vorteilsausgleich (vgl Staudinger/Medicus [1998] § 249 Rn 132 ff) wird die Leistung des Entleihers nicht auf die Ersatzschuld des Diebes angerechnet. Die nur einseitige Anrechnung der Schuldnerleistungen entspricht der Bewertung, daß einer der Schuldner *näher daran ist*, die Verpflichtung zu tragen. Trotz der Leistung des Entleihers bleibt so die Forderung des Gläubigers gegen den Dieb erhalten. Da der Gläubiger aber nur *einmal* vollen Anspruch auf Wertersatz hat, kann der Entleiher verlangen, daß sie nach § 255 auf ihn übertragen wird (Staudinger/Selb [1995] § 255 Rn 7).

10 Die Abstufung der Haftung nach der *Schadensnähe*, also danach, wer für den Schaden unmittelbar und wer für ihn mittelbar verantwortlich ist, ist aber nicht für alle Anwendungsfälle des § 255 als Erklärung tauglich. Das zeigt der Fall, daß der Dieb die entwendete Sache an einen gutgläubigen Vierten weiterveräußert, der Eigentümer die Veräußerung nicht genehmigt und vom Dieb Schadensersatz fordert. In diesem Fall geht es im Verhältnis des Vierten zum Dieb nicht um ein Stufenverhältnis zwischen zwei Schädigern. Leistet der Dieb, wird der Empfänger, der dem Anspruch aus § 985 ausgesetzt ist, nicht frei. Hier braucht der Dieb Schadensersatz nach § 255 nur gegen Übertragung des Eigentums an der gestohlenen Sache durch den Eigentümer auf ihn zu leisten, obwohl der Dieb der Schadensnähere ist (Staudinger/Selb [1995] § 255 Rn 12; Roth 498). Ein Regreß über § 255 zugunsten des Schadensnäheren ist somit nicht immer ausgeschlossen (Roth 498 f). Allerdings kann der Vierte dem Dieb den Arglisteinwand (dolo agit, qui petit, quod statim redditurus est) aus § 242 entgegenhalten (Stamm 82). Leistet dagegen der Vierte und gibt die Sache an den Eigentümer heraus, kann er Abtretung des fortbestehenden Schadensersatzanspruchs gegen den Dieb verlangen (**aA** Stamm 81, der einen Regreßanspruch des Vierten für überflüssig hält, weil diesem ein vertraglicher Schadensersatzanspruch gegen den Dieb aus §§ 433 Abs 1 S 1, 440

Abs 1, 325 aF zusteht). Hier ist das Kriterium für die Anwendung des § 255 *in beide Richtungen*, daß der Geschädigte nicht die volle Ersatzleistung erhalten und das Eigentum behalten können soll. Da die Existenz der Sache und ein auf die Herausgabe dieser Sache gerichteter Anspruch naturgemäß trotz einer Ersatzleistung in Geld erhalten bleiben, ergibt sich hier die Anwendung des § 255 aus der *Art der konkurrierenden Ansprüche*, nicht aber aus einer Abstufung der Haftung nach der Schadensnähe.

3.   Abgrenzung zum Vorteilsausgleich

Die Bestimmung des § 255 ist nicht der Lehre vom Vorteilsausgleich zuzuordnen (so **11** aber FIKENTSCHER, SchuldR Rn 567: „Sonderfall der Vorteilsausgleichung"; RGZ 53, 327, 328 f; Einordnung in engem Zusammenhang mit den Grundsätzen der Vorteilsausgleichung auch MünchKomm/OETKER § 255 Rn 1; ebenso OLG Düsseldorf NZG 1999, 895 f, das bei einem Schadensersatzanspruch gegen einen Kapitalanlageberater wegen schuldhafter Verletzung der Beratungs- und Anlagepflicht die aus dem Erwerb der Kapitalanlage erwachsenen Vermögensvorteile in Form von Einkommenssteuerersparnissen schadensmindernd analog § 255 anrechnet; dagegen Vorteilsausgleichung und § 255 voneinander abgrenzend: BGHZ 27, 241, 248). Denn es wird hier kein gerade auf der schädigenden Handlung selbst beruhender Vorteil des Geschädigten angerechnet (zustimmend HÜFFER 115). Auch wird die Schadensersatzpflicht des Verpflichteten nicht um den ebenfalls bestehenden Anspruch gegen den Dritten gekürzt.

Die technische Lösung der Übernahme des Liquidationsrisikos, wie sie in § 255 **12** verfügt ist, **ähnelt** der Lehre und Rechtsprechung zum **Schadensersatz „neu für alt"**, die vom Problem des Vorteilsausgleichs abzugrenzen ist (richtig ESSER/SCHMIDT I 2 § 33 V 2 a). Dort kann sich bei der Beschädigung einer gebrauchten Sache ergeben, daß eine gleichwertige gebrauchte Sache nicht beschafft werden kann – etwa weil es dafür keinen Markt gibt – oder doch den Interessen des Geschädigten nicht genügt – etwa weil es ihm nicht zuzumuten ist, von anderen gebrauchte Sachen zu verwenden. Geldwertersatz aber würde oft seinen Interessen widersprechen, weil er den zusätzlichen Betrag, der zur Neubeschaffung erforderlich ist, nicht aufzubringen vermag. Es bleibt nur, den Schädiger zum Ersatz einer neuen Sache zu verpflichten und ihn gegenüber dem Geschädigten auf einen billigen Kapitalausgleich zu verweisen. Ebenso wie beim Schadensersatz „neu für alt" wird auch in der Bestimmung des § 255 *eine überschießende Ausgleichsleistung korrigiert* (ESSER/SCHMIDT § 33 V 2 b; **aA** STAUDINGER/SELB [1995] § 255 Rn 5). Der Verpflichtete muß den vollen Nominalwert einer Forderung bzw den vollen Sachwert leisten, kann aber Zug um Zug die Abtretung eben dieser Forderung bzw. die Abtretung des die Sache betreffenden Herausgabeanspruchs verlangen. Das Einziehungsrisiko für diese Forderung bzw das Rechtsverfolgungsrisiko hinsichtlich der Sache wird ihm auferlegt. Das heißt nicht etwa, daß eine volle Ersatzpflicht dekretiert wird, *nach* deren *Erfüllung* man erstaunt feststellt, sie habe zu einer Bereicherung des Gläubigers geführt (so die Kritik bei STAUDINGER/SELB [1995] § 255 Rn 5). Das heißt aber wohl, daß eine volle Ersatzpflicht dekretiert, dem Verpflichteten jedoch zugleich eine Regreßmöglichkeit eröffnet wird. Leistet der zum Schadensersatz Verpflichtete vor, kann er sein Abtretungsverlangen auch im nachhinein im Klagewege durchsetzen (ESSER/SCHMIDT I 2 § 33 V 2 b).

4. Abgrenzung zur Gesamtschuld

13 Der Umstand, daß im Anwendungsbereich des § 255 dem Geschädigten eine Person für den Verlust einer Sache oder eines Rechts Schadensersatz zu leisten hat, eine andere daneben aber auf Grund des Eigentums Herausgabe, Schadensersatz oder etwas anderes (su Rn 23) schuldet, erfordert eine Abgrenzung des Anwendungsbereichs des § 255 von dem der Gesamtschuld (§§ 421 ff). Ebenso wie die Gesamtschuld betrifft § 255 *stets* – und nicht nur bei Herausgabeansprüchen gegen Dritte – **konkurrierende Verpflichtungen.** Der **(Gemeinschafts-)Ausgleich nach § 426 BGB und der Zessionsregreß** in anderen Fällen der Schuldnerkonkurrenz sind **alternative Regreßwege** (LARENZ I § 32 I; ESSER/SCHMIDT I 2 § 33 V 2 b; LANGE § 11 A I 2, B I; aA FIKENTSCHER, SchuldR Rn 567). Welcher Weg im Einzelfall den Vorzug verdient, ist außer im Kernbereich der Anwendung des § 255 streitig (für einen Vorrang der Vorschriften über den Zessionsregreß, auch im Wege einer Gesamtanalogie zu den Legalzessionsvorschriften, etwa THIELE 155; BÖRNSEN 183 ff, 187; für einen Vorrang der Gesamtschuldregeln, die eine sachgerechtere Lösung ermöglichten, etwa STAMM 72 ff, 83; RÜSSMANN JuS 1974, 292, 298; GLÖCKNER 36 ff, 50; STAUDINGER/NOACK [1999] § 421 Rn 24; SCHLECHTRIEM, Schuldrecht AT Rn 244). Im unstreitigen Kernanwendungsbereich des § 255, also bei Bestehen eines dinglichen Herausgabeanspruchs wegen der in Streit befindlichen Sache, ist der Zessionsregreß nach § 255 *lex specialis* im Verhältnis zur Regreßregelung der Gesamtschuld in § 426 (STAMM 83).

14 Liegen die Voraussetzungen einer Gesamtschuld vor, überbürdet die Legalzession nach § 426 Abs 2 das Liquidationsrisiko auf den Schuldner, der zuerst geleistet hat. Auch hier setzt wie im Falle des § 255 die Legalzessionsnorm voraus, daß der in Anspruch genommene Gesamtschuldner bei dem oder den anderen Gesamtschuldnern (regelmäßig teilweise, § 426 Abs 1 S 1, Abs 2 S 1) Regreß nehmen kann, was nichts anderes heißt, als daß der Gläubiger vom Liquidationsrisiko entlastet ist und dieses dem in Anspruch genommenen Gesamtschuldner aufgegeben wird, insoweit dieser zum Regreß berechtigt ist. Die Gesamtschuldregelung ist gegenüber § 255 insofern flexibler als sie im Verhältnis der beiden Schädiger Abstufungen der Verantwortlichkeit und damit einen Teilregreß zuläßt (BGHZ 52, 39, 43; BGHZ 59, 102 f). Zudem hat der Gläubiger auf den Ausgleichsanspruch nach § 426 Abs 1 keinen Einfluß, so daß auch in Fällen, in denen ein Ausgleich nach § 255 scheitern würde, weil etwa der Gläubiger auf seine Forderung gegen den anderen Schuldner verzichtet hat, ein Ausgleich über § 426 Abs 1 möglich ist (BGHZ 59, 97, 102 f; SCHLECHTRIEM, Schuldrecht AT Rn 244; näher zu Vorteilen der Ausgestaltung der Gesamtschuld gegenüber dem Zessionsregreß STAMM 47 ff).

15 Zumeist ist eine **Gesamtschuld abzulehnen,** wenn mehrere Schuldner nebeneinander in der Weise haften, daß der eine nur für den anderen in *Vorlage* tritt, dem Gläubiger lediglich das Risiko abnimmt, vom anderen Schuldner keine Leistung zu erlangen. Es fehlt hier an der wechselseitigen Tilgungswirkung zugunsten des anderen Schuldners, die Verpflichtungen sind nicht gleichrangig oder gleichstufig. In den Kreis dieser Fälle gehören Fälle des gesetzlichen Forderungsübergangs auf den Schadensversicherer (§ 67 VVG), den Sozialversicherungsträger (§ 116 SGB X), den Arbeitgeber (§ 6 EntgFZG), den Träger der Insolvenzsicherung (§ 9 BetrAVG), den Hilfe gewährenden Träger der Sozialhilfe (§§ 90 und 91 BSHG), das Ausbildungsförderung zahlende Land (§ 37 BAFöG) uam (vgl die Übersicht bei SELB VersR 1964 Beiheft 9 ff). Die Schuldner stehen in allen diesen Fällen nicht wie bei der Gesamtschuld gleichrangig nebeneinander. Vielmehr ist jeweils einer der Schuldner zur Vorlage der Leistung verpflichtet, *während der andere Schuldner nach der gesetzlichen Wertung die Verpflichtung letztlich tragen soll*. Auch der unstreitige Anwendungsbereich der notwendigen Zession nach § 255 läßt sich aus diesem Gedanken erklären: Ist die Sachverfolgung schwierig und erscheint es ungewiß, herauszufinden, in wessen Besitz und wo sich die Sache befindet, soll der wegen des Sachverlusts zum Schadensersatz Verpflichtete gegen Abtretung des Herausgabeanspruchs in Vorlage treten. Ihm bleibt es dann überlassen, beim derzeitigen Besitzer der Sache Regreß zu nehmen. Der Gläubiger kann den auf Schadensersatz haftenden Schuldner auf vollen Wertersatz in Anspruch zu nehmen, und das Risiko der dinglichen Rechtsverfolgung auf diesen abzuwälzen. Mit einer **Abstufung der Haftung** nach der Schadensnähe hat das nichts zu tun (so Rn 10).

Dort, wo es nicht um die Verfolgung des Eigentumsherausgabeanspruchs selbst geht **16** – auf diesen beschränkt STAMM unter Hinweis auf die Gesetzgebungsgeschichte (83, 84 ff) den Anwendungsbereich des § 255 als lex specialis zu § 426 –, ist es bis heute streitig, welches Kriterium die Anwendungsfälle des § 255 und der Gesamtschuld scheidet. Insbesondere weil die Gleichrangigkeit der Verpflichtung im Außenverhältnis auch bei der Gesamtschuld nicht notwendigerweise bedeutet, daß die Schuldner im Innenverhältnis zu gleichen Teilen haften, ja sogar ein Totalregreß zugunsten des Schuldners, der den Gläubiger befriedigt hat, möglich ist (§§ 426 Abs 1, 840 Abs 2 und 3), läßt sich über die Abstufung der Haftung im Innenverhältnis der beiden Verpflichteten eine Gesamtschuld nicht zwingend ausschließen (STAUDINGER/NOACK [1999] § 421 Rn 19). In der Rechtsprechung läßt sich sowohl eine Tendenz beobachten, § 255 weit und auch analog auf konkurrierende Schadensersatzpflichten anzuwenden in Fällen, in denen im Innenverhältnis ein Schuldner allein den Schaden tragen soll, als auch die Tendenz, § 255 als gegenüber § 426 subsidiär zu behandeln mit dem Hinweis auf die größere Flexibilität und Sachgerechtigkeit der Gesamtschuld, insbesondere wegen der Möglichkeit des Teilregresses und wegen des Ausgleichsanspruchs nach § 426 Abs 1.

II. Anwendungsbereich des § 255 im einzelnen

Der Anwendungsbereich des § 255 ist umstritten. Streit besteht sowohl darüber, was **17** unter dem Schadensersatz für den Verlust einer Sache oder eines Rechts zu verstehen ist, als auch darüber, um die Abtretung welcher Ansprüche es in der Bestimmung geht. Eine Reihe von Autoren meint, in der Bestimmung gehe es überhaupt nur um die Abtretung des sachenrechtlichen Herausgabeanspruchs (so SOERGEL/MERTENS § 255 Rn 3; STAMM 91, 94) oder auch des deliktischen Herausgabeanspruchs (so LANGE § 11 A III), nicht um die Abtretung anderer Ansprüche, wie sie sich ergeben können, wenn der Verlust letztlich zum Untergang der Sache oder des Rechts geführt hat. Etwas weiter geht die Auffassung, der Zessionsregreß nach § 255 betreffe Herausgabeansprüche nach § 985 bei (möglicherweise) noch vorhandenen Sachen sowie surrogierende Ansprüche auf Herausgabe des Veräußerungserlöses, zB nach § 816 Abs 1 S 1, nicht dagegen Schadensersatzansprüche wegen untergegangener Sachen (ROTH 511). Die weiteste Lesart des § 255 meint, es gehe in dieser Bestimmung um die Liquidation von Herausgabeansprüchen, von Schadensersatzansprüchen oder von anderen Ansprüchen, die dem Ersatzberechtigten auf Grund des Eigentums an der Sache oder auf Grund des Rechtes gegen Dritte zustehen, welche also den Sach- oder

Rechtswert irgendwie repräsentieren (STAUDINGER/SELB [1995] § 255 Rn 4). Dieses weite Verständnis des § 255 hat sich auch die Rechtsprechung zu eigen gemacht hat, die § 255 darüber hinaus auch häufig analog anwendet (su Rn 45 ff).

18 Der **Grund, aus dem jemand** für den Verlust einer Sache oder eines Rechts **haftet**, ist **grundsätzlich gleichgültig**. Die Haftung kann sich aus Vertrag – etwa dem Leihe- oder Verwahrungsvertrag – wie aus Delikt – etwa einem Diebstahl –, aus Quasikontrakt – etwa einer Geschäftsführung ohne Auftrag – wie aus den §§ 989, 990 ergeben. Ohne Bedeutung ist auch, ob der Verpflichtung zum Schadensersatz eine vorsätzliche (so Rn 10 zum Dieb) oder fahrlässige Handlung zugrunde liegt und ob Zufalls- oder Erfolgshaftung im Spiele ist (ebenso MünchKomm/OETKER § 255 Rn 6). Steht allerdings dem Eigentümer sowohl gegen den Schädiger als auch gegen den Dritten ein deliktischer Schadensersatzanspruch wegen des Verlustes der Sache oder des Rechts zu, greift § 840. Für das Zusammentreffen deliktischer Ansprüche greifen die Regeln über die Gesamtschuld. Statt einer notwendigen Zession ordnet das Gesetz hier eine Legalzession an. Auch beim Zusammentreffen deliktischer Ansprüche mit solchen aus pVV nimmt die Rechtsprechung zuweilen eine Gesamtschuld an und entzieht diese Fälle damit dem Anwendungsbereich des § 255 (BGHZ 59, 97, 101; BGH LM § 426 Nr 9; OLG Düsseldorf NJW 1995, 2565). Auf Erfüllungsansprüche aus Vertrag ist § 255 nicht anzuwenden. Eine Bank, welche die Vornahme einer Überweisung schuldet, kann sich daher bei einer von einem Betrüger ausgelösten Fehlüberweisung nicht auf § 255 berufen (OLG Koblenz WM 1989, 1278, 1281).

1. Besitzverlust

a) Unstreitiger Anwendungsbereich des § 255

19 Unstreitig in den Anwendungsbereich des § 255 fallen Fälle, in denen Schadensersatz für den **bloßen Verlust des Sachbesitzes** zu leisten ist, der Geschädigte weiterhin Eigentümer der Sache ist. Befindet sich die verlorene Sache bei einem Dritten, so kann der Verlustschaden, soweit er nicht bloße Gebrauchsvorteile erfaßt, sondern die Sache selbst, **nicht schlechthin mit dem Sachwert gleichgesetzt werden**. Hier gibt es zahlreiche graduelle Unterschiede, zu welchem Restwert der dem Geschädigten verbliebene Herausgabeanspruch aus § 985 zu bewerten ist. Die Entscheidung wird etwa davon abhängen, ob der Besitzer der Sache bekannt, leicht oder schwer auszuforschen oder unbekannt ist, ob eine Klage gegen ihn mit geringeren oder größeren Schwierigkeiten betrieben werden kann, ob er mit der Sache sorgsam oder leichtfertig umgehen wird, bis die Zwangsvollstreckung zum Erfolg führen wird, ob er sich dieser Zwangsvollstreckung entziehen kann oder wird. Andererseits verhindert ein gegebener Herausgabeanspruch den Verlustschaden nicht schlechthin, selbst wenn die Durchsetzung naheliegt; der Besitzverlustnachteil wird erst durch die wahre Herausgabe der Sache ausgeglichen. Das als Schaden zu bemessende *Liquidationsrisiko* kann nun aber nicht in Geld berechnet, auch nicht nach § 287 ZPO geschätzt werden. § 255 trägt dem Rechnung, in dem der Geschädigte den *vollen Verlustschaden* ersetzt bekommt, im Gegenzug aber den Herausgabeanspruch abtreten muß, so daß es dem Schadensersatz Leistenden überlassen bleibt, den abgetretenen Anspruch zu liquidieren, dh die Herausgabe der Sache zu erreichen und damit den Besitzverlustnachteil auszugleichen.

20 Ist der Geschädigte weiterhin Eigentümer der Sache steht ihm gegen den Besitzer jedenfalls der Anspruch aus § 985, gegen den Schädiger ein vertraglicher und/oder deliktischer Schadensersatzanspruch zu. Leistet im Beispielsfalle der beim Entleiher gestohlenen Sache der Dieb vollen Schadensersatz an den Verleiher, gibt die Sache oder ihren Wert zurück, so wird auch der Entleiher von seiner Ersatzpflicht befreit. Leistet jedoch der Entleiher vollen Schadensersatz, so wird dadurch der Dieb nicht befreit. Die Forderung des Gläubigers gegen den Dieb bleibt erhalten. Da der Gläubiger aber nur *einmal* vollen Anspruch auf Wertersatz hat, kann der Entleiher verlangen, daß sie nach § 255 auf ihn übertragen wird. Der Entleiher hat Anspruch auf Abtretung der Ansprüche, die dem Ersatzberechtigten auf Grund seines Eigentums gegen den Dieb zustehen. Das ist zum einen der deliktische Schadensersatzanspruch aus § 823, zum anderen der Anspruch aus § 985.

b)   Anspruch auf Abtretung des Anspruchs aus § 985 und auf Übereignung
Die **Verpflichtung zur Abtretung** des **Herausgabeanspruch** des ersatzberechtigten Ei-   **21**
gentümers nach § 985 wirft die sachenrechtliche Frage auf, ob dieser isoliert abgetreten werden kann oder die Verpflichtung zur Abtretung die Pflicht zur Eigentumsübertragung zum Inhalt hat. Bei einer *beabsichtigten* Übereignung des verlorengegangenen Gegenstandes kann mit dieser Abtretung die an sich zur Übereignung erforderliche Übergabe (§ 929) ersetzt werden (§ 931). Streitig ist, ob mit der Pflicht zur Abtretung des Herausgabeanspruchs in jedem Fall auch die Pflicht zur Übereignung der Sache (Abandon) einhergeht. Dies ist mit der wohl hM zu bejahen (RGZ 59, 367, 370 f; SOERGEL/MERTENS § 255 Rn 9; ENNECCERUS/LEHMANN § 17 II 2; LANGE² § 11 B I; BGB-RGRK/ALFF § 255 Rn 6; SOERGEL/MERTENS § 255 Rn 9; PALANDT/HEINRICHS § 255 Rn 9; STAMM 94). Eigentum und Herausgabeanspruch können sich nur in einer Hand befinden (BAUR/STÜRNER, Lehrbuch des Sachenrechts [16. Aufl 1992] § 11 C I 3). Die Gegenmeinung, die unter Berufung auf die anerkannte Möglichkeit der Trennung von Inhaberschaft und Einziehungsermächtigung nach § 185 (BGH JZ 1964, 369 [LS]; vgl dazu BAUR aaO; MEDICUS Rn 446; aM WESTERMANN, Lehrbuch des Sachenrechts [3. Aufl 1956] § 30 I 3) eine Trennung des Anspruchs aus § 985 vom Eigentum zuläßt (STAUDINGER/SELB [1995] § 255 Rn 14; SELB, in: FS Larenz 517 ff, 534 ff; ERMAN/SIRP § 255 Rn 5; LARENZ, SchuldR I § 32 I Fn 6; MünchKomm/OETKER § 255 Rn 18) verneint demgegenüber eine *Übereignungspflicht*. Der Abandon sei zum Schadensausgleich nicht erforderlich. Aus der Abtretung könne noch nicht geschlossen werden, der zur Abtretung Verpflichtete wolle auch gleich das Eigentum an der verlorengegangenen Sache aufgeben. Den Interessen des Zessionsberechtigten sei auch mit einer **Abtretung ohne Übereignungswirkung** gedient. Diese Meinung nimmt es in Kauf, daß der Ersatzberechtigte das Eigentum an der Sache behält und lediglich die Ausübung des dinglichen Rechts dem Ersatzverpflichteten überläßt und dazu vollen Wertersatz erhält.

Der Unterschied der beiden Meinungen zeigt sich, wenn der Geschädigte die Sache   **22**
später in einem mehr oder weniger guten Zustand zurückerlangt. Nach der hier vertretenen Meinung kann der Ersatzpflichtige als neuer Eigentümer die Sache nach § 985 vom Ersatzberechtigten herausverlangen. Eine etwaige Wertminderung geht zu seinen Lasten und ist Teil des ihm auferlegten Liquidationsrisikos. Dem *Ersatzberechtigten* ist allerdings das Recht zuzubilligen, Zug um Zug gegen Rückgewähr der Schadensersatzleistung die Rückübereignung der Sache zu verlangen (SOERGEL/MERTENS § 255 Rn 9), wovon er regelmäßig nur Gebrauch machen wird, wenn die Sache in ihrem Wert nicht gemindert ist. Nach der Gegenmeinung (STAUDINGER/SELB [1995] § 255 Rn 14) kann der Ersatzverpflichtete den Herausgabeanspruch für den Eigen-

tümer geltend machen. Im Falle erfolgreicher Sachverfolgung könnte der Eigentümer seine Sache Zug um Zug gegen Rückerstattung der Ersatzleistung vom Ersatzverpflichteten vindizieren. Aber *auch der Ersatzverpflichtete* könnte seine Ersatzleistung Zug um Zug gegen Herausgabe der Sache kondizieren (LARENZ I § 32 I Fn 6). Das eröffnet allerdings Streit darüber, in welcher Höhe dieser Kondiktionsanspruch angesichts einer möglichen Wertminderung der Sache zu kürzen wäre. Die hier vertretene Meinung weist ein solches Wertminderungsrisiko allein dem Ersatzverpflichteten zu.

c)   Folgeansprüche aus dem Eigentum bei Weitergabe der Sache (§§ 986 ff)

23   Dem ersatzberechtigten Eigentümer können **neben dem Herausgabeanspruch** nach § 985 **noch andere Ansprüche aus dem Eigentum** nach den §§ 986 ff zustehen (zum Untergang der Sache su Rn 29). Ist die Sache zunächst an einen Dritten verlorengegangen – etwa an einen Dieb – und hat dieser die Sache an einen Vierten **weitergegeben** – etwa an einen Hehler –, so haftet der Dritte dem Eigentümer auch dafür, daß die Sache von ihm nicht herausgegeben werden kann (§§ 992, 990, 989). Auch dieser Anspruch beruht – schon nach der gesetzlichen Systematik – auf dem Eigentum. Der für den ursprünglichen Sachverlust Ersatzpflichtige – etwa der Entleiher, dem die Sache gestohlen wurde – kann die **Abtretung auch dieses Anspruches** nach § 255 verlangen (**aA** STAUDINGER/NOACK [1999] § 421 Rn 24: Gesamtschuld; STAMM 82 beschränkt die Anwendung des § 255 auf die Abtretung des Herausgabeanspruchs aus § 985 gegen den Vierten). Er trägt damit nicht nur das Risiko, die Sache selbst nicht mehr zu erlangen, sondern auch das Risiko, daß er die nach den §§ 992, 990, 989 bestehenden Ansprüche gegen Zwischenbesitzer nicht durchzusetzen vermag. Es spielt dabei grundsätzlich keine Rolle, daß der aus den §§ 992, 990, 989 haftende Dieb sich seinerseits wieder auf § 255 berufen kann. Nimmt der Eigentümer unmittelbar den Dieb aus Delikt in Anspruch, so kann dieser aus § 255 die Abtretung des Herausgabeanspruchs gegen den derzeitigen Besitzer nach § 985 und Übereignung der Sache (so Rn 10) verlangen. Geht aber der Eigentümer zuerst gegen den Entleiher und dieser anschließend auf Grund der Übereignung und Abtretung des Anspruchs aus § 985 nach § 992 gegen den Dieb vor, so kann der Dieb vom Entleiher verlangen, daß ihm der Herausgabeanspruch aus § 985 weiter zediert werde.

2.   Eigentumsverlust durch Übergang des Eigentums

24   Unter dem Verlust einer Sache ist auch der **Verlust des Eigentums** zu verstehen, dadurch daß ein anderer die Sache erwirbt (OLG Hamm NJW-RR 1999, 1276, 1277; Münch-Komm/OETKER § 255 Rn 10; ERMAN/KUCKUK § 255 Rn 10; PALANDT/HEINRICHS § 255 Rn 5). Der Verlust des Eigentumsrechts muß von einem anderen – vom Ersatzpflichtigen – mittelbar zu verantworten sein. Beispiele dafür bieten die §§ 932 ff, 946 ff und die vom Eigentümer genehmigte Verfügung eines Nichtberechtigten (§ 185 Abs 2). An die Stelle der Sache treten in diesen Fällen die **bereicherungsrechtlichen Eigentums-surrogatsansprüche** aus **§ 816 oder § 951 Abs 1**. Sie gehören zu den **abzutretenden „Ansprüchen" iS des § 255**, die dem Ersatzberechtigten auf Grund des Eigentums an der verlorenen Sache gegen Dritte zustehen (MünchKomm/OETKER § 255 Rn 15; **aA** STAMM 83). Die Sachverfolgung beschränkt sich hier aus sachenrechtlichen Gründen auf eine Verfolgung des Sachwertes. Der *Schaden* des ehemaligen Eigentümers besteht im *Risiko, den an die Stelle der Sache getretenen Sachwert* beim Schuldner *realisieren zu können*. Wer als für den Eigentumsverlust Verantwortlicher Schadens-

ersatz zum vollen Sachwert leistet, kann **Zug um Zug Abtretung der Bereicherungs-ansprüche** verlangen (so richtig BGHZ 29, 157, 161 ff).

Im Fall der gestohlenen und vom Dieb an einen Dritten veräußerten Sache, haftet der **25** Dieb sicher auch für die weiteren Folgen des Sachverlustes (vgl §§ 992, 989); die Notmaßnahme des Eigentümers, der die Weiterverfügung des Abnehmers genehmigt, um wenigstens den Sachwert verfolgen zu können, unterbricht den Ursachenzusammenhang zwischen dem Diebstahl und dem Rechtsverlust nicht. Der Schaden, für den der Dieb trotz voller Haftung auf den Sachwert letztlich einzustehen hat, besteht nur im *Risiko des Eigentümers*, den *Sachwert* über den Bereicherungsanspruch nach § 816 Abs 1 *einzubringen*. Erweist sich der bereicherte Abnehmer als solvent, wie in der zitierten Entscheidungen des BGH, so ist ein Schaden – geht man davon aus, daß Bereicherung und Sachwert übereinstimmen – nicht vorhanden (so richtig GOETTE VersR 1974, 526; ders, Gesamtschuldbegriff und Regreßproblem 161). Das technische Mittel, dem ersatzpflichtigen Dieb das *Risiko der Insolvenz des Bereicherten* zu überbürden, bietet wiederum § 255 (**aA** STAMM 80 für Anwendung der Gesamtschuldregelung). Der Dieb hat demnach Schadensersatz zum vollen Sachwert nur Zug um Zug gegen Abtretung der Bereicherungsansprüche zu leisten. Das nur scheinbar unbefriedigende Ergebnis, daß der Dieb damit Ansprüche gegen seinen Abnehmer gewinnt, wird dadurch korrigiert, daß der Abnehmer einwenden kann, der Dieb habe intern die Verpflichtung, ihn von der Verbindlichkeit zu entlasten (so richtig PALANDT/ HEINRICHS § 255 Rn 4). Umgekehrt gibt es für eine Abtretung des Anspruchs gegen den zum Schadensersatz verpflichteten Dieb an den aus § 816 haftenden Abnehmer (BGHZ 29, 157, 161 f und 52, 39, 45 = NJW 1969, 1165, 1169; **aA** REEB 216 f) keinerlei Anhaltspunkt. Rein tatsächlich unhaltbar ist die generelle Unterstellung, der Ersatzberechtigte genehmige mit der Annahme des Ersatzbetrages die Verfügungen des Diebes (so aber R SCHMIDT AcP 175, 165, 172; generell dagegen, die Surrogatsschuld nach §§ 816 Abs 1, 687 Abs 2, 681 S 2, 667, 951 Abs 1, 812 Abs 1 S 1, 818 Abs 2 für § 255 wie die Pflicht zur Herausgabe der Sache einzuordnen: LANGE § 11 B II. Wie hier: GOETTE 161; REINICKE/TIEDTKE JZ 1984, 232 f; JÜRGENS 177 ff; ROTH 498, 511).

In einer späteren Entscheidung (BGHZ 52, 39, 43 ff = NJW 1969, 1165, 1166; so schon **26** vCAEMMERER JR 1959, 462, 463; zust unter Hinweis auf § 840 Abs 1 auch KÜHNE 565 f; eine Gesamtschuld, bei der § 255 für den Dieb anwendbar sei, nimmt METZLER 589 ff an; im wesentlichen zust auch MEDICUS Bürgerliches Recht Rn 927 mwN; abl etwa DILCHER JZ 1973, 199, 201) ist der BGH einen anderen Lösungsweg gegangen und hat angenommen, der für den Sachverlust ersatzpflichtige Dieb und der nach § 816 Abs 1 bereicherte Abnehmer – der Eigentümer hatte die Weiterverfügung des Abnehmers genehmigt – hafteten als **Gesamtschuldner** (ebenso STAMM 80). Gegen die Annahme einer Gesamtschuld spricht, daß es an einer Mitverursachung eines Schädigers fehlt. Die Annahme des BGH, die Bestimmung des § 426 gehe der des § 255 als „flexiblere" Regel vor (so auch GOETTE 155 Fn 64; MEDICUS, Bürgerliches Recht Rn 927), blickt allein auf die gewünschte Rechtsfolgenregelung. Zahlt der Dieb vollen Schadensersatz, wirkt dies nach § 422 auch zugunsten des Abnehmers der Sache. Dieser kann daher seine Leistung an den früheren Eigentümer direkt bei diesem kondizieren.

Das BAG (NJW 1990, 3228, 3230) versteht demgegenüber § 426 als gegenüber § 255 **27** „speziellere Regelung" und teilt deshalb den Schaden zwischen einer Diebin und dem Land, dessen Beamte den endgültigen Verlust des Eigentums an der gestohlenen

Sache im Wege der Pfandversteigerung herbeigeführt hatten, nach § 426 Abs 1 S 1 auf. Der Weg über die Gesamtschuld erscheint immer dann verlockend, wenn über §§ 426 Abs 1 S 1, 254 zwischen den Verpflichteten eine Schadensteilung erreicht werden soll.

28 Beim **ermächtigungswidrigen Einbau von Vorbehaltsmaterial** in ein Bauwerk (dazu Sundermann WM 1989, 1197 ff) schuldet der einbauende Handwerker Schadensersatz nach § 823 Abs 1, der bösgläubige Bauauftraggeber aber Wertersatz nach §§ 951 Abs 1, 812 Abs 1 S 1 Alt 2, 818 Abs 2. Der ersatzpflichtige einbauende Handwerker hat aber nur das Risiko des Vorbehaltsverkäufers zu tragen, keinen Wertersatz vom Bauauftraggeber zu erlangen; daher schuldet er Zahlung, dh vollen Sachwertersatz, nur gegen Abtretung der Ansprüche auf Wertersatz gemäß § 255 (Sundermann 1204 zu dem Fall aus OLG Koblenz WM 1989, 535, in dem ein Dritter [Geschäftsführer des Handwerkers, einer GmbH] aus § 823 Abs 1 verpflichtet war; für einen Gesamtschuldausgleich in solchen Einbau-fällen Lange § 11 B II).

3. Eigentumsverlust durch Untergang der Sache

29 Ob unter dem „Verlust einer Sache" auch der Verlust des Eigentums durch seinen **physischen Untergang** zu fassen ist, läßt sich nicht begrifflich damit entscheiden, daß bei Eigentumsverlust „logischerweise" keine Ansprüche aus dem Eigentum mehr zustehen könnten (Planck/Siber § 255 Anm 1). Denn der Gesetzgeber spricht in den §§ 986 ff von Ansprüchen des „Eigentümers", auch wenn er vom Untergang der Sache und damit des Eigentums ausgeht. Der Wortlaut des § 255 erlaubt es durchaus, daß neben Ansprüchen aus § 985 auch solche aus den §§ 989 ff abzutreten sind (Thiele 154). Entscheidend für die Anwendung des § 255 ist, daß **eine klare Grenze zwischen Besitz- und Eigentumsverlust im Zeitpunkt der Geltendmachung des Schadensersatzanspruchs oft nicht gezogen werden kann.** Der Besitzverlust geht ohne scharfe Abgrenzung in den Untergang über, etwa wenn es ausgeschlossen erscheint, herauszufinden, wo sich die gewiß noch existierende Sache befindet, so daß eine Sachverfolgung ausscheidet. Deshalb ist es gerechtfertigt, dem in Anspruch genommenen Verwahrer gegen den Eigentümer auch dann einen Anspruch auf Abtretung und Übereignung des Anspruchs aus § 985 zu geben, wenn die Sache möglicherweise noch existiert. Ist die Sache allerdings untergegangen, ist einem Anspruch auf Abtretung des Schadensersatzanspruchs aus §§ 992, 990, 989 die Anwendung der Legalzessionsregeln nach § 426 Abs 2 S 1 vorzuziehen. Der Grundgedanke des § 255 – Ersatz des vollen Sachwerts gegen Abtretung des Anspruchs aus § 985 und Übereignung der Sache, dh Überbürdung des Risikos der Rechtsverfolgung auf den neuen Eigentümer – greift nicht, wenn die Sache nicht mehr existiert. Mit Roth (501 f) läßt sich daher nach dem Kenntnisstand im Prozeß wie folgt unterscheiden:

30 Ist im Prozeß gegen den zum Schadensersatz Verpflichteten ungewiß, ob die Sache noch vorhanden oder bereits untergegangen ist, liegt der typische von § 255 erfaßte Fall vor. Die einzige technische Alternative der Bewertung des Verlustrisikos, also der Aussicht die Sache von einem bekannten oder unbekannten Dritten wiederzuerlangen, im Wege der Schätzung, etwa nach § 287 ZPO, ist zumeist ausgeschlossen oder doch derart vorläufig, daß sie billigerweise keiner der beiden Parteien zugemutet werden kann. Der volle Ersatz gegen Abtretung der nicht bewertbaren riskanten Ansprüche entlastet den Geschädigten von der Tragung des Liquidationsrisikos und bürdet dieses dem Zessionar auf. Im Fall der beim Verwahrer gestohlenen Sache, sollte der vom Eigentümer auf Schadensersatz in Anspruch genommene Verwahrer daher stets auf der Abtretung des Herausgabeanspruchs und der Übertragung des Eigentums an der Sache bestehen. Der Eigentümer kann sich unproblematisch hierauf einlassen (Roth 502).

Für den Fall, daß schon im Prozeß gegen den nachlässigen Verwahrer feststeht, daß **31** die Sache untergegangen ist, ist für die Abwicklung der Schadensersatzansprüche gegen ihn (§§ 280, 823) und den Dieb (§§ 823, 992) die Anwendung der Gesamtschuldregeln vorzuziehen (generell für diesen Weg Stamm 76 ff). Für die Anwendung des § 255 besteht kein Bedürfnis (Roth 501 f), da die für § 255 typische Unsicherheit über das Schicksal der Sache gerade nicht besteht. Auch im Wege der Gesamtschuld ist ein Totalregreß des nachlässigen Verwahrers gegen den Dieb möglich (§§ 426 Abs 1, Abs 2 S 1, 254). Gleiches gilt, wenn im Prozeß des Eigentümers gegen den Verwahrer das Schicksal der Sache noch ungewiß gewesen ist, sich später im Folgeprozeß des Verwahrers gegen den Dieb oder dessen Abnehmer herausstellt, daß die Sache im Zeitpunkt der Abtretung nach § 255 bereits untergegangen war, so daß die Abtretung und Eigentumsübertragung ins Leere ging. Auch in diesem Fall greifen die Legalzessionsregeln des § 426, so daß der Verwahrer den Schadensersatzanspruch schon kraft Gesetzes erworben hat (Roth 502).

4. Eigentumsbeeinträchtigung durch bloße Beschädigung der Sache

§ 255 spricht nur vom Verlust einer Sache oder eines Rechts. Die **bloße Beeinträchti-** **32** **gung**, etwa die Beschädigung einer Sache ohne Besitzverlust (zur Beschädigung nach Besitzverlust so Rn 22) ist vom **Wortlaut** der Bestimmung **nicht** erfaßt. Sind mehrere Personen nebeneinander ursächlich und verantwortlich für eine Sachbeschädigung, so greifen die Gesamtschuldregeln. Ermöglicht etwa der Entleiher fahrlässig, daß ein Dritter die entliehene Sache beschädigt, so haften beide als Gesamtschuldner. Daß uU der eine Anspruch auf Vertrag, der andere auf Delikt beruht, steht der Annahme einer Gesamtschuld nicht entgegen (BGHZ 59, 97, 101 Palandt/Thomas § 840 Rn 3; Soergel/Wolf § 421 Rn 6). Im Innenverhältnis zwischen den beiden kann der größere Verursachungs- und Verantwortungsbeitrag des einen über §§ 426 Abs 1, 254 ausgeglichen werden (Stamm 78 ff; aA für Anwendung des § 255: Staudinger/Selb [1995] § 255 Rn 13). Bei Anwendung des § 255 wären dagegen Differenzierungen in der Verantwortlichkeit im Wege eines Teilregresses nur über § 242 möglich (Lange § 11 B II).

5. Rechtsverlust

Geht es um den **Verlust eines Rechtes**, so gilt grundsätzlich dasselbe wie beim Verlust **33** einer Sache. Wer für den Verlust eines Rechts Schadensersatz zu leisten hat, muß den vollen Rechtswert leisten gegen Abtretung der Ansprüche, die dem Ersatzberechtigten auf Grund des Rechts gegen Dritte zustehen. Der Ersatzverpflichtete trägt das Risiko, diese Ansprüche gegen Dritte durchsetzen zu können. Nach der von Stamm vertretenen Konzeption, der in § 255 einen reinen „Übereignungsregreß" sieht, dürfte § 255 trotz seines Wortlauts auf den Rechtsverlust überhaupt nicht anwendbar sein (zurückhaltender aber Stamm 31 Fn 3).

§ 255 gibt dem Ersatzverpflichteten ein Recht auf **Abtretung** des dinglichen oder **34**

obligatorischen Anspruchs und damit zur **Übertragung des Rechts selbst** (aA
STAUDINGER/SELB [1995] § 255 Rn 16: auch insoweit gebe es keinen Abandon). Unstreitig ist
das bei Rechten, die letztlich zur Geldleistung führen, da sie wegen des reinen Geld-
wertinteresses des Gläubigers mit der erlangten Ersatzleistung übereinstimmen.

35 Der Rechtsverlust kann **dingliche oder obligatorische Rechte** betreffen (RG LZ 1914,
1543 Nr 3). Von einem *Verlust* ist zu sprechen, wenn das Recht etwa mit der Sache, an
der es bestand, möglicherweise *tatsächlich* untergegangen ist; auch dann, wenn das
Recht durch Genehmigung der Verfügung eines Nichtberechtigten (§ 185 Abs 2) auf
einen anderen Inhaber übergegangen ist, so daß an die Stelle des Rechts der Bereicherungsanspruch aus § 816 getreten ist, oder ein Dritter eine Sache lastenfrei
erworben hat. Dem vollen Rechtsuntergang ist gleichzuachten, wenn eine *dauernde
Einrede* seine Durchsetzung hindert. Rein tatsächlich kann ein *Recht* auch dadurch
verlorengehen, daß mit seiner Durchsetzung nicht mehr gerechnet werden kann, der
Schuldner etwa illiquid geworden ist (OLG Bamberg OLGZ 1976, 447, 450 ff; PALANDT/
HEINRICHS § 255 Rn 6; MünchKomm/OETKER § 255 Rn 11; STAUDINGER/SELB [1995] § 255
Rn 11). Die bloße Entwertung einer Forderung wird zwar ebenso wie die bloße Sachbeschädigung vom Wortlaut des § 255 nicht erfaßt. Allerdings können Verlust und
bloße Beeinträchtigung (Entwertung) eines Rechts in ihren Folgen nicht voneinander geschieden werden.

36 Abzutreten sind Zug um Zug gegen vollen Wertersatz Rechte, die an die Stelle des
verlorengegangenen Rechts getreten sind; insofern gilt nichts anderes als beim Sachverlust. Abzutreten sind im Falle der Entwertung aber *auch die entwerteten Rechte*
gegen Dritte selbst.

III. Geltendmachung des Rechts auf Abtretung

37 Die **Regreßtechnik**, deren sich die Bestimmung des § 255 bedient, ist seit der römischen Klassik bekannt (vgl STAUDINGER/SELB [1995] § 255 Rn 4). Der Ersatzpflichtige
leistet ohne Einrede einer Vorausklage (RG WarnR 1909 Nr 482) vollen Ersatz für
den Sach- oder Rechtswert, erhält selbst aber durch Zession die Möglichkeit der
riskanten Liquidation und trägt damit im Ergebnis das Liquidationsrisiko.

38 Der Ersatzpflichtige **kann die Abtretung möglicher Ansprüche verlangen** (RG JW 1937,
2776; BGHZ 6, 55, 61 = NJW 1952, 869 f; LM § 255 Nr 8 = NJW-RR 1990, 407 f; BLEY JW 1937,
2776 f). Den **Nachweis, daß solche Ansprüche tatsächlich bestehen**, hat der Zessions-
berechtigte nicht gegenüber dem zur Zession Verpflichteten zu führen, sondern erst
im Verfahren gegen den aus der abgetretenen Forderung Verpflichteten (BGH NJW-
RR 1990, 407 = WM 1990, 723, 725 = WuB/E IV A. § 255 1 90 m Anm EMMERICH). Allerdings
müssen ähnlich wie bei der Forderungspfändung die behaupteten Ansprüche inhaltlich und nach der Person des Schuldners hinreichend bestimmt sein. Die hinreichende Bestimmung der möglichen Forderung im Zessionsvertrag oder im Urteil,
das die Zug-um-Zug-Leistung formuliert, kann Probleme bereiten (BLEY aaO). Sache
des Ersatzpflichtigen ist es dabei, darzulegen, welche Ansprüche der Geschädigte
abtreten soll (RG Recht 1922 Nr 201).

39 Bei **Teilersatz**, aber voller Ersatzpflicht, kann keine Teilabtretung verlangt werden,
da die Teilzession den Zessionar in die Lage versetzen würde, dem Gläubiger bei der

Durchsetzung seiner Restforderung Konkurrenz zu machen. Das in *Legalzessions-fällen* (§ 268 Abs 3 S 2; vgl § 268 Rn 21 ff) geltende Prinzip nemo subrogat contra se – niemand läßt ein Recht so auf einen andern übergehen, daß der ihm verbleibende Teil des Rechts dadurch geschmälert werden kann – ist auch auf die Zessions*pflicht* nach § 255 anzuwenden. Ist aber bei *voller Ersatzleistung* durch den Verpflichteten die abzutretende Forderung umfangreicher (etwa wegen Minderung der Ersatz-pflicht des Verpflichteten nach § 254), so bestehen gegen die Teilabtretung keine Bedenken.

Der Ersatzpflichtige hat die **Einrede des Zurückbehaltungsrechts aus § 273**, um die **40** Abtretung zu erzwingen (RGZ 59, 367, 371; MünchKomm/OETKER § 255 Rn 13). Die Zes-sions*pflicht* und das Zurückbehaltungs*recht* schließen nicht aus, daß der zum Ersatz Verpflichtete leistet, ohne auf der Abtretung des Herausgabeanspruchs zu bestehen. Die **Abtretung** ist **zwar notwendig, aber doch gewillkürt**; sie geschieht – anders als im Falle des § 426 Abs 2 S 1 – nicht kraft Gesetzes. Die Rechtsprechung läßt es daher zu, daß der Ersatzverpflichtete, der schon geleistet hat, die **Abtretung noch nachträglich** geltend macht (RGZ 117, 335, 338; BGHZ 52, 39, 42; zust SOERGEL/MERTENS § 255 Rn 8; ESSER/SCHMIDT Rn 12). In der Unterlassung der Einrede des Zurückbehaltungsrechts ist keineswegs ein Verzicht auf die Abtretung zu erblicken (RGZ 117, 335, 338; BGHZ 52, 39, 42). Stets ist die Abtretung jedoch eine *Folge* dessen, daß der Ersatzberechtigte seine Ansprüche *geltend macht* oder *bereits geltend gemacht hat*. Der Ersatzpflichtige hat nicht etwa seinerseits das Recht, die Abtretung Zug um Zug gegen Ersatzleistung zu verlangen (LG Berlin NJW 1958, 1877 f).

Die **Abtretbarkeit der Ansprüche** des Ersatzberechtigten beurteilt sich zwar nach **41** § 400, doch wird sie dem Sinn der Abtretungsverbote entsprechend entgegen § 400 zulässig sein, wo der Ersatzverpflichtete gerade für die Liquidation der abzutreten-den Ansprüche eintritt (vgl STAUDINGER/BUSCHE [1999] § 400 Rn 11 f; insbes für § 255: BGHZ [GS] 13, 360, 369). Deshalb kann ein Unterhaltsverpflichteter trotz der Beschränkung der Abtretbarkeit sozialrechtlicher Ansprüche in § 53 Abs 2 SGB I die Abtretung des Anspruchs auf eine beantragte Erwerbunfähigkeitsrente verlangen, wenn diese seine Unterhaltspflicht entfallen läßt (**aA** BGH NJW 1983, 1481 f, der vorschlägt, der Unterhalts-pflicht könne durch ein Darlehen genügt werden, auf dessen Rückzahlung im Falle einer endgültigen Ablehnung des Rentenantrags und damit fortbestehender Bedürftigkeit verzichtet werde. Zur Siche-rung des Rückzahlungsanspruchs sei der Anspruch auf Rentennachzahlung abzutreten).

Die Durchsetzung eines vorgeblich „nach § 255 abgetretenen Anspruchs" kann daran **42** scheitern, daß sich aus dem Verhältnis des Zessionars, der Schadensersatz geleistet hat, und dem Dritten etwas anderes ergibt. Haftet ein Notar wegen vereinbarungs-widriger Auszahlung der ihm von der Bank treuhänderisch zur Verfügung gestellten Gelder an den Grundstücksverkäufer sowohl gegenüber dem Käufer als auch gegen-über der Bank und begleicht der Notar seine Schadensersatzverpflichtung gegenüber der Bank, worauf diese ihm ihre Darlehensforderung gegen den Käufer „ent-sprechend § 255" abtritt, kann er diese nicht gegen den Käufer durchsetzen (OLG Hamm WM 1999, 491, 493 f). Wenn das OLG feststellt, die Abtretung des Anspruchs nach § 255 solle nicht zu einer materiell-rechtlich endgültigen Zuweisung von Forde-rungen führen, soweit sich aus dem Verhältnis der Beteiligten, die hier Gesamt-schuldner seien, untereinander etwas anderes ergebe (OLG Hamm WM 1999, 491, 494), so ist daran richtig, daß § 255 nichts darüber aussagt, wie die Risikozuweisung zwischen verschiedenen Schuldnern aussieht, diese vielmehr voraussetzt. Die Abtretung des Anspruchs an den Notar, der letztlich den entstandenen Schaden zu tragen hatte, war in der Sache richtigerweise keine Abtretung nach § 255, weil dessen Voraussetzungen nicht vorlagen (kritisch zur Anwendung des § 255 auch MAASS WuB/E IV A 255 BGB 1 99).

43 Mit der Abtretung des Herausgabeanspruchs erwirbt der Ersatzpflichtige gemäß §§ 929, 931 das Eigentum (so Rn 21). Erlangt der Ersatzberechtigte den Besitz der **Sache, nachdem er den** Herausgabeanspruch an den Ersatzverpflichteten abgetreten hatte, wieder, so kann der Ersatzpflichtige die *Herausgabe der Sache* aus § 985 verlangen, nicht aber seine Schadensersatzleistung zurückfordern. Dem Ersatzberechtigten ist das Recht zuzubilligen, Zug um Zug gegen Rückgewähr der Schadensersatzleistung, die Rückübereignung der Sache zu verlangen (wie hier SOERGEL/MERTENS § 255 Rn 9 mwN; BAMBERGER/ROTH/GRÜNEBERG § 255 Rn 10; aA für Rückgewähr der Ersatzleistung MünchKomm/OETKER § 255 Rn 14 mwN; s auch oben Rn 22).

44 Hat der Ersatzberechtigte den Herausgabeanspruch noch nicht abgetreten und erlangt den Besitz der **Sache wieder**, so verbleibt sie bei ihm als dem bisherigen Eigentümer. Da der Ersatzpflichtige seiner Schadensersatzverpflichtung unter der nicht zur Bedingung erhobenen Voraussetzung genügt hat, der Berechtigte werde die Sache selbst nicht mehr zurückerlangen, kann er die **Ersatzleistung** nach den §§ 812 ff **kondizieren** (RGZ 108, 110, 112; KAPPESSER HansRGZ 1926, 121; SOERGEL/MERTENS § 255 Rn 9; aM WEIMAR JR 1959, 92).

IV. Analoge Anwendung des § 255

45 Die Rechtsprechung wendet § 255 im Falle konkurrierender Schadensersatzansprüche zuweilen **analog** an (zust STAUDINGER/SELB [1995] § 255 Rn 20, demzufolge das allgemeine Prinzip der Zuweisung des Liquidationsrisikos durch § 255 notwendigerweise weit über den Schadensersatz wegen Sach- und Rechtsverlustes hinausreichen müsse; grundsätzlich gegen eine analoge Anwendung des § 255 STAMM 337). Abzutreten sind danach auch Ansprüche, die nicht „auf dem Eigentum beruhen", wie es für § 985 unstreitig ist und für die §§ 986 ff, § 816, §§ 951, 812 hier bejaht wurde. Es wird damit eine Lücke im Regreßsystem geschlossen, die vorliegt, wenn weder § 255 direkt noch eine spezielle Legalzessionsnorm eingreift und auch die Regeln über die Gesamtschuld nicht greifen, weil es etwa an der inneren Verbundenheit der Forderungen oder der Gleichstufigkeit oder Gleichrangigkeit der Verpflichtungen im Außenverhältnis fehlt, die als notwendige Merkmale einer Gesamtschuld verstanden werden. Wer dagegen die Gesamtschuld als allgemeine Ausgleichs- und Regreßregelung begreift, deren Begriff sich allein aus § 421 S 1 ergibt, kann auf eine analoge Anwendung des § 255 verzichten (STAMM 54 ff). Ist die Gleichstufigkeit der Haftung keine Tatbestandsvoraussetzung der Gesamtschuld, kann etwa der in RGZ 82, 206 behandelte Dombrandfall – das Reichsgericht begründete seine Entscheidung noch über Geschäftsführung und ungerechtfertigte Bereicherung – über die §§ 421 ff gelöst werden (STAMM 96 ff; ders Jura 2002, 730, 372; dagegen für eine Analogie zu den Legalzessionsvorschriften [cessio legis des Anspruchs gegen den Brandstifter auf den kirchenbaulastpflichtigen Fiskus] THIELE 154; LARENZ I § 32 II; für eine Analogie zu § 255 STAUDINGER/SELB [1995] § 255 Rn 43; ders, Schadensbegriff und Regreßmethoden 77).

46 Nach **aA** ist der analogen Anwendung der Bestimmung über die notwendige Zession eine **Gesamtanalogie zu den Legalzessionsvorschriften**, etwa den §§ 67 VVG, 116 SGB X uam, vorzuziehen (ROTH 510; THIELE 154). De lege ferenda empfehle es sich ohnehin, auch in Fällen des § 255 den Anspruch kraft Gesetzes übergehen zu lassen; einen einleuchtenden Grund für den unterschiedlichen rechtstechnischen Weg des § 255 und der cessio legis gebe es nicht (MünchKomm/OETKER § 255 Rn 20; auch die Vermeidung einer Eigentümergemeinschaft ist wegen § 426 Abs 2 S 2 kein zwingendes Argument, vgl STAMM 86). Zuzustimmen ist dem jedenfalls, soweit sich aus dem Charakter einer Verpflichtung als Versicherungs-, Sozial- oder Fürsorgeleistung (vgl dazu SELB VersR 1964 Beiheft 9 ff) ergibt, daß der Gläubiger vorrangig auf diese zugreifen können soll und den Ersatzverpflichteten das Liquidationsrisiko im Regreß trifft. Hier kommt eine Analogie zu den Legalzessionsvorschriften zugunsten der Schadensversicherer nach § 67 VVG (vor Einführung der Bestimmung griff man auf § 255 zurück: RGZ 53, 327, 328 f; RG JW 1902 Beil 245 Nr 138), der Sozialversicherer (§ 116 SGB X), der Fürsorge bietenden Dienstherren (§ 87a BBG und entspr LBG), der zur Gehaltsfortzahlung verpflichteten Arbeitgeber (§ 6 EntgFZG) in Betracht. Eine Analogie zu § 67 VVG kommt etwa in Frage, wenn Rechtsschutzversicherer und Kostenschuldner nebeneinander stehen (BELZER MDR 1961, 910; STROM NJW 1961, 1198; WUSSOW NJW 1961, 1697 ff); zur Analogie zu § 87a BBG für Beihilfeleistungen: WILTS VersR 1966, 13 ff. Zum Dombrandfall (RGZ 82, 206) THIELE 154; LARENZ I § 32 II und oben Rn 45.

Rechtsprechung: Hat ein Inkassounternehmer **Schadensersatz für eine verlorengegangene Wechselurkunde** zu leisten, so besteht der Schaden nicht schlechthin im Verlust der Wechselforderung. Der Inkassounternehmer muß zwar zum Nominalwert der Wechselforderung Schadensersatz leisten, soll aber letztlich nur das Risiko für die sich aus den Art 39 und 90 WG ergebende Verzögerung der Einziehung samt allen Liquidationsrisiken, die daraus folgen, tragen (RG JW 1906, 109 f). Aus der Überbürdung der *Liquidationsrisiken* folgt in analoger Anwendung von § 255, daß die volle Ersatzleistung nur Zug um Zug gegen Abtretung der Forderung, deren Einziehungsrisiko überbürdet wird, zu erbringen ist. Nicht entscheidend ist – wie das RG aaO betont –, daß von einem endgültigen *Verlust* der Wechselforderung nicht die Rede sein konnte (dagegen für eine direkte Anwendung des § 255: LANGE § 11 B III; SOERGEL/MERTENS § 255 Rn 7; MünchKomm/OETKER § 255 Rn 11). **47**

Haftet eine **Bank** auf **Schadensersatz wegen verzögerlicher Scheckeinlösung** – das Schuldnerkonto wurde mittlerweile gesperrt – (BGHZ 6, 55, 61 = NJW 1952, 869, 870 = LM Nr 2 zu § 276 [Cc] m Anm v LERSCH), so besteht der Schaden wie im Fall des Wechselverlustes in der Erschwerung der Rechtsverfolgung. Es tritt kein Rechtsverlust ein. Daher wendet der BGH § 255 zu Recht nur analog an (aA für direkte Anwendung: SOERGEL/MERTENS § 255 Rn 7; MünchKomm/OETKER § 255 Rn 11, weil § 255 keinen endgültigen Verlust voraussetze). **48**

Hat ein Vertragspartner **vertragliche Ansprüche auf Schadensersatz**, weil er **veranlaßt** wurde, einem anderen ein **Darlehen zu gewähren**, das nicht zurückgezahlt wurde, so besteht der Schaden im Risiko der Einbringbarkeit, nicht im Nominalwert der Darlehensforderung. Das kommt in der Entscheidung des RG DR 1941, 1959, 1961 zum Ausdruck, wenn es heißt, der Schaden werde jedenfalls durch eine Darlehensrückzahlung gemindert. Das RG wendet § 255 an (ähnlich OLG Bamberg OLGZ 1976, 447, 451); der Ersatzpflichtige muß nur Zug um Zug gegen Abtretung der bisher uneinbringbaren Darlehensforderung leisten (zust PALANDT/HEINRICHS § 255 Rn 6; MünchKomm/ **49**

OETKER § 255 Rn 11, die die Zahlungsunfähigkeit des Schuldners als Rechtsverlust iS des § 255 werten). Entscheidend ist für die analoge Anwendung, daß der Ersatzpflichtige gerade dafür einzustehen hat, daß der Ersatzberechtigte an Stelle eines greifbaren Vermögenswertes nur noch riskante Ansprüche aus besonderer schuldrechtlicher Beziehung – sei es aus §§ 823 ff, sei es aus Vertrag – hat.

50 Der Anspruch des durch Diebstahl, Brandlegung, Sachbeschädigung usw Geschädigten aus seiner **Versicherung** ist kein mit einem besonderen Liquidationsrisiko behafteter Anspruch; die Deckungspflicht des Versicherers beruht auf Vertrag und Prämienzahlung (RGZ 108, 110 zur Diebstahlsversicherung). Vor allem aber wird § 255 durch die Legalzessionsnorm des § **67 VVG** verdrängt, die die Verteilung des Risikos abschließend regelt. Der Dieb, Brandstifter, Unfallverursacher usw muß nicht etwa nur gegen Abtretung der Ansprüche aus dem Versicherungsvertrag zahlen (BGH VersR 1965, 523, 524 zur Kfz-Haftpflichtversicherung; PALANDT/HEINRICHS § 255 Rn 9, die maßgeblich darauf abstellen, daß der Anspruch gegen die Versicherung auf dem Versicherungsvertrag und nicht auf dem Eigentum an der Sache beruht).

51 Haften **Mitglieder eines Gläubigerausschusses** auf **Schadensersatz**, weil sie es *ermöglicht* haben, daß der Insolvenzverwalter Mittel aus der Insolvenzmasse an andere Insolvenzmassen verschob (§ 71 InsO), so besteht der Schaden im Risiko, die Mittel wieder zurückzuführen. Die Mitglieder des Gläubigerausschusses sind analog § 255 nur Zug um Zug gegen Abtretung der Bereicherungsansprüche gegen die anderen Insolvenzmassen zum Schadensersatz verpflichtet (die „direkte" Anwendung des § 255 in RG JW 1937, 2776 f, weil bei Bargeldtransaktionen Sachverlust anzunehmen sei, wird von BLEY JW 1937, 2778 f zu Recht begriffsjuristisch genannt).

52 Hat ein **Verkäufer** den erlangten **Kaufpreis zurückzugewähren**, weil der Vertrag wegen arglistiger Täuschung angefochten wurde (§§ 123, 142, 812), und hat **daneben der täuschende Vermittler** dem Käufer nach §§ 823 Abs 2, 826 **Schadensersatz zu leisten**, so sind Verkäufer und Vermittler hinsichtlich der Kaufpreisrückzahlung nicht Gesamtschuldner (OLG Karlsruhe MDR 1968, 755 f). Der Schaden des Käufers besteht darin, daß er einen Bereicherungsanspruch statt Geld hat, dessen Verwirklichung offen ist. Der Vermittler ist nur zum Schadensersatz Zug um Zug gegen Abtretung des Bereicherungsanspruchs verpflichtet.

53 **Haftet eine Bank wegen nicht anlegergerechter Beratung** bei Zeichnung einer Bond-Anleihe, kann der Schadensersatzanspruch gegen die Bank nach einer Entscheidung des OLG Braunschweig (ZIP 1993, 1462, 1466) nur Zug um Zug gegen Herausgabe etwaiger Prospekthaftungsansprüche gegen die Emittentin der Anleihe nach § 255 geltend gemacht werden. Auch eine nur analoge Anwendung des § 255 ist bedenklich, weil doch auch ein Gesamtschuldverhältnis zwischen beratender Bank und Emittentin nahegelegen hätte und nichts dazu gesagt ist, warum der beratenden Bank über § 255 ein Totalregreß gegen die Emittentin möglich sein soll.

54 **Hat** die **Hinterlegungsstelle zu erfüllen**, der **Gläubigerausschuß** aber nach § 89 KO (jetzt § 71 InsO) **Schadensersatz zu leisten**, weil die Erfüllung durch die Hinterlegungsstelle nicht gesichert war (RGZ 149, 182, 186), so bestand der vom Gläubigerausschuß zu vertretende Schaden lediglich im Liquidationsrisiko. Die Mitglieder des Ausschusses schuldeten Zahlung Zug um Zug gegen Abtretung der Ansprüche gegen

die Hinterlegungsstelle. Die Bestimmung des § 255 wurde analog angewandt. Ähnlich BGH NJW 1970, 461 = JZ 1970, 579 m zust Anm THIELE, wo ein Steuerberater Dritten zu hohe Gewinnanteile auszahlte; anders dagegen BGHZ 27, 241, 249, wo die Bank die Überweisung an eine Hinterlegungsstelle nicht verhinderte und dafür ersatzpflichtig war; hier stützte der BGH seine Entscheidung auf den Gedanken der Vorteilsausgleichung (Schadensersatz nur gegen Herausgabe der Vorteile, die mit dem schädigenden Ereignis in adäquatem Zusammenhang stehen), nicht auf § 255.

Ein **Konkursverwalter**, der unter Verstoß gegen § 170 KO die **Konkursmasse** durch **55** Zahlungen **verkürzte**, schuldete in der Weise Schadensersatz, daß ihm entsprechend § 255 das Recht auf Abtretung der Bereicherungsansprüche gegen die Empfänger der Zahlungen zustand (BGH DB 1989, 2375, 2377). Gleiches gilt für den Insolvenzverwalter, der sich bei der Verteilung der Insolvenzmasse schadensersatzpflichtig macht.

Schuldet der **Vertragspartner** einer Genossenschaft **Erfüllung** eines Kaufvertrages, ein **56** **Dritter aber** *wegen dieses Kaufvertragsabschlusses* der Genossenschaft **Schadensersatz** nach §§ 34 Abs 3 und 41 Abs 3 GenG, und besteht der Schaden der Genossenschaft im Risiko, Erfüllung vom Vertragspartner zu erlangen, so ist § 255 auf die Schadensersatzpflicht des Dritten analog anzuwenden (RG JW 1938, 516).

Schuldet ein **Darlehensnehmer Rückzahlung eines Darlehens**, der Notar aber, der die **57** Sicherung seines Klienten, des Darlehensgebers, versäumt hat, **Schadensersatz wegen fehlender Sicherheit**, so besteht der Schaden im Liquidationsrisiko für die Darlehensrückzahlung. Es liegt keine Gesamtschuld vor; vielmehr ist wegen der abgestuften Haftung § 255 anzuwenden, der Notar nur Zug um Zug gegen Abtretung der Darlehensforderung zu Schadensersatz verpflichtet (BGH NJW 1967, 930, 931).

Schuldet ein Steuerberater oder Steuerbevollmächtigter seinem Auftraggeber wegen **58** der **auf falscher Gewinnberechnung beruhenden überhöhten Auszahlung** Schadensersatz, so besteht der Schaden nur im Risiko, den Rückzahlungsanspruch nach §§ 30, 31 GmbHG zu verwirklichen (Fall aus BGH NJW 1982, 1806 = WM 1982, 488; dort wird die Anwendung des § 255 offengelassen).

Zahlt ein **Notar** unter Verletzung eines **Treuhandvertrages** aus einem Anderkonto **59** einen Kaufpreis aus, und löst damit weisungswidrig vorzeitig Grundpfandrechte an dem Kaufobjekt ab, so ist er, wenn der Kaufvertrag nicht zur Durchführung kommt, der finanzierenden Bank nach § 255 zum Schadensersatz nur Zug um Zug gegen Abtretung der Rückzahlungsansprüche gegen den Käufer und etwaiger Bereicherungs- und Aufwendungsersatzansprüche gegen den Verkäufer verpflichtet (BGH NJW-RR 1990, 407 f = MDR 1990, 711 f = BGH WuB/E IV A. § 255 1 90 [EMMERICH]).

Ist ein Land nach §§ 1 ff **StrEG** verpflichtet, einem freigesprochenen Inhaftierten **60** Entschädigung zu gewähren, und haftet daneben eine Bank dem Inhaftierten wegen unberechtigter Kündigung eines Kreditvertrages mit der Folge des Konkurses über sein Vermögen, so ist das Land nach § 255 nur Zug um Zug gegen Abtretung der Forderung gegen die Bank zur Entschädigung verpflichtet (BGHZ 106, 313, 320 f = LM StrEG Nr 14 = NJW 1989, 2127, 2128 = ZIP 1989, 715, 718 = EWiR § 255 BGB 1/89, 655, 656 [SELB]). Der BGH lehnt hier eine Gesamtschuld ausdrücklich ab und bejaht eine abgestufte Verpflichtung der beiden Schuldner, wie sie sonst in vergleichbaren Fällen durch eine

Legalzessionsnorm geregelt ist. Deshalb wäre eine Gesamtanalogie zu den Fällen der Legalzession auch vorzuziehen gewesen (ROTH 510; MünchKomm/OETKER § 255 Rn 20).

61 Wer nach § 945 ZPO zum Schadensersatz verpflichtet ist, weil er eine **einstweilige Anordnung** auf Zahlung von Wohngeldvorschüssen nach § 44 Abs 3 WEG vollstrekken läßt, die sich nachträglich als von Anfang an ungerechtfertigt erweist, kann von den Betroffenen grundsätzlich verlangen, daß ihm die Ansprüche auf Rückzahlung der Vorschüsse nach § 812 samt Zinsen abgetreten werden (BGH NJW 1993, 593, 594).

62 War ein **Vergleichsverwalter** nach § 42 VglO verpflichtet, einem Lieferanten (Neugläubiger) Schadensersatz zu leisten, weil er infolge der Nichtbegleichung der Schuld einfacher Konkursgläubiger geworden war, so konnte der Vergleichsverwalter nach § 255 Abtretung der Ansprüche des Lieferanten gegen die Konkursmasse verlangen (OLG Celle ZIP 1981, 1233, 1235).

63 Ist ein **Leasingnehmer** dem Leasinggeber ersatzpflichtig, weil er wahrheitswidrig den Empfang des Leasinggegenstandes vom Lieferanten bestätigt und damit den Leasinggeber zur Auszahlung des Kaufpreises an diesen Lieferanten veranlaßt hat, so kann er nach § 255 Abtretung der Erstattungsansprüche des Leasinggebers gegen den Lieferanten verlangen (OLG Düsseldorf NJW-RR 1990, 666).

64 Ein dem **Versicherten** zum Schadensersatz verpflichteter **Schiedsgutachter**, der einen Brandschaden zu niedrig eingeschätzt hat, haftet nur gegen Abtretung der Ansprüche gegen die Brandversicherung (OLG Hamm NJW-RR 1989, 681 f).

65 Erstattet ein Gutachter (Architekt) einer kreditgewährenden Bank **unrichtige Auskünfte** über den für die Kreditauszahlung bedeutsamen Baustand und erleidet die Bank einen Schaden in der Zwangsversteigerung, so kann sie vom Gutachter nach § 255 analog nur Schadensersatz Zug um Zug gegen Abtretung des Darlehensanspruchs verlangen (OLG Köln NJW-RR 1988, 335; dazu MÜSSIG NJW 1989, 1697 ff, 1701).

66 Hat der Geschädigte bei einem KfZ-Unfall **Mietwagenkosten** aufgewendet, die objektiv zu hoch sind, ihm aber mangels Verletzung seiner Schadensminderungspflicht voll zu erstatten sind, können der Schädiger und seine Haftpflichtversicherung in analoger Anwendung des § 255 Abtretung eventueller Schadensersatzansprüche des Geschädigten aus culpa in contrahendo, positiver Vertragsverletzung oder § 826 gegen den Autovermieter verlangen (BGH JZ 1996, 1075, 1077 = MDR 1996, 793, 794; LG Mainz ZfS 1994, 364; OLG Stuttgart NZV 1994, 313, 315; wohl auch OLG Frankfurt aM MDR 1995, 150, 151; zust KIRCHHOFF MDR 1999, 278; SCHIEMANN JZ 1996, 1077, 1078 zweifelt am Bestehen eines abtretungsfähigen Schadensersatzanspruchs; aA LG Essen NZV 1993, 355, 356).

67 Haben Bank und Kunde anteilig einen **zuviel überwiesenen Betrag** zu tragen, so hat die Bank **keinen Anspruch nach § 255 (analog)** gegen den Kunden auf Abtretung des Anspruches des Kunden gegen den Überweisungsempfänger auf Rückzahlung in Höhe des von ihr bezahlten Teils, sondern einen Anspruch auf Ausgleich des vom Kunden erzielten Erlöses aus der Durchsetzung des Rückzahlungsanspruches gegen den Überweisungsempfänger gemäß § 430 analog (OLG München ZIP 1995, 730, 732 f).

68 Ist eine **Bank zum Schadensersatz verpflichtet**, weil sie dem Vorbehaltsverkäufer gegenüber ihre **vertragliche Pflicht verletzt** hat, **die Verkaufserlöse auf einem Sonderkonto zu verwahren**, so haftet sie neben dem Verkaufskommissionär, der Verkaufserlöse veruntreut hat. Der BGH hat hier eine Gesamtschuld bejaht und die Anwendung des § 255 abgelehnt (BGHZ 59, 97, 102 f = NJW 1972, 1802; abl dazu Häsemeyer MDR 1973, 210; vgl auch Dilcher JZ 1973, 194 ff und Rüssmann JuS 1974, 292). Der BGH begründete die Annahme einer Gesamtschuld damit, die Bestimmung des § 426 gehe der des § 255 als „flexiblere" Regel vor. Der Vorteil des § 426 für den Gläubiger bestand im konkreten Fall darin, daß er bei seiner Rechtsverfolgung gegen die Bank keinerlei Pflichten gegenüber dem Verkaufskommissionär oblag, daher auch auf die Forderung gegen die Bank verzichten konnte. Wegen eines solchen Verzichts konnte die Forderung im konkreten Fall nicht mehr an den Verkaufskommissionär abgetreten werden und auch nicht kraft Gesetzes auf ihn nach § 426 Abs 2 übergehen. Sein Ausgleichsanspruch gegen die Bank nach 426 Abs 1 blieb davon unberührt.

Im Falle eines Kfz-Schadens darf der Geschädigte das beschädigte Fahrzeug zu dem **69** vom Sachverständigen ermittelten Restwert veräußern. Den Restwert muß sich der Geschädigte von seinem auf den Wiederbeschaffungswert gerichteten Anspruch gegen den Schädiger (bzw Haftpflichtversicherer) abziehen lassen. Um Streit mit dem Haftpflichtversicherer des Schädigers darüber zu vermeiden, ob jener über einen künstlich niedrig gehaltenen Restwert zu überhöhten Schadensersatzleistungen veranlaßt werden soll, kann der Haftpflichtversicherer in entsprechender Anwendung des § 255 Übernahme des beschädigten Fahrzeugs verlangen und dieses selbst verwerten (Grunsky JZ 1997, 826; so zum Schadensersatz „neu für alt" Rn 12).

Für die **Insolvenzverschleppungshaftung** des GmbH-Geschäftsführers wird in der **70** *Literatur* die analoge Anwendung des § 255 in zwei Fallgestaltungen befürwortet. Nimmt ein Insolvenzverwalter einen Geschäftsführer wegen Zahlungen, die geleistet werden, nachdem dieser einen Antrag auf Eröffnung des Insolvenzverfahrens hätte stellen müssen, nach **§ 64 Abs 2 GmbHG** in Anspruch, muß dieser nur gegen Abtretung des Rückgewähranspruchs aus § 143 InsO (§ 37 KO) leisten. § 129 InsO (§ 36 KO) ist teleologisch zu reduzieren, so daß auch der Geschäftsführer den abgetretenen Anspruch geltend machen kann (Glöckner JZ 1997, 625 ff: gegen Annahme eines Gesamtschuldverhältnisses; ähnlich schon Müller ZIP 1996, 1153 ff). Neugläubiger sollen in analoger Anwendung des § 255 ihren Kontrahierungsschaden (negatives Interesse) sogleich beim nach **§ 823 Abs 2 iVm § 64 Abs 1 GmbHG** persönlich haftenden Geschäftsführer (dazu grundsätzlich BGH ZIP 1994, 1103, 1110) geltend machen Zug um Zug gegen Abtretung ihrer auf das Erfüllungsinteresse gerichteten Insolvenzforderung an den Geschäftsführer (Altmeppen ZIP 1997, 1181 f, 1185; zust Meyke ZIP 1998, 1179). Nach BGHZ 146, 264, 279 sind etwaige Erstattungsansprüche der Masse in entsprechender Anwendung des § 255 Zug um Zug gegen Erfüllung des Ersatzanspruchs aus § 64 Abs 2 GmbHG an den Geschäftsführer abzutreten, wenn dieser verbotswidrig geleistete Zahlungen zu erstatten hat.

Eine **analoge Anwendung des § 255 auf andere als Schadensersatzpflichten** (Staudinger/ **71** Selb [1995] § 255 Rn 43) **ist abzulehnen**. Sie würde die Bestimmung entgegen anderslautender Beteuerung (Selb Rn 6) zu einer Generalregreßnorm machen für alle Fälle einer Schuldnermehrheit, in denen im Außenverhältnis gleichrangig gehaftet wird, der Gläubiger sich also an den einen oder an den anderen Schuldner halten kann, im Innenverhältnis aber nur ein Schuldner letztlich haften, der andere lediglich das

Liquidationsrisiko tragen soll. Das gleiche Ergebnis läßt sich auch über eine Anwendung der allgemeiner gefaßten Gesamtschuldregeln erreichen, wenn man nur die Anforderungen an die innere Verbundenheit der Forderungen niedrig hält oder ganz aufgibt (hierfür STAMM 37 ff). Haftet etwa der Werkbesteller neben dem Eigentümer (§§ 994 ff) wegen vom Unternehmer erbrachter Werkleistungen (Verwendungen), so liegt eine Gesamtschuld näher als eine analoge Anwendung des § 255 (FURTNER MDR 1962, 95, 97; aA STAUDINGER/SELB [1995] § 255 Rn 42; RAISER JZ 1958, 681, 685; aA auch BGHZ 146, 264, 279 zur entsprechenden Anwendung des § 255 im Falle eines Ersatzanspruchs nach § 64 Abs 2 GmbHG, der nach Auffassung des BGH gerade kein Schadensersatz-, sondern ein Ersatzanspruch eigener Art ist).

§ 256
Verzinsung von Aufwendungen

Wer zum Ersatz von Aufwendungen verpflichtet ist, hat den aufgewendeten Betrag oder, wenn andere Gegenstände als Geld aufgewendet worden sind, den als Ersatz ihres Wertes zu zahlenden Betrag von der Zeit der Aufwendung an zu verzinsen. Sind Aufwendungen auf einen Gegenstand gemacht worden, der dem Ersatzpflichtigen herauszugeben ist, so sind Zinsen für die Zeit, für welche dem Ersatzberechtigten die Nutzungen oder die Früchte des Gegenstands ohne Vergütung verbleiben, nicht zu entrichten.

Materialien: JAKOBS/SCHUBERT, SchR I 124.

Schrifttum

BEUTHIEN, Leistung und Aufwendung im Dreiecksverhältnis – Grenzen des Handelns im Doppelinteresse, JuS 1987, 841
BÖCKEL, Die Schadensersatzpflicht des Auftraggebers gegenüber dem Beauftragten, AcP 96 (1905) 376, 397
FUCHS, Haftung für Verwendungsersatzansprüche nach erfolgtem Rücktritt im Rahmen des § 327 S 2 BGB, NJW 1960, 2177
KÖHLER, Arbeitsleistungen als Aufwendungen, JZ 1985, 359

KREMER, Die Mitbürgschaft (1902) 141
LANGE, Schadensersatz § 25 II 3
MÜLLER, Der Anspruch auf Aufwendungsersatz im Rahmen von Schuldverhältnissen, JZ 1968, 769
vPETRAZYCKI, Einkommen II 105 ff, 163
SIMON, Geltendmachung des Verwendungsanspruchs (Diss Erlangen 1897)
vTUHR, Die actio de in rem verso (1895) 39.
Vgl auch das Schrifttum bei STAUDINGER/GURSKY (1999) Vorbem zu §§ 994 ff.

Systematische Übersicht

Alphabetische Übersicht

I.   Zweck der Vorschrift

Wie die vorausgehenden §§ 249–255 den Inhalt der Schadensersatzpflicht allgemein **1**
regeln, so geben auch die §§ 256–261 allgemein an, welchen *Inhalt* die dort angegebenen Ansprüche zentral oder in Randbereichen haben. In § 256 geht es um die
Verpflichtung zum Ersatz von Aufwendungen. § 256 setzt voraus, daß ein Aufwendungsersatzanspruch besteht, und ist Anspruchsgrundlage für die *Verzinsung* des auf
einer anderen Norm beruhenden Ersatzanspruches (SOERGEL/WOLF § 256 Rn 1; Münch-
Komm/KRÜGER § 256 Rn 1). Der Zinsanspruch soll dem zum Aufwendungsersatz Berechtigten einen Ausgleich dafür geben, daß er den aufgewendeten Geldbetrag oder
den ihm zustehenden Wertersatz für aufgewendete Gegenstände nicht zur seiner
Nutzung zur Verfügung hat. Der ihm selbst entgehende Zins erscheint als mitaufgewendet.

II.   Anwendungsbereich

Wann jemand zum Ersatz von Aufwendungen verpflichtet ist, bestimmt § 256 so wenig, **2**
wie die §§ 249–255 bestimmen, wann jemand zum Schadensersatz verpflichtet ist.
Zum Ersatz von Aufwendungen kann jemand auf Grund einer *Vereinbarung* (§ 652
Abs 2) oder auf Grund *gesetzlicher Vorschrift* verpflichtet sein. Das BGB stellt in
zahlreichen Fällen ausdrücklich eine Verpflichtung zum Ersatz von Aufwendungen
oder Verwendungen auf, so in den §§ 284 (Aufwendungsersatz an Stelle von Schadensersatz), 304 (Mehraufwendungen im Falle des Gläubigerverzugs), 347 Abs 2
(Verwendungen bei Unmöglichkeit der Rückgabe einer Sache im Falle des Rücktritts), 459 (Verwendungen auf den gekauften Gegenstand beim Wiederkauf), 526
(durch Vollziehung einer Auflage verursachte Aufwendungen bei Schenkung), 536a
Abs 2 (Aufwendungen bei Verzug des Vermieters bei Mängelbeseitigung), 539 (Ersatz sonstiger Aufwendungen des Mieters), 554 Abs 4 (Aufwendungen des Mieters
infolge zu duldender Erhaltungs- und Modernisierungsmaßnahmen des Vermieters),
581 Abs 2 (Pachtvertrag, verweist auf § 536a), 590b, 591 (notwendige und wertver-
bessernde Verwendungen des Pächters), 601 (Kosten zur Erhaltung der geliehenen
Sache als Verwendungen), 637 Abs 3 (erforderliche Aufwendungen bei Selbstvor-

nahme der Mängelbeseitigung beim Werkvertrag), 670 (Aufwendungen zum Zweck der Ausführung eines Auftrags), 27 Abs 3 und 86 (Aufwendungsersatz im Vereins- und Stiftungsrecht, verweisen auf § 670), 683 (Aufwendungen des Geschäftsführers), 693 (Aufwendungen des Verwahrers zum Zwecke der Verwahrung), 850 (Verwendungen auf die entzogene Sache), 970 (Aufwendungen des Finders), 994 ff (Verwendungen des Besitzers auf eine Sache), 292 Abs 2 (verweist auf §§ 994 ff), 1049 (Verwendungen des Nießbrauchers), 1216 (Verwendungen des Pfandgläubigers), 1445 (Verwendungen aus dem Gesamtgut in Vorbehalts- oder Sondergut), 1629a Abs 1 S 2 (Aufwendungen des volljährig Gewordenen bei Haftungsbeschränkung, Verweis auf §§ 1991, 1978, 670), 1648 (Aufwendungen für das Kind bei elterlicher Sorge), 1835 (Aufwendungen für das Mündel), 1978 Abs 3 (Aufwendungen des Erben bei Haftungsbeschränkung), 1991 (Aufwendungen des Erben bei Unzulänglichkeitseinrede, verweist auf § 1978), 2022 (Verwendungen des Erbschaftsbesitzers), 2124 (Aufwendungen des Vorerben), 2125 (Verwendungen des Vorerben auf die Erbschaft), 2185 (Verwendungen und Aufwendungen des mit einem Vermächtnis Beschwerten), 2218 (Aufwendungen des Testamentsvollstreckers wie eines Beauftragten), 2381 (Verwendungen des Erbschaftsverkäufers).

3 Darüber hinaus kann sich eine Verpflichtung zum Aufwendungs- oder Verwendungsersatz *in jedem Schuldverhältnis* ergeben (MÜLLER 769 ff). Für das HGB vgl die §§ 87d, 396 Abs 2 (Aufwendungen des Handelsvertreters, des Kommissionärs). Auch auf öffentlich-rechtliche Aufwendungsersatzansprüche aus Geschäftsführung ohne Auftrag gegen einen Träger öffentlicher Verwaltung ist § 256 anwendbar (BVerwG NJW 1989, 922, 924; allgemein zur Verzinslichkeit von Aufwendungen im öffentlichen Recht FRIEDRICHS ArchBürgR 42, 34). Nicht hierher gehören familienrechtliche Ausgleichsansprüche für Unterhaltsleistungen, die ein Verpflichteter für den anderen erbringt (BGH LM § 1606 Nr 27 = NJW 1989, 2816, 2818; MünchKomm/KRÜGER § 256 Rn 6). Ohne Bedeutung ist, ob es beim Aufwendungsersatz um Ansprüche oder um Abzugsposten geht, die einen anderen Anspruch mindern (GERNHUBER, Das Schuldverhältnis § 25 II 1).

4 **Was unter Aufwendungen zu verstehen ist**, sagt § 256 ebenfalls nicht. Sowohl der *Begriff* der Aufwendungen als auch der Begriff der Verwendungen, wie das BGB mitunter sagt, werden vom Gesetz *nicht bestimmt, sondern vorausgesetzt* (vgl Mot III 30, 411, dazu BÖCKEL 398). **Der Begriff der Aufwendungen ist weiter und umfaßt auch die Verwendungen.** Er ist nicht auf Auslagen und Kosten beschränkt, die *auf eine* Sache oder einen Gegenstand *verwendet werden*. Das BGB spricht von Verwendungen auf eine Sache und von Aufwendungen zu irgendeinem Zweck. Der Unterschied ist derselbe, den die gemeinrechtliche Wissenschaft durch *expensae* (Aufwendungen) und *impensae* (Verwendungen) im engeren Sinne bezeichnet (vgl auch WÄCHTER I § 67). Die Reparatur eines Hauses, das Düngen eines Feldes und wegen § 995 auch die Zahlung der auf einem Grundstück lastenden Abgaben (ebenso SOERGEL/WOLF § 256 Rn 3; aA STAUDINGER/SELB [1995] § 256 Rn 3) begründen also eine Verwendung. Eine Aufwendung, keine Verwendung liegt vor, wenn ein freiwilliges Vermögensopfer im Interesse eines anderen erbracht wird, das nicht einer Sache zugute kommt, zB Kosten für die Geltendmachung oder Erhaltung eines fremden Rechts (ebenso SOERGEL/WOLF § 256 Rn 3).

5 Aufwendungen sind nach der üblichen Definition **freiwillige Vermögensopfer für die Interessen eines anderen** (vgl STAUDINGER/WITTMANN [1995] § 670 Rn 1, 5; aA BEUTHIEN

JuS 1987, 841, 842, der auch das freiwillige Vermögensopfer im Eigeninteresse unter den Begriff Aufwendung faßt und die Interessen eines anderen erst bei der Frage des Aufwendungsersatzes relevant werden läßt; GERNHUBER, Das Schuldverhältnis § 25 I 1, der darauf hinweist, daß Verwendungen des redlichen unrechtmäßigen Eigenbesitzers auch dann Aufwendungen sind, wenn dieser sie allein im eigenen Interesse vornimmt). Im Einzelfall kommen in Frage: Geldaufwendungen, Sachaufwendungen, eingegangene Verpflichtungen, übernommene Belastungen, riskierte Schäden an Gesundheit (dazu su Rn 10) und Vermögen, uU kann auch ein aufgezehrter Gewinn berücksichtigt werden (MünchKomm/KRÜGER § 256 Rn 10 mwN). *Freiwillig* in diesem Sinne ist die Aufwendung, wenn sie auf einer *Leistung* beruht, mag ihr auch eine rechtliche Verpflichtung (zB Auftrag) oder eine sachliche Notwendigkeit zugrunde liegen. Dadurch unterscheidet sie sich vom deliktischen Zugriff durch einen Dritten. Im einzelnen bedeutet „Aufwendung" *nicht in jedem Zusammenhang dasselbe.* Der verschiedene Zweck der verschiedenen Aufwendungsersatz iwS anordnenden Anspruchsnormen erfordert verschiedene Auslegungen. Dazu sei auf die Erl zu den einzelnen Regeln über Aufwendungsersatz verwiesen. Zur Unterscheidung von Aufwendung und Zufallsschaden vgl STAUDINGER/WITTMANN (1995) § 670 Rn 5 und unten Rn 10.

Ob auch für den Einsatz der **eigenen Arbeitskraft** ein Aufwendungsersatzanspruch **6** besteht, richtet sich nach der für das Rechtsverhältnis maßgeblichen Anspruchsgrundlage (BGHZ 59, 328, 330; KÖHLER JZ 1985, 359 ff). Beim Auftrag ist wegen des unentgeltlichen Charakters die Arbeitsleistung nicht ersatzfähige Aufwendung iS des § 670 (ebenso SOERGEL/WOLF § 256 Rn 9; MünchKomm/KRÜGER § 256 Rn 9; einschränkend KÖHLER JZ 1985, 359, 360, der maßgeblich auf den wirklichen oder mutmaßlichen Parteiwillen abstellt). Bei der entgeltlichen Geschäftsbesorgung ist die Arbeitsleistung nicht ersatzfähige Aufwendung iS der §§ 675, 670, weil sie durch die Vergütung abgegolten ist. Sonst kann die Arbeitsleistung aber durchaus unter den Begriff der Aufwendung fallen (vgl DORN JZ 1964, 93, der Arbeitsleistungen im Rahmen der Geschäftsführung ohne Auftrag als Aufwendung iS der §§ 683, 670 ersetzen möchte).

Vorsorgeaufwendungen des Geschädigten vor dem Schadensereignis zur Abwehr **7** oder Minderung des Schadens fallen nicht unter § 256, da sie im eigenen Interesse getätigt werden (MünchKomm/KRÜGER § 256 Rn 6; SOERGEL/WOLF § 256 Rn 5; die Rechtsprechung hat aber solche Vorsorgeaufwendungen unter den zu ersetzenden Schaden gefaßt, BGH NJW 1960, 1339 = JZ 1960, 638; kritisch etwa MünchKomm/OETKER § 249 Rn 192 ff).

Keine eindeutige Aussage enthält § 256 dazu, ob, wenn **andere Gegenstände als Geld 8** aufgewendet worden sind, der Aufwendungsersatz in Natur oder in Geld zu gewähren ist. Die Formulierung „den als Ersatz ihres Wertes zu zahlenden Betrag", aus der verschiedentlich darauf geschlossen wird, daß Geldersatz zu leisten ist (LARENZ I § 13 I; ESSER/SCHMIDT I 1 § 13 III 1; PALANDT/HEINRICHS § 256 Rn 2), gibt nur den Bezugspunkt der Verzinsungspflicht bei Geldersatz an. Allerdings kann die Frage, ob Wertersatz oder Naturalersatz bei Aufwendungen zu gewähren ist, nicht den recht verschiedenen Regeln überlassen werden, die Aufwendungsersatz verfügen (so STAUDINGER/SELB [1995] § 256 Rn 6; MünchKomm/KRÜGER § 256 Rn 8), da diese in aller Regel zum Inhalt des Anspruchs keine explizite Aussage treffen. Auch ein Wahlrecht des Ersatzverpflichteten, in Geld oder in Natur zu leisten (SOERGEL/WOLF § 256 Rn 8) ist abzulehnen, da der vom Ersatzberechtigten aufgewendete Gegenstand, dem Interesse des Ersatzverpflichteten diente, für den Ersatzberechtigten aber von geringem oder keinem

Interesse sein kann. Vorzugswürdig ist daher die Auffassung, daß der Anspruch auf Aufwendungsersatz grundsätzlich auf Geldersatz gerichtet ist (BGHZ 5, 197, 199). Im Einzelfall, wenn zB wegen Währungsverfalls Geldersatz zu einer Entwertung des Aufwendungsersatzanspruches, wie er im Zeitpunkt der Aufwendung entstanden ist (dazu MünchKomm/KRÜGER § 256 Rn 10 mwN) führen würde, kann sich aus § 242 ein Aufwendungsersatzanspruch in Natur (Sachersatz für Sachaufwendungen) ergeben (OLG Braunschweig MDR 1948, 112 = BB 1947, 349 [Nr 862]; MünchKomm/KELLER³ § 256 Rn 5; PALANDT/HEINRICHS § 256 Rn 2; BAMBERGER/ROTH/GRÜNEBERG § 256 Rn 7; SCHREIBER Jura 1997, 443; ERMAN/KUCKUK § 256 Rn 6: Entscheidend sei der Zweck des § 256, dem Ersatzberechtigten einen wirtschaftlich möglichst vollwertigen Ersatz seiner Aufwendungen zu gewährleisten).

9 Zu Unrecht wandte das OVG Münster (JZ 1960, 545 f) die Bestimmung auf die Schadensersatzpflicht des zu Unrecht vollstreckenden Beamten (§ 945 ZPO) an, um zur Verzinsung der Gehaltsüberzahlung zu gelangen (abl Anm BETTERMANN JZ 1960, 545: § 291).

10 Die sogenannten **Rettungsschäden** (Selbstopferung) fallen zwar unter die Aufwendungen, nicht aber unter die Schäden nach §§ 249 ff (so schon RGZ 167, 85, 89; jetzt BGHZ 38, 270, 277; vgl zu § 670 CANARIS NJW 1963, 655 ff; zu **betrieblich veranlaßten Eigenschäden** des Arbeitnehmers, die analog § 670 ersatzfähig sind: BAGE 12, 15 = NJW 1962, 41 = AP Nr 2 zu § 611 BGB Gefährdungshaftung; BAGE 59, 203, 206 = NZA 1989, 148 = AP Nr 7 zu § 611 BGB Gefährdungshaftung; s auch REICHHOLD NZA 1994, 488 ff). Von „Wertersatz" kann aber dort nicht die Rede sein, wo keine „Gegenstände" aufgewendet (§ 256), sondern das Risiko der Gesundheitsbeschädigung oder gar des Todes übernommen wurde, das sich dann verwirklichte. § 256 könnte allenfalls entsprechend angewendet werden, der einzusetzende „Wert" müßte materiell nach den Vorschriften der §§ 249 ff bestimmt werden. Dagegen spricht, daß im Schadensersatzrecht die Verzinsung (§ 849) genau wie im Regelfall des § 256 auf den Tatbestand des *Verlustes* oder der *Beschädigung von geldwerten Sachen* beschränkt ist. Maßgeblich für den Zinsanspruch des § 849 ist idR der Zeitpunkt des Schadensereignisses. Neben den Zinsen kann eine Nutzungsausfallentschädigung nicht verlangt werden (BGHZ 87, 38, 42). Das kommt in § 256 S 2 nochmals in dem Gedanken zum Ausdruck, daß Zinsen die Alternative zur Nutzung sind.

III. Anspruch auf Verzinsung

11 Nach § 256 **schließt die** nach den einzelnen Vorschriften bestehende Verpflichtung zum Ersatz von Aufwendungen die **Verpflichtung zur Zinszahlung** ein. Der Zinsanspruch hat deshalb den Verzug des Ersatzpflichtigen nicht zur Voraussetzung (RG Recht 1921 Nr 1605; WarnR 1931 Nr 191). Die Verzinsung beginnt mit dem Tage der Aufwendung. Der Zinsfuß bestimmt sich nach § 246 (4%), bei beiderseitigen Handelsgeschäften nach § 352 HGB (5%), beginnend mit dem Zeitpunkt der Aufwendung. Spätere Geldentwertungen oder Werterhöhungen bleiben unberücksichtigt (KRESS § 17 I b; MünchKomm/KRÜGER § 256 Rn 10). Soweit Aufwendungen nur in einem beschränkten Umfange, insbesondere nur für den Betrag zu erstatten sind, um den der Wert des Gegenstandes erhöht ist (zB §§ 500 S 1, 591 Abs 1 aE, 996, 2381 Abs 2), ist selbstverständlich auch die Zinsverbindlichkeit auf den wirklich zu erstattenden Betrag beschränkt (FRIEDRICHS ArchBürgR 42, 34). Wird ein Geldbetrag aufgewendet, der aus einem Darlehen stammt, so sind die Darlehenszinsen selbst Teil des Auf-

wandes; § 256 gilt für die Aufwendung eigener Barmittel (BVerwG NJW 1989, 922, 924).

Für die Frage der *Verzinsung von zu erstattenden* **Prozeßkosten** auch über die späte **12** Verzinsung nach § 104 Abs 1 S 2 ZPO hinaus ist zu unterscheiden (MünchKomm/KELLER[3] § 256 Rn 4; SOERGEL/WOLF § 256 Rn 5). Wird ein Rechtsstreit in Ausführung eines Auftrags oder einer Geschäftsbesorgung geführt, zählen die Prozeßkosten zu den Aufwendungen iS von § 670. Die ratio legis des § 256, daß der dem Berechtigten entgehende Zins als mitaufgewendet erscheint, trifft hier zu; die Prozeßkosten sind daher zu verzinsen. Wird der Prozeß dagegen im eigenen Interesse geführt, macht der Umstand, daß ein anderer, ein Prozeßgegner, Anzeiger etc, die Ursache für den Prozeß ist, die eigenen investierten Kosten *nicht* zu *Aufwendungen im Interesse eines anderen* (MünchKomm/KRÜGER § 256 Rn 6). Die Prozeßkosten werden auf Grund des Prozeßrechts, nicht aber als eine Folge einer Verpflichtung zum Ersatz von Aufwendungen geschuldet (abl SALINGER Recht 1922, 22). § 256 setzt aber voraus, daß ein Aufwendungsersatzanspruch besteht (aA TSCHISCHGALE NJW 1969, 221 unter Hinweis auf KG JW 1921, 1247: Vorschüsse zur Durchführung der Zwangsverwaltung, die keine Kosten der Zwangsverwaltung sind; wohl auch LG München NJW 1963, 1795 für die Kostenfestsetzung in Strafsachen). Im Einzelfall kann sich der Ersatz der Prozeßkosten – und damit ihre Verzinsung – materiell aus dem Schadensersatzrecht (vgl STAUDINGER/SCHIEMANN [1998] § 249 Rn 231 f; § 251 Rn 114) oder als Verzugsfolge ergeben (MünchKomm/KRÜGER § 256 Rn 6).

In AGB vereinbarte nicht laufzeitabhängige Zinsen, wie etwa das in einem Zinssatz **13** ausgedrückte Entgelt für den Einsatz von Kreditkarten im Ausland, fallen nicht unter § 256 (OLG Hamburg NJW 1996, 1902, 1903 = ZIP 1996, 1462, 1464).

Auf den Zinsanspruch ist die dreijährige **Regelverjährungsfrist** des § 195 anwendbar; **14** vor der Schuldrechtsreform galt die Vierjahresfrist des § 197 aF. Allerdings verjährt der Zinsanspruch nach § 217 spätestens mit dem Aufwendungsersatzanspruch (BAMBERGER/ROTH/GRÜNEBERG § 256 Rn 8).

Eine Ausnahme von der Pflicht zur Verzinsung macht Satz 2 für den Fall, daß Auf- **15** wendungen auf einen Gegenstand gemacht wurden, der dem Ersatzberechtigten herauszugeben ist. In diesem Falle sind für diejenige Zeit, für die dem Ersatzberechtigten die Nutzungen oder die Früchte des herauszugebenden Gegenstandes verbleiben, dem Ersatzberechtigten keine Zinsen zu zahlen. Zinsen sind die Alternative zur Nutzung. Der Ersatzberechtigte, dem die Nutzungen des herauszugebenden Gegenstandes unentgeltlich zukommen (zB der Nießbraucher: § 1049), hat in der Regel in den von ihm gezogenen Nutzungen und Früchten einen ausreichenden Ersatz für die Zinsen, die ihm der aufgewendete Geldbetrag gebracht haben würde. Das trifft nicht zu, wenn der Ersatzberechtigte für die Nutzungen und Früchte eine Vergütung leisten muß. Daher kann er für die Zeit, für welche die Vergütung zu leisten ist, auch die Zinsen des aufgewendeten Betrages verlangen. Die Verzinsungspflicht entfällt auch dann, wenn der Berechtigte die Nutzungen oder Früchte schuldhaft nicht zieht (MünchKomm/KRÜGER § 256 Rn 12; BAMBERGER/ROTH/GRÜNEBERG § 256 Rn 9).

§ 257
Befreiungsanspruch

Wer berechtigt ist, Ersatz für Aufwendungen zu verlangen, die er für einen bestimmten Zweck macht, kann, wenn er für diesen Zweck eine Verbindlichkeit eingeht, Befreiung von der Verbindlichkeit verlangen. Ist die Verbindlichkeit noch nicht fällig, so kann ihm der Ersatzpflichtige, statt ihn zu befreien, Sicherheit leisten.

Materialien: E I §§ 595 Abs 3, 621 Abs 2; II §§ 601 Abs 2, 633, 1289 Abs 1 S 2, 1997 Abs 2 S 3; III § 251; Mot II 542; Prot II 366 f und 479 f; JAKOBS/SCHUBERT, SchR I 124.

Schrifttum

BISCHOF, Der Freistellungsanspruch, ZIP 1984, 1444

BITTNER, Die Erfüllung des arbeitsrechtlichen Freistellungsanspruchs, NZA 2002, 833

GERHARDT, Der Befreiungsanspruch, zugleich ein Beitrag zum arbeitsrechtlichen Freistellungsanspruch (1966)

GOEBEL, Kann ein unbemittelter Schadensersatzberechtigter Befreiung von Schulden verlangen, die ihm durch das schadenstiftende Ereignis entstanden sind?, DJ 1933, 707

GÜNTNER, Der Anspruch auf Befreiung von einer Verbindlichkeit (Diss München 1967)

HELM, Der arbeitsrechtliche Freistellungsanspruch, AcP 160 (1961) 134

KRETSCHMER, Kann sich der Befreiungsanspruch des Bürgen in einen Zahlungsanspruch verwandeln?, NJW 1962, 141

KRETSCHMER, Der Schuldbefreiungsanspruch im Konkurs des Befreiungsgläubigers (Diss Freiburg 1977)

MANGOLD, Worin besteht der Schaden bei auf Schuldbefreiung gerichteten Schadenersatzansprüchen?, LZ 1915, Sp 1365

MOELLER, Die Überwindung der Haftpflichtversicherung, JW 1934, 1076

OLSHAUSEN, Zur Aufrechnung gemäß § 406 BGB gegen Geldbefreiungsansprüche nach deren Abtretung an den Drittgläubiger, AcP 182 (1982) 254

PREDIGER, Vorabausgleichsanspruch gem § 426 Abs 1 S 1 BGB – ein Befreiungsanspruch?, NJW 1970, 126

RIMMELSPACHER, Die Durchsetzung von Befreiungsansprüchen, JR 1976, 89 ff und 183

SCHULTE, Zwangsvollstreckung aus Befreiungstiteln, NJW 1960, 902

TRINKL, Befreiungsanspruch und Aufrechnung, NJW 1968, 1077.

Systematische Übersicht

Alphabetische Übersicht

I.   Zweck der Vorschrift

§ 257 enthält eine Sondervorschrift über den Inhalt der Verpflichtung zum Ersatz von **1**
Aufwendungen für den Fall, daß die **Aufwendung** gerade darin besteht, daß eine
Verbindlichkeit eingegangen wurde. Der Berechtigte kann nach § 257 **Befreiung**
von der eingegangenen und noch nicht erfüllten Verbindlichkeit fordern.

II.   Anwendungsbereich

Der Befreiungsgläubiger muß eine Verbindlichkeit eingegangen sein. Schließt der **2**
Ersatzberechtigte – zB der Besitzer nach § 994 – mit einem Dritten einen Werkvertrag über die Ausbesserung einer beschädigten Sache, besteht die Aufwendung –
solange der Werklohn nicht gezahlt wurde – in der Verpflichtung, den Werklohn zu
zahlen. **Weitere Beispielsfälle:** Verpflichtung des *Einkaufskommissionärs*, den Kaufpreis an den Verkäufer zu zahlen (BGH NJW 1965, 249, 251); Verpflichtung des *Gefällig-
keitsakzeptanten* nach Art 28 WG (RGZ 120, 205, 208; BGHZ 19, 282, 293 = NJW 1956, 586);
uU Zahlungsverpflichtung des *Bürgen*, etwa einer Bank, die als Wechselbürge gegen
Avalprovision für ihren Kunden gebürgt hat, dem Gläubiger gegenüber (vCAEMMERER
NJW 1955, 41 ff); Verbindlichkeiten aus der Bürgschaft einer Schwester, die ohne
eigenes wirtschaftliches Interesse ihrem Bruder zuliebe Gesellschafter einer
GmbH wird und eine Bürgschaft für alle Kreditverbindlichkeiten dieser Gesellschaft
übernimmt (BGHZ 137, 329, 339 = BGH JZ 1998, 570, 573 = ZIP 1998, 196, 199); zur Nachbesserung auf Herstellergarantie eingegangene Verbindlichkeit des *Vertragshändlers*
(vWESTPHALEN NJW 1980, 2227, 2234); zur *Mängelbeseitigung* nach § 633 Abs 3 aF (§§ 634
Nr 2, 637) eingegangene Verpflichtung des Bestellers (OLG Düsseldorf NJW 1968, 2061);
dingliche Haftung, die ein Dritter für den Schuldner übernimmt (BGH MDR 1955, 283,
285; BGH ZIP 1998, 858); Mithaftung des Arbeitnehmers, der *Geschäftsspesen* über eine
vom Arbeitgeber zur Verfügung gestellte Kreditkarte abwickelt (BAG NJW 1975, 2359);

Speditionskostenverpflichtung, die der Verkäufer für den Käufer eingeht (OLG München SeuffA 68 Nr 148); Verbindlichkeiten eines *Reisebüros* aus „Buchungen" seiner Kunden (BGHZ 60, 22); Verbindlichkeiten, die der *Vergleichsverwalter* zum Vergleichsvorschlag eingeht (OLG Stuttgart ZIP 1988, 1344, 1345).

3 Das Eingehen einer Verbindlichkeit iS des § 257 setzt nicht stets ein rechtsgeschäftliches Handeln voraus (so aber STAUDINGER/SELB [1995] § 257 Rn 2). § 257 kann auch anwendbar sein, wenn der Befreiungsgläubiger mit einer Schadensersatzpflicht einem Dritten gegenüber belastet ist (bejahend MünchKomm/KELLER³ § 257 Rn 2; SOERGEL/ WOLF § 257 Rn 4, aA MünchKomm/KRÜGER § 257 Rn 3). So hat der nicht vorsätzlich oder grob fahrlässig handelnde *Arbeitnehmer* bei Schädigung eines betriebsfremden Dritten auf Grund der Fürsorgepflicht des Arbeitgebers (BAG AP § 611 BGB Haftung des Arbeitnehmers Nr 94) oder direkt aus § 670 (PREIS, Arbeitsrecht 542) einen Freistellungsanspruch gegen seinen Arbeitgeber (vgl auch GERHARDT 116 ff). Zur Übertragung der arbeitsrechtlichen Grundsätze zum innerbetrieblichen Schadensausgleich auf die ehrenamtliche Tätigkeit im Verein OLGR Stuttgart 2003, 469. Soweit im Rahmen des § 670 auch die Belastung mit einer Schadensersatzpflicht gegenüber einem Dritten als Aufwendung anerkannt wird (vgl STAUDINGER/WITTMANN [1995] § 670 Rn 10 ff; PALANDT/SPRAU § 670 Rn 11), greift für die Befreiung von dieser Verbindlichkeit auch § 257.

4 Beschädigt oder zerstört jemand eine fremde Sache, um von einem Dritten eine durch die Sache drohende Gefahr abzuwenden, die er selbst verschuldet hat, kann er von dem Dritten nicht Befreiung von der Schadensersatzpflicht gem § 228 S 2 gegenüber dem Eigentümer der Sache verlangen, allerdings nicht deswegen, weil er die Verbindlichkeit nicht „eingegangen" ist (so STAUDINGER/SELB [1995] § 257 Rn 2), sondern weil er nach § 228 S 2 den Schaden wegen seines Verschuldens selbst tragen muß (SOERGEL/WOLF § 257 Rn 4).

5 Für die Anwendung des § 257 ist es an sich **gleichgültig, auf welchem Rechtsgrund der Anspruch auf Aufwendungsersatz beruht.** Der Rechtsgrund des Aufwendungsersatzes kann aber Differenzierungen verlangen, insbesondere beim *Zeitpunkt*, zu dem die Befreiung begehrt werden kann (BGH MDR 1955, 283, 285). Bei vertraglicher Verpflichtung zum Aufwendungsersatz kann zB über § 257 hinaus eine Verpflichtung bestehen, dem Ersatzberechtigten einen *Vorschuß* zu gewähren, damit er die Verbindlichkeit beruhigt eingehen kann (RGZ 47, 118, 125: für den Kommissionär; BGHZ 47, 272, 273 f = NJW 1967, 1366 zu § 13 Z 5 VOB Teil B: Mängelbeseitigung beim Bau; vgl dazu WUSSOW NJW 1967, 956). Andererseits mag die vertragliche Abrede über Aufwendungsersatz auch Ansprüche erst *nach Erfüllung der Verbindlichkeit* durch den Schuldner gewähren, der Anspruch auf Befreiung also wie im Regelfall der vertraglich übernommenen Bürgschaft versagt sein. RGZ 81, 250, 251 f kennt wieder einen Anspruch, an den *Dritten* (Gläubiger) zu *zahlen*, wenn die Verpflichtung festgestellt ist. Insoweit bietet § 257 nur dispositives Recht.

6 Ein Anspruch auf Befreiung von einer Verbindlichkeit kann sich auch bei *Scheitern einer Ehe* ergeben. Hat eine Ehefrau die persönliche Haftung für Kredite des Ehemannes übernommen, so kann sich ein Aufwendungsanspruch nach Kündigung des Auftrags aus wichtigem Grund (§§ 670, 671 Abs 3) ergeben, der zu einem Befreiungsanspruch nach § 257 führt. Weder der noch offene Zugewinnausgleich noch die

Regeln über den Gesamtschuldausgleich stehen dem im Wege. Doch ist dem Ehemann entsprechend §§ 671 Abs 2 S 1 und 242 einzuräumen, einen seinen finanziellen Möglichkeiten entsprechenden Tilgungs- bzw Umschuldungsplan zu entwickeln (BGH NJW 1989, 1920, 1922 = WM 1989, 861, 864 = EWiR § 257 BGB 1/89, 539 [Henrich]). Die zitierte Entscheidung unterscheidet dabei mit BGH MDR 1955, 283 nicht zwischen der Belastung mit Verbindlichkeiten und dinglichen Belastungen, obwohl § 257 nur von Verbindlichkeiten spricht (ebenso BGH WM 1991, 1161, 1163 unter Heranziehung des § 775).

III. Inhalt des Anspruchs

Der Berechtigte kann nach § 257 **Befreiung** von der eingegangenen und noch nicht 7
erfüllten Verbindlichkeit fordern, **nicht aber den zur Tilgung** seiner Verbindlichkeit
erforderlichen Geldbetrag. Es gilt also auch hier wie im Schadensersatzrecht (§ 249) der Grundsatz der Naturalherstellung (vgl Möller 1076, 1077, letzter Abs). Der Anspruch aus § 257 entspricht dem Liberationsregreß des gemeinen Rechts (vgl v Tuhr, Actio de in rem verso [1895] 82 ff). Die Befreiungs- oder Freistellungsverbindlichkeit ist daher nicht von vornherein eine Geldschuld iS des § 270 (vgl § 270 Rn 10; aA Gernhuber, Erfüllung[2] § 2 VII 1 a; Staudinger/Selb [1995] § 270 Rn 5). *Dem ersatzpflichtigen Befreiungsschuldner bleibt es überlassen*, auf welche Weise er die Befreiung von der Verbindlichkeit bewirken will (RGZ 47, 118, 125 und BGH NJW 65, 249, 251), ob durch Zahlung an den Gläubiger der Verbindlichkeit nach § 267, befreiende Übernahme der Verbindlichkeit (§§ 414, 415), Aufrechnungsvertrag oder Hinterlegungsvereinbarung mit dem Gläubiger oder eine andere Leistung, die der Gläubiger an Erfüllungs Statt annimmt (§ 364). Ein Erlaßvertrag mit dem Gläubiger kommt dagegen nicht in Frage (aA MünchKomm/Krüger § 257 Rn 4; Soergel/Wolf § 257 Rn 5), weil solch ein schuldrechtliches Verfügungsgeschäft zugunsten eines Dritten nach ständiger Rechtsprechung ausgeschlossen ist (BGH NJW 1994, 2483, 2484; Gernhuber, Erfüllung[2] § 16 I 12; Staudinger/ Rieble [1999] § 397 Rn 30). Möglich ist aber ein Pactum de non petendo, in dem der Gläubiger auf die Inanspruchnahme des Befreiungsgläubigers verzichtet (RGZ 127, 126, 128 f; BGH NJW 1994, 2483, 2484). Die Zahlung an den Gläubiger ist damit nur eine Möglichkeit der Erfüllung. Sie ist allerdings die einzige Möglichkeit, bei welcher der Befreiungsschuldner nicht auf das Einverständnis des Gläubigers angewiesen ist, um seine Befreiungsverpflichtung gegenüber dem Befreiungsgläubiger zu erfüllen. Damit ist der Befreiungsanspruch zwar kein Anspruch auf Zahlung an einen Dritten. Der Dritte, dh der Gläubiger, hat es aber in der Hand, nur diesen Weg der Erfüllung der Befreiungsverpflichtung zuzulassen (vgl Güntner 201 ff).

Gemäß einer älteren Rechtsprechung kann der Berechtigte, wenn die Inanspruch- 8
nahme durch den Dritten mit Sicherheit zu erwarten ist, ausnahmsweise **Zahlung** an sich begehren (RGZ 78, 26, 34; RG JW 1934, 685). Hat der ersatzberechtigte Befreiungsgläubiger die Verbindlichkeit gegenüber dem Dritten selbst erfüllt, wandelt sich der Befreiungs- in einen Zahlungsanspruch um (RGZ 70, 257, 259; 80, 183, 184; BGHZ 12, 136, 141; iE ebenso, aber mit anderer Begründung MünchKomm/Krüger § 257 Rn 5: die Aufwendung bestehe jetzt nicht mehr in der Eingehung der Verbindlichkeit, sondern in der Zahlung). Denn der Inhalt des Anspruchs muß stets dem Risiko oder dem bereits entstandenen Vermögensnachteil adäquat sein; er paßt sich daher dem jeweiligen Stand des Risikos und seiner Verwirklichung an (Gerhardt 35; Bischof 1147; Soergel/Wolf § 255 Rn 6). Ausnahmsweise kann der Befreiungsgläubiger auch unmittelbar Befriedigung seiner Gläubiger verlangen (BGH ZIP 2000, 716, 717 m zust Anm Pfeiffer EWiR 2001, 267 f).

9 Eine **Aufrechnung** des Befreiungsschuldners mit einer eigenen Forderung gegenüber dem Gläubiger gegen eine Forderung des Gläubigers gegen den Befreiungsgläubiger zwecks Erfüllung der Befreiungsverbindlichkeit scheitert an der fehlenden Wechsel- oder Gegenseitigkeit der Verpflichtungen (aA Staudinger/Selb [1995] § 257 Rn 6; BGHZ 91, 73, 77 = NJW 1984, 2151, 2152; Aufrechnung aber nicht mehr als Erfüllungsmöglichkeit aufgezählt in BGH NJW 1989, 1920, 1922; Soergel/Wolf § 257 Rn 5). Zwar läßt das Gesetz in § 268 Abs 2 und weiteren Bestimmungen (vgl § 268 Rn 3) die Aufrechnung eines Nichtschuldners zu. Alle diese Bestimmungen sehen aber vor, daß die Forderung des Gläubigers auf den Leistenden übergeht. Im Falle eines Befreiungsanspruchs soll aber gerade der Befreiungsgläubiger durch den Befreiungsschuldner befreit werden und nicht die Forderung des Gläubigers auf den Befreiungsschuldner übergehen. Eine analoge Anwendung von § 268 Abs 2 scheidet daher schon aus diesem Grunde aus. Möglich ist aber ein **Aufrechnungsvertrag** zwischen dem Befreiungsschuldner und dem Gläubiger, weil die Rechtsprechung im Falle einer einverständlichen Aufrechnung durch Vertrag auf das Erfordernis der Gegenseitigkeit verzichtet (BGHZ 94, 132, 135 = NJW 1985, 2409). In einem solchen Vertrag kann eine Forderung des Befreiungsschuldners (Ersatzverpflichteten) gegen den Gläubiger gegen eine Forderung des Gläubigers gegen den Befreiungsgläubiger (Ersatzberechtigten) aufgerechnet werden.

10 Der Verpflichtete kann dem Berechtigten auch nicht den Betrag zur Verfügung stellen, den dieser zu seiner Befreiung benötigt, sofern der Berechtigte dieser Schuld- änderung nicht zustimmt. Einerseits leistet zwar der Schuldner mehr als seiner Ver- pflichtung entspricht. Andererseits riskiert aber der Berechtigte, erkennt man ein Wahlrecht des Versicherers (Moeller 1076) oder eine Ersetzungsbefugnis (Brunn IPPV 1937, 269 f) an, daß anderen Gläubigern der Zugriff auf den Geldbetrag eröffnet wird oder daß zur Unzeit (BGHZ 15, 154, 157 ff: kurz vor Währungsreform) geleistet wird oder daß die Leistung ins Devisenausland von ihm selbst zu bewirken ist (BGHZ 25, 1, 7 = NJW 1957, 1514 f) oder daß ihm die Leistungsgefahr (Transportgefahr nach § 270) überbürdet wird. In allen diesen Fällen wird die Befreiungswirkung der Leistung gefährdet.

11 Der Befreiungsanspruch ist an die Person des Befreiungsgläubigers gebunden, der mit der Aufwendung zum Schuldner eines Dritten geworden ist. Daher kann der Befreiungsanspruch nach § 399 wegen *unzulässiger Inhaltsveränderung* weder **abge- treten** noch verpfändet oder gepfändet werden (RGZ 70, 257, 259; 80, 183, 184; 140, 373, 378; 158, 6, 12; BGHZ 12, 136, 141; 41, 203, 205 f). Der neue Gläubiger könnte andernfalls auch nur Freistellung des ursprünglichen Befreiungsgläubigers verlangen, nicht etwa Zah- lung an sich selbst (RGZ 70, 257, 258). Eine **Ausnahme** gilt, wenn der Ersatzberechtigte den **Anspruch** auf Befreiung von der Verbindlichkeit **an seinen Gläubiger abtritt**, obgleich sich hierdurch der Anspruch auf Befreiung von der Verbindlichkeit in einen Anspruch auf Zahlung gegen den Befreiungsschuldner umwandelt, so als sei bereits erfüllt worden (RGZ 70, 257, 262 f; RG Recht 1915 Nr 474, RGZ 151, 93, 100; 158, 6, 12; BGHZ 12, 136, 144 = NJW 1954, 795; BGHZ 71, 167, 170 = NJW 1978, 1314; Gerhardt 78 ff; Bischof 1448 mwN). Der Erwerb eines bereits titulierten Befreiungsanspruchs durch den (Haupt-) Gläubiger führt jedoch nicht zur Anwendung des § 727 ZPO. Zwar wandelt sich der titulierte Befreiungsanspruch durch die Pfändung in der Hand des Hauptgläubigers in einen Zahlungsanspruch um; § 727 ZPO gilt aber nur für die Personennachfolge, nicht für eine Titeländerung. Der Hauptgläubiger muß daher einen Zahlungstitel erwirken (Bischof 1448; offengelassen OLG Hamm Rpfleger 1963, 248).

Obgleich der Befreiungsanspruch kein Schadensersatzanspruch ist, können die **12**
Grundsätze der **Vorteilsausgleichung** auf ihn angewendet werden (BGH MDR 1955,
283, 286). Drittleistungen auf die Schuld sind deshalb besonders daraufhin zu untersuchen, ob sie dem Befreiungsgläubiger oder dem Befreiungsschuldner zugute kommen sollen.

Da es dem Ersatzpflichtigen überlassen bleibt, auf welche Weise er die Befreiung **13**
bewirken will (so Rn 7 ff), hat der **Klageantrag** des Ersatzberechtigten lediglich auf
Verurteilung zur Befreiung von der Verbindlichkeit zu lauten. Ein gemäß solchem
Klageantrag ergehendes **Urteil wird nach § 887 ZPO vollstreckt** (RGZ 150, 77, 80; BGHZ
25, 1, 7 = NJW 1957, 1514, 1515. Zu den widerstreitenden Meinungen um die Anwendung der §§ 887
oder 803 ZPO vgl GERHARDT 14 f und BISCHOF 1445 mit Nachw Fn 13 f). Auch nach einer
Anordnung nach § 887 Abs 2 ZPO auf Vorschußzahlung für die Ablösung der Schuld
kann der Befreiungsschuldner eine andere Form der Ablösung wählen (RGZ 104, 15,
17; KG MDR 1970, 1018, 1019; die vom KG genannte „Verrechnung" mit einem Anspruch gegen den
Drittgläubiger kann aber nur im Wege eines Aufrechnungsvertrages erfolgen, vgl Rn 9). Ebenso
kann er nach einer Anordnung zur Sicherheitsleistung nach § 887 Abs 1 ZPO noch
eine andere Form der Sicherheit nach § 257 S 2 wählen.

Befreiung von einer Verbindlichkeit kann **auch** verlangen, **wer** durch diese wegen **14**
seiner schlechten Vermögenslage **wirtschaftlich nicht belastet ist**. Das gilt allgemein;
auch bei einem auf Befreiung gerichteten Schadensersatzanspruch (RG Recht 1911
Nr 3624, Tatbestand unter 3640; BGHZ 66, 1, 4 ff [zum arbeitsrechtlichen Freistellungsanspruch];
aA RG WarnRspr 1915 Nr 75 = Gruchot Nr 59, 910 und die Folgerechtsprechung). Es liegt hier ein
materieller – nicht ein ideeller – Schaden in der Belastung mit einer Verbindlichkeit
vor. Daß der Drittgläubiger überhaupt erst infolge des Befreiungsanspruchs Befriedigung erlangt, die er sonst vom mittellosen Befreiungsgläubiger nicht erlangt hätte,
ist unbedenklich. Vgl zum Stand der Diskussion GERHARDT 85 ff, 98, der mit guten
Gründen vor allem die praktischen Bedenken gegen die spätere, einen Vermögensschaden verneinende Auffassung des RG hervorkehrt.

Wird der **Gläubiger des Befreiungsanspruches insolvent**, so verwandelt sich der Be- **15**
freiungsanspruch grundsätzlich in einen Anspruch auf Zahlung in voller Höhe der zu
tilgenden Schuld an die Insolvenzmasse (RGZ 93, 209, 212; 139, 315, 321; BGHZ 57, 78, 81 =
NJW 1971, 2281; bestätigt in BGH NJW 1994, 49 = JuS 1994, 439; GERHARDT 100 ff, 110; Münch-
Komm/KRÜGER § 257 Rn 10; **aM** STAUDINGER/GURSKY [2000] § 387 Rn 82; GURSKY KTS 1973, 27;
KRETSCHMER, Der Schuldbefreiungsanspruch 37 ff, 62; s aber Rn 15 aE). Jede andere Lösung
würde dem Dritten unzulässigerweise ein Aussonderungsrecht gewähren. Die Folge,
daß der Gläubiger des Anspruchs, von dem der Gemeinschuldner zu befreien war,
infolge der Insolvenz nur eine Forderung auf die Insolvenzquote hat, während der
Schuldner der Befreiungsverbindlichkeit den vollen Betrag an die Insolvenzmasse
zahlen muß, ist hinzunehmen (BGH NJW 1994, 49, 51). In der Insolvenz des Versicherungsnehmers kann freilich der Dritte abgesonderte Befriedigung aus der Entschädi-
gungsforderung des Versicherungsnehmers gegen den Versicherer verlangen (§ 157
VVG). Die Umwandlung des Befreiungs- in einen Zahlungsanspruch in der Insolvenz des Befreiungsgläubigers tritt dann *nicht* ein, wenn Befreiungsgläubiger und
Befreiungsschuldner Gesamtschuldner des Gläubigers sind. Denn sonst bestünde
das Risiko, daß der Befreiungsschuldner doppelt in Anspruch genommen wird,
nämlich vom Insolvenzverwalter und vom Gläubiger, soweit dieser aus der Masse

nicht befriedigt wurde (OLG Hamburg NJW-RR 1995, 673, 674; MünchKomm/KRÜGER § 257 Rn 10).

16 Die Streitfrage, ob im **Konkurs des Schuldners des Befreiungsanspruchs** die §§ 67, 61 Nr 1 KO anzuwenden sind, weil es sich bei dem Befreiungsanspruch um einen aufschiebend durch die Zahlung des Befreiungsgläubigers an den Hauptschuldner bedingten Zahlungsanspruch handelt (BAG NJW 1975, 2359; vgl auch Rn 11), oder § 69 KO, weil es sich um eine Forderung handelt, die nicht auf einen Geldbetrag gerichtet ist (SOERGEL/WOLF § 257 Rn 10; MünchKomm/KELLER[3] § 257 Rn 11), ist mit Inkrafttreten der InsO entfallen. Der Befreiungsanspruch fällt unter § 45 InsO, der § 69 KO entspricht (MünchKomm/KRÜGER § 257 Rn 11).

17 Die **Aufrechnung mit einem und gegen einen Befreiungsanspruch** ist grundsätzlich ausgeschlossen. Der Befreiungsgläubiger könnte sonst damit die Zahlung erzwingen, die ihm nicht zusteht. Der Befreiungsschuldner wieder könnte eine Zahlung eigenmächtig aufdrängen (vgl RG JW 1910, 332, 333; BGHZ 25, 1, 6 f = NJW 1957, 1514 f; BGH NJW 1967, 1275, 1278; aM TRINKL 1077 f). Auch sind ein Anspruch auf Befreiung und eine Geldforderung nicht gleichartig (ausführlich STAUDINGER/GURSKY [2000] § 387 Rn 82). Anderes gilt in der Insolvenz des Befreiungsgläubigers. Da sich der Befreiungsanspruch in der Insolvenz des Befreiungsgläubigers in einen Anspruch auf Zahlung in voller Höhe der zu tilgenden Schuld an die Insolvenzmasse wandelt (vgl Rn 15), kann der Insolvenzverwalter mit diesem aufrechnen. Dagegen kann ein Insolvenzgläubiger mit einem Befreiungsanspruch in der Insolvenz des Befreiungsschuldners nicht aufrechnen (§ 95 Abs 1 S 1 und 2 InsO); anders noch die Rechtslage nach §§ 54 Abs 1 und 4, 69 KO (vgl BGH ZIP 1988, 1344, 1345).

18 Ein fälliger Befreiungsanspruch kann ein **Zurückbehaltungsrecht** nach § 273 begründen (BGH NJW 1981, 1666, 1667 f; BGHZ 91, 73, 76 ff = NJW 1984, 2151, 2152 f zu einem vertraglichen Befreiungsanspruch; BISCHOF 1446 f).

19 **Solange** die eingegangene **Verbindlichkeit noch nicht fällig** ist, kann der Ersatzpflichtige nach S 2 statt der Befreiung von der Verbindlichkeit **Sicherheit** leisten. Das Gesetz setzt in § 257 S 2 die sofortige Fälligkeit (§ 271) des Befreiungsanspruchs auch bei erst künftiger Fälligkeit der Drittforderung voraus, ohne die Fälligkeit des Befreiungsanspruchs in § 257 selbst zu regeln (MünchKomm/KRÜGER § 257 Rn 7). Der Ersatzpflichtige soll nicht gezwungen werden, die noch nicht fällige Verpflichtung vorzeitig zu tilgen. Der Ersatzberechtigte hat gleichwohl auch hier ein Interesse an der sofortigen Entlastung vom Risiko der Inanspruchnahme. Daher kann auch bei noch nicht fälliger Hauptschuld schon in Form der Leistungsklage auf Freistellung geklagt werden (BISCHOF 1448). Die Sicherheit ist nach den Vorschriften der §§ 232 ff zu leisten. Sie muß dem Ersatzberechtigten geleistet werden, nicht etwa seinem Gläubiger, demgegenüber er die Verbindlichkeit eingegangen ist. Ist die Verbindlichkeit einmal fällig geworden, so kann der Ersatzpflicht nur mehr durch Befreiung von der Verbindlichkeit genügt werden. Wird sie nach der Sicherheitsleistung fällig, so entsteht nunmehr der Befreiungsanspruch (RGZ 59, 10, 12 f); der Befreiungsschuldner hat zu befreien; er kann den Befreiungsgläubiger nicht auf die Sicherheitsleistung verweisen. Die Sicherheitsleistung ist keine (endgültige) Ersetzungsbefugnis, vielmehr nur eine vorläufige Abwendung des Zugriffs (GERHARDT 17 ff; MünchKomm/KRÜGER § 256 Rn 14: zeitlich beschränkte facultas alternativa). Zur Vorschußpflicht über § 257 hinaus im Verhältnis zwischen Besteller, Unternehmer und Subunternehmer vgl BGH EWiR § 633 BGB 1/90, 561 (Siegburg) und Köhler NJW 1985, 947.

Für den Befreiungsanspruch gilt die regelmäßige **Verjährungsfrist** des § 195. Das galt **20** auch schon nach altem Recht, wenn auch mit der damaligen 30 jährigen Regelfrist. Denn es handelte sich beim Befreiungsanspruch nach § 257 weder um einen Anspruch „für die Besorgung fremder Geschäfte", also um einen Vergütungsanspruch, noch um den Ersatz von „Auslagen", im Sinne von erbrachten Zahlungen oder sonstigen Leistungen nach § 196 Abs 1 Nr 1 aF (BGH NJW 1983, 1729 = WM 1983, 598, 599; ebenso Bischof 1447; MünchKomm/Krüger § 257 Rn 12).

Zahlt der Gläubiger des Befreiungsanspruchs selbst an seinen Gläubiger oder tritt er **21** den Anspruch auf Befreiung von der Verbindlichkeit an seinen Gläubiger ab, wandelt sich der Befreiungsanspruch in einen Zahlungsanspruch um. War der Befreiungsschuldner mit der Erfüllung des Befreiungsanspruchs nach § 284 Abs 1 oder 2 bereits in **Verzug**, ist fraglich, ob mit der Umwandlung des Befreiungs- in einen Zahlungsanspruch dann auch automatisch Verzug des Geldersatzanspruchs eintritt, mit der Folge, daß ab dem Zeitpunkt der Umwandlung Zinsen nach § 288 zu entrichten sind. Aus § 284 Abs 3 ergibt sich jedenfalls nichts Gegenteiliges, da diese Vorschrift für Geldforderungen nur eine zusätzliche Möglichkeit des Inverzugsetzens formuliert (vgl Staudinger/Otto § 284 Rn 79 ff). Gegen den automatischen Verzugseintritt mag man anführen, daß der Befreiungsschuldner bei Nichterfüllung seiner Verbindlichkeit Gefahr läuft, Verzugszinsen für eine Geldforderung zahlen zu müssen, für deren Begleichung keine Zeit nach dem Kalender bestimmt ist und für die er weder eine Mahnung nach § 284 Abs 1 noch eine Zahlungsaufforderung nach § 284 Abs 3, also keine der für die drohende Zinszahlungspflicht typischen Warnungen, erhalten hat. Da es dem Befreiungsschuldner grundsätzlich überlassen bleibt, auf welche Weise er die Befreiung bewirkt, er diese Befreiung bspw auch über den Abschluß eines Erlaßvertrags erreichen kann, ist ihm, obwohl ihn der Befreiungsgläubiger in Verzug gesetzt hat, wohl häufig nicht bewußt, daß er einem Zinszahlungsrisiko ausgesetzt ist, wenn etwa der Befreiungsgläubiger seinen Anspruch an den Gläubiger abtritt. Gleichwohl wird man einen automatischen Verzugseintritt für die Geldforderung bejahen müssen. Das Zinsrisiko für die Zeit zwischen der Umwandlung des Anspruchs und einer Mahnung nach § 284 Abs 1 bzw einer Zahlungsaufforderung nach § 284 Abs 3 ginge sonst immer zu Lasten des leistenden Befreiungsgläubigers, der durch den Befreiungsanspruch ja gerade von jedem Risiko aus der Verbindlichkeit entlastet werden soll.

IV. Sonstige gesetzliche und vertragliche Befreiungs-/Freistellungsansprüche

Eine **Pflicht zur Befreiung** von einer Verbindlichkeit kann sich nicht nur bei **einer 22 Verpflichtung zum Aufwendungsersatz** aus § 257, sondern auch auf Grund anderer vertraglicher oder gesetzlicher Rechtsgrundlagen ergeben. Im Falle einer *vertraglichen Vereinbarung* sprechen die Parteien meist von *Freistellung* statt von Befreiung. Soweit sich der Befreiungsanspruch aus anderen Rechtsgrundlagen ergibt, ist für die Anwendung von § 257 S 1 kein Raum (zust MünchKomm/Krüger § 257 Rn 2; ebenso Soergel/Wolf § 257 Rn 2). Der Inhalt der Befreiungspflicht ergibt sich hier aus dem speziellen Schuldverhältnis, zB aus der Haftpflichtversicherung (vgl Eichler, Versicherungsrecht [1966] 270 ff; BUECHNER, Zur Theorie der obligatorischen Haftpflichtversicherungen [1970] 5 ff); aus der vertraglichen oder gesetzlich angeordneten (§ 415 Abs 3) Erfüllungsübernahme iS des § 329; aus der Fürsorgepflicht des Arbeitgebers oder § 670 analog (BAG AP Nr 94 zu § 611 BGB Haftung des Arbeitnehmers; MüArb/BLOMEYER² § 60 Rn 15); aus § 249; aus § 426 Abs 1 S 1; auf Grund eines Testaments; aus § 738 (dazu BGH ZIP 2000, 716, 717); aus § 775 (vgl dazu BGH NJW 1987, 1080, 1081 f und KNÜTEL, Probleme des Bürgenregresses JR 1985, 6 ff); aus einem Vertrag über die Zuordnung von Erschließungsbeiträgen (BGH WM 1992, 1671, 1672 f = NJW 1992, 2817, 2818); aus Scheidungsvereinbarungen mit Abreden über die Unterhaltspflicht gegenüber Kindern (KG FamRZ 1974, 449, 450 ff; OLG Frankfurt Rpfleger 1975, 329; weitere Fälle bei BISCHOF 1452 f. Zu Ansprüchen aus Delikt oder Vertragsverletzung, die auf Befreiung von einer Unterhaltsverpflichtung lauten [Fälle fehlgeschlagener Sterilisation] vgl RIMMELSPACHER 89 ff und 193 ff; BISCHOF 1449 f).

23 Der gesetzliche Befreiungsanspruch nach § 257 als Folge eines vertraglichen Aufwendungsersatzanspruchs und ein vertraglicher Befreiungs- oder Freistellungsanspruch sind funktionsäquivalent, wie § 652 Abs 2 zeigt. Nach dieser Vorschrift sind Aufwendungen dem Makler nur zu ersetzen, wenn es so vereinbart ist. Der Aufwendungsersatzanspruch des Maklers beruht also stets auf einer *Vereinbarung*. Liegt eine solche Vereinbarung über den Ersatz von Aufwendungen vor und ist der Makler zum Zwecke seiner Maklertätigkeit eine Verbindlichkeit eingegangen, besteht nach § 257 ein **gesetzlicher Befreiungsanspruch**. Vereinbaren Makler und Interessent dagegen unmittelbar, daß der Interessent den Makler von bestimmten Verbindlichkeiten, die der Makler in Ausführung seiner Maklertätigkeit eingeht, *freizustellen hat*, so liegt ein **vertraglicher Freistellungsanspruch** vor. Diese Funktionsäquivalenz zeigt, daß die Befreiungs- oder Freistellungsverpflichtung in allen Fällen gesetzlicher und vertraglicher Befreiungsansprüche den gleichen Inhalt haben muß. Das zu § 257 hinsichtlich der Erfüllungsmodalitäten Gesagte (so Rn 7 ff) ist daher auf andere gesetzliche oder vertragliche Befreiungsansprüche zu übertragen, soweit sich nicht aus besonderen gesetzlichen Regelungen oder vertraglichen Absprachen ein anderer Inhalt und Umfang der Befreiungspflicht ergibt.

24 Daher kommt auch eine Analogie zu oder rechtsgedankliche Anwendung von § 257 S 2 (Möglichkeit zur Sicherheitsleistung bei nicht sofortiger Fälligkeit der Verbindlichkeit) vorbehaltlich anderer gesetzlicher oder vertraglicher Regelungen in Betracht (BISCHOF 1449; SOERGEL/WOLF § 257 Rn 2; MünchKomm/KRÜGER § 257 Rn 2, 16). Über die Anwendung der Bestimmung im öffentlichen Recht vgl FRIEDRICHS ArchBürgR 42, 34.

25 Problematisch ist die **Fälligkeit** eines *vertraglichen Befreiungs- oder Freistellungsanspruchs*. Während § 257 S 2 die sofortige Fälligkeit des Befreiungsanspruchs auch bei erst künftiger Fälligkeit der Drittforderung voraussetzt, ist dies im Falle eines vertraglichen Befreiungsanspruchs nicht ohne weiteres anzunehmen. Solange der Dritte den Befreiungsgläubiger, zB den Gläubiger eines Freistellungsanspruchs in einem Unternehmenskaufvertrag, nicht in Anspruch nimmt oder zumindest in Anspruch zu nehmen droht, ja ungewiß ist, ob der Anspruch, von dem freizustellen ist, überhaupt und wenn ja in welcher Höhe zur Entstehung gelangen wird, ist es unsinnig, eine Fälligkeit des Befreiungsanspruchs anzunehmen. Die den jeweiligen Umständen angemessene Regelung der Fälligkeitsfrage muß daher bei vertraglichen Befreiungsansprüchen, soweit diese sich auf künftige oder ungewisse, jedenfalls aber noch nicht fällige Forderungen beziehen, der Disposition der Parteien überlassen bleiben. Erst wenn eine entsprechende Parteivereinbarung nicht feststellbar ist und auch den Umständen des Falles keine Lösung der Fälligkeitsfrage zu entnehmen ist, ist nach § 271 Abs 1 von der sofortigen Fälligkeit des Befreiungsanspruchs auszugehen (BGHZ 91, 73, 81 = NJW 1984, 2151, 2152 f; KELLER JR 1985, 64). Nach OLG Köln MDR 1975, 51 ist ein Anspruch auf Befreiung von einer Verbindlichkeit einem Dritten gegenüber nicht fällig, solange Drittansprüche nur drohen.

Von einer vertraglichen Freistellungsverpflichtung zu unterscheiden ist eine soge- **26** nannte **harte Patronatserklärung** gegenüber einem abhängigen Unternehmen. Hier schuldet der Patron dem abhängigen Unternehmen nicht Freistellung von einer Verbindlichkeit. Der Patron ist vielmehr verpflichtet, das abhängige Unternehmen mit ausreichender Liquidität auszustatten und damit die Erfüllung der durch die Patronatserklärung gesicherten Forderungen der Gläubiger gegen das abhängige Unternehmen zu ermöglichen (zu den verschiedenen Formen harter Patronatserklärungen: HABERSACK ZIP 1996, 257 ff).

§ 258
Wegnahmerecht

Wer berechtigt ist, von einer Sache, die er einem anderen herauszugeben hat, eine Einrichtung wegzunehmen, hat im Falle der Wegnahme die Sache auf seine Kosten in den vorigen Stand zu setzen. Erlangt der andere den Besitz der Sache, so ist er verpflichtet, die Wegnahme der Einrichtung zu gestatten; er kann die Gestattung verweigern, bis ihm für den mit der Wegnahme verbundenen Schaden Sicherheit geleistet wird.

Materialien: E I §§ 479 Abs 3, 514 Abs 2, 533 Abs 2, 936 Abs 3, 1010 Abs 1, 1815; II §§ 435 Abs 2, 491 Abs 2 S 2, 3, 541 Abs 2 S 1, 910 Abs 1 S 2, 959 S 3, 1125, 1989 S 3; III § 251; JAKOBS/ SCHUBERT, SchR I 126.

Schrifttum

BAUR/WOLF, Bereicherungsansprüche bei irrtümlicher Leistung auf fremde Schuld – Das Wegnahmerecht des Nichtbesitzers, JuS 1966, 393, 398
BREETZKE, Der Bau auf dem Mietgrundstück als Verwendung, NJW 1954, 171
BRINKMANN, Das Wegnahmerecht des Mieters, Rechtswissenschaftliche Studien 19 (1922)

KLEIN, Zu BGB § 258, JW 1902, 646
RUGE, Das Wegnahmerecht (jus tollendi) (1905)
WEIMAR, Zweifelsfragen zum Wegnahmerecht des Mieters in den weißen Kreisen, NJW 1965, 1164
ders, Wegnahmerecht des Mieters von Geschäftsräumen, DB 1971, 1756.

Systematische Übersicht

Alphabetische Übersicht

I.   Zweck und Anwendungsbereich der Vorschrift

1 § 258 beschreibt den **Inhalt eines Rechts, des Wegnahmerechts**, regelt aber nicht, wann ein solches Recht vorliegt. Die Wegnahme einer Einrichtung ist eine Alternative zum Verwendungsanspruch gegen den Eigentümer (§§ 994 ff), der nicht immer ideell oder wirtschaftlich befriedigen mag (§ 996) oder nicht stets gegeben ist, etwa bei Verwendungen, die weder notwendig noch nützlich sind. Das Wegnahmerecht ist, wenn der Wegnahmeberechtigte nicht schon Eigentümer ist, ein dingliches Aneignungsrecht (§ 258 S 1, zB iVm § 997). Solange der Wegnahmeberechtigte die Sache besitzt, bedarf er zur Wegnahme der Zustimmung desjenigen, der Anspruch auf die Sache hat, nicht. Das ergibt sich aus dem Charakter des Aneignungsrechts. Hat der Herausgabeberechtigte den Besitz an der Sache erlangt, wird das Wegnahmerecht nach § 258 S 2 zum dinglichen (BGHZ 81, 146, 150 = NJW 1981, 2564, 2565; BGHZ 101, 37, 42 = JR 1988, 323, 324 m abl Anm Haase) Anspruch gegen den Besitzer auf Gestattung der Wegnahme (MünchKomm/Krüger § 258 Rn 4; etwas anders Soergel/Wolf § 258 Rn 11, wonach das Recht auf Trennung aus S 1 nach S 2 um einen Anspruch auf Gestattung der Wegnahme ergänzt und erweitert werde). Das Wegnahmerecht nach Satz 1 und das Recht auf Gestattung der Wegnahme nach Satz 2 schließen das **Recht zur Trennung** ein, wenn eine Verbindung mit der herauszugebenden Sache vorliegt (Esser/Schmidt I 1 § 13 IV). Andernfalls würde der Bestimmung der eigentliche Anwendungsbereich genommen.

2 **Wann ein Wegnahmerecht vorliegt**, bestimmen andere Vorschriften: §§ 500 S 2 (Wiederverkäufer), 539 Abs 2 iVm 47a (Mieter), 581 Abs 2 (Pächter; Verweis auf § 547a; hierzu BGHZ 81, 146 ff zu § 547a aF), 601 Abs 2 (Entleiher), 997 Abs 1 (Besitzer im

Eigentümer-Besitzer-Verhältnis), 1049 Abs 2 (Nießbraucher), 1093 Abs 1 (Inhaber eines Wohnungsrechts, Verweis auf § 1049), 1216 S 2 (Pfandgläubiger), 2125 Abs 2 (Vorerbe), mittelbar auch die §§ 292, 347 S 2, 850, 2023 Abs 2 und 2185 (jeweils Verweis auf das Eigentümer-Besitzer-Verhältnis und damit auf § 997 Abs 1). Vgl die Erl zu diesen Bestimmungen. Die Ausübung der Wegnahme kann dabei Geltendmachung nicht verlorenen oder Wiedererlangung verlorenen Eigentums sein.

Wie § 258 sprechen die Bestimmungen, die ein Wegnahmerecht gewähren – § 997 **3** Abs 1 ausgenommen – von einer „**Einrichtung**", mit der die herauszugebende Sache „versehen" ist. In den meisten Fällen bestehen Einrichtungen in baulichen Anlagen, zB einem Anbau an ein Gebäude, einer Badeeinrichtung (vgl RGZ 106, 49), einer Röhrenleitung, einer Zentralheizung, Beleuchtungsanlagen samt Installationen, Einbaumöbel, Bahnanschlußgeleise (BGH MDR 1966, 489). Doch sind „Einrichtungen" auch bei beweglichen Sachen denkbar, zB die Benzinpumpe bei einem Kraftfahrzeug. Voraussetzung ist aber immer, daß die *hinzugefügte Sache ihrer wirtschaftlichen Bestimmung nach der Sache, der sie hinzugefügt wurde, untergeordnet ist* (KLEIN 646; MünchKomm/KRÜGER § 258 Rn 3; BAMBERGER/ROTH/GRÜNEBERG § 258 Rn 3). Ob die Verbindung nur einem vorübergehenden Zweck dient oder die Einrichtung wesentlicher Bestandteil der Hauptsache geworden ist, ist für § 258 unerheblich (MünchKomm/ KRÜGER § 258 Rn 3; BAMBERGER/ROTH/GRÜNEBERG § 258 Rn 3; PALANDT/HEINRICHS § 258 Rn 1). Anders ist es nur im Anwendungsbereich des § 997 Abs 1, der die Verbindung der Hauptsache mit einer anderen Sache als einem wesentlichen Bestandteil verlangt und für das Wegnahmerecht auf § 258 verweist. Beispiele: Ein Fabrikgebäude, das auf einem unbebauten Grundstück errichtet wurde, ist keine auf das Grundstück gemachte Verwendung und damit auch keine „Einrichtung" des Grundstücks (BGHZ 10, 171, 178 f = NJW 1953, 1466; **aM** BREETZKE 171 ff; SOERGEL/WOLF § 258 Rn 8). Etwas anderes kann für Bauten gelten, die nach der Verkehrsauffassung eine dem Grundstück gegenüber untergeordnete wirtschaftliche Bedeutung haben, wie zB Baracken, Holzschuppen, Lichtmasten, Pflasterung (BGHZ 81, 146, 150 f; SOERGEL/WOLF § 258 Rn 8). Der Einbau von Zwischendecken und Vorwänden, die von der Feuerpolizei gefordert wurden (OLG Celle MDR 69, 845 [LS]), oder die Ausstattung mit Geräten ist ebenfalls keine Einrichtung iS des § 258 (OLG Düsseldorf MDR 1972, 147, 148; BAMBERGER/ROTH/ GRÜNEBERG § 258 Rn 3).

II. Instandsetzung nach Wegnahme (Satz 1)

Wer das Wegnahmerecht ausübt, hat die Sache nach Wegnahme der Einrichtung in **4** **dem früheren Zustand herauszugeben**, in dem sie sich vor der Herstellung der Einrichtung befunden hatte. Diesen früheren Zustand hat er auf seine Kosten herzustellen. Nach dem Zweck der Bestimmung braucht er aber den früheren Zustand nicht sofort mit der Wegnahme der Einrichtung, sondern erst mit der Herausgabe der Sache herzustellen (Mot II 395). Das Wegnahmerecht ist an eine Naturalherstellung gekoppelt. Wer das Wegnahmerecht ausübt, hat damit auch eine korrespondierende *Wegnahmepflicht*: Wer die Schienen eines Anschlußgeleises wegnimmt, hat auch den Schotter zu entfernen (BGH MDR 1966, 498, 499 = BB 1966, 304). Es geht auch nicht an, daß der Berechtigte die verwertbaren Bauteile wegnimmt und den Rest liegen läßt (BGH NJW 1970, 754, 755). Der Rechtsgedanke des § 258 ist der Verallgemeinerung fähig (vgl BGH MDR 1966, 498 und § 7 AKG). Ungeachtet dieser an die Ausübung des Wegnahmerechts gekoppelten Wegnahmepflicht korrespondiert mit dem gesetzlichen Wegnahmerecht in bestimmten Fällen (zB nach den §§ 581 Abs 2, 547a, 556) eine eigenständige gesetzliche Wegnahmepflicht (BGHZ 81, 146, 150).

5 Ist es **unmöglich, die Sache** in **den früheren Stand zurückzuversetzen** (§ 251 Abs 1 analog), oder wäre die Naturalherstellung nur mit unverhältnismäßigem Aufwand möglich (§ 251 Abs 2 analog), so entfällt nicht etwa stets das Wegnahmerecht. Der Eigentümer ist vielmehr entsprechend § 251 Abs 1 u 2 (Ersatz für die Naturalherstellung) **in Geld zu entschädigen**, sofern die Wertminderung mit Geld auszugleichen ist (OLG Frankfurt ZMR 1986, 358, 359). Die Abwägung der Interessen der beiden Parteien hat hier nach den §§ 157, 242 zu geschehen (LARENZ I § 13 II). Kann die durch die Wegnahme entstandene Wertminderung mit Geld nicht angemessen ausgeglichen werden oder überwiegt das Interesse des Herausgabeberechtigten am unversehrten Erhalt der Hauptsache das Interesse des Wegnahmeberechtigten an der Wegnahme, so kann das Wegnahmerecht insgesamt entfallen (SOERGEL/WOLF § 258 Rn 17; Münch-Komm/KRÜGER § 258 Rn 8).

III. Gestattung und Verweigerung der Gestattung der Wegnahme (Satz 2)

6 Wird durch die Naturalherstellung ein *besserer Zustand* hergestellt als bei Anbringen der Einrichtung (Neuanstrich einer Wand nach Wegnahme der Einrichtung), kann ein Geldausgleich nach den Grundsätzen des Ersatzes „Neu für Alt" beim Schadensersatz in Betracht kommen (so SOERGEL/WOLF § 258 Rn 16).

7 Hat derjenige, dem die mit der Einrichtung versehene Sache herauszugeben ist, den **Besitz der Sache erlangt, bevor die Einrichtung weggenommen wurde**, so bedarf der Berechtigte zur Wegnahme der Einrichtung der Einwilligung des anderen. Dies wird in § 258 S 2 als selbstverständlich vorausgesetzt. Der Gestattungsanspruch nach § 258 S 2 setzt voraus, daß dem Besitzer vor Besitzerlangung ein Herausgabeanspruch, dem Berechtigten ein Wegnahmerecht zustand. Unerheblich ist, ob die mit der Einrichtung versehene Sache durch Herausgabe oder ohne den Willen des zur Wegnahme Berechtigten in den Besitz des zum Besitze Berechtigten gelangt ist. Der Anspruch nach § 258 S 2 ist auf die Gestattung der Wegnahme gerichtet. Den Besitzer trifft keine Herausgabepflicht in Ansehung der Sache oder der Einrichtung, auch wenn diese als nicht wesentlicher Bestandteil der Sache im Eigentum des Wegnahmeberechtigten verbleibt. Der Besitzer hat ein **Recht zum Besitz** (§ 986) auch an der Einrichtung, bis sie weggenommen wird. Daher ist er auch nicht zur Herausgabe der Nutzungen verpflichtet (BGHZ 81, 146, 151). Räumt der Besitzer den unmittelbaren Besitz an der Sache einem Dritten ein, so hat auch dieser nach § 986 Abs 1 S 1 ein Recht zum Besitz an der Einrichtung gegenüber dem Wegnahmeberechtigten (BGHZ 81, 146, 151). Ebenso wirkt das Besitzrecht gegenüber einem Erwerber der Einrichtung (RGZ 109, 128, 131; BGHZ 81, 146, 151).

8 Der nach § 258 S 2 zur **Gestattung** der Wegnahme verpflichtete Besitzer kann nach S 2 HS 2 seine Einwilligung einredeweise solange **verweigern**, bis ihm Sicherheit für den mit der Wegnahme etwa verbundenen Schaden geleistet ist. Die Sicherheit wird nach den §§ 232 ff geleistet. Sie kann gem § 258 S 2 nur *vor* der Ausübung des Wegnahmerechts verlangt werden. Gegenüber einem Anspruch auf Herausgabe der Einrichtung, etwa nach § 985, der von der Ausübung des Wegnahmerechts zu unterscheiden ist, kann der Eigentümer der mit der Einrichtung versehenen Sache ein

Recht auf Sicherheitsleistung gem § 258 S 2 nicht geltend machen (RGZ 109, 128, 131; OLG Rostock SeuffA 66 Nr 31). Er kann sich allerdings auf sein Recht zum Besitz (§ 986) berufen und den Eigentümer der Einrichtung damit auf den Anspruch aus § 258 verweisen.

Die **Verjährung** des Anspruchs auf Wegnahme unterliegt den allgemeinen Regeln, **9** mit der einzigen Ausnahme, daß der Anspruch des Mieters auf Gestattung der Wegnahme von Einrichtungen aus § 539 Abs 2 in 6 Monaten seit Beendigung des Mietverhältnisses verjährt (§ 548 Abs 2). § 548 Abs 2 erfaßt auch das Wegnahmerecht des Mieters, nicht nur den Anspruch auf Gestattung der Wegnahme (BGH NJW 1970, 1182, 1183 und BGHZ 81, 146, 151 = NJW 1981, 2564 zu § 558 aF; MünchKomm/KRÜGER § 258 Rn 10). Die Verjährung des Anspruchs auf Wegnahme führt zu einem dauernden Recht zum Besitz. Gleiches gilt wegen § 581 Abs 2 für die Pacht. Für die Landpacht greift § 591b Abs 1. Ist der Anspruch auf Wegnahme verjährt, steht auch dem korrespondierenden Anspruch auf Naturalherstellung oder Geldentschädigung (Rn 4 f) die Einrede der Verjährung entgegen (BAMBERGER/ROTH/GRÜNEBERG § 258 Rn 8).

Gehen Verwendungsersatzanspruch und Wegnahmerecht des Vindikationsbesitzers **10** durch die wirksame Weiterveräußerung der Sache **unter**, so erscheinen sie als Minderung der Bereicherung wieder und können von dem dem früheren Eigentümer nach § 816 Abs 1 S 1 herauszugebenden Veräußerungserlös in Abzug gebracht werden (GURSKY JR 1971, 363). Gleiches gilt für die Berechung eines an die Stelle des Herausgabeanspruchs getretenen Schadensersatzanspruchs (SOERGEL/WOLF § 258 Rn 23).

§ 259
Umfang der Rechenschaftspflicht

(1) Wer verpflichtet ist, über eine mit Einnahmen oder Ausgaben verbundene Verwaltung Rechenschaft abzulegen, hat dem Berechtigten eine die geordnete Zusammenstellung der Einnahmen oder der Ausgaben enthaltende Rechnung mitzuteilen und, soweit Belege erteilt zu werden pflegen, Belege vorzulegen.

(2) Besteht Grund zu der Annahme, dass die in der Rechnung enthaltenen Angaben über die Einnahmen nicht mit der erforderlichen Sorgfalt gemacht worden sind, so hat der Verpflichtete auf Verlangen zu Protokoll an Eides statt zu versichern, dass er nach bestem Wissen die Einnahmen so vollständig angegeben habe, als er dazu imstande sei.

(3) In Angelegenheiten von geringer Bedeutung besteht eine Verpflichtung zur Abgabe der eidesstattlichen Versicherung nicht.

Materialien: E I § 591 S 2; II §§ 597, 698; JAKOBS/SCHUBERT, SchR I 128. Vgl STAUDINGER/BGB-Synopse (2000) § 259.

                                                                Claudia Bittner

Schrifttum

BÄHR, Über die Verpflichtung zur Rechnungsablage, JherJb 13 (1874) 251

BÜTTNER, Durchsetzung von Auskunfts- und Rechungslegungstiteln, FamRZ 1992, 629

CROME, Geordnete und ungeordnete Buchführung, AcP 99 (1906) 131

DERLEDER/WOSNITZA, Auskunftspflichten der Banken beim Teilzahlungskredit, ZIP 1990, 901

GAEDE, Die vertragliche Haftung der Banken für Kreditauskünfte, NJW 1972, 926

GERNHUBER, Das Schuldverhältnis, in: Handbuch des Schuldrechts (1989) § 24 IV

GOTTWALD, Zur Wahrung von Geschäftsgeheimnissen im Zivilprozeß, BB 1979, 1780

HABSCHEID, Das Ende des Offenbarungseides, NJW 1970, 1669

HEPP, „Baubetreuungsvertrag" und Auskunftsanspruch des „Betreuten", NJW 1971, 11

IKELS, Die Rechnungslegung gemäß § 259/I BGB (Diss Hamburg 1976)

ISAY, Geschäftsführung nach dem Bürgerlichen Gesetzbuch (1900) 128

KÖHLER, Der Schadensersatz-, Bereicherungs- und Auskunftsanspruch im Wettbewerbsrecht, NJW 1992, 1477

LOCHER, Auskunfts- und Rechenschaftspflicht des Architekten und Baubetreuers, NJW 1968, 2324

S LORENZ, Auskunftsansprüche im Bürgerlichen Recht, JuS 1995, 569

LÜKE, Der Informationsanspruch im Zivilrecht, JuS 1986, 2

PIETZNER, Auskunft, Rechnungslegung und Schadenersatz bei wettbewerbswidrigen Eingriffen in fremde Firmenrechte, GRUR 1972, 151

REICHEL, Prozessuale Behandlung der Klagen auf Rechnungslegung und Auskunftserteilung, ZZP 37 (1908) 49

ROSENTHAL, Der Anspruch auf Rechnungslegung, HansRZ 1919, 119

SCHMID, Die Anforderungen an die Nebenkostenabrechnung bei vermietetem Wohnungseigentum, ZMR 1983, 41

STÜRNER, Die Aufklärungspflicht der Parteien des Zivilprozesses (1976)

TREITEL, Rechenschaftsablegung, ArchBürgR 14 (1898) 1

WINKLER VON MOHRENFELS, Abgeleitete Informationsleistungspflichten im deutschen Zivilrecht (1986)

WOLFF, Auskunftsrecht des Handelsvertreters zur Berechnung des Ausgleichsanspruchs, BB 1978, 1246

WUSSOW, Auskunfts- und Vorlegungspflicht des Haftpflichtversicherers gegenüber dem Versicherungsnehmer?, NJW 1962, 420.

Systematische Übersicht

Alphabetische Übersicht

I.   Zweck der Vorschrift und Abgrenzung zu § 260

Um dem Gläubiger die Durchsetzung seines Anspruchs zu erleichtern, sieht das **1** Gesetz verschiedentlich besondere Informationspflichten ihm gegenüber vor. Der Inhalt zweier solcher Informationspflichten ist in den §§ 259, 260 näher ausgestaltet. § 259 regelt den **Inhalt einer Verpflichtung, Rechenschaft über eine Verwaltung abzulegen**, die mit Einnahmen oder mit Ausgaben oder mit beidem verbunden ist, § 260 den Inhalt einer Verpflichtung, Auskunft zu erteilen. Beide Pflichten sind zur Erreichung des Normzweckes durch die weitere Pflicht zur Abgabe einer eidesstattlichen Versicherung ergänzt.

Die Grenze zwischen den Informationsverschaffungsansprüchen der §§ 259, 260 **2** kann im Einzelfall schwer zu ziehen sein (BGH LM Nr 4 zu § 1042 ZPO). Das gilt besonders dort, wo die Verpflichtung von der Rechtsprechung nur in Anlehnung an eine gesetzliche Verpflichtung oder aus § 242 entwickelt wird. Der Gesetzgeber hat § 259 als die speziellere Norm gegenüber § 260 konzipiert (SOERGEL/WOLF § 259 Rn 3; MünchKomm/KELLER³ § 259 Rn 4; dagegen für Identität: TREITEL 14 und 41; PLANCK/SIBER 1 zu § 259; wieder anders GERNHUBER § 24 I 2: Abgrenzung nach dem Zweck der jeweiligen die Informationsansprüche begründenden Normen). Im Umfang geht der Anspruch auf Rechnungslegung über den Anspruch auf Auskunft hinaus. Soweit die Auskunft den Informationsinteressen des Berechtigten nicht genügt, kann auch nach Erteilung der Auskunft noch Rechnungslegung verlangt werden (RG WarnR 1927 Nr 90; BGH NJW 1973, 1837 f zum Übergang auf eine andere Berechnungsmethode für den Schaden bei Verletzung eines gewerblichen oder urheberrechtlichen Ausschließlichkeitsrechts). Umgekehrt kommt, sobald Rechnung gelegt ist, ein Auskunftsanspruch über denselben Informationsgegenstand nicht mehr in Frage. Die Auskunft ist in der umfassenderen Rechnungslegung mitenthalten (BGHZ 93, 327, 329 f = ZIP 1985, 810, 812 = WM 1985, 1367, 1369 = WuB/E IV A. §§ 259 ff 1 86 SCHEBESTA; BGHZ 93, 327, 330 = NJW 1985, 1693, 1694 = EWiR § 259 BGB 1/85, 259 [STÜRNER]).

II.   Anwendungsbereich des § 259

1.   Begründung der Rechenschaftspflicht

3 **Wann eine Verpflichtung besteht, Rechenschaft abzulegen oder Rechnung zu legen,** bestimmt § 259 nicht. Sie kann auf Grund besonderer gesetzlicher Anordnung aus einem **Verwaltungs- oder Treuhandverhältnis** folgen. Sie kann jedoch auch nach § **242** aus einem derartigen Verhältnis abgeleitet werden. Die große Variationsbreite der Grundlagen einer Rechenschaftspflicht läßt bereits ahnen, daß die in § 259 noch recht allgemeine inhaltliche Definition dessen, was Rechenschaft ablegen bedeutet, schon mit Rücksicht auf § 242 eine Modifikation je nach der Rechtsgrundlage und der Art und dem Umfang der Verwaltung erfahren kann und häufig wird. Die Bestimmung des § 259 bezieht sich jedenfalls auf die **umfassendere Verwaltung fremden Vermögens**, nicht auf Einzelgeschäfte (LG Münster DR 1943, 696; ESSER/SCHMIDT I 1 § 13 V).

4 Das BGB benutzt die unterschiedlichen Begriffe *„Rechenschaft ablegen"* und *„Rechnung legen"* ohne klar erkennbare Abgrenzung. Wo der zuletzt genannte Ausdruck verwendet wird, ist nur ein Teil der inhaltlichen Konkretisierung in der Verpflichtung mitgenannt (vgl ROTHER AcP 164 [1964] 97, 99 zur weiteren Unterscheidung von der Rechnungserteilung durch den Gläubiger). Andere Gesetze (zB § 87c HGB, § 28 Abs 3 WEG) sprechen auch von einer „Abrechnung", die der Gläubiger verlangen kann und die zu erfolgen hat, ohne daß dies auf die Anwendbarkeit des § 259 von Einfluß wäre (ebenso MünchKomm/KRÜGER § 259 Rn 4; zu § 87c HGB vgl BGHZ 32, 302; OLG Celle NJW 1962, 1968; § 87c HGB ist entsprechend anwendbar im Rahmen des § 615 S 2: BAG NJW 1994, 2041, 2042; zu § 28 WEG vgl BayObLG MDR 1976, 225; OLG Karlsruhe NJW 1969, 1968 m zust Anm BIESTER; OLG Frankfurt NJW 1972, 1376; das Einsichtsrecht kann dabei nicht dem Verwaltungsbeirat vorbehalten werden: OLG Hamm MDR 1988, 321). Aus der Pflicht zur Rechenschaftsablegung, nicht aber aus jeder Pflicht zur Rechnungslegung folgt die Verpflichtung zur Abgabe einer eidesstattlichen Versicherung unter den Voraussetzungen des Abs 2 (su Rn 33 ff).

5 Die **Verpflichtung**, Rechenschaft abzulegen oder Rechnung zu legen, findet sich im **BGB** häufig: für den Vereinsvorstand, § 27 Abs 3, sofern die Satzung nichts anderes bestimmt, § 40, über eine Verweisung auf die §§ 664–670; ebenso für den Vorstand einer Stiftung, § 86; für den Vermieter, § 556 (zu den Besonderheiten der Abrechnung von Betriebskosten durch den Vermieter vgl STAUDINGER/WEITEMEYER [2003] § 556 Rn 10 ff); für den Beauftragten, § 666; für den Geschäftsbesorger, § 675 (speziell zum Girovertrag mit Kontokorrentabrede bei pflichtgemäßer Erteilung von Kontoauszügen und Rechnungsabschlüssen: BGH NJW 1985, 2699 f = ZIP 1985, 1315 = WM 1985, 1098 = MDR 1986, 32 f = EWiR § 259 BGB 2/85, 741 [KÖNDGEN] = WuB/E IC1.-7 85 SCHEBESTA; AG Siegen EWiR § 675 BGB 1/99, 13 [VORTMANN]); für den Geschäftsführer ohne Auftrag, § 681; für den vermeintlichen Geschäftsführer, § 687 Abs 2 (RGZ 96, 282, 283; BGH NJW 1960, 2339); für den geschäftsführenden Gesellschafter, § 713, sofern sich aus dem Gesellschaftsverhältnis nichts anderes ergibt; für die übrigen Gesellschafter gegenüber dem ausgeschiedenen, § 740 Abs 2 (BGH NJW 1959, 1963 f; zustimmend SOERGEL/WOLF § 259 Rn 5; aA noch RG JW 1926, 1812 mit dem Vorbehalt für die Aufstellung des Abfindungsguthabens wegen der Mitwirkungsrechte des ausgeschiedenen Gesellschafters); ein ausgeschiedener Gesellschafter hat gegenüber einem früheren, ebenfalls aus der Gesellschaft ausgeschiedenen Mitgesellschafter einen Auskunftsanspruch zur Berechnung eines vertraglichen Abfindungsanspruchs insoweit, als dieser die fraglichen Auskünfte auf Grund eigener Kenntnis erteilen kann (BGH ZIP 2000, 1005, 1006 f = NJW 2000, 2276, 2277); für den Nutzpfandgläubiger, § 1214 Abs 1; für die Kindesvermögen verwaltenden Eltern nach Anordnung des Vormundschaftsgerichts, § 1667 Abs 2 S 1; für den volljährig Gewordenen nach § 1629a Abs 1 S 2 über den Verweis auf die §§ 1991, 1978; ferner nach § 1698 beim Ende der elterlichen Vermögensverwaltung (OLG Hamm OLG Rp 1999, 292, 294); für den Vormund, §§ 1840 ff, 1890 (für die §§ 1840 ff aM BEITZKE/LÜDERITZ, Familienrecht [26. Aufl 1992] § 36 III 4, 399: „nicht § 259"); für den Betreuer § 1908i; für den Pfleger, § 1915; für den Erben gegenüber den Nachlaßgläubigern, §§ 1978 Abs 1 S 2, 1991; für den Vorerben, § 2130 Abs 2; für den Testamentvollstrecker, § 2218.

Außerhalb des BGB finden sich Rechenschaftspflichten iS des § 259 für den Ver- **6** walter gemeinschaftlichen Eigentums, § 28 Abs 3 u 4 WEG; für den Unternehmer gegenüber dem Handelsvertreter, § 87c HGB; für den Insolvenzverwalter, § 66 InsO (für die Schlußrechnung des Konkursverwalters, § 86 KO, vgl RGZ 147, 366, 368); für Makler und Bauträger, § 8 MaBV; für Zwangsverwalter, § 154 ZVG; für Verletzer eines Urheberrechts, § 97 Abs 1 S 2 UrhG.

Die Rechnungslegungspflicht kann sich auch unmittelbar oder mittelbar **aus einer** **7** **vertraglichen Vereinbarung** ergeben. So ist bei der Vereinbarung eines umsatzabhängigen Pachtzinses Rechenschaft über den Umsatz zu legen (OLG Düsseldorf MDR 1990, 720). Auch ein Vergleich kann Grundlage einer Pflicht zur Rechenschaftslegung sein (RGZ 100, 150, 151; 167, 328, 329). Zum Anspruch des Kunden gegen die Bank auf Neuberechnung der Tilgung eines Kredits als Anspruch auf Rechnungslegung METZ NJW 1991, 668, 673 f.

Weitergehend sind die Verpflichtungen des Kommissionärs gegenüber dem Geschäfts- **8** herrn nach § 384 Abs 2 HGB, da sie auch die Pflicht zur Rechtfertigung der getroffenen Maßnahmen umfassen (BAUMBACH/HOPT, HGB § 384 Rn 8). **Nur ähnlich sind die** **Verpflichtungen** des Inhabers gegenüber dem stillen Gesellschafter nach § 235 Abs 3 HGB (BAUMBACH/HOPT, HGB § 235 Rn 5). Anders gestaltet ist auch die Verpflichtung nach § 118 HGB (RG JW 1927, 368). Gesellschafter einer GmbH können ein Auskunftsrecht haben (BGHZ 14, 53, 59 f). Das Auskunftsrecht des Aktionärs wieder richtet sich nur nach § 112 AktG (BGH NJW 1967, 1462, 1463). Gänzlich anders gestaltet sind die öffentlich-rechtlichen Regeln für die Gewinn- und Verlustrechnung von Handelsgesellschaften (§§ 275–278 HGB). Über den Anspruch auf Rechnungslegung bei Ablösung von durch die Besatzungsmacht beschlagnahmten Schwimmdocks: BGHZ 32, 76, 93 = NJW 1960, 1105, 1107 f mit Anm LIESECKE LM Nr 1 zu Art 59 GG.

9 Den gesetzlichen Vorschriften kann der **allgemeine Grundsatz** entnommen werden, **daß jedermann zur Rechenschaftsablegung verpflichtet ist, der Angelegenheiten besorgt, die fremde oder zumindest eigene und fremde zugleich sind** (RGZ 73, 286, 288; 108, 20, 25; 130, 196, 209; 164, 348, 350; RG Recht 1910 Nr 2349 und 1923 Nr 12; RAG SeuffA 89 Nr 22; KG LZ 1919, 657; BGHZ 10, 385, 386 f = NJW 1954, 70, 71 [ohne klare Unterscheidung zwischen Rechenschaftsablegung und Auskunft]; BGH NJW 1959, 1963 st Rspr; BGH WM 1979, 472, 474). Da die Rechtsprechung zur Entwicklung des Rechtsgrundsatzes auch § 242 heranzieht, wird der *Inhalt* der Rechenschaftsablegungspflicht nicht selten auch nach § 242 abweichend von § 259 gestaltet. Hierbei ist häufig eine Abgrenzung zu bloßen Auskunftsverpflichtungen zu vermissen. Man vgl daher stets auch die Anm zu § 260.

10 **Die Pflicht zur Rechenschaftsablegung besteht** bei jedem Rechtsverhältnis, das zur Besorgung (auch) fremder Angelegenheiten verpflichtet, wenn es die Eigenart des Rechtsverhältnisses mit sich bringt, *daß der Berechtigte in entschuldbarer Weise über Bestehen und Umfang seines Rechtes im Ungewissen ist, der Verpflichtete dagegen die Kenntnis der Tatsachen besitzt, die für den Berechtigten erforderlich wäre* (RGZ 158, 377, 379 Auskunftsanspruch als Hilfsanspruch zu negatorischem Beseitigungsanspruch aus § 1004; BGHZ 10, 385, 387; BGH WM 1985, 1346, 1347). Nicht zulässig ist es jedoch, diese einschränkende Maxime allgemein zum Rechtsgrund der Rechenschaftspflicht zu erheben, um damit den Kläger vom Prozeßrisiko zu entlasten. Der Beklagte kann über einen solchen Satz nicht generell verpflichtet werden, dem Kläger Hilfe bei der ihm obliegenden Beweisführung zu geben; auch ein Dritter nicht, der Kenntnis von Tatsachen haben könnte, die für die Rechte eines anderen von Bedeutung sein könnten (OLG Koblenz ZMR 1993, 66). Bedenklich ist es daher, den Gedanken heranzuziehen, um einem Kläger Informationen für seinen Unterhaltsanspruch zu gewähren (vgl J LANGE MDR 1965, 95).

11 Die Verpflichtung zur Rechenschaftslegung **entfällt** nach Treu und Glauben ausnahmsweise, wenn der Berechtigte selbst sich unschwer hinreichende Informationen verschaffen kann (BGH LM § 242 [Be] Nr 25; OLG Hamm OLG Rp 1999, 292, 294; MünchKomm/KRÜGER § 259 Rn 35). Näher zu Beschränkungen der Rechenschaftslegungspflicht aus § 242 unten Rn 28.

2. Einzelfälle aus der Rechtsprechung

12 Die Rechtsprechung hat einen **Anspruch auf Rechenschaftslegung bejaht:** Wird ein *Arbeitnehmer* am Umsatz beteiligt, gibt ihm der Anspruch auf Auskunft und Rechenschaftsablegung keinen Einfluß auf die Geschäftsführung, so daß entsprechende Bedenken der älteren Auffassung nicht entgegenstehen (BAG AP Nr 35 zu § 242 BGB Auskunftspflicht; AP Nr 18 zu § 3 KSchG 1951 m Anm HABSCHEID; aA noch zur Gewinnbeteiligung eines Angestellten [Tantieme] CROME, Partiarische Rechtsgeschäfte 223, vgl auch OLG Königsberg PosMSchr 1916, 65; RGZ 73, 286, 288). Der Arbeitnehmererfinder hat, wenn der Arbeitgeber eine Diensterfindung unbeschränkt in Anspruch genommen hat, zur Berechnung seines Vergütungsanspruchs wie auch zur Berechnung eines Schadensersatzanspruchs Anspruch auf Rechnungslegung (BGH NJW 1995, 386, 387 = ZIP 1994, 1621, 1623; BGH NJW 1998, 3492, 3493 ff; BGH NZA 1998, 313, 314 ff; BGH NJW-RR 2002, 978, 979; insbes zum Umfang der Rechnungslegungspflicht; zur Rechenschaftslegung des Arbeitgebers bei der Lohnabrechnung ROTHER AcP 164 [1964] 97, 99).

Ein Anspruch auf Rechnungslegung wurde bejaht bei einem Darlehen mit *Gewinn-* **13** *beteiligung* (KG Recht 1910 Nr 302 = OLGE 19, 390; RGZ 73, 286, 288). Dabei ist es gleichgültig, ob eine Verlustbeteiligung vereinbart oder ausgeschlossen wurde (SOERGEL/ WOLF § 259 Rn 9; MünchKomm/KRÜGER § 259 Rn 8; PALANDT/HEINRICHS §§ 259–261 Rn 18); ebenso bei einem Schuldner, der dem Gläubiger das einen bestimmten Betrag übersteigende Einkommen abzuliefern hat (RG JW 1913, 130 = Recht 1913 Nr 171); ebenso bei einer bruchteilsmäßig am Gewinn oder Lieferpreis eines abgeschlossenen Geschäfts ausgerichteten Maklergebühr (RG JW 1930, 3769); bei einem Generalvertreter mit Alleinverkaufsrecht für einen bestimmten Bezirk, wenn der Auskunftsanspruch aus § 260 nicht ausreicht (RGZ 92, 201, 203); bei einem Gläubiger, der Forderungen seines Schuldners gepfändet und sich zur Einziehung hat überweisen lassen (RGZ 164, 348, 350); bei an sich rechenschaftspflichtiger Verwaltung auf Grund nichtigen Vertrages (RG HRR 1933, 3); bei vertraglicher oder *Zwangslizenz* (RGZ 127, 243); Auskunft ist hier über die abgeschlossenen Geschäfte immer zu erteilen (BGH LM Nr 2 zu § 687 BGB = NJW 1957, 1026). Ähnlich liegt der Fall, wenn eine Bergwerksgesellschaft einen Förderzins pro Tonne der Förderung zu zahlen hat (RG JR 1926 Nr 452). In *Mietverhältnissen* besteht ein Anspruch bei der Umlage von Zentralheizungskosten eines Miethauses (LG Mannheim NJW 1969, 1856 f; LG Düsseldorf MDR 1971, 761; LG Mannheim MDR 1974, 934 f; OLG Düsseldorf MDR 1975, 60); ebenso bei Mieterhöhungen wegen Erhöhung der Nebenkosten nach § 3 Abs 6 G v 25.11. 1971 (BGBl I 1839; SCHMIDT/ FUTTERER NJW 1972, 89). Eine Rechenschaftspflicht kann sich aus einem *Baubetreuungsvertrag* ergeben (LOCHER 2324). Für einen inhaltlich § 2314 entsprechenden Auskunftsanspruch des *Pflichtteilsberechtigten* gegen den vom Erblasser beschenkten Dritten aus § 242: BGH NJW 1986, 127, 128 f = WM 1985, 1346, 1347 f; gegen den beschenkten Erben: BGHZ 108, 393, 398 ff = NJW 1990, 180, 181. Die Chance des Drittberechtigten aus einem echten Vertrag zugunsten Dritter auf den Todesfall, noch offene Raten eines Kaufpreises zu erhalten, bahnt Rechtsbeziehungen an, die zur Auskunft berechtigen, auch wenn die Chance durch Vertragsänderung entfällt (BGH DB 1982, 1400 = NJW 1982, 1807 f = WM 1982, 689 f). Ebenso besteht ein Rechnungslegungsanspruch des Vermächtnisnehmers beim Quotenvermächtnis, beim Vermächtnis eines Sachinbegriffs oder bei einem Vermächtnis, dessen Höhe sich aus anderen unbestimmten Vermögensteilen ergibt, gegen den Testamentsvollstrecker oder gegen den Beschwerten, weil hier Gegenstand und Umfang des Vermächtnisses nur auf Grund einer derartigen Auskunft bestimmt werden können. Hier ist anzunehmen, daß der Anspruch mit vermacht ist (BGH WM 1964, 950, 953; SOERGEL/WOLF § 259 Rn 9; **aA** MünchKomm/KRÜGER § 259 Rn 14, weil hier keine fremdnützige Besorgung von Angelegenheiten des Gläubigers durch den Schuldner vorliege).

Dagegen hat die zum Teil ältere Rechtsprechung einen **Anspruch auf Rechenschafts-** **14** **legung** in folgenden Fällen **verneint:** Beim Unternehmenskauf, wenn der Käufer eines Geschäfts den Verkäufer am Gewinn beteiligt (OLG Hamburg OLGE 2, 18). Keinen Anspruch hat der Versicherungsnehmer gegen den Haftpflichtversicherer für die

Regelung des Schadensfalles, ausgenommen im Falle des „kranken" Versicherungsverhältnisses, § 158f VVG (Wussow 423); ebenso nicht der Eigentümer, dem Nutzungen herauszugeben sind (RGZ 137, 206, 212: uU Auskunftsanspruch). Erhebt jemand Schadensersatzansprüche gegen einen anderen wegen von diesem mit Dritten geschlossener Geschäfte, so ergibt sich daraus noch keine Rechnungslegungspflicht des anderen (OLG Posen OLGE 4, 52; RG HRR 1937 Nr 292). Der bloße Verdacht von Vermögensverschiebungen zu Lasten der Konkursmasse gibt dem Konkursverwalter noch keinen Auskunftsanspruch (BGH WM 1987, 269, 270 = DB 1987, 1676 f). Der Bezug von Fernwärme zu einem Preis, der nach bestimmten Kriterien angepaßt wird („Änderungsformel"), berechtigt den Bezieher nicht, allgemein Rechnung über die Gestehungskosten der Wärmeherstellung und Lieferung zu verlangen (BGH NJW 1979, 1303, 1304 f). Keinen Anspruch auf Rechnungslegung nach § 259 gibt es für den einzelnen Versicherungsnehmer einer Lebensversicherung; Rechnungsabschluß und Gewinnermittlung sind abschließend durch die Vorschriften der §§ 55 und 56a VAG geregelt (BGH NJW 1984, 55). Verlangt der Träger eines Heims von einem Bewohner nach § 4c HeimG eine Erhöhung des Entgelts, hat der Heimbewohner keinen Auskunfts- und Rechenschaftsanspruch aus § 242, der über die Begründungspflicht aus § 4c Abs 3 HeimG hinausginge (BGH NJW 1995, 1222, 1223; BGH NJW 1995, 2923, 2925 nur zum Auskunftsanspruch, aber § 259 zitierend).

15 Aus unerlaubter Handlung oder Vertragsverletzung resultiert **keine allgemeine Verpflichtung** zur Rechenschaftsablegung über die dabei erzielte Bereicherung (HRR 1930 Nr 966; OLG Stuttgart Recht 1912 Nr 1144). Im Einzelfall kann sich allerdings eine **Pflicht zur Rechenschaftsablegung aus § 249** ergeben. Vereitelt jemand durch eine unerlaubte Konkurrenzhandlung einen Vertrag, bei dessen Zustandekommen eine Rechenschaftslegungspflicht entstanden wäre, gehört der Anspruch auf Rechenschaftslegung zum Inhalt des Schadensersatzanspruches (RGZ 89, 99, 103 f; BGH MDR 1963, 300). Davon zu unterscheiden ist der Auskunftsanspruch als Hilfs- und Nebenanspruch zur Vorbereitung eines Schadensersatzanspruchs etwa nach § 1 UWG (zB BGHZ [GS] 67, 81, 91). Der Hauptanwendungsbereich des § 259 in Fällen unerlaubter Handlung oder einer Vertragsverletzung liegt auf dem Gebiet des gewerblichen Rechtsschutzes. In den besonderen Fällen der *Urheberrechts- und Patentverletzung* und der *Verletzung gewerblicher Schutzrechte* wurde eine Verpflichtung iS des § 259 gemäß § 687 Abs 2 angenommen (RGZ 108, 1, 5; BGH DB 1980, 682). Zu unterscheiden ist nach den möglichen Ansprüchen die Auskunftspflicht bei Geltendmachung der entgangenen Lizenzgebühr und die Rechenschaftsablegungspflicht zur Vorbereitung eines Anspruchs auf den konkreten eigenen Verlust oder den vom Verletzer gezogenen Gewinn (BGH NJW 1973, 1837). Der Verletzte muß sich dabei nicht vorweg für eine der Berechnungsarten entscheiden; er kann vielmehr alle Angaben verlangen, die notwendig sind, um seinen Schaden nach jeder der drei Berechnungsarten zu berechnen (BGH NJW 1973, 1837; DB 1980, 682; MDR 1983, 128 f; dazu Köhler 1477 ff, 1481. Zu den verschiedenen Berechnungsmethoden vgl Däubler JuS 1969, 49 und Schmidt/Salzer JR 1969, 81). Ein gesetzlicher Anspruch auf Rechnungslegung besteht nach § 97 Abs 1 S 2 UrhG. Rechenschaft ist abzulegen bei Verletzung eines Warenzeichenrechts (RGZ 108, 1, 7; jetzt Markenrecht); einer Kundenschutzklausel (BAG AP Nr 26 zu § 611 BGB Konkurrenzklausel m Anm Küchenhoff; BGH MDR 1963, 300); eines Alleinverkaufsrechts (BGH NJW 1966, 1117, 1119, aus anderen Gründen verneint); eines Patentrechts (BGH LM Nr 15 zu § 47 PatG; BGH NJW 1984, 2822); eines Gebrauchs- und Geschmacksmusterrechts (BGH MDR 1973, 914). Die Auskunft ist dabei auf die Besonderheiten des Schadensersatzanspruchs abzustellen; sie hat sich zB auch auf die Gestehungskosten beim Verletzer zu erstrecken (BGH NJW 1984, 2822, 2824). Der Verletzer muß andererseits nicht seine Kundenbeziehungen offenlegen; daher kann ihm im Urteil vorbehalten werden, die entsprechenden Angaben statt durch den Verletzten durch einen Wirtschaftsprüfer überprüfen zu lassen (BGH GRUR 1957, 336; 1958, 346, 348; DB 1980, 682; OLG Koblenz DB 1991, 852). Der Wirtschaftsprüfer darf dem Kläger dann nur das Ergebnis mitteilen. Die Kosten des Wirtschaftsprüfers trägt (nach GOTTWALD BB 1979, 1785) analog § 87c Abs 4 HGB der Beklagte.

Zu § 259 im Verhältnis zwischen Patient und Arzt bzw Krankenhaus grundlegend: **16** BGH NJW 1983, 328 mwN (näher § 260 Rn 25). Zu § 259 im Verhältnis von Anwalt und Mandant: BGH NJW 1990, 510, 511 f = LM § 666 Nr 15; zu § 259 im Verhältnis von Notar und Mandant: BGH NJW 1980, 1106 f (nur zu Rechtswegfragen).

III. Verhältnis zum Hauptanspruch

Der Anspruch auf Rechnungsablegung ist in allen Fällen ein **selbständiger Anspruch, 17 wenn auch ein Hilfsanspruch oder Nebenanspruch** (BGHZ 33, 373, 379 = NJW 1961, 602, 604). Haupt- und Hilfsanspruch *verjähren* daher selbständig und nicht notwendigerweise einheitlich. Die früher vertretene Auffassung, der Hilfsanspruch verjähre nicht später als der Hauptanspruch (BGHZ 33, 373, 379 f), hat der BGH aufgegeben (BGH LM BGB § 2314 Nr 13 = NJW 1985, 384 f; BGHZ 108, 393, 399). Der noch nicht verjährte Hilfsanspruch wird jedoch in der Regel gegenstandslos, und die Klage ist als unbegründet abzuweisen, wenn gegenüber dem Hauptanspruch, den er vorbereiten soll, die begründete Einrede der Verjährung erhoben wird und der Kläger mit den geforderten Auskünften nichts mehr anfangen kann (BGH WM 1979, 304, 305 und 463, 464; BAG NZA 1996, 311, 312; vgl aber BGHZ 108, 393, 399 = NJW 1990, 180, 181 zu einem Fall, in dem trotz Verjährung des Hauptanspruchs [Pflichtteilsanspruchs] die verlangten Auskünfte noch von Nutzen waren, um Ansprüche gegen Dritte geltend zu machen). Gleiches gilt für die *Verwirkung* des Hauptanspruchs (SOERGEL/WOLF § 259 Rn 20). Von der Frage, ob Haupt- und Hilfsanspruch selbständig *verjähren*, ist die Frage zu unterscheiden, welcher Verjährungsfrist der Hilfsanspruch unterliegt. Nach neuem Recht wäre das an sich die Regelverjährung von 3 Jahren nach § 195, während der Hauptanspruch der 30jährigen Verjährungsfrist des § 197 unterliegen kann. Das entwertet den Hilfsanspruch. Daher ist für die Länge der Verjährungsfrist, die Gleichbehandlung von Haupt- und Hilfsanspruch angemessen (im Anschluß an MünchKomm/KRÜGER § 259 Rn 19; so auch schon zum alten Recht SOERGEL/WOLF § 259 Rn 20).

Wenn feststeht, daß der Kläger auch nach einer Rechnungslegung **keinen Hauptan- 18 spruch** geltend machen darf, **fehlt es am Rechtsschutzbedürfnis** für eine Klage auf Rechnungslegung (so schon RG HRR 1933 Nr 3 aE). Der Inhalt der Rechnungslegung richtet sich nach dem Inhalt des Hauptanspruches. Wegen der Begrenzung des Hauptanspruches mußte der Inhaber der elterlichen Gewalt, dem selbst die Nutznießung des Kindesvermögens zustand, deshalb nur über das Stammvermögen, nicht über die Nutzungen Rechenschaft ablegen (RG HRR 1940 Nr 1054). Ein Urteil, das den Rechnungslegungsanspruch auf Grund einer Stücklizenz abweist, schafft **keine Rechtskraft für einen späteren Rechnungslegungsanspruch**, der damit begründet wird, der Kläger könne auf Grund einer Lizenz Gebühren nach dem Preis der lizenzpflichtigen Gegenstände verlangen (RG HRR 1940 Nr 244). Ebenso hindert die

Rechtskraft des Urteils über eine Auskunft für Lizenzgebühren auch nicht den Ergänzungsanspruch, mit dem die Klage auf Herausgabe des Verletzergewinns vorbereitet werden soll (BGH NJW 1973, 1837). Erklärt sich der Gläubiger hinsichtlich des
Rechtsverhältnisses für „voll befriedigt", so ist auch der Rechenschaftsanspruch *getilgt* (RG LZ 1913, 292 Nr 13). Richtet sich der Anspruch auf Rechnungslegung gegen
eine Körperschaft des öffentlichen Rechts, so ist er als Anspruch zur Vorbereitung
der Amtshaftungsklage privatrechtlich, wenn die Körperschaft auf dem Gebiet des
Privatrechts tätig geworden ist (BGHZ [GS] 67, 81, 92 unter Verweis auf BVerwGE 10, 274).

19 Die Pflicht zur Rechenschaftslegung kann gegenüber **mehreren Gläubigern** bestehen.
Haben mehrere gemeinschaftlich einen Auftrag zu treuhänderischer Verwaltung erteilt, so sind sie für den Hauptanspruch Gesamtgläubiger oder gemeinschaftliche
Gläubiger; das gilt dann auch für den Rechnungslegungsanspruch (**aM** RG HRR
1941 Nr 997). Sind **mehrere Gläubiger** Gesamtgläubiger oder Gesamthandsgläubiger
des Hauptanspruchs, so gelten die §§ 428 bzw 432 (RG Recht 1916 Nr 200) auch für den
Hilfsanspruch (SOERGEL/WOLF § 259 Rn 18; MünchKomm/KRÜGER § 259 Rn 20). Es ist grundsätzlich Sache der Gesamtgläubiger (§ 428), die einem von ihnen gelegte Rechnung
allen zugänglich zu machen. Das gilt auch für gemeinschaftliche Gläubiger, wenn die
Vervielfältigung der Unterlagen dem Schuldner nicht zuzumuten ist. Der Verwalter
einer Wohnungseigentumsanlage, der nach §§ 21, 28 WEG Rechenschaft zu legen
hat, muß jedem Wohnungseigentümer Einsicht in die Belege gewähren (OLG Hamm
JMBl NRW 1988, 77, 78; BayObLG Rpfleger 1972, 262, 263: Pflicht zur Vorlage der Abrechnungs-
unterlagen), nicht aber in jedem Fall Kopien übersenden (AG Frankfurt aM DWW 1999,
158, 159 [ABRAMENKO]); zum Ort der Einsichtnahme vgl unten Rn 29.

20 Ohne den Anspruch, den er vorbereiten soll, kann der Rechenschaftsanspruch nicht
übertragen werden (BGHZ 107, 104, 110 = NJW 1989, 1601 f; so schon RGZ 90, 19 f; KG LZ 1919,
1088 Nr 5) oder gesetzlich übergehen. Eine *separate Abtretung, Verpfändung oder
Pfändung* des Hilfsanspruchs (§ 401) scheidet grundsätzlich aus, da dieser nur als
Vorbereitung für einen Hauptanspruch sinnvoll ist (RG HRR 1931 Nr 107; LG Itzehoe ZIP
1988, 1540, 1541 ff; HEIM WM 1987, 1180). Ausnahmsweise wird aber eine separate Abtretung zugelassen, wenn der der Gläubiger seinerseits einem anderen rechenschafts-
pflichtig ist, wie zB der Erbe dem Pflichtteilsberechtigten (BGHZ 107, 104, 110 = NJW
1989, 1601, 1602; so BAMBERGER/ROTH/GRÜNEBERG § 259 Rn 14). Andererseits geht der Rechenschaftsanspruch im Zweifel bei **Abtretung des Hauptspruches** mit über. Ebenso
geht er über bei **gesetzlicher Übertragung** oder bei **Pfändung und Überweisung**. Der
Pfändungsgläubiger erwirbt daher mit dem Anspruch des Pfändungsschuldners auch
dessen Rechenschaftsanspruch (RG Recht 1916 Nr 200). Soweit die Geltendmachung
gepfändeter Zahlungsansprüche, auch solcher aus einem Girovertrag, eine Rechnungslegung erfordert, folgt der Hilfsanspruch dem gepfändeten Hauptanspruch
(MünchKomm/KRÜGER § 259 Rn 18). Dieser Hilfsanspruch ist von dem sich unmittelbar
aus dem Bankvertrag als Rahmenvertrag ergebenden Anspruch gegen die Bank auf
Rechenschaftslegung durch Überlassung von Kontoauszügen und Überweisungsbe-
legen zu unterscheiden, der nach § 613 S 2 nicht übertragbar und damit nach § 851
ZPO auch nicht pfändbar ist (MünchKomm/KRÜGER § 259 Rn 18; LG Itzehoe ZIP 1988, 1540).
Der Gläubiger eines Gesellschafters aber, der dessen Anteil gepfändet hat, erwirbt
damit noch keinen Anspruch auf Rechenschaft gegen die übrigen Gesellschafter
(RGZ 95, 231; dort wird das Urteil RGZ 90, 19, 20 lediglich im Tatbestand erwähnt; Münch-
Komm/KRÜGER § 259 Rn 18; **aA** SOERGEL/WOLF § 259 Rn 17).

Im **Erbfall** geht die *Nebenverpflichtung* auf Rechenschaftslegung mit der Hauptver- 21
pflichtung (RG HRR 1933 Nr 569; BGH NJW 1985, 3068, 3069 f = FamRZ 1985, 1019, 1020 f; BGH
ZIP 1988, 1058, 1059 = EWiR 1/88 zu § 259, 867 [Keller]) und der *Rechenschaftsanspruch* mit
dem Hauptanspruch über. Der *Erbe erwirbt* daher den sich nach §§ 675, 666 aus der
Geschäftsverbindung des Erblassers ergebenden Auskunftsanspruch (BGHZ 107, 104,
108 = NJW 1989, 1601, 1602). Der rechenschafts- oder auskunftsverpflichtete Erbe kann
allerdings nach § 275 freiwerden, wenn ihm die notwendigen Kenntnisse fehlen (RG
HRR 1933 Nr 569 zum alten Recht; Bamberger/Roth/Grüneberg § 259 Rn 15).

Sind **Ansprüche** gegen den Berechtigten nach ihrem Umfang von der Rechnungsle- 22
gung abhängig, so werden sie **erst mit der ordentlichen Rechnungslegung fällig** (BGH
NJW 1982, 573 f). Deshalb kann etwa der Mieter nicht mit der Erstattung von Nebenkosten in Verzug geraten, wenn die Rechnungslegung nicht den Erfordernissen des
§ 259 Abs 1 genügt.

Da der Anspruch auf Rechenschaftslegung die Geltendmachung des Hauptan- 23
spruchs vorbereiten soll, besteht ein **Zurückbehaltungsrecht** *gegenüber* einem Anspruch auf Rechenschaftslegung in der Regel nicht (näher § 273 Rn 74 f). Dagegen
kann der Berechtigte seinen Anspruch auf Rechenschaftslegung mit einem Zurückbehaltungsrecht durchsetzen (BGHZ 57, 292, 299 = NJW 1972, 251, 254; Bamberger/Roth/
Grüneberg § 259 Rn 17)

IV. Inhalt und Umfang der Rechenschaftspflicht

Den **Inhalt der Rechenschaftspflicht** bestimmt § 259 zwar mit dem Anspruch der 24
Vollständigkeit. Da sich aber im einzelnen die Verpflichtung *dem zugrundeliegenden
Rechtsverhältnis anpaßt*, bleibt ihr Inhalt gelegentlich hinter § 259 zurück oder geht
darüber hinaus. Das Wort „Verwaltung" darf dabei nicht eng verstanden werden. Sie
muß nicht etwa eine fortlaufende Verwaltung sein; auch derjenige verwaltet, der in
einer erheblichen Anzahl von Fällen und auf Grund eines jeweils besonders gege-
benen Auftrags *Geschäfte führt, die mit Einnahmen oder Ausgaben verbunden sind*
(OLG Dresden Recht 1902 Nr 652; OLG Breslau OLGE 28, 57; OLG Neustadt MDR 1965, 293).
Einnahmen müssen nicht unbedingt Geldeinnahmen sein; auch Forderungen,
Rechte, Kundenstände, also der „good will" eines Geschäfts, kommen in Frage.
Ebenso sind Ausgaben nicht auf Auslagen aus eigenen Mitteln beschränkt, vor allem
nicht auf Geldauslagen.

Schwierigkeiten macht das Verständnis von „Verwaltung" überall dort, wo die 25
Fremdnützigkeit des geschäftlichen Handelns nicht unmittelbar hervortritt. So
etwa im Verhältnis zwischen Geschäftsinhaber und stillem Gesellschafter (§ 235
Abs 3 HGB) oder beim geschäftsführenden Gesellschafter einer OHG, beim Ab-
wickler einer OHG, bei den verbliebenen Gesellschaftern einer OHG gegenüber
dem ausgeschiedenen (§ 140 Abs 2 HGB), bei den geschäftsführenden Gesellschaftern einer OHG gegenüber dem von der Geschäftsführung ausgeschlossenen Gesellschafter über § 118 HGB hinaus, wenn der Zustand der Bücher nicht genügend
Aufschluß gibt (RG WarnR 1931 Nr 202).

Rechenschaft ablegen heißt zunächst einmal **Rechnung legen**, dh eine *geordnete Zu-* 26
sammenstellung der Einnahmen oder/und der Ausgaben mitteilen (BGHZ 92, 62, 64 =

NJW 1984, 2822), die in verständlicher, der Nachprüfung auf ihre Richtigkeit und Vollständigkeit zugänglicher Kundgebung der Tatsachen besteht (RG WarnR 1931 Nr 202; RGZ 127, 243, 244). Die Rechnung ist *schriftlich zu erteilen* (RG JW 1901, 662); das ergibt sich daraus, daß sie eine Nachprüfung ermöglichen muß. Geordnet muß sie sein, dh sie muß eine *Übersicht* und den *Nachvollzug des Ergebnisses* ohne Beiziehung eines Sachverständigen erlauben (vgl RGZ 53, 252, 254; RG LZ 1926, 628 Nr 2; OLG Marienwerder SeuffA 60 Nr 184; RG LZ 1913, 215 Nr 12 = Recht 1913 Nr 475; BayObLGZ 1975, 369, 373; OLG Saarbrücken NZM 1999, 1008, 1009), so daß uU die Vorlage eines Kontobuches nicht ausreicht (OLG Marienwerder SeuffA 60 Nr 184; RG Gruchot 49, 832, 834; RGZ 100, 150, 152 ff; BGH LM Nr 4 zu § 1042 ZPO; ausreichend in RG WarnR 1936 Nr 159). Müßte sich der Berechtigte die Übersicht erst erarbeiten, so genügt die Übergabe von Unterlagen für eine formell richtige Rechnungslegung nicht (BGHZ 39, 87, 95 = NJW 1963, 950, 952; OLG Saarbrücken NZM 1999, 1008, 1009). Wenn von dem Erklärenden eine konkrete Antwort auf eine Frage erwartet wird (BGH NJW 1959, 1219), kann die Rechnungslegung auch in der Erklärung bestehen, daß keine Einnahmen vorhanden seien. Diese Erklärung kann auch mündlich abgegeben werden (KG Recht 1914 Nr 1797). Wesentliche und offensichtliche Lücken in der Rechnungslegung – etwa für bestimmte Zeiträume – führen zur formalen Unvollständigkeit (Provisionslisten: LAG Rheinland-Pfalz BB 1987, 1038) und zu einem *Anspruch auf Ergänzung*. Zur Mitteilung der Tatsachengrundlagen für Schätzungen s BGHZ 92, 62, 69 = NJW 1984, 2822, 2824. Zur Rechnung sind *Belege* vorzulegen, soweit solche Belege im Geschäftsleben erteilt zu werden pflegen, dh geschäftsüblich sind; zB nicht für Trinkgelder oder Portoauslagen, wohl aber für Taxifahrten. Auch für Ausgaben sind Belege vorzulegen (aM DERNBURG, Bürgl Recht [3. Aufl] § 39 II 5). Die bloße Vorlage einer Sammlung von Belegen verbunden mit dem Angebot, sie mündlich zu erläutern, ist keine Rechnungslegung (OLG Köln MDR 1989, 451, 452). Rechenschaft ablegen heißt nicht, von sich aus die Überprüfung der Bücher durch einen unparteiischen Sachverständigen anbieten (OLG Frankfurt aM NJW 1964, 821). Das Vertragsverhältnis kann jedoch ergeben, daß Rechnung durch Führung von Büchern und Listen zu legen ist (OLG Celle OLGE 28, 57 Anm 1). Der Berechtigte kann nicht verlangen, daß der Verpflichtete erlaubt, die Rechnungslegung durch einen Wirtschaftsprüfer nachprüfen zu lassen, indem dieser Einblick in die Geschäftsunterlagen nimmt und sich ergänzend Fragen beantworten läßt (BGHZ 92, 62, 64 ff = NJW 1984, 2822, 2823 f). Was zur Rechnungslegung im einzelnen erforderlich ist, bestimmt sich im Rahmen des § 242 nach den Umständen des Einzelfalls (RGZ 127, 243, 244; RG WarnR 1936 Nr 159, 305).

27 Die Vorlagepflicht kann **wegen Unmöglichkeit** nach § 275 **entfallen**; ebenso damit uU die Rechenschaftspflicht, wenn etwa die Verwaltung sich auf eine lange zurückliegende Zeit erstreckt und der Verpflichtete die Aufstellung nicht aus dem Gedächtnis machen kann (RAG ArbRS 30, 34, 39 mit zust Anm VOLKMAR 40); ebenso wenn der Erbe die Verwaltung, die der Erblasser geführt hat, nicht übersieht (RG HRR 1933 Nr 569). Sind Aufzeichnungen und andere Hilfsmittel vorhanden, so befreit jedoch der Erinnerungsmangel nicht (OLG Saarbrücken NZM 1999, 1008, 1009; RG DR 1941, 2335 Nr 5).

28 **Einzelfälle:** Bei einer *Heizkostenrechnung* in einer Wohnanlage sind Gesamtverbrauch, Verteilungsschlüssel und Vorauszahlung anzuführen (BGH NJW 1986, 3195, 3197; LG Mannheim NJW 1969, 1856 f). Bei einer *Nebenkostenabrechnung* für die anteilige Miete eines Parkhauses genügt eine Zusammenstellung der Gesamtkosten, die Angabe eines Verteilerschlüssels und die Auflistung der tatsächlich geleisteten Vorauszahlungen (BGH WM 1991, 2069, 2071). Bei einer Nebenkostenabrechnung für eine Wohnung oder einen gewerblich genutzten Raum in einem großen Gewerbe- und Wohnzentrum gilt dasselbe (BGH NJW 1982, 573, 574 = DB 1982, 539 f; BerlVerfGH NJW-RR 2002, 80 zur Nichtberücksichtigung von Sollvorschüssen); ebenso für die Nebenkostenabrechnung für die Nutzer einer Golfanlage (OLG Düsseldorf OLG Rp 1999, 413, 414). Übertrieben wäre es freilich, dem Pächter einer Gaststätte, der über seinen Umsatz Rechnung zu legen hat, die Einrichtung einer Registrierkasse aufzuerlegen (OLG Düsseldorf MDR 1990, 720 = EWiR § 259 BGB 1/90, 655 [Eckert]). Der Treuhänder bei Errichtung von mehreren Wohnungen *(Bauherrengemeinschaft)* muß seiner umfassenden Rechtsmacht entsprechend eine Gesamtabrechnung über das Vorhaben, nicht nur über die einzelne Wohnung des Berechtigten geben (OLG Köln NJW-RR 1989, 528 f = DB 1989, 773 f; OLG München DB 1986, 1970). Zu einer *Provisionsrechnung* gehören zB Angaben über Art und Menge der Waren und über die Käufer, nicht aber ein Buchauszug gemäß § 87c Abs 2 u 4 HGB (BAG AP Nr 3 zu § 242 „Auskunftpflicht"; speziell zur Art der Provisionsabrechnung nach § 87c Abs 1 HGB: Stötter DB 1983, 867 ff). Der Verwalter eines Geschäfts muß am Ende der Geschäftsführung die vorhandenen Waren und Einrichtungsgegenstände aufzeichnen (RG Recht 1925 Nr 6).

Der Umfang und damit auch die Grenzen der Pflicht zur Rechnungslegung ergeben sich 29 in jedem einzelnen Fall unter Berücksichtigung des Grundsatzes von *Treu und Glauben*, § 242 (BGH LM zu § 242 [Be] Nr 25; BGHZ 70, 86, 91 = NJW 1978, 538, 539; BGH NJW 1982, 573, 574; BGH NJW 1995, 386, 387 f). Stehen die Parteien im geschäftlichen *Wettbewerb*, so kann Rechenschaft nicht in einer Weise gefordert werden, welche eine mißbräuchliche Ausnutzung in diesem Wettbewerb ermöglicht (OLG Dresden SeuffA 72 Nr 17; 127, 243, 245; RG SeuffA 89 Nr 25; BGHZ 10, 385, 387 = LM Nr 1 zu § 259 mit Anm Benkard = NJW 1954, 70, 71; vgl auch Köhler 1477, 1481). Das gilt insbesondere bei Wettbewerbsverletzungen iwS (vgl auch oben Rn 15). Grundsätzlich hat der Patentverletzer etwa auch Namen und Anschriften der Abnehmer anzugeben. Damit er dabei aber den Konkurrenten im Wettbewerb nicht über seinen Kundenstamm informieren muß, genügt es, wenn man ihm auferlegt, die Namen einem **unabhängigen Wirtschaftsprüfer zur Überprüfung der Rechnung** mitzuteilen und die Nachprüfbarkeit der Rechenschaftslegung durch den Wirtschaftsprüfer sicherzustellen und die Kosten zu tragen (sog *Wirtschaftsprüfervorbehalt*; BGH LM 260 Nr 6; ähnlich BGH NJW 1966, 1117, 1119 bei Verletzung eines Alleinverkaufsrechts; vgl auch oben Rn 13; ähnlich OLG Koblenz DB 1991, 852 [Wettbewerbsverbot]; Köhler NJW 1992, 1477, 1481; Stürner 372; zur Kostentragung BGH LM PatG § 47 Nr 5 m zust Anm Nastelski).

Die Verpflichtung zur Rechenschaftslegung **entfällt** gemäß § 242 ausnahmsweise, 30 wenn der Berechtigte selbst sich unschwer hinreichende Informationen verschaffen kann (BGH LM § 242 [Be] Nr 25; OLG Hamm OLG Rp 1999, 292, 294; MünchKomm/Krüger § 259 Rn 35), sich etwa leicht aus eigenen Unterlagen informieren kann (BGH LM Nr 25 zu § 242 [Be]; WM 1971, 1196) oder wenn er die Informationen bereits besitzt (Soergel/ Wolf § 259 Rn 39; MünchKomm/Krüger § 259 Rn 35). Nicht ausgeschlossen ist der Anspruch, weil sich der Verpflichtete darin einer strafbaren Handlung bezichtigen müßte (BGHZ 41, 318, 322 ff = NJW 1964, 1469, 1470 f). Der Anspruch auf Auskunft und Rechnungslegung geht nicht mit dem Ende des Vertrages, aus dem er sich ergibt, unter. Er kann allerdings, wenn er jahrelang nicht geltend gemacht worden ist, durch Zeitablauf entfallen, seine Geltendmachung gegen Treu und Glauben verstoßen (Verwirkung). Das ist jedoch dann nicht der Fall, wenn der Anspruchsberechtigte

Tatsachen nachweist, die geeignet sind, nachträglich Zweifel an der Zuverlässigkeit des Pflichtigen zu erwecken, also den Verdacht begründen, daß sein Vertrauen nicht angebracht war (BGHZ 39, 87, 92 f = NJW 1963, 950, 951 f = WM 1963, 404, 405; OLG Saarbrücken NZM 1999, 1008, 1009). Eine Begrenzung des Anspruchs kann sich auch aus § 24 BDSG ergeben, ebenso aus beruflichen Schweigepflichten, je nachdem, in wessen Interesse die Pflicht besteht (BGH NJW 1990, 510, 511 ff).

31 Leistungsort ist grundsätzlich der der Hauptverpflichtung. Für die Pflicht eines Verwalters von Eigentumswohnungen zur Rechnungslegung gemäß §§ 675, 666, § 28 Abs 3 u 4 WEG ist das der Ort der Wohnhausanlage (OLG Karlsruhe NJW 1969, 1968, 1969). Bei Abrechnung von Mietnebenkosten ist es der Ort der überlassenen Mietsache (AG Mönchengladbach-Rheydt MDR 1979, 1024; LG Hanau WoM 1981, 102; AG Wuppertal WoM 1983, 208). Dort ist die Rechnung mitzuteilen. Dort sind auch die Belege *vorzulegen, nicht* aber *zu überlassen.* So muß auch der Vermieter die Unterlagen über die Heizkostenabrechnung nicht allen Mietern überlassen oder gar in die Wohnung zusenden; vielmehr genügt es, wenn er sie in seinem am Ort gelegenen Büro oder an einem anderen geeigneten Platz am Ort zur Einsichtnahme bereitstellt (AG Hamburg EntschMietWohnGrR 1954 I Nr 12). **Herausgabe der Belege** kann jedoch verlangt werden, wenn sich das aus dem zugrundeliegenden Rechtsverhältnis, zB § 667, ergibt; doch wird der Verpflichtete auch hier nicht gezwungen, die Belege herauszugeben, bevor ihm Entlastung erteilt ist. Er müßte sonst uU die eigene Beweisführung vereiteln.

V. Ansprüche bei mangelhafter Rechnungslegung

1. Ergänzungsanspruch wegen formeller Mängel

32 *Genügt* die mitgeteilte Rechnung den unter Rn 24, 27 dargelegten *formellen Anforderungen* einer geordneten Zusammenstellung der Einnahmen oder/und der Ausgaben *nicht*, so kann der Berechtigte auf die Vorlegung einer entsprechenden anderen Rechnung oder auf **Ergänzung der Rechnung und Vorlage der Belege** klagen (ROHG 25, 344, 345; RGZ 84, 41, 44; 100, 150, 154 f). Eine andere Frage ist, ob die Rechnung *inhaltlich* richtig und vollständig ist (zur Frage inhaltlich unrichtiger Rechnungslegung RGZ 167, 328). Die Annahme inhaltlicher Unrichtigkeit oder Unvollständigkeit der Rechnung berechtigt nicht dazu, Ergänzung der Rechnung zu fordern, sondern allenfalls die Abgabe einer eidesstattlichen Versicherung iS des Abs 2 (RGZ 84, 41, 44; OLG Braunschweig OLGE 30, 235, 236; BAG AP Nr 26 zu § 611 BGB Konkurrenzklausel mit Anm Küchenhoff; BGH LM Nr 3 und 6 zu § 254 ZPO; **aM** OLG Kassel OLGE 41, 131). Denn die Verpflichtung zur Rechnungslegung nach Abs 1 ist erfüllt, wenn eine *formell ordnungsmäßige* Rechnung gelegt, eine Zusammenstellung der Einnahmen und Ausgaben usw übergeben ist (RG LZ 1917, 1251 = BayZ 1917, 354; OLG Hamburg Recht 1918 Nr 1335 = HansGZ 1918 Beibl 138, 139). Nur wenn ein ganzer Vermögensteil ausgelassen ist, kann hinsichtlich dieses Teiles eine weitere Klage auf Rechnungslegung erhoben werden, weil insoweit auch formell noch nicht Rechnung gelegt ist (RGZ 84, 41, 44). Dasselbe wurde angenommen, wenn die ganze Rechnungslegung auf Grund gefälschter Bücher erstellt wurde (RG HRR 1933 Nr 465). Dasselbe muß gelten, wenn der Verpflichtete ersichtlich rechtsirrig den Umfang seiner Verpflichtung falsch angenommen hatte; ebenso wenn er die Rechenschaft in Teilakten für abgrenzbare Gegenstände gibt (BGH NJW 1962, 245, 246). Umgekehrt kann der Berechtigte bei unvollständiger Rechnungslegung nicht auf die Möglichkeit verwiesen werden, eine eidesstattliche Erklärung zu verlangen (BGH DB 1982, 2393; OLG Hamburg NJW-RR 2002, 1292).

2. Anspruch auf Abgabe einer eidesstattlichen Versicherung wegen mangelnder Sorgfalt

Unter Umständen schuldet der Rechenschaftspflichtige nach Abs 2 auch die **Abgabe** **33** **einer eidesstattlichen Versicherung** (früher: „Offenbarungseid"; die ältere Judikatur zum Offenbarungseid kann weiter herangezogen werden, da sich am Wesen der unter Strafsanktion stehenden Versicherung [§ 156 StGB] nichts geändert hat). Voraussetzung der Verpflichtung zur Abgabe einer eidesstattlichen Versicherung ist ein Grund zu der **Annahme, daß** die in der Rechnung enthaltenen Angaben *über die Einnahmen* **nicht mit der erforderlichen Sorgfalt** gemacht und, wie selbstverständlich zu ergänzen ist, infolgedessen inhaltlich unvollständig sind. Unvollständigkeit allein genügt also nicht; sie muß auf mangelnder Sorgfalt des Verpflichteten beruhen (RG DR 1943, 407, 408; BGHZ 92, 62, 64 ff = NJW 1984, 2822, 2823). Auch die Frage der subjektiven Möglichkeiten des Rechenschaftspflichtigen ist dabei zu berücksichtigen (RG LZ 1922, 406). An richtiger und vollständiger Angabe der *Ausgaben* ist der Rechenschaftspflichtige selbst interessiert (vgl dazu BAG AP Nr 2 zu § 195 BGB mit Anm HERSCHEL); daher wird ihm insoweit grundsätzlich keine Verpflichtung auferlegt. Anders verhält es sich aber bei der Rechnungslegung über die Schulden einer Gesellschaft, bei der der Auskunftsverpflichtete Schuldenstand und Schuldenhaftung darlegen muß (OLG Köln FamRZ 1990, 1128, 1129); anders auch beim Testamentsvollstrecker, um sicherzustellen, daß die interne Schuldenhaftung nicht falsch dargestellt wird (RG Gruchot 58, 441); anders auch beim Schadensersatzpflichtigen, bei dem sich die Versicherung an Eides Statt auch auf seinen Gewinn mindernde Kosten erstreckt (BGHZ 92, 62, 68). Darauf, daß die Rechenschaft zu einem falsch errechneten Stichtag abgelegt wurde, kann das Verlangen einer eidesstattlichen Versicherung nicht gestützt werden (OLG Hamm FamRZ 1993, 194; BAMBERGER/ROTH/GRÜNEBERG § 259 Rn 27).

Da die Pflicht zur Abgabe einer eidesstattlichen Versicherung voraussetzt, daß **34** Grund zu der Annahme einer Unvollständigkeit des Einnahmenverzeichnisses besteht, so kann die eidesstattliche Versicherung niemals verlangt werden, bevor die Rechnung gelegt ist (allg Meinung: BGHZ 10, 385, 386 = NJW 1954, 70 = LM Nr 1 zu § 259 mit RGZ 73, 238, 243; OLG München OLGE 32, 50 f; BAMBERGER/ROTH/GRÜNEBERG § 259 Rn 27). Der Rechenschaftspflichtige kann nicht im voraus durch Urteil verdächtigt werden, daß er in der von ihm zu legenden Rechnung die Einnahmen unvollständig angeben werde. Das schließt nicht aus, daß mit der *Klage auf Rechnungslegung* auch gleich ein *Antrag* auf Verurteilung zur Abgabe einer eidesstattlichen Versicherung verbunden wird (Stufenklage nach § 254 ZPO).

Ist die Rechnung gelegt, so genügt allerdings ein auf Tatsachen gegründeter **Verdacht, 35** **daß die Einnahmen ohne Sorgfalt unvollständig angegeben sind**, zur Begründung des Anspruchs auf Abgabe einer eidesstattlichen Versicherung. Die mangelnde Sorgfalt kann darin liegen, daß die Rechnung sich nicht auf alle Gebiete erstreckt, auf die sie sich hätte erstrecken müssen (RG DR 1943, 407, 408); zB wenn der Verkaufskommissionär nur Nettoeinnahmen angibt (BGH LM Nr 6 zu § 254 ZPO). Da das Gesetz den Verdacht mangelnder Sorgfalt genügen läßt, so berechtigt selbstverständlich ein

Grund zur Annahme *vorsätzlicher* Unvollständigkeit des Einnahmeverzeichnisses erst recht zur Forderung der eidesstattlichen Versicherung (vgl RG WarnR 1919 Nr 117: „mangelnder Sorgfaltswille"). Der Anspruch ist aber nicht schon deshalb gegeben, weil die den Rechnungslegungsanspruch begründende *Handlung schuldhaft* war (BGH NJW 1966, 1117, 1119 f = LM Nr 10 zu § 687 BGB).

36 Daß ein **Grund zur Annahme** besteht, die Einnahmen seien ohne Sorgfalt unvollständig angegeben, **muß der Berechtigte**, der die eidesstattliche Versicherung verlangt, **beweisen**. Er muß aber nicht etwa die tatsächliche Unvollständigkeit der Einnahmen beweisen, sondern nur Tatsachen, welche die *Annahme* der Unvollständigkeit, also den *Verdacht* begründen. Ob der Verdacht begründet ist, ist im wesentlichen Tatfrage (BayObLGZ 22 A, 188 f). Der Verdachtsgrund muß nicht notwendig aus der Rechnung selbst und ihren Beilagen abgeleitet werden. Er kann sich auch aus anderen Tatsachen ergeben, zB aus dem augenscheinlichen Bemühen eines an sich wenig vertrauenswürdigen Schuldners, die Ansprüche des Gläubigers als nicht vorhanden hinzustellen, in Verbindung mit einer tiefgehenden Verstimmung zwischen den Parteien (RG WarnR 1919 Nr 117; OLG Marienwerder LZ 1919, 656). Sogar die ständige unberechtigte Weigerung des Schuldners, Rechnung zu legen, kann die Besorgnis der Unvollständigkeit der schließlich gelegten Rechnung rechtfertigen (KG KGBl 1920, 91 = Recht 1921 Nr 494). Auch darin, daß der Schuldner seine Angaben zunächst unvollständig oder unrichtig gemacht und erst später vervollständigt oder berichtigt hat, kann ein Grund für die Annahme liegen, daß die schließlich vorliegende Rechnung nicht mit der erforderlichen Sorgfalt aufgestellt worden ist. Diese Annahme kann dann nicht dadurch ausgeräumt werden, daß der Schuldner im Rechtsstreit über die Verpflichtung zur Abgabe einer eidesstattlichen Versicherung versichert, er habe die schließlich als endgültig vorgelegte Zusammenstellung so vollständig als möglich gefertigt (BGH DB 1960, 85 f).

37 Steht im Zeitpunkt der letzten mündlichen Verhandlung über die Klage auf Abgabe der eidesstattlichen Versicherung fest, daß die Rechnung richtig und vollständig ist, so kann die Versicherung nicht mehr verlangt werden, auch wenn *früher* der Verdacht der Unvollständigkeit der Rechnung begründet war (OLG Naumburg JW 1927, 866 f).

38 Die Verpflichtung zur Rechnungslegung ist eine **höchstpersönliche Verpflichtung des Schuldners**, eine **nicht vertretbare Handlung** (zur Rechnungslegungspflicht aus § 28 IV WEG BayObLG NZM 2002, 489, 490 f = NJW-RR 2002, 1381, 1382, aber anders zur Jahresabrechnung nach § 28 III WEG; KG NJW 1972, 2093 f; Soergel/Wolf § 259 Rn 46; MünchKomm/Krüger § 259 Rn 41). Die Übergabe der Rechnung mit Belegen kann nicht durch Vernehmung der Hilfspersonen des Rechnungspflichtigen, welche die Rechnung tatsächlich gefertigt haben, als Zeugen für die Richtigkeit der Rechnung ersetzt werden. Ein solcher Zeugenbeweis kann aber als Gegenbeweis in Betracht kommen gegen die Behauptung, daß begründeter Anlaß zur Annahme der Unvollständigkeit der Angaben über die Einnahmen bestehe (KG LZ 1917, 762; RG Recht 1927 Nr 1401). Andererseits kann die eidesstattliche Versicherung nicht verlangt werden, wenn der Gläubiger einen vertraglichen Anspruch auf Einsicht der Bücher durch einen Sachverständigen hat und diesen Anspruch noch nicht geltend gemacht hat (OLG Hamburg MDR 1961, 1011, 1012). Bei einer Gesellschaft hat nach hM der Geschäftsführer oder der Vorstand die eidesstattliche Erklärung abzugeben (RGZ 125, 256, 259; BGH BB 1961, 190). Das ist insofern unbefriedigend, als Geschäftsführer und Vorstand regelmäßig nicht über die entsprechenden Detailkenntnisse verfügen, sondern nur versichern können, was andere für sie aufbereitet haben, gleichwohl aber strafrechtliche Verantwortung tragen (kritisch BRANDI/DOHRN GRUR 1999, 131, 132, der dem Gesellschaftsorgan eine Ersetzungsbefugnis zur Leistung der Versicherung durch den Autor der Auskunft zugestehen möchte. Eine solche Abwälzung des strafrechtlichen Risikos auf Arbeitnehmer der Gesellschaft und andere Dritte ist abzulehnen).

Stirbt der zur Rechnungslegung Verpflichtete *nach Rechnungslegung,* aber vor Ab- **39** gabe der eidesstaatlichen Versicherung, so geht die Pflicht zur Abgabe einer eidesstattlichen Versicherung ebenso wie vor Rechnungslegung die Rechnungslegungspflicht (so Rn 21) auf den Erben als Nachlaßverbindlichkeit über (RG HRR 1933 Nr 569; BGHZ 104, 369, 371 = NJW 1988, 2729 = EWiR § 259 BGB 1/88, 867 [kritisch KELLER]; Münch-Komm/KRÜGER § 259 Rn 41; aA MünchKomm/KELLER³ § 259 Rn 48). Der Erbe kann die Richtigkeit und Vollständigkeit der noch vom Erblasser abgelegten Rechnung allerdings nur im Rahmen seiner uU beschränkten Kenntnis und Prüfungsmöglichkeiten versichern (MünchKomm/KRÜGER § 259 Rn 41). Räumt der Erbe durch eigene Ergänzungen und Berichtigungen alle Mängel der Abrechnung des Erblassers von sich aus vor der Verurteilung zur Abgabe der eidesstattlichen Versicherung aus, dann kann der Anspruch auf die eidesstattliche Versicherung nach dem Rechtsgedanken des § 259 Abs 3 nachträglich wieder entfallen (BGH ZIP 1988, 1058, 1059).

Der **Inhalt der eidesstattlichen Versicherung** geht dahin, daß der zur Rechenschafts- **40** legung Verpflichtete die Einnahmen so vollständig angegeben habe, als er dazu imstande sei (§ 259 Abs 2). Besteht die Rechnung aus mehreren selbständigen Teilen, so kann die eidesstattliche Versicherung auf einzelne Teile der Rechnung beschränkt werden (OLG Naumburg JW 1927, 866). Geht der Anspruch nur auf Vervollständigung einer Rechnung, so ist es zweckmäßig, die eidesstattliche Versicherung dem anzupassen (RG DR 1943, 407, 408). Das Gericht kann ohnehin eine den Umständen entsprechende Änderung der eidesstattlichen Versicherung beschließen (§ 261 Abs 2), besonders zum Zweck klarer Abgrenzung der Erklärungspflicht (RGZ 125, 256, 260).

In **Angelegenheiten von geringer Bedeutung** besteht kein Anspruch auf die eidesstatt- **41** liche Versicherung (§ 259 Abs 3). Eine Angelegenheit von geringer Bedeutung liegt sowohl dann vor, wenn der ganze Gegenstand der Rechenschaftsablegung geringfügig ist, als auch dann, wenn dieser Gegenstand zwar an sich bedeutend ist, aber nur Verdacht auf eine geringfügige Unvollständigkeit besteht (MünchKomm/KRÜGER § 259 Rn 43; SOERGEL/WOLF § 259 Rn 48; BAMBERGER/ROTH/GRÜNEBERG § 259 Rn 28). Im letzten Falle ergibt sich schon aus § 242, daß die eidesstattliche Versicherung nicht verlangt werden kann.

Die Verpflichtung zur Abgabe der eidesstattlichen Versicherung nach § 259 Abs 2 ist **42** ein *Ausfluß der Verpflichtung zur Rechenschaftsablegung.* Sie tritt aber, soweit sie besteht, als *selbständige* Verpflichtung *neben* die Verpflichtung zur Rechnungslegung. Hieraus ergibt sich, daß die **Verpflichtung zur Abgabe** der eidesstattlichen Versicherung **nicht aus jeder Verpflichtung zur Rechnungslegung** folgt, sondern mit dieser nur dort vorhanden ist, wo die Verpflichtung zur Rechnungslegung gerade auf der Pflicht zur Rechenschaftsablegung beruht (zur Abgrenzung so Rn 4). Wo das Gesetz also eine unmittelbare Verpflichtung zur Rechnungslegung aufstellt, besteht daher nicht ohne weiteres auch schon eine Verpflichtung zur Abgabe der eidesstattlichen Versicherung (SOERGEL/WOLF § 259 Rn 41).

43 Die Ansprüche eines Auskunftsberechtigten auf Leistung der eidesstattlichen Versicherung nach § 259 Abs 2 und auf **Bucheinsicht aus § 810** stehen grundsätzlich gleichrangig nebeneinander, das Recht auf Bucheinsicht ist gegenüber der eidesstattlichen Versicherung in der Regel weder vorrangig noch subsidiär (BGHZ 55, 201, 204 ff = NJW 1971, 656 f zum Verhältnis von § 260 und § 810; unentschieden für ein vertragliches Bucheinsichtsrecht: BGH NJW 1998, 1636, 1637). Allerdings fehlt einer Klage auf Abgabe der eidesstattlichen Versicherung das Rechtsschutzbedürfnis, wenn die gesetzliche oder vertragliche Bucheinsicht voraussichtlich schneller, besser und ohne zusätzliche Inanspruchnahme gerichtlicher Hilfe zum Ziel führt (BGHZ 55, 201, 206 f; BGH NJW 1998, 1636, 1637). Besonderheiten gelten im **Handelsvertreterrecht:** Ein Handelsvertreter kann in entsprechender Anwendung der §§ 259, 260 uU die eidesstattliche Versicherung über die Richtigkeit des ihm gemäß § 87c Abs 2 HGB zu erteilenden Buchauszugs fordern. Doch ist der Anspruch auf die eidesstattliche Versicherung gegenüber dem Recht auf Bucheinsicht nicht gleichrangig, tritt hinter diesen als subsidiär zurück (BGHZ 32, 302, 304 ff = NJW 1960, 1662, 1063; BGHZ 55, 201, 205 f = NJW 1971, 656, 657).

VI. Prozessuale Durchsetzung des Anspruchs auf Rechnungslegung

44 Mit der Klage auf Rechnungslegung oder auf Abgabe der eidesstattlichen Versicherung kann die Klage auf Herausgabe desjenigen verbunden werden, was der Beklagte gemäß einer richtigen Rechnung aus dem zugrunde liegenden Rechtsverhältnis schuldet (sog **Stufenklage** gem § 254 ZPO; vgl hierzu bes REICHEL 49 ff). In diesem Fall kann die bestimmte Angabe der Leistungen, die der Kläger beansprucht, vorbehalten werden, bis die Rechnung mitgeteilt oder die eidesstattliche Versicherung geleistet worden ist (§ 254 ZPO). Bei solchem Verfahren wird über die Verpflichtung zur Rechnungslegung oder Abgabe der eidesstattlichen Versicherung durch *Teilurteil* entschieden (§ 301 ZPO). Daß ein positives Urteil auf Abgabe der eidesstattlichen Versicherung nicht ergehen kann, bevor die Rechnung gelegt ist, ergibt sich aus dem materiellen Recht. Der Übergang von der Klage auf Rechenschaftslegung zur Zahlungsklage ist gem § 264 Nr 2 u 3 ZPO keine Klageänderung und damit jederzeit zulässig (BGH NJW 1979, 925, 926). Eine Berufung des rechnungslegungspflichtigen Vermieters ist nicht deshalb unzulässig, weil dieser sie mit dem Ziel einlegt, die als nicht prüffähig zurückgewiesene Abrechnung aufzuschlüsseln (OLG Dresden NJW-RR 2002, 801).

45 Kommt ein Beklagter einer Verpflichtung zur Auskunftserteilung und Rechnungslegung erst nach rechtskräftiger Verurteilung nach und ergibt die schuldhaft erst nach Erhebung der Stufenklage erfolgte Rechnungslegung, daß dem Kläger kein Zahlungsanspruch zusteht, steht dem Kläger gegen den Beklagten ein materiellrechtlicher Anspruch auf Erstattung der durch die verspätete Auskunft entstandenen Verfahrenskosten aus §§ 280 Abs 1 und 2, 286 zu (BGH JZ 1994, 1009, 1010 zu § 286 aF).

46 Über die Pflicht des Verwalters zur **Rechnungslegung nach dem WEG** wird im Verfahren der freiwilligen Gerichtsbarkeit entschieden (§ 43 Abs 1 Nr 2 WEG; vgl dazu

OLG Karlsruhe NJW 1969, 1968 mit Anm DIESTER); ebenso über die des Verwaltungsbeirats (BayObLG NJW 1972, 1377).

Die **Zwangsvollstreckung aus einem Urteil auf Rechenschaftsablegung** ist nur nach **47** § 888 ZPO, nicht nach § 887 ZPO, möglich, da die Verpflichtung nur von dem Rechenschaftspflichtigen in Person erfüllt werden kann (zur Rechnungslegungspflicht aus § 28 IV WEG BayObLG NZM 2002, 489, 490 f = NJW-RR 2002, 1381, 1382; RG JW 1904, 416; RG JW 1905, 235; KG NJW 1972, 2093 f; vgl dazu BÜTTNER 629 ff). Geben beteiligte *Dritte* Urkunden nicht heraus oder verweigern notwendige Mitwirkungshandlungen, so ist das im Rahmen des § 888 ZPO zu prüfen (KG NJW 1972, 2093, 2094; LG Aurich MDR 1973, 144; OLG Köln NJW-RR 1992, 633, 634). Ist ein Vollstreckungsantrag nach § 888 ZPO rechtskräftig abgewiesen worden, weil die Verpflichtung aus dem Titel entgegen der Auffassung des Gläubigers als erfüllt erachtet wurde, so kann der Gläubiger nicht auf die Feststellung klagen, der Schuldner habe seine Pflicht zur Rechnungslegung bisher nicht erfüllt (RGZ 167, 328, 332 ff). Eine einstweilige Einstellung der Zwangsvollstreckung (§ 719 Abs 2 ZPO) wegen einer Verurteilung zur Auskunftserteilung kommt grundsätzlich nicht in Betracht, wenn der Schuldner in der Berufungsinstanz weder einen ihm zumutbaren Vollstreckungsschutzantrag nach § 712 ZPO gestellt noch auf die Aufnahme eines Wirtschaftsprüfervorbehalts in die Verurteilung hingewirkt hat (BGH NJW 1998, 3570 f).

Die **Zwangsvollstreckung aus einem Urteil auf Abgabe der eidesstattlichen Versiche- 48 rung** erfolgt nach § 889 ZPO. Der Schuldner ist von der eidesstattlichen Versicherung nicht deshalb befreit, weil er sich darin einer strafbaren Handlung bezichtigen müßte (BGH NJW 1964, 1469, 1470 f). Über die Zuständigkeit und Kosten vgl § 261 BGB.

Für den **Streitwert** einer Klage auf Rechnungslegung wird nach § 3 ZPO ein Bruchteil **49** (höchstens $^1/_2$) des Anspruchs angesetzt, dessen Geltendmachung er vorbereiten soll. Maßgeblich ist insoweit das Interesse des Klägers an der begehrten Information zur Erleichterung der Geltendmachung des Leistungsanspruchs (SCHNEIDER MDR 1974, 271, 273). Die **Beschwer** iS des § 511 ZPO des zur Rechnungslegung verurteilten Gläubigers richtet sich dagegen an dem Interesse aus, die Rechenschaft nicht ablegen zu müssen. Zeit- und Kostenaufwand für eine sorgfältige Rechungslegung sind zu schätzen (BGHZ 128, 85, 87 ff = NJW 1995, 664 f). Deshalb kann sie sich auch nach den Kosten einer Fremdleistung eines hinzugezogenen Steuerberaters oder Rechtsanwalts bemessen (BGH NJW 2001, 1284; MünchKomm/KRÜGER § 259 Rn 49). Auch ein etwaiges Geheimhaltungsinteresse des zur Rechnungslegung Verurteilten kann ausnahmsweise berücksichtigt werden (in concreto ablehnend BGH NJW-RR 1993, 1313 f).

VII. Anwendung im öffentlichen Recht

Über **Anwendung** der §§ 259–261 **im öffentlichen Recht** vgl im allgemeinen FRIED- **50** RICHS ArchBürgR 42, 35. Eine allgemeine öffentlich-rechtliche Auskunftspflicht gegenüber der Verwaltung besteht nicht. Zu den Voraussetzungen einer Versicherung an Eides vgl § 27 Abs 1 BVwVfG und die entsprechenden Landesgesetze. Wohl aber besteht eine weitgehende Auskunftspflicht im Steuerrecht (§§ 93 ff AO). Auch die Kartellbehörde kann unter gewissen Voraussetzungen Auskunft verlangen, § 59 GWB (vgl BGHZ 34, 42, 45 ff zum im wesentlichen inhaltsgleichen § 46 GWB aF). Bei einem öffentlich-rechtlichen Verwahrungsverhältnis besteht Rechnungslegungspflicht auf

Grund entsprechender Anwendung des § 259 (LG Aachen NJW 1950, 114, 115). Zum Rechnungslegungsanspruch zur Vorbereitung einer Amtshaftungsklage so Rn 18.

§ 260
Pflichten bei Herausgabe oder Auskunft über Inbegriff von Gegenständen

(1) Wer verpflichtet ist, einen Inbegriff von Gegenständen herauszugeben oder über den Bestand eines solchen Inbegriffs Auskunft zu erteilen, hat dem Berechtigten ein Verzeichnis des Bestands vorzulegen.

(2) Besteht Grund zu der Annahme, dass das Verzeichnis nicht mit der erforderlichen Sorgfalt aufgestellt worden ist, so hat der Verpflichtete auf Verlangen zu Protokoll an Eides statt zu versichern, dass er nach bestem Wissen den Bestand so vollständig angegeben habe, als er dazu imstande sei.

(3) Die Vorschrift des § 259 Abs. 3 findet Anwendung.

Materialien: E I § 777 Abs 1; II § 699; III § 253; JAKOBS/SCHUBERT, SchR I 134. Vgl STAUDINGER/BGB-Synopse (2000) § 260.

Schrifttum

BREIT, Agent und Geschäftsherr, HoldhMSchr 1905, 225

CARLEBACH, Das materielle Vermögensverzeichnis, DNotV 1903, 10

COING, Zur Auslegung des § 2314 BGB, NJW 1983, 1298

DERLEDER/WOSNITZA, Auskunftspflichten der Banken beim Teilzahlungskredit, ZIP 1990, 901

FLOHR, Das Auskunftsrecht des Aktionärs in der Hauptversammlung, JA 1982, 380

GERNHUBER, Das Schuldverhältnis, in: Handbuch des Schuldrechts (1989) § 24

GOLDMANN, Auskunftsklagen, JW 1930, 1052

GRUNEWALD, Auskunftserteilung und Haftung des Vorstandes im bürgerlich-rechtlichen Verein, ZIP 1989, 962

dies, Einsichts- und Auskunftsrecht des GmbH-Gesellschafters nach neuem Recht, ZHR 146 (1982) 211

GUDIAN, § 2314 und der pflichtteilsberechtigte Miterbe, JZ 1967, 591

HEPP, „Baubetreuungsvertrag" und Auskunftsanspruch des „Betreuten", NJW 1971, 11

U HUBER, Das Auskunftsrecht des Kommanditisten, ZGR 1982, 539

KILIAN, Melde- und Auskunftspflichten des Arbeitgebers im Personalbereich, BB 1977, 1153

KILIAN/TAEGER, Gegenwärtiger Stand der Melde- und Auskunftspflichten des Arbeitgebers im Personalbereich, BB 1984, Beil 12

KÖHLER, Der Schadensersatz-, Bereicherungs- und Auskunftsanspruch im Wettbewerbsrecht, NJW 1992, 1477

KOLLER, Zur Aufklärung über die Schadensentstehung im Straßentransportrecht, VersR 1990, 555

KUCHINKE, Die Klage des Pflichtteilsberechtigten gegen den Erben auf Auskunft und Leistung des Offenbarungseides, NJW 1957, 1175

LANG, Das Recht auf informationelle Selbstbestimmung des Patienten und die ärztliche Schweigepflicht in der gesetzlichen Krankenversicherung (1997)

LARSSEN, Rechtliche Natur und Inhalt des im § 561 Abs 2 BGB dem Vermieter gegebenen Anspruchs auf „Herausgabe zum Zwecke der Zurückschaffung"; die Geltendmachung dieses

Anspruchs im Wege der Klage und seine Befriedigung im Wege der Zwangsvollstreckung, ArchBürgR 30, 263, 273

LAUFS/UHLENBRUCK/UHLENBRUCK, Handbuch des Arztrechts (2. Aufl 1999) § 60

LOCHER, Auskunfts- und Rechenschaftspflicht des Architekten und Baubetreuers, NJW 1968, 2324

S LORENZ, Auskunftsansprüche im Bürgerlichen Recht, JuS 1995, 569

G LÜKE, Der Informationsanspruch im Zivilrecht, JuS 1986, 2

W LÜKE, Die Stufenklage, JuS 1995, 143

NEUMANN-DUESBERG, Die Beweislast im Kaufmängelprozeß, BB 1967, 1457

PIETZNER, Auskunft, Rechnungslegung und Schadenersatz bei wettbewerbswidrigen Eingriffen in fremde Firmenrechte, GRUR 1972, 151

PULS, Geltendmachung von Unterhaltsansprüchen für Kinder gegen ihre Eltern während und nach der Ehescheidung, Der Amtsvormund 1976, 538, 550

REISCHL, Materielle und prozessuale Aspekte

zivilrechtlicher Rechenschafts- und Auskunftsansprüche, JR 1997, 404

ROTH/STIELOW, Vermögensrechtliche Streitfragen nach der Scheidung, NJW 1970, 1032

SCHILKEN, Ansprüche auf Auskunft und Vorlegung von Sachen im materiellen Recht und im Verfahrensrecht, JuS 1988, 525

SCHULTZENSTEIN, Die Erteilung von Auskunft auf dem Gebiete des Rechts, DJZ 1916, 662

SPECKMANN, Der Anspruch des Miterben auf Auskunft über den Bestand des Nachlasses, NJW 1973, 1869

SPICKHOFF, Die Auskunftspflicht des Lieferanten, NJW 1992, 2055

STÜRNER, Die Aufklärungspflicht der Parteien des Zivilprozesses (1976)

WINKLER VON MOHRENFELS, Abgeleitete Informationsleistungspflichten im deutschen Zivilrecht (1986)

ders, Die Auskunfts- und Wertermittlungspflicht des vom Erblasser Beschenkten, NJW 1987, 2557.

Vgl auch Schrifttum zu § 259.

Systematische Übersicht

Alphabetische Übersicht

Claudia Bittner

I.   Anwendungsbereich der Norm

1.   Normzweck und Inhalt

1 § 260 regelt den Inhalt einer Verpflichtung, **Auskunft zu erteilen**, um dem Gläubiger die Durchsetzung seines Anspruchs zu erleichtern. Die Vorschrift bestimmt **ganz allgemein**, daß ein Bestandsverzeichnis vorzulegen ist, wenn ein „Inbegriff von Gegenständen" herauszugeben ist oder wenn über den „Bestand eines solchen Inbegriffs" Auskunft zu erteilen ist.

2 Abs 1 1. Alt gibt als **eigenständige Anspruchsgrundlage** einen Anspruch auf Auskunftserteilung gegenüber demjenigen, der einen Inbegriff von Gegenständen herauszugeben hat (**aA** LORENZ 569). Abs 1 2. Alt setzt demgegenüber – wie § 259 – einen Anspruch auf Auskunft über den Bestand eines Inbegriffs von Gegenständen auf anderer Grundlage voraus (MünchKomm/KRÜGER § 260 Rn 2; G LÜKE 2, 3; REISCHL 404). Wann die Pflicht zur Herausgabe eines Inbegriffs von Gegenständen gegeben ist oder wann sonst über den Bestand eines solchen Inbegriffs Auskunft zu erteilen ist (Abs 1 2. Alt), sagt die Bestimmung nicht (RGZ 90, 137, 139). Die Fälle des Abs 1 1. Alt und Abs 1 2. Alt überlappen sich, soweit es um Fälle geht, in denen einem Herausgabeanspruch (zB § 1378) im Gesetz ein Auskunftsanspruch zur Seite gestellt wird (zB § 1379). In beiden Fällen ist der **Inhalt der Auskunftspflicht** die **Vorlage eines Bestandsverzeichnisses**.

2.   Verhältnis zu § 259

Im engen Anwendungsbereich des Wortlauts ist § 260 von § 259 klar abzugrenzen (s **3**
auch § 259 Rn 2). Während es in § 259 um Rechenschaft über eine fremdnützige Verwaltung geht, die mit Einnahmen und Ausgaben verbunden ist und eine Entwicklung
umfaßt, handelt § 260 selbst iwS nur von einem Bestand eines Inbegriffs von Gegenständen. Die Rechnungslegung nach § 259 kann, sie muß aber nicht, eine Bestandsauskunft enthalten. Alle Erweiterungen der beiden Verpflichtungen nach den §§ 157,
242 auf andere Informationen als Rechenschaft und Bestandsauskunft gehen jedoch
ineinander über. Zahlreiche Entscheidungen sprechen von Auskunftspflichten und
zitieren §§ 259, 260 ununterschieden nebeneinander oder auch nur § 259. Eine strikte
Abgrenzung von § 259 und § 260 danach, daß § 259 zur Vorlage von Belegen verpflichtet, während § 260 es dem Gläubiger nur ermöglicht, durch eigene Nachprüfung
den Wahrheitsgehalt erteilter Informationen nachzuprüfen (so Reischl 404), wird von
der Rechtsprechung nicht durchgeführt (vgl etwa RGZ 108, 1, 7, wo auch eine beschränkte
Vorlegepflicht nach § 260 bejaht wird). Im Rahmen des aus Treu und Glauben abgeleiteten
Auskunftsanspruchs wird ausnahmeweise auch ein Anspruch auf Vorlage von Belegen hergeleitet, wenn der Gläubiger hierauf angewiesen ist und dem Schuldner
diese zusätzliche Verpflichtung zugemutet werden kann (BGHZ 14, 53, 56 f; BGHZ 148,
26, 37 = BGH NJW-RR 2002, 1119, 1121 f = GRUR 2002, 709, 712 zum Auskunftsanspruch aus § 19
Abs 2 MarkenG).

3.   Auskunftspflicht als Folge einer Herausgabepflicht (Abs 1 1. Alt)

a)   Herausgabe und Bestand eines Inbegriffs von Gegenständen
Die Begriffe „Inbegriff", „Gegenstände", „Herausgabe" und „Bestand" werden in **4**
§ 260 im weitesten Sinne verstanden. Damit ist auch das vorzulegende „Verzeichnis
des Bestandes" jeweils den „Gegenständen" entsprechend weit zu verstehen. Als
„Gegenstände" werden *nicht nur körperliche* Gegenstände, als „Inbegriff von Gegenständen" also nicht nur Sachgesamtheiten wie Viehherden, Warenlager, Bibliotheken
oder Gutsinventar verstanden; vielmehr sind auch „Rechte", insbesondere „Forderungen" (RG JW 1913, 130), und sonstige Vermögensbestandteile wie Unternehmen,
Praxen, der Kundenstamm, der „good will" damit gemeint (MünchKomm/Krüger 260
Rn 5). Das weite Verständnis dessen, was „Gegenstände" sind, bringt es wiederum mit
sich, daß „Herausgabe" nicht eng, etwa nur iS des § 985, verstanden werden darf.
Vielmehr fallen *Leistungspflichten im weitesten Sinne*, selbst Schadensersatz- oder
Unterlassungspflichten darunter.

Ein „**Inbegriff von Gegenständen**" setzt voraus, daß mehrere „Gegenstände" über ein **5**
einheitliches Rechtsverhältnis zusammengefaßt werden (RGZ 90, 137, 139; Enneccerus/
Lehmann [15. Bearb] § 20, 2; G Lüke 2, 4). Es genügt also nicht schon, daß jemand mehrere
Gegenstände herauszugeben hat oder aus verschiedenen Verkäufen mehrere Sachen
schuldet. Es ist weiter eine solche Mehrheit von Sachen oder Rechten vorausgesetzt,
daß der **Berechtigte nicht in der Lage ist, die einzelnen „Gegenstände" von sich aus zu
bezeichnen** (RGZ 90, 137, 139; OLG Hamburg OLGE 45, 184 f). So etwa, wenn sich jemand
verpflichtet, bei der Schrottverwertung anfallende Metalle bestimmter Art, oder aus
bestimmten Sachen herrührenden Schrott zu liefern (RGZ 102, 235; vgl auch Larsen
ArchBürgR 30, 274 ff). „Inbegriff" ist auch die Gesamtheit der unter Eigentumsvorbehalt gelieferten Waren (OLG Köln HRR 1938 Nr 758; BGHZ 49, 11 = LM § 6 KO Nr 11) oder

die Gesamtheit der aus ihrem Weiterverkauf entstandenen abgetretenen Kundenforderungen (BGH WM 1980, 771, 772 f = ZIP 1980, 439; ZIP 1986, 1052, 1054; NJW 1986, 2948 f; OLG Köln NJW 1957, 1032; LG München KTS 1967, 185); ferner die Gesamtheit der Schadensersatzansprüche gegen einen früheren Agenten aus von ihm verbotswidrig getätigten Geschäften (RG HRR 1928 Nr 1726); eine Gesamtheit von Papieren, die jemand widerrechtlich in Besitz genommen hat (OLG Hamburg OLGE 45, 184 f); der „Gesamtverdienst", der vertraglich abzüglich bestimmter Spesen und eines freien Betrages abzuführen ist (RG JW 1913, 130 = WarnR 1913 Nr 49); die Nutzungen eines gekauften und wieder zurückgekauften Geschäfts (RG LZ 1923, 24); die nach § 987 herauszugebenden Nutzungen einer an den Eigentümer herauszugebenden Sache (RGZ 137, 206, 212); die Gesamtheit der Provisionsforderungen eines Agenten (offengelassen in BGH NJW 1971, 656 = BGHZ 55, 201; vgl auch BREIT 225 ff); die „Kundschaft", der Kundenstamm (RG DR 1942, 465); „Vermittlungsgebühren" oder „Verkaufserlöse" (RG LZ 1931, 372); die Gesamtheit der Zahlungen im Rahmen eines Inkassoauftrags (BGH MDR 1985, 31); die Gesamtheit der Werklohnforderungen, die ein Architekt (mit verdeckten Zuschlägen für sich) zu Lasten des Bauherrn begründet hatte (BGHZ 41, 318, 321); der Verletzergewinn bei der Verletzung gewerblicher Schutzrechte (vgl unten Rn 29 f). Um einen Inbegriff von Gegenständen handelt es sich auch bei einem *Sondervermögen*, das herauszugeben ist. Zum „Nachlaß" gehört auch das, was sich nur im Besitz, nicht im Eigentum des Erblassers befunden hat (BGH LM § 260 BGB Nr 1). Für die Herausgabepflicht des Vorerben (§ 2138) sind eigene Auskunfts- und Mitteilungsrechte des Nacherben normiert (BGH JZ 1981, 229 f; §§ 2121, 2122, 2127).

6 Nahezu aufgelöst werden die Begriffe **„Bestand"** und **„Herausgabe"** in § 260, wenn der Unterhaltspflichtige über sein Einkommen Auskunft erteilen soll, um eine Leistungsklage des Unterhaltsberechtigten zu ermöglichen (vgl unten Rn 14); wenn der „Gewinn" offengelegt werden soll, um eine Gewinnbeteiligungszusage auszunutzen (ArbG Bochum DB 1971, 729, 730; LAG Bremen DB 1971, 2265); wenn über die Geschäftsführung Auskunft zu erteilen ist, damit die *eigene Leistungspflicht des Auskunftsberechtigten* bestimmt werden kann (BGH WarnR 1970 Nr 154); wenn die Konditionen, zu denen ein Dritter in einen Vertrag eintreten darf, offengelegt werden sollen (RGZ 126, 123, 126); schließlich, wenn der Verpflichtete *Tatsachen* angeben soll, die seine Leistungspflicht gegenüber dem Berechtigten begründen (vgl Rn 18).

b)   Herausgabepflichten iS von Abs 1 1. Alt

7 Abs 1 1. Alt **bindet die Pflicht zur Vorlage eines Verzeichnisses des Bestandes (Auskunftspflicht) an die Pflicht zur Herausgabe eines Inbegriffs** von Gegenständen. Als **gesetzliche Herausgabepflichten** kommen in erster Linie Ansprüche auf Vermögensinbegriffe nach den §§ 985 ff und 812 ff (RG JW 1917, 655 zum Herausgabeanspruch aus § 812; RGZ 90, 137, 138 ff; BGH NJW-RR 1986, 874, 876) in Frage. Die Auskunftsverpflichtung ist hier nicht im Gesetz gesondert angeordnet und ergibt sich allein aus § 260 Abs 1 1. Alt. Die Rechtsprechung stützt den Auskunftsanspruch aber auch auf § 242 (unten Rn 18 ff). Auch zur Vorbereitung von Schadensersatzansprüchen nach §§ 249 ff kann ein Auskunftsanspruch auf Abs 1 1. Alt, also die Pflicht zur **Herausgabe eines Inbegriffs** von Gegenständen, gestützt werden (SOERGEL/WOLF § 260 Rn 14; MünchKomm/ KRÜGER § 260 Rn 6). Die Rechtsprechung bevorzugt auch hier die Begründung des Auskunftsanspruchs aus Treu und Glauben (BGHZ 95, 285, 287 f = NJW 1986, 1247, 1249 [gewerblicher Rechtsschutz]; BGH NJW 1990, 1358 [Anspruch aus § 823]; BGH NJW 1981, 675; BGHZ 81, 21, 24 f [Schadensersatzansprüche aus Amtshaftung]).

Weitere *gesetzliche* Herausgabeansprüche iS des Abs 1 1. Alt, bei denen keine be- **8** gleitenden gesetzlichen Anordnungen über Auskunftspflichten zu finden sind, finden sich in §§ 1476, 1478 zur Auseinandersetzung des Gesamtguts; die Rückgewähr von „Inbegriffen" nach § 143 InsO (Insolvenzanfechtung, früher § 37 KO Konkursanfechtung); ebenso § 11 AnfG wegen des Anspruchs auf Rückgewähr an den Schuldner (MünchKomm/KRÜGER § 260 Rn 5; SOERGEL/WOLF § 260 Rn 14 noch zu § 37 KO, § 7 AnfG; **aM** KG OLGE 22, 183 f und STAUDINGER/A WERNER[10/11] Rn 4). Auch im Falle des § 281 kann eine Auskunftspflicht in Frage kommen (HASELHOFF NJW 1947/48, 286 ff, 289). Ebenso, wenn der Erbe dem Hoferben weicht, wegen der Bemessungsgrundlagen der Abfindung (OLG Oldenburg NdsRpfl 1972, 88 f).

Vertragliche Verpflichtungen zur „Herausgabe" von „Gegenständen" kommen als **9** Grundlage einer Auskunftspflicht in Frage, **ohne** daß eine solche **im Gesetz** eigens angeordnet wäre; so etwa nach § 667 – doch geht hier die Rechenschaftspflicht nach § 666 (zur Auskunftspflicht des Vereins nach §§ 27 Abs 3, 666 gegenüber dem Mitglied: GRUNEWALD 962 ff; ähnlich §§ 713, 666) vor – oder aus dem Kauf eines Vermögens oder Vermögensteiles oder Nachlasses. Bei vertraglichen Verpflichtungen über Sachinbegriffe liegt ein Bestandsverzeichnis in aller Regel bereits dem Verpflichtungsgeschäft bei, da es sonst oft an der Bestimmtheit der Leistungsverpflichtung fehlte. Im Gesellschaftsrecht gibt es, solange die Gesellschaft besteht, für die Gesellschafter nur das Recht, Geschäftsunterlagen einzusehen, um sich einen Überblick über den Stand des Gesellschaftsvermögens zu verschaffen: § 716 BGB, § 118 Abs 1 HGB. Gesellschafter einer GmbH können uU ein Auskunftsrecht haben (BGHZ 14, 53, 59 f). Das Auskunftsrecht des Aktionärs wieder richtet sich ausschließlich nach § 131 AktG (BayObLGZ 2002, 227 [Nr 37] = NJW-RR 2002, 1558, 1560 = ZIP 2002, 1804, 1806; BGH NJW 1967, 1462).

Bei mehreren Verpflichtungen zur Herausgabe, die nicht durch einen einheitlichen **10** **Rechtsgrund verbunden sind**, gibt es **keine** Auskunftspflicht nach § 260 Abs 1 1. Alt (RG Gruchot 47, 910, 914 ff zu § 1362 Abs 1, § 45 KO; RG DJZ 1903, 274, 55). Daher gibt es etwa keine Verpflichtung der im Güterstand der Gütertrennung lebenden Ehefrau, in der Insolvenz des Mannes Auskunft über die zur Zeit der Eröffnung des Insolvenzverfahrens in ihrem Besitz befindlichen Sachen Auskunft zu geben. Keinen „Inbegriff" bilden mehrere in Einzelfällen gegebene Schmiergelder (RG MuW 19, 146, 147 f). Anders liegt der Fall, wenn zu Unrecht über längere Zeit hinweg Kohlen aus einem Bergwerk gefördert werden (RGZ 110, 1, 16). Um einen „Inbegriff" geht es jedoch nicht, wenn ein Miterbe einzelne Sachen des Nachlasses an sich genommen hat, solange er sich damit nicht das alleinige Erbrecht iS des § 2018 anmaßt (RGZ 81, 30, 31 f). Mehrere „Zuwendungen" iS der §§ 2050, 2053 werden einfach dadurch zu einem „Inbegriff", daß sie *insgesamt* gesetzlich zur Ausgleichung zu bringen sind; ebenso „Geschenke" iS des § 2325 beim Pflichtteilsergänzungsanspruch (RGZ 73, 369); ebenso ein „Handelsgeschäft", soweit der Unternehmenswert zur Pflichtteilsberechnung ermittelt werden soll (BGH NJW 1975, 1774, 1776 f). Der „Herausgabepflicht" wird hier die Pflicht, die Anrechnung bei der Auseinandersetzung geschehen zu lassen, gleichgeachtet. Für die Auskunftspflicht des Erben gegenüber dem Pflichtteilsberechtigten, der nicht Erbe ist (§ 2314), geht es übrigens *nicht nur* um den „Nachlaß als Inbegriff", sondern *auch* um sonstige Berechnungsfaktoren einschließlich der zum Ausgleich zu bringenden (§§ 2315, 2327) Zuwendungen des Erblassers (BGHZ 33, 373 f = NJW 1961, 602 f; LM § 260 BGB Nr 1; NJW 1962, 245; KUCHINKE NJW 1957, 1175). Vom

Claudia Bittner

Beschenkten kann der Erbe keine Auskunft verlangen (RGZ 84, 204, 206 f; BGHZ 18, 67, 68 f); auch nicht der Vermächtnisnehmer vom Erben (FERID NJW 1960, 121 ff), wenn nicht gerade ein „Inbegriff" geschenkt bzw vermacht worden ist; wohl aber, wenn der pflichtteilsberechtigte Erbe dem Beschenkten gegenübersteht (BGHZ 61, 180). Eine andere Frage ist, ob ein eigener Auskunftsanspruch in der letztwilligen Verfügung vermacht worden ist (FERID aaO).

4.   Gesetzlich angeordnete oder vertraglich begründete Auskunftspflichten (Abs 1 2. Alt)

11   In vielen Fällen ist einem **Herausgabeanspruch** im weiten Sinne des Abs 1 1. Alt im Gesetz eine **besondere Auskunftspflicht zugeordnet.** Hier tritt die Begründung des Auskunftsanspruchs über Abs 1 1. Alt hinter der speziellen Anordnung des Auskunftsanspruchs (Abs 1 2. Alt) zurück. Das gilt etwa für die Ausgleichsforderung des Ehegatten bei Beendigung des Güterstandes durch Scheidung (§ 1378). Die Auskunftspflicht ist hier in § 1379 besonders angeordnet (Abs 1 2. Alt). Gesetzliche Auskunftspflichten über den **Bestand, ohne** daß von einer begleitenden **Herausgabepflicht** die Rede wäre, finden sich in den §§ 1377, 1435, 1493, 1682, 1802, 1839; doch ist die Auskunftspflicht jeweils mit Besonderheiten gegenüber der aus § 260 ausgestattet. § 260 findet darüber hinaus Anwendung auch auf zahlreiche **Fälle gesetzlicher Anordnung einer Auskunftspflicht,** in denen es **nicht** um **Auskünfte über Sachinbegriffe,** auch nicht im weitesten Sinne, geht: zB §§ 402, 444, 799 Abs 2, 1799 Abs 2, 2003 Abs 2, 2011; § 840 Abs 1 ZPO (in BGHZ 86, 23, 27 = NJW 1983, 687 f aus dem Inhalt des übertragenen Anspruchs bejaht; in BGHZ 91, 126, 128 ff allein aus § 840 ZPO verneint); Herstellerermittlung nach § 4 Abs 3 ProdHaftG (hierzu SPICKHOFF NJW 1992, 2055 ff) uam. Eine Sonderregelung bietet § 34 Abs 2 BDSG (dazu BGH NJW 1981, 1738). Sonderregeln über Informationen bieten auch die §§ 809, 810 BGB, § 101 HGB (Vorlegung von Sachen und Urkunden), § 809 BGB (Gestattung der Besichtigung einer Sache), § 510 Abs 1 BGB (Mitteilungen), § 166 Abs 1 BGB, § 338 Abs 1 HGB, §§ 8–10 Gesetz über die Umwelthaftung (Einsicht); BGHZ 148, 26, 37 = BGH NJW-RR 2002, 1119, 1121 f = GRUR 2002, 709, 712 (zum Auskunftsanspruch aus § 19 Abs 2 MarkenG).

12   Die im BGB und zivilrechtliche Nebengesetzen ausdrücklich geregelten Auskunftsansprüche werden **nach ihrem Ursprung und Zweck** üblicherweise in vier Gruppen eingeteilt (zuerst STÜRNER 287–292; MünchKomm/KELLER³ § 260 Rn 8; LORENZ 569): Auskunftsansprüche *aus Rechtverhältnissen, welche die Wahrnehmung (auch) fremder Interessen beinhalten* (zB §§ 666, 681 S 2); *auf Grund unberechtigten Eingriffs in den Rechtskreis einer Person* (zB §§ 687 Abs 2 iVm 681, 666; 2027; 2362); zur *Klärung des Inhalts eines dem Grunde nach bereits feststehenden Anspruchs bzw von Einwendungen* (zB §§ 1379, 74c Abs 2 HGB); *zur Sicherung des Leistungsinteresses* (zB §§ 402, 444, 510). Dazu kommen noch Einzelfälle von Informationsrechten aus besonderem sozialen Kontakt, zB §§ 809 2. Alt, 2028 (STÜRNER 291 f).

13   Eine andere Einteilung der Auskunftspflichten läßt sich danach vornehmen, ob der **Inhalt der Auskunftspflicht** sich allein aus § 260 ergibt oder ob die Norm, die die Auskunftspflicht anordnet, diese auch **näher ausgestaltet.** Insbesondere im **Familienrecht** gibt es eine Reihe von Auskunftsansprüche, die ihrer Zwecksetzung entsprechend besonders ausgeformt wurden. Der Auskunftsanspruch nach § 1379 Abs 1

dient der Vorbereitung des **Zugewinnausgleichs** nach Beendigung des Güterstandes (BGHZ 89, 137, 139 = NJW 1984, 484, 485 = JZ 1984, 380 f = FamRZ 1984, 144, 145; für eine analoge Anwendung im Todesfalle BEITZKE/LÜDERITZ § 14 III 3 c, 137). Auskunft zu geben ist (wechselseitig) über den Bestand des *Endvermögens*; insoweit ist hier der „Inbegriff" des § 260 Abs 1 genauer präzisiert. „Endvermögen" ist das des § 1375. Problematisch ist, ob damit nur der reale Bestand des § 1375 Abs 1 (Aktiva und Passiva) gemeint ist oder der rechnerische Bestand unter Beachtung des § 1375 Abs 2. Der BGH beschränkt den „Bestand" und damit die Auskunftspflicht auf § 1375 Abs 1 (BGHZ 82, 132, 135 ff mit umfassender Darstellung des Meinungsstandes = NJW 1982, 176 f; dazu auch DÖRR NJW 1989, 1953, 1958). Der Ehegatte muß nicht über mögliche Verschwendung oder Verschiebung Auskunft geben. Doch hält es der BGH für möglich, den Berechtigten auf den aus § 242 abgeleiteten Auskunftsanspruch zu verweisen (BGHZ 82, 132, 138; dazu unten Rn 18 ff). Dazu müßte er jedoch konkrete Verdachtsgründe vortragen. Das *Anfangsvermögen* ist nicht Gegenstand des Auskunftsanspruchs (OLG Karlsruhe FamRZ 1981, 458, 459; FamRZ 1986, 1105, 1106; OLG Nürnberg FamRZ 1986, 272 f; **aM** OLG Schleswig FamRZ 1983, 1126 f). Zu der Frage, ob die Ehegatten ein *Zurückbehaltungsrecht* geltend machen können, um die Gegenauskunft zu erzwingen, § 273 Rn 75. Eine Besonderheit liegt darin, daß jeder Ehegatte verlangen kann, bei der Erstellung des Verzeichnisses zugezogen zu werden (§ 1379 Abs 1 S 2); eine weitere liegt darin, daß die Ermittlung des Vermögenswerts verlangt werden kann. Die Kosten der Auskunft trägt der Schuldner (Beklagte), die der Wertermittlung ebenso (§ 1379 Abs 1 S 3 und § 1377 Abs 2 S 3). Begehrt der Berechtigte eine Wertermittlung durch Sachverständige, so trägt er die Kosten selbst (offengelassen in BGHZ 64, 63 ff = NJW 1975, 1021; BGHZ 84, 31 ff = NJW 1982, 1643); er selbst hat seinen Beitrag dazu zu leisten, indem er den Sachverständigen beauftragt. Ein entgegen § 1379 Abs 1 S 2 ohne den Berechtigten erstelltes Bestandsverzeichnis ist keine Erfüllung des Anspruchs; wohl aber, wenn der Berechtigte seiner angebotenen Mitwirkung nicht entspricht.

Auch für **Unterhaltsforderungen** ist dem Herausgabeanspruch iS des Abs 1 1. Alt im **14** Gesetz eine besondere Auskunftspflicht zugeordnet. Die besonderen Anordnungen in §§ 1580 und 1605 gestalten die Auskunftspflicht von § 260 abweichend. Der Auskunftsanspruch der Verwandten in gerader Linie nach § 1605 Abs 1 S 1 dient der Vorbereitung eines Unterhaltsanspruches und bezieht sich auf „Einkommen" mit „Vermögen" als Berechnungsgrundlagen. Dasselbe gilt für den Unterhaltsanspruch unter geschiedenen Ehegatten nach §§ 1580, 1605 Abs 1 S 1 (BGH NJW 1983, 2243 f = FamRZ 1983, 996, 998). Der Auskunftsanspruch ist hier gesetzlich von einer Pflicht zur Vorlage von Belegen begleitet: § 1605 Abs 1 S 2. Die Auskünfte müssen für den Unterhaltsanspruch relevant sein. Kommt unabhängig von seinen Einkommens- und Vermögensverhältnissen, zB wegen eines vertraglichen Verzichts (§ 1585c) oder wegen Eingreifens eines der Ausschlußtatbestände des § 1579, ein Unterhaltsanspruch gegen den in Anspruch Genommenen nicht in Betracht, besteht kein Auskunftsanspruch (BGH NJW 1983, 2243 f = FamRZ 1983, 996 f); ebenso wenn nach den bereits bekannten Verhältnissen der Bedarf des Berechtigten gedeckt ist (BGH NJW 1983, 1429, 1430 = FamRZ 1983, 473). Der Anspruch auf Auskunft ist wechselseitig, ohne Rücksicht darauf, wer Unterhaltsansprüche geltend macht; der Unterhaltspflichtige kann so zur Vorbereitung einer Abänderungsklage den Unterhaltsberechtigten auf Auskunft verklagen (Anrechnung von Erträgen aus dem Zugewinnausgleich: OLG Karlsruhe NJW-RR 1990, 712, 713). Der Auskunftsanspruch nach §§ 1580, 1605 ist familienrechtlich höchstpersönlich und geht nicht als Nebenrecht über, wenn der Unterhaltsanspruch nach § 90 BSHG übergeleitet wird (BGH NJW 1986, 1688 f; ebenso GÖPPINGER/VOGEL, Unterhaltsrecht [6. Aufl 1994] Rn 2537; aM SICK DVBl 1984, 1207, 1209). Dasselbe muß auch bei gesetzlichem Übergang gelten, sofern nicht gerade der Übergang auf einen anderen „Verwandten" iwS stattfindet (zB § 1615b: Ehemann der Mutter). Als **Beleg** kann die Vorlage des Einkommenssteuerbescheides von einem selbständigen Gewerbebetreibenden verlangt werden (BGH FamRZ 1982, 151, 152 = MDR 1982, 389; BGH MDR 1983, 920; OLG München FamRZ 1993, 202: eventuell mit der Steuererklärung, mwN). Der Beleganspruch ist ein eigener Anspruch, der getrennt geltend gemacht werden kann (OLG München aaO). Begehrte Belege müssen im Klagantrag genannt werden (BGH MDR 1983, 650 f).

15 Eine besondere Auskunftspflicht kennt auch der **Versorgungsausgleich** nach § 1587b (Übertragung und Begründung von Rentenanwartschaften) wegen § 1587e Abs 1 iVm § 1580. Auskunft ist hier höchstpersönlich durch den Verpflichteten zu geben, da es um dessen Wissen über die auszugleichenden Versorgungsanrechte geht. Zwar geht der Ausgleichsanspruch nicht mit dem Tod des Verpflichteten unter, sondern ist gegen die Erben gerichtet (§ 1587e Abs 4); doch ist der gegen die Erben gerichtete Auskunftsanspruch von anderem Inhalt (BGH FamRZ 1986, 253 f).

16 Im **Erbrecht** ist die Auskunftspflicht beim **Pflichtteilsanspruch** gemäß § 2314 (vgl BGH JZ 1952, 492; BGH NJW 1989, 1601 f; 1990, 180 f) gegenüber § 260 abweichend gestaltet (Recht des Pflichtteilsberechtigten, bei der Aufnahme des Nachlaßverzeichnisses zugezogen zu werden: § 2314 Abs 1 S 2 HS 1; Recht auf Wertermittlung: § 2314 Abs 1 S 2 HS 2; vgl dazu COING 1298); ferner der Anspruch auf *Erbschaftsherausgabe* nach § 2018 mit besonderer Gestaltung der Auskunftspflicht nach § 2027; ferner der Anspruch gegen den Testamentsvollstrecker nach Ablauf der *Testamentsvollstrekkung* mit Verweis auf den Auftrag (§ 2218); zum Recht des Nacherben gegen den Nacherben-Testamentsvollstrecker auf Auskunft über den Bestand des Nachlasses bei Amtsübernahme BGHZ 127, 360, 364 ff = NJW 1995, 456 f = FamRZ 1995, 158 ff = JR 1996, 57 ff m Anm SCHUBERT; schließlich auch *für* den Testamentsvollstrecker bei Herausgabe des Nachlasses (RG Recht 1907 Nr 3830).

17 Wird **vertraglich** eine nicht näher präzisierte **Auskunftspflicht begründet**, so kann § 260 zur Auslegung herangezogen werden, wenn die Verpflichtung einen „Inbegriff von Gegenständen" betrifft. Dasselbe gilt bei Verpflichtungen auf Auskunft, die in letztwilligen Verfügungen begründet sind (vgl SCHULTZENSTEIN 662); dasselbe bei Auskunftspflichten, die in einem Vergleich begründet werden (offengelassen RGZ 167, 328, 339). Ist die Auskunftserteilung Hauptpflicht eines Vertrages, handelt es sich um einen Auskunftsvertrag, der nach § 675 Abs 2 zu beurteilen ist.

II.   Auskunftspflichten aus Treu und Glauben (§§ 242, 157)

1.   Allgemeines

18 Eine **allgemeine**, nicht aus besonderen Rechtsgründen abgeleitete **Rechtspflicht zur Auskunftserteilung** gibt es **nicht** (st Rspr; RGZ 102, 235, 236; BGHZ 10, 385, 387; BGH NJW 1957, 669 = LM § 259 BGB Nr 2; BGH NJW 1970, 751 f = WM 1970, 387, 388; MünchKomm/KRÜGER § 260 Rn 13; SOERGEL/WOLF § 260 Rn 23). Wer Kenntnis davon hat, wo sich eine Sache befindet, die einem anderen abhanden gekommen ist, ist nicht schon deshalb verpflichtet, Auskunft zu erteilen (BGH § 259 BGB Nr 2 = NJW 1957, 669 f: Jemand hatte erfahren, wo sich ein während des Krieges verschlepptes wertvolles Bild befand). Auch gibt es keinen allgemeinen Auskunftsanspruch eines Klägers, um Beweismittel zu gewinnen (BGH NJW 1970, 751 f = WM 1970, 387, 388; st Rspr). Eine geschiedene Frau, die in Gütertrennung gelebt und ihr Vermögen selbst verwaltet hat, muß den Umfang der Schenkungen, die sie wegen groben Undanks zurückfordert, selbst bezeichnen, sie kann sich nicht über eine Auskunftsklage Unterlagen und Beweismittel verschaffen (RG JW 1935, 506 m Anm PLUM). Ein Gläubiger, der einen Anfechtungsanspruch vorbereiten will, kann sich vom möglichen Anfechtungsgegner nicht über eine Auskunftsklage Tatsachen und Beweismittel verschaffen, wenn der Grund des Anspruchs noch nicht feststeht (OLG Düsseldorf EWiR § 260 BGB 1/85, 459 [GRUNSKY]); ähnlich bei einer Konkursanfechtung (BGHZ 74, 379, 381 f). Der Erbe eines Darlehensgebers kann nicht vom Darlehensempfänger Zahl und Umfang der vom Erblasser gewährten Darlehen erfragen, es sei denn, der Darlehensnehmer habe sich als Geschäftsführer die Darlehen selbst gewährt (BGH WM 1970, 387). Abzulehnen ist auch ein Anspruch des Käufers gegen den Verkäufer auf Auskunft über Serienmängel einer Ware (aM NEUMANN-DUESBERG BB oben 1457, 1462).

Auskunft wird nach **Treu und Glauben** dort geschuldet, wo sich aus der „Natur der **19** Sache" oder dem „Wesen des zugrundeliegenden Rechtsverhältnisses" (RG JW 1935, 506, mit vorsichtig einschränkender Anm PLUM; ähnlich RGZ 151, 381, 384) ergibt, daß der Berechtigte *entschuldbarerweise über das Bestehen oder den Umfang seines Rechts im Ungewissen*, der Verpflichtete aber in der Lage ist, unschwer solche Auskünfte zu erteilen, die zur Beseitigung jener Ungewißheit geeignet sind (RGZ 102, 235, 237; 108, 1, 7; 126, 123, 126; 158, 377, 379; RGDR 1942, 729, 730; BGHZ 10, 385, 387; BGH JR 1954, 460; BGHZ 41, 318, 320 f = NJW 1964, 1469; BGHZ 81, 21, 24 = NJW 1981, 2000; BGH NJW-RR 1986, 874, 876). Dieser Rechtsgrundsatz gilt inzwischen als Gewohnheitsrecht (LORENZ 573; Münch-Komm/KRÜGER § 260 Rn 12; PALANDT/HEINRICHS § 261 Rn 8 jeweils mwN). Dabei setzt die Auskunftspflicht als Nebenpflicht *grundsätzlich* einen dem Grunde nach *feststehenden Leistungsanspruch* voraus. Im Falle vertraglicher oder auch vorvertraglicher Beziehungen kann ein Auskunftsanspruch, etwa zur Vorbereitung eines Schadensersatzanspruchs, aber auch schon bei dem nur *begründeten Verdacht* einer Pflichtverletzung gegeben sein. Das gilt insbesondere im Rahmen von Dauerschuldverhältnissen, Geschäftsbesorgungsverträgen und anderen Rechtsbeziehungen, die von der Inanspruchnahme gegenseitigen Vertrauens gekennzeichnet sind (BAG DB 1972, 1831, 1832 [Verpflichtung, Wettbewerb zu unterlassen]; BGH LM § 242 BGB [Be] Nr 19; näher Münch-Komm/KRÜGER § 260 Rn 15 ff; SOERGEL/WOLF § 260 Rn 25, 27; BAMBERGER/ROTH/GRÜNEBERG § 260 Rn 12; weitergehend PALANDT/HEINRICHS § 261 Rn 10). Auch *Dritte* eines berechtigenden Vertrages zugunsten Dritter oder eines Vertrages mit Schutzwirkung für Dritte können in entschuldbarer Weise im Ungewissen über Bestand und Umfang von Ansprüchen aus der Vertragsbeziehung sein (erwogen, aber abgelehnt in BGH WM 1980, 771, 772 f = DB 1980, 2126 f = ZIP 1980, 439, 440; bejaht in BGH NJW 1982, 1807, 1808; LG Köln NJW-RR 1986, 832; s SOERGEL/WOLF § 260 Rn 25).

Im Wege einer an § 242 BGB orientierten *Auslegung des Vertrages* kann eine Aus- **20** kunftspflicht etwa angenommen werden, wenn anders der Gläubiger das *Ausmaß* seiner unzweifelhaft eingeräumten Forderung nicht bestimmen kann. Die Erbin eines Gesellschafters einer OHG, die einen Anspruch auf Abfindung hat, kann die zur Berechnung ihres Anspruchs erforderliche Auskunft verlangen (BGH NJW 1950, 781 f);

ebenso kann der Gesellschafter einer Gesellschaft bürgerlichen Rechts Auskunft über Verträge der Gesellschaft verlangen, die über den Tag der Auflösung hinaus laufen (RGZ 171, 129, 135 ff); ebenso kann der zur Übernahme eines Untermietverhältnisses verpflichtete Vermieter vom Mieter Auskunft über das Untermietverhältnis verlangen (AG Köln MDR 1990, 637). Jede Gewinnbeteiligungszusage enthält so auch ein Aufklärungsversprechen (ArbG Bochum DB 1971, 729 f). Der am Absatz beteiligte Verfasser eines Buches kann Auskunft verlangen, wenn er glaubt, der Verleger habe mehr Exemplare abgesetzt, als er abgerechnet hat (RG LZ 1931, 372). Hat sich der „Kaufanwärter für eine Wohnung" einer Preiserhöhung wegen Erhöhung des Baupreises unterworfen, so folgt daraus auch ein Auskunftsanspruch (BGH LM § 125 BGB Nr 29), dessen Abbedingung ihrerseits gegen Treu und Glauben verstößt (vBarby NJW 1972, 11). Aus dem Innenverhältnis bei der Kreditbürgschaft folgt, daß der Bürge vom Schuldner über die Kredithöhe Auskunft verlangen kann (OLG Naumburg Recht 1930 Nr 12); ebenso wenn der Grundschuldbesteller von der Bank Auskunft über die Kredithöhe erfahren möchte (OLG Oldenburg WM 1985, 748 f). Zum Auskunftsanspruch eines Ratenkreditnehmers, um die komplexe Kreditabwicklung nachvollziehen zu können, und zur Entschuldbarkeit des Informationsmangels vgl Derleder/Wosnitza ZIP 1990, 901 ff.

21 Die Abwägung der beiderseitigen Interessen kann im **Einzelfall** ergeben, daß ein **Auskunftsanspruch**, der an sich gegeben ist, **entfällt**. Man ist nicht verpflichtet, einen Dritten einer strafbaren Handlung zu bezichtigen (BGH JZ 1976, 318, 320; aM Stürner JZ 1976, 321). Andererseits befreit die Gefahr, sich selbst zu belasten, nicht (BGHZ 41, 318, 322 ff). Eine Grenze für die Auskunftserteilung kann auch die persönliche oder geschäftliche Geheimsphäre ergeben (Gottwald BB 1979, 1784 ff; G Lüke 2, 6); vgl dazu §§ 26, 34 BDSG für Privatpersonen und § 13 BDSG für Behörden. Der Verpflichtete, der als Anwalt gehandelt hat, kann sich aber nicht auf seine Verschwiegenheitspflicht berufen (OLG Hamburg MDR 1964, 672 f). Eine *Abwägung* ist geboten zwischen dem Informationsinteresse des Berechtigten und dem mit der Verpflichtung verbundenen Aufwand (BGHZ 81, 21, 25), ferner zwischen der Schwere der Rechtsverletzung und dem Aufwand (BGH NJW 1986, 1244, 1245; zur gestuften Auskunft vgl BGH NJW 1986, 1244, 1245 und BGH NJW 1986, 1247, 1249).

2. Einzelfälle

a) Arbeitsverhältnis

22 Macht der Arbeitnehmer gegen den Arbeitgeber, der in Annahmeverzug geraten ist, Ansprüche auf Fortzahlung seiner Vergütung aus § 615 geltend, so ist er *dem Arbeitgeber nach § 74c Abs 2 HGB analog zur Auskunft* über die Höhe seines anderweitigen Verdienstes im Verzugszeitraum *verpflichtet* und hat im Falle einer unvollständigen Auskunft eine eidesstattliche Versicherung nach § 260 Abs 2 analog abzugeben (BAG NJW 1974, 1348; BAG NJW 1994, 2041, 2042 ff = BAG NZA 1994, 116, 117 ff; aM Staudinger/Selb [1995] § 260 Rn 18). Mangels eines vertraglichen oder gesetzlichen Wettbewerbsverbotes kann die Auskunftspflicht des im „Pfusch" arbeitenden Arbeitnehmers nicht aus einer allgemeinen arbeitsrechtlichen Treuepflicht abgeleitet werden (ArbG Oberhausen DB 1967, 1183 f).

23 Umgekehrt kann der eine KG beherrschende Unternehmensgesellschafter *von den Arbeitnehmern* der KG *auf Auskunft und Rechnungslegung in Anspruch genommen* *werden*, wenn dies die Durchsetzung von Zahlungsansprüchen nach den Grundsätzen der Ausfallhaftung im faktischen Konzern im Rahmen einer Stufenklage vorbereitet (BAG NZA 1996, 311, 312 f). Dagegen kann ein Arbeitnehmer, der vergessen hat, sich eigene Überstundennotizen zu machen, sich die nötigen Unterlagen für die Klage auf Lohnzahlung nicht durch eine Auskunft des Arbeitgebers verschaffen (LAG Hamm DB 1967, 1900 f).

b)   Arztvertrag

Arzt oder Krankenhaus haben eine Verpflichtung zur Dokumentation der ärztlichen **24** Behandlung. Die **Dokumentationspflicht** wird als selbständige **vertragliche Nebenpflicht aus dem Behandlungsvertrag** abgeleitet. Sie dient der notwendigen Aufklärung des Patienten über seinen Zustand, der eventuellen Weiterbehandlung des Patienten und der Verwirklichung von Schadensersatzpflichten (WASSERBURG, Die ärztliche Dokumentationspflicht im Interesse des Patienten, NJW 1980, 617 ff; HOHLOCH, Ärztliche Dokumentation mit Patientenvertrauen, NJW 1982, 2577 ff; SCHMID, Über den notwendigen Inhalt ärztlicher Dokumentation, NJW 1987, 682 ff; MEHRHOFF, Aktuelles zum Recht der Patientendokumentation, NJW 1990, 1524). Nur wenn eine ausreichende Dokumentation vorliegt, ist ein Recht des Patienten auf Einsicht von Belang. Fehlt es daran, so können Rechte des Patienten als Schadensersatzansprüche entstehen (aus Fehlern bei der weiteren Behandlung wegen fehlender Dokumentation, aus dem Verlust von auf die Dokumentation gegründeten Ansprüchen gegen Dritte, aus der notwendigen Wiederholung von Untersuchungen: vgl dazu WASSERBURG NJW 1980, 620), und es können sich Beweisschwierigkeiten bezüglich etwaiger Kunstfehler bei der zu dokumentierenden Behandlung ergeben.

Hand in Hand mit der Anerkennung einer Dokumentationspflicht ging die Entwick- **25** lung eines **Rechts des Patienten auf Einsicht in den Inhalt der Dokumentation**. Dieses Einsichtrecht in die Krankenunterlagen wird ebenfalls als vertragliches Nebenrecht auf den Behandlungsvertrag auf § 810 und auf §§ 259, 260 analog gestützt (zur Entwicklung bis 1982 vgl AHRENS, Ärztliche Aufzeichnungen und Patienteninformation – Wegmarken des BGH, NJW 1983, 2609 ff mwN). Am Beginn der höchstrichterlichen Judikatur stehen BGH JZ 1983, 305 ff m Anm WACHSMUTH/SCHREIBER und BGHZ 85, 327, 329 ff = NJW 1983, 328 ff = JR 1983, 236 ff m Anm SCHLUND, beide Entscheidungen mit umfangreichen Rechtsprechungs- und Literaturnachweisen. Diese Entscheidungen begründen grundsätzlich auch außerhalb eines Rechtsstreits einen Anspruch des Patienten gegenüber Arzt oder Krankenhaus auf Einsicht in die ihn betreffenden Krankenunterlagen, soweit sie objektive physische Befunde, Berichte über Handlungsmaßnahmen wie Operation und Medikation enthalten. Notizen über persönliche Eindrücke des Arztes sind vom Einsichtsrecht ausgenommen, sind bei Kopien etwa abzudecken (vgl dazu auch DEUTSCH NJW 1980, 1305, 1308; WACHSMUTH/SCHREIBER JZ 1983, 308 und SCHLUND 240). Auch darf der Anspruch nicht zur Unzeit (Störung des Krankenhausbetriebes) geltend gemacht werden. Bei *psychiatrischer Behandlung* hat die Gewährung des Einsichtsrechts auf therapeutische Bedenken Rücksicht zu nehmen; insoweit besteht eine Parallele zur ärztlichen Aufklärungspflicht (BGHZ 85, 339 = NJW 1983, 330, 331; dazu WACHSMUTH/SCHREIBER JZ 1983, 307; BGH JZ 1989, 440 ff m Anm GIESEN; BGH NJW 1989, 764 = BGHZ 106, 146). Das Einsichtsrecht erstreckt sich etwa nicht auf ein zur Kostenübernahme durch den Versicherer erstattetes Gutachten (OLG Köln NJW 1983, 2641 f). Der Anspruch ist nicht höchstpersönlich, kann also auf die *Erben* übergehen, soweit vermögensrechtliche Interessen das Einsichtsrecht begründen, es sei denn der ausdrückliche oder mutmaßliche Wille des Verstorbenen steht entgegen (BGH NJW 1983, 2627, 2628 f = JZ 1984, 279 ff m krit Anm GIESEN = JuS 1984, 143 f [EMMERICH]; LAUFS/UHLENBRUCK/UHLENBRUCK § 60 Rn 12 mwN). Näher LANG 40 ff; LAUFS/UHLENBRUCK/UHLENBRUCK § 60 mit umfassenden Nachweisen.

c) Erbrecht

26 Umstritten ist der *Auskunftsanspruch des Vertragserben gegen den Beschenkten* wegen Verletzung des Erbrechts nach § 2287. Eine ältere Auffassung verneinte eine Auskunftspflicht, weil § 2287 sie nicht vorsehe (vgl die Nachweise in BGHZ 97, 188). Die auf § 242 gestützte neuere Auffassung läßt den Anspruch zu (BGHZ 97, 188, 190 f = NJW 1986, 1755 = JZ 1987, 250 m Anm KUCHINKE; vgl auch MOHRENFELS NJW 1987, 2557 f). Aus der gleichen Erwägung wurde dem *Nacherben* ein *Auskunftsanspruch gegen den vom Vorerben Beschenkten* und dem pflichtteilsberechtigten Erben gegen den vom Erblasser Beschenkten gewährt (BGHZ 58, 237, 239 = JZ 72, 444 f; BGHZ 61, 180, 184 f = JZ 1973, 670 f; BGH NJW 1986, 127, 128 f und NJW 1986, 1755 f); Beweiserleichterungen für den Benachteiligten (vgl BGHZ 66, 8, 16 f = JZ 1976, 284, 286; BGHZ 82, 274, 281 f) wurden als nicht ausreichender Schutz erachtet. Zur Ausforschung möglicher Schenkungen ist der Auskunftsanspruch nicht zu gewähren; stets müssen bereits greifbare Anhaltspunkte gegeben sein (vgl dazu vor allem KUCHINKE aaO). Ist der Beschenkte selbst pflichtteilsberechtigt, so ist sein (Gegen-)Anspruch auf Auskunft, welche pflichtteilserheblichen Schenkungen es sonst noch gibt, auf § 2314 direkt, nicht auf § 242 zu stützen (BGH NJW 1990, 180 f).

27 Ergibt sich der Auskunftsanspruch aus § 242, so folgt dessen inhaltliche Ausgestaltung ebenfalls den Grundsätzen von Treu und Glauben. Umstritten ist danach ein gesonderter Anspruch auf *Wertermittlung*, wie ihn die Bestimmungen der §§ 1379 Abs 1 S 2 und 2314 Abs 1 S 2, nicht aber § 260 kennen. Für einen Anspruch des pflichtteilsberechtigten Erben gegen den vom Erblasser Beschenkten (Sachverständigengutachten über den Wert von Gesellschaftsanteilen) auf Kosten des Beklagten, nicht des Nachlasses wie in § 2314 Abs 2: BGH NJW 1986, 127, 128 = LM § 2314 BGB Nr 14 = FamRZ 1985, 1249, 1250 = WM 1985, 1346 (im konkreten Fall erklärte sich der Kläger [Erbe] indessen bereit, die Kosten aus dem Nachlaß zu tragen); für einen Anspruch auf Kosten des Nachlasses: BGH NJW 1990, 180, da sich die Haftung des Beschenkten auch nach § 2329 auf den Fehlbetrag beschränke, nicht die Kosten der Ermittlung umfasse. Ein Miterbe kann von den anderen Miterben aber keine Auskünfte (und keine Einwilligung für Drittauskünfte) begehren, die sich auf die Testierfähigkeit des Erblassers beziehen (BGH NJW-RR 1989, 450 = JR 1990, 16 f m Anm WASSERMANN).

28 Aus der gesamthänderischen *Miterbengemeinschaft* (§ 2038) folgt nach hM keine Auskunftspflicht der Miterben untereinander (RGZ 81, 30, 34; BGH LM § 242 BGB [o] Nr 109 = NJW-RR 1989, 450; **aA** MünchKomm/DÜTZ § 2038 Rn 47, wenn der Antragsteller ohne eigenes Verschulden dringend darauf angewiesen ist und der in Anspruch Genommene die Auskunft ohne große Mühe zu geben vermag).

d) Gewerblicher Rechtschutz und Wettbewerbsrecht

29 Der **Inhaber einer Marke, eines Warenzeichens, Patentes, Gebrauchsmusters, Urheberrechts oder eines anderen Immaterialgüterrechts** hat ein Auskunftsrecht gegen den Verletzer eines solchen Rechtes (st Rspr; BGHZ 95, 285, 287 f = NJW 1986, 1247, 1249; BGH

NJW 1986, 1244, 1245 f; BGHZ 81, 21, 24); bei § 26 UrhG auch gegen den Händler, der das Geschäft vermittelt hat (BGHZ 56, 256, 262 ff). Sofern nicht Rechenschaftsablegung gefordert werden kann (vgl § 259 Rn 15, 27), ist zumindest Auskunft zu erteilen, und zwar für entgangenen Gewinn oder Lizenzgebühr (OLG Frankfurt aM WRP 1972, 474 f: zu § 14 GeschMG). Zur Auskunftspflicht bei Weiterentwicklung von Diensterfindungen vgl OLG Düsseldorf DB 1967, 682. Die neuere Judikatur zu Sonderfragen geht ohne Diskussion von diesem Stand aus.

Der gewohnheitsrechtliche Auskunftsanspruch aus § 242 wird ergänzt durch spezial- **30** gesetzliche Auskunftsansprüche in § 19 MarkenG (früher § 25b WZG), § 140b PatG, § 24bGebrMG, § 14a GeschmMG, § 101a UrhG, § 9 Abs 2 HalbleiterschutzG, § 37b SortenschutzG und weiteren Bestimmungen (näher FEZER, MarkenR § 19 Rn 2).

Die auf dem Gebiet des gewerblichen Rechtsschutzes entwickelten Aussagen werden **31** auch allgemein auf das **Wettbewerbsrecht** übertragen. Ein Auskunftsanspruch aus § 242 gilt über das Schadensersatzrecht hinaus auch für die Vorbereitung negatori- scher Beseitigungsansprüche (RGZ 158, 377, 379 f; BGH NJW 1958, 1486, 1489: aus anderen Gründen abgelehnt) und von Bereicherungsansprüchen (BGHZ 82, 299, 307 f). Voraus- setzung des Auskunftsanspruchs ist stets, daß ein vorzubereitender Schadensersatz- oder Bereicherungsanspruch, also ein die Anwendung des § 242 rechtfertigendes *gesetzliches Schuldverhältnis*, glaubhaft gemacht wird (RG DR 1942, 729, 730; BGH GRUR 1978, 54, 55). Die Grenzen der Auskunftspflicht ergeben sich aus einer *Inter- essenabwägung* zwischen den Bedürfnissen des Verletzten und den Belangen des Verletzers (ausführliche Rechtsprechungsnachweise bei BAUMBACH/HEFERMEHL, UWG Einl Rn 404 ff).

Beispiele aus der Rechtsprechung: Eine Körperschaft des öffentlichen Rechts, die eine **32** Boykottaufforderung ausgesandt hat, ist zur Auskunft verpflichtet, wer die Empfän- ger der Aufforderung waren (BGHZ GS 67, 81, 91). BGH NJW 1962, 731 statuiert eine Auskunftspflicht über den Umfang der Verbreitung kreditschädigender Behauptun- gen. Ein einem Wettbewerbsverbot unterliegender früherer Angestellter muß über die abgeschlossenen verbotenen Geschäfte Auskunft geben (RG JW 1928, 2092 f; BGH LM § 242 BGB [Be] Nr 19; BAG BB 1967, 839 f und DB 1972, 1831, 1832) oder angeben, wer der neue Arbeitgeber ist (BAG AP Nr 12 zu § 242 BGB „Auskunftspflicht", mit Anm LÜDERITZ, der auf Vertragsergänzung nach § 157 verweist). Eine Auskunftspflicht des im „Pfusch" arbei- tenden Arbeitnehmers kann nicht aus einer allgemeinen arbeitsrechtlichen Treue- pflicht abgeleitet werden (ArbG Oberhausen DB 1967, 1183 f). Verletzt jemand ein ver- tragliches Alleinverkaufsrecht, so hat er Auskunft über die abgeschlossenen verbotenen Geschäfte zu erteilen (BGH LM § 687 BGB Nr 2 = NJW 1957, 1026); ebenso bei Verletzung einer Kundenschutzklausel (RG DRW 1942, 465, 466 mit zust Anm HAUPT 467); ebenso wenn ein Gesellschafter verbotener Weise Geschäfte für eigene Rech- nung macht (RGZ 89, 99, 103); ebenso bei kreditschädigenden Behauptungen, wem gegenüber sie aufgestellt wurden (BGH MDR 1962, 393); ebenso wenn durch die Rück- stufung eines Hotels im Reiseführer in den eingerichteten und ausgeübten Gewer- bebetrieb eingegriffen wird (OLG Frankfurt aM NJW 1974, 1568, 1569 f = OLGZ 1974, 460, 465); zumindest auch, wenn in fremde Firmenrechte eingegriffen wird (PIETZNER 151); ebenso wenn sich jemand durch Ausnutzung fremden Vertragsbruches, zu dem er verleitet hat (§ 826), Wettbewerbsvorteile verschafft (OLG Hamm BB 1964, 1401); das bloße Wissen um fremden Vertragsbruch reicht nicht aus; Auskunftsanspruch ebenso bei Verstößen gegen Buchpreisbindungen (KG WuW 1970, 858 = KG WuW/E OLG 1128, 1131 f); nicht aber, wenn eine „Meistbegünstigungsklausel" verletzt wird, die nur in einem „gentlemen's agreement" niedergelegt ist (BGH MDR 1964, 570 = BGH LM § 242 BGB [Be] Nr 19).

e) Hausratsteilung

33 Hausrat, der nach der HausratsVO verteilt werden muß, unterliegt nicht dem Zugewinnausgleich und daher auch nicht der Auskunftspflicht nach § 1379 (BGH NJW 1984, 484, 485 ff mwN; bespr v SMID NJW 1985, 173 ff; zu § 1379 vgl Rn 13). Die Rechtsprechung greift auf die nach § 242 entwickelte allgemeine Auskunftspflicht zurück. Danach können Ehegatten im besonderen Hausratsverfahren nach § 1361a Auskunft gemäß §§ 242, 260 verlangen (KG FamRZ 1982, 68). Dasselbe muß auch für § 8 HausratsVO gelten, soweit es um die Auskunft über den Bestand des Hausrats geht.

f) Insolvenz

34 Aus Geschäftshandlungen des Schuldners ist der *Insolvenzverwalter* dann für den Schuldner zur Auskunft verpflichtet, wenn er mit der Auskunft eine Verwaltungshandlung vornimmt, also dann, wenn der Hauptanspruch die Insolvenzmasse betrifft und gegen den Insolvenzverwalter geltend zu machen ist (BGH NJW 1968, 300 zum Konkurs); ebenso bei geltend gemachten Absonderungs- und Aussonderungsrechten; ebenso – als persönliche Verpflichtung – bei Masseschulden (vgl BGHZ 49, 11 = NJW 1968, 300 = LM § 6 KO Nr 11 mit zust Anm MEZGER; kritisch KUHN WM 1969, 226; aM LG München I KTS 1967, 185, 186 f). Ein Insolvenzverwalter kann aber nicht die angeblich anfechtbar begünstigte Ehefrau auf Auskunft verklagen, wenn ihm gegen den Schuldner (Ehemann) die Möglichkeit der Auskunft nach §§ 20, 97 InsO offensteht (BGH NJW 1978, 1002 f; BGHZ 74, 379 = JuS 1979, 906 m Anm K SCHMIDT zum Konkursverfahren und der Auskunft nach § 100 KO). Zur Auskunftspflicht des Schuldners im Insolvenzverfahren vgl §§ 97, 98 InsO.

III. Inhalt und Grenzen der Auskunftspflicht

35 Soweit nicht besondere gesetzliche Ausgestaltungen des Auskunftsrechts greifen (oben Rn 11 ff), hat **der Auskunftspflichtige** dem Berechtigten ein **Verzeichnis des Bestandes** vorzulegen. Darunter versteht man eine genaue schriftliche Zusammenstellung der einzelnen „Gegenstände" im bisher beschriebenen Sinne, die zu dem „herauszugebenden Inbegriff" gehören, und zwar so wie sie der Gläubiger benötigt, um den „Herausgabeanspruch" zu substantiieren (vgl BGH WM 1966, 876). Maßgebend sind die *Umstände des Einzelfalles* unter *Berücksichtigung der Verkehrssitte*. Kann der mit der Auskunft zu erreichende Zweck anders erreicht werden, etwa durch Einblick in staatsanwaltliche Ermittlungsakten, so entfällt nach § 242 (BGH LM § 242 BGB [Be] Nr 25) der Auskunftsanspruch. Zu modifizieren ist er uU, wenn die Parteien im geschäftlichen Wettbewerb stehen (vgl § 259 Rn 27), indem etwa die Auskunft nur einer Vertrauensperson beider Parteien (BGH LM § 47 PatG Nr 5 m Anm NASTELSKI = GRUR 1957, 336) zu erteilen ist, die ihrerseits dem Kläger den daraus abzuleitenden „Herausgabeanspruch" ermittelt (vgl § 259 Rn 15, 27). Die Zusammenstellung ist bestimmt genug, wenn der Berechtigte daraus selbst das „herauszugebende" Vermögen ermitteln kann (OLG Celle NJW 1975, 1568). Sie ist nicht schon im Prozeßvortrag zu finden, wenn der Auskunftspflichtige behauptet, nichts zu wissen (BGH WM 1971, 443, 445); wohl aber in der Erklärung, keine Gegenstände zu besitzen, auf die der Berechtigte

Anspruch erheben könne (BGH LM § 260 BGB Nr 7; OLG München Recht 1915 Nr 1739; KG OLGE 28, 95 f). Soll der Auskunftspflichtige über Verhältnisse zu Dritten Auskunft geben, die ihrerseits zur Auskunft verpflichtet sind, so kommt neben der Abtretung des Auskunftsanspruchs (BGH NJW 1989, 1601 f) auch eine Einwilligung in die Auskunftserteilung in Frage (BGH JR 1990, 16 f m Anm WASSERMANN). Der Verpflichtete kann sich bei der Auskunftserteilung auch eines Erfüllungsgehilfen bedienen (OLGR Karlsruhe 2001, 424).

Die inhaltliche Unrichtigkeit des Verzeichnisses ist von der **Unvollständigkeit** der **36** Auskunft zu unterscheiden. Erstere führt lediglich zur Versicherung an Eides Statt nach Abs 2, nicht zur Ergänzung oder Wiederholung der Auskunft (RG Recht 1920 Nr 867; COING 1298 mwN aus der älteren Judikatur; unten Rn 41). Dagegen ist bei offensichtlicher Unvollständigkeit der Auskunft, nicht ordnungsgemäß erfüllt. Hier besteht ein *Auskunftsergänzungsanspruch* auf ordnungsgemäße Mitteilung aller auskunftspflichtigen Umstände (OLG Hamburg NJW-RR 2002, 1292). Im Einzelfall kann die Abgrenzung zwischen formeller Unvollständigkeit und materieller Unrichtigkeit schwierig sein. Geht es etwa um die vollständige Auskunft über anderweitigen Verdienst, so kann die Nichtangabe einzelner Bezüge die Auskunft sowohl formell unvollständig als auch inhaltlich unrichtig machen. Ist dem Auskunftspflichtigen hier der Vorwurf mangelnder Sorgfalt zu machen, besteht ein Anspruch auf eine eidesstattliche Versicherung (BAG NJW 1974, 1348; BAG NJW 1994, 2041, 2044 ff = BAG NZA 1994, 116, 119 ff zu einem selbständigen Auskunftsanspruch aus §§ 74c Abs 2 HGB, 615 S 2). Ein Ergänzungsanspruch ist dagegen gegeben, wenn aus Rechtsirrtum eine Mehrheit von Gegenständen nicht angegeben worden ist (BGH LM § 260 BGB Nr 1). Es gelten dieselben Abgrenzungskriterien wie im Rahmen des § 259 (vgl § 259 Rn 30 f). Zur Teilauskunft vgl BGH NJW 1962, 245, 246.

Der Anspruch auf Auskunft ist ein **selbständiger Anspruch, aber doch ein Hilfsan-** **37** **spruch.** Besteht kein Hauptanspruch oder steht ihm eine dauernde Einrede entgegen, so besteht auch kein Auskunftsanspruch. Hat der Erwerber eines Geschäfts wegen der Nichtigkeit des Vertrages die gezogenen Nutzungen herauszugeben, so gibt es keine Verpflichtung zur Auskunft über durch *eigene* Geschäftsabschlüsse gezogene Gewinne (BGHZ 7, 208, 217 f). Ebenso kann keine Auskunft über den Inhalt eines nicht geschuldeten Inventars verlangt werden (RGZ 151, 381, 384). Der Eigentümer, der sein Grundstück unter Berufung auf einen „Schwarzverkauf" zurückfordert, hat keinen Anspruch auf Auskunft über „Nutzungen" (RG HRR 1930 Nr 966). Der Anspruch auf Wertermittlung nach § 2314 Abs 1 S 2 ist ein eigener Anspruch neben dem auf Auskunft.

Der Auskunftsanspruch als Hilfsanspruch **verjährt** an sich nicht später als der Haupt- **38** anspruch, da er nur zu dessen Verwirklichung gegeben wird (vgl BGH NJW 1982, 235 f; OLG Düsseldorf ZIP 1988, 1134, 1135). Wird der Hilfsanspruch aber zur Erhebung von Einwendungen oder Einreden oder Drittansprüchen benötigt, so kann er gleichwohl auch nach Verjährung des Hauptanspruches geltend gemacht werden. Wird also der vom Erblasser Beschenkte auf Pflichtteilsergänzung in Anspruch genommen und stand dem Beschenkten seinerseits ein (verjährter) Anspruch auf Pflichtteilsergänzung zu, so kann der Beschenkte Auskunft nach § 2314 begehren, weil diese auch für den Anspruch gegen den Beschenkten von Bedeutung sein kann (BGH NJW 1990, 180 f). Wird nur der Auskunftsanspruch als Hilfsanspruch klageweise geltend gemacht, unterbricht das nicht die Verjährung des Hauptanspruchs (OLG Koblenz ZERB 2002, 233).

39 Der Auskunftsanspruch aus einer Geschäftsverbindung des Erblassers nach §§ 675, 666 (Bankverbindung) geht auf den **Erben** über (BGH NJW 1989, 1601; OLG Frankfurt MDR 1966, 503; ebenso die Auskunfts*pflicht* kraft Universalsukzession: OLG Nürnberg OLGZ 1981, 115, 116; OLG München MDR 1987, 416). Das gilt auch für die Universalsukzession in den bloßen Erbschaftsbesitz, da der Erbe keine dem Wesen nach anderen Kenntnisse als der Erblasser hat (für § 2027: BGH NJW 1985, 3068, 3069 = FamRZ 1985, 1019, 1020 f m Anm DIECKMANN FamRZ 1985, 1246).

40 Der Auskunftsanspruch kann ebenso wie der Anspruch nach § 259 als Hilfsanspruch grundsätzlich **nicht ohne den Hauptanspruch abgetreten** werden (RG HRR 1931 Nr 107 = JW 1931, 525, 526). Doch gilt eine Ausnahme, wenn der Berechtigte mit der Abtretung einer eigenen Auskunftspflicht genügt (so im Ergebnis BGHZ 107, 104, 110 = NJW 1989, 1601, 1602 unter Hinweis auf die Abtretung des Befreiungsanspruchs an den Gläubiger: BGHZ 12, 136, 141; 23, 17, 22 und die Abtretung des Anspruchs aus einem Vertrag zugunsten Dritter an den Dritten: RGZ 150, 129, 133 f). Schuldet nach §§ 675, 666 der auskunftsberechtigte Erbe seinerseits (zB nach § 2314 Abs 1 S 1) Auskunft, so kann er daher seinen noch nicht befriedigten Auskunftsanspruch an den Pflichtteilsberechtigten zur Erfüllung abtreten. Dem Auskunftsanspruch gegen die Bank steht in diesem Falle weder das Bankgeheimnis zugunsten der Erblasserin noch das zugunsten des Zuwendungsempfängers im Wege (BGHZ 107, 104, 109 f = NJW 1989, 1601, 1602; OLGR Bremen 2001, 201).

IV. Versicherung an Eides Statt

41 Der zur Auskunft Verpflichtete hat nach Abs 2 eine **Versicherung an Eides Statt** abzugeben, wenn der Berechtigte Umstände darlegt, aus denen sich ergibt, daß der Verpflichtete das Verzeichnis *nicht mit der erforderlichen Sorgfalt* erstellt hat (BGH LM § 259 BGB Nr 8; NJW 1966, 1117, 1119 f; KG JR 1949, 410), so daß dessen Unrichtigkeit anzunehmen ist. Im Falle bloßer Unvollständigkeit besteht dagegen ein Auskunftsergänzungsanspruch (oben Rn 36). Grund zu der Annahme, daß ein Nachlaßverzeichnis gem § 2314 nicht mit der notwendigen Sorgfalt iS von § 260 Abs 2 aufgestellt wurde, kann auch dann bestehen, wenn sich aus dem prozessualen Verhalten des verpflichteten Erben das Bestreben ergibt, die Auskunftserteilung mit allen juristischen Mitteln zu verhindern oder zumindest zu verzögern und dies auch aus dem vorprozessualen Verhalten bereits erkennbar wurde (OLG Frankfurt aM NJW-RR 1993, 1483). Das weite Verständnis vom „Inbegriff von Gegenständen" erfordert, daß in jedem Einzelfall der „Bestand" dem Rechtsverhältnis entsprechend angegeben wird. Eine klare Trennung von Einnahmen und Ausgaben wie in § 259 (vgl § 259 Rn 31) wird nicht möglich sein (vgl RG Gruchot 58, 441 = WarnR 1914 Nr 8 = BayZ 1914, 44). War der Berechtigte nicht zum Termin der Versicherung vor dem Notar geladen, so liegt keine „freiwillige Leistung" iS der §§ 163, 79 FGG vor (OLG Zweibrücken MDR 1979, 492, 493). Hat sich der Verpflichtete rechtzeitig bereit erklärt, zur freiwilligen Leistung der Versicherung zu erscheinen, gibt er keine Veranlassung zur Klage (OLG Nürnberg NJW-RR 1986, 159 f). Die Verpflichtung zur Versicherung ist vererblich (OLG München MDR 1987, 416).

V. Verfahrensfragen

Einen allgemeinen prozessualen Auskunftsanspruch eines Klägers, um Beweismittel **42** zu gewinnen, gibt es nicht (BGH WM 1970, 387, 388 = NJW 1970, 751 = st Rspr; aA Stürner 92 ff). Die auf eine materiellrechtliche Grundlage gestützte Klage auf Vorlegung des Verzeichnisses und (mehrstufig) auf Abgabe der eidesstattlichen Versicherung kann mit der Klage auf „Herausgabe" verbunden werden, § 254 ZPO *(Stufenklage)*. Das gilt auch für einfache Auskunftsansprüche, etwa aus § 242. Die bestimmte Angabe der beanspruchten Leistungen kann in diesem Fall vorbehalten werden, bis Auskunft erteilt oder die eidesstattliche Versicherung abgegeben ist (vgl Reichel ZZP 37, 49, 56). Das Begehren, eine eidesstattliche Versicherung abzugeben, kann aber erst dann erfolgreich gestellt werden, wenn das Verzeichnis vorliegt und Grund zur Beanstandung gibt (OLG Breslau Recht 1903 Nr 2632). Der Verpflichtete kann in diesem Falle die geschuldete eidesstattliche Versicherung auch freiwillig im Verfahren der freiwilligen Gerichtsbarkeit abgeben, §§ 163, 79 FGG, § 261 BGB. In diesem Falle hat das Gericht nicht zu prüfen, ob die Voraussetzungen des § 260 Abs 2 vorliegen (KGJ 45, 112). Doch muß der Berechtigte die eidesstattliche Versicherung durch Klage oder sonstwie *verlangt* haben (BayObLGZ 1953, 135, 140).

Ein *Schiedsspruch*, durch den jemand zur Auskunft über eine Mehrheit von Geschäf- **43** ten verurteilt ist, kann so lange für vollstreckbar erklärt werden, als nicht über alle Geschäfte Auskunft erteilt ist (BGH LM § 1042 ZPO Nr 4). Zuständig zur Entscheidung über den Auskunftsanspruch ist dasselbe Gericht, das über den Hauptanspruch zu entscheiden hat, der vorbereitet werden soll. **Aus dem Prozeßrechtsverhältnis** folgt **keine Auskunftspflicht** iS des § 260. Die prozessuale Verpflichtung, sich auf Behauptungen des Gegners wahrheitsgemäß zu erklären (§ 138 Abs 1 ZPO), kann zwar praktisch die Auskunftspflicht im materiellen Sinne ersetzen (RGZ 166, 240, 242), ist aber nach Rechtsgrund, Wesen und Inhalt von dieser verschieden.

Die *Stufenklage* birgt ein **Kostenrisiko** für den Kläger, wenn sich nach Auskunfts- **44** erteilung herausstellt, daß das rechtshängige Leistungsbegehren unbegründet ist. Die ältere Rechtsprechung läßt den Kläger zum Teil den noch nicht bezifferten Leistungsantrag ohne Kostenfolge zurücknehmen, in dem sie dessen Streitwert unberücksichtigt läßt (OLG Stuttgart NJW 1969, 1216, 1217). Ein Teil der neueren Rechtsprechung erlegt die Kosten bei einseitiger oder übereinstimmender Erledigungserklärung vollständig dem Beklagten auf, weil dieser vor Klageerhebung grundlos die Auskunft verweigert hat (OLG Karlsruhe FamRZ 1989, 1100, 1101; OLG Thüringen FamRZ 1997, 219, 220; OLG Koblenz NJW-RR 1997, 7 [Berücksichtigung eines materiellrechtlichen Kostenerstattungsanspruchs im Rahmen einer Kostenentscheidung nach § 91 ZPO]). Der BGH verneint die Erledigung der Hauptsache und gibt dem Kläger einen *materiellrechtlichen Kostenerstattungsanspruch* (BGH NJW 1994, 2895 f = JZ 1994, 1009 m krit Anm Bork = LM § 254 ZPO Nr 18 m zust Anm Wax; ebenso OLG Düsseldorf OLGR 1996, 162, 163). In der Literatur wird ein sofortiger Klageverzicht unter Verwahrung gegen die Kostenfolge der §§ 306, 91 ZPO und eine Kostenentscheidung analog § 93 ZPO befürwortet (MünchKommZPO/G Lüke § 254 Rn 24) oder mit dem BGH der Kläger auf einen materiellrechtlichen Kostenerstattungsanspruch – Schadensersatz wegen der Kosten – verwiesen (Lorenz 575).

Kommt es zum Urteil über die *Auskunftserteilung*, so folgt die **Vollstreckung** § 888 **45**

Claudia Bittner

ZPO; ebenso, wenn wegen Unvollständigkeit ein Anspruch auf *Ergänzung* der Auskunft tituliert wird (OLG Hamburg NJW-RR 2002, 1292). Kommt es dagegen zum Urteil über die eidesstattliche Versicherung, so folgt die Vollstreckung § 889 ZPO. Für den Anspruch auf eine eidesstattliche Versicherung fehlt das Rechtsschutzinteresse, wenn der Gläubiger auf einfachere Weise, etwa durch Bucheinsicht, Klarheit erlangen kann (BGHZ 55, 201, 206 f = NJW 1971, 656, 657; OLG Köln BB 1971, 330, 331).

§ 261
Abgabe der eidesstattlichen Versicherung

(1) Die eidesstattliche Versicherung ist, sofern sie nicht vor dem Vollstreckungsgericht abzugeben ist, vor dem Amtsgericht des Ortes abzugeben, an welchem die Verpflichtung zur Rechnungslegung oder zur Vorlegung des Verzeichnisses zu erfüllen ist. Hat der Verpflichtete seinen Wohnsitz oder seinen Aufenthalt im Inland, so kann er die Versicherung vor dem Amtsgericht des Wohnsitzes oder des Aufenthaltsorts abgeben.

(2) Das Gericht kann eine den Umständen entsprechende Änderung der eidesstattlichen Versicherung beschließen.

(3) Die Kosten der Abnahme der eidesstattlichen Versicherung hat derjenige zu tragen, welcher die Abgabe der Versicherung verlangt.

Materialien: E I § 177 Abs 2 S 1; II § 700; III
§ 254; JAKOBS/SCHUBERT, SchR I 134. Vgl
STAUDINGER/BGB-Synopse (2000) § 261.

Schrifttum

BÜTNER, Durchsetzung von Auskunfts- und
Rechnungslegungstiteln, FamRZ 1992, 629

HABSCHEID, Das Ende des Offenbarungseides,
NJW 1970, 1669.

Systematische Übersicht

I. Zuständiges Gericht (Absatz 1)

1   Die Bestimmung befaßt sich mit dem Verfahren zur Abgabe einer nach §§ 259 Abs 2, 260 Abs 2 geschuldeten Abgabe einer eidesstattlichen Versicherung. Sie **regelt** in **Abs 1** die funktionale, sachliche und örtliche **Zuständigkeit** zur Abnahme der auf Verlangen (durch Klage oder in sonstiger Weise; vgl BayObLGZ 1953, 135, 140), aber **freiwillig** abgegebenen eidesstattlichen Versicherung im Verfahren der freiwilligen

Gerichtsbarkeit. Freiwillig in diesem Sinne ist die Abgabe auch noch nach Verurteilung, sofern sie nicht im Wege der Zwangsvollstreckung erzwungen wird (Münch-Komm/Krüger § 261 Rn 3; Palandt/Heinrichs § 261 Rn 32). Ergänzend ist § 3 Nr 1 b RPflG wegen der Zuständigkeit des Rechtspflegers heranzuziehen. Für das Verfahren der freiwilligen Gerichtsbarkeit gelten die §§ 163, 79 FGG. Der Berechtigte hat ein Recht darauf, daß der Verpflichtete die eidesstattliche Versicherung in seiner Gegenwart abgibt; er ist zu laden, § 79 S 2 FGG (OLG Zweibrücken MDR 1979, 492, 493; MünchKomm/ Krüger § 261 Rn 3).

Zuständig nach § 261 Abs 1 ist einmal das Amtsgericht des Ortes, an welchem die **2** Verpflichtung zur Rechnungslegung oder zur Abgabe des Bestandsverzeichnisses zu erfüllen ist. Das ist grundsätzlich der Ort der Hauptverpflichtung (vgl § 259 Rn 29). Dem Verpflichteten ist, sofern er seinen Wohnsitz oder seinen Aufenthalt im Inland hat, gestattet, die eidesstattliche Versicherung in jedem Falle vor dem Amtsgericht seines Wohnsitzes oder Aufenthaltsortes zu leisten. Diese Vorschrift kann auf andere Verpflichtungen zur Leistung einer eidesstattlichen Versicherung, bei denen § 261 nicht ausdrücklich für anwendbar erklärt ist, nicht ohne weiteres erstreckt werden (KG RJA 11, 95, 96). Zur Zuständigkeit des Rechtspflegers vgl Zimmermann NJW 1970, 1357, 1358.

Kommt es nach einer Weigerung des Verpflichteten zu dessen Verurteilung, eine **3** eidesstattliche Versicherung abzugeben, und muß diese Verurteilung **zwangsweise** durchgesetzt werden, so ist die eidesstattliche Versicherung nach **§ 889 ZPO** vor dem **Vollstreckungsgericht** am Wohnsitz des Schuldners abzulegen. Zuständig ist auch hier der Rechtspfleger (§ 20 Nr 17 RPflG). Die Anordnung von Erzwingungshaft ist aber dem Richter vorbehalten (§ 4 Abs 2 Nr 2 Buchst c RPflG). Mit diesem Falle befaßt sich § 261 Abs 1 nicht. Der nach älterem Recht vorgeschriebene, *irrtümlich* vor dem Vollstreckungsrichter geleistete Eid wurde für „vor Gericht" geleistet angesehen (BGHSt 3, 235, 238 f = LM Nr 12 zu § 59 StGB = NJW 1952, 1423, 1424).

II. Änderung der eidesstattlichen Versicherung (Absatz 2)

Abs 2 befaßt sich mit dem **Inhalt der eidesstattlichen Versicherung.** An sich ist dieser **4** Inhalt in den §§ 259 Abs 2 und 260 Abs 2 bestimmt. Er kann gegebenenfalls durch das Prozeßgericht konkretisiert und durch dieses auch angepaßt werden (Münch-Komm/Krüger § 261 Rn 6). Nach § 261 Abs 2 kann auch das *für die Abgabe der eidesstattlichen Versicherung zuständige Gericht,* den Inhalt sachgemäß durch Beschluß präzisieren und damit etwa zwischenzeitlich eingetretenen tatsächlichen Veränderungen Rechnung tragen (vgl RG JW 1902 Beil 193; RG Recht 1904 Nr 2591; BGHZ 33, 373, 375). Zur Bestimmtheit des Titels Bütner 629 f.

Ob auch das *Vollstreckungsgericht* die im Urteil getroffenen Vorgaben zur Abgabe **5** der eidesstattlichen Versicherung gestützt auf § 261 Abs 2 *ändern* darf, ist umstritten. Überwiegend wird vertreten, selbst die in einem rechtskräftigen Urteil festgelegte Formel der eidesstattlichen Versicherung dürfe geändert werden, wenn das Festhalten an ihrem Inhalt den Schuldner, der eine gegebene unrichtige Auskunft berichtigen möchte, aus formellen Gründen zur Abgabe einer falschen Versicherung an Eides Statt (§ 156 StGB) zwänge (OLG Bamberg NJW 1969, 1304, 1305 [Meineid] m abl Anm Winter NJW 1969, 2244; OLG Köln FamRZ 1990, 1128; Zöller/Stöber § 889 ZPO Rn 3;

MUSIELAK/LACKMANN § 889 ZPO Rn 3; SOERGEL/WOLF § 261 Rn 7; BAMBERGER/ROTH/GRÜNEBERG § 261 Rn 4). Nach richtiger Ansicht kann § 261 Abs 2 hier nicht helfen, weil im Vollstreckungsverfahren das Vollstreckungsorgan an den Titel gebunden ist. Bei nachträglichen tatsächlichen Veränderungen kann sich der Verpflichtete allerdings mit der Zwangsvollstreckungsgegenklage wehren und eine einstweilige Einstellung der Zwangsvollstreckung erreichen (§ 769 ZPO) (näher WINTER NJW 1969, 2244, 2245; MünchKomm/KRÜGER § 261 Rn 5 mwN; STEIN/JONAS/BREHM § 889 ZPO Rn 9 Fn 15).

III. Kosten (Absatz 3)

6 **Abs 3** befaßt sich mit den Kosten einer im FGG-Verfahren abgegebenen eidesstattlichen Versicherung. Sie fallen dem zur Last, der die eidesstattliche Versicherung verlangt. Gleiches gilt, wenn die eidesstattliche Versicherung vor dem Vollstreckungsgericht abgegeben wird, solange die Abgabe nicht erzwungen werden muß (BGH NJW 2000, 2113, 2114; MünchKomm/KRÜGER § 261 Rn 7). Dazu gehören aber nicht jene Kosten, die durch die unberechtigte Verweigerung der eidesstattlichen Versicherung entstanden sind und über die nach den §§ 91 ff ZPO im Prozeß zu erkennen war. § 261 Abs 3 ist keine Grundlage für diese gerichtliche Kostenentscheidung (BGH NJW 2000, 2113, 2114; LG Bochum Rpfleger 1994, 451 m Anm MEYER/STOLTE; MünchKomm/KRÜGER § 261 Rn 7).

7 Die Vollstreckung eines Urteils über die eidesstattliche Versicherung folgt § 889 ZPO. Weigert sich der Schuldner, die eidesstattliche Versicherung abzugeben (§ 889 Abs 2 ZPO), geht das Gericht nach § 888 ZPO vor. Die *Kosten der Erzwingung* fallen nach § 788 ZPO dem Verpflichteten zur Last (BGH NJW 2000, 2113, 2114; ERMAN/KUCKUK [2000] § 261 Rn 3; MünchKomm/KRÜGER § 261 Rn 7; aA zu den Kosten des Verfahrens nach § 889 Abs 1 ZPO vor dem Vollstreckungsgericht [Anwendung von § 261 Abs 3] KG JW 1934, 1982; PALANDT/HEINRICHS § 261 Rn 35).

8 Eine entsprechende Anwendung des § 261 Abs 3 zur Begründung einer Kostenerstattung für den Drittschuldner nach § 840 ZPO scheidet aus (BGH NJW 1985, 1155, 1156; BAG NJW 1985, 1181, 1182 = ZIP 1985, 563, 565 = JZ 1985, 628 f).

§ 262
Wahlschuld; Wahlrecht

Werden mehrere Leistungen in der Weise geschuldet, dass nur die eine oder die andere zu bewirken ist, so steht das Wahlrecht im Zweifel dem Schuldner zu.

Materialien: E I § 207; II § 219; III § 225;
JAKOBS/SCHUBERT, SchR I 145.

Schrifttum

Zum hier nicht aufgeführten älteren Schrifttum
STAUDINGER/A WERNER[10/11]

Bülow, Bindung des Gläubigers an seine Wahlausübung nach Schuldnerverzug oder Unmöglichkeit der Leistung, JZ 1979, 430

Erler, Wahlschuld mit Wahlrecht des Gläubigers und Schuld mit Ersetzungsbefugnis des Gläubigers (1964)

Gernhuber, Das Schuldverhältnis, in: Handbuch des Schuldrechts (1989) § 11 I–III

Litten, Die Wahlschuld in dem bürgerlichen Recht (1903)

Weitnauer, Die elektive Konkurrenz, in: FS Hefermehl (1976) 467

Ziegler, Die Wertlosigkeit der allgemeinen Regeln des BGB über die sogenannte Wahlschuld (§§ 262–265 BGB), AcP 171 (1971) 193.

Systematische Übersicht

Alphabetische Übersicht

I. Allgemeines

Die §§ 262–265 befassen sich mit den **Konsequenzen** gesetzlich oder rechtsgeschäft- **1** lich begründeter **Wahlschulden. Die Bestimmung des § 262 regelt dabei, welcher der Parteien** – dem Gläubiger oder dem Schuldner – **die Wahl zusteht, wenn das Gesetz oder der Vertrag Zweifel darüber lassen.** Die Bedeutung der §§ 262–265 ist recht begrenzt. Zum einen spielen Wahlschulden iS der §§ 262–265 in der Praxis keine erhebliche Rolle; zum anderen tragen die Bestimmungen der §§ 262–265 kaum der wirklichen Interessenlage Rechnung und bereiten deshalb Praxis und Lehre Schwierigkeiten bei der Rechtsfindung. Diese Schwierigkeiten werden nicht selten durch eine etwas gezwungene *Vertragsauslegung*, durch *Vertragsergänzung contra legem*, durch *Gesetzesauslegung* iS abweichender Ordnungsvorstellungen oder gar durch die *Entwicklung alternativer Rechtsfiguren*, welche den Anwendungsbereich der Wahl-

Claudia Bittner

schuld einengen, überwunden. Erst in jüngerer Zeit wird offen zugegeben, daß die Lösungen, die sich der Gesetzgeber vorgestellt hat, den Interessenkonflikten nicht gerecht werden und deshalb beiseitegeschoben werden müssen (ZIEGLER 193 ff). Eine pandektistische Traditionen fortführende Rechtswissenschaft freilich hat sich dem Thema erstaunlich ausführlich gewidmet (vgl für das ältere Schrifttum STAUDINGER/A WERNER[10/11]).

II.   Begriff der Wahlschuld und Abgrenzung

2 Die Bestimmung des § 262 versucht zunächst einmal, eine **begriffliche Definition der Wahlschuld** zu geben: Mehrere Leistungen werden in der Weise geschuldet, daß nur eine von ihnen erbracht werden muß, deren Wahl bei einer der Parteien – dem Gläubiger oder dem Schuldner – liegt. Das eingeräumte Wahlrecht kann sich nicht nur auf den **Gegenstand der Leistung**, sondern auch auf die **Modalitäten der Leistung** (so auch SOERGEL/WOLF § 262 Rn 5; MünchKomm/KRÜGER § 262 Rn 3) beziehen. Es gilt hier nichts Besonderes gegenüber der Wahl des Hauptgegenstandes (ESSER/SCHMIDT I § 14 II mit Mot II 6; **aM** LARENZ I § 11 II). Damit ist freilich noch lange nicht gesagt, daß die Regeln der §§ 262–265 undifferenziert sinnvolle Regeln für solche Wahlschulden bieten, bei denen die Wahl nur Modalitäten der Leistung betrifft, zumal sie schon bei Hauptinhalten nicht für interessegemäß gehalten werden. Beispiele für ein Wahlrecht hinsichtlich der Modalitäten der Leistung sind etwa die *Lieferzeit*, die *Transportart*, die *Zahlungsweise*, die *Art der Auseinandersetzung* bei einer Gesellschaft (ESSER/SCHMIDT AT/1 § 14 II 1; MünchKomm/KRÜGER § 262 Rn 3; **aA** RGZ 114, 393, 395 f, das § 315 anwendet), die Wahl zwischen verschiedenen Erzeugnissen oder Verfahren bei einem Bauauftrag (DAUSNER BauR 1999, 715, 717), die *Wahl zwischen verschiedenen Erfüllungsmodalitäten*, wenn ein vollstreckbares Urteil nur einen Handlungserfolg (Grundstücksbefestigung) bezeichnet (offengelassen in BGH NJW 1995, 3189, 3190, da ohne praktische Bedeutung), oder die *Bevollmächtigung eines aus einer Mehrzahl in Frage kommender Anwälte* nach entsprechender Verurteilung (BGH NJW 1995, 463, 464).

3 Die recht vage Definition der Wahlschuld in § 262 erfordert eine **Abgrenzung zu mehreren verwandten Rechtsfiguren**, zur *Gattungsschuld*, insbesondere zur begrenzten Gattungsschuld, zum *Spezifikationskauf*, zur *subjektiven Wahlschuld*, zur *bedingten Schuld*, zur *Konkurrenz sich ausschließender Gläubigerrechte* und zur *Ersetzungsbefugnis*. Die Abgrenzung erfolgte in Lehre und Praxis jedoch niemals rein begrifflich, sondern war zumeist von der Frage mitbestimmt, ob die Regeln der Wahlschuld im Ergebnis für angemessen erachtet wurden oder nicht.

1.   Gattungsschuld

4 **Von der Gattungsschuld** läßt sich die Wahlschuld dadurch **abgrenzen**, daß bei der Gattungsschuld der Erklärende oder die Parteien des Vertrages den Leistungsrahmen, innerhalb dessen der Schuldner wählen können soll, noch immer als *Menge gleichartiger Gegenstände* verstehen, während es bei der Wahlschuld um eine *Menge individueller Gegenstände oder gesonderter Gattungen* geht (ENNECCERUS/LEHMANN § 7; LARENZ I § 11 II; ESSER/SCHMIDT I § 14 II; GERNHUBER § 11 I 3). Bei der Wahlschuld kann der Schuldner – wenn die Wahl bei ihm liegt – jeden beliebigen Gegenstand dieser Menge als Leistungsgegenstand wählen. Die Vorstellung von einer Menge gleichartiger Gegenstände bei der Gattungsschuld bringt es demgegenüber mit sich, daß dort der Schuldner gehalten ist, Sachen von mittlerer Art und Güte auszuwählen (§ 243 Abs 1). Die Abgrenzung von Mengen gleichartiger oder individueller Gegenstände wird freilich zumeist wieder danach erfolgen, ob man sich bei den Gegenständen überhaupt solche „mittlerer Art und Güte" vorstellen kann oder nicht. Die individuelle Bezeichnung eines Leistungsgegenstands und der Umstand, daß es sich bei den zur Wahl stehenden Leistungen um nicht vertretbare Sachen (§ 91) handelt, sind Indiz für eine Wahlschuld (Gernhuber, Schuldverhältnis § 11 I 3; MünchKomm/Krüger § 262 Rn 5; Bamberger/Roth/Grüneberg § 262 Rn 3). Andererseits ist uU auch dann, wenn man individuell bestimmte Leistungsgegenstände zur Verpflichtung summiert, die Auswahl eines minder tauglichen Gegenstandes ein Verstoß gegen § 242. Wahlschuld und Gattungsschuld unterscheiden sich auch wesentlich in den Rechtsfolgen. Während § 263 Abs 2 die *Rückwirkung* der Konkretisierung anordnet, führt § 243 Abs 2 zu einer Wirkung ex nunc. Gerade die Rechtsfolge des § 263 Abs 2 für die Wahlschuld wird als nicht interessegemäß abgelehnt (vgl § 263 Rn 11 f).

2. Spezifikationskauf

Von der Wahlschuld zu unterscheiden auch ist der **Spezifikationskauf**, bei dem „Form, 5 Maß oder ähnliche Verhältnisse" der Leistung noch zu bestimmen sind. Liegt ein auch nur einseitiger Handelskauf (§ 345 HGB) beweglicher Sachen vor, greift hier die Sonderregel des **§ 375 HGB** wenn die nähere Leistungsbestimmung dem Käufer überlassen ist. Ist der Verkäufer oder ein Dritter bestimmungsberechtigt, greifen die §§ 315, 317 (Staudinger/Rieble [2004] § 315 Rn 164 f). Steht dem Käufer aber die Wahl zwischen *schon* über in Bezug genommene Preislisten *bestimmten* Warensorten mit unterschiedlicher Beschaffenheit zu, liegt kein Spezifikationskauf, sondern eine Wahlschuld mit einer von der Regel des § 262 abweichenden Bestimmung des Wahlberechtigten vor (BGH NJW 1960. 674; MünchKomm/Krüger § 262 Rn 7; Bamberger/Roth/ Grüneberg § 262 Rn 4).

3. Subjektive Wahlschuld

Bezieht sich die Wahlbefugnis auf die *Person des Gläubigers oder des Schuldners*, wie 6 etwa bei § 2151, so spricht man von einer **subjektiven Wahlschuld**, zum Unterschied von der objektiven Wahlschuld iS des § 262, bei der die Wahl den Gegenstand der Leistung betrifft. Keine subjektive Wahlschuld liegt vor, wenn dem Schuldner erlaubt wird, an den Gläubiger oder an eine andere Person *(Zahlstelle)* zu erfüllen. Vielmehr muß die Wahl konkretisieren, wer zur Leistung verpflichtet oder berechtigt ist. Bei der Wahl einer Zahlstelle geht es aber um eine objektive Modalität. Kraft Gesetzes entsteht ein solches Wahlschuldverhältnis nach § 659 Abs 2 S 2; die Wahl geschieht hier durch das Los. Es entstehen bei der subjektiven Wahlschuld zum Teil ähnliche Fragen wie bei der objektiven Wahlschuld. Doch verbietet sich die Übertragung der gesetzlichen Lösungen aus den §§ 262–265 schon deshalb, weil sie nicht einmal für die objektive Wahlschuld interessegemäß erscheinen. Die Frage ist ohne große praktische Bedeutung.

4. Elektive Konkurrenz

Von der Wahlschuld ist das *Schuldverhältnis* zu unterscheiden, *bei dem einem Gläu-* 7 *biger mehrere Ansprüche zustehen, die sich gegenseitig ausschließen, zwischen denen er aber wählen kann* (**elektive Konkurrenz**) (Soergel/Wolf § 262 Rn 8; Gernhuber § 11 I 6). Im Ergebnis besteht der Unterschied zwischen der Wahlschuld mit Gläubigerwahlrecht und dem Schuldverhältnis mit konkurrierenden Gläubigerrechten darin, daß bei letzterem die *Wahl kein Gestaltungsakt* ist (s aber zum Verhältnis von Rücktritt und Schadensersatz unten Rn 9), der Gläubiger folglich nicht wie im Fall des § 263 an die von ihm getroffene Wahl gebunden ist; ferner darin, daß der Schuldner dem Gläubiger keine Frist nach § 264 Abs 2 zur Vornahme der Wahl setzen kann; schließlich auch darin, daß der Gläubiger nicht alternativ klagen kann.

8 **Elektive Konkurrenz** und kein Wahlschuldverhältnis besteht zB hinsichtlich der für das Immaterialgüterrecht anerkannten drei *Möglichkeiten der Schadensberechnung* (konkret entgangener Gewinn, Verletzergewinn, Lizenzanalogie, vgl etwa BGH NJW-RR 1993, 1321, 1322); daher steht dem Gläubiger der Übergang von der einen zur anderen Berechnungsart frei (BGHZ 44, 372, 374 = NJW 1966, 823, 826; Erman/Kuckuk § 262 Rn 3).

9 Ebenso bestand keine Wahlschuld, sondern **elektive Konkurrenz** in den Fällen der §§ 325, 326 aF, wo dem Gläubiger das Recht eingeräumt wurde, Schadensersatz wegen Nichterfüllung zu verlangen oder vom Vertrag zurückzutreten (umstritten, wie hier RGZ 109, 184, 186 mwN; BGH JR 1979, 277 f m Anm Haase; OLG Düsseldorf NJW 1972, 1051 f; Gernhuber § 11 I 6). Während im Falle einer Wahlschuld nach § 263 die Wahl nicht widerrufen oder geändert werden kann (vgl § 263 Rn 2), ließ das Verlangen von Schadensersatz wegen Nichterfüllung die Möglichkeit des Rücktritts offen (RGZ 85, 280, 282). Umgekehrt ließ aber die Erklärung des Rücktritts die Möglichkeit, zum Schadensersatzanspruch überzugehen, nicht offen (RGZ 85, 280, 282; RG JW 1904, 536), wohl aber die bloße Androhung des Rücktritts (OLG Düsseldorf NJW 1972, 1051 f). Auch *Wandelung und Minderung* im Falle des § 462 standen im Verhältnis elektiver Konkurrenz (RGZ 66, 332, 335: voneinander unabhängige Ansprüche; Erman/Kuckuk § 262 Rn 3). Die Schuldrechtsreform hat in § 325 die Alternativität von *Schadensersatz* und *Rücktritt* beseitigt (Staudinger/Otto [2004] § 325 Rn 3 ff und AnwKommBGB/Dauner-Lieb § 325 Rn 1). Dagegen ist es für das Verhältnis von *Rücktritt* und *Minderung* (§ 437 Nr 2, § 634 Nr 3) bei einem Verhältnis elektiver Konkurrenz geblieben, weil die Ausübung der beiden Gestaltungsrechte jeweils unmittelbar und einseitig zu einer Änderung der Rechtsbeziehung führt (AnwKommBGB/Büdenbender § 437 Rn 21), die Ansprüche sich also gegenseitig ausschließen.

10 Sich ausschließende Rechte werden auch angenommen, wenn der Grundeigentümer verpflichtet wird, demjenigen, der durch Verbindung beweglicher Sachen mit seinem Grundstück einen Rechtsverlust erleidet, entweder eine Vergütung zu zahlen (§ 951) oder die Wegnahme und Aneignung (dazu Staudinger/Emmerich [2003] § 539 Rn 28) der Sachen nach § 539 Abs 2 zu gestatten (BGH NJW 1954, 265 zu § 547a aF; vgl auch Schuler NJW 1962, 1842, 1844); ebenso, wenn dem Rechtsanwalt nach § 26 BRAGO eingeräumt wird, entweder seine wirklichen Auslagen oder einen Pauschalsatz geltend zu machen (OLG Stuttgart NJW 1970, 287 f); ebenso, wenn die Kündigung durch den Vermieter nach § 573 oder nach § 573a „zur Wahl" steht (OLG Hamburg NJW 1983, 182 f zu § 564b Abs 1, 4 aF); ebenso, wenn der leistende Bürge die Wahl hat, seinen Rückgriffsanspruch gegen den Schuldner auf den übergegangenen Anspruch oder auf das Innenverhältnis zum Schuldner zu stützen (OLG Köln WM 1989, 1883, 1886 = JZ 1990, 343, 344). Trotz des Ausdruckes „nach dessen Wahl" liegen auch im Fall des § 179 zwei

einander ausschließende und verschiedenartige Rechte auf Erfüllung oder Schadensersatz (elektive Konkurrenz) vor, nicht eine Wahlschuld, bei der der Gläubiger einen bestimmten Anspruch gestaltet (ERLER 67 f; HILGER NJW 1986, 2237; GERNHUBER § 11 I 6: bei elektiver Konkurrenz Wahl zwischen mehreren verschiedenartigen Forderungen oder Gestaltungsrechten, bei Wahlschuld: Gestaltung eines näher bestimmten Anspruchs; MünchKomm/KRÜGER § 262 Rn 12; **aa** für Wahlschuld RGZ 154, 58, 62; SOERGEL/WOLF § 262 Rn 24; ERMAN/KUCKUK § 262 Rn 3).

5. Ersetzungsbefugnis (facultas alternativa)

Von der Wahlschuld mit Wahlrecht des Schuldners ist auch die **Ersetzungsbefugnis** **11** **des Schuldners** zu unterscheiden (alternative Ermächtigung, **facultas alternativa**). Die theoretische Unterscheidung beruft sich auf die gemeinrechtliche Lehre, wonach bei der Wahlschuld die mehreren zur Wahl stehenden Leistungen geschuldet seien (duae res in obligatione, una in solutione), während bei der Ersetzungsbefugnis nur eine Leistung geschuldet sei, der Schuldner aber die Befugnis habe, an Stelle der geschuldeten Leistung eine andere an Erfüllungs Statt zu erbringen (una res in obligatione, duae in solutione). Ein Beispiel: Ein Käufer verpflichtet sich in einer Zeit der Geldentwertung als Kaufpreis den Gegenwert von 1700 Dollar in wertbeständigen Zahlungsmitteln zu zahlen, bedingt sich jedoch aus, statt dessen sich durch Hingabe von „guten Effekten" zum Börsenkurs zu befreien (RG HRR 1925 Nr 850; ähnlich BGHZ 81, 135, 137; BGH LM WährG § 3 Nr 12 = NJW 1962, 1568 f). Gesetzliche Fälle der im Gesetz nicht definierten facultas alternativa finden sich in den §§ 244 Abs 1 (RGZ 101, 312, 313; STAUDINGER/SCHMIDT [1997] § 244 Rn 72 f; SOERGEL/WOLF § 262 Rn 18), 257 S 2, 528 Abs 1 S 2, 775 Abs 2, 1087 Abs 2, 1973 Abs 2 S 2 (**aM** STEINER, Zum Begriff der facultas alternativa, in: FS Cohn [1915] 303 ff, 319), 1992 S 2, 2170 Abs 2, 2329 Abs 2 (so SOERGEL/WOLF § 262 Rn 18). Nach ständiger Rechtsprechung liegt beim Kfz-Kauf mit Inzahlungnahme eines Gebrauchtwagens statt Zahlung ein einheitlicher Kaufvertrag mit Ersetzungsbefugnis des Kfz-Käufers vor (BGHZ 46, 338, 340 = NJW 1967, 553, 554; BGH JZ 1984, 376 m abl Anm SCHULIN [typengemischter Vertrag]).

Steht dem **Gläubiger** eine **Ersetzungsbefugnis** zu, hat dieser das Recht, statt der an **12** sich geschuldeten Leistung eine andere zu fordern (PALANDT/HEINRICHS § 262 Rn 9; SOERGEL/WOLF § 262 Rn 21; MünchKomm/KRÜGER § 262 Rn 10; **aM** noch STAUDINGER/SELB [1995] § 262 Rn 7: kein Raum für eine Ersetzungsbefugnis des Gläubigers). Anders als im Falle elektiver Konkurrenz (oben Rn 6 f) stehen bei der Ersetzungsbefugnis dem Gläubiger nicht mehrere sich gegenseitig ausschließende Ansprüche zu, zwischen denen er wählen kann, sondern nur ein Anspruch auf eine Leistung, hinsichtlich dessen er aber die Befugnis hat, an Stelle der geschuldeten Leistung eine andere an Erfüllungs Statt zu fordern. Anders auch als im Falle einer Wahlschuld muß der Schuldner nicht die Erklärung des Gläubigers abwarten oder eine Frist nach § 264 Abs 2 setzen, sondern kann die an sich geschuldete Leistung erbringen (ERLER 42). Beispiele sind: § 249 Abs 2 (BGHZ 5, 105, 109 zu § 249 S 2 aF; SOERGEL/WOLF § 262 Rn 21; MünchKomm/ KRÜGER § 262 Rn 12; **aA** STAUDINGER/SELB [1995] § 262 Rn 7: elektive Konkurrenz); § 340 Abs 2 S 1, § 843 Abs 3 (ERLER 76 f) und § 13 StVG (**aA** STAUDINGER/SELB [1995] § 262 Rn 11: Wahlschuld), § 1585 Abs 2. Im Fall des § 249 Abs 2 etwa kann der Gläubiger nicht alternativ auf Naturalersatz oder Geldentschädigung klagen, wie er es könnte, läge ein Wahlschuldverhältnis vor (BGHZ 5, 105, 109; HASELHOFF NJW 1947/48, 286 ff, 289; OLG Celle NJW 1949, 223 f; ähnlich KG NJW 1966, 2167 f für die Wahl zwischen Mietwagenkosten und

Nutzungsausfall). Zur Ersetzungsbefugnis des Gläubigers im Recht der Bodenreform nach Art 233 § 11 Abs 3 S 4 EGBGB (wohl auch BGH DtZ 1997, 193, 194; aA STAUDINGER/ RAUSCHER [2003] Art 233 § 11 EGBGB Rn 55); im Wiedergutmachungsrecht Wahl zwischen Kapitalentschädigung und Rente nach § 81 BEG (BGH LM Nr 3 zu BEG § 81 BEG; hierzu ERLER 77 f; ZIEGLER 215 f; aA STAUDINGER/SELB [1995] § 262 Rn 11: Wahlschuld).

13 Eine Ersetzungsbefugnis des Gläubigers wie auch des Schuldners kann vertraglich, auch kollektivvertraglich, begründet werden (BAG NZA 1995, 1000, 1001 zur tarifvertraglichen Ersetzungsbefugnis des Arbeitgebers und des Arbeitnehmers beim Ausgleich von Mehrarbeit durch bezahlte Freizeit statt durch Geld). Zur Ersetzungsbefugnis des Gläubigers im Falle einer Klausel mit Wertsicherungscharakter („Roggenklausel"): BGHZ 81, 135, 136 ff und FRIELINGSDORF DB 1982, 789, 792.

14 Die praktisch bedeutsamen *Folgerungen* aus der Annahme einer Ersetzungsbefugnis des Schuldners bzw des Gläubigers sind: Die §§ 262–265 sind unanwendbar. Die Erbringung der geschuldeten Leistung hebt das Schuldverhältnis auf. Im Falle einer Ersetzungsbefugnis des Gläubigers muß der Schuldner nicht die Erklärung des Gläubigers abwarten oder eine Frist nach § 264 Abs 2 setzen. Der Schuldner wird befreit, wenn die geschuldete Leistung unmöglich wird, ebenso ist der Vertrag unwirksam, wenn diese Leistung von Anfang an objektiv unmöglich war. Es ist dabei ohne Bedeutung, daß der Schuldner jene Leistung erbringen könnte, durch die er sich hätte befreien können, wäre er durch eine entsprechende Ersetzung seitens des Schuldners oder des Gläubigers zu ihr verpflichtet gewesen. Hat der Schuldner in Unkenntnis seiner Ersetzungsbefugnis erfüllt, so kann er nicht kondizieren (zur literarischen Diskussion vgl STAUDINGER/A WERNER[10/11] Vorbem 9 zu §§ 262 ff). Vor allem gilt im Falle der Ersetzungsbefugnis nicht die in § 263 Abs 2 angeordnete Rückwirkung der Wahl (RGZ 136, 127, 130; RG WarnR 1916 Nr 158). Die Konzentration tritt auch erst mit der Ausübung der Ersetzungsbefugnis, zB durch tatsächliche Wegnahme, ein, nicht schon mit der Erklärung, diese ausüben zu wollen, zB mit Geltendmachung des Wegnahmeanspruchs (BGH LM Nr 6 zu § 946). Beruft sich der Schuldner auf eine Ersetzungsbefugnis, so trifft ihn die Beweislast dafür, daß sie besteht. Die Behauptung des Schuldners, es liege eine Wahlschuld vor, leugnet demgegenüber den Klagegrund und beläßt dem Gläubiger die Beweislast für den Inhalt der Verpflichtung. Auch hier gilt, daß die Wahl der Ersetzungsbefugnis im Einzelfall von der Vorstellung diktiert ist, die genannten praktischen Folgerungen seien interessegemäß. Die Vertragspraxis mag begrifflich schwer erfaßbare Zwischenformen bieten.

6.   Bedingte Schuld

15 Die Wahlschuld ist auch von der **bedingten Schuld** zu unterscheiden. Die Verwandtschaft ergibt sich in Fällen, in denen sich einander entgegengesetzte vom Willen des Gläubigers oder des Schuldners abhängige Potestativbedingungen auswirken können. Beispiel: Wenn der Gläubiger seinen Wohnsitz bis zum vereinbarten Liefertermin beibehält, schuldet der Schuldner Anlieferung der Ware, verlegt der Gläubiger seinen Wohnsitz, schuldet der Schuldner Versendung. Stets ist hier nur eine einzige Leistung geschuldet und stets nur eine einzige Möglichkeit zu erfüllen gegeben. Nicht die §§ 262–265, sondern die §§ 158–162 sind anzuwenden. Ist die Wahl durch einen Dritten zur Bedingung erhoben, so liegt es näher, die §§ 317–319 anzuwenden (iE ebenso MünchKomm/Krüger §262 Rn 4; Soergel/Wolf §262 Rn 6: Wahlschuld, aber analoge Anwendung der §§ 317 ff; Blomeyer § 10 II 1; Enneccerus/Lehmann § 8 III 3).

III. Begründung einer Wahlschuld

Eine **Wahlschuld kann auf einer privaten Willenserklärung beruhen**, etwa einem Ver- **16** trag oder einem Testament. Die bekanntesten Beispiele der Praxis sind Wandelanleihen, Münzautomaten, Menübestellungen mit variabler Speisezusammenstellung, Fahrscheine mit dem Aufdruck verschiedener Zielorte, Fahrscheine, die lediglich eine bestimmte Kilometerzahl nennen, Fahrscheine, die eine Wahl zwischen verschiedenen Beförderungsmitteln lassen, Skipässe, die für eine Region mit mehreren Liftanlagen gelten, etc. In Einzelfällen wurde eine Wahlschuld angenommen, wenn Schulden mit alternativer Währungsklausel begründet wurden (RGZ 136, 127, 129 f; 168, 240, 247; RG ZAkDR 1942, 285, 287; vgl dazu Mann, Das Recht des Geldes [1960] 162 ff); wenn einem Vertragspartner eingeräumt wurde, nach seiner Wahl mit dem Anbietenden eine OHG oder eine KG zu gründen (RGZ 165, 260, 266 ff); wenn der Verpächter eines landwirtschaftlichen Grundstücks zwischen Geld- oder Naturalpacht wählen durfte (BGH LM Nr 2 zu § 6 LPG); wenn ein Käufer nach Wahl und Abruf in bestimmter Zeit eine bestimmte Menge von Waren zum Listenpreis des Verkäufers beziehen sollte (BGH LM Nr 3 zu § 262 = NJW 1960, 674). Wahlschuld wurde auch angenommen bei einer Klausel „Lieferung April/Mai, Verschiffung von Japan, monatlich gleiche Raten oder entsprechende Lieferung ab Lager Hamburg" (RG WarnR 1916 Nr 158, unentschieden RG JW 1919, 306 f). Weitere Beispiele, in denen eine Wahlschuld bejaht wurde: Recht eines Eigentümers, bei der Kreditsicherungsgrundschuld nach Kredittilgung Abtretung der Grundschuld an sich selbst oder einen von ihm zu benennenden Dritten oder Löschung der Grundschuld zu verlangen (Räbel NJW 1953, 1247 ff, 1248); Pfandbriefdarlehen, bei dem der Schuldner die Wahl hat, Geld oder Pfandbriefe zu leisten (KG OLGE 43, 230 und Ziegler 193 ff, 201); Recht eines Garanten, einen Dritten (Bank) durch Zahlung schadlos zu halten oder im Versteigerungstermin ein die Forderungen der Bank deckendes gültiges Gebot abzugeben (OLG Köln VersR 1993, 321, 322); Wahlrecht des Mitgiftbestellers, zwei Grundstücke oder 1000 Mark mit Nebenleistungen zu leisten (RG Gruchot 48, 970, 973); Wahlrecht des Gläubigers, den Erbbauzins in Geld oder Naturalien zu verlangen (OLG Schleswig MDR 1951, 679). Zu Anleihen mit Tilgungswahlrecht des Emittenten Kilgus, WM 2001, 1324 ff.

Keine Wahlschuld liegt vor, wenn ein Schuldner „bankmäßige Sicherheit" nach den **17** Vorschriften der §§ 232 ff zu leisten hat und unter den mehreren Arten solcher Sicherheit wählen kann (BGHZ 33, 389, 394 = NJW 1961, 408, 409; zur analogen Anwendung des § 264 Abs 1 vgl § 264 Rn 9). Dagegen hat der Sicherungsnehmer im Fall einer nicht nur vorübergehenden nachträglichen **Übersicherung** einen Ermessensspielraum nach § 262 bei der Entscheidung, welche von mehreren Sicherheiten er freigeben will. Die Ausübung nach Treu und Glauben bedeutet nicht, daß der Wahlberechtigte bei der Verwertung mehrerer Sicherheiten verpflichtet ist, ausschließlich die vorrangige Sicherheit zu seinen Gunsten einzusetzen und die nachrangige Sicherheit freizugeben (BGH ZIP 2002, 1390, 1391 = WM 2002, 1643, 1644 = NJW-RR 2003, 45, 46; zust Anm Weber/ Madau EwiR 2002, 849, 850). Hinsichtlich des der Freigabeentscheidung vorgelagerten Ob der (Teil-)Freigabe von Sicherheiten hat der Sicherungsnehmer dagegen keinen Ermessensspielraum (BGH [GS] BGHZ 137, 212, 219 = JZ 1998, 456, 457 = ZIP 1998, 235, 238; zum Auswahlermessen nach § 262 s auch Pfeiffer ZIP 1997, 49, 53).

Claudia Bittner

18 Die **Wahlschuld kann auch auf Gesetz beruhen**. Allerdings ist bei praktisch allen der insoweit in Literatur und Rechtsprechung angeführten Vorschriften der Wahlschuldcharakter streitig (ZIEGLER 216). Die Unterscheidung wird oft mehr oder weniger offen im Hinblick nach der Interessenlage, je nachdem, ob die Rechtsfolgen der einen oder anderen Kategorie das brauchbarere Ergebnis bieten, getroffen (vgl Rn 1). Als Fälle gesetzlich angeordneter Wahlschulden sind zu nennen: §§ 281 Abs 1 S 2, 546a Abs 1. Eine Wahlschuld besteht auch, wenn bei Verletzung eines Konkurrenzverbots der Geschäftsherr nach § 61 Abs 1 HGB Schadensersatz fordern oder sein Eintrittsrecht geltend machen kann (WEIMAR JR 1978, 274 f; MünchKomm/KRÜGER § 262 Rn 13; SOERGEL/ WOLF § 262 Rn 24); eine Wahlschuld nimmt das BAG in st Rspr (vgl ZIP 1991, 183, 184 f = JZ 1991, 880 f m Anm WERTHEIMER) zugunsten des Arbeitnehmers an, der ein nach § 74 Abs 2 HGB unverbindliches Wettbewerbsverbot befolgen und vom Arbeitgeber Karenzentschädigung verlangen oder sich auf die Unverbindlichkeit berufen kann; Wahlrecht des Sicherungsgebers (Eigentümers) zwischen Rückübertragung (§§ 1192, 1154), Verzicht (§§ 1192, 1157, 1169) oder Aufhebung (§§ 1192, 1183, 875) gegenüber dem Sicherungsnehmer (Grundschuldgläubiger), wenn die durch die Grundschuld zu sichernde Forderung nicht entsteht oder die gesicherte Forderung erlischt (Münch-Komm/KRÜGER § 262 Rn 13; SOERGEL/WOLF § 262 Rn 24). Auch das *Wahlvermächtnis* iS des § 2154 begründet eine Wahlschuld (zur erbschaftssteuerrechtlichen Bewertung BFHE 195, 419). Auch bei der Gewährung freier Tage oder eines Entgeltzuschlags für geleistete Nachtarbeit nach § 6 Abs 5 ArbZG handelt es sich um eine Wahlschuld (LAG Hamm v 29. 1. 2001 Bibliothek des BAG, nicht rechtskräftig). Dagegen handelt es sich bei § 179 (vgl oben Rn 7; aA RGZ 154, 58, 62; SOERGEL/WOLF § 262 Rn 24; ERMAN/KUCKUK § 262 Rn 3), §§ 81 ff BEG, § 843 Abs 3, § 13 StVG (vgl oben Rn 9; aA STAUDINGER/SELB [1995] § 262 Rn 11) nicht um Fälle einer Wahlschuld.

19 Die Wahlschuld kann auch auf einem **Urteil** beruhen, so wenn dieses den Arbeitgeber verpflichtet, gegenüber dem Arbeitnehmer ein Angebot auf Abschluß eines Arbeitsvertrages für verschiedene Tätigkeiten abzugeben (LAG Berlin, EzA-SD 2002, Nr 15.8).

IV. Wahlberechtigter

20 Die Bestimmung ordnet an, **daß im Zweifel dem Schuldner das Wahlrecht zusteht**, nicht dem Gläubiger. Ist etwas anderes vereinbart oder gesetzlich angeordnet, so kommt § 262 nicht zum Zuge. Ergibt die Auslegung des Vereinbarten keine Lösung oder haben die Parteien die Frage ungeregelt gelassen, soll § 262 als Auslegungsregel die Auslegung erleichtern (so BGB-RGRK/ALFF § 262 Rn 8) oder den Parteiwillen ergänzen (so SOERGEL/WOLF § 262 Rn 26; MünchKomm/KRÜGER § 262 Rn 15; BAMBERGER/ROTH/ GRÜNEBERG § 262 Rn 1). Nach der Regel des § 262 trägt jedenfalls der Gläubiger die Darlegungs- und Beweislast dafür, dass einem anderen als dem Schuldner das Wahlrecht zusteht (SOERGEL/WOLF § 262 Rn 34; MünchKomm/KRÜGER § 262 Rn 15). In der Praxis zeigt sich allerdings, daß in den meisten Fällen die *Gläubigerwahl* interessegemäß ist (vgl dazu ZIEGLER 193). Die Regel des § 262 wird in Rechtsprechung und Schrifttum daher oft einfach übergangen (vgl ZIEGLER 193 ff).

21 Das **Wahlrecht** könnte rechtsgeschäftlich nicht nur einer der beiden Parteien, sondern auch **einem Dritten überlassen** sein. Davon ist zu unterscheiden, daß der wahlberechtigte Teil die Wahl vertragsgemäß einem Dritten überlassen kann; hier handelt der Dritte nur als Vertreter des Wahlberechtigten. Haben beide Vertragsteile dem Dritten die Wahl überlassen, so liegt ein bedingtes Rechtsgeschäft vor. Dennoch steht die Bestimmung des § 317 nahe, so daß die Regeln der §§ 317–319 analog anwendbar sind, nicht die der §§ 158 ff (iE ebenso SOERGEL/WOLF § 262 Rn 6; BAMBERGER/ROTH/GRÜNE-BERG § 262 Rn 13; MünchKomm/KRÜGER § 262 Rn 4 offenlassend, ob direkt oder analog). ENNECCERUS/LEHMANN (§ 8 III 3) will die Bestimmungen der §§ 317–319 direkt anwenden, doch sind sie für Fälle gedacht, in denen der Leistungsgegenstand über-haupt noch nicht – auch nicht zur Wahl – bestimmt ist; grundsätzlich gegen eine direkte oder analoge Anwendung der §§ 317–319 GERNHUBER § 11 II 2 c. Die Wahl kann auch gesetzlich einem Dritten überlassen sein (§ 2151).

Umfaßt **bei gegenseitigen Schuldverhältnissen** die Wahl nicht nur die geschuldete **22** Leistung des einen, sondern auch die Gegenleistung, so ist § 262 überhaupt un-brauchbar. Hat ein Käufer etwa die Wahl zwischen einem Rappen zum Preis von 1000 und einem Schimmel zum Preis von 1500, so gibt nicht seine Schuldner- oder Gläubigerstellung den Ausschlag. Ist in einem solchen Fall unklar, wer die Wahl treffen darf, so ist mit § 262 nichts gewonnen. In einem derartigen Fall ist die wahl-berechtigte Partei unter Berücksichtigung der konkreten Umstände nach §§ 157, 242 zu ermitteln.

V.   Ausübung, Übertragbarkeit, Pfändbarkeit

Über die **Natur des Wahlrechts** macht § 262 keine Aussagen. Es handelt sich um ein **23** *Gestaltungsrecht*, da durch die Ausübung des Wahlrechts das Schuldverhältnis in seinem Bestand unmittelbar verändert, nämlich *konkretisiert* wird. Der bisher noch unbestimmte Gegenstand der Leistung wird bestimmt. Das Wahlrecht ist *kein höchst-persönliches Recht*, sondern geht auf den Rechtsnachfolger des Wahlberechtigten über. Im Falle der Schuldübernahme kann das Wahlrecht des Schuldners nunmehr vom neuen Schuldner ausgeübt werden, im Falle der Zession kann das Wahlrecht des Gläubigers nunmehr vom Zessionar ausgeübt werden. Ist jedoch der Anspruch auf eine der mehreren zur Wahl stehenden Leistungen unübertragbar, weil etwa diese Leistung höchstpersönlicher Art ist, so ist die gesamte aus dem Wahlschuldverhältnis entspringende Forderung unübertragbar, solange nicht die übertragbare Leistung gewählt wurde (aM BERGK, Übertragung und Pfändung künftiger Rechte, 53 f, der in diesem Fall eine eigentümliche Zerreißung des Wahlschuldverhältnisses eintreten lassen will). Die künf-tige und bedingte Forderung auf eine zu wählende übertragbare Leistung kann jedoch abgetreten werden (GERNHUBER § 11 II 2; SOERGEL/WOLF § 262 Rn 29).

Steht eine *Mehrheit von Personen auf der Schuldnerseite*, so kommt es darauf an, ob **24** zwischen ihnen eine Rechtsgemeinschaft besteht oder nicht. Im ersten Falle steht das Wahlrecht im Zweifel der Rechtsgemeinschaft zu, muß also auch einheitlich ausgeübt werden. Im letzten Falle steht das Wahlrecht jedem einzelnen zu. Wahlberechtigte *Gesamtschuldner* erklären sich nur für die eigene Schuld, erfüllen aber mit Gesamt-wirkung (GERNHUBER § 11 II 2 b). Wahlberechtigte *Gesamtgläubiger* (§ 428) können idR die Wahl einzeln, aber mit Wirkung für den oder die anderen vornehmen (aA GERNHUBER § 11 II 2 b: nur gemeinschaftliche Wahl).

Steht das **Wahlrecht dem Gläubiger** zu, so folgt aus der **Übertragbarkeit** und dem **25** **Hilfscharakter des Wahlrechts**, daß mit der Wahlforderung auch das Gestaltungsrecht *gepfändet* ist. Ist die gepfändete Forderung unübertragbar, so scheidet auch eine

Pfändung des Wahlrechts aus. Ist eine der zur Wahl stehenden Leistungen höchstpersönlicher Art und deshalb unübertragbar und unpfändbar, zB wenn ein Altenteilsberechtigter nach Wahl Wohnung und Beköstigung oder Geldleistungen beanspruchen kann, so ist schon die Ausübung des Wahlrechts höchstpersönlich. Die Forderung ist unpfändbar, solange der Gläubiger der Altenteilsforderung nicht die Geldforderung gewählt hat (OLG Hamburg SeuffA 41, Nr 318; FALKMANN Recht 1911, 1 ff). Die Auffassung, die Pfändung sei zulässig, werde aber durch die Wahl der unpfändbaren Leistung gegenstandslos (LANGHEINEKEN, Der verhaltene Anspruch, in: FS Brünneck [1912] 27, 45 ff), führt praktisch zu dem selben Ergebnis. Denn auch nach dieser Auffassung ist erst dann endgültig wirksam gepfändet, wenn der Vollstreckungsschuldner die Geldforderung gewählt hat. Wer der Ansicht ist, die Pfändung sei an sich zulässig, der Gläubiger könne aber nur die pfändbare Leistung „wählen" (ECKSTEIN SeuffBl 75, 349), nimmt dem Gläubiger der Wahlforderung (Vollstreckungsschuldner) das Wahlrecht, da die Beschränkung der Forderung auf die Geldforderung eine Wahl ja ausschließt; diese Ausschließung des Wahlrechts im Falle der Pfändung der Wahlforderung hat jedoch im Gesetz keine Grundlage. Das gleiche gilt aber auch von der Auffassung, daß der Vollstreckungsgläubiger von vornherein pfänden könne, aber nur die pfändbare Leistung (so CITRON DJZ 1910, 196; dieser gibt allerdings die Unpfändbarkeit der Wahlforderung in dem hier erörterten Fall dann zu, wenn die Unpfändbarkeit im Interesse des Berechtigten liegt, hält das Wahlrecht aber für pfändbar, wenn der Ausschluß des Übergangs der höchstpersönlichen Forderung auf andere Personen lediglich im Interesse des Drittschuldners bestimmt ist; abweichend auch PLANCK/SIBER Anm 2 mwN; OLG Braunschweig SoergRspr 1922, 56).

VI. Prozessuale Durchsetzung

26 Bei einer Wahlschuld mit Wahlrecht des Schuldners kann der *Klageantrag* nur auf eine alternative Verurteilung gerichtet werden. Die Wahl wird damit bis zur Zwangsvollstreckung offengehalten: § 264. Bei der facultas alternativa ist auf die an sich geschuldete Leistung vorbehaltlich der Ersetzungsbefugnis des Schuldners zu klagen.

27 Die **Beweislast** dafür, daß eine Wahlschuld vorliege, trifft keineswegs immer denjenigen, der diese Behauptung aufstellt. Wird nämlich die Behauptung vom Beklagten (Schuldner) aufgestellt, so stellt sie sich als qualifiziertes Bestreiten des Klagegrundes dar. Daher hat in diesem Falle der Kläger zu beweisen: entweder daß der Beklagte zu der verlangten Leistung verpflichtet sei oder daß ihm (dem Kläger) entgegen der Regel des § 262 das Wahlrecht zustehe, oder daß der Beklagte nach § 263 Abs 1 die eingeklagte Leistung gewählt habe (SOERGEL/WOLF § 262 Rn 34; MünchKomm/KRÜGER § 262 Rn 15). Behauptet dagegen der Schuldner eine Ersetzungsbefugnis, so trifft ihn hierfür die Beweislast (vgl ROSENBERG AcP 94, 81).

§ 263
Ausübung des Wahlrechts; Wirkung

(1) Die Wahl erfolgt durch Erklärung gegenüber dem anderen Teil.

(2) Die gewählte Leistung gilt als die von Anfang an allein geschuldete.

Materialien: E I §§ 208, 209; II § 220; III § 256;
JAKOBS/SCHUBERT, SchR I 147.

Schrifttum

Wie bei § 262.

Systematische Übersicht

Alphabetische Übersicht

I. Ausübung des Wahlrechts

Die Bestimmung des Abs 1 regelt, **wie die Wahl ausgeübt werden muß, um wirksam zu** **1**
sein. Die „Wahl" besteht in einer einseitigen empfangsbedürftigen Willenserklärung
des Wahlberechtigten. Sie gestaltet die Leistungspflicht. Der Zeitpunkt der Wahl
scheint freigestellt zu sein. Freilich hat auch diese Bestimmung dispositiven Charakter (RGZ 136, 127, 130). Zum einen kann es Bestimmungen im Rechtsgeschäft geben,
die den Zeitpunkt festlegen, zu dem das Wahlrecht frühestens oder bis zu dem es
spätestens ausgeübt werden kann. Zum anderen kann die Wahlerklärung formalisiert
werden, insbesondere kann vereinbart werden, daß die Wahlerklärung erst im Leistungsangebot oder erst in der vollzogenen Leistung liegt. Zur historischen Entwicklung des Abs 1 vgl STAUDINGER/A WERNER[10/11] Rn 1 f.

Die **Wahlerklärung** ist **eine einseitige empfangsbedürftige Willenserklärung** (§§ 130– **2**
132). Sie kann ohne Einwilligung des Gegners nicht widerrufen werden. Die in E I u
II enthaltene ausdrückliche Bestimmung der *Unwiderruflichkeit* wurde mit Recht als
selbstverständlich gestrichen. Denn als Gestaltungserklärung ist die Wahlerklärung
per se unwiderruflich. Die Parteien können aber unter Ausschaltung des § 263 dem
Wahlberechtigten ein jus variandi zur Abänderung einer einmal getroffenen Wahl
einräumen (RGZ 136, 127, 130). Die *Anfechtung* nach §§ 119 ff ist nicht schlechthin
ausgeschlossen (unten Rn 14). Erwidert der Empfänger der Wahlerklärung hinterher,
daß er den Wählenden an seiner Entscheidung nicht festhalten wolle, so liegt darin

ein neuer annahmebedürftiger Vertragsantrag, gerichtet auf Wiedereinräumung des verloren gegangenen Wahlrechts.

3 Die Wahlerklärung kann, wie jede Willenserklärung, für die eine bestimmte Form nicht vorgeschrieben ist, auch durch *schlüssige Handlungen* abgegeben werden, zB durch Erbringung oder Annahme einer der geschuldeten Leistungen oder durch gerichtliche Geltendmachung. Auch die Bewirkung eines Teils einer der wahlweise geschuldeten Leistungen kann eine Ausübung des Wahlrechts darstellen, ebenso die Klageerhebung (RGZ 154, 58, 62), ebenso die Einleitung der Zwangsvollstreckung, nicht aber schon die Kündigung eines Darlehens mit alternativer Währungsklausel (beide RGZ 136, 127, 130). Dabei kommt es nicht darauf an, ob der Schuldner zur Teilleistung berechtigt ist (vgl § 266). Vorausgesetzt ist aber natürlich immer, daß der Wahlberechtigte in Kenntnis seines Wahlrechts und mit dem Willen, die Wahl auszuüben, also mit Erklärungsbewußtsein handelt. Hat der wahlberechtigte und sich seines Wahlrechts bewußte Schuldner dem Gläubiger eine der zur Wahl stehenden Leistungen so angeboten, daß der Gläubiger in Annahmeverzug gerät, wenn er nicht annimmt (§ 293), so hat er damit die Wahl ausgeübt. Das ergibt die Auslegung der konkludenten Willenserklärung des Schuldners und folgt nicht etwa aus dem im Falle einer Wahlschuld unanwendbaren § 243 Abs 2 (vgl zur Abgrenzung zur Gattungsschuld § 262 Rn 3).

4 Der Wahlberechtigte ist bei Ausübung seiner Wahl an Treu und Glauben gebunden (BGH WM 1983, 926, 928 zur Sicherheitenfreigabe). Er darf daher das Wahlrecht nicht zur Unzeit ausüben, der Verpächter von Agrarland zB das Wahlrecht zwischen Geld- und Naturalpacht nur zu Beginn eines Pachtjahres (BGH LM § 263 Nr 1 = LM § 6 LPG Nr 2). Die Ausübung nach Treu und Glauben bedeutet aber nicht, daß der Wahlberechtigte bei der Verwertung mehrerer Sicherheiten verpflichtet ist, ausschließlich die vorrangige Sicherheit zu seinen Gunsten einzusetzen und die nachrangige Sicherheit freizugeben (BGH NJW-RR 2003, 45, 46).

5 In der **Klage des wahlberechtigten Gläubigers** liegt auf jeden Fall die nach Abs 1 erforderliche Erklärung der Wahl. Eine Zurücknahme der Klage des wahlberechtigten Gläubigers auf eine der wahlweise geschuldeten Leistungen macht die Tatsache der vollzogenen Wahl trotz § 269 Abs 3 ZPO nicht ungeschehen. Die Bestimmung hat für die materielle Rechtslage keine Bedeutung, soweit diese nicht durch die Rechtshängigkeit verändert wird (§ 262 ZPO), wie zB im Falle der §§ 987, 818 Abs 4. In der Zurücknahme der Klage mit Einwilligung des Beklagten kann aber die Einräumung eines neuen Wahlrechts durch den Beklagten gefunden werden. Begründet erst ein Urteil eine Wahlschuld, etwa des Arbeitgebers, dem Arbeitnehmer gegenüber ein Angebot auf Abschluß eines Arbeitsvertrages für verschiedene Tätigkeiten nach dessen Wahl abzugeben, so muß der Arbeitnehmer sein Wahlrecht ausüben, § 894 ZPO ist unanwendbar (LAG Berlin EzA-SD 2002, Nr 15, 8).

6 Die **Wahlerklärung** als Gestaltungsakt ist **bedingungsfeindlich**. Das Gesetz hebt das freilich hier, anders als in § 388 für die Aufrechnung, nicht besonders hervor (vgl BRUCK, Bedingungsfeindliche Rechtsgeschäfte [1904] 127). Bei bedingten oder befristeten Wahlschulden kann jedoch die Erklärung bereits vor Eintritt der Bedingung oder Ablauf der Frist abgegeben werden. Sie ist dadurch nicht etwa selbst bedingt oder befristet.

Bei **Personenmehrheit auf der Seite des Wahlberechtigten oder des Empfängers der** 7 **Wahlerklärung** ist zu unterscheiden, welcher Art die Schuldner- oder Gläubigermehrheit ist (aM MünchKomm/KRÜGER § 263 Rn 6: es kommt nicht auf die Art der Personenmehrheit an; SOERGEL/WOLF § 263 Rn 4; anders aber ders § 262 Rn 26). Liegt eine Gesamthandsgemeinschaft oder eine schlichte Rechtsgemeinschaft auf Schuldner- oder Gläubigerseite vor, so kann das Wahlrecht nur einheitlich ausgeübt und nur allen Empfängern gegenüber einheitlich erklärt werden.

Gesamtschuldnern steht ein Schuldnerwahlrecht in der Weise zu, daß wegen der 8 notwendigen Gesamtwirkung der Erfüllung die Erklärung jedes Gesamtschuldners, so ihr die Erfüllung gefolgt ist, gegen alle Gesamtschuldner wirkt. Zuvor wirkt die Wahlerklärung nur persönlich, jeder Gesamtschuldner kann sie anders ausüben. Solange keiner der Gesamtschuldner geleistet hat, ist der Gläubiger demnach nicht sicher, welche Leistung er von welchem Schuldner erhalten wird (GERNHUBER § 11 II 2 b; SOERGEL/WOLF § 262 Rn 26; anders aber ders § 263 Rn 4). Auch die Wahl eines wahlberechtigten Gläubigers gegenüber einem Gesamtschuldner hat *Einzelwirkung* nur gegenüber diesem (§ 425), solange noch nicht die Erfüllung gefolgt ist (§ 422) (STAUDINGER/ NOACK [1999] § 425 Rn 104; aA MünchKomm/KRÜGER § 263 Rn 6: das Wahlrecht könne nur von allen Gesamtschuldnern und/oder gegen alle ausgeübt werden).

Gesamtgläubiger können das ihnen zustehende Wahlrecht als Vorbereitung ihrer 9 Befugnis, das Recht allein geltend zu machen, auch allein ausüben (SOERGEL/WOLF § 262 Rn 26, anders aber ders § 263 Rn 4; aA STAUDINGER/NOACK [1999] § 429 Rn 32 f: die Wahl durch einen Gesamtgläubiger entfalte weder Einzel- noch Gesamtwirkung für die übrigen Gläubiger, die Wahl müsse vielmehr übereinstimmend durch alle Gläubiger ausgeübt werden.; GERNHUBER § 11 II 2 b; die dort zitierte Entscheidung KG NJW 1976, 522 betrifft einen Fall elektiver Konkurrenz). Das gilt jedoch nicht ausnahmslos. Sind mehrere Sozialversicherungsträger durch Legalzession Gesamtgläubiger einer Rentenforderung nach StVG geworden (BGHZ 28, 68, 72 ff), so können nur alle Gesamtgläubiger gemeinsam die Wahl der Renten- oder Kapitalform bestimmen, da die Aufspaltung einer Schadensersatzforderung in eine Renten- neben einer Kapitalforderung nicht zulässig ist, diese Gefahr aber bei divergierenden Bestimmungen droht (BGHZ 59, 187, 190 f = NJW 1972, 1711, 1712). Macht der wahlberechtigte Schuldner die Wahl gegenüber einem der Gesamtgläubiger geltend, hat diese *Einzelwirkung* (§§ 429 Abs 3, 425), solange noch nicht die Erfüllung gefolgt ist (§§ 429 Abs 3, 422) (aA MünchKomm/KRÜGER § 263 Rn 6).

Liegt eine **Bürgschaft für die Wahlschuld** (mit Wahlrecht des Schuldners) vor, so kann 10 der Gläubiger bei selbstschuldnerischer Bürgschaft auch gegen den Bürgen alternativ klagen. Der Bürge kann jedoch das Wahlrecht für den Schuldner nicht ausüben. Es kommt zu einer alternativen Verurteilung, bei deren Durchsetzung gegenüber dem Bürgen § 264 Abs 1 entsprechend angewandt werden muß (vgl auch WESTERKAMP, Bürgschaft und Schuldbeitritt [1908] 377 ff; REICHEL, Schuldmitübernahme [1909] 375 ff).

II.   Rechtsfolge der Wahl

Die wirksame Ausübung der Wahl hat zur Folge, daß die **gewählte Leistung als von** 11 **Anfang an geschuldet** gilt (Abs 2). Die Wahl bewirkt somit nicht nur die Konzentration der Schuld auf einen bestimmten Leistungsgegenstand, sondern sie wirkt nach der ausdrücklichen Vorschrift des Abs 2 auf den Zeitpunkt der Entstehung des

Schuldverhältnisses zurück. In dieser *Rückwirkung* liegt ein wesentlicher Unterschied der Wahlschuld von der Gattungsschuld. Die Rückwirkung bedeutet, daß der Schuldner nicht nur von der Zeit der Wahl an auf die gewählte Leistung beschränkt wird, sondern daß es so angesehen wird, als sei er von Anfang an hierauf beschränkt gewesen. Die Rückwirkung enthält also eine gesetzliche Fiktion. Das Schuldverhältnis ist durch die Ausübung der Wahl nicht nur zu einem Schuldverhältnis mit bestimmtem Gegenstand geworden, sondern nunmehr kraft gesetzlicher Fiktion als ein solches von Anfang an zu behandeln; der Schuldner wird von der Schuld auf die nicht gewählte Leistung befreit, gleich als ob er diese Leistung niemals schuldig gewesen wäre (vgl auch PHILIPPSBORN Gruchot 64, 10, 22).

12 Die **Konsequenzen solcher Rückwirkung** erweisen sich etwa bei der Wahl einer verjährten Forderung. Ist das Schuldverhältnis als von Anfang an auf die bereits bei Entstehung der Wahlschuld oder danach verjährte Forderung beschränkt anzusehen, kann sich der Schuldner auf die Verjährung berufen, gleich welche andere Forderung zur Wahl stand (OLG München Recht 1910 Nr 1496; ERMAN/KUCKUK § 263 Rn 4; MünchKomm/ KRÜGER § 263 Rn 7). Auch gilt die Rückwirkungsfiktion für die erbschaftsteuerrechtliche Beurteilung eines Wahlvermächtnisses (BFHE 195, 419, 422: Steht das Wahlrecht dem Bedachten zu, richtet sich die Wahlschuld bereits vom Erbfall an ausschließlich auf den Gegenstand, für den sich der Bedachte entscheidet). In anderen Fällen erweist sich die Rückwirkung jedoch als *fragwürdig* (ZIEGLER AcP 171 [1971] 193, 201 f). Bereits im Wortlaut des § 265 ist für die praktisch bedeutsamsten Fälle der Unmöglichkeit angeordnet, daß für eine – zurückwirkende – Wahlerklärung überhaupt kein Raum mehr ist, weil sich das Schuldverhältnis auf die übrigen zur Wahl stehenden Leistungen beschränkt, es sei denn eine Sekundärverpflichtung (§§ 283–285) tritt an die Stelle der unmöglich gewordenen Leistung (vgl § 265 Rn 3).

13 **Solange die Wahl noch nicht ausgeübt** worden ist, ist der Leistungsgegenstand nicht bestimmt. Folglich kann die Schuld auch noch nicht erfüllt werden. Ist der Schuldner freilich wahlberechtigt, so wird die Leistung oder Teilleistung einer der Gegenstände der Wahl in aller Regel auch die Ausübung des Wahlrechts bedeuten (OLG Hamburg HansRZ 1922, 209 = SeuffA 77 Nr 115). Wird ersichtlich in Unkenntnis des Wahlrechts geleistet, zB durch einen über das Wahlrecht nicht aufgeklärten Rechtsnachfolger, so kann das freilich nicht gelten. Ist der Gläubiger wahlberechtigt, so wird in aller Regel die Annahme der angebotenen Leistung gleichzeitig die Ausübung der Wahl bedeuten. Auch hier gilt das nicht, wenn der wahlberechtigte Gläubiger die Leistung in Unkenntnis seines Wahlrechts annimmt.

14 Der irrende wahlberechtigte Schuldner hat je nach den besonderen Umständen des Falles mit der Leistung entweder noch keine Gestaltungserklärung abgegeben (oben Rn 2 f), oder er kann die (schlüssig) abgegebene Erklärung **anfechten** (§ 119 Abs 1). Er kann dann seine Leistung kondizieren (§§ 812 ff), ist aber dem Gegner zum Schadensersatz im Rahmen des § 122 Abs 1 verpflichtet, es sei denn dieser kannte den Grund der Anfechtbarkeit oder mußte ihn kennen (§ 122 Abs 2) (**aA** MünchKomm/ KRÜGER § 263 Rn 4 der entgegen den allgemeinen Grundsätzen für Willenserklärungen bei Kenntnis des Adressaten vom Irrtum des Erklärenden schon das Vorliegen einer Wahlerklärung verneint; unter Berufung auf SOERGEL/WOLF § 263 Rn 5). Auch der irrende wahlberechtigte Gläubiger hat entweder noch gar keine Gestaltungserklärung mit der Annahme der Leistung abgegeben oder er kann eine (schlüssig) abgegebene Erklärung anfechten. Dann kann der Schuldner die Leistung kondizieren, solange der Gläubiger nicht nachträglich die Wahl auf die erbrachte Leistung gerichtet hat (ERMAN/KUCKUK § 263 Rn 4; Münch-Komm/KRÜGER § 263 Rn 4). Das Anfechtungsrecht des Gläubigers ist nach § 242 allerdings ausgeschlossen, wenn er nicht in der Lage ist, die zuvor empfangene Leistung zurückzugewähren (LARENZ SchuldR I § 11 II, 158; MünchKomm/KRÜGER § 263 Rn 4).

§ 264
Verzug des Wahlberechtigten

(1) Nimmt der wahlberechtigte Schuldner die Wahl nicht vor dem Beginn der Zwangsvollstreckung vor, so kann der Gläubiger die Zwangsvollstreckung nach seiner Wahl auf die eine oder auf die andere Leistung richten; der Schuldner kann sich jedoch, solange nicht der Gläubiger die gewählte Leistung ganz oder zum Teil empfangen hat, durch eine der übrigen Leistungen von seiner Verbindlichkeit befreien.

(2) Ist der wahlberechtigte Gläubiger im Verzug, so kann der Schuldner ihn unter Bestimmung einer angemessenen Frist zur Vornahme der Wahl auffordern. Mit dem Ablauf der Frist geht das Wahlrecht auf den Schuldner über, wenn nicht der Gläubiger rechtzeitig die Wahl vornimmt.

Materialien: E I § 210; II § 221; III § 257;
JAKOBS/SCHUBERT, SchR I 153.

Schrifttum

Wie bei § 262, und
RIESS, Die Zwangsvollstreckung einer Alternativobligation bei Wahlrecht des Schuldners,
Gruchot 48, 489.

Systematische Übersicht

Alphabetische Übersicht

I. Regelungsgegenstand der Norm

Die Bestimmung befaßt sich mit der **Verzögerung der Wahl**. Die Leistung kann nicht **1** erbracht werden, solange nicht wenigstens *gleichzeitig* mit der Leistung das Wahlrecht ausgeübt worden ist. Abs 1 befaßt sich mit der dem Schuldner, Abs 2 mit der dem Gläubiger zustehenden Wahl.

2 Die Verzögerung der dem **Schuldner zustehenden Wahl** kann zum Schuldnerverzug führen, dessen Voraussetzungen und Folgen in den §§ 286 ff geregelt sind. Die Folgen der Verzögerung der Wahl selbst sind aber von denen des Schuldnerverzugs zu unterscheiden. Die Wahl wird dem Schuldner noch bis in die Zwangsvollstreckung belassen, der Schuldnerverzug aber nicht etwa durch die noch immer belassene Wahl ausgeräumt. Gläubigerverzug nach den §§ 293 ff kann bei einer Verzögerung der Schuldnerwahl nicht eintreten, weil es am Angebot der Leistung fehlt.

3 Die Verzögerung der dem **Gläubiger zustehenden Wahl** begründet nur bei einem Angebot sämtlicher alternativ geschuldeter Leistungen zugleich den Gläubigerverzug (näher unten Rn 11). Schuldnerverzug kann bei einer Verzögerung der Gläubigerwahl dagegen nicht eintreten, da es noch an der Leistungspflicht fehlt.

4 **Für die Ausübung** der gesetzlich oder vertraglich eingeräumten Wahl **setzt das Gesetz keine Frist.** Die Parteien eines Vertrages oder der Verfasser eines Testaments können aber eine Frist für die Ausübung setzen, die vor der des allgemeinen Leistungsverzuges liegt.

5 Die Vereinbarung einer **Wahlpflicht** des Gläubigers vor der Leistungszeit erspart dem Schuldner Vorbereitungshandlungen für die Leistungsalternativen; die Vereinbarung einer Wahlpflicht des Schuldner gibt dem Gläubiger frühzeitig Klarheit über die zu erwartende Leistung. In der Vereinbarung einer Erklärungsfrist ist regelmäßig zugleich die Vereinbarung einer die Leistung vorbereitenden Wahlpflicht zu sehen (GERNHUBER, Schuldverhältnis § 11 II 3 Fn 51; MünchKomm/KRÜGER § 264 Rn 14). Die Wahlausübung gehört dann zur Leistungspflicht iS einer nicht einklagbaren Nebenpflicht des wahlberechtigten Schuldners oder Gläubigers. Ihre Verzögerung ist nach den §§ 286 ff zu beurteilen (MünchKomm/KRÜGER § 264 Rn 14). Ansonsten bleibt es bei den Folgen des § 264, der sich mit Fällen der Fristbestimmung für die Wahl weder in Abs 1 noch in Abs 2 befaßt. Für die Annahme einer selbständig einklagbaren und nach § 888 ZPO vollstreckbaren Pflicht zur Wahl als einer eigenständigen Verpflichtung zur Bewirkung einer Leistung iS des § 241 besteht wegen der Rechtsfolgenregelung des § 264 kein schutzwürdiges Interesse (SOERGEL/WOLF § 264 Rn 1; auch RGZ 8, 353, 355 f hat eine solche Klage in einem analogen Falle [auf Grund des früheren Rechts] versagt; **aA** STAUDINGER/SELB [1995] § 264 Rn 2; MünchKomm/KRÜGER § 264 Rn 14; LITTEN 188, wonach § 264 den Fall einer besonderen Verpflichtung zur Wahl nicht erfasse).

II. Wahlrecht des Schuldners (Absatz 1)

6 **Steht dem Schuldner das Wahlrecht** zu, so muß der **Gläubiger** mangels einer Wahl **alternativ klagen**; das Urteil muß auf die alternativen Leistungen lauten. Auf Grund dieses Urteils kann der Gläubiger dann die Zwangsvollstreckung nach seiner Wahl auf die eine Leistung, und wenn diese nicht beitreibbar ist, auf die andere Leistung richten (SOERGEL/WOLF § 264 Rn 3; ERMAN/KUCKUK § 264 Rn 1). Bis zum Beginn der Zwangsvollstreckung hat der Schuldner noch das uneingeschränkte Wahlrecht (SOERGEL/WOLF § 264 Rn 3; ERMAN/KUCKUK § 264 Rn 1). Vom Beginn der Zwangsvollstreckung an hat der Schuldner zwar das Recht auf die Ausübung der Wahl durch

Erklärung (§ 263 Abs 1) verloren, kann sich aber noch bis zu dem Zeitpunkt, in welchem der Gläubiger die von ihm zur Vollstreckung gewählte Leistung ganz oder teilweise empfangen hat, durch tatsächliche Bewirkung einer der übrigen Leistungen von seiner Verbindlichkeit befreien (RG Gruchot 47, 916, 917; RG JW 1903 Beil 9, 77; RGZ 53, 80, 82). Gepfändetes Geld gilt schon mit der Wegnahme durch den Gerichtsvollzieher als vom Gläubiger empfangen (§ 815 Abs 3 ZPO). Entscheidend ist also, daß die Wahl vom Schuldner bis zum Beginn der Zwangsvollstreckung noch durch *Erklärung* vollzogen werden kann, so daß von da an kein Recht zur alternativen Vollstreckung mehr besteht. Nach Beginn der alternativen Vollstreckung und bis zum Zeitpunkt, zu dem diese Vollstreckung wenigstens teilweise zum Erfolg des Leistungsempfangs geführt hat, gibt es *nur noch* eine Wahl des Schuldners durch *Erbringung* der Leistung.

§ 264 Abs 1 besagt nur, daß der Schuldner nach dem Beginn der Zwangsvoll- **7** streckung das Wahlrecht *nicht mehr durch bloße Erklärung*, sondern *nur noch durch Leistung* ausüben kann (RGZ 53, 80, 82). Der Beginn der Zwangsvollstreckung führt dagegen *nicht* zu einem *Übergang des Wahlrechts* vom Schuldner auf den Gläubiger, verwandelt nicht etwa das Wahlrecht des Schuldners in eine Ersetzungsbefugnis bezüglich der vom Gläubiger gewählten Leistung. Ginge nämlich das Wahlrecht auf den Gläubiger über, würde eine Folge eintreten, die das Gesetz unmöglich gewollt haben kann. Läge in der Vollstreckung des Gläubigers die Ausübung eines ihm zustehenden Wahlrechts, würde dies nach § 263 Abs 2 zur *Beschränkung* des Schuldverhältnisses auf den zuerst gewählten Leistungsgegenstand führen mit der Folge, daß bei fruchtloser Vollstreckung der Gläubiger die Vollstreckung nicht mehr auf einen anderen der ursprünglich alternativ geschuldeten Gegenstände richten könnte. Denn diese wären nach § 263 Abs 2 nicht mehr geschuldet. Der Gläubiger wäre damit infolge des Schuldnerverzugs schlechter gestellt. Das Wahlrecht verbleibt vielmehr beim Schuldner: Der Gläubiger kann in jeden der alternativ geschuldeten Gegenstände vollstrecken, bis der Schuldner das ihm verbliebene Wahlrecht dadurch ausübt, daß er einen der geschuldeten Gegenstände tatsächlich leistet (hM, SOERGEL/ WOLF § 264 Rn 4; MünchKomm/KRÜGER § 264 Rn 4 f; ERMAN/KUCKUK § 264 Rn 1; PLANCK/SIBER § 264 Rn 2; **aA** LITTEN 173).

Nach den Grundsätzen des Prozeßrechts ist, soweit die Zwangsvollstreckung wie bei **8** der Pfändung beweglicher Sachen durch den Gerichtsvollzieher auszuführen ist, der **Beginn der Zwangsvollstreckung** gegeben mit der ersten gegen den Schuldner oder dessen Sachen gerichteten Vollstreckungshandlung. Soweit die Zwangsvollstreckung dem Vollstreckungsgericht obliegt (§§ 828 f, 887 f ZPO), beginnt die Vollstreckung in dem Zeitpunkt, in dem das Gericht die Vollstreckungsmaßnahme verfügt, also nicht schon mit dem Vollstreckungsauftrag des Gläubigers und nicht erst mit der Zustellung des Forderungspfändungsbeschlusses, des besonderen Strafandrohungsbeschlusses im Falle des § 890 ZPO usw (ERMAN/KUCKUK § 264 Rn 2; allg zum Beginn der Zwangsvollstreckung THOMAS/PUTZO Vor § 704 ZPO Rn 28).

Besteht eine der alternativ geschuldeten Leistungen in der **Abgabe einer Willenser- 9 klärung**, so ist der „Beginn" der Zwangsvollstreckung nicht schon in der gesetzlichen Fiktion des § 894 ZPO zu sehen, die Willenserklärung sei mit Rechtskraft des Urteils abgegeben. Weder ist der Schuldner gehindert, das Wahlrecht zu diesem Zeitpunkt auszuüben, noch ist der Gläubiger gehindert, die Vollstreckung der alternativen

Leistung zu betreiben. Ist der Schuldner zB nach seiner Wahl zur Bewilligung der Eintragung einer Hypothek oder Zahlung einer Geldsumme verurteilt, so gilt das Urteil in seiner ersten Alternative mit der Rechtskraft nicht von selbst gemäß § 894 ZPO für vollstreckt; vielmehr hat, wenn der Schuldner nicht leistet, der Gläubiger die Wahl, auf welche Leistung er die Vollstreckung richten will. Wählt er die Zahlung, so kann er die Vollstreckung durch Eintragung einer Sicherungshypothek bewirken lassen. Der Gläubiger kann aber auch auf Grund der ersten Alternative des Urteils die Hypothek eintragen lassen, zu deren Einräumung der Schuldner alternativ verurteilt ist. Mit der Vorlage des Urteils an das Grundbuchamt mit einem Antrag auf Eintragung der Hypothek hat dann der Gläubiger die Vollstreckung iS des § 264 auf die erste Leistung „gerichtet". Solange aber die Hypothek noch nicht eingetragen ist, kann sich der verurteilte Schuldner durch die Geldleistung gemäß § 264 Abs 1 HS 2 befreien. Damit wird dann die durch § 894 ZPO geschaffene Fiktion einer Eintragungsbewilligung hinfällig (KG KGJ 30 A 254, 255 = OLGE 11, 188; s hierzu auch RIESS 502; RGZ 53, 80, 83 f; OLG Köln MDR 1975, 586 f mit einem Vollstreckungstitel „Baukran oder Baugeräte nach Wahl des Beklagten aus dem Sortiment der Klägerin zu kaufen").

10 Ob eine Wahlschuld vorliegt, wenn ein vollstreckbares Urteil nur einen *Handlungserfolg*, zB die Absicherung eines Grundstücks, bezeichnet und die Wahl zwischen verschiedenen Erfüllungsmodalitäten dem Schuldner überläßt, wird von der Rechtsprechung offengelassen (BGH NJW 1995, 3189, 3190 m Nachw zum Streitstand; vgl § 262 Rn 4). Daß der Gläubiger die Zwangsvollstreckung betreibt, und zwar in einer bestimmten Art und Weise, hindert schuldrechtlich den Schuldner weder an der freiwilligen Erfüllung noch an der Erfüllung in einer anderen Art und Weise, als es der Gläubiger mit der Zwangsvollstreckung erreichen will. Allerdings kann der Schuldner die Wahl nicht mehr – wie in § 263 vorgesehen – durch Erklärung, sondern nur noch durch tatsächliche Leistung ausüben, § 264 oder § 264 analog (RG Gruchot 47, 916, 917 f, stützt das gleiche Ergebnis ausdrücklich nicht auf 264). Bei Verurteilung zu einer *Sicherheitsleistung* begründet die Auswahlberechtigung nach § 232 kein Wahlschuldverhältnis. Das gleiche gilt, wenn die Verpflichtung zur Sicherheitsleistung auf Gesetz oder Vereinbarung beruht. Muß aber die Sicherheitsleistung im Wege der Zwangsvollstreckung verwirklicht werden, ist § 264 Abs 1 entsprechend anzuwenden (STAUDINGER/WERNER [2001] § 232 Rn 12; MünchKomm/KRÜGER § 264 Rn 8).

III. Wahlrecht des Gläubigers (Absatz 2)

11 Der **wahlberechtigte Gläubiger** gerät ohne allgemeinen *Annahmeverzug* nicht in „**Verzug**" mit der Wahl. Es gibt keinen gesonderten Leistungsverzug mit einer Wahlerklärung, da eine solche nicht geschuldet ist (MünchKomm/KRÜGER § 264 Rn 10). Zum Annahmeverzug führt nur das Angebot sämtlicher alternativ geschuldeter Leistungen. Allerdings genügt ein wörtliches Angebot des Schuldners, da die Wahlerklärung des Gläubigers als Mitwirkungshandlung zur Bewirkung der Leistung erforderlich ist (vgl § 295 Rn 12). Der Annahmeverzug gibt dann dem Schuldner die Möglichkeit, eine angemessene Frist zur Vornahme der Wahl zu setzen.

12 Die Fristsetzung kann schon mit dem zum Annahmeverzug führenden Leistungsangebot, für den Fall der Ablehnung dieses Leistungsangebots, verbunden werden. Nicht ausreichend ist eine bloße Aufforderung des Schuldners an den Gläubiger, das Wahlrecht auszuüben. Hat der Gläubiger sich ohne rechtfertigenden Grund vom

Vertrag losgesagt (RGZ 129, 143, 145 = JW 1930, 2778 f) oder die Ausübung der Wahl endgültig und ernsthaft verweigert (MünchKomm/KRÜGER § 264 Rn 11), so braucht ihm der Schuldner nicht erst noch eine Frist zur Ausübung des Wahlrechts zu setzen (RGZ 129, 143, 145 = JW 1930, 2778 f). Mit dem Ablauf der gesetzten Frist *geht das Wahlrecht auf den Schuldner über*, wenn der Gläubiger keinen Gebrauch davon gemacht hat. Eine Klage des Schuldners auf Vornahme der Wahl ist ausgeschlossen, da nur ein Wahlrecht, keine Wahlpflicht besteht (ERMAN/KUCKUK § 264 Rn 4). Für eine rechtsgedankliche Anwendung des § 264 Abs 2 bei einer Ersetzungsbefugnis OETKER NJW 1985, 345, 350.

Ist der **Aufenthalt des Gläubigers unbekannt**, so kann der Schuldner die Fristsetzung **13** nach § 132 öffentlich zustellen lassen. Zu einer Abänderung der Schuldnerrechte für diesen Fall besteht kein Anlaß. Dem Schuldner kann also nicht etwa nach § 242 gestattet werden, über die Leistungsgegenstände bis auf einen zu verfügen und den letzten zu hinterlegen (§ 372) oder nach § 383 zu versteigern.

IV. Beweislast

Der wahlberechtigte Schuldner, der der *Zwangsvollstreckung* den Einwand entge- **14** gensetzt, daß er eine andere der geschuldeten Leistungen vor dem Beginn der Zwangsvollstreckung gewählt habe, ist für die eingewendete Behauptung darlegungs- und beweispflichtig. Dagegen trifft, wenn der wahlberechtigte Schuldner nach dem Beginn der Zwangsvollstreckung sich durch eine der übrigen Leistungen befreien will, den die Annahme verweigernden Gläubiger die Beweislast dafür, daß er die von ihm zur Vollstreckung gewählte Leistung schon ganz oder teilweise empfangen habe. Der Einwand des Schuldners, er habe eine andere der geschuldeten Leistungen vor dem Beginn der Zwangsvollstreckung gewählt oder nach Beginn der Zwangsvollstreckung bewirkt, ist mit einer Klage nach § 767 ZPO geltend zu machen (KG HRR 1938 Nr 704; SOERGEL/WOLF § 264 Rn 7; ERMAN/KUCKUK § 264 Rn 5; MünchKomm/KRÜGER § 264 Rn 16).

§ 265
Unmöglichkeit bei Wahlschuld

Ist eine der Leistungen von Anfang an unmöglich oder wird sie später unmöglich, so beschränkt sich das Schuldverhältnis auf die übrigen Leistungen. Die Beschränkung tritt nicht ein, wenn die Leistung infolge eines Umstands unmöglich wird, den der nicht wahlberechtigte Teil zu vertreten hat.

Materialien: E I § 210; II § 222; III § 258;
JAKOBS/SCHUBERT, SchR I 157.

Schrifttum

Wie bei § 262.

Systematische Übersicht

Alphabetische Übersicht

I.   Allgemeines

1 § 265 regelt in Abweichung von § 263 Abs 2 die **Folgen**, wenn **eine der geschuldeten Leistungen** aus der Wahlschuld **von Anfang an** unmöglich war oder **nachträglich**, jedenfalls aber vor der Wahl **unmöglich wurde**. Die Bestimmung ist **dispositiv** und gilt, wie schon bei den §§ 262, 263 und 264 betont, nur dann, wenn die Parteien nichts anderes vereinbart haben. Der Gesetzgeber hat es im Zuge der Schuldrechtsreform versäumt, die Bestimmung auf den neuen § 275 abzustimmen. Sie enthält daher keine Regelung für den Fall, dass die Leistung unzumutbar iS des § 275 Abs 2 und 3 ist.

II.   Anfängliche Unmöglichkeit

2 Sind bei einer Wahlschuld **sämtliche Leistungen von Anfang an unmöglich**, so war nach altem Recht der ganze Vertrag nach § 306 nichtig. Es kam nicht darauf an, ob eine der Parteien den Umstand zu vertreten hatte, der die Unmöglichkeit bewirkte. Nach neuem Recht ist der Vertrag nach § 311a Abs 1 wirksam, jedoch sind nach § 275 Abs 1 die wahlweise geschuldeten Primärleistungspflichten ausgeschlossen. Schon damit scheidet eine Wahlmöglichkeit aus (MünchKomm/Krüger § 265 Rn 2).

3 Sind dagegen **eine oder mehrere Leistungen**, nicht aber alle, **von Anfang** an **unmöglich**, so beschränkt sich das Schuldverhältnis auf die noch möglichen Leistungen (§ 265 S 1). Das gilt nach neuem Recht gleichgültig, ob die eine oder mehreren Leistungen objektiv oder nur subjektiv unmöglich sind. Tritt allerdings nach § 311a Abs 2 ein *Sekundäranspruch* (Schadensersatz statt der Leistung oder ein Aufwendungsersatz) an die Stelle des Leistungsanspruchs, weil der Schuldner das Leistungshindernis kannte oder es kennen mußte, füllt dieser dessen Stelle aus. Das Wahlschuldverhältnis beschränkt sich daher nicht auf die noch mögliche(n) Leistung(en), sondern ist auf die Wahl zwischen der oder den noch möglichen Leistung(en) und dem Schadensersatz- bzw Aufwendungsersatzanspruch gerichtet (MünchKomm/Krüger § 265 Rn 4 f; Bamberger/Roth/Grüneberg § 265 Rn 4). Nach altem Recht war dem Gläubiger dagegen im Falle objektiver anfänglicher Unmöglichkeit nach § 307 Abs 2 Alt 2 aF der Schaden zu ersetzen, der ihm im Vertrauen auf die gegebene Wahlmöglichkeit zwischen mehreren Leistungen entstanden war.

Kritik: Die gesetzliche Regelung der §§ 265 S 1 erscheint allenfalls im Falle einer **4** *Schuldnerwahl*, ähnlich wie bei der Gattungsschuld, interessegemäß (Kritik auch bei GERNHUBER, Das Schuldverhältnis § 11 III 3). Bei *Gläubigerwahl* wird es häufig an der – anders als in § 139 nicht der Vertragsauslegung und dem mutmaßlichen Parteiwillen überlassenen, sondern vom Gesetz in § 265 vorausgesetzten – Teilbarkeit des Interesses fehlen. Hinter § 265 steht der Grundgedanke, dem Gläubiger bei Unmöglichkeit der einen Leistung wenigstens die noch mögliche andere zu sichern. Häufig wird dem Gläubiger aber mehr an der *Wahl zwischen mehreren Leistungen* liegen. Der Gläubiger kann etwa gute Gründe gehabt haben, sich die Wahl der Leistung bis zu einem späteren Zeitpunkt vorzubehalten, zu dem sich sein Interesse an der einen oder anderen Leistung herausstellt (zB behält er sich die Wahl eines Rüden oder einer Hündin aus einem Wurf vor, weil er erst erfahren wird, ob er von anderer Seite einen Rüden oder eine Hündin erhält, und er eine Zucht beginnen will; der Wurf aber hatte nur Hündinnen oder nur Rüden gebracht). Und häufig wird sich der Schuldner nur deshalb zur Wahlschuld verpflichten, weil er davon ausgeht, daß ihm einer der zur Wahl gestellten Gegenstände verbleiben wird. Wer dem Gläubiger erlaubt, sich eine der Doubletten aus seiner Briefmarkensammlung zu nehmen, wird sich nur unter dem Vorbehalt der Fortdauer der Wahlmöglichkeit verpflichten. Bleibt ihm von zwei Exemplaren einer bestimmten Briefmarke aus irgendeinem Grund nur noch eine, so ist § 265 nicht interessegemäß. Auch mangels ausdrücklicher oder konkludenter Vereinbarung wird die ergänzende Auslegung des Vertrages (§ 157) hier ergeben, daß die Rechtsfolge des § 265 S 1 nicht gewollt, der Vertrag insgesamt nichtig ist (MünchKomm/ KRÜGER § 265 Rn 3; noch weitergehend GERNHUBER, Schuldverhältnis § 11 III 7a.).

Entsprechend anwendbar ist § 265, wenn eine der zur Wahl stehenden **Leistungen 5 gegen ein gesetzliches Verbot verstößt** (OLG Kiel SchlHA 1925, 134) oder wegen **Formmangels** nichtig ist; nur muß auch hier feststehen, daß die verbleibende Leistung auch ohne die andere vereinbart worden wäre (RG Gruchot 48, 970, 972 f = RG JW 1904, 405: formunwirksames Grundstücksversprechen und Zahlungsversprechen als Mitgift). Dann ist auch das Geschäft als Ganzes nicht formbedürftig, wenn § 139 angewendet werden kann, und beschränkt sich nach § 265 analog auf die nicht an § 134 oder § 125 gescheiterte Wahlschuldleistung. So auch das OLG Köln VersR 1993, 321, 322 f in einem Fall, in dem eine der Leistungen als Ersteigerungspflicht zur Form nach § 311b führen mußte, die nicht gewahrt war. Verstößt die Vereinbarung einer der wahlweise geschuldeten Leistungen gegen die **guten Sitten** (§ 138), so ist dasselbe anzunehmen (aA MünchKomm/KRÜGER § 265 Rn 12: idR Nichtigkeit des ganzen Wahlschuldverhältnisses; SOERGEL/ WOLF § 265 Rn 14). Die Beschränkung des Wahlschuldverhältnis nach § 265 analog kommt freilich nicht zum Zuge, wenn das Geschäft ohne die Wahlmöglichkeit nicht zustande gekommen wäre (RG Gruchot 48, 970, 972 f = RG JW 1904, 405). Es ist dann die Nichtigkeit des ganzen Wahlschuldverhältnisses anzunehmen.

III. Nachträgliche Unmöglichkeit

Tritt die **Unmöglichkeit nachträglich**, aber noch vor der Ausübung der Wahl ein, so **6** unterscheidet § 265 danach, ob der *nicht wahlberechtigte* Teil den Umstand zu vertreten hat, der zur Unmöglichkeit der einen Leistung führt (S 2).

7 Ist die Unmöglichkeit **weder vom Schuldner noch vom Gläubiger zu vertreten**, so beschränkt sich die Schuld auf die noch mögliche Leistung (§ 265 S 1). Ist der Gläubiger wahlberechtigt, kann er auch von § 285 Gebrauch machen und statt der unmöglich gewordenen Leistung Herausgabe des Ersatzes oder Abtretung des Ersatzanspruchs verlangen (GERNHUBER, Schuldverhältnis § 11 III 7 b; MünchKomm/KRÜGER § 265 Rn 7; BAMBERGER/ROTH/GRÜNEBERG § 265 Rn 5; SOERGEL/WOLF § 265 Rn 9). Ist der Schuldner wahlberechtigt, kann die Wahl des Surrogats durch ihn im Einzelfall treuwidrig sein, wenn das Interesse des Gläubigers dadurch erkennbar nicht befriedigt wird (Münch-Komm/KRÜGER § 265 Rn 7).

8 Ist die Unmöglichkeit **vom wahlberechtigten Schuldner** oder vom **wahlberechtigten Gläubiger** zu vertreten, so beschränkt sich die Schuld ebenfalls auf die noch mögliche Leistung (§ 265 S 1). Ist der Gläubiger wahlberechtigt, kann er auch in diesem Fall von § 285 Gebrauch machen und das stellvertretende commodum wählen, da es für die Anwendung dieser Bestimmung keine Rolle spielt, ob der Gläubiger die Unmöglichkeit zu vertreten hat (GERNHUBER § 11 III 7 b; MünchKomm/KRÜGER § 265 Rn 8; STAUDINGER/SELB [1995] § 265 Rn 7 erwägt, den Gläubiger auf ein Teilinteresse zu beschränken, wenn er selbst den Umstand zu vertreten hat, der die Unmöglichkeit herbeiführt). Bei Schuldnerwahl wäre es allerdings sachgerechter, dem Gläubiger ein Wahlrecht zwischen der verbleibenden Leistung und dem Surrogat zu geben. In einem Fall, in dem der wahlberechtigte Schuldner erkennbar von zwei wahlweise zur Leistung vorgesehenen Gegenständen einen auf jeden Fall behalten will (Briefmarkendoubletten, so Rn 4), ist die Rechtsfolge des § 265 S 1 ebenfalls nicht sachgerecht. Die Vertragsauslegung führt hier zu einem Freiwerden des Schuldners von der Leistungspflicht; er hat allerdings Schadensersatz zu leisten, wenn er den Untergang des einen Leistungsgegenstandes zu vertreten hat, §§ 280, 283 (GERNHUBER § 11 III 7 c).

9 Ist die Unmöglichkeit durch Verschulden des *nicht wahlberechtigten* Schuldners oder des *nicht wahlberechtigten* Gläubigers eingetreten, so greift § 265 S 2: Ist der **Schuldner wahlberechtigt**, die eine Leistung aber infolge eines **vom Gläubiger zu vertretenden Umstandes** unmöglich geworden, so verbleibt dem Schuldner das Wahlrecht. Er kann die möglich gebliebene Leistung wählen sowie Schadensersatz für die alternativ geschuldete Leistung, deren Untergang der Gläubiger zu vertreten hat, verlangen (§ 280 Abs 1 oder auch § 823) oder sich durch Wahl der unmöglich gewordenen Leistung befreien (§§ 265, 275). Der Gläubiger trägt hier im Synallagma die Preisgefahr (§ 326 Abs 2); der Schuldner behält also auch bei Wahl der unmöglich gewordenen Leistung den Anspruch auf die Gegenleistung (MünchKomm/KRÜGER § 265 Rn 10; BAMBERGER/ROTH/GRÜNEBERG § 265 Rn 6). Hat der Schuldner durch den Umstand, der die von ihm gewählte Leistung unmöglich macht, einen *Ersatz oder Ersatzanspruch* erlangt, kann der Gläubiger, wenn der Schuldner die unmöglich gewordene Leistung wählt, hierauf nach § 285 zugreifen (GERNHUBER § 11 III 8).

10 Ist der **Gläubiger wahlberechtigt**, die Leistung aber infolge eines **vom Schuldner zu vertretenden Umstandes** unmöglich geworden, so tritt nach § 265 S 2 ebenfalls keine Beschränkung auf die noch mögliche Leistung ein. Der Gläubiger kann eine der noch möglichen Leistungen wählen oder den an die Stelle der unmöglich gewordenen Leistung getretenen Schadensersatzanspruch nach §§ 280 Abs 3 iVm 283 oder Aufwendungsersatzanspruch nach §§ 280, 283, 284 geltend machen (BAMBERGER/ROTH/GRÜNEBERG § 265 Rn 6; MünchKomm/KRÜGER § 265 Rn 11, der allerdings §§ 280, 281 anwenden will). Hat der Schuldner durch den Umstand, der die vom Gläubiger gewählte Leistung unmöglich macht, einen *Ersatz oder Ersatzanspruch* erlangt (§ 285), so kann der Gläubiger zwischen der verbleibenden Leistung und diesem Ersatz oder Ersatzanspruch wählen (GERNHUBER § 11 III 8; MünchKomm/KRÜGER § 265 Rn 11).

Haben **beide Parteien den Umstand zu vertreten**, der die eine Leistung **unmöglich** 11 macht, läßt sich die Lösung § 265 nicht entnehmen. Eine Beschränkung der Leistungspflicht wie im Falle des § 265 S 1 auf die noch mögliche Leistung ist nur dann anzunehmen, wenn sie dem Gläubigerinteresse auch ohne Wahlmöglichkeit entspricht. In allen anderen Fällen der Schuldner- und der Gläubigerwahl ist dem Gläubiger §§ 280, 283 ein Schadensersatzanspruch wegen Nichterfüllung der ganzen Verbindlichkeit zu geben, freilich unter Anwendung des § 254 (s zur Anwendung des § 254 in Fällen von beiden Seiten zu vertretender Unmöglichkeit STAUDINGER/OTTO § 283 Rn 66).

Werden sämtliche Leistungen nach der Entstehung des Schuldverhältnisses, aber vor der 12 **Wahl** gleichzeitig oder sukzessiv **unmöglich**, so bleibt es bei den allgemeinen Regeln der §§ 275 ff. Ist das Interesse an den zur Wahl stehenden Leistungen teilbar, das Interesse also auch ohne die Wahlmöglichkeit gegeben, wird die Wahlmöglichkeit erhalten bleiben, sich aber nunmehr auf die alternativen Ersatzleistungen beziehen.

Liegt die Wahl vor und wird dann die gewählte Leistung unmöglich, so gilt gegenüber 13 den Fällen, in denen von vornherein nur eine einzige Leistung geschuldet war, nichts Besonderes. Das Schuldverhältnis beschränkt sich von Anfang an auf die gewählte Leistung, das Schicksal der anderen Leistung interessiert von der Wahl an nicht mehr (§ 263 Abs 2). Wird die gewählte Leistung unmöglich, ist ein Rückgriff auf die noch mögliche andere Leistung ausgeschlossen. Für die gewählte und danach unmöglich gewordene Leistung gelten die allgemeinen Bestimmungen (§§ 275, 280, 283–285, 326). Den Parteiinteressen wird diese Konsequenz des § 263 Abs 2 nicht immer gerecht. Oftmals liegt es näher, die Wahl bis zum Zeitpunkt der Leistung offenzuhalten (ZIEGLER AcP 171, 210 f; ESSER/SCHMIDT 1 § 14 II 1 a; GERNHUBER § 11 III 7).

§ 265 ist **unanwendbar** in Fällen der **facultas alternativa** (Ersetzungsbefugnis). Wird 14 die Leistung *ohne Verschulden* des Schuldners unmöglich, wird er frei (§ 275). Denn der Schuldner schuldet hier nur eine Leistung. Mit dem Freiwerden des Schuldners von seiner Leistungspflicht, entfällt auch die an diese geknüpfte Ersetzungsbefugnis. Der Schuldner braucht die unmögliche Leistung nicht zu ersetzen, eine Ersetzungsbefugnis des Gläubigers entfällt. Rn Dagegen kann der Schuldner aus der von ihm nicht *zu vertretenden* Unmöglichkeit der zur Ersetzung vorgesehenen Leistung keine Rechte herleiten. Er bleibt zur Leistung verpflichtet. An die Stelle der Leistung tritt der Schadensersatz nach §§ 280, 283. Die Ersetzungsbefugnis des Schuldners bzw des Gläubigers bleibt bestehen und richtet sich statt auf die ursprünglich geschuldete Leistung auf die an deren Stelle getretene Sekundärleistung Schadensersatz. Wird die Leistung unmöglich, die ersatzweise erbracht werden darf oder muß, entfällt die Ersetzungsmöglichkeit des Schuldners bzw Gläubigers (MünchKomm/KRÜGER § 265 Rn 15).

IV. Unzumutbarkeit

Soweit ersichtlich hat der Gesetzgeber sich bei der Neugestaltung des § 275 keine 15

Gedanken über die Auswirkungen des Tatbestands der **Unzumutbarkeit** im Recht der Wahlschuld gemacht. Ist eine der Leistungen iS des § 275 Abs 2 oder Abs 3 unzumutbar (STAUDINGER/LÖWISCH § 275 Rn 67 ff) und besteht deshalb in bezug auf diese Leistung ein *Leistungsverweigerungsrecht* (STAUDINGER/LÖWISCH § 275 Rn 88), so ist zu unterscheiden. Seinem Wortlaut nach erfasst § 265 diesen Fall nicht. Eine Beschränkung des Wahlschuldverhältnisses auf die noch mögliche und auch zumutbare Leistung tritt danach nicht ein. Das Wahlschuldverhältnis besteht fort. Wählt der **wahlberechtigte Gläubiger** die mögliche, aber unzumutbare Leistung, hat der Schuldner ein Leistungsverweigerungsrecht, das er einredeweise geltend machen muß. Das Schuldverhältnis beschränkt sich dann auf die gewählte, aber einredebehaftete Leistung (§ 263 Rn 11). Ist allerdings im Falle einer vom Schuldner verschuldeten Unzumutbarkeit an die Stelle der unzumutbaren Leistung unter den Voraussetzungen der §§ 280, 283 ein Anspruch auf Schadensersatz statt und neben der Leistung oder gem § 285 Abs 1 ein Anspruch auf Herausgabe eines vom Schuldner für den geschuldeten Gegenstand erlangten Ersatzes oder Ersatzanspruchs getreten, so hat der Gläubiger die Wahl zwischen der zumutbaren Leistung und dem Sekundäranspruch.

16 Ist der **Schuldner wahlberechtigt**, scheint es, als könne er sich durch die Wahl der noch möglichen, ihm aber unzumutbaren Leistung, und die anschließende Erhebung der Einrede aus § 275 Abs 2 oder Abs 3 von jeder Verpflichtung frei machen. Das gilt jedenfalls, wenn der Schuldner die Unzumutbarkeit nicht verschuldet hat. Denn dann stehen dem Gläubiger keine Sekundär- oder Surrogatsansprüche an Stelle der unzumutbaren Leistung zu und das Schuldverhältnis beschränkt sich ex tunc auf die unzumutbare Leistung. Diese Konsequenz ist indessen fragwürdig (vgl oben § 263 Rn 12). Es ist daher vorzugswürdig, dem Schuldner unter Berufung auf § 242 die Wahl der unzumutbaren Leistung zu verwehren, da diese Wahl einem venire contra factum proprium gleichkommt.

§ 266
Teilleistungen

Der Schuldner ist zu Teilleistungen nicht berechtigt.

Materialien: E I § 211; II § 222; III § 258;
JAKOBS/SCHUBERT, SchR I 171.

Schrifttum

BAUMGÄRTEL, Das Problem der Klageveranlassung (§ 93 ZPO) bei Teilleistungen (§ 266 BGB) in Kraftfahrzeug-Haftpflichtprozessen, VersR 1970, 969
BOETZINGER, Pflicht zur Annahme von Teilleistungen bei Unfallschäden, VersR 1968, 1124
COING, Zum Begriff der Teilerfüllung, SJZ 1949, 532

ECCIUS, Zur Lehre von der Zurückweisung von Teilzahlungen, Gruchot 49 (1905) 469
GERNHUBER, Die Erfüllung und ihre Surrogate sowie das Erlöschen der Schuldverhältnisse aus anderen Gründen, in: Handbuch des Schuldrechts (2. Aufl 1994) § 8, 141
HEINZELMANN, Teilleistung des Schuldners nach § 266 BGB bei bestrittener Restforderung?, NJW 1967, 534

HENSEN, Die Klage auf Zahlung teilweise freiwillig geleisteten Unterhalts, NJW 1966, 920
LEHMANN, Die Unterlassungspflicht im Bürgerlichen Recht (1906) 197
LEONHARD, Welche Teilleistungen sind zulässig?, VersR 1967, 534
NACKEN, Teilleistung und teilbare Leistung (Diss Köln 1976)
OSWALD, Das Teilzahlungsverbot des § 266 BGB, VP 1978, 49
PENTZ, Die Aufrechnung bei einer Teilklage, NJW 1966, 2392
REICHEL, Die nichtspezifizierte Gesamtrechnung, AcP 130 (1929) 169, 176
ROIDL, Teilleistung, Teilanerkennnis, Teilerledigung, NJW 1968, 1865
ROTHER, Zur Zulässigkeit von Teilleistungen, NJW 1965, 1749
RUHKOPF, zur Problematik der Klaglosstellung VersR 1960, 13

ders, Nochmals: Teilleistung und Klaglosstellung, VersR 1967, 927
RÜMELIN, Zur Lehre von der Teilung der Rechte, Bedeutung der Begriffsbildung und legislatorische Behandlung, JherJb 28, 386, 434
SCHMALZL, Die vom Haftpflichtversicherer ohne nähere Bestimmung an den Geschädigten gezahlten Vorschüsse und ihre Verrechnung auf den Schaden, VersR 1965, 423
SCHMIDT, Zur Teilleistung des Haftpflichtversicherers, VersR 1966, 226
STEINLEHNER/STELZNER, Die Teilleistung (§ 266) (Diss München 1984)
STOLTE, Bestimmungsrecht des Schuldners contra § 168 Abs 2 GVGA, DGVZ 1988, 145
R WEBER, Hauptforderung und Verzugszinsen: eine einheitliche Forderung oder selbständig i. S. v. § 266 BGB?, MDR 1992, 828
WEIGELIN, Die Replik der Aufrechnung, JW 1938, 1152.

Systematische Übersicht

Alphabetische Übersicht

I.   Zweck der Vorschrift

1 Durch § 266 soll der Gläubiger vor Belastungen, wie sie eine unvollständige Leistung (*Schuldzerstückelung*, WEBER MDR 1992, 828) mit sich bringen kann, geschützt werden (ganz hM COING 532 f; LEHMANN 202, speziell für die Unterlassung). Wenn nichts anderes gesetzlich bestimmt (unten Rn 20 ff) oder von den Parteien vereinbart (unten Rn 17 ff) ist, ist der Schuldner grundsätzlich verpflichtet, die gesamte geschuldete Leistung vollständig auf einmal zu erbringen.

2 Erbringt der Schuldner die Leistung nicht vollständig, stellt § 266 die Teilleistung der Nichtleistung in den *Rechtsfolgen* gleich (ESSER/SCHMIDT § 15 III). Der Gläubiger kann Teilleistungen nach § 266 ablehnen, ohne insoweit in Annahmeverzug (§§ 293 ff) zu geraten. Die Nichterfüllungs- oder Verzugsfolgen treten in vollem Umfang der Leistungspflicht ein. Der Schuldner hat iS des § 93 ZPO zur Klage über den Gesamtbetrag Veranlassung gegeben, wenn er nur einen Teilbetrag zu leisten angeboten und im Prozeß diesen Teilbetrag oder die Gesamtsumme anerkannt hat. Entsprechendes wie für die Teilerfüllung gilt auch für die Teilhinterlegung (BGH MDR 1962, 120). Auch die dem Schuldner eingeräumte Fälligkeitskündigung (RGZ 111, 397, 401 f) kann grundsätzlich nur einheitlich, nicht für Teilbeträge ausgeübt werden. Was für den Schuldner angeordnet ist, gilt auch für ablöseberechtigte Dritte, §§ 1142 Abs 1, 1192 Abs 1, 1150, 268 (BGH JR 1990, 366, 368).

II.   Begriff der Teilleistung

3 Unter einer Teilleistung iS des § 266 ist **jede Leistung** zu verstehen, **die hinter der geschuldeten Leistung objektiv zurückbleibt**, ob es nun um *Haupt-* oder *Neben-leistungen* oder gar nur um die *Modalitäten der Leistung* geht. Es ist also iS des § 266 nicht nur dann von einer Teilleistung die Rede, wenn die geleistete oder zu leistende Einheit wesensmäßig dem Ganzen entspricht (zu § 36 VerglO vgl BGH NJW 1977, 50, 51).

4 Der Begriff der **Teilleistung** in § 266 ist nicht mit dem der **teilbaren Leistung** in den §§ 420, 427, 431, 432 identisch (MünchKomm/KRÜGER § 266 Rn 2 f; SOERGEL/WOLF § 266 Rn 9; PALANDT/HEINRICHS § 266 Rn 3; ERMAN/KUCKUK § 266 Rn 1; aA STAUDINGER/SELB [1995] § 266 Rn 3). Während es bei der teilbaren Leistung iS der §§ 420 ff darum geht, ob und in welchem Verhältnis eine Leistung zwischen mehreren Schuldnern oder Gläubigern aufgeteilt werden kann, regelt § 266 die Unzulässigkeit der vollständig möglichen (zur teilweisen Unmöglichkeit unten Rn 39 f), aber nur unvollständig erbrachten Leistung.

Der engere Begriff der *teilbaren Leistung iS der §§ 420 ff* hat aber insofern für § 266 **5** Bedeutung, als eine ausnahmsweise Berechtigung zu Teilleistungen (unten Rn 17 ff) nur bei teilbaren Leistungen in Frage kommt (PALANDT/HEINRICHS § 266 Rn 3; SOERGEL/ WOLF § 266 Rn 9). Nur hier kommt auch eine Teilerfüllung (§ 362 Abs 1) in Betracht, so etwa, wenn statt 1000 kg Kartoffeln nur 500 kg geliefert werden (Hauptgegenstand), wenn die Hauptschuld, nicht aber die gesetzlichen Verzugszinsen bezahlt werden (dazu unten Rn 9), wenn die Ziegel vor dem Grundstück abgeladen werden, nicht aber – wie vereinbart – am Anfang der Baustelle oder bei Leistungshandlungen, die vereinbarungsgemäß nacheinander vorgenommen werden können, wie zB Lieferung und Einbau (Modalitäten).

Ob mit einer Leistung eine einheitliche Verpflichtung nur unvollständig erfüllt **6** würde, weshalb der Gläubiger sie nach § 266 zurückweisen kann, oder ob diese Leistung eine von mehreren selbständigen Verpflichtungen vollständig erfüllt, so daß § 266 nicht greift, ist eine Frage der Auslegung der zugrundeliegenden Verbindlichkeit(en) nach ihrem gesetzlichen oder vertraglichen Zweck. In letzterem Fall sind die erkennbar gewordenen *Vorstellungen der Parteien* beim Vertragsschluß entscheidend (COING aaO; RGZ 155, 306, 313 ff: über die gesamte Vertragsdauer sich erstreckendes Gesamtverhalten als teilbare Leistung beim Lizenzvertrag). Mitunter sind Leistungen nur mit Rücksicht auf „die rechtliche Natur und die besondere Eigenart der auf den Leistungsgegenstand gerichteten Forderung" als unteilbar erachtet worden (RG DR 1940, 2169 f; BGH NJW 1953, 58, 59). Geldschulden sind immer teilbar (RGZ 67, 260, 261); oft auch Dienstleistungen (RG JW 1911, 756).

Ist der Schuldner dem Gläubiger **aus mehreren Schuldverhältnissen** (bei der Ver- **7** pflichtung zu gleichartigen Leistungen § 366 Abs 1) **verpflichtet**, so kommt § 266 grundsätzlich nicht zum Zuge. Jedes Schuldverhältnis erlischt selbständig, wenn die geschuldete Leistung an den Gläubiger bewirkt wird (§ 362 Abs 1). So beruht der Anspruch auf Erstattung der *Prozeßkosten* auf dem besonderen Prozeßrechtsverhältnis und dem Urteil im Kostenausspruch; Urteilsschuld und Kostenschuld können daher vom Schuldner getrennt angeboten werden. Die Parteien haben es in der Hand, mehrere selbständige Verpflichtungen durch Vereinbarung so miteinander zu verbinden, daß im Ergebnis die eine Leistung nicht ohne die andere erbracht werden kann, dh nicht zur Erfüllung führt. Für Mischmietverhältnisse (Wohnung mit Praxis) vgl SCHMIDT/FUTTERER NJW 1966, 583 und GERNHUBER § 8, 3.

Schwierigkeiten bereitet die Abgrenzung **mehrerer selbständiger Verpflichtungen aus** **8** **mehreren Schuldverhältnissen** von der **Verpflichtung zu Haupt- und Nebenleistungen aus demselben Schuldgrund.** In letzterem Fall liegt ein einheitlicher Anspruch vor, der die mehreren Leistungsteile umfaßt, so daß das Teilleistungsverbot des § 266 greift. So war vor der Schuldrechtsreform streitig, ob, wenn die *vertraglichen Zinsen*, nicht aber das Darlehenskapital bezahlt werden, eine grundsätzlich unzulässige Teilleistung vorlag (so STAUDINGER/SELB [1995] § 266 Rn 3: Einheit des Schuldgrundes der Haupt- und Nebenleistung) oder eine vollständige selbständige Leistung (so MünchKomm/KRÜGER

§ 266 Rn 6; SOERGEL/WOLF § 266 Rn 7). Zwar ist die vertragliche Zinsschuld an die Hauptschuld gekoppelt. Sie ist aber keine unselbständige Nebenleistungspflicht, sondern als Entgelt für die Kapitalüberlassung eine selbständige, für vertragliche Abreden offene Hauptleistung des Darlehensnehmers, die neben der Pflicht zur Darlehensrückzahlung besteht. Daran ändern auch die Anrechnungsbestimmungen der § 367 und § 497 Abs 3 S 1 nichts. Auch der Schutzzweck des § 266 verlangt keine andere Entscheidung, weil bei Geldzahlungsleistungen dem Gläubiger in aller Regel eine Zahlung auch nur der Zinsen lieber ist als gar keine Leistung (MEDICUS, SchuldR I^{12} § 17 I Rn 138). Der Streit ist jetzt für den Verbraucherdarlehensvertrag ohne praktische Relevanz, da § 497 Abs 3 S 2 ausdrücklich bestimmt, daß der Darlehensgeber Teilleistungen nicht zurückweisen darf. Entsprechendes gilt auch für die Erstattung von Vertragskosten und die Zahlung einer Vertragsstrafe (MünchKomm/KRÜGER § 266 Rn 6; SOERGEL/WOLF § 266 Rn 7; BAMBERGER/ROTH/GRÜNEBERG § 266 Rn 7; GERNHUBER, Erfüllung § 8, 2; OLG Hamburg OLGE 10, 250, 251 [Kosten]; aA STAUDINGER/SELB [1995] § 266 Rn 3; ROHG 25, 256, 258 f [Kosten]).

9 Für die Schuld von **gesetzlichen Verzugszinsen** (RGZ 147, 377, 381 f; BAG AP Nr 2 zu § 284 BGB) oder eines über die Zinsen hinausgehenden **Schadensersatzes wegen Verzögerung der Leistung** nach §§ 280 Abs 1 und 2, 286 wird zum Teil von einem einheitlichen Anspruch ausgegangen. Der Schuldner könne nicht die Hauptschuld oder die Zinsen getrennt anbieten (STAUDINGER/LÖWISCH § 286 Rn 122; Mot II 66 f = Rn MUGDAN Bd 2 S 36; RGZ 147, 377, 382), weil die ratio des § 266, auf den Schuldner einen gewissen Druck zu vollständiger Leistung auszuüben, um den Gläubiger davor zu bewahren, Restforderungen gerichtlich eintreiben zu müssen, auch hier zutreffe (vgl STAUDINGER/LÖWISCH § 286 Rn 122). Hiergegen läßt sich zunächst einwenden, daß zwar der Anspruch auf Ersatz der Verzugszinsen oder des Verzögerungsschadens vom Bestehen der Hauptforderung abhängig ist, beide Ansprüche aber auf verschiedenen Anspruchsgrundlagen basieren, so daß auch von verschiedenen Rechtsgründen ausgegangen werden kann (BEUTHIEN Anm zu BAG AP Nr 2 zu § 284 BGB; WEBER MDR 1992, 829; SOERGEL/WOLF § 266 Rn 7). Entscheidend sollte das berechtigte Interesse des Schuldners sein, seine strenge Verzugshaftung durch Leistung des ursprünglich Geschuldeten so schnell wie möglich zu beenden. Das liegt wirtschaftlich betrachtet meist auch im Interesse des Gläubigers, weil dessen Chancen auf Befriedigung mit einem Anwachsen des Verzögerungsschadens nicht steigen. **Hauptleistung** einerseits sowie **Verzugszinsen** und **Verzögerungsschaden** andererseits sind daher als selbständige Leistungen zu behandeln, für die § 266 nicht greift (GERNHUBER, Erfüllung § 8 2; MünchKomm/KRÜGER § 266 Rn 6; aA BAMBERGER/ROTH/GRÜNEBERG § 266 Rn 8). Auch die Gegenmeinung räumt ein, daß es Fälle gibt, in denen es dem Gläubiger nach Treu und Glauben zuzumuten ist, auch Teilleistungen anzunehmen, etwa wenn der Verzugsschaden zweifelhaft ist (BAG BB 1975, 1578 = AP Nr 2 zu § 284 BGB; STAUDINGER/LÖWISCH § 286 Rn 122).

10 Anders als beim Verzug liegt es im Falle teilweiser Nichterfüllung für den **Schadensersatz statt der Leistung** nach §§ 283, 281 Abs 1 S 1, 280, wenn der Gläubiger an dem noch möglichen Teil der Leistung noch Interesse hat und neben dieser Restforderung Schadensersatz statt der (Teil-)Leistung verlangt. Hier bilden der Resterfüllungsanspruch und der Anspruch auf Schadensersatz statt der Leistung einen einheitlichen Anspruch, der nur zusammen erfüllt werden kann. § 266 ist anwendbar (MünchKomm/KRÜGER § 266 Rn 6). Vgl auch unten Rn 41.

Für die Abgrenzung einer einheitlichen Verpflichtung von mehreren selbständigen **11**
Verpflichtungen kommt es nicht auf die subjektive Sicht des Schuldners an, sondern
auf die **objektive Lage** (SOERGEL/WOLF 266 Rn 4). Eine nach § 266 grundsätzlich unzulässige Teilleistung kann daher sowohl vorliegen, wenn der Schuldner die angebotene
objektiv unvollständige Leistung als Gesamtleistung ansieht und er deshalb jede
weitere Leistung ablehnt oder feststeht, daß der Rest nicht geleistet werden kann
(OLG Hamburg HansGZ 1922, 198), als auch wenn der Schuldner für die angebotene
Teilleistung, der er die restliche Leistung folgen lassen will, bereits jetzt Teilerfül-
lungswirkung erstrebt. § 266 findet auch dann Anwendung, wenn der Schuldner
einen Teil der geschuldeten Leistung mit der ausdrücklichen oder stillschweigenden
Erklärung anbietet, daß der Rest nicht nachgeliefert werden solle (RG Recht 1906
Nr 602). Vgl aber zur Teilunmöglichkeit unten Rn 40 f.

Leistungen auf Grund eines *Werkvertrages* können kaum je teilbar sein (SOERGEL/ **12**
WOLF § 266 Rn 10). Wer ein Haus ohne Dach herstellt, hat nicht teilweise geleistet,
sondern gar nicht, und es bedarf nicht des § 266, um zu entscheiden, daß er nicht –
auch nicht teilweise – befreit ist. Zieht sich die Ausführung einer Werkleistung notwendigerweise über einige Zeit hin, so sind die einzelnen Erfüllungshandlungen gar
nicht als Teilleistungen gedacht; § 266 ist unanwendbar (ESSER/SCHMIDT § 15 III; anders
liegt es bei vereinbarter Abnahme nach Bauabschnitten: GERNHUBER § 8, 1). Soll ein Heizkessel
eingebaut werden, so ist mit der Anlieferung des Heizkessels keine Teilleistung
erstrebt; ebenso liegt keine Teilleistung iS des § 266 vor, wenn der Verfasser einer
geschlossenen Abhandlung dem Verlag aus Zeitgründen bereits vor Abschluß der
Arbeit einige Kapitel zum Druck überläßt. Die Frage, ob der Baumeister etwa seine
Arbeiter für einige Tage an einen anderen Bau abziehen darf, ob der Fliesenleger
etwa einen einzigen Arbeiter schicken darf, ob der Heizungsinstallateur den Hei-
zungskessel sofort bei Lieferung einbauen muß oder ob Baggerarbeiten statt mit zwei
auch mit nur einem Bagger ausgeführt werden dürfen, regelt sich nicht nach § 266.
Ebenso paßt § 266 nicht auf Teile von fortgesetzt zu erfüllenden Verpflichtungen aus
Dauerschuldverhältnissen (BAG NJW 1985, 2156, 2158; GERNHUBER § 8, 1: vereinbarungsgemäß „kontinuierlich anwachsende Teilerfüllung").

Auch die Rückgabeverpflichtung nach § 556 ist nicht teilbar. So ist es keine Teil- **13**
leistung, sondern Nichtleistung, wenn der Pächter oder Mieter dem Verpächter oder
Vermieter zwar die Schlüssel aushändigt, seine Einrichtung aber in den Pacht- oder
Mieträumen beläßt oder umgekehrt zwar die Räume räumt, aber die Schlüssel behält. In einem Fall, in dem der Pächter oder Mieter nur einzelne Sachen zurückläßt,
liegt ebenfalls keine Teilleistung vor. Vielmehr ist die vollständige Rückgabe nach
§ 556 zu bejahen. Allerdings liegt ein Fall der Schlechtleistung vor. Dies entspricht
der auch sonst im Zivilrecht zu treffenden Unterscheidung von Nichterfüllung und
Schlechterfüllung von Speziesschulden (BGH JR 1983, 362, 364; aA HAASE JR 1983, 364, 365,
der für die Erfüllung der Rückgabepflicht in jedem Fall eine Rückgabe in vertragsgemäßem Zustand
fordert).

Nach altem Recht war die **Schlechtleistung** keine Teilleistung. Sie war nach den **14**
Regeln des Gewährleistungsrechts oder der positiven Vertragsverletzung zu behan-
deln. Ebensowenig war die Lieferung eines **aliud** eine Teilleistung, sondern eine
Nichtleistung, weil sie nicht durch weitere Leistungshandlungen zur vollständigen
Leistung ergänzt werden konnte (SOERGEL/WOLF § 266 Rn 5 f). Wer Unterhalt in DM-

Ost schuldete, aber DM-West auf ein Sperrkonto des Gläubigers zahlte, hatte auch nicht teilweise geleistet (**aM** wohl HAHNENFELD NJW 1955, 528, 530). Nach neuem Recht mag man in bezug auf die Schlechtleistung von einer „qualitativen Teilleistung" sprechen, auf die § 266 anwendbar ist (so MünchKomm/KRÜGER § 266 Rn 4). Daß der Gläubiger die mangelhafte Sache zurückweisen kann, ergibt sich aber schon daraus, daß sie keine gehörige Erfüllung darstellt (STAUDINGER/LÖWISCH § 293 Rn 4). Eines Rückgriffs auf § 266 bedarf es nicht.

15 Unteilbar ist auch die Verpflichtung, über mehrere Geschäfte *Auskunft* zu erteilen (BGH NJW 1957, 793); ebenso die Verpflichtung des Erben, dem Pflichtteilsberechtigten gem § 2314 ein Verzeichnis der Nachlaßgegenstände vorzulegen (offengelassen in BGHZ 33, 373, 381); ebenso die Verpflichtung zur Vorlegung eines Verzeichnisses nach § 260.

16 Keine Ausnahme von der Regel des § 266 enthält *§ 420*. Denn jeder der mehreren Schuldner einer teilbaren Leistung schuldet nur seinen Anteil. Leistet er ihn, so leistet er nicht teilweise, sondern ganz. Ist der Schuldner nach dem Inhalt der rechtsgeschäftlichen Verpflichtung auf das verpflichtet, was er leisten kann – ein gesetzliches beneficium competentiae kennt das BGB nicht –, so ist die Abrede darauf zu untersuchen, ob der Schuldner in Raten leisten darf.

17 Ob die Ansprüche teilweise **streitig** sind, spielt für die Anwendung des § 266 grundsätzlich keine Rolle. Die Bestimmung des § 266 unterscheidet nicht etwa zwischen streitigen und unstreitigen Forderungen, sondern verbietet die Teilleistung generell. Der Schuldner hätte sonst die Möglichkeit, durch einfaches Bestreiten § 266 auszuschalten und den Gläubiger mit Teilleistungen zu belästigen. Der Gläubiger läuft allerdings Gefahr, in Annahmeverzug zu geraten, wenn er den ihm vom Schuldner angebotenen unstreitigen Teil nicht annimmt und die Forderung sich als im übrigen nicht bestehend herausstellt (hM in Lehre und Rechtsprechung: RUHKOPF VersR 1960, 13 und 1967, 927; NACKEN 9; SOERGEL/WOLF § 266 Rn 15; **aM** LEONHARD VersR 1967, 534; HEINZELMANN NJW 1967, 534; FIKENTSCHER Rn 221; OLG Düsseldorf NJW 1965, 1763, 1764: Der durch einen Verkehrsunfall geschädigte Gläubiger verstößt gegen Treu und Glauben, wenn er eine Teilleistung des Haftpflichtversicherers, deren Umfang von einer sachverständigen Schätzung abhängig ist, ablehnt; OLG Hamm VersR 1967, 383: Gläubiger verstößt gegen Treu und Glauben, wenn er eine Leistung des Schuldners, die sich erst auf Grund eines späteren gerichtlichen Urteils als Teilleistung erweist, nicht annimmt). Eine wichtige Begrenzung erfährt die Anwendung des § 266 aber unter Berufung auf Treu und Glauben in Fällen, in denen nur der Spitzenbetrag einer Schadensersatzforderung streitig ist (näher unten Rn 31).

III. Ausnahmen von § 266

1. Parteivereinbarungen über die Zulässigkeit von Teilleistungen

18 Die Parteien haben es in der Hand, **entgegen § 266 zu vereinbaren, daß Teilleistungen erbracht werden dürfen und zur teilweisen Erfüllung führen**. Fehlt es an einer ausdrücklichen Vereinbarung, so kann sich die Zulässigkeit der Teilleistung doch durch *Auslegung* des Geschäftes ergeben. Ist § 266 abbedungen, so gilt die Bestimmung nur noch für die Teile der vereinbarten Teilleistungen. Umkehrt können durch Vereinbarung auch selbständige Leistungen so zusammengefaßt werden, daß § 266 Anwendung findet (GERNHUBER § 8, 3).

Beispiele: Wird bei einem *Sukzessivlieferungsvertrag* die Abnahme einer Gesamt- **19** menge in Teilen vereinbart, so ist insoweit § 266 abbedungen. Bei einem derartigen Kaufgeschäft kann der Verkäufer auch nach Ablauf der Lieferfrist noch Teilleistungen anbieten, die früher fällig waren (RG JW 1904, 90 = DJZ 1904, 267 = SeuffA 59 Nr 149). Der Gläubiger einer in Raten zu liefernden Leistung kann ebenso die gerade gelieferte Rate nicht deshalb zurückweisen, weil bereits mehrere Raten fällig sind. Ein Vertrag auf Lieferung einer bestimmten Menge von einem Unternehmer herzustellender Sachen „bis zu einem bestimmten Termin" ist aber kein Sukzessivlieferungsgeschäft; der Unternehmer ist hier gem § 266 zu Teillieferungen nicht berechtigt (RGZ 138, 331, 336). Ebenso wie beim Sukzessivlieferungsgeschäft ist auch beim *Mietvertrag* in der Regel Erfüllung in Teilleistungen (Mietzinsraten) vereinbart. Der Vermieter kann deshalb, wenn der mit mehreren Mietzinsraten im Rückstand befindliche Mieter eine Rate anbietet, die Annahme dieser Rate nicht auf Grund des § 266 ablehnen (KG OLGE 22, 290). Ein Unterschied zwischen Dauerschuldverhältnis und Sukzessivlieferungsgeschäft besteht hierin letztlich nicht (vgl BGH NJW 1977, 50, 51).

Auch bei einer Verpflichtung zur *Lieferung von Waren ganz verschiedener Art* kann **20** die Zulässigkeit zu getrennter Lieferung jeder Warenart als stillschweigend vereinbart gelten (OLG Dresden SächsA 1914, 517). Eine *„Finanzierungsklausel"* für den „Restkaufpreis" löst § 266 ab („Rest durch Finanzierung" oder „Restfinanzierung Sache des Käufers"); hier muß der Verkäufer den Kaufpreis abweichend von § 266 annehmen (HERETH NJW 1971, 1705 zu KG NJW 1971, 1139). Die Verweisung auf Art 33 der Einheitlichen Richtlinien und Gebräuche für *Dokumentenakkreditive* löst § 266 ebenfalls ab (SCHÖNLE NJW 1968, 726, 730). Die *Gruppenversicherung* erlaubt jedoch keine Teilprämienzahlung des Gruppenmitgliedes (MILLAUER VersR 1964, 16 ff).

2.   Gesetzliche Ausnahmen

Gesetzliche Ausnahmen erfährt die Bestimmung des § 266 in folgenden Fällen: Die **21** *Aufrechnung* ist nicht nur Leistung, sondern zugleich zwangsweise Einziehung der dem Schuldner gegen den Gläubiger zustehenden Forderung. Verwendet der Schuldner eine geringere eigene Forderung zur Aufrechnung, so tilgt er die dem Gläubiger zustehende höhere Forderung zu dem Teilbetrag, zu dem sich die Forderungen decken (§ 389). Die zulässige volle Einziehung der eigenen Forderung bedeutet damit indirekt eine zulässige Teilleistung an den Gläubiger. Verwendet nun der Schuldner eine solche geringere Forderung gegen den Gläubiger zur Aufrechnung, so kann er diese aber nur in ihrem vollen Betrag aufrechnen, wenn aus der Teilaufrechnung dem Gläubiger Belästigungen entstehen würden (MünchKomm/KRÜGER § 266 Rn 8; PALANDT/ HEINRICHS § 266 Rn 6; BAMBERGER/ROTH/GRÜNEBERG § 266 Rn 11; Rn RGZ 79, 359, 361 wegen der den Hypothekengläubiger nach §§ 1144, 1145 Abs 1 S 2 treffenden Verpflichtungen; aA GERNHUBER, Erfüllung § 8, 5: generelle Unzulässigkeit der Teilaufrechung). Auch § 16 Nr 1 Abs 1 und 2 VOB/B und der in Anlehnung hieran geschaffene § 632a sehen zulässige Teilleistungen vor.

Eine wesentliche Neuerung und praktisch bedeutsame Einschränkung des § 266 hat **22** die Bestimmung des § 497 Abs 3 S 2 für den **Verbraucherdarlehensvertrag** gebracht. Diese Bestimmung, nach der der Darlehensgeber Teilzahlungen nicht zurückweisen darf, dient zusammen mit der Änderung der Anrechnungsreihenfolge des § 367 Abs 1 durch § 497 Abs 3 S 1 der Entlastung des Darlehensnehmers (AnwKomm-BGB/Reiff § 497 Rn 9). Sie entlastet diesen weitergehend als es nach der hier vertretenen Auffassung von der Zinsschuld als selbständiger, für vertragliche Abreden offenen Hauptleistung des Darlehensnehmers ohnehin der Fall ist (vgl oben Rn 8). Denn § 497 Abs 3 S 2 erlaubt nicht nur die Rückzahlung der Hauptschuld ohne die aufgelaufenen Zinsen zwecks Beendigung des Vezugs, sondern auch eine Teilleistung bezogen nur auf den Betrag der Hauptschuld.

23 Nach Art 39 Abs 2 WG darf der Inhaber eines **Wechsels** eine ihm angebotene Teilzahlung nicht zurückweisen. Dasselbe gilt nach Art 34 Abs 2 SchG für den Scheckinhaber. Für kaufmännische Orderpapiere iS der §§ 363, 364 HGB gilt das jedoch nicht.

24 In der *Zwangsvollstreckung* ergibt sich die Teilleistung häufig schon aus der nur zur teilweisen Befriedigung des Gläubigers führenden Vollstreckungshandlung. Doch ist der Schuldner in der Zwangsvollstreckung auch zu Teilleistungen berechtigt (Stolte 148). Zwar kann man das nicht eindeutig aus dem Wortlaut des § 757 Abs 1 ZPO schließen; doch muß es dem Schuldner in der Zwangsvollstreckung ermöglicht werden, den drohenden Zugriff durch Teilleistungen im Rahmen seiner Möglichkeiten abzuwehren. Auch ist die Teilleistung des Schuldners für den Gläubiger, der gezwungenermaßen seinen Anspruch gerichtlich durchsetzen und vollstrecken muß, kaum eine darüber hinausgehende Belästigung. Schließlich kann auch der Vollstreckungsrichter Teilzahlungen gem § 813a Abs 1 ZPO bewilligen (MünchKomm/Krüger Rn § 266 Rn 10; Soergel/Wolf § 266 Rn 18; Stolte 148). In der *Insolvenz* muß der Gläubiger ebenfalls Teilleistungen im Wege der Abschlagsverteilung annehmen (§ 187 Abs 2 InsO, früher § 149 KO).

25 Nimmt ein Arbeitnehmer an einem zulässigen *Streik* teil, handelt es sich bei der ansonsten erbrachten Arbeitsleistung nicht um eine Teilleistung iS des § 266. Die Bestimmung ist unanwendbar, wenn die Arbeitsleistung wegen des zulässigen *Arbeitskampfes* nicht vollständig erbracht wird (BAG NJW 1985, 2156, 2158).

3. Teilweise gesicherte Forderungen

26 Ist eine **Forderung** nur **teilweise dinglich gesichert**, so ergibt sich eine weitere Ausnahme. Der Gläubiger muß gegen Zahlung des durch eine **Hypothek** gesicherten Betrages die Löschung der Hypothek bewilligen. Infolgedessen kann er die Annahme des gesicherten Teilbetrages nicht durch Berufung auf § 266 ablehnen. Die **aM** (Gernhuber § 8, 8) sichert die Gesamtforderung trotz nur teilweiser dinglicher Sicherung. Dasselbe gilt, wenn ein durch Höchstbetragshypothek (§ 1190) bis zu einem bestimmten Betrag gesicherter Kredit aus irgendwelchen Gründen, zB durch Anwachsen von Zinsen (§ 1190 Abs 2), über den Höchstbetrag hinausgewachsen ist. Dagegen kann aus § 1145 nicht geschlossen werden, daß bei der Briefhypothek der Schuldner ein Recht auf Teilleistungen habe; die Bestimmung des § 1145 setzt voraus, daß der Gläubiger nur teilweise befriedigt worden ist, sagt aber nichts darüber aus, unter welchen Voraussetzungen der Gläubiger anzunehmen verpflichtet ist. Die Teil-

leistung könnte von vornherein vereinbart sein, oder der Gläubiger könnte die Teilleistung freiwillig angenommen haben (ebenso Soergel/Wolf § 266 Rn 17).

Ist die **Forderung** nur **teilweise durch Bürgschaft gesichert**, so wird hierdurch der **27** Gläubiger nicht verpflichtet, von dem *Hauptschuldner* Teilleistung in Höhe des gesicherten Teiles der Schuld anzunehmen. Daran ändert sich auch dann nichts, wenn im einzelnen Fall der Hauptschuldner dem Bürgen gegenüber verpflichtet ist, diesen von der Bürgschaft zu befreien (§ 775). Wenn er diese Befreiung in solchem Fall nur dadurch erreichen kann, daß er seine Schuld vollständig, also mit Einschluß des nicht durch die Bürgschaft gesicherten Teiles, erfüllt, so muß er das tun, um seiner Verpflichtung gegenüber dem Bürgen nachzukommen. Ist aber die für einen Teil der Hauptschuld eingegangene Bürgschaft eine selbstschuldnerische (§ 773 Abs 1 Nr 1), so muß der Gläubiger von dem *Bürgen* den verbürgten Teil der Schuld annehmen; denn für den selbstschuldnerischen Bürgen ist dies die vollständige Schuld, nicht anders als wenn einer von mehreren Schuldnern nur für einen Teil einer gesamten Forderung als Gesamtschuldner verpflichtet ist (ebenso Soergel/Wolf § 266 Rn 17).

Das Problem einer nur teilweisen hypothekarischen Sicherung einer Forderung er- **28** gab sich häufig in der Zeit der **Geldentwertung** nach dem Ersten Weltkrieg. Durch das **Aufwertungsgesetz** wurde eine durch Hypothek gesicherte Forderung vielfach höher aufgewertet als die zu ihrer Sicherung dienende Hypothek. Der Gläubiger mußte in diesen Fällen gegen Zahlung des Aufwertungsbetrages der Hypothek die Löschung des dinglichen Rechtes bewilligen, obgleich dieser im Hinblick auf den höheren Aufwertungsbetrag der persönlichen Forderung nur einen Teil der geschuldeten Leistung darstellte (Mügel 18 zu § 10 AufwG; Schlegelberger/Harmenig 3 zu § 4 AufwG; vVelsen DJZ 1924, 724; Neukirch 11 Abs 2 zu § 4 Aufwertungsgesetze; RGZ 116, 241, 242; OLG Dresden JW 1924, 1621 f; OLG Stuttgart AufwRspr 1926, 39, 40 ff; s dazu auch Cohn JW 1929, 164; weitere Nachweise bei Staudinger/Selb [1995] § 266 Rn 10). Im Bereich des **Umstellungsgesetzes** entstand nach dem Zweiten Weltkrieg ein ähnliches Problem nicht, da das dingliche Recht in keinem Fall niedriger umgestellt sein konnte als die persönliche Forderung (§ 16 UmstG in Verbindung mit § 1 der 40. DVO/UmstG).

4. Teilurteil

Eine Ausnahme von der Regel des § 266 begründet der Erlaß eines Teilurteils nach **29** § 301 ZPO (MünchKomm/Krüger § 266 Rn 11; aA Soergel/Wolf § 266 Rn 26: eine Ausnahme liege nicht vor, weil das Urteil nicht auf dem einseitigen Urteil des Schuldners beruhe). Das Gericht hält den Rechtsstreit nur über einen Teil des Anspruchs für entscheidungsreif und entscheidet nur über diesen. Ein solches Urteil gestaltet zwar nicht die materielle Rechtslage. Dem Kläger wird die Möglichkeit geboten, wegen des eingeklagten Teilbetrages zu vollstrecken. Daher muß dem Schuldner auch die Möglichkeit gegeben werden, diese Zwangsvollstreckung aus dem Teilurteil abzuwenden (BGH ZIP 1991, 611, 613 = WM 1991, 1097, 1099 = EWiR § 767 ZPO 1/91, 727 [Keller]). Zwänge man ihn, die gesamte Schuld zu bezahlen, um die Vollstreckung abzuwenden, so hätte man den Titel erweitert. Der Gläubiger hat daher kein Recht, die Teilleistung abzulehnen; § 266 ist unanwendbar. Nicht um ein Teilurteil geht es, wenn der Kläger selbst von einer größeren Forderung nur einen Teilbetrag eingeklagt hat. Wird er ihm zugesprochen, muß der Kläger ihn auch annehmen. Durch die Einklagung hat die Teilforderung eine gewisse Selbständigkeit erlangt, so daß § 266 unanwendbar ist (RGZ 66, 266, 271; BGH NJW 1971, 1800, 1801).

5. Treu und Glauben § 242

30 Die heute **praktisch wichtigste Ausnahme** von § 266 wird von Rechtsprechung und Lehre durch Berufung auf § 242 begründet. Der Gläubiger darf entgegen dem Wortlaut des Gesetzes eine Teilleistung dann nicht ablehnen, wenn ihm die Annahme bei verständiger Würdigung des Falles (BGHZ 61, 240, 245 f = NJW 1973, 2202, 2204), nämlich der Lage des Schuldners und seiner eigenen schutzwürdigen Interessen zuzumuten (§ 242) ist (ständige Rechtsprechung: BGH VersR 1954, 297, 298 f; OLG Nürnberg VersR 1965, 1184; OLG Düsseldorf VersR 1966, 1055; OLG Stuttgart VersR 1972, 448 f; OLG Karlsruhe NJW 1973, 851, 853; LG München I VersR 1969, 744 f; LG Duisburg AnwBl 1969, 20 – konkret aber abgelehnt; MünchKomm/KRÜGER § 266 Rn 13 „bei Gründen von einigem Gewicht"; SOERGEL/WOLF § 266 Rn 11). Die Anwendung des § 242 erfordert eine sorgfältige Interessenabwägung im Einzelfall. Es gibt jedoch einige Fallgruppen, in denen sich eine Begrenzung des § 266 durch § 242 durchgesetzt hat:

31 In den meisten Schadensersatzfällen wird gerade die **Höhe der Schadensersatzforderung streitig** sein. Selbst wenn sich die Parteien weitgehend in der Gesamtforderung oder in den einzelnen Schadensrechnungsposten nahekommen, so wird es doch fast immer **Spitzenbeträge** geben, über die sie sich nicht einigen können. Solange der Schuldner nun nicht auch noch diesen Spitzenbetrag anbietet, ist der Gläubiger bei Anwendung des § 266 berechtigt, den angebotenen Betrag als Teilleistung abzulehnen. Ein besonderes Interesse an der Nichtannahme muß der Gläubiger nicht dartun (BGH AnwBl 1973, 397). Für den Schuldner ist damit das Risiko gegeben, daß er, wenn er wegen des nicht angebotenen Spitzenbetrages im Unrecht ist, auf die volle Schadensersatzsumme verklagt wird und im Prozeß die *volle Kostenlast nicht* einmal mehr über § 93 ZPO durch sofortiges Anerkenntnis abwehren kann. Er wird in seiner Verteidigung dadurch behindert, denn er riskiert bei Spitzenbeträgen, wenn er nur teilweise Recht behält, mehr an Kosten zu zahlen, als etwa der zu Unrecht geforderte Betrag ausmacht (HEINZELMANN aaO). Die hM verlangt daher vom Gläubiger, eine Teilleistung, die nur noch einen geringen Rest der Forderung offen läßt, anzunehmen (ROTHER 1750; RG SeuffA 61 Nr 149; 77 Nr 22). Das kann allerdings im Ergebnis dem Schädiger zu einem Rabatt verhelfen, wenn der ausstehende Spitzenbetrag die Klage nicht mehr lohnt (vgl LG Köln VersR 1966, 966, 967). Die Schutzwürdigkeit des Schuldners ergibt sich letztlich aus seinem Recht, die Prozeßführung ökonomisch zu gestalten (OLG Düsseldorf NJW 1965, 1763, 1764). Leistet er etwa voll auf *selbständige Schadensposten*, so soll der Gläubiger zur Annahme verpflichtet sein (LG Kreuznach VersR 1961, 863, 864; LG Augsburg VersR 1968, 1152; LG Nürnberg-Fürth VersR 1967, 511; BAUMGÄRTEL 966 ff). Der Gläubiger verliert allerdings mit der Annahme der Teilleistung wegen der degressiven Gestaltung der Gebührentabelle den Vorteil günstigerer Kostenverteilung, sofern er bei Streit über die Restleistung teilweise unterliegt (BOETZINGER VersR 1968, 1124; ROTHER NJW 1965, 1751 ff; LG Nürnberg-Fürth VersR 1965, 1060, 1062). Ein *Gläubigerinteresse am höheren Streitwert* wird jedoch *nicht anerkannt* (BAUMGÄRTEL aaO). Darf der Schuldner der Meinung sein, er leiste mit der angebotenen Leistung alles, was er schulde, so darf der Gläubiger die Teilleistung nicht ablehnen (OLG Düsseldorf NJW 1965, 1763, 1764; OLG Hamm VersR 1967, 383). Jede andere Auffassung zwingt ihn, wegen der drohenden *Kostenlast* auch überhöhten Forderungen des Gläubigers lieber nachzugeben. Ist der *Schuldner nicht imstande,* die *vollständige Leistung zu erbringen,* und hat der Gläubiger auch an der Teilleistung ein objektives Interesse, was insbesondere bei Geldforderungen regelmäßig der Fall ist, so wird man dem Schuldner wie bei der Vollstreckung (vgl Rn 24) erlauben müssen, den Gläubigerzugriff wenigstens insoweit abzuwehren, als die Leistung möglich ist. Hatte der Geschädigte Wert gelegt auf eine vorschußweise Regulierung, ist der Rechtsnachfolger nach Treu und Glauben zur Annahme einer erheblichen Teilleistung verpflichtet (LG Nürnberg VersR 1964, 834). Von praktischer Bedeutung sind die dargelegten Grundsätze insbesondere für Haftpflichtprozesse.

Trotz der Einschränkung des § 266 unter Berufung auf Treu und Glauben bleibt es bei **32** der Anwendung der Norm, wenn für den Gläubiger das Risiko gegeben ist, daß seine Annahme der Teilleistung als **Verzicht** auf weitergehende Schadensersatzansprüche gedeutet wird (OLG Düsseldorf VersR 1966, 1055; BAMBERGER/ROTH/GRÜNEBERG § 266 Rn 16). Dieses Risiko besteht nicht, wenn der Schuldner das Teilleistungsangebot klar als solches kennzeichnet und die Annahme nicht von einer Verzichts- oder Abfindungserklärung abhängig macht (OLG München VersR 1959, 550, 551) oder der Gläubiger den Teilleistungscharakter bei Annahme seinerseits klarstellt. Die dem Gläubiger/Geschädigten obliegende Beweislast für das Bestehen eines Haftpflichtanspruchs kehrt sich mit der Annahme der Teilleistung der Haftpflichtversicherung des Anspruchsgegners, die ohne Anerkennung einer Rechtspflicht einen Vorschuß geleistet hat, nicht um (OLG Frankfurt aM VersR 1974, 553 f).

Ähnlich wird § 266 von der hM für die Leistung von **„Spitzenbeträgen" an Unterhalt** **33** nach § 242 eingeschränkt. Die Rechtsprechung geht davon aus, daß der Unterhaltsschuldner Anlaß zur Klageerhebung iS von § 93 ZPO über den vollen Unterhalt gegeben hat, wenn er mit seiner freiwilligen und regelmäßigen Leistung unter dem vollen Unterhaltsbetrag geblieben ist (OLG Stuttgart NJW 1978, 112 m ablehnender Anm WINTER NJW 1978, 706 f; OLG Hamburg FamRZ 1981, 583; OLG Koblenz FamRZ 1986, 826; OLG Köln FamRZ 1986, 827; GÖHLICH FamRZ 1988, 561). Das soll allerdings nicht gelten, wenn die Unterhaltsleistung nicht ganz offensichtlich erheblich unter dem vollen Unterhaltsbetrag liegt (OLG Karlsruhe FamRZ 1985, 955 f: fehlender Spitzenbetrag 10%; OLG Schleswig FamRZ 1984, 187: 20%; OLG Bremen FamRZ 1989, 876 f = NJW-RR 1990, 6 f: 15%; sehr weitgehend OLG Düsseldorf FamRZ 1994, 117: 32%) und der Unterhaltspflichtige zuvor nicht zur Beschaffung eines kostengünstiger zu erlangenden außergerichtlichen Titels aufgefordert worden ist (KÜNKEL NJW 1985, 2665, 2669 ff). Richtigerweise läßt sich aus § 266 für die Frage, ob die Teilleistung eines Sockelbetrags Anlaß zur Klage iS von § 93 ZPO über den vollen Betrag gibt, wie auch für die Frage, ob ein Miteinklagen des freiwillig gezahlten Unterhaltssockels mutwillig iS von § 114 ZPO ist, aus § 266 schon deshalb nichts herleiten, weil der Unterhaltsberechtigte die Teilleistung in der Praxis in aller Regel keineswegs zurückweist (KG FamRZ 1988, 518 f; WINTER NJW 1978, 706 f; KÜNKEL NJW 1985, 2272; KG FamRZ 1988, 518 f). Für die Unanwendbarkeit des § 266 auch GÖPPINGER/WAX/VOGEL, Unterhaltsrecht (7. Aufl 1999) Rn 2109.

Regelmäßig unzulässig ist die **Teilrückgabe** einer Pachtsache (LG Mannheim MDR 1965, **34** 140). Läßt der Mieter einen Untermieter zurück, liegt nur eine unzulässige Teilräumung vor (AG Miesbach WuM 1983, 151; STAUDINGER/SONNENSCHEIN [1995] § 556 Rn 22). Im Einzelfall darf der Vermieter aber auch eine teilweise Rückgabe der Mietsache nicht ablehnen, wenn ihm die Teilleistung zumutbar ist (LEUTNER/SCHMIDT-KESSEL JZ 1996, 654 zu der besonderen Interessenlage bei der gewerblichen Zwischenmiete nach § 549a).

6. Rechtsfolgen der ausnahmsweise zulässigen Teilleistung

35 Ist der Schuldner ausnahmsweise zur Teilleistung berechtigt, vollzieht sich bei *teilbaren Gesamtleistungen* die Erfüllung (§ 362 Abs 1) statt in einer einzigen Erfüllungshandlung in mehreren Abschnitten. Diese Teilerfüllungen haben die (Teil-)Wirkung des § 362 Abs 1.

IV. Berechtigung des Gläubigers, Teilleistungen zu fordern

36 Eine dem § 266 entsprechende Bestimmung für den Gläubiger fehlt. Da das Recht auf das maius dasjenige auf das minus einschließt (vgl OLG Stettin OLGE 5, 41; OLG Posen OLGE 5, 171 f; aus § 266 läßt sich zur Zulässigkeit der Teilforderung dagegen nichts herleiten: OLG Kiel SchlHA 1919, 45), ist der **Gläubiger einer teilbaren Leistung** grundsätzlich **berechtigt, Teilleistungen zu fordern und einzuklagen** (allg M; zur zulässigen Teilklage auf Übereignung eines Grundstücksteils BGH WM 1978, 192, 193). Die Teilklage empfiehlt sich häufig aus Kostengründen. Das deutsche Recht kennt nicht das in den angelsächsischen Rechten geläufige Verbot des „splitting of actions".

37 Der Gläubiger muß den *eingeklagten Teil* als Erfüllung annehmen (RGZ 66, 266, 271; BGH WM 1966, 160; MünchKomm/KRÜGER § 266 Rn 21; ERMAN/KUCKUK § 266 Rn 8; PALANDT/ HEINRICHS § 266 Rn 11); er kann den zahlenden oder aufrechnenden Beklagten nicht auf den nicht eingeklagten Teil der Forderung verweisen. Bei Teilerfüllung oder Teilaufrechnung *vor* Klageerhebung kann der Gläubiger den verbleibenden Rest ganz oder teilweise geltend machen und die Teilleistung auf den nicht eingeklagten Forderungsteil anrechnen (BGH WM 1966, 160).

38 Das Recht des Gläubigers, Teilleistungen zu verlangen, kann ausdrücklich oder nach der Natur des Schuldverhältnisses *ausgeschlossen* sein. Eine Aufspaltung der Forderung in viele kleine Teile kann auch eine Schikane iS des § 226 darstellen oder gegen Treu und Glauben verstoßen, zumal sie den Schuldner mit erhöhten Kosten belasten kann. Ist dies aber nicht der Fall, so ist der Schuldner nicht berechtigt, eine vom Gläubiger geforderte Teilleistung zu verweigern. Wenn er auf bloße Teilforderung des Gläubigers die ganze Leistung anbietet, hängt die Frage, ob der Gläubiger wegen des abgelehnten Teiles in Annahmeverzug gerät, lediglich davon ab, ob bezüglich der Gesamtforderung die Voraussetzungen der §§ 293 ff, insbesondere § 299 vorliegen. Jedenfalls zieht die Ablehnung des nicht geforderten Teiles der Leistung nur einen Teilverzug des Gläubigers nach sich. Nicht etwa gewährt sie dem Schuldner das Recht, den vom Gläubiger verlangten Teil zurückzuhalten und dadurch den Gläubiger in Gesamtverzug zu setzen (vgl hierzu THIESING Recht 1902, 369 unter zutreffender Kritik einer gewerbegerichtlichen Entscheidung). Der Gläubiger einer **teilbaren Leistung** kann auch über einen Teil der Forderung durch *Abtretung* verfügen.

V. Unzulässige Teilleistung, teilweise Unmöglichkeit, Zuvielleistung

39 Eine erschöpfende Regelung der mit der Teilleistung zusammenhängenden Fragen enthält § 266 nicht. Eine nach § 266 **unzulässige Teilleistung** steht einer Nichtleistung

gleich (SOERGEL/WOLF § 266 Rn 2; MünchKomm/KRÜGER § 266 Rn 18). Der Gläubiger gerät daher nicht in Annahmeverzug, wenn er die Teilleistung zurückweist. Den Schuldner treffen die Rechtsfolgen vollständiger Nichterfüllung (§§ 280, 281, 323). Wie weit die bloße Teilleistung beim gegenseitigen Vertrag die *Einrede des nichterfüllten Vertrages* erlaubt, regelt § 320 Abs 2.

In Fällen **teilweiser Unmöglichkeit** tritt § 266 hinter die spezielleren Regelungen der **40** §§ 275 Abs 1 („soweit"), Abs 2 und 3, 283 S 2, 281 Abs 1 S 2, 326 Abs 1 S 1, Halbs 2, zurück (MünchKomm/KRÜGER § 266 Rn 11; anders zum alten Recht RG Recht 1906 Nr 602, das § 266 auch im Falle teilweiser Unmöglichkeit anwendet, aus Treu und Glauben aber den in § 280 Abs 2 S 1 aF ausdrücklich formulierten Gedanken herleitet). § 275 Abs 1 befreit den Schuldner nur, „soweit" die Leistung unmöglich wird, im übrigen muß er weiter leisten (näher STAUDINGER/LÖWISCH § 275 Rn 48). Die Bestimmung enthält also die gesetzliche Anord-nung einer Teilleistung, allerdings mit der Einschränkung, daß der Schuldner uU der Verpflichtung, den noch möglichen Teil der Leistung zu erbringen, ein Leistungsver-weigerungsrecht nach Abs 2 und 3 wegen Unzumutbarkeit entgegenhalten kann (näher STAUDINGER/LÖWISCH § 275 Rn 79, 67). Hat der an sich möglich gebliebene Teil *für den Gläubiger keinen Wert*, behandeln die §§ 283 S 2, 281 Abs 1 S 2 die ganze Leistung als unmöglich geworden (zum alten Recht RGZ 140, 378, 383 mwN). Bei zu vertretender teilweiser Unmöglichkeit kann der Gläubiger, wenn er kein Interesse an der Teilleistung hat, die an sich möglich gebliebene Teilleistung ablehnen und Schadensersatz statt der ganzen Leistung verlangen, § 283 S 2 iVm §§ 280 Abs 1, 3, 281 Abs 1 S 2 (STAUDINGER/LÖWISCH § 275 Rn 48; STAUDINGER/OTTO § 281 Rn B 161). Im gegenseitigen Vertrag kann der Gläubiger vom ganzen Vertrag zurücktreten (§§ 326 Abs 5, 323 Abs 5 S 1).

Hat der *Gläubiger* dagegen an dem noch möglichen Teil der Leistung unter Berück- **41** sichtigung des Vertragszwecks *Interesse*, spaltet sich die einheitliche Forderung auf. Ein Teil der Leistung ist möglich geblieben, für den anderen unmöglich gewordenen Teil der Leistung kann der Gläubiger nach §§ 283, 281 Abs 1, 280 Schadensersatz statt der Leistung fordern. **§ 266 ist anwendbar.** Der Gläubiger muß daher den mög-lich gebliebenen Teil allein, ohne gleichzeitigen Schadensersatz für den unmöglich gewordenen Teil, nach dem Grundsatz des § 266 nicht annehmen. Er darf auch hier auf der einheitlichen Erfüllung bestehen (OLG Hamburg OLGE 22, 184 = Recht 1911 Nr 2093; § 280 Rn 20; MünchKomm/KRÜGER § 266 Rn 6; BAMBERGER/ROTH/GRÜNEBERG § 266 Rn 8; aA PALANDT/HEINRICHS § 266 Rn 4: die noch mögliche Teilleistung und der Schadensersatz wegen des unmöglichen Teils seien zwei getrennte Ansprüche). Dasselbe gilt, wenn der An-spruch auf Erfüllung des noch möglichen Teiles mit dem Teilanspruch aus § 285 (vgl STAUDINGER/LÖWISCH § 275 Rn 48) zusammentrifft. Keine Teilleistung liegt dagegen vor, wenn die Parteien für den Fall der Teilunmöglichkeit eine Beschränkung der Lei-stungspflicht auf den noch möglichen Rest vereinbart haben und dann der Schuldner diesen Rest anbietet (RG JW 1917, 617 f: „Lieferungseinstellung, soweit durch den Krieg ge-hindert").

Zuvielleistungen des Schuldners sind nach wie vor im BGB nicht geregelt. Auch § 434 **42** Abs 3 regelt nur die Lieferung einer zu geringen Menge beim Kauf. Ist die ange-botene Mehrleistung teilbar, muß der Gläubiger die gesamte Leistung annehmen, wenn ihm durch die Trennung keine unzumutbaren Aufwendungen entstehen und der Schuldner zur Rücknahme der Mehrleistung bereit ist (PALANDT/HEINRICHS § 266

Rn 10; BAMBERGER/ROTH/GRÜNEBERG § 266 Rn 20; einschränkungslos: MünchKomm/KRÜGER § 266 Rn 20). Eine angebotene unteilbare Mehrleistung kann der Gläubiger unstreitig zurückweisen, ohne in Annahmeverzug zu geraten (BAMBERGER/ROTH/GRÜNEBERG § 266 Rn 20; PALANDT/HEINRICHS § 266 Rn 10; MünchKomm/KRÜGER § 266 Rn 20; SOERGEL/WOLF § 266 Rn 22; WERNER BB 1984, 221). Vgl auch STAUDINGER/LÖWISCH § 293 Rn 3.

VI. Verfahrensfragen

43 Der **Gläubiger** ist berechtigt, Teilbeträge der Forderung einzuklagen, ohne daß dem Schuldner aus § 266 etwa der prozessuale Einwand einer sachlichen Unzuständigkeit des Gerichts zusteht, weil im Fall der Geltendmachung des ganzen Betrags das höhere Gericht (Landgericht) zuständig würde. Der Kläger kann ein berechtigtes Interesse daran haben, zunächst nur wegen eines Teilbetrags einen Vollstreckungstitel zu erlangen (Zeitersparnis, Kostenrisiko). Behauptet der **Schuldner**, zu Teilleistungen befugt zu sein, so trifft ihn die Beweislast für die begründenden Umstände (ROSENBERG AcP 94, 1, 101 ff). Das Prozeßgericht kann ausnahmsweise nach § 242 Teilleistungen bewilligen (RGZ 161, 52, 58 zum nicht leichtfertig handelnden Opfer eines Wucherdarlehens für die Rückzahlung des Kapitals). Das Familien- bzw Nachlaßgericht kann auf Grund besonderer Bestimmungen ausnahmsweise Teilzahlungen bewilligen, den Rest der Forderung stunden (beim Zugewinnausgleich § 1382, beim Pflichtteilsanspruch § 2331a) (MünchKomm/KRÜGER § 266 Rn 11). Zur Teilzahlungsbewilligung durch den Vollstreckungsrichter vgl § 813a ZPO; durch den Richter im Vertragshilfeverfahren vgl das VHG vom 26. 3. 1952, auf das eine Reihe von Sozialgesetzen aus der Nachkriegszeit verwiesen.

VII. Öffentliches Recht, Enteignung

44 Für die historischen Vorläufer des § 266 und spätere kriegswirtschaftliche Ausnahmen wird auf die 10./11. Auflage (Rn 3) verwiesen. Im **öffentlichen Recht** ist § 266 nur mit Vorbehalten anwendbar. Vgl allgemein dazu FRIEDRICHS ArchBürgR 42, 37. Im *Enteignungsverfahren* ist das Angebot der durch Verwaltungsakt festgesetzten, objektiv zu niedrigen Enteignungsentschädigung auch dann kein Teilleistungsangebot, wenn der Betroffene die Entscheidung angefochten hat, weil ihm die Entschädigung zu niedrig erschienen ist (BGHZ 44, 52, 56 ff = NJW 1965, 1761, 1762; mit abl Anm SCHNEIDER MDR 1965, 890, da nur der Restbetrag an der Wertsteigerung teilnehme). Die Bestimmung des § 266 ist daher unanwendbar. Das Angebot oder die Hinterlegung des von der Enteignungsbehörde festgesetzten Entschädigungsbetrags ist selbst dann kein „Teilleistung", wenn die Entschädigung später im gerichtlichen Verfahren erhöht wird, da es sich bei der angebotenen Leistung um den Betrag handelt, den die Enteignungsbehörde als volle Entschädigung bestimmt hat (BGH NJW 1967, 2011, 2012). Liegt allerdings der tatsächlich angebotene Betrag unter dem festgesetzten, ist die Annahme der Zahlung dem Enteigneten unzumutbar; § 266 findet Anwendung. Das soll nach Auffassung des BGH aber nur gelten, wenn die angebotene Leistung zugleich nicht nur geringfügig unter dem tatsächlich angemessenen Betrag liege, der niedriger sein könne als der festgesetzte (BGHZ 61, 240, 245 ff = NJW 1973, 2202, 2204).

§ 267
Leistung durch Dritte

(1) Hat der Schuldner nicht in Person zu leisten, so kann auch ein Dritter die Leistung bewirken. Die Einwilligung des Schuldners ist nicht erforderlich.

(2) Der Gläubiger kann die Leistung ablehnen, wenn der Schuldner widerspricht.

Materialien: E I § 227; II § 224; III § 260;
JAKOBS/SCHUBERT, SchR I 174.

Schrifttum

BAUKNECHT, Die Pfändung des Anwartschaftsrechts aus bedingter Übereignung, NJW 1954, 1749
BAUR/WOLF, Bereicherungsansprüche bei irrtümlicher Leistung auf fremde Schuld. – Das Wegnahmerecht des Nichtbesitzers – BGHZ 40, 272, JuS 1966, 393
BERG, Bereicherung durch Leistung und in sonstiger Weise in den Fällen des § 951 Abs 1 BGB, AcP 160 (1961) 505
BEUTHIEN, Zuwendender und Leistender, JZ 1968, 323
BRAUN, Das dingliche Anwartschaftsrecht beim Eigentumsvorbehaltskauf, NJW 1962, 382
BREIT, Das Vinkulationsgeschäft (1908) 181
ders, Sicherungseigentum, Ablösungsrecht und Reichsgericht, SeuffBl 76, 559
BUCIEK, Drittschuldnerzahlung und Bereicherungsausgleich, ZIP 1986, 890
vCAEMMERER, Bereicherungsansprüche und Drittbeziehung, JZ 1962, 385 = Ges Schr I (1968) 321
ders, irrtümliche Zahlung fremder Schulden, in: FS Dölle I (1963) 135 = Ges Schr I (1968) 336
CANARIS, Der Bereicherungsausgleich im Dreipersonenverhältnis, in: FS Larenz (1973) 799
DENCK, Bezahlung fremder Schulden aus sozialrechtlicher Sicht, JZ 1987, 127
EHMANN, Die Funktion der Zweckvereinbarung bei der Erfüllung, JZ 1968, 549
ders, Über den Begriff des rechtlichen Grundes im Sinne des § 812 BGB, NJW 1969, 398
FLUME, Anmerkung zu BGH vom 5. 10. 1961 – VII ZR 207/60, JZ 1962, 281

FLUME, Der Bereicherungsausgleich im Mehrpersonenverhältnis, AcP 199 (1999) 1
GERNHUBER, Die Erfüllung und ihre Surrogate, in: Handbuch des Schuldrechts (2. Aufl 1994) § 21
KELLMANN, Erfüllungsgehilfen kondizieren nicht, JR 1988, 97
KOPPENSTEINER/KRAMER, Ungerechtfertigte Bereicherung (2. Aufl 1988) § 6
dies, Zum Bereicherungsausgleich bei Zahlungen in Drei-Personen-Verhältnissen, NJW 1991, 2521
KRETSCHMAR, Beiträge zur Erfüllungslehre, JherJB 85 (1935) 184
KUNISCH, Die Voraussetzungen für Bereicherungsansprüche in Dreiecksverhältnissen (1968)
KUPISCH, Gesetzespositivismus im Bereicherungsrecht. Zur Leistungskondiktion im Drei-Personen-Verhältnis (1978) 85
LETZGUS, Die Anwartschaft des Käufers unter Eigentumsvorbehalt (1938)
LORENZ, Zur Frage des bereicherungsrechtlichen „Durchgriffs" in Fällen des Doppelmangels, JZ 1968, 51
ders, Gläubiger, Schuldner, Dritte und Bereicherungsausgleich, AcP 168 (1968) 286
ders, Bereicherungsrechtliche Drittbeziehungen, JuS 1968, 441
ders, Anmerkung zu BGH vom 30. 5. 1968 – VII ZR 2/66, JZ 1969, 149
MARTINEK, Der Bereicherungsausgleich bei veranlaßter Drittleistung auf fremde nicht bestehende Schuld, JZ 1991, 395
MÖSCHEL, Fehlerhafte Banküberweisung und Bereicherungsausgleich, JuS 1972, 297

Claudia Bittner

OERTMANN, Die Zahlung fremder Schulden, AcP 82 (1894) 367

PINGER, Was leistet der Leistungsbegriff im Bereicherungsrecht?, AcP 179 (1979) 301, 326

PFISTER, Zum Bereicherungsanspruch im Dreiecksverhältnis bei Fehlen einer Anweisung, JR 1969, 47

RAISER, Dingliche Anwartschaften (1961)

REEB, Grundprobleme des Bereicherungsrechts (1975) 29

ders, Grundfälle zum Bereicherungsrecht, JuS 1972, 581

RIEBLE, Die schlechte Drittleistung, JZ 1989, 830

RÜHL, Eigentumsvorbehalt und Abzahlungsgeschäfte einschließlich des Rechts der Teilzahlungsfinanzierung (1930)

SCHLECHTRIEM, Rechtsprechungsbericht zum Bereicherungsrecht – Teil 1, JZ 1993, 24

E SCHMIDT, Der Bereicherungsausgleich beim Vertrag zu Rechten Dritter, JZ 1971, 601

SCHNAUDER, Grundfragen zur Leistungskondiktion bei Drittbeziehungen (1981)

SERICK, Eigentumsvorbehalt und Sicherungsübereignung, IV (1976) 651

SIEG, Die Bedeutung der Leistungen Vierter für den Schadenersatzanspruch des Dritten, JZ 1964, 14

SINN, Zum Rückgriff bei ungewollter Zahlung fremder Schulden (§ 267 BGB), NJW 1968, 1857

THOMÄ, Tilgung fremder Schuld durch irrtümliche Eigenleistung, JZ 1962, 623

WEITNAUER, Die bewußte und zweckgerichtete Vermehrung fremden Vermögens, NJW 1974, 1729

ders, Zum Stand von Rechtsprechung und Lehre zur Leistungskondiktion, NJW 1979, 2008

WIELING, Empfängerhorizont: Auslegung der Zweckbestimmung und Eigentumserwerb, JZ 1977, 291

ders, Drittzahlung, Leistungsbegriff und fehlende Anweisung, JuS 1978, 801

WILHELM, Rechtsverletzung und Vermögensentscheidung als Grundlagen und Grenzen des Anspruchs aus ungerechtfertigter Bereicherung (1973)

ders, Die Zurechnung der Leistung bei Widerruf einer Anweisung, insbesondere eines Schecks, AcP 175 (1975) 304

ders, „Upon the cases" bei der Leistungskondiktion in Dreiecksverhältnissen, JZ 1994, 585

WITTMANN, Begriff und Funktionen der Geschäftsführung ohne Auftrag (1981) § 5

WOLLSCHLÄGER, Die Geschäftsführung ohne Auftrag (1976) § 5

ZEISS, Leistungsverhältnis und Insolvenzrisiko bei irrtümlicher Tilgung fremder Schulden, AcP 165 (1965) 332.

Systematische Übersicht

Alphabetische Übersicht

I. Allgemeines

1. Sinn der Regelung

Die Bestimmung befaßt sich mit der **Leistung durch andere Personen als den Schuld- 1
ner**. Sie geht davon aus, daß im Regelfall der Schuldner auch durch die Leistung eines
Dritten befreit werden kann. Dies gilt allerdings nicht, wenn nach dem Inhalt des
Schuldverhältnisses der Schuldner die Leistung in Person zu erbringen hat (*„höchstpersönliche"* Leistung). Auch wenn der Schuldner die Leistung in Person zu erbringen hat, kann er sich, wenn sich nicht wiederum etwas anderes aus dem Schuldverhältnis ergibt, bei der Erfüllung Hilfspersonen bedienen (§ 278 S 1 Alt 2).
Diese sind aber ebensowenig **Dritte iS des § 267**, wie Drittpersonen, derer sich der
Schuldner bei der Erfüllung nicht höchstpersönlich zu bewirkender Leistungen be-

dient. § 267 behandelt vielmehr nur den Fall, daß ein **Dritter** die Leistung an den Gläubiger **aus eigenem Antrieb für den Schuldner bewirkt, nicht** aber den Fall, daß der **Schuldner selbst mit Hilfe eines Dritten leistet** (vgl Beuthien JZ 1968, 323, 326; Lorenz AcP 168, 286, 299 f; MünchKomm/Krüger § 267 Rn 9).

2 Im Zusammenhang mit § 241 betrachtet privilegiert § 267 den Schuldner, der die Leistung nicht persönlich erbringen muß, wenn sich aus dem Schuldverhältnis nicht etwas anderes ergibt. Der Gläubiger dagegen kann nach § 241 die Leistung nur vom Schuldner fordern (Medicus JuS 1974, 613, 620). Zur Drittleistung im Sinne des § 267 ist *keine besondere Einwilligung des Gläubigers* erforderlich (Abs 1 S 1). Der Inhalt der Schuld wird, wenn sie nicht höchstpersönlich ist, durch die Drittleistung nicht berührt. Auch bei einer Grundschuld bedeutet die Drittleistung keine Inhaltsänderung (BGH NJW 1969, 2237, 2238; dazu Coester NJW 1984, 2548, 2550). Auch eine besondere *Einwilligung des Schuldners* ist zur Drittleistung *nicht erforderlich*. Die Erfüllungswirkung tritt selbst gegen den Willen des Schuldners ein, wenn nur der Gläubiger die Leistung annimmt (Abs 1 S 2), kann doch auch sonst der Gläubiger ohne Zustimmung des Schuldners über die Forderung verfügen. Der Gläubiger *kann* bei einem Widerspruch des Schuldners die Drittleistung aber auch ablehnen (Abs 2), ohne dadurch – wie sonst – in Annahmeverzug zu geraten. Die Drittleistung kann also nur am vereinten Widerstand von Gläubiger und Schuldner scheitern (Staudinger/ Lorenz [1999] § 812 Rn 42).

2. Praktischer Anwendungsbereich der Regelung

3 Die Regel des Abs 1 S 1 wirkt tautologisch. Sie gibt nicht an, wann denn nun eine höchstpersönliche Schuld vorliegt. Die weiteren Aussagen in Abs 1 S 2 und Abs 2 wiederum wirken irgendwie lebensfremd. Welcher Schuldner wird sich schon weigern, einen Dritten für sich erfüllen zu lassen? Und welcher Gläubiger wird die von einem Dritten angebotene Leistung nicht annehmen? Erst die Ausgestaltung der dinglichen Anwartschaften in Lehre und Rechtsprechung haben der Bestimmung einen ernstzunehmenden Anwendungsbereich geschaffen (vgl Rn 47, 49). Und erst die breite Diskussion darüber, wie die ungerechtfertigte Bereicherung in Dreiecksverhältnissen abgewickelt werden soll, macht die Frage, ob ein Dritter iS des § 267 die Leistung bewirkt hat, problematisch (vgl Rn 33 ff). Daneben schaffen zahlreiche Schuldnerkonkurrenzen Probleme der Abgrenzung der echten „Drittleistung" von der bloßen „Mittilgung" fremder Verbindlichkeiten (vgl Rn 14 ff).

II. Drittleistung

1. Keine höchstpersönlich zu bewirkende Leistung

4 Erste Tatbestandsvoraussetzung des § 267 ist, daß der Schuldner *nicht in Person* zu leisten hat. **Ob** ein Schuldner die **Leistung höchstpersönlich** zu erbringen hat, ergibt sich aus dem jeweiligen Schuldverhältnis: entweder aus dem Gesetz (Strafzweck: BGHZ 23, 222, 224 ff = NJW 1957, 586) oder bei rechtsgeschäftlichen Verpflichtungen aus dem erklärten oder nach dem jeweiligen Inhalt des Schuldverhältnisses zu vermutenden Willen der Parteien. Es steht zur Disposition der Parteien, ob sie eine höchstpersönliche Schuld vereinbaren und damit die Rechtsfolgen des § 267 ausschließen (MünchKomm/Krüger § 267 Rn 6; Erman/Kuckuk § 267 Rn 2 und Soergel/Wolf § 267 Rn 8: § 267 selbst sei dispositiv). Für den Dienstvertrag (§ 613 S 1), den Auftrag (§ 664 Abs 1), die Verwahrung (§ 691 S 1) und für den Pflichtenkreis des geschäftsführenden Gesellschafters (§ 713), des Vereinsvorstandes (§ 27 Abs 3) und des Testamentsvollstreckers (§ 2218 Abs 1) bestimmen gesetzliche Auslegungsregeln (PALANDT/HENRICHS § 267 Rn 1), daß im Zweifel der Schuldner persönlich zu leisten hat. Man spricht hier auch von einer *unvertretbaren Leistung* (s § 888 ZPO). Unvertretbar wird jede Leistung genannt, die **nicht ohne Veränderung ihres Inhalts durch einen anderen** als den Schuldner **bewirkt werden kann.** Übliche Beispiele sind die Herstellung eines Gemäldes durch einen berühmten Maler oder zumindest in seinem Atelier, die Operation durch einen berühmten Chirurgen oder sein Team. In diesen Fällen ist die Leistung nach dem Parteiwillen *in Person*, wenn auch uU unter Heranziehung von Hilfspersonen, die dann nicht Dritte iS des § 267 sind, zu leisten. Ist der Schuldner zur höchstpersönlichen Leistung verpflichtet, ist § 267 unanwendbar. Die Leistung eines Dritten an Stelle des Schuldners stellt hier keine Erfüllung dar (SOERGEL/WOLF § 267 Rn 3).

2. Erfüllungsgehilfen und Dritte

Auch soweit keine höchstpersönliche Schuld vorliegt und § 267 daher greift, erfaßt 5 die Bestimmung nicht alle Leistungen „Dritter" im weitesten Sinn. Dritter iS des 267 ist vielmehr nur, wer die Leistung an den Gläubiger **aus eigenem Antrieb für den Schuldner bewirkt, nicht** aber der, der dem Schuldner bei dessen Leistung Hilfe leistet (vgl BEUTHIEN JZ 1968, 323, 326; LORENZ AcP 168, 286, 299 f; MünchKomm/KRÜGER § 267 Rn 9). Zieht der Schuldner etwa bei der Erfüllung Arbeiter seines Betriebes oder mithelfende Familienmitglieder heran, so bewirken nicht die Helfer als Dritte iS des § 267 die Leistung an den Gläubiger, sondern der *Schuldner* leistet mit ihrer Hilfe *selbst*. Auch mit Hilfe eines selbständigen Dritten kann der Schuldner solchermaßen selbst leisten. Entscheidend ist letztlich nur, ob der „Dritte" *Erfüllungsgehilfe* des Schuldners iS des § 278 S 1 Fall 2 ist oder nicht. Für die Eigenleistung des Schuldners genügt, daß der Schuldner den Dritten *zur Erfüllung veranlaßt*. Es kommt dabei nicht darauf an, ob der Dritte gerade „im Namen" des Schuldners leistet. Denn die Leistungshandlung ist an sich kein Rechtsgeschäft, sondern ein Realakt. Den Gedanken der Stellvertretung bei der Erfüllung zu verwenden, ist nur dort angebracht, wo der Schuldner ausnahmsweise zur Abgabe einer rechtsgeschäftlichen Erklärung verpflichtet ist. Entscheidend kann auch nicht sein, ob die Hilfe des Dritten bei der Erfüllung von vornherein Vertragsinhalt ist; etwa bei einer Vereinbarung, die Ware werde dem Kunden direkt vom Lieferanten des Verkäufers zugestellt werden. Es genügt, daß sich die Hilfe des Dritten aus einer nachträglichen Disposition des Schuldners ergibt; etwa wenn er seinen eigenen Schuldner anweist, an den Gläubiger zu leisten (vgl LORENZ JZ 1968, 51 ff; BEUTHIEN aaO). **Dritter iS des § 267 ist also nur, wer nicht Erfüllungsgehilfe ist, sondern aus eigenem Antrieb handelt und doch mit Rücksicht auf eine „fremde Schuld" leistet.** Für eine sinngemäße Heranziehung des § 267 auf freiwillige Hilfsmaßnahmen Dritter aus Anlaß von Schadensfällen vgl BÜDENBENDER JZ 1995, 920, 923. Es sei Sache des Hilfeleistenden zu bestimmen, wem die Hilfe zugute kommen soll, dem Geschädigten oder dem Schädiger.

3. Keine Verfolgung eines eigenen Zwecks

Verfolgt der Leistende mit der Leistung einen **eigenen Zweck**, ist § 267 unanwendbar. 6

Zahlt etwa ein Sohn ohne Tilgung einer bestimmten Schuld eine Summe an den Gläubiger des Vaters, nur damit dieser einige Zeit „still hält", so verfolgt er einen eigenen Zweck. Es liegt keine Drittleistung iS des § 267 vor (OLG Hamm NJW 1971, 1810). **Keine Drittleistung iS des § 267 liegt auch vor, wenn der Dritte in der Absicht zahlt, die Forderung des Gläubigers zu erwerben**, wenn er sich also die Forderung spätestens mit der Zahlung abtreten läßt. So etwa, wenn er die *Forderung kauft* (OLG Posen PosMSchr 1913, 314, 315; DEMPEWOLF NJW 1956, 851, 853). Anders liegt es, in Fällen, in denen der Dritte mit der Zahlung der Forderung diese kraft Gesetzes (zB nach §§ 774 Abs 1, 268 Abs 3, 1225) erwirbt. Im Falle der Ablösung nach § 268 ist gleichwohl eine Drittleistung iS des § 267 zu bejahen. Der vom Dritten verfolgte Zweck, sein Recht an einem Gegenstand oder den Besitz einer Sache zu schützen, steht dem nicht entgegen. Der Übergang der Forderung ist hier eine spezialgesetzliche Folge des § 268, der als lex specialis § 267 verdrängt (MünchKomm/KELLER[3] § 267 Rn 1; aA Münch-Komm/KRÜGER § 268 Rn 1, wonach die Normen sich gegenseit ausschließen, weil im Falle des § 267 die Schuld erlischt, während im Falle des § 268 die Forderung übergeht. Allerdings ergibt sich das Erlöschen der Schuld nicht schon aus § 267, sondern erst aus § 362; aA auch AG Pinneberg NJW 1999, 1721, das in einem Fall einer Sicherungszession im Dreipersonenverhältnis im Sicherungsfall eine Leistung des Sicherungszedenten an den Drittschuldner nach § 267 verneint und einen Regreßanspruch des Sicherungszedenten analog §§ 774 Abs 1, 268 Abs 3, 1225 gegen den Drittschuldner bejaht).

4. Fremdtilgungswille des Leistenden – Empfängerhorizont

7 **Der Dritte muß eine fremde Schuld tilgen wollen.** Ist der die Leistungshandlung Bewirkende **Erfüllungsgehilfe** des Schuldners, hat er keinen eigenen Fremdtilgungswillen, sondern vollzieht nur den Tilgungswillen des selbst leistenden Schuldners. Das gilt auch dann, wenn der Handelnde gar nicht weiß, daß er durch sein Handeln eine Verbindlichkeit des Geschäftsherrn erfüllt (BGHZ 13, 111; STAUDINGER/LÖWISCH § 278 Rn 14; zur Rückabwicklung, wenn der Handelnde irrigerweise sich selbst für den Schuldner hält, unten Rn 41 ff). § 267 ist unanwendbar.

8 Entscheidend dafür, **ob** der Dritte iS des § 267 **für den Schuldner leistet, also eine fremde Schuld tilgen will**, oder eine eigene Schuld tilgt, ist die nach außen erkennbare Absicht des Dritten. Entscheidend ist die Willensrichtung des Zuwendenden, die dieser, will er eine fremde Schuld tilgen, auch zum Ausdruck bringen muß (BGH NJW 1985, 1339, 1340 mit Verweis auf BGHZ 75, 299, 303 = NJW 1980, 452). Ist fraglich, ob ein Bürge als Bürge auf eine eigene Schuld mit der Folge des § 774 Abs 1 S 1 (unten Rn 16) oder als Dritter auf eine fremde Schuld nach § 267 mit der Folge des Untergangs der Forderung zahlt, so ist ebenfalls die Willensrichtung des Bürgen maßgebend wie sie sich vom **Empfängerhorizont** gesehen darstellt (BGH WM 1985, 1449, 1451 f = DB 1986, 376 = ZIP 1985, 1465, 1468). Ob die Tilgungsbestimmung des Dritten als eine einseitige empfangsbedürftige Willenserklärung oder als rechtsgeschäftsähnliche Handlung (so SOERGEL/WOLF § 267 Rn 9; GERNHUBER § 5 III 2) einzuordnen ist, ist streitig. Die §§ 116 ff sind zumindest analog anwendbar. Maßgeblich ist daher nicht der innere Wille des Leistenden, sondern der Umstand, als wessen Leistung sich die Zuwendung bei objektiver Betrachtungsweise aus der Sicht des Zuwendungsempfängers darstellt (BGHZ 40, 272, 277 f; BGHZ 72, 246, 249; BGH ZIP 1985, 1465, 1468; BGH WM 1987, 663 f; NJW-RR 1989, 1036 f = WM 1989, 1208 f; BGH NJW 1995, 128, 129; BGHZ 137, 89, 95; OLG Köln NJW 2000, 104 f; ebenso SOERGEL/WOLF § 267 Rn 9; MünchKomm/KELLER[3] § 267 Rn 7;

BAMBERGER/ROTH/GRÜNEBERG § 267 Rn 8; anders aber BGHZ 113, 62, 68 ff, der die Lehre vom Empfängerhorizont nicht einmal erwähnt, vgl SCHNAUDER JuS 1994, 113, 542; aA auch MünchKomm/ KRÜGER § 267 Rn 11). Der Leistende kann die irrtümlich bei der Leistung getroffene Tilgungsbestimmung, er leiste auf fremde Schuld, wegen Inhaltsirrtums, § 119 Abs 1 (zumindest analog), anfechten (BGHZ 106, 163, 166 f = BGH JR 1989, 200 f m zust Anm ECKERT = WM 1989, 409, 410 f = BGH WuB/E IV A § 267 1 89 OTT; OLG Hamm NJW-RR 1989, 700, 701).

Dem Erfordernis des Fremdtilgungswillens kann auch genügt sein, wenn der Dritte **9** die Leistung mindestens *auch* für den wahren Schuldner, im übrigen aber auch für sich selbst erbringen wollte (BGHZ 70, 389, 397; BGHZ 72, 246, 249; BGHZ 137, 89, 95). Zum Rückgriff des Dritten in diesen Fällen unten Rn 30 ff. Zur Frage einer nachträglichen Änderung der Tilgungsbestimmung unten Rn 39, 45.

Auch im Falle einer **Erfüllungsübernahme nach § 329** ist eine Drittleistung iS des § 267 **10** zu sehen, weil der Dritte nicht nur im Kausalverhältnis zum Schuldner seine Verpflichtung erfüllen will, sondern zweckgerichtet einen Tilgungseffekt in der Valutabeziehung zwischen Schuldner und Gläubiger erreichen will (STAUDINGER/LORENZ [1999] § 812 Rn 45). Zahlt der „Schuldübernehmer", bevor die Schuldübernahme vom Gläubiger genehmigt wird (§§ 415 Abs 3, 329), an den Gläubiger, so *leistet* er *an den Schuldner*. Die Absicht, die eigene Schuld aus der Erfüllungsübernahme zu tilgen, schließt die Absicht, (auch) die Schuld des Schuldners zu tilgen, nicht aus, es sei denn der Dritte hätte etwas anderes unmißverständlich zum Ausdruck gebracht (BGHZ 72, 246, 249). Ist die Erfüllungsübernahme unwirksam, so hat der Übernehmer im Verhältnis zum Schuldner ohne Rechtsgrund geleistet und kann bei diesem kondizieren.

Verwechselt ein Gläubiger die Schuldner (Stromkunden) bei der Verrechnung des **11** Strombezugs (Vertauschung der Stromzähler), so zahlen diese nicht jeweils die fremde Schuld (KG NJW 1985, 1714 f: Bereicherungsausgleich nur zwischen dem Gläubiger und dem jeweiligen Schuldner, nicht zwischen den Schuldnern).

Wer einem Dritten **unerlaubt Arbeitnehmer** zur Arbeitsleistung **überläßt** (AÜG Art 1 **12** §§ 1, 9, 10) und diese Arbeitnehmer selbst entlohnt, begleicht die Schuld dessen, dem die Arbeitnehmer überlassen worden sind. Der Verleiher hat daher einen Bereicherungsanspruch gegen den Entleiher, der dem Arbeitnehmer aus dem fingierten Arbeitsverhältnis Entgelt schuldet (BGH NJW 1980, 452; BGH NJW 2000, 3492, 3494; MünchArbR/MARSCHALL § 176 Rn 97).

Bei fehlerfreier Leistungsabwicklung spielt es nun keine Rolle, ob der Leistende auf **13** eine eigene Schuld, aus eigenem Antrieb zumindest auch auf eine fremde Schuld (§ 267) oder als Erfüllungsgehilfe des Schuldners die Schuld getilgt hat. Besteht aber die Verbindlichkeit, auf die geleistet wird, nicht, entscheidet sich nach der Stellung des die Leistung Bewirkenden und nach der Leistungsbestimmung des Dritten, wie sie sich aus Sicht des Empfängers darstellt, die Rückabwicklung im Dreiecksverhältnis (unten Rn 33 ff).

5. Abgrenzung von der Mittilgung bei Schuldnerkonkurrenz

14 **Keine Drittleistung nach § 267** liegt vor, **wenn einer der Schuldner konkurrierender Verbindlichkeiten leistet** und damit eine allseitige Tilgung herbeiführt (so schon SIEG 14, 16). Versuche, bei Schuldnerkonkurrenzen § 267 anzuwenden, sind oft von dem Ziel bestimmt, demjenigen den Regreß im Wege einer Rückgriffskondiktion zu ermöglichen, der der endgültigen Belastung mit der Schuld „ferner steht", wenn es konkret an einer Legalzessionsnorm fehlt (dazu grundsätzlich SELB, Schadensbegriff und Regreßmethoden [1963]). Um § 267 auszuschließen, genügt es jedoch, wenn der Leistende eine konkurrierende eigene Verbindlichkeit annimmt, auch wenn sie in Wirklichkeit nicht gegeben ist.

15 Leistet ein *Gesamtschuldner*, so leistet er auf eine *eigene Schuld*; es vollzieht sich die Mittilgung der Verbindlichkeit des anderen Gesamtschuldners allein nach § 422 Abs 1 S 1 mit der Besonderheit der Legalzession nach § 426 Abs 2. Das gilt auch dann, wenn der andere Schuldner intern (§ 426 Abs 1) *allein* verpflichtet ist. Behebt aber ein *Bauträger* nach Abtretung der Gewährleistungsansprüche gegen den Bauunternehmer und den die Bauaufsicht schuldenden Architekten an die Erwerber etwaige Mängel selbst, so leistet er zumindest auch als Dritter nach § 267, nicht als Gesamtschuldner (BGHZ 70, 389, 396 f = NJW 1978, 1375, 1377; zustimmend JAGENBURG NJW 1979, 793, 799). Zur Behebung eines Mangels durch den Endhersteller bei Verantwortlichkeit eines Zulieferers („Rückholaktion"): für §§ 812, 267 und gegen §§ 840, 426 HERRMANN/FINGERHUT BB 1990, 725 ff.

16 Auch der *Bürge* leistet nicht als Dritter, sondern auf seine eigene Bürgenverpflichtung (vgl KUPISCH 89 f; EHMANN NJW 1969, 398, 403 Fn 58; anders LORENZ AcP 168, 286, 298, der einen dem Normalfall des § 267 verwandten Drittzahlungsfall annimmt). Auch hier tritt nicht die Tilgungswirkung wie bei § 267 ein; vielmehr geht die Forderung nach § 774 Abs 1 S 1 auf den Bürgen über (BGHZ 42, 53, 56 = NJW 1964, 1788, 1790). Besteht die Hauptschuld und damit auch die akzessorische Bürgenschuld nicht, so bedarf es nicht einer Umdeutung der Bürgenleistung in eine spontane Drittleistung nach § 267, um dem Bürgen die Kondiktion gegen den Empfänger zu gewähren (vgl KUPISCH 89 f). Der Ausfallbürge zahlt jedoch als Dritter iS des § 267, wenn er den Gläubiger befriedigt, bevor ein Ausfall feststeht (SCHULER NJW 1953, 1689, 1691; vgl auch RGZ 148, 65, 66 und 153, 338, 343). Zahlt der Bürge, der kein Wechselbürge ist (BGHZ 35, 19 = NJW 1961, 1112 unter Berufung auf die Rechtsprechung des RG), sondern der nur einem Indossatar gegenüber eine bürgerlich-rechtliche Bürgschaft für die Schuld des Akzeptanten übernommen hat, so leistet er nicht als Dritter für irgendeinen der Schuldner (Akzeptanten oder Nachmänner). Vielmehr leistet er als Bürge des Akzeptanten, und die Verbindlichkeiten der Nachmänner erlöschen wie bei der Leistung des Akzeptanten selbst; die Forderung gegen den Akzeptanten aber erwirbt der Bürge gemäß § 774 (aA JERUSALEM NJW 1962, 725: die Verbindlichkeiten der Nachmänner blieben bestehen und gingen auf den Bürgen gem §§ 774, 401, 412 über; die Bürgenleistung sei für die Nachmänner keine relative Erfüllung nach § 267. Das ist sie jedoch auch nach der Meinung des BGH nicht).

17 Eine **harte Patronatserklärung** verpflichtet den Patron, das abhängige Unternehmen mit ausreichender Liquidität auszustatten und damit die Erfüllung der durch die Patronatserklärung gesicherten Forderungen der Gläubiger gegen das abhängige Unternehmen zu ermöglichen. Zahlt der Patron unmittelbar an einen Gläubiger

des abhängigen Unternehmens, so liegt darin eine Drittleistung iS des § 267 (HABER-
SACK ZIP 1996, 257, 258; aA LARENZ/CANARIS, Schuldrecht II/2[13] § 64 V 1, wonach der Patron bei
einer Direktzahlung an den Gläubiger keine Drittleistung nach § 267 Abs 1 erbringe, sondern eine
Ersetzungsbefugnis wahrnehme).

Ein der Bank beim Kundenfinanzierungsvertrag mithaftender Verkäufer zahlt die **18**
Darlehensschuld ebenfalls nicht als Dritter nach § 267 (MÖLLERS NJW 1955, 1421, 1423).
Auch der Wechselregreßschuldner (Art 43, 47 WG) zahlt grundsätzlich seine eigene
Schuld, die Auslegung seines Verhaltens kann jedoch auch einmal ergeben, daß er die
Schuld des Akzeptanten zahlen wollte (vgl RGZ 120, 205, 208: Gefälligkeitsakzept).

Der auf Grund eines **Pfändungs- und Überweisungsbeschlusses** an den Pfändungsgläu- **19**
biger zahlende Drittschuldner leistet ebenfalls nicht als Dritter nach § 267 (LG Bremen
NJW 1971, 1366, 1367 m zust Anm MEDICUS), sondern auf eine eigene Verbindlichkeit
(ebenso SCHLOSSER ZZP 1976, 73, 79; CANARIS, in: FS Larenz 799, 836 zu Fn 98; STAUDINGER/
LORENZ [1999] § 812 Rn 41). Bestand die gepfändete Forderung nicht, richtet sich der
Anspruch des leistenden Drittschuldners gegen den pfändenden Gläubiger als Leistungsempfänger (STAUDINGER/LORENZ (1999) § 812 Rn 41). Dasselbe gilt bei **Verpfändung**
einer nicht bestehenden Forderung (SCHLOSSER aaO).

Leistet ein *Haftpflichtversicherer* an einen Sozialversicherungsträger auf Grund eines **20**
Teilungsabkommens, so leistet er auf eine eigene Verbindlichkeit; die indirekte Mittilgung der Verpflichtung des Haftpflichtschuldners beruht nicht auf § 267 (BGH NJW
1981, 1908, 1909). Besteht kein Teilungsabkommen, wird also die Leistung irrigerweise
an den Sozialversicherungsträger erbracht, so tritt die Tilgungswirkung nicht ein; eine
Kondiktion findet nur zwischen dem Haftpflichtversicherer und dem Sozialversicherungsträger statt (im Ergebnis richtig BGH NJW 1970, 134 f, der hier aber bei Bestehen eines
Teilungsabkommens Mittilgung der Verbindlichkeit des Haftpflichtschuldners gegenüber dem Sozialversicherungsträger nach § 267 annimmt). Entschädigt ein Haftpflichtversicherer im
Bewußtsein, dem Versicherten wegen § 152 VVG nicht zur Deckung verpflichtet
zu sein, so liegt jedoch ein Fall des § 267 vor. Ein Regreß ist außerhalb der
§§ 158c, 158f VVG und einer Abtretung vor Zahlung nach § 812 gegeben; daß der
Versicherer an den Versicherten in Kenntnis seiner Nichtschuld (§ 814) geleistet hat,
stört nicht (so allgemein für § 267 BGH NJW 1976, 144 = MDR 1976, 220 m Anm OLSHAUSEN
MDR 1976, 662; ferner DÖRNER MDR 1976, 708, 713; aM LG Mannheim VersR 1962, 317, 318).

Unterhält ein Ehegatte die gemeinsamen Kinder nach der Ehescheidung allein, weil **21**
der andere Ehegatte mangels Unterhaltsfähigkeit nicht unterhaltspflichtig ist oder
aber seiner Unterhaltspflicht nicht nachkommt, so erfüllt der betreuende Ehegatte
seine eigene Verbindlichkeit gegenüber den Kindern (Ausfallhaftung, §§ 1603 Abs 2,
1607 Abs 1). Ihm steht gegen den anderen Elternteil ein familienrechtlicher Ausgleichsanspruch zu; § 267 ist mangels einer Leistung auf fremde Schuld nicht anwendbar.

III. Wirkung der Leistung

1. Erfüllungswirkung

Bewirkt der Dritte iS des § 267 an Stelle des Schuldners die Leistung, so tritt Er- **22** füllung ein. Die **Erfüllungswirkung** im Verhältnis zwischen Schuldner und Gläubiger ist **die gleiche**, ob nun der Schuldner selbst mit Hilfe des Dritten oder ob der Dritte nach § 267 für den Schuldner leistet: *Der Schuldner wird von seiner Verbindlichkeit gegenüber dem Gläubiger befreit.* Die dem Dritten **fremde Schuld erlischt** (§ 362 Abs 1).

23 Auch die Leistung an einen Dritten durch einen Dritten kann, wenn die Voraussetzungen des § 185 (Einwilligung, Genehmigung, Vererbung) eintreten, den Schuldner befreien. In jedem Fall erlischt das Schuldverhältnis erst, wenn der Dritte die Leistung *bewirkt hat*, bei Überweisung auf ein vom Gläubiger bezeichnetes Bankkonto also erst, wenn die kontoführende Bank den Betrag auf dem Konto des Gläubigers gutgeschrieben hat (§ 270 Rn 20). Die Erfüllungswirkung kann allerdings regelmäßig nur eintreten, wenn der Dritte eine Tilgungsbestimmung abgegeben hat, weil der Gläubiger die Leistung sonst nicht einer bestimmten Forderung zuordnen kann (BRAUN ZIP 1996, 617 f: Im Fall der Drittleistung gemäß § 267 hielten selbst die Anhänger der Theorie der realen Leistungsbewirkung, die sonst den bloßen Empfang der geschuldeten Leistung genügen ließen, eine Tilgungsbestimmung für erforderlich). Ist die Zuordnung einer Zahlung unklar und wird die Tilgungsbestimmung nachgeholt, tritt die Tilgungswirkung ex nunc ein (LG Karlsruhe NJW-RR 2002, 1572 im Anschluß an BRAUN ZIP 1996, 617, 619). Der Dritte kann bei Erbringung der Leistung einseitig auch solche Bedingungen für die Tilgungswirkung setzen, die sich nicht auf den Bestand der Forderung selbst, sondern auf den Eintritt weiterer, außerhalb der eigentlichen Forderung liegender Umstände beziehen. Weist der Gläubiger eine solche Leistung nicht zurück, sondern läßt er sich darauf ein, so tritt der Leistungserfolg erst mit Erfüllung der zusätzlichen Bedingungen ein (BGHZ 92, 280, 284 f; BGH NJW 1997, 2597). Zu anfechtungsrechtlichen Problemen der Leistung durch Dritte an Dritte in der Insolvenz LÜKE ZIP 2001, 1 ff.

24 Eben weil mit der Drittleistung nach § 267 die dem Dritten fremde Schuld erlischt, geht die Forderung, wenn nicht eine besondere Regelung – wie etwa § 268 Abs 3 – eingreift, weder auf den Dritten über (RGZ 96, 136, 139 f; 167, 298, 301) noch steht dem Dritten ein Anspruch auf Abtretung der Forderung gegen Bewirkung der Leistung zu. Mit der Leistung erwirbt der Dritte auch nicht das Recht auf die Gegenleistung (OLG Breslau Recht 1902 Nr 2563).

25 Hat der Gläubiger die ihm als Erfüllung angebotene Leistung angenommen, so trifft ihn die *Beweislast für eine etwaige Einrede des nicht erfüllten Vertrages* (§ 363). Das gilt auch bei bei ausnahmsweiser Annahme einer Leistung des Dritten an Erfüllungs Statt gemäß § 364 (unten Rn 29). Auch die Bestimmungen der §§ 366, 367 über eine Anrechnung der Leistung auf mehrere Schuldverhältnisse sowie auf Zinsen und Kosten sind anzuwenden (SOERGEL/WOLF § 267 Rn 18), ebenso die des § 266 über Teilleistungen. Ferner gelten die Vorschriften über die Quittung (§§ 368–371).

26 Soweit die **Erfüllung** eines wegen Formmangels nichtigen Vertrags die **Formnichtigkeit heilt** (zB nach § 518 Abs 2, § 766 S 3), tritt diese Wirkung auch ein, wenn die Erfüllung gemäß § 267 durch einen Dritten bewirkt wird (MünchKomm/KRÜGER § 267 Rn 15; **aM** REICHEL AcP 104, 1, 13). Eine andere Auffassung hätte zur Folge, daß bei Erfüllung eines formlosen Schenkungsversprechens durch einen Dritten das Schenkungsversprechen noch als unerfüllt und die geschenkte Sache als dem Beschenkten durch den Dritten statt durch den Schuldner geschenkt zu erachten wäre. Diese

Auffassung wird aber der Sachlage nicht gerecht, wenn der Dritte nicht selbst den Gläubiger beschenken, sondern das formlose Schenkungsversprechen des Schuldners **erfüllen** will. Der Wortlaut des § 518 Abs 2 verlangt nur, daß die versprochene Leistung bewirkt wird, nicht, daß sie durch den Schuldner persönlich bewirkt wird. Daß dem Schuldner hier die Freiheit der Entscheidung genommen wird, ob er das formnichtige Versprechen erfüllt, weil § 267 nicht einmal seinen Widerspruch gelten läßt, muß freilich im Innenverhältnis zwischen dem Schuldner und dem Dritten beachtet werden. In den Fällen des § 311b Abs 1 S 2 und des § 15 Abs 4 S 2 GmbHG kann sich die Frage der Heilung durch Drittleistung nur stellen, wenn der Dritte Eigentümer des versprochenen Grundstücks oder der versprochenen Geschäftsanteile ist und leistet, ohne dazu angewiesen worden zu sein (so Rn 5); das wird praktisch kaum vorkommen (MünchKomm/KRÜGER § 267 Rn 15).

Ist ein Anteilsübertragungsvertrag bezüglich eines GmbH-Anteils formnichtig (§ 15 **27** Abs 3 GmbHG), so haben Leistungen des Erwerbers auf den (noch nicht voll eingezahlten) Anteil im Hinblick auf die gesamtschuldnerische Haftung von Veräußerer und Erwerber iS von § 16 Abs 3 GmbHG keine Erfüllungswirkung. In Frage kommt aber eine Erfüllung der Leistungsverpflichtung des Veräußerers durch den potentiellen Erwerber, wenn dessen Leistung als Leistung durch einen Dritten nach § 267 qualifiziert werden kann. Das hängt davon ab, ob sich die Leistung bei objektiver Betrachtungsweise aus Sicht des Zuwendungsempfängers so darstellt, daß sie mit dem Willen erbracht wurde, die fremde Einlageverpflichtung zu erfüllen (BGH NJW 1995, 128 f = ZIP 1994, 1855 f, dazu HIRTE NJW 1996, 2827, 2847).

2. Leistung und Erfüllung auf andere Weise

Der Dritte kann für den Schuldner nur die Leistung bewirken, ohne Zustimmung des **28** Gläubigers aber nicht dessen Schuld durch *Hinterlegung* oder *Aufrechnung* tilgen (ebenso SOERGEL/WOLF § 267 Rn 15; MünchKomm/KRÜGER § 267 Rn 14; ERMAN/KUCKUK § 267 Rn 5; STAUDINGER/GURSKY [2000] § 387 Rn 7; PALANDT/HEINRICHS § 267 Rn 4; **aM** ROSENBERG JherJb 43, 141, 225 ff; KG JW 1928, 2563 f; **aM** bezüglich der Hinterlegung Mot II 98; MÜHSAM, Hinterlegung [1900] 33) oder eine *Leistung an Erfüllungs Statt* erbringen (MünchKomm/ KRÜGER § 267 Rn 14; PALANDT/HEINRICHS § 267 Rn 4). Wo das BGB eine Befriedigung durch Hinterlegung oder durch Aufrechnung zuläßt, ist dies im Gesetz ausdrücklich hervorgehoben (vgl §§ 268 Abs 2, 1142 Abs 2 ua). Das Hinterlegungsrecht ist nur dem Schuldner eingeräumt (§ 372). Die Aufrechnung setzt grundsätzlich voraus, daß der Aufrechnende und der andere Teil einander Leistungen schulden (RGZ 78, 382, 383; 119, 1, 4; RG HRR 1933 Nr 994). Allerdings verzichtet das Gesetz etwa in § 268 Abs 2 auf die Gegenseitigkeit der Forderungen. Entscheidend ist daher, daß dem Aufrechnungsgegner eine Forderung verloren ginge, ohne daß ihm der Gegenwert in Form einer effektiven Leistung zuflösse, wie dies § 267 voraussetzt (RG Recht 1907 Nr 2259; RGZ 119, 1, 4; RG HRR 1933 Nr 994; STAUDINGER/GURSKY [1995] § 387 Rn 7; HABERSACK JuS 1997, 1058). Auch eine Leistung des Dritten an Erfüllungs Statt (§ 364) kann der Gläubiger auch dann ablehnen, wenn der Schuldner nicht widerspricht (vgl § 267 Abs 2), weil damit eben nicht die Leistung iS des § 267 Abs 1 bewirkt wird, sondern die Schuld mit einem Erfüllungssurrogat zum Erlöschen gebracht wird, §§ 267, 364 Abs 1.

Die Erfüllung der fremden Schuld durch den Dritten mit Hilfe von Erfüllungssurro- **29** gaten ist aber nicht ausgeschlossen, wenn *sich* der *Gläubiger* auf eine solche Befriedigung *einläßt*. Nimmt der Gläubiger die Leistung des Dritten an Erfüllungs Statt an, so erlischt die Schuld des Schuldners (oben Rn 28); eine solche Annahme wird aber bei Übernahme einer Verbindlichkeit zum Zwecke der Befriedigung nicht vermutet; diese gilt im Zweifel als nur zahlungshalber geschehen (§ 364 Abs 2). Gleiches gilt, wenn der Gläubiger einen Aufrechnungsvertrag mit dem Dritten schließt (BGH NJW 1982, 386, 387; SOERGEL/WOLF § 267 Rn 16; ERMAN/KUCKUK § 267 Rn 5; STAUDINGER/GURSKY [2000] § 387 Rn 7; MünchKomm/KRÜGER § 267 Rn 14). Abzulehnen ist dagegen die Ansicht KOHLERS (ZZP 24, 1, 6; Jahrbuch des Deutschen Rechts 1, 172 Nr 4 zu § 267), daß, wer dem Schuldner gegenüber die Erfüllung übernommen hat, zur Aufrechnung berechtigt ist, auch wenn ihn der Gläubiger nicht als Schuldübernehmer an Stelle des bisherigen Schuldners angenommen hat (§§ 415 Abs 3, 329). Der Dritte kann auch nicht an Stelle des Schuldners einen Erlaßvertrag (§ 397) im Rahmen eines Vergleichs mit dem Gläubiger schließen, auch wenn dieser Erlaßvertrag keine den Schuldner belastende Vereinbarungen enthält (so aber MünchKomm/KRÜGER § 267 Rn 14). Denn wie RGZ 127, 126, 128 f richtig zeigt, scheidet ein Erlaßvertrag zugunsten eines Dritten aus, weil der das Schuldverhältnis unmittelbar zum Erlöschen bringende Erlaßvertrag den Abschluß zwischen Gläubiger und Schuldner oder doch ihre Ermächtigung oder Genehmigung voraussetzt. Möglich ist aber ein Pactum de non petendo (s auch § 257 Rn 7).

3. Wirkung im Verhältnis zwischen Schuldner und Drittem

30 Je nachdem, welches Rechtverhältnis zwischen Schuldner und Drittem besteht, hat die Leistung auch eine Wirkung im Verhältnis zwischen diesen. Handelt der Dritte als *Geschäftsführer ohne Auftrag*, so kann er von dem Schuldner Ersatz seiner Aufwendungen verlangen (§§ 670, 683). Entspricht die Zahlung des Dritten nicht dem Willen oder dem Interesse des Schuldners, ist der Schuldner dem Dritten nach §§ 684 S 1, 812 ff zum Ausgleich für die Befreiung von der Verbindlichkeit verpflichtet (DÖRNER MDR 1976, 708, 712). Der Dritte kann auch mit Fremdtilgungswillen nach § 267 leisten, um zugleich eine *eigene Schuld gegenüber dem Schuldner* zu erfüllen. Besteht zwischen dem Schuldner und dem Dritten ein Auftrags- oder Gesellschaftsverhältnis, richten sich die Rückgriffsrechte des Dritten nach diesem Rechtsverhältnis.

31 Beabsichtigt der Dritte mit der Leistung an den Gläubiger eine *Schenkung* an den Schuldner, so ist § 516 Abs 2 anzuwenden. Die Schenkung wird erst perfekt, wenn der Schuldner sie annimmt; der zuwendende Dritte kann ihn unter Bestimmung einer angemessenen Frist zur Erklärung über die Annahme auffordern. Nach dem Ablauf der Frist gilt die Schenkung als angenommen, wenn der Schuldner sie nicht vorher abgelehnt hat. Im Falle der Ablehnung kann der Dritte vom Schuldner die Herausgabe des Zugewendeten, dh den vollen Wertbetrag der für ihn an den Gläubiger bewirkten Leistung, nach den Vorschriften über die Herausgabe einer ungerechtfertigten Bereicherung fordern. Der Dritte kann aber nicht, sofern er sich das für den Fall der Nichtgenehmigung der Schenkung durch den Schuldner nicht vorbehalten hat, die Rückgabe der Leistung vom Gläubiger fordern. Denn dieser ist nicht ungerechtfertigt bereichert; die Leistung des Dritten hat eine ihm gegenüber bestehende Schuld getilgt.

32 Besteht zwischen dem Schuldner und dem Dritten *kein Rechtsverhältnis* oder ist es *nichtig*, so hat der Dritte im Verhältnis zum Schuldner ohne Rechtsgrund geleistet. Dem Dritten steht eine Rückgriffskondiktion gegen den Schuldner zu, der § 814 nicht entgegensteht (BGH NJW 1976, 144 = MDR 1976, 220 m Anm OLSHAUSEN MDR 1976, 662; SOERGEL/WOLF § 267 Rn 23 f; MünchKomm/KRÜGER § 267 Rn 21).

IV. Störungsfälle

1. Verbindlichkeit des Schuldners gegenüber dem Gläubiger besteht nicht

Die Frage, ob eine Drittleistung iS des § 267 vorliegt, ist bei der Lösung von Fällen **33** bereicherungsrechtlicher Dreiecksverhältnisse ein Argument von mehreren im Rahmen der Risikozuweisung. **Besteht die Verbindlichkeit des Schuldners gegenüber dem Gläubiger nicht**, folgt aus der Anwendbarkeit des § 267 nach hM eine Vorentscheidung: In den Fällen der Drittleistung iS des § 267 ist stets eine Direktkondiktion des Dritten beim Leistungsempfänger gegeben (STAUDINGER/LORENZ [1999] § 812 Rn 43 m umfassenden Nachw; aA etwa FLUME AcP 199 [1999] 23 f), während in den Fällen der veranlaßten Drittleistung in der Regel eine Kondiktion des Anweisenden iwS beim Leistungsempfänger greift und dem Dritten seinerseits ein Kondiktionsanspruch gegen den Anweisenden zusteht (WILHELM JZ 1994, 585, 592 f), ausnahmsweise aber auch eine Direktkondiktion des angewiesenen Dritten in Betracht kommt, ohne daß dieser dadurch zum Dritten iS des § 267 würde.

a) Drittleistung iS des § 267

Bestand die Verbindlichkeit zwischen Schuldner und Gläubiger (Valutabeziehung) **34** nicht, so kann im Falle der Drittleistung nach § 267 der **Dritte** seine Leistung direkt vom **Leistungsempfänger** kondizieren (RGZ 60, 284, 287; hM in der Literatur. Übersicht bei KUPISCH 85 ff; MEDICUS, Bürgerl Recht Rn 684 f; SOERGEL/WOLF § 267 Rn 25). Es gilt also bei der Drittzahlung die gleiche Wertung wie im Falle der Schuldübernahme nach § 417 Abs 1 (vgl LORENZ AcP 168, 286, 298). Das Risiko der Insolvenz des Empfängers liegt beim Dritten.

Leistet der **Haftpflichtversicherer** an den vermeintlichen Gläubiger seines Versiche- **35** rungsnehmers, dem in Wirklichkeit keine Forderung zusteht, setzt er eine eigene Tilgungsbestimmung gegenüber dem Scheingläubiger. § 267 ist anwendbar. Der Haftpflichtversicherer kann direkt beim Scheingläubiger kondizieren (BGHZ 113, 62, 70 = NJW 1991, 919, 920 = MDR 1991, 533, wo der Haftpflichtversicherer in der irrigen Annahme, der [Schein-]Gläubiger habe die [vermeintliche] Forderung an einen Vierten zediert, an diesen zahlte). Der BGH gab dem Haftpflichtversicherer die Kondiktion gegen den Vierten, den vermeintlichen Zessionar; zustimmend STAUDINGER/LORENZ [1999] § 812 Rn 44 mwN; kritisch CANARIS NJW 1992, 868 ff; SCHNAUDER JuS 1994, 542; bestätigt in BGH NJW 2000, 1718, 1719 = MDR 2000, 699, 700).

b) Veranlaßte Drittleistung

Anders liegt es im Falle einer vom vermeintlichen Schuldner *veranlaßten* Leistung, so **36** etwa wenn eine **Anweisung** vorliegt. Der Dritte setzt hier keine eigene Tilgungsbestimmung auf die Valutaschuld. § 267 ist **unanwendbar** (LARENZ/CANARIS SchuldR II/2[13] § 70 V 3 a; MEDICUS, Bürgerl Recht Rn 675 ff; REUTER/MARTINEK, Ungerechtfertigte Bereicherung [1983] § 11; KOPPENSTEINER/KRAMER § 6 III–V). Der zahlende Dritte leistet hier an den Anweisenden und dieser an den Zahlungsempfänger. Bestand die Verbindlichkeit zwischen Schuldner und Gläubiger (Valutabeziehung) nicht, so kommt, wenn die

Deckungsbeziehung zwischen Anweisendem und Angewiesenem in Ordnung ist (vgl zum Doppelmangel STAUDINGER/LORENZ [1999] § 812 Rn 54), nur eine Kondiktion des Anweisenden vom Empfänger der Anweisungsleistung in Betracht (näher STAUDINGER/LORENZ [1999] § 812 Rn 43 f, 49). Das Risiko der Insolvenz des Empfängers liegt bei dem, für den geleistet wurde.

37 Auch wenn der Dritte die *Veranlassung* des Schuldners lediglich *fälschlich annimmt*, kommt nur eine Kondiktion im Verhältnis zwischen Anweisendem und Empfänger in Betracht. Eine Bank, die einen Scheck einlöst, will keine fremde Schuld nach § 267 tilgen, auch dann nicht, wenn der Scheck – was unbemerkt bleibt – nicht unterschrieben, die angenommene Anweisung also nicht gegeben ist (BGHZ 66, 362, 366 = NJW 1976, 1448, 1449; vgl MÜHL NJW 1968, 1868; MÖSCHEL JuS 1972, 297, 302). Ebenso wie im Falle der **von vornherein fehlenden Anweisung** ist zu entscheiden, wenn die **Anweisung rechtzeitig widerrufen** wird (BGHZ 61, 289, 292 ff = NJW 1974, 39, 40 f; OLG Düsseldorf NJW 1974, 1001 unter Berufung auf EHMANN NJW 1969, 398 ff), die Bank aber dennoch versehentlich auf die Anweisung zahlt, oder wenn die Anweisung wegen Geschäftsunfähigkeit des Anweisenden nichtig ist (BGHZ 111, 382, 384 ff) oder wenn die Anweisung von einem vollmachtlosen Vertreter des Kontoinhabers abgegeben worden ist (BGHZ 147, 145, 150 = ZIP 2001, 781, 783 „Scheinanweisung"; BGH ZIP 2003, 69, 70 = EwiR 2003, 215 f [HÄUSER]; aA FLUME AcP 199 [1999] 35: In den Fällen fehlender, nichtiger oder widerrufener Anweisung ist das Leisten des nur vermeintlich Angewiesenen an den vermeintlichen Anweisungsempfänger dem nur vermeintlich Anweisenden nicht als Leistung zuzurechnen und wird so zur Leistung des vermeintlich Angewiesenen).

38 **Weiß der Empfänger** aber, daß es an einer Anweisung fehlt, weil er den Mangel der Unterschrift kennt, so wird die Leistung trotz der irrigerweise gegebenen Leistungsbestimmung nicht dem Schuldner und Kunden der Bank als Anweisendem zugerechnet (ausdrücklich offengelassen in BGHZ 61, 289, 292 ff). Ein Vertrauen des Empfängers ist nicht zu schützen. Das folgerichtige Ergebnis ist, daß die Bank hier selbst beim Empfänger kondiziert. Zu diesem Zweck muß man aber nicht annehmen, die Bank habe als Dritter nach § 267 leisten wollen (näher STAUDINGER/LORENZ [1999] § 812 Rn 53). Ebenso liegt der Fall, wenn eine **Bank irrigerweise** einen Geldbetrag an einen falschen Empfänger **überweist** (BGHZ 66, 372, 374 ff) oder wenn sie dem richtigen Empfänger einen zu hohen Betrag überweist (BGH NJW 1987, 185, 186 f) oder das falsche Konto belastet, wenn der Empfänger auf Grund der selbst von ihm ausgefüllten und vorgelegten Lastschrift erkennen konnte, daß die Gutschrift von der Bank irrtümlich veranlaßt wurde (OLG Hamm WM 1991, 670 f), oder wenn die Bank einen Wechsel noch nach der Eröffnung des Konkurses über das Vermögen des Kunden einlöst (BGHZ 67, 75, 78 ff). Auch hier will die Bank nicht eine fremde Schuld nach § 267 erfüllen, sondern dem Bankkunden bei seiner Leistung behilflich sein. Ohne wirkliche Veranlassung durch den Schuldner, dh ohne entsprechende Anweisung, geht dieser Versuch fehl. Ähnlich liegt der Fall, wenn ein Kreditinstitut weisungswidrig den Darlehensbetrag an ein Wohnbauunternehmen zahlt, mit dem der Darlehensnehmer in Verbindung steht. Fehlt es an einer zu tilgenden Forderung des Wohnbauunternehmens gegen den Darlehensnehmer, so soll die Bank, nicht der Darlehensnehmer, beim Wohnbauunternehmer kondizieren (BGH JZ 1969, 148 ff und OLG Hamburg JZ 1971, 424 ff jeweils m Anm LORENZ; vgl auch LARENZ/CANARIS, SchuldR II/2¹³ § 70 IV 2).

39 Auch bei **Abtretung einer nicht bestehenden Forderung** (RG JW 1938, 1329, 1331; ebenso

KÖNDGEN, in: FS ESSER [1975] 55, 66 f) ist die Zahlung des Pseudo-Schuldners an den Pseudo-Zessionar nicht als Leistung eines Dritten iS des § 267 auf die Schuld des Pseudo-Zedenten zu verstehen (STAUDINGER/LORENZ [1999] § 812 Rn 41 m umfassenden Nachweisen; aA insbes FLUME AcP 199 [1999] 18 ff, 23 f: der Pseudo-Schuldner könne nachträglich bestimmen, daß die Leistung als Leistung auf die Schuld des Pseudo-Zedenten gegenüber dem Pseudo-Zessionar zu gelten habe). Die hM gibt dem Zahlenden auf Grund von Risikoerwägungen, die der Argumentation in Fällen unwirksamer Anweisungen vergleichbar sind, eine Kondiktion gegen den Zedenten (BGHZ 105, 365: der Zahlende [eine Versicherung] müsse das Risiko der Insolvenz des Zedenten [ihres Versicherungsnehmers] tragen; bestätigt in BGHZ 122, 46 = BGH ZIP 1993, 1008 = NJW 1993, 1578 = JZ 1993, 1116 m Anm NICOLAI = EWiR § 812 2/93, 563 [LITTBARSKI]: Kondiktion vom Versicherungsnehmer [= Leasingnehmer], der einen Diebstahl vorgetäuscht hatte, nicht an den Leasinggeber, an den ausgezahlt wurde; aA FLUME AcP 199 [1999] 18 ff, 36, der grundsätzlich einen Anspruch gegen den Zessionar bejaht; ein Anspruch gegen den Zedenten bestehe nur im Fall einer nachträglichen Fremdtilgungsbestimmung nach § 267).

Keine Drittleistung und keine Erfüllung durch einen Dritten nach §§ 267 Abs 1 S 1, **40** 362 Abs 1 liegt vor, wenn der Gläubiger selbst die geschuldete vertretbare Handlung vornimmt und damit die Leistung des Schuldners unmöglich macht. Zur Frage, ob in einem solchen Fall einer Selbstvornahme ein Bereicherungsanspruch des Gläubigers gegen den Schuldner gegeben ist GURSKY NJW 1971, 782 ff.

2. Irrtümliche Bezahlung fremder Schulden als eigene Schuld (Putativschuldner)

In jenen **Fällen, in denen der Leistende sich selbst für den Schuldner hält,** dem Emp- **41** fänger aber von einem anderen dasselbe wirklich geschuldet wird, liegt nach der Leistungsbestimmung des Putativschuldners *keine Drittleistung nach § 267* vor. Der Schuldner wird durch die Leistung des Dritten nicht frei. Der Dritte hat daher auch keinen Bereicherungsanspruch gegen den Schuldner. Er muß vom Gläubiger der Leistung, dem Empfänger, kondizieren (MünchKomm/KRÜGER § 267 Rn 23; SOERGEL/ WOLF § 267 Rn 9).

Problematisch sind Fälle, in denen der Leistende sich selbst für den Schuldner hält, **42** aus der Sicht des Empfängers die Leistung des Dritten aber als Tilgung einer fremden Schuld erscheint (SOERGEL/WOLF § 267 Rn 9). Hier ist mit dem BGH danach zu entscheiden, wie sich die Leistung vom *objektiven Empfängerhorizont* darstellt (aA MünchKomm/KRÜGER § 267 Rn 12, 23). Macht daher der Zahlende, der sich selbst für den Schuldner hält, nicht unmißverständlich deutlich, daß er auf eine eigene Schuld zahlt, so bleibt ihm wie auch in sonstigen Fällen der Tilgung fremder Schulden, wenn der Dritte im Verhältnis zum Schuldner ohne Rechtsgrund leistet, nur die Kondiktion beim Schuldner (oben Rn 32). Ein Bereicherungsanspruch gegen den Empfänger der Leistung steht ihm nicht zu (BGHZ 72, 246, 249: Der Käufer eines Grundstücks hatte vor Genehmigung der **Grundschuldübernahme**, also auf eine objektiv fremde Schuld, Zinsen an den Grundschuldgläubiger [Bank] gezahlt. Nach Verweigerung der Genehmigung konnte er die Zinsen nicht bei diesem kondizieren. Er mußte sich an den Schuldner [Verkäufer] halten, da er den Willen, eine eigene Schuld tilgen zu wollen, dem Empfänger gegenüber nicht unmißverständlich zum Ausdruck gebracht hatte; s auch BGHZ 70, 389, 397 zu einem Fall einer doppelten Tilgungsbestimmung, in dem dem Leistenden, der nicht nur auf eine eigene, sondern auch auf die Schuld des Schuldners leistete, die Kondiktion gegen diesen zustand). Die vom Leistenden so nicht gewollte Tilgungsbestimmung, deren objektiver Erklärungswert „Leistung auf fremde Schuld" nicht dem Willen des Leistenden entsprach, kann von diesem wegen Inhaltsirrtums angefochten werden (näher STAUDINGER/LORENZ [1999] § 812 Rn 61; LARENZ/CANARIS, SchuldR II/2¹³ § 70 III 3; oben Rn 8).

43 *Leistet ein Bauunternehmer an den Kunden einer Wohnbaugesellschaft* in der falschen Annahme, diese habe den Werkvertrag für den Kunden abgeschlossen, so leistet er nicht etwa für den wirklichen Schuldner, die Wohnbaugesellschaft, nach § 267 (BGHZ 36, 30, 31 ff = NJW 1961, 2251, 2252); er will auch nicht als Erfüllungsgehilfe der Wohnbaugesellschaft tätig werden, sondern auf eine eigene, ihm gegenüber dem Kunden bestehende Schuld leisten. Nimmt der Kunde aber seinerseits eine Leistung nach § 267 an, so muß dem Bauunternehmer die Kondiktion gegen die Wohnbaugesellschaft, nicht aber gegen den Kunden zustehen (aA FLUME JZ 1962 281 f, der dem Bauunternehmer mit der alten Rechtsprechung aus RGZ 44, 136, 143 und 98, 64, 65 die direkte Kondiktion gegen den Kunden gibt; vgl dazu auch BERG NJW 1962, 101 und JuS 1964, 137). Der Kunde wird jedoch eher annehmen, der Bauunternehmer leiste als Erfüllungsgehilfe des Wohnbauunternehmens. § 267 ist dann unanwendbar. So war es in BGHZ 40, 272 = NJW 1964, 399 (m Anm BERG NJW 1964, 720) auch der Fall: Dort hatte es ein Bauherr abgelehnt, die Auftragsbestätigung eines einzelnen Bauhandwerkers zu unterzeichnen, da er die gesamten Bauarbeiten einem einzigen Bauunternehmer übertragen hatte. Als nun der Handwerker gleichwohl die Leistung erbrachte, durfte der Bauherr annehmen, der Handwerker leiste als Erfüllungsgehilfe des Bauunternehmers. Im Ergebnis wird damit das Vertrauen des Empfängers darauf geschützt, es liege eine Leistung des (wirklichen) Schuldners vor. Auch nach der Gegenmeinung, die die Leistung nicht nach dem „Empfängerhorizont" dem Schuldner zurechnet, wird dieses Vertrauen des Leistungsempfängers allerdings geschützt. Der Empfänger könne gegenüber der Kondiktion des Leistenden die Uneinbringlichkeit der Rückforderung seiner Leistung gegenüber seinem inzwischen insolventen Schuldner mit der Einrede nach § 818 Abs 3 geltend machen (MEDICUS, Bürgerl Recht Rn 688; vgl weiter die Nachweise bei LARENZ/CANARIS, SchuldR II/2¹³ § 70 III 3; zum Meinungsstand STAUDINGER/LORENZ [1999] § 812 Rn 61).

44 **Beispielsfälle für die Direktkondiktion des Putativschuldners beim Gläubiger:** Zahlt der *vermeintliche Erbe* eine Nachlaßschuld und stellt sich später heraus, daß in Wirklichkeit ein anderer Erbe ist, so leistet der vermeintliche Erbe nicht für den wirklichen Erben, weder als dessen Erfüllungsgehilfe noch als Dritter iS des § 267 (Bsp bei LARENZ, SchuldR II § 68 III e 1). Leistet der *Scheinvater* vor erfolgreicher Statusklage Unterhalt in der Annahme, er sei der Vater (BGH NJW 1967, 559; vgl dazu die reiche Literatur, wie sie bei BEITZKE/LÜDERITZ, Familienrecht [26. Aufl 1992] 273 angegeben ist; ferner SINN NJW 1968, 526, 528 und DEUBNER NJW 1967, 1947 f), so liegt ebenfalls kein Fall des § 267 vor; ebenso wenn der Scheinvater Leistungen an den Träger der Sozialhilfe, der dem Kind Hilfe gewährt und dessen Unterhaltsanspruch gem § 90 BSHG auf sich übergeleitet hat, erbringt. Auch hier bleibt es bei einer Kondiktion der Leistungen des Scheinvaters vom Träger der Sozialhilfe (BGH JR 1981, 197, 199 m zust Anm SCHUBERT). Dieselbe Frage ergab sich in Fällen, in denen ein Sozialversicherungs- oder ein Versorgungsträger nach dem BVersG Waisenrente zahlte, während sich der Unterhaltspflichtige, von dessen Tod man ausging, lediglich verborgen hielt (BGH LM § 52 BVG Nr 3; BGH NJW 1963, 579; dazu REICH NJW 1963, 949 f und vCAEMMERER NJW 1963, 1402 ff; BGH FamRZ 1963, 352 m Anm LEUZE und ders FamRZ 1963, 157 ff; umfassend dazu SELB NJW 1963, 2056 ff mwN). Die Kondiktion beim Empfänger versprach schon wegen § 818

Abs 3 zumeist keine Aussicht auf Erfolg. Der abzulehnende Versuch von REICH
(aaO) und vCAEMMERER (aaO), über die Annahme einer indirekten Tilgung der
fremden Verbindlichkeit durch den Leistenden zu einer Kondiktion gegenüber
dem wirklich Verpflichteten zu gelangen, sollte im Ergebnis den Leistenden so stellen, als sei eine Legalzession angeordnet.

Problematisch ist, ob der Leistende, der zunächst eine eigene Schuld zu tilgen glaubt, **45**
nachträglich noch die Leistung zur Drittleistung nach § 267 machen kann, um die
Erfüllungswirkung auszulösen (dafür BGH NJW 1964, 1898 f; NJW 1983, 812, 814; NJW 1986,
2700 f; vCAEMMERER, in: FS Dölle 135 ff; FLUME JZ 1962, 281 f; ders AcP 199 [1999] 23, 36; SINN NJW
1968, 1857; THOMÄ JZ 1962, 623, 627; REUTER/MARTINEK, Ungerechtfertigte Bereicherung [1983]
472 f; SCHLECHTRIEM NJW 1966, 1796; ZEISS AcP 165 [1965] 337 f; SOERGEL/WOLF § 267 Rn 9).
Eine solche **Umwidmung** der irrtümlichen Leistung eines Putativschuldners in eine
Drittleistung ist abzulehnen. Sie privilegiert den Putativschuldner, der sich aussuchen
kann, von wem er kondizieren kann (LORENZ JZ 1968, 51 ff; ders AcP 168 [1968] 286, 306 ff;
MEDICUS Rn 951; DERLEDER AcP 169 [1969] 103 ff; MEYER, Der Bereicherungsausgleich in Drei-
ecksverhältnissen [1979] 100 ff; HASSOLD, Zur Leistung im Dreipersonenverhältnis [1981];
STAUDINGER/LORENZ [1999] § 812 Rn 60).

3.   Sach- und Rechtsmängel der Drittleistung

Ist die Leistung des Dritten mit Sach- oder Rechtsmängeln behaftet, so trat nach **46**
altem Recht bei Stückschulden Erfüllungswirkung ein; nach neuem Recht (§ 433
Abs 1 S 2) tritt dagegen ebenso wie früher schon im Falle von Gattungsschulden
keine Erfüllungswirkung ein (MünchKomm/KRÜGER § 267 Rn 15). Dem Schuldner bleibt
die Möglichkeit zur Lieferung einer mangelfreien Sache und damit zur Geltendmachung des vollen Anspruchs auf die Gegenleistung (RIEBLE 830, 833 zu Gattungsschulden nach altem Recht). Den Dritten können Schadensersatzpflichten aus Delikt oder
aus culpa in contrahendo (§§ 280 Abs 1, 282, 311 Abs 2, 3, 241 Abs 2) treffen (Münch-
Komm/KRÜGER § 267 Rn 15; RIEBLE 830, 835; SOERGEL/WOLF § 267 Rn 18).

V.   Widerspruch des Schuldners

Erhebt der Schuldner Widerspruch dagegen, daß ein Dritter die Leistung für ihn **47**
bewirkt, so kann der Gläubiger die Leistung des Dritten ablehnen (Abs 2). Der
Widerspruch wird durch formlose Erklärung erhoben. Die Erklärung kann sowohl
gegenüber dem Gläubiger als auch gegenüber dem Dritten abgegeben werden. Der
Widerspruch ist eine einseitige empfangsbedürftige Willenserklärung. Die dem
Schuldner in Abs 2 eingeräumte Befugnis zu widersprechen ist kein pfändbares
Recht iS des § 857 ZPO, doch liegt bei Kauf unter Eigentumsvorbehalt im Widerspruch des Schuldners gegen die Zahlung des Restkaufpreises eine Verfügung über
ein Anwartschaftsrecht, die nach der Rechtspfändung nicht mehr zulässig ist (vgl unten
Rn 49). Ohne Widerspruch des Schuldners kann ein Ablehnungsrecht des Gläubigers
nur ausnahmsweise nach § 242 gegeben sein, etwa wegen Unzumutbarkeit der Person
des Leistenden (MünchKomm/KRÜGER § 267 Rn 16).

Nimmt der Gläubiger die Leistung des Dritten trotz des Widerspruchs des Schuldners **48**
an, so ist der Widerspruch bedeutungslos; das Schuldverhältnis erlischt. Der Schuldner wird also trotz seines Widerspruchs befreit. Lehnt der Gläubiger die Leistung des

Dritten ab, so gerät er nicht in Annahmeverzug. Widerspricht der Schuldner, nachdem der Gläubiger die Leistung bereits abgelehnt hat, so ist der Widerspruch als Verzicht des Schuldners auf die bereits eingetretenen Wirkungen des Annahmeverzugs auszulegen. Zum Verzicht des Schuldners auf den Widerspruch im voraus SCHULER NJW 1960, 1293 und NJW 1961, 2281.

49 Handelt es sich um eine Kaufpreisschuld und hat der Käufer dafür eine Sache **unter Eigentumsvorbehalt erworben**, so geht mit der Drittleistung auch das Eigentum auf den Käufer über (BGHZ 42, 53, 56 = NJW 1964, 1788, 1790). Die Drittleistung wird hier häufig geschehen, um das drohende Widerspruchsrecht des Verkäufers nach § 771 ZPO auszuräumen, wenn der Dritte beabsichtigt, die Sache wegen einer eigenen Forderung gegen den Käufer zu pfänden und der Restkaufpreis im Verhältnis zur durchzusetzenden Forderung gering ist. Hat der Dritte die Sache aber vor Zahlung des Restkaufpreises pfänden lassen, so kann er mit der Zahlung das bereits gegebene Widerspruchsrecht des Verkäufers beseitigen (§ 771 ZPO). Gleichzeitig entsteht dann mit Wirkung ex nunc ein Pfändungspfandrecht für den Dritten, das durch den Eigentumsübergang auf den Käufer aufschiebend bedingt war. Käufer und Verkäufer könnten hier jedoch ein Interesse daran haben, den Zugriff des Dritten zu vereiteln, und die Bestimmungen des § 267 Abs 1 S 2 und Abs 2 geben ihnen die Möglichkeit dazu, indem sie die Tilgung des Restkaufpreises durch den Dritten unmöglich machen. Die hM spricht sich deshalb dafür aus, zusätzlich zur Sachpfändung eine Pfändung des aus der bedingten Übereignung resultierenden Anwartschaftsrechts zuzulassen. Eine solche Pfändung (nach § 857 ZPO) verhinderte jede Verfügung des Inhabers des Anwartschaftsrechts über dieses Recht, also auch seinen Widerspruch gegen die Drittilgung der Forderung. Eine Ablehnung des Gläubigers wäre dann wegen § 162 nicht geeignet, die Restkaufpreiszahlung nach § 267 und damit den Bedingungseintritt zu verhindern (BGHZ 75, 221, 228 = NJW 1980, 175, 176; vgl zum Meinungsstand zur Doppelpfändung BAUR/STÜRNER, Sachenrecht [17. Aufl 1999] § 59 Rn 41, der selbst freilich gegen die hM die Pfändung des Anwartschaftsrechts genügen läßt, eine zusätzliche Sachpfändung nicht fordert; für eine bloße Sachpfändung: RAACKE NJW 1975, 249; KUPISCH JZ 1976, 417, 426 f). Bei einer Anwartschaft aus auflösend bedingten Sicherungsübereignungen gilt dasselbe (DERLEDER BB 1969, 725, 727); nicht aber, wenn lediglich ein Rückübereignungsanspruch besteht.

§ 268
Ablösungsrecht des Dritten

(1) Betreibt der Gläubiger die Zwangsvollstreckung in einen dem Schuldner gehörenden Gegenstand, so ist jeder, der Gefahr läuft, durch die Zwangsvollstreckung ein Recht an dem Gegenstand zu verlieren, berechtigt, den Gläubiger zu befriedigen. Das gleiche Recht steht dem Besitzer einer Sache zu, wenn er Gefahr läuft, durch die Zwangsvollstreckung den Besitz zu verlieren.

(2) Die Befriedigung kann auch durch Hinterlegung oder durch Aufrechnung erfolgen.

(3) Soweit der Dritte den Gläubiger befriedigt, geht die Forderung auf ihn über. Der Übergang kann nicht zum Nachteil des Gläubigers geltend gemacht werden.

Materialien: E III § 261; Jakobs/Schubert, SchR I 178.

Schrifttum

Breit, Sicherungseigentum, Ablösungsrecht und Reichsgericht, SeuffBl 76, 559
Emmerich, Pfandrechtskonkurrenzen (1909)
Herpers, Über den Nachteil des Gläubigers bei der Legalzession, AcP 166 (1966) 454
vOlshausen, Gläubigerrecht und Schuldnerschutz bei Forderungsübergang und Regreß (1988)

Proskauer, Über relative Beschränkungen des Rechtsgebrauchs, JherJb 69, 316
Schulz, Rückgriff und Weitergriff (1907) 88
Storz, Die Gläubigerablösung in der Zwangsversteigerung, ZIP 1980, 159
Weissbart, Das Befriedigungsrecht Dritter in der Zwangsvollstreckung (1899).

Systematische Übersicht

Alphabetische Übersicht

Claudia Bittner

I. Allgemeines

1 Die Bestimmung gibt Dritten unter bestimmten Voraussetzungen über die bloße Befugnis des § 267 hinaus ein **eigenes Recht, den Gläubiger zu befriedigen.** Ein *Widerspruch* des Schuldners ist gegenüber einer solchen Erfüllung *unbeachtlich*; der Gläubiger kann nicht die Leistung auf Grund dieses Widerspruches ablehnen, ohne in Annahmeverzug zu geraten. Hintergrund dieser Berechtigung des Dritten ist ein anerkanntes Interesse, den Gläubigerzugriff abzuwehren. Der Dritte zahlt trotz des ähnlichen Gesetzeswortlautes nicht wie in § 267 für den Schuldner, sondern in Ausübung seines eigenen Ablösungsrechts (RGZ 150, 58, 60; aA Esser, Schuldrecht AT und BT [2. Aufl 1960] § 37 3 a: Annahme eines derartigen subjektiven Rechts sei systemfremd). Die Befriedigung führt demnach auch nicht wie bei § 267 zum Untergang der Forderung, sondern zum Übergang der Forderung auf den Ablösenden (Abs 3 S 1). Dem in § 268 verallgemeinerten ius offerendi (Recht zur Befriedigung) des römischen Pfandrechts entspricht konsequenterweise ein ius succedendi (Eintrittsrecht) (vgl Windscheid/Kipp I [9. Aufl 1906] § 233b 4). Als *erzwungener Forderungskauf* verstanden, ist der Erwerb der Forderung von einer anderen Intention getragen als die Zahlung nach § 267 (vgl § 267 Rn 6). Gleichwohl leistet der Dritte auf eine (fremde) Verbindlichkeit. Während § 267 nur eine Regreßmöglichkeit gegen denjenigen eröffnet, für den die Verbindlichkeit eine materiell (nicht nur formell) eigene war, der also im Verhältnis zwischen leistendem Dritten und befreitem Schuldner die Last endgültig tragen soll, macht § 268 Abs 3 von dieser Regel eine Ausnahme (Olshausen JR 1995, 243, 245 in seiner Anm zu BGH JR 1995, 242 unter Berufung auf Schulz). Besteht die (fremde) Verbindlichkeit nicht, kann der Dritte vom Empfänger kondizieren (vgl § 267 Rn 33).

2 Ein **Ablösungsrecht** steht nach § 268 Abs 1 **demjenigen** zu, der, wenn ein Gläubiger in einen dem Schuldner gehörigen Gegenstand *vollstreckt*, **Gefahr läuft, ein Recht am Gegenstand** (Abs 1 S 1) **oder doch den Besitz** (Abs 1 S 2) **zu verlieren.**

3 Ein vergleichbares, besonders ausgestaltetes Ablösungsrecht hat nach §§ 1142 Abs 1, 1143 der Eigentümer eines mit einer Hypothek belasteten Grundstücks, wenn er nicht auch der persönliche Schuldner ist, dort freilich schon *bevor* der Gläubiger die Zwangsvollstreckung in das Grundstück betreibt. Für die Ablösungsrechte Dritter (also anderer Personen als der des Eigentümers) verweist im Hypothekenrecht § 1150 auf § 268. Doch genügt auch in diesem Fall, daß der Gläubiger Befriedigung aus dem Grundstück verlangt; er muß nicht schon die Zwangsvollstreckung betreiben, wie § 268 es zur Voraussetzung macht, denn auch ein solches Verlangen läßt bereits die Zwangsvollstreckung nahe rücken (Hager ZIP 1997, 134; Soergel/Konzen § 1150 Rn 1). Ein Ablösungsrecht hat auch der Verpfänder einer beweglichen Sache oder eines Rechts, der nicht persönlicher Schuldner ist, § 1223 Abs 2. Vergleichbar ist den §§ 268 und 1142 Abs 1 hierbei der Fall, daß der Verpfänder der Eigentümer der Sache (Inhaber des Rechts: § 1273 Abs 2) ist. Ist der Verpfänder weder Eigentümer noch persönlicher Schuldner, so geht sein Ablösungsrecht nach § 1223 über die bisher genannten Anlaßfälle hinaus. Dem § 1142 Abs 1 entspricht wieder der Fall, daß der Eigentümer weder Verpfänder noch persönlicher Schuldner ist: § 1249. Diese Bestimmung betrifft darüber hinaus jedoch auch die Fälle der Ablösungsrechte Dritter (wie sie im Hypothekenrecht in § 1150 behandelt sind). Sofern das Recht des Dritten jedoch nicht infolge der Befriedigung untergeht, sondern bestehen bleibt und die „Veräußerung" hindert, kann der Dritte der Zwangsvollstreckung nach § 771 ZPO widersprechen, nicht nach § 268 „ablösen". Die Bestimmung des § 268 Abs 3 löst nicht die Probleme, die sich allgemein bei Befriedigung des Gläubigers durch einen von mehreren Sicherungsgebern erheben. Hierfür ist § 426 die richtige Ausgleichsnorm (STAUDINGER/NOACK [1999] § 426 Rn 241 ff; KG NJW 1961, 414, 415; BECKER NJW 1971, 2151; HÜFFER AcP 171 [1971] 470, 479 f; PAWLOWSKI JZ 1974, 124 ff; FINGER BB 1974, 1416 ff).

II. Voraussetzungen des Ablösungsrechts

1. Zwangsvollstreckung

Voraussetzung eines Ablösungsrechts nach § 268 Abs 1 ist, daß ein **Gläubiger** die **4** **Zwangsvollstreckung** in einen dem Schuldner gehörenden Gegenstand **betreibt**. Wann die Zwangsvollstreckung betrieben wird, ergibt sich aus den Vorschriften der ZPO (§§ 808 ff, 828 ff, 866 ff) und des ZVG (§§ 15 ff, 146 ff, 162 ff). Es genügt ein *Vollstreckungsantrag des Gläubigers*; das Vollstreckungsorgan seinerseits muß noch nicht tätig geworden sein (MünchKomm/KRÜGER § 268 Rn 3; PALANDT/HEINRICHS § 268 Rn 2). Die Rechtsprechung ließ es ausnahmsweise auch genügen, daß die Zwangsvollstreckung unmittelbar droht (ebenso SOERGEL/WOLF § 268 Rn 5). Ist zB in der Satzung einer Hypothekenbank für den Fall unpünktlicher Zinszahlung sofortige Zwangsvollstreckung angedroht und hat die Bank in anderen Fällen diese Satzungsbestimmung streng angewandt, so ist im Falle unpünktlicher Zahlung des der Hypothekenbank geschuldeten Zinses für einen nachstehenden Hypothekengläubiger das Ablösungsrecht ohne weiteres gegeben (RG Recht 1920 Nr 667). Freilich hätte hier nach §§ 1150, 268 ohnehin bereits ein Verlangen der Bank genügt (oben Rn 3), so daß es keiner Ausnahme von der Regel bedarf (vgl MünchKomm/KRÜGER § 268 Rn 3).

2. Zwangsvollstreckung wegen Geldforderung

Die Zwangsvollstreckung muß grundsätzlich **wegen einer Geldforderung** betrieben **5** werden (8. Buch 2. Abschnitt der ZPO). Wird die Zwangsvollstreckung nämlich wegen dinglicher Rechte am Gegenstand betrieben, so gehen die unter Rn 3 genannten Sondervorschriften vor (behandelt, aber für die Grundschuld offen gelassen in OLG Saarbrücken OLGZ 1967, 102 ff und BGH NJW 1969, 2237, 2238). Auch bei der Vollstreckung von Geldstrafen gibt es ein Ablösungsrecht; das eigene Interesse an der Ablösung geht dem staatlichen Interesse an der ansonsten höchstpersönlichen Erfüllung durch den Schuldner vor. Ohne Bedeutung ist generell, ob der Gläubiger eine öffentlich-rechtliche oder eine private Forderung geltend macht. Ablösungsrechte gibt es also auch, wenn die Zwangsvollstreckung wegen Steuerforderungen erfolgt oder wenn sie öffentliche Grundstückslasten durchsetzen soll (SCHWARZ NJW 1954, 1867, 1869; RGZ 146, 317, 319; BGH NJW 1996, 2791 zur Zahlung auf eine noch nicht bestandskräftige Erschließungskostenbeitragsschuld). Hier zeigt sich, daß auch bei der Durchsetzung von Grundstücksbelastungen mangels besonderer Vorschriften § 268 Anwendung finden kann, nicht etwa § 1150 (**aM** RGZ 146, 317, 323; wie hier KG JW 1934, 2793 f; MÖNCH DJ 1937, 1774, 1777;

FISCHER NJW 1955, 1583, 1585). Auch bei einer Zwangsvollstreckung wegen Zollforderungen ist § 268 anzuwenden (BGH NJW 1956, 1197; vgl auch RGZ 146, 317, 319; 135, 25, 28 ff).

3. Gegenstand des Schuldners

6 Der Gläubiger muß die Zwangsvollstreckung gerade **in einen Gegenstand** betreiben, **der dem Schuldner der Geldforderung gehört.** Gehört der Gegenstand nicht dem Schuldner, so kann der gefährdete Dritte eventuell nach § 771 ZPO, nicht aber nach § 268 BGB vorgehen (SOERGEL/WOLF § 268 Rn 6; MünchKomm/KRÜGER § 268 Rn 5; aA EMMERICH, Pfandrechtskonkurrenzen 280). Wird die *Zwangsvollstreckung in einen Herausgabeanspruch des Schuldners* betrieben, während der Dritte ein Recht an der Sache selbst hat, so ist § 268 anzuwenden, sofern der Herausgabeanspruch dem Schuldner gerade als Eigentümer zusteht, doch muß er nicht auf dem Eigentum beruhen. Grund dafür ist, daß die Zwangsvollstreckung in den Herausgabeanspruch Rechte an der Sache letztlich ebenso untergehen läßt wie die Zwangsvollstreckung in die Sache selbst. Sie bereitet letztere vor (§§ 846, 847 ZPO), erscheint also der Zielsetzung nach bereits als Beginn der Zwangsvollstreckung in die Sache selbst. Ist der Dritte gerade der Schuldner des Herausgabeanspruchs, so kommt ohnehin § 268 Abs 1 S 2 zum Zuge (vgl Rn 8). Ist der Vollstreckende der Eigentümer (Vorbehaltsverkäufer) der Sache, in die vollstreckt wird, so kommt § 268 nicht zum Zuge (BGH NJW 1965, 1475, 1476); anders wenn der Eigentümer in das Anwartschaftsrecht des Käufers vollstreckt (SOERGEL/WOLF § 268 Rn 6).

4. Dingliches Recht des Dritten

7 Dem Dritten muß ein **Recht an dem Gegenstand der Zwangsvollstreckung** zustehen. Damit ist nach dem Sprachgebrauch des BGB ein *dingliches* Recht gemeint; etwa ein Nießbrauch (vgl den Fall aus OVG Münster MDR 1972, 358) oder ein Anwartschaftsrecht. Auch das Recht aus einer Vormerkung, die dem durch sie geschützten Anspruch in mancher Hinsicht dingliche Wirkung verleiht, ist als dingliches Recht iS des § 268 zu behandeln (OLG Kiel HRR 1934, Nr 1663; BGH LM BGB § 268 Nr 4 = NJW 1994, 1475 = ZIP 1994, 633). Ein Miteigentümer kann das Recht aus § 268 geltend machen (RG WarnR 1911 Nr 11), nicht aber ein Miterbe, der nach § 2034 hinsichtlich der Erbteile anderer Miterben ein Vorkaufsrecht hat (RGZ 167, 298). Ein obligatorischer Anspruch eines Dritten auf den Gegenstand genügt eben nicht. Der Berechtigte eines Schenkungsversprechens hat danach ebenfalls kein Ablösungsrecht (aM ECKSTEIN AcP 107, 384, 408). Zum Recht auf Einlösung eines Wechsels vgl RGZ 77, 185, 189. Zum abgetretenen Recht auf die Rückübertragung einer Grundschuld vgl OLG Köln Rpfleger 1988, 324.

5. Besitz des Dritten

8 Zur Ablösung berechtigt auch der **Besitz einer Sache**, wenn er **durch die Zwangsvollstreckung gefährdet** ist (Abs 1 S 2). Keinen Unterschied macht es, ob der Besitz unmittelbarer oder mittelbarer Besitz (§ 868) ist (aM WEISSBART 24). Das Recht des § 268 steht also auch dem Pächter und dem Mieter zu, wenn er Gefahr läuft, durch die Zwangsvollstreckung den Besitz an der Sache zu verlieren (GLOTZBACH/APP ZMR 2002, 254, 255). Diese Gefahr läuft er insbesondere in der Zwangsversteigerung wegen § 57a

ZVG. Das gilt auch, soweit das Kündigungsrecht des Erstehers gegenüber solchen Mietern, die einen verlorenen Baukostenzuschuß oder eine Mietvorauszahlung geleistet haben, durch die §§ 57c und 57d ZVG eingeschränkt ist. Denn diese Bestimmungen sollen die Stellung solcher Mieter verstärken, nicht aber schwächen (vgl BT-Drucks 1/4452 und WÖRBELAUER NJW 1953, 1729). Der unredliche Besitz ist dagegen nicht geschützt. Er gibt dem Besitzer keine nach § 268 zu verteidigende Rechtsposition (GERNHUBER, Erfüllung² § 21 II 2; MünchKomm/KRÜGER § 268 Rn 8; SOERGEL/WOLF § 268 Rn 4; aA PALANDT/HEINRICHS § 268 Rn 4).

Das Recht des § 268 steht auch dem **Drittschuldner** zu, der den Besitz einer Sache **9** dadurch zu verlieren Gefahr läuft, daß der **Anspruch** des zur Zahlung einer Geldschuld verurteilten Schuldners gegen ihn **auf Herausgabe einer Sache gepfändet** und ihm demzufolge nach §§ 847, 848 ZPO die Herausgabe der Sache an einen Gerichtsvollzieher oder Sequester aufgegeben wird. Gegenstand der Zwangsvollstreckung ist zwar auch hier (vgl Rn 6) im strengen Sinne der Herausgabeanspruch, doch führt sie letztlich planmäßig zur Vollstreckung in die Sache selbst.

6. Gefahr des Rechts- oder Besitzverlustes

Es muß die **Gefahr** bestehen, daß der Dritte durch die Zwangsvollstreckung das **10** Recht bzw den Besitz **verlieren** werde. Dies kann bei den Rechten, die dem Rechte des die Zwangsvollstreckung betreibenden Gläubigers im Range gleichstehen oder nachgehen (s ZVG §§ 44, 52, 91 und BGB §§ 1242 Abs 2, 1257, 1273), zutreffen (BGH LM BGB § 268 Nr 4 = NJW 1994, 1475 f = ZIP 1994, 633 f zu einer Auflassungsvormerkung, die nicht in das geringste Gebot fällt). Das Recht des § 268 steht nur demjenigen zu, der *noch* „Gefahr läuft", ist also ausgeschlossen, wenn das Recht bzw der Besitz *bereits verloren* ist. Ist ein Recht an einem Grundstück etwa durch Zuschlag erloschen, so kann nicht mehr nach § 268 abgelöst werden (RG HRR 1929 Nr 1100; aM EMMERICH 266). Das Ablösungsrecht steht auch dem zur Widerspruchsklage nach § 771 ZPO Berechtigten nicht zu; denn die Möglichkeit der Widerspruchsklage schließt die Gefahr des Rechtsverlustes aus.

Besteht *objektiv* die *Gefahr des dinglichen Rechts- oder Besitzverlustes*, ist es für die **11** Anwendung von § 268 unbeachtlich, ob der Ablösende mit der Ablösung die Zwangsvollstreckung abwenden will (OLG Köln WM 1989, 274, 277 f = EWiR § 268 BGB 1/89, 333 [STORZ] und LG Hannover EWiR § 268 BGB 1/91, 29 [KRAFCZYK]; BGH LM BGB § 268 Nr 4 = NJW 1994, 1475 f = ZIP 1994, 633 f; MünchKomm/KRÜGER § 268 Rn 10; aA RGZ 146, 317, 322 ff; SOERGEL/WOLF § 268 Rn 8). Die Motivation des Ablösenden spielt nach dem Gesetzeswortlaut und im Interesse der Rechtssicherheit keine Rolle (STORZ ZIP 1980, 159 ff; MünchKomm/KRÜGER § 268 Rn 10) Das Ablösungsrecht steht dem Ablösenden deshalb auch dann zu, wenn er sich selbst der Zwangsvollstreckung anschließt, die Zwangsvollstreckung weiterbetreibt und durch die Ablösung nur seine Erlösaussichten verbessern will.

III. Befriedigung des Gläubigers

Liegen die genannten Voraussetzungen vor, so hat der Dritte das **Recht, den Gläu- 12 biger zu befriedigen**. Ob er im konkreten Fall dieses eigene Ablösungsrecht bei der Zahlung geltend macht oder als Dritter für den Schuldner nach § 267 leistet, ist eine

Frage der Auslegung (BGH WM 1961, 1330 f). Immer muß er jedoch „als Dritter" leisten, nicht als Bürge, Gesamtschuldner oder Forderungskäufer. Hält der Dritte das Ablösungsrecht irrigerweise für gegeben, so kann er die Leistung nach § 812 vom Gläubiger kondizieren. Es tritt nicht etwa die Erfüllungswirkung im Verhältnis zwischen Gläubiger und Schuldner nach § 267 ein.

13 **Befriedigen bedeutet** auch hier zunächst einmal, die gesamte geschuldete Leistung zu erbringen, wegen der die Vollstreckung betrieben wird (so im Prinzip BGH NJW 1990, 258, 260 = JR 1990, 366, 368 m Anm PROBST). Teilleistungen folgen § 266. Abweichend von § 267 erlaubt § 268 Abs 2 jedoch, daß der Dritte die Leistung durch *Hinterlegung* (§§ 372 ff) oder durch *Aufrechnung* (§§ 387 ff) erbringt. Eine Hingabe *an Erfüllungs Statt* ist jedoch nur unter der Voraussetzung des § 364 Befriedigung. Ist der Gläubiger aber mit einer solchen Leistung einverstanden, so ist der Fall nicht mehr vom Forderungskauf durch den Dritten abzugrenzen. Für die Hinterlegung oder Aufrechnung müssen deren gesetzliche Voraussetzungen gegeben sein (BGH ZIP 1994, 1839, 1840 zur Hinterlegung). Bei der Aufrechnung wird lediglich auf das Erfordernis der Gegenseitigkeit der Forderungen (MünchKomm/KRÜGER § 268 Rn 11), bei der Hinterlegung auf die Schuldnerstellung des Hinterlegenden verzichtet. Zahlt der Dritte nach § 75 ZVG an das Gericht, um die einstweilige Einstellung des Vollstreckungsverfahrens zu erreichen, so liegt auch darin eine zulässige Hinterlegung. Die Befriedigung und damit das Ablösungsrecht (Abs 3) richten sich nach dem Umfang, in dem der Gläubiger die Zwangsvollstreckung betreibt. Vollstreckt der Gläubiger etwa nur wegen eines Teiles einer umfangreicheren Forderung, so besteht das Ablösungsrecht nur für diesen Teil.

14 Im Fall der Tilgung fremder Schulden gemäß § 267 kann der Dritte bei Erbringung der Leistung einseitig Bedingungen für die Tilgungswirkung setzen, auch wenn diese sich nicht auf den Bestand der Forderung selbst, sondern auf den Eintritt weiterer, außerhalb der eigentlichen Forderung liegender Umstände beziehen (BGHZ 92, 280, 284 f). Gleiches gilt bei der Ablösung fremder Schulden gemäß § 268 hinsichtlich der Ablösungswirkung nach Abs 3. Weist der Gläubiger eine solche Leistung nicht zurück, sondern läßt er sich darauf ein, so tritt die Ablösungswirkung erst mit Erfüllung der zusätzlichen Bedingungen ein (BGH NJW 1997, 2597).

IV. Wirkung des Forderungsübergangs

15 Die **Befriedigung** des Gläubigers **bewirkt** im Gegensatz zur Befriedigung nach § 267 **kein Erlöschen des Schuldverhältnisses. Die Forderung** des Gläubigers geht vielmehr im Ausmaß der Befriedigung auf den ablösungsberechtigten Dritten **über** (Abs 3 S 1). Der Schuldner erhält einen neuen Gläubiger. Der Übergang geschieht kraft Gesetzes. **Ein gutgläubig einredefreier Erwerb** scheidet daher aus (BGH ZIP 1986, 363 f = NJW 1986, 1487, 1488 m abl Anm CANARIS; bestätigt in BGH ZIP 1996, 1981 = NJW 1997, 190 = JR 1998, 414 m umfassenden Nachweisen zum Streitstand; aA die wohl hL HAGER ZIP 1997, 133; BÜLOW, Kreditsicherheiten Rn 364; REISCHL JR 1998, 405; STAUDINGER/WOLFSTEINER [1996] § 1150 Rn 22; WILHELM, Sachenrecht [1993] Rn 921; MEDICUS, Bürgerl Recht Rn 547).

16 Auch nach §§ 399, 400 unübertragbare Forderungen gehen über. Zwar ist bei unübertragbaren Forderungen grundsätzlich auch die Legalzession ausgeschlossen. Doch ist bei § 268 Abs 3 eine Ausnahme zu machen, weil der Gläubiger mit der

Erfüllung erhält, was ihm gesichert werden soll (vgl BGHZ 4, 153, 157; Nörr/Scheyhing/ Pöggeler, Sukzessionen [2. Aufl 1999] § 3 III 3 zu sozialpolitischen Vorschriften, zB § 116 SGB X, § 52 BRRG, § 90 Abs 1 S 4 BSHG, § 115 Abs 1 SGB X, die einen Forderungsübergang anordnen).

An der bisherigen gerichtlichen Zuständigkeit ändert sich durch die Legalzession **17** grundsätzlich nichts (BGHZ 59, 242, 244 = NJW 1973, 101, 102; vgl aber unten Rn 18 zur Ablösung öffentlich-rechtlicher Forderungen). Auch sonst verändert der übergegangene Anspruch nicht seinen Charakter. Die Verjährungsfrist bleibt dieselbe (anders bei Ansprüchen des öffentlichen Rechts unten Rn 18). Wie sonst bei der Zession von Forderungen bleiben die dem Schuldner dem Altgläubiger gegenüber gegebenen Einreden erhalten (§§ 412 iVm 404, 406), die Forderung geht also so über, wie sie bestand (RGZ 77, 317, 322). Was zur Legalzession nach § 426 Abs 2 ausgeführt wird (Staudinger/ Noack [1999] § 426 Rn 124 ff, 133 ff), gilt auch hier. Die Rechtshängigkeit des abgetretenen Anspruchs führt zur Anwendung des § 265 ZPO (BGH NJW 1963, 2067). Der ablösende Dritte wird in einer laufenden Zwangsvollstreckung erst dann zum betreibenden Gläubiger nach ZVG, wenn er die Vollstreckungsklausel auf sich überschreiben läßt (OLG Düsseldorf NJW-RR 1987, 247, 248).

Auch **öffentlich-rechtliche Ansprüche**, etwa Zoll- oder Steuerforderungen, können **18** auf den leistenden Dritten übergehen (RGZ 67, 214, 216 ff; 70, 405, 409; 146, 317, 319; BGHZ 39, 319, 323; BGH NJW 1956, 1197 zu Zollforderungen, die der Spediteur als Inhaber eines Pfandrechts nach § 410 HGB ablöst; BGHZ 75, 23 f = NJW 1979, 2198 zu einer Steuerforderung; BGH NJW 1996, 2791 zum Übergang einer Erschließungskostenbeitragsforderung auf den ablösenden Käufer eines Grundstücks; Rimmelspacher ZZP 1982, 280 ff). Hier wird jedoch der Anspruch insoweit seine Natur ändern, als an die Stelle des Hoheitsträgers eine Privatperson getreten ist, die keine Hoheitsrechte ausüben, etwa keinen konkretisierenden Verwaltungsakt erlassen oder die Beitreibung im Verwaltungsverfahren durchführen kann. Die Forderung wird aus ihrer hoheitlichen Beziehung gelöst und erhält privatrechtlichen Charakter (MünchKomm/Krüger § 268 Rn 4). Mit dem Wegfall der hoheitlichen Beziehung endet materiell die Mithaftung gesetzlicher Vertreter des Steuerschuldners (BGHZ 75, 23, 25; zustimmend Rimmelspacher ZZP 1982, 285); die Verjährungsfrist ändert sich nicht notwendigerweise (OLG Nürnberg NJW 1975, 501). Der Kläger ist auf den Zivilrechtsweg verwiesen (Stolterfoht JZ 1975, 658 f).

Mit der Forderung gehen nach §§ 412, 401 auch die für die Forderung bestehenden **19** **Hypotheken und Pfandrechte**, ferner die Rechte aus einer für die Forderung bestellten **Bürgschaft**, ebenso alle **Vorrechte** im Insolvenzverfahren (Konkurs- und Vergleichsverfahren, BGH NJW 1956, 1197) **über**. Ein dem Gläubiger zustehendes Konkursvorrecht nach § 61 Abs 1 Nr 2 KO blieb dem Ablösenden erhalten (RGZ 67, 214, 220; zu § 426: BGHZ 39, 319, 323 = NJW 1963, 1873, 1874).

Die Legalzession ist nicht etwa deshalb ausgeschlossen, weil **der** zur Ablösung be- **20** rechtigte **Dritte dem Schuldner gegenüber zur Leistung an den Gläubiger verpflichtet war**, etwa eine Erfüllungsübernahme vorlag. Doch kann der Schuldner in diesem Falle die Erfüllungsübernahme gegenüber der abgetretenen Forderung einredeweise erheben. Umgekehrt kann aus einem gegebenen internen Verhältnis ein direkter Ausgleichsanspruch des Dritten resultieren und mit dem zedierten Anspruch konkurrieren.

V. Gläubigerschutz: Nemo subrogat contra se

1. Bedeutung und Schwächen der Regel

21 Der **Übergang kann nicht zum Nachteil des Gläubigers geltend gemacht werden** (Abs 3 S 2). Die gleiche Bestimmung findet sich auch bei anderen Legalzessionen: §§ 426 Abs 2 S 2, 774 Abs 1 S 2, 1176, 1607 Abs 4, 1164 Abs 1 S 2, 1176; durch Verweisung in §§ 1143 Abs 1 S 2, 1150, 1225 Abs 1 S 2, 1249 S 2; auch ohne ausdrückliche Verweisung in § 1173 Abs 2; ferner in § 67 Abs 1 S 2 VVG, § 87a BBG und entspr LBG, zB Art 96 BayLBG, § 81a Abs 1 S 3 BVersG, § 8 Abs 2 S 3 BEG, § 130 Abs 1 S 2 BRAGO.

22 Der Grundgedanke des § 268 Abs 3 S 2 ist, daß niemand gegen seine eigenen Interessen zediert: Nemo subrogat contra se. Der vom Dritten teilweise befriedigte Gläubiger soll nicht schlechter stehen, als er stünde, wenn der Schuldner selbst geleistet hätte. Das könnte bei **teilweiser Befriedigung** und Ablösung jedoch der Fall sein, wenn der Gläubiger mit seiner *Restforderung* und der Ablösende mit seiner *durch Zession erworbenen Teilforderung* einander bei der Durchsetzung ihrer Forderungen gegen den Schuldner im Wege ständen. Befriedigt zB der Dritte den Gläubiger nur *teilweise* – weil der Gläubiger nur wegen eines Teilanspruches vollstreckt (Rn 13, § 266 Rn 27) oder trotz § 266 eine Teilleistung auf die Vollstreckungssumme annimmt – und ist die Forderung voll *durch eine Hypothek gesichert*, so steht die Hypothek nunmehr nach §§ 268, 412, 401 teilweise dem ablösenden Dritten, teilweise dem Gläubiger zu. Die beiden Hypothekengläubiger stehen jedoch nach § 268 Abs 3 S 2 nicht gleichrangig nebeneinander. Der Ablösende darf dem Restgläubiger bei der Befriedigung aus dem Grundstück keine Konkurrenz machen. Der Restgläubiger erhält demnach vorweg Befriedigung aus dem Grundstück, so als ob die abgelöste Teilforderung untergegangen wäre. Im Range nach ihm, aber noch vor anderen (nachrangigen) Hypothekengläubigern, wird dann der Ablösende aus dem Grundstück befriedigt. Dieselbe einheitliche Hypothek wird also in Teilhypotheken mit verschiedenem Rang aufgespalten (RGZ 82, 133, 137; 131, 323, 325; OLG Stuttgart Recht 1906 Nr 30). Dasselbe gilt beim Pfandrecht an beweglichen Sachen (OLG Celle NJW 1968, 1139).

23 Wird vom Gläubiger nur wegen eines vollstreckbaren Teilanspruches (Grundschuld) vollstreckt („zuletzt zu zahlender Teilbetrag"), so muß der Dritte die fällige Grundschuld in voller Höhe ablösen, wenn auch der Eigentümer selbst die Grundschuld nur in voller Höhe hätte ablösen können (BGH NJW 1990, 258, 260 = EWiR § 800 ZPO 1/89, 1243 [Müth]). Der Dritte wird damit so behandelt, als sei die volle Grundschuld vollstreckbar (vgl auch OLG Celle EWiR § 268 BGB 1/90, 557 [Storz]). Unter den Teilansprüchen entsteht kein Rang durch die nur teilweise Vollstreckbarkeit (OLG Hamm NJW 1987, 1090 f unter Aufgabe der gegenteiligen Rechtsprechung in OLG Hamm OLGZ 1984, 48 = Rpfleger 1984, 60 = ZIP 1984, 227).

24 Um die Durchsetzung der Teilansprüche geht es auch, wenn sich beide Teilgläubiger nebeneinander am **Insolvenzverfahren** über das Vermögen des Schuldners beteiligen. Hat der Ablösungsberechtigte den Gläubigerzugriff vor Insolvenzverfahrenseröffnung teilweise abgewendet, so ist er an sich Insolvenzgläubiger neben dem Gläubiger, der seine Restforderung geltend macht. Die Bestimmung des § 268 Abs 3 S 2 kann nun nicht bedeuten, daß der Ablösende, um die Chancen des Restgläubigers nicht zu gefährden, von der Teilnahme am Insolvenzverfahren ausgeschlossen ist. Das wäre allenfalls gerechtfertigt, wenn andere Gläubiger am Insolvenzverfahren nicht beteiligt wären. Ansonsten käme die Nichtbeteiligung des Ablösenden anderen Gläubigern ebenso zugute wie dem Restgläubiger. Ihnen gegenüber aber hat der Ablösende nicht zurückzustehen. Dem Restgläubiger käme die Nichtbeteiligung des Ablösenden nur teilweise zugute, im Rahmen einer allgemeinen Erhöhung der Insolvenzquote für *alle* Gläubiger. Die richtige Lösung wäre demnach, daß der am Verfahren zu beteiligende Ablösende die erlangte Befriedigung im Insolvenzverfahren soweit an den Restgläubiger abzuführen hätte, bis dieser voll befriedigt wäre. Eine Verpflichtung des Ablösenden, sich – auf seine Kosten – am Insolvenzverfahren zugunsten des Restgläubigers zu beteiligen, kann ihren Grund allerdings allenfalls im internen Verhältnis zwischen dem Ablösenden und dem Restgläubiger finden, nicht aber in § 268 Abs 3 S 2. Die Bestimmung schafft keine Gesamtgläubigerschaft der Beteiligten mit internem Ausgleichsvorrecht des teilweise befriedigten Gläubigers. Die gesetzliche Regelung erweist sich demnach in ihrer Relativität im Verhältnis zwischen zwei Personen als höchst unvollkommen. Um die *Durchsetzung* der Teilansprüche geht es auch, wenn sich beide Teilgläubiger am Verfahren der Verteilung einer *unzureichenden Haftpflichtversicherungssumme* beteiligen (§ 156 Abs 3 VVG). Das Problem ist dasselbe wie das bei der Beteiligung am Insolvenzverfahren. Aus § 268 Abs 3 S 2 ergibt sich kein Zwang für den Ablösenden, sich am Verteilungsverfahren zu beteiligen und den dort erlangten Betrag dem Restgläubiger auszufolgen, soweit dieser noch nicht befriedigt ist. Gegen eine allgemeine, auch auf § 117 AFG anwendbare Regel aus § 268 Abs 3 S 2: LAG Hamm ZIP 1982, 979 ff.

2. Konkurrenz auf Grund des internen Verhältnisses

Die Bestimmung des § 268 schließt es nicht aus, daß der Ablösende auf Grund seiner **25** *internen Beziehung zum Restgläubiger* Rückgriff erhebt. Er ist nur nicht wie im Falle des § 267 auf dieses interne Verhältnis für den Rückgriff angewiesen. Hat er nun den Gläubiger teilweise befriedigt, so kann er auf Grund des gegen den Schuldner erworbenen Rückgriffsanspruchs zB an dessen Insolvenzverfahren ebenso teilnehmen, wie wenn er den Gläubigeranspruch auf Grund der Legalzession geltend machte. Auch hierdurch verkürzt er allerdings die Ansprüche des Restgläubigers. Das Problem stellt sich auch für den internen Ausgleichsanspruch unter Gesamtschuldnern, § 426 Abs 2 S 2, und für den zwischen Bürgen und Hauptschuldner, § 774 Abs 1 S 2 (Staudinger/Noack [1999] § 426 Rn 140). Dasselbe gilt im Verfahren nach § 156 Abs 3 VVG, sofern man der richtigen Auffassung folgt, der leistende Dritte sei auch „Dritter" iS der §§ 156 Abs 3, 149 VVG, sein Anspruch also von der Deckungspflicht umfaßt (Staudinger/Noack [1999] § 426 Rn 141; Sieg JZ 1964, 14).

3. Konkurrenz mit anderen Forderungen desselben Gläubigers

Der Rechtsgedanke des § 268 Abs 3 S 2 erfordert es **nicht, den Gläubiger vor der** **26** **Geltendmachung konkurrierender Forderungen schlechthin** zu schützen. Der Ablösende ist weder gehindert, *mit anderen Forderungen*, die er gegen den Schuldner hat, an dessen Insolvenzverfahren teilzunehmen, noch ist er gehindert, mit der erworbenen Teilforderung konkurrierend *neben andere Forderungen* des Restgläubigers zu treten. Ist mit der Forderung ein Pfandrecht (Hypothek) übergegangen und steht dem nämlichen Gläubiger gegen den nämlichen Schuldner eine andere Forderung zu, für die an demselben Gegenstand ein nachrangiges Pfandrecht (Hypothek) begründet ist, so geht zwar die Restforderung des Gläubigers der Teilforderung des Ablösenden bei der Befriedigung aus dem Pfandgegenstand vor, nicht aber die andere Forderung des Gläubigers (RGZ 82, 133; 136, 40, 43 für § 774 Abs 1 S 2). Zur Einheit von gegenwärtigen und künftigen Forderungen aus demselben Pachtverhältnis vgl den Fall aus OLG Celle OLGZ 1969, 7 f = NJW 1968, 1139 f. Vorrang haben danach nicht die *zur Zeit der Ablösung* fälligen Pachtforderungen, sondern die, welche *bei Geltendmachung* des Verpächterpfandrechts bestehen (**aM** BRONSCH NJW 1968, 1936).

4. Durchsetzungsvorrecht – Quotenvorrecht

27 **Mit dem Durchsetzungsvorrecht** aus § 268 Abs 3 S 2 und ähnlichen Vorschriften, also auch mit dem Durchsetzungsvorrecht aus § 67 Abs 1 S 2 VVG, **hat das** zu den Legalzessionsvorschriften des § 67 VVG und des § 87a BBG erörterte **Quotenvorrecht nichts zu tun** (st Rspr BGHZ 13, 28, 31; BGH NJW 1957, 182 f; VersR 1968, 1182 f = NJW 1969, 98, 99). Dort geht es darum, daß die Höhe der zu zedierenden Forderung nicht ausreicht, um die kumulierten Interessen des Zessionars und des Zedenten voll zu decken (vgl SELB, Das Quotenvorrecht der Sozialversicherungsträger [1974]; MARSCHALL VON BIEBERSTEIN VersR 1978, 485 ff, mit weiteren Hinweisen). Die Konkurrenz führt dazu, daß einer der Beteiligten hinter den anderen in der Weise zurücktritt, daß er gar nicht erst Gläubiger wird oder die Forderung verliert. Nur soweit die Beteiligten (nach Erörterung des Quotenvorrechts) konkurrierend Gläubiger geworden *sind*, kann die Frage des Durchsetzungsvorrechts zusätzlich entstehen. Nach dem Sinn des Versicherungsvertrages (BGHZ 13, 28, 31) tritt zB der Versicherer derart hinter den Versicherten zurück (Quotenvorrecht des *Versicherten*), daß er in die Schadensersatzforderung nur eintritt, soweit sie der Versicherte nicht selbst zur Deckung seines Restschadens benötigt (zB Schaden 100, Versicherungsdeckung 50, Schadensersatzanspruch 70: Der Versicherte behält den Schadensersatzanspruch über 50, der Versicherer erwirbt ihn zum Rest, also 20). Soweit Versicherter und Versicherer bei der *Durchsetzung* der Schadensersatzforderung konkurrieren (im Beispiel: 50 neben 20), gilt dann erst § 67 Abs 1 S 2 VVG (Durchsetzungsvorrang des Versicherten); etwa im Verteilungsverfahren nach § 156 Abs 3, wenn die Haftpflichtversicherungssumme (zB in Höhe von 60) nicht zur vollen Befriedigung beider (in Höhe von 70) ausreicht.

VI. Analogiefälle

28 Zum Schutz von **Mitgliedschaftsrechten** kann § 268 analog angewendet werden. Ist Gegenstand der Zwangsvollstreckung der Anteil eines Gesellschafters (§ 135 HGB, § 725 Abs 1 BGB), die Zwangsvollstreckung also auf das Auseinandersetzungsguthaben gerichtet, und kündigt der Privatgläubiger das Gesellschaftsverhältnis, so können die übrigen Gesellschafter die Auflösung der Gesellschaft abwenden, indem sie die Forderung des Gläubigers analog § 268 ablösen (FURTNER MDR 1965, 613, 615; CLASEN NJW 1965, 2141 f; SCHÖNLE NJW 1966, 1797; MünchKomm/KRÜGER § 268 Rn 6; SOERGEL/ WOLF § 268 Rn 4; BAMBERGER/ROTH/GRÜNEBERG § 268 Rn 6; offen gelassen: BGHZ 97, 392, 396 = NJW 1986, 1991, 1992 = JR 1987, 63, 64). § 268 analog bietet das Mittel, das Eindringen Fremder abzuwehren. Das nach § 267 mögliche Widerspruchsrecht des Schuldners muß nicht durch die Satzung ausgeschlossen sein (so aber SCHULER NJW 1961, 2281). § 267 wird durch § 268 als analog anzuwendende lex specialis verdrängt. Die Ab-

lösung nach § 268 eröffnet dem Ablösenden seinerseits grundsätzlich die Möglichkeit, die Zwangsvollstreckung zu betreiben. Ist aber die Kündigungsmöglichkeit nach § 723 BGB durch den Gesellschaftsvertrag ausgeschlossen, droht den Mitgesellschaftern keine der in § 268 geregelten vergleichbare Gefahr für ihren Gesellschaftsanteil. Für eine analoge Anwendung von § 268 ist daher kein Raum. § 268 dient nicht dazu, Mitgesellschafter unter Umgehung der Vorschriften der §§ 723, 727 aus der Gesellschaft zu entfernen (LG Hannover EWiR § 268 BGB 1/91, 29 [Krafczyk]). Das gleiche gilt auch bei der Einziehung gepfändeter GmbH-Anteile. Für eine analoge Anwendung des § 268 Abs 3 bei Pfändung eines Anteils an einer Erbengemeinschaft zugunsten eines der Miterben: OLG Karlsruhe MDR 1992, 588 f.

Im Falle der Zwangsvollstreckung in einen Gesellschafteranteil erlaubt es die zulässige Teilleistung eines Dritten (oben Rn 13), die nach §§ 268 Abs 3, 412, 398 zu einem teilweisen Forderungsübergang führt, dem teilweise ablösenden Dritten nicht, die Rechte aus § 725 in Ansehung nur eines Teils des gepfändeten Gesellschaftsanteils geltend zu machen. Eine Aufspaltung des Mitgliedschaftsrechts – der Dritte kündigt die Gesellschaft, der Rest-Pfändungspfandgläubiger kündigt nicht – ist ausgeschlossen (Krafczyk zu LG Hannover EWiR § 268 BGB 1/91, 29, 30).   **29**

Bringt ein Mieter Sachen ein, die er unter Eigentumsvorbehalt erworben hat, und zahlt er oder ein Dritter den Restkaufpreis, so entsteht nunmehr ein **Vermieterpfandrecht** an den Sachen gemäß § 559. Zahlt ein Dritter den Restkaufpreis gegen vorherige Sicherungsübereignung der Sachen, ist § 268 Abs 3 unanwendbar. Hier wird das Eigentum des Dritten durch das Vermieterpfandrecht belastet. Dem Dritten steht deshalb aber nicht etwa ein Ablösungsrecht zu. Die Forderung des Vorbehaltsverkäufers geht nicht nach § 268 Abs 3 (analog) auf ihn über (BGH NJW 1965, 1475, 1476).   **30**

Abzulehnen ist die Meinung, es bestehe ein Regreßanspruch analog §§ 774 Abs 1, 268 Abs 3, 1225 des Sicherungszedenten gegen den Drittschuldner bei einer Sicherungsabtretung zur Sicherung einer Verbindlichkeit des Drittschuldners, wenn der Sicherungsfall eintritt und die abgetretene Forderung vom Sicherungsnehmer zur Tilgung der Forderung des Drittschuldners verwertet wird (so AG Pinneberg NJW 1999, 1721). Die Analogie zu § 268 Abs 3 erscheint entbehrlich, wenn man in der Verwertung der vom Sicherungsgeber freiwillig zedierten Forderung durch den Sicherungsnehmer eine freiwillige Leistung des Sicherungsgebers an den Drittschuldner nach § 267 erblickt, die jenem eine Rückgriffskondiktion gegen diesen gibt. Es fehlt bei dieser Betrachtungsweise an einer planwidrigen Regelungslücke im Gesetz. Die Stellung des Sicherungsgebers ist nur insofern schwächer, als der Drittschuldner dem Bereicherungsanspruch gegebenenfalls die Einrede des Wegfalls der Bereicherung entgegenhalten kann, diesem aber beim Übergang der Hauptforderung nach § 268 Abs 3 analog diese Einrede nicht zusteht.   **31**

§ 269
Leistungsort

(1) Ist ein Ort für die Leistung weder bestimmt noch aus den Umständen, insbesondere aus der Natur des Schuldverhältnisses, zu entnehmen, so hat die Leistung an dem Orte zu erfolgen, an welchem der Schuldner zur Zeit der Entstehung des Schuldverhältnisses seinen Wohnsitz hatte.

(2) Ist die Verbindlichkeit im Gewerbebetrieb des Schuldners entstanden, so tritt, wenn der Schuldner seine gewerbliche Niederlassung an einem anderen Orte hatte, der Ort der Niederlassung an die Stelle des Wohnsitzes.

(3) Aus dem Umstand allein, dass der Schuldner die Kosten der Versendung übernommen hat, ist nicht zu entnehmen, dass der Ort, nach welchem die Versendung zu erfolgen hat, der Leistungsort sein soll.

Materialien: E I §§ 229, 230 Abs 1; II § 225; III § 223; JAKOBS/SCHUBERT, SchR I 180.

Schrifttum

Zum gemeinrechtlichen Schrifttum vgl STAUDINGER/A WERNER[10/11]

BENGELSDORF, Schadenersatz bei Nichtantritt der Arbeit, BB 1989, 2390

DÖHMEL, Der Leistungsort bei Rückabwicklung von Verträgen (1997)

EMGE, Der Vollzugsort beim gegenseitigen Vertrage (1910)

FAUST, Haftungsprobleme beim Versendungskauf, DB 1991, 1556

HIRSCH, Erfüllungsort und Gerichtsstand, LZ 1912, 373

HÜFFER, Rechtsfragen des Handelskaufs (2. Teil), JA 1981, 143 ff, bes 147

KAISER, Die Rückabwicklung gegenseitiger Verträge wegen Nicht- und Schlechterfüllung nach BGB (2000)

KANOLD, Akkreditiv und Erfüllungsort, JW 1924, 163

KERSZENBOHM, Der Leistungsort (1904)

KÖHLER, Der Leistungsort bei Rückgewährschuldverhältnissen, in: FS Heinrichs (1998) 367

LEONHARD, Erfüllungsort und Schuldort (1907)

LEWALD, Ausländischer Zahlungsort nach dem Londoner Schuldenabkommen, NJW 1959, 1017

OERTMANN, Zur Lehre vom Leistungsort, SeuffBl 73, 385

PILTZ, Der Gerichtsstand des Erfüllungsortes nach dem EuGVÜ, NJW 1981, 1876

PRECHTEL, Der Gerichtsstand des Erfüllungsorts bei anwaltlichen Gebührenforderungen, NJW 1999, 3617

RIECK, Der Leistungsort des Bürgen (1907)

ROUSSOS, Kostenerstattungsansprüche des Käufers nach der Wandelung, BB 1986, 10

SCHACK, Der Erfüllungsort im deutschen, ausländischen und internationalen Privat- und Zivilprozeßrecht (1985)

SIEMON, Der Gerichtsstand für anwaltliche Honorarklagen, MDR 2002, 366

STAUB, Der Leistungsort des Bürgen nach dem BGB, Gruchot 45, 219

STRAUSZ, Der Erfüllungsort des Bürgen, AcP 134 (1931) 235

TÜRK, Leistungsort des Bürgen, Gruchot 44, 837

ders, Was ist unter dem jeweiligen Bestande der Hauptverbindlichkeit im § 767 B.G.B. zu verstehen?, Gruchot 46, 49

WIEACKER, Zum Verhältnis von Leistungshandlung und Leistungserfolg, in: FS Nipperdey (1965) 783

WIELUNER, Akkreditivstellung und Erfüllungsort, JW 1921, 1304 f und JW 1924, 1136

WRANGEL, Der Gerichtsstand des Erfüllungsorts

im deutschen, italienischen und europäischen Recht (Diss Freiburg 1988)

ZANDER, „Franko" und „frachtfrei", JW 1913, 407.

Claudia Bittner

I. Zweck der Norm

1 Um eine Verbindlichkeit erfüllen zu können, muß der Schuldner wissen, wo die geschuldete Leistung zu erbringen ist. Nur an diesem Ort, dem Leistungsort, kann der Schuldner die Schuld tilgen, den Annahmeverzug des Gläubigers auslösen, den Schuldnerverzug vermeiden, eine Gattungsschuld konkretisieren. Für den Fall, daß der *Leistungsort* nicht durch gesetzliche Sonderregeln, Parteivereinbarung oder die Umstände festgelegt wird, gibt § 269 an, wo der Schuldner zu leisten hat. Nach Abs 1 ist der Leistungsort dort, *wo der Schuldner* zur Zeit der *Entstehung* des Schuldverhältnisses *seinen Wohnsitz hatte.*

II. Leistungsort und Wohnsitz des Schuldners

2 Das Gesetz spricht vom „Ort für die Leistung" (Abs 1) oder vom „Leistungsort" (Abs 3). Darunter versteht man den **Ort, an dem** der Schuldner die **Leistungshandlung zu erbringen** hat, an dem er also überhaupt oder doch abschließend *tätig* werden soll. Davon ist der Ort des Leistungs*erfolges* (Erfolgsort) zu unterscheiden, wenn auch beide Orte oftmals zusammenfallen (bei der „Holschuld" regelmäßig am Wohn-/ Geschäftssitz des Schuldners und bei der „Bringschuld" am Wohn-/Geschäftssitz des Gläubigers). Fallen die Orte auseinander (bei der „Schickschuld", bei der der Leistungsort der Wohn-/Geschäftssitz des Schuldners, der Erfolgsort ein anderer Ort ist), so hat doch der Schuldner mit der Leistungshandlung zumeist alles getan, wozu er nach dem Schuldverhältnis verpflichtet war. Hat etwa der Verkäufer beim Versendungskauf (§ 447 Abs 1) oder der Hersteller eines zu versendenden Werkes (§ 644 Abs 2) mit der Übergabe der Ware bzw des Werkes an den Spediteur, Frachtführer oder eine andere Beförderungsperson alles getan, was von ihm erwartet wird, so tritt doch der Erfolg der Erfüllungshandlung (Erfüllung, Besitz- und Eigentumsübertragung) an anderem Ort ein. Das Gesetz nennt den Leistungsort dabei in den §§ 447 Abs 1 und 644 Abs 2 *„Erfüllungsort"*, was mißdeutet werden könnte, weil Erfüllung in § 362 die Bewirkung des Leistungserfolges meint. Auch bei der Regelung des Gerichtsstandes in § 29 ZPO wird der Ausdruck „Erfüllungsort" verwendet. Gemeint ist aber auch dort nach fast allgM der Leistungsort iS des § 269 BGB (vgl Rosenberg/ Schwab/Gottwald, Zivilprozeßrecht [15. Aufl 1993] § 36 II; Wieczorek/Schütze, ZPO [3. Aufl 1994] § 29 Rn 32 ff). Gleiches gilt für den Begriff des Erfüllungsortes in Art 5 Nr 1 EuGVÜ zur Bestimmung der internationalen Zuständigkeit. Im Einheitlichen UN-Kaufrecht wird vom „Ort der Lieferung" gesprochen (Art 31 CISG). Diese Bestimmung regelt im einzelnen, durch welche Handlung der Verkäufer seine Lieferpflicht erfüllt, auch hier ist also nicht der Ort des Leistungserfolges gemeint. Gelegentliche Versuche der Lehre, bessere oder differenzierende Bezeichnungen einzuführen (vgl Enneccerus/Lehmann § 23), haben sich nicht durchgesetzt. Bei allseitiger Einsicht in die Schwächen der gesetzlichen Termini kann es kaum zu Mißverständnissen kommen.

3 Der „Ort", an dem mangels besonderer Bestimmung die Leistung zu bewirken ist, wird nach Abs 1 mit dem **„Wohnsitz"** des Schuldners gleichgesetzt. Unter „Wohnsitz" versteht man mit § 7 den Ort im *politischen* Sinne, also die kleinste politische Einheit, idR die Gemeinde oder Stadt, in der die Wohnung liegt (BGHZ 87, 104, 111 = NJW 1983, 1479, 1481; Palandt/Heinrichs § 7 Rn 1). In größeren politischen Gemeinden mit mehreren Bezirken muß man darauf abstellen, in welchem Teil sich die Wohnung befindet (Palandt/Heinrichs § 7 Rn 1; RGZ 67, 191, 194: maßgeblich sei die gerichtliche Untergliederung). Schon die Variabilität der politischen Ortsgliederung aus vielfältigen Gründen, etwa der Tendenz zur Groß- oder zur Kleingemeinde, oder zur Ein- oder Ausgliederung von Orten, zeigt, daß diese Gliederung nur begrenzt zur Bestimmung der eigentlichen Leistungsstelle tauglich ist (BGHZ 87, 104, 111 = NJW 1983, 1479, 1480 f Leistungsstelle ist der derjenige Ort – hier: Dach des Hauses –, an dem sich die Sache bei Vollziehung der Wandelung auf Grund des Vertrages befindet). Mit der Tendenz zur Großgemeinde werden lediglich die **Platzgeschäfte** vermehrt, auf die dann § 269 zumindest analog anzuwenden ist (Soergel/Wolf § 269 Rn 3; MünchKomm/Krüger § 269 Rn 3). Für § 269 bestimmt letztlich die *Wohnung* des Schuldners auch dann den Leistungsort, wenn der Gläubiger seinen *Wohnsitz* am gleichen Ort, im gleichen Bezirk oder im gleichen Ortsteil hat. Entscheidend ist allein, ob sich aus der Verschiedenheit der Wohnung von Gläubiger und Schuldner nach dem Inhalt der Leistungspflicht ähnliche Probleme wie bei politischer Ortsverschiedenheit ergeben (RGZ 78, 137, 141; BGH NJW 1959, 1176; BGHZ 87, 104, 111 = NJW 1983, 1479, 1480 f).

Hat der Schuldner nach § 7 Abs 2 mehrere Wohnsitze, so ergibt die Regelung des **4** § 269 indirekt eine Wahl der Leistungsmodalität für den Schuldner, also eine Wahlschuld nach den §§ 262 ff (RG JW 1898, 257; MünchKomm/Krüger § 269 Rn 46). Hat der Schuldner keinen Wohnsitz (Landfahrer, Obdachlose), so tritt aus der Natur der Sache an die Stelle des Wohnsitzes der *Aufenthaltsort* zur Zeit der Entstehung des Schuldverhältnisses.

Bei Verbindlichkeiten, die im **Gewerbebetrieb des Schuldners** entstehen, ist der Ort **5** der gewerblichen Niederlassung maßgebend (Abs 2), sofern er vom Wohnsitz verschieden ist.

Bei **juristischen Personen** ist deren „Sitz" an Stelle eines Wohnsitzes maßgebend, also **6** der Ort, an welchem die Verwaltung geführt wird (§ 24), sofern nicht auch hier § 269 Abs 2 dem Ort der gewerblichen Niederlassung Vorrang einräumt. Der Begriff der gewerblichen Niederlassung hat die gleiche Bedeutung wie in § 6 Abs 1 UklaG, der inhaltsgleich mit dem früheren § 14 Abs 1 AGBG ist (Soergel/Wolf § 269 Rn 36; MünchKomm/Krüger § 269 Rn 46).

Maßgebend sind Wohnsitz, Sitz oder Ort der gewerblichen Niederlassung gerade **zur** **7** **Zeit der Entstehung des Schuldverhältnisses**. Beruht das Schuldverhältnis auf Gesetz, so entsteht es, wenn die Tatbestandsvoraussetzungen gegeben sind. Beruht es auf Vertrag, so entsteht es mit der Annahme des Vertragsantrages nach § 151 (beim Maklervertrag ist nicht erst das die Provision auslösende Geschäft bedeutsam: OLG Stuttgart NJW-RR 1987, 1076). Beruht es auf einem Vermächtnis, so entsteht es mit dem Erbfall (§ 2176). Zu welchem Zeitpunkt das Schuldverhältnis nun immer entsteht, ist für § 269 vorgegeben, nicht darin geregelt. Bei aufschiebend bedingten und bei befristeten Schuldverhältnissen ist die Entstehungszeit maßgebend, nicht erst die Zeit des Bedingungseintritts oder der Anfangstermin (RGZ 69, 9, 11; OLG Jena OLGE 23, 4). Auch bei Dauerschuldverhältnissen verbleibt es regelmäßig bei der Anknüpfung an den Schuldnerwohnsitz zur Zeit der Entstehung des Schuldverhältnisses an sich und nicht zur Zeit der Entstehung der einzelnen aus diesem Schuldverhältnis erwachsenden Leistungsverpflichtungen (BGH NJW 1988, 1914).

8 Eine **nachträgliche Veränderung des Wohnsitzes**, des Sitzes bzw der gewerblichen Niederlassung ist demnach grundsätzlich ohne Einfluß auf den einmal gegebenen Leistungsort (BGH NJW 1962, 109, 110; OLG Koblenz MDR 1950, 45 f m krit Anm BLOMEYER; OLG Nürnberg BayJMBl 1956, 14, 15; LG Mannheim NJW 1960, 823). Freilich kann die Anwendung des § 242 etwas anderes ergeben, etwa wenn sich die Verhältnisse, von denen beide Parteien bei Entstehung des Schuldverhältnisses ausgegangen sind, völlig geändert haben, und wenn dem Schuldner die Einhaltung des Leistungsortes gemessen am Vorteil des Gläubigers daraus unverhältnismäßig große Schwierigkeiten bereiten würde („wirtschaftliche Unmöglichkeit"; vgl RGZ 107, 121, 122). Andererseits muß gelegentlich auch der Schuldner an einem anderen Ort erfüllen, wenn es die Interessen des Gläubigers mit Rücksicht auf Treu und Glauben verlangen (RG BayZ 1923, 93 f). Alle diese Erwägungen treffen jede Bestimmung des Leistungsortes, sei sie nun vereinbart, den Umständen zu entnehmen oder durch Gesetz erfolgt, etwa in § 269. So können etwa Währungsgesetze die vertragliche Grundlage der Bestimmung des Leistungsortes aufheben (RG JW 1924, 1357 f), ebenso eine politische Gebietsveränderung und Vertreibung (OLG Celle NJW 1953, 1831 f), der Verlust von Kolonien, der Umzug ins Ausland (BGH DB 1955, 942, 943; anders zum Umzug aus der ehemaligen DDR in die BRD: BGH NJW 1962, 109, 110). Als *neuer Leistungsort* kommt bei Abänderung der *derzeitige* Wohnsitz des Schuldners oder der derzeitige Wohnsitz des Gläubigers in Frage (OGHZ 1, 363, 367 = NJW 1949, 465, 467; OLG Celle NJW 1953, 1831, 1832).

9 Gesetzliche Sonderregelungen für den Leistungsort finden sich in den §§ 261 Abs 1, 374, 604 (OLG Köln BB 1972, 1526), 697, 700 Abs 1 S 3, 811 Abs 1, 1194, 1200 Abs 1, ferner in § 36 VVG, Art 2 Abs 2, 3 und Art 8 ScheckG, Art 2 Abs 3, 75 Nr 4, 76 Abs 3 WG. Zu einer gewohnheitsrechtlichen Bestimmung des Leistungsortes AG Garmisch-Partenkirchen NJW 1971, 762 f.

III. Bestimmung durch Parteierklärung

10 Die **Regelung** in § 269 **hat nachgiebigen Charakter**. In erster Linie ist demnach bei Rechtsgeschäften die rechtsgeschäftliche Bestimmung durch die Parteien maßgebend. Diese Bestimmung kann ausdrücklich geschehen, sie kann sich jedoch auch aus dem Verhalten der Parteien schlüssig ergeben, etwa aus der bereits erbrachten Leistung (RGZ 102, 282, 283). Die *ergänzende Vertragsauslegung* (§§ 157, 242) ist hier durch den Verweis auf die „Umstände" und die „Natur des Schuldverhältnisses" eigens integriert (dazu Rn 18 ff).

11 Für die **ausdrückliche Vereinbarung** in allgemeinen Geschäftsbedingungen ist die Auslegungsregel des § 305b – Vorrang der Individualabrede – zu beachten (zu Voraussetzungen und Grenzen dieses früher im inhaltsgleichen § 4 AGBG verankerten Vorrangs ULMER/ BRANDNER/HENSEN/ULMER, AGBG[9] § 4 Rn 10 ff, 26 ff). Eine unangemessene Benachteiligung iS des § 307 Abs 2 kann bei Leistungsortbestimmungen, die der Natur des Schuldverhältnisses zuwiderlaufen, gegeben sein (MünchKomm/KRÜGER § 269 Rn 13; WOLF/HORN/LINDACHER, AGBG[4] § 9 Rn E 212; noch strenger nimmt OLG Koblenz WM 1989, 892 generell eine unangemessene Benachteiligung des nichtkaufmännischen Kunden an).

12 Die Bestimmung des § 269 Abs 3 ist eine **negative Auslegungsregel**. Aus dem Umstand der Versendungskostenübernahme durch den Schuldner allein kann noch nicht auf eine Verlagerung des Leistungsorts an den Wohnsitz des Gläubigers geschlossen werden. Umgekehrt kann man die Tragung der Versendungskosten durch den Gläubiger als Indiz für das Bestehen einer Bringschuld verstehen, weil es naheliegt anzunehmen, daß mit der Bezahlung der Versandkosten die Versendung zum Leistungsinhalt des Kaufvertrages wird (SCHILDT JR 1995, 89, 90 f). Beim *Versandhandel* mit Verbrauchern liegt kein Versendungskauf iS des § 447 Abs 1 vor. Der Wohnsitz des Käufers ist Erfüllungsort auch für die Verpflichtung des Verkäufers (AG Rastatt NJW-RR 2002, 199 f).

Nicht selten entstehen selbst bei üblichen **Vertragsklauseln** Auslegungsschwierigkeiten. Die beim Überseekauf verwendete Klausel **„cif"** (cost, insurance, freight) bedeutet Kostenübernahme, nicht Veränderung des Leistungsorts (ROHG SeuffA 37 Nr 137; OLG Hamburg OLGE 13, 419; SOERGEL/WOLF § 269 Rn 18; MünchKomm/KRÜGER § 269 Rn 17). Anders ist das zumeist, nicht immer (RG WarnR 1917 Nr 198; RG JW 1918, 92 f), bei Abladegeschäften, in denen der Ablade-, nicht der Bestimmungsort Leistungsort für den Verkäufer ist (RG LZ 1917, 268; RGZ 87, 134 f; RG WarnR 1916 Nr 159 u 192; OLG Hamburg HansGZ 1917 Hauptbl 239 und LZ 1918, 866 f; SOERGEL/WOLF § 269 Rn 19). Ausnahmsweise kann auch der Bestimmungshafen als Leistungsort vereinbart sein (RGZ 93, 166, 168; SOERGEL/WOLF § 269 Rn 19). **13**

Die Klausel **„fob"** (free on board) bedeutet ebenso nur eine *Kostenübernahme*, allenfalls noch darüber hinaus eine Veränderung der *Gefahrtragung*; der Leistungsort wird nicht verändert (für Kostenübernahme: OLG Hamburg OLGE 3, 92; LZ 1916, 1388; MünchKomm/KRÜGER § 269 Rn 17; für Gefahrtragung: OLG Hamburg HansGZ 1924 Hauptbl 72; SOERGEL/WOLF § 269 Rn 18). Daß Kostentragung und Gefahrübernahme einerseits und Leistungsort andererseits verschiedene Wege gehen können, zeigt sich nach der hM zum Charakter der Geldschuld als qualifizierter Schickschuld auch in § 270 Abs 4 (zur Gegenmeinung § 270 Rn 2). Ähnlich sind Klauseln wie „franko Hamburg", „frei Hamburg", „frei Grenzort", „frei Bahn", „lieferbar in …", „Ablieferung in…", „frei … Bestimmungsort" (BGH NJW 1984, 567 f: Übergang der Transportgefahr), „Ablieferung in …" nicht als Veränderung des Leistungsorts verstanden worden (RGZ 52, 133, 135; 68, 76, 78; 111, 23, 24; 114, 405, 408 f; RG JW 1902 Beil 252; RG LZ 1907, 281; Recht 1907 Nr 565; LZ 1907, 342; 1908, 159; Recht 1908 II Nr 261; WarnR 1917 Nr 113; JW 1925, 2326 f; Recht 1925 Nr 1264; OLG Hamburg Recht 1902 Nr 653 und HansGZ 1916 Hauptbl 204). **14**

Auch Vereinbarungen über die **Zahlungsweise** lassen nach der hM zum Charakter der Geldschuld als qualifizierter Schickschuld den Leistungsort zumeist unberührt. Nach hM verändern sie allenfalls die Gefahrtragungsregeln aus § 270 Abs 1–3, während die Bestimmung des Leistungsorts auf Grund ausdrücklicher Anordnung in § 270 Abs 4 unberührt bleibt (zur Gegenmeinung und der danach eng begrenzten Funktion des Abs 4 § 270 Rn 2). Zur Klausel „zahlbar in …" vgl OLG Stuttgart JW 1920, 61; OLG Hamburg JW 1938, 1891 f; „über Nachnahme": OLG Dresden OLGE 41, 244; OLG Hamburg Recht 1920 Nr 1158 = LZ 1920, 444; „Kassa vor Verladung": OLG Rostock SeuffA 69 Nr 133; „Zahlung beim Verkäufer gegen Vorlage des Duplikatfrachtbriefes": RG Recht 1921 Nr 2152 = WarnR 1920 Nr 188; KG Recht 1922 Nr 808; OLG Breslau Recht 1922 Nr 807; „auf Girokonto des Gläubigers": KG OLGE 42, 24; gegen RG Recht 1903 Nr 3113 = JW 1903 Beil 137; RG JW 1911, 361; „Bankakkreditiv vor Lieferung": OLG Frankfurt NJW 1951, 965; OLG Dresden OLGE 41, 244; OLG Kiel OLGE 41, 96; OLG Hamburg JW 1922, 594 f = LZ 1922, 132 f; ebenso WIELUNER JW 1921, 1304 und JW 1924, 1736; LEVY JW 1922, 594; **aM** OLG Karls- **15** ruhe BadRpr 1921, 113 und 1922, 86; OLG Hamburg LZ 1922, 724 f; OLG Düsseldorf WM 1971, 168, 171; Kanold JW 1924, 163; Reichardt GoldschmidtsZ 88, 16.

16 Auch aus einer Vereinbarung des **Gerichtsstandes** ist nicht auf eine Vereinbarung des Leistungsortes zu schließen (OLG Braunschweig OLGE 43, 25). Umgekehrt darf die Vereinbarung eines Leistungsorts („Erfüllungsorts") kaum je verengend als eine bloße Vereinbarung des Gerichtsstandes verstanden werden (vgl dazu Adler GrünhutsZ 38, 719 ff). Zur nur beschränkten Wirkung einer Vereinbarung über den Leistungsort auf den Gerichtsstand vgl §§ 29 und 38 ZPO und unten Rn 57.

17 Bei Verträgen ist die **bloß einseitige Bestimmung** des Leistungsortes durch eine Vertragspartei bedeutungslos, zumal wenn sie erst nach Vertragsabschluß auf Rechnungen, Lieferscheinen und Lieferbegleitscheinen getroffen wird (RGZ 52, 133, 135; RG JW 1903, 431; RG Recht 1903 Nr 221; RGZ 57, 408, 410 f; 58, 66, 68; 65, 330, 331; RG SeuffA 80 Nr 76; OLG Hamburg HansGZ Hauptbl 1904, 127). Bei Vermerken auf Kostenvoranschlägen und Preislisten, eventuell auch in Inseraten, ist entscheidend, ob die Parteien bei den Vertragsverhandlungen auf die Vermerke Bezug genommen haben (RG Recht 1904 Nr 1079; OLG Karlsruhe BadRpr 1904, 26). Anders verhält es sich beim Schweigen auf ein *kaufmännisches Bestätigungsschreiben*, in dem einseitig ein „Erfüllungsort" bestimmt wurde; hier bedeutet das Schweigen Zustimmung (RGZ 57, 408, 411; 58, 66, 69 f; RG Recht 1903 Nr 221; RG DJZ 1904, 603; RG WarnJb 1900–02, 38 Nr 6, 1903, 27 Nr 9, 10), es sei denn, es wurde vorher brieflich ein anderer Erfüllungsort angegeben (RG LZ 1919, 368). Anders verhält es sich auch beim Schweigen auf die Schlußnote des Handelsmaklers (RGZ 59, 350 f).

IV. Bestimmung durch die Umstände

1. Allgemeines

18 Zu den **„Umständen"**, die nach Abs 1 zu beachten sind, gehören zum einen die **Natur des Schuldverhältnisses,** Charakter des gegebenen Schuldverhältnisses (Typus) sowie die **besonderen Verhältnisse des Einzelfalles**. Auch Verkehrssitte und Handelsbrauch können dabei eine Rolle spielen, so etwa der Handelsbrauch in den Weinbaugebieten an Rhein und Mosel, daß bei Weinverkäufen, die beiderseitige Handelsgeschäfte sind, der Wohnsitz des Verkäufers Leistungsort („Erfüllungsort") für Lieferung und Zahlung ist (OLG Köln JW 1923, 311; LG Landau NJW 1952, 789; Lüttger JW 1927, 1404).

19 Der Ort der Leistung muß nicht für alle Verpflichtungen aus demselben Schuldverhältnis derselbe sein. Bei **zweiseitigen Verträgen**, selbst bei gegenseitigen, kann der Leistungsort für beide Parteien verschieden sein (zum Kaufvertrag: BGH DB 2003, 272 f). Sogar für *mehrere* Leistungen *derselben* Partei können verschiedene Leistungsorte gegeben sein. Beim Kauf: RG WarnR 1912 Nr 99. Bei Zug-um-Zug-Leistungen allgemein: OLG Rostock OLGE 33, 204; OLG Karlsruhe BadRpr 1918, 114; OLG Hamm JMBl NRW 1951, 247; **aM** KG KGBl 1918, 66.

20 Eine **Spaltung des Leistungsortes** bei zweiseitigen, insbesondere bei synallagmatischen Verträgen versucht die Rechtsprechung allerdings meist *zu vermeiden*. Um der erstrebten Einheitlichkeit des Leistungsortes willen wird nicht selten nach einem *Schwerpunkt des Schuldverhältnisses* gesucht (Bötticher SJZ 1948, 738; Gamillscheg

RabelsZ 1958, 334; MünchKomm/KRÜGER § 269 Rn 19). Bei der Rückabwicklung eines Kaufes wird dafür stärker auf die Warenleistung als auf die Preiszahlung geachtet (vgl aber unten Rn 27 ff), beim Anwaltsvertrag mehr auf die Tätigkeit des Anwalts, seinen Kanzleiort (OLG Celle NJW 1966, 1975; LG Magdeburg NJW-RR 2003, 130; LG Hamburg NJW 1976, 199; aA die jüngere Rechtsprechung, su Rn 48), bei Arbeits- oder Dienstverträgen mehr auf die Tätigkeit des Arbeits- oder Dienstnehmers (vgl unten Rn 25). Bei **Nebenpflichten** ist grundsätzlich derselbe Leistungsort wie bei Hauptpflichten gegeben (RGZ 55, 105, 111; 57, 12, 15; 70, 198 f; BGH WM 1976, 1230, 1232; BGH JZ 2002, 97, 98 = NJW 2002, 2703; OLG Dresden ZIP 2001, 1531, 1533).

2. Einzelfälle

Bei **Ladenkäufen** über Gegenstände, die vom Kunden mitgenommen werden können, **21** ist der Ort der gewerblichen Niederlassung des Verkäufers Leistungsort auch für die Zahlungspflicht (OLG Stuttgart OLGE 41, 244; vgl auch RG JW 1922, 484), freilich nur bei Waren, die üblicherweise *bar bezahlt* werden. Das gilt generell, wenn es sich um Kunden handelt, die an fremden Orten, wo sie nicht bekannt sind, etwa am Urlaubsort, einkaufen oder Leistungen örtlicher Handwerker oder Dienstleistungsbetriebe in Anspruch nehmen. Beispiele dafür sind, daß etwa durchreisende Kraftfahrer Werkstattleistungen für ihr Fahrzeug in Anspruch nehmen (OLG Düsseldorf MDR 1976, 496; LG Aachen JMBl NRW 1957, 183 f; LG Bremen NJW 1965, 203; LG Bielefeld DAR 1969, 300 f); daß der Kurgast am Badeort den Arzt konsultiert (OLG Karlsruhe BadRspr 1911, 150); daß ein durchreisender Ausländer den Zahnarzt am Aufenthaltsort konsultiert (OLG München OLGE 40, 419 m zust Anm JOSEF Gruchot 65, 453). Stets ist letztlich entscheidend, ob ganz allgemein, nach besonderer Vereinbarung oder aus den besonderen Umständen nur gegen *Barzahlung* geleistet werden soll.

Bei **Grundstücksmiete** oder -pacht ist der Ort der Überlassung des Miet- oder Pacht- **22** objektes vorgegeben; er ist nicht notwendig auch Leistungsort für die Miet- oder Pachtzinszahlung (RGZ 140, 67, 69 ff: Leistungsort sei der Wohnsitz des Mieters oder Pächters; aA OLG Hamm JW 1931, 3462) und für die Mietnebenkosten (so aber AG Mönchengladbach-Rheydt MDR 1979, 1024), zumal sich die Usancen der Mietzahlung geändert haben, das Inkasso durch den Vermieter oder dessen Verwalter im Miethaus und mit dem Mietenbuch der Vergangenheit angehört. Grundsätzlich greift daher für die Miet- oder Pachtzinszahlung § 270. Für Mietschulden von durchreisenden *Hotelgästen* (AG St Blasius MDR 1982, 1017), Feriengästen, Ferienhausmietern (AG Neuss NJW-RR 1986, 1210 f) und Campingreisenden wird jedoch der Ort der Beherbergung für maßgebend gehalten (LG Kempten BB 1987, 929 m zust Anm NETTESHEIM; dazu ders BB 1986, 547 ff; AG Grafenau MDR 1958, 610; AG Garmisch-Partenkirchen NJW 1971, 762) wegen der vorausgesetzten, eben am Ort der Beherbergung zu erbringenden Bezahlung in bar, per Scheck oder mit Kreditkarte.

Leistungsort bei **Leasingraten** für bewegliche Sachen ist am anfänglichen, nicht am **23** jeweiligen Schuldnerwohnsitz (BGH NJW 1988, 1914 = WM 1988, 1072 = EWiR § 269 BGB 1/88, 757 [ECKERT]).

Leistungsort bei **Bauwerkverträgen** ist für beide Leistungen regelmäßig der Ort des **24** Bauwerkes (BGH JZ 1986, 252 = DB 1986, 856 = NJW 1986, 935; BayObLG MDR 1983, 583);

nicht aber für Ansprüche von Subunternehmern gegen den Hauptunternehmer (Arge) (BGH EWiR § 269 1/85, 845 [HOCHSTEIN] für den „Sitz" der Arge).

25 Der gemeinsame Leistungsort bei **Arbeits- und Dienstverhältnissen** für die beiderseitigen Leistungsverpflichtungen bestimmt sich nach der Rechtsprechung des BAG nach dem Schwerpunkt des Vertragsverhältnisses, der durch die Arbeitsleistung innerhalb eines Betriebes bestimmt wird (BAG NZA 1986, 366 = AP § 1 TVG Tarifverträge: Großhandel Nr 5). Leistungsort auch für die Lohnzahlung ist damit regelmäßig der Ort der betrieblichen Niederlassung (BAG NZA 1997, 334, 335; OLG Celle OLGZ 1967, 309 f; OLG Düsseldorf DB 1972, 1065). Gleiches gilt für das Arbeitszeugnis, das der Arbeitnehmer grundsätzlich beim Arbeitgeber abzuholen hat (BAG NJW 1995, 2373 = NZA 1995, 671). Im *Leiharbeitsverhältnis* ist für die Dienste der Einsatzort entscheidend, nicht die Niederlassung des verleihenden Unternehmens. Wird der Arbeitnehmer von demselben Betrieb immer wieder weisungsgebunden an verschiedene Arbeitsorte entsandt (Montage), ist der Ort des entsendenden Betriebes Leistungsort für die beiderseitigen Verpflichtungen (MünchArbR/HANAU² § 72 Rn 18 mwN). Hierunter fällt nicht der vertraglich vereinbarte Einsatzort einer Flugbegleiterin (homebase). Dieser ist nicht als Leistungsort iS von § 269 zu verstehen (BAG NZA 1998, 936, 938). Bei Arzneimittelwerbern im Außendienst ist das Bezirksbüro, nicht der Ort der zentralen Geschäftsleitung Leistungsort (ArbG Bonn MDR 1965, 239 f). Wird der Arbeitnehmer allerdings als Außendienstmitarbeiter in einem bestimmten Bezirk von seinem Wohnsitz aus tätig, ist Leistungsort der beiderseitigen Verpflichtungen aus dem Arbeitsverhältnis der Wohnort des Arbeitnehmers, auch dann, wenn er nicht täglich zu seinem Wohnsitz zurückkehrt (BAG AP Art 5 Brüsseler Übereinkommen Nr 1; ArbG Bayreuth NZA 1993, 1055; **aA** ArbG Leipzig BB 2002, 683 f; OSTRUP/ZUMKELLER NZA 1994, 644 ff). Ist die Arbeistleistung in zwei verschiedenen Staaten zu erbringen, ist Erfüllungsort der Ort, der der Arbeitnehmer zum tatsächlichen Mittelpunkt seiner Berufstätigkeit gemacht hat (so LAG Nürnberg AR-Blattei ES 160.5.5 Nr 4)

26 Demgegenüber stellt der BGH entscheidend darauf ab, wo sich die betriebliche Einrichtung zur Lohnbuchhaltung und -auszahlung befindet. Leistungsort für Arbeitsvergütungen ist danach grundsätzlich der Betriebssitz des Arbeitgebers, und zwar auch dann, wenn es der Arbeitgeber übernimmt, bargeldlos zu überweisen, oder der Arbeitnehmer auswärts beschäftigt ist (BGH NJW 1985, 1286 f = WM 1985, 283 f). Mit der Entscheidung, die Lohnschuld als Schickschuld zu behandeln, ist jedoch noch keine Aussage darüber getroffen, wer die Kosten der Überweisung oder gar die Kosten der Kontenführung bei der Bank trägt (vgl dazu § 270). Im Handelsvertreterrecht trennt der BGH die Leistungsorte für die beiderseitigen Verpflichtungen. Für die Tätigkeit des Handelsvertreters ist auf seinen Tätigkeitsort, für die Leistungen des Unternehmers auf dessen Sitz abzustellen (BGH ZIP 1988, 436 ff m Anm vKÜSTNER/vMANTEUFFEL NJW 1988, 966 f = WM 1988, 135 f; BGH NJW 1993, 2753).

27 Der Leistungsort der gegenseitigen Rückgewährpflichten bei **Rückgewährschuldverhältnissen** ist höchst umstritten. Teilweise ergibt er sich schon aus der Beschaffenheit der Sache. So können Grundstücke nur am Ort der Liegenschaft zurückgegeben werden (STAUDINGER/KAISER [2001] § 346 aF Rn 42; KAISER 423). Im übrigen war man sich unter der Geltung des **alten Rechts** im Falle der *Wandelung* weitgehend einig, daß eine *gelieferte Sache* grundsätzlich an dem Ort zurückzugewähren ist, wo sie sich auf Grund des Vertrages bestimmungsgemäß befindet (RGZ 55, 105, 113; RGZ 57, 12, 15;

OLG Celle SJZ 1948, 764 ff m abl Anm Bötticher; ders SJZ 1948, 738; Palandt/Heinrichs[61] § 269 Rn 15; Döhmel 116; Kaiser 424; zum gesetzlichen Rücktrittsrecht des Käufers BGH WM 1974, 1073). Für das *gesetzliche Rücktrittsrecht* wurde die Frage des Erfüllungsortes für die Rückgewähr der Sachleistung teilweise anders entscheiden, wenn rücktrittsberechtigt der Verkäufer war. Für den Fall des *gesetzlichen Rücktritts* des vorleistenden Verkäufers nach § 455 aF oder § 326 aF wurde für die Rückgabepflicht zum Teil auf den Empfangsort abgestellt. Gründe den Käufer zu privilegieren, indem man ihm etwa die Rückgabe an seinem Wohnort gestattete, wo sich die Sache inzwischen befindet, gebe es nicht, da er den Rücktritt zu vertreten habe (Köhler 376). Das konnte im Ergebnis dazu führen, daß Rückgabeort der Wohnsitz oder die gewerbliche Niederlassung des Verkäufers ist, wenn der Käufer die Sache dort entgegengenommen hat (iE ebenso zu einem Rücktritt nach Abzahlungsgesetz OLG Karlsruhe MDR 1970, 587 f; generell für den Wohnsitz/die gewerbliche Niederlassung des zurücktretenden Verkäufers Muscheler AcP 187 [1987] 343, 387). Umgekehrt konnte hiernach das Geschäftslokal oder der Wohnsitz des Käufers der Leistungsort für die Rückgewähr sein, wenn die Sache dem Käufer geliefert worden war (iE ebenso zu einem Rücktritt nach Abzahlungsgesetz OLG Nürnberg NJW 1974, 2237, das das OLG Karlsruhe allerdings zu Unrecht für seine Argumentation in Anspruch nimmt).

Das **neue Recht** unterscheidet nicht mehr Wandelungsrecht und gesetzliches Rück- **28** trittsrecht. § 437 Nr 2 verweist auf das allgemeine Leistungsstörungsrecht. Voraussetzung des gesetzlichen Rücktritts ist allein die nicht oder nicht vertragsgemäß erbrachte Leistung, ohne daß es auf ein Verschulden des Schuldners ankäme. Eine Differenzierung danach, ob eine der Vertragsparteien und wer den Rücktritt zu vertreten hat, findet daher im Gesetz keine Stütze mehr. Rücktrittsberechtigt kann im praktisch häufigsten Fall einer gestörten Kaufvertragsbeziehung der Käufer (§§ 437 Nr 2, 323, 326) oder auch der Verkäufer sein (§§ 449, 323). Entsprechend der früher von der ganz hM zur Wandelung des Käufers vertretenen Position ist eine *gelieferte Sache* grundsätzlich an dem Ort zurückzugewähren, **wo sie sich auf Grund des Vertrages bestimmungsgemäß befindet** (MünchKomm/Krüger § 269 Rn 41; Bamberger/Roth/Grüneberg § 269 Rn 28). Das ist im Regelfall der Ort, an dem der Käufer oder ein von ihm benannter Dritter die Sache gemäß dem Vertrag erhalten hat (Köhler 371). Ausnahmsweise ist der Rückgabeort vom Empfangsort verschieden (BGHZ 87, 104, 110 f = NJW 1983, 1479, 1480 f: Lieferung mangelhafter Dachziegel; vertragsgemäßer Bestimmungs- und Leistungsort der Rückgewähr sei das Dach des Hauses, auf dem sich die Ziegel bei Vollziehung der Wandelung befanden). Allerdings kann nicht jede Weiterveräußerung als bestimmungsgemäßer Gebrauch aufgefaßt werden (Köhler 370), weil man sonst den Verkäufer unkalkulierbaren Risiken aussetzt. Es ist daher für den bestimmungsgemäßen Gebrauch der Sache auf den objektiven Verwendungszweck abzustellen, der nur bei Fahrzeugen, Booten, Flugzeugen etc. auf einen Ortswechsel zielt (Köhler 374; iE ebenso Soergel/Huber § 476 Rn 133, der grundsätzlich auf den Empfangsort, der im Vertrag bestimmt war, abstellt; gegen die Differenzierung nach dem objektiven Verwendungszweck Kaiser 424 Fn 36). Hat der Käufer die Sache an seinen (Wohn-)Sitz verbracht, braucht er sie nur dort zurückzugewähren, muß sie nicht etwa an einen hiervon verschiedenen Empfangsort zurücktransportieren (Köhler 373, 380). Das gilt jetzt auch für den zur Rückgewähr verpflichteten Vorbehaltskäufer.

Unter Geltung des alten Rechts war für die Rückgewährpflicht des *Wandelungs-* **29** *gegners*, der in aller Regel Geld zurückzugewähren hat, nach herrschender Literaturansicht der **Erfüllungsort für die Geldrückzahlung** derselbe wie der für die Sachleistungsrückgewähr. Das gleiche wurde und wird nun unter der Geltung des neuen Rechts beim gesetzlichen Rücktritt angenommen (BGHZ 87, 104, 109 MünchKomm/ KRÜGER [Band 2 und 2a] § 269 Rn 41; PALANDT/HEINRICHS[61] § 269 Rn 16; aA SOERGEL/WOLF § 269 Rn 30). Die Rechtsprechung stellte für die Rückgewähr des Kaufpreises auf den Wohnsitz des rückzahlungsverpflichteten Schuldners ab (etwa OLG Nürnberg NJW 1974, 2237; OLG Oldenburg NJW 1976, 1043, 1044; LG Krefeld MDR 1977, 1018 f), der regelmäßig mit dem Ort zusammenfällt, an dem sich die gelieferte Sache vertragsgemäß befindet.

30 KAISER 424 f differenziert im Gegensatz zur hM nicht zwischen Sach- und Gegenleistung (regelmäßig in Geld), sondern unterscheidet für die beiderseitigen Rückgewährpflichten des Rücktrittsberechtigten und des Rücktrittsgegners nach ihren Parteirollen, ohne Unterschied, ob es sich um die Rückgewähr von Sach- oder Geldleistungen handelt. Gemäß dem typischen Vertragswillen hat der **Rücktrittsberechtigte** die Schuldnerleistung hiernach dort zurückzugewähren, wo sich diese vertragsgemäß befindet, zB am Geschäftssitz des Abkäufers. Dagegen sei Erfüllungsort für die **Rückgewährpflicht des Rücktrittsgegners** immer der *Wohn- oder Geschäftssitz des Berechtigten*. Die Differenzierung nach Parteirollen im Rückgewährschuldverhältnis führt – entgegen der Tendenz der Rechtsprechung zum gesetzlichen Rücktritt nach altem Recht – notwendig zu getrennten Erfüllungsorten für die beiderseitigen Leistungspflichten (KAISER 425; STAUDINGER/KAISER [2001] § 346 aF Rn 46; aA etwa OLG Nürnberg NJW 1974, 2237; OLG Oldenburg NJW 1976, 1043, 1044: Erfüllungsort für die Rückgewähr des Kaufpreises sei der Wohnsitz des Schuldners; MünchKomm/KRÜGER § 269 Rn 41, der für einen einheitlichen Austauschort für Leistung und Gegenleistung plädiert.). Da die Gefahr- und Kostentragung bei Geldschulden eigens durch § 270 Abs 1 geregelt ist, hat diese Auffassung Konsequenzen vor allem für den Gerichtsstand (STAUDINGER/KAISER [2001] § 346 aF Rn 45). Wohl gerade wegen dieser Konsequenz einer Aufsplitterung der örtlichen Zuständigkeit für das Rückgewährschuldverhältnis zieht die Praxis den einheitlichen Erfüllungsort vor.

31 Für das **Widerrufs- und Rückgaberecht** des **Verbrauchers** nach §§ 355, 356 gelten grundsätzlich die Vorschriften über das gesetzliche Rücktrittsrecht, § 357 Abs 1 Satz 1. Die Frage des Erfüllungsortes für die Rücksendeverpflichtung ist aber eigens, wenn auch mittelbar über eine Kosten- und Gefahrtragungsregelung in § 357 Abs 2 geregelt. Der Erfüllungsort liegt am Wohnsitz des zur Rücksendung verpflichteten Verbrauchers, die Rücksendeverpflichtung ist Schickschuld (AnwKommBGB/RING § 357 Rn 16; BAMBERGER/ROTH/GROTHE § 357 Rn 4; PALANDT/HEINRICHS § 357 Rn 5).

32 Beim **vertraglichen Rücktrittsrecht** kann der Erfüllungsort für die Rückgewährverpflichtungen vereinbart werden. Läßt sich der Parteiabrede, auch etwaigen Kosten- und Gefahrtragungsabreden (dazu etwa STAUDINGER/KAISER [2001] § 346 aF Rn 43) für die Bestimmung des Erfüllungsortes nichts entnehmen, greift § 269. Die hM nimmt an, daß beim vertraglichen Rücktrittsrecht, das *nicht* an eine *vom Schuldner zu vertretende Leistungsstörung* anknüpft, im Zweifel anzunehmen ist, daß der vertragliche Erfüllungsort auch für die beiderseitigen Rückgewährpflichten maßgeblich sein soll (OLG Hamm MDR 1982, 141; PALANDT/HEINRICHS § 269 Rn 15; MünchKomm/KELLER[3] § 269 Rn 46; MünchKomm/JANSSEN § 346 Rn 16; DÖHMEL 124; AnwKommBGB/HAGER § 346 Rn 24; aA SOERGEL/WOLF 269 Rn 30; GERNHUBER, Erfüllung[2] § 2 V 4 c; KAISER 423). Mangels anderer

Bestimmung im Vertrag ist danach der Wohnsitz des Leistenden, nicht etwa der des Rückgewährschuldners, maßgeblich. Knüpft der vertragliche Rücktritt an eine *vom Schuldner zu vertretende Leistungsstörung* an, ist eine Spaltung des Erfüllungsortes anzunehmen. Der Rücktrittsberechtigte hat nach dem typischen Parteiwillen die Leistung an dem Ort zurückzugeben, an dem sie sich vertragsgemäß befindet; Leistungsort für die Rückgewährpflicht des Rücktrittsgegners ist der Wohn- oder Geschäftssitz des Berechtigten (KAISER 424 f).

Für die Rückgabe des Geleisteten nach **Aufhebung des Vertrages** nach Art 81 Abs 2 **33** CISG zieht die hM die gesetzlichen Erfüllungsortregeln für die ursprünglichen Leistungspflichten spiegelbildlich heran. Der Erfüllungsort für die Rückzahlungspflicht des Verkäufers wie auch für die Warenrückgabe des Käufers liegt daher im Zweifel am Niederlassungsort des Käufers (näher STAUDINGER/MAGNUS [1999] Art 81 Rn 19 mwN; **aA** zur Vorläuferbestimmung des Art 78 EKG BGH NJW 1981, 1158 f = BGHZ 78, 257 ff: Erfüllungsort für die Rückgewähr des Kaufpreises nach Art 78 Abs 2 EKG sei der Ort der gewerblichen Niederlassung des Verkäufers).

Für die **Rückabwicklung nichtiger Verträge nach Bereicherungsrecht** spielt die im **34** Vertrag enthaltene, ebenfalls nichtige Vereinbarung des „Erfüllungsortes" nach hM keine Rolle mehr (**aM** LG Hamburg MDR 1963, 758). Die hM stellt auf den Wohnsitz des Rückgewährschuldners im Zeitpunkt der Entstehung der Rückzahlungsverpflichtung ab (RGZ 49, 421, 424; MünchKomm/KRÜGER § 269 Rn 43) oder auf den Ort, an dem sich die Sache vertragsgemäß befindet, bei Veräußerung im regelmäßigen Geschäftsbetrieb etwa am Geschäftsitz des Abkäufers (RGZ 96, 345, 347; die Frage, wie zu entscheiden ist, wenn die Sache willkürlich an einen schwer zu erreichenden Ort verschleppt wurde, wird vom RG offengelassen; BGH MDR 1962, 399, 400; PALANDT/HEINRICHS § 269 Rn 15; SOERGEL/ WOLF § 269 Rn 30; ERMAN/KUCKUK § 269 Rn 13; im Grundsatz ebenso DÖHMEL 191 f; wieder anders KÖHLER 378 ff: Im Grundsatz sei die Sache am vertraglichen Empfangsort herauszugeben, weil die Herausgabepflicht bereits im Zeitpunkt des rechtsgrundlosen Empfangs der Leistung begründet werde; befinde sich die Sache im Zeitpunkt der Geltendmachung des Herausgabeanspruchs nicht mehr am Empfangsort, müsse sie der Empfänger an diesen Ort zurückschaffen und sie dort dem Bereicherungsgläubiger zur Verfügung stellen, es sei denn, er könne sich auf § 818 Abs 3 berufen. Weitere Ausnahmen vom Grundsatz der Rückgewähr am Empfangsort könnten sich anhand des Kriteriums, wer den Nichtigkeits- oder Anfechtungsgrund zu vertreten hat, ergeben; differenzierend nach dem Grund der bereicherungsrechtlichen Rückabwicklung KAISER 451 ff; MünchKomm/ KRÜGER § 269 Rn 43 zur Eingriffskondiktion).

Der für die Hauptverpflichtung maßgebliche Leistungsort ist nach hM auch Leis- **35** tungsort für die Verpflichtung zum **Schadensersatz statt der Leistung** (zum Schadensersatz wegen Nichterfüllung nach altem Recht RGZ 55, 423, 424 ff; RG LZ 1907, 342; 1920, 757 = WarnR 1920 Nr 188; BayObLG MDR 1981, 233 f [Anwaltsvertrag]; **aA** DÖHMEL 155 ff: für jede Leistung sei eine selbständige Leistungsortbestimmung vorzunehmen; maßgeblich sei der Ort, wo sich die Sache vertragsgemäß befinde; zum Schadensersatz wegen Schlechterfüllung BayObLG NJW-RR 1996, 52, 53 [Anwaltsvertrag]; bestätigt in BayObLG AnwBl 2002, 430 f). Bei Geltendmachung eines *Differenzschadensersatzanspruches* durch den Gläubiger unter beiderseitiger Rückgewähr der Leistungen nach Rücktrittsvorschriften gilt das zum gesetzlichen Rücktrittsrecht Gesagte (oben Rn 27 f) dann auch für die beiderseitigen Rückgewährpflichten (KAISER 438).

36 Der für die Hauptverpflichtung maßgebliche Leistungsort ist auch Leistungsort für eine *Vertragsstrafe* (RGZ 69, 9, 12).

37 Verpflichtungen zur **Abgabe rechtsgeschäftlicher Erklärungen** sind am Wohnsitz des Erklärungsempfängers zu erfüllen (vgl BREIT Gruchot 55, 30); anders bei Verpflichtungen zur Auflassung oder Hypothekenbestellung, die am Ort des Grundbuchamtes zu erfüllen sind (OLG Stuttgart Recht 1908 Nr 3399).

38 Bei **Benachrichtigungspflichten** ist danach zu unterscheiden, in wessen Interesse die Benachrichtigung liegt. Liegt sie im primären Interesse des Benachrichtigungspflichtigen, liegt die Annahme einer Bringschuld nahe; liegt sie im primären Interesse des zu Benachrichtigenden, ist dagegen eine Schickschuld anzunehmen (EINSELE JZ 2003, 100). Die Benachrichtigungspflicht aus Nr 15 Abs 2 der Sonderbedingungen für Wertpapiergeschäfte, die als Erinnerungshilfe für den Kunden dient, ist daher als Schickschuld einzuordnen (so im Ergebnis BGH NJW 2002, 2703 = BKR 2002, 682, 683 m Anm LEITZ BKR 2002, 685 ff = JZ 2003, 97, 98 m insoweit zust Anm EINSELE JZ 2003, 100 f = ZIP 2002, 1238 = EwiR § 31 WpHG 2/02, 833 f [SCHÄFER]). Die Im-Zweifel-Regelung des § 269 als Holschuld paßt, auch wenn die Benachrichtigungspflicht eine Nebenpflicht zu einer als Holschuld zu qualifizierenden Hauptpflicht ist, schon deshalb nicht, weil derjenige, der informiert werden soll typischerweise nicht weiß, wann eine relevante Mitteilung auf ihn wartet, die er sich abholen könnte (vgl EINSELE, JZ 2003, 100).

39 Die Tendenz der Rechtsprechung, einen einheitlichen Erfüllungsort von Leistung und Gegenleistung bei bestimmten Vertragstypen zu suchen, läßt sich auf den **Bürgschaftsvertrag** nicht übertragen. Hier steht die Zahlungspflicht des Bürgen im Vordergrund. Auf der Grundlage der hM zu § 270 (§ 270 Rn 1) ist der für die Hauptschuld maßgebliche Leistungsort nicht zugleich auch der für die *Bürgenverpflichtung* (RGZ 137, 1, 11; MünchKomm/KRÜGER § 269 Rn 28), ebensowenig der für die kumulativ übernommene Schuld (OLG Frankfurt aM MDR 1980, 318); auch muß der Leistungsort nicht für alle *Gesamtschulden* derselbe sein (vgl zu diesen Fragen RGZ 10, 282, 283; 34, 15, 17; RG LZ 1908, 225; OLG Schleswig NJW 1952, 1018 f; TÜRK Gruchot 44, 837; STRAUSS AcP 134, 236). Erfüllungsort für den *Regreßanspruch* des in Anspruch genommenen Bürgen gegen den Schuldner aus § 774 Abs 1 ist der Leistungsort der Hauptschuld (MünchKomm/KRÜGER § 269 Rn 28). Die Verpflichtung eines Gläubigers gegenüber dem Bürgen, eine zur Sicherung der Hauptforderung bestellte Grundschuld Zug um Zug gegen Zahlung der Bürgschaftssumme an den Bürgen analog §§ 774 Abs 1, 412, 401 abzutreten, ist am Sitz des Gläubigers zu erfüllen (BGH NJW 1995, 1546).

40 Bei **Gefälligkeitsverträgen** ist Leistungsort der Wohnsitz dessen, der die Gefälligkeit gewährt. *Leihsachen* müssen also am jeweiligen Wohnsitz des Verleihers abgeholt und zurückgegeben werden. Die Rückgabeverpflichtung aus § 604 Abs 1 ist also in der Regel eine Bringschuld, kann im Einzelfall aber auch Schickschuld sein (BGH NJW-RR 2002, 1027, 1028 = WRP 2002, 105, 106 = ZUM 2002, 141, 143; **aM** OLG Nürnberg BayJMBl 1956, 14, 15). Dasselbe gilt beim unentgeltlichen Darlehen.

41 Beim **entgeltlichen Darlehen** ist – jedenfalls zum Zweck der Bestimmung des Gerichtsstands nach § 270 Abs 4 (vgl § 270 Rn 9) – der Wohnsitz des Darlehensnehmers zZ der Darlehensgewährung Leistungsort für die Rückzahlung (BayObLG NJW-RR 1996, 956); das gilt auch bei Bankdarlehen, wenn nichts anderes vereinbart ist (OLG Stuttgart BB 1992, 2386; PALANDT/HEINRICHS § 269 Rn 11; MünchKomm/KELLER § 269 Rn 25).

Der **Kommissionär** oder **Beauftragte** hat grundsätzlich dort zu leisten, wo der Auftrag **42** seiner Natur nach auszuführen ist; die Herausgabe des Erlangten aber schuldet er an seinem Wohnsitz. Der Kommittent oder Geschäftsherr schuldet dagegen nach älterer Auffassung Aufwandsersatz am Wohnsitz des Kommissionärs oder Beauftragten (vgl dazu RGZ 10, 89, 91; 12, 34, 35 f; 37, 266, 267; 38, 194, 196), während nach heute hM Erfüllungsort für die Leistung des Kommittenten dessen Niederlassung jedenfalls dann ist, wenn er ein Gewerbe betreibt (BGH NJW 1996, 1819, 1820). Zum Leistungsort für einen vertraglich geschuldeten *Buchauszug* vgl OLG Düsseldorf NJW 1974, 2185, 2186 f.

Für **Unterlassungspflichten** bleibt es beim Leistungsort des § 269 (RGZ 90, 162, 164 f; **43** BGH LM Nr 3 zu § 269 = NJW 1974, 410, 411 f), wenn nicht von vornherein nach der Art der Unterlassung feststeht, daß die Zuwiderhandlung nur an einem ganz bestimmten Ort stattfinden kann (BGH NJW 1974, 410 m abl Anm GEIMER NJW 1974, 1045). Der Schuldner, der die Handlung überall zu unterlassen hat, ist daher nach § 29 Abs 1 ZPO iVm § 269 an seinem Wohnsitz zu verklagen.

Bei **Lieferungsverträgen**, die üblicherweise mit Einlagerungsleistungen des Lieferan- **44** ten verbunden sind (Kartoffeln, Kohlen, Koks, Heizöl in größeren Mengen, Baumaterialien etc), ist der Wohnsitz des Empfängers Leistungsort. Aus der Natur eines Energieversorgungsvertrages ergibt sich ein einheitlicher Erfüllungsort, der an dem Ort der Energieabnahme liegt (LG Darmstadt RdE 1994, 75). Für die Einspeisung erzeugten Stroms in das Netz des Energieversorgers ist der Einspeisungsort Erfüllungsort (BGH MDR 1994, 319). Ist bei einem *Zeitungsabonnement* Lieferung „frei Haus" vereinbart, ist Erfüllungsort nicht ein anzubringender Behälter (Briefkasten, Zeitungsrohr) an der Grundstücksgrenze, sondern ein solcher am Haus, es sei denn dieser ist nicht frei zugänglich oder liegt in sehr weiter Entfernung von einem öffentlichen Zugang (MünchKomm/KRÜGER § 269 Rn 20; **aA** AG Hanau NJW 1989, 398; BAMBERGER/ ROTH/GRÜNEBERG § 269 Rn 14).

Eine **Akkreditivabrede** läßt regelmäßig nicht den Schluß zu, der Sitz der Akkreditiv- **45** bank als Erfüllungsort für das Akkreditiv sei auch für den Anspruch maßgebend, für den das Akkreditiv erfüllungshalber gegeben wurde (BGH NJW 1993, 1073, 1076; BGH DB 1981, 1817 f = NJW 1981, 1905 f; ebenso MünchKomm/KRÜGER § 269 Rn 17). Doch können Auslegung oder besondere Umstände durchaus einmal ergeben, daß für die konkurrierenden Verpflichtungen ein einheitlicher Leistungsort gelten soll (OLG Schleswig NJW 1952, 1018 f). Bei **befreiender Schuldübernahme** ändert sich jedoch am gegebenen Leistungsort der Verpflichtung, die übernommen wird, nichts (OLG Schleswig aaO; OLG Naumburg OLGE 27, 21), auch nicht bei Abtretung einer Forderung (BGHZ 23, 53 f). Bei einer **Sicherungsabtretung**, die es dem Sicherungsnehmer ermöglicht, unter bestimmten Voraussetzungen die bestellte Sicherheit zu verwerten, und ihm als Kehrseite die Pflicht auferlegt, bei Nichtvorliegen dieser Voraussetzungen, die Sicherheit nicht zu verwerten, ist der Erfüllungsort für die Unterlassungspflicht der Ort, an dem der Drittschuldner den zedierten Anspruch zu erfüllen hat (OLG Dresden ZIP 2001, 1531, 1533). Bei verschiedenen, aus demselben *Wechsel* entspringenden Verpflichtungen muß kein einheitlicher Leistungsort gegeben sein.

46 Der **Herausgabeanspruch** nach § 985 ist grundsätzlich dort zu erfüllen, wo sich die Sache befindet. Wird die Sache aber nach Eintritt der Bösgläubigkeit an einen anderen Ort verbracht, so ist der Anspruch am früheren Standort zu erfüllen (BGHZ 79, 211, 214 f = JR 1981, 239, 240 f m zust Anm v BERG NJW 1981, 752 f). Das ist für die Last der Transportkosten wie für die Gefahrtragung von Bedeutung (BERG aaO).

47 Leistungsort für die beiderseitigen Verpflichtungen aus der **Zusendung unbestellter Waren** – nach § 241a Abs 1 und 2 sind gesetzliche Ansprüche auf Herausgabe aus § 985 und § 812 des liefernden Unternehmers nur ausnahmsweise gegeben – ist der Niederlassungsort des Empfängers der Waren (Dresden OLGE 41, 245). Eine wettbewerbswidrig aufgedrängte Ware hat der Versender selbst abzuholen, selbst wenn er das Rückporto beilegt (**aA** BGH EWiR § 1 UWG 20/92, 1229 [wie hier PAEFGEN in seiner Anm]).

48 Beim **Anwaltsvertrag** war nach bisher hM Leistungsort für die beiderseitigen Verpflichtungen der Ort, an dem der *Anwalt* seine Tätigkeit entfaltet und der Vertrag daher seinen Schwerpunkt hat, also der Kanzleiort. Im Ergebnis führt dies für anwaltliche Honorarklagen zu einem Klägergerichtsstand (OLG München VersR 2001, 395, 396 m zust Anm SCHÄDER; BayObLG München [21. 3. 2002] AnwBl 2002, 430 f; BayObLG München NJW-RR 2003, 366, 367 = MDR 2003, 480; OLG Celle NJW 1966, 1975 und OLGZ 1967, 309 f; OLG Düsseldorf AnwBl 1970, 232; OLG Stuttgart AnwBl 1976, 439; LG Hamburg NJW 1976, 199; BGH VersR 1991, 718, 719; BGH NJW 1991, 3095, 3096; DREWS TranspR 1999, 193, 194; nur für den Regelfall zustimmend HENSSLER/STEINKRAUS AnwBl 1999, 186 ff; DAHNS BRAK-Mitt 2002, 100; SCHRÄDER/FRAHNERT VersR 2001, 396 f; KRÜGERMEYER/KALTHOFF/REUTERSHAN MDR 2001, 1216, 1219; **aM** für jeweils eigenen Leistungsort der beiderseitigen Verpflichtungen jetzt aber BGH NJW 2004, 54 ff = BB 2003, 2709 ff = FamRZ 2004, 95 ff; AG Rastatt JurBüro 2002, 39 f; LG Ravensburg BRAK-Mitt 2002, 99 f; LG Frankfurt NJW 2001, 2640 = MDR 2001, 1257 f; LG München NJW-RR 2002, 206 f; SCHMID MDR 1993, 410; PRECHTEL NJW 1999, 3617 ff; EINSIEDLER NJW 2001, 1549 f; tendenziell, ohne daß diese Frage zur Entscheidung anstand, auch OLG Frankfurt aM NJW 2001, 1583; OLG Dresden NJW-RR 2002, 929; SIEMON MDR 2002, 366 ff). Das Argument der früher hM, das der Vertrag seinen Schwerpunkt am Kanzleiort habe, ist schwach und kann nahezu beliebig für alle gegenseitigen Verträge, bei denen eine Leistung in einer Geldleistungspflicht besteht, benutzt werden. Gleiches gilt für das Argument aus der Natur des Schuldverhältnisses. Der Erfüllungsort kann sich nur für die vertragscharakteristische Leistung, nicht aber für die Zahlungsverpflichtung aus der Beschaffenheit und damit Ortsgebundenheit ergeben (PRECHTEL 3618). Die Frage ist mit der zunehmenden überörtlichen Tätigkeit der Anwälte virulent geworden. Es geht bei dem Streit in der Sache allerdings gar nicht um den in § 269 geregelten Leistungsort, sondern um die Folgefrage des Gerichtsstands für Honorarklagen. Beschränkt man die Frage aber zunächst auf den Leistungsort für die Geldzahlungspflicht des Mandanten, bestimmt sich nach der hier vertretenen Meinung der Leistungsort für Geldschulden ohnehin anders als in § 269 durch die Regelung des § 270 Abs 1 iS einer modifizierten Bringschuld (§ 270 Rn 2). Danach ist Leistungsort für die Honorarzahlungspflicht des Mandanten der Kanzleisitz. Für die weitere und zu trennende Frage des Gerichtsstands verweisen die §§ 270 Abs 4, 269 iVm § 29 ZPO auf den Wohnsitz des Schuldners, also des honorarzahlungspflichtigen Mandanten. Die Kritik an der früher hM ist danach berechtigt und eine gerichtliche Verweisung des Honorarrechtsstreits an das Gericht am allgemeinen Gerichtsstand des Beklagten nicht willkürlich (OLG Frankfurt aM NJW 2001, 1583; OLG Dresden NJW-RR 2002, 929). Dieselbe Streitfrage stellt sich auch für Verträge mit *Notaren* (noch hM JACOBSOHN DJZ 1918, 1492; **aM** JOSEF Gruchot 65, 453) und *Steuerberatern* (LG Berlin NJW-RR 2002, 207 f: Erfüllungsort der Honorarleistungspflicht am Wohnort des Mandanten).

Der Schwerpunkt stationärer Krankenbehandlung ist der Klinikort (OLG Celle NJW **49** 1990, 777); bei Internatsaufnahme der Internatsort (OLG Hamm NJW-RR 1989, 1530 f); bei „Kursgebühren" der Kursort des Lehrgangs (OLG Karlsruhe NJW-RR 1986, 351).

Kommt der Kaufvertrag durch Bieten und Zuschlagserteilung in einer Versteigerung **50** zustande, ist ein einheitlicher Leistungsort am Ort der Versteigerung anzunehmen, so zB beim **Kunstauktionskauf** mit Barzahlung und sofortiger Übernahme. Hier ist Leistungsort der Auktionsort (Platzgeschäft). Anders liegt es bei telephonischem oder schriftlichem Mitbieten (Wohnsitz: OLG Düsseldorf NJW 1991, 1492 f), aber auch, wenn sich im Rahmen laufender Geschäftsbeziehungen die Übung entwickelt hat, daß der Käufer die Ware sofort übernimmt, der Verkäufer jedoch erst anschließend seine Rechnung stellt und der Käufer diese Rechnung vom Ort seiner Niederlassung aus bargeldlos begleicht. Erfüllungsort für die Kaufpreisschuld ist hier der Ort der Niederlassung des Käufers (BGH NJW-RR 2002, 192, 193).

Zum Leistungsort bei **Geldschulden** s § 270 Rn 1 ff, 11.   **51**

V.   Folgerungen aus dem Leistungsort

Die Bestimmung des Leistungsortes hat **Folgen** materiellrechtlicher und prozessualer **52** Art.

Im **materiellen Recht** bestimmen sich nach dem Leistungsort Maß, Gewicht, Wäh- **53** rung (vgl zu Unterhaltsschulden zwischen Parteien aus der BRD und der ehemaligen DDR: LG Hamburg FamRZ 1960, 152; LG Münster MDR 1962, 307), Zeitrechnung und Entfernung (§ 361 HGB). Dasselbe gilt für Verkehrssitten und Auslegungsgewohnheiten. Vor allem aber hat der Schuldner am Leistungsort die Leistung zu bewirken. Bewirkt er sie an einem anderen Ort, so liegt eine *Leistungsstörung* vor, wenn dadurch die Leistung am richtigen Ort unterbleibt (Verzug oder Unmöglichkeit). Der Gläubiger kann die in einer Modalität veränderte Leistung an Erfüllungs Statt annehmen, er muß es aber nicht. Durch die Annahmeverweigerung gerät er also nicht in Annahmeverzug. Bei gegenseitigen Verträgen hat der Schuldner der Gegenleistung die Einrede des nicht erfüllten Vertrages, so lange nicht am richtigen Ort geleistet wird (§ 320). Auch wenn kein gegenseitiger Vertrag vorliegt, kann doch nach § 273 die Einrede der Zurückbehaltung bis zur Leistung am rechten Ort in Frage kommen. Für die Frage nach der rechtzeitigen Leistung ist der Leistungsort ebenfalls bedeutsam. Zur Rechtzeitigkeit der Leistung bei Geldschulden (Verzögerungsgefahr) vgl § 270 Rn 28 ff.

Bei Schickschulden wird man mangels besonderer Abrede annehmen dürfen, daß die **54** **Transportkosten** dem Schuldner obliegen (OLG Karlsruhe MDR 1970, 587). Aus einer Transportkostenabrede zu Lasten des Schuldners kann nicht auf eine Verlagerung des Leistungsorts an den Wohnsitz des Gläubigers geschlossen werden (§ 269 Abs 3). Umgekehrt kann die Tragung der Versendungskosten durch den Gläubiger ein Indiz für das Bestehen einer Bringschuld sein (SCHILDT JR 1995, 89, 90 f und oben Rn 12). Zu den Transportkosten können handelsüblich auch die Verpackungskosten gehören (OLG Köln DB 1963, 860). Die Kontenführungsgebühr der Empfängerbank bei Lohnüberweisungen auf das Konto gehört nicht zu den Transportkosten (BAG AP § 1 TVG Arbeitsentgelt Nr 1= NJW 1977, 919).

55 Der Leistungsort bestimmt auch, wer die *Gefahr des Transports* trägt, auch wenn umgekehrt aus einer besonderen Gefahrübernahme durch den Schuldner oder den Gläubiger nicht auf eine Abänderung des Leistungsorts geschlossen werden darf. Zu den Besonderheiten bei Geldschulden vgl § 270.

56 Seit der Reform des **Internationalen Privatrechts** von 1986 spielt der Erfüllungsort für die Bestimmung des auf einen Vertrag anwendbaren Rechts keine maßgebliche Rolle mehr. Vielmehr wird jetzt bei Schuldverträgen in erster Linie an den gewöhnlichen Aufenthalt oder, wenn es sich um eine Gesellschaft einen Verein oder eine juristische Person handelt, an die Hauptverwaltung des Erbringers der charakteristischen Leistung angeknüpft, sofern die Parteien keine Rechtswahl getroffen haben (Art 28 Abs 2 EGBGB). Auch für Arbeitsverträge ist der Leistungsort iS des § 269, also der Ort, an dem der Arbeitnehmer die Arbeit zu verrichten hat, nicht maßgeblich. Primärer Anknüpfungspunkt ist vielmehr der gewöhnliche Arbeitsort des Arbeitnehmers (Art 30 Abs 2 Nr 1 EGBGB). Meist werden der normativ zu bestimmende Leistungsort und der faktische gewöhnliche Arbeitsort identisch sein. Fallen sie aber auseinander, kommt es für die kollisionsrechtliche Anknüpfung auf den tatsächlichen Arbeitsort des Arbeitnehmers an, nicht auf den Leistungsort iS des § 269.

57 **Prozessuale Folgen:** Nach § 29 Abs 1 ZPO ist der gesetzliche Leistungsort des § 269 BGB auch *Gerichtsstand.* Soweit der Erfüllungsort allerdings, so wie es § 269 Abs 1 in erster Linie vorsieht, individualvertraglich, durch AGB oder auch tarifvertraglich *vereinbart wird,* ist eine solche Vereinbarung, wenn sie vom ansonsten maßgeblichen gesetzlichen Erfüllungsort abweicht, für den Gerichtsstand ohne Wirkung (§§ 29 Abs 2, 38 ZPO). Nur wenn die Parteien Kaufleute sind (vgl zu diesem Personenkreis MünchKomm-ZPO/Patzina § 29 Rn 100, § 38 Rn 15) oder juristische Personen des öffentlichen Rechts oder öffentlich-rechtliche Sondervermögen, sind sie in der Vereinbarung eines von dem gesetzlichen Gerichtsstand abweichenden Gerichtsstands frei. Allerdings können dem Prorogationsverbot unterfallende Parteien im Rahmen ihrer Privatautonomie die „Natur des Schuldverhältnisses" und die „sonstigen Umstände des Einzelfalls" in einer Weise ausgestalten, daß dies im Ergebnis einer Gerichtsstandsvereinbarung gleichkommt (OLG Karlsruhe NJW-RR 1986, 351, 352). Noch weitergehend wird vertreten, das Prorogationsverbot erfasse lediglich *abstrakte* Erfüllungsortvereinbarungen, die die Parteien nicht im Hinblick auf den Inhalt des zwischen ihnen geschlossenen Vertrages treffen, sondern *allein* um die prozessualen Wirkungen einer Gerichtsstandsvereinbarung herbeizuführen (MünchKomm-ZPO/Patzina § 29 Rn 97 mwN).

58 Der Leistungsort nach § 269 ist auch maßgeblich für den Gerichtstand bei *Geldschulden* (§ 270 Abs 4). Das gilt unabhängig davon, ob man die Geldschuld im übrigen als Schick- oder Bringschuld ansieht (vgl § 270 Rn 1 ff).

59 Für die Bestimmung der *internationalen Zuständigkeit* nach Art 5 Nr 1 EuGVÜ ist der Leistungsort iS des § 269 maßgeblich, wenn die Kollisionsnormen des angerufenen Gerichts zum deutschen Sachrecht als der lex causae zur Beurteilung der für den Vertrag charakteristischen streitigen Verpflichtung führen (OLG Düsseldorf NJW-RR 2001 = RNotZ 2001, 406 f; EuGH Slg 1976, 1473, 1486 Rn 15 = NJW 1977, 491 m Anm GEIMER = RIW 1977, 40, 41 Anm LINKE; EuGH Slg 1982, 1891, 1901 f; BAG AP Art 5 Brüsseler Übereinkommen Nr 1; KROPHOLLER, Internationales Privatrecht [3. Aufl] § 58 II 2 a). Das gilt auch für geographisch unbegrenzt zu erfüllende Unterlassungspflichten, deren Erfüllungsort iS des § 269 grundsätzlich am Wohnort des Schuldners liegt (oben Rn 39). Anderer Ansicht ist der EuGH, der in einem solchen Fall Art 5 Nr 1 EuGVÜ überhaupt nicht anwenden will (EuGH IPRax 2002, 392 ff m krit Anm HESS IPRax 2002, 376 ff).

§ 270
Zahlungsort

(1) Geld hat der Schuldner im Zweifel auf seine Gefahr und seine Kosten dem Gläubiger an dessen Wohnsitz zu übermitteln.

(2) Ist die Forderung im Gewerbebetrieb des Gläubigers entstanden, so tritt, wenn der Gläubiger seine gewerbliche Niederlassung an einem anderen Orte hat, der Ort der Niederlassung an die Stelle des Wohnsitzes.

(3) Erhöhen sich infolge einer nach der Entstehung des Schuldverhältnisses eintretenden Änderung des Wohnsitzes oder der gewerblichen Niederlassung des Gläubigers die Kosten oder die Gefahr der Übermittlung, so hat der Gläubiger im ersteren Falle die Mehrkosten, im letzteren Falle die Gefahr zu tragen.

(4) Die Vorschriften über den Leistungsort bleiben unberührt.

Materialien: E I § 230 Abs 2; II § 226; III § 236; JAKOBS/SCHUBERT, SchR I 180.

Schrifttum

BEER, Die Verteilung der Beweislast bei Verlust einer Geldsendung, Recht 1902, 504
BOEHLKE, Die Haftung im Postscheckdienst, NJW 1973, 357
BUCH, Wer trägt bei Zahlungen mit Postscheckzahlkarten die Gefahr?, BB 1951, 770
vCAEMMERER, Zahlungsort, in: FS Mann (1977) 3
COING, Zum Geldherausgabeanspruch gegenüber dem Treuhänder, JZ 1970, 245
EINSELE, Haftung der Kreditinstitute bei nationalen und grenzüberschreitenden Banküberweisungen, AcP 199 (1999) 145
GERNHUBER, Die Erfüllung und ihre Surrogate,
in: Handbuch des Schuldrechts (2. Aufl 1994) § 2 VII, § 11
GROTHE, Fremdwährungsverbindlichkeiten (1999)
GRUNZ, Das Kammergericht über steckengebliebene Banküberweisungen, JR 1949, 28
HIMMELREICH, Finanzierungskosten – ein Alptraum der Kfz-Haftpflichtversicherer, NJW 1973, 978
HUBER, Grenzüberschreitender Zahlungsverkehr und Valutaverhältnis (underlying obligation), in: HADDING/SCHNEIDER, Rechtsprobleme der Auslandsüberweisung, Bd 82/I der Reihe Untersuchungen über das Spar-, Giro- und Kreditwesen (1992) 33

JAKOBS, Gesetzgebung im Banküberweisungs-
recht, JZ 2000, 641
JOSEF, Der Einfluß der kassatorischen Klausel
auf den Leistungsort, KGBl 1914, 32
LANGENBUCHER, Die Risikozuordnung im bar-
geldlosen Zahlungsverkehr (2001)
LEWALD, Ausländischer Zahlungsort nach dem
Londoner Schuldenabkommen, NJW 1959, 1017
MANN, Das Recht des Geldes (1960)
MEYER/CORDING, Das Recht der Banküberwei-
sung (1951)
NOBBE, Die Rechtsprechung des Bundes-
gerichtshofs zum Überweisungsverkehr, WM
2001, Sonderbeilage 4, 2–28
OSTLER, Umfang der Herausgabepflicht des
Anwalts nach § 667 BGB für Fremdgelder auf
Geschäfts- oder Anderkonten, NJW 1975, 2273

K SCHMIDT, Geld und Geldschuld im Privat-
recht, JuS 1984, 737
K SCHMIDT, Das Geld im BGB und im
Staudinger, in: STAUDINGER-Symposion 1998, 76
SCHOELE, Das Recht der Banküberweisung
(1937)
SCHÖN, Prinzipien des bargeldlosen Zahlungs-
verkehrs, AcP 198 (1998) 401
SCHOENFELD, Die Verteilung der Beweislast bei
Verlust einer Geldsendung, Recht 1902, 393
SCHWARZ, Schuldner- und Gläubigerverzug im
Lastschriftverfahren, ZIP 1989, 1442
vWESTPHALEN, Verspätete Überweisungen –
Einige Bemerkungen zur neuen Rechtslage, BB
2000, 157.

Systematische Übersicht

Alphabetische Übersicht

I. Funktion des § 270 – Schick- oder Bringschuldcharakter der Geldschuld

§ 270 befaßt sich mit den Modalitäten der Erfüllung von Zahlungsverbindlichkeiten. **1**
Nach Abs 1 der Vorschrift hat der Schuldner Geld *auf seine Gefahr und seine Kosten
an den Wohnsitz des Gläubigers zu übermitteln*. Aus Abs 4, wonach die Regeln über
den Leistungsort (§ 269) unberührt bleiben, hat die ganz hM lange Zeit geschlossen,
daß der Gesetzgeber davon ausging, bei einer Geldschuld handele es sich um eine auf
Geld lautende **Schickschuld**, mit der Besonderheit, daß der Schuldner die Verlustgefahr bei der Übermittlung trage **(qualifizierte Schickschuld)** (SOERGEL/WOLF § 270 Rn 1;
MünchKomm/KRÜGER § 270 Rn 2; PALANDT/HEINRICHS § 270 Rn 1; SIEMON MDR 2002, 366, 368;
STAUDINGER/SELB [1995] § 270 Rn 1 sieht auch die Kostenlast anders geregelt, als man das sonst
annehmen würde; GROTHE 470 f beschreibt die herrschende Auffassung als „eigentümliche Kombination aus Schickschuld und Bringschuld"). Nach dieser Auffassung entlastet § 270 Abs 1 den
Gläubiger von der ihn sonst bei der Schickschuld nach Erbringung der Leistungshandlung am Wohnsitz des Schuldners regelmäßig treffenden Gefahrtragung. Liegt
aufgrund besonderer Vereinbarung keine Schickschuld vor, ist das Geld etwa ab-
sprachegemäß dem Gläubiger zu bringen oder bei der Bank des Gläubigers an dessen
Wohnsitz bar einzuzahlen (Bringschuld), so kann nach dieser Auffassung § 270 keine
Rolle spielen. Die Verlustgefahr trifft den Schuldner dann schon als Folge der Bestimmung des Leistungsortes.

Während die lange hM somit davon ausgeht, daß bei einer Geldschuld regelmäßig **2**
der Leistungsort am Wohn-/Geschäftssitz des Schuldners, der Erfolgsort am Wohn-/
Geschäftssitz des Gläubigers liegt, sieht die in jüngerer Zeit wieder vertretene Gegenauffassung in der Geldschuld eine **modifizierte Bringschuld**, bei der Leistungs-
und Erfolgsort am Wohn-/Geschäftssitz des Gläubigers zusammenfallen (SCHÖN 444 f;
ihm folgend STAUDINGER-Symposion/SCHMIDT [1998] 76 ff; EINSELE 184 f zu Geldüberweisungen;
JAKOBS 645 f; LANGENBUCHER 42 ff und passim). Das entspricht der auch schon vor und bei
Inkrafttreten des BGB allgemein vertretenen Meinung (so SCHÖN 443 f; differenzierend
GROTHE 472). Die Bedeutung des § 270 Abs 4 war danach von vornherein eingeschränkt, sein Wortlaut zu weit geraten und demgemäß teleologisch zu reduzieren.
Nachdem die international-privatrechtliche Bedeutung durch die Änderung der Anknüpfungspunkte im Zuge der IPR-Reform entfallen ist, ist die Bestimmung heute in
erster Linie für den Gerichtsstand relevant (§ 29 ZPO): Trotz Zuweisung der Leistungsgefahr an den Schuldner soll der Gerichtsstand sich nicht nach dem Wohnort/
Geschäftssitz des Gläubigers richten. Gerichtsstand ist auch bei Geldschulden der
Wohnort des Schuldners (SCHÖN 443). Darüber hinaus kann § 270 Abs 4 Bedeutung
haben für Handelsbräuche, Feiertagsregelungen und den Hinterlegungsort, die sich
im Zweifel nach dem Wohnsitz des Schuldners bestimmen (GROTHE 472; s auch
STAUDINGER-Symposion/SCHMIDT [1998] 85).

Das Verständnis der Geldschuld als durch § 270 Abs 4 modifizierte Bringschuld **3** verdient den Vorzug. Die qualifizierte Schickschuldtheorie führt zu verschiedenen Ungereimtheiten (näher SCHÖN 443), die sich etwa bei den Einreden der §§ 273, 320 zeigen: Versteht man die Geldschuld als Bringschuld, hat der Geldgläubiger im gegenseitigen Vertrag die Zug-um-Zug-Einrede bis zum Bewirken der Leistung an seinem Wohn-/Geschäftssitz. Versteht man die Geldschuld dagegen als Schickschuld, würde die Einrede mit der Leistungshandlung am Wohnort des Schuldners, dh zB mit dem Absenden des Geldes zunächst entfallen, beim Untergang des Geldes auf dem Transport aber wieder aufleben (§ 270 Abs 1). Vor allem aber zwingt die Schickschuldtheorie zu einer Differenzierung zwischen Verlust- und Verzögerungsgefahr, die nicht überzeugt (kritisch zur Aufteilung der Gefahrtragung nach Verlust- und Verzögerungsgefahr auch GROTHE 472 f, der angesichts der gefestigten Rechtsprechung Rechtsänderungen nur de lege ferenda für möglich hält; näher unten Rn 28 ff).

4   Auch nach Art 57 CISG, ebenso nach der Vorläuferregelung des Art 59 EKG (BGH NJW 1979, 1782, 1783) sowie in fast allen ausländischen Rechtsordnungen ist die Zahlungspflicht im Zweifel Bringschuld (GROTHE 470). Anders als nach § 270 Abs 4 ist nach der Regelung des Art 57 CISG, ebenso wie schon nach Art 59 EKG (BGH NJW 1979, 1782, 1783) der Bringschuldcharakter auch maßgeblich für den Gerichtsstand (STAUDINGER/MAGNUS [1999] Art 57 CISG Rn 2, 14; vCAEMMERER/SCHLECHTRIEM, Kommentar zum Einheitlichen UN-Kaufrecht – CISG [1990] Art 57 Rn 4 ff; SCHÖN 444 f).

II.   Geldschulden

5   Abs 1 handelt von „**Geld**", Abs 2 von „**Forderungen**". Gemeint sind damit in § 270 alle Forderungen, die auf Geld lauten. Dabei werden Geldsummen- und Geldwertschulden nach dem BGB nicht unterschieden (GERNHUBER § 2 VII 1 a). Die Herausgabe oder die Lieferung identifizierbarer Münzen, auch wenn sie noch als Zahlungsmittel gelten, fällt dagegen nicht darunter.

6   § 270 ist unanwendbar auf die Verpflichtung des *Geschäftsführers* oder *Kommissionärs*, aus der Geschäftsbesorgung erlangtes Geld nach den §§ 667, 675, 681 BGB oder § 384 Abs 2 HGB „herauszugeben" (RGZ 2, 116, 118; 23, 96, 103; BGHZ 28, 123, 128 = NJW 1958, 1681 = LM Nr 2 zu § 270 m Anm RIETSCHEL; LG Hamburg MDR 1951, 557 f; AG Frankfurt NJW 1949, 111, 112 m zust Anm WEDESWEILER; COING 245, 246; OSTLER 2273 ff; MünchKomm/KRÜGER § 270 Rn 5; SOERGEL/WOLF § 270 Rn 3; aM OLG Frankfurt NJW 1949, 111; ebenso STAUDINGER/A WERNER[10/11] Rn 1). Zwar liegt eine Geldschuld vor (aber OSTLER 2273: keine „gewöhnliche" Geldschuld). Aber schon die Rspr des ROHG zur Vorläuferbestimmung in § 325 ADHGB berief sich bei gleichlautendem Wortlaut der Bestimmung auf die für die Transportgefahr anderslautende Verkehrssitte bei Geschäftsbesorgungen. Die allgemeine Risikoordnung spricht gegen eine Belastung des Beauftragten mit der Kostenlast und der Verlustgefahr auf dem Transport bzw bei der Übermittlung (K SCHMIDT JuS 1984, 742; SOERGEL/WOLF § 270 Rn 3). Denn der Beauftragte hat schon nicht für das Risiko einzustehen, daß das Erlangte bei ihm selbst zufällig untergeht, sofern separate Barverwahrung oder Anderkontenverwahrung vorliegt (Konkurs der Bank bei Bankverwahrung: RGZ 56, 149; KG JW 1933, 527). Auch die Zuweisung der Kostenlast in § 270 Abs 1 paßt nicht auf die bloße „Weitergabe" des Geldes in fremdem Interesse. Daß der Schuldner die Kosten der Geldübermittlung zu tragen hätte, widerspräche dem Vertragsinhalt, nach dem eben diese Kosten dem Schuldner zu ersetzen sind, wenn er sie getragen hat, § 670 (zustimmend MünchKomm/KRÜGER § 270

Rn 5). Zu Unrecht erweitert FIKENTSCHER (Schuldrecht [9. Aufl] § 35 III Rn 239) die Entscheidung BGHZ 28, 123, 128 zur bloßen Geldherausgabe auch noch auf die Verpflichtung des Auftraggebers zum *Aufwendungsersatz nach § 670.* Hier gilt nichts anderes als bei anderen Geldschulden.

Nach hM ist § 270 auch nicht auf **Bereicherungsansprüche**, die auf Geld lauten, an- **7** wendbar (SIEVEKING MDR 1947, 291, 292; SOERGEL/WOLF § 270 Rn 4; PALANDT/HEINRICHS § 270 Rn 2; **aA** OLG Braunschweig MDR 1947, 290; differenzierend MünchKomm/KRÜGER § 270 Rn 5; GERNHUBER § 2 VII 1 a: auf den Bereicherungsschuldner, der Geld herauszugeben habe, finde § 270 Anwendung; allerdings gehe § 818 Abs 3 vor, es sei denn, der Bereicherungsschuldner hafte verschärft). Die Regelung der Transportgefahr in Abs 1 paßt nicht zur Wertung des § 818 Abs 3 (BGHZ 83, 293, 297 ff = NJW 1982, 1585, 1586). Im Einzelfall kann nämlich gerade durch die Verwirklichung der Transportgefahr die Bereicherung des Geldschuldners entfallen (§ 818 Abs 3), doch muß das nicht so sein. Kann sich der Bereicherungsschuldner auf § 818 Abs 3 berufen, kann er auch die Übermittlungskosten als Entreicherung absetzen (PALANDT/HEINRICHS § 270 Rn 2; SOERGEL/WOLF § 270 Rn 4; wohl auch MünchKomm/KRÜGER § 270 Rn 5; **aA** STAUDINGER/SELB [1995] § 270 Rn 4). Im Falle der *verschärften Haftung* nach §§ 818 Abs 4, 819 trägt der Bereicherungsschuldner dagegen die Transportgefahr so wie es auch § 270 Abs 1 vorsieht. Die verschärfte Haftung kann im Einzelfall durch das Herausgabeverlangen, das den Bereicherungsschuldner in Kenntnis vom Fehlen des rechtlichen Grundes setzt, eintreten (MünchKomm/KRÜGER § 270 Rn 5).

Auf die Zahlungsverpflichtung aus einem **(Geld-)Schenkungsversprechen** ist § 270 **8** anwendbar. Allerdings kann der mißglückte Übermittlungsversuch die finanzielle Situation des Schenkers so verschlechtern, daß ihm die Einrede des § 519 zusteht.

Mit der Entscheidung des Gesetzgebers für die **Konsensualvertragstheorie** des Darle- **9** hensvertrages in § 488 Abs 1 S 1 ist klargestellt, daß § 270 auf die Pflicht des Darlehensgebers zur Auszahlung der Geldschuld Anwendung findet (MünchKomm/KRÜGER § 270 Rn 3; PALANDT/HEINRICHS § 270 Rn 2; SOERGEL/WOLF § 270 Rn 2). Das gilt auch schon für die Verpflichtung des Darlehensgebers aus einem Darlehensvorvertrag, da mit dem Antrag auf Abschluß des Vertrages die Klage auf die aus dem Vertrag geschuldete Leistung verbunden werden kann (BGH NJW 1989, 2129, 2131 f [zu einem Kaufvertrag] mwN; MünchKomm/KRÜGER § 270 Rn 3; so auch schon auf der Grundlage eines Realvertrags-Darlehens NEUMANN-DUESBERG NJW 1970, 1403, 1404 f; MünchKomm/KELLER[3] § 270 Rn 7). Der für den Gerichtsstand nach § 29 ZPO maßgebliche Erfüllungsort für die Rückzahlung eines Bankdarlehens auch nach Fälligstellung des Kredits ist der Wohnsitz des Darlehensnehmers zum Zeitpunkt der Kreditgewährung (OLG Stuttgart WM 1993, 17 f = WuB/E VII A § 29 ZPO 1 93 ZOLLER; BayObLG NJW-RR 1996, 956; PALANDT/HEINRICHS § 269 Rn 11; MünchKomm/KRÜGER § 269 Rn 25 und oben § 269 Rn 41).

Wer zur **Befreiung oder Freistellung von einer Geldverbindlichkeit** verpflichtet ist, dem **10** steht es frei, auf welche Weise er die Befreiung von der Verbindlichkeit bewirken will. Er muß nicht notwendigerweise das vom Befreiungsgläubiger dem Drittgläubiger geschuldete Geld diesem übermitteln (vgl § 257 Rn 7). Die Befreiungs- oder Freistellungsverbindlichkeit ist daher nicht von vornherein eine Geldschuld iS des § 270, sondern nur, wenn der Befreiungsschuldner Zahlung an den Drittgläubger wählt (ebenso MünchKomm/KRÜGER § 270 Rn 4; **aA** GERNHUBER § 2 VII 1 a; STAUDINGER/SELB [1995]

§ 270 Rn 5; BGHZ 25, 1, 7 = JZ 1958, 24, 25 m Anm SCHEUERLE; wie hier STAUDINGER/GURSKY [2000] § 257 Rn 82).

III. Zahlungsort

11 Das **Problem des Wohnsitzes** (Abs 1) und der Niederlassung des Gläubigers (Abs 2) stellt sich nicht anders dar als bei § 269 (vgl § 269 Rn 2 ff). Aus Abs 3 ergibt sich, daß der Wohnsitz bzw die Niederlassung *zur Zeit der Geldübermittlung*, nicht zur Zeit der Entstehung der Verbindlichkeit, gemeint sind. Zum Platzverkehr vgl in diesem Zusammenhang RGZ 78, 137, 140 f; BGH NJW 1959, 1176.

12 Spezielle gesetzliche Regeln zum Zahlungsort finden sich in §§ 797, 801 und 1194 BGB für Grundschulden, in Art 28, 29 ScheckG und Art 38 WG (Holschulden), in § 224 AO (Bringschulden), in Art 57 Abs 1 CISG (Bringschuld), ebenso die Vorläuferregelung in Art 59 EKG (Bringschuld: BGH NJW 1979, 1782, 1783). Bei Zahlung aus öffentlichen Kassen gilt nichts anderes als sonst bei Geldschulden nach § 270 Abs 1; insbesondere wird durch § 2 des Gesetzes vom 21. 12. 1938 (RGBl I 1899) nichts anderes bestimmt (BGH LM § 2 des Gesetzes über Zahlung aus öffentlichen Kassen Nr 1; TAPPERMANN NJW 1973, 2095 f).

IV. Zahlungsart

13 Die **Art der Übermittlung** des geschuldeten Geldes ist dem Schuldner grundsätzlich freigestellt (RG LZ 1913, 380 = Recht 1913 Nr 915; RG JW 1927, 2291, 2292). Die Übermittlung an einen Dritten ist erforderlich, wenn sie vereinbart ist. Möglich ist sie, wenn der Gläubiger dem Schuldner die Wahl läßt, insbesondere wenn er auf Briefen, Rechnungen etc ein Bankkonto angibt (OLG Frankfurt aM JW 1922, 511 = Recht 1922 Nr 810). Ist *Barzahlung* vereinbart, so scheidet jede Überweisung als Erfüllung aus (KG JW 1925, 647).

14 Zieht der Gläubiger den geschuldeten Geldbetrag durch „**Nachnahme**" ein, so kommt es nicht zu einer Geldversendung durch den Schuldner. Der Schuldner ist hier berechtigt, schuldtilgend an die Post als Zahlstelle des Gläubigers zu zahlen. Es handelt sich damit um eine Holschuld. Der Gläubiger muß sich an die „Post" halten und trägt grundsätzlich die Übermittlungs- und Verlustgefahr (AG Leipzig NJ 1950, 504 f; AG Speyer DRZ 1948, 212, 213 m abl Anm JAGUSCH = NJW 1947/48, 565; SOERGEL/WOLF § 270 Rn 11; aA GERNHUBER § 2 VII 2 b, der die Vereinbarung von Nachnahme als bloße Fixierung des Geldübermittlungswegs deutet).

15 Ist **Scheckzahlung** vereinbart und der Scheck übermittelt, muß der Gläubiger den Scheck der bezogenen Bank (Zahlstelle) selbst oder beim Scheckinkasso über seine eigene Bank vorlegen. Hält der Zahlungsempfänger den Scheck schon in Händen, ist die Geldschuld aus Scheck Holschuld (SOERGEL/WOLF § 270 Rn 6; NOBBE, in: Bankrechts Hdb I § 60 Rn 226; aA CANARIS, Bankvertragsrecht[2] Rn 764, aber Annahmeverzug des Gläubigers, wenn er den Scheck nicht rechtzeitig vorlegt und damit seine Mitwirkungsobliegenheit verletzt). Er trägt dann auch das Risiko verspäteter Einlösung.

16 Von § 270 weicht auch die Vereinbarung des **Lastschriftverfahrens** ab. Die Geldschuld ist hier Holschuld, so daß der Zahlungsort beim Schuldner ist (BGH NJW 1984, 871, 872;

BGH WM 1985, 461, 462; OLG Köln NJW-RR 1986, 390; LG Berlin WM 1975, 530, 532; Canaris, Bankvertragsrecht[2] Rn 629; Hadding, in: FS Bärmann [1975] 375, 381 ff; ders WM 1978, 1379; Soergel/Wolf § 270 Rn 11; MünchKomm/Krüger § 270 Rn 11; dagegen Gernhuber § 2 VII 4 c). Der Schuldner muß lediglich Deckung auf dem Konto bereithalten (BGHZ 69, 361, 366 = NJW 1978, 215, 216). Der Gläubiger trägt hier die Verlust- und die Verzögerungsgefahr, denn er hat es in der Hand, wann abgebucht oder eingezogen wird (Canaris, Bankvertragsrecht[2] Rn 641, 645). Zum nicht aufgeschlüsselten Lastschriftbeleg eines Versicherers als fehlerhafte Erstprämienanforderung: BGH WM 1985, 461, 462 f.

Auch bei der **Kreditkartenzahlung** liegt eine Holschuld vor. Sobald das Vertragsunter- **17** nehmen den ausgefüllten Leistungsbeleg erhalten hat, muß es ihn auf eigene Verantwortung dem Kreditkartenunternehmen übermitteln. Damit trägt das Vertragsunternehmen das Transportrisiko (Langenbucher 283). Das gleiche gilt für den Transport der Zahlungsanweisung durch den Zahlungsempfänger zur Zahlstelle bei der Debitzahlung (Langenbucher 296 f). Zu Zahlungen über Internetkonten, die nach dem Modell einer elektronischen Überweisung (Bringschuld) oder auch nach dem Modell eines elektronischen Schecks ausgestaltet sind (Holschuld): Langenbucher 337.

Bei **falscher Art der Geldübermittlung** – der Schuldner zahlt etwa nicht bar, sondern **18** überweist an ein mittlerweile gesperrtes Konto des Gläubigers – tritt keine Erfüllungswirkung ein. Auch besteht hier kein Zweifel, daß die *falsche Übermittlung* stets auf Kosten und Gefahr des Schuldners geht. Greift der Gläubiger aber in die vom Schuldner gewählte Art der Geldübermittlung ein, läßt er etwa die Post abholen, so trägt er im Rahmen der Abänderung auch die Transportgefahr (RGZ 69, 137, 139) und die Kosten.

V.   Transportgefahr

1.   Verlustgefahr

Abs 1 bestimmt, daß **auch das auf die richtige Art übermittelte Geld auf Gefahr des** **19** **übermittelnden Schuldners** reist. Kommt etwa der *Wertbrief* nicht an, so muß der Schuldner nochmals zahlen. Die Auseinandersetzung mit dem Mittler muß der Schuldner, nicht der Gläubiger führen. Wird eine *Anweisung* fehlgeleitet, so daß der Gläubiger den Geldbetrag nicht – auch nicht verspätet – erhält (vgl RGZ 78, 137, 140; OLG Hamburg HansGZ 1924 Hauptbl 201; BGHZ 6, 121; BGH NJW 1964, 499; LG Berlin JR 1948, 226; LG Hildesheim BB 1965, 1007), so muß sich der Schuldner an die Post halten oder an die überweisende Bank, nicht der Gläubiger; der Schuldner wird nicht frei (RGZ 78, 137, 140).

Bei **Überweisungen** auf ein Konto ist nicht schon mit der Gutschrift des Überwei- **20** sungsbetrags auf dem Konto der Empfängerbank, sondern nur dann **erfüllt** (§ 362 Abs 1), wenn der Empfänger endgültig, also vorbehaltlos eine Gutschrift auf seinem Konto bei der Empfängerbank erlangt (Nobbe WM 2001, SB 4, 21; BGHZ 3, 156, 159; Busch BB 1951, 770; vCaemmerer JZ 1953, 332); auf die Gutschriftsanzeige an den Empfänger kommt es nicht an (RGZ 114, 139, 143; BGH NJW 1953, 897). Daran hat die Neuregelung des Überweisungsrechts in den §§ 676a ff durch Ausgestaltung der Überweisung als Vertrag nichts geändert (Nobbe WM 2001, SB 4, 21; **aA** Langenbucher 159, nach der eine Forderung im Valutaverhältnis im Sinne des § 362 Abs 1 schon erfüllt ist, wenn der geschuldete

Betrag im Sinne des § 676g Abs 1 S 1 bei dem Kreditinstitut des Begünstigten eingegangen ist). Darauf, ob dem Schuldner noch eine Widerrufsmöglichkeit verbleibt (so BGH NJW 1971, 380, 381; GRUNZ 28; zum Widerrufsverzicht vgl BGH NJW 1959, 1176) kann es nicht ankommen, wenn erst einmal erfüllt ist (MünchKomm/KRÜGER § 270 Rn 139). Für die *vollständige Leistungshandlung* am Leistungsort, die nicht mit dem *Bewirken* der geschuldeten Leistung iS des § 362 Abs 1 gleichzusetzen ist (STAUDINGER/OLZEN [2000] § 362 Rn 11), genügt es aber, daß die kontoführende Stelle der Empfängerbank die Unterlagen für die Gutschrift erlangt hat (dahingestellt in BGHZ 6, 121, 125 = JZ 1952, 492 [LS]) bzw. die Überweisungsdaten bei der Empfängerbank eingegangen sind (EINSELE AcP 199 [1999] 155). Gibt der Gläubiger das Konto eines Dritten zum Zwecke der Erfüllung an, so gilt § 270 ebenfalls; nur muß jetzt der Dritte instand gesetzt werden, über den Betrag zu verfügen (vgl BGH WM 1971, 1500). Der Überweisungsbetrag muß also dem Konto des Dritten bei der Empfängerbank vorbehaltlos gutgeschrieben worden sein. Zum Transportrisiko des Schuldners aus § 270 Abs 1 bei in den Kriegswirren steckengebliebenen Banküberweisungen (vgl dazu STAUDINGER/NIPPERDEY[10/11] § 667 Rn 8 a–c; ferner PALANDT/FRIESECKE [8. Aufl] § 667 Anm 2 b), wenn die Überweisungen zwischen Ost und West oder etwa Deutschland und Belgien (BGH WM 1982, 291, 293) nach Kriegsende nicht mehr ausgeführt wurden vgl STAUDINGER/NIPPERDEY[10/11] § 667 Rn 8 a–c; BGH WM 1982, 291, 293.

21 Hat das überweisende Kreditinstitut die Überweisung ausgeführt (§ 676a) und scheitert die Gutschrift auf dem Empfängerkonto und damit die Erfüllung iS des § 362 an einem Versehen der Empfängerbank, wird sich der Gläubiger das Verhalten seiner Bank als seines Erfüllungsgehilfen analog § 278 zurechnen lassen müssen, so daß er in Annahmeverzug gerät (MünchKomm/KRÜGER § 270 Rn 15). Das Risiko der Zahlungsunfähigkeit der Empfängerbank trägt der Gläubiger, sobald seine Bank Deckung erhalten hat, sofern nur dem Schuldner die Überweisung an die Bank erlaubt war und er nicht dolos gehandelt hat (CANARIS, Bankvertragsrecht[2] Rn 478; PALANDT/HEINRICHS § 270 Rn 10).

22 Die **Hingabe eines Schecks** selbst ist keine Geldzahlung. Wird ein Scheck übermittelt, so ist der Geldzahlungspflicht noch nicht genügt, weil der Scheck nur zahlungshalber angenommen wird, die Erfüllung also erst mit der Barauszahlung oder mit der vorbehaltlosen Gutschrift auf dem Empfängerkonto eintritt. Deshalb ist die Schuld nicht erfüllt, wenn der Schuldner den Scheck nach Hingabe, aber vor Einlösung hat sperren lassen. Es kann dem Gläubiger aber verwehrt sein, sich hierauf zu berufen, wenn er die Vorlage des Schecks zur Einlösung als die von ihm geschuldete Mitwirkungshandlung etwa durch wahrheitswidriges Leugnen des Eingangs des Schecks treuwidrig unterlassen hat (hierzu BGH NJW 2002, 1788 f = BGH ZIP 2002, 840 ff = WM 2002, 999, 1000 = EWiR § 162 BGB 1/012, 697 f [KLANTEN]). Auch wendet der BGH § 270 Abs 1 auf Schecks zumindest analog an (BGH ZIP 2000, 1719, 1721 = WM 2000, 1857, 1858 = WuB I D 3. Scheckverkehr 1.01 m Anm MÜLLER/CHRISTMANN; BGH JZ 1996, 804 = ZIP 1996, 1005, 1006 = JR 1997, 235 = WM 1996, 1037, 1038; **aA** SCHNAUDER WM 1998, 1901, 1906). Der Schuldner trägt damit die Gefahr des Verlustes des übersandten Schecks auf dem Transportweg. Kommt der Scheck nie beim Empfänger an, muß der Schuldner nochmals eine Leistungshandlung zur Zahlung vornehmen.

23 Eine andere Frage ist, ob es der Gläubiger generell oder nur bei Verschulden zu vertreten hat, daß der Scheck *nach Aushändigung* in Verlust gerät und der Scheck-

betrag aus diesem Grund einem Dritten ausgezahlt wird. Gemäß § 270 Abs 1 analog geht mit dem Zugang eines Schecks, der entsprechend einer zuvor getroffenen Scheckzahlungsabrede zur Bezahlung einer Forderung übersandt wird, die Verlustgefahr auf den Schecknehmer über. Der Schecknehmer haftet deshalb für das Abhandenkommen des Schecks auch dann, wenn ihn kein Verschulden trifft (BGH JZ 1996, 804 = ZIP 1996, 1005, 1006 = JR 1997, 235 = WM 1996, 1037, 1038; die Beweislast für einen Zugang im Postschließfach des Gläubigers trägt jedoch der Schuldner: LG Braunschweig WM 1979, 735 f; CANARIS, Bankvertragsrecht² Rn 775). Hat der Gläubiger den Scheck entgegengenommen und ist dadurch der Scheckbegebungsvertrag zustande gekommen, steht seinem Zahlungsanspruch die Einrede der Scheckhingabe entgegen, § 273 Abs 1 (BGH ZIP 2000, 1719, 1721 = WM 2000, 1857, 1858; dazu kritisch MÜLLER/CHRISTMANN WuB I D 3 Scheckverkehr 1.01).

Mit der „Gefahr" ist in Abs 1 unstreitig der **Verlust des Geldbetrages** oder im Über- **24** weisungsverkehr die **Nichtausführung oder Fehlausführung der Überweisung** gemeint. Ob in Zeiten galoppierender Geldentwertung die Gefahr auch darin bestehen kann, daß der **Geldbetrag (Wertbrief) transportbedingt entwertet** wird (ablehnend OLG Karlsruhe BadRspr 1926, 3; OLG Hamburg HansGZ 1924 Hauptbl 131; STAUDINGER/K SCHMIDT [1997] Vorbem C 28 §§ 244 ff; bejahend STAUDINGER/SELB [1995] § 270 Rn 10), erscheint zweifelhaft. Auf der Grundlage der Theorie der Geldschuld als Bringschuld ist die Entwertung des nominell unveränderten Geldbetrags einem Teilverlust des Zahlungsbetrages gleichzustellen. Der Schuldner haftet für den während des Transports eintretenden Wertverlust (so STAUDINGER-Symposion/SCHMIDT [1998] 85 f). Dieser kann nicht nur durch Inflation, sondern auch bei der Umrechnung in eine andere Währung erfolgen (LG Mannheim NJW 1960, 823). Das gleiche gilt, wenn zwischen Überweisung und Gutschrift für den Gläubiger eine Währungsumstellung stattfindet. Die Frage des Zahlungsortes – nach dem Verständnis der Geldschuld als Bringschuld ist dies der Sitz des Gläubigers – wird zur Frage der Zahlung überhaupt. Wurde vor der „Währungsreform" eine Bank des Schuldners beauftragt, einen RM-Betrag an den Gläubiger zu überweisen, dem Gläubiger der RM-Betrag aber erst nach der „Währungsreform" gutgeschrieben, so trat keine Schuldtilgung ein (sehr str: wie hier OLG Stuttgart NJW 1950, 189; LG Dortmund MDR 1949, 225; BERMANN NJW 1947/48, 407; FREUDLING NJW 1949, 419; aM jedoch OLG Düsseldorf NJW 1949, 951; vCAEMMERER SJZ 1948, 513; DUDEN SJZ 1948, 590; ders DRZ 1948, 330 und BB 1948, 330; SPENGLER NJW 1947/48, 544; REINICKE MDR 1948, 321 und MDR 1949, 226; wohl auch BANER NJW 1950, 189 mwN).

Maßgeblich für die Risikozuweisung des Abs 1 ist nach Abs 3 der **jeweilige Wohnsitz 25 des Gläubigers**. Hat sich in der Zeit zwischen der Entstehung des Schuldverhältnisses und der Übermittlung des Geldbetrages der Wohnsitz des Gläubigers oder der Ort seiner gewerblichen Niederlassung geändert und hat sich dadurch die Gefahr erhöht, so hat der Gläubiger die Gefahr der Übermittlung zu tragen (Abs 3). Führt ein Nachsendeauftrag zum Verlust der Geldüberweisung, so trägt dieses Risiko der Gläubiger (AG Berlin-Neukölln VersR 1967, 176). Eine Teilung des Risikos nach normaler und erhöhter Gefahr scheidet aus. Trotz der Gefahrüberwälzung ist der Schuldner nicht zur Überweisung verpflichtet, wenn ihm nur der Nachsendeauftrag, nicht aber der neue Wohnsitz des Gläubigers bekannt ist (RG Recht 1916 Nr 638). Er trägt zwar nicht das Risiko der Nachsendegefahren, müßte im Streitfalle aber doch die Beweislast für die Gefahrerhöhung tragen. Ändert der Gläubiger in der Zwischenzeit nur sein Bankkonto, so ist § 270 Abs 3 nicht anzuwenden (BGHZ 6, 121, 127 = NJW 1952, 929,

930 = LM Nr 1 zu § 270 m Anm Ascher). Denn der Schuldner hat noch immer die Möglichkeit, an den unveränderten Wohnsitz des Gläubigers zu leisten. Zur Verlustgefahr bei Änderung des Empfängerkontos nach § 1 Abs 1 des G über Zahlungen aus öffentlichen Kassen (RGBl I 1938, 1899): BFH WM 1988, 252.

26 Nach dem Rechtsgedanken des § 270 Abs 3 iVm § 242 geht in Ausnahmefällen, in denen es unangemessen wäre, den Schuldner für Gefahren haften zu lassen, die der Gläubiger durch ein allein seiner Sphäre zuzurechnendes Verhalten erst geschaffen hat, die Gefahr des Verlustes bei der Geldübermittlung auf den Gläubiger über (st Rspr, zuletzt BFH EFG 2001, 901, 902 = DStRE 2001, 945, 947 in concreto einen solchen Ausnahmefall verneinend). Daher kann das Finanzamt mit schuldbefreiender Wirkung auf das bisherige Konto einer GmbH leisten, wenn ihm lediglich das Ausscheiden der GmbH aus dem Konzern, nicht aber die neue Bankverbindung mitgeteilt wurde (FG Hessen NJW 1995, 80).

27 Die Bestimmung des § 270 ist nur eine Auslegungsregel (Palandt/Heinrichs § 270 Rn 4; OLG Koblenz NJW-RR 1993, 583; Riecke WE 2002, 126; sachlich ohne Unterschied Staudinger/ Selb [1995] § 270 Rn 14: dispositives Recht; ebenso K Schmidt JuS 1984, 742). Abweichende gesetzliche Regelungen (oben Rn 12), ausdrückliche oder konkludente Vereinbarungen der Parteien wie auch eine abweichende allgemeine Risikoordnung des Vertragsverhältnisses (Rn 14, 16 f) gehen vor (MünchKomm/Krüger § 270 Rn 1). So wurde eine Übernahme des Transportrisikos durch den Gläubiger darin gesehen, daß er auf der Überweisung durch die Post bestand, obwohl mit dem Verlust auf diesem Weg – April 1945 – gerechnet werden mußte (AG Freiberg/Sa NJW 1947/48, 300, 301 m zust Anm Krekels). Bei einem Grundstückskaufvertrag kann in der Übereinkunft über eine notarielle Hinterlegung des Kaufpreises durch den Käufer eine Vereinbarung liegen, daß ab Auszahlungsreife der Verkäufer die Verlustgefahr (Auszahlungsfehler des Notars, Fehlüberweisung der Bank) trägt, weil ab diesem Zeitpunkt der Notar treuhänderisch für ihn verwahrt (Preuss JuS 1996, 103 f gegen BGH NJW 1994, 1403).

2. Verzögerungsgefahr

28 Die Streitfrage um den Charakter der Geldschuld als qualifizierte Schick- oder modifizierte Bringschuld (oben Rn 1 ff) wird relevant im Falle von **Zahlungsverzögerungen**.

a) Geldschuld als qualifizierte Schickschuld

29 Ist die Geldschuld eine durch § 270 Abs 1 *qualifizierte Schickschuld*, so genügt die Vornahme der Leistungshandlung am Wohnort des Schuldners, um Verzug auszuschließen (Soergel/Wiedemann § 284 Rn 48; § 284 Rn 101 nur für den Verzug auf Grund einer Mahnung). Kommt das Geld bei einer unbaren Zahlung nur irgendwann bei der Gläubigerbank an, so hat sich danach die in § 270 Abs 1 geregelte Transportgefahr nicht verwirklicht (so Staudinger/Selb [1995] § 270 Rn 11 im Anschluß an LG Frankfurt NJW-RR 1994, 305). Ob die Verzögerung zu Lasten des Schuldner geht, ihn Verzugsfolgen treffen, entscheidet sich danach, ob der Schuldner die Leistungshandlung verspätet vornimmt oder nicht. Nach dieser Auffassung ist also streng zu trennen zwischen den Rechtsfolgen der zeitweisen Verzögerung (kein Verzug bei Rechtzeitigkeit der Leistungshandlung) und dem endgültigen Verlust (Transportgefahr beim Schuldner auch bei Rechtzeitigkeit der Leistungshandlung). Für die Verzögerung wird die Lösung über den regelmäßigen Leistungsort nach § 269, für den Verlust über die Zuweisung des Transportrisikos nach § 270 Abs 1 gesucht.

Das Absenden eines **Schecks**, nicht erst der Eingang beim Gläubiger einer Geld- **30** forderung, beendet damit mangels anderslautender Vereinbarung den Verzug. Die Verzögerungsgefahr geht zu Lasten des Gläubigers (RGZ 78, 127, 140 ff; RG Recht 1925 Nr 1244 = JR 1925 Nr 762; BGH NJW 1969, 875 f; OLG Frankfurt aM MDR 1999, 667 f). Zur Wahrung einer Skontofrist genügt es danach, daß der Verrechungsscheck rechtzeitig abgesandt wurde (aA LANGENBUCHER 95, 42 ff). Rechtzeitig bedeutet nach Auffassung des BGH hier innerhalb der Skontofrist. Aus § 270 (analog, vgl Rn 22) folge, daß es für die Rechtzeitigkeit der Leistung auf die Vornahme der Leistungshandlung ankomme (BGH NJW 1998, 1302 = ZIP 1998, 568, 569; s auch SENNE JA 1998, 830 ff). Das muß auch dann gelten, wenn Abreden getroffen sind, diese jedoch dem § 270 ähnlich lauten. Auch hier bleibt der Leistungsort des § 269 unverändert (RGZ 103, 259, 261 f; RG JW 1921, 232 = Recht 1921 Nr 495).

Auf der Grundlage der *Schickschuldtheorie* läßt es eine für den Gläubiger etwas **31** weniger strenge Risikozuweisung für die Rechtzeitigkeit der Leistungshandlung genügen, daß der Scheck so früh abgesandt wurde, daß er bei normalem Verlauf der Dinge im Fälligkeitszeitpunkt – im Fall der Skontoabrede innerhalb der Skontofrist – eingelöst werden kann (CANARIS, Bankvertragsrecht[2] Rn 780). Damit wird das Ergebnis der Bringschuldtheorie erreicht mit dem Unterschied, daß außergewöhnliche Verzögerungen zu Lasten des Gläubigers, nicht des Schuldners gehen.

Vor Inkrafttreten des Überweisungsgesetzes war für die **Überweisung** auf der Grund- **32** lage der Schickschuldtheorie der Zeitpunkt der rechtzeitigen Leistungshandlung umstritten. Ausgangspunkt war, daß der Schuldner seine Leistungspflicht erfüllt, wenn er die Überweisung veranlaßt hat, vorausgesetzt der geschuldete Betrag wird später dem Konto des Gläubigers gutgeschrieben. Nach dem Verständnis der Überweisung als einseitige Weisung an die Bank war der frühestmögliche Zeitpunkt bei Annahme einer Schickschuld die Absendung des Überweisungsauftrags durch den Schuldner an seine Bank (ENNECCERUS/LEHMANN § 23 I 3). Etwas später lag der Zeitpunkt, in dem der Überweisungsauftrag fristgerecht bei der Bank des Überweisenden eingegangen und Deckung vorhanden ist (so OLG Düsseldorf DB 1984, 2686; OLG Koblenz NJW-RR 1993, 583; im konkreten Fall ging aber eine anderweitige Parteivereinbarung vor; OLG Köln NJW-RR 1992, 1528, 1529; OLG Oldenburg VersR 2002, 555; MünchKomm/KELLER[3] § 270 Rn 22; PALANDT/HEINRICHS § 270 Rn 7); spätestens gezahlt war in dem Zeitpunkt, in dem der Überweisungsbetrag auf dem Konto des Schuldners abgebucht ist (BGH LM VVG § 36 Nr 1 = NJW 1964, 499; BGH LM VVG § 36 Nr 3 = NJW 1971, 380 zu einem Fall einer abweichenden Vereinbarung einer Bringschuld, bei der es für die Rechtzeitigkeit auf die Gutschrift auf dem Konto des Empfängers ankommt). Dagegen war es mit der Schickschuldtheorie kaum mehr vereinbar, den Eingang der Überweisung bei der Gläubigerbank zu fordern (so BRUCK/MÖLLER, VVG [8. Aufl 1961] § 36 Rn 11). Im Falle einer Überweisung auf ein *Sperrkonto* konnte der Zeitpunkt der tatsächlichen Zahlung durch besondere Vereinbarung noch weiter hinausgeschoben werden, etwa bis zu dem Zeitpunkt, zu dem der Auftraggeber über den Überweisungsbetrag auf dem Sperrkonto nicht mehr ohne Mitwirkung des Empfängers disponieren konnte (BFH EWiR § 270 BGB 1/88, 25 [ALISCH]).

33 Auch nach den jetzt für alle Überweisungen geltenden §§ **676a–h** auf der Grundlage des **Überweisungsgesetzes** ist der Zeitpunkt der rechtzeitigen Leistungshandlung auf der Grundlage der Schickschuldtheorie streitig. So wird vertreten eine Überweisung sei rechtzeitig, wenn der Schuldner den Überweisungträger innerhalb der Zahlungsfrist bei der Überweisungsbank einreicht, auf seinem Konto ausreichende Deckung oder ein entsprechender Kreditrahmen zur Verfügung steht und der geschuldete Betrag später dem Konto des Gläubigers gutgeschrieben wird (Nobbe WM 2001, SB 4, 22). Die Gegenmeinung stellt den Vertragscharakter der Überweisung heraus und kommt damit zu einem späteren und für den Schuldner nicht sicher feststellbaren Zeitpunkt für seine vollständige Leistungshandlung. Geschuldete Leistungshandlung sei der Abschluß eines Überweisungsvertrages. Da dieser im Regelfall durch Angebot des Schuldners im Wege der Einreichung des Überweisungträgers und konkludente Annahme im Wege der Bearbeitung durch das Kreditinstitut unter Verzicht auf den Zugang der Annahme (§ 151) zustande komme, sei die Leistungshandlung jedenfalls nicht schon im Moment der Einreichung des Überweisungträgers erbracht. Es müsse nach Vertragsschluss sogar noch die endgültige Bindung des Kreditinstituts durch Verstreichenlassen der Kündigungsmöglichkeit vor Ende der Ausführungsfrist (§ 676a) abgewartet werden (MünchKomm/Krüger § 270 Rn 24). Diese strengere Auffassung belastet den Schuldner mit der Unsicherheit darüber, wann er seine Leistungshandlung erbracht hat, ohne dem Gläubiger eine Gewißheit hierüber zu geben, wie es nach dem vorzugswürdigen Verständnis der Geldschuld als modifizierte Bringschuld der Fall ist (unten Rn 38).

34 Auch im Hinblick auf das Verzögerungsrisiko können die Parteien für die Geldschuld selbstverständlich eine **andere Risikotragung**, als sie sich aus der Schickschuldtheorie ergibt, **vereinbaren** (MünchKomm/Krüger § 270 Rn 18); so wenn es für die Rechtzeitigkeit der Zahlung nicht auf die Leistungshandlung (zB Erteilung eines Überweisungsauftrags), sondern auf den Leistungserfolg (zB Eingang auf dem Konto) ankommen soll (so für AGB über Gewerberaummietverträge BGH NJW 1998, 2664, 2665 = NZM 1998, 628, 629; s auch zu privaten Wohnraummietverträgen Sonnenschein NJW 1998, 2180 mit LG Rspr aus 1992).

35 §§ 676b und 676c geben bei nicht fristgerechter Ausführung des Überweisungsauftrags dem die Überweisung in Auftrag gebenden Schuldner gegen das überweisende Kreditinstitut verschuldensunabhängig Zins- und weitergehende Ansprüche. Bei Annahme einer Schickschuld ist im Falle der Verzögerung der Ausführung der Überweisung der Überweisende aber gar nicht der Geschädigte. Man muß auf dem Boden der Schickschuldtheorie die §§ 676b und 676c daher als einen Fall der Drittschadensliquidation deuten, um ihnen überhaupt einen Sinn abzugewinnen (Jakobs 646; zur Inkongruenz des Anspruchs des Überweisenden auf verschuldensunabhängigen Ersatz des Verspätungsschadens aus §§ 676b und 676c und eines fehlenden Anspruchs des Gläubigers gegen den Überweisenden bei rechtzeitigem Abschluß des Überweisungsvertrages als der nach der Schickschuldtheorie maßgeblichen Leistungshandlung auch Graf von Westphalen BB 2000, 162). Das spricht jedenfalls für den Anwendungsbereich der §§ 676a ff für die Annahme einer Bringschuld.

b) Geldschuld als modifizierte Bringschuld

36 Ist die Geldschuld mit der hier vertretenen Gegenauffassung *modifizierte Bringschuld*, trägt der Schuldner auch die Verzögerungsgefahr (Staudinger-Symposion/

SCHMIDT [1998] 85; LANGENBUCHER 157 ff; zur vereinbarten Bringschuld EINSELE AcP 199 [1999] 156). § 270 Abs 4 läßt sich für die Behandlung des Verspätungsrisikos keine Aussage entnehmen (ausführlich SCHÖN AcP 198 [1998] 442 ff; STAUDINGER-Symposion/SCHMIDT [1998] 82 ff). Die Differenzierung der hM zwischen Verzögerungs- und Verlustgefahr überzeugt nicht, zumal sich oft nur schwer feststellen läßt, wann die Verzögerung in den Verlust umschlägt (vCAEMMERER FS Mann 10; SCHÖN 443). Mit dem Verständnis der Geldschuld als modifizierte Bringschuld sind Verlust- und Verzögerungsgefahr, soweit sie sich realisieren, bevor der Scheck dem Gläubiger zugegangen oder die Überweisung durch die Schuldnerbank ausgeführt ist, gleich zu behandeln. Damit entfällt auch die Kritik, die Rechtsprechung würde zuweilen Verzögerungsfälle als Verlustfälle behandeln (so STAUDINGER/SELB [1995] § 270 Rn 11 zu BayLSozG BB 1980, 731).

Übertragen auf die **Prämienzahlung** nach § 36 VVG muß der Bringschuldcharakter **37** der Geldzahlungspflicht auch hier zu einer teleologischen Reduktion von § 36 Abs 1 HS 1 VVG führen. Die Bestimmung des Leistungsorts in § 36 Abs 1 HS 1 VVG hat dann auch hier nur Bedeutung für den Gerichtsstand. Die Rechtzeitigkeit der Leistung etwa nach § 38 VVG beurteilt sich nach den gleichen Kriterien wie die Frage, ob überhaupt geleistet wurde.

Im Fall der verzögerten **Überweisung** folgt aus der Deutung der Geldschuld als **38** modifizierte Bringschuld: Der Überweisende ist für den rechtzeitigen Transport der Valuta verantwortlich. Geleistet (nicht erfüllt) ist, wenn der Überweisungsbetrag bei der Gläubigerbank eingeht. Diese Gefahrtragungsregelung trifft den Überweisenden auch nicht übermäßig hart. Nach §§ 676b, 676c kann er nämlich die Verzögerungsgefahr auf die von ihm eingeschaltete Bank abwälzen. Hat der Überweisende durch Einreichung des Überweisungsträgers ein vollständiges Überweisungsangebot rechtzeitig, dh unter in Rechnung Stellung der dem ausführenden Kreditinstitut zustehenden Ausführungsfristen (§ 676a Abs 2 S 2), abgegeben und sind die sonstigen Voraussetzungen des § 676a Abs 2 S 3, insbesondere Deckung, erfüllt, trifft ihn im Ergebnis kein Risiko. Trifft die Valuta nicht rechtzeitig bei der Bank des Empfängers ein, weil die Bank des Überweisenden die Ausführungsfristen nicht eingehalten hat oder es zu Verzögerungen bei zwischengeschalteten Kreditinstituten kommt, haftet der Überweisende zwar dem Empfänger für die Verzögerung. Er ist in Verzug, weil die Leistungshandlung „Ausführung der Überweisung" durch Eingang der Valuta bei der Gläubigerbank nicht rechtzeitig vorgenommen wurde und er sich das Verhalten seiner Bank und zwischengeschalteter Kreditinstitute über § 278 analog zurechnen lassen muß (zur Zurechnung § 278 analog GRAF VON WESTPHALEN WM 2000, 161 f; § 278 direkt PALANDT/SPRAU § 676a Rn 15, § 676c Rn 3; **aA** (keine Erfüllungsgehilfen) Münch-Komm/KRÜGER § 270 Rn 25; KÜMPEL WM 2000, 797; SCHNEIDER WM 1999, 2189, 2194) Der Überweisende kann aber seinerseits seine Bank nach §§ 676b und 676c in Anspruch nehmen (LANGENBUCHER 157 ff). Zu Zahlungen über *Internetkonten*, die nach dem Modell einer elektronischen Überweisung (Bringschuld) funktionieren, vgl LANGENBUCHER 337.

Fälle verzögerter **Scheckzahlung** und **Wechselzahlung** sind auf der Grundlage der **39** Bringschuldtheorie anders als nach der Rechtsprechung zu lösen: Der Zahlende ist verpflichtet, dem Zahlungsempfänger das Papier innerhalb der Zahlungsfrist zu übermitteln (LANGENBUCHER 42 ff [zum Wechsel], 95 [zum Scheck]). Damit genügt es entgegen der Rechtsprechung des BGH zur Wahrung einer Skontofrist eben nicht, daß der Verrechungsscheck rechtzeitig abgesandt wurde (aA BGH NJW 1998, 1302 = ZIP 1998, 568, 569). So wie der Absender das Risiko trägt, daß der Scheck nie ankommt, trägt er auch das Risiko, daß er mit Verzögerung eintrifft. Die Auslegung der individuellen Skontoabrede kann selbstverständlich auch eine andere Risikoverteilung ergeben. Ist der Vereinbarung und den Umständen zu entnehmen, daß der Vorleistende die Zeit von der Absendung bis zum Eingang des Schecks im normalen Gang der Dinge zu berücksichtigen bereit ist, kann sein Interesse an einer beschleunigten Zahlung auch gewahrt sein, wenn der Schuldner den Scheck innerhalb der Skontofrist absendet. Verzögert sich der Eingang des Schecks aber unplanmäßig, so ist das Interesse des Gläubigers an beschleunigter Zahlung gerade nicht gewahrt, und es bedarf besonderer Anhaltspunkte, um anzunehmen, der Gläubiger wolle auch das Verzögerungsrisiko tragen. Ist die Auslegung der Skontoabrede insoweit unergiebig, bleibt es beim Zugang des Schecks als dem maßgeblichen Zeitpunkt für die Beurteilung der Rechtzeitigkeit.

VI. Kostenlast

40 Die Geldübermittlung geschieht **auf Kosten des Schuldners** (Abs 1). Haben sich aber der Wohnsitz oder die Niederlassung geändert und erhöhen sich dadurch die Übermittlungskosten, so trägt der Gläubiger die aus der Veränderung entstehenden Mehrkosten (Abs 3). Zu den Kosten gehören die Überweisungskosten, Versendungs- und Zustellungskosten, nicht aber die Kontoführungsgebühr, die der Empfänger seiner kontoführenden Bank schuldet (BAG AP § 1 TVG Arbeitsentgelt Nr 1 m Anm WIEDEMANN = BB 1977, 443 = NJW 1977, 919; OVG Bremen ZBR 1976, 90, 91). Ein Tarifvertrag kann jedoch eine abweichende Regelung vorsehen (BAG WM 1985, 176, 177 ff). Kosten bei der Entgegennahme von Bargeld hat der Gläubiger zu tragen (BGH JZ 1994, 474, 475 = NJW 1994, 318, 319 zum Verstoß gegen § 9 AGBG von AGB, die den Einzahler mit Bankgebühren für Bareinzahlungen belasten).

41 Begreift man die Geldschuld als Bringschuld, so liegt auch in der Kostenregelung des Abs 1 eine Modifizierung: Regelmäßig ist die Tragung der Versendungskosten durch den Gläubiger ein Indiz für das Bestehen einer Bringschuld, weil es naheliegt anzunehmen, daß mit der Bezahlung der Versandkosten die Versendung zum Leistungsinhalt des Kaufvertrages wird (SCHILDT JR 1995, 89, 90 f). § 270 Abs 1 bürdet aber diese Kosten dem Schuldner auf.

VII. Beweislast

42 Der Schuldner trägt zu § 270 die **Beweislast** dafür, daß das geschuldete Geld in der oben beschriebenen Art in die Verfügungsgewalt des Gläubigers gelangt ist. Es genügt nicht, daß er nachweist, es abgeschickt zu haben. Auf der Grundlage der Geldschuld als Bringschuld muß der Schuldner auch beweisen, daß das Geld rechtzeitig beim Gläubiger eingetroffen ist. Nach der Schickschuldtheorie genügt dagegen der Beweis der Rechtzeitigkeit der Absendung, wenn das Geld überhaupt eintrifft und dies vom Gläubiger nicht bestritten wird. Auch die Kosten- und Gefahrerhöhung (Abs 3) ist vom Schuldner zu beweisen.

43 Wird Geld in einem Einschreibebrief verschickt, führt die Vorlage des Aufgabescheins auch noch nicht zum Beweis des ersten Anscheins, der Brief sei auch ange-

langt (ROHG 13, 44, 46 f; BGHZ 24, 308, 312 = NJW 1957, 1230, 1231). Stellt allerdings der Adressat der Einschreibesendung deren Empfang nicht innerhalb der zweijährigen Aufbewahrungsfrist für den Ablieferungsschein in Abrede, obwohl er rechtzeitig vorher von deren Absendung Kenntnis erhalten hat, so kann er auch nach Ablauf der Frist nicht mehr damit gehört werden, daß er die Sendung nicht erhalten habe (BGHZ 24, 308, 313 f = NJW 1957, 1230, 1231). Die Vorlage des Postanweisungsabschnitts bei einer Postüberweisung und des Einlieferungsscheins bei einem Wertbrief kann dagegen einen Anscheinsbeweis begründen, daß das Geld beim Adressaten eingegangen ist (MünchKomm/Krüger § 270 Rn 27; Palandt/Heinrichs § 270 Rn 12 zu Postanweisung).

§ 271
Leistungszeit

(1) Ist eine Zeit für die Leistung weder bestimmt noch aus den Umständen zu entnehmen, so kann der Gläubiger die Leistung sofort verlangen, der Schuldner sie sofort bewirken.

(2) Ist eine Zeit bestimmt, so ist im Zweifel anzunehmen, dass der Gläubiger die Leistung nicht vor dieser Zeit verlangen, der Schuldner aber sie vorher bewirken kann.

Materialien: E I § 231; II § 227; III § 264;
Jakobs/Schubert, SchR I 192.

Schrifttum

Boeckler, Die Bezahlung von Geldschulden, VerkRdsch 2, 247
De Claparède, Beiträge zur Lehre vom Leistungsverzuge (1903) 39
Fahl, Zur Zulässigkeit der einseitigen kalendermäßigen Bestimmung des Verzugszeitpunkts, JZ 1995, 341
Klein, Ein Beitrag zur Lehre von der rechtlichen Bedeutung der Vorbereitungshandlungen zur Leistung, SeuffBl 73, 312

Langheineken, Der verhaltene Anspruch, in: FG Wilhelm von Brünneck (1912) 27
Nastelski, Die Zeit als Bestandteil des Leistungsinhalts, JuS 1962, 289
Pressmar, Zum Inhalt einer Mahnung, JA 1999, 593
Rother, Die Bedeutung der Rechnung für das Schuldverhältnis, AcP 164 (1964) 97.

Systematische Übersicht

I.   Allgemeines

1 **Zu den Modalitäten der Leistung** gehört auch die Leistungszeit. § 271 **Abs 1** sagt, daß Forderungen sofort mit ihrer Begründung geltend gemacht und erfüllt werden können, sofern es an einer anderen Bestimmung der Leistungszeit fehlt und sich die Leistungszeit auch nicht aus den Umständen ergibt. Vorbehaltlich anderer Abreden, gesetzlicher Bestimmungen oder sonstiger Anhaltspunkte für eine abweichende Regelung fallen nach Abs 1 die Fälligkeit und die Erfüllbarkeit der Forderung somit zusammen. Die Leistung *bewirken* heißt dabei – anders als in § 362 –, die Leistungshandlung vornehmen, nicht den Leistungserfolg herbeiführen (zur Frage der Verspätungs- oder Verzögerungsgefahr, dh des Gläubigerrisikos, das sich aus dem zeitlichen Auseinanderfallen von Leistungshandlung und Leistungserfolg ergibt, Rn 25). Allerdings haben es die Parteien in der Hand, zu vereinbaren, daß eine rechtzeitige Leistung erst mit dem Empfang durch den Gläubiger anzunehmen ist.

2 Ist eine Leistungszeit bestimmt, so soll sie nach der Auslegungsregel des **Abs 2** im Zweifel nur *zugunsten* des Schuldners bestimmt sein, nicht zu seinem Nachteil. Es ist dem Schuldner im Zweifel nicht verwehrt, auf eine noch nicht fällige Forderung zu leisten; die Erfüllbarkeit liegt dann vor der Fälligkeit (BGH NZG 2002, 1072, 1073; s aber unten Rn 24).

3 Gegenüber der **dispositiven Regelung** des § 271 Abs 1 gibt es zahlreiche **speziellere gesetzliche Vorschriften**; aus dem BGB: §§ 556b Abs 1 (Wohnraummiete), 579 (Miete anderer Sachen), 581 (Pacht), 604 (Leihe), 488 (Gelddarlehen), 608 u 609 (Sachdar-

lehen), 614 (Dienstvertrag), 641 Abs 1 und Abs 2 (Werkvertrag), 695, 696, 699 (Ver-
wahrung), 721 (Gesellschaftsvertrag), 760 (Leibrente), 1360a Abs 2 S 2, 1361 Abs 4
S 2, 1585 Abs 1 S 2, 1587k Abs 1, 1612 Abs 3 (Unterhaltspflicht), 2181 (Vermächtnis).
Eine Modifikation der Leistungszeit enthält auch § 193. Speziellere Regelungen
enthalten zB auch die §§ 798 ZPO, 41 Abs 1 InsO, 111 S 1 ZVG, 16 BRAGO, 23
Abs 1 VerlG, 11 Abs 1 VVG (vgl Martin VersR 1978, 392 ff), 73 Abs 2 2 GenG (dazu BGH
NZG 2002, 1072, 1073), 31 PatG, 7 KostO, 61 ff GKG. Nicht hierher gehört § 46 Nr 2
GmbHG; die Bestimmung bedeutet nur, daß die Einziehung eines Beschlusses der
Gesellschafterversammlung bedarf, ändert aber nichts daran, daß die Verpflichtung
zur Leistung der Stammeinlage schon mit der Entstehung der Gesellschaft fällig wird
(RGZ 149, 293, 301). Auf die Fälligkeit einer Ersatzleistung nach dem BLG findet § 271
Abs 1 sinngemäß Anwendung (BGH NJW 1969, 1214). Keine Sonderregelung gibt es für
Schadensersatzansprüche, auch nicht für solche aus Delikt; insbesondere bedarf es
nicht erst einer gerichtlichen Feststellung der Ansprüche (vgl RG LZ 1916, 1185; für
Besatzungsschäden nach dem Gesetz vom 1. 12. 1955 [BGBl I 734] nahm das BVerwG NJW 1958,
1744, 1745 Fälligkeit allerdings erst mit unanfechtbarer Festsetzung an). Der Rückgewähranspruch *aus* Wandelung nach § 346 aF entstand erst mit der Einigung der Parteien über
die Wandelung oder mit einem rechtskräftigen Urteil über die Berechtigung des
Wandelungsbegehrens (OLG Hamm NJW 1993, 1930 = MDR 1993, 734). Eine tarifliche
Leistung wird frühestens mit Wirksamwerden des Tarifvertrages durch Unterzeich-
nung fällig (BAG NZA 1996, 323, 325; NZA 1996, 994, 995; NZA 1997, 896).

II.   Bestimmung im Rechtsgeschäft

1.   Durch beide Parteien

Durch die Parteien kann die **Leistungszeit schon im Rechtsgeschäft selbst bestimmt** **4**
werden. Bestimmt ist die Leistungszeit dann, wenn ein *Kalendertag* angegeben ist, an
dem die Leistung erbracht werden soll, oder gar eine genaue Uhrzeit eines Tages.
Doch kann die Zeit auch durch eine *Frist* bestimmt sein, *innerhalb deren oder nach*
deren Ablauf die Leistung zu erfolgen habe (zur Verladefrist bei Verpflichtungen zur „Verschiffung": BGH MDR 1964, 48). Bei *Dauerschuldverhältnissen* liegt eine Bestimmung in
der Angabe eines Anfangs- und Endtermins oder doch wenigstens eines Anfangs-
termins bei Abschluß auf unbestimmte Zeit. Zur Bestimmung genügt schon die
Bestimmbarkeit. So kann die Leistungszeit *von einem anderen Ereignis abhängig*
gemacht werden; ein Werk soll etwa „4 Wochen nach Materialzulieferung durch
den Besteller" geliefert werden; ein Feld soll „alsbald nach dem nächsten Regen"
gepflügt werden; der Mähdrescher soll demnächst „am ersten sonnigen Tag" zur
Verfügung stehen; Zuchthasen sollen „2 Monate nach dem Wurf" geliefert werden
usw. Bei bedingten Verpflichtungen kann sich die Leistungszeit am *Eintritt der auf-*
schiebenden Bedingung orientieren, etwa „sofort mit Bedingungseintritt" oder
„1 Jahr nach Bedingungseintritt"; im ersten Fall ist „sofortige Leistung" vereinbart,
weil vorher keine Verpflichtung besteht. Dasselbe gilt bei Verpflichtungen, die irgendeiner *Genehmigung bedürfen* oder doch irgendwie von Genehmigungen abhängig sind (Baugenehmigung: BGH NJW 1974, 1080); dasselbe bei *befristeten Verpflich-*
tungen, die erst mit einem bestimmten Zeitpunkt entstehen. Davon ist die *betagte*
Verpflichtung zu unterscheiden, die sofort entsteht, deren Leistungszeit jedoch hinausgeschoben ist (BGH NJW 2002, 2640, 2641 = WM 2002, 2257, 2259). Bei dieser kann die
vorzeitige Leistung des Schuldners wegen § 813 Abs 2 nicht nach § 812 kondiziert

werden. Für die befristete Verbindlichkeit gilt dieser Kondiktionsausschluß nach hM nicht (Staudinger/Lorenz [1999] § 813 Rn 16).

5 Bei **Gegenleistungen** kann die Zahlungszeit durch den Zeitpunkt der Leistung bestimmt sein; etwa bei Abreden „bar Kassa gegen Lieferung" oder „Ziel 3 Monate nach Lieferung" oder „Ziel 3 Monate und Dreimonatsakzept" (zur Auslegung vgl OLG Hamburg HansGZ 1913 Hauptbl 154); anders „Kassa gegen Faktura" (RGZ 69, 125, 126), da hier ohne Rücksicht auf die Leistung auch vorausgezahlt werden muß, wenn die Rechnung eintrifft; zur Klausel „Netto Kasse gegen Dokumente" vgl BGHZ 55, 340, 342 = NJW 1971, 979 f, „Netto Kasse gegen Konnossement" vgl RGZ 59, 23, 25. In Abzahlungsgeschäften wird die Fälligkeit einzelner Raten (Teilzahlungen) gestaffelt bestimmt. Übliche Klauseln lassen die Fälligkeit der gesamten noch offenen Restschuld eintreten, wenn fällige Teilzahlungen nicht erbracht werden. In anderen Fällen wird durch eine solche Verfallklausel eine Stundung auf Raten aufgehoben. Der Inhaltskontrolle nach § 307 hält eine solche Klausel nur stand, wenn wie in § 498 ein verschuldeter Zahlungsrückstand zur Voraussetzung der Gesamtfälligkeit gemacht wird (BGH NJW 1985, 2329, 2330 zu § 9 AGBG).

2. Durch eine Partei oder einen Dritten

6 Bestimmt ist die Leistungszeit auch dann, wenn die **Bestimmung vertraglich dem Gläubiger, dem Schuldner oder einem Dritten überlassen** ist. Nicht selten wird diese Bestimmung limitiert, der Spielraum der Bestimmung eingeengt. Doch auch die Einräumung „freien" Ermessens kommt vor. Für die Bestimmung der Leistungszeit durch eine der Parteien gilt dann § 315, für die Bestimmung durch einen Dritten gelten die §§ 317 ff. Während die Leistungsbestimmung durch eine der Vertragsparteien immer „billigem Ermessen" entsprechen muß, wird die Ermessensentscheidung eines Dritten nach § 319 Abs 1 nur auf offensichtliche Unbilligkeit kontrolliert (RGZ 99, 105, 106 f zur Kontrolle auf offensichtliche Unbilligkeit nach § 319 Abs 1; vgl Nastelski JuS 1962, 289, 290). Kann der Dritte sogar nach freiem Belieben bestimmen (§ 319 Abs 2), entfällt auch diese Billigkeitskontrolle und nur eine gesetz- oder sittenwidrige Leistungsbestimmung ist nicht geltungsfähig (Staudinger/Mader [1995] § 319 Rn 2). Letztlich wird im Streitfalle über die Billigkeit die Zeitbestimmung durch Urteil getroffen (§§ 315 Abs 3 S 2, 319 Abs 1 S 2). Vorher kann keine Fälligkeitsfolge eintreten (RGZ 64, 114, 116 f). Bei Drittbestimmung wird § 319 Abs 2 (Unwirksamkeit des Vertrages, wenn der Dritte die Bestimmung nach freiem Belieben nicht treffen kann oder will) auf die Zeitmodalität nur dann anzuwenden sein, wenn die Leistungszeit so wesentlich ist, daß ohne ihre Bestimmung der Vertrag nicht zustande gekommen wäre.

7 „Abnahme bis spätestens …" bedeutet, daß der Gläubiger die Ware abrufen wird. Der Abruf ist dabei bis zum letzten Zeitpunkt der Frist möglich (OLG Stuttgart Recht 1915 Nr 1956; KG LZ 1919, 545). Nichtabruf führt zum Gläubigerverzug (RG SeuffA 63 Nr 6), bei Pflicht zur Abnahme auch zum Schuldnerverzug des Abnahmeverpflichteten. Nach Warenart und Lieferungszweck kann auch Abruf in Teilmengen gemeint sein, die auf die gesamte Lieferfrist angemessen verteilt werden müssen. Der Abruf kann auch noch mit einer Frist verbunden sein, nach deren Ablauf dann der Schuldner zu leisten hat (OLG Karlsruhe OLGE 36, 34 = BadRpr 1917, 110). Zur angemessenen Zeit des Abrufs vgl auch OLG Naumburg OLGE 20, 166. Zu einem Fall „Abruf nach Marktverhältnissen" vgl OLG Frankfurt aM BB 1980, 1823. Ist die Leistungszeit

„nach dem Belieben" des Schuldners zu erbringen oder sind Wendungen gewählt wie „Leistungszeit freibleibend", „Leistung möglichst bald" oder „Leistung ehestens", so ist bei der Leistungszeitbestimmung Treu und Glauben zu wahren (vgl RGZ 33, 54, 57; 34, 15, 19; 64, 114, 116; RG JW 1908, 478; 1909, 721). Eine generelle Analogie zu § 2181 – ein Vermächtnis mit freigestellter Leistungszeit wird mit dem Tod des Schuldners fällig – ist nicht möglich (ebenso SOERGEL/WOLF § 271 Rn 21). Ist die Leistung selbst aber in das Belieben des Schuldners gestellt, so fehlt es an einer Verpflichtung überhaupt, da sich der Schuldner letztlich nicht verpflichten will.

In allgemeinen Geschäftsbedingungen getroffene Bestimmungen über die Fälligkeit **8** unterfallen der AGB-Kontrolle nach den §§ 305 ff. Nicht hinreichend bestimmte Lieferfristen sind nach § 308 Nr 1 unwirksam, zB wenn die Lieferung in bestimmter Frist nach einem vom Verwender der Klausel frei bestimmbaren „Aufmaß" stattfinden soll (OLG Stuttgart NJW 1981, 1105). Nach § 306 Abs 2 findet § 271 Anwendung; das bedeutet, daß in einem solchen Fall das „Aufmaß" als erster Teil der Leistung „sofort" stattzufinden hat.

3. Durch Kündigung

Die **Leistungszeit** kann auch **durch eine rechtsgeschäftlich oder gesetzlich vorgesehene 9 Kündigung** bestimmt werden, sei es daß durch die rechtsgestaltende Erklärung die Fälligkeit selbst bestimmt wird (**Fälligkeitskündigung**, zB § 488 Abs 3), sei es daß das Schuldverhältnis mit der Wirkung beendet wird, daß sofort Rückgewähransprüche ausgelöst und fällig werden (zB Kündigung des Mietverhältnisses mit der Folge des § 546). Eine teilweise Fälligkeitskündigung durch den Schuldner könnte zur Umgehung des § 266 führen und ist deshalb nicht zulässig (RGZ 111, 397, 401). Dem Gläubiger aber ist die Teilkündigung nicht verwehrt (SOERGEL/WOLF § 271 Rn 11; MünchKomm/ KRÜGER § 271 Rn 29; aM ENNECCERUS/LEHMANN § 24 II 4).

4. Stundung

Wird die durch Rechtsgeschäft, Gesetz oder Richterspruch bestimmte Fälligkeit **10** hinausgeschoben, so ist die Forderung gestundet (NASTELSKI JuS 1962, 289). Die **Stundung** kann ihrerseits wieder auf Rechtsgeschäft, Gesetz oder Richterspruch beruhen. Gesetzliche Stundungen finden sich oft in wirtschaftlichen Krisenzeiten zur Schuldnerentlastung (gesetzliche Moratorien). Eine Ermächtigung zur richterlichen Stundung von an sich sofort fälligen Ansprüchen findet sich in den §§ 1382, 2331a. Ohne eine gesetzliche Ermächtigung darf kein Gericht eine Stundung aussprechen (ESSER/ SCHMIDT § 15 II 2). Die Stundung schiebt die Fälligkeit des Anspruchs hinaus, läßt aber die Erfüllbarkeit genau wie § 271 Abs 2 unberührt. Dem Schuldner gibt sie eine Einrede (GERNHUBER § 3 V 2a). Durch eine Zusage des Gläubigers gegenüber dem Eigentümer, die Hypothek während einer gewissen Zeit nicht geltend zu machen (pactum de non petendo), wird nicht die förmlich festgelegte „Fälligkeit" der Hypothek hinausgeschoben, wohl aber eine *Einrede* des Eigentümers begründet (vgl dazu ENNECCERUS/WOLFF/RAISER, Sachenrecht § 139 III 1 und BAUR/STÜRNER, Sachenrecht [17. Aufl] § 38 VII 1 d Rn 67).

Ist dem Schuldner bis zur Besserung seiner wirtschaftlichen Verhältnisse gestundet **11** („Besserungsklausel"), so hat er ohne Aufforderung zu leisten, wenn er unter Berücksichtigung des zu seinem eigenen Unterhalt Notwendigen leisten kann; er hat auch Ratenzahlungen anzubieten, wenn er dazu in der Lage ist (RGZ 94, 290; BGH WM 1975, 974, 975 f). Bei Stundung auf unbestimmte Zeit wird der Anspruch fällig, wenn der Gläubiger entsprechend §§ 316, 315 einen neuen Leistungstermin einseitig bestimmt.

12 Die **Einräumung eines Skontos** enthält keine Stundungsabrede, die Fälligkeit der Forderung wird nicht hinausgeschoben. Die Skontoabrede ist nur als Anreiz zu beschleunigter Zahlung gedacht (OLG Hamm BB 1957, 627; MünchKomm/KRÜGER § 271 Rn 22; aA BEATER AcP 191 [1991] 347, 357 f, wonach es der Verkehrssitte einer bestimmten Branche entsprechen kann, daß Fälligkeit erst mit Ablauf der Skontofrist eintritt; vgl auch § 272 Rn 2). Mit dem Skontoabzug wird unter der aufschiebenden Bedingung fristgerechter Zahlung ein Nachlaß auf den *vereinbarten* Preis gegeben, während der „Rabatt" (früher § 1 RabattG) ein Preisnachlaß auf den vom Unternehmer *angekündigten* oder *allgemein geforderten* Preis ist (vgl SENNE JA 1998, 832). Mit der Abschaffung der gesetzlichen Beschränkungen des RabattG hat die nicht immer einfache Abgrenzung an Bedeutung verloren.

13 Wird ein gestundeter Anspruch bestritten, so ist die selbstverständliche Grundlage der Stundung, nämlich die Anerkennung des Anspruchs, entfallen; auch ist der Anspruch mit dem Bestreiten gefährdet (RGZ 90, 177, 180; BGH JR 1981, 416, 417 = NJW 1981, 1666, 1667; OLG Celle MDR 1962, 569). UU kann auch eine beim Schuldner nachträglich eintretende Verschlechterung der Vermögenslage die Stundung aufheben (RG JW 1908, 711; JW 1920, 705 = Recht 1920 Nr 2364 = BayZ 1920, 203). Die Bestimmungen in den §§ 321 und 610 sind nur Ausflüsse der jetzt in § 313 kodifizierten Lehre von der *Geschäftsgrundlage*; daher ist nach den §§ 157, 242 von Fall zu Fall zu prüfen, ob die Grundlage der Stundung entfallen ist (BGH FamRZ 1974, 652, 653). Keine Stundung liegt in der Zusage einer Prozeßpartei, bis zum rechtskräftigen Abschluß des Verfahrens nicht zu vollstrecken (BGH NJW 1968, 700, 701); die Verzugsfolgen bleiben daher unberührt. Doch kann die Auslegung der Abrede anderes ergeben (BGH JR 1987, 505, 507 m zust Anm HAASE = WM 1987, 1045, 1046 = NJW-RR 1987, 907 f). Ebenso bedeuten im Vollstreckungsverfahren gewährte Zahlungsfristen (zB § 813a ZPO) oder Räumungsfristen (zB §§ 721, 794a ZPO) keine richterliche Stundung (BGH NJW 1953, 1586). Vgl dazu WIESER NJW 1988, 667. Gerichtliche Stundung nach dem VertragshilfeG schiebt dagegen die Fälligkeit des Anspruchs hinaus und verhindert oder beseitigt die Verzugsfolge.

III. Bestimmung durch die Umstände

14 Die **Leistungszeit** kann auch **durch die Umstände bestimmt** sein. Sofortige Leistung ist etwa bestimmt, wenn die Leistung am Automaten begehrt wird, wenn der Kunde im Geschäft die Ware ersichtlich zum Mitnehmen aussucht (Selbstbedienungsgeschäft), wenn an der Abendkasse eines Theaters eine – undatierte – Eintrittskarte erworben wird, wenn kurz vor einer Sportveranstaltung am Eingangstor des Stadions eine – undatierte – Eintrittskarte erworben wird. Bei Werkleistungen (vgl KÜHNE BB 1988, 713) kann sich die Leistungszeit aus dem Arbeitsablauf ergeben oder aus der Beschaffenheit des Materials. So kann frühestens tapeziert werden, wenn die Mauern getrocknet sind; ein Reklamephoto hergestellt werden, wenn die Witterungsverhältnisse günstig sind; ein Garten angelegt werden, wenn die Pflanzzeiten gekommen sind. Weihnachtsgratifikationen sind so rechtzeitig zu zahlen, daß mit ihnen noch vor dem Fest eingekauft werden kann (BAG NJW 1954, 1343). Beim Werkvertrag hat der Unternehmer im Zweifel alsbald nach Vertragsschluß mit der Herstellung zu beginnen und sie in angemessener Zeit zügig zu Ende zu führen. Mit Ablauf der angegebenen Fertigstellungsfrist tritt Fälligkeit ein (BGH v 8. 3. 2001 VII ZR 470/99). Ein Wohnrecht, das den Wiederaufbau voraussetzt, kann zum Zeitpunkt verlangt werden, in dem der Bau frühestens errichtet sein kann (OLG Düsseldorf ZMR 1952, 152).

Ein **Rückforderungsanspruch** wegen überzahlten Arbeitsentgelts wird fällig, wenn es **15** dem Gläubiger tatsächlich möglich ist, seinen Zahlungsanspruch wenigstens annähernd zu beziffern (BAG NZA 1997, 45). Ebenso ist der Anspruch auf Rückzahlung einer Kaution erst fällig, wenn die Ansprüche des Gesicherten im Betrag feststehen (LG Stuttgart NJW 1977, 1885, 1886). Der Anspruch auf Architektenhonorar (nach § 8 HOAI) ist erst fällig, wenn der Architekt eine prüfbare Honorarschlußrechnung erteilt hat (BGH NJW-RR 1986, 1279). Dasselbe gilt für Ansprüche aus einem Bauvertrag, die nicht schon mit der Abnahme des Bauwerkes, sondern erst mit der prüfbaren Schlußrechnung (§ 16 Nr 3 Abs 1 VOB/B) fällig werden, auch bei Einheitspreis- oder Pauschalverträgen (BGHZ 105, 290, 292 ff m umfass Nachw für ältere Judikatur und Literatur). Dasselbe gilt für Nachforderungen aus der Elektrizitätsversorgung nach den Allgemeinen Bedingungen der E-Versorgung (BGH LM Allg Bed d Elektr-Versorgungsunternehmen Nr 23 = NJW 1982, 930, 931), dasselbe für Arzthonorare nach § 12 Abs 2 GOÄ (PALANDT/HEINRICHS § 271 Rn 7) und für Anwaltshonorare nach § 18 BRAGO. Dasselbe gilt für umlegungsfähige Mietnebenkosten: Fälligkeit ab Eingang einer nachprüfbaren Abrechnung beim Mieter (OLG Frankfurt aM MDR 1983, 757; BGH LM § 259 Nr 21 = NJW 1982, 573, 574; AG Diez WuM 2001, 560). Es ist demnach eine Tendenz erkennbar, die Fälligkeit an eine „konstitutive Rechnung" zu binden, wenn der Schuldner den zu zahlenden Betrag nicht allein ermitteln kann oder wenn dem Gläubiger die Ermittlung oder Festsetzung des Betrages ausdrücklich übertragen ist (GERNHUBER § 3 IV 7 a).

Ein **Befreiungsanspruch** nach § 257 wird mangels anderer Bestimmung nach § 271 **16** Abs 1 sofort fällig, auch wenn der Anspruch des Dritten gegen den Befreiungsgläubiger noch nicht fällig ist. Hiervon geht § 257 S 2 aus. Der BGH hat aber schon Zweifel, ob diese Regel als allgemeiner Rechtsgedanke für alle gesetzlichen Befreiungsansprüche gilt. Erst recht haben im Falle rechtsgeschäftlicher Befreiungsvereinbarungen (oder wie es in der Praxis meist heißt: Freistellungsvereinbarungen) der Parteiwille und die Umstände des Falles bei der Lösung der Fälligkeitsfrage Vorrang. Rechtliche und praktische Schwierigkeiten der Durchsetzung des Befreiungsanspruchs, wenn die Drittforderung noch nicht fällig und in ihrer Höhe noch ungewiß ist, legen einen späteren Fälligkeitszeitpunkt des Befreiungsanspruchs nahe (BGHZ 91, 73, 77 ff = JR 1985, 60, 62 m zust Anm KELLER = DB 1984, 1288, 1289 = NJW 1984, 2151, 2152 f: Auslegungsfrage). Zur sofortigen Fälligkeit eines gesetzlichen oder vertraglichen Befreiungsanspruchs der aus Darlehen mitverpflichteten geschiedenen Ehefrau vgl OLG Saarbrücken FamRZ 1990, 58 = NJW-RR 1990, 963, 964.

IV. Sofortige Leistung nach § 271

Mangels besonderer Bestimmung ist nach § 271 Abs 1 „sofort" zu leisten. Gemeint ist **17** damit nicht eine unverzügliche Leistung „ohne schuldhaftes Zögern" (s § 121 Abs 1

S 1). Für die Leistungszeit ist nämlich das Verschulden ohne Bedeutung. Daher beeinträchtigt auch ein von den Parteien nicht zu vertretendes Transferverbot des
Devisenrechts die Fälligkeit nicht (BGH NJW 1964, 100). Ältere Landesrechte hatten
noch bestimmt, daß dem Schuldner ein mäßiger Zeitraum zur Bewirkung der Leistung gewährt werden müsse (zB gewährt BLR Tl IV cap 14 § 9 Z 2 eine 14-tägige
Zahlungsfrist). Für das BGB kann sich dasselbe – abgesehen von Geldschulden –
freilich aus Treu und Glauben unter Berücksichtigung der Verkehrssitte ergeben
(§§ 157, 242). „Sofort" ist demnach in § 271 nicht so exakt wie in § 859 Abs 3 zu
verstehen, insbesondere nicht bei Lieferverpflichtungen. Zur Lieferung eines nicht
vorrätigen Nutzfahrzeugs in „angemessener Zeitspanne" vgl OLG München NJW-
RR 1992, 818, 820. Zur Abrechnung von Erschließungsbeiträgen in „angemessener
Frist" vgl OVG Münster NJW 1989, 1879, 1881. Zum Kauf von Möbeln „baldigst" zu
liefern vgl OLG Nürnberg NJW 1981, 1104. Für Handelsgeschäfte ist § 358 HGB zu
beachten; „sofort" iS des § 271 kann dort nur „innerhalb der üblichen Geschäftszeit"
bedeuten (BAUMBACH/HOPT, HGB § 358 Rn 3).

18 Auf **Dauerschuldverhältnisse** paßt § 271 nicht recht, da er auf einmalige Leistungshandlungen bezogen ist und Leistungspflichten, die in einem andauernden Verhalten
bestehen, nicht richtig erfassen kann (vgl dazu ausführlich ESSER/SCHMIDT I 1 § 15 II 4). Aus
§ 271 läßt sich lediglich entnehmen, daß bei positiven Handlungspflichten aus einem
auf Dauer angelegten Schuldverhältnis die Bestimmung „sofort" sich auf den ersten
Akt der Erfüllung, bei Unterlassungspflichten auf den Beginn der Dauerverpflich-
tung bezieht (MünchKomm/KRÜGER § 271 Rn 33; SOERGEL/WOLF § 271 Rn 3; GERNHUBER, Erfüllung² 3 II 4). Das gleiche gilt für Nebenpflichten zu Hauptverpflichtungen, die an
sich durch einmalige Leistungen erfüllt werden, wenn es sich bei den Nebenpflichten
um Schutzpflichten, insbesondere um Unterlassungspflichten handelt. Bleibt der
Schuldner im Falle einer Handlungspflicht zur Leistungszeit untätig, wird die gesamte von ihm geschuldete Leistung rückständig (GERNHUBER, Erfüllung² 3 II 4; Münch-
Komm/KRÜGER § 271 Rn 33).

V.   Folgen der Zeitbestimmung

19 Die **Folgen der Bestimmung der Leistungszeit** zeigen sich im Regelfall im Recht des
Verzugs (§§ 286 ff, 293 ff), im Handelsrecht auch in der *Zinspflicht* des § 353 HGB.
Der Eintritt der Verzugsfolgen setzt neben dem Vertretenmüssen der Nichtleistung
durch den Schuldner (§ 286 Abs 4) allerdings außer im Fall des § 286 Abs 2 noch eine
Mahnung (§ 286 Abs 1) oder im Falle von Geldforderungen alternativ eine *Zahlungs-
aufforderung* nach § 286 Abs 3 voraus (§ 286 Rn 89 f). Die Mahnung kann mit der
Erklärung verbunden werden, welche die Fälligkeit erst herbeiführt (§ 286 Rn 43).
Die Auffassung von FAHL JZ 1995, 341 ff, der Vorleistende könne, etwa in der mit
der Ware übersandten Rechnung, einseitig die Leistungszeit festsetzen, und damit
eine *kalendermäßige Bestimmung* nach § 284 Abs 2 S 1 aF (§ 286 Abs 2 Nr 1) herbeiführen, ist abzulehnen. Die kalendermäßig bestimmte Leistungszeit muß zwischen
Gläubiger und Schuldner vielmehr *vereinbart* sein (ebenso STAUDINGER/LÖWISCH § 286
Rn 68). Eher ist die einseitige Festsetzung eines Zahlungsziels als Angebot auf Abschluß eines pactum de non petendo zu deuten, die schon fällige Forderung bis zu
dem gesetzten Datum nicht geltend zu machen. Auf den Zugang der Annahmeer-
klärung durch den Schuldner verzichtet der Vorleistende nach § 151 S 1. Nach
STAUDINGER/LÖWISCH § 286 Rn 68 kann je nach den Umständen des Falles in einer

einseitigen Bestimmung eines Zahlungsziels aber auch eine Mahnung im Sinne des § 286 Abs 1 S 1 oder eine Zahlungsaufforderung iS des § 286 Abs 3 liegen. Wird mit der Angabe des Zahlungsziels gleichzeitig eine Rechnung oder Zahlungsaufstellung übersandt, ist der Verzugstatbestand des Abs 3 erfüllt (STAUDINGER/LÖWISCH § 286 Rn 103). Anders PRESSMAR (JA 1999, 593 ff), der die frühere Auffassung, § 271 Abs 1 statuiere keine sofortige Leistungspflicht des Schuldners, sondern lediglich ein Forderungsrecht des Gläubigers, wiederbeleben möchte.

In anderen Fällen hat die Leistungszeit im Vertrag die Bedeutung, daß nach dem **20** bestimmten Zeitpunkt eine Leistung dauernd *objektiv unmöglich* wird, also die Folgen der §§ 275, 280, 283, 281, 326 eintreten (vgl NASTELSKI JuS 1962, 289, 294 ff). Hat ein Brautpaar einen Mietwagen für einen bestimmten Zeitpunkt für die Fahrt zur Kirche bestellt, so kann die Verpflichtung nach diesem Zeitpunkt nicht mehr erfüllt werden: *absolutes* oder uneigentliches Fixgeschäft (vgl BGHZ 60, 14, 16; näher § 275 Rn 9, 10). Bleibt die Leistung nach dem bestimmten Zeitpunkt objektiv möglich, haben die Parteien aber den Leistungszeitpunkt so in den Vordergrund gerückt, daß eine verspätete Erfüllung nicht mehr als Erfüllung angesehen werden soll (§§ 361 BGB, 356 HGB, relatives oder *eigentliches Fixgeschäft*), so ist der Gläubiger bei nicht rechtzeitiger Leistung zum Rücktritt vom Vertrag berechtigt (näher STAUDINGER/KAISER [1995] § 361 Rn 7 ff). Weitere Folgen der Nichteinhaltung der Leistungszeit: Veranlassung zur Klage mit Kostenfolge bei Erledigung der Hauptsache (§ 91a ZPO); fehlende Versicherungsdeckung bei Nichtzahlung der Erstprämie (§ 38 Abs 2 VVG).

Die **Bestimmung** einer Leistungszeit **wirkt im Zweifel nur zugunsten des Schuldners** **21** (Abs 2). Die Regel entspricht dem Satz des gemeinen Rechts diei adiectio pro reo est (D 45, 1, 41, 1). Der Schuldner kann die Leistung vor der bestimmten Zeit bewirken, der Gläubiger sie aber nicht vorher verlangen. Lehnt der Gläubiger die Annahme der noch nicht fälligen Leistung ab, gerät er in Annahmeverzug (OGHZ 3, 305, 307). Abweichendes kann sich aus dem Gesetz (§§ 659, 696), aus der Parteibestimmung oder aus den Umständen ergeben. Auch kann Treu und Glauben verlangen, daß nicht vorzeitig geleistet werde (§ 242). Schon nach § 14 VerbrKrG war das Recht des Verbrauchers zur vorzeitigen Erfüllung der Raten aus einem Abzahlungsgeschäft jedoch zwingendes Recht (BÜLOW NJW 1991, 129, 133); die Regelung findet sich jetzt in §§ 501, 504. Nach § 11 Abs 2 der Arbeitsvermittlungsverordnung (abgedruckt bei NIESEL/BRAND, SGB III § 293 Rn 3) darf der private Arbeitsvermittler keine Vorschüsse auf seine Vergütung entgegennehmen. Für Wechselschulden gilt nicht § 271 Abs 2, sondern Art 40 Abs 1 WG (BGH NJW 1970, 41, 42).

Eine verzinsliche Schuld darf der Schuldner grundsätzlich (anders aber §§ 501, 504) **22** **nicht vorzeitig zahlen**, da der Gläubiger ein Interesse an der Kapitalanlage hat (RG BayZ 1923, 195, 196; OLG Naumburg OLGE 28, 90; BGHZ 64, 278, 284 = NJW 1975, 1507, 1509; OLG Hamm NJW 1961, 1311, 1312 m Anm RÖTELMANN). Das gilt auch für die verzinsliche Stundung einer unverzinslichen Forderung (HAMMEN NJW 1987, 2856, 2857). Ist eine Fälligkeitskündigung vorgesehen, so kann beim unverzinslichen Darlehen der Schuldner nach § 488 Abs 3 – § 271 Abs 2 wird darin nur konsequent fortgeführt – auch ohne Kündigung zurückzahlen. Beim verzinslichen Darlehen ist ihm das aus dem Kapitalanlagevertrag verwehrt. **Dasselbe** gilt, wenn der Gläubiger **andere als Zinsinteressen** an der Schuld hat, etwa wenn mit einem Baudarlehen ein Belegungsrecht verbunden ist (BGH NJW 1970, 603). Für Hypothekenforderungen, also auch für das Einlösungsrecht eines Dritten, gilt § 271 Abs 2 grundsätzlich nicht (KG JW 1935, 1641 = HRR 1935 Nr 738; KLEE NJW 1951, 580), es sei denn, die Hypothekenforderung ist schon gekündigt, die Frist aber noch nicht abgelaufen. Bei Grundschulden gilt, wenn auf die Grundschuld selbst geleistet wird, § 271 Abs 2 ebenfalls nicht (KG aaO; KLEE aaO). Wird über die Fälligkeitszeit hinaus das Kapital der Hypothekenforderung belassen und werden weiterhin Zinsen gezahlt, so gilt § 271 Abs 2 ebenfalls nicht; es bedarf einer neuen Kündigung, deren Frist durch den Richter festgesetzt wird (OLG Halle NJ 1951, 471). Ein rechtlich geschütztes **Interesse** des Gläubigers, eine vorzeitige Tilgung der Schuld zurückzuweisen, kann sich **auch bei einer Währungsreform** ergeben. So wurde ein Recht des Schuldners verneint, dem Gläubiger durch vorzeitige Zahlung noch schnell das Wechselrisiko zu überbürden (vCAEMMERER SJZ 1948, 513 ff; DUDEN WRZ 1948, 338 ff; PETERSEN MDR 1948, 20; REINICKE MDR 1948, 195; OGHZ 4, 158, 163; OLG München AcP 151, 343, 345; aM RÖTELMANN NJW 1950, 782; vgl auch OGHZ 4, 188, 193; OGH NJW 1950, 504 f; BGH NJW 1951, 23 f; BGHZ 9, 56, 62).

23 Eine Vorausleistung ist auch im Wege der **Aufrechnung** möglich, wenn für die Forderung, gegen die aufgerechnet wird (Hauptforderung), § 271 Abs 2 zutrifft, sie also erfüllbar ist (RGZ 171, 215, 221). Die Voraussetzungen Fälligkeit der Aktivforderung und Erfüllbarkeit der Passivforderung greifen auch im Falle eines Aufrechnungsvertrages, wenn nicht nach Vertragsinhalt und Interessenlage etwas anderes gelten soll (OLG Frankfurt aM WuB/E IV A. § 389 BGB 1 99 [FLEISCHER]).

24 Der Gläubiger eines monatlich fälligen Anspruchs auf *nachehelichen Unterhalt* muß wegen des Zwecks der Sicherung seines laufenden Lebensbedarfs in den jeweiligen Zeitabschnitten Vorauszahlungen nur für einen Zeitraum von 6 Monaten entgegennehmen (BGHZ 123, 49, 53 ff = BGH LM BGB § 271 Nr 6 = NJW 1993, 2105 = JR 1994, 283, 284 f = FuR 1993, 226, 227 = MDR 1993, 762, 763). Gleiches gilt für Vorausleistungen auf ein monatlich fälliges vertragliches Ruhegehalt (BGH NJW 1972, 154 = LM § 387 BGB Nr 50). Noch weitergehend muß nach BGHR BGB § 387, Aufrechnungsklage 1 = NJW-RR 1990, 159, 160 der Gläubiger einer *betrieblichen Zusatzversorgungsrente aus einer Sozialeinrichtung* überhaupt keine Vorauszahlungen auf monatlich fällige Rentenschulden entgegennehmen. Ob eine Sozialeinrichtung zur Durchführung der Altersversorgung eingeschaltet wird, kann indessen für die Zulässigkeit von Vorausleistungen keine Rolle spielen.

25 Mit der Fälligkeit des Anspruchs iS des § 271 ist der Anspruch auch iS des § 199 Abs 1 Nr 1 *entstanden* (BGHZ 113, 188, 194; BAMBERGER/ROTH/HENRICH § 199 Rn 4), so daß die **Verjährungsfrist**, im Fall des § 195 mit dem Schluß des Jahres zu laufen beginnen kann.

VI. Verhaltener Anspruch

26 Als „**verhaltene Ansprüche**" werden solche Ansprüche bezeichnet, bei denen der Gläubiger jederzeit befugt ist, die Leistung zu verlangen. Vorher zu leisten, ist der Schuldner weder verpflichtet noch berechtigt. Der verhaltene Anspruch (oder die ihm entsprechende Verbindlichkeit) kann also nicht gegen den Willen des Gläubigers befriedigt, erfüllt werden (begriffsbildend LANGHEINEKEN 33; SOERGEL/WOLF § 271 Rn 24). Allerdings hängt die Fälligkeit des Anspruchs nicht notwendigerweise von dem Verlangen des Gläubigers ab (so aber LANGHEINEKEN 33). Sie kann auch zuvor eintreten

mit der Folge, daß der Anspruch entstanden ist und die Verjährung (gegebenenfalls mit dem Schluß des Jahres) zu laufen beginnt. Der Gläubiger hat dann mit seinem Leistungsverlangen nicht zugleich auch den Verjährungsbeginn in der Hand. (GERNHUBER, Erfüllung § 3 I 7 a; MünchKomm/KRÜGER § 271 Rn 4). Ein verhaltener Anspruch kann auf besonderer Abrede beruhen, etwa um dem Gläubiger eine Kontrollmöglichkeit über die Tätigkeit des Schuldners zu geben (GERNHUBER, Erfüllung § 3 I 7 a). In der Wirkung kommt sie beim verzinslichen Darlehen der dem Gläubiger frei zugestandenen Fälligkeitskündigung gleich. Gesetzliche Beispiele verhaltener Ansprüche sind ua §§ 259 Abs 2, 260 Abs 2, 285, 368, 416 Abs 3 S 1, 629, 630 S 2, 695, 696 S 2, 2217, 2314 (LANGHEINEKEN 35; MünchKomm/KRÜGER § 271 Rn 4; SOERGEL/WOLF § 271 Rn 24).

VII. Verzögerungsgefahr

Das Risiko, daß trotz rechtzeitiger Leistungshandlung der Leistungserfolg verspätet **27** eintritt, ist in § 271 nicht geregelt. § 271 regelt nur die Leistungszeit. Erst durch das Zusammenspiel von §§ 269, 270 und 271 und die Bestimmung des Charakters der Schuld, ergibt sich die Tragung der Verspätungs- oder Verzögerungsgefahr. Im Falle einer *Schickschuld* hat der Schuldner die Leistung an seinem Wohnsitz zu erbringen (§ 269 Abs 1). Rechtzeitig erbracht ist die Leistung, wenn die Leistungshandlung zur vorgesehenen Leistungszeit (§ 271) vorgenommen wurde. Der Gläubiger trägt die Gefahr einer Verzögerung des Eintritts des Leistungserfolges. Auch im Falle einer *Holschuld* hat der Schuldner die Leistung an seinem Wohnsitz zu erbringen (§ 269 Abs 1). Auch hier muß der Schuldner die Leistungshandlung zur vorgesehenen Leistungszeit an seinem Wohnsitz vornehmen. Allerdings geht eine Verspätung dann zu Lasten des Gläubigers, wenn dieser nicht rechtzeitig beim Schuldner vorstellig wird, um dort die Leistung abzuholen. Im Falle einer *Bringschuld*, insbesondere also einer Geldschuld nach § 270 (str, vgl § 270 Rn 1 ff), hat der Schuldner die Leistung am Wohnsitz des Gläubigers zu erbringen. Bis zum Angebot der Leistung an den Gläubiger geht jede Verzögerung damit zu Lasten des Schuldners. So ist der Überweisende für den rechtzeitigen Transport der Valuta verantwortlich. Geleistet ist, wenn der Überweisungsbetrag bei der Gläubigerbank eingeht. Die kontoführende Bank wiederum hat auf Grund eines Girovertrages (Geschäftsbesorgungsvertrag) nach dispositivem Gesetzesrecht (§§ 667, 271 Abs 1) eingehende Überweisungsaufträge für ihre Kunden entgegenzunehmen und für den Tag, an dem der Überweisungsbetrag bei ihr eingeht, dh sie buchungsmäßige Deckung erlangt, dem Kundenkonto gutzuschreiben (BGH JR 1998, 148 m Anm LINDACHER).

VIII. Beweislast

Nach der im Schrifttum hM trägt der Schuldner die **Beweislast**, wenn er sich darauf **28** beruft, die Leistung sei noch nicht zu bewirken. Die Berufung auf die mangelnde Fälligkeit wird als Einwand gesehen (Einwandstheorie), dessen Voraussetzungen (anderweitige Bestimmung, Umstände des Falles) der Schuldner zu beweisen habe (ENNECCERUS/LEHMANN § 24 I mwN; MünchKomm/KRÜGER § 271 Rn 37; differenzierend ERMAN/KUCKUK § 271 Rn 18: Beweislast ausnahmsweise beim Gläubiger, wenn eine Zeitbestimmung im Gläubigerinteresse getroffen ist). Nach der Gegenmeinung leugnet der Schuldner die Anspruchsvoraussetzung der Fälligkeit (Leugnungstheorie), für die der Gläubiger die Beweislast trägt. Entscheidend soll danach also sein, ob die Berufung auf die mangelnde Fälligkeit ein selbständiges Verteidigungsmittel oder bloßes Bestreiten des Klagegrundes ist.

29 Die schwankende Stellungnahme der Rspr (RGZ 57, 46, 49; OLG Königsberg OLGE 5, 144 für die Beweislast des Schuldners; RGZ 68, 305 = JW 1908, 430 = LZ 1908, 538; RG WarnR 1910 Nr 11; OLG Braunschweig OLGE 15, 125 für die Beweislast des Gläubigers) ist verständlich, bedenkt man, daß § 271 *keine Regelfälligkeit* ausspricht, sondern eine Vertragsergänzung bietet. Spezielle gesetzliche Bestimmungen, generelle vertragstypische und übliche Abreden und spezielle Umstände und besondere Vereinbarungen im Einzelfall bestimmen die Fälligkeit. Wer sich zu seinen Gunsten auf eine Abweichung von der gesetzlichen oder vertragstypischen oder üblichen Fälligkeit durch *besondere Abrede* oder aufgrund *besonderer Umstände* beruft, als Gläubiger damit frühere, als Schuldner damit spätere Fälligkeit behauptet, trägt die Beweislast für die Abrede oder die besonderen Umstände. Weisen keinerlei Umstände auf eine andere als die sofortige Fälligkeit nach § 271 Abs 1 hin, trägt damit der Schuldner die Beweislast dafür, daß eine besondere Abrede die Fälligkeit hinausgeschoben habe (Einwandstheorie). Behauptet der Schuldner, die einmal durch Rechtsgeschäft, Gesetz, Richterspruch oder § 271 bestimmte Fälligkeit sei nachträglich hinausgeschoben worden („Stundung", vgl Rn 10 ff), so trägt er insoweit stets die Beweislast. Gegenüber der Behauptung des Beklagten (Käufers), es liege ein Ratenkauf vor, trägt der Kläger (Verkäufer) die Beweislast für einen Barkauf (BGH NJW 1975, 206 = WM 1975, 27; LG Tübingen NJW 1990, 1185, 1186); anders, wenn der Vertrag nur eine einzige Restzahlung vorsieht (BGH NJW 1980, 1681, 1682). Für die Behauptung, er brauche die ihm vom Schuldner uU vorzeitig angebotene Leistung noch nicht anzunehmen, trägt der Gläubiger die Beweislast (MünchKomm/KRÜGER § 271 Rn 38).

§ 272
Zwischenzinsen

Bezahlt der Schuldner eine unverzinsliche Schuld vor der Fälligkeit, so ist er zu einem Abzug wegen der Zwischenzinsen nicht berechtigt.

Materialien: E I § 232; II § 239; III § 268;
JAKOBS/SCHUBERT, SchR I 192.

Schrifttum

HAMMEN, Vorzeitige Darlehenstilgung und Zinspflicht, DB 1991, 953

WILK, Zinsfortzahlungsklausel und vorzeitige Darlehenstilgung, DB 1991, 1207.

1 Nach der Bestimmung darf ein Schuldner, der eine unverzinsliche Schuld **vor Fälligkeit** bezahlt, **keine Zwischenzinsen abziehen.** Unter Zwischenzinsen versteht man dabei jene Zinsen, die der gezahlte Betrag vom Zeitpunkt der Zahlung bis zum Zeitpunkt der Fälligkeit getragen hätte. Vorausgesetzt ist, daß eine vorzeitige Leistung erlaubt ist (§ 271 Abs 2), wie etwa im Falle von Zahlungen des Bestellers vor Abnahme des hergestellten Werks (BGH NJW 2002, 2640, 2641 = WM 2002, 2257, 2259:

angebliche Nutzungsvorteile des Unternehmers bei Abschlagszahlungen vor Fälligkeit sind auch nicht nach Bereicherungsrecht zu ersetzen). Ist bei einer verzinslichen Schuld die vorzeitige Zahlung erlaubt und geschieht sie, so entfällt mit der Kapitalnutzung freilich auch die vertragliche Zinspflicht (HAMMEN 958: Umkehrschluß aus § 272); die Zinsfortzahlung kann in diesen Fällen nicht wirksam vereinbart werden (WILK aaO: Verstoß gegen § 9 AGBG). Vgl zum Ausschluß der Erstattung von Zwischenzinsen auch § 813 Abs 2 (dazu STAUDINGER/LORENZ [1999] § 813 Rn 18).

Ein **Abzug von Zwischenzinsen kann jedoch vereinbart werden.** So kann man eine **2** *Skontoabrede* als Vereinbarung über den Abzug von Zwischenzinsen verstehen (vgl BISCHOFF, Rechtsfragen um den Skontoabzug bei der Sachentschädigung, VersR 1962, 293). Näher liegt die Annahme, die Skontoabrede schiebe die Fälligkeit des Anspruchs nicht hinaus, so daß überhaupt nicht von einer vorzeitigen Zahlung gesprochen werden könnte; eher liegt ein Rabatt vor. Die besondere Vereinbarung über den Abzug von Zwischenzinsen hätte der Schuldner zu beweisen. Einen allgemeinen Handelsbrauch des Skontos gibt es nicht (MünchKomm/KRÜGER § 272 Rn 6; PALANDT/HEINRICHS § 272 Rn 1; BAMBERGER/ROTH/GRÜNEBERG § 272 Rn 4).

Gesetzliche Ausnahmen vom Verbot des Abzugs von Zwischenzinsen finden sich in **3** einigen Fällen, in denen der Schuldner gesetzlich zu vorzeitiger Leistung gezwungen wird; so in den Fällen der §§ 1133 S 3 (vorzeitige Befriedigung des Gläubigers aus dem Grundstück bei Gefährdung der Sicherheit der Hypothek) oder 1217 Abs 2 (vorzeitige Rückgabe des Pfandes bei Rechtsverletzung durch den Pfandgläubiger). Dasselbe gilt nach den §§ 41 Abs 2, 46 InsO, 111 ZVG beim Einbeziehen betagter Forderungen in die Vollstreckung. In all diesen Fällen kann der Schuldner die (gesetzlichen, § 246) Zwischenzinsen abziehen. Der Abzug von Zwischenzinsen ist auch geboten, wenn ein Schadensersatzanspruch auf Ersatz *zukünftigen Gewinns*, zB wegen eines endgültig gescheiterten Bauvorhabens, schon ab einem Zeitpunkt zugesprochen wird, zu dem der Gewinn noch gar nicht hätte erzielt werden können, etwa weil der geplante Fertigstellungstermin später lag (BGHZ 115, 307, 309 f = NJW 1991, 3274 f; BAMBERGER/ROTH/GRÜNEBERG § 272 Rn 4).

Für die **Berechnung der Zwischenzinsen**, wo sie abgezogen werden dürfen, wurden **4** geschichtlich drei Methoden vorgeschlagen:

Nach BENEDIKT CARPZOW (1654) werden vom Nennbetrag der Forderung die (gesetzlichen) Zinsen für die Zeit von der Zahlung bis zur Fälligkeit abgezogen. Diese Methode ist außerordentlich einfach, aber unrichtig. Das zeigt sich schon daran, daß der Gläubiger nach dieser Methode von seiner Forderung gar nichts erhalten würde, wenn 25 Jahre vor der Fälligkeit gezahlt und der gesetzliche Zinsfuß von 4% (§ 246) zugrundegelegt würde.

Nach G W vLEIBNIZ (1683) muß ermittelt werden, wie viel die vorausbezahlte **5** Forderung im Zeitpunkte der Vorauszahlung wert ist. Nach vLEIBNIZ ist das diejenige Summe, die zuzüglich des Ertrags an Zinsen und Zinseszinsen aus eben dieser Summe für die Zeit von der Zahlung bis zur Fälligkeit den Nennbetrag der Forderung ergibt. Ist x die gesuchte Summe, n der Nennbetrag der Forderung, t die Zahl der Jahre, nach deren Ablauf die Forderung fällig wird, z der Zinsfuß (nach § 246: 4%), so berechnet sich die gesuchte Summe x nach folgender Formel:

$$x \cdot z^t = n;$$

also: $\log x + t \cdot \log z = \log n$,

somit: $\log x = \log n - t \cdot \log z$

Die LEIBNIZ'sche Methode ist mathematisch unanfechtbar, setzt aber voraus, daß der Gläubiger auch die aus dem vorausbezahlten Betrag gezogenen Zinsen wieder verzinslich anlegt. Das trifft nach der Erfahrung des Lebens mindestens bei kleinen Beträgen im allgemeinen nicht zu und kann deshalb auch nicht vermutet werden. Dem Geist des BGB entspricht die Methode schon im Hinblick auf § 248 Abs 1 nicht.

6   Nach G A HOFFMANN (1713) ist von der Idee vLEIBNIZ' auszugehen, wieviel die vorausbezahlte Forderung im Zeitpunkte der Vorauszahlung wert ist, aber von der Berücksichtigung von Zinseszinsen abzusehen; also die Summe zu ermitteln, die zuzüglich des Zinsertrags aus eben dieser Summe ohne Berücksichtigung von Zinseszinsen den Nennbetrag der Schuld ergibt (BGHZ 115, 307, 309 = EWiR § 252 1/91, 1169 [KELLER] für Schadensersatzansprüche). Das führt (bei Anwendung der gleichen Benennungen wie in Rn 5) zu der Formel:

$$x + \frac{x \cdot t \cdot z}{100} = n; \text{ also: } x = \frac{100 \cdot n}{100 + t \cdot z}$$

Wo das *Gesetz* den Abzug von Zwischenzinsen vorschreibt, schreibt es auch die Anwendung der HOFFMANN'schen Methode vor. Wegen § 246 kann für z dann 4 eingesetzt werden. Haben die Parteien den Abzug von Zwischenzinsen *vereinbart*, können sie selbstverständlich auch eine andere Berechnungsmethode und einen anderen Zinssatz vereinbaren.

7   Wer eine Vereinbarung des Abzugs von Zwischenzinsen entgegen der gesetzlichen Regel behauptet, trägt die *Beweislast* hierfür (MünchKomm/KRÜGER § 272 Rn 10).

§ 273
Zurückbehaltungsrecht

(1) Hat der Schuldner aus demselben rechtlichen Verhältnis, auf dem seine Verpflichtung beruht, einen fälligen Anspruch gegen den Gläubiger, so kann er, sofern nicht aus dem Schuldverhältnis sich ein anderes ergibt, die geschuldete Leistung verweigern, bis die ihm gebührende Leistung bewirkt wird (Zurückbehaltungsrecht).

(2) Wer zur Herausgabe eines Gegenstands verpflichtet ist, hat das gleiche Recht, wenn ihm ein fälliger Anspruch wegen Verwendungen auf den Gegenstand oder wegen eines ihm durch diesen verursachten Schadens zusteht, es sei denn, dass er den Gegenstand durch eine vorsätzlich begangene unerlaubte Handlung erlangt hat.

(3) Der Gläubiger kann die Ausübung des Zurückbehaltungsrechts durch Sicherheitsleistung abwenden. Die Sicherheitsleistung durch Bürgen ist ausgeschlossen.

Materialien: E I §§ 233, 234 S 2 und 3, 235; II § 230; III § 267; JAKOBS/SCHUBERT, SchR I 200.

Schrifttum

ABEL, Zurückbehaltungsrecht an der Arbeits-
leistung?, JW 1922, 554
AUERSWALD, Das Zurückbehaltungsrecht ge-
genüber Lohnforderungen, GewKfmG 14, 166
BENDIX, Geltendmachung des Zurückbehaltungsrechts nach zwangsweiser Beitreibung des
Schuldbetrags, JW 1915, 693
BEISIEGEL, Aufrechnung und Zurückbehaltung,
Recht 1917 Nr 40
BÖCKMANN/KLUTH, Die Behandlung des Zu-
rückbehaltungsrechts im Falle vorläufiger
Zwangsvollstreckung, MDR 2002, 1042
BÖTTCHER, Gemeinsame Ausübung eines Zu-
rückbehaltungsrechts (1986)
BOVENSIEPEN, Die Einrede des Zurückbehal-
tungsrechts gegenüber unpfändbaren Forderun-
gen insonderheit Lohnforderungen vom Stand-
punkt der Lehre des richtigen Rechtes betrach-
tet, ZfRphil 1, 201
BREIT, Vinkulation und Zurückbehaltungsrecht,
LZ 1908, 886
vBRÜNNECK, Bemerkungen zur Lehre von den
Verwendungen, deren Erstattung der Besitzer
eines Grundstücks vom Eigentümer verlangt,
Gruchot 51, 299
COING, Die Geltendmachung von Forderungen
gegen das Reich gegenüber Ansprüchen aus
dem Reichsvermögen, NJW 1949, 203
DERNBURG, Kompensation (2. Aufl 1904) 365:
„Kompensation und Retention"
DIEDERICHSEN, Das Zurückbehaltungsrecht im
Familienrecht, in: FS Heinrichs 181
DÜTZ, Das Zurückbehaltungsrecht des § 273
Abs 1 BGB bei Erbauseinandersetzungen, NJW
1967, 1105
FLATOW, Das Zurückbehaltungsrecht an un-
pfändbaren Forderungen, LZ 1917, 450
FREYMUTH, Zur Auslegung des § 273 BGB: Zu-
rückbehaltungsrecht ohne Anspruch, BayZ
1917, 139
GERNHUBER Das Schuldverhältnis, in: Hand-
buch des Schuldrechts (1989) § 30
GILGAN, Zum Recht der Steuerberater und
Steuerbevollmächtigten, Arbeitsergebnisse und
Mandantenunterlagen wegen rückständiger
Gebühren zurückzuhalten, Der Steuerberater
1988, 225

GRÖSCHLER, Zur Wirkungsweise und zur Frage
der Geltendmachung von Einrede und Einwen-
dung im materiellen Zivilrecht, AcP 201 (2001)
48
HARTMANN, Zurückbehaltungsrecht gegenüber
Lohn- und Gehaltsforderungen, JW 1915, 210
HEMPEL, Die Einstellung der Versorgung in der
öffentlichen Versorgungswirtschaft, NJW 1989,
1652
JAHR, Die Einrede des bürgerlichen Rechts,
JuS 1964, 125 ff, 218 ff, 293
LANGHEINEKEN, Anspruch und Einrede (1903)
327
KELLER, Das Zurückbehaltungsrecht nach § 273
BGB, JuS 1982, 665
LEHMANN, Die Unterlassungspflicht (1906) 304
LESSER, Hat der Vorleistungspflichtige bei Er-
füllungsverweigerung des Nachleistungspflichti-
gen ein Zurückbehaltungsrecht?, JW 1914, 508
LOBE, Das Zurückbehaltungsrecht des Ange-
stellten an der Offenlegung von Diensterfin-
dungen, GRUR 24, 1
MAROTZKE, Das Zurückbehaltungsrecht im
Konkurs des Gegners, JA 1988, 117 ff, 176
MAROTZKE, Gegenseitige Verträge im neuen
Insolvenzrecht (3. Aufl 2001)
MOLKENTIN, Das Recht auf Arbeitsverweige-
rung bei Gesundheitsgefährdung des Arbeit-
nehmers, NZA 1997, 849
OERTMANN, Zivil- und handelsrechtliches
Pfand- und Zurückbehaltungsrecht im Bank-
verkehr, BankArch 1906/07, 137
OESTERLE, Pfandrückgabe und Zurückbehal-
tungsrecht des Schuldner-Verpfänders, JZ 1979,
634
PARTSCH, Das Zurückbehaltungsrecht (1938)
RECH, Das Rechtsverhältnis, ein Beitrag zur
Lehre von der Kompensation und dem Zu-
rückbehaltungsrecht (1904)
REICHHELM, Untergang des Zurückbehaltungs-
rechts durch Zufall und unerlaubte Handlung?,
DJZ 1913, 861
REUTER, Die Verurteilung zur Leistung Zug um
Zug (1909)
ROTH, Die Einrede des Bürgerlichen Rechts
(1988) bes 183

SCHACK, Aufrechnung und Zurückbehaltung, Recht 1917, 190

SCHÄFER, Das Zurückbehaltungsrecht in der zweiten Instanz, JW 1915, 207

SCHLEGELBERGER, Das Zurückbehaltungsrecht (1904) Fischers Abhandlungen VII 1

SCHREIBER, Schuld und Haftung (1914) I 348

SCHWABE, Kaufmännisches Zurückbehaltungsrecht an zu Erfüllungszwecken angebotenen Waren und Wertpapieren, insbesondere an erfüllungs- oder sicherungshalber angebotenen Wechseln, JherJb 58, 303

SEIDEL, Das Zurückbehaltungsrecht als Recht zum Besitz im Sinne des § 986 BGB, JZ 1993, 180

SÖLLNER, Das Zurückbehaltungsrecht des Arbeitnehmers, ZfA 1973, 1

ULRICHS, Das Recht der Zurückbehaltung und Aufrechnung beim gewerblichen Arbeitsvertrage (1910)

WARNECKE, Lohnzurückbehaltung und Aufrechnung, ArbR 1927, 333

WOLFF, Das Zurückbehaltungsrecht im Konkurse, LZ 1908, 36 ff, 107

ZEILER, Zurückbehaltungsrecht des Steuerberaters an Geschäftsunterlagen des Mandanten bei offenstehenden Honorarforderungen, DB 1987, 2136.

Systematische Übersicht

Alphabetische Übersicht

I. Funktion und Anwendungbereich des Zurückbehaltungsrechts aus § 273

1 Das in § 273 in einer Legaldefinition geregelte **Zurückbehaltungsrecht geht** wie die Aufrechnung **von einer Doppelstellung des Schuldners aus.** Der Schuldner muß dem Gläubiger gegenüber selbst Gläubiger eines Anspruchs sein. Der Schuldner kann die geschuldete Leistung so lange zurückbehalten, bis er vom Gläubiger wegen seiner eigenen Forderung befriedigt worden ist.

2 **Abgrenzung zur Einrede nach § 320:** Bei manchen Schuldverhältnissen ergibt sich die Doppelstellung von Schuldner und Gläubiger geradezu institutionell, nämlich bei allen „notwendig zweiseitig", „gegenseitig", **„synallagmatisch"** oder „auf Austausch gerichtet" genannten Verträgen, bei denen jeder Vertragspartner seine eigene Leistungspflicht gerade deshalb übernimmt, weil er die Verpflichtung des anderen erlangen möchte. Bei derart enger Verbindung der Leistungspflichten greift eine Sonderregelung für das Zurückbehaltungsrecht in den §§ 320–322. Die Ansprüche sind hier kraft Gesetzes auf Zug um Zug Leistung gerichtet. Dagegen wird diese Verbindung der selbständigen, aber konnexen Leistungspflichten beim allgemeinen Zurückbehaltungsrecht des § 273 erst nachträglich durch eine Einrede des Schuldners hergestellt (ROTH 183 f). Der praktische Unterschied der beiden Regelungen zeigt sich zum einen bei der Frage nach dem Verzug (vgl dazu Rn 121), zum anderen in der Möglichkeit, die Einrede nach § 273 durch Sicherheitsleistung abzuwenden (vgl §§ 273 Abs 3, 320 Abs 1 S 3; dazu Rn 128 f). Im übrigen ist die Frage, ob § 320 ein Unterfall des § 273 oder eine eigenständige Regelung ist, ohne Belang (vgl Münch-Komm/KRÜGER § 273 Rn 101 mit Nachweisen zu dieser Streitfrage).

3 Eine Doppelstellung der beteiligten Parteien als Gläubiger und Schuldner führt, wenn es sich **beiderseits um Geldleistungen oder doch sonst gleichartige Leistungen** handelt, regelmäßig nicht zur Zurückbehaltung, sondern zur **Aufrechnung** nach den §§ 387 ff. Die bloße Zurückbehaltung verrechenbarer Leistungen mit der Wirkung, daß beiderseits Zug um Zug geleistet werden müßte, ist, soweit sich die Leistungen decken, nicht sinnvoll. Darüber hinaus ist sie nicht angebracht. Die Verweigerung verrechenbarer Leistungen kann demnach nur zur Aufrechnung führen (näher Rn 96 ff).

4 Der **Charakter des Zurückbehaltungsrechts als Druckmittel** gegen den Gläubiger führt es in die Nähe anderer **Sicherungsrechte.** Lautet nämlich die eigene Verpflichtung des Schuldners auf Herausgabe von Sachen, so führt das Zurückbehaltungsrecht dem Gläubiger gegenüber zum gleichen Ergebnis wie das geschichtlich bekannte *Retentionspfand.* Auch dieses Pfand war nur Druckmittel, gab aber kein Recht zur Verwertung des zurückbehaltenen Gegenstandes und damit zur direkten Durchsetzung des eigenen Anspruchs. Ein Zurückbehaltungsrecht – nicht aber ein dinglich wirkendes Retentionspfand – kann auch heute noch vertraglich unter Hingabe eines Gegenstandes zur Zurückbehaltung begründet werden. Wegen der Nähe der Einrichtungen deuten RGZ 66, 24, 26 ff und OGHZ 4, 138, 146 = NJW 1950, 784 f eine mißglückte Pfandrechtsbestellung als Bestellung eines Zurückbehaltungsrechts. Die Nähe der Einrichtungen zeigt auch ein Vergleich zwischen § 704 BGB (Pfandrecht des Gastwirts an eingebrachten Sachen) und § 970c öst ABGB (Zurückbehaltungsrecht des Gastwirts an eingebrachten Sachen).

Das **kaufmännische Zurückbehaltungsrecht** (§§ 369–372 HGB) gibt im Gegensatz zu **5**
§ 273 (BGH DB 1954, 740 = DNotZ 1954, 598, 599; OLG Köln MDR 1999, 319) ein Recht zur
Befriedigung aus dem zurückbehaltenen Gegenstand (§ 371 Abs 1 S 1 HGB). Das
gleiche gilt für die Sonderfälle der Zurückbehaltung wegen Verwendungen auf den
zurückbehaltenen Gegenstand (§§ 1000, 1003 oder 2022, 1003). Zum Charakter des
Zurückbehaltungsrechts als Sicherungsmittel im einzelnen vgl Rn 104, 122.

Von der Zurückbehaltung verschieden ist **die Berechnung des Schadensersatzes** bei **6**
gegenseitigen Verträgen nach der **Differenztheorie** (vgl LARENZ I § 22 II). Dasselbe
gilt für die „**Vorteilsausgleichung**" im Schadensersatzrecht.

Unanwendbar ist § 273 auch für die **Berechnung der Bereicherung** bei beiderseits **7**
zurückzugewährenden Geldleistungen oder sonst *gleichartigen* Leistungen nach
der **Saldotheorie** (HONSELL NJW 1973, 350; WEINTRAUD, Die Saldotheorie [1931] 39, 52, 84).
Die Bestimmung des § 273, vor allem die Einschränkung des Abs 2, ist unanwendbar,
die wechselseitigen Bereicherungsansprüche sind von vornherein Zug um Zug miteinander verknüpft. Die Saldotheorie führt hier zu einer ipso iure Saldierung (RGZ 54,
137, 142). Zur beiderseitigen Rückgewähr *ungleichartiger* Leistungen su Rn 39. Vgl
auch § 274 Rn 9.

Auch in den §§ 273, 274 liegt eine **allgemeine Inhaltsbestimmung** für Leistungsver- **8**
pflichtungen. Allerdings wird der Anspruch des Gläubigers nicht schon durch den
entgegenstehenden Anspruch des Schuldners eingeschränkt, sondern erst dadurch,
daß der Schuldner daraufhin die anspruchsändernde Einrede des Zurückbehaltungsrechts erhebt. Mit Erhebung der Einrede (SIBER, SchuldR [1931] S 69; LARENZ, SchuldR I
§ 16, S 212) ist der Anspruch nur noch auf Leistung Zug um Zug gerichtet (§ 274). Das
Zurückbehaltungsrecht setzt das allgemeine Prinzip von Treu und Glauben um, wonach arglistig handelt, wer aus einem Rechtsverhältnis eine Leistung fordert, während er selbst eine aus demselben Rechtsverhältnis ihm obliegende Verpflichtung
nicht erfüllt (RGZ 68, 32, 34; 152, 71, 73; RG DR 1940, 795 Nr 13; BGHZ 38, 122, 126).

Unanwendbar ist § 273 im Rahmen des UN-Kaufrecht, da dieses für die Zurück- **9**
behaltung konventionsinterner Ansprüche eigene Regeln vorsieht (PILTZ NJW 1994,
110, 1103; STAUDINGER/MAGNUS [1999] Art 4 CISG Rn 47a).

Ein Zurückbehaltungsrecht aus § 273 ist im **öffentlichen Recht** ausgeschlossen, wenn **10**
die Besonderheiten öffentlich-rechtlicher Ansprüche der Geltendmachung entgegenstehen (OVG Hamburg NJW 1977, 1251; FISCHER JuS 2002, 446, 449 f; MünchKomm/KRÜGER
§ 273 Rn 5). Ein auf den Rechtsgedanken des § 273 gestütztes Zurückbehaltungsrecht
läßt sich in der Regel nur dann begründen, wenn sich auch die Leistungspflicht aus
einer (entsprechenden) Anwendung bürgerlichrechtlicher Vorschriften ergibt (VGH
Kassel NJW 1996, 2746, 2748), nicht aber bei hoheitlichen Ansprüchen (VGH München
NVwZ-RR 1990, 625). So verbietet es die öffentlich-rechtliche Zweckbestimmung des
Reisepasses, daß er zum Gegenstand eines Zurückbehaltungsrechts wird (LG Baden-
Baden NJW 1978, 1750); ebenso kann ein Fahrschulinhaber den Führerschein nicht
zurückbehalten (LG Limburg NJW-RR 1990, 1079, 1080); ebenso kann die Bewirtschaftung
einer Mülldeponie nicht zurückbehalten werden (OLG Koblenz NVwZ 1989, 1198). Gegen Kirchensteuerforderungen kann ein Anspruch auf Unterlassung theologisch oder
kirchenpolitisch beanstandeter Äußerungen oder Handlungen nicht geltend gemacht

werden (VGH Kassel NVwZ 1995, 815 f; s auch STOBER DVBl 1973, 351 ff). Vgl aber Bay-
erVGH 4. 2. 2002 (iuris Nr MWRE101630200) zum Zurückbehaltungsrecht gegenüber
einer Abgabenforderung.

II. Voraussetzungen des Zurückbehaltungsrechts nach Absatz 1

1. Gegenanspruch gegen den Gläubiger (Gegenseitigkeit der Ansprüche)

11 Der **Anspruch** des Schuldners, auf den dieser sein Zurückbehaltungsrecht gründet,
muß sich **gerade gegen den Gläubiger** richten. Die hier geforderte Gegenseitigkeit
oder Wechselseitigkeit (MEDICUS, SchuldR I[10] Rn 209) der Ansprüche ist nicht exakt
dieselbe, wie sie in den §§ 387 ff für die Aufrechnung verlangt wird (GERNHUBER
§ 30 II 1). Sie wird von der Rechtsprechung bei der Zurückbehaltung weniger streng
als bei der Aufrechnung gehandhabt (BGHZ 38, 122, 125 = NJW 1963, 244; sie fehlte aber
etwa in BGH NJW 2000, 3065, 3067).

12 Ebenso wie der Schuldner nur eine *eigene* Forderung zur Aufrechnung verwenden
kann, nicht eine fremde, kann er auch nur wegen eines **eigenen Gegenanspruchs** ein
Zurückbehaltungsrechts geltend machen. Als Gegenanspruch kommt jeder Anspruch iS des § 194 Abs 1 in Betracht. Auch der durch das SchuldrechtsmodernisierungsG neu geschaffene Anspruch auf Zustimmung zur Vertragsanpassung aus § 313
Abs 1 ist ein Gegenanspruch, der einredeweise dem Gläubiger entgegengehalten
werden kann (SCHMIDT-KESSEL/BALDUS NJW 2002, 2076 ff). Steht dem Schuldner der
Gegenanspruch als *Gesamtgläubiger* zu, kann er, da er auch Leistung an sich verlangen könnte (§ 428), bei gleichartigen Leistungen aufrechnen (STAUDINGER/GURSKY
[2000] § 387 Rn 26), ansonsten das Zurückbehaltungsrecht nach § 273 geltend machen.

13 Problematisch ist, wenn der Gegenanspruch dem Schuldner neben anderen **zur ge-**
samten Hand zusteht, etwa neben Miterben. Nimmt ein Nachlaßgläubiger einen
Miterben als Gesamtschuldner der Nachlaßverbindlichkeit nach § 2058 in Anspruch,
so kann dieser Miterbe den der Erbengemeinschaft gesamthänderisch zustehenden
Anspruch gegen den Nachlaßgläubiger einredeweise geltend machen (BGHZ 5, 173,
176; BGHZ 38, 122, 125 f = NJW 1963, 244, 245 = JZ 1963, 475, 476 f m Anm SCHEYHING = LM Nr 3
zu § 2058 m Anm MATTERN). Den Grund sieht die Rechtsprechung darin, daß die Gegenseitigkeit in § 273 weniger streng als bei der Aufrechnung zu wahren sei (so BGHZ 38,
122, 125 f m Zust v DÜTZ NJW 1967, 1105, 1109) oder darin, daß § 2039 S 1 den Miterben
ohnehin zur Geltendmachung des Anspruchs – wenngleich nur zugunsten der Gesamthand – legitimiere (so RG Recht 1917 Nr 1021; BGHZ 5, 173, 176). Auch könnten die
Vorschriften der §§ 770 Abs 2 BGB und 129 Abs 3 HGB, wo dem Bürgen bzw dem
Gesellschafter die Einrede gewährt wird, der Gläubiger sei selbst in der Lage, aufzurechnen, analog angewandt werden (BGHZ 38, 122, 126 ff). Der Miterbe könne daher
die Befriedigung des Gläubigers verweigern, solange und soweit sich der Gläubiger
durch eine Aufrechnung gegen eine fällige Forderung der Erbengemeinschaft befriedigen könne (kritisch zu dieser Begründung STAUDINGER/SELB [1995] § 273 Rn 6). Entscheidend ist, daß die gesetzliche Regelung, Nachlaßforderungen der Gesamthand
„Erbengemeinschaft", Nachlaßschulden jedoch auch den einzelnen Erben als Gesamtschuldnern zuzuweisen, nur das Liquidationsinteresse der Nachlaßgläubiger sichern, nicht aber den materiellen Inhalt ihrer Forderungen verbessern soll. Hätte der
Gegenanspruch in der Hand des Erblassers die Zurückbehaltung begründet, so än-

dert der Erbfall nichts an der latent schwächeren Stellung des Nachlaßgläubigers. Das Zurückbehaltungsrecht wegen des der Erbengemeinschaft gesamthänderisch zustehenden Anspruchs steht deshalb auch dem einzelnen Miterben zu. Handelt es sich bei dem Nachlaßgläubiger um einen Miterben, so gilt zumindest vor der Auseinandersetzung nichts Besonderes (vgl STAUDINGER/MAROTZKE [1996] § 2058 Rn 43). Die Gegenseitigkeit ist auch dann gegeben, wenn ein Miterbe als Nachlaßschuldner den Auseinandersetzungsanspruch einredeweise geltend macht oder wenn gegenüber einem Miterben, der eine Forderung gegen den Nachlaß geltend macht, der Auseinandersetzungsanspruch geltend gemacht wird (vgl dazu DÜTZ NJW 1967, 1105, 1109; über andere Grenzen der Zurückbehaltung im Erbrecht vgl Rn 16, 95).

Der **actio pro socio** eines Gesellschafters wegen unberechtigter Entnahmen eines **14** Gesellschafters aus dem Gesellschaftsvermögen kann der beklagte Gesellschafter kein Zurückbehaltungsrecht entgegenhalten, weil gegen den klagenden Gesellschafter vergleichbare Sozialansprüche der Gesamthand bestehen. Es fehlt an der Gegenseitigkeit der Ansprüche (BGH ZIP 2000, 136, 137; SCHULTZKY JA 2000, 448 ff).

Auch in Fällen der **Mitgläubigerschaft** (§ 432) des Schuldners wird diesem ein Zu- **15** rückbehaltungsrecht im Hinblick auf die ihm in Mitgläubigerschaft zustehende Gegenforderung zuerkannt (RG Recht 1917 Nr 1021; BayObLG WuM 1993, 482, 484; letztlich nicht tragende Erwägung zu § 432 bei Miteigentümern in BGH NJW-RR 1988, 1146, 1150), während eine Aufrechnung ausgeschlossen ist (STAUDINGER/GURSKY [2000] § 387 Rn 23). Für die Gemeinschaft der *Wohnungseigentümer* gilt die Besonderheit, daß ein einzelner Wohnungseigentümer einen der Gemeinschaft zustehenden Anspruch gegen den Verwalter oder gegen einen anderen Wohnungseigentümer oder einen Dritten nur dann geltend machen kann, wenn er dazu von den anderen Wohnungseigentümern ermächtigt worden ist. Das gilt auch für die Ausübung eines auf einen solchen Anspruch gestützten Zurückbehaltungsrechts (BayObLG WuM 1993, 482, 484).

Macht der **Nachlaßschuldner** ein Zurückbehaltungsrecht gegenüber dem Miterben **16** geltend, der eine Nachlaßforderung nach § 2039 S 1 einzieht, so bestehen ebensowenig Bedenken wie gegen eine Aufrechnung. Dagegen kann der Nachlaßschuldner ein Zurückbehaltungsrecht nicht auf eine persönliche Forderung gegen einen Miterben gründen (arg aus § 2040 Abs 2; RGZ 132, 81, 83 f; BGH RdL 1960, 100, 102; OLG München MDR 1957, 103). Macht der Testamentsvollstrecker eine Nachlaßforderung gegen einen Miterben geltend, so kann dieser nicht ein Zurückbehaltungsrecht wegen einer Forderung ausüben, die ihm gegen die Erbengemeinschaft, aber nicht gegen den Nachlaß zusteht (BGHZ 25, 275, 286 = NJW 1957, 1916).

Allgemein schaffen **Sondervermögen** dieselben Probleme; zur fehlenden Personen- **17** gleichheit zwischen Gläubiger und Schuldner, wenn die aktiv- und passivbeteiligten Vermögensmassen nicht identisch sind, beim Fideikommißbesitzer etwa Forderungen des Allodialvermögens neben Schulden des Fideikommiß stehen, RGZ 132, 355, 359; aA zur Aufrechnung STAUDINGER/GURSKY (2000) § 387 Rn 28.

Hat bei einem echten berechtigenden **Vertrag zugunsten Dritter** der Versprechende **18** ein Zurückbehaltungsrecht gegenüber dem Versprechensempfänger, so kann er es dem Dritten gegenüber nach § 334 einwenden (BGH NJW 1980, 450). Ebenso kann der Versprechensempfänger die Verpflichtung des Versprechenden zur Leistung an den

Dritten gegenüber dem Versprechenden im Rahmen des § 335 einredeweise geltend machen. Beide Male geht die Zug-um-Zug-Leistung an einen anderen als den Gläubiger.

19 Hat der Schuldner seinen Gegenanspruch voll – nicht etwa nur „zur Einziehung" – abgetreten, so kann er ihn auch nicht mehr einredeweise geltend machen. Wohl aber kann er, wenn der Gegenanspruch einem Dritten als Pfändungsgläubiger **zur Einziehung überwiesen** ist, ein Zurückbehaltungsrecht mit dem Ziel der Zug-um-Zug-Leistung an den Dritten geltend machen (OLG Braunschweig JR 1955, 342 m zust Anm BLOMEYER).

20 Wird eine **Forderung abgetreten**, so kann der Schuldner ein gegen den bisherigen Gläubiger gerichtetes Zurückbehaltungsrecht nach § 404 auch gegenüber dem neuen Gläubiger geltend machen (RGZ 126, 383, 385; BGHZ 19, 153, 162 = NJW 1956, 257, 258; BGHZ 58, 327, 330 f = NJW 1972, 1193, 1194 f; BGHZ 64, 122, 126 = NJW 1975, 1121, 1122 zu § 986 Abs 2). Die einmal durch die „Zurückbehaltungslage" hergestellte Verbindung der Ansprüche wird nicht durch die Abtretung aufgehoben (zur Frage der Fälligkeit vgl jedoch Rn 25 ff). Im Falle einer Sicherungsabtretung bleibt das Zurückbehaltungsrecht bestehen, wenn der Zedent ermächtigt ist, auf Leistung an den Zessionar zu klagen. Dagegen fehlt es an der für die Aufrechnung erforderlichen Gegenseitigkeit, weshalb auch bei gleichartigen Leistungen nur ein Zurückbehaltungsrecht in Frage kommt (BGH ZIP 1999, 2156 f = NJW 2000, 278 f = LM § 273 Nr 54 m Anm WIELING = MDR 2000, 21 = EBE/BGH 1999, 374, 375). Anders ist das bei Übertragung von Grundpfandrechten (OLG Hamburg MDR 1969, 139 f). Besteht bei indirekter Stellvertretung ein Durchgriffsanspruch des Vertretenen gegen den Geschäftspartner des Vertreters, so wird diesem die Einrede des Zurückbehaltungsrechts gegenüber dem Vertreter nicht genommen (vgl RGZ 82, 400, 403). Schafft die Abtretung aber erst die Gegenseitigkeit, so wird es wohl stets an der Konnexität der Ansprüche fehlen (RGZ 126, 383, 385; BGHZ 20, 231, 233).

21 Wird eine **Schuld übernommen**, so kann der Übernehmer eine dem bisherigen Schuldner gegen den Gläubiger gegebene Einrede des Zurückbehaltungsrechts geltend machen (§ 417), freilich mit der Wirkung, daß er Zug um Zug gegen Leistung an den bisherigen Schuldner verurteilt wird. Schafft die Schuldübernahme erst die Gegenseitigkeit, so wird es an der Konnexität der Ansprüche (unten Rn 38 ff) fehlen. Etwas anderes gilt beim *Betriebsübergang* nach § 613a, wenn alte Ansprüche des Arbeitnehmers aus dem Arbeitsverhältnis gegen neuerworbene Ansprüche des Betriebsübernehmers aus dem Arbeitsverhältnis stehen, da hier zeitlich und persönlich die Einheit des Schuldverhältnisses dekretiert wird.

22 Ein **vertraglich begründetes Zurückbehaltungsrecht** kann sich über das Erfordernis der Gegenseitigkeit hinwegsetzen; auch hier wird das Ergebnis ein Zurückbehaltungsrecht sein, das zur Zug-um-Zug-Leistung an einen Dritten führt. Tauglicher Gegenanspruch für ein Zurückbehaltungsrecht ist auch ein gegen den Gläubiger gerichteter Anspruch auf Befreiung von einer Verbindlichkeit gegenüber einem Dritten (BGH NJW 1967, 1275, 1278). Macht der Gläubiger einen Befreiungsanspruch geltend, so führt ein Gegenanspruch des Schuldners auf Zahlung nicht zur Aufrechnung, sondern auch nur zur Zurückbehaltung (BGH NJW 1983, 2438 f; vgl Rn 107). Denn der Befreiungsanspruch ist kein Geldzahlungsanspruch (vgl § 257 Rn 7; § 270 Rn 10).

Dem **Bürgen** stehen als Ausfluß der akzessorischen Verpflichtung (§ 767) auch die **23** **dem Hauptschuldner zustehenden Einreden** zu (§ 768 Abs 1). Dazu gehört auch die Einrede aus § 273 (RGZ 137, 34, 37 f). Wegen der rein persönlichen Rechtskraftwirkung des Urteils schadet es dem Bürgen nicht, wenn der Hauptschuldner bereits ohne Rücksicht auf sein Zurückbehaltungsrecht verurteilt worden ist (BGHZ 24, 97, 99 = NJW 1957, 986 = LM Nr 2 zu § 768 m zust Anm RIETSCHEL). Das gleiche Problem stellt sich bei der Haftung des **Gesellschafters** nach den §§ 128, 129 HGB oder bei der BGB-Gesellschaft. Davon zu unterscheiden ist, daß der Bürge oder Gesellschafter ein *eigenes* Zurückbehaltungsrecht hat, wenn sich der Gläubiger durch Aufrechnung gegenüber dem Hauptschuldner bzw der Gesellschaft befriedigen könnte (§§ 770 Abs 2 BGB, 129 Abs 3 HGB), da dem Bürgen keine Aufrechnungsmacht für den Gläubiger zusteht. Im Falle des § 768 Abs 1 führt die Einrede zur Verurteilung Zug um Zug gegen Leistung an den Hauptschuldner, im Falle des § 770 Abs 2 führt die Einrede zur Abweisung der Klage.

Zum **Zurückbehaltungsrecht für Forderungen gegen das Deutsche Reich:** STAUDINGER/ **24** SELB (1995) § 273 Rn 7.

2.   Fälligkeit des Gegenanspruchs

Die Zurückbehaltung muß sich **auf einen fälligen Gegenanspruch gründen** (BGH NJW- **25** RR 1986, 543 = WM 1986, 51, 52 = WuB/E IVA § 273 1 86 [DEUCHLER]; BGH NJW-RR 1989, 201, 202). Für einen noch nicht fälligen Gegenanspruch auf Verwendungsersatz gibt es die Sonderregel des § 1000 (PALANDT/BASSENGE § 1000 Rn 1). Fällig ist der Gegenanspruch, wenn der Schuldner vom Gläubiger die Erfüllung begehren kann. Wegen *bedingter* oder *künftiger Ansprüche* gibt es kein zeitweiliges Zurückbehaltungsrecht bis zur Klärung der Ansprüche (BGH NJW 1984, 2151, 2152 f; BGH NJW-RR 1986, 543 = WM 1986, 51, 52; OLG Köln DB 1974, 2301).

Die Anwendung des § 273 setzt allerdings nicht voraus, daß der Gegenanspruch **26** schon vor Leistung des Schuldners besteht und fällig ist. **Es genügt, daß der Gegenanspruch zeitgleich mit dem Anspruch fällig wird oder mit der Erfüllung des Anspruchs entstehen würde** (RGZ 82, 24, 27; 158, 145, 149; JW 1912, 1060; LZ 1924, 330 = Recht 1924 Nr 968; JW 1932, 582, 583; OLG Celle OLGZ 1970, 357, 359; OLG Hamburg NJW 1971, 1317). Beispiele für *mit* der Erfüllung entstehende Gegenansprüche sind: Der Anspruch auf gesonderten Umsatzsteuerausweis nach § 14 Abs 1 S 1 UStG (PEUSQUENS NJW 1974, 683; zu einem Fall umstrittener Umsatzsteuerpflicht BGHZ 103, 284 ff); auf Erteilung einer Quittung (§ 368) oder auf Rückgabe eines Schuldscheins (§ 371) (RGZ 82, 25, 27); auf Abtretung von Drittansprüchen (§ 255); auf Rückgabe eines Pfandes (§ 1223 Abs 2) (RG JW 1906, 545; RG JW 1912, 1060; RGZ 92, 280, 281 f gegen die abw M in RG JW 1914, 76 = Recht 1913 Nr 3258; BGHZ 73, 317, 319 ff = NJW 1979, 1203 = DB 1979, 1080 = LM § 1223 BGB Nr 3 m Anm MIDDE-MANN) und zwar ohne Rücksicht darauf, ob der Verpfänder Eigentümer ist oder nicht (BGHZ 73, 317, 322 = NJW 1979, 1203, 1204 = JuS 1979, 905 m zust Anm K SCHMIDT; zustimmend auch HOFMANN NJW 1980, 381 f; gegen die hM OESTERLE 1979, 634 ff); auf Löschungsbewilligung und Herausgabe des Hypothekenbriefs (§§ 1144, 1145, 1167) oder auf Rückübertragung von Sicherungsgut nach Erfüllung der gesicherten Forderung (**aM** noch RG JW 1914, 76); auf Herausgabe eines kaufmännischen Orderpapiers (§ 364 Abs 3 HGB), eines Ladescheins (§ 448 HGB) oder eines Wechsels (Art 39 WG); auf Heizkostenabrechnung für die Vergangenheit gegenüber dem auf vergangenen Verbrauch gegründeten Anspruch auf Heizkostenvorschuß (LG Mannheim MDR 1974, 934); auf Angabe der Berechnungsgrundlagen gegenüber einem Anspruch auf Mieterhöhung (vgl SCHMIDT/FUTTERER NJW 1972, 86 ff). Freilich bieten die beiden letztgenannten Fälle insoweit eine Besonderheit, als die Einrede nicht zur Zug-um-Zug-Verurteilung führt, sondern zur *Klageabweisung als derzeit unbegründet.* Ferner: der Anspruch auf Herausgabe der Massebereicherung nach § 38 S 1 KO/§ 144 InsO gegenüber einem Anspruch auf Rückgewähr nach § 37 KO/§ 143 InsO (BGH NJW-RR 1986, 991, 992 f = ZIP 1986, 787, 790 = WM 1986, 841, 843 = DB 1987, 1835, 1836); der Anspruch auf Heimfallvergütung nach § 32 ErbbVO gegenüber dem dinglichen Vollzug des Heimfallanspruches (BGHZ 111, 154, 156). Bei einem Anspruch auf Nachbesserung gegen Mitbeteiligung des Nachbesserungsberechtigten sind auf die Mitbeteiligung (Zusatzarbeiten) §§ 273, 274 analog anzuwenden; in Anwendung des § 242 muß der Besteller dem Unternehmer nur ausreichende Sicherheitsleistung bieten (BGHZ 90, 344, 351 f = ZIP 1984, 713, 717 = DB 1984, 1720, 1722 = NJW 1984, 1676, 1678 f).

27 Eine **Ausnahme** vom Erfordernis der Fälligkeit des Gegenanspruchs kann vertraglich vereinbart werden (RGZ 106, 247, 249 f), doch ist für allgemeine Geschäftsbedingungen § 307 (früher § 9 AGBG) zu beachten.

28 Ansprüche auf ein *dauerndes*, in die Zukunft reichendes Verhalten (Handeln, Dulden, Unterlassen) können nicht zur Zurückbehaltung verwendet werden; so kann der Erbe gegen den Testamentsvollstrecker keinen Anspruch auf ordnungsgemäße Führung der Nachlaßverwaltung im Wege der Zurückbehaltung geltend machen (RG Recht 1917 Nr 1093 = HansGZ 1918 Beibl 4, 5 f).

29 Im Falle der **Abtretung** eines fälligen Anspruchs kann dem Zessionar ein Zurückbehaltungsrecht, das sich auf einen Anspruch gegen den Zedenten gründet, nur dann nach § 404 entgegengehalten werden, wenn auch der Gegenanspruch schon im Zeitpunkt der Abtretung fällig war (BGHZ 19, 153, 162 = NJW 1956, 257, 258 = JZ 1956, 280, 282 m krit Anm WESTERMANN). War der abgetretene Anspruch aber noch nicht fällig, so genügt es, daß der Gegenanspruch jedenfalls nicht später fällig wurde. Der Schuldner wird in seinem berechtigten Interesse geschützt, im Zeitpunkt der Fälligkeit einen bis dahin ebenfalls fälligen, im Grunde aber schon gegebenen Gegenanspruch geltend machen zu können (BGHZ 58, 327, 330 f = NJW 1972, 1193, 1194 f; BGHZ 64, 122, 126 = NJW 1975, 1121, 1122; vgl dazu KORNBLUM BB 1981, 1307 gegen die Heranziehung des § 406).

30 Dem Zurückbehaltungsrecht wegen eines **fälligen Befreiungsanspruchs** (zur Frage der Fälligkeit § 257 Rn 25, § 271 Rn 16) kann der Befreiungsschuldner eine vorläufige Abwendungsbefugnis durch Sicherheitsleistung (§ 257 S 2) replikweise entgegensetzen (BGHZ 91, 73, 81 = NJW 1984, 2151, 2153 = DB 1984, 1288, 1290 zur Befreiung von Verbindlichkeiten aus Betriebsrentenanwartschaften).

31 Ein Schuldner hat nicht deshalb ein Zurückbehaltungsrecht, weil der erhaltene Leistungsgegenstand mit von ihm nicht für gut befundenen Mitteln produziert wurde. So hat ein Stromkunde gegen den Zahlungsanspruch des Stromlieferanten, der Strom aus Kernkraft herstellt, keinen fälligen Gegenanspruch (Nachweise in BVerfG NJW 1983, 32; MünchKomm/KRÜGER § 273 Rn 27; LG Dortmund NJW 1981, 764; iE bestätigt durch OLG Hamm NJW 1981, 2473; **aA** AG Stuttgart NJW 1979, 2047).

Wegen eines **Anspruchs aus Spiel, Wette oder anderen Naturalobligationen**, die nur   32
erfüllbar, aber *nicht erzwingbar* sind, gibt es auch kein Zurückbehaltungsrecht, durch
das die Leistung indirekt doch erzwungen werden könnte. Das gleiche gilt für eine
Sperrabrede iS des § 75f HGB und ist in dieser Bestimmung sogar ausdrücklich
angeordnet.

Die **Verjährung des Gegenanspruchs** schließt die Anwendung eines Zurückbehal-   33
tungsrechts nicht aus, wenn der Anspruch in dem Zeitpunkt noch nicht verjährt
war, in dem die Leistung erstmals verweigert werden konnte (§ 215). Diese durch
das SchuldrechtsmodernisierungsG eingeführte Regelung entspricht der früheren
hM, die bei verjährten Gegenansprüchen eine Parallele zur Aufrechnung zog und
§ 390 S 2 aF analog anwendete (RGZ 149, 321, 327 f [zu § 320]; KG OLGE 28, 50; BGHZ 48,
116 = NJW 1967, 1902; BGHZ 53, 122, 125 = NJW 1970, 561; REGELSBERGER JherJb 41, 334; KELLER
665, 666; STAUDINGER/PETERS [1995] § 222 Rn 37; MünchKomm/KRÜGER § 273 Rn 34; SOERGEL/
WOLF § 273 Rn 9 aA CANARIS JZ 1967, 756 ff; noch strenger eine ältere Meinung in der Literatur;
vgl die Nachweise bei STAUDINGER/A WERNER[10/11] § 273 Rn 5). Für die hM sprach die Übereinstimmung mit den Ergebnissen zu § 404 (vgl Rn 20, 29). Darüber hinaus muß man
dem Schuldner bei der Aufrechnung wie der Zurückbehaltung gleichermaßen zugestehen, mit seiner Verteidigung zuzuwarten, bis der Gegner seine Ansprüche geltend
macht. Es bedeutet hier keinen wesentlichen Unterschied in der Interessenlage, daß
die Ansprüche einmal gleichartig, einmal ungleichartig sind (näher STAUDINGER/BITTNER
[2001] § 273 Rn 30). Da § 215 sowohl für das Zurückbehaltungsrecht als auch für die
Aufrechnung gilt, konnte § 390 S 2 aF entfallen (MünchKomm/KRÜGER § 273 Rn 34).
SCHMIDT BWNotZ 2002, 97–99 zur Verjährung der Rückgewähranspüche nicht valu-
tierter Grundpfandrechte.

Nach § 215 kann auch der **verjährte kauf- oder werkvertragliche Anspruch auf Nach-**   34
erfüllung noch einredeweise geltend gemacht werden. Bei Anwendbarkeit der VOB/B
im Bereich der Bauleistungen verlangt § 13 Nr 5 Abs 1 VOB/B allerdings noch ein
rechtzeitiges Mängelbeseitigungsverlangen vor Ablauf der Verjährungsfrist (BGHZ
53, 122, 125 ff = NJW 1970, 561 zum insoweit gleichlaufenden alten Werkvertragsrecht; Münch-
Komm/KRÜGER § 273 Rn 35 hält auch bei Anwendnung der VOB/B ein Mangelbeseitigungsverlan-
gen jetzt für entbehrlich).

Ist der Gegenanspruch selbst wieder einredebehaftet, so kann der Gläubiger die Ein-   35
rede des Zurückbehaltungsrechts durch *Replik* ausräumen (ähnlich wie in § 390 S 1;
vgl dazu JAHR 298; SCHLOSSER JuS 1966, 266; KELLER 665, 666), etwa die Replik der Verjährung
(vgl aber Rn 33). Deshalb kann der Grundstückskäufer gegenüber dem Rückzahlungsanspruch des Darlehensgebers mit einem ihm vom Verkäufer abgetretenen Anspruch auf Eigentumsverschaffung gegen den Darlehensgeber kein Zurückbehaltungsrecht ausüben, wenn diesem, der seinerseits an den Zedenten verkauft hatte,
wegen des Kaufpreises die Einrede des nicht erfüllten Vertrages (§ 320) zusteht (BGH
NJW 2000, 3065, 3067 = ZIP 2000, 1098, 1100 f). Die verzögernde Einrede aus § 2014 („Drei-
monatseinrede"), die der Erbe gegen Nachlaßverbindlichkeiten vorbringen kann,
hindert jedoch den Gläubiger dieser Verbindlichkeit nicht daran, seine Forderung
einredeweise gegen eine zum Nachlaß gehörende Forderung zu stellen (SCHOENEN-
BERG, Die Voraussetzungen der in § 273 Abs 1 BGB geschaffenen Retentionsbefugnis [1901] 14).

Macht der Schuldner ein Zurückbehaltungsrecht geltend, kann der Gläubiger dieses   36

Zurückbehaltungsrecht nicht ausräumen und eine uneingeschränkte Verurteilung erzwingen, indem er seinerseits gegenüber dem Gegenanspruch des Schuldners wieder ein Zurückbehaltungsrecht aus einem *anderen konnexen Anspruch* geltend macht – **„Zurückbehaltungsrecht gegen Zurückbehaltungsrecht"** (MünchKomm/KRÜGER § 273 Rn 81). Auch das zweite Zurückbehaltungsrecht gibt nur die Befugnis zur vorläufigen Verweigerung der Leistung, führt aber keine weitere Beschränkung des Forderungsrechts des Gegners herbei und hindert diesen deshalb nicht, wegen dieses Forderungsrechts seine eigene Leistung zurückzuhalten. Dem zweiten Zurückbehaltungsrecht ist durch eine doppelte, wechselseitige Zug-um-Zug-Verurteilung Rechnung zu tragen (BGHZ 90, 354, 358 = NJW 1984, 1679 zu einem Werklohnanspruch, dem der Besteller ein Zurückbehaltungsrecht wegen eines Mängelbeseitigungsanspruchs entgegenhält, dem der Unternehmer wiederum einen Anspruch auf Beteiligung an den Mängelbeseitigungskosten einredeweise entgegensetzt; RGZ 118, 295, 299 f; RGZ 134, 83, 91; MünchKomm/KRÜGER § 273 Rn 81, § 274 Rn 8); s auch § 274 Rn 12.

37 Ist eine Leistung objektiv unmöglich geworden (§ 275), so kann sie auch nicht mehr im Wege der Zurückbehaltung durchgesetzt werden (RG JW 1919, 105). Jedoch kann ein Anspruch auf das stellvertretende Commodum (§ 285) Grundlage des Zurückbehaltungsrechts sein. Kann ein Gegenanspruch in absehbarer Zeit nicht durchgesetzt werden, so kommt das der Unmöglichkeit gleich (BGH DB 1956, 277). Nach § 817 S 2 ausgeschlossene Ansprüche können der Vindikation gegenüber auch nicht nach § 273 geltend gemacht werden (OLG Naumburg Recht 1913 Nr 815 stützt in einem Fall einer Eigentumsklage des Verpächters eines Bordells die Ablehnung eines Zurückbehaltungsrechts an den Pachträumen wegen geleisteter Kaution dieses Ergebnis mangels Konnexität der Ansprüche allerdings auf § 556 analog).

3. Anspruch aus demselben rechtlichen Verhältnis (Konnexität)

a) Voraussetzungen der Konnexität

38 Die Ansprüche müssen aus **demselben rechtlichen Verhältnis** stammen, **konnex** sein. Mit dem rechtlichen Verhältnis ist in § 273 Abs 1 nicht nur ein und dasselbe schuldrechtliche Rechtsverhältnis gemeint (vgl Prot I 312). Rspr und Lehre stellen vielmehr darauf ab, ob **die beiderseitigen Ansprüche in einem derart engen natürlichen und wirtschaftlichen Zusammenhang stehen, daß die einseitige Anspruchsverfolgung treuwidrig erschiene** (RGZ 72, 101, 103 f; 158, 6, 14; BGH LM Nr 16 zu § 273; LARENZ I § 16; ESSER/SCHMIDT I 1 § 16 II). Es genügt eine natürliche oder wirtschaftliche, gewollte oder als gewollt vorauszusetzende *Einheitlichkeit des Lebensverhältnisses*, aus dem sich die entgegenstehenden Ansprüche ergeben. Die Grenze ist dort zu ziehen, wo es nicht mehr treuwidrig wäre, den einen Anspruch ohne den anderen zuzulassen. Für die Entwicklung der allgemein gebräuchlichen Formulierungen, die sämtlich vom Fall gelöst wenig Aussagekraft haben, seien hier nur RGZ 14, 231, 233; 72, 61, 65; 134, 144, 146; 158, 6, 14; BGHZ 25, 360, 363 f; 47, 157, 167; BGH NJW 1979, 811, 812 angeführt. Die Rspr ist reich an Beispielen für angenommene oder abgelehnte Konnexität. Freilich lassen sich zahlreiche Entscheidungen, welche die Konnexität verneinen, auch durch andere dem Zurückbehaltungsrecht gesetzte Grenzen erklären. Die Konnexität iS des § 273 ist dieselbe wie sie als „rechtlicher Zusammenhang" iS des § 302 Abs 1 ZPO aF erschien (BGHZ 25, 360, 364; BGH LM Nr 1 zu § 302).

b) Einzelfälle

Konnexität besteht in Fällen, in denen Parteien **auf einen nicht zustande gekommenen,** 39
**angefochtenen, nichtigen, nicht genehmigten oder mangels Bedingungseintritt nicht
wirksam gewordenen Vertrag beiderseits geleistet** haben. Der Leistungsaustausch
auf der Grundlage des angebahnten vertraglichen Kontakts wird zum einheitlichen
Rechtsverhältnis. Der den Leistungen unterstellte, nicht gegebene Vertrag bildet das
wirtschaftliche Band für die beiderseitigen Rückgewährverpflichtungen nach Bereicherungsrecht (MünchKomm/Krüger § 273 Rn 23; RGZ 72, 61, 65 f; 85, 133, 137; 94, 309, 310 f;
108, 329, 336; 163, 62, 63; RG JW 1907, 477 = SeuffA 63 Nr 5; Recht 1908 Nr 1951; JW 1909, 133; JW
1909, 715, 716; LZ 1920, 114; JW 1925, 2232, 2233 m krit Anm Endemann). Daß der klagende
Bereicherungsgläubiger im Falle *ungleichartiger Leistungen* die Rückgewähr seiner
Gegenleistung Zug um Zug anbieten muß, folgt allerdings schon aus der Saldotheorie
(krit etwa Honsell NJW 1973, 350, 351). Sie will Wertungswidersprüche zwischen Vindika-
tions- und Bereicherungsrecht vermeiden. Der rechtsgrundlos besitzende Eigentümer soll im Ergebnis keine schlechtere Rechtsposition einnehmen als andere
rechtsgrundlose Besitzer (BGHZ 150, 138, 145 = ZIP 2002, 858, 861 = NJW 2001, 2313, 2315
= WM 2002, 971, 973 f; BGH NJW 1999, 1181; BGH NJW 1995, 2627, 2628). Ist die Salodotheorie
unanwendbar, weil einer der beiden Kondiktionsschuldner verschärft haftet oder der
Geschäftsunfähigenschutz dies verlangt, greift für die beiden gegenseitigen Kondik-
tionsansprüche § 273 (BGH NJW 2000, 3562 f; MünchKomm/Krüger § 273 Rn 23; dagegen für
die Anwendung der §§ 320, 322 analog Bodenbenner JZ 2002, 186 f). Ob mit dem Bereicherungsanspruch ein Anspruch aus § 985 auf einer oder beiden Seiten konkurriert,
ändert an der Konnexität der Ansprüche nichts (MünchKomm/Krüger § 273 Rn 23, 20).

Auch **gegenüber einem Grundbuchberichtigungsanspruch** nach § 894 kann, sofern 40
nicht § 1144 eingreift, ein **Zurückbehaltungsrecht** bestehen (RGZ 163, 62, 63; BGHZ
41, 30, 35 f = NJW 1964, 811, 812 = LM § 273 Nr 17 zu § 273 II m Anm Rothe; BGH NJW-RR
1989, 201, 202 = EWiR § 273 BGB 1/89, 235 [Hegmanns]: Die Bewilligung zur Löschung der
Auflassungsvormerkung kann nur Zug um Zug gegen Erfüllung der aus dem nach § 326 Abs 1
beendeten Kaufverhältnis entstehenden Rückzahlungsansprüche des Käufers begehrt werden;
ebenso nur Zug um Zug gegen Erfüllung der Ansprüche des ausgeschiedenen Gesellschafters auf
Abfindung [BGH NJW 1990, 1171 f = DB 1990, 417 f = WM 1990, 435 f = ZIP 1990, 305, 306 f];
ebenso ein Vormerkungslöschungsanspruch nur gegen Erfüllung von Ansprüchen wegen Täuschung
im Zusammenhang mit dem Grundstückskauf [BGH NJW-RR 1990, 847, 848 = WM 1990, 1429, 1430
= WuB/E IV A § 273 2 90 m Anm Herrmann/Smid]).

Eine wichtige Fallgruppe bilden die **„dauernden Geschäftsverbindungen".** Grund- 41
sätzlich bildet eine wiederholte oder gar dauernde Geschäftsverbindung noch keinen
Grund, unter den aus den einzelnen Geschäften herrührenden Verpflichtungen Konnexität anzunehmen (BGHZ 54, 244, 250 = NJW 1970, 2019, 2021). Doch kann es sein, daß
die Parteien etwa die mehreren „Bestellungen" als eine wirtschaftliche Einheit angesehen haben (RGZ 68, 32, 34 f zu mehreren Bestellungen aus einer Geschäftsverbindung; 77,
436, 437 f [aus anderen Gründen, § 49 KO, abgelehnt]; 78, 334, 336 f [aus anderen Gründen abge-
lehnt]; 160, 52, 59 [eingeschränkt auf dasselbe umfangreichere Geschäftsbesorgungsverhältnis]; RG
WarnR 1911 Nr 111 = Recht 1911 Nr 687; RG WarnR 1917 Nr 134 [Geschäftsverbindung zweier
Kaufleute]; RG LZ 1909, 390; RG WarnR 1928 Nr 172 [Dauerberatung durch Notar, zu Unrecht
abgelehnt]; BGH LM Nr 15 zu § 313 = DB 1958, 250 [mehrere Geschäftsbesorgungen]; OLG Hamburg OLGE 28, 386 [Zurückbehaltungsrecht des Kommittenten abgelehnt bei mehreren Ausfüh-
rungsgeschäften]; OLG Düsseldorf NJW 1997, 1156, 1157 [Konnexität bejaht beim wiederholten

Kauf von Kunstwerken desselben Künstlers innerhalb eines Jahres]). Konnexität setzt voraus, daß ein Vertrag als Fortsetzung früherer Vertragsabschlüsse anzusehen ist (OLG Naumburg BauR 1997, 1049, 1050, im konkreten Fall abgelehnt). Allein die Aufnahme verschiedener Geschäfte in ein *Kontokorrentverhältnis* begründet noch kein Zurückbehaltungsrecht für Forderungen aus den verschiedenen Geschäften. Anders liegt der Fall, wenn ein Partner die *Fortsetzung einer Geschäftsverbindung* – also den Neuabschluß selbst, nicht die Erfüllung nach einem Neuabschluß – davon abhängig macht, daß der andere Partner ältere Verbindlichkeiten erfüllt. Die Abschlußfreiheit erlaubt ihm, jedwede andere Verbindlichkeit auf diese Weise indirekt durchzusetzen, sei sie konnex oder nicht. Macht ein Partner beim Neuabschluß die Erfüllung der eigenen Verpflichtung auch von der Erfüllung älterer Verbindlichkeiten des anderen Partners abhängig, kann sich diese *vertragliche Begründung* des Zurückbehaltungsrechts über das Erfordernis der Konnexität hinwegsetzen, etwa durch eine Klausel, auch für Forderungen aus früheren Aufträgen zu wirken (BGH NJW 1987, 2818, 2820).

42 Bei **Raten- und Sukzessivlieferungsverträgen** stehen die gesamten beiderseitigen Leistungen im Gegenseitigkeitsverhältnis des § 320 (RGZ 68, 17, 22; ESSER/SCHMIDT I 1 § 16 II); man muß demnach die einzelnen Teilleistungspflichten nicht erst über § 273 und den Gedanken einheitlicher dauernder Geschäftsverbindung miteinander koppeln.

43 Hat der Gläubiger den Scheck entgegengenommen und ist dadurch der Scheckbegebungsvertrag zustande gekommen, steht seinem Zahlungsanspruch die **Einrede der Scheckhingabe** analog §§ 273 Abs 1, 270 Abs 1 entgegen. Der Scheckaussteller hat das Recht, die Bezahlung der Kausalforderung bis zur Rückgabe des unversehrten, insbesondere unbezahlten, erfüllungshalber hingegebenen Schecks, zu verweigern (BGH WM 1996, 1037 mwN). Hieraus erwächst ein ständiges Leistungsverweigerungsrecht, für den Fall, dass die Verlustgefahr auf den Schecknehmer übergegangen ist und dieser den Scheck nicht unbezahlt zurückgeben kann, etwa weil dieser von der bezogenen Bank inzwischen eingelöst worden ist (BGH ZIP 2000, 1719, 1721 = WM 2000, 1857, 1858; dazu kritisch MÜLLER/CHRISTMANN WuB I D 3 Scheckverkehr 1.01).

44 Besteht ein **Kontrahierungszwang** eines Partners, etwa ein gesetzlicher Anspruch auf Wasser- oder Energieversorgung, so darf durch eine Liefersperre zwar die Bezahlung rückständiger Lieferungen erzwungen werden (§ 320) (vgl dazu MALZER NJW 1974, 1899; jedoch nicht bei zwei räumlich und gegenständlich voneinander unabhängigen Versorgungsverträgen: BGHZ 115, 99, 103 f = NJW 1991, 2645; LG Frankfurt aM NJW-RR 1998, 1467, 1468), nicht aber die Zustimmung zu einem neuen und ungünstigeren Tarif (vgl MALZER aaO) oder zu ungünstigeren Lieferungsmodalitäten (LG Braunschweig NJW 1974, 800 unter Hinweis auf Art 20 Abs 3 GG).

45 Die (aufgehobene) **eheliche Lebensgemeinschaft** wird als verbindendes Element für die aus ihr entstehenden vermögensrechtlichen Ansprüche angesehen (zu den verschiedenen Erscheinungsformen der Konnexität DIEDERICHSEN 182 ff). Die Konnexität wurde bejaht zwischen einem Anspruch auf Räumung der Ehewohnung und einem Zahlungsanspruch (RG JW 1923, 749 = Recht 1923 Nr 1133 = LZ 1923, 447); zwischen einem Anspruch auf Umschreibung eines Wertpapierdepots und einer Forderung, die mit Rücksicht auf die Ehe gestundet worden war (RG JW 1936, 1827, 1828); zwischen dem Anspruch der Manneserben auf Herausgabe des Nachlasses und dem der Ehefrau des Erblassers auf Herausgabe eingebrachten Vermögens (KG KGBl 1916, 41); zwischen dem

Anspruch des Ehemannes auf Herausgabe ehelichen Gesamtguts und dem der Ehefrau auf Herausgabe des Vorbehaltsguts (OLG Hamburg HansGZ 1918 Beibl 137 = SeuffA 73 Nr 162); zwischen dem Anspruch der Ehefrau auf Herausgabe von Möbeln und dem des Ehemannes auf Rückzahlung des zum Möbelkauf gewährten Darlehens (RG JW 1919, 242); zwischen dem Anspruch des geschiedenen Ehegatten auf Zustimmung zur Auszahlung eines hinterlegten Erlöses und einem fälligen Anspruch auf Zugewinnausgleich (BGH NJW-RR 1990, 133, 134 = FamRZ 1990, 254, 255 = WuB/E IV A § 756 BGB 1 90 [EMMERICH]; dazu DÖRR NJW 1991, 1093; bestätigt in BGH NJW 2000, 948, 949 = MDR 2000, 213 f); zwischen dem Zahlungsanspruch eines Ehegatten aus § 50 Abs 1 S 1 ZVG gegen den anderen, der das gemeinsame Hausgrundstück ersteigert hat, und dem Verlangen auf Herausgabe eines Grundschuldbriefs (OLG Hamm FamRZ 1994, 247); zwischen den beiderseitigen Ansprüche, die sich aus der Auflösung des Verlöbnisses ergeben (RG WarnR 1914 Nr 39); zwischen dem Übernahmerecht nach § 1477 Abs 2 und dem Anspruch auf Wertersatz (OLG München FamRZ 1996, 170 f); zwischen einem der endgültigen Höhe nach noch nicht feststehenden Zugewinnausgleichsanspruch nach § 1372 des ehemaligen Ehegatten und einem bereits feststehenden Individualanspruch des anderen ehemaligen Ehegatten (BGH NJW 2000, 948 = MDR 2000, 213 = LM § 273 Nr 55 m Anm HOHLOCH). Zu Fällen, in denen Konnexität bei Ansprüchen aus der ehelichen Lebensgemeinschaft *verneint* wird, vgl Rn 59.

46 Im **Gesellschaftsrecht** sind **konnex** Ansprüche auf *Herausgabe von Aktien* gegen eine AG und Schadensersatzansprüche der AG, wenn beide im Gründungsvorgang wurzeln (RG LZ 1912, 752); der Anspruch des ausgeschiedenen Gesellschafters auf *Befreiung von Verbindlichkeiten* und Ablösung gegebener Sicherheiten und ein Ausgleichsanspruch der anderen Gesellschafter (BGH NJW 1974, 899, 900); der Anspruch des ausgeschiedenen Gesellschafters gegen die *Gesellschaft* auf *Herausgabe* des Eigentums und eine Nachschußpflicht des zur Herausgabe berechtigten Gesellschafters (BGHZ 64, 122, 124 f = NJW 1975, 1121 f; BGH NJW 1981, 2802 zur nur vorübergehenden Natur des Zurückbehaltungsrechts bis zur unverzüglichen Belegung eines wahrscheinlichen Ausgleichsanspruchs; dagegen wurde ein Zurückbehaltungsrecht des nach § 732 zur Rückgabe von Gegenständen verpflichteten Gesellschafters auf Grund seines beitragsmäßig noch nicht geklärten Anspruchs auf sein Auseinandersetzungsguthaben in OLG Karlsruhe NJW 1961, 2017 f verneint); bei Auflösung einer Gesellschaft der Rückgewähranspruch des ausscheidenden Gesellschafters nach § 732 und die mit großer Wahrscheinlichkeit bestehenden Verbindlichkeiten des Gesellschafters gegenüber der (Liquidations-)Gesellschaft, auch im Falle einer stillen Gesellschaft (BGH NJW 1998, 1351, 1352 = ZIP 1998, 509, 510); der Anspruch auf Auszahlung des Abfindungsguthabens des ausgeschiedenen BGB-Gesellschafters und der Anspruch der übrigen Gesellschafter auf Grundbuchberichtigung (OLG Köln 1994, 1770, 1772).

47 Konnex sind der Anspruch des Eigentümers gegen den **Nießbraucher** wegen unberichtigter Hypothekenzinsen und der Gegenanspruch aus einem Werkvertrag für Bauführung auf dem zur Nutzung überlassenen Grundstück (RGZ 72, 101, 103 f).

48 Konnex sind der Anspruch eines Beklagten auf **Erstattung von Prozeßkosten** und ein materieller Anspruch des Klägers aus dem Rechtsverhältnis, aus dem dieser den Prozeß unberechtigt angestellt hatte (RG WarnR 1914 Nr 241 = Recht 1914 Nr 2238 = Gruchot 58 Beil, 924, 925 f; **aM** anscheinend OLG Braunschweig OLGE 22, 188).

49 Beim **Kauf** sind konnex der Anspruch auf Zahlung rückständigen Kaufpreises und ein Anspruch wegen Verletzung eines mit dem Kaufvertrag zusammenhängenden *Wettbewerbsverbotes* (RG Recht 1909 Nr 2921 u 3738); beim Kauf einer mangelhaften Sache der Kaufpreisanspruch des Verkäufers und der Schadensersatzanspruch des Käufers aus der Belastung mit einer Schadensersatzforderung seines eigenen Abnehmers (BGH NJW 1999, 1541, 1542 unter Berufung auf BGHZ 47, 157, 166 f).

50 Konnex sind der **Anspruch des Insolvenzverwalters auf Rückgewähr** nach § 143 InsO und der Anspruch des Rückgewährpflichtigen auf Erstattung der in der Insolvenzmasse vorhandenen Gegenleistung (Bereicherung) (zu § 37 KO BGH NJW-RR 1986, 991, 992 f = ZIP 1986, 787, 790 = WM 1986, 841, 843 = DB 1987, 1835, 1836; bestätigt in BGH NJW 2000, 3777, 3781 = ZIP 2000, 1061, 1066 = MDR 2000, 903 f [nur LS]; dazu SCHMIDT JuS 2001, 188, 189). Vgl aber Rn 60 zur fehlenden Konnexität, wenn der Anspruch des Rückgewährpflichtigen gegen die Masse sich auf eine Leistung bezieht, die nicht wie eine Gegenleistung im engen Zusammenhang mit dem Rückforderungsanspruch des Insolvenzverwalters steht.

51 Wird ein Fahrzeug polizeilich abgeschleppt, sind konnex der von dem beeinträchtigten, das Abschleppen veranlassenden Dritten an den Abschleppunternehmer abgetretene Anspruch auf Ersatz der **Abschleppkosten** und der Herausgabeanspruch des Fahrzeughalters gegen den Unternehmer (OLG Karlsruhe OLGZ 1978, 206; ebenso Münch-Komm/KRÜGER § 273 Rn 20; differenzierend WIEN DAR 2001, 60 ff; ein Zurückbehaltungsrecht ablehnend, es sei denn das Landesvollstreckungsrecht sieht ein solches vor, FISCHER JuS 2002, 446, 449 f).

52 Konnexität auf Grund eines **einheitlichen Lebensverhältnisses** ist zu bejahen, wenn sowohl der Anspruch auf Aufhebung einer bestehenden Bruchteilsgemeinschaft als auch der einredeweise geltend gemachte Pflichtteilsanspruch darauf beruhen, daß der Anspruchssteller *testamentarischer Alleinerbe* geworden ist (BGH ZEV 2001, 313, 314).

c) Beispiele für fehlende Konnexität

53 **Keine Konnexität besteht** zwischen einem Anspruch des Eigentümers auf Berichtigung eingetragener Hypotheken und dem Gegenanspruch wegen Aufgabe des Rechts, das Grundstück durch Vertrag zu erwerben (RGZ 134, 144, 146 f); zwischen einem Anspruch auf Löschungsbewilligung – eine Hypothek war zur Eigentümergrundschuld geworden – und aus Verwendungen auf das Grundstück (BGHZ 41, 30, 33 ff = NJW 1964, 811, 812 f; § 273 Abs 2 scheidet wegen fehlender Identität von Gegenstand und Verwendungsobjekt aus).

54 Keine Konnexität besteht zwischen dem Anspruch eines Bankkunden und dem der Bank (Gesellschaft) gegen den Kunden als Gesellschafter der Bank (RGZ 118, 295, 300). Werden bei einer Bank als Zeichnungsstelle *Anleihen gezeichnet*, so darf die Bank die gezeichneten Stücke nicht wegen ihrer Forderungen gegen den Anleihezeichner und Bankkunden zurückbehalten (RGZ 146, 57, 59). Die *bankübliche Erklärung*, wonach eine Grundschuld zur Sicherung aller bestehenden oder künftigen Ansprüche diene, begründet kein Zurückbehaltungsrecht für deliktische oder bereicherungsrechtliche Ansprüche (BGH NJW 1985, 849: einschränkende Auslegung der Nr 21 V AGB-Sparkassen und Nr 19 IV AGB-Banken; ebenso schon die Vorinstanz OLG Köln

WM 1984, 46, 48 = ZIP 1983, 926, 927). Zur Konnexität im **Bankverkehr** vgl OERTMANN 137 ff; KLEIN ZHR 55, 181 ff.

Keine Konnexität besteht zwischen dem Vergütungsanspruch des entlassenen Testa- **55** mentsvollstreckers und Ansprüchen auf Rechnungslegung und Herausgabe (OLG Düsseldorf JW 1925, 2147, 2148; richtigerweise ergibt sich der Ausschluß eher aus der Natur des Schuldverhältnisses, vgl Rn 83). Es fehlt an der Konnexität, wenn Miterben, Vermächtnisnehmer oder Pflichtteilsberechtigte ihre Rechte einer Nachlaßforderung des Erben oder der Erbengemeinschaft gegenüber einredeweise geltend machen wollen (vgl Rn 95).

Keine Konnexität besteht zwischen einem Anspruch auf Herausgabe von Lebens- **56** versicherungspolicen und solchen aus einem Gesellschaftsverhältnis, wenn nicht auch der erste mit dem Gesellschaftsverhältnis zusammenhängt (OLG Hamburg VersR 1962, 1169); zwischen Ansprüchen aus einer dem Verletzten überwiesenen Haftpflichtversicherung (heute: Direktansprüche bei der Pflicht-Haftpflichtversicherung) und Ansprüchen des Versicherers, die nicht dem Versicherungsverhältnis entspringen (RGZ 158, 6, 14 f).

Keine Konnexität besteht ferner zwischen Schadensersatz- und Herausgabeansprü- **57** chen Ansprüchen aus § 717 Abs 2 oder 3 ZPO wegen Wegfalls der vorläufigen Vollstreckbarkeit und Ansprüchen aus dem materiellrechtlichen Verhältnis (RGZ 123, 388, 395 f).

Konnexität durch eine **dauernde Geschäftsverbindung** (oben Rn 41) liegt nicht schon **58** bei mehrmaliger Erteilung auch gleichartiger Aufträge an einen Bauträger, der an getrennter Behandlung seiner verschiedenen Bauvorhaben interessiert ist, vor, sondern erst, wenn ein Vertrag als Fortsetzung früherer Vertragsabschlüsse anzusehen ist (OLG Naumburg BauR 1997, 1049, 1050). Auch die Aufnahme verschiedener Geschäfte in ein *Kontokorrentverhältnis* allein begründet noch kein Zurückbehaltungsrecht für Forderungen aus den verschiedenen Geschäften.

Konnexität für Ansprüche aus der *ehelichen Lebensgemeinschaft* (oben Rn 45) wurde **59** im konkreten Fall verneint in OLG München FamRZ 1990, 884, 885. Auch kann der Erwerber im Rahmen der Revokationsklage des einen Ehegatten nach § 1368 sich **nicht** wegen der Rückforderung einer bereits an den anderen Ehegatten erbrachten Gegenleistung auf § 273 berufen (WOLF JZ 1997, 1087, 1093; PALANDT/DIEDERICHSEN § 1368 Rn 3; STAUDINGER/THIELE [2000] § 1368 Rn 51 mwN auch zur Gegenmeinung).

Durch die Anordnung der vorläufigen **Insolvenzverwaltung** und die Erklärung des **60** vorläufigen Insolvenzverwalters, für künftige Forderungen persönlich zu haften, wird der zwischen Forderung (rückständiges Entgelt für erfolgte Wasserlieferungen) und Gegenforderung (Fortsetzung der Wasserversorgung) bestehende wirtschaftliche Zusammenhang (Konnexität) unterbrochen (LG Magdeburg ZIP 1997, 896, 897 [Sequestration]).

Ein anfechtungsrechtlicher Rückgewähranspruch des Insolvenzverwalters und Aus- **61** und/oder Absonderungsansprüche des Anfechtungsgegners sowie ein diese vorbereitender Auskunftsanspruch stehen nicht in dem rechtlich engen Verhältnis zueinander, das § 273 voraussetzt (BGH NJW 2000, 3777, 3781; ZIP 2000, 1061, 1066 = MDR 2000, 903 f [nur LS]; dazu Sᴄʜᴍɪᴅᴛ JuS 2001, 188, 189).

62 Keine Konnexität besteht zwischen einer Beitragsnachforderung der Gesellschaft und dem Anspruch des Kommanditisten auf Mitwirkung an der Handelsregistereintragung als Kommanditist, weil sich lezterer gegen die Mitgesellschafter, nicht gegen die Gesellschaft richtet (OLGR München 2001, 251, 252 = DB 2001, 1408, 1409).

4. Zurückbehaltungsfähige Leistungen

63 Zurückbehaltungsfähig sind grundsätzlich alle geschuldeten Leistungen, sofern sie **vermögensrechtlicher Art** sind. Im Einzelfall kann aber ein Zurückbehaltungsrecht wegen der besonderen Art der geschuldeten Leistung ausscheiden (näher hierzu unten Rn 67 ff). Unter geschuldeten Leistungen iS des Abs 1 können **auch Handlungspflichten** verstanden werden, sofern sie vermögensrechtlichen Charakter (dazu Rn 72 f) haben, zB Dienst- oder Arbeitsleistungen (RGZ 59, 200, 201 f; abl Aʙᴇʟ JW 1922, 554). Die Zurückbehaltung besteht dann in der Nichtvornahme der Handlung (vgl BAG NJW 1964, 883 f, zugleich über die Schwierigkeiten einer Abgrenzung zum Streik). Es hindert die Zurückbehaltung nicht, daß die Dienste später nicht mehr erbracht werden können (LAG Baden NJW 1950, 717, 718; LAG Baden-Württemberg DB 1970, 2177). Den Fall der Tätigkeitsverweigerung eines Schiedsrichters bis zur Vorschußleistung behandeln BGHZ 55, 344, 347 = NJW 1971, 888, 889 m Anm Bʀᴇᴇᴛᴢᴋᴇ NJW 1971, 1457; BGHZ 77, 65, 67; 94, 92, 95 f = NJW 1985, 1903, 1904; BGH JR 1986, 67, 68 m Anm Wᴀʟᴅɴᴇʀ; vgl auch Rᴀᴇsᴄʜᴋᴇ/Kᴇssʟᴇʀ NJW 1988, 3047. Die Entscheidungen betreffen zwar Fälle des § 320, ihre Erwägungen gelten jedoch auch für § 273.

64 Auch **Duldungen** können zurückbehalten werden, etwa die Duldung eines Notweges gegen Zahlung der Notwegrente (BGH MDR 1976, 917 f). Dasselbe gilt für **Unterlassungen** (RG Recht 1916 Nr 1263), zB die Erfüllung eines Wettbewerbsverbotes (**aA** RG Recht 1911 Nr 3427, weil die einmal geschehene Handlung nicht mehr ungeschehen gemacht werden kann, die Erfüllung der Unterlassungspflicht damit nicht nur vorläufig zurückbehalten ist). Ihre Grenze hat eine derartige Zurückbehaltung jedoch dort, wo das Handeln die Unterlassung auf Dauer unmöglich machen würde (RGZ 152, 71, 73 ff: Ausübung des Zurückbehaltungsrechts an der Unterlassung würde zu einer so gut wie dauernden Vereitelung des Rechts führen), etwa Unterlassen eines Baus auf dem Nachbargrundstück. Bei einander gegenüberstehenden Unterlassungspflichten ist die Zurückbehaltung durch Handeln bei Dauerunterlassungen, etwa aus einem Wettbewerbsverbot, sinnwidrig (vgl dazu RGZ 102, 127, 130; Gᴇʏᴇʀsʜöғᴇʀ BayZ 1906, 353; Lᴇʜᴍᴀɴɴ 304 ff). Ein Teilhaber hinsichtlich eines hinterlegten Erlöses aus der Aufhebung einer Gemeinschaft kann seine **Zustimmung** zur Auszahlung eines Erlösanteils gegen die Zustimmung des anderen Teilhabers zurückbehalten (BGHZ 90, 194, 196 = DB 1984, 1392 = NJW 1984, 2526, 2527 = ZIP 1984, 757, 758), jedoch nicht für Ansprüche, die keine Zuteilung aus dem Erlös rechtfertigen (BGH NJW-RR 1987, 890, 892 = WM 1987, 878, 880 = MDR 1987, 842).

65 Die **Versorgung gemieteter Räume** mit Heizung und Wasser kann bei erheblichen Wohngeldrückständen eines Wohnungseigentümers gegenüber der Wohnungseigentümergemeinschaft durch diese auch gegenüber dem Mieter unterbunden werden (KG Berlin NJW-RR 2001, 1307, 1308 = NZM 2001, 761 – 763; Dᴇᴄᴋᴇʀᴛ WE 2001, 68 f zum säumigen Mieter; **aA** OLG Köln NJW-RR 2001, 301, 302 f = NZM 2000, 1026, das Gegenseitigkeit und

Konnexität verneint; SUILMANN ZWE 2001, 476 478 gegen das KG Berlin). Gleiches gilt bei einem Zahlungsrückstand des Vermieters und Eigentümers gegenüber dem Energieversorgungsunternehmen (LG Frankfurt/Oder NJW-RR 2002, 803, 804; AG Neuruppin WuM 2002, 314)

Auch an **Tieren** (§ 90a) kann grundsätzlich ein Zurückbehaltungsrecht bestehen. Im **66** Einzelfall kann ein solches aber ausgeschlossen sein, wenn unter Zugrundelegung der Wertung des § 1 TierSchG eine möglicherweise irreparable Einwirkung auf das Tier erfolgt, etwa weil es bei besonderer Anhänglichkeit an den Herausgabeberechtigten durch die Trennung psychischen Schaden nehmen könnte (ein Zurückbehaltungsrecht im konkreten Fall ablehnend LG Mainz NJW-RR 2002, 1181, 1182 und AG Bad Homburg NJW-RR 2002, 894, 895; bejahend Stuttgart NJW-RR 1991, 446, das eine Zurückbehaltung von Zuchtpudeln wenig überzeugend schon deshalb ablehnt, weil sie nach § 1 TierschutzG als Mitgeschöpfe des Menschen zu betrachten seien).

III. Ausschluß oder Beschränkung des Zurückbehaltungsrechts

Das Zurückbehaltungsrecht ist **ausgeschlossen, wenn sich aus dem Schuldverhältnis 67 etwas anderes ergibt,** dh wenn speziellere gesetzliche Vorschriften, vertragliche Abreden, die Natur des Schuldverhältnisses generell oder die besonderen Umstände des Einzelfalles nach Treu und Glauben es verbieten.

1. Auf Grund gesetzlicher Bestimmungen

Das Zurückbehaltungsrecht aus Abs 1 scheitert regelmäßig an der analogen Anwen- **68** dung des § 393, wenn der Schuldner den **Gegenstand durch eine vorsätzlich begangene unerlaubte Handlung erlangt** hat (näher unten Rn 110 f). Die Sonderregelung des § 273 Abs 2 aE betrifft dagegen nur das Zurückbehaltungsrecht wegen Verwendungen oder erlittener Schäden (SOERGEL/WOLF § 273 Rn 29; MünchKomm/KRÜGER § 273 Rn 87; BODENBENNER JZ 2002, 186; str).

Gesetzlich ausgeschlossen ist die Zurückbehaltung einer Vollmachturkunde (§ 175). **69** Ein Miet- oder Pachtgrundstück darf nach Beendigung des Miet- oder Pachtverhältnisses nicht zurückbehalten werden (§§ 570, 581 Abs 2). Der hier angeordnete Ausschluß des Zurückbehaltungsrechts besteht aber nur gegenüber dem Rückgabeverlangen des Vermieters bzw Verpächters (STAUDINGER/ROLFS [2003] § 570 Rn 2). Analog gilt § 570, wenn Wohnraum bei der „Hausratsauseinandersetzung" herauszugeben ist (LG Braunschweig DR 1941, 2568, 2569 zu § 556 Abs 2 aF); ebenso im Falle eines sittenwidrigen und damit nichtigen Bordellpachtvertrags (OLG Naumburg Recht 1913 Nr 815; zur Frage, wann ein Bordellpachtvertrag heute noch sittenwidrig ist PALANDT/HEINRICHS § 138 Rn 52). Ein Zurückbehaltungsrecht schließt ferner § 323 InsO aus. Zu § 75f HGB schon oben Rn 32.

Beschränkungen des Zurückbehaltungsrechts ergeben sich **gesetzlich** aus § 19 Abs 2 **70** S 2 GmbHG bei gegenständlichen Stammeinlagen; indirekt folgt aus § 19 Abs 2 GmbHG, daß auch gegenüber der Forderung auf Einzahlung der Stammeinlage in Geld ein Zurückbehaltungsrecht nicht gegeben sein kann (RGZ 83, 266, 268 f; OLG Rostock OLGE 22, 13); ferner aus § 88a Abs 2 HGB, §§ 4, 9, 30 DepG, §§ 84 Abs 2, 157 Abs 2 BBG.

71 Der Stromlieferant kann wegen eines Zahlungsrückstands aus einem früheren Vertragsverhältnis ein Zurückbehaltungsrecht im neuen Vertragsverhältnis geltend machen; § 33 Abs 2 AVB EltV steht nicht entgegen (LG Osnabrück NJW-RR 1988, 498; LG Bonn MDR 1987, 844 f; LG Aachen NJW-RR 1987, 443; LG Düsseldorf NJW-RR 1990, 117; aM LG Saarbrücken NJW-RR 1986, 674 [unter Berufung auf die Monopolstellung des Lieferanten]; LG Göttingen NJW-RR 1988, 1520, 1521 [keine Konnexität]; einschränkend OLG Hamburg NJW-RR 1990, 503, wenn die künftige Bezahlung im neuen Vertragsverhältnis durch Sozialhilfe gesichert ist; ähnlich LG Aachen NJW-RR 1988, 499 zu § 33 Abs 2 AVB GasV. Vgl dazu HEMPEL 1652 ff). Eine Beschränkung ergibt sich aus § 33 AVB FernwärmeV (BGH DB 1989, 2328). Die Zurückbehaltung der Stromlieferung bei Verzug des Stromkunden ist nicht durch das Sozialstaatsprinzip ausgeschlossen (BVerfG NJW 1982, 1511 f).

72 Aus der Regelung der **Hypothekenaufwertung** nach der Geldentwertung von 1919–1923: Gegenüber dem Anspruch auf Löschung einer Aufwertungshypothek gibt es kein Zurückbehaltungsrecht aus der höher aufgewerteten persönlichen Forderung (vgl § 266 Rn 26).

73 Die Regelung, wonach der Gläubiger dem Schuldner „gegen Empfang der Leistung" **Quittung zu erteilen** hat (§ 368), verbindet den Anspruch auf Quittung mit einer *ganz bestimmten Leistung*. Ist diese Leistung erbracht, so kann die Quittung allenfalls wegen der vorzuschießenden Quittungskosten zurückbehalten werden (§ 369), wenn der Schuldner es versäumt hat, nur gegen Quittung zu leisten. Die Quittung kann nicht wegen anderer Ansprüche, seien sie auch konnex, zurückbehalten werden (RG JW 1911, 808 = WarnR 1911 Nr 392; RG SeuffA 67 Nr 52), sowenig wie der Gläubiger beim Leistungsbegehren die Quittung auch noch wegen anderer als der zu tilgenden Forderung zurückbehalten kann. Dasselbe gilt für den *Schuldschein* bzw das *negative Anerkenntnis* nach § 371, das *kaufmännische Orderpapier* nach § 364 Abs 3 HGB, den *Ladeschein* nach § 448 HGB und für den *Wechsel* nach Art 39 WG (vgl BGH LM Nr 7 zu § 273 = NJW 1958, 2112); analog, wenn der Wechsel herauszugeben ist, weil es an einem wirksamen Grundgeschäft fehlt (BGH aaO; BGH WM 1983, 729, 731 = DB 1983, 2621). Ähnlich kann der Gläubiger *Löschungsbewilligung* und *Hypothekenbrief* (§§ 1144, 1145, 1167) nicht wegen anderer als der gesicherten Forderung zurückbehalten (RGZ 132, 9, 15; BGH JR 1978, 286, 287; OLG Karlsruhe DJ 1943, 207). Dasselbe gilt nach dem Rechtsgedanken des § 1144 auch, wenn eine die Hypothek sichernde Forderung nicht entstanden ist und nicht mehr entstehen wird (BGHZ 71, 19, 23 = NJW 1978, 883, 884 = LM § 607 BGB Nr 27 m Anm LINDEN; BGH NJW 1988, 3260, 3261 = WM 1988, 859, 861 f = ZIP 1988, 829, 831). Die Grenze zum vertraglichen Ausschluß oder zum Ausschluß aus der Natur des Schuldverhältnisses ist hier fließend. Wohl aber gibt es ein Zurückbehaltungsrecht wegen der durch die Aushändigung der Berichtigungsunterlagen entstehenden Kosten (§ 897) (OLG Köln ZIP 1983, 627 f). Ebenso kann dem Anspruch des Verpfänders auf Pfandrückgabe nach § 1223 Abs 2 und analog dem Anspruch des Sicherungsgebers auf Rückübertragung des Sicherungsgutes nach Tilgung der gesicherten Forderung nicht eine andere Forderung zur Begründung eines Zurückbehaltungsrechts entgegengehalten werden (so im Ergebnis BGH NJW 1968, 2139, 2140 = MDR 1968, 835).

74 Besondere gesetzliche Regelungen finden sich in § 50 BRAO (BGH NJW 1997, 2944), § 66 Abs 4 SteuerberatungsG, § 51b Abs 3 WirtschPrüferO für das Zurückbehaltungsrecht an Handakten uä. Für ein Zurückbehaltungsrecht des Arbeitgebers gegenüber dem Anspruch des Arbeitnehmers auf Entgeltfortzahlung vgl § 7 EntFG.

2. Auf Grund besonderer Vereinbarung

Ein Zurückbehaltungsrecht kann **durch vertragliche Vereinbarung ausgeschlossen wer-** 75 **den**. Diese Vereinbarung kann wie alle Rechtsgeschäfte ausdrücklich oder konkludent zustande kommen (RGZ 136, 407, 412 f [„Aufrechnung" ausgeschlossen]; 146, 57, 59; vgl auch EMMERICH, Grundlagen des Vertrags- und Schuldrechts [1972] § 9 I 1; **am** WALSMANN, Der Verzicht [1912] 236 f, 318). Von der grundsätzlichen Zulässigkeit des Ausschlusses geht auch § 88a HGB aus. Eine generelle Sittenwidrigkeit des Ausschlusses ist nicht anzunehmen, wohl aber kann im Einzelfall die Vereinbarung oder doch die spätere Berufung auf den Ausschluß gegen Treu und Glauben verstoßen (BGHZ 48, 264, 268 ff; MÖLLERS NJW 1954, 214, 216; KÖBL DNotZ 1973, 389, 401; BRYCH DNotZ 1974, 413, 417). Vereinbaren Parteien für entstandene oder künftige Ansprüche die *Vorleistungspflicht* einer Partei, so ist damit für den Vorleistungspflichtigen ein Zurückbehaltungsrecht ausgeschlossen.

Im Falle eines Ausschlusses oder einer Einschränkung des Zurückbehaltungsrechts 76 durch **Allgemeine Geschäftsbedingungen** sind die §§ 306a, 309 Nr 2 b zu beachten. Danach ist die formularmäßige Garantie, Abschlagszahlungen nach Baufortschritt allein auf Grund eines Bautenstandsberichts des Bauunternehmers zu zahlen, als Umgehung des Verbots, § 273 formularmäßig auszuschließen, unwirksam (BGH NJW-RR 1986, 959 f = DB 1986, 1616 = WM 1986, 784, 785 f = ZIP 1986, 831, 833). Vereinbaren Parteien 90% der Zahlung bei Rohmontage eines Fertighauses (BGH NJW 1986, 3199, 3200 f unter zusätzlicher Berufung auf § 9 AGBG, jetzt § 307) oder 80% des Werklohns bei Anlieferung der Ware (OLG Zweibrücken NJW-RR 2002, 274 80) so gilt dasselbe.

Sind Ansprüche, für die **Sicherheit** gewährt wurde, erloschen oder können Ansprü- 77 che, für die Sicherheit gewährt wurde, nicht mehr entstehen, kann die Herausgabe der Sicherheit nicht unter Berufung auf andere Ansprüche aus dem Hauptvertrag verweigert werden. Die Geltendmachung des Zurückbehaltungsrechts verstößt gegen die *Sicherungsabrede* (BGH WM 2001, 1756, 1757 = ZIP 1664, 1665; zur Bürgschaft; BGHZ 147, 99, 106 f = BGH WM 2001, 947, 949 zur Bürgschaft; BGH NJW 2000, 2499 f zur Sicherungsgrundschuld). Entsprechendes gilt, wenn das Sicherungsrecht nicht wirksam bestellt worden ist. Hier kann bei einer nichtigen Grundschuldbestellung dem Grundbuchberichtigungsanspruch aus § 894 nicht die Einrede des Zurückbehaltungsrechts wegen Schadensersatzansprüchen des Buchberechtigten entgegengehalten werden (BGH NJW 1988, 3260, 3261).

Die Anlegung eines *Treuhandkontos* bedeutet, daß die Bank insoweit dem Treuhän- 78 der gegenüber kein Zurückbehaltungsrecht geltend machen kann, das sich nicht gerade auf die Führung des Treuhandkontos bezieht (allgemein ablehnend, aber den Fall persönlicher Ansprüche gegen den Treuhänder betreffend: BGHZ 61, 72, 77 = NJW 1973, 1754). Ebenso für die treuhänderische Übertragung einer Grundschuld: BGH NJW-RR 1990, 48, 49 f.

Werden Waren zur Ansicht überlassen, so gibt es daran kein Zurückbehaltungsrecht 79 (BGH LM Nr 16 zu § 273), jedenfalls keines nach Abs 1.

80 Wird ein Scheck für eine bestimmte „rückständige Miete" gegeben, dann aber eben dieser Mietbetrag bar bezahlt, so kann der Scheck nicht wegen weiterer mittlerweile fällig gewordener Mietbeträge zurückbehalten werden (LG Mannheim MDR 1974, 141). Zum Ausschluß des Zurückbehaltungsrechts eines Wohnungseigentümers gegen Wohngeldforderungen der übrigen Wohnungseigentümer in der Gemeinschaftsordnung BayObLG München WuM 2001, 766.

3. Auf Grund der Natur des Schuldverhältnisses

81 Ein Zurückbehaltungsrecht scheidet aus, *wenn es allgemein dem Zweck („Wesen")* *der Verpflichtung, die der Schuldner zu erfüllen hat, widersprechen würde.* Daher wird die **Art des rechtlichen Verhältnisses** oder die besondere Art des Anspruchs gelegentlich eine Zurückbehaltung ausschließen. Auf sachenrechtliche, familienrechtliche und erbrechtliche Ansprüche ist § 273 anwendbar, soweit dies mit der Eigenart des familienrechtlichen Rechtsverhältnisses vereinbar ist (DIEDERICHSEN 181 ff). Die Rechtsprechung macht diesen Gedanken zumeist an dem Erfordernis des *vermögensrechtlichen Charakters* des Anspruchs fest. Danach gibt es gegenüber oder mit **nichtvermögensrechtlichen Ansprüchen** keine Zurückbehaltung. So können ehelichen Pflichten nicht vermögensrechtliche Ansprüche entgegengesetzt werden (RG JR 1927, Nr 1382); ebenso nicht Ansprüchen auf Kindesherausgabe (OLG Düsseldorf HRR 1940 Nr 1104; hierzu DIEDERICHSEN 199 ff, der den eigentlichen Grund der Entscheidung zu Recht in der Wahrung der Interessen des Kindes sieht; OLG Hamburg OLGE 8, 430, 431) oder auf Einhaltung einer Besuchsregelung (OLG Nürnberg BayJMBl 1952, 187, 188 f); ähnlich können vermögensrechtliche Leistungen nicht zurückgehalten werden, um eine Kindesherausgabe zu erzwingen (OLG Jena DJZ 1914, 447; hierzu DIEDERICHSEN 202).

82 Vermögensrechtlichen Charakter können auch **Verpflichtungen zur Herausgabe von Urkunden** haben, ob sie nun Träger eines Rechts sind oder lediglich Beweisurkunden sind: Herausgabe einer Versicherungspolice (RGZ 51, 83, 87; **aM** OLG Karlsruhe BadRpr 1907, 274), eines Hypotheken- oder Grundschuldbriefs (RG WarnR 1928 Nr 172 [aus anderen Gründen abgelehnt]; WarnR 1931 Nr 214; RGZ 66, 24, 28; 68, 386, 389; 82, 25, 27 f; vgl zu diesen Fragen KLUCKHOHN ArchBürgR 43, 380), eines Sparkassenbuchs (RGZ 68, 277, 282), einer Urkunde über ein Recht auf Freigabe von Sicherheiten (BGH WM 1985, 866, 869), eines Kraftfahrzeugbriefs. Entscheidend ist allein, ob die Leistung als Sicherungsmittel in Frage kommt (vgl RG JW 1907, 477 = SeuffA 63 Nr 5). Häufig wird sich hier jedoch ein Ausschluß des Zurückbehaltungsrechts aus den Umständen ergeben; zur Zurückbehaltung von Arbeitspapieren vgl Rn 89.

83 Gegenüber Ansprüchen auf **Rechnungsablegung** oder **Auskunft** kann ein Zurückbehaltungsrecht regelmäßig nicht geltend gemacht werden (RAG DR 1944, 127 f; RGZ 102, 110, 111 = JW 1921, 1231; MünchKomm/KRÜGER § 273 Rn 50). So darf der Beauftragte die geschuldete Rechnungsablegung nicht vom Ersatz seiner Aufwendungen abhängig machen, da die Bezifferung des Aufwendungsersatzes gerade von der Rechnungslegung abhängig ist. Dasselbe gilt für die Erteilung eines Buchauszuges oder die Gewährung von Bucheinsicht (KG LZ 1918, 66) oder die Aushändigung von Krankenunterlagen (AG Freiburg/Br NJW 1990, 770). Wohl aber können Auskunftspflichten oder ähnliche Pflichten *gegeneinander* zurückgehalten werden (OLG Braunschweig BB 1956, 903; MünchKomm/KRÜGER § 273 Rn 50; **aA** OLG Hamm FamRZ 1976, 631, 633; BAMBERGER/ROTH/ GRÜNEBERG § 273 Rn 33). Hierzu auch Rn 75.

Die Frage, ob **Auskunftspflichten gegeneinander** zurückgehalten werden können stellt **84** sich insbesondere beim wechselseitig bestehenden Auskunftsanspruch nach Beendigung der Zugewinngemeinschaft nach § 1379. Die Ehegatten können hier ein *Zurückbehaltungsrecht* geltend machen, um die Gegenauskunft zu erzwingen. Damit ist am ehesten die beiderseitige Erfüllung der Informationspflichten gewährleistet (Zurückbehaltungsrecht daher **bejahend**: OLG Stuttgart FamRZ 1982, 282, 283; STAUDINGER/THIELE [2000] § 1379 Rn 6; GERNHUBER NJW 1991, 2238, 2240; MünchKomm/GERNHUBER § 1379 Rn 32; MünchKomm/KRÜGER § 273 Rn 50; Zurückbehaltungsrecht **verneinend**, weil die Ehegatten sonst die Abwicklung auf unabsehbare Zeit verzögern könnten, obwohl der Auskunftsanspruch nur vorbereitendes Hilfsmittel für die Berechnung des Ausgleichsanspruchs sei und familienrechtlichen Charakter habe: OLG Stuttgart FamRZ 1984, 273, 274 f; OLG Frankfurt NJW 1985, 3083; OLG Jena NJW-RR 1997, 578 = FamRZ 1997, 1335; PALANDT/DIEDERICHSEN § 1379 Rn 3). Die gleiche Frage stellt sich auch bei der Unterhaltsregelung nach § 1580 nach Scheidung der Ehe (Zurückbehaltungsrecht verneinend: OLG Köln FamRZ 1987, 714 f; OLG Bamberg FamRZ 1985, 610, 611).

Gegenüber dem Ausgleichsanspruch eines Ehegatten wegen einer unberechtigten **85** Verfügung des anderen Ehegatten über das Gemeinschaftskonto hat der rechtswidrig verfügende Ehegatte kein Zurückbehaltungsrecht, weil ihm dieses gerade den Vorteil erhalten würde, den er sich durch den rechtswidrigen Eingriff in die Vermögenswerte des anderen Teils zu verschaffen hoffte (OLG Düsseldorf NJW-RR 1999, 1090, 1092).

Verlangt die Eigentümergemeinschaft nach § 16 Abs 2 WEG *„Hausgeld"* für die **86** laufende Verwaltung, so darf ein Wohnungseigentümer der Gemeinschaft nicht durch ein Zurückbehaltungsrecht die notwendigen liquiden Mittel entziehen (BayObLGZ 1971, 313, 319 f = MDR 1972, 145). Die Gemeinschaft der Wohnungseigentümer darf aber durchaus einen Wohnungseigentümer bei erheblichen Wohngeldrückständen von der Belieferung mit Wasser und Heizungsenergie ausschließen (BayObLG MDR 1992, 967 f).

Genormte Paletten und Gitterboxen als Transportmittel dürfen wegen einer sonst **87** eintretenden empfindlichen Störung des Warenumschlags nicht zurückbehalten werden (OLG Frankfurt aM MDR 1985, 502 f); **aM** für leere Kabeltrommeln des mit der Verlegung von Kabeln beauftragten Unternehmers wegen fälliger Werklohnansprüche, auch wenn die Trommeln im Eigentum des Herstellers, nicht des Auftraggebers stehen: OLG Düsseldorf NJW-RR 1993, 886.

Wird eine *Sicherheit* zur Urteilsvollstreckung *hinterlegt*, so gibt es daran kein Zu- **88** rückbehaltungsrecht wegen anderer Forderungen (RG Recht 1911 Nr 293). Wird eine *Miet- oder Pachtkaution* gegeben, so kann sie nach Beendigung des Miet- oder Pachtverhältnisses nicht zurückbehalten werden (OLG Celle OLGZ 1966, 6, 7).

Eine nur geringfügige Verletzung von **Arbeitnehmerinteressen** berechtigt den **Arbeit-** **89** **nehmer** nicht zur Zurückbehaltung der Arbeitsleistung (zu einer Beleidigung AP Nr 28 zu § 615 BGB; str etwa für die Nichterfüllung der Nachweispflicht vgl PREIS NZA 1997, 10, 12; ablehnend FELDGEN, NachweisG Rn 69; zur Verletzung der Informationspflicht bei Umstellung auf Telearbeit WEDDE NJW 1999, 529, 530). Befindet sich der Arbeitgeber mit der Zahlung des Arbeitsentgelts nicht nur geringfügig im Rückstand, kann sich dagegen ein Zurückbehaltungsrecht aus § 273 (BAG AP § 273 BGB Nr 3), nach **aA** aus § 320 Abs 1 S 1 (MünchArb/BLOMEYER² § 49 Rn 52 f mwN) ergeben. Der Arbeitnehmer muß sein Zurückbehaltungsrecht gegenüber dem Arbeitgeber geltend machen, damit dieser von der ihm nach Abs 3 eingeräumten Abwendungsbefugnis Gebrauch machen kann (LAG Köln NZA-RR 2001, 533, 534). Hauptanwendungsfall des § 273 für den Arbeitnehmer ist die Verletzung von Schutzpflichten durch den Arbeitgeber. So hat der Arbeitnehmer ein Leistungsverweigerungsrecht, wenn die ihm zur Verfügung gestellte technische Gerätschaft nicht den gesetzlichen Anforderungen entspricht (KOLLMER NJW 1997, 2015, 2018; STAUDINGER/OETKER [1997] § 618 Rn 259 ff). Der Arbeitnehmer kann die Arbeit in Räumen verweigern, die über das baurechtlich zulässige Maß mit Gefahrstoffen belastet sind (BAG NZA 1994, 610, 612; BAG NZA 1997, 821, 822 = ZIP 1997, 1429, 1431 = NJW 1997, 2343 [nur LS]), nicht aber in Räumen, die zwar gefahrstoffbelastet sind, sich aber nicht in einem ordnungswidrigen Zustand befinden (BAG NZA 1997, 86, 89; dazu MOLKENTIN NZA 1997, 849, 852 ff). Macht der Arbeitnehmer berechtigterweise ein Zurückbehaltungsrecht hinsichtlich seiner Arbeitskraft wegen offenstehender Vergütungsansprüche geltend, so ist regelmäßig eine deswegen ausgesprochene Kündigung unwirksam (BAG ZIP 1996, 1841, 1842 f = NZA 1996, 1085, 1086 f = EzA § 626 BGB nF Nr 161; ebenso LAG Köln Die Personalvertretung 1999, 525). Bei Nichtbeschäftigung (MünchArb/ BLOMEYER[2] § 95 Rn 23) oder wegen des Vergütungsanspruchs (BECKER/SCHAFFNER DB 1993, 2078, 2079) steht dem Arbeitnehmer ein Zurückbehaltungsrecht an dem ihm auch zur privaten Nutzung überlassenen Firmenfahrzeug zu (insoweit aA SCHMIEDL BB 2002, 992, 994), nicht dagegen an einem lediglich dienstlich zu nutzenden Wagen. Der **Arbeitgeber** darf die *Arbeitspapiere*, auf deren Aushändigung der Arbeitnehmer mit dem effektiven Ausscheiden aus dem Betrieb einen Anspruch hat, nicht zurückbehalten (BAG AP § 611 BGB Urlaubskarten Nr 2 = NJW 1959, 453 f; näher MünchArb/ BLOMEYER[2] § 57 Rn 51).

90 Wird vom **Mieter** eine Mietkaution versprochen, so kann sie nicht wegen Mängeln der Mietsache zurückbehalten werden (AG Bonn WuM 1988, 267, 268; LG Hamburg ZMR 1991, 344, 345; LG Nürnberg-Fürth ZMR 1991, 479). Der Mieter kann ein Zurückbehaltungsrecht an seinen laufenden Mietzahlungen haben, wenn die konkrete Gefahr besteht, er könne seine Kaution verlieren; der fehlende Nachweis gesetzeskonformer Geldanlage reicht hierfür nicht (LG Darmstadt NJW-RR 2002, 155). Dem Anspruch des Vermieters auf Zustimmung zur Mieterhöhung nach § 558 (§ 2 MHRG aF) kann der Mieter kein Zurückbehaltungsrecht wegen eines Minderungsverlangens wegen Mietmängeln (LG Berlin NZM 1999, 368, 369 f mit umfassenden Nachweisen auch zur Gegenmeinung) oder wegen eines Mängelbeseitigungsanspruchs entgegenhalten (OLG Frankfurt aM NJW 2000, 2115, 2116 f ebenfalls mit umfassenden Nachweisen).

91 Gegenüber einem **Gemeinschaftsaufhebungsanspruch** nach § 749 gibt es keine Zurückbehaltung, da die Aufrechterhaltung einer Gemeinschaft auch nicht indirekt erzwungen werden darf (BGHZ 63, 348, 351 = NJW 1975, 687, 688 gegen RGZ 109, 167, 170 f). Dasselbe wurde bei einem Anspruch auf Wohnungsräumung gegen den Partner einer nichtehelichen Lebensgemeinschaft angenommen, der Geldansprüche geltend machte (OLG Hamm NJW 1986, 728 f).

92 Ausgeschlossen ist die Zurückbehaltung gegenüber gesetzlichen **Unterhaltsforderungen** oder Altenteilsforderungen (RGZ 152, 71, 75 [obiter]; OLG Hamburg OLGE 21, 240), da die Lebensgrundlage „Unterhalt" nicht entzogen werden darf (vgl dazu auch §§ 394 BGB, 850 ff ZPO); dasselbe gilt für den „Dreißigsten" nach den §§ 1969, 1967, 2174, für den „Voraus" des Ehegatten nach den §§ 1932, 1967, 2174, für den Unterhalts-

anspruch der werdenden Mutter nach § 1963 (vgl Dütz 1105, 1107), für Ansprüche auf Hausratsteilung (BayObLGZ 1960, 370, 378 f = FamRZ 1961, 220, 223; OLG Hamm FamRZ 1981, 875, 877; zum Hausratsverfahren Diederichsen 190 ff).

Die Abstraktheit der **Wechselforderung** hindert nicht, daß – im Wechselnachverfah- **93** ren – ein Zurückbehaltungsrecht aus dem Grundgeschäft auch der Wechselforderung gegenüber geltend gemacht wird (BGHZ 57, 292, 300 = NJW 1972, 251, 254 = MDR 1972, 232; BGH NJW 1976, 1451 f m krit Anm Bulla = MDR 1976, 561; vgl auch Bulla DB 1975, 191; aM OLG Oldenburg NJW 1970, 667, 668; krit dazu Miller DB 1970, 1370 ff u Reinicke DB 1970, 1368, 1370; für eine Begründung aus § 242: Stötter NJW 1971, 359). Die Umstände der Wechselbe-gebung können jedoch den Ausschluß ergeben.

Eine Zurückbehaltung gibt es auch nicht gegenüber Ansprüchen aus einem *Darle-* **94** *hensvorvertrag* (OLG Kiel SeuffA 63 Nr 8). Ein Versicherungsvertreter ist zur Heraus-gabe *eingezogener Prämien* ohne Möglichkeit der Zurückbehaltung verpflichtet (LG Bonn VersR 1971, 543; Höft VersR 1970, 461). Das Mitglied eines VVaG darf die *Prämien-zahlung* nicht zurückhalten, da die laufend erforderlichen Mittel des Vereins nicht geschmälert werden dürfen (vgl § 26 VAG und Krekeler VersR 1967, 1137).

Werden **Vermächtnisnehmer** oder **Pflichtteilsberechtigte** vom Erben wegen Heraus- **95** gabe des Nachlasses (§§ 2018 ff) in Anspruch genommen, so können sie ihren Ver-mächtnis- oder Pflichtteilsanspruch nicht einredeweise entgegensetzen, da erst die *Herausgabe des Nachlasses* den Erben instand setzt, die Erbschaft zu regulieren (BGHZ 120, 96, 102 f; bestätigt in BGH ZEV 2001, 313, 314; RG WarnR 1913 Nr 233; OLG Hamm MDR 1964, 151; KG OLGZ 1974, 17, 18 = FamRZ 1974, 386, 387 = MDR 1974, 317, 318). Dasselbe muß gelten, wenn der **Miterbe** einem Herausgabeanspruch Auseinander-setzungsansprüche entgegenhalten möchte. An der Konnexität fehlt es in diesen Fällen nicht, wohl aber würde die Tilgung von Nachlaßverbindlichkeiten unmöglich gemacht (RG WarnR 1910 Nr 141; RG Gruchot 68, 66, 67 f) und damit die Auseinander-setzung blockiert werden. Dagegen fehlt es bereits an der Konnexität, wenn Mit-erben, Vermächtnisnehmer oder Pflichtteilsberechtigte ihre Rechte dem Anspruch des Erben oder der Erbengemeinschaft gegenüber einredeweise geltend machen wollen, sobald diese eine gegen den Miterben etc bestehende Nachlaßforderung durchsetzen möchten. Die Zurückbehaltung muß nicht erst durch die Annahme, auch hier könne erst die Befriedigung der Nachlaßforderung den Erben instand setzen, die Erbschaft zu regulieren, ausgeschlossen werden (so aber versteht Dütz NJW 1967, 1105 die oben zitierten Entscheidungen). War das Zurückbehaltungsrecht bereits gegenüber dem Erblasser gegeben, so kann der Erbfall und die Schwierigkeit seiner Regulierung den Schuldner einer Nachlaßforderung – sei er nun auch noch Miterbe, Vermächtnisnehmer oder Pflichtteilsberechtigter – nicht in seiner Stellung ver-schlechtern (richtig Dütz NJW 1967, 1105, 1106); entstand es aber erst durch Verwal-tungshandlungen des Erben oder Testamentsvollstreckers, so besteht erst recht kein Anlaß, die Zurückbehaltung zu verneinen, wenn nur die Konnexität gegeben ist (Dütz aaO). Zur Ablehnung eines Zurückbehaltungsrechts des Besitzers eines Erb-hofs gegenüber dem Bauern RGZ 170, 257.

Ausgeschlossen ist die Einrede für den Enteignenden, der die Zahlung der *Enteig-* **96** *nungsentschädigung* bis zum Eigentumsübergang zurückbehalten möchte (BGHZ 44, 52, 58 = NJW 1965, 1761, 1762 unter Hinweis auf §§ 50, 51 Abs 2 LBG [BGBl 1957 I 134]).

97 Hat ein *Steuerberater* einen Hauptabschlußbericht für seinen Mandanten erstellt, so hindert ihn die „Natur des Schuldverhältnisses" an sich nicht, ein Zurückbehaltungsrecht an seiner Werkleistung geltend zu machen, um seine fällige Honorarforderung durchzusetzen (BGH NJW 1988, 2607 f = ZIP 1988, 442, 443 f = DB 1988, 907 f = WM 1988, 627, 628 f = EWiR § 273 1/88, 435 [zust KELLER]; OLG Hamburg NJW 1983, 2455; KG StB 1984, 388, 390; SOERGEL/WOLF § 273 Rn 48; **aM** OLG Düsseldorf NJW 1977, 1201). Abzulehnen ist aber ein Zurückbehaltungsrecht an den überlassenen Unterlagen der Buchhaltung, die für den weiteren Betrieb benötigt werden (offengelassen in BGH NJW 1988, 2607, 2608; wie hier KG StB 1984, 388, 390). Zu diesen Unterlagen, an denen kein Zurückbehaltungsrecht besteht, gehören auch vom Steuerberater selbst hergestellte, wie Computerlisten (OLG Stuttgart ZIP 1982, 80, 81: Ablehnung des Zurückbehaltungsrecht aber entscheidend auf konkursrechtliche Erwägungen gestützt; ebenso für andere Buchhaltungsausdrucke: OLG Düsseldorf ZIP 1982, 471; **aM** Zurückbehaltungsrecht auch für Unterlagen des Kunden OLG Hamburg NJW 1983, 2455; OLG Nürnberg MDR 1990, 820; ebenso GILGAN StB 1988, 227; BRENNER BB 1984, 842: Einschränkung nur im besonderen Fall; ZEILER BB 1987, 2136 ff). Bei einer Pflicht zur Herausgabe von zu vernichtenden Unterlagen scheidet die Zurückbehaltung aus, weil sie die Risiken der mißbräuchlichen Verwendung enthält (OLG Karlsruhe MDR 1992, 450).

98 Trotz eines einheitlichen Lebensverhältnisses auf Grund eines langfristigen Beratungsvertrags hat der *Rechtsanwalt* wegen eines offenen Honoraranspruchs kein Zurückbehaltungsrecht an Geschäftspapieren, die für die ordnungsgemäße Bearbeitung der Angelegenheiten, auf die sie sich beziehen, alsbald benötigt werden (BGH NJW 1997, 2944, 2945: Argument aus der Natur des Schuldverhältnisses, auf dem der Herausgabeanspruch der Bank beruht). Ein *Notar*, der mit dem Vollzug des von ihm beurkundeten Kaufvertrages beauftragt worden ist, kann ein Zurückbehaltungsrecht wegen seiner Gebührenansprüche nicht in der Weise geltend machen, daß er die Eigentumsumschreibung nicht beantragt und die erforderlichen Unterlagen beim Grundbuchamt nicht einreicht (OLG Düsseldorf MDR 1999, 771 f).

99 Ein *prozessualer Anspruch* auf Erhebung einer Feststellungsklage ist nicht zur Zurückbehaltung geeignet (RGZ 163, 62, 63; OLG Dresden SeuffA 74 Nr 73; BGH MDR 1961, 395 = DB 1961, 405). Dagegen kann das Recht des Verkäufers, vom Käufer nach § 375 HGB Spezifikation zu verlangen, ein Zurückbehaltungsrecht begründen (RG JR 1925 Nr 857). Auch gegenüber einem auf richterlicher Gestaltung beruhenden Anspruch kann es eine Zurückbehaltung geben (FERGE NJW 1949, 229 gegen LG Mönchengladbach NJW 1949, 229, 230).

4. Aus Treu und Glauben

100 **Im Einzelfall** kann sich der **Ausschluß** des Zurückbehaltungsrechts **aus Treu und Glauben** (§ 242) ergeben (zB RGZ 146, 57, 59 zur durch § 242 ausgeschlossenen Berufung auf ein vertraglich vereinbartes Zurückbehaltungsrecht). Das nicht schon aus der Natur des Arbeitsverhältnisses ausgeschlossene Recht des Arbeitnehmers, ein Zurückbehaltungsrecht an seiner Arbeitsleistung auszuüben (BAGE 15, 174, 186 f; 30, 50, 58; BAG ZIP 1985, 302, 303 = NZA 1985, 355 = EWiR § 273 1/85, 49 [LÖWISCH]; BAG NZA 1996, 1085, 1086), ist unter Beachtung von Treu und Glauben auszuüben. So ist es etwa bei anderweitiger Sicherung ausgeschlossen, doch ist das zu erwartende Insolvenzaus-

fallgeld nach § 141a AFG keine derartige Sicherung (BAG ZIP 1985, 302, 304 f), solange der Zeitpunkt der Insolvenzverfahrenseröffnung unsicher ist.

Eine **wertvolle Leistung** kann nicht wegen einer *verhältnismäßig geringfügigen Lei-* **101** *stung* zurückbehalten werden – was in **§ 320 Abs 2** für gegenseitige Verträge ausgesprochen ist (RGZ 61, 128, 133; 152, 71, 75; RG WarnR 1920 Nr 10; RG Recht 1923 Nr 489). So kann der Verkäufer nichtiger Kuxe die Rückzahlung des Kaufpreises nicht von der Rückgabe der wertlosen Kuxscheine abhängig machen (RG Recht 1918 Nr 838; weitere Fälle in RG JW 1935, 505, 506; BGH NJW 1970, 2019, 2021; Ausnahme in RG Recht 1919 Nr 1323 = BayZ 1918, 250). Ein an sich gegebenes Zurückbehaltungsrecht am Werk eines Steuerberaters kann ausgeschlossen sein, wenn die Honorarforderung unverhältnismäßig gering ist, gemessen am möglichen Schaden des Vertragspartners (BGH NJW 1988, 2607, 2608; siehe oben Rn 97). Der Mangel an Mitteln, um die Zurückbehaltung nach § 273 Abs 3 durch Sicherheitsleistung abzuwenden, kann dazu führen, daß sich der Zurückbehaltungsberechtigte ausnahmsweise auch mit einer Drittverwahrung oder mit einem Pfandrecht begnügen muß (BGH MDR 1972, 936, 937).

Das Zurückbehaltungsrecht kann auch ausgeschlossen sein, wenn der Schuldner **102** bereits **anderweitig gesichert** ist (RGZ 85, 133, 137 f; 136, 19, 24 ff; RG JW 1912, 139; LZ 1912, 752; LZ 1914, 374; Recht 1917 Nr 1793 = BayZ 1917, 86; RG HRR 1928 Nr 2084; KG OLGE 38, 53; BGHZ 7, 123, 127 = NJW 1952, 1175, 1176 = LM Nr 5 zu § 14 UmstG m Anm Ascher). Ist gegenüber einem Anspruch die Zurückbehaltung ausgeschlossen, so gilt das auch, wenn an seine Stelle ein Schadensersatzanspruch tritt (BGH WM 1975, 424, 425).

Auch die Ausübung des Zurückbehaltungsrechts wegen eines gesetzlichen **Befrei-** **103** **ungsanspruchs** nach § 257 oder eines rechtsgeschäftlich vereinbarten Freistellungsanspruchs (vgl § 257 Rn 22) darf nur der Sicherung des eigenen Anspruchs dienen, nicht aber zur faktischen Vereitelung der Durchsetzung der Gegenforderung führen. Es kann gegen Treu und Glauben verstoßen, die Erfüllung einer nach Grund und Höhe unbestrittenen Forderung wegen Gegenforderungen zu verweigern, deren Klärung schwierig und zeitraubend ist, und dadurch die Durchsetzung der Forderung des Gegners auf unabsehbare Zeit verhindert (BGHZ 91, 73, 83 = NJW 1984, 2151, 2154 unter Berufung auf BGH NJW 1968, 2139, 2149; im konkreten Fall einen Verstoß gegen Treu und Glauben verneinend BGH NJW 2000, 948, 949 = MDR 2000, 213 = LM § 273 Nr 55 m Anm Hohloch zur Ausübung eines Zurückbehaltungsrechts wegen eines noch nicht titulierten Anspruchs auf Zugewinnausgleich).

IV. Beziehung zwischen Zurückbehaltung und Aufrechnung

Sowohl beim Zurückbehaltungsrecht als auch bei der Aufrechnung haben die betei- **104** ligten Parteien eine Doppelstellung als Gläubiger und Schuldner. Anders als die schuldtilgende Aufrechnung ist die Zurückbehaltung nur ein Druck- und Sicherungsmittel, durch das der Gläubiger veranlaßt werden soll, seinerseits zu erfüllen, falls er auf der Erfüllung seiner eigenen Forderung besteht. Der vertragliche Ausschluß des Zurückbehaltungsrechts schließt daher eine Aufrechnung mit deliktischen Ansprüchen nicht aus (RG Recht 1919 Nr 1052). Kein wesentlicher Unterschied der Einrichtungen besteht darin, daß die Aufrechnung des BGB als ein Gestaltungsgeschäft, nicht aber als eine Einrede wie das Zurückbehaltungsrecht verstanden wird (zum

Gestaltungsgeschäft vgl RG JW 1911, 215; OLG Kiel SchlHA 1925, 134). In bescheidenerem Ausmaß gestaltet auch die Einrede des Zurückbehaltungsrechts. Der Unterschied der beiden Rechtsinstitute liegt daher im wesentlichen in der *Art* der einander gegenüberstehenden Ansprüche, ihrer Gleichartigkeit bzw Ungleichartigkeit.

105 Die Doppelstellung der Parteien führt, wenn es sich **beiderseits um Geldleistungen oder doch sonst gleichartige Leistungen** handelt, regelmäßig nicht zur Zurückbehaltung, sondern zur **Aufrechnung** nach den §§ 387 ff (vgl Rn 3). Durch sie wird die eigene Verpflichtung des Schuldners erfüllt; die Leistung des Gegners wird zwangsweise eingezogen (§ 389). Bei einer Verweigerung verrechenbarer Leistungen ist die Zurückbehaltung regelmäßig als Aufrechnung zu interpretieren (BGH NJW 2000, 278, 279; RGZ 83, 138, 140; MünchKomm/KRÜGER § 273 Rn 8; SOERGEL/WOLF § 273 Rn 54; ERMAN/KUCKUK § 273 Rn 6; STAUDINGER/GURSKY [2000] § 388 Rn 13 mwN).

106 Problematisch sind Fälle sich gegenüber stehender gleichartiger Leistungen, in denen der Schuldner eindeutig erklärt, daß er nur ein Zurückbehaltungsrecht ausüben, nicht aber die Aufrechnung erklären will. Eine Umdeutung (§ 140) der Ausübung des Zurückbehaltungsrechts in eine Aufrechnungserklärung scheidet hier aus, auch weil die Aufrechnung weitergehende Rechtswirkungen entfaltet (STAUDINGER/GURSKY [2000] § 388 Rn 14). Während die wohl hM in einem solchen Fall das Zurückbehaltungsrecht durch die spezielle, aber hier vom Schuldner nicht gewollte Aufrechnung verdrängt sieht (STAUDINGER/GURSKY [2000] § 388 Rn 14 mwN), so daß die Einrede des Schuldners ins Leere geht, ist dem Forderungsinhaber das Recht zuzugestehen, sich auf die Geltendmachung des Zurückbehaltungsrechts zu beschränken, um die Freiheit zu behalten, die Forderung wirtschaftlich anders zu verwerten, zB abzutreten. Dies gilt um so mehr, als der Gegner den Schwebezustand ja seinerseits durch Aufrechnung beseitigen kann, da die Ausübung des Zurückbehaltungsrechts hier nicht zum Ausschluß der Aufrechnung des Gegners nach § 390 S 1 führt (BGH LM § 355 HGB Nr 12). Die Ausübung nur des Zurückbehaltungsrechts darf aber nicht der Umgehung von Aufrechnungsverboten dienen (BGH NJW-RR 1986, 543 für ein vertragliches Aufrechnungsverbot; vgl Rn 108).

107 Wie in der Ausübung des Zurückbehaltungsrechts regelmäßig die Erklärung der Aufrechnung, so kann umgekehrt in einer unzulässigen Aufrechnung die Ausübung des Zurückbehaltungsrechts liegen. Eine Aufrechnung, deren Voraussetzungen nicht vorliegen, kann in eine Zurückbehaltung umgedeutet werden (BGHZ 29, 337, 343; im konkreten Fall abgelehnt: RG WarnR 1917 Nr 201). So ist eine Aufrechnung eines Zahlungsanspruchs gegenüber einem Anspruch auf Befreiung von einer Geldverbindlichkeit ausgeschlossen (vgl § 387); die in der unzulässigen Aufrechnungserklärung liegende Einrede eines Zurückbehaltungsrechts führt jedoch zum nahezu gleichen Ergebnis (BGH NJW 1983, 2438, 2439 = ZIP 1983, 1087, 1088 = JR 1983, 498, 499). Fehlt es im Falle einer Sicherungsabtretung durch den Schuldner an der für die Aufrechnung erforderlichen Gegenseitigkeit, kommt auch bei beiderseits gleichartigen Leistungen ein Zurückbehaltungsrecht des Schuldners gegenüber einer Forderung des Gläubigers in Frage, wenn der Schuldner berechtigt ist, aus der abgetretenen Forderung auf Leistung an den Zessionar zu klagen (BGH ZIP 1999, 2156 f = NJW 2000, 278 f = LM § 273 Nr 54 m Anm WIELING = MDR 2000, 21 = EBE/BGH 1999, 374, 375).

108 Nach § 394 findet **gegen** eine **Forderung, soweit sie unpfändbar ist**, eine Aufrechnung nicht statt. Dabei entsteht die Frage, ob ein *Zurückbehaltungsrecht* ebenso ausgeschlossen ist, wenn es *gegenüber unpfändbaren Ansprüchen* ausgeübt wird. An einer dem § 394 entsprechenden Vorschrift fehlt es beim Zurückbehaltungsrecht. Leitlinie einer analogen Anwendung der Aufrechnungsverbote muß sein, daß diese nur dann auch Zurückbehaltungsverbote sind, wenn sie gerade die Effektiverfüllung der Forderung sichern sollen und bereits ein zeitweiliger Leistungsaufschub eben dieser Zwecksetzung widerspricht (GERNHUBER 30 V 2 b). Die ältere Rspr und Lehre hat eine entsprechende Anwendung des § 394 auf das Zurückbehaltungsrecht regelmäßig abgelehnt (Nachweise bei STAUDINGER/BITTNER [2001] § 273 Rn 100). Richtigerweise ist eine analoge Anwendung des § 394 auf das Zurückbehaltungsrecht geboten, wenn auf beiden Seiten fällige *Geldforderungen* stehen. Kann der Schuldner seinen Gegenanspruch nicht durchsetzen, weil der Gläubiger nur seine unpfändbare Forderung als Zugriffsobjekt hat, und ist der Gläubiger durch das Zurückbehaltungsrecht des Schuldners an der Durchsetzung seiner Forderung gehindert, läuft das Zurückbehaltungsrecht auf eine nach § 394 unzulässige Aufrechnung hinaus (RGZ 83, 138, 140; 85, 108, 110 ff; RG Recht 1913 Nr 2848; RG JW 1914, 917; OLG Kassel OLGE 28, 62, 63; OLG Dresden SeuffA 67 Nr 238; OLG Dresden SächsArch 1919, 266; OLG Hamburg HansGZ 1922 Hauptbl 270; BGHZ 38, 122, 129 = NJW 1963, 244, 146; BGH BB 1967, 1143, 1144; BGH NJW 1974, 367, 368; MünchKomm/KRÜGER § 273 Rn 79; STAUDINGER/GURSKY [2000] Vorbem 96 zu §§ 387 ff und § 394 Rn 13). Die Zurückbehaltungserklärung wird hier zu Recht als unzulässige Aufrechnungserklärung verstanden (RGZ 83, 138, 140; 85, 108, 110 ff; GERNHUBER 30 V 2 e). Bei *Pflichtteilansprüchen* endet der auf die Unpfändbarkeit gegründete Ausschluß der Zurückbehaltung mit deren Rechtshängigkeit (§ 852 ZPO). Der Ausschluß des Zurückbehaltungsrecht gegenüber unpfändbaren Ansprüchen erfährt eine **Ausnahme**. Die Zurückbehaltung ist nach § 242 nicht ausgeschlossen, wenn Ansprüche *aus vorsätzlich begangener unerlaubter Handlung* einredeweise geltend gemacht werden, sowenig wie in diesem Falle die Aufrechnung ausgeschlossen wäre (RGZ 85, 108, 116; BGHZ 30, 36, 38 = NJW 1959, 1275).

§ 394 ist dagegen auf das Zurückbehaltungsrecht nicht analog anzuwenden, wenn **109** *ungleichartige Ansprüche* vorliegen (STAUDINGER/GURSKY [2000] Vorbem 96 zu §§ 387 ff und § 394 Rn 13; GERNHUBER 30 V 2 d; MünchKomm/KRÜGER § 273 Rn 79), etwa wenn der Arbeitnehmer Werkzeuge zurückzugeben (ENNECCERUS/LEHMANN § 25 I 5), Geschäftsunterlagen herauszugeben, den verbotenen Wettbewerb zu unterlassen oder eine Werkswohnung zu räumen hat. Das schließt nicht aus, daß hier im Einzelfall die Zurückbehaltung aus einem dem § 394 nahestehenden Grund ausgeschlossen ist, etwa gegenüber gesetzlichen Unterhaltsforderungen (vgl dazu Rn 92) oder gegenüber dem Lohn- oder Gehaltsanspruch als Lebensgrundlage.

Nach § 393 ist eine Aufrechnung **gegen** eine **Forderung aus vorsätzlich begangener** **110** **unerlaubter Handlung** nicht zulässig. Der Deliktsschuldner kann also nicht mit Hilfe seiner Schuld die Gegenforderung zwangsweise einziehen bzw eine solche Schuld ersatzweise durch Aufrechnung erfüllen. Problematisch ist nun, ob der Schuldner gegen eine Forderung aus vorsätzlich begangener unerlaubter Handlung eine Einrede der Zurückbehaltung erheben kann. Grundgedanke des § 393 ist, daß der Schuldner nach § 362, allenfalls noch durch Hinterlegung, erfüllen, seine eigene Forderung aber gesondert einziehen soll. Damit ist aber **auch** die **Einrede des Zurückbehaltungsrechts ausgeschlossen** (BAG NJW 1968, 565, 566; MünchKomm/KRÜGER § 273 Rn 77; **aM** RG JW 1909, 133; für eine Würdigung der Gesamtumstände: RGZ 72, 61, 66; RG WarnR

1919 Nr 27 = JW 1919, 242; Gernhuber 30 V 2 b-c zu § 273 Abs 1 mit einem Umkehrschluß aus § 273 Abs 2). Von einer analogen Anwendung des § 393 geht auch BGH NJW-RR 1986, 991, 993 = ZIP 1986, 787, 790 = WM 1986, 841, 843 = DB 1987, 1835, 1836 aus, verneint aber, daß der Rückgewähranspruch des § 37 KO (jetzt § 143 InsO) ein deliktischer Schadensersatzanspruch sei (mit BGH LM KO § 37 Nr 6 = DB 1962, 1569). Sind die Forderungen gleichartig, so gelten dieselben Erwägungen wie zu § 394 (vgl Rn 108 f). Für Herausgabeansprüche hat § 273 Abs 2 den Zurückbehaltungsausschluß besonders angeordnet, wenn der Schuldner den Gegenstand der Herausgabe und Zurückbehaltung durch eine vorsätzlich begangene unerlaubte Handlung erlangt hat.

111 Ansprüche **aus** einer **vorsätzlich begangenen unerlaubter Handlung** können grundsätzlich einredeweise geltend gemacht werden. Das ist nur dann zweifelhaft, wenn der Anspruch, gegen den das Zurückbehaltungsrecht geltend gemacht wird, ebenfalls *aus einer (konnexen) vorsätzlich begangener unerlaubter Handlung* herrührt. Nach wohl hM können die Forderungen bei solchen beiderseitigen Ansprüchen *aus vorsätzlich begangenen unerlaubten Handlungen* weder (bei Gleichartigkeit) durch Aufrechnung (RGZ 123, 6, 7; weitere Nachweise bei Staudinger/Gursky [2000] § 393 Rn 29) noch (bei Ungleichartigkeit) durch Zurückbehaltung gegeneinander gestellt werden. Gegen die analoge Anwendung des § 393 auch in diesem Fall spricht jedoch, daß beide Parteien gleichermaßen schutzunwürdig sind, so daß es keine Partei verdient, durch einen Ausschluß des Zurückbehaltungsrechts begünstigt zu werden (Larenz, SchuldR I¹⁴ § 18 VI b 1 zur Aufrechnung). Das Zurückbehaltungsrecht gegenüber einer Forderung aus einem vorsätzlichen Delikt ist daher nicht nach § 393 analog ausgeschlossen, wenn Ansprüche *aus vorsätzlich begangener unerlaubter Handlung* einredeweise geltend gemacht werden (MünchKomm/Krüger § 273 Rn 77; zur entsprechenden Einschränkung des § 394 S 1: RGZ 85, 108, 116; BGHZ 30, 36, 38 = NJW 1959, 1275).

112 Das **gesetzliche Aufrechnungsverbot** des § 26 VAG schließt seinem Zweck nach, dem Verein liquide Mittel zur Geschäftsführung zu sichern, *auch* ein Zurückbehaltungsrecht aus (Krekeler VersR 1967, 1137 f; BGHZ 16, 37, 49 = NJW 1955, 419, 420 = LM Nr 3 zu § 2 der 32. DVO z UmstG m Anm Haidinger). Auch mit dem Aufrechnungsverbot des § 395 (auf Gläubiger- und Schuldnerseite stehen verschiedene Kassen desselben öffentlichen Rechtsträgers) geht ein Zurückbehaltungsrecht parallel (BGH LM Nr 2 zu § 395 = ZMR 1955, 199). Ist eine Aufrechnung **vertraglich** ausgeschlossen, so ist jedoch damit nicht auch schon § 273 ausgeschlossen, es sei denn, es handle sich beiderseits um Geldforderungen (BGH NJW 1974, 367, 368). Das gilt auch umgekehrt (RG Recht 1919 Nr 1052). Ist das Zurückbehaltungsrecht der Parteiendisposition entzogen (zB § 88a HGB), so wird umgekehrt ein vertragliches Aufrechnungsverbot nicht auch ausgeschlossen (OLG Köln VersR 1970, 53, 54; **aM** Höft VersR 1970, 461; Schneider DB 1969, 1229). Zu § 215 vgl Rn 33.

V. Zurückbehaltungsrecht gegen Herausgabeansprüche nach Absatz 2

113 **Abs 2 der Bestimmung regelt einen Fall der Konnexität gesetzlich.** Ist ein Gegenstand herauszugeben, so sind fällige Ansprüche des Herausgabepflichtigen wegen Verwendungen auf den Gegenstand (zB auf Grund einer Aufwendungskondiktion: Canaris JZ 1996, 344, 349) oder wegen eines durch den Gegenstand verursachten Schadens *stets konnex*, wie immer man sonst die Konnexität verstehen mag. Konnex ist danach etwa der Anspruch auf *Berichtigung der Eintragung des Eigentümers* und der Anspruch des

Eingetragenen auf Erstattung zwischenzeitlich gezahlter Hypothekenzinsen (RG WarnR 1911 Nr 391). Nicht ausgeschlossen ist es, daß man in Fällen des Abs 2 auch die Konnexität iS des Abs 1 bejahen kann (RG JW 1909, 133; RG JR 1926 Nr 1014; BGHZ 64, 122, 125; MünchKomm/KRÜGER § 273 Rn 82). Nur Sonderfälle des § 273 Abs 2 sind § 1000 und § 2022. Auch diese Vorschriften sind Ergänzungen des § 273 Abs 1, nicht etwa Einschränkungen der Art, daß bei Herausgabeansprüchen ausschließlich Verwendungen oder Schäden zur Zurückbehaltung geltend gemacht werden dürften (vgl DÜTZ NJW 1967, 1105, 1106).

Herausgabe iS des § 273 Abs 2 ist **weiter zu verstehen als in den §§ 985, 1000 oder** **114** **§§ 2018, 2022.** Auch schuldrechtliche Herausgabpflichten, etwa nach § 695, oder familienrechtliche, etwa nach § 1815, oder auch *Leistungspflichten* Gegenstände betreffend, etwa nach § 433, sind von Abs 2 erfaßt. So hat der Verkäufer ein Zurückbehaltungsrecht nach § 273 Abs 2, wenn er vor Übergabe, aber nach Gefahrübergang Verwendungen auf den Kaufgegenstand gemacht hat. Weil der Bucheintrag für den Gegenstand selbst steht, versteht man unter einem Herausgabeanspruch auch den Anspruch auf Auflassung eines Grundstücks (RG BayZ 1912, 458; BGH LM § 273 Nr 6), auf Berichtigung der Eigentümereintragung im Grundbuch (RGZ 114, 266, 268; 115, 35, 46; BGHZ 41, 30, 34 f; 75, 288, 293; vgl auch Rn 40), den Anspruch des aus einer Auflassungsvormerkung gegenüber einem Erwerber Berechtigten (BGH WM 1959, 1069, 1070); den Anspruch des aus einem gesetzlichen Vorkaufsrecht gegenüber einem Erwerber Berechtigten (OLG Hamburg NJW 1971, 1317 m Anm MEYER u WALTER NJW 1971, 1845), den Anspruch auf Löschung einer Auflassungsvormerkung (RGZ 163, 62, 63). Auch im letzten Falle repräsentiert die Buchberechtigung noch das Grundstück, auf das die Verwendungen gemacht worden sind; die *Identität von Herausgabe- und Verwendungsgegenstand* ist gewahrt. Sie ist auch noch anzunehmen, wenn der Nießbraucher auf Löschungsbewilligung in Anspruch genommen wird und demgegenüber Verwendungen auf das Grundstück als Nießbrauchsgegenstand geltend macht (RGZ 141, 220, 226). Selbstverständlich können Verwendungen in allen diesen Fällen geltend gemacht werden, wenn der Anspruch auf Herausgabe des Grundstücks selbst gerichtet ist (RGZ 110, 356, 365 f; RG Recht 1925 Nr 1246). An der *Identität* von Herausgabe- und Verwendungsgegenstand *fehlt* es, wenn dem Anspruch auf Löschung einer Grundschuld (RGZ 141, 200, 226) oder eine zur Eigentümergrundschuld gewordenen Hypothek (BGHZ 41, 30, 37 = NJW 1964, 811, 812 f = LM Nr 17 zu § 273 m Anm ROTHE; BGH DB 1970, 2434) Ansprüche aus Verwendungen auf das belastete Grundstück entgegengesetzt werden.

Unter **Gegenständen** sind **nicht nur körperliche Sachen** iS des § 90 zu verstehen, es **115** kann sich auch um herauszugebende Rechte oder Forderungen handeln. Buchrechte repräsentieren dagegen den Gegenstand selbst (vgl Rn 114). Freilich sind bei Rechten und Forderungen Verwendungen *auf* den Gegenstand schwerer denkbar als bei körperlichen Sachen, doch nicht ausgeschlossen; so etwa Kosten zur Erhaltung oder Durchsetzung eines Rechts. Was unter Verwendungen auf einen Gegenstand zu verstehen ist, in welchem Umfang sie geltend gemacht werden können, wird in § 273 Abs 2 vorausgesetzt, nicht bestimmt. Hier sei auf die §§ 256, 304, 347, 450, 500, 547, 592, 601, 850, 970, 994 ff, 2022 verwiesen.

Die Herausgabeverweigerung kann sich auch darauf gründen, daß dem Schuldner **116** durch den herauszugebenden Gegenstand ein **Schaden** verursacht wurde, für den der

Gläubiger einzustehen hat. Ob das der Fall ist, richtet sich wieder nach anderen Vorschriften, etwa nach den §§ 823 ff. In die Nähe des Aufwendungsersatzes führen dabei wieder die Erwägungen um den Ersatz von Rettungsschäden (vgl § 256 Rn 10).

117 Hat der **Schuldner** den **Gegenstand durch eine vorsätzlich begangene unerlaubte Handlung erlangt** (Diebstahl, Raub, Erpressung, Betrug), so ist nach § 273 Abs 2 aE das Zurückbehaltungsrecht wegen Verwendungen oder erlittener Schäden ausgeschlossen. Der Schuldner ist für seine Gegenansprüche auf Verwendungs- oder Schadensersatz auf den Weg der Klage verwiesen. Das gilt auch, wenn die Handlung durch den Vertreter des Zurückbehaltenden begangen wurde (§ 278 S 1; vgl BGH LM § 273 Nr 6). Das Zurückbehaltungsrecht aus Abs 1 wird durch diese Sonderregelung aber nicht ausgeschlossen, vgl oben Rn 63.

118 Auf *vorsätzlich begangene Vertragsverletzungen* ist die Bestimmung des Abs 2 aE nicht entsprechend anwendbar (zustimmend ERMAN/KUCKUK § 273 Rn 28; BAMBERGER/ROTH/ GRÜNEBERG § 273 Rn 46; **aM** OLG Schleswig WM 1972, 1257, 1259); das gilt auch in Fällen *arglistiger Täuschung* (HONSELL NJW 1973, 350, 351; MünchKomm/KRÜGER § 273 Rn 87). Allerdings liegt hier oft auch eine vorsätzliche unerlaubte Handlung vor, so daß das Zurückbehaltungsrecht bereits deshalb ausgeschlossen ist (SOERGEL/WOLF § 273 Rn 30: im übrigen sei nach § 242 abzuwägen).

VI. Ausübung und Wirkung des Zurückbehaltungsrechts

119 Das Zurückbehaltungsrecht **gewährt eine Einrede**. Der Schuldner muß sein Recht der Leistungsverweigerung erst ausüben, um den Vorteil, der sich aus der Verbindung der entgegenstehenden Leistungspflichten ergibt, zu erlangen. Vorher ist er uneingeschränkt zur Leistung verpflichtet; daher wird er vorher auch bei zu vertretender Nichtleistung trotz Fälligkeit durch die bloße Mahnung des Gläubigers in Verzug gesetzt, ohne daß es auf die eigene Leistungsbereitschaft des Gläubigers ankäme (STAUDINGER/OTTO § 284 Rn 17). *Anders* ist das, wenn die Leistungen von vornherein miteinander verbunden sind, so bei der Einrede des nicht erfüllten Vertrages (§ 320). Will der Gläubiger hier den Schuldner in Verzug setzen, muß er seine eigene Leistung zumindest in Annahmeverzug begründender Weise anbieten. Unterläßt er dies, hindert bereits das Bestehen das Leistungsverweigerungsrechts des Schuldners aus § 320 den Eintritt des Schuldnerverzugs (BGH NJW 1966, 200; NJW 1993, 2674 f; § 284 Rn 23; GRÖSCHLER AcP 201 [2001] 77 ff mwN, der dieses Ergebnis allerdings anders als die hM auf das Institut unzulässiger Rechtsausübung stützt).

120 Die Einrede muß dem Gläubiger gegenüber erhoben werden, damit dieser in die Lage versetzt wird, die Ausübung des Zurückbehaltungsrechts nach Abs 3 abzuwenden (RGZ 77, 436, 438). Die erhobene Einrede ändert nichts an der Fälligkeit des Anspruchs, demgegenüber sie erhoben wurde. Sie hemmt auch nicht dessen Verjährung, so ausdrücklich § 202 Abs 2 aF. Die Nachfolgebestimmung des § 205 beschränkt die Hemmung der Verjährung ohnehin auf *vereinbarte* Leistungsverweigerungsrechte.

121 Hat der Schuldner die Einrede nach § 273 erhoben, so kommt er nicht in **Verzug** (RGZ 77, 436, 437 f; RG Recht 1918 Nr 1507; RG LZ 1920, 481; RG Recht 1926 Nr 1932; STAUDINGER/

LÖWISCH § 286 Rn 20), es sei denn der Gläubiger wendet die Einrede durch Sicherheits-leistung nach Abs 3 ab (vgl STAUDINGER/LÖWISCH § 286 Rn 20). Das Bestehen der Einrede selbst schließt dagegen den Verzug nicht aus (vgl STAUDINGER/LÖWISCH § 286 Rn 18). Ist der Schuldner bereits in Verzug geraten, so wird der Verzug nur in eingeschränkter Weise durch die nachträgliche Erhebung der Einrede beseitigt (gegen eine Beseitigung überhaupt noch RG JR 1926 Nr 1491): Zum einen muß der Schuldner jetzt mit der Einrede die eigene Leistung zumindest Zug um Zug anbieten (RGZ 93, 300, 301; 120, 193, 197; BGH NJW 1971, 421 f = MDR 1971, 208; OLG Düsseldorf DB 1988, 1693; MünchKomm/KRÜGER § 273 Rn 93); zum anderen kann der Verzug durch die nachträglich wirkende Einrede nur für die Zukunft, nicht für die Vergangenheit beseitigt werden (BGH NJW 1969, 1110 für einen Fall nach § 410 Abs 1 S 1; § 286 Rn 19; aA SOERGEL/WOLF § 273 Rn 62 und MünchKomm/ KRÜGER § 273 Rn 93, die die **Verzugsfolgen** rückwirkend entfallen lassen wollen, es sei denn der Gläubiger leistet Sicherheit). Eine Rückwirkung dann eintreten zu lassen, wenn das Zu-rückbehaltungsrecht vor Verzugseintritt bestand, aber erst nachher ausgeübt wurde (dafür JAHR 293, 301; EMMERICH, Grundlagen des Vertrags- und Schuldrechts [1972] § 9 I 3 Fn 23), ist nicht angebracht; dem Gläubiger würde dadurch die Möglichkeit genommen, rechtzeitig die Einrede durch Sicherheitsleistung nach Abs 3 abzuwehren (OLG Köln ZIP 1994, 1770, 1772 f; aA SOERGEL/WOLF § 273 Rn 62).

Das Zurückbehaltungsrecht ist lediglich ein **Druck- und Sicherungsmittel**. Beruft sich **122** der beklagte Besitzer auf das Zurückbehaltungsrecht, wird er zur Herausgabe Zug um Zug gegen Zahlung verurteilt. Die Einrede gibt damit **kein Recht zum Besitz iS des § 986** (MünchKomm/KRÜGER § 273 Rn 92; ArbG Berlin MDR 1968, 531 mit DIEDERICHSEN, Das Recht zum Besitz aus Schuldverhältnissen [1965] 7, 21; SCHERK JherJb 67, 301, 354; wohl auch SOERGEL/WOLF § 273 Rn 65; PALANDT/BASSENGE § 986 Rn 4; **aM die ständige Rspr** zB RGZ 136, 422, 426; BGHZ 64, 122, 124 = NJW 1975, 1121; BGH WM 1985, 1421 f = NJW-RR 1986, 282, 283; SEIDEL 180, 182 ff; das OLG Zweibrücken OLG Rp 1999, 362, 363 spricht dagegen von einem nach § 986 Abs 1 ebenfalls zu beachtenden obligatorischen Zurückbehaltungsrecht). In der Sache besteht Einigkeit, daß die Erhebung der Einrede nicht zur vollen Klageabweisung, sondern zur Zug-um-Zug-Verurteilung führt. Das Argument, es könne schon deshalb kein Recht zum Besitz geben, weil sonst auf Klageabweisung erkannt werden müßte, ist allerdings reine Begriffsjurisprudenz (PETERS JZ 1995, 390, 392). Entscheidend ist, daß die Einrede kein Recht gibt, den zurückbehaltenen Gegenstand zu nutzen (Münch-Komm/KRÜGER § 273 Rn 92). Die Ausübung des Zurückbehaltungsrechts des Besitzers nach § 273 läßt damit die Anwendung der §§ 987 ff zu. Allerdings ist auch nach der Rechtsprechung des BGH, die ein Besitzrecht aus § 273 bejaht, der Ausschluß der §§ 987 ff durch § 986 kein totaler. Soweit das ein Besitzrecht begründende Rechts-verhältnis eine Regelung der Ansprüche auf Nutzungsherausgabe und Verwendungs-ersatz nicht enthalte, könne ergänzend auf die §§ 987 ff zurückgegriffen werden. Ein Zurückbehaltungsrecht des Besitzers und damit ein Recht zum Besitz gegenüber dem Herausgabeanspruch des Eigentümers gebe es nur in Höhe eines zu seinen Gunsten bestehenden Saldos (sog entsprechende Anwendung der Saldotheorie BGH NJW 1995, 2627 = JZ 1996, 151, 153 m Anm MEDICUS = LM § 100 BGB Nr 4 m Anm WIELING = MDR 1995, 1007, 1008 = ZIP 1995, 1356, 1358 = JuS 1996, 169 f [K SCHMIDT] unter Berufung auf BGH WM 1970, 1366, 1367; WM 1985, 1421, 1422; **kritisch** GURSKY JZ 1997, 1154, 1155).

Wohl unstreitig gibt das Zurückbehaltungsrecht kein Recht zur unentgeltlichen Be- **123** nutzung (BGH NJW 1961, 452, 453 = LM § 951 Nr 13; MünchKomm/KELLER § 273 Rn 102). Ein Mieter, der ein Zurückbehaltungsrecht geltend macht, überschreitet es, sobald er die

Mietsache weiter gebraucht (BGH NJW 1975, 1773). Ein Wechsel, der zurückbehalten wird, darf nicht verwertet werden (KG NJW 1958, 27 ff).

124 Das Zurückbehaltungsrecht des § 273 **Abs 1** hat **keine dingliche Wirkung**. Im Insolvenzverfahren bleibt es daher, im Gegensatz zur Bereicherungseinrede (WILHELM JZ 1995, 572, 574), außer Betracht (BGHZ 150, 138, 145 = ZIP 2002, 858, 861 = WM 2002 2002, 971, 973, RGZ 68, 277, 282; 149, 93, 94; OLG Köln MDR 1999, 319; zum Zurückbehaltungsrecht wegen Verwendungen nach §§ 1000 oder 2022, die ein Absonderungsrecht nach § 49 Abs 1 Nr 3 KO/§ 27 VglO gaben: RGZ 77, 436, 438 f; RG LZ 1924, 639 = WarnR 1923/24 Nr 180; WOLFF 36 ff, 107 ff; SCHREIBER I 348 ff; HENCKEL ZZP 1986, 419 ff. Für eine „Dinglichkeit", wenn sich das Zurückbehaltungsrecht auf noch nicht zur Konkursmasse gehörende Gegenstände oder Leistungen bezieht: MAROTZKE JA 1988, 117, 125 f, 176, 178 ff und ders, Gegenseitige Verträge Rn 2.50, 2.63 2. 70 f; zum kaufmännischen Zurückbehaltungsrecht nach § 49 Abs 1 Nr 4 KO/§ 27 VglO: OLG Köln MDR 1999, 319).

125 Das Zurückbehaltungsrechts nach **Abs 2** wegen Verwendungen auf einen Gegenstand kann gegenüber dem *jeweiligen* Eigentümer geltend gemacht werden, nicht nur gegenüber dem, der zur Zeit der Verwendungen Eigentümer war (§§ 999 Abs 2, 1000 analog). Zu den Folgen des Verwendungsersatzanspruchs in der Zwangsvollstreckung und in der Insolvenz STAUDINGER/GURSKY (1999) Vorbem 66 ff zu §§ 994–1003.

126 Der Schuldner **kann nur zurückbehalten, was er noch hat**. Er kann nicht etwa nach §§ 812, 813 Abs 1 zurückfordern, was er in Unkenntnis der Einredemöglichkeit geleistet hat (RGZ 109, 104, 106 f; 139, 17, 19 f). Die Bestimmung des § 273 gibt keine dauernde, sondern nur eine „verzögerliche" Einrede iS des § 813 Abs 1; nur wenn der Anspruch durch die Einrede für immer ausgeschlossen ist, liegt ein indebitum vor. Etwas anderes gilt freilich für die Leistung auf Grund eines das Zurückbehaltungsrecht nicht beachtenden Urteils, das später aufgehoben oder abgeändert wird (§ 717 Abs 2 u 3 ZPO; vgl dazu RGZ 139, 17, 21 ff gegen RGZ 109, 104, 105). Wurde das Zurückbehaltungsrecht jedoch vertraglich begründet und besteht die Verpflichtung noch fort, so kann der Schuldner verlangen, daß die frühere Stellung wiederhergestellt wird (RGZ 68, 386, 389). Hat der Vorbehaltsverkäufer aufschiebend bedingt übereignet, so hat er alles getan, was er als Leistungshandlung schuldete. Den ebenfalls geschuldeten Leistungserfolg (§ 433 S 1) kann er nicht über § 273 zurückhalten (SERICK, Eigentumsvorbehalt und Sicherungsübertragung I [1963] 125).

127 Die **Einrede** selbst ist **ein Rechtsgeschäft, das die Modalität** des gegen den Schuldner gerichteten Anspruchs **gestaltet**. Es kann ausdrücklich oder konkludent vor Gericht oder außergerichtlich (vgl statt aller JAHR 293, 295 u SCHLOSSER JuS 1966, 257, 264) erklärt werden. Nur muß es so klar geltend gemacht werden, daß der Gläubiger von seiner Abwendungsmöglichkeit nach § 273 Abs 3 Gebrauch machen kann (RGZ 77, 436, 438; RG JW 1911, 536 f; BGH NJW 1985, 2417, 2418). Der Berufung auf das Leistungsverweigerungsrecht bedarf es ausnahmsweise nicht, wenn der Gläubiger dem Gegenrecht des Schuldners im Klageantrag dadurch Rechnung trägt, daß er Verurteilung nur Zug um Zug gegen Erbringung der Gegenleistung begehrt (BGHZ 60, 319, 323 = NJW 1973, 1234, 1235; bestätigt in BGH EWiR § 288 BGB 1/99, 105 [REINKING]). Die Einrede kann *auch hilfsweise* erhoben, also mit der Hauptverteidigung, die Schuld bestehe nicht, verbunden werden (RG LZ 1917, 853). Gegenüber einem Anspruch auf Vertragserfüllung kann der Schuldner jedoch nicht gleichzeitig die Erfüllung verweigern, die Leistung des Gegners ablehnen und die Einrede der Zurückbehaltung geltend machen (RGZ 58, 173, 176; 69, 381, 383; KG OLGE 34, 20).

VII. Abwendung des Zurückbehaltungsrechts nach Absatz 3

Der **Sicherungszweck** des Zurückbehaltungsrechts führt zu der **Regelung des Abs 3**. **128** Die Ausübung des Zurückbehaltungsrechts kann durch Sicherheitsleistung abgewendet werden (Abs 3 S 1), jedoch nicht durch Bürgenbestellung (Abs 3 S 2). Darin liegt eine Abweichung von den an sich sonst anwendbaren §§ 232 ff (§ 232 Abs 2). § 320 läßt demgegenüber eine Abwendung durch Sicherheitsleistung überhaupt nicht zu.

Das **Angebot der Sicherheitsleistung genügt dabei noch nicht.** UU ist es aber zulässig, **129** die Vollstreckung des Urteils unter der Bedingung des Nachweises erfolgter Sicherheitsleistung zu gestatten (RGZ 137, 324, 355). Die Hinterlegung des streitigen Betrages beim eigenen Anwalt genügt nicht, da § 232 die Hinterlegung gemäß der HintO meint (BGH NJW 1988, 484). Für die Höhe der Sicherheit ist in erster Linie der Wert der verweigerten Leistung maßgebend (RGZ 119, 163, 169 f; 137, 324, 355); doch kann auch einmal der Wert der zurückbehaltenen Gegenstände maßgebend sein (RGZ 137, 324, 355; **aM** RGZ 152, 71, 75), falls dieser geringer ist.

Mit Rücksicht auf die Möglichkeit des § 273 Abs 3 besteht kein Anlaß, den Schuldner **130** bei teilbaren Gegenansprüchen darauf zu beschränken, nur einen dem Wert der Forderung entsprechenden **Teil zurückzubehalten.** Im Einzelfall kann aber die Zurückbehaltung hoher Gegenansprüche gegen Treu und Glauben verstoßen (RG JW 1912, 139: Wäre anzunehmen, daß dem Schuldner die Zurückbehaltung des nicht eingeklagten Teils genügend Sicherung wegen seiner eigenen Forderung gewährt, bestehe kein Zurückbehaltungsrecht gegenüber dem eingeklagten Teil). Hat der Schuldner gegenüber dem zurückbehaltenen Zahlungsanspruch die Möglichkeit der Aufrechnung, so kann ihn der Gläubiger darauf verweisen (RG HRR 1928 Nr 2084). Hat der Schuldner für seinen Gegenanspruch schon volle anderweitige Sicherung, zB eine Hypothek, so ist iS des § 273 Abs 3 die Zurückbehaltung ausgeschlossen (RGZ 85, 133, 137 f; 136, 19, 26; RG JW 1912, 139; LZ 1912, 752; LZ 1914, 374; Recht 1917 Nr 1793 = BayZ 1917, 86; RG HRR 1928 Nr 2084; KG OLGE 38, 53, 54; BGHZ 7, 123, 127 = NJW 1952, 1175, 1176 = LM Nr 5 zu § 14 UmstG m Anm Ascher).

VIII. Beweislast und Prozessuales

Der **Schuldner trägt die Beweislast für die positiven Voraussetzungen** der Zurückbe- **131** haltungseinrede (RG WarnR 1914 Nr 39), der Gläubiger für die den Ausschluß begründenden Tatsachen, etwa die den Ausschluß begründenden besonderen Umstände oder den Erwerb durch vorsätzlich begangene unerlaubte Handlung. Bei einem Werkvertrag ist es Sache des Unternehmers (Gläubigers) darzutun, daß der vom Besteller einbehaltene Betrag auch bei Berücksichtigung des Durchsetzungsinteresses des Bestellers (Schuldners) (sog Druckzuschlag) unverhältnismäßig und deshalb unbillig hoch ist (BGH NJW-RR 1997, 18, 19). Zahlt der Gläubiger zur Abwendung eines vom Schuldner überraschend geltend gemachten und daher ungeprüften Zurückbehaltungsrechts, etwa weil er auf den Gegenstand dringend angewiesen ist, hat im Rückforderungsfalle der Bereicherungsschuldner das Bestehen seiner Forderung, auf die er das Zurückbehaltungsrecht gestützt hatte, zu beweisen, auch wenn die

Zahlung ohne ausdrücklichen Vorbehalt erfolgt war (OLG Koblenz NJW-RR 2002, 784, 785).

132 Die Einrede kann im **Prozeß** *hilfsweise erhoben* werden, dh für den Fall, daß die Forderung des Gläubigers überhaupt begründet sein sollte (RG LZ 1917, 853; BGH NJW-RR 1986, 991, 992 = ZIP 1986, 787, 789 = WM 1986, 841, 842 = DB 1987, 1835, 1836). Die Einrede muß nicht im *Grundurteil* nach § 304 ZPO erledigt werden (RGZ 123, 6, 7), weil sie den Anspruch dem Grunde nach unberührt läßt und nur die Art der Leistung (Zug um Zug) ändert (vgl Rn 1). Die Gegenforderung kann auch nicht gegen den Willen des Schuldners zum besonderen Rechtsstreit *verwiesen* werden (RG JR 1926 Nr 1016 = Recht 1926 Nr 1088). Die *Konnexität* ist *eine Rechtsfrage*, keine Tatfrage (WERNER Anm zu RG JW 1928, 892). Für die Geltendmachung in der Berufungsinstanz gilt § 531 ZPO (ZÖLLER, ZPO²³ § 531 Rn 23, § 533 Rn 17). Zur Frage der Überprüfung des Urteils Zug um Zug in der *Revisionsinstanz*, wenn nur der Gegenanspruch zur Debatte steht, vgl BGHZ 45, 287, 288 ff = BGH NJW 1966, 1755; BGH NJW 1966, 2356, 2357. Der *Rechtskraft* ist die in der Entscheidung über das Zurückbehaltungsrecht liegende Entscheidung über die Gegenforderung nicht fähig (RG Recht 1914 Nr 322 = JW 1914, 188; RGZ 100, 197, 198; BGH FamRZ 1984, 878, 879; BGH NJW-RR 1990, 48, 49 = WM 1989, 1514 = WuB/E VII § 767 ZPO 2.89 [HUFF]). Die Gegenforderung selbst kann zwar durch eine *einstweilige Verfügung* gesichert werden (§ 935 ZPO), nicht aber die Einrede des Zurückbehaltungsrechts (OLG Schleswig JR 1954, 305, 306). Die ausschließliche Zuständigkeit des Familiengerichts (§ 621 Abs 1 Nr 8 ZPO) für den Anspruch, der einredeweise geltend gemacht wird, hindert die Einrede der Zurückbehaltung vor einem anderen Gericht nicht (BGHZ 92, 194, 197).

133 In der **Zwangsvollstreckung** ist die – nicht titulierte – *Einrede* nicht zu beachten, da sie sich *gegen den materiellen Anspruch* richtet, § 767 Abs 1 ZPO (OLG Hamm NJW 1968, 1241, 1242). Mit der Vollstreckungsgegenklage aber kann sie, wenn § 767 Abs 2 ZPO nicht entgegensteht, geltend gemacht werden (RGZ 158, 145, 149). Hat der Gläubiger das Urteil 1. Instanz im Wege der **vorläufigen Zwangsvollstreckung** vollstreckt und hat der Schuldner damit unfreiwillig den Besitz der Sache eingebüßt, so kann das Zurückbehaltungsrecht in 2. Instanz nicht mehr geltend gemacht werden. Seine tatsächliche Grundlage ist entfallen, da es nichts mehr zurückzuhalten gibt (RG JR 1925 Nr 33). Ein Anspruch auf Wiederhestellung des gesetzlichen Zurückbehaltungsrechts aus § 717 Abs 2 und 3 ZPO iVm §§ 249 ff besteht nicht (PALANDT/HEINRICHS § 273 Rn 19; RGZ 109, 105; RG JW 1927, 1468; MünchKomm/KRÜGER § 273 Rn 90; aA BÖCKMANN/KLUTH MDR 2002, 1042 ff die es sogar genügen lassen wollen, wenn die Einrede des Zurückbehaltungsrechts erstmals nach Erlaß des für vorläufig vollstreckbar erklärten Urteils, aber vor der vorläufigen Zwangsvollstreckung erhoben wird). Im Falle eines *vertraglich vereinbarten* Zurückbehaltungsrechts kann dagegen ein Anspruch des Schuldners bestehen, nach vorläufiger Vollstreckung die frühere Zurückbehaltungslage wieder herzustellen (RGZ 68, 386, 389; MünchKomm/KRÜGER § 273 Rn 90).

134 Wird in der Rechtsmittelinstanz der Klageanspruch in der Sache bestätigt, die **Widerklage**, mit der ein Zurückbehaltungsrecht nach § 273 geltend gemacht wird, aber an die Vorinstanz zurückverwiesen, muß auch die stattgebende Entscheidung über das Klagebegehren aufgehoben werden, weil eine Vollstreckung zu einem endgültigen Verlust des Zurückbehaltungsrechts führen würde (BGH NJW 1964, 1125, 1129). In der

Vorinstanz darf dann aber bezüglich des Klaganspruchs keine andere Entscheidung mehr ergehen.

Ist der Klageanspruch unstreitig, das Zurückbehaltungsrecht dagegen streitig, veranlaßt allein das Zurückbehaltungsrecht die Klage. Mit der Sicherheitsleistung nach § 273 Abs 3 räumt der Kläger den Anlaß der Klage aus. Die *Kostenentscheidung* richtet sich allein am Schicksal der Gegenforderung aus (HENSEN NJW 1999, 395, 397). **135**

§ 274
Wirkungen des Zurückbehaltungsrechts

(1) Gegenüber der Klage des Gläubigers hat die Geltendmachung des Zurückbehaltungsrechts nur die Wirkung, dass der Schuldner zur Leistung gegen Empfang der ihm gebührenden Leistung (Erfüllung Zug um Zug) zu verurteilen ist.

(2) Auf Grund einer solchen Verurteilung kann der Gläubiger seinen Anspruch ohne Bewirkung der ihm obliegenden Leistung im Wege der Zwangsvollstreckung verfolgen, wenn der Schuldner im Verzug der Annahme ist.

Materialien: E I § 234 S 1; II § 231; III § 268; JAKOBS/SCHUBERT, SchR I 200.

Schrifttum

BLUNCK, Die Bezeichnung der Gegenleistung bei der Verurteilung zur Leistung Zug um Zug, NJW 1967, 1598
GABIUS, Die Vollstreckung von Urteilen auf Leistung nach Empfang der Gegenleistung, NJW 1971, 866
HENSEN, Die Kostenlast beim Zug-um-Zug-Urteil, NJW 1999, 395
KOENIGK, Verfahrensrechtliche Wirkungen des Zurückbehaltungsrechts, NJW 1960, 2180
ders, Die Einreden des Zurückbehaltungsrechts und des nichterfüllten Vertrages im Prozeß, NJW 1961, 542

MÜNZBERG, Die Einreden des Zurückbehaltungsrechts und des nicht erfüllten Vertrags im Prozeß, NJW 1961, 540
NEUMANN, Zur Zwangsvollstreckung aus Urtheilen auf Leistungen Zug um Zug, JW 1901, 740
SCHILKEN, Wechselbeziehungen zwischen Vollstreckungsrecht und materiellem Recht bei Zug-um-Zug-Leistungen, AcP 181 (1981) 355
SCHNEIDER, Die Einrede aus §§ 274, 322 BGB im Prozeß, MDR 1964, 732.

Alphabetische Übersicht

Annahmeverzug des Schuldners	5 f	Prozessuale Wirkung	3
Einreden, andere	7 ff	Umdeutung	4
Kostenlast	4	Wechselseitige Zug-um-Zug-Verurteilung	12
Minus zu unbeschränkter Verurteilung	4	Zwangsvollstreckung	5 f

1 Daraus, daß ein Schuldner dem geltend gemachten Anspruch eine Einrede mit Erfolg entgegensetzt, lassen sich **im Erkenntnisverfahren ganz verschiedene Konsequenzen** ziehen. Die Bestimmung des § 273 dekretiert nun in Abs 1, daß aus dem vorbehaltlosen Anspruch, wenn eine Einrede des Zurückbehaltungsrechts erhoben wurde, ein Anspruch auf **Leistung Zug um Zug** geworden ist und die Verurteilung dementsprechend auf Leistung Zug um Zug zu lauten hat. Die Geltendmachung der Einrede hat damit rechtsgestaltende Wirkung (Gröschler AcP 201 [2001] 59). Damit scheiden die beiden anderen *möglichen* Folgerungen, nämlich endgültige Klageabweisung oder Klageabweisung als derzeit unbegründet aus (vgl aber zu § 273 verwandten Einreden unten Rn 7 ff).

2 Der Ausdruck „Zug um Zug gegen …" bedeutet an sich, daß die Leistungen gleichzeitig, im Austausch zu erbringen sind. Hier können sich jedoch in der Praxis Schwierigkeiten ergeben; man denke nur an den Austausch von Unterlassungen. Entscheidend ist, daß der Schuldner nicht durch die Urteilsformulierung um den Erfolg der Einrede gebracht und zur Vorleistung gezwungen wird. Zur Urteilsformel vgl RG Recht 1924 Nr 1108.

3 Die Bestimmung handelt in Abs 1 von der **prozessualen Wirkung der erhobenen Einrede** im Erkenntnisverfahren. Die Einrede muß aber nun *nicht* gerade *in diesem Verfahren* erhoben werden; es genügt, daß sie außergerichtlich erhoben wurde und diese Tatsache in den Prozeß eingeführt wird. Trägt der Kläger bei Säumnis des Beklagten selbst vor, die Einrede sei außergerichtlich erhoben worden, so kann kein echtes Versäumnisurteil ergehen (vgl Münzberg NJW 1961, 540, 542). Es genügt nicht, daß der Beklagte im Prozeß einfach Klageabweisung begehrt; sie muß zumindest darauf gestützt werden, der Kläger habe selbst nicht geleistet (RG JW 1914, 188 = WarnR 1914 Nr 39 = SeuffA 69 Nr 169; RG HRR 1932 Nr 2136). Die eindeutige Ausübung des Zurückbehaltungsrechts setzt eine genaue Bezeichnung der Gegenleistung voraus (Blunck NJW 1967, 1598, 1599).

4 Die **Verurteilung Zug um Zug** gegen Empfang der Gegenleistung stellt sich als **ein Minus** gegenüber der unbeschränkten Verurteilung dar, **nicht** als **ein aliud** (vgl Blunck aaO; Münzberg aaO; Schneider MDR 1964, 732 f; gegen Koenigk NJW 1960, 2180 u NJW 1961, 542 f). Der Beklagte muß in erster Instanz also nicht ausdrücklich die Verurteilung Zug um Zug beantragen (so aber Koenigk aaO; BGB-RGRK/Alff § 274 Rn 2 unter Berufung auf RG WarnR 1914 Nr 39; wie hier Soergel/Wolf § 274 Rn 4). Daher kann auch der Einwand der Aufrechnung oder eine Aufrechnungserklärung im Prozeß in eine Einrede nach § 273 umgedeutet werden (BGHZ 29, 337, 343; vgl § 273 Rn 99). Besteht der Kläger trotz der Einrede aus § 273 auf uneingeschränkter Verurteilung des Beklagten, so wird, wenn der Klageanspruch wie auch das Zurückbehaltungsrecht bestehen, die Klage teilweise mit der Kostenfolge des § 92 ZPO abgewiesen (OLG Kiel JW 1933, 1537 m krit Anm Jacobi; OLG Hamburg MDR 1957, 169). Für die nach § 92 ZPO erforderliche Berechnung des „Minus" der zugesprochenen gegenüber der beantragten Leistung hat eine wirtschaftliche Betrachtungsweise zu gelten, die den Wert der beantragten und der zugesprochenen Leistung wie auch den Wert des geltend gemachten und des zuerkannten Anspruchs, auf den das Zurückbehaltungsrecht gestützt wurde, in Verhältnis setzt (näher Hensen 397 f). Die Klage ist auch dann nicht völlig abzuweisen, wenn der Kläger erkennen läßt, daß ihm an einer Verurteilung Zug um Zug nicht gelegen ist (BGH NJW 1951, 517, 518 = LM Nr 1 zu § 497; OLG Kiel aaO; Münzberg aaO;

BLUNCK aaO). Ist die Klage auf Verurteilung Zug um Zug gerichtet und erkennt der Beklagte an, so ist § 93 ZPO anzuwenden; nicht aber, wenn der Kläger unbeschränkte Verurteilung beantragt und der Beklagte anerkennt, Zug um Zug zu schulden, weil der Beklagte den Klageantrag gerade nicht sofort anerkannt hat, sondern nur in eingeschränkter Form (HENSEN 396; aA SCHNEIDER MDR 1964, 732 f). Keine Besonderheit ergibt sich, wenn der Gläubiger mit seiner Klage nur einen Teil seines Anspruchs einklagt (RG JW 1912, 139 = Recht 1912 Nr 187). Zur Kostenlast beim Zug-um-Zug-Urteil umfassend HENSEN NJW 1999, 395 ff.

Auch wenn der **Schuldner bereits im Annahmeverzug** ist, kann er nur Zug um Zug **5** verurteilt werden; der Annahmeverzug wirkt sich (arg aus Abs 2) erst bei der Zwangsvollstreckung aus (RGZ 51, 367, 368 f; 84, 228, 230; RG JW 1902 Beil 246; RG SeuffA 59 Nr 196; SEIDEL JZ 1994, 383, 386; aA SCHILKEN AcP 181 [1981] 355, 376 ff mit dem Hauptargument einer erheblichen Entlastung des Vollstreckungsverfahrens). Erkennt der Beklagte freilich in diesem Falle an, so hat er zur Klage Anlaß gegeben (§ 93 ZPO).

Die **Zwangsvollstreckung aus einem auf Leistung Zug um Zug lautenden Urteil** regelt **6** sich nach den §§ 726 Abs 2, 756, 765 ZPO; ergänzend nach § 274 Abs 2 BGB. Danach ergibt sich folgendes Bild: Die *vollstreckbare Ausfertigung* eines Urteils auf Zug-um-Zug-Leistung kann dem Gläubiger ohne weiteres erteilt werden, es sei denn, die Leistung des Schuldners bestehe in der Abgabe einer Willenserklärung (§§ 726 Abs 2, 894 Abs 1 S 2 ZPO). Die *Vollstreckung* aber kann erst beginnen, wenn bewiesen ist, daß der Gegenanspruch des Schuldners erfüllt ist oder der Schuldner im Verzug der Annahme ist (§ 274 Abs 2; zur Beweisführung vgl §§ 756, 765 ZPO). Ist der Schuldner Zug um Zug gegen Zahlung eines Geldbetrages verurteilt, so muß ihm der Geldbetrag *angeboten* werden, auch wenn der Gläubiger dem Geldanspruch gegenüber aufrechnen könnte. Der Gerichtsvollzieher kann nach § 756 ZPO die Aufrechnungserklärung nicht abgeben (LG Hildesheim NJW 1959, 537); die Erklärung des Gläubigers selbst aber berührt den Titel und ist mangels einer Regelung wie in § 769 ZPO auch für den Gegenanspruch nicht durchzusetzen; § 775 Nr 4 ZPO wiederum ist auch nicht analog auf den Gegenanspruch anwendbar, da selbst für den Anspruch die Zustellung der bloßen Aufrechnungserklärung nicht genügt (LG Dresden JW 1934, 1258, 1259). Soweit die Urteilsgründe selbst den Annahmeverzug des Schuldners festhalten, erfüllt die Urteilsausfertigung die Beweisanforderungen der §§ 756, 765 ZPO (RG JW 1909, 463).

Fraglich ist, ob die eingeschränkte Wirkung, wie § 274 sie bestimmt, **auch für Einreden 7** des Zurückbehaltungsrechts gilt, **die § 273 nicht entsprechen.** Die verzögerliche *Einrede des Bürgen* nach § 770 Abs 2 führt zur *Klageabweisung als derzeit unbegründet*, ebenso die des *Gesellschafters* oder ausgeschiedenen Gesellschafters nach § 129 Abs 3 HGB. In diesen Fällen wäre es zwar durchaus denkbar – wie in anderen Fällen auch (vgl Rn 8) –, den Bürgen oder Gesellschafter Zug um Zug gegen eine Leistung des Gläubigers an den Hauptschuldner bzw die Gesellschaft zu verurteilen. Doch steht beiden nicht die Disposition über die Einziehung der Gegenforderung, auch nicht die indirekte Einziehung, zu; Hauptschuldner bzw Gesellschaft könnten zB die Forderung erlassen oder anderweitig darüber verfügen, ohne daß es Bürge bzw Gesellschafter verhindern könnten.

Anders ist das bei der *Einrede des Miterben*, der Nachlaßgläubiger könne sich durch **8**

Aufrechnung gegen eine Forderung der Erbengemeinschaft befriedigen (vgl dazu § 273 Rn 10), da der Miterbe nach § 2039 befugt ist, Leistung an die Erbengemeinschaft zu verlangen und anderweitige Verfügungen nach § 2040 verhindern kann. Der Miterbe kann hier die Befriedigung des Nachlaßgläubigers nach § 273 verweigern, solange und soweit sich der Gläubiger durch eine Aufrechnung gegen eine fällige Forderung der Erbengemeinschaft befriedigen kann. Obwohl der BGH dem beklagten Miterben ausdrücklich nicht das Recht zubilligt, die Nachlaßforderung gegen die Klageforderung aufzurechnen, da er hierdurch in Rechte der Miterben eingriffe, gelangt er gleichwohl zur Klageabweisung statt zur Zug-um-Zug-Verurteilung (BGHZ 38, 122, 127 ff), und damit zu demselben Ergebnis, wie wenn er die Aufrechnung selbst erlaubte.

9 Gelegentlich kennt das BGB eine Zurückbehaltung auch bei Gegenleistungen, auf die *kein eigener Anspruch* besteht. So kann der Schuldner nach § 410 Abs 1 S 1 die Leistung bis zur Aushändigung der Abtretungsurkunde verweigern. Hier kommt eine andere Verurteilung als die Zug um Zug gegen Aushändigung der Abtretungsurkunde praktisch nicht in Frage, will man den materiellen Anspruch nicht erweitern (RGZ 56, 301, 303). Ähnlich kann *nach § 255* der Ersatzschuldner nicht seinerseits die Abtretung (Zug um Zug gegen Ersatzleistung) verlangen (vgl § 255 Rn 40). Gleichwohl wird man auch hier nicht die Klage abweisen, solange dem Abtretungsbegehren nicht entsprochen wird, sondern § 274 anwenden. Etwas Besonderes ergibt sich aus der *Saldotheorie* bei der Rückgewähr der Bereicherung, wenn die beiderseits erbrachten Leistungen ungleichartig sind. Der Bereicherungskläger hat hier die ungleichartige Gegenleistung derart im Klageantrag zu berücksichtigen, daß er nur Leistung Zug um Zug gegen Gegenleistung begehrt. Der Beklagte ist nicht darauf angewiesen, ein Zurückbehaltungsrecht einredeweise geltend zu machen (BGH NJW 1963, 1870 f). Die Technik der Rückabwicklung verlangt jedoch auch hier die Zug-um-Zug-Verurteilung. Dasselbe gilt dann, wenn *ungleichartige „Vorteile"* bei Schadensersatzansprüchen im Rahmen der Vorteilsausgleichung zu berücksichtigen sind (BGHZ 27, 241, 249 = NJW 1958, 1232, 1234); dasselbe galt auch für die Ansprüche aus einem durch Rücktritt aufgelösten Vorbehaltskaufvertrag nach § 3 AbzG, wo freilich die Zug-um-Zug-Verpflichtung ausdrücklich ausgesprochen war (OLG Bremen NJW 1952, 347, 348; LG Kiel SchlHA 1950, 242; **aM**, für Anwendung der §§ 348, 320, 322 LG Köln NJW 1959, 1831). Zu Saldotheorie, Vorteilsausgleich und Rückabwicklung vgl auch BLUNCK NJW 1967, 1598 f. Die Einrede nach § 21 Abs 4 UmstG führt zur Klageabweisung (BGHZ 2, 237). Zur Herausgabe der Handakten eines Rechtsanwalts „bis... befriedigt ist" nach § 50 Abs 1 S 1 BRAO: OESTERLE JR 1979, 100 ff.

10 Wird ein Zurückbehaltungsrecht *vertraglich vereinbart*, so sind die Folgen grundsätzlich der Abrede – etwa „Rückgabe nur gegen Leistung": § 273 Abs 3 ausgeschlossen; „Rückgabe nur nach Vorleistung": § 274 ausgeschlossen – zu entnehmen. Fehlt es an einer besonderen Abrede, so bleibt es bei den Folgen der §§ 273, 274 (RG HRR 1931 Nr 105).

11 Die eingeschränkte Verurteilung des Schuldners geht im Regelfall **„gegen Empfang der ihm gebührenden Leistung"** des Gläubigers (§ 274 Abs 1). Das Gesetz berücksichtigt jedoch nicht, daß sich schon im Falle der Abtretung (§ 404) etwas anderes ergeben kann: „Zug um Zug gegen Leistung *durch* den *Zedenten*", oder im Falle der Schuldübernahme (§ 417): „Zug um Zug gegen Leistung *an den befreiten Schuldner*";

ähnlich beim berechtigenden Vertrag zugunsten Dritter (§§ 334, 335), bei Pfändung mit Überweisung des Schuldneranspruchs an einen Dritten, bei der Bürgenhaftung (§ 767 Abs 1), bei der Gesellschafterhaftung (§ 129 Abs 1 HGB) oder wenn sich der Miterbe darauf beruft, daß sich der Nachlaßgläubiger durch Aufrechnung gegenüber der Erbengemeinschaft befreien könne (vgl dazu allg § 273 Rn 10 und § 274 Rn 8).

Auch eine **wechselseitige Zug-um-Zug-Verurteilung** ist möglich. Wendet etwa der **12** Besteller im Werklohnprozeß ein, nur gegen Beseitigung von Werkmängeln zur Zahlung verpflichtet zu sein, so wird er Zug um Zug verurteilt. Wendet demgegenüber der Unternehmer ein, der Besteller habe sich, weil er für die Entstehung der Mängel mitverantwortlich sei, nach den Grundsätzen des § 254 an der Nachbesserung durch einen Kostenbeitrag zu beteiligen, so ist eine doppelte Zug-um-Zug-Verurteilung auszusprechen (BGHZ 90, 354, 357 ff = ZIP 1984, 709 = DB 1984, 1824: Analogie zu § 274; s auch § 273 Rn 36). Der Besteller muß danach den Kostenbeitrag bereits zu Beginn der Mängelbeseitigung bereitstellen; geschieht das, so muß der Unternehmer insgesamt vorleisten (vgl näher H ROTH, Die Einrede des bürgerlichen Rechts [1988] 190 f).

Vorbemerkungen zu §§ 275–278

Schrifttum

1. Vor der Schuldrechtsreform

BITTNER, Die Auswirkungen des Irak-Embargos auf Warenlieferungsverträge: Zivilrechtliche Folgen von Handelsbeschränkungen, RIW 1994, 458

BLAUROCK, Culpa-Haftung und nachträgliche Unmöglichkeit, in: FS vCaemmerer (1983) 51

BULLINGER, Leistungsstörungen beim öffentlich-rechtlichen Vertrag, DÖV 1977, 812

CAYTAS, Der unerfüllbare Vertrag. Anfängliche und nachträgliche Leistungshindernisse und Entlastungsgründe im Recht der Schweiz, Deutschlands, Österreichs, Frankreichs, Italiens, Englands, Der Vereinigten Staaten, im Völkerrecht und im Internationalen Handelsrecht (Wilmington 1984)

EVANS-vKRBEK, Nichterfüllungsregeln auch bei weiteren Verhaltens- oder Sorgfaltspflichtverletzungen?, AcP 179 (1979) 85

FABRICIUS, Leistungsstörungen im Arbeitsverhältnis (1970)

FRIEDRICH, Der Vertragsbruch, AcP 178 (1978) 468

HUBER, Einige Probleme des Rechts der Leistungsstörungen im Licht des Haager einheitlichen Kaufrechts, JZ 1974, 433

ders, Allgemeine Haftungsprinzipien des Rechts der Leistungsstörungen in der höchstrichterlichen Rechtsprechung, in: FG 50 Jahre Bundesgerichtshof (2000) 251

HÜFFER, Leistungsstörungen durch Gläubigerhandeln (1976)

JACOBS, Gesetzgebung im Leistungsstörungsrecht. Zur Ordnung des Rechts der Leistungsstörungen im BGB und nach einheitlichem Kaufrecht (1985) mit Besprechung MEDICUS, Gesetzgebung und Jurisprudenz im Recht der Leistungsstörungen, AcP 186 (1986) 268

ders, Unmöglichkeit und Nichterfüllung (1969)

JONES/SCHLECHTRIEM, Breach of Contract (Deficiencies in a Party's Performance), International Encyclopedia of Comparative Law (1999)

MEDICUS, Gesetzgebung und Jurisprudenz im Recht der Leistungsstörungen, AcP 186 (1986) 268

MEYER, Das neue öffentliche Vertragsrecht und die Leistungsstörungen, NJW 1977, 1705

Claudia Bittner
Manfred Löwisch

MOTZER, Schutzpflichtverletzung und Leistungsunmöglichkeit, JZ 1983, 884

PICKER, Positive Forderungsverletzung und culpa in contrahendo – Zur Problematik der Haftungen „zwischen" Vertrag und Delikt, AcP 183 (1983) 369

RABEL, Das Recht des Warenkaufs I (1936)

SCHLECHTRIEM, Aufhebung des Vertrages als Rechtsbehelf bei Leistungsstörungen, in: FS Müller-Freienfels (1986) 525

STAUB, Die positiven Vertragsverletzungen (1904), (2. Aufl 1913) besorgt von MÜLLER mit Einschluß von STAUBS Aufsatz, in: FS Erster Juristentag (1902) 29 ff, (Neudruck 1969) mit einem Nachwort von E SCHMIDT

HEINRICH STOLL, Abschied von der Lehre von der positiven Vertragsverletzung, AcP 136 (1932) 257

ders, Die Lehre von den Leistungsstörungen (1936)

THIELE, Leistungsstörungen und Schutzpflichtverletzung, JZ 1967, 649

VOLLKOMMER, Die Konkurrenz des allgemeinen Leistungsstörungsrechts mit den Leistungsstörungsinstituten der besonderen Schuldvertragstypen, AcP 183 (1983) 525

DEWALL, Die Anwendbarkeit privatrechtlicher Vorschriften im Verwaltungsrecht (1999)

WIEACKER, Leistungshandlung und Leistungserfolg im Bürgerlichen Schuldrecht, in: FS Nipperdey I (1965) 783

WIEDEMANN, Das System der Leistungsstörungen im deutschen Vertragsrecht, in: FS Rechtswiss Fakultät Köln (1988) 367.

Zum älteren Schrifttum vgl STAUDINGER/LÖWISCH (2001) Vorbem zu §§ 275–283. S außerdem Schrifttum zu § 275, zu den Vorbem zu §§ 286–304 und zu § 286.

2. Zur und nach der Schuldrechtsreform

AHRENS, Unmöglichkeit, Leistungsstörung, Pflichtverletzung. Eine Teilkritik am Entwurf der Kommission zur Überarbeitung des Schuldrechts, ZRP 1995, 417

ALTMEPPEN, Schadensersatz wegen Pflichtverletzung – Ein Beispiel für die Überhastung der Schuldrechtsreform, DB 2001, 1131

ders, Untaugliche Regeln zum Vertrauensschaden und Erfüllungsinteresse im Schuldrechtsmodernisierungsentwurf, DB 2001, 1399

ders, Nochmals: Schadensersatz wegen Pflichtverletzung, anfängliche Unmöglichkeit und Aufwendungsersatz im Entwurf des Schuldrechtsmodernisierungsgesetzes, DB 2001, 1821

ANDERS, Der zentrale Haftungsgrund der Pflichtverletzung im Leistungsstörungsrecht des Entwurfs für ein Schuldrechtsmodernisierungsgesetz, ZIP 2001, 184

ARMBRÜSTER, Reform des Schuldrechts – Die Vorschläge der Schuldrechtskommission, JR 1991, 322

ARTZ, Die Schuldrechtsreform vor dem Hintergrund des Gemeinschaftsrechts, NJW 2001, 1703

BRAUN, Vom Beruf unserer Zeit zur Überarbeitung des Schuldrechts, JZ 1993, 1

BRÜGGEMEIER, Überarbeitung des Schuldrechts. Herausforderung oder Überforderung des Gesetzgebers, KritJ 1983, 386

BRÜGGEMEIER/REICH, Europäisierung des BGB durch große Schuldrechtsreform?, BB 2001, 213

CANARIS, Die Reform des Rechts der Leistungsstörungen, JZ 2001, 499

ders, Schadensersatz wegen Pflichtverletzung, anfängliche Unmöglichkeit und Aufwendungsersatz im Entwurf des Schuldrechtsmodernisierungsgesetzes, DB 2001, 1815

DÄUBLER, Neues Schuldrecht – ein erster Überblick, NJW 2001, 3729

DÄUBLER-GMELIN, Die Entscheidung für die so genannte Große Lösung bei der Schuldrechtsreform, NJW 2001, 2281

DAUNER-LIEB, Die geplante Schuldrechtsmodernisierung – Durchbruch oder Schnellschuß?, JZ 2001, 8

DEDEK, Die Konsumtion des § 283 aF BGB durch § 281 BGB, in: DAUNER-LIEB ua, Das neue Schuldrecht in der Praxis (2003) 183

DIEDERICHSEN, Zur gesetzlichen Neuordnung des Schuldrechts, AcP 182 (1982) 101

DÖRNER/STAUDINGER, Schuldrechtsmodernisierung. Systematische Einführung und synoptische Gesamtdarstellung (2002)

DÖTSCH, Schuldrechtsmodernisierung und öffentliches Recht, NWVBl 2001, 385

ERNST, Zur Regelung des Versendungskaufs im Entwurf der Kommission zur Überarbeitung des Schuldrechts, ZIP 1993, 481 ders, Zum Kommissionsentwurf für eine Schuldrechtsreform, NJW 1994, 2177

ders, Kernfragen der Schuldrechtsreform, JZ 1994, 801

ders, Die Schuldrechtsreform 2001/2002, ZRP 2001, 1

ders, Zum Fortgang der Schuldrechtsreform, in: ERNST/ZIMMERMANN, Zivilrechtswissenschaft und Schuldrechtsreform (2001) 559

ERNST/GSELL, Kaufrechtsrichtlinie und BGB, ZIP 2000, 1410

dies, Kritisches zum Stand der Schuldrechtsmodernisierung. Beispiele fragwürdiger Richtlinienumsetzung, ZIP 2001, 1389

dies, Nochmals für die „kleine Lösung", ZIP 2000, 1812

GOTTHARDT, Arbeitsrecht nach der Schuldrechtsreform (2. Aufl 2003)

GRUNDMANN/MEDICUS/ROLLAND, Europäisches Kaufgewährleistungsrecht. Reform und Internationalisierung des deutschen Schuldrechts (2000)

GRUNEWALD, Vorschläge für eine Neuregelung der anfänglichen Unmöglichkeit und des anfänglichen Unvermögens, JZ 2001, 433

GRUNSKY, Vorschläge zu einer Reform des Schuldrechts, AcP 182 (1982) 453

GSELL, Der Schadensersatz statt der Leistung nach dem neuen Schuldrecht, Jahrbuch Junger Zivilrechtswissenschaftler 2001, 105

dies, Rechtskräftiges Leistungsurteil und Klage auf Schadensersatz statt der Leistung, JZ 2004, 110

HENSSLER, Arbeitsrecht und Schuldrechtsreform, RdA 2002, 129

HENSSLER/MUTHERS, Arbeitsrecht und Schuldrechtsmodernisierung, ZGS 2002, 219

HUBER, Leistungsstörungen, in: Gutachten und Vorschläge zur Überarbeitung des Schuldrechts, Bd I (1981) 647; zitiert: Gutachten

ders, Die Unmöglichkeit der Leistung im Diskussionsentwurf eines Schuldrechtsmodernisierungsgesetzes, ZIP 2000, 2137

ders, Die Pflichtverletzung als Grundtatbestand der Leistungsstörung im Diskussionsentwurf eines Schuldrechtsmodernisierungsgesetzes, ZIP 2000, 2273

ders, Das geplante Recht der Leistungsstörungen, in: ERNST/ZIMMERMANN, Zivil-

rechtswissenschaft und Schuldrechtsreform (2001) 31

JOUSSEN, Arbeitsrecht und Schuldrechtsreform, NZA 2001, 745

KINDL, Das Recht der Leistungsstörungen nach dem Schuldrechtsmodernisierungsgesetz, WM 2002, 1313

KLEY, Unmöglichkeit und Pflichtverletzung – Die Funktion der Unmöglichkeitstatbestände im BGB und der Reformversuch der Schuldrechtskommission (2001)

KREBS, Die große Schuldrechtsreform, DB 2000 Beilage 14

KRIECHBAUM, Pflichtverletzung und Rücktritt vom Vertrag. Zum Anwendungsbereich der Regelungen über Teil-Leistungsstörungen nach BGB und Kommissionsentwurf, JZ 1993, 642

KOLLER, Recht der Leistungsstörungen, in: KOLLER/ROTH/ZIMMERMANN, Schuldrechtsmodernisierungsgesetz 2002 (2002) 45

KUHLMANN, Leistungspflichten und Schutzpflichten – ein kritischer Vergleich des Leistungsstörungsrechts des BGB mit den Vorschlägen der Schuldrechtskommission (2001)

LIEB, Grundfragen einer Schuldrechtsreform, AcP 183 (1983) 327

LINDEMANN, Neuerungen im Arbeitsrecht durch die Schuldrechtsreform, AuR 2002, 81

LÖWISCH, Zweifelhafte Folgen des neuen Leistungsstörungsrechts für das Arbeitsvertragsrecht, NZA 2001, 465

ders, Auswirkungen der Schuldrechtsreform auf das Recht des Arbeitsverhältnisses, in: FS Wiedemann (2002) 311

ders, Neues Schuldrecht in Deutschland, Ritsumeikan Law Review, No 20 March 2003

LORENZ, Schadensersatz wegen Pflichtverletzung – ein Beispiel für die Überhastung der Kritik an der Schuldrechtsreform, JZ 2001, 742

MAROTZKE, BGB und InsO: zwei neue Leistungsstörungsrechte im Widerstreit, KTS 2002, 1

MATTHEUS, Schuldrechtsmodernisierung 2001/2002 – Die Neuordnung des allgemeinen Leistungsstörungsrechts, JuS 2002, 209

MAYERHÖFER, Die Integration der positiven Forderungsverletzung in das BGB, MDR 2002, 549

MEDICUS, Vorschläge zur Überarbeitung des

Manfred Löwisch

Schuldrechts: Das allgemeine Recht der Leistungsstörungen, NJW 1992, 2384

ders, Zum Stand der Überarbeitung des Schuldrechts, AcP 188 (1988) 168

ders, Die Leistungsstörungen im neuen Schuldrecht, JuS 2003, 521

MOTSCH, Die Modernisierung des Schuldrechts, NJ 2002, 1

MÜNCH, Die „nicht wie geschuldet" erbrachte Leistung und sonstige Pflichtverletzungen, Jura 2002, 361

OTTO, Die Grundstrukturen des neuen Leistungsstörungsrechts, Jura 2002, 1

RABE, Pflichtverletzung als Grundtatbestand des Leistungsstörungsrechts, ZIP 1996, 1652

REICHOLD, Anmerkungen zum Arbeitsrecht im neuen BGB, ZTR 2002, 202

RICHARDI, Leistungsstörungen und Haftung im Arbeitsverhältnis nach dem Schuldrechtsmodernisierungsgesetz, NZA 2002, 1004

ROLLAND, Schuldrechtsreform – Allgemeiner Teil, NJW 1992, 2377

ders, Risikoverlagerung nach den Vorschlägen der Schuldrechtskommission, in: FS Medicus (1999) 469

SCHAPP, Probleme der Reform des Leistungsstörungsrechts, JZ 1993, 637

ders, Empfiehlt sich die „Pflichtverletzung" als Generaltatbestand des Leistungsstörungsrechts?, JZ 2001, 583

SCHLECHTRIEM, Schuldrechtsreform. Voraussetzungen, Möglichkeit und Gegenstände (1987)

ders, Rechtsvereinheitlichung in Europa und Schuldrechtsreform in Deutschland, ZEuP 1993, 217

ders, 10 Jahre CISG – Der Einfluß des UN-Kaufrechts auf die Entwicklung des deutschen und des internationalen Schuldrechts, IHR 2001, 12

SCHMIDT-RÄNTSCH, Der Entwurf eines Schuldrechtsmodernisierungsgesetzes, ZIP 2000, 1639

SCHUR, Schadensersatz nach rechtskräftiger Verurteilung zur Leistung, NJW 2002, 2518

MARTIN SCHWAB, Das neue Schuldrecht im Überblick, JuS 2002, 1

SCHWARZE, Unmöglichkeit, Unvermögen und ähnliche Leistungshindernisse im neuen Leistungsstörungsrecht, Jura 2002, 73

HANS STOLL, Notizen zur Neuordnung des Rechts der Leistungsstörungen, JZ 2001, 589

STÜRNER, Empfiehlt sich die von der Schuldrechts-Kommission vorgeschlagene Neuregelung des allgemeinen Leistungsstörungsrechts, der Mängelhaftung bei Kauf- und Werkvertrag und des Rechts der Verjährung?, NJW 1994 Beilage zu Heft 25, 2

ders, Einige Bemerkungen zum Stand der Schuldrechtsreform, in: FS Brandner (1996) 635

TEICHMANN, Strukturveränderungen im Recht der Leistungsstörungen nach dem Regierungsentwurf eines Schuldrechtsmodernisierungsgesetzes, BB 2001, 1485

WALLENBERG, Rechtsfolgen bei anfänglicher Unmöglichkeit der Leistung – geltendes Recht und Vorschlag der Schuldrechtskommission, ZRP 1994, 306

WANK, Das Recht der Leistungsstörungen im Arbeitsrecht nach der Schuldrechtsreform, in: FS Schwerdtner (2003) 247

WIESER, Eine Revolution des Schuldrechts, NJW 2001, 121

WILHELM, Schuldrechtsreform 2001, JZ 2001, 861

vWILMOWSKY, Pflichtverletzungen im Schuldverhältnis – Die Anspruchs- und Rechtsgrundlagen des neuen Schuldrechts, Beilage zu JuS Heft 1/2002

ZIMMER, Das neue Recht der Leistungsstörungen, NJW 2002, 1

ZIMMERMANN, Konturen eines europäischen Vertragsrechts, JZ 1995, 477

ders, Schuldrechtsmodernisierung?, JZ 2001, 171.

Systematische Übersicht

III. Verantwortlichkeit des Schuldners — 22

Alphabetische Übersicht

I. Das Leistungsstörungsrecht nach der Schuldrechtsreform

Das BGB behandelt in §§ 241–265 den Inhalt der geschuldeten Leistung, ins- **1** besondere die verschiedenen vornehmlich wichtigen oder der Regelung bedürftigen Leistungsgegenstände (Gattungsschuld, Geldschuld, Zinsschuld, Schadensersatz, Aufwendungen, Rechenschaftsablegung, Wahlschuld), und in §§ 266–274 Ort, Zeit und Art der Leistung, dh wo, wann und wie sie zu bewirken ist. Die normale Entwicklung des Schuldverhältnisses besteht darin, daß die Forderung des Gläubigers am rechten Ort zur rechten Zeit und in der richtigen Weise erfüllt wird. Damit hat dann das Schuldverhältnis seine Funktion erfüllt und erlischt (§ 362). Das Schuldverhältnis kann sich aber auch *regelwidrig entwickeln*: Die Leistung wird nicht am gehörigen Ort, nicht zur gehörigen Zeit oder nicht in der gehörigen Art erfüllt oder sie bleibt ganz aus. Auch für diese seit HEINRICH STOLL sog **Leistungsstörungen** muß das Gesetz Vorsorge treffen.

2 Vor der Schuldrechtsreform hatte das BGB lediglich *zwei* Gruppen dieser Leistungsstörungen behandelt, nämlich die nachträgliche Unmöglichkeit (§§ 275–283 aF, 323–325 aF) und den Verzug (§§ 284–292 aF, 326 aF). Seit STAUB wußte man, daß diese Sachbehandlung insofern *nicht erschöpfend* war, als sie eine Reihe von Fällen regelwidriger Entwicklung eines Schuldverhältnisses nicht erfaßte, die weder der Unmöglichkeit noch dem Verzug untergeordnet werden können. Man bezeichnete diese Fälle, die STAUB positive Vertragsverletzung genannt hatte, als positive Forderungsverletzung oder *Schlechtleistung*.

3 Im Zuge der am 1. Januar 2002 in Kraft getretenen **Schuldrechtsreform** (zu ihrer Entwicklung in bezug auf das Leistungsstörungsrecht s Vorbem 2 ff zu §§ 280–285 sowie STAUDINGER/ LÖWISCH [2001] Vorbem 5 ff zu §§ 275–283; Überblick über die Regelungen bei HABERMANN/HORN/ LÖWISCH/MARTINEK/REUTER, Das Schuldrechtsmodernisierungsgesetz – seine Auswirkungen auf J von Staudingers Kommentar zum BGB [2002]) hat der Gesetzgeber mit der Neufassung der §§ 275–292 und 323–326 die Regelung der Leistungsstörungen unter dem Dach eines einheitlichen Instituts der **Pflichtverletzung** zusammengeführt: Ausgehend von der Neufassung des § 241, der nicht mehr nur in seinem Abs 1 die (Haupt-)Leistungspflicht als Inhalt des Schuldverhältnisses formuliert, sondern in Abs 2 auch bestimmt, daß das Schuldverhältnis (Neben-)Pflichten zur Rücksichtnahme auf die Rechtsgüter und Interessen des anderen Teils enthalten kann, wird einerseits das Schicksal der Leistungspflichten im Falle von Unmöglichkeit und Unzumutbarkeit in §§ 275, 285 Abs 1 geregelt (dazu Rn 12 ff). Andererseits werden die Folgen einer Verletzung dieser Pflichten in den §§ 280–284, 285 Abs 2 und §§ 323–326 bestimmt (Überblick zu diesen Regelungen bei STAUDINGER/OTTO Vorbem 9 ff zu §§ 280–285).

4 Die Schuldrechtsreform hat auch das Institut des **Verschuldens bei Vertragsschluß** kodifiziert: Nach § 311 Abs 2 entsteht ein Schuldverhältnis mit Pflichten nach § 241 Abs 2 auch durch die Aufnahme von Vertragsverhandlungen und die Anbahnung eines Vertrags oder ähnliche geschäftliche Kontakte. Nach § 311 Abs 3 ist die Entstehung eines solchen Schuldverhältnisses auch zu Dritten möglich, wenn diese in besonderem Maße für sich Vertrauen in Anspruch nehmen und dadurch die Vertragsverhandlungen oder den Vertragsschluß erheblich beeinflussen (dazu CANARIS JZ 2001, 499, 519; kritisch zur Neuregelung RIEBLE, Die Kodifikation der culpa in contrahendo, in: DAUNER-LIEB ua, Das neue Schuldrecht in der Praxis [2003] 137). S STAUDINGER/LÖWISCH (voraussichtlich 2006) § 311.

5 Das neue Leistungsstörungsrecht hat die bisherige Nichtigkeitsfolge bei **anfänglicher objektiver Unmöglichkeit** in den §§ 306 ff aF beseitigt: Nach § 311a Abs 1 steht es der Wirksamkeit eines Vertrages nicht entgegen, daß der Schuldner nach § 275 Abs 1–3 nicht zu leisten braucht und das Leistungshindernis schon bei Vertragsschluß vorliegt. Auch kann der Gläubiger in diesem Fall in gleicher Weise wie bei der nachträglich eingetretenen Unmöglichkeit oder Unzumutbarkeit Schadensersatz statt der Leistung oder Ersatz seiner Aufwendungen in dem in § 284 bestimmten Umfang verlangen (§ 311a Abs 2 S 1). Lediglich für das Vermächtnis hat § 2171 die Unwirksamkeitsfolge aufrecht erhalten.

6 Wie sich aus §§ 280 Abs 1 S 2, 286 Abs 4 und § 311a Abs 2 S 2 ergibt, wird das Recht der Leistungsstörungen vom **Prinzip der Verantwortlichkeit des Schuldners** als Zurechnungsgrund beherrscht. S dazu Rn 22 ff und § 276 Rn 1 ff.

Ersatzlos gestrichen hat die Schuldrechtsreform die bisherige Bestimmung des § 283 **7**
aF, nach welcher der Gläubiger dem **rechtskräftig zur Leistung verurteilten Schuldner**
eine Frist mit der Erklärung bestimmen konnte, daß er die Annahme der Leistung
nach dem Ablauf der Frist ablehne, und danach Schadensersatz wegen Nichterfüllung
verlangen konnte. Der Gesetzgeber hielt die Bestimmung für überflüssig, weil der
Gläubiger dem Schuldner nunmehr gem § 281 allgemein eine Frist setzen und nach
deren erfolglosem Ablauf Schadensersatz statt der Leistung verlangen kann (Begr RE
BT-Drucks 14/6040, 137). Konsequenz der Aufhebung ist freilich, daß der Schuldner
nunmehr auch nach rechtskräftiger Verurteilung zur Leistung gegen einen danach
geltend gemachten Anspruch auf Schadensersatz statt der Leistung noch einwenden
kann, daß bereits vor Rechtskraft eine von ihm *nicht* zu vertretende Unmöglichkeit
oder Unzumutbarkeit eingetreten war; das war ihm bisher verschlossen (vgl STAUDIN-
GER/LÖWISCH [2001] § 283 Rn 1 ff; DEDEK 193; zur Aufhebung SCHUR NJW 2002, 2518 und GSELL JZ
2004, 110 ff).

Im wesentlichen unberührt geblieben von der Schuldrechtsreform sind die **8**
§§ 293–304 über den **Gläubigerverzug**. Lediglich die Regelung des § 296 über die
Entbehrlichkeit des Angebots ist verändert worden (s Vorbem 2 zu §§ 293–304).

Für das Recht der Leistungsstörungen gilt die allgemeine **Überleitungsvorschrift** des **9**
Art 229 § 5 EGBGB. Maßgebend für die Anwendung des neuen Rechts ist danach,
ob das Schuldverhältnis als Ganzes am 1.1. 2002 oder später entstanden ist (vgl
STAUDINGER/LÖWISCH [2003] Art 229 § 5 EGBGB Rn 5 ff, 9 ff). Eine Abweichung von den
Überleitungsgrundsätzen des Art 229 § 5 EGBGB durch die Wahl des alten oder
neuen Rechts ist grundsätzlich möglich (STAUDINGER/LÖWISCH [2003] Art 229 § 5 EGBGB
Rn 46 ff).

Für grenzüberschreitende **Kaufverträge** ist das **CISG** zu beachten. Danach haftet der **10**
Verkäufer für die Unmöglichkeit der Leistung der Kaufsache wie für jede andere
Verletzung seiner Leistungspflicht: Der Käufer kann nach näherer Bestimmung der
Art 45 ff verlangen, daß der Vertrag mit den Folgen der Art 81 ff aufgehoben wird.
Ihm steht der in Art 74 ff näher geregelte Schadensersatzanspruch zu, der allerdings
gem Art 79 ausgeschlossen ist, wenn der Hinderungsgrund außerhalb des Einfluß-
bereichs des Verkäufers liegt. Zum Anwendungsbereich des CISG vgl STAUDINGER/
MAGNUS (1999) Wiener UN-Kaufrecht (CISG) Erl zu Art 1–6; s zum CISG weiter
SCHWENZER, Das UN-Abkommen zum internationalen Warenkauf, NJW 1990,
602 ff; SCHLECHTRIEM/SCHWENZER, CISG, insbesondere Erl zu Art 45 ff (MÜLLER-
CHEN), zu Art 61 ff (HAGER), zu Art 74 ff (STOLL/GRUBER).

Das heutige Recht der Leistungsstörungen wird zunehmend durch **Rechtsakte der** **11**
EG geprägt. Zu nennen sind insbesondere die durch die Schuldrechtsmodernisierung
umgesetzten Richtlinien über den Zahlungsverzug im Geschäftsverkehr und über
den Verbrauchsgüterkauf (siehe zu diesen und weiteren einschlägigen Rechtsakten die Sammlung von MAGNUS, Europäisches Schuldrecht. Verordnungen und Richtlinien [2002]). Einen wei-
terführenden Aktionsplan für „Ein kohärenteres Europäisches Vertragsrecht" hat
die EG-Kommission am 12.2. 2003 vorgelegt (KOM [2003] 68 endg; dazu STAUDENMAYER,
Der Aktionsplan der EG-Kommission zum Europäischen Vertragsrecht, EuZW 2003, 165; NAJORK/
SCHMIDT-KESSEL, Der Aktionsplan der Kommission für ein kohärenteres Vertragsrecht: Überlegungen zu den von der Kommission vorgeschlagenen Maßnahmen, GPR 2003/2004, 5). Darin schlägt

sie drei Maßnahmen vor, welche im Schwerpunkt das Leistungsstörungsrecht betreffen: die Schaffung eines – informellen – „gemeinsamen Referenzrahmens", der bei der Systematisierung des vorhandenen Gemeinschaftsrechts helfen soll, die Förderung der Erarbeitung gemeinschaftsweiter allgemeiner Geschäftsbedingungen sowie die Diskussion über ein „optionales Instrument", eine von den Vertragsparteien wählbare oder abwählbare Vertragsrechtsordnung. Die wichtigsten Vorarbeiten zu Referenzrahmen und optionalem Instrument finden sich im Entwurf eines *Code Européen des Contrats* (s Gandolfi, Code Européen des Contrats [2002]) und vor allem in den *Principles of European Contract Law* (Lando/Beale, Principles of European Contract Law, Parts I and II [1999] [deutsche Fassung: vBar/Zimmermann, Grundregeln des Europäischen Vertragsrechts, Teile I und II (2002)] sowie Lando/Clive/Prum/Zimmermann, Principles of European Contract Law, Part III [2003]) und den darauf aufbauenden Arbeiten der *Study Group on a European Civil Code* (s zu deren Stand http://www.sgecc.net). Inwieweit sich daraus eine Kodifizierung des Europäischen Privatrechts ergeben wird, läßt sich heute noch nicht absehen. S zum aktuellen Entwicklungsstand Schmidt-Kessel, Auf dem Weg zu einem Europäischen Vertragsrecht, RIW 2003, 481 mwN. S allgemein zum Einfluß des Europäischen Gemeinschaftsrechts auf das Schuldrecht und zur Entwicklung eines einheitlichen europäischen Schuldrechts Staudinger/ J Schmidt (1995) Einl 85 ff, 92 ff zu §§ 241 ff und künftig Staudinger/Olzen Einl zu § 241 ff.

II.　Unmöglichkeit und Unzumutbarkeit der Leistung

12 Nach § 275 Abs 1 ist der Anspruch auf Leistung ausgeschlossen, soweit diese für den Schuldner oder für jedermann unmöglich ist. Gemeint ist damit, daß der Gläubiger im Falle der Unmöglichkeit keinen Anspruch auf Erbringung der ursprünglich geschuldeten Leistung mehr hat. Nicht etwa wird infolge der Unmöglichkeit der Schuldner überhaupt von seiner Leistungspflicht frei. Diese verwandelt sich nur unter den zusätzlichen Voraussetzungen der §§ 280 ff in Ansprüche auf Schadensersatz statt und neben der Leistung (s dazu Staudinger/Otto Vorbem 12 ff, 17 ff zu §§ 280–285). Außerdem hat der Gläubiger gem § 285 Abs 1 den Anspruch auf Herausgabe eines vom Schuldner für den geschuldeten Gegenstand erlangten Ersatzes oder Ersatzanspruchs. S dazu im einzelnen § 275 Rn 1 ff.

13 § 275 Abs 1 betrifft nur die eigentliche Unmöglichkeit der Leistung. Deren **Unzumutbarkeit** hat durch die Schuldrechtsreform in § 275 Abs 2 und 3 eine ausdrückliche Regelung gefunden, die von der bisherigen parallelen Behandlung zur Unmöglichkeit abweicht. Der Anspruch auf die ursprüngliche Leistung ist bei Unzumutbarkeit nicht ausgeschlossen. Vielmehr erhält der Schuldner ein Leistungsverweigerungsrecht, dessen Voraussetzungen unterschiedlich ausgestaltet sind, je nach dem, ob es sich um eine persönlich zu erbringende Leistung handelt oder nicht.

14 Die Regelung des § 275 gilt für rechtsgeschäftlich begründete wie für gesetzliche Schuldverhältnisse. Die Rechtsfolgen von Unmöglichkeit und Unzumutbarkeit sind dort aber nicht erschöpfend behandelt. Für **gegenseitige Verträge gilt ergänzend § 326.** Besonders geregelt sind weiter die (anfängliche und nachträgliche) Unmöglichkeit bei der Wahlschuld (§ 265), die Unmöglichkeit der Rückgabe einer durch eine unerlaubte Handlung entzogenen Sache (§ 848) und der Herausgabe beim

Bereicherungsanspruch (§§ 818 ff) sowie die Folgen der Unmöglichkeit der Rückgewähr im Falle eines Rücktrittsrechts (§ 346 Abs 2 und 3).

Die Regelungen des BGB über Voraussetzungen und Folgen von Unmöglichkeit und **15** Unzumutbarkeit sind mit Ausnahme des § 276 Abs 3 **dispositiv**. Doch richten die §§ 305 ff für Abmachungen in **Allgemeinen Geschäftsbedingungen** Schranken auf. Insbesondere ist eine Bestimmung unwirksam, die für den Fall der vom Verwender der AGB zu vertretenden Pflichtverletzung – und damit auch der vom Verwender zu vertretenden Unmöglichkeit oder Unzumutbarkeit – das Recht des anderen Vertragsteils einschränkt, sich vom Vertrag zu lösen, § 309 Nr 8a (s künftig Erl bei STAU-DINGER/COESTER-WALTJEN zu § 309).

§ 275 betrifft nur die Fälle der *endgültig* unmöglich oder unzumutbar gewordenen, **16** nicht die der bloß *verspäteten* Leistung. Die Leistungsverspätung ist in den Vorschriften über den Schuldnerverzug (§§ 280 Abs 2, 286 – 292) geregelt. Im Einzelfall kann aber auch die Verspätung der Leistung zu deren Unmöglichkeit führen, nämlich dann, wenn die Einhaltung der vorgesehenen Leistungszeit unverzichtbar ist, um dem Interesse zu genügen, welches der Gläubiger nach dem Inhalt des Schuldverhältnisses mit der Leistung verbindet. Vgl zur Abgrenzung zwischen bloßer Leistungsverzögerung und Unmöglichkeit sowie Unzumutbarkeit im einzelnen Vorbem 6 ff und 15 ff zu §§ 286–292.

Ist die Leistung dauernd unmöglich geworden oder hat der Schuldner die Leistung **17** nach § 275 Abs 2 oder 3 verweigert, schließt das Annahmeverzug aus (vgl dazu Vorbem 5 ff zu §§ 293–304).

Die Frage, ob bei **Untergang des Substrats eines dinglichen Rechts**, etwa bei der **18** Zerstörung eines Hauses, für das ein Wohnrecht besteht, das dingliche Recht untergeht oder der Eigentümer zur Wiederherstellung des Substrats verpflichtet ist, kann nicht nach § 275, sondern muß nach dem Sinngehalt der Vorschrift über das betreffende dingliche Recht entschieden werden (zutr insoweit BGHZ 7, 268, 272 ff). Dagegen kann § 275 auf die *Leistungspflichten aus einer Reallast* (§§ 1105 ff) und die *Unterhaltungspflichten bei der Grunddienstbarkeit* (§§ 1021, 1022) angewandt werden, wenn deren Erfüllung dem Eigentümer teilweise unmöglich wird (ebenso BGB-RGRK/ALFF § 275 Rn 5; offengelassen in RG LZ 1922, 328).

Im Bereich des öffentlichen Rechts sind die Vorschriften über die Unmöglichkeit und **19** Unzumutbarkeit gem der ausdrücklichen Regelung des § 62 VwVfG vom 25. 5. 1976 und der entsprechenden Verwaltungsverfahrensgesetze der Länder auf **öffentlich-rechtliche Verträge** ergänzend anzuwenden (hierzu MEYER NJW 1977, 1711 f und – einschränkend – BULLINGER DöV 1977, 812 ff; vgl auch DÖTSCH NWVBl 2001, 385, 386 f). Gleiches gilt nach § 17 Abs 2 BLG für die Nichterfüllung von Leistungen, die nach diesem Gesetz angefordert worden sind.

Im übrigen muß bei **öffentlich-rechtlichen Schuldverhältnissen** von Fall zu Fall fest- **20** gestellt werden, ob nach dem Sinn und Zweck der entsprechenden Gesetze die Vorschrift des § 275 anwendbar sein soll. So ist die Anwendung bei *öffentlich-rechtlichen Verwahrungsverhältnissen* regelmäßig zu bejahen (vgl BGH WM 1973, 1416 für die Anwendung von § 275 aF). Auf der anderen Seite kann § 275 auf die Verpflichtung zur

Rückgabe einer nach dem BLG angeforderten Sache nicht angewandt werden, weil insoweit § 26 BLG eine abschließende Regelung trifft. S zum Ganzen etwa MAURER, Allgemeines Verwaltungsrecht (14. Aufl 2002) § 29 Rn 4 ff.

21 Zur Geltung des Verschuldensprinzips und damit zur Anwendung des § 276 im öffentlichen Recht s § 276 Rn 11.

III. Verantwortlichkeit des Schuldners

22 Der Schuldner haftet für die Pflichtverletzungen nur, wenn er diese zu verantworten hat. Dieses Prinzip folgt aus den §§ 276–278. Im Vordergrund steht dabei die **Verantwortung für eigenes Verschulden**: Nach § 276 Abs 1 S 1 hat der Schuldner regelmäßig Vorsatz und Fahrlässigkeit zu vertreten. Nach § 276 Abs 1 S 2 scheidet eine Haftung aus, wenn es dem Schuldner an der Verschuldensfähigkeit gebricht (dazu § 276 Rn 105 ff).

23 Nach der Neufassung von § 276 Abs 1 S 1 wird die Verantwortlichkeit für Vorsatz und Fahrlässigkeit verdrängt, wenn eine **strengere oder mildere Haftung** bestimmt oder aus dem sonstigen Inhalt des Schuldverhältnisses, insbesondere aus der Übernahme einer Garantie oder eines Beschaffungsrisikos zu entnehmen ist. Mit dieser Regelung nimmt die Vorschrift einerseits auf die Fälle Bezug, in denen Gesetz oder Vertrag einen **anderen Verschuldensmaßstab** als Vorsatz oder Fahrlässigkeit iS des Außerachtlassens der verkehrserforderlichen Sorgfalt (§ 276 Abs 2) festlegen, insbesondere die Haftung auf grobe Fahrlässigkeit oder die eigenübliche Sorgfalt (§ 277) beschränken (zu diesen Fällen § 276 Rn 110 ff und 114 ff). Andererseits werden so die Fälle in § 276 einbezogen, in denen der Schuldner die Verletzung einer Pflicht ohne Rücksicht auf Verschulden zu verantworten hat, insbesondere weil er eine Garantie übernommen hat oder ihn das Beschaffungsrisiko trifft. Damit hat auch die früher in dem durch die Schuldrechtsreform aufgehobenen § 279 enthaltene verschuldensunabhängige Verantwortlichkeit des Schuldners für die Leistung aus der Gattung nunmehr ihren Platz in § 276 Abs 1 S 1 gefunden. S im einzelnen § 276 Rn 143 ff und 148 ff.

24 Die Verantwortlichkeit des Schuldners **für seinen gesetzlichen Vertreter und seine Erfüllungsgehilfen** ist wie bisher in § 278 geregelt. Wenn dabei auch der Wortlaut unverändert geblieben ist, muß doch beachtet werden, daß infolge des Verweises auf das Verschulden des gesetzlichen Vertreters oder der Erfüllungsgehilfen die Neuregelung des § 276 auch für die Haftung für diese gilt (§ 278 Rn 55 ff und Rn 110 ff).

§ 275*
Ausschluss der Leistungspflicht

(1) Der Anspruch auf Leistung ist ausgeschlossen, soweit diese für den Schuldner oder für jedermann unmöglich ist.

---

* **Amtlicher Hinweis:** Diese Vorschrift dient auch der Umsetzung der Richtlinie 1999/44/EG des Europäischen Parlaments und des Rates vom 25. Mai 1999 zu bestimmten Aspekten des Verbrauchsgüterkaufs und der Garantien für Verbrauchsgüter (ABl. EG Nr. L 171 S. 12).

(2) Der Schuldner kann die Leistung verweigern, soweit diese einen Aufwand erfordert, der unter Beachtung des Inhalts des Schuldverhältnisses und der Gebote von Treu und Glauben in einem groben Missverhältnis zu dem Leistungsinteresse des Gläubigers steht. Bei der Bestimmung der dem Schuldner zuzumutenden Anstrengungen ist auch zu berücksichtigen, ob der Schuldner das Leistungshindernis zu vertreten hat.

(3) Der Schuldner kann die Leistung ferner verweigern, wenn er die Leistung persönlich zu erbringen hat und sie ihm unter Abwägung des seiner Leistung entgegenstehenden Hindernisses mit dem Leistungsinteresse des Gläubigers nicht zugemutet werden kann.

(4) Die Rechte des Gläubigers bestimmen sich nach den §§ 280, 283 bis 285, 311a und 326.

Materialien: E I § 237; II §§ 232, 235 S 1; III § 269; JAKOBS/SCHUBERT SchR I 209; KE 117; DE 16, 306; KF 10; RE BT-Drucks 14/6040, 6, 126; Beschlußempfehlung und Bericht d Rechtsausschusses, BT-Drucks 14/7052, 17, 271.

Schrifttum

1. Vor der Schuldrechtsreform
BALLERSTEDT, Zur Lehre vom Gattungskauf, in: FS Nipperdey (1955) 264
BEUTHIEN, Zweckerreichung und Zweckstörung im Schuldverhältnis (1969)
BITTNER, Zivilrechtliche Folgen von Handelsbeschränkungen, ZVglRWiss 93 (1994) 268
COING, Zum Begriff der Teilunmöglichkeit, SJZ 1949, 532
EHMANN/KLEY, Unmöglichkeitslehre, JuS 1998, 481
FABRICIUS, Leistungsstörungen im Arbeitsverhältnis (1970)
GOLDE, Nachträgliche Unmöglichkeit oder Verzug bei Unterlassungsverbindlichkeiten?, AcP 99 (1906) 306
GSELL, Beschaffungsnotwendigkeit und Leistungspflicht: Die Haftung des Gattungsverkäufers beim Eintritt nachträglicher Erfüllungshindernisse (1998)
HOFHERR, Die illegale Beschäftigung ausländischer Arbeitnehmer und ihre arbeitsvertragsrechtlichen Folgen (1999)
HUBER, Verpflichtungszweck, Vertragsinhalt und Geschäftsgrundlage, JuS 1972, 57
ders, Zur Auslegung des § 275 BGB, in: FS Gaul (1997) 217

H H JAKOBS, Unmöglichkeit und Nichterfüllung, 1969 (mit Besprechung E LOPAU AcP 174 [1974] 78)
D KAISER, Die Rückabwicklung gegenseitiger Verträge wegen Nicht- und Schlechterfüllung nach BGB (2000)
KAPLAN, Die teilweise Unmöglichkeit der Leistung nach dem BGB (1940)
KÖHLER, Unmöglichkeit und Geschäftsgrundlage bei Zweckstörungen und im Schuldverhältnis (1971)
KRÜCKMANN, Unmöglichkeit und Unmöglichkeitsprozeß, AcP 101 (1907) 1
H LEHMANN, Unterlassungspflicht (1906) 231
LEMPPENAU, Gattungsschuld und Beschaffungspflicht (1972)
vMAYDELL, Geldschuld und Geldwert (1974)
MEDICUS, „Geld muß man haben". Unvermögen und Schuldnerverzug bei Geldmangel, AcP 188 (1988) 489
MEINCKE, Nachträgliche Unmöglichkeit beim gegenseitigen Vertrag, AcP 171 (1971) 19
MOMMSEN, Unmöglichkeit der Leistung (1853)
MOTZER, Schutzpflichtverletzung und Leistungsunmöglichkeit, JZ 1983, 884
NIPPERDEY, Vertragstreue und Nichtzumutbarkeit der Leistung (1921)

Manfred Löwisch

RABEL, Unmöglichkeit der Leistung, in: FS E J Becker (1907)

ders, Über Unmöglichkeit der Leistung und heutige Praxis, RheinZ 3, 467

ROGOWSKI, Die Zuwiderhandlung gegen die Unterlassungsverbindlichkeiten und ihre Rechtsfolgen (1907)

ROTH, Das nachträgliche Unvermögen des Schuldners, JuS 1968, 101

SCHERNER, Qualifizierte Teilnichterfüllung als Vollunmöglichkeit oder Quasi-Vollunmöglichkeit der geschuldeten Leistung, JZ 1971, 533

SCHNORR VON CAROLSFELD, Zur objektiven und subjektiven Unmöglichkeit, in: FS R Reinhardt (1972) 151

SIMITIS, Bemerkungen zur rechtlichen Sonderstellung des Geldes, AcP 159 (1960) 406

TITZE, Die Unmöglichkeit der Leistung nach dem Bürgerlichen Recht (1900).

Zum älteren Schrifttum vgl außerdem STAUDINGER/LÖWISCH (2001) § 275.

2. Zur und nach der Schuldrechtsreform

ARNOLD, Die vorübergehende Unmöglichkeit nach der Schuldrechtsreform, JZ 2002, 866

CANARIS, Die Behandlung nicht zu vertretender Leistungshindernisse nach § 275 Abs. 2 BGB beim Stückkauf, JZ 2004, 214

FISCHER, Der Ausschluss der Leistungspflicht im Falle der Unmöglichkeit im Entwurf des Schuldrechtsmodernisierungsgesetzes (§ 275 RegE), DB 2001, 1923

GOTTHARDT/GREINER, Leistungsbefreiung bei Krankheit des Arbeitnehmers nach § 275 Abs 1 oder 3 BGB, DB 2002, 2106

HENSSLER/MUTHERS, Arbeitsrecht und Schuldrechtsmodernisierung, ZGS 2002, 219

KNÜTEL, Zur Gleichstellung von zu vertretender und nicht zu vertretender Unmöglichkeit in § 275 im Regierungsentwurf zur Schuldrechtsmodernisierung, JR 2001, 353

LOBINGER, Die Grenzen rechtsgeschäftlicher Leistungspflichten. Zugleich ein Beitrag zur Korrekturbedürftigkeit der §§ 275, 311a, 313 BGB (2004)

LORENZ, Zur Abgrenzung von Teilleistung, teilweiser Unmöglichkeit und teilweiser Schlechtleistung im neuen Schuldrecht, NJW 2003, 3097

MAIER-REIMER, Totgesagte leben länger! Die Unmöglichkeit aus der Sicht der Praxis, in: DAUNER-LIEB ua, Das neue Schuldrecht in der Praxis (2003) 291

PICKER, Schuldrechtsreform und Privatautonomie – zur Neuregelung der Schuldnerpflichten bei zufallsbedingter Leistungsstörung nach § 275 Abs 2 und § 313 BGB, JZ 2003, 1035

RAUSCHER, Die von beiden Seiten zu vertretende Unmöglichkeit im neuen Schuldrecht, ZGS 2002, 333

SCHLECHTRIEM, Die Unmöglichkeit – ein Wiedergänger, in: FS Sonnenberger (2004) 125

SCHLÜTER, Leistungsbefreiung bei Leistungserschwerungen. Zur Konkurrenz der Befreiungstatbestände im neuen Schuldrecht (§§ 275, 313, 314 BGB), ZGS 2003, 346

WIESER, Schuldrechtsreform – Die Unmöglichkeit der Leistung nach neuem Recht, MDR 2002, 858

WILHELM/DEEG, Nachträgliche Unmöglichkeit und nachträgliches Unvermögen, JZ 2001, 223.

Vgl außerdem das Schrifttum zu den Vorbem zu §§ 275–278.

Systematische Übersicht

Alphabetische Übersicht

Manfred Löwisch

I. Allgemeines

1 § 275 betrifft den Anspruch auf die **ursprünglich geschuldete Leistung**. Dieser wird ausgeschlossen, wenn die Erbringung der Leistung unmöglich ist (Abs 1). Seine Erfüllung kann verweigert werden, wenn sie für den Schuldner unzumutbar ist (Abs 2 und 3).

2 Hat der Schuldner die Unmöglichkeit oder Unzumutbarkeit **nicht zu vertreten**, hat es mit dem Ausschluß der Leistungspflicht grundsätzlich sein Bewenden. Die „Leistungsgefahr" trägt nicht er, sondern der Gläubiger. Dieser kann lediglich gem Abs 4, § 285 Herausgabe eines etwaigen Ersatzes oder Abtretung eines etwaigen

Ersatzanspruchs verlangen. Für den **gegenseitigen Vertrag** korrespondiert der Vorschrift nach Abs 4 allerdings § 326. Danach wird im Falle der nicht zu vertretenden Unmöglichkeit oder Unzumutbarkeit der Leistung auch der Gläubiger regelmäßig von seiner Gegenleistungspflicht befreit, so daß die „Gegenleistungsgefahr" nicht er, sondern der Schuldner trägt. Zur Leistungsgefahr im Falle der Unzumutbarkeit s noch Rn 71 ff.

Hat der Schuldner die Unmöglichkeit oder Unzumutbarkeit der Leistung **zu vertre- 3 ten**, tritt an die Stelle des ausgeschlossenen Anspruchs auf die Leistung nach Abs 4, §§ 283, 280 Abs 1 der Anspruch auf Schadensersatz statt der Leistung, an dessen Stelle der Gläubiger nach Maßgabe des § 284 auch Ersatz seiner vergeblichen Aufwendungen verlangen kann.

Neben dem Schadensersatz statt der Leistung bzw dem Ersatz vergeblicher Auf- 4 wendungen kann der Gläubiger nach Abs 4 iVm § 280 Abs 1 den Ersatz von **Schäden an sonstigen Rechtsgütern** verlangen, die infolge der Pflichtwidrigkeit, die zur Unmöglichkeit oder Unzumutbarkeit geführt hat, eingetreten sind. Hat etwa die fehlerhafte Verpackung der Ware sowohl deren Zerstörung verursacht als auch zur Verletzung des Gläubigers beim Abladevorgang geführt, kann neben dem Schadensersatz für die zerstörte Ware Schadensersatz wegen der Verletzung verlangt werden. S dazu STAUDINGER/OTTO § 280 Rn C 22 ff.

Unabhängig von Abs 4, §§ 283, 280 Abs 1 kann der Gläubiger Schadensersatz statt 5 der Leistung nach §§ 281, 280 Abs 1 verlangen, wenn er dem Schuldner erfolglos eine **angemessene Frist zur Leistung** bestimmt hat (§ 281 Abs 1 S 1) oder wenn dieser die Leistung ernsthaft und endgültig verweigert oder besondere Umstände vorliegen, die unter Abwägung der beiderseitigen Interessen die sofortige Geltendmachung des Schadensersatzanspruchs rechtfertigen (§ 281 Abs 2). Dieser Weg kann für den Gläubiger vorteilhaft sein, weil er den Nachweis der Unmöglichkeit oder Unzumutbarkeit der Leistung nicht voraussetzt. Im Falle der Verletzung einer Pflicht nach § 241 Abs 2 kommt nach §§ 282, 280 Abs 1 ein Anspruch auf Schadensersatz statt der Leistung auch in Betracht, wenn dem Gläubiger die Leistung durch den Schuldner nicht mehr zuzumuten ist (s hierzu STAUDINGER/OTTO § 282 Rn 14 ff).

Die Schuldrechtsreform hat die Unterschiedlichkeit der Regelung **nachträglicher und 6 anfänglicher Unmöglichkeit** im Prinzip aufgegeben (Vorbem 5 zu §§ 275–278). Dementsprechend erfaßt § 275 die anfängliche Unmöglichkeit grundsätzlich in gleicher Weise wie die nachträgliche Unmöglichkeit. Eine Sonderregel enthält aber der in Abs 4 in Bezug genommene § 311a Abs 2. Danach kann der Gläubiger Schadensersatz statt der Leistung oder Ersatz seiner Aufwendungen dann verlangen, wenn der Schuldner das Leistungshindernis bei Vertragsschluß kannte oder kennen mußte (s dazu STAUDINGER/LÖWISCH [voraussichtlich 2006] § 311a). Zu den Fällen der von Anfang an verbotenen Leistung s Rn 32.

II. Unmöglichkeit

1. Tatsächliche Unmöglichkeit

Unmöglich ist eine Leistung, die tatsächlich nicht erbracht werden kann. Hierher 7 gehört zunächst der Fall, daß der geschuldete Gegenstand **untergeht**, insbesondere vom Schuldner oder von Dritten zerstört wird (BGHZ 2, 268, 270: Zerstörung der zu liefernden Sache durch Besatzungsmacht; OLG Oldenburg NJW 1975, 1788: Verrottenlassen eines Pkw durch den Schuldner). Das gilt auch bei Zerstörung einer vermieteten Sache (BGH LM § 537 BGB Nr 44; OLG Karlsruhe NJW-RR 1995, 849).

8 **Verschlechterungen** des Leistungsgegenstandes sind der vollständigen Unmöglichkeit gleichzusetzen, wenn dieser infolge der Verschlechterung wirtschaftlich ein völlig anderer Gegenstand ist (OLG Oldenburg NJW 1975, 1788; OLG Zweibrücken OLGZ 70, 306; abw SCHMIDT-KESSEL, System § 7 I 1 a: Bewältigung nach § 275 Abs 2). Im übrigen kann die Verschlechterung eine teilweise Unmöglichkeit darstellen (s Rn 51). Andere **Veränderungen** des Leistungsgegenstandes, insbesondere seine **Verarbeitung**, führen in der Regel ebenfalls zur Unmöglichkeit der Leistung. Hat etwa der Verkäufer eines gebrauchten Elektromotors diesen auf einen anderen Maschinentyp umgerüstet, so ist die Leistung unmöglich, wenn der Käufer mit dem umgerüsteten Motor nichts anfangen kann. Ausnahmsweise tritt in solchen Fällen aber dann keine Unmöglichkeit ein, wenn entweder der ursprüngliche Zustand des Leistungsgegenstandes wieder hergestellt werden oder die Leistung trotz der Veränderung ihren Zweck erfüllen kann. Wollte im Beispielsfall der Gläubiger den Motor in gleicher Weise umrüsten, wie es der Schuldner getan hat, wäre es ein Verstoß gegen Treu und Glauben, wenn er unter Hinweis auf die Veränderung sich auf die Unmöglichkeit der Leistung (und damit für die Gegenleistung auf § 326 Abs 1 S 1) berufen wollte. Ist die Leistung auch nach einer Veränderung möglich geblieben, so ist sie notwendigenfalls sinngemäß an die vertraglich vorgesehene Leistung anzupassen. So wird die Leistung einer bestimmten Menge von auf dem Stamm verkauften Holz durch zwischenzeitlichen Zuwachs nicht unmöglich, wohl aber ist die zu schlagende Waldfläche entsprechend anzupassen (BGH BB 1958, 281).

9 Tatsächliche Unmöglichkeit liegt auch vor, wenn bei einem **absoluten Fixgeschäft** die festgesetzte Leistungszeit nicht eingehalten wird. Das absolute Fixgeschäft wird dadurch charakterisiert, daß nach dem Vertragsinhalt die *Leistungszeit so wesentlich ist*, daß eine spätere (oder frühere) Erbringung der Leistung diese *zu einer anderen* macht, als sie ursprünglich geschuldet war. In diesen Fällen ist nach Verstreichen der Leistungszeit die Erbringung der geschuldeten Leistung und nicht nur ihre geplante Verwendung unmöglich geworden (zutr KÖHLER 94 f gegen BEUTHIEN 163).

10 **Beispiele** für absolute Fixgeschäfte sind etwa die Fahrt zu einem bestimmten Sportereignis oder der Druck eines Programms für ein bestimmtes Fest, die auf einen ganz bestimmten Zeitraum festgelegte Urlaubsreise (BGHZ 60, 14, 16), die für einen bestimmten Zeitpunkt vorgesehene Luftbeförderung (AG Hamburg TranspR 1999, 210, das deshalb im Falle der dem Fluggast unbekannten Vorverlegung der Abflugzeit den Luftfrachtführer wegen zu vertretender Unmöglichkeit zum Schadensersatz verpflichtet hat), die Beschäftigung als Arbeitnehmer für einen fest bestimmten Zeitraum nach Ende der Ausbildung (vgl BAG AP Nr 154 § 1 TVG Tarifverträge: Metallindustrie), die Eröffnung eines neuen Kredits, wenn bei den gegebenen Verhältnissen nach der Verkehrsanschauung die Pünktlichkeit der Krediteröffnung wesentlich ist (OLG Hamburg LZ 1917, 1099 = Recht 1917 Nr 961). Auch die Verpflichtung eines Steuerberaters, eine Steuererklärung abzugeben, stellt dann ein absolutes Fixgeschäft dar, wenn sie die Pflicht beinhaltet, so rechtzeitig tätig zu werden, daß die Steuererklärung beim Finanzamt eingeht, bevor dieses die Besteuerungsgrundlagen für den Steuerschuldner unanfechtbar und unabänderbar geschätzt hat (BGHZ 84, 244, 249); allerdings wird im Regelfall eine solche zusätzliche Pflicht vom Steuerberater nicht übernommen (BGHZ 115, 382, 386 ff; in Abweichung von BGHZ 84, aaO). Hingegen macht der Umstand, daß Software rasch veraltet, deren Verkauf noch nicht zu einem absoluten Fixgeschäft. Es besteht kein Anlaß, in solchen Fällen den Anwendungsbereich der Verzugsvorschriften einzuschränken (zutr HUBER II 713 gegen OLG Frankfurt NJW 1998, 84).

Die absolute Befristung der Leistung kann sich nicht nur aus Vertrag, sondern auch **11** aus **Gesetz** ergeben. Beispiel ist der Urlaubsanspruch nach § 7 Abs 3 BUrlG. Zur teilweisen Unmöglichkeit infolge Zeitablaufs s Rn 53; zum relativen Fixgeschäft STAUDINGER/KAISER (2001) § 361 Rn 7 ff.

Die Leistung ist auch dann tatsächlich unmöglich, wenn eine erst herzustellende **12** Sache **nicht mehr hergestellt** werden kann. Stellt der Lieferant seine Produktion ein oder wird seine Produktionsstätte zerstört, so wird dem Verkäufer der herzustellenden Sache die Erfüllung des Kaufvertrages unmöglich, wenn nur der Lieferant die geschuldete Sache herstellen konnte, etwa, weil nur er über das hierfür notwendige Geheimverfahren verfügt (RGZ 57, 116, 119).

Auf **Gattungsschulden** kann Abs 1 grundsätzlich solange keine Anwendung finden, **13** wie diese noch nicht nach § 243 Abs 2 oder § 300 Abs 2 konkretisiert sind. Etwas anderes gilt nur dort, wo die Leistung **aus der Gattung überhaupt objektiv unmöglich** ist. Dies ist dann der Fall, wenn kein Stück der geschuldeten Gattung mehr vorhanden ist.

Auch bei Gattungsschulden tritt Unmöglichkeit ein, wenn es sich um ein **absolutes** **14** **Fixgeschäft** handelt (s dazu Rn 9 f) und nicht innerhalb der festbestimmten Zeit geleistet wird. Aus diesem Grund ist bei *Abladegeschäften* die Lieferung als unmöglich zu betrachten, wenn die Ware infolge von Kriegsereignissen nicht innerhalb der vereinbarten Zeit abgeladen werden kann (RGZ 88, 72). Dies gilt aber nur für sog Abladegeschäfte im weiteren Sinne, dh für solche, bei denen nicht der Abladehafen, sondern der Ankunftsort Erfüllungsort ist (RG JW 1929, 921).

Die Frage, ob die Leistung aus der Gattung möglich ist, hängt davon ab, wie die **15** Vertragsparteien den **Umfang der Gattung** bestimmt haben. Haben sie die Verpflichtung auf die Lieferung auf einen *bestimmten Vorrat*, auf eine *bestimmte Produktion* oder auf einen *bestimmten Beschaffungsort begrenzt*, so bleibt die Leistungspflicht nur solange bestehen, wie die Leistung aus der begrenzten Gattung möglich ist. Welchen Umfang die Gattung hat, richtet sich nach dem Willen der Vertragsparteien: Unter diesem Vorbehalt ist auf die folgenden, in der Rechtsprechung entschiedenen Fälle zu verweisen: Ist Ware aus einer bestimmten Ernte verkauft, so braucht nach deren Verbrauch nicht aus der nächsten Ernte geliefert werden (RG JW 1924, 807). Ist Kohle einer bestimmten Zeche verkauft, so erlischt die Lieferungsverpflichtung mit deren Stillegung (OLG Karlsruhe JZ 1972, 120; s auch RGZ 28, 220 und RG JW 1924, 1713). Auch die Beschlagnahme des Lieferwerks durch eine Besatzungsmacht kann zur Befreiung nach Abs 1 führen (OLG Braunschweig NJW 1947/48, 425). Der Brand der Fabrik, deren Erzeugnisse allein Gegenstand des Vertrages waren, befreit den Schuldner (OLG Hamburg OLGE 33, 208; ähnlich RG JW 1916, 118). Sind Holzmasten ab

Lagerplatz der X-Werke verkauft, so beschränkt sich die Lieferverpflichtung auf Masten der X-Werke (RGZ 108, 4, 9). Sollen Rohstoffe aus einem bestimmten Ursprungsland geliefert werden, das etwa aufgrund von kriegerischen Ereignissen auf unabsehbare Zeit nicht mehr produziert oder mit dem aufgrund eines Embargos Handelsbeziehungen nicht möglich sind (dazu Huber I 584 ff; Bittner ZVglRWiss 93 [1994] 268, 280 ff), bleibt eine Leistung aber solange möglich, wie Rohstoffe aus diesem Land auf dem Markt noch erhältlich sind (RGZ 88, 72, 75; dazu, daß der Schuldner den Vorrat regelmäßig ergänzen muß, soweit das möglich ist, Gsell 142 ff).

16 **Hat sich der Schuldner zur Leistung aus einem begrenzten Vorrat mehreren Gläubigern** gegenüber verpflichtet und reicht der Vorrat nicht für die Belieferung aller Gläubiger aus, so gilt in Anlehnung an den Rechtsgedanken des § 700 Abs 2 HGB der **Grundsatz der verhältnismäßigen Verteilung** der verfügbaren Ware an alle Abnehmer (s RGZ 84, 125; OLG Hamburg OLGE 32, 314; Lehmann, Kriegsbeschlagnahme [1916] 39; RG Recht 1918 Nr 306; RGZ 95, 264; OLG Augsburg JW 1919, 736; Medicus, BR Rn 256; Huber I 601 f; Gsell 159 ff; **abw** aber OLG Dresden JW 1917, 977, 978; RG Recht 1921 Nr 2347).

17 Daß bei einer Gattungsschuld nach dem Rn 13 bis 16 Gesagten die Leistungspflicht nach Abs 1 ausgeschlossen ist, bedeutet nicht, daß auch ein Anspruch auf **Schadensersatz statt der Leistung** nach Abs 4, §§ 283, 280 Abs 1 nicht in Betracht käme. Vielmehr richtet sich die Entscheidung dieser Frage nach dem jeweiligen Umfang der verschuldensunabhängigen Einstandspflicht des Gattungsschuldners, dazu § 276 Rn 149 ff.

18 Schon eine einmalige Zuwiderhandlung gegen eine **Unterlassungspflicht** macht deren Erfüllung regelmäßig tatsächlich unmöglich. Denn das auf Unterbleiben der Zuwiderhandlung gerichtete Gläubigerinteresse kann infolge der Zuwiderhandlung nicht mehr verwirklicht werden (BGHZ 52, 393, 398; BGHZ 37, 147, 151; Nastelski, Die Zeit als Bestandteil des Leistungsinhalts, JuS 1962, 289, 294; Lehmann AcP 96 [1904] 73). Ist die Unterlassungspflicht auf Dauer angelegt, wie bei einem Wettbewerbsverbot, begründet jede Zuwiderhandlung eine teilweise Unmöglichkeit (RGZ 54, 286, 288; kritisch hierzu Huber II 715 ff, der zum früheren Recht für die Anwendung der Grundsätze über die positive Forderungsverletzung eintrat). Entgegen einer von Köhler (Vertragliche Unterlassungspflichten, AcP 190 [1990] 496, 516; zust Palandt/Heinrichs Rn 15) vertretenen Auffassung gilt dies auch, wenn sich die Zuwiderhandlung im Ergebnis rückgängig machen läßt, zB der trotz eines Verkaufsverbots veräußerte Gegenstand zurückerworben werden kann. Eine Verpflichtung zur Rückgängigmachung folgt aus der Schadensersatzpflicht gem Abs 4, §§ 283, 280 Abs 1, 249 S 1 nur unter der Voraussetzung, daß der Schuldner die Zuwiderhandlung zu vertreten hat. Sie ohne Rücksicht auf das Vertretenmüssen aus dem Schuldverhältnis abzuleiten, stellt eine Umgehung des Verschuldensprinzips dar. Zur Abgrenzung von Unmöglichkeit und Verzug in Fällen des Verstoßes gegen eine Unterlassungspflicht, insbesondere bei Dauerschuldverhältnissen, vgl Vorbem 11 f zu §§ 286–292.

19 Als tatsächlich unmöglich hat auch die Leistung zu gelten, der Hindernisse entgegenstehen, deren Überwindung nach der Anschauung des Lebens **schlechterdings von niemand erwartet** wird. Deshalb braucht der Schuldner weder den *auf den Meeresboden gefallenen Ring* heraufzuholen noch das über der vergrabenen Goldmünze von einem Dritten erbaute Haus diesem für irgendeinen Preis abzukaufen und es dann abzureißen, um die Goldmünze liefern zu können. Auf derartige Extremfälle paßt der strikte Ausschluß der Leistungspflicht nach Abs 1 besser als das von einer Interessenabwägung abhängige Leistungsverweigerungsrecht nach Abs 2. Dies gilt um so mehr, als die Zuordnung zum Leistungsverweigerungsrecht Probleme aufwirft, wenn der Schuldner im Prozeßfall säumig ist: Streng genommen müßte dann ein Leistungsurteil ergehen, das vom Gläubiger ohne Rücksicht auf die extreme Höhe des Schuldneraufwands vollstreckt werden könnte (im Ergebnis wie hier MEDICUS, SchR I § 33 II 2 a Rn 369; OTTO Jura 2002, 1, 3 und STAUDINGER/OTTO § 283 Rn 21; in diesem Sinne wohl auch PICKER JZ 2003, 1035, 1037 f [Fn 26] und 1046; aA CANARIS JZ 2001, 499, 501 f; BAMBERGER/ROTH/GRÜNEBERG Rn 37; LOBINGER 361; PALANDT/HEINRICHS Rn 22; SCHMIDT-KESSEL, System § 7 I 1 b und c).

2. Unmöglichkeit bei Wegfall des Leistungssubstrats und Zweckverfehlung

Insbesondere Dienst- und Werkleistungen setzen häufig das Vorhandensein und **20** -bleiben des **Leistungssubstrats** voraus: Reparaturarbeiten sind an einem Haus des Gläubigers, ärztliche Leistungen an einem Patienten, häusliche Pflegedienste an einem Angehörigen, Abschleppdienste an einem festgefahrenen Schiff oder liegengebliebenen Kraftfahrzeug zu erbringen. Fällt das Leistungssubstrat weg (das Haus oder der Betrieb brennen ab, der Patient wird gesund, sei es von selbst, sei es durch die Maßnahmen eines anderen Arztes, die häusliche Pflege ist wegen der Schwere der Gebrechlichkeit nicht mehr möglich, das Schiff wird frei oder das liegengebliebene Kraftfahrzeug springt wieder an, der Käufer erwirbt den verkauften Gegenstand von einem Dritten), so kann die geschuldete Leistung, so wie sie zu bewirken war, nicht mehr erbracht werden. Sie ist *objektiv unmöglich* geworden (OLG Hamm NJW-RR 1996, 1360 für den Fall der Pflegedienste).

Die Auffassung, daß diese – vielfach wenig glücklich mit der Bezeichnung *Zweck-* **21** *vereitelung* und anderweitige *Zweckerreichung* belegten – Fälle den Unmöglichkeitsregeln und *nicht* etwa denen über den *Gläubigerverzug* zuzuordnen sind, hat sich nunmehr im Gefolge von BEUTHIEN (230 ff) in Rechtsprechung und Literatur durchgesetzt (s dazu im einzelnen Vorbem 6 ff zu §§ 293–304).

Fälle eines Wegfalls des Leistungssubstrats sind auch außerhalb des Bereichs von **22** Werk- und Dienstverträgen denkbar. So wird mit Recht angenommen, daß die Erfüllung eines Stromlieferungsvertrages unmöglich wird, wenn der Gläubiger die Betriebsräume, in welche die Stromlieferung erfolgen sollte, an ein anderes Unternehmen übergibt, das seinerseits für seinen Betrieb dort Strom bezieht (BGH BB 1958, 392). Hierher rechnet auch der Fall, daß sich ein Erbanwärter gegenüber dem Erblasser zum Abschluß eines Erbverzichtvertrages verpflichtet: Stirbt der Erblasser, so wird die Erfüllung der Pflicht zum Abschluß des Vertrages unerfüllbar und damit unmöglich, weil nur der Erblasser, nicht aber seine Erben ein sinnvolles Interesse an einer Änderung der Personen der Erbanwärter haben (BGHZ 37, 319).

Von den Fällen eines Wegfalls des Leistungssubstrats zu unterscheiden sind diejeni- **23** gen, in denen der Zweck ganz oder teilweise nicht mehr erreicht werden kann, zu dem die Leistung dem Gläubiger dienen sollte (sog **Zweckstörung** oder **Zweckverfehlung**):

Ausgangspunkt für die Lösung solcher Fälle muß die Überlegung sein, daß es grund- **24** sätzlich nicht Sache des Schuldners, sondern **Sache des Gläubigers** ist, ob und wie er die Leistung des Schuldners verwenden kann. Hat der Gläubiger eine Wohnungs- einrichtung bestellt, so muß er diese abnehmen, auch wenn er sich aus nicht vorher- sehbaren finanziellen Gründen einschränken und in eine kleinere Wohnung ziehen muß, in der er die Möbel nicht aufstellen kann. Hat der Gläubiger ein Grundstück gekauft in der Hoffnung, es werde in ein künftiges Baugebiet fallen, so fällt seine Abnahmepflicht nicht dadurch weg, daß das Grundstück wider sein Erwarten nicht in den Bebauungsplan einbezogen wird. So wenig ein entsprechender Irrtum als Motiv- irrtum zur Anfechtung des Vertrages berechtigt (vgl STAUDINGER/DILCHER[12] § 119 Rn 68 ff), so wenig vermag der Wegfall des Verwendungszwecks etwas an der beider- seitigen Pflicht zur Erfüllung des Vertrages zu ändern (BGHZ 74, 370 ff für den Kauf von Bauerwartungsland; OLG Stuttgart BB 1974, 199 für den Fall, daß die bestellten Waren wegen eines Brandes in den Lagerhallen des Verkäufers nicht verwendet werden können).

25 Auf der anderen Seite steht den Parteien eines Vertrages aber auch die Möglichkeit offen, den Zweck, zu dem die Leistung dem Gläubiger dienen soll, zum **Gegenstand ihrer vertraglichen Einigung** zu machen: Sie können die Zweckerreichung zur Bedin- gung für die Wirksamkeit des Vertrages erheben, eine Zweckvereinbarung iS von § 812 Abs 1 Satz 2 2. Alt treffen (hierzu STAUDINGER/LORENZ [1999] § 812 Rn 80 ff) oder vereinbaren, daß die Zweckverfehlung bestimmte Folgen für die Vertragsabwicklung haben soll. Letzteres hat das OLG Hamm (WM 1972, 1323) mE zu Recht in einem Fall angenommen, in dem die Absicht eines Pächters, in den gepachteten Räumen eine Gaststätte zu betreiben, ausdrücklich als „Geschäftsgrundlage" in dem schriftlichen Pachtvertrag festgehalten war. Dagegen geht es zu weit, wenn das OLG Bremen (NJW 1953, 1393) aus der Tatsache, daß ein Saal für das Gastspiel eines bestimmten Stars angemietet war, schließen will, daß die Realisierung des Auftritts des Stars „Vertragsinhalt" geworden sei. Auch wenn der Verwendungszweck Vertragsinhalt geworden ist, muß noch gefragt werden, *welche Rechtsfolgen* die Parteien für den Fall der Zweckverfehlung vereinbaren wollten. Unter diesem Gesichtspunkt scheint es mir zweifelhaft, ob man den Parteien mit dem OLG Hamm (aaO) wirklich unter- stellen kann, daß sie eine Anwendung der Vorschriften über die Unmöglichkeit und nicht vielmehr der Grundsätze über die Störung der Geschäftsgrundlage herbeifüh- ren wollten.

26 Schwierigkeiten bereiten die Fälle, in denen der vom Gläubiger mit der Leistung verfolgte Zweck **bei Abschluß des Vertrages** zutage tritt und als für den Gläubiger wesentlich **vom Schuldner erkannt** wird. Beispiele für solche Fälle sind: Ein Grund- stück wird ausdrücklich als Bauerwartungsland gekauft; der Zweck, ein gekauftes Grundstück alsbald weiterzutauschen, wird ausdrücklich in den Vertrag aufgenom- men (vgl den Fall BGH ZIP 1991, 1599); eine Wohnung wird in der erklärten Absicht gemietet, die Fensterplätze an die Schaulustigen eines bestimmten, dann aber aus- fallenden Ereignisses weiterzuvermieten (vgl zu den entsprechenden englischen Krönungs- zugsfällen SCHMIDT-KESSEL, Standards vertraglicher Haftung nach englischem Recht [2003] 58 f, 75–77); ein Omnibus wird zu einer Sonderfahrt zu einem später abgesagten Fußball- spiel gemietet; Waren werden in der erklärten Absicht eingekauft, sie in ein anderes Land zu exportieren, was an einem nachträglichen Ausfuhrverbot scheitert; ein Saal wird wegen des Gastspiels eines bestimmten Stars gemietet, welches wegen Erkran- kung des Stars ausfällt (vgl OLG Bremen NJW 1953, 1393).

In diesen Fällen kann der Gläubiger nur dann uneingeschränkt am Vertrag **festge-** **27** **halten** werden, wenn trotz des Zutagetretens des von ihm verfolgten Zwecks davon ausgegangen werden muß, daß das *Risiko der Zweckerreichung nach dem Willen der Vertragsparteien beim Gläubiger* verbleiben soll. Das ist beim Kauf von Bauerwartungsland regelmäßig anzunehmen (BGHZ 74, 370) und gilt auch, wenn der mit einem Grundstückskauf verfolgte Zweck nur deshalb ausdrücklich in die Vertragsurkunde aufgenommen wird, um die behördliche Genehmigung des Grundstückskaufs leichter zu erreichen (BGH ZIP 1991, 1599). Auch der Fall, daß ein Saal zwar für einen bestimmten Auftritt, aber zu ganz normalen Bedingungen gemietet wird, gehört hierher.

Fehlt es an einem solchen Willen der Vertragsparteien, wäre es hingegen unbillig, den **28** Gläubiger uneingeschränkt am Vertrag festzuhalten. So liegt es etwa, wenn die Vertragsparteien nach den Umständen des Falles das Risiko künftiger Bebaubarkeit eines Grundstücks ausnahmsweise zu Lasten des Verkäufers regeln wollten (BGHZ 74, 370). Hatte sich der besondere Verwendungszweck der Leistung auch zugunsten des Schuldners ausgewirkt, etwa weil der Vertragsschluß, wie im Fall der Fenstermiete, überhaupt nur wegen dieses Zwecks möglich war oder weil die Gegenleistung mit Rücksicht auf den Verwendungszweck besonders hoch ausfiel, darf die Zweckverfehlung ebenfalls nicht allein den Gläubiger treffen. Entgegen einer neueren Auffassung (vgl hierzu insbes BEUTHIEN 145 ff; HUBER JuS 1972, 57, 62 ff; ESSER/SCHMIDT I 2 § 23 III 2; auch ERMAN/BATTES Vorbem 13 zu §§ 275 ff; WIEACKER 806 ff; FIKENTSCHER Rn 175 f) sind diese Fälle weder dem Sachmängelrecht noch der Unmöglichkeit der Leistung zuzuordnen, sondern unter Anwendung der Regelung über die **Störung der Geschäftsgrundlage** (§ 313) zu lösen. Was das Sachmängelrecht angeht, so scheint mir verkannt zu sein, daß die Eignung zu der nach dem Vertrag vorausgesetzten Verwendung nur an dem Vertragszweck gemessen werden kann, wie er sich bei Abschluß des Vertrages darstellt, nicht aber an der nachträglich eintretenden Realisierbarkeit des Vertragszwecks, weil dies dem Schuldner zu Unrecht einseitig ein Risiko aufbürden würde, das ihm nicht zukommen kann. Am besten zeigt dies wohl das von ESSER/SCHMIDT aaO gebrachte Beispiel der Bücherkiste: Gewiß ist es ein Mangel der Eignung zu der nach dem Vertrag vorausgesetzten Verwendung, wenn die Kiste nur zum Transport leichterer Güter geeignet ist. Aber ebenso gewiß scheint es mir zu sein, daß kein Sachmangel vorliegt, wenn der Käufer die Kiste zu dem vorgesehenen Bahn- oder Posttransport nicht mehr verwenden kann, weil sich die Bahn- oder Postvorschriften über die Maße der Transportbehälter geändert haben.

§ 275 ist deshalb *nicht anwendbar*, weil der Begriff der Leistung, von dem die Vor- **29** schrift ausgeht, durch die Hereinnahme des Verwendungszwecks überdehnt würde. Dies zeigt sich insbesondere daran, daß der in § 275 Abs 1 angeordnete Ausschluß des Leistungsanspruchs in den geschilderten Fällen keineswegs stets das angemessene Ergebnis ist. Findet das ausgefallene Ereignis, zu dem die Fensterplätze oder der Omnibus gemietet waren, später doch noch statt, so kann es je nach Lage des Falles angemessen sein, die Pflicht zur Vermietung der Fensterplätze oder zur Durchführung der Sonderfahrt zu gleichen oder geänderten Bedingungen für den späteren Zeitpunkt aufrechtzuerhalten, was nur über § 313 möglich ist (**aA** insoweit ausdrücklich BEUTHIEN 163 f). Und auch für die Frage der Gegenleistung, um die es BEUTHIEN (196 ff) in erster Linie geht, bietet § 313 die elastischeren Lösungswege. Für die Anwendung der Regeln über die Störung der Geschäftsgrundlage in solchen Fällen haben sich auch die Rechtsprechung und ein gewichtiger Teil der Literatur ausgesprochen (BGHZ 74, 370; BGH MDR 1953, 283; FABRICIUS 47 ff; KÖHLER 81 ff; LARENZ I § 21 II, 1; PALANDT/HEINRICHS Rn 20).

30 Zu den Fällen, in denen das Leistungssubstrat schon *bei Abschluß des Vertrags* nicht vorhanden ist oder der Zweck des Vertrags von vornherein nicht erreicht werden kann, s STAUDINGER/LÖWISCH (voraussichtlich 2006) § 311a.

3. Rechtliche Unmöglichkeit

31 Unmöglich ist eine Leistung auch, wenn sie aus rechtlichen Gründen nicht erbracht werden kann. Hierher gehört zunächst der Fall, daß ein **zu übertragendes Recht** vor der Übertragung **untergeht**. Das liegt etwa vor, wenn eine Hypothek, zu deren Abtretung sich der Schuldner verpflichtet hat, vor der Abtretung gelöscht wird (vgl RG Recht 1918 Nr 1126) oder eine abzutretende Forderung vom Zedenten selbst eingezogen wird. Das gleiche gilt in dem Fall, daß ein Scheck entgegen § 667 nicht mehr herausgegeben werden kann, weil er eingelöst worden ist (BGH LM § 280 BGB Nr 9 = NJW 1992, 904). Rechtliche Unmöglichkeit liegt auch dann vor, wenn das zu übertragende Recht in seinem **Charakter so verändert** wird, daß seine Übertragung nicht mehr als die geschuldete Leistung angesehen werden kann. Etwa ist die Übertragung von Aktien unmöglich, wenn die AG nachträglich insolvent wird, so daß anstelle der Aktien nur noch Ansprüche gegen den Insolvenzverwalter auf eine Beteiligung am Überrest des Vermögens bestehen (RGZ 143, 20). Auch die Erfüllung eines Kaufvertrages über ein noch zu bestellendes Erbbaurecht ist nachträglich objektiv unmöglich, wenn im Zeitpunkt der Bestellung das Erbbaugrundstück infolge eines Bebauungsplans nicht mehr bebaut werden darf (BGH NJW 1986, 1605). Zu den Fällen fehlender Verfügungsmacht des Schuldners s Rn 61.

32 Rechtlich unmöglich ist auch eine Leistung, die **gesetzlich verboten** ist (RGZ 102, 203, 205: Versailler Friedensvertrag ordnete die Auslieferung verkaufter Schiffe an eine Siegermacht an; RGZ 146, 60, 64: Gesetz zum Schutze des Einzelhandels ordnete ein Verbot der Errichtung von Verkaufsstellen an; BGH MDR 1965, 362: öffentlich-rechtliche Vorschriften hinderten den in der sowjetischen Zone ansässigen Schuldner an der Leistung an den in der Bundesrepublik ansässigen Gläubiger; vgl auch RG LZ 1912, 457; BGH NJW 1982, 2190: die Verpflichtung eines Grundstückserwerbers, einen bestimmten Architekten in Anspruch zu nehmen, wurde nachträglich durch das Mietrechtsverbesserungsgesetz verboten; OLG Brandenburg VIZ 1997, 360 und VIZ 1998, 464: Verkauf eines später in Volkseigentum überführten Grundstücks). Dies gilt auch, wenn ins *Ausland* zu liefern ist und das Verbot dort besteht (RGZ 93, 182, 184), und zwar auch dann, wenn es unberechtigt ist (RG JW 1925, 1271). Auch ein Handelsembargo wird heute zumeist im Wege des gesetzlichen Verbots – regelmäßig eine EG-Verordnung – durchgesetzt (dazu BITTNER ZVglRWiss 93 [1994] 273 ff). Ein gesetzliches Verbot besteht bei *Dauerschuldverhältnissen*, wenn eine Erlaubnis, die aufgrund eines gesetzlichen Verbotes mit Erlaubnisvorbehalt erteilt ist, ausläuft (vgl zu solchen Fällen für den Bereich des Unvermögens Rn 58 f).

33 Wird die Leistung **durch Verwaltungsakt untersagt**, begründet das ebenfalls die rechtliche Unmöglichkeit der Leistung (RG JW 1916, 1333; OLG Hamburg JW 1916, 351 und OLGE 32, 316). In Betracht kommt insoweit insbesondere eine *Beschlagnahme* aufgrund von Kriegsvorschriften (vgl LEHMANN, Kriegsbeschlagnahme [1916]), der das Gebot

zur Lieferung an bestimmte Stellen gleichsteht (RGZ 95, 20; 96, 158). Ein weiteres Beispiel ist eine Inanspruchnahme nach dem Bundesleistungsgesetz (s weiter RGZ 140, 378, 381: Abdruckverbot durch die frühere Reichsrundfunkgesellschaft; RGZ 32, 133: die Erfüllung der von einer Eisenbahnverwaltung übernommenen Verpflichtung, Züge an bestimmten Stationen halten zu lassen, wurde nachträglich von der zuständigen Behörde untersagt; RG Recht 1908 Nr 2136: Verbot geschuldeter Arbeit an einem Flußarm durch Verfügung des Regierungspräsidenten; RG JW 1911, 94: Unmöglichkeit der Erfüllung infolge einer polizeilichen Anordnung).

Bedarf die Erbringung der Leistung einer **behördlichen Genehmigung**, so ist die **34** Leistung unmöglich, wenn die Genehmigung *endgültig versagt* wird oder wenn ihre Erteilung völlig unwahrscheinlich ist (RGZ 149, 348, 349; RG HRR 1936, 388; RGZ 102, 192, 194; BGHZ 37, 237, 240; BGH NJW 1969, 837; BGH NJW 1975, 1510; BGH WM 1978, 18; BGH MDR 1994, 685; BGH NJW-RR 1995, 853). Dies gilt auch für die Verweigerung der erforderlichen Genehmigung der Aufsichtsbehörde zu der von einer Gemeinde geschuldeten Leistung (RG Recht 1917 Nr 1795; BGH NJW-RR 1997, 670). Ob die Genehmigungspflicht schon zum Zeitpunkt des Abschlusses des Vertrages bestand oder erst nachträglich eingeführt worden ist, ist gleichgültig.

Die Versagung der Genehmigung führt ausnahmsweise dann nicht zur Unmöglich- **35** keit der Leistung, wenn die Verpflichtung des Schuldners in *anderer Weise* als ursprünglich vorgesehen erfüllt werden kann und diese anderweitige Erfüllung dem Schuldner zumutbar ist. Die Anwendung des § 275 würde hier gegen Treu und Glauben verstoßen (vgl BGHZ 67, 34 ff für einen Fall, in dem die Erteilung der Auflassungsgenehmigung nur an der Angabe des Bebauungszwecks im Grundstücksvertrag scheiterte; s auch BGH NJW-RR 1997, 670, wonach bei Gründung einer GmbH an die Stelle der Verpflichtung zu einer Sacheinlage, die wegen Verweigerung der Genehmigung durch die Rechtsaufsichtsbehörde unmöglich wird, von Gesetzes wegen die Verpflichtung zur Leistung der Stammeinlage in bar tritt).

Ist die Leistungserbringung von einer behördlichen Genehmigung abhängig, so trifft **36** den Schuldner die Nebenpflicht, alles zu tun, was zur **Erwirkung der Genehmigung** erforderlich ist (RGZ 151, 35, 39). Unterläßt er dies, so begeht er eine Pflichtverletzung, die ihn gem § 280 Abs 1 zum Schadensersatz verpflichtet. Führt die Untätigkeit des Schuldners dazu, daß die Genehmigung endgültig versagt wird, so hat der Schuldner die eintretende Unmöglichkeit zu vertreten. Ausnahmsweise kann die Pflicht zur Beschaffung der behördlichen Genehmigung aber auch den Gläubiger treffen mit der Folge, daß seine Untätigkeit seinerseits eine Pflichtverletzung und im Falle der endgültigen Versagung der Genehmigung eine von ihm zu vertretende Unmöglichkeit darstellt, für die § 326 Abs 2 gilt (RGZ 97, 257).

Daß der Schuldner behördlichen Ausfuhr- oder Handelsverboten *zuwiderhandelt* **37** oder sie *umgeht*, kann von ihm ebensowenig verlangt werden wie die Bestechung der zuständigen Stellen, um die notwendigen Genehmigungen zu erlangen. Lediglich die in manchen Ländern landesüblichen Trinkgelder müssen gegeben werden (RG JW 1920, 138 zu einem Trinkgeld an bulgarische Beamte). Der Schuldner ist auch nicht verpflichtet, sich die Ware auf nicht vorgesehenen Schleichwegen zu verschaffen (RGZ 93, 184).

Nicht zu verwechseln mit dem Fall, daß die Leistungserbringung wegen eines gesetz- **38** lichen oder behördlichen Verbotes oder wegen der Versagung einer Genehmigung rechtlich unmöglich ist, ist der Fall, daß schon das **Verpflichtungsgeschäft selbst gesetzlich verboten** ist oder einer behördlichen Genehmigung bedarf. Der Verstoß des Verpflichtungsgeschäfts gegen ein gesetzliches Verbot ist in § 134 geregelt. Ist das Rechtsgeschäft genehmigungsbedürftig, bleibt es bis zur Erteilung oder Versagung der Genehmigung schwebend unwirksam (RGZ 103, 104, 106; RGZ 168, 346, 351; BGHZ 23, 342, 345 ff; BGH BB 1953, 543; STAUDINGER/SACK [2003] § 134 Rn 103 ff), nach deren endgültiger Versagung wird es endgültig unwirksam. S hierzu auch noch die Erl zu § 311a und wegen des Verschuldens bei Vertragsschluß STAUDINGER/LÖWISCH (voraussichtlich 2006) § 311.

39 Der Umstand, daß bei schuldrechtlichen, auf Verschaffung eines Gegenstandes gerichteten Verträgen der **geschuldete Gegenstand nicht dem Schuldner gehört**, begründet idR keine Unmöglichkeit. Diese tritt nur dann ein, wenn es objektiv ausgeschlossen ist, daß sich der Schuldner den Gegenstand verschaffen kann (dazu noch Rn 61 f).

40 Erwirbt der Gläubiger den geschuldeten Gegenstand nicht durch Verfügung des Schuldners, sondern durch die *Verfügung eines Dritten* oder durch Verbindung, Vermischung oder *Verarbeitung*, so ist zu unterscheiden: Erfolgt der Erwerb aufgrund des Leistungsverhältnisses zwischen Schuldner und Gläubiger, wie das der Fall ist, wenn der Dritte gem § 267 leistet oder der Erwerb durch Verbindung, Vermischung, Verarbeitung zu dem Zweck erfolgt, der mit der Leistung beabsichtigt ist, so liegt Erfüllung iS des § 362 vor. Ist dies nicht der Fall, handelt es sich um Unmöglichkeit und zwar im Sinne eines Wegfalls des Leistungssubstrats (s oben Rn 20; RG JW 1910, 805).

41 Nicht mit dem Fall der rechtlichen Unmöglichkeit zu verwechseln ist der Fall, daß bestimmte Ereignisse für den Schuldner zu einem **Konflikt** dergestalt führen, daß er, wenn er die Leistung erbringt, *andere Rechtspflichten verletzen* muß. Derartige Fälle gehören, was die Leistungspflicht angeht, nicht in den Anwendungsbereich des Abs 1, sondern in den des Abs 3: Dem Schuldner kann je nach den Umständen die Erbringung der Leistung unzumutbar sein, so daß er sie verweigern kann (vgl unten Rn 90). Ob der Schuldner Schadensersatz statt der Leistung zu leisten hat, hängt davon ab, ob er die Nichterbringung der Leistung zu vertreten hat, insbesondere ihn ein Übernahme-, Vorsorge- oder Abwendungsverschulden trifft (s dazu § 276 Rn 16 ff). Zum Fall des Unvermögens bei rechtlichen Verboten s Rn 56 und 58.

4. Dauernde und vorübergehende Unmöglichkeit

42 Ist die Leistung dem Schuldner **zeitweilig unmöglich**, so führt das in der Regel dazu, daß der Schuldner *für die Zeit der Unmöglichkeit*, aber auch *nur solange* von der Leistungspflicht befreit ist (ausf ARNOLD JZ 2002, 866, 870; HUBER I 66 ff; LOBINGER 304 ff; SCHLECHTRIEM, in: FS Sonnenberger [2004] 129 f). Nach Beseitigung des Leistungshindernisses lebt seine Leistungspflicht wieder auf (RGZ 117, 127). Ob in einem solchen Fall die Leistungspflicht in vollem Umfang wieder entsteht, hängt von der Art des Schuldverhältnisses ab, insbesondere davon, ob es sich um einen Veräußerungsvertrag oder einen Gebrauchs- oder Nutzungsüberlassungsvertrag handelt. Besteht etwa der die Unmöglichkeit begründende Umstand darin, daß ein Haus „besetzt" worden ist, so lebt die Verpflichtung des Verkäufers zur Übereignung und Übergabe des Hauses nach dem Ende der Besetzung in vollem Umfang wieder auf. Dagegen ist die Leistung des Vermieters zur Gebrauchsüberlassung für die Zeit der Besetzung unmöglich und entsteht erst danach wieder (vgl hierzu auch noch Vorbem 8 zu §§ 286–292).

Ein zeitweiliges Erfüllungshindernis *ist einem dauernden dann gleich zu achten*, wenn **43** dem Schuldner wegen der **Ungewißheit der Behebung der Unmöglichkeit** die Einhaltung des Vertrages nicht zugemutet werden kann. Im Fall BGHZ 83, 197, in dem eine Tierkörperverwertungsanlage in den Iran zu liefern und dort zu montieren war und die Lieferung auch erfolgte, die Montage aber wegen politischer Unruhen im Iran unterblieb, hat der BGH zu Recht entschieden, daß die Leistung dauernd unmöglich geworden ist. Denn da die Beendigung der Unruhen unabsehbar war, konnte dem Schuldner die weitere Bindung an die Montageverpflichtung, auf die er in seinen betrieblichen Dispositionen hätte Rücksicht nehmen müssen, nicht zugemutet werden. Auch im Falle eines Embargos, dessen Ende nicht absehbar ist, ist ein Festhalten an der Lieferungsverpflichtung unzumutbar (Bittner ZVglRWiss 93 [1994] 280 ff).

Ein *Beispiel* bietet auch BGH LM § 275 BGB Nr 4: Im Februar 1939 hatte eine **44** jüdische Bürgerin ein Grundstück verkauft. Der Kaufvertrag bedurfte nach der Verordnung über den Einsatz des jüdischen Vermögens vom 3. 12. 1938 der Genehmigung durch die „Arisierungsstelle". Die Genehmigung wurde verweigert. Im Jahre 1941 wurde das Grundstück von den nationalsozialistischen Behörden zwangsweise verkauft und der Käufer wurde als Eigentümer des Grundstücks eingetragen. Beide Parteien des ursprünglichen Kaufvertrages betrachteten daraufhin seit dem Jahre 1941 den Kaufvertrag als gegenstandslos, weil der Verkäuferin die Erfüllung unmöglich war. Viele Jahre später erhielt die jüdische Verkäuferin das Grundstück aufgrund der Rückerstattungsgesetzgebung zurück. Der ursprüngliche Käufer verlangte nunmehr Erfüllung von ihr mit der Begründung, daß ihr die Erfüllung jetzt möglich sei, da auch die Notwendigkeit einer Genehmigung durch eine Arisierungsstelle nicht mehr bestand. Der BGH entschied aber, daß im Jahre 1941, im Zeitpunkt des Zwangsverkaufs, niemand damit rechnen konnte, daß in absehbarer Zeit die nationalsozialistische Herrschaft in Deutschland zusammenbreche oder gar, daß eine Rückerstattungsgesetzgebung eingeführt werde. Da es darauf ankommt, wie im Zeitpunkt des Eintritts des Leistungshindernisses 1941 die Lage zu beurteilen war, ist das Leistungshindernis in diesem Falle als endgültiges zu betrachten. Keine der Parteien konnte mit einem Wegfall des Hindernisses und damit des Unvermögens der Verkäuferin rechnen. Entsprechendes muß gelten, wenn Gegenstand des Kaufvertrages ein Grundstück war, das zu Zeiten der ehemaligen DDR in Volkseigentum überführt worden ist: Niemand konnte im Zeitpunkt dieser Überführung damit rechnen, daß die DDR und mit ihr das Volkseigentum enden würde (vgl OLG Brandenburg VIZ 1998, 464, 465). Die gegenteilige Ansicht würde zu einer dauernden Ungewißheit führen, da mit absoluter Sicherheit niemand wissen kann, ob nicht in irgendeinem späteren Zeitpunkt die Leistung doch noch möglich wird. Beide Parteien müssen aber Gewißheit darüber haben, ob sie an den Vertrag gebunden sind oder nicht (RGZ 158, 321, 331; Larenz I § 21 I a; Erman/Battes Rn 11; Bittner ZVglRWiss 93 [1994] 280 ff; aA Leonhard I 301).

Wenn Arnold diese Fälle statt über eine Gleichstellung der zeitweiligen mit der **45** dauernden Unmöglichkeit über die *Störung der Geschäftsgrundlage* gem § 313 lösen will (JZ 2002, 866, 871), ist dem nicht zu folgen. Das Bedürfnis, den Schuldner von seiner Leistungsverpflichtung zu befreien, besteht nicht nur dann, wenn beide Vertragsteile vorausgesetzt haben, es werde nicht zu der dann eingetretenen zeitweiligen Leistungsverhinderung kommen, sondern auch dann, wenn lediglich der Schuldner davon ausgegangen ist. Zudem betrifft § 313 nur den Fall vertraglicher Schuldverhältnisse. Eine zeitweilige Unmöglichkeit, die wegen ihrer Unabsehbarkeit der dauernden Unmöglichkeit gleichzustellen ist, kann auch bei einem nicht vertraglichen Schuldverhältnis, etwa einem Vermächtnis oder einer Schadensersatzverpflichtung auf Naturalrestitution, gegeben sein.

46 Ein zeitweiliges Erfüllungshindernis ist einem dauernden auch dann gleich zu achten, wenn die *Erreichung des Vertragszwecks* durch die zeitweilige Unmöglichkeit so in Frage gestellt wird, daß **dem Vertragsgegner** nach Treu und Glauben unter billiger Abwägung der Belange beider Vertragsteile die Einhaltung des Vertrages nicht zugemutet werden kann (stRspr: RGZ 105, 279; SeuffA 45 Nr 176; JW 1889, 345; RGZ 42, 114 ff; RG SeuffBl 70, 87 ff; RGZ 94, 47; 101, 80; RG JW 1920, 376; RG WarnR 1927 Nr 48; RGZ 146, 60; BGHZ 83, 197; BGH LM § 275 BGB Nr 3, 4 und 7; auch JAUERNIG/VOLLKOMMER Rn 10). Der Gläubiger muß in einem solchen Fall gem § 326 Abs 1 S 1 automatisch von seiner Gegenleistungspflicht frei werden. Ihn auf das Rücktrittsrecht nach § 323 zu verweisen (in diesem Sinne ARNOLD JZ 2002, 866, 870 f), wird der Tatsache nicht gerecht, daß es für den Gläubiger fern liegt, in Fällen einer als dauernd erachteten Unmöglichkeit vorsorglich den Rücktritt für den Fall zu erklären, daß sich die Unmöglichkeit nachträglich nur als zeitweilige herausstellt.

47 Für die Beurteilung der Frage, ob im konkreten Fall die zeitweilige der dauernden Unmöglichkeit gleichzustellen ist, muß immer auf den **Zeitpunkt** abgestellt werden, in dem die **Unmöglichkeit eingetreten** ist (KG VIZ 2000, 677, 678). Entscheidend ist also, ob bei der Sachlage, wie sie sich unmittelbar nach Eintritt des Leistungshindernisses darstellt, den Parteien ein abwartendes Festhalten am Vertrag zuzumuten ist oder nicht. Bejaht worden ist das vom BGH in dem Fall BGH LM § 275 BGB Nr 7: Eine Stadtgemeinde hatte 1939 mit einem Architekten einen Architektenvertrag für den Bau eines Berufsschulgebäudes geschlossen. Durch das Neubauverbot vom 16. 2. 1940 wurde der Vertrag unausführbar. Trotzdem wurde mit Recht entschieden, daß die Unmöglichkeit nur eine zeitweilige war, weil das Bauverbot aus Anlaß des Krieges ergangen und nicht zu bezweifeln war, daß es nach Kriegsende bei Rückkehr zur Friedenswirtschaft wieder entfallen werde. Die Ausführung des Architektenvertrages konnte ohne Schaden für irgendeinen der Beteiligten aufgeschoben werden. Man konnte deshalb beiden Parteien zumuten, „an ihrem Vertragsverhältnis abwartend festzuhalten". Aus dem gleichen Grund wurde ein durch die Devisengesetzgebung begründetes Leistungshindernis als nur zeitweilig angesehen (RGZ 151, 35, 38; 153, 384, 387; unentschieden RGZ 152, 268, 270). Unzumutbarkeit ist vom RG in dem Fall WarnR 1927 Nr 48 angenommen worden: Beim Einrücken der französischen Truppen in das Ruhrgebiet war es einer Hotelgesellschaft infolge der Beschlagnahme ihres Hauses im Februar 1923, die dann tatsächlich nur bis zum 1. 4. 1924 gedauert hatte, unmöglich geworden, einem Friseur die von ihm gemieteten Räume zu überlassen. Hier mußte sofort Klarheit darüber bestehen, ob der Friseur den Laden wirklich bekommen konnte.

5. Vollständige und teilweise Unmöglichkeit

Abs 1 befreit den Schuldner nur, „soweit" die Leistung unmöglich wird. Wird dem **48**
Schuldner die Leistung nur teilweise unmöglich, kann er etwa Sachen nur zum Teil
liefern oder Dienst- oder Werkleistungen nur zum Teil erbringen, so wird er nur
hinsichtlich des unmöglich gewordenen Teils befreit und muß im übrigen weiter
leisten. Die Verpflichtung, den noch möglichen Teil der Leistung zu erbringen,
wird aber durch die Abs 2 und 3 begrenzt: Etwa kann vom Vermieter eines durch
Brand nur teilweise zerstörten Gebäudes die Wiederherstellung der nur beschädigten
Gebäudeteile regelmäßig nicht verlangt werden, wenn die Wiederherstellungskosten
in krassem Mißverhältnis zum Wert des Mietobjekts und den aus ihm zu ziehenden
Einnahmen stehen (OLG Karlsruhe NJW-RR 1995, 849). Daß der Schuldner nur teilweise
von der Leistungspflicht befreit wird, bedeutet auf der anderen Seite, daß der Gläubiger auch nur teilweise Anspruch auf Ersatzherausgabe gem § 285 hat und beim
gegenseitigen Vertrag nur teilweise von der Gegenleistungspflicht befreit wird, die
Gegenleistung im übrigen aber nach näherer Maßgabe des § 326 Abs 1 S 1 HS 2
erbringen muß. Nur wenn der Gläubiger an der Teilleistung kein Interesse hat,
kann er vom ganzen Vertrag zurücktreten (§§ 326 Abs 5, 323 Abs 5 S 1). Bei zu
vertretender teilweiser Unmöglichkeit kann er, wenn er kein Interesse an der Teilleistung hat, Schadensersatz statt der ganzen Leistung verlangen, § 283 S 2 iVm
§§ 280 Abs 1, 3, 281 Abs 1 S 2.

Für das frühere Recht hat die hM in Rechtsprechung und Literatur vollständige **49**
Unmöglichkeit trotz an sich gegebener Teilbarkeit der Leistung dann angenommen,
„wenn nach Inhalt und Zweck des Vertrages nur an der vollständigen Erfüllung ein
Interesse besteht" (so die Formulierung BGH NJW-RR 1995, 853; s weiter RGZ 140, 378, 383;
RGZ 170, 257, 259; OGH NJW 1949, 943, 944; BGHZ 60, 14; TITZE 48 ff; COING SJZ 1949, 534;
SCHERNER JZ 1971, 533 ff; BEUTHIEN 165 f; BGB-RGRK/ALFF Rn 33; jetzt wieder PALANDT/
HEINRICHS Rn 7 ff, JAUERNIG/VOLLKOMMER Rn 8; BAMBERGER/ROTH/GRÜNEBERG Rn 32 ff).
Dem hatte D KAISER (S 143 ff) entgegengehalten, daß die Annahme einer solchen
„Quasi-Vollunmöglichkeit" der gesetzlichen Interessenwertung deshalb nicht gerecht
wurde, weil, anders als für die Teilunmöglichkeit, bei der § 280 Abs 2 S 2 aF eingriff,
für die Vollunmöglichkeit eine Vorschrift fehlte, nach der der Gläubiger im Falle des
Schadensersatzverlangens eine von ihm bereits empfangene Teilleistung zurückzu-
währen hatte. Zwar besteht dieses Problem heute nicht mehr, weil § 283 S 2 iVm
§ 281 Abs 5 auch im Falle des Schadensersatzes statt der ganzen Leistung den Schuldner zur Rückforderung des seinerseits Geleisteten berechtigt. Die hM wirft aber
gleichwohl nach wie vor Abwicklungsprobleme auf und wird der gesetzlichen Interessenwertung nicht gerecht: Denn bei Annahme von Vollunmöglichkeit muß der
Schuldner entgegen der Wertung des § 326 Abs 1 S 1 2. HS auf die Teil-(Gegen-)-
leistung für die erbrachte Leistung verzichten, auch wenn er die Unmöglichkeit nicht
zu vertreten hat. Auch wird dem Gläubiger, der Interesse an dem möglich gebliebenen Teil der Leistung hat, der Anspruch auf diesen versagt, obwohl Abs 1 den
Schuldner nur befreien will, „soweit" er nicht leisten kann; dem Gläubiger insoweit
ein im Gesetz nicht vorgesehenes „Wahlrecht" einzuräumen (so BAMBERBER/ROTH/GRÜ-
NEBERG Rn 33), stellt einen überflüssigen Umweg dar. Deshalb ist mit D KAISER die
gesetzliche Regelung der Teilunmöglichkeit immer dann anzuwenden, wenn bei
einer *objektiven* Betrachtung ein Teil der Leistung möglich bleibt (MünchKomm/ERNST

Rn 127; Huber II 724 f). Von den gesetzlichen Bestimmungen abweichende Rechtsfolgen können nur dann gelten, wenn *diese* von den Parteien vereinbart sind.

50 Nach dem Gesagten sind auch Fälle, in denen es unmöglich wird, **Nebenabreden** zu erfüllen, zB verkaufte Ware ins Ausland zu versenden (vgl den Fall RGZ 88, 37), der Teilunmöglichkeit zuzuordnen. Dem Interesse des Gläubigers ist in diesen Fällen auch dann, wenn der Schuldner die Unmöglichkeit nicht zu vertreten hat, dadurch genügend Rechnung getragen, daß sich die von ihm zu erbringende Gegenleistung nach § 326 Abs 1 S 1 2. HS entsprechend – gegebenenfalls bis auf Null – mindert.

51 Auch **Verschlechterungen** des geschuldeten Gegenstandes sind grundsätzlich als teilweise Unmöglichkeit aufzufassen. Etwa bleibt bei der Beschädigung eines vermachten Gegenstandes durch den Erben der Anspruch des Vermächtnisnehmers auf Leistung des – verschlechterten – Gegenstandes bestehen und kann von ihm Schadensersatz statt der ganzen Leistung gem §§ 283 S 2, 281 Abs 1 S 2, 280 Abs 1 nur verlangt werden, wenn er an der Leistung des verschlechterten Gegenstandes kein Interesse hat. Allerdings gehen insoweit die Vorschriften über die Mängelhaftung in ihrem Anwendungsbereich den Unmöglichkeitsregeln vor. Zu Fällen, in denen Verschlechterung als vollständige Unmöglichkeit aufzufassen ist, vgl oben Rn 8. S auch Staudinger/Otto (2004) § 326 Rn B 51 f.

52 Der Inhalt der Leistungspflicht erstreckt sich auch auf den **Leistungsort**. Kann die Leistung nicht an dem Ort erfolgen, an dem sie nach dem Inhalt des Schuldverhältnisses erfolgen sollte, so ist die Leistung teilweise unmöglich. Teilunmöglichkeit ist etwa gegeben, wenn die vom Verkäufer zu beschaffende Ausfuhrbewilligung nicht erteilt wird, einer Lieferung im Inland aber kein Hindernis entgegensteht (OLG Hamburg HansGZ 1935, 59). Kann ein Bauwerk nicht an dem vorgesehenen Platz errichtet werden, liegt Teilunmöglichkeit vor, wenn die Errichtung, wie das auf Container oder andere nicht unterkellerte Normbauwerke regelmäßig zutrifft, an einem anderen Platz möglich ist. Vollständige Unmöglichkeit liegt vor, wenn das Bauwerk, etwa ein Wohnhaus oder auch ein Verwaltungsgebäude, so wie geplant nur auf dem vorgesehenen Grundstück errichtet werden könnte. Zur Bedeutung des Leistungsorts im Rahmen der Unzumutbarkeit Rn 71 f.

53 Wird die **Leistungszeit** nicht eingehalten, so führt das, abgesehen von den Fällen des absoluten Fixgeschäfts (s Rn 9 f), *nur zum Verzug*. Für die Leistung, die, insbesondere bei Dauerschuldverhältnissen, nicht nachholbar ist, liegt indessen teilweise Unmöglichkeit vor (s dazu Vorbem 8 ff zu §§ 286–292).

54 Entgegen der Auffassung des BGH (NJW-RR 1999, 346 mwN) liegt Teilunmöglichkeit und nicht Vollunmöglichkeit vor, wenn dem Gläubiger einer zu übereignenden und zu übergebenden Sache zwar der Besitz, nicht aber das Eigentum verschafft werden kann, etwa weil das geschuldete Gebäude wesentlicher Bestandteil eines im Eigentum eines Dritten stehenden Grundstücks ist. In einem solchen Fall Vollunmöglichkeit anzunehmen, ließe den Schuldner, der den Besitz dem Gläubiger überlassen hat, schutzlos: Einen Anspruch auf Wertersatz gewährt ihm das Gesetz nur dann, wenn der Gläubiger vom Vertrag zurücktritt – was dieser nicht zu tun braucht. Richtig ist es deshalb, dem Schuldner gem § 326 Abs 1 S 1 2. HS den Anspruch auf die Gegenleistung teilweise zu belassen. Diese ist lediglich in dem Verhältnis herabzusetzen, in welchem zur Zeit des Vertragsschlusses der Wert von Eigentum und Besitz zum Wert des Besitzes allein steht. Die Minderung ist, soweit erforderlich, durch Schätzung zu ermitteln (§ 441 Abs 3). Bei Annahme von Vollunmöglichkeit ist dieser Weg dagegen verschlossen (s dazu für das frühere Recht auch D KAISER 152 ff).

6. Unvermögen

Abs 1 stellt der Unmöglichkeit das Unvermögen zur Leistung gleich. Für die in Abs 1 **55** angeordnete Leistungsbefreiung des Schuldners ist es gleichgültig, ob das Leistungshindernis in objektiven Umständen oder in der **Person des Schuldners** zu suchen ist. Unvermögen liegt einmal vor, wenn dem Schuldner die Fähigkeit fehlt oder verlorengeht, die geschuldete Leistung **tatsächlich** zu erbringen. Dies kann *insbesondere bei persönlichen Leistungsverpflichtungen*, vor allem bei Dienst- und Werkverträgen, der Fall sein. So ist Unvermögen gegeben, wenn der Dienstverpflichtete, insbesondere ein Arbeitnehmer, erkrankt und dadurch außer Stande ist, seine Arbeitsleistung zu erbringen, während Unzumutbarkeit iS des Abs 3 vorliegt, wenn der Arbeitnehmer trotz Erkrankung die Arbeitsleistung objektiv gesehen erbringen kann (s im einzelnen Rn 92). Auch wenn der Dienstverpflichtete tatsächlich verhindert ist, an den Ort zu gelangen, an dem die Leistung zu erbringen ist, liegt Unvermögen vor (BGHZ 10, 187, 188 f; LAG Bremen NZA-RR 2000, 632 für den Fall eines Hausverbots). Ebenso liegt Unvermögen vor, wenn der zur persönlichen Herstellung eines Werkes verpflichtete Werkunternehmer die dazu notwendigen Fähigkeiten verliert, etwa ein Maler erblindet oder gelähmt wird (für die Einordnung dieser Fälle als objektive Unmöglichkeit hingegen SCHMIDT-KESSEL, System § 7 I 1 b).

Verpflichtet sich jemand *zwei Gläubigern gegenüber* zu einer persönlichen Leistung, **56** die er nur einmal erbringen kann, schließt etwa ein Arbeitnehmer mit zwei Arbeitgebern einen seine Zeit voll in Anspruch nehmenden Arbeitsvertrag, so führt dies nicht automatisch zum Ausschluß der Leistungspflicht aus beiden Verträgen, denn es steht bei deren Abschluß noch keineswegs fest, welchen Vertrag der Arbeitnehmer erfüllen wird (BAG BB 1965, 948 = AP Nr 1 zu § 306 BGB mit zust Anm BEITZKE; SCHNORR VON CAROLSFELD, in: FS Reinhardt 162 ff). Vielmehr tritt Unvermögen soweit und solange ein, als die Erbringung der Arbeitsleistung nach § 3 Arbeitszeitgesetz rechtlich verboten ist (FRANKE, Arbeits- und sozialrechtliche Fragen von Zweitarbeitsverhältnissen [2003] 90 f; vgl auch Rn 53). Wird die Arbeitsleistung aufgrund des einen Vertrages tatsächlich erbracht, ist die Leistung aufgrund des zweiten Vertrages objektiv unmöglich.

Ganz allgemein ist Unvermögen aus tatsächlichen Gründen gegeben, wenn der **57** Schuldner die *Leistung aus seiner eigenen Produktion* erbringen soll und die Möglichkeit zu dieser Produktion fehlt oder wegfällt, etwa wenn die Produktionsstätte zerstört wird oder wenn der Schuldner einen Mitarbeiter verliert, auf den er für die Herstellung (zB für die Entwicklung eines neuen Produkts, zu dessen Lieferung er sich verpflichtet hat) angewiesen ist.

Unvermögen kann auch in **Rechtsvorschriften** begründet sein. Auch hier stehen im **58** *Vordergrund die Fälle der persönlichen Leistungsverpflichtung*. Zu denken ist insbesondere daran, daß einem Arbeitnehmer aus Gründen des Schutzes Dritter die Arbeitsleistung, zu der er verpflichtet ist, untersagt wird (vgl etwa die Tätigkeits- und Beschäftigungsverbote nach § 42 Infektionsschutzgesetz vom 20. 7. 2000 [BGBl I

1045]): Allerdings gilt dies nicht, wenn schon bei Vertragsschluß feststeht, daß der Schuldner die Leistung, zu der er verpflichtet ist, nicht erbringen darf. Dann nämlich ist der Vertrag auf eine von vornherein verbotene Leistung gerichtet und damit gem § 134 BGB nichtig. Der Schuldner haftet dann im Falle des Vertretenmüssens nicht auf das Erfüllungsinteresse, sondern gem §§ 311 Abs 2, 280 Abs 1 nur auf das negative Interesse (CANARIS JZ 2001, 499, 506). Insofern setzt sich die früher in § 309 iVm § 307 BGB aF zum Ausdruck gekommene Wertung auf anderem Wege wieder durch (wie hier im Ergebnis SCHMIDT-KESSEL, System § 7 I 1 a und § 11 III 4 b).

59 Ist für die Erfüllung einer persönlichen Leistungsverpflichtung eine **behördliche Erlaubnis** erforderlich, zB eine Arbeitsgenehmigung nach § 284 Abs 1 SGB III oder eine Nebentätigkeitsgenehmigung nach Beamtenrecht, wird der Schuldner, wenn die Genehmigung vor Arbeitsaufnahme versagt wird oder schon wieder erloschen ist, nachträglich zur Leistung unvermögend. Dementsprechend ist der Vertrag wirksam und kann nur durch Rücktritt oder bei Dauerschuldverhältnissen, etwa dem Arbeitsverhältnis, durch Kündigung aufgelöst werden. Die Entgelt- und Schadensersatzansprüche richten sich nach § 326 und §§ 283, 280 Abs 1 sowie § 628 (für die Arbeitserlaubnis BAG AP Nr 2 und 3 zu § 19 AFG; BAG NZA 1991, 341, 342; **aA** HOFHERR S 117, die für schwebende Unwirksamkeit des Arbeitsvertrags eintritt, wofür aber die gesetzlichen Regelungen, insbesondere § 284 Abs 1 SGB III, zu wenig Anhalt bieten). Auch für die Arbeitsgenehmigung gilt aber: Kann mit ihrer Erteilung *schon bei Abschluß des Arbeitsvertrages* nicht gerechnet werden, sei es, daß sie schon endgültig versagt worden ist, sei es, daß sie nach den Gegebenheiten des Falles, etwa bei einer illegalen Einreise des Arbeitnehmers, nach der Praxis der Arbeitsbehörden unter keinen Umständen erteilt werden wird, ist der Arbeitsvertrag gem § 134 nichtig. Die Auffassung, der Vertrag sei gültig, da nur so der Arbeitnehmer geschützt werden und insbesondere § 326 Abs 2 auf seinen Entgeltanspruch Anwendung finden könne (so für die Rechtslage vor der Schuldrechtsreform GAGEL, Kommentar zum AFG [Loseblatt] § 19 Rn 34), verkennt, daß die Gültigkeit des Vertrages für den Arbeitnehmer möglicherweise belastend sein kann, nämlich wenn er einem Anspruch des Arbeitgebers auf Ersatz des Erfüllungsinteresses gem §§ 283, 280 Abs 1 ausgesetzt ist. Sachgerecht ist in diesen Fällen allein, beide Seiten auf den Ersatz ihres Vertrauensschadens gem §§ 311 Abs 2, 280 Abs 1 zu beschränken.

60 Weitere Fälle des Unvermögens sind der *Verlust der Gewerbeerlaubnis* bei einem Gastwirt, der gegenüber dem Vermieter der Gaststätte zu deren Betrieb verpflichtet ist (BGH LM § 275 BGB Nr 3; vgl aber auch BGH LM § 323 BGB Nr 5, wonach die Verhinderung an der eigenen Ausübung des Gewerbebetriebs kein dauerndes Unvermögen darstellt, wenn keine Verpflichtung zu persönlicher Tätigkeit besteht und die Einsetzung eines Treuhänders möglich ist), und die *Beendigung des Hauptmietverhältnisses* für die Verpflichtung des Hauptmieters zur Erfüllung des Untermietverhältnisses (RGZ 69, 29, 34).

61 Bei Schuldverhältnissen, die auf Verschaffung eines Gegenstandes gerichtet sind, begründet der Umstand, daß der Schuldner die **rechtliche Verfügungsmacht über den Gegenstand ganz oder teilweise verliert** (etwa weil er ihn an einen Dritten veräußert oder diesem ein Recht an dem Gegenstand einräumt), nicht ohne weiteres Unvermögen. Dieses ist nur dann gegeben, wenn feststeht, daß der Schuldner die Verfügungsmacht nicht wiedererlangen kann. Solange dies noch offen ist, liegt kein Unvermögen vor und bleibt der Erfüllungsanspruch gegeben (OLG Stuttgart Recht 1918

Nr 974; RG WarnR 1918 Nr 158 = Recht 1918 Nr 978; RGZ 101, 389; RG WarnR 1923/24 Nr 125; für
einen Grundstückskauf RG JW 1924, 292 und OLG Oldenburg MDR 1998, 1406, 1407; für eine
Verpflichtung zur Herausgabe eines Grundstücks, das nachträglich mit einer Auflassungsvormerkung
zugunsten eines Dritten belastet worden ist, BGH NJW 1988, 699, 700; vgl auch RG Recht 1924
Nr 611; BGH WM 1973, 1202). Danach wird es meist auf die Frage ankommen, ob der
Dritte bereit ist, dem Schuldner die Verfügungsmacht über den geschuldeten Gegenstand, uU gegen einen Aufpreis, wieder einzuräumen (BGH NJW 1988, 699, 700; ROTH
JuS 1968, 106 f). Zur Frage der Unzumutbarkeit des Wiedererwerbs noch unten Rn 82
und 88, zur Beweislast in diesem Fall s Rn 102.

Auch wenn dem Schuldner die **Verfügungsmacht von Anfang an fehlt** oder er für die 62
Verfügung die **Zustimmung eines Dritten** benötigt, liegt kein Unvermögen vor, so-
lange der Schuldner die Zustimmung erreichen kann. Es tritt erst ein, wenn die
Zustimmung endgültig verweigert ist (RGZ 80, 249 und BGHZ 47, 269 für die erforderliche
Zustimmung des Ehegatten; RGZ 99, 232 für die persönliche Verpflichtung des Geschäftsführers
einer GmbH, einen Dritten am Reingewinn der GmbH zu beteiligen; RGZ 132, 149, 157 für die
Verpflichtung zur Übertragung von Namensaktien, die an die Genehmigung des Aufsichtsrats der
AG gebunden sind; BGH JZ 1953, 513 für die Verpflichtung zur Tilgung einer Grundschuld, für die
die Herausgabe des Grundschuldbriefs erforderlich ist, den eine Ostberliner Stelle verwahrte; BGH
NJW 1996, 515 für die Rückgabepflicht des Mieters, deren Erfüllung davon abhängt, daß weitere
Mieter zur Räumung bewegt werden; vgl auch BGH NJW 1974, 2317 für den Fall, daß der Vermieter,
der eine Konkurrenzschutzklausel vereinbart hat, diese nur erfüllen kann, wenn ein weiterer Mieter
sich zur Unterlassung der Konkurrenz verpflichtet; BGH LM § 280 BGB Nr 7 = NJW 1984, 2570 für
die Verpflichtung, einem anderen Gelegenheit zum Eintritt in eine OHG zu geben). Dem Fall, daß
die Verfügung der Zustimmung eines Dritten bedarf, ist der Fall gleichzuachten, daß
ein relatives Veräußerungsverbot besteht (§§ 135 f): Da die Verfügung vollwirksam
wird, wenn der Geschützte sie genehmigt, tritt Unvermögen erst und nur dann ein,
wenn dieser die Genehmigung endgültig verweigert (BVerfG NJW-RR 1992, 898).

Daß dem Schuldner die **finanziellen Mittel fehlen**, um die Leistung zu erbringen, kann 63
ihn *nicht von der Leistungspflicht befreien*. Wer die Verpflichtung zu einer vermö-
genswerten Leistung übernimmt, muß in der geltenden Wirtschaftsordnung für die
finanzielle Leistungsfähigkeit einstehen, die die Erfüllung dieser Verpflichtung erfordert. Dieser Grundsatz, den die Rechtsprechung früher aus § 279 aF entnommen
hat (RGZ 140, 15; BGHZ 28, 123, 128; 83, 293; 140, 223, 238 ff; BGH LM Art 233 EGBGB 1986
Nr 43; dem BGH zustimmend HUBER I 627 ff; BGB-RGRK/ALFF Rn 4 spricht von einer entspr
Anwendung), ist richtigerweise auf das der geltenden Wirtschaftsordnung zugrundeliegende, im Zwangsvollstreckungs- und Insolvenzrecht niedergelegte **Prinzip der
unbeschränkten Vermögenshaftung** zurückzuführen. Dieses Prinzip kann nur funktionieren, wenn der Schuldner einer Geldleistung, in die sich letztlich alle Schuld-
verpflichtungen umwandeln können, für seine Zahlungsfähigkeit stets einzutreten
hat (BGHZ 107, 92, 102; STAUDINGER/K SCHMIDT [1997] Vorbem C 30 ff zu § 244; SIMITIS AcP 159
[1960] 413; LEMPPENAU 109 ff; vMAYDELL 10 ff; BALLERSTEDT, in: FS Nipperdey [1955] 267 f; MEDI-
CUS AcP 188 [1988] 489 ff; LARENZ I § 21 I d; ESSER/SCHMIDT I 1 § 13 II 3; jetzt auch FIKENTSCHER
Rn 216; PALANDT/HEINRICHS Rn 28). Soweit gegen dieses Prinzip sozialpolitische Beden-
ken angemeldet werden und diesen auf dem Weg über den Gedanken der begrenzten
Gattungsschuld (vgl Rn 15) Bahn gebrochen werden soll (vgl insbes REIFNER, Alternatives
Wirtschaftsrecht am Beispiel der Verbraucherverschuldung [1979] 308 ff und AK-BGB/DUBISCHAR
Rn 6 für den Konsumentenkredit), kann dem nicht gefolgt werden (vgl ausführlich STAUDIN-

GER/K SCHMIDT [1997] Vorbem C 31 zu § 244 und MEDICUS aaO). Der richtige systematische Zusammenhang, um berechtigten sozialpolitischen Anliegen Rechnung zu tragen, ist das Insolvenzrecht, das hierfür den Weg der Restschuldbefreiung beschreitet (vgl §§ 286 ff InsO).

64 Die hier vertretene Auffassung hat für die eigentliche Geldschuld zwar keine praktische Konsequenz, wohl aber für eine andere Schuld, welche der Schuldner aus mangelnder finanzieller Leistungsfähigkeit nicht erfüllen kann: Der Schuldner ist dann nicht iSd § 275 Abs 1 zur Leistung unvermögend; der Gläubiger hat nach wie vor den Anspruch auf Erfüllung. Einen Nachteil erleidet der Gläubiger dadurch nicht, denn er kann über § 281 zum Schadensersatz statt der Leistung und über § 323 zum Rücktritt gelangen, wenn der Schuldner nicht leistet, wobei bei behaupteter Leistungsunfähigkeit des Schuldners die Notwendigkeit der Nachfristsetzung regelmäßig entfällt, § 281 Abs 2 und § 323 Abs 2 Nr 1 (schon zur früheren Rechtslage im wesentlichen PLANCK/SIBER § 279 Anm 2 c; LEMPPENAU 109 ff; SOERGEL/WIEDEMANN Rn 55; ERMAN/BATTES § 279 Rn 2; STAUDINGER/LÖWISCH [2001] Rn 55; jetzt wieder PALANDT/HEINRICHS Rn 24). Ist das Unvermögen des Schuldners hingegen in anderen Umständen begründet, bleibt es bei der Befreiung von der ursprünglichen Leistungspflicht gem § 275 Abs 1 (zutr zum früheren Recht COESTER-WALTJEN, Die Bedeutung des § 279 BGB für Leistungsverzögerungen, AcP 183 [1983] 279, 283 ff; WEBER-WILL/KERN, Ein Beitrag zur Dogmatik des § 279 BGB, JZ 1981, 258; LARENZ § 21 I d; **aA** ROTH JuS 1968, 101, 105; FIKENTSCHER Rn 335).

65 Im Gegensatz zur Auffassung des RG (RGZ 145, 41, 43) ist auch der Fall, daß eine in **ausländischer Währung** zu erfüllende Geldschuld in dieser Währung wegen eines *devisenrechtlichen Verbots* nicht erfüllt werden kann, nicht über §§ 275 Abs 1, 276 Abs 1 S 1 zu lösen. Daß der Schuldner hier in inländischer Währung zu zahlen hat, ergibt sich aus einer sinnentsprechenden Auslegung des § 244 Abs 1. Die dort eingeräumte Möglichkeit, durch eine entsprechende vertragliche Vereinbarung von dem Grundsatz abzuweichen, daß auch in inländischer Währung bezahlt werden kann, besteht im Interesse des Gläubigers. Sie im Falle eines devisenrechtlichen Verbots zu seinem Nachteil ausschlagen zu lassen, wäre nicht gerechtfertigt (hierzu ausf STAUDINGER/K SCHMIDT [1997] § 244 Rn 61 ff, der für eine differenzierte Lösung in Anwendung von § 242 eintritt).

66 Bei der **Geldsortenschuld** ist zu unterscheiden. Handelt es sich um eine *„echte"* Geldsortenschuld, geht es den Parteien also darum, daß der Schuldner bestimmte Geldzeichen leistet – etwa weil der Gläubiger sie sammelt oder sie für eine bestimmte Auslandsreise braucht, so liegt eine Gattungsschuld vor (vgl STAUDINGER/K SCHMIDT [1997] Vorbem C 6 zu § 244). Hingegen ist die *„unechte"* Geldsortenschuld, bei der die Verpflichtung des Schuldners lediglich in einer bestimmten in erster Linie zu zahlenden Geldsorte ausgedrückt ist, eine normale Geldschuld (STAUDINGER/K SCHMIDT [1997] § 245 Rn 3). Der Unterschied wird praktisch, wenn die Geldsorte insgesamt untergeht. Der Schuldner der „echten" Geldsortenschuld wird dann von der Verpflichtung zur Leistung frei (vgl oben Rn 13). Dagegen wandelt sich die Verpflichtung des Schuldners der „unechten" Geldsortenschuld gem § 245 in eine normale Geldschuld um.

7.   Rechtsfolge: Automatische Befreiung des Schuldners von der Leistungspflicht

Ist die Leistung für jedermann oder auch nur den Schuldner unmöglich, wird dieser **67**
von der Verpflichtung zur Erbringung der ursprünglichen Leistung automatisch **frei**.
Daß der Schuldner eigens die Leistung verweigert, ist nicht erforderlich.

Befreit wird der Schuldner **nur von der Erfüllung in Natur** (in diesem Sinne auch **68**
Schlechtriem, SchR I Rn 260; Schmidt-Kessel, System § 3 II). Im übrigen bleibt er den
Rechten des Gläubigers gem Abs 4 ausgesetzt (oben Rn 2 ff).

Die Befreiungswirkung des Abs 1 betrifft nur die Pflicht(en) des Schuldverhältnisses, **69**
deren Erfüllung unmöglich geworden ist. Die **übrigen Pflichten** bleiben bestehen,
soweit nicht ausnahmsweise die Erfüllung sinnlos wird (vgl oben Rn 49 f). Auch ist
der Schuldner dem Gläubiger aus § 241 Abs 2 zur unverzüglichen Anzeige der eingetretenen Unmöglichkeit an den Gläubiger verpflichtet (dazu RG Recht 1918, 108
Nr 204; OLG Hamburg SeuffA 46 Nr 219 = OLGE 3, 8; Krückmann AcP 101 [1907] 181 ff,
203 ff, 284 f; Titze 100; Erman/Battes Rn 8; jetzt wieder Palandt/Heinrichs Rn 31; ausdr geregelt ist diese Pflicht in Art 79 Abs 4 CISG). Verletzt der Schuldner diese Pflicht,
kann der Gläubiger gem § 280 Abs 1 Schadensersatz verlangen. Etwa sind ihm die
Kosten einer vergeblichen Klage auf die unmögliche Leistung zu ersetzen.

III.   Unzumutbarkeit

1.   Allgemeines

Der Gesetzgeber hat die im Zuge der Schuldrechtsreform geschaffene **ausdrückliche** **70**
Regelung der Unzumutbarkeit der Leistung differenziert ausgestaltet: Abs 2 stellt die
Leistungspflicht unter den allgemeinen Vorbehalt eines groben Mißverhältnisses
zwischen dem für die Erfüllung notwendigen Aufwand und dem Leistungsinteresse
des Gläubigers. Der erst im Laufe des Gesetzgebungsverfahrens hinzugefügte Abs 3
(Beschlussempfehlung und Bericht d Rechtsausschusses BT-Drucks 14/7052, 18, 274) bestimmt für
persönlich zu erbringende Leistungen, daß jedes der Leistung entgegenstehende
Hindernis die Unzumutbarkeit der Leistung begründen und diese sich dabei aus
einer bloßen Abwägung mit dem Leistungsinteresse des Gläubigers ergeben kann,
ohne daß ein grobes Mißverhältnis vorliegen müßte.

Aus den Abs 2 und 3 folgt, daß der Gläubiger im Falle der Unzumutbarkeit die **71**
Leistungsgefahr nur mit der Einschränkung trägt, daß der Schuldner auch unter
Berücksichtigung der ihm zuzumutenden Anstrengungen nicht in der Lage ist, die
Leistung zu erbringen. Picker (JZ 2003, 1035, 1038 ff; kritisch zu ihm Canaris JZ 2004, 214 ff)
hält diese Einschränkung für **systemwidrig**. Sie lasse den Schuldner grundlos für
Zufall haften und entmachte die Parteien, indem sie dem Richter die Bestimmung
der beiderseitigen Leistungspflichten übertrage. Picker führt als Beispiel den vom
Verkäufer nicht verschuldeten Diebstahl eines von Privat an Privat verkauften, am
Wohnort des Verkäufers zu übergebenden Pkw an: Werde der Pkw später in einer
weit entfernt liegenden Stadt im Ausland wieder aufgefunden, könne es nicht von
Zumutbarkeitskriterien, etwa den Rückführungskosten, dem Kaufpreis und einem
etwaigen Gewinn des Verkäufers abhängen, ob dieser von der Leistungspflicht befreit werde. Da der Käufer kein Beschaffungsgeschäft, sondern ein Platz- oder Über-

gabegeschäft abgeschlossen habe, müsse er die Gefahr tragen und sich mit einem etwaigen Anspruch auf Ersatzherausgabe begnügen.

72 An dieser Auffassung ist richtig, daß für das Ausmaß der Leistungspflicht des Schuldners **vorrangig der (übereinstimmende) Wille der Vertragsparteien maßgebend** ist (diesen Vorrang betont auch LOBINGER 139 ff, 257 f, 362). Insofern können die in Abs 2 und 3 genannten Merkmale (Inhalt des Schuldverhältnisses, Gebot von Treu und Glauben, grobes Mißverhältnis zu dem Leistungsinteresse des Gläubigers, Vertretenmüssen des Leistungshindernisses durch den Schuldner) nur Gesichtspunkte sein, welche im Falle fehlender Bestimmung durch die Vertragsparteien die **ergänzende Vertragsauslegung** nach § 157 tragen. An der Beachtung dieser Gesichtspunkte aber kommt man nicht vorbei, wie gerade das von PICKER ins Feld geführte Beispiel des Leistungsorts zeigt: Platz- oder Übergabegeschäft und Beschaffungsgeschäft sind keine eindeutigen, einander ausschließenden Begriffe. Vielmehr ist es eine Frage der *ergänzenden Vertragsauslegung*, inwieweit auch bei einem Platz- oder Übergabegeschäft den Schuldner die Verpflichtung trifft, nachträglich notwendig werdenden Leistungsaufwand zu erbringen. Wäre in dem von PICKER angeführten Fall der Pkw im nur wenige Kilometer entfernten Nachbarort aufgefunden worden, führt eine ergänzende Vertragsauslegung in der Regel zu der Verpflichtung des Verkäufers, den Pkw abzuholen und dem Käufer am vereinbarten Ort zur Verfügung zu stellen. Bis zu welcher Entfernung eine solche Pflicht angenommen werden kann, ist eine Frage des Einzelfalls, für welche die in § 275 Abs 2 genannten Merkmale maßgeblich sind.

73 Anders als die Unmöglichkeit iS des Abs 1 schließt die Unzumutbarkeit iS der Abs 2 und 3 die Leistungspflicht des Schuldners nicht automatisch aus (dazu oben Rn 67), sondern begründet für ihn nur ein **Leistungsverweigerungsrecht** (dazu unten Rn 93).

74 Auch die Unzumutbarkeit der Leistung nach Abs 2 und 3 kann **nur vorübergehend** sein. Der Aufwand, um die Leistung zu beschaffen oder herzustellen, der durch eine Veränderung der Verhältnisse gestiegen war, kann wieder unter das unzumutbare Maß sinken. Das der persönlichen Leistung entgegenstehende Hindernis kann wieder entfallen. Das Leistungsverweigerungsrecht des Schuldners *beschränkt sich dann auf den Zeitraum*, in dem die Leistung unzumutbar ist. Eine von ihm erhobene Einrede verliert ihre Wirksamkeit, wenn Zumutbarkeit wieder eintritt. Auch die zeitweilige Unzumutbarkeit ist der dauernden dann gleichzuachten, wenn dem Schuldner oder dem Gläubiger wegen der Ungewißheit ihrer Behebung die Einhaltung des Vertrages nach Treu und Glauben nicht zugemutet werden kann. Insoweit gelten die gleichen Grundsätze wie für die Abgrenzung zwischen vorübergehender und dauernder Unmöglichkeit (oben Rn 43 ff).

75 Abs 2 gibt dem Schuldner nur ein Leistungsverweigerungsrecht, **soweit** ihm die Leistung unzumutbar ist. Etwa kann der Schuldner die Ablieferung der Ware an den in einem Kriegsgebiet liegenden Leistungsort verweigern, muß diese aber außerhalb des Kriegsgebiets bereitstellen, wenn der Gläubiger sie dort abholen will. Auch für den Fall des Abs 3 kommt Teilunzumutbarkeit in Betracht, denn es ist kein Grund ersichtlich, warum der Schuldner, der nur teilweise an einer persönlichen Leistung gehindert ist, diese zu ihrem zumutbar bleibenden Teil nicht erbringen soll. So mag es sein, daß im Schulfall der Sängerin, die ihr krankes Kind zu betreuen hat (unten Rn 90), eine andere Betreuung des Kindes nur für einen Auftritt nicht gefunden werden kann, für andere Auftritte aber schon.

2. Mißverhältnis zwischen Aufwand und Leistungsinteresse (Abs 2)

Bezugspunkt für die Beurteilung des Mißverhältnisses zwischen Schuldneraufwand **76** und **Gläubigerinteresse** ist das Letztere: Um die dem Schuldner zuzumutenden Anstrengungen zu bestimmen, muß zunächst das Interesse ermittelt werden, welches der Gläubiger nach dem Inhalt des Vertrages an der Erfüllung des Primäranspruchs hat (Canaris JZ 2001, 499, 501 f).

Das Leistungsinteresse des Gläubigers kann in erster Linie ein **wirtschaftliches In-** **77** **teresse** sein. Der Gläubiger kann aus der geplanten Weiterveräußerung einer gekauften oder für ihn hergestellten Sache einen Gewinn erwarten. Er kann die bestellte oder gekaufte Sache in seinem Betrieb einsetzen wollen, um wirtschaftlich verwertbare Güter oder Dienstleistungen zu erbringen. Auch bei Ausbleiben der Leistung drohende Schäden, insbesondere Schadensersatzverpflichtungen gegenüber Dritten, bestimmen das Gläubigerinteresse.

Einfluß auf das Gewicht des Leistungsinteresses des Gläubigers hat auch seine Mög- **78** lichkeit, gem § 285 Herausgabe eines Ersatzes oder Abtretung eines Ersatzanspruchs zu verlangen. Hat der Schuldner die Unzumutbarkeit **zu vertreten**, muß auch die Möglichkeit, Schadensersatz statt der Leistung zu verlangen, in Rechnung gestellt werden. Wenn Abs 2 S 2 anordnet, daß bei der Bestimmung der dem Schuldner zuzumutenden Anstrengungen auch zu berücksichtigen ist, ob er das Leistungshindernis zu vertreten hat, kann das nicht so verstanden werden, daß die Berücksichtigung der aus dem Vertretenmüssen folgenden Sekundäransprüche bei der Bestimmung des Leistungsinteresses des Gläubigers gesperrt wäre.

Nach Treu und Glauben muß bei der Bestimmung des Gläubigerinteresses auch **79** berücksichtigt werden, ob und welche Möglichkeiten der Gläubiger hat, die *Auswirkungen des Ausbleibens der Erfüllung auf sein Leistungsinteresse zu minimieren.* Kann sich der Gläubiger die gekaufte Sache oder das für ihn herzustellende Werk ohne weiteres zu vergleichbaren Konditionen beschaffen, ist sein Leistungsinteresse geringer, als wenn er dafür allein auf den Schuldner angewiesen ist. Der Gedanke der Schadensminderungspflicht, wie er in § 254 Abs 2 S 1 zum Ausdruck kommt, beansprucht auch hier Geltung.

Das Gläubigerinteresse kann auch ein **immaterielles Interesse**, insbesondere ein **80** Affektionsinteresse sein (AnwKommBGB/Dauner-Lieb Rn 15; Jauernig/Vollkommer Rn 25). Hat sich der Schuldner verpflichtet, dem Gläubiger eine Eintrittskarte für ein entscheidendes Aufstiegsspiel des heimatlichen Fußballvereins zu verschaffen, beschränkt sich das Leistungsinteresse des Gläubigers, der glühender Anhänger des Vereins ist, nicht auf den üblichen Preis einer solchen Eintrittskarte. Dementsprechend hoch ist dann auch der dem Schuldner zuzumutende Aufwand für die Beschaffung der Karte außerhalb des regulären Verkaufs.

Mit **Aufwand** meint das Gesetz den für die Beschaffung oder Herstellung des ge- **81** schuldeten Gegenstandes erforderlichen Aufwand. Gemeint ist damit wiederum in erster Linie der *wirtschaftliche Aufwand*. Muß der Verkäufer eine verkaufte Sache erst einkaufen, besteht der Aufwand in dem Preis dieses Einkaufs. Ist die zu liefernde Sache herzustellen, geht es um die Kosten dieser Herstellung (Personalkosten, Materialkosten usw).

82 Den beim Schuldner entstehenden wirtschaftlichen Aufwand kann der Gläubiger **mindern**, indem er sich bereit erklärt, seinerseits einen Beitrag zur Beschaffung oder Herstellung des geschuldeten Gegenstands zu leisten (Huber/Faust Kap 2 Rn 38; Jauernig/Vollkommer Rn 25). Ist der Gläubigerin ein diamantbesetztes Familiengeschmeide vermacht, das der Erbe an einen Dritten veräußert hat, der es nur zu einem weit überhöhten Preis zurückzugeben bereit ist, kann die Vermächtnisnehmerin, wenn sie auf das Geschmeide großen Wert legt, sich an dem Wiederbeschaffungsaufwand in der Weise beteiligen, daß der Aufwand des Erben sich auf das zumutbare Maß beschränkt.

83 Aufwand können auch der **Zeitaufwand** und zur Erfüllung notwendig in Kauf zu nehmende **Gefahren** für den Schuldner und seine Leute sein. Ist ein Geländewagen mit Fahrer für eine Safarireise angemietet worden, kann die Erfüllung des Mietvertrags durch den Schuldner unzumutbar sein, wenn die Fahrt durch ein Aufstands- und Räubergebiet führen soll und damit Fahrer und Fahrzeug gefährdet werden. Für Konfliktsituationen bei persönlichen Leistungspflichten gilt Abs 3 (dazu unten Rn 90 f).

84 Unzumutbarkeit nach Abs 2 setzt voraus, daß zwischen dem Leistungsinteresse des Gläubigers und dem erforderlichen Aufwand des Schuldners ein **grobes Mißverhältnis** besteht. Ob das zutrifft, läßt sich nur nach den Umständen jedes einzelnen Falles beurteilen. Faustformeln wie die, daß bei Überschreitung des Gläubigerinteresses um 110 Prozent, im Falle des Verschuldens um 150 Prozent, Unzumutbarkeit gegeben sei (Huber/Faust Kap 2 Rn 68; Jauernig/Vollkommer Rn 26) sind willkürlich (zutr Picker JZ 2003, 1035, 1037; Lobinger 119 ff hält das Kriterium als solches für verfehlt). Allgemein lassen sich der Rechtsprechung nur äußerste Grenzen entnehmen, etwa wenn der BGH einen Ausschluß der Leistungspflicht des Vermieters in einem Fall angenommen hat, in dem die Reparatur eines vermieteten Muldenkippers 150.000 DM gekostet hätte, während der monatliche Mietzins nur 10.830 DM betrug (BGH NJW-RR 1991, 204). Dazu, daß in Fällen, in denen die Überwindung des Leistungshindernisses schlechterdings von niemand erwartet wird, von vornherein nicht von Unzumutbarkeit, sondern von Unmöglichkeit nach Abs 1 auszugehen ist, s oben Rn 19.

85 Bei der Feststellung des groben Mißverhältnisses **im Einzelfall** sind nach Abs 2 S 1 der Inhalt des Schuldverhältnisses und die Gebote von Treu und Glauben zu beachten. Was die letzteren angeht, kann sich vor allem der Vertrauensschutzgedanke auswirken: Bestärkt der Schuldner den Gläubiger in der Annahme, er werde trotz gestiegenen Aufwands seine Schuld erfüllen, kann das den Aufwand erhöhen, der ihm tatsächlich zuzumuten ist.

86 Mit der Bezugnahme auf den **Inhalt des Schuldverhältnisses** bringt das Gesetz zum Ausdruck, daß nicht nur das Leistungsinteresse des Gläubigers, sondern **alle Rechte und Pflichten** von Gläubiger und Schuldner zu berücksichtigen sind. Insbesondere muß in die Bewertung des Verhältnisses von Leistungsinteresse des Gläubigers und

Aufwand des Schuldners eine geschuldete **Gegenleistung** einbezogen werden: Die gegenteilige Auffassung der Literatur (CANARIS JZ 2001, 499, 502; JAUERNIG/VOLLKOMMER Rn 25; MünchKomm/ERNST Rn 75; SCHMIDT-KESSEL, System § 3 I 1) führt zu evident unbilligen Ergebnissen: Es ist nicht einzusehen, daß einem Schuldner, der eine niedrige oder überhaupt keine Gegenleistung erhält, der gleiche Aufwand zumutbar sein soll wie einem Schuldner, der Anspruch auf eine hohe Gegenleistung hat. Dementsprechend hat auch der BGH in dem Rn 84 berichteten Fall ganz selbstverständlich die dem Schuldner zukommende Gegenleistung, nämlich den Mietzins, in Relation zum Reparaturaufwand gesetzt. Zum Verhältnis von § 275 Abs 2 zu § 313 s unten Rn 94 ff.

Der Inhalt des Schuldverhältnisses bestimmt sich auch nach **dessen Charakter**. Zur **87** Erfüllung der Beitragspflichten zu einer Gesellschaft kann ein höherer Aufwand geboten sein als zur Erfüllung eines Kaufvertrages.

Nach Abs 2 S 2 ist bei der Bestimmung der dem Schuldner zuzumutenden Anstren- **88** gungen auch zu berücksichtigen, ob der Schuldner das Leistungshindernis iS des § 276 zu vertreten hat. Dem Schuldner, der die Unzumutbarkeit selbst verschuldet hat, wird ein höherer Aufwand zugemutet als einem Schuldner, der ohne **Verschulden** in die Situation der Unzumutbarkeit geraten ist. In dem Rn 82 geschilderten Beispielsfall des Familiengeschmeides macht es einen Unterschied, ob der Erbe zu dem Zeitpunkt, als er das Geschmeide veräußerte, von dem Testament, in dem das Vermächtnis angeordnet war, wußte oder wissen mußte, oder ob es ihm unbekannt war, ohne daß ihn daran ein Verschulden trifft. Dazu, daß unter „Vertretenmüssen" hier nicht das unbedingte Einstehen für die finanzielle Leistungsfähigkeit zu verstehen ist, SCHLECHTRIEM, in: FS Sonnenberger (2004) 128.

3. Persönliche Leistungshindernisse (Abs 3)

Abs 3 enthält eine Sonderregel für **Fälle persönlicher Leistungspflicht**. Erfaßt werden **89** in erster Linie Verpflichtungen zu Dienstleistungen (einschließlich Geschäftsbesorgungen), Arbeitsleistungen und Verpflichtungen zur persönlichen Herstellung von Werkleistungen, etwa von Kunstwerken und Grabmälern. Aber auch Verpflichtungen zu Nebenleistungen können als persönlich zu erbringende Verpflichtung ausgestaltet sein. Etwa kann eine Informations- oder Aufklärungspflicht persönlich übernommen sein. In allen diesen Fällen besteht Unzumutbarkeit dann, wenn der persönlichen Leistung ein Hindernis entgegensteht, hinter das das Leistungsinteresse des Gläubigers in der Abwägung zurückzustehen hat.

Nach Abs 3 zu lösen sind vor allem **rechtliche Konfliktsituationen**. Kann der Schuld- **90** ner die Verpflichtung aus dem Schuldverhältnis nur um den Preis der Verletzung einer anderen Pflicht erfüllen, wird diese Pflichtenkollision unter dem Gesichtspunkt der Zumutbarkeit dahin gelöst, daß der Schuldner einer höherwertigen Pflicht zu Lasten seiner Pflicht aus dem Schuldverhältnis folgen darf. Muß die Sängerin ihr plötzlich erkranktes Kind versorgen, braucht sie die Verpflichtung zum Auftritt nicht zu erfüllen. Ist der Werkunternehmer als Zeuge vor Gericht geladen, ist ihm die Erfüllung der Werkleistung insoweit nicht zumutbar, als er sie nur unter Verletzung seiner Zeugenpflicht erfüllen könnte. Gleiches gilt bei der Wahrnehmung **höherwertiger Interessen**. Wer arbeitsvertraglich zur Sonntagsarbeit verpflichtet ist, kann der Arbeit fernbleiben, um von seinem Wahlrecht Gebrauch zu machen. Der Unter-

nehmer braucht Lieferverpflichtungen nicht zu erfüllen, wenn er sich in Wahrnehmung seiner Sozialpartnerfunktion bei einem Streik nicht einfach auf die Forderung
der Streikenden einläßt oder eine Aussperrung vornimmt. Das Bankgeheimnis kann
im Einzelfall nach einer Güterabwägung eine an sich gebotene Aufklärung unzumutbar machen (BGH LM § 276 BGB [Cc] Nr 27 = NJW 1991, 693). Auch der **Gewissenskonflikt**
gehört hierher: Ein Arbeitnehmer braucht eine Arbeit, zu der er an sich verpflichtet ist,
nicht zu leisten, wenn ihn das in Gewissensnot bringt; ihm gegenüber kommt dann
keine verhaltensbedingte, sondern nur eine personenbedingte Kündigung in Betracht, wenn keine andere Beschäftigungsmöglichkeit besteht (BAG AP Nr 1 zu § 611
BGB Gewissensfreiheit). Auch in Konfliktsituationen ist freilich zu beachten, daß das
Leistungsinteresse des Gläubigers überwiegen kann: So muß die Pflegerin jedenfalls
kurzzeitig ihr erkranktes Kind alleine lassen, um dem von ihr zu betreuenden Patienten ein lebenserhaltendes Medikament zu verabreichen. Dazu, daß bei der Wahrnehmung höherwertiger Pflichten und Interessen ein Übernahme-, Vorsorge- oder
Abwendungsverschulden vorliegen kann, das zwar nichts an der Unzumutbarkeit der
Primärerfüllung ändert, aber Schadensersatzpflichten auslöst, s § 276 Rn 17 ff.

91 Unzumutbar kann dem Schuldner die Erfüllung der persönlichen Leistungspflicht
auch dort sein, wo diese ihn in eine **Gefahr für Leib, Leben oder Freiheit** führt
(HENSSLER/MUTHERS ZGS 2002, 219, 223). In dem oben Rn 83 geschilderten Fall der
Safarifahrt ist auch der Fahrer gegenüber dem den Geländewagen vermietenden
Unternehmer nicht zur Leistung verpflichtet. Ein Arbeitnehmer braucht nicht in
einem Prozeß seines Arbeitgebers im Ausland auszusagen, wenn ihm dort die Ver-
haftung droht. Dies war im übrigen schon die Auffassung des Allgemeinen Preußi-
schen Landrechts. Teil I Titel 5 § 376 bestimmte: „Doch kann der Verpflichtete zur
Erfüllung auf die bestimmte Art gar nicht angehalten werden, wenn damit eine
wahrscheinliche Gefahr des Lebens, der Gesundheit oder der Freiheit für ihn verbunden sein würde."

92 Abs 3 ist auch der Fall zuzuordnen, daß ein Arbeitnehmer wegen Krankheit arbeitsunfähig ist, ohne daß dies zu einer objektiven Unmöglichkeit der Erbringung der
Arbeitsleistung führt (dazu auch oben Rn 55). Das BAG hat diesen Fall zwar bisher als
einen solchen des Unvermögens, das zu Abs 1 gehört, aufgefaßt (BAG AP Nr 30 zu § 1
KSchG Krankheit). Aber man darf nicht die Möglichkeit außer Acht lassen, daß der
kranke Arbeitnehmer trotz seiner Erkrankung – ganz oder teilweise – arbeitet.
Derartiges ist bei Arbeitnehmern in verantwortlichen Positionen durchaus nicht
selten. Auf diese Situation ist das Leistungsverweigerungsrecht des Abs 3 geradezu
zugeschnitten (HENSSLER/MUTHERS ZGS 2002, 219, 223; im wesentlichen auch LINDEMANN AuR
2002, 81, 82; GOTTHARDT Rn 100 ff). Statt dessen nach wie vor von einem Ausschluß der
Leistungspflicht wegen Unmöglichkeit auszugehen und im Falle trotzdem erfolgter
Arbeitsleistung einen Entgeltanspruch aus Treu und Glauben zu begründen (so JOUS-
SEN NZA 2001, 747), erscheint als überflüssiger Umweg. Die Regeln über die Unmöglichkeit greifen erst, wenn die Arbeitsleistung tatsächlich nicht erbracht wird: Sie ist
dann für die Zeit, für die sie versprochen war, nachträglich unmöglich geworden.

4. Rechtsfolge: Leistungsverweigerungsrecht

93 Abs 2 und 3 begründen für den Schuldner lediglich ein **Leistungsverweigerungsrecht**,
das er durch Einrede geltend machen muß. Die Auffassung von TEICHMANN (BB 2001,

1485, 1487 zu § 275 Abs 2 BGB-RE), auch in den Fällen der Unzumutbarkeit handele es sich um einen automatischen Ausschluß der Leistungspflicht, läßt sich mit dem klaren Wortlaut der Vorschriften nicht vereinbaren. Die Ausgestaltung als Leistungsverweigerungsrecht bedeutet auf der einen Seite, daß der Gläubiger mit dem Anspruch durchdringt, wenn der Schuldner die Einrede nicht erhebt. Auf der anderen Seite kann der Schuldner, indem er die Einrede nicht erhebt, vermeiden, daß dem Gläubiger der Anspruch auf Herausgabe des Ersatzes oder Abtretung des Ersatzanspruchs zuwächst (vgl § 285 Rn 27). Auch kann er, indem er trotz Bestehens des Leistungsverweigerungsrechts leistet, einer Verpflichtung zum Schadensersatz statt der Leistung entgehen. Um dieses Ziel zu erreichen, kann er auch eine schon erhobene Einrede wieder zurücknehmen (zur Möglichkeit, erhobene Einreden zurückzunehmen, allgemein Kipp, in: FG Koch [1903] 134 f; vTuhr I 296; Roth, Die Einrede des Bürgerlichen Rechts [1988] 132 ff).

5. Verhältnis zu anderen Vorschriften

Die Leistungsverweigerungsrechte nach Abs 2 und 3 berühren sich mit dem Recht **94** der Parteien, gem § 313 Abs 1, 2 wegen **Störung der Geschäftsgrundlage** die Anpassung eines Vertrages zu verlangen, wenn ihnen das Festhalten am unveränderten Vertrag nicht zugemutet werden kann, und dort, wo eine Anpassung nicht möglich oder nicht zumutbar ist, vom Vertrag zurückzutreten oder diesen zu kündigen (§ 313 Abs 3). Im einzelnen gilt für das Verhältnis von § 275 Abs 2 und 3 zu § 313 folgendes:

Ausschließlich in den Anwendungsbereich von § 275 Abs 2 und 3 fallen **nichtvertrag-** **95** **liche Schuldverhältnisse**, weil bei ihnen eine gemeinsame Geschäftsgrundlage von Schuldner und Gläubiger von vornherein nicht gegeben ist. Etwa kann bei einer Vermächtnisforderung keine Anpassung der Leistungspflicht erfolgen, sondern diese nur nach Abs 2 unzumutbar sein.

Ausschließlich in den Anwendungsbereich des § 313 gehört die Konstellation einer **96** **Entwertung der Gegenleistung**. Denn eine solche Entwertung ändert für sich genommen nichts an dem Aufwand des Schuldners für die Leistung. Hier kann in erster Linie eine Anpassung des Vertrages verlangt werden; ein Ausschluß der Leistungspflicht kommt nur in Betracht, wenn die Anpassung nicht möglich oder nicht zumutbar ist und der Schuldner deshalb vom Vertrag zurücktritt (s dazu Staudinger/Schmidt-Kessel [2004] § 313).

Zu einer **Überschneidung der Anwendungsbereiche** von § 275 Abs 2, 3 und § 313 kann **97** es kommen, wenn die Unzumutbarkeit die Leistungsseite betrifft. Der in Ansehung des Gläubigerinteresses für den Schuldner unzumutbare Leistungsaufwand kann zugleich von dem nach dem Vertrag vorausgesetzten notwendigen Leistungsaufwand so gravierend abweichen, daß aus dieser Abweichung auch eine unzumutbare Äquivalenzstörung resultiert. Erhöht sich der Einkaufspreis einer vom Verkäufer im Ausland zu beschaffenen Maschine exorbitant, kann einerseits ein grobes Mißverhältnis zwischen dem notwendigen finanziellen Aufwand für die Beschaffung und dem Interesse des Gläubigers an der Lieferung dieser Maschine bestehen. Andererseits kann die Erhöhung des Beschaffungspreises zugleich zu einer Störung der Äquivalenz zwischen Leistung und Gegenleistung führen. Dem Schuldner steht in einem solchen Fall die Wahl offen, ob er von seinem Leistungsverweigerungsrecht nach

Abs 2 oder 3 Gebrauch macht oder eine Anpassung des Vertrages verlangt. Auf der anderen Seite hat der Gläubiger die Möglichkeit, seinerseits die Anpassung zu verlangen und damit zugleich die Unzumutbarkeit für den Schuldner iS des § 313 zu beseitigen (wie hier auch SCHMIDT-KESSEL, System § 7 I 1 c). Ihm steht aber auch die Möglichkeit offen, den Aufwand des Schuldners durch das Angebot eines eigenen Beitrags zu vermindern, so daß die Schwelle der Unzumutbarkeit iS des Abs 2 unterschritten wird (s dazu oben Rn 82).

98 Eine **Sonderregel** hat die Unzumutbarkeit des Leistungsaufwands bei einem Anspruch auf Nacherfüllung im Rahmen der *Mängelhaftung* beim Kaufvertrag und beim Werkvertrag gefunden. Nach § 439 Abs 3 kann der Verkäufer die vom Käufer gewählte Art der Nacherfüllung schon dann verweigern, wenn sie nur mit unverhältnismäßigen Kosten möglich ist. Nach § 635 Abs 3 kann der Unternehmer die Nacherfüllung überhaupt verweigern, wenn sie nur mit unverhältnismäßigen Kosten möglich ist. Das sind deutlich geringere Voraussetzungen als bei § 275 Abs 2, wo ein grobes Mißverhältnis zwischen Schuldneraufwand und Gläubigerinteresse verlangt wird. Die Leistungsverweigerungsrechte nach § 439 Abs 3 und § 635 Abs 3 lassen die Leistungsverweigerungsrechte nach § 275 Abs 2 und 3 unberührt. Das ist von praktischer Bedeutung in Fällen, in denen der unzumutbare Aufwand nach § 275 Abs 2 nicht in einem finanziellen Aufwand besteht (dazu oben Rn 83) oder es um ein immaterielles Leistungshindernis nach § 275 Abs 3 geht (dazu oben Rn 90 ff). S dazu auch STAUDINGER/MATUSCHE-BECKMANN (2004) § 439 und STAUDINGER/PETERS (2003) § 635 Rn 6 ff.

99 **Schadensersatzansprüche auf Naturalrestitution** nach § 249 Abs 1 finden ihre Grenze nicht an § 275 Abs 2 oder 3, sondern an § 251 Abs 2: Danach kann der Ersatzpflichtige den Gläubiger in Geld entschädigen, wenn die Herstellung nur mit unverhältnismäßigen Aufwendungen möglich ist (STAUDINGER/SCHIEMANN [1998] § 251 Rn 16 ff).

IV. Prozessuales

100 Aus dem Umstand, daß der Schuldner im Falle der Unmöglichkeit oder des Unvermögens von der ursprünglichen Leistung befreit wird, folgt, daß die Klage des Gläubigers auf eine Leistung, deren Unmöglichkeit feststeht, abzuweisen ist (RGZ 88, 76; RG JW 1919, 188; RG WarnR 1921 Nr 144; RGZ 107, 15 [gegen dieses Urteil JAKOBI JW 1923, 826]; RG Recht 1924 Nr 11; Recht 1925 Nr 2196; RGZ 160, 163; BGH NJW 1972, 152; BGHZ 62, 388, 393; NJW 1974, 2317; Betrieb 1976, 573; BGHZ 97, 178, 181; MEINCKE AcP 171 [1971] 22).

101 Sind die **Unmöglichkeit** oder das Unvermögen zwischen dem Schuldner und dem Gläubiger streitig, so ist über deren Vorliegen *Beweis zu erheben* und darf der Schuldner zur ursprünglichen Leistung nur dann verurteilt werden, wenn ihm dieser Beweis mißlingt. Auch wenn feststeht, daß der Schuldner eine etwaige Unmöglichkeit *unter allen Umständen zu vertreten* hat, kann ein Urteil auf die ursprüngliche Leistung *ohne diese Beweiserhebung* nicht ergehen. Das frühere Bedürfnis, ein solches Urteil zuzulassen, um dem Gläubiger den Weg über § 283 aF freizuhalten (dazu die Voraufl Rn 62), ist mit der Aufhebung dieser Vorschrift weggefallen. Über die Frage, ob eine **Unzumutbarkeit** iS des Abs 2 oder 3 vorliegt, ist Beweis nur dann zu erheben, wenn der Schuldner die entsprechende Einrede erhoben hat und die Tatsachen, auf die sich die Unzumutbarkeit gründen soll, streitig sind.

Den **Beweis** für das Vorliegen von Unmöglichkeit oder Unzumutbarkeit muß *derjenige* **102** führen, der aus ihr *günstige Rechtsfolgen* ableiten will. Dies ist im Falle der Befreiung von der Leistungspflicht nach § 275 Abs 1–3 der Schuldner. Dabei indiziert eine fehlende Verfügungsmacht noch nicht die Unmöglichkeit. Vielmehr muß der Schuldner nachweisen, daß er die Verfügungsmacht nicht wiedererlangen und insbesondere auch keine Genehmigung des berechtigten Dritten erlangen kann (BGH NJW 1982, 881; BGH LM § 275 BGB Nr 27 = NJW 1999, 2034). Wenn der BGH in der zuletzt genannten Entscheidung von dieser Beweislastverteilung für den Fall einer Verurteilung zur Auflassung eines Grundstücks eine Ausnahme machen will, wenn der Schuldner nicht mehr als Eigentümer im Grundbuch eingetragen ist, kann dem nicht gefolgt werden. Daß eine Auflassungserklärung mit der Rechtskraft als abgegeben gilt, hindert nicht, dem Schuldner und nicht dem Gläubiger auch hier die Beweislast für die „Endgültigkeit" des Unvermögens aufzuerlegen, also von ihm den Nachweis zu verlangen, daß weder eine Einwilligung des Dritten vorliegt noch erwartet werden kann, daß dieser die Übereignung an den Gläubiger genehmigt oder der Schuldner das Eigentum von ihm zurückerwirbt (s näher Löwisch Anm zu BGH aaO LM § 275 BGB Nr 27).

Die Beweislast für die Unmöglichkeit der Leistung *aus der Gattung* trifft den Schuld- **103** ner (OLG Hamburg HansGZ 1918, 155; RG 1919, 570). Behauptet der Schuldner, es habe von vornherein keine Gattungsschuld, sondern eine Stückschuld vorgelegen, deren Erfüllung ihm unmöglich geworden sei, hat er dies ebenfalls zu beweisen, da er sich auf den Befreiungstatbestand des § 275 Abs 1 beruft (Baumgärtel/Strieder Rn 1).

§ 276
Verantwortlichkeit des Schuldners

(1) Der Schuldner hat Vorsatz und Fahrlässigkeit zu vertreten, wenn eine strengere oder mildere Haftung weder bestimmt noch aus dem sonstigen Inhalt des Schuldverhältnisses, insbesondere aus der Übernahme einer Garantie oder eines Beschaffungsrisikos, zu entnehmen ist. Die Vorschriften der §§ 827 und 828 finden entsprechende Anwendung.

(2) Fahrlässig handelt, wer die im Verkehr erforderliche Sorgfalt außer Acht lässt.

(3) Die Haftung wegen Vorsatzes kann dem Schuldner nicht im Voraus erlassen werden.

Materialien: E I § 144 Abs 1, § 224 Abs 1 S 2, 3, § 225; II § 233 Abs 1, 3; III § 270; Jakobs/ Schubert, SchR I 236; RE BT-Drucks 14/6040, 131; Beschlußempfehlung und Bericht d Rechtsausschusses BT-Drucks 14/7052, 184.

Schrifttum

1. Vor der Schuldrechtsreform

Aebi, Der Begriff des Verschuldens im Privatrecht und im Strafrecht (1957)

Ballerstedt, Zur Lehre vom Gattungskauf, in: FS Nipperdey (1955) 264

BAUMANN, Schuldtheorie und Verbotsirrtum im Zivilrecht, AcP 155 (1956) 495

vCAEMMERER, Das Verschuldensprinzip in rechtsvergleichender Sicht, RabelsZ 1978, 5

ders, Das Verschuldensprinzip im Vertragsrecht in rechtsvergleichender Sicht, Nihon University Comparative Law 1983, Vol 1, 1

COESTER-WALTJEN, Die Bedeutung des § 279 für Leistungsverzögerungen, AcP 183 (1983) 279

DEUTSCH, Fahrlässigkeit und erforderliche Sorgfalt (2. Aufl 1995)

ders, Haftungserhebliche Standards, JZ 1997, 1030

ders, Zivilrechtliche Verantwortlichkeit ärztlicher Sachverständiger, Recht und Politik im Gesundheitswesen (RPG) 1999, 3

ENGISCH, Untersuchungen über Vorsatz und Fahrlässigkeit (1930)

ESSER, Schuld und Strafe im Lichte der materiellen Wertlehre, in: FS Rittler (1946) 7

ders, Handlung-Tatbestandsmäßigkeit-Rechtswidrigkeit-Verschulden, Karlsruher Forum 1959, 15

ders, Wahrnehmung berechtigter Interessen als allgemeiner Rechtfertigungsgrund (1969)

FABRICIUS, Äußere und innere Sorgfalt (1991)

H FISCHER, Die Rechtswidrigkeit unter besonderer Berücksichtigung des Privatrechts (1911)

GEILEN, Strafrechtliches Verschulden im Zivilrecht?, JZ 1964, 6

GOLDSCHMIDT, Die Schuld im Straf- und Zivilrecht (1934)

GROSSMANN, Die Grenze von Vorsatz und Fahrlässigkeit (1924)

GSELL, Beschaffungsnotwendigkeit und Leistungspflicht: Die Haftung des Gattungsverkäufers beim Eintritt nachträglicher Erfüllungshindernisse (1998)

G HAGER, Zum Begriff der Rechtswidrigkeit. im Zivilrecht, in: FS E Wolf (1985) 133

HANAU, Die Kausalität der Pflichtwidrigkeit (1971)

HEDEMANN BürgA 27, 325

HEINITZ, Das Problem der materiellen Rechtswidrigkeit (1926)

HOHENLEITNER, Schuld als Werturteil, in: FS Rittler (1957) 185

U HUBER, Fahrlässigkeit und Voraussehbarkeit, in: FS H Heimpel (1972) III 440

ders, Zivilrechtliche Fahrlässigkeit, in: FS E R Huber (1973) 253

ders, Verschulden Gefährdung und Adäquanz, in: FS Wahl (1973) 301

JHERING, Das Schuldmoment im römischen Privatrecht (1867)

KIPP, Über den Begriff der Rechtsverletzung, in: FS Kuhlenbeck (1912)

KNAUTH, Zur Bedeutung des Unrechtsbewußtseins für den Vorsatz im Zivilrecht (1977)

KÖHLER, Die bewußte Fahrlässigkeit (1982)

KREISSL, Die Gattungsschuld im Arbeitskampf – Zur Anwendung des § 279 BGB bei arbeitskampfbedingten Lieferstörungen, MDR 1994, 958

LARENZ, Rechtswidrigkeit und Handlungsbegriff im Zivilrecht, in: FS Dölle (1963) I 169

ders, Über Fahrlässigkeitsmaßstäbe im Zivilrecht, in: FS Wilburg (1965) 119

LEMPPENAU, Gattungsschuld und Beschaffungspflicht (1972)

vLISZT, Die Deliktsobligationen im System des BGB (1898)

LÖWISCH, Rechtswidrigkeit und Rechtfertigung von Forderungsverletzungen, AcP 165 (1965) 421

ders, Arbeitskampf und Vertragserfüllung, AcP 174 (1974) 202

MANN, Recht des Geldes (1960)

MARBURGER, Die haftungs- und versicherungsrechtliche Bedeutung technischer Regeln, VersR 1983, 597

MARTON, Verschuldensprinzip – Verursachungsprinzip (1926)

vMAYDELL, Geldschuld und Geldwert (1974)

MAYER-MALY, Die Wiederkehr der Culpa levissima – Diagnosen und Reflexionen zur Lehre von den Fahrlässigkeitsstufen, AcP 163 (1964) 114

MEDER, Schuld, Zufall, Risiko – Untersuchungen struktureller Probleme privatrechtlicher Zurechnung, 1993

MEDICUS, Reichweite gesetzlicher Haftungsmilderungen, in: FS Odersky (1996) 589

ders, „Geld muß man haben". Unvermögen und Schuldnerverzug bei Geldmangel, AcP 188 (1988) 489

MÜNZBERG, Verhalten und Erfolg als Grundlagen der Rechtswidrigkeit und Haftung (1966)

NIPPERDEY, Grundlagen und Entwicklung der Gefährdungshaftung (1941, 1940)

ders, Rechtswidrigkeit, Sozialadäquanz, Fahrlässigkeit, Schuld im Zivilrecht, NJW 1957, 177

OTTO/SCHWARZE, Die Haftung des Arbeitnehmers (3. Aufl 1998)

PELLEGRINO, Subjektive oder objektive Vertragshaftung?, ZEuP 1997, 41

RABEL, Das Recht des Warenkaufs I (1936)

RÄCKE, Haftungsbeschränkungen zu Gunsten und zu Lasten Dritter, 1995

REICH, Reform des Rechts des Konsumentenkredits, JZ 1980, 329

REIFNER, Alternatives Wirtschaftsrecht am Beispiel der Verbraucherverschuldung (1979)

RITTNER, Rechtswissen und Rechtsirrtum im Zivilrecht, in: FS vHippel (1967) 391

RÖHL, Zur Abgrenzung der groben von der einfachen Fahrlässigkeit, JZ 1974, 521

ROTHER, Die Begriffe Kausalität, Rechtswidrigkeit und Verschulden in ihrer Beziehung zueinander, in: FS Larenz (1983) 537

SANDMANN, Die Haftung von Arbeitnehmern, Geschäftsführern und leitenden Angestellten – zugleich ein Beitrag zu den Grundprinzipien der Haftung und Haftungsprivilegierung, 2001

R SCHMIDT, Die Obliegenheiten (1953)

SCHROTH, Die Differenz von dolus eventualis und bewußter Fahrlässigkeit, JuS 1992, 1

SIBER, Zur Theorie von Schuld und Haftung nach Reichsrecht, JherJb 50, 14; 55, 231

SIMITIS, Bemerkungen zur rechtlichen Sonderstellung des Geldes, AcP 159 (1960) 406

SPINDLER, Haftungsklauseln in Provider-Verträgen, Computer und Recht 1999, 626

STATHOPOULOS, Bemerkungen zum Spannungsverhältnis von Fahrlässigkeit und Rechtswidrigkeit im Zivilrecht, in: FS Larenz (1983) 631

vSTEBUT, Aufklärungspflichten und Haftungsrisiken von Finanzdienstleistern, ZIP 1992, 1698

U STELKENS, Die persönliche Verantwortlichkeit der Bediensteten für fehlerhafte Vergabe von Zuwendungen in den neuen Bundesländern, Landes- und Kommunalverwaltung (LKV) 1999, 161

WEBER-WILL/KERN, Ein Beitrag zur Dogmatik des § 279 BGB, JZ 1981, 257

WEITNAUER, Gedanken zum Problem der Rechtswidrigkeit und des Verschuldens, VersR 1961, 1057

ders, Finalität, Sozialadäquanz und Schuldtheorie als zivilrechtliche Strukturbegriffe, in: FS Welzel (1974) 227

WELZEL, Fahrlässigkeit und Verkehrsdelikte (1961)

H P WESTERMANN, Die Konzernverschaffungsschuld als Beispiel einer beschränkten Gattungsschuld, JA 1981, 599

WIEACKER, Rechtswidrigkeit und Fahrlässigkeit im Bürgerlichen Recht, JZ 1957, 535

WIETHÖLTER, Rechtfertigungsgrund des verkehrsrichtigen Verhaltens (1960)

ZACHER, Verschulden im Sozialrecht – eine Skizze, in: FS Weidner (1983) 171

ZEUNER, Gedanken über Bedeutung und Stellung des Verschuldens im Zivilrecht, JZ 1966, 1

ZIPPELIUS, Erfolgsunrecht oder Handlungsunrecht, NJW 1957, 1707.

Zum älteren Schrifttum vgl außerdem Staudinger/LÖWISCH (2001) §§ 276, 279.

2. Zur und nach der Schuldrechtsreform

BRUNS, Haftungsbeschränkung und Mindesthaftung (2003)

Bundesministerium der Justiz (BMJ), Stellungnahme zu § 444 BGB, abgedruckt in: ZGS 2003, 307

CANARIS, Die Reform des Rechts der Leistungsstörungen, JZ 2001, 499

DÄUBLER, Die Auswirkungen der Schuldrechtsmodernisierung auf das Arbeitsrecht, NZA 2001, 1329

DAUNER-LIEB/THIESSEN, Garantiebeschränkungen in Unternehmenskaufverträgen nach der Schuldrechtsreform, ZIP 2002, 108

HERMANNS, Garantien beim Unternehmens- und Anteilskaufvertrag – Gestaltungsmöglichkeiten und Formulierungsvorschläge, ZIP 2002, 696

KLEIN, Haftungsbeschränkungen zugunsten und zu Lasten Dritter und ihre Behandlung in der Schuldrechtsreform, JZ 1997, 390

SAILER, Die Schadensersatzhaftung des Verkäufers bei Schlechtlieferung und ihre Grenzen (2003)

Manfred Löwisch

SCHLECHTRIEM, Rechtsvereinheitlichung und Schuldrechtsreform, ZEuP 1993, 217
SCHMIDT-KESSEL, Standards vertraglicher Haftung nach englischem Recht. Limits of Frustration (2003); zitiert: SCHMIDT-KESSEL, Standards
TIEDEMANN, Strafrechtliche Bemerkungen zu den Schutzgesetzen bei Verletzung des Bankgeheimnisses, ZIP 2004, 294

vWESTPHALEN, Nach der Schuldrechtsreform: Neue Grenzen für Haftungsfreizeichnungs- und Haftungsbegrenzungsklauseln, BB 2002, 209
ders, Beschaffungsrisiko – Vertretenmüssen – Haftung des Verkäufers auf Schadensersatz, ZGS 2002, 154.

Systematische Übersicht

Alphabetische Übersicht

I. Allgemeines

1 § 276 legt die Verantwortlichkeit des Schuldners für Pflichtverletzungen fest. Zurechnungsgrund ist dabei auch nach der Schuldrechtsreform in erster Linie das Verschulden: Nach Abs 1 S 1 hat der Schuldner Vorsatz und Fahrlässigkeit zu vertreten. Nach Abs 1 S 2 scheidet eine Verantwortlichkeit aus, wenn es dem Schuldner an der Verschuldensfähigkeit gebricht. Zum Verschuldensprinzip s im einzelnen Rn 3 ff.

2 Nach Abs 1 S 1 hat der Schuldner Vorsatz und Fahrlässigkeit nur zu vertreten, wenn eine strengere oder mildere Haftung weder bestimmt, noch aus dem sonstigen Inhalt des Schuldverhältnisses, insbesondere aus der Übernahme einer Garantie oder eines Beschaffungsrisikos, zu entnehmen ist. Mit dieser Regelung nimmt die Vorschrift nicht nur, wie bisher, auf die Fälle Bezug, in denen Gesetz oder Vertrag einen anderen Verschuldensmaßstab als Vorsatz oder Fahrlässigkeit im Sinne des Außerachtlassens der verkehrserforderlichen Sorgfalt (Abs 2) festlegen, insbesondere die Haftung auf grobe Fahrlässigkeit oder die eigenübliche Sorgfalt (§ 277) beschränken. Vielmehr werden so in § 276 auch die Fälle einbezogen, in denen der Schuldner eine Pflichtverletzung ohne Verschulden zu vertreten hat. Erfaßt werden dabei sowohl die Fälle, in denen vertraglich eine verschuldensunabhängige Einstandspflicht übernommen worden ist (Rn 143 ff), als auch die, in denen sich diese Einstandspflicht aus dem Inhalt des Schuldverhältnisses ergibt (Rn 148 ff), wie das auf Gattungs- und Geldschulden zutrifft, wie schließlich diejenigen, in denen gesetzlich eine solche Einstandspflicht festgelegt ist (Rn 141 f).

II.   Verantwortlichkeit für Verschulden

1.   Das Verschulden als Zurechnungsgrund

Indem § 276 Abs 1 S 2 für Pflichtverletzungen des Schuldners das Verschulden als   **3** regelmäßigen Zurechnungsgrund festlegt, nimmt er eine Wertung vor: Dem Schuldner wird nicht einfach die ordnungsgemäße Erfüllung des Schuldverhältnisses aufgebürdet. Vielmehr muß er für die Pflichtverletzung nur eintreten, wenn ihm vorgeworfen werden kann, daß er den Anforderungen, die verkehrsüblicherweise an ihn gestellt werden dürfen, nicht gerecht geworden ist. Im übrigen soll das Risiko der Erfüllung des Schuldverhältnisses, die „Leistungsgefahr", der Gläubiger tragen (s dazu § 275 Rn 2). Insofern dient das Verschuldensprinzip der Freiheitsgewährung an den Schuldner (Deutsch AcP 202 [2002] S 298). An diesem Verschuldenprinzip (zu ihm grds v Caemmerer RabelsZ 1978, 5 ff; Deutsch, Fahrlässigkeit und erforderliche Sorgfalt 420 ff) hat auch die Schuldrechtsreform festgehalten (gegen das Verschuldensprinzip in der vertraglichen Haftung nunmehr dezidiert Schmidt-Kessel, System § 10 V, § 15 II und öfter, der in § 276 lediglich einen Mechanismus zur Ergänzung des Vertrages um weitere Pflichten des Schuldners sieht).

Das deutsche Recht unterscheidet sich durch das Verschuldensprinzip in seinem   **4** Ausgangspunkt grundlegend von **anderen Rechtsordnungen**, die, wie insbesondere die angelsächsischen, den Schuldner für die Nichterfüllung als solche haften lassen (vgl näher Rabel 369 ff; v Caemmerer RabelsZ 1978, 5 ff; Pellegrino ZEuP 1997, 41 ff; Schmidt-Kessel, Standards 32 ff; Zimmermann, The Law of Obligations [1992] 814 ff; Zweigert/Kötz, Einführung in die Rechtsvergleichung auf dem Gebiete des Privatrechts [3. Aufl 1996] 501 ff). Freilich erfährt auch diese strenge Haftung heute Ausnahmen und Korrekturen, nach denen der Schuldner lediglich für das Fehlen der vernünftigerweise zu erwartenden Sorgfalt haftet; dies gilt insbesondere für den großen Bereich der professionellen Dienstleistungen etwa von Anwälten oder Ärzten (s section 13 Supply of Goods and Services Act 1982; Treitel, The Law of Contract [11. Aufl 2003] 840 ff [jeweils für England]; Pellegrino ZEuP 1997, 41 ff; Schmidt-Kessel, Standards 293 ff; Zweigert/Kötz 503). Auch das **CISG** setzt für die Haftung kein Verschulden voraus, sondern entlastet nach seinem Art 79 den Schuldner nur bei unüberwindlichen, nicht voraussehbaren und nicht beherrschbaren Leistungshindernissen (vgl etwa Schlechtriem ZEuP 1993, 217, 228 f; Schlechtriem/Schwenzer/Müller-Chen CISG Art 45 Rn 10; Staudinger/Magnus [1999] Wiener UN-Kaufrecht [CISG] Art 45 Rn 11).

Das Verschuldensprinzip stellt im deutschen Recht nur die Regel dar, die zahlreiche   **5** Ausnahmen kennt. Aus vertraglicher Vereinbarung, dem Inhalt eines Schuldverhältnisses oder einer gesetzlichen Bestimmung kann sich, wie § 276 Abs 1 S 1 jetzt auch ausdrücklich sagt (oben Rn 2) eine Verantwortung ohne Verschulden ergeben. Garantieelemente sind auch im objektiven Verständnis des Fahrlässigkeitsbegriffs (vgl Rn 28 ff) und in der unbedingten Verantwortlichkeit des Schuldners für Dritte (§ 278) enthalten. Eine Eingrenzung des Verschuldensprinzips bedeuten schließlich auch die Vorschriften über die Umkehrung der Beweislast für das Verschulden, wie sie sich nunmehr allgemein für Pflichtverletzungen aus § 280 Abs 1 S 2 sowie für den Verzug aus § 286 Abs 4 und bei der Haftung für die verspätete Ausführung einer Überweisung aus § 676b Abs 1 S 1 ergibt (in diesem Sinne auch SCHUR 81). Diese Eingrenzungen nähern das deutsche Recht im praktischen Ergebnis den ausländischen Rechtsordnungen stark an (SCHLECHTRIEM ZEuP 1993, 217, 228 f; SCHLECHTRIEM/SCHWENZER/ STOLL/GRUBER CISG Art 79 Rn 10; PELLEGRINO ZEuP 1997, 41 ff; SCHMIDT-KESSEL, Standards 505 ff, 510 f). Eine über diese Eingrenzungen hinausgehende richterrechtliche Aufhebung des Verschuldensprinzips ist nicht zulässig.

6 Zurechnungsgrund ist das Verschulden nicht nur für die Verletzung der eigentlichen Leistungspflicht, sondern auch für die Verletzung von **Nebenpflichten**, insbesondere die Pflicht zur Rücksichtnahme auf die Rechte, Rechtsgüter und Interessen des anderen Teils (§ 241 Abs 2). Allerdings rücken bei solchen Nebenpflichten Verletzungstatbestand und Verschulden nahe zusammen: Einerseits wird das Ausmaß der sich aus einem Schuldverhältnis ergebenden Pflichten von der Verkehrsanschauung bestimmt, die so die Verantwortungskreise von Schuldner und Gläubiger gegeneinander abgrenzt (STAUDINGER/OTTO § 280 Rn D 16). Andererseits ist die verkehrserforderliche Sorgfalt nach Abs 2 Maßstab der Fahrlässigkeit (DEUTSCH AcP 202 [2002] 899 f). Die Verschuldensvoraussetzung korrigiert insoweit nur noch die sich aus dem Schuldverhältnis ergebende konkrete Pflichtenordnung nach allgemeinen Maßstäben der Verkehrserforderlichkeit (s allgemein zur Sorgfalt als konstituierendem Merkmal des Verletzungstatbestandes und als Maßstab der Fahrlässigkeit jetzt SCHUR 75 ff, 95 ff, 207 ff; SCHMIDT-KESSEL, System § 12 III zieht daraus den Schluß, das Vertretenmüssen sei keine eigenständige Kategorie [s schon Rn 3]).

7 § 276 gilt – ebenso wie § 278 (dazu § 278 Rn 7) – sowohl für vertragliche wie auch für gesetzliche Schuldverhältnisse, insbesondere für aus Delikt entstandene Schadensersatzverpflichtungen, Verpflichtungen aus ungerechtfertigter Bereicherung oder aus Geschäftsführung ohne Auftrag. Im Deliktsrecht bildet das Verschulden darüber hinaus auch den Zurechnungsgrund für das Entstehen eines Schuldverhältnisses. Dort ist die Schadensersatzhaftung vielfach davon abhängig, daß den Schädiger der Vorwurf von Vorsatz oder Fahrlässigkeit trifft (vgl insbes § 823 Abs 1). Das Verschuldensprinzip stellt sich hier als Kompromiß zwischen dem Rechtsgüterschutz auf der einen und der Wahrung der Handlungsfreiheit des Einzelnen auf der anderen Seite dar: Nicht jede Handlung, welche Schädigungen bei Dritten hervorruft, soll unter der Sanktion einer Ersatzpflicht stehen, sondern nur diejenigen, die dem Handelnden vorwerfbar sind. In diesem außervertraglichen Bereich ist das Verschuldensprinzip in noch stärkerem Maße verdrängt als im vertraglichen Bereich. Einmal ist die Objektivierung des Fahrlässigkeitsbegriffs hier noch weiter fortgeschritten, insbesondere durch die Ausbildung zahlreicher Verkehrssicherungspflichten. Zweitens wird das Verschuldensprinzip im Bereich technischer Risiken durch das Prinzip der Gefährdungshaftung weitgehend ersetzt, insbesondere im StVG, LuftVG, AtomG, HaftPflG, WHG, ProdHaftG, ArzneimittelG. Eine praktische Einschränkung des Verschuldensprinzips bedeutet im Rahmen der über das ProdHaftG hinausgehenden Produzentenhaftung nach §§ 823 ff auch die Beweislastumkehr hinsichtlich des Verschuldens (dazu STAUDINGER/BELLING/EBERL-BORGES [2002] § 831 Rn 6 f).

8 **Anspruchsbegrenzende Funktion** kommt dem Verschuldensprinzip im Rahmen von

Obliegenheitsverletzungen zu; das gilt für Leistungs- wie für Schadensersatzansprüche: Nach § 254 sind Schadensersatzansprüche ausgeschlossen oder beschränkt, wenn
an der Entstehung des Schadens ein Verschulden des Geschädigten mitgewirkt hat.
Der Anspruch auf Fortzahlung der Vergütung im Falle vorübergehender Verhinderung an der Dienstleistung ist ausgeschlossen, wenn den Dienstverpflichteten ein
Verschulden trifft (§ 616 S 1); gleiches gilt nach § 3 EntgeltfortzahlungsG bei Erkrankung eines Arbeitnehmers. Im Rahmen des Privatversicherungsvertrages führt
die Obliegenheitsverletzung in der Regel nur dann zum Ausschluß oder zur Einschränkung von Ansprüchen auf Versicherungsleistungen, wenn die Verletzung verschuldet ist (§ 6 Abs 1 S 1 VVG). Bei der Schadensersatzhaftung relativiert damit die
anspruchsbegrenzende Funktion des Verschuldensprinzips dessen haftungsbegründende Wirkung. Dieser Zusammenhang wird von der Rechtsprechung genutzt, um
als zu weit gehend empfundene Auswirkungen des Verschuldensprinzips auf der
haftungsbegründenden Seite durch Verschärfung der Sorgfaltsanforderungen auf
der Seite des Geschädigten abzumildern. In diesem Sinne hat es etwa das BAG im
Bereich der von Arbeitnehmern verursachten Schäden an Kraftfahrzeugen als Mitverschulden des Arbeitgebers gewertet, wenn dieser den Abschluß einer Kaskoversicherung unterlassen hat, weswegen der Arbeitnehmer nur in Höhe einer Selbst-
beteiligung hafte, die bei Versicherungsabschluß zu vereinbaren gewesen wäre (BAG
AP zu § 611 BGB Haftung des Arbeitnehmers Nr 92 und Nr 101 [GS]; dazu Brox Anm zu AP Nr 92
und 93; MünchArbR/Blomeyer § 59 Rn 59).

Besonders ausgeformt ist die anspruchsbegrenzende Funktion des Verschuldensprin- **9**
zips im Rahmen der Haftung für den **Vertrauensschaden.** Bei der Irrtumsanfechtung
und der Vertretung ohne Vertretungsmacht wird der Ersatzanspruch bei fahrlässiger
Unkenntnis des Irrtums oder der Vertretung ohne Vertretungsmacht ausgeschlossen
(§§ 122 Abs 2, 179 Abs 3 S 1). Gleiches gilt für den Schadensersatz statt der Leistung
oder den Ersatz der Aufwendung nach § 284 im Falle schon bei Vertragsschluß
bestehender Unmöglichkeit oder Unzumutbarkeit der Leistung (§ 311a Abs 2 S 2).

Schließlich entfaltet das Verschuldensprinzip eine weitere Funktion im Rahmen des **10**
gutgläubigen Erwerbs von beweglichen Sachen und Wechseln. Dieser scheidet aus,
wenn der Erwerber grob fahrlässig nicht weiß, daß der Veräußerer nicht Eigentümer
ist (§ 932 Abs 2, Art 16 Abs 2 WechselG).

Auch im **öffentlichen Recht** gilt regelmäßig das Verschuldensprinzip, etwa im Bereich **11**
der Haftung des Beamten gegenüber dem Dienstherrn bei Dienstpflichtverletzungen
(vgl §§ 45 f BRRG) und bei der Amtshaftung (Art 34 GG iVm § 839 BGB). Soweit in
den betreffenden Vorschriften auf Vorsatz und Fahrlässigkeit abgestellt wird, sind
dann, wenn nichts Besonderes bestimmt ist, die zivilrechtlichen Maßstäbe des § 276
anwendbar.

2. Rechtswidrigkeit und Verschulden

In dem Vorwurf schuldhaften Verhaltens steckt ein Werturteil der Rechtsordnung: **12**
Dem Handelnden wird vorgeworfen, daß er vorsätzlich oder fahrlässig gegen die
Rechtsordnung verstoßen hat (Engisch 15 ff; Aebi 31 ff; Deutsch AcP 202 [2002] 894 f;
prinzipiell gegen einen ethischen Vorwurf bei Vertragsverletzung Schmidt-Kessel, System § 9).
Verschulden setzt Rechtswidrigkeit voraus. Darüber besteht in Rechtsprechung und

Literatur ebenso Einigkeit wie darüber, daß Rechtswidrigkeit in diesem Sinne im Zivilrecht die von der Rechtsordnung mißbilligte Verletzung des geschützten Interesses eines Anderen voraussetzt. Im Deliktsrecht ist dies die über eine Rechtsgutverletzung, eine Schutzgesetzverletzung oder eine sittenwidrige Verhaltensweise erfolgende Schädigung, die mißbilligte Verletzung der Leistungspflicht oder die Schädigung infolge einer sonstigen Pflichtverletzung. Streitig ist aber, welche Anforderungen an die Mißbilligung der Interessenverletzung durch die Rechtsordnung im Falle der Rechtsgüterverletzung und Leistungsstörung zu stellen sind. Herkömmlicherweise will man es mit der bloßen Feststellung bewenden lassen, daß der Handelnde eine Verletzung des Rechtsguts adäquat kausal verursacht bzw seine Vertragspflichten nicht erfüllt hat. Lediglich bestimmte Rechtfertigungsgründe sollen ausnahmsweise die Rechtswidrigkeit ausschließen (ERMAN/BATTES Rn 6 ff; WEITNAUER VersR 1961, 1057 ff; auch SCHUR 107 ff will neuerdings das die Rechtswidrigkeit begründende sorgfaltspflichtwidrige Verhalten am Schutz von Rechtsgütern orientieren). Diese Lehre vom **sog Erfolgsunrecht** wird dem Zusammenhang zwischen Verschulden und Rechtswidrigkeit aber nicht gerecht. Der im Verschuldensurteil liegende Vorwurf geht dahin, daß sich der Betreffende „nicht rechtmäßig verhalten, daß er sich für das Unrecht entschieden hat, obwohl er sich rechtmäßig verhalten, sich für das Recht hätte entscheiden können" (BGHSt [GS] 2, 194, 200). Zur Grundlage dieses Urteils kann deshalb nicht allein die Mißbilligung des Ergebnisses einer Handlung, sondern nur das *Verhalten* gemacht werden, welches einer erkennbaren Vorschrift der Rechtsordnung zuwiderläuft. **Jedenfalls im Bereich der Verschuldenshaftung** muß deshalb die Rechtswidrigkeit von einer umfassenden Beurteilung des Verhaltens abhängig gemacht werden (vCAEMMERER, in: FS DJT [1960] II 128; LÖWISCH AcP 165 [1965] 424 ff; STATHOPOULOS, in: FS Larenz [1983] 636 ff; G HAGER, in: FS E Wolf [1985] 133 ff; JAUERNIG/VOLLKOMMER Rn 13 f). Dies ist für den hier interessierenden Zusammenhang der richtige Kern der im Anschluß an den Beschluß des Großen Senats in Zivilsachen des BGH (BGHZ 24, 21) entwickelten Lehre vom **sog Verhaltensunrecht** (WIETHÖLTER, passim; NIPPERDEY Karlsruher Forum 1959, 3 ff; ZEUNER JZ 1961, 41 ff; STOLL AcP 162 [1962] 209 ff; ZIPPELIUS AcP 157 [1958/59] 390 ff; ESSER/SCHMIDT I 2 § 25 IV 1; einschränkend DEUTSCH, Allg Haftungsrecht Rn 246 ff; ders, Fahrlässigkeit und erforderliche Sorgfalt 455 ff; LARENZ, in: FS Dölle [1963] I 169 ff; FIKENTSCHER Rn 490 ff; sie wollen wohl das Rechtswidrigkeitsurteil auf das Verhalten beziehen, aber auch im Bereich der Verschuldenshaftung in Fällen handlungstypischen, durch Rechtsgüter indizierten Unrechts die möglichen schädlichen Auswirkungen für die Bewertung des Verhaltens als rechtswidrig genügen lassen). Daß das Rechtswidrigkeitsurteil an das Verhalten anknüpft, gilt dabei nicht nur für den Bereich sog mittelbarer Rechtsverletzungen, also der Fälle, in denen an sich erlaubte Handlungen andere beeinträchtigen. Auch bei den sog unmittelbaren Rechtsverletzungen geht es um ein Verhalten insofern, als die Handlung des Schädigers final auf die Verletzung des Rechtes gerichtet ist (vgl näher LÖWISCH, Der Deliktsschutz relativer Rechte [1970] 48 ff, 59 ff; HAGER aaO).

13 Auch das **Schuldverhältnis** muß, soweit es unter dem Verschuldensprinzip steht, als „Ordnung von Verhaltenspflichten des Schuldners" begriffen werden (WIEACKER, Leistungshandlung und Leistungserfolg im bürgerlichen Schuldrecht, in: FS Nipperdey [1965] 783 ff). Dabei muß freilich bei *vertraglichen Schuldverhältnissen* auch das verhaltensbezogene Unrechtsurteil die Eigenart des Vertrages, seinen Typus und seinen besonderen Inhalt berücksichtigen. Maßgeblich können nicht die allgemeinen Verhaltenspflichten der Deliktsordnung sein, sondern nur die Anforderungen, welche der Vertrag nach dem Willen der Parteien an das Verhalten der Vertragsparteien stellt (LÖWISCH

AcP 165 [1965] 428 ff; so zB BGH NJW-RR 1996, 1121, der im konkreten Fall nur einen Verstoß gegen eine allg Rechtspflicht annahm, jedoch eine Vertragspflichtverletzung verneinte; Schmidt-Kessel, System § 10 IV 1 zieht hingegen die Konsequenz, daß es für die vertragliche Haftung einer gesonderten Rechtswidrigkeit nicht bedürfe).

Der auf das Verhalten bezogene Rechtswidrigkeitsbegriff ist im Bereich des **Delikts-** **14** **rechts** nur in den Fällen der Haftung für eigenes vermutetes Verschulden von praktischer Bedeutung (§§ 831 ff). Er verhindert den Eintritt einer allein an den schädlichen Erfolg geknüpften Haftung, wenn sich der den Erfolg Verursachende so verhalten hat, wie es die Rechtsordnung von ihm verlangt (BGHZ 24, 21 für den Fall, daß sich ein Verrichtungsgehilfe im Straßen- oder Eisenbahnverkehr verkehrsrichtig verhalten hat; s hierzu ausf Staudinger/Belling/Eberl-Borges [2002] § 831 Rn 117 ff). Im Bereich der normalen Verschuldenshaftung tritt zur Widerrechtlichkeit als weitere Haftungsvoraussetzung das Verschulden hinzu, so daß, wer einen erfolgsbezogenen Rechtswidrigkeitsbegriff vertritt, die Frage, ob sich der in Anspruch Genommene richtig verhalten hat, hier zum Tragen bringen kann (zutr Deutsch, Allg Haftungsrecht Rn 249).

Wichtiger ist der Rechtswidrigkeitsbegriff im Bereich der **Vertragshaftung**. Verant- **15** wortlich für eine Vertragsverletzung ist der Schuldner nur dann, wenn er sich (vertrags-)rechtswidrig verhalten hat. Hinsichtlich der Erfüllung der eigentlichen Leistungspflicht fehlt es an dieser Rechtswidrigkeit, wenn der Schuldner die Leistung nicht erbringt, weil dem die Notwendigkeit entgegensteht, andere höherwertige Pflichten zu erfüllen oder andere höherwertige Interessen wahrzunehmen (Löwisch AcP 165 [1965] 424 ff und 174 [1974] 240 ff; Konzen AcP 172 [1972] 317 ff). Das Gesetz hat diesen Konflikt für den *Erfüllungsanspruch* nunmehr in § 275 Abs 3 geregelt, der dem Schuldner ein Leistungsverweigerungsrecht gewährt, wenn ihm die Erbringung der eigentlichen Leistung „unzumutbar" ist: Unzumutbar ist gerade auch eine Leistung, die nur um den Preis der Verletzung höherwertiger Pflichten bzw der Nichtwahrnehmung höherwertiger Interessen erbracht werden kann (s dazu § 275 Rn 90). Damit ist die Bestimmung der Rechtswidrigkeit für den Bereich der **Haftung aus dem Vertrag** aber nicht präjudiziert. Insoweit sind zwar Überlegungen und Wertungen anzustellen, die denjenigen nach § 275 Abs 3 parallel laufen; diese können jedoch im Rahmen von § 276 Abs 2 zu abweichenden Ergebnissen führen. Das Gesetz bringt dies indirekt in § 275 Abs 4 zum Ausdruck: Wenn es dort darauf hinweist, daß sich die Rechte des Gläubigers nach den §§ 280, 283–285, 311a und 326 bestimmen, wird vorausgesetzt, daß es trotz Unzumutbarkeit der Erfüllung der eigentlichen Leistungspflicht nach § 275 Abs 3 zu Schadensersatzverpflichtungen des Schuldners kommen kann, die wiederum ein schuldhaftes rechtswidriges Verhalten voraussetzen.

Insbesondere ist für die Frage der Rechtswidrigkeit keineswegs allein auf den letzt- **16** möglichen **Zeitpunkt** rechtzeitiger Erfüllung der in Rede stehenden Vertragspflicht abzustellen. Denn der Schuldner ist im Regelfalle nicht nur zu einer Leistungshandlung, sondern zur Herbeiführung des Leistungserfolges verpflichtet. Deshalb muß auch gefragt werden, ob in der Zeit zuvor der Schuldner sich im Hinblick auf seine Verpflichtung sorgfältig verhalten hat. Sein Verhalten muß für jede Phase zwischen Eingehen der Verpflichtung und letztmöglichem Erfüllungszeitpunkt bewertet werden, wobei für jede dieser Phasen und für jedes in Betracht kommende, der Erfüllung dienende Verhalten (positives Tun oder Unterlassen) gesondert nach der Rechtswidrigkeit zu fragen ist (Löwisch AcP 165 [1965] 424 ff und 174 [1974] 240 ff; Konzen AcP 172 [1972] 317 ff).

17 Eine solche vor dem letztmöglichen Erfüllungszeitpunkt liegende Rechtswidrigkeit ist insbesondere dann gegeben, wenn der Schuldner die Vertragsverpflichtung übernommen hat, obwohl er damit rechnen mußte, sie nicht erfüllen zu können und er eine ihm mögliche und zumutbare Vorsorge nicht getroffen hat oder eine Möglichkeit, den Schaden auf eine Weise abzuwenden, die ihn nicht in Konflikt mit der Wahrnehmung höherwertiger Pflichten und Interessen gebracht hätte, nicht genutzt hat. Man spricht – insoweit an dieser Stelle nicht ganz korrekt, weil es sich hier um eine Frage der Rechtswidrigkeit handelt – von **Übernahmeverschulden, Vorsorgeverschulden** und **Abwendungsverschulden**. Derselbe Gedanke drückt sich in Art 79 Abs 1 CISG aus, wonach eine Partei für die Nichterfüllung nur dann nicht einzustehen hat, wenn sie beweist, daß die Nichterfüllung auf einem außerhalb ihres Einflußbereichs liegenden Hinderungsgrund beruht und daß von ihr vernünftigerweise nicht erwartet werden konnte, den Hinderungsgrund bei Vertragsabschluß in Betracht zu ziehen oder den Hinderungsgrund oder seine Folgen zu vermeiden oder zu überwinden (Schlechtriem/Schwenzer/Stoll/Gruber CISG Art 79 Rn 10, 14 ff).

18 Um an die in § 275 Rn 90 genannten Beispiele anzuknüpfen: War das Kind der Sängerin schon längere Zeit kränklich, so daß man mit einer persönliche Aufsicht erfordernden Verschlechterung rechnen mußte, oder hat es der Handwerksmeister unterlassen, durch eine ihm zumutbare Einstellung weiterer Arbeitskräfte oder die Beauftragung von Subunternehmern die termingerechte Durchführung des Auftrags doch noch sicherzustellen, so liegt gleichwohl eine rechtswidrige Vertragsverletzung vor. Auch im Falle von Arbeitskämpfen wird man ein Übernahmeverschulden des Unternehmers vor allem dann bejahen müssen, wenn dieser ohne Vereinbarung einer entsprechenden Freizeichnungsklausel eine Vertragsverpflichtung eingeht, obwohl er damit rechnen muß, daß es in der Zeit, in der der Vertrag zu erfüllen ist, zu einem Arbeitskampf kommen kann (vgl näher Löwisch AcP 174 [1974] 247 ff sowie: Arbeitskampfklauseln in Allgemeinen Geschäftsbedingungen, BB 1974, 1493, 1495 f; Löwisch/Rieble, Arbeitskampf- und Schlichtungsrecht [1997] SD 170.7 Rn 6, 12 ff). Schließlich kann auch in Fällen des Gewissenskonflikts ein Übernahme- bzw Abwendungsverschulden vorliegen, wenn der Arbeitnehmer nämlich schon vorher wußte oder wissen mußte, daß von ihm Arbeiten verlangt werden würden, die ihn in eine Gewissensnot führen (Kohte, Gewissenskonflikte am Arbeitsplatz – Zur Aktualität des Rechts der Leistungsstörungen, NZA 1989, 161, 168). Allerdings dürfen die Verhaltensanforderungen an den Schuldner insoweit nicht überdehnt werden: Etwa kann dem Arbeitnehmer nicht zugemutet werden, im Hinblick auf seine Arbeitspflicht einer möglichen Grippe durch eine Impfung vorzubeugen. Dies würde zu weitgehend in seine Lebensführung eingreifen (vgl Huber I 672).

19 Das Rechtswidrigkeitsurteil in der in Rn 16 geschilderten Weise bei Vertragsverletzung gewissermaßen *schichtweise* zu fällen, schärft den Blick für den eigentlichen Punkt der Vorwerfbarkeit und führt so zu einer exakten Beurteilung der Rechtswidrigkeit im konkreten Einzelfall (Schmidt-Kessel, System § 10 IV 3 b gelangt über eine entsprechende Zuschneidung des vertraglichen Pflichtenprogramms ebenfalls zu einer solchen schichtweisen Bewertung des Schuldnerverhaltens). Es macht auch klar, daß in solchen Fällen die Freizeichnung nicht etwa an § 276 Abs 3 scheitert. Denn hinsichtlich von Übernahme-, Vorsorge- und Abwendungsverschulden wird in aller Regel nur Fahrlässigkeit vorliegen.

3. Vorsatz

§ 276 unterscheidet als Schuldformen Vorsatz und Fahrlässigkeit. Die **Bedeutung** 20
dieser Unterscheidung ist, verglichen mit dem Strafrecht, im Zivilrecht nur *gering*
(Tiedemann ZIP 2004, 294 f). Denn in den meisten Fällen der Verschuldenshaftung
genügt auch Fahrlässigkeit. Eine Rolle spielt die Unterscheidung einmal dort, wo
ausnahmsweise eine Haftung nur bei Vorsatz eintritt, wie bei § 826 und in den Fällen,
in denen die Haftung für Fahrlässigkeit vertraglich ausgeschlossen ist. Zum anderen
ist sie von Bedeutung für die Unzulässigkeit eines vorherigen *Haftungsausschlusses*
für Vorsatz (§ 276 Abs 3), weiter für die Zulässigkeit der *Aufrechnung* in den Fällen
der §§ 393 und 394, für die Subsidiarität der *Amtshaftung* gem § 839 Abs 1 S 2, für
den Haftungsausschluß des Versicherers (§§ 152, 181 VVG), bei einem Arbeitsunfall
für die Haftung des Unternehmers oder anderer im Betrieb tätiger Personen (§§ 104,
105 SGB VII) und für den Anspruchsausschluß des Verletzten und seiner Hinter-
bliebenen (§ 101 SGB VII).

Das Gesetz gibt keine Begriffsbestimmung des Vorsatzes, doch ist man sich einig, daß 21
auch im Zivilrecht, wie es die Motive (I 280) formulieren, vorsätzlich gleichbedeu-
tend ist mit **„wissentlich und willentlich"**. Der Handelnde muß also die haftungsbegründenden Umstände kennen und gleichwohl seine Handlung wollen. Der Vorsatz
umfaßt dabei sowohl den Fall, daß der Handelnde gerade den mißbilligten Erfolg
erreichen will *(Absicht)*, wie den Fall, daß der Erfolg von ihm zwar nicht beabsichtigt,
jedoch als notwendigerweise eintretend gedacht wird *(direkter Vorsatz)*, als auch den
Fall, daß der mißbilligte Erfolg nur für möglich gehalten, aber doch vom Handelnden
zustimmend in Kauf genommen wird *(bedingter Vorsatz)*. Denn auch im letzten Fall
setzt sich der Handelnde zugunsten der von ihm verfolgten Ziele bewußt über die
geschützten Interessen anderer hinweg, so daß die mit der Vorsatzhaftung verbundenen besonderen Sanktionen angemessen sind. Auch wo von „Absicht" die Rede ist,
muß gefragt werden, ob damit wirklich die stärkste Vorsatzform gemeint ist. So
genügt für die nach § 103 SGB VI zum Rentenausschluß führende absichtliche Minderung der Erwerbsfähigkeit direkter Vorsatz (BSG NJW 1964, 2035 zur Vorgängervorschrift § 277 RVO). Hingegen ist in § 1375 Abs 2 Nr 3 Absicht im technischen Sinne zu
verstehen (Staudinger/Thiele [2000] § 1375 Rn 27).

Ob **bedingter Vorsatz** oder nur Fahrlässigkeit vorliegt, kann im einzelnen Fall nur 22
schwer festzustellen sein. Was das Wissenselement des Vorsatzes angeht, so kommt es
darauf an, ob der Handelnde sich den Eintritt des mißbilligten Erfolges tatsächlich als
möglich und nicht nur ganz fernliegend vorgestellt hat. Liegt dieses Wissenselement
vor, so muß weiter gefragt werden, ob der Handelnde den tatsächlichen Eintritt des
rechtlich mißbilligten Erfolges bewußt in Kauf genommen hat (dann bedingter Vorsatz), oder ob er davon ausgegangen ist, der Erfolg werde nicht eintreten (dann nur
bewußte Fahrlässigkeit). Ein Kraftfahrer etwa, der in äußerst gefährlicher Weise mit
hoher Geschwindigkeit durch die Straßen einer Stadt fährt und sich dabei bewußt ist,
daß es im Falle eines Zusammenstoßes mit einem aus einer Seitenstraße einbiegen-
den Fahrzeug zu Verletzungen oder sogar zum Tode von Insassen kommen könnte,
und dem dies an sich gleichgültig ist, hat nicht den bedingten Verletzungs- oder

Tötungsvorsatz, wenn er darauf vertraut, daß die „wenn auch in hohe Gefahr ge-
brachten" Fahrer und Insassen der anderen Fahrzeuge noch rechtzeitig würden an-
halten oder ausweichen können (BGH NJW 1968, 660, 661; s auch BGHZ 7, 311, 313; LM § 152
VVG Nr 2; NJW 1971, 459, 460; BAG BB 1971, 353 für das Haftungsprivileg der §§ 636, 637 RVO;
ausf zur Abgrenzung SCHROTH JuS 1992, 1 ff).

23 Der Vorsatz muß sich regelmäßig **nur auf den Haftungstatbestand**, also im Deliktsrecht auf die Rechtsguts- oder die Schutzgesetz- bzw Amtspflichtverletzung und im
Vertragsrecht auf den Verstoß gegen die Vertragspflicht, nicht aber auf den Schaden
beziehen (BGH NJW 1951, 596, 597; BGHZ 34, 375, 381; BGH VersR 1972, 491, 492 für § 839 Abs 1
S 2; DEUTSCH, Allg Haftungsrecht Rn 342 ff; HANAU 86). Eine Ausnahme bildet insoweit
§ 826, bei dem erst die vorsätzliche Schadenszufügung das Delikt ausmacht (STAU-
DINGER/OECHSLER [2003] § 826 Rn 61 ff). Eine Ausnahme bilden auch die §§ 104, 105 SGB
VII (früher §§ 636, 637 RVO), die die persönliche Haftung des Unternehmers oder
anderer im Betrieb tätiger Personen für einen Arbeitsunfall nicht schon bei vorsätzlicher Verletzung einer Arbeitsschutzbestimmung, sondern erst bei vorsätzlicher
Herbeiführung des Arbeitsunfalls eintreten lassen (BAG BB 1975, 1640 = AP Nr 9 zu
§ 636 RVO mit Anm WEITNAUER/HOLZKAMP; BGH NJW 2003, 1605 für einen Schulunfall). Der
sachliche Grund für diese Ausnahme liegt darin, daß diese Vorschriften nicht die
vorsätzliche Vertragsverletzung, sondern – wie auch § 61 VVG – die vorsätzliche
Herbeiführung des Versicherungsfalls sanktionieren (SCHMIDT-KESSEL, System I 1).
Nach Auffassung des BAG muß sich auch bei der Arbeitnehmerhaftung der Vorsatz
auf den Schaden beziehen, wenn ein vorsätzlicher Pflichtenverstoß uneingeschränkt
zur vollen Haftung des Arbeitnehmers führen soll. Die Gründe für die Beschränkung
der Arbeitnehmerhaftung, nämlich die notwendige Entlastung des Arbeitnehmers
von der vollen Risikozurechnung des Schadens, tragen nach Auffassung des BAG
auch eine Erstreckung des Vorsatzes auf den Schaden (BAG NJW 2003, 377, zustimmend
DEUTSCH AP Nr 122 zu § 611 BGB Arbeitnehmerhaftung; kritisch zu der Entscheidung KRAUSE,
Gelöste und ungelöste Probleme der Arbeitnehmerhaftung, NZA 2003, 577, 583, OTTO EWiR § 276
BGB aF 8/02, 1073 f; wie das BAG auch STAUDINGER/RICHARDI [1999] § 611 Rn 530 f).

24 Anders als die hM im Strafrecht verlangt die hM im Zivilrecht für den Vorsatz
regelmäßig auch das **Bewußtsein der Rechtswidrigkeit**. Es soll die Vorsatztheorie,
nicht die Schuldtheorie gelten (RGZ 72, 6; 84, 194; 119, 265, 268; 159, 211, 227; BGH NJW
1951, 597; 1965, 963; BGHZ 118, 201, 208; BAUMANN AcP 155 [1956] 510; LARENZ I § 20 II; FIKENT-
SCHER Rn 506; ESSER/SCHMIDT I 2 § 26 I 2; ERMAN/BATTES Rn 17; BGB-RGRK/ALFF Rn 14; **aA**
BAGE 1, 69 = NJW 1954, 1702 im Zusammenhang mit § 66 BetrVG 1952; ENNECCERUS/NIPPERDEY
§ 210 I 2; SOERGEL/WOLF Rn 55). Für das Bewußtsein der Rechtswidrigkeit soll dabei
genügen, daß der Handelnde mit der Rechtswidrigkeit gerechnet und sie gebilligt hat;
bedingter Vorsatz genügt also auch insoweit (BGHZ 69, 128, 142 f).

25 Im Ergebnis trifft die hM das Richtige, weil in der Mehrzahl der Fälle, in denen es auf
den Vorsatz ankommt, die angeordneten besonderen Rechtsfolgen nur angemessen
sind, wenn der Handelnde bewußt gegen die allgemeinen Rechtsvorschriften oder
seine Vertragspflichten verstoßen hat. Das gilt sowohl für § 276 Abs 3, der nur verhindern will, daß der Gläubiger der Willkür des Schuldners ausgesetzt ist (zutr
DEUTSCH, Allg Haftungsrecht Rn 355; MünchKomm/GRUNDMANN Rn 159), als auch im Bereich
des Aufrechnungsverbots des § 393 und der Durchbrechung des Aufrechnungsschut-
zes von § 394, der Schadenshaftung nach §§ 104, 105 SGB VII, wo es um besondere

Sanktionen geht, sowie bei den Haftungsausschlüssen des Versicherers in § 152 und
§ 181 VVG, die nur angemessen sind, wenn der Versicherungsnehmer seine Obliegenheiten bewußt verletzt hat.

Anders liegt es im Bereich des **Deliktsrechts** bei § 826, wo die Schadensersatzhaftung **26**
schon dann angemessen ist, wenn der Handelnde nur die die Sittenwidrigkeit begründenden Umstände kennt (hierzu näher Staudinger/Oechsler [2003] § 826 Rn 61 ff), bei
§ 823 Abs 2, soweit als Schutzgesetze Straf- und Ordnungswidrigkeitstatbestände in
Betracht kommen (Staudinger/J Hager [1999] § 823 Rn G 38 ff; MünchKomm/Grundmann
Rn 159) sowie bei der Haftung nach § 830 Abs 2, der mit den Begriffen Anstifter und
Gehilfe nach hM an das Strafrecht anknüpft (Staudinger/Belling/Eberl-Borges [2002]
§ 830 Rn 27 ff). Und anders kann es auch in den Fällen liegen, in denen die Haftung für
ein anderes Verschulden als Vorsatz vertraglich ausgeschlossen ist: Hier kann nur die
Auslegung der entsprechenden **Freizeichnungsvereinbarung** ergeben, ob der Schuldner nur dann haften soll, wenn er sich der Pflichtwidrigkeit seines Verhaltens bewußt
ist, oder schon dann, wenn er die die Pflichtwidrigkeit begründenden Umstände
kennt.

In den Fällen, in denen zum Vorsatz das Bewußtsein der Rechtswidrigkeit gehört, **27**
kann sich der Schuldner nicht damit entschuldigen, daß er sich des Verstoßes gegen
eine spezielle Norm nicht bewußt war, sofern er nur wußte, daß sein Verhalten gegen
elementare Verhaltensnormen verstieß (BGH NJW 1970, 1082 für einen Versicherungsnehmer, der Verkehrsunfallflucht begeht und sich darauf beruft, daß er sich eines Verstoßes gegen seine
versicherungsrechtliche Aufklärungspflicht nicht bewußt war). Denn die Vorsatzhaftung darf
nicht auf den besonders Rechtskundigen beschränkt bleiben, sondern muß jeden
treffen, der sich nur allgemein der Rechtswidrigkeit seines Tuns bewußt ist.

4.   Fahrlässigkeit

a)   Normale Fahrlässigkeit
aa)   Verkehrserforderliche Sorgfalt als objektiver Maßstab
Anders als für den Vorsatz definiert das Gesetz selbst, was Fahrlässigkeit ist, nämlich **28**
das Außerachtlassen der im Verkehr erforderlichen Sorgfalt (§ 276 Abs 2). Das Gesetz hat sich damit im Grundsatz für einen **objektiven Fahrlässigkeitsmaßstab** entschieden: Nicht die – größere oder geringere – individuelle Fähigkeit zur Voraussicht
und Vermeidung des mißbilligten Erfolges, sondern die im Verkehr verlangten Fähigkeiten entscheiden als *maßgeblicher Standard* über die Sorgfaltsanforderungen
(RGZ 95, 16, 17; 127, 313, 315; 152, 129, 140; BGHZ 24, 21, 27; BGH JZ 1954, 297; NJW 1994, 2232,
2233; NJW 2001, 1786; Larenz I § 20 III; Esser/Schmidt I 2 § 26 II; Fikentscher Rn 508; Zeuner
JZ 1966, 8; MünchKomm/Grundmann Rn 55 f; Erman/Battes Rn 19 f; Palandt/Heinrichs
Rn 15; Deutsch AcP 202 [2002] 903 f; aA Enneccerus/Nipperdey § 245 III 3; Nipperdey NJW
1957, 1781). Den tragenden Gesichtspunkt hierfür liefert der *Vertrauensgrundsatz*.
Jeder Teilnehmer am Rechtsverkehr muß darauf vertrauen können, daß jeder andere
Teilnehmer mit derjenigen Sorgfalt vorgeht, die normal ist (Prot II 604).

Im Anschluß an eine Entscheidung des BGH, nach der ein Arzt über den normalen **29**
Standard hinausgehende Spezialkenntnisse zugunsten seines Patienten einzusetzen
hat (NJW 1987, 1479), wird in der Literatur zunehmend die Auffassung vertreten, mit
dem objektiven Fahrlässigkeitsmaßstab werde nur ein *Mindeststandard* festgelegt.

Wer über höhere individuelle Fähigkeiten oder über besondere Situationskenntnisse verfüge, handele fahrlässig, wenn er diese nicht einsetze (GRUNEWALD JZ 1982, 627, 630; DEUTSCH NJW 1987, 1481; SOERGEL/WOLF Rn 76 f; ERMAN/BATTES Rn 21; MünchKomm/GRUND-MANN Rn 56). Das ist *in dieser Allgemeinheit nicht richtig*. Mit dem objektiven Fahrlässigkeitsbegriff will § 276 Abs 2 den Zivilrechtsverkehr funktionsfähig erhalten. Auf die Einhaltung der verkehrserforderlichen Sorgfalt soll nicht nur vertraut werden können; sie soll auch die Richtschnur sein, an der sich der Handelnde orientieren kann. Berücksichtigt man individuelle Fähigkeiten und Kenntnisse zu Lasten des Handelnden, engt man entgegen der Auffassung von DEUTSCH (aaO und Allg Haftungsrecht Rn 397) den damit gewährten Freiraum ein, weil der Handelnde sich zusätzlich sorgfältig im Hinblick auf diese Fähigkeiten und Kenntnisse verhalten muß. Etwa müßte ein Bankangestellter Zufallswissen über ein Anlagerisiko bei jedem relevanten Geschäftsvorgang aktualisieren und daraus die richtigen Folgerungen ziehen. Das ist – bis zur Grenze des Vorsatzes – nicht gerechtfertigt.

30 Richtig an dieser Auffassung ist nur, daß schon die im Verkehr erforderliche Sorgfalt in bestimmten Konstellationen auch die Berücksichtigung individueller Fähigkeiten und Kenntnisse verlangt. In der Tat darf der Verkehr erwarten, daß der Arzt zugunsten des Patienten auch seine individuellen, über den normalen Standard hinausgehenden Fähigkeiten einsetzt. Ebenso erfordert die Rücksichtnahme auf die übrigen Teilnehmer am Straßenverkehr, daß individuelle Kenntnisse – etwa der besonderen Gefährlichkeit eines Straßenabschnitts (Öllache) – umgesetzt werden. Auch wird von einer Bank erwartet, daß sie ihr konkretes Wissen über spezielle Risiken gerade des in Rede stehenden Geschäfts einsetzt (insoweit richtig BGH WM 1986, 6; LM § 142 BGB Nr 10).

31 Auch im **vertraglichen Bereich** gilt die objektive Fahrlässigkeit. Die verkehrserforderliche Sorgfalt ist hier auch ein Kriterium, an dem sich im Regelfall die Gegenleistung mit ausrichtet (wie hier SCHMIDT-KESSEL, System § 10 II 1 b). Eintretenmüssen für darüber hinausgehende, individualisierte Sorgfaltspflichten oder die Herabsetzung des Sorgfaltsniveaus mit Rücksicht auf geringere individuelle Fähigkeiten und Kenntnisse bedürfen besonderer Vereinbarung und werden sich häufig auch im Preis niederschlagen. Schickt etwa ein Reeder einen Kapitän mit einem Segelschiff auf die Reise, wohlwissend, daß dieser keinerlei Erfahrungen mit Seglern hat, muß davon ausgegangen werden, daß nur ein individueller, der Unerfahrenheit des Kapitäns gerecht werdender Sorgfaltsmaßstab gelten soll (RGZ 119, 399). Umgekehrt ist ein Anlageberater, der gerade wegen seiner individuellen Kenntnisse des betreffenden Marktes beauftragt wird, auch verpflichtet, diese Kenntnisse einzusetzen.

32 *Außerhalb besonderer vertraglicher Vereinbarung* spielt die individuelle persönliche Sorgfalt nur ausnahmsweise eine Rolle. Zu nennen sind die Bemessung des Schmerzensgeldes nach § 253 Abs 2, die Abwägung des Mitverschuldens nach § 254, die Herabsetzung des Unterhalts wegen sittlichen Verschuldens nach § 1611 sowie die Entziehung des Pflichtteils und die Erbunwürdigkeit nach § 2333 und § 2339 (LARENZ, in: FS Willburg [1965] 119, 125; DEUTSCH, Allg Haftungsrecht Rn 401 und Fahrlässigkeit und erforderliche Sorgfalt 372 ff).

33 Einen subjektiven Fahrlässigkeitsmaßstab stellt auch die konkrete Fahrlässigkeit des § 277 dar, s dazu die Erl dort.

bb) Typisierung nach Verkehrskreisen

Der objektive Fahrlässigkeitsmaßstab bedarf der Konkretisierung. Es gibt keine **34** verkehrserforderliche Sorgfalt schlechthin. Vielmehr muß für das jeweilige Geschehen gefragt werden, welche Anforderungen an das Verhalten der Beteiligten nach der Anschauung des betreffenden Verkehrskreises **typischerweise** gestellt werden (BGH NJW 1972, 150; NJW 1994, 2232, 2233; BGHZ 113, 297, 301 ff; Deutsch, Allg Haftungsrecht Rn 403 ff; MünchKomm/Grundmann Rn 57 ff).

Im **Geschäftsleben** bestimmen sich die typischen Sorgfaltsanforderungen vor allem **35** nach dem Leistungsstandard der betreffenden **Berufsgruppe:** Wer mit einem Kaufmann ein Handelsgeschäft abschließt, darf darauf vertrauen, daß sein Kontrahent mit der *Sorgfalt eines ordentlichen Kaufmanns* (§ 347 HGB) vorgeht. Das Vorstandsmitglied einer Aktiengesellschaft hat die Sorgfalt eines ordentlichen und gewissenhaften Geschäftsleiters anzuwenden (§ 93 Abs 1 AktG), und dasselbe gilt von einem Aufsichtsratsmitglied (§ 116 AktG). Der Geschäftsführer einer GmbH hat die Sorgfalt eines ordentlichen Geschäftsmannes anzuwenden (§ 43 Abs 1 GmbHG). Dasselbe gilt für den Vorstand einer Genossenschaft (§ 34 GenG). Der Kunde eines Gewerbetreibenden kann sich auf die Anwendung der Sorgfalt eines ordentlichen Gewerbetreibenden verlassen, wobei der Sorgfaltsmaßstab nicht nach der Personengruppe der beauftragten Hilfspersonen, etwa der Lehrlinge, sondern nach den Grundsätzen ordnungsgemäßer gewerblicher Leistung zu bemessen ist (BGHZ 31, 358, 367; s die Anm Hauss in LM § 278 BGB Nr 30, der mit Recht darauf aufmerksam macht, daß nach diesem Grundsatz der Meister haften kann, obgleich der Lehrling selbst wegen seiner mangelnden Reife [dazu noch unten Rn 44 f] nicht nach §§ 823, 276 haftbar ist). Wer ein Frachtgeschäft abschließt, darf sich darauf verlassen, daß der Frachtführer seine Aufgabe mit der größtmöglichen Sorgfalt eines ordentlichen Frachtführers (§ 426 HGB) erfüllt. Wertpapierdienstleistungsunternehmen müssen ihre Dienstleistungen mit der dafür erforderlichen Sachkenntnis, Sorgfalt und Gewissenhaftigkeit im Interesse ihrer Kunden erbringen (§ 31 Abs 1 Nr 1 WertpapierhandelsG).

Im gleichen Sinne kann man von der Sorgfalt eines *ordentlichen Arztes* und eines **36** *ordentlichen Rechtsanwalts* sprechen. Wer einen Rechtsanwalt aufsucht, kann verlangen, daß dieser die einschlägigen Gesetze und Verordnungen kennt (BAG AP Nr 62 zu § 233 ZPO 1977; BGHZ 82, 97). Gleiches gilt für die einschlägige Rechtsprechung (BGH NJW 1993, 3324 zu Änderungen in der Rechtsprechung; MünchKomm/Grundmann Rn 132; aA Ernst ZIP 1994, 605). Der Rechtsanwalt kann sich nicht damit entlasten, daß er keine Zeit habe, die Rechtsprechung zu studieren. Übernimmt er eine Rechtssache auf einem Spezialgebiet, so handelt er nicht sorgfältig, wenn er sich damit begnügt, die amtlichen Entscheidungssammlungen durchzusehen; er muß dann auch Spezialzeitschriften verfolgen (BGH LM § 102 ZPO Nr 4; in NJW 1958, 825 wurde dagegen Fahrlässigkeit verneint, weil die dem Anwalt unbekannt gebliebene Entscheidung des BGH erst einen Monat zuvor veröffentlicht worden war; zur Frage der Sorgfaltspflicht eines Rechtsanwaltes, „der sich selbst auf einem Rechtsgebiet nicht genügend sicher fühlt", s auch OGHZ 3, 362, 365). Ein Arzt verletzt die einem ordentlichen Arzt obliegende Sorgfaltspflicht, wenn er sich nicht durch Studium von Fachzeitschriften über den Fortgang der medizinischen Wissenschaft auf dem laufenden hält (BGHZ 113, 297, 304 f). Er kann ggf zur Wahrung von Vermögensinteressen des Patienten verpflichtet sein, etwa wenn er eine medizinisch nicht anerkannte und zugleich teure Krebstherapie empfiehlt (OLG Hamm NJW 1995, 790). Gibt er einem Kranken zB ein schmerzstillendes Mittel, von dem während seines Urlaubs

in der Fachpresse veröffentlicht wurde, daß es gewisse schädigende Wirkungen auslöst, so kann er sich nicht damit entlasten, daß der Kranke ihn unmittelbar nach
seiner Rückkehr aus dem Urlaub aufgesucht und er inzwischen keine Gelegenheit
gehabt hätte, die Fachpresse durchzulesen. Denn der Kranke muß sich darauf verlassen können, daß ein praktizierender Arzt auf dem laufenden ist. Zur Problematik
mangelnder Berufserfahrung s noch Rn 45.

37 Allerdings ist im Rahmen der Vertragshaftung immer zu beachten, daß sich das
Ausmaß der Sorgfaltsanforderungen in erster Linie nach dem **Inhalt des jeweiligen
Vertrages** richtet (OLG Köln WM 1983, 1025, 1026; SOERGEL/WOLF Rn 87 f). Etwa gelten bei
der Überprüfung der Echtheit einer Unterschrift für einen eigens damit beauftragten
Schriftsachverständigen schärfere Anforderungen als für eine Bank bei der Einreichung eines Schecks. Dabei sind die Höhe von Leistung und Gegenleistung ebenso zu
berücksichtigen (RGZ 113, 425, 426; BGH NJW 1972, 150 und NJW 1978, 41) wie die Stellung
der Vertragspartner im arbeitsteiligen Wirtschaftsprozeß (BGH BB 1977, 1117). Auch
die unterschiedliche Geschäftserfahrung der Vertragsparteien ist in Rechnung zu
stellen (OLG Braunschweig HEZ 1, 137). Die Sorgfaltspflicht einer Bank hinsichtlich
einer Anlageberatung ist unterschiedlich, je nachdem, ob es sich um einen erfahrenen
oder einen unerfahrenen Wertpapierkunden handelt (BGHZ 123, 126; dazu HORN, Anlageberatung im Privatkundengeschäft der Banken, WM 1999, 1 ff; OLG München ZIP 1994, 125).

38 Im **Straßenverkehr** sind die Anforderungen maßgebend, die von einem mit normalen
Fähigkeiten ausgestatteten Kraftfahrer, Radfahrer und Fußgänger erwartet werden.
So ist dem Kraftfahrer der Einwand abgeschnitten, er habe infolge eines ihm unbekannten Sehfehlers einen anderen Verkehrsteilnehmer nicht gesehen, denn von jedem Kraftfahrer muß verlangt werden, daß er die Grenzen seiner Fahrtüchtigkeit
erkennt (BGH JZ 1968, 103 mit Anm DEUTSCH). Das gilt auch für alters- und krankheitsbedingte Ausfallerscheinungen, die die Fahrtüchtigkeit beeinträchtigen (BGH NJW
1988, 909; OLG Köln VersR 1996, 208 f). Beim Fußgänger, der einen Unfall verursacht,
wird man so weit nicht gehen können. Umgekehrt kann ein Fahrlässigkeitsvorwurf
nicht damit begründet werden, daß ein überdurchschnittlicher, etwa besonders reaktionsschneller Kraftfahrer den Unfall vermieden hätte.

39 In ähnlicher Weise sind auch in anderen Lebenssituationen die Sorgfaltsanforderungen festzulegen. Man wird etwa bei *Sport und Spiel in der Freizeit* zugrundelegen müssen, was von einem sich fair verhaltenden, durchschnittlich befähigten
Teilnehmer erwartet werden darf, wobei wieder unterschieden werden muß zwischen
reiner Freizeitbetätigung und Vereinssport, für den Regelwerke gelten (dazu unten
Rn 43). In der *Landwirtschaft* genügt es, Kinder aus dem Gefahrenbereich von Maschinen fortzuweisen, eine besondere Aufsicht oder besondere Absperrungsmaßnahmen sind nicht erforderlich (BGH LM § 276 BGB [Cd] Nr 1). Die Schiffahrt verlangt bei
ihrem Betrieb eine besondere Rücksichtnahme auf die mit ihrer Natur verbundenen
Gefahren (RGZ 126, 329, 331). Und so handelt ein *Gaststättenbesucher*, der einen anderen Gast verletzt, fahrlässig, wenn er die Sorgfalt außer acht läßt, die man von einem
normal achtsamen Gaststättenbesucher erwarten kann (vgl OLG Nürnberg VersR 1970,
1060). Auf der anderen Seite verlangt jedenfalls in Deutschland der Verkehr nicht,
daß der Besucher einer Privatwohnung vor dem Betreten seine Schuhe zusätzlich
zum Abtreten auf verbliebene Steinchen unter der Sohle überprüft (AG Siegburg NJW-
RR 2001, 1391).

Wo bestimmte, der Sicherheit und dem Schutz anderer dienende **Regelwerke** beste- **40**
hen, sind sie Maßstab für die verkehrserforderliche Sorgfalt (Soergel/Wolf Rn 83).
Solche Regelwerke können einmal in Rechtsvorschriften niedergelegt sein, die dann
meist zugleich Schutzgesetze im Sinne des § 823 Abs 2 sind. Zu nennen sind etwa die
einschlägigen Vorschriften der StVO, des Gentechnikgesetzes, des Gerätesicherheits-
gesetzes, des Lebensmittelrechts, der GiftstoffVO, der ArbeitsstättenVO sowie die
Unfallverhütungsvorschriften der Berufsgenossenschaften (BGH NJW 1957, 499; VersR
1962, 358; 1967, 753, 762; 1974, 782; 1978, 869; OLG Hamburg VersR 1982, 561; OLG Celle OLGR
1998, 83). Aber auch Regeln ohne Rechtsnormcharakter gehören hierher. Insbesondere ergeben sich aus anerkannten technischen Regelwerken, wie den DIN-Normen
(BGH NJW 1980, 1219, 1221; BGHZ 103, 338, 341; 139, 16, 17; BB 1998, 1604, 1605), den VDE-
Bestimmungen (BGH VersR 1957, 269; 1976, 57) und den Technischen Anleitungen
zur Reinhaltung der Luft (TA Luft) und zum Schutz gegen Lärm (TA Lärm) nach
§ 48 BImSchG (dazu Staudinger/Kohler [2001] Einl 23 zum UmwHR) sorgfaltsrelevante
Sicherheitsmaßstäbe (vgl allg Marburger VersR 1983, 597).

Solche Regelwerke begründen allerdings *keinen absoluten Sorgfaltsmaßstab.* Viel- **41**
mehr kann sich aus besonderen Umständen einerseits ergeben, daß die Beachtung
der Regelwerke im konkreten Fall nicht ausreicht, um der verkehrserforderlichen
Sorgfalt zu genügen (BGH NJW 1985, 620, 621; MünchKomm/Mertens § 823 Rn 30 ff). Das
kommt in Betracht, wenn angesichts der konkreten Situation besondere Vorsichts-
maßnahmen angezeigt sind, oder wenn die angewandte Regel erkennbar sicherheits-
technisch unzureichend ist (Marburger VersR 1983, 597, 602). Andererseits kann trotz
Nichtbeachtung solcher Regeln sorgfältig gehandelt worden sein. Das ist insbesondere der Fall, wenn eine andersartige, aber gleichwertige oder bessere sicher-
heitstechnische Lösung gewählt worden ist (Marburger 603). Beweispflichtig für die
Gleichwertigkeit ist dabei der, der die andere Lösung wählt.

Bloßen *Gebrauchsanweisungen* kommt der Charakter von Sorgfaltsmaßstäben nicht **42**
zu. Wer einer Gebrauchsanweisung folgt, ist nicht von der Verpflichtung entbunden,
die erforderliche Vorsicht gegenüber anderen walten zu lassen (BGH LM § 276 BGB
[Bb] Nr 11 a). Soweit allerdings die Gebrauchsanweisung den einschlägigen sicher-
heitsrelevanten technischen Regeln folgt, gilt das in Rn 40 f Gesagte.

Anforderungen, die Regelwerke der Sportverbände an faires Verhalten der *Wett-* **43**
kampfsportler stellen, dürfen nicht ohne weiteres mit Anforderungen an die verkehrserforderliche Sorgfalt iS des § 276 gleichgesetzt werden. Solche Regeln sollen
zwar auch die anderen Sportteilnehmer vor Gefährdungen schützen, sie dienen aber
in erster Linie der Sicherung des chancengleichen Wettkampfablaufs. Deshalb begründen erst grobe Verstöße den Vorwurf der Fahrlässigkeit (vgl BGH NJW 1976, 957,
2161; OLG Düsseldorf OLGR 2000, 145; OLG Hamm OLGR 1997, 292; ausf Scheffen, Zivilrechtliche Haftung im Sport, NJW 1990, 2658 ff). Soweit die Sportverbände für den *Indivi-*
dualsport Verhaltensregeln entwickelt haben, die der Sicherheit anderer dienen
und allgemein anerkannt werden, sind diese ähnlich wie technische Regelwerke
als Sorgfaltsmaßstäbe anzusehen (OLG Hamm OLGR 1998, 154 = RuS 1998, 240; Siedhoff,
Keine Rechtspflicht des Skiläufers zum Notsturz?, VersR 1996, 34 f). Das gilt etwa für die FIS-
Regeln für den Skisport (vgl Scheffen aaO). Bei gefährlichen, in der Gruppe ausgeübten Sportarten (Karate, Motorsport, Squash, Fußball) begründen jedoch erst

grobe Regelverstöße die Fahrlässigkeit (OLG Düsseldorf OLGR 1997, 62 = NJW-RR 1997, 408; OLGR 1999, 3).

44 Bei der Bestimmung der Sorgfaltsanforderungen nimmt die Verkehrsanschauung auf die jeweilige **Altersgruppe** Rücksicht. Kindern und Jugendlichen wird ein größerer Freiraum zugebilligt als Erwachsenen (BGH LM § 828 BGB Nr 1 und 3; VersR 1968, 472; 1970, 374 und 467; NJW-RR 1997, 1110, 1111; BAG BB 1972, 660; DEUTSCH, Allg Haftungsrecht Rn 407; ERMAN/BATTES Rn 27). Entsprechende Rücksicht nimmt die Verkehrsanschauung auf die alten und behinderten Menschen (DEUTSCH aaO). Auch diese Rücksichtnahme führt aber nicht zu einem individuellen Sorgfaltsmaßstab. Vielmehr ist die *typischerweise* von der betreffenden Altersgruppe zu erwartende Sorgfalt maßgebend (BGH NJW 1984, 1958).

45 Die Eigenschaft als **Berufsanfänger** vermindert die Sorgfaltsanforderungen hingegen nicht. Der Verkehr darf erwarten, daß jeder, der einen bestimmten Beruf ausübt, über die dafür erforderlichen Kenntnisse und Fähigkeiten verfügt (RGZ 119, 397 ff, 400 f). Es ist Sache des Berufsanfängers, gegebenenfalls die notwendige Unterstützung durch einen Berufserfahrenen sicherzustellen (BGH LM § 276 BGB [Ca] Nr 35 und 48 für einen noch in Weiterbildung zum Facharzt stehenden Assistenzarzt). Etwas anderes kann sich nur aus dem konkreten Vertrag ergeben (s unten Rn 135 f).

46 Die Sorgfaltsanforderungen, die in vergleichbaren Situationen gestellt werden, können **örtlich und zeitlich verschieden** sein. So können die Sorgfaltsanforderungen an einen ordentlichen Kaufmann je nach den örtlichen Handelsbräuchen verschieden sein. Etwa können in einer Großstadt andere Sorgfaltsmaßstäbe gelten als in einer Kleinstadt (RGZ 113, 425, 426). Und so kann ein Verhalten, das in der Vergangenheit noch als sorgfältig gelten konnte, später als fahrlässig zu betrachten sein, etwa wegen eines inzwischen eingetretenen Fortschritts der Erkenntnisse oder der Technik (BGH NJW 1961, 600).

47 Die Sorgfaltsanforderungen können auch nach dem Schutzbedürfnis der von einem Verhalten **betroffenen Personen** variieren. So erhöht § 3 Abs 2a StVO die Sorgfaltspflicht von Fahrzeugführern gegenüber Kindern, Hilfsbedürftigen und älteren Menschen (s aber BGH NJW 2001, 152 mwN: Anforderungen an die Sorgfalt dürfen nicht überspannt werden). Das gilt auch im Bereich der Vertragshaftung (s oben Rn 37 zur Aufklärung bei Anlageberatung und Rn 35 zu derjenigen bei Wertpapierdienstleistungen).

48 Bei der Festlegung der Sorgfaltsanforderungen dürfen auch die **Besonderheiten der jeweiligen Situation** nicht außer acht gelassen werden. Unrichtiges und sachwidriges Handeln in plötzlicher Gefahr stellt nicht immer ein Verschulden dar: Geistesgegenwart kann nicht von jedermann unter allen Umständen verlangt werden (RGZ 86, 149; RG JW 1917, 461; BGH NJW 1952, 217; VersR 1953, 66; NJW 1976, 1504; BAG NJW 1972, 1388).

49 Ist eine Tätigkeit **typischerweise** mit **besonderer Gefährlichkeit** verbunden, so erhöhen sich die Sorgfaltsanforderungen. Das gilt sowohl, wenn mit einem Verhalten die erhöhte Wahrscheinlichkeit eines Schadenseintritts verbunden ist, wie bei einer besonders gefährlichen Operation oder der Unterhaltung einer Hochspannungsleitung (RGZ 147, 356), als auch dann, wenn das bedrohte Rechtsgut besonders wertvoll ist, es insbesondere um Leben und Gesundheit, aber auch um wertvolle Sachgüter geht

(BGH LM § 276 BGB [Ca] Nr 31; VersR 1983, 394, 395; SOERGEL/WOLF Rn 92). Zu weit geht es aber, die Anforderungen an die Sorgfalt von einer Nutzen-Kosten-Analyse dergestalt abhängig zu machen, daß für erforderlich nur Sorgfaltsmaßnahmen gehalten werden, deren „Aufwand geringer ist als der durch ihre Nichtanwendung möglicherweise entstehende Schaden" (so für Sachschäden PALANDT/HEINRICHS Rn 19; ausführlich zu dieser „learned-hand-Formel" MünchKomm/GRUNDMANN Rn 62 ff). Diese Auffassung läuft auf einen Freibrief zur Schädigung anderer hinaus, wenn nur die Vermeidung des Schadens teurer ist als dieser selbst. Das läßt sich mit dem Prinzip, daß – abgesehen von wenigen Ausnahmefällen wie Notwehr und Notstand – niemand einen anderen schädigen darf, nicht vereinbaren. Richtig ist nur, daß jemand, der die Vermögensinteressen eines anderen wahrzunehmen hat, diesen nicht auf Schadensabwendungsmöglichkeiten aufmerksam machen muß, deren Kosten außer Verhältnis zu dem denkbaren Schaden stehen (vgl BGH LM § 276 BGB [Ca] Nr 31).

Die im Verkehr erforderliche Sorgfalt betrifft einen **äußeren** und einen **inneren** Sach- **50** verhalt. Der Vorwurf fahrlässigen Handelns oder Unterlassens setzt einmal voraus, daß dieses selbst als verkehrswidrig erscheint. Hinzukommen muß aber, daß auch der das Handeln oder Unterlassen auslösende Entschluß bereits die nötige Sorgfalt vermissen läßt (zur Unterscheidung von äußerer und innerer Sorgfalt in diesem Sinne DEUTSCH, Fahrlässigkeit und erforderliche Sorgfalt 468 ff und AcP 202 [2002] 903 f; STATHOPOULOS, in: FS Larenz [1983] 634 ff; krit zu dieser Unterscheidung FABRICIUS, passim). Regelmäßig wird bei Verletzung der äußeren Sorgfalt auch eine solche der inneren gegeben sein, weil Teilnehmer am Rechtsverkehr Entschlüsse vermeiden müssen, die zum äußerlich sorgfaltswidrigen Verhalten führen. Die Rechtsprechung nimmt deshalb an, daß die Verletzung der äußeren Sorgfalt einen Anscheinsbeweis auch für die Verletzung der inneren begründet (BGH VersR 1986, 766, 767; einschränkend aber BGH NJW 1994, 2232 unter II 2 c; BAUMGÄRTEL/STRIEDER Rn 8). Es kann aber auch einmal anders liegen. Etwa schließen die Nichterkennbarkeit eines Sorgfaltsgebots (ein Verkehrsschild ist unerkennbar verdeckt) oder ein sonst unvermeidbarer Rechtsirrtum die Fahrlässigkeit aus (DEUTSCH JZ 1988, 993, 996; vgl dazu noch Rn 54 ff). Nicht hierher gehören allerdings die von DEUTSCH (995) und SOERGEL/WOLF (Rn 115) genannten Beispiele von Kraftfahrern, die *unvorhersehbar* einen Krampf, einen Schlaganfall oder einen Schock erleiden oder von plötzlicher, nicht beherrschbarer Übelkeit befallen werden: Hier fehlt es schon am willkürlichen, zweckhaften Verhalten, das Grundvoraussetzung jeder Verhaltenshaftung ist (ESSER/SCHMIDT I 2 § 25 III 1; vgl STATHOPOULOS 635 ff; s hierzu auch noch unten Rn 105 ff; s zu alters- und krankheitsbedingten Ausfallerscheinungen aber Rn 38).

Auch abgesehen von der Unterscheidung zwischen äußerer und innerer Sorgfalt muß **51** bei der Beurteilung der Frage, ob jemand fahrlässig gehandelt hat, sein **gesamtes Verhalten** ins Auge gefaßt werden. Häufig ist der Fahrlässigkeitsvorwurf nicht in dem Handeln oder Unterlassen begründet, welches unmittelbar den mißbilligten Erfolg herbeigeführt hat, und auch nicht in dem Entschluß dazu; sondern in einem *Verhalten, das vor diesem Zeitpunkt* liegt. Zu denken ist insoweit zunächst an gefährliche Tätigkeiten. Verwirklicht sich die Gefahr in einem Schadensfall, so wird die Frage des Verschuldens meist danach zu beurteilen sein, ob der Handelnde ausreichend Vorsorge für die Schadensverhütung getroffen hat. Im Deliktsrecht hat dieser Gesichtspunkt zur Ausbildung ins einzelne gehender Verkehrssicherungspflichten geführt, die von STAUDINGER/J HAGER (1999) § 823 Rn E 1 ff näher behandelt sind. Im Bereich der Vertragshaftung kann die Fahrlässigkeit zunächst schon darin liegen, daß der Schuldner die Vertragspflicht überhaupt übernommen hat, obwohl er wissen mußte, daß er zur Erfüllung nicht in der Lage sein würde, etwa weil bei ihm die notwendigen persönlichen Fähigkeiten fehlen, seine Produktionskapazität oder seine apparative Ausstattung nicht ausreicht (vgl hierzu den Fall BGH NJW 1989, 2321) oder die Möglichkeit eines Arbeitskampfes besteht (vgl hierzu den Fall BAG NJW 1976, 1229), sog Übernahmeverschulden (GEILEN JZ 1964, 11 ff; DEUTSCH, Fahrlässigkeit und erforderliche Sorgfalt 307 ff; ders JZ 1988, 993, 995; MünchKomm/GRUNDMANN Rn 58). Weiter kommt auch in Betracht, daß dem Schuldner *mangelnde Vorsorge* für die Möglichkeit der vertragsgemäßen Erfüllung, etwa durch nicht ausreichende Lagerhaltung, oder gegen einen drohenden Schadensfall vorzuwerfen ist (vgl etwa BGH NJW 1972, 150, wo die Haftung des Betreibers einer Tiefgarage mit der Begründung verneint wurde, die Vollkaskoversicherung des parkenden Fahrzeugs stelle in ihrem konkreten Umfang eine ausreichende Schadensvorsorge dar). Auch ein *Abwendungsverschulden* kommt in Betracht (vgl im übrigen auch noch oben Rn 17 ff).

cc) Irrtum

52 Daß sich die Fahrlässigkeitsprüfung auf das gesamte Verhalten bezieht, das zur Haftung führen soll, bedeutet auch, daß der **Irrtum** über tatsächliche Gegebenheiten oder die Rechtslage vor dem Vorwurf der Fahrlässigkeit nur insoweit schützt, als er nicht seinerseits auf Fahrlässigkeit beruht.

53 Was den **Tatsachenirrtum** angeht, so können hier insbesondere Fälle praktisch werden, in denen der Schuldner irrtümlich das Vorliegen einer Gefahr oder Notlage annimmt, die zum Eingreifen berechtigt (vgl RGZ 88, 118 für die vermeintliche Notwehrlage). Dabei ist zu beachten, daß auch dort, wo der *Haftungsmaßstab in einer Gefahrenlage eingeschränkt* ist, wie etwa bei § 680, hinsichtlich der Annahme der Gefahrenlage einfache Fahrlässigkeit zur Begründung des Verschuldens genügt (vgl BAG NJW 1976, 1229; **aA** STAUDINGER/WITTMANN [1994] § 680 Rn 5 mwN).

54 Schwierigkeiten bereitet die Behandlung des **Rechtsirrtums**. Einerseits kann es nicht zweifelhaft sein, daß auch der unverschuldete Rechtsirrtum die Fahrlässigkeit ausschließen muß (RGZ 146, 133; 158, 225; 156, 113; OGHZ 4, 177; BGHZ 17, 266, 295; BGH NJW 1951, 398; MDR 1969, 470; BAG stRspr, BAGE 9, 7, 18; AP Nr 54 zu § 1 BetrAVG Zusatzversorgung; RITTNER, in: FS vHippel [1967] 413 ff; DEUTSCH, Allg Haftungsrecht Rn 409). Andererseits muß vermieden werden, daß Rechtsunkenntnis zu einer bequemen Ausrede für den Schuldner wird, weswegen die frühere Rechtsprechung des RG betont hat, daß beim Rechtsirrtum besonders strenge Anforderungen zu stellen sind (RG Recht 1911 Nr 268; 1912 Nr 189; 1919 Nr 1774; RGZ 119, 268; so auch BGH NJW 1994, 2754, 2755). Im einzelnen wird zu gelten haben:

55 Die *Unkenntnis einschlägiger Rechtsvorschriften* ist stets als fahrlässig anzusehen, denn die Verschaffung der notwendigen Rechtskenntnisse gehört in allen Bereichen zu dem, was die Verkehrsanschauung verlangt. So kann weder die Unkenntnis der StVO (hierzu BGH NJW 1958, 2066; einschränkend MAYER-MALY, Rechtskenntnis und Gesetzesflut [1966] 44 ff) noch die Unkenntnis der Reinigungs- und Streupflicht (OLG Bremen NJW 1956, 27) von der Deliktshaftung entbinden. Auch die Unkenntnis eines Gesetzes, das für den Gewerbebetrieb des Zuwiderhandelnden wichtig ist, wie zB des Gesetzes gegen den unlauteren Wettbewerb vom 7.6. 1909 (RGBl 1909, 499 ff), ist nicht unverschuldet, auch wenn der Zuwiderhandelnde Ausländer ist, seinen Gewerbebetrieb

aber in Deutschland ausübt (LG Düsseldorf vom 17. 2. 1959, 40/59, nv, für einen Verstoß gegen das RabattG). Ebenso muß ein Unternehmer die für seinen Betrieb geltenden Arbeits-schutzbestimmungen kennen.

Zur verkehrserforderlichen Sorgfalt gehört es auch, daß der Schuldner die *Be-* **56** *stimmungen des Vertrages kennt*, den er abgeschlossen hat. Das gilt auch für allge-meine Geschäftsbedingungen, auf die der Vertrag Bezug nimmt. Sind allgemeine Geschäftsbedingungen nach den §§ 305 Abs 2 und 3, 305c Abs 1 wirksam in den Vertrag einbezogen, so kann sich der Schuldner nicht auf die Unkenntnis der AGB berufen.

Bezieht sich die Rechtsunkenntnis darauf, daß die *Auslegung* einer Rechtsvorschrift **57** oder einer Vertragsbestimmung *zweifelhaft* ist, so sind Orientierungspunkte für die Frage der Fahrlässigkeit das Vorhandensein einer höchstrichterlichen Rechtspre-chung (weitergehend LAG Baden-Württemberg LAGE § 4 TVG Beschäftigungssicherung Nr 6: bereits das Risiko, daß die Rechtsauffassung nicht höchstrichterlich geteilt wird, soll ausreichen), eine vollkommen gefestigte Meinung des Schrifttums und die Möglichkeit der Ein-holung von Rechtsauskünften und deren Ergebnis. Dieser Fragenkomplex ist im Zusammenhang mit dem Verzug ausführlich behandelt, weil er dort seinen prakti-schen Schwerpunkt hat (vgl § 286 Rn 152 ff).

Die in Rn 57 genannten Grundsätze gelten auch allgemeiner im Verhältnis des *Bür-* **58** *gers gegenüber einem öffentlichen Rechtsträger* (s etwa für das Verhältnis von Arbeitgeber und Beschäftigtem zu den Sozialversicherungsträgern NEUMANN, Last Minute: Beitrags-Amnestie für Scheinselbständige, BB 2000, 1138, 1140, die darauf hinweist, daß Rechtsauffassungen des Sozial-versicherungsträgers Zweifel an der Auslegung einer Rechtsvorschrift noch nicht beseitigen).

Auch der Fahrlässigkeitsvorwurf bezieht sich in der Regel nur auf die Erfüllung des **59** **haftungsbegründenden Tatbestands**, nicht auf den daraus entstandenen Schaden (BGH LM § 276 BGB [Ci] Nr 48). Die Funktion der Haftungsbegrenzung übernehmen insoweit die Voraussetzung adäquater Kausalität zwischen Haftungtatbestand und Schadens-folge sowie die Schutzzwecklehre (DEUTSCH, Fahrlässigkeit und erforderliche Sorgfalt 428 f).

dd) Einzelfälle
Über die Anwendung des Maßstabs der verkehrserforderlichen Sorgfalt auf den **60** einzelnen Fall besteht eine kaum mehr zu überblickende Rechtsprechung. Soweit diese im Zusammenhang mit der *Deliktshaftung* steht, s STAUDINGER/J HAGER (1999) § 823. Das gilt auch, wenn – wie etwa bei der Arzthaftung – Deliktshaftung und Vertragshaftung zusammentreffen. Hier ist deshalb nur eine Auswahl aus der Recht-sprechung wiederzugeben, in der **allein eine vertragliche Haftung**, vor allem für Ne-benpflichtverletzungen, in Rede steht (dazu STAUDINGER/OTTO § 280 Rn C 21 ff, C 25 ff sowie künftig die Erl bei § 241). Ausgenommen sind insoweit die Einzelheiten der Haf-tung von *Arbeitnehmer und Arbeitgeber*, für die auf STAUDINGER/RICHARDI (1999) § 611 Rn 483 ff und STAUDINGER/OETKER (2002) § 618 Rn 284 ff verwiesen werden kann, und die Haftung wegen *Verschuldens bei Vertragsschluß*, die künftig in den Erl zu § 311 Abs 2, Abs 3 behandelt ist. Vgl auch sonst die Erl zu den einzelnen beson-deren Schuldverhältnissen.

Architekt: Vgl BGH VersR 1961, 495 (Sorgfaltspflicht des bauleitenden Architekten **61**

hinsichtlich Einhaltung der Höhenlage); BGH VersR 1969, 751 (Sorgfaltspflicht hinsichtlich der Verwendung geeigneter Baustoffe); BGH VersR 1964, 1045 und 1967, 260 (Verantwortung für statische Berechnungen); BGHZ 60, 1 und OLG Düsseldorf BauR 1990, 493 (Beratungspflicht hinsichtlich steuerlicher Vergünstigungen); BGH NJW 1973, 1457 und NJW-RR 86, 182 (Beratungspflicht bezüglich Sachmängelrechten); BGH Betrieb 1978, 1688 (Pflicht, die Verjährung von Gewährleistungsansprüchen des Bauherrn durch Mängelrüge gegenüber dem Unternehmer zu verhindern); OLG Braunschweig VersR 1974, 436 (örtliche Bauaufsicht); OLG Düsseldorf VersR 1969, 1051 (Aufsichtspflicht bei Abbrucharbeiten); OLG München BauR 1973, 122 (mangelhafte Wohnflächenberechnung); OLG Oldenburg VersR 1981, 541 (mangelhafte Gründung eines Bauwerks); BGH VersR 1983, 336 (Vorsorge gegen Abrutschen auf Nachbargrundstück); BGH NJW 1987, 1013 (Sicherung gegen Grundwassereinwirkungen); BGH NJW 1991, 562 (Überwachung von Isolierarbeiten); BGH NJW 1984, 360 (Ausmaß der Sicherungspflicht bei Gerüständerung); BGH NJW 2002, 1196 und NJW-RR 2002, 1174 (Umfang der Prüfungspflicht von Abschlagsrechnungen der Bauunternehmer); BGH NJW-RR 2001, 737 (Haftung für fehlerhafte Höheneintragungen in einem Lageplan); BGH NJW 2001, 1276 (mangelnde Sorgfalt bei Hinzuziehung eines Sonderfachmanns). Vgl auch BAG NJW 1974, 1919 (Verwendung des Statikerplanes durch einen Maurerpolier). S allg BINDHARDT/JAGENBURG, Die Haftung des Architekten (9. Aufl 2004 iV); SCHMALZL, Die Haftung des Architekten und des Bauunternehmers (5. Aufl 2004 iV).

62 Arzt, Krankenhaus, Pflegeeinrichtungen: BGH NJW 2001, 1786 (Maßgeblichkeit des objektiven medizinischen Standards auch für einen eine Geburt leitenden Assistenzarzt); OLG Oldenburg OLGR 1996, 146 (Sorgfalts- und Sicherungspflichten im Hinblick auf Selbstschädigungshandlungen von Patienten auf halboffener gerontopsychiatrischer Station); OLG Koblenz NJW-RR 2002, 867 (Haftung eines Altenheims für Unfall eines unter Betreuung stehenden geistig verwirrten und gehbehinderten Heimbewohners wegen unterlassener Fixierung im Rollstuhl); LG Stuttgart NJW-RR 2003, 1382 (Maß der Beaufsichtigung bei einer Pflegeperson mit Alzheimer im letzten Stadium abhängig vom konkreten Hilfsbedürfnis); s noch oben Rn 29 f, 36, 45 und STAUDINGER/J HAGER (1999) § 823.

63 Autoreparaturwerkstätte: OLG Oldenburg DAR 1967, 274 (Schließen der Motorhaube); BGH VRS 10, 248 (Sorgfaltspflicht eines Angestellten bei Herausgabe reparierter Fahrzeuge); NJW 1974, 909; OLG Bremen VRS 37, 252; OLG Köln Betrieb 1973, 615; OLG Düsseldorf NJW 1975, 1034 (Diebstahlsicherung); OLG Düsseldorf DAR 1977, 322 (Sorgfaltspflicht bei Inspektion/Ölstand).

64 Autoverkäufer, Autovermieter: BGH BB 1956, 320 und NJW 1969, 1708 (Untersuchungspflicht des Verkäufers vor Auslieferung); LG Hannover 1955, 38 (Unterlassen eines Hinweises durch den Autovermieter auf Fehlen von Kaskoversicherung); OLG Köln DAR 2000, 164 (Beratungspflicht des gewerblichen Autovermieters im Hinblick auf die Möglichkeit einer Haftungsfreistellung nach Art einer Vollkaskoversicherung).

65 Bank: RGZ 81, 254; 92, 50; RG JW 1919, 36 und 821; Recht 1921 Nr 2561 und 1922 Nr 1538 (Scheckverkehr); JW 1911, 809 (Haftung für falschen Rat); RGZ 91, 116; 97, 144; RG JW 1916, 578 (Prüfung eines Protests); RGZ 107, 229 (Prüfung von Papieren, Einlösung einer Tratte); RGZ 107, 392 (Besorgung von Bezugsrechten); RGZ 109, 324; RGZ 152, 262, 267 (Haftung bei Kontoerrichtung unter falschem Namen); RGZ 139, 103 (Offenbarungspflicht bei Auskunft über Kunden, bes bei eigener Verflechtung mit diesen); OLG Frankfurt NJW 1947/48, 65 und OLG Braunschweig NDSRpfl 1947, 39 (Geldübermittlung durch Wertbrief; s dazu auch KRIEGELT NJW 1947/ 48, 92, 94); BGH LM § 675 BGB Nr 3 (Auszahlung des Verkaufserlöses von Kundenpapieren); BGHZ 23, 222, 227 (Verpflichtung, Kunden auf devisenrechtliche Bedenken hinzuweisen); BGHZ 26, 268 (Auszahlung von Verrechnungsscheck in bar an einen Handlungsbevollmächtigten des Scheckinhabers unter Buchung auf Konto Diverse); BGH NJW 1961, 672; WarnR 1968, 270 (Barzahlung eines Verrechnungsschecks an den, an den der Scheck zahlbar gestellt wurde und der zur Zeit der Zahlung auch berechtigter Scheckinhaber war); BGHZ 27, 241, 246 (Pflicht zur Verschwiegenheit); BGHZ 22, 304 (s dazu die Anm FISCHER LM § 675 BGB Nr 19); BGH NJW 1961, 169 (Sorgfaltspflicht bei Ausführung von Aufträgen zur Auslieferung von Dokumenten gegen Einholung von Akzepten); NJW 1964, 2058 (steuerbegünstigtes Sparen); BGH WM 1972, 72 (Sicherungsgut); WM 1970, 710 (Darlehensauszahlung); WM 1973, 636 (Auskunftserteilung); WM 1976, 630 (Vermittlung ausländischer Investmentanteile); WM 1977, 638 (Wechseldiskontierung); NJW 1977, 1403 (Lastschriftverkehr); BGHZ 22, 304 und 13, 1237 (Fehlleitung eines Schecks); OLG Nürnberg Betrieb 1953, 1083 (keine Pflicht, Indossamentenkette auf Inhaberscheck zu prüfen); BGH WM 1983, 1025; BGHZ 91, 229; ZIP 1984, 1074; NJW 1986, 988; NJW 1988, 911; OLG Karlsruhe WM 2000, 953 (Scheckprüfung); BGHZ 35, 320 (Schecksperre); BGHZ 100, 117; 107, 192; BGH NJW 1992, 2148; 1993, 2433; ZIP 1993, 1148; LM § 276 BGB (Cc) Nr 34; OLG Saarbrücken OLGR 2003, 136 (Anlageberatung); AG Hamburg NJW-RR 1993, 114 (Vermeidung von Zinsbelastung für den Kunden); BGHZ 111, 117 (Hinweispflicht bei Nachteilen der Kombination von Kreditvertrag und Lebensversicherungsvertrag); BGH NJW 1989, 2882 (Auskunftspflicht bei Umschuldung); BGH NJW-RR 1991, 501 (Hinweis auf die Mehrbelastung bei einer Umschuldung); BGH NJW 1989, 2881; 1992, 2146 (Hinweispflicht bei besonderer Gefährlichkeit eines Geschäfts); BGH LM § 276 BGB (Cc) Nr 26, 29, 30, 32 (Hinweis auf Risiken beim Erwerb im Bauherren- und Erwerbermodell); BGH NJW 1998, 305 (grundsätzlich keine Aufklärungspflicht der kreditgebenden Bank bei Gesetzesänderung, die sich steuerschädlich auf eingeräumte Sicherheiten auswirken kann); BGH NJW 1989, 1671 (Pflicht, Lastschriftschuldner über Nichteinlösung zu unterrichten); BGH NJW 1993, 257; OLG Frankfurt ZIP 1993, 1860, OLG Braunschweig ZIP 1996, 1242; OLG Oldenburg OLGR 1997, 154 = BB 1997, 1275 und OLG Düsseldorf OLGR 1997, 195 = BB 1997, 1550 (Hinweis- und Aufklärungspflichten bei Options- oder Termingeschäften); BGHZ 142, 345 (die von den Spitzenverbänden der Kreditwirtschaft entwickelte Informationsschrift „Wichtige Information über die Verlustrisiken bei Börsentermingeschäften" [abgedruckt in WM 1989, 1183 ff = ZIP 1989, 1158 ff] genügt den Anforderungen zur Herbeiführung der Termingeschäftsfähigkeit auch für Geschäfte mit Bandbreiten-Optionsscheinen); AG Lüneburg NJW-RR 2000, 1649 (Nachfragepflicht bei Aktienkaufauftrag eines Kunden ohne Differenzierung hinsichtlich Stammoder Vorzugsaktien); zur Aufklärungspflicht von Banken s weiter vSTEBUT ZIP 1992, 1698; VORTMANN WM 1993, 581; LG Itzehoe ZIP 2001, 154 (Pflichten einer Bank bei Bereitstellung von Online-Banking); LG Nürnberg-Fürth WM 2003, 1013 (Keine Haftung einer Direktbank für Ausführung einer wiederholten Kauforder). Zu Vermögensverwaltung und Wertpapierdienstleistungen s noch unten Rn 89.

66 Broker: BGHZ 142, 345 (Discount-Broker, die sich ausdrücklich nur an gut informierte und erfahrene Anleger wenden, jede Beratung ablehnen und lediglich Order ausführen, unterliegen nur reduzierten Aufklärungspflichten, die grundsätzlich durch Übermittlung standardisierter Informationen an den Kunden bei Aufnahme der Geschäftsbeziehung erfüllt werden können).

67 Datensicherung: BGH NJW 2000, 2812 (Pflicht des Lieferanten einer Computeranlage, vollständig und wahrheitsgemäß über objektiv bestehende Möglichkeiten der Reparatur einer Festplatte und der Rückgewinnung von Daten zu informieren, und zwar auch über solche Möglichkeiten, die nur eine geringe Chance der Realisierung bieten); OLG Köln NJW-RR 1997, 558 (Pflicht zur Sicherung des aktuellen Datenbestandes im Rahmen eines Computerwartungsvertrages).

68 Fahrlehrer: OLG Düsseldorf NJW-RR 1988, 24; OLG Frankfurt NJW-RR 1988, 26.

69 Friseur: OLG Frankfurt VersR 1981, 579 (keine Pflicht zur Hautverträglichkeitsprüfung von Dauerwellenpräparaten).

70 Frostwarndienst: BGH RdL 1957, 38; VersR 1961, 540 (Verpflichtung zur Frostwarnung).

71 Garage: OLG München NJW 1959, 1226 (Einteilung eines Jugendlichen als Nachtwache); BGH NJW 1972, 151 (übliche Vollkaskoversicherung genügt); s noch Rn 100, 102.

72 Hausverwalter: BGH NJW 2000, 947 (Pflicht, Heizungen und Wasserleitungen in leerstehenden Wohnungen vor Frost zu schützen); OLG Düsseldorf OLGR 1997, 265 (keine Pflicht, die für Sanierungsarbeiten in Betracht gezogenen Firmen auf ihre wirtschaftliche Leistungsfähigkeit hin zu überprüfen, es sei denn, die wirtschaftliche Leistungsfähigkeit ist ein besonders herausragendes Kriterium für die Auftragsvergabe).

73 Heilpraktiker: BGHZ 113, 297 (Pflicht zur Fortbildung).

74 Kaufmann: RGZ 87, 141 (Verpflichtung, sich in allen Fällen des Telegrafen und des Telefons zu bedienen); RGZ 131, 12 (Verpflichtung, Mitteilungen des Registergerichts nachzuprüfen); BGH LM § 347 HGB Nr 1 (Importeur); LM § 417 HGB Nr 1 (Lagerhalter); MDR 1958, 422 (Beratung bei Abschluß eines Kaufvertrages); BB 1970, 1356 (Baustofflieferant); Betrieb 1978, 1781 (Sorgfaltspflicht des Öllieferanten bei Abfüllung eines Öltanks); NJW 1983, 1109 und 1984, 234 (Öltank).

75 Kreditschutzsystem: BGH BB 1961, 159 (Meldung von Abtretungen).

76 Makler: BGH NJW 1961, 1534 (Sorgfaltspflicht in bezug auf Auskunft über Grunderwerbssteuerfragen bei Vermittlung von Eigentumswohnungen); NJW 1970, 1314 (Bestellung eines vorbestraften Geschäftsführers); WM 1970, 1270; OLG München NJW 1970, 1924 (Sorgfaltspflicht gegenüber Kreditinstitut); BGH NJW-RR 1991, 627 (Aufklärungspflicht Finanzierungsmakler); OLG Hamm MedR 1997, 463 (Aufklärungspflicht Versicherungsmakler); BGH WM 1987, 632 (Geheimhaltungspflicht des Kunden); BGH VersR 2000, 846 (Hinweispflicht auf baldiges Ende eines Versicherungsschutzes); NJW 2000, 3642 (Pflicht, fehlerhafte Angaben über die Realisierbarkeit einer Einliegerwohnung im Untergeschoß eines Einfamilienhauses richtigzustellen).

Mieter: OLG Hamm NJW 1985, 322 und LG Landau WuM 1996, 29 (Mieter haftet **77** für den in einem Mietwohngebäude wegen eines Fehlers einer modernen Haushaltsmaschine entstandenen Wasserschaden nur bei schuldhafter Verletzung von zumutbaren Überwachungspflichten).

Patentanwalt: BGHZ 52, 359 (Pflicht zur Forschung nach älteren Schutzrechten). **78**

Pferdepension: BGH NJW-RR 1990, 1422 (Hinweispflicht auf Erkrankungen von **79** Pferden im Mietstall); OLG Frankfurt NJW-RR 2000, 614 (Sicherungspflicht des Betreibers einer Pferdepension für Einstellboxen).

Rechtsanwalt: RG Recht 1912, 1583 (falsche Namensangabe bei Pfändung, Verzöge- **80** rung); Recht 1913 Nr 3222 (gegebenenfalls Verpflichtung, ungefragt ein Rechtsmittel anzuraten, s hierzu auch RG JW 1914, 72); RGZ 142, 394 (keine Haftung des Prozeßbevollmächtigten in der Revisionsinstanz für unrichtigen oder nicht ausreichenden Sachvortrag); BGH BB 1993, 1682 (Orientierung an höchstrichterlicher Rechtsprechung); NJW-RR 1993, 245 (Orientierung an Rechtsprechung der Oberlandesgerichte, wenn keine höchstrichterliche vorliegt); BGH LM § 675 BGB Nr 50 (Pflicht zur Wahl des sichersten Wegs zur Wahrnehmung des Interesses des Mandanten; RGZ 151, 259 verlangt sogar Berücksichtigung der Möglichkeit objektiv falscher Entscheidung; ebenso BGH VersR 1958, 860 und 1959, 390; RG JW 1921, 893 mit Anm vHEILBERG; RGZ 148, 321, 325); RGZ 156, 208 (Erinnerung des Mandanten an Fristen); RG LZ 1916, 1006 und 259 (Vertragsentwurf); LZ 1916, 1022 (Sorgfaltspflicht des Anwaltsangestellten); RGZ 89, 426 und BGH VersR 1961, 151 (Zwangsversteigerung); RG JW 1921, 529 (Überwachung des mit Berufungseinlegung beauftragten weiteren Anwalts; dazu auch RG JW 1921, 466 und BayZ 1921, 71 sowie KG JW 1927, 66 mit Anm GEIERSHÖFER); BGH NJW 1959, 141; VersR 1958, 12 (Sorgfaltspflicht bei Abgabe eines Gebots für den Mandanten im Zwangsversteigerungsverfahren durch Bürovorsteher); BGH VersR 1968, 151 (Sorgfaltspflicht bei Vertretung im Zwangsvollstreckungsverfahren mit Auftrag, das Grundstück zu ersteigern oder eingetragene Altenteile der Eltern des Auftraggebers zu erhalten); RGZ 143, 159, 167 (Rechtsauskunft bezüglich Zwangsversteigerung); BGH NJW 1961, 601 (Sorgfaltspflicht bei Vollstreckungsaufträgen; zweckwidriger Auftrag infolge fehlerhafter Beratung); OLG Celle NJW 1959, 2064 (keine Verpflichtung, ein Verzeichnis der beratenen Klienten zu führen, um versehentliche spätere Übernahme des Mandates eines Gegners auszuschließen); OLG Bremen NJW 1960, 299 (Überhören einer mißverständlichen Ausdrucksweise bei Verlesung eines vom Richter formulierten Vergleichs muß keine Fahrlässigkeit darstellen); BGHZ 89, 178 (deutliche Stellungnahme zum Risiko des Prozeßverlustes); BGH NJW 2003, 2022 (Empfehlung der Nichteinlegung der Nichtzulassungsbeschwerde mangels Erfolgsaussicht ohne sorgfältige Prüfung als Vertragsverletzung); OLG Koblenz NJW 1989, 2699 (Kenntnis auch internationaler Regelungen); BGH NJW 2001, 675 (Umfang der Unterrichtungspflicht aus Rechtsprechung und Literatur, insbesondere im Bereich eines sich neu entwickelnden Rechtsgebietes); BGH NJW 1960, 1101 (Belehrung über Vererblichkeit des Schmerzensgeldanspruches durch

Einklagung); BGH VersR 1967, 704 (umfassende Anspruchsprüfung); BGH NJW
1972, 1044 (ausländischer Vertrag); BGH LM § 276 BGB (Ci) Nr 49 (Haftung für die
Folgen eines zweiten Versäumnisurteils); BGH VersR 1971, 641 (Scheidungsvereinbarung); BGH NJW 1972, 678 (Auskunft über Solvenz des Mandanten); OLG Düsseldorf VersR 1973, 424 (Aussichtslosigkeit und besondere Kosten); BGH MDR
1971, 917 (Prüfung des Haftpflichtschutzes); BGH MDR 1975, 480 (rechtzeitige
Hinzuziehung zum Versteigerungstermin); BGH VersR 1958, 127 (Belehrungspflicht
nach Beendigung des Mandatsverhältnisses); BGH NJW 1975, 1655 (Belehrung über
den Regreß gegen den Anwalt selbst, s aber auch BGHR BRAO § 51 Belehrungspflicht 4);
BGH NJW 1985, 2252 (Belehrung über sog sekundäre Ersatzansprüche); BGH NJW
1985, 1710; 1990, 2126; 1991, 2082 (Überwachung von Rechtsmittelfristen); OLG
Köln VersR 1977, 438 (rechtzeitige Unterbrechung der Verjährung); BGH LM
§ 675 BGB Nr 186 (Maßnahmen zur Unterbrechung der Verjährung); BGH MDR
1971, 917 und NJW 1993, 1779 (drohende Verjährung); BGH VersR 1977, 421
(Pflicht, die Weisungen des Mandanten zu beachten); BGH NJW 1982, 437 (Dringen
auf Vervollständigung der Information gegenüber dem Mandanten); BGH NJW
1998, 2049 (Pflicht zur sorgfältigen Sachverhaltsaufklärung); BGH NJW 1985,
1154 (Rechtsanwalt darf sich auf Richtigkeit der Mandantenangaben verlassen);
BGH NJW 1985, 42 (muß aber auf Bedenken hinsichtlich der Weisungen aufmerksam machen); BGH NJW 1983, 1665 (Verschaffung erforderlicher Kenntnisse auf
nicht vertrautem Rechtsgebiet); BGH NJW 1988, 2880 (Pflicht zu umfassender und
erschöpfender Beratung); BGH NJW 1992, 1159 (Belehrung über die mit einem
Umgehungsgeschäft verbundenen Risiken); BGH NJW 1994, 2085 und NJW 2002,
292 (Beratung vor Abschluß eines bindenden Abfindungsvergleichs); OLG Hamm
NJW 1988, 2383 (Hinweis auf Möglichkeit freiwilliger Weiterversicherung in der
Krankenversicherung); OLG Bamberg NJW-RR 1989, 223 (Hinweis auf Möglichkeit
eines Auflösungs- und Abfindungsantrags im KSchG); AG Siegburg NJW-RR 1989,
155 (Hinweis auf Möglichkeit, Konkursausfallgeld [jetzt: Insolvenzgeld, §§ 183 ff
SGB III] zu beantragen); BGH NJW-RR 2003, 350 (unzureichende Belehrung
über die Risiken einer fristlosen Arbeitsvertragskündigung durch den Arbeitgeber);
BGH NJW 1988, 1079 und OLG Frankfurt NJW-RR 2003, 709 (Verantwortlichkeit
auch bei Übernahme des Schriftsatzes eines Verkehrsanwalts); OLG Nürnberg Der
Strafverteidiger 1997, 481 (Pflicht des Verteidigers, Mandant und Gericht über einen
besonderen Strafmilderungsgrund [konkret: Verlust der Ruhestandsbezüge bei zwei-
jähriger Freiheitsstrafe] zu informieren); OLG Oldenburg OLGR 2003, 219 (Pflicht
zur vorprozessualen Abwendung einer drohenden Klage bei erheblichem Prozeßrisiko und mangelnder Erwartung, daß der Streit durch den Prozeß geklärt wird); vgl
zur Anwaltshaftung auch PRIENS VersR 1986, 317 ff; RINSCHE, Die Haftung des
Rechtsanwalts und des Notars (6. Aufl 1998); VOLLKOMMER, Anwaltshaftungsrecht
(2. Aufl 2003); ZUGEHÖR, Handbuch der Anwaltshaftung (1999). S noch o Rn 36.

81 **Rechtsbeistand:** BGH MDR 1971, 38 (geringere Anforderungen an Rechtskenntnisse
als an die eines Rechtsanwalts); NJW 1981, 1553 und 1985, 44 (umfassende Sach-
prüfungspflicht).

82 **Rechtsberatung durch Gewerkschaften:** BGH NJW 2002, 1115 (gleiche Sorgfaltsanforderungen für Rechtssekretäre der Gewerkschaft wie an Rechtsanwälte, wenn sie
Gewerkschaftsmitglieder im Prozeß vertreten).

Reinigungsunternehmen: LG Freiburg i Br NJW-RR 1987, 89. **83**

Reitlehrer: OLG Koblenz NJW-RR 1991, 150. **84**

Sequester: OLG Köln ZIP 2001, 1821 (geringere Sorgfaltsanforderungen bei der **85** Verletzung von Aus- und Absonderungsrechten als sie für den Gemeinschuldner gelten).

Steuerberater: RGZ 163, 267 (Abhalten von Selbstanzeige); BGH VersR 1959, 902 **86** (Beachtung von Bilanz- und Steuervorschriften); OLG Celle BB 1959, 1038 (zur Grenze der Belehrungspflicht); OLG Nürnberg BB 1964, 828 (Steuerbevollmächtigter muß bei zweifelhafter Rechtslage beim Finanzamt nachfragen); BGH VersR 1968, 48 und BB 1968, 1263 (Verlust von Steuervergünstigungen); VersR 1971, 956; Betrieb 1973, 520; OLG Düsseldorf Betrieb 1974, 1616 (Überwachung der Buchführung); OLG Köln VersR 1974, 671 (Versäumung von Ausschlußfristen); BGH NJW-RR 1987, 1377 (Belehrung auch ungefragt, wenn in vergleichbaren Situationen Fehler häufig vorkommen); OLG Koblenz OLGR 2003, 213 (ohne konkreten Anhalt keine Pflicht, über die Folgen künftiger, ausschließlich vom Mandanten veranlaßter Änderungen der bisherigen, steuerlich anerkannten tatsächlichen Gegebenheiten zu belehren); BGHZ 84, 244 und 115, 382; BB 1993, 1682 (Berücksichtigung höchstrichterlicher Rechtsprechung); NJW-RR 1992, 1110 (Veranlassung nachteiliger, wenn auch richtiger Änderung eines Steuerbescheids); NJW-RR 1986, 646 und OLG Oldenburg Stbg 2000, 471 (Empfehlung steuerlich ungünstiger Gesellschaftsformen, Pflicht zur Empfehlung des „sichersten Weges“); OLG Hamm GI (Gerling Informationen für wirtschaftsprüfende, rechts- und steuerberatende Berufe) 2002, 166 (Aufklärung über die Voraussetzungen für die Gewährung einer Investitionszulage); BGH Betrieb 1986, 1915 (unvollständige Angabe von Betriebsausgaben); NJW-RR 1987, 1375 (keine Mitverantwortung für unternehmerische Fehlentscheidung des Mandanten); vgl auch SPÄTH, Die zivilrechtliche Haftung des Steuerberaters (3. Aufl 1987); GRÄFE/LENZEN/SCHMEER, Steuerberaterhaftung (3. Aufl 1998).

Treuhänder: BGHZ 7, 371 (Sorgfaltspflicht bei Auskunftserteilung); BGH LM § 276 **87** BGB (Cc) Nr 22 (Aufklärung über Sanierungsbedürftigkeit eines zum Erwerb empfohlenen Objekts); BGH LM § 675 BGB Nr 148 (Kontrollpflicht hinsichtlich Verwendung der anvertrauten Mittel).

Verleiher von Arbeitskräften: BGH NJW 1975, 1686 (sorgfältige Auswahl des Perso- **88** nals).

Vermögensverwalter, Wertpapierdienstleister: BGHZ 137, 69 = NJW 1998, 449 (An- **89** lageentscheidungen des Verwalters müssen sich im Rahmen vereinbarter Anlagerichtlinien halten); OLG Frankfurt WM 1996, 665 (Pflicht, auch im Rahmen eines bloßen Depotverwaltungsvertrages für gebotene Risikostreuung zu sorgen); BGH NJW 2002, 1868 (Haftung des Verwalters wegen unzureichender Aufklärung beim Erwerb besonders risikobehafteter Aktien [Marktengefaktor] an der NASDAQ-Computerbörse). Die Sorgfaltspflichten des Wertpapierdienstleisters sind ua in §§ 31 ff WertpapierhandelsG geregelt (o Rn 35), s dazu GASSNER/ESCHER, Bankpflichten bei der Vermögensverwaltung nach Wertpapierhandelsgesetz und BGH-Rechtsprechung, WM 1997, 93 ff; BALZER, Aufklärungs- und Beratungspflichten bei der Vermögensverwaltung, WM 2000, 441 ff sowie BALZER, Vermögensverwaltung durch Kreditinstitute (1999).

90 **Waschanlage:** BGH NJW 1975, 684 (s Rn 145); LG Bonn VersR 1997, 718; AG Celle Schaden-Praxis 1999, 408 (Pflicht des Betreibers zur Überwachung und zur Erteilung ausreichender Bedienungsanweisungen).

91 **Wirtschaftsprüfer:** BGH BB 1959, 936 (Umfang der Belehrungspflicht); VersR 1961, 117 (Schutz eines Wirtschaftsprüfungsunternehmens durch Vereinbarung unverzüglicher Schadensmeldung durch Auftraggeber); NJW 1973, 321 (bei Richtigkeit des Jahresabschlusses); BB 1975, 1179 (Beteiligungsempfehlung); VersR 1987, 262 (Erteilung von Testaten); BGHZ 83, 17; BGH NJW 1990, 2464 (Belehrung über Regreßanspruch und Verjährungsfrist); JZ 1986, 1111 (Auskünfte über Kreditnehmer).

b) Grobe Fahrlässigkeit

92 Das Gesetz hebt von der normalen, in § 276 Abs 2 definierten Fahrlässigkeit in einer Reihe von Bestimmungen die grobe Fahrlässigkeit ab. Innerhalb des BGB begrenzt die grobe Fahrlässigkeit den Anwendungsbereich des konkreten Fahrlässigkeitsmaßstabes des § 277, erfüllt die Funktion von Haftungseinschränkungen bei bestimmten Schuldverhältnissen (§§ 300 Abs 1, 442 Abs 1 S 2, 521, 599, 680, 968), begrenzt die Möglichkeit von Haftungsausschlüssen (§ 309 Nr 7 b, § 651h Abs 1 Nr 1) und bildet die Grenze des gutgläubigen Erwerbs beweglicher Sachen und von Wechseln sowie die Duldungspflicht beim Überbau (§§ 912 Abs 1, 933 Abs 2, 936, Art 16 Abs 2 WechselG). Außerhalb des BGB dient die grobe Fahrlässigkeit vielfach dazu, den Geltungsbereich von Haftungsbeschränkungen zu bestimmen (§ 435 HGB, der den Begriff „leichtfertig" verwendet, § 48 Abs 1 S 2 LuftVG), ist Maßstab für die Begrenzung von Regreßrechten (zB § 110 SGB VII, Art 34 S 2 GG, § 46 Abs 1 S 1 BRRG) und begrenzt die Leistungsfreiheit des Versicherers bei Obliegenheitsverletzungen des Versicherungsnehmers (§§ 6 Abs 3, 61 VVG). Erhebliche Bedeutung hat der Begriff auch für die Haftung des Arbeitnehmers gegenüber dem Arbeitgeber und Arbeitskollegen erlangt. Er bezeichnet dort die Grenze, hinter der der Arbeitnehmer grundsätzlich voll haftet (im einzelnen BAG AP Nr 117 zu § 611 BGB Haftung des Arbeitnehmers = NJW 1999, 966; BAG NZA 2003, 37, stRspr). Im öffentlichen Recht begrenzt die grobe Fahrlässigkeit den Schutz des Vertrauens auf begünstigende Verwaltungsakte (§§ 48 Abs 2 S 3 Nr 3, 49 Abs 5 VwVfG, § 45 Abs 2 S 2 Nr 2 und 3 SGB X). Mitunter kann der Begriff „Verschulden" iS von grober Fahrlässigkeit zu verstehen sein, so in Art 29 CMR (BGHZ 88, 157).

93 Die grobe Fahrlässigkeit wird im Anschluß an Formulierungen in der Rechtsprechung des RG, aber auch des BGH als ein Verhalten definiert, durch das die im Verkehr erforderliche *Sorgfalt in besonders schwerem, ungewöhnlichem Maße verletzt* wird. Eine Begriffsbestimmung dieses Inhalts enthält jetzt § 45 Abs 2 S 3 Nr 3 HS 2 SGB X. In der Rechtsprechung wird grob fahrlässiges Verhalten meist näher dahin beschrieben, daß „dasjenige unbeachtet geblieben ist, was im gegebenen Fall jedem einleuchten muß" (RGZ 141, 129, 131; 163, 104, 106; 166, 98, 101; BGHZ 10, 14, 16; BGH NJW 1988, 1265, 1266; 1992, 3235, 3236; 2001, 286 f). Diese Formulierungen treffen insofern zu, als sie zum Ausdruck bringen, daß die grobe Fahrlässigkeit in **objektiver** Hinsicht einen höheren Grad an Außerachtlassung der im Verkehr erforderlichen Sorgfalt bedeutet. In diesem Sinne legen vor allem klare Verstöße gegen eindeutig formu-

lierte, dem Schutz anderer dienenden Normen (etwa Unfallverhütungsvorschriften) das Vorliegen grober Fahrlässigkeit nahe (BGH NJW 2001, 2092; MünchKomm/GRUND-MANN Rn 99; SOERGEL/WOLF Rn 127; s aber noch Rn 101).

Zu wenig deutlich wird in den genannten Formulierungen aber, daß die grobe Fahr- **94** lässigkeit, wie in der Rechtsprechung anerkannt, auch einen schweren **subjektiven** Vorwurf beinhaltet (BGH VersR 1967, 910; MDR 1970, 918, NJW 1988, 1265, 1266; BAG BB 1972, 660; NJW 1972, 1388; MünchKomm/GRUNDMANN Rn 95, 104 ff; SOERGEL/WOLF Rn 125; dagegen nunmehr SCHMIDT-KESSEL, System § 13 I 2 a mit der These, es gehe um Fälle, in denen der Irrtum über die Pflicht nicht entlaste). Zweckmäßiger erscheint es daher, eine Formulierung zu wählen, wie sie das BSG (Betrieb 1978, 307, 308) im Zusammenhang mit der Außerachtlassung von Unfallverhütungsvorschriften entwickelt hat. Danach erfordert grobe Fahrlässigkeit **„eine besonders grobe und auch subjektiv schlechthin unentschuldbare Pflichtverletzung, die das gewöhnliche Maß an Fahrlässigkeit erheblich übersteigt"**, wobei „das Maß der Fahrlässigkeit insbesondere nach den persönlichen Umständen, der Kritikfähigkeit, dem Einsichtsvermögen des Beteiligten wie den besonderen Umständen des Falles zu beurteilen" ist (ähnlich jetzt auch BGH NJW 1992, 316 und 3236 sowie NJW 2001, 2092 und NJW 2003, 1118, 1119).

Die Notwendigkeit eines schweren auch subjektiven Vorwurfs bedingt eine Beurtei- **95** lung der **individuellen Kenntnisse**, Erfahrungen und der Einsichtsfähigkeit des Handelnden. Unerfahrenheit und Unbeholfenheit können grobe Fahrlässigkeit ausschließen. Auch die konkrete Situation ist zu beachten, insbesondere kann eine plötzlich auftretende Gefahrenlage das Verschulden geringer erscheinen lassen. Dies gilt auch für ärztliche Behandlungsfehler (OLG München VersR 1992, 876; **aA** MünchKomm/GRUND-MANN Rn 95 unter Hinweis auf BGH NJW 1983, 2080, 2081). Allerdings kann die Übernahme einer Behandlung durch einen unerfahrenen Arzt auch ein subjektiv grob fahrlässiges Verhalten darstellen.

Subjektive Vorwerfbarkeit kann *sinnvollerweise* nur dort verlangt werden, wo es um **96** die Haftung einer **natürlichen Person** geht. Bei großen Unternehmen und Behörden muß der objektiv schwere Pflichtverstoß genügen, weil ihnen zugemutet werden kann, subjektives Fehlverhalten ihrer Bediensteten durch eine entsprechende Organisation zu vermeiden, und weil der Geschädigte, wenn ihm nicht die Beweislastregeln der §§ 280 Abs 1 S 2, 286 Abs 4 zu Hilfe kommen, nur den Beweis objektiven Fehlverhaltens führen kann (RÖHL JZ 1974, 526).

Wann in objektiver und subjektiver Hinsicht grobe Fahrlässigkeit vorliegt, läßt sich **97** **nur im einzelnen Fall** bestimmen. Die Regeln des *Anscheinsbeweises* sind hierfür wegen des subjektiven, auf die betreffende Person bezogenen Elements grundsätzlich nicht geeignet (s auch BGH VersR 1968, 6681; NJW 1974, 1377; VersR 1983, 1011; NJW 2003, 1118, 1119; BAG BB 1973, 1396; zum Anscheinsbeweis in Fällen, in denen an Geldausgabeautomaten mit der EC-Karte unter Verwendung der zutreffenden Geheimnummer Geld abgehoben wird s BGH NJW 2001, 286, 287 mwN; OLG Stuttgart NJW-RR 2002, 1274). Ihre Feststellung ist deshalb auch in erster Linie Sache des Tatrichters (vgl unten Rn 139). Die höchstrichterliche Rechtsprechung vermag also nur gewisse Anhaltspunkte zu geben.

Aus der Rechtsprechung zu nennen sind etwa:

98 **Bankgeschäfte:** OLG Köln VersR 1996, 467 (Zurücklassen einer Jacke mit Brieftasche, in der Ausweispapiere und EC-Karte aufbewahrt wurden, während zeitweiliger Abwesenheit in unverschlossenem Büro, selbst wenn nicht jedermann unkontrollierten Zugang hat); AG Nürnberg WM 2002, 1060 und LG Hamburg NJW-RR 2002, 264 (Zurücklassen der EC-Karte im unbewachten Pkw; nicht aber: Aufbewahren von EC-Karte und Geheimnummer an verschiedenen Stellen der Wohnung, so daß ein Unbefugter, der eines von beiden gefunden hat, weitersuchen muß; Verwahren der Originalmitteilung der Geheimnummer in einer Plastikhülle, verborgen unter zahlreichen ungeordneten Papieren in einer unverschlossenen Schublade; Verwahren der EC-Karte in einem unverschlossenen Behältnis zwischen Briefen und Notizen: BGH NJW 2001, 286, 287); OLG Frankfurt NJW-RR 2003, 555 (Verwahrung von Reiseschecks in einem Aktenkoffer unter dem Sitz eines auf öffentlichem Gelände abgestellten Fahrzeugs); OLG Koblenz VersR 1998, 724 (unterlassene Warnung der Schließfachkunden durch Bankangestellte, obwohl das Wasser im Schließfachkeller bereits 1 cm hoch steht).

99 **Brandgefahren:** OLG Hamm NJW-RR 2000, 911 (Entsorgen eines fünf Minuten vorher auf einem Glasteller ausgedrückten Zigarettenrestes in eine mit Papierresten gefüllte Plastiktüte ist nur dann grob fahrlässig, wenn die Zündfähigkeit noch erkennbar war; s aber weitergehend OLG Hamm NVersZ 1999, 559 und LG Ansbach NVersZ 2000, 240); OLG Hamm VersR 1999, 843 (einmaliges offenes Liegenlassen eines Feuerzeuges auf dem Wohnzimmertisch ist nicht grob fahrlässig, wenn es sonst außer Reichweite des knapp fünfjährigen Kindes aufbewahrt wurde); OLG Düsseldorf VersR 1996, 512 (Schweißarbeiten an einem verschlossenen Stalltor ohne hinreichende Sicherungsmaßnahmen idR grob fahrlässig); LG Itzehohe NJW-RR 2004, 183 (Schweiß- und Flexarbeiten in drei Meter Entfernung von eingelagertem Stroh auch bei Aufstellen einer feuerfesten Platte grob fahrlässig).

100 **Straßenverkehr einschließlich Kfz-Diebstahl:** OLG Koblenz OLGR 2002, 318 (idR keine grobfahrlässige Herbeiführung einer Fahrzeugentwendung bei Zurücklassen von Fahrzeugschlüsseln im abgeschlossenen Handschuhfach, im Anschluß an BGH NJW 1986, 2838, 2839); BGH MDR 1959, 373 und OLG Frankfurt OLGR 1997, 95 (Abstellen eines Lkw[-Anhängers] auf unbewachtem Parkplatz bzw auf öffentlicher Straße zur Nachtzeit ist nicht in jedem Fall grob fahrlässig); OLG Düsseldorf VersR 1998, 236 (Abstellen zweier Lkw mit beladenen und durch je ein Vorhängeschloß gesicherten Kastenaufbauten auf einer belebten, beleuchteten Straße in einem Industriegelände schräg gegenüber einem Wohnhaus ist nicht grob fahrlässig); BGH NJW 1974, 948 und OLG Frankfurt OLGR 1997, 281 (Einnicken am Steuer allein genügt nicht); BGH NJW 1974, 1377 (Steuern eines Kfz unter Alkoholeinfluß kann grobe Fahrlässigkeit sein, auch wenn der Entschluß zu fahren durch alkoholbedingte Enthemmung beeinflußt worden ist); BGH VersR 1985, 41; OLG Zweibrücken VersR 1993, 218 und OLG Hamm ZfS 1998, 262 (Überfahren eines Stopschildes; aufgrund besonderer Umstände im Einzelfall anders OLG Hamm VersR 1993, 826); BGH BB 1957, 598 (Fuhrunternehmen handelt grundsätzlich grob fahrlässig, wenn es trotz eines Hinweises die Bremse eines Lkw nicht reparieren läßt oder trotz Einwendungen eines Fahrers einen Lkw unzulässig belegt); BAGE 9, 243 = MDR 1960, 876 (Wechsel auf die linke Fahrbahnseite vor einer sichthindernden Kuppe in der Regel grob fahrlässig); BAG AP Nr 74 zu § 611 BGB Haftung des Arbeitnehmers (grobe Fahrlässigkeit bei Verschweigen mangelnder Fahrpraxis); BAG NJW 1972, 1388 (Überholen bei dichtem Nebel mangels besonderer Umstände grob fahrlässig); OLG München DAR

1983, 78 (Überschreiten der Höchstgeschwindigkeit um mehr als 100%); BGH NJW 1992, 2418 und 2003, 1118 (Anfahren an Kreuzungen bei Rotlicht); OLG Frankfurt OLGR 2000, 43 (Rotlichtverstoß infolge Ampelverwechslung); BAGE 90, 148 = AP Nr 117 zu § 611 BGB Haftung des Arbeitnehmers (Nichtbeachten einer auf „Rot" geschalteten Lichtzeichenanlage durch einen Berufskraftfahrer ist in der Regel grob fahrlässig); OLG Düsseldorf BB 1997, 837 (Aufheben eines Handys während des Autofahrens).

Unfallverhütungsvorschriften: BGH VersR 1969, 39 (Verstoß gegen Unfallverhü- **101** tungsvorschrift nicht stets grobe Fahrlässigkeit); BGH NJW-RR 1989, 339 und RuS 2001, 193 (Verstoß gegen Unfallverhütungsvorschrift, die vor tödlichen Unfällen schützen soll); BSG Betrieb 1978, 307 (Außerachtlassen von Gesetz oder von Unfallverhütungsvorschriften, auf die in einem Merkblatt besonders hingewiesen wird, im allgemeinen grob fahrlässig, es sei denn, daß der Betreffende nach seiner Persönlichkeitsstruktur und seiner Bildung die Vorschrift nicht verstanden hat).

Weitere Einzelfälle: LG Osnabrück HVBG-Info (aktueller Informationsdienst für die be- **102** rufsgenossenschaftliche Sachbearbeitung) 1996, 1655 (Entfernen einer Friteuse in einem Imbißwagen vom Gasanschluß, ohne dafür Sorge zu tragen, daß der Zulaufhahn versperrt bleibt); OLG Hamm VersR 1983, 566 (Abfeuern einer für ungeladen gehaltenen Schußwaffe in Richtung eines Menschen ohne Nachprüfung); OLG München VersR 1987, 596 (Fällen eines Baumes, in dessen Fallbereich sich Menschen aufhalten); BGH NJW 1974, 900 (grobe Fahrlässigkeit eines Garagenbetreibers, der Schlüssel für bei ihm eingestellte Fahrzeuge nicht gegen Mißbrauch durch sein Personal sichert); KG Berlin KGR 1996, 32 (nicht genügende Treibstoffmenge an Bord des Flugzeuges, weil der Charterer sich auf die Treibstoffanzeige verläßt); OLG München IBR 2000, 114 (Abweichen von Vereinbarungen und behördlichen Auflagen, die für das Bauwerk eine „wasserdichte Wanne" mit 30 cm dicker Bodenplatte vorsehen, bei Kenntnis von Hochwassergefährdung und problematischer Grundwassersituation des Baugrundstücks); OLG Düsseldorf WM 1998, 663 (Einräumen uneingeschränkter Verfügungsmacht über das einer Eigentümergemeinschaft zustehende Rücklagenkonto durch Mitglieder des Verwaltungsbeirats gegenüber dem Verwalter; Verzicht auf die Kontrolle der Kontenbelege bei Prüfung der Jahresabrechnung).

Eine Besonderheit gilt für den Begriff der groben Fahrlässigkeit im Bereich des **103** **gutgläubigen Erwerbs** (§ 932 Abs 2, Art 16 Abs 2 WechselG): Der Rechtsverkehr muß sich auf gleichmäßige Anforderungen an die Schutzwürdigkeit des Vertrauens auf den Rechtsschein einstellen können (RÖHL JZ 1974, 521, 525; DEUTSCH, Allg Haftungsrecht Rn 425). Deshalb liegt bei Nichteinhaltung von Mindeststandards, etwa beim Erwerb von Gebrauchtfahrzeugen ohne Vorliegen des Kfz-Briefs, grobe Fahrlässigkeit ohne Rücksicht auf die subjektive Situation vor (BGH LM § 932 BGB Nr 12; NJW 1996, 2227, stRspr). Im übrigen gilt aber auch hier der allgemeine Begriff der groben Fahrlässigkeit (BGH LM § 932 BGB Nr 20 sowie NJW-RR 1997, 1392 zur groben Fahrlässigkeit beim Erwerb von Wechseln; siehe im einzelnen STAUDINGER/WIEGAND [1995] § 932 Rn 44 ff).

Grobe Fahrlässigkeit ist *nicht einfach mit bewußter Fahrlässigkeit gleichzusetzen* (zu **104** dieser oben Rn 22). Zwar wird der Umstand, daß der Handelnde die Möglichkeit des Eintritts des mißbilligten Erfolgs vorausgesehen hat, oft einen schweren Schuldvorwurf begründen (vgl BGH NJW-RR 1989, 991). Notwendig ist es aber nicht. Denn der Sorgfaltsverstoß, der darin liegt, daß darauf vertraut wird, daß der mögliche Erfolg doch nicht eintritt, kann je nach den Umständen weniger gravierend oder gravierend sein.

5. Handlungs- und Zurechnungsfähigkeit

105 § 276 Abs 1 S 2 zieht eine notwendige Konsequenz aus dem Verschuldensprinzip: Verschulden setzt auch im Zivilrecht Handlungsfähigkeit iS willkürlichen, zweckgerichteten Verhaltens und Zurechnungsfähigkeit voraus. Durch die Verweisung auf die §§ 827, 828 wird zugleich ausgesprochen, daß Handlungs- und Zurechnungsfähigkeit bei vertraglichem Verschulden ebenso abgegrenzt werden **wie bei unerlaubter Handlung**.

106 Nach § 827 S 1 schließt an sich auch **Trunkenheit** die Haftung sowohl für Vorsatz als auch für Fahrlässigkeit aus. § 827 S 2 stellt aber klar, daß Fahrlässigkeit auch darin zu erblicken ist, daß jemand sich schuldhaft in einen derartigen Zustand versetzt hat („actio libera in causa"). Setzt allerdings die Vertragsverletzung vorsätzliches Handeln voraus, so genügt das bloß fahrlässige Versetzen in den Zustand der Unzurechnungsfähigkeit nicht, um eine Haftung zu begründen (BGH NJW 1968, 1132). S im übrigen STAUDINGER/OECHSLER (2003) § 827 Rn 12 ff, 38 ff.

107 § 828 Abs 1 schließt das Verschulden von Minderjährigen, welche das siebte Lebensjahr noch nicht vollendet haben, aus. Dasselbe gilt nach § 828 Abs 2 für Minderjährige zwischen sieben und zehn Jahren im Hinblick auf Schäden, die diese bei einem Unfall mit einem Kraftfahrzeug, einer Schienenbahn oder einer Schwebebahn einem anderen zufügen, sofern sie nicht vorsätzlich gehandelt haben (zu dieser durch das zweite Gesetz zur Änderung schadensersatzrechtlicher Vorschriften vom 19. 7. 2002 [BGBl I S 2674] mit Wirkung vom 1. 8. 2002 eingefügten Vorschrift im einzelnen STAUDINGER/OECHSLER [2003] § 828 Rn 2a, 4a f).

108 Nach § 828 Abs 3 gilt bei Minderjährigen, deren Verantwortlichkeit nicht nach § 828 Abs 1 oder Abs 2 ausgeschlossen ist, an sich, daß sie dann nicht schuldhaft handeln, wenn sie nicht die zur Erkenntnis der Verantwortlichkeit erforderliche Einsicht haben. Die Rechtsprechung bejaht das Vorliegen der Einsicht regelmäßig (s aber BGH NJW-RR 1997, 1110) und trägt der eingeschränkten Einsichtsfähigkeit bei der Prüfung des Verschuldens Rechnung (oben Rn 44; BGH NJW 1970, 1038 f; OLG Köln NJW-RR 1993, 1498, 1499; ausf STAUDINGER/OECHSLER [2003] § 828 Rn 9 ff). Zum Verhältnis von § 828 Abs 3 zur Haftungsbeschränkungseinrede des § 1629a s BITTNER, Die Einrede der beschränkten Haftung auf das Volljährigkeitsvermögen aus § 1629a BGB, FamRZ 2000, 325, 327.

109 § 829 wird in § 276 Abs 1 S 2 nicht angeführt. Mit der Zurechnungsfähigkeit hat § 829 auch nichts zu tun. Durch die Nichterwähnung des § 829 in § 276 Abs 1 S 2 entsteht aber die Frage, ob § 829 bei vorsätzlicher oder fahrlässiger Verletzung vertraglicher Pflichten analog anzuwenden ist, mit anderen Worten ob die in § 829 für das Gebiet der unerlaubten Handlung angeordnete **Billigkeitshaftung** auch dann eingreift, wenn der Schuldner im Rahmen eines Vertragsverhältnisses nur wegen mangelnder Zurechnungsfähigkeit von einer an sich gegebenen Schadensersatzpflicht frei wäre. Die

Frage ist im Falle bloßer Vermögensschädigung, bei der ein Deliktsschutz nicht eingreift, von Bedeutung. Sie ist zu bejahen in den Fällen, in denen die Unzurechnungsfähigkeit entweder nach Abschluß des Vertrages eingetreten ist, bevor der Vertragspartner davon Kenntnis erlangen oder Sicherungsmaßregeln treffen konnte, oder zwar schon bei Abschluß des Vertrages vorhanden war, im übrigen aber die Voraussetzungen des § 179 Abs 2, 3 bei dessen entsprechender Anwendung vorliegen würden (Vertrauen auf Geschäftsfähigkeit entsprechend dem „Vertrauen auf Vertretungsmacht"). Dafür spricht die allgemeine ratio des § 829. Was nach dem modernen Rechtsbewußtsein gegenüber außergewöhnlichen Gefährdungen im außervertraglichen Verkehr rechtens ist, wird erst recht für den vertraglichen Verkehr Geltung beanspruchen dürfen. Sobald man anerkennt, daß der Bestimmung des § 829 ein allgemeines Prinzip zugrunde liegt, steht seiner entsprechenden Anwendung auf § 276 kein Bedenken im Wege (wie hier MünchKomm/GRUNDMANN Rn 166; SOERGEL/WOLF Rn 194; ERMAN/BATTES Rn 74; LEONHARD, Zur Gefahr der Geschäftsabschlüsse mit heimlich Geisteskranken, BankArch 1905/06, 153 ff; aA STAUDINGER/OECHSLER [2003] § 829 Rn 23; JAUERNIG/VOLLKOMMER Rn 12; ENNECCERUS/LEHMANN § 229 VII; SCHMIDT-KESSEL, System § 10 III).

6. Modifikationen des Verschuldensmaßstabs

a) Gesetzliche Modifikationen

Nach § 276 Abs 1 S 1 hat der Schuldner Vorsatz und Fahrlässigkeit nur zu vertreten, **110** wenn kein anderer Verschuldensmaßstab bestimmt ist. Für eine Reihe von Schuldverhältnissen enthält das **Gesetz** derartige Bestimmungen: So wird die Verantwortlichkeit des Schuldners im Falle des Annahmeverzugs des Gläubigers auf *Vorsatz und grobe Fahrlässigkeit* beschränkt (§ 300 Abs 1). Gleiches gilt für die Verantwortung des Schenkers (§ 521). Für Sachmängel hat der Schenker teils für grobe Fahrlässigkeit (§ 524 Abs 2 S 1), teils für Arglist einzustehen (§ 524 Abs 1, Abs 2 S 2). Auch der Verleiher hat nur Vorsatz und grobe Fahrlässigkeit zu vertreten (§ 599). Gleiches gilt für den Geschäftsführer ohne Auftrag bei der Geschäftsführung zur Gefahrenabwehr (§ 680) und für den Finder (§ 968).

Auf die *eigenübliche Sorgfalt* im Sinne des § 277 wird die Verantwortlichkeit be- **111** schränkt im Rücktrittsschuldverhältnis (§ 346 Abs 3 S 1 Nr 3), bei der unentgeltlichen Verwahrung (§ 690), bei der Gesellschaft (§ 708) und darüber hinaus in der Ehe (§ 1359), im Eltern-Kind-Verhältnis (§ 1664), im Verhältnis zwischen Vorerbe und Nacherbe (§ 2131) und in der eingetragenen Lebenspartnerschaft (§ 4 LPartG).

Gesetzliche Verschärfungen des Verschuldensmaßstabs über die Fahrlässigkeit im **112** Sinne des § 276 Abs 2 hinaus gibt es nicht; lediglich im Rahmen des Fahrlässigkeitsbegriffs werden die Anforderungen differenziert (dazu oben Rn 29 ff). Zu den Fällen der Verantwortlichkeit ohne Verschulden siehe Rn 141 ff.

Zur Möglichkeit der *vertraglichen Modifikation* des Verschuldensmaßstabs siehe **113** unten Rn 114 ff. Im übrigen schränken zahlreiche Bestimmungen eine vertragliche Modifikation der nach § 276 Abs 1 S 1 für Vorsatz und Fahrlässigkeit gegebenen Verantwortlichkeit ein (s Rn 124 ff).

b)   Vertragliche Modifikationen
aa)   Beschränkung der Verantwortlichkeit

114 § 276 Abs 1 bringt auch zum Ausdruck, daß die Verantwortlichkeit des Schuldners für Vorsatz und Fahrlässigkeit durch Vertrag beschränkt werden kann. Dies ist insoweit Ausdruck der **Vertragsfreiheit** (zu ihr STAUDINGER/LÖWISCH [2001] § 305 Rn 1 ff).

115 Die Feststellung der **Reichweite einer vereinbarten Haftungsbeschränkung** bereitet oft Schwierigkeiten. Bei der erforderlichen Auslegung ist insbesondere darauf zu achten, welche Schäden die Vertragsparteien bei der Vereinbarung der Haftungsbeschränkung im Auge hatten. So bezieht sich der mit Rücksicht auf den schlechten Zustand eines Kfz erklärte Haftungsausschluß gegenüber einem Fahrgast nur auf die aus dem mangelhaften Zustand des Kfz hervorgehenden Schäden, erfaßt diese aber insgesamt, ohne daß die Mängel im einzelnen mitgeteilt sein müßten (BGH LM § 254 BGB [C] Nr 2 mit Anm DELBRÜCK).

116 Eine Frage der Auslegung ist es auch, ob Freizeichnungsklauseln außer dem Schuldner auch noch *andere Personen* in ihren **Schutzbereich** einbeziehen (hierzu STAUDINGER/ JAGMANN [2004] Vorbem 43 zu §§ 328 ff). Für die Arbeitnehmer des Schädigers ist dies regelmäßig auch ohne ausdrücklichen Hinweis der Fall (BGH VersR 1985, 596). Nach § 436 HGB in der ab 1. 7. 1998 geltenden Fassung können sich die Leute des Frachtführers im Rahmen ihrer außervertraglichen Haftung bis zur Grenze der Leichtfertigkeit auf die im Frachtvertrag vorgesehenen Haftungsfreistellungen und -begrenzungen berufen. Gleiches gilt gem § 461 Abs 1 S 2 HGB für die Leute des Spediteurs.

117 Häufig konkurrieren mit vertraglichen Ansprüchen solche aus **Delikt**. Da auch in Bezug auf Deliktsansprüche die Zulässigkeit von Haftungsbeschränkungen mit der ganz hM zu bejahen ist (s hierzu STAUDINGER/J HAGER [1999] Vorbem 41 ff zu §§ 823 ff), entsteht die Frage, ob sich eine Modifikation des Verschuldensmaßstabs nur auf die vertraglichen oder *auch auf die deliktischen Ansprüche* bezieht. Die Frage kann nicht einfach mit der Überlegung im letzteren Sinne entschieden werden, daß andernfalls die Vereinbarung über eine Modifikation der Verantwortlichkeit leerliefe. Denn die vertraglichen und deliktischen Haftungsordnungen sind nach Voraussetzung und Umfang durchaus unterschiedlich ausgestaltet. Der richtige Ansatzpunkt scheint mir auch hier die Überlegung, für welche möglichen Schäden die Vertragsparteien die Verantwortlichkeit begrenzen wollten. Ging es ihnen, wie etwa bei einem Beförderungsvertrag, um mögliche Körper- und Gesundheitsschäden oder Sachschäden, so wird man die Haftungsbeschränkung auch auf die hier einschlägigen Deliktsansprüche erstrecken müssen. Gilt die Haftungsbeschränkung hingegen der Beeinträchtigung der vom Vertrag berührten Vermögensverhältnisse, so muß hinsichtlich Körper- und Gesundheitsschäden sowie Sachschäden die Deliktshaftung, aber auch die Haftung wegen Vertragspflichtverletzung unberührt bleiben (s auch DEUTSCH, Allg Haftungsrecht Rn 619; JAUERNIG/VOLLKOMMER Rn 44).

118 Denkbar ist auch eine **stillschweigende** Beschränkung der Verantwortlichkeit auf Vorsatz und grobe Fahrlässigkeit. Anwendungsfall ist die (anteilige) Übernahme der Sachversicherungskosten durch den Schuldner, der später fahrlässig einen Schaden herbeiführt (BGHZ 131, 288 = NJW 1996, 715 und OLG Hamm NJW-RR 2000, 911: Wohnungsmietverhältnis; BGH NJW-RR 2000, 1110: gewerbliches Mietverhältnis). Doch ist insoweit Vorsicht geboten, weil die Annahme eines stillschweigenden Haftungsverzichts

durch den Gläubiger häufig auf eine unzulässige Willensfiktion hinausläuft (zu weitgehend OLG Hamm NJW-RR 2000, 62, wonach in der gemeinsamen Benutzung eines Fahrzeugs
durch zwei Urlauber bei einer Safari ein Haftungsausschluß für leichte Fahrlässigkeit angenommen
werden soll). Deshalb müssen entweder konkrete Anhaltspunkte für einen entsprechenden Vertragswillen der Parteien vorhanden sein, oder es muß sich mit Hilfe
ergänzender Vertragsauslegung ergeben, daß der Schädiger, wäre die Frage vorher
erörtert worden, eine Haftungsbeschränkung gefordert hätte und der Geschädigte
diese billigerweise nicht hätte ablehnen dürfen (BGH NJW 1979, 414, 415; s auch OLG
Karlsruhe DAR 2000, 307: Stillschweigende Haftungsbeschränkung zu Gunsten eines Neuwagen-
kunden für Schäden an dem während einer Garantiereparatur überlassenen, nicht vollkaskoversi-
cherten Leihwagen).

Eine ausdrückliche **Grenze** zieht für solche vertragliche Haftungsbeschränkungen **119**
§ 276 Abs 3, nach dem dem Schuldner die Haftung **wegen Vorsatzes nicht im voraus**
(wohl aber nachträglich) erlassen werden kann. Der Grund dieser Bestimmung liegt
darin, daß es für die Rechtsordnung nicht erträglich wäre, wenn sich ein Gläubiger
von vornherein der Willkür des Schuldners ausliefern würde. Die Vorschrift ist den
Fällen verwandt, in denen das Gesetz Haftungsbeschränkungen im Fall der Arglist
die Wirksamkeit versagt (§§ 444, 639). Ihr Zweck deckt auch Vereinbarungen, durch
die die Haftung für Vorsatz beschränkt, etwa auf eine bestimmte Haftungssumme
begrenzt werden soll.

Die Vorschrift greift nur gegen den Schuldner selbst. Deshalb ist der Ausschluß der **120**
Haftung wegen Vorsatzes für **Erfüllungsgehilfen** nach der ausdrücklichen Vorschrift
des § 278 Satz 2 möglich (KG NJW 1960, 343). Etwas anderes gilt allerdings für Haftungsbeschränkungen in Allgemeinen Geschäftsbedingungen: Nach § 309 Nr 7 b
kann die Verantwortlichkeit auch für grobes Verschulden des Erfüllungsgehilfen
nicht ausgeschlossen werden. Siehe im einzelnen STAUDINGER/COESTER-WALTJEN
(1998) § 11 Nr 7 AGBG Rn 1 ff. Handelt es sich beim Schuldner um eine **juristische
Person**, so muß § 276 Abs 3 gegenüber dem Ausschluß einer Haftung für Vorsatz
gelten, welcher die Organe der juristischen Person trifft (s § 278 Rn 120).

§ 276 Abs 3 steht einer Haftungsbeschränkung dann **nicht** entgegen, wenn der **121**
Schuldner zwar absichtlich Pflichten aus dem Schuldverhältnis nicht erfüllt, ihm
aber dafür ein Rechtfertigungsgrund zur Seite steht (hierzu oben Rn 15). Das ist insbesondere von praktischer Bedeutung für die Zulässigkeit von Freizeichnungsklauseln für den Fall der Leistungsstörung infolge von Arbeitskämpfen: Die Freizeichnung ist auch möglich, soweit es sich um Leistungen handelt, die infolge einer vom
Unternehmer vorgenommenen Aussperrung auftreten (LÖWISCH BB 1974, 1498 f; WOLF/
HORN/LINDACHER [4. Aufl 1999] § 9 AGBG Arbeitskampfklauseln A 125).

Parallel zu § 276 Abs 3 verbietet § 202 Abs 1 in seiner Fassung durch die Schuld- **122**
rechtsreform eine im Voraus vereinbarte Erleichterung der Verjährung bei einer
Haftung wegen Vorsatz. Damit ist die Rechtsprechung (RGZ 135, 174) korrigiert worden, die § 276 Abs 3 (früher Abs 2) nicht angewandt hatte.

Ist durch Vereinbarung die Verantwortlichkeit für Haftung wegen Vorsatzes **unzu-** **123**
lässigerweise ausgeschlossen worden, so hat dies die Nichtigkeit des ganzen Rechtsgeschäfts zur Folge, wenn nicht anzunehmen ist, daß die Parteien das Rechtsgeschäft

auch ohne die fragliche Vereinbarung vorgenommen haben würden (§ 139). In der Mehrzahl der Fälle wird aber letztere Annahme begründet sein. Sind in einem Vertrag „Schadensersatzansprüche wegen Ausbleibens oder Verzögerung der Leistung" ausgeschlossen, so kann dies dahin ausgelegt werden, daß eine Haftungsbeschränkung nur in dem nach § 276 Abs 3 zulässigen Rahmen vereinbart sein soll (vgl BGH NJW 1957, 1760). Ist der umfassende Haftungsausschluß in *Allgemeinen Geschäftsbedingungen* enthalten, ist eine solche reduzierende Auslegung allerdings nicht möglich, § 306 Abs 2 (BGH NJW 1996, 1407 f). Der Vertrag selbst bleibt in jedem Fall wirksam, § 306 Abs 1.

124 Weiterreichende Beschränkungen vertraglicher Modifikationen des Verschuldensmaßstabs finden sich in einer Reihe **gesetzlicher Sonderbestimmungen**. So schließt § 619 die Beschränkung der Verantwortlichkeit des Dienstberechtigten für die Verletzung seiner Fürsorgepflichten gegenüber dem Dienstnehmer generell aus (s STAUDINGER/OETKER [2002] § 619 Rn 15, in Rn 12 auch zum Ausschluß der Haftung für Vermögensschädigungen des Dienstnehmers, der von § 619 nicht erfaßt wird). § 702a Abs 1 beschränkt Haftungsausschlüsse von Gastwirten bei Verlust, Zerstörung oder Beschädigung der von dem Gast eingebrachten Sachen (s STAUDINGER/WERNER [1994] § 702a Rn 3). § 651l verbietet eine Haftungsbeschränkung des Reiseveranstalters, die weiterreicht als in § 651h vorgesehen.

125 Nach § 506 darf beim Verbraucherdarlehensvertrag, dem Vertrag über eine Finanzierungshilfe zwischen einem Unternehmer und einem Verbraucher und beim Ratenlieferungsvertrag zwischen einem Unternehmer und einem Verbraucher nicht von den Vorschriften der §§ 491 ff, 499 ff und 505 abgewichen werden. Das schließt die Feststellung eines abweichenden Verschuldensmaßstabs für den Eintritt des Verzugs aus, soweit dieser in den genannten Vorschriften, insbesondere in § 497, geregelt ist. Im übrigen steht § 506 einer abweichenden Regelung des Verschuldensmaßstabs nicht entgegen. Solche Regelungen finden aber ihre Grenze an den §§ 307 ff. Beim Verbrauchsgüterkauf schließt § 475 Abs 1 Abweichungen von den §§ 433–435, 437, 439 – 443 aus. Deshalb ist es nicht möglich, in Abweichung von § 442 Abs 1 S 2 dem Käufer Mängelrechte bei Arglist des Verkäufers oder Garantieübernahme durch diesen schon zu versagen, wenn ihm ein Mangel infolge leichter Fahrlässigkeit unbekannt geblieben ist. Hingegen kann für Ansprüche auf Schadensersatz im Rahmen des nach den §§ 307–309 Zulässigen eine Beschränkung des Verschuldensmaßstabs vereinbart werden (§ 475 Abs 3).

126 Weitere gesetzliche Sonderbestimmungen finden sich in §§ 449 und 466 HGB für die Haftung des Frachtführers und des Spediteurs, in § 5 Abs 2 Nr 3 BBiG für den Ausschluß von Schadensersatzansprüchen im Rahmen von Berufsausbildungsverhältnissen, in § 2 Abs 5 FernUSG (idF vom 4. 12. 2000, BGBl I 1671) für den Ausschluß oder die Beschränkung von Schadensersatzansprüchen der Teilnehmer am Fernunterricht, in § 49 LuftVG für den Ausschluß der Haftung des Luftfrachtführers sowie in § 7 HaftpflG und in § 8a Abs 2 StVG für den Ausschluß der dort geregelten Gefährdungshaftung. § 51a BRAO ermöglicht die Haftungsbeschränkung des Anwalts gegenüber dem Auftraggeber im Einzelfall bis zur Höhe der Mindestversicherungssumme.

127 Für Haftungsausschlußklauseln in **Allgemeinen Geschäftsbedingungen** bestimmt

§ 309 Nr 7 b allgemein, daß ein Ausschluß oder eine Begrenzung der Haftung für eine grobfahrlässige Vertragsverletzung des Verwenders oder seines Erfüllungsgehilfen unzulässig ist. Bei Verletzungen von Leben, Körper und Gesundheit ist selbst ein Ausschluß der Haftung für normale Fahrlässigkeit ausgeschlossen, § 309 Nr 7 a. Darüber hinaus wird ein Haftungsausschluß für grobe Fahrlässigkeit von der Rechtsprechung in der Regel auch außerhalb des Anwendungsbereiches von § 309 Nr 7 b wegen Verstoßes gegen den Gerechtigkeitsgehalt des dispositiven Rechts nach § 307 Abs 2 Nr 1 für unzulässig gehalten (vgl BGH Betrieb 1978, 392). Die Haftung für die Erfüllung wesentlicher Vertragspflichten kann selbst bei einfacher Fahrlässigkeit des AGB-Verwenders oder seines Erfüllungsgehilfen nicht formularmäßig ausgeschlossen werden, weil damit die Erreichung des Vertragszwecks iS von § 307 Abs 2 Nr 2 gefährdet wird (BGH NJW-RR 2002, 915 für den in einem Fondsprospekt enthaltenen Haftungsausschluß; allgemein zum Fragenkreis der Haftungsbeschränkung in AGB iü STAUDINGER/COESTER [1998] § 9 AGBG Rn 331 ff).

Im übrigen können Haftungsbeschränkungen im einzelnen Fall wegen Verstoßes **128** gegen § **138** oder gegen § **242** nichtig sein. Denkbar ist dies vor allem bei einem Schuldner, dem gegenüber dem Gläubiger eine *Monopolstellung* zukommt und der diese dazu ausnützt, um sich unter Mißachtung der berechtigten Belange des Gläubigers einseitig und unberechtigt zu bevorzugen. Für die Beurteilung kann dabei wesentlich sein, ob die Betroffenen sich gegen Schäden, bezüglich derer die Haftung ausgeschlossen oder beschränkt wird, durch *Versicherung* des Risikos absichern können und dies normalerweise auch tun (BGHZ 33, 216).

Haftungsbeschränkungen können nicht nur die Haftungsvoraussetzungen, ins- **129** besondere den Grad des Verschuldens, für den gehaftet werden soll, betreffen. Vielmehr ist es auch möglich, Vereinbarungen über den **Haftungsumfang** zu treffen. So kann die Ersatzpflicht etwa auf den unmittelbaren Schaden oder auf eine bestimmte Höchstsumme auch dort beschränkt werden, wo das gesetzlich nicht ohnehin vorgesehen ist (§ 702, § 10 PHG, § 15 UHG). Auch die Beschränkung der Haftung auf bestimmte Vermögensteile des Schuldners ist für möglich zu halten (offengelassen von BAG NJW 1976, 517, 518; wie hier LARENZ I § 2 IV). Die Parteien können auch die **Beweislast** für die Haftungsvoraussetzungen abweichend vom Gesetz regeln (vgl dazu STAUDINGER/ OTTO § 280 Rn F 9).

bb) Erweiterung der Verantwortlichkeit

Auch eine vertragliche Erweiterung der Verantwortlichkeit des Schuldners ist mög- **130** lich. So kann in den Fällen, in denen die Verantwortlichkeit nach dem Gesetz auf grobe Fahrlässigkeit oder eigenübliche Sorgfalt beschränkt ist, vertraglich eine Verantwortlichkeit schon für normale Fahrlässigkeit festgelegt werden. Auch ein Absehen von der Verschuldensvoraussetzung überhaupt kommt in Betracht. Die vertragliche Erweiterung der Verantwortlichkeit des Schuldners verstößt nicht etwa grundsätzlich gegen die guten Sitten, sondern ist nach den gleichen Grundsätzen zu beurteilen, die für die Zulässigkeit von Haftungsbeschränkungen bestehen (BGH BB 1952, 385; BGHZ 115, 38). Eine Grenze findet eine solche Erweiterung allerdings bei Allgemeinen Geschäftsbedingungen: Das Verschuldensprinzip gehört iS des § 307 Abs 2 Nr 1 zu den wesentlichen Grundgedanken der gesetzlichen Regelung (STAUDINGER/COESTER [1998] § 9 AGBG Rn 172). Deshalb ist eine Überbürdung der Haftung für einen Schaden, der auf einer nach Vertragsschluß eintretenden Geschäfts-

unfähigkeit beruht, unwirksam (BGHZ 115, 38, 43 ff; s auch BGHZ 114, 243: verschuldensunabhängige Abwälzung des Kreditkartenmißbrauchsrisikos auf den Karteninhaber).

131 Der Hauptfall einer Haftungserweiterung ist die Vereinbarung von **Schadenspauscha-
lierungen**, die dem Gläubiger den Beweis des Schadens erleichtern sollen (BGH NJW
1970, 32 und 2067; 1983, 1542; BAG NJW 1967, 751; zur Abgrenzung zur Vertragsstrafe vgl STAU-
DINGER/RIEBLE [2004] Vorbem 58, 61 ff zu §§ 339 ff).

c) Modifikationen nach dem sonstigen Inhalt des Schuldverhältnisses

132 Nach § 276 Abs 1 S 1 kann sich eine Modifikation der Verantwortlichkeit für Vorsatz
und Fahrlässigkeit auch aus dem „sonstigen Inhalt" des Schuldverhältnisses ergeben.

133 Hauptfall einer solchen Modifikation ist die **Beschränkung der Arbeitnehmerhaftung:**
Die Rechtsprechung des BAG (zuerst BAGE 5, 1 ff; AP Nr 101 zu § 611 BGB Haftung des
Arbeitnehmers = NJW 1993, 1732, jeweils GS, zuletzt BAG BB 1998, 107) unterscheidet in bezug
auf das Verschulden des Arbeitnehmers von der normalen Fahrlässigkeit eine Stufe
„leichtester Fahrlässigkeit" (hierzu vor allem MAYER-MALY AcP 163 [1963] 114 ff). Mit ihr
klassifiziert das BAG die Fälle, in denen ihm eine vollständige Befreiung des Arbeitnehmers von der Haftung gegenüber dem Arbeitgeber oder Arbeitskollegen trotz
Verschuldens als angemessen erscheint. Dabei genügt es nach der neueren Rechtsprechung des BAG (BAG AP Nr 103 zu § 611 BGB Haftung des Arbeitnehmers = NJW 1995,
210), der sich der BGH insoweit angeschlossen hat (AP Nr 102 und 104 zu § 611 BGB
Haftung des Arbeitnehmers = NJW 1994, 856 bzw 852), daß der Schaden bei der Ausführung
von Arbeiten eingetreten ist, die betrieblich veranlaßt sind (zur Abgrenzung BAG NZA
2003, 37). Verschulden des Arbeitnehmers und Betriebsrisiko sind dann im Einzelfall
gegeneinander abzuwägen (BGH AP Nr 109 zu § 611 BGB Haftung des Arbeitnehmers = NJW
1996, 1532; vgl hierzu im einzelnen STAUDINGER/RICHARDI [1999] § 611 Rn 483 ff). Ob die Arbeit,
bei der der Schaden eingetreten ist, gefahrgeneigt war oder nicht, spielt keine Rolle
mehr.

134 In der Literatur ist verschiedentlich der Versuch gemacht worden, den Gesichtspunkt
der Schadensgeneigtheit für eine allgemeine *Relativierung des Fahrlässigkeitsbegriffes* nutzbar zu machen: Bei einer Dauerbetätigung, die die Gefahr von Fehlleistungen
notwendig steigere, müsse der Fahrlässigkeitsstandard gesenkt werden (STEINDORFF JZ
1959, 5; GRUNSKY, Zur Haftung bei Sportunfällen, JZ 1975, 111; ESSER/SCHMIDT I 2 § 26 II 3 c).
Dem ist nicht zu folgen. Eine solche Relativierung des Fahrlässigkeitsbegriffes
könnte langfristig zu einer allgemeinen Aufweichung der Sorgfaltsanforderungen
im Verkehr führen. Auch hängt die Angemessenheit einer Haftungsbeschränkung,
wie die Entwicklung der Rechtsprechung für Arbeitnehmerhaftung gezeigt hat, nicht
entscheidend von der Schadensgeneigtheit der in Rede stehenden Tätigkeit ab.

135 Aus dem sonstigen Inhalt des Schuldverhältnisses kann sich eine Beschränkung der
Verantwortlichkeit ergeben, soweit an diesem besonders schutzbedürftige Personen
beteiligt sind. Bei der Annahme einer solchen besonderen Schutzbedürftigkeit ist
aber Vorsicht geboten. Zu denken ist etwa an ehrenamtlich tätige Vereinsmitglieder,
die mit einer besonders risikobehafteten Aufgabe befaßt sind, ohne eine entsprechende Position im Verein innezuhaben (BGHZ 89, 153, 158; OLG Saarbrücken VersR 1995,
832). Hingegen ist bei aufgrund eines Dienstvertrages selbständig Tätigen eine Haftungsbeschränkung nicht angebracht (vgl BGH NJW 1963, 1100 und NJW 1970, 34; s auch

BGH VersR 1969, 474, welches die Anwendung der Grundsätze über die Beschränkung der Arbeitnehmerhaftung auf einen leitenden Angestellten verneint hat).

Die Beschränkung der Haftung nach dem sonstigen Inhalt des Schuldverhältnisses **136**
bezieht sich grundsätzlich nur auf das Verhältnis der schutzbedürftigen Person zu
ihrem Vertragspartner. Ihre Haftung gegenüber Dritten bleibt unberührt; insoweit
kommt lediglich ein **Freistellungsanspruch** in Betracht (BGHZ 108, 305 = AP Nr 99 zu § 611
BGB Haftung des Arbeitnehmers).

Daß eine **Verpflichtung aus Gefälligkeit** übernommen wird, führt nicht ohne weiteres **137**
zur Beschränkung der Verantwortlichkeit. Insbesondere kann bei der Übernahme
einer Beförderung aus Gefälligkeit eine Beschränkung der Verantwortlichkeit für
Personenschäden auf grobe Fahrlässigkeit weder wegen der Unentgeltlichkeit der
Mitnahme noch wegen der Einsicht des Mitfahrers in die Beförderungsgefahr angenommen werden. Vielmehr ist die Frage der Haftungseinschränkung in diesen Fällen
in Anwendung des § 254 zu lösen (BGHZ 39, 156 mit Anm Hans Stoll JZ 1964, 60; s hierzu
ausf Medicus, BR Rn 369). Etwas anderes kann aber für bloße *Sachschäden* gelten (OLG
Frankfurt NJW 1998, 1232 für das Überführen eines Kfz in eine Werkstatt).

Ob der Verschuldensmaßstab bei Vorliegen einer Gefälligkeit eingeschränkt ist oder **138**
nicht, kann nicht davon abhängen, ob ein Gefälligkeits-Schuldverhältnis vorliegt
oder – mangels Rechtsbindungswillens – nur eine reine Gefälligkeit. Die in § 276
Abs 1 S 1 mit dem Begriff „sonstiger Inhalt des Schuldverhältnisses" angelegte Möglichkeit der Beschränkung des Verschuldensmaßstabs muß auf reine Gefälligkeiten
analog angewendet werden, mit der Folge, daß die dort allein in Rede stehende
Deliktshaftung entsprechend beschränkt wird. Ausführlich zur Frage der Haftungsbeschränkung bei Gefälligkeiten sowie zur vorgelagerten Frage, wann bei einer
Gefälligkeit ein Rechtsbindungswille vorliegt, Staudinger/J Schmidt (1994) Einl
214 ff, 254 ff zu §§ 241 ff; MünchKomm/Kramer Einl 31 ff vor § 241; Medicus, BR
Rn 365 ff.

7. Prozessuales

Die Frage, ob in einem festgestellten Verhalten ein Verschulden zu erblicken ist, ist **139**
Rechtsfrage, also der Nachprüfung durch das Revisionsgericht zugänglich (RG WarnR
1914 Nr 41; BGHZ 10, 17 und 74; BGH LM § 277 BGB Nr 1; BAG BB 1970, 1349). Allerdings
prüft das Revisionsgericht eine Entscheidung, wonach *grobe Fahrlässigkeit* vorliegt,
nur darauf nach, ob der Rechtsbegriff der groben Fahrlässigkeit verkannt ist, nicht
aber hinsichtlich der festgestellten Tatsachen (BGH und BAG aaO sowie BGHZ 89, 160;
BGH NJW 1992, 2236; 2001, 2092; 2003, 1118, 1119).

Zur Frage der *Beweislast* s Staudinger/Otto § 280 Rn F 1 ff.   **140**

III. Verantwortlichkeit ohne Verschulden

1. Gesetzliche Einstandspflicht

Gesetzliche Einstandspflichten enthalten § 536a (Schadens- und Aufwendungsersatz- **141**
anspruch des Mieters wegen eines anfänglichen Mangels der Mietsache) und § 676b

Abs 3 (Geld-Zurück-Garantie bei der Überweisung). Nach § 287 S 2 haftet der Schuldner wegen der Leistung auch für Zufall, es sei denn, daß der Schaden auch bei rechtzeitiger Leistung eingetreten wäre. Gleiches gilt nach § 848 für den Deliktsschuldner, der zur Rückgabe einer einem anderen durch unerlaubte Handlung entzogenen Sache verpflichtet ist.

142 Eine Haftung ohne (eigenes) Verschulden sieht das Gesetz in § 278 vor, wenn es den Schuldner für das Verschulden seines gesetzlichen Vertreters und seiner Erfüllungsgehilfen verantwortlich macht. Auch der Schadensersatzpflicht des Anfechtenden nach § 122 Abs 1 und der Haftung des Vertreters ohne Vertretungsmacht nach § 179 kommt der Charakter einer gesetzlichen Einstandspflicht in dem durch die Aufnahme des geschäftlichen Kontaktes entstandenen Schuldverhältnis zu. Zu den Fällen einer Haftung ohne Verschulden außerhalb des Leistungsstörungsrechts s oben Rn 7.

2. Vertragliche Übernahme einer Garantie oder eines Beschaffungsrisikos

143 Hauptfall der vertraglichen Übernahme einer Garantie ist der **Garantievertrag**, also das selbständige Versprechen, einem anderen dafür einzustehen, daß ein bestimmter tatsächlicher oder rechtlicher Erfolg eintritt oder die Gefahr eines bestimmten künftigen Schadens sich nicht verwirklicht (Staudinger/Horn [1997] Vorbem 194 zu §§ 765 ff). Die Einstandspflicht aus einem Garantievertrag ist grundsätzlich verschuldensunabhängig (Staudinger/Horn [1997] Vorbem 221 zu §§ 765 ff). S zu diesem Fragenkreis ausführlich die Erl bei Staudinger/Horn (1997) Vorbem 194 ff zu §§ 765 ff.

144 Weiterer Fall der Übernahme einer Garantie ist die **Garantie für die Beschaffenheit einer Sache beim Kauf**. Sie gewährt dem Käufer – wie sich aus § 442 Abs 1 S 1 ergibt – die Mängelrechte einschließlich des Schadensersatzes ohne Rücksicht auf das Verschulden des Verkäufers. Der Funktion nach ersetzt die Garantie für die Beschaffenheit der Sache die frühere verschuldensunabhängige Haftung für das Fehlen einer zugesicherten Eigenschaft (§ 463 aF). Dementsprechend ist für die Frage, wann eine solche Garantie für die Beschaffenheit einer Sache übernommen ist, auf die Rechtsprechung zur zugesicherten Eigenschaft zurückzugreifen (AnwKomm/Dauner-Lieb Rn 18 ff; s auch Sailer 49 ff). Eine **Haftungseinschränkung** ist sowohl bei der selbständigen (Rn 143) als auch bei der unselbständigen Beschaffenheitsgarantie nur in den Grenzen des § 444 Alt. 2 zulässig (s zur Frage der Reichweite des § 444 die Stellungnahme des BMJ, ZGS 2002, 307 ff mwN und demnächst die Erl zu § 444 bei Staudinger/Matusche-Beckmann [2004]). Von der Garantie für die Beschaffenheit der Sache im Sinne einer Gewährung der gesetzlichen Mängelrechte ohne Rücksicht auf Verschulden zu unterscheiden ist die bloße **Haltbarkeitsgarantie** iSd § 443. Sie gibt dem Käufer im Garantiefall zusätzlich die Rechte aus der Garantie, ohne etwas an den Voraussetzungen für die gesetzlichen Mängelrechte zu ändern. Die Annahme einer besonderen Garantiehaftung für Rechtsmängel, wie sie nach bisherigem Recht gegeben war (vgl Staudinger/Köhler [1995] § 440 Rn 26), besteht nach der Neufassung des Kaufrechts nicht mehr. Deshalb muß jeweils durch Auslegung des Vertrages ermittelt werden, ob eine entsprechende Garantie übernommen worden ist. Gleiches gilt für die Haftung wegen anfänglicher Unmöglichkeit, die nach § 311a Abs 1 nicht mehr zur Nichtigkeit des Vertrages führt und für die Haftung wegen eines nichtbehebbaren Mangels der Kaufsache gem §§ 437 Nr 3, 311a Abs 2 S 1: Ob von einer

von § 311a Abs 2 S 2 abweichenden Haftung ohne Verschulden auszugehen ist, muß die Auslegung des betreffenden Vertrages ergeben (s dazu die Erl zu § 311a; außerdem SAILER 43 ff). Entsprechendes wie für den Kaufvertrag gilt für den Werkvertrag: Dort stellt die Übernahme einer Garantie für die Beschaffenheit eine andere Bestimmung isd § 634 dar. Demgegenüber hat das Mietrecht für die Haftung des Vermieters überhaupt am Begriff der zugesicherten Eigenschaft festgehalten (§ 536 Abs 2 BGB).

Je nach den Umständen kann ein Leihvertrag dahin auszulegen sein, daß der Ent- **145** leiher auch für Untergang und Beschädigung der entliehenen Sache durch Zufall haften soll (LG Aachen NJW 1952, 426). Andererseits hat der BGH (NJW 1975, 685) es abgelehnt, für einen Vertrag bei einer vollautomatisierten Leistung (Autowaschanlage) die stillschweigende Vereinbarung einer Gefährdungshaftung anzunehmen.

Den Schuldner trifft auch dort eine Verantwortlichkeit ohne Verschulden, wo er ein **146** **Beschaffungsrisiko** übernommen hat. Verpflichtet sich der Verkäufer zur Lieferung eines Gegenstandes, den er erst noch beschaffen, etwa bei einer Auktion ersteigern muß, kann darin je nach den Umständen des Falles eine Risikoübernahme liegen, die den Verkäufer zum Schadensersatz ohne Rücksicht darauf verpflichtet, ob ihn an der Nichtbeschaffung ein Verschulden trifft. Gleiches kommt bei einem Werkvertrag in Betracht, wenn der Unternehmer die Herstellung des Werkes aus erst noch zu beschaffenden Gegenständen oder mit erst noch anzuwerbenden Gehilfen verspricht. Hauptanwendungsfall der Übernahme eines Beschaffungsrisikos ist die *Gattungsschuld*; s dazu Rn 148 ff.

Auch bei **Dienstüberlassungsverträgen** kann der Vertrag zwischen Verleiher und Ent- **147** leiher so zu verstehen sein, daß der Verleiher verschuldensunabhängig dafür einstehen will, daß er dem Entleiher die versprochenen Dienstkräfte tatsächlich zur Verfügung stellen kann. Insbesondere bei termingebundenen Geschäften, etwa Dreharbeiten für einen Film, kann das Risiko der termingerechten Gestellung der Kräfte – beispielsweise von Statisten – vom Verleiher übernommen sein. Wieweit die verschuldensunabhängige Einstandspflicht in solchen Fällen geht, etwa ob auch der Fall einer plötzlichen Erkrankung des Schuldners einbezogen ist, kann nur die Auslegung des betreffenden Vertrages ergeben.

3. Einstandspflicht nach dem sonstigen Inhalt des Schuldverhältnisses

a) Gattungsschulden

Die Einstandpflicht bei Gattungsschulden ist nicht mehr wie früher in einer eigenen **148** Vorschrift (§ 279 aF) geregelt, sondern folgt gem § 276 Abs 1 S 1 aus dem besonderen Inhalt der Gattungsschuld (zu ihr § 275 Rn 13 sowie STAUDINGER/SCHIEMANN [1995] § 243 Rn 61 ff). Im einzelnen gilt folgendes:

Dem Charakter der Gattungsschuld entspricht es, daß der Schuldner für die Leistung **149** solange einstehen muß, wie diese aus der Gattung möglich ist. Ob ihn am Unvermögen zur Leistung ein Verschulden trifft, spielt grundsätzlich keine Rolle. Vielmehr garantiert der Schuldner, daß er über die persönlichen Fähigkeiten, den Apparat und die Geschäftsverbindungen verfügt, die notwendig sind, um den der – engeren oder

weitergefaßten – Gattung nach geschuldeten Leistungsgegenstand zu beschaffen und
dem Gläubiger zu liefern.

150 Ob man diese Einstandpflicht weiter differenzieren kann, je nach dem, welchem
Geschäftskreis die Vertragsparteien angehören (in diesem Sinne MünchKomm/Emmerich
[2001] § 279 Rn 12), erscheint zweifelhaft. Von demjenigen, der etwa die Lieferung einer
erst in Übersee zu beschaffenden Ware verspricht, ohne auf Überseekäufe spezia-
lisiert zu sein, muß erwartet werden, daß er, wenn er nicht selbst weiterkommt, sich
der Hilfe eines Spezialisten bedient. Und der Hersteller, der die Lieferung von Ware
aus eigener Produktion versprochen hat, kann nicht deshalb befreit werden, weil er
sich beim Abschluß von Verträgen übernommen oder die Leistungsfähigkeit seines
Produktionsbetriebs falsch eingeschätzt hat.

151 **Nicht** zu vertreten hat der Gattungsschuldner aber regelmäßig **Leistungshindernisse**,
die nichts mit seinen gewöhnlichen Fähigkeiten, seinem Apparat und seinen Geschäftsverbindungen zu tun haben, sondern ihn **wie jeden anderen Schuldner treffen**.
Krankheiten, Verhaftungen, Festsitzen im Ausland infolge kriegerischer Ereignisse
oder das Ausfallen der Verkehrsverbindungen sowie Betriebsstörungen durch Ge-
walttaten Dritter muß auch der Gattungsschuldner nur vertreten, wenn ihn ein Verschulden, insbesondere ein Vorsorge- oder Abwendungsverschulden (dazu Rn 17)
trifft. Dies gilt insbesondere beim Gattungsverkäufer, wenn er bei regelmäßigem
Verlauf erfüllungsbereit und erfüllungsfähig gewesen wäre, aber durch ganz uner-
wartete Ereignisse an der beabsichtigten Erfüllung persönlich verhindert wurde
(RGZ 99, 1). Auch insoweit bleibt aber immer zu fragen, ob der Schuldner das Leistungshindernis überwinden kann, indem er finanzielle Mittel einsetzt, etwa sich
anderweitig eindeckt, Ersatzkräfte einstellt usw (BGH NJW 1994, 515, 516). Hierzu
bleibt er bis zur Grenze der Unzumutbarkeit (dazu § 275 Rn 70 ff) verpflichtet. Deshalb
führen solche Hindernisse regelmäßig nur zur – zeitweiligen – Befreiung von den
Verzugsfolgen (vgl dazu § 286 Rn 142). Zur Abgrenzung von – zu vertretender oder
nicht zu vertretender – Unzumutbarkeit und dem Wegfall der Geschäftsgrundlage
iSd § 313 s § 275 Rn 94 ff, insbesondere Rn 97.

152 Häufig wird der Umfang der Einstandspflicht in entsprechenden **Vertragsklauseln**
eigens geregelt. Dabei hat die Klausel „Richtige und rechtzeitige Selbstbelieferung
vorbehalten" regelmäßig die Bedeutung, daß der Verkäufer von der Lieferungs-
pflicht frei sein soll, wenn und solange er ohne seine Schuld von seinem Vorlieferanten nicht beliefert werden wird (OGHZ 1, 378; BGHZ 92, 396; BGH WM 1995, 1106).
Voraussetzung ist allerdings, daß der Verkäufer bei Abschluß des Vertrags über einen
„kongruenten Deckungskontrakt" verfügt, so daß bei normalem Verlauf die Erfüllung seiner Verpflichtung sichergestellt ist (BGH WM 1995, 1107; Huber I 612 ff). Nur
eingeschränkte Bedeutung kommt hingegen der Klausel „Lieferungsmöglichkeit vorbehalten" zu. Sie befreit den Verkäufer nicht von der Beschaffungspflicht und dem
Einstehenmüssen für die Lieferung durch den Vorlieferanten (BGH LM § 346 HGB [Ea]
Nr 12; NJW 1994, 515, 516) und hat deshalb nur Sinn, wenn einem im konkreten Fall
gegebenen besonderen Zweifel an der Liefermöglichkeit Rechnung getragen werden
soll (Huber I 623 f). Freizeichnungsklauseln in bezug auf die **Lieferungsmöglichkeit aus
eigener Produktion** sind aber möglich. So erfaßt eine *„Arbeitskampfklausel"* auch bei
Gattungsschulden das Risiko der Stillegung der Produktion oder auch des Einkaufs
oder des Versands infolge Streik und Aussperrung (Löwisch, Arbeitskampfklauseln in

Allgemeinen Geschäftsbedingungen, BB 1974, 1493, 1497). Dagegen ist für die finanzielle Leistungsfähigkeit auch dann einzustehen, wenn sie durch den Arbeitskampf beeinträchtigt wird (LÖWISCH aaO).

Wird die Einstandspflicht durch eine Vertragsklausel wie etwa „Lieferungsmöglich- **153** keit vorbehalten" eingeschränkt, heißt das aber nicht, daß der Gattungsschuldner die Wahl hat, ob er erfüllen will oder nicht. Vielmehr ist er verpflichtet, sich im Rahmen des Zumutbaren um die Realisierung der versprochenen Leistung zu bemühen. Verspricht etwa ein Autohändler Lieferung eines bestimmten Typs unter Vorbehalt der Liefermöglichkeit, wird er nicht schon dadurch frei, daß sich der Hersteller entschließt, diesen Typ unter Umgehung seiner Händlerorganisation selbst zu vermarkten. Vielmehr muß er sich bemühen, den Hersteller zu bewegen, ihm die Erfüllung seiner Verträge zu ermöglichen. Nur wenn auch das fehlschlägt, wird er frei (BGH LM § 279 BGB Nr 4 = NJW 1994, 515, 516). Die Beweislast trifft dabei ihn (vgl § 275 Rn 103).

Auf die verschuldensunabhängige Einstandspflicht des Schuldners kann sich der **154** **Gläubiger** *dann nicht berufen*, wenn er das **Unvermögen** des Schuldners zur Beschaffung der Gattungssache durch seine **eigene rechtswidrige Handlung herbeigeführt** hat (RGZ 97, 6, 10). Das folgt aus § 242. Doch kann dem Gläubiger in diesem Sinne noch kein Vorwurf daraus gemacht werden, daß er bei Vertragsabschluß weiß, daß der Schuldner sich die Ware erst beschaffen muß. Denn das würde das Prinzip der verschuldensunabhängigen Einstandspflicht des Gattungsschuldners in sein Gegenteil verkehren (zutr BGH NJW 1972, 1702, 1703; BGH LM § 279 BGB Nr 4).

Da das **CISG** für die Haftung des Schuldners allgemein kein Verschulden voraussetzt, **155** sondern diesen nur bei unüberwindlichen, nicht voraussehbaren und nicht beherrschbaren Leistungshindernissen befreit (vgl Rn 4), war dort eine § 279 vergleichbare Vorschrift entbehrlich: Die fehlende Fähigkeit des Schuldners zur Beschaffung gehört von vornherein nicht zu den ihn entlastenden Umständen. S STAUDINGER/ MAGNUS (1999) Art 45 CISG Rn 18.

Soweit **gesetzliche Schuldverhältnisse** ausnahmsweise einmal auf die Leistung von **156** Gattungssachen gehen, wie das bei der *Naturalrestitution* zerstörter oder beschädigter vertretbarer Sachen gem § 249 der Fall sein kann, ergibt sich die Einstandspflicht *aus dem gesetzlichen Schuldverhältnis selbst*, im Beispielsfall aus § 251 Abs 1 (zutr BALLERSTEDT, in: FS Nipperdey [1955] 268).

Soweit der BGH (BGHZ 83, 293) früher § 279 als „allgemeine Vorschrift" für die **157** verschärfte Haftung des *Bereicherungsschuldners* nach § 818 Abs 4 ansehen wollte, ging das ins Leere. Denn dem Bereicherungsanspruch unterliegt immer der konkret geleistete Gegenstand und damit nicht ein nur der Gattung nach bestimmter. Kann der konkret geleistete Gegenstand nicht herausgegeben werden, müssen sich die Rechtsfolgen wie sonst auch nach § 292 iVm den §§ 989 ff bestimmen. Dem Bereicherungsschuldner zusätzlich eine Beschaffungspflicht aufzuerlegen, geht zu weit.

b)   Geldschulden
Der geltenden Wirtschaftsordnung entspricht es, daß der Schuldner mit dem Einge- **158** hen einer Zahlungspflicht auch eine **Garantie für sein Zahlungsvermögen** übernimmt

(§ 275 Rn 63 ff). Dementsprechend haftet er auch ohne Verschulden, wenn er eine Leistung mangels finanzieller Mittel nicht oder nicht rechtzeitig erbringen kann.

159 Auch die **Einstandspflicht für die finanzielle Leistungsfähigkeit** kann aber nach dem Inhalt des jeweiligen Vertrages ausnahmsweise **begrenzt** sein. Etwa kann sich bei einem Geschäftsbesorgungsvertrag ergeben, daß der Verpflichtete für gegen ihn gerichtete Forderungen des Auftraggebers nur mit dem von ihm verwalteten Vermögen haften soll (SOERGEL/BEUTHIEN[12] § 667 Rn 18; ähnlich HUBER I 645 f). Hingegen kann man nicht annehmen, die Investitions- und Beschäftigungszusagen in Treuhandprivatisierungsverträgen stünden unter dem Vorbehalt ausreichender finanzieller Mittel der Investoren (WÄCHTER/STENDER, Die Rechtsprechung zu Investitions- und Beschäftigungszusagen in Treuhandprivatisierungsverträgen, NJW 2000, 395, 402 unter Hinweis auf OLG Celle vom 17. 12. 1998 – 10 U 65/94 – und OLG Stuttgart vom 22. 7. 1999 – 7 U 226/98). Auch die Zahlungspflicht aus einem Ratenkauf wird nicht dadurch eingeschränkt, daß der Käufer durch Lohnverlust infolge Teilnahme an einem Arbeitskampf seine Zahlungsfähigkeit einbüßt; auch Unzumutbarkeit kann insoweit nicht angenommen werden (LÖWISCH/RIEBLE, Arbeitskampf- und Schlichtungsrecht [1997] 373 f; aA LIEB, Arbeitsrecht [8. Aufl 2003] Rn 669).

160 Wieweit die Einstandspflicht bei **gesetzlich begründeten Geldschulden** geht, ist eine Frage der Interpretation der einschlägigen Gesetze. So hat der Schuldner das Unvermögen zur Herausgabe eines als Ersatz erlangten Geldbetrages im Rahmen von § 285 nur in dem Umfang zu vertreten, in dem er auch das Unvermögen zur ursprünglichen Leistung zu vertreten hat (BGHZ 140, 223, 239 f; s dazu noch unten § 285 Rn 152). So beschränkt sich die Einstandspflicht bei einem gesetzlich angeordneten Auftragsverhältnis auf verschuldetes Unvermögen (BGH NJW 2000, 1496). Zur gesetzlichen Geld-Zurück-Garantie bei Überweisungen s oben Rn 141.

161 Auch der Bereicherungsschuldner hat für seine finanzielle Leistungsfähigkeit stets einzutreten. Bestand die herauszugebende Leistung allerdings von vornherein in einem bestimmten Geldbetrag, richtet sich die Haftung allein nach den §§ 818 Abs 4, 292, 989. S dazu und zur eingeschränkten Einstandspflicht des Bereicherungsschuldners für eine Wertersatzschuld nach § 818 Abs 2 ausf STAUDINGER/LORENZ (1999) § 818 Rn 50.

§ 277
Sorgfalt in eigenen Angelegenheiten

Wer nur für diejenige Sorgfalt einzustehen hat, welche er in eigenen Angelegenheiten anzuwenden pflegt, ist von der Haftung wegen grober Fahrlässigkeit nicht befreit.

Materialien: E I § 145; II § 233 Abs 2; III § 271;
JAKOBS/SCHUBERT, SchR I 236.

Schrifttum

DEUTSCH, Abschied von der culpa in concreto?, JuS 1964, 496
ders, Fahrlässigkeit und erforderliche Sorgfalt (2. Aufl 1995) 151
ders, Allgemeines Haftungsrecht (2. Aufl 1996)
HAAGEN, Die sog culpa in concreto (1901)
HELLER, Die „Diligentia quam in suis" und ihre Stellung unter den deutschen Haftungsprivilegien (1996)

HOFFMANN, Die Fragwürdigkeit der Haftung für diligentia quam in suis, NJW 1967, 1207
METZENBACHER, Beiträge zur Lehre von der culpa in concreto (1896)
ders, Beiträge zur Lehre von der diligentia quam in suis (1898)
ROTHER, Haftungsbeschränkungen im Schadensrecht (1965) 185
WEYL, System der Verschuldensbegriffe (1905) 283.

Für eine Reihe von Rechtsverhältnissen (Rücktrittsschuldverhältnis, § 346 Abs 3 S 1   **1**
Nr 3; unentgeltliche Verwahrung, § 690; Gesellschaft, § 708; Ehe, § 1359; Eltern-Kind, § 1664; Vorerbe-Nacherbe, § 2131; eingetragene Lebenspartnerschaft, § 4 LPartG) beschränkt das Gesetz die Haftung auf die Sorgfalt, die der Haftende in eigenen Angelegenheiten anzuwenden pflegt (**konkrete Fahrlässigkeit**, culpa in concreto, diligentia quam in suis). In diesen Rechtsverhältnissen gilt also, soweit nicht grobe Fahrlässigkeit vorliegt, nicht der objektive, typisierte, sondern ein **subjektiver**, auf die persönlichen Gepflogenheiten des Betreffenden abstellende **Fahrlässigkeitsmaßstab**. Persönlicher Schlendrian kommt dem Schuldner also bis zur Grenze der groben Fahrlässigkeit (dazu Rn 3) zugute (MünchKomm/GRUNDMANN Rn 3; **aA** MünchKomm/WACKE § 1359 Rn 3 f). Für „Ausreißer" muß er allerdings haften, denn es kommt nicht auf die von ihm im Einzelfall, sondern auf die von ihm üblicherweise angewandte Sorgfalt an.

Der **Zweck** dieser Haftungsbeschränkungen ist bei den einzelnen Rechtsverhältnis-   **2**
sen *verschieden*. Bei § 346 Abs 3 S 1 Nr 3 und bei § 690 ist es die Überlegung, daß dem Rückgewährschuldner und dem unentgeltlichen Verwahrer nicht mehr Sorgfalt zugemutet werden kann, als er sie auf die eigenen Sachen zu verwenden pflegt. Hinter § 708 steckt der Gedanke, daß, wer sich – und sei es auch nur in einer Gelegenheitsgesellschaft (STAUDINGER/HABERMEIER [2003] § 708 Rn 16) – gesellschaftsrechtlich mit einem anderen verbindet, den Partner vorher genau ansehen kann und ihn später dann so hinnehmen muß, wie er ist (RGZ 143, 212, 215). Die §§ 1359, 1664 tragen dem Umstand Rechnung, daß die Wahrnehmung der Angelegenheiten von Ehegatten und von Kindern so eng mit der Wahrnehmung der eigenen Angelegenheiten verwoben ist, daß eine Trennung der Sorgfaltsanforderungen willkürlich und lebensfremd wäre. Entsprechendes gilt für § 2131 und § 4 LPartG.

Die genannten Vorschriften über die konkrete Fahrlässigkeit beinhalten **nur eine**   **3**
Beschränkung der Haftung gegenüber der verkehrserforderlichen Sorgfalt, keine Erweiterung. Ein Schuldner, der in eigenen Angelegenheiten besonders sorgfältig vorzugehen pflegt, haftet also bei Verletzung der bei ihm üblich eingehaltenen Sorgfalt nur dann, wenn er auch die verkehrserforderliche Sorgfalt verletzt. Die Haftungsbeschränkung findet ihre **Grenze** aber an der **groben Fahrlässigkeit**, für die der Schuldner ohne Rücksicht darauf, ob auch eine konkrete Fahrlässigkeit vorliegt, nach § 277 stets einzutreten hat. Zum Begriff der groben Fahrlässigkeit s § 276 Rn 92 ff.

4 Angesichts der unterschiedlichen Gesetzeszwecke ist eine ausdehnende Anwendung der Vorschriften im Wege der Gesetzesanalogie nicht möglich. Auch eine Einzelanalogie wird meist an der Singularität der Vorschriften scheitern (RG JW 1933, 88: keine Anwendung auf den Auftrag; BGHZ 62, 243: keine Anwendung auf die Gemeinschaft; BGH NJW 1977, 2120: keine Anwendung auf [Gratis-]Behandlung von ärztlichen Kollegen, da die Anforderungen an die ärztliche Sorgfalt unteilbar sind; BB 1988, 12: keine Anwendung auf die partiarische Umsatzmiete). Eine vertragliche Beschränkung der Haftung auf konkrete Fahrlässigkeit ist möglich, doch ist bei der Annahme einer stillschweigenden Vereinbarung Vorsicht geboten (BGH BB 1954, 702).

5 Die Rechtsprechung hat die §§ 708, 1359 für unanwendbar erklärt, soweit eine Haftung aus Unfall im **Straßenverkehr** in Rede steht (BGHZ 46, 313, 317 f; 53, 352; 61, 104; anders BGH MDR 1971, 118 für die Anwendung des § 708 im Luftverkehr). Dahinter steht der zutreffende, auch auf die Fälle des § 1644 und des § 4 LPartG zu übertragende (OLG Karlsruhe Justiz 1976, 511; BÖHMER JZ 1967, 256) Gedanke, daß im Bereich des Straßenverkehrs angesichts der ins Einzelne gehenden gesetzlichen Regelungen für das Verhalten der Verkehrsteilnehmer individuelle Sorglosigkeit nicht geduldet werden kann. Wo aber die Sonderbeziehung das Geschehen prägt, setzt sich der für sie geltende eingeschränkte Haftungsmaßstab beim Zusammentreffen mit der Deliktshaftung durch (vgl für das parallele Problem der eingeschränkten Haftung des Schenkers nach § 521 BGHZ 93, 23, 29; s weiter STAUDINGER/HABERMEIER [2003] § 708 Rn 15 f, STAUDINGER/HÜBNER/VOPPEL [1999] § 1359 Rn 18 ff, STAUDINGER/ENGLER [2000] § 1664 Rn 34 ff sowie STAUDINGER/VIEWEG [2002] § 840 Rn 67 ff).

6 Wendet der Schuldner ein, daß er in seinen eigenen Angelegenheiten nur ein geringeres Maß an Sorgfalt beobachte, so muß er dies **beweisen** (vgl STAUDINGER/OTTO § 280 Rn F 16). Schädigt sich der Schuldner durch sein Fehlverhalten gleichzeitig selbst, läßt das in der Regel den Schluß zu, daß er die eigenübliche Sorgfalt beachtet hat (OLG Zweibrücken NJW-RR 2002, 1456, 1457). Das kann freilich nicht gelten, wenn der Schuldner gar nicht weiß, daß sein Verhalten auch eigene Güter oder Interessen beeinträchtigt.

§ 278
Verantwortlichkeit des Schuldners für Dritte

Der Schuldner hat ein Verschulden seines gesetzlichen Vertreters und der Personen, deren er sich zur Erfüllung seiner Verbindlichkeit bedient, in gleichem Umfang zu vertreten wie eigenes Verschulden. Die Vorschrift des § 276 Abs 3 findet keine Anwendung.

Materialien: E I § 224 Abs 2; II § 234; III § 272; JAKOBS/SCHUBERT, SchR I 236; KE S 125; RegE 132.

Schrifttum

1. Vor der Schuldrechtsreform

F Becker, Haftungsfragen bei der gewerbsmäßigen Arbeitnehmerüberlassung, NJW 1976, 1827

Brodmann, Die Haftung des Schuldners nach § 278, JherJb 58, 187

Brückner, Die (privatrechtliche) Haftung für das rechtswidrige Verhalten anderer, insbesondere der Vertreter und Gehilfen nach dem BGB und nach anderen Reichsgesetzen, Recht 1901, 299, 338, 373

vCaemmerer, Verschulden von Erfüllungsgehilfen, in: FS Hauß (1978) 33

vCraushaar, Der Vorunternehmer als Erfüllungsgehilfe des Auftraggebers, in: FS Vygen (1999) 154

Erdsiek, Bedarf unser Haftungsrecht einer Überprüfung und in welchen Punkten?, Karlsruher Forum 1960, 3

Eubel, Die Haftung des Geschäftsherrn für den Gehilfen nach deutschem und japanischem Recht (1981)

Fischer, Die nicht auf den Parteiwillen gegründete Zurechnung fremden Verschuldens (1904)

Friehe, Haftet der Schuldner einer vertragsstrafebewehrten Unterlassungsverpflichtung für das Verschulden seiner Erfüllungsgehilfen?, WRP 1977, 158

Kaiser/Rieble, Haftet der Schuldner für das Ausbleiben seiner Erfüllungsgehilfen?, NJW 1990, 218

Kamanabrou, Grenzen der Haftung für Schutzpflichtverletzungen Dritter, NJW 2001, 1187

Kleindienst, Der Bewahrungsgehilfe (1956)
ders, Zur Bedeutung des § 278 bei mitwirkendem Verschulden, JZ 1957, 457

Kleinewefers/Wilts, Schadensersatzansprüche bei Verletzung der ärztlichen Schweigepflicht, NJW 1963, 2345

dies, Die vertragliche Haftung bei gespaltenem Arzt-Krankenhaus-Vertrag, NJW 1965, 332

Kniffka, Gewährleistung: Vorunternehmer als Erfüllungsgehilfe des Bauherrn?, BauR 1999, 1312

Kreissl, Haftung für Erfüllungsgehilfen im Arbeitskampf – ein Beitrag zur Dogmatik des § 278 BGB, ZfA 1996, 503

P Lamprecht, Haftung des Aktionärs für die treupflichtwidrige Stimmabgabe seines Stimmrechtsvertreters?, ZIP 1996, 1372

Looschelders, Die Haftung des Versicherungsnehmers für seinen Repräsentanten – eine gelungene Rechtsfortbildung?, VersR 1999, 666

E Lorenz, Die Haftung für Erfüllungsgehilfen, in: 50 Jahre Bundesgerichtshof (2000) I 329

Lüderitz, Sind Amtsträger Erfüllungsgehilfen?, NJW 1975, 1

Maier/Bornheim, Das nachbarschaftliche Gemeinschaftsverhältnis – ein gesetzliches Schuldverhältnis?, JA 1995, 978

Melzer, Versäumung materiell-rechtlicher Fristen durch Vertreterverschulden, NJW 1959, 925

Metzler, Zur Substitution, insbesondere zu ihrer Abgrenzung von der Erfüllungsgehilfeneigenschaft, AcP 159 (1960) 143

Möller, Verantwortlichkeit des Versicherungsnehmers für Dritte (1939)

K Müller, Die freiberufliche Hebamme als Erfüllungs- und Verrichtungsgehilfin des Belegarztes, MedR 1996, 208

Ostler, Prozessuales Verschulden des Rechtsanwalts, NJW 1962, 896

Ostwald, Der Erfüllungsdiener (1920)

Reichel, Freizeichnung und Erfüllungsgehilfschaft, Recht, 1924, 155

Rieble, Der schadensrechtliche Vertragsstrafenregreß gegenüber dem Erfüllungsgehilfen, DB 1997, 1165

Samwer, Die Störerhaftung und die Haftung für fremdes Handeln im wettbewerblichen Unterlassungsrecht, WRP 1999, 67

Schäfer, Zur Haftung für „Gelegenheitsdelikte" der Gehilfen, RabelsZ 1957, 409

E Schmidt, Zur Dogmatik des § 278 BGB, AcP 170 (1970) 502

K Schmidt, Gehilfenhaftung – Leutehaftung – Unternehmenshaftung, in: FS Raisch (1995) 189

R Schmidt, Die Obliegenheiten (1953) 283

H Schneider, Zur Haftung der Gemeinden für ihre öffentlichen Anstalten, NJW 1962, 705

Schnorbus, Die Haftung für den Vertreter ohne

Vertretungsmacht in der Kreditwirtschaft, WM
1999, 197

SCHULTZ, Preisgefahr und Gehilfenhaftung
beim Versendungskauf, JZ 1975, 240

SPIRO, Die Haftung für Erfüllungsgehilfen
(1984)

STEINDORFF, Repräsentanten- und Gehilfenver-
sagen und Qualitätsregelungen in der Industrie,
AcP 170 (1970) 93

TATHJEN, Probleme der Haftung für den Erfüllungsgehilfen, BauR 2000, 170

UHLENBRUCK, Die vertragliche Haftung von
Krankenhaus und Arzt für fremdes Verschulden,
NJW 1964, 2187

WEIMAR, Gilt der Rechtsgedanke des § 278 BGB
auch für öffentlich-rechtliche Verhältnisse?, JR
1959, 334

MARTIN WOLF, Die Haftung des Werkunternehmers für Lieferantenverschulden, ZIP 1998,
1657

ZUNFT, Erfüllungsgehilfen und Vertrag zugunsten Dritter im Mietrecht, AcP 153 (1954)
373.

Für ältere Literatur vgl die Vorauflage.

2. Zur und nach der Schuldrechtsreform

DEUTSCH, Die Medizinhaftung nach dem neuen
Schuldrecht und dem neuen Schadensrecht, JZ
2002, 588

GRIEBELING, Die Zurechnung von Bevoll-
mächtigtenverschulden im Kündigungsrecht,
NZA 2002, 838

KRAUSKOPF/MARBURGER, Die Haftung des
Arztes für Behandlungsfehler (2001)

LAMBSDORFF/STÜSSER, Bankenhaftung bei gescheiterten Immobilientreuhandmodellen –
Verschuldenszurechnung externer Vertriebsmit-
arbeiter, VuR 2001, 3.

S auch das Schrifttum zu §§ 276 und 277.

Systematische Übersicht

Alphabetische Übersicht

I. Allgemeines

1. Grundgedanken

1 Konsequent zu Ende gedacht, müßte das Verschuldensprinzip (dazu § 276 Rn 3 ff) eigentlich dazu führen, daß der Schuldner, der bei der Erfüllung seiner Verbindlichkeiten dritte Personen einschaltet, dem Gläubiger nur für die sorgfältige Auswahl und Überwachung dieser Personen einzustehen hätte. Dieses Ergebnis des Verschuldensprinzips erschien dem Gesetzgeber für die Haftung im Rahmen bestehender Schuldverhältnisse jedoch als unangemessen. Wenn der Schuldner eine Leistung versprochen hat, so erblickt die Verkehrsanschauung darin auch die Übernahme einer **Garantie für das ordnungsgemäße Verhalten von Hilfspersonen**. Wer sich der Hilfe Dritter bei der Bewirkung der Leistung bedient, tut dies zu eigenem Nutzen und muß infolgedessen auch das damit verbundene Risiko tragen (Mot II 30; BGH NJW 1996, 451; vCAEMMERER, in: FS Hauß [1978] 33 f; ausf SPIRO 51 ff). Wäre dem nicht so, könnte sich der Schuldner durch schlichte Delegation an einen Dritten von seiner Haftung befreien (vgl § 664 I 2 sowie SCHMIDT-KESSEL, System § 14 II 1 c). Mit der durch die Schuldrechtsreform eingefügten amtlichen Überschrift „Verantwortlichkeit des Schuldners für Dritte" bringt das Gesetz diesen Gedanken nunmehr auch selbst zum Ausdruck.

2 § 278 gestaltet die Verantwortlichkeit des Schuldners so aus, daß dieser ein Verschulden des Erfüllungsgehilfen wie eigenes Verschulden zu vertreten hat. Mit „Verschulden" des Erfüllungsgehilfen ist dabei nicht die schuldhafte Verletzung einer diesen selbst treffenden Pflicht gemeint, die sich aus dem Schuldverhältnis regelmäßig gar nicht ergibt. Vielmehr soll die Verantwortlichkeit des Schuldners in Anlehnung an das Verschuldensprinzip begrenzt werden: Er soll für den Erfüllungsgehilfen nur insoweit haften, daß er auch haften müßte, wenn er selbst gehandelt hätte. Maßgebend ist deshalb auch der für ihn geltende Sorgfaltsmaßstab (s unten Rn 57 ff).

§ 278 betrifft auch die Haftung des Schuldners für seinen **gesetzlichen Vertreter**. Auch **3** dahinter steht der Gedanke richtiger Risikozuordnung: Wenn das Gesetz dem Geschäftsunfähigen oder einem in der Geschäftsfähigkeit Beschränkten die Teilnahme am Rechtsverkehr mit Hilfe eines gesetzlichen Vertreters zur Wahrung seiner Interessen gestattet, so ist es geradezu zwingend, daß er auch das Haftungsrisiko dieser Tätigkeit trägt. Gleiches gilt für die juristischen Personen in bezug auf die Tätigkeit ihrer Organe (s unten Rn 110 f und 112 ff).

Die Haftung des Geschäftsherrn oder des gesetzlich Vertretenen ändert grund- **4** sätzlich nichts an der *Eigenhaftung* des Erfüllungsgehilfen oder des gesetzlichen Vertreters wie sie sich insbesondere aus Deliktsrecht (BGHZ 108, 305 = AP Nr 99 zu § 611 BGB Haftung des Arbeitnehmers; de lege ferenda krit hierzu insbes GEISSLER, „Vertrags- und Gesetzesprivilegien" mit Wirkung für den Erfüllungsgehilfen [1983]) und aus § 311 Abs 3 ergeben kann. Soweit allerdings dem Geschäftsherrn oder gesetzlich Vertretenen **Haftungsausschlüsse oder -einschränkungen** zugute kommen, entspricht es regelmäßig dem Willen der Vertragsparteien, diese auf den Erfüllungsgehilfen oder gesetzlichen Vertreter zu erstrecken. Für die Leute des Frachtführers und des Spediteurs bestimmen das seit 1. 7. 1998 ausdrücklich die §§ 436 und 461 Abs 1 Satz 2 HGB. Auch kann sich aus dem *Innenverhältnis* zwischen Geschäftsherrn und Erfüllungsgehilfen ergeben, daß der erstere den letzteren von der Haftung ganz oder teilweise freizustellen hat. Dies trifft insbesondere auf das Arbeitsverhältnis zu: Die von der Rechtsprechung entwickelte Beschränkung der Arbeitnehmerhaftung schlägt sich bei Schädigung eines Dritten in einem den gleichen Regeln folgenden *Freistellungsanspruch* des Arbeitnehmers gegen den Arbeitgeber nieder (BAG AP Nr 37 und 45 zu § 611 BGB Haftung des Arbeitnehmers; BGH aaO; DENCK, Der Schutz des Arbeitnehmers vor der Außenhaftung [1980] 245 ff; s auch STAUDINGER/RICHARDI [1999] § 611 Rn 535 ff).

§ 278 betrifft lediglich die Haftung für vom Schuldner eingeschaltete natürliche und **5** juristische Personen. Für vom Schuldner verwendete **Tiere und Maschinen** kann die Frage nach deren Verschulden nicht sinnvoll gestellt werden. Eine analoge Anwendung, wie sie von SPIRO 209 ff und SOERGEL/WOLF Rn 25 erwogen wird, scheidet deshalb aus. Die Haftung für das Risiko, das mit der Verwendung von Maschinen oder Tieren verbunden ist, richtet sich nach den allgemeinen Vorschriften, insbesondere kommt eine Haftung aus eigenem Verschulden des Schuldners und, wenn deren Tatbestand erfüllt ist, eine Gefährdungshaftung in Betracht (Münch-Komm/GRUNDMANN Rn 45; MEDICUS, SchR I Rn 339).

Die Schuldrechtsreform hat die Vorschrift in der Sache unverändert gelassen. Im- **6** merhin ist zu beachten, daß mit dem Verweis auf das Verschulden des gesetzlichen Vertreters und der Erfüllungsgehilfen die neue Regelung, welche die Verantwortlichkeit des Schuldners in § 276 erhalten hat, auch für den Erfüllungsgehilfen gilt (s dazu im einzelnen Rn 55). Ein Zuwachs an Bedeutung hat die Vorschrift durch die Neuregelung des Ersatzes immateriellen Schadens durch das 2. Gesetz zur Änderung schadensersatzrechtlicher Vorschriften vom 19. Juli 2002 (BGBl I S 2671) erfahren. Daß nach § 253 Abs 2 bei Verletzung des Körpers, der Gesundheit, der Freiheit oder der sexuellen Selbstbestimmung nunmehr ohne Rücksicht auf die Anspruchsgrundlage Schmerzensgeld zu zahlen ist, hat zur Folge, daß auch die Haftung für den Erfüllungsgehilfen greift, dem Schuldner also der im Rahmen der Deliktshaftung nach § 831 offenstehende Entlastungsbeweis praktisch nichts mehr nützt.

2. Anwendungsbereich

a) Privatrecht

7 Wenn nach § 278 der *Schuldner* das Verschulden seines Erfüllungsgehilfen und seines gesetzlichen Vertreters wie eigenes Verschulden zu vertreten hat, so ist damit ausgedrückt, daß diese Haftung **nur im Rahmen eines bestehenden Schuldverhältnisses** Platz greifen soll. Ob es sich bei dem bestehenden Schuldverhältnis um ein rechtsgeschäftlich begründetes oder ein gesetzliches handelt, spielt hingegen keine Rolle.

8 § 278 gilt daher vor allem **nicht für** den Bereich **deliktischer Verantwortung** (BGHZ 4, 1). Die Haftung für Hilfspersonen richtet sich dort nach § 831, der anders als § 278 eine Haftung für das *eigene*, vermutete *Verschulden des Geschäftsherrn* normiert. Zwar übernimmt § 278 auf dem Weg über die Rücksichtnahmepflichten in bestehenden und angebahnten Schuldverhältnissen (§§ 241 Abs 2, 311 Abs 2) wie auch des Vertrages mit Schutzwirkung für Dritte (vgl STAUDINGER/JAGMANN [2004] § 328 Rn 83 ff; MünchKomm/GOTTWALD § 328 Rn 96 ff, unter Berücksichtigung von § 311 Abs 3 in Rn 101 f) besonders auf dem Feld der Verkehrssicherungspflichten die Funktion einer verschuldensunabhängigen Gehilfenhaftung (dazu noch unten Rn 40 ff). Aber weiter konnte man angesichts der Existenz des § 831 in der Korrektur dieser für verfehlt gehaltenen Vorschrift nicht gehen. Steht nicht einmal die Anbahnung eines geschäftlichen Kontakts zwischen den Beteiligten in Rede, muß es, auch im Bereich der Verkehrssicherungspflichten, bei der Anwendung des § 831 bleiben (RGZ 160, 310, 314; BGH NJW 1988, 2667 für die parallele Frage der Anwendung des § 278 im Rahmen des § 254). Daran kann dann auch das Vorliegen einer tatsächlichen „Gemeinschaft", wie etwa im Verhältnis zwischen Fahrer und Fahrgast bei der Gefälligkeitsfahrt (bei der ENNECCERUS/LEHMANN § 27 6, die eine Anwendung des § 278 befürworten) oder im Verhältnis von nebeneinander wohnenden Mietern, nichts ändern.

9 Die bloße **Rechtsgemeinschaft** iS der §§ 741 ff begründet noch **kein** gesetzliches Schuldverhältnis, in dem § 278 anwendbar wäre (BGHZ 62, 246; **aA** SCHUBERT JR 1975, 363; PALANDT/HEINRICHS Rn 2; BAUR/STÜRNER, SaR § 5 II 1 c cc). Anders liegt es nur beim Verhältnis zwischen Wohnungseigentümern, welches das WEG als gesetzliches Schuldverhältnis ausgestaltet hat (BGH NJW 1999, 2108; BayObLG NJW-RR 1992, 1102).

10 Auch auf rein **sachenrechtliche Beziehungen** kann § 278 **nicht** angewandt werden, also zB nicht auf den Besitzererwerb durch den Besitzdiener (BGHZ 16, 259, 262 und 32, 53). Entgegen einer verbreiteten Auffassung (MÜHL NJW 1960, 1136; WESTERMANN, Sachenrecht [7. Aufl 1998] § 63 IV 2; PALANDT/HEINRICHS Rn 3; MAIER/BORNHEIM JA 1995, 978; BAUR/STÜRNER aaO) gilt § 278 auch nicht für das *Verhältnis zwischen Nachbarn*. Die §§ 906 ff regeln das Verhältnis der Nachbarn lediglich in sachenrechtlicher Hinsicht. Sie bieten keinen Ansatz, es als allgemeines gesetzliches Schuldverhältnis mit weitergehenden Rechten und Pflichten (zB Verkehrssicherungspflichten) aufzufassen (RGZ 132, 51,

56; BGHZ 42, 374, 377; BGH VersR 1958, 834; 1965, 689; BGH NJW 1960, 335; 1977, 375; zweifelnd jetzt BGHZ 135, 235, 244 = NJW 1997, 2234; Heiseke MDR 1961, 461; Böhmer MDR 1959, 261 und 904; Soergel/JF Baur § 903 Rn 48 ff, 51). Nur für den Fall, daß Nachbarn eine vertragliche Vereinbarung, etwa über die Errichtung oder Unterhaltung eines gemeinsamen Bauwerkes getroffen haben (so BGHZ 42, 374, 375: Giebelmauer; OLG Düsseldorf NJW 1959, 580), kann man die Anwendbarkeit des § 278 bejahen.

Auf welchem Rechtsgrund ein **gesetzliches Schuldverhältnis** beruht, ist dabei gleich- **11** gültig. Deshalb gilt § 278 auch für die Freigabeverpflichtung des Pfändungsgläubigers gegenüber dem nach § 771 ZPO Drittberechtigten (BGHZ 58, 207, 214), für das Verhältnis zwischen Eigentümer und dinglich Berechtigtem (BGHZ 95, 114, 146; BGHZ 106, 348, 350) und für den Fund (LG Frankfurt NJW 1956, 873). Auch im Eigentümer-Besitzer-Verhältnis ist § 278 anwendbar, soweit es um Pflichtverletzungen geht – nicht nach § 278 richtet sich aber die Zurechnung der Bösgläubigkeit von Hilfspersonen im Rahmen von § 990 (dazu im einzelnen Staudinger/Gursky [1999] § 990 Rn 42 ff).

b) Öffentliches Recht
Hinsichtlich der Anwendung des § 278 im öffentlichen Recht besteht eine ausdrück- **12** liche Bestimmung nur für den **öffentlich-rechtlichen Vertrag:** Auf ihn sind nach den Verwaltungsverfahrensgesetzen (vgl § 62 Satz 2 VwVfG; § 61 Satz 2 SGB X) die Vorschriften des BGB und damit auch § 278 ergänzend anzuwenden. **Im übrigen** muß *von Fall zu Fall* festgestellt werden, ob in öffentlich-rechtlichen Rechtsbeziehungen eine strikte Haftung beider Seiten nach dem Vorbild des § 278 angemessen ist, oder ob es bei den allgemeinen Grundsätzen einerseits der Staatshaftung, andererseits der Delikts- und Gefährdungshaftung des Bürgers bewenden soll. In der Regel wird danach eine Anwendung des § 278 dort in Betracht kommen, wo der einzelne in eine besonders enge, Leistungscharakter tragende, rechtliche Beziehung zum Staat oder zu einer öffentlich-rechtlichen Körperschaft tritt (BGHZ 6, 3, 26; 21, 214; 131, 204; BGH hM BGB § 839 [cb] Nr 104).

Im einzelnen gilt folgendes: § 278 **ist anzuwenden** im Verhältnis zwischen *Beamten* **13** *und Dienstherren*, insbesondere bei Verletzung der Fürsorgepflicht (RGZ 137, 81; 158, 235, 236; BGHZ 43, 184; BVerwG 13, 20). § 278 gilt im Falle der *Unterbringung in einem Krankenhaus* oder einer Heilanstalt aufgrund öffentlichen Rechts (BGHZ 4, 138, 149; liegt allerdings eine zwangsweise Einweisung vor, gelten Art 34 GG iVm § 839 BGB: BGHZ 38, 49; anders noch BGHZ 21, 214, 219). § 278 gilt weiter für den *Anschluß und die Benutzung gemeindlicher Einrichtungen* (BGHZ 54, 299; BGH NJW 1977, 197 für den Anschluß an die Kanalisation; RGZ 132, 129, 132; BGHZ 17, 192; 59, 303; BGH VersR 1977, 571 für den Bezug von Wasser; BGHZ 61, 7; BGH NJW 1974, 1811 für den Schlachthof), für die *öffentlichrechtliche Verwahrung* (BGHZ 3, 172; 5, 299), für das Verhältnis zwischen *Steuerpflichtigem und Fiskus* (BFH Betrieb 1988, 688: Steuerberater als Erfüllungsgehilfe des Steuerpflichtigen), nicht aber im Verhältnis einer Gemeinde zu einem Grundstückseigentümer, dem die Genehmigung zu einer Veräußerung nach dem BauGB aufgrund eines fehlerhaften Gutachtens des Gutachterausschusses rechtswidrig versagt worden ist (BGH hM BGB § 839 [cb] Nr 104).

Im **Sozialrecht** ist § 278 anzuwenden im *Verhältnis zwischen Sozialversicherungsträger* **14** *und Versichertem* (RGZ 131, 73; BSG NJW 1970, 1254), auch hinsichtlich der Mitwirkungspflichten des Leistungsberechtigten nach den §§ 60 ff SGB I (BSG Betrieb 1984, 938). Im

Verhältnis Kinder und Tageseinrichtung sowie Schüler und Schule und Studierende und der Kinder, Schüler und Studierenden untereinander ist die Haftung für Personenschäden durch die Unfallversicherung abgelöst (§ 2 Abs 1 Nr 8, 104, 106 Abs 1 SGB VII). Die Frage, ob insoweit § 278 anwendbar ist, hat deshalb nur noch für Sachschäden Bedeutung (verneint wurde sie von BGH NJW 1963, 1828 und LM § 839 BGB [Fd] Nr 12 a). Auf das Verhältnis zwischen *Vollzugsanstalt und Gefangenem* (der nur insoweit unfallversichert ist, als er wie ein Arbeitnehmer tätig wird, § 2 Abs 2 Satz 2 SGB VII), ist mit der Rechtsprechung des BGH (BGHZ 21, 219; 25, 231, 238; BGHZ NJW 1962, 1053, 1954; aA OLG Hamburg MDR 1955, 111) § 278 nicht anzuwenden: Eine über die Amtshaftungsgrundsätze nach Art 34 GG iVm § 839 hinausgehende Haftung wäre nicht angemessen.

15 In Betracht kommt eine Anwendung des § 278 auch in einer Sonderbeziehung *zwischen Trägern der öffentlichen Gewalt*, so etwa zwischen einem Landkreis und dem Staat (RGZ 138, 114, 117; ähnlich RGZ 145, 107, 117), zwischen einer Universität und dem Staat (OLG Karlsruhe NJW 1974, 1824). Das Sozialamt kann im Verhältnis eines Mieters zum Vermieter hinsichtlich der Mietzahlung Erfüllungsgehilfe sein (LG Berlin ZMR 2002, 824). Im Verhältnis *zwischen Sozialversicherungsträgern* gilt § 278 ebenfalls (RGZ 144, 1518). Zum Verhältnis zwischen Post und Postbenutzer vgl unten Rn 96.

16 Unproblematisch ist die Anwendbarkeit des § 278, soweit die **öffentliche Hand in den Formen des Privatrechts** handelt. So findet bei privatrechtlicher Ausgestaltung der Benutzung eines Kinderhorts § 278 unmittelbar Anwendung (KG VersR 1974, 368) und haftet eine Gemeinde aus Verschulden bei Vertragsschluß (§ 311 Abs 3 iVm § 280 Abs 1 iVm § 278), wenn sie sich im Zusammenhang mit einer Grundpfandrechtsbestellung pflichtwidrig verhält (OLG Naumburg OLGR 1999, 151). Auch der Umstand, daß der Bund für Schäden, die ein Zivildienstleistender in Ausübung seines Dienstes Dritten zufügt, nach Amtshaftungsgrundsätzen einzustehen hat, schließt eine auf § 278 gestützte Haftung des Trägers einer als Beschäftigungsstelle anerkannten privatrechtlichen Einrichtung, die sich des Zivildienstleistenden zur Erfüllung vertraglicher Pflichten bedient hat, nicht aus.

II. Haftung für den Erfüllungsgehilfen

1. Einsatz durch den Schuldner

17 Die Garantiehaftung für den Erfüllungsgehilfen setzt voraus, daß der **Schuldner sich des Gehilfen bedient**. Grundsätzlich fallen unter § 278 also nur solche Personen, die bei der Erfüllung *mit Willen des Schuldners* mitwirken (BGHZ 13, 111; 50, 32, 35; 62, 119, 124; 98, 330, 334; Huber I, 679 f). Etwa setzt die Haftung einer Bank für das Fehlverhalten eines Immobilienvermittlers voraus, daß dieser mit ihrem Wissen und Wollen in ihrem Pflichtenkreis tätig geworden ist (BGH NJW 2001, 358; OLG Koblenz ZIP 2002, 702, 707 f). Beim Leasinggeschäft ist der Lieferant, welcher einem potentiellen Leasingnehmer Auskünfte über den Inhalt des Leasingvertrages erteilt, ohne dazu vom Leasinggeber beauftragt zu sein, nicht dessen Erfüllungsgehilfe. Anderes gilt nur für Frachtführer und Spediteure, die gem §§ 428, 462 HGB für ihre Leute schlechthin haften.

18 **Nicht erforderlich** ist, daß der **Gehilfe weiß**, daß eine Verbindlichkeit des Geschäftsherrn bestand, oder daß er durch sein Handeln eine Verbindlichkeit des Geschäftsherrn erfüllte: „Es kommt nicht auf Wissen und Willen des Gehilfen, sondern dessen an, der ihn zur Erfüllung seiner Verbindlichkeit für sich handeln läßt" (BGHZ 13, 111, 114). Der Erfüllungsgehilfe kann deshalb dem Schuldner auch vom Gläubiger gestellt sein, wenn nur der Schuldner mit dem Einsatz der betreffenden Person einverstanden ist (BGH aaO sowie Betrieb 1975, 2426; VersR 1979, 83; OLG Hamm NJW 1974, 1090).

Zur Begründung des Erfüllungsgehilfenverhältnisses ist *nicht erforderlich*, daß der **19** Schuldner eine *entsprechende Willenserklärung* gegenüber dem Gläubiger oder der Hilfsperson abgibt. Es genügt, daß er den **Willen**, die Hilfsperson an der Erfüllung seiner Verbindlichkeit mitwirken zu lassen, **tatsächlich hat**. Das aber ist auch erforderlich. Daß der Schuldner nur damit rechnen mußte, ein Dritter werde sich in die Erfüllung der Verpflichtung einschalten, kann angesichts des klaren Wortlauts der Vorschrift („sich bedienen") nicht genügen (wohl **aA** SPIRO 163, in dessen Beispielsfall aber vom Vorliegen eines entsprechenden Willens ausgegangen werden kann).

Zur **Beendigung** des Erfüllungsgehilfenverhältnisses reicht es aus, wenn der Schuld- **20** ner diesen *Willen aufgibt*; ein irgendwie gearteter „Widerruf" ist nicht erforderlich. Allerdings ergibt sich gem §241 Abs 2 aus dem Schuldverhältnis die Pflicht des Schuldners, den Gläubiger auf die Beendigung des Erfüllungsgehilfenverhältnisses aufmerksam zu machen, wenn die Gefahr besteht, daß der bisherige Erfüllungsgehilfe die Interessen des Gläubigers beeinträchtigt.

Zum Schutz des Geschäftsunfähigen und des in der Geschäftsfähigkeit Beschränkten **21** muß die Betätigung des Willens, ein Erfüllungsgehilfenverhältnis zu begründen oder zu beenden, den §§ **104 ff** unterstellt werden. Der Geschäftsunfähige haftet also nicht für einen von ihm selbst bestellten Gehilfen. War jedoch der jetzt Geschäftsunfähige zum Zeitpunkt der Bestellung noch geschäftsfähig, so steht der Anwendung des § 278 solange nichts entgegen, wie nicht der gesetzliche Vertreter das Erfüllungsgehilfenverhältnis beendet.

Der Bevollmächtigte ist hinsichtlich der Erfüllung von Neben- und Schutzpflichten **22** Erfüllungsgehilfe des Vollmachtgebers. Gleiches gilt für den bei der Übermittlung einer Willenserklärung eingesetzten Boten. Für ein Verschulden des **Vertreters ohne Vertretungsmacht** haftet der Schuldner nur, wenn er dessen Verhalten nachträglich genehmigt hat. Denn andernfalls beruht das Verhalten nicht auf seinem Willen (BGH NJW 1955, 297; OLG Hamm MDR 2002, 1053).

Soweit eine vertragliche Bindung ohne Willen des Schuldners durch einen anderen **23** herbeigeführt wird, wie das bei der Anscheinsvollmacht der Fall ist (s dazu STAUDINGER/ SCHILKEN [2001] § 167 Rn 28 ff), muß der andere konsequenterweise *auch ohne Willen des Schuldners als Erfüllungsgehilfe* aufgefaßt werden können (LG Kleve MDR 1954, 675). Das gilt auch, wenn sich der erweckte Anschein darauf beschränkt, daß der Schuldner den Gehilfen mit einer Dienstleistung im Zusammenhang mit dem Schuldverhältnis beauftragt hat (BGH NJW 1965, 1709). Auf der anderen Seite dürfen die Voraussetzungen für die Annahme einer Anscheinsvollmacht nicht mit Hilfe des § 278 überspielt werden. Dies ist der wahre Grund, weshalb ein Angestellter, der unberechtigterweise Entgeltrückzahlungen von anderen Arbeitnehmern entgegennimmt und für sich verwertet, nicht als Erfüllungsgehilfe des Arbeitgebers im Verhältnis zu dessen Arbeitnehmern aufgefaßt werden darf, sofern nicht der Arbeitgeber einen entsprechenden zurechenbaren Rechtsschein, etwa durch Überlassung von Quittungen (vgl § 370), gesetzt hat (vgl BAGE 10, 176 = MDR 1961, 355; s weiter BGH NJW 1963, 2166, das den vom Architekten bestellten Bauführer regelmäßig nicht als Erfüllungsgehilfe ansieht, wenn er unter Überschreitung seiner Befugnisse mit einem Handwerker einen vergütungspflichtigen, nicht unbedeutenden Werkvertrag schließt, durch den Mängel an den Leistungen dieses Handwerkers beseitigt werden sollen).

24 Schaltet sich jemand als **Geschäftsführer ohne Auftrag** in die Erfüllung einer schuldrechtlichen Verpflichtung ein, *haftet der Schuldner* für ihn, wenn die Übernahme der Geschäftsführung seinem *wirklichen oder mutmaßlichen Willen entspricht*. Daß der Schuldner, dem das Tätigwerden des Geschäftsführers zupaß kommt, auch den Nachteil eines etwaigen Fehlverhaltens tragen muß, entspricht dem Grundgedanken des § 278 (aA MEDICUS, BR Rn 801). Fehlt es an dieser Voraussetzung, haftet der Schuldner grundsätzlich nur, wenn er das Tätigwerden des Geschäftsführers nachträglich *genehmigt* (RG LZ 1913, 466). Liegt allerdings ein Fall vor, in dem es auf den entgegenstehenden Willen des Schuldners nicht ankommt (§ 679), bedarf es einer solchen Genehmigung nicht. Das Risiko eines Fehlverhaltens des Geschäftsführers muß in einem solchen Fall billigerweise nicht vom Gläubiger, sondern vom Schuldner getragen werden (SPIRO 172).

25 Im Gegensatz zur Haftung für den Verrichtungsgehilfen nach § 831 kommt es für den Erfüllungsgehilfen im Sinne des § 278 **nicht darauf an**, ob dieser **von den Weisungen des Schuldners abhängig** ist oder nicht (BGH NJW 1996, 451). Nach § 278 soll der Schuldner das Risiko der Einschaltung von Hilfspersonen tragen, weil er daraus auch den Nutzen zieht (s oben Rn 1). Dann ist es aber gleichgültig, ob der Schuldner eine selbständige oder eine von seinen Weisungen abhängige Person eingeschaltet hat und ob er zu deren Kontrolle imstande war (BGH NJW 1993, 1704, 1705). So kann der Spediteur Erfüllungsgehilfe des Verkäufers sein (BGHZ 50, 32) und der Transportunternehmer ein solcher des Kunden (BGH NJW-RR 2002, 1027 = LM BGB § 269 Nr 13). So haftet der Vermieter dem Mieter gegenüber für den Werkunternehmer, den er mit der Ausführung von Reparaturen in der Mietsache betraut hat (OLG Düsseldorf ZMR 2002, 41 = NZM 2002, 21: Haftung des Flughafenunternehmens gegenüber Flugunternehmen), und muß die Bank, die Arbeitnehmerbeteiligungen an der Arbeitgeberfirma finanziert und dem Arbeitgeber die Kreditverhandlungen überläßt, für sorgfaltswidrige Fehlinformationen des Arbeitgebers über die Risiken des Geschäfts einstehen (BGHZ 72, 93). Aus dem gleichen Grund ist trotz der Einwände von LÜDERITZ (NJW 1975, 1 ff) daran festzuhalten, daß auch Amtsträger Erfüllungsgehilfen sein können (BGHZ 61, 119 für den Notar). Zur Erfüllungsgehilfeneigenschaft der Post s noch unten Rn 96. Zur Leutehaftung nach dem HGB K SCHMIDT, in: FS Raisch (1995) 189 ff.

26 Gibt der Schuldner dem Gehilfen Weisungen, so führt die *Überschreitung dieser Weisungen* für sich genommen noch nicht dazu, daß eine Haftung aus § 278 ausscheidet. Das Risiko solcher Abweichungen kann nicht den Gläubiger treffen. Erst wenn das Handeln des Erfüllungsgehilfen nicht mehr im Zusammenhang mit der ihm übertragenen Aufgabe steht, er vielmehr nur noch bei Gelegenheit diese Aufgabe handelt, ist der Anwendungsbereich des § 278 verlassen (vgl unten Rn 48 ff).

27 Ein **vom Erfüllungsgehilfen zugezogener weiterer Gehilfe** ist nicht ohne weiteres Erfüllungsgehilfe des Schuldners: Der Schuldner haftet für das Verschulden dieses

weiteren Gehilfen nicht nach § 278 (s aber Rn 29). War freilich der Erfüllungsgehilfe *vom Schuldner ermächtigt*, einen zweiten Erfüllungsgehilfen hinzuzuziehen, dann wirkt auch letzterer mit Willen des Schuldners bei der Erfüllung mit. Er ist dann selbst Erfüllungsgehilfe des Schuldners (RGZ 102, 235: Haftung des Schuldners für den Schaden, den ein Angestellter des vom Schuldner beauftragten Handwerkers verschuldet hat; BGH LM § 278 BGB Nr 76: Haftung einer Gemeinde für einen Subunternehmer des von ihr beauftragten Bauunternehmers; BGH NJW 1983, 448: Haftung eines Reiseveranstalters für den Kapitän der von ihr beauftragten Fluggesellschaft; s noch unten Rn 98). So wird der Fall meist liegen, wenn der Assistenzarzt eines Chirurgen, der dessen Erfüllungsgehilfe gegenüber dem Kranken ist, eine technische Verrichtung einer Krankenschwester überträgt. Auch wenn sich die Hinzuziehung des zweiten Gehilfen als Geschäftsführung ohne Auftrag rechtfertigt, haftet der Schuldner für diesen nach § 278 (vgl Rn 24). Wer einen selbständigen Vermittler einschaltet, muß damit rechnen, daß dieser Untervermittler einsetzt, und sich deren Verhalten gem § 278 zurechnen lassen (BGH NJW 2001, 358).

Wer seinen Erfüllungsgehilfen allgemein ermächtigt hat, weitere Personen zur Er- **28** füllung seiner Verbindlichkeit heranzuziehen, haftet für diese weiteren Personen als seine eigenen Erfüllungsgehilfen *auch dann, wenn er nicht erfahren hat, daß tatsächlich* diese weiteren Personen zugezogen worden sind oder welche Personen zugezogen worden sind (BGH NJW 1952, 217).

Abgesehen von dem Fall der Ermächtigung haftet der Schuldner für den von seinem **29** Erfüllungsgehilfen zugezogenen weiteren Gehilfen nicht. Liegt freilich in der Zuziehung des weiteren Gehilfen selbst schon ein *Verschulden des Erfüllungsgehilfen*, so haftet der Schuldner für einen durch den weiteren Gehilfen angerichteten Schaden deshalb, weil er (mittelbar, aber adäquat) durch ein Verschulden seines Erfüllungsgehilfen verursacht worden ist. Das gleiche gilt, wenn dem Erfüllungsgehilfen bei der Zuziehung des weiteren Gehilfen ein *Auswahl- oder Überwachungsverschulden* zur Last fällt. Überträgt etwa der Assistenzarzt eines Chirurgen einer Krankenschwester eine Verrichtung, die nur einem Arzt zusteht, so liegt darin ein Verschulden des Assistenzarztes. Richtet die Schwester einen Schaden an, so haftet der Chirurg auch dann, wenn er den Assistenzarzt zur Zuziehung von Krankenschwestern ohne seine besondere Zustimmung nicht ermächtigt hat: Er haftet nicht deshalb, weil die ohne oder sogar gegen seinen Willen mit der Verrichtung betraute Schwester seine Erfüllungsgehilfin wäre, sondern deshalb, weil der Schaden auf ein Verschulden des Assistenzarztes, der sein Erfüllungsgehilfe ist, zurückgeht.

Verpflichten sich mehrere Unternehmer *gemeinschaftlich* zur Herstellung eines **30** einheitlichen Werkes, so kann eine Haftung eines jeden Mitunternehmers für das Verschulden des von einem anderen Mitunternehmer bestellten Erfüllungsgehilfen in Betracht kommen, wenn davon auszugehen ist, daß unter den Mitunternehmern Einverständnis über die Einschaltung der Hilfsperson herrscht (BGH NJW 1952, 217). Hiermit nicht zu verwechseln ist die Frage, ob der eine Unternehmer für das Verschulden des anderen haftet. Das ist eine Frage der Gesamtschuld (vgl STAUDINGER/ NOACK [1999] § 425 Rn 36 f und STAUDINGER/KESSLER[12] § 714 Rn 15; ausf auch MünchKomm/ ULMER § 714 Rn 48). Zur Haftung der Mitglieder einer Anwaltssozietät und einer ärztlichen Gemeinschaftspraxis s noch unten Rn 97 bzw Rn 69.

Eines Dritten *bedient sich der Schuldner zur Erfüllung nicht*, wenn er sich zu einer **31**

Leistung kraft Auftrags verpflichtet, nach dessen Inhalt aber **berechtigt ist, die Ausführung des Auftrags einem Dritten zu übertragen**. Denn in diesem Falle hat er mit der Übertragung an den Dritten seine Verbindlichkeit bereits erfüllt. Er hat deshalb nur ein ihm *bei der Übertragung* zur Last fallendes Verschulden zu vertreten, § 664 Abs 1 Satz 2. Für das Verschulden eines *Gehilfen* dagegen ist er nach § 278 verantwortlich, § 664 Abs 1 S 3 (BGH NJW 1993, 1704, 1705). Das gleiche gilt für den *Verwahrer*, dem die Hinterlegung bei einem Dritten gestattet ist, § 691 (RGZ 78, 311; RG WarnR 1920 Nr 8); s aber §§ 3 u 5 WertpapierG. Auf *andere Schuldverhältnisse* sind die §§ 664, 691 Sätze 2 und 3 nicht anzuwenden (OLG Hamm NJW 1974, 1090 für den Werkunternehmer), auch nicht auf die Fälle des § 675 (ERMAN/BATTES Rn 26; METZLER AcP 159 [1960] 143, 155; **aA** BGH NJW 1952, 257; für Nichtanwendbarkeit auf § 675 auch RGZ 161, 68 ff gegen RGZ 78, 310; in RGZ 163, 378 konnte die Frage offen bleiben; dazu auch KÜMPEL WM 1996, 1893, 1896; STAUDINGER/ MARTINEK [1995] § 675 A 86 ff). Ist bei solchen Schuldverhältnissen aber ausnahmsweise die Übertragung gestattet, ist dann auch § 664 Abs 1 Satz 2 und 3 analog anzuwenden (HUBER I 684). Wenn umgekehrt der Schuldner sich bei der Erfüllung einer Verpflichtung eines **Erfüllungsgehilfen gar nicht bedienen darf**, sei es kraft Gesetzes (s zB RGZ 152, 125, 128), sei es aufgrund des Vertrages, so bedarf es der Anwendung des § 278 nicht, weil die Einschaltung eines Gehilfen in einem solchen Fall bereits eine schuldhafte Verletzung der Verpflichtung des Schuldners darstellt.

32 Auch wenn der vorgesehene Einsatz des Erfüllungsgehilfen fehlschlägt, weil der **Erfüllungsgehilfe** bei der Erfüllung der Verbindlichkeit **gar nicht tätig** wird, bleibt *§ 278 grundsätzlich anwendbar*. Der Zweck der Vorschrift, den Schuldner und nicht den Gläubiger das Risiko tragen zu lassen, das mit der Einschaltung eines Dritten in die Erfüllung des Schuldverhältnisses verbunden ist (s Rn 1), trifft auch in einem solchen Fall zu. Etwa macht es keinen Unterschied, ob der vom Schuldner beauftragte Transporteur den Transport unsorgfältig oder gar nicht durchführt. Jedesmal schaltet sich der Schuldner selbst aus der Erfüllung des Schuldverhältnisses aus und begründet damit ein zusätzliches Risiko (LG Frankfurt NJW-RR 1987, 823, 824; AG Duisburg RRa 2002, 171; KAISER/RIEBLE NJW 1990, 218 ff; SPIRO 138 Rn 41; auch schon OERTMANN § 278 Anm 3 e und 3 f; **anders** noch LÖWISCH AcP 174 [1974] 202 ff; ESSER JZ 1961, 492; HUBER I 685).

33 Unrichtig ist es freilich, daraus den Schluß zu ziehen, der Schuldner hafte nach § 278 regelmäßig auch für seine *streikenden Arbeitnehmer* (so aber LG Frankfurt aaO; AG Duisburg aaO; KAISER/RIEBLE NJW 1990, 218, 220 f; KREISSL ZfA 1996, 503, 517 ff; SPIRO 138 Rn 41; für den rechtswidrigen Streik auch PALANDT/HEINRICHS Rn 8; SCHMIDT-KESSEL, System § 14 II 3 a; wie hier HUBER I 685): Der Unternehmer, der erfährt, daß seine Arbeitnehmer in Streik treten, wird zumeist davon absehen wollen, die Streikenden in die Erfüllung anstehender Verbindlichkeiten einzuschalten und statt dessen selbst die Verantwortung für die Leistungsbewirkung übernehmen, womit dann das Erfüllungsgehilfenverhältnis beendet ist (oben Rn 20). Eine Haftung kann hier nur noch aus eigenem Verschulden, etwa wegen falscher Auswahl, mangelnder Organisation des eigenen Leistungsbereichs oder aus dem Gesichtspunkt des Übernahme- oder Vorsorgeverschuldens (dazu § 276 Rn 17) in Betracht kommen.

2.   Einsatz zur Erfüllung einer Schuldnerverbindlichkeit

34 Die Haftung aus § 278 setzt voraus, daß der Gehilfe **bei der Erfüllung** einer Verbindlichkeit des Schuldners tätig wird. Dies ist dort unproblematisch, wo die Hilfsperson bei der Erbringung der *Hauptleistungs- oder Nebenpflicht* des Schuldners eingesetzt wird. So sind, um einige Beispiele zu nennen, die Arbeiter des Bauunternehmers während des Einsatzes am Bau, der Lkw-Fahrer des Transporteurs während des Transports, die Sprechstundenhilfe des Arztes in der Sprechstunde, der kaufmännische Angestellte eines Großhandelsunternehmens bei der Ausführung der Lieferverträge zweifelsfrei Erfüllungsgehilfen. In welchem Zeitpunkt die Hilfspersonen für die Erfüllung tätig geworden sind, vor der Begründung, bei der Abwicklung oder unmittelbar bei der Erfüllung des Schuldverhältnisses, spielt keine Rolle (wie hier SCHMIDT-KESSEL, System § 14 II 1 b). Auch wenn die Sprechstundenhilfe die Instrumente unzureichend gereinigt hatte, längst bevor der Patient kam, muß der Arzt nach § 278 haften. Deshalb ist bei einer Auskunftserteilung auch das Verschulden zu vertreten, das einem Angestellten unterläuft, der mit der Herbeischaffung und Sichtung des Materials bei der Vorbereitung der Auskunft befaßt ist (OLG Hamburg OLGE 34, 60). Bei der Verwendung von EDV-Anlagen haftet der Schuldner für Programmierfehler seiner Hilfspersonen auch, wenn sie schon vor Anbahnung oder Aufnahme vertraglicher Beziehungen passiert sind (KÖHLER, Die Problematik automatisierter Rechtsvorgänge, insbesondere von Willenserklärungen, AcP 182 [1982] 126, 160 f).

Freilich muß es sich immer um eine **Leistungspflicht des Schuldners selbst** handeln. **35** Man darf auf dem Wege über § 278 Personen nicht für ein Verhalten haftbar machen, das nach ihrer Position im arbeitsteiligen Rechts- und Wirtschaftsverkehr nicht in ihren *Verantwortungsbereich* fällt. Erschöpft sich die Verpflichtung des Schuldners darin, dem Gläubiger einen Vertragspartner zu verschaffen, kann dieser nicht als Erfüllungsgehilfe des Schuldners gegenüber dem Gläubiger angesehen werden. Weder ist der dritte Lieferant Erfüllungsgehilfe des Kommissionärs gegenüber dem Kommittenten, noch ist es der Geschäftspartner im Verhältnis des Handelsvertreters zum Unternehmen (HUBER I 681 f). Nur dort, wo kraft Gesetzes oder im Wege richterlicher Inhaltskontrolle die vermittelte Leistung selbst als Vertragsgegenstand angesehen werden muß, wie etwa gem § 651a Abs 2, muß derjenige, der die Leistung erbringt, als Erfüllungsgehilfe des Schuldners aufgefaßt werden (BGHZ 61, 275 Ferienvermittler; BGH NJW 1974, 1046 Flugvermittler; BGHZ 119, 152, 166 Bereitstellen von Ferienunterkünften; ESSER/SCHMIDT I 2 § 27 I 3 b). Für die Haftung des überweisenden Kreditinstitutes für das Verschulden eines zwischengeschalteten Kreditinstitutes ist das jetzt in § 676c Abs 1 Satz 3 geregelt (s ERMAN/EHMANN § 664 Rn 16; ERMAN/vWESTPHALEN § 676c Rn 2, 5). Der Hersteller von Waren kann regelmäßig nicht als Erfüllungsgehilfe des Händlers angesehen werden (ganz hM: BGHZ 48, 118; BGH NJW-RR 1989, 1190; wNw unten Rn 90; grds **anders** SPIRO 189 ff sowie SCHMIDT-KESSEL, System § 14 II 1 d). Der Hersteller von Software ist ebenso wenig Erfüllungsgehilfe des Verkäufers gegenüber dessen Kunden. Das Problem der Produkthaftpflicht ist inzwischen durch das Produkthaftungsgesetz gelöst.

Auch derjenige, der einem Werkunternehmer im Rahmen von dessen Gewährlei- **36** stungsverpflichtungen ein Ersatzteil liefert, ist nicht Erfüllungsgehilfe des Werkunternehmers gegenüber dessen Besteller (BGH NJW 1978, 1157; OLG Karlsruhe ZIP 1998, 1689; HUBER I 680; Sailer, Die Schadensersatzhaftung des Verkäufers bei Schlechtleistung und ihre Grenzen [1993] 47; **aA** MARTIN WOLF ZIP 1998, 1657 ff; SCHMIDT-KESSEL, System § 14 II 1 d). Fehler eines Vorunternehmers können dem Auftraggeber im Verhältnis zum Nachfolgeunternehmer regelmäßig nicht zugerechnet werden, weil es an einer entsprechenden Pflicht des Auftraggebers gegenüber dem Nachfolgeunternehmer fehlt

(BGHZ 95, 128, 132 f; vCRAUSHAAR, in: FS Vygen [1999] 154). Der vom Bauherrn beauftragte Statiker ist regelmäßig nicht Erfüllungsgehilfe des Bauherrn in dessen Vertragsverhältnis mit dem Architekten (BGH BauR 1971, 265, 267, 269; BGH NJW-RR 2002, 1531 für die Frage des Mitverschuldens des Bauherrn).

37 Beauftragt der behandelnde Arzt ein pathologisches Institut mit der histologischen Untersuchung von Gewebeproben, so bedient er sich des Pathologen nicht zur Erfüllung seiner gegenüber dem Patienten bestehenden ärztlichen Pflichten und ist deshalb auch nicht gem § 278 für dessen Verschulden verantwortlich (BGHZ 142, 126 = NJW 1999, 2731). Aus dem gleichen Grunde haftete ein Knappschaftsverein, der ein erkranktes Mitglied in einem Krankenhaus untergebracht hatte, nicht für dort bei der ärztlichen Behandlung oder Pflege vorgekommene Versehen (RGZ 74, 163).

38 Und so haftet, wer *Arbeitnehmer anderen im Rahmen eines Leiharbeitsverhältnisses* überläßt, nicht für ein Fehlverhalten der überlassenen Arbeitnehmer im Betrieb des Entleihers (BGH NJW 1971, 1129; s hierzu noch unten Rn 66). Hingegen ist der Gesteller eines Krans mit Bedienungspersonal für letzteres nach § 278 verantwortlich, weil die Gestellung der Bedienung zu seinem Pflichtenkreis gehört (OLG München BB 1997, 1918).

39 § 278 ist auch anzuwenden auf Schuldverhältnisse, die auf eine **Unterlassung** gerichtet sind. Läßt der Schuldner in dem von der Unterlassungspflicht betroffenen Bereich einen anderen, etwa einen Angestellten tätig werden, so muß er in Anwendung des Risikozurechnungsgedankens des § 278 dann haften, wenn der andere die untersagte Handlung vornimmt. Von Bedeutung ist das insbesondere für **Wettbewerbsverbote:** Der zur Unterlassung Verpflichtete muß sich Wettbewerbsverstöße derjenigen zurechnen lassen, die für ihn verbotene Wettbewerbshandlungen vornehmen oder es versäumen, solche Handlungen zu verhindern (BGH LM § 339 BGB Nr 27 = NJW 1986, 127: beauftragte Werbeagentur mißachtet das Verbot; BGH LM § 278 BGB Nr 106 = NJW 1988, 1907; NJW 1998, 3342: Verlag verstößt bei Ausführung eines Anzeigenauftrags gegen Wettbewerbsverbot; BGH LM § 339 BGB Nr 28 = NJW 1987, 3253: Rechtsanwalt versäumt Maßnahmen zur Verhinderung weiterer Verstöße; OLG Frankfurt NJW 1974, 2239: Verletzung eines Alleinvertretungsvertrages durch einen neu angestellten Vertreter; FRIEHE WRP 1977, 158; PALANDT/HEINRICHS Rn 20; SOERGEL/WOLF Rn 15; MünchKomm/GRUNDMANN Rn 22; **aA** ULMER NJW 1974, 2239). Für die Verwirkung einer für einen solchen Fall vereinbarten Vertragsstrafe genügt ebenfalls das Verschulden des Erfüllungsgehilfen, sofern nicht ausnahmsweise vertraglich etwas anderes vereinbart ist (BGH aaO; s ausf STAUDINGER/RIEBLE [2001] § 339 Rn 150).

40 Schwierigkeiten bereitet die Abgrenzung des Pflichtenkreises des Schuldners dort, wo es sich nicht um Haupt- oder Nebenleistungspflichten, sondern um **Schutzpflichten** handelt. In diesem *Grenzbereich zwischen vertraglicher und deliktischer Haftung* wird § 278 über § 280 Abs 1 iVm § 241 Abs 2, § 280 Abs 1 iVm § 311 Abs 2 und des Vertrages mit Schutzwirkung zugunsten Dritter für eine vom Verschulden des Geschäftsherrn unabhängige Gehilfenhaftung nutzbar gemacht, die wegen § 831 deliktsrechtlich nicht gewährt werden kann (oben Rn 8). Der dem § 278 zugrundeliegende Gefahrtragungsgedanke verschiebt sich hier: Nicht so sehr der mit der Einschaltung der Hilfsperson für den Schuldner verbundene Nutzen sondern der Umstand, daß der Gläubiger seine Rechtssphäre anläßlich des Schuldverhältnisses dem Schuldner und

seinen Hilfspersonen öffnet, rechtfertigt es, dem Gläubiger und den seiner Fürsorge unterfallenden Personen über die Deliktshaftung gem § 831 hinaus den besonderen Vertrauensschutz einer Gehilfenhaftung zukommen zu lassen, die nicht auf das Verschulden des Geschäftsherrn abstellt (E Schmidt AcP 170 [1970] 502, 507 ff; s auch Spiro 78 ff, der den Grund für die ausdehnende Anwendung des § 278 in der – faktischen – Entlastungswirkung für den Gehilfen sieht, den in Anspruch zu nehmen der Gläubiger keinen Anlaß hat, wenn er sich problemlos an den Geschäftsherrn halten kann). Aus dieser Funktion des § 278 folgt, daß der Gehilfe nicht speziell in den Pflichtenkreis des Schuldners gegenüber dem Gläubiger eingebunden sein muß, es vielmehr genügt, daß seine Tätigkeit schädliche Auswirkungen auf den Gläubiger haben kann. Ein Unternehmer haftet nicht nur für Arbeitnehmer, die er mit Schutzmaßnahmen zugunsten der übrigen Arbeitnehmer oder anderer Personen, die mit dem Betrieb in Kontakt kommen, betraut hat, sondern für alle Arbeitnehmer und sonstigen Gehilfen, die sich im Zuge ihrer betrieblichen Tätigkeit unsorgfältig verhalten und dadurch Schäden bei Dritten anrichten (BGH LM § 278 BGB Nr 39; BGH NJW-RR 1990, 308, 309; aA hinsichtlich eines im Betrieb tätigen Werkunternehmers BAG NJW 2000, 3369, 3371; dem BAG folgend Kamanabrou NJW 2001, 1157 f).

Wie weit der Kreis der Schutzpflichten zu ziehen ist, in dem dann auch eine Haftung **41** nach § 278 eingreift, muß für *jedes Schuldverhältnis* selbständig entschieden werden. Allgemein läßt sich nur sagen, daß der Pflichtenkreis des Schuldners aus dem Schuldverhältnis gegenüber seinen allgemeinen Verhaltenspflichten nicht überzogen werden darf, vgl dazu die Einzelbeispiele unten Rn 65 ff.

Die Frage, ob § 278 auf sog **Obliegenheiten**, also in dem Fall anzuwenden ist, in dem **42** ein Sorgfaltsverstoß des Gläubigers bei Wahrung seiner eigenen Interessen seinen Anspruch ausschließt oder mindert, ist für das Mitverschulden durch § 254 Abs 2 S 2 im positiven Sinne entschieden. Voraussetzung ist allerdings, daß zwischen Gläubiger und Schuldner bereits bei Schädigung ein Schuldverhältnis besteht (BGH NJW 1999, 2108; BGH LM § 278 BGB Nr 83 = NJW 1980, 2080; BAG EzA § 2 NachwG Nr 4; s im einzelnen Staudinger/Schiemann [1998] § 254 Rn 99 ff). Gleiches gilt beim Rücktritt für das die Pflicht zum Wertersatz ausschließende Vertretenmüssen des Gläubigers, § 346 Abs 3 S 1 Nr 3. Auch im Bereich des § 326 Abs 2 ist § 278 anwendbar (Staudinger/Otto [2004] § 326 Rn B 33). Gleiches gilt für die *Mängelrüge nach § 377 HGB* (Soergel/Wolf Rn 16).

§ 278 kann auch im Bereich der Obliegenheiten nur auf Personen angewandt werden, **43** deren sich der Gläubiger *zur Erfüllung seiner Obliegenheit bedient.* Deshalb ist der mit der Montage von Bauelementen beauftragte Unternehmer nicht Erfüllungsgehilfe des Käufers in bezug auf dessen Anzeigepflicht (BGH WM 1978, 1094). Auch der Kreis der Obliegenheiten darf nicht im Interesse einer Anwendung des § 278 überdehnt werden. Dies ist insbesondere für die Anwendung des § 278 im Rahmen des § 254 Abs 2 S 2 zu beachten. Der BGH hat es aus diesem Grund mit Recht abgelehnt, aus der Benutzung eines Kinderspielplatzes ein Sonderrechtsverhältnis abzuleiten, aus dem sich ein Kind, das durch ein nicht verkehrssicheres Spielgerät verletzt wird, ein Mitverschulden seines gesetzlichen Vertreters nach § 278 zurechnen lassen muß (BGHZ 103, 342 ff). Auf der anderen Seite muß sich der Mandant, der einen zweiten Anwalt einschaltet, um Fehler eines früheren Anwalts zu beheben, das Verschulden des Zweitanwalts als Mitverschulden anrechnen lassen (BGH NJW 1994, 1211; NJW 1994, 2822; OLG Hamm OLGR 1998, 195, 198).

44 Im Bereich der Obliegenheiten des **Versicherungsrechts** ist *§ 278 dagegen nicht anwendbar.* Der Versicherungsnehmer wird hier vielmehr nur für solche Hilfspersonen als haftbar angesehen, die seine *„Repräsentanten"* waren (BGHZ 11, 120, 122 f; 122, 250, 252 ff; stRspr zu § 61 VVG). Die Begründung hierfür liegt in der Erwägung, daß bei Anwendung des § 278 der Versicherungsschutz unangemessen eingeschränkt würde (BGH aaO). Repräsentant in diesem Sinne ist nur derjenige, der – wenn auch nicht unbedingt mit rechtsgeschäftlicher Vertretungsmacht – in dem das versicherte Risiko betreffenden Geschäftskreis zu selbständigem Handeln in nicht ganz unbedeutendem Umfang befugt ist, sog *„Risikoverwaltung"* (BGH VersR 1964, 475; 1965, 149; NJW 1993, 1862; NJW 1996, 2935). In der Kraftfahrzeugversicherung ist das derjenige, der die Wartung und die Verantwortung für die Verkehrssicherheit übernommen hat (BGH NJW 1970, 43; VersR 1975, 229), auch der Prokurist, der einen Geschäftswagen fährt in bezug auf die Aufklärungsobliegenheit nach § 7 Nr 1 Abs 2 S 3 AKB (BGH NJW 1996, 2935), nicht aber der bloße Fahrer (BGH VersR 1971, 538). In der Rechtsschutzversicherung ist der Anwalt des Versicherungsnehmers Repräsentant (OLG Hamm VersR 1984, 31), nicht aber die Sekretärin des Versicherungsnehmers. In der Feuerversicherung, aber auch sonst in der Sachversicherung ist Repräsentant derjenige, der die versicherte Sache für den Versicherungsnehmer selbständig verwaltet (BGH NJW 1993, 1862; OLG Hamm ZfS 2000, 113: örtlicher Bauleiter, nicht aber Polier als Repräsentant des Bauunternehmers in der Bauleistungsversicherung), nicht aber der Mieter der versicherten Sache (BGHZ 107, 229). Allgemein als Repräsentant anzusehen ist der gesetzliche Vertreter des minderjährigen Versicherungsnehmers (RGZ 135, 372), nicht aber die Ehefrau, die zB während einer Reise des Versicherungsnehmers das Haus vorübergehend allein verwaltet (RGZ 117, 329; OLG Karlsruhe VersR 1969, 1014), auch nicht der Partner einer nichtehelichen Lebensgemeinschaft in vergleichbaren Situationen (OLG Karlsruhe VersR 1992, 1391).

45 Ob und inwieweit der Ausgleichsanspruch des Handelsvertreters durch ein schuldhaftes Verhalten eines Angestellten beeinflußt wird, ist im Rahmen der Billigkeit nach § 89b Abs 1 Nr 3 HGB zu entscheiden; die Frage hat mit § 278 nichts zu tun (BGHZ 29, 275, 278; HAAGER LM § 89b HGB Nr 7; **aA** HIRSCH JR 1960, 60).

46 Daß sich eine Prozeßpartei die schuldhafte Versäumung einer Notfrist durch ihren Prozeßbevollmächtigten zurechnen lassen muß, ergibt sich nicht aus § 278, sondern aus § 85 Abs 2 ZPO (ZÖLLER/VOLLKOMMER § 85 ZPO Rn 2; 10 ff; ausf FRANCKEN, Das Verschulden des Prozeßbevollmächtigten an der Versäumung der Klagefristen des § 4 KSchG, des § 1 Abs 5 BeschFG und des § 113 Abs 2 InsO [1998] 32 ff). Daß die Verjährung nicht nach § 206 gehemmt ist, wenn der Gläubiger durch ein Verschulden seines Prozeßbevollmächtigten an der Rechtsverfolgung verhindert war, folgt ebenfalls nicht aus § 278, sondern aus dem Gedanken richtiger Risikoverteilung (BGHZ 17, 199, 205 ff; 81, 353, 356 f; BGH NJW 1973, 698, 699).

47 Auch soweit der Beginn der Verjährung nach § 199 davon abhängt, daß der Gläubiger von den den Anspruch begründenden Umständen und der Person des Schuldners Kenntnis erlangt oder ohne grobe Fahrlässigkeit erlangen müßte, muß der Gläubiger sich Kenntnis und Kennenmüssen von Hilfspersonen zurechnen lassen, die er in Abwicklung einer Verbindlichkeit eingeschaltet hat. Die rechtzeitige Geltendmachung der Ansprüche stellt eine Obliegenheit dar, auf deren Einhaltung § 278 anwendbar ist. Dem Gläubiger nur ein Fehlverhalten eines sogenannten Wissensvertreters, also eines im Rechtsverkehr nach außen als Repräsentant auftretenden Gehilfen (so HEINRICHS, Entwurf eines Schuldrechtsmodernisierungsgesetzes: Neuregelung des Verjährungsrechts, BB 2001, 1417, 1418 f; MANSEL, Die Neuregelung des Verjährungsrechts, NJW 2002, 89, 91), nicht aber das Fehlverhalten intern tätiger Gehilfen zuzurechnen, würde dem Ausnahmecharakter von § 199 Abs 1 Nr 2 und Abs 2 nicht gerecht (LÖWISCH, Auswirkungen der Schuldrechtsreform auf das Recht des Arbeitsverhältnisses, in: FS Wiedemann [2002] 311, 312 f; zu dem gleichen Ergebnis kommt man, wenn man mit LARENZ/WOLF § 46 Rn 108 zu den Wissensvertreter auch nicht nach außen tretende Gehilfen zählt).

3.   Fehlverhalten des Gehilfen bei der Erfüllung

Es entspricht der stRspr des RG, des BGH und auch des BAG, daß der Schuldner **48** nach § 278 nur für ein solches Fehlverhalten seines Erfüllungsgehilfen haftet, das in einem unmittelbaren sachlichen Zusammenhang mit den Aufgaben steht, die diesem im Hinblick auf die Erfüllung des Schuldverhältnisses zugewiesen sind. Der Gehilfe darf **nicht nur bei Gelegenheit** der Erfüllung einer Verbindlichkeit des Schuldners gehandelt haben, sondern sein schuldhaftes Fehlverhalten muß **in Ausübung** der ihm übertragenen Hilfstätigkeit erfolgt sein (stRspr RGZ 63, 343 f; RG WarnR 1908 Nr 293; BGHZ 23, 319, 323; 31, 358, 366; 84, 141, 145; 123, 1, 14; BGH NJW-RR 1989, 723; BGH LM § 675 BGB Nr 173 = NJW 1991, 3208; BGH NJW 1997, 1233, 1234 f; NJW 1997, 1360; BAGE 10, 176, 182 = MDR 1961, 355, 356; BAG NJW 2000, 3369).

Eine neuere Auffassung im Schrifttum stellt dieses Abgrenzungskriterium in Frage: **49** Der Schuldner müsse sich alle schädigenden Handlungen zurechnen lassen, die der Gehilfe gegenüber dem Gläubiger begehe; der Gedanke, daß der Gläubiger dem Schuldner seine Rechtsgütersphäre im Zusammenhang mit der Erbringung der Leistung öffne, trage auch hier. Praktisch müsse gefragt werden, ob das gleiche Verhalten, vom Schuldner selbst begangen, diesem als Verletzung des Schuldverhältnisses zugerechnet werden würde. Sei das der Fall, so müsse die Haftung aus § 278 eingreifen (SPIRO 233 ff; E SCHMIDT AcP 170 [1970] 502, 506 f; PICKER, Forderungsverletzung und culpa in contrahendo – zur Problematik der Haftungen „zwischen" Vertrag und Delikt, AcP 183 [1983] 369, 486 ff; ESSER/SCHMIDT I 2 § 27 I 4; im Ergebnis MünchKomm/GRUNDMANN Rn 47, der es genügen lassen will, daß die Einschaltung des Gehilfen „gefahrerhöhend" wirkt). Dieser Auffassung kann in ihrem wesentlichen Punkt *nicht* gefolgt werden. Der Gedanke, daß der Gläubiger seine Rechtssphäre dem Schuldner und seinen Hilfspersonen wegen des Schuldverhältnisses öffnet und deshalb einen besonderen Vertrauensschutz verdient, trägt nicht soweit, daß man dem Schuldner auch solches Verhalten der Hilfsperson zurechnen könnte, das mit dem Schuldverhältnis in keinem inneren Zusammenhang mehr steht, sondern der **allgemeinen Lebensführung des Gehilfen** zugehört, in deren Rahmen er seine eigenen Interessen verfolgt. Dieser Bereich läßt sich vom Schuldner nicht besser beherrschen als vom Gläubiger. Die schadensrechtliche Abwicklung ist hier Sache des Verhältnisses zwischen Gläubiger und Erfüllungsgehilfen, nicht Sache des Verhältnisses zwischen Gläubiger und Schuldner, so daß auch der Gesichtspunkt nicht paßt, daß der Schuldner, wenn er selbst gehandelt hätte, aus Vertrag haften würde. Wenn ein Friseurmeister einen Gehilfen in die Wohnung eines Kunden schickt, um diesem in der eigenen Wohnung die Haare zu schneiden, so kann der Meister nicht aus § 278 haften, wenn der Gehilfe den Kunden beraubt und im Zusammenhang damit ermordet, obgleich alles dies nicht hätte passieren können, wenn sich der Kunde in den Laden des Friseurmeisters begeben hätte (zust Lorenz, in: 50 Jahre Bundesgerichtshof [2000] I 329, 358 f; dazu, daß der Einsatz des Erfüllungsgehilfen gleichwohl zu einer Erweiterung der Pflichten des Schuldners führen kann s Schmidt-Kessel, System § 14 II 2).

50 Es darf auch nicht übersehen werden, daß § 831, dessen Funktion im Rahmen der Schutz- und Obhutspflichten sich mit § 278 überschneidet, seinerseits Schädigungen in Ausführung der Verrichtung von solchen abgrenzt, die nur bei Gelegenheit der Verrichtung erfolgen. Es wäre ungereimt, wollte man auch in diesem Punkt die Haftung aus § 278 schärfer fassen als die nach § 831: Wenn jemand durch seine eigenen Leute einen Baum in seinem Garten fällen läßt, und einer dieser Leute lediglich bei dieser Gelegenheit einen Dritten durch eine mit dem Baumfällen nicht zusammenhängende Handlung schädigt, so haftet der Garteneigentümer nicht. Selbst wenn aber der Verrichtungsgehilfe in Ausführung dieser Verrichtung, etwa durch fahrlässige Handhabung der Axt, einen Dritten schädigt, haftet der Garteneigentümer nur nach § 831, also mit der Möglichkeit, sich durch den Beweis mangelnden Verschuldens bei der Auswahl und der Beaufsichtigung des Gehilfen zu entlasten. Wollte man § 278 auch auf den Fall des Gelegenheitsdelikts des Erfüllungsgehilfen anwenden, so würde ein Gärtner, der im Auftrag des Garteneigentümers dieselbe Arbeit durch seine Leute vornimmt, sogar für etwaige von diesen bei der Gelegenheit begangenen Delikte dem Garteneigentümer haften, ohne daß er sich wie der Garteneigentümer selbst im Falle des obigen Beispiels entlasten könnte.

51 Ob der Erfüllungsgehilfe in Ausführung oder nur bei Gelegenheit der Erfüllung gehandelt hat, richtet sich danach, **wie weit die Schutz-, Obhuts- und Rücksichtnahmepflichten des Schuldners unter Berücksichtung der Verkehrsanschauung (§ 157) im konkreten Fall** gingen und wie weit deshalb im Verhalten des Gehilfen ein Verstoß gegen die dem Schuldner obliegenden vertragsspezifischen Pflichten zu sehen ist. Nur wenn das Verhalten des Gehilfen, das den Vorwurf der Pflichtwidrigkeit begründen soll, aus dem allgemeinen Umkreis jenes Aufgabenkreises herausfällt, den der Erfüllungsgehilfe für den Schuldner wahrzunehmen hat, entfällt die Haftung aus § 278 (BGHZ 31, 358, 366; s dazu die Anm Hauss in LM § 278 BGB Nr 30; BGH NJW 1997, 1233, 1234; in diesem Sinne auch Larenz I § 20 VIII, S 301 f; Fikentscher Rn 519; BGB-RGRK/Alff Rn 37; Schmidt-Kessel, System § 14 II 3 b). Andererseits muß der Schuldner für *jedes* Verschulden des Erfüllungsgehilfen einstehen, das sich in diesem Umkreis bewegt. Auch für vorsätzliches Fehlverhalten der Erfüllungsgehilfen muß der Schuldner unter dieser Bedingung eintreten; er hat nur die Möglichkeit, seine Haftung insofern auszuschließen (s Rn 117). Ob der Erfüllungsgehilfe den Weisungen oder Interessen des Schuldners zuwiderhandelt, um eigene Vorteile zu erzielen, spielt keine Rolle (RGZ 101, 348, 350; BGH NJW 1965, 962, 963 f; BGH NJW 1977, 2259 = LM § 31 BGB Nr 21; BGH NJW-RR 1989, 1183, 1185; BGH NJW-RR 1990, 484; BGH NJW 1991, 3208 = LM § 675 BGB Nr 173; BGH NJW 1997, 1233, 1234 f).

52 Ob ein Fehlverhalten des Gehilfen in Ausführung oder nur bei Gelegenheit der Erfüllung erfolgt, kann, da eine Frage des Einzelfalles, nur an **Beispielen** verdeutlicht werden. So ist es ein Fall des § 278, wenn der mit einer Reparatur beauftragte Arbeitnehmer im Zusammenhang mit der Reparatur eine Sache des Gläubigers beschädigt (RGZ 63, 343), auch wenn dies die Folge eines auf Neugierde beruhenden leichtsinnigen Versuches mit einem Werkstoff ist (BGH VersR 1966, 1154), nicht dagegen, wenn der gleiche Arbeitnehmer bei der Ausführung der Arbeit den Gläubiger bestiehlt oder mißhandelt (OLG Hamburg MDR 1977, 752). Auch daß ein Bote, der die Verspätung des Piloten entschuldigen soll, eigenmächtig selber als Pilot tätig wird und dabei Schaden anrichtet, kann dem Geschäftsherrn nicht mehr zugerechnet werden (BGH NJW-RR 1989, 723, 725). Weil der Gläubiger gerade auch Schutz gegen diese Risiken erwarten konnte, fallen dagegen unter § 278 der Diebstahl eingelagerter oder beförderter Sachen durch den Arbeitnehmer des Lagerhalters (RGZ 101, 348; BGH VersR 1981, 732; 1983, 352) oder Transporteurs (OLG Düsseldorf TransportR 1991, 239), die Schwarzfahrt des Hotelangestellten, der den Pkw des Gastes in die Hotelgarage bringen soll (BGH NJW 1965, 1709); nicht aber die Schwarzfahrt des Hotelangestellten, der den Pkw auf Bitten des Gastes bei einer entfernten Tankstelle betanken soll (BGH LM Nr 2 zu § 701 BGB). Von § 278 erfaßt werden auch der Diebstahl des gemieteten Pkw durch den Fahrer des Mieters (OLG München NJW-RR 1987, 27) und die Verzögerung eines Transports durch den Schmuggelversuch des Fahrers (BGH Betrieb 1985, 2675 für Art 29 CMR). Ebenso fällt die Haftung einer Wach- und Schließgesellschaft aus § 278 für einen durch einen Wächter begangenen Diebstahl nicht deshalb weg, weil der Diebstahl eine unerlaubte Handlung ist. Denn diese unerlaubte Handlung verstößt gerade gegen den Schutzzweck der vertraglichen Verbindlichkeit des Geschäftsherrn, zu deren Erfüllung sich dieser des Wächters bedient hat (BGH Betrieb 1953, 293; s auch RG DR 1943, 984 f). Aus dem gleichen Grund haftet der Mieter von Geschäftsräumen dem Vermieter, wenn der mit Schlüsseln ausgestattete Prokurist die Räume anzündet (OLG Düsseldorf NJW-RR 1997, 1097, 1098).

Wer in die Anbahnung oder Abwicklung von Rechtsgeschäften eingeschaltet ist, **53** handelt in Ausführung der Verbindlichkeit des Schuldners (BGHZ 114, 263, 270; BGH NJW 1997, 1233, 1235). Das gilt auch, wenn die eingeschaltete Person ihre Stellung mißbraucht (BGH NJW 1997, 1233, 1235: Unwahre Erklärungen des Juniorverkäufers einer KfZ-Niederlassung gegenüber dem Zweiterwerber beim Weiterverkauf eines Fahrzeugs, das er zuvor in seiner Eigenschaft als Verkäufer in der Niederlassung des Geschäftsherrn verkauft hatte; BGH NJW 1991, 3210: Überweisung von Fremdgeld auf eigenes Konto durch einen Bankangestellten; BGH NJW 2001, 2190: Fälschung eines Überweisungsauftrags durch den Angestellten eines Konkursverwalters, zu dessen Aufgaben die Ausfüllung der Überweisungsformulare gehörte; BGH LM § 31 BGB Nr 32: Täuschung eines Bankkunden bei der Vermittlung eines Darlehensgeschäfts durch den Filialleiter einer Großbank; BGH LM § 276 [Fa] BGB Nr 101: Versicherungsbetrug durch den Verhandlungsgehilfen des Versicherungsnehmers, selbst wenn die Ermordung des Versicherungsnehmers durch den Verhandlungsgehilfen zum Plan gehört; unrichtig BGHZ 108, 386, 392, wonach ein ungetreuer Stadtinspektor, der Sozialhilfeleistungen auf eigenes Konto überweist, im Rahmen des § 254 Abs 2 Satz 2 nicht Erfüllungsgehilfe der Stadt in deren Verhältnis zur Bank sein soll). Die bloße Anmaßung rechtgeschäftlicher Befugnisse ist hingegen nur ein Handeln bei Gelegenheit der Erfüllung (BGH NJW 1963, 2166 für einen Bauführer, der, ohne damit betraut zu sein, Werkverträge mit Handwerkern abschließt; BGH LM § 276 [Fa] BGB Nr 83 für den von einem Bankenkonsortium mit der internen Überwachung eines Stillhalteabkommens Beauftragten, der gegenüber Lieferanten irreführende Erklärungen abgibt).

Die Abgrenzung vom Verhalten des Erfüllungsgehilfen in Ausführung und dem bei **54** Gelegenheit der Erfüllung gilt auch im Rahmen der Anwendung des § 278 auf **Obliegenheitsverletzungen** (s oben Rn 42). So muß es sich eine Bank als Mitverschulden iSv § 254 Abs 1 anrechnen lassen, wenn ihr Angestellter die Echtheit eines gefälschten Schecks nur oberflächlich geprüft hat (BGH NJW 97, 2236). Auf der anderen Seite braucht sich der Geschädigte im Rahmen des § 254 Abs 2 S 2 ein Fehlverhalten, etwa eine strafbare Handlung, seiner Hilfsperson nicht zurechnen zu lassen, das mit seinen Obliegenheiten zur Vermeidung der Schadensentstehung oder zur Schadensabwendung nichts zu tun hat (BGHZ 108, 386, 392). Allerdings muß der Schuldner auch hier einstehen, wenn er ein solches Fehlverhalten selbst veranlaßt hat (BGH NJW 1991, 3208).

4. Verschulden des Erfüllungsgehilfen

55 Wenn § 278 S 1 bestimmt, daß der Schuldner ein Verschulden des Erfüllungsgehilfen in gleichem Umfang zu vertreten hat **„wie eigenes Verschulden"**, so verweist er auf § 276 Abs 1 und 2 insoweit, als dort die Verschuldenshaftung des Schuldners geregelt ist. Anzunehmen, der Verweis erstrecke sich auch auf die Fälle, in denen der Schuldner ohne Verschulden, insbesondere aus der Übernahme einer Garantie oder eines Beschaffungsrisikos haftet, macht keinen Sinn. Denn in diesen Fällen muß der Schuldner in jedem Falle eintreten, ganz gleich, ob er einen Erfüllungsgehilfen eingeschaltet hat oder nicht und wie sich dieser verhalten hat.

56 Der Gläubiger darf nicht mehr und nicht weniger erwarten, als daß bei der Pflichterfüllung durch den Gehilfen die Sorgfalt angewandt wird, die von seinem Schuldner eingehalten werden kann (vgl DEUTSCH, Fahrlässigkeit und erforderliche Sorgfalt 312).

57 Ob der Erfüllungsgehilfe sich schuldhaft verhalten hat, richtet sich dabei nach dem Verschuldensmaßstab, der für den Schuldner gilt, denn dieser hat das Verschulden des Erfüllungsgehilfen **in gleichem Umfange** zu vertreten wie eigenes. Normalerweise ist damit von einem Verschulden des Erfüllungsgehilfen auszugehen, wenn dieser vorsätzlich handelt oder die im Verkehr erforderliche Sorgfalt außer acht läßt (§ 276 Abs 2). Soweit aber für den Schuldner ein strengerer oder milderer Verschuldensmaßstab gilt, ist dieser auch für die Beurteilung des Verhaltens des Erfüllungsgehilfen als schuldhaft maßgebend.

58 Haftet der Schuldner nur für grobe Fahrlässigkeit, fällt ihm auch nur grob fahrlässiges Verhalten des Erfüllungsgehilfen zur Last (OLG Celle, OLGR Celle 2002, 244). Hat er nur für die Sorgfalt wie in eigenen Angelegenheiten einzustehen (§ 277), so ist er nur dafür verantwortlich, daß die Hilfspersonen nicht weniger sorgfältig handeln, als er selbst in seinen eigenen Angelegenheiten zu handeln pflegt (vgl RGZ 65, 17). Die Einschränkung der Verschuldenshaftung des Arbeitnehmers kommt diesem auch insoweit zugute, als er, wie das beim mittelbaren Arbeitsverhältnis zutreffen kann, seinerseits Arbeitnehmer in die Erfüllung seiner Arbeitspflicht eingeschaltet hat und diese Fehler begehen. Sind dem Schuldner vertraglich höhere als die verkehrsüblichen Sorgfaltsmaßstäbe zur Pflicht gemacht, muß er es hinnehmen, daß diese auch an ein Verhalten seines Erfüllungsgehilfen angelegt werden. Auch im *öffentlichen Recht* gelten gesetzliche Haftungsmilderungen ebenso für den Erfüllungsgehilfen (VGH München NVwZ 1998, 421, 422).

59 Ob der Erfüllungsgehilfe die im Verkehr erforderliche Sorgfalt eingehalten hat, richtet sich grundsätzlich nach dem Maßstab, der insoweit entsprechend den zu § 276 Abs 2 entwickelten Kriterien (§ 276 Rn 3 ff) **für den Schuldner** gilt (MünchKomm/GRUNDMANN Rn 49; SCHMIDT-KESSEL, System § 14 II 2). Deshalb haftet der Handwerksmeister für eine Fehlleistung seines Lehrlings auch, wenn sie bei Anlegung des

für Lehrlinge allgemein geltenden Sorgfaltsmaßstabes nicht als verschuldet anzusehen wäre (BGHZ 31, 358, 367). Aus dem gleichen Grund kann sich eine Bank nicht darauf berufen, daß ein Angestellter von Umständen, die ihr bekannt waren, keine Kenntnis haben konnte (OLG Hamm NJW 1989, 2137, 2138).

Hat der Schuldner in die Erfüllung der Verbindlichkeit einen **Fachmann eingeschaltet**, 60 richtet sich das Maß der verkehrserforderlichen Sorgfalt, *soweit die besondere Fachkunde in Rede steht*, aber nach den Anforderungen, die typischerweise an einen solchen Fachmann gestellt werden. Die Einschaltung des Fachmannes begründet nämlich für den Gläubiger das berechtigte Vertrauen darauf, daß ihm auch mit der Sorgfalt eines Fachmannes begegnet wird (zutr SPIRO 248; im Ergebnis BGHZ 114, 263, 272). Deshalb hat der Krankenhausträger dafür einzustehen, daß ein behandelnder Arzt die an Ärzte typischerweise zu stellenden Sorgfaltsanforderungen beachtet (s Rn 86 f). Wer einen Rechtsanwalt mit Vertragsverhandlungen beauftragt, haftet, wenn dieser die an einen Anwalt zu stellenden Sorgfaltsanforderungen verletzt.

Soweit die im Verkehr erforderliche Sorgfalt auch die **Berücksichtigung individueller** 61 **Fähigkeiten und Kenntnisse** verlangt (vgl § 276 Rn 30), kommt es ebenfalls auf die Person des Erfüllungsgehilfen an. Etwa muß der Krankenhausträger es sich zurechnen lassen, wenn der behandelnde Arzt seine individuellen über den normalen Standard hinausgehenden Fähigkeiten nicht zugunsten des Patienten einsetzt. Umgekehrt haftet der Arzt nicht dafür, daß der von ihm angestellten Krankenschwester nicht auffiel, was ihm als erfahrenem Arzt aufgefallen wäre (SPIRO 247).

Da § 276 Abs 1 S 2 die Vorschriften der §§ 827, 828 für anwendbar erklärt, ergibt sich, 62 daß der Schuldner auch für die von ihm zur Erfüllung befugterweise zugezogenen Hilfspersonen aufgrund des § 278 *nicht haftet*, sofern die Verantwortlichkeit dieser Personen nach den Vorschriften der §§ 827, 828 ausgeschlossen ist. Die Haftung für den Erfüllungsgehilfen setzt also dessen Zurechnungsfähigkeit voraus (OLG Düsseldorf NJW-RR 1995, 1165, 1166). Ist zB der Erfüllungsgehilfe geisteskrank geworden und hat in diesem (seine freie Willensentscheidung ausschließenden) Zustand die Unmöglichkeit einer Leistung verschuldet, so haftet der Schuldner für dieses Verschulden nicht (Mot II 30).

Das wird heute vielfach mit der Erwägung in Frage gestellt, dem Risikogedanken 63 entspreche es, den Schuldner auch für den zurechnungsunfähigen Erfüllungsgehilfen haften zu lassen (SOERGEL/WOLF Rn 57; LARENZ § 20 VIII S 303 f; ESSER/SCHMIDT I 2 § 27 I 3 c; MünchKomm/GRUNDMANN Rn 49; zweifelnd auch DEUTSCH, Fahrlässigkeit und erforderliche Sorgfalt 313; differenzierend SCHMIDT-KESSEL, System § 14 II 2). Soweit will der dem Verschuldensprinzip (dazu § 276 Rn 3 ff) verpflichtete § 278 das Personalrisiko indes nicht erstrecken (vCAEMMERER, in: FS Hauß 39). Freilich ist stets darauf zu achten, ob nicht ein eigenes Verschulden des Schuldners wegen fahrlässiger Fehlauswahl seines Erfüllungsgehilfen vorliegt. Haftet der Erfüllungsgehilfe persönlich für einen in Trunkenheit angerichteten Schaden aufgrund des § 827 S 2 (actio libera in causa), so haftet derjenige, der sich des Trunkenen zur Erfüllung einer Verbindlichkeit bedient hatte, nach § 278 iVm § 276 Abs 1 S 2 (BGH VersR 1956, 307).

Zur Anwendbarkeit des § 278 im Innenausgleich bei der Gesamtschuld (Haftungs- 64

einheit) s BGHZ 6, 3, 27 f sowie STAUDINGER/NOACK (1999) § 426 Rn 84; ERMAN/
EHMANN § 426 Rn 73.

III. Einzelfälle

65 **Anlage- und Finanzierungsberatung:** Der Anlage- und Finanzierungsberater des Käufers, der erkennbar gleichzeitig als Verhandlungsgehilfe des Verkäufers eines Anlageobjektes auftritt, ist Erfüllungsgehilfe dieses Verkäufers, wenn er mit der Schilderung von Steuervorteilen für die Anlage wirbt, da er diese Werbung nicht nur in seiner Funktion als Anlageberater, sondern auch in der des Verhandlungsgehilfen des Verkäufers tätigt (BGH NJW 1991, 2556; zum Kundenfinanzierungsvertrag s Rn 83). Der persönlich haftende Gesellschafter einer Publikums-KG, der Anlageinteressenten durch falsche Angaben zum Beitritt veranlaßt, ist diesbezüglich nicht Erfüllungsgehilfe der Anlagegesellschafter, die früher, aber nach Gründung der Gesellschaft, beigetreten sind, da die Beitrittsverhandlungen ihrem Einflußbereich typischerweise entzogen sind (BGH LM § 278 BGB Nr 120 = NJW-RR 1992, 542). Ein Finanzdienstleister haftet für seinen selbständigen Handelsvertreter, wenn dieser den Kunden nicht auf negative Berichterstattung über die angebotene Kapitalanlage hinweist (LG Hannover EWiR 2002, 233). S auch unter Bank Rn 71.

66 **Arbeitnehmerüberlassung:** Bei der Arbeitnehmerüberlassung hat der Verleiher lediglich für die sorgfältige Auswahl der überlassenen Arbeitnehmer, nicht für die Ordnungsgemäßheit ihrer Arbeit einzustehen (BGH NJW 1971, 1129; 1975, 1695), Gleiches gilt bei Dienstverschaffungsverträgen (BGH MDR 1968, 918, Gestellung eines Raupenbaggers mit Bedienungsmann; BGH VersR 1970, 934). Beim Lohnfuhrvertrag ist der Fahrer dagegen Erfüllungsgehilfe des zur Durchführung der Fahrt verpflichteten Unternehmers (BGH NJW 1975, 780). S auch Rn 38.

67 **Arbeitsverhältnis:** Der Arbeitgeber kann sich bei der Erfüllung seiner Fürsorgepflicht Dritter als Erfüllungsgehilfen bedienen. Dies trifft etwa auf den Betriebsarzt zu; hat dessen Fehldiagnose zu Schäden beim Arbeitnehmer, etwa zu einer unberechtigten Kündigung geführt, haftet der Arbeitgeber deshalb nach §§ 280 Abs 1, 278 auf Ersatz (LG Paderborn NJW-RR 2001, 1677). Der Arbeitgeber kann auch für das Fehlverhalten eines von ihm beauftragten Unternehmers und dessen Leuten gegenüber seinen eigenen Arbeitnehmern haften (BGH VersR 1957, 414, s aber auch RGZ 165, 309, 315). Werkunternehmer, die auf dem Betriebsgelände Arbeiten ausführen und nur aufgrund besonderer Umstände mit dem Eigentum des Arbeitnehmers in Berührung kommen, sind regelmäßig keine Erfüllungsgehilfen des Arbeitgebers (BAG AP Nr 8 zu § 611 BGB Parkplatz). Der Arbeitnehmer ist nicht Erfüllungsgehilfe von Mitarbeitnehmern gegenüber dem Arbeitgeber (BAG AP Nr 5 zu § 549 ZPO). Auch ist nicht jeder Mitarbeitnehmer Erfüllungsgehilfe des Arbeitgebers gegenüber den übrigen Arbeitnehmern (s RGZ 102, 374; 106, 294). Zur Anwendung des § 278 beim innerbetrieblichen Schadensausgleich s BAGE 22, 63 = NJW 1969, 2299. Zur Rolle des Arbeitgebers als Erfüllungsgehilfen der Bank bei Kreditverhandlungen der Bank mit den Arbeitnehmern s Rn 71.

68 **Architekt:** Der Architekt ist Erfüllungsgehilfe des Bauherrn in bezug auf dessen Verpflichtung gegenüber dem Bauunternehmer, diesem brauchbare Pläne und Ausführungsunterlagen zur Verfügung zu stellen (BGH VersR 1964, 267, 268; BGH NJW 1960,

1813; BGH VersR 1968, 152; 1970, 281; BGH WM 1973, 393, 394; BAG NJW 1974, 1919; BGH WM 1984, 774; OLG Karlsruhe NZBau 2003, 102), nicht aber, soweit es um Verletzung der Bauaufsicht geht (BGH NJW 1972, 447; BGH WM 1974, 200; BGH EWiR 2002, 657). Der planende Architekt ist auch Erfüllungsgehilfe des Hauptunternehmers gegenüber dem Subunternehmer bezüglich fehlerhafter Planung (BGH LM § 278 BGB Nr 97). Dagegen ist der bauüberwachende Architekt nicht Erfüllungsgehilfe des Bauherrn im Verhältnis des Bauherrn zum planenden Architekten (BGH NJW-RR 1989, 86). Der Architekt, der als Verhandlungsgehilfe des Bauherrn bei dessen Verhandlungen mit der Bauaufsichtsbehörde auftritt, ist Erfüllungsgehilfe des Bauherrn bezüglich dessen Informationspflichten gegenüber der Behörde (BGHR BGB § 278 S 1 Architekt 2). Wegen der Abgrenzung des Begriffs des Erfüllungsgehilfen im Falle eines örtlich bauleitenden Architekten, den eine Architektengemeinschaft bestellt hat, s BGH NJW 1963, 2166. Siehe auch noch Rn 36.

Arzt: S zunächst allgemein *Krankenhaus* (unten Rn 86). Ein *selbständiger* Arzt haftet **69** für eine Krankenschwester, die von ihm mit der Erfüllung einer aus dem Arztvertrag fließenden Verpflichtung betraut worden ist (BayObLG 19, A, 391 Nr 3; s dazu aber auch RGZ 139, 255, 260: Grenzen der Verantwortung für eine Schwester, welche Röntgenbestrahlung durchführt), ebenso für seinen Kraftfahrer oder Kutscher (vgl RG JW 1914, 401) sowie für seine Urlaubsvertretung (BGH NJW 1956, 1384; VersR 1998, 457 ff; BGHZ 144, 296, 310 f: auch der Belegarzt hat grundsätzlich für den Urlaubsvertreter einzustehen). Besteht eine Gemeinschaftspraxis zur Erbringung gleichartiger Leistungen auf einem bestimmten Fachgebiet, so haften die Mitglieder von vornherein für die Versäumnisse des behandelnden Arztes, so daß es einer Zurechnung über § 278 nicht bedarf (BGHZ 142, 126, 136 f; BGHZ 144, 296, 309 ff). Über die Sprechstundenhilfe des Arztes als Erfüllungsgehilfin bezüglich der ärztlichen Schweigepflicht s KLEINEWEFERS/WILTS NJW 1963, 2345 und NJW 1965, 333. S noch Rn 29 und 37.

Bahn (s auch *Post* [Rn 96] und *Spediteur* [Rn 102]). Alle Angestellten der Bahn sind ihre **70** Erfüllungsgehilfen in bezug auf ihre Verbindlichkeiten aus dem *Beförderungsvertrag* (RGZ 83, 347). Ist freilich das Abladen auf der Bestimmungsstation Sache des Empfängers des Frachtguts, so sind die Bahnangestellten, die ihm dabei helfen, als *dessen Leute* anzusehen (RGZ 97, 16).

Bank: Eine Bank, deren sich der Schuldner zur Erfüllung seiner Verbindlichkeit **71** bedient, ist dessen Erfüllungsgehilfe. Der Schuldner haftet infolgedessen für die fahrlässige Fehlleitung von Geldern oder falsche Behandlung eines von ihm ausgestellten Schecks durch die Bankangestellten (RGZ 105, 34; OLG Köln BB 1953, 305). Gleiches gilt für Falschauskünfte eines Bankmitarbeiters über einen Abrechnungskurs (OLG Itzehoe ZIP 2001, 1000). Oder durch Buchungsfehler überhöhte Gewinnausweisungen (BGH ZIP 2003, 1399). Dagegen ist eine Bank, die der Gläubiger mit der Einlösung eines Schecks beauftragt hat, nicht Erfüllungsgehilfe des Gläubigers (OLG Braunschweig MDR 1947, 92). Die Gläubiger- wie die Schuldnerbank sind Erfüllungsgehilfen des Gläubigers im Lastschriftverfahren (LG Berlin WM 1975, 530). Der Verkäufer, der als Vertrauensperson der Bank auftritt und den Kreditvertrag mit dem Käufer vermittelt, ist Erfüllungsgehilfe der Bank bezüglich deren Pflicht, über Risiken des Vertrages aufzuklären (BGH NJW 1980, 2301). Vermittler eines finanzierten Immobilienkaufs sind Erfüllungsgehilfen der den Kredit gewährenden Bank grundsätzlich nur insoweit, wie deren kreditbezogene Aufklärungspflichten in Rede stehen, nicht aber hinsichtlich der Immobilie, die Gegenstand des Kaufvertrags ist (OLG München NJW-RR 2002, 1489; OLG Köln WM 2002, 118; OLG Nürnberg BKR 2002, 946). Etwas anderes kann nur bei Vorliegen besonderer Umstände gelten, insbesondere wenn die Bank über ihre Rolle als Kreditgeberin hinausgeht (OLG Frankfurt OLGR Frankfurt 2002, 280; in die gleiche Richtung OLG Koblenz ZIP 2002, 702). Eine Bank führt eine Bonitätsprüfung im Rahmen einer Kreditgewährung nicht in Erfüllung einer dem Kreditnehmer gegenüber bestehenden Verpflichtung durch und haftet deshalb auch nicht für Fehler ihrer Angestellten bei der Bonitätsprüfung (OLG Oldenburg OLGR Oldenburg 2002, 253). Ein Bankenkonsortium haftet über § 278 nicht für das Verschulden eines Dritten, den das Konsortium im Rahmen der Sanierung eines Unternehmens in die Geschäftsleitung des Unternehmens entsandt hat, um ein Stillhalteabkommen zu überwachen, wenn dieser Maßnahmen getroffen hat, die gar nicht zum Aufgabenkreis der Bankenvertreter gehörten (BGH NJW 1985, 2584 = BB 1985, 226). Der Arbeitgeber, der von der Bank in Kreditverhandlungen mit den Arbeitnehmern wegen einer finanzierten Unternehmensbeteiligung eingeschaltet wird, ist Erfüllungsgehilfe der Bank (BGH NJW 1978, 2145). Der Kreditnehmer hingegen, der sich um die Mitunterschrift seines Ehegatten bemüht, ist nicht Erfüllungsgehilfe der Bank (LG Stuttgart WM 1985, 193). Zur Kapitalanlagevermittlung s noch u Rn 83.

72 **Bauvertrag:** Der Bauunternehmer nicht Erfüllungsgehilfe eines anderen Bauunternehmers gegenüber dem Bauherrn (BGH Betrieb 1971, 1764, 1765); der Statiker nicht Erfüllungsgehilfe des Bauherrn gegenüber dem Architekten (BGH BauR 1971, 265, 267, 269; BGH NJW-RR 2002, 1531 für die Frage des Mitverschuldens des Bauherrn). Auch der Vorunternehmer ist in der Regel nicht Erfüllungsgehilfe des Bauherrn gegenüber dem Nachfolgeunternehmer; das ist ausnahmsweise dann anders, wenn der Auftraggeber durch eine ausdrückliche Risikoübernahme dem Nachfolgeunternehmer signalisiert hat, daß er für die mangelhafte Leistung des Vorunternehmers einstehen will (BGH NJW 1985, 2475).

73 **Buchmacher:** Der Buchmacher ist uU Erfüllungsgehilfe des Totalisatorunternehmers (BGH LM § 278 BGB Nr 179).

74 **Bürgschaft:** Der Hauptschuldner ist nicht Erfüllungsgehilfe des Gläubigers gegenüber dem Bürgen, da es nicht Sache der Bank (Gläubiger) ist, den Bürgen beizubringen (BGH MDR 1974, 305).

75 **Daseinsvorsorge:** Eine Gemeinde, die ein Elektrizitätswerk betreibt und auch Straßenbauarbeiten ausführt, zu deren Durchführung sie sich einer Baufirma bedient, haftet gem § 278 für ein Verschulden dieser Baufirma, wenn diese schuldhaft ein Kabel zerstört, dadurch die Stromlieferung unterbrochen wird und dem Strombezieher Schaden entsteht (OLG Hamm NJW 1961, 2348). Das Ingenieurbüro ist Erfüllungsgehilfe der Gemeinde gegenüber Anschlußnehmern bezüglich der Planung und Ausführung der Arbeiten an einer Abwasseranlage (BGH NJW 1977, 197).

76 **Frachtgeschäft:** Der *Verfrachter* haftet grundsätzlich für schuldhaft unrichtige Angaben seines *Kapitäns* im Konnossement gem § 278 (BGHZ 34, 216, 218). Ebenso haftet der Verfrachter gem § 278 für seinen Kapitän, wenn dieser die Güter dem Empfänger, der zum Empfang nur nach der Klausel „Kassa gegen Dokumente" berechtigt war, ohne Rückgabe des Konnossements ausgeliefert hat (BGHZ 36, 329). Der

Vercharterer ist nicht Erfüllungsgehilfe des Verfrachters, der das Schiff gechartert hat, gegenüber den Ladungsbeteiligten (OLG Hamm MDR 1970, 56). S noch Rn 17 aE.

Garagenunternehmer: Der Garagenwärter ist Erfüllungsgehilfe des Garagenunternehmers auch im Falle einer Schwarzfahrt mit einem eingestellten Wagen (LG Düsseldorf MDR 1959, 758). **77**

Gastwirt: Der Wirt haftet schlechthin für die Schädigung von Gästen durch Kellner **78** und ähnliche Angestellte (RG JW 1911, 360; RG LZ 1915, 1525; RG BayZ 1915, 351; OLG Hamburg Recht 1924, Nr 162; GOLDSCHNEIDER Gruchot 60, 377; JOSEF JW 1915, 952; einschränkend FRÄNKEL Recht 1912, 315). Das „Ordnungspersonal" ist Erfüllungsgehilfe des Gastwirts gegenüber den Gästen (BGH VersR 1975, 520). Er soll auch für Schäden einzustehen haben, die an Gäste-Fahrzeugen, die auf dem Hotelparkplatz abgestellt sind, dadurch entstehen, daß ein Angestellter des Gastwirts das Auto durch Dritte von Schnee befreien läßt (LG Frankfurt NJW-RR 1996, 1425). Zur Schwarzfahrt eines Hotelangestellten s Rn 52.

Gerichtsvollzieher: Der Gerichtsvollzieher ist nicht Erfüllungsgehilfe des Gläubigers, **79** der ihn mit der Pfändung beauftragt hat (RG WarnR 1913, Nr 34; RGZ 104, 283). Der auftraggebende Gläubiger ist nicht wegen seiner Verpflichtung zur Quittungsleistung „Schuldner" iS des § 278. S dazu auch KLEYBOLTE NJW 1954, 1469 ff und vRICHTHOFEN NJW 1954, 1796 f.

Gesamtvertretung: Der Geschäftsführer einer GmbH, für die nach ihrem Gesell- **80** schaftsvertrag entweder zwei Geschäftsführer oder ein Geschäftsführer mit einem Prokuristen zeichnen sollen, haftet nicht für einen beim Abschluß eines Geschäfts entstandenen Schaden, wenn seine Unterschrift unter dem zugrundeliegenden Vertrag in Übereinstimmung mit dem Gesellschaftsvertrag durch einen Prokuristen ersetzt wurde (BGHZ 13, 61, 64 f; s dazu FISCHER LM § 43 GmbHG Nr 1). Denn der Prokurist handelt dann nicht als Erfüllungsgehilfe des Geschäftsführers, sondern in eigener Verantwortung (vgl KG JW 1937, 890).

Gewerkschaft: Eine Gewerkschaft haftet nach § 278 für ihre Gewerkschaftssekretäre **81** bei Verstoß gegen die tarifliche Friedenspflicht (BAGE 3, 280, 284 = NJW 1957, 647; s auch BAGE 6, 321 ff = NJW 1959, 356 und 908). Rechtsberatungsstellen der Gewerkschaft sind Erfüllungsgehilfen der Gewerkschaft gegenüber dem beratenen Mitglied (HansOLG AP Nr 1 zu § 675 BGB).

Hafenunternehmer: Im Hinblick auf die Pflicht, schädliche Einwirkungen von den in **82** den Hafen verbrachten Schiffen und Gütern fernzuhalten, sind Erfüllungsgehilfen alle im Auftrag des Hafenunternehmers auf dem Hafengelände und im Zusammenhang mit dem Hafenbetrieb tätigen Personen (OLG Köln VersR 1960, 43).

Handelsvertreter: Eine Kapitalanlagegesellschaft, die ihre Tätigkeit als Handelsver- **83** treterin ausübt und als solche mit den Kunden nicht selbst, sondern durch ihre wiederum als selbständige Handelsvertreter verbundenen Mitarbeiter in Kontakt tritt, kann für Anlegerverluste aus Verletzung eines Beratungsvertrages über Kapitalanlagen haften; insbesondere kann sie sich von ihren Pflichten aus dem Beratungsverhältnis nicht durch den Hinweis im Briefbogen befreien, daß „Erklärungen in diesem Schreiben" keine der Gesellschaft sondern des jeweiligen Absenders sind und „rechtsverbindliche Erkärungen" der „zusätzlichen Bestätigung der Geschäftsführung" bedürfen (OLG Celle v 14. 9. 2000, 11 U 206/98, nv). S auch unten Rn 107.

84 Hebamme: Eine selbständige Hebamme kann Erfüllungsgehilfe eines Krankenhauses sein (OLG Celle VersR 1955, 408). S im übrigen unter „Krankenhaus" (Rn 86).

85 Jagdgast: Ein Jagdgast ist nicht Erfüllungsgehilfe des Jagdherrn gegenüber anderen Jagdgästen (RGZ 128, 42).

86 Krankenhaus: Der Inhaber und der Träger eines Krankenhauses haften nach feststehender Rechtsprechung für Verschulden von Ärzten und Pflegepersonal als ihren Erfüllungsgehilfen (RGZ 83, 71; 91, 134; RG WarnR 1915 Nr 103; BGHZ 1, 383, 386; 4, 138; s dazu PAGENDARM LM § 278 BGB Nr 4; BGH NJW 1956, 1106; BGHZ 29, 176, 179; BGH VersR 1984, 60; 1985, 1043; gegenüber dem Besucher eines Kranken besteht aber keine vertragliche Haftung des Krankenhausinhabers: BGHZ 2, 94). Deshalb ist der Anstaltsinhaber auch für haftbar erklärt worden, wenn eine Wärterin mit einem geisteskranken Pflegling geschlechtlich verkehrt und durch den Verkehr ein Kind erzeugt wird. Diese Haftung umfaßt besonders den Schaden, der dem geisteskranken Erzeuger durch die ihm erwachsende Unterhaltspflicht entsteht; die im Rahmen des § 827 zu beurteilende Frage des Mitverschuldens des Erzeugers iS des § 254 steht auf einem anderen Blatt (RGZ 108, 86; zur Frage des Schadens in solchen Fällen vgl STAUDINGER/SCHIEMANN [1998] § 249 Rn 204 ff). Der Träger eines *Belegkrankenhauses* hat für die Fehler einer bei ihm angestellten Hebamme einzustehen, solange diese nicht wegen einer besonderen ärztlichen Weisungskompetenz oder der Übernahme der Geburtsleitung durch den Belegarzt diesem zugerechnet werden können (BGHZ 144, 296; so auch OLG Koblenz OLGR 2001, 74 [nrkr]). Der Träger einer *Universitätsklinik* soll – ungeachtet ihres Charakters als öffentliche Einrichtung – nach § 278 (iVm § 328) für den Schaden haften, der dadurch entstanden ist, daß Ärzte der Klinik einen von einer Ersatzkasse überwiesenen Patienten unzureichend untersucht und später fehlerhaft behandelt haben (BGH NJW 1959, 816; s auch RGZ 108, 608 zu einer Heil- und Pflegeanstalt einer Provinz). Vgl zur Haftung des Krankenhausträgers auch noch oben Rn 29.

87 Liegt ein **sog aufgespaltener Arzt-Krankenhausvertrag** vor (BGHZ 5, 321; BGH NJW 1962, 1763; s auch BGH LM § 278 BGB Nr 24 und MUSIELAK JuS 1977, 87), so ist der Arzt nicht Erfüllungsgehilfe des Krankenhausträgers (BGH NJW 1977, 1463), wohl aber unter Umständen die von ihm angestellte, dem Arzt assistierende Operationsschwester (BGH VersR 1957, 806; **aA** OLG Neustadt VersR 1957, 170; s dazu PIKART VersR 1957, 171). Der Bereitschaftsarzt in der Ambulanz ist Erfüllungsgehilfe für den Chefarzt eines Krankenhauses (LG Koblenz VersR 1985, 672). Im Rahmen eines **sog totalen Krankenhausvertrages** ist das nichtärztliche Krankenhauspersonal nicht Erfüllungsgehilfe des Chefarztes bezüglich Versäumnissen in der Ambulanz, zB dem verspäteten Hinzuziehen eines erfahrenen Arztes (OLG Düsseldorf VersR 1984, 791); ob ein als Konsiliararzt hinzugezogener niedergelassener Arzt bei einer Fehldiagnose Erfüllungsgehilfe der Klinik ist, hat der BGH offengelassen (BGHZ 143, 389 = NJW 2000, 1782). Der Vertrauensarzt einer Landesversicherungsanstalt ist deren Erfüllungsgehilfe bei der ärztlichen Untersuchung eines Versicherten (OLG Schleswig JR 1950, 249).

Ladenangestellte: Ladenangestellte sind Erfüllungsgehilfen des Inhabers bezüglich **88**
Sicherungspflichten gegenüber Kunden (LG Karlsruhe VersR 1981, 583).

Leasing: Der Lieferant, der es dem Leasinggeber gegenüber übernommen hat, die **89**
Leasingsache dem Leasingnehmer zu übergeben, ist Erfüllungsgehilfe des Leasinggebers bis zur vollständigen Übergabe, da die Übergabe vom Leasinggeber geschuldet wird (BGHR BGB § 278 S 1 Leasing 1). Der Lieferant, der vom Leasinggeber mit der
Vorbereitung des Leasingvertrages betraut ist, ist Erfüllungsgehilfe des Leasinggebers bezüglich dessen vorvertraglicher Aufklärungs- und Hinweispflichten gegenüber
dem Leasingnehmer (BGHR BGB § 278 S 1 Leasing 2; OLG Dresden BB 2000, 1321; vgl auch
OLG München DB 2002, 2373, wonach sich der Leasinggeber Erklärungen des Lieferanten im
Rahmen von Sondervereinbarungen zwischen diesem und dem Leasingnehmer nicht zurechnen
lassen muß). Der Leasingnehmer ist Erfüllungsgehilfe des Leasinggebers bezüglich
dessen Abnahmepflicht gegenüber dem Lieferanten, wenn der Leasinggeber bestimmt hat, daß die Abnahme der Sache durch den Leasingnehmer an einem von
diesem bestimmten Ort erfolgen soll (BGH NJW 1984, 2034). S noch Rn 17.

Lieferanten: Die Vorlieferanten des Verkäufers erfüllen im allgemeinen nicht eine **90**
Pflicht des Schuldners (Verkäufers) gegenüber dem Gläubiger (Käufer) und sind
deshalb grundsätzlich nicht Erfüllungsgehilfen des Verkäufers; das gleiche gilt für
Zwischenspediteure (BGH Betrieb 1956, 348; BGHZ 48, 118; BGH LM § 463 Nr 13; RGZ RG
JW 1914, 756; zum neuen Recht: SAILER, Die Schadensersatzhaftung des Verkäufers bei Schlechtlieferung und ihre Grenzen, 47; aA SCHMIDT-KESSEL, System § 14 II 1 d). Das Lieferwerk des
Verkäufers ist infolgedessen auch nicht dessen Erfüllungsgehilfe, wenn es einen
anderen Käufer früher beliefert als den Besteller (OLG Hamm BB 1957, 945). Die
Sachlage kann aber unter bestimmten Umständen anders zu beurteilen sein. Wenn
der Verkäufer sich verpflichtet, dem Käufer bestimmte Waren „durch die Firma D"
zu liefern, dann ist die Firma D Erfüllungsgehilfe des Verkäufers (RGZ 172, 20, 22, 24;
zust ERMAN/BATTES Rn 22). Wenn ferner der Lieferant des Verkäufers zu dem Käufer in
unmittelbare Beziehung tritt, dann kann er dem Käufer gegenüber Erfüllungsgehilfe
hinsichtlich der Lieferung sein (BGH WM 1971, 1122; RG LZ 1927, 1336; RGZ 101, 157; 108,
221; OLG Hamburg OLGE 39, 139; OLG Frankfurt BB 1977, 13). Versendet der Lieferant für
eine ihm obliegende Unterweisung des Käufers eine Bedienungsanleitung des Herstellers, so ist dieser insoweit sein Erfüllungsgehilfe (BGHZ 47, 316; OLG Düsseldorf IBR
2003, 354; s aber WEITNAUER NJW 1968, 1597 und J WOLFF Betrieb 1968, 1611). Ebenso kann
unter besonderen Umständen der Abnehmer des Käufers dessen Erfüllungsgehilfe
gegenüber dem Verkäufer in Bezug auf die Abnahmepflicht sein. Der Hersteller
eines Kraftfahrzeugs wird hinsichtlich der ihm obliegenden Untersuchungspflicht
nicht dadurch zum Erfüllungsgehilfen des Händlers, daß dessen eigene Untersuchungspflicht infolge seines gerechtfertigten Vertrauens auf die Zuverlässigkeit des
Herstellers entfällt (BGH LM § 276 [Hb] Nr 2). Beim Werkvertrag ist der Zulieferer des
Unternehmers nicht dessen Erfüllungsgehilfe (BGH Betrieb 1978, 837); anders aber,
wenn er bei der Herstellung des Werkes mitwirkt (BGH aaO; OLG Hamm NJW 1974,
1090). Ein Hersteller und Unternehmer haftet einem gekündigten Alleinvertriebs-
partner für neue Vertriebspartner nach § 278 (BGH NJW 1974, 2239 mit krit Anm ULMER).

Lotto: Der Lotterieeinnehmer ist Erfüllungsgehilfe der Lotto-GmbH (OLG Celle **91**
NdsRpfl 1960, 217), ebenso der Bezirksstellenleiter der Lotto-Gesellschaft (OLG Celle
NdsRpfl 1986, 35).

92 Makler: Der Makler ist in der Regel nicht Erfüllungsgehilfe im Verhältnis der Vertragsparteien des vermittelten Vertrages zueinander (BGH WM 1964, 853).

93 Mietverhältnis: Der **Mieter**, welcher Mieträume seinen Angestellten zum Gebrauch bei der von ihnen auszuführenden Arbeit überläßt, haftet nach § 278, wenn die Angestellten im Zusammenhang mit ihrer Arbeitsleistung Räume oder Einrichtungen pflichtwidrig behandeln, denn der Mieter bedient sich in diesem Fall der Angestellten zur Erfüllung seiner Obhutspflicht (RGZ 84, 222; 87, 276; RG Gruchot 59, 112; OLG Celle OLGE 33, 309). Der Mieter haftet auch für seinen Spediteur (RGZ 106, 134), die von ihm bestellten Handwerker (OLG Düsseldorf ZMR 1965, 51), seine Familienangehörigen, Gäste und Kunden (BGHR BGB § 278 S 1 Mietvertrag 1; AG Brandenburg Grundeigentum 2001, 1134), nicht dagegen für den Hauswart, auch wenn dieser in seinem Interesse tätig ist (KG ZMR 1976, 204). Nach BGH VersR 1956, 307 haftet der Entleiher einer Baracke für seine dort untergebrachten Arbeiter gem § 278 wegen Verletzung der dem Entleiher obliegenden und von diesem durch die in der Baracke nächtigenden Arbeiter zu erfüllenden Obhutspflicht auch dann, wenn ein dort untergebrachter Arbeiter ohne jeden Zusammenhang mit seiner Arbeitsleistung ein Rauchfeuer an die Baracke legt und diese dadurch zerstört.

94 Zur Haftung des **Vermieters** s RGZ 102, 231 (vom Vermieter beauftragter Handwerker ist Erfüllungsgehilfe des Vermieters gegenüber allen durch die Arbeiten gefährdeten Mietern), OLG Düsseldorf ZMR 2002, 41 = NZM 2002, 21 (mit einer Reparatur beauftragter Werkunternehmer ist Erfüllungsgehilfe des Flughafenbetreibers gegenüber dem Flugunternehmen) RGZ 103, 140 (Haftung für Verschulden des Hauswarts), RGZ 106, 133 (Transportleute), BGH VersR 1964, 828 (Arbeitnehmer des Vermieters, die in einem Gebäude tätig sind, in dem ein Mieter Räume innehat, sind Erfüllungsgehilfen des Vermieters bei der Erfüllung der ihm gegenüber dem Mieter obliegenden Fürsorgepflicht) und BGH NJW 1968, 1323 (Haftung für das Verschulden des Hausverwalters). Ob ein **Mitmieter** als Erfüllungsgehilfe des Vermieters gegenüber dem Mieter anzusehen ist, ist sehr umstritten (bejahend RG Recht 1927 Nr 333: Mieter, dem der Vermieter es überlassen hat, einen Ofen zu setzen, ist Erfüllungsgehilfe des Vermieters gegenüber den anderen Mietern, wenn durch sein Verschulden ein Brand entsteht; ebenso ZUNFT AcP 153 [1954] 373 ff; verneinend RGZ 193, 372; BGH VersR 1969, 754; OLG Köln NJW-RR 1995, 1480: Mieter, dem vertraglich die Reinigungspflicht die originäre Reinigungspflicht des Vermieter übertragen wurde, ist nicht Erfüllungsgehilfe des Vermieters).

95 Notar: Im Rahmen seiner Beurkundungstätigkeit ist der Notar nicht Erfüllungsgehilfe eines Beteiligten, da er insoweit nicht in Erfüllung von Verbindlichkeiten der Beteiligten tätig wird, sondern *ausschließlich* zur Ausübung seiner eigenen Amtspflichten (BGH NJW 1993, 648). Notare können aber Erfüllungsgehilfen sein, wenn sie außerhalb ihrer Beurkundungstätigkeit aufgrund eines besonderen Auftrages beim Vollzug eines Grundstückskaufes mitwirken, zB durch Vertretung der Beteiligten bei Verwaltungsbehörden oder Mitwirkung bei der finanziellen Abwicklung des Vertrages. Daß der Notar bei dieser rechtsbetreuenden Tätigkeit auf der Grundlage des § 24 BundesnotarO und somit in Ausübung eines öffentlichen Amtes handelt (BGHZ 87, 156, 163), steht dem nicht entgegen. Für § 278 ist nämlich nicht erheblich, auf welcher Rechtsgrundlage der Notar tätig wird, sondern entscheidend, daß die Handlung objektiv zum Pflichtenkreis eines Beteiligten gehört (BGH VersR 1984, 384).

Post: Der Schuldner, der sich der Post *zur Versendung* des Schuldgegenstandes an den **96** Gläubiger bedient, haftet für die Post als seinen Erfüllungsgehilfen. Auch daß der Schuldner unter Umständen auf die Post angewiesen ist und ihr keine Weisungen bezüglich der Beförderung geben kann, ändert daran nach dem oben Rn 25 Gesagten nichts.

Rechtsanwalt: Der Rechtsanwalt haftet für seine Angestellten (RGZ 101, 248 Bürovor- **97** steher) und seinen amtlich bestellten Vertreter (RGZ 163, 377). Er ist Erfüllungsgehilfe seines Mandanten bezüglich der Informationspflichten des Mandanten gegenüber der gegnerischen Partei, zu deren Erfüllung sich der Mandant des Rechtsanwalts bedient (OLG München NJW RR 1991, 1460). Ebenso muß sich der Mandant ein Verschulden des zweiten Anwalts als eigenes zurechnen lassen, wenn ihn selbst aufgrund einer anderweitig erhaltenen Rechtsbelehrung die Obliegenheit trifft, sich darum zu bemühen, Schaden infolge eines Fehlers des ersten Anwalts zu vermeiden (BGH NJW 1994, 2822). Gibt der vom Schuldner eingeschaltete Rechtsanwalt eine falsche Rechtsauskunft, so haftet der Schuldner nach § 278 (vgl dazu § 285 Rn 30). Der Rechtsanwalt ist auch Erfüllungsgehilfe des Pfändungsgläubigers im Verhältnis zum Drittberechtigten (BGHZ 58, 207). Dagegen ist der Prozeßanwalt grundsätzlich nicht Erfüllungsgehilfe des Verkehrsanwalts und umgekehrt, da es sich um rechtlich selbständige Mandate mit unterschiedlichen Pflichten handelt. So obliegt die Pflicht zu ordnungsgemäßem prozessualen Handeln gegenüber dem Prozeßgericht dem Prozeß-, nicht dem Verkehrsanwalt, und zwar auch dann, wenn die Schriftsätze, die das Gericht beanstandet hat, vom Verkehrsanwalt entworfen worden sind (BGH LM § 278 Nr 104). Auch der erstinstanzliche und der Berufungsanwalt sind nicht Erfüllungsgehilfen des jeweils anderen in dessen Verhältnis zum Mandanten (OLG Koblenz BB 2002, 2089). Anwälte einer **Anwaltssozietät** haften dem Mandanten für das Verschulden eines von ihnen grundsätzlich als Gesamtschuldner, ohne daß es des Rückgriffs auf § 278 bedürfte (vgl BGHZ 56, 359, 363; BGH NJW 1992, 3038; vgl näher Staudinger/Kaduk[12] § 425 Rn 59). Wird ein Mandat aber speziell nur einem Anwalt einer Anwaltssozietät erteilt und schaltet dieser gleichwohl ein anderes Mitglied der Sozietät ein, ist der letztere der Erfüllungsgehilfe des ersteren. Zur Fristversäumung durch den Anwalt im Zusammenhang mit § 233 ZPO vgl aber Rn 46. S noch Rn 43 zur Zurechnung des Verschuldens eines Zweitanwalts im Regreßprozeß des Mandanten gegen den Erstanwalt.

Reiseveranstalter: Der von einem Reiseveranstalter für eine Transferfahrt vom Flug- **98** hafen zum Hotel eingesetzte Fahrer ist dessen Erfüllungsgehilfe im Verhältnis zum Reisenden (OLG Celle NJW-RR 2003, 197). Gleiches gilt für Animateure, wenn sie als Mitarbeiter des Reiseveranstalters bezeichnet werden (OLG Celle OLGR Celle 2002, 232). Beleidigt und schlägt ein Hotelbediensteter einen Reisenden, fehlt regelmäßig der Zusammenhang mit der Erfüllung der Vertragspflichten des Reiseveranstalters, so daß dieser nicht nach § 278 haftet (AG Hamburg NJW-RR 2003, 63). Reisebüros sind Erfüllungsgehilfen des Reiseveranstalters, soweit sie in dessen Pflichtenkreis tätig werden. Dies gilt etwa für die Aufklärung hinsichtlich eines Visumszwangs für Nicht-EU-Bürger (AG Frankfurt RRa 2002, 267) und für Falschangaben hinsichtlich des Inhalts einer Last-Minute-Buchung (AG München RRa 2001, 249). Wird ein Reisebüro von einem Reisenden beauftragt, eine seinen Wünschen entsprechende Reise gleich welchen Veranstalters zu buchen, soll das Reisebüro nach Auffassung des LG Hamburg (RRa 2002, 175) nicht Erfüllungsgehilfe des Reiseveranstalters sein, bei dem die

Reise dann tatsächlich gebucht wird. Das geht daran vorbei, daß sich auch dieser Reiseveranstalter des Reisebüros für die Vermittlung der Reise bedient hat. Schaltet ein Reisebüro bei der Rückabwicklung eines stornierten Fluges einen Tickethändler ein, so ist dieser sein Erfüllungsgehilfe, so daß begangene Veruntreuung dem Reisebüro zuzurechnen sind (LG Gießen NJW-RR 2003, 58). Der Schiffsarzt, der an Bord eines Kreuzfahrtschiffes tätig ist, ist in der Regel nicht Erfüllungsgehilfe des Reiseveranstalters (OLG Hamburg MDR 1985, 141). Hingegen hat der Reiseveranstalter gem § 278 für die Besatzung bei Schiffbruch auf einer Segel-Kreuzfahrt einzustehen (OLG Frankfurt Reiserecht aktuell 1996, 84). Ist das Verlassen eines Kreuzfahrtschiffs nur dadurch möglich, daß ein anderes Schiff überquert wird, sind die Besatzungsmitglieder dieses Schiffes, wenn sie eine Brücke zum Festland angebracht haben, Erfüllungsgehilfen des Reiseveranstalters (LG München I RRa 2002, 262).

99 **Sachverständiger:** Sachverständige können je nach Lage des Falls Erfüllungsgehilfen desjenigen sein, der sie bestellt hat. Hat etwa ein Bauherr einen Sachverständigen eingeschaltet, um Mängel festzustellen, unterlaufen diesem bei der Feststellung Fehler, die zur Auseinandersetzung mit dem Bauunternehmer und bei diesem zu Vermögensschäden, etwa überflüssigen Aufwendungen führen, muß der Bauherr für diese Schäden nach § 278 haften. Hingegen ist der von einer Haftpflichtversicherung bestellte Sachverständige nicht Erfüllungsgehilfe des Geschädigten im Rahmen von dessen Schadensminderungspflicht gegenüber dem Schädiger (AG Frankfurt Schadens-Praxis 2002, 146).

100 **Schausteller und Sportveranstaltungen:** Der Gastwirt, der einen Zauberkünstler zur Unterhaltung seiner Gäste beschäftigt, haftet für deren schuldhaftes Fehlverhalten aus § 278 (RGZ 169, 213). Ein Rennfahrer ist Erfüllungsgehilfe des Veranstalters gegenüber den Zuschauern (RGZ 127, 314) und der Rennleiter Erfüllungsgehilfe des Rennveranstalters bezüglich dessen Sicherungspflichten gegenüber den Rennteilnehmern (KG VersR 1977, 1102). Die Fahrgäste eines Autoscooters sind nicht Erfüllungsgehilfen des Schaustellers in dessen Verhältnis zu den anderen Fahrgästen (LG Hannover VersR 1952, 216).

101 **Schiffsverkehr:** Mitglieder einer Schiffsbesatzung sind Erfüllungsgehilfen des Reeders beim Beförderungsvertrag (RGZ 124, 59). Dagegen soll der Schleppführer nach RGZ 91, 243 nicht Erfüllungsgehilfe des Frachtführers und Eigners des geschleppten Schiffes sein, weil zwischen diesem und dem Schleppführer kein Abhängigkeitsverhältnis bestehe; der Begriff des Erfüllungsgehilfen setzt aber eine wirtschaftliche und soziale Abhängigkeit grundsätzlich nicht voraus (oben Rn 25).

102 **Spediteur:** Der Frachtführer ist nicht Erfüllungsgehilfe des ihn beauftragenden Spediteurs (BGH R BGB § 278 S 1 Frachtvertrag 1). Der Spediteur ist jedenfalls dann Erfüllungsgehilfe des Verkäufers, wenn dieser die Sorge für die Umladung der Waren an den vereinbarten Bestimmungsort übernommen hat und sich des Spediteurs hierfür bedient (OLG München NJW 1958, 426; RGZ 198, 221). Im übrigen läßt sich eine allgemeine Regel nicht aufstellen. Der Spediteur ist sehr häufig Erfüllungsgehilfe des verkaufenden Unternehmers (RGZ 101, 152; 115, 162); der Sachverhalt kann aber auch gegen eine solche Auffassung sprechen (RGZ 99, 58). Der Zwischenspediteur ist im allgemeinen nicht Erfüllungsgehilfe des Verkäufers (s oben „Lieferanten" Rn 90).

Speisewagen: Die Betreiberin der Speisewagen ist dem Verlierer gegenüber ver- **103** pflichtet, im Speisewagen liegengebliebene Gegenstände an die Bahn-AG abzulie- fern. Wird ihr die Erfüllung dieser Verpflichtung durch grobes Verschulden ihres Oberkellners unmöglich gemacht, so haftet sie dafür dem Verlierer nach § 278 (LG Frankfurt NJW 1956, 873).

Tankwart: Der Tankwart ist Erfüllungsgehilfe hinsichtlich der vom Inhaber der Tank- **104** stelle übernommenen Aufbewahrungspflicht (BAG NJW 1968, 717), nicht aber Erfül- lungsgehilfe des Inhabers bei vom Kunden veranlaßter Fahrt (BGH VersR 1968, 472).

Theater: Der Theaterunternehmer haftet nach § 278 für das Verschulden aller Per- **105** sonen, die bei der programmmäßigen Aufführung der Theatervorstellung mitwirken, vom Regisseur, Schauspieler usw bis zum Maschinisten (vgl OLG Dresden OLGE 8, 431: durch Explosion einer zu stark mit Kohlesäure gefüllten Flasche, die ein Artist bei der Aufführung benutzte, wurden Zuschauer in einem Varététheater verletzt; ferner RGZ 59, 22; RG Gruchot 51, 384: Haftung einer Stadtgemeinde bei Veranstaltung eines Feuerwerks; RG JW 1904, 549; RG DJZ 1904, 1137; 1907, 481). Das RG (SeuffBl 72, 537) hat die Haftung des Theaterinhabers auch gegenüber einem Theaterbesucher angenommen, der in einen Luftschacht gefallen war, mit der Begründung, daß der Kastellan des Theaters die ungenügende Sicherheit des Gitters über diesem Schacht kennen mußte.

Verein, nicht rechtsfähiger: Die Mitgliedergesamtheit kann sich des Vorstandes als **106** ihres Erfüllungsgehilfen in bezug auf Vereinsverpflichtungen gegenüber einzelnen Mitgliedern bedienen (RGZ 143, 212, 214: Verletzung eines Mitglieds, das einem „Königsschie- ßen" zugesehen hatte).

Versicherung: Wenn der Bezirksdirektor eines Versicherungsunternehmens einem **107** selbständigen Generalvertreter dieses Unternehmers einen Untervertreter „abwirbt" oder „ausspannt", so wird der Bezirksdirektor als Erfüllungsgehilfe des Versiche- rungsunternehmens angesehen (OLG München MDR 1958, 105). Der Versicherer kann auch für Verschulden des Versicherungsagenten beim Vertragsschluß haften, zB für Unterlassung einer Aufklärung des Versicherungsnehmers über den Umfang der Versicherung (BGH NJW 1963, 1978) oder das schuldhaft falsches Ausfüllen eines vom Versicherungsnehmer blanko unterschriebenen Versicherungsantrags (BGH NJW 1972, 822). Zur Repräsentantenhaftung s Rn 44.

Wettbewerbsverhalten: Eine Firma haftet für das Verschulden eines Presseverlages, **108** dessen sie sich für ihre Werbung bedient, wenn eine vertraglich von der Firma über- nommene wettbewerbsrechtliche Unterlassungspflicht bei der Werbung durch den Presseverlag bzw dessen Angestellte nicht beachtet wird (BGH NJW 1988, 1907). Der Rechtsanwalt ist Erfüllungsgehilfe des Mandanten hinsichtlich des Versprechens, wettbewerbswidrige Handlungen zu unterlassen (BGHR BGB § 278 S 1 Unterlassungsver- sprechen 1). Dies gilt auch, wenn der Rechtsanwalt Maßnahmen zur Verhinderung weiterer Verstöße versäumt (BGH NJW 1987, 3253). Für die Verletzung eines Allein- vertretungsanspruchs durch einen neu angestellten Vertreter haftet der Geschäfts- herr nach § 278 (OLG Frankfurt NJW 1974, 2239). Hat ein Autor eine wettbewerbsrecht- liche Unterlassungserklärung abgegeben, haftet er für eine Zuwiderhandlung des Verlages (AG Dresden WRP 2001, 1114). S Rn 39.

109 **Wohnungseigentümer:** Der Dritte, dem die Wohnung überlassen ist, ist Erfüllungsgehilfe des Wohnungseigentümers gegenüber den anderen Wohnungseigentümern (BayOblGZ 70, 65 = NJW 1970, 1550).

IV. Haftung für den gesetzlichen Vertreter

110 Nach § 278 wird dem Schuldner auch das Verschulden seines gesetzlichen Vertreters zugerechnet (s Rn 3). Gemeint sind damit zunächst einmal die gesetzlichen Vertreter im **familienrechtlichen** Sinne, nämlich die Eltern (§ 1626), der Vormund (§ 1793), der Betreuer (§ 1902), der Pfleger (§ 1909), sowie der Beistand (§ 1716 S 1 iVm §§ 1915 Abs 1, 1793 Abs 1). Auch die Schlüsselgewalt iS des § 1357 ist ein Fall der gesetzlichen Vertretung, ebenso die Stellung des Verwalters des Gesamtguts bei der Gütergemeinschaft (§§ 1422 ff) und der Pflegeperson im Rahmen der Familienpflege (§ 1688).

111 Der Vorstand eines Vereins (§ 26), einer Stiftung (§ 86) oder von Körperschaften und Anstalten des öffentlichen Rechts (§ 89) sowie die Organe sonstiger **juristischer Personen** sind an sich nicht gesetzliche Vertreter iS des § 278, da nach §§ 31, 89 das Handeln dieser Organe als unmittelbares Handeln der juristischen Person gilt. Das ändert aber nichts an der Anwendbarkeit des § 278. Denn die Organe einer juristischen Person haben nach § 26 Abs 2 S 1 HS 2 die *Stellung* eines „gesetzlichen Vertreters". Die juristische Person haftet für sie deshalb im Rahmen von Schuldverhältnissen nach § 278 (RGZ 122, 358; 152, 132; STAUDINGER/WEICK [1995] § 31 Rn 3; wohl auch ERMAN/BATTES Rn 9; **aA** BAG AP Nr 8 zu § 854 BGB = NJW 1998, 2923, das auch im Rahmen von Schuldverhältnissen § 31 anwendet; PALANDT/HEINRICHS Rn 6; BGB-RGRK/ALFF Rn 8; SOERGEL/WOLF Rn 20), während auf die außervertragliche Haftung die §§ 31, 89 anzuwenden sind (RGZ 122, 358; 152, 132; BGH NJW 1977, 2259, 2260; s näher STAUDINGER/WEICK [1995] § 31 Rn 44). Auch wenn satzungsmäßig nur die Gesamtvertretung der Körperschaft durch mehrere Vorstandsmitglieder vorgesehen ist, haftet die Körperschaft nach § 278 für das Verschulden jedes einzelnen Vorstandsmitglieds (RGZ 110, 145). Auch für den Vorstand eines nicht rechtsfähigen Vereins wird nach § 278 gehaftet (RGZ 143, 214; s Rn 106)

112 Die vertretungsberechtigten Gesellschafter einer OHG, KG, einer Partnerschaft und einer BGB-Gesellschaft haften diese im Rahmen von Schuldverhältnissen ebenfalls nach § 278. Zu der Frage, inwieweit außerhalb von Schuldverhältnissen auf diese Personen die §§ 31, 89 anzuwenden sind s STAUDINGER/WEICK (1995) § 31 Rn 44 f.

113 Seinem Sinn nach muß § 278 auch ansonsten angewandt werden, wenn eine Person **aufgrund gesetzlicher Vorschriften mit Wirkung für andere handeln** kann. Deshalb wird der Testamentsvollstrecker mit Recht als gesetzlicher Vertreter des Erben („im weiteren Sinne") verstanden (RGZ 144, 401, 402; BGH BB 1957, 346). Gleiches muß für den Nachlaßverwalter, den Zwangsverwalter und für den Insolvenzverwalter in bezug auf die Masse gelten. Dagegen ist ein in einem außergerichtlichen Liquidationsvergleich bestellter Treuhänder nicht Erfüllungsgehilfe des Schuldners, „weil hier eine doppelseitige Treuhand vorliegt" (MÜHL NJW 1956, 401, 404).

114 Wenn § 278 davon spricht, daß der Schuldner das Verschulden seines gesetzlichen Vertreters „wie eigenes Verschulden" zu vertreten habe, so darf dies nicht wörtlich genommen werden. Auch wenn der Schuldner gar nicht **schuldfähig** ist, muß er für den *schuldhaft handelnden gesetzlichen Vertreter* haften. Fehlt allerdings auf seiten des gesetzlichen Vertreters das Verschulden, etwa weil *dieser* unzurechnungsfähig ist, so haftet der Schuldner, wie sich aus § 276 Abs 1 S 2 ergibt, nicht (LARENZ I § 20 VIII). Hinsichtlich der **Anforderungen an die im Verkehr übliche Sorgfalt** muß wie beim Erfüllungsgehilfen (dazu oben Rn 55) grundsätzlich auf die Person des *Schuldners*, nicht auf die des gesetzlichen Vertreters abgestellt werden. Denn der Gläubiger darf erwarten, daß die Sorgfalt angewandt wird, wie sie dem Geschäftskreis angemessen ist, dem der Schuldner angehört (**aA** insoweit E SCHMIDT AcP 170 [1970] 502, 515 f).

Nach einer insbesondere von E SCHMIDT (AcP 170 [1970] 502, 517 ff und ESSER/SCHMIDT I 2   **115** § 27 II 1; dagegen LARENZ I § 20 VII) vertretenen Auffassung soll die Haftung des Schuldners für den gesetzlichen Vertreter nach § 278 sich nur auf die Leistungserbringung einschließlich der Schlechtleistung beziehen. Dagegen soll für die Verletzung von **Schutzpflichten** *allein der gesetzliche Vertreter* aufgrund einer nach Vertragsgrundsätzen ausgestalteten Vertrauenshaftung einstehen. Diese Beschränkung der Einstandspflicht des Schuldners für den gesetzlichen Vertreter *überzeugt nicht.* Wenn der von rechtsgeschäftlichem Handeln ganz oder teilweise ausgeschlossene Schuldner über den gesetzlichen Vertreter handeln kann, so ist es nur billig, ihm ein Fehlverhalten des gesetzlichen Vertreters auch bei der Verletzung von Schutzpflichten zuzurechnen. Dies wird besonders deutlich, wenn der gesetzliche Vertreter, an den E SCHMIDT den Gläubiger allein verweisen will, aus irgendeinem Grund nicht zahlungsfähig ist. Auch muß die Auffassung von E SCHMIDT zu Schwierigkeiten führen, wenn der gesetzliche Vertreter, wie etwa die Eltern gegenüber dem Kind (§ 1664 Abs 1), nur eingeschränkt haftet. Dem Schutzbedürfnis von Minderjährigen wird im übrigen heute durch § 1629a Rechnung getragen. Eine andere Frage ist, ob der gesetzliche Vertreter in bestimmten Fällen *neben* dem Schuldner kraft eigener Vertrauensstellung dem Gläubiger nach Vertragsgrundsätzen haften kann. Dies ist von der Rechtsprechung unter engen Voraussetzungen bejaht worden (BGHZ 56, 81, dort ist übrigens auf S 83 ausdrücklich davon die Rede, daß „auch" der Vertreter selbst hafte; BGH NJW 1975, 642; BGHZ 100, 346, 352, das eine solche persönliche Haftung für den Konkursverwalter im Regelfall abgelehnt hat) und ergibt sich heute aus § 311 Abs 3 (s STAUDINGER/LÖWISCH [voraussichtlich 2006] § 311).

Setzt der gesetzliche Vertreter einen Erfüllungsgehilfen ein, haftet der Schuldner für   **116** diesen immer nach § 278 (vgl Rn 27 ff).

V.   Haftungsausschluß

Da die Einstandspflicht nach § 278 grundsätzlich die gleiche ist wie nach § 276, so   **117** kann sie wie im unmittelbaren Anwendungsbereich des § 276 **durch Vereinbarung ausgeschlossen** werden. Dabei geht die Dispositionsfreiheit der Parteien bei § 278 sogar noch einen Schritt weiter als bei § 276, da hier auch die Haftung für Vorsatz im voraus erlassen werden kann, § 278 S 2. Ein entsprechender Haftungsausschluß erübrigt dann die mitunter nicht leichte Abgrenzung zwischen grober (bewußter) Fahrlässigkeit und Eventualvorsatz.

Die Möglichkeit des Haftungsausschlusses *in Allgemeinen Geschäftsbedingungen* ist   **118** eingeschränkt: Nach § 309 Nr 7 lit b kann auch hinsichtlich des Erfüllungsgehilfen des

Verwenders die Haftung für Vorsatz oder grobe Fahrlässigkeit nicht durch AGB ausgeschlossen oder begrenzt werden (vgl im einzelnen STAUDINGER/COESTER-WALTJEN [1998] § 11 Nr 7 AGBG Rn 1).

119 Schließt der Schuldner seine Haftung für eigenes Verschulden durch Vereinbarung aus, so ist damit in der Regel auch die Haftung für seine Erfüllungsgehilfen ausgeschlossen (s REICHEL Recht 1924, 155; OLG Hamm TranspR 1998, 311: Unwirksamer Ausschluß der Haftung für Erfüllungsgehilfen).

120 § 278 S 2 gilt auch für den **gesetzlichen Vertreter**. Insbesondere können Eltern oder Vormünder bei Geschäften, die sie im Namen der von ihnen vertretenen Minderjährigen abschließen, deren Haftung für ihren eigenen Vorsatz ausschließen (aA ESSER/SCHMIDT I 2 § 27 II 1 a mit Fn 88). § 278 S 2 gilt aber **nicht für die Organe juristischer Personen**, deren Handeln der juristischen Person wie eigenes Handeln zugerechnet wird (ERMAN/BATTES § 276 Rn 81; JAUERNIG/JAUERNIG § 31 Rn 1).

§ 279
(weggefallen)

Materialien: E I § 237 Abs 2; II § 235 S 2; III § 273; JAKOBS/SCHUBERT, SchR I 209; DE 312; KF 11; RE BT-Drucks 14/6040, 132; Beschlußempfehlung und Bericht d Rechtsausschusses BT-Drucks 14/7052, 184; siehe STAUDINGER/ BGB-Synopse (2000) § 279.

1 § 279, der für **Gattungsschulden** eine vom Verschulden unabhängige Einstandspflicht des Schuldners für die Beschaffungsmöglichkeit festlegte, ist durch die Schuldrechtsreform aufgehoben worden. Der Gesetzgeber steht auf dem Standpunkt, daß die Einstandspflicht des Gattungsschuldners bei der Neufassung des § 276 genügend zum Ausdruck kommt (zur Entstehungsgeschichte s Voraufl § 279 Rn 8).

2 Die Erläuterungen zur Einstandspflicht für Gattungsschulden finden sich einerseits bei § 275, andererseits bei § 276. Im Rahmen von § 275 ist der Eintritt der Unmöglichkeit bei Gattungsschulden erörtert (§ 275 Rn 13 ff). Die Einstandspflicht selbst ist im Rahmen des § 276 behandelt (§ 276 Rn 148 ff). Dort ist auch zur Frage der Einstandspflicht bei Geldschulden Stellung genommen (§ 276 Rn 158 ff).

Vorbemerkungen zu §§ 280–285

Schrifttum

1. Vor der Schuldrechtsreform
BEITZKE, Nichtigkeit, Auflösung und Umgestaltung von Dauerrechtsverhältnissen (1948)

BEUTHIEN, Zweckerreichung und Zweckstörung im Schuldverhältnis (1969)
EMMERICH, Das Recht der Leistungsstörungen (4. Aufl 1997)

GERNHUBER, Synallagma und Zession, in:
FS Raiser (1974) 57

HADDING, Schuldverhältnis und Synallagma
beim Vertrag zu Rechten Dritter, in:
FS Gernhuber (1993) 153

HASSOLD, Zur Reichweite der Mängelgewähr-
leistung im Mietrecht, NJW 1974, 1743

HOFFMANN-BURCHARDI, Die geschichtlichen
Grundlagen des BGB über Leistungsstörungen
bei gegenseitigen Verträgen (§§ 323–327) (Diss
Münster 1974)

HONSELL (Hrsg), Kommentar zum UN-Kaufrecht (1997)

HUECK, Der Sukzessivlieferungsvertrag (1918)

KÖHLER, Unmöglichkeit u Geschäftsgrundlage
bei Zweckstörungen im Schuldverhältnis (1971)

KOLLER, Die Risikozurechnung bei Vertragsstörungen in Austauschverträgen (1979)

LANGE, Die Auswirkung von Leistungsstörungen beim echten Vertrag zugunsten Dritter im Rechtsbereich des Dritten, NJW 1965, 657

LESER, Der Rücktritt vom Vertrag (1975)

MARTINEK, Moderne Vertragstypen (1991)

HENNING MEYER, Ersatz und Erlösherausgabe
(1999)

NÖRR/SCHEYHING, Sukzessionen (1983)

OTTO, Gewährleistungspflicht des Vermieters
trotz anfänglicher objektiver Unmöglichkeit –
BGH, NJW 1985, 1025, JuS 1985, 848

RAAB, Austauschverträge mit Drittbeteiligung
(1999)

TEUBNER, Gegenseitige Vertragsuntreue (1975)

WIESE, Beendigung und Erfüllung von Dauerschuldverhältnissen, in: FS Nipperdey (1965) I
837

ERNST WOLF, Rücktritt, Vertretenmüssen und
Verschulden, AcP 153 (1954) 97

ZIEGLER, Leistungsstörungsrecht nach dem
UN-Kaufrecht (1995)

2. Zur und nach der Schuldrechtsreform

AHRENS, Mietrechtliche Garantiehaftung –
Widersprüchlichkeiten im neuen Schuldrecht,
ZGS 2003, 134

ANDERS, Zur Reform des Kaufrechts, ZRP
2000, 293

CANARIS, Die Reform des Rechts der Leistungsstörungen, JZ 2001, 499

EHMANN/KLEY, Unmöglichkeitslehre, JuS 1998,
481

ERNST, Zur Regelung des Versendungskaufs im
Entwurf der Kommision zur Überarbeitung des
Schuldrechts, ZIP 1993, 481

FLUME, Zu dem Vorhaben der Neuregelung des
Schuldrechts, ZIP 1994, 1497

HUBER, Die Pflichtverletzung als Grundtatbestand der Leistungsstörung im Diskussionsentwurf eines Schuldrechtsmodernisierungsgesetzes, ZIP 2000, 2237

JAKOBS, Gesetzgebung im Leistungsstörungsrecht (1985)

R KNÜTEL, Zur Schuldrechtsreform, NJW 2001,
2519

MEDICUS, Gesetzgebung und Jurisprudenz im
Recht der Leistungsstörungen, AcP 186 (1986)
268

MÜNCH, Die „nicht wie geschuldet" erbrachte
Leistung und sonstige Pflichtverletzungen, Jura
2002, 361

OTTO, Die Grundstrukturen des neuen Leistungsstörungsrechts, Jura 2002, 1

REINHARDT, Die Gefahrtragung beim Kauf
unter besonderer Berücksichtigung der Rege-
lungsvorschläge des Schuldrechtsreforment-
wurfs (1998)

SCHAPP, Probleme der Reform des Leistungsstörungsrechts, JZ 1993, 637

SCHLODDER, Der Arbeitsvertrag im neuen
Schuldrecht (2004)

VOLLKOMMER, Die Konkurrenz des allgemeinen
Leistungsstörungsrechts mit den Leistungsstörungsinstituten der besonderen Schuldvertragstypen, AcP 182 (1982) 525

WAHL, Schuldnerverzug – Bürgerliches Gesetzbuch, Rechtssystematik und Schuldrechtsreform
(1998)

WIEDEMANN, Das System der Leistungsstörungen im deutschen Vertragsrecht, in:
FS Rechtswiss Fakultät Köln (1988) 367

ERNST WOLF, Kein Abschied vom BGB, ZRP
1982, 1.

Systematische Übersicht

Alphabetische Übersicht

Hansjörg Otto

I. Regelungsziele

1 In den Erläuterungen zu den §§ 280 bis 285 ist vor allem auf die **Verpflichtung des Schuldners zum Schadensersatz** bei einer von ihm **zu verantwortenden Pflichtverletzung** im Rahmen eines bereits bestehenden Schuldverhältnisses einzugehen. Nach den §§ 280 bis 283 stellen der *nachträgliche Ausschluß der Leistungspflicht*, also insbes die unmöglich gewordene Leistung (§ 275 Abs 1), die noch geschuldete, aber *nicht erbrachte oder nicht wie geschuldet erbrachte fällige Leistung* und die Verletzung damit zusammenhängender *leistungsbezogener Nebenpflichten* sowie die Verletzung *sonstiger Neben- bzw Schutzpflichten* jeweils eine Pflichtverletzung dar. Ausgangsnorm für all diese Ansprüche ist nach dem Willen des Gesetzgebers § 280 Abs 1. Der Gläubiger kann auf der Grundlage der §§ 280 bis 283 *Schadensersatz* fordern, es sei denn, daß der Schuldner die Pflichtverletzung nicht zu vertreten hat (§ 280 Abs 1 S 2). In § 280 Abs 2 wird für den Schadensersatz wegen Verzögerung der Leistung – gemeint ist nur der *Verzögerungsschaden* – auf § 286 als zusätzliche Voraussetzung Bezug genommen. § 280 Abs 3 verweist für den *Schadensersatz statt der Leistung* auf die zusätzlichen besonderen Voraussetzungen in den §§ 281, 282 oder 283. An Stelle dieses auf das positive Interesse gerichteten Schadensersatzes kann der Gläubiger gem § 284 *Ersatz vergeblicher Aufwendungen* geltend machen. Unabhängig von einer Verantwortlichkeit des Schuldners hat der Gläubiger im Fall des Ausschlusses der Leistungspflicht darüber hinaus nach § 285, der § 281 aF entspricht, die Möglichkeit, „**Herausgabe des Ersatzes**", also ein *Surrogat* der an sich geschuldeten Leistung, zu verlangen. Im folgenden ist wegen des inneren Zusammenhangs ein **Ausblick auf die Haftung des Schuldners bei anfänglichem Ausschluß der Leistungspflicht** (§§ 311a, 275) und auf die besonderen Bestimmungen zum **gegenseitigen Vertrag** (§§ 320–326) ebenso geboten wie ein Vergleich mit der Rechtslage vor Inkrafttreten des Schuldrechtsmodernisierungsgesetzes.

II. Entstehungsgeschichte

Die Diskussion über die Reform wesentlicher Elemente des Allgemeinen Schuld- **2** rechts und insbesondere des Leistungsstörungsrechts wird bereits seit Beginn der achtziger Jahre intensiv geführt (Huber, Leistungsstörungen, in: BJM [Hrsg], Gutachten und Vorschläge zur Überarbeitung des Schuldrechts Bd I 647 ff; Diederichsen AcP 182 [1982] 101, 117 ff; Jakobs, Gesetzgebung im Leistungsstörungsrecht 10 ff, 19 ff; Lieb AcP 183 [1983] 327, 341 ff; Grunsky AcP 183 [1983] 453, 458 f; Vollkommer AcP 183 [1983] 525 ff; Medicus AcP 186 [1986] 269, 276 ff; Wiedemann, in: FS Rechtswiss Fakultät Köln 367 ff unter Betrachtung alternativer Systemansätze; s auch Staudinger/J Schmidt [1995] Einl 75 ff zu §§ 241 ff). Sie führte zur Einsetzung einer Kommission zur Überarbeitung des Schuldrechts (im folgenden: Schuldrechts-Kommission) durch das Bundesministerium der Justiz (im folgenden BMJ), die sich im Jahr 1984 konstituierte. Deren Reformvorschläge gab das BMJ 1992 in einem Abschlußbericht mit ausformulierten Kommissionsentwurf (BGB-KE) heraus. (vollständig abgedr bei Staudinger/J Schmidt [1995] Einl 574 zu §§ 241 ff – dazu Medicus NJW 1992, 2384 ff; Rolland NJW 1992, 2377, 2380 ff; Schapp JZ 1993, 637 ff; Ernst JZ 1994, 801 ff; ders NJW 1994, 2177 ff; Flume ZIP 1994, 1497 ff; Rabe ZIP 1996, 1652 ff; Wahl, Schuldnerverzug – Bürgerliches Gesetzbuch, Rechtssystematik und Schuldrechtsreform [1998]); sie waren auch Gegenstand der zivilrechtlichen Abteilung des Deutschen Juristentages 1994 (Verhandlungen des 60. DJT, Bd II/1 Teil K, Beschlüsse K 103 ff; Bericht in NJW 1994, 3069 f).

Die Normen des BGB-KE übernahm das BMJ für das Leistungsstörungsrecht des **3** Allgemeinen Schuldrechts zeitlich völlig überraschend und inhaltlich nahezu unverändert in den **Diskussionsentwurf eines Schuldrechtsmodernisierungsgesetzes (Stand: 4. 8. 2000 – zitiert DE)** (s dazu Staudinger/Löwisch [2001] Vorbem 6 ff zu §§ 275–283 m Abdruck der §§ 275, 279, 280, 281, 282 DE; ferner Vorbem 3 f zu §§ 284–292; sowie Staudinger/Otto [2001] Vorbem 40 ff zu §§ 323–327 mit Abdruck der §§ 323, 325 DE, § 324 Rn 5 mit Abdruck des § 324 DE). Die Entwürfe zielten im allgemeinen Leistungsstörungsrecht darauf ab, einen **einheitlichen Leistungsstörungstatbestand der „Pflichtverletzung"** zu schaffen, der nicht mehr zwischen Unmöglichkeit, Verzug und sonstigen Pflichtverletzungen unterschied (§§ 280 Abs 1 S 1, 323 Abs 1 BGB-KE; dazu Abschlußbericht 29 ff, 129 f, 166 ff; zust Beschluß II 4 der zivilrechtlichen Abteilung des 60. DJT, II/1 K 103; so auch §§ 280 Abs 1 S 1, 323 Abs 1 DE). Ebenso wenig sollte es auf den synallagmatischen Charakter der Pflicht ankommen. Eine zentrale Distinktion des zukünftigen Leistungsstörungsrechts bedeutete statt dessen die Ausgrenzung der „unerheblichen" Pflichtverletzung (§ 323 Abs 3 Nr 1 BGB-KE = § 323 Abs 3 Nr 1 DE). Derartige Pflichtverletzungen sollten den Gläubiger weder zum Rücktritt noch zum Schadensersatz wegen Nichtausführung des Vertrages berechtigen (§§ 280 Abs 2 S 3, 327 BGB-KE = §§ 280 Abs 2 S 3, 325 DE). Der Tatbestand der „nicht unerheblichen Pflichtverletzung" sah nicht mehr die Unterscheidung zwischen zu vertretender und nicht zu vertretender Störung vor, wie sie den §§ 323, 325 aF zugrunde lag. Das „Vertretenmüssen" des Schuldners sollte erst für die Frage des „Schadensersatzes wegen der Nichtausführung" des Vertrags bedeutsam sein, nicht aber für die Gesamtliquidation des Vertrages durch Rücktritt, der dem Schadensersatzverlangen wegen Nichtausführung des Vertrages beim gegenseitigen Vertrag auf jeden Fall vorauszugehen hatte (§ 280 Abs 2 S 3, 327

Hansjörg Otto

BGB-KE; zust Beschluß II 6 der zivilrechtlichen Abteilung des 60. DJT, II/1 K 103; so auch §§ 280 Abs 2 S 3, 325 DE). Mit diesem Bruch mit dem bis dahin geltenden System tatbestandlich präzisierter Leistungsstörungstatbestände folgte die Schuldrechts-Kommission im Kern den am UN-Kaufrecht orientierten Vorschlägen von HUBER (Gutachten 647, 699 ff, 751 ff).

4 Auf der Rechtsfolgenseite bedeutete die in § 327 BGB-KE (= § 325 DE) vorgeschlagene Möglichkeit zur **Kumulation von Rücktritt und Schadensersatz** wegen „Nichtausführung des Vertrages" eine begrüßenswerte wesentliche Veränderung zur damaligen Rechtslage (dazu Abschlußbericht 31, 173 f; befürwortend auch ROLLAND, in: FS Medicus 469, 479 f). Problematisch war hingegen, daß vor der Geltendmachung eines Schadensersatzanspruchs wegen Nichtausführung des Vertrages *zwingend* der Rücktritt erklärt werden mußte. Die Betonung des Rücktritts war zudem die Konsequenz des Wegfalls des konditionellen Synallagmas (§§ 275, 323) selbst im Fall der Unmöglichkeit bzw der in § 326 Abs 1 S 2 HS 2 aF angeordneten Rechtsfolge des Untergangs des Leistungsanspruchs bereits mit Ablauf der Ablehnungsfrist. Die zwingend vorgeschriebene Kumulation hätte insbes dort zu Schwierigkeiten geführt, wo ein Rücktritt nicht in Betracht kommt, zB bei Dauerschuldverhältnissen.

Die bestehenden **Spezialregelungen des Besonderen Schuldrechts über Gefahrtragung und Mängelhaftung** (Rn 35 ff) ließ die Schuldrechts-Kommission im Rahmen der allgemeinen Leistungsstörungsregelungen grundsätzlich unberührt. Die vorgeschlagene Reform des Kaufvertragsrechts sah allerdings die Integration der Rechts- und Sachmängelhaftung in das allgemeine Leistungsstörungsrecht vor (§§ 434 ff BGB-KE [im Kern identisch m §§ 433 ff DE]; Abschlußbericht 32 f, 195 ff; dazu HAAS NJW 1992, 2389 ff; zust Beschluß III 9 der zivilrechtlichen Abteilung des 60. DJT, II/1 K 104).

5 Auch wenn das Ziel der Schuldrechts-Kommission, das allgemeine Leistungsstörungsrecht „übersichtlicher und zeitgemäßer" zu gestalten (vgl den Kommissionsauftrag, Abschlußbericht 15) schon damals zu begrüßen war, ist dennoch zweifelhaft, ob dieses Ziel durch den einheitlichen Störungstatbestand der „Pflichtverletzung" hätte erreicht werden können. Diese Rechtsfigur hatte fraglos den Vorzug begrifflicher Elastizität und rechtsfolgenorientierter Flexibilität. Mit Recht wurde jedoch kritisch angemerkt, daß der Einheitstatbestand der Pflichtverletzung die Unterschiede zwischen den verschiedenen Störungsanlässen nicht beseitige (FLUME ZIP 1994, 1497, 1500; vgl auch M AHRENS ZRP 1995, 417, 419) und aufgrund der weiterhin erforderlichen Differenzierung nicht zur erwünschten Vereinfachung führe (ERNST NJW 1994, 2177, 2180; ders JZ 1994, 801, 805). So wären beim Rücktritt einer Partei zweifellos Streitigkeiten über die „Unerheblichkeit" der Pflichtverletzung provoziert worden (so auch ERNST JZ 1994, 801, 807), wenn es als generelles Tatbestandsmerkmal formuliert worden wäre (anders jetzt § 281 Abs 2 S 3 u § 323 Abs 5 S 2 für die mangelhafte Leistung). Zu Schwierigkeiten hätte auch führen müssen, daß der Anspruch auf die Gegenleistung selbst im Fall eindeutiger Unmöglichkeit der Leistung entgegen § 323 aF erst infolge eines Rücktritts des Gläubigers untergehen sollte. Denn auch dem Schuldner der unmöglich gewordenen Leistung sollte gem § 275 S 1 BGB-KE (= § 275 S 1 DE) lediglich ein Leistungsverweigerungsrecht zustehen. Er hätte also im Fall seiner Säumnis im Prozeß zur – unmöglichen – Leistung verurteilt werden müssen, wenn er sich nicht gewehrt hätte. Die Schuldrechts-Kommission wollte hier mit einer Berücksichtigung der außerprozessual erhobenen Einrede, dem Gesichtspunkt der unzulässigen

Rechtsausübung bzw – sehr fragwürdig – dem fehlenden Rechtsschutzbedürfnis helfen (Abschlußbericht 121; abl Beschluß II 5 b der zivilrechtlichen Abteilung des 60. DJT, II/1 K 103; ebenso BRÜGGEMEIER, Verhandlungen des 60. DJT II/1, K 61). Nicht überzeugen konnte zudem die beabsichtigte Streichung der Gefahrtragungsregeln für den Fall der Versendung beim Kauf (§ 447) und Werkvertrag (§ 644 Abs 2) (s ERNST ZIP 1993, 481 ff; REINHARDT insbes 135 ff).

Der *DE* entfachte die Debatte über eine Schuldrechtsreform erneut. Die Beiträge **6** gerade zu den Details des Entwurfs waren überwiegend kritisch (vgl nur die Referate zum Regensburger Symposion unter dem Titel „Schuldrechtsmodernisierung 2001", abgedr in: ERNST/ZIMMERMANN [Hrsg], Zivilrechtswissenschaft und Schuldrechtsreform [2001], die Beiträge des Symposions in Münster mit dem Thema „Die Schuldrechtsreform vor dem Hintergrund des Gemeinschaftsrechts", hrsgg von SCHULZE/SCHULTE-NÖLKE [2001], sowie die Vorträge und Berichte der Sondertagung „Schuldrechtsmodernisierung" der Deutschen Zivilrechtslehrervereinigung in Berlin, JZ 2001, 473 ff). Insgesamt zeigte sich, daß insbesondere die beabsichtigte Generalisierung der Haupthaftungstatbestände über alle Vertragstypen hinweg zu schwerwiegenden inhaltlichen Disharmonien im Vergleich mit dem Regelungsgehalt des geltenden Rechts führten. Ein Beispiel bildete etwa das Arbeitsrecht (dazu LÖWISCH NZA 2001, 465 ff). Hinzu kam eine wenig durchsichtige Verweisungstechnik.

Die Kritik an dem *DE* führte zu dessen grundlegender Überarbeitung durch eine **7** neue „Kommission Leistungsstörungsrecht" (s CANARIS JZ 2001, 499 mit Fn 1), deren Ergebnis die sogenannte **„Konsolidierte Fassung" (KF)** war (in Form einer Synopse zum DE abgedruckt in JZ 2001, 524 ff). Als wesentliche Änderungen sind die Wiedereinführung der objektiven und subjektiven **Unmöglichkeit** mit dem automatischen Untergang des Leistungsanspruchs in § 275 Abs 1 KF zu nennen. Unglücklicherweise nahm die Kommission jedoch die *zeitweilige* Unmöglichkeit in die Norm mit auf (Stellungnahme des Bundesrates BT-Drucks 14/6857 Anl 2, Nr 19, 23, 32 und 52; Beschlussempfehlung und Bericht des Rechtsausschusses BT-Drucks 14/7052, 208). Außerdem fand der **automatische Untergang des Anspruchs auf die Gegenleistung** in § 326 Abs 1 S 1 wieder seinen Platz. Die in § 325 DE vorgesehene Rücktrittsvoraussetzung entfiel zugleich für den Schadensersatzanspruch statt der Leistung. § 325 KF ließ vielmehr die freiwillige **Kumulation** zu. In § 311a KF kehrte man zudem zu einer gesonderten Regelung der **anfänglichen** objektiven und subjektiven **Unmöglichkeit** zurück, die dem Schuldner ohnehin nur schwer als Pflichtverletzung vorgeworfen werden kann. Nach CANARIS (DB 2001, 1815, 1818) und der Begründung des mit dem *Regierungsentwurf identischen Koalitionsentwurfs* (BT-Drucks 14/6040, 165) soll der Anspruch auf Ersatz des positiven Interesses die Konsequenz der „Nichterfüllung des – nach § 311a Abs 1 wirksamen – Leistungsversprechens" sein (eingehend CANARIS, Zur Bedeutung der Kategorie der „Unmöglichkeit" für das Recht der Leistungsstörungen, in: SCHULZE/SCHULTE-NÖLKE, Die Schuldrechtsreform vor dem Hintergrund des Gemeinschaftsrechts 43, 59, ders ie zur KF in JZ 2001, 499 ff).

Die *„Konsolidierte Fassung"* ist dann mit geringfügigen Änderungen Inhalt des **Re- 8 gierungsentwurfs (RegE)** geworden, der dem Bundesrat zugeleitet worden ist (BR-Drucks 338/01 v 11.5. 2001). Gleichzeitig brachten die Koalitionsfraktionen *SPD* und *Bündnis 90/Die Grünen* den Regierungsentwurf im Interesse beschleunigter Beratung unmittelbar im Bundestag ein (BT-Drucks 14/6040 v 14.5. 2001). Der *Regierungsentwurf* hat in vielen Punkten grundsätzliche **Kritik des Bundesrates** ausgelöst, zu der die Bundesregierung in ihrer Gegenäußerung teilweise zustimmend Stellung genommen hat (BT-Drucks 14/6857 v 31. 8. 2001 Anl 2 u 3). Die **Beschlussempfehlung des Rechtsausschusses** (BT-Drucks 14/7052 v 9. 10. 2001) hat noch einmal zu bedeutsamen Änderungen geführt; diese Fassung wurde am 11. 10. 2001 vom Bundestag angenommen (BR-Drucks 819/01 v 19. 10. 2001) und am 9. 11. 2001 vom Bundesrat gebilligt (BR-Drucks 819/01 [Beschluss]). Die Änderungen betreffen insbesondere die erfreulicherweise aufgegebene Gleichstellung von dauernder und zeitweiliger Unmöglichkeit in § 275 Abs 1 S 1 und § 283 S 1 sowie die Anerkennung des eigenständigen arbeitsrechtlichen Haftungsregimes durch den erst im letzten Moment eingefügten § 619a. Das Endprodukt unterscheidet sich damit auch gerade hinsichtlich der §§ 280 ff nicht nur grundlegend von dem Entwurf der Schuldrechts-Kommission von 1992 und dem ihm folgenden *DE* des BMJ aus dem Jahr 2000, sondern beträchtlich von der *Konsolidierten Fassung* bzw dem *Regierungsentwurf.*

III. Überblick über den Regelungsgehalt mit Ausblick auf die §§ 320–326

9 § 280 bildet allein bzw iVm den §§ 281 bis 283 bzw 286 nach der gesetzlichen Neuregelung die **zentrale Anspruchsgrundlage** für die meisten Schadensersatzansprüche **im Rahmen bestehender Schuldverhältnisse**, unabhängig von deren Entstehungsgrund (§ 280 Rn B 1 ff). Die genannten Normen treten nicht nur an die Stelle der Regelungen für *Unmöglichkeit* (§§ 280, 325 aF) und *Verzug* (§§ 286 Abs 1 u 2, 326 aF), sondern ersetzen beim Kauf- und Werkvertrag die für den *Schadensersatz wegen Nichterfüllung infolge von Sachmängeln* bisher maßgeblichen §§ 463 und 635. Außerdem erfassen sie die bislang nicht kodifizierten Haftungsgrundsätze der *positiven Forderungs- bzw Vertragsverletzung* sowie der *culpa in contrahendo* (§ 311 Abs 2). In der dogmatischen Gesamtkonzeption nimmt die Pflichtverletzung eine zentrale Rolle ein. Zwar hat sie im Vergleich mit dem DE an Bedeutung verloren, da spezifische Störungen des Leistungs- und Pflichtprogramms wieder eine stärkere selbständige tatbestandliche Ausprägung erfahren haben. Dies zeigt nicht zuletzt die Beibehaltung der Unterscheidung von Unmöglichkeit der Leistung und Verzug. Ihre besondere Bedeutung spiegelt sich dennoch deutlich in § 280 wieder, der die Überschrift **„Schadensersatz wegen Pflichtverletzung"** trägt. § 280 Abs 1 S 1 enthält die Kernaussage für das Entstehen eines Schadensersatzanspruchs.

10 Die Haftung wird grundsätzlich durch die Verletzung einer Pflicht aus dem Schuldverhältnis ausgelöst und ist nach § 280 Abs 1 S 2 nur dann ausgeschlossen, *„wenn der Schuldner die Pflichtverletzung nicht zu vertreten hat"*. Danach kommt es für die Haftung jedenfalls nicht auf eine positive Aussage über ein **„Vertretenmüssen" des Schuldners** an, so daß es sich in Wahrheit um einen Haftungsausschlußgrund und nicht lediglich um eine Beweislastregel handelt (näher dazu § 280 Rn D 2 ff; im Ausgangspunkt abw STAUDINGER/LÖWISCH § 276 Rn 5, der das Verschuldensprinzip gewahrt sieht und mit der hM lediglich den Beweislastaspekt hervorhebt).

11 Die zentrale Funktion des § 280 wird noch dadurch unterstrichen, daß **§ 280 Abs 2 u 3** den **„Schadensersatz wegen Verzögerung der Leistung"** bzw **„statt der Leistung"** nur unter *„zusätzlichen* Voraussetzungen" gewähren. Man hat sich demnach terminologisch neu zu orientieren. Unter dem Begriff Schadensersatz statt der Leistung versteht der Gesetzgeber den bisherigen Schadenersatz wegen Nichterfüllung und damit den *Ersatz des positiven Interesses.* Dies ergibt sich aus der Begründung des RegE, in

der die Aufgabe dieses Begriffes damit begründet wird, daß der Schadenersatzanspruch nicht an die Stelle der Erfüllung trete, sondern an die der primär geschuldeten Leistung, die nicht mehr verlangt werden könne; darüber hinaus bedeute die Leistung von Schadensersatz ebenfalls Erfüllung (RegE BT-Drucks 14/6040, 137; ie § 280 Rn E 5 ff). Hier verbleiben freilich Unschärfen bei der Zuordnung zu § 280 Abs 3, weil zB der Schadensersatz wegen Nichterfüllung nach § 463 aF auch entfernte Folgeschäden umfassen konnte (näher dazu § 280 Rn E 6). Neben dem Schadensersatz statt der Leistung kennt das Gesetz den **Schadensersatz statt der ganzen Leistung,** der an die Stelle des Schadensersatzes „wegen der ganzen Verbindlichkeit" (§ 325 Abs 1 S 2 aF) tritt, wenn es trotz einer erbrachten teilweisen oder mangelhaften Leistung zu einer Gesamtabwicklung kommt (§ 281 Abs 1 S 2 u 3 oder § 283 S 2). Anderenfalls bleibt es beim „kleinen Schadensersatz" für den nicht geleisteten Teil oder als Ausgleich für die Schlechterfüllung. Beim **einfachen Schadensersatz** wegen Pflichtverletzung nach § 280 Abs 1 bzw **Schadensersatz wegen der Verzögerung der Leistung** nach §§ 280 Abs 1 u 2, 286 geht es hingegen jeweils um das durch die Pflichtverletzung ausgelöste *Erhaltungsinteresse* des Gläubigers und nicht um einen Schadensersatzanspruch anstelle der primär geschuldeten Leistung (näher dazu § 280 Rn E 3, 11 f, 13 ff).

1.   Ausschluß der Leistungspflicht

Gem den *§§ 280 Abs 1 u 3, 283* haftet der Schuldner für den **Ausschluß der Leistungs-** **12** **pflicht** gem § 275 Abs 1 bis 3, also insbes für die nachträgliche objektive und subjektive Unmöglichkeit, auf **Schadensersatz statt der Leistung,** dh auf das Erfüllungsinteresse, wenn er nicht darlegt und beweist, daß er diese Pflichtverletzung nicht zu vertreten hat. Dies deckt sich mit § 280 bzw § 325 aF, bei denen das Vertretenmüssen des Schuldners allerdings „positiv" als Haftungsvoraussetzung („infolge eines vom Schuldner zu vertretenden Umstandes") und nicht negativ als materieller Haftungsausschlußgrund formuliert war. Die Haftung entfällt nach der Neufassung demnach nur, wenn der Schuldner die Pflichtverletzung ausnahmsweise nicht zu vertreten hat. Ohne Rücksicht auf eine Entlastungsmöglichkeit steht dem Gläubiger im Fall des Leistungsausschlusses bzw des Untergangs des primären Anspruchs zudem der Anspruch auf ein etwaiges **Surrogat** zu. § 285 entspricht in seinem Regelungsgehalt § 281 aF. In § 285 Abs 2 wird wie in § 281 Abs 2 aF angeordnet, daß der Wert des Surrogats auf den Schadensersatzanspruch anzurechnen ist.

Im übrigen unterscheidet sich das Sanktionssystem vor allem in systematischer Hinsicht von der alten Rechtslage. Bisher war für den Zugriff auf die einschlägige Norm maßgeblich, ob es sich um eine *synallagmatische Leistungspflicht* handelte oder nicht. Für den Fall **vollständiger,** vom Schuldner zu vertretender **Unmöglichkeit** einer nicht im Gegenseitigkeitsverhältnis stehenden Leistungspflicht ordnete § **280 Abs 1 aF** als Sanktion die Verpflichtung zum Schadensersatz wegen Nichterfüllung an. Bei synallagmatischen Verpflichtungen aus einem gegenseitigen Vertrag konnte der Gläubiger hingegen nach § **325 Abs 1 S 1 aF** nicht nur **Schadensersatz wegen Nichterfüllung** verlangen, sondern *statt dessen* den **Rücktritt** vom Vertrag erklären. Ferner gab ihm § 325 Abs 1 S 3 aF alternativ die Möglichkeit, die Rechte aus § 323 aF geltend zu machen. Damit ließen sich orientiert am Rechtsschutzziel vor allem fünf Wahlmöglichkeiten und instrumental sogar sieben Varianten unterscheiden (STAUDINGER/OTTO [2001] § 325 aF Rn 28 u 29; zu den Wahlmöglichkeiten des Gläubigers nach neuem Recht vgl § 283 Rn 53 ff). Nunmehr bilden §§ 280 Abs 1 u 3, 283 die Anspruchsgrundlage für den

Schadensersatzanspruch statt der Leistung. Hingegen wird für den **gegenseitigen Vertrag** das Schicksal des *Anspruchs auf die Gegenleistung* beim Ausschluß der Leistungspflicht in § 326 geregelt, einschließlich eines – kumulativen – *Rücktrittsrechts* des Gläubigers gem § 326 Abs 5 iVm § 323 (vgl dazu STAUDINGER/OTTO [2004] § 326 Rn A 6 ff).

13 Ist der Anspruch auf die Leistung **quantitativ teilweise** ausgeschlossen oder **qualitativ nur teilweise vertragsgemäß** bewirkt und eine Nacherfüllung ausgeschlossen, so finden wegen der Verweisung in § 283 S 2 die Regelungen in § 281 Abs 1 S 2 u 3 entsprechende Anwendung. Demnach ist zu unterscheiden: Hat der Gläubiger an der quantitativ teilweisen Erfüllung kein Interesse oder ist die Pflichtverletzung bei dem qualitativen Leistungsdefizit nicht lediglich unerheblich, so kann er den gesamten Vertrag liquidieren (§ 283 Rn 82 ff u 90 f). Anderenfalls wird das Vertragsverhältnis zT plangemäß abgewickelt, und dem Gläubiger steht nur hinsichtlich des nicht erfüllbaren Teils der geschuldeten Leistung ein Schadensersatzanspruch zu (§ 280 Rn E 8 ff; § 281 Rn B 78 ff, 161 ff; § 283 Rn 77 ff u 87 ff). Insoweit ergibt sich kein Unterschied zu § 280 Abs 2 u § 325 Abs 1 S 2 aF. Allerdings enthielten die Normen eine klare Aussage darüber, daß der Gläubiger im Fall der Gesamtliquidation den möglichen Teil der Leistung ablehnen mußte. Auf diese Ablehnung waren die Rücktrittsregeln entspr anwendbar (dazu STAUDINGER/LÖWISCH [2001] § 280 aF Rn 24 u STAUDINGER/OTTO [2001] § 325 aF Rn 125). Das davon zu unterscheidende Rücktrittsrecht hätte hingegen den Schadensersatzanspruch ausgeschlossen. Jetzt ist das – kumulative – Rücktrittsrecht bei teilweisem Ausschluß der Leistungspflicht in § 326 Abs 5 iVm § 323 Abs 5 S 1 u 2 vorgesehen (dazu STAUDINGER/OTTO [2004] § 323 Rn B 127, C 28 ff, § 326 Rn F 1 ff). Ansonsten geht der Anspruch auf den möglichen Teil der Leistung erst mit der wirksamen Geltendmachung des Schadensersatzanspruchs unter; insoweit wird man § 281 Abs 4 entspr anwenden müssen, auch wenn auf diesen Absatz in § 283 S 2 nicht verwiesen wird (§ 283 Rn 76).

2. Die nicht erbrachte (verzögerte) Leistung

14 Wird die geschuldete Leistung nicht erbracht, obgleich der Anspruch (noch) besteht, hat man es nach bisherigem Sprachgebrauch primär mit dem Leistungsstörungstatbestand Verzug und dessen zusätzlichen Voraussetzungen zu tun. Der Gesetzgeber verwendet den Begriff *Verzug* allerdings nur im Zusammenhang mit dem **Schaden wegen Verzögerung der Leistung** durch die Verweisung in § 280 Abs 2 auf § 286. Deshalb wird im folgenden zwischen der Geltendmachung des Verzögerungsschadens beim Schuldnerverzug und der Geltendmachung des **Schadensersatzes statt der verzögerten Leistung** unterschieden.

15 Die einschlägige Anspruchsgrundlage für den **Verzögerungsschaden** war bisher § 286 Abs 1 aF. Daneben bestand unverändert der Anspruch auf die geschuldete Leistung. Der Verzögerungsschaden setzte Verzug, dh eine zu vertretende Leistungsverzögerung voraus. Die Formulierung des § 285 aF sollte dem Schuldner nach hM allerdings nur die Darlegungs- und Beweislast auferlegen und das Vertretenmüssen nicht etwa im Unterschied zu den §§ 280, 325 aF zu einem negativen Tatbestandsmerkmal machen (BGHZ 32, 218, 222; STAUDINGER/LÖWISCH [2001] § 285 aF Rn 39; STAUDINGER/OTTO [2001] § 326 aF Rn 61). Lagen die übrigen Verzugsmerkmale vor, so konnte man das Vertretenmüssen des Schuldners annehmen, es sei denn, er konnte seine mangelnde

Verantwortlichkeit nachweisen. Auch zukünftig setzt die Ersatzpflicht außer der objektiven Verzögerung der Leistung zusätzlich den Verzug des Schuldners voraus, dessen Voraussetzungen und Varianten in § 286 Abs 1 bis 3 in Anlehnung an § 284 aF geregelt sind. Hierbei gerät der Schuldner ebenfalls nicht in Verzug, solange die Leistung wegen eines Umstandes unterbleibt, den er nicht zu vertreten hat (§ 286 Abs 4). Mit Blick auf § 280 Abs 1 S 2 wird man jedoch davon ausgehen müssen, daß es sich bei der Entlastungsmöglichkeit nicht lediglich um eine Beweislastregelung, sondern um einen materiellen Haftungsausschlußgrund handelt. Für die Haftung kommt es jedenfalls nicht auf eine positive Aussage über ein „Vertretenmüssen" an (im Ausgangspunkt abw STAUDINGER/LÖWISCH § 286 Rn 130, der das Verschuldensprinzip gewahrt sieht und den Beweislastaspekt hervorhebt). Auch nach neuem Recht besteht der Anspruch auf die geschuldete Leistung neben dem Schadensersatzanspruch unverändert fort. Aufbautechnisch wird man sich darüber streiten können, ob man § 280 Abs 1 S 1 mit als Anspruchsgrundlage nennen muß oder ob man sich mit §§ 280 Abs 2, 286 begnügen kann. Geht man von der Pflichtverletzung als Zentralbegriff aus, liegt die Zitierung des § 280 Abs 1 nahe.

Der **Schadensersatz statt der nicht erbrachten (verzögerten) Leistung** in den §§ 280   **16** Abs 1 u 3, 281 Abs 1 S 1 1. Alt betrifft hingegen die Konstellation, in welcher der Gläubiger auf eine Abwicklung des Rechtsverhältnisses oder die **Gesamtliquidation des Vertrages** drängen will, ohne zuvor Erfüllungsklage zu erheben. Bisher fanden sich die maßgeblichen Regelungen in § 286 Abs 2 aF für die nicht im Gegenseitigkeitsverhältnis stehenden Leistungspflichten, vor allem aber in dem für die Praxis zentralen § 326 aF, der sich nur auf synallagmatische Pflichten bezog. Jetzt wird auf den ersten Blick verwirrend nicht auf den Verzug iS des § 286 als Haftungsvoraussetzung rekurriert, sondern mit § 281 eine vom Verzug unabhängige eigenständige Haftungsnorm geschaffen, die zugleich die *„nicht wie geschuldet erbrachte Leistung"*, also die Schlechterfüllung, zum Gegenstand hat. Diese Regelungstechnik hat zur Folge, daß es formal keiner Mahnung iS des § 286 Abs 1 bedarf. **Regelvoraussetzungen** sind nach § 281 Abs 1 S 1 allein die Nichterbringung einer fälligen Leistung sowie die *erfolglose Setzung einer angemessenen Frist*. Jedoch hat die Fristsetzung sicher materiell die Wirkung einer Mahnung (zu den Unterschieden zum Verzug s § 281 Rn B 33 f); die Doppelung von Mahnung und Nachfristsetzung ist indessen nicht mehr vorgesehen. Vor allem ist die bisher notwendige *Ablehnungsandrohung* iS von § 326 Abs 1 S 1 aF *entfallen*. § 281 Abs 2 erklärt darüber hinaus die *Fristsetzung* erstens für *entbehrlich*, wenn der Schuldner die Leistung ernsthaft und endgültig verweigert. Das entspricht allgemeiner Auffassung und Praxis des früheren Rechts (STAUDINGER/OTTO [2001] § 326 aF Rn 139). Problematisch ist allerdings die Einordnung der endgültigen Erfüllungsverweigerung vor Eintritt der Fälligkeit, die bisher richtigerweise als Fall der positiven Vertragsverletzung gehandelt worden ist (zur alten Rechtslage STAUDINGER/OTTO [2001] § 326 aF Rn 140 und zu dieser Problematik ie § 281 Rn B 103 ff). Sehr viel vager als § 326 Abs 2 aF sind zweitens die „besonderen Umstände", „die unter Abwägung der beiderseitigen Interessen die sofortige Geltendmachung des Schadensersatzanspruchs rechtfertigen" sollen. Nach Abs 3 ist alternativ zur Fristsetzung abzumahnen, wenn wegen der Art der Pflichtverletzung eine Fristsetzung nicht in Betracht kommt wie bei Unterlassungspflichten. Das Tatbestandsmerkmal **„Vertretenmüssen"** kommt nur durch die ausdrückliche Rückverweisung in § 281 Abs 1 auf § 280 Abs 1 zweifelsfrei ins Spiel, obwohl § 280 Abs 3 seinerseits auf die zusätzlichen Voraussetzungen des § 281 verweist. Auch hier handelt es sich wieder um einen materiellen

Haftungsausschlußgrund, der nur eingreift, wenn die fehlende Verantwortlichkeit des Schuldners positiv festgestellt werden kann (Rn 10). Für die **Teilverzögerung** enthält § 281 Abs 1 S 2 wie bisher § 326 Abs 1 S 3 iVm § 325 Abs 1 S 2 aF eine Modifikation dahin, daß der Gläubiger Schadensersatz statt der *ganzen* Leistung nur bei fehlendem Interesse an der bewirkten Teilleistung geltend machen kann (näher dazu § 281 Rn B 166).

Nach Fristablauf bzw bei Entbehrlichkeit der Fristsetzung entsteht zwar der Schadensersatzanspruch des Gläubigers (§ 281 Rn B 132); dennoch besteht sein Anspruch auf die **Primärleistung** anders als nach Ablauf der Fristsetzung mit Ablehnungsandrohung gem § 326 aF zunächst fort. Das Wahlrecht des Gläubigers zwischen Erfüllung und Liquidation endet erst, wenn dieser wirksam Schadensersatz statt der Leistung verlangt (dazu § 281 Rn D 7 ff); zugleich erlischt nach § 281 Abs 4 der Erfüllungsanspruch. Der Erfüllungsanspruch geht beim gegenseitigen Vertrag außerdem dann unter, wenn sich der Gläubiger gem der mit § 281 *weitgehend synchronen Regelung des § 323 Abs 1 S 1 1. Alt* für den *Rücktritt* entscheidet (Staudinger/Otto [2004] § 323 Rn A 20 f).

3. Die nicht wie geschuldet erbrachte Leistung

17 §§ 280 Abs 1 u 3, 281 Abs 1 S 1 2. Alt regeln die Voraussetzungen für den wichtigen Fall der nicht wie geschuldet erbrachten Leistung, die man in etwa mit dem Begriff der **Schlechterfüllung** charakterisieren kann. Diese führte im gesetzlich geregelten Leistungsstörungsrecht des Allgemeinen Schuldrechts bislang ein Schattendasein. Besser erging es ihr im Besonderen Schuldrecht überall dort, wo der Gesetzgeber **spezifische Gewährleistungsregeln** geschaffen hatte, also vor allem beim Kauf-, Miet- und Werkvertrag. Hier hatte man weitgehend für Rechte des Gläubigers gesorgt, die jedenfalls kein Vertretenmüssen iS der §§ 276, 278 aF voraussetzten. Darüber hinaus war man aber auf die Figur der **positiven Vertragsverletzung** angewiesen, zu deren Tatbestandsmerkmalen ein Vertretenmüssen gehörte, mag die Darlegungs- und Beweislast in Parallele zu §§ 282, 285 aF zunehmend dem Schuldner auferlegt worden sein (Staudinger/Löwisch [2001] § 282 aF Rn 18 ff). Aufgrund dieser Ausgangslage hatte der Bundesrat Bedenken gegen die Einheitslösung in § 280 Abs 1 S 2 geäußert, die dem Schuldner generell die Entlastung vom Vertretenmüssen auferlegt (BT-Drucks 14/ 6857 Anl 2, Nr 25).

18 Nunmehr hat der Gesetzgeber auch für die „nicht wie geschuldet erbrachte Leistung" im **Allgemeinen Schuldrecht** die zentralen Normen geschaffen. Nur deshalb kann jetzt aus dem Kauf- und Werkvertragsrecht für den Anspruch auf Schadensersatz (§§ 437 Nr 3, 634 Nr 4) und für das Rücktrittsrecht (§§ 437 Nr 2, 634 Nr 3) auf die §§ 280, 281 verwiesen werden. Diese erfassen ebenfalls die Verletzung sogenannter leistungsbezogener Nebenpflichten, wenn sich infolge dessen der Leistungsgegenstand verschlechtert. Soweit es sich um einen Schadensersatzanspruch handelt, der an die Stelle des primären Leistungsanspruchs treten soll, stellt § 281 Abs 1 S 1 2. Alt für den Regelfall folgende **Voraussetzungen** auf: eine nicht wie geschuldet erbrachte fällige Leistung und den erfolglosen Ablauf einer angemessenen Frist zur Nacherfüllung. Die Fristsetzung ist – zumindest (s §§ 440, 636) – aus den gleichen Gründen entbehrlich wie bei der Leistungsverzögerung (§ 281 Abs 2). Macht der Gläubiger Schadensersatz geltend, so ist die Haftung wiederum nur ausgeschlossen, wenn der

Schuldner die Pflichtverletzung nicht zu vertreten hat (§ 280 Abs 1 S 2). Eine Abwicklung des gesamten Schuldverhältnisses („Schadensersatz wegen der *ganzen* Leistung") und somit der große Schadensersatz scheidet aus, „wenn die Pflichtverletzung unerheblich ist" (§ 281 Abs 1 S 3). Nach Fristablauf entsteht zwar der Schadensersatzanspruch des Gläubigers; dennoch besteht sein Anspruch auf die *Primärleistung* zunächst fort. Das Wahlrecht des Gläubigers zwischen Erfüllung bzw Nacherfüllung und Liquidation endet auch im Fall der Schlechterfüllung gem § 281 Abs 4 erst, wenn er wirksam Schadensersatz statt der Leistung verlangt. Beim gegenseitigen Vertrag ist erneut an das *weitgehend synchron gestaltete Rücktrittsrecht* gem § 323 Abs 1 S 1 2. Alt zu denken.

Soweit die mangelhafte Erfüllung Gläubigerinteressen beeinträchtigt, die nicht vom **19** Schadensersatz statt der Leistung erfaßt werden, bildet **§ 280 Abs 1** die **alleinige Anspruchsgrundlage** (§ 280 Rn E 11). Einen wichtigen Anhaltspunkt gibt die Antwort auf die Frage, ob der Schaden bei fiktiver korrekter (Nach-)Erfüllung entfiele, was insbes bei den entfernteren Mangelfolgeschäden (verdorbenes Tierfutter tötet Tiere) nicht der Fall wäre. Zu erörtern ist freilich, ob durch eine solche nicht vertragsgemäße Leistung zugleich eine Schutzpflicht iS des § 241 Abs 2 verletzt wird (§ 280 Rn C 20). Hingegen ist von vornherein nur an § 280 Abs 1 iVm § 241 Abs 2 zu denken, wenn ein *Begleitschaden* trotz vertragsgemäßer Erfüllung der eigentlichen Leistungspflicht entsteht (bei der Anlieferung der Ware wird ein Tier tödlich verletzt).

4.   Verletzung einer Pflicht zur Rücksichtnahme

Schließlich hat sich der Gesetzgeber dem Aspekt der Verletzung einer Pflicht zur **20** Rücksichtnahme iS von §§ 241 Abs 2, 311 Abs 2 u 3 besonders angenommen. Hierunter sollen vor allem die sog **nicht leistungsbezogenen Schutzpflichten** fallen (so die Begr d Rechtsausschusses BT-Drucks 14/7052, 213 ff), die bisher Gegenstand der Haftung aus positiver Forderungs- bzw Vertragsverletzung oder culpa in contrahendo waren. Nach **§ 241 Abs 2** kann das Schuldverhältnis nach seinem Inhalt jeden Teil zur **Rücksicht auf die Rechte, Rechtsgüter und Interessen des anderen Teils** verpflichten. Ein Schuldverhältnis mit diesem Inhalt wird nicht nur durch Vertrag (§ 311 Abs 1) begründet. Es kann außerdem „rechtsgeschäftsähnlich" erstens im Zuge der Aufnahme von Vertragshandlungen, der Anbahnung eines Vertrages oder ähnlichen geschäftlichen Kontakten (§ 311 Abs 2: Stichwort *culpa in contrahendo*) sowie zweitens zugunsten Dritter, die nicht Vertragsparteien werden sollen (§ 311 Abs 3: Stichwort *Vertrag mit Schutzwirkung zugunsten Dritter*), entstehen (vgl die Begr RegE BT-Drucks 14/6040, 162 f).

Da in diesen Fällen durch die Pflichtverletzung typischerweise andere Schutzgüter beeinträchtigt werden, das Interesse an der Leistung selbst aber nicht betroffen ist oder eine Leistung nicht einmal geschuldet wird, ist **idR allein § 280 Abs 1** einschlägig (dazu ie § 280 Rn C 21 ff). Der Gesetzgeber hat jedoch in **§ 282** darüber hinaus den Fall bedacht, daß dem Gläubiger die Leistung durch den Schuldner aufgrund der Pflichtverletzung nicht mehr zumutbar ist und ihm in dieser Situation ein Schadensersatzanspruch statt der Leistung zustehen muß (§§ 280 Abs 1 u Abs 3, 282). Beide Anspruchsgrundlagen können demnach nebeneinander anwendbar sein.

5.   Ersatz vergeblicher Aufwendungen

21 **„Anstelle des Schadensersatzes statt der Leistung"** nach den §§ 280 Abs 1 u 3, 281 bis 283 u 311a Abs 2 S 1 kann der Gläubiger neuerdings nach Maßgabe des § **284 „Ersatz der Aufwendungen"** verlangen, *„die er im Vertrauen auf den Erhalt der Leistung gemacht hat und billigerweise machen durfte, es sei denn der Zweck wäre auch ohne die Pflichtverletzung des Schuldners nicht erreicht worden".* Bereits de lege lata hatte es eine heftige Diskussion darüber gegeben, inwieweit der Gläubiger ein Vertrauensinteresse auch dann geltend machen kann, wenn ihm an sich das positive Interesse zusteht, durch die Nichterfüllung als solche aber kein materieller Schaden entstanden ist (STAUDINGER/OTTO [2001] § 325 aF Rn 84 ff). Durch die Neuregelung wird vor allem erreicht, daß nunmehr der Ersatzanspruch nicht mehr auf dem Umweg über die *Rentabilitätsvermutung* bei vertragsbezogenen Aufwendungen gerechtfertigt werden muß (vgl Begr RegE BT-Drucks 14/6040, 142 ff). Nach dieser Konstruktion konnte der Gläubiger eine bereits bewirkte Gegenleistung oder andere für die Durchführung des Vertrages getätigte Aufwendungen grundsätzlich als Mindestschaden im Rahmen des Schadensersatzes wegen Nichterfüllung geltend machen (dazu § 284 Rn 2 f, 12). Gerade bei Leistungen mit eher ideeller Zielsetzung hat sich gezeigt, daß der eigentliche Schaden bei denjenigen Aufwendungen liegt, die im Vorfeld mit Blick auf die vertragliche Leistung getätigt worden sind. Daher hatte man schon bisher nach Wegen gesucht, dem Gläubiger zu einem Ausgleich zu verhelfen (STAUDINGER/OTTO [2001] § 325 aF Rn 88 ff). Jetzt schafft das neue Recht eine eigenständige Rechtsgrundlage. § 284 ersetzt auch die Verpflichtung zum Ersatz der Vertragskosten iS des § 467 S 2 aF. Im Ergebnis läuft dies im wesentlichen auf den Ersatz eines Vertrauensinteresses hinaus, nämlich des Vertrauens darauf, daß die Leistung vom Schuldner erbracht wird. Ein potentieller Gewinn aus einem wegen des Vertrauens entgangenen Alternativgeschäft ist indessen nicht in den Schutzbereich des § 284 einbezogen.

6.   Ersatzherausgabe

22 **§ 285 Abs 1** gibt dem Gläubiger anstelle des gem § 275 Abs 1 bis 3 ausgeschlossenen Anspruchs auf die primäre Leistung einen Anspruch auf Herausgabe des für den geschuldeten Gegenstand erlangten Ersatzes oder auf Abtretung des Ersatzanspruchs. Die Norm, die § 281 aF fortschreibt, leistet damit einen Beitrag zur Gefahrtragung (vgl BOLLENBERGER 67 ff zugleich mit rechtsvergleichendem Bericht [10 ff] und Hinweisen auf internationale Vereinheitlichungstendenzen [153 ff]). Die Probleme, die sich für den Anspruch auf ein Surrogat – das sog „stellvertretende Commodum" – aus § 285 Abs 1 ergeben, sind in den Erläuterungen zu dieser Norm behandelt. Dabei geht es vor allem darum, **welche Ersatzleistungen und Ersatzansprüche** von dem Surrogationsprinzip erfaßt werden (vgl dazu WIECZOREK, Die Erlösherausgabe bei § 281 BGB [1995]) und welche Aufwendungen vom Schuldner abgezogen werden dürfen. Der Schuldner ist zur Herausgabe selbst dann verpflichtet, wenn das Surrogat den Wert der ursprünglich geschuldeten Leistung übersteigt.

23 Macht der Gläubiger diesen Anspruch geltend, so muß er je nach dem Wert des Surrogats selbstverständlich auch seine **Gegenleistung** ganz (§ 326 Abs 3 S 1) oder zumindest gemindert erbringen (Abs 3 S 2), wobei für die Berechnung der Minderung auf § 441 Abs 3 verwiesen wird (zur Konstruktion des Austauschs STAUDINGER/OTTO [2004] § 326 Rn D 6 f). Ist danach zuviel geleistet, greift § 326 Abs 4 ein.

Jedoch sei darauf hingewiesen, daß der Gläubiger, der die Herausgabe eines Surro- **24** gats fordert, nicht stets die Gegenleistungspflicht auslöst. Bei einem vom Schuldner zu vertretenden Ausschluß des Primäranspruchs kann der Gläubiger dieses Surrogat nämlich auch als **Teil des Schadensersatzes statt der Leistung** gem § 283 S 1 bzw § 311a Abs 1 iVm **§ 285 Abs 2** verlangen. In diesem Fall kommt in dem Begehren des Surrogats nicht der Wille zum Ausdruck, den Erlös anstelle des ursprünglich geschuldeten Gegenstandes anzunehmen, und die in § 326 Abs 2 verordnete Verpflichtung tritt nicht ein (RGZ 108, 184, 186; vgl STAUDINGER/LÖWISCH § 285 Rn 55 ff; STAUDINGER/OTTO [2004] § 326 Rn D 3 f). Ist der Gläubiger an der Ersatzherausgabe gem § 285 Abs 1 überhaupt interessiert, ist es für ihn idR günstiger, diesen Anspruch gem § 285 Abs 2 in Anrechnung auf den Schadensersatzanspruch statt der Leistung geltend zu machen, anstatt gem § 326 Abs 3 S 2 zu verhältnismäßiger Gegenleistung verpflichtet zu sein (§ 280 Rn E 82, STAUDINGER/OTTO [2004] § 326 Rn D 3).

7. Bedeutung des Synallagmas

Wesentliche Änderungen im Vergleich zum alten Recht ergeben sich bei der Rege- **25** lungsmaterie im Titel über den **gegenseitigen Vertrag** bzw **für die im Gegenseitigkeitsverhältnis stehenden Leistungspflichten.** Von dem Begriff des Schuldverhältnisses in § 280 Abs 1 S 1 und damit vom Anwendungsbereich der §§ 280 bis 283 sind **alle Arten von Schuldverhältnissen**, also einseitige wie (unvollkommen) zweiseitige (vgl dazu STAUDINGER/OTTO [2004] Vorbem 4 f zu §§ 320–326) Schuldverhältnisse wie auch gegenseitig verpflichtende Verträge umfaßt. Nach altem Recht hatte man für den Bereich der Haftung auf Schadensersatz wegen Nichterfüllung insoweit zu differenzieren. Während sich die §§ 280, 282, 286 Abs 2 aF auf ein- und zweiseitige Schuldverhältnisse bezogen, waren die §§ 325, 326 aF nur auf gegenseitige Verträge und insoweit nur auf die Verletzung der im Gegenseitigkeitsverhältnis stehenden Leistungspflichten anzuwenden.

Beim gegenseitigen Vertrag ergeben sich allerdings aufgrund des finalen Bezugs von **26** Leistung und Gegenleistung (STAUDINGER/OTTO [2004] Vorbem 1 ff zu §§ 320–326) auch nach neuem Recht Besonderheiten. Hier ist weiterhin zu berücksichtigen, daß sich regelwidrige Entwicklungen auf der einen Seite zwangsläufig auf die Rechtsstellung der Gegenseite auswirken müssen. Dieser Gesichtspunkt wird dort unter dem Stichwort des **„konditionellen Synallagmas"** noch näher erläutert werden (STAUDINGER/OTTO [2004] Vorbem 12 zu §§ 320–326). Mit der synallagmatischen Verknüpfung der Leistung hängt zusammen, daß in diesen Fällen die **Gesamtliquidation des Vertrages** entweder durch die Forderung von *Schadensersatz statt der Leistung* in Form des großen Schadensersatzes unter den Voraussetzungen von § 281 Abs 1 S 1 u 3 oder durch den *Rücktritt* unter den Voraussetzungen von § 323 Abs 1 und Abs 5 S 2 (bzw durch die *Kündigung* bei Dauerschuldverhältnissen) in den Vordergrund rückt. Bei nicht synallagmatischen Verträgen geht es in der Regel hingegen in erster Linie um den Ausgleich des durch die zu vertretende Pflichtverletzung verursachten einzelnen Schadens, ohne daß unbedingt der Fortbestand des Schuldverhältnisses berührt wird.

Die **Rücktrittsvoraussetzungen**, das Schicksal der Gegenleistung beim Ausschluß der **27** Leistungspflicht gem § 275 Abs 1 bis 3 und die weiteren Besonderheiten gegenseitiger Verträge werden in den §§ 320–326 unter dem gleichnamigen 2. Titel des 3. Abschnitts gesondert geregelt (vgl STAUDINGER/OTTO [2004] Vorbem 1 ff, 17 ff zu §§ 320–326). In diesem Zusammenhang ist wegen seiner praktischen Bedeutung vor allem § 323 zu erwähnen, der den Rücktritt wegen der nicht bzw nicht vertragsgemäß erbrachten Leistung betrifft und dessen Voraussetzungen weitgehend denen für den Schadensersatzanspruch statt der Leistung in § 281 entsprechen. § 324 gewährt bei der Verletzung einer Pflicht zur Rücksichtnahme und Unzumutbarkeit für den Gläubiger ein Rücktrittsrecht, ohne daß es auf deren synallagmatischen Charakter ankäme. Hervorzuheben ist zudem § 326, der die §§ 323, 324 aF ablöst. **§ 326 Abs 1 S 1** ordnet anders als der kritikwürdige § 323 Abs 1 S 1 iVm Abs 2 Nr 1 DE beim ganzen oder teilweisen Ausschluß der Leistungspflicht gem § 275 Abs 1 bis 3 den automatischen Wegfall der Gegenleistungspflicht an und regelt damit den Übergang der Gegenleistungs-, Vergütungs- oder Preisgefahr auf den Schuldner, sofern nicht eine Sonderregelung eingreift (vgl STAUDINGER/OTTO [2004] § 326 Rn B 1 ff; zum Sonderfall der gescheiterten Nacherfüllung iS von § 326 Abs 1 S 2 s STAUDINGER/OTTO [2004] § 326 Rn B 39 ff). Zwei geläufige Ausnahmen sind in **§ 326 Abs 2** aus § 324 aF übernommen worden, nämlich die Aufrechterhaltung der Gegenleistungspflicht bei weit überwiegender oder alleiniger Verantwortlichkeit des Gläubigers und – verkürzt gesagt – im Falle des Annahmeverzuges (STAUDINGER/OTTO [2004] § 326 Rn C 1 ff). **§ 326 Abs 3** zieht die Konsequenzen aus der Geltendmachung eines Surrogats gem § 285 Abs 1 (oben Rn 23; STAUDINGER/OTTO [2004] § 326 Rn D 1 ff).

28 Zusätzlich wird dem Gläubiger durch **§ 326 Abs 5** mit Verweisung auf § 323 der Rücktritt ermöglicht, der vor allem bei einer nicht vertragsgemäßen Leistung iS des § 326 Abs 1 S 2, aber auch bei Unklarheit über den Ausschluß der Leistungspflicht von Interesse ist (näher STAUDINGER/OTTO [2004] § 326 Rn F 1 ff).

29 In diesem Zusammenhang ist **§ 326 Abs 4** ebenfalls zu erwähnen, der mit der Verweisung auf §§ 346 bis 348 anders als § 323 Abs 3 aF ebenfalls nicht mehr das Bereicherungsrecht, sondern die Rücktrittsregeln für die **Rückforderung der bereits erbrachten Gegenleistung** bei von beiden Seiten nicht zu vertretender Unmöglichkeit für anwendbar erklärt (zu den Auswirkungen näher STAUDINGER/OTTO [2004] § 326 Rn E 1 ff). Zwar ist *§ 327 S 2 aF* und damit die Haftungsprivilegierung des Gläubigers durch die Verweisung auf die Rechtsfolgen des Bereicherungsrechts beim vom Schuldner zu vertretenden Rücktritt entfallen. Der „unschuldige" Rücktrittsberechtigte wird aber nach wie vor begünstigt (näher dazu STAUDINGER/OTTO [2004] § 323 Rn D 12 ff sowie näher STAUDINGER/KAISER [2004] § 346 Rn 118 ff, 128 f, 164 ff; § 347 Rn 5, 11).

30 Die **Einrede des nichterfüllten Vertrages (§§ 320, 322)** – Ausdruck des *funktionellen Synallagmas* (STAUDINGER/OTTO [2004] Vorbem 13 zu §§ 320–326) – blieb unberührt. Geändert wurde lediglich § 321. Nunmehr gilt die **Unsicherheitseinrede** ebenfalls für bereits bei Vertragsschluß bestehende Gefährdungen des Anspruchs auf die Gegenleistung. Außerdem sieht Abs 2 jetzt ein *besonderes Rücktrittsrecht* des Vorleistungspflichtigen nach Fristsetzung vor. Die Vorschriften gelten nur für diejenigen Verbindlichkeiten im Rahmen gegenseitiger Verträge, *die miteinander im Synallagma stehen* (vgl näher STAUDINGER/OTTO [2004] § 320 Rn 11 ff; ferner § 323 Rn A 7; § 326 Rn A 4).

8. Kumulation von Schadensersatz und Rücktritt

31 Im Bereich der Vorschriften für den gegenseitigen Vertrag ist zudem mit § 325 eine Regelung neu aufgenommen worden, welche die **Kumulation von Schadensersatz und**

Rücktritt zuläßt. Während das bisher geltende Recht (§§ 325 Abs 1 S 1, 326 Abs 1 S 2 aF) vom Gläubiger die Wahl zwischen Schadensersatz wegen Nichterfüllung und Rücktritt mit der Folge gefordert hat, daß man nach Auswegen suchte, um dem Gläubiger zu helfen, wenn er sich vorschnell für den Rücktritt entschieden hatte (dazu § 280 Rn E 63 ff; Staudinger/Otto [2004] § 325 Rn 5 sowie zur alten Rechtslage Staudinger/Otto [2001] § 325 aF Rn 100 ff), bestimmt § 325 jetzt genau das Gegenteil. Danach wird das Recht auf Schadensersatz bei einem gegenseitigen Vertrag durch Rücktritt gerade nicht ausgeschlossen. Dem Gläubiger wird so ermöglicht, seine Pflicht zur Gegenleistung zu beenden und eine etwa erbrachte Leistung nach Rücktrittsrecht zurückzufordern, wenn der Anspruch auf die Gegenleistung nicht bereits ipso iure gem § 326 Abs 1 S 1 entfällt oder gemindert wird. Einen weitergehenden Schaden kann er dann immer noch nach der Differenzmethode geltend machen (§ 280 Rn E 66 f; Staudinger/Otto [2004] § 325 Rn 25), während die Surrogationsmethode ausscheidet. Freilich entfällt mit dem Rücktritt sein Anspruch auf die vom Schuldner geschuldete primäre Leistung.

IV. Verhältnis zu anderen Regelungen des Schuldrechts

Die §§ 280 ff werden teilweise durch speziellere Regelungen ergänzt oder verdrängt **32** (vgl zum Verhältnis der Sonderregelungen zu § 281 ausführlich § 281 Rn A 32 ff; ferner Staudinger/Otto [2004] Vorbem 43 ff zu §§ 320–326 u § 320 Rn 26 ff). In diesem Zusammenhang verdienen vor allem die *Vorschriften zum Schadensersatz beim anfänglichen Ausschluß der Leistungspflicht nach § 311a sowie beim Kauf- und Werkvertrag* Beachtung.

1. Anfänglicher Ausschluß der Leistungspflicht

Aus **§ 311a Abs 1** ergibt sich zunächst, daß der **Vertrag** trotz anfänglich unmöglicher **33** Leistung **wirksam** ist. Davon sind nicht nur die Fälle der anfänglichen subjektiven, sondern im Gegensatz zu § 306 aF solche der objektiven Unmöglichkeit umfaßt. Die Entscheidung für die Wirksamkeit des Vertrags trotz anfänglicher objektiver Unmöglichkeit wird verständlicher, wenn man bedenkt, daß das bisher geltende und in das allgemeine Leistungsstörungsrecht weitgehend integrierte Gewährleistungsrecht selbst bei unbehebbaren Mängeln ohnehin dem § 306 aF vorging (vgl Staudinger/Otto [2001] § 325 aF Rn 17). Der Gesetzgeber nennt in § 311a nicht nur die anfängliche Unmöglichkeit (§ 275 Abs 1), sondern auch die Fallgestaltungen des unzumutbaren Leistungsaufwands und der persönlichen Unzumutbarkeit (§ 275 Abs 2 u 3). Er muß daher davon ausgegangen sein, daß die zur Geltendmachung dieser bereits bei Vertragsschluß bestehenden Leistungshindernisse notwendige Einrede auch nachträglich erhoben werden kann (ebenso AnwKomm/Dauner-Lieb § 311a Rn 9; MünchKomm/Ernst § 275 Rn 98; Wieser NJW 2001, 121, 122; **aA** M Schultz in: Westermann, Das Schuldrecht 2002, 15 f). Selbst bei der Bejahung einer nachträglichen Ausübung kann gleichwohl grds keine Rückwirkung der Einrede anerkannt werden (vgl auch § 283 Rn 37 ff, 40 ff; Staudinger/Otto [2004] § 326 Rn B 29 ff). Insbes kann dies den Schuldner nicht von der Verpflichtung zum Ersatz eines inzwischen entstandenen Verzögerungsschadens entbinden, wenn die sonstigen Voraussetzungen der §§ 280 Abs 2, 286 erfüllt waren (s auch Staudinger/Löwisch § 286 Rn 17, 126).

Liegen die das Leistungshindernis begründenden Umstände bereits bei Vertrags- **34** schluß vor, enthält **§ 311a Abs 2** eine **Sonderregelung für den Schadensersatz statt**

der Leistung. Die §§ 280 Abs 1 u 3, 283 erfassen demgegenüber nur die Fälle der *nach Vertragsschluß entstandenen Leistungshindernisse*. Die Regelung in § 311a Abs 2 beruht auf der zutreffenden Vorstellung, daß man schwerlich von einer Verletzung der Leistungspflicht sprechen kann, wenn diese bereits bei Vertragsschluß nach § 275 ausgeschlossen ist (vgl dazu OTTO Jura 2002, 1, 5 mwNw). Genau diese Unstimmigkeit hat den Gesetzgeber im Unterschied zur Konzeption des DE doch noch dazu veranlaßt, mit § 311a Abs 2 eine eigenständige Haftungsgrundlage zu schaffen. Die Pflichtverletzung müßte daher an sich bereits in dem Versprechen einer solche Leistung zu sehen sein. Hierauf beziehen sich auch die Umstände, mit denen sich der Schuldner gem § 311a Abs 2 S 2 entlasten kann, nämlich die fehlende Kenntnis oder die nicht zu vertretende Unkenntnis des Leistungshindernisses. Aus der Tatsache, daß der Gesetzgeber nicht allein auf die fahrlässige Unkenntnis abstellt, sondern jedes Vertretenmüssen ausreichen läßt, darf man nach meiner Auffassung folgern, daß die Pflichtverletzung, wegen derer sich der Schuldner entlasten kann, in dem Vertragsschluß trotz des anfänglichen Ausschlusses einer Leistungspflicht zu sehen ist (so auch der Rechtsausschuß BT-Drucks 14/7052, 220 f) und nicht erst in der Verletzung einer mit dem wirksamen Vertrag begründeten Leistungspflicht. Hinsichtlich des Haftungsumfangs macht das Gesetz jedoch keinen Unterschied. Vielmehr billigt es dem Gläubiger nach seiner Wahl Schadensersatz statt der Leistung, dh das Erfüllungsinteresse, oder Ersatz der Aufwendungen nach Maßgabe des § 284 zu. Das positive Interesse soll der Gläubiger im Unterschied zu § 307 aF also selbst dann ausnahmslos geltend machen können, wenn die **Leistung anfänglich objektiv** unmöglich war (vgl dazu die nach meiner Auffassung berechtigte Kritik von ALTMEPPEN DB 2001, 1399 ff, die Erwiderung von CANARIS DB 2001, 1817 ff sowie die Replik von ALTMEPPEN DB 2001, 1822 f).

Andererseits ging die hM bei der **anfänglichen subjektiven Unmöglichkeit** im Regelfall von einer verschuldensunabhängigen Garantiehaftung aus (STAUDINGER/OTTO [2001] § 325 aF Rn 14 ff). Jetzt sieht das Gesetz die Entlastungsmöglichkeit auch für diese Fallgestaltung vor. CANARIS (JZ 2001, 499, 506 ff; DB 2001, 1815, 1819) betont demgegenüber mit der ihm folgenden Begründung des RegE (BT-Drucks 14/6040, 166) die Nähe zum Irrtumsrecht und will entgegen dem Bekenntnis zum Verschuldensprinzip für die anfängliche Unmöglichkeit mit Hilfe einer Analogie zu § 122 praeter legem über § 311a Abs 2 hinaus zu einem *verschuldensunabhängigen* Anspruch des Gläubigers auf das negative Interesse gelangen. Eine Analogie für ein erkanntes Problem vorzuschlagen, ist bei einem neu konzipierten Gesetz schon ein erstaunlicher Vorgang (so zutreffend R KNÜTEL NJW 2001, 2519, 2520).

2. Sonderregelungen des Besonderen Schuldrechts

35 Das Verhältnis der §§ 280 ff zum **Kauf- und Werkvertragsrecht** ist durch die Verweisung in den § 437 Nr 3 bzw § 634 Nr 4 bestimmt. Danach kann der Käufer *nach Gefahrübergang* bei Vorliegen der allgemeinen Voraussetzungen der §§ 280, 281, 283 u 311a Ersatz der durch die Lieferung einer mangelhaften Kaufsache auftretenden Schäden verlangen. Zusätzlich sind die besonderen Regelungen für die vorrangige Nacherfüllung (§ 439) in § 440 zu beachten. Der Schadensersatzanspruch des Bestellers wegen der Lieferung eines mangelhaften Werkes *nach Abnahme* richtet sich ebenfalls nach den genannten Normen des Allgemeinen Schuldrechts sowie den besonderen Vorgaben in § 636. Da die Lieferung einer mangelfreien Kaufsache (§ 433 Abs 1 S 2) – anders als nach der früheren Rechtslage – bzw eines mangelfreien

Werkes (§ 633 Abs 1) eindeutig zur Leistungspflicht gehört, erfüllt der Verkäufer bzw Werkunternehmer bei Lieferung einer mangelhaften Sache seine Verpflichtung aus dem Kauf- bzw Werkvertrag nicht. Weisen Käufer bzw Besteller die mangelhafte Sache aus diesem Grund zurück, sind die §§ 280 ff bereits *vor Gefahrübergang* bzw *vor Abnahme* anzuwenden (vgl dazu § 281 Rn B 80; zur Einrede des nichterfüllten Vertrages STAUDINGER/OTTO [2004] § 320 Rn 26, 29). Die besonderen Vorgaben in den §§ 440, 636 sind in diesem Fall unbeachtlich. Denn entweder ist der Mangel nicht behebbar und deshalb die vorrangige Nacherfüllung (§§ 439, 635) ausgeschlossen, oder der Schuldner erbringt die fällige Leistung nicht und sieht sich deshalb insbes der Fristsetzung gem § 281 Abs 1 S 1 1. Alt ausgesetzt.

Aufgrund der gesetzlichen Neuregelung ist damit der frühere Streit zwischen den Anhängern der *Erfüllungs-* und *Gewährleistungstheorie* zur alten Rechtslage obsolet geworden: Nach der Ansicht der Erfüllungstheorie sollte der Verkäufer zur Leistung einer mangelfreien Stücksache verpflichtet sein mit der Folge, daß die Gewährleistungsvorschriften erst nach Gefahrübergang gegenüber den allgemeinen Regelungen in den §§ 323 ff aF als speziellere vorgehen sollten. Nach der Gewährleistungstheorie bestand eine solche Pflicht des Verkäufers überhaupt nicht. Aus diesem Grund sollten die §§ 323 f aF bereits vor Gefahrübergang nicht anwendbar sein (dagegen STAUDINGER/OTTO [2001] Vorbem 6 zu §§ 323–327 aF mwNw zur alten Rechtslage).

In diesem Zusammenhang ist auf eine gewichtige Änderung im Bereich der Gefahrtragungsregelung für die *Versendung* der Kaufsache nach § 447 bzw des Werkes nach § 644 Abs 2, der auf § 447 verweist, hinzuweisen. Diese Regelung war zunächst dem DE ganz zum Opfer gefallen, ist aber unter Hinweis auf Art 67 CISG wieder in den RegE – zunächst als § 446 – unverändert aufgenommen worden (BT-Drucks 14/6040, 203 u 267). Entsprechend verfuhr man mit § 644 Abs 2, der im Ergebnis ebenfalls unverändert beibehalten worden ist. Eine wesentliche Änderung ergibt sich allerdings für den Versendungskauf im Hinblick auf den eingefügten § 474 Abs 2. Danach findet § 447 und somit die Vorschrift über den Versendungskauf im Rahmen eines *Kaufvertrages zwischen einem Verbraucher und einem Unternehmer* keine Anwendung.

Im **Mietrecht** ist § 536a Abs 1, der inhaltlich § 538 Abs 1 aF vor der Mietrechtsreform **36** entspricht, als Grundlage für einen Schadensersatzanspruch bei Sach- und Rechtsmängeln bis auf die Änderung von „Schadensersatz wegen Nichterfüllung" in „Schadensersatz" von der Schuldrechtsreform ausgespart worden. Gemeint ist also nicht nur der Schadensersatz statt der Leistung, sondern auch das Erhaltungsinteresse, zB bei Schäden an anderen Rechten oder Rechtsgütern. Daher ergeben sich hinsichtlich des Verhältnisses zum allgemeinen Leistungsstörungsrecht im Vergleich mit der alten Rechtslage keine Änderungen. **Nach Überlassung der Miet- oder Pachtsache** verdrängen die §§ 536a ff die §§ 280 ff u weitgehend die §§ 320 ff. § 326 Abs 2 bleibt jedoch anwendbar (so die hM zu § 324 aF; aA SOERGEL/WIEDEMANN Vor § 323 aF Rn 95; s jetzt STAUDINGER/OTTO [2004] § 326 Rn A 22). Trotz Überlassung der Sache greifen die §§ 280 ff allerdings dann, wenn der Anwendungsbereich des § 536a inhaltlich überschritten wird (vgl BGH NJW 1963, 804; BGHZ 63, 132, 137 = NJW 1975, 44, 46 zu § 537 aF). Dies ist der Fall, wenn die Gewährung des Gebrauchs dauernd unmöglich wird (RGZ 89, 203, 207: Pachtvertrag über eine Tanzwirtschaft und Verbot öffentlicher Tänze mit Kriegsausbruch; RGZ 62, 225, 227 u BGH NJW 1963, 341, 344: Untergang der Mietsache). Insbesondere bei Beschädi-

gungen der Sache endet die aus den §§ 535, 536 abzuleitende Pflicht zur Wiederherstellung, wenn die Reparatur dem Schuldner nicht zumutbar ist („wirtschaftlicher To-
talschaden": BGH ZIP 1990, 1480, 1484; anders Soergel/Wiedemann Vor § 323 aF Rn 94; s jetzt
§ 275 Abs 2), mit der Folge, daß die §§ 280 ff wieder anwendbar sind. Überdies kann
bei Nichtüberlassung Unmöglichkeit durch Zeitablauf eintreten (BGHZ 122, 163; BGH
NJW 2000, 1105; OLG Hamm NJW 1986, 2321; OLG Düsseldorf NJW-RR 1991, 137 u MDR 1994,
1008 zur alten Rechtslage).

Vor Überlassung der Miet- oder Pachtsache greifen grundsätzlich die §§ 280 ff ein. Die
in der Lit vertretene Ansicht, § 538 Abs 1 1. Alt aF sei bei anfänglicher objektiver
Unmöglichkeit auch schon vor Übergabe der mangelhaften Mietsache anzuwenden
(vgl Otto JuS 1985, 848, 850; Hassold, NJW 1974, 1743 ff), ist vom BGH bislang abgelehnt
worden. Nach dessen Ansicht sollte zwar § 306 aF durch § 538 Abs 1 1. Alt aF verdrängt werden (BGHZ 93, 142, 144), § 538 Abs 1 aber erst ab Überlassung der Mietsache greifen (BGHZ 136, 102, 107 = NJW 1997, 2813, 2814 = LM § 306 BGB Nr 13 m krit Anm
Sonnenschein). In der Zeit zwischen Vertragsschluß und Übergabe wurde bei zu
vertretender Unmöglichkeit gleichwohl ein Schadensersatzanspruch aus dem
„Grundgedanken" des § 325 aF zugelassen (BGH NJW 1999, 635). Da der BGH in
diesem Zusammenhang das Vertretenmüssen sehr weit auslegte, näherten sich die
Ergebnisse denen an, die bei Anwendung des § 538 Abs 1 aF ab Vertragsschluß
entstanden. Dies sprach für die in sich konsequente und klare Konzeption der Lit.
Nach der Streichung von § 306 aF und der Einfügung von § 311a hat sich diese
Problematik entschärft. Aus der Vorschrift ergibt sich nunmehr eindeutig, daß der
Vertrag auch bei anfänglich objektiv unmöglicher Leistung wirksam ist, und sie gewährt in diesem Fall anders als § 307 aF einen auf das positive Interesse gerichteten
Schadensersatzanspruch. Nach neuem Recht ist daher § 311a Abs 2 direkt anzuwenden, wenn man nicht – was ich für richtig halte – die spezifische Gewährleistungs-
regelung der §§ 536a ff und insbes die dort unabhängig von einer Kenntnis oder
einem Kennenmüssen des Mangels angeordnete Garantiehaftung für bei Vertragsschluß bestehende Sach- und Rechtsmängel für vorrangig hält (so auch Ahrens ZGS
2003, 134, 136 f, der die Garantiehaftung auf den Zeitraum vor Überlassung der Mietsache erstrecken
will; aA Staudinger/Emmerich [2003] § 536a Rn 4, der die strengere Haftung von der nachträglichen Überlassung abhängig macht, entgegen der von ihm als wohl überwiegend bezeichneten Meinung). Anderenfalls käme es zukünftig darauf an, unter welchen Umständen die Rspr
eine „zu vertretende Unkenntnis" bejaht. Auch bei dieser Wertung darf nach meiner
Ansicht nicht unberücksichtigt bleiben, daß § 536a im Fall der Übergabe für bei
Vertragsschluß bestehende Mängel an der Garantiehaftung festgehalten hat.

37 Für den **Leasingvertrag**, insbes den neuerdings nur unter dem Kreditaspekt ausdrücklich geregelten *Finanzierungsleasingvertrag* (§ 500), stellt sich die Frage nach dem
maßgeblichen Gesetzesrecht hinsichtlich der Sachleistung nur, wenn die Leistungsstörungen nicht bereits zulässig in den jeweils verwendeten AGB geregelt sind (dazu
Martinek, Moderne Vertragstypen I [1991] 143 ff zur insoweit vergleichbaren alten Rechtslage).
Soweit die §§ 535 ff anzuwenden sind, gelten die Ausführungen zum Miet- und Pachtvertrag entsprechend (zum Ganzen Jauernig/Teichmann Vor § 535 Rn 5 ff mwNw).

38 Ebenso wie im Mietrecht finden sich auch in den Vorschriften zur **Schenkung** (§§ 523,
524) und **Leihe** (§ 600) für Rechts- und Sachmängel spezielle Grundlagen für
Schadensersatzansprüche, die den §§ 280 ff vorgehen. Dasselbe gilt für den **Reise-**

vertrag im Falle von Mängeln der Reise (§ 651 f). Sie haben bis auf § 523 Abs 2 S 2 durch die Schuldrechtsreform keine Änderungen erfahren und sind daher unverändert anzuwenden. Bei der Schenkung und beim Reisevertrag wird sogar noch vom Schadensersatz wegen Nichterfüllung gesprochen. Lediglich bei dem Verweis auf die Rechtsmängelvorschriften des Kaufrechts in § 523 mußten dessen Änderungen berücksichtigt werden.

§ 280
Schadensersatz wegen Pflichtverletzung

(1) Verletzt der Schuldner eine Pflicht aus dem Schuldverhältnis, so kann der Gläubiger Ersatz des hierdurch entstehenden Schadens verlangen. Dies gilt nicht, wenn der Schuldner die Pflichtverletzung nicht zu vertreten hat.

(2) Schadensersatz wegen Verzögerung der Leistung kann der Gläubiger nur unter der zusätzlichen Voraussetzung des § 286 verlangen.

(3) Schadensersatz statt der Leistung kann der Gläubiger nur unter den zusätzlichen Voraussetzungen des § 281, des § 282 oder des § 283 verlangen.

Materialien: BGB § 280 aF: E I § 240 Abs 1; E II § 242; E III § 274; Mot II 49 ff, Prot I 317 ff; **BGB § 282 aF**: E I § 239; E II § 238; E III §§ 276; Mot II 61; Prot I 326; **BGB § 286 Abs 2 aF**: E I § 247; E II § 242; E III § 280; Mot II 61; Prot I 326; **BGB § 325 aF**: E I § 369 Abs 1 u 2; E II § 276; E III § 319; Mot II 209 ff; Prot I 639 f, 649; **BGB § 326 aF**: E I § 369 Abs 2; E II § 277; E III § 230; Mot II 209 ff; Prot I 642 ff; JAKOBS/ SCHUBERT, SchR I 259 ff zu § 280 aF, 285 ff zu § 282 aF, 303 ff zu § 286 aF, 472 ff zu §§ 325, 326 aF; BGB-KE §§ 280, 286, Abschlußbericht 128 ff, 139; DE § 280*; KF § 280* (*abgedr in: CANARIS, Schuldrechtsmodernisierung 2002, 11 iVm 158 ff; 358); RegE § 280 BT-Drucks 14/ 6040, 7 iVm 133 ff, 135 ff; Stellungnahme d BR BT-Drucks 14/6857, Anl 2 Nr 21 u 25; Gegenäußerung d BReg BT-Drucks 14/6857, Anl 3 Zu Nr 21 u 25; Beschlussempfehlung und Bericht d Rechtsausschusses BT-Drucks 14/7052, 191 ff, 210 f.

Schrifttum

1. Vor der Schuldrechtsreform
ADAMS, Irrtümer und Offenbarungspflichten im Vertragsrecht, AcP 186 (1986) 453
ASSMANN, Prospekthaftung (1985)
BALLERSTEDT, Zur Haftung für culpa in contrahendo bei Geschäftsabschluß durch Stellvertreter, AcP 151 (1950/1951) 501
vBAR, „Nachwirkende" Vertragspflichten, AcP 179 (1979) 452
ders, Verkehrspflichten. Richterliche Gefahrsteuerungsgebote im deutschen Deliktsrecht (1980)
BARDO, Die abstrakte Berechnung des Schadensersatzes wegen Nichterfüllung beim Kaufvertrag (1989)
BASEDOW, Preiskalkulation und culpa in contrahendo, NJW 1982, 1030
ders, Die Reform des deutschen Kaufrechts (1988)
BATTIS, Culpa in contrahendo im Beamtenrecht, ZBR 1971, 300
BEINERT, Wesentliche Vertragsverletzungen und Rücktritt (1979)
BODEWIG, Rechtsfolgen vorvertraglichen Verschuldens bei Abbruch von Vertragsverhandlungen, Jura 2001, 1

BÖTTICHER, Wesen und Arten der Vertragsstrafe sowie deren Kontrolle, ZfA 1970, 3

BRAGA, Der Schadensersatzanspruch nach § 326 und die Aufrechnung und Abtretung (§ 404 und § 406 BGB), MDR 1959, 437

BRANDNER, Haftung des Gesellschafters/ Geschäftsführers einer GmbH aus cic, in: FS Werner (1984) 53

BRECHT, System der Vertragshaftung (Unmöglichkeit der Leistung, positive Vertragsverletzungen und Verzug), JherJb 53, 213

ders, Die einfache und wiederholte positive Vertragsverletzung, JherJb 54, 83

BREHM, Grundfälle zum Recht der Leistungsstörungen, JuS 1988, 279, 539, 706, 957, JuS 1989, 112, 544

BREIDENBACH, Die Voraussetzungen von Informationspflichten beim Vertragsschluß (Diss München 1989)

BUSCHE, Der Gerichtsstand bei Klagen aus culpa in contrahendo, DRiZ 1989, 370

vCAEMMERER, Wandlungen des Deliktsrechts, in: FS zum 100jährigen Bestehen des Deutschen Juristentages II (1960) 49

CANARIS, Geschäfts- und Verschuldensfähigkeit bei Haftung aus „culpa in contrahendo", Gefährdung und Aufopferung, NJW 1964, 1987

ders, Ansprüche wegen „positiver Vertragsverletzung" und „Schutzwirkung für Dritte" bei nichtigen Verträgen, JZ 1965, 475

ders, Haftung Dritter aus positiver Forderungsverletzung, VersR 1965, 114

ders, Die Vertrauenshaftung im deutschen Privatrecht (1971)

ders, Der Zinsbegriff und seine rechtliche Bedeutung, NJW 1978, 1891

ders, Schutzgesetze – Verkehrspflichten – Schutzpflichten, in: 2. FS Karl Larenz II (1983) 27

ders, Täterschaft und Teilnahme bei culpa in contrahendo, in: FS Giger [1989] 91

ders, Die Haftung des Sachverständigen zwischen Schutzwirkungen für Dritte und Dritthaftung aus culpa in contrahendo, JZ 1998, 603

CREZELIUS, Culpa in contrahendo des Vertreters ohne Vertretungsmacht, JuS 1977, 796

CRODEL, Verschulden beim Vertragsschluß (Diss Königsberg 1925)

DAHM, Die dogmatischen Grundlagen und tatbestandlichen Voraussetzungen des Vertrages

mit Schutzwirkung für Dritte unter besonderer Berücksichtigung des vorvertraglichen Bereichs (Diss Münster 1988)

ders, Vorvertraglicher Drittschutz, JZ 1992, 1167

DANZ, Entwicklungstendenzen der Expertenhaftung, JZ 1991, 373

ders, Der Inhalt des Schadensersatzanspruchs fehlerhaft informierter Kapitalanleger, in: FS Lange (1992) 345

DEMBERG, Die Anwendung des § 282 BGB auf den ärztlichen Behandlungsvertrag im Lichte der Rechtsprechung des BGH, Jura 1987 S 337

DERLEDER, Schadensersatzansprüche der Banken bei Nichtabnahme der Darlehensvaluta, JZ 1989, 165

DERNBURG, Über das Rücktrittsrecht des Käufers wegen positiver Vertragsverletzung, DJZ 1903, 1

DÖLLE, Außergesetzliche Schuldpflichten, ZStW 103, 67

DÖMKE, Die Grundlagen und der Umfang der Haftung für Verschulden bei Vertragsverhandlungen (1933)

DÖRNER, Dynamische Relativität (1985)

DOERR, Zur Lehre von den positiven Vertragsverletzungen, Recht 1908, 207

EMMERICH, Zum gegenwärtigen Stand der Lehre von der cic, Jura 1987, 561

ERMAN, Beiträge zur Haftung für das Verhalten bei Vertragsverhandlungen, AcP 139 (1934) 325

EVANS-vKRBEK, Nichterfüllungsregeln auch bei weiteren Verhaltens- oder Sorgfaltspflichtverletzungen?, AcP 179 (1979) 85

FISCHER, Culpa in contrahendo im internationalen Privatrecht, JZ 1991, 168

FLEISCHER, Konkurrenzprobleme um die culpa in contrahendo – fahrlässige Irreführung versus arglistige Täuschung, AcP 200 (2000) 91

ders, Informationsasymmetrie im Vertragsrecht (2001)

ders, Das Vierte Finanzmarktförderungsgesetz, NJW 2002, 2977

FREITAG, Schlechterfüllung und Schlechterbringung (1932)

FROST, „Vorvertragliche" und „vertragliche" Schutzpflichten (1981)

FROTZ, Die rechtsdogmatische Einordnung der Haftung für culpa in contrahendo, in: Gedschr Gschnitzner (1969) 163

GAUPP, Beweisfragen im Rahmen ärztlicher Haftungsprozesse (1969)

GERHARDT, Die Haftungsfreizeichnung innerhalb des gesetzlichen Schutzverhältnisses, JZ 1970, 535

ders, Der Haftungsmaßstab im gesetzlichen Schutzverhältnis (Positive Vertragsverletzung, culpa in contrahendo), JuS 1970, 597

GERNHUBER, Synallagma und Zession, in: FS Raiser (1974) 57

ders, Die endgültige Erfüllungsverweigerung, in: FS Medicus (1999) 145

D GIESEN, Arzthaftungsrecht (4. Aufl 1995)

GOLLA, Die Gläubigerrechte bei Leistungsstörung nach Abtretung (1995)

GRIGOLEIT, Vorvertragliche Informationshaftung: Vorsatzdogma, Rechtsfolgen, Schranken (1997)

ders, Neuere Tendenzen zur schadensrechtlichen Vertragsaufhebung, NJW 1999, 900

GROTE, Die Eigenhaftung Dritter als Anwendungsfall der culpa in contrahendo (1984)

GRUNEWALD, Aufklärungspflichten ohne Grenzen?, AcP 190 (1990) 609

HADDING, Schuldverhältnis und Synallagma beim Vertrag zu Rechten Dritter, in: FS Gernhuber (1993) 153

HAGEN, Die neue Rechtsprechung des Bundesgerichtshofs zum Grunstückskauf, WM 1983, 638

HAIDUK, Culpa in contrahendo im Arbeitsverhältnis (Diss Würzburg 1970)

HALFPAP, Der entgangene Gewinn. Dogmatik und Anwendung des § 252 BGB (1999)

HEINEMANN, Die Beweislastverteilung bei positiven Forderungsverletzungen. Eine rechtsvergleichende Untersuchung unter Berücksichtigung des französischen Rechts (1988)

ders, Baustein anwaltlicher Berufshaftung: Die Beweislast, NJW 1990, 2345

K HELDRICH, Das Verschulden beim Vertragsabschluß im klassischen römischen Recht und in der späteren Rechtsentwicklung (1924)

HELLING, Vorvertragliche Rechtsbeziehungen im Arbeitsrecht (Diss Köln 1969)

HENSS, Obliegenheit und Pflicht im Bürgerlichen Recht (1988)

HERRMANN, Die Sachwalterhaftung vermögenssorgender Berufe. Zu den berufssoziologischen und wirtschaftsrechtlichen Grundlagen der culpa in contrahendo, JZ 1983, 422

HILDEBRAND, Erklärungshaftung (Diss Heidelberg 1931)

HIMMELSCHEIN, Erfüllungszwang und Lehre von den positiven Vertragsverletzungen, AcP 135 (1932) 255

vHIPPEL, Zur Haftung des Haftpflichtversicherers wegen Ablehnung eines für den Versicherten günstigen Vergleichsangebots, VersR 1969, 1079

HOFFMANNS, Nachwirkende Nebenpflichten von Schuldverhältnissen (Diss Köln 1986)

HOFMANN, Zur Beweislastumkehr bei Verletzung vertraglicher Aufklärungs- oder Beratungspflichten, NJW 1974, 1641

HOHLOCH, Vorvertragliche Haftung nach culpa in contrahendo-Grundsätzen auch zugunsten Dritter? – BGHZ 66, 51 –, JuS 1977, 302

ders, „Vertrauenshaftung" – Beginn einer Konkretisierung?, NJW 1979, 2369

HÖLDER, Zur Lehre von der Haftung für Verzug, Unmöglichkeit und Unvermögen, Recht 1911, 673

H HONSELL, Cic, positive Vertragsverletzung und § 463 BGB, JR 1976, 361

HOPT, Funktion, Dogmatik und Reichweite der Aufklärungs-, Warn- und Beratungspflichten der Kreditinstitute, in: FS Gernhuber (1993) 169

HORN, Neuverhandlungspflicht, AcP 181 (1981) 255

ders, Culpa in contrahendo, JuS 1995, 377

ders, Zur Information des privaten Anlegers bei Börsentermingeschäften, ZIP 1997, 1361

HUANG, Umfang des Schadensersatzanspruches bei culpa in contrahendo (Diss Tübingen 1974)

HUBER, Verpflichtungszweck, Vertragsinhalt und Geschäftsgrundlage, JuS 1972, 57

ders, Leistungsstörungen im Haager Einheitlichen Kaufrecht, JZ 1974, 433

ders, Zur Haftung des Verkäufers wegen positiver Vertragsverletzung, AcP 177 (1977) 281

ders, Allgemeine Haftungsprinzipien des Rechts der Leistungsstörungen in der höchstrichterlichen Rechtsprechung, in: 50 Jahre Bundesgerichtshof, Festgabe aus der Wissenschaft (2000) 251

JACKISCH, Positive Vertragsverletzung, Vertretungspflicht und Interessenanspruch im heutigen bürgerlichen Rechte, Gruchot 63, 416

JACOBI, Zur Lehre vom Sukzessivlieferungsvertrag, Gruchot 50, 230

JHERING, Culpa in contrahendo, JherJb 4, 1

JOST, Vertragslose Auskunfts- und Beratungshaftung (1991)

M JUNKER, Der Umfang des einem Zessionar zu leistenden Schadensersatzes wegen Verzuges bei Abtretung vertraglicher Ansprüche, AcP 195 (1995) 1

D KAISER, Schadensersatz aus culpa in contrahendo bei Abbruch von Vertragsverhandlungen über formbedürftige Verträge, JZ 1997, 448

dies, Die Rückabwicklung gegenseitiger Verträge wegen Nicht- und Schlechterfüllung nach BGB – Rücktritts-, Bereicherungs- und Schadensersatzrecht (2000)

dies, Rückkehr zur strengen Differenzmethode beim Schadensersatz wegen Nichterfüllung?, NJW 2001, 2425

KARASSIS, Das Verhältnis der Haftung aus culpa in contrahendo wegen Verletzung der Offenbarungspflicht zu der vertraglichen Haftung (Diss Berlin 1974)

KAUFMANN, Die Beweislastproblematik im Arzthaftungsprozeß (1984)

KEUK, Vermögensschaden und Interesse (1972)

KIPP, Das Reichsgericht und die positiven Vertragsverletzungen, DJZ 1903, 253

ders, Worin besteht der Schadensersatzanspruch wegen Nichterfüllung eines gegenseitigen Vertrages?, 27. DJT (1904) I 249

KISCH, Der Schadensersatz wegen Nichterfüllung bei gegenseitigen Verträgen, JherJb 44, 68

KISS, Zur Frage der sogenannten positiven Vertragsverletzungen, ArchBürgR 31, 175

KLINKHAMMER, Positive Forderungsverletzung durch Mietvertragskündigung?, NJW 1997, 221

KNOBBE-KEUK, Möglichkeiten und Grenzen abstrakter Schadensberechnung, VersR 1976, 401

KNÖPFLE, Zum Verhältnis zwischen Gewährleistungsansprüchen und Ansprüchen aus c. i. c. und positiver Vertragsverletzung, NJW 1990, 2597

R KNÜTEL, Weisungen bei Geschäftsbesorgungsverhältnissen, insbesondere bei Kommission und Spedition, ZHR 137 (1973) 285

KOHLHEPP, Das Verhältnis von Sachmängelhaftung und cic im Kaufrecht (1989)

KÖNDGEN, Selbstbindung ohne Vertrag (1981)

KÖPCKE, Typen der positiven Vertragsverletzung (1965)

KOTULLA, Die historischen Voraussetzungen für die Entstehung des Rechtsinstituts der „ positiven Forderungsverletzung" im 19. Jahrhundert, ZRG germ Abt 108 (1991) 358

PETER KREBS, Sonderverbindung und außerdeliktische Schutzpflichten (2000)

KREUZER, Culpa in contrahendo und Verkehrspflichten – Ein rechtsvergleichender Beitrag zur Begrenzung der Haftung nach Vertragsrecht (1972)

KRÖGER, Nebenleistungen bei gegenseitigen Verträgen (1935)

KRÜCKMANN, Unmöglichkeit, AcP 101 (1907) 202, 232

ders, Nachlese zur Unmöglichkeitslehre, §§ 11 bis 13: Die positiven Vertragsverletzungen, JherJb 59, 233

ders, Clausula rebus sic stantibus, Kriegsklausel, Streikklausel, AcP 116 (1918) 157, 212

KÜBLER, Anlageberatung durch Kreditinstitute, ZHR 145 (1981) 204

ders, Überlegungen zur Haftung des Unternehmenssanierers aus culpa in contrahendo, in: FS Kellermann (1991) 243

KÜPPER, Das Scheitern von Vertragsverhandlungen als Teilgruppe der cic (1988)

KÜPPERSBUSCH, Die Haftung des Minderjährigen für culpa in contrahendo (Diss München 1973)

vLACKUM, Verschmelzung und Neuordnung von „culpa in contrahendo" und „positiver Vertragsverletzung". Zugleich ein Beitrag zur Lehre vom „einheitlichen Schutzpflichtverhältnis" (Diss Bonn 1970)

LARENZ, Culpa in contrahendo, Verkehrssicherungspflicht und „sozialer Kontakt", MDR 1954, 515

ders, Bemerkungen zur Haftung für „culpa in contrahendo", in: FS Ballerstedt (1975) 397

H LEHMANN, Die positiven Vertragsverletzungen, AcP 96 (1905) 60

ders, Die Unterlassungspflicht im Bürgerlichen Recht (1906)

M LEHMANN, Die bürgerlich-rechtliche Haftung

für Werbeangaben. Culpa in contrahendo als Haftungsgrundlage für vertragsanbahnende Erklärungen, NJW 1981, 1233

LEISER, Schadensersatz wegen Sachmängeln, Rechtshistorisches zu § 463 BGB, in: FS Schnorr von Carolsfeld (1972) 299

LEONHARD, Die Haftung des Verkäufers für sein Verschulden bei Vertragsschluß (Diss Göttingen 1896)

MARC LEONHARD, Der Ersatz des Vertrauensschadens im Rahmen der vertraglichen Haftung, AcP 199 (1999) 660

LESSER, Das Rücktrittsrecht bei positiven Vertragsverletzungen (1906)

LESSMANN, Schlechte Dienstleistung und Vergütung, in: FS E Wolf (1985) 395

LIEB, Vertragsaufhebung oder Geldersatz?, in: FS Rechtswiss Fakultät Köln (1988) 251

ders, Culpa in contrahendo und rechtsgeschäftliche Entscheidungsfreiheit, in: FS Medicus (1999) 337

LIEBS, „Fahrlässige Täuschung" und Formularvertrag, AcP 174 (1974) 26

LITTBARSKI, Das Verhältnis der Ansprüche aus culpa in contrahendo zu den Ansprüchen aus den §§ 633 ff BGB, JZ 1978, 3

LOBINGER, Rechtsgeschäftliche Verpflichtung und autonome Bindung (1999)

STEPHAN LORENZ, Der Schutz vor dem unerwünschten Vertrag (1997)

ders, Vertragsaufhebung wegen culpa in contrahendo: Schutz der Entscheidungsfreiheit oder des Vermögens?, ZIP 1998, 1053

LÖWISCH, Die Zins- und Schadensersatzansprüche des Ratenkreditgebers bei Säumnis des Kreditnehmers, BB 1985, 959

LÜKE, Die persönliche Haftung des Konkursverwalters (Diss Freiburg 1986)

vMAYR, Worin besteht der Schadensersatz wegen Nichterfüllung eines gegenseitigen Vertrages?, 27. DJT (1904) II 167

MEDICUS, Id quod interest (1962)

ders, Grenzen der Haftung für culpa in contrahendo, JuS 1965, 209

ders, Vertragliche und deliktische Ersatzansprüche für Schäden aus Sachmängeln, in: FS Kern (1968) 313

ders, Zur Entstehungsgeschichte der culpa in contrahendo, in: FS Kaser (1986) 169

ders, Gesetzgebung und Jurisprudenz im Recht der Leistungsstörungen, AcP 186 (1986) 268

ders, Die cic zwischen Vertrag und Delikt, in: FS Keller (1989) 205

ders, Zur Eigenhaftung des GmbH-Geschäftsführers aus Verschulden bei Vertragsverhandlungen, in: FS Steindorff (1990) 725

ders, Ansprüche auf das Erfüllungsinteresse aus Verschulden bei Vertragsverhandlungen, in: FS Lange (1992) 539

MESSER, Schadensersatzansprüche aus cic wegen der Verletzung für den Vertragsinhalt wesentlicher vorvertraglicher Pflichten, in: FS Steindorff (1990) 743

MESSER/SCHMITT, Zum Umfang der „Rentabilitätsvermutung" und zu vorvertraglichen und vordeliktischen Aufwendungen, in: FS Hagen (1999) 425

MEYER, Das neue öffentliche Vertragsrecht und die Leistungsstörungen, NJW 1977, 1705

MICHALSKI, Das Rechtsintitut der „culpa in contrahendo", Jura 1993, 22

ders, (Zahn-)Ärztliche Aufklärungspflicht über die Ersatzfähigkeit von Heilbehandlungskosten, VersR 1997, 137

MOTZER, Die „positive Vertragsverletzung" des Arbeitnehmers (1982)

ders, Schutzpflichtverletzung und Leistungsunmöglichkeit, JZ 1983, 884

MOTZKE, Prüfungs-, Aufklärungs- und Überwachungspflichten des Unternehmens, ZfBR 1988, 244

E MÜLLER, Der Sukzessivlieferungsvertrag, Gruchot 50 (1906) 508

GEORG MÜLLER, Der Ersatz entwerteter Aufwendungen bei Vertragsstörungen (1991)

ders, Beweislast und Beweisführung im Arzthaftungsprozeß, NJW 1997, 3049

K J MÜLLER, Verschulden bei Vertragsschluß und Abbruch von Verhandlungen über formbedürftige Rechtsgeschäfte, BB 1997, 1905

L A MÜLLER, Schutzpflichten im Bürgerlichen Recht, JuS 1998, 894

U MÜLLER, Die Haftung des Stellvertreters bei culpa in contrahendo und positiver Forderungsverletzung, NJW 1969, 2169

MÜLLER-GRAFF, Die Geschäftsverbindung als Schutzpflichtverhältnis, JZ 1976, 153

MÜLLER-LAUBE, Vertragsaufwendungen und

Hansjörg Otto

Schadensersatz wegen Nichterfüllung, JZ 1995, 538

ders, Die Verletzung der vertraglichen Unterlassungspflicht, in: FS Rolland (1999) 261

Müssig, Falsche Auskunftserteilung und Haftung, NJW 1989, 1697

Musielak, Beweislastverteilung nach Gefahrenbereichen. Eine kritische Betrachtung der Gefahrenkreistheorie des BGH, AcP 176 (1976) 465

Niederländer, Rückforderung der Kaufsache und Schadensersatz, in: FS Wahl (1973) 243

Niemann, Verschulden beim Vertragsschluß (1932)

Nirk, Rechtsvergleichendes zur Haftung für culpa in contrahendo, RabelsZ 1953, 310

ders, Culpa in contrahendo – eine richterliche Rechtsfortbildung in der Rechtsprechung des Bundesgerichtshofes –, in: 1. FS Möhring (1965) 385

ders, Culpa in contrahendo – eine geglückte richterliche Rechtsfortbildung – Quo vadis?, in: 2. FS Möhring (1975) 71

ders, Vertrauenshaftung Dritter bei Vertragsdurchführung?, in: FS Hauss (1978) 267

Nörr/Scheyhing/Pöggeler, Sukzessionen (2. Aufl 1999)

Nordemann, Die Rechtsstellung des Lizenznehmers bei vorzeitiger Beendigung des Hauptvertrages im Urheberrecht, GRUR 1970, 174

Oertmann, Ein Beitrag zur Frage der Haftung für Verschulden beim Vertragsschluß, LZ 1914, 513

Otto, Arbeitsrecht (3. Aufl 2003)

Otto/Schwarze, Die Haftung des Arbeitnehmers (1998)

Paefgen, Haftung für mangelhafte Aufklärung aus culpa in contrahendo (1999)

Paschke, Zum Schicksal der Auflassungsvormerkung bei fehlgeschlagenen Grundstückskaufverträgen, Betrieb 1983, 1587

Pawlowski, Der prima facie-Beweis bei Schadensersatzansprüchen aus Delikt und Vertrag, Göttinger rechtswissenschaftliche Studien Bd 60 (1966)

E Peters, Überschreiten der Vertretungsmacht und Haftung des Vertretenen für culpa in contrahendo, in: FS Reinhardt (1972) 127

F Peters, Die Ablehnungserklärung des Gläubigers, JR 1998, 186

Picker, Positive Forderungsverletzung und culpa in contrahendo – Zur Problematik der Haftungen „zwischen" Vertrag und Delikt, AcP 183 (1983) 369

ders, Vertragliche und deliktische Schadenshaftung, JZ 1987, 1041

Pieper, Der Anspruch auf Schadensersatz wegen Nichterfüllung, JuS 1962, 409

Prölss, Die Beweislastverteilung nach Gefahrenbereichen, VersR 1964, 901

Prütting, Gegenwartsprobleme der Beweislast (1983)

Raab, Austauschverträge mit Drittbeteiligung (1999)

Raape, Die Beweislast bei positiver Vertragsverletzung, AcP 147 (1941) 217

Rabel, Das Recht des Warenkaufs I (1936)

Raiser, Schadenshaftung bei verstecktem Dissens, AcP 127 (1927) 1

Reinicke, Formmangel und Verschulden bei Vertragsschluß, Betrieb 1967, 109

Reischauer, Der Entlastungsbeweis des Schuldners (§ 1298 ABGB). Ein Beitrag zum Recht der Leistungsstörung mit rechtsvergleichenden Bezügen, Schriften zum Bürgerlichen Recht Bd 25 (1975)

Rengier, Die Abgrenzung des positiven Interesses vom negativen Vertragsinteresse und vom Integritätsinteresse (1977)

Rieble, Ansprüche des Darlehensgebers bei Verzug des Darlehensnehmers, ZIP 1988, 1027

Roth, Beweismaß und Beweislast bei der Verletzung bankvertraglicher Aufklärungs- und Beratungspflichten, ZHR 154 (1990) 513

Salinger, Zur Frage des Schadensersatzes wegen Nichterfüllung, LZ 1916, 295

Schier, Die verschiedenen Fälle der Unmöglichkeit, in: Das Recht der Leistungsstörungen im französischen und deutschen Recht (1981) 37

Schlechtriem, Vertragsordnung und außervertragliche Haftung (1972)

ders, Abgrenzungsfragen bei der positiven Vertragsverletzung, VersR 1973, 581

Schleeh, Vorvertragliches Fehlverhalten und der Schutz Dritter (Diss Tübingen 1965)

Eike Schmidt, Die verpatzte Jubiläumsfeier, in: FS Gernhuber (1993) 423

KARSTEN SCHMIDT, Zivilprozessuale und
materiellrechtliche Aspekte des § 283 BGB,
ZZP 87 (1974) 49

SCHMITZ, Grundfälle zum Recht der Leistungsstörungen, JuS 1973, 161, 297, 430, 567, 703

ders, Dritthaftung aus cic (1980)

SCHNORR VON CAROLSFELD, Zur Schlechterfüllung, in: FS vLübtow (1970) 667

SCHÖLLER, Der Schadensersatz wegen Nichterfüllung bei gegenseitigen Verträgen nach dem
BGB, Gruchot 44, 603

ders, Nochmals der Schadensersatz wegen
Nichterfüllung nach dem BGB, Gruchot 45, 511

ders, Die Folgen schuldhafter Nichterfüllung,
insbesondere der Schadensersatz wegen Nichterfüllung, bei Kauf, Werkvertrag, Miete und
Dienstvertrag nach dem BGB, Gruchot 46, 1

SCHOPP, Die Haftung aus culpa in contrahendo,
Rpfleger 1966, 292

SCHUBERT, Unredliches Verhalten Dritter bei
Vertragsschluß, AcP 168 (1968) 470

SCHULZE, Grundprobleme der Dritthaftung bei
Verletzung von Auskunfts- und Beratungspflichten in der neueren Rechtsprechung, JuS
1983, 81

R SCHUHMACHER, Vertragsaufhebung wegen
fahrlässiger Irreführung unerfahrener Vertragspartner (1979)

W SCHUHMACHER, Verbraucherschutz bei Vertragsanbahnung (1983)

SCHÜNEMANN, Die positive Vertragsverletzung,
JuS 1987, 1

ders, Aufklärungspflichten und Haftung, BB
1987, 2243

SCHWARZE, Vorvertragliche Verständigungspflichten (2001)

SCHWENZER, Zession und sekundäre Gläubigerrechte, AcP 182 (1982) 214

SEETZEN, Sekundäre Gläubigerrechte nach
Abtretung des Hauptanspruchs aus einem gegenseitigen Vertrag, AcP 169 (1969) 352

ders, Positive Vertragsverletzung gegenüber
Zedent oder Zessionar?, MDR 1970, 809

SIEG, Zur Haftung des Versicherers aus culpa in
contrahendo, BB 1987, 352

SIMONETOS, Das Recht der Leistungsstörungen
(1938)

SIMONSSOHN, Zahlungsversuch durch unge-

deckten Scheck als positive Vertragsverletzung,
JR 1925, 155

SKIBBE, Zur Aufklärungspflicht bei Kaufver-
tragsverhandlungen, in: FS Rebmann (1989) 807

SONNABEND, Die Typen der culpa in contrahendo (Diss Bielefeld 1984)

STAFFEL, Zur Erläuterung der §§ 325, 326 BGB,
AcP 92 (1901) 467

STANL, Die positiven Vertragsverletzungen
(1913)

STAUB, Die positiven Vertragsverletzungen
(1904)

ders, (2. Aufl 1913) besorgt von MÜLLER (mit
Einschluß von STAUBS Aufsatz in: FS Erster
Juristentag [1902] 29 ff), (Neudruck 1969) mit
einem Nachwort von E SCHMIDT

STEINDORFF, Abstrakte und konkrete Schadensberechnung, AcP 158 (1959/1960) 431

ders, Gewinnentgang und Schadensberechnung
des Verkäufers, JZ 1961, 12

STEPHAN, Haupt- und Nebenleistungspflichten
(Diss Göttingen 1975)

STICHT, Zur Haftung des Vertretenen und Vertreters aus Verschulden bei Vertragsschluß sowie
des Erfüllungsgehilfen aus positiver Forderungsverletzung (Diss München 1966)

STODOLKOWITZ, Beweislast und Beweiserleichterungen bei der Schadensursächlichkeit von
Aufklärungspflichtverletzungen, VersR 1994, 11

STÖCKER, Die Rechtsgrundlage der culpa in
contrahendo (Diss Köln 1961)

HANS STOLL, Die Beweislastverteilung bei positiven Vertragsverletzungen, in: FS vHippel
(1967) 517

ders, Haftungsverlagerung durch beweisrechtliche Mittel, AcP 176 (1976) 145

ders, Die bei Nichterfüllung nutzlosen Aufwendungen des Gläubigers als Maßstab der
Interessenbewertung. Eine rechtsvergleichende
Studie zum Vertragsrecht, in: FS Duden (1977)
641

ders, Tatbestände und Funktionen der Haftung
für culpa in contrahendo, in: FS vCaemmerer
(1978) 433

ders, Vertrauensschutz bei einseitigen Leistungsversprechen, in: FS Flume Bd I (1978) 741

ders, Haftungsfolgen fehlerhafter Erklärungen
beim Vertragsschluß, in: FS Riesenfeld (1983)
275

ders, Schädigung durch Vertragsschluß, in:
FS Deutsch (1999) 361

HEINRICH STOLL, Haftung für das Verhalten
während der Vertragsverhandlungen, LZ 1923,
523

ders, Rücktritt und Schadensersatz, AcP 131
(1929) 141

ders, Abschied von der Lehre von der positiven
Vertragsverletzung, AcP 136 (1932) 257

ders, Die Lehre von den Leistungsstörungen
(1936)

STRÄTZ, Über sog Nachwirkungen des Schuldverhältnisses und den Haftungsmaßstab bei
Schutzpflichtverstößen, in: FS Bosch (1976) 999

STÜRNER, Der Anspruch auf Erfüllung von
Treue- und Sorgfaltspflichten, JZ 1976, 384

TAUPITZ, Die zivilrechtliche Pflicht zur unauf-
geforderten Offenbarung eigenen Fehlverhaltens (1989)

TEICHMANN, Leistungsstörungen und Gewährleistung (1976)

ders, Nebenverpflichtungen aus Treu und Glauben, JA 1984, 545, 709

THIELE, Leistungsstörung und Schutzpflichtverletzung, JZ 1967, 694

THIEMANN, Culpa in contrahendo – Ein Beitrag
zum Deliktsrecht (1984)

THOMAS, Die Lehre von der nachträglichen
Unmöglichkeit (l'imprevision) im französischen
Privat- und Öffentlichen Recht, in: Juristische
Fakultät Heidelberg (Hrsg), Das Recht der
Leistungsstörungen im französischen und deut-
schen Recht (1981) 285

TIEDTKE, Der Inhalt des Schadensersatzanspruchs aus Verschulden bei Vertragsschluß
wegen fehlender Aufklärung, JZ 1989, 569

ders, Schadensersatzverpflichtungen aus Verschulden beim Vertragsabschluß nach Abbruch
der Vertragsverhandlungen ohne triftigen
Grund, ZIP 1989, 1093

TITZE, Das Verschulden beim Vertragsschlusse,
DJZ 1925, 490

VON DER TRENCK, Die Berechnung der Geldentwertung beim Schadensersatz wegen Nichterfüllung und bei Erfüllung von Lieferungsverträgen in ihrem Zusammenhang, JW 1924, 886

TUTMANN, Minderung des Kaufpreises aufgrund
von culpa in contrahendo. Ein Beitrag zur Haf-

tung für fahrlässige Täuschung (Diss Hamburg
1982)

ULLRICH, Lohngewähr oder Mängelgewährlei-
stung. Zum Lohnanspruch bei unsorgfältiger
Dienstleistung, NJW 1984, 585

ULMER/BRANDNER/HENSEN, AGB-Gesetz,
Kommentar zum Gesetz zur Regelung des
Rechts der Allgemeinen Geschäftsbedingungen
(9. Aufl 2001)

VAN DEN DAELE, Probleme des gegenseitigen
Vertrages. Untersuchungen zur Äquivalenz
gegenseitiger Leistungspflichten (1968)

VOLLKOMMER, Die Konkurrenz des allgemeinen
Leistungsstörungsrechts mit den Leistungsstörungsinstituten der besonderen Schuldvertragstypen, AcP 183 (1983) 525

ders, Beweiserleichterungen für den Mandanten
bei Verletzung von Aufklärungs- und Beratungspflichten durch den Anwalt? in:
FS Baumgärtel (1990) 585

DEWALL, Die Anwendbarkeit privatrechtlicher
Vorschriften im Verwaltungsrecht, 1999

TH WALTER, Das Verhältnis der gewährlei-
stungsrechtlichen Schadensersatzansprüche im
Kauf-, Miet- und Werkvertragsrecht zu dem
Schadensersatzanspruch wegen positiver Vertragsverletzung (1990)

M WEBER, Haftung für in Aussicht gestellten
Vertragsschluß, AcP 192 (1992) 390

R WEBER, Muß im Arzthaftungsprozeß der Arzt
seine Schuldlosigkeit beweisen?, NJW 1997, 761

WEIMAR, Das Verschulden beim Vertragsabschluß bei Geschäftsräumen und Gaststätten,
MDR 1967, 459

ders, Ersatz des Personenschadens aus culpa in
contrahendo, MDR 1978, 5

WENDEHORST, Anspruch und Ausgleich (1999)

WERRES, Aufklärungspflichten in Schuldverhältnissen und deren Grenzen (Diss Köln 1985)

WERTHEIMER/ESCHBACH, Positive Vertragsverletzung im Bürgerlichen Recht und im Arbeitsrecht, JuS 1997, 605

WESTHELLE, Nichterfüllung und positive Vertragsverletzung (1978)

WETTICH, Die überobligationsmäßige Abwehr
des Verdienstausfallschadens (1999)

WIEACKER, Leistungshandlung und Leistungserfolg im Bürgerlichen Schuldrecht, in:
FS Nipperdey I (1965) 783 ff

WIEDEMANN, Zur culpa in contrahendo beim Abschluß des Arbeitsvertrages, in: FS Herschel (1982) 463

ders, Das System der Leistungsstörungen im deutschen Vertragsrecht, in: FS Rechtswiss Fakultät Köln (1988) 367

ANNETTE WIEGAND, Die „Sachwalterhaftung" als richterliche Rechtsfortbildung (1991)

WITTMANN, Beweisfragen bei (quasi-)vertraglichen Schadensersatzansprüchen von Kapitalanlegern wegen fehlerhafter Anlageobjektinformation im Rahmen von steuerbegünstigten Kapitalanlagen, in: FS Baumgärtel (1990) 637 ff.

L-C WOLFF, Sollen impliziert Können: der Erfüllungsanspruch bei anfänglichem Unvermögen, JZ 1995, 280.

MANFRED WOLF, Neue Literatur zum Synallagma, JurA 1969, 119

ders, BGH-Rechtsprechung aktuell: Prospekthaftung und Verschulden bei Vertragsschluß, NJW 1994, 24

ZAHRNT, Die Rechtsprechung zu Aufklärungs- und Beratungspflichten bei der Beschaffung von EDV-Leistungen, BB 1992, 720

ZENZ, Zur Geschichte und Dogmatik nachwirkender Vertragspflichten (Diss Freiburg 1975)

ZIEGLER, Die Beschränkung der Haftung aus c. i. c. in allgemeinen Geschäftsbedingungen, BB 1990, 2345

ZIMMER, Die Haftung des Käufers bei Verwendung einer mangelhaft verpackten Sache. Versuch einer Abgrenzung der Regelungsbereiche der §§ 320 ff BGB, der Sachmängelgewährleistung und des Instituts der positiven Vertragsverletzung, BB 1988, 2192

ZITELMANN, Nichterfüllung und Schlechterfüllung, in: FS Paul Krüger (1911) 265

ZSCHOCHE, Zur Haftung aus positiver Forderungsverletzung, VersR 1978, 1089.

2. Zur und nach der Schuldrechtsreform

ANDERS, Der zentrale Haftungsgrund der Pflichtverletzung im Leistungsstörungsrecht des Entwurfs für ein Schuldrechtsmodernisierungsgesetz, ZIP 2001, 184

ARNOLD/DÖTSCH, Ersatz von „Mangelfolgeaufwendungen", BB 2003, 2250

BERGJAN, Die Auswirkungen der Schuldrechtsreform 2002 auf den Unternehmenskauf (2003)

BRANDT, Aufklärungs- und Beratungspflichten der Kreditinstitute bei der Kapitalanlage (2002)

BRAUN, Vom Beruf unserer Zeit zur Überarbeitung des Schuldrechts, JZ 1993, 1

BRÜGGEMEIER/REICH, Europäisierung des BGB durch große Schuldrechtsreform?, BB 2001, 213

BRUNS, Haftungsbeschränkungen und Mindesthaftung (2003)

CANARIS, Wandlungen des Schuldvertragsrechts – Tendenzen zu seiner „Materialisierung", AcP 200 (2000) 273

ders, Das allgemeine Leistungsstörungsrecht im Schuldrechtsmodernisierungsgesetz, ZRP 2001, 329

ders, Die Reform des Rechts der Leistungsstörungen, JZ 2001, 499

ders, Schadensersatz wegen Pflichtverletzung, anfängliche Unmöglichkeit und Aufwendungsersatz im Entwurf des Schuldrechtsmodernisierungsgesetzes, Betrieb 2001, 1815

CHOI, Mangelschaden, Mangelfolgeschaden und Folgeschaden ohne Mangel im Lichte typologischen Denkens (2003)

COEN, Vertragsscheitern und Rückabwicklung, Eine rechtsvergleichende Untersuchung zum englischen und deutschen Recht, zum UN-Kaufrecht sowie zu den Unidroit Principles und den Principles of European Contract Law (2003)

DÄUBLER, Auswirkungen der Schuldrechtsmodernisierung auf das Arbeitsrecht, NZA 2001, 1329

DAUNER-LIEB, Die geplante Schuldrechtsmodernisierung – Durchbruch oder Schnellschuß?, JZ 2001, 8

DAUNER-LIEB/DÖTSCH, Schuldrechtsreform: Haftungsgefahren für Zwischenhändler nach neuem Recht?, Betrieb 2001, 2535

DEUTSCH, Die Medizinhaftung nach dem neuen Schuldrecht und dem neuen Schadensrecht, JZ 2002, 588

DIEDERICHSEN, Zur gesetzlichen Neuordnung des Schuldrechts, AcP 182 (1982) 101

ECKEBRECHT, Vertrag mit Schutzwirkung für Dritte – Die Auswirkungen der Schuldrechtsreform, MDR 2002, 425

ERNST, Zur Regelung des Versendungskaufs im Entwurf der Kommission zur Überarbeitung des Schuldrechts, ZIP 1993, 481

Hansjörg Otto

ders, Die Schuldrechtsreform 2001/2002, ZRP 2001, 1

ders, Zum Fortgang der Schuldrechtsreform, in: ERNST/ZIMMERMANN, Zivilrechtswissenschaft und Schuldrechtsreform (2001) 559

ERNST/GSELL, Kaufrechtsrichtlinie und BGB, ZIP 2000, 1410

FISCHER, Der Ausschluß der Leistungspflicht im Falle der Unmöglichkeit im Entwurf des Schuldrechtsmodernisierungsgesetzes (§ 275 BGB RegE), Betrieb 2001, 1923

FLUME, Gesetzesreform der Sachmängelhaftung beim Kauf?, AcP 193 (1993) 89

GOTTHARDT, Arbeitsrecht nach der Schuldrechtsreform (2. Aufl 2003)

GRIEGOLEIT/RIEHM, Grenzen der Gleichstellung von Zuwenig-Leistung und Sachmangel, ZGS 2002, 115

GRUNDMANN, Europäisches Schuldvertragsrecht, NJW 2000, 14

GRUNSKY, Vorschläge zu einer Reform des Schuldrechts, AcP 182 (1982) 453

GSELL, Der Schadensersatz statt der Leistung nach dem neuen Schuldrecht, Jahrbuch Junger Zivilrechtslehrer 2001, 105

dies, Gespaltene Verjährung kaufvertraglicher Ansprüche auf Ersatz mängelbedingter Schäden?, JZ 2002, 1089

HAAS, Entwurf eines Schuldrechtmodernisierungsgesetzes: Kauf- und Werkvertragsrecht, BB 2001, 1113

HÄRTING/SCHIRMBACHER, Fernvertrieb von Finanzdienstleistungen an Verbraucher: Umsetzung der Fernabsatzrichtlinie für Finanzdienstleistungen, Betrieb 2003, 1777

HEINRICHS, Die Pflichtverletzung, ein Zentralbegriff des neuen Leistungsstörungsrechts, in: FS Schlechtriem (2003) 503

HENSSLER, Arbeitsrecht und Schuldrechtsreform, RdA 2002, 129

HIRSCH, Schadensersatz statt der Leistung, Jura 2003, 289

HUBER, Leistungsstörungen, in: Gutachten und Vorschläge zur Überarbeitung des Schuldrechts, Bd I (1981) 647 (zitiert Gutachten)

ders, Die Unmöglichkeit der Leistung im Diskussionsentwurf eines Schuldrechtsmodernisierungsgesetzes, ZIP 2000, 2137

ders, Die Pflichtverletzung als Grundtatbestand der Leistungsstörung im Diskussionsentwurf eines Schuldrechtsmodernisierungsgesetzes, ZIP 2000, 2273

ders, Das geplante Recht der Leistungsstörungen, in: ERNST/ZIMMERMANN, Zivilrechtswissenschaft und Schuldrechtsreform (2001) 31

ders, Die Schadensersatzhaftung des Verkäufers wegen Nichterfüllung der Nacherfüllungspflicht und die Haftungsbegrenzung des § 275 Abs 2 BGB neuer Fassung, in: FS Schlechtriem (2003) 521

JOUSSEN, Arbeitsrecht und Schuldrechtsreform, NZA 2001, 745

KATZENMEIER, Schuldrechtsmodernisierung und Schadensersatzänderung – Umbruch in der Arzthaftung, VersR 2002, 1066

C KNÜTEL, Die Schwächen der „konkreten" und „abstrakten" Schadensberechnung und das positive Interesse bei Nichterfüllung, AcP 202 (2002), 555

KOHLER, Bemerkungen zur vorgeschlagenen Überarbeitung des Rücktrittsrechts, WM 1993, 45

KRAUSE, Die Leistungsverzögerungen im neuen Schuldrecht, Teil I Jura 2002, 217; Teil II Jura 2002, 299

ders, Geklärte und ungeklärte Probleme der Arbeitnehmerhaftung, NZA 2003, 577

PETER KREBS, Die große Schuldrechtsreform, Betrieb 2000 Beil 14

LANGE, Schadensersatz (3. Aufl 2003)

LAUFS/UHLENBRUCK, Handbuch des Arztrechts (3. Aufl 2002)

LIEB, Grundfragen einer Schuldrechtsreform, AcP 183 (1983) 327

STEPHAN LORENZ, Rücktritt, Minderung und Schadensersatz wegen Sachmängeln im neuen Kaufrecht: Was hat der Käufer zu vertreten?, NJW 2002, 2497

LÖWISCH, Zweifelhafte Folgen des neuen Leistungsstörungsrechts für das Arbeitsvertragsrecht, NZA 2001, 465

ders, Auswirkungen der Schuldrechtsreform auf das Recht des Arbeitsverhältnisses, in: FS Wiedemann (2002) 311

MAGNUS, Der Tatbestand der Pflichtverletzung, in: SCHULZE/SCHULTE-NÖLKE, Die Schuldrechtsreform vor dem Hintergrund des Gemeinschaftsrechts (2001) 67

MANSEL/BUDZIKIEWICZ, Das neue Verjährungsrecht (2002)

MEDICUS, Vorschläge zur Überarbeitung des Schuldrechts: Das allgemeine Recht der Leistungsstörungen, NJW 1992, 2384

ders, Die Leistungsstörungen im neuen Schuldrecht, JuS 2003, 521

B MERTENS, Culpa in contrahendo bei zustande gekommenem Kaufvertrag nach der Schuldrechtsreform, AcP 203 (2003) 819

MÜLBERT, Die Auswirkungen der Schuldrechtsmodernisierung im Recht des „bürgerlichen" Darlehensvertrags, WM 2000, 465

MÜNCH, Die nicht wie geschuldet erbrachte Leistung und sonstige Pflichtverletzungen, Jura 2002, 361

OECHSLER, Schuldrecht Besonderer Teil, Vertragsrecht (2003)

OETKER, Neues zur Haftung des Arbeitnehmers durch § 619a BGB?, BB 2002, 43

OTTO, Die Grundstrukturen des neuen Leistungsstörungsrechts, Jura 2002, 1

RECKER, Schadensersatz statt der Leistung – oder: Mangel- und Mangelfolgeschaden, NJW 2002, 1247

PLÖTNER, Die Rechtsfigur des Vertrags mit Schutzwirkung zugunsten Dritter und die sogenannte Expertenhaftung (2003)

REICHENBACH, Das Tatbestandsmerkmal der Pflichtverletzung im neuen Leistungsstörungsrecht, Jura 2003, 512

REISCHL, Grundfälle zum neuen Schuldrecht, JuS 2003, 40, 250, 453, 667, 865, 1076

ROLLAND, Schuldrechtsreform – Allgemeiner Teil, NJW 1992, 2377

SCHÄFER, Zum Begriff der Pflichtverletzung in § 280 I 1 BGB, JA 2003, 600

SCHAPP, Probleme der Reform des Leistungsstörungsrechts, JZ 1993, 637

ders, Empfiehlt sich die „Pflichtverletzung" als Generaltatbestand des Leistungsstörungsrechts?, JZ 2001, 583

SCHLECHTRIEM, Rechtsvereinheitlichung in Europa und Schuldrechtsreform in Deutschland, ZEuP 1993, 217

ders, 10 Jahre CISG – Der Einfluß des UN-Kaufrechts auf die Entwicklung des deutschen und des internationalen Schuldrechts, IHR 2001, 12

SCHMIDT-RÄNTSCH, Die Haftung des Verkäufers nach der Schuldrechtsreform am Beispiel des Unternehmenskaufs, AnwBl 2003, 529

M SCHULTZ, Leistungsstörungsrecht, in: WESTERMANN, Das Schuldrecht 2002, 17

SCHULZE/SCHULTE-NÖLKE, Schuldrechtsreform und Gemeinschaftsrecht, in: SCHULZE/SCHULTE-NÖLKE, Die Schuldrechtsreform vor dem Hintergrund des Gemeinschaftsrechts (2001)

SCHWAB, Grundfälle zu culpa in contrahendo, Sachwalterhaftung und Vertrag mit Schutzwirkung für Dritte nach neuem Schuldrecht, JuS 2002, 773, 872

SCHWARZE, Unmöglichkeit, Unvermögen und ähnliche Leistungshindernisse im neuen Leistungsstörungsrecht, Jura 2002, 73

SIOL, Die bürgerlich-rechtliche Prospekthaftung im engeren Sinn, DRiZ 2003, 204

SPICKHOFF, Das System der Arzthaftung im reformierten Schuldrecht, NJW 2002, 2530

SPINDLER/KLÖHN, Fehlerhafte Informationen und Software – Die Auswirkungen der Schuld- und Schadensrechtsreform, VersR 2003, 273 u 410

THOMAS/PUTZO, ZPO (25. Aufl 2003)

WAGNER, Mangel- und Mangelfolgeschäden im neuen Schuldrecht?, JZ 2002, 475

WALKER, Die eingeschränkte Haftung des Arbeitnehmers unter Berücksichtigung der Schuldrechtsmodernisierung, JuS 2002, 736

WESTERMANN, Das neue Kaufrecht einschließlich des Verbrauchsgüterkaufs, JZ 2001, 530

WIEDEMANN, Schadensersatz und Freizeichnung in Allgemeinen Geschäftsbedingungen und Individualverträgen, in: FS Ulmer (2003), 1279

vWILMOWSKY, Pflichtverletzungen im Schuldverhältnis, Beil zu JuS Heft 1/2002, 3

ERNST WOLF, Kein Abschied vom BGB, ZRP 1982, 1

ZIMMER, Das geplante Kaufrecht, in: ERNST/ZIMMERMANN, Zivilrechtswissenschaft und Schuldrechtsreform (2001) 191

ZIMMERMANN, Konturen eines europäischen Vertragsrechts, JZ 1995, 477

ders, Schuldrechtsmodernisierung?, JZ 2001, 171

ZIMMERMANN/LEENEN/MANSEL/ERNST, Finis Litium? Zum Verjährungsrecht nach dem Regierungsentwurf eines Schuldrechtsmodernisierungsgesetzes, JZ 2001, 6.

Vgl ferner das Allgemeine Schrifttum sowie die Schrifttumshinweise zu STAUDINGER/LÖWISCH Vorbem zu §§ 275–278 bzw Vorbem zu § 280–285, außerdem zu STAUDINGER/LÖWISCH §§ 281 bis 284 und § 286.

Systematische Übersicht

Alphabetische Übersicht

A. Normzweck und Entstehungsgeschichte

Über den Reformprozeß ist bewußt in den Vorbemerkungen ausführlich berichtet **A 1** worden, weil er die Gesamtkonzeption des neuen Leistungsstörungsrechts betrifft (Vorbem 2 ff zu §§ 280–285). Die Leitidee einer zentralen Ausgangsnorm für alle Pflichtverletzungen aus bestehenden Schuldverhältnissen ist im Kern unverändert geblieben. Deshalb ist es hier zweckmäßig, das Endprodukt in den Mittelpunkt zu stellen und die Entwicklung dahin nur durch Hinweise auf Vorläuferregelungen zu verdeutlichen.

§ 280 bildet allein oder iVm den §§ 281 bis 283 bzw § 286 die **zentrale Anspruchs- A 2 grundlage für die meisten Schadensersatzansprüche im Rahmen bestehender Schuldverhältnisse.** Demgegenüber beruht die auf das Erfüllungsinteresse gerichtete Schadensersatzpflicht gem § 311a Abs 2 wegen des anfänglichen Ausschlusses der Leistungspflicht auf einer Pflichtverletzung bei Vertragsschluß. Die zuvor genannten Normen treten nicht nur an die Stelle der Regelungen für nachträgliche *Unmöglichkeit* (§§ 280, 325 aF) und *Verzug* (§§ 286 Abs 1 u 2, 326 aF), sondern ersetzen beim Kauf- und Werkvertrag die für den *Schadensersatz wegen Nichterfüllung infolge von Sachmängeln* bisher maßgeblichen §§ 463 und 635. Außerdem erfassen sie die bislang nicht kodifizierten Haftungsgrundsätze der *positiven Forderungs- bzw Vertragsverletzung* sowie der *culpa in contrahendo*. In der dogmatischen Gesamtkonzeption nimmt die *Pflichtverletzung* die zentrale Rolle ein, obgleich das Gesetz mit der Verweisung in § 280 Abs 2 u 3 auf § 286 bzw §§ 281, 282 oder 283 weiterhin auch die Leistungsstörungstatbestände des Verzugs und der Unmöglichkeit kennt, die nach der neuen Terminologie des Gesetzes in § 275 Abs 1 zum Ausschluß des Anspruchs auf die Leistung führt. Ihre besondere Bedeutung spiegelt sich dennoch deutlich in § 280 wider, der die Überschrift *„Schadensersatz wegen Pflichtverletzung"* trägt. § 280 Abs 1 S 1 enthält die Kernaussage für das Entstehen eines Schadensersatzanspruchs. Die Haftung wird grundsätzlich durch die Verletzung einer Pflicht aus dem Schuldverhältnis ausgelöst und ist nach Satz 2 nur dann ausgeschlossen, *„wenn der Schuldner die Pflichtverletzung nicht zu vertreten hat"*. § 280 Abs 1 entspricht § 280 Abs 1 des Entwurfs der Schuldrechts-Kommission (BGB-KE) bzw des Diskussionsentwurfs (DE), wenn man davon absieht, daß dort von dem hierdurch *entstandenen* Schaden statt von dem hierdurch *entstehenden* Schaden die Rede war.

A 3 Durch die Verweisung in den § 280 Abs 2 u 3, wonach *„Schadensersatz wegen Verzögerung der Leistung"* bzw *„Schadensersatz statt der Leistung"* nur unter *„zusätzlichen Voraussetzungen"* gewährt wird, wird die zentrale Bedeutung von § 280 Abs 1 ebenso zusätzlich unterstrichen wie durch die *Verweisungen beim Kauf- und Werkvertrag* (§§ 437 Nr 3, 634 Nr 4). Insoweit hat sich der Rechtsanwender neu zu orientieren. Wird – verglichen mit den bisherigen Grundsätzen – Schadensersatz wegen Nichterfüllung und damit das positive Interesse begehrt, so muß der Gläubiger **Schadensersatz statt der Leistung** nach **§ 280 Abs 1 u 3 iVm § 281, § 282 oder § 283** geltend machen (zur Terminologie Vorbem 11 zu §§ 280–285; zur Abgrenzung der Anspruchsgrundlagen unter dem Blickwinkel der Pflichtverletzung Rn C 1 ff bzw der Schadensform Rn E 1 ff; zum Umfang und zur Berechnung des Schadensersatzes ie Rn E 48 ff). § 280 Abs 2 S 1 DE sah lediglich eine Verweisung auf den wesentlich undifferenzierteren § 282 DE mit der Überschrift „Schadensersatz statt der Leistung" vor (ebenso bereits § 280 Abs 2 S 1 iVm § 283 BGB-KE), während die Konsolidierte Fassung schon in den Überschriften der §§ 281, 282 u 283 wie die geltenden Normen deutlich nach der Art der Pflichtverletzung unterschied (Einzelheiten in § 281 Rn A 1 ff; § 282 Rn A 2 ff, § 283 Rn 3 ff).

A 4 Soll der **Verzögerungsschaden** ausgeglichen werden, so ist dieser Anspruch auf **§ 280 Abs 1 u 2 iVm § 286** zu stützen, und es müssen insbes die Verzugsvoraussetzungen nach § 286 erfüllt sein. Dies entspricht in der Sache § 280 Abs 2 S 2 iVm § 283 DE (bzw § 280 Abs 2 S 2 iVm § 284 BGB-KE). Durch den eigenen Absatz wird der eigenständige Regelungsgehalt auch äußerlich hervorgehoben.

A 5 Begehrt der Gläubiger hingegen Schadensersatz gerade nicht wegen der ausgebliebenen oder mangelhaften Leistung als solcher oder deren Verzögerung, sondern wegen der Beeinträchtigung anderer Rechte, Rechtsgüter oder Interessen, allgemeiner ausgedrückt wegen seines durch die Pflichtverletzung beeinträchtigten **Erhaltungs- bzw Integritätsinteresses**, so ist lediglich **§ 280 Abs 1** als Anspruchsgrundlage heranzuziehen. Nur in diesem Sinn ist § 280 Abs 1 gegenüber §§ 280 Abs 1 u 2, 286 bzw § 280 Abs 1 u 3 iVm § 281, § 282 oder § 283 *subsidiärer Auffangtatbestand*. Allerdings sind Überschneidungen nicht völlig ausgeschlossen (vgl ie vor allem Rn E 16 ff).

A 6 Nicht Gesetz geworden ist hingegen der von § 280 Abs 1 S 3 BGB-KE in § 280 Abs 1 S 3 DE übernommene unglückliche Vorschlag, bei einem gegenseitigen Vertrag den Schadensersatz wegen Nichtausführung des Vertrags von einem vorherigen Rücktritt abhängig zu machen. Mit dem Gesetz gewordenen § 325 KF ist aus dem Rücktrittserfordernis eine erlaubte **Kumulation von Rücktritt und Schadensersatz** statt der Leistung geworden (CANARIS, Schuldrechtsmodernisierung 2002, 358 u 376).

A 7 Im folgenden sind die einzelnen Tatbestandsmerkmale näher zu untersuchen. Das gilt zum einen für die die Haftung begründenden bzw ausschließenden Voraussetzungen, also das **Schuldverhältnis** (unter B), die **Pflichtverletzung** (unter C) sowie die **Entlastungsmöglichkeit des Schuldners von seiner Verantwortlichkeit für die Pflichtverletzung** (unter D). Das gilt zum anderen für die Rechtsfolgen, nämlich die verschiedenen **Grundformen des Schadensersatzes**, also den Ersatz des Erhaltungsinteresses, den Ersatz eines Verzögerungsschadens und schließlich den Ersatz des Interesses an der (ganzen) Leistung (unter E Rn 1 bis 47), sowie **Umfang und Berechnung des Schadensersatzes bzw die Durchführung des Schadensausgleichs** (Rn E 48 bis

125). Schließlich ist auf die Fragen der Beweislast (unter F), der Verjährung (unter G) und der Abdingbarkeit (unter H) einzugehen.

B. Das Schuldverhältnis iS des § 280

I. Allgemeines

Der Anwendungsbereich des § 280 bezieht sich auf **alle bestehenden Schuldverhält- B 1 nisse** ohne Rücksicht auf ihren Inhalt. Insoweit bietet der Begriff des Schuldverhält- nisses in **§ 241** eine Orientierungshilfe: Der inhaltlich unverändert gebliebene § 241 Abs 1 soll alle Schuldverhältnisse mit *primären Leistungs- und Unterlassungspflichten* umfassen (Begr RegE BT-Drucks 14/6040, 125). § 280 Abs 1 bezieht sich daher nicht nur auf gegenseitig oder zweiseitig verpflichtende Schuldverhältnisse, sondern auch auf einseitige Verpflichtungen wie zB das Vermächtnis (BT-Drucks 14/6040, 135). Der neue § 241 Abs 2 fügt die Verpflichtung zur Rücksichtnahme auf die Rechte, Rechtsgüter und Interessen des anderen Teil hinzu, die nicht nur Inhalt einer primären Leistungs- pflicht sein kann (etwa bei Berater- und Bewachungsverträgen), sondern vor allem neben diese treten wird, wenn sie nicht sogar – wie bei der culpa in contrahendo – allein das Schuldverhältnis prägt (BT-Drucks 14/6040, 125 f).

Unerheblich ist auch der **Entstehungsgrund** des Schuldverhältnisses. Im Vordergrund **B 2** stehen die auf **Vertrag** beruhenden Schuldverhältnisse (s § 311 Abs 1) und damit grundsätzlich alle Vertragsarten, soweit deren Haftung nicht gesondert geregelt ist (vgl Vorbem 36 bis 38 zu §§ 280–285). Umfaßt sind darüber hinaus **gesetzliche Schuld- verhältnisse** wie zB die Geschäftsführung ohne Auftrag sowie die sog faktischen bzw fehlerhaften Gesellschafts- und Arbeitsverhältnisse (zu den Einzelheiten STAUDINGER/ J SCHMIDT [1995] Einl 398 ff zu §§ 241 ff; MünchKomm/KRAMER Einl zu § 241 Rn 53 ff). Auf die Pflichten aus einem Rückgewährschuldverhältnis nach Rücktritt bzw Widerruf oder Rückgabe bei Verbraucherverträgen ist § 280 ebenfalls anwendbar, wie sich aus der ausdrücklichen Anordnung in § 346 Abs 4 und der Verweisung in § 357 Abs 1 S 1 ergibt. Dasselbe gilt im Grundsatz für Schuldverhältnisse außerhalb des Zweiten Buchs des BGB wie schon das Beispiel des Vermächtnisses zeigt (vgl STAUDINGER/ J SCHMIDT [1995] Einl 566 ff zu §§ 241 ff). Man denke auch an die Verpflichtungen des Finders zur Anzeige, Verwahrung und Herausgabe (§§ 965 ff) oder die Verpflichtung zur Herausgabe von eigenem Hausrat an den anderen Ehegatten (§ 1361a Abs 2 S 2).

Ebenso ist bei genuinen **Schuldverhältnissen außerhalb des BGB** auf § 280 zurück- **B 3** zugreifen, soweit eine Regelungslücke besteht (vgl STAUDINGER/J SCHMIDT [1995] Einl 569 ff zu §§ 241 ff).

Wegen der Verweisung in § 62 S 2 VwVfG auf die ergänzende Anwendung der **B 4** Vorschriften des BGB und damit auch auf das Allgemeine Schuldrecht ist § 280 zudem auf **öffentlich-rechtliche Verträge/Sonderverbindungen** mit Vorsicht weiterhin entsprechend anwendbar (s STAUDINGER/LÖWISCH Vorbem 19 f zu §§ 275–278). Für den Rechtsweg ist § 40 Abs 2 VwGO zu beachten, wonach Streitigkeiten über Folgen von Leistungsstörungen aller Art einschließlich der Schadensersatzansprüche vor die Verwaltungsgerichte gehören. Umstritten war bislang allerdings, ob dies ebenso für Schadensersatzansprüche wegen cic gilt, die nach Auffassung des BGH wegen des engen Sachzusammenhangs mit Amtshaftungsansprüchen in die Zuständigkeit der Zivilgerichte fallen sollten (BGH LM § 40 VwGO Nr 31 = NJW 1986, 1109, str; wie der BGH SCHOCH/EHLERS, VwGO [Stand: Januar 2003, aber zur alten Rechtslage] § 40 Rn 544 f; aA KOPP/ SCHENKE, VwGO [bis zur 11. Aufl 1998; aufgegeben in der 13. Aufl 2003] § 40 Rn 72; EYERMANN/ RENNERT, VwGO [11. Aufl 2000] § 40 Rn 121; LÜKE JuS 1980, 644, 647). Soweit öffentlich-rechtliche Körperschaften privatrechtliche Verträge abschließen, ist das allgemeine Leistungsstörungsrecht und damit § 280 ohnehin anwendbar (vgl zur insoweit übertrag-baren alten Rechtslage BGHZ 6, 330; BAGE 2, 217 = NJW 1956, 398; BAGE 14, 206 = NJW 1963, 1843).

II. Rechtsgeschäftsähnliche Schuldverhältnisse

B 5 Der weite Anwendungsbereich des § 280 soll nach der Intention des Gesetzgebers nicht nur vertragliche Schuldverhältnisse, sondern insbes auch **sonstige Sonderver-bindungen** ohne primäre Leistungspflichten erfassen. Gem § 241 Abs 2 kann ein Schuldverhältnis nach seinem Inhalt jeden Teil zur Rücksicht auf die Rechte, Rechts-güter und Interessen des anderen Teils verpflichten. Dies ist zunächst unverändert für wirksame Vertragsbeziehungen bedeutsam und fiel insoweit bisher unter die Rechts-figur der positiven Vertragsverletzung. Hier sind jedoch diejenigen rechtsgeschäfts-ähnlichen Schuldverhältnisse besonders zu erwähnen, die anders als Verträge keine primären Leistungspflichten, sondern lediglich Schutzpflichten zum Inhalt haben. Durch § 311 Abs 2 u 3, die ebenfalls durch das Schuldrechtsmodernisierungsgesetz eingefügt worden sind, wird deutlich, daß Schuldverhältnisse mit Schutz- und Rück-sichtnahmepflichten nicht nur durch den Abschluß von Verträgen (§ 311 Abs 1) entstehen können.

1. Culpa in contrahendo

B 6 § 311 Abs 2 kodifiziert die Fallgestaltungen der Lehre von der Haftung für das Ver-schulden bei Vertragsverhandlungen mit einer eher ausweitenden Tendenz. Es ergibt sich nunmehr unmittelbar aus dem Gesetz, daß Schuldverhältnisse mit Pflichten iS von § 241 Abs 2 durch die *Aufnahme von Vertragsverhandlungen* (Nr 1), durch die *Anbahnung eines Vertrages*, bei der die Möglichkeit zur Einwirkung auf die Rechte, Rechtsgüter und Interessen des anderen Teils besteht (Nr 2), oder *ähnliche geschäft-liche Kontakte* (Nr 3) begründet werden können (BT-Drucks 14/6040, 161 f; zu den Einzel-heiten STAUDINGER/LÖWISCH [voraussichtlich 2006] § 311 sowie MünchKomm/EMMERICH § 311 Rn 65 ff; MÜNCH Jura 2002, 361, 363; zum Stand vor der Kodifikation STAUDINGER/LÖWISCH [2001] Vorbem 59 ff zu §§ 275–283 aF).

Beispielhaft seien hier einige praktisch wichtige Fallgestaltungen zur alten Rechts-lage genannt, die nunmehr bei § 311 Abs 2 einzuordnen sind und die Haftung nach § 280 Abs 1 auslösen können: Das *Betreten der Geschäftsräume*, zB eines Kaufhauses durch einen Kunden (RGZ 78, 239; BGH NJW 1962, 31) oder einer Gastwirtschaft (vgl WEIMAR MDR 1967, 459), die *Durchführung einer Probefahrt* vor dem Kauf eines Kraft-fahrzeugs (BGH WarnR 1968 Nr 124), das Abstellen eines Bootes auf dem Gelände einer Bootswerft (BGH NJW 1977, 376) oder die Einholung eines Kostenvoranschlags.

2. Schuldnerstellung Dritter

Nach § 311 Abs 3 S 1 können Schuldverhältnisse mit Pflichten iS von § 241 Abs 2 **B 7**
zudem zu Personen entstehen, die nicht selbst Vertragspartei sind bzw werden sollen.
Nach Satz 2 ist dies *„insbesondere"* der Fall, *„wenn der Dritte in besonderem Maße
Vertrauen für sich in Anspruch nimmt und dadurch die Vertragsverhandlungen oder
den Vertragsschluss erheblich beeinflusst"*. Nach dem Verständnis des RegE soll
Satz 1 Fälle der **„Eigenhaftung des Vertreters oder Verhandlungsgehilfen"** betreffen.
Dabei läßt der RegE, der keine näheren Voraussetzungen nennt, bewußt Raum für
eine Weiterentwicklung dieses Rechtsinstituts durch Praxis und Wissenschaft (BT-
Drucks 14/6040, 163). Satz 2 präzisiert diesen Ansatz für die schon bisher wichtigste
Fallgruppe, nämlich die Inanspruchnahme von besonderem Vertrauen durch den
Dritten. Die Begr hebt hier wiederum die **Sachwalterhaftung** besonders hervor und
versteht darunter die Haftung von Personen, die als Sachverständige oder andere
Auskunftspersonen zwar kein eigenes Interesse am Vertragsschluß haben, die aber
durch ihre Äußerungen entscheidend dazu beitragen, weil sich ein Verhandlungspartner auf die von ihnen in Anspruch genommene Objektivität und Neutralität verläßt. Die Vorschrift soll dazu ermuntern, eine Haftung nicht nur auf vertraglicher
Grundlage zu erwägen (vgl BT-Drucks 14/6040, 163 unter Hinweis auf SUTSCHET, Der Schutz-
anspruch zugunsten Dritter [1999] 134 f u 137 f; zum bisherigen Sachstand s PLÖTNER, Die Rechtsfigur des Vertrags mit Schutzwirkung zugunsten Dritter und die sogenannte Expertenhaftung [2003],
mit einem Ausblick auf die neue Rechtslage 285 ff).

Die **Eigenhaftung des Vertreters oder Verhandlungsgehilfen** gem § 311 Abs 3 S 1, zB **B 8**
für die unterbliebene Aufklärung über bestimmte Risiken (dazu Rn C 27 u 32 ff), setzt
zum einen voraus, daß er im *Pflichtenkreis* des Vertragspartners tätig gewesen ist
(BGH LM § 132 HGB Nr 3 = NJW 1973, 1604, 1605; LM § 278 BGB Nr 120 = NJW-RR 1992, 542
jeweils zur alten übertragbaren Haftung aus cic) und ein für den Vertragspartner erkennbar
starkes *wirtschaftliches Eigeninteresse* an dem Geschäft hat. Zwar wird diese Konstellation nicht ausdrücklich in § 311 Abs 3 S 1 erwähnt, jedoch zeigt die Formulierung „insbesondere" in Satz 2, daß es sich dort um eine beispielhafte Aufzählung
handelt. Weiterhin spricht für diese Annahme der Umstand, daß sich der Gesetzgeber für die ausdrücklich erwähnte Sachwalterhaftung an den von der Rspr entwickelten Voraussetzungen orientiert hat (vgl nur BGH NJW 1997, 1233; grundlegend
BGHZ 56, 81; so auch M SCHULTZ, in: WESTERMANN, Das Schuldrecht 2002, 46). Der BGH
hat die Eigenhaftung des Verhandlungsgehilfen bei wirtschaftlichem Eigeninteresse
zB für folgende, auf die neue Rechtslage zu übertragende Fallgestaltungen angenommen: für den verhandelnden Ehegatten (BGHZ 14, 313, 318 mwNw; MDR 1968, 231), für
den als Vermittlungs- und Abschlußvertreter auftretenden Gebrauchtwagenhändler
(BGHZ 79, 281, 283, 286; 87, 302, 304), für den Kraftfahrzeughändler, der durch seinen
Angestellten nach dem Verkauf maßgebenden Einfluß auf den Weiterverkauf nimmt
(BGH NJW 1997, 1232) sowie für den Geschäftsführer einer GmbH, der zugleich Allein-
oder Mehrheitsgesellschafter ist (BGH NJW 1983, 676, 677). Das wirtschaftliche Eigeninteresse des Gehilfen muß dabei allerdings über das Interesse am Entgelt für die
Gehilfentätigkeit hinausgehen. Deshalb genügt etwa das Interesse des Vertreters an
seiner Provision nicht (BGHZ 88, 67, 70; LM § 276 [Fa] BGB Nr 105 = NJW 1990, 389, 390; LM
§ 276 [Fa] BGB Nr 122 = NJW-RR 1992, 605). Auch eine zusätzlich zum Gehalt eines
GmbH-Geschäftsführers gezahlte Erfolgsbeteiligung begrenzten Umfangs begründet keine Eigenhaftung des Geschäftsführers wegen Eigeninteresses (BGH LM § 276

[Fa] BGB Nr 124), ebensowenig, daß der Geschäftsführer der GmbH Sicherheiten aus eigenem Vermögen zur Verfügung gestellt hat (BGHZ 126, 181, 182 ff). Erst recht ist demnach eine generelle Eigenhaftung des Erfüllungsgehilfen oder gesetzlichen Vertreters abzulehnen (so mit Recht STAUDINGER/LÖWISCH [2001] Vorbem 49 ff, 70 zu §§ 275–283 aF). Zu den weiteren Einzelheiten der Eigenhaftung der Verhandlungsgehilfen siehe STAUDINGER/LÖWISCH [voraussichtlich 2006] § 311.

B 9 Voraussetzung für die Eigenhaftung wegen der **Inanspruchnahme von besonderem Vertrauen** und damit vor allem für die **Sachwalterhaftung** nach § 311 Abs 3 S 2 ist, daß der Dritte eine Position eingenommen hat, aufgrund derer der Geschäftspartner darauf vertrauen konnte, daß er gerade von dem Dritten die notwendigen Informationen erhalten werde. Das kann für der Vertragspartei an sich fernerstehende Sachverständige und Auskunftspersonen gelten (Rn B 7 ff). Der Begriff sollte aber nicht auf diese Personengruppe verengt werden. Entscheidend ist vielmehr, wem der Geschäftspartner sein besonderes Vertrauen schenken durfte (BGHZ 70, 337, 342 ff). Das ist einmal anzunehmen, wenn der Dritte als *uneingeschränkter Sachwalter* des eigentlichen Vertragspartners auftritt. Vor allem sind dies die Fälle, in denen die Sachwalterstellung auf der besonderen **Sachkunde** des Dritten beruht. Eine solche Sachkunde besitzt etwa der GmbH-Geschäftsführer, der für die Gesellschaft über die Verwertung eines von ihm entwickelten neuen Herstellungsverfahrens verhandelt (BGH LM § 276 [Fa] BGB Nr 109 = NJW-RR 1990, 614, 615 zur alten Rechtslage). Gleiches gilt für einen Unternehmensberater, der die Geschäftsführung eines sanierungsbedürftigen Unternehmens übernommen hat, wenn er bei Vertragsverhandlungen auf seine früheren Sanierungserfolge hinweist (BGH LM § 276 [Fa] BGB Nr 110 = NJW 1990, 1907, 1908; s auch LM § 276 [Fa] BGB Nr 119 = NJW-RR 1991, 1312). Ein Grund dafür kann aber auch die besondere Sachkunde aufgrund der persönlichen Beziehung zwischen Vertragspartner und Vertrauensperson sein, wie zB zwischen Ehegatten (BGH MDR 1968, 231). Zur Sachwalterhaftung ie STAUDINGER/LÖWISCH [voraussichtlich 2006] § 311.

B 10 Erst recht liegt daher eine rechtsgeschäftsähnliche Eigenhaftung des Dritter nahe, wenn **wirtschaftliches Eigeninteresse und** die **Inanspruchnahme von Vertrauen** gleichzeitig zu bejahen sind.

3. Schutzwirkung zugunsten Dritter

B 11 Unter § 311 Abs 3 S 1 fallen darüber hinaus **Verträge mit Schutzwirkung zugunsten Dritter**. Die Vorschrift enthält die allgemeine Aussage, daß ein auf Schutz- und Rücksichtnahmepflichten beschränktes Schuldverhältnis ebenfalls zu Nichtvertragsparteien entstehen kann. In diesem Fall bestehen die dem Schutz des Vertragspartners dienenden Pflichten auch oder gerade *gegenüber Dritten als Gläubiger* (so CANARIS JZ 2001, 499, 520; ECKEBRECHT MDR 2002, 425, 427 f; FAUST, in: HUBER/FAUST, Schuldrechtsmodernisierung Rn 3/12; OTTO Jura 2002, 1, 6). Dagegen wird allerdings eingewandt, daß sich die Gesetzesbegründung nur auf die Fälle der Eigenhaftung Dritter, nicht aber auf die Grundsätze des Vertrages mit Schutzwirkung zugunsten Dritter beziehe und daher davon auszugehen sei, daß der Gesetzgeber diese Fallgruppe mit der Norm gerade nicht erfassen wollte. Jedenfalls habe er allenfalls das Prinzip anerkannt, jedoch keine konkreten Voraussetzungen aufgestellt, so daß die bisherigen Wertungen und Fallgruppen weiterhin maßgeblich seien (MünchKomm/GOTTWALD § 328 Rn 101).

Dem ist allerdings entgegenzuhalten, daß die fehlende Erwähnung in der Begr des RegE kein überzeugendes Argument dafür ist, den Verträgen mit Schutzwirkung zugunsten Dritter § 311 Abs 3 S 1 als Rechtsgrundlage zu versagen. Die Norm stellt die allgemeine Regel auf, daß ein Schuldverhältnis mit Schutzpflichten nach § 241 Abs 2 auch zu am Vertragsverhältnis nicht beteiligten Personen entstehen kann und ist insoweit systematisch nicht nur auf rechtsgeschäftliche oder vorvertragliche Schuldverhältnisse iS von § 311 Abs 1 u 2 auf Schuldnerseite beschränkt. § 241 Abs 2 ordnet zudem ausdrücklich an, daß ein Schuldverhältnis zur Rücksichtnahme auf die Rechte, Rechtsgüter und Interessen des anderen Teils verpflichten kann. Dies ist auch der typische Inhalt der Rechtsgeschäfte und rechtsgeschäftsähnlichen Beziehungen mit Schutzwirkung zugunsten Dritter. Vor diesem Hintergrund ist es wenig einsichtig, daß der Gesetzgeber bei der Neuregelung der Entstehungstatbestände für rechtsgeschäftsähnliche Schuldverhältnisse in § 311 Abs 1 u 2 die gesetzlich bislang nicht geregelten Verträge mit Schutzwirkung zugunsten Dritter weiterhin nicht erfassen wollte, obgleich sie nach dem Wortlaut, der Systematik und dem Sinn und Zweck der Vorschriften unter die Norm fallen (zu den Einzelheiten STAUDINGER/ LÖWISCH [voraussichtlich 2006] § 311). § 311 Abs 3 S 1 bezieht sich vielmehr auch auf diese Vertragsarten, obwohl die Begr ausdrücklich lediglich und nicht abschließend Beispiele für Konstellationen nach § 311 Abs 3 nennt und primär die Fälle der Eigenhaftung Dritter vor Augen hatte.

Auch **rechtsgeschäftsähnliche Schuldverhältnisse iS des § 311 Abs 2** können eine **B 12** Schutzwirkung zugunsten Dritter äußern. Man denke an Konstellationen, in denen nicht der potentielle Vertragspartner geschädigt wird, sondern ein Dritter, zB das zum Einkauf mitgenommene Kind (BGHZ 66, 55 mwNw). Mit Blick auf solche Personen kann man schwerlich davon sprechen, daß diese selbst einen Vertrag angebahnt oder ähnliche geschäftlichen Kontakte gesucht hätten (für eine – alternative – Zuordnung zu § 311 Abs 2 Nr 3 CANARIS JZ 2001, 499, 520). Rechtsgrundlage ist daher ebenfalls § 311 Abs 3 S 1.

4.   Unwirksame Verträge

Die dargestellten Grundsätze müssen zudem für unwirksame Verträge gelten. Denn **B 13** das die Schutzpflichten im Sinne von § 241 Abs 2 begründende Integritätsinteresse des anderen Teils besteht unabhängig von der Wirksamkeit des geschlossenen Vertrages, solange der geschäftliche Kontakt andauert (vgl MünchKomm/ROTH § 241 Rn 39; MÜNCH Jura 2002, 361, 363).

5.   Gefälligkeitsverhältnisse mit rechtlichem Gehalt

Schließlich sind noch Gefälligkeitsverhältnisse mit rechtlichem Gehalt als rechtsge- **B 14** schäftsähnliche Sonderverbindung zu erwähnen, die ebenfalls als Schuldverhältnis iS von § 280 Abs 1 einzuordnen sind. Es ist bereits seit langem anerkannt, daß bei **Gefälligkeitshandlungen mit Rechtsbindungswillen** – ohne ursprünglichen Anspruch auf eine solche Leistung – ähnlich wie bei Vertragsverhandlungen – Schutzpflichten entstehen können, deren Verletzung den Schuldner schadensersatzpflichtig macht (BGHZ 21, 102, 107; RGZ 162, 129, 156; s auch OLG Düsseldorf BB 1955, 1935 m zust Anm von CARL; OLG Karlsruhe NJW 1961, 1866; SEETZEN VersR 1970, 1, 11; MÜLLER-GRAFFF JZ 1976, 153, 155; näher STAUDINGER/J SCHMIDT [1995] Einl 216, 247 ff zu §§ 241 ff). Diese Grundsätze sind ohne weiteres auf die neue Rechtslage übertragbar. Nach Ansicht des BGH aaO gründet sich die Haftung in derartigen Fällen regelmäßig auf die Verletzung einer Sorgfaltspflicht, die durch Anknüpfung rechtsgeschäftlicher Beziehungen entstanden ist, oder eines vertragsähnlichen Vertrauensverhältnisses. Nach meiner Auffassung wäre jetzt eher an eine Einordnung unter die „ähnlichen geschäftlichen Kontakte" iS des § 311 Abs 2 Nr 3 zu denken.

III. Nachvertragliche Schuldverhältnisse

B 15 Die Regelungen über die Entstehung eines Schuldverhältnisses in § 311 Abs 2 machen zudem deutlich, daß der Zeitpunkt des Vertragsschlusses für die Beachtung der Schutz- und Rücksichtnahmepflichten nicht entscheidend ist. Demzufolge kann die Dauer der Vertragsabwicklung ebenfalls nicht ausschlaggebend sein. Ein Schuldverhältnis mit Pflichten iS von § 241 Abs 2 kann also nicht nur vor Vertragsschluß und in der Phase der eigentlichen Vertragsabwicklung bestehen. Die Pflichten sind uU noch bei Fortdauer des geschäftlichen Kontakts und danach zu beachten und begründen in diesem Fall ein nachvertragliches Schuldverhältnis. Diese Grundsätze waren in Rspr und Lit ebenfalls bereits vor der Schuldrechtsreform anerkannt (zur alten Rechtslage STAUDINGER/LÖWISCH [2001] Vorbem 44 zu §§ 275–283 aF). Konstruktiv ging man überwiegend davon aus, daß das mit Aufnahme der Vertragsverhandlungen entstehende gesetzliche Schuldverhältnis zum Schutz des Gläubigers mit Abschluß des Vertrages durch das vertragliche Schuldverhältnis verdrängt werde und nach Vertragsbeendigung wieder auflebe (grundlegend zur alten Rechtslage RGZ 161, 330, 337 ff; BGH LM § 362 BGB Nr 2; SOERGEL/WIEDEMANN Vorbem 518 zu § 275 aF sowie vBAR AcP 179 [1979] 452, 456, der die nachvertraglichen Pflichten – mE zutreffend – als fortwirkende Vertragspflichten begreift). Die Begr zum RegE hat die dogmatische Einordnung der Schutzpflichten bewußt der Wissenschaft überlassen (BT-Drucks 14/1640, 126).

B 16 Die Hauptanwendungsfälle einer solchen Nachwirkung liegen im **Arbeitsverhältnis** (MünchArbR/WANK §§ 126 ff) und im **Gesellschaftsverhältnis**. Aber auch bei Umsatzgeschäften können Nachwirkungen vorkommen. Etwa darf der Verkäufer eines Unternehmens dem Käufer nach der Vertragserfüllung keine Kunden abwerben (ausf zu diesem Problemkreis STAUDINGER/J SCHMIDT [1995] § 242 Rn 887 ff).

C. Funktion der Pflichtverletzung und ihre Arten

I. Die Pflichtverletzung als Schlüsselbegriff

C 1 § 280 Abs 1 S 1 knüpft den Schadensersatzanspruch an eine **Pflichtverletzung des Schuldners**, die dadurch zum **Zentralbegriff** des neuen Leistungsstörungsrechts wird. Eine solche liegt nach der Vorstellungen des Gesetzgebers vor, wenn der Schuldner objektiv hinter seinem durch das Schuldverhältnis übernommenen Pflichtenprogramm zurückbleibt (vgl RegE BT-Drucks 14/6040, 133, 135).

C 2 Die Einführung der Pflichtverletzung als **Zentralbegriff** für das neue Leistungsstörungsrecht ist **nicht unumstritten**. Bereits innerhalb der Schuldrechts-Kommission wurde über die Wahl der richtigen Terminologie diskutiert. Zur Wahl standen seinerzeit der von DIEDERICHSEN (AcP 182 [1982], 101, 117 ff) vorgeschlagene Begriff der

Pflichtverletzung und der von HUBER (in: Gutachten und Vorschläge zur Überarbeitung des Schuldrechts, Bd I 647, 699 ff) in Anlehnung an das UN-Kaufrecht vorgeschlagene Terminus der Nichterfüllung. Die Schuldrechts-Kommission entschied sich für die Pflichtverletzung als Grundtatbestand der Leistungsstörungen (Abschlußbericht 29 f, 130 f). Konstruktiv folgte sie allerdings mit § 280 BGB-KE dem Entwurf von HUBER, der dafür plädierte, dem Gläubiger einen einheitlichen, für alle Leistungsstörungen geltenden Schadensersatzanspruch zu gewähren, sofern der Schuldner seine Verbindlichkeit aus dem Vertrag nicht erfülle (davon hat sich HUBER allerdings inzwischen vollständig distanziert, vgl HUBER, in: ERNST/ZIMMERMANN, Zivilrechtswissenschaft und Schuldrechtsreform 31, 93 ff). Als Grund für ihre Entscheidung gab die Kommission die Befürchtung an, es könne anderenfalls zu Mißverständnissen kommen. Denn der Begriff der Nichterfüllung werde im Bürgerlichen Gesetzbuch bisher verwendet, wenn die Leistung ganz oder auf Dauer ausbleibe. Die bloße Abweichung der Leistung des Geschuldeten hinsichtlich der Zeit oder der Begleitumstände werde üblicherweise nicht als Nichterfüllung bezeichnet (Abschlußbericht 130 f).

Dieser Argumentation ist letztlich auch der RegE gefolgt, allerdings nur hinsichtlich **C 3** des Begriffs Pflichtverletzung (BT Drucks 14/6040, 133 f). Denn der einheitliche Pflichtverletzungstatbestand wurde, anders als noch in §§ 280, 282 DE, richtigerweise wieder stärker aufgefächert. Bereits die vom BMJ zur Überarbeitung des DE eingesetzte „Kommission Leistungsstörungsrecht" war von dem abstrakten einheitlichen Leistungsstörungstatbestand in § 280 Abs 1 DE abgerückt und hatte die verschiedenen **Arten der Leistungsstörungen** durch die akzentuierende Aufgliederung in die Abs 1 bis 3 sowie die Verweisung auf die §§ 281 bis 283 KF unterscheidbar in die Konsolidierte Fassung aufgenommen (Vorbem 3 ff zu §§ 280–285; vgl dazu auch CANARIS JZ 2001, 499, 511 f). Die Leistungsverzögerung, die nicht wie geschuldet erbrachte Leistung, die Verletzung von Schutzpflichten und der Ausschluß der Leistungspflicht mit der nachträglichen Unmöglichkeit fanden wieder ihren Platz. Diese Regelungstechnik mit § 280 als Zentralnorm und den §§ 281 bis 283 mit zusätzlichen Voraussetzungen für die verschiedenen Leistungsstörungstatbestände hat sich letztlich in der endgültigen Gesetzesfassung durchgesetzt.

Die **Diskussion um die Verwendung dieser Terminologie** hat indessen während des **C 4** gesamten Gesetzgebungsverfahrens angehalten und ist weiterhin aktuell. Sie knüpft primär an die Fälle der *Unmöglichkeit* bzw – nach der neuen gesetzlichen Formulierung – des *Ausschlusses der Leistungspflicht* an. Insoweit ist zu bemängeln, daß der Begriff der Pflichtverletzung nicht deutlich macht, auf welches Verhalten sich das für den Haftungsausschluß maßgebliche Vertretenmüssen des Schuldners iS von § 280 Abs 1 S 2 beziehen soll. Besteht die Pflichtverletzung allein darin, daß der Schuldner die vertraglich geschuldete Leistung, also das Pflichtenprogramm, nicht erfüllt, obwohl seine Leistungspflicht wegen § 275 gerade nicht mehr besteht? Dann müßte der Gläubiger nur den Ausschluß der Leistungspflicht iS von § 275 Abs 1 bis 3, insbes also die Unmöglichkeit der Leistung, darlegen und notfalls beweisen, während den Schuldner die Darlegungs- und Beweislast dafür träfe, daß er für die ursächlichen Umstände nicht verantwortlich zu machen ist. Läge die maßgebliche Pflichtverletzung hingegen darin, daß der Schuldner die den Ausschluß der Leistungspflicht begründenden Umstände durch sein Verhalten herbeigeführt hat, müßte der Gläubiger ein solches Fehlverhalten des Schuldners darlegen und beweisen. Daß letzteres vom Gesetzgeber nicht gewollt ist, liegt auf der Hand. Dieser geht nach der Begr zum

RegE nämlich davon aus, daß die Pflichtverletzung einfach darin besteht, daß die geschuldete Leistung nicht erbracht wird, während für das „Vertretenmüssen" danach zu fragen sei, ob der Schuldner den Umstand, der zum Ausschluß der Leistungspflicht geführt hat, zu vertreten habe (BT-Drucks 14/6040, 135 f). Auf diese Weise gerät erst für das „Vertretenmüssen" das dem Ausschluß der Leistungspflicht vorgelagerte Verhalten in den Blick. Nur diese Sichtweise entspricht auch der bisherigen Beweislastverteilung gem §§ 282, 285 aF. Denn im Gegensatz zu diesen Vorschriften müßte der Gläubiger anderenfalls bereits zum Tatbestandsmerkmal Pflichtverletzung diejenigen Umstände darlegen und beweisen, die zum Ausschluß der Leistungspflicht geführt haben (FAUST, in: HUBER/FAUST, Schuldrechtsmodernisierung Rn 3/120; MünchKomm/ ERNST Rn 17). Vor diesem Hintergrund wird mit Recht bezweifelt, ob mit der Pflichtverletzung der umfassende Oberbegriff für alle Leistungsstörungen gefunden worden ist (so M SCHULTZ, in: WESTERMANN, Das Schuldrecht 2002, 21 ff, der letztlich aber zu dem Schluß kommt, daß die Vorteile überwiegen; krit ebenfalls CANARIS JZ 2001, 490, 511 f, 523, der für eine Kombination aus Pflichtverletzung und Nichterfüllung plädiert; FAUST, in: HUBER/FAUST, Schuldrechtsmodernisierung Rn 3/118 ff; HUBER, in: ERNST/ZIMMERMANN, Zivilrechtswissenschaft und Schuldrechtsreform 31, 93 f; MAGNUS, in: SCHULZE/SCHULTE-NÖLKE, Die Schuldrechtsreform vor dem Hintergrund des Gemeinschaftsrechts 67 ff; SCHÄFER JA 2003, 600, 601 ff; SCHAPP JZ 2001, 583, 593; befürwortend hingegen ANDERS ZIP 2001, 185).

Schwierigkeiten treten auch im Bereich der *Schutzpflichtverletzungen* iS des § 241 Abs 2 auf. Nach der Begr des RegE muß positiv festgestellt werden, worin die Pflichtverletzung besteht. Die Beweislast dafür trage der Gläubiger, wobei ihm unter dem Gesichtspunkt der Sphärentheorie Beweislasterleichterungen zugute kommen sollen (BT-Drucks 14/6040, 136; zu den Beweiserleichterungen ie Rn 26 ff). Insoweit wird kritisiert, daß die Unterschiede in der Beweislastverteilung bei Nichterfüllung der Leistungspflicht und der Schutzpflichtverletzung durch die verwendete Terminologie gänzlich verdunkelt würden (CANARIS JZ 2001, 490, 512).

C 5 Trotz dieser berechtigten Kritik hat sich der Gesetzgeber für diese Terminologie entschieden. Die Rechtsanwender müssen daher künftig mit diesem Begriff arbeiten (in diesem Sinn zutreffend M SCHULTZ, in: WESTERMANN, Das Schuldrecht 2002, 21). Er umfaßt die traditionellen Arten der Pflichtverletzungen, also Verzug, Unmöglichkeit sowie die positive Forderungs- und Vertragsverletzung, sei es in Form der Schlechterfüllung, sei es Gestalt des Verstoßes gegen nicht leistungsbezogene Rücksichtnahme- und Schutzpflichten. Die verschiedenen Arten der Pflichtverletzungen werden im folgenden im Überblick dargestellt.

C 6 Weitere Einzelheiten finden sich nicht nur in den Erl zu §§ 241, 275 sowie zu §§ 281 bis 283 und §§ 311, 311a, sondern mit Rücksicht auf die Konzeption des STAUDINGER insbes bei der **Kommentierung der einzelnen Schuldverhältnisse**. Nach Inkrafttreten des Schuldrechtsmodernisierungsgesetzes liegen bereits viele Neubearbeitungen vor oder sind für die nächste Zukunft an gekündigt (s zB für den *Kaufvertrag* STAUDINGER/ BECKMANN bzw STAUDINGER/MATUSCHE-BECKMANN [2004] §§ 433 ff; ferner für den *Mietvertrag* STAUDINGER/EMMERICH [2003] Vorbem 13 ff zu § 536; für die *Pflichten des Dienstherrn* bzw *Arbeitgebers* STAUDINGER/OETKER [2002] § 618 Rn G 284 ff u § 619a; für den *Werkvertrag* STAUDINGER/ PETERS [2003] § 631 Rn 42 ff u § 634 Rn 105 ff; für den *Maklervertrag* STAUDINGER/REUTER [2003] §§ 652, 653 Rn 178, 198 ff, 207 ff, 228; für die *Gesellschaft* STAUDINGER/HABERMEIER [2003] § 706 Rn 16 ff, § 708; für die *Gemeinschaft* STAUDINGER/LANGHEIN [2002] § 741 Rn 271 ff; ferner zum

Verhältnis zu anderen schuldrechtlichen Regelungen Vorbem 35 ff zu §§ 280–285; s auch den Überblick in PALANDT/HEINRICHS Rn 47 ff).

II. Arten der Pflichtverletzung

1. Der nachträgliche Ausschluß der Leistungspflicht

Trotz der dargestellten Bedenken ist der Ausschluß der Leistungspflicht nach § 275   **C 7**
Abs 1 bis 3 als Pflichtverletzung is von § 280 Abs 1 S 1 einzuordnen (aA REICHENBACH
Jura 2003, 512, 515, der trotz der Intention des Gesetzgebers auf die Herbeiführung der Umstände
abstellen will; ähnlich SCHÄFER JA 2003, 600, 603 f). Dies ergibt sich aus der Verweisung auf
§ 283. § 280 Abs 1 S 1 bezieht sich auf die Fälle des *nach Vertragsschluß* eintretenden
Ausschlusses der Leistungspflicht. Liegt das Leistungshindernis bereits zu diesem
Zeitpunkt vor, so bildet die Sonderregelung in § 311a für diese Fälle des *anfänglichen*
Ausschlusses der Leistungspflicht die Anspruchsgrundlage (dazu STAUDINGER/LÖWISCH
[voraussichtliche 2006] § 311a). § 275 enthält in seinen Absätzen 1 bis 3 drei Befreiungs-
gründe. Schlagwortartig ausgedrückt handelt es sich um folgende Tatbestände: die
subjektive und objektive Unmöglichkeit (Abs 1), den **unzumutbaren Leistungsaufwand**
(Abs 2) und die **persönliche Unzumutbarkeit** (Abs 3). Der erste Befreiungstatbestand
wirkt *ipso iure*, stellt also eine von Amts wegen zu berücksichtigende Einwendung
dar, während die beiden anderen als Leistungsverweigerungsrechte ausgestaltet sind
und damit bis zu ihrer Ausübung *Einredecharakter* haben. Der Schuldner soll entscheiden dürfen, ob er die Leistung unter Einsatz überobligationsmäßiger Anstrengungen erfüllt, um auf diese Weise den Anspruch auf die Gegenleistung zu erhalten
bzw den anderenfalls drohenden Anspruch auf Schadensersatz zu verhindern (BT-
Drucks 14/6040, 137; zu den Einzelheiten vgl STAUDINGER/LÖWISCH § 275 Rn 70 ff sowie § 283
Rn 34 ff). Der Gläubiger kann also Schadensersatz statt der Leistung nach §§ 280
Abs 1 u 3, 283 nur verlangen, wenn er die Unmöglichkeit darlegen und beweisen
kann oder wenn sich der Schuldner auf den unzumutbaren Leistungsaufwand bzw die
persönliche Unzumutbarkeit wirksam beruft. Neben dem Anspruch auf Schadensersatz statt der Leistung kommt auch der Rücktritt gem § 326 Abs 5 in Betracht (dazu
ie STAUDINGER/OTTO [2004] § 326 Rn F 1 ff). Anderenfalls kann der Gläubiger weiterhin
Leistungsklage erheben oder den Weg über § 281 gehen, also idR eine Frist zur
Leistung setzen und erst nach deren Ablauf Schadensersatz statt der Leistung verlangen (dazu ie § 281 Rn B 32 ff; § 283 Rn 14 f, 40 ff).

Sicher ist, daß der Begriff der **Unmöglichkeit** des § 275 Abs 1 in Abgrenzung zu Abs 2   **C 8**
tatsächliche und rechtliche Leistungshindernisse meint, die nicht unter Einsatz von
finanziellen Mitteln beseitigt werden können. Dazu gehören etwa die Zerstörung des
Leistungsgegenstandes oder dessen Entwendung durch einen unbekannten Dieb, die
zur objektiven bzw subjektiven Unmöglichkeit führen. Ferner wird man sich bei dem
berühmten Beispiel des Rings auf dem Meeresboden bei entsprechender Wassertiefe
entgegen CANARIS (JZ 2001, 501 mit Fn 25, der diese Konstellation als „faktische" bzw „praktische" Unmöglichkeit bezeichnet; ebenso SCHWARZE Jura 2002, 73, 75 f) und der ihm folgenden
Gesetzesbegründung (BT-Drucks 14/6040, 129 f) wie bisher wohl doch weiter für objektive Unmöglichkeit is des Abs 1 entscheiden dürfen (vgl STAUDINGER/LÖWISCH § 275
Rn 19; OTTO Jura 2002, 1, 3). Dasselbe sollte beim Unvermögen jedenfalls dann gelten,
wenn sich der Eigentümer der Sache endgültig weigert, dem Schuldner die an den
Gläubiger verkaufte Sache zu überlassen (vgl STAUDINGER/LÖWISCH § 275 Rn 62; FISCHER

Betrieb 2001, 1923, 1924). § 275 Abs 1 entspräche dann der schon bisher praktizierten zweckorientierten Auslegung des § 275 Abs 1 u 2 aF und würde nicht mit Rücksicht auf die Abs 2 u 3 restriktiv ausgelegt (s auch § 283 Rn 21 ff). Einschlägig ist § 275 auch bei **nicht behebbaren Sachmängeln** (§ 283 Rn 45 ff).

C 9 Wesentlich problematischer ist die Einordnung jener **Grenzfälle des Unvermögens**, in denen das Leistungshindernis bei entsprechendem wirtschaftlichen Aufwand auszuräumen wäre. Dies betrifft typischerweise die Fälle, in denen der Schuldner die Leistung nicht erbringen kann, weil zB nicht er, sondern ein Dritter Eigentümer des zu leistenden Gegenstandes ist und dieser nur bereit ist, die Sache zu einem erheblich über dem Marktpreis liegenden Preis herauszugeben. In diesem Zusammenhang ergeben sich Abgrenzungsprobleme zum **Wegfall der Geschäftsgrundlage** (§ 313) (STAUDINGER/LÖWISCH § 275 Rn 94 ff; M SCHULTZ, in: WESTERMANN, Das Schuldrecht 2002, 36 ff). Sofern der Aufwand zur Beseitigung des Leistungshindernisses unverhältnismäßig ist, hat man bisher von „wirtschaftlicher Unzumutbarkeit" gesprochen (STAUDINGER/LÖWISCH [2001] § 275 aF Rn 10). Der BGH hat dies in einem Fall angenommen, in dem es um die Klärung der Frage ging, ob der Vermieter zur Wiederherstellung einer zerstörten Mietsache verpflichtet ist. Er begründete seine Entscheidung damit, daß die Wiederherstellung die materielle „Opfergrenze" übersteige und daher als unmögliche Leistung iS der §§ 275, 323 aF einzuordnen sei (LM § 537 BGB Nr 44; dem BGH folgend OLG Karlsruhe NJW-RR 1995, 849 f). Nach dem Wortlaut des § 275 Abs 2 liegt es nahe, derartige Fallgestaltungen jetzt unter die neue Norm zu subsumieren. CANARIS ordnet diese Fälle hingegen als Störung der Geschäftsgrundlage gem § 313 ein (JZ 2001, 499, 501). Dies entspricht zwar der bislang hM in der Lehre (STAUDINGER/LÖWISCH [2001] § 275 aF Rn 10). Sofern man dieser Ansicht folgt, muß man sich aber fragen, ob die in § 275 Abs 2 geregelte Fallgruppe überhaupt ihren Niederschlag im Gesetz finden mußte, zumal wenn man sie dogmatisch in die Nähe der Lehre von der Unmöglichkeit rückt (STAUDINGER/LÖWISCH [2001] § 275 aF Rn 92 hält zutreffend eine Überschneidung der Anwendungsbereiche für denkbar; ebenso OTTO Jura 2002, 1, 3 f; s ferner M SCHULTZ, in: WESTERMANN, Das Schuldrecht 2002, 26 f, 36 ff; § 283 Rn 35). Im übrigen ist zutreffender von **unzumutbarem Leistungsaufwand** zu sprechen, weil auch immaterielle Interessen ins Spiel kommen können (STAUDINGER/LÖWISCH § 275 Rn 80).

C 10 § 275 Abs 3 setzt voraus, daß der Schuldner die Leistung persönlich zu erbringen hat (STAUDINGER/LÖWISCH § 275 Rn 89 ff). Als Beispiel für die **persönliche Unzumutbarkeit** nennt die Begr d RegE ua den Fall einer Sängerin, die wegen der lebensgefährlichen Erkrankung ihres Kindes einen Auftritt verweigert (BT-Drucks 14/6040, 130 f). Nach meiner Auffassung fällt darüber hinaus das Leistungsverweigerungsrecht des Arbeitnehmers aus Gewissensgründen unter diese Norm, das bisher als Einwendung (vgl dazu OTTO AR-Blattei SD 1880 Rn 68 ff) auf § 242 und genauer auf den Gesichtspunkt der Unzumutbarkeit gestützt werden konnte (STAUDINGER/J SCHMIDT [1995] § 242 Rn 1196 ff; zu § 275 Abs 3 ie STAUDINGER/LÖWISCH § 275 Rn 89 ff; ferner § 283 Rn 36).

C 11 Hat der Schuldner mit der Erhebung der Einrede den Ausschlußgrund iS des § 275 Abs 2 u 3 „aktiviert", und steht damit seine Pflichtverletzung fest, kann er die **Einrede** nach meiner Auffassung jedenfalls **nicht einseitig zurücknehmen** (aA anscheinend STAUDINGER/LÖWISCH § 275 Rn 93). Dies ist für den gegenseitigen Vertrag besonders einsichtig, weil der Ausschluß des Anspruchs auf die Leistung nicht nur den Schadensersatzanspruch auslöst (§ 283), sondern zugleich den Untergang des Anspruchs auf die Gegenleistung zur Folge hat (§ 326 Abs 1 S 1), über den der Schuldner nicht disponieren kann. Die wirksame Ausübung der Einrede bewirkt also das Entstehen einer rechtsvernichtenden Einwendung gegen den Anspruch auf die Leistung, beim gegenseitigen Vertrag mittelbar auch gegen den Anspruch auf die Gegenleistung.

Damit ist eine **einvernehmliche Wiederherstellung der Pflichten** aber nicht ausgeschlossen. Dies liegt hier auch deswegen näher als beim fruchtlosen Fristablauf gem § 326 Abs 1 S 2 2. HS aF (dazu STAUDINGER/OTTO [2001] § 326 aF Rn 150), weil in § 275 Abs 2 u 3 mit der Figur der Einrede bewußt eine Dispositionsmöglichkeit eröffnet worden ist. Vor allem ist daher an Situationen zu denken, in denen der Gläubiger selbst die Einredevoraussetzungen angezweifelt hat oder in denen die Parteien nach der Erhebung der Einrede erneut über die „Erfüllung des Vertrages" verhandelt haben. Die Vertragsteile können die einmal eingetretene Wirkung einer wirksam erhobenen Einrede sicherlich durch eine rechtsgeschäftliche Vereinbarung beseitigen, in der sie eine „Rücknahme der Einrede" oder eine „Fortgeltung" der beiderseitigen Leistungsverpflichtungen – vollständig oder teilweise – vorsehen (zu § 326 aF RG WarnR 1926 Nr 181; LZ 1917, 1240; 1926, 534; DJZ 1925, 257; Recht 1926 Nr 3). Verlangt der Gläubiger trotz Erhebung der Einrede Erfüllung, so kann darin ein Vertragsantrag mit dem Ziel gesehen werden, den früheren vertraglichen Zustand wieder herzustellen (zu § 326 aF RG Recht 1917 Nr 1802). Der Antrag bedarf der Annahme durch den Schuldner. An die auf Wiederherstellung der Pflichten gerichteten Willenserklärungen sollten inhaltlich – wie auch sonst (s etwa zur Bestätigung gem § 141 durch schlüssiges Verhalten BGHZ 11, 59, 60; NJW 1982, 1181) – *keine übertriebenen Anforderungen* gestellt werden; nach meiner Auffassung muß den Parteien nicht der Untergang der Ansprüche bewußt sein, sondern es sollte genügen, wenn sie einen in ihren Augen gefährdeten Vertrag auf eine sichere, wenn auch nicht neue Grundlage stellen wollen (vgl BGH NJW 1993, 2100: Willenserklärung setzt keine ins einzelne gehende Vorstellung über die rechtstechnische Herbeiführung des angestrebten Erfolges voraus).

Zweifelhaft ist allerdings, ob die „einverständliche Rücknahme", in der für das Ursprungsgeschäft **vorgeschriebenen Form** erfolgen muß, falls das Geschäft einer besonderen Form unterliegt (so zu § 313 aF RGZ 107, 345, 349; RG JR 1926 Nr 369; HRR 1931 Nr 204; BGHZ 20, 338; NJW 1999, 3115, 3116; **aA** PETERS JR 1998, 186, 190). Nach meiner Auffassung läßt sich die Frage nicht abstrakt danach beantworten, ob man eine Rücknahme von Gestaltungsakten für zulässig hält, sondern nach Maßgabe von Sinn und Zweck der Formvorschrift. Diese sind beim Grundstückskauf gewahrt, wenn der Gläubiger die erhobene Einrede von Anfang an nicht akzeptiert hat. Anders ist die Rechtslage zu beurteilen, wenn beide Parteien zunächst selbst von einem Ausschluß des Leistungsanspruchs ausgegangen sind. Im übrigen stellt die Berufung auf einen Formmangel durch den Gläubiger möglicherweise auch hier nach allg Grundsätzen eine unzulässige Rechtsausübung dar; indessen darf bei der Abwägung die Vertragsuntreue des säumigen Teils nicht außer acht gelassen werden (BGHZ 20, 338, 345).

2. Die nicht erbrachte (verzögerte) Leistung

Eine weitere Pflichtverletzung stellt die nicht erbrachte, verzögerte Leistung dar. Bei C 12 dieser Form der Pflichtverletzung erbringt der Schuldner die fällige, geschuldete

Leistung nicht, obgleich ihm dies noch möglich und zumutbar ist, § 275 also gerade nicht eingreift.

Aus § 281 Abs 1 S 1 1. Alt ergibt sich, daß eine solche **Pflichtverletzung mit Bezug auf den Leistungserfolg** schlicht darin bestehen kann, daß der Schuldner **die Leistung nach Fälligkeit nicht erbringt,** wenn eine Fristsetzung entbehrlich ist (zum Sonderfall der endgültigen Erfüllungsverweigerung *vor Fälligkeit* § 281 Rn B 103 ff; § 282 Rn 37 ff). IdR muß der Gläubiger jedoch eine Frist zur Leistung bestimmen, bevor er Schadensersatz statt der Leistung verlangen oder nach der *„Parallelnorm"* (§ 323 Abs 1 1. Alt) vom Vertrag zurücktreten kann. Die **Pflichtverletzung** bezüglich des nicht bewirkten Leistungserfolgs ist in diesen Fällen erst **vollendet, wenn die (Nach-)Frist erfolglos abgelaufen ist** (vgl dazu auch KRAUSE Jura 2002, 299; zu den einzelnen Fallgruppen § 281 Rn B 74 ff sowie STAUDINGER/OTTO [2004] § 323 Rn B 71 ff).

Die Verweisung in **§ 280 Abs 2 auf § 286** macht außerdem deutlich, daß die **Leistungsverzögerung als solche**, also grundsätzlich die Leistungsverzögerung trotz Mahnung nach Fälligkeit, ebenfalls eine **Pflichtverletzung** darstellt, da der Schuldner in zeitlicher Hinsicht hinter seinem Pflichtprogramm zurückbleibt (vgl KRAUSE Jura 2002, 217, 218 sowie REICHENBACH Jura 2003, 512, 517). Sind die Verzugsvoraussetzungen erfüllt, so kann der Gläubiger den **Verzögerungsschaden**, der ihm infolge der verspäteten Leistung entstanden ist, geltend machen (dazu Rn E 3, 16 ff; § 281 Rn B 146 f; ie STAUDINGER/ LÖWISCH § 286 Rn 170 ff). Die nicht erbrachte, verzögerte Leistung stellt demnach keinen einheitlichen Grundtatbestand dar. Je nach den Umständen und gewünschter Rechtsfolge werden an die Pflichtverletzung verschiedene Anforderungen gestellt.

Im Gegensatz zu § 326 aF setzt § 281 Abs 1 S 1 1. Alt nicht den Schuldnerverzug und damit idR eine Mahnung voraus. Nach Ansicht des Gesetzgebers enthält die Frist zur Leistungserbringung allerdings regelmäßig eine Mahnung. Diese Sichtweise hat zur Folge, daß jedenfalls nach Fristablauf nicht nur die Voraussetzungen der §§ 281, 323, sondern auch des Schuldnerverzugs nach § 286 erfüllt sind (BT-Drucks 14/6040, 138; vgl dazu ie § 281 Rn B 33 u 34). Anders als § 326 aF verlangt § 281 Abs 1 S 1 1. Alt als Voraussetzung für den Schadensersatz statt der Leistung zudem *keine Fristsetzung mit Ablehnungsandrohung.* Der Erfüllungsanspruch soll nach Fristablauf nicht wie nach § 326 Abs 1 S 2 2. HS aF automatisch, sondern nach § 281 Abs 4 erst dann untergehen, wenn der Gläubiger den Schadensersatzanspruch statt der Leistung wirksam geltend macht (§ 281 Rn D 1 ff).

C 13 Zu dieser Art der Pflichtverletzung gehört selbstverständlich die **ernsthafte und endgültige Erfüllungsverweigerung nach Fälligkeit,** für die man bereits nach alter Rechtslage § 326 aF als Anspruchsgrundlage heranzog (dazu ie § 281 Rn B 102, 107 ff sowie STAUDINGER/OTTO [2001] § 326 aF Rn 138 ff). Dies wird durch den in § 281 Abs 2 1. Alt ausdrücklich geregelten Verzicht auf eine Fristsetzung unterstrichen. Eine solche Pflichtverletzung stellt zB die ungerechtfertigte Erklärung des Schuldners dar, daß er von dem Vertrag zurücktrete (RGZ 57, 112; BGH NJW 1977, 580, 581; NJW 1987, 251, 253). Sie kann auch darin bestehen, daß der Schuldner *die Leistung nicht schlechthin verweigert*, sondern willkürlich Bedingungen stellt, welche die Durchführung des Vertrages wesentlich erschweren oder unmöglich machen (RG Gruchot 54, 628; OLG Hamburg Recht 1915 Nr 1752; OLG Jena JW 1918, 380), oder daß der Schuldner zu erkennen gibt, daß er die Leistung wesentlich abweichend vom Vertrag erbringen will (RGZ 96,

343: vier Monate nach Fälligkeit; RG LZ 1923, 225: Angebot der Lieferung eines nicht betriebsfähigen Kfz und Beharren auf angeblich vertragsgemäßer Leistung). Die Annahme einer Erfüllungsverweigerung kann ferner aus *äußeren Umständen* zu schließen sein, zB bei
Auszug des Mieters ohne die Vornahme der ihm obliegenden Reparaturen trotz
starker Abwohnungserscheinungen (NJW 1971, 1839; NJW 1989, 451, 452; NJW 1991,
2416, 2417). Zu den Fallgruppen ie § 281 Rn B 107 ff.

Das gleiche gilt aber wegen ihres Leistungsbezugs ebenfalls für die **vorzeitige, ernst-** **C 14**
hafte und endgültige Erfüllungsverweigerung (dazu ie § 281 Rn B 103 ff u § 282 Rn 37 ff).
Vor der Schuldrechtsreform hatte man dieses Verhalten mit Recht vom Schuldnerverzug unterschieden. Sie wurde statt dessen der vielgestaltigen Kategorie der Verletzung von *Leistungstreuepflichten* zugeordnet, zu denen im übrigen zT auch nicht
leistungsbezogene Nebenpflichten gezählt wurden, und als Fall der pVV qualifiziert
(vgl STAUDINGER/OTTO [2001] § 326 aF Rn 140, 209 f). Eine solche Pflichtverletzung liegt
etwa in der Weigerung, einen Kaufvertrag zu erfüllen (BGH NJW 1977, 580 u OLG
Frankfurt NJW 1977, 1015, 1016) oder in der Mitteilung eines Arbeitnehmers, trotz
abgeschlossenen Arbeitsvertrages die Stelle nicht anzutreten (BAG AP Nr 5 zu § 276
BGB Vertragsbruch m Anm MEDICUS = NJW 1976, 644 = SAE 1976, 193 m Anm BEITZKE).

3.   Die nicht wie geschuldet erbrachte Leistung und Verletzung
       leistungsbezogener Nebenpflichten

Auch die nicht wie geschuldet erbrachte Leistung iS von **§ 281 Abs 1 S 1 2. Alt** erfüllt **C 15**
den Pflichtverletzungstatbestand, wie sich aus der Verweisung in § 280 Abs 3 ergibt.
Sie umfaßt die Fälle der – behebbaren – **Schlechterfüllung** und der **Verletzung lei-**
stungsbezogener Nebenpflichten. Beide Leistungsstörungstatbestände fielen vor der
Schuldrechtsreform bis auf die Gewährleistung für Rechtsmängel in den Anwendungsbereich der positiven Vertragsverletzung (vgl STAUDINGER/LÖWISCH [2001] Vorbem
29 ff zu §§ 275–283 aF; STAUDINGER/OTTO [2001] § 326 aF Rn 200 ff; MÜNCH Jura 2002, 361, 364 f)
bzw der Sachmängelgewährleistung des Kauf- und Werkvertragsrechts. Sofern der
Gläubiger die Leistung ablehnt und statt dessen Schadensersatz statt der Leistung
verlangt, ist nunmehr § 280 Abs 1 u 3 iVm § 281 Abs 1 S 1 2. Alt die einschlägige
Anspruchsgrundlage. Damit ist aber nur ein Teil der nach früherem Recht von der
pVV erfaßten Fälle speziell geregelt. Denn deren Anwendungsbereich bezog sich
außerdem auf die Verletzung sonstiger nicht leistungsbezogener Pflichten (vgl
STAUDINGER/LÖWISCH [2001] Vorbem 42 ff zu §§ 275–283 aF; STAUDINGER/OTTO [2001] § 326 aF
Rn 217 ff). Verlangt der Gläubiger wegen einer solchen Pflichtverletzung Schadensersatz statt der Leistung, so ist nunmehr nach den Vorstellungen des Gesetzgebers
§ 282 die einschlägige Anspruchsgrundlage (BT-Drucks 14/6040, 141; dazu ie Rn C 21 ff u
§ 282 Rn 19 ff).

Die nicht wie geschuldet erbrachte Leistung umfaßt somit primär die Fälle, in denen **C 16**
eine vertragliche **Hauptleistungspflicht** verletzt wird. Beispiele sind vor allem die
Lieferung mit Sach- oder Rechtsmängeln behafteter Sachen beim *Kauf-* oder *Werk-*
vertrag. Die Pflichtverletzung ergibt sich in diesen Konstellationen aus der neuerdings nach § 433 Abs 1 S 2 bzw § 633 Abs 1 bestehenden Verpflichtung zur Lieferung
einer mangelfreien Kaufsache bzw eines mangelfreien Werkes. Die Haftung des
Verkäufers bzw Werkunternehmers auf Schadensersatz richtet sich wegen der Verweisungen in § 437 Nr 3 und § 634 Nr 4 nach den §§ 280 ff (vgl dazu Vorbem 35 zu

§§ 280–285; § 281 Rn A 32, 36 ff u § 281 Rn C 6; ferner STAUDINGER/MATUSCHE-BECKMANN [2004] § 437 Rn 1, 10; STAUDINGER/PETERS [2003] § 634 Rn 105 ff).

Die Schlechterfüllung vertraglicher Hauptpflichten kommt aber auch *bei anderen Vertragstypen* vor, bei denen es ausdrückliche Gewährleistungsvorschriften nicht gibt. Zu nennen sind vor allem Schuldverhältnisse, bei denen *Dienstleistungen* im Vordergrund stehen. Dazu gehört der Gesellschaftsvertrag, wenn man nicht gerade die Sacheinlagen vor Augen hat. So stellt das auf den Begründer der Lehre von der positiven Vertragsverletzung STAUB zurückgehende Beispiel der fahrlässig falschen Bilanzaufstellung durch einen Gesellschafter eine solche Pflichtverletzung dar, wenn durch die falsche Bilanz Geschäftsdispositionen veranlaßt werden (vgl zur Entwicklung und zum Geltungsgrund der pVV nach altem Recht STAUDINGER/LÖWISCH [2001] Vorbem 28 f zu §§ 275–283 aF). Denkbar ist zB auch, daß im Rahmen eines *Auftrags-* oder *Geschäftsbesorgungsverhältnisses* dem Gläubiger durch vertragswidrigen Gebrauch einer Vollmacht Rechte entzogen oder Verpflichtungen auferlegt werden. Die Schlechterfüllung des *Arbeitsvertrages* durch den Arbeitnehmer ist ebenfalls eine Pflichtverletzung in diesem Sinn (dazu näher § 281 Rn A 33, C 7 u 25; STAUDINGER/RICHARDI [1999] § 611 Rn 471 ff). Schließlich kann eine Schlechterfüllung auch in Form einer fehlerhaften Information auftreten, wenn zB die Informationsbeschaffung wie in Verträgen mit einem Datenbankbetreiber als Hauptleistungspflicht einzuordnen ist. Speziell zur Haftung für fehlerhafte Informationen SPINDLER/KLÖHN VersR 2003, 273, 274 ff.

C 17 Nicht wie geschuldet bzw schlecht erfüllt werden können außer den eigentlichen Hauptleistungspflichten auch **begleitende, leistungsbezogene Nebenpflichten**, die dem Leistungsinteresse und damit der Erfüllung dienen. Dazu gehören insbes Informations- und Sicherungspflichten (zur Einordnung von Informationspflichten als Haupt- oder Nebenpflicht und zur Haftung SPINDLER/KLÖHN VersR 2003, 273, 274 ff). Ist etwa eine Bedienungsanleitung fehlerhaft (MÜNCH Jura 2002, 361, 364) oder fehlt sie überhaupt, wird die Leistung nicht wie geschuldet erbracht (vgl BGHZ 47, 312, der dies als einen Fall der pVV einordnete; zur fehlerhaften Montageanleitung als Sachmangel § 434 Abs 2 S 2). Gleiches gilt, wenn der Verkäufer nicht über die Risiken des Produktes aufklärt (BGHZ 88, 135; 107, 336) oder ein Unternehmen, das Computer vertreibt und repariert, eine unrichtige Auskunft über die Reparaturfähigkeit einer EDV-Anlage gibt (BGH NJW 2000, 2812). Eine Sicherungspflicht wird etwa dann verletzt, wenn der Hersteller oder Verkäufer die zu liefernde Ware mangelhaft verpackt (BGHZ 87, 89, 92) oder ungenügend gegen Diebstahl sichert (zu Verpackungsmängeln s STAUDINGER/MATUSCHE-BECKMANN [2004] § 434 Rn 180 ff). Soweit die bloße *Nichterfüllung von Nebenleistungspflichten* jedoch einen Schaden verursacht, der sich von der Hauptleistung isolieren läßt, aber nicht lediglich das Erhaltungsinteresse berührt, sind die §§ 281 Abs 1 S 1 1. Alt bzw § 283 einschlägig (§ 281 Rn A 35, B 14; § 283 Rn 18). Gegenstand des Anspruchs ist insoweit aber selbstverständlich nur das Leistungsinteresse im Wert der Nebenleistung.

C 18 Irrelevant ist die genaue Einordnung einer **Nebenpflichtverletzung** als leistungsbezogen oder nicht leistungsbezogen für das Erhaltungsinteresse: beide stellen eine Pflichtverletzung dar, und § 280 Abs 1 ist die allein mögliche Anspruchsgrundlage für die Geltendmachung des bloßen Erhaltungsinteresses. Begehrt der Gläubiger aber nicht nur den Ausgleich solcher Schäden, sondern macht er unter Ablehnung der Erfüllung Schadensersatz statt der Leistung geltend, so kommen sowohl §§ 280

Abs 1 u 3, 281 Abs 1 S 1 2. Alt als auch §§ 280 Abs 1 u 3, 282 als Anspruchsgrundlagen in Betracht.

Besondere Betrachtung verdient unter dem Aspekt der Pflichtverletzung die fehler- **C 19** hafte Erfüllung einer Hauptpflicht. Auch sie kann zu einem Schadensersatzanspruch allein auf der Grundlage des **§ 280 Abs 1** führen, wenn statt des an die Stelle der Leistung tretenden Erfüllungsinteresses das **Erhaltungsinteresse wegen der in § 241 Abs 2 genannten Rechte, Rechtsgüter oder Interessen** durchgesetzt werden soll. **Der Begriff des Schadensersatzes statt der Leistung ist** insofern **enger als der mehrdeutige Begriff des Schadensersatzes wegen Nichterfüllung**, der zB bei § 463 aF bei zugesicherter Eigenschaft oder Arglist auch Mangelfolgeschäden erfassen konnte (vgl auch Rn E 26 ff). *Beispiel*: Der Verkäufer sichert die Verwendbarkeit von Klebstoff für die im Wohnzimmer vorgesehenen Deckenplatten zu; schon nach kurzer Zeit fallen einige der Platten herunter, weil der Klebstoff für die beabsichtigte Verwendung nicht geeignet ist. Durch die herabfallenden Platten wird eine Vase zerstört. Geltend gemacht wird das durch den Verlust der Vase beeinträchtigte Integritätsinteresse. Anspruchsgrundlage ist insoweit gerade nicht § 281, und zwar unabhängig davon, ob eine Nacherfüllung bezüglich des Klebstoffs denkbar ist oder nicht. Einen völlig anderen Weg geht FAUST, der nicht die Art des Schadens, sondern den Zeitpunkt seines Entstehens entgegen dem gesetzgeberischen Plan zum Ausgangspunkt nimmt (in: BAMBERGER/ROTH § 437 Rn 54). Danach soll der „einfache Schadensersatz" nach § 280 Abs 1 für alle Schäden in Betracht kommen, die bis zum Wegfall der Nacherfüllungspflicht entstehen, während § 281 nach diesem Zeitpunkt auch Mangelfolgeschäden erfassen soll.

Streiten kann man freilich darüber, ob den **zwei Schadensarten** (im Beispiel Mangel- **C 20** und Mangelfolgeschaden) jeweils auch **zwei Pflichtverletzungen** entsprechen müssen (vgl auch Rn E 39 f). Eine natürliche Betrachtungsweise, die auf das beanstandete tatsächliche Verhalten blickt, aber auch die Regelung in § 433 Abs 1 S 2 berücksichtigt, würde eher dazu führen, zwar in der Schlechterfüllung der Leistungspflicht zugleich eine Beeinträchtigung der in § 241 Abs 2 genannten Rechtspositionen zu sehen, die Schutzpflichtverletzung aber regelmäßig dahinter zurücktreten zu lassen (so Münch-Komm/ERNST Rn 53; GSELL JZ 2002, 1089, 1091 f; ST LORENZ NJW 2002, 2497, 2500; anscheinend auch PALANDT/HEINRICHS Rn 19). Für diesen Ansatz spricht zudem, daß der Gesetzgeber die speziellen Verjährungsregelungen der §§ 438, 634a bewußt sowohl auf den eigentlichen Mangelschaden als auch auf die Mangelfolgeschäden beziehen wollte (BT-Drucks 14/6040, 228 f; s auch BAMBERGER/ROTH/FAUST § 438 Rn 9; STAUDINGER/PETERS [2003] § 634a Rn 7; krit und mit Überlegungen zu einer korrigierenden Gesetzesanwendung CANARIS, Schuldrechtsmodernisierung 2002, XXVIII; ders, in: Karlsruher Forum 2002, 5, 95, 98 ff, sowie WAGNER JZ 2002, 475, 479; dazu ie Rn G 4). Legt man die Betonung jedoch auf die beeinträchtigte Rechtsposition, wird die Zweigleisigkeit dogmatisch präziser erfaßt, wenn man von einem Nebeneinander von Schlechterfüllung und Schutzpflichtverletzung ausgeht (so zB CANARIS aaO; MÜNCH Jura 2002, 361, 364 f; REICHENBACH Jura 2003, 512, 518; STAUDINGER/PETERS [2003] § 634 Rn 106). Die gedanklich zu sondernde Pflichtverletzung läge aber nicht primär darin, daß ein Hinweis auf die durch den Mangel drohenden Gefahren unterlassen worden ist (so BAMBERGER/ROTH/FAUST § 437 Rn 138 ff), sondern in dem Verbot, mangelhafte Sachen zu liefern, die in den Schutzbereich des Integritätsinteresses fallende Rechte, Rechtsgüter und Interessen gefährden (dazu näher unten Rn E 39 f). Dem entspricht es, wenn der BGH zum alten Recht die Haftung für einen entfernten

Mangelfolgeschaden wegen der Schlechterfüllung der Hauptleistung aus einem Werkvertrag weder in § 325 aF noch in § 635 aF einordnet, obwohl er ausdrücklich die Haftung nicht auf eine Nebenpflichtverletzung stützt, sondern als Anspruchsgrundlage auf die positive Vertragsverletzung der Hauptpflicht zurückgreift (NJW 2002, 816 f; zur Auffangfunktion der pVV nach altem Recht s STAUDINGER/OTTO [2001] § 326 Rn 200). Die präzise Erfassung der Pflichtverletzung wirkt sich dann auch bei dem Bezugspunkt des Vertretenmüssens aus (unten Rn D 13). Im Ergebnis bleibt es aber hinsichtlich des Erhaltungsinteresses in jedem Fall bei § 280 Abs 1 als Anspruchsgrundlage: Entweder handelt es sich dogmatisch um eine einzige Pflichtverletzung in Form der „Schlechterfüllung", die die Leistungspflicht iS des § 241 Abs 1 verletzt und zugleich andere Rechte, Rechtsgüter und Interessen des Gläubigers beeinträchtigen kann. Oder der Verstoß gegen Schutz- und Rücksichtnahmepflichten gem § 241 Abs 2 tritt im Fall der Schlechterfüllung neben die eigentliche Leistungspflicht. Letztere hier bevorzugte Sicht hat den zusätzlichen Vorteil, daß sie die Frage nach der Reichweite der Schutzpflicht erlaubt, wie dies früher auch im Zusammenhang mit § 463 aF (STAUDINGER/HONSELL [1995] § 463 aF Rn 49 ff) oder einer mit der Schlechterfüllung einhergehenden pVV geschehen ist (STAUDINGER/HONSELL [1994] Vorbem 78 ff zu §§ 459 ff aF). Die schlichte Anknüpfung an die Schlechterfüllung als alleinige Pflichtverletzung bietet hierfür einen weniger geeigneten Ansatz. In dem Beispiel (Rn C 19) könnte deshalb zu fragen sein, ob es hinsichtlich der Reichweite der Haftung einen Unterschied macht, ob der Klebstoff in einer Fabrikhalle ohne zerbrechliche Gegenstände, in einer Wohnung oder gar einem Museum verwendet werden sollte und ob dies dem Verkäufer bekannt war.

Die „Doppelanknüpfung" läßt sich auch an folgendem weiteren Beispiel verdeutlichen: Der Verkäufer sichert die Verwendbarkeit von Energiesparleuchten in den für die Treppenhäuser einer Wohnanlage vorgesehenen Lampen zu; die Leuchtmittel fallen jedoch immer wieder schon nach kurzer Zeit aus, weil die Lampen angesichts der vielen automatischen Schaltvorgänge für die vorgesehene Verwendung ungeeignet sind. Hier liegt der durch den Einsatz der Lampen entstehende Schaden an den Leuchtmitteln zwar noch innerhalb des Leistungsprogramms, betrifft aber nicht mehr den Leistungsgegenstand. Deshalb verdient hier – anders als beim entgangenen Gewinn und den zusätzlichen Betriebskosten (dazu Rn E 41 ff) – § 280 Abs 1 wegen der gleichzeitig begangenen Schutzpflichtverletzung den Vorzug vor einem Schadensersatz statt der Leistung gem § 281 Abs 1 S 1 2. Alt. Dasselbe müßte gelten, wenn der Käufer wegen der durch die häufigen Kurzschlüsse verursachten Stromausfälle Regreßansprüchen der Mieter ausgesetzt wäre. Es leuchtete nämlich nicht ein, wenn bei der Beeinträchtigung von anderen Rechten und Rechtsgütern auf § 280 Abs 1 zurückgegriffen würde, aber nicht bei ebenfalls vom Schutz des § 241 Abs 2 erfaßten Vermögensschäden, die durch die Deckung mittelbarer Schäden entstanden sind.

4. Verletzung von Schutz- und Rücksichtnahmepflichten

C 21 Für die Verletzung von Schutz- und Rücksichtnahmepflichten gilt ganz besonders die in Rn C 6 mit Nachweisen vorangestellte Aussage, daß die Einzelheiten wegen der sachlichen Verknüpfung mit den verschiedenen Schuldverhältnissen hier nicht dargestellt werden können. Es wird insoweit wiederum auf die Erl zu § 242 (STAUDINGER/J SCHMIDT [1995] § 242 Rn 836 ff) bzw auf die zukünftigen Erl zu § 241 und auf die Darstellungen bei den einzelnen Vertragstypen verwiesen (insbes STAUDINGER/MATUSCHE-

BECKMANN [2004] § 437 Rn 49; zum alten Recht STAUDINGER/HONSELL [1995] § 463 Rn 36 ff; STAU-DINGER/PETERS [2003] § 634 Rn 139 ff). Bezüglich der culpa in contrahendo, die nunmehr in § 311 Abs 2 ihre Heimat gefunden hat, liegt es nahe, das Material dort zusammen-zuführen, soweit es nicht ohnehin besser bei den einzelnen Vertragstypen einzuord-nen ist. Im Vordergrund steht daher die Darstellung der neuen Konzeption und die Vermittlung eines Überblicks.

a) Schutzbereich

Ein pflichtwidriges Verhalten des Schuldners kann (allein) in einem Verstoß gegen **C 22** eine Pflicht zur Rücksichtnahme iS von **§ 241 Abs 2** bestehen, wie sich aus der Ver-weisung in § 280 Abs 3 auf § 282 ergibt. Nach dieser neuen Vorschrift kann ein Schuldverhältnis *„nach seinem Inhalt jeden Teil zur Rücksicht auf die Rechte, Rechts-güter und Interessen des anderen Teils verpflichten"*. Damit sind nach der Begr d RegE diejenigen Pflichten gesetzlich normiert worden, die von der Lehre bislang bereits als Schutzpflichten anerkannt waren (BT-Drucks 14/6040, 125). Die Schutzpflichten dienen nach dem Verständnis des Gesetzgebers dazu, „die gegenwärtige Güterlage jedes an dem Schuldverhältnis Beteiligten vor Beeinträchtigungen zu bewahren". Im Gegen-satz dazu sollen die Leistungspflichten, die von § 241 Abs 1 umfaßt sind, „regelmäßig auf die Veränderung der Güterlage des Gläubigers" abzielen (BT-Drucks 14/6040, 125). Abs 2 soll den *Inhalt* der Schutz- und Rücksichtnahmepflichten betreffen und wurde bewußt als Generalklausel formuliert, da die Schutzpflichten letztlich nach der kon-kreten Situation zu bestimmen seien (BT-Drucks 14/6040, 126). Der Schutzbereich ist daher inhaltlich umfassend zu verstehen. Der **Schutz von Rechten und Rechtsgütern** bedarf keiner Erläuterung. Durch die besondere Erwähnung der **Interessen** des an-deren Teils wollte der Gesetzgeber deutlich machen, daß über § 823 Abs 1 hinaus gerade auch das **Vermögen** als solches geschützt sein soll (BT-Drucks 14/6040, 126; der Hinweis auf die „Rechtsgüter" auf S 125 ist ein Redaktionsfehler; dazu ie STAUDINGER/OLZEN [vor-aussichtlich 2006] § 241 u Erl zu § 282). Die Schutzpflichten dürfen daher nicht mit den Verkehrssicherungspflichten des allgemeinen Deliktsrechts verwechselt werden, son-dern setzen ein vertragliches Schuldverhältnis oder eine andere bereits bestehende Sonderverbindung in Gestalt eines Schuldverhältnisses voraus. Besonders bemer-kenswert ist in diesem Zusammenhang, daß der Gläubiger für die Durchsetzung von **Schmerzensgeldansprüchen** wegen einer Verletzung des Körpers, der Gesundheit, der Freiheit oder der sexuellen Selbstbestimmung (§ 253 Abs 2) nicht mehr den Weg über das Deliktsrecht nehmen muß, sondern sich auf die Verletzung der Schutzpflicht berufen kann.

Aus dem ebenfalls neuen § 311 Abs 2 u 3 ergibt sich ausdrücklich, daß solche Schutz- **C 23** und Rücksichtnahmepflichten unabhängig von einer Vertragsbeziehung auch in **rechtsgeschäftsähnlichen Schuldverhältnissen** entstehen können. § 311 Abs 2 betrifft sog vorvertragliche Schutzpflichten, Abs 3 hingegen Schutzpflichten von oder gegen-über einem Dritten (Rn B 5 ff). Nach der Abwicklung des Schuldverhältnisses be-stehen sie zudem uU als nachvertragliche Schutz- und Rücksichtnahmepflichten fort (Rn B 15). Denkbar ist ferner, daß die Entwicklung des geschäftlichen Kontakts zur Entstehung von Schutzpflichten führen kann, die bei seiner Aufnahme noch nicht bestanden haben. Wird zB einem Autohändler ein Kraftfahrzeug zum Kauf ange-boten, so muß er das Fahrzeug nicht nur bei der Besichtigung pfleglich behandeln. Vielmehr ist er auch verpflichtet, einen von ihm erst entdeckten unfallträchtigen Mangel dem Anbieter mitzuteilen.

C 24 Nach der Anlage des Gesetzes ist zwischen den von § 241 Abs 2 erfaßten Schutz- und Rücksichtnahmepflichten als **nicht leistungsbezogenen Pflichten** und den von § 241 Abs 1 erfaßten leistungsbezogenen Nebenpflichten zu unterscheiden (dazu bereits Rn C 15 ff). Während die leistungsbezogenen Nebenpflichten der Erfüllung bzw dem Leistungsinteresse dienen, handelt es sich bei den nicht leistungsbezogenen Pflichten um solche, deren Verletzung die Hauptleistung regelmäßig nicht beeinflußt (vgl BT-Drucks 14/6040, 141). Sie schützen das Integritätsinteresse des Gläubigers.

Bereits vor Inkrafttreten des Schuldrechtsmodernisierungsgesetzes hatten Rspr und Lehre zur Vermeidung von *Schädigungen oder Gefährdungen anderer Rechtspositionen* des Gläubigers bei der Abwicklung des Schuldverhältnisses eine Vielzahl von Aufklärungs-, Auskunfts-, Rücksichtnahme-, Fürsorge-, Leistungstreue- und Schutzpflichten entwickelt und zu typisieren versucht (vgl Staudinger/J Schmidt [1995] § 242 Rn 863 ff; für den Werkvertrag Staudinger/Peters [2000] § 633 aF Rn 127 ff). Diese Einteilungen wird man weiterhin als Ausgangspunkt heranziehen können (MünchKomm/Ernst Rn 89; Palandt/Heinrichs Rn 28 ff). Die Unterscheidung wird zB beim Kauf- und Werkvertrag deshalb bedeutsam, weil sich die im allgemeinen früher eintretende Verjährung gem §§ 438, 634a nur auf die mängelbedingten Schadensersatzansprüche gem §§ 437 Nr 4, 634 Nr 4 bezieht, wo § 282 gerade nicht genannt wird (so einleuchtend Staudinger/Peters [2003] § 634 Rn 138 ff; s auch § 282 Rn 72). Außerdem hängt die einschlägige Anspruchsgrundlage für den Schadensersatz statt der Leistung von der Unterscheidung zwischen leistungs- und nicht leistungsbezogenen Nebenpflichten ab; da sich die Voraussetzungen für den Schadensersatzanspruch deutlich unterscheiden, dürfte die zutreffende Einordnung dort noch bedeutsamer werden. Die näheren Ausführungen zu dieser Abgrenzung sind deshalb wegen des Zusammenhangs mit der Entstehungsgeschichte des § 282 dort zu finden (s die Erl § 282 u insbes Rn 19 ff sowie § 281 Rn C 11 ff).

b)   Typische Fallgestaltungen bei bestehenden Vertragsbeziehungen

C 25 Der Gruppe der nicht auf die Hauptleistung bezogenen Schutz- und Rücksichtnahmepflichten können zB die folgenden Fälle zugeordnet werden, auf die *nach alter Rechtslage* die Grundsätze der pVV wegen der Verletzung von Pflichten zur **Rücksichtnahme auf die wirtschaftlichen Interessen** des Vertragspartners angewendet worden sind (s auch § 282 Rn 44): Zuwiderhandlungen gegen Wettbewerbsverbote und Schweigepflichten, die unlautere Konkurrenz (RGZ 109, 54), die Hingabe von Schmiergeldern an Arbeitnehmer des Vertragsgegners (RGZ 149, 187), die vertragswidrige Angabe der Herstellereigenschaft auf den Fabrikaten (RGZ 130, 379), uU die nachträgliche Bebauung eines Nachbargrundstücks durch den Verkäufer, obwohl dessen Unbebaubarkeit vertraglich vorausgesetzt war (RGZ 161, 330, 337 ff).

C 26 Führt die Nebenpflichtverletzung zu einer **Störung der personalen Beziehung**, infolge derer dem Gläubiger die Fortsetzung der vertraglichen Bindung unzumutbar wird, ist neben § 280 Abs 1 wegen der konkreten Verletzung eines Rechtsgutes (Körper, Gesundheit, Persönlichkeitsrecht) immer auch an Schadensersatz statt der Leistung nach § 282 zu denken (dazu ie § 282 Rn 45). Dieser Kategorie sind Fallgestaltungen zuzuordnen, in denen das Vertragsverhältnis persönliches Vertrauen voraussetzt oder zu regelmäßigen persönlichen Kontakten führt. Hier kann die Pflichtverletzung in ungehörigem, insbes beleidigendem Benehmen oder rücksichtslosem Verhalten gegenüber der anderen Partei bestehen, wodurch dem Gläubiger das Festhalten am

Vertrag unzumutbar wird. Nach *alter Rechtslage* mit Hilfe der Rechtsfigur des *pVV* gelöst (RGZ 78, 385; 140, 378, 384 f mwNw). Gleiches gilt für Tätlichkeiten gegenüber dem Verkäufer einer Eigentumswohnung und vorgesehenen Verwalter vor der Eintragung des Käufers (BGH NJW 1972, 1667). Beleidigungen oder illoyales Verhalten sind jedoch nur dann als Verstoß gegen eine vertragliche Verhaltenspflicht und damit als Pflichtverletzung zu werten, wenn das Vertragsverhältnis „ein besonderes Treueverhältnis der Vertragsparteien erfordert". Dies ist bei „einfachen Güterumsatzverträgen" gewöhnlich nicht der Fall (BGH BB 1951, 546; RGZ 102, 408).

Wird durch ein solches Verhalten die Durchführung des Vertrages insgesamt gefährdet, bleibt es nicht bei einem Schadensersatzanspruch gem §§ 280 Abs 1, 241 Abs 2, sondern es kommt zudem **Schadensersatz statt der vertraglichen Hauptleistung gem §§ 280 Abs 1 u 3, 282** in Betracht. Bei *grenzüberschreitenden Kaufverträgen* fallen derartige gravierende Nebenpflichtverletzungen unter die wesentliche Vertragsverletzung iS des Art 25 CISG (OLG Frankfurt aM NJW 1992, 633, 634 f: nachhaltige Störung des Vertrauens in Vertragstreue bei vereinbartem Alleinvertrieb). **C 27**

c) Pflichtverletzungen bei rechtsgeschäftsähnlichen Schuldverhältnissen

Herausragende Bedeutung kommt den **Schutz- und Rücksichtnahmepflichten** iS von **C 28** 241 Abs 2 wegen der besonderen Einwirkungsmöglichkeiten auf die Rechte, Rechtsgüter und Interessen der anderen Seite bereits im Stadium der **Vertragsanbahnung** zu; deshalb spricht § 311 Abs 2 ausdrücklich von einem *„Schuldverhältnis mit Pflichten nach § 241 Abs 2"* (dazu bereits Rn B 6). Ausnahmsweise ist bei späterem Vertragsschluß auch an ein Rücktrittsrecht gem § 324 zu denken (dazu STAUDINGER/OTTO [2004] § 324 Rn 15 ff). Die Haftung für culpa in contrahendo erfaßt sehr unterschiedliche Fallgruppen. Ähnlich wie bei wirksam begründeten Schuldverhältnissen soll zunächst die Deliktshaftung für Verkehrssicherungspflichten durch vorvertragliche Schutzpflichten ergänzt werden (Rn C 30 ff), da das Deliktsrecht wegen der Möglichkeit des Entlastungsbeweises bei Tätigwerden einer Hilfsperson (§ 831) und wegen des Fehlens einer Ersatzvorschrift für fahrlässige Vermögensbeschädigungen als nicht ausreichend empfunden worden ist (zutr vCAEMMERER, in: FS zum 100jährigen Bestehen des DJT II 49, 56 ff; HANS STOLL, in: FS vCaemmerer 433, 437). Dies ist nunmehr mit dem Vorteil verbunden, daß auch bei einem Fehlverhalten von Erfüllungsgehilfen (§ 278) Schmerzensgeldansprüche geltend gemacht werden können (§ 253 Abs 2; Rn C 22). Zum anderen geht es um ein Verschulden im Hinblick auf den abzuschließenden Vertrag selbst. Eine zweite Gruppe erfaßt deshalb die Fälle, in denen das dem Verhandlungspartner entgegengebrachte Vertrauen in das Zustandekommen des Vertrages enttäuscht wird (Rn C 32 ff). Drittens geht es um die Gruppe der Fälle, in denen der eine Teil den anderen pflichtwidrig zum Abschluß des Vertrages veranlaßt hat (Rn C 36 ff).

Da nach § 311 Abs 3 Schuldverhältnisse mit Pflichten iS von § 241 Abs 2 auch zu **C 29** Lasten von Personen entstehen, die nicht selbst Vertragspartei sind bzw werden sollen (dazu bereits Rn B 7 ff), können diese Pflichten bei Vertragsanbahnung ebenfalls durch Dritte verletzt werden (STAUDINGER/LÖWISCH [2001] Vorbem 98 ff zu §§ 275–283 aF). So können **Vertreter oder Verhandlungsgehilfen** durch falsche Informationen oder unterbliebene Aufklärung den Vertragschluß herbeiführen, was eine Pflichtverletzung iS von § 311 Abs 3 S 1 iVm § 241 Abs 2 darstellt. Ein **Sachwalter** – dh eine Person, die als Sachverständiger oder andere Auskunftsperson zwar kein eigenes

Interesse am Vertragsschluß haben muß, aber durch das in Anspruch genommene Vertrauen entscheidend dazu beiträgt –, verletzt durch falsche Auskunft bzw unterlassene Risikoaufklärung eine nach §§ 311 Abs 3 S 2, 241 Abs 2 bestehende Schutz- und Rücksichtnahmepflicht (ie Staudinger/Löwisch [voraussichtlich 2006] § 311; Münch-Komm/Ernst Rn 107).

aa)　Beeinträchtigung von Rechten und Rechtsgütern

C 30　Eine vorvertragliche Pflichtverletzung ist etwa anzunehmen, wenn Linoleumrollen in einem Warenhaus nicht ausreichend sicher gelagert werden und eine potentielle Kundin durch eine umstürzende Rolle verletzt wird (RGZ 78, 239). Auch die berühmte nicht entfernte Bananenschale im Verkaufsraum, auf der ein potentieller Kunde ausrutscht und stürzt, ist in diese Kategorie einzuordnen (BGH NJW 1962, 31). In Betracht kommt eine Haftung wegen Verschuldens bei Vertragsschluß aber auch, wenn sich das schädigende Ereignis *sonstwo*, zB bei der Vorführung eines Gerätes in der Wohnung des Kunden, abspielt. Voraussetzung für die Haftung aus Verschulden bei Vertragsschluß nach § 280 Abs 1 iVm §§ 311 Abs 2, 241 Abs 2 ist dabei stets, daß es sich wirklich um einen **„geschäftlichen"** Kontakt handelt. Deshalb kann den Anspruch nur geltend machen, wer ein Kaufhaus als *möglicher Kunde* betritt, dagegen nicht, wer die Räume nur aus anderen Gründen aufgesucht hat, zB um dem Regen auszuweichen (BGH NJW 1962, 31; BGHZ 66, 51, 54 f; Nirk, in: 1. FS Möhring 392; Larenz I § 9 I 1; Hohloch JuS 1977, 302 ff; **abw** Dölle ZStW 103, 67, der allein den „sozialen" Kontakt genügen lassen will; Soergel/Wiedemann Vorbem 245 zu § 275 aF jeweils zur insoweit übertragbaren alten Rechtslage). Allerdings muß es genügen, wenn man sich über das Verkaufsangebot als potentieller Kunde zunächst nur informieren will. Andererseits trifft den Verbraucher gegenüber dem Unternehmer gerade keine rechtsgeschäftsähnliche Obhutspflicht für ohne Bestellung gelieferte Sachen (§ 241a). Soweit ausnahmsweise nach Abs 2 „gesetzliche Ansprüche" nicht ausgeschlossen sind, ist jedenfalls nicht an eine rechtsgeschäftsähnliche Haftung gedacht (MünchKomm/Kramer § 241a Rn 15).

C 31　Pflichtverletzungen vor dem eigentlichen Vertragsschluß können wegen der in § 311 Abs 3 S 1 gleichfalls angelegten Grundsätze über Schuldverhältnisse **mit Schutzwirkung zugunsten Dritter** (dazu Rn B 12) auch gegenüber anderen als den potentiellen Vertragspartnern begangen werden. So kann einem Kind gegenüber, das seine Mutter in einen Selbstbedienungsladen begleitet, eine Schutzpflicht verletzt werden, wenn es aufgrund nicht beseitigter oder nicht ausreichend gesicherter Gefahrenstellen eine Verletzung erleidet (zur alten, insoweit übertragbaren Rechtslage BGHZ 66, 51, 56 ff; Erman AcP 139 [1934] 325; Hohloch JuS 1977, 302, der mit Recht für die Einbeziehung auch anderer Begleitpersonen eintritt; vgl iü Staudinger/Jagmann [2004] § 328 Rn 84 u Staudinger/Löwisch [voraussichtlich 2006] § 311).

bb)　Enttäuschung des Vertrauens auf das Zustandekommen des Vertrags

C 32　Eine Pflichtverletzung bei Vertragsanbahnung wegen der **mangelnden Rücksicht auf Vermögensinteressen des anderen Teils** kann (wie nach der alten Rechtslage: Staudinger/Löwisch [2001] Vorbem 74 ff zu §§ 275–283 aF) darin liegen, daß der eine Teil durch sein Verhalten im anderen Teil das *berechtigte Vertrauen weckt, es werde mit Sicherheit zum Abschluß des Vertrages kommen* und dann **ohne einen triftigen Grund vom Vertragsschluß Abstand nimmt** (jeweils zur Haftung aus culpa in contrahendo: BGHZ 120, 281 ff; BGHZ 139, 259 ff; zuvor schon BGH LM § 276 [Fa] BGB Nr 3; BB 1955, 429; MDR 1961, 49; NJW 1967, 2199; WM 1968, 531; MDR 1969, 641, 642; NJW 1970, 1840 f; NJW 1975, 1774; Betrieb 1977,

1548; NJW-RR 1989, 627, 628; BAG NJW 1963, 1843, 1844; AP Nr 8 zu § 1 BeschFG 1985). An sich ist es das gute Recht eines jeden an den Vertragsverhandlungen Beteiligten, vom Vertragsschluß letztlich noch Abstand zu nehmen, ohne dies irgendwie begründen zu müssen. Wenn der Vertragspartner sich ausgerechnet hat, der Vertrag werde zustandekommen, und aus diesem Grund etwa Aufwendungen gemacht hat, so ist dies seine Sache (BGH NJW 1967, 2199). Selbst wenn der andere Teil von diesen Aufwendungen weiß, begründet allein das keine Haftung aus Verschulden bei Vertragsschluß (BGH WM 1972, 772; NJW 1975, 43, 44; WM 1977, 620). Erweckt aber ein Beteiligter durch sein Verhalten im anderen Teil das berechtigte Vertrauen, daß es mit Sicherheit zum Abschluß des Vertrages kommen werde, so geht er damit eine Bindung ein, die zwar schwächer ist als der Abschluß des Vertrages selbst. Sie rechtfertigt es aber, ihn wegen eines Verschuldens bei den Vertragsverhandlungen haften zu lassen, wenn er vom Vertragsschluß ohne einen triftigen Grund Abstand nimmt Der Grund für diese Haftung ist weder in der Verletzung einer Aufklärungs- oder Mitteilungspflicht des Vertragspartners (so aber BGHZ 139, 259, 261 f und insbes das BAG NJW 1963, 1843) noch in einer bloßen Vertrauenshaftung (so LARENZ, in: FS Ballerstedt 397, 417 f; ähnlich D KAISER JZ 1997, 448, 449 f, die das Vertrauen auf die Redlichkeit des Vertragspartners als eigentlichen Haftungsgrund ansieht; BAG AP Nr 8 zu § 1 BeschFG 1985) zu sehen. Vielmehr liegt er im schuldhaften Zuwiderhandeln gegen die durch das eigene Verhalten hervorgerufene Bindung (HANS STOLL, in: FS vCaemmerer 433, 447 ff; in ähnlicher Richtung, aber restriktiv MEDICUS, SchR I Rn 106 f).

Wann davon zu sprechen ist, daß der eine Teil im anderen das **berechtigte Vertrauen** C 33 erweckt hat, es werde mit Sicherheit zum Vertragsschluß kommen, läßt sich nur für den *Einzelfall* beurteilen. Wird der potentielle Vertragspartner zu Maßnahmen ermuntert, die nur bei einem Zustandekommen des Vertrages sinnvoll sind, liegt darin in der Regel ein solcher Haftungsgrund (BGH LM § 276 [Fa] BGB Nr 102 = NJW-RR 1989, 627, 628). Der BGH hat auf ein berechtigtes Vertrauen auf den Vertragsschluß etwa in dem Fall geschlossen, in dem sich die Verhandlungspartner über die wesentlichen Punkte eines Gesellschaftsvertrages geeinigt und beiderseits Vorbereitungen für die Zusammenarbeit nach Vertragsabschluß getroffen, sich insbes finanziell engagiert hatten (BGH MDR 1969, 641, 642; ähnlich BGH BB 1974, 1039 f für den Fall der beabsichtigten Bildung einer Bauarbeitsgemeinschaft). Der BGH hat hierher auch einen Fall gerechnet, in dem eine Lizenzvergabe an eine neu zu gründende Gesellschaft in Aussicht gestellt worden war, diese daraufhin gegründet wurde und trotz der Erfüllung der Anforderungen des Lizenzgebers die Lizenz nicht erhielt (BGH NJW 1975, 1774). Erweckt eine Bank bei einem Kunden fälschlich das Vertrauen, sie werde ein Akkreditiv stellen können, und hält sie ihn so davon ab, sich das Akkreditiv anderweitig zu besorgen, haftet sie wegen des dadurch beim Kunden erweckten Vertrauens (BGH LM § 276 [Fa] BGB Nr 79 = NJW 1984, 866, 867). Eine Ausschreibung begründet dagegen kein Vertrauen darauf, daß es tatsächlich zur Durchführung des ausgeschriebenen Vorhabens kommt (BGH LM § 276 [Fa] BGB Nr 67 = NJW 1981, 1673), wohl aber darauf, daß von dem Vorhaben nicht ohne Vorliegen einer der in § 26 VOB/A genannten Gründe Abstand genommen wird (BGHZ 139, 259, 262 ff). Das BAG bejaht eine Haftung aus culpa in contrahendo, wenn der Arbeitgeber bei Verhandlungen über den Abschluß eines Arbeitsvertrages den Anschein erweckt, der Vertrag werde sicher geschlossen, und der Arbeitnehmer im Vertrauen darauf sein altes Arbeitsverhältnis kündigt (BAG NJW 1963, 1843, 1844; LAG Köln LAGE § 276 BGB Verschulden bei Vertragsschluß Nr 2; vgl auch GRUNSKY BB 1973, 194 f).

C 34 Während es sich in den in Rn C 32 u 33 erörterten Fällen des enttäuschten Vertrauens auf das Zustandekommen des Vertrages darum handelte, daß ein Verhandlungspartner aus eigenem Entschluß den Vertrag scheitern läßt, geht es in einem weiteren Teil der Fälle darum, daß er ein **objektives Hindernis** für das Zustandekommen des Vertrages – zB ein gesetzliches Verbot – **kennt oder kennen muß**, gleichwohl aber das Vertrauen auf das wirksame Zustandekommen des Vertrages hervorruft (FLEISCHER 456 ff). Eine Pflichtverletzung bei Vertragsverhandlungen kommt insoweit auch in Betracht, wenn die Wirksamkeit des Vertrages von der *Genehmigung* eines Dritten abhängt. Ist eine behördliche Genehmigung des Vertrages notwendig, etwa die der Aufsichtsbehörde zu einem von der Gemeinde abgeschlossenen Grundstückskaufvertrag (BGH MDR 1974, 918) oder zu einer Bürgschaft (BGH NJW 1999, 3335), kann das in Kenntnis dieses Hindernisses erweckte Vertrauen auf den Vertragsabschluß ebenfalls die Haftung auf das negative Interesse nach §§ 280 Abs 1, 311 Abs 2, 241 Abs 2 auslösen. Gleiches gilt für die Zustimmung einer Privatperson, etwa die des Grundstückseigentümers zu einem vom Erbbauberechtigten abgeschlossenen Mietvertrag (BGH MDR 1967, 835) oder die des Schuldners zu der an seine Zustimmung gebundenen Abtretung (BGH WM 1968, 531). Die Pflichtverletzung in Form mangelnder Aufklärung setzt jedoch voraus, daß der Schuldner das Risiko kannte oder zu den Informationen ohne weiteres Zugang hatte. Insofern setzt sich die früher in § 309 iVm § 307 aF zum Ausdruck gekommene Wertung auf anderem Wege wieder durch (STAUDINGER/LÖWISCH § 275 Rn 58). Soweit es allerdings darum geht, daß nur die beabsichtigte Vertragsleistung von Anfang an gem § 275 Abs 1 bis 3 ausgeschlossen ist, der Vertrag aber gleichwohl zustande kommt, haben diese Fälle jetzt in § 311a Abs 2 für die Haftung des Schuldners eine ausdrückliche Regelung gefunden. Liegt die Verantwortung hingegen beim Gläubiger, ist nur die Anwendung der §§ 280 Abs 1, 311 Abs 2, 241 Abs 1 denkbar (vgl FAUST, in: HUBER/FAUST, Schuldrechtsmodernisierung Rn 3/ 221). Auch die Herbeiführung eines nach § 138 Abs 1 wegen Benachteiligung des anderen Teils sittenwidrigen Vertrages stellt ein Verschulden bei Vertragsschluß dar (BGH LM § 138 [Bb] BGB Nr 53 = NJW 1987, 639, 640).

C 35 Wegen Verschuldens bei Vertragsverhandlungen haftet auch derjenige, der gegenüber seinem Verhandlungspartner den Anschein erweckt, ein **formbedürftiger Vertrag** sei gar nicht formbedürftig oder der Vertrag werde mit Sicherheit formgerecht abgeschlossen. Vereitelt hier derjenige, der den Anschein erweckt hat, ohne triftigen Grund den formgerechten Vertragsschluß, haftet er dem anderen Teil (BGH LM § 276 [Fa] BGB Nr 3; NJW 1965, 812, 813; NJW 1967, 2199; NJW 1970, 1840, 1841; NJW 1975, 43; NJW 1977, 1446; Betrieb 1988, 223; NJW 1996, 1885; vgl OLG Hamm MDR 1969, 306 f; krit zu diesen Fällen FIKENTSCHER Rn 72. Zu der Frage, wann die Berufung auf den Formmangel wegen Arglist unbeachtlich ist, s STAUDINGER/DILCHER[12] [1980] § 125 Rn 38 ff sowie STAUDINGER/WUFKA [2001] § 313 aF Rn 253 ff).

cc) Pflichtwidrige Herbeiführung des Vertragsschlusses

C 36 Veranlaßt jemand einen anderen durch *arglistige Täuschung* oder *Drohung* zum Abschluß eines Vertrages, so wird dadurch nicht nur ein Anfechtungsrecht gem § 123 begründet (zum gleichzeitig bestehenden Anfechtungsrecht nach § 123 STAUDINGER/ DILCHER[12] [1980] § 123 Rn 47; zur ausnahmsweise denkbaren Überschneidung mit dem Rücktrittsrecht gem § 324 bei einer Schutzpflichtverletzung vgl STAUDINGER/OTTO [2004] § 324 Rn 15 ff). Vielmehr liegt in dem Verhalten des Täuschenden oder Drohenden auch ein Verschulden bei Vertragsschluß, welches ihn zum Schadensersatz verpflichtet, selbst wenn der andere Teil den Vertrag angefochten hat (BGH WM 1968, 892, 893). Dasselbe gilt aber auch dann, wenn bei den Vertragsverhandlungen *fahrlässig falsche Angaben* gemacht werden (dazu grundlegend FLEISCHER, Informationssymmetrie im Vertragsrecht [2001] 416 ff; SCHWARZE, Vorvertragliche Verständigungspflichten [2001] 306 ff; Ausgangsentscheidung BGH NJW 1962, 1196, 1198 f: Fehlberatung über die Aufstellungsmöglichkeiten einer Maschine; sehr restriktiv zur Anwendung der cic neben dem neuen Gewährleistungsrecht beim Kauf B MER-TENS AcP 203 [2003] 819 ff). Bei PALANDT/HEINRICHS § 123 Rn 27 ist anschaulich von **„fahrlässiger Täuschung"** die Rede (krit MEDICUS, SchR I Rn 109 mwNw). In der Rspr ist anerkannt, daß die Haftung wegen Verschuldens bei Vertragsschluß den Getäuschten oder Bedrohten auch noch nach Ablauf der Anfechtungsfrist des § 124 berechtigt, die Rückgängigmachung des Vertrages zu verlangen und dementsprechend dessen Er-füllung zu verweigern (BGH LM § 123 BGB Nr 55 = NJW 1979, 1983 f; FIKENTSCHER Rn 80; aA GRIGOLEIT NJW 1999, 900, 902 f; FLEISCHER 448 f u SCHWARZE 309 ff, die auch auf diesen Anspruch § 124 anwenden wollen). Voraussetzung ist, daß die Täuschung für den Vertragsabschluß kausal gewesen ist. Diese Kausalität ist gegeben, wenn der Getäuschte zur Abgabe der Vertragserklärung bestimmt worden ist; ein Unterschied zu § 123 besteht inso-weit nicht (aA ST LORENZ, Der Schutz vor dem unerwünschten Vertrag 75 ff).

Danach begeht derjenige bei Abschluß eines Bürgschaftsvertrages eine Pflichtver- C 37
letzung iS des § 280 Abs 1, der als Gläubiger der zu sichernden Forderung den Bürgen ein unrichtiges Vertragsformular über die Rechtsnatur der Forderung vorlegt und damit über den Umfang des Bürgschaftsrisikos täuscht (vgl BGH NJW 1968, 986, 987; vgl auch BGH Betrieb 1974, 2200 zur alten insoweit übertragbaren Rechtslage; ausführlich FLEI-SCHER 461 ff). Gleiches gilt für einen öffentlichen Auftraggeber, der eine unvollstän-dige Leistungsbeschreibung ausgibt, auf deren Richtigkeit der Auftragnehmer der Ausschreibung vertrauen durfte und deshalb für dasselbe Entgelt mehr Leistungen erbringen muß (BGH NJW 1994, 850 f). Eine vorvertragliche Pflicht verletzt ferner der Verkäufer, der im Rahmen der Verkaufsverhandlungen unrichtige Angaben macht, sofern diese für den Kaufentschluß des anderen Teils von Bedeutung sind (BGH BB 2003, 1695, 1697 zur Haftung aus cic). Die Pflichtverletzung, die zur Herbeiführung des Vertragsschlusses führt, kann zudem in der *Verletzung von Aufklärungspflichten* liegen. Umfang und Intensität solcher Aufklärungspflichten hängen einmal von den *Vertragstypen* ab, für die die Rspr Standards für die Haftung aus cic entwickelt hat, die auf §§ 280 Abs 1, 311 Abs 2 zu übertragen sind. Zum anderen kommt es auf die *konkrete Verhandlungssituation* an, insbes auf die persönlichen Umstände der Verhandlungspartner. Aufklärungspflichten können zB vor Abschluß von Kaufver-trägen bestehen: Der Verkäufer eines Grundstücks muß den Käufer über einen behebbaren Rechtsmangel (BGH LM § 276 [Fa] BGB Nr 163 m Anm ST LORENZ = NJW 2001, 2875 ff: Option des Mieters auf Vertragsverlängerung) und über schikanöses Nachbar-verhalten aufklären (BGH LM § 276 [Fa] BGB Nr 117), der Verkäufer eines Gastbetriebes darüber, daß der Betrieb bisher als Stundenhotel bekannt war (BGH LM § 276 [Fa] BGB Nr 127 = NJW 1992, 2564). Gleiches gilt für objektiv preisbildende Faktoren, insbes wertmindernde Umstände (OLG Hamm NJW-RR 2003, 1360, 1361: Verkauf eines Importfahr-zeugs). Geboten sein kann ebenfalls eine Aufklärung über die steuerlichen Folgen des Kaufs einer Eigentumswohnung (BGH NJW 1998, 302 ff); hier hat der BGH den An-spruch auf Aufhebung des Vertrages im Wege der Naturalrestitution (§ 249) aufgrund einer cic nicht überzeugend davon abhängig gemacht, daß über die vertragliche Bindung hinaus ein Vermögensschaden entstanden ist (aaO 304 m umf Nachw; **abl** FLEISCHER 440 ff; SCHWARZE 86 f; dem BGH folgend LIEB, in: FS Medicus 337 ff). Der vom

BGH und insbes auch von LIEB (aaO) befürchteten Aufweichung des Grundsatzes „pacta sunt servanda" muß durch genügend strenge Anforderungen an die Annahme einer Pflichtverletzung begegnet werden.

C 38 Diese Grundsätze gelten auch im **Arbeitsrecht**. So muß der Arbeitgeber den Arbeitnehmer bei *Abschluß des Arbeitsvertrages* auf Umstände aus seiner Sphäre hinweisen, aufgrund derer die Notwendigkeit droht, das als Dauerstellung gedachte Arbeitsverhältnis möglicherweise schon nach kurzer Frist kündigen zu müssen (BAG BB 1977, 246; Betrieb 1977, 1322 f; vgl auch BAG NJW 1975, 708). Umgekehrt muß der Arbeitnehmer dem Arbeitgeber bei den Einstellungsverhandlungen seinen Gesundheitszustand offenbaren, wenn er damit rechnen muß, daß er infolge einer bereits bestehenden Krankheit die vertraglich geschuldete Arbeit nicht oder nicht ordnungsgemäß wird leisten können (BAGE 15, 26, 264 = NJW 1964, 1197, 1198).

C 39 Besondere Aufklärungspflichten bestehen auch nach der neuen Rechtslage bei **Geldanlagegeschäften**. Etwa haben Vermittler von *Warentermindirektgeschäften* ihre Kunden über die wesentlichen Grundlagen solcher Geschäfte, die wirtschaftlichen Zusammenhänge, die damit verbundenen Risiken und eine etwaige Verminderung der Gewinnchancen durch die höher als üblich liegende Provision ungefragt aufzuklären (BGH LM § 276 [Fa] BGB Nr 125 = NJW 1992, 1879, 1880; vgl auch LM § 276 [Fa] BGB Nr 97 = NJW 1988, 2882, 2883; BGH ZIP 2003, 1928, 1929). Die Aufklärung muß, damit sie ihren Zweck erfüllt, zudem grundsätzlich *schriftlich* erfolgen (BGH aaO). Der Partner des Anlagegeschäfts haftet für *alle* mit einer nachteiligen Anlageentscheidung verbundenen Schäden, wenn er seine Pflichten auch nur hinsichtlich eines Einzelpunktes verletzt und dadurch die Anlageentscheidung verursacht hat (BGHZ 116, 209, 212 f; NJW 2001, 962). Der Vermittler von *Penny Stocks* muß den Geldanleger über die besonderen Risiken dieser Form der Geldanlage informieren (BGH LM § 276 [Fa] BGB Nr 116 = NJW 1991, 1108). Bei *Optionsgeschäften* ist schriftlich über die wesentlichen Grundlagen, die wirtschaftlichen Zusammenhänge und die besonderen Risiken einschließlich etwaiger Prämienaufschläge aufzuklären (BGHZ 105, 108, 110; NJW 1991, 1106; NJW 1994, 512 und 997); nur bei börsenerfahrenen Kaufleuten genügt eine mündliche Aufklärung (BGH NJW 1995, 321, 322). Wegen weiterer Einzelheiten siehe STAUDINGER/LÖWISCH (2001) Vorbem 94 ff zu §§ 275–283 aF. Zur Haftung im Zusammenhang mit **Finanztermingeschäften** gem § 37d Abs 4 des Wertpapierhandelsgesetzes (WpHG – in der Bek v 9. 9. 1998, zuletzt geändert 15. 12. 2003) siehe PALANDT/HEINRICHS Rn 53a ff; FLEISCHER NJW 2002, 2977, 2981 f.

C 40 Schließlich sind **Spezialregelungen** zu berücksichtigen, die die Stellung des benachteiligten Vertragspartners verbessern. Ein wichtiger Sonderfall für die pflichtwidrige Herbeiführung des Vertragsschlusses durch Dritte ist die Veranlassung zur Kapitalanlage durch unrichtige Prospektangaben (sog **Prospekthaftung**). Sie ist für den Erwerb zum Börsenhandel zugelassener Wertpapiere in §§ 45 ff BörsG, von Anteilen an Kapitalanlagegesellschaften in und von ausländischen Investmentanteilen in § 127 des Investmentgesetzes v 15. 12. 2003 (InVG) besonders geregelt (dazu BRANDT, Aufklärungs- und Beratungspflichten der Kreditinstitute bei der Kapitalanlage [2002]; SIOL DRiZ 2003, 204). Im übrigen richtet sie sich nach von der Rspr entwickelten Grundsätzen, die an die erwähnten Vorschriften angelehnt sind (BGHZ 83, 222, 223 ff zur Anlagen-Kommanditgesellschaft; BGHZ 111, 314, 317 ff zum Bauherrenmodell; BGH NJW 2001, 436 ff zum Bauträgermodell; BGHZ 115, 213, 218 ff für Mischmodelle; BGH LM § 276 [Fa] BGB Nr 133 = NJW 1993, 2865 für den Erwerb von Aktien außerhalb geregelter Aktienmärkte). Die Prospekthaftung knüpft an ein typisiertes Vertrauen des Anlegers auf die Richtigkeit und Vollständigkeit der von den Prospektverantwortlichen gemachten Angaben an. Als **verantwortlich** werden die **Initiatoren, Gründer und Gestalter der Gesellschaft** angesehen, soweit sie das Management bilden oder beherrschen. Gleiches gilt für Personen, die hinter der Anlagegesellschaft stehen und neben der Geschäftsleitung besonderen Einfluß ausüben und deshalb Mitverantwortung tragen (BGHZ 79, 337, 340; NJW 2001, 360, 363; ZIP 2003, 1651, 1652 f). Die Prospektverantwortlichkeit trifft darüber hinaus diejenigen Personen, die aufgrund ihrer besonderen beruflichen und wirtschaftlichen Stellung oder aufgrund ihrer Fachkunde eine Garantstellung einnehmen und durch ihr Mitwirken am Emissionsprospekt einen Vertrauenstatbestand schaffen (BGH NJW 1995, 1025; ZIP 2003, 1536, 1537; zur Verantwortlichkeit eines Wirtschaftsprüfers BGH NJW 2001, 360, 363 ff; s auch oben Rn B 7 ff).

Partiellen Schutz bei der Vernachlässigung von Informationspflichten gewähren **C 41** schließlich **spezifische Widerrufs- und Rückgaberechte** iS von §§ 355 u 356 mit der Verweisung auf die Vorschriften über den gesetzlichen Rücktritt (§ 357). Man denke zB für **Fernabsatzverträge** an die Informationspflichten gem § 312c (zur geplanten Umsetzung der Fernabsatzrichtlinie für Finanzdienstleistungen HÄRTING/SCHIRMBACHER DB 2003 1777, 1778 ff) und die besonderen Pflichten im elektronischen Geschäftsverkehr gem § 312e (vgl MünchKomm/WENDEHORST). Für den **Verkauf von Wertpapieren** gelten insoweit die §§ 31 ff WpHG, ferner § 126 InVG.

D. Verantwortlichkeit des Schuldners

§ 280 Abs 1 S 1 enthält die Kernaussage, daß ein Schadensersatzanspruch bei der **D 1** Verletzung einer Pflicht aus dem Schuldverhältnis entsteht. Nach S 2 ist die Haftung nur dann ausgeschlossen, **„wenn der Schuldner die Pflichtverletzung nicht zu vertreten hat"**. Diese Regelung gilt aber nicht nur für Ansprüche auf Schadensersatz nach § 280 Abs 1, sondern auch für solche nach den §§ 281 bis 283. Denn § 280 Abs 3 bestimmt: *„Der Gläubiger kann Schadensersatz statt der Leistung nur unter den zusätzlichen Voraussetzungen"* der genannten Normen verlangen. Zusätzlich heißt es in den §§ 281 Abs 1 S 1, 282 S 1, 283 jeweils, daß der Gläubiger unter den Voraussetzungen des § 280 Abs 1 Schadensersatz statt der Leistung verlangen kann. Demzufolge müssen in jedem Fall die Voraussetzungen von Abs 1 einschließlich der Frage des Vertretenmüssens geprüft werden.

I. Rechtsnatur des § 280 Abs 1 S 2: materieller Haftungsausschluß oder Beweislastregel

Nach Maßgabe des § 280 Abs 1 S 2 haftet der Schuldner auf das Erhaltungs- oder **D 2** Erfüllungsinteresse, wenn er nicht darlegt und beweist, daß er die Pflichtverletzung nicht zu vertreten hat. Dies deckt sich mit § 280 bzw § 325 aF, bei denen das Vertretenmüssen des Schuldners jedoch „positiv" als Haftungsvoraussetzung („infolge eines vom Schuldner zu vertretenden Umstandes") und nicht als materieller Haftungsausschlußgrund formuliert war. Wegen dieses strukturellen Unterschiedes in der Formulierung handelt es sich bei § 280 Abs 1 S 2 im Unterschied zu § 282 aF nicht lediglich um eine Beweislastregel in dem Sinn, daß die festgestellte Pflichtverletzung

das Vertretenmüssen indiziert und das Verschuldensprinzip im vollen Umfang beibehalten wird (so aber die Begr d Rechtsausschusses BT-Drucks 14/7052, 210 sowie die dieser
Einschätzung folgende überwiegende Ansicht im Schrifttum, vgl nur Faust, in: Huber/Faust,
Schuldrechtsmodernisierung Rn 3/16; MünchKomm/Ernst Rn 20; M Schultz, in: Westermann,
Das Schuldrecht 2002, 61). Wegen der „negativen" Formulierung des Tatbestandsmerk-
mals entfällt die Haftung nur, wenn der Schuldner die Pflichtverletzung ausnahmsweise nicht zu vertreten hat (zust Krause Jura 2002, 217, 222). Im übrigen wird seine
Verantwortlichkeit bzw sein „Vertretenmüssen" vermutet. Wegen dieser Vermutung
muß das Vertretenmüssen des Schuldners gerade nicht positiv festgestellt werden,
was zu einer Abschwächung des Verschuldensprinzips führt (s auch Münch Jura 2002,
361, 367 mwNw, der der Alternative Verschuldensvermutung oder Verschuldenshaftung mit Beweislastumkehr kaum praktische Bedeutung beimißt). Sucht man außerhalb des allgemeinen
Schuldrechts nach vergleichbar konstruierten Normen, gerät zB § 831 Abs 1 S 2
ebenso in den Blick wie § 18 StVG. Dabei darf im übrigen ohnehin nicht übersehen
werden, daß schon § 276 Abs 1 S 1 selbst keineswegs auf eine reine Verschuldenshaftung zugeschnitten ist.

D 3 Die Unterschiede der beiden Auffassungen zeigen sich, wenn man an die **Anforderungen an den Klägervortrag** denkt. Handelte es sich um eine reine Beweislastregel,
so müßte das „Vertretenmüssen" als Tatbestandsmerkmal an sich positiv festgestellt
werden. Der Gläubiger müßte es demzufolge in seinen Klägervortrag mit aufnehmen, weil die Klage anderenfalls unschlüssig ist. Sieht man das Vertretenmüssen
hingegen als negatives Tatbestandsmerkmal an, so ist die Klage bereits schlüssig,
wenn der Gläubiger als Kläger die Verletzung einer aus dem Schuldverhältnis resultierenden Pflicht vorträgt und zum Vertretenmüssen des Schuldners als Bekl keine
Angaben macht. Denn dessen Verantwortlichkeit wird vermutet. In jedem Fall wäre
es allerdings Sache des Schuldners, anhand konkreter Tatsachen aufzuzeigen, daß er
die Pflichtverletzung nicht zu vertreten hat. Gelingt ihm der Entlastungsbeweis nicht,
so muß er haften, ohne daß das Vertretenmüssen positiv festgestellt worden ist.

D 4 **Gegen die Einordnung des § 280 Abs 1 S 2 als bloße Beweislastregelung** sprechen
systematische Gründe. Zum einen stimmt die Formulierung strukturell mit der in
§ 831 Abs 1 S 2 überein. Bei der Geltendmachung des Schadensersatzanspruchs wegen einer widerrechtlichen unerlaubten Handlung des Verrichtungsgehilfen ist der
Tatsachenvortrag des Verletzten ebenfalls auf die Merkmale des § 831 Abs 1 S 1
beschränkt. Die objektive und subjektive Sorgfaltspflichtverletzung des Geschäftsherrn sowie die Kausalität derselben für den widerrechtlich vom Verrichtungsgehilfen verursachten Schaden werden hingegen vermutet. Im Rahmen des Entlastungsbeweises nach § 831 Abs 1 S 2 hat der Geschäftsherr dann substantiiert
darzulegen und zu beweisen, daß er die erforderliche Sorgfalt beachtet oder sich
die mangelnde Sorgfalt zumindest nicht ausgewirkt hat (vgl Staudinger/Belling/Eberl-
Borges [2002] § 831 Rn 6, 91, 95). Die Verantwortlichkeit des Geschäftsherrn muß hingegen nicht positiv festgesellt werden. Zum anderen spricht auch § 619a, der auf
einen Vorschlag des Rechtsausschusses hin aufgenommen worden ist (BT-Drucks
14/7052, 204), für die Einordnung von § 280 Abs 1 S 2 als materiellen Ausschlußgrund. Diese Norm führt entgegen der irreführenden authentischen Überschrift nicht
nur zu einer Umkehr der Beweislast zum Nachteil des Arbeitgebers als Gläubiger,
sondern modifiziert § 280 Abs 1 S 2 ausdrücklich positiv dahin, daß der Arbeitnehmer nur haftet, *„wenn er die Pflichtverletzung zu vertreten hat"*. Die das Ver-

schulden des Arbeitnehmers begründenden Umstände müssen also wie bisher vom Arbeitgeber vorgetragen und positiv festgestellt werden (so das vom Rechtsausschuß zit Urt BAG NJW 1999, 1049, 1052 = AP Nr 2 zu § 611 BGB Mankohaftung unter B II 2 c aa zur Unanwendbarkeit des § 282 aF; s aber auch STAUDINGER/OETKER [2002] § 619a Rn 3: Beweislastregel). Mit Blick auf § 286 Abs 4 spricht LÖWISCH (§ 286 Rn 130) zutreffend von „Nichtvertretbarkeit der Verzögerung" statt von „Vertretenmüssen".

II. §§ 276 ff als Maßstab der Verantwortlichkeit des Schuldners

Ob der Schuldner die Pflichtverletzungen zu vertreten hat, bestimmt sich in erster **D 5** Linie nach den §§ 276–278. Während § 278 inhaltlich nahezu unangetastet geblieben ist, wurde der Regelungsgehalt von § 276 durch das Schuldrechtsmodernisierungsgesetz gegenüber § 276 aF deutlich geändert. Zwar hat der Schuldner danach unverändert **Vorsatz** bzw **Fahrlässigkeit** zu vertreten. Neu ist aber die Ergänzung des bisherigen § 276 Abs 1 S 1 aF durch einen Zusatz, wonach **„eine strengere oder mildere Haftung"** *bestimmt werden* oder sich *„aus dem sonstigen Inhalt des Schuldverhältnisses, insbesondere aus der Übernahme einer Garantie oder eines Beschaffungsrisikos"* ergeben kann (vgl dazu ie STAUDINGER/LÖWISCH § 276 Rn 110 ff, 141 ff).

Das „Vertretenmüssen" der Pflichtverletzung beruht demnach primär auf der Haf- **D 6** tung für **eigenes** (§ 276) oder für **fremdes Verschulden** (§ 278). Wie sich bereits bei der Erörterung der Pflichtverletzung als zentraler Begriff für alle Arten der Leistungsstörungen gezeigt hat, gibt es keinen einheitlichen **Anknüpfungspunkt** für das Verschulden (vgl Rn C 1 ff). Er bestimmt sich vielmehr danach, ob die Pflichtverletzung im Ausschluß der Leistungspflicht, in einer Nichtleistung trotz Fälligkeit, in einer Schlechterfüllung oder in einem Verstoß gegen eine nicht leistungsbezogene Pflicht iS des § 241 Abs 2 besteht und damit nach der *Art der Leistungsstörung* (Rn D 8 ff).

Von diesem Anknüpfungspunkt nach der Art der Pflichtverletzung ist die allgemeine **D 7** Frage des **Bezugspunkts der zivilrechtlichen Verschuldenshaftung** im Rahmen bestehender Schuldverhältnisse zu unterscheiden. Letztere ist grundsätzlich – wie auch im Deliktsrecht – nur auf den jeweiligen Haftungstatbestand als solchen bezogen, also hier auf die jeweilige Pflichtverletzung. Anders als beim Haftungstatbestand des § 823 Abs 1 muß sich das Vertretenmüssen daher weder auf die drohende Rechtsbeeinträchtigung noch die Kausalität zwischen Pflichtverletzung und Schädigung erstrecken, erst recht nicht auf die Schadensfolgen. Der Schuldner muß also nur die Pflichtverletzung als solche vorsätzlich oder fahrlässig begangen haben, er muß hingegen nicht die konkrete Schädigung vor Augen gehabt haben (STAUDINGER/ LÖWISCH § 276 Rn 23 u 59; PALANDT/HEINRICHS § 276 Rn 10, 20; OTTO/SCHWARZE, Die Haftung des Arbeitnehmers Rn 165 mwNw). Im Bereich der Arbeitnehmerhaftung soll sich das Verschulden allerdings auch auf den Schadenseintritt als solchen beziehen (vgl dazu BAG AP Nr 122 zu § 611 BGB Arbeitnehmerhaftung mwNw u zust Anm DEUTSCH = NJW 2003, 377 ff; dazu krit OTTO EWiR § 276 BGB [aF] 8/02, 1073 f; **aA** ferner OTTO/SCHWARZE Rn 166 ff; OTTO, Arbeitsrecht[3] [2003] Rn 404; KRAUSE NZA 2003, 577, 582 f; SCHWARZE Anm zu BAG AP Nr 1 zu § 104 SGB VII [zu § 110 SGB VII]; ders Anm zu BAG EzA § 611 BGB Arbeitnehmerhaftung Nr 70).

1. Besonderheiten des Vertretenmüssens beim nachträglichen Ausschluß der Leistungspflicht

D 8 Wird der Schuldner von seiner Verpflichtung zur Leistung nach § 275 nachträglich befreit, so bilden **sämtliche Umstände, die zum Ausschluß der Leistungspflicht geführt haben**, den Anknüpfungspunkt des Vertretenmüssens (vgl RegE BT-Drucks14/6040, 135 f). Dies gilt sowohl für die *Unmöglichkeit der Leistung* (§ 275 Abs 1) als auch für die Tatbestände *des unzumutbaren Leistungsaufwands* und der *persönlichen Unzumutbarkeit* (§ 275 Abs 2, 3) (STAUDINGER/LÖWISCH § 276 Rn 16 ff; M SCHULTZ, in: WESTERMANN, Das Schuldrecht 2002, 74, 81).

Vor diesem Hintergrund ist es dem Schuldner wie nach alter Rechtslage vorzuwerfen, wenn er den Ausschluß der Leistungspflicht durch eigenes Handeln aktiv herbeiführt (RG SeuffA 80 Nr 179: Verpachtung einer Fabrik ohne Rücksicht auf Lieferverträge mit Umsatzprovision; OLG München Ufita 42, 194: Aufgabe eines Filmtheaters trotz Filmvorführvertrag; BGH WM 1973, 1202: Doppelverkauf; OLG Karlsruhe VersR 1988, 137: Chefarzt, der die Operation nicht selbst ausführt). Den Schuldner trifft jedoch kein Vorwurf, wenn er die Ware auch im Interesse des im Annahmeverzug befindlichen Gläubigers anderweitig verwendet, etwa freihändig verkauft (vgl BGH MDR 1958, 93 m Anm REINICKE sowie STAUDINGER/OTTO [2004] § 326 Rn C 28). Schuldhaft handelt weiterhin der Schuldner, der es unterläßt, mögliche Vorkehrungen zur Abwehr des Ausschlusses der Leistungspflicht zu treffen (RGZ 93, 17; 95, 264: Warenbeschaffung rechtzeitig vor drohender Beschlagnahme; RG JW 1920, 436: rechtzeitiges Beschaffen von Rohstoffen; BGH NJW 1974, 1046: Nichteinholung der erforderlichen Landegenehmigung für einen Charterflug). Der Schuldner kann uU verpflichtet sein, dem Gläubiger den Eintritt des Ausschlusses der Leistungspflicht oder sein Drohen *anzuzeigen* (vgl STAUDINGER/LÖWISCH § 275 Rn 69; § 281 Rn C 22). Stützt man diese Pflicht auf § 241 Abs 2 unter dem Aspekt der Rücksichtnahme auf Gläubigerinteressen, liegt die Anwendung des § 282 für den Anspruch auf Schadensersatz statt der Leistung am nächsten. Bezugspunkt der Vorwerfbarkeit ist nämlich nicht der Ausschluß der Leistungspflicht, sondern die besondere Pflichtenstellung, aus der die Hinweispflicht folgt (§ 282 Rn 43 f).

D 9 Nach bislang weit verbreiteter Meinung wurde ein Vertretenmüssen darüber hinaus angenommen, **wenn sich der Schuldner uneingeschränkt zur Leistung verpflichtet hatte, obwohl ein Leistungshindernis voraussehbar war** (BGH LM § 325 BGB Nr 8; NJW 1970, 1182 LS = LM § 242 [Be] BGB Nr 24; NJW 1999, 635 = LM § 306 BGB Nr 14 m Anm SONNENSCHEIN; BGB-RGRK/BALLHAUS § 325 aF Rn 5; MünchKomm/EMMERICH § 275 aF Rn 61; PALANDT/HEINRICHS[61] § 275 aF Rn 23). In der Sache lief dies auf eine Annäherung an die vertragliche Garantiehaftung bei anfänglichem Unvermögen hinaus (krit deshalb SOERGEL/WIEDEMANN § 325 aF Rn 13). Hierfür bot ua die überwiegend als Rechtsfolgeverweisung verstandene Regelung in § 440 Abs 1 aF ebenso einen Anhaltspunkt wie § 437 beim Rechtskauf. Jetzt macht § 311a Abs 2 die Haftung für den anfänglichen Ausschluß der Leistungspflicht von einem Vertretenmüssen abhängig, ohne daß sich aus dem Gesetz selbst ein Garantieelement entnehmen ließe. Deshalb muß ein über das Verschulden hinausgehendes Vertretenmüssen nach § 276 Abs 1 S 1 entweder vertraglich bestimmt werden oder sich zumindest aus dem sonstigen Inhalt des Schuldverhältnisses entnehmen lassen. Dabei sind auch – wie bei der Geld- und Gattungsschuld – Typisierungen denkbar. Anstelle einer Pauschallösung muß daher nach der Neufassung von § 276 Abs 1 S 1 eine Vertragsauslegung im Einzelfall erfolgen, wenn sich nicht allgemein geltende Grundsätze zB in Form einer Verkehrssitte feststellen lassen (s auch Rn D 18 ff, STAUDINGER/LÖWISCH § 276 Rn 144 u STAUDINGER/LÖWISCH [voraussichtlich 2006] § 311a).

2. Besonderheiten des Vertretenmüssens bei der nicht erbrachten (verzögerten) und der nicht wie geschuldet erbrachten Leistung

Nicht so selbstverständlich und eindeutig ist das für das Vertretenmüssen maßgeb- **D 10** liche Verhalten des Schuldners, wenn dieser die Leistung bei Fälligkeit nicht oder nicht wie geschuldet erbringt. Der Hinweis auf die Umstände, die zur Nicht- bzw Schlechtleistung geführt haben, trifft zwar in dieser Allgemeinheit zu (vgl Begr RegE BT Drucks 14/6040, 135 f; so auch MünchKomm/ERNST Rn 22; ähnlich auch M SCHULTZ, in: WESTER-MANN, Das Schuldrecht 2002, 73, nach dessen Ansicht § 286 Abs 4 insoweit ein für alle Fälle der Nichtleistung trotz Möglichkeit der Leistung allgemein gültiges Prinzip enthält). Fraglich ist aber, inwieweit es auf das Fehlverhalten bei Fälligkeit oder/und nach einer Fristsetzung ankommt, wenn die (Nach-)Erfüllung noch möglich und die Fristsetzung nicht entbehrlich ist.

MÜNCH sieht die maßgebliche Pflichtverletzung jedenfalls bei der **verzögerten Lei-** **D 11** **stung** in dem „Unterlassen der Nacherfüllung", auf die dann auch das (Nicht-)Vertretenmüssen zu beziehen sei. Nur dies harmoniere mit dem Konzept der „zweiten Chance", wie es der verordneten Nachfristsetzung zugrunde liege (Jura 2002, 361, 368). FAUST geht ebenfalls von zwei verschiedenen Pflichtverletzungen aus, für die das Vertretenmüssen unterschiedlich beantwortet werden könne (in: BAMBERGER/ROTH § 437 Rn 43). Demgegenüber überzeugt mehr die **Vorstellung eines als „Handlungseinheit" zu verstehenden Prozesses**, der letztlich mit der endgültigen Schädigung des Gläubigers infolge der nicht erbrachten Leistung vollendet ist (vgl STAUDINGER/ LÖWISCH § 276 Rn 16 ff, zugleich mit dem Hinweis auf das Vorsorge- und Abwendungsverschulden). Begehrt der Gläubiger Schadensersatz statt der Leistung nach §§ 280 Abs 1 u 3, 281, weil sein Leistungsinteresse betroffen ist, so bilden demnach grundsätzlich alle diejenigen Umstände den Bezugspunkt des Vertretenmüssens, die dazu geführt haben, daß der Schuldner die Leistung sogar bis Fristablauf nicht erbringt (iE ebenso HIRSCH Jura 2003, 289, 293; vgl § 281 Rn B 96 ff und C 31 zum Vertretenmüssen). Korrigiert der Schuldner sein Fehlverhalten noch innerhalb der Frist, wird das Leistungsinteresse des Gläubigers nicht tangiert. Zurück bleibt möglicherweise ein *Verzögerungsschaden* (dazu Rn D 12). Im Fall der Fristsetzung werden daher praktisch – insofern ist MÜNCH zuzustimmen – vor allem diejenigen Umstände den Bezugspunkt bilden, die letztlich zum Scheitern der Erfüllung oder Nacherfüllung führen (iE ebenso MünchKomm/ERNST Rn 20 ff, § 281 Rn 47). Ist dem Schuldner jedoch bereits vorzuwerfen, daß er trotz Fälligkeit nicht rechtzeitig erfüllt hat, kann es allein auf das Verhalten bis zu diesem Zeitpunkt ankommen, selbst wenn ihn hinsichtlich der Nacherfüllung kein Verschulden trifft. Entscheidend ist, daß der Schuldner durch seine unzureichende Vorbereitung bereits die Ursache für die ausbleibende Nacherfüllung gesetzt hat (dazu § 281 Rn B 96 ff und C 31 sowie MünchKomm/ERNST § 281 Rn 48). Dies gilt erst recht, wenn eine Fristsetzung entbehrlich war (in diesem Sinn auch HIRSCH Jura 2003, 289, 293). Auch FAUST aaO läßt es ausreichen, wenn sich der Schuldner für eine der beiden von ihm konstruierten Pflichtverletzungen, auf den letztlich der Schaden beruht, nicht entlasten kann.

D 12 Vom Schadensersatz statt der Leistung nach §§ 280 Abs 1, 3, 281 Abs 1 S 1 1. Alt ist der **Verzögerungsschaden** nach §§ 280 Abs 1 u 2, 286 zu unterscheiden. Dieser betrifft nicht nur das Erhaltungsinteresse iS eines status quo der Vermögenslage, sondern auch solche Vermögensnachteile, die infolge und während des Verzugs des Schuldners entstehen und selbst im Fall späterer Erfüllung nicht wieder entfallen (zur Abgrenzung ie Rn E 3 u 16 ff sowie STAUDINGER/LÖWISCH § 286 Rn 170 ff). Zur Verantwortlichkeit des Schuldners trifft § 286 Abs 4 unter wörtlicher Übernahme von § 285 aF folgende Aussage: *„Der Schuldner kommt nicht in Verzug, solange die Leistung infolge eines Umstandes unterbleibt, den er nicht zu vertreten hat."* Es stellt sich daher die Frage, in welchem Verhältnis § 286 Abs 4, in dem das Vertretenmüssen des Schuldners als Voraussetzung für den Verzug geregelt wird, zu § 280 Abs 1 S 2 steht, der sich wegen der Verweisung in den §§ 280 Abs 1 u 2, 286 ebenfalls auf diesen Schaden bezieht. Der Gesetzgeber ging wohl davon aus, daß die zusätzliche Erwähnung nur wegen der weiteren Verzugsfolgen (Verzugszinsen, Haftungsverschärfung) erforderlich ist und für den Schadensersatzanspruch allein § 280 Abs 1 S 2 einschlägig ist (Begr RegE BT-Drucks 14/6040, 148; FAUST, in: HUBER/FAUST, Schuldrechtsmodernisierung Rn 3/80; MünchKomm/ERNST Rn 102, 115; M SCHULTZ, in: WESTERMANN, Das Schuldrecht 2002, 29; aA OTTO Jura 2002, 1, 6). Im Ergebnis ist dies freilich dann ohne Bedeutung, wenn man beide Regelungen uneingeschränkt im gleichen Sinn als materiellen Haftungsausschlußgrund (dazu Rn D 4) und nicht lediglich als Beweislastregel interpretiert (zust KRAUSE Jura 2002, 217, 222).

Die Verantwortlichkeit des Schuldners für einen Verzögerungsschaden mag folgendes **Beispiel** demonstrieren: Liefert der Schuldner etwa ein Ersatzteil für eine im Betrieb befindliche Kühlanlage nicht zum festzugesagten Liefertermin, weil er die Ware trotz der ihm bekannten Umstände fahrlässig nicht rechtzeitig auf den Weg bringt, und verderben infolgedessen eingelagerte Lebensmittel, so ist die Haftung für den Verzögerungsschaden gem §§ 280 Abs 1 u 2, 286 zu bejahen. Den Anknüpfungspunkt des Vertretenmüssens bilden in diesem Fall diejenigen Umstände, die dazu geführt haben, daß die fällige Leistung nicht erbracht wird. Die maßgebliche Pflichtverletzung ist die Leistungsverzögerung, nicht etwa der Verstoß gegen eine nicht leistungsbezogene Schutzpflicht iS des § 241 Abs 2, die zur Haftung nach § 280 Abs 1 führen würde. Kommt das Ersatzteil jedoch deswegen nicht fest zum zugesagten Liefertermin an, weil der Schuldner während des Transports ohne eigenes Verschulden in einen Autounfall verwickelt wird, so kann er sich bezüglich dieser Pflichtverletzung entlasten. Er muß jedoch alles tun, um den fortbestehenden Primäranspruch zu erfüllen, will er sich nicht einem auf das Erfüllungsinteresse ausgerichteten Schadensersatzanspruch gem §§ 280 Abs 1 u 3, 281 aussetzen. Zu weiteren Einzelheiten wird auf Rn E 16 ff u STAUDINGER/LÖWISCH § 286 Rn 130 ff verwiesen.

D 13 Für die – behebbare – **Schlechterfüllung** (§ 281 Abs 1 S 1 2. Alt) gilt im Ausgangspunkt dasselbe wie bei der Leistungsverzögerung. Kommt eine Nacherfüllung in Betracht, ist die auf die Hauptleistung bezogene Pflichtverletzung erst mit dem Fristablauf vollendet. Ausnahmsweise kommt es freilich auch hier nur auf das Verhalten bis zur Schlechterfüllung an, wenn die Nacherfüllung ausscheidet, zB weil eine Nachfristsetzung gem § 281 Abs 2 entbehrlich ist (s auch § 281 Rn C 29) oder für den Schuldner wegen unverhältnismäßiger Kosten iS des § 439 Abs 3 unzumutbar ist. Auch dieser Schädigungsvorgang ist nach meiner Auffassung als Handlungseinheit zu begreifen. Nach anderer Auffassung gilt dies insbesondere nicht für den Nacherfüllungsanspruch für einen behebbaren Sachmangel nach § 439, da das Unterlassen der Nacherfüllung neben der mangelhaften Lieferung eine eigenständige Pflichtverletzung darstelle. Demzufolge sollen die Gründe für die Nichtvornahme der Nacherfüllung den Anknüpfungspunkt für das Vertretenmüssen des Schuldners bilden (St Lorenz NJW 2002, 2497, 2502 f). Diese Auffassung begegnet aber ebenfalls den für die verzögerte Leistung in Rn D 11 dargestellten Bedenken und ist daher abzulehnen (ebenso Hirsch Jura 2003, 289, 293, der auch auf die Schwierigkeiten bei der Entbehrlichkeit der Fristsetzung hinweist und die Nacherfüllung innerhalb der Frist als Befreiungstatbestand ansieht). Huber (in: FS Schlechtriem [2003] 521, 527 ff) kommt auf einem anderen Weg zu demselben Ergebnis, indem er zum Bezugspunkt für das Vertretenmüssen sowohl die mangelhafte Leistung als auch die Nichtbeseitigung des Mangels macht.

Es ist auch nicht etwa die Anspruchsgrundlage auszutauschen, wenn der Schuldner ursprünglich ohne sein Verschulden mangelhaft geliefert hat, ihm dann aber die ausbleibende Nacherfüllung vorgeworfen werden kann. Aus der nicht wie geschuldet erbrachten Leistung iS der zweiten Alternative von § 281 Abs 1 S 1 wird nicht plötzlich eine nicht erbrachte Leistung iS der ersten Alternative (so aber Bamberger/Roth/ Faust § 437 Rn 90; näher dazu Rn E 28 ff). Die Zweifel, ob diese Fallgestaltung überhaupt von § 437 Nr 3 und noch dazu der Verjährung gem § 438 erfaßt wird, sind offenkundig unbegründet, weil die Nacherfüllung dem Schuldner nur eine Chance gibt, sich von der Haftung für Sachmängel zu befreien. Umgekehrt kann es auch nicht überzeugen, wenn man den Schadensersatzanspruch nach §§ 280 Abs 1 u 3, 281 entfallen lassen will, wenn der Schuldner fahrlässig eine mangelhafte Sache geliefert hat, ihm aber die Nacherfüllung aus einem von ihm *nicht* zu vertretenden Grund unmöglich wird. Eine solche Sichtweise läßt außer acht, daß der Schuldner bereits durch seine mangelhafte Lieferung die Ursache für Unwägbarkeiten während der Nacherfüllung gesetzt hat und daher in der Verantwortung bleiben muß. Dies entspricht nicht zuletzt auch der Wertung des § 287 S 2, der in diesen Konstellationen regelmäßig zu beachten sein wird.

Hingegen kommt es für die Geltendmachung des *Erhaltungsinteresses* gem § 280 **D 14** Abs 1 auf die spätere Entwicklung ohnehin nicht mehr an, wie folgendes Beispiel deutlich macht: Liefert der Futtermittelhersteller vergiftetes Viehfutter, das zum Tod von Tieren des Käufers führt, so bilden allein diejenigen Umstände den Anknüpfungspunkt für diese Pflichtverletzung, die zur Vergiftung des Futters geführt haben: Liegt die Pflichtverletzung darin, daß der Verkäufer fahrlässig ein falsches Spritzmittel beim Anbau der Futtermittelpflanzen verwendet hat, so hat er sie zu vertreten. Wurde das Viehfutter hingegen vergiftet, weil ein Dritter auf dem angrenzenden Feld das falsche Spritzmittel verwendete und es infolge ungünstiger Witterungsverhältnisse unerkannt die Futterpflanzen auf dem Nachbarfeld verdarb, kann sich der Schuldner für die Schlechtleistung entlasten. Begehrt der Gläubiger hingegen Nacherfüllung für das mangelhafte Futtermittel, muß sich der Schuldner auch dafür entlasten, daß er diese nicht erbringt.

3. Besonderheiten des Vertretenmüssens bei der Verletzung von Schutz- und Rücksichtnahmepflichten

Sofern es um die Haftung des Schuldners gem § 280 Abs 1 oder § 282 wegen der **D 15**

Verletzung einer Schutz- und Rücksichtnahmepflicht iS von § 241 Abs 2 geht, ist der Bezugspunkt für das Vertretenmüssen im Vergleich mit der Nicht-, Spät- oder Schlechterfüllung ein anderer. Dies beruht darauf, daß sich die Pflichtverletzung nicht schon äußerlich in einer Leistungsstörung niederschlägt, sondern daß die die Pflichtverletzung ausmachenden Umstände erst positiv festgestellt werden müssen (so Begr RegE BT-Drucks 14/6040, 136 sowie Rn C 21 ff). Relativ einfach ist dies freilich, wenn die Schutzpflichtverletzung mit einer Schlechterfüllung Hand in Hand geht, wie dies bei Mangelfolgeschäden der Fall ist (vgl Rn C 19 f). Hier wird man bei einer vorwerfbaren Schlechterfüllung auch die Verantwortlichkeit für die Schutzpflichtverletzung bejahen können. Allerdings gebietet die hier befürwortete gedankliche Trennung beider Pflichtverletzungen die Überlegung, auf welche Rechtspositionen sich der Schutz vor der mangelhaften Sache erstreckt und ob der Schuldner sich nicht insoweit entlasten kann. Weiß der Verkäufer in dem in Rn C 19 geschilderten Beispiel nur, daß der Klebstoff für Deckenplatten in einem Wohnzimmer verwendet werden soll, wird man die ihm obliegende Schutzpflicht nicht auf für einen „Normalhaushalt" völlig ungewöhnliche Wertgegenstände erstrecken können, zB auf die Gefahr für die berühmte Vase aus der Zeit der Ming-Dynastie. Würde man die mangelnde Entlastung für den Sachmangel auch für die Haftung für derartige Folgeschäden ausreichen lassen, könnte nur mit dem Institut des Mitverschuldens gem § 254 gegengesteuert werden, was unzureichend erscheint. Noch deutlicher wird der unterschiedliche Anknüpfungspunkt in folgendem Fall (vgl BAMBERGER/ROTH/FAUST § 437 Rn 141): Erfährt ein Verkäufer erst nachträglich von den Gefahren, die von einer von ihm gelieferten Ware ausgehen, kann ihn eine Hinweispflicht iS von § 241 Abs 2 treffen, deren Voraussetzungen zunächst vom Gläubiger dargetan werden müssen, bevor sich der Schuldner entlasten muß.

D 16 Da § 241 Abs 2 als Generalklausel formuliert ist, sind die einzelnen Schutz- und Rücksichtnahmepflichten dem Schuldverhältnis selbst zu entnehmen. Sofern es sich um Schutzpflichten handelt, die hinsichtlich der Rechte und Rechtsgüter des anderen Teils bestehen, wird bereits bei der Feststellung der Pflichtverletzung geprüft, welche Anforderungen für das spezifische Schuldverhältnis gelten. Mit der Bejahung der Pflichtverletzung wird daher idR das objektiv sorgfaltswidrige Verhalten des Schuldners festgestellt (so auch MünchKomm/ERNST Rn 17, 22). Damit ist idR gleichzeitig der an der Verkehrsüblichkeit orientierte Fahrlässigkeitsvorwurf iS von § 276 Abs 2 begründet (MÜNCH Jura 2002, 361, 367 f). Im Rahmen der Prüfung des Vertretenmüssens bleibt nur noch die „subjektive Seite" des Fahrlässigkeitsvorwurfs zu klären. Die Entlastungsmöglichkeit wird sich daher bei fahrlässigen Pflichtverletzungen oftmals auf die Darlegung und den Beweis eines Rechtsirrtums beschränken (so zutreffend MünchKomm/ERNST Rn 139; zu den Auswirkungen auf die *Beweislastverteilung* vgl Rn F 34).

Ein **Beispiel**: Wird der Kunde einer Kfz-Werkstatt beim Verlassen der Werkstatt vom Inhaber angefahren und verletzt, weil dieser vor dem Zurücksetzen des Pkw nicht nach hinten geschaut hat, so begründet dieses Verhalten den Verstoß gegen eine sich aus dem Werkvertrag ergebende Schutzpflicht. Im Rahmen des Vertretenmüssens bleibt lediglich zu klären, ob der Inhaber sich mit Rücksicht auf besondere Begleitumstände hinsichtlich der den Fahrlässigkeitsvorwurfs begründenden „*äußeren*" oder „*inneren*" *Sorgfaltswidrigkeit* entlasten kann (OTTO/SCHWARZE Rn 164; STAUDINGER/ LÖWISCH § 276 Rn 50 mwNw: „äußerer und innerer Sachverhalt"). Ist zB der Kunde völlig unerwartet plötzlich hinter das bereits zurücksetzende Fahrzeug getreten, und wäre es in dieser Situationen niemandem möglich gewesen, den Pkw noch rechtzeitig anzuhalten, ist jedenfalls das Vertretenmüssen schon wegen fehlender äußerer Sorgfaltswidrigkeit zu verneinen. Darüber hinaus könnte man erwägen, in einem solchen Fall schon die Pflichtverletzung zu verneinen. Es wäre jedoch zu viel verlangt, wenn der Gläubiger zur Begründung der Pflichtverletzung stets prophylaktisch vortragen müßte, daß es an solchen besonderen Umständen gefehlt hat.

III. Modifikationen der Verschuldenshaftung

Hinsichtlich der allgemeinen Grundsätze und weiterer Einzelheiten sei zunächst auf **D 17** STAUDINGER/LÖWISCH Erl zu §§ 276, 277 verwiesen. Hier sind die Aspekte zu betonen, die in einer besonderen Beziehung zu der in den §§ 280 bis 284 angeordneten Haftung für Pflichtverletzungen stehen. Dies gilt insbes für die Abweichungen vom Verschuldensprinzip, von dem schon das Erfordernis der Haftungsentlastung erhebliche Abstriche macht.

1. Vertraglich oder gesetzlich bestimmte Haftungsverschärfungen

Der Schuldner kann die Pflichtverletzung nach der Änderung des § 276 Abs S 1 **D 18** unabhängig von einem Verschulden zu vertreten haben, wenn eine schärfere Haftung vertraglich oder gesetzlich bestimmt ist oder sich aus dem Inhalt des Schuldverhältnisses ergibt. Dies soll insbes bei der Übernahme einer **Garantie** oder des **Beschaffungsrisikos** der Fall sein (§ 276 Abs 1 S 1).

Nach der Intention des Gesetzgebers soll sich die Reichweite der verschärften Haftung regelmäßig aus der vertraglichen Vereinbarung ergeben. Das unterstreiche die Vorschrift mit der Bezugnahme auf den Inhalt des Schuldverhältnisses (so die Beschlußempfehlung des Rechtsausschusses BT-Drucks 14/7052, 210; zu den Einzelheiten STAUDINGER/LÖWISCH § 276 Rn 130 ff, 143 ff). Dies halte ich allerdings als generelle Aussage für unzutreffend, weil der Inhalt des Schuldverhältnisses grundsätzlich nicht mit dem Vertragsinhalt gleichgesetzt werden darf. So wird es bei einer Garantie (dazu Rn D 21 ff) stets zu einer ausdrücklichen oder konkludenten Erklärung kommen müssen, während das hinsichtlich des Beschaffungsrisikos (dazu Rn D 25 ff) nur selten der Fall sein wird.

Eine strengere Haftung ist jedenfalls iS von § 276 Abs 1 S 1 **vertraglich** bestimmt, **D 19** wenn der Schuldner bei einem Grundstückskaufvertrag das Risiko der behördlichen Genehmigung, der Auflassung oder Teilung, oder bei einem Mietvertrag über ein noch zu errichtendes Gebäude das Risiko der Ausräumung baurechtlicher Hindernisse übernommen hat (vgl BGH WM 1970, 791, 792 zur insoweit übertragbaren alten Rechtslage). Gleiches ist weiterhin beim Verkauf einer fremden Sache anzunehmen, wenn der Schuldner den Eindruck erweckt, zur Eigentumsverschaffung ohne weiteres in der Lage zu sein (SCHWARZE JuS 1998, 13, 14). Im allgemeinen ist bei der Auslegung eines Vertrages in diesem Sinn jedoch Zurückhaltung geboten (vgl für die Risikoübernahme durch den Gläubiger STAUDINGER/OTTO [2004] § 326 Rn C 18).

Als **gesetzliche Haftungsverschärfung** sind die Modifikationen beim Schuldnerverzug **D 20** (Haftungsverschärfung bis hin zum Zufall gem § 287) besonders hervorzuheben.

§ *287* wurde durch das Schuldrechtsmodernisierungsgesetz erweitert und bezieht sich anders als § 287 aF nicht nur auf die während des Verzugs eintretende Unmöglichkeit, sondern auch auf andere Leistungsdefizite. Für die Verletzung von Schutz- und Rücksichtnahmepflichten iS von § 241 Abs 2 haftet der Schuldner auch während des Verzugs nur, wenn er sie zu vertreten hat (vgl Begr RegE BT-Drucks 14/6040, 148, dazu STAUDINGER/LÖWISCH § 287 Rn 14). Eine Garantie für das Fehlen anfänglicher Mängel enthält nach wie vor *§ 536a Abs 1 1. Alt* im Mietrecht, jedoch ist die Norm zugleich als eigenständige Anspruchsgrundlage für einen Schadensersatzanspruch wegen solcher Mängel ausgestaltet.

2. Übernahme einer Garantie

D 21 a) Die Übernahme einer Garantie kommt primär bei der **Zusicherung von Eigenschaften** im Kauf- und Werkvertragsrecht in Betracht (vgl §§ 442 Abs 1 S 2, 639). Diese Form der verschuldensunabhängigen Haftung war zuvor nur für den Verkäufer in § 463 aF angeordnet. Im Werkvertragsrecht fehlte hingegen eine entsprechende Regelung. Eine verschuldensunabhängige Einstandspflicht des Werkunternehmers für zugesicherte Eigenschaften kam nur dann in Betracht, wenn diese als Übernahme einer unselbständigen Garantie und damit als „andere Bestimmung" iS von § 276 Abs 1 aF eingeordnet werden konnte (STAUDINGER/LÖWISCH [2001] § 276 aF Rn 119 f; STAUDINGER/PETERS [2000] § 633 aF Rn 19 ff). Mit der Streichung von § 463 aF und der Einfügung der Verweisung in §§ 437 Nr 3, 634 Nr 4 auf die §§ 280 ff wird die Zusicherung von Eigenschaften nunmehr einheitlich behandelt und richtet sich nach den Grundsätzen der Garantieübernahme iS von § 276 Abs 1 S 1. Die Reichweite der Garantie ist grundsätzlich durch Auslegung des Schuldverhältnisses zu ermitteln (dazu bereits Rn D 9) und liegt selbstverständlich nicht schon im Abschluß eines Kauf- bzw Werkvertrages. Wird die Mangelfreiheit garantiert, so wird dies stets ausdrücklich oder konkludent erklärt werden müssen. Da der Gesetzgeber die verschuldensunabhängige Haftung für zugesicherte Eigenschaften ebenfalls als Fall der Garantieübernahme iS von § 276 Abs 1 ansieht (BT-Druck 14/6040, 132), wird man sich künftig hinsichtlich der Anforderungen für die Übernahme einer unselbständigen Garantie wohl an den zu § 463 aF entwickelten Grundsätzen orientieren können (§ 276 Rn 144; so auch FAUST, in: HUBER/FAUST, Schuldrechtsmodernisierung Rn 3/21; offen M SCHULTZ, in: WESTERMANN, Das Schuldrecht 2002, 62; speziell zur Beschaffenheitsangabe und Garantieübernahme im Rahmen des Unternehmenskaufs SCHMIDT-RÄNTSCH AnwBl 2003, 529, 523 ff; vgl auch BERGJAN, Die Auswirkungen der Schuldrechtsreform 2002 auf den Unternehmenskauf [2004] insb 136 ff). Allerdings hat der Rechtsausschuß einschränkend bemerkt (BT-Druck 14/7052, 210): Übernehme der Schuldner eine Garantie, so besage das nicht etwa zwingend, daß er auch uneingeschränkt verschärft hafte. Er habe vielmehr auch die Möglichkeit, diese verschärfte Haftung einzuschränken. Denn ein Zwang zur Übernahme einer solchen Haftung bestehe nicht. Die „Garantie" ist also nicht stets als „Vertretenmüssen" im Zusammenhang mit der Geltendmachung von Schadensersatz zu sehen (in diesem Sinn auch die Differenzierung bei STAUDINGER/PETERS [2003] § 633 Rn 162; zum Kaufrecht ie STAUDINGER/MATUSCHE-BECKMANN § 434 Rn 36; § 443 Rn 27).

D 22 b) Die Problematik einer verschuldensunabhängigen Haftung stellt sich wegen der Streichung von § 437 aF darüber hinaus beim **Rechtskauf**. Denn der Gesetzgeber hat bei der Neufassung des § 276 Abs 1 S 1 mit der Aufnahme der Garantie als Beispiel für eine Haftungsverschärfung nicht nur die Fälle der Eigenschaftszusicherung im Kauf- und Werkvertragsrecht oder ähnliche sich auf Sachen beziehende Verträge vor Augen gehabt (vgl BT-Drucks 14/6040, 132). Die Norm enthält mit der Formulierung, daß sich eine Haftungsverschärfung aus dem „**sonstigen Inhalt des Schuldverhältnisses**" ergeben kann, vielmehr eine **Generalklausel**, die alle Arten schuldrechtlicher Verpflichtungen umfaßt. Vor diesem Hintergrund bleibt problematisch, ob man für den **Bestand einer Forderung** ebenfalls eine Garantieübernahme annehmen muß und ob der Käufer auf diese Weise wie nach § 437 aF umfassend geschützt ist, wenn sich aus den Vertragsverhandlungen eine Garantie herleiten läßt (zu dieser Problematik Haas BB 2001, 1313, 1317; Westermann JZ 2001, 530, 532; Zimmer, in: Ernst/Zimmermann, Zivilrechtswissenschaft und Schuldrechtsreform 191, 196). Besteht das Recht von vornherein nicht, ist allerdings § 311a Abs 2 einschlägig. Der bewußte Verzicht auf die „Natur der Schuld" als Tatbestandsmerkmal des § 276 Abs 1 S 1 schließt es allerdings nach meiner Auffassung aus, grundsätzlich eine verschuldensunabhängige Haftung zu unterstellen. Zumindest die Interessenlage der an dem konkreten Schuldverhältnis Beteiligten muß die Haftungsverschärfung rechtfertigen.

c) Dasselbe Problem stellt sich zudem für das **anfängliche Unvermögen** wegen **D 23** eines **Rechtsmangels** beim Verkauf einer Sache, bei der die hM bislang jedenfalls im Grundsatz auf eine Garantiehaftung geschlossen hatte (Staudinger/Otto [2001] § 325 aF Rn 14 ff). Nunmehr ist § 311a Abs 2 maßgeblich, wonach der Schuldner die Unkenntnis nicht zu vertreten haben darf. Da die neue Norm nicht die Formel „kennen mußte" (vgl § 122 Abs 2) verwendet, wird man dem Schuldner den Haftungsausschluß auch dann verwehren, wenn er nach dem Inhalt des Schuldverhältnisses für den Rechtsmangel gem § 276 Abs 1 S. 1 ohne Verschulden einzustehen hat (Canaris Betrieb 2001, 1815, 1819; so die Gegenäußerung der BReg zur Stellungnahme d BR BT-Drucks 14/6857, Anl 3 Zu Nr 53; dazu ie Staudinger/Löwisch [voraussichtlich 2006] § 311a).

d) Die **Beweislast** für die Übernahme einer Garantie wie auch der anderen bisher **D 24** behandelten Fallgestaltungen der **Haftungsverschärfung** wird man nach allgemeinen Grundsätzen dem Gläubiger auferlegen müssen (näher dazu in Rn F 9 u 19). Ansonsten muß sich allerdings der Schuldner von der Verantwortlichkeit gem § 276 entlasten. Die Frage nach der Geltung von Haftungsverschärfungen stellt sich daher künftig immer dann, wenn dem Schuldner die Entlastung vom Verschuldensvorwurf gelingt.

3. Übernahme eines Beschaffungsrisikos

Als weiterer Grund für eine Haftungsverschärfung wurde die **Übernahme eines Be- D 25 schaffungsrisikos** neu in § 276 Abs 1 S 1 aufgenommen und gleichzeitig § 279 aF gestrichen. Die Vorschrift war nach nahezu allgemeiner Auffassung zugleich zu eng und zu weit gefaßt. Sie konnte den Eindruck erwecken, als gäbe es eine verschuldensunabhängige Einstandspflicht nur für die Beschaffung von Gattungsschulden. Andererseits ging aus ihr nicht ausdrücklich hervor, daß die Einstandspflicht je nach der Vertragsgestaltung durchaus begrenzt sein konnte und es idR auch war (Stichwort: *Vorratsschuld*) (zur alten Rechtslage Staudinger/Löwisch [2001] § 279 aF Rn 15; Staudinger/ Otto [2001] § 325 aF Rn 21 ff). Insofern gibt das Wort „Übernahme" eine Auslegungshilfe. Indessen darf dieses Wort nicht dazu verleiten, in dem Vertragsinhalt selbst nach einem Anhaltspunkt für eine konkludente rechtsgeschäftliche Haftungsverschärfung zu suchen. Im Sinn der 1. Alt des § 276 Abs 1 S 1 wäre dann schon eine Verschärfung „bestimmt". Ausgangspunkt ist vielmehr die Bewertung des sonstigen

Inhalts des Schuldverhältnisses unter Berücksichtigung der Interessenlage beider Parteien, aus der sich die Übernahme eines Beschaffungsrisikos ergeben kann (so auch die Begr RegE BT-Drucks 14/6040, 131). Die Frage, ob der Schuldner das Beschaffungsrisiko und damit eine verschuldensunabhängige Einstandspflicht übernommen hat, stellt sich wie bei den sonstigen Haftungsverschärfungen erst, wenn er sich ansonsten vom „Vertretenmüssen" iS von § 280 Abs 1 S 2 entlasten kann. Für die Übernahme eines darüber hinausgehenden Beschaffungsrisikos trägt wiederum der Gläubiger die **Darlegungs- und Beweislast** (dazu Rn F 9).

D 26 Die Übernahme eines Beschaffungsrisiko iS von § 276 ist freilich idR schon darin zu sehen, daß sich jemand zur Beschaffung einer **Gattungssache** verpflichtet (HUBER, in: FS Schlechtriem [2003] 521, 530 ff). Infolgedessen hat der Schuldner Beschaffungsschwierigkeiten wie nach der alten Rechtslage jedenfalls so lange zu vertreten, wie sie mit dem Gattungscharakter zusammenhängen (vgl STAUDINGER/LÖWISCH § 276 Rn 150 ff). Liegen keine Anhaltspunkte für eine Haftungsbegrenzung vor, hat er für seine Leistungsunfähigkeit uneingeschränkt einzustehen. Dies gilt nach meiner Auffassung selbst dann, wenn der Schuldner ausnahmsweise die Primärleistung gem § 275 Abs 2 verweigern kann, weil der Aufwand gerade für ihn unzumutbar hoch geworden ist. Von der Verpflichtung zum Schadensersatz darf ihn dies nicht befreien, weil anderenfalls der Gläubiger das wirtschaftliche Risiko allein zu tragen hätte. Allerdings hatte der BGH § 279 aF unter den Vorbehalt von Treu und Glauben gestellt, „wenn infolge nicht vorhersehbarer Umstände so erhebliche Leistungshindernisse eingetreten sind, daß dem Schuldner die Beschaffung nicht mehr zugemutet werden kann", sich aber zugleich auf die Regeln über den Wegfall der Geschäftsgrundlage berufen, deren Voraussetzungen jedoch im konkreten Fall verneint (BGH NJW 1994, 515, 516 = JZ 1994, 625 m Anm HÜBNER/BECKMANN im Anschluß an BGH NJW 1972, 1702; RGZ 57, 116, 118). Nunmehr wären daher die Voraussetzungen des § 313 zu prüfen, um zu einer weiteren Entlastung des Schuldners zu gelangen (vgl STAUDINGER/LÖWISCH § 275 Rn 94 ff). Ist die Gattungsschuld gem § 243 Abs 2 konkretisiert, wird die Leistung wie eine Speziesschuld behandelt.

D 27 Bei einem Vertrag bzw Schuldverhältnis über eine auf einen bestimmten Vorrat **begrenzte Gattungsschuld** kann ein Verschulden zunächst darin liegen, daß der Verkäufer zuviel, also praktisch doppelt verkauft. War jedoch beim Vertragsschluß ein Produktionsrückgang – etwa in Form einer Mißernte – überhaupt nicht vorhersehbar, und hatte der Verkäufer einen Risikozuschlag eingerechnet, so ist er wie nach alter Rechtslage nicht nur berechtigt, sondern im Verhältnis zu den anderen Gläubigern verpflichtet, die vorhandene Menge aufzuteilen, wenn er sich entlasten will. Insoweit bietet sich eine gleichmäßige prozentuale Kürzung an (vgl zu § 279 aF insbes RGZ 84, 125; LARENZ I § 11 I aE; **aM** dezidiert ERNST WOLF JuS 1962, 101 ff, 103 ff), es sei denn, aus der Vereinbarung der Parteien ergibt sich etwas anderes. Ein weiteres Beispiel stellt der nicht zu vertretende teilweise Untergang einer mit Einverständnis der Abnehmer gebildeten Sammelladung dar, wenn man zutreffend eine Reduktion der Gattungsverpflichtung auf die Ladung beim Versendungskauf bejaht (vgl zur alten Rechtslage THIELE, BGB AT-AllgSchR³ 162 ff; WÜRDINGER/RÖHRICHT, in: Großkomm HGB Vorbem 185 u 262 zu § 373).

4.   Einstandspflicht für die finanzielle Leistungsfähigkeit

Eine verschuldensunabhängige Einstandspflicht des Schuldners besteht ohne weite- **D 28**
res bei *Geldschulden*, darüber hinaus auch sonst, wenn die *Leistung nur an den
fehlenden Finanzmitteln scheitert*. IdR fehlt es dann schon an einem leistungsbefrei-
enden Unvermögen iS des § 275 Abs 1, so daß dem Gläubiger einerseits die Möglichkeit eröffnet wird, auf Erfüllung zu klagen; andererseits kann er gem § 281 bzw
§ 323 vorgehen, um den Vertrag zu liquidieren (vgl Staudinger/Löwisch § 275 Rn 63 u 64,
§ 276 Rn 159 ff; ferner § 281 Rn B 96; Staudinger/Otto [2004] § 323 Rn B 4).

Die Einstandspflicht für die finanzielle Leistungsfähigkeit soll nach dem Willen des
Gesetzgebers der Formulierung *„aus dem sonstigen Inhalt des Schuldverhältnisses"* in
§ 276 Abs 1 S 1 zu entnehmen sein. Anders als noch der RegE enthält der Zusatz der
Norm nicht mehr die vor allem auf die finanzielle Leistungsfähigkeit zugeschnittene
Passage, daß die strengere Haftung insbesondere *„der Natur der Schuld* zu entnehmen ist" (BT-Drucks 14/6040, 132). Der Verzicht auf diese Formulierung geht auf einen
Vorschlag des Rechtsausschusses zurück, der befürchtete, sie lade dazu ein, ihr einen
über das Gewollte hinausgehenden Inhalt beizulegen, weil daraus nicht ohne weiteres hervorgehe, daß die Geldschuld angesprochen werden sollte. Eine andere deut-
lichere Formulierung sei nicht notwendig. Der Rechtsauschuß ging weiter davon aus,
daß die Streichung keine Änderung der Rechtslage zur Folge habe (vgl dazu RGZ 75,
335; 106, 177, 181; BGHZ 36, 344, 345), da § 276 Abs 1 aF ebenfalls die Geldschuld nicht
ausdrücklich erwähnt hätte. Soweit in diesem Zusammenhang der die Gattungsschulden betreffende § 279 aF herangezogen worden sei, finde sich dessen Inhalt jetzt in
§ 276 Abs 1 S 1 wieder. Im übrigen übernehme derjenige, der eine Leistungsschuld
verspreche, regelmäßig das Risiko dafür, daß er die zur Erfüllung erforderlichen
finanziellen Mittel beschaffen könne (Beschlußempfehlung des Rechtsausschusses BT-
Drucks 14/7052, 209 f). Überzeugen kann der Verzicht auf eine gesetzliche Normierung
angesichts der intendierten Modernisierung des Schuldrechts allerdings nicht.

5.   Haftungsmilderungen

Abweichend von der Haftung für Vorsatz oder Fahrlässigkeit kann eine Haftungs- **D 29**
milderung vertraglich oder gesetzlich bestimmt werden (zB bei Annahmeverzug gem
§ 300 Abs 1 bzw bei unentgeltlicher Verwahrung gem § 690) oder sich aus Inhalt des
Schuldverhältnisses ergeben. Denkbar ist etwa die Haftungsbeschränkung auf Vorsatz und grobe Fahrlässigkeit (zur Regelungsmöglichkeit in Allgemeinen Geschäftsbedingungen Rn H 3 ff u Staudinger/Löwisch § 276 Rn 127) oder auf die eigenübliche Sorgfalt
im Rahmen eines Gefälligkeitsverhältnisses mit rechtlichem Gehalt (vgl Staudinger/
Löwisch § 276 Rn 137 f mwNw). Auf die möglichen Haftungsmilderungen wird sich der
Schuldner berufen, wenn er sich *nicht* iS von § 280 Abs 1 S 2 ohnehin sogar von dem
Vorwurf leichter Fahrlässigkeit entlasten kann. Da es sich insoweit um eine ihn
begünstigende Regelung handelt, trägt er dafür die *Darlegungs- und Beweislast*.

Nach Ansicht des Gesetzgebers sind die **Grundsätze zur Begrenzung der Arbeitneh-** **D 30**
merhaftung bei betriebsbezogener Tätigkeit als Haftungsmilderung einzuordnen, die
sich gem § 276 Abs 1 S 1 „aus dem Inhalt des Schuldverhältnisses" ergibt (so die
Gegenäußerung d BReg auf die entspr krit Frage d Bundesrates nach der Begrenzung der Arbeitnehmerhaftung, BT-Drucks 14/6857, Anl 3 Zu Nr 21). Dieses Vorgehen ist allerdings wenig

überzeugend. Bei der Begrenzung der Arbeitnehmerhaftung handelt es sich um generell anwendbares Richterrecht, das für jedes Arbeitsverhältnis gilt und das nach Sinn und Zweck auch nicht etwa vertraglich abbedungen werden kann (vgl selbst für die Mankohaftung BAG v 17. 9. 1998 und v 2. 12. 1999, AP Nr 2 u 3 zu § 611 BGB Mankohaftung, letztere m zust Anm KRAUSE sowie OTTO/SCHWARZE, Die Haftung des Arbeitnehmers [1998] Rn 294 f; OTTO, Arbeitsrecht[3] [2003] Rn 391 ff). Der Arbeitgeber übernimmt durch praktizierte Haftungsbeschränkung und Freistellung zugunsten des Arbeitnehmers jedenfalls nicht freiwillig ein größeres Haftungsrisiko (so auch HENSSLER RdA 2002, 129, 133). Der auf Vorschlag des Rechtsausschusses eingefügte § 619a hilft auch nicht weiter, weil er keine Aussage über den Haftungsmaßstab (und die sonstige Risikoverteilung) macht. Immerhin verhindert die Norm, daß sich der Arbeitnehmer bei jeder Pflichtverletzung gem § 280 Abs 1 S 2 entlasten muß, wenn er seine Haftung ausschließen will. Im übrigen handelt es sich entgegen der Gesetzesüberschrift nicht lediglich um eine Beweislastregel. Vielmehr modifiziert die Norm die materiellen Haftungsvoraussetzungen des § 280 Abs 1 S 1 dahin, daß der Arbeitnehmer zu Schadensersatz wegen einer Pflichtverletzung nur verpflichtet ist, wenn feststeht, daß er die Pflichtverletzung überhaupt zu vertreten hat (zu dieser Problematik bereits Rn D 4 sowie STAUDINGER/LÖWISCH § 276 Rn 133 u allgemein STAUDINGER/OETKER [2002] § 619a). Da die inhaltliche Haftungsprivilegierung des Arbeitnehmers an die Betriebsbezogenheit der Tätigkeit gekoppelt ist, wird mit Recht die Frage aufgeworfen, ob dies nicht auch für die Belastung des Arbeitgebers mit dem Nachweis des Vertretenmüssens gelten muß und der Anwendungsbereich des § 619a daher auf betriebsbezogene Tätigkeiten beschränkt ist (OTTO, Arbeitsrecht Rn 404a; GOTTHARDT, Arbeitsrecht nach der Schuldrechtsreform[2] [2003] Rn 197; HENSSLER RdA 2002, 129, 132 f; Oetker BB 2002, 43, 44; SCHLODDER, Der Arbeitsvertrag im neuen Schuldrecht [2004] 153 ff; zur Beweislastverteilung Rn F 4 u 38 f).

E. Grundformen des Schadensersatzes iS von § 280 und seine Berechnung

I. Überblick über die Grundformen des Schadensersatzes

E 1 Nach neuer Rechtslage hat man grundsätzlich zwischen verschiedenen Formen des Schadensersatzes zu unterscheiden, die in den §§ 280 ff geregelt werden. Ausgangspunkt ist die unter C Rn 1 ff beschriebene Pflichtverletzung, für die sich der Schuldner nicht entlasten kann. In diesem Fall ordnet § 280 Abs 1 S 1 an, daß der Schuldner den dadurch entstandenen Schaden zu ersetzen hat. Weiter heißt es in § 280 Abs 2, daß der Schuldner Schadensersatz wegen der Verzögerung der Leistung nur unter zusätzlichen Voraussetzungen zu leisten hat, nämlich dann, wenn er sich nach § 286 im Verzug befindet. Schadensersatz statt der Leistung kann der Gläubiger nach § 280 Abs 3 schließlich nur unter den in den §§ 281 bis 283 geregelten zusätzlichen Voraussetzungen verlangen.

Ausgehend von § 280 als zentraler Anspruchsgrundlage ergeben sich demnach **drei Grundformen** von Schadensersatzansprüchen aus bestehenden Schuldverhältnissen (Rn B 1 ff): der **schlichte oder einfache Schadensersatz** nach § 280 Abs 1, der **Verzögerungsschaden** nach § 280 Abs 1 u 2, 286 sowie der **Schadensersatz statt der Leistung** nach § 280 Abs 1 u 3 iVm § 281, § 282 oder § 283. Während § 280 Abs 1 für alle Arten zu vertretender Pflichtverletzung generell einen Anspruch auf Schadensersatz gewährt, machen die Abs 2 und 3 Verzögerungsschaden bzw Schadensersatz statt der

Leistung für bestimmte Arten von Pflichtverletzungen vom Vorliegen zusätzlicher Voraussetzungen abhängig.

Daneben nennt das neue Recht *§ 311a Abs 2* als weitere eigenständige Anspruchsgrundlage für den Schadensersatz statt der Leistung. Die Norm bezieht sich speziell auf *anfängliche Leistungshindernisse*, die bereits *bei* Vertragsschluß vorlagen und ist daher das Pendant zu *§ 283*, der sich nur auf nachträgliche Leistungshindernisse bezieht.

Vor diesem Hintergrund ist zu klären, welche Schadenspositionen von den verschie- **E 2** denen Schadensersatzformen umfaßt sind und wodurch diese sich voneinander abgrenzen. Ausgangspunkt ist wiederum § 280 Abs 1. Auf Grundlage dieser Norm ist grundsätzlich jeder auf einer vom Schuldner zu vertretenden Pflichtverletzung beruhende Schaden ersatzfähig, während die §§ 281 bis 283 für den Schadensersatz statt der Leistung bzw § 286 für den Verzögerungsschaden weitere Voraussetzungen aufstellen. Der **Schadensersatz nach § 280 Abs 1** stellt gegenüber den anderen Schadensersatzformen die allgemeine Regel dar und fungiert damit zugleich als *Auffangtatbestand*. Bei der Geltendmachung von Schadenspositionen ist daher zuvor stets zu prüfen, ob sie als Verzögerungsschaden oder Schadensersatz statt der Leistung einzuordnen sind. Weil Verzögerungsschaden und Schadensersatz statt der Leistung ebenfalls unterschiedliche Voraussetzungen haben, sind diese beiden Formen nicht nur vom einfachen Schadensersatz, sondern auch voneinander abzugrenzen. Daran ist insbes dann zu denken, wenn sich der Schuldner zunächst mit der Leistung in Verzug befindet und schließlich endgültig nicht mehr leistet (dazu Rn E 16 ff).

Vor Erörterung der Abgrenzungsfragen sind aber zunächst die **charakteristischen Eigenschaften der verschiedenen Schadensersatzformen** zu skizzieren.

1.   Verzögerungsschaden

Verzögerungsschäden sind solche Schäden, die dadurch entstehen, daß der Schuldner **E 3** die Leistung nicht rechzeitig erbringt, und die durch spätere (Nach-)Erfüllung nicht mehr beseitigt werden können. Grundlage für ihren Ersatz sind §§ **280 Abs 1 u 2, 286**. Wegen der Einzelheiten zu den Voraussetzungen des Verzugs und den Umfang des Verzögerungsschadens wird auf die Kommentierung zu § 286 verwiesen. Der Verzögerungsschaden umfaßt jedenfalls gemeinhin solche Schäden, die durch den Verzug des Schuldners adäquat verursacht wurden (RGZ 107, 149, 150 zu § 286 aF) und bei rechtzeitiger Leistung nicht entstanden wären. Der Gläubiger ist daher so zu stellen wie er stehen würden, wenn der Schuldner rechtzeitig geleistet hätte (vgl BGH WM 1964, 1168, 1169 zu § 286 aF). Um die Notwendigkeit des Verzugs als Tatbestandsmerkmal zu verdeutlichen, wird vorgeschlagen, ihn weiterhin als Verzugsschaden und nicht als Verzögerungsschaden zu bezeichnen (HIRSCH Jura 2003, 289, 290). Der Erfüllungsanspruch bleibt hingegen unberührt. Der Gläubiger kann Ersatz des Verzögerungsschadens und daneben weiterhin die Leistung verlangen. Daher wird diese Schadensform auch unter dem Begriff Schadensersatz *neben* der Leistung eingeordnet (HIRSCH Jura 2003, 289, 290).

Typische Verzögerungsschäden sind solche, die dem Gläubiger durch die Anmietung einer Ersatzsache bei verzögerten Sachleistungen oder durch die Beauftragung eines

Dritten bei nicht rechtzeitig erbrachten Dienstleistungen entstehen, wenn die Dienstleistung ansonsten nachholbar ist. Ein solcher Schaden kann auch ein entgangener Weiterveräußerungsgewinn sein, wenn dem Gläubiger infolge des Verzugs ein gewinnbringendes Geschäft entgeht. Schließlich zählen ebenfalls die Rechtsverfolgungskosten mit Ausnahme der verzugsbegründenden Mahnung zu den Verzögerungsschäden, nicht aber Deckungsgeschäfte.

2. Schadensersatz statt der Leistung

a) Anspruchsgrundlagen

E 4 In den §§ 281 bis 283 wird geregelt, unter welchen zusätzlichen Voraussetzungen der Schuldner Schadensersatz statt der Leistung verlangen kann. Anspruchsgrundlage für diese Form des Schadensersatzes ist nach überwiegender Auffassung **§ 280 Abs 1 u 3 jeweils iVm § 281, § 282 oder § 283** (so die Begr d RegE BT-Drucks 14/6040, 137; **aA** HIRSCH Jura 2003, 289, 291; vWILMOWSKY Beil zu JuS Heft 1/2002, 3, 4, die die §§ 281 bis 283 als eigenständige Anspruchsgrundlagen betrachten. Krit auch CANARIS, in: Karlsruher Forum 2002, 5, 35). Die Gegenposition ist zwar angesichts der Formulierung des Gesetzes, wonach „der Gläubiger unter den Voraussetzungen des § 280 Abs 1 Schadensersatz statt der Leistung verlangen" kann, dem deckungsgleichen § 280 Abs 3 und dem eindeutig formulierten gesetzgeberischen Willen nicht recht einsichtig, für die praktische Rechtsanwendung aber letztlich ohne entscheidende Bedeutung. Fest steht jedenfalls, daß die mögliche Entlastung des Schuldners von seiner Verantwortung gem § 280 Abs 1 S 2 als negatives Tatbestandsmerkmal die Anspruchsgrundlage entscheidend mitprägt. Insofern kann man allenfalls die Auffassung vertreten, daß umgekehrt die §§ 281 bis 283 jeweils iVm § 280 Abs 1 gemeinsam die Anspruchsgrundlage bilden. Eine zweifelsfrei eigenständige Anspruchsgrundlage für Schadensersatz statt der Leistung stellt **§ 311a Abs 2** für anfängliche Leistungshindernisse dar; hier unterscheidet sich zwar die Rechtsfolge nicht – insofern kommt auch eine alternative Begründung des Anspruchs in Betracht –, wohl aber die zu verantwortende Pflichtverletzung (Vorbem 34 zu §§ 280–285).

Die genannten Normen ersetzen die §§ 280, 286 Abs 1 S 2, 325 Abs 1 S 1 u § 326 Abs 1 S 2 aF im Bereich des Allgemeinen Schuldrechts sowie die §§ 440 Abs 1 u 463 aF im Kaufrecht bzw die §§ 635 u 651 Abs 2 aF im Werkvertragsrecht, die bisher den Schadensersatzanspruch des Gläubigers wegen Nichterfüllung regelten (dazu bereits in Vorbem 9 zu § 280–285). In den Vorschriften über die Schenkung (§§ 523 Abs 2 S 1, 523 Abs 2 S 2) und den Reisevertrag (§ 651f Abs 1) wurde die Terminologie „Schadensersatz wegen Nichterfüllung" hingegen beibehalten, während im Mietrecht anders als in § 538 aF jetzt in § 536a nur noch von Schadensersatz die Rede ist.

b) Ersatz des Erfüllungsinteresses

E 5 Nach den Vorstellungen des Gesetzgebers soll der Anspruch auf Schadensersatz statt der Leistung den bisherigen **Schadensersatz wegen Nichterfüllung** ersetzen (BT-Drucks 14/6040, 137, 225; vgl auch Vorbem 11 zu §§ 280–285). Der Schadensersatz statt der Leistung ist folglich auf den **Ersatz des Erfüllungs- bzw positiven Interesses** gerichtet: der Gläubiger ist wirtschaftlich so zu stellen, wie wenn der Vertrag ordnungsgemäß erfüllt worden wäre (so grundlegend RGZ 91, 30, 33; BGH WM 1983, 418; BGHZ 87, 156, 158; 107, 67, 69; 126, 131, 134 = NJW 1994, 2480; BGH NJW-RR 1997, 654; NJW 1998, 2901, 2902; NJW 2000, 278, 279; BAGE 81, 294, 298 = NJW 1996, 1771, 1772; SOERGEL/WIEDEMANN Vor § 275 aF Rn 37 ff;

KEUK 143 ff jeweils zum Schadensersatz wegen Nichterfüllung nach alter Rechtslage; zur neuen Rechtslage vgl HIRSCH Jura 2003, 289; MEDICUS, in: HAAS/MEDICUS/ROLLAND/SCHÄFER/WENDT-LAND, Das neue Schuldrecht Kap 3 Rn 56; FAUST, in: HUBER/FAUST, Schuldrechtsmodernisierung Rn 3/181; HUBER, in: HUBER/FAUST aaO Rn 13/99). Zu den typischen Schäden, die das Erfüllungsinteresse betreffen, gehören neben dem Wert der ganz oder teilweise (in qualitativer wie quantitativer Hinsicht) ausbleibenden Leistung der entgangene Gewinn sowie Mehrkosten für ein Deckungsgeschäft, die daraus entstehen, daß der Käufer eine gleichartige Sache am Markt nur zu einem höheren Preis erhalten kann (zur Abgrenzung vom einfachen Schadensersatz und Verzögerungsschaden Rn E 23 f). Inwieweit dazu auch Folgeschäden wie der Nutzungsausfall oder Produktionsausfallkosten zu zählen sind, ist umstritten (vgl Rn E 27 ff).

Eine grundsätzliche inhaltliche Änderung sollte mit der sprachlichen Neuregelung **E 6** nach der ganz überwiegenden Einschätzung nicht verbunden sein (AnwKomm/DAUNER-LIEB Rn 36; MünchKomm/EMMERICH Vor § 281 Rn 3; MünchKomm/ERNST § 281 Rn 1; FAUST, in: HUBER/FAUST, Schuldrechtsmodernisierung Rn 3/104 f; GSELL JbJZivRWiss 2001, 105, 106; HIRSCH Jura 2003, 289; REISCHL JuS 2003, 40, 41; vWILMOWSKY Beil zu JuS Heft 1/2002, 3, 10).

Nach einer bisher nur vereinzelt vertretenen Auffassung ist der Begriff des Schadensersatzes wegen Nichterfüllung, der aus dem Gesetz entfernt worden sei, nur teilweise mit dem Schadensersatz statt der Leistung identisch. Letzterer beschreibe lediglich einen Ausschnitt des Schadensersatzes wegen Nichterfüllung und beziehe sich nur auf Schäden, die das eigentliche Leistungsinteresse berührten, während vom Schadensersatz wegen Nichterfüllung auch solche (Folge-)Schäden umfaßt seien, die darüber hinausgingen. Auf der Rechtsfolgenseite müsse nunmehr genauer zwischen verschiedenen Schäden unterschieden werden (M SCHULTZ, in: WESTERMANN, Das Schuldrecht 2002, 62 ff).

Dieser Ansicht ist zuzugeben, daß man künftig die systematischen Änderungen durch das Schuldrechtsmodernisierungsgesetz zu berücksichtigen hat. So umfaßte § 463 aF im Rahmen des Schutzbereichs der jeweiligen Zusicherung unter dem Etikett „Schadensersatz wegen Nichterfüllung" zweifelsfrei auch Mangelfolgeschäden (vgl STAUDINGER/HONSELL [1995] § 463 Rn 49 ff). Auch der Schadensersatz wegen Nichterfüllung iS von § 635 aF sollte die „nahen Mangelfolgeschäden" einbeziehen, hingegen die positive Vertragsverletzung die „entfernten" Mangelfolgeschäden, letzteres vor allem mit Blick auf die unterschiedlichen Verjährungsregeln (STAUDINGER/PETERS [2000] § 635 Rn 47 ff). Für ein derart weites Verständnis des Schadensersatzes statt der Leistung besteht jetzt in der Tat kein Anlaß mehr. Andererseits hat der Gesetzgeber den Begriff „Schadensersatz wegen Nichterfüllung" auch nicht verbannt, wie die §§ 523 Abs 2 S 1 u 651 f Abs 1 belegen. Infolgedessen ist für die verschiedenen Schadensfälle zu untersuchen, ob diese im Bereich des Schadensersatzes statt der Leistung zu Abweichungen vom bisherigen Verständnis des Schadensersatzes wegen Nichterfüllung führen. Dies hat sich bereits bei den Überlegungen zur Pflichtverletzung gezeigt (Rn C 19 f) und wird insbes bei den Abgrenzungsfragen (Rn E 13 ff) zu berücksichtigen sein. Es ist aber nicht erforderlich, die Übereinstimmung der beiden Begriffe grundsätzlich in Frage zu stellen. Sowohl beim Schadensersatz wegen Nichterfüllung als auch beim Schadensersatz statt der Leistung geht bzw ging es jeweils primär um die Folgen, die gerade das Ausbleiben der geschuldeten Leistung mit sich bringt.

c) Gegenstand des Schadensersatzanspruchs statt der Leistung

E 7 Gegenstand des Schadensersatzanspruches *statt* der Leistung sind alle Schäden, die dadurch entstehen, daß die geschuldete Leistung endgültig ausbleibt, und die im Fall möglicher Nachholung der Erfüllung vermieden worden wären (vgl MünchKomm/ERNST § 281 Rn 66, der zusätzlich für die Erfüllung auf den Zeitpunkt des Ersatzverlangens abstellt; HIRSCH Jura 2003, 289; ST LORENZ NJW 2002, 2497, 2500; ähnlich BAMBERGER/ROTH/FAUST § 437 Rn 51, der zusätzlich auf den spätesten Zeitpunkt einer Nacherfüllungsmöglichkeit abstellt [dazu Rn E 12]). Das Ausbleiben der Leistung kann einerseits darauf beruhen, daß der Schuldner die Leistung nicht mehr erbringen kann, weil sie unmöglich geworden oder ihm nicht mehr zumutbar ist (§§ 275, 283). Andererseits darf der Schuldner die Leistung gegen den Willen des Gläubigers nicht mehr erbringen, wenn sie der Gläubiger nach Ablauf einer Frist zur Nacherfüllung oder bei deren Entbehrlichkeit (§ 281) bzw wegen Unzumutbarkeit der Annahme (§ 282) ablehnt (ST LORENZ NJW 2002, 2497, 2500). Zu § 281 führt es schließlich ebenfalls, wenn der Schuldner die Nacherfüllung wegen unverhältnismäßiger Kosten – „kleine" Unzumutbarkeit – verweigert (§§ 439 Abs 3, 635 Abs 3). Dies folgt aus §§ 440, 635; denn hier ist die Leistung nicht ausgeschlossen (dazu § 281 Rn C 29). Liegen die Voraussetzungen des § 280 Abs 1 u 3 iVm § 281, § 282 oder § 283 vor und verlangt der Gläubiger Schadensersatz statt der Leistung (vgl § 281 Abs 4), tritt der Schadensersatzanspruch *an die Stelle der primär geschuldeten Leistung* oder anders ausgedrückt: der Gläubiger erhält anstelle der Leistung ein „Äquivalent in Geld" (CANARIS JZ 2001, 499, 512). Dies schließt eine Naturalherstellung gem § 249 Abs 1 aus. Im übrigen richtet sich der Umfang des Anspruchs nach den §§ 249 ff.

Nach Ansicht des Gesetzgebers muß der Übergang vom Erfüllungs- zum Schadensersatzanspruch an besondere Voraussetzungen geknüpft werden, da der Vertrag in diesem Fall nicht mehr wie ursprünglich vereinbart durchgeführt werde und der Übergang den Schuldner schwer belasten könne (RE BT-Drucks 14/6040, 136 f). Die **Funktion** von **§ 280 Abs 3** besteht demnach darin, die zusätzlichen Voraussetzungen festzulegen, bei deren Vorliegen der Gläubiger *statt* der Leistung deren Wert in Geld verlangen kann, und der Schuldner die Möglichkeit verliert, sich durch die Leistung von seiner vertraglichen Verpflichtung zu befreien und einen möglichen Schadensersatzanspruch statt der Leistung abzuwehren (so auch MünchKomm/ERNST § 281 Rn 1; HIRSCH Jura 2003, 289 f; vWILMOWSKY Beil zu JuS Heft 1/2002, 3, 9). Liegen diese Voraussetzungen nicht vor, ist also die Leistung noch möglich, und darf der Gläubiger sie nicht ablehnen, so kann er allenfalls Ersatz für die Schäden verlangen, die unabhängig von der Leistung entstanden sind. Anspruchsgrundlage für diese Schäden *neben* der Leistung ist § 280 Abs 1 (dazu sogleich Rn E 11) oder wegen eines Verzögerungsschadens §§ 280 Abs 1 u 2, 286 (Rn E 4).

d) Schadensersatz statt der ganzen Leistung

E 8 Der Schadensersatz statt der Leistung kommt gem § 281 Abs 1 S 2 u 3 sowie der Verweisung in § 283 S 2 auch als Schadensersatz statt der ganzen Leistung **in Form des großen Schadensersatzes** vor. In dieser Konstellation kann der Gläubiger die bereits erhaltene Teil- bzw Schlechtleistung zurückweisen und an deren Stelle Schadensersatz oder anders ausgedrückt ein geldwertes Äquivalent verlangen (§ 281 Rn B 166 u C 31 ff, 34). Die bereits empfangene Leistung hat er nach den Grundsätzen des Rücktrittsrechts zurückzugewähren (§ 281 Abs 5). Für die Teilleistung entspricht dies §§ 280 Abs 2 S 2, 325 Abs 1 S 2 aF, wo von „Schadensersatz wegen Nichterfüllung der ganzen Verbindlichkeit" die Rede war. Zugleich tritt der **Schadensersatz statt der ganzen Leistung** im Falle des „großen" Schadensersatzes aber auch an die Stelle einer Variante des bisherigen Schadensersatzes wegen Nichterfüllung iS von § 463 aF (zu Schadensumfang und -berechnung Rn E 48 ff).

Beim **kleinen Schadensersatz** behält der Gläubiger hingegen die Teil- bzw Schlechtleistung und kann als Ausgleich für die quantitative bzw qualitative Abweichung von der geschuldeten Leistung die Differenz zum vollen Erfüllungsinteresse in Geld ersetzt verlangen. Allerdings ist bei der Teilleistung nicht etwa der anteilige Wert als solcher in die Berechnung einzubeziehen, sondern nur der Wert, den die Minderleistung für den Gläubiger hat. Der objektive Minderwert der Leistung ist hingegen nicht maßgeblich. Anderenfalls geriete man bei der Berechnung des Schadensersatzes in die Nähe der Minderung. Wegen der Wahlmöglichkeit zwischen Schadensersatz und Minderung auf der Grundlage des § 463 aF ist diese Frage vor allem dort diskutiert worden (so zutreffend MünchKomm/ERNST § 281 Rn 126 ff m weit Details). Da sich die Frage für die einzelnen Vertragstypen spezifisch stellt, wird auf die einschlägigen Erläuterungen verwiesen (STAUDINGER/MATUSCHE-BECKMANN [2004] § 441 Rn 41; STAUDINGER/PETERS [2003] § 634 Rn 131 ff sowie jüngst BGH Betrieb 2003, 1675 f zu § 635 aF; zu § 463 aF STAUDINGER/HONSELL [1995] § 463 Rn 57 ff).

Im Gegensatz zum kleinen Schadensersatz kann der große bei noch bestehender **E 9** Leistungspflicht nur geltend gemacht werden, wenn die Voraussetzungen des § 281 Abs 1 S 2 u 3 vorliegen. § 281 Abs 1 S 2 betrifft den Fall der teilweisen Erfüllung und macht den Schadensersatz statt der ganzen Leistung davon abhängig, daß der Gläubiger „an der **Teilleistung** kein Interesse hat" (§ 281 Rn B 167 ff). § 281 Abs 1 S 3 betrifft hingegen die **Schlechterfüllung** und setzt für den Anspruch auf **Schadensersatz statt der ganzen Leistung** voraus, daß die Pflichtverletzung des Schuldners nicht „unerheblich" ist (§ 281 Rn C 31 ff). In den übrigen Fällen ist der Gläubiger auf den Ausgleich für den ausbleibenden Leistungsteil bzw den geminderten Wert der erhaltenen Leistung beschränkt.

In diesem Zusammenhang ist auf die Problematik der **Zuwenig-Lieferung** im Kauf- und Werkvertragsrecht hinzuweisen. Die Lieferung einer zu geringen Menge wird infolge der durch das Schuldrechtsmodernisierungsgesetz eingefügten §§ 434 Abs 3, 633 Abs 2 einem Sachmangel gleichgestellt. Insofern stellt sich die Frage, ob die Zuwenig-Lieferung als Teilleistung iS von § 281 Abs 1 S 2 oder als Schlechtleistung iS von § 281 Abs 1 S 3 anzusehen ist. Überträgt man die Gleichstellung aus dem Kaufrecht auf § 281, so führt dies zu einer wesentlichen Änderung, weil an den Interessenwegfall erheblich höhere Anforderungen zu stellen sind als an die Erheblichkeit der Pflichtverletzung (dazu ie § 281 Rn A 38 ff; CANARIS ZRP 2001, 329, 334 f; GRIEGOLEIT/RIEHM ZGS 2002, 115 ff; LORENZ/RIEHM, Schuldrecht Rn 221, 219; REISCHL JuS 2003, 453, 457 f sowie vWILMOWSKY Beil zu JuS Heft 1/2002, 3, 25).

Ist der Anspruch auf die vollständige Erfüllung bzw Nacherfüllung nachträglich nach **E 10** **Maßgabe des § 275 Abs 1 bis 3 untergegangen, verweist** § 283 S 2 für den Fall der **Teilleistung** auf § 281 S 2. Der Gläubiger kann also bei Ausbleiben der Restleistung *Schadensersatz statt der ganzen Leistung* verlangen, wenn er an der bereits erhaltenen Teilleistung kein Interesse hat (vgl § 283 Rn 82 ff). Ist dies nicht der Fall, so kann er lediglich den kleinen Schadensersatz als Ausgleich für das Ausbleiben der Restleistung geltend machen.

Möglich ist weiterhin, daß die nach § 281 Abs 1 S 1 2. Alt geschuldete **Nacherfüllung** bei der **nicht wie geschuldet erbrachten (Schlecht-)Leistung nach Vertragsschluß** iS von § 275 Abs 1 unmöglich wird oder der Schuldner aufgrund des § 275 Abs 2 oder 3 von dieser Pflicht befreit wird. Für solche Fallgestaltungen gilt die Verweisung in § 283 S 2 auf § 281 S 3, so daß Gläubiger die mangelhafte Leistung nur zurückgewähren und **Schadensersatz statt der ganzen Leistung** verlangen kann, wenn die Pflichtverletzung in Form der Schlechterfüllung **nicht unerheblich** ist (dazu ie § 283 Rn 90 f sowie HIRSCH Jura 2003, 289, 294 ff). Im übrigen ist er auf den kleinen Schadensersatz und somit den Ausgleich der mangelbedingten Vermögenseinbuße beschränkt. Ist der Kaufgegenstand hingegen bereits bei Vertragsschluß mit einem unbehebbaren Mangel behaftet, so ist allein § 311a Abs 2 als Anspruchsgrundlage heranzuziehen (BAMBERGER/ROTH/ FAUST § 437 Rn 65; dazu STAUDINGER/LÖWISCH [voraussichtlich 2006] § 311a).

3.   (Einfacher) Schadensersatz nach § 280 Abs 1

E 11   Der **schlichte** bzw **einfache** (so BT-Drucks 14/6040, 135; HUBER, in: HUBER/FAUST Rn 217) **Schadensersatz** oder Schadensersatz *neben der Leistung* (ähnlich HIRSCH Jura 2003, 289, 290, der auch den Verzögerungsschaden in diese Kategorie einordnet; ST LORENZ NJW 2002, 2497, 2500; M SCHULTZ, in: WESTERMANN, Das Schuldrecht 2002, 71; vWILMOWSKY Beil zu JuS Heft 1/2002, 3, 5) umfaßt solche Schäden, die weder auf das endgültige Ausbleiben der Leistung noch auf einen Verzug des Schuldners zurückzuführen sind und darüber hinaus durch die spätere (Nach-)Erfüllung nicht mehr zu kompensieren wären. § 280 Abs 1 ist demnach als eine Art Auffangtatbestand anzusehen (vgl Vorbem 9 zu § 280–285; Münch-Komm/ERNST Rn 29; BAMBERGER/ROTH/FAUST § 437 Rn 60; FAUST, in: HUBER/FAUST Rn 3/217 ff; in diesem Sinn auch HIRSCH Jura 2003, 289, 292 sowie RECKER NJW 2002, 1247).

§ 280 Abs 1 dient dem **Schutz des Erhaltungsinteresses**. Dieses Interesse wird primär durch sog Integritätsschäden verletzt, die unabhängig von der Leistungserbringung entstehen und keinesfalls durch die geschuldete (Nach-)Erfüllung vermieden worden wären. Dazu zählen Beeinträchtigungen der Rechte, Rechtsgüter oder Interessen des Gläubigers (vgl § 241 Abs 2) wie etwa des Eigentums, des Körpers oder des sonstigen Vermögens des Gläubigers. Sie sind typischerweise auf die Verletzung von Schutz- und Rücksichtnahmepflichten iS von § 241 Abs 2 (dazu allgemein Rn C 21 ff sowie ie § 282 Rn 19 ff) zurückzuführen (vgl HIRSCH Jura 2003, 289, 290; ST LORENZ NJW 2002, 2497, 2500; REISCHL JuS 2003, 40, 42; vWILMOWSKY Beil JuS Heft 1/2002, 5). Erfaßt sind dabei ebenfalls reine Vermögensschäden (MünchKomm/ERNST Rn 29). Insofern ist das Integritätsinteresse nicht eng iS einer Gewährleistung des status quo und schon gar nicht nur gegenständlich iS eines Ausgleichs für Eingriffe in bereits vorhandene Rechtspositionen, sondern auch zukunftsbezogen zu verstehen. Entscheidend ist, daß es sich gerade nicht mit dem spezifisch geschützten Erfüllungsinteresse deckt. Macht der Gläubiger den einfachen Schadensersatz geltend, so läßt dies den Erfüllungsanspruch unberührt. Er kann folglich seinen Schaden liquidieren und daneben weiterhin Erfüllung verlangen. Aus diesem Grund wird diese Schadensart auch als Schadensersatz *neben* der Leistung qualifiziert (vgl HIRSCH Jura 2003, 289, 290).

E 12   Einen völlig abweichenden Ansatz vertritt hingegen FAUST, der die Zuordnung von

Integritätsschäden an anderen Rechtspositionen des Käufers zum einfachen Schadensersatz oder zum Schadensersatz statt der Leistung danach vornehmen will, ob sie zu einem Zeitpunkt eintreten, in dem das Nacherfüllungserfordernis noch bestand oder nicht (in: BAMBERGER/ROTH § 437 Rn 47, 51, 54; die Möglichkeiten der Beendigung der Nacherfüllungspflicht entsprechen den Gründen für das Ausbleiben der Leistung, vgl Rn E 7). In diesem Fall seien die Schäden auf der Grundlage von § 280 Abs 1, danach im Rahmen des Schadensersatzes statt der Leistung nach §§ 280 Abs 1 u 3, 281 geltend zu machen. Diese Konzeption differenziert nicht mehr primär nach der Art der Pflichtverletzung, sondern nimmt die Einordnung der Schäden in § 280 Abs 1 einerseits und die §§ 281 bis 283 andererseits nach dem Entstehungszeitpunkt vor. Nach der Systematik der Gesetzes ist jedoch die Art der Pflichtverletzung der Ausgangspunkt, der bei dieser Ansicht außer Betracht bleibt. Man kann zwar umgekehrt die Frage aufwerfen, ob nicht dem Schadensersatz statt der Leistung auch Rechtspositionen zuzuordnen sind, die ohne Nicht- oder Schlechterfüllung ohne weiteres nur dem einfachen Schadensersatz nach § 280 Abs 1 unterfielen (dazu Rn E 26 ff). Dies hängt aber von der Tragweite der jeweiligen, den Anspruch auslösenden Pflichtverletzung und nicht vom Zeitpunkt des Schadenseintritts ab. Eine Ausnahme macht insoweit der Verzugsschaden, weil er nur während des Verzugszeitraums durch die pflichtwidrige Leistungsverzögerung ausgelöst werden kann.

II. Abgrenzungsfragen

Zusammenfassend ist vorweg festzuhalten, daß der einfache Schadensersatz nach **E 13** § 280 Abs 1, der Schadensersatz statt der Leistung nach § 280 Abs 1 u 3 iVm §§ 281 bis 283 sowie der Verzögerungsschaden nach §§ 280 Abs 1 u 2, 286 grundsätzlich nicht nur auf verschiedenen Pflichtverletzungen beruhen, sondern auch verschiedene Bezugspunkte haben: Der *Verzögerungsschaden* umfaßt alle Schadenspositionen, die auf der Verzögerung der Leistung beruhen und durch die spätere Erfüllung nicht mehr kompensiert werden können (Rn E 3). Der *einfache Schadensersatz* schützt hingegen das *Erhaltungsinteresse* des Gläubigers (Rn E 11). Beide Schadensersatzformen lassen den Erfüllungsanspruch unberührt. Demgegenüber schützt der *Schadensersatz statt der Leistung das Erfüllungs- bzw Leistungsinteresse.* Diese Schadensersatzform gewährt dem Gläubiger Ersatz des *positiven Interesses* (Rn E 5 ff) und damit den Ausgleich aller Schäden, die auf die endgültige völlige oder teilweise Nichtleistung oder Schlechterfüllung zurückzuführen sind und nicht durch die Nachholung der Leistung bzw Nacherfüllung vermieden worden wären. Mit dem berechtigten Schadensersatzverlangen des Gläubigers geht der Erfüllungsanspruch spätestens unter, wenn er nicht ohnehin schon durch § 275 Abs 1 bis 3 ausgeschlossen ist (§ 281 Abs 4; zur Anwendbarkeit der Norm auf den Schadensersatzanspruch statt der Leistung wegen Unzumutbarkeit der Annahme [§ 282] § 282 Rn 66).

Begehrt der Gläubiger den Ersatz solcher Schäden, die auf ein **Leistungshindernis iS von § 275** zurückzuführen sind, so ist zunächst zu klären, ob dieses Hindernis vor oder nach Vertragsschluß aufgetreten ist und daher **nicht §§ 280 Abs 1 u 3, 283, sondern § 311a Abs 2 Anspruchsgrundlage** ist. Dies ist insbes bei der Lieferung einer Sache von Bedeutung, die mit einem unbehebbaren Mangel behaftet ist. Entscheidend ist dann, ob Unbehebbarkeit vor oder nach Vertragsschluß eingetreten ist (dazu HIRSCH Jura 2003, 289, 296 sowie ST LORENZ NJW 2002, 2497, 2501).

E 14 Trotz dieser auf den ersten Blick scheinbar klaren Trennung treten hinsichtlich der unterschiedlichen Schadenspositionen zahlreiche Probleme bei der Abgrenzung der verschiedenen Schadensersatzformen untereinander auf. Insoweit wird nicht einheitlich beurteilt, welche **Anspruchsgrundlage** für einzelne Schadenspositionen und vor allem **Folgeschäden** heranzuziehen ist und ob solche Positionen möglicherweise innerhalb einer Anspruchsgrundlage lediglich als **Rechnungsposten** zu behandeln sind (dazu Rn E 26 ff). Meinungsverschiedenheiten bestehen ua für den wichtigen Bereich der Produktions- bzw Nutzungsausfallschäden, obwohl der Gesetzgeber davon ausgegangen ist, daß infolge der Neuregelung die schwierige Abgrenzung zwischen Mangel- bzw Mangelfolgeschäden nicht mehr notwendig sei (BT-Drucks 14/6040, 87 f, 94). Von der Beurteilung dieser Fragen sind allerdings die **Voraussetzungen abhängig**, von denen das Schadensersatzbegehren des Gläubigers abhängt, insbes ob er eine Mahnung aussprechen oder eine Frist zur Nacherfüllung bestimmen muß.

Abgrenzungsfragen treten auch im Zusammenhang mit **Leistungsverzögerungen** auf, gleichgültig, ob noch erfüllt wird oder ob die Leistung/Nacherfüllung ganz ausbleibt und aus diesem Grund Schadensersatz statt der Leistung verlangt wird (dazu sogleich Rn E 15 ff).

E 15 Gewichtige Unterschiede können sich in diesem Zusammenhang zudem im Hinblick auf die **Verjährung** ergeben. Denn die kurzen Verjährungsfristen in den §§ 438, 634a beziehen sich nur auf mängelbedingte Schadensersatzansprüche iS der §§ 437 Nr 3, 634 Nr 4 nach der Übergabe bzw Ablieferung oder Abnahme. Schon deshalb gilt die regelmäßige Verjährungsfrist des § 199 jedenfalls für Verzögerungsschäden. Die genannten Vorschriften beziehen sich aber auch nicht auf § 282 (dazu bereits Rn C 24). Für den Schadensersatz statt der Leistung wegen Unzumutbarkeit der Annahme durch den Gläubiger gilt daher ebenfalls die Regelverjährungsfrist (in diesem Sinn Münch-Komm/ERNST Rn 65). Die Antwort ist jedoch nicht so selbstverständlich, wenn die Unzumutbarkeit der Durchführung des Vertrages wesentlich mit einem Mangel der Leistung in Zusammenhang steht (vgl § 282 Rn 72). Die Problematik beschränkt sich aber im Bereich des Kauf- und Werkvertragsrechts nicht nur auf die beiden genannten Schadensersatzformen. Sie kann darüber hinaus den einfachen Schadensersatzanspruch nach § 280 Abs 1 betreffen, wenn die Verletzung der betroffenen Rechte, Rechtsgüter oder Interessen nicht auf der mangelhaften Leistung, sondern auf einer nicht leistungsbezogenen Pflicht beruht (zu dieser Problematik ie Rn G 4 ff).

1.   Besonderheiten im Zusammenhang mit Leistungsverzögerungen

E 16 Das **Verhältnis von Verzögerungsschaden** (§§ 280 Abs 1 u 2, 286) **zum Schadensersatz statt der Leistung** (§ 280 Abs 1 u 3 iVm § 281, § 282 oder § 283) ist auf den ersten Blick eindeutig: Befindet sich der Schuldner mit der Leistung im Verzug und wird sie schließlich iS von § 275 Abs 1 subjektiv oder objektiv unmöglich, so endet der Verzug mit dem Eintritt der Unmöglichkeit. Das gleiche gilt, wenn sich der Schuldner auf sein Leistungsverweigerungsrecht nach § 275 Abs 2 u 3 oder nach § 439 Abs 3 beruft. Das Ende des Verzugs tritt ebenfalls ein, wenn der Gläubiger nach Ablauf einer von ihm zuvor gesetzten Frist Schadensersatz statt der Leistung iS von § 281 Abs 4 (vgl § 281 Rn D 1 ff, § 282 Rn 66) verlangt oder den Rücktritt erklärt (vgl STAUDINGER/OTTO [2004] § 323 Rn D 12 ff und zur Beendigung des Verzugs allgemein STAUDINGER/LÖWISCH § 286 Rn 112 ff). Davor kann der Gläubiger den Verzögerungsschaden wie nach § 286

Abs 1 aF ohne weiteres selbständig und unabhängig von seiner eigenen Erklärung oder der des Schuldners geltend machen, ohne daß sich die Frage einer Konkurrenz stellt (zur alten Rechtslage BGHZ 88, 46, 49; BGH LM § 284 BGB Nr 44 a = NJW-RR 1997, 622, 624; BGH NJW 2000, 951, 952).

a) Maßgeblicher Zeitraum für einen etwaigen Verzögerungsschaden

Ersatz des Verzögerungsschadens (§ 280 Abs 1 u 2) kann nur verlangt werden, wenn **E 17** dieser durch eine Leistungsverzögerung in dem Zeitraum **von Beginn bis zum Ende des Verzugs** verursacht worden ist, in dem also die Voraussetzungen des § 286 vorgelegen haben (dazu ie STAUDINGER/LÖWISCH § 286 sowie zu den Unterschieden zwischen der Verzögerung der Leistung iS des § 281 und dem Verzug § 281 Rn B 33, 34). Davon sind die Schäden umfaßt, die dem Gläubiger dadurch entstanden sind, daß die Leistung nicht rechtzeitig erbracht worden ist und die auch nicht vermieden worden wären, wenn der Schuldner später noch geleistet hätte. Die Selbständigkeit des Verzögerungsschaden zeigt sich darüber hinaus möglicherweise bei der Verjährung (zu dieser Problematik Rn E 15 sowie G 1 u 6) oder bei Klauseln, welche die Haftung ausschließen oder beschränken. Der Verzögerungsschaden darf indessen wie bei § 286 aF nicht in der Weise berechnet werden, daß das endgültige Ausbleiben der Leistung berücksichtigt wird (RGZ 94, 203; RG HRR 1932 Nr 437 zur übertragbaren alten Rechtslage).

Für den Zeitraum **nach Beendigung des Verzugs** aus einem der oben genannten **E 18** Gründen kann der Gläubiger nur *Schadensersatz statt der Leistung* geltend machen und damit Ersatz derjenigen Schäden verlangen, die darauf zurückzuführen sind, daß die Leistung endgültig ausbleibt. Beide Anspruchsgrundlagen beziehen sich also idR auf unterschiedliche Zeiträume und sind zudem von unterschiedlichen Voraussetzungen abhängig (dazu sogleich näher Rn E 19 f).

Der *Anspruch auf Schadensersatz statt der Leistung entsteht* aber nur im Fall der Unmöglichkeit (§§ 275 Abs 1, 283) zweifelsfrei gleichzeitig mit dem Ende der Leistungspflicht. Ansonsten endet diese erst durch eine Erklärung des Gläubigers oder Schuldners. Vor allem in den Fällen der Entbehrlichkeit einer Fristsetzung bei der Leistungsverzögerung und der Schlechterfüllung zeigt sich, daß der Schadensersatzanspruch statt der Leistung auch entstehen kann, wenn der Verzug noch andauert. Denn der Anspruch entsteht nicht erst mit seiner Geltendmachung, sondern bereits bei Fristablauf oder bei der Entbehrlichkeit einer Fristsetzung mit den hierfür maßgeblichen Voraussetzungen; das Schadensersatzverlangen schließt vielmehr erst den Anspruch auf die Leistung aus (vgl § 281 Rn B 112, 140, 146). Aus diesem Grund sind Überschneidungen des Anwendungsbereichs nicht gänzlich ausgeschlossen (aA MünchKomm/ERNST § 281 Rn 110, 114 ff; FAUST, in: HUBER/FAUST, Schuldrechtsmodernisierung Rn 3/183 f, HIRSCH Jura 2003, 289, 290). Die Rechtslage war nach § 326 aF insofern anders, als der Schadensersatz wegen Nichterfüllung dort zeitgleich mit dem Untergang des Leistungsanspruchs entweder wegen des fruchtlosen Ablaufs der Nachfrist oder der Ablehnung der Erfüllung wegen Wegfalls des Interesses entstand, während dies jetzt nicht mehr der Fall ist.

Gleichwohl ging bereits die zu §§ 286 Abs 1 u 326 aF überwiegend vertretene Ansicht **E 19** davon aus, daß die **Abgrenzung von Verzögerungsschaden und Schadensersatz wegen Nichterfüllung** nicht notwendig sei. Man räumte dem Gläubiger insoweit ein Wahlrecht ein. Demzufolge hatte er grds die Möglichkeit, seinen Anspruch allein auf § 326 aF zu stützen und bei der Errechnung des Schadensersatzes wegen Nichterfüllung *den Verzögerungsschaden mit einzubeziehen.* Der Gläubiger konnte somit zu dessen Errechnung auf den *Zeitpunkt des Verzugseintritts* zurückgehen (RGZ 96, 158; BGH NJW 1953, 337; NJW 1959, 1819: dort wurde die Einbeziehung freilich für den Fall verneint, daß der Verzögerungsschaden bereits verjährt ist; BGH NJW 1995, 449, 450; NJW 1997, 1231). Nach meiner Auffassung war es allerdings nach alter Rechtslage geboten, zwischen dem Verzögerungsschaden nach § 286 Abs 1 aF und dem Nichterfüllungsschaden nach § 326 aF zu differenzieren und *beide als Anspruchsgründe für das Schadensersatzbegehren zu nennen.* Allenfalls bei der Schadensbemessung hätte man auf eine genaue Zuordnung der Schadensanteile verzichten können, sofern dies nicht im Hinblick auf das selbständige Schicksal beider Ansprüche geboten war. Demgegenüber betonte die Rspr den Gedanken (zB RGZ 98, 213, 214), daß der Schuldner sich bereits bei Verzugseintritt durch die Vertragsverletzung ersatzpflichtig mache, was nach meiner Ansicht nichts an den unterschiedlichen Anspruchsgrundlagen ändern konnte. Für die alte Rechtslage war die gegenteilige Rspr des BGH besonders bedenklich. Denn dieser betonte schließlich, daß es für die Bemessung des Anspruchs auf Schadensersatz wegen Nichterfüllung auf den *Fälligkeitszeitpunkt* ankomme und jener durchaus vor dem Verzugseintritt liegen könne (BGHZ 126, 131, 134; NJW 1998, 2901, 2903; NJW 1999, 3625, 3626 = LM § 325 BGB Nr 31 m krit Anm SCHIEMANN zu § 326 aF). Zu den weiteren Einzelheiten STAUDINGER/OTTO [2001] § 326 Rn 160.

E 20 Auf die neue Rechtslage ist Position der überwiegenden Ansicht zur alten Rechtslage nach meiner Auffassung eher übertragbar (**aA** MünchKomm/ERNST § 281 Rn 112 f; FAUST, in: HUBER/FAUST, Schuldrechtsmodernisierung Rn 3/184 f; LORENZ/RIEHM, Schuldrecht Rn 288). Sie plädiert weiterhin für ein Wahlrecht des Gläubigers und geht davon aus, daß die Verzugsvoraussetzung idR bei Vorliegen der Voraussetzungen des § 281 ebenfalls erfüllt sein dürften (STAUDINGER/LÖWISCH § 286 Rn 172; MünchKomm/EMMERICH Vor § 281 Rn 17). In der Tat sind die Anforderungen an den Verzug bei genauer Betrachtung partiell geringer (§ 281 Rn B 33, 34). Das Wahlrecht ist allerdings nur akzeptabel, soweit die jeweiligen Voraussetzungen auch wirklich kumulativ vorliegen; denn anders als der Nichterfüllungsschaden gem § 326 aF setzt der Schadensersatzanspruch statt der Leistung nach §§ 280 Abs 1 u 3, 281 Abs 1 S 1 1. Alt, der § 326 aF abgelöst hat (vgl dazu § 281 Rn A 11, 12), nicht mehr den Verzug des Schuldners voraus. Jedoch ist in der Fristsetzung nach Ansicht des Gesetzgebers regelmäßig eine Mahnung zu sehen (BT-Drucks 14/6040, 138). Damit ist zwar noch nicht geklärt, ob der Schuldner bereits mit dem Ausspruch der Fristsetzung oder erst nach deren Ablauf in Verzug gerät. Denn die Fristsetzung kann nicht nur als Sofortmahnung (so der Regelfall: STAUDINGER/LÖWISCH § 286 Rn 52; HUBER, Leistungsstörungen Bd I 430 f; **aA** KRAUSE Jura 2002, 299), sondern auch als befristete Mahnung zu qualifizieren sein, so daß ihre Wirkungen erst mit Fristablauf eintreten. Geht man von einer befristeten Mahnung aus, so könnte der Schuldner den Verzögerungsschaden erst nach Ablauf der Fristsetzung geltend machen, nicht aber für den Zeitraum davor. Zu diesem Zeitpunkt entsteht jedoch idR auch erst der Anspruch auf Schadensersatz statt der Leistung. Im übrigen kann die Fristsetzung entbehrlich sein; auch hier decken sich die Ausnahmen in § 286 Abs 2 und § 281 Abs 2 allerdings nicht vollständig (vgl § 281 Rn B 33).

Dies soll anhand folgender **Beispiele** verdeutlicht werden: Liefert etwa ein Kfz-Händler nicht innerhalb des unverbindlich zugesagten Zeitraums und muß der Käufer daher einen Mietwagen nehmen, weil er sein altes Fahrzeug bereits verkauft hat, so kann der Käufer die Mietwagenkosten schon dann als *Verzögerungsschaden geltend machen, wenn er die Sofortmahnung ausspricht, während der Schadensersatz statt der Leistung* nach § 281 Abs 1 S 1 1. Alt voraussetzt, daß die Frist zur Leistungserbringung abgelaufen ist. Unter den Verzögerungsschaden fällt auch der entgangene Gewinn durch einen infolge verspäteter Lieferung verursachten Produktionsausfall (Staudinger/Löwisch § 286 Rn 187).

Wegen der unterschiedlichen Voraussetzungen von Schadensersatz statt der Leistung **E 21** nach §§ 280 Abs 1 u 3, 281 und Ersatz des Verzögerungsschadens gem §§ 280 Abs 1 u 2, 286 sowie der möglichen Selbständigkeit der beiden Schadensformen bei der Verjährung (dazu Rn E 15 sowie Rn G 1 u 6) ist daher – auch bei Bejahung eines Wahlrechts – zwischen den beiden Anspruchsgrundlagen zu differenzieren und für die Schadenspositionen ie zu prüfen, ob und ab wann deren Voraussetzungen erfüllt sind (so erst recht MünchKomm/Ernst § 281 Rn 112 f, der darüber hinaus auf einen möglichen unterschiedlichen Mitverschuldensanteil hinweist, sowie iE Faust, in: Huber/Faust, Schuldrechtsmodernisierung Rn 3/185). Ergeben sich Überschneidungen und lassen sich bei der Bemessung des Anspruchs die Schadensanteile nicht trennen, was vor allem bei der abstrakten Schadensberechnung der Fall sein kann, sollten beide Anspruchsgrundlagen genannt werden (vgl § 281 Rn B 147).

b) Verzögerte Ausübung des Leistungsverweigerungsrechts gem § 275 Abs 2 u 3
Problematisiert wird auch die **Abgrenzung von Verzögerungsschaden und Schadens- E 22 ersatz statt der Leistung gem § 280 Abs 1 u 3, 283** bei der verspäteten Ausübung des Leistungsverweigerungsrechts durch den Schuldner. Befindet sich der Schuldner zunächst mit der Leistung in Verzug und beruft er sich später auf sein **Leistungsverweigerungsrecht nach § 275 Abs 2 oder Abs 3**, obgleich die Voraussetzungen schon vorher gegeben waren, stellt sich die Frage, auf welchen Zeitpunkt für die Beendigung des Verzugs abzustellen ist. Wirkt die Ausübung des Leistungsverweigerungsrechts *ex nunc* oder ist auf den früheren Zeitpunkt abzustellen, zu dem das Leistungshindernis in Gestalt des unzumutbaren Leistungsaufwands oder die persönliche Unzumutbarkeit der Leistung eingetreten ist. Dann würde die Ausübung der Einrede *ex tunc* zurückwirken. Im Kern geht es also darum, ob der Verzug bereits dadurch beendet wird, daß dem Schuldner die Einrede *zusteht, oder ob er sie tatsächlich ausüben muß*. Während die Einrede des nichterfüllten Vertrages nach § 320 bereits mit dem Vorliegen ihrer Voraussetzungen Wirkung entfaltet, lehnt man dies für das Zurückbehaltungsrecht nach § 273 unter Hinweis auf die Abwendungsbefugnis des Gläubigers nach Abs 3 mit Recht ab (dazu ie Staudinger/Löwisch § 286 Rn 18 ff).

Für die *Einrede nach § 275 Abs 2 u 3* wird die Beendigung des Verzugs nicht einheitlich beurteilt. Eine Ansicht ordnet das Leistungsverweigerungsrecht in die Gruppe der Einrede der Verjährung (§ 214 Abs 1) und des nichterfüllten Vertrages (§ 320) ein, so daß grundsätzlich das Bestehen der Einrede nach § 275 Abs 2 u 3 bereits die Verzugsfolgen ausschließt (MünchKomm/Ernst § 275 Rn 99, § 286 Rn 22; Faust, in: Huber/Faust, Schuldrechtsmodernisierung Rn 3/184; Wieser NJW 2001, 121, 122). Nach der zutreffenden Gegenansicht ist das Leistungsverweigerungsrecht eher mit dem Zurückbehaltungsrecht nach § 273 zu vergleichen. Es ist die Entscheidung des Schuldners, die Primärleistung unter überobligationsmäßigen Anstrengungen noch zu erbringen oder sich auf das Leistungsverweigerungsrecht zu berufen. Vor dem Hintergrund dieses Zwecks der Einredelösung könne allein das Bestehen der Einrede den Verzug noch nicht beenden (Staudinger/Löwisch Vorbem 15 ff zu §§ 286–292, § 286 Rn 17; M Schultz, in: Westermann, Das Schuldrecht 2002, 58 f).

c) Verhältnis des Verzögerungsschadens zum einfachen Schaden

E 23 Im Zusammenhang mit der unter der vorigen Rn dargestellten Problematik stellt sich außerdem die Frage nach dem Verhältnis von Verzögerungsschaden und einfachem Schadensersatz. Davon ist insbes der Zeitraum ab Fristablauf betroffen, in dem der Gläubiger noch nicht Schadensersatz statt der Leistung begehrt hat und der Erfüllungsanspruch unter Berücksichtigung von § 281 Abs 4 noch nicht erloschen ist. Die Frage stellt sich auch bei der Vereinbarung eines bestimmten Leistungstermins, die zur Entbehrlichkeit der Mahnung nach § 286 Abs 2 Nr 1 führt. Da sich der Schuldner spätestens mit Ablauf der Nachfrist bzw des vereinbarten Liefertermins in Verzug befindet und der Verzug erst endet, wenn der Schuldner Schadensersatz statt der Leistung verlangt oder schließlich doch noch leistet, kommen für diesen Zeitraum grundsätzlich §§ 280 Abs 1 u 2, 286 sowie § 280 Abs 1 als Anspruchsgrundlagen in Betracht (in diesem Sinn auch MünchKomm/Ernst Rn 59). Schäden, die auf der Verzögerung der Leistung beruhen und die selbst bei späterer Erfüllung nicht mehr entfallen können, kann der Gläubiger als Verzögerungsschaden ersetzt verlangen. Wird zudem das Erhaltungsinteresse tangiert, kommt auch § 280 Abs 1 als Anspruchsgrundlage in Betracht.

E 24 Es kann in diesen Fällen somit zu Überschneidungen kommen, wie folgendes **Beispiel** verdeutlichen soll: Der Schuldner hat eine Maschine zur Frischobstverarbeitung bei Fälligkeit nicht geliefert. Der Gläubiger setzt ihm daher eine Frist zur Nacherfüllung. Die Frist ist so bemessen, daß die derzeit eingelagerten Obstbestände noch verarbeitet werden können. Der Schuldner überschreitet die Frist trotz Kenntnis dieser Umstände fahrlässig um mehrere Tage, so daß die Obstbestände verderben. Der Gläubiger verlangt nunmehr Ersatz für das verdorbene Obst und den für den Weiterverkauf der verarbeiteten Produkte entgangenen Gewinn. Zwar ist der Schaden in dieser Konstellation jedenfalls hinsichtlich des Obstes an anderen Rechtspositionen des Gläubigers entstanden, so daß man an § 280 Abs 1 als Anspruchsgrundlage für den Ersatz des verdorbenen Obstes denken könnte. Die **maßgebliche Pflichtverletzung ist jedoch in diesem Fall in der Verzögerung der Nacherfüllung, nicht etwa in der Verletzung einer nicht leistungsbezogenen Schutzpflicht** iS von § 241 Abs 2 zu sehen. Darauf beruht auch der entgangene Gewinn. Daher sind als Anspruchsgrundlage die §§ 280 Abs 1 u 2, 286 heranzuziehen.

Bei diesem Ergebnis bliebe es im übrigen auch, wenn der Schuldner überhaupt nicht mehr leisten und der Gläubiger daher erst nach Fristablauf Schadensersatz statt der Leistung verlangen würde. Denn dieser Anspruch bezieht sich nur auf solche Schäden, die auf dem endgültigen Ausbleiben der Leistung beruhen und umfaßt nicht solche, die durch die Erfüllung vor dem Schadensersatzverlangen des Gläubigers noch hätten vermieden werden können (vgl Rn E 6; iE ebenso MünchKomm/Ernst Rn 71). Zu diesem Zeitpunkt war das Obst jedoch bereits verdorben.

In dieser Konstellation spielt allerdings die Abgrenzung der Anspruchsgrundlagen im Hinblick auf Voraussetzungen des Schadensersatzanspruchs eine untergeordnete Rolle, weil sich der Schuldner spätestens mit dem Ablauf der Nacherfüllungsfrist ohnehin im Verzug befindet und damit die Anforderungen des § 280 Abs 1 wie auch die zusätzlichen des § 280 Abs 2, 286 gegeben sind. Unterschiede könnten sich aber für die Verjährung (dazu Rn E 15 sowie Rn G 1 u 6) und bei der Frage nach der Einbeziehung des Schadens als Rechnungsposten in den Schadensersatz statt der Leistung ergeben (dazu Rn E 45 ff). Wie das Beispiel aber zeigt, ist die Abgrenzung in diesen Fällen eine **Wertungsfrage**, *die im Hinblick auf die Pflichtverletzung vorzunehmen* ist. Es ist jeweils zu prüfen, ob der maßgebliche Vorwurf auf der Leistungsverzögerung oder der Schutzpflichtverletzung iS von § 241 Abs 2 beruht (zu dieser Problematik im Zusammenhang mit der Schlechterfüllung vgl Rn E 26 ff).

d)   Verhältnis des Verzögerungsschadens zur Schlechterfüllung
Noch etwas schwieriger wird die Beurteilung bei folgender leichter Abwandlung des **E 25** vorherigen Beispiels. Der Schuldner hat innerhalb der Frist eine mit einem Mangel behaftete Maschine geliefert, die der Gläubiger in Unkenntnis des Mangels angenommen hat. Als er die Maschine zur Obstverarbeitung nicht einsetzen kann, setzt der Gläubiger eine Frist für die Nacherfüllung gem § 439. Die Nacherfüllung erfolgt zunächst nicht. Der Gläubiger verlangt nunmehr Ersatz für das verdorbene Obst und den für den Weiterverkauf der verarbeiteten Produkte entgangenen Gewinn. Hätte der Gläubiger die Leistung nicht angenommen, wäre die Leistung bis zum Fristablauf nicht erfolgt, und der Gläubiger könnte beide Vermögensnachteile als Verzögerungsschaden geltend machen bzw uU nach § 281 Abs 1 S 1 1. Alt vorgehen. Hat der Schuldner die Leistung jedoch angenommen, kann man nicht mehr nur von einem Verzögerungsschaden sprechen; der Schuldner erhält nicht etwa eine zweite Frist iS des § 281 Abs 1 S 1 1. Alt zur Nacherfüllung (vgl näher Rn E 28 ff). Vielmehr kann der Gläubiger den einfachen Schaden gem §§ 437 Nr 3, 280 Abs 1 liquidieren, wenn er nicht den Weg der Gesamtliquidation des Vertrages gem § 281 Abs 1 S 1 2. Alt beschreiten will oder wegen § 281 Abs 1 S 3 nicht beschreiten kann (vgl § 281 Rn B 80). In diesem Fall gelten in jedem Fall die Verjährungsregeln des § 438. Streiten kann man lediglich darüber, was die maßgebliche Pflichtverletzung für den Schadensersatz wegen des verdorbenen Obstes ist: nämlich entweder die Schlechterfüllung mit der Folge der Eigentumsbeeinträchtigung oder eine damit einhergehende Schutzpflichtverletzung (dazu bereits Rn C 19 f). Für den Schaden haftet der Schuldner nur dann nicht, wenn er sich gem § 280 Abs 1 S 2 hinsichtlich der Schlechterfüllung bzw der Schutzpflichtverletzung entlasten kann.

2.   Besonderheiten bei sogenannten Folgeschäden

Schwierige Abgrenzungsfragen treten ebenfalls bei der Einordnung sog mängelbe- **E 26** dingter Folgeschäden auf. Dabei geht es um die Zuordnung von Schäden an anderen Rechtspositionen des Gläubigers, die durch die mangelhafte Leistung verursacht wurden. Solche sind neben Schäden an den sonstigen Rechten und Rechtsgütern des Gläubigers auch Vermögensschäden, zB infolge Produktions- bzw Nutzungsausfalls oder auch Hotelkosten (vgl BGH NJW-RR 2003, 878 f zu § 635 aF).

Wiederum ist primär die Frage zu stellen, welche Pflichtverletzung des Schuldners für den Schadenseintritt maßgeblich ist. Daneben ist die Überlegung anzustellen, ob der eingetretene Schaden das Erfüllungs- oder Erhaltungsinteresse des Gläubigers betrifft. Vom Ergebnis dieser Überlegungen sind die einschlägige Anspruchsgrundlage und damit auch die Anforderungen an den Gläubiger zur Durchsetzung des Anspruchs (Fristsetzung zur Nacherfüllung, Mahnung) abhängig. Darüber hinaus können sich aus der Einordnung Konsequenzen für die anwendbaren Verjährungsregeln ergeben (vgl Rn E 15 sowie G 1 u 4 ff). Es besteht zwar weitgehend Einigkeit darüber, daß der Gläubiger auf der Grundlage von § 280 Abs 1 und §§ 280 Abs 1 u 3, 281 mit Ausnahme des Verzögerungsschadens **den vollständigen Ausgleich seines gesamten Schadens** erlangen kann. Die Verteilung der einzelnen Schadenspositionen auf die beiden Anspruchsgrundlagen wird aber nicht einheitlich beurteilt (so auch Münch-Komm/Ernst Rn 65; Hirsch Jura 2002, 289, 290). Diskutierte Anknüpfungspunkte für die Beurteilung der Frage sind neben der Pflichtverletzung vor allen Dingen der Zeitpunkt der Schadensentstehung.

a)   Meinungsstand

E 27 Nach Ansicht des **Gesetzgebers** gilt für diese Art von Schäden nach der Neuregelung folgendes: Die **Mangelschäden**, also die Schäden an der gelieferten Sache selbst und damit der sog Mangelunwert, sollen in den Anwendungsbereich der §§ 280 Abs 1 u 3, 281 Abs S 1 2. Alt fallen. Schäden, die **über das Erfüllungsinteresse hinausgehen**, insbes solche an anderen Rechtspositionen als der Kaufsache, wie Körper- oder Eigentumsschäden, können hingegen bei zu vertretender Pflichtverletzung ohne das Fristsetzungserfordernis auf der Grundlage von § 280 Abs 1 liquidiert werden (vgl BT-Drucks 14/6040, 225). Dabei äußert sich der Gesetzgeber primär zur Rechtslage vor Ablauf der Frist. Vor dem Hintergrund der charakteristischen Merkmale des einfachen Schadensersatzes nach § 280 Abs 1 (vgl Rn E 11) und des Schadensersatzes statt der Leistung (vgl Rn E 7) ist diese Sichtweise konsequent; denn die typischen Mangelfolgeschäden an anderen Rechtsgütern des Gläubigers sind durch Nacherfüllung regelmäßig nicht zu beseitigen. Die maßgebliche Pflichtverletzung ist hier iS von § 433 Abs 1 S 2 die mangelhafte Leistung und damit die Schlechterfüllung.

E 28 Demgegenüber wird in der Lit zT die Auffassung vertreten, die maßgebliche Pflicht-verletzung liege in solchen Fällen nicht in der Schlechtleistung, sondern darin, **daß der Schuldner die geschuldete mangelfreie Sache nicht geliefert habe** (dagegen schon Rn E 25). Aufgrund dieser Leistungsverzögerung seien Schäden infolge der mangel-haften Leistung in das **Verzugsrecht** einzuordnen (AnwKomm/Dauner-Lieb Rn 43; MünchKomm/Emmerich Vor § 281 Rn 18; Dauner-Lieb/Dötsch Betrieb 2001, 2535, 2537; Faust, in: Huber/Faust Schuldrechtsmodernisierung Rn 3/223; Oetker/Maultzsch, Vertragliche Schuld-verhältnisse 98; Arnold/Dötsch BB 2003, 2250, 2253, die aber bei sog Mangelfolgeaufwendungen differenzieren wollen [2251 f]; M Schultz, in: Westermann, Das neue Schuldrecht 2002, 85, der § 286 analog anwenden möchte; teilweise abw vWilmowsky Beil JuS Heft 1/2002, 3, 20, der einerseits für den Fall des Nutzungsausfalls darauf abstellt, ob der Käufer die Sache erst später als geplant nutzen könne, und dies der Verzugshaftung zuordnet, und andererseits danach differenziert, ob die Kaufsache einen bestehenden Produktionsprozeß lahmlegt. In dem letzteren Fall sei das Unter-nehmen und damit das Integritätsinteresse betroffen und dem Käufer der entstandene Schaden nach § 280 Abs 1 zu ersetzen).

Die Verzögerungshaftung wird ua damit begründet, daß der Schuldner, der über-haupt nicht liefere, nicht besser gestellt werden dürfe als der, der mangelhafte Ware liefert. § 281 zeige gerade, daß der Gesetzgeber die Fälle der verzögerten Leistung und Schlechtleistung systematisch gleichbehandeln wolle. Daher sei nicht einzuse-hen, warum bei der Nichtleistung für die Geltendmachung des Verzögerungsscha-dens die Verzugsvoraussetzungen vorliegen müssen, also insbes idR eine Mahnung erforderlich sein soll, bei der Schlechtleistung hingegen für die Geltendmachung eines Mangelfolgeschadens nicht (AnwKomm/Dauner-Lieb Rn 43, 46 ff, 55; Dauner-Lieb/ Dötsch Betrieb 2001, 2535, 2537; Faust, in: Huber/Faust Schuldrechtsmodernisierung Rn 3/223; Teichmann, Diskussionsbeitrag in: Karlsruher Forum 2002, 162 ff).

Diese Sichtweise kann allerdings nicht überzeugen. Liefert der Schuldner eine Lei- **E 29** stung als vertragsgemäß, so hat der Gläubiger grundsätzlich keinen Anlaß, ihn zu mahnen. Bemerkt er den Mangel zunächst nicht und entstehen ihm bei Einsatz der gelieferten fehlerhaften Sache Schäden, die durch Nacherfüllung nicht zu beseitigen sind, so wird man regelmäßig eine unter § 286 Abs 2 Nr 4 zu subsumierende Fallgestaltung annehmen dürfen. Daher dürfte bei Vorliegen nicht mehr zu behebender Folgeschäden eine Mahnung regelmäßig entbehrlich sein (ähnlich auch MünchKomm/ Ernst Rn 56 f, der zudem darauf hinweist, daß der Käufer anderenfalls angehalten wäre, die Mangelfreiheit rein vorsorglich anzumahnen, was im Hinblick auf das Bestimmtheitserfordernis bedenklich sei). Schwierigkeiten ergeben sich bei dieser Sichtweise auch in Fällen, in denen ein aliud geliefert wird. Dann dürfte eine Fristsetzung regelmäßig nicht entbehrlich sein, da der Verkäufer eine vollfunktionsfähige Sache liefert, die aber nicht eingesetzt werden kann. Zwar handelt es sich gem § 434 Abs 3 um eine mangelhafte Lieferung (dazu § 281 Rn A 38 ff), jedoch hätte der Käufer keine Möglichkeit, den Schaden geltend zu machen, der ihm in dem Zeitraum zwischen Ablieferung und vor Verzugseintritt entsteht.

Für die überzeugendere Gegenansicht läßt sich im übrigen auch die Rspr des BGH zur vergleichbaren bisherigen Rechtslage im Werkvertragsrecht heranziehen. Das Gericht hat jüngst entschieden, daß die durch ein Werk verursachten (entfernten) Mangelfolgeschäden unabhängig von den Voraussetzungen der §§ 325, 326 aF, also auch des Verzugs, sowie des § 635aF auf der Grundlage der pVV zu ersetzen sind (BGH NJW 2002, 816, 817 = Schwab EWiR § 635 BGB aF 2/02, 1041).

Aus diesen Gründen ist mit der Gegenauffassung und in Übereinstimmung mit der **E 30** Begr des RegE die **maßgebliche Pflichtverletzung des Schuldners in der Lieferung der mangelhaften Sache bzw in der Schlechterfüllung** zu sehen und die Anwendung der Verzugshaftung abzulehnen (MünchKomm/Ernst Rn 55, 58; Canaris, in: Karlsruher Forum 2002, 5, 38 ff; Gsell JbJZivRWiss 2001, 106 f; Hirsch Jura 2003, 289, 294; Huber in: Huber/Faust, Schuldrechtsmodernisierung Rn 13/107 ff; St Lorenz NJW 2002, 2497, 2501 Fn 32; Recker NJW 2001, 1247; jetzt auch Faust, in: Bamberger/Roth § 437 Rn 61 m ausführlicher Begr; iE ebenso Reischl JuS 2003, 40, 46). Die Verzugshaftung kommt allenfalls für Schäden gerade durch die ausbleibende *Nacherfüllung* in Betracht, mit der sich der Schuldner regelmäßig mit Fristablauf in Verzug befindet. Die Gesetzesbegründung nennt hier Rechtsverfolgungskosten (BT-Drucks 14/6040, 225).

Innerhalb dieser Auffassung werden die Folgeschäden allerdings nicht pauschal § 280 **E 31** Abs 1 als Anspruchsgrundlage zugeordnet. Vielmehr geht man teilweise davon aus, daß alle Schäden einschließlich der Folgeschäden, die das *Äquivalenzinteresse* betreffen, wie der mangelbedingte Minderwert der Kaufsache, der entgangenen Gewinn, die aus einem Deckungskauf resultierenden Mehrkosten, Reparaturkosten oder Nutzungsausfall, unter den **Schadensersatz statt der Leistung nach § 280 Abs 1 u 3, 281 Abs 1 S 1 2. Alt** fallen. Demgegenüber soll **§ 280 Abs 1** lediglich das eng verstandene Integritätsinteresse schützen und vor allem bei Verletzungen von Eigentum und Körper Anspruchsgrundlage sein. Vermögensschäden sollen hingegen nur dann von § 280 Abs 1 erfaßt werden, wenn sie darauf beruhen, daß der Käufer die Sache im Vertrauen auf die Mangelfreiheit in Betrieb genommen hat. Zwar würde durch diese Sichtweise eine nicht unerhebliche Fallgruppe in den Bereich des Schadensersatzes statt der Leistung eingeordnet und damit dem Erfordernis der Nachfrist unterworfen. Unbillige Härten würden jedoch dadurch vermieden, daß in einer Reihe von Fällen, zB bei entgangenem Gewinn oder Nutzungsausfall, die vor Fristsetzung bzw -ablauf eingetreten sind, die Fristsetzung regelmäßig entbehrlich sei, so daß der Gläubiger unmittelbar Schadensersatz verlangen könne (HUBER, in: HUBER/FAUST, Schuldrechtsmodernisierung Rn 13/105 f; iE ebenso wohl auch RECKER NJW 2002, 1247; ausdrücklich dagegen CANARIS, in: Karlsruher Forum 2002, 5, 37 f).

E 32 HUBER übernimmt damit gänzlich die zum Nichterfüllungsschaden nach alter Rechtslage entwickelten Grundsätze (dies betont HUBER, in: HUBER/FAUST Rn 13/100 f, 105 selbst). Wie an anderer Stelle aber bereits hervorgehoben wurde (vgl Rn E 6), ist der Schadensersatz statt der Leistung an den bisherigen Schadensersatz wegen Nichterfüllung angelehnt, aber mit diesem nicht völlig deckungsgleich. Der Gesetzgeber hat mit dem Fristsetzungserfordernis und der obligatorischen Nacherfüllungschance des Schuldners prägnante charakteristische Merkmale für den Schadensersatz statt der Leistung und damit ein Abgrenzungskriterium zum einfachen Schadensersatz geschaffen. Dieses Merkmal würde aber entweder zu sehr aufgeweicht, wenn man die Ausnahme, wonach die Fristsetzung nur in bestimmten Fällen entbehrlich ist, für bestimmte Schadenspositionen von vornherein zur Regel machte, oder bei strenger Handhabung mit Blick auf § 463 aF überzogen angewendet.

E 33 Einen differenzierten Ansatz für Nutzungs- bzw Betriebsausfallschäden vertritt schließlich noch FAUST. Nach seiner Auffassung kommt es für die Zuordnung solcher Schäden auf ihren Entstehungszeitpunkt an (dazu bereits Rn E 12). Träten sie auf, solange die Nacherfüllung noch möglich sei, seien sie als einfacher Schaden iS von § 280 Abs 1 einzuordnen (BAMBERGER/ROTH/FAUST § 437 Rn 53, 61). Nach diesem Zeitpunkt seien sie hingegen im Rahmen des Schadensersatzes statt der Leistung geltend zu machen. Diese Auffassung wird jedoch der Systematik des Gesetzes nicht gerecht, weil sie den Zeitpunkt in den Vordergrund stellt und nicht die Pflichtverletzung und deren Folgen (vgl bereits Rn E 12).

E 34 Als **Ergebnis der Überlegungen** ist daher festzuhalten: Auch im Fall der Lieferung einer mit einem behebbaren Mangel behafteten Sache liegt die maßgebliche Pflichtverletzung gerade in der Tatsache der mangelhaften Leistung (vgl Rn C 15 ff sowie E 29). Nimmt man die dem Gesetz zugrunde liegende Systematik hinzu (vgl Rn E 32), kann **§ 280 Abs 1 Anspruchsgrundlage für sämtliche Folge- bzw Mangelfolgeschäden der mangelhaften Lieferung** einschließlich der **Nutzungs- bzw Betriebsausfallkosten** sein (ebenso MünchKomm/ERNST Rn 55 ff; CANARIS, in: Karlsruher Forum 2002, 5, 38 ff; GSELL JbJZivRWiss 2001, 106 f; HIRSCH Jura 2003, 289, 294; ST LORENZ NJW 2002, 2497, 2501 Fn 32; LORENZ/RIEHM, Schuldrecht Rn 546 f; MÜNCH Jura 2002, 361, 368; REISCHL JuS 2003, 40, 46). Diese können jedoch im Fall der Gesamtliquidation Rechnungsposten des Schadensersatzes statt der Leistung werden, soweit nicht lediglich das Integritätsinteresse betroffen ist (vgl Rn E 7 u 45 ff). Nur insoweit bleibt es dann auch bei der Frage, ob neben die Pflichtverletzung in Gestalt der nicht wie geschuldet erbrachten Leistung die Schutzpflichtverletzung tritt (dazu Rn C 19 f u E 39 f).

b)   Praktische Umsetzung

Zur Verdeutlichung der Problematik soll das folgende **Beispiel** dienen: In die Trep- **E 35**
penhäuser einer Wohnanlage sollen Lampen eingebaut werden, die für Energiespar-
leuchtmittel geeignet sind. Der Verkäufer sichert dies für die von ihm angebotenen
Lampen zu. Nach Einbau der Lampen brennen die Leuchtmittel schon nach kurzer
Zeit immer wieder durch. Es stellt sich heraus, daß dieses Lampenmodell wegen der
vielen automatischen Schaltvorgänge für die vorgesehene Verwendung nicht geeignet ist. Der Käufer setzt deshalb vorläufig normale Glühbirnen mit höherem Strom-
verbrauch ein. Die zur Nacherfüllung gesetzte Frist läßt der Verkäufer ungenutzt
verstreichen. Der Käufer läßt daraufhin die Lampen wieder ausbauen und verlangt
Schadensersatz für den gezahlten *Kaufpreis* und für die durch den *Ausbau der Lampen angefallenen Kosten*, für die *vorzeitig ausgefallenen Leuchtmittel* und schließlich
für die *höheren Betriebskosten* in der Zwischenzeit.

Als Ausgangspunkt ist festzuhalten, daß die *maßgebliche Pflichtverletzung* in dem **E 36**
Beispiel in der Lieferung der mangelhaften Lampen, die nicht die vertraglich vereinbarte Beschaffenheit aufweisen (§ 433 Abs 1 S 1 iVm § 434 Abs 1 S 1), und damit
in der **Schlechterfüllung** des Gläubigers liegt. In Betracht kommt daneben eine
Schutzpflichtverletzung iS von § 241 Abs 2 wegen der durchgebrannten Energiespar-
leuchtmittel (dazu ie Rn E 39, 40; zur Abgrenzung von Leistungsverzögerung und Schutzpflichtverletzung bereits Rn E 24).

Hinsichtlich der eingetretenen Schäden ist wie folgt zu differenzieren:

aa)   Ersatz des Leistungsinteresses für Mangelschäden

Der gezahlte Kaufpreis betrifft das **Leistungsinteresse** des Gläubigers, weil die ver- **E 37**
traglich zugesagte Leistung (für Energieeinsparung geeignete Lampen, vgl Rn E 35)
nicht erbracht worden ist. Die für den Ausbau der Lampen angefallenen Kosten sind
ebenfalls in diese Kategorie einzuordnen; sie wären vermieden worden, wenn ordnungsgemäß (nach-)erfüllt worden wäre. Diese nach bisheriger Rechtslage unter den
Mangelschaden eingeordnete Vermögensminderungen sind nach **§§ 437 Nr 3, 281
Abs 1 S 1 2. Alt** zu ersetzen (vgl zu den charakteristischen Merkmalen des Schadensersatzes
statt der Leistung Rn E 5 ff). Das gleiche würde für *Sachverständigenkosten* gelten.

**bb)   Ersatz des Erhaltungsinteresses wegen der Beeinträchtigung anderer Rechte
oder Rechtsgüter**

Der Schaden hinsichtlich der zerstörten Leuchtmittel (Beispiel Rn E 35) ist hingegen an **E 38**
anderen Rechten des Gläubigers eingetreten und betrifft das **Erhaltungsinteresse**. Er
ist *vor Fristsetzung* entstanden und hätte durch die Nacherfüllung nicht mehr vermieden werden können. Unter Anwendung der bekannten Kategorien hat man ihn
als **Mangelfolgeschaden** zu qualifizieren. Nach früherer Rechtslage kam in diesen
Fällen § 463 aF (vgl Rn C 19 f) bzw die pVV als Anspruchsgrundlage in Betracht.
Für die Neuregelung besteht insoweit weitgehend Einigkeit, daß Anspruchsgrundlage für solche Schäden *nicht* § 280 Abs 1 u 3, 281 Abs 1 S 1 2. Alt ist (aA HUBER, in
HUBER/FAUST Rn 13/106 ff sowie BAMBERGER/ROTH/FAUST § 437 Rn 53, 61; vgl dazu ie bereits
Rn E 31 f).

Aber selbst unter den Vertretern, die allein § 280 Abs 1 als Anspruchsgrundlage für **E 39**
Mangelfolgeschäden heranziehen, wird nicht einheitlich beurteilt, ob man in diesen

Fällen nicht richtiger von **zwei Pflichtverletzungen** auszugehen hat (dazu bereits Rn C 20). Einige Autoren orientieren sich insoweit strikt an der beeinträchtigten Rechtsposition und sehen deshalb nicht allein die *Schlechterfüllung* des Verkäufers durch die Lieferung der mangelhaften Sache, sondern gleichzeitig die *Verletzung einer Schutz- und Rücksichtnahmepflicht iS von § 241 Abs 2* aus dem Kaufvertrag als die die Haftung auslösende Pflichtverletzung an. Diese sei darin begründet, daß der Verkäufer keine Kaufsache liefern dürfe, die aufgrund ihrer Mängel zu Integritätsschäden des Käufers führt (in diesem Sinn MÜNCH Jura 2002, 361, 364 f sowie 368, wonach Mangelfolgeschäden allein von § 280 Abs 1 gedeckt sein sollen, weil sie über das Erfüllungsinteresse hinaus gehen und auf der Verletzung nicht leistungsbezogener Nebenpflichtverletzungen beruhen; REISCHL JuS 2003, 40, 47; SCHWAB/WITT, Einführung in das neue Schuldrecht 19; vWILMOWSKY Beil JuS Heft 1/2002, 3, 20).

E 40 Für diese – auch hier vertretene – Sicht spricht, daß auf diese Weise die Zweigleisigkeit im Hinblick auf die beeinträchtigten Rechtspositionen dogmatisch präziser erfaßt wird (in diesem Sinn oben Rn C 19 f sowie MÜNCH Jura 2002, 361, 364 f). Dies gilt selbst dann, wenn man bei natürlicher Betrachtungsweise die Schlechterfüllung zum Ausgangspunkt der Überlegungen nimmt (so MünchKomm/ERNST Rn 53; St LORENZ NJW 2002, 2497, 2500). Die daneben ebenfalls bestehende Verletzung einer Schutz- und Rücksichtnahmepflicht tritt demgegenüber in der dogmatischen Konstruktion nicht grundsätzlich zurück (so aber MünchKomm/ERNST Rn 54; in diesem Sinn auch GSELL JZ 2002, 1089, 91 f). Der schlichte Schadensersatz nach § 280 Abs 1 ist erst recht auf diese Art der Pflichtverletzung zu stützen, wenn der Schaden nicht auf dem Mangel, sondern zusätzlich auf einer sonstigen nicht leistungsbezogenen Pflichtverletzung beruht oder wenn sich der Schuldner wegen der mangelhafte Lieferung entlasten kann, die zu dem Folgeschaden geführt hat. In diesem Fall muß die sich aus dem Kaufvertrag ergebende Schutz- und Rücksichtnahmepflicht gesondert begründet werden und kann zB bei einer nachträglichen Kenntnis des Schuldners von dem Mangel in einer Hinweis- bzw Warnpflicht über die von der Kaufsache ausgehenden Gefahren bestehen (vgl dazu MünchKomm/ERNST Rn 54; s auch Rn C 23).

cc) Ersatz des entgangenen Gewinns und sonstiger Vermögensfolgeschäden

E 41 Schwieriger gestaltet sich hingegen die Einordnung des Ersatzes für die durch vorzeitigen Ausfall der Energiesparleuchten entgangenen Einsparungen bei den Betriebskosten (vgl Beispiel Rn E 35). Dieser Folgeschaden resultiert daraus, daß die Leuchtmittel nicht in dem üblichen Zeitraum eingesetzt werden konnten und daher die erwartete Stromkosteneinsparung ausgeblieben ist. Bei diesem **Mangelfolgeschaden** handelt es sich um eine Art **entgangenen Gewinn**, den man grundsätzlich dem Erfüllungsinteresse zuordnen kann. Nach alter Rechtslage war dies Teil des Schadensersatzes wegen Nichterfüllung.

E 42 Der Grundsatz läßt sich prinzipiell auch auf den Schadensersatz statt der Leistung übertragen, sofern der entgangene Gewinn Folge der ausgebliebenen Leistung ist und durch die Erfüllung bzw Nacherfüllung vermieden worden wäre. Allerdings gilt dies ohne weiteres nur für solche Schäden, die eingetreten sind, **nachdem** *die Frist abgelaufen und der Gläubiger Schadensersatz statt der Leistung verlangt hat* (MünchKomm/ERNST Rn 68 f sowie § 281 Rn 1; ebenso CANARIS, in: Karlsruher Forum 2002, 4, 42; **aA** M SCHULTZ, in: WESTERMANN, Das Schuldrecht 2002, 63, 69 f, der den Ersatzanspruch auf das eigentliche Leistungsinteresse beschränken und die darüber hinausgehenden Schäden wie den entgangenen Gewinn auf § 280 Abs 1 stützen will. Dieses enge Verständnis vom Schadensersatzanspruch statt der Leistung ist jedoch aus den bereits in Rn E 6 angeführten Gründen abzulehnen). Insoweit sind *§§ 437 Nr 3, 280 Abs 1 u 3, 281 Abs 1 S 1 2. Alt* die Anspruchsgrundlage.

Schwierigkeiten ergeben sich jedoch für solche Folgeschäden, die wie die Ausfall- **E 43** kosten im Beispielsfall (vgl Rn E 35) **bereits vor** *Fristsetzung bzw* **vor** *Fristablauf eingetreten* sind und durch die *spätere (Nach-) Erfüllung nicht mehr zu beseitigen* gewesen wären. Kommt es nicht zu einer Gesamtliquidation, weil der Gläubiger nicht gem § 281 Abs 4 Schadensersatz statt der Leistung verlangt, bleibt es bei der Anwendung des § 280 Abs 1. Anderenfalls besteht jedoch kein einleuchtender Grund dafür, zuvor entstandene Schäden – etwa *kontinuierlich wachsende Schäden wie wegen des Produktionsausfalls entgehende Gewinne oder zusätzliche Produktionskosten* – nicht als Rechnungsposten in den Schadensersatz statt der Leistung einzubeziehen, soweit sie das Erfüllungsinteresse betreffen. Hierher gehört etwa der entgangene Gewinn, der infolge des an der Mangelhaftigkeit der Sache scheiternden Weiterverkaufs ausbleibt, ebenso wie sonstige entgangene Nutzungsvorteile.

Bevor der Gläubiger **Schadensersatz statt der Leistung verlangt**, fallen die Folgeschä- **E 44** den nach zutreffender Ansicht also eindeutig in den **Bereich des einfachen Schadensersatzes**, gleich ob sie unmittelbar auf der Schlechterfüllung der Hauptleistungspflicht, der Verletzung einer Schutz- und Rücksichtnahmepflicht iS von § 241 Abs 2 oder sonstiger leistungsbezogener Nebenpflichten beruhen. Macht der Gläubiger solche nicht mehr zu behebenden Schäden isoliert geltend und verlangt daneben weiterhin Erfüllung, oder beseitigt der Schuldner die Mangelhaftigkeit durch Nacherfüllung innerhalb der vorgegebenen Frist, so bilden die *§§ 437 Nr 3, 280 Abs 1* die Anspruchsgrundlage (so MünchKomm/ERNST Rn 67; CANARIS, in: Karlsruher Forum 2002, 5, 41; ST LORENZ NJW 2002, 2497, 2500; **aA** wohl SCHWAB/WITT, Einführung in das Schuldrecht, 19 f, die anscheinend davon ausgehen, daß § 280 Abs 1 nur angewendet werden kann, wenn das Integritätsinteresse betroffen ist).

dd) Einbeziehung der Schadensposten des einfachen Schadensersatzes in den Schadensersatz statt der Leistung

Verlangt der Gläubiger schließlich nach Fristablauf Schadensersatz statt der Leistung, **E 45** so kann man darüber streiten, welche der **bis zu diesem Zeitpunkt eingetretenen Schäden**, insbes Schäden an anderen Rechten und Rechtsgütern, sonstige Folge- sowie Verzögerungsschäden, grundsätzlich als **Rechnungsposten** innerhalb des Schadensersatzes statt der Leistung geltend gemacht werden können. Für das **Verhältnis von Schadensersatz statt der Leistung und Verzögerungsschaden** ist dies bereits abgelehnt worden, soweit sich die Anspruchsgrundlagen nicht überschneiden (Rn E 21). Ordnete man unter den Schadensersatz statt der Leistung nur solche Schäden ein, die durch die spätere (Nach-)Erfüllung noch hätten vermieden werden können, so fielen Schäden an anderen Rechtsgütern oder sonstige Folgeschäden gerade nicht darunter (vgl Rn E 7 sowie E 11). Indessen geht das Schrifttum für das **Verhältnis von Schadensersatz statt der Leistung zum einfachen Schadensersatz** tendenziell zutreffend davon aus, daß alle vor dem Schadensersatzbegehren iS von § 281 Abs 4 entstandenen Schäden, mit Ausnahme des Verzögerungsschadens, als Rechnungsposten in den Schadensersatzanspruch statt der Leistung unabhängig davon einbezogen werden können, ob sie auf der Schlechtleistung oder anderen Pflichtverletzungen beruhen (MünchKomm/ERNST Rn 69, § 281 Rn 1, der wie für § 326 aF [vgl dazu Rn E 19] ein *Wahlrecht* des

Gläubigers befürwortet; HIRSCH Jura 2003, 289, 290, 294; ST LORENZ NJW 2002, 2497, 2504; ähnlich RECKER NJW 2002, 1247, 1248, der auch den Verzögerungsschaden mit einbeziehen will; abl hingegen CANARIS, in: Karlsruher Forum 2002, 5, 41 f; ganz abweichend BAMBERGER/ROTH/FAUST § 437 Rn 62, wo bereits hinsichtlich der Pflichtverletzungen bzw des Vertretenmüssens ein anderer Ansatz gewählt wird [vgl Rn C 19], so daß dem Anspruch aus § 280 Abs 1 die ursprünglich, aber durch Nacherfüllung behobene Schlechtleistung, dem Anspruch aus §§ 280 Abs 1 u 3, 281 dagegen die unterbliebene Nacherfüllung als Pflichtverletzung zugrunde zu legen ist und die Anspruchsvoraussetzungen infolgedessen stets getrennt festzustellen sind [Rn 51 u 60]).

E 46 Für diese Position sprechen auf den ersten Blick Gründe der Praktikabilität, weil sie die aufgezeigten schwierigen Abgrenzungsfragen umgeht. Sind also die die im Vergleich mit § 280 Abs 1 engeren Voraussetzungen von § 280 Abs 1 u 3, 281 Abs 1 S 1 2. Alt erfüllt, so soll der Schuldner im Rahmen des Schadensersatzes statt der Leistung sowohl sein Erfüllungs- als auch sein Erhaltungsinteresse geltend machen können. Abzugrenzen sind allerdings uU weiterhin die von den besonderen Voraussetzungen in § 286 abhängigen Verzögerungsschäden (vgl Rn E 16 ff). Schwierigkeiten treten aber auf, wenn hinsichtlich der verschiedenen Schadenspositionen unterschiedliche Verjährungsfristen in Betracht kommen. Beruht zB ein dem Erhaltungsinteresse zuzurechnender Schadensanteil auf der mangelhaften Leistung, ein anderer hingegen auf der Verletzung einer nicht leistungsbezogenen Pflicht, so können bei der Dauer der Verjährung Unterschiede auftreten (oben Rn E 15 sowie Rn G 1 u 4 ff). In solcher Konstellation wird die Differenzierung der Anspruchsgrundlagen (§ 280 Abs 1 bzw §§ 437 Nr 3, 280 Abs 1 u 3, 281) beibehalten werden müssen (so auch MünchKomm/ ERNST Rn 69; ähnlich ST LORENZ NJW 2002, 2497, 2504, nach dessen Auffassung die Besonderheiten im Zusammenhang mit der maßgeblichen Pflichtverletzung – etwa hinsichtlich Bezugspunkt und Reichweite des Vertretenmüssens – zu beachten sind).

E 47 Deshalb überzeugt es mehr, einerseits das Erfüllungsinteresse nicht zu eng auf den eigentlichen Leistungsvorgang zu beschränken und auch vor der Geltendmachung des Schadensersatzanspruchs statt der Leistung bereits entstandene Folgeschäden wie den infolge der mangelhaften Leistung entgangenen Gewinn einzubeziehen (Rn E 41 ff), andererseits auf eindeutig dem Erhaltungsinteresse zuzuordnende Folgeschäden ebenso wie auf die sog Begleitschäden nur § 280 Abs 1 anzuwenden. Macht die dogmatische Feinsteuerung prozessual keinen Sinn, kann der Gläubiger dann auf der **Grundlage dieser beiden Anspruchsgründe** den Ersatz seines gesamten Schadens durchsetzen. Insofern gelten die Überlegungen zum Verhältnis von Verzögerungsschaden zum Schadensersatz statt der Leistung (Rn E 21) sinngemäß. Sofern ihm daneben wegen der Leistungsverzögerung vor Fristablauf weitere Schäden entstanden sind, kann er diese nur geltend machen, wenn die Voraussetzungen von §§ 280 Abs 1, 2 u 286 erfüllt sind.

III. Umfang und Berechnung des Schadensersatzes sowie Durchführung des Schadensausgleichs

E 48 In diesem Abschnitt soll der Umfang und die Berechnung des Schadensersatzes näher erläutert werden, soweit Besonderheiten bestehen. Hinsichtlich des *Verzögerungsschadens* gem §§ 280 Abs 1 u 2, 286 kann auf die Kommentierung zu § 286 verwiesen werden (STAUDINGER/LÖWISCH § 286 Rn 177 ff). Die Ausführungen beziehen sich daher von vornherein nur auf den *einfachen Schadensersatz* nach § 280 Abs 1 sowie auf den Schadensersatz statt der Leistung nach §§ 280 Abs 1 u 3, 281 bis 283. Besonderes Augenmerk gilt dabei allein dem auf das positive Interesse gerichteten *Schadensersatz statt der Leistung*. Hier ergeben sich vor allem dann Besonderheiten, wenn im Gegenseitigkeitsverhältnis stehende Verpflichtungen betroffen sind.

Der **einfache Schadensersatz** nach § 280 Abs 1 dient primär dem Ausgleich des **Er-** E 49 **haltungsinteresses** wegen beeinträchtigter Rechte oder Rechtsgüter sowie von der geschuldeten Leistung unabhängigen Vermögensschäden (Rn E 11). Inhalt und Umfang ergeben sich allein aus den §§ 249 bis 254. Insoweit wird daher auf die Erläuterungen von STAUDINGER/SCHIEMANN (1998) verwiesen. Einbezogen ist jetzt durch § 253 Abs 2 zusätzlich auch außerhalb des Deliktsrechts ausdrücklich eine billige Entschädigung in Geld zum Ausgleich **immaterieller Schäden** bei der Verletzung des Körpers, der Gesundheit, der Freiheit oder der sexuellen Selbstbestimmung (PALANDT/HEINRICHS § 253 Rn 4 ff).

Spezifische Fragestellungen tauchen hingegen im Zusammenhang mit dem Ausgleich E 50 des Erfüllungsinteresses auf. Die sich darauf beziehenden Überlegungen zum **Schadensersatz statt der Leistung** gelten nicht nur für die lediglich durch die **§§ 280 Abs 1 u 3, 281 bis 283 und § 311a erfaßten Pflichtverletzungen**, sondern ebenso kraft Verweisung in §§ 437 Nr 3 bzw §§ 634 Nr 4 für den Schadensersatzanspruch des Käufers bzw des Bestellers wegen einer mangelhaften Leistung. Sie können darüber hinaus im Miet- oder Reisevertragsrecht sowie in anderen Vertragsverhältnissen relevant werden, wenn es um den Ersatz des positiven Interesses geht. Das Erfüllungsinteresse ist dem Gläubiger im Falle einer Pflichtverletzung, für die sich der Schuldner nicht entlasten kann, freilich auch dann zu ersetzen, wenn es sich um eine Verpflichtung handelt, die **nicht** im Gegenseitigkeitsverhältnis steht. Denn anders als nach alter Rechtslage, wo man für den Schadensersatz wegen Nichterfüllung nach §§ 280, 282 aF für ein- und zweiseitige Schuldverhältnisse sowie §§ 325, 326 aF für die gegenseitigen Verträge zu differenzieren hatte (vgl Vorbem 25 zu §§ 280–285 sowie STAUDINGER/ OTTO [2001] § 325 aF Rn 38), beziehen sich die §§ 280 bis 283 auf alle Arten von Schuldverhältnissen einschließlich der gegenseitigen Verträge. Trotz einheitlicher Anspruchsgrundlage ergeben sich allerdings aus der Struktur der Schuldverhältnisse Unterschiede, wie die Erläuterung der Schadensberechnung bei gegenseitigen Verträgen zeigen wird.

Verletzt der Schuldner im Rahmen **ein- bzw zweiseitiger Schuldverhältnisse** eine ihm E 51 obliegende **Leistungspflicht**, und hat er dies zu verantworten, so sind Art und Umfang des Schadensersatzanspruches wiederum allein aus den §§ 249 bis 252, 254 abzuleiten: der Schuldner muß den Wert ersetzen, den die Leistung gerade für den Gläubiger hatte. Der entstandene Schaden kann grundsätzlich konkret oder abstrakt berechnet werden (dazu noch Rn E 83 ff; STAUDINGER/SCHIEMANN [1998] § 252 Rn 21 ff).

Weil Schadensersatz statt der Leistung jedoch bedeutet, den Gläubiger wirtschaftlich E 52 so zu stellen, wie wenn der Vertrag ordnungsgemäß erfüllt worden wäre (zur übertragbaren alten Rechtslage RGZ 91, 30, 33; BGH WM 1983, 418; BGHZ 87, 156, 158; 107, 67, 69; 126, 131, 134 = NJW 1994, 2480; BGH NJW-RR 1997, 654; NJW 1998, 2901, 2902; NJW 2000, 278, 279; BAGE 81, 294, 298 = NJW 1996, 1771, 1772; SOERGEL/WIEDEMANN Vor § 275 aF Rn 37 ff; KEUK 143 ff), kommt bei **gegenseitigen Verträgen** hinzu, daß das Erfüllungsstadium durch den Leistungsaustausch gekennzeichnet und daher die geschuldete Gegenleistung zu berücksichtigen ist. Deshalb war bereits im Hinblick auf den grundsätzlich vergleichbaren Schadensersatz wegen Nichterfüllung nach altem Recht (vgl Rn E 6) unter dem Titel **„Surrogations- und/oder Differenztheorie"** eine kontroverse Diskussion hinsichtlich der **Schadensbemessung** darüber entstanden, ob der Schaden ebenfalls den vollen Wert der Leistung ausmacht und der Gläubiger zur Gegenleistung verpflichtet bleibt, oder ob der Schaden nur in der Differenz zwischen Leistung und Gegenleistung besteht (Rn E 53 ff). Ein weiterer Streitpunkt betraf die zusätzlichen Schwierigkeiten, die bei der Durchführung des Schadensausgleichs auftreten, wenn die Gegenleistung nicht auf einen Geldbetrag lautet. Hier ging es vor allem um die **Kombination der Rechtsfolgen von Schadensersatz und Rücktritt.** Dieser Streit ist grundsätzlich auch für die Neuregelung in den §§ 280 ff noch relevant, hat aber durch die Änderungen des Schuldrechtsmodernisierungsgesetzes eine neue Wendung erfahren. Daher wird hinsichtlich beider Kontroversen zunächst auf die Lösungsvorschläge zur alten Rechtslage eingegangen (dazu ausführlich STAUDINGER/OTTO [2001] § 325 aF Rn 36 ff) und geprüft, ob und inwieweit sie auf die neue Rechtslage zu übertragen sind oder sich erledigt haben. Ferner ist auf die **Anrechnung eines Ersatzes oder Ersatzanspruchs** iS des § 285 Abs 1 für die gem § 275 Abs 1 bis 3 ausgeschlossene Leistung auf den Schadensersatzanspruch statt der Leistung gem § 285 Abs 2 einzugehen (Rn E 82). Außerdem wird gerade beim gegenseitigen Vertrag die Wahl zwischen der **konkreten und abstrakten Schadensberechnung** (Rn E 83 ff) sowie die **Rentabilitätsvermutung** (Rn E 109 ff) besonders bedeutsam.

1. Grundgedanken zum Schadensersatz wegen Nichterfüllung nach altem Recht

a) Surrogations- bzw Austauschtheorie

E 53 Die sog *Surrogations- bzw Austauschtheorie*, die man mit Blick auf die Art der Schadensbemessung besser als **Surrogations- bzw Austauschmethode** bezeichnet, geht bei der Feststellung des Erfüllungsinteresses für alle Arten von Schuldverhältnisses allein von der nicht mehr zu erbringenden Leistung aus, für deren Ausbleiben Schadensersatz zu leisten ist. Insofern besteht kein Unterschied zur Nichterfüllung einer einseitigen Verpflichtung. Auch das gegenseitige Schuldverhältnis ändert sich nur insofern, als an die Stelle des Anspruchs auf die ursprüngliche Leistung der Anspruch auf das Interesse an ihr tritt, während der Gläubiger unverändert zur Gegenleistung verpflichtet bleibt. Man spricht von *Surrogationstheorie bzw -methode*, weil der Anspruch auf Schadensersatz in voller Höhe als Surrogat des ursprünglichen primären Leistungsanspruchs erscheint, oder von *Austauschtheorie bzw -methode*, weil ein Austausch zwischen Schadensersatzleistung und unveränderter Gegenleistung zu erfolgen hat. Schuldet der Gläubiger als Gegenleistung Geld, so muß hiernach eine echte Aufrechnung iS der §§ 387 ff erfolgen, um den Leistungsaustausch zu vermeiden. Diese Lehre hatte ursprünglich durchaus prominente Anhänger (vor allem OERTMANN § 325 aF Anm 1 b; vMAYR 27. DJT [1904] II 167 ff; weitere Nachw STAUDINGER/ KADUK[10/11] Vorbem 52 zu §§ 323–327 aF). In jüngerer Zeit hatte noch MOTZER (Die „positive" Vertragsverletzung des Arbeitnehmers [1982] 223 ff) die Anwendung der Surrogationstheorie für die vom Arbeitnehmer zu vertretenden Unmöglichkeit der Arbeitsleistung befürwortet, weil er dem Arbeitgeber die Wahl zwischen Schadensersatz und Lohnminderung gem § 325 Abs 1 S 3 aF iVm § 323 Abs 1 aF aufzwingen wollte; diesen Schutz verdient mE der schuldhaft handelnde Arbeitnehmer indessen ohnehin nicht.

b) Differenztheorie

Die *Differenztheorie* oder besser **Differenzmethode** sieht hingegen auf das gesamte **E 54** Austauschverhältnis und bestimmt daher den Inhalt des Schadensersatzanspruchs wegen Nichterfüllung anders. Sie will schon bei der Ermittlung des Schadens berücksichtigen, daß der Leistungsaustausch nicht mehr – wie geplant – vollzogen werden kann. Das Vertragsverhältnis wird „in der Weise umgestaltet, daß an die Stelle der beiderseitigen Leistungspflichten ein einseitiges – am Erfüllungsinteresse ausgerichtetes – Abrechnungsverhältnis tritt, innerhalb dessen die einzelnen ‚Ansprüche' nur noch (unselbständige) Rechnungsposten sind" (RGZ 50, 255, 264 ff; 61, 348, 351 f; 141, 259, 262; BGH WM 1983, 418; BGHZ 87, 156, 158 f; 126, 131, 136; BGH NJW 1999, 3625 jeweils zum mit dem Schadensersatz statt der Leistung vergleichbaren Schadensersatz wegen Nichterfüllung; Münch-Komm/Emmerich Vor § 281 Rn 7; Jauernig/Vollkommer[9] § 281 Rn 16, 18); ein Herausgreifen einzelner Positionen ist nicht zulässig (BGH WM 1983, 418). Bei der Gegenüberstellung der für die Schadenshöhe maßgeblichen Rechnungsposten wird also der Wert der dem Gläubiger an sich obliegenden Gegenleistung abgezogen. Diese Anrechnung ist *keine Aufrechnung*; der Anspruch des Gläubigers vermindert sich vielmehr „ipso iure", indem ein einheitliches rechnerisches Ergebnis ermittelt wird (RGZ 83, 279, 281; 152, 111, 112). An die Stelle der gegenseitigen primären Leistungspflichten tritt ein einseitiger Anspruch auf die Erstattung der Differenz in Geld (RGZ 91, 30, 33 f; 102, 60, 62; 127, 245, 248; 141, 259, 261 f; RG JW 1936, 2131; BGH NJW 1958, 1915; MDR 1974, 392; für den Fall der Konkurseröffnung, sofern der Konkursverwalter nicht gem § 17 KO [s jetzt § 103 InsO] Erfüllung wählt: BGHZ 106, 236, 242; 116, 156, 158; 129, 336, 338; s auch Staudinger/Otto [2004] § 321 Rn 15 u § 281 Rn C 23 f). Der Gläubiger wird ebenso im Wege der Verrechnung und nicht der Aufrechnung von seiner eigenen Leistungspflicht endgültig befreit (vgl BGH NJW 1978, 815 f für § 635 aF). Dies zeigt sich zB im Fall der *Abtretung des Anspruchs auf die Gegenleistung* durch den Schuldner der nicht mehr zu erbringenden Leistung; der Vertragsgegner darf sich gegenüber dem Zessionar auf § 404 berufen, so daß die der Aufrechnung durch § 406 gesetzten Grenzen von vornherein nicht eingreifen können (BGH NJW 1958, 1915 u dazu Braga MDR 1959, 437 ff; BGH MDR 1974, 392; hierzu auch MünchKomm/Emmerich § 325 aF Rn 30 ff mwNw).

Für die Differenztheorie sprach schon nach bisheriger Rechtslage im Grundsatz **E 55** die einfache Form der Liquidation und vor allem die Erwägung, daß der Gläubiger, wenn er Schadensersatz wegen Nichterfüllung begehrt, nicht gezwungen wird, seine Gegenleistung zu erbringen, obwohl der geplante Leistungsaustausch in vom Schuldner zu vertretender Weise gescheitert ist. Einen gewissen Anhaltspunkt zugunsten der Differenztheorie geben zudem andere gesetzliche Bestimmungen. Die für das handelsrechtliche Fixgeschäft bei markt- und börsengängigen Waren geltende Vorschrift des § 376 Abs 2 HGB läßt nämlich klar erkennen, daß unter Schadensersatz wegen Nichterfüllung die Differenz zwischen dem Interesse des Gläubigers an der ausgebliebenen Leistung und dem Wert der ersparten Gegenleistung zu verstehen ist (vgl Kipp 27. DJT [1904] I 267 ff). Die gleiche Vorstellung liegt § 104 Abs 3 S 1 InsO zugrunde.

Die Anhänger der sog **strengen Differenztheorie** hatten diesen richtigen Ansatz allerdings überspannt, indem sie ihn als unabänderlich behandelten (vgl zB Schöller **E 56** Gruchot 44, 603 ff; Staffel AcP 92 [1901], 467 ff; weitere Nachw Staudinger/Kaduk[10/11] Vorbem 55 zu §§ 323–327 aF). Hiernach wurde es dem Gläubiger verwehrt, die Gegenleistung zu erbringen und zum Ausgleich das volle Interesse an der unmöglich ge-

Hansjörg Otto

wordenen Leistung zu fordern. Ebenso fehlte es an einer überzeugenden Konzeption für den Fall, daß die Gegenleistung schon bewirkt worden war. Vor allem diese Umstände verursachten den hartnäckigen Widerstand der Anhänger der Surrogationstheorie.

c) Eingeschränkte Differenztheorie

E 57 Mit Recht hat deshalb bisher eine vermittelnde Ansicht dominiert, die vielfach als **eingeschränkte** oder abgeschwächte **Differenztheorie** bezeichnet wird (insbes RGZ 96, 20 für den Schadensausgleich nach vollzogener Wandlung; RG JW 1931, 1183, 1184 m Anm OERTMANN; BGHZ 20, 338, 343; BGH MDR 1960, 750; WM 1983, 418; BGHZ 87, 156, 158 f; WM 1991, 1737, 1739; BGB-RGRK/BALLHAUS § 325 aF Rn 15; ENNECCERUS/LEHMANN § 53 IV; ERMAN/BATTES § 325 aF Rn 7; ESSER/SCHMIDT I 2 § 28 III 3 a; FIKENTSCHER Rn 346; GERNHUBER, in: FS Raiser 89; HECK 133; KIPP 27. DJT [1904] I 260; JAUERNIG/VOLLKOMMER[9] § 325 aF Rn 6; LARENZ I § 22 II b; MEDICUS, BR[18] Rn 287; MünchKomm/EMMERICH § 325 aF Rn 62; PLANCK/SIBER § 325 aF Anm 1 a; PALANDT/ HEINRICHS[61] § 325 aF Rn 11; SOERGEL/WIEDEMANN § 325 aF Rn 33 ff; WÜRDINGER/RÖHRICHT, in: Großkomm HGB Vorbem 353 zu § 373; sehr restriktiv HUBER II 181 ff, 189 ff, 656 ff: Surrogationstheorie nur bei Tausch und tauschähnlichen Verträgen; für den Vorrang der Surrogationsmethode hingegen KAISER 87 ff, 93). Diese Auffassung geht bei der Schadensberechnung grundsätzlich von der Differenzmethode aus, erkennt aber zwei Ausnahmen an: die erste Ausnahme betrifft den Fall, daß der Gläubiger die Gegenleistung noch erbringen will (Rn E 58), die zweite, daß die Gegenleistung schon voll erbracht ist (Rn E 59). Heftig gestritten wurde hingegen über eine weitere Modifikation, nämlich die Kombination von Rückgewähr und Ersatz der Differenz (Rn E 60, 61 f).

E 58 Die eingeschränkte Differenztheorie erlaubt dem Gläubiger, **die Gegenleistung noch zu erbringen** und den **„großen Schadensersatz"** zu fordern, was im Ergebnis auf eine Abwicklung nach der Surrogationsmethode (Rn E 53) hinausläuft (RGZ 96, 20, 22; BGHZ 20, 338, 343; BGH WM 1991, 1737, 1739; anders für § 326 aF aber BGH NJW 1994, 3351; NJW 1999, 3115 [s dazu krit § 281 Rn B 144]). Diese Alternative wird für den Gläubiger eventuell dann interessant sein, wenn entweder die von ihm geschuldete Gegenleistung nicht in Geld besteht oder die Erstattung der Differenz bei einer Geldschuld nicht genügt, um den entstandenen Schaden wegen Nichterfüllung auszugleichen, weil etwa die Gegenleistung wie bei der Vereinbarung von Ratenzahlungen erst später fällig werden sollte. Ein Interesse an der Bewirkung der Gegenleistung können ferner **Dritte** haben, deren Anspruch auf die geschuldete Leistung untergegangen ist. Dies trifft insbes für den berechtigten Dritten beim **echten Vertrag zugunsten Dritter** zu, der ein vergleichbares Interesse am Leistungsaustausch und damit auch am sekundären Schadensersatzanspruch wegen Nichterfüllung hat, wenn die Leistung des Versprechenden ausbleibt (zu den Einzelheiten vgl STAUDINGER/OTTO [2001] § 325 aF Rn 44 ff sowie Rn E 77).

E 59 Die zweite Ausnahme betrifft den Fall, daß die **Gegenleistung bereits bewirkt** ist. Dann konnte der Gläubiger nach hM seine Leistung im Rahmen des Schadensersatzes wegen Nichterfüllung **nicht** zurückverlangen (s nur BGHZ 126, 131, 136 = NJW 1994, 2480, 2481). Die Berechnung einer Differenz zwischen der unmöglich gewordenen Leistung und der Gegenleistung kam daher nicht mehr in Betracht. Der Schadensersatzanspruch richtete sich deshalb – ebenso wie nach der Surrogationsmethode – nach dem vollen Wert der unmöglich gewordenen Leistung (BGH VersR 1980, 454; BGHZ 87, 156, 159; abl offenbar HUBER II 208, s aber auch 213).

Eine Gegenausnahme wurde nach fast einhelliger Meinung nur für zulässig erachtet, **E 60** wenn der Gläubiger noch nicht voll erfüllt hatte und **unter Berufung auf sein Eigentum** die übergebene Sache gem § 985 zurückforderte. Dann gestattete man ihm daneben gem § 325 Abs 1 S 1aF oder § 326 Abs 1 S 2 HS 1 aF den – kleinen – Schadensersatz in Höhe der Differenz geltend zu machen (RGZ 141, 259, 260 f; RG SeuffA 86 Nr 43; JW 1932, 1204; BGHZ 87, 156, 159; BGH NJW 1981, 1834; WM 1983, 418 f; WM 1989, 348, 350; BGHZ 126, 131, 136; ERMAN/BATTES § 325 aF Rn 8; FIKENTSCHER Rn 346; HUBER II 204 ff; MünchKomm/ EMMERICH § 325 aF Rn 64; PASCHKE Betrieb 1983, 1587 f; SOERGEL/WIEDEMANN § 325 aF Rn 35; abl NIEDERLÄNDER, in: FS Wahl 248 ff). Der Verkäufer eines Grundstücks konnte daher vom Käufer die Zustimmung zur Löschung der Auflassungsvormerkung, die Einwilligung zur Aufhebung der Auflassung sowie den Verzicht aus den Rechten der Eintragungsbewilligung verlangen (BGHZ 87, 156, 159 f; BGHZ 126, 131, 136 f; BGH NJW 2000, 278, 279; BGH NJW-RR 2003, 845, 846; **aA** KG BB 1984, 811 m abl Anm EINBECK = Betrieb 1983, 1354; dazu PASCHKE Betrieb 1983, 1587 f; OLG München Betrieb 1984, 114). Der dingliche Anspruch aus § 985 greift allerdings nur durch, wenn man annimmt, daß der Schuldner nach der Entscheidung des Gläubigers für den Ersatz des Differenzschadens die Gegenleistung nicht mehr beanspruchen kann, so daß kein Recht zum Besitz mehr besteht. Hiervon gingen das RG (RGZ 141, 259, 261) und der BGH (BGHZ 87, 158, 159; BGH WM 1989, 348, 350; BGHZ 126, 131, 136; BGH NJW 1999, 3115, 3117) aus, da das Recht zum Besitz mit dem Erfüllungsanspruch entfalle (zust ERMAN/BATTES § 325 aF Rn 8; MünchKomm/ EMMERICH § 325 aF Rn 64; krit zur Begr SOERGEL/WIEDEMANN § 325 aF Rn 35 f, der hierin ein weiteres Abweichen der Rspr von der Alternativität von Rücktritt und Schadensersatz wegen Nichterfüllung sah). Bloßer Schuldnerverzug läßt das Recht zum Besitz freilich noch nicht untergehen (vgl BGHZ 54, 214).

d)   Kombination von Rückgewähr und Ersatz des Differenzschadens
Die Abhängigkeit der Kombination von Rückgewähr und kleinem Schadensersatz **E 61** von der dinglichen Rechtslage vermochte schon nach alter Rechtslage nicht recht zu überzeugen, da der Zusammenhang mit der Leistungsstörung eher zufällig ist. Demgemäß hatte die Auffassung zunehmend Anhänger gefunden, die dem Gläubiger bereits de lege lata gestatten wollte, offen den Rücktritt zu erklären und gleichzeitig wegen der Differenz Schadensersatz in Geld zu fordern (MANFRED WOLF Jura 1969, 126 ff, 128 f; KAISER 154 ff, 178 bei fehlendem Interesse an der Erfüllung; ebenso für den Fall von Teilleistungen des Gläubigers VAN DEN DAELE 98 ff; vgl ferner KEUK 155 ff mit einem Plädoyer für eine Kombination von Rücktritt und Ersatz des negativen Vertragsinteresses; rechtsvergleichend BASEDOW, Die Reform des deutschen Kaufrechts [1988] 42 f; zur Gegenposition vgl insbes NIEDERLÄNDER, in: FS Wahl 243 ff). Zur Begründung wurde nicht ohne Überzeugungskraft vorgebracht, daß dem geschädigten Gläubiger wirtschaftlich der günstigste Weg der Schadensbereinigung unabhängig davon offenstehen müsse, ob er schon geleistet habe oder nicht. Diese Auffassung stand indessen im direkten Gegensatz zu der Konzeption des Gesetzes in der damaligen Fassung, das dem Gläubiger nur wahlweise ein Rücktrittsrecht einräumte und dem die Kumulation von Schadensersatz und Rücktritt fremd war (vgl dazu ie STAUDINGER/OTTO [2001] § 325 aF Rn 33 und zum Wahlrecht Rn 100 ff; LARENZ I § 22 II b Fn 30), und war daher abzulehnen (ebenso HUBER II 212 f). Dies galt um so mehr, als die Parteien eine Kombination von Schadensersatz und Rücktritt autonom vereinbaren konnten (vgl BGH NJW 1997, 1231).

Die eingeschränkte Differenztheorie ging demnach für den **bisherigen Rechtszustand** **E 62** von dem Grundsatz aus, daß *eine Kombination von Rückgewähr und Ersatz des*

Differenzschadens (kleiner Schadensersatz) nicht zulässig ist. Sie gestand dem Gläubiger in dieser Situation nur den vollen Schadensersatzanspruch zu, verwehrte ihm jedoch seine bereits erbrachte Gegenleistung zurückzufordern und sich die Differenz in Geld ersetzen zu lassen (RGZ 141, 259, 261; BGHZ 87, 156, 159; 126, 131, 136; KG BB 1984, 811 m Anm EINBECK u BB 1984, 1453 Anm BREMS; LARENZ I § 22 II b [314 f]; JAUERNIG/ VOLLKOMMER⁹ [1999] § 325 aF Rn 6; MEDICUS, SchR I [12. Aufl 2000] Rn 495; PALANDT/HEINRICHS⁶¹ § 325 aF Rn 13; krit ERMAN/BATTES § 325 aF Rn 8; MünchKomm/EMMERICH § 325 aF Rn 66; SOERGEL/WIEDEMANN § 325 aF Rn 35. Zur neuen Rechtslage vgl Rn E 71 ff).

Daran war unbefriedigend, daß der mißlungene Austausch nicht immer mit Geld ausreichend wiedergutgemacht werden kann. Dies trifft insbes dann zu, wenn sich ein wirklich gleichwertiger Ersatz mit Geld allein nicht sofort beschaffen läßt oder wenn die zukünftigen Gewinnchancen von zu vielen Imponderabilien abhängen, als daß eine Absicherung über den zusätzlichen Ersatz entgehenden Gewinns erfolgen könnte. Eine für den Gläubiger befriedigende Lösung konnte auch nicht erreicht werden, wenn das Vermögen des Schuldners nicht ausreichte, um die Schadensersatzforderung in voller Höhe in Geld zu befriedigen (zur Kritik an dem Kumulationsverbot der hM nach alter Rechtslage vgl insbes SOERGEL/WIEDEMANN § 325 aF Rn 36 und zur abw Auffassung zumindest für erbrachte Teilleistungen MünchKomm/EMMERICH § 325 aF Rn 66, der in diesem Fall ein Rückforderungsrecht im Rahmen der Differenzmethode zulassen wollte). Erfreulicher Weise hat der Gesetzgeber diesen unbefriedigenden Zustand nunmehr durch den neuen § 325 beseitigt.

2. Rechtslage nach Einfügung des § 325 nF

E 63 Mit § 325 nF ist für den gegenseitigen Vertrag eine Regelung neu aufgenommen worden, welche die **Kumulation von Schadensersatz und Rücktritt** nunmehr ausdrücklich zuläßt (zur Entstehungsgeschichte Vorbem 4 zu §§ 280–285 u A 6). Das Nebeneinander kommt auch in den §§ 437 Nr 2 u 3, 634 Nr 3 u 4 durch die Verbindung der in den Nummern genannten Rechtsbehelfe mit dem Wort „und" zum Ausdruck. Man ist insoweit dem Vorbild des UN-Kaufrechts gefolgt, das in Art 45 Abs 1 lit a und b CISG das Nebeneinander von Vertragsaufhebung (Art 49 CISG) und Schadensersatz (Art 74 CISG) deutlich zum Ausdruck bringt (STAUDINGER/MAGNUS [1999] Art 45 CISG Rn 21, Art 74 CISG Rn 12; SCHLECHTRIEM/SCHWENZER/MÜLLER-CHEN, CISG⁴ [2004] Art 45 Rn 41; SCHLECHTRIEM/SCHWENZER/STOLL/GRUBER, CISG⁴ [2004] Art 74 Rn 5). Als Folge der Neuregelung wird das Recht auf Schadensersatz bei einem gegenseitigen Vertrag durch Rücktritt gerade nicht ausgeschlossen. Dem Gläubiger wird es also ermöglicht, seine Pflicht zur Gegenleistung zu beenden und eine etwa erbrachte Leistung nach Rücktrittsrecht zurückzufordern (vgl § 281 Rn A 21 f; STAUDINGER/OTTO [2004] § 325 Rn 1, 24 ff). Auch wenn der Anspruch auf die Gegenleistung ipso iure gem § 326 Abs 1 S 1 entfällt oder gemindert wird, ist eine Rückforderung nach Maßgabe des Rücktrittsrechts gem § 326 Abs 4 möglich (vgl STAUDINGER/OTTO [2004] § 326 Rn E 1 ff). Freilich beraubt er sich mit einem Rücktritt nicht nur seines Anspruchs auf die vom Schuldner geschuldete primäre Leistung (STAUDINGER/OTTO [2004] § 323 Rn D 12), sondern auch des Rechts, die Gegenleistung zu erbringen.

a) Grundsätzliche Auswirkung auf die Durchführung des Schadensausgleichs
E 64 Mit der Einfügung von § 325 ist das Kumulationsverbot von Schadensersatz und Rücktritt, das dem BGB früher zugrunde lag, aufgehoben worden. Bevor die Folgen

dieser veränderten Ausgangsposition auf die zuvor angesprochenen Streitfragen erörtert werden, soll zunächst allgemein aufgezeigt werden, welche Auswirkungen die Ausübung des Rücktrittsrechts künftig auf die Schadensbemessung hat.

aa) Bemessungsmethoden vor einem Rücktritt

Verlangt der Gläubiger Schadensersatz statt der Leistung, ohne von seinem Rück- **E 65** trittsrecht nach § 323 oder § 326 Abs 5 Gebrauch zu machen, so führt dies bei einer Nicht- bzw Schlechtleistung gem § 281 Abs 4 oder im Falle der Unmöglichkeit der Leistung (§ 275 Abs 1) bzw der Ausübung eines Leistungsverweigerungsrechts nach § 275 Abs 2 u 3 dazu, daß der Schuldner von seiner Leistungspflicht befreit wird. Vor dem Hintergrund der Einfügung von § 325 geht die überwiegende Auffassung mit Recht davon aus, daß der Gesetzgeber dem Gläubiger in dieser Situation grundsätzlich ein **Wahlrecht** einräumen wollte, seinen Schadensersatz statt der Leistung nach der **Differenz- oder Surrogationsmethode** geltend zu machen (AnwKomm/Dauner-Lieb § 281 Rn 29; MünchKomm/Emmerich Vor § 281 Rn 28; Jauernig/Vollkommer § 281 Rn 18; wohl auch Palandt/Heinrichs § 281 Rn 18 ff; Krause Jura 2002, 299, 304; Lorenz/Riehm, Schuldrecht Rn 208 ff, 332; iE offen Ehmann/Sutschet, Modernisiertes Schuldrecht 114 f; für Leistungshindernisse iS von § 275 abw Schwarze Jura 2002, 73, 82, der zwingend die Differenzmethode zugrunde legt, weil der Anspruch auf die Gegenleistung gem § 326 Abs 1 S 1 untergehe). Der Gläubiger kann also künftig frei wählen, ob er nach der Surrogationsmethode vorgeht, also seine Gegenleistung erbringt und gleichzeitig den Wert der vom Schuldner nicht erbrachten Primärleistung zuzüglich etwaiger Mehrkosten aus einem Deckungsgeschäft bzw seinen entgangenen Gewinn fordert (vgl Rn E 53) oder seinen Schaden nach der Differenzmethode (vgl Rn E 54) berechnet. Im letzteren Fall kann er seine Gegenleistung behalten und nur die Differenz zwischen seinem Interesse an der Leistung und der von ihm ersparten Gegenleistung fordern.

Soweit nach anderer Auffassung diese Wahlmöglichkeit nicht anerkannt und aus der dem Gläubiger nach §§ 323, 324 eingeräumten Rücktrittsmöglichkeit gefolgert wird, der Schadensersatz statt der Leistung nach §§ 281, 282 sei künftig zwingend nach der Surrogationsmethode und erst nach dessen Rücktritt nach der Differenzmethode abzuwickeln (MünchKomm/Ernst § 325 Rn 8 f; **aA** trotz dogmatischer Bedenken iE Faust, in: Huber/Faust, Schuldrechtsmodernisierung Rn 3/189 ff, 193), überzeugt dies nicht. Zwar ist der Gesetzesbegründung keine direkte Antwort zu dieser Fragestellung zu entnehmen. Dort heißt es lediglich, der Gläubiger könne „vom Vertrag zurücktreten und gleichzeitig die Mehrkosten aus einem Deckungsgeschäft oder den entgangenen Gewinn ersetzt verlangen" (BT-Drucks 6040, 93). Zu Recht hat aber Krause darauf aufmerksam gemacht, daß die Regelung in § 281 Abs 4 lediglich besage, daß der vertragswidrig handelnde Schuldner nicht berechtigt sein solle, die Erfüllung des Vertrages zu verlangen (Jura 2002, 299, 304). Damit ist jedoch noch nicht gesagt, daß in diesem Fall die Schadensberechnung nach der Differenzmethode bis zum Rücktritt ausgeschlossen ist. Die strikte Beschränkung auf die Surrogationsmethode stünde im Widerspruch zur Intention des Gesetzgebers, der mit der Neuregelung den Zugang zum Schadensersatz insgesamt gerade erleichtern und nicht erschweren wollte. Vielmehr korrespondiert mit der durch §§ 324, 325 eingeräumten Möglichkeit das freie Wahlrecht des Gläubigers im Hinblick auf die Schadensbemessung (so auch Lorenz/Riehm, Schuldrecht Rn 211). Diese Grundsätze gelten nicht nur für die von §§ 281 u 282 erfaßten Pflichtverletzungen, sondern wegen der Verweisung in § 326 Abs 5 auf § 323 darüber hinaus für die Leistungshindernisse iS von § 275.

bb) Bemessungsmethode nach einem Rücktritt

E 66 Richtig ist allerdings, daß der Gläubiger *nach seiner Rücktrittserklärung* seinen Schaden **nur** noch nach der **Differenzmethode** berechnen kann, sich also seines Wahlrechts begibt. Durch den Rücktritt macht er nämlich gerade deutlich, daß er seine eigene Leistung nicht mehr erbringen will bzw diese sogar zurückverlangt. Die Folgen bestimmen sich insoweit allein nach den §§ 346 ff, so daß das vertragliche Austauschprogramm gestoppt wird. Infolgedessen kann der Gläubiger nicht mehr auf dem Leistungsaustausch bestehen (iE ebenso MünchKomm/Emmerich Vor § 281 Rn 29; Gsell JZivRWiss 2001, 125; Krause Jura 2002, 299, 304; Lorenz/Riehm, Schuldrecht Rn 214). Angesichts der Ausübung des Gestaltungsrechts ist nicht ausschlaggebend, ob man das Vorgehen des Gläubigers in diesem Fall auch noch als widersprüchlich und deshalb rechtsmißbräuchlich ansehen könnte.

E 67 Damit taucht allerdings ähnlich wie nach alter Rechtslage das Problem auf, ob dem Gläubiger nicht doch geholfen werden kann, wenn er sich **vorschnell für den Rücktritt entschieden hat** (dazu Staudinger/Otto [2001] § 325 aF Rn 100 ff, 103 ff). Für diesen Fall will man dem Gläubiger teilweise in Fortführung der Ansätze zum alten Recht (vgl Staudinger/Otto [2001] § 325 aF Rn 105) ein Wahlrecht hinsichtlich der Rechtsbehelfe zugestehen: der Gläubiger könne den **Rücktritt** solange **widerrufen** und auf den Schadensersatz nach der Surrogationsmethode umschwenken, bis sich der Schuldner durch eine „konkrete Vertrauensinvestition auf den gewählten Rechtsbehelf eingestellt hat" (Krause Jura 2002, 299, 304; noch weitergehend Canaris JZ 2001, 499, 501, nach dessen Auffassung sich die Möglichkeit des Übergangs vom Rücktritt zum Schadensersatz unmittelbar aus § 325 ergeben soll). Dieser Auffassung ist zuzugeben, daß sich der Schuldner in einer solchen Situation noch nicht auf die Abwicklung nach der Differenzmethode eingestellt hat. Nach meiner Auffassung ist die Ausübung des Rücktrittsrechts jedoch bindend. Anders als nach altem Recht schneidet der Rücktritt nicht mehr den Schadensersatzanspruch ganz ab, sondern nur eine Bemessungsmethode. Im übrigen müßte der Gläubiger die mangelnde Schutzwürdigkeit des Schuldners im Streitfalle allerdings darzulegen und zu beweisen haben, was ihm regelmäßig nur schwer gelingen dürfte. Wegen der weitreichenden Folgen sollte sich der Gläubiger daher gut überlegen, ob er vor oder neben dem Schadensersatzverlangen den Rücktritt erklärt. Er begibt sich dann nämlich seines Wahlrechts zugunsten der Abwicklung nach der Surrogationsmethode und bleibt infolgedessen „auf seiner Gegenleistung sitzen" (in diesem Sinn auch Gsell JbZivRWiss 2001, 128 f).

cc) Rücktritt nach einem Schadensersatzverlangen iS von § 281 Abs 4

E 68 Ganz anders stellt sich die Rechtslage dar, wenn die Rücktrittserklärung des Gläubigers einem Schadensersatzverlangen iS von § 281 Abs 4 nachfolgt. Dies führt nämlich nicht zwangsläufig zum Untergang des Anspruchs auf die Gegenleistung (§ 281 Rn B 144 u D 12). Zwar erwähnt § 325 ausdrücklich nur das Recht auf Schadensersatz nach einem Rücktritt; dahinter verbirgt sich aber als Grundgedanke die zulässige Kumulation. Grds muß man deshalb eine nachfolgende Rücktrittserklärung und damit einhergehend auch eine Änderung bei der Abwicklung für zulässig halten. Hier ist allerdings in der Tat danach zu differenzieren, worauf sich der Schuldner bereits eingestellt hat. Fordert der Gläubiger zunächst Schadensersatz nach der *Surrogationsmethode*, so gibt er dem Schuldner dadurch zu verstehen, daß er seine Gegenleistung weiterhin erbringen will. Der Schuldner muß sich dann darauf einstellen, daß er die Gegenleistung abzunehmen und ihren Wert zu ersetzen hat.

Entsprechend muß er eventuell Vorkehrungen für deren Einlagerung treffen und zumindest die finanziellen Mittel zur vollständigen Bezahlung bereit halten. In dieser Situation würde es gegen Treu und Glauben verstoßen, wenn sich der Gläubiger noch dafür entscheiden dürfte, den Rücktritt zu erklären und damit zwangsläufig die Schadensbemessung nach der Differenzmethode vorzunehmen. Ebensowenig darf er ohne Rücktrittserklärung die Methode wechseln. Demgegenüber führt die nachfolgende Rücktrittserklärung dann nicht zu einer Änderung bei der Schadensbemessung, wenn der Gläubiger ursprünglich ohnehin den Ausgleich nach der Differenzmethode verlangt hat. In dieser Konstellation wirkt sich die spätere Rücktrittserklärung nicht mehr auf die Schadensbemessung aus und ist daher ohne weiteres zulässig.

b)   Einzelfragen bei der Durchführung des Schadensausgleichs

Im folgenden sollen nun die Auswirkungen der Änderungen durch das Schuldrechts- **E 69** modernisierungsgesetz anhand einiger ausgewählter Fallgestaltungen aufgezeigt werden. Wie nach der bisherigen Rechtslage wird man sich insoweit regelmäßig an den Ergebnissen der eingeschränkten Differenztheorie orientieren können.

aa)   Schadensbemessung im Regelfall

Besteht die **Gegenleistung** wie in den meisten Fällen in einer **Geldschuld**, und hat der **E 70** Gläubiger nicht vorgeleistet, wird idR nur der Anspruch auf Ersatz der Differenz zwischen dem Interesse an der Vertragserfüllung und der ersparten Gegenleistung in Betracht kommen. Die Anrechnung der Gegenleistung ist – anders als nach der Surrogationstheorie – keine Aufrechnung iS der §§ 387 ff (vgl Rn E 54). Die Bejahung einer einseitigen Forderung des Gläubigers auf Schadensersatz ist eine Konsequenz der Schadensberechnung und beruht nicht auf der Annahme, daß der gegenseitige Vertrag sich in einen Anspruch auf die Differenz aufgelöst hat. Deshalb haften auch etwaige Sicherheiten unbedenklich weiter (so zur alten Rechtslage auch STAUDINGER/ LÖWISCH [2001] § 280 aF Rn 10; KEUK 151). Sofern der Gläubiger die **Gegenleistung bereits ganz oder zum Teil erbracht** hat, erhöht sich der Schaden um deren Wert. Das gleiche gilt in den unten näher dargestellten Grenzen ebenfalls für etwaige fehlgeschlagene Aufwendungen (Rn E 109 ff).

bb)   Besonderheiten für Gegenleistungen, die keine Geldschuld sind

Besteht die Gegenleistung nicht in einer Geldschuld, wie zB beim Tausch von Sa- **E 71** chen, aber auch bei der Sachleistung des Verkäufers, wenn der Käufer den Kaufpreis nicht erbringt, so können sich Besonderheiten ergeben. Diese resultieren daraus, daß der Gläubiger uU ein besonderes Interesse daran hat, seine Gegenleistung zu erbringen oder sie zu behalten. Hat der Gläubiger in solchen Fällen seine **Gegenleistung ganz oder zum Teil schon bewirkt**, hat er nach neuem Recht einerseits die Möglichkeit seinen Schaden nach der **Surrogationsmethode** zu berechnen (großer Schadensersatz). Dann erhöht sich der Schaden um den Wert der bereits erbrachten Gegenleistung sowie etwaiger fehlgeschlagener Aufwendungen. In dieser Konstellation wirkt sich die Aufhebung des Kumulationsverbots in § 325 aus. Während die zur bisherigen Rechtslage vertretene hM in dieser Situation dem Gläubiger die Möglichkeit verwehrte, vom Vertrag zurückzutreten und daneben den Ersatz des Differenzschadens (kleiner Schadensersatz) zu fordern (vgl Rn E 59, 60), ist nach der **neuen Konzeption** des Gesetzes, eine **Kombination von Schadensersatz und Rücktritt** möglich. Der Gläubiger kann also wahlweise den Rücktritt zu erklären (§ 323) und daneben Schadensersatz statt der Leistung fordern, der dann nach der **Differenzme-thode** zu berechnen ist (vgl Rn E 65; so auch MünchKomm/EMMERICH Vor § 281 Rn 26; LORENZ/ RIEHM, Schuldrecht Rn 212). Die Rückgewähr einer erbrachten Gegenleistung richtet sich in diesem Fall nach den Rücktrittsregeln (§§ 346 ff).

E 72 Wie sich die **Aufhebung des Kumulationsverbots** auswirkt, soll das folgende *Beispiel* verdeutlichen: Der Jockey A hatte einen Vertrag mit dem Rennstallbesitzer B ab-geschlossen, der B verpflichtete, A einen Rappen im Tausch gegen einen Schimmel zu übereignen. Während A den Schimmel sofort übereignete, ging der Rappe vor der Übergabe durch Verschulden des B ein. Die **bisherige hM** gestand dem A in diesem Fall nur den Schadensersatzanspruch in voller Höhe zu, verwehrte es ihm indessen, seinen Schimmel zurückzufordern *und* sich die Differenz zwischen dem Interesse an der Vertragserfüllung unter Abzug des Wertes der Gegenleistung in Geld ersetzen zu lassen. Nach neuer Rechtslage ist dies im Hinblick auf § 325 ohne weiteres möglich. A kann aber auch auf den Rücktritt verzichten, den Schimmel also bei B belassen und Schadensersatz nach der Surrogationsmethode fordern. Dies bietet sich insbes an, wenn der Rappe im Vergleich mit dem Schimmel einen höheren Wert hatte. A kann dann Schadensersatz wegen der nicht erbrachten Leistung des Rappen verlangen.

E 73 Denkbar ist aber auch die umgekehrte Situation, daß der Gläubiger noch nicht vorgeleistet hat, seine **Gegenleistung aber noch erbringen will**. Die eingeschränkte Differenztheorie räumte dem Gläubiger schon nach bisheriger Rechtslage diese **Wahlmöglichkeit** ein. Denn sie erlaubte ihm, die Gegenleistung noch zu erbringen und den großen Schadensersatz zu fordern (dazu mwNw bereits Rn E 58). Dies gilt für die neue Rechtslage erst recht (zur abw Auffassung des BGH für § 326 aF und zur Lösung dieser Fragestellung nach neuem Recht ie § 281 Rn B 144). Hingegen könnte der Gläubiger bei der Schadensberechnung nach der Differenzmethode ausschließlich den etwaigen Mehr-wert des Rappen (die Wertdifferenz) einklagen.

E 74 Steht die Leistung des Gläubigers in der soeben in Rn E 72 geschilderten Fallgestal-tungen noch aus, so wird man dem Schuldner konsequenterweise auch den Anspruch auf die Gegenleistung zubilligen müssen, wenn er sich mit der Abwicklung nach der Surrogationsmethode bereits einverstanden erklärt hat, und zwar selbst dann, wenn der Anspruch auf die Gegenleistung – zB gem § 326 Abs 1 S 1 – an sich bereits untergegangen ist (vgl STAUDINGER/OTTO [2004] § 326 Rn B 5). Praktische Relevanz hätte dies in dem obigen Beispiel, wenn dem Schuldner zwischenzeitlich ein lukrativer Weiterverkauf des Schimmels gelungen wäre.

cc) Besonderheiten bei der Geldschuld als Gegenleistung

E 75 Die Vorteile, die das grundsätzliche Wahlrecht bei der Schadensbemessung für den Gläubiger mit sich bringt und die weiterhin für die Heranziehung der Ergebnisse der eingeschränkten Differenztheorie sprechen, können sich selbst dann zeigen, wenn die **Gegenleistung in einer Geldschuld** besteht. Denn die Erstattung der Differenz zwischen dem Interesse an der Vertragserfüllung und der ersparter Gegenleistung muß selbst bei einer Geldschuld nicht immer genügen, um den entstandenen Schaden statt der Leistung auszugleichen. Dies ist insbes der Fall, wenn die Gegenleistung erst später fällig werden soll. *Beispiel*: A hat sich bei B einen Gebrauchtwagen gekauft und mit ihm vereinbart, daß er den Kaufpreis nur ratenweise entrichten muß. Macht sich B die Leistung schuldhaft unmöglich, so ist A allein mit der Wertdifferenz von beispielsweise 500 Euro nicht gedient; denn für diesen Betrag erhält er kein Fahrzeug. B muß dem A daher den vollen Wert zunächst ersetzen, wenn A sich für die Surrogationsmethode entscheidet, um später die volle Gegenleistung ratenweise in Empfang zu nehmen (zu § 325 aF vgl ENNECCERUS 27. DJT [1904] IV 142; aA HUBER II 195).

dd) Besonderheiten bei der Beteiligung Dritter

Ein Interesse an der Bewirkung der Gegenleistung können ferner **Dritte** haben, **E 76** deren Anspruch auf die Leistung des Schuldners untergegangen ist. Dies gilt zunächst regelmäßig für den **Zessionar**, *an den der Anspruch auf die Leistung gegen den Schuldner abgetreten ist.* Denn nur in diesem Fall kann der Zessionar vom Schuldner Schadensersatz in voller Höhe fordern und damit einen Ausgleich für den untergegangenen Anspruch erhalten (zur Berechnung s Rn E 106). Ihm steht daher wie nach alter Rechtslage die Entscheidung für das Vorgehen nach der Surrogationsmethode allein zu (dazu GOLLA 148 ff, 155 ff, 173; SEETZEN AcP 169 [1969] 352, 363 f). Für die Geltendmachung nur der Differenz dürfte wegen der Verrechnung mit der Gegenleistung hingegen ein einvernehmliches Handeln von Zedent und Zessionar interessengerechter sein, da sich häufig die Frage des Ausgleichs für die partiell entwertete Forderung des Zedenten stellen wird (so auch GOLLA 172; aA MünchKomm/EMMERICH § 325 aF Rn 34; GERNHUBER, in: FS Raiser 88 ff; differenzierend SCHWENZER AcP 182 [1982] 214, 240 ff; eingehend DÖRNER, Dynamische Relativität 304 ff, 306 f, der dem Zessionar beim Vorgehen nach der Differenztheorie einen Anspruch gegen den Zedenten aus §§ 677, 683 S 1, 670 wegen Befreiung von der Verbindlichkeit zubilligt). Dem Zedenten wird kein Unrecht getan, weil er vom Zessionar nur an seiner freiwillig begründeten Gegenleistungspflicht festgehalten wird. Die Antwort ist insbes für die Fristsetzung umstrittener, weil dort noch über die Erfüllung des Vertrages entschieden wird (vgl § 281 Rn B 39 mit Differenzierungen bei der Sicherungszession), während in den Fällen der Leistungshindernisse nach § 275 die Leistung ohnehin nicht mehr erfolgen kann.

Ein vergleichbares Interesse am Leistungsaustausch und damit auch am sekundären **E 77** Schadensersatzanspruch statt der Leistung hat der berechtigte Dritte beim **echten Vertrag zugunsten Dritter,** wenn der Versprechende die Leistung nicht mehr erbringen muß (so zur übertragbaren alten Rechtslage zur Unmöglichkeit HADDING, in: FS Gernhuber 153, 163 ff). Dies spricht dafür, ihm jedenfalls bei Unwiderruflichkeit des untergegangenen Anspruchs (§ 328 Abs 2) ebenso wie bei der Fristsetzung iS des § 281 (dort Rn B 40 generalisierend) allein die Entscheidung zu überlassen, soweit es um den Schadensersatz statt der Leistung als Sekundäranspruch nach der Surrogationsmethode geht (STAUDINGER/JAGMANN [2004] § 335 Rn 13; aA im Ausgangspunkt RAAB 513 ff, 523, 525 ff m zahlreichen Nachw zu den sehr divergierenden Meinungen; allerdings gestattet auch RAAB 528 dem Dritten das Vorgehen nach der Surrogationsmethode, solange sich der Versprechensempfänger nicht anders entscheidet. Vgl ferner § 281 Rn B 160). Will der Dritte hingegen nach der Differenzmethode (Rn E 54) vorgehen oder das Rücktrittsrecht (STAUDINGER/OTTO [2004] § 323 Rn D 11) ausüben, so sind die Interessen von Drittem und Versprechensempfänger in gleicher Weise berührt. Aus diesem Grund wird man in solchen Fällen wiederum eine interne Abstimmung fordern müssen.

c) Besonderheiten bei Überschuß zu Gunsten des Schuldners

Der an sich zum Schadensersatz statt der Leistung verpflichtete *Schuldner* ist – wie **E 78** nach bisheriger Rechtslage – berechtigt, einen *Überschuß zu seinen Gunsten* zurückzufordern, der sich bei der Gegenüberstellung der als Rechnungsposten einzusetzenden beiderseitigen Leistungen ausnahmsweise ergeben kann (vgl RGZ 149, 135, 137 mit Hinweis auf RGZ 135, 167, 172 – dort für den Fall der Ablehnung der Erfüllung durch den Konkursverwalter). Bislang hat man diesen Anspruch unmittelbar auf § 812 Abs 1 S 2 (so RGZ 135, 172; BGH NJW 2000, 278, 279), §§ 326 Abs 1 S 3 aF, 325 Abs 1 S 2 aF, 280 Abs 2, 346 aF (HUBER II 214) oder zutreffend auf § 323 Abs 3 aF analog (vgl STAUDINGER/OTTO [2001] § 323 aF Rn 52) gestützt. Nunmehr findet sich in § 281 Abs 5 mit der Verweisung auf die §§ 346 bis 348 eine eindeutige gesetzliche Regelung, auf die auch dort zurückzugreifen ist, wo es – anders als in § 283 S 2 – an einer Verweisung auf sie fehlt. Für die Fallgestaltungen der erbrachten, aber vom Gläubiger mit Recht nicht akzeptierten Teil- oder Schlechtleistung ist dies selbstverständlich, wie im übrigen § 439 Abs 4 mit der dort ausdrücklich angeordneten Rückgewährpflicht für den Fall der Nacherfüllung belegt. Ein teilweises Fortbestehen des ursprünglichen Anspruchs auf die Gegenleistung kommt nur bei teilweisem Leistungsausschluß in Betracht (unklar zur alten Rechtslage insoweit RG JW 1936, 2131). Dies gilt auch für § 282, soweit nicht der Leistungsaustausch teilweise ohne Beanstandungen durchgeführt ist und ein darauf bezogener Schadensersatzanspruch ohnehin ausscheidet (§ 282 Rn 70).

E 79 Für die Saldierung von Rechnungsposten bei der Entscheidung des Gläubigers für die Differenzmethode gilt im Grundsatz nichts anderes. MünchKomm/EMMERICH (Vor § 281 Rn 27 wie bereits zu § 325 aF Rn 67; ebenso KIPP 27. DJT [1904] I 274 f) verneint hingegen einen solchen Anspruch, weil der Gläubiger bis zum Eintritt eines endgültigen Zustandes nicht an die Wahl des Schadensersatzanspruchs gebunden sei und daher noch zurücktreten könne, um seine Verpflichtung zur Zahlung des Überschusses an den Schuldner wieder zu beseitigen. Wegen der Einfügung von § 325 müsse dies für den neuen Rechtszustand erst recht gelten. Diese generelle Aussage geht zu weit bzw ist mißverständlich. Denn der Gläubiger wäre auch in solchen Fällen idR zur *Rückgewähr* des an ihn Geleisteten und eines damit zusammenhängenden Überschusses unmittelbar nach Maßgabe der Rücktrittsvorschriften (§ 346) verpflichtet. Richtig ist allerdings, daß der Gläubiger auch unabhängig von einem zusätzlich erklärten Rücktritt nach Geltendmachung des Schadensersatzes nicht verpflichtet ist, nunmehr einen anfänglichen rechnerischen Mehrwert der Gegenleistung an den Schuldner auszukehren (vgl das von EMMERICH in Bezug genommene Beispiel von FAUST, in: HUBER/FAUST, Schuldrechtsmodernisierung Rn 3/193). Im übrigen wird sich der Gläubiger im Fall des vollständigen Ausbleibens der Schuldnerleistung ohnehin nicht für die Geltendmachung der Schadensersatzforderung entscheiden, sondern vernünftigerweise nur für den Rücktritt, wenn seine Gegenleistung wertvoller ist. Beruht ein Überschuß zugunsten des Schuldners auf einer von ihm aufgedrängten Bereicherung, so sind gegenüber seinem Einrederecht gem § 348 iVm § 320 gegen die Geltendmachung des Eigentumsrechts durch den Gläubiger wie nach bisherigem Recht (vgl Rn E 60) Einschränkungen geboten (s BRAMBRING EWiR § 326 BGB 2/2000, 377 f zur übertragbaren alten Rechtslage).

d) Möglichkeit der Naturalherstellung im Rahmen des Schadensersatzes statt der Leistung

E 80 Schließlich bleibt noch zu fragen, ob der Gläubiger vom Schuldner nicht sogar **Naturalherstellung** gem § 249 S 1 verlangen darf, wenn er die volle Gegenleistung anbietet.

Nach der **bisherigen Rechtslage** scheiterte dieser Anspruch auf der Grundlage der eingeschränkten Differenztheorie nicht schon daran, daß der Anspruch nur auf die wertmäßige Differenz gerichtet sein kann. Die Naturalherstellung war zudem nicht stets schon deshalb faktisch ausgeschlossen, weil die versprochene Leistung **nachträglich unmöglich** geworden war. Denn es gibt Leistungen, die gleichwertig erbracht werden können (zB die Lieferung eines ähnlichen Gebrauchtwagens durch einen Händler oder anderer Sachen gleicher Art bei einer konkretisierten Gattungsschuld). Nach Ansicht des BGH (JZ 1952, 31) ging der Anspruch jedoch bereits nach alter Rechtslage regelmäßig nicht auf die Herstellung. Sein Hinweis auf RGZ 61, 348, 353 f bzw 107, 15, 18 überzeugte in diesem Zusammenhang allerdings nicht gänzlich, weil dort § 326 aF und § 283 aF zum Tragen kamen, die beide ausdrücklich den Anspruch auf Erfüllung ausschlossen. Selbst bei einem Vorgehen gem § 283 aF wurde im Gegensatz zu BGH NJW 1994, 314 ein Anspruch auf Naturalrestitution zT bejaht (vgl K SCHMIDT ZZP 87 [1974] 59 mwNw; zurückhaltend STAUDINGER/LÖWISCH [2001] § 283 aF Rn 31; MünchKomm/EMMERICH § 283 aF Rn 21; SOERGEL/WIEDEMANN § 283 aF Rn 24). Deshalb bedurfte die ablehnende Haltung nach bisheriger Rechtslage einer zusätzlichen Begründung (vgl auch STAUDINGER/LÖWISCH [2001] § 280 aF Rn 11). Gegen die Verpflichtung zur Naturalherstellung sprach letztlich der Gedanke, daß die Leistungsgefahr und ihre Grenzen in anderen Normen geregelt waren, deren Wertung nicht überspielt werden darf (strikt gegen Naturalrestitution deshalb KAISER 79 ff; SOERGEL/WIEDEMANN § 325 aF Rn 40). Ähnliche Überlegungen wurden auch für den Bereich von § 326 aF angestellt und daher eine Naturalherstellung im Rahmen des Schadensersatzanspruchs ebenfalls grds verneint (STAUDINGER/OTTO [2001] § 326 aF Rn 156).

Von diesem Grundsatz wurden jedoch auch **Ausnahmen** zugelassen. So konnte die Pflicht zur Naturalherstellung ausnahmsweise dann zu bejahen sein, wenn der Gläubiger nach Treu und Glauben ein berechtigtes Interesse an der Naturalrestitution hat und der Schuldner dadurch gerade nicht überfordert wird. Diese Lösung ist zB angemessen, wenn der Schuldner unschwer zu einer Ersatzleistung, die nicht in Geld besteht, in der Lage ist, während sich der Gläubiger auch mit Geld den Ersatz auf dem Markt nicht beschaffen kann. Gleiches gilt, wenn der angerichtete Schaden nicht anders als durch Naturalherstellung zu beheben ist (in diesem Sinn MünchKomm/EMMERICH § 325 aF Rn 79 unter Hinweis auf § 280 aF Rn 11; weitergehend zB RG JW 1924, 1441 und insbes MOTZER, Die „positive" Vertragsverletzung des Arbeitnehmers [1982] 226 ff; PIEPER JuS 1962, 414; strikt abl HUBER II 686 ff m scharfer Kritik 688).

Diese Lösung ist auch nach **neuem Recht** angemessen. Im Grundsatz ist die Natu- **E 81** ralherstellung demnach ausgeschlossen. Schon die Formulierung „Schadensersatz statt der Leistung" macht deutlich, daß der Schadensersatz strikt von der Leistung zu unterscheiden ist. Unterstrichen wird dies durch § 281 Abs 4 (§ 281 Rn B 142). Daraus folgt, daß der Schadensersatzanspruch nicht auf Naturalherstellung gem § 249 Abs 1 gerichtet ist, sondern daß der Gläubiger lediglich Wertersatz gem § 251 verlangen kann (so auch MünchKomm/EMMERICH Vor § 281 Rn 8; FAUST, in: HUBER/FAUST Rn 3/182; LORENZ/RIEHM Schuldrecht Rn 207). Andererseits wird man in den zur alten Rechtslage geschilderten extremen Fallgestaltungen (Rn E 80) weiterhin Ausnahmen zulassen müssen, wenn der Gläubiger unter Berücksichtigung von Treu und Glauben daran ein berechtigtes Interesse hat (iE ebenso MünchKomm/EMMERICH Vor § 281 Rn 9 und wohl auch FAUST, in: HUBER/FAUST, Schuldrechtsmodernisierung Rn 3/182). Allein die neue Terminologie steht dem nicht zwingend entgegen, weil der Gesetzgeber damit materiell gerade keine grundlegende Änderung herbeiführen wollte (dazu bereits Rn E 6).

3. Schadensersatz und Ersatzherausgabe

E 82 § 285 Abs 2 eröffnet dem Gläubiger die Möglichkeit, die Ersatzherausgabe gem § 285 Abs 1 in der Weise neben dem Schadensersatzanspruch statt der Leistung nach § 283 geltend zu machen, daß dieser sich um den Wert des Surrogats mindert (vgl STAUDINGER/LÖWISCH § 285 Rn 55 ff). Hat der Gläubiger überhaupt an dem Ersatz oder Ersatzanspruch Interesse, dann ist dieses Vorgehen idR demjenigen nach § 326 Abs 3 vorzuziehen (näher dazu STAUDINGER/OTTO [2004] § 326 Rn D 1 ff, 3). Eine Kombination von Schadensersatz und Ersatzherausgabe ist wie nach bisheriger Rechtslage allerdings nur bei einer Durchführung des Schadensausgleichs nach der Surrogations- bzw Austauschmethode statthaft (zu § 281 aF HUBER II 671 ff).

4. Abstrakte und konkrete Schadensberechnung

E 83 Das Schuldrechtsmodernisierungsgesetz hat auf die Schadensberechnung selbst keine Auswirkungen gehabt. Die zum alten Recht entwickelten Grundsätze sind daher in vollem Umfang übertragbar. Wie für den Schadensersatz wegen Nichterfüllung kann die Berechnung des Schadensersatzes statt der Leistung sowohl abstrakt als auch konkret erfolgen (dazu BGHZ 29, 393, 399; hierzu STEINDORFF AcP 158 [1959/1960] 431 ff; zur dogmatischen Herleitung BARDO, Die „abstrakte" Berechnung des Schadensersatzes beim Kaufvertrag [1989] 57 ff; HUBER II 231 ff; MünchKomm/EMMERICH § 325 aF Rn 73 ff sowie Münch-Komm/EMMERICH Vor § 281 Rn 37 ff; SOERGEL/WIEDEMANN § 325 aF Rn 41 ff, der von einem allgemein anerkannten, inhaltlich jedoch wenig abgesicherten Rechtssatz spricht. Für einen anderen Ansatz neuerdings C KNÜTEL, Die Schwächen der „konkreten" und „abstrakten" Schadensberechnung und das positive Interesse bei Nichterfüllung, AcP 202 [2002], 555, 571 ff, 597 ff, der das positive Interesse entgegen dem bisherigen Verständnis in einen allgemeinen und besonderen Teil aufteilen will, woran sich auch die abstrakte wie konkrete Schadensberechnung zu orientieren habe. Daher habe der Gläubiger hinsichtlich der Berechnungsmethode kein Wahlrecht). Während bei der „konkreten" Schadensberechnung im einzelnen dargelegt werden muß, inwiefern sich die Vermögenslage bei korrekter Erfüllung positiv entwickelt hätte, genügt für die „abstrakte" Berechnung die *Darlegung eines – widerlegbaren – typischen Geschehensablaufs*, wobei bei beiden Berechnungsmethoden der maßgebliche Zeitpunkt von erheblicher Bedeutung sein kann (Rn E 199 ff).

E 84 Die „abstrakte" Berechnung darf einerseits nicht mit einer *gesetzlichen Schadenspauschalierung* verwechselt werden. Im Schrifttum wird deshalb vorgeschlagen, den Ausdruck nur dort zu verwenden, wo ein Mindestschadensersatz endgültig pauschaliert wird, wie es zB durch § 376 Abs 2 HGB für den Fixhandelskauf und in §§ 288, 849 BGB geschehen ist (vgl zB KNOBBE-KEUK VersR 1976, 401, 405; STAUDINGER/SCHIEMANN [1998] § 252 Rn 23; LARENZ I § 29 III a [512 f]; LANGE, Schadensersatz[3] [2003] 345 ff; HALFPAP 145 ff; in der Sache auch MünchKomm/OETKER § 252 Rn 45; generell krit WENDEHORST, Anspruch und Ausgleich [1999] 94). Nach meiner Auffassung genügt die Klarstellung, daß die Widerlegung des typischen Geschehensablaufs möglich bleibt. Die praktische Zweckmäßigkeit spricht dafür, an der Wahl zwischen den Berechnungsmethoden und damit auch an ihrer schlagwortartigen Charakterisierung festzuhalten.

E 85 Andererseits ist von der Wahl zwischen den beiden genannten Berechnungsmethoden die sogenannte **Rentabilitätsvermutung** zu unterscheiden, die von dem Grundsatz ausgeht, daß die vom Gläubiger bewirkte Gegenleistung sowie die Aufwendungen, die für den Fall der Erfüllung getätigt worden sind, sich als wirtschaftlich sinnvoll erwiesen hätten und damit den **Mindestschaden** ausmachen. Diese Berechnungsmodalität steht wegen ihres typisierenden Elements gleichsam zwischen „konkreter" und „abstrakter" Schadensermittlung und soll im Anschluß an diese Formen (Rn E 109 ff) und in der Kommentierung zu § 284 behandelt werden (vgl insbes § 284 Rn 2 f, 9, 13).

Der Berechtigte kann – *auch noch im Rechtsstreit* – von der einen zur anderen   **E 86** Berechnungsweise übergehen, ohne daß dies eine Klageänderung iS des § 263 ZPO darstellt (allgemein zur übertragbaren alten Rechtslage BGH NJW-RR 1991, 1279; BGHZ 115, 286, 291 f [für Übergang vom großen auf kleinen Schadensersatz bei § 463 aF]; BGH WM 1998, 931; THOMAS/PUTZO, ZPO²⁵ [2003] § 263 Rn 4). Ergibt sich der gesamte Schaden aus **mehreren selbständigen Posten**, so können beide Methoden auch nebeneinander angewandt werden. Indessen darf ein **einheitlicher Schaden** nur nach der einen oder anderen Berechnungsweise geltend gemacht werden (BGHZ 2, 310, 313; anders RG LZ 1911, 850, 851 für die Berechnung der Selbstkosten des Geschädigten).

Selbstverständlich ist die freie Wahl der Berechnungsmethode durch den Gläubiger   **E 87** nicht. So gilt im **UN-Kaufrecht** nach Art 74, 75 CISG der grundsätzliche Vorrang der nach einem Deckungsgeschäft konkret durchzuführenden Schadensberechnung. Die abstrakte Berechnung ist bei Vornahme eines Deckungsgeschäfts ausgeschlossen (STAUDINGER/MAGNUS [1999] Art 75 CISG Rn 3, Art 76 CISG Rn 11; SCHLECHTRIEM/SCHWENZER/ STOLL/GRUBER, CISG⁴ [2004] Art 74 Rn 29, Art 75 Rn 1, 6 f [zur Angemessenheit des Deckungsgeschäfts]). Sofern die abstrakte Schadensberechnung zulässig ist, kann sie nur nach dem Markteinkaufspreis eines hypothetischen Deckungskaufs, nicht jedoch nach der abstrakten Berechnung des Gewinns aus einer Weiterveräußerung erfolgen (SCHLECHTRIEM/SCHWENZER/STOLL/GRUBER, CISG⁴ [2004] Art 76 Rn 4), da eine Vermutung, daß ein Kaufmann eine Verkaufsmöglichkeit marktgängiger Ware zusätzlich genutzt hätte, für das CISG verneint wird (SCHLECHTRIEM/SCHWENZER/STOLL/GRUBER, CISG Art 74 Rn 29).

a)   Grundlagen der sog „abstrakten Schadensberechnung"

Es liegt auf der Hand, daß typische Abläufe vor allem beim Warenverkehr zu be-   **E 88** obachten sind, weshalb die Darstellung im folgenden vornehmlich am Beispiel des Kaufvertrages erfolgt. Voraussetzung ist stets, daß es sich **um marktgängige Waren** handelt. Das ist bei **Immobilien** grundsätzlich nicht der Fall (BGH NJW 1995, 587, 588). SOERGEL/WIEDEMANN (§ 325 aF Rn 43) unterscheidet insoweit zutreffend zwischen dem Markt für ein hypothetisches Deckungsgeschäft auf der Verkäufer- bzw Käuferseite und dem aus der Differenz zu errechnenden *Verlust* (§§ 249, 251 Abs 1) einerseits und der Geltendmachung des *entgangenen Gewinns* (§ 252) andererseits.

aa)   Abstrakte Schadensberechnung aus Käufersicht

Der **Käufer** kann nach der „abstrakten" Berechnungsmethode, die § 376 Abs 2 HGB   **E 89** für den Fixhandelskauf als Regel vorsieht, als **Verlust** die Differenz zwischen dem *Marktpreis für den Einkauf* der ihm nicht gelieferten Ware und dem nun *ersparten niedrigeren Kaufpreis* berechnen (sog *hypothetischer Deckungskauf*; s nur BGH WM 1998, 931; NJW 1998, 2901, 2902; dazu STEINDORFF AcP 158 [1959/1960] 459 ff; BARDO 94 ff; im Erg ebenso BOUJONG/EBENROTH/JOOST/MÜLLER, HGB [2001] § 376 Rn 34 ff; SCHLEGELBERGER/HEFERMEHL, HGB⁵ [1982] § 376 Rn 24: Mindestschaden ist objektiver Wert der Sache, der sich nach Markteinkaufspreis richtet). Bei dem Kauf einer „Circa-Menge" bemißt sich der Schaden nach der versprochenen Mindestmenge (OLG München BB 1994, 1169).

Ein Teil des Schrifttums verabsolutiert diese *Marktpreisregel* und erklärt den Einwand des Verkäufers für unbeachtlich, der Käufer habe eine vergleichbare Ware tatsächlich zu einem niedrigeren Preis als dem Marktpreis erstanden (Huber II 248 ff; Knobbe-Keuk, Vermögensschaden 119 ff, 189; dies, VersR 1976, 401, 404 f; Rabel, Warenkauf Bd I 170 ff, 454 ff; in diesem Sinn auch Steindorff JZ 1961, 12, 13). Dahinter steht die Vorstellung, die Differenz sei ein objektiver, feststehender Schaden, der durch die spätere Entwicklung nicht mehr berührt wird. Demgegenüber erscheint es vorzugswürdig, dem Verkäufer die Berufung auf den Einwand eines günstigeren Deckungsgeschäfts durch den Käufer zu gestatten. Zur Begründung der Widerlegbarkeit sollte man sich allerdings nicht auf den Gedanken stützen, der Schaden beruhe auf einem hypothetischen Geschehensablauf und die Preisdifferenz sei in Wirklichkeit entgangener Gewinn im Sinn des § 252 S 2 (so aber Halfpap 150 f, 162; wohl auch BGH WM 1998, 931). Vielmehr geht es insoweit um die Bemessung eines durch den entgangenen Anspruch auf die Sache selbst erlittenen Verlustes. Die *abstrakte Marktpreisregel* soll dem Käufer die Schadensdarlegung nicht zuletzt aus präventiven Gründen erleichtern. Eine nachweisliche Überkompensation zu Lasten des Verkäufers ist jedoch nicht gerechtfertigt. Der aus einem Deckungskauf erzielte Erlös zeigt daher an, welchen Schaden der Käufer infolge der Nichterfüllung des Vertrages wirklich erlitten hat (vgl Bardo 112 ff; etwas anders Soergel/Wiedemann § 325 aF Rn 46: Grundsatz der schonenden Schuldnerbehandlung). Das tatsächliche Deckungsgeschäft kommt dem Schuldner aber dann nicht zugute, wenn und soweit es auf *überobligationsmäßige Bemühungen* des Gläubigers zurückzuführen ist (BGH WM 1998, 931, 932).

E 90 Wesentlich problematischer ist die abstrakte Berechnung des **entgangenen Gewinns** gem § 252 auf der Basis eines hypothetischen Verkaufs *nach Maßgabe des Marktpreises auf dem Weiterverkäufermarkt*. Hier sind mehrere Hürden zu überwinden: Erstens muß ein Weiterverkauf wahrscheinlich sein, zweitens ein daraus zusätzlich zu erlösender Gewinn und drittens darf den Käufer kein Mitverschulden daran treffen, daß er sich marktgängige Ware nicht anderweitig beschafft hat (vgl MünchKomm/ Emmerich Vor § 281 Rn 48 ff; für die Anerkennung eines lediglich prima-facie Beweises Münch-Komm/Oetker § 252 Rn 49).

E 91 Nach *Ansicht der Rspr* gilt jedenfalls *im kaufmännischen Verkehr* zugunsten des Käufers aufgrund der Beweiserleichterung durch § 252 S 2 allgemein die **widerlegbare Vermutung**, daß er bei vertragsgemäßer Lieferung des Verkäufers jederzeit in der Lage gewesen wäre, die Ware zum Marktpreis – falls ein solcher nicht besteht, zu ihrem Verkehrswert (RGZ 68, 163, 165; RG HRR 1929 Nr 85; HansRGZ 1932, B 565) – **weiter zu veräußern** und auf diese Weise gegebenenfalls die Differenz zwischen vertraglichem Einkaufspreis und Marktpreis als seinen Gewinn zu erzielen (RGZ 68, 163, 165; 99, 46, 49; 101, 218 u 240; 105, 28 u 293; BGHZ 2, 310, 313; 29, 393, 399 f; 62, 103, 105 f; BGH NJW 1980, 1742, 1743 [idR nur für Kaufleute]; zust BGB-RGRK/Ballhaus § 325 aF Rn 17). Diese Berechnung kann der Käufer selbst dann vornehmen, wenn er vor Ablauf der nach § 281 Abs 1 S 1 gesetzten Nachfrist einen Deckungskauf vornimmt. In solchem Fall besteht für den Käufer lediglich die Gefahr, daß er die Leistung doppelt erhält (vgl BGH LM § 326 [Eb] BGB Nr 11 [Bl 2 f] = NJW 1998, 2901, 2903 sowie MünchKomm/Emmerich Vor § 281 Rn 49).

Richtigerweise kann beim *Endverbraucher* in der Tat nicht von einer *Weiterveräuße-rungsvermutung* die Rede sein (ebenso BARDO 125 ff [Weiterveräußerungsvermutung nur für Kaufleute als Händler und nicht bei Eigengebrauch, generell nicht für Endverbraucher, zB auch den Fiskus]; restriktiv auch KNOBBE-KEUK VersR 1976, 401, 404 f; LANGE, Schadensersatz³ [2003] 347; STEINDORFF AcP 158 [1959/1960] 459 ff; ders JZ 1961, 12, 13). Die Kritik an einer allzu ein-seitigen Betonung des Handelsverkehrs erscheint jedoch insofern berechtigt, als sie dem Endverbraucher praktisch verwehrt, überhaupt geltend zu machen, daß der ihm nicht gelieferten Sache nach Maßgabe des Verkäufermarktes ein höherer Wert zu-komme (vgl BARDO 123 ff, 132 f; SOERGEL/WIEDEMANN § 325 aF Rn 43; weitergehend wohl Münch-Komm/GRUNSKY³ § 252 Rn 12 f sowie MünchKomm/OETKER § 252 Rn § 252 Rn 48 f).

Selbst dort, wo die Weiterveräußerungsvermutung eingreift, ist sie widerlegbar und bedeutet insofern lediglich eine **Beweiserleichterung** (MünchKomm/EMMERICH Vor § 281 Rn 48). Die Vermutung kann auch für Kaufleute durch den Nachweis von Umständen entkräftet werden, die eine alsbaldige gewinnbringende Weiterveräußerung aus-geschlossen erscheinen lassen (zB Verpflichtung des Käufers, nicht weiter zu veräu-ßern [RGZ 101, 219] oder Weiterveräußerung im vertraglich vorgesehenen Mindest-umfang an die den Betrieb übernehmende Gesellschaft [BGH NJW 2000, 1409, 1411]). Das RG hatte an den Nachweis jedoch so hohe Anforderungen geknüpft, daß SOERGEL/WIEDEMANN § 325 aF Rn 46 kritisch von einer „nahezu unwiderlegbaren Vermutung" spricht (ferner BARDO 57 ff). So sollte der Hinweis nicht genügen, die Ware sei ursprünglich nur zum eigenen Verbrauch gekauft worden (RGZ 101, 217, 219; 105, 293, 294; RG JW 1921, 1313). Ein Händler ist aber nicht etwa zur abstrakten Berechnung gezwungen, weil er die Sache alsbald veräußert hätte (RG JW 1924, 1441).

Selbstverständlich ist es dem Verkäufer im übrigen unbenommen, die der abstrakten **E 92** Schadensberechnung zugrundeliegende **Gewinnvermutung** zu entkräften (RGZ 99, 49; 100, 112; 105, 293), so wenn zB feststeht, daß die Ware nur zu einem bestimmten Preis weiterverkauft und dabei nur ein niedrigerer Gewinn erzielt worden wäre (RG Recht 1926 Nr 239; BARDO 128 f). Darüber hinaus will das OLG Düsseldorf (NJW-RR 1988, 1382 ff mwNw) in bewußter Abkehr von der Rspr des BGH die Zuerkennung eines – ent-gangenen – Veräußerungsgewinns auch deshalb ablehnen, weil die Erfahrung dage-gen spreche, daß sich der Wiederverkäufer marktgängige Ware nicht anderweitig beschafft habe; daher könne der im Handelsverkehr nicht belieferte Käufer „markt-gängiger Gattungsware im Rahmen der abstrakten Schadensberechnung regelmäßig nicht den vollständigen entgangenen Gewinn, sondern – wie in dem für das Fixge-schäft in § 376 HGB geregelten Fall – nur den Unterschied zwischen dem mit dem Verkäufer vereinbarten Preis und dem Markteinkaufspreis verlangen"; auf die Mög-lichkeit und Zumutbarkeit eines konkreten Deckungskaufes komme es im Rahmen der abstrakten Berechnung des Schadens nicht an. Zur Begründung beruft sich das Gericht zudem auf Art 76 CISG (dazu Rn E 87) und § 327b des Vorschlags HUBER (Gutachten Bd I 847). Ein Abschlag in Höhe einer Quote der *allgemeinen Geschäfts-unkosten* des Käufers ist nicht zulässig (OLG München MDR 1959, 300). Zu General- und Spezialunkosten siehe auch Rn E 95.

Schließlich kann der Käufer trotz der von ihm angestrebten abstrakten Berechnung **E 93** im Hinblick auf § 254 **Abs 2 S 1** zur **Vornahme eines Deckungskaufs** verpflichtet sein mit der Folge, daß er den ihm wegen der fehlenden Ware entgangenen Veräuße-rungsgewinn nicht geltend machen kann. Der BGH hat allerdings ursprünglich aus-

drücklich nur ausnahmsweise eine Deckungspflicht im Handelsverkehr bejaht
(BGHZ 62, 103, 107; ebenso OLG München MDR 1959, 300). Im Schrifttum wird die Rücksichtnahme auf den Schuldner jedoch zunehmend eingefordert (BARDO 133 ff; Münch-
Komm/EMMERICH Vor § 281 Rn 51; MünchKomm/GRUNSKY³ § 252 Rn 13; MünchKomm/OETKER
§ 252 Rn 48; HALFPAP 159; HUBER II 254 ff; KNOBBE-KEUK VersR 1976, 401, 404 f; LANGE, Schadensersatz³ [2003] 347; STAUDINGER/SCHIEMANN [1998] § 252 Rn 23; STEINDORFF AcP 158 [1959/1960]
459 ff, 463; ders JZ 1961, 12, 13; SOERGEL/WIEDEMANN § 325 aF Rn 43: Grundsatz der schonenden
Schuldnerbehandlung). Auch der BGH formuliert inzwischen teilweise vorsichtiger, der
Gläubiger sei nicht stets zu Deckungsgeschäften verpflichtet, wenngleich nicht alle
Fallgestaltungen die vertragliche Haftung betreffen (NJW 1989, 290; NJW-RR 1990, 432,
434: „nicht stets gehalten" [Refinanzierung einer Bank]). Die Obliegenheit zum Deckungsgeschäft muß also im Einzelfall von der Sache her geboten und dem Geschädigten
zumutbar sein; es kommt folglich auf eine Abwägung der Interessen an. Eine Kreditaufnahme zur Schadensbehebung ist grundsätzlich nicht erforderlich (BGH WM 2002,
909, 911 = NJW 2002, 2553, 2555; BGH NJW 1989, 290 [verneint bei einer erforderlichen Kreditaufnahme in Höhe von 2 000 DM]; zust MünchKomm/GRUNSKY³ § 254 Rn 57 sowie MünchKomm/
OETKER § 254 Rn 97 ff, die eine Kreditaufnahme nur bei drohendem besonders hohen Schaden
befürworten; BGH NJW-RR 1990, 432, 434 zur Obliegenheit zur Akzeptanz eines gleichwertigen
Ersatzkreditnehmers). Keine Obliegenheit besteht zur Deckung beim bisherigen
Schuldner selbst (RG JW 1910, 613; OLG Frankfurt NJW 1977, 1015; s aber auch Rn E 96
[Leasing]). BARDO 137 sieht als maßgebliches Kriterium an, ob der Käufer einen Dek-
kungskauf vorgenommen hätte, wenn er den Schaden selbst hätte tragen müssen,
wobei sie ein Mitverschulden bei einem Einkauf über dem Marktpreis abgestuft nach
den jeweiligen konkreten Marktkenntnissen beurteilen will (109 f [mit wechselseitiger
Beweislast]). Im Falle eines günstigeren Einkaufs sei darauf abzustellen, welchen Preis
der Käufer zumutbarerweise nach seinen geschäftlichen und persönlichen Verhältnissen hätte erzielen können (112 ff). Bejaht man eine Obliegenheit zur Vornahme
eines Deckungskaufs, so bedarf es der Weiterveräußerungsvermutung nur, wenn eine
Wiederbeschaffung unmöglich ist. Nur in diesem Fall ist es nämlich denkbar, daß dem
Käufer infolge der Nichtlieferung ein Weiterverkaufsgewinn entgeht (vgl HALFPAP
158 ff).

bb) Abstrakte Schadensberechnung aus Verkäufersicht

E 94   Der **Verkäufer** kann seinen Schaden ebenfalls „abstrakt" berechnen. Da eine Unmöglichkeit der Geldleistung des Käufers ausscheidet (vgl Rn D 28), ist diese Berechnung vor allem im Zusammenhang mit §§ 280 Abs 1 u 3, 281 Abs 1 S 1 1. Alt
bedeutsam. Hierbei kann der Verkäufer *erstens* von einem *hypothetischen Deckungsgeschäft* ausgehen: Er macht geltend, daß er die vom Käufer nicht abgenommene
Ware nur zu dem niedrigeren Marktpreis verkaufen könnte, und verlangt die Differenz zwischen diesem Marktpreis und dem höheren Preis des nicht durchgeführten
Vertrages. Bei dieser *Marktpreisregel* handelt es sich entsprechend den Überlegungen zum Käuferschaden wiederum nicht um einen feststehenden objektiven Mindestschaden (so aber HUBER II 238), sondern lediglich um eine Methode der Schadensberechnung, die dem Gläubiger die Durchsetzung seines Anspruchs erleichtern soll.
Deshalb ist der Einwand des Käufers grundsätzlich zulässig, der Verkäufer habe die
Ware zu einem tatsächlich über dem Marktpreis liegenden Preis veräußert (ie auch
SOERGEL/WIEDEMANN § 325 aF Rn 45; BARDO 161 ff). Ausgenommen sind wiederum Vorteile, die auf *überobligationsmäßigen Anstrengungen* des Verkäufers beruhen. Außerdem ist der Einwand nur erheblich, wenn tatsächlich ein Deckungsverkauf vorliegt,

also ein gerade auf die Nichterfüllung seitens des Käufers zurückzuführendes, ansonsten nicht getätigtes Geschäft. Die Position des BGH ist nicht ganz klar, da er insoweit gleichzeitig von einer *Vermutung* wie von einer *Hypothese* spricht und die Geltendmachung der Differenz zwischen Vertragspreis und Marktpreis zudem mit der Frage vermengt, ob sich der Verkäufer den aus einem tatsächlich vollzogenen Deckungsverkauf erzielten Gewinn entgegenhalten lassen muß (vgl BGH NJW 1995, 587, 588).

Der Verkäufer darf seinen Schaden aber auch *zweitens* in der Weise „abstrakt" berechnen, daß er den *Unterschied zwischen dem vereinbarten höheren Verkaufspreis und dem niedrigeren Einkaufspreis* (als Händler) *oder niedrigeren Selbstkostenpreis* (als Erzeuger) als Interesse geltend macht (RGZ 60, 346, 347; RG LZ 1911, 850, 851; RG JW 1919, 445; BGH JZ 1961, 27; BGHZ 107, 67, 69; 126, 305, 308 f; BGH NJW-RR 1989, 1451, 1452; OLG Hamburg OLGE 23, 9; STAUDINGER/SCHIEMANN [1998] § 252 Rn 24; HALFPAP 164 f; STEINDORFF JZ 1961, 12 ff; krit KEUK 137 ff zur Annahme eines selbständigen Schadensbegriffs). Dabei muß einem Verkäufer, der Kaufmann ist, jedenfalls die *Handels- bzw Gewinnspanne* als Schaden für das gescheiterte Geschäft ersetzt werden (vgl STEINDORFF 13 ff). Auch zugunsten des Verkäufers als Kaufmann wird für sein Erfüllungsinteresse aufgrund der Beweiserleichterung durch § 252 S 2 widerlegbar vermutet, daß marktgängige Waren zum Marktpreis hätten verkauft werden können (BGHZ 126, 305, 308 = NJW 1994, 2478 f; BGH NJW 1988, 2234, 2236 für die cic; HUBER II 240; gegen jede Widerlegbarkeit offenbar STEINDORFF JZ 1961, 12, 14). Der Käufer kann sich demgegenüber nicht darauf berufen, daß der Verkäufer die Ware anderweitig hätte verkaufen können, da anzunehmen ist, daß der Verkäufer das **Geschäft zusätzlich** getätigt hätte (RG JW 1919, 446; BGH JZ 1961, 27: sogar bei unterschiedlicher Ware; NJW 1970, 29, 32; BGHZ 126, 305, 308; BGH NJW 2000, 1409, 1410 f [aber nicht bei gescheiterter Überleitung der Abnahmeverpflichtung auf Betriebsübernehmer]; OLG Düsseldorf BB 1965, 12; zurückhaltender BARDO 171 ff). Zu den marktgängigen Waren zählt der BGH auch Gebrauchtwagen. Allerdings legt er zur Erleichterung des dem Käufer offenstehenden Einwandes, daß der Verkäufer zur Erfüllung eines zusätzlichen Vertrages nicht in der Lage gewesen wäre, dem Verkäufer einen Teil der Darlegungslast für den hypothetischen Verlauf auf (BGHZ 126, 305, 311). Soweit der Gewinn aus dem Zusatzgeschäft höher liegt, muß sich der Verkäufer diesen Vorteil nicht anrechnen lassen, wenn ihn keine Obliegenheit zum Deckungsverkauf traf (vgl näher BARDO 161 ff). Hingegen scheidet eine abstrakte Schadensberechnung unter Hinweis auf vermuteten Gewinnentgang bei Geschäften über eine bestimmte, **nicht vertretbare Sache** aus, weil der Verkäufer ohnehin nur ein Geschäft abschließen konnte (SOERGEL/WIEDEMANN § 325 aF Rn 45; HALFPAP 166). Hierzu sind regelmäßig Immobilien zu zählen (BGH NJW 1995, 587, 588).

Anrechnen lassen muß sich der Verkäufer nur die besonderen Aufwendungen, die sog **E 95** **Spezialunkosten**, die gerade die Ausführung des einzelnen Auftrags erfordert, nicht hingegen die Generalunkosten, sog fixen Kosten (BGHZ 107, 67, 69 f; ferner BGH NJW-RR 1989, 1451, 1452 [noch näher zu verschiedenen Einzelposten]). Eine Obliegenheit des Verkäufers zu einem Deckungsgeschäft besteht im Rahmen des § 254 Abs 2 S 1 ebenfalls, allerdings nur insoweit, als ein zusätzliches Geschäft nicht in Betracht kommt (BARDO 178 ff, 180), was bei marktgängiger Ware nur selten der Fall sein wird (MünchKomm/EMMERICH Vor § 281 Rn 44, 46). Vor allem schnell sinkende Preise können aber ein Handeln des Verkäufers erfordern (MünchKomm/EMMERICH Vor § 281 Rn 46).

cc) Besonderheiten bei der Kündigung von Finanzierungsleasingverträgen

E 96 Eine Vielzahl von Detailfragen ist mit der Schadensberechnung nach der **Kündigung eines Leasingvertrags wegen Zahlungsverzugs** des Leasingnehmers gem § 500 iVm § 498 verbunden, die nach Ansicht der Rspr in Anlehnung an RGZ 76, 367, 368, zu einem Anspruch „eigener Art" auf Schadensersatz wegen Nichterfüllung bzw jetzt statt der Leistung führt (BGHZ 82, 121, 129; 94, 195, 215; 95, 39, 44; 118, 282, 295; BGH NJW 1984, 2687; ZIP 1986, 512, 516; NJW 1991, 221, 222; NJW 1995, 1541, 1543; s auch § 281 Rn C 35 ff; zu den Voraussetzungen der außerordentlichen Vertragsbeendigung vgl OECHSLER, Schuldrecht Besonderer Teil, Vertragsrecht [2003] § 4 Rn 503 ff). Zu ersetzen ist grundsätzlich das positive Interesse (vgl Rn E 5). Der vom Leasingnehmer zu leistende Schadensersatz umfaßt folglich den gesamten entgangenen Gewinn des Leasinggebers abzüglich ersparter Aufwendungen des Leasinggebers wie Versicherungsprämien, Steuern oder Verwaltungskosten. Allerdings ist er zumindest im Grundsatz in der Höhe auf denjenigen Gewinn begrenzt, der vom Leasinggeber bis zum Zeitpunkt einer ordentlichen Kündigung des Leasingvertrages hätte erzielt werden können. Hinsichtlich des weiteren Gewinnausfalls fehlt es an der Kausalität der Pflichtverletzung (BGHZ 82, 121, 129 f; BGH NJW 1984, 2687, 2689; NJW 1991, 221, 223). Des weiteren besteht eine Pflicht des Leasinggebers, sich um eine bestmögliche Verwertung des Leasingobjektes zu bemühen (BGHZ 94, 195, 196; 95, 39, 53 f, 61; NJW 1991, 221, 224). Hierzu kann auch die Veräußerung an den – vertragsbrüchigen – Leasingnehmer gehören (BGH NJW 1989, 3222, 3223). Der Verwertungserlös ist zu 90% auf die Schadensersatzforderung anzurechnen (BGHZ 95, 39, 56 f; 111, 237, 242 f). Zu weiteren Einzelheiten s BGHZ 95, 39 ff. In Finanzierungsleasingverträgen werden oftmals sog abstrakte Schadensersatzklauseln verwendet, die der Inhaltskontrolle nach § 309 Nr 5 unterliegen und denen die Rspr eher streng gegenübersteht (BGH NJW 1996, 455 ff). Ist eine solche Klausel unwirksam, so hat die Schadensberechnung **konkret** zu erfolgen.

dd) Besonderheiten bei entgeltlichen Darlehensverträgen

E 97 Eine weitere praxisrelevante Fragestellung ist die Feststellung des Schadensumfangs bei der **Nichtabnahme** bzw **bei der verspäteten Rückzahlung entgeltlicher Darlehen**, die nach Inkrafttreten des Schuldrechtsmodernisierungsgesetzes in §§ 488 ff geregelt sind. Zu den Einzelheiten und Auswirkungen der Änderungen im Bereich der Darlehensverträge wird auf MÜLBERT WM 2000, 465 ff (insbes zu den Voraussetzungen des Schadensersatzanspruchs wegen Nichtabnahme 472) verwiesen. Die nachfolgend dargestellten Methoden der Schadensberechnung sind hingegen unabhängig von den Anspruchsvoraussetzungen (vgl § 281 C 35 f) weiterhin anwendbar. Daher können Geldinstitute ihren Schaden nach wie vor abstrakt nach Maßgabe der Beweiserleichterung des § 252 S 2 berechnen (BGHZ 62, 103; 104, 337, 345 mwNw; vgl zur Problematik ausführlich RIEBLE ZIP 1988, 1027 ff; DERLEDER JZ 1989, 165 ff jeweils mwNw), wobei ihnen die Vorteile zu ersetzen sind, die ihnen bei vertragsgemäßer Rückzahlung zugeflossen wären. Der BGH läßt jeweils mehrere Berechnungsmodalitäten zu. Bei der *Nichtabnahme eines Darlehens* kann eine Bank den „branchenüblichen Durchschnittsnettogewinn" für den Zeitraum verlangen, für den sie eine rechtlich geschützte Zinserwartung hatte (BGH NJW 1990, 2676, 2677; NJW 1991, 1817, 1818); anderenfalls müßten als Abzugsposten vom Bruttozinssatz die Refinanzierungskosten, die Verwaltungskosten für die Laufzeit des Darlehens und die in dem Zinssatz enthaltene Risikoprämie näher spezifiziert werden. Für den Fall einer inzwischen erfolgten Refinanzierung kann die Bank zur Begründung eines höheren Schadens von der Differenz zwischen dem vereinbarten Vertragszins und dem niedrigeren tatsächlich erzielten Wiederanlagezins ausgehen (BGH NJW 1991, 1817, 1818). Für Darlehensverträge haben sich in der Praxis in AGB als pauschalierte Schadensberechnung Nichtabnahmeentschädigungen eingebürgert (BGH NJW 1990, 981 u 2676; BGH ZIP 1989, 903, 906 [zwischen 2 u 4,5%]; zweifelnd im Hinblick auf § 11 Nr 5 a AGBG, jetzt § 309 Nr 5 a, BGH NJW 1991, 1817; STAUDINGER/HOPT/ MÜLBERT[12] § 607 Rn 395 f m umfassenden Nachw zur bisherigen übertragbaren Rechtslage sowie MÜLBERT WM 2002, 465, 472, der derartige Vergütungsklauseln der Kontrolle nach § 307 unterziehen will).

Laut BGHZ 104, 337 kann die Bank bei *Verletzung der Rückzahlungspflicht* „die zur Zeit des Verzugs marktüblichen Bruttosollzinsen zugrunde legen, und zwar nach einem Durchschnittszinssatz, der sich nach der Zusammensetzung ihres gesamten Aktivkreditgeschäftes richtet". Sie kann aber auch anstelle dieses Verzögerungsschadens bei vom Darlehensnehmer verschuldeter vorzeitiger Fälligkeit die Weiterzahlung der Vertragszinsen auf das Darlehenskapital verlangen, jedoch längstens bis zur vorgesehenen Fälligkeit oder zum nächstzulässigen Kündigungstermin (so auch BGH NJW-RR 1989, 432, 433; CANARIS NJW 1978, 1891, 1897; KILIMANN NJW 1987, 618, 622; im Grundsatz auch MÜLBERT WM 2002, 465, 472 f; RIEBLE ZIP 1988, 1027, 1032 f; aA LÖWISCH BB 1985, 959, 960); der BGH stützt diese Lösung auf den Rechtsgedanken des § 628 Abs 2 und gesteht damit dem Gläubiger den Anspruch auf Weiterzahlung des Vertragszinses als Schadensersatz zu (bestätigt durch BGH NJW 2000, 1408). Von der Bank kann nicht gem § 254 Abs 2 S 1 verlangt werden, daß sie sich auf andere Weise refinanziert und dadurch den Schaden mindert (BGHZ 104, 346 f). Für den Schuldner ist die Vermutung des entgangenen Gewinns widerlegbar, jedoch nicht mit der Behauptung, sie habe ohnehin im Wege der Refinanzierung alle Kreditwünsche erfüllen können; denn die Refinanzierung obliegt ihr gerade nicht im Schuldnerinteresse (BGHZ 104, 348 f). Nach § 497 Abs 1 sind die nach Eintritt des Verzugs geschuldeten Zahlungen des Verbrauchers gem § 288 Abs 1 S 1 mit 5% über dem Basiszinssatz zu verzinsen, wenn nicht im Einzelfall der Kreditgeber einen höheren oder der Verbraucher einen niedrigeren Schaden nachweist. Davon macht der neu eingefügte § 497 Abs 1 S 2 lediglich für grundpfandrechtlich abgesicherte Verbraucherdarlehen eine Ausnahme.

ee) Berücksichtigung eines gesetzes- oder sittenwidrigen Gewinns
Ein **gesetz- oder sittenwidriger Gewinn** kann selbstverständlich auch mit Hilfe der **E 98** abstrakten Schadensberechnung zumindest grundsätzlich nicht gefordert werden (RGZ 90, 305; 96, 284; 102, 254, 257: jeweils zur Gewinnberechnung unter Zugrundelegung eines gegen Preisvorschriften verstoßenden Kaufpreises; s auch BGH NJW 1986, 1486 f: Verdienst, der nur unter Verstoß gegen die Arbeitszeitordnung hätte erzielt werden können, kein erstattungsfähiger Erwerbsschaden; grds ebenso BGH NJW 1994, 851, 852; weitere Einzelheiten bei STAUDINGER/ SCHIEMANN [1998] § 252 Rn 10 ff).

b) Konkrete Schadensberechnung
Die „konkrete Schadensberechnung" ist selbstverständlich **immer zulässig**. Sie greift **E 99** allein ein, wenn eine abstrakte Berechnung unzulässig oder unmöglich ist. Diese Berechnungsform orientiert sich an dem Verhalten des Schadensersatzberechtigten, also an den besonderen Verhältnissen des Falles und hat den „wirklichen" Schaden zum Gegenstand. Es ist zur konkreten Schadensberechnung eine **Vermögenssaldie- rung** vorzunehmen, bei der der tatsächliche Vermögensistzustand mit dem hypothetischen Vermögen verglichen wird, wie es sich bei ordnungsgemäßer Vertragserfüllung ergeben hätte. Dazu gehört die „Darlegung aller Vermögensveränderungen, die im

Falle der ordnungsgemäßen Vertragserfüllung eingetreten wären sowie derjenigen, die infolge des haftungsbegründenden Ereignisses bis zur letzten mündlichen Verhandlung in der Tatsacheninstanz eintreten. Es ist unzulässig, lediglich einen Posten herauszugreifen, ohne im Wege der Saldierung einen Gesamtvermögensvergleich vorzunehmen" (BGH WM 1983, 418; NJW 1999, 3625 f). Man denke an den Käufer, der sich die Ware anderweitig beschafft, oder an den Verkäufer, der die Ware anderweitig veräußert. Dabei offenbaren sich etwaige Mehraufwendungen wie erlittene Ausfälle als Vermögenseinbußen.

Zum konkreten Schaden gehören dabei auch *Aufwendungen*, die der Gläubiger macht, um drohenden *weiteren Schaden abzuwenden*. Dies ist ua wichtig für den Ersatz von Abmahnungskosten im Falle eines Verstoßes gegen ein vertragliches Wettbewerbsverbot. Dieser Verstoß macht die Erfüllung der im Wettbewerbsverbot liegenden Unterlassungspflicht unmöglich (vgl STAUDINGER/LÖWISCH § 275 Rn 18; § 283 Rn 32). Die der Verhinderung weiterer Verstöße dienenden Abmahnungskosten sind die adäquate Folge dieser zu vertretenden Unmöglichkeit (in BGHZ 52, 393, 398 ff, wird ein Anspruch aus § 286 – zu Recht – abgelehnt und mit einem Anspruch aus Geschäftsführung ohne Auftrag operiert; wie hier HALFMEIER, Der Anspruch der Verbraucherverbände auf Kostenerstattung, in: BRÖNNEKE, Kollektiver Rechtsschutz im Zivilprozeßrecht [2001] 137, 153 ff).

Allerdings muß sich der Gläubiger auch *Vorteile* anrechnen lassen, die ihm aus der Nichtdurchführung des Vertrages erwachsen (BGH NJW 1982, 326; NJW-RR 1997, 654). Dabei sind jedoch nicht alle Vorteile zu berücksichtigen, die adäquat kausal auf der Nichtdurchführung beruhen. Vielmehr sind nur solche Vorteile anrechenbar, die mit einzelnen Schadensposten korrespondieren und zu einer „Rechnungseinheit" verbunden sind. Insoweit geht es nicht lediglich um eine bestimmte Berechnungsmethode, sondern um eine wertende Zuordnung von Vor- und Nachteilen aus einem Schadensereignis (BGHZ 136, 52, 55 = NJW 1997, 2378 = LM § 326 [Eb] BGB Nr 10 m Anm OTTO). Soweit der Vorteil in einem Schadensersatzanspruch gegen einen Dritten besteht, ist der Gläubiger jedoch in seiner Entscheidung frei, gegen welchen Schuldner er vorgeht (BGH NJW-RR 1997, 654, 655).

aa) Konkrete Schadensberechnung aus der Sicht des Käufers

E 100   Für den **Käufer** ergibt sich der konkrete Schaden vor allem aus den **Mehrkosten eines Deckungskaufs** (RGZ 90, 160, 161; SOERGEL/WIEDEMANN § 325 aF Rn 59), also aus einem *Vermögensverlust* iS der §§ 249, 251 Abs 1. Der Käufer ist zwar idR nicht dazu verpflichtet, einen Deckungskauf vorzunehmen (RG SeuffA 65 Nr 388), dieser ist jedoch das vorzugsweise geeignete Mittel zum Nachweis des konkreten Schadens. Fehlt es an einem Marktpreis, kann er seinen konkreten Schaden ausnahmsweise auch durch Angabe eines bestimmten Kaufangebots dartun (vgl BGH NJW 1995, 587, 588 im Zusammenhang mit der Berechnung eines Verzögerungsschadens infolge verspäteter Kaufpreiszahlung). Der Käufer braucht sein Interesse an der Deckung nicht zu begründen. Er muß das Geschäft nicht einmal aus Anlaß der endgültig nicht erbrachten Leistung getätigt haben (RGZ 98, 272 zur unmöglichen Leistung). Bei einem auf § 281 Abs 1 S 1 gestützten Schadensersatzanspruch kann der Käufer die Mehraufwendungen aus einem Deckungskauf wie bei § 326 aF selbst dann ersetzt verlangen, wenn er das Deckungsgeschäft vor dem Ablauf der gesetzten Nachfrist vorgenommen hat (BGH NJW 1998, 2901, 2903 zu § 326 aF). Der Käufer muß jedoch mit der gebotenen Sorgfalt handeln, wobei die Anforderungen je nach Verkehrskreis unterschiedlich sein können (MünchKomm/Emmerich Vor § 281 Rn 70). Er kann den Deckungskauf sogar dann zur Grundlage seiner konkreten Schadensberechnung machen, wenn die Eindeckung zu Spekulationszwecken erfolgt, er die Ware also noch nicht weiterverkauft hat (RGZ 93, 133; RG JW 1918, 557). Der Verkäufer kann ferner nicht einwenden, daß der Käufer für die Ware ohnehin keine Verwendung gehabt hätte, weil die Beschaffungsentscheidung diesem allein überlassen bleiben muß (RG Recht 1923 Nr 187). Einen Gewinn aus dem Weiterverkauf der Ersatzware braucht der Käufer sich ebenfalls nicht anrechnen zu lassen, da es an einem ursächlichen Zusammenhang mit dem schädigenden Ereignis fehlt, wenn der Käufer nur den durch die Ersatzbeschaffung entstandenen Schaden ersetzt verlangt, nicht aber entgangenen Gewinn (vgl RGZ 90, 160, 161). Ein Vorteilsausgleich findet insoweit nicht statt (krit Hagen WM 1983, 638, 649). Ausnahmsweise kann sich aus § 254 Abs 2 S 2 eine Obliegenheit des Käufers ergeben, die verspätet gelieferte Ware abzusetzen (BGH WM 1978, 640; MünchKomm/Emmerich Vor § 281 Rn 71).

Auch *Preissteigerungen* gehen an sich zu Lasten des Verkäufers. Der Käufer muß **E 101** jedoch beim Deckungskauf mit der gebotenen Sorgfalt vorgehen (§ 254 Abs 2), sonst kann ihm ein *Mitverschulden* vorgeworfen werden (RG WarnR 1918 Nr 178). UU handelt der Käufer schuldhaft, wenn er die Möglichkeit eines Deckungskaufs unter Marktpreis nicht nutzt oder den ihm zumutbaren Deckungskauf, insbes bei schnell steigenden Preisen, nicht alsbald vornimmt, nachdem er von der Unmöglichkeit der Leistung erfahren oder – im Fall des § 326 aF, jetzt § 281 – die Annahme der Leistung abgelehnt hat (BGH WM 1965, 102, 104; OLG Karlsruhe NJW 1971, 1809; OLG Nürnberg, NJW-RR 2002, 47, 48; MünchKomm/Emmerich Vor § 281 Rn 71). Eindeutig ist dies dort, wo der Käufer auf Kosten des Verkäufers zu spekulieren versucht (RGZ 101, 90; RG Gruchot 55, 110; WarnR 1919 Nr 133; jüngst zu § 325 aF OLG Nürnberg NJW-RR 2002, 47, 48 bei schuldhafter Nichtausführung eines befristeten Aktienkaufvertrages).

Statt der Berechnung des Verlusts durch den ungünstigeren Deckungskauf kann der **E 102** Käufer seinen Schaden konkret auch in der Weise berechnen, daß er die Differenz zwischen seinem Einkaufspreis und dem Preis, zu dem er konkret hätte weiterveräußern können, als **entgangenen Gewinn** geltend macht (Soergel/Wiedemann § 325 aF Rn 59; zurückhaltend MünchKomm/Emmerich Vor § 281 Rn 72 im Hinblick auf die auch insoweit bestehende Möglichkeit der Ersatzbeschaffung marktgängiger Ware).

bb) Konkrete Schadensberechnung aus der Sicht des Verkäufers
Der konkrete Schaden des **Verkäufers** läßt sich ebenfalls durch einen **Deckungsver-** **E 103**
kauf feststellen, wobei die Anspruchsgrundlage idR § 326 aF bzw jetzt § 281 Abs 1 S 1 1. Alt sein wird. Der Schaden besteht typischerweise in einem **Mindererlös** (BGHZ 126, 131, 134 = NJW 1994, 2480; BGH NJW-RR 1997, 654). Zu ersetzen ist auch ein mit dem Deckungsverkauf verbundener Kursverlust (BGH WM 1976, 352). Der Mindererlös ist selbst dann ersatzfähig, wenn der Verkäufer das Deckungsgeschäft vor Ablauf der nach § 281 Abs S 1 gesetzten Nachfrist vorgenommen hat (BGHZ 126, 131, 134 f zur insoweit zu § 326 aF entwickelten, übertragbaren Rechtslage). Der Deckungsverkauf unterscheidet sich von dem im Fall des Annahmeverzuges zulässigen Selbsthilfeverkauf gem § 373 Abs 2 HGB dadurch, daß er nicht wie letzterer – siehe § 373 Abs 3 HGB – auf Rechnung des säumigen Schuldners geht (RGZ 110, 155, 157 ff; Soergel/Wiedemann § 325 aF Rn 58). Da der Deckungsverkauf also für Rechnung des Verkäufers erfolgt, verbleibt ihm auch ein etwaiger Mehrerlös, so daß er uU keinen Schaden erleidet

(RGZ 53, 11, 15), s dazu ie Rn E 106. Ein freihändiger Verkauf kann als Grundlage für die Schadensberechnung dienen, wenn der Verkäufer sorgfältig verfahren ist und die Interessen des Käufers nicht außer acht gelassen hat (RGZ 61, 279). Zu beachten ist in diesem Zusammenhang, daß der Verkäufer im Fall des Schuldnerverzuges des Käufers für Mitverschulden jeden Grades einzustehen hat (RG Recht 1926 Nr 1937; BGH NJW 1968, 985 [insbes zur Beweiswürdigung und Schadensschätzung]), während er im Fall des Annahmeverzuges des Käufers nur für Vorsatz und grobe Fahrlässigkeit haftet (§ 300 Abs 1), und zwar auch bei einem Selbsthilfeverkauf gem § 373 Abs 2 HGB. Der Selbsthilfeverkauf setzt freilich voraus, daß der Verkäufer noch am Vertrag festhalten und ihn erfüllen will; deshalb kann er nicht mehr vorgenommen werden, wenn der Verkäufer bereits gem § 281 Abs 4 berechtigt Schadensersatz statt der Leistung verlangt hat (vgl RGZ 57, 105 zu § 326 aF, wo allerdings noch der fruchtlose Fristablauf ausreichte, sowie § 281 Rn B 156).

E 104 Wie der Käufer kann auch der Verkäufer den Schaden als **entgangenen Gewinn** aus der Differenz des Vertragspreises und seinen tatsächlichen Anschaffungskosten berechnen (SOERGEL/WIEDEMANN § 325 aF Rn 57).

E 105 Bei **sinkenden Preisen** kann den Verkäufer, wenn er sich für Schadensersatz statt der Leistung entschieden hat, die *Obliegenheit zu einem Deckungsverkauf* treffen (RG JW 1914, 72), und zwar uU schon unverzüglich nach Ablauf der gem § 281 Abs 1 S 1 gesetzten Nachfrist (OLG Hamburg JW 1924, 549 zur zu § 326 Abs 1 aF entwickelten und auf § 281 Abs 1 S 1 übertragbaren Rechtslage; ebenso MünchKomm/EMMERICH Vor § 281 Rn 62). Demgegenüber ist es bedenklich, daß es der BGH dem Verkäufer als Mitverschulden anlastet, wenn er bei einem Preisverfall nicht umgehend nach der Erklärung des Käufers, zur Erfüllung des Vertrages nicht in der Lage zu sein, ein Deckungsgeschäft tätigt (NJW 1997, 1231, 1232). Eine Rücksichtnahme auf den vertragsbrüchigen Käufer ist jedenfalls dann **nicht** geboten, wenn eine schlichte Erfüllungsverweigerung vorliegt (krit auch HUBER II 169 ff, s ferner für die ernsthafte u endgültige Erfüllungsverweigerung § 281 Rn B 154). In solchen Situationen obliegt die Wahl des Zeitpunktes für den Deckungsverkauf wie im Regelfall dem Verkäufer (MünchKomm/EMMERICH Vor § 281 Rn 64). Ersteigert der Verkäufer die Ware selbst, kann ihm der Schuldner eventuell entgegenhalten, daß sie an einen Dritten vorteilhafter hätte verkauft werden können (RGZ 110, 155, 159; RG WarnR 1918 Nr 184).

E 106 Behält der Verkäufer die vom Käufer nicht abgenommene Ware und hat diese inzwischen einen **höheren Wert als den Anschaffungspreis**, so ist bei der Schadensberechnung nicht einfach der Anschaffungspreis mit dem Verkaufspreis zu vergleichen. Vielmehr muß sich der Verkäufer den höheren Wert im für die Schadensberechnung **maßgeblichen Zeitpunkt** als Vorteil anrechnen lassen (RGZ 89, 282; 110, 155, 159; RG WarnR 1918 Nr 184; zum Zeitpunkt vgl Rn E 119 ff). Hat der Verkäufer sein Grundstück aufgrund seines Eigentums zurückerlangt, hat er sich dessen Wert im Zeitpunkt der letzten mündlichen Verhandlung anrechnen zu lassen (BGH WM 1983, 418 f). Der Verkäufer hat den im Vergleich zum früheren Kaufpreis erzielten Mehrerlös dann in seine Schadensberechnung einzubeziehen, wenn der Verkaufserlös den Verkehrswert der Kaufsache nicht übersteigt (BGH NJW 1981, 1834; NJW 1982, 326; BGHZ 136, 52, 53 = NJW 1997, 2378 = LM § 326 [Eb] BGB Nr 10 m Anm OTTO; weitergehend und diesen Grundsatz verallgemeinernd HAGEN WM 1983, 638, 649). Da der Mehrerlös aus einem Deckungsverkauf in diesem Fall Ausdruck der Wertsteigerung ist, stehen Vorteil und Nachteil in einem qualifizierten Zusammenhang und bilden somit eine „Rechnungseinheit". Sogar wenn der Verkäufer die Ware selbst zurückersteigert, muß er sich ihren über den Versteigerungserlös hinausgehenden Mehrwert anrechnen lassen, da die Ware letztlich in seinem Besitz geblieben ist (so RGZ 110, 159). Soweit der Mehrerlös den Verkehrswert übersteigt, findet dagegen keine Anrechnung statt. Es besteht kein Grund, dem Schuldner die besondere Geschäftstüchtigkeit des Verkäufers oder das besondere Erwerbsinteresse des Zweitkäufers zugute kommen zu lassen (BGHZ 136, 52, 56 = LM § 326 [Eb] BGB Nr 10 m Anm Отто; HALFPAP 166; krit zu dieser Differenzierung MünchKomm/EMMERICH Vor § 281 Rn 63).

Im Hinblick auf die in diesen Fällen regelmäßig entstehenden *Transaktionskosten* ist wie folgt zu differenzieren: Soweit es um die Kosten für den gescheiterten Vertrag als nutzlos gewordene Aufwendungen geht, gilt die sogleich noch näher zu erörternde Rentabilitätsvermutung. Die Transaktionskosten für den Deckungsverkauf stellen demgegenüber grundsätzlich nur einen Abzugsposten dar, der den Mehrerlös mindert (Отто LM § 326 [Eb] BGB Nr 10 [unter 2 d]). Eine eigenständige Geltendmachung ist lediglich möglich, wenn und soweit der Erlös aus dem Deckungsgeschäft den ursprünglichen Kaufpreis *nicht* übersteigt (vgl BGH NJW-RR 1997, 654, 655 [Maklerkosten]; GRUNSKY EWiR § 249 BGB 1/97, 737, 738).

Beim **Gattungskauf** setzt der Anspruch des Verkäufers auf Ersatz des konkreten **E 107** Schadens nicht voraus, daß die Ware bereits ausgesondert war; er kann seinen konkreten Schaden in einem solchen Fall auch in der Weise berechnen, daß er aus seinem Gesamtvorrat eine entsprechende Menge anderweitig verkauft (BGH MDR 1961, 314).

cc) Konkrete Schadensberechnung für gescheiterte Kreditgeschäfte
Auch im Falle eines gescheiterten Kreditgeschäfts kann der Gläubiger den Schaden **E 108** durch den entstehenden *Zinsverlust konkret berechnen*, wobei der Zeitraum durch den nächstmöglichen Kündigungstermin des Kreditnehmers begrenzt ist (BGH NJW-RR 1990, 432, 433; BGHZ 104, 337; zur abstrakten Berechnung Rn E 97). In der Ablehnung eines Ersatzkreditnehmers kann je nach Interessenlage ein Mitverschulden zu sehen sein (BGH NJW-RR 1990, 432, 433 f).

c) Mindestschaden und Rentabilitätsvermutung
Besondere Erwähnung verdient die **Rentabilitätsvermutung bei vertragsbezogenen** **E 109** **Aufwendungen** einschließlich einer erbrachten Gegenleistung, die typisierend „abstrakte" Elemente in die „konkrete" Schadensberechnung hineinträgt. Trotz der Neuregelung des Aufwendungsersatzes als Alternative zum Schadensersatz statt der Leistung in § 284 durch das Schuldrechtsmodernisierungsgesetz geht die weit überwiegende Auffassung zu Recht davon aus, daß der Gläubiger Aufwendungen weiterhin auch im Rahmen des Schadensersatzes statt der Leistung auf der Grundlage der Rentabilitätsvermutung geltend machen kann (MünchKomm/EMMERICH Vor § 281 Rn 31, PALANDT/HEINRICHS § 281 Rn 23, § 284 Rn 4; CANARIS JZ 2001, 499, 517; HUBER, in: HUBER/FAUST, Schuldrechtsmodernisierung Rn 4/49; LORENZ/RIEHM, Schuldrecht Rn 225, 542; ebenso jetzt LG Bonn NJW 2004, 74, 75 f; aA AnwKomm/DAUNER-LIEB § 284 Rn 5; MünchKomm/ OETKER § 249 Rn 48; vWILMOWSKY Beil JuS Heft 1/2002, 3, 10. Zum umstrittenen Anwendungsbereich des § 284 vgl dort Rn 11 ff). Insoweit weist MünchKomm/EMMERICH Vor § 281 Rn 31 unter Berufung auf die Begründung des RegE (BT-Drucks 14/6040, 142 ff) überzeugend darauf hin, daß die Rechte des Gläubigers durch die Einfügung von § 284

erweitert und nicht beschränkt werden sollten. Daher ist nicht einsichtig, warum der Gläubiger nicht mehr die Möglichkeit haben sollte, seine frustrierten Aufwendungen wie bisher als Teil des Schadensersatzes statt der Leistung geltend zu machen soll. Entstehungshintergrund für § 284 ist vor allen Dingen die Rspr des BGH zur bisherigen Rechtslage, wonach fehlgeschlagene Aufwendungen im Rahmen der Berechnung des Schadensersatzes wegen Nichterfüllung dann keine Berücksichtigung finden sollten, wenn der Vertrag allein zu einem **nicht erwerbswirtschaftlichen Zweck** geschlossen worden war und damit rein **ideelle oder private Zwecke** verfolgt wurden (dazu noch Rn E 117 f u vor allem § 284 Rn 2 ff). Mit der Einfügung der Norm wollte man daher primär diese Lücke schließen (BT-Drucks 14/6070, 142 ff). Der geschädigte Gläubiger kann sich aber auch bei rein erwerbswirtschaftlichen Geschäften alternativ für das Vorgehen nach § 284 entscheiden (§ 284 Rn 13).

aa) Mindestschaden im Hinblick auf die Gegenleistung und andere Aufwendungen

E 110 Im folgenden werden zunächst die Fallgestaltungen erläutert, in denen der Gläubiger weiterhin die fehlgeschlagenen vertragsbezogenen Aufwendungen auf der Grundlage der bisherigen Rspr zur sog Rentabilitätsvermutung geltend machen kann. Des weiteren sei noch einleitend darauf hingewiesen, daß trotz der Eingrenzung auf die synallagmatische Beziehung (Rn E 114 ff) der dogmatische Hintergrund entgegen MESSER/SCHMITT (in: FS Hagen [1999] 425, 429) nicht in einer Vermutung der Äquivalenz der vereinbarten Leistungen besteht. Der Geschädigte kann nämlich auch solche Posten geltend machen, die nicht dem Schuldner zugute gekommen sind (s auch HUBER II 274).

E 111 Soweit der Gläubiger die **Gegenleistung bereits bewirkt** oder **andere Aufwendungen für die Durchführung des Vertrages** gemacht hat, kann er nach diesem Rechtssatz einen entsprechenden Geldbetrag grundsätzlich als **Mindestschaden** geltend machen (RG JW 1904, 140 Nr 6 [verauslagte Vertragskosten]; RGZ 134, 83, 90; BGHZ 57, 78, 80; 62, 119, 120; 71, 234, 238 f; 114, 193, 197; 138, 195, 209; BGH WM 1969, 835, 836 [Maklergebühren]; WM 1977, 1089, 1090; NJW 1983, 442, 443 [abl wegen der Aufwendungen eines Architekten für den Fall des rechtswidrigen Ausschlusses bei einem Preisausschreiben]; WM 1985, 1497, 1499 [Aufwendungen für Interventionskauf unter Anrechnung des Erlöses aus dem Weiterverkauf nicht interventionsfähiger Ware]; NJW 1985, 2697, 2698 [Vertragskosten]; WM 1988, 298, 299 = NJW-RR 1988, 420 [anteiliges Arbeitsentgelt als Mindestschaden]). Nach der Rspr wird – widerlegbar – vermutet, daß der Käufer durch die Gegenleistung gleichwertige Vorteile erwirtschaftet hätte (RGZ 127, 245, 248 f; BGHZ 123, 96, 99; BGH NJW 1999, 3625, 3626 = LM § 325 BGB Nr 31 m insoweit zust Anm SCHIEMANN NJW 2000, 506, 508; KAISER 434 ff; krit zur Begr KEUK 155 ff; leicht abweichend MünchKomm/EMMERICH Vor § 281 Rn 32, nach dessen Ansicht der Gläubiger die Rückzahlung der bereits getätigten Vorleistung als Mindestschaden im Rahmen der Rentabilitätsvermutung geltend machen kann; generell abl MÜLLER-LAUBE JZ 1995, 538 ff). Der Schaden besteht also nicht in den Aufwendungen als solchen, sondern im Verlust der Kompensationsmöglichkeiten (BGH NJW 2000, 2342, 2343 = BB 2000, 1060, 1061). Der Schuldner kann indessen nachweisen, daß sich der Vertrag des Gläubigers als Verlustgeschäft erwiesen hätte (BGH NJW 1990, 2543, 2544). Im konkreten Fall hatte der Gläubiger als Transportunternehmer im Hinblick auf einen später nichterfüllten Dauer-Transportauftrag von seinem Auftraggeber einen LKW für einen den tatsächlichen Wert übersteigenden Mehrpreis gekauft. Aus dem Transportvertrag wäre jedoch ohnehin kein Gewinn erzielt worden; insoweit kam deshalb lediglich ein Anspruch aus culpa in contrahendo wegen arglistiger Täuschung (jetzt § 280 Abs 1 iVm §§ 311 Abs 2, 241 Abs 2) über die Umsätze aus dem Transportvertrag in Betracht.

Der Rentabilitätsvermutung wird nicht schon dadurch der Boden entzogen, daß der Käufer die Aufwendungen zu einem Zeitpunkt tätigt, in dem der durch einen vollmachtlosen Vertreter geschlossene Vertrag noch schwebend unwirksam war, sofern später die Genehmigung erteilt worden ist (BGH NJW 1999, 2269 = JZ 2000, 100 m zust Anm TIMME 100 ff). Anders ist dies aber bei einer im freien Belieben des Vertragsgegners stehenden Rücktrittsmöglichkeit (BGHZ 123, 96, 101).

Wegen ihrer **Widerlegbarkeit** stellt die Rentabilitätsvermutung lediglich eine **Beweis-** **E 112** **erleichterung** zum Nachweis des Schadens dar (MünchKomm/GRUNSKY³ Vor § 249 Rn 12 e). Wirtschaftlich bedeutet die Berechnung nach Maßgabe der Aufwendungen den *Ersatz des negativen Interesses*, weil der Gläubiger so gestellt wird, als wäre es überhaupt nicht zu einem Vertragsschluß gekommen. Dies gilt aber nur im Rahmen des Erfüllungsinteresses. Könnte dieses Interesse durch einen Deckungskauf ohne weiteres befriedigt werden, kann sich der Käufer nicht auf die Rentabilitätsvermutung stützen, weil sich seine Aufwendungen dann nicht als nutzlos herausstellen. In einem solchen Fall muß man allerdings die Transaktionskosten des Zweitgeschäfts in den Wiederbeschaffungspreis und damit in die Schadensberechnung einbeziehen (ungenau daher HALFPAP 162 Fn 533). Schließlich ist für die Rentabilitätsvermutung dann kein Raum mehr, wenn der Geschädigte Ausgleich für solche Vorteile verlangt, die ihm durch das Ausbleiben der Gegenleistung entgangen sind (BGH NJW 1999, 3625, 3627). Ansonsten würde der Geschädigte den aus dem Geschäft intendierten Gewinn zweimal realisieren.

Seit einiger Zeit hat die Rspr vor allem in zweierlei Hinsicht *Zurückhaltung* gezeigt: **E 113** Zum einen wird die Rentabilitätsvermutung, aber auch der Einwand von Verlustgeschäften als negativer Rechnungsposten mit Recht auf die *synallagmatische Beziehung* beschränkt (Stichwort: Anhangs- oder Folgegeschäfte). Zum anderen wird bei auf die Vertragsdurchführung selbst abzielenden Aufwendungen dann „gebremst", *wenn ein Gewinn von vornherein nicht zu erwarten gewesen wäre* (Stichwort: keine Kommerzialisierung ideeller Schäden). Während der erstgenannte Schritt (Rn E 114) uneingeschränkt Zustimmung verdient, weil er den notwendigen Zusammenhang von Aufwendungen und Rentabilitätsvermutung herausarbeitet, war der zweite – vom Gesetzgeber korrigierte – Schritt (Rn E 117) durchaus weniger selbstverständlich.

Der **sachliche Schutzbereich** des **Schadensersatzes statt der Leistung beim gegenseiti-** **E 114** **gen Vertrag** und die damit verknüpfte Rentabilitätsvermutung muß wie beim früheren Schadensersatz wegen Nichterfüllung auf den **intendierten Leistungsaustausch** bezogen werden, um das Risiko für beide Seiten kalkulierbar zu machen (eingehend MESSER/SCHMITT, in: FS Hagen [1999] 425, 430 ff; ferner LEONHARD AcP 199 [1999] 660, 672 ff; s auch HUBER II 274 f, der Beweisprobleme als Grund und Kern der Rentabilitätsvermutung ansieht). Schon deshalb können Aufwendungen bei einem einseitigen Leistungsversprechen wie dem eines Preisausschreibens für Architekten nicht als Mindestschaden geltend gemacht werden; denn eine Gegenleistung in Höhe eines bestimmten wirtschaftlichen Wertes war nie versprochen (BGH NJW 1983, 442, 443). Ebensowenig besteht eine Rentabilitätsvermutung dafür, daß die fehlgeschlagenen Aufwendungen durch Aufträge hereingeholt worden wären (BGH aaO). Diese Überlegung hat der BGH auch auf Fallgestaltungen übertragen, in denen der schadensersatzberechtigte Gläubiger im Hinblick auf den gescheiterten gegenseitigen Vertrag andere Geschäfte getätigt hatte (BGHZ 114, 193 ff mwNw = JZ 1992, 464 ff m krit Anm WIEDEMANN/MÜLLER für die Haftung gem § 463 S 1 aF wegen fehlender zugesicherter Eigenschaft [Zulässigkeit einer Diskothek auf ge-kauftem Grundstück]). Für die Rentabilitätsvermutung wird vielmehr vorausgesetzt, daß bei ungestörter Leistungserbringung im Rahmen des Synallagmas ein Vermö-genswert verblieben wäre, der die Aufwendungen aufgewogen hätte (BGHZ 114, 193, 197 f; bestätigt durch BGH WM 1991, 1809 f für die Rechtsmängelhaftung des Grundstücksverkäu-fers; ferner jetzt BGH NJW 2000, 506, 508).

E 115 Unbedenklich ist zunächst die Berücksichtigung der **Erwerbskosten**, also des Kauf-preises, einer auf das Vertragsobjekt selbst bezogenen Maklergebühr, aber auch der Beurkundungskosten. Im Fall der Nichterfüllung eines Kaufvertrages zu einem über-höhten Preis kann dieser also auch mit dem Rechtsbehelf Schadensersatz zurück-gefordert werden. Darüber hinaus bezieht der BGH die Rentabilitätsvermutung auf solche **Kosten, die mit Besitz und Eigentum notwendig verbunden** sind (zB Erschlie-ßungs- und Vermessungskosten des Grundstücks, Grundsteuer, Brandversicherungs-prämie). Insoweit verwehrt er dem Schuldner zugunsten des Gläubigers den Nach-weis, daß weitere Geschäfte Nachteile gebracht hätten, weil er dafür einzustehen habe, daß die Nutzungsmöglichkeit überhaupt vorhanden sei (BGHZ 114, 193, 198; s auch BGH NJW 1999, 1702, 1704 [Sonderumlage für Modernisierungskosten]); der BGH verneint also eine „vertragsübergreifende" Gesamtvermögensbilanz, die es dem Schuldner erlauben würde, aus einer Fehlinvestition Vorteile zu ziehen (ebenso SOERGEL/WIEDE-MANN § 325 aF Rn 55). Andererseits lehnt der BGH zugunsten des Schuldners eine Vermutung dafür ab, daß Aufwendungen, die der Gläubiger für weitere Geschäfte im Vertrauen auf die zugesagte Leistung und damit deren Verwertung getätigt hat, ein Gegenwert gegenübergestanden hätte; jedoch läßt er insoweit die Darlegungs- und Beweiserleichterung des § 252 S 2 zu (BGHZ 114, 193, 199 ff; ebenso BGH NJW 2000, 506, 508). Konsequent gilt die Rentabilitätsvermutung auch nicht für den bloßen Verzögerungsschaden iS der §§ 280 Abs 1 u 2, 286, wenn es um Aufwendungen geht, die nicht dem Zweck der Mehrung des Gläubigervermögens dienen (BGHZ 71, 234, 239). Insofern kann auch nicht etwa auf § 284 zurückgegriffen werden (§ 284 Rn 17). Im übrigen reicht der Schutzbereich des § 284 aber deutlich über die Ren-tabilitätsvermutung hinaus (§ 284 Rn 20 ff).

E 116 Zurückhaltung zeigt auch das BAG, wenn es den Produktionsausfall als solchen infolge von Streikaktionen nicht als Schaden ansieht und demgemäß auch einen Schadensersatzanspruch in Höhe aller auf den Zeitraum eines Arbeitskampfes ent-fallender Aufwendungen wie etwa der laufenden Kosten verneint (AP Nr 85 zu Art 9 GG Arbeitskampf = NJW 1985, 2545 ff). Maßgeblich seien vielmehr nach der Differenz-hypothese allein die infolge des Produktionsausfalls *entgangenen Einnahmen*. Als Berechnungsposten für den Mindestschaden akzeptiert das BAG indessen den Wert solcher Aufwendungen, die eindeutig allein wegen des Streiks nutzlos werden (BAG AP Nr 109 zu Art 9 GG Arbeitskampf = NJW 1989, 63, 64 [zB Papierkosten einer gedruckten, aber nicht mehr vertriebenen Zeitung]; s dazu auch § 284 Rn 27).

bb) Ausgrenzung von Verträgen ohne erwerbswirtschaftlichen Zweck
E 117 **Gänzlich ablehnend** hatte sich der **BGH** für fehlgeschlagene Aufwendungen im Rah-men von Vertragsschlüssen ohne erwerbswirtschaftlichen Zweck geäußert, die er mit

dem Hinweis auf § 253 nicht berücksichtigen wollte. Das anschauliche Beispiel bildet der sog „Stadthallenfall" (BGHZ 99, 182, 195 ff), in dem die Gemeinde sich geweigert hatte, den gemieteten Saal zur Verfügung zu stellen und der wirtschaftliche Nachteil für den Mieter vor allem in den vorbereitenden kostenträchtigen Werbemaßnahmen für die geplante Veranstaltung bestand. Der BGH verneinte hier jeden Schadensersatzanspruch im Hinblick auf die nutzlos gewordenen Werbekosten, weil nicht festgestellt werden könne, daß diese Kosten durch die Einnahmen aus der Veranstaltung kompensiert worden wären (s auch § 284 Rn 3). Auf dieser Linie liegt es, wenn der BGH die Rentabilitätsvermutung bei Interventionskäufen, mit denen wirtschaftslenkende Zwecke verfolgt werden, ebenfalls ablehnt (WM 1985, 1361, 1364 u 1497, 1499).

Gerade bei geschuldeten Leistungen, die eher ideellen Zielsetzungen dienen oder bei **E 118** denen der wirtschaftliche Ertrag jedenfalls deutlich zurücktritt, hat sich gezeigt, daß der eigentliche Schaden in den mit Blick auf die vertragliche Leistung getätigten Aufwendungen liegt. Daher suchte man schon bisher nach Wegen, dem Gläubiger zu einem Ausgleich zu verhelfen (zum bisherigen Sach- und Streitstand ie STAUDINGER/OTTO § 325 aF Rn 88 ff sowie § 284 Rn 4 ff). Jetzt schafft das neue Recht mit § 284 vor allem – aber nicht nur – für solche Fälle eine eigenständige Rechtsgrundlage. Danach hat der Gläubiger das Recht „*anstelle des Schadensersatzes statt der Leistung" „Ersatz der Aufwendungen zu verlangen, die er im Vertrauen auf den Erhalt der Leistung gemacht hat und billigerweise machen durfte, es sei denn, deren Zweck wäre auch ohne die Pflichtverletzung des Schuldners nicht erreicht worden"* (zum Anwendungsbereich vgl § 284 Rn 11 ff).

d) Maßgeblicher Zeitpunkt für die Schadensberechnung

Sowohl bei abstrakter als auch bei konkreter Schadensberechnung ist der **Zeitpunkt** **E 119** wichtig, nach dem sich die Bewertung des Interesses an der nicht erbrachten Leistung richtet. Insoweit ist zwischen dem Schadensersatzanspruch nach § 281, § 282 und § 283 zu differenzieren (für § 281 s auch dort Rn B 148 ff; § 282 Rn 68 ff; § 283 Rn 57 ff). Dies drängt sich für die **Berechnung des abstrakten Schadens** besonders auf, weil die durch die Nichtleistung des Schuldners entstandene Vermögensdifferenz ob der ständigen Schwankungen, denen sie unterworfen ist (wechselnde Möglichkeiten anderweitiger Beschaffung, Konjunkturverhältnisse), ohne eindeutigen Zeitpunkt nicht sicher bestimmt werden könnte. Beim einfachen Schadensersatz kommt es hingegen allein auf den Zeitpunkt der Schadensentstehung und damit der Leistungsstörung an.

Für den Schadensersatz statt der Leistung kann demgegenüber an den *Fälligkeitstermin* („Erfüllungszeitpunkt"), den *Zeitpunkt der Leistungsstörung*, das *Entstehen des Rechtsbehelfs* und an dessen *Geltendmachung* angeknüpft werden (s auch SOERGEL/ WIEDEMANN § 325 aF Rn 47 ff). Wird die Durchführung des Vertrages durch die Verletzung einer Pflicht zur Rücksichtnahme iS des § 241 Abs 2 gestört und deshalb Schadensersatz statt der Leistung gem § 282 gefordert, halte ich grds den Zeitpunkt der Leistungsstörung für maßgeblich. Erst diese Pflichtverletzung, die auch den Bezugspunkt für die Prüfung der Verantwortlichkeit bildet, löst den Schaden aus. Zu diesem Zeitpunkt entsteht daher auch der Anspruch auf Schadensersatz. Bei der konkreten Schadensberechnung ist selbstverständlich die weitere Entwicklung bis zur letzten mündlichen Verhandlung zu berücksichtigen. Nicht maßgeblich ist jedenfalls die Geltendmachung des Schadensersatzanspruchs durch den Gläubiger, selbst wenn

man zutreffend § 281 Abs 4 entspr anwendet (§ 282 Rn 66). Denn dieser Zeitpunkt
wäre manipulierbar. Im Unterschied zu § 282 liegt bei den §§ **281 u 283** die objektive
Pflichtverletzung schon in dem Ausbleiben der geschuldeten Leistung selbst, so daß
die Antwort hier differenzierter ausfällt.

aa)   Zeitpunkt der Schadensberechnung für §§ 280 Abs 1 u 3, 281

E 120   Da der Verzug keine Anspruchsvoraussetzung des § 281 ist, scheidet der Zeitpunkt
des Verzugseintritts anders als nach bisheriger Rechtslage zu § 326 aF für die **abstrakte** Berechnung des Schadensersatzanspruches nach §§ 280 Abs 1 u 3, 281 aus.
Nach neuer Rechtslage hat der Gläubiger nach meiner Auffassung ein *Wahlrecht*, ob
er für die Schadensberechnung auf den Fälligkeitszeitpunkt abstellt oder ob er seiner
Berechnung die Gegebenheiten nach Fristablauf zugrunde legt (abweichend Münch-
Komm/Emmerich Vor § 281 Rn 55, der nur auf den Zeitpunkt des Fristablaufs abstellen will). Dabei
ist vorausgesetzt, daß der Schuldner sich wegen der Versäumung der geschuldeten
Leistung oder der Schlechterfüllung nicht gem § 280 Abs 1 S 2 für den jeweils früheren Zeitpunkt entlasten kann (vgl auch Rn E 123). Keinesfalls kann aber – wie bereits
gesagt – wegen der Gefahr von Manipulationen auf den Zeitpunkt des Erlöschens des
Erfüllungsanspruchs iS des § 281 Abs 4 abgestellt werden, wenn der Gläubiger den
Schadensersatz statt der Leistung geltend macht (so aber pauschal für alle Fälle des Schadensersatzes statt der Leistung Faust, in: Huber/Faust, Schuldrechtsmodernisierung Rn 3/214,
216). Im Falle der Erfüllungsverweigerung durch den Schuldner kommt es grundsätzlich auf diesen Zeitpunkt an (aA MünchKomm/Emmerich Vor § 281 Rn 53, 55, der bei
Erfüllungsverweigerung und in den sonstigen Fällen des § 281 Abs 2 auf das Erlöschen des Erfüllungsanspruch wegen des Schadensersatzverlangens nach § 281 Abs 4 abstellen will). Etwas
anderes gilt nur für die vorzeitige ernsthafte und endgültige Erfüllungsverweigerung.
In dieser Konstellation darf der Zeitpunkt für die Schadensberechnung nicht vor der
Fälligkeit der Leistung liegen (zu den Einzelheiten § 281 Rn B 149).

E 121   Macht der Gläubiger hingegen Schadensersatz statt der Leistung auf Grundlage der
konkreten Schadensberechnung geltend, so ist der Berechnung das konkrete Dek-
kungsgeschäft zugrunde zu legen (dazu noch Rn E 123 sowie § 281 Rn B 152 ff; ebenso
MünchKomm/Emmerich Vor § 281 Rn 73). Maßgeblich für die Ermittlung der Preisdifferenz ist daher grundsätzlich der Zeitpunkt, zu dem das Deckungsgeschäft vorgenommen wurde. Ausnahmen können sich nur in besonderen Situationen, zB bei stark
steigenden oder fallenden Preisen ergeben, wenn dem Gläubiger hinsichtlich der
Schadensverursachung Mitverschulden iS von § 254 Abs 2 S 1 vorzuwerfen ist (vgl
Rn E 101, 105). Wird der Schaden nicht auf der Grundlage eines Deckungsgeschäfts
berechnet, so ist idR auf den Zeitpunkt der letzten mündlichen Verhandlung abzustellen (dazu § 281 Rn B 155).

bb)   Zeitpunkt der Schadensberechung für §§ 280 Abs 1 u 3, 283

E 122   Für den Schadensersatzanspruch nach §§ 280 Abs 1 u 3, 283 bei Ausschluß der Leistungspflicht nach § 275 kommt es für die **abstrakte** Schadensberechnung grundsätzlich auf den Zeitpunkt an, zu dem die Unmöglichkeit (275 Abs 1) bzw die sonstigen Leistungshindernisse (§ 275 Abs 2 u 3) eingetreten sind (ebenso zur Unmöglichkeit
jetzt MünchKomm/Emmerich Vor § 281 Rn 55 sowie Erman/Battes § 325 aF Rn 13). Fallen der
Eintritt des Leistungshindernisses iS von § 275 Abs 2 u 3 und die Erhebung der
Einrede zeitlich auseinander, so kommt es aus den in Rn E 22 gegen eine ex-tunc-
Wirkung beim Ausschluß des Verzuges genannten Gründen grundsätzlich auf Zeit-

punkt der Erhebung der Einrede an (§ 283 Rn 60 u STAUDINGER/OTTO [2004] § 326 B 29 f). Jedoch darf der Schuldner nicht beliebig zu Lasten des Gläubigers disponieren. Für den Anspruch auf Schadensersatz statt der Leistung gilt insofern dasselbe wie für die Risikotragung gem § 326 Abs 2 beim Ausschluß der Leistungspflicht infolge der Einredeerhebung während des Annahmeverzuges (STAUDINGER/OTTO [2004] § 326 C 26).

Demgegenüber wollen andere (BARDO 100 ff, 153 f; SOERGEL/WIEDEMANN § 325 aF Rn 49; HUBER II 666 f) auf den Zeitpunkt des Erlöschens des Erfüllungsanspruchs nur abstellen, soweit der Schaden nach Maßgabe eines hypothetischen Deckungsgeschäfts berechnet werden soll, hingegen auf den Fälligkeitstermin (BARDO 129 ff, 169 f), sofern der Schaden aufgrund des entgangenen Gewinns aus dem Weiterverkauf geltend gemacht wird.

Jedenfalls ist ein Fallen der Preise nach Eintritt der Unmöglichkeit im Ergebnis unbeachtlich, soweit es um die Schadensberechnung anhand der Marktpreisregel geht (KG JW 1926, 2676; HUBER II 667).

Ist die Unmöglichkeit indessen erst während des Schuldnerverzuges eingetreten, dann hat der Gläubiger idR die Wahl, ob er der Schadensberechnung den Eintritt des Verzuges oder den späteren Zeitpunkt, in dem die Leistung unmöglich geworden ist, zugrunde legen will (vgl § 281 Rn B 150). Im UN-Kaufrecht legt Art 76 CISG den Berechnungszeitpunkt auf die Vertragsaufhebung fest (SCHLECHTRIEM/STOLL, CISG³ [2000] Art 76 Rn 12 f: allerdings mit Hinweis auf die Schadensminderungspflicht im Fall spekulativer Hinauszögerung).

Wenn der **konkrete Schaden** – auch in Gestalt des Mindestschadens – geltend gemacht **E 123** wird, braucht ein bestimmter Stichtag nicht festgelegt zu werden (BGH NJW 1980, 1742, 1743). Die Vermögensdifferenz ergibt sich hier in aller Regel aus dem Deckungsgeschäft (vgl dazu BGHZ 2, 310 sowie bereits Rn E 100 u 103). Im übrigen sind alle zZt der Schadensermittlung – im Prozeß: der letzten Tatsachenverhandlung – erkennbaren Umstände zu berücksichtigen (RGZ 149, 135, 137; ERMAN/BATTES § 325 aF Rn 15; Münch-Komm/EMMERICH Vor § 281 Rn 73), ebenso die bis dahin eingetretenen Preissteigerungen (OLG Karlsruhe NJW 1971, 1809). Demgegenüber kann es nicht überzeugen, wenn der BGH für den Nichterfüllungsschaden, jetzt Schadensersatz statt der Leistung, – abgesehen von der Berechnung des entgangenen Gewinns – neuerdings anscheinend grundsätzlich auf den Erfüllungszeitpunkt abstellen will, um dem Geschädigten den Verweis auf eine für ihn nachteilige Entwicklung zu ersparen (NJW 1999, 3625, 3626 unter Berufung auf SOERGEL/MERTENS § 249 Rn 128 u STAUDINGER/SCHIEMANN [1998] Vorbem 81 zu §§ 249 ff = LM § 325 BGB Nr 31 m insoweit krit Anm SCHIEMANN). Diese Sichtweise trifft nur zu, wenn der Schuldner bereits mit der Fälligkeit der Leistung in Verzug geraten ist, weil dann auch ein Verzögerungsschaden gem §§ 280 Abs 1 u 2, 286 gesondert zu ersetzen wäre (zur Abgrenzung zum Schadensersatz statt der Leistung Rn E 16 ff sowie zu § 280 Rn E 23 f), oder wenn der Berechnungszeitpunkt – wie im vom BGH entschiedenen Fall – vertraglich vereinbart ist. In den übrigen Fällen ist bei jeder Schadensposition, bei der eine Änderung eingetreten ist, anzusetzen und jeweils danach zu fragen, ob die Veränderung zugunsten des Schädigers zu berücksichtigen ist. Bei Schwankungen von Grundstückspreisen kann es sogar richtig sein, einen Durchschnittswert zugrunde zu legen (RGZ 141, 262; 145, 296). Keinesfalls darf der Gläubiger den Tag als Stichtag wählen, an dem der Preis zwischenzeitlich am höchsten war (RG LZ 1927, 903).

Im übrigen kann sich der Schadensersatzanspruch mindern, wenn der Schadensersatzberechtigte seine Obliegenheit zur Schadensbegrenzung gem § 254 Abs 2 S 1 durch vorzeitige oder verzögerte Vornahme des Deckungsgeschäfts schuldhaft verletzt hat. Soll der Schadensersatzanspruch allerdings eine voraussichtlich vorübergehende Beeinträchtigung ausgleichen, so kann sich der säumige Schuldner nicht darauf berufen, der Schaden sei durch Wegfall der Beeinträchtigung nach dem Erfüllungszeitpunkt geringer geworden oder entfallen (BGH NJW 1994, 314 [zu § 283 aF]). Zu den übrigen Besonderheiten für den Zeitpunkt der Schadensersatzberechnung unter dem Gesichtspunkt des Mitverschuldens bei stark steigenden oder fallenden Preisen Rn E 101 und 105.

5.   Geltendmachung durch Dritte

E 124 Bei einem **echten Vertrag zugunsten Dritter** ist der Dritte der von den Vertragsparteien im Deckungsverhältnis gemeinsam bestimmte Leistungsempfänger. Deshalb hat er auch allein die Kompetenz, den Schadensersatzanspruch statt der Leistung nach der Surrogationsmethode bzw einen etwaigen Anspruch auf Ersatzherausgabe (§ 285) durchzusetzen (Rn E 77; zum Rücktritt s aber STAUDINGER/OTTO [2004] § 323 Rn D 11). Demgemäß muß die Berechnung des Schadensersatzanspruchs nach Maßgabe der den Dritten treffenden Nachteile erfolgen (DÖRNER, Dynamische Relativität 257, 307; SOERGEL/HADDING § 328 Rn 46; insoweit iE ebenso RAAB 525 f), sofern er nicht nur den Mindestschaden geltend macht und sich auf die Rentabilitätsvermutung beruft (oben Rn E 109 ff).

E 125 Im Fall der **Abtretung des Anspruchs auf die unmöglich gewordene oder aus sonstigen Gründen nicht erbrachte Leistung** gilt für die Berechnung der Höhe des Schadensersatzanspruchs (zur Geltendmachung Rn E 76) folgendes: Zumindest grundsätzlich ist das Vermögen des Zessionars maßgeblich (vgl BGH LM § 398 BGB Nr 75 = NJW-RR 1992, 219 [für erst nach Forderungsabtretung eingetretenen Verzug] m zahlreichen Nachw; STAUDINGER/ BUSCHE [1999] § 398 Rn 82; NÖRR/SCHEYHING/PÖGGELER, Sukzessionen² [1999] § 4 III 3 b [45]; MünchKomm/EMMERICH § 325 aF Rn 35; mit Recht für das Vermögen des Zedenten bei der Sicherungszession BGHZ 128, 371, 376 f; prinzipiell **aA** M JUNKER AcP 195 [1995] 1, 5 ff). Der Zessionar kann jedoch nicht ohne weiteres das Abtretungsentgelt als Mindestschadensersatz fordern (RGZ 127, 245). Er kann dies nur, wenn er den Nachweis erbringt, daß er diesen Betrag bei der Verwertung der Leistung wieder hereingebracht hätte (RG 127, 249). Umgekehrt gestattet die hM dem Zessionar aber auch den Nachweis, daß er einen höheren Gewinn erzielt hätte als der Zedent (mit Recht anders für die Sicherungsabtretung BGHZ 128, 371, 376 f; OLG Stuttgart SeuffA 65 Nr 47; dazu ausführlich DÖRNER, Dynamische Relativität 257 ff m Fn 11 mwNw; GERNHUBER, in: FS Raiser 88 Fn 63 mwNw; HUBER II 290 ff; STAUDINGER/BUSCHE [1999] § 398 Rn 82; MünchKomm/EMMERICH § 325 aF Rn 35; NÖRR/ SCHEYHING/PÖGGELER, Sukzessionen² [1999] § 4 III 3 b [45]; SCHWENZER AcP 182 [1982] 214, 234 ff; für Vertrauensschutz des Schuldners hingegen RGZ 107, 187; ebenso für Begrenzung auf einen möglichen Schaden des Zedenten M JUNKER AcP 195 [1995] 1, 5 ff, für den Fall stiller Zession auch SEETZEN AcP 169 [1969] 357 ff, 360). Nach meiner Auffassung muß der Schuldner in der Tat damit rechnen, daß der gegen ihn gerichtete Anspruch abgetreten wird, wenn die Abtretung nicht ausgeschlossen ist. Eine Grenze bildet jedoch das dem ursprünglichen Vertrag immanente Haftungsrisiko.

F. Beweislast

I. Allgemeines

Für die Darlegungs- und Beweislast der Schadensersatzansprüche auf der Grundlage **F 1** von § 280 gilt im Grundsatz das **allgemeine Prinzip**, daß derjenige die Voraussetzungen für den Eintritt einer Rechtsfolge nachweisen muß, der sich auf die für ihn günstige Rechtsfolge beruft. Daraus folgt, daß der Gläubiger, der einen auf § 280 basierenden Schadensersatzanspruch geltend macht, grundsätzlich die Beweislast für das Bestehen des Schuldverhältnisses, die Pflichtverletzung, den daraus resultierenden Schaden sowie die Verantwortlichkeit des Schuldners für die Pflichtverletzung (zum Anknüpfungspunkt des Verschuldens vgl Rn D 6 f) tragen müßte. Den letzteren Beweis nimmt ihm allerdings § 280 Abs 1 S 2 ab, der in seiner prozessualen Bedeutung § 282 aF entspricht. Aufgrund dieser Norm wird die Verantwortlichkeit bzw das Vertretenmüssen indiziert, sofern die Pflichtverletzung feststeht. Es ist dann Sache des Schuldners, sich von dieser Vermutung zu entlasten.

Wie §§ 282, 285 aF für die vom Schuldner zu vertretende Unmöglichkeit bzw den **F 2** Verzug legt auch § 280 Abs 1 S 2 die **Beweislast für das Nichtvertretenmüssen dem Schuldner** auf. Dadurch wird aber nicht nur das in § 276 niedergelegte Verschuldensprinzip eingegrenzt (so STAUDINGER/LÖWISCH § 276 Rn 5). Wie bereits in Teil D Rn 2 ff, 12 erörtert, ist § 280 Abs 1 S 2 nämlich nicht nur Beweislastregel, sondern auch materieller Haftungsausschlußgrund. In diesem Teil der Kommentierung soll nun die Funktion als Beweislastregel behandelt werden. Hintergrund für die von den allgemeinen Grundsätzen abweichende Regelung der Beweislast ist wie nach altem Recht die Tatsache, daß die Aufklärung der Umstände, die zu der Pflichtverletzung geführt haben, in aller Regel eher dem zur Leistung verpflichteten Schuldner als dem Gläubiger zugemutet werden kann. Der Schuldner wird regelmäßig eher in der Lage sein, die Umstände aufzuklären, die ihn an der Vertragserfüllung gehindert oder sie ihm gar unmöglich gemacht haben (in diesem Sinn bereits zur alten Rechtslage BGHZ 4, 192, 195 = NJW 1952, 301; BGH LM § 282 aF BGB Nr 14 = MDR 1965, 636; NJW-RR 1990, 446; LM § 688 BGB Nr 2; RAAPE AcP 147 (1947), 217, 220 ff).

Von der Beweislastregelung in § 280 Abs 1 S 2 ist außerdem eine weitere Beweiser- **F 3** leichterung für den Gläubiger zu unterscheiden, die aus dem prozeßrechtlichen Institut der **freien richterlichen Schadensschätzung (§ 287 ZPO)** folgt. Nach den allgemeinen Grundsätzen hat der Gläubiger den haftungsbegründenden wie auch den haftungsausfüllenden Tatbestand darzulegen und zu beweisen. Der haftungsausfüllende Tatbestand betrifft den Schaden und die Kausalität zwischen Schaden und Pflichtverletzung. Hinsichtlich dieses Tatbestands hilft dem Gläubiger § 287 ZPO, wonach das „ob" und die Höhe des eingetretenen Schadens und damit die nachteiligen Folgen der haftungsbegründenden Handlung der freien richterlichen Beweiswürdigung unterliegen (vgl BGH LM § 286 [A] ZPO Nr 40 = BGH NJW 1983, 998 f; OLG Düsseldorf NJW-RR 2003, 1071, 1072 f; dazu außerdem noch in Rn F 9). Nicht erfaßt ist demnach der haftungsbegründende Tatbestand, insbes die dem Schadensersatzverlangen zugrundeliegende Pflichtverletzung, sowie die Frage des Vertretenmüssens, für die den Gläubiger entsprechend der allgemeinen Grundsätzen die volle Beweislast trifft – allerdings gerade nicht gem § 280 Abs 1 S 2.

F 4 Der in § 280 Abs 1 S 2 zu Lasten des Schuldners normierte Grundsatz ist **in zwei Bereichen nicht oder jedenfalls nicht ohne weiteres anwendbar**. Die echte Ausnahme betrifft die **Arbeitnehmerhaftung**. Verlangt der Arbeitgeber Schadensersatz, so muß er **gem § 619a** wie nach der bisherigen Rspr (vgl nur BAG NJW 1999, 1049, 1052 = AP Nr 2 zu § 611 BGB Mankohaftung unter B II 2 c aa) die das Verschulden des Arbeitnehmers betreffenden Umstände vortragen und gegebenenfalls beweisen (dazu noch Rn F 36 f sowie zur Rechtsnatur der Regelung bereits in Rn D 4; hinsichtlich der Einzelheiten wird auf die Kommentierung von Staudinger/Oetker [2002] zu § 619a verwiesen).

F 5 Der zweite Bereich betrifft eine bestimmte Form der Pflichtverletzung, nämlich die **Verletzung von Schutz- und Rücksichtnahmepflichten iS von § 241 Abs 2**. Hier bedarf die vom Gläubiger zu beweisende Pflichtverletzung größerer Aufmerksamkeit, weil sie sich nicht schon äußerlich in einer Leistungsstörung niederschlägt. Die die Pflichtverletzung ausmachenden Umstände müssen vielmehr erst positiv festgestellt werden. Daher hat der Gläubiger im Einzelfall nachzuweisen, daß dem Schuldverhältnis eine entsprechende Schutz- und Rücksichtnahmepflicht zu entnehmen ist, deren Verletzung zu dem eingetretenen Schaden geführt hat (vgl Begr RegE BT-Drucks 14/6040, 136 sowie Rn C 21 f und D 15 f). Insoweit soll der Gläubiger allerdings auf die zum bisherigen Recht zur Haftung aus pVV entwickelten Grundsätze zur Beweiserleichterung zurückgreifen dürfen (dazu noch in Rn F 27 ff). Erst an die festgestellte Pflichtverletzung des Schuldners kann dann die Vermutung hinsichtlich des Vertretenmüssens anknüpfen.

II. Anwendungsbereich

F 6 Die Neuregelung in § 280 Abs 1 S 2 gilt anders als die §§ 282, 285 aF nicht nur für Unmöglichkeit und Verzug. Sie bezieht sich vielmehr auf die **Pflichtverletzung** iS von § 280 Abs 1 S 1 als solche und umfaßt damit alle Arten von Leistungsstörungstatbeständen (vgl C 5). Die Beweislastregel ist daher für Schadensersatzansprüche wegen Unmöglichkeit (§ 275 Abs 1) oder sonstiger Leistungshindernisse in § 275 Abs 2 u 3, wegen (verzögerter) Nicht- oder Schlechtleistung iS von § 281, wegen Verzugs gem § 286 sowie wegen der Verletzung von Schutz- und Rücksichtnahmepflichten iS von § 241 Abs 2 (zum Begriff vgl Teil C) zu beachten. Besondere Bedeutung hat diese Ausdehnung für den Bereich derjenigen Pflichtverletzungen, die nach bisheriger Rechtslage von der gesetzlich nicht geregelten Haftung aus pVV oder cic erfaßt worden und jetzt in § 241 Abs 2 bzw § 311 Abs 2 u 3 normiert sind (vgl Rn B 5 ff, C 21 ff). Für diese Art von Pflichtverletzungen hatte man sich bereits nach bisheriger Rechtslage an § 282 aF orientiert (vgl Staudinger/Löwisch [2001] § 282 aF Rn 5, 18 ff, 41).

§ 280 Abs 1 S 2 gilt zudem für alle Schadensersatzansprüche, die sich ursprünglich oder wie im Kauf- und Werkvertragsrecht **kraft Verweisung** auf § 280 gründen (zum Anwendungsbereich Rn B 1 ff). Wegen der Verweisungen in § 280 Abs 2 und 3 auf die §§ 281 bis 283 und 286 bezieht sich die Beweislastregel zudem auf **alle Arten von Schadensersatzansprüchen**, also den einfachen Schadensersatz, den Schadensersatz statt der Leistung und den Ersatz von Verzögerungsschäden (zu den verschiedenen Formen vgl Rn E 16 ff). Bezogen auf das geltend gemachte Interesse ist § 280 Abs 1 S 2 demnach beim Ersatz des **Erfüllungs- wie auch Erhaltungsinteresses** zu beachten (vgl Rn E 5, 11). Lediglich für den Schadensersatz statt der Leistung für **anfängliche Leistungshindernisse** trifft § 311a Abs 2 S 2 eine eigenständige Regelung.

Konsequenterweise wird man die § 280 Abs 1 S 2 auch bei solchen Ansprüchen auf Schadensersatz für anwendbar halten müssen, bei denen das Gesetz wie bei § 651f noch von *Schadensersatz wegen Nichterfüllung* spricht (zur übertragbaren Anwendbarkeit von § 282 aF auf § 651f LG München NJW-RR 1995, 1522). Wie bei § 282 aF ist ferner im Zusammenhang mit *Herausgabeansprüchen* (zur übertragbaren alten Rechtslage BGH BGHR BGB § 282 Geschäftsbesorgung 1 [T]; OLG Frankfurt AgrarR 1996, 53; OLG Köln VersR 1996, 1375) und im Fall des § 989 an § 280 Abs 1 S 2 zu denken (s STAUDINGER/GURSKY [1999] § 989 Rn 35). Auf die Feststellung des *Mitverschuldens* iS des § 254 ist die Norm ebensowenig wie zuvor § 282 aF (BGHZ 46, 260, 268) anwendbar.

Zur besonderen Anwendung des § 280 Abs 1 S 2 im Rahmen eines *Gesamtschuldverhältnisses* s STAUDINGER/NOACK (1999) § 425 Rn 36 f zur insoweit übertragbaren Rechtslage zu § 282 aF.

Zur Geltung des § 280 Abs 1 S 2 *im öffentlichen Recht* vgl Vorbem 19 f zu STAUDINGER/LÖWISCH §§ 275–278. Zur Anwendung auf die Mankohaftung des Beamten s u Rn F 36.

III. Überblick über die Beweislast des Gläubigers und die Anforderungen an den Entlastungsbeweis des Schuldners

1. Nachträglicher Ausschluß der Leistungspflicht iS von § 275

Der **Gläubiger**, der Schadensersatz statt der Leistung aus §§ **280 Abs 1 u 3, 283** her- **F 7** leiten will, muß grundsätzlich darlegen und beweisen, daß die Leistung des Schuldners iS von § 275 Abs 1 nachträglich objektiv oder subjektiv unmöglich geworden ist (so BGH NJW 2000, 803, 804 zu § 325 aF) oder aber der Schuldner sein Leistungsverweigerungsrecht iS von §§ 275 Abs 2 u 3 geltend gemacht hat. Im letzteren Fall bezieht sich die Darlegungs- und Beweislast des Gläubigers darauf, daß die Voraussetzungen von § 275 Abs 2 o 3 vorliegen und der Schuldner von seinem Einrederecht Gebrauch gemacht hat (dazu § 283 Rn 101). Gelingt dies nicht, so bleibt ihm nur der Weg über § 281, um Schadensersatz statt der Leistung zu erlangen. Anders als beim Schadensersatzanspruch auf der Grundlage von § 283 muß er dann idR eine Frist zur Nacherfüllung setzten und kann erst nach deren Ablauf Schadensersatz statt der Leistung verlangen bzw mit Aussicht auf Erfolg Klage erheben (dazu § 281 Rn B 32 ff).

Im Gegensatz zur Geltendmachung der Rechte aus §§ 280, 325 aF muß der Gläubiger aber nicht mehr behaupten, daß der Ausschluß der Leistungspflicht die Folge eines Umstandes ist, den der Schuldner zu vertreten hat (dazu STAUDINGER/OTTO [2001] § 325 aF Rn 131). Der Grund dafür liegt in der Rechtsnatur des § 280 Abs 1 S 2. Da die Vorschrift nach der Gesetzesänderung zudem materieller Haftungsausschlußgrund ist, muß der Gläubiger keine Angaben mehr zum Vertretenmüssen des Schuldners in seinen Klägervortrag mit aufnehmen (dazu bereits Rn D 2 ff).

Wegen der Verweisung in § 283 S 2 auf § 281 Abs 1 S 2 gilt § 280 Abs 1 S 2 in gleicher **F 8** Weise wie für den vollständigen auch für den teilweisen Ausschluß der Leistungspflicht, insbes für den Fall der **Teilunmöglichkeit** (dazu STAUDINGER/LÖWISCH § 275 Rn 48 ff). Aus diesem Grund ist die Vorschrift wie § 282 aF anzuwenden, wenn der Schuldner eine Sache nur in beschädigtem Zustand zurückgewähren kann (s BGHZ 3,

162, 174; OLG Düsseldorf MDR 1974, 1017). Will der Gläubiger bei teilweisem Ausschluß der Leistungspflicht gem §§ 280 Abs 1 u 3, 283 iVm § 281 Abs 1 S 2 den **ganzen Vertrag liquidieren**, so muß er zusätzlich beweisen, daß er an der noch möglich gebliebenen Teilleistung kein Interesse hat (dazu § 283 Rn 82 ff sowie zur vergleichbaren alten Rechtslage BAUMGÄRTEL/STRIEDER § 325 aF Rn 6).

F 9 Der Gläubiger trägt darüber hinaus die Darlegungs- und Beweislast für das Vorliegen von **Haftungsverschärfungen**, sofern die Verschuldenshaftung iS von § 276 Abs 1 vertraglich oder gesetzlich modifiziert ist (vgl dazu bereits Rn D 15 ff, insbes Rn D 22). Beruft sich der Gläubiger zB darauf, daß der Schuldner auch für den zufälligen Ausschluß der Leistungspflicht nach § 287 S 1 haftet, so trägt der Gläubiger für den Verzug des Schuldners und damit die Voraussetzungen von § 286 die Darlegungs- und Beweislast (vgl STAUDINGER/LÖWISCH § 287 Rn 3 ff). Gleiches gilt für den Fall der Übernahme einer Garantie (vgl Rn D 21 f) oder eines Beschaffungsrisikos (vgl Rn D 23 ff). Beruft sich der Gläubiger darauf, daß der Schuldner für den Ausschluß der Leistungspflicht aus den genannten Gründen verschuldensunabhängig einzustehen hat, so trägt er auch für die entsprechende vertragliche Vereinbarung die Darlegungs- und Beweislast. Diese Frage wird sich jedoch regelmäßig erst dann stellen, wenn sich der Schuldner vom Fahrlässigkeitsvorwurf entlasten kann.

F 10 Will der **Schuldner** dem Schadensersatzbegehren des Gläubigers entgehen, so hat er sich gem § 280 Abs 1 S 2 in dem Sinn zu **entlasten**, daß er für den nachträglichen Ausschluß der Leistungspflicht nicht verantwortlich ist. Die Beweislast des Schuldners erstreckt sich dabei auch auf das sorgfältige Verhalten seiner **Erfüllungsgehilfen**, da er für deren Auswahl verantwortlich ist (zur übertragbaren Rechtslage nach § 282 aF bereits RGZ 101, 152; RGZ 138, 37, 39; BGHZ 59, 303, 309; BGH NJW 1987, 1938, 1939).

F 11 Nach § 280 Abs 1 S 2 hat der Schuldner wie nach § 282 aF zu beweisen, daß der Ausschluß der Leistungspflicht nicht auf einen von ihm zu vertretenen Umstand zurückzuführen ist. Die Beweislast **bezieht sich** korrespondierend zur Verantwortlichkeit des Schuldners (vgl Rn D 8) **auf sämtliche Umstände, die zum Ausschluß der Leistungspflicht geführt haben** (in diesem Sinn die stRspr zu § 282 aF, vgl etwa BGH LM § 537 BGB Nr 44; STAUDINGER/LÖWISCH [2001] § 282 aF Rn 10; LARENZ I § 22 I zu § 282 aF; BAUMGÄRTEL/STRIEDER² § 282 aF Rn 5).

F 12 Steht fest, welcher Umstand für den Ausschluß der Leistung ursächlich gewesen ist, so kann sich der Schuldner nach § 280 Abs 1 S 2 nur entlasten, wenn er **nachweist**, daß weder er noch seine Erfüllungsgehilfen (RGZ 101, 152; RGZ 138, 37, 39; BGHZ 59, 303, 309 jeweils zur übertragbaren bisherigen Rechtslage zu § 282 aF) **diesen Umstand zu vertreten haben** (vgl dazu Rn D 8 f). Zur dabei zu beachtenden Sorgfalt gehört nicht nur das Unterlassen schädigender Einwirkungen auf den Leistungsgegenstand, sondern ebenso die zumutbare Vorsorge gegenüber Einwirkungen durch Naturereignisse oder durch Dritte wie auch sonstige Vorkehrungen zur Abwehr des Ausschlusses der Leistungspflicht (vgl Rn D 8 m Beispielen). So kann etwa ein Diebstahl des geschuldeten Gegenstandes den Schuldner nur dann entlasten, wenn er nachweisen kann, daß er die notwendige Diebstahlsvorsorge getroffen hat. Insoweit kann die die Verletzung der „äußeren" Sorgfalt einen Anscheinsbeweis auch für die Verletzung der „inneren" Sorgfalt begründen (dazu STAUDINGER/LÖWISCH § 276 Rn 50 mwNw; OTTO/SCHWARZE, Die Haftung des Arbeitnehmers [1998] Rn 164).

Probleme treten aber insbes auf, wenn sich die Umstände, die für die Unmöglichkeit **F13** *ursächlich* waren, *nicht* oder jedenfalls nicht ganz *aufklären* lassen. Hier kann sich der Schuldner an sich nur dadurch entlasten, daß er nachweist, daß er und seine Erfüllungsgehilfen alle Sorgfaltsanforderungen lückenlos beachtet haben (so zu § 282 aF RGZ 74, 342, 344). Diesen Nachweis wird er aber häufig nicht führen können, weil ohne Aufklärung des für den Ausschluß der Leistungspflicht ursächlichen Ereignisses nie ganz ausgeschlossen werden kann, daß den Schuldner oder seinen Erfüllungsgehilfen nicht doch ein Verschuldensvorwurf trifft. Entsprechend den auch sonst für den Beweis negativer Tatsachen geltenden Grundsätzen (RG Gruchot 62, 657; BGH NJW 1953, 59) wird man es deshalb genügen lassen müssen, wenn der Schuldner **nachweist**, daß die für die Unmöglichkeit **ernstlich in Betracht kommenden Umstände von ihm nicht zu vertreten** sind (so bereits RGZ 126, 67, 69; BGH NJW 1953, 59; BGHZ 116, 334, 337 zu § 282 aF: kann die Ursache des Brandes, der zur Unmöglichkeit geführt hat, hinreichend wahrscheinlich festgestellt werden, ist vom Schuldner nicht zu verlangen, daß er sein mangelndes Verschulden für rein abstrakte Möglichkeiten anderer Brandursachen beweist). Besteht aber eine ernstliche Möglichkeit, daß der Ausschluß der Leistungspflicht auf einen vom Schuldner zu vertretenden Umstand zurückzuführen ist, so ist der Entlastungsbeweis als nicht geführt anzusehen (BGH NJW 1952, 1170, wobei der dortige Schluß aus der Einleitung eines mit einem Freispruch endenden Strafverfahrens heute wegen Art 6 Abs 2 EMRK unzulässig wäre, vgl dazu LM § 282 BGB Nr 37 = NJW-RR 1990, 446; BGH WarnR 1969 Nr 41; BGH LM § 282 BGB Nr 32 = NJW 1980, 2186: kann Ursache des Schadens sowohl die Verfütterung verdorbenen Hafers als auch die verdorbenen Strohs sein, genügt nicht der Beweis, daß den Schuldner hinsichtlich der Verfütterung des Hafers kein Verschulden trifft).

Bei dem von ihm zu führenden Entlastungsbeweis können dem Schuldner auch die **F14** Grundsätze über den **Beweis des ersten Anscheins** zugute kommen (so auch Münch-Komm/ERNST Rn 34), nach denen das Dartun eines nach der Lebenserfahrung typischen Geschehensablaufes genügt, der von der Gegenpartei nur durch den Nachweis widerlegt werden kann, daß ein atypischer Geschehensablauf möglich ist (vgl hierzu näher STAUDINGER/SCHIEMANN [1998] Vorbem 97, 99 f zu §§ 249 ff).

Wie § 282 aF eröffnet aber § 280 Abs 1 S 2 dem Schuldner **keinen Entlastungsbeweis** **F15** dahin, daß der Ausschluß der Leistungspflicht, selbst wenn er auf einen von ihm zu vertretenden Umstand zurückzuführen sein sollte, *später* infolge eines von ihm nicht zu vertretenden Umstandes *in jedem Falle eingetreten wäre*. Wie sich aus § 287 S 2 ergibt, erkennt das Gesetz eine solche **Reserveursache** nur dann als erheblich an, wenn es um die Haftung des sich im Verzug befindlichen Schuldners geht. In solchem Fall hat der Schuldner ebenfalls für den auf Zufall beruhenden Ausschluß der Leistungspflicht einzustehen (dazu näher STAUDINGER/LÖWISCH § 287 Rn 20 ff). Die Reserveursachen sind ansonsten uU nach allgemeinen schadensersatzrechtlichen Grundsätzen bei der Berechnung des infolge des Ausschlusses der Leistungspflicht entstandenen und vom Gläubiger nachzuweisenden Schadens zu berücksichtigen (hierzu STAUDINGER/SCHIEMANN [1998] § 249 Rn 92 ff).

Schließlich sind bei der Beweislastverteilung noch die Besonderheiten infolge der **F16** **Modifikationen der Verschuldenshaftung** auf der Grundlage von § 276 Abs 1 zu beachten. § 280 Abs 1 S 2 verlangt nämlich vom Schuldner nur den Nachweis, daß er **denjenigen Grad der Sorgfalt** aufgewendet hat, zu dem er in dem **konkreten Schuldverhältnis verpflichtet** war. Ist für ein Schuldverhältnis eine mildere Haftung vereinbart oder gesetzlich bestimmt, nach welcher der Schuldner nur für Vorsatz oder grobe Fahrlässigkeit oder eigenübliche Sorgfalt einzustehen hat, so kann er sich entlasten, indem er Tatsachen darlegt und beweist, welche die Feststellung eines solchen Schuldgrades ausschließen (vgl Rn D 27). Haftet der Schuldner nach dem betreffenden Schuldverhältnis etwa nur für grobe Fahrlässigkeit, so muß er nur beweisen, daß er nicht grob fahrlässig gehandelt hat (so zu § 282 aF bereits BGHZ 46, 260, 267; NJW 65, 1583; BAG AP zu § 11a TVAng Bundespost Nr 1 = NJW 1985, 219; SOERGEL/WIEDEMANN § 282 aF Rn 14; ERMAN/BATTES § 282 aF Rn 9; aA OLG Kiel SchlHA 1914, 308). Dies gilt insbes auch in dem Fall, daß die Haftung in den Allgemeinen Geschäftsbedingungen auf grobe Fahrlässigkeit beschränkt ist (zur Regelungsmöglichkeit in Allgemeinen Geschäftsbedingungen vgl Rn H 3 f sowie STAUDINGER/LÖWISCH § 276 Rn 127). Auch sonst kann sich aus Allgemeinen Geschäftsbedingungen eine Beweiserleichterung für den Schuldner ergeben (zur vergleichbaren bisherigen Rechtslage OLG Köln VersR 1996, 1375 für den Nachweis des Diebstahls eines gemieteten Kfz).

F 17 Darüber hinaus trägt der Schuldner auch für die **Voraussetzungen bzw** die **Vereinbarung der milderen Haftungsregelung** selbst die Darlegungs- und Beweislast, weil es sich insofern um eine für ihn günstige Regelung handelt (dazu bereits Rn D 27). Beruft sich der Schuldner zB darauf, daß zu seinen Gunsten die gesetzliche Haftungsmilderung in § 300 Abs 1 eingreift, weil sich der Gläubiger im Annahmeverzug befindet, so hat er die Voraussetzungen des Annahmeverzugs gem den §§ 293 ff darzulegen und zu beweisen. Entsprechendes gilt für eine vertraglich vereinbarte Haftungsbeschränkung auf Vorsatz und grobe Fahrlässigkeit. Es ist dann Sache des Schuldners, die entsprechende Parteivereinbarung zu beweisen. Er wird sich darauf allerdings nur berufen, wenn er sich **nicht** ohnehin **ganz** vom Fahrlässigkeitsvorwurf entlasten kann.

F 18 Abschließend ist noch auf die **Beweiserleichterung** nach § **287 ZPO** hinzuweisen (dazu bereits Rn F 3). Grundsätzlich ist der **Gläubiger** für den geltenden gemachten Schaden hinsichtlich der Entstehung wie auch der Höhe beweispflichtig. In dieser Situation kann ihm jedoch die Beweiserleichterung gem § 287 ZPO zur Hilfe kommen, wonach das „ob" und die Höhe des eingetretenen Schadens der freien richterlichen Beweiswürdigung unterliegen (vgl zur alten Rechtslage RG HRR 1936 Nr 1210; BGHZ 29, 393 sowie Rn F 3). Umgekehrt kommt § 287 ZPO aber auch **zugunsten des Schuldners** zur Anwendung, wenn feststeht, daß den Gläubiger ein Mitverschulden trifft (vgl BGH NJW 1968, 985; 1978, 103).

2. Die nichterbrachte (verzögerte) bzw nicht wie geschuldet erbrachte Leistung gem § 281 Abs 1 S 1

F 19 Macht der **Gläubiger** sein **Erfüllungsinteresse** geltend und verlangt Schadensersatz statt der Leistung nach §§ 280 Abs 1 u 3, 281 (vgl Rn E 4 ff), so muß er erstens grundsätzlich darlegen und beweisen, daß der Schuldner die Leistung bei Fälligkeit nicht bzw nicht wie geschuldet erbracht hat, daß er zweitens daraufhin eine angemessene Frist zur (Nach-)Erfüllung gesetzt hat, die jener fruchtlos verstreichen ließ, und daß er drittens nach Fristablauf Schadensersatz statt der Leistung verlangt hat. War die Fristsetzung in dieser Situation aufgrund eines der in § 281 Abs 2 genannten Tatbestände entbehrlich, so obliegt dem Gläubiger auch für diese Umstände die Beweislast. Zu den weiteren Einzelheiten vgl § 281 Rn F 1 u 2. Für die Beweislast im Zusammenhang mit der Teilleistung oder Modifikationen der Verantwortlichkeit des

Schuldners in Form der Haftungsverschärfung gelten dieselben Grundsätze wie beim Ausschluß der Leistungspflicht (vgl Rn F 8 ff).

Verlangt der Gläubiger aufgrund solcher Pflichtverletzung hingegen lediglich sein Erhaltungsinteresse und damit einfachen Schadensersatz iS von § 280 Abs 1 (zum Begriff Rn E 11 f u zur Abgrenzung Rn E 26 ff), so hat er unter Berücksichtigung von § 280 Abs 1 S 1 neben dem bestehenden Schuldverhältnis lediglich die Pflichtverletzung des Schuldners und die Entstehung des Schadens nachzuweisen.

Für die Fragestellungen im Zusammenhang mit dem **Entlastungsbeweis des Schuld- F 20 ners** ist für die Leistungsverzögerung wie auch die Schlechterfüllung grundsätzlich auf die Erörterungen zum Ausschluß der Leistungspflicht zu verweisen (Rn F 10 ff). Dies gilt insbes für das Verhalten des Erfüllungsgehilfen (Rn F 10), die Unaufklärbarkeit der Ursache der Pflichtverletzungen für den Schaden (Rn F 13), die Anwendbarkeit der Grundsätze für den Beweis des ersten Anscheins (Rn F 14), die Reserveursachen (Rn F 15) oder für die Besonderheiten bei Haftungsmilderungen zugunsten des Schuldners (Rn F 16 f).

Besonderheiten ergeben sich hingegen für den **Bezugspunkt des Entlastungsbeweises F 21 des Schuldners.** Denn bei der **Leistungsverzögerung iS von § 281 Abs 1 S 1 1. Alt** kommt es wie bei der Frage der Verantwortlichkeit bzw des Vertretenmüssens entscheidend darauf an, ob man die maßgebliche Pflichtverletzung im Unterlassen der Nacherfüllungspflicht oder in einer Art Handlungseinheit versteht, die sich auf den gesamten Zeitraum von der Fälligkeit bis zum Ausbleiben der Leistung mit Ablauf des Nacherfüllungszeitraums bezieht (vgl zu dieser Problematik Rn D 10 f). Nach meiner Auffassung ist insoweit auf den Prozeß abzustellen, der letztlich mit der Schädigung des Gläubigers infolge der endgültig nicht erbrachten Leistung endet (dazu Rn D 11). Korrespondierend mit der Verantwortlichkeit bezieht sich daher die **Beweislast auf all diejenigen Umstände, die dazu geführt haben, daß der Schuldner die Leistung bis zum Ablauf der Nacherfüllungsfrist nicht erbracht hat.** Dafür hat er sich infolgedessen zu entlasten. Der Entlastungsbeweis nach § 280 Abs 1 S 2 erfordert also den Nachweis, daß der Schuldner weder das Ausbleiben der Leistung bei Fälligkeit noch nach Ablauf der Nacherfüllungsfrist zu vertreten hat.

Kann etwa ein Computerspezialist die vertraglich zugesagte, auf den Betrieb des F 22 Gläubigers zugeschnittene Software weder zum Fälligkeitstermin noch innerhalb des Fristablaufs abliefern und wegen der besonderen fachlichen Anforderungen des Auftrags auch niemanden anderen vertretungsweise mit der Entwicklung beauftragen, so muß er sich wegen seines Verhaltens für den gesamten Zeitraum vom Vertragsschluß über den Fälligkeitstermin bis zum Fristablauf entlasten. Gelingt ihm die Entlastung wegen einer schweren Erkrankung vor dem pflichtgemäßen Abschluß der Arbeiten, so ist das Schadensersatzverlangen des Gläubigers auf der Grundlage von §§ 280 Abs 1 u 3, 281 abzuweisen. Umgekehrt mißlänge der Entlastungsbeweis, wenn er den Auftrag schon bei Fälligkeit wegen seines schlechten Zeitmanagements fahrlässig nicht erbringt und erst während der Nacherfüllungsfrist erkrankt.

Sieht man die maßgebliche Pflichtverletzung hingegen in der unterbliebenen Nach- F 23 erfüllung (so Münch Jura 2002, 361, 368; vgl Rn D 11), so hat sich der Schuldner konsequenterweise nur für diejenigen Umstände zu entlasten, die zur ausgebliebenen

Nacherfüllung innerhalb der Nacherfüllungsfrist geführt haben. In diesem Fall könnte sich der Schuldner in der zweiten Fallkonstellation ebenfalls entlasten.

F 24 Diese Grundsätze gelten ebenso für den Entlastungsbeweis für die **Schlechtleistung**, sofern der Gläubiger Ersatz des Erfüllungsinteresses gem **§ 281 Abs 1 S 1 2. Alt** begehrt (vgl Rn E 5). Wie für die Verantwortlichkeit des Schuldners hat man auch bei der Beweislast den Zeitraum vom Entstehen der Leistungspflicht über die Fälligkeit der Leistung bis zur endgültigen Schlechtleistung nach Ablauf der Nacherfüllungspflicht als Bezugspunkt zu Grunde zu legen (vgl Rn D 13). Sofern eine Nacherfüllung bei Vorliegen eines behebbaren Mangels in Betracht kommt, kann sich der Schuldner nur entlasten, wenn er beweist, daß er weder die Schlechtleistung als solche noch die ausgebliebene Nacherfüllung zu vertreten hat. Scheidet die Nacherfüllung zB wegen der kleinen Unzumutbarkeit nach § 439 Abs 3 aus, so kommt es nur auf die Verantwortung für die mangelhafte Lieferung an.

Zu anderen Ergebnissen kommen wiederum diejenigen, die auch in diesem Fall allein auf die ausgebliebene Nacherfüllung bei der Schlechtleistung abstellen wollen (so zB St Lorenz NJW 2002, 2497, 2503, dazu bereits Rn D 13). Folgt man dieser Auffassung, so bildet allein der Nacherfüllungszeitraum den Bezugspunkt für den Entlastungsbeweis (anders noch Bamberger/Roth/Faust § 437 Rn 90, der in diesem Fall überflüssigerweise für die Pflichtverletzung auf § 281 Abs 1 S 1 1. Alt umschwenken will [vgl Rn D 13]).

F 25 Etwas anderes gilt wiederum, wenn der Gläubiger seinen auf der Lieferung einer mangelhaften Sache beruhenden Schaden an anderen Rechtsgütern (zu den sog Mangelfolgeschäden Rn E 26 ff) als **einfachen Schadensersatz** und damit sein **Erhaltungsinteresse** auf der Grundlage von § 280 Abs 1 geltend macht (so Rn F 18). In diesen Fällen wird mit der mangelhaften Lieferung gleichzeitig eine *Schutzpflichtverletzung* iS von § 241 Abs 2 verwirklicht, weil gegen das Verbot verstoßen wird, mangelhafte Sachen zu liefern, die in den Schutzbereich des Erhaltungsinteresses fallende Rechte, Rechtsgüter und Interessen gefährden (vgl dazu Rn C 20, E 39 f). Korrespondierend mit dem Bezugspunkt des Vertretenmüssens (vgl Rn D 14) kann sich der Schuldner für solche Schäden nur entlasten, indem er darlegt und beweist, daß er die Schutzpflichtverletzung nicht zu vertreten hat. Nach anderer Auffassung ist allerdings auf die *Schlechtleistung* abzustellen (vgl Rn C 20). Folgt man dieser Sichtweise, so muß sich der Schuldner für die Schlechtleistung und damit die Lieferung der mangelhaften Sache oder die Verletzung einer leistungsbezogenen Nebenpflicht (zum Begriff Rn C 17) entlasten (so grundsätzlich MünchKomm/Ernst Rn 75 für die Lieferung einer mangelhaften Kaufsache; näher zur Beweislast für den Kaufvertrag Rn F 48 f).

3.   Verletzung von Schutz- und Rücksichtnahmepflichten iS von § 241 Abs 2

F 26 Wie eingangs erwähnt (Rn F 5), ergeben sich für die Beweislastverteilung und den damit zusammenhängenden Entlastungsbeweis des Schuldners bei der Verletzung von Schutz- und Rücksichtnahmepflichten im Vergleich mit den übrigen Pflichtverletzungen einige Besonderheiten. Diese hängen damit zusammen, daß sich die Pflichtverletzung, die zur Beeinträchtigung der Rechte, Rechtsgüter und Interessen des anderen Teils führt, idR nicht bereits äußerlich in einer charakteristischen Leistungsstörung niederschlägt. Sie muß erst aus dem Schuldverhältnis hergeleitet werden und erfordert eine besondere Feststellung der sie ausmachenden Umstände (vgl

Rn C 22 sowie D 15 f). Diese Prüfungsanforderungen führen dazu, daß mit der Annahme der Pflichtverletzung zugleich das objektiv sorgfaltswidrige Verhalten des Schuldners festgestellt wird (vgl Rn D 16). Folglich obliegt dem **Gläubiger im Bereich der Schutzpflichtverletzungen die Beweislast für Aspekte**, die bei anderen Pflichtverletzungsarten bei der Feststellung der **verkehrserforderlichen Sorgfalt** für den jeweiligen Verkehrskreis (zum objektiven Maßstab STAUDINGER/LÖWISCH § 276 Rn 28 ff) relevant werden. Bei anderen Arten von Pflichtverletzungen sind sie hingegen regelmäßig der Verantwortlichkeit bzw dem Vertretenmüssen des Schuldners und damit dem Entlastungsbeweis nach § 280 Abs 1 S 2 zuzuordnen. Für den **Entlastungsbeweis** des Schuldners verbleibt damit im wesentlichen die **„subjektive Seite" des Fahrlässigkeitsvorwurfs** (Rn F 34).

Der hinter § 280 Abs 1 S 2 stehende Gedanke, dem Schuldner die Beweislast für **F 27** diejenigen Umstände aufzuerlegen, deren Aufklärung eher ihm als dem Gläubiger zugemutet werden kann (Rn F 1), kommt allerdings auch bei der Verletzung von Schutz- und Rücksichtnahmepflichten zum Tragen. Denn auch in diesem Bereich lassen sich Umstände wie solche im Verantwortungsbereich des Schuldners, deren Aufklärung dem Schuldner zugemutet werden kann, von solchen unterscheiden, deren Nachweis beim Gläubiger verbleiben muß. Diese Situation ist allerdings nicht neu, sondern tauchte nach alter Rechtslage insbes im Zusammenhang mit der Haftung des Schuldners auf der Grundlage der positiven Forderungsverletzung auf. Im Grundsatz bestand daher Einigkeit, daß dem Schuldner in entsprechender Anwendung des § 282 aF auch für solche Pflichtverletzung teilweise die Beweislast aufzuerlegen ist. Da sich die Norm allerdings nur auf die Unmöglichkeit bezog, war zum einen sehr umstritten, ob man die Beweislastverteilung im Rahmen der pVV überhaupt auf § 282 aF stützen sollte, und zum anderen die **Abgrenzung** dieses Bereichs (vgl STAUDINGER/LÖWISCH [2001] § 282 aF Rn 19 ff). Da die Fragen nach der Verteilung der Beweislast für die Pflichtverletzung nach neuem Recht weiterhin relevant sind (so auch PALANDT/HEINRICHS Rn 34), werden im folgenden der Sach- und Streitstand sowie die von der Rechtsprechung entschiedenen Fallgestaltungen dargestellt. Auch die Begründung des RegE geht davon aus, daß die dazu entwickelten Grundsätze zur Beweiserleichterung für den Gläubiger im neuen Recht weiterhin anwendbar sind (vgl BT-Drucks 14/6040, 136 unter Berufung auf die sog *Sphärentheorie*, womit auf die von der Rspr entwickelte Beweislastverteilung nach Gefahren- und Verantwortungsbereichen Bezug genommen wurde). Zur Beantwortung dieser Fragen wurden von *Rechtsprechung* und *neuerem Schrifttum grundsätzlich unterschiedliche Ansätze* vertreten, wenn auch mit weitgehend identischen Ergebnissen. Diese Ansätze sollten im folgenden zunächst dargestellt werden (dazu bereits ausführlich STAUDINGER/LÖWISCH [2001] § 282 aF Rn 19 ff).

a) Ansätze für Beweiserleichterungen zu Gunsten des Gläubigers bei der Feststellung der Pflichtverletzung

Für das alte Recht hatte RAAPE in seiner berühmt gewordenen Abhandlung (AcP 147 **F 28** [1947] 217) eine **formale** Abgrenzung dahin vorgenommen, daß der Gläubiger eine **„objektive Pflichtwidrigkeit** des Schuldners und den daraus entstandenen Schaden" nachweisen müsse, während der Schuldner nachzuweisen habe, daß er die objektive Pflichtwidrigkeit nicht zu vertreten habe. Demgegenüber hatte die *Rechtsprechung* und ihr folgend ein *Teil des Schrifttums* den Gedanken entwickelt, daß die Abgrenzung nach **Gefahren- oder Verantwortungsbereichen** zu erfolgen habe, der Schuldner also die Beweislast tragen müsse, wenn die Schadensursache aus dem von ihm zu beherrschenden Gefahrenkreis herrühre (RGZ 148, 149 f; BGHZ 8, 239, 241 f; 23, 288, 290 f; 27, 236, 238 ff; 28, 251, 254; NJW 1962, 31, 32; NJW 1964, 33, 35 f; VersR 1966, 344, 345; NJW 1973, 2020, 2021; NJW 2000, 2812, 2813; BAGE 19, 66, 70; BAG NJW 1971, 957, 958; aus der Lit vor allem PRÖLSS VersR 1964, 901 ff; diesem im Ansatz folgend SOERGEL/WIEDEMANN Vorbem 535 ff zu § 275 aF; PALANDT/HEINRICHS[61] § 282 aF Rn 9 u zum neuen Recht § 280 Rn 34 ff).

F 29 Ein anderer Teil des Schrifttums wählte hingegen andere Kriterien für die Verteilung der Beweislast bei der Pflichtverletzung. Es sollte danach unterschieden werden, ob es sich um eine **erfolgsbezogene** oder **verhaltensbezogene Pflicht** handelte. Bei der Beantwortung der Frage, ob eine Hauptleistungspflicht nicht ordnungsgemäß erfüllt worden ist oder Schutz-, Aufklärungs- oder sonstige Nebenpflichten verletzt worden sind, kam es nach dieser Ansicht daher darauf an, **welchen Inhalt diese Pflichten nach dem konkreten Vertragsverhältnis** haben (HANS STOLL AcP 176 [1976] 145, 149 ff; PAWLOWSKI 80 ff; REISCHAUER 55 ff; PRÜTTING 221 f; MUSIELAK AcP 176 [1976] 482; ERMAN/BATTES § 282 aF Rn 7; MünchKomm/EMMERICH Vor § 275 aF Rn 325 ff; STAUDINGER/LÖWISCH [2001] § 282 aF Rn 20; BAUMGÄRTEL/BAUMGÄRTEL[2] Anh § 282 aF Rn 43 ff; LARENZ I § 24 I b; auch ROTH ZHR 154 [1990] 529 f). Den Kriterien der Rechtsprechung, also die beiderseitigen *Gefahren- und Verantwortungsbereiche*, sollte nach dieser Auffassung bei der Feststellung des Pflichteninhalts allerdings eine gewichtige Indizwirkung zukommen (STAUDINGER/LÖWISCH aaO; BAUMGÄRTEL/BAUMGÄRTEL[2] Anh § 282 aF Rn 46; LARENZ aaO).

Berücksichtigt man die Intention des Gesetzgebers bei der Formulierung von § 241 Abs 2 als Generalklausel, nach der sich die konkrete Schutz- und Rücksichtnahmepflicht im Einzelfall aus der Auslegung des Schuldverhältnisses ergeben soll (RegE BT-Drucks 14/6040, 136; vgl auch Rn D 14), erscheint dieser Ansatz für das neue Recht erst recht vorzugswürdig (iE auch MünchKomm/ERNST Rn 138; für eine Verteilung nach Gefahren- und Verantwortungsbereichen hingegen PALANDT/HEINRICHS Rn 34). Im übrigen kamen diese beiden Auffassung regelmäßig zu denselben Ergebnissen, weil auch die Rechtsprechung und die ihr folgende Ansicht in der Literatur beim Eintritt eines Schadens, der nach dem Vertrag gerade verhindert werden sollte, von einer erfolgsbezogenen Pflicht ausgehen und vom Schaden auf die Pflichtverletzung schließen (vgl nur BGH NJW 1991, 1540, 1541 für einen Krankentransport sowie PALANDT/HEINRICHS[61] § 282 aF Rn 36 mwNw). Auch aus diesem Grund können die verschiedenen Fallgestaltungen zum bisherigen Recht weiterhin herangezogen werden (Rn F 36 ff)

F 30 Die hinter dieser Auffassung stehende Systematik soll abschließend anhand des folgenden Beispiels verdeutlicht werden, das bereits auf HANS STOLL (AcP 176 [1976] 145, 152 f) zurückgeht. Um eine erfolgsbezogene Verpflichtung handelt es sich bei dem Bewachungsvertrag einer Wach- und Schließgesellschaft, da sich die dem Vertrag zugrunde liegende Sicherungspflicht auf die Abwendung von Einbruchsdiebstählen und Feuer erstreckt. Der Eintritt eines Diebstahls oder der Ausbruch eines Feuers läßt daher zugleich auf eine sorgfaltswidrige Ausführung des Auftrags schließen, so daß mit dem Schadenseintritt zugleich die objektive Pflichtverletzung feststeht. Gleichzeitig wird das Vertretenmüssen der Wach- und Schließgesellschaft als Schuldner vermutet. Daher obliegt es ihr, sich gem § 280 Abs 1 S 2 zu entlasten, will sie dem Schadensersatzanspruch ihres Vertragspartners entgehen.

Anders verhält es sich jedoch, wenn lediglich ein Raum für die Einlagerung von Gegenständen gemietet wird. In dieser Konstellation kann man von dem Vermieter des Lagerraums lediglich erwarten, daß er die üblichen Sicherungsvorkehrungen trifft. Weitergehende Schutz- und Rücksichtnahmepflichten lassen sich dem Mietvertrag hingegen nicht entnehmen. In solchem Fall muß der Gläubiger daher das sorgfaltswidrige Verhalten des Vermieters zusätzlich beweisen. Dies gelingt ihm nur, wenn er nachweisen kann, daß der Schuldner die im Verkehr üblichen Vorkehrungen nicht eingehalten hat. Erst wenn dies gelingt, steht auch die objektive Pflichtverletzung fest.

b)   Kausalität zwischen Pflichtverletzung und Schaden
Wie beim Ausschluß der Leistungspflicht und wie in den Fällen der pVV nach **F 31** bisherigem Recht muß der **Gläubiger** auch im Zusammenhang mit der Verletzung einer Schutz- und Rücksichtnahmepflicht neben dem Schaden als Ausgangspunkt nachweisen, daß die objektive Pflichtverletzung für den von ihm geltend gemachten Schaden **kausal** gewesen ist (vgl auch MünchKomm/ERNST Rn 141 ff sowie zur vergleichbaren Rechtslage für die pVV BGHZ 28, 252; 42, 16; BGH LM § 282 BGB Nr 18; NJW 1969, 554, 1709; NJW 1974, 795; NJW 1968, 1350; NJW 1978, 2197; NJW 1980, 2186; NJW 1989, 2946; NJW 1991, 1540, 1541; BGH LM § 823 [Dc] BGB Nr 181 = NJW 1992, 560, 569 f; BAUMGÄRTEL/BAUMGÄRTEL[2] Anh § 282 aF Rn 26 ff; MünchKomm/EMMERICH Vor § 275 aF Rn 308; BAG AP Nr 48 zu § 611 BGB Haftung des Arbeitnehmers = BB 1969, 1178).

Eine andere Beurteilung ist allerdings bei der Verletzung einer **Aufklärungs-, Warn-** **F 32** **oder Beratungspflicht** erforderlich. Weist der Schuldner zB pflichtwidrig nicht auf die Gefährlichkeit des gelieferten Gegenstandes hin, kehrt sich die Beweislast für die Kausalität zwischen Pflichtverletzung und Schaden um. Bei der Verletzung von Aufklärungspflichten ist der Schuldner dafür darlegungs- und beweispflichtig, daß der Schaden auch bei pflichtgemäßem Verhalten eingetreten wäre, der Geschädigte also den Hinweis unbeachtet gelassen hätte (BGH NJW 2002, 2703, 2704 = JZ 2003, 97, 99). Ein solcher Einwand wäre für den Gläubiger nur schwer widerlegbar. Daher gebietet der Schutzzweck der Aufklärungs- und Warnpflicht, den Gläubiger vor solchen Schäden zu bewahren, die **Umkehr der Beweislast**, will man sie nicht völlig ihrer Funktion berauben (so bereits STAUDINGER/LÖWISCH [2001] § 282 aF Rn 23 unter Berufung auf BGH NJW 1971, 241, 242; WM 1971, 1271; BGHZ 61, 118, 122; 64, 46, 51; 72, 106; 89, 103; 111, 82; BGH NJW 1992, 240; NJW 1992, 3296; NJW-RR 1992, 1115; krit hierzu HOFMANN NJW 1974, 1641; Bedenken bei STODOLKOWITZ VersR 1994, 11 ff; einschr auch HANS STOLL AcP 176 [1976] 145, 158 ff sowie PALANDT/HEINRICHS[61] § 282 aF Rn 39, der darin lediglich einen Anwendungsfall des Anscheinsbeweises sieht). Die Vermutung „aufklärungsrichtigen Verhaltens" besteht allerdings grundsätzlich nur in solchen Fällen, in es denen für den Gläubiger der Aufklärungspflicht nur eine mögliche Reaktion gibt und keine Handlungsalternativen bestehen (BGHZ 124, 151, 161; WM 1998, 1527, 1529; OLG Düsseldorf NJW-RR 2003, 1071, 1073 [Anscheinsbeweis]). Dies bezieht sich aber nur solche Handlungsalternativen, die zur Schadensvermeidung geeignet sind (BGH NJW 2002, 2703, 2704 = JZ 2003, 97, 99).

Gleiches muß im übrigen auch dann gelten, wenn die Pflichtverletzung in der Fehlinformation über einen Umstand liegt, für den ursprünglich keine Aufklärungspflicht bestand. Dann trifft den Schuldner die Beweislast dafür, daß der Schaden auch bei richtiger Information eingetreten wäre, weil ein solches Fehlverhalten anderenfalls keine weitere Sanktion nach sich ziehen würde (BGH NJW-RR 1997, 144). Zur Umkehr der Beweislast kann es weiterhin im Bereich der Arzthaftung kommen (s Rn F 39 ff).

F 33 Im Zusammenhang mit der Verletzung von Aufklärungs- und Hinweispflichten ist insbes auch an das **Stadium der Vertragsanbahnung** zu denken, in dem nach § 311 Abs 2 bereits ein Schuldverhältnis iS von § 241 Abs 2 entstehen kann (zur Kodifizierung der cic vgl Rn B 6). Die Verletzung von Informationspflichten führt typischer Weise zur pflichtwidrigen Herbeiführung des Vertragsschlusses. Ist eine solche Pflichtverletzung (dazu Rn C 36 ff) nachgewiesen, so obliegt dem Schuldner gem § 280 Abs 1 S 2 der Beweis, daß er die Pflichtverletzung nicht zu vertreten hat (so bereits zur cic BGHZ 66, 51, 54; BGH NJW 1978, 41, 42; NJW 1987, 639, 640). Dabei wird im Falle der Verletzung von Aufklärungspflichten ebenfalls vermutet, daß der Gläubiger sich „aufklärungsrichtig" verhält (Rn F 32). Der Schuldner kann sich nur entlasten, indem er nachweist, daß sich der Gläubiger auch bei erfolgter ordnungsgemäßer Aufklärung so verhalten, also den Vertrag abgeschlossen hätte, und der Schaden daher ohnehin eingetreten wäre (so zur cic BGH NJW 1978, 41, 42; NJW 1993, 2434; NJW 1994, 512 für den häufigen Fall der Aufklärung bei Warentermingeschäften; BGH NJW 1992, 3296 für die Prospekthaftung; NJW 1996, 2503: für die Miete von Gaststättenräumen und Kauf einer Gaststätteneinrichtung aufgrund einer Falschinformation über Umsatzzahlen; STAUDINGER/LÖWISCH [2001] § 282 aF Rn 41; SOERGEL/ WIEDEMANN Vorbem 261 f zu § 275 aF; krit LIEB, in: FS Rechtswiss Fakultät Köln [1988] 251, 265 ff).

c) Entlastungsbeweis des Schuldners

F 34 Ist es dem Gläubiger gelungen, dem Schuldner im Hinblick auf das Schuldverhältnis eine Pflichtverletzung nachzuweisen, so wird nach § 280 Abs 1 S 2 die Verantwortung des Schuldners für die Pflichtverletzung indiziert. Der Schuldner kann sich in diesem Fall durch den Nachweis *entlasten*, daß der *Umstand, der zu der objektiven Pflichtverletzung geführt hat*, von ihm *nicht zu vertreten* ist. Mit der Pflichtverletzung iS von § 241 Abs 2 wird allerdings regelmäßig zugleich das objektiv sorgfaltswidrige Verhalten des Schuldners festgestellt, so daß für den Entlastungsbeweis im wesentlichen nur die **„subjektive Seite" des Fahrlässigkeitsvorwurfs** verbleibt (Rn F 26; ebenso SPICKHOFF NJW 2002, 2530, 2535 f). Da der subjektive Fahrlässigkeitsmaßstab allenfalls bei besonderen vertraglichen Vereinbarungen (dazu STAUDINGER/LÖWISCH § 276 Rn 31) oder im Zusammenhang mit der konkreten Fahrlässigkeit nach § 277 (zum Anwendungsbereich STAUDINGER/LÖWISCH § 277 Rn 1) eine Rolle spielt, wird dies dem Schuldner nur in den sehr seltenen Fälle gelingen, in denen er sich auf einen **entschuldigten Irrtum, insbes den Rechtsirrtum** berufen kann (so auch DEUTSCH JZ 2002, 588, 591; HUBER, in: ERNST/ZIMMERMANN, Zivilrechtswissenschaft und Schuldrechtsreform [2001] 31, 102 f; SPICKHOFF NJW 2002, 2530, 2537). An die Voraussetzungen des Rechtsirrtums werden jedoch sehr strenge Anforderungen gestellt (STAUDINGER/LÖWISCH § 276 Rn 54 ff). Er kommt allenfalls in Betracht, wenn die Rechtslage in besonderem Maße unklar ist und keine gefestigte Rechtsprechung vorliegt (dazu ie STAUDINGER/LÖWISCH § 286 Rn 152 ff, insbes Rn 156 ff). Geht es um den Entlastungsbeweis für *Schlechtleistungen im Dienstleistungsbereich*, so bilden typische Standards der Berufsgruppe, sofern solche wie im medizinischen Bereich mittels Sachverständigenbeweis feststellbar sind, den Bezugspunkt für den Irrtum. Es ist dann Sache des Schuldners darzulegen und zu beweisen, daß er trotz äußeren sorgfaltswidrigen Verhaltens die damit korrespondierende **innere Sorgfalt wegen nicht vorwerfbarer Unkenntnis eingehalten** hat (in diesem Sinn auch SPICKHOFF NJW 2002, 2530, 2537 für die Arzthaftung).

F 35 Im übrigen gelten auch für die Verletzung von Schutz- und Rücksichtnahmepflichten iS von § 241 Abs 2 die beim Ausschluß der Leistungspflicht aufgeführten Grundsätze (Rn F 10 ff). Dies gilt insbes für die Zurechnung des Verhaltens des Erfüllungsgehilfen

(Rn F 10), die Unaufklärbarkeit der Ursache der Pflichtverletzungen für den Schaden (Rn F 13, beachte aber Rn F 30 ff), die Anwendbarkeit der Grundsätze über den Beweis des ersten Anscheins (Rn F 14), die Reserveursachen (Rn F 15) und die Besonderheiten bei Haftungsmilderungen zugunsten des Schuldners (Rn F 16 f).

IV. Besondere Fallgruppen

In einem abschließenden Überblick sollen solche Fallgestaltungen besonders ange- **F 36** sprochen werden, bei denen die Fragestellungen zur Beweislast typischerweise auftauchen. Insoweit wird auf die Überlegungen zu § 282 aF im Zusammenhang mit der pVV zurückgegriffen, die aus den genannten Gründen (vgl Rn F 26) auf die Beweislastverteilung für Schadensersatzansprüche auf der Grundlage von § 280 zu übertragen sind.

Arbeitsverhältnis: Macht der Arbeitnehmer eine **Haftung des Arbeitgebers** geltend, **F 37** weil dieser seine Fürsorgepflicht zur ordnungsgemäßen Einrichtung der Betriebsräume oder Organisation des Arbeitsablaufs verletzt habe, so muß er lediglich den *ordnungswidrigen Zustand der Betriebsräume oder des Arbeitsablaufs beweisen*, während der Arbeitgeber gem § 280 Abs 1 S 2 nachzuweisen hat, daß ihn an dieser *Ordnungswidrigkeit* kein Verschulden trifft (so bereits BAG AP Nr 1 zu § 618 BGB = BB 1955, 637). Auch für den Schadensersatzanspruch des Arbeitnehmers wegen der *Nichtanmeldung* zu einer öffentlich-rechtlichen *Pensionskasse* genügt es, wenn der Arbeitnehmer die Nichtanmeldung beweist; der Arbeitgeber muß sich entlasten (vgl BAG AP Nr 7 zu § 282 = BB 1972, 1371). Ist ein Lehrling mangelhaft ausgebildet worden, so steht fest, daß der Lehrherr die vertraglich geschuldete Leistung schlecht erbracht hat; er muß dann beweisen, daß ihn an der Mangelhaftigkeit der Ausbildung kein Verschulden trifft (BAG NJW 1965, 710).

Anders stellt sich die Situation bei der **Arbeitnehmerhaftung** dar. Verlangt der Ar- **F 38** beitgeber vom Arbeitnehmer auf der Grundlage von § 280 Schadensersatz, so trifft ihn nach den allgemeinen Grundsätzen für die Voraussetzungen des Anspruchs, insbes die Pflichtverletzung, ohnehin die volle Darlegungs- und Beweislast. Nach § 280 Abs 1 S 2 würde dem Arbeitnehmer hinsichtlich seines Verschuldens dann der Entlastungsbeweis obliegen. Das BAG hatte jedoch bereits in teilweiser Abkehr von seiner früheren Rspr (dazu STAUDINGER/LÖWISCH [1995] § 282 aF Rn 25 ff) die Anwendung des bedeutungsgleichen § 282 aF im Rahmen der Arbeitnehmerhaftung mit der Begründung generell für unanwendbar erklärt, die von ihm vorgenommene (materiell-rechtliche) Beschränkung der Arbeitnehmerhaftung (STAUDINGER/LÖWISCH § 276 Rn 133 ff; STAUDINGER/RICHARDI [1999] § 611 Rn 493 ff; OTTO/SCHWARZE, Die Haftung des Arbeitnehmers [1998] Rn 181 ff) beruhe auf dem Gedanken, daß der Arbeitgeber kraft seiner Organisationsmöglichkeiten ein erhöhtes Risiko tragen müsse. Damit lasse es sich nicht vereinbaren, über die Anwendung einer Beweislastregel einen Teil des Risikos wieder auf den Arbeitnehmer zu verschieben (grundlegend BAG v 17. 9. 1998, AP Nr 2 zu § 611 BGB Mankohaftung = NJW 1999, 1049, 1052, u v 2.12. 1999, AP Nr 3 zu § 611 BGB Mankohaftung m zust Anm KRAUSE; in diesem Sinn schon BÖTTICHER Anm in AR-Blattei D-Blatt Haftung des Arbeitnehmers Entscheidung 43; s auch OTTO/SCHWARZE, Die Haftung des Arbeitnehmers Rn 195). Allerdings bezog sich die Aussage des BAG auf eine betriebliche Tätigkeit des Arbeitnehmers. Diesen Grundsatz hat der Gesetzgeber mit der Aufnahme von § 619a bestätigt (dazu allgemein DÄUBLER NZA 2001, 1329, 1331 f; HENSSLER RdA 2002, 129,

132 f; Joussen NZA 2001, 745, 747 ff; Löwisch, in: FS Wiedemann 311, 327 f; Oetker BB 2002, 43 ff; Walker JuS 2002, 736 ff). Dementsprechend muß der Arbeitgeber, der einen Arbeitnehmer auf Schadensersatz in Anspruch nimmt, nicht nur die Pflichtverletzung des Arbeitnehmers und den daraus erwachsenden Schaden, sondern auch dessen Verschulden nachweisen. Dabei kommen ihm nicht nur die Grundsätze über die abgestufte Darlegungs- und Beweislast zugute, wonach es zunächst genügt, daß der Arbeitgeber Indizien vorträgt, die auf ein haftungsbegründendes Verschulden des Arbeitnehmers hinweisen, und es dann an diesem ist, sich zu diesen Indizien substantiiert zu äußern (BAG aaO). Er kann sein Vorbringen darüber hinaus auf die Grundsätze über den Beweis des ersten Anscheins stützen, nach denen bei typischen Geschehensabläufen von einem diesen entsprechenden Schadensverlauf auszugehen ist, wenn nicht die ernsthafte Möglichkeit eines abweichenden Geschehensablaufs nachgewiesen wird (BAG AP Nr 5 zu § 282 BGB = NJW 1967, 269 sowie Otto/Schwarze, Die Haftung des Arbeitnehmers Rn 195). Darüber hinaus läßt sich gerade auch mit Blick auf die Entstehungsgeschichte bezweifeln, ob § 619a auf solche Fallgestaltungen gemünzt ist, in denen der Schaden gerade nicht durch eine betriebliche Tätigkeit verursacht wird. Erscheint der Arbeitnehmer zB nicht am Arbeitsplatz oder legt er seine Arbeit rechtswidrig nieder, sollte es bei dem in § 280 Abs 1 S 2 niedergelegten Grundsatz bleiben (vgl dazu bereits Rn D 30).

F 39 Das in Rn F 38 Gesagte gilt auch für die **Mankohaftung**, die sich nach der Rspr des BAG zur bisherigen Rechtslage auf die positiver Forderungsverletzung gründete (BAG AP Nr 1 zu § 611 BGB Mankohaftung m Anm Krause = NJW 1998, 1011; dazu auch Walker JuS 2002, 736, 740 f). Zwar ergebe sich die Pflichtverletzung des Arbeitnehmers bei alleinigem Zugriff auf den Kassenbestand grundsätzlich daraus, daß er den Fehlbetrag und damit den Vermögensschaden des Arbeitgebers habe entstehen lassen. Dennoch müsse der Arbeitgeber das Verschulden des Arbeitnehmers – unter Anwendung der Grundsätze über die abgestufte Darlegungs- und Beweislast – voll nachweisen (BAG v 17. 9. 1998, AP Nr 2 zu § 611 BGB Mankohaftung = NJW 1999, 1049, 1052, u v 2. 12. 1999, AP Nr 3 zu § 611 BGB Mankohaftung m zust Anm Krause). Dies folgt nunmehr auch für die Mankohaftung unmittelbar aus **§ 619a**. An die Darlegungs- und Beweislast des Arbeitgebers sollten allerdings keine allzu hohen Anforderungen gestellt werden. Die Einfügung von § 619a spricht jedenfalls nicht dagegen, die prozessual allein praktikablen und von der Rspr anerkannten Abstufungen der Beweislast weiterhin anzuwenden (vgl dazu auch Otto/Schwarze, Die Haftung des Arbeitnehmers [1998] Rn 277 ff).

Bleibt schließlich noch zu klären, wie sich die Einfügung von § 619a auf die **Mankohaftung des Beamten** auswirkt. Im Rahmen des Beamtenverhältnisses wurde § 282 aF in diesen Fällen von dem BGH und dem BVerwG bislang angewandt (BGHZ 5, 26; BVerwGE 37, 199; BVerwGE 52, 255, wonach aber „nicht zu hohe Anforderungen an den Nachweis des Nichtvertretenmüssens iS von § 282 BGB aF zu stellen" sind, um den Beamten nicht entgegen der Regelung des § 78 Abs 1 S 2 BBG de facto bereits für leichte Fahrlässigkeit haften zu lassen). Die Beibehaltung dieser Grundsätze erscheint aber nicht nur vor dem Hintergrund der Neuregelung in § 619a sehr bedenklich. Denn die Haftung des Beamten ist gem § 46 Abs 1 S 1 BRRG und § 78 Abs 1 S 1 BBG auf Vorsatz und grobe Fahrlässigkeit beschränkt (dazu Otto/Schwarze, Die Haftung des Arbeitnehmers Rn 368 ff). Müßte sich der Beamte aber für die Pflichtverletzung entlasten, so würde ein Teil des Risikos auf ihn übergehen und somit die gesetzliche Haftungsprivilegierung faktisch untergraben.

Architektenvertrag: Beim Architektenvertrag ist der Nachweis der Pflichtverletzung **F 40** idR schon durch den *Mangel des fertigen Bauwerkes* erbracht, weil es Aufgabe des Architekten ist, „sowohl durch fachgerechte Planung als auch durch sorgfältige Überwachung der Bauhandwerker dafür zu sorgen, daß ein in jeder Hinsicht einwandfreies Bauwerk entsteht" (BGHZ 28, 251, 253). Gem § 280 Abs 1 S 2 muß der Architekt dann sein mangelndes Verschulden, genauer die Einhaltung der „inneren Sorgfalt", nachweisen; dazu gehört der Nachweis, daß er den zum Bauzeitpunkt allgemein anerkannten bautechnischen Standard eingehalten hat (vgl Rn F 34). Bei Verletzung einer *Aufklärungspflicht* trifft den Architekten auch die Beweislast dafür, daß der Bauherr trotz der Aufklärung an einer fehlerhaften Konstruktion festgehalten hätte (BGH WM 1971, 1271, vgl Rn F 32 f).

Arzthaftung: Nach **bisheriger Rechtslage** war die pVV Anspruchsgrundlage für ver- **F 41** tragliche Schadensersatzansprüche gegen den Arzt. Da der Patient auf der Grundlage der pVV wegen der Regelung in §§ 847, 253 aF allerdings keinen Schadensersatz für immaterielle Schäden in Form des Schmerzensgelds erlangen konnte, kam der vertraglichen Arzthaftung im Vergleich mit der deliktischen nur untergeordnete Bedeutung zu. Nach Einfügung von § 253 Abs 2 durch das Schadensrechtsänderungsgesetz v 19. 7. 2002 (BGBl I S 2674) wird nunmehr auch auf der Grundlage vertraglicher Schadensersatzansprüche Schmerzensgeld gewährt. Bereits aus diesem Grund wird die Bedeutung des vertraglichen Arzthaftungsrechts zunehmen (so die Einschätzung von DEUTSCH JZ 2002, 588, 589 f; SPICKHOFF NJW 2002, 2531 f).

Im Rahmen der vertraglichen Arzthaftung hatte der Patient neben der Pflichtver- **F 42** letzung etwa in Form eines Behandlungsfehlers, den Schaden sowie die Kausalität zwischen Pflichtverletzung und Schaden, zB die Ursache des Behandlungsfehlers für die erlittene Körper- bzw Gesundheitsverletzung, sowie das Verschulden des Arztes darzulegen und zu beweisen. Denn der BGH wendete für die Haftung des Arztes aus dem Behandlungsvertrag § 282 aF nicht an. Folglich reichte es für die Haftungsbegründung nicht aus, wenn der Patient das Vorliegen eines objektiven Behandlungsfehlers nachwies. Diese Auffassung wurde damit begründet, daß der Organismus des Patienten für die Behandlungsseite nicht voll beherrschbar und daher die Anwendung von § 282 aF nicht gerechtfertigt sei (BGH LM § 286 ZPO Nr 25; VersR 1967, 664; NJW 1969, 553; LM § 282 BGB Nr 31 = NJW 1980, 1333; NJW 1981, 2002, 2004; NJW 1995, 1618; NJW 1999, 860, 861 unter Betonung des Kernbereichs ärztlichen Handels; s auch NJW 1977, 1102 für die Haftung des Tierarztes). Diese Auffassung wurde in der Literatur vielfach kritisiert (STAUDINGER/LÖWISCH [2001] § 282 aF Rn 29; GAUPP 65 ff; HANS STOLL AcP 176 [1976] 145, 155; DEMBERG JURA 1987, 339 f; D GIESEN Rn 375 ff; PALANDT/HEINRICHS⁶¹ § 282 aF Rn 18; der Rspr zust aber MünchKomm/EMMERICH Vor § 275 aF Rn 321; KATZENMEIER VersR 2002, 1066 f mwNw; G MÜLLER NJW 1997, 3049 ff; R WEBER NJW 1997, 761 ff).

Etwas anderes galt nur, wenn dem Arzt ein **grober Behandlungsfehler** unterlaufen **F 43** war. In diesem Fall erleichterte die Rspr dem Patienten den Nachweis der Kausalität zwischen Behandlungsfehler und eingetretenem Schaden, indem sie **die Beweislast umkehrte**, wenn der grobe Behandlungsfehler geeignet war, den tatsächlich eingetretenen Schaden herbeizuführen (BGH NJW 1967, 1508; NJW 1968, 1185, 2293; BGHZ 72,

132, 133; 85, 212 ff; NJW 1981, 2513; NJW 1988, 2949; NJW 1995, 778; BGHZ 132, 47; BGH NJW 1997, 796, 797; OLG Hamm VersR 1997, 1403; Hans Stoll AcP 176 [1976] 145, 156 f, der hierin eine grundsätzliche Einstandspflicht des Arztes für elementare Geschehensabläufe erblickt). „Grob" sind iS der bisherigen Rechtsprechung nur Behandlungsfehler, die dem Arzt schlechterdings nicht unterlaufen dürfen, etwa die Unterlassung einer therapeutisch gebotenen Aufklärung (BGHZ 107, 222), einer eindeutig gebotenen Untersuchung (OLG Karlsruhe NJW 1987, 718) oder einer sich aufdrängenden Erhebung eines Befundes (BGHZ 132, 47, 51 ff). Beweiserleichterungen wurden dem Patienten zudem nach bisheriger Rspr zugestanden, wenn der Behandlungsablauf nicht in den Krankenakten dokumentiert wurde bzw der Verbleib von Patientenakten nicht sicher gestellt worden war (BGH LM § 823 [I] BGB Nr 43).

F 44 Hinsichtlich der weiteren Einzelheiten wird auf die die bisherige Kommentierung von § 823 Abs 1 verwiesen (s Staudinger/J Hager [1999] § 823 Rn I 54 ff), auf die künftig wohl auch für das Vertragsrecht zurückgegriffen werden wird (so auch die Einschätzung von MünchKomm/Ernst Rn 157).

F 45 Darüber hinaus nahm die Rechtsprechung eine **Umkehr der Beweislast** außerhalb des Kernbereichs ärztlicher Tätigkeit unter Anwendung einer Sphärenbetrachtung an, wenn der Arzt oder sein Hilfspersonal **voll beherrschbare Nebenpflichten** objektiv verletzt haben, insbes die Schädigung eines Patienten durch ein fehlerhaftes medizinisches Gerät nachgewiesen ist (BGH JZ 1978, 275 mit zust Anm Deutsch für den Fall einer Schädigung durch ein defektes Narkosegerät, BGH NJW 1995, 1618; OLG Köln VersR 2000, 974, 975), sich die Schädigung beim Transport des Patienten ereignet hat (BGH NJW 1991, 1540) oder der Patient nicht ordnungsgemäß auf dem Operationstisch gelagert wurde (BGH NJW 1984, 1403 f).

F 46 Für die vertragliche Berufshaftung des Arztes ist **nun** von **§ 280 als Ausgangsnorm** auszugehen. Als Pflichtverletzungen kommen primär Behandlungsfehler in Betracht. Dafür trägt der Patient die Darlegungs- und Beweislast. Anhaltspunkte liefern **allgemein anerkannte medizinische Standards** (so Spickhoff NJW 2002, 2530, 2532 f; in diesem Sinn auch Deutsch JZ 2002, 588, 590, der die Pflichtverletzung im Dienstleistungsbereich in Abweichung vom Verhaltenstandard der betroffenen Berufsgruppe sieht, sowie MünchKomm/Ernst Rn 158). Die Anknüpfung an den **ausbleibenden Behandlungserfolg** selbst ist hingegen nur gerechtfertigt, wenn die fehlerhafte Behandlung und die Verletzung medizinischer Standards offensichtlich zu Tage tritt, zB wenn statt des Blinddarms eine Niere oder statt des linken der rechte Lungenflügel entfernt wird (ebenso MünchKomm/Ernst Rn 158).

F 47 Bei einer generellen erfolgsbezogenen Sichtweise müßte anderenfalls bei Ausbleiben des Heilungserfolgs wie in sonstigen Fällen, in denen die vertraglich geschuldete Leistung nicht oder schlecht erbracht wird, immer eine Pflichtverletzung des Arztes angenommen werden. Wegen der in § 280 Abs 1 S 2 aufgestellten Verschuldensvermutung hätte dies zur Folge, daß sich der Arzt bei entsprechender Anspruchstellung des Patienten für jeden ausbleibenden Heilungserfolg entlasten müßte. Unter Berufung auf den Abschlußbericht der Schuldrechts-Kommission (130), wonach die mit § 280 Abs 1 S 2 übereinstimmende Regelung in § 280 Abs 1 S 2 KE „keine Absage an die bisher geübte Praxis" zur Verteilung der Darlegungs- und Beweislast insbes der Arzthaftung sein soll, besteht daher darüber Einigkeit, daß der Gesetzgeber eine

solche Ausdehnung der vertraglichen Arzthaftung nicht beabsichtigt hat (Münch-
Komm/Ernst § 280 Rn 158; in diesem Sinn auch Deutsch JZ 2002, 588, 590 f; ähnlich Katzenmeier
VersR 2002, 1066, 1068; Spickhoff NJW 2002, 2530, 2532). Vor diesem Hintergrund wird
vorgeschlagen, den Tatbestand der **Pflichtverletzung im Arzthaftungsrecht im Regelfall verhaltens- und nicht erfolgsbezogen zu bestimmen**. Erst hieran könne dann auch
der notwendige Entlastungsbeweis des Schuldners hinsichtlich seiner Verantwortlichkeit iS des § 276 anknüpfen. Eine erfolgsbezogene Sichtweise solle nur bei solchen
Fallgestaltungen wie den in Rn F 46 genannten Fällen, insbes im voll beherrschbaren
technisch apparativen Bereich, in Betracht kommen, in denen der BGH bereits bislang
eine Umkehr der Beweislast angenommen hat. Bei den übrigen Behandlungsfehlern
wie der Nichtbehandlung trotz festgestellter Diagnose, sonstigen Operationsfehlern,
der Operation zur Unzeit, der nachlässigen Herbeiführung einer Infektion, der Über-
maßbehandlung oder bei sonstigen Informationsmängeln sei hingegen eine verhaltensbezogene, weniger aber eine erfolgsbezogene Beschreibung der Pflichtverletzung
geboten (Spickhoff NJW 2002, 2530, 2533 m weiteren Beispielen; ähnlich Katzenmeier VersR
2002, 1066, 1068 f, der betont, daß der Behandlungsfehler des Arztes und dessen Ursächlichkeit für
den Schaden vom Patienten im Einzelfall darzulegen und zu beweisen seien und sich nicht schon aus
dem ausbleibenden Heilungserfolg oder Behandlungszwischenfall ergäben).

Diese Sichtweise entspricht auch der allgemeinen Methode für die Darlegung der
Verletzung von Schutz- und Rücksichtnahmepflichten iS von § 241 Abs 2, die im
Einzelfall dem zugrunde liegenden Schuldverhältnis zu entnehmen sind (vgl
Rn F 26 u C 22, D 15 f). Sie trägt zudem dem Umstand Rechnung, daß sich die Pflichtverletzung bei Behandlungsfehlern nicht ohne weiteres in dem Ausbleiben des Leistungserfolges widerspiegelt. In diesen Konstellationen liegt die maßgebliche Pflichtverletzung weniger in der Feststellung einer Schlechtleistung als vielmehr in dem
Eingriff der Rechte und Rechtsgüter des Patienten und damit in der Verletzung von
Schutz- und Rücksichtnahmepflichten. Diese Lösung übernimmt somit die Systematik des Gesetzes für bestimmte Arten von Pflichtverletzungen, die sich nicht schon
äußerlich in einer bestimmten Leistungsstörung niederschlagen, sondern positiv festgestellt werden müssen. Auf diese Weise können zudem die bisherigen Grundsätze
der Darlegungs- und Beweislast im vertraglichen Arzthaftungsrecht beibehalten
werden.

Die Aufzählung zeigt jedoch auch, daß der **Nachweis des objektiven Behandlungsfehlers** für den Patienten bis auf die offensichtlichen Fälle mit erheblichen Anforderungen verbunden ist, wenn die Pflichtverletzung in der Wahl der falschen bzw dem
Unterlassen der angemessenen Behandlungsmethode liegt (so ebenfalls die Einschätzung
von Spickhoff NJW 2002, 2530, 2533; grds zust MünchKomm/Ernst Rn 158). Vor diesem Hintergrund muß der Nachweis der objektiven Abweichung von medizinischen Standards ausreichend sein. Daß deren Anwendung wegen der individuellen Konstitution
des Patienten im Einzelfall nicht angebracht war, ist indessen im Rahmen des Entlastungsbeweises durch den Arzt zu beweisen (Rn F 50).

Der Patient trägt als Gläubiger des Anspruchs weiterhin die Beweislast für die **F 48**
Kausalität der Pflichtverletzung für den eingetretenen Schaden. Wie nach alter
Rechtslage kommt es aber zu einer Beweislastumkehr, wenn dem Arzt im Rahmen
der Pflichtverletzung **grobe Behandlungsfehler** (vgl Rn F 43) vorzuwerfen sind (ebenso
MünchKomm/Ernst Rn 159).

F 49 Schwierigkeiten treten nach neuem Recht hinsichtlich der **Aufklärungs- bzw Beratungspflicht** des Arztes und der damit zusammenhängenden **Einwilligung** des Patienten auf. Im Rahmen der deliktischen Haftung gem § 823 trägt der Arzt dafür die Darlegungs- und Beweislast, weil es sich insoweit um einen Rechtfertigungsgrund handelt, der zum Ausschluß der Rechtswidrigkeit des an sich den Tatbestand des § 823 erfüllenden ärztlichen Eingriffs führt (vgl STAUDINGER/J HAGER [1999] § 823 Rn I 76 ff, 126 ff mwNw sowie SPICKHOFF NJW 2002, 2530, 2534). Sieht man Aufklärung und Beratung vor der Behandlung als vertragliche Nebenpflicht an (so MünchKomm/ERNST Rn 160, der jedoch ohne nähere Begr davon ausgeht, daß die Darlegungs- und Beweislast dem Arzt obliegt; so auch M SCHULTZ, in: Westermann, Das Schuldrecht 2002, 44 f), so würde dafür an sich der Patient die Darlegungs- und Beweislast tragen. Vor dem Hintergrund des Selbstbestimmungsrechts des Patienten über die eigene körperliche Integrität und unter Berufung auf den europäischen Standard wird allerdings die Ansicht vertreten, daß für die ausreichende Aufklärung und die Einwilligung der Arzt auch im Bereich der vertraglichen Haftung die Darlegungs- und Beweislast trägt (SPICKHOFF NJW 2002, 2530, 2534 f). Eine Umkehr der Beweislast kann in der Tat für diesen Bereich nicht auf systematische, sondern allein auf wertungsmäßige Erwägungen gestützt werden.

F 50 Die Anforderungen an den **Entlastungsbeweis** korrespondieren wiederum mit der Pflichtverletzung. Da der Patient mit dem Nachweis der Pflichtverletzung wie auch sonst bei der Verletzung einer Schutz- und Rücksichtnahmepflicht (vgl Rn F 34) regelmäßig die „äußere" Sorgfaltswidrigkeit in Form des Behandlungsfehlers nachweisen muß, bleibt für den Entlastungsbeweis des Arztes grundsätzlich die Einhaltung der inneren Sorgfalt als darlegungs- und beweispflichtiger Umstand (ebenso DEUTSCH JZ 2002, 588, 591 f; krit SPICKHOFF NJW 2002, 2530, 2535 ff). Für die Arzthaftung ist dabei allerdings in besonderer Weise dem Umstand Rechnung zu tragen, daß dem Arzt für Diagnose und Therapie ein ausreichender Beurteilungs- und Entscheidungsspielraum verbleiben muß. Als Argument für den Entlastungsbeweis bzw die Einhaltung der inneren Sorgfalt kommt daher ebenfalls der entschuldigte bzw unvermeidbare Irrtum in Betracht (so DEUTSCH JZ 2002, 588, 591; vgl auch Rn F 34). So kann zB ein Diagnoseirrtum grundsätzlich einen Entlastungsbeweis iS von § 280 Abs 1 S 2 für einen Behandlungsfehler rechtfertigen. Voraussetzung ist aber, daß der Arzt bei der Diagnose den zum Behandlungszeitpunkt üblichen medizinischen Standard bei der Untersuchung eingehalten hat. Dies hat er wiederum darzulegen und zu beweisen (SPICKHOFF NJW 2002, 2530, 2536 f).

F 51 Neben dem Anspruch auf Schmerzensgeld auf vertraglicher Haftungsgrundlage (vgl Rn F 41) wird wohl die Neuregelung der Beweislast durch § 280 Abs 1 S 2 dazu beitragen, daß die vertragliche Arzthaftung künftig insgesamt an Bedeutung gewinnen wird. Gleiches gilt für den Umstand, daß bei diesen Ansprüchen § 278 anwendbar ist und daher das Verhalten angestellter Ärzte den Krankenhausträgern ohne die Exkulpationsmöglichkeit in § 831 zugerechnet wird (so auch die Einschätzung von DEUTSCH JZ 2002, 588, 592 sowie SPICKHOFF NJW 2002, 2530, 2532). Zur übertragbaren Beweislast bei der deliktischen Arzthaftung wird im übrigen auf BAUMGÄRTEL/BAUMGÄRTEL[2] § 823 Anh C II; D GIESEN Rn 353 ff; KAUFMANN 29 ff; LAUFS/UHLENBRUCK, Handbuch des Arztrechts[3] (2002) §§ 107 bis 111; G MÜLLER NJW 1997, 3049 ff; R WEBER NJW 1997, 761 ff verwiesen; s auch STAUDINGER/J HAGER (1999) § 823 Rn I 45 ff.

F 52 Bankvertrag: Eine Bank muß beweisen, daß sie alle notwendigen Vorkehrungen getroffen hat, um ihre Kunden rechtzeitig über den jeweils neuesten Stand der Gesetzgebung zu unterrichten (BGH LM § 675 BGB Nr 31 = NJW 1964, 2058 zur Verletzung einer Beratungspflicht über steuerbegünstigte Sparmöglichkeiten). Hat der Bankkunde eine fehlerhafte Information durch die Bank und damit deren objektive Pflichtverletzung (vgl dazu auch Rn C 39 ff) bewiesen, muß diese wie bisher, nunmehr aber auf der Grundlage von § 280 Abs 1 S 2, beweisen, daß sie an der Verletzung der Informationspflicht kein Verschulden trifft (so bereits zur alten Rechtslage WITTMANN, in: FS Baumgärtel 637 ff). Verletzt eine Bank Informations- oder Beratungspflichten gegenüber einem Kunden, trifft sie aus den in Rn F 32 genannten Gründen auch die Beweislast dafür, daß die Pflichtverletzung nicht *kausal* für den beim Kunden eingetretenen Schaden war, weil sich dieser über die Warnung hinweggesetzt hätte (mwNw jeweils zur bisherigen Rechtslage BGH NJW 2002, 2703, 2704 = JZ 2003, 97, 99; OLG Saarbrücken NJW 1989, 2758; ROTH ZHR 147 [1990] 513, 527 ff).

Beherbergungs- und Gastaufnahmevertrag: Der Beherbergungs- und Gastaufnahme- **F 53** vertrag verpflichten den Gastwirt, für den *gefahrlosen Zustand* der überlassenen *Einrichtungen und Räume* zu sorgen. Entsprechen Räume und Einrichtungen nicht diesen Anforderungen, so ist darin eine Pflichtverletzung zu sehen, für die sich der Wirt entlasten muß (so zur bisherigen Rechtslage RGZ 160, 153, 155; 169, 84, 97). Zur Beweislast im Falle der Haftung für Schäden, die ein Kind in einer *Kinderaufbewahrung* in einem Kaufhaus erleidet, siehe OLG Koblenz NJW 1965, 2347.

Beförderungsvertrag: Beim Beförderungsvertrag muß man regelmäßig davon ausge- **F 54** hen, daß der Transporteur auch die Pflicht übernimmt, den *Fahrgast* oder die *beförderten Güter unversehrt* ans Ziel zu bringen, da er den gesamten Geschehensablauf des Transports beherrscht (BAUMGÄRTEL/BAUMGÄRTEL[2] Anh § 282 aF Rn 82 ff; HANS STOLL, in: FS vHippel 517, 542 ff). Dementsprechend nahm die Rspr bisher in solchen Fällen eine objektive *Pflichtverletzung* an, wenn die beförderte Person verletzt oder das beförderte Gut beschädigt oder zerstört worden war (BGHZ 8, 239 für die Personenbeförderung; einschränkend BGH VersR 1962, 325, welcher bei dem Sturz eines Kindes aus einem fahrenden Zug den Beweis verlangt, daß die Tür nicht ordnungsgemäß verschlossen war; hiergegen HANS STOLL, in: FS vHippel 544 Fn 107). Gleiches gilt für die vertragliche Benutzung eines Personenlifts (HANS STOLL, in: FS vHippel 517, 545) und eines Skilifts (BAUMGÄRTEL/BAUMGÄRTEL[2] Anh § 282 aF Rn 89, § 823 Anh C I Rn 24). Bei einem *Schiffsschleppvertrag* legte der BGH dem Schleppunternehmer die Beweislast erst auf, nachdem der Besteller bewiesen hatte, daß die Schadensursache weder in seinem Verantwortungsbereich noch in dem eines Dritten lag. Er begründete dies damit, daß der Erfolg des Schleppmanövers auch von dem geschleppten Schiff abhinge (BGHZ 27, 236, 238 f; krit hierzu HANS STOLL, in: FS vHippel 517, 548). Hat der Empfänger bei der Beförderung von Gütern *Empfangseinrichtungen* zur Verfügung zu stellen, so ist er vertraglich verpflichtet, Gefahren für den Beförderer während des Entladevorganges vorzubeugen. Tritt während dessen ein Umfall ein, so steht damit gleichzeitig die Pflichtverletzung fest, für die sich Empfänger als Schuldner der Schutz- und Rücksichtnahmepflicht entlasten muß (zu bisherigen Rechtslage BGH VersR 1968, 350 für einen Unfall beim Abfüllen eines Tankschiffs).

Kaufvertrag: Verlangt der Käufer für Schäden an anderen Rechtsgütern (zu den sog **F 55** Mangelfolgeschäden Rn E 26 ff) und damit für die Verletzung seines **Erhaltungsinteresses** Ersatz und sind diese Schäden infolge der **Lieferung einer mangelhaften Sache** entstanden, dann bildet allein § 280 Abs 1 die Anspruchsgrundlage für diesen **einfachen**

Schadensersatz (vgl Rn E 27 ff). In diesen Fällen wird mit der mangelhaften Lieferung gleichzeitig eine **Schutzpflichtverletzung** iS von § 241 Abs 2 verwirklicht, weil gegen das Verbot verstoßen wird, mangelhafte Sachen zu liefern, die in den Schutzbereich des Erhaltungsinteresses fallende Rechte, Rechtsgüter und Interessen gefährden (vgl dazu Rn C 20, E 39 f). Insofern ist jedoch regelmäßig ausreichend, daß der Käufer den Mangel der Kaufsache bei Lieferung nachweist, wobei ihm beim Verbrauchsgüterkauf die Vorschrift zur Beweislastumkehr nach *§ 476* zugute kommt. Damit steht regelmäßig zugleich die davon systematisch zu unterscheidende Schutzpflichtverletzung fest. Darüber hinaus liegt die Beweislast für die Ursächlichkeit des Sachmangels für den vom Käufer geltend gemachten Schaden entsprechend den in Rn F 31 dargestellten Grundsätzen beim Käufer als Gläubiger (ebenso BGH VersR 1958, 216; HANS STOLL, in: FS vHippel 517, 538 zur Haftung aus pVV). Der **Entlastungsbeweis** des Schuldners korrespondiert hingegen mit der Verantwortlichkeit und daher mit dem Bezugspunkt des Vertretenmüssens (vgl Rn D 14). Bezogen auf die mit der mangelhaften Lieferung gleichzeitig verwirklichte Schutzpflichtverletzung bedeutet dies für die Anforderungen an die Darlegungs- und Beweislast des Schuldners: Er muß nachweisen, daß er den Verstoß gegen das an sich bestehende Verbot, mit Gefahren verbundene mangelhafte Sachen zu liefern und damit die Umstände, die zur Lieferung der mangelhaften Sache geführt haben, nicht zu vertreten hat. Denkbar ist etwa der Nachweis, daß er den Mangel trotz Endkontrolle vor Auslieferung nicht erkennen konnte (zu den Sorgfaltspflichten des Verkäufers wird auf die Kommentierung zum Kaufrecht in STAUDINGER/MATUSCHE-BECKMANN [2004] § 434 verwiesen). Trotz der dogmatischen Trennung von Schlechterfüllung und Schutzpflichtverletzung kommt man für die Anforderungen an die Beweislast des Schuldners bzw Gläubigers im Ausgangspunkt zu denselben Ergebnissen wie die Auffassung, die allein auf die *Schlechtleistung* abstellt (vgl Rn C 20). Auch nach dieser Sichtweise muß der Gläubiger den Sachmangel beweisen, wenn er die Leistung angenommen hat. Gelingt ihm dies, so hat sich der Schuldner für die Schlechtleistung und damit die Lieferung der mangelhaften Sache oder die Verletzung einer leistungsbezogenen Nebenpflicht (zum Begriff Rn C 17) in der Weise zu entlasten, daß ihn an diesem Sachmangel kein Verschulden trifft (so grundsätzlich MünchKomm/ERNST Rn 75 und für die Pflichtverletzung im Rahmen der pVV BGH LM § 433 BGB Nr 36). Handelt es sich allerdings um einen entfernteren Mangelfolgeschaden ist es uU Sache des Gläubigers zu beweisen, daß der Schaden überhaupt noch in den Bereich der Schutzpflicht fällt.

F 56 Von der Schädigung durch eine mangelhafte Sache ist der Fall zu unterscheiden, in dem der Käufer einen Schadensersatzanspruch geltend macht, weil der Verkäufer eine notwendige **Aufklärung** oder **Warnung**, etwa über die Gefährlichkeit des verkauften Gegenstandes, nicht gegeben hat. In diesem Fall liegt die maßgebliche Pflichtverletzung eindeutig allein in der Verletzung einer Schutzpflicht gem § 241 Abs 2, nämlich in der Unterlassung der gebotenen Auskunft oder Warnung, die den Käufer vor Schäden bewahren soll, die bei Verwendung der Kaufsache drohen. Der Hauptvorwurf gründet sich dagegen nicht auf die Mangelhaftigkeit (ebenso MünchKomm/ERNST Rn 54). Man denke etwa an die wichtige Information, daß der Kaufgegenstand bei Vorliegen bestimmter sichtbarer Mängel wegen der drohenden Gefahren auf keinen Fall in Betrieb genommen werden darf. Es kann sich dabei aber auch um Gefahren handeln, die von einer mangelfreien Sache ausgehen. In diesen Konstellationen ist es grundsätzlich Sache des Käufers, die Verletzung der Auskunfts- bzw Warnpflicht zu beweisen, da darin die Pflichtverletzung des Verkäufers liegt (ebenso für diese Konstellation MünchKomm/Ernst Rn 79 sowie bereits zur alten Rechtslage wegen Nichterteilung einer Auskunft bzw Warnung BGHZ 64, 46, 49 = NJW 1975, 824). Erst wenn die Pflichtverletzung des Verkäufers feststeht, muß sich dieser hinsichtlich des Verschuldens gem § 280 Abs 1 S 2 entlasten. Insofern kann auf die zur Produzentenhaftung des Deliktsrechts entwickelten Grundsätze zurück gegriffen werden (vgl Staudinger/ J Hager [1999] § 823 Rn F 38 ff, F 43 ff). Der Nachweis fehlender Ursächlichkeit zwischen unterlassener Aufklärung und eingetretenem Schaden muß aus den in Rn F 31 genannten Gründen in solchen Fällen ebenfalls dem Verkäufer obliegen (so bisher BGHZ 64, 46; NJW 1998, 302, 305).

Mietvertrag: Verlangt der **Mieter** vom Vermieter Schadensersatz auf der Grundlage **F 57** von § 536a oder §§ 280 ff (zum Anwendungsbereich vgl Vorbem 36 f zu §§ 280–285), so obliegt ihm die Darlegungs- und Beweislast für die Pflichtverletzung, den Schaden und insbes die Kausalität zwischen Pflichtverletzung und Schaden (zur alten Rechtslage BGH LM § 535 aF BGB Nr 65 = NJW 1978, 2197). Die Pflichtverletzung steht fest, wenn dem Mieter der Nachweis gelingt, daß von der Mietsache eine schädigende Einwirkung ausgegangen ist. Denn es ist Sache des Vermieters, dem Mieter die Mietsache so zu überlassen und zu erhalten, daß dieser keine Schäden erleidet. In diesem Fall hat sich der Vermieter gem § 280 Abs 1 S 2 zu entlasten (zur übertragbaren bisherigen Rechtslage BGH NJW 1964, 33; VersR 1976, 1085). Macht der **Vermieter** einen Schadensersatzanspruch geltend, so hat sich umgekehrt der Mieter zu entlasten, wenn die ordnungsgemäß übergebene Sache zerstört oder beschädigt wird, während er sie in Gebrauch hat. Denn er schuldet gem § 546 Abs 1 die Rückgabe der Sache in ordnungsmäßigem Zustand (BGH VersR 1976, 1084 ff; BGHZ 66, 349; OLG Stuttgart NJW-RR 1987, 143, 144 jeweils zu § 556 aF). Hinsichtlich des dann vom Vermieter zu führenden Kausalitätsbeweises kann mit dem **Anscheinsbeweis** geholfen werden (s BGH NJW 1994, 1880 zur Ölkontamination des vermieteten Grundstücks, der im konkreten Fall einen typischen Geschehensablauf aber deswegen verneint, weil nicht nur der Mieter, sondern auch die Vorbesitzer das Grundstück als Tanklager genutzt hatten). Der **Entlastungsbeweis** obliegt dem **Mieter** aber nur, wenn feststeht, daß andere Umstände als der Mietgebrauch für den Schaden nicht in Betracht kommen. Hat sich dagegen kein „im Gebrauch" der Mietsache liegendes Risiko verwirklicht und ist streitig, ob die vermieteten Räume infolge des Mietgebrauchs beschädigt worden sind, trägt der Vermieter die Beweislast dafür, daß die Schadensursache dem Obhutsbereich des Mieters entstammt; eine in seinen Verantwortungsbereich fallende Schadensursache muß der Vermieter ausräumen (BGH NJW 1994, 2019, 2020 zu einem Brand in einem gemieteten Baumarkt; s auch OLG Karlsruhe NJW 1985, 141; OLG München NJW-RR 1989, 1499). Die Verletzung der Pflicht des Vermieters zur Information über eine in einem Tierstall bestehende Ansteckungsgefahr muß der Mieter nachweisen (BGH NJW-RR 1990, 1422).

Rechtsanwaltsvertrag: Beim Vertrag mit einem Rechtsanwalt über die Beratung in **F 58** Rechtsfragen kann allein der Umstand, daß der Mandant gerichtlich oder außergerichtlich unterliegt, noch nicht die Pflichtverletzung ausmachen. Wie im Bereich der Arzthaftung (Rn F 41 ff) richtet sich die Beurteilung der Pflichtverletzung danach, ob fachliche Standards bei der Beratung eingehalten worden sind (in diesem Sinn auch Deutsch JZ 2002, 588, 590). Wird Schadensersatz wegen eines Beratungsfehlers geltend gemacht, so trägt der Mandant die Beweislast für die Pflichtverletzung, den Schaden sowie die Kausalität zwischen beiden. Die Beweisführung wird dem Mandanten allerdings dadurch erleichtert, daß der Rechtsanwalt wie andere Dienstverpflichtete (zB Steuerberater), zunächst ie darzulegen hat, in welcher Weise er seine Aufklärungs- und Beratungspflichten erfüllt hat (jeweils zu Steuerberatern u Wirtschaftsprüfern BGH NJW 1982, 1516, 1517; NJW 1986, 2570; NJW 1995, 2842, 2843, wo diese Pflicht explizit für Rechtsanwälte genannt wird; ebenso NJW 1996, 2571; zust MünchKomm/ERNST Rn 152; PALANDT/ HEINRICHS Rn 35). Hat der Anwalt seine Beratungs- und Aufklärungspflichten verletzt, gilt zugunsten des Mandanten aufgrund des **Anscheinsbeweises** die Vermutung, er hätte sich beratungsgemäß verhalten, sofern im Hinblick auf die Interessenlage oder andere objektive Umstände bei sachgerechter Aufklärung aus der Sicht eines vernünftigen Menschen eindeutig eine bestimmte Reaktion nahegelegen hätte; dieser Beweis kann durch die konkrete Möglichkeit eines anderen Kausalverlaufs im Einzelfall erschüttert werden (BGHZ 123, 311, 314 ff = NJW 1993, 3259 f; NJW 1998, 749, 750; OLG Düsseldorf NJW-RR 2003, 1071, 1072 f; diff VOLLKOMMER, in: FS Baumgärtel 585 ff: Beweislast beim Rechtsanwalt nur in „Ratschlagsfällen", nicht dort, wo der Mandant aufgrund der bloßen Information selbst entscheiden soll). Eine **Umkehr der Beweislast** hinsichtlich des Kausalverlaufs findet dagegen bei Verletzung der Aufklärungspflicht **nicht** statt (BGH aaO). Dies gilt auch, wenn der Anwalt untätig geblieben ist (BGHZ 126, 217, 221 ff = NJW 1994, 3295, 3298). Selbst bei **grober Pflichtverletzung** des Anwalts kommt es **nicht** zur Umkehr der Beweislast (BGH aaO; **aA** PALANDT/HEINRICHS Rn 38). Auch hier kommen nur Beweiserleichterungen mit Hilfe des Anscheinsbeweises in Betracht (BGH aaO). Der Mandant ist beweisbelastet, wenn es um die Folgen einer nicht eindeutigen Vertragsformulierung durch einen Anwalt geht (BGH NJW 1988, 200, 203; krit hierzu HEINEMANN NJW 1990, 2345, 2351).

F 59 Steht die Pflichtverletzung in Form des Beratungs- und Aufklärungsfehlers fest, so wird das Verschulden des Rechtsanwalts vermutet (**aA** MünchKomm/ERNST Rn 152, wonach der Mandant das Verschulden nachzuweisen habe). Ihm obliegt es dann, sich gem **§ 280 Abs 1 S 2 zu entlasten** und nachzuweisen, daß er die **erforderliche innere Sorgfalt** eingehalten hat (dazu bereits Rn F 32). Auch in diesem Bereich kommt dafür nur der entschuldigte Irrtum bei unklarer und höchst umstrittener Rechtslage in Betracht. Der Anwalt müßte dann nachweisen, daß er den Mandanten umfassend über die zum Zeitpunkt des Beratungsgesprächs zu der bestimmten Rechtsfrage vertretenen Rechtsansichten einschließlich der eventuell bestehenden höchstrichterlichen Rspr beraten und die daraus resultierenden Alternativen für das weitere Vorgehen aufgezeigt hat.

F 60 **Werkvertrag:** Weist ein vom Unternehmer geliefertes Werk einen *Mangel* auf, aus dem dem Besteller ein Schaden erwächst, so steht damit unter Berücksichtigung von § 633 Abs 1 die Pflichtverletzung fest (vgl Rn C 16). Der Unternehmer hat dann unter Berücksichtigung von § 280 Abs 1 S 2 zu beweisen, daß ihn bei der Erstellung des Werkes mit diesen schädlichen Eigenschaften kein Verschulden trifft (so bereits RGZ 148, 148, 150; RGZ 150, 134, 139; BGHZ 23, 288; 27, 238; zur Kausalität bei Prüfungs- bzw Hinweispflichten STAUDINGER/PETERS [2003] § 634 Rn 111). Korrespondierend mit der Verantwortlichkeit für den Mangel (dazu STAUDINGER/PETERS [2003] § 634 Rn 112 ff) hat der Unternehmer nachzuweisen, daß er bei der Herstellung des Werkes den zu diesem Zeitpunkt allgemein üblichen Leistungsstandard bzw Stand der Technik eingehalten hat. Individuelle Schwächen wie mangelhafte Ausbildung oder zu geringe Erfahrung sind hingegen nicht zur Entlastung geeignet (in diesem Sinn auch STAUDINGER/PETERS [2003] § 634 Rn 113).

V. Beweislastverteilung beim Verzögerungsschaden nach §§ 280 Abs 1 u 2, 286

Die Beweislastregelung des § 280 Abs 1 S 2 bezieht sich nach überwiegender Auf- **F 61** fassung trotz der Regelung in § 286 Abs 4 auch auf den Verzögerungsschaden (zum Verhältnis der beiden Vorschriften bereits Rn D 12). Macht der Gläubiger also einen Schaden für solche Vermögensnachteile geltend, die infolge des Verzuges entstanden und durch die spätere Erfüllung nicht mehr auszugleichen sind (vgl Rn E 3), so hat der Gläubiger die Voraussetzungen des Verzugs darzulegen und zu beweisen (vgl STAUDINGER/LÖWISCH § 286 Rn 129). Gelingt ihm dies, so wird auf der Grundlage von § 280 Abs 1 S 2 die Verantwortlichkeit des Schuldners für den eingetretenen Verzögerungsschaden vermutet. Es ist dann Sache des Schuldners, seine Verantwortlichkeit für den Eintritt des Verzugs zu widerlegen und sich insoweit zu entlasten. Der Schuldner hat dann darzulegen und zu beweisen, daß die Leistungsverzögerung und damit auch der Verzögerungsschaden auf Umständen beruht, für die er nicht verantwortlich ist (vgl das Beispiel in Rn D 12 u iü STAUDINGER/LÖWISCH § 286 Rn 130 ff). Das Ausbleiben der Leistung selbst muß der Gläubiger hingegen nicht beweisen, weil dem Schuldner die Darlegungs- und Beweislast für die Erfüllung iS von § 362 obliegt (vgl STAUDINGER/LÖWISCH § 286 Rn 169).

G. Verjährung

I. Allgemeine Verjährungsregeln

Für die Schadensersatzansprüche auf der Grundlage von § 280 gilt grundsätzlich die **G 1** **Regelverjährungsfrist der §§ 195, 199** von drei Jahren.

Der **Beginn der Verjährungsfrist** mit dem Schluß des Jahres hängt gem § 199 Abs 1 von der Entstehung des Anspruchs sowie der Kenntnis bzw dem Kennenmüssen des Gläubigers von den anspruchsbegründenden Tatsachen und der Person des Schuldners ab.

Da es für den Verjährungsbeginn zunächst auf die **Anspruchsentstehung** ankommt, ist hinsichtlich der einzelnen Schadensersatzansprüche auf der Grundlage von § 280 jedoch wie folgt zu *differenzieren*:

Der **einfache Schadensersatzanspruch** gem § 280 Abs 1 entsteht regelmäßig mit dem *Eintritt des Schadens*. Dies gilt ebenfalls für Ansprüche aus culpa in contrahendo (§ 311 Abs 2 u 3; s dazu BAMBERGER/ROTH/GRÜNEBERG Rn 60 f). Treten infolge der Pflichtverletzung mehrere Teilschäden ein, so ist bereits der erste Schaden entscheidend (MünchKomm/ERNST Rn 42; PALANDT/HEINRICHS § 199 Rn 14). Das gilt im Grundsatz auch für **Schadensersatzansprüche statt der Leistung** gem § 280 Abs 1 u 3, 281 bis 283 (vgl dazu auch § 281 Rn G 1, § 282 Rn 72, § 283 Rn 94) wie auch für Verzögerungsschäden (vgl STAUDINGER/LÖWISCH § 286 Rn 197). Allerdings hängt die Entstehung des Schadensersatzanspruch statt der Leistung gem §§ 280 Abs 1 u 3, 281 grundsätzlich vom Ablauf der Nachfrist ab (vgl § 281 Rn B 146) und fällt nur bei Entbehrlichkeit der Fristsetzung gem § 281 Abs 2 (vgl § 281 Rn B 100 ff, C 29) mit der Schadensentstehung zusammen. Ähnliches gilt für den Verzögerungsschaden gem §§ **280 Abs 1 u 2, 286**. Die Anspruchsentstehung setzt grundsätzlich die verzugsbegründende Mahnung voraus, es sei denn, diese ist aus den § 286 Abs 2 genannten Gründen ausnahmsweise entbehrlich. Nur in der zuletzt genannten Konstellation kann der Eintritt eines Verzögerungsschadens mit der Fälligkeit des primären Anspruchs zeitlich zusammenfallen.

G 2 Diese Grundsätze zur Regelverjährung werden durch die von der Kenntnis des Gläubigers unabhängigen **Maximalfristen** in **§ 199 Abs 2 u 3** ergänzt, nach denen je nach von der Pflichtverletzung betroffenem Rechtsgut, Recht oder sonstigen Interessen wie folgt zu unterscheiden ist:

Hat der Schuldner das Leben, den Körper, die Gesundheit oder die Freiheit des Gläubigers verletzt, so verjähren die daraus resultierenden Schadensersatzansprüche ohne Rücksicht auf ihre Entstehung oder die Kenntnis des Gläubiger gem **§ 199 Abs 2** nach **30 Jahren** von der Begehung der Pflichtverletzung an. Für den Verjährungsbeginn ist also die Pflichtverletzung entscheidend und nicht die Anspruchsentstehung oder der Schadenseintritt (unklar MünchKomm/Ernst Rn 42, der den Eintritt der Pflichtverletzung wohl mit der Anspruchsentstehung bzw dem Schadenseintritt gleichsetzt, obwohl diese beiden Zeitpunkte nicht immer zusammenfallen wie zB beim Eintritt sogenannter Folge- bzw kontinuierlich anwachsender Schäden.).

Für Schäden an anderen als den in Abs 2 genannten Rechtsgütern gilt hingegen **§ 199 Abs 3**, der zwei Höchstfristen nebeneinander stellt. Ansprüche wegen solcher Schäden sollen unabhängig von der Kenntnis des Schuldners in **zehn Jahren nach ihrer Entstehung** oder in **30 Jahren von der Begehung der Pflichtverletzung** an verjähren. Nach § 199 Abs 3 S 2 ist die „früher endende Frist" maßgeblich. Im Regelfall dürfte die zehnjährige Verjährungsfrist eingreifen (so auch die Einschätzung von Wagner JZ 2002, 475, 476).

II. Besonderheiten bei der Verjährung der Schadensersatzansprüche im Kauf- und Werkvertragsrecht

G 3 Auf diese Besonderheiten wird hier näher eingegangen, weil die Verzahnung mit dem allgemeinen Leistungsstörungsrecht besonders ausgeprägt ist. Außerdem bestehen kürzere Verjährungsfristen zB im *Mietrecht* (§ 548), bei der *Pacht* (§ 581 Abs 2), bei der *Leihe* (§ 606) und beim *Reisevertrag* (§ 651g). Auch für die Schadensersatzansprüche gegen *Rechtsanwälte*, *Steuerberater* und *Wirtschaftsprüfer* bestehen kurze berufsrechtliche Verjährungsfristen (vgl Bamberger/Roth/Grüneberg Rn 59).

G 4 Wie bei der Erörterung der Pflichtverletzung (Rn C 24) sowie der Grundformen des Schadenersatzes bereits angedeutet (Rn E 15, 21, 24, 46), spielt die Verjährungsfrage für mängelbedingte Schadensersatzansprüche im Bereich des Kauf- und Werkvertragsrecht weiterhin eine besondere Rolle, weil die Verjährungsfrist in den §§ 438, 634a den Verkäufer bzw Werkunternehmer gegenüber der Regelungsverjährungsfrist in zweifacher Hinsicht privilegiert: Die speziellen Verjährungsfristen des Kauf- und Werkvertragsrechts sind zum einen kürzer und zum anderen beginnt die Frist unabhängig von der Kenntnis des Käufers mit der Übergabe der Sache bzw Abnahme des Werkes.

Wie sich aus der ausdrücklichen Bezugnahme auf § 437 Nr 3 in § 438 bzw auf § 634 Nr 4 in § 634a ergibt, soll diese Privilegierung dem Verkäufer auch dann zugute kommen, wenn der eingetretene Schaden auf einem Mangel der Kaufsache oder des Werkes beruht, gleich ob der Käufer bzw Besteller Schadensersatz statt der Leistung gem §§ 280 Abs 1 u 3, 281 bzw 283 (vgl Rn E 5 f) oder nur den Ersatz seines Erhaltungs- bzw Integritätsinteresses (vgl Rn E 11) als einfachen Schadensersatz gem § 280 Abs 1 geltend macht. Die kurze Verjährungsfrist soll nach den Vorstellungen des Gesetzgebers insbes für Mangel- und Mangelfolgeschäden gelten (vgl BT-Drucks 14/6040, 228 f sowie Rn C 20). Ausgangspunkt für die Anwendung der kurzen Verjährungsfrist der §§ 438, 636a ist also der geltend gemachte Schaden, nicht die Pflichtverletzung. Sie gilt zudem unabhängig davon, ob man die maßgebliche Pflichtverletzung bei Mangelfolgeschäden in der Schlechtleistung sieht, hinter der die gleichzeitig verwirklichte nichtleistungsbezogene Schutzpflichtverletzung iS von § 241 Abs 2 regelmäßig zurücktritt, oder ob man – wie hier vertreten – von einem Nebeneinander beider Pflichtverletzungsarten ausgeht (vgl zur Problematik der Pflichtverletzungen Rn C 20 und E 39 f). Es besteht daher weitgehend Einigkeit, daß bei Schäden, die mit einem Mangel im Zusammenhang stehen, in Übereinstimmung mit der bisherigen Rechtspraxis zu § 477 aF (vgl STAUDINGER/HONSELL [1995] § 477 Rn 22 ff) der Anwendungsbereich des § 438 bzw 634a eröffnet ist (vgl BAMBERGER/ROTH/FAUST § 438 Rn 9; MünchKomm/ERNST Rn 72; STAUDINGER/PETERS [2003] § 634a Rn 7; GSELL JZ 2002, 1089, 1091 f; HUBER, in: HUBER/FAUST Rn 14/17 ff [analoge Anwendung]; LORENZ/RIEHM, Schuldrecht Rn 555). Eine abweichende Auffassung vertreten hingegen CANARIS (in: Karlsruher Forum 2002, 5, 95, 98 ff; ders, Schuldrechtsmodernisierung 2002, XXVIII) sowie WAGNER (JZ 2002, 475, 479). Sie wollen den Anwendungsbereich von § 438 auf solche Schadensersatzansprüche begrenzen, die dem vertraglichen Äquivalenzverhältnis zuzurechnen sind, und solche wegen der Verletzung des Integritätsinteresses der Regelverjährung nach §§ 195, 199 unterwerfen (zust SPINDLER/KLÖHN VersR 2003, 273, 278). CANARIS will insbes im Wege der teleologischen Reduktion Mangelfolgeschäden von der Sonderverjährungsregel in § 438 mit der Begründung ausnehmen, daß die Verletzung eines Schutzgutes iS von § 823 Abs 1 nicht das Äquivalenzinteresse des Käufers berühre. Nach Ansicht von CANARIS sind aber auch Vermögensschäden nicht grundsätzlich der Regelverjährungsfrist unterworfen, weil auch das Vermögen zum Gegenstand der Schutzpflicht gehöre.

Es ist allerdings bedenklich, wenn die Anwendung der einschlägigen Verjährungsregel im Vertragsrecht davon abhängig sein soll, ob ein absolut geschütztes Recht oder Rechtsgut verletzt ist. Damit wird im Ergebnis die Systematik des Deliktsrechts auf das Vertragsrecht übertragen, ohne daß auf diese Weise alle Abgrenzungsprobleme gelöst sind. Zu Recht wurde darauf hingewiesen, daß die Abgrenzung zwischen Äquivalenz- und Integritätsinteresse ebenfalls nicht immer eindeutig und mit Schwierigkeiten verbunden sei (so überzeugend GSELL JZ 2002, 1089, 1090 f, die dies als Systembruch einordnet und die weiterhin offenen Abgrenzungsfragen mit Beispielen aufzeigt). Andernfalls würde man sich nicht nur über den Wortlaut des Gesetzes, sondern auch über den Willen des Gesetzgebers hinwegsetzen, der trotz der im Gesetzgebungsverfahren vorgetragenen Bedenken (vgl ZIMMERMANN/LEENEN/MANSEL/ERNST JZ 2001, 684, 699 f) die Rspr zur Anwendung des § 477 aF auf die pVV übertragen wollte. Im übrigen kann der Schuldner für solche Schäden Ersatz nach § 823 Abs 1 verlangen, weil sich § 438 jedenfalls nicht auf die konkurrierenden Deliktsansprüche bezieht und daher nicht die allgemeinen Verjährungsfristen verdrängt (CANARIS, in: Karlsruher Forum 2002, 10, 96; aA MANSEL/BUDZIKIEWICZ, Das neue Verjährungsrecht [2002] § 5 Rn 156 ff; überzeugend dagegen mit Hinweis auf die bewußte Entscheidung des Gesetzgebers gegen eine einheitliche Verjährungsfrist CANARIS aaO).

G 5 Keine Anwendung finden die kurzen Verjährungsfristen hingegen auf die Ansprüche nach §§ 280 Abs 1 u 3, 282 und § 280 Abs 1, wenn eine **Schutzpflichtverletzung iS von § 241 Abs 2 vorliegt, die nicht mit dem Mangel im Zusammenhang steht**. Entsteht etwa ein Schaden, weil der Schuldner seine Aufklärungspflichten über den Umgang mit der mangelfreien Sache bzw die von dieser ausgehenden Gefahren verletzt hat, so unterliegt diese Schutz- bzw Nebenleistungspflichtverletzung nicht der Verjährungsfrist des § 438 bzw bezogen auf den Werkvertrag der des § 634a. In dieser Situation wird der Schadensersatz nicht infolge eines Mangels, sondern wegen anderer Begleitumstände begründet. Schadensersatz statt der Leistung könnte der Gläubiger für solche Schäden nicht auf §§ 280 Abs 1 u 3, 281, sondern nur auf §§ 280 Abs 1 u 3, 282 stützen (vgl Rn C 18, § 282 Rn C 24). Unterscheidungsmerkmal ist die Art der Nebenpflichtverletzung. § 282 bezieht sich nur auf nichtleistungsbezogene Nebenpflichtverletzungen (zur Abgrenzung § 282 Rn 19 ff sowie § 281 Rn C 11 ff). Da sich der Anwendungsbereich der Verjährungsregeln ebenfalls auf diese Weise unterscheidet, wirkt sich die Abgrenzung der leistungsbezogenen von den nichtleistungsbezogenen Nebenpflichten überdies in diesem Bereich aus. Gsell macht daher zu Recht darauf aufmerksam, daß die in diesem Zusammenhang auftretenden Abgrenzungsfragen mit der uU schwierigen Unterscheidung der mangelhaften Leistung von der bloßen Verletzung von Nebenpflichten vergleichbar seien, die man bereits aus dem bisherigen Recht zur pVV kennt (JZ 2002, 1089, 1092 unter Bezugnahme auf BGHZ 107, 249, wo der Verkäufer, der die Lieferung von Benzin sowie die Befüllung einer Tankanlage schuldete, das Normalbenzin versehentlich in den für Superbenzin vorgesehenen Tank füllte und umgekehrt). Allein diese Schwierigkeiten rechtfertigen es allerdings nicht, bei einer mangelhaften Lieferung bzw der Erstellung eines mangelhaften Werkes für alle Schadensersatzansprüche infolge Schutz- bzw Nebenpflichtverletzungen einheitlich die kurzen Verjährungsfristen anzuwenden. Für den Schadensersatzanspruch statt der Leistung gem §§ 280 Abs 1 u 3, 282 ergibt sich dies bereits daraus, daß die §§ 437 Nr 4, 634 Nr 4 § 282 gerade nicht aufführen (vgl Rn C 24). Im übrigen besteht nach meiner Auffassung insbes auch für den einfachen **Schadensersatzanspruch nach § 280 Abs 1** kein Anlaß, dem Schuldner die Privilegierung durch die kürzeren Verjährungsfristen ebenso für nicht mangelbedingte Schäden zukommen zu lassen (iE Gsell JZ 2002, 1089, 1092; **aA** MünchKomm/Ernst § 282 Rn 12; vgl auch § 282 Rn 72).

G 6 Für **Verzögerungsschäden** ist im Hinblick auf die Verjährungsfrist zu differenzieren: Soweit es sich um solche Schäden handelt, die bereits **vor Übergabe bzw Ablieferung oder vor Abnahme** entstanden sind und im Zusammenhang mit einer mangelhaften Lieferung bzw mit dem mangelhaften Werk auftreten, kommen die kurzen Verjährungsfristen der §§ 438, 634a nicht zur Anwendung. Denn die mängelbedingte Schadensersatzansprüche iS der §§ 437 Nr 3, 634 Nr 4 können grundsätzlich erst nach Gefahrübergang iS der §§ 446 f bzw nach Abnahme (§ 640) entstehen. Vor diesem Zeitpunkt unterliegen die Verzögerungsschäden gem §§ 280 Abs 1 u 2, 286 der Regelverjährungsfrist der §§ 195, 199. Entstehen die Verzögerungsschäden hingegen erst **nach diesem Zeitpunkt**, so unterliegen sie ebenfalls der kurzen Verjährungsfrist der §§ 438, 634a, sofern sie mit dem Sachmangel im Zusammenhang stehen (zu den Auswirkungen vgl Rn E 15, 21, 24).

H. Abdingbarkeit

Abschließend ist noch darauf einzugehen, inwieweit die gesetzlichen Voraus- **H 1**
setzungen für die Schadensersatzhaftung des Schuldners abdingbar sind. An dieser
Stelle wird die Darstellung auf die grundlegenden Voraussetzungen des § 280 Abs 1
und die Schadensberechnung beschränkt. Für die Abdingbarkeit der besonderen
Voraussetzungen des Schadensersatzes statt der Leistung in den §§ 281 bis 283 sowie
des Verzögerungsschadens in § 286 wird auf die dortige Kommentierung verwiesen
(§ 281 Rn B 177 ff, C 39, F 14; § 282 Rn 73, § 283 Rn 96 f; STAUDINGER/LÖWISCH § 286 Rn 129,
168 f).

§ 280 gehört zu den **dispositiven Vorschriften**, so daß die darin genannten Voraus- **H 2**
setzungen der Schadensersatzhaftung grundsätzlich abdingbar sind. Geschieht dies
im Rahmen vorformulierter Vertragsbedingungen, so sind die Vorschriften über die
Allgemeinen Geschäftsbedingungen in den §§ 305 ff zu beachten. In diesem Zusammenhang ist besonders auf § 310 Abs 3 hinzuweisen. Die Vorschrift eröffnet den
Anwendungsbereich der §§ 305 ff regelmäßig für Verträge zwischen einem Unternehmer (§ 14) und einem Verbraucher (§ 13), weil sie zum einen in Abs 1 Nr 2 die
Vermutung aufstellt, daß die Allgemeinen Geschäftsbedingungen in solchen Vertragsbeziehung grundsätzlich vom Unternehmer gestellt werden, und zum anderen
gem Abs 2 Nr 2 bereits deren einmalige Verwendung ausreichen läßt (vgl dazu ie Erl zu
§ 310).

Aus § 276 Abs 1 ergibt sich, daß die **Verantwortlichkeit des Schuldners** für Pflicht- **H 3**
verletzungen iS von § 280 Abs 1 S 1 beschränkt oder erweitert werden kann (zu den
Modifikationen bereits Rn D 17 ff). Nach § 276 Abs 3 ist es aber nicht möglich, dem
Schuldner die Haftung für Vorsatz im voraus zu erlassen (dazu STAUDINGER/LÖWISCH
§ 276 Rn 119 ff). Zudem ist der Schuldner bei der Verwendung von Formularverträgen
durch § 309 Nr 7 Buchst a daran gehindert, seine Haftung für Körper- bzw Gesund-
heitsverletzungen oder den Todesfall infolge eigener fahrlässiger Pflichtverletzungen
oder vorsätzlicher bzw fahrlässiger Pflichtverletzungen eines gesetzlichen Vertreter
bzw eines Erfüllungsgehilfen auszuschließen oder zu begrenzen. Für alle andere
Schäden erklärt § 307 Nr 9 Buchst b den Ausschluß oder die Begrenzung der Haftung
auf eine grob fahrlässige Pflichtverletzung des Verwenders oder auf vorsätzliche oder
grob fahrlässige Pflichtverletzungen eines gesetzlichen Vertreters oder Erfüllungsgehilfen des Verwenders für unwirksam (vgl BGH NJW-RR 1989, 625, 626 zu einem völligen
Haftungsausschluß bei Leistungsverzug zu § 11 Nr 7 AGBG). Besondere Vorschriften zum
Haftungsausschluß finden sich zudem in den §§ 444, 639, wonach sich der Schuldner
im Rahmen eines Kauf- oder Werkvertrages auf eine Freizeichnung nicht berufen
kann, wenn er den Mangel arglistig verschwiegen oder eine Garantie für die Beschaffenheit der Sache oder des Werkes übernommen hat. Zur Problematik des zeitlichen
Geltungsbereichs von Freizeichnungsklauseln in Allgemeinen Geschäftsbedingungen, insbes zur Ausstrahlung auf das vorvertragliche Stadium vgl WIEDEMANN, in:
FS Ulmer (2003) 1279, 1283 ff.

Nach bisheriger Rechtslage wurden von der Rspr und dem überwiegenden Schrift- **H 4**
tum sowohl im nichtkaufmännischen wie im kaufmännischen Bereich die Freizeichnung von einfacher Fahrlässigkeit bei sog „**Kardinalpflichten**" gem § 9 AGBG für
ausgeschlossen erklärt (vgl BGHZ 89, 363, 367 f; 93, 29, 48; 103, 316, 321, 324; NJW 1985, 3016,

3018; NJW 1993, 335 mwNw; NJW 1994, 1060, 1063; STAUDINGER/COESTER [1998] § 9 AGBG Rn 209 f; MünchKomm/BASEDOW AGBG § 11 Rn 20, 29; PALANDT/HEINRICHS[61] § 11 AGBG Rn 38, 43; ULMER/BRANDNER/HENSEN, AGBG § 11 Nr 7 Rn 23 ff, 29 ff); hierzu zählten in jedem Fall die vertraglichen Hauptleistungspflichten (BGH NJW 1993, 335; NJW 1994, 1060, 1063). Nach der Einfügung der Regelungen über die Allgemeinen Geschäftsbedingungen entspricht § 307 BGB nF insoweit § 9 AGBG und geht durch die Einfügung des Transparenzgebots in § 307 Abs 1 S 2 sogar noch darüber hinaus. Aus diesem Grund sind derartige Freizeichnungen auch nach § 307 als unzulässig anzusehen (ebenso WIEDEMANN, in: FS Ulmer [2003] 1273, 1282; WOLF, in: Karlsruher Forum 2002, 5, 116). Jedoch wird man dem Verwender wie nach § 11 Nr 8 Buchst b AGBG für den Bereich der einfachen Fahrlässigkeit weiterhin gestatten müssen, Höchstsummen für den Schadensersatz oder den Ausschluß bestimmter Schäden zu vereinbaren, weil die besondere Bedeutung einzelner Vertragspflichten nicht zwingend eine unbegrenzte Haftung erfordert (in diesem Sinn BRUNS, Haftungsbeschränkungen und Mindesthaftung [2003] 244 u zur bisherigen Rechtslage ULMER/BRANDNER/HENSEN, AGBG § 11 Nr 8 Rn 10). Vergleiche allgemein zum Haftungsausschluß bzw zur Haftungsbeschränkung für die genannten Bereiche auch BRUNS, Haftungsbeschränkungen und Mindesthaftung 244 ff.

H 5 Die Beweislastverteilung durch § 280 Abs 1 S 2 kann nach § 309 Nr 12 (bisher § 11 Nr 15 AGBG) in *Allgemeinen Geschäftsbedingungen* nicht zum Nachteil des anderen Vertragteils verändert werden (MünchKomm/ERNST Rn 44; so bereits STAUDINGER/LÖWISCH [2001] § 282 aF Rn 7; s näher zur übertragbaren bisherigen Rechtslage STAUDINGER/COESTER-WALTJEN [1998] § 11 Nr 15 AGBG Rn 10).

H 6 Bei der Geltendmachung bzw Berechnung von Schadensersatzansprüchen ist weiterhin § 309 Nr 5 zu beachten, der § 11 Nr 5 AGBG entspricht. Die Vorschrift verbietet für den nichtunternehmerischen Verkehr Klauseln, mit denen der Verwender seinen etwaigen **Schadensersatzanspruch** in der Weise **pauschaliert**, daß die Pauschale typischerweise den Schaden übersteigt oder daß der Nachweis eines fehlenden oder geringeren Schadens ausgeschlossen ist. Erfaßt werden so zB auch Stornopauschalen von Reisebüros aus § 651i (BGH NJW-RR 1990, 114, 115 zu § 11 Nr 5 AGBG). Für den gewöhnlichen Lauf der Dinge ist auf den branchentypischen Durchschnittsschaden abzustellen (zu § 11 Nr 5 AGBG: BGH NJW 1982, 331, 332 f; NJW 1984, 2093, 2094; STAUDINGER/COESTER-WALTJEN [1998] § 11 Nr 5 AGBG Rn 14, Rn 27 [Einzelfälle]; ULMER/BRANDNER/HENSEN, AGBG[9] § 11 Nr 5 Rn 14 mwNw, Rn 29 [Einzelfälle]). Unzulässig sind ebenfalls Klauseln, die durch ihre Fassung für den Rechtsunkundigen den Gegenbeweis ausschließen (BGH NJW 1983, 1320, 1322 zu § 11 Nr 5 AGBG); zur zT fragwürdigen Abgrenzung der bisherigen Rspr STAUDINGER/COESTER-WALTJEN (1998) § 11 Nr 5 AGBG Rn 19 ff; ULMER/BRANDNER/HENSEN, AGBG § 11 Nr 5 Rn 18 ff. Gem § 310 S 2 iVm § 307 sind die Grundsätze der Nr 5 auch unter Unternehmern mitzuberücksichtigen (BGHZ 113, 55, 61 f zu § 24 S 2 iVm § 9 AGBG); in solchen Fällen kommt den Verbotsnormen Indizcharakter zu (BGHZ 90, 273, 278). Das überzeugt insofern, als bereits vor Inkrafttreten des AGBG zutreffend Bedenken gegen eine übermäßige Pauschalierung erhoben worden waren (vgl zB BGH Betrieb 1976, 381), insbes wegen der Verwischung der Grenzen zur Vertragsstrafe (so zB BÖTTICHER ZfA 1970, 3 ff, 35 ff). Sonderregelungen enthalten § 497 Abs 1 für Verbraucherkreditverträge und § 2 Abs 5 Nr 2 FernUSG für Verträge über die Teilnahme am Fernunterricht.

§ 281
Schadensersatz statt der Leistung wegen nicht oder nicht wie geschuldet erbrachter Leistung

(1) Soweit der Schuldner die fällige Leistung nicht oder nicht wie geschuldet erbringt, kann der Gläubiger unter den Voraussetzungen des § 280 Abs. 1 Schadensersatz statt der Leistung verlangen, wenn er dem Schuldner erfolglos eine angemessene Frist zur Leistung oder Nacherfüllung bestimmt hat. Hat der Schuldner eine Teilleistung bewirkt, so kann der Gläubiger Schadensersatz statt der ganzen Leistung nur verlangen, wenn er an der Teilleistung kein Interesse hat. Hat der Schuldner die Leistung nicht wie geschuldet bewirkt, so kann der Gläubiger Schadensersatz statt der ganzen Leistung nicht verlangen, wenn die Pflichtverletzung unerheblich ist.

(2) Die Fristsetzung ist entbehrlich, wenn der Schuldner die Leistung ernsthaft und endgültig verweigert oder wenn besondere Umstände vorliegen, die unter Abwägung der beiderseitigen Interessen die sofortige Geltendmachung des Schadensersatzanspruchs rechtfertigen.

(3) Kommt nach der Art der Pflichtverletzung eine Fristsetzung nicht in Betracht, so tritt an deren Stelle eine Abmahnung.

(4) Der Anspruch auf die Leistung ist ausgeschlossen, sobald der Gläubiger statt der Leistung Schadensersatz verlangt hat.

(5) Verlangt der Gläubiger Schadensersatz statt der ganzen Leistung, so ist der Schuldner zur Rückforderung des Geleisteten nach den §§ 346 bis 348 berechtigt.

Materialien: BGB § 283 aF: E I § 243; E II § 239 Abs 1 S 1 u 3, Abs 2; E III § 277; Mot II 53 ff; Prot I 321 ff; **BGB § 286 Abs 2 aF:** E I § 247; E II § 242; E III § 280; Mot II 61; Prot I 326; **BGB § 326 aF:** E I § 369 Abs 2; E II § 277; E III § 320; Mot II 209 ff; Prot I 642 ff; Jakobs/Schubert, SchR I zu § 283 aF 287 ff; zu § 286 aF 303 ff; zu § 326 aF 472 ff; BGB-KE § 283, Abschlußbericht 132 ff; DE* § 282; KF* § 281 (*abgedr in: Canaris, Schuldrechtsmodernisierung 2002, 11 iVm 162 ff; 358 f); RegE § 281 BT-Drucks 14/6040, 7 iVm 137 ff; Stellungnahme d BR BT-Drucks 14/6857, Anl 2 Nr 26–31; Gegenäußerung d BReg BT-Drucks 14/6857, Anl 3 Zu Nr 26–31; Beschlussempfehlung u Bericht d Rechtsausschusses BT-Drucks 14/7052, 13 f iVm 211.

Schrifttum

1. Vor der Schuldrechtsreform zu §§ 286 Abs 2, 326 aF

Basedow (Hrsg), Europäische Vertragsrechtsvereinheitlichung und deutsches Recht (2000)
Bendix, Der § 326 in der Rechtsprechung des Reichsgerichts, SeuffBl 77, 153, 177, 208
vBlume, Der Schadensersatzanspruch des Käufers wegen Lieferung einer mangelhaften Sache und seine Verjährung, JherJb 55, 209
Bork, Zur Dogmatik des § 17 KO, in: FS Zeuner (1994) 297
Braga, Der Schadensersatzanspruch nach § 326 und die Aufrechnung und Abtretung (§ 404 und § 406 BGB), MDR 1959, 437
Bruns, Das Wahlrecht des Insolvenzverwalters und vertragliche Lösungsrechte, ZZP 110 (1997) 305
Bülow, Bindung des Gläubigers an seine

Wahlausübung nach Schuldnerverzug oder Unmöglichkeit der Leistung, JZ 1979, 430

DERLEDER, Schadensersatzansprüche der Banken bei Nichtabnahme der Darlehensvaluta, JZ 1989, 165

DÖRNER, Dynamische Relativität (1985)

EBENROTH, Das Recht der Leistungsstörungen beim Leasing, JuS 1985, 425

ENDERLEIN, Die unterlassene Schönheitsreparatur bei fortbestehendem Mietverhältnis, AcP 192 (1992) 288

ERLER, Bedarf es im Falle des § 326 BGB zur Begründung des Wahlrechts zwischen Schadensersatz wegen Nichterfüllung und Rücktritt der Bestimmung einer Frist auch bei vorzeitiger Erfüllungsverweigerung des anderen Teils?, Recht 1901, 421

FÖRTSCH, Schadensersatz wegen Nichterfüllung bei Zahlungsverzug des Käufers vor Übergabe der Ware, DJZ 1902, 64

FRANKENBURGER, Erfüllungsverzug beim Kauf, JW 1925, 546

FRITZ, Die Erfüllungsverweigerung des Schuldners, AcP 134 (1931) 197

GERNHUBER, Die endgültige Erfüllungsverweigerung, in: FS Medicus (1999) 145

GSELL, EG-Verzugsrichtlinie und Reform der Reform des Verzugsrechts in Deutschland, ZIP 2000, 1861

HACHENBURG, Der Verzug bei Sukzessivlieferungen, LZ 1907, 9

HOHENSTEIN, § 326 BGB und der Abnahmeverzug des Käufers, Gruchot 48, 711

HUBER, Rücktritt vom Vertrag und Ersatz des Verzugsschadens, JZ 1984, 409

ders, Das neue Recht des Zahlungsverzugs und das Prinzip der Privatautonomie, JZ 2000, 743

ders, Das Gesetz zur Beschleunigung fälliger Zahlungen und die europäische Richtlinie zur Bekämpfung von Zahlungsverzug im Geschäftsverkehr, JZ 2000, 957

JAKOBS, Nichterfüllung und Rücktritt, in: FS Mann (1977) 35

KÖHLER, Forderungsabtretung und Ausübung von Gestaltungsrechten, JZ 1986, 516

KREFT, Die Wende in der Rechtsprechung zu § 17 KO, ZIP 1997, 865

KREIKENBOHM, Verzug des Unternehmers im Werkvertragsrecht, BauR 1993, 647

KRIECHBAUM, Pflichtverletzung und Rücktritt vom Vertrag, JZ 1993, 642

LESER, Die Erfüllungsverweigerung, in: FS Rheinstein (1969) II 643

ders, Der Rücktritt vom Vertrag (1975)

ders, Lösung vom Vertrag, Eine vergleichende Betrachtung, in: FS Ernst Wolf (1985) 373

LINDACHER, Definität und Revisibilität der Gläubigerentscheidungen nach § 326 BGB, JZ 1980, 48

MAGNUS, Probleme der Vertragsaufhebung nach dem UN-Kaufrecht (CISG) – OLG Düsseldorf, NJW-RR 1994, 506, JuS 1995, 870

MUSIELAK, Leistungsstörungen beim Sukzessivlieferungsvertrag – BGH, WM 1977, 220, JuS 1979, 96

ders, Die Erfüllungsablehnung des Konkursverwalters, AcP 179 (1979) 189

NICKLISCH, Mitwirkungspflichten des Bestellers beim Werkvertrag, insbesondere beim Bau- und Industrieanlagenvertrag, BB 1979, 533

NIEDERLÄNDER, Rückforderung der Kaufsache und Schadensersatz, in: FS Wahl (1973) 243

NIEDNER, Fristbestimmung bei Verweigerung der Erfüllung, DJZ 1901, 443

OETKER, Ablehnungserklärung bei verzugsbedingtem Interessenwegfall i.S. von § 326 Abs 2 BGB – überflüssiger Formalismus oder dogmatische Selbstverständlichkeit?, JZ 1999, 1030

PETERS, Schadensersatz wegen Nichterfüllung und Verzug beim gegenseitigen Vertrag, NJW 1979, 688

ders, Die Ablehnungserklärung des Gläubigers, JR 1998, 186

PIETZKER, Über den § 326 BGB, DRiZ 1926, 285

RANIERI, Europäisches Obligationenrecht (1999)

ROMEICK, Fristbestimmung, DJZ 1901, 493

RÜCKERT, Ausgleich durch Auslegung, Schadensersatz oder Kondiktion?, AcP 184 (1984) 105

SCHLECHTRIEM, Rechtsvereinheitlichung in Europa und Schuldrechtsreform in Deutschland, ZEuP 1993, 217

ders, Fristsetzung bei Leistungsstörungen im Einheitlichen UN-Kaufrecht (CISG) und der Einfluß des § 326 BGB, in: FS Trinkner (1995) 321

SCHMIDT-KESSEL, Entwurf der Richtlinie zum

Zahlungsverzug und die Folgen für die Vertragsgestaltung, ZNotP 1999, 95

STAPENHORST, Das Gesetz zur Beschleunigung fälliger Zahlungen, Betrieb 2000, 909

STAUB, Fristbestimmung bei Verweigerung der Erfüllung, DJZ 1901, 478

THAMM, Die Dauer einer „angemessenen Nachfrist" für Lieferung und Mängelbeseitigung, BB 1982, 2018

TIEDTKE, Verzugsschaden und Rücktritt vom Vertrag, NJW 1984, 767

TINTELNOT, Die gegenseitigen Verträge im Insolvenzverfahren, ZIP 1995, 616

WEILBAUER, Die ergänzenden Leistungspflichten nach Treu und Glauben (1922)

WELLENHOFER-KLEIN, Zulieferverträge im Privat- und Wirtschaftsrecht (1999)

WERTENBRUCH, Das Wahlrecht des Gläubigers zwischen Erfüllungsanspruch und den Rechten aus § 326 BGB nach einer Erfüllungsverweigerung des Schuldners, AcP 193 (1993) 191

WESTERMANN, Der säumige Geldschuldner, in: FS Gernhuber (1993) 529

WUNNER, Zielkonflikte bei der Anwendung des § 286 I BGB neben dem Rücktritt, NJW 1985, 825

ZANDER, Der Verkauf „auf Abruf", Gruchot 52, 304.

2. Zur und nach der Schuldrechtsreform

ACKERMANN, Die Nacherfüllungspflicht des Stückkäufers, JZ 2002, 378

AUKTOR, Die Verjährung der Gewährleistungsrechte bei mangelhafter Nacherfüllung nach § 439 BGB, NJW 2003, 120

BAUER/DILLER/KRETS, BGH contra BAG: Schadensersatz nach § 628 Abs. 2 BGB wegen Abberufung und/oder Nichtbestellung eines GmbH-Geschäftsführers?, Betrieb 2003, 2687

CANARIS, Das allgemeine Leistungsstörungsrecht im Schuldrechtsmodernisierungsgesetz, ZfR 2001, 329

ders, Äquivalenzvermutung und Äquivalenzwahrung im Leistungsstörungsrecht des BGB, in: FS Wiedemann (2002) 3

ders, Die AGB-rechtliche Leitbildfunktion des neuen Leistungsstörungsrechts, in: FS Ulmer (2003) 1073

ders, Die Nacherfüllung durch Lieferung einer mangelhaften Sache beim Stückkauf, JZ 2003, 831

CZEGUHN, Das neue Kaufrecht – Fristsetzung zur Nacherfüllung trotz drohender Verjährung, MDR 2002, 1041

DAUNER-LIEB/ARNOLD, Noch einmal: Die Falschlieferung beim Stückkauf, JuS 2002, 1175

DAUNER-LIEB/DÖTSCH, Selbstvornahme im Kaufrecht?, ZGS 2003, 250

dies, Nochmals: Selbstvornahme im Kaufrecht?, ZGS 2003, 455

DERLEDER, Der Wechsel zwischen den Gläubigerrechten bei Leistungsstörungen und Mängeln, NJW 2003, 998

DERLEDER/ZÄNKER, Der ungeduldige Gläubiger und das neue Leistungsstörungsrecht – Das Verhältnis von Fristsetzung, Schadensersatzverlangen und Rücktritt, NJW 2003, 2777

DEUTSCH, Die Fahrlässigkeit im neuen Schuldrecht, AcP 202 (2002) 889

EBERL-BORGES, Die Leistungsverzögerung bei mehrseitigen Vertragsverhältnissen – zugleich eine Typenbildung mehrseitiger Verträge, AcP 203 (2003) 632

S ERNST, Gewährleistungsrecht – Ersatzansprüche des Verkäufers gegen den Hersteller auf Grund von Mangelfolgeschäden, MDR 2003, 4

FAUSTEN, Ansprüche des Versicherungsnehmers aus positiver Vertragsverletzung (2003)

FINN, Kann der Gläubiger die (Nach-)Erfüllung zwischen Fristablauf und Schadensersatzverlangen zurückweisen?, ZGS 2004, 32

FLIEGNER, Der Leistungsbegriff der §§ 280 ff. BGB und Fragen des Haftungsausschlusses, JR 2002, 314

GEBLER/MÜLLER, Finanzierungsleasing: Die Auswirkungen der Schuldrechtsreform und neuere Entwicklungen in der Vertragspraxis, ZBB 2002, 107

GIESELER, Die Strukturen der Schlechterfüllung im Leistungsstörungsrecht, ZGS 2003, 408

GRIGOLEIT/RIEHM, Grenzen der Gleichstellung von Zuwenig-Leistung und Sachmangel, ZGS 2002, 115

GRUBER, Das neue deutsche Zwischenhändler-Schutzrecht – eine Benachteiligung inländischer Hersteller und Großhändler?, NJW 2002, 1180

GSELL, Der Schadensersatz statt der Leistung

nach dem neuen Schuldrecht, in: HELMS/
NEUMANN/CASPERS/SAILER/SCHMIDT-KESSEL,
Jahrbuch Junger Zivilrechtswissenschaftler 2001,
Das neue Schuldrecht, 105

HOEREN/FLOHR, Vertragsgestaltung nach der
Schuldrechtsreform (2002)

HUBER/KRÖLL, Deutsche Rechtsprechung zum
UN-Kaufrecht in den Jahren 2001/2002, IPRax
2003, 309

HÜMMERICH, Aufklärungspflichten des Arbeitgebers im Anbahnungsverhältnis bei ungesi-
cherter Beschäftigung des Arbeitnehmers, NZA
2002, 1305

JANSEN, Nochmals: Gewährleistung trotz Annahmeverzugs und Untergangs der Kaufsache?,
ZIP 2002, 1794

JOUSSEN, Die Privilegierung der VOB nach dem
Schuldrechtsmodernisierungsgesetz, BauR 2002,
1759

KEMPER, Die Neuregelung der Mängelansprü-
che in § 13 VOB/B – 2002 –, BauR 2002, 1613

KRAUSE, Die Leistungsverzögerung im neuen
Schuldrecht, Jura 2002, 217 u 299

LAMPRECHT, Nochmals: Gewährleistung trotz
Annahmeverzugs und Untergangs der Kaufsache?, ZIP 2002, 1790

LETTL, Die Falschlieferung durch den Verkäufer
nach der Schuldrechtsreform, JuS 2002, 866

STEPHAN LORENZ, Aliud, peius und indebitum
im neuen Kaufrecht, JuS 2003, 36

ders, Selbstvornahme der Mängelbeseitigung im
Kaufrecht, NJW 2003, 1417

ders, Schadensersatz statt der Leistung, Rentabilitätsvermutung und Aufwendungsersatz im
Gewährleistungsrecht, NJW 2004, 26

MATTHES, Der Herstellerregress nach § 478
BGB in Allgemeinen Geschäftsbedingungen –
ausgewählte Probleme, NJW 2002, 2505

MAYERHÖFER, Die Integration der positiven
Forderungsverletzung in das BGB, MDR 2002,
549

MICKLITZ/PFEIFFER/TONNER/WILLINGMANN,
Schuldrechtsreform und Verbraucherschutz
(2001)

MÜNCH, Die „nicht wie geschuldet" erbrachte
Leistung und sonstige Pflichtverletzungen, Jura
2002, 361

MUSIELAK, Die Falschlieferung beim Stückkauf
nach dem neuen Schuldrecht, NJW 2003, 89

VOLSHAUSEN, Einrede- und Aufrechnungsbe-
fugnisse bei verjährten Sachmängelansprüchen,
JZ 2002, 385

PAMMLER, Zum Ersatzlieferungsanspruch beim
Stückkauf, NJW 2003, 1992

PETERSEN, Die Nacherfüllung, Jura 2002, 461

PILTZ, Neue Entwicklungen im UN-Kaufrecht,
NJW 2003, 2056

PREUSSNER, Das neue Werkvertragsrecht im
BGB 2002, BauR 2002, 231

RAMMING, Die Aufforderung zur Bestätigung
der Leistungsbereitschaft und -fähigkeit als
weiterer vorzeitiger „Rechtsbehelf" des Gläubigers, ZGS 2003, 209

RECKER, Schadensersatz statt der Leistung –
oder: Mangelschaden und Mangelfolgeschaden,
NJW 2002, 1247

REINKENHOF, Das neue Werkvertragsrecht, Jura
2002, 433

REINKING, Auswirkungen der geänderten
Sachmängelhaftung auf den Leasingvertrag,
ZGS 2002, 229

SCHUBEL, Mysterium Lieferkette, ZIP 2002,
2061

SCHWAB, Leistungsstörungen im Sukzessivlieferungsvertrag nach neuem Schuldrecht, ZGS
2003, 73

ders, Schadensersatzverlangen und Ablehnungsandrohung nach der Schuldrechtsreform,
JR 2003, 133

SENNE, Das Recht der Leistungsstörungen nach
dem Schuldrechtsmodernisierungsgesetz, JA
2002, 424

SIENZ, Die Neuregelungen im Werkvertragsrecht nach dem Schuldrechtsmodernisierungsgesetz, BauR Sonderheft 1a/2002, 181

THIER, Aliud- und Minus-Lieferung im neuen
Kaufrecht des Bürgerlichen Gesetzbuches, AcP
203 (2003), 399

VOPPEL, Das Gesetz zur Modernisierung des
Schuldrechts und das Leistungsstörungsrecht
beim Werkvertrag, BauR 2002, 843

WAGNER, Die Verjährung gewährleistungs-
rechtlicher Rechtsbehelfe nach neuem Schuldrecht, ZIP 2002, 789

ders, Mangel- und Mangelfolgeschäden im neu-
en Schuldrecht?, JZ 2002, 475

ders, Die Entwicklung des Leasingrechts in den
Jahren 2001 bis Mitte 2003, NJW 2003, 2348

WAHL, Schuldnerverzug – Bürgerliches Gesetzbuch, Rechtssystematik und Schuldrechtsreform
(1998)
WESTERMANN, Das neue Kaufrecht, NJW 2002,
241
WIEDEMANN, Schadensersatz und Freizeichnung
in Allgemeinen Geschäftsbedingungen und Individualverträgen, in: FS Ulmer (2003), 1272
WIESER, Gleichzeitige Klage auf Leistung und

auf Schadensersatz aus § 281 BGB, NJW 2003,
2432
WRASE/MÜLLER-HELLE, Aliud-Lieferung beim
Verbrauchsgüterkauf – ein nur scheinbar gelö-
stes Problem, NJW 2002, 2537
ZERRES, Recht auf Nacherfüllung im deutschen
und englischen Kaufrecht, RIW 2003, 746
ZIMMER/ECKHOLD, Das neue Mängelgewähr-
leistungsrecht beim Kauf, Jura 2002, 145.

Systematische Übersicht

Hansjörg Otto

Alphabetische Übersicht

Hansjörg Otto

A.　Überblick

I.　Entstehungsgeschichte

A 1　§ 281 unterlag im gesamten Verlauf der Schuldrechtsmodernisierung einer ständigen Veränderung und erhielt seine endgültige Fassung erst durch die Beschlußempfehlung des Rechtsausschusses v 25. 9. 2001. Im folgenden soll die Entwicklung der Norm kurz dargestellt werden.

A 2　Die Schuldrechts-Kommission schlug 1991 in ihrem Abschlußbericht (BGB-KE) mit § 280 BGB-KE einen einheitlichen Grundtatbestand der **Pflichtverletzung** vor (vgl hierzu BMJ [Hrsg], **Abschlußbericht der Kommission** zur Überarbeitung des Schuldrechts 128 ff). Eine Unterscheidung nach der Art der Pflichtverletzung (Haupt- oder Nebenpflicht) oder der Ursache der Leistungsstörung (Unmöglichkeit oder Verzug) sollte nicht erfolgen. In § 283 BGB-KE sollte – dieser Einheitlichkeit entsprechend – der Anspruch auf Schadensersatz statt der Leistung geregelt werden, für den der Ablauf einer vom Gläubiger bestimmten, angemessenen Frist die Regelvoraussetzung sein sollte. Eine **Ablehnungsandrohung**, dh die bestimmte Erklärung, daß der Gläubiger nach dem Ablauf der Frist die Leistung ablehnen werde, sollte mit der Aufforderung zur Leistung nach der Schuldrechtsmodernisierung nicht mehr verbunden sein.

A 3　Der **Diskussionsentwurf** v 4. 8. 2000 (DE) übernahm in § 282 diese Idee der Einheitlichkeit mit folgender Fassung (abgedr m Begr bei CANARIS, Schuldrechtsmodernisierung 2002, 11; inhaltliche Änderungen im Verlauf der Schuldrechtsreform sind hervorgehoben):

§ 282
Schadensersatz statt der Leistung

(1) Der Gläubiger kann statt der Leistung Schadensersatz nur verlangen, wenn er den Schuldner zuvor ohne Erfolg unter Setzung einer Frist zur Leistung aufgefordert hat. **Ist eine Frist nicht gesetzt oder die gesetzte Frist unangemessen kurz, gilt eine angemessene Frist als gesetzt.**

(2) **Der Aufforderung bedarf es nicht, wenn offensichtlich ist, daß sie keinen Erfolg hätte, insbesondere, wenn die Frist nach § 283 Abs. 3 ergebnislos verstrichen ist,** oder wenn besondere Umstände vorliegen, die unter Abwägung der beiderseitigen Interessen die sofortige Geltendmachung des Schadensersatzanspruchs rechtfertigen.

(3) Hat der Gläubiger wegen nicht vollständiger Leistung einen Anspruch auf Schadensersatz, so kann er statt der ganzen Leistung Schadensersatz verlangen, wenn er an der Teilleistung kein Interesse hat. Für die Rückgewähr der bereits erbrachten Leistung sind die §§ 346 bis 348 entsprechend anzuwenden.

(4) Der Anspruch auf die Leistung ist ausgeschlossen, sobald der Gläubiger statt der Leistung Schadensersatz verlangt hat.

Bereits die **Konsolidierte Fassung** des Diskussionsentwurfs v 6. 3. 2001 (KF) führte **A 4** den Begriff „Unmöglichkeit" wieder ein und schuf unterschiedliche Regelungen für Schadensersatzansprüche statt der Leistung wegen *nicht oder nicht wie geschuldet erbrachter Leistung* (§ 281 KF), wegen *Verletzung einer sonstigen Pflicht* (§ 282 KF) oder bei *Ausschluß der Leistungspflicht nach § 275* (§ 283 KF). § 281 KF entsprach von der Konzeption her schon grob der heutigen Regelung und enthielt folgende Fassung (abgedr bei CANARIS, Schuldrechtsmodernisierung 2002, 358):

§ 281
Schadensersatz statt der Leistung wegen nicht oder nicht wie geschuldet erbrachter Leistung

(1) Soweit der Schuldner **die fällige Leistung nicht oder nicht wie geschuldet** erbringt, kann der Gläubiger unter den Voraussetzungen des § 280 Abs. 1 Schadensersatz statt der Leistung verlangen, wenn er dem Schuldner eine angemessene Frist zur Leistung bestimmt hat und die Frist erfolglos abgelaufen ist. **Satz 1 gilt nicht, wenn der Schuldner trotz der Fristsetzung mit dem Verlangen von Schadensersatz statt der Leistung nicht rechnen musste.** Hat der Schuldner teilweise oder **nicht wie geschuldet** geleistet, so kann der Gläubiger Schadensersatz statt der ganzen Leistung nur verlangen, wenn sein **Interesse** an der geschuldeten Leistung dies erfordert.

(2) *entspricht Abs 2 gF*

(3) **Der Gläubiger kann zwischen Leistung und Schadensersatz statt der Leistung wählen. Für die Ausübung des Wahlrechts kann der Schuldner dem Gläubiger eine angemessene Frist bestimmen. Wählt der Gläubiger die Leistung oder übt der Gläubiger innerhalb der ihm bestimmten Frist sein Wahlrecht nicht aus, so kann er Schadensersatz statt der Leistung erst nach erfolglosem Ablauf einer von ihm bestimmten angemessenen Frist verlangen.**

(4) Verlangt der Gläubiger Schadensersatz statt der ganzen Leistung, so ist der Schuldner zur Rückforderung des Geleisteten nach den §§ 346 bis 348 berechtigt, sobald der Schuldner nicht zu leisten braucht.

A 5 § 281 des **Regierungsentwurfs** (RE) entsprach schon im wesentlichen der heutigen Fassung, enthielt allerdings in Abs 1 nach wie vor den Zusatz, daß der Gläubiger – obgleich die gesetzte Frist erfolglos verstrichen ist – keinen Schadensersatz statt der Leistung verlangen könne, *wenn der Schuldner trotz der Fristsetzung mit dem Verlangen von Schadensersatz statt der Leistung nicht rechnen musste.*

A 6 Erst durch die **Beschlußempfehlung des Rechtsausschusses** wurde dieser Satz wieder gestrichen (BT-Drucks 14/7052, 185). Mit ihm sollten Fallgestaltungen erfaßt werden, in denen ausnahmsweise der Schuldner trotz der Fristsetzung im Einzelfall nicht mit einem weiteren Vorgehen des Gläubigers rechnen mußte. Nach der Begr des Rechtsausschusses handele es sich allerdings um Ausnahmefälle, die mit § 242 angemessen gelöst werden könnten, so daß § 281 Abs 1 S 2 RE entbehrlich sei. Die Formulierung erwecke den Eindruck, als sei die bloße Fristsetzung lediglich eine „kleine Ablehnungsandrohung", über die hinaus weiteres nötig sei, um Schadensersatz verlangen zu können. Erst der Rechtsausschuß fügte andererseits den heutigen Abs 3 mit der Abmahnung als Ersatz für die Nachfrist ein, formulierte die Absätze 1 u 4 des § 281 RE um und gab der Norm damit ihr heutiges Gesicht. Dabei berücksichtigte er auch die von der BReg zurückgewiesene Kritik des BR (BT-Drucks 14/6857, Anl 2 Nr 27 u dazu Anl 3 Zu Nr 27) daran, daß sowohl im Fall einer teilweisen Erfüllung als auch einer Schlechterfüllung der Gläubiger Schadensersatz statt der ganzen Leistung nur dann sollte verlangen dürfen, „wenn sein Interesse an der geschuldeten Leistung dies erfordert". Nunmehr wird deutlich zwischen der teilweisen Bewirkung der Leistung und der nicht wie geschuldet bewirkten, also mangelhaften Leistung, unterschieden (§ 281 Abs 1 S 2 u 3).

II. Normzweck und systematische Einordnung

1. Schadensersatz statt der Leistung

A 7 § 281 ist Teil des neu konzipierten Leistungsstörungsrechts. Obwohl es bei dieser Norm an einem amtlichen Hinweis fehlt, ist auch ihr Inhalt partiell vorgezeichnet durch die Richtlinie 1999/44/EG v 25. 5. 1999 (sog Verbrauchsgüterkauf-Richtlinie; vgl hierzu ZERRES RIW 2003, 746 ff). Diese bestimmt in Art 3 Abs 2 u 3, daß ein Verbraucher bei Vertragswidrigkeit vorrangig ein Recht zur Nachbesserung oder Ersatzlieferung hat und nachrangig angemessene Minderung oder Vertragsaufhebung verlangen kann. Nach Abs 5 besteht jedenfalls ein Recht zur angemessenen Minderung, wenn der Verkäufer nicht innerhalb einer angemessenen Frist Abhilfe geschaffen hat, oder wenn andere Rechte nicht bestehen, also zB bei unerheblichen Vertragsverletzungen. § 281 unterscheidet nicht danach, ob die Leistungspflichten in dem Schuldverhältnis in einem Gegenseitigkeitsverhältnis stehen. Die Schadensersatzregelung baut auf einem einheitlichen Haftungstatbestand für **zwei sehr unterschiedliche Fallgestaltungen** auf. Hat der Schuldner die fällige Leistung **nicht** oder **nicht wie geschuldet** erbracht, so kann Schadensersatz statt der Leistung nach § 280 Abs 1 und 3 nur unter den *zusätzlichen* Voraussetzungen von § 281 verlangt werden. § 281 bildet also gemeinsam mit § 280 Abs 1 die Anspruchsgrundlage für den Schadensersatz statt der Leistung, wie sich aus § 280 Abs 3 ausdrücklich ergibt.

§ 280 Abs 1 greift unmittelbar und allein nur dort ein, wo eine Pflicht aus einem **A 8** Schuldverhältnis verletzt wird, ohne daß Schadensersatz gerade wegen der Verzögerung der Leistung (§ 280 Abs 2) oder Schadensersatz statt der Leistung (§ 280 Abs 3) verlangt wird (§ 280 Abs 3) (vgl § 280 Rn A 2 ff, E 1 ff).

Schadensersatz, der **allein wegen der Verzögerung der Leistung** zusätzlich zur Leistung **A 9** verlangt wird, fällt nunmehr unter § 280 Abs 1 u 2 iVm § 286 an Stelle von § 286 Abs 1 aF. Zur Frage, inwieweit dieser Schaden auch als Rechnungsposten des Schadensersatzes statt der Leistung berücksichtigt werden kann, obwohl der eigentliche Leistungsinhalt durch die Verzögerung nicht berührt wird, vergleiche Rn B 146 ff.

Schadensersatz statt der Leistung infolge eines – nachträglichen (s § 311a) – **Aus-** **A 10** **schlusses der Leistungspflicht** wegen Unmöglichkeit oder unzumutbaren Leistungsaufwands bzw persönlicher Unzumutbarkeit iS von § 275, wird in § 283 speziell geregelt und unterliegt daher nicht § 281 (vgl Begr RegE BT-Drucks 14/6040, 138), obwohl nach allgemeinen Sprachgebrauch gerade in diesen Fällen von einer nicht erbrachten Leistung gesprochen wird (krit zur Terminologie auch PALANDT/HEINRICHS § 283 Rn 2); allerdings verweist § 283 S 2 auf § 281 Abs 1 S 2 u 3 sowie Abs 5. § 283 gilt auch für von § 275 erfaßte, nicht bewirkte Teilleistungen (vgl Rn B 166; § 283 Rn 71 ff) sowie für eine ausgeschlossene bzw fehlgeschlagene Nacherfüllung (vgl § 283 Rn 86 ff). Ist ungewiß, ob die Leistung unmöglich geworden ist, so ist ein Vorgehen nach § 281 möglich (vgl zur Streichung des § 283 aF, der nach erfolgreicher Leistungsklage dem Gläubiger das Recht einräumte, nach erfolgloser Fristsetzung Schadensersatz zu verlangen, SCHUR NJW 2002, 2518 ff). Eine weitere Sonderregelung findet sich in § 282 für die Verletzung einer Rücksichtnahmepflicht nach § 241 Abs 2.

Hingegen sind § 280 Abs 1 u 3 iVm § 281 einschlägig, wenn eine Leistung **nicht** oder **A 11** **nicht wie geschuldet** erbracht und deshalb **Schadensersatz statt der Leistung** verlangt wird. Erfaßt werden erstens insbesondere die Fälle des Schadensersatzes statt der Leistung wegen zu vertretender *Leistungsverzögerung*, auf die früher die Vorschriften über den Schuldnerverzug (§§ 286 Abs 2, 326 aF) angewendet worden sind. Neu hinzugekommen ist zweitens mit der „nicht wie geschuldet erbrachten Leistung" der mit *behebbaren Rechts- oder Sachmängeln* verbundene Erfüllungsversuch. Hier war bisher hinsichtlich von Rechtsmängeln vor allem § 326 aF maßgeblich. Schadensersatz wegen Nichterfüllung war bei einer mit Sachmängeln behafteten Leistung nur ausnahmsweise vorgesehen (vgl insbes §§ 463, 635 aF). Hierher gehören aber auch *Fallgestaltungen der Schlechterfüllung*, die früher unter den Begriff der *positiven Vertragsverletzung* gefaßt wurden (zur analogen Anwendung der §§ 325, 326 aF für den Schadensersatzanspruch wegen Nichterfüllung STAUDINGER/OTTO [2001] § 326 aF Rn 198 ff; zur allgemeinen Problematik STAUDINGER/LÖWISCH [2001] Vorbem 28 ff zu §§ 275–283 aF).

2. Vorherige Fristsetzung oder Abmahnung als Interessenausgleich

a) Funktion und Grenzen der Nachfristsetzung

Den Konflikt zwischen dem Leistungserbringungsinteresse des Schuldners und dem **A 12** Liquidationsinteresse des Gläubigers hat der Gesetzgeber durch § 281 Abs 1 S 1 primär in der Weise gelöst, daß er dem Gläubiger die **Obliegenheit** auferlegt, **dem Schuldner eine angemessene Nachfrist zu setzen** (vgl die nahezu identischen Regelungen in §§ 250, 498 Abs 1 S 1 Nr 2, 543 Abs 3 S 1, 648a Abs 1 S 1 und § 30 VerlG sowie § 64 Abs 1 AktG u § 21 Abs 1 GmbHG). **Eine Androhung der Ablehnung der Leistung ist nicht mehr erforderlich (anders § 326 Abs 1 S 1 aF).** Darüber hinaus entspricht die Nachfristsetzung als regelmäßige Rücktrittsvoraussetzung einem verbreiteten Rechtsgedanken (vgl § 918 Abs 1 öABGB, Art 107 OR; s auch RANIERI, Europäisches Obligationenrecht [1999] 82 ff). Nach Ablauf der Frist erlischt der Anspruch auf die Leistung nicht automatisch, sondern erst mit dem Schadensersatzverlangen (§ 281 Abs 4) und damit auch der Anspruch auf die Gegenleistung (vgl Rn D 12). Der Gesetzgeber hat damit zum einen dem Grundsatz des Vorrangs der Naturalerfüllung vor der Vertragsliquidierung Rechnung getragen. Der Schuldner soll nicht schon allein aufgrund seines Leistungsverzuges das Recht zur Durchführung des Vertrages verlieren. Zum anderen wird dem Gläubiger – unter Abkehr vom gemeinen Recht, das lediglich ein Zurückweisungsrecht bei Nutzloswerden der Leistung für den Gläubiger anerkannt hatte – nach dem Vorbild des Art 356 ADHGB ein einfaches Mittel in die Hand gegeben, auf eine seinen Interessen entsprechende Änderung der Rechtslage hinzuwirken (zu den historischen Grundlagen ausführlich JAKOBS, in: FS Mann [1977] 35, 49 ff; HUBER II 324 ff; LESER 1 ff; BEINERT 176 ff). Schließlich dient die grundsätzlich erforderliche Nachfristsetzung dazu, dem vertragsuntreuen Schuldner eine letzte Möglichkeit einzuräumen, durch nachträgliche Erfüllung die Folgen des § 281 abzuwenden (vgl zu § 326 aF BGH LM § 326 [Dc] BGB Nr 2; NJW 1984, 48, 49; NJW 1996, 1814; zu § 634 aF bzw § 13 Nr 5 VOB/B ebenso BGH NJW 1983, 1731, 1732; BGHZ 96, 221, 226; BGH NJW 2003, 1526). Gänzlich anders und in keiner Weise überzeugend versteht PETERS (JR 1998, 186, 188) die Obliegenheit des Gläubigers als Aufforderung an den Schuldner, über den Fortbestand des Vertrages zu disponieren, und hat § 326 Abs 1 aF als bloßen Unterfall der ernsthaften und endgültigen Erfüllungsverweigerung eingeordnet.

A 13   Auch § 323 Abs 1 sieht nunmehr als Grundsatz vor, daß der Gläubiger nach einer Pflichtverletzung seitens des Schuldners eine Nachfrist setzen kann, nach deren erfolglosem Ablauf er zum **Rücktritt** berechtigt ist (krit gegenüber der Verknüpfung von Pflichtverletzung und Rücktrittsrecht SCHAPP JZ 1993, 637 ff; abl auch ERNST JZ 1994, 801, 806 f hinsichtlich der Rücktrittsmöglichkeit bei Nebenpflichtverletzungen). Dabei wird zudem sowohl auf das Vertretenmüssen des Schuldners als auch auf das Erfordernis einer Ablehnungsandrohung des Gläubigers bewußt verzichtet (so bereits Abschlußbericht 166 f).

A 14   Das **UN-Kaufrecht** kennt in Art 47 CISG für den Käufer im Fall der Nichtlieferung – nicht aber bei vertragswidriger Lieferung (zutreffend MAGNUS JuS 1995, 870, 871 f gegen OLG Düsseldorf NJW-RR 1994, 506; s auch SCHLECHTRIEM, in: FS Trinkner [1995] 321, 323) – ebenfalls grundsätzlich das Rechtsinstitut der Nachfristsetzung. Aus dem fruchtlosen Ablauf der Nachfrist folgt ebenfalls nicht automatisch der Verlust des Erfüllungsanspruchs, sondern lediglich nach Art 49 Abs 1 lit b CISG ein Aufhebungsrecht (vgl SCHLECHTRIEM/SCHWENZER/MÜLLER-CHEN, CISG⁴ [2004] Art 49 Rn 4 ff, 20; vgl auch PILTZ NJW 2003, 2056, 2061 f). Dieses Recht steht dem Käufer bereits dann zu, wenn der Verkäufer erklärt, nicht innerhalb einer ihm gesetzten angemessenen Nachfrist zu liefern. Für den Fall einer Verletzung der Käuferpflichten enthalten Art 63 und Art 64 Abs 1 lit b CISG eine entsprechende Regelung.

Schließlich hat das Rechtsinstitut der Nachfrist in die vorgeschlagenen Prinzipien für ein europäisches Vertragsrecht (Article 8.106 [3] **Principles of European Contract Law**) sowie die Grundregeln für internationale Handelsverträge (Article 7.1.5 **UNIDROIT-Prinzipien**) Eingang gefunden (abgedr in: BASEDOW, Europäische Vertragsrechtsvereinheitlichung und deutsches Recht [2000]; HUBER II 329; SCHLECHTRIEM, Abstandnahme vom Vertrag, in: BASEDOW 159, 167 f).

Die **Nachfristsetzung** kann allerdings **entbehrlich** sein. Gem *§ 281 Abs 2* entfällt diese   **A 15** Obliegenheit, wenn bestimmte Umstände vorliegen. Gesetzlich geregelt ist zunächst die *ernsthafte* und *endgültige Erfüllungsverweigerung* des Schuldners (Rn B 100 ff); der Erfüllungsanspruch des Gläubigers erlischt aber nicht schon mit der Ablehnung der Erfüllung, sondern erst mit dem – wirksamen – Verlangen nach Schadensersatz (Rn D 11). Eine Fristsetzung ist außerdem entbehrlich, wenn besondere Umstände vorliegen, die unter Abwägung der beiderseitigen Interessen die sofortige Geltendmachung des Schadensersatzanspruchs rechtfertigen. Diese beiden nun gesetzlich geregelten Fälle werden in § 323 Abs 2 für den Rücktritt um den Fall des relativen Fixgeschäfts ergänzt (§ 323 Abs 2 Nr 2). Beim *Fixhandelskauf* (§ 376 Abs 1 S 2 HGB) muß der nichtsäumige Teil hingegen sogar sofort nach Verstreichen des vorgesehenen Leistungszeitpunktes anzeigen, daß er auf Erfüllung besteht (Rn B 115).

Für den *grenzüberschreitenden Kauf* billigt Art 49 Abs 1 lit a CISG dem Käufer bei   **A 16** einer wesentlichen Vertragsverletzung iS des Art 25 CISG ein sofortiges Aufhebungsrecht zu. *Wesentlich* ist eine Vertragsverletzung nach Art 25 CISG, wenn sie für die andere Partei einen solchen Nachteil zur Folge hat, daß ihr im wesentlichen das entgeht, was sie nach dem Vertrag hätte erwarten dürfen. Hierzu kann auch eine Leistungsverweigerung zählen (STAUDINGER/MAGNUS [1999] Art 49 CISG Rn 13; SCHLECHTRIEM/SCHWENZER/MÜLLER-CHEN, CISG⁴ [2004] Art 49 Rn 6). Diese Befugnis besteht allerdings nicht während einer vom Gläubiger selbst gesetzten Nachfrist (Art 47 Abs 2 S 1 CISG).

Zusätzliche Schwierigkeiten entstehen, wenn der Schuldner entweder im Zeitpunkt   **A 17** der Nachfristsetzung einen **Teil der Leistung** bewirkt hat oder nur einen **Teil der Leistung innerhalb der Nachfrist bewirkt.** § 281 Abs 1 S 2 gewährt Schadensersatz statt der ganzen Leistung nur dann, wenn der Gläubiger an der Teilleistung kein Interesse hat (vgl Rn B 161 ff). Eine entsprechende Regelung findet sich für den Rücktritt in § 323 Abs 5 S 1.

b) Abmahnung

Der Gesetzgeber hat sich in letzter Minute entschlossen, die Abmahnung als **Alter-**   **A 18** **native zur Nachfristsetzung** als allgemeines Rechtsinstitut festzuschreiben, und zwar für den Schadensersatzanspruch, den Rücktritt und die Kündigung aus wichtigem Grund (§§ 281 Abs 3, 323 Abs 3, 314 Abs 2 S 1 2. Alt). Dieser Schritt war in vielerlei Hinsicht schon vorher im Gesetz und in der Rechtsprechung angelegt.

In diesen Zusammenhang gehört, daß der *Vermieter* gem § 541 bzw § 543 Abs 3 S 1   **A 19** erst dann auf Unterlassung klagen oder fristlos kündigen kann, wenn der Mieter den vertragswidrigen Gebrauch der Mietsache ungeachtet einer Abmahnung fortsetzt. Dementsprechend hat der BGH verlangt, daß vor der Kündigung eines Theaternutzungsvertrages eine Abmahnung ausgesprochen wird (NJW 1992, 496, 497; ebenso vor der

Kündigung eines langfristigen Gebäudereinigungsvertrages BGH NJW 1994, 443, 444). In diesem Sinn hatte sich das BAG zunächst auf den Grundgedanken des § 326 Abs 1 aF berufen, als es vor einer außerordentlichen oder ordentlichen *Kündigung des Arbeitsverhältnisses*, die auf Störungen im Leistungsbereich gestützt wird, eine Abmahnung verlangte (vgl AP Nr 1 zu § 124 GewO m Anm ALFRED HUECK = NJW 1967, 2030; AP Nr 62 zu § 626 BGB = Betrieb 1972, 489; AP Nr 32 zu § 102 BetrVG 1972 = Betrieb 1985, 340; AP Nr 12 zu § 1 KSchG 1969 Verhaltensbedingte Kündigung = NJW 1985, 823, 824). Sofern es um Störungen im Vertrauensbereich geht, sollte die Grundlage für das Abmahnungserfordernis hingegen im Verhältnismäßigkeitsgrundsatz liegen (BAG AP Nr 32 zu § 102 BetrVG 1972). Inzwischen hat das BAG die ursprüngliche Unterscheidung aufgegeben und stellt allein auf das Verhältnismäßigkeitsprinzip ab (vgl BAG AP Nr 3 zu § 1 KSchG 1969 Abmahnung = Betrieb 1989, 1427; zur Einebnung der verschiedenen Störbereiche s auch BAG AP Nr 137 zu § 626 BGB = NJW 1998, 554; zur Kündigung durch den Arbeitnehmer LAG Hamm NZA-RR 2000, 242 f; ferner zu alledem vHOYNINGEN-HUENE RdA 1990, 193, 195 ff u WALKER NZA 1995, 601, 602 f). Die Notwendigkeit einer Abmahnung besteht allerdings nur dann, wenn diese dem Kündigungswilligen möglich sowie zumutbar ist und Erfolg verspricht (BAG AP Nr 28 zu § 626 BGB Verdacht strafbarer Handlungen [unter II 2 d aa] = NJW 2000, 1969, 1973).

A 20 Angesichts dieser Rechtsentwicklung ließ sich die **Warnfunktion der Abmahnung** durchaus schon bisher als **allgemeiner Rechtsgrundsatz** begreifen (STAUDINGER/OTTO [2001] § 326 aF Rn 17; **aA** SOERGEL/WIEDEMANN Vor § 323 aF Rn 63, § 326 aF Rn 3). Der BGH hat deshalb – unter Hinweis auf Treu und Glauben – zutreffend für den Rücktritt von einem Erbvertrag, in dem sich der Begünstigte zu dauernder Pflege verpflichtet hatte, eine vorherige Abmahnung verlangt (Betrieb 1967, 1623; ebenso für die fristlose Kündigung eines Dauerschuldverhältnisses, das den Bezug einer Zeitschrift für die Mitglieder eines Vereins zum Gegenstand hatte, BGH Betrieb 2003, 1729). Daher kann selbst bei einem vertraglichen Rücktrittsrecht, das unabhängig vom Verzug besteht, ausnahmsweise die Setzung einer Nachfrist geboten sein (BGH WM 1967, 657). Bei einem Bankvertrag hat der BGH zwar für eine nach den AGB zulässige Kündigung auf eine formalisierte Abmahnung iS des § 326 aF verzichtet, aber in den Gründen mehrfach hervorgehoben, daß die zurückhaltendere Sprache des Geldinstituts gegenüber einem langjährigen Kunden Warnung genug hätte sein müssen (WM 1978, 234). Vor diesem Hintergrund ist es nicht nachvollziehbar, wenn jüngst der II. Senat des BGH (NJW 2000, 1638, 1639) das Abmahnungserfordernis ausschließlich auf die soziale Schutzbedürftigkeit zurückgeführt und deshalb diese Voraussetzung für die fristlose Kündigung eines GmbH-Geschäftsführers im Regelfall verneint hat.

3. Verhältnis des Schadensersatzanspruchs zum Rücktritts- und Kündigungsrecht

A 21 Während das alte Recht den Gläubiger dazu zwang, sich zwischen dem Schadensersatz wegen Nichterfüllung und dem Rücktritt zu entscheiden (STAUDINGER/OTTO [2001] § 325 aF Rn 100 sowie § 326 aF Rn 178), sind beide Rechte nunmehr von einander abgekoppelt (§ 325; näher dazu dort). Das Gesetz eröffnet dem Gläubiger damit **drei Wege**. Er kann *Schadensersatz statt der Leistung nach § 281* und *Rücktritt nach § 323* jeweils alleine wählen oder beides miteinander verbinden. Das UN-Kaufrecht läßt die Vertragsaufhebung und die Geltendmachung des Schadensersatzanspruchs ebenfalls grundsätzlich *nebeneinander* zu (Art 45 Abs 2, Art 81 Abs 1 CISG).

Der innere Zusammenhang zeigte sich beim gegenseitigen Vertrag allerdings darin, **A 22** daß die Voraussetzungen des Rücktrittsrechts wegen nicht oder nicht wie geschuldet erbrachter Leistung in § 323 sehr weitgehend mit § 281 synchronisiert sind. Freilich kommt es für das Rücktrittsrecht nicht darauf an, **ob der Schuldner sich von seiner Verantwortlichkeit entlasten kann oder nicht**, wie es § 280 Abs 1 Satz 2 bei dem Schadensersatzanspruch vorsieht (vgl für das relative Fixgeschäft § 376 Abs 1 S 1 1. Alt HGB). Dies erklärt zugleich, warum § 323 dem Gläubiger auch im Detail ein Stück weiter entgegenkommt als § 281. Man denke insbesondere an das in § 323 Abs 4 ausdrücklich bereits vor Fälligkeit vorgesehene Rücktrittsrecht (dazu unter Rn A 29 ff, B 103 ff, C 16; sowie STAUDINGER/OTTO [2004] § 323 Rn A 27 f, B 85 f, C 14). Der nach UN-Kaufrecht neben dem Recht zur Vertragsaufhebung bestehende Anspruch auf Schadensersatz entfällt jedoch nur dann, wenn der Hinderungsgrund außerhalb des Einflußbereichs des Schuldners liegt (Art 79 CISG).

Für die **Kündigung aus wichtigem Grund** ordnet jetzt § 314 Abs 4 allgemein an, daß **A 23** die Berechtigung, Schadensersatz zu verlangen, nicht durch sie ausgeschlossen wird (vgl dazu MÜNCHKOMM/ERNST § 314 Rn 21 f). Für das Kündigungsrecht bestehen regelmäßig besondere Vorschriften, insbes § 490 für den Darlehensvertrag, die §§ 543, 569, 581 Abs 2 für Miet- und Pachtverträge, die §§ 626, 628 für Dienst- u Arbeitsverträge und § 723 bei der Gesellschaft. Für sonstige Dauerschuldverhältnisse hatte man im alten Recht in Gesamtanalogie zu diesen Vorschriften ein allgemeines Recht zur Kündigung aus wichtigem Grund entwickelt, welches an die Stelle des unpassenden Rücktrittsrechts nach §§ 325, 326 aF trat (HUBER II 439 ff; STAUDINGER/OTTO [2001] § 326 aF Rn 28 ff; BGHZ 29, 171, 172; 41, 104, 108; BGH NJW 1999, 1177, 1178 für einen Franchisevertrag). Jetzt bildet § 314 den Auffangtatbestand (weitere Einzelheiten Rn A 47 ff; ferner STAUDINGER/SCHMIDT-KESSEL [2004] § 314). Praktisch besonders bedeutsam sind die Kündigung des *Vermieters* nach einer Abmahnung wegen vertragswidrigen Gebrauchs oder ausbleibender Mietzahlungen (§ 543 Abs 2 S 1 Nr 2 u Nr 3), beim *Dienst- und Arbeitsverhältnis* die Kündigung aus wichtigem Grund wegen Vertragsbruchs, Schlechterfüllung oder der Verletzung von Schutzpflichten mit der Schadensersatzverpflichtung wegen vorzeitiger Vertragsauflösung (§§ 626, 628 Abs 2) und die ähnlichen Bestimmungen bei besonderen Dienstleistungen (Rn A 49). Neben der Kündigung konnte der Gläubiger schon bisher **gem oder analog § 628 Abs 2 Schadensersatz** wegen Nichterfüllung geltend machen (BGHZ 51, 190, 192; 126, 96; NJW 2000, 2342; ausführlich hierzu HUBER II 446 ff; STAUDINGER/OTTO [2001] § 326 aF Rn 228; aA MünchKomm/ EMMERICH Vor § 275 aF Rn 296). Zu den jetzt maßgeblichen Rechtsgrundlagen siehe Rn C 35 ff.

4. Untergang des Leistungsanspruchs

Anders als nach altem Recht beim Schuldnerverzug geht der Leistungsanspruch nicht **A 24** schon mit dem fruchtlosen Ablauf der Nachfrist (STAUDINGER/OTTO [2001] § 326 aF Rn 149) bzw mit dem Wegfall des Interesses an der Leistung unter (STAUDINGER/ OTTO [2001] § 326 aF Rn 134, wobei hier zusätzlich eine Erklärung des Gläubigers notwendig war). Klare Verhältnisse schafft erst ein Ausschluß der Leistungspflicht gem § 275, die berechtigte Ausübung des Rücktrittsrechts oder – und insoweit ist nach wie vor Vorsicht geboten – das berechtigte Verlangen auf Schadensersatz statt der Leistung (hierzu näher unter Rn D 1 ff).

5. Untergang des Anspruchs auf die Gegenleistung

A 25 § 281 enthält insoweit keine ausdrückliche eigenständige Regelung. Jedoch ist darauf hinzuweisen, daß die Geltendmachung des Schadensersatzes statt der Leistung idR nach der eingeschränkten Differenztheorie erfolgt (dazu § 280 Rn E 57 ff). Demgemäß hat der Anspruch auf die Gegenleistung zumeist nur noch die Funktion eines Rechnungspostens. Im übrigen besteht der einfachste Weg des Gläubigers, sich von dem Anspruch auf die Gegenleistung zu befreien, in der Ausübung des Rücktrittsrechts, auch wenn § 346 Abs 1 diese Rechtsfolge nicht ausdrücklich nennt (vgl STAUDINGER/ KAISER [2004] § 346 Rn 65 f). Ansonsten ist vor allem § 326 einschlägig, wenn es doch noch zu einem Ausschluß der Leistungspflicht kommt.

III. Leistungsstörungen iS des § 281

1. Die nicht erbrachte (verzögerte) Leistung

A 26 Unter der nicht erbrachten Leistung versteht der Gesetzgeber nur diejenige Leistung, die noch bewirkt werden muß. Ist die Leistungspflicht hingegen gem § 275 ausgeschlossen, ist § 283 einschlägig.

a) Die verzögerte fällige Leistung

A 27 In der Sache hat der Gesetzgeber an den Schuldnerverzug angeknüpft, der zunächst einen bestehenden, fälligen und durchsetzbaren Anspruch voraussetzt, idR eine Mahnung oder ein Surrogat verlangt und zudem dem Schuldner in § 285 aF die Darlegungs- und Beweislast dafür aufbürdete, daß er die Verzögerung nicht zu vertreten habe (STAUDINGER/OTTO [2001] § 326 aF Rn 55 ff). Terminologisch nicht gerade glücklich spricht das Gesetz nur noch in den §§ 286 ff vom Verzug des Schuldners, also gerade nicht beim Schadensersatz statt der Leistung (§ 281). Dies beruht nach der Gesetzesbegründung vor allem darauf, daß für den Gläubiger oft nur das Ausbleiben der Leistung, aber nicht deren Ursache erkennbar sei. Mit § 281 solle dem Gläubiger eine Möglichkeit an die Hand gegeben werden, in möglichst einfacher Weise Klarheit über den Fortbestand des Leistungsanspruchs zu bekommen (vgl Begr RegE BT-Drucks 14/6040, 138).

A 28 **Die Leistungsverzögerung** ist sicherlich neben der Schlechterfüllung die häufigste Form der Leistungsstörung. Die Bedeutung des § 281 steigt noch dadurch, daß der Gläubiger zu dem Instrumentarium, das diese Norm zur Verfügung stellt, zumeist selbst dann greifen wird, wenn er zwar vermutet, daß dem Schuldner die Leistung objektiv oder subjektiv nicht möglich ist, er diese Tatsache aber nicht beweisen kann. Durch eine Fristsetzung umgeht er das Risiko, daß er den Ausschluß der Leistungspflicht des Schuldners nach § 275 nicht nachweisen kann und damit seinen Schaden nicht nach § 280 Abs 1 u 3 iVm § 283 ersetzt bekommt (vgl PALANDT/HEINRICHS Vorb § 281 Rn 7).

b) Leistungsverweigerung vor Fälligkeit

A 29 Die Leistung ist auch im Wortsinne erbringbar, aber nicht erbracht, wenn sich der Schuldner vor Eintritt der Fälligkeit ernsthaft und endgültig weigert, die Leistung zum Fälligkeitszeitpunkt zu erbringen. Nach meiner Auffassung sollte in diesem Fall § 281 analog angewendet werden, wenn das Ansinnen an den Gläubiger, diesen

Zeitpunkt abzuwarten, eindeutig rechtsmißbräuchlich ist (so auch MünchKomm/Ernst
Rn 62; für eine direkte Anwendung von § 281 Faust, in: Huber/Faust, Schuldrechtsmodernisierung
3/138; Jauernig/Vollkommer Rn 9; für eine analoge Anwendung von § 323 Abs 4 AnwKomm/
Dauner-Lieb Rn 20; Lorenz/Riehm, Schuldrecht Rn 361, halten § 282 für einschlägig) Früher
wurde dieser Sachverhalt richtigerweise nicht unter den Tatbestand des Schuldnerverzuges, sondern den der positiven Vertragsverletzung subsumiert (Staudinger/Otto
[2001] § 326 aF Rn 209, ebenso, wenn vor Fälligkeit feststeht, daß bei Fälligkeit eine erhebliche
Vertragsverletzung eintreten wird, BGH NJW 2003, 1600, 1601; Betrieb 2003, 501 mit ausdrücklichem
Hinweis auf § 323 Abs 4 nF).

Die Alternative bestünde darin, auf § 282 iVm § 241 Abs 2, der den Schuldner zur **A 30**
Rücksicht auf die Rechte und Interessen des Gläubigers verpflichtet, zurückzugrei-
fen (so Lorenz/Riehm, Schuldrecht Rn 361; ausführlich dazu § 282 Rn 37 ff). § 241 Abs 2 hat
nach meiner Auffassung jedoch vor allem den Zweck, Nebenpflichten zu begründen,
die keinen eigentlichen, unmittelbaren Leistungsbezug haben (vgl auch § 311 Abs 3).
Eine Nebenpflicht, nicht zur Unzeit durch eine derartige Erfüllungsverweigerung das
Schuldverhältnis zu stören, wäre neben der eigentlichen, auf Erfüllung gerichteten
Leistungspflicht mehr als merkwürdig.

Erforderlich wäre allerdings selbst dann grundsätzlich eine Fristsetzung. Die Unzu- **A 31**
mutbarkeit der Vertragsfortführung als materieller Auflösungsgrund läßt sich nämlich so lange nicht bejahen, wie „erwartet werden kann, daß der vertragsuntreue Teil
innerhalb der Nachfrist seinen Verpflichtungen nachkommt und damit bei sachgerechter Würdigung der Interessen beider Parteien die Vertrauensgrundlage als wiederhergestellt anzusehen ist" (BGH LM § 326 [Dc] BGB Nr 5). Dabei unterliegt die
Beurteilung des Einzelfalls tatrichterlicher Würdigung. Auf der gleichen Linie liegen
die Urteile BGH NJW 1976, 326 (L) = LM § 326 (Dc) BGB Nr 4 und NJW 1977, 35:
Ankündigung von Leistungsschwierigkeiten ohne ernstliche und endgültige Erfüllungsverweigerung bereits vor Fälligkeit, ferner BGH NJW 1981, 679, 680; den
Grundsatz hervorhebend auch BGH WM 1982, 907, 908. Zu den Einzelheiten siehe
Rn B 103.

2. Die nicht wie geschuldet erbrachte Leistung

a) Mangelhafte Hauptleistung

Unter die *nicht wie geschuldet* erbrachte Leistung sind vor allem die Fälle der man- **A 32**
gelhaften Hauptleistung zu fassen. Hierzu zählen bei Sachleistungen **behebbare
Rechts- und Sachmängel**. Besonders gravierend ist insoweit die Anwendung der
Norm auf die Sachmängel bei der Spezieschuld beim Kauf, für die bisher eine
Nachfristsetzung für die Geltendmachung der Gewährleistungsrechte gesetzlich
nicht gefordert war. Hingegen hat der Nacherfüllungsanspruch bei der Gattungs-
schuld schon bisher zu § 326 aF geführt (Staudinger/Otto [2001] § 326 aF Rn 24).
Beim Werkvertrag war die Nachfrist in § 634 aF vorgesehen und ebenso dem Scha-
densersatzanspruch aus § 635 aF vorgeschaltet (Staudinger/Peters [2000] § 635 aF
Rn 20 ff). Die Abgrenzungsproblematik zwischen einem durch eine leistungsbezogene
Pflichtverletzung verursachten Mangel- und Mangelfolgeschaden bleibt allerdings
weiterhin bestehen (vgl Rn C 5; s auch § 280 Rn C 19 f; E 26 ff). Denn das Gesetz ist mit
Blick auf die Art des Schadens konzipiert: Die §§ 281 bis 283 schützen das Erfüllungs-
interesse, nicht das Erhaltungsinteresse (s § 280 Rn E 4 ff). Insofern ging der Begriff des

Schadensersatzes wegen Nichterfüllung in § 463 aF über den jetzt maßgeblichen Begriff des Schadensersatzes statt der Leistung hinaus.

A 33 Hierher gehört zB ebenfalls die **Schlechterfüllung der Hauptpflichten von auf Dienst-leistungen** gerichteten Verträgen (zB Dienst- oder Geschäftsbesorgungsvertrag), soweit diese bisher als *positive Vertragsverletzung* eingeordnet worden ist, weil weder die Rechtsfiguren der Unmöglichkeit (§ 325 aF) noch des Verzuges (§ 326 aF) herangezogen werden konnten (vgl Staudinger/Löwisch [2001] Vorbem 28 ff, 35 zu §§ 275–283 aF sowie Staudinger/Otto [2001] § 326 aF Rn 195 f). Ein signifikantes Beispiel ist die mangelhafte Erfüllung der arbeitsvertraglichen Hauptpflicht mit der Folge eines unbrauchbaren Arbeitsprodukts und eines dadurch entgangenen Gewinns (Staudinger/Richardi [1999] § 611 Rn 471 ff). Insofern trifft es nicht zu, daß bei der Schlechterfüllung von Dienst- und Geschäftsbesorgungsverträgen lediglich § 280 Abs 1 anwendbar ist (so scheint es nach Palandt/Heinrichs § 280 Rn 16). Wird allerdings durch diese mangelhafte Arbeitsleistung eine andere Rechtsposition beeinträchtigt (zB vom Arbeitnehmer für die Arbeit benutzte Gegenstände) oder ist der Arbeitgeber wegen der Verletzung eines außenstehenden Dritten Regreßansprüchen ausgesetzt, ist dadurch unmittelbar lediglich das Integritätsinteresse betroffen, so daß insoweit in der Tat allein § 280 Abs 1 maßgeblich ist. Dies dürfte eher der Regelfall sein (Bamberger/Roth/Grüneberg Rn 62; insoweit zutreffend Palandt/Heinrichs Rn 44). Näher hierzu Rn C 7.

b) Absprachewidrige Teilleistung

A 34 Sieht der Vertrag keine Teilleistungen vor, könnte auch eine bloße Teilerfüllung bedeuten, daß die Leistung nicht wie geschuldet erbracht ist. § 434 Abs 2 2. Alt stellt die Lieferung einer zu geringen Menge sogar ausdrücklich einem Sachmangel gleich. Konsequenzen hätte dies für die Gewichtung der Leistungsstörung. Bei der Bewirkung einer Teilleistung kann der Gläubiger nämlich Schadensersatz statt der ganzen Leistung nur verlangen, wenn er an der Teilleistung kein Interesse hat und dies notfalls beweist (zu § 281 Abs 1 S 2 Rn B 161 ff). Hingegen ist der Schadensersatz wegen der gesamten Leistung bei der Bewirkung einer Schlechtleistung nur ausgeschlossen, wenn der Schuldner darlegt und beweist, daß die Pflichtverletzung unerheblich ist (zu § 281 Abs 1 S 3 Rn C 31 ff)

c) Verletzung leistungsbezogener Nebenpflichten

A 35 Soweit durch die Verletzung leistungsbezogener Nebenpflichten der geschuldete Leistungserfolg ausbleibt, ist wegen des dadurch entstehenden **konkreten Schadens** zweifelsfrei § 281 einschlägig. Denkbar ist aber darüber hinaus, daß durch eine solche Pflichtverletzung zugleich der *Vertragszweck insgesamt gefährdet* wird (näher dazu Rn C 11 ff). Solche Fallgestaltungen fielen bisher ebenfalls unter das Rechtsinstitut der *positiven Vertragsverletzung*. (Staudinger/Löwisch [2001] Vorbem 39 zu §§ 275–283 aF). Dann kommt darüber hinaus die **Liquidation des gesamten Vertrages** in Betracht, also gem § 281 Schadensersatz statt der ganzen Leistung und § 323 Rücktritt. Die §§ 281, 323 sind aber nur auf leistungsbezogene Pflichtverletzungen anwendbar. *Nicht leistungsbezogene Pflichtverletzungen* fallen unter § 280 Abs 1. Dies gilt zB für die pflichtwidrige Verursachung sog Begleitschäden (vgl § 280 Rn E 11, 47; MünchKomm/Ernst § 280 Rn 95; Faust, in: Huber/Faust, Schuldrechtsmodernisierung Rn 3/217 ff). Ausnahmsweise können aber auch solche Pflichtverletzungen zu einem Anspruch auf

Schadensersatz statt der Leistung gem §§ 280 Abs 1 u 3, 282 führen (näher dazu § 282 Rn 10, 19, 46, 47).

3. Berücksichtigung/Vorrang von Sondervorschriften

Bei der Anwendung der beiden Schadensersatztatbestände des § 281 ist jedoch zu **A 36** beachten, daß möglicherweise Sondervorschriften zu berücksichtigen sind (vgl auch STAUDINGER/OTTO [2004] Vorbem 39 zu §§ 320–326). Selbst § 437 Nr 3 und § 634 Nr 4, die auf den ersten Blick nur wegen der darin enthaltenen Rechtsgrundverweisung zur Anspruchsgrundlage gehören, präzisieren oder modifizieren die Ausgangsnorm. Mit den Worten „ist die Sache bzw das Werk mangelhaft" wird die „nicht wie geschuldet erbrachte Leistung" näher bestimmt. Die Erläuterungen dazu haben im Zusammenhang im Kauf- bzw Werkvertragsrecht zu erfolgen (vgl hierzu STAUDINGER/PETERS [2003] § 634 Rn 22 ff, der allerdings von einer Inhaltslosigkeit des ersten Satzteiles der Norm ausgeht; OETKER/MAULTZSCH, Vertragliche Schuldverhältnisse 68 f). Darüber hinaus machen die beiden Normen ausdrücklich darauf aufmerksam, daß die folgenden Vorschriften nicht nur zusätzliche Voraussetzungen enthalten, sondern auch etwas anderes bestimmen können. So folgt aus den §§ 439, 440 und §§ 635, 636 der prinzipielle Vorrang der Nacherfüllung (vgl zum Stufenverhältnis der Gewährleistungsrechte JAUERNIG/BERGER § 437 Rn 4; PALANDT/PUTZO § 437 Rn 4), der mit einer spezifischen Entbindung von der Fristsetzung über § 281 Abs 2 hinaus verbunden ist. Im folgenden ist auf solche Modifikationen einzugehen, die besondere praktische Bedeutung haben. Dabei wird zT wegen des inneren Zusammenhangs gleichzeitig die Vertragsbeendigung durch Rücktritt bzw Kündigung mitbehandelt.

a) Für den **Kaufvertrag** enthält § 437 Nr 3 eine Verweisung ua auf die §§ 280, 281. **A 37** Ein Schadensersatzanspruch richtet sich folglich nach dem allgemeinen Leistungsstörungsrecht. Die Freiheit von Sach- und Rechtsmängeln ist nach § 433 Abs 1 S 2 eine Leistungspflicht des Verkäufers. Will der Verkäufer Schadensersatz statt der Leistung geltend machen, so muß er nach den §§ 280, 281 vorgehen. Eine Unterscheidung in **Sach- und Rechtskauf** findet nicht mehr statt (vgl die generelle Verweisung in § 453 Abs 1). Beim *handelsrechtlichen Bestimmungs- oder Spezifikationskauf* wird die Bestimmungspflicht des Käufers gem § 375 Abs 1 HGB ausdrücklich in den Rang einer Hauptpflicht erhoben. Im Fall des Verzuges kann der Verkäufer entweder die Bestimmung selbst vornehmen oder gem den §§ 280, 281 bzw § 323 vorgehen (§ 375 Abs 2 S 1 HGB). Wegen der Einzelheiten vgl KOLLER/ROTH/MORCK, HGB § 375 Rn 3; SCHLEGELBERGER/HEFERMEHL, HGB § 375 Rn 17 ff; WÜRDINGER/ RÖHRICHT, in: Großkomm HGB § 375. Zum *Fixhandelskauf* iS von § 376 HGB siehe bereits oben Rn A 15 sowie unten Rn B 115.

Da § 437 Nr 3 ausdrücklich auf § 281 verweist, richtet sich die Gewährleistung zu- **A 38** gleich nach allgemeinem Leistungsstörungsrecht. Eine mangelhafte Leistung ist damit eine *nicht wie geschuldet* erbrachte Leistung iSd § 281 Abs 1 S 1 2. Alt. Von einer *nicht* erbrachten Leistung (1. Alt) kann nur dann die Rede sein, wenn die Störung nicht von den Gewährleistungsregeln erfaßt wird. Hier hat sich der Ausgangspunkt für die **Falschlieferung** verschoben, weil § 434 Abs 3 die aliud-Lieferung ausdrücklich einem Sachmangel gleichstellt. Damit läßt sich der bisher praktizierte Ausschluß des Gewährleistungsrechts beim Spezieskauf (nach BGB oder HGB) – sog Identitäts- aliud (BGH NJW 1979, 811) – nicht mehr ohne besondere Rechtfertigung aufrechterhalten. Bei einem Gattungskauf unter Kaufleuten griff § 326 aF anstelle des Gewährleistungsrechts hingegen ohnehin nur dann ein, wenn es sich um ein nichtgenehmigungsfähiges (§§ 377, 378 HGB) aliud handelte (BGHZ 115, 286, 295 ff = NJW 1992, 566, 568 f).

A 39　Anders als der beim Handelskauf gestrichene § 378 HGB aF macht das Gesetz die Einordnung als Sachmangel nicht einmal von der Genehmigungsfähigkeit der Falschlieferung abhängig. Soweit diese gesetzliche Vorgabe durch § 434 Abs 3 reicht, hat das zur Konsequenz, daß sich nun die Frage der Nacherfüllung einer erbrachten Leistung stellt, die freilich nur als *Lieferung der ursprünglich geschuldeten Leistung als „mangelfrei" Sinn macht* (vgl zu dieser Problematik DAUNER-LIEB/ARNOLD JuS 2002, 1175 ff; LETTL JuS 2002, 866, 871 nimmt bei einer Falschlieferung beim Stückkauf immer Nichterfüllung an; ebenso THIER AcP 203 (2003), 399, 403; vgl auch LORENZ JuS 2003, 36 ff, MUSIELAK NJW 2003, 89 ff, WRASE/MÜLLER-HELLE NJW 2002, 2537 ff). Allerdings ist die richtige Zuordnung weniger folgenreich als früher, weil idR entweder eine Nachfrist zur Erfüllung (§ 281 Abs 1 S 1 1. Alt) oder zur Nacherfüllung (§§ 281 Abs 1 S 1 2. Alt, 439, 440) gesetzt werden muß, und weil in beiden Fallgestaltungen bei fruchtlosem Ablauf ein Schadensersatzanspruch die Rechtsfolge ist. Mißlich ist die Situation freilich dann, wenn der Verkäufer zunächst gar nicht liefert, nach einer Fristsetzung gem § 281 Abs 1 S 1 1. Alt jedoch eine mangelhafte Sache leistet. Die könnte eine erneute Fristsetzung für die Nacherfüllung erforderlich machen. Eine derartige erneute Fristsetzung gem § 281 Abs 1 S 1 2. Alt kann jedoch nicht nur nach § 281 Abs 2 entbehrlich, sondern die Nacherfüllung gem § 440 S 3. Alt unzumutbar sein (zur Verjährung bei mangelhafter Nacherfüllung vgl AUKTOR NJW 2003, 120 ff).

A 40　Bei einem **Gattungskauf** nach bürgerlichem Recht ermittelte der BGH die Grenze zwischen einer gewährleistungsrechtlich zu behandelnden Schlechtlieferung und einer nach allgemeinem Leistungsstörungsrecht abzuwickelnden Falschlieferung bisher anhand des Kriteriums der Gattungszugehörigkeit (vgl BGH NJW 1968, 640; NJW 1969, 787 f; NJW 1989, 218, 219; für eine analoge Anwendung der §§ 377, 378 aF HGB etwa STAUDINGER/HONSELL [1995] § 459 aF Rn 47 f; für eine völlige Gleichstellung von aliud und peius SOERGEL/HUBER Vor § 459 aF Rn 124–129). Ferner war § 326 aF auf den Nacherfüllungsanspruch aus § 480 Abs 1 aF anwendbar (RG JW 1905, 17; RGZ 123, 212, 215; BGH NJW 1999, 2884, 2885 = LM § 326 [A] BGB Nr 37 m zust Anm STEPHAN LORENZ; SOERGEL/HUBER § 480 aF Rn 30 ff; str). Angesichts der Problematik der Gattungsabgrenzung und Genehmigungsfähigkeit leuchtet für den Gattungskauf die vom Gesetzgeber offenbar beabsichtigte Gleichbehandlung aller Gattungskäufe ein. Dies entspricht auch Art 46 Abs 2 CISG (vgl STAUDINGER/MAGNUS [1999] Rn 33). Somit gelten *nach der Annahme* der Falschlieferung die Normen über die nicht wie geschuldet bzw mangelhaft erbrachte Leistung.

A 41　Umstritten ist jedoch, ob § 434 Abs 3 überhaupt auf einen **Spezieskauf** anzuwenden ist (so HUBER, in: HUBER/FAUST, Schuldrechtsmodernisierung Rn 12/61; MUSIELAK NJW 2003, 89, 92) oder ob nicht weiterhin von einem Anspruch auf Erfüllung des ursprünglichen Anspruchs gesprochen werden muß (so CANARIS, Schuldrechtsmodernisierung 2002, XXIII; LETTL JuS 2002, 866, 871 und GRIGOLEIT/RIEHM ZGS 2002, 115 Fn 2, die im übrigen die Gleichbehandlung im allgemeinen Leistungsstörungsrecht ablehnen [122]). Die Schlechterfüllung ist jedoch nach der Annahme der Leistung zu bejahen, da die Norm für eine generelle Einschränkung ihres Anwendungsbereichs keinen Anhalt gibt (OETKER/MAULTZSCH,

Vertragliche Schuldverhältnisse 74 f; ebenso zu Art 46 Abs 2 CISG Staudinger/Magnus [1999] Rn 34). Hierfür spricht außerdem, daß sogar bei der Lieferung einer wegen ihrer Beschaffenheit mangelhaften Stückschuld (§ 434 Abs 2) eine Nacherfüllung durch eine einwandfreie Sache gem §§ 437 Nr 1, 439 nicht nur in Betracht kommt (Oetker/ Maultzsch 83 f, krit Ackermann JZ 2002, 378, 379 ff), sondern für den Verbrauchsgüterkauf gem Art 3 Abs 3 der EG-Richtlinie über den Verbrauchsgüterkauf (Richtlinie 1999/44/ EG ABl EG Nr L 171/12) vorausgesetzt wird. Hier zeichnet sich freilich die Tendenz ab, von der Nacherfüllung in Form der Nachlieferung solche Stückschulden auszunehmen, die eine nicht vertretbare Sache zum Gegenstand haben (vgl BT-Drucks 14/6040, 209; LG Ellwangen NJW 2003, 517; Oetker/Maultzsch 82 ff; Pammler NJW 2003, 1992, 1994; ebenfalls gegen einen generellen Ausschluß der Ersatzlieferung bei Stückschulden OLG Braunschweig NJW 2003, 1053, 1054, hierzu Canaris, JZ 2003, 831), während andere den Begriff des Gattungskaufs in diesem Zusammenhang neu definieren wollen. Die Falschlieferung ist daher nach der Annahme der Leistung idR nicht als nicht erbrachte, sondern als nicht wie geschuldet erbrachte Leistung zu behandeln. Dies bedeutet zugleich, daß die Leistung mit Rechtsgrund erfolgt ist und daß die Rückgewähr der mangelhaften Leistung gem § 439 Abs 4 nach Maßgabe der §§ 346 bis 348, insbes also auch Zug um Zug erfolgt, während ansonsten nur eine Leistungskondiktion des Schuldners in Betracht käme (aA Oetker/Maultzsch 76).

Zu einer anderen Einordnung kann nach meiner Auffassung deshalb lediglich der mit **A 42** der aliud-Lieferung vom Schuldner verbundene **Leistungszweck** führen. Von einer Erfüllung der ursprünglichen Schuld kann jedenfalls dann nicht gesprochen werden, wenn der Verkäufer selbst erkennbar nicht von einer Erfüllung der ursprünglich vertraglich vereinbarten Leistung ausgeht. Nach der Gesetzesbegründung liegt bei einer Falschlieferung ein Sachmangel lediglich dann vor, wenn der Verkäufer die Leistung als Erfüllung seiner Pflicht erbringt (Begr RegE BT-Drucks 14/6040, 216; vgl zu dieser Problematik auch Staudinger/Matusche-Beckmann [2004] § 434 Rn 114 ff). Denkbar wäre es allenfalls, darüber hinaus erneut den Gedanken der Genehmigungsfähigkeit unter dem Gesichtspunkt des Gläubigerschutzes aufzugreifen. Hieran wäre nur zu denken, wenn die Falschlieferung für den Gläubiger bei der Annahme ohne vorherige Untersuchung nicht erkennbar ist, ansonsten die erbrachte Leistung aber redlicherweise lediglich an Erfüllungs Statt erfolgen könnte. Jedoch würde damit ein Merkmal maßgeblich, daß der Gesetzgeber in § 378 HGB aF vorgefunden, aber bewußt verworfen hat (BT-Drucks 14/6040, 216).

Sollen mehrere Gegenstände nach dem Willen der Kaufparteien als *einheitliche* **A 43** *Leistung* behandelt werden, so kann die Nichtlieferung einzelner Gegenstände als Sachmangel nach § 434 Abs 3 2. Alt bei Lieferung einer zu geringen Menge, aber auch als Verzögerung der Gesamtleistung zu werten sein (zu § 326 aF BGH LM § 326 [A] BGB Nr 29 = NJW-RR 1990, 1462, 1465). Ein Beispiel wäre der Kauf einer Sitzgarnitur, bei dem die Couch nicht geliefert wird. Geht es dagegen lediglich um zusammengehörende Sachen (zB Stühle für ein Büro), so führt das Fehlen einzelner Stücke nur zur Teilverzögerung, sofern sich die Vertragsparteien dessen bewußt sind, während der Erfüllungsanspruch im übrigen fortbesteht (vgl Krause Jura 2002, 299, 303 f; BGH NJW 1992, 3224). In dieser Weise hat der BGH zur alten Fassung des BGB das Fehlen von Computer-Hardware bzw Software eingeordnet (NJW 1993, 461, 462; NJW 1993, 2436, 2438; OLG Köln NJW-RR 1998, 343, 344) und damit die verschiedentlich vertretene Qualifikation als Sachmangel verneint (OLG Frankfurt NJW 1987, 3206 f; in diesem Sinn auch für das

Leasing-Recht OLG Frankfurt BB 1993 Beil 3 S 4); siehe auch Rn B 13 u 24. Anderes gilt beim Kauf von Software für das Fehlen einer Online-Hilfsfunktion (BGH NJW 2000, 1415, 1416 f = LM § 377 HGB Nr 42 m krit Anm MARLY = JZ 2000, 1062 m Anm HAGER).

A 44 b) Im Werkvertragsrecht verlagert § 634 Nr 4 den Schadensersatzanspruch in das allgemeine Leistungsstörungsrecht. Beim **Werkvertrag** kann der Besteller *vor der Abnahme* zB bei unbegründeter Arbeitseinstellung durch den Unternehmer gegen diesen gem den §§ 281, 323 vorgehen, weil ein Gefahrübergang nach den §§ 640, 644 noch nicht erfolgte (so schon zum alten Recht BGH LM § 326 [A] BGB Nr 32 = NJW-RR 1996, 853, 854), darf aber nicht gleichzeitig gem § 649 kündigen (OLG Hamburg MDR 1971, 135). Die §§ 281, 323 sind vor der Abnahme auch anwendbar, wenn der Besteller die Mangelhaftigkeit des Werkes rügt und die Herstellung einer mangelfreien Leistung verlangt. Der Besteller verliert die Rechte aus den §§ 281, 323 selbst dann nicht, wenn er nach Ablauf der zur Nachbesserung gesetzten Frist die Annahme des mangelhaften Werkes ablehnt. Hierdurch tritt nicht etwa eine Konkretisierung auf dieses Werk ein, die zu einem Ausschluß des allgemeinen Leistungsstörungsrechts führte (BGH NJW 1999, 2046, 2048 = LM § 326 [D] BGB Nr 4 m insoweit zust Anm PETERS). Auch das Fehlen der Dokumentation bei einem Werkvertrag über Individualsoftware wird man entsprechend den im Kauf- und Leasingrecht geltenden Grundsätzen (Rn B 161 ff) regelmäßig als Teilnichterfüllung und nicht als Sachmangel einzuordnen haben (BGH NJW 1998, 2132, 2133; aA OLG Saarbrücken NJW-RR 1997, 558, 559; s ferner OLG Köln BB 1994 Beil 14 S 11: Pflichtenheft u Bedienungsanleitung als Hauptleistungspflicht). Bei einer Gefährdung des Vertragszwecks aufgrund einer Pflichtverletzung kommt eine Liquidation durch den Unternehmer (zB RGZ 104, 15, 16; 152, 119, 122; BGHZ 11, 80) bzw den Besteller (BGHZ 31, 224, 229; OLG Hamburg MDR 1971, 135) in Betracht, und zwar unabhängig von den §§ 642, 643 und 649 (BGHZ 45, 372, 375 erkennt ein Kündigungsrecht gem § 649 ohne Vergütungspflicht unter Hinweis auf § 242 an). Ein Anspruch aus § 281 wird auch nicht etwa von der kurzen Verjährung des § 634a Abs 1 erfaßt (so schon zu § 638 aF BGH NJW 1997, 50, 51 = LM § 326 [B] BGB Nr 3 m zust Anm PETERS; NJW 1999, 2046, 2048 = LM § 326 [D] BGB Nr 4 m zweifelnder Anm PETERS wegen der kürzeren Verjährung bei § 635 aF; OLG Köln VersR 1999, 1553). *Nach der Abnahme* eines mangelhaften Werkes stehen dem Besteller die Rechte aus den §§ 281, 323 nicht mehr direkt, sondern nur über die Verweisung in § 634 zu (STAUDINGER/PETERS [2003] § 634 Rn 9 f, Rn 106; PALANDT/SPRAU Vorb § 633 Rn 8). Es bleibt zudem bei dem Leistungsverweigerungsrecht nach § 320, weil der Beseitigungsanspruch ein echter Erfüllungsanspruch ist (BGHZ 61, 42, 45; 84, 42, 46). Verweigert der Besteller die Abnahme, so kann ihm der Unternehmer nach § 640 Abs 1 S 3 eine angemessene Frist zur Abnahme setzen, mit deren Ablauf die Annahme fingiert wird. Eine Klage auf Feststellung einer wirksamen – fingierten – Abnahme, verbunden mit einer Vergütungsklage ist möglich (PALANDT/SPRAU § 640 Rn 8), aber für die Durchsetzung des Vergütungsanspruchs nicht notwendig (STAUDINGER/PETERS [2003] § 640 Rn 28 ff). Zu den Mitwirkungsobliegenheiten des Bestellers siehe Rn B 24 ff.

A 45 Die §§ 280, 281 werden allerdings verdrängt, wenn die §§ 5 Nr 4, 6 Nr 6 u 8 Nr 3 **VOB/B** anzuwenden sind (zu § 326 aF BGH LM § 326 [G] BGB Nr 1). Dies ist vor allem deshalb bedeutsam, weil § 8 Nr 3 Abs 2 S 2 VOB/B dem Auftraggeber nur dann einen Anspruch auf Ersatz des Nichterfüllungsschadens zubilligt, wenn er an der Ausführung des Auftrags kein Interesse mehr hat. Soweit diese Sonderbestimmungen trotz Vereinbarung der VOB/B die verzögerte Leistung nicht erfassen, bleibt es bei den

§§ 280, 281 (vgl auch zu den Änderungen der VOB/B Joussen BauR 2002, 1759 ff; Kemper BauR 2002, 1613 ff; zu § 326 aF BGH LM § 326 [A] BGB Nr 32 = NJW-RR 1996, 853, 854).

Besondere Probleme bei der Abgrenzung des Anwendungsbereichs der §§ 280 ff u **A 46** 323 ff, wirft das 1979 in das BGB eingefügte **Reisevertragsrecht** auf. Hierzu hatte sich inzwischen die Ansicht durchgesetzt, daß sämtliche Störungen nach Vertragsschluß, die sich auf den Nutzen der Reise auswirken und nicht allein auf Gründe in der Person des Reisenden zurückzuführen sind, Reisemängel darstellen und deshalb den §§ 651c ff unterfallen (vgl BGHZ 97, 255; Palandt/Sprau Vor §§ 651c bis g Rn 8 f; Wolter AcP 183 [1983] 35 ff, 64, 78 ff; s auch Staudinger/Otto [2001] Vorbem 10 zu §§ 323–327 aF). Hieran ist festzuhalten, wie sich zB auch daraus ergibt, daß in § 651f Abs 1 unverändert von Schadensersatz wegen Nichterfüllung die Rede ist. Für andere Pflichtverletzungen gilt das allgemeine Leistungsstörungsrecht (vgl zum Schadensersatzanspruch wegen unterlassenen Hinweises auf einen Hurrikan im Zielgebiet OLG Frankfurt NJW-RR 2003, 1139). Im **internationalen Straßengüterverkehr** schließen die Art 17 Abs 1, 23 Abs 5 CMR den Rückgriff auf die §§ 280 ff aus (zu § 326 aF OLG Düsseldorf NJW-RR 1995, 1120, 1121).

c) Bei bereits in Vollzug gesetzten **Dauerschuldverhältnissen** tritt grundsätzlich an **A 47** die Stelle des Rücktrittsrechts das Recht zur außerordentlichen Kündigung aus wichtigem Grund (oben Rn A 23) und an die Stelle des Schadensersatzanspruchs statt der gesamten Leistung ein Schadensersatzanspruch wegen vorzeitiger Vertragsauflösung (vgl BGH Betrieb 1976, 1010; NJW 1981, 1264, 1265; NJW 1986, 124, 125; NJW 1989, 1482, 1483; Beitzke, Nichtigkeit, Auflösung und Umgestaltung von Dauerrechtsverhältnissen [1948] 21 ff, 23; Larenz I § 26d [416]; Palandt/Heinrichs § 314 Rn 11 f; ausführlich Oetker, Das Dauerschuldverhältnis und seine Beendigung [1994] 265 ff, 366 ff; Soergel/Wiedemann Vor § 323 aF Rn 60 ff; einschränkend BGH NJW 1987, 2004, 2006, soweit die Parteien ein Interesse an der Rückgängigmachung bereits erbrachter Leistungsteile haben, u BGH NJW 2002, 1870 ff für einen Entwicklungsvertrag, wenn eine Rückabwicklung unschwer möglich und nach der Interessenlage der Beteiligten sachgerecht ist; noch weitergehend MünchKomm/Ernst Rn 14, § 323 Rn 35 f; für einen Rücktritt bei Verzug des Arbeitgebers mit der Zahlung einer Karenzentschädigung im Rahmen eines nachvertraglichen Wettbewerbsverbotes LAG Hamm Betrieb 1995, 1871, 1872). Für den bis zur – eventuellen – Vertragsbeendigung entstandenen Integritätsschaden verbleibt es freilich bei der Anwendung des § 280 Abs 1 (insoweit zutreffend Palandt/Heinrichs § 314 Rn 11), wegen eines reinen Verzögerungsschadens ist § 280 Abs 1 u 2 iVm § 286 einschlägig, wegen einer dauerhaften Beeinträchtigung des Leistungsinteresses durch eine nicht oder nicht wie geschuldet erbrachte Leistung § 280 Abs 1 u 3 iVm § 281 (zum alten Recht Oetker 382). Außerdem wird ein Anspruch des kündigenden wie eines zurücktretenden Gläubigers auf **Ersatz des durch die vorzeitige Auflösung des Vertrages entstehenden Schadens** (dazu näher Rn C 35 ff) nicht ausgeschlossen (§§ 314 Abs 4, 325).

Für den **Dienstvertrag des Selbständigen** und den **Arbeitsvertrag** enthalten die §§ 626, **A 48** 628 die einschlägigen Sondervorschriften (RGZ 92, 158; BAG AP Nr 1 zu § 124 GewO m Anm A Hueck = NJW 1967, 2030 = SAE 1968, 37 mit hinsichtlich der geforderten Abmahnung krit Anm Söllner 39 ff; Palandt/Putzo § 626 Rn 3). Die Kündigung ist bereits möglich, bevor das Rechtsverhältnis tatsächlich in Vollzug gesetzt worden ist. Zum Schadensersatzanspruch gem § 628 Abs 2 siehe Rn C 35 ff.

Für den **Handelsvertreter** trifft § 89a HGB dieselbe Sonderregelung (vgl RGZ 92, 158, **A 49** 160; RG JW 1912, 73; BGHZ 122, 9 = NJW 1993, 1386; s Rn C 35 ff). Abs 2 regelt den Schadensersatzanspruch des Kündigenden. § 89a HGB gilt nach der Rspr analog auch dann, wenn ein Unternehmer gegenüber einem sog „Alleinverkäufer" bzw „**Eigen-** oder **Vertragshändler**" die Verpflichtung übernommen hat, Waren zum kommissionsweisen Vertrieb zu liefern (RGZ 92, 158; RG DR 1942, 1226; BGH NJW 1962, 1107; NJW 1967, 825; s auch BGH NJW 1982, 2432 zur Kündigung durch den Eigenhändler), während ULMER (Der Vertragshändler [1969] 481 ff), der den Dienstcharakter betont, die unmittelbare Anwendung der §§ 626, 628 vorzieht.

A 50 Für die **Gesellschaft bürgerlichen Rechts** sind die Kündigung gem § 723 bzw der Ausschluß aus wichtigem Grund die gegebenen Gestaltungsmittel, jedenfalls sofern die Gesellschaft in Vollzug gesetzt ist (vgl STAUDINGER/OTTO [2004] Vorbem 21 zu §§ 320–326; RGZ 78, 303; 158, 321, 326). Insoweit tritt HÜTTEMANN, Leistungsstörungen bei Personengesellschaften (1998) 404 ff nunmehr dafür ein, die Verwirklichung der Tatbestände des § 326 Abs 1 u 2 aF, also jetzt der §§ 280 Abs 1, 281 f als wichtigen Grund iS der §§ 723, 737 anzusehen. Anspruchsgrundlage für den Schadensersatzanspruch ist § 280 Abs 1, ggf iVm § 280 Abs 3 u §§ 281 ff. Für die **Personengesellschaften des Handelsrechts** gilt das erst recht (vgl zB BGH NJW 1978, 376, 377: Erbringung von Kapitalleistungen bei einer Massengesellschaft; s auch EBERL-BORGES, Die Leistungsverzögerung bei mehrseitigen Vertragsverhältnissen – Zugleich eine Typenbildung mehrseitiger Verträge, AcP 203 [2003] 632, 657 ff).

A 51 Für den **Miet-** und **Pachtvertrag** war stets anerkannt, daß die speziellen (§§ 543, 581) und insbes die mieterschutzrechtlichen Vorschriften über die Vertragsbeendigung das Rücktrittsrecht ausschlossen (vgl zB RGZ 105, 167; 149, 88, 92). Der BGH hatte aber im übrigen den Rücktritt früher auch noch nach der Übergabe der Mietsache zugelassen (BGH NJW 1957, 57: Verzug mit Baukostenzuschuß). Seit sich jedoch in der Zwischenzeit der wichtige Grund zunächst gewohnheitsrechtlich als Kündigungsgrund auch im Mietrecht durchgesetzt hat – siehe jetzt § 543, sowie § 314 –, schließt der BGH den Rücktritt nach der Überlassung der Mietsache jedenfalls dort aus, wo die Möglichkeit besteht, aus wichtigem Grund fristlos zu kündigen (BGHZ 50, 312 = NJW 1969, 37). Des weiteren wird schon seit langem eine Schadensersatzforderung des Vermieters gegen den Mieter wegen des durch die Kündigung selbst entstehenden Schadens bejaht. Häufigster Anwendungsbereich dieses Schadensersatzanspruchs war in den letzten Jahren der Ersatzanspruch des **Leasinggebers** nach fristloser Kündigung gem § 554 aF, jetzt 543 Abs 1, 2 S 1 Nr 3, wegen Zahlungsverzuges des Leasingnehmers (vgl BGHZ 84, 82, 121, 129; 94, 195, 215; BGH NJW 1991, 221, 222). Nach Ansicht der Rspr handelt es sich dabei um einen „Anspruch eigener Art", dessen Geltendmachung keine vorherige Nachfristsetzung erfordert (BGHZ 95, 39, 44; BGH NJW 1984, 2687). Demgegenüber erscheint es richtiger, als Grundlage der Schadensersatzpflicht im Hinblick auf § 314 Abs 4 jedenfalls jetzt die §§ 280, 281 anzuwenden (ebenso STAUDINGER/EMMERICH [2003] § 543 Rn 45 ff, 104 ff; JAUERNIG/TEICHMANN § 543 Rn 1).

A 52 Eine ähnliche Rechtslage besteht bei – echten und unechten – **Sukzessivlieferungsverträgen** (zur Abgrenzung STAUDINGER/J SCHMIDT [1995] Einl 356 f zu §§ 241 ff). Dabei wird grundsätzlich nicht zwischen *Ratenlieferungsvertrag* (echter Sukzessivlieferungsvertrag) und *Dauerlieferungsvertrag* (unechter Sukzessivlieferungsvertrag) unterschieden (vgl auch STAUDINGER/OTTO [2004] § 320 Rn 36), da der Gläubiger nach §§ 280 Abs 1 u 3, 281 idR nur hinsichtlich der noch ausstehenden Teilleistungen vorgehen kann (zu § 326 aF BGH NJW 1981, 679). Vgl näher Rn B 170 ff, zur Teilverzögerung Rn B 164 ff;

zur Schlechtleistung unter dem Aspekt der fehlenden Zuverlässigkeit siehe Rn C 18. Kann der Schuldner eine Teilleistung oder die gesamte Leistung nach § 275 verweigern, so ist § 283 einschlägig (vgl § 283 Rn 9 ff, 28 ff).

Beim **Versicherungsvertrag** ist bei der verspäteten Zahlung der ersten oder einmali- **A 53** gen Prämie § 38 VVG zu beachten, der den Versicherer unabhängig von einem Vertretenmüssen des Versicherungsnehmers zum Rücktritt berechtigt und im Versicherungsfall von der Verpflichtung zur Leistung frei sein läßt. Für die Folgeprämie enthält § 39 VVG detaillierte Sonderregelungen, die vor allem die Form der Rechtsausübung betreffen, da das Gesetz hier für die Kündigung des Versicherungsvertrages Verzug fordert (vgl als Beispielsfall BGH NJW 1969, 875). Zur Pflichtverletzung in Form einer durch den Versicherungsvertrag begründeten Treuepflicht, die früher unter den Begriff der positiven Vertragsverletzung gefaßt wurde (vgl RG JW 1937, 218; HEILMANN JW 1938, 1783 ff; PRÖLSS/MARTIN, VVG[26] [1998] Vorbem 9, § 8 Rn 26 f; umfassend FAUSTEN, Ansprüche des Versicherungsnehmers aus positiver Vertragsverletzung [2003]).

B. Die nicht erbrachte (verzögerte) Leistung (§ 281 Abs 1 S 1 1. Alt)

I. Regelvoraussetzungen

Zunächst sollen die Voraussetzungen dargestellt werden, die gem § 281 Abs 1 S 1 **B 1** 1. Alt idR vorliegen müssen, damit die Rechtsfolge Schadensersatz statt der Leistung eintritt. Unter II. (Rn B 100 ff) sollen dann die Fallgruppen behandelt werden, bei denen eine Fristsetzung zur Leistung oder Nacherfüllung entbehrlich ist.

1. Schuldverhältnis

Unter den Anwendungsbereich der Norm fallen, anders als noch § 326 aF, alle Arten **B 2** von Schuldverhältnissen mit einer Leistungspflicht (näher dazu § 280 Rn B 1 ff). Es wird nicht mehr nach vertraglichen und gesetzlichen Schuldverhältnissen oder nach gegenseitigen Verträgen und Verträgen, bei denen die Leistungspflicht nicht in einem Gegenseitigkeitsverhältnis steht, unterschieden. Deshalb bedeutet es lediglich eine Klarstellung, wenn § 346 Abs 4 für die Verletzung einer Pflicht aus dem Rückgewährschuldverhältnis auf die §§ 280 bis 283 verweist.

2. Pflichtverletzung

a) Nichtleistung trotz Leistungspflicht

Dem Schuldner kann man eine Pflichtverletzung nur vorwerfen, wenn er einen be- **B 3** stehenden, fälligen und vollwirksamen, dh durchsetzbaren, Anspruch nicht erfüllt. Maßgeblich sind insofern die gleichen Mindestvoraussetzungen, wie sie für den Verzug kennzeichnend waren und sind.

Zwar nennt § 281 den Verzug anders als §§ 286 Abs 2, 326 aF nicht mehr als Voraus- **B 4** setzung. Die Voraussetzungen des § 281 und des § 286 sind aber weitgehend deckungsgleich, so daß es mE wünschenswert gewesen wäre, weiterhin den Verzug als gemeinsamen Grundtatbestand zugrunde zu legen. Deshalb wird in aller Regel nach erfolglosem Fristablauf gleichzeitig auch Verzug nach § 286 vorliegen (hierzu vgl zunächst Staudinger/Löwisch Vorbem zu §§ 286–292 sowie § 286.) Die Begründung des RE schließt es sogar aus, daß ein Schadensersatzanspruch nach den §§ 280, 281 besteht, aber kein Verzug vorliegt (BT-Drucks 14/6040, 138).

B 5 **Zusammengefaßt** setzt die Verzögerung der Leistung des Schuldners ihrerseits mindestens voraus:

aa) **Bestehen des Anspruchs:** Da der Anspruch untergeht, wenn die Leistungspflicht gem § 275 Abs 1 bis 3 nachträglich ausgeschlossen ist (s § 283 Rn 19 ff; Staudinger/Otto [2004] § 320 Rn 21 u § 326 B 20 ff), kann der Gläubiger in diesem Fall nur nach §§ 280 Abs 1 u 3, 283 vorgehen. Dies gilt auch dann, wenn diese Rechtsfolge eintritt, nachdem dem Schuldner bereits eine Frist gesetzt worden ist (vgl unten Rn B 74; ferner Emmerich, Leistungsstörungen 286; zu § 326 aF RG SeuffA 82 Nr 82). Insbesondere ist es gut vorstellbar, daß der Schuldner erst nach der Fristsetzung die Einrede des unzumutbaren Leistungsaufwands oder der persönlichen Unzumutbarkeit gem § 275 Abs 2 oder 3 erhebt und durch diesen Gestaltungsakt den Untergang des primären Leistungsanspruchs des Gläubigers bewirkt. Entgegen Staudinger/Löwisch (§ 275 Rn 93) ist *diese Einrede jedenfalls nicht einseitig zurücknehmbar*; denn dies würde zugleich bedeuten, daß dem Gläubiger nicht nur sein Schadensersatzanspruch aus § 283 genommen werden könnte, sondern daß seine Verpflichtung zur Gegenleistung entgegen § 326 Abs 1 S 1 wieder aufleben müßte. Der Ausdruck „Einrede" bringt nur unzureichend zum Ausdruck, daß die rechtmäßige Ausübung des Leistungsverweigerungsrechts den Anspruch nicht nur hemmt, sondern erlöschen läßt. Nach der wirksamen Erhebung der Einrede hat der Schuldner daher eine Einwendung gegen den Primäranspruch. Angesichts der changierenden Wortwahl des Gesetzgebers spricht allerdings mehr für die Zulässigkeit einer einvernehmlichen Rückkehr zum Leistungsprogramm, ohne daß zB stets erneut etwaige Formvorschriften eingehalten werden müßten (s dazu Rn D 4 u § 283 Rn 39), wie dies nach Ablauf der Nachfrist für § 326 Abs 1 S 2 HS 2 aF angesichts des klaren Wortlauts: „der Anspruch auf Erfüllung ist ausgeschlossen", mit Recht verlangt worden ist (Staudinger/Otto [2001] § 326 aF Rn 146).

Ist die *Nachfrist allerdings fruchtlos abgelaufen*, ist der Schadensersatzanspruch statt der Leistung entstanden. Da der Anspruch auf die geschuldete Leistung aber erst mit dem berechtigten Schadensersatzverlangen untergeht (§ 281 Abs 4; dazu unter Rn D 1 ff), erscheint es nicht ausgeschlossen, daß auch noch die Voraussetzungen der §§ 280 Abs 1 u 3, 283 erfüllt werden können, zumal der Schuldner während des Verzugs gem § 287 S 2 sogar Zufall zu vertreten hat. Da sich der Schadensersatzanspruch inhaltlich nicht unterscheiden dürfte, spricht wenig gegen ein ausnahmsweises Nebeneinander beider Anspruchsgrundlagen. Hierfür spricht zudem der Gesichtspunkt der Prozeßökonomie, weil die klagebegründenden Tatsachen für eine Anspruchsgrundlage uU sogar unstreitig sind oder sich eher beweisen lassen. Den zwischenzeitlichen Verzögerungsschaden kann der Gläubiger gem §§ 280 Abs 1 u 2, 286 geltend machen (s dazu ferner Rn B 146 f sowie Staudinger/Löwisch § 286 Rn 171 ff).

B 6 **bb)** **Fälligkeit des Anspruchs:** Hierzu ist auf die Ausführungen zu § 286 zu verweisen (Staudinger/Löwisch § 286 Rn 5 ff; s auch zur Neuregelung im Werkvertragsrecht Rn B 24). Vor Fälligkeit ist ein Schadensersatzanspruch nur ausnahmsweise gegeben, so zB bei endgültiger Erfüllungsverweigerung bereits vor Fälligkeit (Faust, in: Huber/Faust,

Schuldrechtsmodernisierung 3/138, 152; **aA** Lorenz/Riehm, Schuldrecht 361, die § 282 für einschlägig halten; vgl auch BGH NJW 2003, 1600, 1601 zur schwerwiegenden Vertragsverletzung, die nach Fälligkeit sicher eintreten wird). Zur Frage der **analogen Anwendung des § 281** vor Fälligkeit siehe Rn A 29, B 103.

cc) Einredefreiheit des Anspruchs: Vgl auch hierzu zunächst die Ausführungen zu **B 7** § 286 (Staudinger/Löwisch § 286 Rn 12 ff). Es hängt von der Art der Einrede ab, ob es erst ihrer Geltendmachung bedarf (für die Verjährung offengelassen von BGHZ 104, 6, 11 f; ebenso für die Mängeleinrede nach § 478 BGHZ 113, 232, 236) oder ob sie – wie insbes die Einrede des nichterfüllten Vertrages (Staudinger/Otto [2004] § 320 Rn 46) – ohne weiteres die Pflichtverletzung ausschließt. Dem Schuldner kann auch deswegen ein Leistungsverweigerungsrecht zustehen, weil der *Gläubiger selbst nicht vertragstreu* ist. In einem solchen Fall wäre die Geltendmachung des Anspruchs rechtsmißbräuchlich. Wegen der Einzelheiten vgl Rn B 84.

dd) Keine Beendigung der Leistungsverweigerung: Schließlich darf die Pflichtverlet- **B 8** zung in Form der Leistungsverzögerung vor der Entstehung des Schadensersatzanspruchs statt der Leistung **noch nicht beendet** sein (Emmerich, Leistungsstörungen 286; zu § 326 aF BGHZ 104, 6, 11: Verjährung; Palandt/Heinrichs[61] § 326 aF Rn 23). Dabei kommt es entscheidend auf die Rechtslage zum Zeitpunkt des Fristablaufs bzw ihres Entbehrlichwerdens an. Es ist deshalb ungenau, wenn der BGH zuweilen pauschal formuliert hat, daß ein Rücktrittsrecht bzw ein Schadensersatzanspruch wegen Nichterfüllung bei einer Beendigung des Verzuges entfällt (so zum alten Recht BGHZ 34, 191, 197; NJW 1991, 1292, 1294; LM § 284 BGB Nr 44 a = NJW-RR 1997, 622, 623), da hierdurch der Eindruck erweckt wird, als habe es der Schuldner in der Hand, auch noch nach dem genannten Zeitpunkt die Ausübung der Rechte aus § 326 aF – bzw jetzt aus § 281 – durch den Gläubiger anders als durch Erfüllung innerhalb der Nachfrist abzuwenden (s auch Rn B 74 ff). Zum nachträglichen Ausschluß der Leistungspflicht gem § 275 vergleiche Rn B 5, 150 sowie § 283 Rn 19 ff.

b) Arten der Leistungspflicht
§ 281 ist nicht immer schon dann anwendbar, wenn der Schuldner irgendeine auf- **B 9** grund eines Schuldverhältnisses geschuldete Pflicht nicht rechtzeitig erfüllt. Erforderlich ist vielmehr, daß die Leistungsstörung eine **leistungsbezogene Pflicht** betrifft. Anderenfalls ist § 280 Abs 1 allein oder ggf iVm Abs 3 und § 282 anzuwenden. Dahinter steht die Überlegung, daß eine leistungsbezogene Pflichtverletzung idR erst nach einer erfolglosen Fristsetzung zu einem Schadensersatzanspruch führen soll. Bei leistungsunabhängigen Pflichtverletzungen oder Begleitschäden ginge eine gesetzte Frist zur Leistung fehl, da die Leistung selbst erbracht werden könnte oder sogar bereits erbracht ist.

Der Blick auf die Rechtsfolge „**Schadensersatz statt der Leistung**" zeigt vielmehr, daß **B 10** die den Vertragstypus kennzeichnenden wesentlichen Leistungspflichten ganz im Vordergrund stehen.

aa) Regelfall: Hauptleistungspflicht
Bei den gegenseitigen Verträgen spricht man vor allem zur Kennzeichnung des Ge- **B 11** genseitigkeitsverhältnisses überwiegend von Hauptpflichten (vgl RGZ 53, 161, 164; BGH NJW 1972, 99; BGHZ 104, 6, 11; 107, 179, 183: „Hauptleistungspflicht"; ferner Staudinger/Otto

[2004] Vorbem 43 zu §§ 320–326, § 320 Rn 11 ff; krit zur Gleichsetzung von synallagmatischer Pflicht iS der §§ 320 ff und Hauptpflicht Huber II 332 ff, 388 ff). Dabei hat die Antwort auf die Frage, ob es sich bei der verspäteten Pflichterfüllung um eine **typische Haupt-** oder **Nebenleistung** handelt, jedoch nur eine indizierende Funktion für die Bejahung oder Verneinung des Synallagmas (s auch Staudinger/J Schmidt [1995] Einl 343 zu §§ 241 ff). Letztlich maßgeblich für den Rang der Pflicht ist nämlich der **Parteiwille**, für den die Ausgestaltung des Vertrages und die spezifische Interessenlage Anhaltspunkte geben (vgl BGH NJW 1972, 99; NJW 1998, 3197, 3199 [Kauf mit Montageverpflichtung, jetzt § 434 Abs 2 S 1]; Kröger insbes 19 ff, 45 ff; Köpcke 54 ff; Stephan passim).

B 12 Diese Terminologie kann man auch nach der neuen Gesetzeslage verwenden, wenn man vor allem die **Bedeutung der Pflicht für den Gläubiger** betonen will. Man muß sich nämlich bewußt machen, daß § 281 Abs 1 S 1 1. Alt zweifelsfrei auf die **Leistungspflichten bei ein- und zweiseitigen Schuldverhältnissen** anwendbar ist, weil die Norm auch den Regelungsgehalt des früheren § 286 Abs 2 aF in sich aufgenommen hat, der allerdings erst bei *Interessewegfall* die Geltendmachung des Schadensersatzanspruchs wegen Nichterfüllung erlaubte (Staudinger/Löwisch [2001] § 286 aF Rn 64 ff; Krause Jura 2002, 599 f). Man denke an die für den Gläubiger uninteressant gewordene Rückgabe einer vermieteten oder verliehenen Sache (vgl auch das Beispiel zu § 282 DE von Huber, in: Ernst/Zimmermann, Rechtswissenschaft und Schuldrechtsreform 31, 42: Ziehe ein Mieter wegen irrigen Vertrauens auf die Rechtswidrigkeit der Kündigung nicht aus, und erfülle er somit den Rückgabeanspruch nicht, so könne der Vermieter nach Ablauf einer Nachfrist – ohne an die bei § 286 Abs 2 aF enthaltene Voraussetzung des Interessewegfalls gebunden zu sein, einen Nichterfüllungsschaden geltend machen. Er könne also Schadensersatz statt der Leistung in Höhe des Grundstückswerts – gegen Übereignung – geltend machen). Lediglich für die Anwendung der auf den gegenseitigen Vertrag zugeschnittenen §§ 320 ff kommt es zT noch auf die Verknüpfung von Hauptpflichten beider Seiten an.

B 13 Miteinander verzahnte Hauptpflichten bestehen ebenfalls bei **gemischten** (Staudinger/Löwisch [2001] § 305 aF Rn 27 ff) und **zusammengesetzten** bzw **verbundenen** Verträgen, selbst wenn äußerlich eine Mehrheit von Verträgen vorliegt, an denen nicht einmal dieselben Personen beteiligt sein müssen (Staudinger/Löwisch [2001] § 305 aF Rn 45 ff; RGZ 62, 184, 186; 67, 101; BGH Betrieb 1955, 508; MDR 1966, 749; BGHZ 50, 8, 13; Betrieb 1970, 1591; MDR 1971, 468; WM 1974, 720; NJW 1976, 1931; BGHZ 78, 346, 349; 96, 275, 279; NJW 1994, 721; NJW 1998, 3197, 3199; s zur Abgrenzung BGH NJW 1987, 2004, 2007: Getrenntheit eines kombinierten Vertrags über Computer-Hardware und Software; BGH NJW 1990, 3011, 3012: Trennung von Spezialsoftware einerseits und Standardsoftware und Hardware andererseits; BGH NJW 1996, 1745, 1747: Einheitlichkeit bei Willen, Leistungen von Hard- und Software „aus einem Guß" zu erhalten; großzügig bei der Bejahung der Einheitlichkeit Junker/Benecke, Computerrecht[3] [2003] Rn 356 ff mwNw). Es muß sich allerdings um ein einheitliches Rechtsgeschäft handeln, so daß ein wirtschaftlicher Zusammenhang zwischen zwei Verträgen nicht genügt (RG Recht 1924 Nr 6). Konsequenterweise kann dann auch ein etwaiges Rücktrittsrecht nach § 323 grundsätzlich nur einheitlich ausgeübt werden, so BGH NJW 1976, 1931 bei einem Bauträgervertrag. Gleiches gilt für einen Schadensersatzanspruch statt der Leistung, da nach § 281 Abs 4 der Anspruch auf die Leistung nach dessen Geltendmachung ausgeschlossen ist.

bb) Leistungsbezogene Nebenpflichten

B 14 Trotz der mit dem Schadensersatz statt der Leistung primär verbundenen Vorstellung der Gesamtliquidation des Schuldverhältnisses und der insofern einleuchtenden Betonung der Hauptleistungspflichten sind die §§ 280 Abs 1 u 3, 281 auch auf Nebenleistungspflichten anzuwenden. Man stelle sich zB vor, daß die andere Seite für die Lieferung der Bauteile einer Autoproduktion die Container zur Verfügung stellen soll. Als diese Container zur vereinbaren Zeit ausbleiben, setzt der Produzent noch eine angemessene Nachfrist. Nach deren Ablauf beschafft er selbst Container, um die produzierten Teile ordnungsgemäß bis zur Abnahme zwischenlagern zu können. Geht man davon aus, daß die Container ansonsten nicht verwendet werden können, handelt es sich nicht lediglich um einen Verzögerungsschaden iS des § 286. Folgerichtig muß dem Produzenten ein Schadensersatzspruch statt der vom Abnehmer nicht geleisteten Container zustehen. Der direkte Weg über § 280 Abs 1 würde dem Gläubiger zu Unrecht die Nachfristsetzung von vornherein ersparen. Insofern stimmt die neue gesetzliche Konzeption mit der These von KRIECHBAUM (JZ 1993, 642, 645 ff) überein, die prinzipiell jede Pflichtverletzung für die Anwendbarkeit des § 326 aF genügen lassen wollte. Da für nicht *leistungsbezogene Pflichten* nicht § 281, sondern § 282 einschlägig ist, ist die richtige Einordnung der Pflichtverletzung erforderlich (näher dazu § 280 Rn C 7 ff; § 282 Rn 19 ff).

cc) Rechtskräftiges Leistungsurteil

Kommt der Schuldner einem **rechtskräftigen Leistungsurteil** nicht nach, kann der **B 15** Gläubiger die Rechte aus den §§ 280 Abs 1 u 3, 281 geltend machen, und zwar unabhängig davon, ob der Schuldner bereits vor Klageerhebung in Verzug geraten ist (zu § 326 aF RGZ 102, 262, 264; RG LZ 1925, 258; OLG Hamburg LZ 1916, 1389). § 281 tritt insofern zugleich an die Stelle von § 283 aF. WIESER hält sogar eine gleichzeitige Klage auf Erfüllung und Schadensersatz statt der Leistung für zulässig, wenn der Schadensersatz nur bedingt für den Fall des fruchtlosen Fristablaufs verlangt wird. Dieses soll unabhängig davon gelten, ob der Gläubiger oder das Gericht nach den §§ 255 Abs 1, 510b ZPO die Frist bestimmt hat (NJW 2003, 2432, 2433 f).

dd) Beispiele für Haupt- und Nebenleistungspflichten

Unter welchen Umständen eine **Hauptleistungspflicht** vorliegt, ist letztlich von Fall zu **B 16** Fall zu entscheiden. Gewisse Anhaltspunkte geben jedoch die folgenden **allgemeinen Aussagen** sowie die daran anschließenden Einzelbeispiele. Maßgeblich soll danach sein, ob einer Vertragsleistung wesentliche Bedeutung beigelegt wurde (RGZ 101, 429, 431; RG DRiZ 1925 Nr 417; JW 1927, 1416). Dies ist in erster Linie bei solchen Verpflichtungen der Fall, „die für das Äquivalenzverhältnis von Leistung und Gegenleistung von einiger Bedeutung sind" (LARENZ I § 23 II [359] mwNw). Maßgeblich ist nicht allein der objektive Wert, sondern der Parteiwille, der sich aus den Umständen, etwa aus der Natur und dem Gegenstand des Geschäfts ergeben kann (s dazu RGZ 118, 288, 293: Vorführung einer Kopie beim Filmkauf; RGZ 101, 429: Ausstellen einer Rechnung mit Gewichtsangaben als Hauptleistung, um eine Diebstahlskontrolle über eine mit der Bahn versandte Ware zu haben; RG SeuffA 97 Nr 1: Beibringung der Grunderwerbsteuer-Bescheinigung durch den Käufer). Auch ein Rückschluß aus den vereinbarten Sanktionen kommt in Betracht. Schließlich ist es denkbar, daß eine ursprüngliche Nebenleistung durch eine nach Abschluß des Vertrages eintretende Veränderung nachträglich zu einer Hauptleistung wird (RG JW 1927, 1416: Einfluß der Inflation; JW 1936, 3449: Erteilung einer Abrechnung bei einem Lizenzvertrag). Letzteres hätte zur Folge, daß nicht nur ein Schadensersatzanspruch wegen der fehlenden Abrechnung in Frage kommt, sondern uU eine *Gesamtliquidation* des Vertrages.

B 17 Weitere Hilfestellung können folgende **Beispiele** geben:

(1) Soweit es beim **Kaufvertrag** um die Käuferpflichten geht, ist die Einordnung der **Abnahmepflicht** praktisch am bedeutsamsten (vgl Hüffer 37 ff; Jacobi JherJb 45, 259 ff). Obwohl § 433 Abs 2 den Käufer nicht allein zur Zahlung, sondern auch zur Abnahme verpflichtet, steht im Gegenseitigkeitsverhältnis idR nur die Pflicht, den Kaufpreis zu zahlen, vor allem beim Kauf beweglicher Sachen (RGZ 53, 161; 57, 105, 108; 171, 297, 300; aA Soergel/Huber § 433 aF Rn 275; Huber II 406; zur anderen Situation bei der Auflassung RGZ 69, 103, 106 f). Die konditionelle Abhängigkeit fehlt ebenso im Handelsverkehr, selbst im Großhandel (RGZ 53, 161, 164; 92, 268, 270). Da es für § 281 – anders als für § 286 Abs 2 aF – aber nicht mehr auf den Wegfall des Interesses ankommt, könnte bereits die verzögerte Abnahme eine Gesamtliquidation auslösen, wenn sich der allein dadurch entstehende Schaden nicht eingrenzen läßt. Der noch in § 281 Abs 1 S 2 RE eingebaute Hemmschuh, nach der Satz 1 nicht gelten sollte, wenn der Schuldner trotz der Fristsetzung mit dem Verlangen von Schadensersatz statt der Leistung nicht rechnen mußte, ist nicht Gesetz geworden (Rn A 5 u 6). Auf den Interessewegfall kommt es nur bei der Teilleistung an, auf die Unerheblichkeit der Pflichtverletzung nur bei der nicht wie geschuldet bewirkten Leistung (§ 281 Abs 1 S 2 u 3). Eine Korrektur ist nur unter dem Aspekt der Unerheblichkeit der Fristversäumnis (Rn B 78 ff) oder des Rechtsmißbrauchs (§ 242) denkbar (BT-Drucks 14/7052, 185).

In Ausnahmefällen kann die Abnahme allerdings ohnehin **als Hauptleistung vereinbart** sein (RG LZ 1922, 117), insbes wenn es dem Verkäufer sehr darauf ankommt, den verkauften Gegenstand loszuwerden – zB um das Lager zu räumen oder um das Transportmittel, dessen Kosten er trägt, schnell zu entladen. Die *Schwierigkeiten der Lagerung und deren Kosten* sprechen überhaupt bei Massengütern für eine Hauptpflicht – zB bei der Lieferung von Kohlen (RG Recht 1905 Nr 1835), Bausteinen (RG Recht 1907 Nr 428 a, 430), Holz auf dem Stamm (RG Recht 1923 Nr 495), ganzen Lagerbeständen (vgl RG Recht 1923 Nr 1229) oder von Möbeln (RG Recht 1924 Nr 165). Eine Hauptverpflichtung bildet auch die Verpflichtung zur Abnahme eines *Handelsgeschäfts*, bei der zwecks Feststellung des Kaufpreises die Warenbestände aufzunehmen sind (RG JW 1910, 750). Ebenso liegt es nahe, daß bei einem *Verkauf auf Abbruch* der Abbruch und die Räumung des Grundstücks von den Materialien Hauptleistungspflichten sein können (RG WarnR 1922 Nr 96). Bei einem *Lizenz- und Vertriebsvertrag* ist die Abnahmepflicht als Hauptpflicht anzusehen, da sie das Äquivalent für das alleinige Vertriebsrecht darstellt (BGH NJW 1986, 124, 126; BGH LM § 433 BGB Nr 78 = NJW-RR 1995, 1329; OLG Frankfurt VersR 1993, 889). Beim **grenzüberschreitenden Kauf** stellt die Abnahmepflicht gem Art 64 Abs 1 lit b CISG stets eine Hauptpflicht dar, die nach einer Nachfrist zur Vertragsaufhebung berechtigt (dazu auch Piltz NJW 1994, 1101, 1105).

B 18 Begründet der *Abnahmeverzug* bei Zug-um-Zug-Leistungen ohne weiteres *zugleich Zahlungsverzug*, liegt freilich schon deshalb Verzug mit einer Hauptleistung vor, der ohne weiteres die Anwendung des § 281 rechtfertigt (zu § 326 aF OLG Braunschweig OLGE 22, 195). Das ist zB stets der Fall, wenn bei Abnahme der Leistung Barzahlung zu erfolgen hat (vgl RG JW 1903 Beil 79). Ähnlich verhält es sich mit der Nichtabnahme von Dokumenten beim Dokumentenkauf – zB bei der Klausel „Kasse gegen Konnossement" und verwandten Klauseln (vgl Würdinger/Röhricht, in: Großkomm HGB Vorbem 294 zu § 373 HGB).

Daß die **Bestimmung bzw Spezifikation beim Handelskauf** eine Hauptpflicht darstellt, **B 19** ergibt sich unmittelbar aus § 375 HGB (Rn A 37).

Hingegen ist die **Verpflichtung zum Abruf** regelmäßig nur eine Nebenverpflichtung **B 20** (RGZ 57, 105, 109; RG LZ 1907, 287; RG Recht 1921 Nr 1323; BGH NJW 1972, 99). Nach ZANDER (Gruchot 52, 304, 324 ff) soll das Abrufrecht ohnehin mit Ablauf der vereinbarten oder handelsüblichen Abruffrist untergehen, so daß der Verkäufer nunmehr die Leistung ohne weiteres anbieten kann. Nach richtiger Ansicht besteht indessen das Abrufrecht zunächst fort, und es ist eine Frage der Auslegung des konkreten Vertrages, ob der Abruf als eine Hauptleistung zu gelten hat. Selbst bei fehlendem Fixcharakter kann der Erfüllungszeit so wesentliche Bedeutung zukommen, daß der Abruf zur Hauptpflicht wird (RG WarnR 1916 Nr 221, 273). Auch ohne ausdrückliche Vereinbarung ist dies zB bei einer Ware häufig der Fall, die viel Lagerraum beansprucht, die verderblich ist, die Transportmittel blockiert. Die Frage hatte aber bereits an Brisanz verloren, weil die Einordnung der Abrufpflicht als Nebenleistungspflicht jedenfalls den Zugriff auf § 286 aF und damit zugleich auf dessen Abs 2 eröffnete (RGZ 57, 105, 109 f). Insofern ist § 281 jetzt erst recht grundsätzlich anwendbar (vgl für den Werkvertrag Rn B 27).

Weitere Beispiele sind: Der Verkäufer ist Zwischenhändler, kann die Ware nicht **B 21** lagern und wird vom Hersteller zur Abnahme gedrängt (RG SeuffA 83 Nr 182); Verkauf von Packungen, die erst nach Abruf mit einem bestimmten Aufdruck zu versehen sind (RG JR 1927 Nr 117). Bei einem Sukzessivlieferungsvertrag gilt dies jedenfalls dann, wenn der Abruf für den Verkäufer zur Aufrechterhaltung eines geordneten Geschäftsbetriebes notwendig ist (RG Recht 1921 Nr 1323; BGH WM 1976, 124, 125; weitergehend für den Bierlieferungsvertrag OLG München NJW 1968, 1881). Kein Zweifel an dem Verzug mit einer Hauptverpflichtung besteht wiederum, wenn gleichzeitig Zahlungsverzug eintritt, zB bei der Klausel „Kasse gegen Duplikatfrachtbrief" bzw „Lieferschein bei X in Hamburg" (OLG Hamburg OLGE 34, 30; WÜRDINGER/RÖHRICHT, in: Großkomm HGB Vorbem 293 zu § 373).

Eine weitere Hauptpflicht des Käufers ist die **Bestellung eines Akkreditivs** für den **B 22** Kaufpreis (OLG München NJW 1958, 752).

Hauptverbindlichkeiten des Verkäufers sind zB beim Kraftfahrzeugkauf die Übergabe **B 23** des Kraftfahrzeugbriefes (BGH NJW 1953, 1347; SCHLECHTRIEM NJW 1970, 1993, 1995), uU die Zulassung (OLG Karlsruhe OLGZ 69, 316), die Übertragung der Taxikonzession beim Verkauf einer Taxe (OLG München VersR 1980, 94, 95), bei einem Grundstückskauf die Beseitigung eines Pachtverhältnisses (BGH NJW 1991, 2700 f), im übrigen überhaupt die Nachbesserung oder Nachlieferung bei mangelhafter Leistung gem § 439. Bei einem *Kauf auf Probe* stellt die Andienung einer vertragsgemäßen Ware eine Hauptleistungspflicht dar (OLG Hamm BB 1995, 1925).

(2) Beim **Werkvertrag** ist die **Pflicht des Bestellers zur Abnahme** gem § 640 unstrei- **B 24** tig Hauptpflicht, weil von ihr grundsätzlich die Fälligkeit der Zahlungspflicht abhängt (RGZ 171, 297, 300; HÜFFER 35, 39 f). Der Gesetzgeber hat jedoch mit dem Gesetz zur Beschleunigung fälliger Zahlungen v 30. 3. 2000 (BGBl I 330) Vorkehrungen getroffen, die insbes einen Anspruch auf Abschlagszahlungen für in sich abgeschlossene Teile eines Werkes begründen (§ 632a) bzw bei unwesentlichen Mängeln notfalls zu der Fiktion einer Abnahme führen (§ 640 Abs 1 S 3); außerdem kann die Abnahme durch eine gutachtliche Fertigstellungsbescheinigung ersetzt werden (§ 641a). Dann kann wegen der eintretenden Fälligkeit statt der Abnahme ohne weiteres allein die Zahlung geltend gemacht werden (vgl STAUDINGER/PETERS [2003] §§ 632a, 640, 641a; STAPENHORST Betrieb 2000, 909 ff; zur Neuregelung insgesamt s auch STAUDINGER/OTTO [2001] § 326 aF Rn 60 mwNw). Bei Verträgen über individuelle Software, die gemeinhin als Werkverträge eingestuft werden, ist die Lieferung der Dokumentation eine Hauptpflicht, die zur Anwendung des § 281 berechtigt (BGH NJW 1998, 2132, 2133; ferner OLG Köln BB 1994 Beil 14 S 11: Pflichtenheft u Bedienungsanleitung als Hauptleistungen; JUNKER/BENECKE, Computerrecht³ [2003] Rn 294 f; s auch Rn A 43, B 13)

B 25 Hingegen kommt der Besteller durch die **Nichtvornahme einer Mitwirkungshandlung**, die zur Herstellung des Werkes erforderlich ist, idR nur in Annahmeverzug, mit der Konsequenz der Anwendung der §§ 642, 643 (RGZ 53, 221; RG SeuffA 76 Nr 112 = RG JW 1921, 460 m zust Anm OERTMANN; HÜFFER 33 f, 40 ff, 49 ff), selbst wenn er schuldhaft handelt (RG JW 1921, 460). Danach steht dem Unternehmer statt der vollen Vergütung nur eine Entschädigung zu. Bei sonstigen Obliegenheitsverletzungen ist § 645 anzuwenden (vgl die Erl dort sowie STAUDINGER/OTTO [2004] § 326 Rn C 43 ff). Die vereinbarte Mitwirkungshandlung kann aber auch zugleich als Nebenleistungspflicht einzuordnen sein und dann zu einem auf ihre Verletzung bezogenen Schadensersatzanspruch führen (vgl oben Rn A 35).

B 26 Selbst wenn die **verzögerte Mitwirkung** weder als Verletzung einer vereinbarten Haupt- oder Nebenleistungspflicht gebrandmarkt werden kann, so daß § 281 keinesfalls anzuwenden ist, stellt sich das Gesamtverhalten des Bestellers uU als **Verletzung einer Rücksichtnahmepflicht nach § 241 Abs 2** dar; dann stehen dem Unternehmer neben den Rechten aus den §§ 642, 643, 645 auch die Rechte aus den §§ 280 Abs 1 u 3, 282 zu (vgl zum alten Recht RGZ 152, 119, 122; BGHZ 11, 80 = NJW 1954, 229 = JZ 1954, 238 m Anm LEHMANN; krit hierzu GÖTZ, Obliegenheiten und positive Forderungsverletzung – BGHZ 11, 80, JuS 1961, 56; HÜFFER 49 ff, 55 f, 224 f; BGH VersR 1960, 693; BGH BB 1963, 160; abl STAUDINGER/PETERS [2003] § 643 Rn 22, anders bei anderen Störungen, zB durch Beleidigungen oder Diebstähle). Voraussetzung ist nach § 282 jedoch das Vorliegen einer Pflichtverletzung, die das Festhalten am Vertrag unzumutbar macht. Der BGH hat sogar die Klage auf Erfüllung trotz an sich bestehender Vorleistungspflicht bei der schuldhaften endgültigen Verweigerung von Mitwirkungshandlungen für begründet erklärt (BGHZ 50, 175; 88, 240, 247 f; BGH WM 1986, 73, 74; NJW 1990, 3008, 3009 und hierzu STAUDINGER/ OTTO [2004] § 320 Rn 8). HÜFFER aaO kritisiert nicht ganz zu Unrecht, daß die Verletzung bloßer Mitwirkungsobliegenheiten auf dem Umweg über die allgemeine vertragliche Treuepflicht plötzlich zu Sanktionen führt, die der Gesetzgeber in den §§ 642, 643, 645 gerade nicht vorgesehen hatte. Jedoch erscheint eine solche Fortentwicklung grundsätzlich nicht verfehlt (anders HÜFFER 220 ff). Die Verschärfung der Sanktionen für schuldhaftes Verhalten korrespondiert vielmehr mit der weiten Interpretation des § 645 (STAUDINGER/OTTO [2004] § 326 Rn C 43 ff). Darüber hinaus ist es bei Werkverträgen, die einen erheblichen Teil der unternehmerischen Kapazität binden (zB Bauvorhaben), notwendig, dem Unternehmer einen Mechanismus zur Auflösung von Blockaden auf Seiten des Bestellers in die Hand zu geben (SOERGEL/ WIEDEMANN Vor § 293 Rn 26; NICKLISCH BB 1979, 533, 543, der bei Werkverträgen mit Langzeitcharakter zusätzlich Parallelen zum Dauerschuldverhältnis zieht). Indessen ist Zurückhaltung sicherlich geboten. Zumindest sollte man dem Gläubiger die Nachfristsetzung nur ausnahmsweise erlassen (Rn B 116 ff). Dies läßt sich dadurch erreichen, daß man die Leistung durch den Schuldner in solchen Fällen idR nur nach einem solchen Hinweis für unzumutbar erklärt, wie es § 282 verlangt (s dort Rn 59 f). Immerhin spricht die primäre Einordnung als Mitwirkungshandlung grundsätzlich für ein Fehlverhalten minderen Ranges, das nicht über die Erleichterung der Sanktion praktisch ein zweites Mal aufgewertet werden darf.

Die bei § 326 aF gebotene Zurückhaltung hatte der BGH bewiesen, wenn er die **B 27** **Abrufpflicht** beim Werkvertrag im Gegensatz zur Abnahmepflicht idR nur als Nebenverpflichtung behandelt wissen wollte (NJW 1972, 99, 100). Diese Leistungspflicht hat der BGH jedoch mit Recht für einklagbar erklärt und anerkannt, daß § 286 aF zu einem vollen Schadensersatz führen könne. Jetzt wäre § 281 einschlägig mit der möglichen Konsequenz einer Gesamtliquidation.

(3) Beim **Mietvertrag** ist die Einordnung der *Verpflichtung zur Vornahme von* **B 28** *Schönheitsreparaturen* eine Quelle nicht abreißender Streitigkeiten. Nach mittlerweile stRspr des BGH gehört sie als Teil der Instandhaltungspflicht gem § 535 Abs 1 S 2 zu den Hauptleistungspflichten des **Vermieters** (NJW 1977, 36 = JR 1977, 194 m krit Anm HAASE); hier greifen jedoch die Sonderregeln der §§ 536 f, 543 ohnehin ein. Trifft die Verpflichtung nach dem Mietvertrag – wie meist – den *Mieter*, so soll die rechtliche Einordnung unverändert bleiben (BGH aaO; BGHZ 77, 301, 305 [Pachtvertrag]; 85, 267, 273, 274; 92, 363, 367; 104, 6, 10; BGH NJW 1998, 1303 f; OLG Düsseldorf NJW-RR 1994, 780, 781; **aM** zB BETTERMANN ZMR 1956, 5; HAASE aaO; SONNENSCHEIN JZ 1991, 567, 571).

Der Gegenmeinung ist darin zuzustimmen, daß die Verpflichtung zu Schönheitsreparaturen auf der Seite des **Mieters** nicht von vornherein im Gegenseitigkeitsverhältnis zur Gewährung der Mietsache steht, erst recht nicht, soweit sie beim Auszug mit einer allgemeinen Pflicht zur Wiederherstellung des früheren Zustandes verbunden ist. Auch Nebenleistungspflichten können jedoch *kraft Parteiwillens* in den Rang einer Hauptverbindlichkeit versetzt werden. Hierfür spricht nun in der Tat die typische Interessenlage, nämlich wirtschaftlich betrachtet die Bedeutung der Schönheitsreparaturen für den Wert des Mietobjekts. Letztlich entscheidend ist dies aber deshalb nicht mehr, weil es sich zumindest um eine besonders bedeutsame Nebenleistungspflicht handelt, für die jetzt zweifelsfrei § 281 gilt. Auch die instrumentale Ausgestaltung des § 281 Abs 1 entspricht weitgehend dem früher herangezogenen § 326 aF: der Mieter wird durch die Nachfristsetzung genügend gewarnt, der Vermieter nicht auf den Weg der Erfüllungsklage verwiesen (für eine Anwendung des § 326 aF umfassend auch ENDERLEIN AcP 192 [1992] 288, 294 ff). Der Verzug des Mieters mit den Schönheitsreparaturen ist als Teilverzug aufzufassen (vgl SONNENSCHEIN JZ 1991, 567, 568 f), bei der mangels Teilbarkeit der Gegenleistung des Vermieters (zu diesem Erfordernis Rn B 163) eine Teilkündigung ausscheidet. Zudem ist Zurückhaltung geboten, wenn die Nachfristsetzung unter Hinweis auf eine Erfüllungsverweigerung für entbehrlich erklärt wird (vgl aber BGH NJW 1971, 1839; WM 1982, 333, 335; NJW 1989, 451, 452; NJW 1991, 2416, 2417; NJW 1998, 1303, 1304 = LM § 326 [Eb] BGB Nr 11 m zust Anm NIEDENFÜHR; zurückhaltend demgegenüber OLG Koblenz NJW-RR 2000, 82, das dem Vermieter bei Ersatzvornahme indes einen Anspruch aus §§ 677, 684, 812 zubilligt). Erst recht kann es nicht überzeugen, wenn der BGH mit Hilfe ergänzender Vertragsauslegung das Erfordernis der Nachfristsetzung bei einem *geplanten Umbau* völlig übergeht (BGHZ 77, 301, 304, 305;

92, 363, 372 f m krit Anm EMMERICH JuS 1986, 16 ff mwNw; nicht einleuchtend daher auch die Abgrenzung in BGH NJW 1985, 2113, 2116).

Die Anwendung des § 326 aF sollte nach Ansicht des BGH indessen bei *fortbestehendem Mietverhältnis* ausgeschlossen sein, soweit es um die bloße Nichterfüllung der Verpflichtung durch den Mieter geht; freilich gewährt der BGH dem Vermieter aus Gründen der Billigkeit einen Kostenvorschuß für die Ersatzvornahme (BGHZ 111, 301, 305 ff). Die Umwandlung des Erfüllungsanspruchs in einen auf Geldzahlung gerichteten Schadensersatzanspruch würde dem Charakter der Pflicht zur Vornahme von Schönheitsreparaturen, deren Erfüllung zunächst dem Mieter zugute kommen soll, zuwiderlaufen (aA ENDERLEIN AcP 192 [1992] 288, 294 ff, 324; für eine analoge Anwendung des § 538 aF [jetzt § 536 Abs 2 Nr 1] statt dessen SONNENSCHEIN JZ 1991, 567, 571; ausführlich zum Sonderproblem der unterlassenen Schönheitsreparaturen bei einem anschließenden Umbau der Mietsache RÜCKERT AcP 184 [1984] 105 ff). Nunmehr kann der Vermieter nach meiner Auffassung umsteuern, indem er Schadensersatz verlangt (§ 281 Abs 4) und selbst die notwendigen Reparaturen vornimmt (vgl auch LANGENBERG NZM 2002, 972, 973 f). Schließlich ist die Verpflichtung des **Pächters**, *errichtete Anlagen* auf dem Pachtgrundstück *wieder zu beseitigen*, als Hauptpflicht zu charakterisieren (BGHZ 107, 179, 183).

B 29 **(4)** Bei einem auf die Durchführung einer **Ausbildung** gerichteten **Dienstvertrag** ist § 281 ebenfalls anwendbar (zu § 326 aF BAG AP Nr 36 zu § 611 BGB Ausbildungsverhältnis = NZA 1999, 1275).

B 30 **(5)** Bei einem verzinslichen **Darlehensvertrag** ist die Pflicht zur Abnahme des Darlehens eine Hauptpflicht (BGH WM 1990, 174; OLG Köln ZIP 1999, 355).

B 31 **(6)** Die Verzögerung einzelner Rentenleistungen durch den **Leibrentenverpflichteten** gibt dem Berechtigten jedenfalls nicht ohne weiteres das Rücktrittsrecht aus § 323 (JAUERNIG/BERGER Anm z d §§ 759–761 Rn 7 f; zu § 326 aF RGZ 106, 93; aA OLG Celle NJW-RR 1990, 1490). Die Unanwendbarkeit der Verzugsbestimmung beruht hier darauf, daß das Leibrentenversprechen selbst mit der Gewährung des „Stammrechts" bereits erfüllt ist (s dazu STAUDINGER/AMANN [2002] § 759). Die Anwendung des § 281 auf die einzelne Leistung macht wenig Sinn, wenn der Anspruch ohnehin auf einen Geldbetrag gerichtet ist. Die Parteien können jedoch die Anwendung der auf die Gesamtliquidation gerichteten Normen vereinbaren; außerdem kann der Gesichtspunkt der leistungsbegleitenden Pflichtverletzung (§§ 282, 241 Abs 2) an Stelle der positiven Vertragsverletzung helfen.

3. Fristsetzung oder Abmahnung

B 32 Will der Gläubiger das Vertragsverhältnis liquidieren, so muß er dem säumigen Schuldner idR zur Bewirkung der Leistung oder Nacherfüllung noch eine angemessene Frist bestimmen (§ 281 Abs 1 S 1). Eine Erklärung, daß er die Leistung nach Ablauf der Frist ablehne, ist nicht erforderlich (anders noch § 326 aF). Nach Ablauf der Frist kann der Gläubiger statt der Leistung Schadensersatz verlangen. Erst mit diesem berechtigten Verlangen, und nicht schon mit dem fruchtlosen Fristablauf, verliert der Gläubiger den Erfüllungsanspruch (Abs 4; näher dazu Rn D 1 ff). Zur Funktion der Nachfristsetzung vgl bereits Rn A 12 ff.

a)   Unterschiede zum Verzug

Ebenso wie beim Verzug bedarf es für § 281 idR einer nachdrücklichen Erinnerung **B 33**
des Schuldners an seine Leistungspflicht. Allerdings verlangt das Gesetz hier mehr
als die Mahnung und deren Surrogate (§ 286 Abs 1; dazu Staudinger/Löwisch § 286
Rn 28 ff), weil der Gläubiger eine **Nachfrist** nennen muß, sofern diese nicht nach
§ 281 Abs 2 entbehrlich ist. Letzteres ist der Fall: erstens, *wenn der Schuldner die
Erfüllung bereits ernstlich und endgültig verweigert hat* (Alt 1), oder zweitens, *wenn
besondere Umstände vorliegen, die unter Abwägung der beiderseitigen Interessen die
sofortige Geltendmachung des Schadensersatzanspruchs rechtfertigen* (Alt 2). Beides
gilt auch für die Entbehrlichkeit der Mahnung beim Verzug (§ 286 Abs 2 Nr 3 u 4).
Da es lediglich um den Verzögerungsschaden und die sonstigen Verzugsfolgen geht,
aber gerade nicht um den Schadensersatz statt der Leistung, genügt es zwar unverändert für den Eintritt des Verzugs, aber nicht für § 281, wenn die Leistungszeit nach
dem Kalender feststeht oder errechnet werden kann (§ 286 Abs 2 Nr 1 u 2); denn bei
§ 281 geht es um die Gesamtliquidation des Vertrages und nicht lediglich um den
Verzögerungsschaden (§§ 280 Abs 1 u 2, 286) und die sonstigen Verzugsfolgen (dazu
Staudinger/Löwisch § 286 Rn 170 ff; §§ 287 ff).

Auf die Mahnung hat der Gesetzgeber in § 286 Abs 3 auch bei nicht *wiederkehrenden* **B 34**
und deshalb nicht terminierten Entgeltforderungen insofern zusätzlich verzichtet, als
dort der Verzug insbes spätestens 30 Tage nach Fälligkeit und Zugang einer Rechnung oder einer gleichwertigen Zahlungsaufstellung eintritt – bei einem Verbraucher
freilich nur nach einem zusätzlich Hinweis, der von der Mahnung kaum zu unterscheiden sein dürfte (wegen der Einzelheiten s Staudinger/Löwisch § 286 Rn 93, 103 f, 115).
Auf § 281 ist diese schon mehrfach korrigierte Konzeption nicht übertragbar, weil es
an der Fristsetzung fehlt. Insofern sind die Voraussetzungen für die Geltendmachung
des Schadensersatzanspruchs statt der Leistung und für den Verzögerungsschaden
zwar annähernd gleich, aber nicht identisch. Die Anforderungen an den Eintritt des
Verzuges sind bei genauer Betrachtung partiell geringer als die an die Leistungsverzögerung iS des § 281.

b)   Rechtsnatur

Die Fristsetzung ist wie die Mahnung eine einseitige *„geschäftsähnliche" Handlung* **B 35**
und keine Willenserklärung, weil das Entstehen des Schadensersatzanspruchs nicht
von dem Geltungswillen des Erklärenden umfaßt sein muß (Jauernig/Vollkommer
Rn 6; Palandt/Heinrichs Rn 9; vgl Larenz, AT[7] [1989] 512; aA MünchKomm/Ernst Rn 22).
Bei der Nachfristsetzung mit Ablehnungsdrohung iS des § 326 Abs 1 S 1 aF konnte
man sich über die zutreffende Einordnung eher streiten, weil der Erfüllungsanspruch
mit dem Ablauf der Frist unterging. Hier hatte bereits das RG die Fristsetzung als
einseitiges, empfangsbedürftiges Rechtsgeschäft qualifiziert (RGZ 53, 161, 167; ebenso
zwischenzeitlich BGHZ 114, 360, 366; ferner Huber II 374 f mwNw; aA Staudinger/Otto [2001]
§ 326 aF Rn 73), während in einer neueren Entscheidung des BGH (NJW 1998, 3058, 3059)
lediglich von einer geschäftsähnlichen Handlung die Rede war. Praktisch macht dies
keinen Unterschied, weil auf die geschäftsähnlichen Handlungen die Normen über
Rechtsgeschäfte analog anwendbar sind (so auch Emmerich, Leistungsstörungen 282 f).
Weil die Fristsetzung im Unterschied zur früheren Ablehnungsandrohung lediglich
rechtlich vorteilhaft (§ 107) ist, indem sie Optionen eröffnet, kann sie auch ein beschränkt Geschäftsfähiger ohne Einwilligung seiner gesetzlichen Vertreter erklären
(Palandt/Heinrichs Rn 9).

B 36 Da die Fristsetzung – anders als bei § 326 aF – keine aufschiebend bedingte Wirkung äußert, ist ein **Widerruf** nicht notwendig, um den Eintritt unerwünschter Rechtsfolgen für den Gläubiger zu verhindern. Gegen die Zulässigkeit des Widerrufs bestehen erst recht keine Bedenken mehr (so schon zu § 326 aF MünchKomm/Emmerich[4] [2001] § 326 aF Rn 43; Lindacher JZ 1980, 48, 50; **aA** RGZ 53, 167). Da mit Fristablauf die Leistungspflicht nicht automatisch erlischt, kann der Gläubiger deshalb die Fristsetzung einseitig ganz aufheben, die Frist ändern, aber nicht verkürzen (Rn B 72).

B 37 Erfolgt die **Fristsetzung durch einen Stellvertreter**, so kann der säumige Schuldner Mängel der Vollmacht gem § 174 analog beanstanden. Umgekehrt kann der Gläubiger die Erklärung eines Vertreters ohne Vertretungsmacht unter den Voraussetzungen der §§ 180 S 2, 177, 184 genehmigen (RGZ 66, 430, 432). Bei einer Gesamtvertretung muß die Fristsetzung von allen Gesamtvertretern ausgehen.

c) Berechtigter und Adressat

B 38 Sind **mehrere** hinsichtlich des Erfüllungsanspruchs **berechtigt**, so stehen ihnen auch die Rechte aus § 281 gemeinschaftlich zu (s zu § 326 aF BGH NJW 1984, 795; zur Situation bei der Verfolgung von Ersatzansprüchen durch Wohnungseigentümer BGH NJW 1988, 1718; zur Erbengemeinschaft BGH NJW 2000, 506, 507).

B 39 Im Fall der endgültigen **Abtretung des Leistungsanspruchs** durch den ursprünglichen Vertragspartner steht das Recht zur Fristsetzung allein dem Zessionar zu, dessen Erfüllungsanspruch primär auf dem Spiel steht (vgl RGZ 55, 402; BGH NJW 1985, 2640; BGHZ 114, 360, 365 f; BGH NJW 1993, 2232, 2233; Staudinger/Busche [1999] § 398 aF Rn 82; Gernhuber, in: FS Raiser [1974] 81 ff; Seetzen AcP 169 [1969] 352, 366 ff; Erman/Westermann § 398 Rn 29; für den Regelfall unter Betonung des Vorrangs vertraglicher Absprachen ebenso Huber II 428; **aA** für die Abtretung einer Geldforderung Nörr/Scheyhing/Pöggeler, Sukzessionen[2] [1999] § 4 IV 3 c u d [49 f]). Eine andere Beurteilung ist jedoch idR bei der Sicherungszession vor Eintritt der Verwertungsreife geboten (BGH NJW 2002, 1568 f m zust Anm Kohler, in: EWiR § 413 BGB aF 1/02, 423, 424). Ist die Abtretung schwebend unwirksam, so bleibt die vom Zessionar erklärte Nachfristsetzung auch dann wirkungslos, wenn die Abtretung später genehmigt wird (BGH 114, 360, 365 f). Gleiches gilt, wenn ein aus anderen Gründen Nichtberechtigter eine Nachfristsetzung erklärt (BGH NJW 1998, 3058, 3060; NJW 2000, 506, 507). Zur Geltendmachung der in § 281 angeordneten Sanktionen, die auch den Zedenten berühren können, siehe unten Rn B 158.

B 40 Komplizierte Rechtsfragen ergeben sich, wenn es bei einem **echten Vertrag zugunsten Dritter** zu einer Leistungsverzögerung auf seiten des Versprechenden kommt. In dieser Konstellation stoßen das Interesse des Dritten, auf diese Leistungsstörung angemessen reagieren zu können, das Interesse des Versprechensempfängers, zumindest über die Gesamtliquidation des Vertrages (mit-)zubestimmen, und das Interesse des Versprechenden an Rechtsklarheit über die Wirksamkeit der ihm gegenüber abgegebenen Erklärungen aufeinander. Die hM betont für den Fall, daß der Versprechensempfänger ein eigenes Forderungsrecht hat, dessen Stellung als Vertragspartner bzw als „Herr des Synallagmas" und ordnet ihm deshalb das Recht zur Nachfristsetzung zu (BGH NJW 67, 2261, 74, 502; Gernhuber, Das Schuldverhältnis § 20 IV 5 b [499]), ggf mit Bindung an die Zustimmung des Dritten (Lange NJW 1965, 657, 663; in diesem Sinn auch Erman/Westermann § 328 Rn 8). Richtiger erscheint es hingegen, eine Parallele zur Zession zu ziehen und den Dritten generell als zuständig für die Abgabe von Erklärungen anzusehen, die seinen Erfüllungsanspruch erlöschen lassen (Münch-Komm/ERNST Rn 23 m Verweisung auf § 323 Rn 52, sowie MünchKomm/GOTTWALD § 335 Rn 10; DÖRNER, Dynamische Relativität 305 ff; so iE auch HADDING, in: FS Gernhuber [1993] 153, 159, 163 ff; ebenso grundsätzlich HUBER II 295, 428). Dabei kann eine weitere Differenzierung nach der Widerruflichkeit des Anspruchs des Dritten oder nach dem Bestehen eines eigenen Forderungsrechts des Versprechensempfängers nicht überzeugen. Außerdem wird diese Lösung dem Interesse des Dritten an Klarheit über das weitere Schicksal des gesamten Vertragsverhältnisses am ehesten gerecht (s auch Rn 171), keineswegs aber die nunmehr von RAAB 533 bejahte „echte konkurrierende Zuständigkeit beider Gläubiger“, zumal sich beim Wegfall des Interesses an der Leistung ohne Fristsetzung (§ 326 Abs 2 aF) auch RAAB 534 zwangsläufig am Interesse des Dritten orientiert hat.

Die Erklärung muß dem **Vertragsgegner** oder einem *legitimierten Vertreter* zugehen; **B 41** legitimiert ist ua auch der Handelsvertreter (§§ 55 Abs 4, 91 Abs 2 HGB), der Prozeßbevollmächtigte, wenn die Erklärung im Prozeß abgegeben wird (RGZ 63, 408, 413), nicht dagegen der versteigernde Gerichtsvollzieher (RGZ 70, 127, 131) oder der Auktionator. Bei Gesamtvertretung auf der Schuldnerseite kann die Erklärung wirksam an jeden einzelnen Vertreter gerichtet werden (vgl zB § 171 Abs 3 ZPO; RGZ 53, 227, 230). Bei mehreren Schuldnern muß die Fristsetzung jedem zugehen, weil Verzug und Verschulden gem § 425 nur gegen denjenigen Gesamtschuldner wirken, in dessen Person sie eingetreten sind (RGZ 65, 26, 28 f; STAUDINGER/NOACK [1999] § 425 Rn 29 f mwNw u Rn 32 mwNw; PALANDT/HEINRICHS § 425 Rn 2).

Hat der *Schuldner* seinen *Anspruch auf die Gegenleistung abgetreten*, so bleibt er **B 42** gleichwohl der richtige Adressat (GERNHUBER, in: FS Raiser 82 Fn 50; KÖHLER JZ 1986, 516; offengelassen in BGH NJW 1986, 919). Unter Berufung auf den Schutzzweck des § 404 wollen andere auch die Erklärung gegenüber dem Zessionar zulassen (NEUMANN-DUESBERG NJW 1971, 271 f; NÖRR/SCHEYHING/PÖGGELER, Sukzessionen² [1999] § 4 III 2 b [41]). Hat allerdings im Gefolge der Zession eine *befreiende Schuldübernahme* stattgefunden, so muß die Erklärung dem neuen Schuldner (und Zessionar) zugehen.

d) Form
Eine Form ist für die Erklärung nicht vorgeschrieben. Sie erfolgt im Hinblick auf den **B 43** vorgeschriebenen Erklärungsinhalt (Rn B 54 ff) **zweckmäßigerweise schriftlich**. Der Verwender von AGB darf im nichtkaufmännischen Verkehr keine strengeren Anforderungen als die Schriftform stellen (§ 309 Nr 13; Rn B 178). Die Erklärung kann auch im Prozeß mündlich oder durch einen dem Gegner zugestellten Schriftsatz abgegeben werden (dazu RGZ 53, 148; 63, 411). Gem § 255 ZPO kann die auf Erfüllung klagende Partei außerdem beantragen, daß der Richter im Urteil die Frist bestimmt (vgl BAUMBACH/LAUTERBACH/HARTMANN, ZPO⁶¹ [2003] § 255 Rn 3 u 9).

e) Zeitpunkt
aa) Die Frist ist grundsätzlich **nach Fälligkeit** des Anspruchs zu bestimmen (JAUER- **B 44** NIG/VOLLKOMMER Rn 6). Jedoch ist jetzt eine Verbindung der Fristsetzung mit der erst den Verzug begründenden Mahnung ohne weiteres zulässig, weil die Fristsetzung auch nach dem Wortlaut des Gesetzes nicht mehr den vorherigen Eintritt des Verzuges voraussetzt, wie es bereits zum bisherigen Recht der ganz hM entsprach (STAU-

DINGER/OTTO [2001] § 326 aF Rn 81 mwNw). Zumeist wird der Schuldner die Fristsetzung ohnehin als Mahnung verstehen, wenn er zuvor noch keine erhalten hatte.

B 45 Eine wirksame Fristsetzung liegt ebenfalls in solchen Fallgestaltungen vor, in denen beides, nämlich die zur Fälligkeit führende Erklärung und die Fristsetzung, zeitlich zusammenfallen (BAMBERGER/ROTH/GRÜNEBERG Rn 18; MünchKomm/ERNST Rn 27). Der Verkäufer kann daher zB bei einem Kauf „netto Kasse bei Empfang der Rechnung" mit dem Angebot der Ware die Nachfristsetzung verbinden, weil der Kaufpreis idR mit dem Angebot fällig wird (so zu § 326 aF RG Recht 1923 Nr 864). Hat der Gläubiger dem Schuldner von vornherein einen Spielraum bewilligt – beispielsweise die Lieferfrist auf „ca Ende Juni" festgesetzt –, so darf er, falls er nur die Nachfrist angemessen über den Spielraum hinaus erstreckt, diese schon vor Ablauf des Spielraums setzen; die Fälligkeit tritt nämlich zu dem aus dem Vertrag ersichtlichen Zeitpunkt „Ende Juni" ein, und das „ungefähr" ist nur für die Bemessung der Nachfrist bedeutsam (vgl RGZ 69, 304).

B 46 Ist die *Bestimmung des Leistungszeitpunkts dem Schuldner überlassen*, muß notfalls erst gem § 315 Abs 3 der Richter angerufen werden (RGZ 64, 114; s auch für Handelssachen RGZ 90, 27, 30, wo aus Gründen der Praktikabilität von einem abweichenden Parteiwillen ausgegangen wird).

B 47 Ausnahmsweise kann eine vor Eintritt der Fälligkeit gesetzte Nachfrist, die erst nach Fälligkeit abläuft, später wirksam werden, wenn sich aus den Umständen ergibt, daß sie nach dem Willen des Gläubigers im Zeitpunkt der Fälligkeit als wiederholt zu gelten hat (RG LZ 1914, 855, 857). Dies ist anzunehmen, wenn der Gläubiger einen Prozeß bis zur Fälligkeit fortführt (RG LZ 1908, 854). Im übrigen können die Parteien jedoch vertraglich zugleich mit dem Lieferungsvertrag eine Nachfrist iS des § 281 vereinbaren und ihr Ende bestimmen (vgl zu § 326 aF RG HRR 1925 Nr 681; vgl aber auch zu den für Allgemeine Geschäftsbedingungen geltenden Grenzen Rn B 178).

B 48 Darüber hinaus steht aber die Frage, von welchem Zeitpunkt an der Gläubiger zur Fristsetzung berechtigt ist, unter dem allgemeinen Gebot von **Treu und Glauben**. Deshalb ist es unschädlich, wenn dem Schuldner die Fristsetzung ganz kurz vor Eintritt der Fälligkeit zugeht, zB am Tag oder gar nur Stunden zuvor (vgl RG JW 1924, 1246; dagegen RGZ 93, 180, 182: Fristsetzung um drei Tage verfrüht). Auf die verfrühte Fristsetzung kann sich ein Schuldner nicht berufen, der mit der Herstellung einer Maschine einige Tage vor dem vereinbarten Fertigstellungstermin noch gar nicht begonnen hat (RG Recht 1912 Nr 3181).

B 49 Ist eine Fristsetzung danach als wirksam erklärt zu behandeln, so beginnt die *angemessene Frist mit dem Eintritt der Fälligkeit* zu laufen (WÜRDINGER/RÖHRICHT, in: Großkomm HGB Vorbem 409 aE zu § 373). Für die völlige Unwirksamkeit einer vor Fälligkeit gesetzten Frist treten hingegen LORENZ/RIEHM, Schuldrecht Rn 197 ein.

B 50 **bb)** Zur Frage der Entbehrlichkeit der Fristsetzung im Falle einer **ernstlichen und endgültigen Erfüllungsverweigerung** nach (Rn B 102) und vor (Rn B 103) Fälligkeit ist gesondert Stellung zu nehmen (ausführlich Rn B 101 ff). Hier kann eine verfrühte Fristsetzung geradezu geboten sein.

Nicht hierher gehören die Fälle, in denen der Gläubiger nach fruchtlosem Ablauf der **B 51** Frist das Deckungsgeschäft hinauszögert; hier wird bei der konkreten Schadensberechnung in der Tat lediglich der Schadensersatzanspruch gem § 254 Abs 2 auf den mutmaßlichen richtigen Deckungszeitpunkt zurückgeführt (Rn B 153 u § 280 Rn E 101, 105, 123).

cc) Die Frage einer **verspäteten Fristsetzung** kann nur nach Treu und Glauben **B 52** entschieden werden. Im allgemeinen ist davon auszugehen, daß der säumige Teil durch ein Abwarten des Gläubigers nicht unzumutbar beeinträchtigt wird, da er ja das Recht und die Pflicht hat, solange zu erfüllen, bis statt der Leistung Schadensersatz verlangt wird (§ 281 Abs 4, vgl zu § 326 aF RGZ 83, 176, 178; 91, 99, 101). HUBER (II 148 f) wollte dem Recht des Gläubigers zur Nachfristsetzung keine Grenze ziehen. Dies scheint auch der Position des BGH (NJW 1997, 1231, 1232) zu entsprechen, da dieser lediglich den Schadensersatzanspruch gem § 254 kürzen will, soweit der Gläubiger den Vertrag zu einem früheren Zeitpunkt in das Abwicklungsverhältnis hätte führen können und müssen. Anders ist die Situation, wenn der Gläubiger nach dem Verlangen von Schadensersatz und dem damit verbundenen Untergang des Erfüllungsanspruchs das Deckungsgeschäft hinauszögert; hier wird bei der konkreten Schadensberechnung in der Tat der Schadensersatzanspruch gem § 254 Abs 2 ohne weiteres auf den mutmaßlichen richtigen Deckungszeitpunkt zurückgeführt (Rn B 153 u § 280 Rn E 121, 123).

Von der treuwidrig verspäteten Fristsetzung sind zu unterscheiden: **Verzicht** und **B 53** **Verwirkung** entweder bezüglich des **Erfüllungsanspruchs** selbst, die zu dessen Untergang und damit zur Beendigung des Verzuges führen (WÜRDINGER/RÖHRICHT, in: Großkomm HGB Vorbem 450 zu § 373), oder bezüglich der in § 281 vorgesehenen **Sanktion** (vgl zu § 326 aF RGZ 107, 106 u 346, 348; 109, 184, 187; RG WarnR 1935 Nr 49). Ein Verzicht kann nicht schon darin gesehen werden, daß der Gläubiger zunächst noch Erfüllung verlangt (RGZ 102, 264). Eine Verwirkung kann uU eintreten, wenn der Gläubiger seine Gegenleistung weiterhin abzugs- und vorbehaltlos erbringt.

f)   Inhalt
Die Erklärung des Gläubigers muß die **Aufforderung zur Leistungsbewirkung** oder **B 54** **Nacherfüllung innerhalb der Frist** zum Ausdruck bringen; die nach altem Recht erforderliche Androhung der Ablehnung der Leistung ist nicht mehr erforderlich. Die *Nacherfüllung* stellt einen Unterfall der Leistung dar und ist nach der Begründung des RegE (BT-Drucks 14/6040, 138) aus Gründen der Zweckmäßigkeit eingefügt worden und nur für die *nicht wie geschuldet erbrachte Leistung* relevant. Vgl daher unten Rn C 25.

aa) Die Aufforderung muß ebenso wie die Abmahnung nach Abs 3 **nachdrücklich** **B 55** erfolgen, so daß dem Schuldner mögliche Konsequenzen bewußt werden. Rechtsfolgen müssen allerdings nicht angedroht werden (vgl MünchKomm/ERNST Rn 31). Zwar verlangt das Gesetz eindeutig keine *Ablehnungsandrohung* mehr, dh die bestimmte Erklärung, daß der Gläubiger nach dem Ablauf der Frist die Leistung ablehnen werde. Erst aufgrund der Beschlußempfehlung des Rechtsausschusses wurde in Abs 1 jedoch der Satz 2 gestrichen, wonach Satz 1 nicht gelten sollte, „wenn der Schuldner trotz der Fristsetzung mit dem Verlangen nach Schadensersatz statt der Leistung nicht rechnen mußte" (vgl oben Rn A 4). Damit sollten Fallgestaltungen erfaßt werden, in denen der Schuldner trotz der Fristsetzung im Einzelfall nicht von einem harten Vorgehen des Gläubigers ausgehen mußte (vgl BT-Drucks 14/6040, 139). Nach Ansicht des Rechtsausschusses handelt es sich allerdings um Ausnahmefälle, die mit § 242 angemessen gelöst werden könnten, so daß § 281 Abs 1 S 2 RE entbehrlich sei. Die Formulierung erwecke den Eindruck, als sei die bloße Fristsetzung lediglich eine „kleine Ablehnungsandrohung", über die hinaus weiteres nötig sei, um Schadensersatz verlangen zu können (vgl BT-Drucks 14/7052, 184 f). Anders als nach bisherigem Recht reicht es daher sicher aus, wenn sich aus dem Inhalt ausdrücklich oder konkludent ergibt, daß der Gläubiger Sanktionen androht. Die mögliche Rechtsfolge der Ablehnungsandrohung, nämlich das Ende des Rechts auf Erfüllung und des Anspruchs auf diese, hatte § 326 Abs 1 S 2 aF für beide Seiten besonders gefährlich gemacht. Deshalb hatte man an die Ablehnungsandrohung berechtigterweise sehr strenge Anforderungen gestellt (näher dazu STAUDINGER/OTTO [2001] § 326 aF Rn 93 ff). Bedenken gegen eine wirksame Fristsetzung mit der Rechtsfolge von Schadensersatz oder Rücktritt bestünden jedoch, wenn der Gläubiger etwa formuliert: „eine Lieferung bis zum kommenden Wochenende wäre mir erwünscht" oder „die noch nicht vorgenommenen Arbeiten könnten am besten am 18. oder 19. 4. erfolgen, weil ich an diesen Tag noch Urlaub habe".

B 56 Die in der Praxis nicht seltene Aufforderung an den Schuldner, innerhalb einer Frist lediglich *zu erklären, er sei zur Erfüllung des Vertrages bereit*, entspricht auch jetzt nicht dem Gesetz, so daß der Anspruch auf Schadensersatz bzw das Rücktrittsrecht gem § 323 Abs 1 nach fruchtlosem Ablauf nicht entstehen (zu § 326 aF RGZ 101, 397; BGH NJW 1999, 2884, 2886; aA HUBER II 602 f; PETERS JR 1998, 186, 189 f; vgl auch RG Recht 1922 Nr 415; SeuffA 79 Nr 105). Dasselbe gilt für befristete Aufforderungen „zur Anerkennung der Schuld", „zur Benachrichtigung über den Lieferungszeitpunkt" (RG Recht 1913 Nr 2257). Die Ungewißheit des Gläubigers, ob die Leistung tatsächlich bewirkt wird, kann nämlich eine positive Antwort des Schuldners hinsichtlich seiner Erfüllungsbereitschaft allein nicht beseitigen (s aber auch Rn C 16 ff zur *nicht wie geschuldet erbrachten Leistung* bei berechtigten Zweifeln an der Leistungsfähigkeit oder -bereitschaft des Schuldners).

B 57 **bb)** Die Aufforderung muß die dem Schuldner innerhalb der Frist obliegende **Leistung bestimmt** bezeichnen (RGZ 114, 3, 8). Beim *Sukzessivlieferungsvertrag* ist deshalb die genaue Bezeichnung der gerade fälligen Rate erforderlich (RG WarnR 1917 Nr 51).

B 58 An die Bestimmtheit der Leistungsmodalitäten wie Ort und Zeit werden geringere Anforderungen gestellt, *wenn beide Seiten mitwirken müssen*. Beim Verzug mit der *Entgegennahme der Auflassungserklärung* wurde früher angenommen, daß der fristsetzende Verkäufer den Käufer entweder zu einem bestimmten Auflassungstermin laden oder sich mit einem von diesem gewählten, innerhalb der Frist liegenden Auflassungstermin im voraus einverstanden erklären müsse (RGZ 66, 430; 69, 103; RG JW 1913, 856). Inzwischen wird nur noch verlangt, daß der Verkäufer zu erkennen gibt, er selbst sei zur Auflassung innerhalb der Frist bereit, ohne daß Ort und Zeitpunkt ausdrücklich bestimmt zu werden brauchen (RGZ 108, 70; zust FISCHER LZ 1924, 228). Bei unzureichender Fristsetzung wird der Mangel geheilt, wenn der Schuldner alsbald selbst den Auflassungstermin bestimmt (RG WarnR 1910 Nr 424). Hat der Käufer (als Schuldner) selbst eine Fristverlängerung zur Entgegennahme der Auflassung erbeten, ist es seine Sache, mit dem Notar einen auch dem Verkäufer genehmen Termin zu vereinbaren (RG JW 1913, 487).

Eine **Zuvielforderung** macht die Fristsetzung nicht ohne weiteres wirkungslos. Die **B 59** strenge Rechtsfolge leuchtet zwar ein, wenn die Abweichung im Grunde die gesamte Leistung betrifft, zB die geforderte Lieferung an einen nicht vereinbarten Ort (RG DRiZ 1925 Nr 414). Handelt es sich aber nur um eine Zuvielforderung der Menge nach, ist schwer einzusehen, warum der säumige Schuldner nicht wenigstens die geschuldete Leistung innerhalb der Frist bewirken muß, sofern die Schuld hinreichend bestimmt ist (vgl zur Mahnung BGH NJW 1991, 1286, 1288; vgl STAUDINGER/LÖWISCH § 286 Rn 36 f). Dies gilt nach Treu und Glauben nicht nur für eine geringfügige Zuvielforderung. Falls der Schuldner allerdings nachweisen kann, daß der Gläubiger die in Wahrheit geschuldete Leistung als angebliche Teilleistung ohnehin zurückgewiesen hätte, muß die Fristsetzung wirkungslos bleiben. Die Formel der Rspr ist hingegen doppelt hypothetisch: Danach ist die Zuvielforderung unschädlich, wenn einerseits der Schuldner auch dem Verlangen nach der geschuldeten Leistung nicht genügt und andererseits der Gläubiger die geschuldete Leistung nicht etwa als angebliche Teilleistung zurückgewiesen hätte (RG Recht 1925, 100 Nr 8; ferner RGZ 68, 329, 331; RG SeuffA 59 Nr 219; LZ 1921, 377; JW 1931, 1183).

Befindet sich der Schuldner mit seiner gesamten Leistung im Rückstand, **fordert der B 60 Gläubiger** aber innerhalb der Frist **weniger als die geschuldete Leistung**, so muß der Schuldner zumindest die geringere Leistung erbringen. Geschieht selbst dies nicht, kann der Gläubiger Schadensersatz wegen der ganzen Leistung nach § 281 Abs 1 S 2 nur verlangen, wenn er eindeutig klargestellt hat, daß schon die Nichtbewirkung der Teilleistung innerhalb der Frist das Interesse an der gesamten Leistung entfallen läßt. Man denke daran, daß für die Verlegung von Bodenfliesen einheitliches Material verwendet werden soll, und daß mit diesen Arbeiten nicht einmal begonnen werden kann, weil schon die erste Teillieferung trotz Fälligkeit und Fristsetzung ausbleibt.

g) Angemessene Frist
Die Bestimmung der Frist stellt den Gläubiger vor Probleme. Einerseits wird ihm **B 61** häufig an einer möglichst kurzen Frist gelegen sein, zumal der Schuldner häufig schon im Verzug ist. Andererseits muß die Frist nach der Sachlage objektiv angemessen sein, um dem Schuldner bei Anspannung aller Mittel und Kräfte noch die rechtzeitige Leistung zu ermöglichen (RG Recht 1911, 301). Der fehlende Einblick in den Bereich des Schuldners läßt indessen eine zutreffende Präzisierung nach Tagen oder gar Stunden vielfach nicht zu. An sich wäre aber eine von vornherein angemessene und präzise Fristsetzung geboten, auch wenn mit dem fruchtlosen Ablauf der Frist der Erfüllungsanspruch nicht automatisch untergeht. Mit Recht wird es jedoch abgelehnt, den vertragstreuen Gläubiger mit dem Risiko zu belasten, daß seine Erklärung bei einer zu kurz oder nicht präzise bemessenen Frist völlig wirkungslos ist. **Grundsätzlich wird vielmehr eine angemessene Frist in Lauf gesetzt** (Rn B 69). Im Streitfall ist es Sache des Gerichts, nachträglich die angemessene Frist zugrunde zu legen (RGZ 56, 231, 234 f; 62, 66, 68; 69, 304, 305; 106, 89; RG LZ 1925, 856).

aa) Die **Frist** braucht nicht nach Tagen oder anderen festen Zeitabschnitten be- **B 62** zeichnet zu sein; uU genügt eine Aufforderung, unverzüglich – also ohne schuldhaftes Zögern – zu leisten (RGZ 75, 354, 357; EMMERICH, Leistungsstörungen 285, **aA** MünchKomm/

ERNST Rn 40 m Verweisung auf § 323 Rn 68, da es sich zwar um eine Leistungsaufforderung handle, diese eine Frist aber nicht enthalte. Da eine Ablehnungsandrohung nicht mehr erforderlich sei, erfülle nur noch die Frist die erforderliche Warnfunktion für den Schuldner. Deshalb seien gegenüber der früheren Rechtslage höhere Anforderungen zu stellen). Das RG hat allerdings bei der bloßen Aufforderung, die Leistung „sofort zu bewirken", die Setzung einer Nachfrist mangels weiterer Anhaltspunkte überhaupt vermißt (RG Recht 1920 Nr 1497; ferner KG OLGE 18, 60). Genügen kann auch die Setzung einer „angemessenen Frist" (RG Warn 1909 Nr 289; aA HUBER II 362 f zu § 326 aF). Man stelle sich vor, daß der Gläubiger den Schuldner zu einem schnellen Handeln drängen will, aber keine Vorstellung von den notwendigen Vorarbeiten hat. Hier kann gerade der juristische Laie verständlicherweise befürchten, daß eine zu kurze Frist wirkungslos verpufft, eine unangemessen lange seinen Interessen aber widerspricht. Notwendig ist freilich, daß die Fristsetzung wirklich mit Nachdruck erfolgt (oben Rn B 55).

B 63 Bei der *Schickschuld* darf der Gläubiger auch einen Zeitpunkt bestimmen, bis zu dem die Leistung am Bestimmungsort einzutreffen hat. Die Frist für die am Erfüllungsort vorzunehmende Leistungshandlung des Schuldners (Rn B 75) läßt sich hier unschwer errechnen, indem die Frist um die gewöhnliche Reisedauer vom Erfüllungsort zum Bestimmungsort gekürzt wird (für den Versendungskauf vgl RGZ 68, 329; RG LZ 1908, 598; JW 1910, 283; BGHZ 12, 267, 269). Die verbleibende Zeit muß allerdings angemessen sein.

B 64 Die vom Gläubiger gesetzte *Frist beginnt*, wenn sich aus der Erklärung nichts anderes ergibt, in dem Augenblick zu laufen, in dem die Erklärung dem säumigen Schuldner zugeht (RG WarnR 1921 Nr 131). Da sich die Frist nicht nach dem Kalender berechnen lassen muß, genügt es, wenn sie in der Weise gesetzt wird, daß der Schuldner die Lieferung binnen einer bestimmten Frist anzufangen und innerhalb angemessener Frist abzuschließen hat. Für den Lieferungsbeginn ist auf diese Weise eine bestimmte, für das Ende eine angemessene Nachfrist gesetzt (RG WarnR 1909 Nr 289).

B 65 Die *Frist endet* zu dem vom Gläubiger bestimmten Zeitpunkt bei angemessener Zeitdauer. Ist die Frist länger als angemessen, so gilt sie gegen den Gläubiger (OLG Hamburg OLGE 6, 45, 47). Im übrigen läuft die Frist idR nach angemessener Zeit ab.

B 66 **bb)** Bei der **Bemessung der Frist** ist im allgemeinen vorauszusetzen, daß die Leistung bereits im großen und ganzen vorbereitet ist (BGH NJW 1982, 1279, 1280; NJW 1985, 2640). Der Schuldner muß nur in der Lage sein, *seine Leistung zu vollenden*. Hierbei kommt es darauf an, wieviel Zeit dem Schuldner schon bisher für die Erfüllung zur Verfügung gestanden hat. Ein Schuldner, der lange Zeit untätig geblieben ist, hat keinen Anspruch darauf, eine noch gar nicht begonnene Leistung erst anzufangen und innerhalb der Frist zu vollenden (so schon ROHG 13, 192 und stRspr RGZ 89, 123, 125; RG JW 1924, 1246; vgl auch BT-Drucks 14/6040, 138). Die angemessene Frist kann daher regelmäßig wesentlich kürzer sein als die vereinbarte Lieferfrist (BGH NJW 1973, 456 [LS] = LM § 636 BGB Nr 3; NJW 1985, 320, 323). Deshalb ist auch eine Frist nach Stunden (RG JW 1911, 92) oder ihre Festsetzung auf eine bestimmte Tagesstunde (OLG Dresden SeuffA 65 Nr 66) uU zulässig. Da der Schuldner für seine finanzielle Leistungsfähigkeit einzustehen hat, führen damit zusammenhängende Leistungshindernisse nicht zu einer Verlängerung der Frist (BGH NJW 1985, 2640 f).

B 67 Im übrigen ist die **Angemessenheit** einer Nachfrist **nach allen Umständen des Falles** zu beurteilen. Deshalb ist zB bei der vereinbarten Lieferung „sofort" eine besonders kurze Frist gerechtfertigt (RG Recht 1916 Nr 921). Dasselbe gilt bei länger andauerndem Verzug (RG Recht 1919 Nr 1766). Dagegen ist eine längere Frist zuzubilligen, wenn der Gläubiger zunächst selbst die Erfüllung eigener Pflichten verweigert hat (RG Recht 1924 Nr 624), oder wenn der Schuldner nach dem bisherigen Verhalten des Gläubigers mit einer Verständigung rechnen konnte (RG LZ 1927, 1210). Außer dem Grad der Dringlichkeit des Geschäftes, der Dauer der Leistungsverzögerung oder des Verzuges, dem vorangegangenen Verhalten beider Vertragspartner können insbes ins Gewicht fallen: der Umfang der Leistung, eventuelle Vereinbarungen bei Vertragsschluß (zB der Verkauf von Lagerware) und die persönlichen Verhältnisse des Schuldners (s auch OLG Köln NJW-RR 1993, 949: angemessene zweitägige Nachfrist bei Kenntnis vom Weiterverkauf). Bei allem ist jedoch zu beachten, daß ein säumiger Schuldner, dem noch dazu eine Nachfrist gesetzt werden mußte, im Interesse des Gläubigers zu außerordentlichen Bemühungen verpflichtet ist. Beispiele mit Zeitangaben besagen hier wenig, weil die Einzelfälle zu vielgestaltig sind. Im allgemeinen wird die Frist für eine Zahlung kürzer bemessen werden können als die für eine andere Leistung, besonders wenn noch ein größerer Arbeitseinsatz erforderlich ist.

B 68   Haben sich die **Parteien** über die Dauer der Frist **geeinigt**, dann ist ihre Angemessenheit nicht mehr nachzuprüfen (RG Recht 1910 Nr 2501). Desgleichen ist jede vom Schuldner selbst vorgeschlagene Frist als angemessen anzusehen, selbst wenn sie objektiv zu kurz ist (vgl BGH NJW 1973, 456 [LS] = LM § 636 BGB Nr 3).

B 69   **cc)** Die **Setzung einer zu kurzen Nachfrist** setzt regelmäßig eine **angemessene Nachfrist** in Lauf (vgl Rn B 61; RGZ 56, 231, 234; 62, 66, 68; 106, 89; BGH NJW 1985, 2640; BT-Drucks 14/6040, 138; insoweit lediglich klarstellend noch § 323 Abs 1 S 2 DE, vgl STAUDINGER/OTTO [2004] § 323 Rn A 3, B 66). Infolgedessen muß es auch genügen, wenn der Gläubiger von vornherein nachdrücklich eine „angemessene Frist" ohne bestimmten Endpunkt setzt (s Rn B 62; **aA** HUBER II 362 f).

B 70   **Diese Regel gilt** aber zB **nicht**, wenn der Gläubiger eine kürzere Frist setzt, als sie in den von ihm gestellten AGB vorgesehen ist (OLG Hamm NJW-RR 1995, 503). Sie gilt ferner nicht, wenn der Gläubiger zu erkennen gibt, daß er auch die innerhalb angemessener Frist erfolgende Leistung keinesfalls annehmen werde (RGZ 91, 204; RG JW 1911, 755; 1935, 2624; BGH NJW 1985, 2640). Ebenso ist eine Fristsetzung dann völlig wirkungslos, wenn sie mit Absicht so kurz bemessen ist, daß der Schuldner sie unmöglich einhalten kann, und wenn der Gläubiger sie nur zum Schein gesetzt hat, um unbedingt vom Vertrag loszukommen (RGZ 91, 204, 207; RG JW 1911, 92 u 755; SeuffA 79 Nr 146; BGH NJW 1985, 2640), oder weil er eine besondere Verlegenheit des Schuldners ausbeuten will (RG JW 1935, 2624). In der absichtlich zu kurz gesetzten Frist und der folgenden Vertragsaufsage des Gläubigers kann uU sogar eine Pflichtverletzung nach § 241 Abs 2 von seiner Seite gesehen werden (RG JW 1935, 2624; HUBER II 370).

B 71   Eine *Obliegenheit des Schuldners*, der Setzung einer zu kurzen Frist sofort *zu widersprechen*, besteht nicht (RG Recht 1917 Nr 1804; **aM** OERTMANN § 250 Anm 3 c; WENDT AcP 92 [1901] 1 ff, 193 f; SOERGEL/WIEDEMANN § 326 aF Rn 39). Aus seinem Schweigen, ja selbst aus einem entgegenkommenden Verhalten des Schuldners, ist noch keine Zustimmung zur Setzung einer zu kurzen Frist herzuleiten. Bietet der Schuldner seine Leistung innerhalb einer eigenen Frist an, die die vom Gläubiger gesetzte Frist überschreitet, kommt es darauf an, ob sich die „Gegenfrist" noch innerhalb der angemessenen Frist hält. Anderenfalls dürfte regelmäßig eine ernsthafte und endgültige Erfüllungsverweigerung vorliegen (vgl Huber II 369).

B 72 **dd)** Eine **nachträgliche Änderung der ursprünglich gesetzten Frist** kann sicherlich *vor Ablauf der Frist vereinbart* werden. Stets unzulässig ist eine *einseitige Fristverkürzung* (RGZ 53, 161, 167). Hingegen ist eine *einseitige Verlängerung vor Fristablauf* jetzt erst recht unbedenklich (zu § 326 aF BGH NJW-RR 1990, 442, 444). Dies gilt um so mehr, wenn der Schuldner selbst die Kürze der Frist beanstandet und eine längere Frist gefordert hat. Es verstößt jedoch grundsätzlich nicht gegen Treu und Glauben, wenn der Gläubiger die Bitte des säumigen Schuldners um Verlängerung der angemessenen Frist ablehnt. Da mit Fristablauf die Leistungsansprüche nicht mehr automatisch erlöschen, ist auch nach Fristablauf eine erneute Fristsetzung möglich. In diesem Fall würde sich der Gläubiger widersprüchlich und damit rechtsmißbräuchlich verhalten, wenn er vor dem Ablauf der neuen Frist Schadensersatz statt der Leistung verlangte, es sei denn, es stellte sich heraus, daß die Leistung keinesfalls mehr fristgerecht erbracht wird. Einen Verzicht auf das bereits entstandene Recht, Schadensersatz zu verlangen, wird man in der erneuten Fristsetzung nicht sehen können, wenn dies nicht ausnahmsweise zu einer Benachteiligung des Schuldners führt (MünchKomm/Ernst Rn 25; zu § 326 aF BGB-RGRK/Ballhaus Rn 33; vgl auch Oertmann Anm 2 f). Der Gläubiger kann daher zB seinen Schaden nicht ohne weiteres auf das Ende der nachträglich verlängerten Frist berechnen, wenn dies für den Schuldner nachteiliger ist (OLG Hamburg SeuffA 57 Nr 238; aA Lindacher JZ 1980, 48, 51).

h)   Abmahnung als Alternative

B 73 Kommt nach der Art der Pflichtverletzung eine Fristsetzung nicht in Betracht, so tritt an deren Stelle eine **Abmahnung** (§ 281 Abs 3). Dieses soll insbesondere bei Unterlassungspflichten der Fall sein, wo eine Fristsetzung unpraktikabel sei (vgl BT-Drucks 14/7052, 158). Als Beispiel wird ein vertragliches Konkurrenzverbot genannt (MünchKomm/Ernst Rn 41). Allerdings dürfte der Anwendungsbereich gering sein, da Verstöße gegen Unterlassungspflichten in aller Regel zur Unmöglichkeit führen, weil ein Verstoß in der Vergangenheit nicht mehr rückgängig zu machen ist. Einschlägig wäre dann § 283. Krause sieht jedenfalls dort ein Bedürfnis für eine Fristsetzung, wo die Zuwiderhandlung rückgängig gemacht werden kann oder die Unterlassung nachholbar ist (Jura 2002, 299, 301; so auch Lorenz/Riehm, Schuldrecht Rn 204). Daher wird die Abmahnung wegen ihrer geringen Relevanz im Zusammenhang mit der Leistungsverzögerung und der nicht wie geschuldet erbrachten Leistung zu Recht kritisch beurteilt (vgl Faust, in: Huber/Faust, Schuldrechtsmodernisierung 3/146 f, Krause Jura 2002, 299, 301, Lorenz/Riehm, Schuldrecht Rn 204, MünchKomm/Ernst Rn 41 m Verweisung auf § 323 Rn 79).

4.   Fruchtloser Fristablauf

B 74 Weitere Voraussetzung für die in § 281 Abs 1 S 1 angeordnete Rechtsfolge ist, daß die Leistung objektiv nicht rechtzeitig, dh innerhalb der Frist, erfolgt ist. Auf ein Vertretenmüssen hinsichtlich der Versäumung der Nachfrist kommt es also grundsätzlich nicht an (vgl zu § 326 aF RG WarnR 1910 Nr 424; aA Huber II 377 f, 380 f; s auch Rn B 82). Erwächst dem Schuldner während der Leistungsverzögerung eine fällige Gegenforderung, muß er jedenfalls Zug um Zug anbieten (RG WarnR 1919 Nr 3). Wird die

Leistung innerhalb der Frist bewirkt, so muß der Gläubiger sie selbstverständlich noch annehmen, will er nicht in Annahmeverzug geraten. Ist die Leistung hingegen schon vor Fristablauf unmöglich geworden oder dem Schuldner unzumutbar iS von § 275 Abs 2 u 3, wird der Schuldner bereits gem § 275 von seiner Leistungspflicht frei; demzufolge richten sich die Rechtsfolgen nicht mehr nach § 281, sondern nach § 283. Dabei trifft den Schuldner gem § 287 S 2 selbstverständlich eine gesteigerte Verantwortlichkeit (vgl HUBER II 377).

a) Rechtzeitigkeit der Leistung

Rechtzeitig erfolgt ist die Leistung, wenn der Schuldner die geschuldete *Leistungs-* **B 75** *handlung* vor Ablauf der Frist vollzogen hat (BGHZ 12, 267 = NJW 1954, 794; BGH NJW 1969, 875 für § 39 VVG; s auch differenzierend STAUDINGER/LÖWISCH § 286 Rn 112 ff). Nicht notwendig ist also, daß auch der Leistungserfolg rechtzeitig eingetreten ist, sofern nicht etwas anderes vereinbart ist (ebenso HUBER II 375 f). Eine ganz andere Frage ist die, ob *sonstige Rechtsfolgen des Verzugs* nicht erst mit dem Eintritt des Leistungserfolges enden, zB die Haftung für den **Verzögerungsschaden** gem den §§ 280 Abs 1 u 2, 286, die verschärfte Haftung gem § 287 sowie die Verpflichtung zur Entrichtung der **Verzugszinsen** (§ 288 Abs 1 S 1, Abs 2), die durch das Gesetz zur Beschleunigung fälliger Zahlungen v 30. 3. 2000 (BGBl I 330) kräftig über vier bzw fünf vom Hundert (§ 352 Abs 1 S 1 HGB aF) auf fünf Prozentpunkte, bei Rechtsgeschäften, an denen ein Verbraucher nicht beteiligt ist, sogar acht Prozentpunkte über dem Basiszinssatz erhöht worden sind; diese Frage ist mE im Grundsatz zum Schutz der berechtigten Gläubigerinteressen zu bejahen (ebenso STAUDINGER/LÖWISCH § 286 Rn 125 ff).

Bei einem *Versendungskauf* genügt daher die Übergabe zum Versand (BGHZ 12, 269; **B 76** BGH NJW 1991, 1292, 1294; **aM** KORNBLUM, Verzug und Versendungskauf, BB 1963, 291 ff; zur Angabe einer Frist für den Leistungserfolg oben Rn B 63). Bei einer *Geldschuld* muß es ebenfalls ausreichen, wenn der Schuldner innerhalb der Frist am Leistungsort (§§ 269, 270 Abs 4) alles tut, um dem Gläubiger den geschuldeten Betrag zur Verfügung zu stellen, so daß der Schuldner nur die Gefahr des Untergangs der Leistung (§ 270 Abs 1: Transportgefahr), nicht aber die Gefahr der Verspätung trägt (BGH NJW 1969, 875: Übergabe einer Scheckurkunde an die Postanstalt oder Einwurf in den Briefkasten des Zahlungsempfängers; wegen der Einzelheiten vgl STAUDINGER/SELB [1995] § 269 Rn 19 u § 270 Rn 11; STAUDINGER/K SCHMIDT [1997] Vorbem C 20 ff zu §§ 244 ff; zu Unrecht zweifelnd nunmehr STAUDINGER-Symposion 1998/K SCHMIDT S 76, 82 ff, 95 f: Geldschuld als Bringschuld; ebenso STAUDINGER/BITTNER [2004] § 270 Rn 36 ff; s auch JAKOBS, Gesetzgebung im Banküberweisungsrecht, JZ 2000, 641, 645 ff). Hat der Gläubiger die Frist im Hinblick auf den Eingang auf seinem Konto bestimmt, muß es für das Leistungsverhalten des Schuldners genügen, wenn er die Abbuchung so rechtzeitig veranlaßt, daß der Geldbetrag bei normalem Verlauf innerhalb der Frist eingegangen sein würde – sofern nichts anderes vereinbart ist. Ausnahmsweise kann es geboten sein, daß der Schuldner auf eine Beschleunigung der Überweisung drängt (vgl BGH NJW 1959, 1179: die Bank des Schuldners hatte gegenüber der Bank des Gläubigers nicht auf ein ihr kraft Vereinbarung bestehendes Widerrufsrecht bis zur Beendigung des Nachmittagsverkehrs verzichtet, weil sie nicht um die Eilbedürftigkeit wußte).

Zweifelhaft ist, inwieweit der Schuldner seine Leistungshandlung zugleich auf *Ver-* **B 77** *zugszinsen*, den *Ersatz von Verzugsschäden* oder etwa *verfallene Vertragsstrafen* erstrecken muß, wenn ihn der Gläubiger hierzu aufgefordert hat. Für die Heilung des Verzugs wird dies unter Hinweis auf § 266, der Teilleistungen idR nicht gestattet, zT bejaht (vgl Staudinger/Löwisch § 286 Rn 120 ff mwNw). Im Hinblick auf die schwerwiegenden Konsequenzen des § 281 und das fehlende Synallagma ist zumindest noch größere Rücksichtnahme auf berechtigte Interessen des Schuldners geboten (vgl auch Rn B 81; grundsätzlich gegen eine Pflicht zur Erfüllung der zusätzlichen Verbindlichkeiten Soergel/Wiedemann § 326 aF Rn 53; Eisenhardt JuS 1970, 489, 491; anders Staudinger/Kaduk[10/11] § 326 aF Rn 157; Würdinger/Röhricht, in: Großkomm HGB Vorbem 410 zu § 373).

b) Erheblichkeit der Fristversäumnis

B 78 Das Gesetz macht hier keine ausdrückliche Ausnahme je nach Art und Umfang der Fristversäumnis. Gleichwohl stellt sich diese Frage schon mit Blick auf die im Gesetz in § 281 Abs 1 S 2 u 3 gesondert herausgestellten Teilleistungen bzw unerheblichen Pflichtverletzungen bei der nicht wie geschuldet erbrachten Leistung. So gesehen erscheint es richtig, diese Gesichtspunkte auch in die Bewertung der Fristversäumnis einzubeziehen.

B 79 aa) Zu einer **teilweisen Bewirkung der Leistung** innerhalb der Frist kann es nur kommen, wenn der Gläubiger die Teilleistung annimmt, wozu er jedoch nur ausnahmsweise verpflichtet ist (§ 266, vgl Rn B 163). Lehnt der Gläubiger eine angebotene Teilleistung mit Recht ab, und bietet der Schuldner daraufhin nicht die vollständige Leistung innerhalb der Nachfrist an, so bleibt es bei der Totalverzögerung; die Frist läuft vollständig fruchtlos ab, und der Gläubiger kann Schadensersatz statt der ganzen Leistung verlangen bzw nach § 323 vom ganzen Vertrag zurücktreten. Wenn er hingegen eine Teilleistung annimmt, trifft § 281 Abs 1 S 2 eine spezielle Regelung für die Gesamtliquidation (Rn B 166).

B 80 bb) Die **Leistung in ungenügender Qualität** innerhalb der Frist ist der Teilerfüllung (Rn B 161 ff) nicht gleichzusetzen. Im Fall der Annahme und damit des Gefahrübergangs ist vielmehr § 281 Abs 1 S 3 einschlägig. Jedoch kann der Gläubiger die mangelhafte Leistung ebenfalls ablehnen, so daß bei fruchtlosem Fristablauf § 281 Abs 1 S 1 anzuwenden ist. Ein etwaiger Schadensersatzanspruch statt der Leistung unterliegt dann nicht der kürzeren Verjährung des Gewährleistungsrechts gem §§ 438 Abs 1, 634a Abs 1 (zu § 477 aF RG LZ 1928, 184; BGH NJW 1969, 787 für die Falschlieferung), sondern der allgemeinen Verjährung gem §§ 195, 199 (Palandt/Heinrichs § 195 Rn 9). Nach der Annahme greift allerdings das neu konzipierte Gewährleistungsrecht ein, wobei ein Anspruch auf Lieferung einer fehlerfreien Sache (§§ 437 Nr 1, 439 Abs 1 2. Alt) zusätzlich in Betracht zu ziehen ist. Hat der Verkäufer eine Gattungssache nicht geliefert, der Käufer ihm daraufhin eine Frist zur Lieferung gesetzt, und liefert der Verkäufer nur eine mangelhafte Sache, so hat er nicht das getan, wozu ihn der Käufer mit der Frist aufgefordert hatte, da es eine Gattungssache von mittlerer Art und Güte zu sein hat (§ 243 Abs 1). Mit dem Ablauf der Frist stehen dem Käufer die Rechte aus den §§ 280, 281 und § 323 zu (vgl MünchKomm/Ernst Rn 46 m Verweisung auf § 323 Rn 89, der dieses auch auf den Spezieskauf überträgt, wenn sich der Verkäufer mit der Frist dazu aufgefordert sehen muß, noch etwas zur Einhaltung der Sachqualität unternehmen zu müssen; zu Leistungsdefiziten innerhalb der Nachfrist ausführlich ders Rn 86 ff). Beim *Handelskauf* ist jedoch an die unverzügliche Untersuchungs-, Rüge- und Anzeigepflicht gem § 377 HGB zu denken.

B 81 cc) Wird die Leistung innerhalb der Frist zwar nur teilweise, aber bis auf einen so **geringfügigen Rest** bewirkt, daß es bei billiger Abwägung der berechtigten Interessen beider Teile – entspr dem in § 320 Abs 2 niedergelegten Grundsatz – Treu und Glauben widersprechen würde, wenn der Gläubiger gleichwohl die Erfüllung ablehnen wollte, so tritt die Wirkung des Fristablaufs nicht ein (RGZ 76, 150; RG WarnR 1909 Nr 196; RG JW 1927, 1416). Für die Frage, wann eine Teilleistung in diesem Sinn geringfügig ist, ist allerdings der Wille der Parteien bei Vertragsschluß maßgebend. Denn dem Gläubiger kann es gerade auf einen objektiv vielleicht weniger bedeutsamen Teil der Leistung ankommen (RG JR 1926 Nr 671).

dd) Grundsätzlich führt **jede Überschreitung der dem Schuldner gesetzten angemes-** **B 82** **senen Frist** zu den einschneidenden Rechtsfolgen des § 281. Schließlich hat der säumige Schuldner den vorgesehenen Leistungszeitpunkt *und* die Nachfrist nicht eingehalten. Deshalb muß der Gläubiger die Leistung nicht schon deshalb als rechtzeitig bewirkt gelten lassen, weil die *Überschreitung ganz geringfügig* ist und der Gläubiger an der genauen Einhaltung kein Interesse hat (so aber RG SeuffA 79 Nr 91; STAUDINGER/ KADUK10/11 § 326 aF Rn 170; zum Ablauf der Frist nach § 13 Nr 5 Abs 2 VOB/B vgl BGH NJW 2003, 1526). Der BGH verlangt darüber hinaus mit Recht, daß die Verzögerung nicht zu vertreten sein darf, wenn die Leistung überhaupt als rechtzeitig bewirkt gelten soll (NJW 1974, 360; ebenso schon RG JW 1915, 1004; WarnR 1922 Nr 9; sehr streng auch OLG Hamburg Recht 1915 Nr 843; **aA** HUBER II 380 f unter Betonung des § 242), selbst bei einer Überschreitung um lediglich einen Tag.

Unter ganz besonderen Umständen kann mE nur der Gesichtspunkt des **Rechtsmiß-** **B 83** **brauchs** (§ 242) helfen. Dies hat in der Sache der BGH getan, indem er dem Gläubiger eine Obliegenheit zur Schadensminderung gem § 254 Abs 2 S 1 durch Abnahme der Leistung auferlegt hat, obwohl dieser an sich durchaus berechtigt zur Forderung von Schadensersatz wegen Nichterfüllung übergegangen war (WM 1978, 640 für den Fall, daß der Besteller von Kleidern, die geringfügig verspätet hergestellt worden waren, allein über den Vertriebsweg verfügt). Dasselbe ist für den Fall einer geforderten Gesamtliquidation in Betracht zu ziehen, wenn eine nicht besonders bedeutsame Nebenleistungspflicht nicht fristgerecht erfüllt wird oder deren Verletzung nur unwesentliche Folgen hat (vgl Rn B 12 mit dem Beispiel von HUBER und Rn B 17).

5. Bedeutung der eigenen Vertragstreue des Gläubigers

Das RG und ihm folgend der BGH haben immer wieder betont: Wer selbst nicht **B 84** vertragstreu ist, darf aus der Vertragsverletzung des Gegners keine Rechte herleiten – sog „**Tu-quoque-Grundsatz**" – (vgl zB RGZ 67, 313; 149, 401, 404; 152, 119, 123; BGH NJW 1958, 177; NJW 1966, 200; NJW 1968, 103; 1971, 1747; WM 1972, 1056; NJW 1974, 36; NJW 1977, 580; WM 1978, 731, 732; WM 1980, 826; NJW 1984, 869; NJW 1985, 266, 267; NJW 1987, 251, 253; NJW-RR 1991, 898; LM § 326 [C] BGB Nr 10 = WM 1994, 215; BGHZ 138, 195, 209; umfassende Nachweise bei TEUBNER 109 ff; einschränkend aber im Zusammenhang mit der Kündigung von Dauerschuldverhältnissen: BGHZ 44, 271, 275; BGH NJW 1981, 1264, 1265). Dementsprechend begegnete der Grundsatz insbes in der Kommentarliteratur zT undifferenziert als weitere, ungeschriebene Voraussetzung des § 326 aF (PALANDT/HEINRICHS61 § 326 aF Rn 10 ff; WÜRDINGER/RÖHRICHT, in: Großkomm HGB Vorbem 311 zu § 373; abl LORENZ, Der Tu-quoque-Einwand beim Rücktritt der selbst vertragsuntreuen Partei wegen Vertragsverletzung des Gegners – BGH WM 1970, 1246, JuS 1972, 311 ff; krit LARENZ I § 23 II b [360] und TEUBNER aaO, der sich gegen die unmittelbare Anwendung des Grundsatzes und für differenzierende Lösungen je nach Art der Vertragsverletzung entscheidet; vgl ferner ausführlich SOERGEL/WIEDEMANN Vor

§ 323 aF Rn 118 ff sowie allgemein Prölss, Der Einwand der „unclean hands" im Bürgerlichen Recht
sowie im Wettbewerbs- und Warenzeichenrecht, ZHR 132, 69 ff).

B 85 Dieser Grundsatz galt nach bisherigem Recht als ein ungeschriebenes Tatbestandsmerkmal des § 326 aF. Durch die Schuldrechtsreform erfaßt § 281 allerdings nicht
mehr nur gegenseitige Verträge, sondern alle Schuldverhältnisse. Ein ungeschriebenes Tatbestandsmerkmal in eine Norm aber nur für einen Teil ihres Anwendungsbereichs hineinzulegen, ist kaum zu rechtfertigen (Jauernig/Vollkommer Rn 13;
Palandt/Heinrichs Rn 35; AnwKomm/Dauner-Lieb Rn 28 u MünchKomm/Emmerich Vor § 281
Rn 10 f wollen die eigene Vertragsuntreue über § 254 mitberücksichtigen). Gleichwohl kann ein
geltend gemachter Anspruch eines vertragsuntreuen Gläubigers an dem Fehlen eines
fälligen bzw einredefreien Anspruchs iS des § 281 oder wegen Rechtsmißbrauchs
(§ 242) scheitern. Die zum alten Recht entwickelten Fallgruppen mit durchaus differenzierten Lösungsansätzen bleiben somit relevant, weil der Gesichtspunkt der eigenen Vertragstreue den Anspruch aus § 281 im Einzelfall ausschließen kann.

a) Vier Fallgruppen
B 86 Die vier Fallgruppen, die unter dem Stichwort „eigene Vertragstreue" behandelt
werden, sollte man auch bei der Erörterung des § 281 auseinanderhalten: den vorangehenden Schuldnerverzug des Gläubigers (Rn B 87), seine fehlende Bereitschaft
oder Fähigkeit, die Gegenleistung zu erbringen (Rn B 88 ff), eine vorangehende, den
Vertragszweck insgesamt gefährdende Pflichtverletzung des Gläubigers (Rn B 91) und
schließlich sonstige Vertragsverletzungen von seiner Seite (Rn B 92 ff). Vgl ferner
§ 282 Rn 61 ff; § 283 Rn 51 f; Staudinger/Otto (2004) § 320 Rn 39 ff; § 323
Rn E 10 ff.

B 87 **aa)** Für den **vorangehenden Schuldnerverzug des Gläubigers** mit seiner Gegen-
leistung hatte sich zu § 326 aF immer mehr die Auffassung durchgesetzt, daß der
Schuldner seinerseits gar nicht mehr in Verzug geraten kann, weil ihm die Einrede
des nichterfüllten Vertrages gem §§ 320, 322 zusteht (oben Rn B 7; RGZ 59, 23; 93, 300;
BGH NJW 1966, 200, 201; Betrieb 1967, 1623; NJW 1968, 103; NJW 1971, 1747; Huber I 349, 352 u
Bd II 350; Larenz I § 23 II b [360]; Soergel/Wiedemann Vor § 323 aF Rn 130; Teubner 73 ff).
Wollte der Gläubiger seine Rechte aus § 326 ausüben, mußte er zunächst seinen
eigenen Verzug heilen (RGZ 67, 313, 318; RG LZ 1924, 816; BGH NJW 1958, 177; NJW
1968, 103; nicht ganz eindeutig WM 1978, 754; anders bei Geringfügigkeit iS des § 320 Abs 2
BGH NJW 1987, 251, 253), also zu einem vertragstreuen Verhalten zurückkehren (zur
Heilung des Verzuges vgl Staudinger/Löwisch § 286 Rn 112 ff). Demgegenüber können bei
einem Sukzessivlieferungsvertrag beide Parteien hinsichtlich unterschiedlicher Lieferungen unabhängig voneinander in Verzug geraten; insoweit kommt es darauf an,
welche Partei zuerst in Verzug geraten ist (vgl BGH WM 1976, 124, 126).

Verzug ist allerdings für § 281 kein Tatbestandsmerkmal mehr. Jedoch setzt der Anspruch aus § 281 eine fällige und vollwirksame Forderung voraus. Eine entgegenstehende Einrede, in diesem Fall nach § 320, schließt die Anwendung von § 281 aus
(Palandt/Heinrichs Rn 8)

B 88 **bb)** Die zweite Fallgruppe bildet die eigene **fehlende Leistungsfähigkeit** bzw **Leistungsbereitschaft des Gläubigers** (vgl RG Recht 1914 Nr 2405; RG JW 1925, 606 m Anm
vTuhr; WarnR 1925 Nr 120; BGH WM 1972, 1059: fehlende Erwerbsbereitschaft; NJW 1974, 36:

Grundstücksbelastung zugunsten eines Zweitkäufers). Allerdings werden die Rechte aus § 281 nicht schlechthin durch den Abschluß eines Deckungsverkaufsvertrages während der Nachfrist ausgeschlossen (BGHZ 126, 131, 137 f = NJW 1994, 2480, 2481). Ist der Leistungsaustausch Zug um Zug abzuwickeln, kann der Schuldner nicht einmal in Verzug geraten, weil ihm die Gegenleistung nicht angeboten wird und ihm folglich ebenfalls die Einrede des nichterfüllten Vertrages zusteht (BGH LM § 326 [A] BGB Nr 32 = NJW-RR 1996, 853, 854; STAUDINGER/OTTO [2004] § 320 Rn 48).

Dasselbe gilt iE in den Fällen, in denen der **Gläubiger seiner Vorleistungspflicht nicht** **B 89** **nachkommt**, ohne selbst im Schuldnerverzug zu sein. Solange die Vorleistungspflicht besteht, fehlt es nämlich vielfach bereits an der Fälligkeit der Verbindlichkeit des Schuldners, sofern diese von der Vorleistung abhängt (so zutreffend BGH LM § 326 [A] BGB Nr 32 = NJW-RR 1996, 853, 854; HUBER I 367: beständige Vorleistungspflicht). Der Einrede des nichterfüllten Vertrages (RG JW 1926, 2919 m Anm MITTELSTEIN; JR 1926 Nr 674) bedarf es nur bei der nichtbeständigen Vorleistungspflicht, bei der auch die Leistung des Schuldners etwa durch Eintritt des vereinbarten festen Termins fällig werden kann. Der Rückgriff des BGH (LM § 326 [A] BGB Nr 12 = JZ 1965, 452; NJW 1994, 2025, 2026) auf die mangelnde Vertragstreue des Gläubigers ist hier folglich abzulehnen. Freilich kann eine vorherige eigene Pflichtverletzung des Schuldners eine Vertragsuntreue des vorleistungspflichtigen Gläubigers mit der Folge ausschließen, daß einem Vorgehen des Gläubigers nach § 281 nichts im Wege steht (s BGH ZIP 1993, 1853, 1854 f).

Komplizierter gelagert ist die Fallgestaltung, bei der der Schuldner vorleistungs- **B 90** pflichtig ist und daher an sich seine Leistung nach allgemeinen Regeln nicht verweigern könnte. Man denke zB daran, daß der **vorleistungsberechtigte Gläubiger** erklärt, er werde die eigene Leistung nicht erbringen können (RG SeuffA 81 Nr 25; BGH Betrieb 1968, 1809). In einem solchen Fall hilft jetzt weitergehend als früher die Unsicherheitseinrede gem § 321, die nicht mehr eine Vermögensverschlechterung voraussetzt, sondern sich allgemeiner mit der mangelnden Leistungsfähigkeit begnügt (vgl STAUDINGER/OTTO [2004] § 321 Rn 17 f). Dasselbe sollte gelten, wenn der Gläubiger erklärt, er wolle die Leistung nicht mehr erbringen (vgl BGHZ 50, 175, 177; BGH Betrieb 1972, 868; WM 1978, 731, 732; NJW 1990, 3008, 3009; BGH NJW 1994, 2025, 2026; ausführlich zur Vertragsaufsage TEUBNER 70 ff; für eine unmittelbare Anwendung der §§ 320, 322 sogar BGH NJW-RR 1987, 1158, 1159). Wer § 321 nicht anwenden will, muß dem Schuldner eine Einrede zubilligen, die unmittelbar auf § 242 gestützt werden kann, außerprozessual automatisch wirkt und erst im Prozeß erhoben werden muß (so STAUDINGER/OTTO [2001] § 321 aF Rn 12). Die Einrede entfällt allerdings wieder, wenn der Gläubiger vorbehaltlos zur eigenen Vertragstreue zurückkehrt (BGHZ 88, 91, 96 f). Endgültig von seiner eigenen Leistungspflicht befreit wird der Schuldner bei einer endgültigen Erfüllungsverweigerung des Gläubigers nämlich erst dann, wenn er selbst nach den §§ 280, 281 bzw § 323 gegen diesen vorgeht und sich für Schadensersatz statt der Leistung und/oder Rücktritt entscheidet (STAUDINGER/OTTO [2004] § 321 Rn 55 sowie Rn D 7 ff).

cc) Ein Leistungsverweigerungsrecht muß dem Schuldner auch zustehen, wenn der **B 91** **Gläubiger** durch eine – sonstige – **vorangehende Pflichtverletzung den Vertragszweck** **insgesamt gefährdet hat** (vgl Rn C 14; abweichend SOERGEL/WIEDEMANN Vor § 323 aF Rn 132, der zum alten Recht sowohl für die Liquidation des gesamten Vertrages als auch hinsichtlich der Geltendmachung von bloßem Schadensersatz wegen pVV [dazu auch Rn B 93] danach differenzierte, ob der verletzten Pflicht synallagmatischer Charakter zukommt).

B 92 **dd)** Schließlich ist es denkbar, daß der **Gläubiger** eine nicht im Gegenseitigkeitsverhältnis stehende Nebenleistungspflicht nicht erfüllt oder eine sonstige Pflichtverletzung begeht, die **nicht den Vertragszweck insgesamt gefährdet** (in diesem Sinn auch
BGH NJW 1987, 251, 253). Hier läßt sich eine pflichtwidrige Leistungsverzögerung seines
Vertragspartners mit einer Hauptleistungspflicht iS von § 281 nicht ausschließen (vgl
zu § 326 aF BGH LM § 326 [C] BGB Nr 10 = NJW-RR 1994, 372; Huber II 351; Larenz I § 23 II b
[360]; Teubner 77, 83 ff). Nimmt der Gläubiger hingegen Mitwirkungshandlungen nicht
rechtzeitig vor, auf die der Schuldner für seine Leistung angewiesen ist, begeht der
Schuldner schon keine Pflichtverletzung (vgl BGH NJW 1996, 1745, 1746; Jauernig/
Vollkommer Rn 13); auf den Einwand der Vertragsuntreue kommt es somit nicht an
(unklar OLG Köln BB 1993 Beil 3 S 9, 10; NJW-RR 1994, 1207, 1208). Vereitelt der Gläubiger
hingegen die Nacherfüllung selbst, indem er den Mangel vor Fristablauf behebt, so
tritt Unmöglichkeit der Nacherfüllung ein, verbunden mit dem Verlust seiner Gewährleistungsrechte. Er kann lediglich Ersatz seiner Nachbesserungsaufwendungen
entsprechend § 326 Abs 2 S 2 verlangen (vgl hierzu Rn C 29).

B 93 Stets bleibt es dem Schuldner unbenommen, seinen durch das Fehlverhalten des
Gläubigers entstandenen Schaden, sofern er nicht auf das Erfüllungsinteresse geht,
zu liquidieren, wie auch umgekehrt dem Gläubiger trotz dessen eigener Vertragsuntreue durch Pflichtverletzung kein Schaden zugefügt werden darf (RGZ 123, 238, 242;
Soergel/Wiedemann Vor § 323 aF Rn 141; vgl auch Rn D 13).

b) **Überflüssige Rückbesinnung auf die eigene Vertragstreue**
B 94 Ohne seine eigene Vertragswidrigkeit beseitigt zu haben, darf der Gläubiger freilich
dann gegen den Schuldner vorgehen, wenn der Schuldner erklärt, er werde die Erfüllung selbst dann verweigern, wenn der vertragsuntreue Gläubiger sein vertrags-
widriges Verhalten beende (RGZ 67, 313, 319; 149, 401, 404; 171, 297, 303; BGH NJW 1958, 177;
NJW 1994, 2025, 2026; nicht ganz eindeutig BGH WM 1978, 754). Dasselbe gilt, wenn der
Schuldner zum Ausdruck bringt, auf die Einhaltung der verletzten Vertragspflicht
keinen Wert zu legen (BGH LM § 326 [C] BGB Nr 1 a; NJW 1987, 251, 253; LM § 326 [A] BGB
Nr 32 = NJW-RR 1996, 853, 854). Ferner entfällt bei einer Erfüllungsverweigerung des
Schuldners eine Vorleistungspflicht des Gläubigers, so daß dieser nunmehr nach
§ 281 vorgehen kann (zu § 326 aF BGH NJW-RR 1996, 753, 754; Huber I 374). Selbstverständlich muß der Gläubiger idR überhaupt dazu in der Lage sein, sich vertragstreu zu verhalten (BGH JZ 1965, 452; WM 1972, 1056). Der BGH macht indessen eine –
nicht unbedenkliche – Ausnahme für den Fall, daß die Vertragsuntreue erst durch
eine vorausgehende endgültige Erfüllungsverweigerung des Schuldners ausgelöst
worden ist (NJW 1977, 580). Abweichend von RG JW 1925, 606 gestattet er nämlich
dem bis dahin vertragstreuen Verkäufer auch nach der Veräußerung der Kaufsache
an einen Dritten, ohne Verstoß gegen Treu und Glauben noch vom Erfüllungsanspruch zum Schadensersatzanspruch statt der Leistung überzugehen (ebenso BGH
NJW 1994, 2480, 2481). Das Bestehen auf einer vorherigen Ankündigung liefe auf eine
bloße Förmlichkeit hinaus. Da der Gläubiger die unwandelbare Haltung des Schuldners beweisen muß, geht er bei derartigem Vorgehen zumindest ein hohes Risiko ein.
Grundsätzlich kritisch zu den Ausnahmen und Unterausnahmen der Berücksichtigung der Vertragsuntreue äußert sich Soergel/Wiedemann Vor § 323 aF Rn 145,
der statt dessen auf das Verhältnis des Gewichts der beiderseitigen Vertragsverletzungen abstellt. Danach verlöre die Partei, die die zeitlich erste endgültige Erfül-

lungsverweigerung aussprüche, die Rechte aus § 281, während sie selbst aus § 281 in Anspruch genommen werden könnte.

c) Berufung des Schuldners auf die Vertragsuntreue

Der Schuldner muß sich auf die Vertragsuntreue **nicht alsbald berufen**; es reicht aus, **B 95** wenn dies im **Rechtsstreit** geschieht (RGZ 152, 119, 123 f; s auch RGZ 59, 25; vgl STAUDINGER/ OTTO [2004] § 322 Rn 3 ff). Hat der Schuldner indessen die Vertragsuntreue des Gläu- bigers *geduldet*, kann er sich auf sie nicht mehr zur Rechtfertigung seines eigenen Fehlverhaltens stützen (RGZ 152, 124; BGH NJW 1987, 251, 253; für den Weg über einen Erlaßvertrag iS des § 397 SOERGEL/WIEDEMANN Vor § 323 aF Rn 139; dagegen spricht aber, daß die Bewältigung dieser Fälle unnötigerweise mit rechtsgeschäftlichen Fragestellungen belastet wird). **Kausal** für die Leistungsverweigerung muß die Vertragsuntreue **nicht notwendig** ge- wesen sein (so aber RGZ 142, 268, 273 f jedoch vor allem für die positive Vertragsverletzung; wohl auch BGH NJW 1987, 251, 253; LM § 326 [C] BGB Nr 10 = NJW-RR 1994, 372; weitere Nachweise bei TEUBNER 6 Fn 30, abl 106). Von einer Vertragsaufsage kann allerdings erst die Rede sein, wenn sie dem Gegner zur Kenntnis kommt. Umgekehrt kann der Umstand, daß sich der Schuldner bei seiner Rücktrittserklärung nicht auf eine ihm bekannte Ver- tragsuntreue des anderen Teils beruft, dafür sprechen, daß sie den Vertragszweck nicht gefährdet hat (vgl RGZ 142, 268, 274).

6. Keine Entlastung des Schuldners von der Verantwortlichkeit

Der Schuldner haftet nicht auf Schadensersatz, wenn er die Leistungsverzögerung nicht **B 96** **zu vertreten hat**, da § 280 Abs 1 S 2 Teil der Anspruchsgrundlage ist. Die Entlastung des Schuldners hängt damit davon ab, ob solche Umstände festgestellt werden kön- nen oder nicht. Im Streitfall muß daher ein Vertretenmüssen nicht etwa positiv festgestellt werden (dazu § 280 Rn D 2 ff). Für den Eintritt des Schuldnerverzugs be- stimmt § 286 Abs 4 dasselbe (vgl dazu § 280 Rn D 12 u STAUDINGER/LÖWISCH § 286 Rn 130 ff, 168) wie zuvor § 285 aF (dazu BGHZ 32, 218, 222; STAUDINGER/LÖWISCH [2001] § 285 aF Rn 39 mwNw). Trägt allerdings schon der Gläubiger selbst den Schuldner entlastende Um- stände vor, so muß das Gericht sie berücksichtigen. Die Entlastung hat nicht etwa den Charakter einer Einrede, sondern einer rechtsverneinenden Einwendung. Inso- fern geht die gesetzliche Regelung entgegen der Gesetzesbegründung (BT-Drucks 14/ 6040, 136) über eine bloße Regelung der Darlegungs- und Beweislast hinaus.

Für welche Umstände der Schuldner verantwortlich gemacht werden kann und für **B 97** welche er sich daher entlasten muß, ergibt sich vor allem aus den §§ 276–278 (vgl STAUDINGER/LÖWISCH Erl zu §§ 276–278 sowie § 280 Rn D 5 ff; zur Fahrlässigkeit im neuen Schuld- recht DEUTSCH AcP 202 [2002] 889 ff).

Ein zeitlicher Anknüpfungspunkt für das Vertretenmüssen ist sicher der Zeitpunkt **B 98** des Fristablaufs, da der Vorwurf darin besteht, daß der Schuldner die Leistung nicht einmal innerhalb der ihm nach Eintritt der Fälligkeit gesetzten Frist bewirkt hat (vgl PALANDT/HEINRICHS Rn 16; vom Ansatz ebenfalls MünchKomm/ERNST Rn 47 f, der allerdings in einem zweiten Schritt auch das frühere Fehlverhalten mitberücksichtigen will). MÜNCH interpre- tiert die Rückverweisung in § 281 Abs 1 S 1 auf § 280 Abs 1 dahin, daß sich der Schuldvorwurf wandle und sich auf das weitere Unterlassen der Nacherfüllung be- ziehe, weil dem Verkäufer eine zweite Chance gewährt werden soll (Jura 2002, 361, 368). Nach meiner Auffassung muß es aber auch genügen, wenn der Schuldner vor und erst

recht nach Eintritt der Fälligkeit nicht die notwendigen Vorkehrungen für die rechtzeitige Pflichterfüllung getroffen hat (s § 280 Rn D 10 ff). Man stelle sich nur vor, daß
ein Verkäufer nach Abschluß eines Kaufvertrages keine Anstalten trifft, um die Ware
zu verschaffen, daß ihm aber später, etwa im Zeitpunkt der Fristsetzung, kein Vorwurf mehr gemacht werden kann, weil sich die Lieferung vom Großhändler an ihn
ohne sein Verschulden verzögert. Es wäre widersprüchlich, die Angemessenheit der
Frist auch unter dem Gesichtspunkt notwendiger Vorbereitungshandlungen des
Schuldners relativ kurz zu bestimmen (Rn B 61 ff) und für die Verantwortlichkeit
des Schuldners allein auf den Zeitpunkt des Fristablaufs abzustellen.

Wenn die Fristsetzung entbehrlich ist, kann es für die Verantwortlichkeit selbstverständlich nicht auf einen Fristablauf ankommen (so auch PALANDT/HEINRICHS Rn 16).
Dies muß allerdings ebenfalls gelten, wenn der Gläubiger dem Schuldner gleichwohl
noch eine Frist gesetzt hat. Denn damit will er dem Schuldner noch die Gelegenheit
zur Leistung geben, ihn aber nicht von einer bereits bestehenden Verantwortlichkeit
iS des § 280 Abs 1 S 2 freistellen.

B 99 In vielen Fällen wird sich diese Fragestellung aber dadurch entschärfen, daß der
Schuldner ab dem Eintritt des Verzuges ohnehin auch für zufällige Leistungshindernisse gem § 287 S 2 einzustehen hat (vgl PALANDT/HEINRICHS Rn 16).

II. Entbehrlichkeit der Fristsetzung

B 100 Ausnahmsweise kann der Gläubiger aufgrund der Leistungsverzögerung seines
Schuldners trotz Fälligkeit und Durchsetzbarkeit des Anspruchs sofort statt der
Leistung Schadensersatz verlangen, ohne daß er eine Frist zu setzen braucht. Nach
§ 281 Abs 2 1. Alt gehört hierzu namentlich die *ernstliche und endgültige Erfüllungsverweigerung*. Die Fristsetzung kann jedoch auch aus sonstigen Gründen entbehrlich
sein. Hierzu gehört ein Hinweis auf *§ 376 Abs 1 HGB* und eine nähere Auseinandersetzung mit den in § 281 Abs 2 2. Alt genannten *besonderen Umständen*, „die unter
Abwägung der beiderseitigen Interessen die sofortige Geltendmachung des Schadensersatzanspruchs rechtfertigen". Hier ist auch auf das *relative Fixgeschäft* und
einen *vereinbarten Leistungszeitraum* einzugehen. Unter den sonstigen Gründen
für die Entbehrlichkeit der Fristsetzung ist schließlich der Verzicht des Schuldners
und die Fallgruppe der *„Zwecklosigkeit der Nachfristsetzung"* wegen vom Schuldner
nicht beherrschbarer Leistungshindernisse zu behandeln (krit dazu Rn B 138).

1. Erfüllungsverweigerung nach bzw vor Fälligkeit

B 101 Die *bestimmte, ernsthafte und endgültige Erfüllungsverweigerung* des Schuldners, an
deren Vorliegen strenge Anforderungen zu stellen sind (Rn B 107), läßt sonst sinnvolle
Obliegenheiten des Gläubigers, die den Schuldner auf den Pfad der Vertragstreue
zurückführen sollen, als sinnwidrig erscheinen. Aus diesem Grund wird für den Verzug nach § 286 Abs 2 Nr 3 schon auf die Mahnung verzichtet, und die Fristsetzung ist
unter solchen Umständen als leere und überflüssige Formalie nach § 281 Abs 2 ebenfalls entbehrlich – eine entsprechende Regelung enthalten § 323 Abs 2 Nr 1 und § 30
Abs 2 VerlG, ferner für die Nacherfüllung § 440 Satz 1 1. Alt und § 636 1. Alt. Dieses
gilt nach der Neufassung eindeutig auch für nichtsynallagmatische Pflichten (vgl zum
früheren Recht bejahend STAUDINGER/LÖWISCH [2001] § 286 aF Rn 64, **abl** HUBER II 583). Gegen

das Festhalten an der Obliegenheit spricht außerdem, daß der rechtlich nicht vorge-
bildete Gläubiger allzu leicht an den Anforderungen der Nachfristsetzung scheitern
könnte, weil ihm der Gedanke, den Schuldner noch zur Erfüllung drängen zu müssen,
gar nicht kommen kann, wenn dieser ohnehin nicht leistungsbereit ist. Dies gilt sogar
dann, wenn ein Verwender von AGB sich selbst vertraglich die Pflicht auferlegt hat,
seinem Vertragspartner bei Abnahmeverweigerung eine Nachfrist einzuräumen
(BGH NJW 1982, 2316). Eine Erfüllungsverweigerung kann auch gegenüber einem
Bevollmächtigten erklärt werden (BGH NJW 1993, 2232, 2233). Eine Nachfristsetzung
kann jedoch dann wieder erforderlich werden, wenn die Umstände, aufgrund derer
sie entbehrlich wurde, entfallen sind, bevor der Gläubiger seine Rechte aus § 281
geltend gemacht hat (BGH LM § 635 BGB Nr 93 = NJW-RR 1990, 1300 = ZIP 1990, 1265).

a) Fallgruppen der Erfüllungsverweigerung
Bei der ernsthaften endgültigen Erfüllungsverweigerung sind **folgende Fallgruppen** zu
unterscheiden:

aa) Erfolgt die **Erfüllungsverweigerung nach Fälligkeit, und** betrifft sie eine **Lei-**   **B 102**
stungspflicht, so ist § 281 Abs 2 1. Alt zweifelsfrei unmittelbar anwendbar. Die ausdrückliche Anordnung der Entbehrlichkeit der Fristsetzung bedeutet zugleich, daß es
zur Konstruktion einer Pflichtverletzung des Schuldners erst recht nicht mehr des
Umwegs über eine neben der eigentlichen Leistungspflicht stehenden Leistungstreuepflicht bedarf, für die zum alten Recht vor allem über die unmittelbare Anwendbarkeit der Verzugsregeln oder eine Heranziehung der positiven Vertragsverletzung
gestritten worden ist (vgl STAUDINGER/OTTO [2001] § 326 aF Rn 139).

bb) Erfolgt indessen die **Erfüllungsverweigerung vor Fälligkeit**, so sind an die End-   **B 103**
gültigkeit der Leistungsverweigerung besonders hohe Anforderungen zu stellen, da
eine Leistungspflicht zu diesem Zeitpunkt noch nicht besteht. Man könnte daher im
Hinblick darauf, daß § 281 Abs 2 die Fristsetzung für entbehrlich erklärt, sogar auf
den Gedanken kommen, es müßte zunächst die Fristsetzung erforderlich geworden
sein, was wiederum die Fälligkeit des Anspruchs voraussetzte. Das Gesetz spricht
jedoch stets nur von einer ernsthaften und endgültigen Leistungsverweigerung ohne
den Zusatz „nach Fälligkeit". § 323 Abs 4 sieht die Ausübung des Rücktrittsrechts
ausdrücklich vor Eintritt der Fälligkeit vor. Fraglich kann daher nur sein, ob auch der
Schadensersatzanspruch bereits vor Fälligkeit geltend gemacht werden kann. Dies ist
letztlich zu bejahen (MünchKomm/ERNST Rn 62, ebenso AnwKomm/DAUNER-LIEB Rn 20;
KRAUSE Jura 2002, 299, 300). Verweigert der Schuldner bereits vor Fälligkeit endgültig
die Erfüllung, so liegt auch hier der entscheidende Akzent in der leistungsbezogenen
Pflichtverletzung, für die der Rückgriff auf § 281 näher liegt als auf § 282 iVm § 241
Abs 2, also die allgemeine Pflicht zur Rücksichtnahme auf die Interessen des anderen
Teils (näher dazu § 282 Rn 37). Insofern ist gegenüber § 326 aF, der nur auf den Verzug
gemünzt war, ein deutlicher Wandel eingetreten. Das auch für mich entscheidende
Argument für eine Anwendung der positiven Vertragsverletzung ist damit entfallen
(vgl STAUDINGER/OTTO [2001] § 326 aF Rn 140, 209 ff). Liegt schon bei Vertragsschluß ein
unbehebbarer Rechtsmangel vor, ist § 311a Abs 2 einschlägig.

Als **Beispiele** für die vorzeitige Erfüllungsverweigerung seien hervorgehoben: BGH
Betrieb 1968, 305 (Verweigerung des Akkreditivs bei einem Sukzessivlieferungsvertrag über leicht verderbliche Ware); BGH NJW 1972, 246 (Ablehnung der Nachlie-

ferung einwandfreier Gattungsware bei einem Sukzessivlieferungsvertrag); BGH NJW 1977, 580 u OLG Frankfurt NJW 1977, 1015, 1016 (Weigerung, einen Kaufvertrag zu erfüllen); BGH Betrieb 1969, 215 (Weigerung des Mieters, den Vertrag – wie vereinbart – zu erfüllen); BGH NJW 1978, 103 (Gestattung einer störenden Anlage durch den Vermieter vor Überlassung der Mietsache); BGH NJW 1974, 1080 (Ablehnung der Bauleistung durch den Bauunternehmer vor Erteilung der Baugenehmigung – entspr Anwendung des § 8 Nr 3 Abs 2 VOB/B [ebenso schon BGH MDR 1969, 385]); BGH NJW 1985, 2021 (LS) = JZ 1985, 349 (Weigerung, auf die Erteilung einer für die Leistungserbringung erforderlichen behördlichen Genehmigung hinzuwirken); BGH NJW 1988, 204, 207 (unberechtigte Kündigung eines Computer-Leasingvertrages); s ferner BGHZ 50, 175 = NJW 1968, 1873 (Ablehnung der Erfüllung durch Besteller vor Fertigstellung des Werkes sogar mit der Konsequenz eines vorzeitigen Zahlungsanspruchs iS der primären Leistungspflicht ohne Rückgriff auf die pVV); BAG AP Nr 5 zu § 276 BGB Vertragsbruch m Anm Medicus = NJW 1976, 644 = SAE 1976, 193 m Anm Beitzke (Vertragsbruch eines Arbeitnehmers, der den Nichtantritt der Stelle mitteilt); s auch BAG AP Nr 7 u 8 zu § 276 BGB Vertragsbruch jeweils m Anm Beitzke = NJW 1981, 2430 u NJW 1984, 2846 f.

B 104 Von der Fallgestaltung feststehender Erfüllungsverweigerung ist die **Ankündigung voraussichtlicher Leistungsunfähigkeit** (BGH NJW 1976, 326 [LS] = WM 1976, 75; NJW 1977, 35) oder **voraussichtlicher Undurchführbarkeit** insbes langfristiger Verträge (zB eines Bauvorhabens wegen baurechtlicher Hindernisse: BGH NJW 1970, 1182 L = MDR 1970, 756) sorgfältig zu unterscheiden. Gleiches gilt für sonstige Umstände, die zu berechtigten Zweifeln an der Leistungsfähigkeit bzw -bereitschaft des Schuldners Anlaß geben (vgl BGH WM 1988, 1171, 1172: Behandlung einer mit Sicherheit zu erwartenden Nichteinhaltung eines Fertigstellungstermins „wie Verzug"; s auch BGH NJW 1983, 989, 990 [zu § 5 Nr 4 VOB/B]; BGH LM § 536 ZPO Nr 19 = NJW-RR 1995, 240, 243: Unzuverlässigkeit bei der Abwicklung eines anderen Vertragsverhältnisses). In solchen Fällen, die man auch unter das Stichwort *„Unzuverlässigkeit"* einordnen kann, hat die Rspr im Interesse des Gläubigers mit Recht zwar bereits vor Fälligkeit analog zu § 326 aF die Nachfristsetzung mit ihren Konsequenzen gestattet, jedoch auch verlangt (anders, wenn die Vertragsverletzung sicher eintreten wird, BGH NJW 2003, 1600, 1601).

Anders als bei der ernstlichen und endgültigen Erfüllungsverweigerung sollte bei dieser Fallgruppe auch in Zukunft nicht leichthin auf die *Nachfristsetzung* verzichtet werden, sondern erst, wenn das Vertrauensverhältnis unwiederbringlich zerstört oder das Interesse an der Leistung entfallen ist (vgl zur Unzuverlässigkeit auch Hüffer 233 f). So gesteht Ramming dem Gläubiger als weiteren *vorzeitigen* Rechtsbehelf das Recht zu, den Schuldner zur Bestätigung der Leistungsbereitschaft aufzufordern (ZGS 2003, 209, 210 ff). Sei die Antwort unzureichend, so liege ein Fall der Unzumutbarkeit vor, so daß der Gläubiger ohne weitere Fristsetzung Schadensersatz statt der Leistung verlangen könne (ZGS 2003, 209, 211). Zweifelhaft ist daher, ob mehrfache Mahnungen des Schuldners trotz Nichtlieferung nach zuvor vom Gläubiger erklärter Bitte um Vertragsabstand zum Rücktritt von einem schriftlichen Sprachkursus ohne Nachfristsetzung berechtigen konnten (so LG Stuttgart NJW 1965, 1917). Sofern indessen entsprechende Anhaltspunkte vorliegen, ist der Gläubiger befugt, bereits vor der Fälligkeit der schuldnerischen Leistung zum Mechanismus des § 281 zu greifen und eine Liquidation des gesamten Vertragsverhältnisses herbeizuführen (dazu auch Huber II 341 ff, 602 ff; Peters JR 1998, 186, 189).

Das **UN-Kaufrecht** hält für die vorzeitige Erfüllungsverweigerung und mit ihr ver- **B 105**
wandte Fallgestaltungen in **Art 72 CISG** eine eigenständige Regelung bereit: „Ist
schon vor dem für die Vertragserfüllung festgesetzten Zeitpunkt offensichtlich,
daß eine Partei eine wesentliche Vertragsverletzung begehen wird, so kann die andere Partei die Aufhebung des Vertrages erklären". Abs 2 verlangt allerdings zuvor,
daß die andere Partei die Aufhebung anzeigt und Gelegenheit zur Vertragserfüllung
gibt, „wenn es die Zeit erlaubt und es nach den Umständen vernünftig ist." Der
Schadensersatzanspruch folgt aus den Art 74 ff CISG. Neben das Aufhebungsrecht
kann gem Art 74 CISG kumulativ ein Schadensersatzanspruch treten (näher hierzu
STAUDINGER/MAGNUS [1999] Art 72 CISG Rn 6 ff; SCHLECHTRIEM/SCHWENZER/HORNUNG, CISG⁴
[2004] Art 72 Rn 25, 35; auch PILTZ NJW 1994, 1101, 1105).

cc) Betrifft die Erfüllungsverweigerung eine **leistungsbezogene Nebenpflicht**, liegt **B 106**
in aller Regel eine nicht wie geschuldet erbrachte Leistung nach § 281 Abs 1 S 1
2. Alt vor (vgl Rn C 11). Handelt es sich um eine Pflichtverletzung iS von § 241 Abs 2,
so ist § 282 einschlägig.

b) Anforderungen an eine Erfüllungsverweigerung

Von einer **Erfüllungsverweigerung** iS der soeben besprochenen Fallgruppen kann nur **B 107**
die Rede sein, wenn der Schuldner wirklich die Erfüllung in bestimmter Weise endgültig verweigert (RGZ 102, 262, 266 f). Die Weigerung muß als das **letzte Wort des
Schuldners** aufzufassen sein, so daß eine Änderung des Entschlusses ausgeschlossen
erscheint (stRspr zB RGZ 51, 347; 53, 161, 167; 57, 105, 112; 66, 419; 90, 317; 96, 341; 104, 275, 277;
149, 401, 403; RG JW 1933, 2204; BGH WM 1957, 1342; NJW 1982, 2316; NJW 1984, 48, 49; NJW
1986, 661; NJW 1991, 1822, 1824; NJW 2000, 506, 508). An die Annahme, der Schuldner
verweigere die Leistung endgültig, sind strenge Anforderungen zu stellen (BGH NJW
1984, 48, 49; BGHZ 104, 6, 13; BGH NJW-RR 1993, 139, 140). Solange der Schuldner noch –
insbes durch Nachfristsetzung – umgestimmt werden könnte, muß ein Versuch in
diese Richtung unternommen werden (RGZ 90, 317; 102, 266; BGH WM 1957, 1344). Die
Ernstlichkeit muß sich dem Gläubiger bereits im Zeitpunkt der Erfüllungsverweigerung aufgedrängt haben; es reicht nicht aus, wenn der Richter später aufgrund
weiterer Anhaltspunkte feststellt, daß der Schuldner von seiner Weigerung nicht
abgegangen wäre (RGZ 102, 266; RG JW 1918, 551). Insgesamt bedarf es einer Berücksichtigung sämtlicher Umstände des Einzelfalles (s dazu eingehend HUBER II 590 ff).

Keine Erfüllungsverweigerung liegt in folgenden Fällen vor: Bitte um Stundung we- **B 108**
gen augenblicklich fehlender Zahlungsmittel (RGZ 66, 430; RG WarnR 1933 Nr 144);
Erklärung, zur fristgerechten Leistung voraussichtlich außerstande zu sein (BGH Be-
trieb 1976, 238 = JR 1976, 282 m Anm SCHNEIDER); Äußerung rechtlicher Zweifel (BGH
Betrieb 1971, 1203); Widerspruch gegen eine (berechtigte) Vertragskündigung (BGH
NJW-RR 2003, 416, 417); Meinungsverschiedenheiten über den Vertragsinhalt (RGZ
66, 419; RG WarnR 1918 Nr 162; BGH NJW 1971, 798); Ablehnung und gleichzeitig erklärte
Verhandlungsbereitschaft (BGH MDR 1961, 314); Angebot einer Teilleistung (RGZ 90,
317); Zurückweisung eines Schadensersatzbegehrens durch den Verkäufer mit der
Begründung, bereits erfüllt zu haben, wenn der Käufer eine bereits erhaltene Leistung nachträglich als „aliud" ansieht und ohne Angabe von Gründen Schadensersatz
fordert (BGH NJW 1986, 661); Unterlassen einer Urlaubsgewährung durch Arbeitgeber
aufgrund der Fehlvorstellung, einem teilzeitbeschäftigten Studenten gegenüber dazu
nicht verpflichtet zu sein (BAG AP Nr 22 zu § 1 BUrlG = NZA 1993, 360, 361).

B 109 Für die *Annahme einer ernsthaften und endgültigen* Erfüllungsverweigerung kann es uU genügen, wenn der Schuldner ungerechtfertigterweise erklärt, daß er von dem Vertrag zurücktrete (RGZ 57, 112; BGH NJW 1977, 580, 581; NJW 1987, 251, 253); insoweit ist jedoch Zurückhaltung geboten (RGZ 67, 313; RG HRR 1932 Nr 712). Eine ernstliche Erfüllungsverweigerung kann auch in der Erhebung einer negativen Feststellungs- klage liegen (RGZ 96, 292, 294), in einer nachdrücklichen Ablehnung noch im Prozeß (RG LZ 1917, 404) bzw in einem Klageabweisungsantrag, sofern die Klage auf Er- füllung gerichtet ist (BGH NJW 1984, 1460), nicht aber, wenn der Gläubiger sogleich Schadensersatz fordert (BGH NJW 1986, 661, 662). Eine Erfüllungsverweigerung ist ebenfalls nicht schon dann gegeben, wenn der Schuldner lediglich seine Leistungs- pflicht bestreitet (RG LZ 1925, 970) oder Rechte aus einem erklärten Rücktritt geltend macht (BGH NJW 1996, 1814). Demgegenüber ist eine Nachfristsetzung für den Fall entbehrlich, daß der Schuldner seine Leistung erst für einen Zeitpunkt ankündigt, der nach dem Ablauf einer an sich zu setzenden Nachfrist liegt (BGH NJW 1984, 48, 49). Anders ist dies wiederum, wenn der Schuldner sich auf die Äußerung beschränkt, daß er nicht wisse, ob er innerhalb einer Nachfrist werde leisten können (BGH NJW 1992, 235).

B 110 Indessen **verweigert der Schuldner die Leistung** oft **nicht schlechthin**, sondern stellt willkürlich Bedingungen, die die Durchführung des Vertrages wesentlich erschweren oder unmöglich machen (RG Gruchot 54, 628; OLG Hamburg Recht 1915 Nr 1752; OLG Jena JW 1918, 380), erhebt unberechtigte Forderungen (RGZ 171, 297, 301; BGH NJW 1953, 1347; NJW 1994, 2025, 2026) oder gibt zu erkennen, daß er die Leistung wesentlich abweichend vom Vertrag erbringen will (RGZ 96, 343: vier Monate nach Fälligkeit; RG LZ 1923, 225: Angebot der Lieferung eines nicht betriebsfähigen Kfz und Beharren auf angeblich vertragsgemäßer Leistung). Derartiges Verhalten, das die ablehnende Haltung nur kaschiert, ändert nichts an dem Charakter als Erfüllungsverweigerung.

B 111 Die Annahme einer Erfüllungsverweigerung kann ferner aus *äußeren Umständen* zu schließen sein: Der Schuldner verkauft die zu liefernde Ware an Dritte (RG WarnR 1922 Nr 50); hier kann freilich auch subjektive Unmöglichkeit eintreten, so daß § 283 anwendbar ist (vgl RG WarnR 1933 Nr 144; zum Verhältnis der § 281 und § 283 sowie den prozessualen Besonderheiten eines Anerkenntnisses des Leistungsverweigerungsrechts nach § 275 Abs 2, 3 durch den Prozeßgegner vgl FAUST, in: HUBER/FAUST, Schuldrechtsmodernisierung Rn 3/ 109 ff sowie § 283 Rn 42). Aber uU ist ein Selbsthilfeverkauf iS des § 373 HGB beab- sichtigt, mit dem der Verkäufer beim Vertrag stehen bleibt (RG JW 1921, 1359), selbst wenn die „Selbsthilfe" unberechtigt ist (RG JW 1928, 2637). Der BGH will beim Miet- vertrag den Auszug des Mieters ohne die Vornahme der ihm obliegenden Repara- turen jedenfalls bei starken Abwohnungserscheinungen als endgültige Erfüllungs- verweigerung interpretieren (NJW 1971, 1839; NJW 1989, 451, 452; NJW 1991, 2416, 2417; krit MünchKomm/ERNST Rn 53); maßgeblich sind jedoch auch hier die Umstände des Ein- zelfalles (OLG Hamburg NJW 1973, 2211; OSKE ZMR 1973, 321, 322; vgl zur Frage der einschlä- gigen Leistungspflicht auch oben Rn B 28).

c) Rechtsfolge der Erfüllungsverweigerung

B 112 Rechtsfolge der endgültigen Erfüllungsverweigerung im Rahmen des § 281 Abs 2 ist die **Entbehrlichkeit der Fristsetzung**.

Der Gläubiger behält also – ebenso wie nach dem fruchtlosen Fristablauf – zunächst seinen Anspruch auf Erfüllung. **Gleichzeitig entsteht jedoch bereits der Anspruch auf Schadensersatz statt der Leistung**, wenn die sonstigen unter B I genannten Voraussetzungen vorliegen (MünchKomm/ERNST Rn 67 ff, EMMERICH, Leistungsstörungen 292 ff, FAUST, in: HUBER/FAUST, Schuldrechtsmodernisierung Rn 3/154, LORENZ/RIEHM, Schuldrecht Rn 233 f). Der Gesetzgeber knüpft zwar an das Verlangen von Schadensersatz in § 281 Abs 4 den Untergang des Erfüllungsanspruchs. Dem eigentlichen Anspruch auf Schadensersatz ist jedoch nicht etwa als Vorstufe noch ein eigenständiges Recht, Schadensersatz zu verlangen, vorgeschaltet. Zwar ist in § 325 davon die Rede, daß das Recht, bei einem gegenseitigen Vertrag Schadensersatz zu verlangen, durch den Rücktritt nicht ausgeschlossen wird. Es gibt jedoch keinen Anhalt dafür, daß der Gesetzgeber auch das Verlangen von Schadensersatz als dem Anspruch auf Schadensersatz vorausgehendes Gestaltungsrecht ausgestalten wollte. Damit hat der Gläubiger von diesem Zeitpunkt an die *Wahl zwischen Erfüllung und Schadensersatz*. Um klare Verhältnisse zu schaffen, ist es ihm grundsätzlich auch nicht verwehrt, dem Schuldner noch eine Frist zur Erfüllung zu setzen.

Für die endgültige Wahl ist demnach die Erklärung des Gläubigers erforderlich, daß **B 113** er aufgrund der Erfüllungsverweigerung Schadensersatz statt der Leistung verlange (vgl zu § 326 aF STAUDINGER/OTTO [2001] § 326 aF Rn 146 mwNw; speziell zur Gefährdung des Vertragszwecks BGH MDR 1964, 319; LESER, in: FS Rheinstein [1969] II 656 f). Der vertragstreue Teil muß diese Erklärung aber nicht unmittelbar nach der Erfüllungsverweigerung abgeben (RGZ 91, 99); er kann sogar zunächst auf Erfüllung klagen (RGZ 102, 262).

Die Befugnis, vom Erfüllungsanspruch unmittelbar auf den Schadensersatzanspruch **B 114** überzugehen, verliert der Gläubiger trotz zwischenzeitlichen Erfüllungsverlangens jedenfalls, wenn der Schuldner seine Verweigerungshaltung aufgibt (MünchKomm/ ERNST Rn 75; ebenso vor der gesetzlichen Normierung des Instituts der Erfüllungsverweigerung GERNHUBER, in: FS Medicus [1999] 145, 158; WERTENBRUCH AcP 193 [1993] 191, 197; anders noch MünchKomm/EMMERICH[4] Vor § 275 aF Rn 252: Leistungsverweigerung wird durch das Bestehen des Gläubigers auf Erfüllung „überholt"; in diesem Sinn auch BGH NJW 1997, 51, 52, der das Verhalten des Gläubigers als widersprüchlich ansah und damit nach Treu und Glauben die weiteren Rechte wegfallen ließ). Bei einem Meinungswechsel des Schuldners muß der Gläubiger wieder zum Instrument der Fristsetzung greifen, wenn er Sekundäransprüche geltend machen will. Weiterhin hat der BGH für § 326 aF angedeutet, daß der Gläubiger sich im nachhinein dann nicht auf die Entbehrlichkeit der Fristsetzung berufen kann, wenn er trotz einer angeblichen Erfüllungsverweigerung diesen Weg dadurch beschritten hat, daß er dem Schuldner zunächst eine Frist zur Leistung gesetzt hat (NJW-RR 1995, 853, 854 f). Ein Recht, die Rückkehr des Schuldners zur Vertragstreue zurückzuweisen, steht ihm nicht zu (FAUST, in: HUBER/FAUST, Schuldrechtsmodernisierung Rn 3/140; HUBER II 639 f; offengelassen von BGH NJW 1977, 580, 581). Der Schuldner kann seine als Realakt zu wertende Erfüllungsverweigerung mithin bis zur Umgestaltung des Schuldverhältnisses widerrufen (GERNHUBER, in: FS Medicus 145, 154). Im übrigen muß der Gläubiger seine Entscheidung, die Annahme der Erfüllung abzulehnen und die sekundären Rechte auszuüben, eindeutig und bestimmt zum Ausdruck bringen; erst dann verliert er seinen Erfüllungsanspruch (RG Recht 1924 Nr 349).

2. Entbehrlichkeit aus sonstigen Gründen

a) Fixhandelskauf

B 115 Vorweg ist darauf aufmerksam zu machen, daß der Handelskauf durch die Ausweitung des handelsrechtlichen Gewerbebegriffs (§ 1 Abs 2 HGB 1998) an Bedeutung gewonnen hat, daß es aber zugleich nach wie vor genügt, wenn der Kauf für einen Teil ein Handelsgeschäft ist, sofern nicht das Gesetz etwas anderes bestimmt (§ 345 HGB). Dies ist bei § 376 HGB nicht der Fall. Wird ein Handelskauf als relatives Fixgeschäft abgeschlossen, so spricht die Erfahrung dafür, daß jedenfalls einem Teil an einer verspäteten Leistung nicht mehr gelegen ist, weil die Parteien das Interesse an pünktlicher Leistung sogar zum wesentlichen Vertragsinhalt erhoben haben (vgl BAUMBACH/HOPT, HGB³¹ [2003] § 376 Rn 1 ff; BOUJONG/EBENROTH/JOOST/MÜLLER, HGB [2001] § 376 Rn 1 ff). Demgemäß ist es für den Gläubiger nicht zumutbar, dem Schuldner noch eine Nachfrist zu setzen, wenn er wegen Verzuges Schadensersatz wegen Nichterfüllung verlangen will (§ 376 Abs 1 S 1 HS 2 HGB). Zurücktreten kann er – ebenso wie beim relativen Fixgeschäft des BGB (§ 323 Abs 2 Nr 2) – schon bei objektiv verspäteter Leistung (§ 376 Abs 1 S 1 HS 1 HGB). Angesichts dieser typischen Interessenlage muß der Gläubiger sogar sofort nach Verstreichen der Leistungszeit dem säumigen Teil anzeigen, daß er auf Erfüllung besteht; anderenfalls erlischt der Erfüllungsanspruch (§ 376 Abs 1 S 2 HGB). Dabei wird an die Rechtzeitigkeit des Erfüllungsverlangens, das auch durch eine Nachfristsetzung zum Ausdruck gebracht werden kann, ein strenger Maßstab angelegt (BGH NJW-RR 1998, 1489, 1490). – Zur Rechtslage bei grenzüberschreitenden Kaufverträgen und Geltung des **UN-Kaufrechts** vgl bereits Rn A 14, 16, 21.

b) Besondere Umstände

B 116 Allgemein ist die Fristsetzung entbehrlich, *wenn besondere Umstände vorliegen, die unter Abwägung der beiderseitigen Interessen die sofortige Geltendmachung des Schadensersatzanspruchs rechtfertigen* (§ 281 Abs 2 2. Alt; s auch die insoweit vergleichbaren § 323 Abs 2 Nr 3 und § 543 Abs 3 S 2 Nr 2). Da sich diese Ausnahmeregelung nicht als Reaktion auf eine besonders schwere Vertragsverletzung des Schuldners erklären läßt (vgl SOERGEL/WIEDEMANN § 326 aF Rn 56), sind an ihr Vorliegen strenge Anforderungen zu stellen (FAUST, in: HUBER/FAUST, Schuldrechtsmodernisierung Rn 3/141; MünchKomm/ERNST Rn 58 m Verweisung auf § 323 Rn 125; so auch schon zu § 326 aF, der allerdings in Abs 2 nur auf die Interessen des Gläubigers abstellte, BGH LM § 284 BGB Nr 44 a = NJW-RR 1997, 622, 623 f; NJW 2000, 803, 804). Die Unzumutbarkeit des Festhaltens am Vertrag muß ohne Nachfristsetzung legitimiert sein (OETKER JZ 1999, 1030, 1033).

aa) Relatives Fixgeschäft und bestimmter Leistungszeitraum als Indiz

B 117 Abzuwägen sind die Interessen beider Vertragsparteien **an einem Austausch der beiderseitigen Leistungen**, die nach den gesamten Umständen zu beurteilen sind; selbst wenn die geschuldete Leistung für sich betrachtet für den Gläubiger noch von Interesse sein könnte, kann das Interesse an dem geplanten Leistungsaustausch entfallen sein (RG JW 1916, 258). IdR genügt es, daß die Leistung für den nachweislich vorgesehenen Zweck nicht mehr verwendbar ist (RG JW 1916, 258; 1920, 47). Dies ist sehr häufig beim *relativen Fixgeschäft* der Fall (so auch AnwKomm/DAUNER-LIEB Rn 23; differenzierend LORENZ/RIEHM, Schuldrecht Rn 202 f; abl JAUERNIG/VOLLKOMMER Rn 10 f m Umkehrschluß zu § 323 Abs 2 Nr 2; ebenso MünchKomm/ERNST Rn 59), selbst wenn es sich nicht gerade um den Fixhandelskauf oder überhaupt um ein Geschäft unter Unternehmern iS des § 14 handelt. Man denke an das klassische Beispiel der für eine Hochzeit bestimmten Festkleidung (bei dem Hochzeitskleid würde wegen der Überschreitung des Leistungszeitraums sogar Unmöglichkeit eintreten). Auch bei „Just-in-time-Verträgen" muß der Gläubiger ein Recht zur sofortigen Ersatzbeschaffung haben (BT-Drucks 14/6040, 125). Ebenso, wenn polizeilich die Schließung des Geschäftsbetriebs angedroht wurde (BGH WM 2002, 878, 881 f), oder eine Musikproduktionsverpflichtung innerhalb der Laufzeit des Vertrages nicht mehr erfüllt werden kann, und der Künstler bei einem anderen Produzenten eine Ausschließlichkeitsbindung eingegangen ist (BGH NJW 2001, 2878, 2879).

Hat der Käufer zB Ware für eine bestimmte Saison, für die Weihnachtszeit, für den **B 118** Osterbedarf (OLG Karlsruhe LZ 1907, 757) oder im Hinblick auf eine bestimmte Mode gekauft, fällt das Interesse fort, wenn etwa die Saison vorüber ist oder die Mode gewechselt hat. Eventuell ist sogar die Unmöglichkeit der Leistung iS von § 275 Abs 1 zu bejahen, weil der vorgesehene **Leistungszeitraum** überschritten ist, nicht anders als zB bei dem zu spät eintreffenden Taxi, der Lieferung des Mittagsmenüs durch einen Partyservice am Nachmittag oder des verpaßten Mitschnitts eines Live-Konzerts; dann wäre allerdings statt § 281 ohnehin § 283 anwendbar, wenn die Leistungspflicht aus Zeitgründen dauerhaft ausgeschlossen ist (zur Frage der „Überholung" der Leistungsverzögerung durch den Ausschluß der Leistungspflicht Rn B 150). Ähnlich liegt es, wenn ein Landwirt gekaufte Düngemittel nach Ablauf der Lieferfrist für die Feldbestellung nicht mehr verwenden kann (RG JW 1920, 47).

Die Einordnung dieser Fallgestaltungen unter die „besonderen Umstände" des § 281 **B 119** Abs 2 2. Alt ist nicht etwa deshalb unzulässig, weil § **323 Abs 2 Nr 2** ausdrücklich bestimmt, daß die Fristsetzung entbehrlich ist, wenn „*der Schuldner die Leistung zu einem im Vertrag bestimmten Termin oder innerhalb einer bestimmten Frist nicht bewirkt und der Gläubiger im Vertrag den Fortbestand seines Leistungsinteresses an die Rechtzeitigkeit der Leistung gebunden hat*" (dazu STAUDINGER/OTTO [2004] § 323 Rn B 97 ff). Mit der Erleichterung des Rücktritts wird die verschuldensunabhängige Regelung des § 361 aF für das relative Fixgeschäft aufgenommen und sachgerecht um den Leistungszeitraum erweitert (dazu MünchKomm/ERNST § 323 Rn 109). Die Schadensersatzhaftung des § 281 greift jedoch nur ein, wenn sich der Schuldner nicht gem § 280 Abs 1 S 2 entlasten kann, so daß eine Versagung des Schadensersatzanspruchs nicht einzuleuchten vermag. Richtig ist allerdings, daß § 323 Abs 2 Nr 2 allein das Gläubigerinteresse betont, während § 281 Abs 2 2. Alt ebenso wie § 323 Abs 2 Nr 3 die *Abwägung der beiderseitigen Interessen* vor dem Übergang zu einem Schadensersatzanspruch statt der Leistung verlangt. In diesem Sinn stellt § 281 Abs 2 2. Alt für das Schadensersatzbegehren auch hinsichtlich des relativen Fixgeschäfts bzw der Einhaltung des Leistungszeitraums strengere Anforderungen als § 376 Abs 1 HGB. So gesehen ist die Bejahung eines relativen Fixgeschäfts *allein* in der Tat nicht ausreichend, um die Entbehrlichkeit der Fristsetzung für einen Schadensersatzanspruch statt der Leistung zu rechtfertigen (vgl JAUERNIG/VOLLKOMMER Rn 10).

Ein weiteres lehrreiches Beispiel gibt RGZ 104, 373, 375 f: Der Käufer konnte infolge **B 120** Verzuges des Verkäufers das bis dahin ohne eine Verwendung eigenen Kapitals gewinnbringend und risikolos zu erledigende Doppelgeschäft durch Weiterverkauf entweder überhaupt nicht mehr (dazu auch OLG Köln NJW-RR 1993, 949) oder nur noch mit Hilfe eigener Mittel unter erheblichem Risiko durchführen. Ist die Leistung jedoch zu dem vorgesehenen Zweck noch verwendbar, dann reichen *Deckungskäufe*, die der Käufer zur Befriedigung eines augenblicklichen Bedürfnisses gemacht hat, gerade nicht aus, um den Wegfall des Interesses zu begründen (zu § 326 Abs 2 aF RG LZ 1918, 836; vgl auch Rn B 128).

bb) Selbstmahnung

B 121 Schutzwürdig ist der Gläubiger häufig in Fallgestaltungen, die man als *„Selbstmahnung"* des Schuldners bezeichnen kann. Diese stellt ebenfalls einen „besonderen Umstand" iSd § 281 Abs 2 2. Alt dar (s zur Entbehrlichkeit der Mahnung für den Verzug krit Staudinger/Löwisch § 286 Rn 86). Der Schuldner räumt beispielsweise die pflichtwidrige Verzögerung der Leistung ein, kündigt diese jedoch bis oder zu einem bestimmten Termin an. Es leuchtet ein, daß der Gläubiger unter diesen Umständen eine eigene Fristsetzung mit Recht nicht selten für entbehrlich hält. Nach fruchtlosem Zeitablauf stehen damit die Voraussetzungen für das Schadensersatzbegehren fest, und der Gläubiger kann ohne Nachteile für sich ein Deckungsgeschäft vornehmen. Der Schuldner handelte widersprüchlich, wenn er noch auf einer Fristsetzung des Gläubigers bestünde.

cc) Zerstörung des Gläubigervertrauens

B 122 Eine Ausnahme ist ferner dort anzuerkennen, wo durch das Verhalten des Schuldners *das Vertrauen des Gläubigers in eine vertragsgemäße Erfüllung endgültig zerstört* ist (BGHZ 11, 80, 86; BGH MDR 1958, 423; NJW 1969, 975; 1978, 260, 261; NJW 1981, 679, 680; LM § 539 ZPO Nr 19 = NJW RR 1995, 240, 243; NJW 2000, 2988, 2990). Bei der Bejahung dieser Ausnahme ist allerdings Zurückhaltung geboten (BGH LM § 326 [Dc] BGB Nr 5 = Betrieb 1977, 159, 161 [oben Rn A 31]; konkludent BGH WM 1976, 964, 966; sehr streng auch OLG Köln NJW 1974, 1952; etwas großzügiger aber BGH WM 1976, 124, 125). Selbst wenn das Verhalten des Schuldners den Vertragszweck gefährdet, folgt hieraus nicht schon ohne weiteres, daß das Vertrauen irreparabel zerstört ist. Die Unzumutbarkeit der Fortsetzung des Vertragsverhältnisses für den Fall, daß der Schuldner trotz der nochmaligen Aufforderung des Gläubigers sein Fehlverhalten fortsetzt, darf nicht im Vorgriff dazu verleiten, überhaupt auf eine Nachfrist zu verzichten.

dd) Teil- und Totalverzögerung

Hinsichtlich des Wegfalls des Interesses sind im übrigen **zwei Fallgruppen** nicht erbrachter Leistungen zu unterscheiden:

B 123 Totalverzögerung: Das Interesse des Gläubigers an der Vertragserfüllung fällt weg, bevor auch nur ein Teil der Leistung bewirkt ist. Man stelle sich vor, daß jemand Saisonartikel bestellt hat, die ratenweise geliefert werden sollten. Nach Ablauf der Saison sind diese Artikel nicht völlig wertlos; aber der Gläubiger hat kein Interesse, sie jetzt noch gegen die vereinbarte Gegenleistung zu erwerben, denn die Ware ist zB überhaupt nicht oder nicht mehr zu Saisonpreisen abzusetzen. Daß der Käufer die Ware eventuell zu niedrigerem Preis absetzen könnte, ist hier wegen ihres Saisoncharakters unerheblich, während sonst eine bloße Veränderung der Marktpreise noch nicht zu einem Wegfall des Interesses führt (vgl auch RG Warn 1922 Nr 51 sowie Rn B 127).

B 124 Teilverzögerung: Das Interesse des Gläubigers an der Vertragserfüllung fällt weg, nachdem der Schuldner schon einen Teil der Leistung – sei es vor oder nach Fristablauf – bewirkt hat. Dies setzt freilich voraus, daß der Gläubiger die Teilleistung angenommen hat (vgl oben Rn B 79, unten B 164 ff). Fällt nachträglich das Interesse an teilweiser Vertragserfüllung durch beide Seiten weg, so kann der Gläubiger die Annahme weiterer Teilleistungen ablehnen und Schadensersatz statt der ganzen Leistung fordern (§ 281 Abs 1 S 2) oder vom ganzen Vertrag nach § 323 Abs 5 S 2 zurücktreten (STAUDINGER/OTTO [2004] § 323 Rn B 107 ff).

Wenn das Interesse des Gläubigers nur hinsichtlich der noch rückständigen Lei- **B 125** stungen wegfällt, beschränken sich die Sanktionen ebenfalls nur auf die ausstehende Restleistung, und zwar sowohl das Rücktrittsrecht als auch der Schadensersatzanspruch (so schon zu § 326 aF RGZ 50, 142; RG JR 1926 Nr 244; Prot II 62–64). Das gilt aber nur, soweit die Leistungen, insbes auch die Gegenleistung, teilbar sind (vgl iE Rn B 162, 164, 168). Zur Abgrenzung von Teilleistung und Schlechtleistung vergleiche Rn C 9.

ee) Das Interesse muß **infolge der Leistungsverzögerung** weggefallen sein. Zwischen **B 126** der Nichtleistung des Schuldners trotz Fälligkeit und dem Wegfall des Interesses des Gläubigers muß ein *ursächlicher Zusammenhang* bestehen (vgl zu § 326 aF RGZ 70, 127; RG JW 1910, 147). Die kausale Verknüpfung ist erforderlich, um dem Gläubiger die Liquidation eines Vertrages ohne Nachfrist zu verwehren, der ihm möglicherweise aus ganz anderen Gründen lästig geworden ist. Dabei ist es ausreichend, wenn der Kausalzusammenhang *adäquat* ist. Dies ist zB anzunehmen, wenn der Käufer die Ware für bestimmte Kunden gekauft hat, diese ihrerseits mit Recht wegen der Verspätung den Vertrag gelöst haben und eine andere vergleichbare Verkaufsmöglichkeit nicht besteht (RGZ 70, 132; 94, 326; 104, 373, 375; KG OLGE 33, 230). Es genügt jedoch nicht die bloße Möglichkeit, daß ein Zweitkäufer den mit dem Gläubiger geschlossenen Vertrag auflöst (BGH LM § 284 BGB Nr 44 a = NJW-RR 1997, 622, 624). Andererseits reicht es für den Interessewegfall aus, wenn vernünftige Gründe dafür sprechen, sich auf das Begehren des Zweitgläubigers einzulassen und das Folgegeschäft zu beenden (BGH NJW-RR 1998, 1489, 1491). Die alleinige Ursache muß die Leistungsverzögerung nicht sein (PLANCK/SIBER Anm 1 b; WÜRDINGER/RÖHRICHT, in: Großkomm HGB Vorbem 425 zu § 373). Andere hinzutretende Ursachen, für die der vertragstreue Teil nicht verantwortlich ist, können berücksichtigt werden (dazu OLG Dresden OLGE 18, 4: Während des Verkäuferverzuges mit Maschinenteilen brennt die Fabrik des Käufers nieder, bei deren Wiederaufbau die Teile nicht mehr zu gebrauchen sind).

Da ein Kausalzusammenhang erforderlich ist, genügt ein *Interessewegfall vor der* **B 127** *pflichtwidrigen Leistungsverzögerung* selbstverständlich nicht (zu § 326 aF RGZ 70, 127 f; RG WarnR 1926 Nr 115; BGH LM § 326 [Ed] BGB Nr 3: Fehleinschätzung beim Kauf von Sonnenbrillen als Saisongeschäft). Nicht hierauf beruht der Interessewegfall ferner, wenn zB der Käufer vor der Lieferung der Ware in Insolvenz geraten ist und der Insolvenzverwalter nun den bereits gezahlten Kaufpreis zurückfordert, weil die Erfüllung des Vertrages *infolge der Insolvenz* kein Interesse mehr hat (RG WarnR 1926 Nr 115). Nicht mit in die Abwägung einzubeziehen sind idR auch *allgemein fehlende Verwendungsmöglichkeiten* einer Ware (RGZ 96, 126, 129; LZ 1918, 836; BGH NJW 1970, 1502) oder *sinkende Preise* (RG LZ 1918, 837; WarnR 1922 Nr 51; KG OLGE 4, 19). Erst recht ist der Verkäufer von der Fristsetzung nicht entbunden, wenn er die verkaufte Sache anderweitig günstiger abzusetzen vermag (RG JW 1924, 1246; BGH NJW 1980, 449 f; NJW 1981, 679). Das Interesse kann jedoch infolge einer Verspätung des Käufers fortgefallen sein, wenn der Verkäufer die zu liefernde Ware nur noch zu einem wesentlich höheren Preis von seinem Lieferanten bekommt (RG JW 1925, 935). Die Frage hat die Rechtsprechung auch im Zusammenhang mit der Geldentwertung beschäftigt (verneinend RG BayZ 1925, 65; SeuffA 81 Nr 44; bejahend RG JW 1925, 935); hier hängt die Antwort davon ab, ob man unter dem Gesichtspunkt des *Wegfalls der Geschäftsgrundlage* (jetzt § 313) eine Anpassung des Vertrages bejaht; hinsichtlich des ursprünglichen Vertrages ist das Interesse entfallen.

B 128 Hat sich der Gläubiger wegen nicht rechtzeitig erbrachter Leistung **anderweitig eingedeckt**, obwohl er zuvor eine Nachfrist hätte setzen können, dann hat er erst durch sein eigenes Deckungsgeschäft, mit dem er sein Interesse an der Leistung unterstreicht, das Interesse an dem Leistungsaustausch beseitigt (RGZ 96, 126, 129; BGH BB 1971, 677 = WM 1971, 615, 617; PETERS NJW 1979, 688, 690). Der Interessewegfall tritt also nicht in erster Linie infolge der Verspätung ein, sondern aufgrund der eigenen Entscheidung des Gläubigers. Man würde die den Schuldner schützende Obliegenheit zur Nachfristsetzung unterlaufen, wenn der Gläubiger sich ohne weiteres anderweitig eindecken könnte (im Grundsatz ebenso HUBER II 509). Anders ist die Rechtslage allerdings in Fallgestaltungen zu beurteilen, die man als *„Selbstmahnung"* des Schuldners bezeichnen kann (Rn B 121). Der Schuldner hat von sich aus die Verzögerung eingeräumt und seine Leistung bis zu einem bestimmten Termin fest zugesagt.

B 129 Zu den Voraussetzungen des § 281 Abs 2 gehört es **nicht**, daß der **Schuldner den Interessewegfall auf seiten des Gläubigers voraussehen konnte**, da er es ist, der die Pflicht verletzt und sich auch nicht entlasten kann (vgl zu § 326 Abs 2 aF RGZ 94, 326; RG LZ 1926, 45; BGH NJW 1971, 798; nachdrücklich CANARIS, in FS Wiedemann 3, 33 im Zusammenhang mit § 284; aA EMMERICH, Leistungsstörungen 290; MünchKomm/ERNST Rn 58 m Verweisung auf § 323 Rn 124; SOERGEL/WIEDEMANN § 326 aF Rn 56: Vorhersehbarkeit zumindest bei Verzugseintritt). Die fehlende Voraussehbarkeit kann allenfalls im Rahmen eines Schadensersatzanspruchs von Bedeutung sein, wenn der Schuldner gemäß § 254 Abs 2 S 1 einwendet, er hätte auf die Gefahr eines ungewöhnlich hohen Schadens hingewiesen werden müssen (BGH aaO). Demgegenüber schließt Art 25 CISG eine wesentliche Pflichtverletzung von vornherein aus, wenn die vertragsbrüchige Partei die der anderen Partei erwachsenden Nachteile nicht vorausgesehen hat und sie eine vernünftige Person auch nicht vorhergesehen hätte. Die Schuldrechts-Kommission hatte sich in § 323 Abs 2 Nr 3 BGB-KE dieser Regelung entgegen dem Vorschlag von HUBER, Gutachten 647, 837 nicht angeschlossen (s de lege ferenda auch HUBER II 501 f). Der Gegenposition kann allerdings insoweit Rechnung getragen werden, daß bei Unkenntnis des Gläubigerinteresses eher eine Fristsetzung erforderlich sein wird, als wenn sich der Schuldner des Interesses bewußt ist. Ein absolutes Kriterium stellt die Kenntnis oder das Kennenmüssen aber nicht dar.

B 130 **ff)** Die Berufung auf den **Interessewegfall** ist **trotz Nachfristsetzung** nicht ausgeschlossen, gleichgültig, ob das Interesse vor oder während der Nachfrist entfallen ist (RGZ 89, 123; MünchKomm/ERNST Rn 58 m Verweisung auf § 323 Rn 126; aM HUBER II 502 f unter Hinweis auf Art 47 Abs 2 u 63 Abs 2 CISG; OERTMANN Anm 2 b; für den Fall der Nachfristsetzung nach Interessewegfall auch WÜRDINGER/RÖHRICHT, in: Großkomm HGB Vorbem 427 zu § 373). Der Gläubiger verliert seine Rechte aus § 281 Abs 2 nur dann, wenn anzunehmen ist, daß er durch die Setzung der Nachfrist auf das sofortige Vorgehen gem § 281 Abs 2 verzichtet hat (vgl EMMERICH, Leistungsstörungen 292). Man kann es dem Gläubiger nämlich nicht verdenken, wenn er durch die Nachfristsetzung dem Streit über den Interessewegfall aus dem Weg gehen will. Da der Erfüllungsanspruch aber nicht bereits mit dem Interessewegfall automatisch entfällt (sogleich Rn B 132), kann der Schuldner die Leistung selbstverständlich noch anbieten, bevor der Gläubiger sich endgültig für die Liquidation des Vertrages entschieden hat. Dieser ist jedoch berechtigt, die Leistung in den Grenzen von Treu und Glauben unverzüglich zurückzuweisen (vgl RGZ 104, 27).

gg) Keinesfalls darf **§ 281 Abs 2** indessen dazu **mißbraucht** werden, das versehent- **B 131** liche Unterlassen der Fristsetzung nachträglich dadurch zu korrigieren, daß schließlich vorgebracht wird, an der Erfüllung des Vertrages bestehe infolge der Leistungsverzögerung kein Interesse mehr (OLG München NJW 1958, 752; EMMERICH, Leistungsstörungen 290, SOERGEL/WIEDEMANN § 326 aF Rn 56).

hh) Nur die Bestimmung einer Nachfrist ist für das **Entstehen des Schadensersatz-** **B 132** **anspruchs** überflüssig. Damit hat der Gläubiger wiederum die Wahl zwischen Erfüllung und Schadensersatz statt der Leistung. Demgemäß führt erst die **Erklärung des Gläubigers, daß er Schadensersatz verlange, dazu, den Anspruch auf die Leistung zu beenden** (§ 281 Abs 4); denn der Erfüllungsanspruch erlischt hier genausowenig automatisch wie beim fruchtlosen Fristablauf, und der Schuldner muß wissen, woran er ist. Insofern bedarf es für die Gesamtliquidation ebenso einer Erklärung mit rechtsgestaltender Wirkung wie nach bisherigem Recht, wo an die Stelle der Nachfristsetzung mit Ablehnungsandrohung die Ablehnung der Leistung treten mußte (vgl STAUDINGER/OTTO [2001] § 326 aF Rn 134; ferner RGZ 91, 30, 31; BGH NJW 1988, 2879 [LS] = NJW-RR 1988, 1100; NJW-RR 1995, 1327, 1329; so auch KAISER 71 ff mwNw; OETKER JZ 1999, 1030 ff; SOERGEL/WIEDEMANN § 326 aF Rn 69). Während diese Erklärung aber unzweifelhaft eine einseitige, empfangsbedürftige Willenserklärung war, weil sie bewußt auf die Beseitigung des Erfüllungsanspruchs abzielte, tritt diese Wirkung jetzt erst mit dem Verlangen nach Schadensersatz ein (dazu Rn D 7 ff).

c) **Verzicht des Schuldners auf die Fristsetzung**
Eine Fristsetzung nach § 281 Abs 1 S 1 ist ferner ausnahmsweise entbehrlich, wenn **B 133** sie ausdrücklich (OLG Dresden SächsA 1914, 517) oder stillschweigend (RGZ 96, 255, 257; RG LZ 1925, 1222) von den Parteien ausgeschlossen worden ist. Dieser vertragliche Verzicht kann sowohl im voraus (ROHG 11, 425) als auch nachträglich (RGZ 7, 79; WÜRDINGER/RÖHRICHT, in: Großkomm HGB Vorbem 428 zu § 373) erfolgen. Dabei ist jedoch zu beachten, daß § 309 Nr 4 im nichtkaufmännischen Verkehr eine entsprechende Klausel generell nicht mehr zuläßt (vgl zu alledem auch Rn B 177 ff).

Ein **stillschweigender Ausschluß** wird sich gelegentlich daraus herleiten lassen, daß **B 134** dem Zeitmoment in dem Vertrag eine besondere Bedeutung zukommt, ohne daß ein Fixgeschäft vorliegt (WÜRDINGER/RÖHRICHT, in: Großkomm HGB Vorbem 336, 428 zu § 373). Man denke an Lieferverträge, in denen der Käufer zum Abruf der Ware innerhalb einer bestimmten Frist verpflichtet ist (RG JW 1917, 42), oder an Großhandelsgeschäfte in *„bewegten Zeiten"* (Krieg, Nachkriegsepochen, Währungsschwankungen, Wiedervereinigung), die nach Anschauung der betroffenen Handelskreise strikte Einhaltung der Fristen erfordern (RG JW 1924, 536). Ein Ausschluß ist ferner in der Vereinbarung gesehen worden, daß ein *Akkreditiv*, auf das die Parteien großen Wert legten, innerhalb einer bestimmten Frist zu stellen war (RGZ 92, 211; 96, 255, 257; RG LZ 1922, 914); oder: dem Käufer ist das Recht eingeräumt worden, ein von ihm zu stellendes

Akkreditiv zu widerrufen, sobald die Lieferfrist erfolglos verstrichen ist (RGZ 104, 373, 375). Solche Fallgestaltungen wird man freilich auch unter die „besonderen Umstände" (oben Rn B 116 ff) einreihen können.

B 135 Auch aus der *Natur des Rechtsgeschäfts* kann sich der Ausschluß der Nachfristsetzung ergeben, weil diese mit dessen Zweck nicht vereinbar ist. Ein solcher Ausschluß liegt zB gewöhnlich in der Vereinbarung einer Ablade- oder Ankunftklausel bei überseeischen Abladegeschäften, aber auch bei Geschäften im Binnenland, wenn feste Termine für die Verladung oder für die Ankunft der Ware bestimmt sind (RGZ 89, 419; BGH MDR 1955, 343 m Nachw; BGH WM 1991, 464, 466). Vgl ferner RGZ 104, 39: Barzahlung gegen Vorlegung des Duplikatfrachtbriefes; OLG München NJW 1955, 1925: Versäumnis des vereinbarten Spieltermins durch ein Filmtheater im Hinblick auf die Bezugsbedingungen der Filmwirtschaft.

B 136 Das *Schweigen auf die Erklärung des Gläubigers*, daß er Schadensersatz statt der Leistung verlange, ist indessen noch kein Verzicht auf Nachfristsetzung und das Schweigen auf eine zu kurze Frist noch keine Einwilligung (RG WarnR 1925 Nr 129). Schweigen auf rechtlich wirkungslose Erklärungen ist im Zweifel erst recht als Ablehnung zu verstehen. Nennt der Schuldner hingegen selbst dem Gläubiger eine Nachfrist („Selbstmahnung" Rn B 121), kann hierin uU auch ein Verzicht auf eine Fristsetzung durch den Gläubiger zu sehen sein, indem der Schuldner ihm zuvorkommt. Näher liegt jedoch eine Berücksichtigung unter den „besonderen Umständen" des § 281 Abs 2 2. Alt.

B 137 Selbst bei einem an sich wirksamen Verzicht kann eine *Nachfristsetzung nach Treu und Glauben* geboten sein, wenn die Überschreitung der Leistungsfrist auf unvorhergesehenen Umständen beruht (BGH WM 1967, 657, 659).

d) Zwecklosigkeit der Fristsetzung
B 138 Ferner hat der BGH eine Nachfristsetzung wegen Zwecklosigkeit für entbehrlich erklärt, weil der Schuldner offensichtlich außerstande gewesen sei, die Leistung (hier: Rechtsmängelbeseitigung) ordnungsgemäß zu erbringen (NJW 1991, 2700, 2701; NJW 1998, 534, 535; NJW 2000, 803, 804; HUBER II 155 f; SOERGEL/HUBER § 440 aF Rn 26). Hiermit werden indes Verzugs- und Unmöglichkeitskategorien vermengt. Dies kommt in der Rspr zwar des öfteren vor (vgl BGH NJW-RR 1996, 1394, 1395: Entbehrlichkeit der Nachfristsetzung bei nachträglicher – subjektiver – Unmöglichkeit), kann aber gleichwohl nicht überzeugen (s dazu auch Rn B 5). Wenn der Schuldner zur Leistung dauerhaft nicht oder nicht mehr in der Lage ist, liegt (subjektive) Unmöglichkeit iS von § 275 Abs 1 vor, so daß sich der Anspruch auf § 283 gründet, der in der Tat keine Nachfristsetzung erfordert. Befindet sich der Schuldner hingegen lediglich im Verzug, bedarf es der von § 281 vorgeschriebenen Verfahrensweise. Eine unterhalb der Schwelle der ernsthaften und endgültigen Erfüllungsverweigerung befindliche Fallgruppe ist de lege lata nicht anzuerkennen.

III. Rechtsfolge: Schadensersatz statt der Leistung

B 139 Eingangs ist noch einmal hervorzuheben, daß nur § 281 Abs 4 eine Aussage zum Untergang des Leistungsanspruchs macht (dazu oben Rn B 112 sowie D 7 ff). Über die Konsequenzen für einen etwaigen Anspruch auf die Gegenleistung bei einer synallagmatischen Verknüpfung ist der Norm gar nichts zu entnehmen. Diese Frage wird daher zum einen unter D im Zusammenhang mit § 281 Abs 4 zu erörtern sein, darüber hinaus aber bei der Bestimmung des Inhalts der Schadensersatzpflicht berücksichtigt werden müssen. Auch das Rücktrittsrecht ist im Rahmen des § 281 im Unterschied zu § 326 aF nicht geregelt. Ein Rücktrittsrecht wird sich jedoch fast immer aus dem weitgehend parallel gestalteten § 323 ergeben (s die Erl dort). Die Ausübung dieses Rechts ist jedoch gem § 325 mit dem Verlangen von Schadensersatz statt der Leistung vereinbar.

Unter diesen Umständen bleibt es dem Gläubiger im Falle der Nichtleistung trotz **B 140** Fälligkeit selbstverständlich unbenommen, auf der Durchführung eines Vertrages zu beharren. Er kann sich also beim gegenseitigen Vertrag gegenüber dem Anspruch des Schuldners auf die Gegenleistung mit der Einrede des nichterfüllten Vertrages (§ 320) verteidigen oder selbst angriffsweise auf Erfüllung klagen und nebenher den Verzögerungsschaden (§§ 280 Abs 1 u 2, 286 Abs 1) geltend machen. Mit seinem Vorgehen gem § 281 eröffnet er sich jedoch in einem ersten Akt die Option *gegen die Durchführung des Vertrages*, um sodann uU in dem entscheidenden zweiten Akt *Schadensersatz statt der Leistung* zu verlangen. Dabei läßt dieses Vorgehen die §§ 280 Abs 1 u 2, 286 als Anspruchsgrundlage für den Ersatz des Verzögerungsschadens unberührt (vgl für den Schadensersatzanspruch statt der Leistung Rn B 146); nur hinsichtlich der Berechnung des Schadensersatzanspruchs statt der Leistung können sich Überschneidungen ergeben (Rn B 147).

Als sekundäres Recht steht dem Gläubiger der Anspruch auf **Schadensersatz statt der** **B 141** **Leistung** zu. Hier sei auch auf § 284 hingewiesen, wonach der Gläubiger anstelle des Schadensersatzes statt der Leistung **Ersatz seiner vergeblichen Aufwendungen** verlangen kann (vgl Erl zu § 284). Für den Schadensersatzanspruch statt der Leistung sei zunächst auf die Ausführungen zu § 280 Abs 3 verwiesen (§ 280 Rn E 4 ff, 50 ff). Folgendes ist jedoch hervorzuheben bzw zu ergänzen:

1. Keine Naturalherstellung

Aus dem *Ausschluß des Erfüllungsanspruchs* bei berechtigtem Schadensersatzver- **B 142** langen folgt einerseits eindeutig, daß der Schadensersatzanspruch statt der Leistung *nicht auf Naturalherstellung* gerichtet sein kann (vgl § 280 Rn E 80 f; zum alten Recht krit GEBAUER, Naturalrestitution beim Schadensersatz wegen Nichterfüllung [2002]). Andererseits muß der Schadensersatzanspruch den Besonderheiten des ursprünglichen Erfüllungsanspruchs angepaßt werden. So verwandelt sich ein Freistellungsanspruch grundsätzlich unmittelbar in einen Zahlungsanspruch. Ist die Freistellung von Erschließungskosten geschuldet, hat aber der Befreiungsgläubiger gegen den Beitragsbescheid Widerspruch eingelegt, so richtet sich der Schadensersatzanspruch auf Zahlung an den Beitragsgläubiger Zug um Zug gegen Abtretung der für den Fall eines Erfolges des Widerspruchs entstehenden Erstattungsforderung (vgl BGH NJW 1993, 2232).

2. Differenz- und Surrogationsmethode

Nach hM ist idR die **eingeschränkte Differenztheorie** – bzw besser ausgedrückt **Diffe-** **B 143** **renzmethode** – anzuwenden. Der Anspruch des Gläubigers geht also auf die Differenz zwischen dem Interesse des Gläubigers an der Vertragserfüllung und der von ihm ersparten Gegenleistung (§ 280 Rn E 57 ff). Der Anspruch beinhaltet jedoch das volle Interesse, wenn der Gläubiger seine Leistung bereits bewirkt hat.

B 144 Fraglich ist hingegen, ob die **Surrogationsmethode** angewendet werden kann, wenn der Gläubiger seine Leistung ausnahmsweise noch bewirken will (vgl § 280 Rn E 58, 65). Der BGH hatte bei § 326 aF mittlerweile in stRspr (NJW 1994, 3351, LM § 433 BGB Nr 78 = NJW-RR 1995, 1327, 1329; NJW 1999, 3115, 3117) die Anwendung der Austauschtheorie in Abkehr von einer früheren Äußerung (BGHZ 20, 338, 343) abgelehnt (ebenso JAUERNIG/ VOLLKOMMER[9] § 326 aF Rn 16 aE; PALANDT/HEINRICHS[61] § 326 aF Rn 26; SOERGEL/WIEDEMANN § 326 aF Rn 73 f; HUBER II 193 f bei Geldforderungen). Dies sollte sogar gelten, wenn der Schadensersatz begehrende Verkäufer eines Grundstücks bereits den Besitz aufgegeben und die Auflassung erklärt hat und es nur an der Eintragung des Käufers im Grundbuch fehlt (BGH NJW 1999, 3115, 3117 = LM § 326 [Eb] BGB Nr 12 m Anm BATTES; dazu HEINRICHS EWiR § 326 BGB 4/99, 873, 874: „unbefriedigende" Entscheidung). Nach meiner Ansicht entschied sich der Gläubiger selbst mit der qualifizierten Nachfristsetzung des § 326 aF indessen lediglich *gegen eine Erfüllung durch den vertragswidrig handelnden Schuldner*; sein Schaden darf aber nicht dadurch erhöht werden, daß er auf seiner Gegenleistung „sitzen bleibt". Man denke an einen Grundstückstauschvertrag, bei dem der vertragstreue Teil sein Grundstück aufgrund der Lage praktisch nur an den vertragsbrüchigen Teil, nicht aber auf dem freien Markt an beliebige Dritte veräußern kann (für den Tausch und tauschähnliche Verträge ebenso HUBER II 191 ff). Die Gegenauffassung höhlt die Befugnis des Gläubigers, den Schuldner mittels der Fristsetzung unter Druck zu setzen, aus, wenn sie es dem Gläubiger versagt, seine Gegenleistung im Rahmen seines Schadensersatzverlangens noch zu erbringen. Dem Gläubiger ist es daher zu gestatten, Schadensersatz im Wege der Surrogationsmethode zu verlangen, ohne hierfür einen besonderen Grund darlegen zu müssen (ebenso KAISER 94 ff; dies NJW 2001, 2425, 2426; enger STAUDINGER/OTTO [1995] § 326 aF Rn 153: objektives Interesse; insoweit mit Recht krit HUBER aaO 193 Fn 85; s auch § 280 Rn E 65). Eine Beeinträchtigung schutzwürdiger Interessen des Schuldners ist nicht ersichtlich, weil er den Schadensersatz nach der Surrogationsmethode nur Zug um Zug zu erbringen hat, er also keine Gefahr läuft, eine uU erhebliche Zahlung leisten zu müssen, ohne die Gegenleistung zu erhalten. Diese Auffassung ist nach der Neuregelung in § 281 erst recht vorzugswürdig, weil die Fristsetzung die wechselseitigen Ansprüche unberührt läßt und § 281 Abs 4 nur den Untergang des Leistungsanspruchs ausdrücklich anordnet (ebenso CANARIS ZRP 2001, 329, 333; AnwKomm/DAUNER-LIEB Rn 29; EMMERICH, Leistungsstörungen 201 ff, 295; HOMANN JuS 2002, 554, 555; FAUST, in: HUBER/FAUST, Schuldrechtsmodernisierung Rn 3/189 ff; JAUERNIG/VOLLKOMMER Rn 18; KAISER NJW 2001, 2425, 2426). Anders ist es, wenn der Gläubiger Schadensersatz statt der Leistung verlangt und gleichzeitig den Rücktritt erklärt; denn damit gibt er zu verstehen, daß der Leistungsaustausch unterbleiben bzw erbrachte Leistungen nach § 346 rückabgewickelt werden sollen. Mit einem solchen Vorgehen ist die Schadensabwicklung nach der Surrogationstheorie unvereinbar (vgl KRAUSE Jura 2002, 299, 304).

B 145 Nach einer zu § 325 aF näher begründeten *Mindermeinung* sollte der Gläubiger umgekehrt dazu berechtigt sein, seine bereits erbrachte Leistung im Rahmen seines Schadensersatzbegehrens zurückzufordern und die verbleibende Differenz als Schadensersatz in Geld zu beanspruchen (vgl STAUDINGER/OTTO [2001] § 325 aF Rn 48 ff). Dieser

Konstruktion bedarf es wegen des Nebeneinanders von Schadensersatzbegehren und Rücktritt (§ 325) nicht mehr.

3. Abgrenzung zum Verzögerungsschaden

Für die Abgrenzung des Schadensersatzes *statt der Leistung* von dem allein durch *die* **B 146** *Verzögerung der Leistung entstandenen Schaden* gilt:

Der einklagbare *Anspruch auf Schadensersatz statt der Leistung* **entsteht** nach § 281 entweder mit **Fristablauf** oder **bei Entbehrlichkeit der Fristsetzung mit den hierfür maßgeblichen Voraussetzungen** (siehe dort Rn D 11; vgl zur Erfüllungsverweigerung Rn B 112; zu den besonderen Umständen Rn B 132). Hingegen kann der Gläubiger den Verzögerungsschaden ohne weiteres gem den §§ 280 Abs 1 u 2, 286 selbständig geltend machen (BGHZ 88, 46, 49; BGH LM § 284 BGB Nr 44 a = NJW-RR 1997, 622, 624; BGH NJW 2000, 951, 952; s auch § 280 Rn E 16 ff u STAUDINGER/LÖWISCH § 286 Rn 170 ff). Dessen Selbständigkeit zeigt sich möglicherweise auch bei der Verjährung oder bei Klauseln, die die Haftung ausschließen oder beschränken. Der Verzögerungsschaden darf indessen nicht in der Weise berechnet werden, daß die endgültige Nichterfüllung berücksichtigt wird (RGZ 94, 203; RG HRR 1932 Nr 437).

Trotzdem hat es die *Praxis* jedoch grundsätzlich zugelassen, daß der Gläubiger bei **B 147** der **Errechnung des Schadensersatzes statt der Leistung** den Verzögerungsschaden *einbezieht* und somit zu dessen Errechnung auf den *Zeitpunkt des Verzugseintritts* zurückgeht (RGZ 96, 158; BGH NJW 1953, 337; NJW 1959, 1819: hier wird die Einbeziehung freilich für den Fall verneint, daß der Verzögerungsschaden bereits verjährt ist; BGH NJW 1995, 449, 450; NJW 1997, 1231; für eine Einbeziehung auch EMMERICH, Leistungsstörungen 204, 295; abl FAUST, in: HUBER/FAUST, Schuldrechtsmodernisierung Rn 3/185; MünchKomm/ERNST Rn 112). Jetzt wäre dies der Zeitpunkt der vorwerfbaren pflichtwidrigen Leistungsverzögerung. Für dieses Vorgehen lassen sich Gründe der Praktikabilität anführen, da zB bei einem Deckungskauf in Zeiten von Preissteigerungen nicht zwischen dem schon durch die Verzögerung und dem erst durch die Nichterfüllung entstehenden Schaden unterschieden werden muß. Ferner ist auf § 376 Abs 2 HGB hinzuweisen, der für den Fixhandelskauf ebenfalls auf den Börsen- und Marktpreis zum vereinbarten Leistungszeitpunkt abstellt. Nach Ansicht von KEUK (Vermögensschaden und Interesse [1972] 129 ff mwNw) enthält diese Norm einen allgemeingültigen Grundgedanken für die Errechnung des Mindestschadens, der sich freilich noch bis zur Ablehnung der Erfüllung unter dem Gesichtspunkt des entgangenen Gewinns vermehren könne (132). Bedenkt man jedoch, daß es beim Fixhandelskauf eben gerade keiner Ablehnung bedarf, erscheint außerhalb des Anwendungsbereichs des § 376 HGB eine Lösung dogmatisch überzeugender, die **beide Anspruchsgründe** nennt, aber bei der Schadensbemessung auf eine genaue Zuordnung der Schadensanteile verzichtet, sofern dies nicht im Hinblick auf das selbständige Schicksal beider Ansprüche geboten ist. Der demgegenüber in der Rspr betonte Gedanke (zB RGZ 98, 213, 214), daß der Schuldner sich bereits bei Verzugseintritt durch die Vertragsverletzung ersatzpflichtig mache, ändert nichts an den unterschiedlichen Anspruchsgrundlagen. Darüber hinaus hatte der BGH neuerdings betont, daß es für die Bemessung des Anspruchs auf Schadensersatz wegen Nichterfüllung auf den *Fälligkeitszeitpunkt* ankomme, der durchaus sogar vor dem Verzugseintritt liegen kann (BGHZ 126, 131, 134; NJW 1998, 2901, 2903; NJW 1999, 3625, 3626 = LM § 325 BGB Nr 31 m krit Anm SCHIEMANN).

Soweit hierdurch bei der Berechnung des konkreten Schadens abgesehen von § 252 die Berücksichtigung späterer Ereignisse generell ausgeblendet werden soll, ist jedenfalls dies abzulehnen (zum Mindestschaden EMMERICH, Leistungsstörungen 205 ff; Münch-Komm/EMMERICH Vor § 281 Rn 30 ff; vgl auch STAUDINGER/OTTO [2001] § 325 aF Rn 92).

4. Abstrakte und konkrete Schadensberechnung

B 148 Die **Berechnung** des Schadensersatzanspruchs statt der Leistung kann **abstrakt oder konkret** erfolgen (vgl § 280 Rn E 83 ff). Hierbei macht vor allem der **maßgebliche Zeitpunkt** Schwierigkeiten.

B 149 **a)** Im Interesse der Vereinfachung (vgl soeben Rn B 147) sollte bisher für die Berechnung des **abstrakten Schadens** grundsätzlich der Zeitpunkt maßgeblich sein, zu dem der Schuldner in *Verzug* geraten ist (RGZ 91, 30; 98, 213; ferner LENT DJ 1941, 770). Da § 281 den Eintritt des Verzugs iSd § 286 nicht mehr als Anspruchsvoraussetzung nennt, müßte nun in der Tat der *Fälligkeitszeitpunkt* maßgeblich sein, sofern zu diesem Zeitpunkt die Tatbestandsvoraussetzungen der Pflichtverletzung einschließlich der fehlenden Entlastung gem § 280 Abs 1 S 2, aber mit Ausnahme einer eventuell erforderlichen Fristsetzung vorgelegen haben (ebenso PALANDT/HEINRICHS Rn 34; für den Zeitpunkt des Fristablaufs JAUERNIG/VOLLKOMMER Rn 19; für den Zeitpunkt des Erlöschens des Erfüllungsanspruchs FAUST, in: HUBER/FAUST, Schuldrechtsmodernisierung Rn 3/214, 216). Der Gläubiger darf jedoch nach seiner Wahl selbstverständlich erst recht den Zeitpunkt zugrunde legen, in dem der Anspruch auf Schadensersatz statt der Leistung – zB nach fruchtlosem Fristablauf – *entstanden* ist. Maßgeblich ist daher idR der Ablauf der Frist (vgl RGZ 90, 423; 91, 30; 98, 213; RG JW 1917, 847; 1918, 35; WarnR 1922 Nr 8; zur Situation bei einseitiger Fristverlängerung s Rn B 72). Im Fall der Erfüllungsverweigerung kann zusätzlich dieser Zeitpunkt maßgeblich sein (so iE wieder JAUERNIG/VOLLKOMMER Rn 19; für den Zeitpunkt des Schadensersatzverlangens bei Erfüllungsverweigerung RGZ 91, 30, 31). Insbes bei der **vorzeitigen**, ernsthaften und endgültigen Erfüllungsverweigerung durch den Schuldner muß jedoch bei der Schadensberechnung berücksichtigt werden, daß der vertragliche Anspruch erst später hätte geltend gemacht werden können (vgl RGZ 57, 105, 114: Lieferungsbestimmungen des Vertrages; BGH MDR 1964, 319: entgangene Vergütung aus einem Bauvertrag; ferner RG WarnR 1920 Nr 187: verfallene Lebensversicherung; OLG Frankfurt NJW 1977, 1015, 1016: entgangener Gewinn bei einem Vertrag im internationalen Mineralölhandel; BGB-RGRK/BALLHAUS § 326 aF Rn 67; KEUK 152 ff). Keinesfalls kommt gerade der Zeitpunkt in Betracht, in dem der Gläubiger gem § 281 Abs 4 *Schadensersatz verlangt* hat, weil er diesen nach seiner Interessenlage manipulieren könnte (JAUERNIG/VOLLKOMMER Rn 19). Ebensowenig darf der Gläubiger aus dem Zeitraum zwischen dem Eintritt der Leistungsverzögerung und seinem Übergang zum Schadensersatzanspruch denjenigen Zeitpunkt herausgreifen, in dem der Preis gerade am höchsten stand (RG Recht 1926 Nr 2418). Andererseits ist es ihm nicht etwa verwehrt, nachträglich noch auf einen anderen zulässigen Zeitpunkt für die Schadensberechnung überzugehen (vgl RG WarnR 1920 Nr 153).

B 150 Hat sich der Erfüllungsanspruch allerdings schon dadurch kraft Gesetzes in einen Anspruch auf Schadensersatz statt der Leistung verwandelt, daß die Leistung während der Leistungsverzögerung infolge eines vom Schuldner zu verantwortenden Umstandes *unmöglich* geworden ist (§§ 280 Abs 1 u 3, 283, 275 Abs 1), so darf der abstrakte Schaden spätestens nach dem Tage des Eintritts der Unmöglichkeit berechnet werden (RGZ 91, 30 u 102). Er kann jedoch, wie sonst auch, nach dem früher liegenden Zeitpunkt berechnet werden, zu welchem dem Schuldner die Leistungsverzögerung vorgeworfen werden kann (RG WarnR 1919 Nr 156: Verzug). Niemals aber darf der Schadensersatzanspruch in diesem Fall nach dem Zeitpunkt des Ablaufs der Nachfrist berechnet werden, weil der Schadensersatzanspruch bereits mit dem Eintritt der Unmöglichkeit entstanden ist (Rn B 74).

Zugunsten des Gläubigers wird vermutet, daß Leistung und Gegenleistung gleich- **B 151** wertig sind (sog **Rentabilitätsvermutung**). Der Gläubiger kann also einen seiner Leistung entsprechenden Geldbetrag als Mindestschaden geltend machen (BGHZ 62, 119, 120; BGH NJW 1998, 2360, 2364). Hinzuzurechnen sind die Aufwendungen, die er in Erwartung der Leistung gemacht hat, da vermutet wird, daß sich diese bei ordnungsgemäßer Erfüllung rentiert hätten (BGHZ 114, 193, 196 f). Die Vermutung ist allerdings auf synallagmatische Beziehungen beschränkt, ideelle Ansprüche sollen nicht kommerzialisiert werden. In diesen Fällen – aber nicht nur in diesen – ist § 284 als Sonderregelung einschlägig (vgl die Erl dort sowie § 280 Rn E 109 ff sowie MünchKomm/ EMMERICH Vor § 281 Rn 30, 35). Die Rentabilitätsvermutung ist widerleglich, so daß es dem Schuldner unbenommen bleibt, nachzuweisen, daß der Gläubiger mit dem Geschäft Verlust gemacht hätte (BGHZ 123, 96, 99 f).

b)   Die **konkrete Schadensberechnung** beruht auf dem Vergleich der Gesamtver- **B 152** mögenslage, in der sich der Gläubiger bei richtiger Erfüllung befände, mit derjenigen, in die er durch die Nichterfüllung des Vertrages tatsächlich geraten ist (RGZ 91, 30, 33; BGHZ 2, 310, 314).

Wird ein **Deckungsgeschäft** vorgenommen, so kommt es deshalb idR auf die Preis- **B 153** differenz zu diesem Zeitpunkt an (hierzu BGH NJW 1951, 918). Dies bedeutet jedoch nicht etwa, daß der Gläubiger das Deckungsgeschäft beliebig vornehmen dürfte. Sonst könnte er nämlich den Schaden durch fahrlässige oder vorsätzliche Wahl eines ungeeigneten Zeitpunktes für die Eindeckung den Schaden auf Kosten des Schuldners vergrößern. Solche Benachteiligung des Schuldners wird durch § 254 ausgeschlossen; denn in diesem Fall wäre der Schaden zum Teil durch das *Mitverschulden des Gläubigers* verursacht, so daß er insoweit auch ihm selbst zuzurechnen ist (vgl RGZ 50, 255, 268; 91, 99, 100; 149, 135, 138). Im übrigen muß der Verkäufer im Falle eines Deckungsverkaufes den hierbei im Verhältnis zum früheren Kaufpreis erzielten Mehrerlös jedenfalls dann berücksichtigen, wenn dieser Erlös den Verkehrswert der Kaufsache nicht übersteigt (BGH NJW 1981, 1834; s auch § 280 Rn E 119). Da der Gläubiger in seiner Entscheidung, vom Erfüllungsanspruch durch Nachfristsetzung auf die Sekundärebene umzusteuern, grundsätzlich frei ist (s aber auch Rn B 52), kann ein Zuwarten bis zum Ablauf der Nachfrist jedoch nicht als Mitverschulden angelastet werden (HUBER II 164 ff; **aA** BGH ZIP 1997, 646, 648).

Bei *ernsthafter und endgültiger Erfüllungsverweigerung* des Verkäufers (Rn B 101 ff) **B 154** steht es dem Käufer frei, ob er zunächst den Erfüllungsanspruch weiterverfolgen will (Rn B 101). Besteht er darauf, so braucht er sich nicht einzudecken, bevor der Gegner zur Lieferung verurteilt ist und sie gleichwohl unterläßt (RGZ 91, 99). Macht er hingegen sofort den Schadensersatzanspruch geltend, wird er den Deckungskauf alsbald nach seiner Erklärung (Rn B 112 f) vornehmen müssen, wenn er den Schaden überhaupt konkret berechnen will; ein vor Abgabe dieser Erklärung vorgenommener Deckungskauf bedürfte besonderer Rechtfertigung (RGZ 102, 348; vgl auch RGZ 52, 150).

B 155 Wird der Schaden nicht auf der Grundlage eines Deckungsgeschäfts konkret berechnet, muß idR auf den **Zeitpunkt der letzten mündlichen Verhandlung** in der Tatsacheninstanz abgestellt werden. Dabei können auch solche Umstände berücksichtigt werden, die vor der letzten mündlichen Verhandlung lagen (RGZ 149, 135, 138). Der säumige Schuldner kann sich jedoch bei einem Schadensersatzanspruch, der gerade eine voraussichtlich vorübergehende Beeinträchtigung ausgleichen soll, nicht darauf berufen, der Schaden sei nach dem Erfüllungszeitpunkt durch den Wegfall der Beeinträchtigung geringer geworden oder entfallen (BGH NJW 1994, 314 [zu § 283 aF]).

B 156 Ist der Käufer im Verzug, so kann der Verkäufer seinen Schaden auch in der Weise konkret berechnen, daß er einen nach § 373 HGB vorgenommenen **Selbsthilfeverkauf** zugrunde legt; denn darin, daß der Gläubiger mit einem solchen Selbsthilfeverkauf seine Rechte aus dem Annahmeverzug geltend gemacht hat, liegt nicht etwa ein Verzicht auf die Rechte aus einem gleichzeitigen Schuldnerverzug (RG Recht 1916 Nr 646; OLG Hamburg OLGE 22, 227). Ein echter Selbsthilfeverkauf kann zwar noch *nach Ablauf der Nachfrist* vorgenommen werden, nicht aber mehr nach dem berechtigten Verlangen von Schadensersatz; denn dieser setzt eine Abnahmepflicht des Käufers, also dessen Erfüllungsanspruch, voraus. Gleichwohl kann eine als Selbsthilfeverkauf bezeichnete Versteigerung der Feststellung des durch die Nichterfüllung entstandenen konkreten Schadens dienen. Ersteigert aber der Verkäufer die Ware selbst, ist er nicht anders zu behandeln, als wenn er die Ware von vornherein behalten hätte (RGZ 110, 155; abl Fuchs JW 1929, 556; allgemein hierzu Zoller BayZ 1925, 237 ff). Dh er muß sich nach den Grundsätzen der Vorteilsausgleichung auf den ihm durch die Nichtabnahme der Ware entstandenen Schaden den Vorteil anrechnen lassen, der ihm dadurch zugefallen ist, daß er letztlich die Ware behalten hat (RGZ 89, 282; dazu Oertmann JW 1917, 355; RG WarnR 1918 Nr 184). Handelt es sich hingegen um Gattungsware, die der Verkäufer selbst herstellt, und wählt dieser die abstrakte Schadensberechnung, muß davon ausgegangen werden, daß dieser alle übrigen sich ihm bietenden Verkaufsgelegenheiten durch die Produktion neuer Ware ausnutzen kann (RG Recht 1917 Nr 1391; JW 1919, 445).

5. Mitverschulden

B 157 Auf den Schadensersatzanspruch ist *§ 254* zwar grundsätzlich anwendbar (vgl OLG Düsseldorf NJW-RR 1996, 41, 42: Mehraufwand eines Deckungsgeschäfts nur in angemessenen Grenzen). Eine Schmälerung des Anspruchs tritt aber nicht allein dadurch ein, daß der Gläubiger vorvertragliche Pflichten verletzt oder vor der Erfüllungsverweigerung seitens des Schuldners selbst zuwenig angeboten oder zuviel gefordert hat (BGH NJW 1987, 251, 253 f).

6. Geltendmachung durch Dritte

a) Abtretung des Leistungsanspruchs

B 158 Im Fall der **Abtretung des Leistungsanspruchs** gegen den säumigen Teil steht nicht nur das Recht zur Fristsetzung (Rn B 39) und damit zur Ablehnung der Erfüllung, sondern auch der Schadensersatzanspruch statt der Leistung grundsätzlich allein dem Zessio-

nar zu. Dieser hat daher auch darüber zu entscheiden, ob er nach der Surrogationsmethode vorgeht und damit das volle Interesse geltend macht, so daß der Zedent
letzterenfalls zu einer etwaigen Gegenleistung verpflichtet bleibt (näher u differenzierend dazu § 280 Rn E 76). Dem Zessionar bleibt es auch überlassen, ob er den Schaden
abstrakt oder konkret berechnet; zur Frage, ob sich der Schaden nach der potentiellen Schädigung des Zedenten oder nach der tatsächlichen des Zessionars bemißt,
siehe § 280 Rn E 125. Die in *Leasingverträgen* übliche Abtretung der Gewährlei-
stungs- und Schadensersatzansprüche des Leasinggebers gegen den Verkäufer an
den Leasingnehmer ist allerdings nicht als Abtretung der Rechte aus § 281 Abs 1
S 1 1. Alt zu verstehen (so zu § 326 aF BGH LM § 326 [A] BGB Nr 29; OLG Köln NJW-RR 1996,
559, 560). Gedacht ist vielmehr an Ansprüche wegen mangelhafter, also „nicht wie
geschuldet erbrachter" Leistung. Vergleiche zur Abtretungsproblematik bei Leasingverträgen MünchKomm/Ernst § 323 Rn 163 mwNw sowie Reinking ZGS 2002,
229 ff; Muster-AGB für Leasingverträge s Hoeren/Flohr, Vertragsgestaltung nach
der Schuldrechtsreform Rn 273 ff; zum Finanzierungsleasing Gebler/Müller ZBB
2002, 107 ff.

Hat hingegen umgekehrt der **säumige Teil den Anspruch auf die Gegenleistung abge-** **B 159**
treten, so ist der Gläubiger in seiner Eigenschaft als Schuldner der Gegenleistung
berechtigt, sich gem § 404 gegenüber dem Zessionar auf den Wegfall des Erfüllungsanspruchs und das Entstehen des Schadensersatzanspruchs in Höhe der Differenz zu
berufen, und zwar auch im Fall der Teilabtretung (BGH MDR 1974, 392).

b) Vertrag zugunsten Dritter
Beim *echten Vertrag zugunsten Dritter* (zur Interessenlage s bereits Rn B 40) ist der Scha- **B 160**
densersatzanspruch statt der Leistung dem Dritten zuzuordnen (Soergel/Hadding
§ 328 Rn 56; Dörner, Dynamische Relativität 305 ff; für den Anspruch aus § 325 aF bei einem
Reisevertrag zugunsten eines Dritten ebenso BGHZ 93, 271, 277; jetzt auch MünchKomm/Gott-
wald § 335 Rn 10; **aA** Larenz I § 17 I b [223]; Gernhuber, Das Schuldverhältnis § 20 IV 5b [501];
Raab 517 ff; differenzierend Lange NJW 1965, 657, 663). Hinsichtlich der Ausübung der
Rechte ist jedoch zwischen dem Vorgehen nach der Surrogations- bzw Differenzmethode zu unterscheiden (näher dazu § 280 Rn E 77; zur Ausübung des Rücktrittsrechts vgl
Staudinger/Otto [2004] § 323 Rn D 11). Da sich der Schuldner selbst zur Leistung an
einen Dritten verpflichtet hat, ist zudem die Schadensberechnung aus dessen Sicht
eindeutig die richtige Lösung. Hingegen kann sich der Versprechende gegenüber
dem Dritten ohne weiteres auf § 334 stützen, wenn der Versprechensempfänger
mit seiner Leistung in Verzug gerät.

IV. Teilleistung

Hat der Schuldner eine teilbare Leistung teilweise bewirkt, kann der Gläubiger **B 161**
selbstverständlich wegen des ausbleibenden Teils der Leistung unter den allgemeinen
Voraussetzungen Schadensersatz statt der Teilleistung verlangen, den sog **kleinen**
Schadensersatz (vgl § 280 Rn E 8; s auch § 283 Rn 71 ff). Dies folgt aus dem Wort „soweit"
in § 281 Abs 1 S 1. Zu denken wäre in diesem Zusammenhang auch an eine entsprechende Anwendung der Minderungsvorschriften über § 326 Abs 1 S 1 HS 2 (so
schon zur analogen Anwendung von § 323 Abs 1 HS 2 aF BGH WarnR 1972 I Nr 109: Teilverzug mit
Gebrauchsüberlassung). Jedoch ist der wirtschaftliche Wert des erbrachten Teils der
Leistung idR nicht schlicht anteilig zu bestimmen, weil der durch den ausbleibenden

Teil der Leistung verursachte Schaden höher ist. Schadensersatz statt der **ganzen** Leistung kann der Gläubiger hingegen gem § 281 Abs 1 S 2 nur verlangen, wenn er an der Teilleistung kein Interesse hat. Dasselbe bestimmt § 323 Abs 5 S 1 für das Recht zum Rücktritt vom gegenseitigen Vertrag.

1. Abgrenzung zur Totalverzögerung

B 162   Vorweg ist klarzustellen, daß eine gesondert zu behandelnde teilweise Verzögerung die **Teilbarkeit der Leistung** voraussetzt. Daran fehlt es, wenn diese wegen ihrer *technischen Beschaffenheit* unteilbar ist oder nach dem *übereinstimmenden Willen der Beteiligten* als unteilbar behandelt werden soll (BGH NJW 1990, 3011, 3012; LM § 326 [A] BGB Nr 29 = NJW-RR 1990, 1462, 1464 f; NJW 1996, 1745, 1747; s auch BGH NJW-RR 1999, 346: Untrennbarkeit von Eigentums- und Besitzverschaffung beim Kauf; gegen die Rechtsfigur der Unteilbarkeit nach dem Parteiwillen HUBER II 416 ff; Vermengung von vertraglicher Unteilbarkeit und fehlendem Interesse an Teilerfüllung in OLG Frankfurt BB 1993 Beil 3 S 4, 5; diffus auch OLG Hamm NJW-RR 1995, 1519, 1520: bei rechtlich einheitlichen Verträgen Befugnis zum Gesamtrücktritt, aber kein automatisches Erlöschen aller Teilerfüllungsansprüche). Dabei ist die Frage der Teilbarkeit nach denselben Kriterien zu beurteilen, die für die Bestimmung der Einheitlichkeit eines Vertrages iS des § 139 maßgebend sind. Sofern die Lieferung eines technischen Gerätes mit mehreren Zusatzteilen nach dem Willen der Kaufparteien als einheitlicher Vertrag behandelt werden soll, begründet die Nichtlieferung der Zusatzteile daher keinen Teilverzug, sondern einen Verzug mit der Gesamtleistung (BGH LM § 326 [A] BGB Nr 29). Bei einem Lieferungsvertrag über Hardware, Standardsoftware und Spezialsoftware will der BGH (NJW 1990, 3011, 3012) alles von den Umständen des Einzelfalles abhängig machen (zur Abgrenzung zum Sachmangel vgl im übrigen Rn A 43; s zu alledem auch für die Interessenlage beim Ausschluß der Leistungspflicht § 283 Rn 28 ff, 71 ff; STAUDINGER/OTTO [2004] § 326 Rn B 48 ff).

B 163   Weiterhin gelten die allgemeinen Regeln über die **Totalverzögerung** ohnehin dann, wenn der Gläubiger die **Teilleistung mit Recht** vor oder während der Nachfrist **zurückgewiesen** hat. Grundsätzlich ist dem Schuldner nämlich gem § 266 eine Teilleistung nicht gestattet, es sei denn, sie ist vereinbart oder durch die besondere Interessenlage gerechtfertigt (vgl RGZ 106, 89, 90). Aus § 281 Abs 1 S 2 läßt sich keinesfalls ein Recht des Schuldners zur Teilleistung ableiten (vgl HUBER II 382). Da der Gläubiger eine Teilleistung nicht anzunehmen braucht, steht ihm die Einrede des nichterfüllten Vertrages zu (STAUDINGER/OTTO [2004] § 320 Rn 24); der Schuldner verzögert daher nach wie vor seine gesamte Leistung. Nach dem Prinzip von Treu und Glauben, das für den Fall der Teilleistung in § 320 Abs 2 eine spezielle Ausprägung erfahren hat, darf allerdings niemand eine Teilleistung ablehnen, wenn ihm die Annahme bei verständiger Würdigung der Lage des Schuldners und seiner eigenen schutzwürdigen Interessen zuzumuten ist (vgl BGH VersR 1954, 297, 299 sowie STAUDINGER/BITTNER § 266 u STAUDINGER/OTTO [2004] § 320 Rn 24). Deshalb kann bei einem ganz geringfügigen Rückstand der fruchtlose Fristablauf überhaupt nicht zur Liquidation des gesamten Vertrages führen (Rn B 81). Maßgeblich ist dabei das Verhältnis zur gesamten Vertragsleistung (RG SeuffA 82 Nr 82). Im übrigen setzt die Regelung über den Teilverzug die **Teilbarkeit der Gegenleistung des Gläubigers** voraus (BGH NJW 2000, 1332, 1333 zu Unrecht zusätzlich auf das fehlende Interesse abstellend; HUBER II 421). Selbständig zu würdigen ist in diesem Zusammenhang der *Sukzessivlieferungsvertrag* (Rn B 170 ff), aber auch die *faktische Teillieferung* aufgrund eines einheitlichen Vertrages (Rn B 176).

2.   Teilleistung vor oder nach Setzung einer Nachfrist

Bezüglich der Rechtsfolgen sind also nur noch die Fallgestaltungen gesondert zu **B 164** erörtern, bei denen der Gläubiger eine teilbare Leistung entweder vor der Fristsetzung oder während der Nachfrist teilweise angenommen hat. Für die erste Fallgestaltung ist der Ausdruck **Teilverzögerung** sinnvoll, weil sich die Leistungsaufforderung von vornherein nur auf den ausstehenden Rest bezieht. Bei der zweiten Fallgestaltung ließe sich wegen der teilweisen Heilung der Verzögerung innerhalb der Nachfrist auch von einer „nachträglichen Teilverzögerung" sprechen; jedoch sei um der größeren Klarheit willen von einer **„Teilleistung innerhalb der Nachfrist"** gesprochen.

Eine beide Fallgruppen umfassende Regelung enthält **Art 51 Abs 1 CISG**, der für **B 165** Teilleistungen des Verkäufers grundsätzlich auf die allgemeine Regelung der Art 47– 50 CISG verweist. Art 51 Abs 2 CISG hebt zusätzlich hervor, daß der Käufer die Aufhebung des gesamten Vertrages nur dann erklären kann, wenn die unvollständige Lieferung eine wesentliche Vertragsverletzung darstellt (dazu etwa STAUDINGER/MAGNUS [1999] Art 51 CISG Rn 18 f).

Das BGB hat diesen Ansatz übernommen: Schadensersatz statt der ganzen Leistung **B 166** kann der Gläubiger gem § 281 Abs 1 S 2 nur verlangen, wenn er an der Teilleistung kein Interesse hat. Der Gesetzgeber hat die Teilleistung innerhalb der Nachfrist – anders als § 326 Abs 1 S 3 aF, der auf § 325 Abs 1 S 2 aF verwies – nicht ausdrücklich geregelt. Die Formulierung in § 281 Abs 1 S 2 „hat der Schuldner eine Teilleistung bewirkt" ist aber nicht auf den Zeitraum vor Fristsetzung beschränkt, sondern umfassend zu verstehen. Der Gläubiger kann danach nur dann Schadensersatz statt der **ganzen Leistung** fordern, wenn er an der bewirkten teilweisen Erfüllung kein Interesse hat. Dabei ist zu beachten, daß sich das *Interesse jetzt auf den bereits bewirkten Teil der Leistung* beziehen muß (anders noch § 325 Abs 1 S 2 aF, wo es darauf ankam, ob der Gläubiger an der noch möglichen Leistung Interesse hatte oder nicht). Es kommt also darauf an, ob der Gläubiger ein Interesse daran hat, daß der Vertrag allein hinsichtlich des vom Schuldner bereits erfüllten Teiles gegenseitig durch Austausch von Leistung und Gegenleistung – wie geplant – durchgeführt wird (RG BayZ 1925, 65; WarnR 1926 Nr 114). Somit werden Fallgestaltungen von § 281 nicht erfaßt, in denen ein Teil der Leistung gem § 275 Abs 1 bis 3 nicht mehr erbracht werden muß, der mögliche Teil aber noch nicht bewirkt worden ist. Ist der mögliche Teil erfüllt, so ist wegen des Schadensersatzanspruchs § 283 einschlägig, der in S 2 den § 281 Abs 1 S 2 für entsprechend anwendbar erklärt.

3.   Abwicklung nach Maßgabe des Gläubigerinteresses

Der Interessewegfall an der angenommenen Teilleistung ist ausschließlich aus Gläu- **B 167** bigersicht zu beurteilen. Anders als bei der Beurteilung der Entbehrlichkeit der Fristsetzung wegen besonderer Umstände (§ 281 Abs 2 2. Alt) ist keine Abwägung der beiderseitigen Interessen geboten. Dies ist deshalb gerechtfertigt, weil der Schuldner kein Recht zur Teilleistung hat (§ 266). Für diese Ausnahme von der Regel trifft ihn die Darlegungs- und Beweislast. Die Begründung wird dem Gläubiger nicht immer leichtfallen, weil er die Teilleistung ja angenommen haben muß.

B 168 Für die Abwicklung ist danach folgendermaßen zu unterscheiden:

Der **Gläubiger** hat an der teilweisen gegenseitigen Erfüllung **Interesse**. In diesem Fall kann der Gläubiger gem §§ 280 Abs 1 u 3, 281 Abs 1 S 1 nur für den nicht fristgemäß bewirkten Teil der Leistung Schadensersatz statt der (Teil-)Leistung verlangen oder hinsichtlich dieses Restteiles nach § 323 Abs 1 zurücktreten (vgl STAUDINGER/OTTO [2004] § 323 Rn B 129; zu § 326 aF RG Recht 1925 Nr 2407). Für den vom Schuldner bewirkten Teil der Leistung muß er dann den entsprechenden Teil der Gegenleistung erbringen. Verlangt er für den ausstehenden Teil Schadensersatz, so kann er mit seiner Schadensersatzforderung gegen eine ihn treffende Gegenleistungspflicht in Geld aufrechnen; anders als bei der Liquidation des ganzen Vertrages nach der Differenzmethode sind beide Ansprüche selbständig (BGHZ 36, 316 = NJW 1962, 907; ebenso BGH NJW 1991, 2699 bei fehlenden oder mangelhaften Teillieferungen innerhalb eines Sukzessivlieferungsvertrages).

B 169 Der **Gläubiger** hat **kein Interesse** an der teilweisen gegenseitigen Erfüllung. Dies trifft insbesondere dann zu, wenn die konkreten Zwecke des Gläubigers mit der erbrachten Leistung auch nicht teilweise verwirklicht werden können (BGH NJW 1990, 3010, 3013). Erbringt zB ein Detektiv die Überwachungstätigkeit nur im Außenbereich, obwohl gerade im Innenbereich in der Vergangenheit Verluste aufgetreten sind, so wird der Auftraggeber an dieser Teilüberwachung idR kein Interesse haben (vgl Sachverhalt von BGH NJW 1990, 2549). In diesem Fall kann er gem §§ 280 Abs 1 u 3, 281 Abs 1 S 2 Schadensersatz statt der (ganzen) Leistung fordern oder vom ganzen Vertrag nach § 323 Abs 1 u Abs 5 S 1 (vgl STAUDINGER/OTTO [2004] § 323 Rn B 130) zurücktreten. Der Gläubiger ist aber nicht etwa gezwungen, das gesamte Vertragsverhältnis zu liquidieren. Dies wird er vor allem dann nicht tun, wenn er vorgeleistet hat und bei seinem Schuldner etwaige Ansprüche nicht erfolgreich durchgesetzt werden können.

4. (Echte) Sukzessivlieferungsverträge

B 170 Als *echte* Sukzessivlieferungsverträge (STAUDINGER/OTTO [2004] § 320 Rn 36) werden hier solche Vertragsgestaltungen bezeichnet, bei denen – anders als bei Dauerlieferungsverträgen (unechte Sukzessivlieferungsverträge) – *eine im voraus festbestimmte Menge* im Rahmen eines einheitlichen Vertrages in Raten zu liefern ist (BGH NJW 1981, 679, 680; MünchKomm/EMMERICH § 320 Rn 7; SOERGEL/WIEDEMANN Vor § 323 aF Rn 57; GERNHUBER, Das Schuldverhältnis § 17 I 5 u 6; zur uneinheitlichen Terminologie s auch STAUDINGER/J SCHMIDT [1995] Einl 356 f zu §§ 241 ff; WELLENHOFER-KLEIN, Zulieferverträge im Privat- und Wirtschaftsrecht [1999] 81 ff). Bei diesen „Ratenlieferungsverträgen" ist der nichtsäumige Teil im Fall einer verspäteten Teilleistung regelmäßig berechtigt, auch mit Wirkung für die künftigen, noch nicht fälligen Teilleistungen eine Nachfrist zu setzen. Dies bedeutet, daß durch den fruchtlosen Fristablauf bezüglich der fälligen Leistungen der gesamte Vertrag gefährdet wird. Da der Schuldner an sich nur die Leistung der Rate, die gerade fällig ist – sei es der ersten oder einer weiteren – pflichtwidrig verzögert, würden sich die Sanktionen gewöhnlich auf diesen Teil beschränken (vgl RGZ 97, 133, 136). Im Hinblick auf die Einheitlichkeit des Geschäfts wurde dem Gläubiger jedoch nach altem Recht von der hM gestattet, wegen der gesamten ausstehenden Raten sofort gem § 326 Abs 1 S 1 u 2 aF vorzugehen (grundlegend RGZ 58, 419); hierbei mußte der Gläubiger nicht einmal nachweisen, daß die Erfüllung der später fälligen Raten für ihn ohne Interesse ist (vgl BGB-RGRK/BALLHAUS § 326 aF Rn 24; ERMAN/BATTES § 326 aF

Rn 52; HUBER II 344 ff; SOERGEL/HUBER Vor § 433 aF Rn 47; WÜRDINGER/RÖHRICHT, in: Groß-komm HGB Vorbem 436 ff zu § 373; insoweit zust auch SOERGEL/WIEDEMANN Vor § 323 aF Rn 75; krit, aber iE weitgehend übereinstimmend PLANCK/SIBER Anm 4 b).

Demgegenüber forderte zum alten Recht eine starke *Mindermeinung*, daß der *Gläu-* **B 171** *biger* entspr den §§ 326 Abs 1 S 3, 325 Abs 1 S 2 aF *darlegen mußte, an der weiteren Erfüllung des Vertrages kein Interesse mehr zu haben* (PALANDT/HEINRICHS[61] Vor § 305 aF Rn 31; EMMERICH, Leistungsstörungen[4] 263; LARENZ I § 23 II b [359 Fn 52]; MUSIELAK JuS 1979, 96, 100; OETKER, Das Dauerschuldverhältnis und seine Beendigung [1994] 387 f). Nach neuem Recht sollte an der Anwendung des § 281 Abs 1 S 2 nicht gezweifelt werden (LORENZ/RIEHM, Schuldrecht Rn 248 ff; PALANDT/HEINRICHS Überbl v § 311 Rn 31; JAUERNIG/VOLLKOMMER Rn 25 f). Die Schuldrechts-Kommission hat auf eine spezielle Regelung für Sukzessivliefe-rungsverträge verzichtet und sich anscheinend (vgl Abschlußbericht 167 f) für eine An-wendung der Teilleistungsvorschriften der §§ 281 Abs 1 S 2, 323 Abs 4 BGB-KE ausgesprochen (vgl für § 323 Abs 4 S 1 RE BT-Drucks 14/6040, 186 sowie SCHLECHTRIEM ZEuP 1993, 217, 238).

Vor allem in der Rspr begegnete man teilweise der Formulierung, nach der Rechts- **B 172** behelfe hinsichtlich des Gesamtvertrages nur dann gegeben seien, wenn in der Nicht-erfüllung zugleich eine zu vertretende Vertragsverletzung liege, durch die dem Gläu-biger *die weitere Vertragsdurchführung unzumutbar* werde (BGH WM 1985, 61, 63; OLG Hamburg VersR 1982, 805; SOERGEL/WIEDEMANN Vor § 323 aF Rn 73; SCHLECHTRIEM, in: FS Müller-Freienfels [1986] 525, 532, 533; wohl auch BGH NJW 1981, 679, 680; BGH LM § 539 ZPO Nr 19 = NJW-RR 1995, 240, 243). Indessen bedarf es des Rückgriffs auf einzelne Elemente einer Vertragsverletzung in Form einer nicht wie geschuldet erbrachten Leistung (§ 281 Abs 1 S 1 2. Alt) oder eines Verstoßes gegen eine vertragliche Schutzpflicht (§§ 282, 241 Abs 2) nur in den Fällen, in denen es nicht um eine Leistungsverzögerung geht, wie zB bei mangelhaften Teilleistungen (Rn C 17 f) oder bei erklärter Erfüllungsver-weigerung allein für künftig fällige Teilleistungen (Rn C 16).

Will der Gläubiger die Frist auch mit Wirkung für die künftigen, noch nicht fälligen **B 173** Teilleistungen setzen, muß er dies *eindeutig und klar zum Ausdruck bringen*, damit der Schuldner hinreichend gewarnt ist (zur Ablehnungsandrohung RGZ 53, 161, 166; 61, 128; 104, 39, 41; RG LZ 1916, 803; SeuffA 82 Nr 83; BGH WM 1985, 61, 63). Anderenfalls ist jede Teilleistung als selbständige Leistung zu behandeln; hinsichtlich der erst künftig fällig werdenden Leistungen bleibt der Vertrag dann unverändert bestehen.

Hat der Schuldner bereits eine oder mehrere Teilleistungen erbracht, so kann der **B 174** Gläubiger regelmäßig nur wegen der ausstehenden Raten seine Rechte nach §§ 281, 323 ausüben; *damit tritt an die Stelle des Rücktritts praktisch eine Kündigung* (für eine Deutung als Kündigung aus wichtigem Grunde bei schuldhafter Gefährdung des Vertragszwecks deshalb SOERGEL/WIEDEMANN Vor § 323 aF Rn 76; ähnlich OETKER, Das Dauerschuldverhältnis und seine Beendigung [1994] 389 f, der bei Sukzessivverträgen, die nicht auf einen „einheitlichen Leistungserfolg" ausgerichtet sind, für eine Verdrängung des Rücktrittsrechts durch das Recht zur Kündigung plädiert; für eine analoge Anwendung von § 314 LORENZ/RIEHM, Schuldrecht Rn 250 f; vgl auch Rn A 52). Zum Rücktritt mit Wirkung ex tunc ist er nur berechtigt, wenn die bewirkte Teilleistung für ihn iS von § 323 Abs 5 S 1 (STAUDINGER/OTTO [2004] § 323 Rn B 128 ff) ohne Interesse ist; dies wird bei Sukzessivlieferungsverträgen nur selten vorkommen (SOERGEL/HUBER Vor § 433 aF Rn 49). Hinsichtlich des Schadensersatzes gilt wiederum, daß die Differenztheorie keine Anwendung findet. Vielmehr stehen sich die Ansprüche, die aus den einzelnen Teilleistungen erwachsen, selbständig gegenüber (BGH NJW 1991, 2699).

B 175 **Art 73 Abs 2 CISG** gewährt bei Sukzessivlieferungsverträgen (zur Abgrenzung von einem bloßen Rahmenvertrag s Schiedsgericht der Handelskammer Hamburg NJW 1996, 3229, 3232; STAUDINGER/MAGNUS [1999] Art 73 CISG Rn 7: auch Dauerlieferungsverträge auf Abruf; undeutlich SCHLECHTRIEM/SCHWENZER/HORNUNG, CISG[4] [2004] Art 73 Rn 9) eine Aufhebung des Vertrages für die Zukunft, sofern die erfolgte Pflichtverletzung die Annahme rechtfertigt, daß auch hinsichtlich künftiger Teillieferungen eine wesentliche Vertragsverletzung zu erwarten ist (vgl dazu Schiedsgericht Hamburger freundschaftliche Arbitrage NJW-RR 1999, 780, 782). Nach Art 73 Abs 3 CISG ist der Käufer befugt, die Vertragsaufhebung über eine Teillieferung sowohl auf künftige wie auf bereits erhaltene Lieferungen auszudehnen, wenn diese Lieferungen wegen ihres inneren Zusammenhanges nicht mehr für den vertraglichen Zweck verwendet werden können.

5. Faktische Teillieferungen

B 176 Weitgehend dasselbe gilt, wenn aufgrund eines einheitlichen Vertrages ohne besondere Vereinbarung, aber faktisch in Teilen geliefert wird (RG JW 1918, 555). Auch in diesem Fall muß der Gläubiger bei der Fristsetzung unzweideutig zum Ausdruck bringen, daß er nach Fristablauf seine Rechte hinsichtlich des **ganzen** Vertrags geltend machen will. Der Käufer eines Kaufs auf Probe ist bei einer Verletzung der Pflicht zur Andienung einer vertragsgemäßen Probe berechtigt, für die gesamte vereinbarte Leistung Schadensersatz geltend zu machen (OLG Hamm BB 1995, 1925 f). Können bei dem Schuldner über den Willen des Gläubigers keine Zweifel bestehen, weil zB die Gegenleistung unteilbar ist (so RGZ 50, 138, 143) oder weil ein einheitlicher Vertragszweck vorliegt, ist allerdings ein ausdrücklicher Hinweis entbehrlich. In solchen Fällen wird der Gläubiger ohnehin nur die Rechte aus § 281 Abs 1 S 1 1. Alt wegen des ganzen Vertrages geltend machen können, wenn nicht das Verkehrsbedürfnis oder die Interessenlage, insbes des Schuldners, etwas anderes ergibt (RGZ 67, 101, 105; 79, 310).

V. Abdingbarkeit

B 177 Die Regelungen des § 281 sind an sich abdingbar, enthalten also *nachgiebiges* Recht (MünchKomm/ERNST Rn 161 ff; vgl zu § 326 aF RGZ 61, 348, 354; 96, 255, 257; RG SeuffA 76 Nr 76; LZ 1917, 1325; 1925, 371). Den Parteien ist es daher nicht von vornherein verwehrt, die gesetzlichen *Rechte des Gläubigers zu erweitern* (zB durch – auch stillschweigenden – Verzicht auf die Nachfristsetzung [RGZ 96, 255, 257; 104, 373; BGH NJW 1972, 1667, 1668] oder auf den Verschuldensnachweis [BGH NJW 1992, 3226, 3228]), *zu beschränken* (zB durch die Einräumung nur des Rücktrittsrechts [RGZ 114, 3, 7 f]), *ganz auszuschließen* (zB durch die Beschränkung auf die Geltendmachung des Verzögerungsschadens gem §§ 280 Abs 1 u 2, 286 Abs 1 [RG LZ 1925, 371]) oder *abweichend zu regeln* (zB durch eine im voraus vereinbarte Nachfrist; durch besondere Anforderungen an die Nachfristsetzung etwa in Form eines eingeschriebenen Briefes; durch die Einschaltung eines Schiedsrichters [RGZ 61, 348]; durch die Vereinbarung eines Deckungsgeschäfts für Rechnung des säumigen Teils). Dabei kann es notwendig sein, den Verzicht auf Voraussetzungen des § 281 von der Vereinbarung eines vertraglichen Rücktrittsrechts abzugrenzen (dazu BGH NJW 1982, 1036).

Die Regelungen über die Gestaltung rechtsgeschäftlicher Schuldverhältnisse durch **B 178** **Allgemeine Geschäftsbedingungen** haben indessen der formalen Vertragsfreiheit gerade im Zusammenhang mit § 281 Abs 1 bemerkenswerte Schranken insbes für den nicht unternehmerisch geprägten *Bereich* (§ 310 Abs 1 S 1), hierunter vor allem die Verbraucherverträge (§ 310 Abs 3), gesetzt, soweit es sich nicht um ausgehandelte Individualabreden handelt (s auch § 280 Rn H 3 ff). § 309 Nr 4 erklärt eine Bestimmung für unwirksam, durch die der Verwender von der gesetzlichen Obliegenheit freigestellt wird, den anderen Vertragsteil zu mahnen oder ihm eine Frist zur Leistung oder Nacherfüllung zu setzen (zu § 11 Nr 4 AGBG BGH NJW 1983, 1320, 1322; OLG Köln ZIP 1999, 355, 357). Gem § 309 Nr 13 dürfen Anzeigen oder Erklärungen gegenüber dem Verwender oder Dritten nicht an eine strengere Form als die Schriftform oder an bestimmte Zugangserfordernisse gebunden werden: zB Fristsetzung durch eingeschriebenen Brief. Ferner sind gem § 308 Nr 2 idR solche Klauseln unwirksam, durch die sich der Verwender für die von ihm zu bewirkende Leistung entgegen § 281 Abs 1 eine unangemessen lange oder nicht hinreichend bestimmte Nachfrist vorbehält (s zu § 10 Nr 2 AGBG BGH NJW 1985, 320, 323). § 309 Nr 7 u 8 Buchst a gewährleisten weitgehend das Recht des Gläubigers, sich vom Vertrag zu lösen bzw Schadensersatz zu verlangen. Im *beruflichen/unternehmerischen Geschäftsverkehr* wird über die *Kontrolle* gem § 310 Abs 1 S 2 iVm der Generalklausel des § 307 ein Mindestschutz gewährleistet. Die Rspr hat mit Hilfe des § 9 AGBG den Kerngehalt des § 326 aF verdeutlicht, der ganz ähnlich bei § 281 nicht untergraben werden darf. So ist beispielsweise ein genereller Ausschluß der Obliegenheit des Verwenders zur Nachfristsetzung unwirksam (BGH NJW 1986, 842, 843; OLG Köln ZIP 1999, 355, 357). Ferner wird eine formularmäßige Haftungsfreizeichnung bei Kardinalpflichten, zu denen jedenfalls die Hauptleistungspflichten gehören (dazu § 280 Rn H 4), oder eine Begrenzung der Haftung auf einen Höchstbetrag, der die vertragstypischen, vorhersehbaren Schäden nicht abdeckt, für unzulässig gehalten (BGH NJW 1993, 335). Wegen der Einzelheiten muß auf die Erl zu den §§ 305 ff verwiesen werden. Auch eine Ausstrahlung auf die Bewertung von Individualabreden im Hinblick auf Treu und Glauben ist in Betracht zu ziehen.

Bei anderen Abweichungen ist vor allem an § 307 zu denken. Danach sind Be- **B 179** stimmungen in AGB unwirksam, wenn sie den Vertragspartner des Verwenders entgegen Treu und Glauben unangemessen benachteiligen. Dies ist gem Abs 2 im Zweifel anzunehmen, wenn (Nr 2) wesentliche Rechte oder Pflichten, die sich aus der Natur des Vertrages ergeben, so eingeschränkt werden, daß die Erreichung des Vertragszwecks gefährdet ist. Hieraus folgt zB, daß das Recht auf Schadensersatz oder Rücktritt nicht versagt sein kann, wenn die Vertrauensgrundlage endgültig zerstört ist. Auch die Obliegenheit zur Abmahnung wird der Verwender nicht ohne weiteres ausschließen können. Vgl zum Haftungsausschluß in AGB auch BRUNS, Haftungsbeschränkung und Mindesthaftung 300 ff; FLIEGNER JR 2002, 314, 320 ff; PFEIFFER/SCHINKELS in: MICKLITZ/PFEIFFER/TONNER/WILLINGMANN, Schuldrechtsreform und Verbraucherschutz, 133 ff; WIEDEMANN, in: FS Ulmer (2003), 1273 ff.

C. Die nicht wie geschuldet erbrachte Leistung (§ 281 Abs 1 S 1 2. Alt)

C 1 Die nicht wie geschuldet erbrachte Leistung ist die zweite Variante in § 281 Abs 1 S 1. Hierunter fällt insbesondere der mit *behebbaren Sach- und Rechtsmängeln* verbundene Erfüllungsversuch. Hierher gehören aber auch Fallgestaltungen der Schlechterfüllung, die früher unter den Begriff der *positiven Vertragsverletzung* gefaßt wurden. Erfaßt werden jedoch nur leistungsbezogene Pflichtverletzungen. Diese Ausrichtung wird bei dem Blick auf die Rechtsfolge „Schadensersatz statt der Leistung" zusätzlich deutlich. Werden nicht leistungsbezogene Pflichten verletzt, ist § 282 zu prüfen (vgl dort Rn 19 ff). Ist die Leistungspflicht gem § 275 Abs 1 bis 3 nachträglich ausgeschlossen, ist § 283 anwendbar (vgl dort Rn 9 ff).

C 2 Aus der Formulierung „statt der Leistung" folgt, daß der Schadensersatzanspruch **an die Stelle des Leistungsanspruchs** tritt. Somit erfaßt der Anspruch – plakativ gesprochen – nur die Mangelschäden, nicht aber Mangelfolge- oder Begleitschäden. Für diese machte auch eine Nachfristsetzung keinen Sinn. Anspruchsgrundlage für diese Schäden ist allein § 280 Abs 1 (Recker will auch Begleit- und Folgeschäden über § 281 ersetzen und hält die Fristsetzung nach § 281 Abs 2 2. Alt für entbehrlich, vgl NJW 2002, 1247, 1247 f). Damit ist aber das schon zum früheren Recht bestehende Problem der Abgrenzung von Mangel- und Mangelfolgeschäden noch nicht gelöst. **Mangelschäden** sind solche Nachteile, die aus dem Minderwert des Leistungsgegenstandes entstehen. Dazu gehören auch etwaige Kosten der Ersatzbeschaffung und der entgangene Gewinn. **Mangelfolgeschäden** sind solche Schäden, die nicht in der Fehlerhaftigkeit der Sache selbst liegen, sondern durch diese an einem sonstigen Recht oder Rechtsgut – und damit außerhalb des Leistungsgegenstandes – entstanden sind. Vgl zur Abgrenzung § 280 Rn C 15 ff, E 11 f, 26 ff. Die Zuordnung ist ebenfalls für die Verjährungsfristen relevant. Ist § 281 nicht einschlägig, so greifen grds auch nicht die Verjährungsregelungen der §§ 438, 634a. Beruht allerdings der eingetretene Schaden gerade auf der mangelhaften Leistung, so ist aus Gründen der Einheitlichkeit, entsprechend dem früheren Recht, die kürzere Verjährung aus dem Kauf- bzw Werkvertragsrecht anzuwenden (vgl § 280 Rn G 4 f).

C 3 **Während früher zweifelhaft war**, inwieweit den Gläubiger in Analogie zu § 326 Abs 1 S 1 aF bei der positiven Vertragsverletzung die **Obliegenheit zur Nachfristsetzung mit Ablehnungsandrohung** traf (für eine solche Obliegenheit Staudinger/Otto [2001] § 326 aF Rn 15 ff), ist heute die Fristsetzung auch hier Regelvoraussetzung (näher Rn C 25 ff).

I.   Regelvoraussetzungen

1.   Schuldverhältnis

C 4 Auch eine *nicht wie geschuldet* erbrachte Leistung kann zu einem Schadensersatzanspruch statt der Leistung führen (§ 281 Abs 1 S 1 2. Alt). Dies setzt zunächst ein Schuldverhältnis voraus, aus dem sich eine fällige Leistungspflicht ergibt (§ 280 Rn B 1 ff). Anders als bei § 326 aF werden nicht nur synallagmatische Pflichten aus gegenseitigen Verträge erfaßt. Es genügen nach der Neufassung auch ein- und zweiseitige oder gesetzliche Schuldverhältnisse (so zB die Ausgleichspflicht nach § 426 Abs 1, vgl OLG Neustadt NJW 1963, 494; unproblematisch können nun die vom Mieter übernommenen Schönheitsreparaturen unter § 281 subsumiert werden, vgl krit zum alten Recht MünchKomm/Ernst

Rn 12). Ganz im Vordergrund steht aber die nicht vertragsgemäße Leistung. Bei vorvertraglichen Sonderbeziehungen nach § 311 Abs 3 (vgl Rn A 30) wird es sich zumindest fast ausnahmslos (oder immer) um Schutzpflichtverletzungen iS des dort genannten § 241 Abs 2 handeln, weil es an einem Anspruch fehlt, für den Schadensersatz statt der Leistung verlangt werden kann (dazu § 280 Rn B 5 ff, C 23, 28 ff).

2.   Pflichtverletzung

Der Schuldner verletzt seine Pflichten aus dem Schuldverhältnis dadurch, daß er die **C 5** fällige Leistung nicht wie geschuldet erbringt. Erfaßt werden damit die Fälle der **Schlechterfüllung** (Rn A 32 ff). Hierunter fallen insbes mangelhafte Sachleistungen im Kauf- und Werkvertragsrecht, aber auch fehlerhafte Dienstleistungen; ferner die Verletzung von leistungsbezogenen Nebenpflichten, zB die unzutreffende Gebrauchsanweisung für einen Videorecorder. Gedanklich vorausgesetzt ist eine *Nacherfüllung*, die das Defizit der Pflichtverletzung nachträglich vollständig beseitigen könnte. Ansonsten wäre die geforderte Nachfristsetzung und erst recht die Prüfung ihrer Entbehrlichkeit überflüssig. Ist oder wird die Erfüllung bzw Nacherfüllung gem § 275 Abs 1 bis 3 nachträglich ausgeschlossen, ist § 283 einschlägig (vgl dort Rn 86 ff). Führt der Verstoß gegen eine leistungsbezogene Pflicht (nur) zu einem Mangelfolge- oder Begleitschaden an anderen Rechten oder Rechtsgütern bzw am sonstigen Vermögen, ist § 281 ebenfalls nicht einschlägig (vgl § 280 Rn E 11 f). Von vornherein allein unter § 282 fallen die Fallgestaltungen der Verletzung von Verhaltenspflichten ohne Leistungsbezug (vgl § 282 Rn 32 ff). Schadensersatz statt der ganzen Leistung kann nach § 281 Abs 1 S 3 nicht verlangt werden, wenn die Pflichtverletzung unerheblich ist (vgl Rn C 31 ff).

a)   Mangelhafte Hauptleistung

Unter die *nicht wie geschuldet* erbrachte Leistung sind vor allem die **Fälle der be- C 6 hebbaren Rechts- und Sachmängel im Kauf- und Werkvertragsrecht** zu fassen. Im **Kaufrecht** hat der Gläubiger das Recht, die mangelhafte Leistung zurückzuweisen, da die Mangelfreiheit Hauptleistungspflicht ist (§ 433 Abs 1 S 2). In diesem Fall liegt noch eine Nichtleistung iS von § 281 Abs 1 S 1 1. Alt vor. Nimmt er sie an, steht ihm vorrangig ein Recht zur Nacherfüllung nach § 439 zu. IdR besteht ein Anspruch auf Schadensersatz statt der Leistung erst mit erfolglosem Ablauf der nach § 281 Abs 1 zur Nacherfüllung gesetzten Frist, sofern sich der Schuldner nicht entlasten kann. *Nicht wie geschuldet* ist jede mangelhafte Leistung, also auch die Zuwenig- oder die Anders-Lieferung (§ 434 Abs 3). Die Behandlung der aliud-Lieferung ist trotz der Neufassung von § 434 umstritten. MUSIELAK (NJW 2003, 89, 92) sieht in jeder aliud-Lieferung einen Sachmangel, unabhängig davon, ob es sich um eine Stück- oder Gattungssache, ja sogar um eine Extremabweichung handelt. Zur Abgrenzung von Falschlieferung und Sachmangel vergleiche Rn A 38 ff.

Bei **Dienstleistungen** sind eine Vielzahl von Pflichtverletzungen vorstellbar. Man **C 7** denke etwa an einen Behandlungsfehler des Zahnarztes beim Einsetzen einer Plombe, an ein lückenhaftes Gutachten eines Sachverständigen oder an eine fehlerhaft ausgeführte Überweisung, die korrigiert werden muß. Schwierigkeiten macht hier die richtige Einordnung indessen, wenn und soweit der Fehler nicht wiedergutgemacht werden kann und das Leistungsinteresse dadurch schon beeinträchtigt ist. Der vom Sachverständigen für den Verkäufer ermittelte unzutreffende Grundstückswert könnte zwar durch eine ordnungsgemäße Wertfeststellung ersetzt werden; das Grundstück ist jedoch vor einer Fristsetzung auf der Grundlage der unerkannt nicht vertragsgemäßen Leistung verkauft worden. Oder: Man stelle sich vor, daß ein Arbeitnehmer eine Mauer schief hochzieht, so daß sie wieder abgerissen werden muß. In diesem Fall hat der Arbeitnehmer seine Hauptleistung ohne Zweifel mangelhaft erbracht. Die Leistung ist wegen ihres Fixcharakters idR aber nicht nachholbar. In diesen Fällen fällt es – anders in den Fällen des Wegfalls des Leistungssubstrats (STAUDINGER/LÖWISCH § 275 Rn 20) – gleichwohl schwer, von einem auf nachträglicher Unmöglichkeit beruhenden Schaden zu sprechen. Denn kausal für den Schaden ist ja gerade die Tätigkeit und nicht die Untätigkeit des Schuldners geworden, und für diese Fehlleistung wird der Schuldner auch gem § 276 verantwortlich gemacht. Deshalb würde ich diese Fallgestaltungen, die bisher unter die positive Vertragsverletzung fielen, auch zukünftig bei der **nicht wie geschuldet erbrachten Leistung** und nicht bei der Unmöglichkeit (§§ 275 Abs 1, 283) einordnen. Soweit dadurch andere Rechtspositionen als das Leistungsinteresse beeinträchtigt werden, ist sicherlich § 280 Abs 1 einschlägig. Dies gilt zB für den Vermögensschaden infolge des mangelhaften Gutachtens oder die durch ihre Verwendung unbrauchbar gewordenen Mauersteine. Eine andere Antwort ist jedoch einleuchtender, wenn es um den durch den sinnlosen Arbeitsaufwand entgangenen Gewinn und die Kosten der Schadensbeseitigung geht. Hier spricht mehr für einen Anspruch auf Schadensersatz statt der Leistung gem § 281 Abs 1 S 1 2. Alt; für die **Entbehrlichkeit der Fristsetzung** für die sofortige Geltendmachung des Schadensersatzanspruchs lassen sich die in Abs 2 genannten besonderen Umstände heranziehen (Rn C 25). Dann ist auch die merkwürdige Differenzierung danach überflüssig, ob eine Nacherfüllung gerade noch möglich erscheint; denn dann könnte sich der Gläubiger auf die besonderen Umstände berufen und sofort Schadensersatz nach § 281 verlangen (iE ebenso SCHLODDER, Der Arbeitsvertrag im neuen Schuldrecht [2004] 138; für § 281 ohne Begr PALANDT/HEINRICHS Rn 44; **aA** SPINDLER/KLÖHN VersR 2003, 273, 278 mwNw, die eine teleologische Reduktion des § 281 zugunsten von § 280 befürworten). Der nachträgliche Ablauf des Leistungszeitraums allein würde also nicht zur Anwendung der §§ 275 Abs 1, 283 führen. Nach meiner Auffassung ist die Schwierigkeit letztlich darauf zurückzuführen, daß bei der Reformdiskussion Kauf- und Werkvertrag im Zentrum standen und dort wiederum bei mangelhafter Leistung die Alternative Unmöglichkeit oder Nacherfüllung. Da die Pflichten ihr Gepräge durch die jeweiligen Schuldverhältnisse des Besonderen Schuldrechts oder durch autonome Vertragsgestaltung erhalten, werden die Einzelheiten auch dort erläutert.

b) Absprachewidrige Teilleistung

C 8 Sieht der Vertrag keine Teilleistungen vor, könnte eine bloße Teilerfüllung auch bedeuten, daß die Leistung nicht wie geschuldet erbracht ist. § 434 Abs 2 2. Alt stellt die Lieferung einer zu geringen Menge sogar ausdrücklich einem Sachmangel gleich. Konsequenzen hätte dies für die Gewichtung der Leistungsstörung. Bei der Bewirkung einer Teilleistung kann der Gläubiger nämlich Schadensersatz statt der ganzen Leistung nur verlangen, wenn er an der Teilleistung kein Interesse hat und dies notfalls beweist (zu § 281 Abs 1 S 2 Rn B 161). Hingegen ist der Schadensersatz wegen der gesamten Leistung nur ausgeschlossen, wenn der Schuldner darlegt und beweist, daß die Pflichtverletzung unerheblich ist (zu § 281 Abs 1 S 3 Rn C 31).

C 9 Die Teilleistung fällt grundsätzlich nicht unter die zweite Alternative von § 281 Abs 1

S 1. Der fehlende Teil wird von der ersten Alternative erfaßt (Stichwort *Teilverzö-gerung*, vgl oben Rn B 123 ff, 164 ff). Wird Schadensersatz statt der ganzen Leistung verlangt, ist Satz 2 einschlägig (vgl Rn B 166). Nur dort, wo die Leistung einer zu geringen Menge eine mangelhafte Leistung darstellen kann, liegt eine *nicht wie geschuldet* erbrachte Leistung vor (§§ 434 Abs 3 2. Alt, 633 Abs 2 S 3 2. Alt). Hierbei ist folgendes zu beachten: Soll mit der gelieferten Menge die gesamte Verbindlichkeit erfüllt werden, so liegt ein Sachmangel vor. Ist jedoch den Vertragsparteien die zu geringe Menge bewußt, liegt Teilleistung vor.

Auch bei dieser Fallgestaltung ist zu berücksichtigen, daß der Schuldner, sofern nichts **C 10** anderes vereinbart ist, nicht zur Teilleistung berechtigt ist (§ 266). Der Gläubiger darf somit die Teilleistung ebenso wie eine mangelhafte Leistung ablehnen. Nur in Ausnahmefällen kann eine Verpflichtung zur Annahme aus § 242 bestehen. Eine Annahmepflicht bei einer mangelhaften Sache könnte sich allenfalls dann ergeben, wenn der Gläubiger wegen Unerheblichkeit der Pflichtverletzung nach Gefahrüber-gang kein Recht zum Rücktritt nach § 323 Abs 5 hätte (vgl hierzu LAMPRECHT ZIP 2002, 1790, 1790; zu weitgehend JANSEN ZIP 2002, 1794, der eine Verpflichtung des Käufers zur Abnahme der mangelhaften Sache annimmt, da ansonsten das Recht des Verkäufers zur Nachbesserung eine „Sanktion für schusseliges Annehmen" wäre).

c) Verletzung sonstiger leistungsbezogener Pflichten
Denkbar ist schließlich die Anwendung von § 281 Abs 1 S 1 2. Alt auf weitere Fall- **C 11** gestaltungen, die bisher ebenfalls unter das Rechtsinstitut der *positiven Vertragsver-letzung* fielen. § 281 ist aber nur auf **leistungsbezogene** Pflichtverletzungen anwend-bar. Hierzu können zB auch auf Dauer angelegte *Unterlassungspflichten* gehören (vgl MÜLLER-LAUBE, in: FS Rolland [1999] 261, 264 ff; zur (Teil-)Unmöglichkeit bezogen auf den ein-zelnen Unterlassungsvorgang STAUDINGER/LÖWISCH § 275 Rn 18). Der Begriff der Pflicht-verletzung führt insofern sicher zu einer Vereinfachung, macht aber eine präzise Erfassung des einschlägigen Verletzungstatbestandes nicht überflüssig. Nicht lei-stungsbezogene Pflichtverletzungen fallen hingegen ausschließlich unter § 280 Abs 1 bzw § 282 (s § 280 Rn C 21 ff u § 282 Rn 32 ff).

Im Zentrum dieser Fallgruppe steht unter dem Gesichtspunkt der Gesamtliquidation **C 12** des Vertrages die **Gefährdung des Vertragszwecks.** Unter diesem Gesichtspunkt waren bisher vor allem folgende Fallgruppen bedeutsam (Rn C 16 ff): die vorzeitige, ernst-liche und endgültige Erfüllungsverweigerung, die Unzuverlässigkeit, die auch in verspäteten, fehlerhaften oder falschen Leistungen zum Ausdruck kommen kann, die Verletzung von vertragsspezifischen Nebenpflichten sowie die Störung des per-sonalen Vertrauensbereichs. Der BGH (NJW 1978, 260) spricht in diesem Zusammen-hang unter Berufung auf PALANDT/HEINRICHS § 242 Anm 4 B a (jetzt Rn 27), § 276 Anm 7 c aa und STOLL, Die Lehre von den Leistungsstörungen 26 ff, von einer *Lei-stungstreuepflicht* und meint damit eine generelle Verpflichtung, den Vertragszweck und den Leistungserfolg weder zu gefährden noch zu beeinträchtigen. Dabei ist an die beiden ersten Fallgruppen (vorzeitige Erfüllungsverweigerung und Unzuverläs-sigkeit) gedacht, bei denen die Pflichtwidrigkeit einen deutlichen Bezug zur Haupt-leistung hat (ähnlich BGH NJW 1983, 998 u BGHZ 93, 29, 39). Dem BGH konnte in der inhaltlichen Charakterisierung der Pflichtverletzung zugestimmt werden; jedoch han-delt es sich gerade bei der Leistungstreuepflicht idR nicht um eine von der Haupt-leistungspflicht zu isolierende, selbständige Pflicht (s dazu STAUDINGER/OTTO [2001] § 326 aF Rn 209 u 212). Über die Störung im personalen Vertrauensbereich wird bei § 282 zu sprechen sein (§ 282 Rn 45). Bevor jedoch im übrigen auf die einzelnen Fallgruppen und deren Einordnung in das neue System eingegangen wird, sind die Anforderungen an die Tragweite der Pflichtverletzung darzustellen.

aa) Anforderungen an die Tragweite der Pflichtverletzung

C 13 An die Tragweite der Pflichtverletzung werden mit Recht **zusätzliche Anforderungen** gestellt, **wenn der gesamte Vertrag liquidiert** werden soll. Das Verhalten des Schuldners muß nämlich die Erreichung des Vertragszwecks derart gefährden, *daß infolgedessen dem anderen Teil die Fortsetzung des Vertrages nach Treu und Glauben nicht zuzumuten ist* (RGZ 63, 297; 67, 5, 8; 93, 285; 161, 330, 337 f, BGHZ 11, 80, 84 = NJW 1954, 229; BGHZ 59, 104, 105 = NJW 1972, 1667; BGH MDR 1958, 423; NJW 1969, 975; 1978, 260; LM § 536 ZPO Nr 19 = NJW-RR 1995, 240, 243; BGB-RGRK/BALLHAUS § 326 aF Rn 44; ERMAN/BATTES § 326 aF Rn 48; PALANDT/HEINRICHS[61] § 276 aF Rn 124; SOERGEL/WIEDEMANN Vor § 275 aF Rn 495). Die Verwandtschaft dieser Formulierung mit dem Gesetzeswortlaut von § 543 Abs 1 (zuvor § 554a aF) und § 626 Abs 1 liegt auf der Hand. Man könnte abgekürzt auch von einer *wesentlichen Vertragsverletzung* sprechen, wenn man sich bewußt ist, daß es nicht auf die typische Bedeutung der verletzten Pflicht für das Vertragsverhältnis ankommt, sondern auf die Folgen der konkreten Vertragsverletzung für die Durchführung des Vertrages. § 323 BGB-KE überführte diese Fallgruppe in die allgemeine Regelung eines an eine Pflichtverletzung geknüpften Rücktrittsrechts, klammerte nach seinem Wortlaut allerdings bei Hauptpflichtverletzungen nur unerhebliche Störungen aus (§ 323 Abs 3 Nr 1 BGB-KE = § 323 Abs 3 Nr 1 DE).

C 14 Die **eigene Vertragstreue des Gläubigers** ist auch schon bei der Liquidation des gesamten Vertrages aufgrund positiver Vertragsverletzung ungeschriebene Voraussetzung gewesen (RGZ 67, 313, 319; 109, 54, 55; 149, 401, 404; BGH NJW 1958, 177 = WM 1958, 113 [ausführlich]; BGH NJW 1986, 842, 843; OLG Düsseldorf WM 1973, 1065; OLG Oldenburg VersR 1995, 819: Verletzung vorvertraglicher Pflichten; hierzu insbes TEUBNER 77 ff mwNw; siehe ferner oben Rn B 63 ff). Handelt es sich nur um eine *unwesentliche Pflichtverletzung* von seiten des Gläubigers, so ändert dies jedoch nichts an seinen Rechten; er ist dann allerdings seinerseits einem Schadensersatzanspruch des Schuldners ausgesetzt, der auf das Erhaltungsinteresse gerichtet ist (Rn B 93). Bei einer *Unmöglichkeit* der dem Gläubiger obliegenden (Gegen-)Leistung werden idR mit der Hauptpflicht des Schuldners auch die Nebenpflichten entfallen; zumindest kann ihre Verletzung nicht mehr den Vertragszweck gefährden (vgl auch § 283 Rn 51). Ein *Schuldnerverzug* des Gläubigers mit seiner Gegenleistung begründet uU die Einrede des nichterfüllten Vertrages (§ 320) bzw ein Zurückbehaltungsrecht gem § 273 wegen nicht synallagmatischer Nebenpflichten oder führt zur Verneinung des Verschuldens (vgl BGH NJW-RR 2003, 1318 f; s dazu auch SOERGEL/WIEDEMANN Vor § 323 aF Rn 132, nach dem die Einrede des nichterfüllten Vertrages gemäß § 320, deren Gewährung im Einzelfall vom Gewicht der Gläubigerpflicht für den Schuldner abhängig sein soll, zum Ausschluß des Tatbestandes einer Vertragsverletzung führt). Ebenso muß es auch bei beiderseitigen, den Vertragszweck gefährdenden Verhaltensweisen primär auf die zeitliche Reihenfolge der Verstöße ankommen. Denkbar ist freilich bei nicht im Zusammenhang stehenden gravierenden Pflichtverletzungen, daß beide Seiten sich vom Vertrag lösen können (vgl für einen Mietvertrag BGH NJW 1969, 1845).

C 15 Jedenfalls muß der Gläubiger bereit und grundsätzlich auch in der Lage sein, sich selbst vertragstreu zu verhalten (vgl Rn B 94 sowie insbes BGH NJW 1977, 580). Ist er selbst mit schlechtem Vorbild vorangegangen, so kommt es darauf an, ob er zu einem vertragstreuen Verhalten zurückgekehrt ist, bevor die Gegenpartei von ihrem Recht zur Gesamtliquidation Gebrauch gemacht hat (vgl Rn B 87). Selbst dies kann entbehrlich sein, wenn der Vertragsgegner ohnehin nicht bereit ist, von seinem Fehlverhalten Abstand zu nehmen. Das verbale Bekenntnis zu künftiger Vertragstreue genügt freilich nicht, wenn der Gläubiger sich die Gegenleistung schon vor dem Fehlverhalten des Schuldners – wenn auch nur vorläufig – subjektiv unmöglich gemacht hat (BGH NJW 1974, 36). Letztlich erweist sich das Erfordernis eigener Vertragstreue in der Fallgruppe der Erfüllungsverweigerung des Gegners damit als überflüssig. Denn entweder legt der Partner auf die Einhaltung des Vertrages durch den Gläubiger keinen Wert, so daß er sich an seiner eigenen Erklärung festhalten lassen muß, oder es fehlt noch an der Endgültigkeit der Erfüllungsverweigerung (zutreffend HUBER II 610). Dementsprechend wird auch eine relevante Erfüllungsverweigerung des Schuldners nicht dadurch ausgeschlossen, daß dem geltend gemachten Anspruch eine Einwendung entgegensteht, sofern sich der Schuldner nicht vertragskonform auf das Gegenrecht beruft, sondern sich selbst vertragswidrig von seiner Leistungspflicht überhaupt lossagt (BGH NJW 2000, 506, 508).

bb) Fallgruppen der Vertragsgefährdung

Die folgende Aufgliederung ist nicht abschließend gemeint, sondern soll nur eine **C 16** bessere Übersicht über die in der Praxis häufig wiederkehrenden Störungen von Vertragsbeziehungen ermöglichen.

(1) Eindeutig dominiert die **vorzeitige, ernsthafte und endgültige Erfüllungsverweigerung** (vgl Rn A 29 ff u B 103 f). Welche Anforderungen zu stellen sind, ist bereits oben für die Erfüllungsverweigerung zusammenfassend dargestellt worden (Rn B 107 ff). Nach der hier geteilten Auffassung stellt die Erfüllungsverweigerung vor Fälligkeit eine Pflichtverletzung dar, auf die § 281 Abs 1 S 1 1. Alt und nicht § 282 Anwendung findet (Rn B 103; vgl zum früheren Recht, wo die Erfüllungsverweigerung als positive Vertragsverletzung eingestuft wurde und damit § 326 aF keine Anwendung fand, STAUDINGER/OTTO [2001] § 326 aF Rn 140 sowie LESER, in: FS Rheinstein [1969] II 655, der die Vertragsaufsage als pVV einordnete, jedoch ihre „eigene Form" im Vergleich zu den anderen Fallgruppen betonte). Andere Autoren hoben die pflichtwidrige Erklärung, die Hauptleistung nicht erbringen zu wollen, von den den Vertragszweck gefährdenden Nebenpflichtverletzungen noch stärker ab (A BLOMEYER, AllgSchR § 30 II 2 b; vCAEMMERER NJW 1956, 569, 570; ESSER/SCHMIDT I 2 § 28 III 2 c [127]; RABEL, Das Recht des Warenkaufs I [1936] 382 ff, 385 f). Hieran war zutreffend, daß man keine Nebenpflicht konstruieren mußte, sondern daß es sich in der Tat um eine Verletzung der Hauptpflicht handelte, die jedoch nicht zu Unmöglichkeit oder Verzug führte (s ebenso SOERGEL/WIEDEMANN Vor § 275 aF Rn 375; gegen eine unnötige und irreführende Duplizität von Pflichten auch SCHÜNEMANN JuS 1987, 1, 7). Die gemeinsame Basis der den Vertragszweck gefährdenden Vertragsverletzung braucht deshalb nicht verlassen zu werden.

(2) Eine zweite Fallgruppe läßt sich am besten mit dem Stichwort **Unzuverlässigkeit C 17** charakterisieren (grundlegend BGHZ 11, 80 = NJW 1954, 229 für einen Chartervertrag). Der BGH spricht auch hier von einem Verstoß gegen die Leistungstreuepflicht (NJW 1978, 260). Wird das Vertrauen nicht nur ein pflichtwidriges Leistungsverhalten gestört, ist aber auch an § 282 zu denken (dort § 282 Rn 42 ff).

C 18 Die Zuverlässigkeit des Schuldners spielt vor allem bei auf Dauer angelegten Schuldverhältnissen eine selbständige Rolle. Deshalb berechtigt beim **Sukzessivlieferungsvertrag** uU schon eine einzige mangelhafte Teillieferung zur Liquidation des ganzen Vertrages (RGZ 57, 105, 114; 67, 5, 7; BGH LM § 326 [H] BGB Nr 4; NJW 1972, 246, 247; LM § 326 [Dc] BGB Nr 5 = Betrieb 1977, 159; NJW 1977, 35; HUBER AcP 177 [1977] 339 ff). Beim Handelskauf muß der Käufer den Mangel jedoch rechtzeitig gerügt haben (RGZ 65, 49, 54; RG JW 1936, 2391; BGH NJW 1959, 1081; MDR 1959, 386). Das Vertrauen kann auch durch eine Falschlieferung oder schließlich durch eine Leistungsverzögerung untergraben werden (BGH NJW 1969, 975; NJW 1981, 679), eventuell mit einer einzigen Rate (RGZ 104, 39, 41; iE auch BGH LM § 536 ZPO Nr 19 = NJW-RR 1995, 240, 243). Sofern durch eine oder mehrere mangelhafte Teillieferungen das Vertrauen des Gläubigers in die Zuverlässigkeit des Schuldners erschüttert wird, kann allerdings mit der vertragswidrigen Erfüllung der Hauptleistung ausnahmsweise gleichzeitig eine nicht leistungsbezogene Pflicht verletzt werden, nämlich sich dem anderen Teil als verläßlicher Vertragspartner zu präsentieren, so daß auch § 282 in Betracht kommt (so generell SCHWAB ZGS 2003, 73, 75; vgl § 282 Rn 42 ff). Erschöpft sich die Vertragsverletzung allerdings lediglich in einer schuldhaften Leistungsverzögerung, so ist ausschließlich auf § 281 Abs 1 S 1 1. Alt zurückzugreifen (s Rn B 161). Vgl zum alten Recht zum Schadensersatzanspruch des nicht belieferten Käufers bei einem Sukzessivlieferungsvertrag TIMME JuS 2001, 1060 ff.

In **Art 73 CISG** ist auch diese Problematik für Verträge gesondert normiert, die „aufeinander folgende Lieferungen von Ware" vorsehen; Abs 2 lautet: „Gibt die Nichterfüllung einer eine Teillieferung betreffenden Pflicht durch eine der Parteien der anderen Partei triftigen Grund zu der Annahme, daß eine wesentliche Vertragsverletzung in bezug auf künftige Teillieferungen zu erwarten ist, so kann die andere Partei innerhalb angemessener Frist die Aufhebung des Vertrages für die Zukunft erklären." Wegen der Einzelheiten vgl SCHLECHTRIEM/SCHWENZER/HORNUNG, CISG⁴ (2004) Art 73.

C 19 **Störungen einer Dauerbindung** durch eine nicht wie geschuldet erbrachte Leistung stellen ebenfalls dar: der Verstoß gegen eine *Alleinvertriebsabrede* (RGZ 54, 286; vgl auch BGH MDR 1970, 319 zum Regelungsinhalt solcher Abreden), die Gefährdung eines Wohnrechts durch übermäßige Beleihung eines Grundstücks (BGH MDR 1967, 660) oder die Verletzung eines Vertrages, der auf eine Grundstücksüberlassung mit Wohnrechtsgewährung sowie Pflege- und Versorgungspflichten gerichtet ist, durch nicht ordnungsgemäße Versorgung (BGH WM 1982, 208, 209).

C 20 Hat ein Vertrag mehrere verschiedenartige Leistungen zum Gegenstand (**gemischter Vertrag**; hierzu STAUDINGER/LÖWISCH [2001] § 305 aF Rn 27 ff) oder sind mehrere Verträge rechtlich miteinander verknüpft (**zusammengesetzter Vertrag**; hierzu STAUDINGER/LÖWISCH [2001] § 305 aF Rn 45 ff), so gilt bei gestreckter Abwicklung im Prinzip dasselbe wie bei sukzessiven Leistungen gleicher Art (vgl RGZ 67, 5; RGZ 161, 100, 104; BGH MDR 1958, 423; NJW 1969, 975). Sind verschiedene Verträge jedoch rechtlich selbständig, so berechtigt die Abwicklung eines Vertragsverhältnisses wegen Unzuverlässigkeit des Schuldners den Gläubiger nicht dazu, sich auch von dem anderen Vertrag zu lösen. Dies gilt auch bei Lieferungsverträgen über gleichartige Sachen (BGH LM § 536 ZPO Nr 19 = NJW-RR 1995, 240, 243).

Die Unzuverlässigkeit des Schuldners kann ausnahmsweise sogar die Fortsetzung **C 21** eines *einfachen Umsatzgeschäftes* unzumutbar machen. Der Einbau gebrauchter Teile in einen verkauften Luxuswagen vor dessen Auslieferung gibt geradezu einen Lehrbuchfall ab (BGH NJW 1978, 260). Vgl ferner RG HRR 1934 Nr 1440: Werkliefe-rungsvertrag über Samen („Kulturvertrag") wird mangelhaft erfüllt. Eine schlichte Falschlieferung genügt demgegenüber nicht (OLG Karlsruhe NJW-RR 1993, 631, 632).

(3) Weiterhin kann das Vertrauen durch die Verletzung von Nebenpflichten unter- **C 22** graben werden, wobei gerade die Rücksichtnahmepflichten aus § 241 Abs 2 nicht unter § 281, sondern unter § 282 fallen (s dort Rn 32 ff). Für die Nebenpflichten ist es nicht von Bedeutung, ob die Nebenpflichten ausdrücklich festgelegt worden sind oder mit Treu und Glauben begründet werden können (vgl iE STAUDINGER/J SCHMIDT [1995] Einl 309 ff zu §§ 241 ff, § 242 Rn 844 ff). Zu den nicht leistungsbezogenen Pflichten iS von § 241 Abs 2 zählt auch die gesteigerte Pflicht zur Rücksichtnahme auf die Inter-essen des Vertragspartners, wie sie vor allem bei auf Dauer angelegten Rechtsver-hältnissen begegnet. Ist eine derartige Pflicht verletzt, so ist vor der Bejahung eines Schadensersatzanspruchs hinsichtlich des ganzen Vertrages zu prüfen, ob dem Gläu-biger trotzdem das Festhalten am Vertrag zugemutet werden kann (§ 282 Rn 48 ff).

d) Ablehnung der Erfüllung durch den Insolvenzverwalter gem § 103 InsO
Bereits im alten Recht war die dogmatische Einordnung der Ablehnung der Erfül- **C 23** lung durch den Insolvenzverwalter umstritten: Ein Teil des Schrifttums ging dabei von einer materiellen Umgestaltung der Vertragsverhältnisse aus, dh der Erfüllungs-anspruch des Vertragspartners wandelte sich in einen Schadensersatzanspruch wegen Nichterfüllung (so WIMMER/WEGENER, InsO³ [2002] § 103 Rn 2 f), während nach anderer Auffassung hierin lediglich die Bestätigung der bereits ab Verfahrenseröffnung herr-schenden Rechtslage zu sehen sei und sich die materiellrechtliche Umgestaltung danach erst vollziehe, wenn der Vertragspartner eine Forderung wegen Nichterfül-lung geltend mache (MünchKommInsO/KREFT [2002] § 103 Rn 3 f). Das RG hatte die früher in § 17 KO geregelte Ablehnung der Erfüllung durch den Konkursverwalter als positive Vertragsverletzung eingeordnet, um auf diese Weise eine Anspruchsgrund-lage für einen Schadensersatzanspruch wegen Nichterfüllung zu gewinnen, der gem § 26 S 2 KO als Konkursforderung geltend zu machen war (RGZ 135, 167, 170). Der BGH vertrat dementsprechend ursprünglich die Ansicht, daß das Rechtsverhältnis erst durch die Erfüllungsablehnung umgestaltet werde und auf diese Weise an die Stelle des gegenseitigen Schuldverhältnisses ein einseitiger Anspruch des Vertrags-gegners auf Schadensersatz wegen Nichterfüllung trete, wobei er aber offenließ, ob dieser Anspruch auf bürgerlich-rechtlichen oder konkursrechtlichen Vorschriften beruhe (BGHZ 68, 379, 380; 89, 189, 195; 96, 392, 394; so auch noch NJW 1989, 1606, 1607). Vor einigen Jahren hatte der BGH jedoch eine Kehrtwende vollzogen und die Auf-fassung vertreten, daß die gegenseitigen Erfüllungsansprüche bereits mit Konkurs-eröffnung erlöschen; bereits zu diesem Zeitpunkt trete an die Stelle des gegenseitigen Schuldverhältnisses ein einseitiger Anspruch des Vertragsgegners des Gemeinschuld-ners auf Schadensersatz wegen Nichterfüllung; die Ablehnung des Vertrages durch den Konkursverwalter habe lediglich zur Folge, daß es bei dem Erlöschen bleibe und die Ansprüche nicht wiederauflebten (BGHZ 103, 250, 252, 254; 106, 236, 241 ff; ZIP 1989, 1413, 1415; BGHZ 116, 156, 158; BGH NJW 1993, 1994; BGHZ 129, 336, 338 = JZ 1996, 49 ff m krit Anm BORK; NJW 1997, 3434, 3436; NJW 1998, 992; so auch JAEGER/HENCKEL, KO⁹ [1997] § 17 Rn 115, 149 ff, 210 ff, sofern der Vertragspartner am Konkursverfahren teilnehme). Auf ihrer

Grundlage wäre dem Gedanken, einen Schadensersatzanspruch auf eine Pflichtverletzung zu stützen, mangels eines fortbestehenden Erfüllungsanspruchs von vornherein der Boden entzogen. Diese Auffassung des BGH stieß jedoch auf erhebliche
Bedenken (s Bork, in: FS Zeuner [1994] 297 ff; Kübler/Prütting/Tintelnot, InsO [Stand: 2003]
§ 103 Rn 8 ff; Marotzke, in: Heidelberger Kommentar zur Insolvenzordnung [2001] § 103 Rn 36 ff,
43; ders zum neuen Recht KTS 2002, 1, 41 ff; dagegen aber Kreft ZIP 1997, 865 ff), die durch den
gegenüber § 17 KO etwas veränderten Wortlaut des § 103 InsO noch verstärkt werden (Jauernig, Zwangsvollstreckungs- und Insolvenzrecht²¹ [1999] 226; s auch Bruns ZZP 110
[1997] 305, 312 f). Überraschend ist der BGH nunmehr zu seiner Ausgangsposition
zurückgekehrt (BGHZ 150, 353, 359 = NJW 2002, 2783, 2785; hierzu Graf/Wunsch ZIP 2002,
2117, 2121 f; s ferner Staudinger/Otto [2004] § 321 Rn 15). Nur die Annahme einer gestaltenden Rechtshandlung des Verwalters erlaubt nämlich eine Kontrolle im Hinblick
darauf, ob seine Entscheidung nicht wegen Insolvenzzweckwidrigkeit zum Schutz der
anderen Gläubiger unwirksam ist.

C 24 Die neuerliche Entscheidung des BGH ist noch zu § 17 KO ergangen, bezieht jedoch
das Schrifttum zu dem nunmehr in **§ 103 InsO** geregelten Wahlrecht des Insolvenzverwalters ein. Auch wenn man die beiderseitigen Ansprüche noch nicht mit der
Verfahrenseröffnung untergehen läßt, sondern von einem Fortbestand ausgeht, darf
die Ablehnung der Erfüllung gleichwohl nicht als Pflichtverletzung eingeordnet
werden. Wenn das Gesetz dem Insolvenzverwalter durch § 103 Abs 2 S 1 InsO ausdrücklich die Befugnis einräumt, die Erfüllung abzulehnen, kann dieses Verhalten
schwerlich zugleich als vertragswidrig und damit rechtswidrig angesehen werden (iE
zu § 17 KO ebenso Soergel/Wiedemann Vor § 275 aF Rn 383; **aA** Musielak AcP 179 [1979] 189,
204). Der Anspruch wegen Nichterfüllung hat deshalb eine insolvenzrechtliche
Grundlage (so jetzt auch Palandt/Heinrichs § 276⁶¹ aF Rn 114; teilweise abweichend
Marotzke, Gegenseitige Verträge im neuen Insolvenzrecht³ [2001] Rn 5. 14 ff), wobei der Umfang des Anspruchs sich allerdings nach allgemeinen bürgerlich-rechtlichen Regeln
richtet (vgl BGH WM 1967, 929, 932; Jaeger/Henckel, KO⁹ [1997] § 17 Rn 171; **aA** Kübler/
Prütting/Tintelnot, InsO [Stand: 2003] § 103 Rn 98 mwNw). Entsprechend dem alten Recht
(§ 26 S 2 KO) stellt der Anspruch wegen Nichterfüllung gem § 103 Abs 2 S 1 InsO nur
eine einfache Insolvenzforderung dar. Vgl zum Verhältnis von Rücktritts- und Insolvenzrecht Staudinger/Otto (2004) § 323 Rn C 22; Marotzke KTS 2002, 1, 20 ff.

3.   Nachfrist oder Abmahnung

C 25 Für die Nachfrist ist vor allem auf die Ausführungen zur **Fristsetzung** (Rn B 32 ff), zum
fruchtlosen Fristablauf (Rn B 74 ff) sowie zur **Entbehrlichkeit** der Fristsetzung
(Rn B 100 ff) zu verweisen. Kommt nach der Art der Pflichtverletzung eine Fristsetzung nicht in Betracht, so tritt an deren Stelle eine **Abmahnung** (§ 281 Abs 3), vgl
hierzu Rn A 18 ff, B 73.

Anders als bei der Leistungsverzögerung ist es ausnahmsweise auch denkbar, daß
eine Nacherfüllung von vornherein ausscheidet, so daß sich die Frage der Entbehrlichkeit der Nachfrist gar nicht mehr stellt, ohne daß von einem Ausschluß der Leistungspflicht insbes wegen (nachträglicher) Unmöglichkeit (§ 275 Abs 1) gesprochen
werden kann. Nach meiner Auffassung ist dies hinsichtlich des Leistungsinteresses
bei der **Schlechterfüllung von Dienstleistungen** der Fall, wenn eine Nacherfüllung
nicht in Betracht kommt (vgl Rn C 7). Dabei ist § 281 Abs 1 S 1 2. Alt natürlich nur

einschlägig, soweit nicht lediglich das Erhaltungsinteresse (§ 280 Abs 1) ersetzt werden soll und auch nicht ein reiner Verzögerungsschaden (§ 280 Abs 2). Für die Entbehrlichkeit der Fristsetzung in diesem Sonderfall kann man den in § 281 Abs 2 2. Alt enthaltenen Rechtsgedanken heranziehen, daß „besondere Umstände" (dazu Rn B 116) die sofortige Geltendmachung des Schadensersatzes rechtfertigen können.

Für die **Nachfrist sind folgende Besonderheiten hervorzuheben:** C 26

Mit der Aufforderung zur Leistung muß der Gläubiger die **Pflichtverletzung so genau wie möglich konkretisieren**, so daß der Schuldner diese beheben kann. Im **Kaufrecht** ist daher der Sach- oder Rechtsmangel genau zu bezeichnen (§ 437 Nr 1). Gleiches gilt im **Werkvertragsrecht** für § 634 Nr 1. Da der Käufer – anders als der Besteller beim Werkvertrag (§ 635 Abs 1: Wahlrecht des Unternehmers) – zwischen beiden Arten der Nacherfüllung nach § 439 Abs 1 (Beseitigung des Mangels oder Neulieferung) wählen kann, hat er außerdem seine **Wahl** mitzuteilen, sofern er nicht auf das Wahlrecht verzichten möchte.

Aufzufordern ist zur Leistung bzw Nacherfüllung. Die **Nacherfüllung** stellt einen C 27 Unterfall der Leistung dar und ist nach der Begründung des RegE aus Gründen der Zweckmäßigkeit eingefügt worden. Der Begriff solle verdeutlichen, daß der ausgebliebene Leistungsrest, zu dessen Erfüllung aufgefordert wird, einen anderen Inhalt haben könne, je nachdem, ob der Schuldner überhaupt nicht geleistet oder nur einen Teil der geschuldeten Leistung erbracht habe. Nur auf letzteren Fall und damit auf die *nicht wie geschuldet erbrachte Leistung* beziehe sich der Begriff Nacherfüllung (BT-Drucks 14/6014, 138). Eine Konkretisierung des Begriffs findet sich im Kaufrecht in § 439, im Werkvertragsrecht in § 635.

Bei der **Angemessenheit der Frist** ist zu berücksichtigen, daß der Schuldner die Lei- C 28 stung – wenn auch mangelhaft – bereits erbracht hat und nur die Schlechterfüllung auszugleichen ist. Dieses ist in aller Regel kurzfristig möglich, so daß grundsätzlich eine kurze Frist ausreichend ist (vgl Münch Jura 2002, 361, 366). Wird innerhalb der Frist erneut schlecht geleistet, so ist mangels pflichtgemäßer Nacherfüllung eine erneute Frist nicht zu setzen. Ein Problem ergibt sich bei **Niedrigpreisartikeln**, bei denen es sich für den Käufer wegen des Zeitaufwandes kaum lohnt, die Ware zurückzubringen und eine Frist zur Nacherfüllung zu setzen. Aufgrund des Mißverhältnisses zwischen Zeitaufwand und Warenwert schlägt Krebs bei Waren bis 100 € daher de lege ferenda vor, der Nacherfüllung nur dann den Vorrang vor den anderen Rechten des Käufers zuzuerkennen, wenn diese sofort im Laden erfolgen kann (Betrieb Beil Nr 14/2000 zu Heft 48, 19). De lege lata ließe sich ein solches Ergebnis erstens dadurch erzielen, daß man bei Waren von geringem Wert eine sehr kurze Frist für die Nacherfüllung als angemessen ansieht (Rn B 66). Zweitens könnte man auch an die „besonderen Umstände" des § 281 Abs 2 denken, die eine Fristsetzung sogar entbehrlich machen (Rn B 116). Am überzeugendsten ist aber der Weg über die Sonderregelung in § 440 S 1 (Rn C 29).

Hinsichtlich der **Entbehrlichkeit der Frist ist vor allem auf drei zusätzliche Regelungen** C 29 aufmerksam zu machen. Gem *§ 440 S 1* bedarf es der Fristsetzung für eine Nacherfüllung über § 281 Abs 2 hinaus auch nicht, „wenn der Verkäufer beide Arten der

Nacherfüllung gem § 439 Abs 3 verweigert oder wenn die dem Käufer zustehende
Art der Nacherfüllung fehlgeschlagen oder für ihn unzumutbar ist (zu Einzelheiten vgl
STAUDINGER/MATUSCHE-BECKMANN [2004] § 439; OETKER/MAULTZSCH, Vertragliche Schuldverhältnisse 92 ff; ZIMMER/ECKHOLD Jura 2002, 145, 148 ff). Nach der Begründung des RegE sind
diese Sonderregelungen notwendig, weil vor allem bei einem Fehlschlagen der Nachbesserung eine weitere Fristsetzung dem Käufer nicht mehr zuzumuten sei. Nach
vergeblichen Nachbesserungsversuchen weitere ungewisse Nachlieferungsversuche
abwarten zu müssen, könne vom Käufer nicht verlangt werden. Die Abwägung der
beiderseitigen Interessen in den §§ 281 Abs 2 2. Alt, 323 Abs 2 Nr 3 helfe nicht immer
weiter, weil das Interesse des Verkäufers im Einzelfall gleichwohl überwiegen könne
(BT-Drucks 14/6040, 233 f). Dasselbe gilt gem *§ 636* auch für den Werkvertrag (STAUDIN-
GER/PETERS [2003] § 634 Rn 51 ff). Besonders bemerkenswert ist dabei, daß eine Verweigerung der Nacherfüllung wegen unverhältnismäßiger Kosten für den Schuldner den
direkten Weg zur Geltendmachung des Schadensersatzanspruchs statt der Leistung
eröffnet. Schließlich ist eine Fristsetzung wegen des Rückgriffs des Unternehmers als
Zwischenhändler gegen seinen Vorlieferanten im Hinblick auf ihm gegenüber vom
Kunden erfolgreich geltend gemachte Gewährleistungsrechte des Käufers nicht erforderlich (*§ 478 Abs 1 u 5*; dazu MATTHES NJW 2002, 2505 ff; GRUBER NJW 2002, 1180 ff; vgl
auch S ERNST MDR 2003, 4 ff; SCHUBEL ZIP 2002, 2061, 2068). Eine ernsthafte Erfüllungsverweigerung nach § 281 Abs 2 1. Alt kann bereits mit dem Leugnen des Sachmangels vorliegen (vgl LG Bonn NJW 2004, 74, 75). Behebt der Gläubiger den Mangel selbst
und verursacht dadurch die Unmöglichkeit der Nacherfüllung, so verliert er hierdurch seine Gewährleistungsrechte und kann lediglich Ersatz seiner Nachbesserungsaufwendungen entsprechend § 326 Abs 2 S 2 verlangen (LORENZ NJW 2003, 1417, 1418 f;
für einen völligen Anspruchsverlust AG Kempen ZGS 2003, 440 = MDR 2003, 1406 m zust Anm
DÖTSCH; ebenso DAUNER-LIEB/DÖTSCH ZGS 2003, 250 f u 455 ff).

4. Keine Entlastung des Schuldners von der Verantwortlichkeit

C 30 Der Schuldner haftet auch für eine Pflichtverletzung in Gestalt der nicht wie geschuldet erbrachten Leistung grundsätzlich nur dann nicht auf Schadensersatz statt
der Leistung, wenn er die Pflichtverletzung nicht zu vertreten hat (§ 280 Abs 1 S 2; s
Rn B 96 ff sowie § 280 Rn D 13). Insofern gilt nunmehr schon nach dem Gesetzeswortlaut
dieselbe Regelung wie für die Leistungsverzögerung (dazu oben Rn B 96), den nachträglichen Ausschluß der Leistungspflicht (dazu § 283 Rn 49 f) und nicht leistungsbezogene Pflichtverletzungen (§ 282 Rn 64). Allerdings ist das Vertretenmüssen kein
positives Tatbestandmerkmal mehr (§ 280 Rn D 2 ff). Zur Frage der Darlegungs- und
Beweislast vgl § 280 Rn F 19 ff.

5. Keine Unerheblichkeit der Pflichtverletzung

C 31 Schadensersatz statt der ganzen Leistung kann **gem § 281 Abs 1 S 3** nicht verlangt
werden, wenn die Pflichtverletzung unerheblich ist. Gleiches gilt für das Rücktritt-
recht nach § 323 Abs 5 S 2. § 281 Abs 1 S 3 schließt einen Schadensersatzanspruch
bezüglich des Minderwertes der Leistung aber nicht aus (sog **kleiner Schadensersatz**,
vgl FAUST, in: HUBER/FAUST, Schuldrechtsmodernisierung Rn 3/157 f; LORENZ/RIEHM, Schuldrecht
Rn 218; MÜNCH Jura 2002, 361, 370). So sah auch der RegE den Schadensersatz für den
Mangel als den Regelfall an, eine Gesamtliquidation sollte erst unter der besonderen
Voraussetzung des Interessewegfalls folgen (RegE BT-Drucks 14/6040, 139 f) Erst auf-

grund der Beschlußempfehlung des Rechtsausschusses wurde das Kriterium der Unerheblichkeit entspr § 323 Abs 4 S 2 RE eingefügt (BT-Drucks 14/7052, 185). Die Norm soll nur verhindern, daß es trotz der Unerheblichkeit der Pflichtverletzung zu einer Gesamtliquidation des Vertrages kommt (MÜNCH Jura 2002, 361, 371). Anspruchsgrundlage bleibt auch in diesem Fall § 281 Abs 1 S 1 (iVm § 280 Abs 1 u 3) mit der Maßgabe, daß der Schaden dann nur „soweit" auszugleichen ist, als die Pflichtverletzung reicht. Vgl zur *Erheblichkeit* ausführlich MünchKomm/ERNST Rn 147 sowie § 323 Rn 243.

Im Kaufrecht gilt daneben die verschuldensunabhängige Sonderregelung des § 441 **C 32** Abs 1. Anders als bei § 459 Abs 1 S 2 aF ist eine **Minderung** auch bei einem unerheblichen Mangel möglich; der Ausschluß des Rücktrittsrechts durch § 323 Abs 5 S 2 gilt nach § 441 Abs 1 S 2 gerade nicht für die Minderung. Gleiches gilt für das Werkvertragsrecht (§ 638 Abs 1).

Die Erheblichkeit der Pflichtverletzung ist durch eine umfassende Interessen- **C 33** abwägung zu bestimmen. Hierbei ist in Zweifelsfällen auch der Grad des Verschuldens (PALANDT/HEINRICHS Rn 48) und der aus der Pflichtverletzung resultierende Schaden (so wohl MünchKomm/ERNST § 323 Rn 243) mitzuberücksichtigen. Unerheblich sind Pflichtverletzungen jedenfalls unterhalb der Bagatellgrenze, die nach früherem Recht nach § 459 Abs 1 S 2 aF keinen relevanten Mangel darstellten und sogar jegliche Ansprüche, inklusive der Minderung, ausschlossen. Unerheblich ist ein Mangel danach, wenn er leicht erkennbar und mit geringer Mühe sowie unbedeutendem Kostenaufwand zu beseitigen ist. Entscheidend ist das Verhältnis des Fehlers zum Wert der Kaufsache in mangelfreiem Zustand (vgl als Anhaltspunkt STAUDINGER/HONSELL [1995] § 459 aF Rn 59 ff). Hierbei ist allerdings folgendes zu beachten: Im früheren Recht kamen unerhebliche Minderungen des Wertes oder der Tauglichkeit für einen Sachmangel nach § 459 Abs 1 S 2 aF nicht in Betracht. Bei unerheblichen Beeinträchtigungen hatte der Käufer kein Recht zur Wandlung oder Minderung. Schadensersatz nach § 463 aF war nur bei Arglist oder dem Fehlen einer zugesicherten Eigenschaft möglich. Da somit dem Käufer bei unerheblichen Minderungen praktisch keinerlei Gewährleistungsrechte zustanden, legten Literatur und Rechtsprechung die Norm so eng aus, daß sie praktisch funktionslos war (MünchKomm/ERNST Rn 147 m Verweisung auf § 323 Rn 243; vgl KG NJW-RR 1989, 972). Da nach geltendem Recht auch bei einer unerheblichen Pflichtverletzung ein Schadensersatzanspruch bezüglich des Minderwertes und eine Minderung möglich sind, besteht für eine derart einschränkende Auslegung kein Bedarf (ERNST plädiert für eine deutlich höhere Erheblichkeitsschwelle, vgl MünchKomm/ERNST Rn 147 m Verweisung auf § 323 Rn 243; ebenso vWESTPHALEN/DEDEK Rn 52). Darüber hinaus ist die Erheblichkeit der Pflichtverletzung von jeher bei der Gefährdung des Geschäftszwecks von besonderer Bedeutung (vgl oben Rn C 12 ff).

II. Rechtsfolge: Schadensersatz statt der Leistung

1. Großer und kleiner Schadensersatz

Zum **Schadensersatzanspruch statt der Leistung** ist ergänzend (vgl § 280 Rn E 4 ff, 16 ff, **C 34** 48 ff; oben Rn B 139 ff) folgendes hervorzuheben: Die Geltendmachung des *Schadensersatzes statt der Leistung* kann sich bei der *nicht wie geschuldet* erbrachten Leistung sowohl auf den mangelhaften Teil der Leistung (kleiner Schadensersatz) als auch auf die Gesamtleistung (großer Schadensersatz) beziehen. Die Neufassung enthält keinen § 281 Abs 1 S 3 RE entsprechenden Satz, der in einem solchen Fall einen Schadensersatz statt der *ganzen* Leistung nur bei einem besonderen *Interesse* gewähren wollte (vgl hierzu auch die Begr d Rechtsausschusses BT-Drucks 14/7052, 185 sowie zum RegE ALTMEPPEN Betrieb 2001, 1131, 1132). Zu beachten ist nur, daß nach § 281 Abs 1 S 3 bei einer unerheblichen Pflichtverletzung Schadensersatz statt der *ganzen* Leistung nicht verlangt werden kann (vgl Rn C 31). Unbenommen bleibt dem Gläubiger der Schadensersatz also in jedem Fall bezüglich des mangelhaften Teils bzw des Minderwertes der Sache.

2. Schadensersatz wegen vorzeitiger Vertragsauflösung bei Dauerschuldverhältnissen

C 35 Neben einem Recht zur Vertragsbeendigung durch Rücktritt und vor allem außerordentlicher Kündigung steht dem Gläubiger uU zusätzlich ein **Schadensersatzanspruch wegen vorzeitiger Vertragsauflösung** zu, wie es zB § 628 Abs 2 für den Dienstvertrag, § 723 Abs 2 S 2 und § 314 Abs 4 für sonstige **Dauerschuldverhältnisse** vorsehen (vgl Rn A 23, 47 ff; STAUDINGER/PREIS [2002] § 628 Rn 45 ff; STAUDINGER/HABERMEIER [2003] § 723 Rn 44; ferner BGHZ 45, 372, 375 = NJW 1966, 1713, 1714; NJW 1969, 419 jeweils für einen Architektenvertrag; BGH NJW 1984, 2091 u 2093 jeweils für den Internatsvertrag [dazu krit PICKER JZ 1985, 641 ff, 693 ff, 705 f]; für den Zuliefervertrag ebenso WELLENHOFER-KLEIN, Zulieferverträge im Privat- und Wirtschaftsrecht [1999] 95 f. Zur Schadensbemessung s ausführlich WETTICH, Die überobligationsmäßige Abwehr des Verdienstausfallschadens [1999]). Allerdings enthält nur § 628 Abs 2 eine eigenständige Anspruchsgrundlage, während § 314 Abs 4 einen Schadensersatzanspruch lediglich nicht ausschließt. Insofern bleibt § 280 Abs 1 für das Integritätsinteresse, § 280 Abs 1 u 3 iVm § 281 für noch nicht erbrachte oder nicht vertragsgemäße Leistungen in der Vergangenheit (PALANDT/HEINRICHS § 314 Rn 11), aber auch in der Zukunft einschlägig. § 280 Abs 1 S 1 u 3 iVm § 283 kommt nur in Betracht, wenn die Vertragsauflösung auf einen Ausschluß der Leistungspflicht zurückzuführen ist. Nach der Beendigung des Schuldverhältnisses besteht jedenfalls kein Anspruch mehr, der sich in Schadensersatz statt der Leistung „umwandeln" ließe. Liegt das eine etwaige Kündigung auslösende Verhalten des Schuldners in einer gravierenden Verletzung einer Nebenpflicht iS des § 241 Abs 2, kommt auch ein Schadensersatzanspruch gem § 282 in Betracht (so LORENZ/RIEHM, Schuldrecht Rn 247).

Auch bei § 628 Abs 2 bedarf es – über den Wortlaut hinaus – eines Vertretenmüssens (RGZ 112, 34, 37; BGHZ 104, 337, 341), wobei das Gewicht des Auflösungsverschuldens mit dem wichtigen Grund iS des § 626 BGB korrespondieren muß (BAG AP Nr 11 zu § 628 BGB = Betrieb 1990, 433; MünchKomm/SCHWERDTNER² § 628 Rn 14; zur vertragwidrigen Nichtbestellung als Geschäftsführer vgl BAG AP Nr 14 zu § 628 BGB = NZA 2002, 1323; BAUER/DILLER/KRETZ Betrieb 2003, 2687; KRETZ EWiR § 328 BGB 2/03, 1183, 1184). Ein derartiger Schadensersatzanspruch besteht grundsätzlich selbst dann, wenn die Parteien das Vertragsverhältnis *aus Anlaß der Vertragsverletzung* einvernehmlich beenden (BGHZ 44, 271, 274; BGH NJW 1982, 2432; BAG AP Nr 11 zu § 628 BGB; LARENZ II 1 § 52 III e [339 Fn 101]; **aA** PALANDT/PUTZO § 628 Rn 1; mißverständlich BGH NJW 1994, 1069, 1070). Allerdings kann im Aufhebungsvertrag ein Verzicht auf Ansprüche aus Auflösungsverschulden liegen (weitergehend BAG AP Nr 6 zu § 628 BGB = NJW 1971, 2092: Vorbehalt erforderlich, insoweit krit CANARIS Anm AP aaO). Bei der Ermittlung des Auflösungsschadens ergeben sich besondere Schwierigkeiten dadurch, daß der Schädiger sich häufig darauf beruft, er hätte ohnehin ordentlich gekündigt oder dieses alsbald tun können. IdR wird dieser Gesichtspunkt bei der Ermittlung der Folgekosten der Auflösung *bis zum Zeitpunkt einer möglichen normalen Beendigung* außer Betracht bleiben müssen (zB Kosten für Zeitungsinserate, höhere Kosten für eine Aushilfskraft). Das BAG beschränkt den Schadensersatz aber mittlerweile gleichwohl unter dem Aspekt des Schutzzwecks der arbeitsvertraglichen Kündigungsfrist: Kosten für Stellenanzeigen sind danach regelmäßig nicht ersetzbar (vgl BAG AP Nr 7 und 8 zu § 276 BGB Vertragsbruch jeweils m Anm BEITZKE = NJW 1981, 2430 u NJW 1984, 2846 f; vgl ferner OTTO/SCHWARZE, Die Haftung des Arbeitnehmers³ [1998] Rn 92, 101 ff; ZEUNER, Zum Problem der überholenden Kausalität, AcP 157 [1958/1959] 441 ff, 452 f).

Eine für den Schädiger günstigere Beurteilung ist jedenfalls dort am Platz, wo der **C 36** geltend gemachte **Auflösungsschaden nach dem Zeitpunkt eingetreten ist, zu dem das Rechtsverhältnis rechtmäßig hätte aufgelöst werden können** (vgl BAG AP Nr 8 zu § 628 BGB m Anm LIEB = BB 1975, 1112 = SAE 1976, 216 m Anm HADDING m umfassenden Nachw zu dem Problemkreis; BGHZ 122, 9 = NJW 1993, 1386 zu § 89a Abs 2 HGB [freilich ist auf die Kündigungsmöglichkeit des Schädigers und nicht des Geschädigten abzustellen]; BGH LM § 249 [Ha] BGB Nr 6; MDR 1964, 915 u WM 1972, 336, 337 jeweils zur vorzeitigen Beendigung eines Miet- bzw Pachtverhältnisses; zumindest im Grundsatz für Leasingverträge auch BGHZ 82, 121, 129 f; 95, 39, 49; NJW 1991, 221, 223; BGHZ 104, 337, 343; BGH NJW-RR 1989, 432, 433 jeweils für Darlehensverträge). Für die Ermittlung des „Zukunftsschadens" ist die hypothetische Entwicklung sicher zu beachten. Aber auch, wenn sich nicht feststellen läßt, daß bzw zu welchem Zeitpunkt der vertragswidrig handelnde Vertragspartner ebenfalls gekündigt hätte, ist die Möglichkeit der Kündigung gleichsam als Anlagefehler zu berücksichtigen (iE auch OETKER, Das Dauerschuldverhältnis und seine Beendigung [1994] 631 ff: Fehlen gesicherter Aussicht auf Vertragsfortbestand; RIEBLE ZIP 1988, 1027, 1032 f: Vorteilsausgleichung; dazu ferner KRAUSE, Haftung wegen Auflösungsverschuldens – BGH NJW 1994, 443, JuS 1995, 291 ff). Nach der Auflösung des Rechtsverhältnisses durch die Kündigung aus wichtigem Grund hat der Gekündigte nämlich keinen Anlaß mehr, überhaupt noch seinerseits eine Kündigung auszusprechen.

Das BAG hat sich jüngst für das durch ordentliche Kündigung auflösbare Arbeitsverhältnis noch einmal zu der grundsätzlichen Begrenzung des Schadensersatzes bis zum Ablauf einer fiktiven Kündigungsfrist bekannt, jedoch zusätzlich anerkannt, daß bei der Bemessung des Schadensersatzes zu der entgangenen Vergütung *„eine den Verlust des Bestandsschutzes ausgleichende Entschädigung entsprechend §§ 9, 10 KSchG hinzutreten kann"* (BAG AP Nr 13 zu § 628 BGB = NJW 2002, 1593, 1597 f = EzA § 628 Nr 19 m zust Anm KRAUSE mwNw = SAE 2002, 117 m iE zust Anm GAMILLSCHEG 123 ff). KRAUSE (aaO unter IV) spricht anschaulich von einer Kumulation von *„kleinem Verfrühungsschaden"* und *Kompensation für den verlorenen Bestandsschutz.* Wird jedoch im Rahmen einer gerichtlichen Auflösung des Arbeitsverhältnisses eine Abfindung nach §§ 9, 10 KSchG zuerkannt, so kann der Verlust einer Anwartschaft auf eine betriebliche Altersversorgung daneben nicht gem § 628 Abs 2 oder gem §§ 280, 281 geltend gemacht werden (vgl BAG AP Nr. 16 zu § 628 BGB).

Noch nicht beantwortet ist damit die Frage des Schadensersatzumfanges für den Fall **C 37** der – langfristigen – **Unauflösbarkeit der Vertragsbeziehung.** Sicherlich muß der Geschädigte zumindest das beanspruchen können, was ihm im Fall der Auflösbarkeit des Rechtsverhältnisses zustünde. Angesichts der Zukunftsbezogenheit stellen sich ansonsten schwierige Berechnungsprobleme, falls man nicht eine Schadensrente auswerfen will. Darüber hinaus stellt sich aber auch das Gerechtigkeitsproblem, ob nicht die Schadensersatzpflicht zeitlich limitiert werden muß (zu großzügig daher WEISS JuS 1985, 583 ff; s hierzu – wenn auch vornehmlich unter dem Aspekt der Verzugsbeendigung – BAG AP Nr 2 zu § 284 BGB m Anm BEUTHIEN/JANZEN = BB 1975, 1578 = SAE 1976, 118 ff m krit Anm BEITZKE; KRAUSE Anm zu EzA § 628 Nr 19 unter III 4 u IV 3 mit dem schadensrechtlichen Ausgangspunkt einer „Endloshaftung" und Anerkennung eines durch den ursprünglichen Zweck des § 628 Abs 2 begrenzten *„großen Verfrühungsschadens"*). Eine parallele Frage ergibt sich zB im Falle des Verschuldens bei Vertragsschluß, wenn es nicht zur Durchführung eines auf Dauer angelegten neuen Dienstverhältnisses kommt, der Bewerber aber ein bestehendes Vertragsverhältnis bereits im Vertrauen auf die Zusagen gelöst hat (BAG AP Nr 9 zu § 276 BGB Verschulden bei Vertragsabschluß = Betrieb 1974, 2060; LAG Düsseldorf LAGE § 276 BGB Verschulden bei Vertragsschluß Nr 4; ArbG Wiesbaden NZA-RR 2002, 349; HÜMMERICH NZA 2002, 1305, 1310).

C 38 Haben **beide Teile** das Vertrauensverhältnis schuldhaft zerrüttet, so kann sich nicht nur der Schadensersatzanspruch des Kündigenden gem § 254 Abs 1 mindern, sondern auch dem Gegner selbst ein eigener Schadensersatzanspruch zustehen, auf den ebenfalls § 254 Abs 1 anzuwenden ist (BGH NJW 1969, 1845). Im Regelfall wird jedoch beiden Seiten nach Treu und Glauben ein Schadensersatzanspruch zu versagen sein. In diesem Sinn hat die Rspr für den Auflösungsschaden gem § 628 Abs 2 entschieden, wenn auch der Kündigungsempfänger fristlos hätte kündigen können (vgl BGHZ 44, 271, 277 = NJW 1966, 347, 348 = JZ 1966, 273 m Anm GRUNSKY; BGH NJW 1981, 1264, 1265; NJW 1993, 1386, 1387 [zu § 89a HGB]; BAG AP Nr 9 zu § 70 HGB m Anm ERNST WOLF = NJW 1966, 1835 = SAE 1967, 75 m Anm CANARIS; ausführlich dazu HANAU, Die Kausalität der Pflichtwidrigkeit [1971] 154 ff). Dies gilt darüber hinaus aber auch ganz allgemein für den Fall einer Dauerbelieferung (vgl BGH NJW 1981, 1264, 1265).

III. Abdingbarkeit

C 39 Vgl zunächst oben Rn B 177 ff. Bei der nicht wie geschuldet erbrachten Leistung sind die Besonderheiten des **Verbrauchsgüterkaufs** iS von § 474 zu beachten. Kauft ein Verbraucher von einem Unternehmer eine bewegliche Sache, so darf von den in § 475 genannten Vorschriften vor Mitteilung des Mangels nicht zum Nachteil des Verbrauchers abgewichen werden. Hiervon profitiert gem § 478 Abs 4 S 1 auch der Verkäufer gegenüber seinem Lieferanten, weil anderenfalls der Rückgriff blockiert werden könnte. Dieses Abweichungsverbot gilt aber nach § 475 Abs 3 nicht für einen Ausschluß oder die Beschränkung von Schadensersatzansprüchen. Eine entsprechende Regelung enthält § 478 Abs 4 S 2 bzgl des Rückgriffs des Unternehmers gegenüber dem Lieferanten (näher dazu MATTHES NJW 2002, 2505, 2510). Werden AGB verwendet, so bleiben jedoch auch für die Schadensersatzansprüche die Inhaltskontrolle nach § 307 und für den nicht beruflichen/unternehmerischen Geschäftsverkehr die Klauselverbote nach den §§ 308 u 309 erhalten. Vgl zum Händlerregreß auch KARSTEN SCHMIDT, in: DAUNER-LIEB/KONZEN/SCHMIDT, Praxis 427 ff.

D.   Ausschluß des Leistungsanspruchs (§ 281 Abs 4)

Vorweg ist noch einmal hervorzuheben, daß es dem Gläubiger im Falle der pflicht- **D 1**
widrigen Leistung selbstverständlich unbenommen bleibt, auf der ordnungsgemäßen
Erfüllung zu beharren. Er kann sich also gegenüber dem Anspruch des Schuldners
auf die Gegenleistung mit der Einrede des nichterfüllten Vertrages (§ 320) verteidigen oder selbst angriffsweise auf Erfüllung klagen und nebenher den Verzögerungsschaden (§§ 280 Abs 1 u 2, 286 Abs 1) geltend machen. Mit seinem Vorgehen gem
§ 281 entscheidet er sich jedoch in einem ersten Akt *gegen die Durchführung des
Vertrages*, um sodann zweitens *Schadensersatz statt der Leistung* zu verlangen. Unberührt hiervon bleiben der Rücktritt nach § 323 oder die Kündigung nach § 314
Abs 4 bzw ein Anspruch auf Ersatz des Verzögerungsschadens (vgl für den Schadensersatzanspruch statt der Leistung Rn B 146 f; für den Rücktritt STAUDINGER/OTTO [2004] § 323
Rn D 15; vgl auch DERLEDER/ZÄNKER NJW 2003, 2777 ff); nur hinsichtlich der Berechnung
des Schadensersatzanspruchs statt der Leistung können sich Überschneidungen ergeben (Rn B 147). Verlangt der Gläubiger lediglich Ersatz von Mangelfolge- oder
Begleitschäden, so hat dies selbstverständlich ebenfalls keinen Einfluß auf den Erfüllungsanspruch (vgl Rn B 9, C 2, 5).

I.   Voraussetzungen

Verlangt der Gläubiger statt der Leistung Schadensersatz, so ist der Anspruch auf die **D 2**
Leistung ausgeschlossen (§ 281 Abs 4). Anders als bei § 326 aF ist der Anspruch auf
die Leistung nicht bereits mit Fristablauf ausgeschlossen, sondern setzt eine **Erklärung des Gläubigers** voraus. Diese kann ausdrücklich oder konkludent geäußert werden und muß erkennen lassen, daß nunmehr **statt** der Leistung Schadensersatz verlangt wird. Ungeschriebene Voraussetzung ist, daß dem Gläubiger ein solcher
Schadensersatzanspruch tatsächlich zusteht. Der Gläubiger kann seinen Anspruch
auf die Leistung nicht lediglich wegen der Geltendmachung des Schadensersatz-
spruchs verlieren, sondern nur, wenn dieser anstelle der Leistung wirklich begründet
ist. Man stelle sich vor, daß die Pflichtverletzung unerheblich ist oder dem Schuldner
der Entlastungsbeweis gelingt. Anderseits soll der Schuldner nicht zwei Ansprüchen
ausgesetzt sein, so daß der Anspruch auf die Leistung schon durch das *Verlangen*,
aber nicht erst durch das *Erlangen* des Schadensersatzes ausgeschlossen wird (BT-
Drucks 14/6040, 140 f; AnwKomm/DAUNER-LIEB Rn 26). Überlegungen der Schuldrechts-
Kommission, wonach der Erfüllungsanspruch erst mit dem Erhalt des Schadensersatzes untergehen sollte, sind nicht übernommen worden (so enthielt § 283 Abs 4 S 1
BGB-KE eine solche Regelung, vgl auch BT-Drucks 14/6040, 141). Gleiches gilt für das
Kriterium *Rechtshängigkeit* als Voraussetzung für den Untergang des Anspruchs
(CANARIS ZRP 2001, 329, 334).

Zweifelhaft ist, ob es sich bei dem Verlangen gem § 281 Abs 4 um eine Willenser- **D 3**
klärung handelt. Dies setzte voraus, daß die Erklärung auf eine Rechtsfolge abzielte.
Nach meiner Auffassung ist dies jedoch zu verneinen. Der Schadensersatzanspruch
besteht schon vor dem Verlangen des Gläubigers, und der Untergang des Anspruchs
auf die Leistung tritt unabhängig davon ein, ob dem Gläubiger diese Rechtsfolge, an
der nicht er, sondern der Schuldner interessiert ist, bewußt ist. Die Situation gleicht
damit der Nachfristsetzung mit Ablehnungsandrohung nach altem Recht (vgl dazu
STAUDINGER/OTTO [2001] § 326 aF Rn 73 f) und nicht der rechtsgestaltenden Ablehnung

der Erfüllung wegen Wegfall des Interesses (hierfür aber Krause Jura 2002, 299, 301; vgl Staudinger/Otto [2001] § 326 aF Rn 134; ferner RGZ 91, 30, 31; BGH NJW 1988, 2879 [LS] = NJW-RR 1988, 1100; NJW-RR 1995, 1327, 1329; so auch Kaiser 71 ff mwNw; Oetker JZ 1999, 1030 ff; Soergel/Wiedemann § 326 aF Rn 69). Es handelt sich lediglich um eine **rechtsgeschäftsähnliche Handlung** (MünchKomm/Ernst Rn 92 f; Palandt/Heinrichs Rn 50).

D 4 Die Erklärung ist an keine Form gebunden; es genügt, daß aus ihr das Schadensersatzverlangen zweifelsfrei erkennbar wird. Allgemeine Ankündigungen genügen noch nicht (zB weitere Rechte bis hin zum Schadensersatz geltend machen zu wollen, vgl BT-Drucks 14/6040, 141). **Es muß deutlich werden, daß gerade Schadensersatz statt der Leistung und nicht etwa neben der Leistung verlangt wird.** Der Gläubiger kann die Erklärung auch noch abgeben, wenn er bereits auf Erfüllung geklagt hat (RGZ 15, 65, 68 zu Art 355 HGB aF) oder wenn der Schuldner die Erfüllung anbietet, es sei denn, der Gläubiger handelt treuwidrig (Würdinger/Röhricht, in: Großkomm HGB Vorbem 426 zu § 373; oben Rn B 130).

Da mit dem Zugang der Erklärung der Anspruch auf Erfüllung entfällt, ist sie **nicht einseitig zurücknehmbar** (so zu § 326 aF RG JW 1903 Beil 23; Larenz I § 23 II b [356 Fn 45]). Will der Schuldner den Gläubiger hingegen am Vertrag festhalten, und bezweifelt er die Berechtigung des Schadensersatzverlangens, wird man dem Gläubiger ebenfalls das Festhalten am Vertrag nicht verwehren dürfen. Eine solche gemeinsame „Rückkehr" zum Leistungsprogramm sollte idR nicht als Neubegründung des Vertrages verstanden werden. Inwieweit einzelne Formvorschriften nach ihrem Sinn und Zweck gleichwohl Beachtung verlangen, ist hier nicht zu untersuchen (vgl aber für die insoweit parallele Situation beim Rücktritt Staudinger/Otto [2004] § 323 Rn D 16 sowie Staudinger/Kaiser [2004] § 346 Rn 245 f mwNw für die strengere Auffassung insbes der Rspr).

D 5 Verlangt der Gläubiger anstelle des Schadensersatzes statt der Leistung **Aufwendungsersatz nach § 284**, so schließt dieses ebenfalls den Anspruch auf die Leistung aus (vgl § 284 Rn 45; MünchKomm/Ernst § 284 Rn 13). Gleiches gilt nicht für das Verlangen nach Aufwendungsersatz nach den §§ 634 Nr 2, 637 Abs 1 (vgl Staudinger/Peters [2003] § 634 Rn 62; **aA** Derleder NJW 2003, 998, 1003). Erklärt der Gläubiger gem § 323 den Rücktritt, so ist der Erfüllungsanspruch nach Rücktrittsrecht ebenfalls ausgeschlossen. Schadensersatz kann gleichwohl noch verlangt werden (§ 325). Dies gilt sowohl für den großen als auch den kleinen Schadensersatz. Der Gläubiger kann also trotz des zuvor erklärten Rücktritts die bewirkte Leistung beim Schuldner belassen und Ersatz des großen Differenzschadens verlangen. Mit dem Verlangen erlischt der durch den Rücktritt entstandene Rückgewähranspruch (vgl Derleder NJW 2003, 998, 1001 ff).

D 6 Zur Ausübung des Rechts, Schadensersatz zu verlangen, kann im Fall der **Abtretung** auf die Ausführungen zur Fristsetzung Rn B 39 sowie zum Rücktrittsrecht (Staudinger/Otto [2004] § 323 Rn D 8 f) verwiesen werden. Beim **echten Vertrag zugunsten Dritter** steht das Recht entsprechend den obigen Überlegungen (s Rn B 40, 160; zum Rücktrittsrecht Staudinger/Otto [2004] § 323 Rn D 10) dem Dritten zu (anders RGZ 101, 275, 176 f für das Rücktrittsrecht, wo der Rücktritt durch den Versprechensempfänger bei einem unwiderruflichen Recht des Dritten immerhin an dessen Zustimmung gebunden wird). Die Richtigkeit dieser Lösung ergibt sich schon daraus, daß es dem Dritten möglich sein muß, den

Schadensersatz statt der Leistung nach der Differenzmethode zu berechnen und damit zumindest vor der Leistungserbringung durch den Versprechensempfänger eine rücktrittsähnliche Situation herzustellen.

II.   Rechtsfolgen

1.   Untergang des Leistungsanspruchs

a)   Schadensersatzverlangen nach fruchtlosem Fristablauf
Im Fall der Nachfristsetzung ist der Erfüllungsanspruch des Gläubigers gem § 281 **D 7** Abs 4 demnach **noch nicht mit fruchtlosem Ablauf der Nachfrist** „ausgeschlossen", sondern erst mit dem Verlangen nach Schadensersatz statt der Leistung. Der Erfüllungsanspruch geht somit erst mit der Geltendmachung der Sanktion unter – im Unterschied zu § 326 aF, wonach bereits mit Fristablauf der Erfüllungsanspruch unterging (§ 326 Abs 1 S 2 HS 2 aF). Ebenso sehen die Art 47, 49 CISG keinen automatischen Untergang des Erfüllungsanspruchs mit dem erfolglosen Ablauf einer Nachfrist vor. Erst mit dem Untergang des Leistungsanspruchs verliert der Gläubiger auch den Anspruch auf *Fälligkeitszinsen*. Allerdings können nicht gezahlte Zinsen einen ersatzfähigen Nichterfüllungsschaden darstellen (BGH NJW 1997, 1231 f; NJW 2000, 71, 72).

Für den Erfüllungsanspruch ist der Fristablauf also zunächst einmal bedeutungslos. Es **D 8** bleibt den Parteien unbenommen, erneut über die „Erfüllung des Vertrages" zu verhandeln; der Gläubiger kann nach wie vor Erfüllung verlangen; eine Zustimmung des Schuldners ist nicht erforderlich. Allerdings kann bei erheblichem Zeitablauf das Erfüllungsverlangen gegen Treu und Glauben verstoßen. Hingegen besteht nach fruchtlosem Fristablauf grundsätzlich keine Verpflichtung des Gläubigers mehr, die Leistung anzunehmen (vgl aber Rn D 9). Dies hat der BGH für das alte Recht jüngst zutreffend für die Mängelbeseitigung entschieden (Betrieb 2003, 1789). Der Schuldner habe zweifach gegen seine Vertragspflichten verstoßen, indem er zunächst mangelhaft erfüllt und sodann nicht innerhalb der Nachfrist nachgebessert habe. Trotz dieser Schwebelage aus der Sicht des Schuldners hat der Gesetzgeber ausdrücklich kein Recht des Schuldners vorgesehen, den Gläubiger zur Entscheidung zu zwingen. Der Schuldner sei der vertragsbrüchige Teil, so daß ein solches Recht nicht gerechtfertigt sei. Schließlich bleibe ihm die Möglichkeit der Erfüllung, um die Ungewißheit zu beenden (vgl BT-Drucks 14/6040, 140; FINN ZGS 2004, 32, 37). Gleichwohl wird man dem Schuldner nach Fristablauf das Recht zubilligen müssen, vom Gläubiger die Erklärung zu verlangen, ob er noch Erfüllung wünsche. Weitere Vorbereitungsmaßnahmen für die Erfüllung (zB Nachbeschaffung von schadhaften Fliesen) sind für den Schuldner nicht zumutbar, wenn der Gläubiger am Ende die Leistung ablehnt. § 350 ist insoweit entsprechend anwendbar (vgl KRAUSE Jura 2002, 299, 301; für eine analoge Anwendung von § 264 Abs 2 SCHWAB JR 2003, 133, 136; **aA** LORENZ/RIEHM, Schuldrecht Rn 235; ebenso – trotz kritischer Bewertung des Ergebnisses – MünchKomm/ERNST Rn 69, der eine Fristsetzung entspr § 264 Abs 2 ebenfalls ablehnt; ebenfalls krit MAROTZKE KTS 63 [2002] 1, 35, 41).

Andererseits kann die Berufung auf den Fristablauf mit **Treu und Glauben** unverein- **D 9** bar sein, so daß Schadensersatz statt der Leistung zu Unrecht verlangt wird. Zu erinnern ist zunächst an die Fälle, in denen die Schuldnerverfehlungen hinsichtlich des Leistungsumfangs oder der Zeitüberschreitung so geringfügig sind, daß sie nicht ins Gewicht fallen dürfen (Rn B 81 ff). Hier ist zusätzlich hervorzuheben, daß auch einseitige Handlungen des Gläubigers nach Fristablauf, denen der andere Teil den Willen, am Vertrag festzuhalten, entnehmen darf, seinem Verlangen nach Schadensersatz statt der Leistung entgegenstehen können.

D 10 Steht dem Gläubiger danach doch noch der Erfüllungsanspruch zu, so schließt das selbstverständlich den Anspruch auf Schadensersatz statt der Leistung aus, nicht aber den Anspruch auf Ersatz des Verzögerungsschadens (vgl RG JW 1910, 751).

b) Schadensersatzverlangen bei Entbehrlichkeit der Fristsetzung

D 11 Bei Entbehrlichkeit der Fristsetzung – **Interessewegfall, Verzicht, ernsthafte und endgültige Erfüllungsverweigerung** – ergibt sich hinsichtlich des Erfüllungsanspruchs keine Besonderheit. Dieser erlischt erst – abgesehen vom Fixhandelskauf (vgl § 376 Abs 1 S 2 HGB) –, wenn der Gläubiger Schadensersatz statt der Leistung verlangt (vgl die Nachweise Rn B 112, 132). Daher erlischt der Anspruch auf Erfüllung auch nicht etwa mit dem Zeitpunkt der Gefährdung des Vertragszwecks. Ebenso wie in den Fällen der Leistungsverzögerung, bei denen eine Nachfristsetzung entbehrlich ist, bedarf es erst einer Entscheidung des Gläubigers zur Liquidation des Vertrages, die entweder in seinem ausdrücklichen Begehren von Schadensersatz statt der Leistung bzw in seiner Rücktritts-(Kündigungs-)erklärung zu sehen ist (vgl Rn B 112, 132; BGH MDR 1964, 319; LESER, in: FS Rheinstein [1969] II 656 f). Bei einem Sukzessivlieferungsvertrag muß deutlich zum Ausdruck gebracht werden, ob sich das Schadensersatzverlangen zugleich auf alle zukünftigen Lieferungen beziehen soll (s Rn B 173).

2. Untergang des Anspruchs auf die Gegenleistung

D 12 Der *Gesetzeswortlaut* beantwortet *nicht* die Frage, was aus dem Anspruch des Schuldners auf die noch nicht erbrachte Gegenleistung wird. Die richtige Antwort ist deswegen nicht unproblematisch, weil der Gläubiger bei dem Begehren von Schadensersatz statt der Leistung nach der Surrogationsmethode stets und nach der eingeschränkten Differenzmethode ausnahmsweise nach seiner Wahl zur Gegenleistung verpflichtet ist. Deswegen kann man auch nach dem geltenden Recht auf den Gedanken kommen, von einem Ruhen der Ansprüche bis zur Wahl zwischen den Methoden auszugehen (so NIEDERLÄNDER zum alten Recht, bei dem mit dem Ablauf der Nachfrist der Erfüllungsanspruch unterging, der Gläubiger aber die Wahl zwischen Rücktritt und Schadensersatz und der Abwicklungsmethode des Schadensersatzes noch treffen konnte, in: FS Wahl [1973] 243, 251 f). Eine Verpflichtung des Gläubigers dazu, bereits mit dem Verlangen nach Schadensersatz anzugeben, ob dieser nach der Surrogations- oder Differenzmethode berechnet werden soll, ist mE nicht anzuerkennen. Die Lösung NIEDERLÄNDERS führt allerdings zu der praktisch bedeutsamen Konsequenz, daß der Schuldner nicht mehr ohne weiteres auf Erfüllung klagen kann. Gleiches gilt für die nunmehr von KAISER 86 f verfochtene Vorstellung eines Leistungsverweigerungsrechts entspr §§ 320, 321. Dennoch verdient die These der hM, daß der Anspruch auf die Gegenleistung **im Hinblick auf das konditionelle Synallagma gleichzeitig mit dem Leistungsanspruch untergeht**, den Vorzug (RGZ 107, 345, 347 f; RG Recht 1924 Nr 348; HRR 1931 Nr 204; BGHZ 20, 338, 343 f; BGH WM 1988, 1171, 1172; LM § 284 BGB Nr 44 a = NJW-RR 1997, 622, 623; NJW 1999, 3115, 3116 = LM § 326 [Eb] BGB Nr 12 m zust Anm BATTES; NJW 2000, 278, 279; EMMERICH, Leistungsstörungen 294; JAUERNIG/VOLLKOMMER Rn 14; PALANDT/HEINRICHS Rn 51). Sie wird in diesem Kommentar auch für § 282 (dort Rn 67) vertreten und folgt für den Ausschluß der Leistungspflicht idR aus § 326 Abs 1 S 1. Der wesentliche Vorteil dieser Konstruktion besteht darin, daß sie vom Normalfall ausgeht, in dem der Gläubiger seine Gegenleistung eben gerade nicht mehr erbringt. Ebenso geht mit dem Verlangen nach Aufwendungsersatz gem § 284 nicht nur der Erfüllungsanspruch, sondern auch der Anspruch auf die Gegenleistung unter (vgl Rn D 5; KRAUSE Jura 2002, 299, 304). NIEDERLÄNDER und KAISER ist freilich zuzugeben, daß die Bewirkung der Gegenleistung durch den Gläubiger in den Ausnahmefällen (§ 326 Abs 3 S 1; dazu STAUDINGER/OTTO [2004] § 326 Rn D 6 f, Schadensersatz statt der Leistung nicht nur in Höhe der Differenz) einer Rechtsgrundlage bedarf. Nach der hier vertretenen Auffassung lebt der Anspruch auf die Gegenleistung mit der gestaltenden Erklärung des Gläubigers wieder ganz oder teilweise auf (s MünchKomm/ERNST Rn 71: Schwebelage).

Im übrigen werden jedoch Vertragsbestimmungen nicht ohne weiteres außer Kraft **D 13** gesetzt. Eine Vertragsverletzung des Gläubigers ist zB im Bereich der Schutzpflichten nach wie vor möglich (BGH NJW 1962, 2198: wahre Mitteilung an Dritte mit unverhältnismäßiger Schadensfolge nach beiderseitiger Erfüllungsverweigerung). Erst recht bleibt ein bereits vor dem Schadensersatzverlangen des Gläubigers entstandener, gegen ihn gerichteter Schadensersatzanspruch aus einer Vertragsverletzung, der auf das Erhaltungsinteresse gerichtet ist, unberührt (vgl BGH NJW 1971, 1747 mwNw: Verstoß gegen Wettbewerbsabrede).

III. Abdingbarkeit

Fraglich ist, inwieweit die Parteien den Untergang des Erfüllungsanspruchs nach § 281 **D 14** Abs 4 ausschließen und die Wahlfreiheit des Gläubigers damit verlängern können (vgl CANARIS, in: FS Ulmer [2003] 1073, 1095 f). Für eine solche Verlängerung spricht, daß § 283 Abs 4 S 1 BGB-KE diese Regelung ausdrücklich vorsah. Jedoch wird man dem Schuldner das Recht zubilligen müssen, die Ungewißheit zu beenden (Rn D 8).

E. Rückforderung des vom Schuldner Geleisteten (§ 281 Abs 5)

Ist der Gläubiger an der Rückgewähr einer von ihm erbrachten Leistung interessiert, **E 1** so kann er von seinem Rücktrittsrecht nach § 323 neben dem Schadensersatzverlangen Gebrauch machen. Hingegen dürfte dem pflichtwidrig handelnden Schuldner in aller Regel der Rücktritt verwehrt sein, so daß hinsichtlich etwa von ihm erbrachter Leistungen bei einer Liquidation des Vertrages Regelungsbedarf besteht.

I. Leistung des Schuldners

Die Regelung ist lediglich einschlägig, wenn der Schuldner entweder einen Teil der **E 2** geschuldeten Leistung (§ 281 Abs 1 S 1 1. Alt; dazu Rn B 161 ff) oder eine mangelhafte Leistung (§ 281 Abs 1 S 1 2. Alt; dazu Rn C 1 ff) erbracht hat. Es muß also bereits eine Vermögensmehrung beim Gläubiger eingetreten sein.

II. Schadensersatzverlangen des Gläubigers

Weiter wird vorausgesetzt, daß der Gläubiger wirksam Schadensersatz statt der **E 3** Leistung bzw Aufwendungsersatz gem § 284 verlangt hat (dazu oben D Rn 2 ff). Eine

Rücktrittserklärung des Schuldners ist nicht erforderlich. Vielmehr entzieht der Gläubiger mit seinem Begehren der erfolgten Vermögensverschiebung den mit ihr durch den Schuldner verfolgten Leistungszweck, aber nicht den rechtlichen Grund iS des Bereicherungsrechts. Erklärt der Gläubiger zusätzlich zu seinem Verlangen nach Schadensersatz den Rücktritt (§ 349), so sind die §§ 346 bis 348 unmittelbar anwendbar.

III. Rückforderungsanspruch nach den §§ 346 bis 348

E 4 Für den Rückforderungsanspruch des Schuldners gelten über § 281 Abs 5 die für die Rückgewähr, die Herausgabe und den Schadensersatz beim Rücktritt geltenden Regeln (dazu STAUDINGER/OTTO [2004] § 323 Rn D 12 ff; sowie vor allem STAUDINGER/KAISER [2004] §§ 346 ff). Dabei privilegiert § 346 Abs 3 S 1 den zum Schadensersatzverlangen berechtigten Gläubiger durch die Einschränkungen des gegen ihn gerichteten Wertersatzanspruchs (dazu KAISER JZ 2001, 1057, 1059 ff, PERKAMS Jura 2003, 150, 151; zur Haftung des Rücktrittsberechtigten bei Untergang der empfangenen Leistung KAMANABROU NJW 2003, 30 ff).

F. Beweislast

F 1 Wer die Rechte aus § 281 geltend machen will, muß zunächst folgende gemeinsame Grundvoraussetzungen beweisen: Das Entstehen des Anspruchs und die Fälligkeit der Leistung. Der Schuldner ist hingegen dafür beweispflichtig, daß er die Leistung erbracht hat (PALANDT/HEINRICHS Rn 52) oder daß der Anspruch auf andere Weise untergegangen ist. Hat der Gläubiger die Leistung jedoch als Erfüllung angenommen, trifft den Gläubiger die Beweislast dafür, daß sie nicht vertragsgemäß war (§ 363). Für den Verbrauchsgüterkauf ordnet § 476 allerdings grundsätzlich eine Beweislastumkehr an, wenn sich ein Sachmangel innerhalb von sechs Monaten nach der Übergabe zeigt. Bezieht sich der Vorwurf nicht auf die Hauptleistungspflicht, sondern auf leistungsbezogene Nebenpflichten wie etwa bei einer Gefährdung des Vertragszwecks, ist der Gläubiger beweispflichtig. Ferner muß der Gläubiger beweisen, daß er dem Schuldner eine dem Gesetz entsprechende Frist gesetzt hat, oder daß die Fristsetzung entbehrlich war. Bestehen Zweifel an der Angemessenheit der Nachfrist, so muß der Gläubiger auch die Tatsachen beweisen, die für die Beurteilung von Belang sind. Die Frage der Angemessenheit liegt im wesentlichen auf tatsächlichem Gebiet (RG Recht 1919 Nr 1606), ist indessen einer Nachprüfung durch die Revisionsinstanz nicht ganz entzogen (RG JW 1905, 17). Behauptet der Schuldner, daß er innerhalb der Nachfrist erfüllt habe, muß er dies beweisen, weil ihn hierfür stets die Beweislast trifft (BGH LM § 286 [B] ZPO Nr 39; OLG Köln LZ 1921, 236; BGH NJW 1969, 875 für § 39 VVG). Schließlich ist er auch für etwaige Einreden beweispflichtig.

F 2 Vor allem ist der **Schuldner** gem § 280 Abs 1 S 2 jedoch dafür beweispflichtig, **daß er die Pflichtverletzung nicht zu verantworten hat** (vgl näher § 280 Rn F 2 ff). Dies gilt ganz bewußt ebenfalls, wenn die Fallgestaltung früher nicht dem Verzug (§ 285 aF), sondern der positiven Vertragsverletzung zugeordnet worden wäre. Schließlich muß der Gläubiger, falls es notwendig wird, beweisen, daß er selbst ordnungsgemäß erfüllt oder angeboten hat bzw daß er erfüllungsbereit ist (RGZ 76, 409, 413; RG HRR 1932

Nr 436; BGH WarnR 1964 Nr 87). Hat sich der Gläubiger vom Vertrag losgesagt, so muß er – um den „Tu–quoque-Einwand" zu entkräften – die Berechtigung seiner Abstandnahme beweisen (vgl BGH NJW 1999, 352 f zum vertraglichen Rücktritt). Sagt sich allerdings ein Schuldner unberechtigt vom Vertrag los, muß er beweisen, daß der Gläubiger bis zum Zeitpunkt der Vertragsdurchführung nicht mehr hätte leistungsfähig werden können (BGH WM 1974, 327). Ebenso trifft den Käufer die Beweislast für die von ihm behaupteten Mängel der angebotenen Ware, wenn er vorleistungspflichtig ist (BGH NJW 1965, 1270). Die Beweislast für Ersparnisse des Gläubigers trifft grundsätzlich den Schuldner (BGH ZIP 2001, 2053, 2054 f). Zu alledem MünchKomm/ERNST Rn 181; zur bisherigen Rechtslage BAUMGÄRTEL/STRIEDER, Handbuch der Beweislast im Privatrecht[2] (1991) § 326 Rn 1 ff.

G. Verjährung

Anspruchsgrundlage für den Schadensersatzanspruch statt der Leistung ist § 280 **G 1** Abs 1 u 3 iVm § 281 (vgl zur Verjährung § 280 Rn G 1 ff). Der Schadensersatzanspruch verjährt grundsätzlich gem § 195 **in drei Jahren**. Die Frist beginnt mit dem Schluß des Jahres, in dem erstens der Anspruch entstanden ist und zweitens der Gläubiger von den den Anspruch begründenden Umständen und der Person des Schuldners Kenntnis erlangt hat oder ohne grobe Fahrlässigkeit erlangt haben müßte (§ 199 Abs 1). Zu diesem Grundsatz gibt es in zweierlei Hinsicht Sonderregelungen: § 199 Abs 2 u 3 enthalten *Höchstfristen* der Verjährung.

Außerdem bestehen Sonderverjährungsfristen für bestimmte Arten von Rechts- **G 2** geschäften. Für **Kaufverträge** ist § 438 einschlägig, der auch den Schadensersatzanspruch nach den §§ 280, 281 wegen einer mangelhaften Leistung betrifft. Hiernach gilt für die meisten Kaufverträge eine Verjährungsfrist von zwei Jahren ab der Ablieferung der Sache (§ 438 Abs 1 Nr 3, Abs 2), bei Bauwerken und für sie verwendeten Sachen mit der Übergabe des Grundstücks (§ 438 Abs 1 Nr 2, Abs 2). Wird Nacherfüllung verlangt, so ist für die Dauer des Nacherfüllungsversuchs die Verjährung gem § 203 gehemmt. Reagiert der Verkäufer auf das Nacherfüllungsverlangen nicht, so liegen keine *Verhandlungen* iS von § 203 vor. Um die Nacherfüllung am Ende der Verjährungsfrist aber nicht leerlaufen zu lassen, sollte § 203 analog angewendet werden (vgl AUKTOR NJW 2003, 120, 122; CZEGUHN verwehrt statt dessen dem Schuldner die Erhebung der Einrede der Verjährung wegen Rechtsmißbrauchs nach § 242, MDR 2002, 1041, 1042). Die Hemmung gilt nach § 213 auch für den Schadensersatzanspruch statt der Leistung, der auf das gleiche Interesse gerichtet ist. Für den Rückgriff gegen Lieferanten ist § 479 zu beachten. Hat der Schuldner den Anspruch bereits anerkannt, so beginnt die Verjährung erneut (§ 212 Abs 1 Nr 1). Die Verjährung von Schadensersatzansprüchen aus **Werkverträgen** richtet sich ganz ähnlich nach § 634a, wobei idR die Abnahme die Verjährung beginnen läßt.

§ 282
Schadensersatz statt der Leistung wegen Verletzung einer Pflicht nach § 241 Abs. 2

Verletzt der Schuldner eine Pflicht nach § 241 Abs. 2, kann der Gläubiger unter den Voraussetzungen des § 280 Abs. 1 Schadensersatz statt der Leistung verlangen, wenn ihm die Leistung durch den Schuldner nicht mehr zuzumuten ist.

Materialien: KF § 282 (abgdr in: CANARIS, Schuldrechtsmodernisierung 2002, 359); RegE § 282, BT-Drucks 14/6040, 7 iVm 141 f; Stellungnahme d BR BT-Drucks 14/6857, Anl 2

Nr 31; Gegenäußerung d BReg BT-Drucks 14/6857, Anl 3 Zu Nr 31; Beschlussempfehlung u Bericht d Rechtsausschusses BT-Drucks 14/7052, 14 iVm 212 ff.

Schrifttum

1. Vor der Schuldrechtsreform zur positiven Vertragsverletzung

BRECHT, Die einfache und die wiederholte positive Vertragsverletzung, JherJb 54, 83

FREITAG, Schlechterfüllung und Schlechterbringung. Zur Systematik der „positiven Vertragsverletzung" (1932)

HUBER, Zur Haftung des Verkäufers wegen positiver Vertragsverletzung, AcP 177 (1977) 281

KÖPCKE, Typen positiver Vertragsverletzung (1965)

MOTZER, Schutzpflichtverletzung und Leistungsunmöglichkeit, JZ 1983, 884

PONNATH, Leistungsstörungen, verursacht durch nicht unmittelbar vertragsbezogenes Verhalten einer Vertragspartei (Diss Würzburg 1980)

SCHÜNEMANN, Die positive Vertragsverletzung – eine kritische Bestandsaufnahme, JuS 1987, 1

STAUB, Die positiven Vertragsverletzungen (2. Aufl 1913)

HEINRICH STOLL, Abschied von der Lehre von der positiven Vertragsverletzung, AcP 136 (1932) 257

STÜRNER, Der Anspruch auf Erfüllung von Treue- und Sorgfaltspflichten, JZ 1976, 384

WEILBAUER, Die ergänzenden Leistungspflichten nach Treu und Glauben (1922)

WESTHELLE, Nichterfüllung und positive Vertragsverletzung (1978).

2. Zur und nach der Schuldrechtsreform

BORNHAGEN, Die Zumutbarkeit als Rechtsgedanke im Arbeitsrecht (2002)

KINDL, Das Recht der Leistungsstörungen nach dem Schuldrechtsmodernisierungsgesetz, WM 2002, 1313

KOTHE/MICKLITZ/ROTT/TONNER/WILLINGMANN, Das neue Schuldrecht – Kompaktkommentar (2003)

KUHLMANN, Leistungspflichten und Schutzpflichten – Ein kritischer Vergleich des Leistungsstörungsrechts des BGB mit den Vorschlägen der Schuldrechtskommission (2001)

MATTHEUS, Schuldrechtsmodernisierung 2001/2002 – Neuordnung des allgemeinen Leistungsstörungsrechts, JuS 2002, 209

MEDICUS, Der Regierungsentwurf zum Recht der Leistungsstörungen, Berliner Anwaltsblatt 12/2001, 637

MÜNCH, Die „nicht wie geschuldet" erbrachte Leistung und sonstige Pflichtverletzungen, Jura 2002, 361

SCHWAB, Leistungsstörungen im Sukzessivlieferungsvertrag nach neuem Schuldrecht, ZGS 2003, 73

HANS STOLL, Überlegungen zu Grundfragen des Rechts der Leistungsstörungen aus der Sicht des Schuldrechtsmodernisierungsgesetzes, in: FS Werner Lorenz (2001)

TEICHMANN, Strukturveränderungen im Recht der Leistungsstörungen nach dem Regierungsentwurf eines Schuldrechtsmodernisierungsgesetzes, BB 2001, 1485.

Vgl ferner das Allgemeine Schrifttum sowie die Schrifttumshinweise zu STAUDINGER/LÖWISCH Vorbem zu §§ 275–278 sowie zu Vorbem zu §§ 280–285, ferner zu §§ 280, 281, 283 u 284.

Systematische Übersicht

Alphabetische Übersicht

I. Allgemeines

§ 282 regelt den Anspruch auf **Schadensersatz statt der Leistung bei Verletzung von** **1** **nichtleistungsbezogenen Schutz- und Rücksichtnahmepflichten**, wie durch die – vom Rechtsausschuß auf Anregung der Kommission „Leistungsstörungsrecht" vorgenommene – ausdrückliche Bezugnahme auf § 241 Abs 2 unmißverständlich klargestellt wird. Die Vorschrift hat im bisher geltenden Recht kein Vorbild, sie ist eine Neuschöpfung des Schuldrechtsmodernisierungsgesetzes. Die *„Parallelnorm" für das Rücktrittsrecht* bildet der § 324. § 282 aF, der dem Schuldner die Beweislast dafür auferlegte, daß er die Unmöglichkeit der Leistung nicht zu vertreten hat, ist in § 280 Abs 1 S 2 aufgegangen.

1. Entstehungsgeschichte

Bereits **im alten Recht** war in Rspr und Schrifttum anerkannt, daß das Institut der **2** positiven Vertragsverletzung (pVV) ebenso wie Unmöglichkeit und Verzug im Einzelfall einen *Schadensersatzanspruch wegen Nichterfüllung* oder ein *Rücktrittsrecht* rechtfertigt, wenn die Pflichtverletzung den Vertragszweck derart gefährdet, daß dem anderen Teil ein Festhalten am Vertrag nach Treu und Glauben nicht zugemutet werden kann (RG 140, 385; BGH NJW 1969, 975; NJW 1978, 260; NJW-RR 1996, 949; vgl Staudinger/Otto [2001] § 326 aF Rn 13 u 198 ff; Palandt/Heinrichs[61] § 276 Rn 124 ff). Es ging dabei vor allem um das wirtschaftliche Interesse an der Durchführung des Vertrages und Fälle, die man mit den Stichworten „Verstoß gegen die Vertragstreue" oder „Gefährdung der Vertrauensgrundlage durch schwere Unzuverlässigkeit" kennzeichnen könnte (vgl BGH NJW 1969, 975; NJW 1978, 260; NJW-RR 1996, 949; ausführlich dazu Dauner-Lieb, in: Ernst/Zimmermann, Zivilrechtswissenschaft und Schuldrechtsreform 314). Schutzpflichtverletzungen im traditionellen Verständnis, dh die Beeinträchtigung von **Rechten** und **Rechtsgütern** des anderen Teils, auf die § 241 Abs 2 in erster Linie zugeschnitten ist, spielten bislang jedenfalls bei der Gesamtliquidation eines Vertrages eher eine untergeordnete Rolle. Allerdings wurde ein Schadensersatzanspruch wegen Nichterfüllung oder ein Rücktrittsrecht grundsätzlich auch in den Fällen anerkannt, in denen man zunächst nicht an eine Schutzpflichtverletzung denkt, zB bei schwerer Beleidigung des Vertragspartners (vgl RGZ 140, 379 ff). Mit der in § 241 Abs 2 geforderten Rücksichtnahme auf die **„Interessen"** des anderen Teils sollen jedoch gerade nicht nur immaterielle Interessen, wie zB die Entscheidungsfreiheit, sondern auch Vermögensinteressen geschützt werden (Begr zu § 241 BT-Drucks 14/6040, 126).

Mit den §§ 282, 324 soll dieser **Anwendungsbereich der positiven Vertragsverletzung** **3** nun ausdrücklich gesetzlich geregelt werden (Begr zu § 282 BT-Drucks 14/6040, 142). Allerdings wurde ein auf pVV gestützter Anspruch auf Schadensersatz wegen Nichterfüllung bzw ein Rücktrittsrecht in erster Linie für den Fall der *ernsthaften und endgültigen Erfüllungsverweigerung vor Fälligkeit* anerkannt (Staudinger/Otto [2001] § 326 aF Rn 209 ff). Für diese Fallgruppe ist das Rücktrittsrecht nun ausdrücklich in § 323 Abs 4 geregelt (dazu Rn 46 ff u § 281 Rn B 103 ff).

4 § **282 DE** regelte zwar die zusätzlichen Voraussetzungen für den Schadensersatz statt der Leistung vollständig, erwähnte aber noch nicht die Verletzung von nicht leistungsbezogenen Pflichten. Der Schadensersatzanspruch im Falle der Verletzung nicht leistungsbezogener Nebenpflichten sollte sich vielmehr aus §§ 280 Abs 1 u 2 S 1 iVm § 282 Abs 2 DE ergeben. Gem § 282 Abs 1 DE mußte der Gläubiger dem Schuldner zuvor idR eine angemessene Frist zur Nacherfüllung setzen. Aber dort wurde bereits vom Erfordernis der Nachfristsetzung abgesehen, wenn deren Erfolglosigkeit offensichtlich ist oder „wenn besondere Umstände vorliegen, die unter Abwägung der beiderseitigen Interessen die sofortige Geltendmachung des Schadensersatzanspruchs rechtfertigen". Eine solche Konstellation kann sich gerade bei der Verletzung nicht leistungsbezogener Nebenpflichten ergeben, weil dort die Fristsetzung keinen Sinn macht. Man wollte jedoch nicht einfach entspr dem bisherigen § 286 Abs 2 auf den Wegfall des Gläubigerinteresses abstellen, da dieses Interesse vielfach nicht völlig weggefallen, sondern nur gemindert ist (so die Begr abgedr in: Canaris, Schuldrechtsmodernisierung 2002, 165). Das Bedürfnis des Gläubigers nach sofortigem Schadensersatz sollte dann gegenüber dem Interesse des Schuldners, sich durch nachträgliche Leistungserbringung noch vor der Schadensersatzpflicht zu schützen, abgewogen werden.

5 Erst die **Konsolidierte Fassung** enthielt mit § **282 KF** unter der Überschrift „*Schadensersatz statt der Leistung wegen Verletzung einer sonstigen Pflicht*" eine spezielle Rechtsgrundlage:

„*Verletzt der Schuldner eine sonstige Pflicht, kann der Gläubiger unter den Voraussetzungen des § 280 Abs 1 Schadensersatz statt der Leistung verlangen, wenn die Pflichtverletzung wesentlich ist und dem Gläubiger die Leistung durch den Schuldner nicht mehr zuzumuten ist.*"

Damit sollte auch die Verletzung *sonstiger Pflichten* einen Anspruch des Gläubigers auf Schadensersatz statt der Leistung zur Folge haben. Dieser sollte aber nach Meinung der Kommission „Leistungsstörungsrecht" an eine höhere Schwelle gebunden sein, nämlich an „die Schwelle der *Wesentlichkeit der Pflichtverletzung* und der *Zumutbarkeit der Leistung* durch den Schuldner" (Canaris, Schuldrechtsmodernisierung 2002, 359 Fn 3). Gemeint war die Zumutbarkeit für den Gläubiger.

6 In § **282 RE** wurde zur Konkretisierung der sonstigen Pflichten lediglich hinzugefügt, daß es sich um eine Verletzung einer sonstigen Pflicht **aus dem Schuldverhältnis** handeln müsse. Das Erfordernis des Merkmals der Wesentlichkeit der Pflichtverletzung wurde damit begründet, daß bei den Leistungspflichten die Schwelle zur Wesentlichkeit durch das Erfordernis der erfolglosen Fristsetzung erreicht werde. Auch die Verletzung einer Nebenleistungspflicht erreiche dann den Rang einer wesentlichen, die Beendigung des Vertrages rechtfertigenden Pflichtverletzung, wenn der Schuldner trotz Einräumung einer weiteren Gelegenheit zur Erfüllung nicht leiste. Da § 282 RE wegen der Eigenart der verletzten Pflichten eine Fristsetzung nicht vorsehe, müsse das Erfordernis der Wesentlichkeit gesondert aufgeführt werden, um das unerwünschte Ergebnis zu vermeiden, daß jede Verletzung von Nebenpflichten ohne weiteres den Vertrag zu beenden geeignet sei (BT-Drucks 14/6040, 142). Darüber hinaus wurde das zusätzliche Kriterium der Unzumutbarkeit der Leistung für den Gläubiger angesichts des Schuldnerverhaltens in Anlehnung an die bislang st Rspr zu den Auswirkungen der pVV beibehalten. In diesem Zusammenhang könne zu berücksichtigen sein, ob der Gläubiger dem Schuldner eine Abmahnung geschickt habe.

Der **Bundesrat** hielt allerdings § 282 RE in seiner Stellungnahme zum RegE für **7** überflüssig. Die Unterscheidung der Pflichtverletzung in § 281 RE und § 282 RE gestalte sich wegen der schwierigen Abgrenzung von leistungsbezogenen und nicht leistungsbezogenen Pflichtverletzungen problematisch, so daß viel dafür spräche, den Schadensersatz statt der Leistung in einer einheitlichen Vorschrift für beide Bereiche zu regeln (BT-Drucks 14/6857, Anl 2 Nr 31). Aus diesem Grund schlug die **BReg** eine Streichung des § 282 RE vor; „nicht wie geschuldet" in § 281 Abs 1 S 1 RE beziehe sich dann auch auf sämtliche Nebenpflichtverletzungen (Gegenäußerung der BReg BT-Drucks 14/6857, Anl 3 Zu Nr 31).

Der **Rechtsausschuß** entschied sich aber dafür, § 282 RE in inhaltlich leicht verän- **8** derter Form beizubehalten (BT-Drucks 14/7052, 212 ff; vgl zur Notwendigkeit einer eigenständigen Regelung Rn 12). Die Abgrenzung leistungsbezogener und nicht leistungsbezogener Pflichtverletzungen sei entgegen der Ansicht des Bundesrates durchaus möglich (vgl dazu Rn 24 ff). Zudem sei eine eigenständige Regelung auch erforderlich, um klarzustellen, daß in diesen Fällen eine Fristsetzung bzw Abmahnung nicht immer ausreiche, um den Schadensersatz statt der Leistung zu rechtfertigen (vgl dazu Rn 6). Für den Zweck des § 282 RE sei die *Zumutbarkeit* anstelle der Fristsetzung oder Abmahnung das geeignetste Kriterium. Dies erläuterte der Rechtsausschuß an folgendem Beispiel: Ein Maler erbringt seine Malerarbeiten einwandfrei, raucht aber weiterhin als Gewohnheitsraucher trotz Abmahnung des Gläubigers in dessen Räumen. Es wäre in diesem Fall unverhältnismäßig, wenn der Besteller beim ersten Verstoß gegen die Abmahnung einen anderen Maler beauftragen und von dem Maler Ersatz der Mehrkosten verlangen könnte. Dazu würde aber eine Anwendung des § 281 in diesen Fällen führen. Auf das zusätzliche Merkmal der *Wesentlichkeit der Pflichtverletzung* wurde jedoch verzichtet. Die „Kommission Leistungsstörungsrecht" habe zu Recht darauf hingewiesen, daß dieses Kriterium bereits vollständig im Element der Zumutbarkeit aufgehe und keinen eigenständigen Gehalt aufweise. Sei die Leistung dem Gläubiger nicht mehr zuzumuten, sei die Pflichtverletzung stets wesentlich (BT-Drucks 14/7052, 213).

Außerdem hat der Rechtsausschuß die *„sonstige Pflicht"* der besseren Verständlich- **9** keit wegen durch eine **„Pflicht nach § 241 Abs 2"** ersetzt. Dadurch werde deutlicher, welche Pflichten in § 282 gemeint seien, nämlich die nicht leistungsbezogenen Pflichten. In diesem Zusammenhang stellte man die Frage, ob die Bezugnahme auf § 241 Abs 2 RE zu dem Trugschluß verleiten könnte, daß nach § 282 RE Schadensersatz statt der Leistung auch *in Fällen der vorvertraglichen Pflichtverletzung* verlangt werden könne. Dies wäre ein nicht zu vertretendes Ergebnis (BT-Drucks 14/7052, 213). Schadensersatz „statt der Leistung" könne vielmehr nur verlangt werden, wenn ein Leistungsanspruch zunächst entstanden sei. § 282 RE regele dann den die Leistung ersetzenden Schadensersatzanspruch wegen „leistungsbegleitender" Pflichtverletzung. § 241 Abs 2 RE bestimme nur, daß es Rücksichtnahmepflichten gebe, und zwar sowohl im vorvertraglichen als auch im vertraglichen Schuldverhältnis.

2. Normzweck und systematische Einordnung

a) Schadensersatz statt der Leistung

10 Grundlage für Schadensersatzansprüche des Gläubigers bei Verletzung nicht leistungsbezogener Pflichten durch den Schuldner sind die §§ 280 Abs 1 u 3, 282. Handelt es sich um **vorvertragliche nicht leistungsbezogene Pflichten** gilt ausschließlich § 280 Abs 1 (vgl hierzu § 280 Rn B 5 ff, C 28 ff, E 11, aber auch Rn 46, 47); denn § 282 setzt die Entstehung eines Leistungsanspruchs des Gläubigers voraus. Dies folgt aus der Verweisung lediglich auf § 241 Abs 2; auf § 311 Abs 2, welcher die Entstehung vorvertraglicher Pflichten thematisiert, wird hingegen nicht verwiesen.

11 Bei der Verletzung **nicht leistungsbezogener Pflichten aus dem bestehenden Schuldverhältnis** differenziert das Gesetz danach, ob der Gläubiger Schadensersatz statt der Leistung oder sonstigen Schadensersatz gem § 280 Abs 1 verlangt. Schadensersatz statt der Leistung kann der Gläubiger gem § 280 Abs 1 u 3 iVm § 282 nur dann fordern, wenn ihm die Leistung durch den Schuldner nicht mehr zuzumuten ist. Man stelle sich vor, daß der Schuldner zwar die Leistung ordnungsgemäß erbringt, dabei aber massive beleidigende Äußerungen ausstößt, oder Betriebsgeheimnisse offenbart und den Gläubiger damit in existenzbedrohende Schwierigkeiten wirtschaftlicher oder sonstiger Art bringt, ohne den primär geschuldeten konkreten Erfolg auch nur zu gefährden (vgl WESTERMANN, Das Schuldrecht 2002, 85).

b) Verhältnis zu § 281

12 Wie bereits erwähnt, wurde im Gesetzgebungsverfahren zum Schuldrechtsmodernisierungsgesetz erwogen, § 282 RE zu streichen und § **281 RE und § 282 RE zu einer Vorschrift zusammenzuführen** (vgl Rn 7). Nach wie vor wird die Ansicht vertreten, daß § 282 überflüssig und nur sehr selten anwendbar sei, die Rechtsanwendung aber nicht erschwere und daher unschädlich sei (PALANDT/HEINRICHS Rn 2). Sowohl § 281 als auch § 282 regeln die Voraussetzungen, unter denen bei Verletzungen von Pflichten aus einem Schuldverhältnis Schadensersatz statt der Leistung verlangt werden kann. § **281 betrifft dabei Leistungspflichten, § 282 nicht leistungsbezogene Pflichten.** Grund für die unterschiedliche Regelung ist erstens, daß eine auf Nachholung gerichtete Fristsetzung nur bei Leistungspflichten sinnvoll ist, da hier der Gläubiger Erfüllung verlangen kann. Hinzu kommt zweitens, daß die Gesamtliquidation bei der Verletzung nicht leistungsbezogener Pflichten einer besonderen Rechtfertigung bedarf. Deshalb ist die Zumutbarkeit der Fortsetzung des Schuldverhältnisses in der Tat das am besten geeignete und flexiblere Kriterium, welches aber nicht neben, sondern nur an Stelle des Fristsetzungsmechanismus des § 281 treten kann (vgl BT-Drucks 14/7052, 213). Eine eigenständige Regelung der Verletzung von nicht leistungsbezogenen Pflichten erscheint daher durchaus sachgerecht.

c) Verhältnis des Schadensersatzanspruchs zum Rücktritt

13 Unter denselben Voraussetzungen, die § 282 an den Anspruch auf Schadensersatz statt der Leistung bei Verletzung einer Pflicht nach § 241 Abs 2 stellt, kann der Gläubiger nach § 324 im Falle einer solchen Pflichtverletzung vom *gegenseitigen Vertrag* zurücktreten. Der Tatbestand des § 324 bietet bis auf das Absehen vom Verschuldenserfordernis keine Besonderheiten (vgl STAUDINGER/OTTO [2004] § 324). Im Gegensatz zum alten Recht kann der Gläubiger aber gem § 325 Rücktritt und Schadensersatz statt der Leistung miteinander kombinieren (vgl hierzu § 280 Rn E 63 ff u

STAUDINGER/OTTO [2004] § 325 Rn 1, 19, 21, 26 f). Er hat somit **drei Möglichkeiten**: Er kann *erstens Schadensersatz statt der Leistung* verlangen, *zweitens vom Vertrag zurücktreten* oder *drittens Schadensersatz und Rücktritt kumulieren.* Allerdings bedeutet die Kombinationsmöglichkeit nicht, daß der Gläubiger den Wert der Leistung des Schuldners liquidieren könnte, ohne die eigene Gegenleistung in Ansatz bringen zu müssen (vgl auch STAUDINGER/OTTO [2004] § 326 Rn A 10, D 1 ff). Nach § 326 Abs 3 ist der Gläubiger sogar weiterhin zur Gegenleistung verpflichtet. Der Wegfall der Gegenleistungspflicht aufgrund des Rücktritts ist im Rahmen der schadensersatzrechtlichen Differenzhypothese zu berücksichtigen, so daß der Gläubiger neben dem Rücktritt nur seinen Gewinn aus dem Geschäft sowie alle anderen Folgeschäden ersetzt verlangen kann (CANARIS JZ 2001, 499, 514; LORENZ/RIEHM, Schuldrecht Rn 214). Neben dem Rücktritt findet demnach lediglich die Differenzmethode Anwendung (dazu näher § 280 Rn E 66 f).

II. Tatbestandsvoraussetzungen

1. Schuldverhältnis

Erste Voraussetzung für einen **Anspruch aus §§ 280 Abs 1 u 3, 282** ist das Bestehen **14** eines Schuldverhältnisses (dazu § 280 Rn B 1 ff); denn es geht um die Verantwortlichkeit infolge einer Sonderbeziehung. Erforderlich ist jedoch, daß das **Schuldverhältnis iS des § 282 den Anspruch auf eine Leistung zum Inhalt** hat, da anderenfalls ein Schadensersatzanspruch *statt der Leistung* ausscheidet. Nach seinem Wortlaut gilt § 282 ebenso wie § 281 für vertragliche und gesetzliche Schuldverhältnisse. Anwendungsfälle außerhalb von vertraglichen Rechtsbeziehungen für die Unzumutbarkeit einer Leistungsannahme sind jedoch kaum denkbar.

§ 282 wird gerade im Rahmen von **Dauerschuldverhältnissen** Anwendung finden. **15** Unter Dauerschuldverhältnissen versteht man Verträge, bei denen die Leistungspflicht mindestens einer Partei in einem dauernden Verhalten oder in regelmäßig wiederkehrenden Leistungen besteht und der Umfang der geschuldeten Leistung wie der Gegenleistung von der Dauer der Zeit abhängen, während derer die Leistungen des Schuldners fortlaufend zu erbringen sind, zB Darlehen, Miete, Pacht, Leasing sowie solche Dienstverträge, die auf die Erbringung fortlaufender und nicht nur einmaliger Dienstleistungen gerichtet sind (vgl HUBER II 437; der Gesetzgeber überläßt die Definition des in der Überschrift zu § 314 verwendeten Begriffs „Dauerschuldverhältnis" bewußt weiterhin Rspr u Lehre [BT-Drucks 14/6040, 178]).

Bei derartigen Schuldverhältnissen tritt mit deren Vollzug an die Stelle des Rücktritts **16** wegen Pflichtverletzung die **Kündigung aus wichtigem Grund**, da die Rückabwicklung des gesamten Schuldverhältnisses und der bislang in dessen Rahmen ordnungsgemäß erbrachten Leistungen eine nicht vertretbare Härte für den Schuldner darstellen würde. Der Gläubiger hat lediglich ein berechtigtes Interesse an der Aufhebung des Schuldverhältnisses für die Zukunft ab dem Zeitpunkt der Pflichtverletzung (vgl hierzu HUBER II 440). Hierfür bestehen regelmäßig besondere Vorschriften, insbes § 490 für den Darlehensvertrag, die §§ 543, 569, 581 Abs 2 für Miet- und Pachtverträge, die §§ 626, 628 für Dienst- u Arbeitsverträge und § 723 bei der Gesellschaft. Für sonstige Dauerschuldverhältnisse hatte man im alten Recht in Gesamtanalogie zu diesen Vorschriften ein allgemeines Recht zur Kündigung aus wichtigem Grund entwickelt (§ 281 Rn A 23). Im Zuge der Schuldrechtsreform wurde nunmehr ein allgemeines Recht zur Kündigung aus wichtigem Grund bei Dauerschuldverhältnissen in § **314** ausdrücklich anerkannt (vgl hierzu STAUDINGER/SCHMIDT-KESSEL [2004] § 314).

17 Neben der Kündigung kann der Gläubiger nach § 314 Abs 4 Schadensersatzansprüche geltend machen, sofern die Voraussetzungen der entsprechenden Anspruchsnorm erfüllt sind. So kann der Gläubiger den durch eine etwaige kündigungsauslösende Schutzpflichtverletzung entstandenen Integritätsschaden nach § 280 Abs 1 ersetzt verlangen (LORENZ/RIEHM, Schuldrecht Rn 247; PALANDT/HEINRICHS § 314 Rn 11). Zu der Geltendmachung des **Schadensersatzes statt der Leistung auch für den zukünftigen Schaden** s unten Rn 71 u vor allem § 281 Rn C 35 ff.

18 Hinsichtlich der Anwendbarkeit des § 282 auf **Sukzessivlieferungsverträge** ergeben sich keine Besonderheiten. Dabei ist zwischen echten und unechten Sukzessivlieferungsverträgen zu differenzieren. Als sogenannte *echte Sukzessivlieferungsverträge* bezeichnet man Verträge über eine bestimmte, im voraus festgelegte Menge von Waren, die in Teilen nach einem Zeitplan oder auf Abruf zu liefern sind (§ 281 Rn B 170; LORENZ/RIEHM, Schuldrecht Rn 248). Es handelt sich somit um zeitlich gestreckte Austauschverträge, bei denen der Gläubiger bei Verletzung einer Pflicht iS des § 241 Abs 2 unter den Voraussetzungen des § 282 Schadensersatz statt der Leistung verlangen kann. *Unechte Sukzessivlieferungsverträge* – besser bezeichnet als Dauerlieferungsverträge – werden hingegen auf unbestimmte oder zumindest längere Zeit geschlossen, ohne daß eine bestimmte Liefermenge festgelegt wird. Sie erfordern eine ständige Leistungsbereitschaft und sind daher echte Dauerschuldverhältnisse. Es gelten somit die Erläuterungen bei Rn 17.

2.   Verletzung einer Schutz- und Rücksichtnahmepflicht iS des § 241 Abs 2

a)   Abgrenzung leistungsbezogener und nicht leistungsbezogener Pflichten

19 Zentrale – **zweite** – **Voraussetzung** für § 282 ist – wie bei allen Schadensersatzansprüchen gem §§ 280 bis 283 – das Vorliegen einer **Pflichtverletzung** (§ 280 Abs 1 S 1). Für einen Schadensersatzanspruch aus § 282 muß der Schuldner eine Pflicht nach § 241 Abs 2 verletzt haben. § 241 Abs 2 regelt die sogenannten **Schutz- und Rücksichtnahmepflichten**, welche schon vor ihrer Normierung durch das Schuldrechtsmodernisierungsgesetz von Wissenschaft und Rspr herausgearbeitet und gewohnheitsrechtlich anerkannt waren. Die Norm hat damit ua die Aufgabe, die bisherige Rspr zur pVV bei der Verletzung von Nebenpflichten festzuschreiben (vgl EMMERICH, Leistungsstörungen 334 f; MünchKomm/ROTH § 241 Rn 35 ff). Gem § 241 Abs 2 kann jedes (vertragliche oder gesetzliche) Schuldverhältnis nach seinem Inhalt den Gläubiger wie den Schuldner zur Rücksichtnahme auf die Rechte, Rechtsgüter und Interessen des anderen Teils verpflichten. Es handelt sich hierbei um nicht leistungsbezogene Pflichten, welche von den leistungsbezogenen Pflichten, auf die sich § 241 Abs 1 bezieht, abzugrenzen sind (vgl dazu schon § 280 Rn C 17 ff, 21 ff sowie § 281 Rn A 35, B 9 ff, C 11 ff).

20 Bislang wurde in der Lit beim Vorliegen einer Pflichtverletzung nicht immer ausdrücklich zwischen leistungsbezogenen und nicht leistungsbezogen Nebenpflichten differenziert, da unabhängig davon in diesen Fällen fast immer die pVV einschlägig war. Dasselbe gilt jetzt für den Ersatz des Erhaltungsinteresses allein auf Grundlage des § 280 Abs 1. Die **Terminologie** bezüglich der Einteilung der Nebenpflichten war deshalb bisher nicht einheitlich. So unterschied beispielsweise KRESS als einer der ersten zwischen Pflichten bzgl der Erwerbsansprüche, den eigentlichen Leistungspflichten, und Pflichten bzgl der Schutzansprüche, den sog Schutzpflichten (KRESS 1 ff; vgl hierzu auch KUHLMANN, Leistungspflichten und Schutzpflichten 36 ff). Dabei sind von dem Begriff „Schutzpflichten" bei KRESS sowohl Nebenpflichten mit Leistungsbezug als auch solche ohne Leistungsbezug umfaßt. HEINRICH STOLL (AcP 136 [1932] 298 ff), dem von der Literatur vielfach die Herausarbeitung der Schutzpflichten zugeschrieben wird (LARENZ I 10; GERNHUBER, Das Schuldverhältnis § 2 IV 2a; MOTZER JZ 1983, 884; aa KUHLMANN, Leistungspflichten und Schutzpflichten 41), bezeichnete nicht leistungsbezogene Pflichten als „Schutzpflichten". LARENZ differenzierte hingegen zwischen primären und sekundären Leistungspflichten und sog „weiteren Verhaltenspflichten", welche er nochmals in Schutz- und Loyalitätspflichten unterteilte (LARENZ I 10). Bei den „weiteren Verhaltenspflichten" handelt es sich um nicht leistungsbezogene Pflichten. STÜRNER unterschied zwischen Hauptleistungspflichten und daneben existierenden Treue- und Sorgfaltspflichten, wobei er letztere nochmals in Schutzpflichten, Nebenpflichten und Sorgfaltspflichten unterteilte (JZ 1976, 384 ff). Nach dieser Einteilung fehlt lediglich bei den Sorgfaltspflichten der Leistungsbezug. Die überwiegende Meinung in Lit und Rspr bezeichnete die nicht leistungsbezogenen Pflichten bislang als Schutzpflichten (vgl KUHLMANN, Leistungspflichten und Schutzpflichten 45), die übrigen Nebenpflichten als „Leistungssicherungspflichten" oder „leistungsbezogene Nebenpflichten" (MünchKomm/ROTH § 241 Rn 31 ff, 37). Nach der Schuldrechtsmodernisierung hat die Unterscheidung der Nebenpflichten in leistungsbezogene und nicht leistungsbezogene an Bedeutung gewonnen, da sie ausschlaggebend für die Anspruchsgrundlage beim Begehren von Schadensersatz statt der Leistung und Rücktritt ist. Bei Verstößen gegen leistungsbezogene Nebenpflichten sind – neben § 280 – die §§ 281, 323 einschlägig, während bei der Verletzung von sonstigen Nebenpflichten neben § 280 die §§ 282, 324 anzuwenden sind.

Die **Abgrenzung** dieser beiden Arten von Pflichtverletzungen voneinander ist mit- **21** unter schwierig (vgl zur Problematik des Verhältnisses § 281 zu § 282 auch Rn 7 u 12). Entscheidend ist in erster Linie jeweils die **Leistungsnähe der Pflicht** (so auch EMMERICH, Leistungsstörungen 335), dh ob bei deren Verletzung das jeweilige Leistungsinteresse oder ein sonstiges Integritätsinteresse betroffen ist (MÜNCH Jura 2002, 361, 364).

Leistungsbezogene Pflichten sind somit all jene, die die rechtzeitige, vollständige und **22** ordnungsgemäße Erfüllung sowie die Absicherung der vertraglich begründeten oder gesetzlich entstandenen Ansprüche zum Inhalt haben (MATTHEUS JuS 2002, 209, 211; TEICHMANN BB 2001, 1485, 1486; vgl EMMERICH, Leistungsstörungen 335). Es geht allein um die bereits fällige Leistung und deren präzise Erfüllung. Hierunter fällt zum einen die Nichterbringung einer zur Unterstützung, Vorbereitung und Sicherung der Hauptleistung geschuldeten Nebenleistung, zB Lieferung einer Gerätebeschreibung oder Erteilung einer Auskunft, zum anderen eine Verletzung weiterer auf das Leistungsinteresse des Gläubigers bezogene Nebenpflichten, wie etwa leistungsbezogene Fürsorge-, Treue- und Obhutspflichten (vgl ZIMMER NJW 2002, 1, 6), zum Beispiel die Beachtung vereinbarter Wettbewerbsverbote bei der Veräußerung eines gewerblichen Unternehmens oder die Obhutspflicht des Mieters bezüglich der Mietsache.

Nicht leistungsbezogene Pflichten sind hingegen alle diejenigen Verpflichtungen, **23**

durch welche die Rechtsgüter und Interessen des Vertragspartners außerhalb der eigentlichen Leistungsbeziehung geschützt werden sollen, dh alle Pflichten ohne Leistungsbezug (vgl hierzu auch Staudinger/Olzen [voraussichtlich 2006] § 241). Die geschuldete Leistung ist in diesen Fällen zwar rechtzeitig und mangelfrei, aber der Schuldner verletzt in anderer Weise Rechte oder Interessen des Gläubigers. Der RegE sprach hier noch neutral von „sonstigen Pflichten" und meinte „insbesondere" die Pflichten des § 241 Abs 2 (vgl BT-Drucks 14/6040, 141); die endgültige Fassung des § 282 nimmt demgegenüber jetzt wörtlich Bezug, was die spezifische Schutzrichtung unterstreicht und zugleich eine einschränkende Tendenz zum Ausdruck bringt, weil mit § 241 Abs 1 das begriffliche Gegenteil greifbar gegenübersteht.

24   Einen Anhaltspunkt für die Unterscheidung von nicht leistungsbezogenen und leistungsbezogenen Pflichten bildet die in § 281 vorausgesetzte **Fälligkeit** des Anspruchs. Im Gegensatz zu den leistungsbezogenen Pflichten können Schutzpflichten iS des § 241 Abs 2 nicht „fällig" werden, sondern sie bestehen permanent, so daß sie eigentlich gar nicht „erfüllt", sondern nur verletzt werden können. Sie passen daher nicht in das gedankliche Modell des § 281 (vgl Münch Jura 2002, 361, 366; Emmerich, Leistungsstörungen 281).

25   Ein weiteres Abgrenzungskriterium könnte die **mögliche Einklagbarkeit der Nebenpflicht** darstellen. Die Erfüllung von leistungsbezogenen Pflichten iS des § 241 Abs 1 ist klageweise erzwingbar, der Gläubiger hat insoweit einen Anspruch (§ 194 Abs 1 bzw § 241 Abs 1). Die Klagbarkeit von Schutzpflichten bzw von nicht leistungsbezogenen Pflichten ist hingegen umstritten. Entscheidend ist insoweit, ob die Nebenpflicht von vornherein derart konkretisierbar ist, daß ein bestimmtes Verhalten gefordert und eingeklagt werden kann.

26   Leistungsbezogene (Neben-)Pflichten lassen sich unschwer im voraus konkretisieren und dienen neben der geschuldeten Hauptleistung auch einem eigenen Zweck (Stürner JZ 1976, 384, 385). Bei nicht leistungsbezogenen Pflichten erfolgt eine **Konkretisierung** dagegen meist nicht sogleich mit Entstehung des Schuldverhältnisses, sondern idR erst in der betreffenden Situation. Die Parteien eines Schuldverhältnisses sind einander verpflichtet, sich so zu verhalten, wie es in der gegebenen Situation erforderlich ist, um den Schuldzweck nicht zu vereiteln, Schaden zu verhüten, die Durchführung zu erleichtern etc (Larenz I 12). Eine genaue Festlegung ihres Inhalts ist im voraus nicht möglich, da es oft viele Verhaltensweisen gibt, die zum intendierten Schutz taugen. Das geschuldete Verhalten ist dann spontan zu erbringen; wird es versäumt, kann es meist nicht nachgeholt werden (so zumindest für sog Warnpflichten Medicus, SchR I Rn 424).

27   **Im Schrifttum** wird vereinzelt die **Einklagbarkeit** von nicht leistungsbezogenen Pflichten bzw Schutzpflichten **bejaht** (Medicus, SchR I Rn 424; Motzer JZ 1983, 884, 887). Dies wird unter anderem damit begründet, daß das aufgrund der Schutzpflichten geforderte Verhalten insgesamt wiederum eine geschuldete Leistung darstellt (so Motzer JZ 1983, 884 ff, der den Unterschied zwischen Leistungs- und Schutzpflichten insoweit leugnet und Schutzpflichten als „außervertragliche, gesetzliche Leistungspflichten eigener Art" bezeichnet). Zudem wird auf § 618 verwiesen, worin die „arbeitsvertragliche Schutzpflicht" des Dienstberechtigten gesetzlich verankert ist, an deren Klagbarkeit keine Zweifel bestehen (vgl MünchArbR/Wlotzke § 209 Rn 21 ff; Otto, Arbeitsrecht Rn 377; Schlechtriem,

SchR I Rn 131). Bei § 618 handelt es sich aber gerade um eine Ausnahme. Hier hat der Gesetzgeber einen Anspruch des Dienstverpflichteten gegenüber den Dienstberechtigten auf Schutzmaßnahmen ausdrücklich normiert. Aus § 241 Abs 2 läßt sich aber schlußfolgern, daß der Gesetzgeber in den anderen Fällen, wo Schutzmaßnahmen nicht gesetzlich geregelt sind, idR keinen Anspruch hierauf geben will. Entscheidend ist jedoch, daß man beim Bestehen von Schutzpflichten oftmals gerade kein bestimmtes Verhalten fordern kann, weil entweder die Verletzung nicht vorhersehbar ist oder es verschiedene Möglichkeiten gibt, den Schutzpflichten nachzukommen (vgl Rn 26).

Infolgedessen **kann die Erfüllung von nicht leistungsbezogenen Pflichten im allgemeinen nicht eingeklagt werden** (so auch KREBS, Sonderverbindung und außerdeliktische Schutzpflichten 547 ff; LARENZ I 12). Erst eine Verletzung solcher Pflichten führt zu einem Schadensersatzanspruch, dh zu einer selbständig einklagbaren sekundären Leistungspflicht. Nur wenn aufgrund der Schutzpflicht eine ganz bestimmte Maßnahme erforderlich ist und der Verpflichtete sich weigert, diese vorzunehmen, wird man, um drohenden Schaden zu verhüten, ausnahmsweise eine Klage auf Vornahme zulassen müssen (LARENZ I 12; STÜRNER JZ 1976, 384, 387).

Andererseits kann der Schutz eines Rechts, Rechtsguts oder Interesses aber auch **28** **Gegenstand einer Hauptleistungspflicht** sein, wie zB in Bewachungs- und Beratungsverträgen. In diesen Fällen handelt es sich dann nicht um eine sonstige Pflicht iS des § 241 Abs 2, sondern um eine Leistungspflicht iS des § 241 Abs 1. Im übrigen können die Parteien eines Schuldverhältnisses durch die genaue Kennzeichnung eines bestimmten Verhaltens und seine Festlegung als Schuldinhalt bestimmte Pflichten zu „Nebenleistungspflichten" oder Hauptpflichten erheben, die dann auch selbständig eingeklagt werden können (LARENZ I 12; STÜRNER JZ 1976, 384, 386).

Ob bzw welche Verpflichtungen iS des § 241 Abs 2 innerhalb eines Vertrages bestehen, ist durch **Auslegung gem § 157** zu ermitteln bzw gem § 242 festzustellen (so zB **29** STAUDINGER/J SCHMIDT [1995] Einl 310 zu §§ 241 ff; TEICHMANN BB 2001, 1485, 1491). Bei der Einordnung einer Nebenpflicht als leistungsbezogen oder nicht leistungsbezogen ist zudem im Zweifel immer vom **Zweck des Schuldverhältnisses** auszugehen.

Von manchen wird die Abgrenzung in Fällen problematisiert, in denen **sowohl das** **30** **Integritätsinteresse als auch das Leistungsinteresse betroffen** ist (vgl KOTHE/MICKLITZ/ ROTT/TONNER/WILLINGMANN, Das neue Schuldrecht § 281 Rn 5). Hier sei für eine sachgerechte Einordnung der Pflichtverletzung die Nachholbarkeit der pflichtigen Handlung ausschlaggebend. ME ist jedoch nicht ersichtlich, um was für Konstellationen es sich dabei handeln soll. Entweder sind es Fälle, in denen eine sonst nicht leistungsbezogene Pflicht kraft Parteiwillens zur Hauptleistungspflicht wird, wie zum Beispiel beim Bewachungsvertrag (vgl hierzu bereits Rn 28); dann ist bei dessen nicht vertragsgemäßer Erfüllung §§ 280 Abs 1 u 2, 281 Abs 1 S 1 2. Alt einschlägig, und zwar auch dann, wenn eine Nachholung ausscheidet (s § 281 Rn C 7). Oder es handelt sich um eine leistungsbezogene Nebenpflicht, bei deren Verletzung es neben dem Schaden am Leistungsgegenstand auch zu Mangelfolgeschäden, dh zu Schäden an anderen Rechtsgütern des Gläubigers kommen kann: Verderben wegen der falschen Installation eines Kühlschranks Lebensmittel, ist wegen dieses Schadens stets allein § 280 Abs 1 anzuwenden, und zwar unabhängig davon, ob man die Betonung auf die nicht vertragsgemäße Erfüllung der leistungsbezogenen Nebenpflicht oder auf die Verletzung einer Schutzpflicht legt. Die Frage stellt sich nur, wenn der Gläubiger außerdem auf eine Gesamtliquidation des Schuldverhältnisses drängt. Insofern ist aber eine korrekte Installation durchaus nachholbar, so daß mehr für § 281 als § 282 spricht.

b) Abgrenzung der Schutzpflichten von den Verkehrssicherungspflichten

31 Die außerdeliktischen Schutzpflichten sind auch von den **Verkehrssicherungspflichten** abzugrenzen. Schutzpflichten iS des § 241 Abs 2 unterscheiden sich nach Art, Intensität und Reichweite von den Verkehrssicherungspflichten. Sie bestehen vom Augenblick ihres Entstehens nur gegenüber dem Partner des anzubahnenden oder angebahnten Rechtsverhältnisses oder sozialen Kontaktes sowie gegenüber einem in das Schuldverhältnis einbezogenen Dritten (Motzer JZ 1983, 884, 888). Hingegen bestehen die deliktischen Verkehrssicherungspflichten grundsätzlich gegenüber einem vorher in der Regel nicht überschaubaren Personenkreis und konkretisieren sich nicht im Zeitpunkt ihres Entstehens – der Eröffnung der Gefahr –, sondern jeweils erst durch die tatsächlichen Begebenheiten (zB das Herannahen an die jeweilige Gefahrenquelle) auf bestimmte Personen (Motzer JZ 1983, 884, 888). Sie begründen daher auch keine Sonderverbindung. In der Regel entspricht aber einer Verkehrssicherungspflicht gem § 823 Abs 1 erst recht eine parallele außerdeliktische Schutzpflicht in einer Sonderverbindung (vgl AnwKomm/Krebs § 241 Rn 5).

c) Anwendungsbereich von § 241 Abs 2

32 Wie bereits gezeigt, ersetzt der Schadensersatzanspruch aus §§ 280 Abs 1 u 2, 282 in vielen Bereichen den früher gewährten Anspruch aus pVV (vgl Rn 19). Fraglich ist unter dem Aspekt der Beschränkung des § 241 Abs 2 auf nicht leistungsbezogene Pflichten jedoch, welche zur pVV entwickelten Fallgruppen für § 282 übernommen werden können. Zudem ist ein Blick auf vorvertragliche Pflichtverstöße zu richten, die sich nachträglich möglicherweise auf die Vertragsdurchführung auswirken.

aa) Schutz- und Rücksichtnahmepflichten

33 Aus dem Schuldverhältnis folgen für die Beteiligten gem § 241 Abs 2 unterschiedliche **Schutz-, Fürsorge-, Obhuts-** und **Aufklärungspflichten** (vgl auch Rn 19 ff, § 280 Rn C 21 ff sowie Staudinger/Olzen [voraussichtlich 2006] § 241; ferner MünchKomm/Roth § 241 Rn 92 ff). Ihr Inhalt richtet sich in erster Linie nach dem Zweck des betreffenden Schuldverhältnisses (Begr RegE, BT-Drucks 14/6040, 125 ff), aber auch nach der Schutzbedürftigkeit der Parteien und nach dem Risiko, das jede Partei nach Sinn und Zweck des Schuldverhältnisses selbst tragen muß, weiter nach dem Ausmaß, in dem eine Partei auf die Fachkunde und die Loyalität der anderen angewiesen ist, sowie nach Art und Umfang der Zusammenarbeit der Vertragspartner (Emmerich, Leistungsstörungen 336). Je größer die einer Partei drohenden Gefahren sind und je enger ihre Zusammenarbeit ist, desto größer sind auch die die andere Partei nach Treu und Glauben treffenden Schutzpflichten (§§ 241 Abs 2, 242).

34 Von § 241 Abs 2 erfaßt sind **alle zu den Schutzpflichten entwickelten Fallgruppen** der pVV (vgl zur pVV Staudinger/Löwisch [2001] Vorbem 29, 42 zu §§ 275–283 aF; Staudinger/Schmidt [1995] § 242 Rn 863 ff). § 241 Abs 2 soll aber keinesfalls den erreichten Sachstand abschließend regeln; vielmehr wollte der Gesetzgeber mit der neuen Generalklausel nur einen Anhaltspunkt für die praktische Rechtsanwendung schaffen. Als **Beispiel** für eine Schutzpflichtverletzung mit der Konsequenz der Unzumutbarkeit weiterer Leistung nennt der RegE den Fall eines Malers, der auf dem Weg zu dem von ihm zu streichenden Teil einer Wohnung immer wieder Eingangstür und Einrichtungsgegenstände seines Vertragspartners beschädigt (BT-Drucks 14/6040, 141). Bei Dienst- und Arbeitsverträgen hebt das Gesetz selbst schon in § 618 die zentrale Rolle der Schutzpflichten des Dienstberechtigten hervor. Entsprechende Pflichten können dem Besteller beim Werkvertrag obliegen. Bei Verträgen über sportliche oder kulturelle Veranstaltungen bestehen vergleichbare Schutzpflichten des Veranstalters gegenüber den Teilnehmern und den Zuschauern. Er hat die nötigen Maßnahmen zum Schutz ihrer körperlichen Integrität oder ihres Eigentums zu ergreifen (vgl EMMERICH, Leistungsstörungen 338).

bb) Leistungstreuepflichten und ihre Zuordnung

Die Verletzung von Leistungstreuepflichten wurde früher als eine Fallgruppe der **35** pVV eingeordnet. Mit Leistungstreuepflicht bezeichnet man die Verpflichtung der Vertragsparteien gemäß §§ 241 Abs 2, 242, den **Vertragszweck nicht zu gefährden oder zu vereiteln**, dh den Vertragspartner nicht daran zu hindern, die von ihm mit dem Vertragsabschluß angestrebten Vorteile zu erlangen oder seine Ziele zu verwirklichen (BGH NJW 1983, 998; NJW-RR 1989, 1393; NJW 1995, 1954). Eine solche Pflicht besteht selbst bei bedingten Rechtsgeschäften während des Schwebezustands vor Bedingungseintritt (BGHZ 90, 302, 308; BGH NJW 1990, 507).

Bei der Leistungstreuepflicht handelt es sich im Grunde um eine Zusammenfassung **36** verschiedener einzelner Pflichten der Parteien. Unter den Begriff der Leistungstreuepflichtverletzung fallen zum Beispiel die schuldhafte Zerstörung der für die Vertragsdurchführung erforderlichen Vertrauensbasis zwischen den Parteien, die vor allem bei Dauerschuldverhältnissen eine Rolle spielt, die Verletzung von Mitwirkungspflichten, bis hin zur Verletzung nachwirkender Treuepflichten (EMMERICH, Leistungsstörungen 329). In Anlehnung an die Kommentierung des § 326 aF (vgl STAUDINGER/OTTO [2001] § 326 aF Rn 209 ff) läßt sich die Verletzung der Leistungstreuepflichten unterteilen in die **vorzeitige, ernsthafte und endgültige Erfüllungsverweigerung**, die **Unzuverlässigkeit**, welche auch in verspäteten, fehlerhaften oder falschen Leistungen zum Ausdruck kommen kann, die **Verletzung von Nebenpflichten** sowie die **Störung der personalen Beziehungen**. Die Zuordnung zur nicht leistungsbezogenen Pflicht bedarf jeweils gesonderter Prüfung. Dabei sind Grenzfälle unvermeidbar.

(1) In diesem Bereich dominiert eindeutig die **vorzeitige, ernstliche und endgültige 37 Erfüllungsverweigerung** (vgl zur bisherigen Behandlung dieser Fallgruppe § 281 Rn B 103 ff). Der Schuldner kann jedoch nur die Erfüllung einer Pflicht verweigern, die er schuldet, mit anderen Worten: deren Erfüllung man von ihm verlangen kann. In Anlehnung an die oben (vgl Rn 25 ff) vorgenommene Unterscheidung zwischen leistungs- und nicht leistungsbezogenen Pflichten anhand der Klagbarkeit kann der Schuldner folglich nur die Erfüllung klagbarer Ansprüche verweigern. Somit handelt es sich bei der Erfüllungsverweigerung **nach Fälligkeit** eindeutig um die **Verletzung einer leistungsbezogenen Pflicht**, die nicht vom Anwendungsbereich des § 282 umfaßt ist. Der Schadensersatzanspruch infolge einer Erfüllungsverweigerung ergibt sich vielmehr ohne weiteres aus § 281. Dies zeigt auch § 281 Abs 2 1. Alt, der in diesen Fällen den Gläubiger davon entbindet, eine Frist setzen zu müssen. Wäre die Erfüllungsverweigerung eine nicht leistungsbezogene Pflichtverletzung, wäre die Fristsetzung per se nicht erforderlich; sie müßte folglich nicht ausdrücklich für entbehrlich erklärt werden.

38 Fraglich ist, ob sich etwas anderes ergibt, wenn der Schuldner die Erfüllung zu einem Zeitpunkt verweigert, zu welchem er noch gar nicht leisten muß, die **Erfüllungsverweigerung** also **vor Fälligkeit** erfolgt. Hier wird **teilweise** (KINDL WM 2002, 1313, 1322; LORENZ/RIEHM, Schuldrecht Rn 361 aE; MÜNCH Jura 2002, 361, 371) die Ansicht vertreten, daß der Schuldner noch keine Leistungspflicht verletzen könne und es sich deshalb um eine **Verletzung einer Schutz- und Rücksichtnahmepflicht nach § 241 Abs 2** handele, die dem Gläubiger ein Festhalten am Vertrag unzumutbar mache und ihn ohne weiteres berechtige, gem § 282 Schadensersatz statt der Leistung zu verlangen. Dies wird damit begründet, daß der Schuldner – bevor der Gläubiger Schadensersatz statt der Leistung verlangt – seine Leistungsbereitschaft erneut erklären und damit die Beeinträchtigung der Leistungspflicht als solche rückgängig machen könne. Maßgeblich sei somit nur der Verstoß des Schuldners gegen die Pflicht, keine Zweifel an seiner Vertragstreue aufkommen zu lassen.

39 Im übrigen wird von dieser Ansicht angeführt, daß eine dem **§ 323 Abs 4** entsprechende Regelung, wonach der Gläubiger bereits vor Fälligkeit zurücktreten kann, wenn offensichtlich ist, daß alsbald die Voraussetzungen für einen Rücktritt vorliegen werden, in § 281 gerade fehle und deshalb § 282 zur Anwendung kommen müsse (MÜNCH Jura 2002, 361, 371). Einige behandeln wegen der ausdrücklichen Regelung in § 323 Abs 4 Rücktritt und Schadensersatz statt der Leistung im Falle der ernsthaften und endgültigen Erfüllungsverweigerung vor Fälligkeit unterschiedlich: Ein Anspruch auf **Schadensersatz statt der Leistung** richte sich nach den Voraussetzungen des § 282, während sich ein **Rücktritt** in diesen Fällen nach § 323 bestimme. Diese Differenzierung sei aufgrund der divergierenden Rechtsfolgen durchaus sachlich gerechtfertigt (LORENZ/RIEHM, Schuldrecht Rn 361 aE). Andere wiederum sehen es als notwendige Folge der Einordnung dieser Pflichtverletzung unter § 241 Abs 2 an, daß dann auch das **Rücktrittsrecht** nicht auf § 323 Abs 4, sondern **auf § 324 gestützt** werden müsse (KINDL WM 2002, 1313, 1322).

40 Die **Leistungsbezogenheit der Pflichtverletzung** hängt aber nicht davon ab, ob die Leistung tatsächlich schon fällig ist, entscheidend ist nur, *daß sich die Leistungsverweigerung auf die Leistung bei Fälligkeit bezieht.* Nicht sonderlich überzeugt freilich das Argument, die Fälligkeit der Leistung sei im Unterschied zu dem Tatbestandsmerkmal des Verzuges in § 326 aF nicht zwingende Voraussetzung eines Anspruchs aus § 281, sondern nur Voraussetzung für eine wirksame Fristsetzung. Da diese gem § 281 Abs 2 aber gerade entbehrlich sei, hindere die fehlende Fälligkeit auch nicht den Anspruch aus § 281 (vgl FAUST, in: HUBER/FAUST, Schuldrechtsmodernisierung Rn 3/138). Man kann doch nicht übersehen, daß die Anerkennung eines Schadensersatzanspruchs statt der Leistung vor deren Fälligkeit ganz besonderer Rechtfertigung und damit im Grunde erst recht einer Fristsetzung, wenn auch möglicherweise in der Form einer Erklärungsfrist bedarf. Für die Frage, ob die Erfüllungsverweigerung einen Anspruch aus § 281 oder § 282 auslöst, sollte daher nicht die Fälligkeit der Leistung maßgeblich sein, sondern die Frage, ob es sich um eine Pflichtverletzung mit Leistungsbezug handelt. Und kaum eine Pflichtverletzung könnte mehr Leistungsbezug haben als die Verweigerung der Leistung.

41 Die Tatsache, daß der Schuldner seine Erfüllungsverweigerung wieder beenden kann, hindert ebenfalls nicht die Einordnung als Pflichtverletzung iS des § 281, denn § 281 Abs 4 zeigt gerade, daß der Gläubiger entscheiden soll, wann er vom

Erfüllungsanspruch zum Schadensersatz übergeht, mithin wie lange er dem Schuldner die Möglichkeit geben möchte, von der Erfüllungsverweigerung Abstand zu nehmen. Der Gesetzgeber hat zudem durch die Einfügung des § 323 **Abs 4** gerade gezeigt, daß es sich bei der Erfüllungsverweigerung um eine leistungsbezogene Pflichtverletzung handelt; denn § 323 regelt die Voraussetzungen für den **Rücktritt bei Verletzung einer leistungsbezogenen Pflicht**, während sich der Rücktritt im Falle einer nicht leistungsbezogenen Pflichtverletzung nach § 324 richtet. Eine unterschiedliche Zuordnung der Pflichtverletzung im Falle der Erfüllungsverweigerung vor Fälligkeit für Rücktritt und Schadensersatz statt der Leistung bringt keinen Gewinn an Rechtsklarheit. Divergierende Rechtsfolgen sind in der Unterscheidung zwischen dem vom Vertretenmüssen unabhängigen Rücktritt (§§ 323 ff) und dem Anspruch auf Schadensersatz (§§ 280 ff) bereits angelegt und rechtfertigen keine dogmatische Einordnung der Erfüllungsverweigerung als nicht leistungsbezogene Pflichtverletzung. Maßgeblich sind also §§ 280 Abs 1 u 3, 281 Abs 1 S 1 1. Alt (vgl § 281 Rn B 103 ff).

(2)   Eine zweite Fallgruppe läßt sich am besten mit dem Stichwort **Unzuverlässigkeit**   42
des Leistungsverhaltens charakterisieren (grundlegend BGHZ 11, 80 = NJW 1954, 229 für einen Chartervertrag). Der BGH spricht hier ausdrücklich von einem Verstoß gegen die Leistungstreuepflicht (BGH NJW 1978, 260). Die Zuverlässigkeit des Schuldners spielt vor allem bei auf Dauer angelegten Schuldverhältnissen eine selbständige Rolle. Deshalb berechtigt beim **Sukzessivlieferungsvertrag** uU schon eine einzige mangelhafte Teillieferung zur Liquidation des ganzen Vertrages (RGZ 57, 105, 114; 67, 5, 7; BGH LM § 326 [H] BGB Nr 4; NJW 1972, 246 [247]; LM § 326 [Dc] BGB Nr 5 = Betrieb 1977, 159; NJW 1977, 35; HUBER AcP 177 [1977] 339 ff). Gerade die mangelhafte Teillieferung ist aber eine Verletzung der Hauptleistungspflicht; insofern ist sie leistungsbezogen und kein Anwendungsfall von § 282 (vgl daher § 281 Rn C 17 ff; **aA** SCHWAB ZGS 2003, 73, 75). Sofern durch eine oder mehrere mangelhafte Teillieferungen das Vertrauen des Gläubigers in die Zuverlässigkeit des Schuldners erschüttert wird, kann allerdings mit der vertragswidrigen Erfüllung der Hauptleistung ausnahmsweise gleichzeitig eine nicht leistungsbezogene Pflicht verletzt werden, nämlich sich dem anderen Teil als verläßlicher Vertragspartner zu präsentieren (vgl Rn 43 f).

(3)   Weiterhin kann das Vertrauen durch die **Verletzung von Nebenpflichten** zerstört   43
werden. Dabei ist es nicht von Bedeutung, ob die Nebenpflichten ausdrücklich festgelegt worden sind oder mit Treu und Glauben begründet werden können (vgl ie STAUDINGER/J SCHMIDT [1995] Einl 309 ff zu §§ 241 ff, § 242 Rn 844 ff). Zu den Nebenpflichten im Unterschied zu der das Schuldverhältnis prägenden Leistungspflicht zählt ebenfalls die gesteigerte Pflicht zur Rücksichtnahme auf die Interessen des Vertragspartners, wie sie vor allem bei auf Dauer angelegten Rechtsverhältnissen begegnet. So ist zB die Treue- und Fürsorgepflicht des Arbeitnehmers bzw Arbeitgebers zwar ihrem Rang nach eine Hauptpflicht, nicht aber iS der synallagmatischen Verknüpfung (vgl MAYER-MALY, Treue- und Fürsorgepflicht im Arbeitsrecht, hrsg von TOMANDL [1975] 71 ff, 87; OTTO RdA 1978, 260, 261) oder – jedenfalls idR – nicht einer leistungsbezogenen Nebenpflicht (vgl STAUDINGER/OETKER [2002] § 618 Rn 10 ff, 13 u 285). Einschlägig sind daher § 280 Abs 1 bezüglich des Integritätsinteresses und §§ 280 Abs 1 u 3, 282 für den Schadensersatz statt der Leistung. Jedoch wird das Leistungsinteresse an der Vertragsdurchführung zumeist nicht berührt sein.

44 Zu dieser Fallgruppe gehört die mangelnde Rücksichtnahme auf wirtschaftliche Interessen des anderen Teils (s § 280 Rn C 25). Beispiele sind ua Zuwiderhandlungen gegen Wettbewerbsverbote und Schweigepflichten, die unlautere Konkurrenz (RGZ 109, 54), die Hingabe von Schmiergeldern an Arbeitnehmer des Vertragsgegners (RGZ 149, 187), die vertragswidrige Angabe der Herstellerschaft auf den Fabrikaten (RGZ 130, 379), uU die nachträgliche Bebauung eines Nachbargrundstücks durch den Verkäufer, obwohl dessen Unbebaubarkeit vertraglich vorausgesetzt war (RGZ 161, 330, 337 ff), das Unterlassen der Prüfung von Fremdsoftware auf vertraglich vorgesehene Mehrplatzfähigkeit (OLG Köln NJW-RR 1994, 1204, 1205), die Unwilligkeit einer Bank, den Kreditnehmer im Rahmen eines Kreditverhältnisses über eingezahlte Eigenmittel verfügen zu lassen (OLG München EWiR § 326 BGB 1/99 S 397), die hartnäckige Weigerung, den Namen des Versicherers mitzuteilen, wenn der Abschluß einer Kreditrisikoversicherung für den Fall der Kapitalbeteiligung an einem wirtschaftlichen Unternehmen zugesagt ist (OLG Hamm VersR 1968, 40). Dasselbe soll für die Weigerung eines Baubetreuers gelten, die gesetzlich geschuldete Sicherheitsleistung zu erbringen (OLG Bremen NJW 1977, 638). Bei *grenzüberschreitenden Kaufverträgen* fallen derartige gravierende Nebenpflichtverletzungen unter die wesentliche Vertragsverletzung iS des Art 25 CISG (OLG Frankfurt aM NJW 1992, 633, 634 f: nachhaltige Störung des Vertrauens in Vertragstreue bei vereinbartem Alleinvertrieb).

45 **(4)** Schließlich ist es denkbar, daß eine **Störung der personalen Beziehung** durch eine Nebenpflichtverletzung die Fortsetzung der vertraglichen Bindung unzumutbar macht. Allerdings muß das Vertragsverhältnis persönliches Vertrauen erfordern oder zu regelmäßigen persönlichen Kontakten führen. Hier kann ungehöriges, insbesondere beleidigendes Benehmen oder Rücksichtslosigkeit gegenüber der anderen Partei zugleich eine Vertragsverletzung darstellen, die den Vertragszweck gefährdet (RGZ 78, 385; 140, 378, 384 f mwNw; BGH NJW 1972, 1667: Tätlichkeiten gegenüber dem Verkäufer einer Eigentumswohnung und vorgesehenen Verwalter vor der Eintragung des Käufers; BGH WM 1980, 826: beleidigende Äußerungen durch Erwerber eines gegen Pflegeleistungen übertragenen Grundstücks). Weitere Beispiele sind rassistische Bemerkungen oder das Singen unanständiger Lieder (KOTHE/MICKLITZ/ROTT/TONNER/WILLINGMANN, Das neue Schuldrecht § 282 Rn 5), die Bestechung der Angestellten der anderen Partei, um sie zu einem illoyalen Verhalten gegenüber ihrem Arbeitgeber zu veranlassen (RGZ 149, 187), die mutwillige Vollstreckung nicht bestehender Ansprüche im Rahmen eines Vertrages (BGH NJW 1994, 2755) sowie bei einem Anwaltsvertrag die schuldhafte Erregung des Verdachts strafbarer Handlungen gegen andere Mandanten, so daß dem Auftraggeber die Fortsetzung des Vertrages mit einem derart unzuverlässigen Anwalt nicht mehr zuzumuten ist (BGH NJW 1995, 1954 = JuS 1995, 1034 Nr 3).

Ein derartiges Benehmen ist jedoch nur dann als Verstoß gegen eine vertragliche Verhaltenspflicht zu werten, wenn das Vertragsverhältnis „ein besonderes Treueverhältnis der Vertragsparteien erfordert" – daher gewöhnlich nicht bei „einfachen Güterumsatzverträgen" (so BGH BB 1951, 546; RGZ 102, 408; s auch RG Gruchot 55, 629; ferner OTTO, Personale Freiheit und soziale Bindung [1978] zur Beendigung des Arbeitsverhältnisses 66 ff, des Mietverhältnisses 169 ff, zum Ausschluß aus Gesellschaften iwS 179 ff). Bei einer Scheidungsvereinbarung, die auch die Kinder als Dritte begünstigt, lassen Verfehlungen eines Elternteils die Rechte der Kinder uU unberührt (BGH NJW 1967, 152).

cc) Vorvertragliche Pflichtverstöße

Liegt der Zeitpunkt der Pflichtverletzung des Schuldners vor Vertragsschluß, so **46** bestimmt § 311 Abs 2, daß gleichwohl eine Verhaltenspflicht iS des § 241 Abs 2 geschuldet sein kann. Zu diesem Zeitpunkt besteht aber noch keine Leistungspflicht, so daß der Anwendungsbereich von § 282 eigentlich nicht eröffnet ist. Ein Schadensersatzverlangen „statt der Leistung" wegen eines Anspruchs, dessen Erfüllung noch gar nicht geschuldet ist, ist logisch ausgeschlossen (vgl hierzu bereits Rn 9 u 10).

Möglich erscheint allerdings, daß es trotz einer Pflichtverletzung im vorvertraglichen **47** Bereich zu einem Vertragsschluß kommt, weil der Gläubiger von ihr erst später Kenntnis erlangt. In diesen Fällen muß es dem Gläubiger möglich sein, den Vertrag zu liquidieren und Schadensersatz zu verlangen, wenn die sonstigen Voraussetzungen der Norm vorliegen. Dafür spricht, daß auch eine außerordentliche Kündigung wegen eines vorvertraglichen Fehlverhaltens möglich ist (STAUDINGER/PREIS [2002] § 626 Rn 9). Fraglich ist jedoch, ob für die Vertragsaufhebung als Naturalrestitution und einen ansonsten entstandenen Schaden § 282 die richtige Anspruchsgrundlage ist (so GRUNEWALD, FS Wiedemann 75, 80 f). Denn das positive Interesse sollte bei vorvertraglichen Pflichtverletzungen gerade nicht geltend gemacht werden können (Rn 9). Richtiger dürfte es deshalb sein, den Weg über § 280 Abs 1 iVm §§ 311 Abs 2 u 241 Abs 2 zu gehen (vgl auch § 280 Rn C 23 f u 36 ff). Für die Lösung vom Vertrag ist beim gegenseitigen Vertrag vor allem an § 324 zu denken (dazu näher STAUDINGER/OTTO [2004] § 324 Rn 15 f).

3. Unzumutbarkeit der Leistungsannahme für den Gläubiger

Der Gläubiger kann Schadensersatz statt der Leistung nach § 282 nur verlangen, **48** wenn ihm – **drittens – die Leistung durch den Schuldner wegen der Verletzung der Schutzpflicht nicht mehr zumutbar** ist. So ist es keineswegs selbstverständlich, daß der Gläubiger dem sorglosen Maler, welcher bei der Ausführung seiner Arbeiten Farbe auf die Möbel des Gläubigers tropft, die Mehrkosten für die Beauftragung eines anderen Handwerkes in Rechnung stellen kann. Die Unzumutbarkeit muß dabei gerade auf der Pflichtverletzung beruhen (BT-Drucks 14/6040, 142), es muß also ein **Kausalzusammenhang** bestehen.

a) Anknüpfung an die Unzumutbarkeit nach altem Recht

Das Kriterium der Unzumutbarkeit ist im Zusammenhang mit der Gesamtliquida- **49** tion eines Vertrags aufgrund einer positiven Vertragsverletzung durchaus bekannt. Bereits nach altem Recht berechtigte nicht jede positive Vertragsverletzung den Gläubiger, Schadensersatz wegen Nichterfüllung zu fordern oder den Vertrag durch Rücktritt oder Kündigung zu beenden. Vielmehr wurden ebenfalls **zusätzliche Anforderungen an die Tragweite der Pflichtverletzung** gestellt, wenn der gesamte Vertrag liquidiert werden sollte. Das Verhalten des Schuldners mußte die Erreichung des Vertragszwecks derart gefährden, *daß infolgedessen dem anderen Teil die Fortsetzung des Vertrages nach Treu und Glauben nicht zuzumuten war* (RGZ 63, 297; 161, 330, 337 f; BGHZ 11, 80, 84; 59, 104, 105; LM § 536 ZPO Nr 19 = NJW-RR 1995, 240, 243; BGB-RGRK/ BALLHAUS § 326 aF Rn 44; ERMAN/BATTES § 326 aF Rn 48; PALANDT/HEINRICHS⁶¹ § 276 Rn 124; SOERGEL/WIEDEMANN Vor § 275 aF Rn 495). Dies wurde regelmäßig erst bejaht, wenn der Gläubiger erfolglos eine Nachfrist gesetzt und sie mit einer Ablehnungsandrohung verbunden hatte (BGH WM 1984, 375, 376). Die Nachfristsetzung war allerdings entbehrlich, wenn das Verhalten des Schuldners die Vertrauensgrundlage so schwer erschüttert hatte, daß mit einer Wiederherstellung nicht zu rechnen oder eine Nachfristsetzung angesichts des dauerhaften Charakters der Pflicht nicht möglich war (vgl MünchKomm/EMMERICH Vor § 275 aF Rn 287). Die Verwandtschaft dieses von Rspr und Lehre entwickelten Kriteriums mit dem Gesetzeswortlaut von § 554a aF und § 626 Abs 1 liegt auf der Hand.

50 Man kann abgekürzt auch von einer *wesentlichen Vertragsverletzung* sprechen, wenn man berücksichtigt, daß es nicht auf die typische Bedeutung der verletzten Pflicht für das Vertragsverhältnis ankommt, sondern auf die Folgen der konkreten Vertragsverletzung für die Durchführung des Vertrages. **§ 280 RE** hatte das Kriterium der **Wesentlichkeit der Pflichtverletzung** noch zusätzlich als Tatbestandsmerkmal enthalten, der Rechtsausschuß jedoch darauf verzichtet, da die Wesentlichkeit bereits vollständig im Element der Zumutbarkeit aufgehe und den Inhalt der Vorschrift eher verdunkele (BT-Drucks 14/7052, 213). Dennoch sollte man diesen Gedanken bei der Frage nach der Unzumutbarkeit berücksichtigen, da daraus folgt, daß die Unzumutbarkeit eine subjektive Bewertung mit objektiver Begrenzung (Wesentlichkeit der Pflichtverletzung) darstellt (so mit Recht MÜNCH Jura 2002, 361, 371).

51 Die **Neuregelung in § 282** bedeutet somit keine Änderung der bisherigen Rechtslage, sondern **kodifiziert** in knapper Form lediglich **die bislang verfolgten Grundsätze**. Bei der Ausfüllung des Kriteriums der Unzumutbarkeit kann damit weiterhin auf die bisherige Rspr zurückgegriffen werden. Zu berücksichtigen ist jedoch, daß die vorzeitige Erfüllungsverweigerung und die Verletzung leistungsbezogener Nebenpflichten nun zur Anwendung des § 281 führt (Rn 40 u 41). Auch dort kann daher der Aspekt der Unzumutbarkeit für den Gläubiger nicht ausgespart bleiben, obwohl in § 281 Abs 1 S 3 nur für die nicht wie geschuldet erbrachte Leistung bestimmt ist, daß Schadensersatz statt der ganzen Leistung nicht verlangt werden kann, wenn die Pflichtverletzung unerheblich ist (s zu diesem Problem § 281 Rn C 31 ff).

b)   Kriterien der Unzumutbarkeit

52 Ob eine Pflichtverletzung für den Gläubiger unzumutbar iS von § 282 ist, ist eine **Wertungsfrage** und erfordert eine **Abwägung der Interessen beider Seiten im Einzelfall** (MünchKomm/ERNST Rn 5; AnwKomm/DAUNER-LIEB Rn 7; KOTHE/MICKLITZ/ROTT/TONNER/WILLINGMANN, Das neue Schuldrecht § 282 Rn 6). Hieran sind grundsätzlich hohe Anforderungen zu stellen. Die Pflichtverletzung muß die Annahme der ansonsten korrekten Leistung für den Gläubiger unerträglich machen (BT-Drucks 14/6040, 141). Dabei ist zu berücksichtigen, daß ein durch die Pflichtverletzung beeinträchtigtes Integritätsinteresse – zB durch eine Sachbeschädigung – bereits durch einen Schadensersatzanspruch des Gläubigers gem §§ 280 Abs 1, 241 Abs 2 ausgeglichen wird, sofern dessen Voraussetzungen vorliegen. Die Pflichtverletzung muß vielmehr eine grundlegende Störung des Vertrauensverhältnisses zwischen Schuldner und Gläubiger bewirken, die durch den ohnehin geschuldeten Schadensausgleich nicht wieder entfällt.

53 Entscheidend ist somit primär die **Schwere der Pflichtverletzung**. Bei einer Pflichtverletzung von nur geringem Gewicht ist das Vertrauensverhältnis der Parteien nur unwesentlich beeinträchtigt, und es ist dem Gläubiger eher zumutbar, die Gefahr einer Wiederholung auf sich zu nehmen. Im Beispiel des Malermeisters oder seines Erfüllungsgehilfen, der das Eigentum des Gläubigers beschädigt, sind wohl Kratzer und Verschmutzungen an den Türrahmen weniger gravierend als die Zerstörung von Einrichtungsgegenständen (FAUST, in: HUBER/FAUST, Schuldrechtsmodernisierung Rn 3/173). Auch macht es einen erheblichen Unterschied, ob die Putzfrau über das Privatleben ihres Arbeitgebers mit ihrem Ehemann oder mit der Presse spricht (FAUST aaO).

Von Bedeutung ist ebenfalls der **Verschuldensgrad** und die **Häufigkeit der Pflicht-** 54 **verletzungen:** Ist die Pflichtverletzung eher ein unglücklicher Zufall und/oder ein einmaliger Ausrutscher, ist sie idR nicht geeignet, eine negative Prognose (s Rn 55) zu rechtfertigen und Unzumutbarkeit zu begründen. Häufige Fahrlässigkeitsfehler können aber schon ausreichend sein, zumal wenn Wiederholungsgefahr besteht (FAUST, in: HUBER/FAUST, Schuldrechtsmodernisierung Rn 3/174).

Ebenso ist ein **zeitliches Element** im Rahmen der Unzumutbarkeit zu berück- 55 sichtigen. Das Verlangen nach Schadensersatz statt der Leistung ist nur dann gerechtfertigt, wenn dem Gläubiger die **zukünftige Vertragsdurchführung** nicht zuzumuten ist. Das ist idR der Fall, wenn auch in Zukunft Pflichtverletzungen iS des § 241 Abs 2 zu erwarten sind. Die Parallele zur Zukunftsbezogenheit der Kündigungsgründe gerade bei der außerordentlichen Kündigung drängt sich auf (dazu STAUDINGER/PREIS [2002] § 626 Rn 89 ff). Aber selbst wenn eine Wiederholung eher unwahrscheinlich ist, kann das Vertrauensverhältnis zwischen den Parteien derart zerstört sein, daß dem einen Teil die weitere Vertragsdurchführung nicht mehr zuzumuten ist. Dies gilt zB für eine Patientin, die sich auch dann nicht weiter von einem Arzt behandeln lassen muß, der sie zuvor belästigt hat, wenn nach Erstattung einer Strafanzeige weitere Belästigungen nicht zu erwarten sind (FAUST, in: HUBER/FAUST, Schuldrechtsmodernisierung Rn 3/172). Bisweilen kann der Schuldner die Gefahr allerdings ausschalten, indem er zB einen zuverlässigen Gehilfen schickt (MEDICUS Berliner Anwaltsblatt 2001, 637, 643).

Andererseits kann eine **ausbleibende Reaktion auf eine begangene Pflichtverletzung** 56 ein Anhaltspunkt für die Zumutbarkeit der Fortsetzung der Vertragsbeziehung sein. § 282 sieht anders als § 626 Abs 2 *keine Frist* vor, innerhalb derer der Gläubiger sein Recht geltend machen muß. Ein Festhalten am Vertrag wird dem Gläubiger aber um so eher zuzumuten sein, je länger die Pflichtverletzung des Schuldners zurückliegt. Die zweiwöchige Frist des § 626 Abs 2 ist wegen ihrer Kürze allerdings nicht einmal als Anhaltspunkt geeignet (so aber FAUST, in: HUBER/FAUST, Schuldrechtsmodernisierung Rn 3/ 176). Jedoch gestattet § 314 Abs 3 auch die außerordentliche Kündigung nur innerhalb *angemessener Frist.*

§ 282 ist schon seinem Wortlaut nach („nicht mehr zuzumuten") jedenfalls grund- 57 sätzlich erst recht nicht anwendbar, wenn der Schuldner die **Leistung bereits vollständig erbracht** hat (AnwKomm/DAUNER-LIEB Rn 7; KOTHE/MICKLITZ/ROTT/TONNER/WILLINGMANN, Das neue Schuldrecht § 282 Rn 6). In diesen Fällen kann von einer Unzumutbarkeit der Annahme nicht mehr gesprochen werden, so daß der Gläubiger idR die Gegenleistung zu erbringen hat. Sein Erhaltungsinteresse kann er gem § 280 Abs 1 ersetzt verlangen. Ein von FAUST gebildeter Fall belegt jedoch, daß es ausnahmsweise anders gelagerte Fälle geben kann, in denen unter der Unzumutbarkeit der Leistungsannahme die Unzumutbarkeit der Vertragsdurchführung verstanden werden muß: So kann der Hersteller den Händler zunächst ordnungsgemäß beliefert, anschließend jedoch sein Renommee etwa durch rassistische Äußerungen derart ruiniert haben, daß nun Boykottaufrufe folgen und die Waren kaum mehr absetzbar sind. In diesem

Fall muß der Händler berechtigt sein, die Waren zurückzugeben und Schadensersatz statt der ganzen Leistung zu verlangen (in: HUBER/FAUST, Schuldrechtsmodernisierung Rn 3/179; ebenso MÜNCH Jura 2002, 361, 365: culpa post contractum finitum).

58 Unzumutbarkeit ist demnach insbes anzunehmen, wenn die ordnungsgemäße Leistungserbringung unter **unannehmbaren Begleitumständen** erfolgt oder bereits ein **Schaden an Leben oder Gesundheit des Gläubigers oder eines geschützten Dritten** iS von § 311 Abs 3 S 1 eingetreten ist (MÜNCH Jura 2002, 361, 371; zur Unzumutbarkeit im Arbeitsrecht: BORNHAGEN, Die Zumutbarkeit als Rechtsgedanke im Arbeitsrecht 57 ff m weit Beispielen); ebenso bei **Arglist** des Schuldners, **Beeinträchtigung der Vertrauensgrundlage** oder **fortwährender erheblicher Gefährdung des Vertragszwecks.**

c) Erforderlichkeit einer Abmahnung

59 Fraglich ist, ob die Unzumutbarkeit idR eine **Abmahnung** durch den Gläubiger voraussetzt bzw ob dem Schuldner die Möglichkeit einer Besserung gegeben werden muß (so zumindest BAMBERGER/ROTH/GRÜNEBERG Rn 3; FAUST, in: HUBER/FAUST, Schuldrechtsmodernisierung Rn 3/175). Eine Fristsetzung kommt bei der Verletzung nicht leistungsbezogener Nebenpflichten naturgemäß nicht in Betracht (vgl Rn 12, 24 ff). Durch eine Abmahnung würde dem Schuldner sein Fehlverhalten und die Gefährdung der Vertragsdurchführung deutlich gemacht werden. Das Gesetz stellt das Erfordernis einer Abmahnung in § 282 jedoch gerade nicht auf. Bei besonders gravierenden Störungen des Vertrauensverhältnisses, bei denen § 282 überhaupt nur in Betracht kommt, wäre es zudem sehr fragwürdig, wenn der Gläubiger erst Schadensersatz statt der Leistung verlangen könnte, wenn der Pflichtverstoß sich wiederholt und er den Schuldner zuvor abgemahnt hat. Eine Abmahnung ist daher **keine Regelvoraussetzung** für die Annahme von Unzumutbarkeit iS von § 282 (so auch KINDL WM 2002, 1313, 1322; MünchKomm/ERNST Rn 6). Besteht Aussicht, daß mit einer Abmahnung zukünftiges Fehlverhalten unterbunden werden kann, und rechtfertigt die begangene Pflichtverletzung die Bejahung der Unzumutbarkeit noch nicht, so kann diese erst im Wiederholungsfall zu bejahen sein (so auch MünchKomm/ERNST Rn 6). Außerdem ist zu beachten, daß die Kündigung von Dauerschuldverhältnissen gem § 314 Abs 2 eine Abmahnung voraussetzt. Daher wird eine Abmahnung bei weniger schwerwiegenden Pflichtverletzungen erforderlich sein (vgl RegE BT-Drucks 14/6040, 141). Gerade das in § 281 Abs 3 vorgesehene und dort weitgehend leerlaufende Abmahnungserfordernis hatte ja mit zu der Überlegung veranlaßt, den Regelungsgehalt von § 282 in § 281 aufgehen zu lassen (Rn 6 f). Umgekehrt berechtigt nicht jeder Verstoß gegen eine Abmahnung dazu, Schadensersatz statt der Leistung zu fordern. Ein Beispiel hierfür wäre der Maler, welcher trotz einer Abmahnung weiter in den Räumen des Bestellers raucht (Rechtsausschuß BT-Drucks 14/7052, 213).

60 Andererseits spricht für die praktische Handhabung nichts dagegen, daß der Gläubiger im Zweifel in dafür geeigneten Fallgestaltungen **vorsorglich eine Abmahnung** ausspricht. Dies gilt zumal dann, wenn das Fehlverhalten in den Grenzbereich von § 281 (leistungsbezogene Nebenpflicht) mit der in Abs 3 ausdrücklich vorgesehenen Abmahnung und § 282 (nicht leistungsbezogene Pflicht) fällt. Auf diese Weise ist der Gläubiger eher davor gefeit, daß sich in einem Rechtsstreit die fehlende Abmahnung nachteilig auswirkt.

d) Bedeutung der eigenen Vertragstreue

Die Geltendmachung des Schadensersatzanspruchs statt der Leistung gem § 282 **61**
kann ausnahmsweise an der fehlenden eigenen Vertragstreue des Gläubigers scheitern. Bereits **nach alten Recht** war die **eigene Vertragstreue des Gläubigers** auch bei
einer pVV für die Liquidation des gesamten Vertrages erforderlich (RGZ 67, 313, 319;
109, 54, 55; 149, 401, 404; BGH NJW 1958, 177 = WM 1958, 113 [ausführlich]; BGH NJW 1986, 842,
843; OLG Düsseldorf WM 1973, 1065; hierzu insbes Teubner 77 ff mwNw; vgl auch § 281
Rn B 84 ff). Durch die Schuldrechtsmodernisierung hat sich hieran nichts geändert.
Es bietet sich jedoch an, die eigene Vertragstreue in die Bewertung der Schwere der
Pflichtverletzung und damit in die Zumutbarkeit der Vertragsfortsetzung einzubeziehen.

Handelt es sich nur um eine *unwesentliche Pflichtverletzung* des Gläubigers, so ändert **62**
dies nichts an seinen Rechten; er ist dann allerdings seinerseits einem Schadensersatzanspruch des Schuldners ausgesetzt, der auf das Erhaltungsinteresse gerichtet ist
(§ 281 Rn B 93). Bei einem *Ausschluß* der dem Gläubiger obliegenden (Gegen-)Lei-
stung gem § 275 werden idR mit der Hauptpflicht des Schuldners auch die Nebenpflichten entfallen; zumindest kann ihre Verletzung nicht mehr den Vertragszweck
gefährden. Ein *Schuldnerverzug* des Gläubigers mit seiner Leistung begründet uU
die Einrede des nichterfüllten Vertrages (§ 320) bzw wegen nicht synallagmatischer
Pflichten ein Zurückbehaltungsrecht gem § 273 oder führt zur Verneinung des Verschuldens (s dazu auch Soergel/Wiedemann Vor § 323 aF Rn 132, nach dem die Einrede des
nichterfüllten Vertrages gemäß § 320, deren Gewährung im Einzelfall vom Gewicht der Gläubigerpflicht für den Schuldner abhängig sein soll, zum Ausschluß des Tatbestandes einer Vertragsverletzung führt). Ebenso muß es bei beiderseitigen, den Vertragszweck gefährdenden Verhaltensweisen primär auf die zeitliche Reihenfolge der Verstöße ankommen.
Denkbar ist freilich bei nicht im Zusammenhang stehenden gravierenden Pflichtverletzungen, daß beide Seiten voneinander Schadensersatz verlangen können (vgl als
Parallele die beiderseitige Lösung von einem Mietvertrag BGH NJW 1969, 1845).

Jedenfalls muß der Gläubiger bereit und grundsätzlich auch in der Lage sein, sich **63**
selbst vertragstreu zu verhalten (vgl § 281 Rn B 94 sowie insbes BGH NJW 1977, 580).
Anderenfalls kann man nicht davon sprechen, daß für ihn die Fortsetzung der Vertragsbeziehung unzumutbar ist. Ist er selbst mit schlechtem Vorbild vorangegangen,
so kommt es darauf an, ob er zu einem vertragstreuen Verhalten zurückgekehrt ist,
bevor die Gegenpartei von ihrem Recht zur Gesamtliquidation Gebrauch gemacht
hat (vgl § 281 Rn B 87). Selbst dies kann entbehrlich sein, wenn der Vertragsgegner
ohnehin nicht bereit ist, von seinem Fehlverhalten Abstand zu nehmen. Das verbale
Bekenntnis zu künftiger Vertragstreue genügt freilich nicht, wenn dem Gläubiger die
Gegenleistung schon vor dem Fehlverhalten des Schuldners – wenn auch nur vorläufig – subjektiv unmöglich geworden ist (BGH NJW 1974, 36).

4. Keine Entlastung des Schuldners von der Verantwortlichkeit

Für einen Schadensersatzanspruch statt der Leistung gem § 282 ist ebenso wie für **64**
§§ 281, 283 erforderlich, daß die Voraussetzungen des § 280 Abs 1 vorliegen („unter
den Voraussetzungen des § 280 Abs 1"). Die von § 280 Abs 1 S 1 geforderte Pflichtverletzung liegt hier in dem Verstoß gegen eine nicht leistungsbezogene Pflicht
(Rn 19 ff). Gem § 280 Abs 1 S 2 haftet der Schuldner jedoch dann ausnahmsweise

nicht, wenn er „die **Pflichtverletzung nicht zu vertreten** hat". Insoweit handelt es sich bei dieser – **vierten** – **Voraussetzung** entgegen der hM nicht lediglich um eine Regelung der Darlegungs- und Beweislast, sondern um ein **negatives Tatbestandsmerkmal** (vgl § 280 Rn D 2 ff). Was der Schuldner zu vertreten hat, ergibt sich vor allem aus §§ 276 bis 278, so daß auf die dortigen Erläuterungen verwiesen werden kann. Fraglich könnte jedoch sein, ob es ausreicht, wenn sich das Vertretenmüssen auf die Verletzung der nicht leistungsbezogenen Pflicht bezieht oder ob nicht auch die Gefährdung des Vertragszwecks für den Schuldner erkennbar gewesen sein muß. Da § 282 nicht die Verhaltensanforderungen für den Schuldner festlegt, spricht mehr dafür, das Vertretenmüssen – wie auch sonst (§ 280 Rn D 15 f) – lediglich auf die Pflichtverletzung und nicht auf die Unzumutbarkeit zu beziehen. Allerdings liegt bei geringem Verschulden idR ohnehin keine Unzumutbarkeit vor (Rn 54). München-Komm/ERNST Rn 8 geht für den Regelfall sogar von einem vorsätzlichen Handeln des Schuldners aus.

III. Rechtsfolge und Wahlmöglichkeiten

65 Die Rechtsfolge des Anspruchs aus § 282 ist dieselbe wie die des § 281: **Schadensersatz statt der Leistung** zu verlangen. Hervorzuheben ist ergänzend lediglich folgendes:

1. Geltendmachung des Erfüllungsanspruchs

66 § 282 beantwortet weder selbst noch durch Verweisung die Frage, wie sich der Übergang vom Erfüllungs- auf den Schadensersatzanspruch vollzieht. Gem § 281 Abs 4 erlischt der Erfüllungsanspruchs des Gläubigers bei der verzögerten oder nicht wie geschuldet erbrachten Leistung erst, sobald dieser Schadensersatz statt der Leistung verlangt (§ 281 Rn D 1 ff). Sofern die Voraussetzungen der §§ 280 Abs 1 u 3, 282 vorliegen, hat der Gläubiger deshalb ein **Wahlrecht**, ob er weiterhin Erfüllung oder Schadensersatz statt der Leistung verlangen will. Der Gläubiger kann seinen Schadensersatzanspruch ausnahmsweise verlieren, wenn ihm die weitere Vertragsdurchführung infolge Zeitablaufs oder veränderter Umstände wieder zumutbar wird (vgl Rn 55 f). Ansonsten spricht alles für eine **Analogie zu § 281 Abs 4** (vgl FAUST, in: HUBER/ FAUST, Schuldrechtsmodernisierung Rn 3/180; MünchKomm/ERNST Rn 12). Der Anspruch auf Erfüllung erlischt daher nicht etwa mit dem Zeitpunkt des Vorliegens einer Pflichtverletzung iS des § 241 Abs 2 und der dadurch verursachten Unzumutbarkeit, sondern es bedarf erst einer Entscheidung des Gläubigers für die Liquidation des Vertrags, die entweder in der Geltendmachung von Schadensersatz statt der Leistung oder im Rücktritt gem § 324 bzw einer Kündigung aus wichtigem Grund (vgl Rn 16) zu sehen ist (vgl § 281 Rn A 21 ff, C 35 ff). Bei einem Sukzessivlieferungsvertrag muß deutlich zum Ausdruck gebracht werden, ob sich die Ablehnung zugleich auf alle zukünftigen Lieferungen beziehen soll (s § 281 Rn B 173).

2. Untergang des Anspruchs auf die Gegenleistung

67 Mit dem Untergang des Anspruchs auf Erfüllung erlischt der **Anspruch auf eine etwaige Gegenleistung** ebenfalls (vgl § 281 Rn D 12). Insofern bringt § 326 Abs 1 S 1 ein Grundprinzip des Synallagmas zum Ausdruck. Im übrigen werden jedoch Vertragsbestimmungen nicht ohne weiteres außer Kraft gesetzt. Eine Pflichtverletzung

des Gläubigers ist zB im Bereich der Schutzpflichten nach wie vor möglich (BGH NJW 1962, 2198: wahre Mitteilung an Dritte mit unverhältnismäßiger Schadensfolge nach beiderseitiger Erfüllungsverweigerung). Erst recht bleibt ein vor der Ablehnung der Erfüllung entstandener, gegen den Gläubiger gerichteter Schadensersatzanspruch, der auf das Erhaltungsinteresse gerichtet ist, unberührt (vgl BGH NJW 1971, 1747 mwNw: Verstoß gegen Wettbewerbsabrede).

3. Schadensersatz statt der Leistung

a) Allgemeines

Neben dem Schadensersatzanspruch statt der Leistung steht dem Gläubiger ein **68 Rücktrittsrecht** gem § 324 zu. Hinsichtlich des Zusammenspiels von Schadensersatz statt der Leistung und Rücktritt wird auf die Ausführungen zu **§ 325** verwiesen.

Hinsichtlich des **Umfangs und der Berechnung des Schadensersatzanspruchs** sowie der **69 Durchführung des Schadensausgleichs** nach Surrogations- bzw Differenzmethode gilt grds dasselbe wie bei §§ 280 Abs 1 u 3, 281. Es wird daher auf die dortigen Erläuterungen verwiesen (§ 280 Rn E 35 ff; § 281 Rn B 139 ff, C 34 ff). Hinsichtlich des für die Berechnung maßgeblichen Zeitpunkts muß es beim „abstrakten Schaden" auf den Zeitpunkt der Pflichtverletzung ankommen (§ 280 Rn E 119). Die unmittelbar aufgrund der Pflichtverletzung beruhenden Schäden werden über den sogenannten einfachen Schadensersatz gemäß § 280 Abs 1 ersetzt, so daß es bei § 282 iVm §§ 251 Abs 1, 252 vor allem um die **Mehrkosten eines Deckungsgeschäftes** oder **entgangenen Gewinn** gehen wird.

b) Schadensersatz nach erbrachter Teilleistung

Problematisch ist der Umfang des Ersatzanspruchs, wenn bereits **Teilleistungen** er- **70** bracht worden sind. In diesen Fällen, insbes im Rahmen von Dauerschuldverhältnissen, wird der Gläubiger idR nur befugt sein, **Schadensersatz statt der noch ausstehenden Leistung** (also nicht statt der ganzen Leistung) zu verlangen. Diejenige Leistung, die er bereits erhalten hat, wird durch die Verletzung einer nicht leistungsbezogenen Pflicht normalerweise nicht entwertet, und die Schäden, die durch die Nebenpflichtverletzung selbst eingetreten sind, werden über § 280 Abs 1 kompensiert (vgl FAUST, in: HUBER/FAUST, Schuldrechtsmodernisierung Rn 3/179; MünchKomm/ERNST Rn 10; KOTHE/MICKLITZ/ROTT/TONNER/WILLINGMANN, Das neue Schuldrecht § 282 Rn 9; hiervon scheint auch der Gesetzgeber auszugehen, welcher im Beispiel des ungeschickten Malers lediglich vom Ersatz der Kosten für die Beendigung der Malerarbeiten spricht, BT-Drucks 14/6040, 141). Das entspricht der § 281 Abs 1 S 2 zugrundeliegenden Wertung, die auch für Teilleistungen bei Ausschluß der Leistungspflicht maßgeblich ist (§ 283 S 2). Demgegenüber will AnwKomm/DAUNER-LIEB Rn 8 dem Gläubiger in derartigen Fällen grundsätzlich ein **Wahlrecht** einräumen. Angesichts der ohnehin hohen Schwelle der Unzumutbarkeit, sei es dem Gläubiger überlassen, ob er Schadensersatz statt der noch ausstehenden Leistung oder statt der ganzen Leistung verlange. Da die (Teil-)Leistung aber korrekt erbracht worden ist, erscheint eine Liquidation des gesamten Schuldverhältnissen nur ausnahmsweise sachgerecht, wenn der Gläubiger an der erbrachten Teilleistung kein Interesse hat (dazu § 281 Rn B 167 ff). Folglich ist aufgrund der vergleichbaren Interessenlage in diesen Fällen **§ 281 Abs 1 S 2 analog** anzuwenden. Bei berechtigter Geltendmachung des gesamten Leistungsinteresses ist die **bereits erbrachte Leistung des Schuldners analog § 281 Abs 5** nach Rücktrittsrecht abzuwickeln.

c) Schadensersatzanspruch statt der Leistung bei Dauerschuldverhältnissen

71 Bei Dauerschuldverhältnissen tritt die **Kündigung aus wichtigem Grund gem § 314**
oder aufgrund spezieller gesetzlicher Regelungen mit Wirkung für die Zukunft
fast ausnahmslos an die Stelle des Rücktrittsrechts (Rn 16). Daneben steht dem
Gläubiger auch bei der Verletzung einer nicht leistungsbezogenen Pflicht uU zusätzlich ein **Schadensersatzanspruch wegen vorzeitiger Vertragsauflösung** zu, wie es zB
§ 628 Abs 2 für den Dienstvertrag, § 723 Abs 2 S 2 und § 314 Abs 4 für sonstige
Dauerschuldverhältnisse vorsehen (vgl wegen der Einzelheiten § 281 Rn C 35 ff). Allerdings
enthält nur § 628 Abs 2 eine eigenständige Anspruchsgrundlage, während § 314
Abs 4 einen Schadensersatzanspruch lediglich nicht ausschließt. § 280 Abs 1 bleibt
für das Integritätsinteresse einschlägig. Liegt das eine etwaige Kündigung auslösende
Verhalten des Schuldners in einer gravierenden Verletzung einer Nebenpflicht iS des
§ 241 Abs 2, kommt auch ein Schadensersatzanspruch gem § 282 in Betracht (so
LORENZ/RIEHM, Schuldrecht Rn 247).

d) Verjährung

72 Der Schadensersatzanspruch unterliegt grundsätzlich der **Regelverjährung** der
§§ 195, 199. Der Anspruch entsteht mit dem Zeitpunkt, in dem alle Voraussetzungen
des § 282 vorliegen, dh in dem auch Unzumutbarkeit eingetreten ist (vgl die Überlegung
zu § 281 in § 280 Rn E 18). MünchKomm/ERNST Rn 12 spricht sich für die kurze Verjährung gem §§ 438, 634a aus, falls der Schuldner zugleich die Pflicht zu mangelfreier
Lieferung und eine Pflicht nach § 241 Abs 2 verletzt, obwohl er selbst hervorhebt,
daß dort § 282 nicht erwähnt ist. Liegt die Begründung für den Schadensersatz statt
der Leistung nicht in deren Mangelhaftigkeit, sondern in Begleitumständen, besteht
nach meiner Auffassung für eine Privilegierung des Schuldners durch eine kürzere
Frist kein Anlaß.

e) Abdingbarkeit

73 Bei Abweichungen von § 282 denkt man zunächst an § 309 Nr 7 Buchst a; doch
bezieht sich dieses absolute Klauselverbot nur auf einen Ausschluß oder eine Begrenzung der Haftung wegen der Verletzung der Rechtsgüter Leben, Körper und
Gesundheit als solcher, die von §§ 280 Abs 1, 241 Abs 2 abgedeckt wird. Einschlägig
ist jedoch das **Verbot der Haftungsmilderung für jede vorsätzliche oder grob fahrlässige**
Pflichtverletzung des Schuldners oder seines Erfüllungsgehilfen (§ 276 Abs 3, § 309
Nr 7 Buchst b). Außerdem ist vor allem **§ 307** zu beachten. Danach sind Bestimmungen in AGB unwirksam, wenn sie den Vertragspartner des Verwenders entgegen Treu
und Glauben unangemessen benachteiligen. Dies ist gem Abs 2 im Zweifel anzunehmen, wenn (Nr 2) wesentliche Rechte oder Pflichten, die sich aus der Natur des
Vertrages ergeben, so eingeschränkt werden, daß die Erreichung des Vertragszwecks
gefährdet ist. Hieraus folgt zB, daß das Recht auf Schadensersatz oder Rücktritt (dazu
STAUDINGER/OTTO [2004] § 324 Rn 74) nicht versagt sein kann, wenn die Vertrauensgrundlage endgültig zerstört ist. Andererseits wird der Gläubiger als Verwender die Obliegenheit zur Abmahnung nicht generell ausschließen können. Für die Schutzpflichtverletzung fehlt es zwar anders als bei den leistungsbezogenen Pflichten (§ 281
Abs 3) an einem unmittelbaren gesetzlichen Vorbild (§ 307 Abs 2 Nr 1); aber die
Obliegenheit der Abmahnung ist Ausdruck des Prinzips von Treu und Glauben und
hat vielfach gesetzlichen Niederschlag gefunden (Rn 59 u § 281 Rn A 18 ff).

IV. Beweislast

Die **Differenzierung zwischen leistungsbezogenen und nicht leistungsbezogenen** **74**
Pflichtverletzungen hat nicht nur terminologische Bedeutung, sondern wirkt sich
auch im Rahmen der Verteilung der Beweislast aus. Bei den Leistungspflichten trägt
grundsätzlich der Schuldner das Risiko, im Streitfall beweisen zu müssen, daß er
gehörig erfüllt hat (§ 362). Bei den Pflichten iS des § 241 Abs 2 handelt es sich aber
um reine Verhaltenspflichten, denen kein Erfüllungsanspruch des Gläubigers gegenübersteht. Ein Gläubigerrecht entsteht hier erst mit der objektiv sorgfaltswidrigen
Verletzung der Pflichten. Der Gläubiger, der seine Rechte geltend macht, hat daher
grundsätzlich die objektiv sorgfaltswidrige Verletzung der Pflicht zu beweisen (Hans
Stoll, in: FS Werner Lorenz zum 80. Geburtstag 287, 295; vgl auch Canaris JZ 2001, 499, 512), wenn
nicht zu seinen Gunsten Beweiserleichterungen eingreifen (s § 280 Rn D 15 f). Hat der
Gläubiger diesen Nachweis erbracht, so kann sich der Schuldner immer noch entlasten, indem er darlegt, daß ihm die Einhaltung der verletzten Schutz- bzw Rücksichtnahmepflicht aufgrund besonderer Umstände nicht zumutbar gewesen ist (vgl
auch die Beweislast bei Verletzung deliktsrechtlicher Verkehrspflichten: Der Gläubiger, der aus einer
solchen Verletzung Schadensersatzansprüche geltend macht, hat zumindest zu beweisen, daß der
Schuldner objektiv unsorgfältig gehandelt hat [Hans Stoll aaO 296]). Der **Gläubiger** trägt
somit die Darlegungs- und Beweislast für das Vorliegen der Voraussetzungen der
§§ 280 Abs 1 S 1, 282, 241 Abs 2, also der **Verletzung einer Pflicht zur Rücksichtnahme**
durch den Schuldner, der **dadurch verursachten Unzumutbarkeit der Vertragsdurch-**
führung und des **eingetretenen Schadens.** Demgegenüber ist der **Schuldner** gem § 280
Abs 1 S 2 dafür darlegungs- und beweispflichtig, daß er die Pflichtverletzung **nicht zu**
vertreten hat.

§ 283
Schadensersatz statt der Leistung bei Ausschluss der Leistungspflicht

Braucht der Schuldner nach § 275 Abs. 1 bis 3 nicht zu leisten, kann der Gläubiger
unter den Voraussetzungen des § 280 Abs. 1 Schadensersatz statt der Leistung ver-
langen. § 281 Abs. 1 Satz 2 und 3 und Abs. 5 finden entsprechende Anwendung.

Materialien: BGB § 280 aF: E I § 240 Abs 1; E
II § 242; E III § 274; Mot II 49 ff, Prot I 317 ff;
BGB § 325 aF: E I § 369 Abs 1 u 2; E II § 276; E
III § 319; Mot II 209 ff; Prot I 639 f, 649; Jakobs/
Schubert, SchR I 259 ff zu § 280 aF, 472 ff zu
§ 325 aF; BGB-KE § 283, Abschlußbericht
132 ff; DE § 282*; KF § 283* (*abgedr in:
Canaris, Schuldrechtsmodernisierung 2002, 11

iVm 162 ff; 359); RegE § 283 BT-Drucks 14/
6040, 7 iVm 137 u 142; Stellungnahme d BR BT-
Drucks 14/6857, Anl 2 Nr 19 u 32; Gegenäußerung d BReg BT-Drucks 14/6857, Anl 3 Zu
Nr 19 u 32; Beschlussempfehlung und Bericht d
Rechtsausschusses BT-Drucks 14/7052, 174 f,
186.

Schrifttum

**1. Vor der Schuldrechtsreform
zu §§ 280, 283 und 325 aF**
J F BAUR, Die Haftung des Vermieters für anfängliche Mängel, in: Gedschr Lüderitz (2000) 25
BEINERT, Wesentliche Vertragsverletzung und Rücktritt (1979)
BERGHOFF, Die Unmöglichkeit und ihre Rechtsfolgen nach dem BGB und dem einheitlichen Kaufrecht (Diss Münster 1980)
BEUTHIEN, Zweckerreichung und Zweckstörung im Schuldverhältnis (1969)
BREHM, Der Anspruch auf die Primärleistung bei nachträglich zu vertretender Unmöglichkeit, JZ 1974, 573
BÜRCK, Wahlrecht des Gläubigers nach §§ 325, 326 BGB – BGH NJW 1971, 1560, JuS 1973, 347
EVANS-VKRBEK, Gleichstellung des anfänglichen Schuldnerunvermögens mit dem nachträglichen?, AcP 177 (177) 35
FABRICIUS, Leistungsstörungen im Arbeitsverhältnis (1970)
HARFF, Das ursprüngliche Unvermögen zur Leistung (1912)
HARST, Rücktritt und Schadensersatz (Diss Bonn 1984)
vHOYNINGEN-HUENE, Das Rechtsverhältnis zur stufenweisen Eingliederung arbeitsunfähiger Arbeitnehmer (§ 74 SGB V), NZA 1992, 49
HUBER, Zur Auslegung des § 275 BGB, in: FS H F Gaul (1997) 217
vJASCHKE, Die entsprechende Anwendung der Rücktrittsvorschriften in § 280 Abs 2 BGB, MDR 1954, 202
M JUNKER, Der Umfang des einem Zessionar zu leistenden Schadensersatzes wegen Verzuges bei Abtretung vertraglicher Ansprüche, AcP 195 (1995) 1
MEINCKE, Rechtsfolgen nachträglicher Unmöglichkeit der Leistung beim gegenseitigen Vertrag, AcP 171 (1971) 19
MOTZER, Die „positive Vertragsverletzung" des Arbeitnehmers (1982)
NEUMANN-DUESBERG, Der Lohn- und Gehaltsanspruch des Arbeitnehmers bei der vom Arbeitgeber verschuldeten Arbeitsunfähigkeit, Betrieb 1969, 261, 305
ders, „Vertretenmüssen" des Gläubigers bei

Betriebsrisiko und bei Unmöglichkeit der Arbeitsleistung, BB 1969, 1449
OERTMANN, Leistungsunmöglichkeit und Annahmeverzug, AcP 116 (1918) 1
ders, Anfängliches Leistungsunvermögen, AcP 140 (1935) 129
PICKER, Fristlose Kündigung und Unmöglichkeit, Annahmeverzug und Vergütungsgefahr im Dienstvertragsrecht, JZ 1985, 641 u 693
ROGOWSKI, Auf welcher Grundlage beruht der Schadensersatzanspruch des Gläubigers im Falle der Zuwiderhandlung des Schuldners bei Unterlassungs-Obligationen und weshalb trifft den Gläubiger die Beweislast für die Zuwiderhandlung?, AcP 104 (1909) 303
GÜNTER ROTH, Das nachträgliche Unvermögen des Schuldners, JuS 1968, 101
SCHERNER, Qualifizierte Teilnichterfüllung als Vollunmöglichkeit oder Quasi-Vollunmöglichkeit der geschuldeten Leistung, JZ 1971, 533
KARSTEN SCHMIDT, Zivilprozessuale und materiellrechtliche Aspekte des § 283 BGB, ZZP 87 (1974) 49
UHLE, Der Anspruch auf Schadensersatz wegen Nichterfüllung gegen den Arbeitnehmer (Diss München 1970)
WAGNER, Ansprüche auf Unmögliches?, JZ 1998, 482
WEIMAR, Die teilweise Unmöglichkeit der Leistung, MDR 1976, 550.

2. Zur und nach der Schuldrechtsreform
ARNOLD, Die vorübergehende Unmöglichkeit nach der Schuldrechtsreform, JZ 2001, 866
CANARIS, Zur Bedeutung der Kategorie der „Unmöglichkeit" für das Recht der Leistungsstörungen, in: SCHULZE/SCHULTE-NÖLKE, Die Schuldrechtsreform vor dem Hintergrund des Gemeinschaftsrechts (2001) 43
CEKOVIC-VULETIC, Haftung wegen Unmöglichkeit nach dem Schuldrechtsmodernisierungsgesetz (2003)
HARKE, Unmöglichkeit und Pflichtverletzung: Römisches Recht, BGB und Schuldrechtsmodernisierung, in: Jahrbuch junger Zivilrechtwissenschaftler 2001, 29
HUBER, Die Unmöglichkeit der Leistung im

Diskussionsentwurf eines Schuldrechtsmodernisierungsgesetzes, ZIP 2000, 2137
PETER HUBER, Der Nacherfüllungsanspruch im neuen Kaufrecht, NJW 2002, 1004
STEPHAN LORENZ, Schadensersatz wegen Pflichtverletzung – ein Beispiel für die Überhastung der Kritik an der Schuldrechtsreform, JZ 2001, 742
MATTHES, Der Herstellerregress nach § 478 BGB in Allgemeinen Geschäftsbedingungen – ausgewählte Probleme, NJW 2002, 2505
MAIER-REIMER, Totgesagte leben länger! Die Unmöglichkeit aus der Sicht der Praxis, in: DAUNER-LIEB/KONZEN/SCHMIDT, Praxis der Schuldrechtsreform 291
MEIER, Neues Leistungsstörungsrecht: Nachträgliche Unmöglichkeit und nachträgliches Unvermögen in der Fallbearbeitung, Jura 2002, 118
OTTO, Die Grundstrukturen des neuen Leistungsstörungsrechts, Jura 2002, 1
SCHWARZE, Unmöglichkeit, Unvermögen und ähnliche Leistungshindernisse im neuen Leistungsstörungsrecht, Jura 2002, 73
WIESER, Schuldrechtsreform – Die Unmöglichkeit der Leistung nach neuem Recht, MDR 2002, 858.

Vgl ferner das Allgemeine Schrifttum sowie die Schriftumshinweise zu STAUDINGER/LÖWISCH Vorbem zu §§ 275–278 bzw Vorbem zu § 280–285, außerdem zu §§ 280, 281 und 284.

Systematische Übersicht

Alphabetische Übersicht

I.   Allgemeines

1 Nach § 283 S 1 kann der Gläubiger unter den Voraussetzungen des § 280 Abs 1 Schadensersatz statt der Leistung verlangen, wenn der Schuldner nach § 275 Abs 1 bis 3 nicht zu leisten braucht. Die Vorschrift regelt somit den **Schadensersatzanspruch statt der Leistung im Fall des nachträglichen Untergangs der Leistungspflicht**. Dieser tritt gem § 275 Abs 1 namentlich bei dauernder objektiver und subjektiver Unmöglichkeit ein. Somit ersetzt § 283 den **§ 280 aF**, welcher den Anspruch auf Schadensersatz bei vom Schuldner zu vertretender Unmöglichkeit einer nicht im Gegenseitigkeitsverhältnis stehenden Leistungsverpflichtung normierte, und **§ 325 aF**, wonach der Gläubiger bei vom Schuldner zu vertretender Unmöglichkeit bei gegenseitigen Verträgen Schadensersatz verlangen oder zurücktreten konnte. Letztere Vorschrift wird von § 283 jedoch nur hinsichtlich der Schadensersatzberechtigung ersetzt, die Befreiung von der Gegenleistung in den Fällen von § 275 Abs 1 bis 3 wird in **§ 326 Abs 1 und 5** normiert.

2 **§ 283 aF**, auf den auch § 325 Abs 2 aF verwies, sollte dem Gläubiger die Wahl zwischen Erfüllungs- oder Schadensersatzanspruch erleichtern, wenn dieser nicht sicher war, ob beim Schuldner Unmöglichkeit vorlag oder nicht. Der Gläubiger mußte zunächst auf die Primärleistung klagen und konnte dann dem rechtskräftig verurteilten Schuldner eine Frist zur Bewirkung der Leistung setzen und nach erfolglosem Ablauf dieser Frist Schadensersatz wegen Nichterfüllung verlangen, ohne das Vorliegen der Unmöglichkeit beweisen zu müssen (vgl Staudinger/Löwisch [2001] § 283 aF Rn 2; Staudinger/Otto [2001] § 325 aF Rn 122). Die Vorschrift hatte jedoch geringe praktische Bedeutung, da der Gläubiger alternativ nach § 326 aF vorgehen konnte. Der Weg über § 283 aF war zudem umständlich, langwierig und kostspielig (so Begr RegE BT-Drucks 14/6040, 155). Bedeutung konnte § 283 aF lediglich bei nicht synallagmatischen Leistungspflichten erlangen, bei denen der Gläubiger abgesehen vom Fall der Unmöglichkeit Ersatz seines positiven Interesses gem § 286 Abs 2 aF nur bei Interessewegfall, nicht aber nach erfolgloser Fristsetzung verlangen konnte. Im Zuge der Schuldrechtsmodernisierung wurde § 283 aF als entbehrlich angesehen und deshalb aufgehoben, weil der Gläubiger nun nach §§ 280 Abs 1 und 3, 281 mit Hilfe einer Fristsetzung von jedem Primäranspruch auf den Schadensersatzanspruch statt der Leistung übergehen kann (vgl § 281 Rn A 12).

1.   Entstehungsgeschichte

3 Im **alten Recht** nahm die nachträgliche Unmöglichkeit im Rahmen der Leistungsstörungen eine zentrale Stellung ein und war in den §§ 275, 280 bis 283 und § 325 aF sehr umfassend geregelt. Objektive und subjektive Unmöglichkeit wurden durch § 275 Abs 2 aF gleichgestellt. Gesondert geregelt war zudem die gewährleistungsrechtliche Schadensersatzpflicht durch § 463 aF und § 635 aF. Im Falle der nachträglichen Unmöglichkeit der Leistung wurde bezüglich der Anspruchsgrundlage für Schadensersatz danach differenziert, ob die unmöglich gewordene Leistung im Gegenseitigkeitsverhältnis eines gegenseitigen Vertrages stand oder nicht. Im ersten Fall war § 325 aF einschlägig, wonach der Gläubiger zwischen fünf Handlungsalternativen je nach Interessenlage die Wahl hatte: Er konnte gem § 325 Abs 1 S 1 1. Alt aF Schadensersatz wegen Nichterfüllung verlangen oder vom Vertrag zurücktreten sowie gem § 325 Abs 1 S 3 iVm § 323 aF vom Vertrag Abstand nehmen, seine erbrachte

Leistung zurückverlangen oder Ersatzherausgabe nach § 281 aF fordern (wegen der Einzelheiten der Kombinationsmöglichkeiten s STAUDINGER/OTTO [2001] § 325 Rn 28 ff). Für die Unmöglichkeit der Erfüllung sonstiger Leistungspflichten war hingegen § 280 aF die richtige Anspruchsnorm. Objektive und subjektive Unmöglichkeit wurden durch § 275 Abs 2 aF gleichgestellt. Im übrigen richteten sich die vielfältigen Rechtsfolgen im wesentlichen danach, wer das Leistungshindernis zu vertreten hatte.

In der zentralen Rolle der Vorschriften über die **Unmöglichkeit** hatte die Schuldrechts- **4** Kommission die **Hauptschwäche des alten Leistungsstörungsrechts** gesehen. Deshalb sollte die Unmöglichkeit nicht nur ihre bisherige Stellung im System verlieren (Abschlußbericht der Schuldrechts-Kommission 120; ebenso die Begr DE, abgedr in: CANARIS, Schuldrechtsmodernisierung 2002, 154 f), vielmehr wurde die Verwendung des Begriffs „Unmöglichkeit" sowohl im Kommissionsentwurf von 1992 als auch im Diskussionsentwurf vom 4. 8. 2000 sogar vollständig vermieden. Die Unmöglichkeit sollte in der Figur der „Pflichtverletzung" aufgehen. Im **Diskussionsentwurf** fand sich die Schadensersatzpflicht gem §§ 280, 325 aF nur im Ergebnis in den §§ 280, 282 DE wieder. § 282 Abs 1 DE legte dabei für das Verlangen von Schadensersatz statt der Leistung als Grundsatz fest, daß zuvor eine angemessene Frist für die Leistung zu setzen sei. § 282 Abs 2 DE ließ aber Ausnahmen vom Grundsatz des Abs 1 zu. Das Erfordernis der Fristsetzung sollte danach zum Beispiel bei offensichtlicher Erfolglosigkeit der Fristbestimmung entfallen, worunter insbesondere die Fälle der Unmöglichkeit zu subsumieren gewesen wären. § 283 DE regelte hingegen den Verzug des Schuldners.

In der **Konsolidierten Fassung** des Entwurfs (KF) v 6. 3. 2001 wurden die Fälle der **5** Unmöglichkeit aus § 282 DE herausgenommen und erhielten mit § 283 KF eine eigene Vorschrift. § 283 KF erhielt unter der Überschrift „*Schadensersatz statt der Leistung bei Ausschluss der Leistungspflicht*" folgende Fassung:

„*Braucht der Schuldner nach § 275 Abs 1 oder 2 nicht zu leisten, kann der Gläubiger unter den Voraussetzungen des § 280 Abs 1 Schadensersatz statt der Leistung verlangen. § 281 Abs 1 Satz 3 und Abs 4 gilt entsprechend.*"

Die „Kommission Leistungsstörungsrecht" sah es mit Recht nicht als zweckmäßig an, die Unmöglichkeit unter § 282 DE zu fassen, da hier die Fristbestimmung sinnlos sei. Aus diesem Grund sollte dieser Fall richtigerweise in einer eigenen Vorschrift geregelt sein. Sachliche Unterschiede sollten sich aber im Vergleich mit § 282 DE dadurch nicht ergeben (CANARIS, Schuldrechtsmodernisierung 2002, 359 Fn 4).

In den **Entwurf der Bundesregierung** (RE) wurde § 283 KF unverändert übernommen **6** (BT-Drucks 14/6040, 7). § 283 RE regelte den Anspruch auf Schadensersatz statt der Leistung für sämtliche Fallgestaltungen des Ausschlusses der Leistungspflicht einschließlich der vorübergehenden Unmöglichkeit. Der einzige Unterschied zu dem Schadensersatzanspruch aus § 281 Abs 1 S 1 RE lag in dem Verzicht auf das Tatbestandsmerkmal der hier sinnlosen Fristsetzung. Voraussetzung war, daß der Schuldner nach § 275 Abs 1 oder 2 RE nicht zu leisten braucht. § 275 Abs 2 RE war dabei als Einrede ausgestaltet, so daß sich der Schuldner erst hierauf berufen muß, um von seiner Leistungspflicht befreit zu werden (vgl § 275 Abs 2 RE, BT-Drucks 14/6040, 6).

§ 283 Abs 1 RE verwies zudem auf die Voraussetzungen des § 280 Abs 1 RE. Dadurch wurde klargestellt, daß die Unmöglichkeit bzw die Einrede nach § 275 Abs 2 erst zu einem Schadensersatzanspruch führt, wenn der Schuldner sich hinsichtlich seines Vertretenmüssens nicht entlasten kann (§ 280 Abs 1 S 2 RE). § 283 S 2 RE regelte die Teilunmöglichkeit und die Unmöglichkeit der Nacherfüllung bei einer Schlechtleistung, was sich aus der Verweisung auf § 281 Abs 1 S 3 RE ergab. Die dort genannten Kriterien sollten bei Unmöglichkeit eines Teils der Leistung oder der Nacherfüllung entsprechend anzuwenden sein.

7 Der **Bundesrat** wies in seiner Stellungnahme zum RegE darauf hin, daß die Folgen eines **vorübergehenden Leistungshindernisses** in § 283 RE nicht ausreichend geregelt seien (BT-Drucks 14/6857, Anl 2 zu Nr 32). Diese Kritik beruhte darauf, daß § 275 Abs 1 RE den Ausschluß der Leistungspflicht auch für die vorübergehende Unmöglichkeit („solange") vorsah. In diesem Fall sei es unangemessen, dem Gläubiger sofort ein umfassendes Recht auf Schadensersatz zuzuerkennen, vor allem wenn der Wegfall des Leistungshindernisses bereits erkennbar sei. Hier könne die Wertung des § 281 Abs 1 S 3 RE herangezogen werden, wonach der Gläubiger vollen Schadensersatz nur verlangen kann, wenn sein Interesse dies erfordert. Der Bundesrat schlug deshalb bezüglich vorübergehender Leistungshindernisse eine Verweisung auf § 281 Abs 1 S 3 vor, der den Schadensersatz bei Teilleistungen regelte. Alternativ könne aber für vorübergehende Leistungshindernisse insgesamt auf § 281 RE verwiesen werden, da dieser ohnehin in den Fällen anwendbar sei, in denen der Schuldner die Einrede gem § 275 Abs 2 RE nicht erhebe, da er auf das baldige Wegfallen des Leistungshindernisses hoffe (Stellungnahme d BR BT-Drucks 14/6857, Anl 2 zu Nr 32). In ihrer **Gegenäußerung** sah die **BReg** die bisherige Regelung der vorübergehenden Unmöglichkeit ebenfalls als unbefriedigend an (BT-Drucks 14/6857, Anl 3 Zu Nr 19).

8 Der **Rechtsausschuß** entschied sich dafür, dem Vorschlag der „Kommission Leistungsstörungsrecht" zu folgen und in § 275 Abs 1 und 2 RE die Worte *„und solange"* zu streichen. Damit sollte die Einordnung vorübergehender Leistungshindernisse wie bislang Rechtsprechung und Wissenschaft überlassen werden (BT-Drucks 14/7052, 208). Damit erledigte sich die Problematik auch für § 283 insofern, als die Norm grds nicht für zeitweilige Leistungshindernisse gilt. Eine Abgrenzung bleibt gleichwohl erforderlich (vgl Rn 24 ff). Im übrigen wurde § 283 RE ohne inhaltliche Änderung an die geänderte Absatz- und Satzfolge in den §§ 275 und 281 angepaßt.

2. Normzweck und systematische Einordnung

a) Unmöglichkeit im System der Pflichtverletzungen
9 Der Schadensersatzanspruch bei Ausschluß der Leistungspflicht nach § 283 ist ein **Unterfall des Schadensersatzes wegen Pflichtverletzung aus § 280 Abs 1**, wie sich aus der Formulierung dieser Vorschrift und der Bezugnahme hierauf in § 283 ergibt. § 283 allein ist keine eigene Anspruchsgrundlage, sondern nur in Verbindung mit der Generalklausel des § 280 Abs 1. Unmittelbar aus § 280 Abs 1 resultieren nur Ansprüche auf Schadensersatz neben der Leistung, *sog „einfacher" Schadensersatz* (§ 280 Rn E 11 f, 16 ff). *Schadensersatz „statt der Leistung"* kann der Gläubiger gem § 280 Abs 3 nur unter den zusätzlichen Voraussetzungen der §§ 281 ff entsprechend der jeweiligen Leistungsstörung verlangen. Diese Regelungstechnik der §§ 280 ff erscheint für den Fall der Unmöglichkeit jedoch zunächst unpassend: Im Fall der

Unmöglichkeit kann definitionsgemäß die Primärleistung nicht mehr erbracht werden, so daß der Schadensersatz immer an die Stelle der Leistung tritt. Für diese Art der Leistungsstörung gibt es dementsprechend keinen „einfachen" Schadensersatz, der ausschließlich über § 280 Abs 1 abzuwickeln wäre.

Es erscheint demzufolge fragwürdig, getreu dem Wortlaut des § 280 Abs 3 in § 283 **10** „**zusätzliche Voraussetzungen**" für einen Schadensersatzanspruch statt der Leistung zu sehen (so auch AnwaltKomm/DAUNER-LIEB Rn 4). Der nachträgliche Ausschluß der Leistungspflicht bildet aber den notwendigen gedanklichen Anknüpfungspunkt, um überhaupt eine Pflichtverletzung iS des § 280 Abs 1 annehmen zu können. Die Zurückverweisung auf „die Voraussetzungen des § 280 Abs 1" kann man daher nur als Klarstellung verstehen, „daß die Unmöglichkeit bzw die Einreden nach § 275 Abs 2 u 3 doch zu einem Schadensersatzanspruch führen, wenn der Schuldner sich hinsichtlich des Vertretenmüssens nicht entlasten kann" (Begr RegE BT-Drucks 14/6040, 142). Sie dient insofern einerseits dazu, zu verdeutlichen, daß in den Fällen der Unmöglichkeit die Fristsetzung entbehrlich ist, und andererseits schafft sie für den Rechtsanwender einen Anhaltspunkt dafür, worin in diesem Fall die Pflichtverletzung zu sehen ist.

Dennoch ist zweifelhaft, was genau im Rahmen des § 283 die **Pflichtverletzung** des **11** Schuldners darstellt (vgl hierzu § 280 Rn C 4). In der bloßen Nichterbringung der Leistung eine Pflichtverletzung zu sehen, fällt schwer, weil § 275 den Schuldner gerade von seiner Pflicht befreit, die Primärleistung zu erbringen. So hat der Gesetzgeber bei anfänglichen Leistungshindernissen ausdrücklich festgestellt, daß hier ein Schadensersatzanspruch nicht aus der Verletzung der nach § 275 ausgeschlossenen Leistungspflicht folge (Begr RE BT-Drucks 14/6040, 165). **Eine Ansicht im Schrifttum** sieht aus diesem Grund die Pflichtverletzung des Schuldners bei § 283 genau wie im Fall des § 311a Abs 2 in der *Nichterfüllung des Leistungsversprechens* (AnwaltKomm/ DAUNER-LIEB Rn 2). **Andere** betrachten das „*Unmöglichmachen der Leistung*" durch den Schuldner, dh das Herbeiführen von Umständen, die eine Befreiung nach § 275 zur Folge haben, bzw das Nichtabwehren des nachträglichen Leistungshindernisses, als Pflichtverletzung (SCHAPP JZ 2001, 583, 586; vWILMOWSKY Beil zu JuS Heft 1/2002, 14; SCHWAB JuS 2002, 1, 3). Von der Leistungspflicht sei der Schuldner gem § 275 befreit und eine Pflicht, welche nicht mehr besteht, könne der Schuldner dieser Ansicht zufolge nicht verletzen. **Einige** vertreten dennoch die Auffassung, im Fall des § 283 bestehe die Pflichtverletzung ganz einfach darin, *daß die geschuldete Leistung nicht erbracht werde* (CANARIS JZ 2001, 499, 512; SCHWARZE Jura 2002, 73, 79). An dieser Begriffsbildung kann man zu Recht bemängeln, daß man von Pflichtverletzung bislang nur hinsichtlich eines *Verhaltens* des Schuldners sprach und daß sich die Nichtleistung infolge Unvermögens, Unmöglichkeit oder ähnlicher Leistungshindernisse schwerlich als Fehlverhalten des Schuldners begreifen läßt, ohne zuvor seine ursächliche Verantwortlichkeit geprüft zu haben (SCHWARZE Jura 2002, 73, 79). CANARIS hatte deshalb vorgeschlagen, die Nichterfüllung in § 280 Abs 1 ausdrücklich neben der Pflichtverletzung aufzuführen (JZ 2001, 499, 523).

Die verschiedenen Sichtweisen gelangen vor allem **im Rahmen der Darlegungs- und 12** **Beweislast zu unterschiedlichen Ergebnissen.** Da nach der zweiten Ansicht, welche die Pflichtverletzung in dem „Unmöglichmachen der Leistung" sieht, die Gründe für den Ausschluß der Leistungspflicht bereits im Rahmen der Pflichtverletzung relevant sind, muß der Gläubiger diese bzw ein entsprechendes Fehlverhalten des Schuldners darlegen und beweisen. § 280 Abs 1 S 2 ordnet nämlich eine Beweislastumkehr nur hinsichtlich des Vertretenmüssens, nicht aber in Bezug auf das Vorliegen einer Pflichtverletzung an. Die Umstände, die zum Ausschluß der Leistungspflicht führen, liegen aber oftmals in der Sphäre des Schuldners, so daß es für den Gläubiger schwierig wird, seiner Darlegungs- und Beweislast nachzukommen (Faust, in: Huber/ Faust, Schuldrechtsmodernisierung Rn 3/120). Nach den beiden anderen Auffassungen muß der Gläubiger hingegen nur den Ausschluß der Leistungspflicht beweisen. Die Gründe, welche zur Unmöglichkeit geführt haben, spielen lediglich im Rahmen des Vertretenmüssens eine Rolle und müssen vom Schuldner dargelegt und bewiesen werden. Dies entspricht der bisherigen Beweislastverteilung gem §§ 282, 285 aF.

13 Mit dem **Gesetzeswortlaut** vereinbar ist nur die Ansicht, nach der die Pflichtverletzung des Schuldners in der Herbeiführung der Unmöglichkeit liegt (Faust, in: Huber/ Faust, Schuldrechtsmodernisierung Rn 3/121; Otto Jura 2002, 1, 5; vgl auch Schapp JZ 2001, 583, 586). Für die Auffassung, welche die Pflichtverletzung in der bloßen Nichtleistung sieht, spricht jedoch das **Verschuldensprinzip** und der erklärte **Wille des Gesetzgebers:** In der Begründung des RegE heißt es ausdrücklich, daß die Pflichtverletzung iS von § 280 Abs 1 im Falle des Ausschlusses der Leistungspflicht „ganz einfach" darin zu sehen sei, daß die geschuldete Leistung nicht erbracht werde; erst im Rahmen des Vertretenmüssens sei danach zu fragen, ob der Schuldner die Unmöglichkeit durch sein Verhalten herbeigeführt habe (BT-Drucks 14/6040, 135 f). Dem Gesetzgeber ging es folglich in erster Linie um die Schaffung einer einheitlichen Anspruchsgrundlage für alle Schadensersatzansprüche, nicht um die Pflichtverletzung als eigene Anspruchsvoraussetzung. Deshalb ist § 283 nicht als eigene Anspruchsgrundlage ausgestaltet, sondern lediglich als Ergänzung zu § 280 Abs 1 (Faust, in: Huber/Faust, Schuldrechtsmodernisierung Rn 3/121). Aufgrund des deutlichen Willens des Gesetzgebers ist die Pflichtverletzung in den Fällen des § 283 demnach trotz der verständlichen Bedenken darin zu sehen, daß die geschuldete Leistung nicht erbracht wird.

b) **Erforderlichkeit einer eigenständigen Regelung**

14 Wie bereits dargestellt, hatte man zu Beginn des Gesetzgebungsverfahrens für die Unmöglichkeit **zunächst keine eigene Regelung vorgesehen**, sondern sie mit den anderen Leistungsstörungen in einer Vorschrift zusammengefaßt (vgl § 282 DE oben Rn 4). Dabei ging man von dem Grundsatz aus, daß der Erfüllungsanspruch vorrangig gegenüber dem Anspruch auf Schadensersatz ist. Der Gläubiger muß daher bei Ausbleiben der Leistung dem Schuldner grundsätzlich zunächst eine Frist zur Nacherfüllung setzen, bevor er Schadensersatz verlangen kann. In den praktisch seltenen Fällen, in denen das Ausbleiben der Leistung auf Unmöglichkeit beruht, ist das Erfordernis einer Fristsetzung für den Anspruch auf Schadensersatz statt der Leistung sinnlos. § 283 sieht daher für diese Fälle einen **Schadensersatzanspruch ohne vorherige Fristsetzung** vor.

15 Dennoch wird die Ansicht vertreten, § **283** sei **als Sondervorschrift** für die Unmöglichkeit **überflüssig** (Palandt/Heinrichs Rn 2; Bamberger/Roth/Grüneberg Rn 1). Wenn die Voraussetzungen des § 283 vorlägen, seien notwendig **zugleich** die des § **281 erfüllt.** Die Entbehrlichkeit der Fristsetzung ergebe sich dabei aus § 281 Abs 2 2. Alt; denn in der Unmöglichkeit der Leistungserbringung für den Schuldner könne durchaus ein besonderer Umstand gesehen werden, der unter Abwägung der beiderseitigen Interessen die sofortige Geltendmachung des Schadensersatzanspruchs rechtfertigen würde. Als weiteres Argument für die Überflüssigkeit des § 283 wird angeführt, daß die Unmöglichkeit, soweit es um Schäden ginge, die nach § 280 Abs 1 zu ersetzen seien, ohne Sonderregelungen ebenso wie andere Pflichtverletzungen behandelt werde. Deshalb sei es nicht konsequent, für sie beim Schadensersatz statt der Leistung eine eigene Regelung vorzusehen (PALANDT/HEINRICHS Rn 2, dortiges Beispiel aber zweifelhaft: die Nichtlieferung führt zu Folgeschäden an anderen Rechtsgütern, vor allem aber bei irreparablen Sachmängeln; vgl § 280 Rn E 26 ff) Dem ist jedoch entgegenzuhalten, daß es im Falle der Unmöglichkeit gerade keinen „einfachen" Schadensersatz geben kann, sondern nur Schadensersatz „statt der Leistung" (vgl hierzu bereits Rn 9). Die Entbehrlichkeit der Fristsetzung erfordert in diesen Fällen ebenso wie bei § 282 keine Abwägung, sondern ist immer zu bejahen. § 281 Abs 2 ist aber eine Ausnahmevorschrift und kein Regelfall für die Unmöglichkeit. Bei § 283 handelt es sich somit um eine Ausnahme vom Grundsatz des Vorrangs des Erfüllungsanspruchs, welcher in der Regelung des § 281 zum Ausdruck kommt. Aufgrund dieser Besonderheiten erscheint eine eigene Regelung durchaus sinnvoll.

c) Verhältnis zu § 311a Abs 2

§ 283 erfaßt lediglich den Ausschluß der Leistungspflicht nach Entstehung des An- **16** spruchs aufgrund eines Rechtsgeschäfts oder kraft Gesetzes. Ist ein Vertrag von Anfang an auf eine Leistung gerichtet, die gem § 275 nicht erbracht zu werden braucht, greift für die Schadensersatzhaftung des Schuldners gem **§ 311a Abs 2** ein (vgl STAUDINGER/LÖWISCH [voraussichtlich 2006] § 311a). Der Gesetzgeber begründet die Trennung dieser beiden Fälle und daher die gesonderte Einführung einer Anspruchsgrundlage insbes für die **anfängliche Unmöglichkeit** dogmatisch damit, daß der Anspruch auf das positive Interesse im Fall des § 311a Abs 2 aus der Nichterfüllung des – nach § 311a Abs 1 wirksamen – Leistungsversprechens folge und nicht etwa aus der nach § 275 RE ausgeschlossenen Leistungspflicht (vgl BT-Drucks 14/6040, 165), also nicht wie bei §§ 283, 280 aus der Verletzung der entstandenen Leistungspflicht.

d) Verhältnis des Schadensersatzanspruchs zum Rücktritt

Unter denselben Voraussetzungen, die § 283 an einen Schadensersatzanspruch stellt, **17** kann der Gläubiger vom Vertrag nach § 326 Abs 5 zurücktreten, wenn der Schuldner gem § 275 Abs 1 bis 3 nicht zu leisten braucht, sieht man von der fehlenden Entlastungsmöglichkeit ab (vgl STAUDINGER/OTTO [2004] § 326 Rn F 1 ff). Zudem verweist § 326 Abs 5 HS 2 auf § 323, welcher die Parallelnorm zu § 281 im Rücktrittsrecht ist. Aufgrund der Neuregelung durch § 325 kann der Gläubiger im Gegensatz zum alten Recht Schadensersatz statt der Leistung und Rücktritt miteinander kombinieren (vgl hierzu STAUDINGER/OTTO [2004] § 325 sowie § 280 Rn E 63 ff). Er hat folglich idR **drei Möglichkeiten:** Er kann *Schadensersatz statt der Leistung* verlangen, *vom Vertrag zurücktreten* oder *Schadensersatz und Rücktritt kumulieren.* Der Anspruch auf die Gegenleistung erlischt dabei – abgesehen vom Fall der nicht behebbaren Schlechterfüllung – bereits ipso iure gem § 326 Abs 1 S 1. Zusätzlich ist noch an das Vorgehen gem § 284 an Stelle des § 283 zu denken, wenn der Anspruch auf Aufwendungsersatz dem Interesse des Gläubigers eher entspricht (dazu Rn 73).

II. Tatbestandsvoraussetzungen

1. Schuldverhältnis

18 Ebenso wie die Schadensersatzansprüche aus § 280 iVm § 281 oder § 282 setzt auch § 283 *erstens* das Bestehen eines Schuldverhältnisses voraus (dazu § 280 Rn B 1 ff). § 283 gilt für alle bereits bestehenden Schuldverhältnisse ohne Rücksicht auf ihren Entstehungsgrund und unabhängig davon, ob es sich um ein einseitiges bzw zweiseitiges Schuldverhältnis handelt oder um einen einzelnen Anspruch aus einem gegenseitigen Vertrag. Erforderlich ist jedoch *zweitens*, daß das Schuldverhältnis einen Anspruch auf eine Leistung zum Gegenstand hat, da ansonsten ein Schadensersatzanspruch statt der Leistung nicht in Betracht kommt.

2. Nachträglicher Ausschluß der Leistungspflicht gem § 275

19 Weitere Voraussetzung für einen Anspruch aus § 283 ist, daß der Schuldner nach § 275 Abs 1 bis 3 von seiner Leistungspflicht frei geworden ist. § 275 enthält drei Befreiungstatbestände: die **objektive und subjektive Unmöglichkeit (Abs 1)**, den **unzumutbaren Leistungsaufwand (Abs 2)** und die **persönliche Unzumutbarkeit (Abs 3)**. Gem § 275 Abs 1 entfällt die Leistungspflicht des Schuldners ipso iure, dh es handelt sich um eine von Amts wegen zu berücksichtigende Einwendung. Die Abs 2 und 3 sind hingegen als Einrede ausgestaltet, dh hier muß sich der Schuldner auf sein Leistungsverweigerungsrecht berufen. Der Anwendungsbereich des § 283 deckt sich weitgehend mit dem des § 275, jedoch greift § 283 nur ein, wenn das zum Ausschluß der Leistungspflicht führende Hindernis **nach Begründung des Schuldverhältnisses** eingetreten ist. Für die Fälle des *anfänglichen* Ausschlusses der Leistungspflicht bildet § 311a Abs 2 die Anspruchsgrundlage (dazu ie Erl zu § 311a).

20 Unter welchen Voraussetzungen ein Ausschluß der Leistungspflicht gem § 275 Abs 1 bis 3 vorliegt, ist im einzelnen den Erl zu § 275 zu entnehmen (STAUDINGER/LÖWISCH § 275 Rn 7 ff). Hervorzuheben ist an dieser Stelle lediglich folgendes:

a) Der Ausschluß ipso iure im Fall der Unmöglichkeit
aa) Fallgruppen der Unmöglichkeit

21 Der Begriff der Unmöglichkeit iS des § 275 Abs 1 meint in Abgrenzung zu Abs 2 tatsächliche und rechtliche Leistungshindernisse, die nicht durch den Einsatz finanzieller Mittel beseitigt werden können (vgl hierzu § 280 Rn C 8 ff). Die Sachverhalte, die nach bisheriger Rechtslage der **nachträglichen objektiven Unmöglichkeit** zugeordnet wurden, fallen auch künftig hierunter. So stellen zB das absolute Fixgeschäft, der Zweckfortfall und die Zweckerreichung, bei denen der Leistungserfolg ohne Zutun des Schuldners eintritt und die Leistung deswegen nachträglich unmöglich wird, Fälle des § 275 Abs 1 dar (vgl M SCHULTZ, in: WESTERMANN, Das Schuldrecht 2002, 25). Nach altem Recht faßte man hierunter auch die **„praktische" bzw „faktische" Unmöglichkeit**, welche anzunehmen ist, wenn die Leistung zwar theoretisch erbracht werden kann, der damit verbundene Aufwand aber in einem offensichtlichen Mißverhältnis zu ihrem Wert steht (PALANDT/HEINRICHS[61] § 275 aF Rn 8). Klassisches Schulbeispiel hierfür ist der Ring auf dem Meeresboden. **Entgegen der hM** (CANARIS JZ 2001, 501 mit Fn 25; SCHWARZE Jura 2002, 73, 75 ff; LORENZ/RIEHM Schuldrecht Rn 301) und der Gesetzesbegründung (BT-Drucks 14/6040, 129 f), die diese Fälle unter § 275 Abs 2 einordnet, wird man sich hier auch weiterhin für die objektive Unmöglichkeit iS des § 275 Abs 1 entscheiden dürfen (vgl STAUDINGER/LÖWISCH § 275 Rn 19; OTTO Jura 2002, 1, 3).

Die **nachträgliche subjektive Unmöglichkeit, das sog Unvermögen**, führt ebenfalls zum **22** Ausschluß der Leistungspflicht gem § 275 Abs 1. Kann der Schuldner nicht leisten, sondern nur irgendein Dritter, wird der Schuldner von seiner Pflicht zur Leistungserbringung frei. Bereits nach altem Recht war fraglich, ob Unvermögen iS des § 275 aF auch vorliegt, wenn der Dritte als Eigentümer des zu leistenden Gegenstandes bereit ist, den Gegenstand zum Marktpreis oder zu einem möglicherweise erheblich darüber liegenden Preis wieder herauszugeben (SOERGEL/WIEDEMANN § 275 aF Rn 53 f; MünchKomm/EMMERICH § 275 aF Rn 73 ff), oder ob dies unter dem Gesichtspunkt der Opfergrenze eher als Wegfall der Geschäftsgrundlage einzuordnen war (STAUDINGER/LÖWISCH [2001] § 275 aF Rn 10; ERMAN/BATTES Vor § 275 aF Rn 29; BREHM JZ 1987, 1089; vgl hierzu § 280 Rn C 9). In derartigen Beschaffungsfällen könnte der Schuldner die Leistung erbringen, wenn er einen sehr hohen Aufwand tätigen würde. Man sprach hier bisher von **„wirtschaftlicher Unzumutbarkeit"**, wenn der Aufwand zur Beseitigung des Leistungshindernisses unverhältnismäßig war (vgl hierzu BGH LM § 537 BGB Nr 44; OLG Karlsruhe NJW-RR 1995, 849 f). CANARIS ordnet diese Fälle weiterhin dem Wegfall der Geschäftsgrundlage zu (CANARIS JZ 2001, 499, 501). Nach neuem Recht werden diese Fälle jedoch wohl eher von **§ 275 Abs 2** erfaßt, welcher vom Aufwand des Schuldners spricht und dabei immaterielle Interessen einbezieht (so auch M SCHULTZ, in: WESTERMANN, Das Schuldrecht 2002, 26 f, 36 ff; ausführlicher Rn 31).

Die Sachverhalte, in denen der Schuldner die **Leistung persönlich zu erbringen hat** und **23** ihm diese wesentlich erschwert wird, fallen zum Großteil nicht mehr unter die nachträgliche Unmöglichkeit iS des § 275 Abs 1, sondern sind als **persönliche Unzumutbarkeit iS des § 275 Abs 3** einzuordnen. Damit verbleiben für § 275 Abs 1 nur noch diejenigen Fälle, in denen der Schuldner zwar persönlich leisten muß, aber überhaupt nicht mehr leisten kann, zB bei Erblindung des Malers, Berufsverbot des Anwalts (vgl weitere Beispiele in STAUDINGER/LÖWISCH § 275 Rn 89 ff; M SCHULTZ, in: WESTERMANN, Das Schuldrecht 2002, 27 Fn 38).

bb) Zeitweilige Unmöglichkeit

Die Unmöglichkeit, welche zum Ausschluß der Leistungspflicht gem § 275 Abs 1 **24** führt, muß grundsätzlich **endgültig** sein. Die Behandlung der **zeitweiligen Unmöglichkeit** ist umstritten. Von ihr spricht man, wenn die Leistung zum Zeitpunkt der Fälligkeit vom Schuldner nicht zu erbringen ist, dies aber zukünftig möglich werden kann (FAUST, in HUBER/FAUST, Schuldrechtsmodernisierung Rn 8/1; EHMANN/SUTSCHET, Modernisiertes Schuldrecht 55; Beispiele hierfür bei ARNOLD JZ 2002, 866). Im **alten Recht** wurde die vorübergehende Unmöglichkeit nicht konsequent einem Leistungsstörungstyp zugeordnet, sondern man differenzierte danach, ob der Schuldner das vorübergehende Leistungshindernis zu vertreten hatte oder nicht. Bei vom Schuldner zu vertretender zeitweiliger Unmöglichkeit wurden allein die Regeln über den Verzug angewendet (STAUDINGER/LÖWISCH [2001] Vorbem 12 zu §§ 284–292 aF; PALANDT/HEINRICHS61 § 275 aF Rn 17). Im Falle der vom Schuldner nicht zu vertretenden vorübergehenden Unmöglichkeit sollte dieser dagegen von seiner Leistungspflicht befreit sein (MünchKomm/EMMERICH § 275 aF Rn 33 ff; PALANDT/HEINRICHS61 § 275 aF Rn 17). Teilweise begründete man die Suspendierung von der Leistungspflicht direkt mit § 275 aF: Die Befreiung von der Leistungspflicht, *soweit* diese unmöglich werde, meine nicht nur die Teilunmöglichkeit, sondern auch die vorübergehende Unmöglichkeit (ERMAN/BATTES § 275 aF Rn 10; STAUDINGER/LÖWISCH [2001] § 275 aF Rn 33). Im **Gesetzgebungsverfahren** zur Schuldrechtsmodernisierung wurde das Problem der Einordnung der zeitweiligen Unmöglichkeit leider nicht gelöst. Die Behandlung des vorübergehenden Leistungshindernisses, das noch in § 275 RE geregelt war, bleibt auf Vorschlag der „Kommission Leistungsstörungsrecht" nach wie vor der Wissenschaft und Rspr überlassen (vgl hierzu Rn 8).

25 Nach **neuem Recht** führt die zeitweilige Unmöglichkeit dazu, daß der Schuldner für die Zeit der Unmöglichkeit – aber auch *nur solange* – von seiner Leistungspflicht gem § **275 Abs 1** befreit wird. Dies gilt unabhängig davon, ob er das Leistungshindernis zu vertreten hat (WIESER MDR 2002, 858, 861; ARNOLD JZ 2002, 866, 868; FAUST, in: HUBER/FAUST, Schuldrechtsmodernisierung Rn 8/11; vgl auch STAUDINGER/LÖWISCH § 275 Rn 42; aA PALANDT/ HEINRICHS § 275 Rn 10). Daraus kann jedoch noch nicht die uneingeschränkte Anwendbarkeit des § 283 bezüglich eines Schadensersatzanspruches des Gläubigers in derartigen Fällen gefolgert werden. Da der Schuldner nur für einen gewissen Zeitraum nicht leisten kann, bei Wegfall des Leistungshindernisses aber dazu wieder in der Lage ist, kommt zunächst ein **Schadensersatzanspruch** wegen Verzögerung der Leistung **gem §§ 280 Abs 1, 2 und 286** in Betracht. § 286 verlangt jedoch einen fälligen Anspruch; hieran fehlt es aber, solange der Schuldner gem § 275 Abs 1 nicht leisten muß. Aus diesem Grund liegen auch andere Verzugsvoraussetzungen nicht vor: Eine Mahnung, ein festgesetzter Leistungstermin oder die 30-Tage-Frist des § 283 Abs 3 sind sinnlos, weil der Schuldner gerade nicht zur Leistung verpflichtet ist (FAUST, in: HUBER/FAUST, Schuldrechtsmodernisierung Rn 8/13).

Da der Schuldner nicht zu leisten braucht, solange das Leistungshindernis besteht, sind die Voraussetzungen des § **283** grundsätzlich erfüllt, so daß sich hieraus ein Schadensersatzanspruch ergeben könnte. Schadensersatz *„statt der Leistung"* könnte in diesem Fall als Schadensersatz *„statt der rechtzeitigen Leistung"* zu verstehen sein. Dagegen spricht jedoch, daß dadurch die Grenzen zwischen Schadensersatz statt der Leistung und Schadensersatz wegen Verzögerung der Leistung verwischt würden (so auch FAUST, in: HUBER/FAUST, Schuldrechtsmodernisierung Rn 8/13; ARNOLD JZ 2002, 866, 868). Zudem könnte der Gläubiger gem §§ 280 Abs 1, 3 und 283 Schadensersatz ohne eine vorherige Fristsetzung verlangen, was für den Schuldner eine unbillige Härte darstellen würde, falls mit einer baldigen Behebung des Leistungshindernisses zu rechnen wäre (HUBER I 110).

Ferner wird als Anspruchsgrundlage für einen Schadensersatzanspruch des Gläubigers § **280 Abs 1** diskutiert, wobei die Pflichtverletzung in der zu vertretenden Herbeiführung des vorübergehenden Leistungshindernisses läge (so FAUST, in: HUBER/ FAUST, Schuldrechtsmodernisierung Rn 8/15). Allerdings ist § 280 Abs 1 gegenüber § 280 Abs 2 und 3 subsidiär, welche die Leistungsverzögerung und den Ausschluß der Leistungspflicht ausdrücklich regeln. Zudem betrifft § 280 Abs 1 den Schadensersatz *neben* der Leistung, hier handelt es sich aber um den Schadensersatz *statt* der Leistung wegen der Verletzung einer Hauptpflicht.

Ebenso ist die Ansicht abzulehnen, welche die zeitweilige Unmöglichkeit wie eine Teilunmöglichkeit behandelt und aus diesem Grund Schadensersatzansprüche und Rücktrittsrecht davon abhängig macht, daß der Gläubiger kein Interesse an der spä-

teren Leistung hat (so FAUST, in: HUBER/FAUST, Schuldrechtsmodernisierung Rn 8/9 f). Der
Gläubiger könnte danach ohne Fristsetzung Schadensersatz verlangen oder zurücktreten. Hierbei bleibt jedoch das Interesse des Schuldners an einer angemessenen
Wartefrist unberücksichtigt. Zudem erhält der Gläubiger in den Fällen der Teilunmöglichkeit, welche vorrangig im Rahmen von Dauerschuldverhältnissen vorkommen, zumindest einen Teil der Leistung, während er bei der zeitweiligen Unmöglichkeit zunächst nichts erhält. Somit ist die Situation mit der des Verzugs und der in
§ 281 erwähnten Erfüllungsverweigerung vergleichbar. Zum Schicksal der Gegenleistungspflicht und zum Rücktrittsrecht in diesen Fällen wird auf STAUDINGER/OTTO
(2004) § 326 Rn B 22 ff verwiesen.

Bei einem zeitweiligen Ausschluß der Leistungspflicht wird man daher eher zu einem **26**
vertretbaren Ergebnis gelangen, wenn man das Recht des Gläubigers, Schadensersatz
statt der Leistung geltend zu machen, nach Treu und Glauben einschränkt. In diesen
Fällen ist die Leistung schließlich nachholbar, so daß das sofortige Geltendmachen
der Totalrechte nicht angemessen ist. Der Gläubiger kann erst Schadensersatz verlangen, wenn er dem Schuldner **analog §§ 281 Abs 1 S 1, 323 Abs 1 S 1 erfolglos eine**
angemessene Frist zur Leistung bestimmt hat (so auch WIESER MDR 2002, 858, 861; ARNOLD
JZ 2002, 866, 869). Die Fristsetzung ist analog §§ 281 Abs 2 S 1, 323 Abs 2 Nr 3 entbehrlich, wenn nicht damit gerechnet werden kann, daß das Leistungshindernis innerhalb einer angemessenen Frist behoben wird. Hingegen verlangt CANARIS bei vorübergehender Unmöglichkeit nur im Falle des Rücktritts die Einhaltung einer Frist
gem § 323; begehre der Gläubiger Schadensersatz seien §§ 311a Abs 2, 283 uneingeschränkt anwendbar (JZ 2001, 499, 515 f). Ein Grund für diese unterschiedliche Behandlung ist jedoch nicht ersichtlich.

Die zeitweilige Unmöglichkeit ist der dauernden aber dann gleichzustellen, wenn die **27**
Erreichung des Vertragszwecks durch das zeitweilige Leistungshindernis derart gefähr-
det wird, daß dem Vertragsgegner nach Treu und Glauben unter billiger Abwägung
der beiderseitigen Interessen die Einhaltung des Vertrages nicht zugemutet werden
kann (RGZ 105, 279; BGHZ 83, 19). Ist die Beseitigung des Leistungshindernisses ungewiß, wird idR ebenfalls ein dauernder Ausschluß der Leistungspflicht iS des § 275
Abs 1 anzunehmen sein (vgl näher STAUDINGER/LÖWISCH § 275 Rn 42 ff und STAUDINGER/OTTO
[2004] § 326 Rn B 22 ff).

cc) Teilweise Unmöglichkeit
Ist die Leistung **nur teilweise unmöglich**, so kommt § 275 Abs 1 nur bezüglich des **28**
betreffenden Teils zur Anwendung, was durch die Formulierung „soweit" in § 275
Abs 1 (und 2) klargestellt wird (STAUDINGER/LÖWISCH § 275 Rn 48 ff). Voraussetzung
hierfür ist, daß die Leistung tatsächlich und rechtlich teilbar ist. Dies ist zwar weniger
für § 275 als für die Geltendmachung von Sekundäransprüchen entscheidend, denn
Schadensersatz gem §§ 280 Abs 1 und 3, 283 kann grundsätzlich nur wegen des
unmöglich gewordenen Teils geltend gemacht werden. Ebenso entfällt die Pflicht
zur Gegenleistung gem § 326 Abs 1 nur zum Teil (vgl ausführlich STAUDINGER/OTTO [2004]
§ 326 Rn B 26 ff).

Nach alter Rechtslage war **vollständige Unmöglichkeit** iS des § 323 aF auch bei nach **29**
objektiver Betrachtung teilbaren Leistungen ohne weiteres denkbar (aA STAUDINGER/
LÖWISCH [2001] § 275 aF Rn 43 unter Berufung auf KAISER 143 ff mwNw; HUBER II 416 ff). Maß-

geblich für die Beurteilung einer solchen war nämlich weder die Teilbarkeit iS des
§ 420 noch die grundsätzliche Blockade teilweiser Erfüllungshandlungen durch § 266.
Entscheidend war nach ganz hM vielmehr der zum Vertragsinhalt gewordene einheitliche Leistungszweck. War somit eine Leistung nur in ihrer Vollendung *für den
Gläubiger von Interesse*, so lag vollständige Unmöglichkeit trotz teilweise möglich
gebliebener Erfüllungshandlungen vor (RG WarnR 1925 Nr 21; COING SJZ 1949, 531 ff, 534;
PLANCK/SIBER § 323 aF Anm 2 b). SCHERNER JZ 1971, 534 sprach von „qualifizierter"
Teilnichterfüllung, KAISER aaO kritisch von „Quasi-Vollunmöglichkeit". Evident
war dies, wenn der Schuldner dem Gläubiger nur den Besitz, nicht aber das Eigentum
verschaffen konnte (RGZ 170, 257, 259; BGH NJW-RR 1999, 346 mwNw). Dasselbe sollte im
Verhältnis von Eigentumsverschaffung und geschuldeter Lastenfreiheit gelten (BGH
NJW 2000, 1256 = LM § 325 BGB Nr 32 m Anm MARLENE SCHMIDT = JZ 2000, 623 m insoweit zust
Anm ERNST [Eigentumswohnung unter Sozialbindung]). Eine Kaufsache war danach unteil-
bar, wenn sie (technisch) nicht zerlegbar ist *oder* nach dem übereinstimmenden
Willen der Beteiligten als unteilbar behandelt werden soll (BGH NJW-RR 1990, 1462,
1464 [für die Lieferung eines Industrieroboters ohne den versprochenen moderneren Greifarm];
BGH NJW-RR 1996, 1745 [Kombination von Hard- u Software als „Leistung aus einem Guß"]).
Hiervon ist allerdings bei der Vereinbarung der Lieferung eines Computers und von
Standard-Software in getrennten Urkunden nicht auszugehen (BGH NJW 1987, 2004,
2007). Bei der Vermietung einer Lagerhalle konnte die zu geringe Nutzfläche als
Vollunmöglichkeit einzuordnen sein (so OLG Hamm NJW-RR 1998, 152). Vollständige
Unmöglichkeit war auch zu bejahen, wenn jemand vier zusammengehörige Pferde als
Gespann kauft und ein Tier eingeht (vgl TITZE, Unmöglichkeit 48 ff) oder wenn bei einem
Reiseveranstaltungsvertrag die von einer Familie gebuchte Ferienreise an der Impf-
unfähigkeit eines Familienmitglieds scheitert (BGHZ 60, 14). Deshalb lag auch bei
einer unterbrochenen Theater- oder Opernvorstellung nicht etwa nur eine teilweise
Unmöglichkeit im Rechtssinne vor (anders FESSMANN für die Oper NJW 1983, 1164, 1166 f).
Demgegenüber nahm der BGH bei einer auf zwei Wochen angesetzten Überwachungstätigkeit eines Detektivbüros aufgrund eines Dienstvertrages, die an der Un-
geschicklichkeit eines Detektivs scheiterte, lediglich eine Teilunmöglichkeit an, weil
die teilweise Erfüllung des Vertrages bereits erfolgreich hätte sein können (NJW 1990,
2550 f). Auch eine Aufspaltung eines gemischten Vertrages mit den Elementen Kauf
hinsichtlich Hardware und Standard-Software sowie Werkvertrag hinsichtlich Spe-
zial-Software hat der BGH bejaht (NJW 1990, 3011, 3012 f; s auch OLG Köln VersR 1999, 1154
[fehlende Programmbeschreibung u -anleitung bei computergesteuerter Drehmaschine als Teilun-
möglichkeit]).

30 Allein durch die großzügige Bejahung der vollen Unmöglichkeit wurde es erträglich,
daß der Gläubiger ansonsten bei nicht zu vertretender Teilunmöglichkeit die noch
mögliche Teilleistung annehmen und vergüten mußte, ohne zurücktreten zu können
(vgl STAUDINGER/OTTO [2001] § 323 aF Rn 23; KRESS, AllgSchR 409 f). Eine solche Begründung
kann aber **nach neuer Rechtslage** jedenfalls insoweit nicht mehr überzeugen, als sie
auf ein *fehlendes Gläubigerinteresse* gestützt wird (vgl die Problematik zu § 325 Abs 1 S 2 aF
schon in STAUDINGER/OTTO [2001] § 325 aF Rn 114 bzw zu dessen analoger Anwendung § 323
Rn 40). Schließlich kann der Gläubiger nunmehr sowohl bei vom Schuldner zu vertretender (vgl § 325 Abs 1 S 2 aF) als auch bei nicht zu vertretender Teilunmöglichkeit
vom gesamten Vertrag zurücktreten, wenn er an der möglich gebliebenen Teilleistung
kein Interesse hat (§§ 326 Abs 5, 323 Abs 5 S 1); letzteres muß zwar objektiv feststellbar,
aber nicht bei Vertragsschluß erkennbar gewesen sein (vgl STAUDINGER/OTTO [2004] § 323

Rn B 112, 128). Auch Schadensersatz statt der ganzen Leistung kann bei fehlendem Interesse gefordert werden (§ 283 iVm § 281 Abs 1 S 2). Es genügt die vertragliche Vereinbarung der Gesamtleistung. In diesem Rahmen besteht daher bei gegenseitigen Verträgen idR kein Grund mehr, die Teilunmöglichkeit einer vollständigen Unmöglichkeit gleichzustellen (Staudinger/Löwisch § 275 Rn 49; MünchKomm/Ernst § 275 Rn 127). Eine Gleichstellung mit vollständiger Unmöglichkeit käme allenfalls dann in Betracht, wenn das Interesse des Gläubigers selbst den Verzicht auf eine Rücktrittserklärung erforderlich machte. Ein derartiges Überwiegen des Gläubigerinteresses gegenüber dem Rechtssicherheitsbedürfnis des Schuldners wird idR ausscheiden (vgl Wieser MDR 2002, 858, 861). Das mit der objektiven Betrachtung in Widerspruch stehende Gläubigerinteresse kann deshalb nur noch ganz ausnahmsweise für die Feststellung der Vollunmöglichkeit bzw für die Frage nach der Teilbarkeit der Leistung relevant sein.

Anders zu behandeln ist freilich die Konstellation, in der die Gleichstellung mit der Vollunmöglichkeit mit dem Fortfall eines *vertraglichen Interesses des Schuldners* begründet wird. Hieran muß nach neuer Rechtslage festgehalten werden, weil dem Schuldner das Instrument des Rücktritts nicht zur Verfügung steht. Das Interesse gerade des Schuldners an einer ungeteilten Leistung muß jedoch ebenfalls Vertragsinhalt geworden sein. Insofern kann der Parteiwille selbst bei verbundenen Verträgen mit verschiedenen Vertragsparteien (s BGH NJW 1976, 1931; BGH WM 1984, 140, 141 f) auch in Zukunft von Bedeutung sein. Ein in diesem Sinn einheitlicher Vertrag kann nicht in einen durchführbaren und einen zu liquidierenden Teil zertrennt werden (Soergel/Wiedemann § 325 aF Rn 77 mwNw u Kriterien zur Ermittlung der Einheitlichkeit).

An der *rechtlichen Teilbarkeit* der Leistung fehlt es insbes, wenn dem noch möglichen **31** Teil der Leistung keine Gegenleistung zugeordnet werden kann (Huber II 414 ff). Teilbarkeit liegt hingegen vor, wenn bei einer Schlechtleistung die Nacherfüllung gem §§ 439, 437 Nr 1 oder §§ 635, 634 Nr 1 unmöglich ist. Der Schuldner wird dann nur bezüglich seiner Verpflichtung zur Nacherfüllung gem § 275 befreit.

Teilbar sind idR Geldleistungen sowie Sach- und Dienstleistungen, die nach *Mengen-* **32** *einheiten und Zeitabschnitten* geschuldet sind (Soergel/Wiedemann § 325 aF Rn 76). So hat der BGH für den Dienstvertrag des Geschäftsführers einer GmbH Teilunmöglichkeit angenommen, weil dieser an zwei Tagen der Woche mit etwa einem Drittel der Arbeitskraft für ein anderes Unternehmen gearbeitet hatte (BGH WM 1988, 298, 299 = NJW-RR 1988, 420 = ZIP 1988, 568 m Anm Baums). Die von einem Arbeitnehmer geschuldete Arbeitsleistung ist zwar nicht in jedem Fall eine absolute Fixschuld (so Fabricius, Leistungsstörungen im Arbeitsverhältnis [1970] 98 f, 103 f; Motzer, Die „positive" Vertragsverletzung des Arbeitnehmers [1982] 136), kann aber nach Ablauf des maßgeblichen Leistungszeitraums nicht nachgeholt werden (Otto/Schwarze, Haftung des Arbeitnehmers [1998] Rn 88 f; MünchArbR/Blomeyer² [2000] § 57 Rn 9 ff mwNw; vStebut RdA 1985, 66 ff). Macht ein Arbeitnehmer einen Tag blau, so liegt bei der Zeitlohnarbeit nachträgliche teilweise objektive Unmöglichkeit jedenfalls dann vor, wenn der Arbeitgeber die nicht zeitgerecht erbrachte Leistung von einer Ersatzkraft ausführen läßt (BAG NJW 1989, 546, 547; MünchArbR/Blomeyer² [2000] § 55 Rn 8). Das BAG hat auch den zeitweisen Verstoß gegen ein vereinbartes Wettbewerbsverbot als Teilunmöglichkeit behandelt (AP Nr 49 zu § 74 HGB = NJW 1986, 1192 f; s auch Staudinger/Otto [2001] § 320 aF Rn 47 u § 326 aF Rn 200; krit MÜLLER-LAUBE, Die Verletzung der vertraglichen Unterlassungspflicht, in: FS Rolland [1999] 261, 264 ff).

dd) Wahlschuld

33 Handelt es sich um eine **Wahlschuld** gem § 262, genügt es idR für einen Anspruch aus §§ 280 Abs 1 und 3, 283 nicht, wenn nur eine der zur Auswahl stehenden Leistungen unmöglich geworden ist, da sich das Schuldverhältnis dann gem § 265 auf die übrigen, noch möglichen Leistungen beschränkt. Das gleiche gilt für den *Spezifikationskauf* iS des § 375 HGB, wenn die Lieferung einer Warensorte unmöglich geworden ist, sofern sich nicht ein abweichender Parteiwille aus der Vertragsauslegung ergibt (WÜRDINGER/RÖHRICHT, in: Großkommentar HGB § 375 Rn 1).

b) Der Ausschluß der Leistungspflicht nach Erhebung einer Einrede wegen unzumutbaren Leistungsaufwands oder persönlicher Unzumutbarkeit

34 Gem § 275 Abs 2 u 3 ist die Leistungspflicht ausgeschlossen, wenn der Schuldner die Leistung wegen **unzumutbaren Leistungsaufwands (Abs 2)** oder wegen **persönlicher Unzumutbarkeit (Abs 3)** *verweigert*. In diesen Fällen führt somit erst die Erhebung der Einrede durch den Schuldner zu dessen Befreiung von der Leistungspflicht, wenn die Voraussetzung einer Leistungserschwerung iS des § 275 Abs 2 u 3 vorliegen (näher hierzu STAUDINGER/LÖWISCH § 275 Rn 70 ff; vgl auch § 280 Rn C 9).

aa) Voraussetzungen der Leistungsverweigerungsrechte

35 **Unzumutbarer Leistungsaufwand**: Unter **§ 275 Abs 2** sind **entgegen der hM** (CANARIS JZ 2001, 501 mit Fn 25; SCHWARZE Jura 2002, 73, 75 ff; LORENZ/RIEHM, Schuldrecht Rn 301) und der Gesetzesbegründung (BT-Drucks 14/6040, 129 f) jedenfalls nicht primär die Fälle der sog „praktischen" bzw „faktischen" Unmöglichkeit zu fassen, sondern in erster Linie dem Wortlaut der Vorschrift nach die der **„wirtschaftlichen" Unmöglichkeit**, welche lediglich mit dem unverhältnismäßigen Aufwand begründet wird (OTTO Jura 2002, 1, 3). CANARIS ordnet diese Fälle der bislang hM in der Lehre entsprechend (vgl STAUDINGER/LÖWISCH [2001] § 275 aF Rn 10) als Störung der Geschäftsgrundlage gem § 313 ein (CANARIS JZ 2001, 499, 501). Eine klare **Abgrenzung von § 275 Abs 2 und § 313** gestaltet sich schwierig. Der RegE hat sich bemüht das Verhältnis beider Vorschriften zu klären, indem er § 275 RE grundsätzlich den Vorrang gegenüber § 313 RE eingeräumt hat (RegE BT-Drucks 14/6040, 176). Die Frage der Anpassung des Vertrages könne sich schließlich nur dann stellen, wenn der Schuldner nicht nach § 275 RE frei geworden ist. Für einen Vorrang des § 275 gegenüber § 313 spricht auch, daß so ein vorschnelles Eingreifen in das Gefüge des Vertrages qua Anpassung verhindert würde (M SCHULTZ, in: WESTERMANN, Das Schuldrecht 2002, 37). Jedoch müßten die Tatbestände des § 275 Abs 2 u 3 im Falle ihres Vorrangs eigentlich „geringere" Voraussetzungen gegenüber der Störung der Geschäftsgrundlage enthalten, da sonst für § 313 kaum noch ein Anwendungsbereich bliebe. Dies ist aber nicht der Fall, da „geringere" Voraussetzungen auch „geringere" Rechtsfolgen nach sich ziehen müßten: § 275 Abs 2 und 3 befreien den Schuldner aber vollständig von seiner Leistungspflicht, während § 313 in erster Linie nur die Anpassung und erst danach die Auflösung des Schuldverhältnisses vorsieht. Folgt man aber der Ansicht von CANARIS, der bei „wirtschaftlicher" Unmöglichkeit ausnahmslos § 313 anwendet, stellt sich die Frage, ob die in § 275 Abs 2 geregelte Fallgruppe überhaupt ihren Niederschlag im Gesetz finden mußte, zumal wenn man sie dogmatisch in der Nähe der Lehre der Unmöglichkeit ansiedelt. Gegen CANARIS enge Interpretation spricht zudem, daß

der Gesetzgeber in § 275 Abs 3 die persönliche Unmöglichkeit ausdrücklich verselbständigt hat, während Canaris hierfür auf § 242 beharren wollte (CANARIS JZ 2001, 499, 501). Allerdings ist auch eine Überschneidung der Anwendungsbereiche des § 275 Abs 2 und 3 und des § 313 denkbar (so auch STAUDINGER/LÖWISCH § 275 Rn 97). So ist einzuräumen, daß bei einer vom Schuldner verursachten Leistungsstörung, mit der tatbestandlich die Merkmale einer Störung der Geschäftsgrundlage iS des § 313 konkurrieren, der Gläubiger nicht unter Hinweis auf § 275 Abs 2 schlechter gestellt werden darf. Der Gläubiger muß beim Vorliegen der Voraussetzungen des § 313 auch dann eine Vertragsanpassung verlangen können, wenn der Schuldner von seiner primären Leistungspflicht gem § 275 Abs 2 und 3 frei wird (OTTO Jura 2002, 1, 5). Zur Funktion des § 275 Abs 2 bei vom Schuldner zu vertretenden Leistungshindernissen hat HUBER (in: FS Schlechtriem [2003] 521, 556 ff) ausführlich Stellung genommen.

Persönliche Unzumutbarkeit: § 275 Abs 3 erfaßt idR die **krankheitsbedingte Arbeits-** **36**
unfähigkeit (STAUDINGER/LÖWISCH § 275 Rn 92). Eine krankheitsbedingte Einschränkung der Leistungsfähigkeit führt grds zur vollständigen Arbeitsunfähigkeit selbst dann, wenn der Arbeitnehmer einzelne Tätigkeiten noch durchführen könnte. Das Arbeitsrecht kennt keine Teilarbeitsfähigkeit, und zwar weder hinsichtlich der zeitlichen noch der tätigkeitsbezogenen Belastung. Der Arbeitnehmer ist daher nicht verpflichtet, ihm mögliche Teilleistungen zu erbringen. Der Arbeitgeber wiederum ist gem § 266 nicht zu ihrer Annahme verpflichtet (vgl LAG Berlin BB 1990, 1981; vHOYNINGEN-HUENE NZA 1992, 50 f). Ist der Arbeitgeber allerdings berechtigt, dem Arbeitnehmer eine andere Tätigkeit zuzuweisen, zu deren Ausübung er in der Lage ist, fehlt es bereits an der Arbeitsunfähigkeit (vgl SCHMITT, Entgeltfortzahlungsgesetz⁴ [1999] § 3 Rn 47). Ist der Arbeitgeber im Rahmen seines Direktionsrechts gem § 106 GewO (bisher § 315 BGB) in den Grenzen von Treu und Glauben sogar verpflichtet, nur die mögliche Arbeit zuzuweisen, so kann der Arbeitnehmer seine Arbeitspflicht in dem fraglichen Zeitabschnitt ebenfalls vollständig erfüllen (vgl LAG Frankfurt LAGE § 611 BGB Direktionsrecht Nr 15). Darf der Arbeitgeber die angebotene Arbeitsleistung jedoch zurückweisen, kann von einer Teilunmöglichkeit lediglich mit Blick auf den verstrichenen Zeitabschnitt die Rede sein.

§ 275 Abs 3 rechtfertigt nach meiner Auffassung nunmehr unter anderem auch das **Leistungsverweigerungsrecht des Arbeitnehmers aus Gewissensgründen** (ebenso SCHLODDER, Der Arbeitsvertrag im neuen Schuldrecht [2004] 98), das bislang in Gestalt einer Einwendung auf § 242 und genauer auf den Gesichtspunkt der Unzumutbarkeit gestützt werden konnte (STAUDINGER/J SCHMIDT [1995] § 242 Rn 1196 ff).

bb) Geltendmachung der Einreden

Die objektiven Voraussetzungen einer Leistungserschwerung iS des § 275 Abs 2 u 3 **37**
dürfen noch nicht bei Vertragsschluß vorgelegen haben, da in diesem Fall § 311a anwendbar wäre. Der **Zeitpunkt der Erhebung der Einrede** spielt insofern keine Rolle (JAUERNIG/VOLLKOMMER Rn 5); jedoch ist § 283 erst anwendbar, wenn der Schuldner die Einrede nach § 275 Abs 2 oder 3 erhoben hat (Begr BT-Drucks 14/6040, 142). Beruft sich der Schuldner hingegen *nicht* auf die Einrede, bleibt dem Gläubiger nur der Weg über § 281, welcher prinzipiell eine vorherige Fristsetzung zur Leistungserbringung voraussetzt, oder er kann ein **Urteil auf die Primärleistung** erwirken.

Hat der Schuldner mit Erhebung der Einrede den Ausschlußgrund iS des § 275 Abs 2 **38** oder 3 „aktiviert" und steht damit seine Pflichtverletzung fest, kann er die **Einrede** nach meiner Auffassung **nicht mehr einseitig zurücknehmen** (aA STAUDINGER/LÖWISCH § 275 Rn 93). Dies ist für den gegenseitigen Vertrag besonders einsichtig, weil der Ausschluß des Anspruchs auf die Leistung nicht nur den Schadensersatzanspruch gem § 283 auslöst, sondern gem § 326 Abs 1 S 1 zugleich den Untergang des Anspruchs auf die Gegenleistung zur Folge hat, über den der Schuldner nicht disponieren kann. Die wirksame Ausübung der Einrede bewirkt also das Entstehen einer rechtsvernichtenden Einwendung gegen den Anspruch auf Leistung.

39 Eine **einvernehmliche Wiederherstellung der Pflichten** ist damit aber nicht ausgeschlossen. Die Vertragsparteien können die einmal eingetretene Wirkung einer wirksam erhobenen Einrede sicherlich durch rechtsgeschäftliche Vereinbarung beseitigen, in der sie eine „Rücknahme der Einrede" oder eine „Fortgeltung" der beiderseitigen Leistungsverpflichtungen – vollständig oder teilweise – vorsehen (zu § 326 aF RG WarnR 1926 Nr 181; LZ 1917, 1240; 1926, 534; DJZ 1925, 257; Recht 1926 Nr 3). Verlangt der Gläubiger beispielsweise trotz Erhebung der Einrede Erfüllung, so kann darin ein Angebot mit dem Ziel gesehen werden, den früheren vertraglichen Zustand wieder herzustellen (zu § 326 aF RG 1917 Nr 1802). Ein derartiges Angebot bedarf der Annahme des Schuldners. An die auf Wiederherstellung der Vertragspflichten gerichtete Willenserklärungen sollten inhaltlich keine übertriebenen Anforderungen gestellt werden; meiner Auffassung nach muß den Parteien nicht der Untergang der Ansprüche bewußt sein, sondern es sollte genügen, wenn sie einen in ihren Augen gefährdeten Vertrag auf eine sichere, wenn auch nicht neue Grundlage stellen wollen (vgl BGH NJW 1993, 2100: eine Willenserklärung setzt keine ins einzelne gehende Vorstellung über die rechtshindernde Herbeiführung des angestrebten Erfolges voraus).

Zweifelhaft ist jedoch, ob die einverständliche Vertragswiederherstellung in der für das Ursprungsgeschäft **vorgeschriebenen Form** erfolgen muß, falls dieses Geschäft einer besonderen Form unterliegt (so zu § 313 aF RGZ 107, 345, 349; RG JR 1926 Nr 369; HRR 1931 Nr 204; BGHZ 20, 338; NJW 1999, 3115, 3116; aA PETERS JR 1998, 186, 190). Nach meiner Auffassung läßt sich diese Frage nicht danach abstrakt beantworten, ob man eine Rücknahme von Gestaltungsakten für zulässig erachtet, sondern nach Maßgabe von Sinn und Zweck der jeweiligen Formvorschrift (vgl näher hierzu § 280 Rn C 11).

cc) Konsequenzen für die Prozeßführung des Gläubigers

40 Bei der **prozessualen Geltendmachung des Schadensersatzanspruchs** ist im Hinblick auf die Vorgehensweise des Gläubigers danach zu differenzieren, ob der Schuldner die Einrede vor oder erst während des Prozesses erhoben hat (vgl hierzu insbes FAUST, in: HUBER/FAUST, Schuldrechtsmodernisierung Rn 3/111 ff).

41 (1) Erhebt der Schuldner **während des Prozesses** um die Primärleistung die Einrede des § 275 Abs 2 oder 3, kann der Gläubiger gem § 264 Nr 3 ZPO seinen **Antrag von der Primärleistung auf Schadensersatz umstellen**; denn bei der Einredeerhebung handelt es sich um eine „später eingetretene Veränderung" iS dieser Vorschrift. Zweifelhaft ist jedoch, ob nun für die Anwendung des § 283 feststeht, daß der Schuldner gem § 275 Abs 2 oder 3 von seiner Leistungspflicht befreit ist. Der Gläubiger kann die Tatsachen, mit denen der Schuldner sein Leistungsverweigerungsrecht begründet, zugestehen (§ 288 ZPO) oder sie einfach nicht bestreiten (§ 138 Abs 3 ZPO). Damit stehen sie für den weiteren Prozeßverlauf fest. Aus diesen Tatsachen folgt allerdings

nicht ohne weiteres das Vorliegen der Unzumutbarkeit und damit ein Leistungsverweigerungsrecht iS des § 275 Abs 2 und 3; dies erfordert regelmäßig eine komplizierte rechtliche Wertung (FAUST, in: HUBER/FAUST, Schuldrechtsmodernisierung Rn 3/111). Es stellt sich daher die Frage, ob die Parteien aufgrund der Dispositionsmaxime im Zivilprozeß das Vorliegen der **Unzumutbarkeit unstreitig stellen** können oder ob die **rechtliche Würdigung dem Gericht vorbehalten** bleibt.

Die rechtliche Beurteilung der Sachlage obliegt grundsätzlich dem Gericht; es ist an **42** die Rechtsansichten der Parteien nicht gebunden. Ein Geständnis iS des § 288 ZPO ist demzufolge hinsichtlich rechtlicher Wertungen nicht möglich (THOMAS/PUTZO/ REICHOLD, ZPO[25] [2003] § 288 Rn 1; ZÖLLER/GREGER, ZPO[21] [1999] § 288 Rn 1a; **aA** Münch-KommZPO/PRÜTTING[2] [2000] § 288 Rn 17). Die Partei kann das Gericht insofern nur durch einen **Verzicht (§ 306 ZPO)** oder durch ein **Anerkenntnis (§ 307 ZPO)** binden. Beides bezieht sich aber immer auf den geltend gemachten prozessualen Anspruch (THOMAS/ PUTZO/REICHOLD, ZPO § 306 Rn 1 u § 307 Rn 1), dh beide würden voraussetzen, daß gerade das Bestehen des Leistungsverweigerungsrechts Streitgegenstand ist, zB im Rahmen einer (Zwischen-) Feststellungsklage. § 307 regelt die Möglichkeit eines Anerkenntnisses jedoch nicht abschließend, sondern bezieht sich lediglich auf die Anforderungen an ein Anerkenntnis als Voraussetzung für ein Anerkenntnisurteil. Die Dispositionsmaxime ermöglicht es den Parteien aber daneben, präjudizielle Rechtsverhältnisse für den weiteren Verlauf des Prozesses der Überprüfung durch das Gericht zu entziehen; denn die Möglichkeit eines Anerkenntnisses besteht auch im Rahmen einer (Zwischen-)Feststellungsklage (SCHILKEN ZZP 90 [1977] 157, 177). Die heute **hM im Schrifttum** läßt dementsprechend ein beschränktes Anerkenntnis solcher Rechtsfolgen zu, die zum Gegenstand einer selbständigen Leistungs- oder Feststellungsklage gemacht werden können. In diesem Fall muß das Gericht dann die anerkannte Rechtsfolge seinem Urteil ohne Prüfung zugrunde legen (STEIN/JONAS/ LEIPOLD, ZPO[21] [1997] § 288 Rn 8 u [1998] § 307 Rn 8; THOMAS/PUTZO/REICHOLD, ZPO § 307 Rn 2; **aA** MünchKommZPO/MUSIELAK § 307 Rn 10). Das Bestehen eines Leistungsverweigerungsrechts nach § 275 Abs 2 u 3 kann Gegenstand einer Feststellungsklage sein und somit auch anerkannt werden. Der Gläubiger hat somit die Möglichkeit das Leistungsverweigerungsrecht des Schuldners anzuerkennen, wenn dieser sich im Prozeß darauf beruft (zutreffend FAUST, in: HUBER/FAUST, Schuldrechtsmodernisierung Rn 3/ 112). Demzufolge steht nach der Klageumstellung auf Schadensersatz für die Anwendung des § 283 fest, daß der Schuldner gem § 275 Abs 2 oder 3 von seiner Leistungspflicht befreit ist. Dieses Ergebnis ist auch aus prozeßökonomischer Sicht sinnvoll. Allerdings dürfte es praktisch geringe Auswirkungen haben. Denn selbst wenn man dem Gläubiger den Weg über § 283 in dem Fall versagt, wo der Schuldner sich auf ein Leistungsverweigerungsrecht gem § 275 Abs 2 oder 3 beruft, dessen rechtliche Voraussetzungen aber nicht vorliegen, kann dieser dennoch Schadensersatz ohne vorherige Fristsetzung fordern, und zwar nach § 281 Abs 1 S 1 und Abs 2: In der Berufung des Schuldners auf sein Leistungsverweigerungsrecht ist nämlich eine ernsthafte und endgültige Erfüllungsverweigerung zu sehen, bei der eine Fristsetzung nach § 281 Abs 2 entbehrlich ist.

(2)   Erhebt der Schuldner bereits **vorprozessual** die Einrede gem § 275 Abs 2 oder 3, **43** wird der Gläubiger regelmäßig sofort auf Schadensersatz klagen. Auch in diesem Fall stellt sich für den Gläubiger wiederum die Frage, ob das Gericht ein Leistungsverweigerungsrecht des Schuldners als gegeben ansieht. Er kann diese Unsicherheit vermeiden, indem er vorprozessual mit dem Schuldner einen **Feststellungsvertrag** (vgl BGHZ 98, 160, 165 f; s auch ZÖLLER/VOLLKOMMER, ZPO[21] [1999] Vor § 306 Rn 2) mit dem Inhalt schließt, daß ein Leistungsverweigerungsrecht besteht. Das Gericht ist in einem nachfolgenden Schadensersatzprozeß an einen solchen Vertrag gebunden. Die bloße Erhebung der Einrede durch den Schuldner kann jedoch mangels erkennbaren Rechtsbindungswillen nicht als Antrag auf Abschluß eines derartigen Vertrages angesehen werden (BGHZ 98, 160, 167).

Kann der Gläubiger einen Feststellungsvertrag nicht nachweisen, ist seine Lage schwieriger: Da der Schuldner nicht auf die Primärleistung verklagt wird, besteht für ihn eigentlich kein Anlaß, seine vorprozessual erhobene Einrede im Prozeß zu wiederholen. Ein außerprozessual erklärtes Leistungsverweigerungsrecht kann aber nicht analog § 307 ZPO durch den Gläubiger anerkannt werden. Dieser müßte somit letztlich beweisen, daß der Schuldner sich vorprozessual auf die Einrede aus § 275 Abs 2 oder 3 berufen hat und darauf hoffen, daß das Gericht im Rahmen seiner rechtlichen Wertung zu dem Ergebnis kommt, ein solches liege tatsächlich vor. Ist das Gericht hingegen anderer Auffassung, bleibt dem Gläubiger nur die **Klageänderung** vom Schadensersatz auf die Primärleistung aus Gründen der Sachdienlichkeit gem § 263 ZPO, da eine Klageumstellung nach § 264 Nr 3 ZPO mangels nachträglicher Veränderung ausscheidet (vgl MünchKommZPO/LÜKE[2] [2000] § 264 Rn 29). Zur Frage, ob der Schuldner an seine vorprozessual erhobene Einrede gebunden ist oder diese zurücknehmen kann vergleiche Rn 38 f. Daher wäre dem Gläubiger eigentlich zu empfehlen, den Schuldner immer erst auf die Primärleistung zu verklagen, um ihn so zur Erhebung der Einrede nach § 275 Abs 2 oder 3 zu zwingen. Beruft sich der Schuldner dann im Prozeß auf die Einrede, so müßte der Gläubiger seine Klage auf Schadensersatz umstellen. Die Leistungsklage sollte der Gläubiger zudem gleichzeitig mit einem Antrag nach § 255 ZPO (Fristbestimmung für die Leistung im Urteil) verbinden.

44 Einen für den Gläubiger einfacheren Weg hält wiederum § 281 Abs 2 bereit: Hat der Schuldner durch vorprozessuale Erhebung der Einrede die Leistung ernsthaft und endgültig verweigert, kann der Gläubiger nach §§ 280 Abs 1 u 3, 281 Abs 1 S 1 u Abs 2 Schadensersatz statt der Leistung verlangen, und zwar unabhängig davon, ob die Einrede besteht oder nicht; auf § 283 ist er nicht mehr angewiesen (FAUST, in: HUBER/FAUST, Schuldrechtsmodernisierung Rn 3/116). Allerdings muß der Gläubiger wiederum die Voraussetzungen der Vorschrift, und damit auch die Erfüllungsverweigerung des Schuldners, beweisen. Verlangt der Gläubiger Schadensersatz, kann der Schuldner seine Leistungsverweigerung keinesfalls mehr zurücknehmen (vgl Rn 38 f sowie § 281 Rn B 113 f).

c)   Insbesondere: Nicht behebbare Schlechterfüllung

45 § 283 ist ebenfalls anwendbar, wenn der Schuldner nach Vertragsschluß von seiner Leistungspflicht insoweit frei wird, als er zur Leistung unter Einhaltung einer bestimmten Qualität verpflichtet ist. Dies ergibt sich aus der **Verweisung des § 283 S 2 auf § 281 Abs 1 S 3**, welcher den Fall der „nicht vertragsgemäßen Leistung" beinhaltet und in engem Zusammenhang mit den besonderen Gewährleistungsvorschriften der §§ 434 ff, 633 ff steht. Die beabsichtigte Integration der Rechtsfolgen in das allgemeine Leistungsstörungsstörungsrecht (vgl BT-Drucks 14/6040, 94) findet demzufolge auch in § 283 S 2 ihren Ausdruck. Erfaßt wird somit die **sog „Schlechterfüllung",**

dh der Fall, in dem die Leistung zwar erbracht worden, aber mit einem Mangel (vgl ua
§§ 434, 435, 633 für Sach- und Rechtsmängel, § 651c für den „Reisemangel") behaftet
ist (näher hierzu unter § 281 Rn C 6; STAUDINGER/OTTO [2004] § 323 Rn C 5).

Gem § 433 Abs 1 S 2 ist der Schuldner grundsätzlich **zur mangelfreien Leistung ver-** **46**
pflichtet; damit ist nunmehr die *Erfüllungstheorie* gesetzlich verankert worden. Liegt
ein Mangel iS der §§ 434, 435, 633 vor, ist zunächst nach dessen Behebbarkeit durch
Nacherfüllung zu fragen. Die **Nacherfüllung** kann dabei grds in zwei Varianten bewirkt werden, nämlich durch **Mängelbeseitigung** (§ 439 Abs 1 1. Alt, § 635 Abs 1
1. Alt) oder durch **Neulieferung** bzw **Neuherstellung** (§ 439 Abs 1 2. Alt, § 635 Abs 1
2. Alt). Ist eine Art der Nacherfüllung nach § 275 Abs 1 bis 3 ausgeschlossen, so
reduziert sich der Nacherfüllungsanspruch jeweils auf die andere (arg § 439 Abs 3
S 1 u 3; vgl BT-Drucks 14/6040, 232; P HUBER NJW 2002, 1004, 1007). Ist zB dem Verkäufer die
Reparatur des mangelhaften Neuwagens nach § 275 Abs 1 unmöglich, so kann er
seiner Verpflichtung – bei *Gattungsschulden* unzweifelhaft – ebenfalls durch Beschaffung eines Ersatzfahrzeugs nachkommen. Beim *Stückkauf* kann Nacherfüllung regelmäßig nur durch Mängelbeseitigung, dh Nachbesserung erfolgen, da sich das Schuldverhältnis bereits von Beginn an auf einen bestimmten Gegenstand konzentrierte.
Unmöglichkeit der Nacherfüllung liegt dann bei einem **irreparablen Mangel** vor, so
daß der Schuldner insoweit nach § 275 Abs 1 von der Nacherfüllungspflicht befreit
wird. Dies gilt auch dann, wenn der Gegenstand an sich fungibel, dh ersetzbar ist
(LORENZ/RIEHM, Schuldrecht Rn 505; zögernd hingegen RegBegr BT-Drucks 14/6040, 232, wonach
der Nachlieferungsanspruch „im Regelfall bei dem Kauf einer bestimmten gebrauchten Sache ...
zumeist von vornherein ausscheiden wird"; **aA** BITTER/MEIDT ZIP 2001, 2114, 2119; vgl neuestens LG
Ellwangen NJW 2003, 517; OLG Braunschweig NJW 2003, 1053, 1054; vgl näher § 281 Rn A 38 ff)
Zu den Möglichkeiten der Nacherfüllung beim Identitätsaliud vergleiche STAUDIN-
GER/MATUSCHE-BECKMANN (2004) § 439 Rn 28.

Der Nacherfüllungsanspruch ist daher nur dann iS des § 283 ausgeschlossen, wenn **47**
beide Varianten der Nacherfüllung, also Nachbesserung und Nachlieferung nach
§ 275 Abs 1 bis 3 nicht mehr erbracht werden müssen, der Schuldner insbes im Falle
des Abs 2 die ihm zustehende Einrede erhoben hat. Sind beide Nacherfüllungsarten
nach § 275 Abs 2 oder 3 zu beurteilen, so ist § 283 erst anwendbar, wenn der Schuldner hinsichtlich beider Nachfüllungsvarianten die Nacherfüllung nach § 275 Abs 2
oder 3 mit Recht verweigert. ERNST spricht vom Ausschluß der Verpflichtung, „die
auf die Herstellung des in qualitativer Hinsicht vertragsgemäßen Zustandes gerichtet
ist" (MünchKomm § 326 Rn 33); daher auch die Bezeichnung als **„qualitative Unmög-**
lichkeit" (St LORENZ JZ 2001, 742, 743). Solange eine Variante der Nacherfüllung noch
nicht nach § 275 Abs 1 bis 3 ausgeschlossen ist, muß dem Schuldner grds mittels
Fristsetzung Gelegenheit gegeben werden, dieser Nacherfüllungspflicht nachzukommen. Nach Ablauf der Frist kann der Gläubiger vom Vertrag zurücktreten bzw
Schadensersatz verlangen und damit seine Gegenleistungspflicht zum Erlöschen
bringen. Etwas anderes gilt für den Fall, daß der Schuldner eine Nachbesserung
verweigert, weil sie nur unverhältnismäßig iS des § 439 Abs 3 ist: Hier kann der
Gläubiger gem § 440 iVm § 281 auch ohne Fristsetzung Schadensersatz statt der
Leistung verlangen; die Anwendung des § 283 kommt nicht in Betracht, weil die
Verpflichtung zur vertragsgemäßen Leistung erst mit dem Schadensersatzverlangen
nach § 281 Abs 4 und nicht gem § 275 untergeht.

48 Die Nacherfüllung darf erst **nach Vertragsschluß** unmöglich werden, ansonsten ist § 311a Abs 2 einschlägig. Dabei ist nicht das Entstehen eines Mangels ausschlaggebend; besteht ein Mangel bereits bei Vertragsschluß, wird er jedoch erst danach unbehebbar, so ist §§ 280 Abs 1 u 3, 283 die richtige Anspruchsgrundlage. Zum Ausschluß der Gegenleistung im Fall der nicht behebbaren Schlechterfüllung siehe STAUDINGER/OTTO (2004) § 326 Rn C 39 ff.

3. Keine Entlastung des Schuldners von seiner Verantwortlichkeit

49 Gem § 280 Abs 1 S 2 entfällt die Haftung des Schuldners ausnahmsweise, wenn dieser „**die Pflichtverletzung nicht zu vertreten hat**". Hierbei handelt es sich entgegen der hM nicht lediglich um eine Regelung der Darlegungs- und Beweislast, sondern um ein negatives Tatbestandsmerkmal (vgl § 280 Rn D 2 ff). Was der Schuldner zu vertreten hat, ergibt sich vor allem aus den §§ 276 bis 278, so daß auf die dortigen Ausführungen verwiesen werden kann (vgl STAUDINGER/LÖWISCH Erl zu §§ 276 bis 278 sowie § 280 Rn D 5 ff, insbes 8 f).

50 **Anknüpfungspunkte für die Prüfung der Verantwortlichkeit** sind dabei nicht die Unmöglichkeit oder der unzumutbare Leistungsaufwand bzw die persönliche Unzumutbarkeit als solche, sondern sämtliche Umstände, die zum Ausschluß der Leistungspflicht geführt haben, unabhängig davon, ob sie auf einem Handeln oder pflichtwidrigen Unterlassen beruhen (§ 280 Rn C 4, D 8 f; MünchKomm/ERNST Rn 6). Es ist daher zu fragen, ob die Befreiung des Schuldners von der primären Leistungspflicht aufgrund eines Umstandes eingetreten ist, den der Schuldner zu vertreten hat. Im Regelfall genügt es für seine Entlastung, wenn er darlegt und beweist, daß er weder vorsätzlich noch fahrlässig gehandelt hat. Hat der Schuldner jedoch eine Garantie gegeben oder ein bestimmtes Risiko gem § 276 Abs 1 S 1 übernommen, kommt es auf den Verschuldensvorwurf nicht an. Entscheidend ist dann lediglich, ob die eingetretene Unmöglichkeit von der übernommenen **Garantie** oder von der **Risikoübernahme** erfaßt ist. Im Fall des § 283 würde eine Garantieübernahme des Schuldners bedeuten, daß dieser dem Gläubiger auch bei einer zufälligen Beeinträchtigung der Leistungsmöglichkeit auf Schadensersatz haftet. Derartige Garantien dürften – anders als solche zur Leistungsmöglichkeit bei Vertragsschluß (vgl die Erl zu § 311a) – bei Speziesschulden eher selten anzunehmen sein (vgl dazu § 280 D 21 ff). Die Übernahme des Beschaffungsrisikos bei Gattungsschulden ist hingegen vielfach typisch (näher § 280 Rn D 25 ff). Für seine finanzielle Leistungsfähigkeit hat der Schuldner ohnehin einzustehen (§ 280 Rn D 28). Zu berücksichtigen sind aber auch etwaige Haftungsmilderungen (§ 280 D 29 ff).

4. Bedeutung der eigenen Vertragstreue des Gläubigers

51 Die eigene Vertragstreue des Gläubigers ist **keine Voraussetzung**, um Schadensersatz statt der Leistung gem § 283 verlangen zu können, sofern er seine Gegenleistung bei Eintritt des Leistungshindernisses noch ordnungsgemäß erbringen konnte. Andernfalls wäre der Schuldner nämlich schon vor Eintritt der Unmöglichkeit von seiner Verpflichtung frei geworden (vgl zu § 325 aF RGZ 54, 286, 288; ERMAN/BATTES § 325 aF Rn 4; SOERGEL/WIEDEMANN § 325 aF Rn 19). Wirkt sich eine etwaige Pflichtverletzung nicht auf die Fähigkeit des Gläubigers aus, seine Gegenleistung ordnungsgemäß zu erbringen, besteht kein Grund, den Schuldner vor den Folgen der §§ 280 Abs 1 u 3, 283 zu bewahren.

Hat der Gläubiger sich im **Annahmeverzug** befunden, so ist der Schuldner schon **52** dadurch begünstigt, daß er gem § 300 Abs 1 nur noch für grobe Fahrlässigkeit oder Vorsatz haftet. Liegt sogar Abnahmeverzug des Gläubigers vor, wird es sich häufig um beiderseits zu vertretende Unmöglichkeit handeln, wodurch sich die Schadensersatzpflicht des Schuldners mindert oder der Gläubiger zu einer Teilvergütung verpflichtet sein wird (vgl STAUDINGER/OTTO [2004] § 326 Rn C 65). Das gleiche muß auch dann gelten, wenn der Schuldner infolge einer Pflichtverletzung des Gläubigers bis zum Eintritt der Unmöglichkeit zur Leistungsverweigerung berechtigt war. Des Rückgriffs auf § 242 oder der „Tu-quoque-Formel" bedarf es daher nicht (vgl hierzu TEUBNER insbes 37 ff).

III. Rechtsfolge und Wahlmöglichkeiten

1. Allgemeines zum Schadensersatz statt der Leistung

Bei Vorliegen der Voraussetzungen der §§ 280 Abs 1 u 3, 283 hat der Gläubiger **53** gegenüber dem Schuldner einen Anspruch auf Schadensersatz statt der Leistung. Die Schadensersatzvorschrift des § 280 Abs 1 u 3 ist wie bei den §§ 281, 282 Bestandteil der Anspruchsgrundlage; hinsichtlich Umfang und Berechnung des Schadensersatzes sowie der Durchführung des Schadensausgleichs kann daher auf die für den Schadensersatz statt der Leistung allgemein geltenden Erläuterungen verwiesen werden (vgl § 280 Rn E 48 ff). § 280 Abs 1 allein gewährt hingegen nur Schadensersatz *neben* der Leistung. Zur Abgrenzung der einzelnen Schadensarten voneinander vgl § 280 Rn E 13 ff. Zum Schicksal der Gegenleistungspflicht vgl STAUDINGER/OTTO (2004) § 326.

a) Zweck und Gegenstand des Schadensersatzes statt der Leistung

Nach den Vorstellungen des Gesetzgebers soll der Anspruch auf Schadensersatz statt **54** der Leistung den bisherigen **Schadensersatz wegen Nichterfüllung** ersetzen (BT-Drucks 14/6040, 137, 225; vgl auch Vorbem 11 zu §§ 280–285). Der Schadensersatz statt der Leistung ist folglich auf den **Ersatz des Erfüllungs- bzw positiven Interesses** gerichtet: der Gläubiger ist wirtschaftlich so zu stellen, wie wenn der Vertrag ordnungsgemäß erfüllt worden wäre (so grundlegend RGZ 91, 30, 33; BGH WM 1983, 418; BGHZ 87, 156, 158; 107, 67, 69; 126, 131, 134 = NJW 1994, 2480; BGH NJW-RR 1997, 654; NJW 1998, 2901, 2902; NJW 2000, 278, 279; BAGE 81, 294, 298 = NJW 1996, 1771, 1772; SOERGEL/WIEDEMANN Vor § 275 aF Rn 37 ff; KEUK 143 ff jeweils zum Schadensersatz wegen Nichterfüllung nach alter Rechtslage; zur neuen Rechtslage vgl HIRSCH Jura 2003, 289 ff; MEDICUS, in: HAAS/MEDICUS/ROLLAND/SCHÄFER/WENDTLAND, Das neue Schuldrecht Kap 3 Rn 56; FAUST, in: HUBER/FAUST, Schuldrechtsmodernisierung Rn 3/181; HUBER, in: HUBER/FAUST aaO Rn 13/99). Zu den typischen Schäden, die das Erfüllungsinteresse betreffen, gehören neben dem Wert der ganz oder teilweise (in qualitativer wie quantitativer Hinsicht) ausbleibenden Leistung, der entgangene Gewinn sowie Mehrkosten für ein Deckungsgeschäft, die daraus entstehen, daß der Käufer eine gleichartige Sache am Markt nur zu einem höheren Preis erhalten kann (zur Abgrenzung vom einfachen Schadensersatz und Verzögerungsschaden vgl § 280 Rn E 23 f). Inwieweit dazu auch Folgeschäden wie der Nutzungsausfall oder Produktionsausfallkosten zu zählen sind, ist umstritten (vgl § 280 Rn E 27 ff).

55 Terminologisch spricht der Gesetzgeber nunmehr nicht mehr von „Schadensersatz wegen Nichterfüllung", sondern von „Schadensersatz statt der Leistung". Eine grundsätzliche inhaltliche Änderung sollte mit der sprachlichen Neuregelung nach der ganz überwiegenden Einschätzung nicht verbunden sein (AnwKomm/DAUNER-LIEB Rn 36; MünchKomm/EMMERICH Vor § 281 Rn 3; MünchKomm/ERNST § 281 Rn 1; FAUST, in: HUBER/ FAUST, Schuldrechtsmodernisierung Rn 3/104 f; GSELL JbJZivRWiss 01, 105, 106; REISCHL JuS 2003, 40, 41; vWILMOWSKY Beil zu JuS Heft 1/2002, 3, 10; HIRSCH Jura 2003, 289 f spricht zu weitgehend von Identität). Zu der vereinzelt vertretenen Auffassung, daß der Schadensersatz statt der Leistung nur Schäden umfasse, die das eigentliche Leistungsinteresse berührten (so M SCHULTZ, in: WESTERMANN, Das Schuldrecht 2002, 62 ff), vgl § 280 Rn E 6.

aa) Gegenstand des Schadensersatzes statt der Leistung

56 Gegenstand des Schadensersatzanspruchs *statt* der Leistung sind alle Schäden, die dadurch entstehen, daß die geschuldete Leistung endgültig ausbleibt, und die im Fall möglicher Nachholung der Erfüllung vermieden worden wären. Liegen die Voraussetzungen des § 280 Abs 1 u 3 iVm § 283 vor, tritt der Schadensersatzanspruch *an die Stelle der primär geschuldeten Leistung* oder anders ausgedrückt: der Gläubiger erhält anstelle der Leistung ein „Äquivalent in Geld" (CANARIS JZ 2001, 499, 512). Schon das Vorliegen der inzident zu prüfenden Voraussetzungen von § 275 schließt eine Naturalherstellung gem § 249 Abs 1 aus. Im übrigen richtet sich Umfang des Anspruchs nach den §§ 249 ff.

bb) Verhältnis zum Verzögerungsschaden

57 Das **Verhältnis des Verzögerungsschadens** (§§ 280 Abs 1 u 2, 286) **zum Schadensersatz statt der Leistung** (§ 280 Abs 1 u 3 iVm § 283) ist auf den ersten Blick eindeutig: Befindet sich der Schuldner mit der Leistung im Verzug und wird sie schließlich iS von § 275 Abs 1 subjektiv oder objektiv unmöglich, so endet der Verzug mit dem Eintritt der Unmöglichkeit. Das gleiche gilt, wenn sich der Schuldner auf sein Leistungsverweigerungsrecht nach § 275 Abs 2 u 3 oder nach § 439 Abs 3 beruft. Davor kann der Gläubiger den Verzögerungsschaden wie nach § 286 Abs 1 aF ohne weiteres selbständig und unabhängig von seiner eigenen Erklärung oder der des Schuldners geltend machen, ohne daß sich die Frage einer Konkurrenz stellt (zur alten Rechtslage BGHZ 88, 46, 49; BGH LM § 284 BGB Nr 44 a = NJW-RR 1997, 622, 624; BGH NJW 2000, 951, 952).

58 Ersatz des Verzögerungsschadens (§§ 280 Abs 1 u 2, 286) kann nur verlangt werden, wenn dieser durch eine Leistungsverzögerung in dem Zeitraum **von Beginn bis zum Ende des Verzugs** verursacht worden ist (dazu ie STAUDINGER/LÖWISCH § 286 sowie zu den Unterschieden zwischen der Verzögerung der Leistung iS des § 281 und dem Verzug § 281 Rn B 33, 34). Davon sind die Schäden umfaßt, die dem Gläubiger dadurch entstanden sind, daß die Leistung nicht rechtzeitig erbracht worden ist und die auch nicht vermieden worden wären, wenn der Schuldner später noch geleistet hätte. Die Selbständigkeit des Verzögerungsschadens zeigt sich darüber hinaus möglicherweise bei der Verjährung (zu dieser Problematik § 280 Rn E 15 sowie Rn G 1 u 6) oder bei Klauseln, welche die Haftung ausschließen oder beschränken. Der Verzögerungsschaden darf wie bei § 286 aF nicht in der Weise berechnet werden, daß das endgültige Ausbleiben der Leistung berücksichtigt wird (RGZ 94, 203; RG HRR 1932 Nr 437 zur übertragbaren alten Rechtslage).

59 Für den Zeitraum **nach Beendigung des Verzugs** aus einem der oben genannten

Gründe kann der Gläubiger nur *Schadensersatz statt der Leistung* geltend machen und damit Ersatz derjenigen Schäden verlangen, die darauf zurückzuführen sind, daß die Leistung endgültig ausbleibt. Beide Anspruchsgrundlagen beziehen sich also idR auf unterschiedliche Zeiträume und sind zudem von unterschiedlichen Voraussetzungen abhängig (dazu näher § 280 Rn E 19 f). Dennoch sind **zeitliche Überschneidungen** ihres Anwendungsbereichs nicht gänzlich ausgeschlossen.

Richtigerweise ist zu differenzieren: Der *Anspruch auf Schadensersatz statt der Leistung entsteht* nämlich nur im Fall der Unmöglichkeit gem § 275 Abs 1 zweifelsfrei gleichzeitig mit dem Ende der Leistungspflicht. Ansonsten endet die Leistungspflicht erst durch eine Erklärung des Schuldners gem § 275 Abs 2 u 3 (zu den Fallgestaltungen des § 281, in denen die Leistungspflicht mit einer Erklärung des Gläubigers gem § 281 Abs 4 endet, vgl § 280 Rn E 18 ff). In diesen Fällen ist es denkbar, daß der Schuldner bereits vor Erhebung der Einrede in Verzug war, etwa weil ein fester Liefertermin vereinbart war oder der Gläubiger eine Mahnung ausgesprochen hatte. Insofern stellt sich dann die Frage, auf welchen Zeitpunkt hinsichtlich der Beendigung des Verzugs abzustellen ist (vgl zum ganzen auch § 280 Rn E 22).

Zum Teil wird die Ansicht vertreten, das Leistungsverweigerungsrecht gem § 275 **60** Abs 2 u 3 sei der Einrede der Verjährung und der des nichterfüllten Vertrags gem § 320 gleichzustellen (MünchKomm/Ernst § 275 Rn 99; § 286 Rn 22; Faust, in: Huber/Faust, Schuldrechtsmodernisierung Rn 3/184; Wieser NJW 2001, 121, 122). Diese Einreden müssen vom Schuldner nicht geltend gemacht werden; schon ihr Bestehen hindert den Verzugseintritt. Übertragen auf § 275 Abs 2 und 3 hieße das, daß die Erhebung der Einrede *ex tunc* wirkt und die Verzugsvoraussetzungen rückwirkend ab dem Zeitpunkt entfallen, zu dem die Einrede erstmalig hätte erhoben werden können.

Nach anderer Ansicht stehen die Leistungsverweigerungsrechte des § 275 Abs 2 u 3 dem Zurückbehaltungsrecht nach § 273 näher. Bei diesem hindert richtigerweise erst die Erhebung der Einrede den Verzugseintritt, da dem Gläubiger gem § 273 Abs 3 die Möglichkeit gegeben werden muß, das Zurückbehaltungsrecht durch Sicherheitsleistung abzuwenden. Die Abwendungsmöglichkeit setzt aber voraus, daß der Gläubiger Kenntnis von der Einredeerhebung durch den Schuldner hat (dazu ie Staudinger/Löwisch § 286 Rn 18 ff). Für die Fälle der § 275 Abs 2 u 3 entfielen die Verzugsvoraussetzungen damit erst mit der Erhebung der Einrede, sie würde somit *ex nunc* wirken (Staudinger/Löwisch Vorbem 15 ff zu §§ 286–292; § 286 Rn 17; M Schultz, in: Westermann, Das Schuldrecht 2002, 58 f). Dieser Ansicht ist zuzustimmen. Da es die Entscheidung des Schuldners bleiben muß, ob er die Leistung erbringen oder sich auf sein Leistungsverweigerungsrecht berufen möchte, muß er auch das Risiko bis zur Ausübung des Einroderechts tragen. Vielleicht hat er zB ein besonderes Interesse daran, seine Leistung trotz des an sich unverhältnismäßigen Aufwands oder der persönlichen Unzumutbarkeit zu erbringen, weil ihm an einer guten Geschäftsbeziehung zum Gläubiger gelegen ist.

cc) Besonderheiten bei sogenannten Folgeschäden
Abgrenzungsfragen treten bei den sog Folgeschäden auf. Dabei handelt es sich um **61** Schäden an anderen Rechtspositionen des Gläubigers, die durch die Nichtleistung verursacht wurden. Solche sind neben Schäden an sonstigen Rechten und Rechtsgütern des Gläubigers auch Vermögensschäden, zB infolge Produktions- bzw Nut-

zungsausfalls. Die Zuordnung ist vor allem bei der reparablen Schlechterfüllung umstritten. Hier lautet die Frage, ob die Pflichtverletzung in der mangelhaften Leistung des Schuldners (so die wohl hM) oder in der nicht rechtzeitigen mangelfreien Leistung zu sehen ist (so insbes AnwKomm/DAUNER-LIEB Rn 43; MünchKomm/EMMERICH Vor § 281 Rn 18; DAUNER-LIEB/DÖTSCH Betrieb 2001, 2535, 2537; FAUST, in: HUBER/FAUST Schuldrechtsmodernisierung Rn 3/223). Die erstgenannte Ansicht wendet folgerichtig § 280 Abs 1 an, die Gegenansicht plädiert hingegen für die Anwendung der §§ 280 Abs 1 u 2, 286. Über die bisherige Stellungnahme hinaus (ausführlich zum ganzen § 280 Rn E 26 ff) sollen im folgenden lediglich die Besonderheiten in den Fällen des § 275 Abs 1 bis 3 herausgearbeitet werden.

62 In Fällen der Nichtleistung iS des § 275 ist die Einordnung der Folgeschäden weniger brisant als in den Fällen der reparablen mangelhaften Leistung. Ordnet man sie mit der Gesetzesbegründung dem § 280 Abs 1 als Anspruchsgrundlage zu, entfällt das Fristsetzungserfordernis. Dies gilt jedoch auch für die Zuordnung der Folgeschäden zu den §§ 280 Abs 1 u 3, 283. Einzig die Einordnung unter das Verzugsrecht ist ausgeschlossen: Da der Schuldner bei § 275 keine Primärleistung mehr schuldet, fehlt es bereits an einem Leistungsanspruch, mit welchem er im Verzug sein könnte. Um eine konsistente Rechtsanwendung zu sichern, sollte bei den Folgeschäden jedoch dieselbe Differenzierung vorgenommen werden, wie bei den Mangel- und Mangelfolgeschäden (vgl § 280 Rn E 31 u 34). Soweit Schäden an sonstigen Rechtsgütern des Gläubigers eintreten, also das Integritätsinteresse verletzt ist, sind diese Schäden dem § 280 Abs 1 zuzuordnen. Ist hingegen das Äquivalenzinteresse des Gläubigers tangiert, sind die §§ 280 Abs 1 u 3, 283 die richtige Anspruchsgrundlage.

63 Geht man von § 280 Abs 1 als Anspruchsgrundlage für Integritätsschäden infolge einer **vollständigen Nichtleistung** aus, erübrigt sich die bei der Schlechterfüllung bedeutsame Streitfrage, ob nicht dogmatisch betrachtet *zwei Pflichtverletzungen* vorliegen, nämlich die Schlechterfüllung einerseits und die Verletzung einer Schutzpflicht iS des § 241 Abs 2 andererseits (vgl § 280 Rn C 20, E 39 f). Anders als bei einer nicht wie geschuldet erbrachten Leistung ist in den Fällen des Leistungsausschlusses hinsichtlich der nicht vom Schadensersatz statt der Leistung erfaßten entfernten Folgeschäden zweifelsfrei auf eine Schutzpflichtverletzung iS des § 241 Abs 2 abzustellen.

64 Der **entgangene Gewinn** ist grundsätzlich als Nichterfüllungsschaden einzuordnen (vgl § 280 Rn E 41 f). Sind Folgeschäden zu vertretender Nichtleistung jedoch schon vor dem Eintritt der Unmöglichkeit entstanden und wären diese durch eine – hypothetische – Nacherfüllung auch nicht mehr zu beseitigen gewesen, sind sie nach § 280 Abs 1 zu ersetzen. Zwar ist es in den Fällen der Unmöglichkeit nicht denkbar, daß der Gläubiger daneben auf seinem Erfüllungsanspruch beharrt. Es ist jedoch nicht zwingend, daß der Gläubiger Schadensersatz statt der Leistung verlangt, in den man die vor Eintritt der Unmöglichkeit eingetretenen Folgeschäden einbeziehen könnte. Vielleicht möchte der Gläubiger sich primär gem § 326 Abs 1 auf den Wegfall seiner Gegenleistungspflicht berufen. Dann muß er die Möglichkeit haben, daneben die bereits durch den Ausschluß der Leistungspflicht entstandenen Folgeschäden gem § 280 Abs 1 ersetzt zu verlangen.

65 In den meisten Fällen wird der Gläubiger jedoch Schadensersatz statt der Leistung verlangen. Im Interesse der Praktikabilität wird es dann vielfach möglich sein, die bereits entstandenen nahen Folgeschäden als Rechnungsposten beim Schadensersatz statt der Leistung zu berücksichtigen (vgl § 280 Rn E 45 ff). Man sollte jedoch die ursprünglich unterschiedliche Zuordnung der Schadenspositionen zu den verschiedenen Anspruchsgrundlagen nicht aus den Augen verlieren, da sich im Einzelfall Unterschiede zB hinsichtlich der Verjährungsfristen ergeben können.

b) Umfang und Berechnung des Schadensersatzes sowie Durchführung des Schadensausgleichs

Bei Vorliegen der Voraussetzungen gem §§ 280 Abs 1 u 3, 283 kann der Gläubiger **66** Schadensersatz statt der Leistung verlangen. Er kann wie bei § 325 aF das **positive Interesse** fordern, dh er ist so zu stellen, als hätte der Schuldner die Leistung ordnungsgemäß erbracht (zur übertragbaren alten Rechtslage RGZ 91, 30, 33; BGH WM 1983, 418; BGHZ 87, 156, 158; 107, 67, 69; 126, 131, 134 = NJW 1994, 2480; BGH NJW-RR 1997, 654; NJW 1998, 2901, 2902; NJW 2000, 278, 279; BAGE 81, 294, 298 = NJW 1996, 1771, 1772; SOERGEL/WIEDEMANN Vor § 275 Rn 37 ff; KEUK 143 ff). **Art und Umfang** des Schadensersatzanspruchs richten sich nach den **§§ 249 bis 252, 254:** Der Schuldner muß den Wert ersetzen, den die Leistung gerade für den Gläubiger hatte. Demzufolge sind nicht nur der Marktwert des Leistungsgegenstandes, sondern auch die Mehrkosten eines Deckungsgeschäftes oder ein entgangener Gewinn zu ersetzen. Aus dem *Ausschluß des Erfüllungsanspruchs* bei berechtigtem Schadensersatzverlangen folgt aber eindeutig, daß der Schadensersatzanspruch statt der Leistung *nicht auf Naturalherstellung* gerichtet sein kann (vgl § 280 Rn E 80 f; zum alten Recht krit GEBAUER, Naturalrestitution beim Schadensersatz wegen Nichterfüllung [2002]). Jedoch muß der Schadensersatzanspruch den Besonderheiten des ursprünglichen Erfüllungsanspruchs angepaßt werden; so verwandelt sich beispielsweise ein Freistellungsanspruch grundsätzlich unmittelbar in einen Zahlungsanspruch.

Das Erfüllungsinteresse ist dem Gläubiger im Falle einer Pflichtverletzung, für die **67** sich der Schuldner nicht entlasten kann, nach diesen Normen *unabhängig davon* zu ersetzen, ob es sich um eine Verpflichtung handelt, die *im Gegenseitigkeitsverhältnis* steht. Denn anders als nach alter Rechtslage, wo man für den Schadensersatz wegen Nichterfüllung nach §§ 280, 282 aF für ein- und zweiseitige Schuldverhältnisse sowie den §§ 325, 326 aF für synallagmatische Verpflichtungen aus gegenseitigen Verträgen zu differenzieren hatte (vgl Vorbem 25 zu §§ 280–285 sowie STAUDINGER/OTTO [2001] § 325 aF Rn 38), beziehen sich die §§ 280 bis 283 auf alle Arten von Schuldverhältnissen einschließlich der gegenseitigen Verträge.

Bei **gegenseitigen Verträgen** ist das Erfüllungsstadium durch den Leistungsaustausch **68** gekennzeichnet, so daß bei der Durchführung des Schadensausgleichs die geschuldete Gegenleistung zu berücksichtigen ist. Deshalb war bereits im Hinblick auf den grundsätzlich vergleichbaren Schadensersatz wegen Nichterfüllung nach altem Recht (vgl § 280 Rn E 6) unter dem Titel **„Surrogations- und/oder Differenztheorie"** eine kontroverse Diskussion hinsichtlich der **Schadensbemessung** darüber entstanden, ob der Schaden ebenfalls den vollen Wert der Leistung ausmacht und der Gläubiger zur Gegenleistung verpflichtet bleibt, oder ob der Schaden nur in der Differenz zwischen Leistung und Gegenleistung besteht (vgl zum Theorienstreit ausführlich § 280 Rn E 53 ff; STAUDINGER/OTTO [2001] § 325 aF Rn 36 ff). Ein weiterer Streitpunkt betraf die zusätzlichen Schwierigkeiten, die bei der Durchführung des Schadensausgleichs auftreten, wenn die Gegenleistung nicht auf einen Geldbetrag lautet. Hier ging es vor allem um die **Kombination der Rechtsfolgen von Schadensersatz und Rücktritt** (vgl § 280 Rn E 71 ff), welche nun nach der Einführung des **§ 325 nF** unproblematisch möglich ist (vgl hierzu § 280 Rn E 63 ff sowie STAUDINGER/OTTO [2004] § 325).

69 Über die Konsequenzen für einen etwaigen Anspruch auf die Gegenleistung bei einer synallagmatischen Verknüpfung ist § 283 nichts zu entnehmen; diese sind in § 326 geregelt. Braucht der Schuldner gem § 275 Abs 1 bis 3 nicht zu leisten, so bestimmt **§ 326 Abs 1 S 1** den automatischen Wegfall der Gegenleistungspflicht. Der Schadensberechnung ist daher **grundsätzlich die Differenzmethode** zugrunde zu legen, wonach der Schaden des Gläubigers durch den Wegfall seiner Gegenleistungspflicht gemindert wird. Hat der Gläubiger hingegen seine Leistung schon bewirkt, erfolgt deren Rückabwicklung gem § 326 Abs 4 nach Rücktrittsrecht (§§ 346 bis 348).

70 Fraglich ist, ob der Gläubiger dennoch seine Gegenleistung erbringen und Schadensersatz nach der **Surrogationsmethode** verlangen kann. § 326 besagt schließlich nur, daß der Gläubiger nicht mehr leisten *muß*, nicht aber, daß er nicht mehr leisten *darf*. Der Gesetzgeber hat sich hier für einen automatischen Wegfall der Gegenleistungspflicht entschieden, da er die Notwendigkeit eines Rücktritts als zu umständlich und nicht sachgerecht empfunden hatte (BT-Drucks 14/6040, 188). Wäre dem Gläubiger jedoch im Falle des § 283 ein Vorgehen nach der Surrogationsmethode verwehrt, so müßte er seine erbrachte Leistung zurücknehmen oder behalten und einen anderweitigen Absatz suchen. Falls ihm das erst zu einem späteren Zeitpunkt als dem für die Schadensberechnung maßgeblichen gelingt (vgl § 280 Rn E 122 f), kann er einen etwaigen Verlust nicht mehr im Wege des Schadensersatzes kompensieren. Es wäre aber unangemessen, dem Gläubiger das Verwertungsrisiko seiner eigenen Leistung aufzuerlegen (so auch FAUST, in: HUBER/FAUST, Schuldrechtsmodernisierung Rn 3/206). Für eine Zulassung der Surrogationsmethode im Rahmen von § 283 spricht auch, daß diese Schadensberechnung bei den §§ 281, 282 wegen der fehlenden Regelung eines Untergangs der Gegenleistungs*pflicht* zu bejahen ist und die Befugnis des Gläubigers, seine Gegenleistung noch zu erbringen, nicht davon abhängen kann, ob der Schuldner nicht mehr leistet, obwohl er müßte (§ 281), oder nicht mehr leisten muß (§ 283) (so auch FAUST, in: HUBER/FAUST, Schuldrechtsmodernisierung Rn 3/206).

Weiterhin ist der Gläubiger im Wege des Schadensersatzes wirtschaftlich so zu stellen, wie er stünde, wenn ordnungsgemäß erfüllt worden wäre. Dann wäre er seine Gegenleistung aber losgeworden. Zudem war bisher die Möglichkeit anerkannt, im Rahmen von § 325 aF die Schadensberechnung anhand der Surrogationsmethode vorzunehmen (PALANDT/HEINRICHS § 325 aF Rn 12). Somit kann der Gläubiger auch bei dem Schadensersatzanspruch gem § 283 wählen, ob er nach der Differenz- oder der Surrogationsmethode vorgeht (so auch LORENZ/RIEHM, Schuldrecht Rn 345; s ferner § 280 Rn E 65 u STAUDINGER/OTTO [2004] § 325 Rn 27). Anders ist es, wenn der Gläubiger Schadensersatz statt der Leistung verlangt und gleichzeitig den Rücktritt erklärt; denn damit gibt er zu verstehen, daß der Leistungsaustausch unterbleiben bzw erbrachte Leistungen nach § 346 rückabgewickelt werden sollen. Mit einem solchen Vorgehen ist die Schadensabwicklung nach der Surrogationsmethode unvereinbar (vgl KRAUSE Jura 2002, 299, 304).

Der Schaden kann **konkret oder abstrakt berechnet** werden. Hinsichtlich der Einzel- **71** heiten der Berechnungsmethoden wird auf die Erl zu § 280 Rn E 83 ff verwiesen, insbes bezüglich der unterschiedlichen Sichtweisen bei der Berechnung: Berechnung aus Käufersicht § 280 Rn E 89 ff und E 100 ff, Berechnung aus Sicht des Verkäufers § 280 Rn E 94 ff und 103 ff; Besonderheiten bei speziellen Schuldverhältnissen § 280 Rn E 96 ff. Zum Zeitpunkt der Berechnung vgl § 280 Rn E 122 ff.

c) Wahlmöglichkeiten
aa) Schadensersatz und Ersatzherausgabe (§ 285)
§ 285 Abs 2 eröffnet dem Gläubiger die Möglichkeit, die Ersatzherausgabe gem § 285 **72** **Abs 1** in der Weise neben dem Schadensersatzanspruch statt der Leistung nach § 283 geltend zu machen, daß dieser sich um den Wert des Surrogats mindert (vgl STAUDINGER/LÖWISCH § 285 Rn 55 ff). Hat der Gläubiger überhaupt an dem Ersatz oder Ersatzanspruch Interesse, dann ist dieses Vorgehen idR demjenigen nach § 326 Abs 3 vorzuziehen (näher dazu STAUDINGER/OTTO [2004] § 326 Rn D 1 ff, 3). Eine Kombination von Schadensersatz und Ersatzherausgabe ist wie nach bisheriger Rechtslage allerdings nur bei einer Durchführung des Schadensausgleichs nach der Surrogations- bzw Austauschmethode statthaft (zu § 281 aF HUBER II 671 ff). Übersteigt der Wert des Surrogats den Betrag des Schadensersatzes, kann der Gläubiger dennoch die Herausgabe verlangen, und zwar direkt aus § 285 Abs 1; ein Schadensersatzanspruch besteht in diesem Fall nicht.

bb) Aufwendungsersatz (§ 284)
Sind die Voraussetzungen für einen Anspruch auf Schadensersatz statt der Leistung **73** gem § 280 Abs 1 u 3, 283 gegeben, kann der Gläubiger gem § 284 auch **Ersatz seiner vergeblichen Aufwendungen** verlangen, die er im Vertrauen auf den Erhalt der Leistung des Schuldners erbracht hat und billigerweise für erforderlich halten durfte. Der Aufwendungsersatz kann allerdings nicht zusätzlich, sondern **nur an Stelle des Schadensersatzes statt der Leistung** geltend gemacht werden, so daß der Gläubiger nicht etwa seine Aufwendungen nach § 284 und zugleich den entgangenen Gewinn aus einem Folgegeschäft nach §§ 280 Abs 1 u 3, 283, 252 liquidieren kann (§ 284 Rn 9 f; vgl zur alten Rechtslage BGH NJW 1999, 3625). Der Gläubiger muß vielmehr wählen, ob er so gestellt werden möchte, als wäre der Vertrag nicht geschlossen – dann wäre § 284 anzuwenden und Folgeschäden im Bereich des Leistungsinteresses könnten nicht ersetzt werden – oder so, als wäre der Vertrag ordnungsgemäß durchgeführt worden, wobei er dann Schadensersatz statt der Leistung unter Anwendung der Rentabilitätsvermutung verlangen kann. Zum Umfang des Aufwendungsersatzanspruchs vgl § 284 Rn 20 ff.

cc) Rücktritt und Kündigung
In den Fällen des Ausschlusses der Leistungspflicht gem § 275 Abs 1 bis 3 kann der **74** Gläubiger gem § 326 Abs 5 auch zurücktreten. Im Gegensatz zum Anspruch auf Schadensersatz ist das **Rücktrittsrecht** verschuldensunabhängig, unterliegt im übrigen aber denselben Voraussetzungen. Während das alte Recht den Gläubiger dazu zwang, sich zwischen Schadensersatz wegen Nichterfüllung und Rücktritt zu entscheiden (STAUDINGER/OTTO [2001] § 325 aF Rn 100 sowie § 326 aF Rn 178), sind beide Rechte nunmehr voneinander unabhängig (§ 325; näher dazu dort). Das Gesetz eröffnet dem Gläubiger damit **drei Wege**. Er kann *Schadensersatz statt der Leistung nach § 283* und *Rücktritt nach § 326 Abs 5* jeweils alleine wählen oder beides miteinander verbinden.

Das UN-Kaufrecht läßt die Vertragsaufhebung und die Geltendmachung des Schadensersatzanspruchs ebenfalls grundsätzlich *nebeneinander* zu (Art 45 Abs 2, Art 81 Abs 1 CISG).

75 Für die **Kündigung aus wichtigem Grund** ordnet jetzt § 314 Abs 4 allgemein an, daß die Berechtigung, Schadensersatz zu verlangen, nicht durch sie ausgeschlossen wird (vgl dazu § 281 Rn C 35 ff; MünchKomm/ERNST § 314 Rn 21 f). Für das Kündigungsrecht bestehen regelmäßig besondere Vorschriften, insbes § 490 für den Darlehensvertrag, die §§ 543, 569, 581 Abs 2 für Miet- und Pachtverträge, die §§ 626, 628 für Dienst- u Arbeitsverträge und § 723 bei der Gesellschaft. Für sonstige Dauerschuldverhältnisse hatte man im alten Recht in Gesamtanalogie zu diesen Vorschriften ein allgemeines Recht zur Kündigung aus wichtigem Grund entwickelt, welches an die Stelle des unpassenden Rücktrittsrechts nach §§ 325, 326 aF trat (HUBER II 439 ff; STAUDINGER/ OTTO [2001] § 326 aF Rn 28 ff; BGHZ 29, 171, 172; 41, 104, 108; BGH NJW 1999, 1177, 1178 für einen Franchisevertrag). Jetzt bildet § 314 den Auffangtatbestand (weitere Einzelheiten § 281 Rn A 47 ff; ferner STAUDINGER/SCHMIDT-KESSEL [2004] § 314). Neben der Kündigung konnte der Gläubiger schon bisher **gem oder analog § 628 Abs 2 Schadensersatz** wegen Nichterfüllung geltend machen (BGHZ 51, 190, 192; 126, 96; NJW 2000, 2342; ausführlich hierzu HUBER II 446 ff; STAUDINGER/OTTO [2001] § 326 aF Rn 228; **aA** MünchKomm/EMMERICH Vor § 275 aF Rn 296).

2. Schadensersatz nach erbrachter Teilleistung

76 Bei der „Teilunmöglichkeit" (vgl Rn 28 ff) bezieht sich der Ausschluß der Leistungspflicht gem § 275 Abs 1 bis 3 nur auf einen Teil der Leistung, dh der Schuldner hat idR bereits einen Teil seiner Leistung erbracht. In diesem Fall ist gem § 326 Abs 1 S 1 HS 2 zunächst § 441 Abs 3 entsprechend anzuwenden, wonach die Gegenleistungspflicht nur in dem Verhältnis erlischt, in dem der Wert der unmöglichen Teilleistung zum Wert der gesamten Leistung steht (so schon zur analogen Anwendung von § 323 Abs 1 HS 2 aF BGH WarnR 1972 I Nr 109: Teilverzug mit Gebrauchsüberlassung; zur Minderung in diesen Fällen vgl STAUDINGER/OTTO [2004] § 326 Rn B 54 ff). Die erbrachte Teilleistung muß der Gläubiger grundsätzlich behalten. Hat er aber an der Teilleistung kein Interesse, so besteht für ihn gem § 326 Abs 5 iVm § 323 Abs 5 S 1 die Möglichkeit, vom gesamten Vertrag ohne Fristsetzung zurückzutreten; der Vertrag wird dann insgesamt rückabgewickelt (zum Rücktritt vgl STAUDINGER/OTTO [2004] § 323 Rn B 122 ff). Unter den gleichen Voraussetzungen kann der Gläubiger aufgrund der Verweisung des § 283 S 2 auf § 281 Abs 1 S 2 Schadensersatz statt der *ganzen* Leistung verlangen, wenn der Schuldner die Unmöglichkeit zu vertreten hat. Der Anspruch auf den möglichen Teil der Leistung geht erst mit der wirksamen Geltendmachung des Schadensersatzanspruchs unter; insoweit ist § 281 Abs 4 entspr anzuwenden, auch wenn auf diesen Absatz in § 283 S 2 nicht verwiesen wird.

a) Großer oder kleiner Schadensersatz

77 Hat der Schuldner demnach eine teilbare Leistung teilweise bewirkt, kann der Gläubiger selbstverständlich wegen des ausbleibenden unmöglich oder unzumutbar gewordenen Teils der Leistung unter den allgemeinen Voraussetzungen den **sog „kleinen Schadensersatz"**, dh Schadensersatz *statt der Teilleistung* nach der *Differenzmethode* (vgl hierzu Rn 69) verlangen. Jedoch ist es dem Gläubiger – ebenso wie im Falle des vollständigen Ausschlusses der Leistungspflicht – gestattet, seine Gegen-

leistung teilweise zu erbringen und kleinen Schadensersatz nach der *Surrogations-methode* zu fordern (vgl hierzu Rn 70).

Den sog **„großen Schadensersatz"**, Schadensersatz *statt der ganzen Leistung*, kann der **78** Gläubiger hingegen gem § 281 Abs 1 S 2 nur verlangen, wenn er an der Teilleistung kein Interesse hat. Dabei gilt für die Ermittlung des Schadens und die Durchführung des Schadensausgleichs zunächst dasselbe wie bei der vollständigen Unmöglichkeit. Die erbrachte Teilleistung ist dann nach §§ 283 S 2, 281 Abs 5, 346 bis 348 zurück-zugewähren. Soweit die Rückgewähr nicht möglich ist, kann der anteilmäßige Betrag der Gegenleistung nicht ohne weiteres nach dem Umfang der möglichen Teilleistung bestimmt werden; entscheidend ist vielmehr ihr uU niedrigerer, eventuell gem § 287 ZPO zu schätzender Wert. Hat der Gläubiger aus einer zurückzuerstattenden Teil-leistung zwischenzeitlich Vorteile gezogen, muß er sich diese anrechnen lassen, weil er ansonsten vermögensmäßig besser als bei einer Erfüllung des Vertrags stünde (vgl BGH NJW 1996, 1745, 1747).

Die Berechnung des Schadensersatzanspruchs statt der Leistung wegen teilweiser **79** Nichtleistung kann zu demselben Ergebnis führen wie die Berechnung des Schadens-ersatzanspruchs statt der *ganzen* Leistung (so zu bisherigen Rechtslage BGH NJW 1990, 2549, 2550). Man denke nur an eine wirtschaftlich nahezu wertlose Teilleistung oder eine besonders aufwendige Ersatzbeschaffung der Restleistung. In Anrechnung auf den Schadensersatzanspruch kann der Gläubiger ferner *Ersatzherausgabe* verlangen.

b) Abwicklung nach Maßgabe des Gläubigerinteresses
Schadensersatz statt der ganzen Leistung kann der Gläubiger aufgrund der ent- **80** sprechenden Anwendung des § 281 Abs 1 S 2 im Fall der Teilunmöglichkeit nur verlangen, wenn er **an der Teilleistung kein Interesse** hat (vgl hierzu § 281 B 167 ff). Dabei ist zu beachten, daß sich das *Interesse jetzt auf den bereits bewirkten Teil der Leistung* beziehen muß (anders noch § 325 Abs 1 S 2 aF, wo es darauf ankam, ob der Gläubiger an der noch möglichen Leistung Interesse hatte oder nicht). Es kommt also darauf an, ob der Gläubiger ein Interesse daran hat, daß der Vertrag allein hinsichtlich des vom Schuldner bereits erfüllten Teiles gegenseitig durch Austausch von Leistung und Gegenleistung – wie geplant – durchgeführt wird (RG BayZ 1925, 65; WarnR 1926 Nr 114). Somit werden Fallgestaltungen von § 281 Abs 1 S 2 nicht erfaßt, in denen ein Teil der Leistung gem § 275 Abs 1 bis 3 nicht mehr erbracht werden muß, der mögliche Teil aber noch nicht bewirkt worden ist. Insoweit gelten die allgemeinen Regeln für den vollständigen Ausschluß der Leistungspflicht, wenn der Gläubiger die noch mögliche **Teilleistung mit Recht** zurückweist. Grundsätzlich ist dem Schuldner gem § 266 eine Teilleistung nicht gestattet, es sei denn, sie ist vereinbart oder durch die besondere Interessenlage gerechtfertigt (vgl RGZ 106, 89, 90). Aus § 281 Abs 1 S 2 läßt sich keinesfalls ein Recht des Schuldners zur Teilleistung ableiten (vgl näher § 281 Rn B 163). Da der Gläubiger eine Teilleistung nicht anzunehmen braucht, steht ihm zunächst außerdem die Einrede des nichterfüllten Vertrages zu (STAUDINGER/OTTO [2004] § 320 Rn 24).

aa) Interesse an der Teilleistung
Hat der Gläubiger ein Interesse an der Teilleistung – wovon grds auszugehen ist (RGZ **81** 73, 58, 61) –, so hat er lediglich einen Anspruch auf **Schadensersatz statt der Leistung (§ 283), soweit die Leistung unmöglich geworden ist** (§ 275 Abs 1). Das gilt zB für die

schuldhafte zeitweise und nicht nachholbare Nichterfüllung eines Dienstvertrages durch den Geschäftsführer einer GmbH; dabei richtet sich der Mindestschaden nach dem marktüblichen Entgelt für derartige Dienste (vgl BGH LM § 611 BGB Nr 87 = WM 1988, 298, 299 = NJW-RR 1988, 420, 421; ferner mit vielen Details WETTICH, Die überobligations-mäßige Abwehr des Verdienstausfallschadens [1999]). Das BAG hatte die Frage nach der einschlägigen Anspruchsgrundlage im alten Recht zunächst zT unnötigerweise offen-gelassen, indem es Unmöglichkeit, Verzug oder pVV als gleichwertige Anspruchs-grundlagen nebeneinander nannte (AP Nr 7 zu § 249 BGB m Anm LARENZ = BB 1967, 1377; vgl aber auch BAG NJW 1969, 766, 767 zu § 324 Abs 1), entschied sich dann aber letztendlich dafür, daß bei zu vertretender teilweiser Unmöglichkeit § 325 aF einschlägig sein sollte (NJW 1989, 546, 547 [allerdings dort nur mit der Konsequenz der Minderung der Vergütung]; KRAFT NZA 1989, 777, 778 f; MünchArbR/BLOMEYER² [2000] § 57 Rn 32 ff, dort auch zur Schadens-berechnung; speziell zur Rechtslage beim rechtswidrigen Arbeitskampf MünchArb/OTTO² [2000] § 289 Rn 32 ff). Diese Rspr ist auf die Rechtslage nach der Schuldrechtsmodernisierung übertragbar, so daß dieser Sachverhalt jetzt dem § 283 zuzuordnen ist. Zur Möglich-keit des Teilrücktritts in diesen Fällen vgl STAUDINGER/OTTO (2004) § 326 Rn F 20 ff; § 323 Rn B 129 f.

bb)   Fehlendes Interesse an der Teilleistung

82 Ungeschriebene Voraussetzung ist zunächst, daß der Wegfall des Interesses an der Teilleistung gerade *auf dem teilweisen Ausschluß der Leistungspflicht beruht* (ebenso BGH NJW 1990, 3011, 3013; NJW 1999, 1702, 1703; ferner bereits PLANCK/SIBER Anm 3 f Abs 3; zust ERMAN/BATTES § 325 aF Rn 32; MünchKomm/EMMERICH § 325 aF Rn 126). Es genügt also nicht, daß die mögliche Leistung aus anderen Gründen für den Gläubiger nicht interessant ist. Für die Annahme eines mangelnden Interesses des Gläubigers ist nicht erforder-lich, daß die noch mögliche Teilleistung, für sich allein betrachtet, wertlos sein müßte. Das wird seltener der Fall sein. Vielmehr genügt es, daß der Gläubiger an der *teil-weisen beiderseitigen Erfüllung*, an dem Austausch der noch möglichen geminderten Leistungen, *kein Interesse mehr hat* (RGZ 50, 138, 143; 172, 20, 24 [zu § 326 Abs 1 S 3]; RG SeuffA 64 Nr 125; LARENZ I § 22 II c). Bei der Prüfung des Interessemangels ist nicht die subjektive Beurteilung des Gläubigers maßgeblich, sondern ein objektives, nachweis-bares Interesse, das von der Zweckbestimmung der Leistungen abhängt, auch wenn man mit MünchKomm/EMMERICH § 325 aF Rn 127 die individuellen Verhältnisse des Gläubigers der Beurteilung zugrunde legt. Das Interesse muß allerdings nicht unbe-dingt Gegenstand des Vertrages geworden, also nicht bereits bei Vertragsschluß vorhanden und für den Schuldner erkennbar gewesen sein.

83 Das **fehlende Interesse** ist insbes dann zu bejahen, wenn der Gläubiger – bei objek-tiver Betrachtung – mit der erbrachten (Teil-)Leistung die konkreten Zwecke auch nicht teilweise erreichen kann. Hierher gehört die Teillieferung einer komplett be-stellten Wohnungseinrichtung oder eines nicht zu Ende geführten Lexikons (weitere Bsp MünchKomm/EMMERICH § 325 aF Rn 128), sofern nicht nach dem Vertragsinhalt aus-nahmsweise vollständige Unmöglichkeit zu bejahen ist. Ein entsprechendes Interesse an der Teilleistung fehlt auch, wenn es für den Gläubiger, der die gesamte Leistung benötigt, günstiger wäre, insgesamt einen neuen Vertrag abzuschließen, als sich teil-weise anderweit einzudecken (BGH NJW 1990, 3011, 3012 f [Computer]; NJW 1990, 2549, 2550 [Detektivbüro]). Der teilweise Leistungsaustausch ist ferner nicht interessegemäß, wenn der Gläubiger in Zeiten, in denen Waren gegen Geld auf dem Markt kaum zu haben sind, seine volle Sachleistung gegen eine geminderte Sachleistung zuzüglich Schadensersatz austauschen müßte.

Kein Interesse an einer Teilleistung wird häufig gerade bei **gemischten Verträgen** (vgl **84** STAUDINGER/LÖWISCH [2001] § 305 aF Rn 27 ff) bestehen, weil es dem Gläubiger auf die Verbindung der verschiedenartigen Leistungen angekommen ist. Man denke an die Buchung eines Hotelzimmers und eines Segellehrgangs in einem Vertrag; zurückhaltend allerdings BGH NJW 1990, 3011, 3013 für die vereinbarte Lieferung von Hardware und Standardsoftware einerseits sowie Spezialsoftware andererseits. Ähnliches kann bei **zusammengesetzten Verträgen** (vgl STAUDINGER/LÖWISCH [2001] § 305 aF Rn 45 ff) – auch Vertragsverbindungen genannt – vorkommen, also zB der gleichzeitigen Buchung eines Hotelzimmers und eines Segellehrgangs aufgrund *mehrerer* Verträge. Jedoch genügt ein wirtschaftlicher oder sonstwie einseitig vom Gläubiger intendierter Zusammenhang nicht. Vielmehr müssen die Verträge dergestalt in einen rechtlichen Zusammenhang gebracht sein, daß die Art und Weise der Abwicklung des einen Vertrages für die Erfüllung des anderen erheblich sein soll (RGZ 161, 100, 104 für § 326 aF).

Bei einem echten **Sukzessivlieferungsvertrag**, aufgrund dessen ratenweise die gleiche **85** Leistung geschuldet wird, ist die Vertragseinheit ohne weiteres gegeben; hier wird der Gläubiger aber regelmäßig an einer Teilabwicklung Interesse haben. Anders liegt es freilich, wenn der Gläubiger seinen gesamten Bedarf nur sinnvoll bei einem Lieferanten decken kann, wie es zB bei dem Bezug eines Lexikons der Fall ist (vgl HUECK, Sukzessivlieferungsvertrag 42 ff; für den Konkurs OLG Hamburg ZIP 1985, 295, 297).

3. Schadensersatzanspruch bei nicht behebbarer Schlechterfüllung

§ 283 S 2 verweist auch auf § 281 Abs 1 S 3, welcher somit entsprechend anwendbar **86** ist. Demnach kann der Gläubiger grds Schadensersatz statt der *ganzen* Leistung unter den Voraussetzungen dieser Vorschrift verlangen, wenn im Falle einer Schlechtleistung die Nacherfüllung nach Vertragsschluß unmöglich geworden ist. § 281 Abs 1 S 3 schließt einen Schadensersatzanspruch bezüglich des Minderwertes der Leistung aber nicht aus (sog **kleiner Schadensersatz**, vgl FAUST, in: HUBER/FAUST, Schuldrechtsmodernisierung Rn 3/157 f; LORENZ/RIEHM, Schuldrecht Rn 218; MÜNCH Jura 2002, 361, 370). Ursprünglich sah der RegE den Schadensersatz für den Minderwert sogar als Regelfall an, eine Gesamtliquidation sollte erst unter der besonderen Voraussetzung des Interessewegfalls folgen (RegE BT-Drucks 14/6040, 139 f) Erst aufgrund der Beschlußempfehlung des Rechtsausschusses wurde das Kriterium der Unerheblichkeit entspr § 323 Abs 4 S 2 RE in § 281 RE eingefügt (BT-Drucks 14/7052, 185).

a) Großer oder kleiner Schadensersatz

Zum **Schadensersatzanspruch statt der Leistung** ist ergänzend (vgl § 280 Rn E 4 ff, 16 ff, **87** 48 ff; oben Rn 48 ff) folgendes hervorzuheben: Die Geltendmachung des *Schadensersatzes statt der Leistung* kann sich im Falle der nicht behebbaren Schlechterfüllung sowohl auf den mangelhaften Teil der Leistung (kleiner Schadensersatz) als auch auf die Gesamtleistung (großer Schadensersatz) beziehen. Den **sog „großen" Schadensersatz**, Schadensersatz statt der *ganzen* Leistung, kann der Gläubiger nur bei nicht unerheblicher Pflichtverletzung verlangen, dann unter Rückgewähr der Kaufsache (§ 281 Abs 5). Zum Inhalt des großen Schadensersatzes vgl § 280 E 8 ff. Bei unerheblicher Minderung des Wertes oder der Tauglichkeit der Leistung kann der Gläubiger nur gem §§ 437 Nr 1, 441 Abs 1 mindern, nicht aber zurücktreten oder Schadensersatz statt der Leistung verlangen. Unbenommen bleibt dem Gläubiger aber in jedem Fall die Geltendmachung des **sog „kleinen" Schadensersatzes** bezüglich des mangelhaften Teils bzw des Minderwertes der Sache. Der Schuldner wurde nämlich nur von einem bestimmten Qualitätsaspekt der Leistung befreit, und genau für diese Einschränkung des Leistungsinteresses erhält der Gläubiger Ersatz (vgl § 280 Rn E 8).

88 Unabhängig davon, ob der Gläubiger kleinen oder großen Schadensersatz geltend macht, werden entfernte **Folgeschäden** nicht vom Schadensersatz statt der Leistung erfaßt (vgl oben Rn 56; § 280 Rn E 26 ff); insofern ist ein Rückgriff auf § 280 Abs 1 erforderlich. Im Falle einer irreparablen Schlechterfüllung kommt der Gläubiger – anders als beim vollständigen Ausschluß der Leistungspflicht – mit der Leistung des Schuldners in Kontakt. Der Schuldner kann daher dadurch, daß er dem Gläubiger die Kaufsache liefert und dessen Rechtsgüter dadurch einer Gefährdung aussetzt, einen zweiten, von der mangelhaften Leistung zu unterscheidenden Pflichtverstoß (§ 241 Abs 2) begehen. Dieser tritt nach meiner Auffassung neben die Verletzung der eigentlichen Leistungspflicht (vgl § 280 Rn C 20 f; aA MünchKomm/ERNST Rn 21).

89 Im Falle der qualitativen Unmöglichkeit erlischt die Gegenleistungspflicht gem § 326 Abs 1 S 2 nicht ipso iure; vielmehr kann der Gläubiger nur gem § 326 Abs 5 iVm § 323 Abs 5 S 2 ohne Fristsetzung vom Vertrag zurücktreten, wenn die Pflichtverletzung erheblich ist (vgl hierzu STAUDINGER/OTTO [2004] § 326 Rn B 39 ff). Der Gläubiger hat deshalb zusätzlich ein **Wahlrecht zwischen Rücktritt und Minderung** (§§ 441, 638). Verlangt der Gläubiger Schadensersatz statt der ganzen Leistung, so ist der Schuldner zur Rückforderung seiner erbrachten Teilleistungen nach §§ 346 bis 348 berechtigt (vgl hierzu Rn 99 ff). Zur Kombination von Schadensersatz und Rücktritt vgl STAUDINGER/OTTO [2004] § 325 Rn 1, 21 ff.

b) Abwicklung nach Maßgabe der Erheblichkeit der Pflichtverletzung

90 Der Schadensersatzanspruch statt der *ganzen* Leistung setzt **gem § 281 Abs 1 S 3** voraus, daß die Pflichtverletzung nicht unerheblich ist. Damit soll verhindert werden, daß es trotz der Unerheblichkeit der Pflichtverletzung zu einer Gesamtliquidation des Vertrages kommt (MÜNCH Jura 2002, 361, 371). Im Kaufrecht gilt daneben die verschuldensunabhängige Sonderregelung des § 441 Abs 1. Anders als bei § 459 Abs 1 S 2 aF ist eine **Minderung** auch bei einem unerheblichen Mangel möglich; der Ausschluß des Rücktrittsrechts durch § 323 Abs 5 S 2 ist nach § 441 Abs 1 S 2 gerade nicht auf die Minderung übertragen worden. Dasselbe gilt für die Minderung im Werkvertragsrecht (§ 638 Abs 1 S 2).

91 Ob eine Pflichtverletzung erheblich ist, läßt sich nur anhand einer umfassenden Interessenabwägung bestimmen. Hierbei ist in Zweifelsfällen auch der Grad des Verschuldens (PALANDT/HEINRICHS Rn 48) und des aus der Pflichtverletzung resultierenden Schadens (so wohl MünchKomm/ERNST § 323 Rn 243) mitzuberücksichtigen. Unerheblich sind Pflichtverletzungen jedenfalls unterhalb der Bagatellgrenze, die nach früherem Recht nach § 459 Abs 1 S 2 aF keinen relevanten Mangel darstellten und sogar jegliche Ansprüche, inklusive der Minderung, ausschlossen. Vgl zur *Erheblichkeit* § 281 Rn C 33, MünchKomm/ERNST Rn 147 sowie STAUDINGER/OTTO (2004) § 323 Rn C 28 ff.

4. Geltendmachung durch Dritte

Im Fall der **Abtretung des Anspruchs auf die unmöglich gewordene Leistung** steht auch **92** der Schadensersatzanspruch statt der Leistung grundsätzlich allein dem Zessionar zu. Dieser hat daher auch darüber zu entscheiden, ob er nach der Surrogationsmethode vorgeht und damit das volle Interesse geltend macht, so daß der Zedent letzterenfalls zu einer etwaigen Gegenleistung verpflichtet bleibt (näher u differenzierend dazu § 280 Rn E 76). Dasselbe gilt für die Alternative von großem und kleinen Schadensersatz bei „Teilunmöglichkeit" bzw einer nicht unerheblichen Schlechterfüllung. Dem Zessionar bleibt es auch überlassen, ob er den Schaden abstrakt oder konkret berechnet; zur Frage, ob sich der Schaden nach der potentiellen Schädigung des Zedenten oder nach der tatsächlichen des Zessionars bemißt, siehe § 280 Rn E 125. Die in *Leasingverträgen* übliche Abtretung der Gewährleistungs- und Schadensersatzansprüche des Leasinggebers gegen den Verkäufer an den Leasingnehmer betrifft lediglich die Rechte aus § 283 im Falle der nicht behebbaren Schlechterfüllung (vgl zur Abtretungsproblematik bei Leasingverträgen MünchKomm/ERNST § 323 Rn 163 mwNw sowie REINKING ZGS 2002, 229 ff; Muster-AGB für Leasingverträge s HOEREN/FLOHR, Vertragsgestaltung nach der Schuldrechtsreform Rn 273 ff; zum Finanzierungsleasing GEBLER/MÜLLER ZBB 2002, 107 ff).

Beim **echten Vertrag zugunsten Dritter** ist der Dritte der von den Vertragsparteien im **93** Deckungsverhältnis gemeinsam bestimmte Leistungsempfänger. Deshalb ist er allein berechtigt, den Schadensersatzanspruch statt der Leistung nach der Surrogationsmethode bzw einen etwaigen Anspruch auf Ersatzherausgabe (§ 285) durchzusetzen (SOERGEL/HADDING § 328 Rn 56; DÖRNER, Dynamische Relativität 305 ff; für den Anspruch aus § 325 aF bei einem Reisevertrag zugunsten eines Dritten ebenso BGHZ 93, 271, 277; jetzt auch MünchKomm/GOTTWALD § 335 Rn 10; **aA** LARENZ I § 17 I b [223]; GERNHUBER, Das Schuldverhältnis § 20 IV 5 b [501]; RAAB 517 ff; differenzierend LANGE NJW 1965, 657, 663). Da sich der Schuldner selbst zur Leistung an einen Dritten verpflichtet hat, muß die Schadensberechnung auch nach Maßgabe der den Dritten treffenden Nachteile erfolgen (SOERGEL/HADDING § 328 Rn 46; DÖRNER, Dynamische Relativität 257, 307; insoweit ebenso RAAB 525 f).

5. Verjährung

Der Schadensersatzanspruch aus § 283 unterliegt grundsätzlich der **Regelverjährung 94** der §§ 195, 199. Für ihn gilt nicht wie bislang bei den Schadensersatzansprüchen aus §§ 325, 326 aF (vgl zur früheren Rechtslage: STAUDINGER/OTTO [2001] § 325 aF Rn 95) dieselbe Verjährung wie für den Anspruch, dessen Erfüllung nach § 275 ausgeschlossen ist (MünchKomm/ERNST Rn 28). Der Anspruch entsteht iS des § 199 Abs 1 Nr 1 mit dem Eintritt der Befreiung von der Primärleistungspflicht gem § 275. Handelt es sich um einen Fall des § 275 Abs 2 oder 3, dh muß der Schuldner für seine Befreiung von der Leistungspflicht erst die Einrede erheben, wirkt der Ausschluß der Leistungspflicht nicht rückwirkend von dem Zeitpunkt an, an dem die Umstände eingetreten sind, die den Tatbestand des § 275 Abs 2 oder 3 ausfüllen. Der Gläubiger erlangt in diesen Fällen außerdem die gem § 199 Abs 1 Nr 2 grundsätzlich erforderliche Kenntnis erst durch Erhebung der Einrede seitens des Schuldners. Für den Fall, daß ein Verkäufer oder Werkunternehmer von der Verpflichtung zur sachmangelfreien Lieferung frei geworden ist, gelten die §§ 438 bzw 634a (vgl ie § 280 Rn G 4 ff).

95 Die Höchstfrist der Verjährung bestimmt sich regelmäßig nach § 199 Abs 3. Werden durch die Nichterfüllung der Leistungspflicht Leben, Körper, Gesundheit oder Freiheit des Gläubigers verletzt, ist bezüglich des Schadensersatzes § 199 Abs 2 anwendbar (s auch § 280 Rn G 2). Wegen des Grundsatzes der Einheitlichkeit der Schadensersatzberechtigung dürfte diese Höchstfrist dann auch für den gesamten Anspruch aus § 283 gelten (MünchKomm/ERNST Rn 29).

6. Abdingbarkeit

96 Bei der Geltendmachung von Schadensersatzansprüchen gem § 283 sind ebenfalls die §§ 305 ff zu beachten (s hierzu zunächst § 280 Rn H 2 ff). § 309 enthält keine dem § 11 Nr 8 Buchst b AGBG entsprechende Vorschrift mehr, wonach die Schadensersatzhaftung bei Unmöglichkeit und Verzug nicht ausgeschlossen werden konnte. Jedoch sollen die von der Rspr vorgenommenen Wertungen weiterhin Geltung beanspruchen (ARZT JuS 2002, 528, 531). Einschlägig ist das **Verbot der Haftungsmilderung für jede vorsätzliche oder grob fahrlässige Pflichtverletzung des Schuldners** oder seines Erfüllungsgehilfen (§ 276 Abs 3, § 309 Nr 7 Buchst b). Außerdem ist **§ 307** zu beachten. Danach sind Bestimmungen in AGB unwirksam, wenn sie den Vertragspartner des Verwenders entgegen Treu und Glauben unangemessen benachteiligen. Dies ist gem Abs 2 im Zweifel anzunehmen, wenn (Nr 2) wesentliche Rechte oder Pflichten, die sich aus der Natur des Vertrages ergeben, so eingeschränkt werden, daß die Erreichung des Vertragszwecks gefährdet ist. Hieraus folgt zB, daß das Recht auf Schadensersatz oder Rücktritt nicht generell versagt sein kann, wenn die Vertrauensgrundlage endgültig zerstört ist.

97 Im Falle der nicht behebbaren Schlechterfüllung sind die Besonderheiten des **Verbrauchsgüterkaufs** iS von § 474 zu beachten. Kauft ein Verbraucher von einem Unternehmer eine bewegliche Sache, so darf von den in § 475 genannten Vorschriften vor Mitteilung des Mangels nicht zum Nachteil des Verbrauchers abgewichen werden. Hiervon profitiert gem § 478 Abs 4 S 1 auch der Verkäufer gegenüber seinem Lieferanten, weil anderenfalls der Rückgriff blockiert werden könnte. Dieses Abweichungsverbot gilt aber nach § 475 Abs 3 gerade nicht für einen Ausschluß oder die Beschränkung von Schadensersatzansprüchen. Eine entsprechende Regelung enthält § 478 Abs 4 S 2 bzgl des Rückgriffs des Unternehmers gegenüber dem Lieferanten (näher dazu MATTHES NJW 2002, 2505, 2510). Werden AGB verwendet, so bleiben jedoch die Inhaltskontrolle nach § 307 und für den nicht beruflichen/unternehmerischen Geschäftsverkehr die Klauselverbote nach den §§ 308 u 309 auch für die Schadensersatzansprüche erhalten. Vgl zum Händlerregreß auch KARSTEN SCHMIDT, in: DAUNER-LIEB/KONZEN/SCHMIDT, Praxis 427 ff.

IV. Rückforderung des vom Schuldner Geleisteten

98 § 283 S 2 verweist schließlich auf **§ 281 Abs 5**, so daß diese Vorschrift entsprechend anwendbar ist. Demnach kann auch im Falle des § 283 der Schuldner das bereits Geleistete nach den §§ 346 bis 348 zurückfordern, wenn der Gläubiger *Schadensersatz statt der ganzen Leistung* verlangt. Ist der Gläubiger an der Rückgewähr einer von ihm erbrachten Leistung interessiert, so kann er von seinem Rücktrittsrecht nach § 326 Abs 5 neben dem Schadensersatzverlangen Gebrauch machen. Hingegen dürfte dem pflichtwidrig handelnden Schuldner in aller Regel der Rücktritt verwehrt sein, so daß hinsichtlich von ihm bereits erbrachter Leistungen bei einer Liquidation des Vertrages Regelungsbedarf besteht. Bei § 283, in dem es um den Ausschluß der Leistungspflicht geht, ist eine derartige Konstellation jedoch nur im Falle der „**Teilunmöglichkeit**" oder der Unmöglichkeit der Nacherfüllung bei einer **nicht behebbaren Schlechterfüllung** denkbar. Nur in diesen beiden Fällen hat der Schuldner schon etwas geleistet, was er gem § 283 S 2 iVm § 281 Abs 5 zurückfordern kann; nur dann ist bereits eine Vermögensmehrung beim Gläubiger eingetreten.

Voraussetzung hierfür ist weiter, daß der Gläubiger wirksam Schadensersatz statt der **99** Leistung bzw Aufwendungsersatz gem § 284 verlangt hat. Eine Rücktrittserklärung des Schuldners ist nicht erforderlich. Vielmehr entzieht der Gläubiger mit seinem Begehren der erfolgten Vermögensverschiebung den mit ihr durch den Schuldner verfolgten Leistungszweck, aber nicht den rechtlichen Grund iS des Bereichungsrechts. Erklärt der Gläubiger zusätzlich zu seinem Verlangen nach Schadensersatz den Rücktritt (§ 349), so sind die §§ 346 bis 348 unmittelbar anwendbar.

Für den Rückforderungsanspruch des Schuldners gelten über § 281 Abs 5 die für die **100** Rückgewähr, die Herausgabe und den Schadensersatz beim Rücktritt geltenden Regeln (dazu Staudinger/Otto [2004] § 323 Rn D 12 ff sowie vor allem Staudinger/Kaiser [2004] §§ 346 ff). Dabei privilegiert § 346 Abs 3 S 1 den zum Schadensersatzverlangen berechtigten Gläubiger durch die Einschränkungen des gegen ihn gerichteten Wertersatzanspruchs (dazu Kaiser JZ 2001, 1057, 1059 ff; Perkams Jura 2003, 150, 151; zur Haftung des Rücktrittsberechtigten bei Untergang der empfangenen Leistung Kamanabrou NJW 2003, 30 ff).

V. Beweislast

Nach der Grundregel des § 280 Abs 1, auf die § 283 S 1 verweist, muß der Gläubiger **101** dem Schuldner die Pflichtverletzung nachweisen (vgl auch § 280 Rn F 1 ff, insbes 7 ff). Die Beweislast für das Vorliegen der Voraussetzungen des § 283 trägt somit der Gläubiger. Er muß darlegen und beweisen, daß sein Anspruch auf die Leistung gem § 275 ausgeschlossen ist, wozu er das Leistungshindernis auch bezeichnen muß. Relativ unproblematisch sind idR die Fälle des Ausschlusses durch Einrede, da der Schuldner die Einrede erhoben haben muß (vgl Rn 40 ff). Bestreitet der Schuldners dies, muß der Gläubiger deren Geltendmachung jedoch beweisen. Im Fall des § 275 Abs 1 muß der Gläubiger zudem dartun, daß dem Schuldner die Leistungserbringung nach Vertragsschluß unmöglich geworden ist. Ist er dazu nicht in der Lage, kann er sein Schadensersatzverlangen auf dem Weg des § 281 verfolgen, dh er muß dem Schuldner idR zunächst eine Frist zur Nacherfüllung setzen. Ist der Zeitpunkt des Eintritts des Leistungshindernisses unsicher, kann der Gläubiger seinen Schadensersatzanspruch wahlweise auf § 283 oder § 311a Abs 2 stützen (vWilmowsky Beil zu JuS Heft 1/2002, 13 f).

§ 284
Ersatz vergeblicher Aufwendungen

Anstelle des Schadensersatzes statt der Leistung kann der Gläubiger Ersatz der Aufwendungen verlangen, die er im Vertrauen auf den Erhalt der Leistung gemacht hat und billigerweise machen durfte, es sei denn, deren Zweck wäre auch ohne die Pflichtverletzung des Schuldners nicht erreicht worden.

Materialien: BGB-KE § 327 Abs 1 S 2 (abgedr in: Abschlußbericht 172); DE § 325 Abs 1 S 2*; KF § 284* (*abgedr in: CANARIS, Schuldrechtsmodernisierung 2002, 12 iVm 215 f, 359 f); RegE § 284 BT-Drucks 14/6040, 7 iVm 142).

Schrifttum

1. Vor der Schuldrechtsreform

FLESSNER/KADNER, Neue Widersprüche zum Gebrauchsentgang – BGHZ 99, 182 und 101, 325, JuS 1989, 879

LEONHARD, Der Ersatz des Vertrauensschadens im Rahmen der vertraglichen Haftung, AcP 199 (1999) 660

MESSER/SCHMITT, Zum Umfang der „Rentabilitätsvermutung" und zu vorvertraglichen und vordeliktischen Aufwendungen, in: FS Hagen (1999) 425

GEORG MÜLLER, Der Ersatz entwerteter Aufwendungen bei Vertragsstörungen (1991)

MÜLLER-LAUBE, Vertragsaufwendungen und Schadensersatz wegen Nichterfüllung, JZ 1995, 538

SCHACKEL, Der Anspruch auf Ersatz des negativen Interesses bei Nichterfüllung von Verträgen, ZEuP 2001, 248

EIKE SCHMIDT, Die verpatzte Jubiläumsfeier, in: FS Gernhuber (1993) 423

HANS STOLL, Die bei Nichterfüllung nutzlosen Aufwendungen des Gläubigers als Maßstab der Interessenbewertung. Eine rechtsvergleichende Studie zum Vertragsrecht, in: FS Duden (1977) 641

WIEDEMANN/MÜLLER, Anmerkung (zu BGH v. 19. 4. 1991, JZ 1992, 464), JZ 1992, 467.

2. Zur und nach der Schuldrechtsreform

ALTMEPPEN, Untaugliche Regeln zum Vertrauensschaden und Erfüllungsinteresse im Schuldrechtsmodernisierungsentwurf, Betrieb 2001, 1399

ders, Nochmals: Schadensersatz wegen Pflichtverletzung, anfängliche Unmöglichkeit und Aufwendungsersatz im Entwurf des Schuldrechtsmodernisierungsgesetzes, Betrieb 2001, 1821

CANARIS, Schadensersatz wegen Pflichtverletzung, anfängliche Unmöglichkeit und Aufwendungsersatz im Entwurf des Schuldrechtsmodernisierungsgesetzes, Betrieb 2001, 1815

ders, Äquivalenzvermutung und Äquivalenzwahrung im Leistungsstörungsrecht des BGB, in: FS Wiedemann (2002) 3

GRIGOLEIT, Neuregelung des Ausgleichs „frustrierter" Aufwendungen (§ 284 BGB): Das ausgefallene Musical, ZGS 2002, 122

GSELL, Aufwendungsersatz nach § 284 BGB, in: DAUNER-LIEB/KONZEN/SCHMIDT, Das neue Schuldrecht in der Praxis (2003) 321

HARKE, Positives als negatives Interesse: Beweiserleichterung beim Vertrauensschaden, JR 2003, 1

LÖWISCH, Auswirkungen der Schuldrechtsreform auf das Recht des Arbeitsverhältnisses, in: FS Wiedemann (2002) 311

REIM, Der Ersatz vergeblicher Aufwendungen nach § 284 BGB, NJW 2003, 3662

STOPPEL, Der Ersatz frustrierter Aufwendungen nach § 284 BGB, AcP 204 (2004) 81.

Vgl ferner das Allgemeine Schrifttum sowie die Schrifttumshinweise zu STAUDINGER/LÖWISCH Vorbem zu §§ 275–278 sowie zu Vorbem zu §§ 280–285, außerdem zu §§ 280 bis 283.

Systematische Übersicht

Alphabetische Übersicht

I. Normzweck und Entstehungsgeschichte

1 Die Bestimmung des § 284 gewährt dem potentiellen Gläubiger eines Anspruchs auf **Schadensersatz statt der Leistung an dessen Stelle den Ersatz vergeblicher Aufwendungen**. Bisweilen steht für den Gläubiger nämlich nicht der Nichterfüllungsschaden im Vordergrund, oder er hat gar keinen solchen erlitten, wohl aber hat er Aufwendungen gemacht, die sich wegen der Nichterfüllung nachträglich als verfehlt erweisen. Solchen „frustrierten" Aufwendungen wendet sich die Vorschrift zu. Gemäß der angeordneten **Alternativität** soll der Gläubiger dabei keine doppelte Entschädigung erlangen, sondern entweder Schadensersatz statt der Leistung oder Aufwendungsersatz wählen; er kann demnach entweder die Vorteile aus dem Vertragsschluß geltend machen oder auf die Wiederherstellung des Zustandes ohne Vertragsschluß hinwirken.

1. Entstehungshintergrund

2 § 284 ist eine **Neuschöpfung des Schuldrechtsmodernisierungsgesetzes**. In der bis zum 31. 12. 2001 geltenden Fassung des BGB stand der Ersatz vergeblicher Aufwendungen auf unsicherer Grundlage. Vom Schadensersatz wegen Nichterfüllung – bzw nach neuer Terminologie „statt der Leistung" – sind solche Kosten, die der Gläubiger im

Vertrauen auf den Leistungserhalt getätigt hatte, an sich nicht umfaßt. Sie wären ihm auch bei gehöriger Erfüllung entstanden, so daß es im Hinblick auf die Nichterfüllung, streng genommen, an der Kausalität fehlt. Lediglich im Rahmen der Wandelung konnte der Gläubiger nach § 467 S 2 aF bzw § 634 Abs 4 aF seine *Vertragskosten* umfassend ersetzt verlangen, also insbesondere Kosten für die Übermittlung von Willenserklärungen oder deren Beurkundung sowie Maklerkosten (für eine weite, dem Käufer günstige Auslegung des Begriffs der Vertragskosten BGHZ 87, 104, 107 f = NJW 1983, 1479, 1480). Die Rspr hat es abgelehnt, diesen verschuldensunabhängigen Anspruch im allgemeinen Leistungsstörungsrecht analog anzuwenden (BGH NJW 1985, 2697). Sie hat statt dessen mit der Erwägung geholfen, daß die ordnungsgemäße Durchführung des Vertrages die Aufwendungen des Gläubigers *rentabel* gemacht hätte, indem er durch die Gegenleistung gleichwertige Vorteile erwirtschaftet hätte (BGHZ 123, 96, 99; BGH NJW 1999, 3625, 3626; Z 143, 41, 48 = NJW 2000, 506, 508; näher u mwNw STAUDINGER/OTTO [2001] § 325 aF Rn 84 f). Dahinter steht die Vermutung, daß im Geschäftsverkehr Aufwendungen im allgemeinen gewinnorientiert getätigt werden. Verfehlen solche Aufwendungen ihren Zweck, weil die (ordnungsgemäße) Leistung ausbleibt, so wird dieser Nachteil regelmäßig daher bereits durch den Ersatz des Nichterfüllungsschadens vollständig kompensiert. Jedenfalls in solchen Fällen, in denen der Geschädigte seine Gewinnerwartung nicht beziffern bzw beweisen kann, bilden demnach diejenigen Aufwendungen, die für den Gläubiger durch die Pflichtverletzung des Schuldner vergeblich geworden sind, den „ersten handgreiflichen Schaden". Als Maß zur Bestimmung des – widerleglich – **vermuteten Mindestschadens** werden vergebliche Aufwendungen auf diese Weise zum Gegenstand des Erfüllungsinteresses erhoben, obgleich der eigentliche Schaden nicht in den Aufwendungen als solchen besteht, sondern im Verlust der Kompensationsmöglichkeiten (BGH NJW 2000, 2342, 2343). Vor diesem Hintergrund läßt sich die zugrundeliegende Erwägung mit dem Grundsatz der in § 249 Abs 1 verankerten Differenzhypothese vereinbaren.

Im Rahmen dieser sog **Rentabilitätsvermutung** hat die **Rechtsprechung** jedoch in **3** zweierlei Hinsicht **Zurückhaltung** gezeigt: Zum einen ist die Rentabilitätsvermutung, aber auch der Einwand von Verlustgeschäften als negativer Rechnungsposten auf die *synallagmatische Beziehung* beschränkt und damit mit der Abgrenzung befaßt, inwieweit Aufwendungen auf den Leistungsgegenstand selbst erbracht wurden (Stichwort: Anhangs- oder Folgegeschäfte; vgl § 280 Rn E 110 ff sowie mwNw STAUDINGER/OTTO [2001] § 325 aF Rn 87).

Zum anderen wird bei auf die Vertragsdurchführung selbst abzielenden Aufwendungen dann „gebremst", *wenn ein Gewinn von vornherein nicht zu erwarten gewesen wäre* (Stichwort: Keine Kommerzialisierung ideeller Schäden). Das anschauliche Beispiel bildet der sog „Stadthallenfall" (BGHZ 99, 182, 195 ff), bei dem die Gemeinde einen Mietvertrag mit einem rechtsextremen Verein als Mieter nicht einhielt mit der Konsequenz, daß dieser ua die nutzlos gewordenen Werbekosten für die geplante Veranstaltung als Nichterfüllungsschaden geltend machte. Der BGH hat hier den Schadensersatzanspruch insoweit verneint, als nicht festgestellt werden könne, daß diese Kosten durch die Einnahmen aus der Veranstaltung kompensiert worden wären. Auf der gleichen Linie liegt es, wenn die Erstattung von Fahrt- und Aufenthaltskosten versagt wird, die zum Zwecke des Besuchs einer auswärtigen, schließlich ausgefallenen Veranstaltung getätigt wurden (LG Lüneburg NJW 2002, 614 [Konzert]; im

Ausgangspunkt auch OLG Köln NJW-RR 1994, 687 = VersR 1994, 1355 f [Filmpreisverleihung]). Mit der gleichen Argumentation hat der BGH die Rentabilitätsvermutung bei Interventionskäufen, mit denen wirtschaftslenkende Zwecke verfolgt werden, ebenfalls abgelehnt (WM 1985, 1361, 1364 u 1497, 1499). In der Literatur hat diese Beschränkung Zustimmung erfahren (HUBER II 275 f, 279 ff mwNw unter Einbeziehung sog eigenwirtschaftlicher Verwendung; zust auch MESSER/SCHMITT, in: FS Hagen [1999] 425, 435, anders nur, wenn der ideelle Wert [zB eine Eintrittskarte zur Fußballweltmeisterschaft] vertraglich geschuldet war [434 f]), und sie konnte zumindest de lege lata mit dem Hinweis auf die Schranke des § 253 legitimiert werden (hierzu BGHZ 99, 182, 202; HUBER II 276).

4 In weiten Teilen der Literatur wurde es demgegenüber als unbefriedigend empfunden, daß allein bei wirtschaftlich geprägten Geschäften Aufwendungen kompensiert werden sollten. Bei grober Einteilung konnten insoweit **drei abweichende Ansätze** unterschieden werden:

5 Der *erste Ansatz* knüpfte an den **Schadensbegriff** an. Auch wenn ideelle Zwecke verfolgt würden, hätten die *frustrierten Aufwendungen* einen Wert, weil sie zB einen bestimmten Genuß erst ermöglichen (ohne Anreise keine Möglichkeit eine Theateraufführung zu erleben). Bei einer Vertragsstörung blieben zwar die (Fahrt-)Kosten dieselben, der darüber hinausgehende Wert werde den Aufwendungen jedoch entzogen. Dieser Wertverlust sei auszugleichen. Daher seien die frustrierten Aufwendungen wie ein Schaden zu ersetzen. Dem Risiko, daß der Schuldner zB Luxusaufwendungen ersetzen muß, sei mit Hilfe einer Ausmessung des vertraglichen Schutzbereichs, der Bestimmung des Parteiwillens und dem Kriterium der Angemessenheit zu begegnen (vgl E SCHMIDT, in: FS Gernhuber 427 ff). Für eine weitere Fassung des Schadensbegriffs streiten auch FLESSNER/KADNER (JuS 1989, 879, 881 ff).

6 Der *zweite Ansatz* modifizierte die **Anspruchsgrundlage**. Danach habe ein Anspruch auf *Ersatz des Vertrauensschadens auch im Rahmen des § 325 aF* bestehen sollen (so zB HANS STOLL JZ 1987, 517, 519; GEORG MÜLLER, Der Ersatz entwerteter Aufwendungen bei Vertragsstörungen [1991]; wohl auch LEONHARD AcP 199 [1999] 660, 679 ff hinsichtlich voraussehbarer Aufwendungen bei nichtkommerziellen Verträgen; krit dazu GRUNSKY AcP 1992 [1992] 251 f; SOERGEL/WIEDEMANN § 325 aF Rn 53). MÜLLER hat den Anspruch auf das negative Interesse als einen hinter dem Anspruch auf das positive Interesse auch nach dem Vertragsschluß latent existenten Inhalt verstanden, der bei Wegfall des positiven Interesses wiederauflebe (92 f; vgl auch WIEDEMANN/MÜLLER JZ 1992, 467 f). Im Rahmen der §§ 325, 326 aF sei ein Ersatz entwerteter Aufwendungen in Betracht gekommen, wenn „ein positives Interesse nicht besteht oder nicht oder nur unter unverhältnismäßigem Aufwand festgestellt oder bewiesen werden" könne (94 ff), wie dies insbes bei immateriellem Vertragszweck der Fall sei (98 ff, zur Stadthallenentscheidung 101 ff; krit ebenfalls HANS STOLL JZ 1987, 517, 518 ff). Es sei kein vernünftiger Grund ersichtlich, dem Gläubiger, der kein Recht auf Erfüllung habe, bei Vereitelung der Leistungserwartung einen Vertrauensschutz zu versagen, den das Gesetz selbst bei Fehlen der Erfüllungshaftung als Mindestschutz gegen Leistungsstörungen gewähre. Eine Haftungsbegrenzung könne unter Beachtung der vertraglichen Risikoverteilung sowie mit Hilfe einer Differenzierung nach notwendigen Aufwendungen zur Vertragsdurchführung und solchen, die auf der Erfüllung aufbauen, erfolgen. SOERGEL/WIEDEMANN § 325 Rn 53 verlangt insoweit einen „unmittelbaren sachlichen Zusammenhang" der nutzlos gewordenen Aufwendungen und unterscheidet hierbei zwischen der Durchführung des Vertrages (Vertragskosten, Anzahlungen) und der Verwertung der Leistung (Vorfabrikate, Baumaßnahmen). Dieser Weg war erst recht für denjenigen naheliegend, der Rücktritt und Ersatz des negativen Interesses nebeneinander über die gesetzlich geregelten Fälle hinaus (s § 467 S 2 aF; § 13 Abs 2 S 2 VerbrKrG [jetzt § 503 Abs 2 S 2]) zulassen wollte (vgl STAUDINGER/OTTO [2001] § 327 aF Rn 40).

In diesem Sinne hat auch **§ 327 Abs 1 S 2 BGB-KE** ausdrücklich statt des Anspruchs auf das positive Interesse einen Anspruch auf das negative Interesse anerkannt. § 327 BGB-KE, der – von der Schreibweise abgesehen – unverändert als § 325 DE übernommen wurde, lautete (Hervorhebung v Verf):

> (1) Nach dem Rücktritt kann der Gläubiger Ersatz des Schadens verlangen, der ihm durch die Nichtausführung des Vertrags entsteht. *Er kann statt dessen auch Ersatz des Schadens verlangen, der ihm daraus entsteht, daß er auf die Ausführung des Vertrags vertraut hat.*
>
> (2) Dies gilt nicht, wenn der Schuldner den Rücktrittsgrund nicht zu vertreten hat.

Der nicht durch das positive Interesse begrenzte Anspruch solle über den von der Rspr anerkannten Bereich der Rentabilitätsvermutung hinaus „von dem Teil getragen werden, der das Scheitern des Vertrages zu vertreten habe". Unsicherheiten und Zufälligkeiten in der Rentabilitätsberechnung und der Bewertung von Vorteilen seien auf diese Weise zu vermeiden (Abschlußbericht 173 f; dazu krit MESSER/SCHMITT, in: FS Hagen [1999] 425, 440 ff). Hinsichtlich der Vertragskosten sollte mit den speziellen §§ 439 Abs 3, 637 Abs 3 BGB-KE eine verschuldensunabhängige Ersatzpflicht entspr § 467 S 2 aF beibehalten werden.

In eine verwandte, aber noch grundsätzlichere Richtung zielten *drittens* die Über- **7** legungen von MÜLLER-LAUBE, der die Rentabilitätsvermutung ganz verabschieden wollte (JZ 1995, 538, 541 ff). Nach seiner Ansicht kann der Gläubiger den **Nichterfüllungsschaden stets alternativ nach dem positiven oder negativen Interesse berechnen** (545). Entwertete Aufwendungen seien durchgängig als Vertrauensschäden zu behandeln, die jedoch dogmatisch in den Schadensersatz wegen Nichterfüllung einbezogen werden könnten. Dieser Ansicht liegt der Gedanke zugrunde, den Vertrag nicht nur als Instrument zur Gewinnerzielung einzustufen, sondern ihn zugleich als Vertrauensgrundlage für den Gläubiger aufzufassen, so daß die spätere Vertragsverletzung zugleich einen Vertrauensbruch darstellt. Hinsichtlich des Erstattungsumfangs definiert auch MÜLLER-LAUBE einsichtige Grenzen, insbesondere hinsichtlich ungewöhnlicher und risikobehafteter Aufwendungen (544 f).

Im **Ergebnis** vorzugswürdig erschien bei der bisherigen Rechtslage, fehlgeschlagene **8** Aufwendungen bei gegenseitigen Verträgen auch ohne beabsichtigte oder beweisbare Gewinnerzielung in die Schadensberechnung jedenfalls insoweit einzubeziehen, als diese *Aufwendungen typischerweise mit dem Nutzungszweck der geschuldeten Leistung verbunden sind und zu einem zumutbaren Risiko für den Schuldner führen.* Man denke an den üblichen Werbeaufwand für eine Veranstaltung in gemieteten Räumen oder die üblichen Fahrtkosten zu einer in zu vertretender Weise ausgefallenen Aufführung. Dabei liegt es auf der Hand, daß etwa die Flug- und Unterbringungskosten zu fernen Festspielen grundsätzlich nicht der Risikosphäre des Schuldners zugerechnet werden können. Anders ist dies, wenn für eine exklusive Veranstaltung von vornherein gezielt ein überregionaler Personenkreis angesprochen wird (OLG Köln NJW-RR 1994, 687 = VersR 1994, 1355 f; idS auch Messer/Schmitt, in: FS Hagen [1999] 425, 436; ohne Differenzierung LG Lüneburg NJW 2002, 614). Im Zusammenhang mit der Entschädigung von Nutzungsausfall für nicht gewerblich genutzte Gegenstände hat sich der Große Senat des BGH jedenfalls solche „Bewertungsfreiheit" hinsichtlich der Schadensposten vorbehalten (BGHZ 98, 212). Wörtlich heißt es dort (217), „daß die Differenzmethode als wertneutrale Rechenoperation nicht davon enthebt, am Schutzzweck der Haftung und an der Ausgleichsfunktion des Schadensersatzes die in die Differenzbilanz einzusetzenden Rechnungsposten wertend zu bestimmen (...). Zwar drückt sich ein Vermögensschaden in der Differenzbilanz stets als Minderung von Aktiv- oder Vermehrung von Passivposten aus; *es ist aber Aufgabe rechtlicher Bewertung, die Parameter der Bilanz für den Zweck des Schadensausgleichs mit festzulegen* (Hervorhebung v Verf)." Zu einer großzügigeren Bewertung der fehlgeschlagenen Aufwendungen als Berechnungsansatz paßt im übrigen auch, daß der BGH bei dauerhaftem Nutzungsentgang vertraglich geschuldeter Leistung mit Recht betont, daß der Schuldner gerade gegen seine eigentliche Leistungspflicht verstoßen hat (BGHZ 101, 325, 333 = JZ 1988, 196, 199 m Anm Zeuner; s aber auch BGHZ 71, 234, 239 für die verspätete Herstellung einer Eigentumswohnung). Nur aus dem Umstand, daß der Gläubiger von vornherein keinen Gewinn angestrebt hat, kann nicht folgen, daß der Schuldner solche Verträge sanktionslos verletzen kann (zutr Canaris Betrieb 2001, 1815, 1820; MünchKomm/Emmerich § 325 aF Rn 72; iE auch Schackel ZEuP 2001, 248, 251 mit Appell an das „Gerechtigkeitsempfinden"; enger Huber II 279 ff: Ersatz nur bei vorsätzlichem Vertragsbruch).

9 Dementsprechend korrigiert § 284 den durch die Rspr begrenzt erreichten Ausgleich und gewährt für verfehlte Aufwendungen nunmehr eine *allgemeine* Ersatzpflicht in dem Sinne, daß im Ausgangspunkt die Unterscheidung zwischen Geschäften mit wirtschaftlichen bzw anderen Zwecken aufgegeben ist. Die Norm entspricht *wörtlich* § 284 KF; die „Kommission Leistungsstörungsrecht" hat den Regelungsgedanken bewußt aus der Abhängigkeit vom gegenseitigen Vertrag gelöst und zudem auf den in § 327 Abs 1 S 1 BGB-KE und § 325 Abs 1 S 1 DE vorausgesetzten Rücktritt ganz verzichtet. Weitere Diskussionen hat es im Rahmen der Gesetzesberatungen nicht gegeben, vermutlich, weil die Wertungsfragen zu diffizil sind. Anstelle seines Anspruches auf Schadensersatz statt der Leistung (Rn 15 ff) kann der Gläubiger nunmehr die Aufwendungen (Rn 20 ff) ersetzt verlangen, die er im Vertrauen auf den Erhalt der Leistung billigerweise (Rn 29 ff) machen durfte, soweit der Schuldner nicht nachweist, daß die Aufwendungen auch ohne die Pflichtverletzung ihren Zweck verfehlt hätten (Rn 35 ff).

10 **Wirtschaftlich** bedeutet die Schadlosstellung bezogen auf getätigte Aufwendungen den **Ersatz des negativen Interesses**, weil der Gläubiger so gestellt wird, als wäre es überhaupt nicht zu einem Vertragsschluß gekommen. Damit bewegt sich die Vorschrift des § 284 im **normativen Umfeld** von *§ 122, § 179 Abs 2* sowie den Regeln der culpa in contrahendo, *§ 311 Abs 2 und 3.* Sie weicht allerdings schon insofern von ihnen ab, als der im Rahmen dieser Normen in seinem negativen Interesse geschützte Gläubiger grundsätzlich hierauf beschränkt ist. Zwar steht ihm die Möglichkeit offen nachzuweisen, daß ihm im Vertrauen auf die Gültigkeit bzw das Wirksamwerden des Geschäfts ein ebenso vorteilhaftes Ersatzgeschäft entgangen ist, so daß der Anspruch

iE auf den Ersatz des positiven Interesses gerichtet sein kann. Doch anders als bei der *Rentabilitätsvermutung*, die auf der plausiblen Annahme beruht, daß der Gläubiger den Wert der vom Schuldner erwarteten Leistung zutreffend bewertet und zu ihrem Erhalt nur solche Aufwendungen tätigt, die durch ihren Wert gedeckt werden (vgl schon Rn 2), hilft dem Gläubiger hierbei kein Erfahrungssatz, daß es andere günstige Gelegenheiten gegeben hätte oder daß er durch sein Vertrauen andere Gewinneinbußen erlitten hat (zutr HARKE JR 2003, 1, 2).

Demgegenüber erlaubt § 284 dem potentiellen Gläubiger eines Anspruchs auf Schadensersatz statt der Leistung die **Wahl**, statt dessen den Ersatz von Aufwendungen zu verlangen, **ohne hierbei eine Begrenzung durch das positive Interesse zu erfahren** (abl ALTMEPPEN Betrieb 2001, 1399, 1404). Maßgeblicher Haftungsgrund ist dabei gemäß dem Wortlaut das Vertrauen des Gläubigers in die Erbringung der Leistung durch den Schuldner bzw das schuldhafte Enttäuschen dieses Vertrauens. Demgegenüber wurde die Grundlage des Aufwendungsersatzes bislang vornehmlich gestützt auf die auf „dem Geschäftswillen der Vertragsparteien beruhende Vermutung, im synallagmatischen Austauschverhältnis seien Leistung und Gegenleistung gleichwertig" (BGHZ 114, 193, 197 = NJW 1991, 2277, 2278). Mit der Fassung des § 284 hat sich der Gesetzgeber demnach von der vorherrschenden Begründung des Anspruchs auf Aufwendungsersatz gelöst und den Schwerpunkt der ratio legis von einer Art *Äquivalenzvermutung*, was sich aus der Rentabilitätsvermutung als eine Form der Schadensberechnung im Rahmen des positiven Interesses ergab, verschoben hin zu einer Form der *Vertrauenshaftung* (ausführlich CANARIS, in: FS Wiedemann 3, 26 ff). Schließlich soll § 284 gleichermaßen bei einseitigen Schuldverhältnissen zum Zuge kommen (vgl sogleich Rn 11), und der Gläubiger soll hiernach gerade auch für solche Aufwendungen Ersatz verlangen können, bei denen an die Erzielung eines Gewinns nicht gedacht war. Gegen die Einordnung des Aufwendungsersatzes als Vertrauensschaden spricht, daß nun wiederum nicht jede Art des negativen Interesses erfaßt ist, sondern die Höhe des Anspruchs sich allein anhand der nutzlos gewordenen Aufwendungen bestimmt; für sonstige Vertrauensschäden wird kein Ausgleich gewährt. Nach überkommenem Verständnis beruht die Gewährung eines Vertrauensschadens aber auf der Prämisse, daß er idR geringer ist als der Erfüllungsschaden, soll doch der Gläubiger aufgrund des Vertragsbruchs nicht besser stehen als bei ordnungsgemäßer Erfüllung. Ist man sich bewußt, daß der Schaden nicht darin liegt, daß der Gläubiger Aufwendungen getätigt hat, sondern vielmehr in ihrer Frustrierung (s a Begr BT-Drucks 14/6040, 143: „frustrierte[n] Aufwendungen als Schaden"; ferner Rn 2 aE), und es damit bei Aufwendungen zu nicht-erwerbswirtschaftlichen Zwecken regelmäßig an einem Nichterfüllungsschaden iS eines Vermögensschadens fehlt, könnte man den Anspruch des § 284 mit seiner Anknüpfung „anstelle des Schadensersatzes statt der Leistung" als *Ersatzanspruch „wegen Nichterfüllung" im weiteren Sinne* bezeichnen (vgl CANARIS, in: FS Wiedemann 28; GSELL, in: DAUNER-LIEB, Praxis 336 f). In dieser eigentümlichen Gemengelage ist mit § 284 eine **eigenständige Anspruchsgrundlage** geschaffen, nicht etwa nur eine Variante der Schadensberechnung (jedenfalls mißverständlich CANARIS JZ 2001, 499, 517). Im übrigen finden getätigte Aufwendungen als Vermögensschaden in Gestalt entgangenen Gewinns weiterhin Berücksichtigung in solchen Fällen, in denen der Gläubiger nach *§§ 249 Abs 1, 252* Ersatz für entgangenen Gewinn verlangen kann; in diesem Zusammenhang besteht für den Gläubiger, möchte er nicht in den Genuß der Umkehrung der Beweislast kommen (hierzu Rn 36 ff, 49), kein Bedürfnis, auf § 284 zurückzugreifen.

2. Anwendungsbereich

a) Bestehen eines Schuldverhältnisses mit einer Leistungspflicht

11 Die Anwendung des § 284 setzt ein **vertragliches** oder **gesetzliches Schuldverhältnis voraus, das eine Leistungspflicht zum Gegenstand hat.** Dies ergibt sich bereits daraus, daß der Gläubiger Aufwendungsersatz nur „anstelle des Schadensersatzes statt der Leistung" verlangen kann. Gegenüber der Lösung der Schuldrechts-Kommission mit § 327 Abs 1 S 2 BGB-KE und anders als noch § 325 Abs 1 S 2 DE ist die Regelung – wie bereits erwähnt – aus dem Titel über gegenseitige Verträge herausgenommen und in den systematischen Zusammenhang von §§ 280 ff eingeordnet worden (krit HANS STOLL JZ 2001, 589, 596). Darin kommt zum Ausdruck, daß Aufwendungsersatz unterschiedslos bei *gegenseitigen* wie bei *ein- oder zweiseitigen* Schuldverhältnissen in Betracht kommt (vgl § 280 Rn B 1 ff). Hat zB ein Vermächtnisnehmer einen Rahmen für ein ihm vermachtes Gemälde anfertigen lassen, so hat er, wenn der Erbe das Gemälde nun an einen Dritten übereignet, das gleiche Bedürfnis nach Ersatz seiner Aufwendungen wie derjenige, der das Gemälde gekauft hatte (Begr BT-Drucks 14/6040, 143). Gleiches gilt für den Eigentümer, der im Vertrauen auf die Rückgabe seines Eigentums Aufwendungen getätigt hat (PALANDT/HEINRICHS Rn 4). Vor diesem Hintergrund kann sich – beim unvollkommen zweiseitigen Vertrag (zum Begriff STAUDINGER/ OTTO [2004] Vorbem 5 zu §§ 320–326) – auch der Entleiher unerwartet empfindlichen Folgen gegenübersehen, wenn das ihm anvertraute Gut vor seiner Rückgabe untergeht, dessen weiterer Gebrauch vom Verleiher bereits kostenintensiv eingeplant war und sich angemessener Ersatz nicht beschaffen ließe. Ersatzpflichtig kann ebenso werden, wer aus einem Schenkungsversprechen zu einer Leistung verpflichtet ist; doch erscheint es mit MünchKomm/ERNST Rn 10 u 20 erwägenswert, die beim Schadensersatz auf § 521 zurückzuführende Haftungserleichterung im Rahmen des § 284 ergänzend bei der Prüfung der Billigkeit (Rn 34) zu berücksichtigen. Anwendung findet § 284 auch hinsichtlich Aufwendungen, die im Vertrauen auf die Erfüllung eines Bereicherungsanspruches gemacht werden (CANARIS, in: FS Wiedemann 26), sowie für den Fall der Nichterfüllung einer durch unerlaubte Handlung entstandenen Schadensersatzpflicht. Durch eine unerlaubte Handlung unmittelbar vereitelter Aufwand stellt demgegenüber allein einen Teil des zu ersetzenden Schadens dar; insoweit besteht auch kein Bedürfnis für eine entsprechende Anwendung (krit GSELL, in: DAUNER-LIEB, Praxis 327 f).

b) Verhältnis zur Rentabilitätsvermutung beim Schadensersatz statt der Leistung

12 Unklarheiten bestehen bei der Anwendung der Norm im Hinblick auf ihr Verhältnis zur sog Rentabilitätsvermutung, die unzweifelhaft ihren Vorläufer bildet. Nunmehr liegt mit § 284 eine gesetzliche Regelung zum Aufwendungsersatz vor, so daß fraglich ist, ob an den Grundsätzen der Rentabilitätsvermutung festgehalten werden kann oder ob insoweit ausschließlich § 284 einschlägig ist. Diese Frage ist deshalb von entscheidender Bedeutung, weil § 284 den Ersatz frustrierter Aufwendungen nur „anstelle des Schadensersatzes statt der Leistung" gewährt, während im Rahmen der bisherigen Rentabilitätsvermutung die Aufwendungen als Schadensposten innerhalb des Schadensersatzes wegen Nichterfüllung zu ersetzen waren. Dem Wortlaut läßt sich nicht entnehmen, daß der Norm kein umfassender Regelungsanspruch zukommen soll. Auch findet sich in der Begr des RegE der Hinweis, daß es auf die bisherige Rspr zur Rentabilitätsvermutung „künftig nicht mehr" ankommen soll (BT-Drucks 14/60/40, 144). Gleichwohl wird ganz überwiegend angenommen, daß trotz der nur alternativen Gewährung ebenso wie bisher im Rahmen des Schadensersatzes statt der Leistung eine Berücksichtigung der Aufwendungen nach den Grundsätzen der Rentabilitätsvermutung in Betracht kommt (zB CANARIS JZ 2001, 499, 517; Münch-Komm/ERNST Rn 35; GSELL, in: DAUNER-LIEB, Praxis 324 [s aber zur Entbehrlichkeit der Rentabilitätsvermutung ebd 340]; **abw** STOPPEL AcP 204 [2004] 81, 112 f). Maßgeblich wird zu Recht darauf abgestellt, daß durch den neugeschaffenen § 284 die Rechte des Gläubigers nicht etwa beschränkt, sondern gerade erweitert werden sollten (MünchKomm/EMME-RICH Vor § 281 Rn 31; anders offenbar aber ders, Neues Mietrecht und Schuldrechtsmodernisierung, NZM 2002, 362, 364; GRIGOLEIT ZGS 2002, 122, 123), nämlich für solche Fälle, in denen auf der Grundlage der Rentabilitätsvermutung ein Ersatz von Aufwendungen versagt wurde, weil der Vertrag keinen erwerbswirtschaftlichen Zwecken dienen sollte, sondern privaten Bedürfnissen ohne überschießende wirtschaftliche Vorteile wie der private Hauskauf oder wie im „Stadthallenfall" (Rn 3) ideellen Zielen (Begr BT-Drucks 14/60/40, 143). Insofern ist die rechtspolitische Bewertung von MEDICUS (JuS 2003, 521, 523) zutreffend, daß § 284 mit dem neuen § 253 Abs 2 in der Tendenz übereinstimmt, wonach eine Schlechterstellung des immateriell Geschädigten gemildert werden soll. Kommt § 284 damit die Funktion zu, eine *Schutzlücke* zu schließen, so haben die Grundsätze der Rentabilitätsvermutung ihrerseits bei der Ermittelung des Schadensersatzes statt der Leistung weiterhin zu gelten (**aA** AnwKomm/DAUNER-LIEB Rn 5; FAUST, in: HUBER/FAUST, Schuldrechtsmodernisierung Rn 4/7; ROLLAND, in: HAAS/MEDICUS/ROLLAND/SCHÄFER/WENDTLAND, Das neue Schuldrecht [2002] 1. Kap Rn 30; SCHELLHAMMER, Das neue Kaufrecht – Die Sachmängelrechte des Käufers, MDR 2002, 301, 305; vWILMOWSKY Beil zu JuS Heft 1/2002, 10 u 14); insoweit ist auf die Erl zu § 280 zu verweisen (§ 280 Rn E 110 ff).

Hinsichtlich des Anwendungsbereichs von § 284 wird aus dem Vorstehenden zum **13** Teil der Schluß gezogen, die Vorschrift beschränke sich auf jene Fälle, in denen die Rentabilitätsvermutung nicht anwendbar sei (PALANDT/HEINRICHS Rn 4, 6; § 281 Rn 23 f u § 311a Rn 8; unklar JAUERNIG/VOLLKOMMER Rn 2). Dem Wortlaut der Norm ist eine solche Einschränkung jedoch nicht zu entnehmen (ebenso EMMERICH, Leistungsstörungen 210; GSELL, in: DAUNER-LIEB, Praxis 324). Auch ist nicht einzusehen, warum bei Verträgen mit erwerbswirtschaftlicher Zwecksetzung dem Gläubiger ein Vorgehen nach Maßgabe von § 284 verwehrt sein sollte, zumal nach der Intention des Gesetzgebers mit der Neuschaffung der Norm Unsicherheiten und Zufälligkeiten in der Bewertung von Vorteilen aus dem Geschäft als materiell oder immateriell gerade obsolet sein sollten (BT-Drucks 14/6040, 143). Immerhin ist die Anspruchsberechtigung nach § 284 leichter darzutun als die Schadensersatzberechtigung nach der Rentabilitätsvermutung (MünchKomm/ERNST Rn 35; OTTO Jura 2002, 1, 9). Denn der Nachweis, daß die Pflichtverletzung kausal für den Gewinnausfall war, liegt dabei im Grundsatz beim Gläubiger, während § 284 die Verteilung der Beweislast umkehrt. Eine solche beweisrechtliche Privilegierung nichtkommerzieller gegenüber kommerziellen Vertragszwecken wäre nun aber, worauf GSELL zutreffend hinweist (in: DAUNER-LIEB, Praxis 324; relativierend allerdings 326 f mit Fn 21), innerhalb des Schadensersatzsystems des BGB, in dem der Vermögensschadensersatz die Regel, der Ausgleich immaterieller Einbußen hingegen die Ausnahme darstellt (§ 253 Abs 1), kaum zu rechtfertigen, mag man frustrierte Aufwendungen gleichwohl als materiellen Schaden ansehen (abw CANARIS JZ 2001, 499, 516 mit Fn 164: Durch § 284 werde die Wertung des § 253 überhaupt nicht oder allenfalls ganz peripher berührt). Nicht praktisch wird allerdings die sich damit bei Verträgen mit erwerbswirtschaftlicher Zwecksetzung für den Gläubiger scheinbar eröffnende Möglichkeit, trotz Widerlegung der Rentabilitätsvermutung auf § 284 auszuweichen. Denn – so die Maßgabe der Einschränkung von § 284 aE – wäre der erwerbswirtschaftliche Zweck iE auch ohne die Pflichtverletzung des Schuldners regelmäßig nicht erreicht worden (zutr PALANDT/HEINRICHS Rn 4, 8; GSELL, in: DAUNER-LIEB, Praxis 322; GRIGOLEIT ZGS 2002, 122, 123; anders offenbar EMMERICH, Leistungsstörungen 209 f; s ferner Rn 37).

c) Abdingbarkeit

14 Von der Regelung des § 284 abweichende Vereinbarungen sind einzelvertraglich ohne weiteres möglich; die Norm gehört zum dispositiven Recht. Sofern nur der Ersatz von Aufwendungen begrenzt oder gar abbedungen worden ist, hindert dies den Gläubiger jedoch nicht, seinen Schaden unter Rückgriff auf die Grundsätze der Rentabilitätsvermutung als Schadensersatz statt der Leistung geltend zu machen.

Im Hinblick auf die Beurteilung von Abreden durch **AGB** kommt namentlich § 309 Nr 7 Buchst b in Betracht, an dem im nicht unternehmerisch geprägten Bereich (§ 310 Abs 1 S 1) der Ausschluß oder eine Begrenzung der Haftung für Schäden zu messen ist. Im Verkehr zwischen Unternehmern bleiben dessen Vorgaben als Maßstab im Rahmen der Generalklausel des § 307 beachtlich (s nur PALANDT/HEINRICHS § 307 Rn 39). Die Anwendbarkeit des § 284 setzt nun aber einen Anspruch auf Schadensersatz statt der Leistung voraus, so daß es an dieser Voraussetzung fehlt, soweit eine Pflicht zum Schadensersatz wirksam ausgeschlossen worden ist. Problematisch ist dagegen, inwieweit eine Beschränkung oder der Ausschluß des Aufwendungsersatzanspruchs selbst überhaupt dem Klauselverbot des § 309 Nr 7 Buchst b unterliegt, spricht doch dieser ausdrücklich nur von „Schäden", nicht von Aufwendungen. Teilweise wird die Anwendbarkeit der Norm folglich abgelehnt (MünchKomm/ERNST Rn 38). Der Hinweis von ERNST (aaO), die Vorschrift stelle „von jeher" allein auf den Ersatz von Schäden materieller Natur ab, während § 284 auch den Ausgleich für immaterielle Schäden betreffe, führt allerdings nicht weiter, da der Verlust der Kompensationsmöglichkeit von Aufwendungen stets mit dem materiellen (Mindest-)Schaden zusammenfällt. Man kann die Antwort auch kaum davon abhängig machen, ob mit den Aufwendungen erwerbs- oder eben nicht-erwerbswirtschaftlichen Zwecke verfolgt werden. Für die Einbeziehung in das Klauselverbot spricht vielmehr, daß der Gesetzgeber § 284, der gleichermaßen die Haftung wegen einer Pflichtverletzung begründet und der die Ersatzmöglichkeit des Geschädigten gerade erweitern sollte, systematisch in den Zusammenhang der §§ 280 ff eingeordnet hat. Nicht ohne Grund wird daher auch der Begriff „Aufwendungsschadensersatz" verwendet. AGB-rechtlich ist der Aufwendungsersatz daher wie ein Anspruch auf Schadensersatz zu behandeln (wie hier GRIGOLEIT ZGS 2002, 122, 124). Im übrigen ist in bezug auf eine Freizeichnung in Fällen normaler Fahrlässigkeit an eine unangemessene Benachteiligung zu denken, indem für die Vertragsdurchführung wesentliche Rechte oder Pflichten eingeschränkt werden und dadurch der Vertragszweck gefährdet wird (§ 307 Abs 2 Nr 2). Damit unvereinbar sind Klauseln, die vertragstypische vorhersehbare Risiken von der Haftung ausschließen (vgl BGH NJW 2001, 292, 302; NJW-RR 2001, 342, 343; STAUDINGER/COESTER [1998] § 9 AGBG Rn 337 ff mwNw). Bei Leistungen ideeller Art wie in den „Konzertreisefällen" (vgl Rn 3) wird nun aber das vertragstypische Haftungsrisiko gerade in der Frustrierung der Aufwendungen als handgreiflicher Schaden liegen. Ein vollständiger Ausschluß des Aufwendungsersatzes dürfte demnach grundsätzlich unangemessen sein (ebenso GRIGOLEIT ZGS 2002, 122, 124). Andererseits wird man keine überzogenen Anforderungen an den Schuldner wegen seiner „Vorhersehbarkeit" von Nachteilen stellen dürfen und erst recht nicht an summenmäßige Haftungsbegrenzungen, die in einem angemessenen Verhältnis zum üblichen, eben als vertragstypisch zu bewertenden Risiko stehen. Schließlich hat der mögliche Schuldner das gewichtige Interesse, sein Haftungsrisiko insbes zB im Hinblick auf Aufwendungen für eine vom Gläubiger geplante Verwertung des Leistungsobjektes kalkulierbarer zu machen. Auch wird man in jenen Konzertreisefällen eine Begrenzung des Aufwendungsersatzes für Reisekosten um so eher zulassen, je örtlich begrenzter sich die angesprochene potentielle Interessentengruppe zusammensetzt. Doch lassen sich hier kaum allgemeine Regeln vorzeichnen. Einen gewissen Gläubigerschutz dürfte faktisch jedoch der Umstand entfalten, daß bestimmte Klauseln wegen der Unzulässigkeit der geltungserhaltenden Reduktion (st Rspr, s nur BGH NJW-RR 2001, 342, 343 mwNw) insgesamt unwirksam werden können, wie überraschende Klauseln und Unklarheiten ohnehin zu Lasten des Verwenders gehen (§§ 305c Abs 2, 307 Abs 1 S 2, Abs 3 S 2).

II. Voraussetzungen

1. Tatbestand für einen Schadensersatzanspruch statt der Leistung

Ersatz vergeblicher Aufwendungen kann der Gläubiger **anstelle des Schadensersatzes** 15 **statt der Leistung** verlangen. Gegeben sein müssen daher zunächst die Voraussetzungen einer solchen Vorschrift, die als Rechtsfolge einen Anspruch auf Schadensersatz statt der Leistung vorsieht. Namentlich sind dies iVm § 280 Abs 1 und 3 die *§§ 281, 282 oder 283* sowie *§ 311a Abs 2.* Für die zugrundeliegende **Pflichtverletzung** kann sich danach – in Abkehr von § 467 S 2 aF für den Fall der Wandelung – der Schuldner uU von seiner **Verantwortlichkeit entlasten** (§ 280 Abs 1 S 1); diesbezüglich war § 327 BGB-KE noch deutlicher, indem das Vertretenmüssen in bezug auf dessen Abs 1 S 2 im unmittelbar folgenden Abs 2 bestimmt war. Regelmäßig bedarf es zudem des Ablaufs einer vom Gläubiger gesetzten **Frist** (vgl § 281 Rn A 11 u die weiteren dort erörterten Einzelheiten). Obgleich Schadensersatz statt der Leistung nur verlangt werden kann, wenn der Gläubiger tatsächlich einen *konkreten Nichterfüllungsschaden* erlitten hat, ist dies für den Ersatz vergeblicher Aufwendungen *nicht erforderlich*: Ihm soll ja gerade deren Geltendmachung als Mindestschaden ermöglicht werden, so daß es für § 284 genügt, wenn ein ersatzfähiges positives Interesse möglich wäre (AnwKomm/DAUNER-LIEB Rn 6; MünchKomm/ERNST Rn 13 mwNw).

Verweisungen auf § 284 finden sich ausdrücklich in *§ 437 Nr 3* sowie *§ 634 Nr 4.* Anzuwenden ist § 284 weiterhin als Alternative zu einem Schadensersatzanspruch des Mieters wegen eines Mangels der Mietsache gem *§ 536a Abs 1,* da dieser im Hinblick auf § 535 Abs 1 S 2 gleichermaßen einen Nichterfüllungsschaden ausgleichen soll (STAUDINGER/EMMERICH [2003] § 536a Rn 24; ders, Neues Mietrecht und Schuldrechtsmodernisierung, NZM 2002, 362, 364; AnwKomm/DAUNER-LIEB Rn 4; FAUST, in: HUBER/FAUST, Schuldrechtsmodernisierung Rn 4/9). Daß hier entgegen § 538 aF die Worte „Schadensersatz wegen Nichterfüllung" schlicht durch das Wort „Schadensersatz" ersetzt worden sind, erklärt sich aus dem engeren Verständnis des Schadensersatzes statt der Leistung, der nur ausnahmsweise Mangelfolgeschäden umfaßt; infolgedessen muß keine (bloß) entsprechende Anwendung des § 284 begründet werden (so aber JAUERNIG/VOLLKOMMER Rn 2). Gleiches gilt für die Schadensersatzansprüche des Beschenkten

gem *§§ 523 Abs 2 S 1, 524 Abs 2 S 2* bzw des Reisenden gem *§ 651 f,* die terminologisch unverändert vom „Schadensersatz wegen Nichterfüllung" sprechen.

16 Soweit nach Maßgabe der genannten Normen Schadensersatz statt der Leistung
beansprucht werden kann, erstreckt sich der Anspruch auf Ersatz vergeblicher Aufwendungen auf **alle Arten von Pflichtverletzungen** (krit HANS STOLL JZ 2001, 589, 596),
auch wenn die Bezugnahme auf das „Vertrauen auf den *Erhalt* der Leistung" dem
Wortsinn nach unmittelbar nur für den Fälle des Ausschlusses der Leistungspflicht
(§ 283) und der Nichtleistung trotz Fälligkeit (§ 281 Abs 1 S 1 1. Alt) zu passen
scheint (AnwKomm/DAUNER-LIEB Rn 3; vgl auch CANARIS, in: FS Wiedemann 29 mit Fn 89, der
daher die Formulierung „... im Vertrauen darauf, dass er die Leistung wie geschuldet erhält" für
treffender hielte). Dies ergibt sich bereits aus der allgemeinen Bezugnahme auf den
Schadensersatz statt der Leistung, für den § 284 umfassend eine Alternative eröffnet,
sowie aus der systematischen Anordnung. Gem § 282 kann dies also auch aus der
Verletzung von Schutz- und Rücksichtnahmepflichten folgen, sofern dem Gläubiger
die Annahme der Leistung unzumutbar geworden ist (MünchKomm/ERNST Rn 12 f).
Ebenso findet § 284 Anwendung, wenn eine Schlechterfüllung erfolgt ist (§ 281
Abs 1 S 1 2. Alt), und zwar selbst im Falle des Rücktritts wegen eines Mangels der
Leistung. Die Gesetzesbegründung ist insoweit irreführend, als sie vom „Ersatz vergeblicher Aufwendungen für einen nicht ausgeführten Vertrag" spricht (Begr BT-
Drucks 14/6040, 142) und damit unverändert die Begründung des DE übernommen
hat, weil sie die mit § 325 aufgegebene zwingende Verknüpfung mit dem Rücktritt
nicht berücksichtigt. Aufwendungsersatz kommt demnach auch in Betracht, wenn
der Käufer die *Minderung* gem § 437 Nr 2 2. Alt wählt und daneben Schadensersatz
gem § 437 Nr 3 geltend macht. Hat der Käufer Finanzierungskosten im Vertrauen auf
den Erhalt einer mangelfreien Sache erbracht, so steht ihm als frustrierte Aufwendungen nun derjenige Teil der Kosten zu, der auf den Minderungsbetrag entfällt
(hierzu CANARIS, in: FS Wiedemann 30 f).

17 Auch im Fall **bloßer Leistungsverzögerung** ist es denkbar, daß Aufwendungen allein
hierdurch nutzlos geworden sind und auch bei nachträglicher Leistung oder erfolgreicher Nacherfüllung vergeblich bleiben. Man denke an die Aufwendungen eines
Käufers von Baumaterial für die Bezahlung der Bauarbeiter, die wegen des Mangels
des Baumaterials nicht arbeiten konnten (vgl OLG Oldenburg JZ 1979, 398 m Anm STRECK)
oder an über den Verzugszeitraum zu tragende Zinslasten für ein im Vertrauen auf
die pünktliche Leistung aufgenommenes Darlehen. GSELL spricht in diesem Zusammenhang von „Fixaufwendungen" und möchte insoweit auch hier einen Aufwendungsersatz gem § 284 gewähren (in: DAUNER-LIEB, Praxis 341 ff; ebenso CANARIS, in:
FS Wiedemann 31; AnwKomm/DAUNER-LIEB Rn 7). Sicher gilt § 284, sofern insgesamt ein
absolutes Fixgeschäft vorliegt, bei dem die Verzögerung gem § 283 zum Schadensersatz statt der Leistung berechtigt. So liegt es für den Bereich des Arbeitsrechts, wo
der Arbeitgeber regelmäßig wegen des Fixschuldcharakters ohne vorherige Fristsetzung Schadensersatz statt der Leistung verlangen kann, wenn der Arbeitnehmer
ohne rechtfertigenden Grund seine Arbeitsleistung nicht erbringt. Im übrigen aber,
wenn etwa Aufwendungen zum Erhalt der Leistung wiederholt werden müssen,
gehört deren Ersatz zu dem nach §§ 280 Abs 1, 2, 286 geltend zu machenden Verzögerungsschaden. Sofern Aufwendungen nicht der Mehrung des Gläubigervermögens dienen, gilt für den bloßen Verzögerungsschaden die Rentabilitätsvermutung
nicht (BGHZ 71, 234, 239 = JZ 1978, 566, 567 m Anm Hans STOLL JZ 1978, 797). Deshalb ist hier

statt der entgangenen Nutzungsmöglichkeit ein konkreter Vermögensschaden (entgangene Mieteinnahmen) geltend zu machen (LEONHARD AcP 199 [1999] 660, 692 f). Soweit der Gläubiger hinsichtlich seiner Mehraufwendungen danach ohne Ersatz bleibt, hat es nach der Entscheidung des Gesetzgebers bei der bisherigen Rechtspraxis zu verbleiben. Einer *analogen Anwendung für den Verzugsfall* bedarf es darüber hinaus *nicht* (zutr MünchKomm/ERNST Rn 14; STOPPEL AcP 204 [2004] 81, 112 f).

2. Geltendmachung des Aufwendungsersatzes als Alternative

Könnte der Gläubiger seine Aufwendungen ersetzt verlangen und zudem Schadensersatz statt der Leistung beanspruchen, würde er regelmäßig so gestellt, als hätte er die Leistung erhalten und nutzen können, ohne dafür seinerseits Aufwendungen erbracht haben zu müssen. Aus diesem Grund kann der Gläubiger seine Aufwendungen nur **anstelle** des Schadensersatzes statt der Leistung geltend machen, eine Kombination der Ansprüche ist damit ausgeschlossen. Soweit der Gläubiger seine Aufwendungen auch im Rahmen der Rentabilitätsvermutung darstellen könnte (zu deren Weitergeltung s schon Rn 13), wird er durch die angeordnete Exklusivität dazu angehalten, lediglich *einmal* abzurechnen. Unberührt bleibt hiervon, den Anspruch auf Aufwendungsersatz neben einem Schadensersatzanspruch geltend zu machen, der nicht für die Nichterfüllung bzw den Verlust der Kompensationsmöglichkeit entschädigen soll, sondern mögliche Begleit- oder Folgeschäden betrifft, die nicht in den Schutzbereich des Schadensersatzes statt der Leistung fallen (vgl § 280 Rn E 11 f, 26 ff). 18

Einzelne Stimmen in der Literatur bezweifeln demgegenüber die Berechtigung der generell angeordneten Ausschließlichkeit des Schadensersatzes statt der Leistung bzw des Aufwendungsersatzes. Namentlich GSELL stellt dies für solche Fälle in Frage, in denen der Gläubiger Aufwendungen für ideelle oder konsumptive Zwecke getätigt hat, die bei korrekter Leistung nach dem hypothetischen Kausalverlauf objektiv keine Vermögensvorteile gebracht hätten. Hier könne es zu einem Nebeneinander von materiellem und immateriellen Nichterfüllungsschaden kommen. Zum Schutze des Schuldners obliege es allerdings dem Gläubiger zu beweisen, daß die Ansprüche nicht auf das identische Interesse gerichtet seien, was – so GSELL – nur ausnahmsweise gelinge (in: DAUNER-LIEB, Praxis 339 f). Sollte sich doch einmal ein Fall finden, in dem die *kumulative* Anerkennung der Ansprüche schadensersatzrechtlich korrekt sei, dann kann dem nach Ansicht von CANARIS (JZ 2001, 499, 517) mittels einer teleologischen Reduktion der Alternativitätsanordnung begegnet werden. Daran anknüpfend möchte auch FAUST uU die Kombination von Schadens- und Aufwendungsersatz ermöglichen. Voraussetzung sei, daß sich Schadens- und Aufwendungsersatz auf verschiedene Teile des Interesses des Gläubigers am Erhalt der Leistung beziehen (FAUST, in: HUBER/FAUST, Schuldrechtsmodernisierung Rn 4/50; ebenso REIM NJW 2003, 3662, 3667; STOPPEL AcP 204 [2004] 81, 107 f). Allerdings wird dieser Ansatz der Zweckrichtung und damit der Entstehungsgeschichte der Norm kaum gerecht. Schließlich sind im Wege des § 284 verfehlte Aufwendungen geltend zu machen, die für den Gläubiger lediglich einen – leichter darzulegenden und zu beweisenden – Mindestschaden darstellen. Der Gesetzeskonzeption nach soll sich der Gläubiger zwischen Schadensersatz und Aufwendungsersatz entscheiden und lediglich *einmal* abrechnen, anstatt einzelne Rechnungsposten § 284 zuzuschlagen und sich auf diese Weise an den von ihm erlittenen Gesamtschaden „heranzutasten". Hiervon zu unterscheiden ist der Fall einer 19 teilbaren (Gesamt-)Leistung, für deren Erhalt erbrachte Aufwendungen differenziert zuzuordnen sind. Soweit Überlagerungen ausgeschlossen sind, ist ein aufgespaltetes Vorgehen nach Ansprüchen auf Aufwendungsersatz neben solchen auf Schadensersatz statt der Leistung unproblematisch.

3. Aufwendungen im Vertrauen auf den Erhalt der Leistung

a) Spezifischer Aufwendungsbegriff

20 Gegenstand des Ersatzanspruchs sind vom Gläubiger getätigte *Aufwendungen*. Das Gesetz definiert den Begriff der Aufwendungen nicht. Nach herkömmlicher Terminologie werden Aufwendungen, wie sie zB nach §§ 536a, 637, 670, 683 ersatzpflichtig werden können, zusammenfassend überwiegend definiert als freiwillige Vermögensopfer **im Interesse eines anderen** (s nur BGH NJW 1989, 2816, 2818; STAUDINGER/BITTNER § 256 Rn 5; auf das Fremdinteresse verzichten dagegen BEUTHIEN, Leistung und Aufwendung im Dreiecksverhältnis – Grenzen des Handelns im Doppelinteresse, JuS 1987, 841, 842; GERNHUBER, Schuldverhältnis § 25 I 1 [594 f]); ihren Gegenbegriff bilden Schäden als unfreiwillig erlittene Nachteile (MünchKomm/KRÜGER § 256 Rn 2; MEDICUS, BR Rn 428). Doch sind gewisse Überlagerungen zu beobachten. So werden *Schäden*, die mit dem Einsatz für fremde Interessen verknüpft sind, nach hM im Rahmen von § 670 Aufwendungen gleichgestellt (BGHZ 38, 270, 277 [zur Geschäftsführung ohne Auftrag]; OTTO/SCHWARZE, Die Haftung des Arbeitnehmers³ [1998] Rn 620 ff). Umgekehrt können Aufwendungen des Verletzten unter den Schadensbegriff fallen (näher PALANDT/HEINRICHS Vorb 83 v § 249).

In diesem Zusammenhang muß für den systematisch den Schadensersatzansprüchen zugeordneten § 284 ein spezifischer Aufwendungsbegriff gelten. Denn die getätigten Vermögensopfer beruhen hierbei auf dem **eigenen Interesse des Gläubigers**. Von geringerer Bedeutung ist zudem das Merkmal der Freiwilligkeit. Zwar wird auch sonst die bloß willentliche Selbstauferlegung des Vermögensopfers in den Vordergrund gerückt und nicht dessen Eingehung „aus freien Stücken" (MünchKomm/KRÜGER § 256 Rn 3), dem Regelungszweck einer Schadloststellung gemäß gilt § 284 gleichermaßen für praktisch „willensunabhängige", zwangsläufige Vorbereitungskosten (OTTO Jura 2002, 1, 9) sowie für solche, die der Gläubiger auf Weisung des Schuldners erbracht hat (Hk-BGB/SCHULZE³ [2003] Rn 6). Aufwendungen iS von § 284 sind demnach grundsätzlich *alle Vermögensopfer, die der Gläubiger im Hinblick auf den Erhalt einer vereinbarungsgemäßen Leistung erbringt.*

b) Gläubigervertrauen

21 Die Aufwendungen muß der Gläubiger gerade **im Vertrauen auf den Erhalt der Leistung** getätigt haben. Allein aus dem jeweiligen Blickwinkel folgt, ob man hierin eine Einschränkung der Ersatzfähigkeit sieht oder, was angesichts deren übrigen Beschränkungen (Rn 29 ff u 35 ff) nahe liegt, dies gerade als prägende Gestalt des der Norm eigenen Aufwendungsbegriffs empfindet. Vermögensopfer sind demnach nur soweit erfaßt, wie sie für sich den „Vertrauensschutz" einer ordnungsgemäßen Vertragsdurchführung reklamieren können. Anders als die Formulierung nahelegen könnte, kann hierbei jedoch kein subjektiver Maßstab gelten, sondern es gilt – wie sonst – ein objektivierter: Die Erstattungsfähigkeit folgt nicht dem Umstand, daß der Gläubiger auf den Erhalt der Leistung vertraut *hat*, sondern daß er hierauf vertrauen *durfte* (**aA** STOPPEL AcP 204 [2004] 81, 86). Nach der Neufassung des Schuldrechts ist auch der auf eine objektiv unmögliche Leistung gerichtete Vertrag gültig (§ 311a Abs 1).

Demzufolge kommt für den Gläubiger auch in diesem Fall grundsätzlich ein Anspruch auf Schadensersatz statt der Leistung in Betracht, doch kann es gerade bei einem anfänglichen Leistungsausschluß wegen objektiver Unmöglichkeit Schwierigkeiten bereiten, das Leistungsinteresse des Gläubigers festzustellen. Insofern kann hier ein Anspruch nach §§ 311a Abs 2 S 1, 284 besondere Bedeutung erlangen; iE entspricht der Aufwendungsersatz hier weitgehend dem bisherigen § 307 Abs 1 S 1 aF (Otto Jura 2002, 1, 9; vgl auch Canaris JZ 2001, 499, 507).

Im Vertrauen auf den Leistungserhalt gemachte Aufwendungen sind regelmäßig nur solche, die *nach Begründung des Schuldverhältnisses* erbracht worden sind. Zwar kann der Gläubiger auch zuvor auf den Leistungserhalt tatsächlich vertraut *haben*, doch beruhen Aufwendungen zu diesem Zeitpunkt auf der bloßen Hoffnung, einen Anspruch gegen den Schuldner zu erwerben (zutr Faust, in: Huber/Faust, Schuldrechtsmodernisierung Rn 4/14). Demnach konnte der Gläubiger – im Hinblick auf § 284 – *noch nicht* auf den Erhalt der Leistung bei Aufwendungen vertrauen, die im Zusammenhang mit noch nicht abgeschlossenen Vertragsverhandlungen entstanden sind. Weitergehend möchte MünchKomm/Ernst Rn 19 im Anschluß an Gsell (in: Dauner-Lieb, Praxis 331 f; vgl schon zur Rentabilitätsvermutung in diese Richtung Leonhard AcP 199 [1999] 660, 686) uU auch solche Aufwendungen bzw auch Anteile von Fixkosten des Gläubigers ersatzpflichtig stellen, die vor Vertragsschluß gemacht worden sind, nämlich solche, die der Gläubiger durch eine bestimmte Vertragsleistung ergänzen wollte, welche er unproblematisch auch von anderen Anbietern hätte erhalten können. Tatsächlich, so Stoppel (AcP 204 [2004] 81, 96), vertraue der Gläubiger hier nicht auf den Erhalt der Leistung des Schuldners, sondern auf die Erhältlichkeit der Ware am Markt. Man sollte hier zurückhaltend sein, auch um die Abgrenzung zu den Grundsätzen der culpa in contrahendo (§ 311 Abs 2, 3) nicht zu verwischen. In gewisser Weise eine Ausnahme bilden hier allein solche Fälle, bei denen eine spätere Genehmigung nach § 184 Abs 1 den Vertrag ex tunc wirksam werden läßt (vgl BGH NJW 1999, 2269 = JZ 2000, 100 m zust Anm Timme 100 ff). Demgegenüber kann der Gläubiger jedenfalls *nicht mehr* auf den Leistungserhalt vertrauen, sobald er von dem Ende der Leistungspflicht des Schuldners Kenntnis hat, namentlich in den Fällen des § 275, aber auch nach seinem Schadensersatzverlangen gem § 281 Abs 4. Dem vorausgehen kann ein Zeitraum, in dem die Leistungspflicht des Schuldners zwar noch besteht, die Nichterbringung der Leistung jedoch bereits absehbar ist. Auch in dieser Konstellation kann der Gläubiger im Grunde nicht mehr auf den Leistungserhalt vertrauen. Zur Versagung des Anspruchs wird teilweise auf § 254 (entsprechend) verwiesen (MünchKomm/Ernst Rn 18); richtigerweise ist dieser Rechtsgedanke bei der Frage zu berücksichtigen, ob der Gläubiger die Aufwendungen „billigerweise" machen durfte (näher Rn 32 ff; AnwKomm/Dauner-Lieb Rn 11; Hk-BGB/Schulze[3] [2003] Rn 11; Jauernig/Vollkommer Rn 6; offenlassend Medicus, in: Haas/Medicus/Rolland/Schäfer/Wendtland, Das neue Schuldrecht 3. Kap Rn 61). Kein Raum für ein Vertrauendürfen besteht ferner dann, wenn der Schuldner jederzeit befugt war, von dem Vertrag zurückzutreten (vgl BGHZ 123, 96, 101; abw Faust, in: Huber/Faust, Schuldrechtsmodernisierung Rn 4/39, der insoweit § 284 aE eingreifen lassen möchte).

c)   Abgrenzung

Eindeutig *nicht* umfaßt der so verstandene Aufwendungsbegriff die vom Gläubiger **22**
bereits erbrachte oder in Angriff genommene **eigene (Gegen-)Leistung**. Synallagmatisch verbunden, erbringt sie der Gläubiger zwar im Hinblick auf den Erhalt der

Leistung, doch ist er insoweit auf die Möglichkeit des Rücktritts zu verweisen (Münch-Komm/Ernst Rn 16; Faust, in: Huber/Faust, Schuldrechtsmodernisierung Rn 4/17; aA Stoppel AcP 204 [2004] 81, 91 f). Insofern besteht eine Abweichung zu den bisherigen Grundsätzen der Rentabilitätsvermutung im Rahmen des Schadensersatzes wegen Nichterfüllung, die auch vom Gläubiger schon an den Schuldner erbrachte (Gegen-)Leistungen erfaßte (Staudinger/Otto [2001] § 325 aF Rn 60, 84 f); hieran ist nur für den Schadensersatz statt der Leistung auch mit der nunmehr gem § 325 möglichen Kumulation von Rücktritt und Schadensersatzverlangen festzuhalten (oben Rn 12; ferner § 280 Rn E 63 ff). *Nicht* ersatzfähig sind weiterhin solche Kosten, die anläßlich der *Vertragsliquidation* entstehen. Sie fallen erst nach der Pflichtverletzung des Schuldners bei Scheitern des Vertrags an und sind nur im Rahmen des Schadensersatzes statt der Leistung geltend zu machen (AnwKomm/Dauner-Lieb Rn 10; Hk-BGB/Schulze[3] [2003] Rn 10). Ebenfalls gerade nicht im Vertrauen auf die ordnungsgemäße Erfüllung des Vertrags erfolgen Aufwendungen, die – auch bei Teilleistungen – zur Untersuchung der gelieferten Ware nötig werden.

23 *Auszugrenzen* aus dem Aufwendungsbegriff des § 284 sind weiterhin **Begleitschäden** *an anderen Rechten oder Rechtsgütern*, die der Gläubiger im Vertrauen auf den Erhalt der Leistung erleidet. Man denke an die Beschädigung von Sachen, die ein Mieter im Vertrauen auf die Durchführung des Mietvertrages bereits in die Räume verbracht hatte. Anders als im Rahmen von §§ 670, 683, bei denen mit der Einbeziehung in den Aufwendungsbegriff dem fremdnützig Handelnden das Risiko derartiger Schäden verschuldensunabhängig abgenommen werden soll (näher Medicus, BR Rn 428 f), besteht bei § 284 ein derartiges Bedürfnis nicht. Insoweit ist der Gläubiger auf einen Schadensersatzanspruch gem § 280 Abs 1 iVm § 241 Abs 2 zu verweisen (aA noch Otto Jura 2002, 1, 9). Für den an die Stelle des Schadensersatzes statt der Leistung tretenden Anspruch aus § 284 können insoweit nicht andere Abgrenzungskriterien maßgeblich sein (s § 280 Rn E 11 ff, 26 ff).

24 Weniger gesichert erscheint demgegenüber die Behandlung des Verzichts auf ein **günstigeres Alternativgeschäft**. Gemeint ist damit etwa der Fall, daß der Gläubiger im Vertrauen auf den Erhalt der Leistung davon absieht, die Ware zu einem günstigeren Preis anderswo zu kaufen. Hier fehlt es nicht an der Freiwilligkeit, allerdings hat sich das Unterbleiben des günstigeren Geschäftsabschlusses in einem bloß fiktiven Vermögensverlust niedergeschlagen. Die Schuldrechts-Kommission hatte in diesem Zusammenhang vorgeschlagen, dem Gläubiger umfassend die Wahl einzuräumen zwischen einem Anspruch auf das positive Interesse und dem auf „Ersatz des *Schadens*", der im Vertrauen auf die *„Ausführung* des Vertrags" entstanden ist (173 f; vgl noch § 325 Abs 1 S 2 DE). Der Gesetzgeber wollte dem nicht folgen und hielt einen solchen *entgangenen Gewinn* für nicht ersatzfähig (Begr BT-Drucks 14/6040, 144). Andererseits wollte er den Anspruch auch nicht generell durch die Begrenzung auf das positive Interesse deckeln. Er hat sich deshalb von der folgenden Erwägung leiten lassen: In der Sache gehe es bei dem Ersatz frustrierter Aufwendungen nicht eigentlich um ein Schadensersatzproblem, sondern um eine Frage des Aufwendungsersatzes. Mit diesem Ansatz lasse sich das anzustrebende Ergebnis zielgenauer erreichen. Demnach können Aufwendungen iSv § 284 nur in einem tatsächlichen **Vermögensverlust** liegen (wie hier AnwKomm/Dauner-Lieb Rn 11; Otto Jura 2002, 1, 9; aA MünchKomm/Ernst Rn 17). Hieran wird deutlich, daß der Anspruch nach § 284 nicht mit einem Ersatz des Vertrauensschadens identisch ist (vgl Rolland, in: Haas/Medicus/

ROLLAND/SCHÄFER/WENDTLAND, Das neue Schuldrecht 1. Kap Rn 30 mit Fn 67, 31; ferner schon Rn 9 f). Andernfalls könnte nämlich die Pflichtverletzung des Schuldners für den Gläubiger zum „unverdienten Glücksfall" werden (CANARIS JZ 2001, 499, 517; ähnlich LEONHARD AcP 199 [1999] 660, 670).

d) Fallgruppen

Aufwendungen im Vertrauen auf den Leistungserhalt kann der Gläubiger in vielfäl- **25** tiger Weise veranlassen, sie können sich auf den eigentlichen Erhalt beziehen bzw damit verbunden sein oder der beabsichtigten Verwendung vorausgehen. Häufig wird es sich hierbei um sog **Vertragskosten** handeln (vgl STAUDINGER/HONSELL [1995] § 467 aF Rn 34 f), also insbesondere nutzlose Auslagen für die *Übergabe*, für eine *notarielle Beurkundung* oder für die *Eintragung einer Auflassungsvormerkung* ins Grundbuch, Kosten für den *Transport*, die *Montage* oder *sonstige Einbaukosten* (vgl BGHZ 87, 104: Kosten der Dachdeckung mit mangelhaften Ziegeln). Hierzu gehört aber nicht etwa eine schon erbrachte Gegenleistung (Rn 22). Regelmäßig unter § 284 fallen *Maklerkosten* (vgl BGHZ 123, 96 = NJW 1993, 2527); zwar werden derartige Provisionsverpflichtungen bereits vor Begründung des gescheiterten Schuldverhältnisses vereinbart (zum Verhältnis dieses Zeitpunktes zum Vertrauendürfen s Rn 21), aber erst *mit* dessen Zustandekommen begründet (DEHNER, Die Entwicklung des Maklerrechts seit 2000, NJW 2002, 3747). Muß der Gläubiger dem Makler dessen Aufwendungen unabhängig vom Zustandekommen des Vertrages ersetzen (§ 652 Abs 2), hat er diese Verpflichtung grundsätzlich dagegen nicht im Vertrauen auf den Leistungserhalt übernommen (FAUST, in: HUBER/FAUST, Schuldrechtsmodernisierung Rn 4/14). Aufwendungen können auch in der Eingehung weiterer Verbindlichkeiten bestehen, so daß auch **Darlehenskosten** in Betracht kommen, soweit sie sich dem gescheiteren Vertrag zuordnen lassen. Hinzu treten **Aufwendungen für die Inempfangnahme der Leistung** wie *Reise- und Übernachtungskosten* für einen Konzertbesuch (vgl LG Lüneburg NJW 2002, 614; Beispielsfall bei GRIGOLEIT ZGS 2002, 122 ff).

Weiterhin können dem Gläubiger bereits **Aufwendungen im Hinblick auf die bevor-** **26** **stehende Herrschaft über den Leistungsgegenstand** entstanden sein. Beispiele hierfür sind *Erschließungs- und Vermessungskosten* sowie vorab entrichtete *Grundsteuern* oder *Brandversicherungsprämien* (vgl BGHZ 114, 193; 143, 41, 48 = NJW 2000, 506, 508). Wird das Leistungsobjekt allerdings als Teilleistung oder wegen eines Mangels zurückgegeben, kommt es also zur **Rückabwicklung**, so ist § 284 nicht einschlägig für solche Kosten, die wie die genannten Erschließungskosten, Grundsteuern oder Versicherungsprämien mit dem Besitz bzw Eigentum an *schon vom Schuldner erhaltenen Sachen* verbunden sind. Die Behandlung solcher Posten, die sog **Verwendungen auf das Leistungsobjekt** darstellen, ist in dieser Konstellation in **§ 281 Abs 5 iVm § 347 Abs 2 abschließend** geregelt (MünchKomm/ERNST Rn 16 im Anschluß an FAUST, in: HUBER/ FAUST, Schuldrechtsmodernisierung Rn 4/18 f; vgl auch Begr BT-Drucks 14/6040, 197).

Soweit **Kosten für die geplante Verwendung** der erwarteten Leistung angefallen sind, **27** können sie deren eigentlichen Wert leicht übertreffen. Man denke an die *Kosten zur Organisation* einer Veranstaltung in der vertragswidrig nicht zur Verfügung gestellten Veranstaltungshalle und den damit verbundenen *Werbeaufwand* (Stadthallenfall) bzw Kosten für *Einrichtungsgegenstände* oder vorab erforderliche *Umbaukosten* (Begr BT-Drucks 14/6040, 143). Ein weiteres Beispiel bilden die Kosten für einen nutzlos engagierten *Babysitter* für die Zeit eines schließlich abgesagten Konzertes (EMMERICH,

Leistungsstörungen 212). Andere umfangreiche Kosten können dem Gläubiger aus der geplanten *Verwertung* – verstanden als von der *Verwendung* begrifflich nicht klar zu trennende Folgegeschäfte – entstehen, namentlich im Hinblick auf den Abschluß weiterer Verträge über das Vertragsobjekt. So kann der Grundstückskäufer bereits ein Bauträgerobjekt in Planung genommen haben (BGHZ 143, 41; eine Vielzahl von Beispielen auch bei FAUST, in: HUBER/FAUST, Schuldrechtsmodernisierung Rn 4/22). Im Rahmen der Rentabilitätsvermutung war die Rspr hier zurückhaltend und hat dem Gläubiger Ersatz für diese Verluste nur dann gewährt, wenn er Schadensersatz für den ihm entgangenen Gewinn verlangt hat, wobei ihm immerhin die Beweiserleichterungen nach § 252 S 2 BGB und auch § 287 ZPO zugute kommen sollte. Eine Vermutung, daß der Gläubiger Aufwendungen für die im weiteren geplante Verwendung des Vertragsobjekts auch wieder erwirtschaften würde, sollte nicht bestehen (BGHZ 114, 193, 202 = JZ 1992, 464 ff m krit Anm WIEDEMANN/MÜLLER; BGHZ 143, 41, 48 f; näher u mwNw STAUDINGER/OTTO [2001] § 325 aF Rn 87; s a HANS STOLL JZ 2001, 589, 595 f). So sah der BGH die Kosten, die der Gläubiger für den Erwerb und den Umbau einer Diskothek auf dem erworbenen Grundstück aufgewendet hat, als nicht von der Rentabilitätsvermutung erfaßt an (BGHZ 114, 193, 199 f). Hinsichtlich ihrer Rentabilität trifft den Gläubiger die volle Darlegungs- und Beweislast; er muß also beweisen, daß den frustrierten Aufwendungen insoweit ein Vermögenswert gegenübergestanden hätte. Eine solche Beschränkung gibt es demgegenüber für den Aufwendungsersatz nach § 284 nicht (wie hier CANARIS, in: FS Wiedemann 32 f; MünchKomm/ERNST Rn 22; GSELL, in: DAUNER-LIEB, Praxis 325; zurückhaltend dagegen FAUST, in: HUBER/FAUST, Schuldrechtsmodernisierung Rn 4/23 ff, der bei sog Veräußerungsgeschäften einen Aufwendungsersatz im Hinblick auf die geplante Verwendung ganz ausschließen möchte [Rn 27]). Ohne Zweifel beruhen solche Kosten auf dem Vertrauen, die betreffende Leistung wie geschuldet zu erhalten. Die Begründung des BGH zur Beschränkung der Rentabilitätsvermutung, daß nämlich Aufwendungen für die weitere Verwendung „außerhalb des Austauschverhältnisses von Leistung und Gegenleistung" stünden (BGHZ 114, 193, 200), ist auf den Anspruch nach § 284 nicht zu übertragen, da dieser auch im Rahmen einseitiger Leistungsversprechen in Betracht kommt und anstelle des Äquivalenzprinzips das Vertrauensmoment in den Vordergrund gerückt ist (s schon Rn 9). Ohnehin ist eine solche Abgrenzung kaum trennscharf durchzuführen (LEONHARD AcP 199 [1999] 660, 673 f; HANS STOLL, in: FS Duden 641, 655). Mit dem so verstandenen Aufwendungsbegriff verbessert sich auch die Stellung des Arbeitgebers, was sich im Hinblick auf die Beseitigung von Streikfolgen verdeutlichen läßt (hierzu LÖWISCH, in: FS Wiedemann 329 f). Im Falle eines rechtswidrigen Streiks hat das BAG als maßgeblich für die Ersatzpflicht die infolge des Produktionsausfalls entgangenen Einnahmen angesehen abzüglich konkret ersparter Kosten für solche Güter, die der geschädigte Unternehmer am Markt kostendeckend abgesetzt hätte. Als Berechnungsposten hat das BAG den Wert solcher Aufwendungen akzeptiert, die eindeutig allein wegen des Streiks nutzlos werden (zB Papierkosten einer gedruckten, jedoch nicht mehr vertriebenen Zeitung; BAG AP Nr 85 u 109 zu Art 9 GG Arbeitskampf; näher MünchArb/OTTO[2] [2000] § 289 Rn 31). Nach § 284 kann der Arbeitgeber aber nunmehr direkt Ersatz seiner frustrierten Aufwendungen verlangen, also insbesondere für die laufenden Kosten einschließlich der von ihm geschuldeten Entgeltbeträge der Arbeitswilligen, soweit die Betriebstätigkeit streikbedingt unterbrochen wird (zutreffend LÖWISCH, in: FS Wiedemann 329). Auch der Gesetzgeber geht für § 284 von einem weiten Aufwendungsbegriff aus; schließlich bezogen sich die streitbefangenen Kosten im „exemplarische(n)" (Begr BT-Drucks 14/6040, 143) Stadthallenfall gerade auf die geplante Verwendung der Halle.

Hierzu fügt sich das weitere Beispiel von zur Einpassung eines Kunstwerkes erforderlichen Umbaumaßnahmen (aaO). Eine wie auch immer zu qualifizierende „gewisse Nähe" zwischen den Aufwendungen und der erwarteten Leistung zu bestimmen, kann nicht die Funktion des Aufwendungsbegriffs ieS sein (s aber Rn 29 ff).

Soweit der Gläubiger seine **eigene Arbeitskraft** einsetzt, um zB Umbaumaßnahmen **28** im Hinblick auf die erwartete Leistung durchzuführen, fehlt es an einem konkreten Vermögensverlust. Unter dem Gesichtspunkt der alternativen Verwendungsmöglichkeit der Arbeitskraft erscheint es allerdings zweifelhaft, einerseits dem Gläubiger Ersatz zu gewähren, sofern er im Vertrauen auf die erwartete Leistung Dritte entgeltlich mit der Arbeit beauftragt, anderseits den eigenen Arbeitsaufwand nicht zu berücksichtigen. Gleichwohl wird die Ersatzfähigkeit solcher eigenen Bemühungen teilweise verneint (MünchKomm/Ernst Rn 16, der demgegenüber jedoch andere als Opportunitätskosten bezeichnete Vermögensopfer ausgleichen möchte, die zB dadurch entstehen, daß der Gläubiger, statt Aufwendungen mit einem Darlehen zu finanzieren, eine eigene Geldanlage auflöst und damit unter Vermeidung der Belastung mit Sollzinsen auf seine Rendite verzichtet; gleiches gelte für die Nutzung eines eigenen Saales, der andernfalls hätte vermietet werden können [Rn 17]. Verneinend auch Palandt/Heinrichs Rn 6). Nach einem anderen Ansatz wird in Anlehnung an § 1835 Abs 3 entsprechend dem in §§ 670, 683 zugrunde gelegten Aufwendungsbegriff vorgeschlagen, den Einsatz eigener Arbeitskraft dann als Aufwendung zu behandeln, wenn die ausgeführte Tätigkeit zum Gewerbe oder Beruf des Gläubigers gehört (Faust, in: Huber/Faust, Schuldrechtsmodernisierung Rn 4/12; Jauernig/Vollkommer Rn 4). Doch ist die Zurückhaltung in jenem Zusammenhang auf die Unentgeltlichkeit des Grundgeschäftes zurückzuführen und daher nicht ohne weiteres auf § 284 zu übertragen (zutr AnwKomm/Dauner-Lieb Rn 9). Gemäß dem Grundsatz, daß der Gläubiger keine Nachteile durch den gescheiterten Vertrag erleiden soll, ist ihm vielmehr auch dann ein Aufwendungsersatz ohne Rücksicht auf seinen beruflichen Status zuzugestehen, wenn er entsprechende Maßnahmen selbst durchführt oder vorher benennen kann, wie dies auch im Rahmen von § 633 aF allgemein angenommen wurde (vgl nur Staudinger/Peters [2000] § 633 aF Rn 209; MünchKomm/Soergel³ [1997] § 633 aF Rn 153) und für §§ 634 Nr 2, 637 nF angenommen wird (Staudinger/Peters [2003] § 634 Rn 73). Schwierigkeiten kann die Bewertung der eigenen Arbeitsleistung bereiten. Im Prozeß ist insoweit § 287 ZPO heranzuziehen. Einen Anhaltspunkt für die Höhe der zuzubilligenden Vergütung bildet der Betrag, der abzüglich eines üblichen Unternehmeraufschlages bei Fremdvergabe entstanden wäre (vgl BGHZ 59, 328, 331 f = NJW 1973, 46, 47 [zu § 633 aF]); übt der Gläubiger selbst einen entsprechenden Gewerbebetrieb aus und wird unter Einsatz seiner Betriebsmittel tätig, so erstreckt sich sein Ersatzanspruch auch auf anteilige Gemeinkosten, nicht jedoch auf einen fiktiven Gewinn.

4. „Billigerweise" erbrachte Aufwendungen

Soweit die Norm bestimmt, daß nur für solche Aufwendungen Ersatz verlangt wer- **29** den kann, die der Gläubiger „*billigerweise machen durfte*", hat dieses Merkmal von Anbeginn an für erhebliche Unklarheit gesorgt. § 327 Abs 1 S 2 BGB-KE bzw § 325 Abs 1 S 2 DE sahen dies nicht vor. Ersichtlich werden damit die vom Gläubiger getätigten Aufwendungen, die sich als nutzlos erwiesen haben, der Möglichkeit einer **Bewertung im Einzelfall** zugeführt, was insbesondere die Berücksichtigung gegenläufiger Interessen ermöglicht.

30 Weithin wird die durch die Frage der Billigkeit erreichte Einschränkung mit dem **Rechtsgedanken des § 254** in Verbindung gebracht. CANARIS (JZ 2001, 499, 517) hält jene Wendung in bezug auf die Billigkeit daher „für überflüssig, wenngleich für letztlich unschädlich", weil sich gleiches bereits aus § 254 ergebe; man werde darin „nicht mehr zu sehen haben als einen Hinweis darauf, daß § 254 BGB hier besonders strikt zu handhaben" sei. Auch nach zB AnwKomm/DAUNER-LIEB Rn 11 soll damit „nur an den Gedanken eines Mitverschuldens erinnert werden". In diesem Sinne wäre die Ersatzfähigkeit der genannten Aufwendungen jedenfalls dann zu verneinen, wenn deren Nutzlosigkeit trotz der Pflichtverletzung des Schuldners eher dem Verantwortungsbereich des Gläubigers zuzuschreiben wäre. Namentlich gehöre hierher entspr § 254 Abs 2 S 1 1. Alt der Fall, daß der Gläubiger Aufwendungen noch zu einem Zeitpunkt tätige, an dem die Leistungsstörung bereits absehbar sei (vgl schon Rn 21 mNw; hierzu Rn 33). Insoweit wiederhole das Gesetz hier „nochmals den Umstand, daß der Gläubiger auf eigenes Risiko handelt, wenn er noch Aufwendungen tätigt, obwohl er mit dem Scheitern des Vertrages rechnen muß" (EMMERICH, Leistungsstörungen 212 aE).

31 Soweit die Norm nur solche Aufwendungen für ersatzfähig erklärt, die der Gläubiger billigerweise machen durfte, und damit ein eigenes Tatbestandsmerkmal aufweist, das die Berücksichtigung sonstiger Umstände insbes aus dem Verantwortungsbereich des Gläubigers erlaubt, bedarf es keines unmittelbaren Rückgriffs auf § 254. Dies gilt unabhängig von der davon zu unterscheidenden Frage, ob ein derartiger Rückgriff direkt oder – für den Fall, daß der Anspruch auf Aufwendungsersatz nicht als Schadensersatzanspruch, sondern als Anspruch eigener Art anzusehen wäre – nur analog (vgl EMMERICH, Leistungsstörungen 212; FAUST, in: HUBER/FAUST, Schuldrechtsmodernisierung Rn 4/2 u 29) erfolgen könnte. Gleichwohl erschöpft sich der Zweck der Einschränkung nicht in der Berücksichtigung der Verursachungsanteile. Die Prüfung der Billigkeit verlangt vielmehr, das **Interesse des Schuldners** bei dem Anspruchsumfang derart zu berücksichtigen, daß ein **zurechenbarer Bezug zu der** von ihm zu vertretenden **Pflichtverletzung und** damit zu der von ihm zu erbringenden **Leistung** gewahrt wird. Hieran fehlt es bei Aufwendungen, die „inadäquat kausal" sind oder „außerhalb des Schutzzwecks" liegen (vgl CANARIS, in: FS Wiedemann 33). Wie einerseits bei ordnungsgemäßer Pflichterfüllung die Frustrierung der Aufwendungen nicht eingetreten wäre, so muß diese doch andererseits ein Abbild der Pflichtverletzung bleiben. Bloße Kausalitätserwägungen aufgrund der Pflichtverletzung könnten demgegenüber eine allzu weitreichende Ersatzpflicht auslösen, man denke nur an umfängliche Folgegeschäfte (vgl schon Rn 27). Die Begrenzung des Ersatzes von kausalen Folgen einer Pflichtverletzung unter dem Gesichtspunkt der Billigkeit erscheint nur auf den ersten Blick fragwürdig. Denn, wie der Gläubiger in der Disposition über sein Vermögen grundsätzlich frei ist, steht auch der Umfang der Aufwendungen in seinem Belieben und ist abhängig von seinen autonom zu bestimmenden, verfolgten Zwecken. Vor diesem Hintergrund ist der Gläubiger nach Maßgabe von § 284 zwar nicht gehindert, im Hinblick auf die erwartete Leistung beliebige Aufwendungen zu tätigen. Das kann jedoch nicht bedeuten, daß er die entstehenden Kosten unbegrenzt auf den Schuldner abwälzen darf. Vielmehr muß es der Billigkeit entsprechen, daß die Aufwendungen zu ersetzen sind (so ausdrücklich MEDICUS, in: HAAS/MEDICUS/ROLLAND/SCHÄFER/WENDTLAND, Das neue Schuldrecht 3. Kap Rn 16; vgl auch GSELL, in: DAUNER-LIEB, Praxis 343 f). Beschränkt ist also nicht die Entscheidungsfreiheit des Gläubigers, Aufwendungen zu tätigen oder sie zu unterlassen, sondern allein der Umfang der Ersatzpflichtigkeit.

Das führt iE zu einer **Begrenzung des Risikos des Schuldners**, Aufwendungsersatz leisten zu müssen. Im Hinblick auf gegenseitige Verträge könnte man somit behutsam von einer in weitem Rahmen weiter bestehenden eigentümlichen Berücksichtigung des regelmäßig verwirklichten Äquivalenzgedankens sprechen (hierzu aber Rn 10, ferner STAUDINGER/OTTO [2004] Vorbem 7 ff zu §§ 320–326).

Damit liegt nun aber die Schwierigkeit auf der Hand, einen geeigneten Maßstab zu **32** benennen, anhand dessen der Aufwendungsersatz noch zuzulassen bzw aus Gründen der Billigkeit zu versagen ist.

Im Grundsatz darf der Gläubiger von einer ordnungsgemäßen Erfüllung seitens des Schuldners und dessen Vertragstreue ausgehen. Ihm ist auch nicht von vornherein abzusprechen, objektiv „unvernünftige" Aufwendungen zu tätigen, zB aus Liebhaberei. Denn schließlich soll mit der Schaffung des § 284 gerade auch das immateriell motivierte Interesse des Gläubigers geschützt werden. Gleichwohl kann im Rahmen der Frage, ob der Gläubiger Aufwendungen billigerweise machen durfte, neben dem Interesse beider Seiten auch das in vergleichbaren Fällen Übliche herangezogen werden. Damit erlaubt die Einschränkung auf billigerweise getätigte Aufwendungen, daß der Schuldner von solchen Aufwendungen freigestellt oder deren Geltendmachung in voller Höhe geschützt wird, die zu der Pflichtverletzung im Zusammenhang mit dem ursprünglichen Vertrag und damit zur Bedeutung der nicht erbrachten Leistung **objektiv ganz außer Verhältnis** stehen (PALANDT/HEINRICHS Rn 7; iE auch GRIGOLEIT ZGS 2002, 122, 123; STOPPEL AcP 204 [2004] 81, 86; **abw** AnwKomm/DAUNER-LIEB Rn 11 aE, die in derartigen Fällen mit § 242 helfen möchte; für großen Handlungsspielraum CANARIS JZ 2001, 499, 517; **abl** EMMERICH, Leistungsstörungen 212; vWILMOWSKY Beil zu JuS 1/2002, 15) oder **gänzlich unüblich** sind (JAUERNIG/VOLLKOMMER Rn 6). So liegt ein offensichtliches Mißverhältnis vor, wenn der Gläubiger Ersatz für den Erwerb von Ländereien begehrt, die er zur Haltung eines gekauften und dann nicht gelieferten Pferdes vorgesehen hatte (Bsp nach MEDICUS, in: HAAS/MEDICUS/ROLLAND/SCHÄFER/WENDTLAND, Das neue Schuldrecht 3. Kap Rn 61). Nach ST LORENZ ist als Maßstab für die Billigkeit „sicher auch, aber eben nicht ausschließlich" der Umstand heranzuziehen, ob sich die Aufwendungen rentiert hätten (in: LORENZ/RIEHM, Schuldrecht Rn 542), doch kann diese Erwägung angesichts des vom Gesetzgeber mit der Schaffung von § 284 verfolgten Zweckes iE nicht weitergehen, als solche Aufwendungen auszuschließen sind, die zur zu erbringenden Leistung ganz außer Verhältnis stehen. Eigenständige Bedeutung wird dieses Tatbestandsmerkmal damit vorwiegend im Bereich der nicht-erwerbswirtschaftlichen Vertragszwecke erlangen. Denn soweit der Gläubiger bei Verträgen mit erwerbswirtschaftlichen Zwecken unvernünftige, luxuriöse, überflüssige oder ähnlich zu qualifizierende Aufwendungen macht, ist dem Schuldner ohnehin um so eher der Verlusteinwand nach § 284 aE eröffnet (zutr MünchKomm/ERNST Rn 20; vgl unten Rn 38).

Von nicht mehr billigerweise in bezug auf den gestörten Vertrag getätigten **Auf-** **33** **wendungen** kann auch dann gesprochen werden, wenn der Gläubiger sie noch hätte **stoppen**, ihren Umfang noch hätte **gering halten** bzw sie einer **alternativen Nutzung** hätte zuführen können. Den Gläubiger trifft in der Tat gemäß dem Rechtsgedanken des § 254 die Obliegenheit, unnötige Aufwendungen zu vermeiden (hinsichtlich des Umfangs von „Streikschäden" [Rn 27] vgl die Fallgestaltung LAG Hamm, DB 1981, 1571). Dieser Gedanke ist auch fruchtbar zu machen, wenn der Gläubiger Ersatz für Aufwendungen im Hinblick auf **entferntere Folgegeschäfte** begehrt, zu deren Verwirklichung es noch weiterer, in ihrer Durchführbarkeit kaum gesicherter Zwischenschritte bedarf. Sofern demnach Aufwendungen nicht zwingend schon zum Zeitpunkt des „Vorgeschäftes" vorgenommen werden müssen, ist der Schuldner in diesem Sinne also von den Risiken einer Kette ineinandergreifender Geschäfte freizuhalten, deren Realisierung auf bloßen Hoffnungen gründet. Anders als bei Aufwendungen, mit denen der Gläubiger erwerbswirtschaftliche Zwecke verfolgt, fällt es bei Aufwendungen für ideelle bzw sonstige Zwecke nicht leicht zu beurteilen, ob der Gläubiger das ihm Obliegende getan hat, um die Kosten und deren Frustrierung zu vermeiden. So kann der Gläubiger in den „Konzertreisefällen" nicht gehalten sein, sich auf andere Weise zu vergnügen, um angefallene Fahrtkosten irgendwie doch noch rentabel zu machen, wenn der ursprünglich geplante Konzertbesuch ausfallen muß. Der Gläubiger ist zudem dadurch geschützt, daß der Schuldner für die Obliegenheitsverletzung darlegungs- und beweispflichtig ist (vgl ferner Rn 35). Weiterhin ist anhand der Billigkeit der Fall zu prüfen, daß Aufwendungen getätigt werden, während der Schuldner noch den *Vertragsschluß bestreitet*. Hierbei kann der Gläubiger zwar seinerseits von einem wirksamen Vertrag überzeugt sein und auch objektiv möglicherweise auf den Erhalt der Leistung vertrauen dürfen, doch ist ihm zuzumuten, solche Aufwendungen, die Aufschub dulden, zu unterlassen, bis Klarheit über den Vertragsschluß herrscht (FAUST, in: HUBER/FAUST, Schuldrechtsmodernisierung Rn 4/31).

34 Im übrigen erlaubt das Kriterium der Billigkeit die **Berücksichtigung anderer Umstände** wie die von ERNST vorgeschlagene Begrenzung der Haftung des Schenkers, dessen Leistung ausbleibt; hier liegt es näher, die Höhe der zu ersetzenden Aufwendungen zu begrenzen als bei einem gegenseitigen Vertrag (MünchKomm/ERNST Rn 10, 20; s schon Rn 11). Auch soweit Arbeitnehmer auf Aufwendungsersatz in Anspruch genommen werden, kommt eher eine Begrenzung des Ersatzumfangs in Betracht. Bei einem rechtswidrigen Streik (Rn 27) kann zwar kaum von einer betrieblichen Veranlassung gesprochen werden, an welche sonst eine Haftungsbeschränkung anknüpft, doch wohnt dem Arbeitsprozeß in bezug auf die über das konkrete Arbeitsverhältnis hinausgehenden Aufwendungen charakteristischerweise stets ein Frustrierungsrisiko inne, von dem der Arbeitnehmer grundsätzlich abzuschirmen ist (für eine rechtspolitische Korrektur der Norm LÖWISCH, in: FS Wiedemann 330); zumindest wird man nur solche Aufwendungen berücksichtigen dürfen, die sich auf die Arbeit des rechtswidrig streikenden Arbeitnehmers beziehen. Andererseits ist der Umstand, daß der Schuldner von außergewöhnlich hohen Aufwendungen des Gläubigers oder der geplanten Verwendung des Leistungsgegenstandes Kenntnis hatte, geeignet, den Maßstab der Billigkeit zugunsten des Gläubigers zu verschieben und damit den Umfang des Ersatzanspruchs zu erhöhen. Zwar braucht der Gläubiger den fraglichen Verwendungszweck zur Sicherung möglicher Ansprüche grundsätzlich nicht zum Vertragsinhalt zu machen, was ohnehin unpraktikabel wäre (näher GSELL, in: DAUNER-LIEB, Praxis 325; zu weitgehend daher EMMERICH, Leistungsstörungen S 212; ähnlich – außerhalb von sog Veräußerungsgeschäften – FAUST, in: HUBER/FAUST, Schuldrechtsmodernisierung Rn 4/21 ff). Geschieht dies aber, steigt mit der **subjektiven Vorhersehbarkeit** der Aufwendungen das Haftungsrisiko des Schuldners (als Kriterium abl CANARIS JZ 2001, 499, 517; als maßgeblich überhaupt ansehend GSELL, in: DAUNER-LIEB, Praxis 344; vgl schon zur Rentabilitätsvermutung LEONHARD AcP 199 [1999] 660, 675 ff).

5. Anspruchsausschluß wegen von der Pflichtverletzung unabhängiger Zweckverfehlung

In der Wendung, wonach der Ersatz von Aufwendungen ausgeschlossen ist, *wenn* **35** *deren Zweck auch ohne die Pflichtverletzung des Schuldners nicht erreicht worden wäre*, kommt zunächst zum Ausdruck, daß es eines **Ursachenzusammenhangs** zwischen der Pflichtverletzung und der Frustrierung der Aufwendungen bedarf. Hierfür spricht schon die Normüberschrift „Ersatz *vergeblicher* Aufwendungen". Der Ersatzanspruch nach § 284 muß daher erst recht ausgeschlossen sein, wenn die Aufwendungen tatsächlich **ihren Zweck erreichen** und es demnach an ihrer Frustrierung fehlt. Der Anspruch auf Aufwendungsersatz scheidet somit aus, wenn der Gläubiger den für das vom Schuldner nicht gelieferte Bild angefertigten Rahmen anderweitig verwenden kann (Jauernig/Vollkommer Rn 7 aE). Gleiches gilt im Fall von „Streikschäden" (Rn 27), wenn die betreffenden Produkte trotz der streikbedingten Verzögerung noch am Markt absetzbar sind (MünchArb/Otto² [2000] § 289 Rn 31). Hat der Gläubiger anstelle eines abgesagten Konzertes den freien Abend kurzfristig für eine anderweitige Vergnügung genutzt, so läßt sich auch hier schwerlich von der Frustrierung von Aufwendungen für die Beschäftigung eines Babysitters sprechen (zutr Faust, in: Huber/Faust, Schuldrechtsmodernisierung Rn 4/33; vgl aber Rn 4/36).

Wird der **Zweck** hingegen **verfehlt**, ist zu prüfen, ob die Aufwendungen des Gläu- **36** bigers ohne die Pflichtverletzung des Schuldners ihren Zweck wirklich erreicht hätten. Je nachdem, handelt es hierbei um Aufwendungen für den Leistungserhalt selbst (**abw** Hk-BGB/Schulze³ [2003] Rn 8, 12, der Vertragsschluß- und Vertragserfüllungskosten vom Einwand der Zweckverfehlung ausnehmen möchte) oder die beabsichtigte Verwendung der Leistung. Neben der fehlenden Kausalität zwischen der Pflichtverletzung und der Vergeblichkeit der Aufwendungen wird damit – wiederum abweichend von § 327 Abs 1 S 2 BGB-KE bzw § 325 Abs 1 S 2 DE – ausdrücklich auf die Beachtlichkeit eines **hypothetischen Geschehensablaufs** verwiesen. Aus der Formulierung „es sei denn" ergibt sich, daß es Sache des Schuldners ist, den Einwand für sich zu reklamieren, daß auch bei einem pflichtgemäßen Verhalten die Aufwendungen vergeblich gewesen wären.

Zu weitgehend gleichen Ergebnissen wie nach den Grundsätzen der Rentabilitäts- **37** vermutung gelangt man mittels des Einwandes der Zweckvereitelung, sofern der Gläubiger **mit Gewinnerzielungsabsicht** gehandelt hat. Sofern sich die von ihm vorgenommenen Aufwendungen auch ohne Pflichtverletzung des Schuldners nicht rentiert hätten, ist deren Ersatz nach § 284 letzter HS ausgeschlossen: Die Zweckverfehlung liegt im Gewinnausfall begründet. Gleichermaßen wäre hier die Rentabilitätsvermutung als widerlegt anzusehen. Wo die Kausalität der Pflichtverletzung für die Zweckverfehlung der Aufwendungen demnach ausgeschlossen wird, soll die Pflichtverletzung des Schuldners für den Gläubiger wiederum nicht zum „Glücksfall" werden, derlei Fehlinvestitionen abwälzen zu können.

Anders als bislang wird nun aber weiterhin vermutet, daß sich auch Aufwendungen für Folgegeschäfte, also zur weiteren Verwertung des Vertragsgegenstandes, gerechnet hätten (s schon Rn 27). Im bekannten Diskothekenfall (BGHZ 114, 193) wäre bei einem Vorgehen nach § 284 die Ersatzfähigkeit der Aufwendungen für den auf dem streitbefangenen Grundstück geplanten Diskothekenbetrieb nunmehr nicht von vornherein ausgeschlossen. Vielmehr wäre es Sache des Schuldners, mit dem Hinweis auf die fehlende Genehmigungsfähigkeit des Diskothekenbetriebs seine Ersatzpflicht abzuwenden.

38 Bei Verträgen mit anderer als erwerbswirtschaftlicher, also zB „**ideeller,** konsumptiver, spekulativer, marktstrategischer" **Zielsetzung** kann dem Gläubiger nicht entgegengehalten werden, sein Geschäft sei unrentabel gewesen (so Begr BT-Drucks 14/6040, 144). Eine Zweckvereitelung ist gleichwohl denkbar, so in der Variante zum Stadthallenfall, wenn sich nach der Pflichtverletzung in bezug auf den Mietvertrag herausstellt, daß die vorgesehene Veranstaltung ohnehin mangels Teilnehmerinteresses oder wegen eines behördlichen Verbotes ausgefallen wäre. Schon aus der offenkundigen Beweislastverteilung folgt, daß die Zweckvereitelung feststehen muß und im Hinblick auf nicht-erwerbswirtschaftliche Zwecke eher eng zu fassen ist. Mithin genügt es im Regelfall für einen insoweit uneingeschränkten Aufwendungsersatz, daß der Gläubiger substantiierte Chancen zur Zweckerreichung gehabt hätte.

39 Nicht immer lassen sich die mit Aufwendungen verbundenen Zwecke eindeutig einem der beiden vorstehenden Fallgruppen zuordnen, von denen nur in einem Fall der Verlusteinwand in Betracht kommt. So könnte der Gläubiger eine – dann ausgefallene – Reise primär zu Erholungszwecken geplant, doch zugleich eine spätere Vermarktung der währenddessen aufgenommenen Photographien ins Auge gefaßt haben (Bsp angelehnt an Leonhard AcP 199 [1999] 660, 676 f mNw; ähnlich MünchKomm/ Ernst Rn 27). Sollte der Schuldner hier zB einwenden können, die Erlöse aus einer Veröffentlichung der Photos hätten die Aufwendungen für die Reisevorbereitung ohnehin nicht wirtschaftlich gerechtfertigt? Eine **Mischkonstellation** stellt auch der Fall dar, daß der Gläubiger aus marktstrategischen oder einfach spekulativen Gründen einen objektiv weitüberhöhten Preis für den Erwerb einer Sache in Kauf genommen hat, ohne selbst von der Amortisierung ausgehen zu können (vgl Grigoleit ZGS 2002, 122, 123). Wo sich ein wesentliches Gepräge des Zweckes der Aufwendungen nicht feststellen läßt, erscheint es allein praktikabel, den Einwand eines Verlustgeschäftes im Zweifel nicht zuzulassen und nur auf sonstige Umstände der Zweckvereitelung abzustellen, wie im Beispiel der Photographien auf den Eintritt einer Naturkatastrophe, wegen der die Reise ohnehin nicht durchzuführen gewesen wäre. Dies eröffnet dem Gläubiger faktisch die Möglichkeit, seine Rechtsposition mit dem Hinweis auf zugleich verfolgte „ideelle" Zwecke zu stärken (Gsell, in: Dauner-Lieb, Praxis 328 u 330, sieht gar die Gefahr des „Mißbrauches durch den Gläubiger" und möchte daher den Einwand des hypothetischen Gewinnentgangs nur dann versagen, wenn die Gewinnerzielungsabsicht eine untergeordnete Rolle spielt [330]). Daher kommt dem Schuldner allein bei mehr oder weniger evident erwerbswirtschaftlichen Zwecken der Einwand zu Hilfe, der Gläubiger hätte ohnehin ein Verlustgeschäft gemacht.

40 Aufwendungen des Gläubigers hätten ihren Zweck auch nicht erreichen können, wenn bei einem Zusammentreffen von **Pflichtverletzungen unterschiedlicher Urheber** jeweils der Zweck schon durch eine Pflichtverletzung verfehlt worden wäre. Nach meiner Auffassung kommt eine derartige wechselseitige Entlastung nicht in Betracht. Werden zB Arbeitnehmer wegen der Folgen eines rechtswidrigen Streiks in Anspruch genommen, so können sie sich nicht etwa darauf berufen, daß ihre Arbeitsleistung im Hinblick auf andere Streikende ohnehin nicht hätte erbracht werden können (MünchArb/Otto² [2000] § 289 Rn 33). Im übrigen ist der Gläubiger praktisch durch die Beweisbelastung des Schuldners ohnehin weitgehend geschützt.

Gültig ist nach Maßgabe von **§ 311a Abs 1** nunmehr auch der auf eine objektiv **41** unmögliche Leistung gerichtete Vertrag. Angesichts des anfänglichen Leistungsausschlusses hätte der Zweck vertragsbezogener Aufwendungen in der konkreten Situation allerdings nie erreicht werden können. Gleichwohl gewährt § 311a Abs 2 S 1 dem Gläubiger einen Anspruch auf *„Ersatz seiner Aufwendungen in dem in § 284 bestimmten Umfang"*. Damit können hier nur solche Aufwendungen gemeint sein, die der Gläubiger mit Rücksicht auf die vermeintliche Wirksamkeit des Vertrages getätigt hat; denn in diesem Sonderfall wäre eine die Aufwendungen rechtfertigende Erfüllung von vornherein undenkbar (s schon Otto Jura 2002, 1, 9; ferner Rn 21). Der Schuldner kann sich daher nicht seinerseits auf die ohnehin feststehende Zweckverfehlung zu seiner Entlastung berufen.

III. Rechtsfolgen

1. Aufwendungsersatz

Der Gläubiger hat einen Anspruch auf Ersatz seiner Aufwendungen. Die Geltend- **42** machung von Aufwendungsersatz schließt einen Anspruch auf Schadensersatz statt der Leistung mit entsprechendem Inhalt aus: Beide Ansprüche stehen im Verhältnis der **Alternativität** (s oben Rn 18 f). Hat der Gläubiger eine Teilleistung oder eine mangelhafte Leistung erhalten und möchte bzw muß er diese behalten (§ 281 Abs 1 S 2 und 3), kann er auch anstelle des „kleinen" Schadensersatzes statt der Leistung Aufwendungsersatz beanspruchen. Ersatzfähig können dann allerdings nur diejenigen Aufwendungen sein, die der Gläubiger gerade im Vertrauen auf den Erhalt der vollständigen oder mangelfreien Leistung getätigt hat. Soweit sie sich dagegen auf den Erhalt der vom Gläubiger angenommenen teilweisen oder mangelhaften Leistung beziehen oder nicht aufzuspalten sind, fehlt es an ihrer Frustrierung, haben also ihren Zweck erfüllt. Die **Minderung** kann jedoch mit der gleichen Maßgabe neben dem Aufwendungsersatz geltend gemacht werden, denn die Minderung ist ebenso wie der Rücktritt neben dem Schadensersatzbegehren zulässig (vgl §§ 437 Nr 2 u 3, 441 Abs 1 S 1).

Denkbar bleibt ferner die Kombination des Anspruches auf Aufwendungsersatz mit **43** dem Verlangen auf **Ersatzherausgabe** nach Maßgabe von § 285 (Faust, in: Huber/Faust, Schuldrechtsmodernisierung Rn 4/53; Jauernig/Vollkommer Rn 8); § 285 Abs 2 gilt dann entsprechend.

Der Anspruch ist gerichtet auf die **Zahlung von Geld**. Er ist nicht deckungsgleich mit **44** demjenigen auf Ersatz des negativen Interesses und auch nicht begrenzt durch das positive Interesse (s schon Rn 10). Soweit der Einwand durchgreift, der Gläubiger habe die Aufwendungen billigerweise nicht machen dürfen, entfällt nicht der gesamte Anspruch, sondern er beschränkt sich auf denjenigen Teil, den der Schuldner billigerweise zu tragen hat, und ist damit der Höhe nach begrenzt. Eine weitere Anspruchskürzung aus Gründen des § 254 scheidet daneben aus, wenn nicht auch der Schadensersatz statt der Leistung eine Kürzung unmittelbar nach dieser Norm erfahren hätte.

2. Untergang des Anspruchs auf die Leistung

45 Keine eigene Erwähnung hat in § 284 die Konsequenz gefunden, daß mit dem Verlangen von Aufwendungsersatz der Anspruch auf die Leistung ausgeschlossen ist, wie es § 281 Abs 4 für den Schadensersatz statt der Leistung ausdrücklich bestimmt. Nach meiner Auffassung muß diese Regelung aber auch hier gelten. Zweifelhaft ist nur, ab wann der Gläubiger an seine Wahl für einen der Ersatzansprüche gebunden ist. Solange keine Verständigung über den Schadensausgleich stattgefunden hat, sehe ich für eine Bindung keine Rechtfertigung (ebenso JAUERNIG/VOLLKOMMER Rn 8). Etwa erbrachte Leistungen kann der Schuldner entspr § 281 Abs 5 nach den §§ 346 bis 348 zurückfordern.

3. Untergang des Anspruchs auf die Gegenleistung

46 Bei gegenseitigen Verträgen geht spätestens mit dem Ersatzverlangen auch der Anspruch des Schuldners gegen den Gläubiger unter (KRAUSE Jura 2002, 299, 304; vWILMOWSKY Beil zu JuS 1/2002, 3 u 18; vgl ferner § 281 Rn A 25 u D 12 u STAUDINGER/OTTO [2004] § 326 Rn B 1 ff). Eine bereits erbrachte eigene Leistung kann der Gläubiger nach §§ 323, 326 Abs 5, 346, 325 zurückverlangen. Der Rücktritt ist auch neben der Geltendmachung des Anspruchs aus § 284 ohne weiteres zulässig, soweit nicht die Einschränkungen bei Teil- und Schlechtleistung eingreifen (vgl § 281 A 21; STAUDINGER/OTTO [2004] § 323 Rn A 20 f, B 122 ff, C 28 ff, § 325 Rn 19, 20, 38; JAUERNIG/VOLLKOMMER § 325 Rn 4).

4. Verjährung

47 Die mit den Eingangsworten der Norm bestimmte Anknüpfung an den Schadensersatz statt der Leistung („anstelle") ist auch von Relevanz für die Frage der **Verjährung**. „Entstanden" iSv § 199 Abs 1 Nr 1 ist der Anspruch nach § 284 im gleichen Zeitpunkt wie der Anspruch auf Schadensersatz statt der Leistung, also nicht etwa erst mit der Geltendmachung von Aufwendungsersatz an dessen Stelle. Er unterliegt der regelmäßigen Verjährung (§§ 195, 199), sofern nicht eine Sondervorschrift (zB §§ 438, 634a) eingreift.

IV. Beweislast

48 Nach allgemeinen Grundsätzen muß der den Aufwendungsersatz beanspruchende **Gläubiger** die Tatsachen darlegen und notfalls beweisen, die seine Rechtsstellung begründen. Hierzu gehören zunächst die Tatsachen, die einen Anspruch auf Schadensersatz statt der Leistung rechtfertigen könnten (Rn 15 f). Im Anwendungsbereich von § 619a umfaßt dies zudem diejenigen Tatsachen, aus denen sich das Vertretenmüssen des Arbeitnehmers ergibt. Hinzu tritt aber auch die Darlegung des Aufwendungszwecks (vgl MünchKomm/ERNST Rn 22; GSELL, in: DAUNER-LIEB, Praxis 328). Da eine bestimmte Verwendung der Leistung zumeist nicht vertraglich vereinbart sein wird bzw oft nicht als selbstverständlich vorausgesetzt ist, fehlte es ohne diese Angabe an dem Bezugspunkt für die Bewertung von Art und Umfang der Aufwendungen. Namentlich ist zu verhindern, daß der Gläubiger mit der bloßen Behauptung ideeller Zweckverfolgung dem Schuldner von vornherein den Einwand mangelnder Rentabilität abschneidet. Hinsichtlich der Höhe der Aufwendungen kommt dem Gläubiger uU § 287 ZPO zur Hilfe (vgl BGHZ 143, 41, 50).

Demgegenüber kann sich der Schuldner dahingehend verteidigen, daß er die **Pflicht-** 49
verletzung nicht zu vertreten habe (§ 280 Abs 1 S 2) bzw im Falle des anfänglichen
Leistungshindernisses dieses nichts gekannt und seine Unkenntnis auch nicht zu
vertreten habe (§ 311a Abs 2 S 2). Bei einem rechtswidrigen Streik (Rn 27) kommt
insoweit jedenfalls bei gewerkschaftlicher Organisation zugunsten des Arbeitnehmers ein entlastender Rechtsirrtum in Betracht (Otto, Arbeitsrecht³ [2003] Rn 542).
Wie sich aus der ausdrücklichen Beweislastverteilung durch § 284 aE ergibt, hat
der Schuldner außerdem ggf zu beweisen, daß die Pflichtverletzung für die Frustrierung der Aufwendungen **nicht ursächlich** war bzw daß die **Aufwendungen** auch sonst
ihren Zweck nicht erreicht hätten. Der Einwand der Zweckverfehlung stellt im Verhältnis zu den Grundsätzen der Rentabilitätsvermutung beweisrechtlich eine Umkehrung der bisherigen Rechtslage dar und bildet – abgesehen von der Erweiterung
auf Verträge mit nicht-erwerbswirtschaftlichem Charakter – die entscheidende Haftungsverschärfung durch § 284 (abl Altmeppen Betrieb 2001, 1821, 1823 mit Fn 17). Allerdings steht der Schuldner insoweit vor besonderen Schwierigkeiten. Während es sich
im Hinblick auf nicht-erwerbswirtschaftlich geprägte Verträge zumeist um Fälle
offensichtlicher Zweckverfehlung handeln wird, kann der Schuldner die auch ohne
die Pflichtverletzung fehlende Rentabilität der Aufwendungen uU gar nicht sub-
stantiell unterfüttern, ohne Einblick in die Geschäftsunterlagen der Gegenseite zu
haben. Überhaupt wird der Gläubiger in solchen Fällen regelmäßig nur dann zu § 284
greifen, wenn sich seine Gewinnaussichten nur schwer einschätzen lassen. Soweit sich
zB ein Arbeitnehmer gegen die Inanspruchnahme infolge eines rechtswidrigen
Streiks (Rn 27) wendet, steht er möglicherweise vor kaum darzustellender Komplexi-
tät. Hier hilft § 619a selbst dann nicht, wenn man die Norm auch bei einer nicht auf
eine betriebliche Tätigkeit bezogenen Pflichtverletzung anwenden würde (dazu § 280
Rn D 30), weil dies dem Arbeitnehmer allein für die Frage des Vertretenmüssens
zugute kommt, nicht aber in bezug auf den Schaden an sich (Löwisch, in: FS Wiedemann
330). Insoweit sind die Anforderungen an den Schuldner nicht zu hoch anzusetzen (zur
Problematik Gsell, in: Dauner-Lieb, Praxis 326, die mit einer entsprechenden Anwendung des
§ 252 S 2 „mit umgekehrten Vorzeichen" helfen möchte; ebenso MünchKomm/Ernst Rn 43 u Stoppel AcP 204 [2004] 81, 105); doch müssen seinen Darlegungen substantiierte Zweifel an
der Zweckerreichung zu entnehmen sein.

Nicht pauschal fällt die Antwort hinsichtlich der Tatsachen aus, die für die Beurtei- 50
lung der **„Billigkeit"** der Aufwendungen als Rechtsfrage bedeutsam sind. Nach dem
Wortlaut des Gesetzes gehört die Billigkeit zu den Anspruchsvoraussetzungen und ist
– anders als § 254 – nicht als Einwand ausgestaltet. Deshalb ist es Sache des Gläubigers, hinsichtlich der Billigkeit aufkommende Zweifel auszuräumen. Macht der
Gläubiger zB zur Bedeutung der erwarteten Leistung des Schuldners völlig außer
Verhältnis stehende Aufwendungen geltend, ist seine Klage daher insoweit nicht
schlüssig und auch im Fall der Säumnis des Beklagten insoweit abzuweisen. Andererseits muß es Sache des Schuldners sein, solche Tatsachen zu beweisen, die die Aufwendungen trotz des mit ihnen verfolgten Zwecks ausnahmsweise als unbillig erscheinen lassen können.

§ 285
Herausgabe des Ersatzes

(1) Erlangt der Schuldner infolge des Umstands, auf Grund dessen er die Leistung nach § 275 Abs. 1 bis 3 nicht zu erbringen braucht, für den geschuldeten Gegenstand einen Ersatz oder einen Ersatzanspruch, so kann der Gläubiger Herausgabe des als Ersatz Empfangenen oder Abtretung des Ersatzanspruchs verlangen.

(2) Kann der Gläubiger statt der Leistung Schadensersatz verlangen, so mindert sich dieser, wenn er von dem in Absatz 1 bestimmten Recht Gebrauch macht, um den Wert des erlangten Ersatzes oder Ersatzanspruchs.

Materialien: E I § 238 Abs 1; II § 237; III § 275; Jakobs/Schubert, SchR I 209; KE 131; DE 319; KF 14; RegE 144; Beschlußempfehlung und Bericht d Rechtsausschusses BT-Drucks 14/7052, 282.

Schrifttum

1. Vor der Schuldrechtsreform

Brauer, Zwangskauf a la BGB? Zur Anwendung von § 281 BGB auf den mietrechtlichen Herausgabeanspruch (§ 546 BGB), NotBZ 2002, 402

Bollenberger, Das stellvertretende Commodum (1999)

Büdenbender, Rückgewähransprüche im Bürgerlichen Recht, JuS 1998, 227

Dölle, Eigentumsanspruch und Ersatzherausgabe, Reichsgerichtspraxis im deutschen Rechtsleben, Bd 3 (1929) 22

Frank, Anwendbarkeit des § 281 BGB auf den verschärft haftenden Bereicherungsschuldner – BGHZ 75, 203, JuS 1981, 102

Harder, commodum eius esse debet, cuius periculum est, in: FS Kaser (1976) 351

Haymann, Zuwendung aus fremdem Vermögen, JherJb 77, 188

Höhn, Die Beeinträchtigung von Rechten durch Verfügungen. Eine Untersuchung der Ansprüche aus §§ 281 Abs 1, 816 Abs 1 S 1, 818 Abs 1 BGB (1986)

Jochem, Eigentumsherausgabeanspruch (§ 985 BGB) und Ersatzherausgabe (§ 281 BGB): Abschied von einem Wiedergänger, MDR 1975, 177

Klapproth, Zur analogen Anwendung des § 281 BGB auf den Eigentumsherausgabean-

spruch (bei zufälligem Untergang der Sache), MDR 1965, 525

Knütel, § 281 BGB beim Rückgewähranspruch, JR 1983, 355

Köndgen, Immaterialschadensersatz, Gewinnabschöpfung oder Privatstrafen als Sanktionen für Vertragsbruch? – Eine rechtsvergleichend-ökonomische Analyse –, RabelsZ 56 (1992) 696

Küpper, Fortwirkung eines Vermächtnisses als Anspruch auf Ersatzherausgabe (§ 281 BGB), VIZ 2000, 195

Löwisch, Der Deliktsschutz relativer Rechte (1970) 140

Machleid, Zum Vorteilsausgleich im Schadensersatzrecht, JZ 1952, 644

Mehrle, Risiko und Schutz des Eigentümers bei Genehmigung der Verfügung des Nichtberechtigten, AcP 183 (1983) 81

Selb, Schadensbegriff und Regreßmethoden – Eine Studie zur Wandlung der Denkformen des Regresses bei Schuldnermehrheit mit Veränderung des Schadensbegriffes (1963) 42

Schulz, System der Rechte auf den Eingriffserwerb, AcP 105 (1909) 1

Stamm, Regreßfiguren im Zivilrecht (2000). Für ältere Literatur vgl die Vorauflage.

2. Zur und nach der Schuldrechtsreform

EBERT, Das Recht auf den Eingriffserwerb, ZIP 2002, 2296

LÖWISCH, Herausgabe von Ersatzverdienst – Zur Anwendbarkeit von § 285 BGB nF auf Dienst- und Arbeitsverträge, NJW 2003, 2049

OLSHAUSEN, Voraussetzungen und Verjährung des Anspruchs auf ein stellvertretendes Commodum bei Sachmängeln, ZGS 2002, 194

STOLL, Vorteilsausgleichung bei Leistungsvereitelung, in: FS Schlechtriem (2003) 677.

I.   Allgemeines

1.   Grundgedanke

1   Der durch die Schuldrechtsreform an die Stelle des früheren § 281 getretene § 285 zieht **eine Konsequenz aus § 275:** Da der Gläubiger die Gefahr der nachträglichen Unmöglichkeit oder Unzumutbarkeit der Leistung trägt, erscheint es billig, einen Ersatz oder Ersatzanspruch, den der Schuldner infolge des die Unmöglichkeit oder Unzumutbarkeit herbeiführenden Umstandes für den geschuldeten Gegenstand erhält, dem Gläubiger zuzusprechen (BGHZ 25, 1, 8 f; BGH LM § 281 BGB Nr 10 = NJW-RR 1988, 902; BOLLENBERGER 54 ff). Deshalb kann er dieses sog *stellvertretende commodum* vom Schuldner herausverlangen (s auch STAUDINGER/OTTO Vorbem 22 ff zu §§ 280–285).

2   Die überwiegende Meinung in der Literatur sieht in § 285 einen **Unterfall der Eingriffskondiktion:** Der Anspruch auf Ersatzherausgabe sei ein Ausgleich dafür, daß der Leistungsgegenstand wirtschaftlich gesehen dem Gläubiger gebühre, dem deshalb auch der für den Leistungsgegenstand erlangte Ersatz zustehe (BOLLENBERGER 112 ff, 129 f, 197 ff; PICKER, Forderungsverletzung und culpa in contrahendo, AcP 183, 369, 512: „Gemeinsamer Geltungsgrund der §§ 812 ff und des § 281 BGB"; MünchKomm/EMMERICH Rn 2: „Unverkennbare Verwandtschaft mit § 816 BGB"; SOERGEL/WIEDEMANN § 281 Rn 2: „Ausgleich einer materiell unrichtigen Vermögensverteilung", mit § 816 BGB „zweckverwandt"). Demgegenüber hat STOLL (in: FS Schlechtriem, 687) jüngst mit Recht eingewandt, daß nur die absolut geschützten Rechtspositionen ein Zuweisungsgehalt im Sinne der bereicherungsrechtlichen Lehre vom Eingriffserwerb haben und deshalb auf die Störung von Forderungsrechten allenfalls dann übertragen werden könnten, wenn in die Forderungszuständigkeit eingegriffen wird, was aber nicht schon dann der Fall ist, wenn der Schuldner an der Erfüllung behindert wird. Soweit man sonst von einem relativen Zuweisungsgehalt von Forderungen sprechen wollte, ist derjenige einer Forderung auf Erbringung einer persönlichen Leistung nach unserem Schuldrecht kein anderer

als derjenige der Forderung auf Lieferung einer Sache oder eines Immaterialgüterrechts oder auf Übertragung einer Forderung.

Der eigentlichen Funktion des Anspruchs auf Ersatzherausgabe kommt man durch **3**
eine **Parallele zum Institut der Vorteilsausgleichung** des Schadensersatzrechts näher,
wie sie von STOLL gezogen wird: In den Fällen des § 281 BGB aF und nunmehr des
§ 285 BGB nF bereichert dasselbe Ereignis, welches das Gläubigerrecht vereitelt,
zwar nicht den betroffenen Gläubiger (wie das auf die Vorteilsausgleichung zutrifft),
wohl aber den Schuldner, dessen Leistung der Gläubiger zu fordern berechtigt war.
Die Zusammenführung von Schuldnervorteil und Gläubigernachteil zur Vermeidung
einer Bereicherung des Schuldners und gleichzeitiger Verminderung der dem Gläubiger entstandenen Nachteile, erscheint, wie es STOLL formuliert, hier unausweich-
lich, soweit Schuldnervorteil und Gläubigernachteil als zusammengehörige, einander
entsprechende Folgen desselben Ereignisses anzusehen sind. Diese Zusammenführung kann aber, weil Begünstigter und Betroffener verschiedene Personen sind, nur
durch einen Anspruch des Gläubigers auf Herausgabe der Schuldnervorteile erreicht
werden (aaO, S 688; auch nach ROTHE Anm zu BGH vom 23. 12. 1966, LM § 281 BGB Nr 4 beruht
der Anspruch auf Ersatzherausgabe auf dem Gesichtspunkt der Vorteilsausgleichung. Nahe kommt
der Vorstellung auch SELB, Schadensbegriff und Regreßmethoden, 1963, S 69 nach dem der Anspruch
auf Ersatzherausgabe nicht eine ungerechtfertigte Bereicherung ausgleichen, sondern lediglich die
Tragung der Leistungsgefahr durch den Gläubiger korrigieren will).

Eine gewisse Bestätigung findet die hier übernommene Auffassung von STOLL da- **4**
durch, daß § 285 ausdrücklich auch auf § 275 Abs 3 Bezug nimmt, der die Unzumutbarkeit **persönlich zu erbringender Leistungen** zum Gegenstand hat. Bei solchen
Leistungen, wie insbesondere Dienst- und Arbeitsleistungen, kann von einem Zuweisungsgehalt im Sinne der Vorstellung von der Eingriffskondiktion von vornherein
keine Rede sein. Wohl aber entfaltet die Zusammenführung von Schuldnervorteil
und Gläubigernachteil zur Vermeidung einer Bereicherung des Schuldners und
gleichzeitiger Verminderung der dem Gläubiger entstandenen Nachteile auch hier
ihren guten Sinn. Das gilt besonders, wenn man an die Fälle denkt, in denen der
Gläubiger aufgrund besonderer Vorschriften wie etwa § 616, § 3 EntgeltfortzahlungsG, § 11 MuSchG oder auch tarifvertraglicher Bestimmungen zur Gegenleistung
verpflichtet bleibt (LÖWISCH NJW 2003, 2049). S zu diesen Fällen auch noch unten Rn 41.

Im Unterschied zum gemeinen Recht (vgl hierzu die Nw bei STAUDINGER/A WERNER[10/11] **5**
Vorbem 37 zu §§ 275 ff) gewährt das BGB den Anspruch auf Ersatzherausgabe nicht
nur im Fall der unverschuldeten Unmöglichkeit, sondern auch dann, wenn dem
Gläubiger gegen den Schuldner ein Anspruch auf **Schadensersatz statt der Leistung**
zusteht. In diesem Fall wird lediglich die **Anrechnung** des erlangten Ersatzes oder
Ersatzanspruches auf den Schadensersatz angeordnet (§ 285 Abs 2).

Wenn § 285 dem Gläubiger den Anspruch auf Herausgabe des Ersatzes oder Abtre- **6**
tung des Ersatzanspruches zubilligt, so ist damit zugleich gesagt, daß das Gesetz den
Dritten, der, aus welchem Rechtsgrund auch immer, den Ersatz zu leisten hat, als
denjenigen ansieht, der *näher an der Schadenstragung daran ist* als der Gläubiger. Der
Gläubiger soll gegenüber dem Dritten wirtschaftlich gesehen Regreß nehmen können. Hier liegt der innere Grund dafür, daß sich der Versicherer einer verkauften
Sache nicht darauf berufen kann, daß der Eigentümer und Veräußerer durch den

Übergang der Preisgefahr bereits entlastet ist (BGH BB 1955, 398 f). Auch das *Institut der Drittschadensliquidation* in den Fällen der Schadensverlagerung nach § 447 findet hier seine Rechtfertigung (SELB, Schadensbegriff und Regreßmethoden [1963] 42 ff; LÖWISCH, Der Deliktsschutz relativer Rechte [1970] 144 f).

7   Als Surrogationsanspruch ist der Anspruch aus § 285 daran geknüpft, daß der Schuldner **tatsächlich einen Ersatz oder Ersatzanspruch erlangt** hat. Aus § 285 läßt sich deshalb *keine Verpflichtung* des Schuldners ableiten, für den Fall der Unmöglichkeit für einen *Ersatz*, insbesondere durch eine vorherige Versicherung der Sache, *zu sorgen* (BGH LM § 281 BGB Nr 11 = NJW 1991, 1675 für den Fall der Unterversicherung einer brandgeschädigten Sache). Ebensowenig ist der Schuldner gehalten, sich möglicher Ansprüche nicht durch eine vorherige Haftungsfreistellung Dritter, die mit dem geschuldeten Gegenstand in Berührung kommen, zu begeben. Eine Grenze zieht insoweit nur § 242: Wenn der Schuldner im Hinblick darauf, daß die Leistungsgefahr ja ohnehin der Gläubiger trägt, ohne sachlichen Grund eine Haftungsfreistellung vereinbart, so kann dies eine Vertragspflichtverletzung nach §§ 282, 241 Abs 2, 280 Abs 1 darstellen. Hat etwa der Erbe aufgrund des Testaments die dem Vermächtnisnehmer herauszugebende Sache erst noch auf seine Kosten zu reparieren und vereinbart er, weil er selbst an der Sache gar nicht interessiert ist, mit dem zur Reparatur herangezogenen Werkunternehmer einen vollständigen Haftungsausschluß, so wird er dem Vermächtnisnehmer schadensersatzpflichtig, wenn die Sache infolge eines Verschuldens des Werkunternehmers untergeht, für das dieser wegen des Haftungsausschlusses nicht haftet.

8   Von dem eben behandelten Fall ist der zu unterscheiden, daß der Schuldner gegenüber dem Dritten auf einen bereits **erworbenen Ersatzanspruch nachträglich verzichtet.** Durch diesen Verzicht verletzt er seine Abtretungsverpflichtung aus § 285 (vgl dazu unten Rn 51).

9   Für den gegenseitigen Vertrag bestimmt § 326 Abs 3 S 1, daß der Gläubiger, der nach § 285 Herausgabe des Ersatzes oder Abtretung des Ersatzanspruchs verlangt, dem Schuldner zur Gegenleistung verpflichtet bleibt. Der Gegenleistungsanspruch berechtigt den Schuldner zur Einrede des § 320 gegenüber dem Anspruch des Gläubigers aus § 285 (STAMM S 206 f). S im übrigen STAUDINGER/OTTO [2004] § 326 Rn D 1 ff.

2. Anwendungsbereich

10   § 285 findet auf **alle schuldrechtlichen Ansprüche** Anwendung, auf die seine Voraussetzungen zutreffen (dazu unten Rn 22 ff) und für die keine Sonderregelungen bestehen (BGHZ 75, 203, 206). Erfaßt werden nunmehr auch Dienst- und Arbeitsverhältnisse sowie andere Schuldverhältnisse, deren Gegenstand eine persönliche Leistung ist (dazu oben Rn 4 und unten Rn 41).

11   § 285 gilt auch für **gesetzliche** oder durch Verwaltungsakt begründete **Schuldverhältnisse,** etwa den Anspruch des Fiskus auf Nutzungsentgelt oder Herausgabe des Verkaufserlöses nach den Vorschriften über die Abwicklung der Bodenreform (BGH LM Art 233 EGBGB 1986 Nr 43; BGH MDR 2003, 322) und den Anspruch auf Herausgabe eines

Grundstückes aufgrund eines Restitutionsbescheids (OLG Brandenburg NVersZ 1999, 530 ff).

Für § 281 aF ist angenommen worden daß er auch für das *Rückgewährschuldverhält-* **12** *nis* aus §§ 346 ff (BGH LM § 346 BGB Nr 10 = NJW 1983, 929; MEDICUS JuS 1990, 693; STAUDINGER/KAISER [1995] § 347 Rn 39) gelte. Denn § 347 enthalte eine Sonderregelung nur für die Ansprüche auf Schadensersatz, auf Herausgabe und Vergütung von Nutzungen und auf die Herausgabe von Verwendungen. Auch auf die Rückabwicklung nach dem Rücktritt vom Verbraucherkreditgeschäft (§ 13 VerbrKrG) war danach § 281 aF anzuwenden (BGH NJW 1984, 2294, 2295). Soweit in der Literatur im Anschluß an eine Bemerkung der Gesetzesbegründung (BT-Drucksache 14/6040, 194) die Auffassung vertreten wird, die Neufassung des § 346 habe an der Anwendbarkeit jetzt des § 285 auf das Rückgewährschuldverhältnis nichts geändert (KAISER, Die Rechtsfolgen des Rücktritts in der Schuldrechtsreform, JZ 2001, 1058, 1064; MünchKomm/GAIER § 346 Rn 49; AnwKommBGB/HAGER § 346 Rn 21; PALANDT/HEINRICHS Rn 3), kann dem nicht gefolgt werden. Die §§ 346 ff regeln das Rückgewährschuldverhältnis nunmehr umfassend. Insbesondere sieht § 346 Abs 2 für alle Fälle, in denen die Rückgewähr ausgeschlossen ist, den Anspruch auf Wertersatz vor. Damit liegt nicht anders als im Falle des Rückgewährschuldverhältnisses aus ungerechtfertigter Bereicherung eine Sonderregelung vor, die hier wie dort (vgl Rn 13) die Anwendung des § 285 ausschließt. Bestätigt wird dies durch die Regelung des § 346 Abs 4, der im Falle der Verletzung der Rückgewährpflicht dem Gläubiger zwar Schadensersatz nach Maßgabe der §§ 280–283 ausdrücklich zuspricht, den Anspruch auf Ersatzherausgabe nach § 285 aber nicht erwähnt. Für die bislang herrschende Meinung, nach der sich der Anspruch auf Ersatzherausgabe auch auf einen vom Schuldner erzielten Gewinn erstreckt (dazu unten Rn 42), muß der Sonderregelungscharakter der §§ 346 ff im übrigen auch noch aus § 346 Abs 2 S 2 folgen, nachdem eine im Vertrag bestimmte Gegenleistung bei der Berechnung des Wertersatzes zugrunde zu legen ist: Diese Regelung würde unterlaufen, wenn mit Hilfe von § 285 auch ein die Gegenleistung übersteigender Erlös herauszugeben wäre.

Eine **Sonderregelung** stellen die Vorschriften des *§ 818 Abs 1–3* dar. Insbesondere **13** haftet der Bereicherungsschuldner, wenn er nach Entstehung des Ersatzanspruches auf diesen verzichtet, dem Gläubiger nicht schon bei Fahrlässigkeit, sondern gem § 819 Abs 1 nur dann, wenn er den Mangel des Rechtsgrundes tatsächlich kennt. Auch wäre es in diesem Fall nicht angemessen, dem Gläubiger einen Anspruch auf ein vom Bereicherungsschuldner erzieltes Entgelt zu geben (wie hier BGHZ 75, 203, 206; MünchKomm/EMMERICH Rn 7; FRANK JuS 1981, 102, 104; HÖHN S 82 ff; zweifelnd MEDICUS JuS 1990, 689, 693; aA RGZ 138, 45, 47 f; die Frage, welche das RG mit der Anwendung des § 281 aF lösen wollte, ob nämlich der Anspruch auf Herausgabe des Erlangten iS des § 816 auch einen über den Wert hinausgehenden Erlös umfaßt, wird heute durch eine zweckentsprechende Auslegung dieses Bereicherungsanspruchs beantwortet, s STAUDINGER/LORENZ [1999] § 816 Rn 23 ff). Auf die *verschärfte Haftung des Bereicherungsschuldners* nach § 818 Abs 4 und § 819 Abs 1 ist § 285 allerdings anzuwenden: Es handelt sich um eine der allgemeinen Vorschriften, auf die § 818 Abs 4 verweist (BGHZ 75, 203, 207; MünchKomm/EMMERICH Rn 7).

Für den **Erbschaftsanspruch** des § 2018 gelten die Sondervorschriften der §§ 2019 ff, **14** die einen Herausgabeanspruch des Erben auf das vom Erbschaftsbesitzer rechtsgeschäftlich mit Mitteln der Erbschaft Erlangte (§ 2019 Abs 1) und auf Nutzungen gewähren, und im übrigen auf die Bereicherungsvorschriften verweisen (§ 2021). Eine Anwendung des § 285 kommt aufgrund dieser Verweisung nach Rechtshängigkeit über § 818 Abs 4 und bei Bösgläubigkeit über § 819 Abs 1 in Betracht (oben Rn 13). Auf den Vermächtnisanspruch ist § 285 aber anwendbar (BGH BGHR BGB § 2174 Verjährung 1; KG ZEV 1999, 494; Küpper VIZ 2000, 195 ff; Staudinger/Otte [2003] § 2174 Rn 30).

15 § 285 gilt auch für den Nacherfüllungsanspruch bei Lieferung einer mangelhaften Kaufsache (§§ 437 Nr 1, 439) und eines mangelhaften Werkes (§§ 634 Nr 1, 635): Ist die Nacherfüllung iS des § 275 Abs 1 unmöglich oder verweigert sie der Schuldner nach § 275 Abs 2 oder 3 oder nach §§ 439 Abs 3 oder 635 Abs 3, kann der Käufer oder Besteller Herausgabe eines vom Verkäufer oder Werkunternehmer erlangten Ersatzes oder Ersatzanspruchs, insbesondere eines Schadensersatzanspruchs oder eines Anspruchs auf eine Versicherungssumme, verlangen. Daß § 437 und § 634 nicht auf § 285 verweisen, steht nicht entgegen, denn der Anspruch auf Nacherfüllung ist nach § 437 Nr 1 und § 634 Nr 1 als selbständiger Erfüllungsanspruch konzipiert (Huber/Faust S 204). Ist die Nacherfüllung teilweise unmöglich, besteht ein teilweiser Anspruch auf Ersatzherausgabe (dazu § 275 Rn 48). Macht im Falle der Lieferung einer mangelhaften Sache oder eines mangelhaften Werkes der Käufer oder Besteller von seinem Rücktrittsrecht oder seinem Recht zur Minderung gem §§ 437 Nr 2, 440 f, 634 Nr 2, 636, 638 Gebrauch oder entscheidet sich der Besteller gem § 637 für die Selbstvornahme, scheidet der Anspruch auf Ersatzherausgabe hingegen aus. Denn mit der Geltendmachung dieser Rechte nimmt der Gläubiger von der Erfüllung des Kaufvertrages oder Werkvertrages gerade Abstand (Huber/Faust S 205). Dem Käufer oder Besteller steht aber das Recht zu, gem § 326 Abs 3 S 2 den Kaufpreis bzw Werklohn insoweit zu mindern, als der Wert des Ersatzes oder des Ersatzanspruchs hinter dem Wert der geschuldeten Leistung zurückbleibt. Verlangt der Käufer oder Besteller gem § 437 Nr 3 bzw §§ 634 Nr 4, 636 Schadensersatz, kann er gleichwohl den Anspruch aus § 285 geltend machen. Jedoch mindert sich der Schadensersatz um den Wert des erlangten Ersatzes oder Ersatzanspruchs (§ 285 Abs 2).

16 Ein **vertraglicher Ausschluß der Gewährleistungsansprüche erfaßt den Anspruch aus § 285 nicht**. Denn es widerspräche regelmäßig dem Parteiwillen, dem Verkäufer den vollen Kaufpreis zu belassen und ihm zusätzlich einen etwaigen Ersatz, insbesondere eine Versicherungssumme, zu gewähren (Tiedtke NJW 1992, 2213 ff; Olshausen ZGS 2002, 198 f). Auch für diesen Anspruch gelten aber die kurzen Verjährungsfristen der Gewährleistungsansprüche des § 438 entsprechend (BGH LM § 281 BGB Nr 11 = NJW 1991, 1675; MünchKomm/Emmerich Rn 10; aM Olshausen ZGS 2002, 197 f). Die abweichende Meinung des OLG Hamm (MDR 2001, 87, 88) beruht auf der Annahme, die kaufrechtlichen Gewährleistungsansprüche schlössen den Anspruch auf Ersatzherausgabe aus. Das trifft heute nicht mehr zu (Rn 15).

17 Das Rn 14 und 15 Gesagte gilt auch im Falle eines **Rechtsmangels**. Dabei kann der Käufer auch eine dem Verkäufer trotz des Rechtsmangels zugeflossene Versicherungssumme herausverlangen (BGHZ 129, 103 ff; krit hierzu Schwarze JuS 1998, 13 ff). Besteht der Rechtsmangel bei einem *Forderungskauf* darin, daß der Schuldner nach § 407 mit befreiender Wirkung an den Verkäufer als den Altgläubiger geleistet hat, richtet sich der Anspruch des Käufers und Neugläubigers auf Herausgabe des

Geleisteten nach § 816 Abs 2 (Rn 13). Gleiches gilt, wenn der Schuldner dem Käufer und Neugläubiger gegenüber gemäß § 406 wirksam aufrechnet hinsichtlich der vom Verkäufer und Altgläubiger erreichten Schuldbefreiung (vgl STAUDINGER/BUSCHE [1999] § 406 Rn 43). Zur Anwendbarkeit von § 285 im Falle durch Veräußerung eingetretener nachträglicher Unmöglichkeit s Rn 38.

Die frühere Rechtsprechung des Reichsgerichts (RGZ 105, 88) und ein Teil der Lite- **18** ratur (DEUBNER MDR 1958, 197; DÖLLE RG-Praxis Bd 3, 22 ff; vGIERKE ZHR 111, 67; ENNEC- CERUS/LEHMANN § 223 Anm 11; auch STAUDINGER/A WERNER[10/11] Rn 3) wollten § 281 aF auf den **Eigentumsherausgabeanspruch des § 985** anwenden, um dem Eigentümer den Zugriff auf den vom Besitzer bei seiner Veräußerung erlangten Erlös zu ermöglichen. Dies wird von der hM inzwischen *mit Recht abgelehnt* (RGZ 115, 31, 33 f; 157, 40, 44 f; BGH NJW 1962, 587, 588; HAYMANN JherJb 77, 289; MEHRLE AcP 183 [1983] 84 f; BAUER/STÜRNER, SaR § 11 C I 3 a bb; WESTERMANN, Sachenrecht [7. Aufl 1998] § 31 V 3 a; PALANDT/HEINRICHS Rn 4; SOERGEL/WIEDEMANN § 281, Rn 16 ff; BGB-RGRK/ALFF Rn 11; ERMAN/BATTES Rn 2; FIKENT- SCHER Rn 335; im Ergebnis auch MünchKomm/EMMERICH Rn 12). Entscheidend dafür ist, daß sich der redliche Besitzer bei Anwendung der Vorschrift im Falle der Veräuße- rung der Sache einerseits dem Anspruch des Eigentümers auf Ersatzherausgabe und andererseits der Rechtsmängelhaftung gegenüber demjenigen ausgesetzt sähe, an den er die Sache veräußert hat. Eine solche Doppelhaftung muß vermieden werden (ebenso SOERGEL/WIEDEMANN § 281 Rn 17). Auf den Erlös darf der Eigentümer nur dann zugreifen können, wenn er die Veräußerung gleichzeitig genehmigt. Inwieweit der dann entstehende Anspruch auf Herausgabe des Erlangten gem § 816 Abs 1 auch einen über den Wert hinausgehenden Erlös erfaßt, ist, wie schon in Rn 13 ausgeführt, eine durch zweckentsprechende Auslegung dieses Anspruches zu beantwortende Frage.

Auch dem in der neueren Zeit gemachten Vorschlag, § 281 (und damit jetzt § 285) **19** dann auf den Eigentumsherausgabeanspruch des § 985 anzuwenden, wenn die Sache infolge eines nicht vom Besitzer zu vertretenden Umstandes untergegangen ist und dieser einen Schadensersatzanspruch gegen einen Dritten oder einen Ersatzanspruch gegen eine Versicherung erworben hat (KLAPPROTH MDR 1965, 525 ff), kann nicht bei- gepflichtet werden. Wie JOCHEM (MDR 1975, 177, 183) dargetan hat, handelt es sich insoweit großenteils um ein *Scheinproblem*: Soweit es um den Schadensersatzan- spruch wegen Eigentumsverletzung aus § 823 Abs 1 geht, steht dieser ohnehin dem Eigentümer zu, der einen an den Besitzer gem § 851 mit befreiender Wirkung geleisteten Ersatz nach § 816 Abs 2 von diesem herausverlangen kann. Der ver- bleibende Fall, daß sich ein von dem in § 823 Abs 1 vorausgesetzten Verschulden unabhängiger Schadensersatzanspruch des Besitzers aus einem Vertrag mit demje- nigen ergibt, der für die Zerstörung oder Beschädigung der Sache verantwortlich ist, muß dem Anwendungsbereich der Drittschadensliquidation zugerechnet werden. Soweit es um einen Anspruch auf Sachversicherung geht, können die Dinge entweder so liegen, daß der Besitzer, wie das bei einer sicherungsübereigneten Sache häufig vorkommt, bewußt das vorerst noch fremde Eigentümerinteresse versichert. Dann wird regelmäßig eine Vertragsbeziehung zwischen ihm und dem Eigentümer gegeben sein, auf die dann auch § 285 anwendbar ist (vgl dazu oben Rn 6, 10). Oder der Besitzer versichert sein vermeintliches Eigentümerinteresse. Dann handelt es sich um einen Fall des § 68 VVG, bei dem ein Versicherungsanspruch gar nicht besteht, weil auch seitens des Versicherungsnehmers das versicherte Interesse nicht gegeben ist.

20 Zur Anwendung des § 285 auf *gegenseitige Verträge* vgl § 326 Abs 3 und dazu STAUDINGER/OTTO [2004] § 326 Rn D 1 ff.

21 Die in §§ 109 Abs 1 S 2, 103 Abs 2 S 1 InsO enthaltene Sonderregelung für die Kündigung des Mietverhältnisses in der Insolvenz (§ 109 InsO) schließt einen Anspruch nach § 285 aus (BGHZ 17, 127).

II. Voraussetzungen

1. Verpflichtung zur Leistung eines Gegenstandes

22 § 285 ist nur anwendbar, wenn die Leistung eines **Gegenstandes** geschuldet war. Gegenstände in diesem Sinne sind zunächst Sachen, Energie, Immaterialgüter oder Rechte (s näher STAUDINGER/DILCHER [1995] Vorbem 3 ff zu § 90). Auch abgabenrechtliche Bevorzugungen, wie eine (bei Pachtende zurückzugebende) Milchreferenzmenge, gehören hierher (BGH NJW 1997, 2316 = LM § 281 BGB Nr 14). Ob der Schuldner zur Übereignung bzw Übertragung oder lediglich zur Nutzungs- oder Gebrauchsüberlassung des Gegenstandes verpflichtet war, spielt keine Rolle (für Gebrauchsüberlassung vgl BGH LM § 281 BGB Nr 8 = NJW-RR 1986, 234). Auch der mietrechtliche Herausgabeanspruch (§ 546 Abs 1) unterfällt § 285 (BRANER, NotBZ 2002, 402 ff).

23 Für § 281 aF vertrat die herrschende Meinung den Standpunkt, daß **Handlungen und Unterlassungen keine** Gegenstände im Sinne der Vorschrift seien (BGHZ 135, 284, 287; MünchKomm/EMMERICH § 281 Rn 4; PALANDT/HEINRICHS § 281 Rn 4; auch noch STAUDINGER/LÖWISCH [2001] § 281 aF Rn 17; jetzt wieder MünchKomm/EMMERICH Rn 5; AnwKommBGB/SCHULTE-NÖLKE § 285 Rn 4; HENSSLER/vWESTPHALEN/DEDEK Rn 2; PALANDT/HEINRICHS Rn 5). Die gegenteilige Auffassung von SCHULZ (AcP 105 [1909] 1 ff), nach der jedes obligatorische Recht eine geeignete Grundlage für die Anwendung des § 281 bilden sollte, hatte sich nicht durchsetzen können (zur Auseinandersetzung mit SCHULZ ausf STAUDINGER/A WERNER[10/11] Rn 5 ff). Auf die Verpflichtung zur *Herstellung eines Werkes* wurde § 281 aF demzufolge nicht angewandt (RGZ 97, 87, 90), ein entsprechender Anspruch konnte sich nur aus einer vertraglichen Nebenpflicht ergeben (OLG Dresden NJW-RR 1998, 373). Ebensowenig fiel die Verpflichtung zur *Leistung von Diensten* unter die Vorschrift (**aA** MACHLEID JZ 1952, 644, 645 f; SELB, Schadensbegriff und Regreßmethoden [1963] 69 f).

24 Die Richtigkeit dieser Auffassung konnte man schon bisher bezweifeln, weil der „geschuldete Gegenstand" im Sinnzusammenhang von § 281 Abs 1 aF wie jetzt im Sinnzusammenhang von § 285 Abs 1 an sich nichts anderes bedeutet, als das **Objekt**, auf das sich die Forderung richtet (zutreffend insoweit SOERGEL/WIEDEMANN § 281 Rn 23). Dieses aber kann genauso gut eine persönlich zu erbringende Dienstleistung sein, wie eine zu liefernde Sache oder ein zu lieferndes Immaterialgut oder ein zu übertragendes Recht. Für § 285 Abs 1 ist das bisherige Verständnis nicht mehr haltbar. Denn dieser nimmt ausdrücklich auch auf § 275 Abs 3 Bezug. Bei den in § 275 Abs 3 geregelten persönlichen Leistungspflichten ist aber allein die persönliche Leistung als Gegenstand der Forderung im Spiel. Dass es sich bei der Verweisung „um ein Versehen des Gesetzgebers handeln" könnte, wie SCHULTE-NÖLKE aaO vermutet, kann man schon deshalb nicht annehmen, weil auch § 275 in seinem Abs 4 ausdrücklich auf § 285 verweist. Ein doppeltes Versehen kann auch dem Gesetzgeber der Schuldrechtsreform nicht unterstellt werden. Dementsprechend muß § 285 heute auch auf Schuldverhältnisse Anwendung finden, die persönliche Leistungen zum Gegenstand haben (Löwisch NJW 2003, 2049).

Die Leistung des Gegenstandes muß **geschuldet** sein. Das ist nicht der Fall, solange **25** ein die Verpflichtung erst begründendes Recht, zB ein Ankaufsrecht oder ein Rücktrittsrecht, noch nicht ausgeübt ist (vgl für Ankaufsrecht BGH LM § 281 BGB Nr 5) oder eine aufschiebende Bedingung, von der die Verpflichtung abhängt, noch nicht eingetreten ist. Wird das Recht allerdings ausgeübt oder tritt die Bedingung ein, besteht auch der Anspruch aus § 285. Das gilt auch dann, wenn die Leistung bereits vorher unmöglich geworden ist, da der Schuldner mit der Ausübung des Rechts bzw dem Bedingungseintritt von vornherein rechnen muß, so daß davon auszugehen ist, daß sich sein Verpflichtungswille auch auf die Herausgabe des Ersatzes erstreckt (für den Fall des Bedingungseintritts BGHZ 99, 385, unter Hinweis auf Prot II 634; für die Ausübung des Rücktrittsrechts: BGH LM § 346 Nr 10 = NJW 1983, 929; nicht eindeutig BGH LM § 281 Nr 5 für die Ausübung eines Ankaufsrechts; im Ergebnis ebenso Knütel JR 1983, 355 f).

Auf **Gattungsschulden**, reine und beschränkte, ist § 285 grundsätzlich **nicht**, auch nicht **26** entsprechend anzuwenden, wenn die Unmöglichkeit eintritt, *ehe* der geschuldete Gegenstand nach § 243 Abs 2 *konkretisiert* ist (RG JW 1916, 1333; JW 1920, 551 mit Anm Levy; RGZ 108, 184). Denn solange noch nicht konkretisiert war, läßt sich nicht sagen, daß die später ersetzten Sachen auch geschuldet wurden (Erman/Battes Rn 4; **aM** Stoll, in: FS Schlechtriem, 689 f).

Dies gilt auch für den Fall der behördlichen *Beschlagnahme* (RGZ 88, 287; RG JW 1917, **27** 463 und 988; RG WarnR 1917 Nr 73 und 199). Ist jedoch dem Schuldner der *ganze Vorrat*, aus dem hätte geliefert werden können, gegen Entschädigung durch die Beschlagnahme entzogen, so ist in dieser Entschädigung notwendig der Ersatz für den geschuldeten Gegenstand enthalten und herauszugeben (RGZ 93, 143; 95, 21; Bendix Recht 1915, 335; Becker JW 1915, 184; Lemberg Recht und Wirtschaft 1915, 101; Hachenburg JW 1918, 550; **aA** Levy JW 1920, 551; Bundschuh DJZ 1915, 990; Kluckhohn JW 1915, 1222; wegen weiteren Schrifttums und Stellungnahme verschiedener OLGe vgl WarnJB 1916, 36).

2. Unmöglichkeit oder Unzumutbarkeit der Leistung

§ 285 Abs 1 spricht nicht wie § 281 aF von einem Umstand, welcher die Leistung **28** unmöglich macht, sondern allgemeiner von einem Umstand, aufgrund dessen der Schuldner die Leistung nach § 275 Abs 1–3 nicht zu erbringen braucht. Damit ist einmal klar gestellt, daß die Vorschrift nicht nur im Falle der Unmöglichkeit, sondern auch in den Fällen gilt, in denen der Schuldner die Leistung wegen Unzumutbarkeit nach § 275 Abs 2 oder 3 verweigert. Zweitens ergibt sich aus dieser Formulierung, daß sich der Ersatzherausgabeanspruch nunmehr auch auf die Fälle der anfänglichen Unmöglichkeit oder Unzumutbarkeit erstreckt; denn nach § 311a Abs 1 ändert das Vorliegen der Voraussetzungen des § 275 Abs 1–3 bei Vertragsschluß nicht die Wirksamkeit des Vertrages, so daß dann auch die Vorschriften über die Abwicklung von Leistungsstörungen und damit auch § 285 gelten (MünchKomm/Emmerich Rn 3; Palandt/ Heinrichs § 311a Rn 12). Schließlich ist der Formulierung zu entnehmen, daß der Schuldner in den Fällen des § 275 Abs 2 und 3 die Möglichkeit hat, die Herausgabe des Ersatzes dadurch zu vermeiden, daß er trotz der Unzumutbarkeit die Leistung erbringt (AnwKommBGB/Schulte-Nölke § 285 Rn 4; MünchKomm/Emmerich Rn 16).

29 **Gleichgültig** ist, ob der Schuldner die Unmöglichkeit **zu vertreten** hat oder nicht (RG LZ 1918, 1137). Ist die Unmöglichkeit oder Unzumutbarkeit der Leistung weder die Folge eines vom Schuldner noch eines vom Gläubiger zu vertretenden Umstandes, beschränkt sich das Recht des Gläubigers auf den durch § 285 gewährten Anspruch. Dagegen konkurriert § 285 im Falle einer vom Schuldner zu vertretenden Unmöglichkeit oder Unzumutbarkeit mit dem Anspruch auf Schadensersatz statt der Leistung aus § 280 Abs 3 in der Weise, daß er auf den letzteren anzurechnen ist, § 285 Abs 2 (unten Rn 45 f). Auch wenn der *Gläubiger* für die Unmöglichkeit oder Unzumutbarkeit der Leistung allein oder überwiegend verantwortlich oder wenn die Gegenleistungsgefahr bereits auf den Gläubiger übergegangen ist, bleibt § 285 anwendbar (dazu STAUDINGER/OTTO [2004] § 326 Rn C 58, C 63).

30 Wird der Schuldner von der Verpflichtung zur Leistung frei, weil eine **Bedingung** ausfällt, von der jene abhängig war, so ist dies *kein Fall* des § 285, mag auch der Schuldner wegen des Ausfalls der Bedingung einen Vorteil erlangt haben (BGB-RGRK/ALFF Rn 9 unter Bezugnahme auf eine unveröffentlichte Entscheidung des RG vom 15. 11. 1913/V 249/13). Zur Anwendung des § 285 im Falle des Eintritts einer aufschiebenden Bedingung s oben Rn 25.

3. Erlangung eines Ersatzes

a) Schadensersatz

31 Der Schuldner muß **infolge des Umstandes, der die Leistung unmöglich** macht, für den geschuldeten Gegenstand Ersatz oder Anspruch auf Ersatz erlangt haben. Zwischen dem Umstand, der die Leistung unmöglich macht, und der Erlangung des Ersatzes oder Ersatzanspruches muß also *ursächlicher Zusammenhang*, und zwar im Sinne der Adäquanz (dazu STAUDINGER/SCHIEMANN [1998] § 249 Rn 12 ff) bestehen (RGZ 102, 203; BGH BB 1955, 398; BGH LM § 281 BGB Nr 10 = NJW-RR 1988, 902 = hM; **anders** nur MünchKomm/EMMERICH Rn 15, der schlichte Kausalität genügen lassen will).

32 Unter § 285 fällt danach zunächst einmal ein Ersatz oder Ersatzanspruch, welchen der Schuldner aus **unerlaubter Handlung, Gefährdungshaftung oder Vertragspflicht gegen einen Dritten** hat, der dem Schuldner den geschuldeten Gegenstand entzogen oder diesen zerstört hat. Auch ein Anspruch aus § 701 rechnet hierher. Wird einem Firmenvertreter während der Übernachtung in einem Hotel der seiner Firma gehörende Musterkoffer gestohlen, so hat er den ihm gegen den Hotelbesitzer zustehenden Schadensersatzanspruch gem § 285 an seine Firma abzutreten (so mit Recht FUNCK NJW 1964, 300 [linke Spalte]).

b) Versicherungsleistung

33 Herauszugeben ist nach § 285 auch ein Ersatz, den der Schuldner aus einer **Versicherung** erlangt, die er für den geschuldeten Gegenstand abgeschlossen hat (RGZ 89, 38; RG Recht Nr 17; BGH BB 1955, 398; BGHZ 99, 385, 129; 103, 106 f; OLG Hamm VersR 1998, 1028). Auch wenn bei einem durch eine Bank finanzierten Verkauf eines Kraftwagens die Bank dem Käufer das Darlehen, mit dem der Kraftwagen bezahlt wird, gegen Sicherungsübereignung des Kraftwagens gewährt, der Kraftwagen dann aber zerstört wird und der Käufer vollen Ersatz von seiner Versicherungsgesellschaft erhält, hat er die erhaltene Summe gem § 285 an das Finanzierungsinstitut herauszugeben oder diesem eine andere gleichwertige Sicherung zur Verfügung zu stellen (zutr WANGEMANN

NJW 1960, 1863 gegen AG Mannheim ebenda; SOERGEL/WIEDEMANN § 281 Rn 10). Die Ersatzherausgabe gilt dann als Rücktritt iS des § 503 Abs 2 S 3 (vgl BGH NJW 1984, 2294).

Von der danach an den Gläubiger herauszugebenden Versicherungssumme kann der **34** Schuldner *nicht* etwa die *für die Versicherung aufgewendeten Beiträge abziehen*. Ist der geschuldete Gegenstand versichert, so wird dies in aller Regel bereits vor Entstehung des Schuldverhältnisses der Fall gewesen sein. Dann aber konnte der Gläubiger mangels entgegenstehender Vereinbarung damit rechnen, daß er im Falle der Unmöglichkeit anstelle des versicherten Gegenstandes ohne weiteres die Versicherungssumme erhalten werde.

c) Entschädigungen
Wird die Übereignung eines geschuldeten Gegenstandes wegen Enteignung dieses **35** Gegenstandes unmöglich, ist die **Enteignungsentschädigung** Ersatz iS des § 285 Abs 1 (BGH LM § 281 BGB Nr 10 = NJW-RR 1988, 902).

Unter § 285 fällt auch die *Abgeltung*, die der Schuldner nach *§ 20 Bundesleistungs-* **36** *gesetz* in der Fassung vom 27. 9. 1961 (BGBl III 54/1) für eine im Verteidigungs- oder Spannungsfall behördlich angeforderte Leistung erhält. Vgl zu diesem Fragenkreis für das frühere Recht ausf STAUDINGER/A WERNER[10/11] Rn 11.

Der Gläubiger hat auch Anspruch auf den Ersatz, der dem Schuldner aus **Freigie-** **37** **bigkeit Dritter** aus Anlaß des die Unmöglichkeit oder Unzumutbarkeit herbeiführenden Ereignisses zugeflossen ist. Der Anspruch aus § 285 ist eine Konsequenz daraus, daß der Gläubiger die Leistungsgefahr trägt (dazu oben Rn 1). Diesem steht daher alles zu, was dem Schuldner aus dem Ereignis zufließt, durch das sich die Gefahr verwirklicht. Es liegt insoweit anders als im Falle der eigentlichen Vorteilsausgleichung, bei der die Anrechnung von freiwilligen Leistungen Dritter auf den Schadensersatzanspruch gegen den Schädiger für den Geschädigten unbillig sein kann (**aA** SOERGEL/WIEDEMANN § 281 Rn 30; MünchKomm/EMMERICH Rn 18).

d) Erlös
Veräußert oder vertauscht der Schuldner den geschuldeten Gegenstand, hat er dem **38** Gläubiger nach heute einhelliger Meinung auch den **Veräußerungserlös** herauszugeben. Zwar ist richtig, daß die Unmöglichkeit der Leistung durch das dingliche Erfüllungsgeschäft bewirkt wird; aber dieses wird durch den Kaufvertrag adäquat verursacht. Folglich erlangt der Schuldner, der den Schuldgegenstand veräußert, eben durch denselben Umstand, der mittelbar die Unmöglichkeit der Leistung bewirkt, den Kaufpreis als Ersatz. Deshalb muß er diesen Ersatz dem Gläubiger herausgeben. Das gegenteilige Ergebnis wäre auch höchst unbillig (RGZ 91, 260; 92, 369; 105, 84; 115, 31; 138, 48; konkludent auch BGHZ 46, 264; BGHZ 75, 203, 206; BGH NJW 1993, 929, 930 = LM § 346 BGB Nr 26; für die Gegenmeinung in der älteren Lit vgl STAUDINGER/A WERNER[10/11] Rn 10). Auch ein *Versteigerungserlös* ist herauszugeben (BGH WM 1988, 287; OLG Hamm NJW-RR 1997, 272, 273). Die Anwendung des § 285 auf den Veräußerungserlös wird nicht dadurch ausgeschlossen, daß das Veräußerungsgeschäft durch Gesetz verboten oder sittenwidrig war (RGZ 105, 84, 90 f; HASELHOFF NJW 1947/48, 289).

Wird dem Schuldner die Leistung der geschuldeten Sache dadurch unmöglich, daß **39** ein Gläubiger sie *im Wege des Pfandverkaufs* veräußert, erlangt er aber gerade dadurch einen Ersatz, nämlich **Befreiung von einer Verbindlichkeit**, so muß er diesen Ersatz „herausgeben" (s den bes Fall RG JW 1936, 2859 und RGZ 120, 347, 350; 171, 282). Gleiches gilt, wenn ein gezogenes Nutzungsentgelt zur Tilgung einer Verbindlichkeit verwendet wird, von den dadurch ersparten Aufwendungen (BGH LM Art 233 1986 Nr 43; zur Frage des Einstehens für das eigene Zahlungsvermögen in diesem Fall s § 276 Rn 158).

40 Wird dem Schuldner die **Gebrauchsüberlassung** dadurch unmöglich, daß er seinerseits die Gebrauchsmöglichkeit aufgibt, ist ein ihm daraus zufließender Vorteil als Ersatz iS des § 285 anzusehen. Hat etwa ein Vermieter eine Parkplatzfläche zweimal vermietet und dem zweiten Mieter überlassen, steht dem ersten Mieter der beim zweiten Mieter erzielte Mietzins zu (OLG Rostock OLGR Rostock 2002, 428). Auch eine für die Aufgabe der Gebrauchsmöglichkeit erzielte Abfindung ist herauszugeben (BGH LM § 281 BGB Nr 8 = NJW-RR 1986, 234), ebenso die für eine aufgegebene Milchreferenzmenge (s Rn 22) erlangte Milchaufgabevergütung (BGH NJW 1997 = LM § 281 BGB Nr 14). Dazu, daß ein Ersatz für die Beschädigung oder Zerstörung der Substanz des Leistungsgegenstandes demjenigen, der Anspruch auf den Gebrauch hat, wegen fehlender Identität nicht zukommt s Rn 44.

41 Ist Gegenstand des Schuldverhältnisses eine **persönliche Leistungsverpflichtung** (Rn 4), ist auch der durch eine anderweitige Verwendung der Arbeitskraft erzielte **Verdienst** herauszugeben. Daß dies richtig ist, zeigen vor allem die Fälle, in denen der Gläubiger, ohne daß ihn ein Verschulden trifft, aufgrund besonderer Vorschriften (§ 3 EntgeltfortzG, § 11 MuSchG, § 616 BGB) zur Entgeltzahlung verpflichtet bleibt. Es ist unbillig, ihm dieses Vermögensopfer abzuverlangen, wenn gleichzeitig dem Schuldner wegen des Umstands, der die Leistung unmöglich oder unzumutbar macht, ein Vorteil zufließt. Dies gilt um so mehr, als dann, wenn der Gläubiger die Unmöglichkeit oder Unzumutbarkeit der vom Schuldner persönlich zu erbringenden Leistung zu verantworten hat und deshalb nach § 326 Abs 2 S 1 zur Gegenleistung verpflichtet bleibt, das Gesetz selbst, nämlich in § 326 Abs 2 S 2, die Anrechung des Ersatzverdienstes auf die Gegenleistung anordnet. Selbst dort, wo der Entgeltanspruch nicht fortbesteht, ist es angemessen, daß der Gläubiger auf den vom Schuldner erlangten Ersatz zugreifen kann. Denn dem Gläubiger ist die ihm vom Schuldner zu erbringende Leistung infolge des Umstandes entgangen, der erst den Erwerb des Ersatzes möglich gemacht hat (s im einzelnen LÖWISCH NJW 2003, 2049). Zur Kongruenz zwischen geschuldetem Gegenstand und Ersatz in diesem Fall unten Rn 44.

e) Begrenzung auf den Gläubigerschaden

42 Sieht man mit der hier im Anschluß an STOLL vertretenen Auffassung die Funktion des Anspruchs auf Ersatzherausgabe im Nachteilsausgleich für den Gläubiger, hat das zur Konsequenz, daß der Anspruch auf den beim Gläubiger eingetretenen Nachteil begrenzt ist (STOLL aaO, 694 f). Ein Anspruch auf Herausgabe eines den Schaden des Gläubigers übersteigenden Gewinns, wie er in Rechtsprechung und Lehre bislang in unterschiedlicher Form vertreten wird (RGZ 138, 45, 48; BGHZ 75, 203, 27 f; BGH LM § 281 BGB Nr 10; MünchKomm/EMMERICH Rn 20; SOERGEL/WIEDEMANN § 281 Rn 28; auch noch STAUDINGER/LÖWISCH [2001] § 281 aF Rn 37. Bedenken aber bei MEDICUS, SchuldR I Rn 390), scheidet bei diesem am Gedanken der Vorteilsausgleichung orientierten Verständnis aus. Wo Gegenstand des Schuldverhältnisses eine persönlich zu erbringende Dienst- oder Arbeitsleistung ist, liegt diese Begrenzung auf den Nachteilsausgleich besonders nahe. Denn sie entspricht der Begrenzung, welche das Gesetz in den Fällen vornimmt, in denen es sogar eine Anrechnung des Ersatzverdienstes auf das Entgelt ausdrücklich anordnet (§§ 326 Abs 2 S 2, 615 S 2, 649 S 2). Dabei muß die Begrenzung auch bei vorsätzlichem Vertragsbruch gelten. Für die Auffassung von KÖNDGEN (Immaterialschadensersatz, Gewinnabschöpfung und Privatstrafen als Sanktionen für Vertragsbruch?, RabelsZ 56 [1992] 698, 744 ff), allein für diese Fälle lasse sich aus § 281 aF und jetzt § 285 ein Anspruch auf Herausgabe auch des überschießenden Gewinns ableiten, fehlt der gesetzliche Anhalt (LÖWISCH NJW 2003, 2049).

Die Höhe des zu ersetzenden Gläubigerschadens ist nach allgemeinen Grundsätzen **43** zu ermitteln. Regelmäßig steht dem Gläubiger der Erlös oder Ersatzverdienst in der Höhe der vereinbarten Gegenleistung zu. Denn es ist Kraft der auch hier geltenden Rentabilitätsvermutung davon auszugehen, daß die geschuldete, aber nicht erbrachte Leistung die Gegenleistung wert war (zur Geltung der Rentabilitätsvermutung auch bei persönlichen Leistungen s LÖWISCH NJW 2003, 2049). Allerdings steht sowohl dem Gläubiger der Nachweis eines höheren Schadens, etwa höherer nach § 284 zu ersetzender Aufwendungen, als auch dem Schuldner der Nachweis eines geringeren Schadens offen.

4. Kongruenz zwischen geschuldetem Gegenstand und Ersatz

Nur der **für den nämlichen Gegenstand erlangte** Ersatz ist herauszugeben. Der An- **44** spruch aus § 285 nF und früher § 281 aF erstreckt sich nur auf das, was der Schuldner **gerade für den geschuldeten Gegenstand** erlangt oder zu beanspruchen hat, nur bei solcher Kongruenz läßt sich von einem „Ersatz" oder „Ersatzanspruch" sprechen und besteht Anlaß, dem Gläubiger Ausgleich für die ausbleibende Leistung zu gewähren (BGHZ 25, 1, 8 ff; PALANDT/HEINRICHS Rn 8; MünchKomm/EMMERICH § 281 Rn 21; SOERGEL/ WIEDEMANN § 281 Rn 31). Nicht herauszugeben ist dasjenige, was für einen Gegenstand erlangt wird, aus dem erst der zu liefernde Gegenstand hätte hergestellt werden sollen, oder die Sache, welche aus dem geschuldeten Gegenstand hergestellt wurde (RGZ 92, 369, 372; RG LZ 1920, 434). Denn insoweit handelt es sich nicht mehr um das Surrogat des ursprünglich geschuldeten Gegenstandes, welches das Gesetz dem Gläubiger zuspricht, weil er die Leistungsgefahr trägt. Nicht herauszugeben ist folglich auch der Mietzins, den der Verkäufer eines abgebrannten Hauses aus einem von ihm hergestellten Neubau erzielt. Ebensowenig kann der Inhaber eines dinglichen Wohnrechts die Einräumung einer Wohnung in einem Neubau verlangen, den der Eigentümer auf den Trümmern eines durch Kriegseinwirkungen zerstörten Hauses errichtet hat (BGHZ 8, 58, 64).

Wegen fehlender Identität kann derjenige, der einen schuldrechtlichen Anspruch auf **45** Nutzung oder **Gebrauchsüberlassung** einer Sache hatte, die zerstört oder beschädigt wird, nicht nach § 285 einen Anteil an dem dem Eigentümer zufließenden Ersatz, etwa der Versicherungssumme, oder Zinsen von diesem Ersatz beanspruchen (BGH LM § 281 BGB Nr 5). Etwas anderes gilt nur, wenn dies die Auslegung des betreffenden Vertrages ergibt. Aus dem gleichen Grunde kann derjenige, der einen schuldrechtlichen Anspruch auf Nutzungen einer enteigneten Sache hatte, die ihm wegen der Enteignung nicht mehr gewährt werden konnten, keine Zinsen von der dem Eigentümer für die Enteignung gezahlten Entschädigungssumme beanspruchen (BGHZ 25, 1, 8 ff mit abl Anm SCHEUERLE JZ 1958, 26 ff; JOHANNSEN Anm zu BGH LM § 281 BGB Nr 2).

Hingegen kann derjenige, der einen schuldrechtlichen Anspruch auf Bestellung eines **46**

beschränkt dinglichen Rechts an einer Sache (zB einer persönlichen Dienstbarkeit auf das ausschließliche Recht zum Betreiben einer Tankstelle) hat, vom Schuldner Herausgabe des Erlöses verlangen, den dieser dadurch erzielt hat, daß er das dingliche Recht nicht dem Gläubiger, sondern einem Dritten eingeräumt hat. Entgegen der Auffassung des BGH (BGHZ 46, 260, 264 ff; PALANDT/HEINRICHS Rn 7; ERMAN/BATTES Rn 9; SOERGEL/WIEDEMANN Rn 32; MünchKomm/EMMERICH Rn 19) gilt dies auch dann, wenn die Sache dem Dritten als Ganze verkauft oder übereignet worden ist. Denn auch dann ist dem Schuldner die Einräumung des beschränkt dinglichen Rechts an den Gläubiger durch eben den Umstand unmöglich geworden, durch den der Schuldner den Verkaufserlös erzielt hat, nämlich den Kaufvertrag und die nachfolgende Übereignung. Die Bedenken, die der BGH daraus herleitet, daß in diesem Falle der Erlös in zwei Bestandteile zu zerlegen ist, schlagen nicht durch, wenn man bedenkt, daß diese Notwendigkeit auch sonst auftreten kann, etwa wenn mehrere Sachen, für die ein einheitlicher Kaufpreis besteht, verkauft sind, und der Verkäufer von diesen Sachen einzelne an Dritte veräußert hat.

47 Kongruenz besteht auch zwischen geschuldeter oder nicht erbrachter persönlicher Leistung und dem **aus anderweitigem Einsatz der Arbeitskraft** erzielten Verdienst. Muß angesichts des Verweises auf § 275 Abs 3 auch die persönlich zu erbringende Leistung als geschuldeter Gegenstand iSv § 285 aufgefaßt werden, führt kein Weg daran vorbei, den aus anderweitiger persönlicher Leistung erzielten Verdienst als solchen Ersatz anzusehen. Denn der dem ursprünglichen Gläubiger geschuldete Einsatz von persönlicher Zeit, persönlicher Arbeitskraft und persönlichem Arbeitsvermögen erfolgt statt dessen zugunsten des zweiten Gläubigers und führt so zu anderweitigem Verdienst oder dem Anspruch auf solchen Verdienst. Daß bei Dienst- oder Arbeitsverträgen der Einsatz vom jeweiligen Gläubiger kraft Weisungsrechts spezifiziert wird, steht dem inneren Zusammenhang nicht entgegen: Geschuldeter Gegenstand, für den der Ersatzverdienst erlangt wird, ist nicht die spezifizierte, sondern die erst zu spezifizierende persönliche Leistung (LÖWISCH NJW 2003, 2049).

III. Inhalt des Anspruchs

48 Der Schuldner hat grundsätzlich **alles** herauszugeben, was er infolge des Umstandes erlangt hat, der die Leistung unmöglich oder unzumutbar gemacht hat. Grenze ist aber der beim Gläubiger eingetretene Schaden (oben Rn 42).

49 Der Schuldner kann **Aufwendungen**, die er entweder im Zusammenhang mit der Veräußerung gehabt hat oder die er in den erlangten Ersatz investiert hat (Beispiel: Die eingetauschte Maschine ist vom Schuldner repariert worden), nur insoweit abziehen, als ihm gegen den Gläubiger ein Verwendungsersatzanspruch oder ein solcher aus Geschäftsführung ohne Auftrag oder ungerechtfertigter Bereicherung zusteht, denn nur dann besteht der notwendige Zusammenhang mit dem Ersatzanspruch (BGH LM Art 233 EGBGB 1986, Nr 22; RGZ 138, 45, 51). Beim gegenseitigen Vertrag muß der Gläubiger, der gem § 326 Abs 3 Ersatzherausgabe verlangt, nicht nur die Gegenleistung erbringen, sondern sich auch die Kosten anrechnen lassen, die er bei Durchführung des Vertrages gehabt hätte (BGHZ 129, 103, 107; kritisch zu dieser Folgerung TEICHMANN/BECK JZ 1996, 103 f).

50 Hat der Schuldner aus dem erlangten Ersatz **Nutzungen** gezogen, so sind auch diese

herauszugeben (RG JW 1936, 2859; BGH NJW 1983, 929, 930 = LM § 346 Nr 10; Palandt/
Heinrichs Rn 9; Erman/Battes Rn 10; MünchKomm/Emmerich Rn 28). Voraussetzung ist
allerdings, daß dem Gläubiger auch (schon) die aus dem ursprünglich geschuldeten
Gegenstand gezogenen Nutzungen zustanden. War das nicht der Fall, widerspräche es
der mit § 285 beabsichtigten billigen Verteilung der Vermögenswerte (s oben Rn 1),
wenn die Nutzungen dem Gläubiger und nicht dem Schuldner zukämen (zutr Soergel/
Wiedemann Rn 38). Ist also die verkaufte Sache vor Übergabe zerstört oder vom Verkäufer anderweit veräußert worden, steht dem Käufer zwar der Ersatz oder Verkaufserlös zu. Einen etwaigen Zinsertrag kann er jedoch nicht beanspruchen, weil ihm gem
§ 446 S 2 die Nutzungen noch nicht gebührten. Er ist insoweit darauf verwiesen, die
Herausgabe des Ersatzes rechtshängig zu machen (§ 292) oder gem §§ 280 Abs 2, 286
Verzugsschadensersatz zu verlangen. Für *nicht gezogene Nutzungen* kann der Gläubiger den Schuldner nur haftbar machen, wenn in der Unterlassung der Nutzziehung
eine schuldhafte Verletzung des Herausgabeanspruchs liegt (vgl dazu Rn 51).

Kann der Schuldner den erlangten Ersatz oder Ersatzanspruch nicht mehr heraus- **51**
geben, etwa weil er erlangtes Geld anderweit *verbraucht*, eine erlangte Sache mit
anderen gleichartigen *vermischt* oder auf den Ersatzanspruch gegenüber dem Dritten
verzichtet hat, so hat er dem Gläubiger regelmäßig den **Wert zu ersetzen**. Dies ergibt
sich aber nicht aus einer entsprechenden Anwendung des § 818 Abs 2 (so BGB-RGRK/
Alff Rn 2), sondern daraus, daß der Schuldner mit einem solchen Vorgehen seine
Abtretungsverpflichtung aus § 285 verletzt (BGH MDR 2003, 322; Soergel/Wiedemann
§ 281 Rn 40). Dabei kommt es auch nicht darauf an, ob der Gläubiger das Herausgabeverlangen schon erhoben hatte. Auch vorher ist der Schuldner schon verpflichtet, den eventuellen Anspruch des Gläubigers auf Ersatzherausgabe nicht
durch Außerachtlassung der Sorgfalt zu gefährden, zu der der Schuldner aufgrund
des ursprünglichen Schuldverhältnisses verpflichtet war. Für Verletzungen dieser
Pflicht haftet der Schuldner dem Gläubiger. Denn nach dem Grundgedanken des
§ 285 darf der Schuldner, wenn ihm die Leistung unmöglich oder unzumutbar wird,
die Erlangung eines möglichst vollständigen Ersatzes durch den Gläubiger nicht
vereiteln (OLG Karlsruhe LZ 1917, 1099).

Die Haftung tritt entsprechend § 280 Abs 1 S 2 nur ein, wenn der Schuldner die **52**
Unmöglichkeit der Herausgabe zu **vertreten** hat. Dabei kommt es auch bei als Ersatz
erlangtem Geld darauf an, ob den Schuldner ein Verschulden trifft, denn es handelt sich um eine auf Zahlung geleistete Geldschuld, für die der Schuldner schlechthin einzutreten hätte (BGH MDR 2003, 322). Der Haftungsmaßstab ist derselbe wie
im ursprünglichen Schuldverhältnis (BGH NJW 1999, 1470, 1475). S dazu auch § 276
Rn 161.

Der Anspruch aus § 285 unterliegt der gleichen **Verjährungsfrist** wie der ursprüng- **53**
liche Erfüllungsanspruch (BGH LM § 281 BGB Nr 10 = NJW-RR 1988, 902; BGH BGHR BGB
§ 2174 Verjährung 1; MünchKomm/Emmerich Rn 28; Soergel/Wiedemann § 281 Rn 40 a), und
zwar auch, wenn Gewährleistungsansprüche hinsichtlich des zu leistenden Gegenstands einer kürzeren Verjährungsfrist unterliegen (überzeugend Reinicke/Tiedtke ZIP
1997, 1097 gegen BGHZ 114, 34, 38; jetzt ausf Olshausen ZGS 2002, 194 ff). Gem § 199 Abs 1
beginnt die Frist allerdings erst mit dem Schluß des Kalenderjahres, in dem der
Anspruch auf Abtretung des Ersatzes oder Ersatzanspruchs entstanden ist.

54 Gem § 401 gehen mit der Abtretung eines Ersatzanspruchs die für ihn bestehenden *Sicherungs- und Vorzugsrechte* auf den Gläubiger über (Soergel/Wiedemann § 281 Rn 39).

IV. Ersatzherausgabe und Schadensersatz

55 Der Anspruch auf Ersatzherausgabe soll den Gläubiger, der die Leistungsgefahr trägt, einen Nachteilsausgleich gewähren, soweit der Schuldner im Gefolge der Unmöglichkeit oder Unzumutbarkeit einen Vorteil erlangt hat (oben Rn 3). Er besteht deshalb *unabhängig davon, ob die Voraussetzungen für einen Schadensersatzanspruch vorliegen.* Ob den Schuldner ein Verschulden an der Unmöglichkeit trifft ist ebenso gleichgültig wie, ob der Gläubiger die Unmöglichkeit zu vertreten hat (vgl RGZ 111, 298, 303; s auch Staudinger/Otto [2004] § 326, Rn D 3, C 63).

56 Hat der Gläubiger nach § 280 Abs 3 Anspruch auf Schadensersatz statt der Leistung, so steht ihm **daneben** der Anspruch auf Ersatzherausgabe zu (RGZ 101, 152; 108, 185; s dazu Haselhoff NJW 1947/48, 286, 289). Verlangt er Ersatzherausgabe, so kann er, wenn diese seinen Schaden nicht deckt, daneben Ersatz des ungedeckten Schadensrestes verlangen. Dies ergibt sich aus § 285 Abs 2.

57 Zweifel sind darüber entstanden, wie im Falle des § 285 Abs 2 der „Wert des erlangten Ersatzes oder Ersatzanspruchs" zu **berechnen** ist. Nach Planck/Siber Anm 5 (ihm folgend Soergel/Wiedemann § 281 Rn 42) soll der Wert des Gegenstandes des Ersatzanspruchs abzuschätzen, ein Geldanspruch aber zum Nennwert anzurechnen sein. Dies führt mindestens dann zu einem untragbaren Ergebnis, wenn der Geldanspruch, den der Schuldner anstelle der unmöglich gewordenen Leistung erlangt hat, sich als uneinbringlich erweist. Nach dem Gesetz mindert sich im Falle des § 280, wenn der Gläubiger das Surrogat verlangt, die ihm zustehende Entschädigung um den Wert des erlangten Ersatzes oder Ersatzanspruchs. Wenn der Schuldner einen Geldanspruch als Ersatz erlangt hat, so ist also der Wert dieses Geldanspruchs zu schätzen und nicht einfach, wie Planck/Siber lehren, mit dem Nennwert anzusetzen. Das ist nicht etwa nur eine Wortauslegung des § 285 Abs 2, sondern die hier vertretene Auslegung entspricht dem Grundgedanken des Gesetzes. Der Gläubiger soll nur nicht doppelt entschädigt werden; was er durch die Ersatzherausgabe tatsächlich erhält, soll er nicht noch einmal als Schadensersatz fordern können. Nicht aber soll der Gläubiger durch die Wahl des Anspruchs auf Ersatzherausgabe das Risiko der Bonität des Drittschuldners übernehmen (ebenso Oertmann Anm 5; MünchKomm/Emmerich Rn 34; Erman/Battes Rn 14; Palandt/Heinrichs Rn 11).

58 Der Anspruch aus § 285 ist davon abhängig, daß der Gläubiger Herausgabe des Ersatzes oder Abtretung des Ersatzanspruchs **verlangt**. Es handelt sich damit um einen sog *verhaltenen Anspruch*, was zur Folge hat, daß der Schuldner dem Gläubiger den Ersatz nicht gegen dessen Willen aufdrängen kann, sondern es hinnehmen muß, wenn dieser im gegebenen Falle vollen Schadensersatz verlangt.

59 Die Entscheidung zwischen dem Anspruch aus § 285 und dem Anspruch auf Schadensersatz statt der Leistung steht dem Gläubiger solange offen, bis der eine oder andere Anspruch erfüllt ist (BGH NJW 1958, 1040, 1041; Soergel/Wiedemann § 281 Rn 41; Palandt/Heinrichs Rn 10; Erman/Battes Rn 13; MünchKomm/Emmerich Rn 32). Bei teilweiser Erfüllung des einen oder anderen Anspruchs tritt die Bindung nur hinsichtlich des betreffenden Teils ein (vgl für das parallele Problem des Ausschlusses des Vertragsstrafeanspruchs nach Erfüllung § 340 S 2, STAUDINGER/RIEBLE [2001] § 340 Rn 56).

V. Beweislast

Der **Gläubiger** hat nicht nur zu beweisen, *daß* der Schuldner einen Ersatz erlangt hat, **60** sondern auch, *wie hoch* dieser ist (BGH LM § 346 BGB Nr 10 = NJW 1983, 930; OLG Hamm VersR 1987, 316; PALANDT/HEINRICHS Rn 12; SOERGEL/WIEDEMANN § 281 Rn 44; ERMAN/BATTES Rn 15; ebenso KISCH, Die Wirkung der nachträglich eintretenden Unmöglichkeit der Erfüllung bei gegenseitigen Verträgen [1900] 214; **abw** TITZE KritV 45, 388 ff; BAUMGÄRTEL/STRIEDER[2] § 281 Rn 1). Die für den Gläubiger möglicherweise bestehende Beweisschwierigkeit wird aber dadurch gemildert, daß ihm ein *Anspruch auf Auskunft* zusteht, sofern er beweist, daß der Schuldner überhaupt einen Ersatz erlangt hat (BGH aaO; MünchKomm/ EMMERICH Rn 36).

Vorbemerkungen zu §§ 286–292

Schrifttum

1. Vor der Schuldrechtsreform

ADLER, Zur Lehre vom Leistungsverzug beim Kauf, GoldschmidtsZ 86, 1

CZYBULKA, Verzugs- und Prozeßzinsen im Verwaltungsprozeß, NVwZ 1983, 125

DE CLAPARÈDE, Beiträge zur Lehre vom Leistungsverzuge (1903)

DIEDERICHSEN, Der Schuldnerverzug, JuS 1985, 825

EMMERICH, Das Recht der Leistungsstörungen (4. Aufl 1997) §§ 15–19

FABRICIUS, Leistungsstörungen im Arbeitsverhältnis (1970)

FEZER, Verzug und positive Vertragsverletzung, in: Das Recht der Leistungsstörungen (1981) 91

FRANKENBURGER, Erfüllungsverzug bei Handelsgeschäften, SeuffBl 74, 275 f, 757; 75, 307, 344

ders, Erfüllungsverzug beim Kauf, JW 1925, 546

FRITZ, Die Erfüllungsverweigerung des Schuldners, AcP 134 (1931) 197

GRUBER, Die kollisionsrechtliche Anknüpfung der Prozesszinsen, DZWir 1996, 169

GUHL, Rücktritt vom Vertrag und Schadensersatz wegen Nichterfüllung beim Verzug des Schuldners nach schweizerischem Obligationenrecht, in: FS Wieland (1934) 134

HÄNLEIN, Die Richtlinie zur Bekämpfung von Zahlungsverzug im Geschäftsverkehr und ihre Umsetzung in Deutschland, EuZW 2000, 680

HANSENS, Kein Anspruch des Notars auf Verzugszinsen für nicht rechtzeitig entrichtete Notarkosten, NJW 1990, 1831

HÖLDER, Zur Lehre von der Haftung für Verzug, Unmöglichkeit und Unvermögen, Recht 1911, 673

HUBER, Leistungsstörungen Band 1 und 2, 1999, §§ 5 ff, 30

HÜFFER, Leistungsstörungen durch Gläubigerhandeln (1976) 227

JAKOBS, Unmöglichkeit und Nichterfüllung (1969) 82

KLEES, La demeure, Eine rechtsvergleichende Studie zum Verzugsrecht (Diss Münster 1968)

KNIET, Die Mora des Schuldners, 2 Bde (1871)

H LEHMANN, Die Unterlassungspflicht im Bürgerlichen Recht (1906) 262

vMADAY, Die Lehre von der Mora (1837)

MOMMSEN, Die Lehre von der Mora (1855)

NEUMANN, Verzug des Schuldners (1898)

PAECH, Der Leistungsverzug (1902)

PHILIPPE, Der Schuldnerverzug beim gewöhnlichen Handelskauf (1911)

REHBEIN, Mora debitoris (1897)

RICHARD, Die culpa der mora debitoris (1888)
ROGOWSKI, Die Zuwiderhandlung gegen die
Unterlassungsverbindlichkeiten und ihre
Rechtsfolgen (1907)
ders, Auf welcher gesetzlichen Grundlage beruht
der Schadensersatzanspruch des Gläubigers im
Falle der Zuwiderhandlung des Schuldners bei
Unterlassungsobligationen und weshalb trifft
den Gläubiger die Beweislast für die Zuwiderhandlung?, AcP 104 (1909) 303
SIBER, Interpellatio und Mora, SavZ (Romani-
stische Abt) 1908, 108
SCHENKER, Die Voraussetzungen und die Folgen
des Schuldnerverzugs im schweizerischen Obligationenrecht (1988)
SCHREIBER, Der Schuldnerverzug, Jura 1990, 193
E SCHWERDTNER, Verzug im Sachenrecht (1973)
vSTEBUT, Leistungsstörungen im Arbeitsverhältnis, RdA 1985, 66
TINTELNOT, Schuldnerverzug und Konkurs, ZIP
1989, 144
WALCHSHÖFER, Voraussetzungen und Folgen
des Schuldnerverzugs, JuS 1983, 598
vWALDBERG, Die mora debitoris in ihrer Beziehung zur culpa (1878)

WEYL, System der Verschuldensbegriffe im BGB
(1905) 490
H A WOLFF, Zinsen im öffentlichen Recht, DÖV
1998, 872.

2. Zur und nach der Schuldrechtsreform

BUHLMANN, Schuldnerverzug nach der Schuld-
rechtsmodernisierung, MDR 2002, 609
CANARIS, Begriff und Tatbestand des Verzöge-
rungsschadens im neuen Leistungsstörungsrecht,
ZIP 2003, 321
FLIEGNER, Der Leistungsbegriff der §§ 280 ff
BGB und Fragen des Haftungsausschlusses, JR
2002, 314
KRAUSE, Die Leistungsverzögerung im neuen
Schuldrecht, Teil I, Jura 2002, 217, Teil II, Jura
2002, 299
LÖWISCH, Zweifelhafte Folgen des geplanten
Leistungsstörungsrechts für das Arbeitsver-
tragsrecht, NZA 2001, 465
MANKOWSKI, Der Verbraucher und das Ver-
zugsrecht, ZGS 2002, 177
ROTH, Verzug nach neuem Recht, ITRB 2002, 46
SCHMIDT-KESSEL, Die Zahlungsverzugsrichtli-
nie und ihre Umsetzung, NJW 2001, 97.

Systematische Übersicht

Alphabetische Übersicht

I. Änderungen durch die Schuldrechtsreform

Im Zuge der Neukonzeption des Leistungsstörungsrechts hat die Schuldrechtsreform **1** den allgemeinen Tatbestand der Pflichtverletzung geschaffen und damit die klassische Dreiteilung von Haftung wegen Unmöglichkeit, Haftung wegen Verzugs und Haftung wegen positiver Forderungsverletzung im Grundsatz aufgegeben (dazu Vorbem 1 ff zu §§ 275–285; STAUDINGER/OTTO § 280 Rn C 1 ff). Dem Tatbestand der Pflichtverletzung ist damit auch die Leistungsverzögerung zugeordnet worden. Allerdings hat es der Gesetzgeber dabei belassen, die Voraussetzungen des Verzugs gesondert zu regeln (SCHMIDT-KESSEL, System § 3 I 3 spricht im Blick darauf von einem „systematischen Fossil"); insoweit ist der neu gefaßte § 286 an die Stelle von § 284 und § 285 getreten. Entsprechend verweist § 280 Abs 2 wegen des Ersatzes des Verzögerungsschadens auf die „zusätzliche Voraussetzung des § 286".

Die Bezugnahme auf die Voraussetzungen des § 286 in § 280 Abs 2 betrifft nur den **2** Verzögerungsschaden. Schadensersatz statt der Leistung kann der Gläubiger auch im Falle der Leistungsverzögerung nach § 280 Abs 3 nur unter den zusätzlichen Voraussetzungen des § 281, des § 282 oder des § 283 verlangen (Vorbem 16 f zu §§ 280–285). Zur Abgrenzung von Verzögerungsschaden und Schadensersatz statt der Leistung s § 286 Rn 170 ff.

Im Zuge der Neuregelung der Verzugsvoraussetzungen hat der Gesetzgeber auch die **3** verunglückte, durch das Gesetz zur Beschleunigung fälliger Zahlungen eingefügte Vorschrift des § 284 Abs 3 revidiert. Nunmehr gibt die um 30 Tage verspätete Zahlung einen **zusätzlichen** Verzugstatbestand ab; die Verzugstatbestände der Mahnung und kalendermäßigen Leistungsbestimmung werden durch ihn nicht mehr verdrängt (vgl dazu noch § 286 Rn 89 ff).

4 Die Schuldrechtsreform hat es dabei belassen, in den §§ 287–290 mit der Verantwortlichkeit während des Verzugs, den Verzugszinsen, dem Zinseszinsverbot und der Verzinsung des Wertersatzes besondere Verzugsfolgen zu regeln. Auch die Vorschriften des § 291 über die Prozeßzinsen und des § 292 über die Haftung bei Herausgabepflicht sind in der Sache unverändert geblieben.

5 Die Entwicklung der Reformvorschläge zum Schuldnerverzug bis zur gesetzlichen Regelung durch das Schuldrechtsmodernisierungsgesetz ist in der Vorauflage ausführlich dargestellt (vgl dort Vorbem 2 ff §§ 284–292).

II. Schuldnerverzug im System des Leistungsstörungsrechtes

1. Schuldnerverzug und Leistungspflicht

a) Schuldnerverzug und Unmöglichkeit
6 Die Vorschriften über den Schuldnerverzug setzen voraus, daß sich die nicht rechtzeitige Leistung als bloße Leistungsverzögerung darstellt, also **nachgeholt werden kann** (BGHZ 84, 244, 248; BAG NJW 1986, 1831, 1832; Huber I 151 ff; aA Schmidt-Kessel, System § 7 II 2 c, der für das neue Recht §§ 275, 286 nebeneinander anwenden will). Kann sie nicht nachgeholt werden, liegt Unmöglichkeit vor. Die Leistungspflicht ist nach § 275 Abs 1 ausgeschlossen. Der Schuldner hat, wenn er die mangelnde Rechtzeitigkeit der Leistung zu vertreten hat, Schadensersatz statt der Leistung nach § 283 iVm § 280 Abs 1 zu leisten. Ein besonderer Ersatz des Verzögerungsschadens kommt daneben nicht in Betracht (§ 286 Rn 170 ff). Nachholbar ist die Leistung, wenn sie trotz der Verspätung noch das wesentliche Interesse, das der Gläubiger nach dem Inhalt des Schuldverhältnisses mit ihr verbindet, befriedigen kann. Nicht nachholbar ist sie, wenn die Einhaltung der vorgesehenen Leistungszeit unverzichtbar ist, um diesem Gläubigerinteresse zu genügen.

7 Letzteres ist beim *absoluten Fixgeschäft* der Fall. Hier ist die Leistungszeit so wesentlich, daß ihre Nichteinhaltung die vollständige Unmöglichkeit der Leistung begründet. Beispiele für absolute Fixgeschäfte s § 275 Rn 10. Dagegen ist beim *relativen Fixgeschäft* (vgl Staudinger/Kaiser [1995] § 361 aF Rn 7 ff) die verspätete Leistung nachholbar, so daß wegen der Verspätung lediglich die Verzugsvorschriften eingreifen (Huber I 157; Schreiber Jura 1990, 193, 196).

8 Bei **Dauerverpflichtungen** ist die verspätete Leistung für den verflossenen Zeitraum in der Regel nicht nachholbar, so daß insoweit Unmöglichkeit vorliegt (BGHZ 10, 187, 189). Ist zB eine Wohnung ab 1. 1. vermietet, wird aber dem Mieter der Gebrauch der Wohnung erst ab 15. 1. gewährt, so ist die Erfüllung für den verflossenen halben Monat unmöglich geworden. Denn die Erfüllung kann nicht etwa dadurch nachgeholt werden, daß der Gebrauch für einen entsprechenden Zeitraum am Ende der Erfüllungszeit nachgewährt wird. Für den Mieter, der die Wohnung vom 1. bis 15. 1.

nicht nutzen konnte, ist es keine Erfüllung, wenn ihm „dafür" der Gebrauch vom 15. 5. bis 1. 6. gewährt wird (BGHZ 101, 325, 332; HUBER I 160 f). Ausnahmsweise kann aber auch bei Dauerverpflichtungen das Interesse des Gläubigers an der Leistung trotz Verspätung fortbestehen. Wird etwa die Ausleihe eines wissenschaftlichen Werkes für einen bestimmten Zeitraum versprochen, das Werk aber verspätet zur Verfügung gestellt, so kann und muß die verstrichene Leihzeit nachgeholt werden (ebenso ERMAN/BATTES § 284 Rn 7; DIEDERICHSEN JuS 1985, 825, 828).

Bei **nicht rechtzeitig geleisteten Diensten** ist zu unterscheiden: Ist die zu erbringende **9** Dienstleistung fest in einen bestimmten *Betriebsablauf* eingepaßt, bleibt dieser nicht stehen, wenn der Arbeitnehmer nicht oder zu spät erscheint oder die Arbeit vorzeitig verläßt. Eine Nachholung ist nicht möglich. Weder muß das Fließband angehalten noch der Betrieb über die übliche Zeit hinaus offengehalten werden, damit der säumige Arbeitnehmer seine Arbeitsleistung nachträglich erbringen kann (HUBER I 164 ff).

Hingegen sind Dienstleistungen Selbständiger regelmäßig nachholbar. Etwa kann **10** der Rechtsanwalt die Rechtsberatung seines Mandanten auch noch später vornehmen, so daß die Verzögerung nur Verzug und nicht Unmöglichkeit begründet (HUBER I 166). Läßt sich ausnahmsweise die nachträgliche Leistung eines Arbeitnehmers mit dem Betriebsablauf vereinbaren, wie das insbes auf Einzelarbeitsplätze (zB Sachbearbeiter) und Angestellte in leitender Position zutreffen kann, liegt ebenfalls zunächst keine Unmöglichkeit vor (FABRICIUS 98). Die Unmöglichkeit tritt erst ein, wenn der Arbeitgeber *umdisponiert* und die Arbeit anderweit ausführen läßt (BAG AP Nr 99 zu § 626 BGB unter II 4 d = NJW 1989, 546, 547). Regelmäßig ist der Arbeitgeber hierzu berechtigt, weil es seine Sache ist, wie er seinen Betrieb organisiert. Doch kann sich aus Treu und Glauben die Verpflichtung ergeben, mit dem Umdisponieren für eine gewisse Zeit zuzuwarten, wenn damit keinerlei Nachteile für den Arbeitgeber verbunden sind. Soweit der Arbeitgeber zur anderweitigen Verteilung der Arbeit berechtigt ist, hat der Arbeitnehmer die eintretende Unmöglichkeit zu vertreten; er wird nach § 283 iVm § 280 Abs 1 schadensersatzpflichtig.

Bei Schuldverhältnissen, die auf ein **Unterlassen** gerichtet sind, bedeutet die nicht **11** rechtzeitige Erfüllung in der Regel keine bloße Leistungsverzögerung, sondern Unmöglichkeit der Leistung. Das Interesse des Gläubigers geht bei der Unterlassungspflicht in der Regel darauf, daß eine Zuwiderhandlung überhaupt unterbleibt. Kommt der Schuldner der Unterlassungspflicht nicht nach, kann dieses Gläubigerinteresse nicht mehr erfüllt werden (§ 275 Rn 18). Zu Recht hat deshalb der BGH (BGHZ 52, 393, 398) angenommen, daß bei *Wettbewerbsverstößen* die *Abmahnungskosten* nicht unter dem Gesichtspunkt des Verzögerungsschadens ersetzt verlangt werden können. In Betracht kommt aber ein Anspruch auf Schadensersatz statt der Leistung nach § 283 iVm § 280.

Auch bei Unterlassungsverpflichtungen kommt Verzug aber dann in Betracht, wenn **12** das *Gläubigerinteresse* auch bei verspäteter Unterlassung *noch voll erfüllt* werden kann (so im Ergebnis auch PLANCK/SIBER § 284 Anm 2 a aE; LEHMANN, Unterlassungen 266 ff; PAECH 67; KÖHLER, Vertragliche Unterlassungspflichten, AcP 190 [1990] 469, 517 ff, 522; aA WENDT, Unterlassungen und Versäumnisse, AcP 92 [1902] 1, 68 f; BGB-RGRK/ALFF § 284 Rn 3; ERMAN/ BATTES § 284 Rn 7). Hat etwa ein wissenschaftliches Forschungsinstitut mit einem rund um die Uhr arbeitenden benachbarten Produktionsbetrieb das Ruhen der Produktion für einen Zeitraum von zwei Stunden vereinbart, um einen bestimmten Versuch ohne Geräuscheinwirkung durchführen zu können, und wird die Produktion nicht wie vereinbart um 14.00 Uhr, sondern erst um 15.00 Uhr eingestellt, so kann die Unterlassung des Betriebes für zwei Stunden auch noch von 15.00 Uhr bis 17.00 Uhr nachgeholt werden. Ein etwaiger Mehraufwand wäre unter dem Gesichtspunkt des Verzögerungsschadens zu ersetzen.

13 Für den Eintritt des Schuldnerverzugs ist es ohne Belang, ob der Schuldner nur nicht rechtzeitig leisten *will* oder ob er aus einem von ihm zu vertretenden Umstand nicht rechtzeitig leisten *kann*, etwa weil er nicht rechtzeitig mit der Vorbereitung der Leistung begonnen oder diese zunächst unsachgemäß vorgenommen und dadurch Zeit verloren hat (vgl den Fall BGH NJW 1963, 1823). Eine solche **zeitweilige Verhinderung** will das Gesetz den Verzugsregeln zuordnen (PLANCK/SIBER § 284 Anm 2 c; ERMAN/BATTES § 284 Rn 8).

14 **Während des Verzugs** kann **Unmöglichkeit eintreten**, etwa wenn die Sache, mit deren Leistung der Schuldner in Verzug ist, untergeht. In diesem Fall haftet der Schuldner vom Zeitpunkt der Unmöglichkeit ab nach § 283 iVm § 280 Abs 1 (vgl BGH MDR 1959, 910; anders SCHMIDT-KESSEL, System § 7 II 2 c: Verzögerungsschaden auch weiterhin nach § 280 Abs 2 iVm § 286), wobei seine Haftung nach § 287 S 2 erweitert ist (vgl HUBER I 154 f). Zum Verhältnis des Anspruchs auf Schadensersatz statt der Leistung nach § 283 iVm § 280 Abs 1 zu einem Anspruch auf Ersatz des vorher eingetretenen Verzögerungsschadens s § 286 Rn 170 f.

b) **Schuldnerverzug und Verweigerung der Leistung**

15 Daß dem Schuldner einer nicht rechtzeitig erbrachten Leistung ein Leistungsverweigerungsrecht nach § 275 Abs 2 oder 3 zusteht, ändert nichts daran, daß die Leistung noch erbracht werden kann. Damit bleiben auch die Regeln über den Verzug anwendbar.

16 Daß die Forderung des Gläubigers einredebehaftet ist, kann den Eintritt des Verzugs auch hier nicht ausschließen (s § 286 Rn 17). Erbringt der Schuldner nachträglich die Leistung, kommt also ein Ersatz des Verzögerungsschadens nach § 280 Abs 2 iVm § 286 in Betracht. Möglich ist nur, daß der Schuldner die Verzögerung nicht zu vertreten hat. Ist ihm, um ein Beispiel von HUBER/FAUST S 34 aufzugreifen, die Spezialmaschine, mit der er einen Auftrag erledigen wollte, ohne sein Verschulden gestohlen worden, hat er die Verspätung der Leistung, die er nachträglich unter einem an sich zumutbaren Leistungsaufwand noch erbringt, nicht zu vertreten. Hat er aber die Maschine selbst durch fehlerhafte Bedienung zerstört, ist die Verspätung verschuldet und dem Gläubiger, wenn die Leistung nachgeholt wird, auch der Verzögerungsschaden zu ersetzen.

17 Verweigert der Schuldner in den Fällen des § 275 Abs 2 oder Abs 3 die Leistung, so entfällt vom Zeitpunkt der Verweigerung ab die Grundlage für die Ansprüche aus der Verzögerung der an sich nachholbaren Leistung. Das Rn 14 Gesagte gilt auch hier.

2. Schuldnerverzug und Nebenpflichtverletzung

Liegt eine vom Schuldner zu vertretende **Leistungsverzögerung** vor, so richten sich die **18**
Rechtsfolgen wegen der Verzögerung **allein nach den Verzugsvorschriften** (HUBER I 93).
Das RG (RGZ 68, 192) hat zum alten Recht die Auffassung vertreten, der Schuldner
müsse daneben aus positiver Forderungsverletzung haften, wenn er eine Zusage nicht
eingehalten habe, die für die Leistung notwendigen Arbeiten ohne Säumnis vorzunehmen und so schnell wie möglich zu arbeiten. Auf das neue Recht übertragen
würde diese Auffassung bedeuten, daß neben eine Haftung nach §§ 280 Abs 2, 286
wegen Verzugs eine solche wegen Pflichtverletzung nach § 280 Abs 1 treten könnte.
Indes kann der Auffassung des RG nicht zugestimmt werden. Die Verletzung der
Zusage, ohne Säumnis so schnell wie möglich zu arbeiten, ist nichts anderes als der zu
vertretende Umstand iS des § 286 Abs 4, für den der Schuldner unter dem Gesichtspunkt des Verzugs nach den dafür gegebenen gesetzlichen Vorschriften haften soll
(ERMAN/BATTES § 284 Rn 10; ENNECCERUS/LEHMANN § 53 I). Die Fälle, die das RG im Auge
gehabt hat, lassen sich im Rahmen der Verzugshaftung befriedigend lösen, wenn man
anerkennt, daß der Schuldner auch ohne Mahnung in Verzug kommt, wenn er entgegen seiner vertraglichen Zusage die für die Leistung notwendigen Arbeiten nur
säumig vornimmt, s dazu näher § 286 Rn 88. Zu unterscheiden von diesen Fällen ist
der Fall, daß das zu beanstandende Verhalten des Schuldners bereits *vor* der *Fälligkeit* des Anspruchs liegt, also in einem Zeitraum, in dem Schuldnerverzug noch gar
nicht eintreten kann (s dazu § 286 Rn 85).

Der Vorrang der Verzugshaftung vor der Pflichtverletzungshaftung nach § 280 Abs 1 **19**
gilt grundsätzlich auch bei der verspäteten Erfüllung von **Nebenpflichten**, die die
Hauptleistung ergänzen. Wird etwa eine Instruktionspflicht nicht erfüllt und kann
deshalb eine Maschine nicht betrieben werden, ist der entstehende Schaden nur unter
der Voraussetzung des § 280 Abs 2 iVm § 286 zu ersetzen. Es muß also Verzug
vorliegen, der regelmäßig eine entsprechende Mahnung voraussetzt.

Soweit Nebenpflichten allerdings der **Wahrung des Integritätsinteresses** des Gläu- **20**
bigers gelten, ist im Falle der verspäteten Erfüllung § 280 Abs 1 anzuwenden. Es
macht keinen Sinn, die verspätete und die unvollständige Warnung vor der Gefährlichkeit einer gelieferten Maschine unterschiedlich zu behandeln. Der Schwerpunkt
des Fehlverhaltens des Schuldners liegt darin, daß er eine gefährliche Maschine
geliefert hat, ohne auf die Gefährlichkeit hinzuweisen (CANARIS ZIP 2003, 321, 324 ff).
Erst recht gilt das, wenn die Leistung selbst fehlerhaft ist, so daß sie nicht wie
vorgesehen eingesetzt werden kann: Nicht der Verzug mit der mangelfreien Leistung,
sondern die Mangelhaftigkeit der Leistung selbst steht dann im Vordergrund (CANA-
RIS aaO S 326).

Zur speziellen Frage des Ersatzes der Kosten einer ersten Mahnung s unten § 286 **21**
Rn 212.

3. Schuldnerverzug und Gläubigerverzug

Nimmt der Gläubiger die ihm angebotene Leistung nicht an, gerät er dadurch grund- **22**
sätzlich nur in Gläubigerverzug iS der §§ 293 ff, nicht aber in Schuldnerverzug. Ihn
trifft nur die beschränkte Ersatzpflicht des § 304 (s die Erl dort). Besteht allerdings eine

Abnahme- oder Mitwirkungspflicht, so kommt der Gläubiger mit der Nichtabnahme nicht nur in Gläubiger-, sondern auch in Schuldnerverzug. Eine solche **Abnahmepflicht** sieht das Gesetz bei einer Reihe von Schuldverhältnissen vor, so beim Kaufvertrag nach § 433 Abs 2, beim Werkvertrag nach § 640 und beim Arbeitsvertrag unter dem Gesichtspunkt der Beschäftigungspflicht (vgl dazu STAUDINGER/RICHARDI [1999] § 611 Rn 814 ff). Sie kann auch vertraglich vereinbart sein, etwa kann sich bei einem Mietvertrag nach Treu und Glauben (§ 157) die Pflicht zur Abnahme und Ingebrauchnahme des gemieteten Hauses ergeben, wenn sonst die Gefahr der Hausbesetzung droht. Ebenso kann die zur Leistungserbringung notwendige **Mitwirkung des Gläubigers** gesetzlich oder vertraglich als Schuldnerpflicht ausgestaltet sein. So ist nach §§ 375, 381 Abs 2 HGB die Pflicht zur näheren Bestimmung der gekauften Ware bzw. des bestellten Werks eine gesetzlich begründete Schuldnerpflicht. Eine vertragliche Mitwirkungspflicht des Bestellers kann sich zB bei einem Vertrag über die Herstellung von Individualsoftware ergeben, wenn der Hersteller das Geschäft dazu nutzen soll, Know-how zu erwerben.

III. Anwendungsbereich der Regelungen über den Schuldnerverzug

1. Im Schuldrecht

23 Die Verzugsregeln betreffen in erster Linie die Haftung für Leistungsverzögerungen: § 286 bestimmt, unter welchen Voraussetzungen Verzug eintritt und damit gem § 280 Abs 2 der Schuldner dem Gläubiger einen eingetretenen Verzögerungsschaden zu ersetzen hat. Die §§ 287–290 legen die weiteren Rechtsfolgen des Verzugs fest.

24 Darüber hinaus ist der Eintritt des Verzugs von Bedeutung für die Verwirkung einer Vertragsstrafe (§ 339), für die Haftung des Schenkers (§ 522), für die Schadensersatzansprüche des Mieters bei fehlender Beseitigung eines Mangels durch den Vermieter (§ 536a), für das Kündigungsrecht des Vermieters bei Nichtzahlung des Mietzinses (§ 543 Abs 2 Nr 3), für den Anspruch des Bürgen auf Befreiung von der Hauptverbindlichkeit (§ 775 Abs 1 Nr 3) sowie für den Unterhaltsanspruch (§§ 1585b, 1613). **Sondervorschriften** über die Verzugsfolgen enthalten die §§ 375, 376 HGB für den Handelskauf (s SCHMIDT-KESSEL, System § 7 II 1), die §§ 497 f für den Darlehensvertrag. Nach § 39 VVG ist der Verzug mit der Prämienzahlung eine Voraussetzung zu der Befreiung des Versicherers von der Leistungspflicht. § 20 GmbHG regelt die Verpflichtung zur Zahlung von Verzugszinsen bei nicht rechtzeitiger Leistung der Stammeinlage.

25 Keinen unmittelbaren Zusammenhang zu den Verzugsvorschriften haben die §§ 848, 849, auch wenn sie häufig mit ihnen zusammengebracht werden. Den §§ 848, 849 liegt als Ausgangspunkt die Überlegung zugrunde, daß der auf **unerlaubte Handlung** gegründete Schadensersatzanspruch wegen Entziehung oder Beschädigung einer Sache nicht nur die Rückgewähr oder die Wiederherstellung der Sache umfaßt, sondern von vornherein auch den Schaden, der durch die zeitliche Verzögerung von Rückgabe oder Wiederherstellung entsteht (BGH LM Nr 2 zu § 849 BGB). So regelt § 848, was im Falle des zufälligen Untergangs der Sache gelten soll. § 849 bestimmt, daß ohne Rücksicht auf einen Schadensnachweis der Betrag zu verzinsen ist, der im Falle der Entziehung für den Wert der Sache und im Falle der Beschädigung für die Wertminderung zu zahlen ist.

Die Regelungen des BGB über Voraussetzungen und Folgen des Schuldnerverzugs **26** sind mit Ausnahme des § 289 **dispositiv**. Zwingend sind die Regelungen der §§ 497 f. Nach § 11 Abs 4 VVG ist eine vertragliche Befreiung des Versicherers von Verzugszinsen unwirksam. Für Abmachungen in *Allgemeinen Geschäftsbedingungen* richten die §§ 305 ff Schranken auf. Insbes kann der AGB-Verwender nicht von der Obliegenheit zur Mahnung freigestellt werden (§ 309 Nr 4). Ein Ausschluß der Schadensersatzhaftung wegen der im Verzug liegenden Pflichtverletzung ist bei Verletzungen von Leben, Körper und Gesundheit nicht, sonst nur bis zur Grenze der groben Fahrlässigkeit zulässig (§ 309 Nr 7a und b). S im einzelnen FLIEGNER JR 2002, 314, 322 ff. Ebenso ist eine Bestimmung unwirksam, durch die für den Fall des Leistungsverzugs des Verwenders das Recht des anderen Vertragsteils, sich vom Vertrag zu lösen, ausgeschlossen oder eingeschränkt wird (§ 309 Nr 8a). S im einzelnen STAUDINGER/COESTER-WALTJEN (1998) § 11 Nr 4 AGBG Rn 1 ff, § 11 Nr 8 AGBG Rn 5, 8 ff, § 11 Nr 9 AGBG Rn 3 ff.

2. Außerhalb des Schuldrechts

Im **Sachenrecht** nimmt das Gesetz in § 990 Abs 2 und § 1146 (ebenso § 46 SchiffsRG) **27** ausdrücklich auf die Verzugsvorschriften Bezug. Nach § 990 Abs 2 haftet der unredliche Besitzer (nicht aber der redliche Besitzer: OLG Saarbrücken, OLGZ 1987, 221, 223) dem Eigentümer etwa bei Verletzung des Herausgabe- oder Grundbuchberichtigungsanspruchs auch nach Verzugsvorschriften. Nach § 1146 kann der Eigentümer, obwohl er dem Gläubiger nicht zur Leistung verpflichtet ist, mit der Hypothek in Verzug kommen. S näher STAUDINGER/GURSKY (1999) § 990 Rn 90 ff und STAUDINGER/WOLFSTEINER (1996) § 1146 Rn 1 ff.

Grundsätzlich sind die Vorschriften über den Verzug auch auf andere sachenrecht- **28** liche Ansprüche **anwendbar** (SCHWERDTNER 83 ff). Dies gilt zB für die Zahlungs- und Zinsansprüche bei der Grund- und Rentenschuld, aber auch bei den Ansprüchen aus einer persönlichen oder einer Grunddienstbarkeit. Doch ist je nach Gesetzeszweck und Interessenlage zu prüfen, ob ausnahmsweise die Anwendung der Verzugsvorschriften ausscheidet. Einen solchen Ausnahmefall hat der BGH angenommen für die Verpflichtung des *vormerkungswidrig eingetragenen Eigentümers* eines Grundstücks, der Eintragung des Vormerkungsberechtigten als Eigentümer zuzustimmen. Der Zustimmungsanspruch gegen den Vorgemerkten sei nur ein unselbständiger Hilfsanspruch zur Sicherung des Rechtseinräumungsanspruchs als Hauptanspruch, zu dessen Erfüllung der Schuldner verpflichtet sei und bleibe. Weil sich der Gläubiger wegen einer Leistungsverzögerung beim Vorliegen der allgemeinen Voraussetzungen an den Schuldner des Hauptanspruchs wenden könne, gebiete es die Interessenlage nicht, den Zustimmungsanspruch ebenfalls den Verzugsvorschriften zu unterwerfen (BGHZ 49, 263; abl REINICKE NJW 1968, 788 ff; SCHWERDTNER 186 ff; MEDICUS, BR Rn 451).

Auf **familien- und erbrechtliche Ansprüche** sind die Verzugsregeln nur insoweit an- **29** zuwenden, als nicht der besondere Charakter des jeweiligen Anspruchs entgegensteht (vgl BGH NJW 1984, 868). Etwa passen die Verzugsregeln nicht auf den Anspruch auf Herausgabe des Kindes (§ 1632). S im einzelnen bei den familien- und erbrechtlichen Ansprüchen und jetzt die Hinweise bei HELMUT BÜTTNER, Schuldrechtsmodernisierung und Familienrecht, insbesondere Verjährung, Verwirkung und Verzug, FamRZ 2002, 361 ff.

30 Für **Sozialleistungen**, die auf Geldleistungen gerichtet sind, legt § 44 SGB I abschließend einen Zinsanspruch von vier Prozent für den Zeitraum nach Ablauf eines
Kalendermonats seit dem Eintritt der Fälligkeit bis zum Ablauf des Kalendermonats
vor der Zahlung fest. Für Beiträge und Beitragsvorschüsse sowie für die Erstattung
zu Unrecht entrichteter Beiträge im Rahmen der Sozialversicherung enthalten die
§§ 24 und 27 SGB IV besondere Regelungen über die Verzinsung, die die Anwendung der Verzugsvorschriften ausschließen. Hingegen gelten für Ansprüche zwischen
Krankenkassen und Leistungserbringern (Ärzte, Zahnärzte, Apotheken usw) die
Verzugsregeln. Das folgt aus § 69 S 3 SGB V, nach dem für die Rechtsbeziehungen
zwischen den Krankenkassen und den Leistungserbringern die Vorschriften des BGB
entsprechend gelten (WEHEBRINK NZS 2002, 529 ff). Gleiches gilt für Kostenerstattungsansprüche zwischen Sozialhilfeträgern (Bayerischer VGH 10. 3. 2003, 12 B 02.1913). Der
Darlehensanspruch nach § 18 *BAföG* ist mit sechs Prozent pro Jahr zu verzinsen,
wenn der Darlehensnehmer den Zahlungstermin um mehr als 45 Tage überschritten
hat.

31 Für das **Steuerrecht** legt § 233 AO 1977 den Grundsatz fest, daß Ansprüche aus dem
Steuerverhältnis nur verzinst werden, wenn dies gesetzlich vorgeschrieben ist, und
daß bei steuerlichen Nebenleistungen eine Verzinsung überhaupt ausscheidet. Werden Steuern verzögerlich entrichtet, ist gem § 240 AO 1977 für jeden angefangenen
Monat der Versäumnis ein Zuschlag von einem Prozent des rückständigen Steuer-
betrags zu entrichten.

32 Für die Anwendung der Verzugsregeln im übrigen **öffentlichen Recht** finden sich für
folgende Fälle **ausdrückliche Bestimmungen:** Auf *öffentlich-rechtliche Verträge* sind
nach den Verwaltungsverfahrensgesetzen des Bundes (§ 62 BVwVfG) und der Länder ergänzend die Vorschriften des BGB und damit auch die Verzugsvorschriften
anzuwenden (BVerwG NVwZ 1989, 876, 878). Für die *Bezüge von Beamten, Richtern und
Soldaten* besteht nach § 3 Abs 6 BBesG kein Anspruch auf Verzugszinsen. Umgekehrt gelten für die Rückforderung zuviel gezahlter Bezüge die Vorschriften des
BGB über die Herausgabe einer ungerechtfertigten Bereicherung (§ 12 Abs 2 S 1
BBesG). Damit gelten an sich mittelbar auch die Verzugsvorschriften. Deren Anwendung wird jedoch von der verwaltungsgerichtlichen Rechtsprechung ausgeschlossen (BVerwG NVwZ 1991, 168, 169). Dafür wird aber die verschärfte Haftung
nach § 819 Abs 1 iVm § 818 Abs 4 BGB insofern erweitert, als der Kenntnis des
Mangels des rechtlichen Grundes der Zahlung der Fall gleichgestellt wird, daß der
Mangel so offensichtlich war, daß der Empfänger ihn hätte erkennen müssen (§ 12
Abs 2 S 2 BBesG). § 29 *Bundesleistungsgesetz* enthält eine besondere Zinsvorschrift
für Entschädigungen und Leistungen nach diesem Gesetz.

33 Die Anwendung der Verzugsvorschriften ist ebenfalls ausgeschlossen, wenn eine
anderweitige abschließende Regelung der Folgen von Leistungsverzögerungen vorliegt. Dies trifft zunächst für alle Fälle zu, in denen die Verzögerung aus der Verletzung einer Amtspflicht oder einem enteignungsgleichen Eingriff folgt. Dort gelten
abschließend die Grundsätze über die *Amtshaftung* nach Art 34 GG in Verbindung
mit § 839 BGB (BGH NJW 1982, 1277, 1278) oder die Grundsätze über die Entschädigung von enteignungsgleichen Eingriffen. Auch die *Gebührenansprüche der Notare*
sind abschließend geregelt, und zwar in der KostO für Notare (BGH NJW 1989, 2615,
2616). Nach deren § 7 werden Gebühren erst mit Beendigung des gebührenpflichtigen

Geschäfts fällig, so daß auch erst von da ab Verzug eintreten kann. Gem § 8 haben die Notare aber die Möglichkeit, einen Vorschuß zu verlangen. Für Ansprüche nach dem BEG können ebenfalls keine Verzugszinsen verlangt werden (BGH MDR 1962, 383).

Im übrigen muß von Fall zu Fall festgestellt werden, ob bei Leistungen aufgrund des **34** öffentlichen Rechts nach dem **Sinn und Zweck** der entsprechenden Gesetze die Verzugsvorschriften der §§ 284 ff BGB anwendbar sein sollen (BGHZ 36, 344 f; OSSENBÜHL, Staatshaftungsrecht [4. Aufl 1991] 28; vHEINEGG NVwZ 1992, 524; CZYBULKA NVwZ 1983, 125; WOLFF DÖV 1998, 872 [der für regelmäßige Anwendbarkeit des § 288 eintritt]). Unter diesem Gesichtspunkt wird die Verpflichtung zur Zahlung von *Prozeßzinsen* nach § 291 regelmäßig zu bejahen sein (BVerwG NJW 1977, 823, 824; BGH NJW 1962, 1412; NJW 1970, 1637). Dabei ist die verwaltungsrechtliche Verpflichtungsklage wie eine allgemeine Leistungsklage zu behandeln (BVerwG NJW 1961, 747; NJW 1973, 1854). Der Umfang der zugesprochenen Geldleistung muß aber feststehen (BVerwGE 99, 53, 55; BVerwG NJW 1998, 3368 f). Eine Anfechtungsklage genügt nicht (BVerwG NVwZ 1988, 440; NJW 1994, 3116; BVerwG NJW 1999, 1201). Weiter hat das BVerwG in Fällen der Verletzung der *beamtenrechtlichen Fürsorgepflicht* Schadensersatzansprüche wegen der pflichtwidrigen und schuldhaften Vorenthaltung der geschuldeten fälligen Leistung zuerkannt (BVerwGE 13, 17, 22; DVBl 1963, 677). Dagegen hat es für die Frage der Verzinsung von *Erschließungsbeiträgen* die diese ausschließende analoge Anwendung der abgabenrechtlichen Vorschrift für näherliegend gehalten als die der Verzugsvorschriften des Bürgerlichen Rechts (BVerwG NJW 1971, 1148).

IV.   Regelung der Leistungsverzögerung bei grenzüberschreitenden Verträgen

Welches Recht auf Leistungsverzögerungen bei grenzüberschreitenden Verträgen **35** anzuwenden ist, richtet sich nach dem Vertragsstatut (STAUDINGER/MAGNUS [2002] Art 27 EGBGB Rn 21 ff). Dies gilt entgegen einer vom LG Frankfurt am Main (RIW 1994, 778) vertretenen Auffassung auch für die Frage der Prozeßzinsen (GRUBER DZWir 1996, 169, 171 f).

Für grenzüberschreitende **Kaufverträge** ist das **CISG** zu beachten, mit dessen Inkraft- **36** treten am 1. 1. 1991 das EKG außer Kraft getreten ist. Das CISG enthält unterschiedliche Vorschriften über die Käufer- und die Verkäuferpflichten und deren Verletzung. Was die **Verpflichtung des Käufers** zur Kaufpreiszahlung angeht, enthalten die Art 58 f Bestimmungen über die Fälligkeit und legt Art 78 einen Anspruch auf Fälligkeitszinsen fest. Besondere Vorschriften über den Verzug des Käufers, insbes über Verzugszinsen, enthält das CISG nicht. Jedoch besteht in jedem Falle der Vertragsverletzung nach den Art 74 ff ein Anspruch auf Schadensersatz, und zwar ohne daß es einer Mahnung bedürfte (Art 59). Der Schadensersatzanspruch ist nur dann ausgeschlossen, wenn dem Käufer der Nachweis gelingt, daß die verspätete Zahlung auf einem außerhalb seines Einflußbereichs liegenden Hinderungsgrund beruht und daß von ihm vernünftigerweise nicht erwartet werden kann, den Hinderungsgrund bei Vertragsschluß in Betracht zu ziehen oder ihn und seine Folgen zu vermeiden oder zu verhindern.

Der **Verkäufer haftet** für die Verzögerung der Lieferung wie für jede andere Verlet- **37** zung seiner Leistungspflicht: Der Käufer kann nach der näheren Bestimmung der Art 46 ff verlangen, daß der Vertrag mit den Folgen der Art 81 ff aufgehoben wird.

Manfred Löwisch

Auch dem Käufer steht der in Art 74 ff näher geregelte Schadensersatzanspruch zu, der auch hier gem Art 79 ausgeschlossen ist, wenn der Hinderungsgrund außerhalb des Einflußbereichs des Verkäufers liegt. Zum CISG s STAUDINGER/MAGNUS (1999); SCHLECHTRIEM, Kommentar zum einheitlichen UN-Kaufrecht, 3. Aufl 2000.

38 Die in Art 27 Abs 1 **CMR** enthaltene Regelung der Zinszahlungspflicht in Höhe von 5 Prozent schließt weitergehende Ansprüche nach nationalem Recht einschließlich solcher auf Ersatz von Verzugsschaden aus (BGHZ 115, 299, 305 f; Hanseatisches OLG Hamburg OLGZ 1998, 211 f = TransportR 1998, 252 ff). Unberührt bleiben aber Rückgriffs-ansprüche des Hauptfrachtführers wegen Verzugsschäden, die nicht im Zinsverlust aufgrund der vorenthaltenen Kapitalnutzung des Entschädigungsbetrages bestehen, sondern im anderweitigen Vermögensbereich eingetreten sind. Deshalb kann der Hauptfrachtführer Vorprozeßkosten, die ihm im Verhältnis zum Absender entstan-den sind, gegenüber dem Unterfrachtführer geltend machen (BGH NJW-RR 2001, 170).

§ 286
Verzug des Schuldners*

(1) Leistet der Schuldner auf eine Mahnung des Gläubigers nicht, die nach dem Eintritt der Fälligkeit erfolgt, so kommt er durch die Mahnung in Verzug. Der Mahnung stehen die Erhebung der Klage auf Leistung sowie die Zustellung eines Mahnbescheids im Mahnverfahren gleich.

(2) Der Mahnung bedarf es nicht, wenn

1. für die Leistung eine Zeit nach dem Kalender bestimmt ist,

2. der Leistung ein Ereignis vorauszugehen hat und eine angemessene Zeit für die Leistung in der Weise bestimmt ist, dass sie sich von dem Ereignis an nach dem Kalender berechnen lässt,

3. der Schuldner die Leistung ernsthaft und endgültig verweigert,

4. aus besonderen Gründen unter Abwägung der beiderseitigen Interessen der sofortige Eintritt des Verzugs gerechtfertigt ist.

(3) Der Schuldner einer Entgeltforderung kommt spätestens in Verzug, wenn er nicht innerhalb von 30 Tagen nach Fälligkeit und Zugang einer Rechnung oder gleichwertigen Zahlungsaufstellung leistet; dies gilt gegenüber einem Schuldner, der Verbraucher ist, nur, wenn auf diese Folgen in der Rechnung oder Zahlungsauf-stellung besonders hingewiesen worden ist. Wenn der Zeitpunkt des Zugangs der Rechnung oder Zahlungsaufstellung unsicher ist, kommt der Schuldner, der nicht Verbraucher ist, spätestens 30 Tage nach Fälligkeit und Empfang der Gegenleistung in Verzug.

---

* **Amtlicher Hinweis:** Diese Vorschrift dient zum Teil auch der Umsetzung der Richtlinie 2000/35/ EG des Europäischen Parlaments und des Rates vom 29. Juni 2000 zur Bekämpfung von Zah-lungsverzug im Geschäftsverkehr (ABl. EG Nr. L 200 S. 35).

(4) Der Schuldner kommt nicht in Verzug, solange die Leistung infolge eines Umstands unterbleibt, den er nicht zu vertreten hat.

Materialien: E I § 245; II § 240; III § 278; JAKOBS/SCHUBERT, SchR I 291; BGB-KE S 139; DE S 326; KF S 14; RegEntW S 145; Beschlußempfehlung und Bericht d Rechtsausschusses S 282. Zum Ersatz des Verzögerungsschadens: E I § 247; II § 242; III § 280; JAKOBS/SCHUBERT, SchR I 3003.

Schrifttum

1. Vor der Schuldrechtsreform

a) Zu den Verzugsvoraussetzungen

BAUER, Fälligkeit der Forderung, Mahnung, Zahlungsverzug und Verzugszinsenbeginn, Jur-Büro 1963, Sp 581

BETTMANN, Die Mahnung (1896)

BRAUN, Erfüllung, Verzugsbeendigung und Verzugszinsen bei Abwehrleistung und vorläufiger Vollstreckung, AcP 184 (1984) 152

BRÜGGEMANN, Einige Bemerkungen zum Schuldnerverzug in der gesetzlichen Unterhaltspflicht, in: FS Bosch (1976) 89

BUCHER, Verzugsauslösende Mahnung: Warum Voraussetzung der Fälligkeit?, in: FS Schütze (1999) 163

Deutsches Institut für Vormundschaftswesen, Vertretung eines jungen Volljährigen zur Geltendmachung seines Unterhaltsanspruchs gegen seinen Vater, Zeitpunkt des Verzugseintritts bei Zugang einer Mahnung auf laufenden Unterhalt, DAVorm 1998, 131

EISENHARDT, Die Beendigung des Schuldnerverzugs und die daraus erwachsenden Folgen, JuS 1970, 489

EMMERICH, Grundfälle zum Schuldnerverzug, JuS 1995, 123

ERNST, Die Gegenwärtigkeit im Vertragsvollzug, AcP 199 (1999) 485

FAHL, Zur Zulässigkeit der einseitigen kalendermäßigen Bestimmung des Verzugszeitpunktes, JZ 1995, 341

FREUDENTHAL, Voraussetzungen des Verzuges des Käufers bei dem Kauf auf Abruf (1912)

GIESLER, Verzug mit der Unterhaltszahlungsschuld bei sogenannter unbestimmter Mahnung, FamRZ 1984, 954

GÖHNER, Verzugsbeginn mit dem Zugang der Mahnung, NJW 1980, 570

GURSKY, Schuldnerverzug trotz fehlender Annahmebereitschaft des Gläubigers?, AcP 173 (1973) 450

JAHR, Die Einrede des bürgerlichen Rechts, JuS 1964, 125 ff, 218 ff, 293

JOSEF, Einwirkung der im Ausland erfolgenden Rechtshandlungen, besonders der Klageerhebung, auf die Verjährung des Anspruchs, BlIPr 1926, 241

KNÜTEL, Verfallklausel, verspätetes Angebot und Verzugsbereinigung, JuS 1981, 875

LANGE, Eigentumsvorbehalt und Verjährung der Kaufpreisforderung, JuS 1963, 59

OERTMANN, Einrede und Verzug, GoldschmidtsZ 78, 1

SCHERNER, Verzugsbeendigung und pflichtgemäßes Verhalten des Schuldners, JR 1971, 441

SCHNEIDER, Verzugsbeginn mit dem Zugang der Mahnung, NJW 1980, 1375

SCHRADER, Computerrechnung und Verzug, MDR 1977, 369

SCHWARZ, Schuldner- und Gläubigerverzug im Lastschriftverfahren, ZIP 1989, 1442

SERICK, Eigentumsvorbehalt und Sicherungsübertragung (1963) 439

TEUBNER, Gegenseitige Vertragsuntreue (1975)

WILHELM, Verzug durch Mahnung?, ZRP 1986, 62

ders, Mahngebühr aufgrund der Versäumung der in der Rechnung angegebenen Zahlungsfrist?, ZIP 1987, 1497

ZITELMANN, Selbstmahnung des Schuldners, in: FG Paul Krüger (1911) 282.

Für das Schrifttum zum früheren § 284 Abs 3 wird auf die umfassende Zusammenstellung in der Bearbeitung 2001 verwiesen.

                                                       Manfred Löwisch

b) Zur Nichtvertretbarkeit der Verzögerung

COESTER-WALTJEN, Die Bedeutung des § 279
BGB für Leistungsverzögerungen, AcP 183
(1983) 279

HEYMANN, Das Verschulden beim Erfüllungsverzug, in: FG Enneccerus (1913)

JAKOBS, Unmöglichkeit und Nichterfüllung
(1969) 82

KLIEMT/VOLLSTÄDT, Unverschuldeter Rechtsirrtum – Wunderwaffe bei beharrlicher Arbeitsverweigerung?, NZA 2003, 357

MAYER-MALY, Rechtsirrtum und Rechtsunkenntnis als Probleme des Privatrechts, AcP 170
(1970) 133, 148

MEDICUS, Unvermögen und Schuldnerverzug
bei Geldmangel, AcP 188 (1988) 489

RASEHORN, Schuldnerverzug und Gläubiger-
mitverschulden, NJW 1960, 661

RITTNER, Rechtswissen und Rechtsirrtum im
Zivilrecht, in: FS vHippel (1967) 391, 411

RÖMER, Erfordert der Schuldnerverzug ein
Verschulden des Schuldners?, DJZ 1907, 873

WALTER STEFFEN, Auslegung des § 3a Abs 7
VermG aF und Verzugsschadensersatz wegen
Rechtswirkung, DtZ 1997, 280

WUSSOW, Verzugsschaden bei Schadensersatz-
prozessen, JW 1938, 427.

c) Zum Ersatz des Verzögerungsschadens

BERNARDS, Haftung der Gesamtschuldner aus
Verzug, NJW 1988, 680

CANARIS, Begriff und Tatbestand des Verzögerungsschadens im neuen Leistungsstörungsrecht,
ZIP 2003, 321

DAVID, Zusammenarbeit mit Inkassounternehmen (4. Aufl 1996) S 79

DERLEDER, Schadensersatzansprüche der Banken bei Nichtabnahme der Darlehensvaluta, JZ
1989, 165

EMMERICH, Die Verzugsschadensproblematik
bei Ratenkrediten. Die jüngste Rechtsprechung
des Bundesgerichtshofs, in: FS Giger (1989) 173

FINKE, Zur Erstattung von Inkassobürokosten,
NJW 1973, 1310

GOTTHARDT, Zur Bemessung des nach dem gewöhnlichen Lauf der Dinge zu erwartenden
Schadens einer Bank bei Verzug eines Kreditschuldners, WM 1987, 1381

GOTTWALD, Erstmahnungskosten als Nichterfüllungsschaden, MDR 1997, 525

ders, Schadensersatz für die verzugsbegründende Erstmahnung, JR 1998, 95

GRUNSKY, Verzugsschaden und Geldentwertung, in: Gedschr Rudolf Bruns (1980) 19

U HOFFMANN, Abtretung der Hauptforderung
und Verzugsschaden, WM 1994, 1464

HOHLOCH, Ausschluß eines Verzugsschadens
des nichtehelichen Kindes durch Außerkraft-
treten des § 1934d BGB, JuS 2000, 497

HÖRMANN, Die Zulässigkeit von pauschalierten
Mahngebühren bei Verzug im Ratenkredit
(1982)

HUBER, Rücktritt vom Vertrag und Ersatz des
Verzugsschadens, JZ 1984, 409

JÄCKLE, Die Erstattungsfähigkeit der Kosten
eines Inkassobüros, Schriftenreihe zum Bürgerlichen Recht Band 49 (1978)

ders, Die Erstattungsfähigkeit der Kosten eines
Inkassobüros, JZ 1978, 675

ders, Nochmals: Inkassokosten als Verzugsschaden, NJW 1986, 2692

ders, Effektivität und Erstattungsfähigkeit der
Kosten eines Inkassounternehmens, BB 1993,
2463

ders, Erstattung der Inkassokosten, NJW 1995,
2767

A JUNKER, Die Rechte des Verfassers bei Verzug des Verlegers, GRUR 1988, 793

M JUNKER, Der Umfang des einem Zessionar zu
leistenden Schadensersatzes wegen Verzuges bei
Abtretung vertraglicher Ansprüche, AcP 195
(1995) 1

KAPELLMANN, Der Schaden des Auftraggebers
bei Verzug des Auftragnehmers mit der Fertigstellung eines Mietobjekts – Die Rechtsprechung des Bundesgerichtshofs zum Mietausfall-
schaden und Schaden durch Finanzierungskosten, BauR 1997, 48

KILIMANN, Der Schaden des Ratenkreditgebers
beim Zahlungsverzug im Konsumentenkredit,
NJW 1987, 618

KINDELER, Die neuere höchstrichterliche
Rechtsprechung zum Ersatz entgangener Anlagezinsen im Verzug, WM 1997, 2017

LANGE, Zum Verhältnis von Verzugsschaden
zum Nichterfüllungsschaden und zur Berück-

sichtigung von Mitverschulden, auch beim
Schuldbeitritt, WuB IV A § 326 BGB 1 97
LÖWISCH, Inkassokosten als Verzugsschaden,
NJW 1986, 1725
ders, Erstattungsfähigkeit von Inkassokosten,
Rechtsbeistand 1987, 79
MICHALSKI, Unzulässigkeit der Forderungs-
einziehung durch konzerngebundene Inkasso-
unternehmen, ZIP 1994, 1501
ders, Unzulässigkeit der Forderungseinziehung
durch konzerngebundene Inkassounternehmen,
DB 1995, 2511
MICHEL, Hat der zur Sicherheitsleistung verpflichtete obsiegende Gläubiger einen materiell-
rechtlichen Anspruch auf Ersatz des Hinterle-
gungsaufwands?, JurBüro 1969, 379
PETER, Der Ersatz von Inkassokosten nach § 286
BGB, JurBüro 1999, 174
RASEHORN, Schuldnerverzug und Gläubiger-
mitverschulden, NJW 1960, 661
REIFNER, Verzugszinsenpauschalen bei der Abwicklung gekündigter Konsumentenkredite, BB
1985, 87
ders, Der Verzugsschaden der Banken im Konsumentenkredit, ZIP 1987, 545
RENTSCH/BERSINER, Inkassokosten als Verzugsschaden gemäß § 286 BGB, BB 1986, 1245
RIEBLE, Ansprüche des Darlehensgebers bei
Verzug des Darlehensnehmers, ZIP 1988, 1027
ders, Außergerichtliches Inkasso im Wettbewerb
zwischen Anwälten und Inkassounternehmen,
DB 1995, 195
ders, Unzulässigkeit der Forderungseinziehung
durch konzerngebundene Inkassounternehmen,
DB 1995, 2512
RÜTZINGER, Verzögerungen bei der unmittelbaren und mittelbaren Kaufpreiszahlung und
ihre Rechtsfolgen, BWNotZ 1986, 163
SEITZ, Inkasso-Handbuch, Recht und Praxis des
Inkassowesens (3. Aufl 2000)
ders, Erstattung von Inkassokosten (Urteils-
besprechung), Rpfleger 1995, 201
SCHIMMEL, Entgangener Spekulationsgewinn als
Verzugsschaden?, WM 2000, 946
SCHMIDT, Die Kosten der Inkassobüros, Rpfle-
ger 1970, 82
SCHNEIDER, Ersatz „vorgerichtlicher Mahn-
kosten", MDR 1959, 899
SCHOLZ, Die Verzugsschadensproblematik bei

Ratenkrediten aus der Sicht der Bankpraxis, ZIP
1986, 545
SCHOPP, Verzugszinsen, Verzugsschaden, MDR
1989, 1
SCHREIBER, Kostenersatz für die verzugsbegründende Erstmahnung, JURA 1988, 666
vSTACKELBERG, Ist der Gläubiger berechtigt,
vom Schuldner nach § 286 BGB Erstattung der
Kosten eines Inkassobüros unter dem Gesichtspunkt des Verzugsschadens zu verlangen?, BB
1965, 891
STAHRENBERG, Effektivität des externen Inkas-
sos: ein Beitrag zur Ausgliederung betrieblicher
Funktionen (1995)
STAUDINGER, Verspätungsschäden nach Eisen-
bahnverkehrsordnung – Ein europarechtswidri-
ger Anachronismus?, NJW 1999, 3664
STEINER, Kosten- und preisorientierte Bemes-
sung des Verzugsschadens bei Krediten, DB
1986, 1557
STICKELBROCK, OLG Dresden – Ersatzfähige
Inkassokosten, WiB 1996, 187
STROHM, Zur Frage der Erstattung der Kosten
eines Inkassobüros, BB 1965, 1298
TIEDTKE, Verzugsschaden und Rücktritt vom
Vertrag, NJW 1984, 767
TSCHISCHGALE, Urteilsanmerkung, JR 1954, 462
WUNNER, Zielkonflikte bei der Anwendung des
§ 286 I BGB neben dem Rücktritt, NJW 1985,
825
WUSSOW, Verzugsschaden bei Schadensersatz-
prozessen, JW 1938, 427.
Für ältere Literatur vgl die Vorauflage.

2. Zur und nach der Schuldrechtsreform
CANARIS, Begriff und Tatbestand des Verzöge-
rungsschadens im neuen Leistungsstörungsrecht,
ZIP 2003, 321
FABIS, Das Gesetz zur Beschleunigung fälliger
Zahlungen – Inhalt und Auswirkungen, ZIP
2000, 865
GSELL, EG-Verzugsrichtlinie und Reform der
Reform des Verzugsrechts in Deutschland, ZIP
2000, 1861
HEINRICHS, EG-Richtlinie zur Bekämpfung von
Zahlungsverzug im Geschäftsverkehr und der
Reform des Verzugsrechts nach dem Entwurf
eines Schuldrechtsmodernisierungsgesetzes, BB
2001, 157

HERTEL, Neues Verzugsrecht – Folgen für die notarielle Vertragsgestaltung, DNotZ 2001, 910
U HUBER, Das Gesetz zur Beschleunigung fälliger Zahlungen und die europäische Richtlinie zur Bekämpfung von Zahlungsverzug im Geschäftsverkehr, JZ 2000, 957
KLIEMT/VOLLSTÄDT, Unverschuldeter Rechtsirrtum – Wunderwaffe bei beharrlicher Arbeitsverweigerung?, NZA 2003, 357
OEPEN, Probleme des modernisierten Verzugstatbestands, GS 2002, 349

POHLMANN, Vom Verzug zur verspäteten Leistung, in: Das neue Schuldrecht in der Praxis (2002) S 273
TIMME, Die Neuregelung des Schuldnerverzuges gem § 286 BGB, JA 2002, 656
WERTENBRUCH, Schuldrechtsreform und Zwangsvollstreckung, DGVZ 2002, 177.
Siehe weiter die Schrifttumsangaben zu den Vorbem zu §§ 286–292.

Systematische Übersicht

Alphabetische Übersicht

I.   Allgemeines

§ 286 regelt in den Absätzen 1–3 die Voraussetzungen des Schuldnerverzugs und **1**
entspricht insoweit dem früheren § 284 Abs 1–3. Dabei sind in Abs 2 die Fälle, in
denen Mahnung ohne Verzug eintritt, umfassender geregelt worden als das in § 284
Abs 2 der Fall war; wesentliche sachliche Änderungen sind dadurch aber nicht eingetreten. Die um 30 Tage verspätete Zahlung ist in Abs 3 nunmehr eindeutig als
zusätzlicher Verzugstatbestand ausgestaltet (vgl Vorbem 3 zu §§ 286–292).

Die bisher in § 285 enthaltene Regelung, nach der der Schuldner nicht in Verzug **2**
kommt, solange die Leistung infolge eines Umstandes unterbleibt, den er nicht zu
vertreten hat, ist unverändert in § 286 Abs 4 übernommen worden.

Eine dem bisherigen § 286 Abs 1 entsprechende Regelung über den Ersatz des Ver- **3**
zögerungsschadens enthalten die neu gefaßten Verzugsvorschriften nicht mehr. Der
Anspruch auf den Ersatz dieses Schadens folgt aus § 280 Abs 1, 2 (Vorbem 2 zu
§§ 286–292). Wegen seines engen Zusammenhangs mit den Verzugsvoraussetzungen
wird er hier unter IV erörtert.

Die bisherige Vorschrift des § 286 Abs 2, nach der der Gläubiger unter Ablehnung **4**
der Leistung Schadensersatz wegen Nichterfüllung verlangen konnte, wenn die Leistung infolge des Verzugs für ihn kein Interesse mehr hatte, besteht ebenfalls nicht

mehr. Für den Schadensersatz statt der Leistung gelten auch bei nicht rechtzeitiger Leistung nunmehr die allgemeinen Vorschriften der §§ 281 ff (vgl Vorbem 2 zu §§ 286–292). Zur Abgrenzung von Verzögerungsschaden und Schadensersatz statt der Leistung su Rn 170 ff.

II. Voraussetzungen des Verzugs

1. Fälligkeit des Anspruchs

5 Nach § 286 Abs 1 S 1 setzt der Verzug Fälligkeit des Anspruchs voraus. Fälligkeit liegt vor, sobald der Gläubiger die Leistung verlangen kann. Dabei ist nach § 271 sofortige Fälligkeit die Regel. Etwas anderes kann sich aber aus dem jeweiligen Vertrag ergeben. So sind Verträge zwischen Bauträgern und Wohnungserwerbern meist dahin auszulegen, daß die letzte Zahlungsrate nicht vor Beseitigung der Restmängel fällig sein soll (BGH NJW 2000, 1403). Zu den Voraussetzungen der Fälligkeit s ie STAUDINGER/BITTNER § 271 Rn 4 ff.

6 Fälligkeit und damit Verzug können so lange nicht eintreten, wie **die Leistung gesetzlich verboten** ist. Dies ist insbes der Fall, wenn eine für die Erbringung der Leistung erforderliche *behördliche Genehmigung* noch nicht vorliegt. Zu Recht hat deshalb der BGH (NJW 1974, 1080) den Verzug des Bauunternehmers mit der Erfüllung seiner Bauleistungspflicht für den Zeitraum abgelehnt, in dem die Baugenehmigung noch nicht erteilt war (zur Möglichkeit der Pflichtverletzungshaftung nach § 280 Abs 1 in solchen Fällen vgl Vorbem 16 zu §§ 286–292). Im Falle der Heilung eines zunächst nichtigen Grundstückskaufvertrags nach § 311b Abs 1 S 2 tritt Verzug erst ab Heilung ein (STAUDINGER/WUFKA [2001] § 313 Rn 303 aF).

7 Die Forderung ist nicht fällig, solange die Leistung **gestundet** ist (vgl STAUDINGER/ BITTNER § 271 Rn 10). Während der Stundung scheidet deshalb auch der Verzug aus. Allerdings bringt eine nach Verzugseintritt erfolgte Stundung die Verzugsfolgen nur für die Zeit ab Stundung und nicht rückwirkend für den Zeitraum des schon eingetretenen Verzugs in Wegfall (vgl unten Rn 126), sofern die Stundungsvereinbarung nicht aufgrund besonderer Umstände dahin auszulegen ist, daß der Gläubiger auch auf die Geltendmachung dieser Ansprüche verzichten will (EISENHARDT JuS 1970, 489, 494).

8 Bei **natürlichen Verbindlichkeiten** (§§ 656, 762 f) ist Fälligkeit und folglich auch Verzug begrifflich ausgeschlossen, weil der Gläubiger die Erfüllung der natürlichen Verbindlichkeit niemals verlangen kann (OERTMANN Anm 1; im Ergebnis ebenso Münch-Komm/ERNST Rn 19).

9 Der Eintritt der Fälligkeit hängt regelmäßig nicht davon ab, daß der Gläubiger eine **Rechnung gestellt** hat (BGHZ 79, 176, 178). Doch kann gesetzlich oder vertraglich etwas anderes bestimmt sein. Ersteres gilt vor allem für Gebührenforderungen der freien Berufe (vgl § 8 HOAI, § 18 Abs 1 S 1 BRAGO, § 12 Abs 2 GOÄ). Ob der Schuldner mit der Begleichung von Forderungen, die ohne Rechnungsstellung fällig werden, in Verzug kommt, hängt davon ab, ob er ohne Rechnung den Umfang der Forderung erkennen kann, vgl dazu ie Rn 144.

10 Forderungen, die erst durch eine vom Gericht vorzunehmende Gestaltung entstehen, wie das auf Abfindungsansprüche nach §§ 9, 10 KSchG und auf den Unterhaltsanspruch nach rechtskräftiger Scheidung zutrifft, und Forderungen, deren Höhe, etwa nach den §§ 315 ff, erst **noch bestimmt werden** muß, werden erst fällig, wenn die Gestaltung erfolgt oder die Bestimmung getroffen ist (BGHZ 122, 32, 46; OLG Hamm NJW-RR 2001, 433; HUBER I 296 f). Anders liegt es bei Forderungen, deren an sich feststehende Höhe erst **noch durch Sachverhaltsaufklärung ermittelt werden** muß. Sie sind bereits mit Entstehung fällig. Verzug kann aber auch hier nur dann und nur insoweit eintreten, wie der Schuldner seine Verpflichtung erkennen kann. Dies gilt insbes für Schmerzensgeldansprüche (OLG Celle NJW 1963, 1205), für vom Bestand des Nachlasses und von der Ermittlung des Nachlaßwertes abhängige Pflichtteilsansprüche (BGHZ 80, 269) und für Unterhaltsansprüche (BGH NJW 1984, 868), die nach der Bedürftigkeit des Unterhaltsgläubigers und der Leistungsfähigkeit des Unterhaltsschuldners bestimmt werden müssen. Beim Schmerzensgeld müssen die für die Bemessung maßgebenden Tatsachen dem Schuldner zugänglich sein, so daß er den angemessenen Betrag errechnen kann (OLG Celle aaO), s Rn 144 ff. Zur Mahnung in diesen Fällen Rn 34.

Eine AGB-Klausel, die die Festlegung des Fälligkeitzeitpunkts in das *freie Belieben* **11** des Schuldners stellt und ihm damit die Möglichkeit gibt, den Folgen einer Leistungsverzögerung selbst dort zu entgehen, wo er seiner Haftung wegen Pflichtverletzung gem § 309 Nr 8 weder ausschließen noch einschränken kann, ist unwirksam (BGHZ 92, 24, 29).

2. Einredefreiheit des Anspruchs

a) Allgemeines

Nach **hM** schließt regelmäßig **schon das Bestehen** einer dauernden oder aufschieben- **12** den Einrede wie der Verjährungseinrede (§ 214 Abs 1), der Einrede der Vorausklage (§ 771), der Bereicherungseinrede (§ 821) und der Einrede der unerlaubten Handlung (§ 853) den Eintritt des Verzugs aus, ohne daß es darauf ankäme, daß der Schuldner die **Einrede erhebt**. Dabei wird teilweise argumentiert, das Bestehen der Einrede schließe die Fälligkeit der Forderung aus, teilweise damit, daß der Schuldner sich nicht pflichtwidrig verhalte, wenn er die Erfüllung des fälligen einredebehafteten Anspruchs unterlasse (RGZ 126, 280, 285; JW 1921, 523 mit Anm ENDEMANN; ENNECCERUS/ LEHMANN § 51 II 1; KRESS 428; PAECH 31 f; HECK 107; HUBER I 303 ff; ERMAN/BATTES Rn 14; MünchKomm/ERNST Rn 21; offengelassen BGHZ 104, 6, 11 f; BGHZ 113, 232, 236).

Die hM wird dem Charakter der Einrede als eines *Gestaltungsrechts des Schuldners* **13** nicht gerecht. Die Einrede gibt dem Schuldner nur das Recht, die Leistung zu verweigern. Macht er von diesem Recht keinen Gebrauch, so bleibt der Anspruch unberührt. Deshalb wäre es ungereimt, wollte man dem Gläubiger, wenn der Schuldner die Einrede nicht erhebt, im Prozeßfalle zwar die Hauptleistung zusprechen, nicht aber die Verzugszinsen und den Verzugsschaden. Das bloße Bestehen der Einrede vermag den Eintritt des Verzugs nicht zu hindern.

Die sich *aus dem Verzug ergebenden Ansprüche* unterliegen **allerdings, weil sie auf** **14** **dem einredebehafteten Hauptanspruch gründen, ebenfalls der betreffenden Einrede.** Der Schuldner kann also, wenn er die Einrede erhebt, nicht nur die Erfüllung der Hauptleistung, sondern auch die Erfüllung der sich aus dem Verzug ergebenden

Ansprüche verweigern. Dabei kann er durchaus auch nur die Leistung des einen oder des anderen verweigern, etwa die Hauptforderung ganz oder zum Teil erfüllen, aber Verzugszinsen und einen etwaigen Verzugsschaden nicht bezahlen (wie hier im wesentlichen JAHR 303 f; PLANCK/SIBER Anm 3 a; OERTMANN Anm 1; vTUHR, AT I 294; HELLWIG, Lehrbuch des Deutschen Civilprozeßrechts, Band 1 [1903] 248; SOERGEL/WIEDEMANN Rn 14 ff; ROTH, Die Einrede des Bürgerlichen Rechts [1988] 150 ff, 170 ff).

15 Zum praktisch gleichen Ergebnis kommen LARENZ (I § 23 I c), ihm folgend FIKENTSCHER (Rn 362) und SCHLECHTRIEM (AT Rn 301), die zwar den Verzug schon am Bestehen der Einrede scheitern lassen, aber den Schuldner, der die Einrede nicht spätestens in der letzten mündlichen Verhandlung im Prozeß erhebt, so behandeln wollen, „als wäre er in Verzug gekommen". Das erscheint jedoch als überflüssiger Umweg. Das Argument von FIKENTSCHER und LARENZ gegen die hier vertretene Meinung, § 390 zeige, daß schon das Bestehen einer Einrede Rechtsfolgen haben müsse, überzeugt nicht. Mit § 390 trägt das Gesetz nur dem Umstand Rechnung, daß der Aufrechnung „Vollstreckungswirkung" zukommt, so daß die Aufrechnung mit einer einredebehafteten Forderung dem Schuldner die Einrede von vornherein aus der Hand schlagen würde.

16 Daß das bloße Bestehen einer Einrede noch nicht den Eintritt des Verzugs ausschließt, hat auch zur Folge, daß der Gläubiger Rücktrittsrechte nach Maßgabe der §§ 280 Abs 3, 281 ff Schadensersatz statt der Leistung verlangen und beim gegenseitigen Vertrag nach Maßgabe des § 323 zurücktreten kann, solange die Einrede nicht erhoben ist. Allerdings entfallen die Schadensersatz- und Rückgewähransprüche rückwirkend, wenn die Einrede nachträglich (im Prozeßfall bis zum Schluß der letzten mündlichen Verhandlung in der Tatsacheninstanz) erhoben wird (BGHZ 113, 232, 236; HUBER I 305). Auch die Zufallshaftung nach § 287 S 2 entfällt rückwirkend, wenn die Einrede nachträglich erhoben wird.

17 Von vornherein keinen Einfluß auf den Verzug haben die Einreden des § 275 Abs 2 und 3. Sie sollen dem Schuldner nur das Recht geben, die Erfüllung der ursprünglichen Leistungspflicht zu verweigern (Vorbem 15 ff zu §§ 286–292). Auch Einreden, mit denen der Schuldner seine Haftung beschränken kann (§§ 1629a, 1975, 1990) ändern an der eigentlichen Leistungsverpflichtung nichts. Diese Einreden ändern an der eigentlichen Leistungsverpflichtung nichts, nur die Haftung für diese kann beschränkt werden (ROTH 59 ff, 69; LÖWISCH, Beschränkungen der Minderjährigenhaftung und gegenseitiger Vertrag, NJW 1999, 1002 f; BITTNER, Die Einrede der beschränkten Haftung auf das Volljährigkeitsvermögen aus § 1629a BGB, FamRZ 2000, 325, 327 f; HUBER I 336 ff).

b)   Einrede des Zurückbehaltungsrechts

18 Einigkeit besteht darüber, daß das **Bestehen der Einrede des Zurückbehaltungsrechts** nach § 273 den **Verzug nicht ausschließt**. § 273 gibt dem Schuldner nur die Möglichkeit, Ansprüche, die auf demselben rechtlichen Verhältnis beruhen, in wechselseitige Abhängigkeit zu bringen. Solange er diese Möglichkeit nicht nutzt, ist es nicht gerechtfertigt, beiderseits die Möglichkeit des Eintritts von Verzugsfolgen auszuschließen. Dies gilt um so mehr, als gem § 273 Abs 3 der Gläubiger die Ausübung des Zurückbehaltungsrechts durch Sicherheitsleistung abwenden kann (RGZ 77, 436, 438; BGH WM 1971, 1020, 1021; MünchKomm/ERNST Rn 28; LARENZ aaO; ESSER/SCHMIDT, Schuldrecht I 2 § 28 I 1 a; HUBER I 327 ff).

Dem entspricht es, daß bereits vor Erheben der Einrede eingetretene Verzugsfolgen **19** bestehen bleiben (BGH WM 1971, 1020 f; HUBER aaO). Der Schuldner kann auch für sie lediglich das Zurückbehaltungsrecht geltend machen. Nach Erheben des Zurückbehaltungsrechts in bezug auf die Hauptleistung können weitere Verzugsfolgen nicht eintreten.

Wird die **Einrede** des Zurückbehaltungsrechts **erhoben**, ohne daß der Gläubiger sie **20** durch Sicherheitsleistung abwendet, so ist damit der **Eintritt des Verzugs** des Schuldners **ausgeschlossen**. Daß die Gegenforderung des Schuldners wirtschaftlich wesentlich weniger Wert sein kann als seine Schuld, ändert daran nichts. Denn es ist gerade der Zweck des § 273, ohne Rücksicht auf den wirtschaftlichen Wert der konnexen Forderungen dem Schuldner die Verweigerung seiner Leistung zu gestatten, um so sicherzustellen, daß er seinerseits befriedigt wird. In Kauf nehmen muß der Schuldner nur, daß auch der Gläubiger wegen der Verknüpfung beider Forderungen mit seiner Leistung nicht mehr ohne weiteres in Verzug kommen kann.

Ebenso wie der Schuldner durch Erhebung der Einrede kann bei Bestehen eines **21** Zurückbehaltungsrechts auch der Gläubiger die Verknüpfung der beiden Ansprüche herbeiführen, indem er von vornherein nur Leistung Zug um Zug gegen Erfüllung der Forderung verlangt, die das Zurückbehaltungsrecht des Schuldners begründet. Tut er dies, so erübrigt sich die Erhebung der Einrede durch den Schuldner und ist der Eintritt von Verzugsfolgen beiderseits zunächst ausgeschlossen (BGHZ 60, 319, 323; BGH EWiR 1999, 105 f).

Auch dort, wo die Einrede des Zurückbehaltungsrechts erhoben oder die rechtliche **22** Verknüpfung der Leistungen durch das Zug-um-Zug-Verlangen des Gläubigers hergestellt worden ist, kann der Gläubiger den Schuldner dennoch in **Verzug** setzen, wenn er zugleich seine **Leistung** in einer den Annahmeverzug begründenden Weise **anbietet**. In diesem Fall ist die Rechtsfolge, die der Schuldner mit der Erhebung der Einrede herbeiführen kann – nämlich die Verpflichtung zur Leistung nur Zug um Zug (§ 274) – schon eingetreten. Das Unterbleiben der Leistung hat seine Ursache hier nicht mehr in dem Zurückbehaltungsrecht.

Hierher gehören auch die Fälle, daß der Schuldner nur gegen Ausstellung einer **23** **Quittung** (§ 368), nur gegen Rückgabe eines Schuldscheins oder Ausstellung eines Anerkenntnisses im Sinne des § 371 oder nur gegen Aushändigung der Abtretungsurkunde nach § 410 zu leisten braucht. Stellt der Schuldner ein entsprechendes Verlangen, so gerät er nicht in Verzug, wenn der Gläubiger nicht bereit ist, diese Handlungen vorzunehmen. Dies gilt auch, wenn der Schuldner, der unter Vorlegung einer quittierten Rechnung gemahnt wird, diese zu Recht als unrichtig beanstandet und zurückweist und eine Quittung über den richtigen Betrag verlangt. Andererseits braucht der Gläubiger nicht von sich aus ausdrücklich die Bereitschaft zur Vornahme dieser Handlungen zu erklären, solange der Schuldner sie nicht verlangt.

c)   Einrede des nichterfüllten Vertrags
Für die Einrede des nichterfüllten Vertrags nach § 320 ist mit der hM davon auszu- **24** gehen, daß allein das **Bestehen** dieser Einrede den **Verzug ausschließt** (RGZ 126, 280, 285; BGHZ 84, 42, 44; OLG Saarbrücken NJW 1996, 3086 f; MünchKomm/ERNST Rn 23; LARENZ I § 23 I c aE; ESSER/SCHMIDT, Schuldrecht I 2 § 28 I 1 a; TEUBNER 73 ff; HUBER I 306 ff; GRUNSKY,

Streik und Zurückbehaltungsrecht, JuS 1967, 60, 64; Löwisch/Hartje, Der wilde Streik nach dem Recht der Bundesrepublik, RdA 1970, 321, 326 mit der Konsequenz, daß schon das Bestehen der Einrede dem Arbeitgeber das Recht nimmt, die Nichterbringung der Arbeitsleistung zum Anlaß für eine Kündigung aus wichtigem Grund zu nehmen; aA Hüffer 231).

25 Daß die Einrede des nichterfüllten Vertrages den Verzug ausschließt, gilt unabhängig davon, ob der Gläubiger seinerseits zur Leistung bereit und imstande ist. Der Gläubiger kann beim gegenseitigen Vertrag den Schuldner erst dann in Verzug setzen, wenn er die eigene Leistung erbringt oder wenigstens dem Schuldner in einer den Annahmeverzug begründenden Weise anbietet (BGHZ 116, 244, 249). Erst wenn er so alles seinerseits Erforderliche für die Abwicklung des Vertrags getan hat, ist es unbillig, ihm den Ersatz von Verzugszinsen und Verzugsschaden zu versagen; dem Schuldner darf nicht die Möglichkeit gegeben werden, durch Verweigerung der Abnahme den Verzugsfolgen zu entgehen (BGH NJW 1966, 200; NJW 1963, 1149 für den Fall, daß der Gläubiger vorleistungspflichtig ist; Larenz aaO; Teubner aaO; Ernst AcP 199, 507 ff [auch zur Beweislast]; aA RGZ 126, 280, 285, wonach es genügt, daß der Gläubiger zur Leistung bereit und imstande ist).

26 Die Einrede des nicht erfüllten Vertrages nach § 320 schließt nunmehr auch die Mängeleinrede mit ein, weil gem § 433 Abs 1 S 2 die Mangelfreiheit zur Leistungspflicht des Verkäufers gehört (Huber/Faust Kapitel 13 Rn 149). Demzufolge gilt das in Rn 24 f Gesagte nunmehr auch für die Mängeleinrede (MünchKomm/Ernst Rn 25).

27 Das für die Einrede des nichterfüllten Vertrags Gesagte gilt entsprechend für die Einrede des § 348 bei der Rückabwicklung durch Rücktritt aufgelöster Verträge (Huber I 314). Zur Beendigung des Verzugs im Falle des Bestehens einer Einrede vgl unten Rn 126.

3. Mahnung

a) Mahnung als Leistungsaufforderung

28 Mahnung ist die an den Schuldner gerichtete Aufforderung des Gläubigers, die Leistung zu bewirken. Aus der Mahnung muß mit **Bestimmtheit** hervorgehen, daß der Gläubiger die geschuldete Leistung verlangt (BGH NJW 1998, 2132 f). Der Schuldner muß sich aufgrund der Mahnung sagen können, daß eine weitere Leistungsverzögerung für ihn nachteilige Folgen hat. Mehr ist aber auch nicht erforderlich. Insbesondere kann der früheren Rechtsprechung des RG und des BGH (RGZ 93, 300; BGH MDR 1952, 155) nicht zugegeben werden, daß die Mahnung ihrerseits auch erkennen lassen müsse, daß das Ausbleiben der Leistung Folgen haben werde (zutr OLG Hamm NJW-RR 1992, 667, 668; Huber I 419; Pressmar JA 1999, 593 ff). Vielmehr muß der Schuldner, der eindeutig aufgefordert wird, eine fällige Leistung zu bewirken, selbst erkennen, daß das Ausbleiben der Leistung Folgen haben wird. Auch ein Brief „Ich fordere Sie nunmehr auf, die geschuldeten 1000 Euro zu bezahlen" ist eine Mahnung, obwohl darin von den Folgen der Nichtzahlung nicht gesprochen wird. Die Meinungsverschiedenheiten dürften im praktischen Ergebnis aber nicht allzu groß sein, weil auch die Rechtsprechung anerkennt, daß die Ankündigung *bestimmter* Folgen jedenfalls nicht notwendig ist.

29 Bei der Beurteilung der Frage, ob eine hinreichend bestimmte Leistungsaufforde-

rung vorliegt, muß auf den allgemeinen *Sprachgebrauch* sowie den Sprachgebrauch
der betreffenden Kreise, insbes des Handelsverkehrs, abgestellt werden. So ist die
Auffassung, ein Schreiben „es würde mir angenehm sein, wenn …" sei nicht als
Mahnung anzusehen (RG Recht 1904, 336), für eine in deutscher Sprache abgefaßte
Erklärung zutreffend; dagegen bedeutet im Englischen die Formulierung „it would
be nice if" nichts anderes als eine höfliche Form der Aufforderung. Ein Telegramm
„drahtet, wann heute abholbereit" oder „Drahtantwort, wann Lieferung" kann je
nach den Verhältnissen als Mahnung aufzufassen sein (vgl RG Recht 1923, Nr 858). Ein
Unterhaltsschuldner wird auch dann wirksam in Verzug gesetzt, wenn er aufgefordert
wird, „an" einem bestimmten Zeitpunkt monatlichen Unterhalt zu zahlen, sofern sich
aus dem Gesamtzusammenhang ergibt, daß der Gläubiger monatliche Zahlungen
„ab" diesem Zeitpunkt erwartet (OLG Hamm OLGR Hamm 2000, 271 = FamRZ 2001, 46
[LS]).

In der Übersendung einer ersten *Rechnung* liegt, sofern sich nicht aus den Umstän- **30**
den etwas anderes ergibt, keine Mahnung (RGZ 118, 346, 354). Auch ein Schreiben, das
lediglich die Anmeldung von Ersatzansprüchen und die Bitte um eine Vorschußzahlung enthält, bedeutet noch keine Anmahnung der Ersatzleistung (AG Schweinfurt
VersR 1973, 955). Gleiches gilt von einer Aufforderung an den Schuldner, sich innerhalb
einer bestimmten Frist über seine Leistungsbereitschaft zu äußern (LG Berlin MDR
1983, 319). Dagegen ist die Übersendung einer wiederholten oder quittierten Rechnung oder eines Postauftrags als Mahnung zu deuten (für die Handwerkerrechnung vgl
PETERS, Die Handwerkerrechnung und ihre Begleichung, NJW 1977, 552). Ein Vergleichsvorschlag ist keine Mahnung (RG Recht 1916 Nr 2072).

Bei Kaufverträgen, die *auf Abruf* geschlossen sind, enthält ein vertragsmäßiger Ab- **31**
ruf zugleich die Mahnung (OLG Dresden SeuffA 72 Nr 135). Die Bestätigung der Akkreditivstellung durch eine Bank mit der Bemerkung, sie erwarte nunmehr das
Frachtbriefduplikat, ist als Mahnung der Lieferung aufzufassen (RGZ 97, 6; **aA** insoweit
HUBER I 427). In der Fristbestimmung nach § 39 VVG liegt gleichzeitig eine Mahnung
(WERNEBURG HoldhMSchr 1916, 147). Da die Mahnung mit einer die Fälligkeit erst begründenden Handlung verbunden werden kann (vgl Rn 43), kann in der Aufforderung,
die Anlagen bereitzustellen, die der Käufer zur Abnahme der Ware bereitstellen
muß, nicht nur ein Angebot der Ware, sondern auch die Mahnung wegen der Zahlung
des Kaufpreises liegen (RGZ 50, 255, 261). Ebenso kann, wenn nach dem Vertrag die
Fälligkeit des Kaufpreises davon abhängt, daß der Verkäufer die Lieferbarkeit anzeigt, in dieser Anzeige gleichzeitig eine Mahnung wegen des Kaufpreises liegen
(OLG Hamburg BB 1952, 126).

Wenn eine Leistung, die von beiden Teilen als zur Erfüllung geeignet angesehen wird, **32**
sich nachträglich als dazu ungeeignet erweist, so liegt in der Mitteilung des Erfül-
lungsmangels durch den Gläubiger die Mahnung (RG SeuffA 60 Nr 28). Weist der
Käufer eine mangelhafte Ware zurück und verlangt Nachlieferung, so stellt das
eine Mahnung dar (BGH LM § 284 BGB Nr 31 = NJW 1985, 2526).

Die Mahnung muß Klarheit darüber schaffen, *was* der Schuldner leisten soll. Hat der **33**
Gläubiger **mehrere Forderungen** gegen den Schuldner, so muß aus der Mahnung
ersichtlich sein, auf welche dieser Forderungen nunmehr geleistet werden soll
(BGH LM § 346 BGB Nr 6). Aus diesem Grund kann in der Vorlage eines *Wechsels*

zwar die Anmahnung der Wechselforderung, nicht aber auch die Anmahnung der dem Wechsel zugrundeliegenden Kaufpreisforderung gesehen werden (BGHZ 96, 182, 193 f). Bei der *Wahlschuld* muß angegeben werden, welche der geschuldeten Leistungen erbracht werden soll. Dem Vertreter ohne Vertretungsmacht muß im Falle des § 179 Abs 1 gesagt werden, ob er Erfüllung oder Schadensersatz leisten soll. Eine Pflicht des Schuldners, sich durch Rückfragen beim Gläubiger zu vergewissern, welche Forderung gemeint ist, wird man entgegen einer in der Literatur vertretenden Meinung (ERMAN/BATTES § 284 Rn 22; SOERGEL/WIEDEMANN § 284 Rn 26) nicht annehmen können. Es ist Sache des Gläubigers, Klarheit darüber zu schaffen, was er vom Schuldner will.

34 Die Mahnung muß grundsätzlich auch den **Umfang der geforderten Leistung** angeben oder jedenfalls erkennen lassen. Es ist nicht Sache des Schuldners, sich den Kopf darüber zu zerbrechen, was der Gläubiger von ihm will. Das gilt auch für *Unterhaltsschulden*: Nach dem Inhalt der Mahnung und den gesamten Umständen des Falls muß für den Unterhaltsschuldner klar sein, welchen genauen Betrag der Gläubiger von ihm fordert (BGH NJW 1984, 868; DIV-Gutachten DAVorm 1998, 131 ff). Muß allerdings der Umfang der Leistung vom Schuldner oder unter seiner Mitwirkung noch ermittelt werden, genügt eine darauf gerichtete Aufforderung. So reicht eine unbezifferte, einem zulässigen Antrag in einer Stufenklage (§ 254 ZPO) entsprechende Mahnung gegenüber dem auskunftspflichtigen Schuldner etwa bei Pflichtteilsansprüchen (vgl § 2314 Abs 1) (BGHZ 80, 277) oder bei noch zu ermittelnden Unterhaltsansprüchen (vgl § 1605 Abs 1) (BGHZ 109, 211; OLG Braunschweig FamRZ 1995, 875, 876) aus.

35 Fordert der Gläubiger etwas, was **nicht geschuldet** ist, stellt das keine Anmahnung des tatsächlich Geschuldeten dar. Wird ohne Fristsetzung gem §§ 280 Abs 1, 281 Abs 2 Schadensersatz wegen Nichterfüllung verlangt, kann darin nicht die Anmahnung der Erfüllung gesehen werden (HUBER I 425).

36 Ob eine Mahnung, die sich auf mehr als den wirklichen Rückstand erstreckt **(Zuvielforderung)**, völlig unwirksam oder im Umfang des tatsächlichen Rückstands wirksam ist, ist im Gesetz nicht ausdrücklich geregelt. Die Rechtsprechung des Reichsgerichts hatte die Wirksamkeit der Mahnung bejaht, wenn anzunehmen war, daß der Schuldner auch einer auf den geschuldeten Betrag beschränkten Mahnung keine Folge geleistet und der Gläubiger die Annahme des geschuldeten Betrags nicht abgelehnt hätte (RGZ 9, 141; 14, 108). Umgekehrt sollte eine Mahnung, durch die mehr als der geschuldete Betrag gefordert wurde, dann als unwirksam zu betrachten sein, wenn anzunehmen war, daß der Gläubiger einen geringeren als den zuviel geforderten Betrag nicht angenommen hätte (RG SeuffA 59 Nr 219). Diese Auffassung ist überholt. Hypothetische Erwägungen darüber, wie sich Schuldner und Gläubiger verhalten hätten, sind ein zu unsicheres Kriterium, um darauf die Wirksamkeit oder Unwirksamkeit der Mahnung und damit den Eintritt oder Nichteintritt der Verzugsfolgen abzustellen (deutlich zurückhaltend gegenüber dieser Rechtsprechung auch BGH MDR 1967, 826). Entscheidend muß auch hier sein, ob nach den *gesamten Umständen des Einzelfalls* nach Treu und Glauben, insbes aber nach dem Inhalt der Mahnung, für den Schuldner klar ist, welche Leistung von ihm verlangt wird (BGH NJW 1991, 1286, 1288; NJW 1999, 3115, 3116). Dementsprechend werden geringfügige oder auf einem offensichtlichen Irrtum, etwa einem Rechenfehler, beruhende Zuvielforderungen die Wirksamkeit der Mahnung nicht hindern. Auch der Umstand, daß die Forderung in der falschen Währung angegeben wird, wird der Wirksamkeit der Mahnung schon wegen § 244 regelmäßig nicht entgegenstehen (RGZ 109, 61, 63; JW 1924, 1137; Münch-Komm/ERNST Rn 50). Läßt aber die Anmahnung der überhöhten Forderung nicht erkennen, in welcher Höhe eine fällige Forderung besteht, so liegt eine genügend bestimmte Mahnung nicht vor (BGH BB 1969, 698). Auch kann eine außergewöhnlich hohe Zuvielforderung möglicherweise den zu Recht angemahnten Teil so in den Hintergrund treten lassen, daß sich der Schuldner nicht als wirksam gemahnt ansehen muß (BGH MDR 1967, 826; ZIP 1993, 421, 423).

Eine Zuvielforderung kann sich auch dann ergeben, wenn die *Höhe* der vereinbarten **37** und geforderten Leistung *gegen ein Gesetz verstößt*, wie das etwa auf überhöhte Mietpreise nach § 5 WiStG zutrifft. Ob die auf das zulässige Maß reduzierte Forderung (vgl BGHZ 89, 316, 319; STAUDINGER/SACK [1996] § 134 Rn 269) mit der Anmahnung des überhöhten Betrages wirksam angemahnt ist, hängt zunächst vom Zweck des betreffenden Gesetzes ab: Richtet sich dieses – wie § 5 WiStG – gegen ein unangemessenes Verhalten des Gläubigers, kann dieser nicht davon profitieren, daß die Forderung zum Schutz des Schuldners mit reduziertem Inhalt aufrecht erhalten wird. Im übrigen müssen wie in anderen Fällen der Zuvielforderung die näheren Umstände entscheiden, ob der Schuldner wirksam gemahnt worden ist.

Eine **Mahnung auf Leistung unter vertragswidrigen Bedingungen** ist grundsätzlich **38** wirkungslos, denn sie ist eine Aufforderung zu einer Leistung, zu der der Schuldner so nicht verpflichtet ist. Ist die Herausgabe einer Sache am Sitz des Schuldners geschuldet, stellt die Aufforderung, die Sache an den Sitz des Gläubigers zu senden, keine wirksame Mahnung dar (BGH DB 1971, 2155). Gleiches gilt, wenn der Gläubiger Zahlungen an einen Rechtsanwalt statt auf ein Notaranderkonto verlangt (BGH WM 1989, 1897, 1898). Auch das Verlangen nach Lieferung gegen Rechnung, obwohl Lieferung gegen Nachnahme verabredet war, ist keine wirksame Mahnung. Immerhin wird man eine solche Mahnung dann als wirksam anzusehen haben, wenn offensichtlich ist, daß es dem Gläubiger auf die von ihm angegebenen Bedingungen der Leistungen letztlich nicht ankommt.

Die Anmahnung nur eines Teils der geschuldeten Leistung **(Zuwenigforderung)** ist **39** hinsichtlich des geforderten Teils regelmäßig wirksam, weil der Gläubiger einer teilbaren Leistung grundsätzlich Teilleistungen fordern kann (STAUDINGER/BITTNER § 266 Rn 36 ff). Nur wenn ausnahmsweise das Recht des Gläubigers, eine Teilleistung zu fordern, ausgeschlossen ist, ist die Anmahnung von Teilleistungen unwirksam. Die Anmahnung einer Teilleistung bedeutet keine Mahnung des nicht angemahnten Teils.

Bei **wiederkehrenden Leistungen** kann in der Anmahnung einer Rate auch die An- **40** mahnung der aufgelaufenen Rückstände liegen, wenn für den Schuldner deutlich wird, daß der Gläubiger alles ihm bislang Zustehende fordern will. Hingegen ist es nicht möglich, in der Anmahnung einer Rate auch die Mahnung künftiger Raten zu sehen, weil diese noch nicht fällig sind und damit die Grundvoraussetzung des Abs 1 S 1 für den Eintritt des Verzugs durch Mahnung nicht vorliegt (vgl Rn 5). Dies gilt entgegen der hM (BGHZ 103, 62, 64 ff; FamRZ 1983, 352, 355, GERNHUBER/COESTER-WALTJEN, Familienrecht § 45 X 2; HUBER I 427 f; MünchKomm/ERNST Rn 51; auch STAUDINGER/KAPPE/ENGLER [2000] § 1613 Rn 41 ff) auch für wiederkehrende *Unterhaltsansprüche*. Es ist nicht einzusehen, daß der Unterhaltsschuldner, der wegen eines Monatsbetrags angemahnt worden ist und diesen vielleicht gezahlt hat, für alle späteren Monatsbeträge, die der Gläubiger nicht angemahnt hat, Verzugszinsen zahlen soll. Aus § 1613 Abs 1 ergibt sich nichts anderes, da dieser durch die Verwendung des Begriffs „Verzug" auf die Voraussetzungen des § 286 ausdrücklich Bezug nimmt. Häufig wird bei wiederkehrenden Leistungen die Zeit für die Leistung der einzelnen Raten allerdings nach dem Kalender bestimmt sein, so daß der Verzug nach § 286 Abs 2 Nr 1 ohne Mahnung eintritt. Auch kann die Mahnung wegen ernsthafter und endgültiger Erfüllungsverweigerung entbehrlich sein (vgl Rn 83).

b) Form, Zeit und Ort der Mahnung

41 Die Mahnung bedarf regelmäßig keiner besonderen **Form**. Sie kann deshalb, wenn sie bestimmt genug ist (Rn 28), auch durch schlüssige Handlung erfolgen. Ausnahmsweise kann aber eine Form vorgeschrieben sein: Ansprüche gegen die Bundesrepublik Deutschland auf Entschädigung für Unrechtshandlungen der ausländischen Streitkräfte werden durch Einreichung des Antrags auf Entschädigung gem Art 9 des Ausführungsgesetzes zum NATO-Truppenstatut vom 18. 8. 1961 angemahnt. Eine besondere Form sieht § 39 VVG für die Mahnung nicht rechtzeitig gezahlter *Versicherungsprämien* vor.

42 Besondere Vorschriften über **Zeit** und **Ort** der Mahnung enthält das BGB nicht. Doch ergibt sich, was die Zeit der Mahnung anbelangt, aus Abs 1 S 1, daß die Mahnung erst wirksam ergehen kann, wenn der *Anspruch entstanden und fällig* geworden ist. Die Mahnung wegen Trennungsunterhalts kann deshalb den Schuldner nicht auch wegen eines künftigen Anspruchs auf nachehelichen Unterhalt in Verzug setzen (BGHZ 103, 62, 66 f). Auch kann, wenn eine Verfallklausel vereinbart ist, nicht im voraus für den Fall gemahnt werden, daß in Zukunft eine Rate nicht pünktlich bezahlt werde (HGB-Großkomm/WÜRDINGER Vorbem 332 zu § 373 HGB). Schließlich können auch Unterhaltsansprüche, die erst künftig, etwa mit der Geburt eines Kindes entstehen, nicht im Vorwege angemahnt werden; mit der aufschiebend befristeten Mahnung (Rn 52) hat das nicht zu tun (**aA** STAUDINGER/KAPPE/ENGLER [2000] § 1613 Rn 43).

43 Allerdings kann die Mahnung mit der Erklärung verbunden werden, welche die **Fälligkeit erst herbeiführt** (RGZ 50, 261; BGH WM 1970, 1141; HUBER I 428 f; HGB-Großkomm/WÜRDINGER Vorbem 332 zu § 373 HGB). Wird etwa der Kaufpreis erst fällig, wenn der Verkäufer die Ware anbietet, so kann die Mahnung mit diesem Angebot verbunden werden (RG aaO). Muß sich der Gläubiger zwischen verschiedenen Ansprüchen entscheiden – wie bei der Wahlschuld und in den Fällen der §§ 179 Abs 1, 281 Abs 4 – kann die Mahnung in der Geltendmachung eines der Ansprüche liegen. Auch mit einer *Kündigung*, etwa eines Darlehens oder eines Mietvertrages, kann die Anmahnung der Rückgewähr verbunden werden, doch ist dies nur in den Fällen von praktischer Bedeutung, in denen ein Zeitpunkt für die Rückgewähr nicht schon nach dem Kalender im Sinne des Abs 2 Nr 2 bestimmt ist. In diesen Fällen wird die Mahnung in dem Zeitpunkt wirksam, in dem die Fälligkeit infolge der Kündigung eintritt.

44 Eine Mahnung, die zu *unpassender Zeit*, zB außerhalb der Geschäftszeit, oder am *unpassenden Ort*, zB bei einer Festlichkeit, ausgesprochen wird, ist wirksam. Indessen tritt der Verzug aufgrund einer solchen Mahnung erst nach Ablauf einer angemessenen Zeit ein, das heißt in dem Zeitpunkt, in dem nach Treu und Glauben und

Verkehrssitte gemahnt werden durfte (HGB-Großkomm/WÜRDINGER Vorbem 332 zu § 373 HGB; ERMAN/BATTES § 284 Rn 26).

c) Mahnung als geschäftsähnliche Rechtshandlung

Die Mahnung wird heute allgemein zwar nicht als Rechtsgeschäft, wohl aber als **45** sogenannte geschäftsähnliche Rechtshandlung aufgefaßt, auf welche die Vorschriften über Rechtsgeschäfte insoweit anzuwenden sind, als die ratio legis zutrifft (BGHZ 37, 352, 357; NJW 1987, 1546, 1547; LARENZ I § 23 Ia; MünchKomm/ERNST Rn 46; SOERGEL/WIEDE-MANN § 284 Rn 21; HUBER I 414 f). Daraus folgt:

Eine Mahnung wird nach Maßgabe der §§ 130 – 132 wirksam (BGH 37, 352, 357). Dies **46** bedeutet auch, daß die Mahnung *bei unbekanntem Aufenthalt des Schuldners* nach § 132 Abs 2 **öffentlich zugestellt** werden muß. Entgegen PLANCK/SIBER (Anm 6 d) ist die Mahnung gerade mit Rücksicht auf § 132 auch bei unbekanntem Aufenthalt des Schuldners nicht untunlich und nicht deshalb entbehrlich: Die Ausführung von PLANCK/SIBER, die öffentliche Zustellung „sei dem Gläubiger wegen ihrer Langwie-rigkeit und Kostspieligkeit nicht anzusinnen", ist nicht überzeugend. So sehr lang-wierig ist die Maßnahme in der Praxis nicht, und die Kosten fallen nicht sehr ins Gewicht, da die öffentliche Zustellung praktisch ja nur dann veranlaßt wird, wenn trotz der Abwesenheit des Schuldners Aussicht besteht, das Guthaben beizutreiben. Dann können aber doch auch die Kosten der Mahnung, für die der Schuldner haftet, von diesem beigetrieben werden. Im übrigen ist die öffentliche Zustellung beispiels-weise bei Kündigung eines Darlehens nicht weniger langwierig und kostspielig, aber gleichwohl unerläßlich.

Die von einem **Geschäftsunfähigen** ausgehende Mahnung ist gem § 105 Abs 1 nichtig. **47** Nach hM soll hingegen eine von einem beschränkt Geschäftsfähigen ausgehende Mahnung gem § 107 stets wirksam sein, weil sie ihm lediglich einen rechtlichen Vor-teil bringe, nämlich die Verzugsansprüche gegen den Schuldner auslöse (MünchKomm/ ERNST Rn 46; HUBER I 415; SOERGEL/WIEDEMANN § 284 Rn 21). Dieser Auffassung kann nicht zugestimmt werden, weil sie die Mahnung aus einem einheitlichen Geschäftsvorgang zu Unrecht vollständig herauslöst. Es erscheint wenig sinnvoll, zB dem achtjährigen Eigentümer eines Mietshauses die Fähigkeit zuzusprechen, die Mietzahlungen an-zumahnen, während doch alle anderen mit den Mietverhältnissen zusammenhängen-den Rechtshandlungen, wie die Kündigung und die Entgegennahme des Mietzinses vom gesetzlichen Vertreter vorgenommen werden müssen. Man faßt deshalb für die Anwendung des § 107 die Mahnung besser als Vorstadium der Erfüllung auf und entscheidet die Frage der Zustimmungsbedürftigkeit bei Minderjährigen danach, ob er für die Entgegennahme der Leistung der Zustimmung des gesetzlichen Vertreters bedarf (dazu STAUDINGER/DILCHER[12] § 107 Rn 11). Davon unabhängig ist die Mahnung selbstverständlich wirksam, wenn der gesetzliche Vertreter in sie eingewilligt hat. Eine Genehmigung kommt hingegen nicht in Betracht (§ 111 S 1).

Auf die Mahnung sind die Vorschriften über die **Stellvertretung** (§§ 164 ff) anzuwen- **48** den. Die Mahnung muß deshalb, wenn sie nicht vom Gläubiger selbst ausgesprochen wird, von seinem gesetzlichen oder bevollmächtigten Vertreter ausgehen. Deshalb ist die Mahnung des nur mit der technischen Ausführung beauftragten Bauleiters recht-lich wirkungslos (OLG Köln JurBüro 1968, 1016). Auch die an eine Vertragspartei ge-richtete Erinnerung des beurkundenden Notars setzt diese nicht gegenüber den anderen Vertragsparteien in Verzug, weil der Notar nicht Vertreter der Beteiligten ist (OLG Schleswig DNotZ 1975, 371). Weil der Schuldner vor Unsicherheit geschützt werden muß (§ 180 S 1), kann der *Vertreter ohne Vertretungsmacht* auch dann nicht wirksam mahnen, wenn seine Erklärungen genehmigt werden. Die Mahnung durch einen Bevollmächtigten kann zurückgewiesen werden, wenn dieser keine *Vollmachts-urkunde* vorlegt (§ 174). Zur Übertragung der Befugnis, zu mahnen, „zur Ausübung" auf einen anderen, insbes im Rahmen einer Einziehungsermächtigung STAUDINGER/ NOACK (1999) Einl 118 ff zu § 398.

49 Die *Mahnung durch einen Bevollmächtigten* zwingt den Schuldner nicht zur Leistung gerade an diesen, auch wenn die Vollmacht die Befugnis, den Leistungsgegenstand entgegenzunehmen, einschließt. Vielmehr kann der Schuldner die Verzugsfolgen auch in diesem Falle durch Leistung an den Gläubiger selbst abwenden. Die Voll-machterteilung bewirkt ja keine Entmündigung des Vollmachtgebers, und der Schuldner kann interessiert sein, an den Gläubiger persönlich zu leisten, zB zum Zweck der Ersparung von Hebegebühren eines Rechtsanwalts (§ 22 BRAGO).

50 Die Mahnung kann statt dem Schuldner auch einem *Stellvertreter zugehen*. Ist der Schuldner eine Bank und die Schuld im Geschäftsbetrieb einer Zweigniederlassung der Bank begründet, so genügt es, daß die Mahnung dem Inhaber der Hauptnieder-lassung zugeht (RGZ 130, 23, 25). Die Mahnung gegenüber einem minderjährigen Schuldner *muß* seinem gesetzlichen Vertreter zugehen (§ 131).

51 Die hM hält eine **bedingte Mahnung** für wirkungslos (RGZ 75, 333, 335; JW 1927, 521; LARENZ I § 23 I a; HUBER I 433 f; ERMAN/BATTES § 284 Rn 24). Dem ist mit der Einschränkung zuzustimmen, daß eine Potestativbedingung, deren Eintritt oder Nichteintritt allein vom Willen des Schuldners abhängig ist, wirksam ist, weil keine für den Schuldner unzumutbare Unsicherheit entsteht (PLANCK/SIBER Anm 4 e aE; SOERGEL/WIEDEMANN § 284 Rn 25; MünchKomm/ERNST Rn 48; **aA** auch insoweit HUBER aaO). Dementsprechend ist insbes eine Mahnung wirksam, die unter der auflösenden Bedingung der Sicherheitsleistung durch den Schuldner erfolgt. Auch kann die Mahnung bei einem Dauerschuldver-hältnis unter die Bedingung gestellt werden, daß sich der Schuldner nicht auf den Abschluß eines ihm gleichzeitig angebotenen Aufhebungsvertrags einläßt. Keine Mahnung ist die hilfsweise Mahnung, mit der eine Forderung für den Fall angemahnt wird, daß die in erster Linie geltend gemachte Forderung nicht besteht; insoweit handelt es sich nur um eine Rechtsbedingung (HUBER I 431 ff).

52 Eine **befristete Mahnung** ist nach allgemeiner Meinung zulässig; sie entfaltet ihre Rechtswirksamkeit mit dem Ablauf der bestimmten Frist. Allerdings ist bei der Annahme solcher befristeter Mahnungen Vorsicht geboten. Etwa wird eine Erklä-rung „Wenn Sie nicht bis zum Monatsende gezahlt haben, werde ich Klage erheben", in der Regel eine sofortige Mahnung darstellen und lediglich die weitere Maßnahme der Klageerhebung befristen wollen.

53 Die Mahnung führt, wenn der Schuldner auf sie hin nicht leistet, zum Eintritt des Verzugs und löst damit die mit dem Verzug verbundenen Rechtsfolgen aus. Diese **Gestaltungswirkung** der Mahnung kann ebensowenig „durch *Rücknahme*" beseitigt werden wie die Gestaltungswirkung einseitiger Rechtsgeschäfte, etwa einer Kündi-gung, beseitigt werden kann (BGH NJW 1987, 1546, 1547; anders STAUDINGER/A WERNER[10/11]

Rn 40). Der Gläubiger hat nur die Möglichkeit, vertraglich auf die ihm aus dem Verzug erwachsenen Rechte zu *verzichten*. Die Rücknahme kann als Angebot auf einen solchen Verzicht ausgelegt werden. Allerdings setzt der Verzicht voraus, daß der Gläubiger noch Inhaber der Forderung ist. Ist diese kraft Gesetzes oder durch Abtretung auf einen Dritten übergegangen, geht der Verzicht ins Leere.

Möglich bleibt die **Rücknahme der Mahnung** aber insoweit, als diese noch keine **54** Gestaltungswirkung entfaltet hat. Die Rücknahme beseitigt dann für die Zukunft den Verzug und hindert den Eintritt weiterer Verzugsfolgen. Etwa erwachsen keine weiteren Verzugszinsen und haftet der Schuldner bei danach eintretendem Untergang nicht mehr gem § 287 für zufällige Unmöglichkeit.

d) Mehrere Gläubiger

Bei *Teilgläubigerschaft* kann jeder Teilgläubiger hinsichtlich seiner Quote rechtswirk- **55** sam mahnen. Im Falle der *Gesamtgläubigerschaft* folgt aus § 428, daß jeder Gläubiger bezüglich der ganzen Forderung rechtswirksam mahnen kann, die Verzugsfolgen aber nur gegenüber dem Mahnenden eintreten (§§ 429, 425). Bei der *Mitgläubigerschaft zur gesamten Hand* (§§ 709, 718 ff, 2033 Abs 2) kann eine rechtswirksame Mahnung nur von allen Gläubigern gemeinschaftlich ausgehen, mit der Ausnahme des Miterbenverhältnisses, wo jeder Erbe Leistung an alle fordern kann (§ 2039). Demgemäß kann jeder der Miterben eine Mahnung in der Weise ergehen lassen, daß er Leistung an alle verlangt.

e) Mitwirkung des Gläubigers

Ist zur Leistung eine Mitwirkung des Gläubigers erforderlich, so gerät der Schuldner **56** trotz der Mahnung nicht in Verzug, solange der Gläubiger die ihm obliegende Handlung nicht vornimmt und der Schuldner aus diesem Grunde die Leistung nicht bewirken kann. Der Gläubigerverzug schließt den Schuldnerverzug aus (BGH WM 1971, 1268; BGH NJW 1996, 1745 f; NJW-RR 1994, 1469, 1470; SCHMIDT-KESSEL, Gläubigerfehlverhalten [2004] § 18 II 1). Bei einer Holschuld wird der Schuldner also nur dann in Verzug gesetzt, wenn der Gläubiger sich zur Empfangnahme am Leistungsort einfindet; beim Spezifikationskauf (§ 375 HGB) kann Verzug erst eintreten, wenn der Gläubiger seinen Auftrag spezifiziert hat. Aus dem gleichen Grund tritt trotz der Mahnung Verzug nicht ein, solange der Gläubiger die ihm erfüllungshalber gegebenen Wechsel nicht vorlegen kann (Art 38 Abs 1 WG; OLG Hamburg MDR 1952, 754). Im Streitfall ist der Gläubiger dafür beweispflichtig, daß er eine ihm obliegende Mitwirkungshandlung vorgenommen hat (MünchKomm/ERNST Rn 115). Verweigert der Schuldner bestimmt und endgültig die Erfüllung, so tritt der Verzug aber auch ohne Vornahme der Mitwirkungshandlungen des Gläubigers ein (RG JW 1908, 194). Deshalb steht der Wirksamkeit der Mahnung einer Holschuld nicht entgegen, wenn sich der Gläubiger zwar nicht am Leistungsort eingefunden hat, der Schuldner aber schon erklärt hat, die Erfüllung verweigern zu wollen (BGH LM § 138 BGB [Ca] Nr 20 = NJW-RR 1990, 442), vgl Rn 83.

Der Schuldner gerät nicht in Verzug, wenn der Gläubiger zur Zeit der Mahnung bzw **57** am kalendermäßig bestimmten Leistungstermin **nicht in der Lage oder nicht willens ist, die Leistung anzunehmen**. Es wäre unbillig, in diesem Fall die Nachteile und Risiken der Leistungsverzögerung dem Schuldner aufzuerlegen. Vielmehr kann insoweit *§ 297 analog* angewandt werden (überzeugend GURSKY AcP 173 [1973] 450, 455 ff; im

Ergebnis auch MünchKomm/Ernst Rn 53; aM Huber I 461). Erklärt der Gläubiger nachträglich seine Annahmebereitschaft, so werden die Verzugsfolgen ausgelöst, ohne daß es einer erneuten Mahnung bedürfte. In entsprechender Anwendung des § 297 trägt der Schuldner die Beweislast für die fehlende Annahmebereitschaft des Gläubigers.

f) Zeitpunkt des Verzugseintritts

58 Ist die Mahnung selbst nicht befristet (dazu oben Rn 52), tritt der Verzug **mit dem Zugang der Mahnung** ein, wenn der Schuldner nicht alsbald die Leistung erbringt (BGH LM § 546 ZPO Nr 129, wo ausgeführt wird, daß dies auch für Unterhaltsansprüche gilt). Daß dem Schuldner noch eine „mäßige Zeit" für die Bewirkung der Leistung gelassen werden müsse (so OLG Kiel SchlHAnz 1915, 179) oder er gar Anspruch darauf habe, nach der Mahnung seine Leistung erst noch vorzubereiten oder zu beschaffen, kann nicht zugegeben werden (in diesem Sinne aber wohl Planck/Siber Anm 7 a). Der Schuldner hat *ab Fälligkeit leistungsbereit* zu sein. Die Mahnung hat insoweit nur die Funktion, ihn unter den Druck der Verzugsfolgen zu setzen, die er nur vermeiden kann, wenn er **alsbald** leistet (Huber I 455 f). Mehr als die Zeit, die ein leistungsbereiter Schuldner braucht, um die Leistung tatsächlich zu erbringen, kann ihm nicht zugebilligt werden. Diese Zeit hat er aber auch (Larenz I § 23 Ia). Liefert der Schuldner eine Sache alsbald nach Erhalt der Mahnung aus und geht sie auf dem Weg zum Gläubiger durch Zufall unter, trifft den Schuldner noch nicht die Rechtsfolge des § 287. Aus dem gleichen Grund sind Verzugszinsen erst ab dem Zeitpunkt zu zahlen, zu dem das Geld nach Zugang der Mahnung auf schnellstem Weg zum Gläubiger hätte gelangen können.

59 Wird die Mahnung mit der Erklärung verbunden, welche die Fälligkeit erst herbeiführt (Rn 43), tritt Verzug erst nach Ablauf der Zeit ein, die der Schuldner nach der Verkehrsanschauung in Anspruch nehmen darf, um die Leistung bereitzustellen (Huber I 457). Bei Geldforderungen muß ihm die Zeit, die eine zügige Prüfung üblicherweise in Anspruch nimmt, zugebilligt werden. Die 30-Tages-Frist des Abs 3 hat er aber nicht, denn diese Vorschrift schafft nur einen *zusätzlichen* Verzugstatbestand (Rn 89).

60 Befand sich der Gläubiger in Annahmeverzug, führt seine Erklärung, er sei nunmehr zur Annahme bereit und mahne die Leistung an, nicht unmittelbar zum Schuldnerverzug. Vielmehr ist dem Schuldner eine angemessene Zeit zuzubilligen, innerhalb derer er seine Leistung erneut anbieten kann (OLG Sachsen-Anhalt OLGR Naumburg 2002, 427).

61 Der Schuldner muß die ihm nach dem Schuldverhältnis obliegende **Leistungshandlung vornehmen**. Je nach dem, ob eine Hol-, Schick- oder Bringschuld vorliegt, muß er also die Leistung bereitstellen, absenden oder dem Gläubiger an dessen Wohn- oder Geschäftssitz anbieten (Staudinger/Bittner § 269 Rn 2). Mehr ist nicht erforderlich, denn der Verzug allein ändert den Charakter des Schuldverhältnisses nicht. Allerdings muß die vom Schuldner vorgenommene Leistungshandlung den Anforderungen an ein ordnungsgemäßes Schuldnerverhalten entsprechen. Wählt der Schuldner also etwa bei der Schickschuld eine besonders langsame Versendungsart und verzögert sich dadurch die Ankunft der Leistung, so gerät er für den Zeitraum der Verzögerung in Verzug. Auch wird man bei der Holschuld in der Regel verlangen müssen, daß er zur Vermeidung des Verzugs dem Gläubiger die Bereitstellung der Leistung meldet.

Verzug kann aufgrund der Mahnung nur eintreten, wenn der Schuldner die Nicht- **62**
leistung *zu vertreten* hat (Abs 4). Dies kann auch für den Zeitpunkt des Verzugseintritts von Bedeutung sein (vgl Rn 166).

4. Klageerhebung als Mahnungsersatz

Nach § 286 Abs 1 S 2 steht die Erhebung der Klage auf Leistung der Mahnung gleich; **63**
das Gesetz sieht in der **Leistungsklage** die unmißverständliche Aufforderung zur
Leistung. Die Erhebung der Klage erfolgt durch **Zustellung der Klagschrift** (§ 253
Abs 1 ZPO). Dabei kann der Eintritt des Verzugs nicht gem § 167 ZPO auf die
Einreichung der Klagschrift vorgezogen werden: § 167 ZPO ist auf die Fälle der
Fristwahrung und Verjährungsunterbrechung beschränkt. Zudem weiß der Schuld-
ner, solange die Klage nicht zugestellt ist, nicht von der Aufforderung zur Leistung.
Ob die Leistungsklage vor einem inländischen oder ausländischen Gericht erhoben
ist, spielt keine Rolle (Josef BlIPR 1926, 241); ebensowenig, ob das angegangene Gericht für den Rechtsstreit zuständig ist, wenn dieser nur an das zuständige Gericht
verwiesen wird (§ 17a Abs 2 GVG). Auch ein *Hilfsantrag* reicht aus (RGZ 117, 114;
BGH LM § 284 BGB Nr 22 = NJW 1981, 1732). Ebenso haben die *nachträgliche Klager-
weiterung* sowie die Erhebung einer auf die Leistung gerichteten *Widerklage* die
Wirkungen der Mahnung. Diese treten mit dem Zeitpunkt ein, in dem die entsprechenden Anträge erhoben werden oder ein sie enthaltender, den Erfordernissen
des § 253 Abs 2 Nr 2 ZPO entsprechender Schriftsatz zugestellt wird (§ 261 Abs 2
ZPO).

Auch die Erhebung einer *Stufenklage* nach § 254 ZPO reicht aus (vgl BGHZ 80, 269, 277 **64**
für die Auskunftsklage des Pflichtteilsberechtigten; LM § 546 ZPO Nr 129 für die Klage auf Auskunft
über die wirtschaftlichen Verhältnisse des Unterhaltsschuldners). Gleiches gilt von einem Antrag auf *einstweilige Verfügung* oder einstweiliger Anordnung, soweit er auf eine
Leistung gerichtet ist (BGH LM § 284 BGB Nr 27 = NJW 1983, 2318, 2320 für den Antrag
auf einstweilige Unterhaltsregelung nach § 620 S 1 Nr 6 ZPO). Schließlich genügt auch ein
Antrag auf Prozeßkostenhilfe, wenn die beabsichtigte Rechtsverfolgung auf eine
Leistung gerichtet ist (BGH LM § 546 ZPO Nr 129).

Nicht ausreichend ist die Erhebung einer *Feststellungsklage* nach § 256 ZPO (RG JW **65**
1927, 521) oder die Geltendmachung des Anspruchs im Wege der *Einrede* (Mot I 363).
Die Erhebung einer *Klage auf künftige Leistung* reicht ebenfalls nicht aus. Hier fehlt
es schon an der auch hier vorausgesetzten Fälligkeit der Leistung. Tritt aber die
Fälligkeit während des Prozesses ein, so genügt die Fortsetzung des Prozesses durch
den Gläubiger, um den Schuldner in Verzug zu setzen (Planck/Siber Anm 5). Wird die
Verpflichtung zu einer Leistung erst durch ein *Gestaltungsurteil* des Gerichts begrün-
det, kann ein entsprechender Antrag des Gläubigers keinen Verzug herbeiführen
(BAG NJW 1969, 1735; OLG Braunschweig OLGZ 66, 15, 19). Doch wird man annehmen
müssen, daß mit der Rechtskraft eines entsprechenden Gestaltungsurteils Verzug des
Schuldners auch dann eintritt, wenn das Urteil einen bestimmten Zeitpunkt für die
Leistung nicht ausdrücklich festlegt. Denn mit der vollstreckbaren Entscheidung ist
dem Schuldner nachdrücklich vor Augen geführt, daß er alsbald zu leisten hat. Die
Forderungsanmeldung in der Insolvenz ersetzt die Mahnung nicht, weil sie keine
Zahlungsaufforderung an den Schuldner enthält (RGZ 121, 207, 211; s auch LG München I
NJW 1957, 1562, 1563). Erst recht unzureichend ist eine Klage, die den Anspruch, dessen

Verzug in Rede steht, nicht zum **Streitgegenstand** hat, sondern nur eine Vorfrage klären soll. Beispiel ist die Kündigungsschutzklage: Das BAG nimmt zwar an, daß die Kündigungsschutzklage Ausschlußfristen für von ihr abhängige Entgeltansprüche wahren kann (LÖWISCH/RIEBLE, TVG § 1 Rn 772); Verzug mit solchen Ansprüchen begründet sie aber nicht (BAG NJW 1995, 2244; ZIP 2000, 766, 767).

66 Der Mahnung steht nach § 286 Abs 1 S 2 auch die **Zustellung eines Mahnbescheids** im Mahnverfahren gleich (§§ 688 ff ZPO, § 46a ArbGG).

5. Verzug ohne Mahnung

a) Nach dem Kalender bestimmte Leistungszeit

67 Gem § 286 Abs 2 Nr 1 kommt der Schuldner ohne Mahnung in Verzug, wenn für die Leistung eine Zeit nach dem Kalender bestimmt ist. Das Gesetz hält den Eintritt des Verzugs ohne Mahnung gleich bei Fälligkeit für gerechtfertigt, weil einerseits durch die kalendermäßige Bestimmung zum Ausdruck kommt, daß die Zeit der Erfüllung für den Gläubiger wesentlich ist, und weil andererseits der Schuldner in diesen Fällen genau weiß, wann er zu leisten hat. Daraus ergibt sich zugleich, daß der Vorschrift nur die Fälle zuzuordnen sind, in denen der Kalendertag für die Leistung unmittelbar oder mittelbar **fest bezeichnet** ist, nicht aber diejenigen, in denen die kalendermäßige Zeit nur ungefähr feststeht oder sich nur unter Anknüpfung an ein weiteres nicht festliegendes Ereignis berechnen läßt (RGZ 103, 33, 34; BGH BB 1962, 543; BB 1971, 677; HUBER, Leistungsstörungen I 436 f). Daß der Vertrag, der die kalendermäßige Bestimmung enthält, seinerseits noch der Genehmigung bedarf, hindert die Anwendung von Abs 2 Nr 1 hingegen nicht (BGH NJW 2001, 365 = LM Nr 46 zu § 284 mit Anm LÖWISCH).

68 Die kalendermäßig bestimmte Leistungszeit muß zwischen Gläubiger und Schuldner von vornherein oder nachträglich insbesondere im Rahmen einer Stundung **vereinbart** sein. Die einseitige Bestimmung eines Zahlungsziels durch den Gläubiger genügt nicht (LG Paderborn MDR 1983, 225; **aA** FAHL JZ 1995, 341 ff). Doch kann in einer solchen einseitigen Bestimmung eines Zahlungsziels je nach den Umständen des Falles eine – befristete (Rn 52) – Mahnung im Sinne des Abs 1 S 1 liegen. Wird mit der Angabe des Zahlungsziels gleichzeitig eine Rechnung oder Zahlungsaufstellung übersandt, ist der Verzugstatbestand des Abs 3 erfüllt (Rn 100).

69 Dementsprechend fällt die Vereinbarung der Leistungszeit *„bis spätestens* Mitte oder Ende des Monats" regelmäßig unter § 286 Abs 2 (BAG WM 1982, 245, 246; OLG Hamburg OLGE 33, 124; s aber auch BGH BB 1971, 677, wonach in einem solchen Fall der Wille der Parteien auch darauf gerichtet sein kann, nur einen ungefähren Leistungstermin zu bestimmen). Bei einem Kauf „lieferbar April" kommt der Verkäufer am 1. 5. ohne Mahnung in Verzug (RGZ 106, 89). Ist die Leistung in einer *bestimmten Kalenderwoche* vereinbart (BGH WM 1996, 1598, 1599), tritt Verzug mit dem Beginn der folgenden Kalenderwoche ein. Gleiches gilt, wenn die Leistung „14 Tage ab Bestellung" erbracht werden muß (BGH WM 1992, 823, 825). Die Zeit für die Leistung ist gem § 286 Abs 2 Nr 1 auch dann nach dem Kalender bestimmt, wenn eine Fertigstellung der Bauarbeiten nach Ablauf eines bestimmten Zeitraums im Vertrag vereinbart ist und das Datum des Beginns des Zeitraums während der Vertragsdurchführung einvernehmlich festgelegt wird (BGH NJW 2002, 1274).

Der Schuldner kommt auch dann ohne Mahnung in Verzug, wenn als Zeitpunkt der **70**
Leistung ein *„bewegliches" Fest*, zB Ostern oder Pfingsten eines bestimmten Jahres,
oder der Geburtstag einer bestimmten Person festgesetzt ist. In allen diesen Fällen
läßt sich der Fälligkeitstag aus dem Kalender ablesen, was für die Anwendung des
Abs 2 genügt (RG JW 1928, 1804).

Kalendermäßig bestimmt ist die Leistungszeit auch dann, wenn der Käufer die ge- **71**
kaufte Ware im Laufe eines bestimmten Jahres *in ungefähr gleichen Monatsraten
abzurufen* oder abzunehmen hat; in diesem Fall gerät der Käufer mit Schluß des
Jahres (nicht mit Ablauf jeden Monats hinsichtlich einer einzelnen Rate (OLG Hamburg OLGE 28, 68) ohne Mahnung in Verzug, wenn bis dahin nicht alles abgerufen ist
(RG Recht 1911 Nr 2826; HoldhMSchr 1912, 77). Ist freilich in jedem Monat eine *bestimmte
Menge* zu liefern, so kommt der Schuldner mit dem Ablauf eines Monats, in dem er
sein Liefersoll nicht erfüllt hat, in Verzug in bezug auf diejenige Lieferung, die in
diesem Monat zu leisten war (RG Recht 1918, 975). Verpflichtet sich ein Musikproduzent, in jedem Kalenderjahr der Vertragslaufzeit eine bestimmte Zahl von Titeln zu
produzieren, kommt er jeweils zum Ende des Kalenderjahres nach Abs 2 Nr 1 in
Verzug, wenn er die bestimmte Zahl von Titeln nicht produziert hat (BGH NJW 2001,
2878).

Nach Ansicht des RG (SoergRspr 1915 Nr 2 zu §284; LZ 1924, 331) soll eine kalendermä- **72**
ßige Bestimmung der Zahlungszeit nicht vorliegen, wenn der Kaufpreis für das verkaufte Grundstück *am Tage der Übergabe und Auflassung* gezahlt und diese Akte
spätestens am 1.6. vorgenommen werden sollen. Diesen Entscheidungen ist aber
nicht zu folgen, denn im Ergebnis ist in diesen Fällen der 1.6. als Zeitpunkt für
die Übergabe und Auflassung und zugleich als Zeitpunkt für die Zahlung des Kaufpreises festgelegt. Folglich ist im Ergebnis der Zeitpunkt der Zahlung kalendermäßig
bestimmt.

Nicht ausreichend für §286 Abs 2 Nr 1 sind die Bestimmungen *„circa* Mitte oder **73**
Ende Juni" (RG Verkehrsrundschau 1925, 30) und „circa drei Tage" (OLG Saarbrücken
OLGR Saarbrücken 2002, 295 = IBR 2002, 599 [LS]), weil hier die Leistungszeit infolge
der Circaklausel nicht fest bestimmt ist. Auch bei den Vereinbarungen „Lieferung
2 Wochen nach Abruf", „Bezahlung 1 Monat nach Lieferung" oder „Bezahlung nach
Rechnungsstellung" ist die Leistungszeit nicht von vornherein nach dem Kalender
bestimmt, da der Zeitpunkt des Abrufs der Ware oder der Rechnungsstellung zunächst offen ist (OLG Saarbrücken OLGR Saarbrücken 2000, 103, 104). Gleiches gilt, wenn
eine in einem Bauvertrag vereinbarte Ausführungsfrist erst *ab* dem nicht von vornherein kalendermäßig bestimmten tatsächlichen *Arbeitsbeginn* laufen soll (BGH LM
§284 BGB Nr 32 = NJW 1986, 2049, 2050) oder wenn sich der an sich kalendermäßig
bestimmte Baubeginn verzögert (OLG Düsseldorf IBR 2000, 120). Führen Gläubiger
und Schuldner einen Musterprozeß und vereinbaren in diesem Zusammenhang,
daß der Schuldner im Falle einer für ihn ungünstigen höchstrichterlichen Entscheidung in gleichgelagerten Fällen Nachzahlung leistet, liegt darin noch keine kalendermäßige Bestimmung der Leistungszeit (BAG – 8 AZR 95/97 –, nv). Auch für die
Bestimmung „4 Monate nach Friedensschluß" hat das Reichsgericht die Anwendbarkeit der Vorgängervorschrift des §284 Abs 2 zu Recht verneint (WarnR 1923/24
Nr 93).

74 Ist für **wiederkehrende Leistungen** die Zeit nach dem Kalender bestimmt, leistet aber der Schuldner *fortgesetzt verspätet*, so kommt er regelmäßig auch dann zu der bestimmten Zeit in Verzug, wenn der Gläubiger die verspätete Leistung immer unbeanstandet hinnimmt. Einer Mitteilung des Gläubigers, daß er künftig auf pünktlicher Zahlung bestehe, bedarf es hierzu nicht (BGH LM § 554 BGB Nr 1). Voraussetzung ist auch hier, daß die wiederkehrende Leistung der Höhe nach (schon) bestimmt ist. Das trifft auf *Unterhaltsansprüche* nur insoweit zu, als sie durch Vereinbarung oder Urteil betragsmäßig fixiert sind (BGH NJW 1984, 868; s auch STAUDINGER/KAPPE/ENGLER [2000] § 1613 Rn 48 f).

75 **Nach Abs 2 Nr 2** tritt Verzug ohne Mahnung auch dann ein, wenn die Leistungszeit insofern kalendermäßig bestimmt ist, daß sie sich von einem Ereignis ab, das der Leistung vorauszugehen hat, nach dem Kalender berechnen läßt. Das Gesetz geht davon aus, daß der Schuldner auch in einem solchen Fall nach Eintritt des Ereignisses genau weiß, bis zu welchem Zeitpunkt er zu leisten hat und deshalb nicht erwarten kann, daß er erst noch gemahnt wird. Abs 2 Nr 2 ist heute auch die Vereinbarung einer Vertragsstrafe für den Fall zuzurechnen, daß nicht innerhalb einer bestimmten Frist nach Abnahme und Schlußrechnung gezahlt wird (Thüringisches OLG MDR 1999, 993, 994).

76 Anders als die Vorgängervorschrift des § 284 Abs 2 S 2 erfaßt Abs 2 Nr 2 nicht nur den Fall, daß der Leistung eine Kündigung vorauszugehen hat. Vielmehr genügt jedes Ereignis, sofern nur von diesem ab sich die Leistungszeit nach dem Kalender berechnen läßt. Ereignisse in diesem Sinne sind etwa der Abruf der Leistung, die Erbringung der Gegenleistung und die Mitteilungen Dritter, etwa eines Notars an den Grundstückskäufer, daß seiner Eintragung im Grundbuch nichts mehr entgegensteht (dazu HERTEL DNotZ 2001, 910). Auch der Zugang der Rechnung ist ein solches Ereignis, so daß, wenn eine kürzere Frist vertraglich vorgesehen ist, der Verzug auch schon vor Ablauf der 30-Tages-Frist des Abs 3 eintreten kann. Einen Fall des § 286 Abs 2 Nr 2 stellt auch die Überschreitung der Überweisungsfristen nach § 676a Abs 2 S 2 dar: Das Ereignis ist der Ablauf des Tages, an dem dem überweisenden Kreditinstitut die in § 676a Abs 2 S 3 genannten Angaben vorliegen. Die nach § 676c Abs 1 S 2 von den Verspätungszinsen des § 676b Abs 1 unberührt bleibende Haftung aus Verzug tritt also alsbald nach Ablauf der Überweisungsfrist ein (**aM** PALANDT/SPRAU § 676c Rn 2).

77 Nach Abs 2 Nr 2 muß die Frist „angemessen" sein. Der Schuldner soll nicht gleich mit dem die Fälligkeit erst herbeiführenden Ereignis den Verzugsfolgen ausgesetzt werden dürfen, sondern erst nach Ablauf einer Zeit, die er billigerweise braucht, um die Leistung bereitzustellen. Es gilt insoweit nichts anderes als in dem Fall, daß mit einer Erklärung, die die Fälligkeit erst herbeiführt, gleich eine Mahnung verbunden wird (oben Rn 43). Wie lang diese Frist zu sein hat, richtet sich in erster Linie nach dem jeweiligen Vertrag und Art und Umfang der zu erbringenden Leistung. Wird Ware abgerufen, muß die Leistung regelmäßig innerhalb weniger Tage erfolgen. Ist der Kaufpreis für ein Grundstück zu entrichten, für den der Käufer einen Kredit in Anspruch nehmen muß, muß die Zeit eingeräumt sein, die im Bankgeschäft für die Bereitstellung des Kredits üblicherweise notwendig ist; im Regelfall genügen dafür zwei Wochen (HERTEL DNotZ 2001, 914).

Ist die vorgesehene Frist nicht angemessen, kann Verzug nach Abs 2 Nr 2 nicht ein- **78** treten. Anzunehmen, in einem solchen Falle gelte anstelle der vereinbarten die angemessene Frist (PALANDT/HEINRICHS Rn 23), geht am Zweck der Vorschrift vorbei, denn der Schuldner kann dann gerade nicht dem Kalender den genauen Zeitpunkt entnehmen, an dem er zu leisten hat (zutreffend MünchKomm/ERNST Rn 61; HENSSLER/VON WESTPHALEN Rn 7).

In der Literatur ist die Auffassung verbreitet, Abs 2 Nr 2 sei mit Art 3 Abs 1 lit a der **79** Zahlungsverzugsrichtlinie nicht vereinbar, weil nach dieser jegliche vertragliche Fälligkeitsvereinbarung zu einer mit Fälligkeit eintretenden Verzinsungspflicht führen müsse; entsprechend ausdehnend sei Abs 2 Nr 2 richtlinienkonform auszulegen (MünchKomm/ERNST Rn 57; AnwKommBGB/SCHULTE-NÖLKE § 286 Rn 30 ff; GSELL ZIP 2000, 1861, 1868; HUBER JZ 2000, 957, 961). Das trifft nicht zu. Nach Art 3 Abs 1 lit a sind Zinsen ab dem Tag zu zahlen, der auf den vertraglich festgelegten „Zahlungstermin" oder das vertraglich festgelegte „Ende der Zahlungsfrist" folgt. Ein Ereignis ist noch kein Zahlungstermin. Vielmehr bezeichnet der Termin einen als **Datum** feststehenden Zahlungszeitpunkt, wie das auch die englische und die französische Fassung der Richtlinie mit den Begriffen „date of payment" bzw „date de paiement" zum Ausdruck bringen (zutreffend OEPEN, GS 2002, 349, 352; im Ergebnis auch HEINRICHS BB 2001, 157, 158 und SCHMIDT-KESSEL NJW 2001, 97, 99 [Fn 32]).

Art 3 Abs 1 lit a der Zahlungsverzugsrichtlinie fordert auch keinen Verzicht auf die **80** Voraussetzung der Angemessenheit der Frist (so aber AnwKommBGB/SCHULTE-NÖLKE § 286 Rn 32 f; OEPEN aaO S 353 f, die insoweit nur die allgemeine Inhaltskontrolle gegenüber Verträgen gelten lassen wollen). Mit der Angemessenheit im oben Rn 77 verstandenen Sinne verleiht Abs 2 Nr 2 nur dem Gebot von Treu und Glauben Ausdruck, das für jede Rechtsordnung, auch für das europäische Recht, selbstverständlich ist. Dementsprechend will ja auch die Zahlungsverzugsrichtlinie nur den Mißbrauch der Vertragsfreiheit zum Nachteil des Gläubigers verbieten (vgl Nr 19 der Erwägungsgründe), nicht aber den Schuldner ohne die Gebote der Rücksicht auf Treu und Glauben zu einer Leistung verpflichten.

Gerät der Schuldner mit der Leistung an dem kalendermäßig bestimmten Tag gegen- **81** über seinem Gläubiger in Verzug, so kommt er gleichzeitig mit dem Regreß, den er dem den Gläubiger befriedigenden *Bürgen* schuldet, in Verzug, wenn er nach dem (gem § 157 zu ermittelnden) Inhalt seiner vertraglichen Beziehungen zum Bürgen auch diesem gegenüber zur Zahlung an den Gläubiger verpflichtet war (OLG Bremen NJW 1963, 861 für das Verhältnis des kreditaufnehmenden Kunden zu dem die Bürgschaft übernehmenden Einzelhändler; im Ergebnis auch MünchKomm/ERNST Rn 66, der den Fall Abs 2 Nr 4 zuordnet).

Ist eine Leistung nach dem Kalender bestimmt, kann aber Verzug nicht eintreten, **82** weil nicht alle Voraussetzungen für die Fälligkeit gegeben sind, oder der Schuldner das Unterbleiben der Leistung nicht zu vertreten hat, kann Verzug nicht nach Abs 2, sondern nur nach Abs 1 oder 3 eintreten (vgl OLG Hamm OLGR Hamm 2000, 21, 22; HUBER I 441 f).

b)   Endgültige und ernsthafte Erfüllungsverweigerung
Nach Abs 2 Nr 3 tritt Verzug weiter dann ein, wenn der Schuldner bereits bestimmt **83**

und endgültig erklärt hat, daß er nicht erfüllen werde (RGZ 156, 113, 120; 119, 1, 5; BGH NJW 1964, 820): Würde sich der Schuldner in einem solchen Falle auf das Unterbleiben der Mahnung berufen, so wäre das ein *venire contra factum proprium* und damit ein Verstoß gegen Treu und Glauben (HUBER I 448 ff). Die zu dem gleichgelagerten Problem bei der Fristsetzung nach § 281 Abs 2 dargelegten Grundsätze können hier ergänzend herangezogen werden, vgl STAUDINGER/OTTO § 281 Rn B 101 ff.

84 Bei der Annahme einer Erfüllungsverweigerung in diesem Sinne ist allerdings Vorsicht geboten. Zwar können die Weisung an den Notar, nicht zu zahlen, oder die Tatsache, daß der Schuldner seine Familie verläßt und seine Unterhaltsleistungen einstellt, oder daß der Unterhaltsschuldner deutlich macht, er werde erst zahlen, wenn er verurteilt werde, als Erfüllungsverweigerung aufgefaßt werden (OLG Frankfurt DNotZ 1989, 254; OLG Schleswig SchlHA 1985, 29; OLG Hamm FamRZ 1997, 1402). Hingegen bedeutet die *Bitte um Stundung* noch keine Erfüllungsverweigerung, da sie die Bereitwilligkeit zu späterer Erfüllung nicht ausschließt (RGZ 66, 430, 431); ebenso die Erklärung, zur fristgerechten Leistung außerstande zu sein (BGH Betrieb 1976, 238). Auch die *Äußerung rechtlicher Zweifel* und die Ablehnung der Leistung verbunden mit der Erklärung, zu Verhandlungen über den Streitpunkt bereit zu sein, genügen nicht (BGH Betrieb 1971, 1203; LM § 326 BGB [Dc] Nr 2). Wo sich der Gläubiger zunächst auf eine Diskussion um die Erfüllungsverweigerung eingelassen hat, kann ebenfalls nicht ohne weiteres von einem venire contra factum proprium gesprochen werden.

85 Liegt in diesen Fällen die Erfüllungsverweigerung schon **vor der Fälligkeit** der Forderung, so tritt dennoch der Verzug erst mit der Fälligkeit ein (RG WarnR 1919 Nr 87; BGH NJW 1962, 1340, 1341). Der Schuldner gerät nicht für eine vergangene Zeit in Verzug (BGH LM § 284 BGB Nr 30 = NJW 1985, 486; HUBER I 450). In der grundlosen Erfüllungsverweigerung des Schuldners kann allerdings eine Pflichtverletzung liegen, die den Gläubiger nach § 280 Abs 1 zum Schadensersatz berechtigen und ihm nach § 323 Abs 4 einen Grund zum Rücktritt vom Vertrag geben kann (vgl zum früheren Recht STAUDINGER/OTTO [2001] § 326 aF Rn 139 ff). Die Verzugsvorschriften schließen die Regeln über die positive Forderungsverletzung erst aus, wenn Fälligkeit eingetreten ist und damit Verzug in Betracht kommt (s Vorbem 18 f zu §§ 286–292).

c) Besondere Gründe

86 Nach Abs 2 Nr 4 ist die Mahnung auch dann entbehrlich, wenn aus besonderen Gründen unter Abwägung der beiderseitigen Interessen der sofortige Eintritt des Verzugs gerechtfertigt ist. Gemeint sind damit in erster Linie die Fälle, in denen sich aus Inhalt oder Umständen eines Vertrages ohne weiteres ergibt, daß **nur eine sofortige Leistung dem Interesse des Gläubigers gerecht wird** und auch der Schuldner sich darauf einrichten muß, sofort zu leisten. Erfaßt werden vor allem Leistungen, mit denen weitere Schäden abgewendet werden sollen, zB die Reparatur eines Wasserrohrbruchs. Hierher gehört aber auch der Fall, daß ein Unternehmer sich zur möglichst beschleunigten Ausbesserung eines Schiffsmotors verpflichtet, aber wegen seiner eigenen unsachgemäßen Arbeit das Werk nicht innerhalb der vorgesehenen Frist herstellt. Der Leistungszeit kommt in einem solchen Fall entscheidende Bedeutung zu, weil der Besteller während der Reparaturzeit mit dem Schiff nichts verdient, während die Unkosten weiterlaufen (BGH NJW 1963, 1823). Hierher gehört auch die nach einem Diebstahl in den Räumen des Mieters gemachte Zusage des Vermieters, für einen besseren Verschluß zu sorgen, um angesichts der Zeitverhältnisse zu be-

fürchtende neue Diebstähle zu verhindern (RGZ 100, 42), sowie die Zusage sofortiger
Verladung (OLG Naumburg LZ 1922, 35), das Versprechen der Aufführung einer Pre-
miere während der Haupttheaterzeit (RG Recht 1907 Nr 1790) oder die Zusage einer
Bank, bei einem Wertpapierkauf oder Verkauf an der Börse sofort tätig zu werden
(LG Nürnberg WM 2000, 1004). Vom absoluten Fixgeschäft (Vorbem 7 zu §§ 286–292) un-
terscheiden sich diese Fälle dadurch, daß die Leistung noch nachholbar ist, aber die
Verzögerung mit der Gefahr beträchtlicher Schäden verbunden ist. Auch in der
Vereinbarung einer Vertragsstrafe für den Fall, daß nicht innerhalb eines bestimmten
Zeitraumes nach Abnahme und Schlußrechnung gezahlt wird, kann die Einigung
darüber liegen, daß nach Ablauf des Zeitraumes ohne weiteres Verzug eintreten soll
(Thüringer OLG MDR 1999, 993, 994). Nach Nr 4 könnte außerdem der sofortige Eintritt
des Verzugs mit der Nacherfüllung bei Lieferung einer mangelhaften Sache vor dem
ursprünglich vereinbarten Leistungszeitpunkt begründet werden, wenn bei den Vertragsverhandlungen deutlich geworden ist, daß beim Gläubiger im Falle des Mangels
sofort nach der Lieferung Verzugsschäden – etwa ein Betriebsausfallschaden – eintreten würden (idS Schmidt-Kessel, System § 7 II 2 b, III 2 a).

Abs 2 Nr 4 erfaßt darüber hinaus alle Fälle, in denen es **Treu und Glauben wider-** 87
sprechen würde, vom Gläubiger eine Mahnung zu verlangen. Insbesondere muß sich
der Schuldner entsprechend dem Rechtsgedanken des § 162 Abs 1 dann als gemahnt
behandeln lassen, wenn er den Gläubiger durch die unwahre Angabe, er habe geleistet oder die Leistung sei unterwegs, von der Mahnung abgehalten hat (HGB-
Großkomm/Würdinger Vorbem 336 zu § 373 HGB; Huber I 445 f). Zu weit geht aber die
Auffassung, die bloße Ankündigung der Leistung durch den Schuldner, etwa die
Zusage, höhere Unterhaltsleistungen zu erbringen, oder die Vornahme eines Erfül-
lungsversuchs stünden als „Selbstmahnung" der Mahnung gleich (so etwa OLG Köln
NJW-RR 2000, 73; Palandt/Heinrichs Rn 25; früher Zittelmann, in: FG Paul Krüger [1911]
282 ff). Es ist nicht einzusehen, warum der Schuldner, der die Leistung verspricht
oder gar die Erfüllung versucht, bloß dieser Tatsache wegen schlechter gestellt sein
soll als derjenige, der ganz untätig bleibt (Huber I 446 f). Vgl in diesem Sinne auch RG
SeuffA 75 Nr 185, wonach die Mahnung nicht dadurch entbehrlich wird, daß sich der
Schuldner freiwillig vor der Fälligkeit zur Leistung bereit erklärt hat.

Werden wiederkehrende Leistungen, die der Schuldner bisher erbracht hat, von ihm 88
ohne Begründung gegenüber dem Gläubiger eingestellt, ergibt die Interessenabwägung nach Treu und Glauben, daß für die ausbleibenden Zahlungen ohne weiteres Verzug eintritt (OLG Brandenburg NJW-RR 2002, 870). Auch wenn der Schuldner
durch sein Verhalten den Zugang einer Mahnung verhindert hat, tritt Verzug ohne
Mahnung ein (OLG Köln NJW 1999, 4 für den Fall, daß sich ein Unterhaltsschuldner durch
ständigen Wohnsitzwechsel dem Zugang einer Mahnung entzieht).

6.   Verzug bei Entgeltforderungen

a)   Allgemeines

Durch die Aufnahme des Wortes „spätestens" in die Regelungen des Abs 3 hat der 89
Gesetzgeber klargestellt, daß der dort getroffenen Regelungen **kein Ausschließlich-**
keitscharakter zukommt, es sich vielmehr um einen zusätzlichen Verzugstatbestand
handelt (vgl die Begründung des RE BT-Drucks 14/6040, S 146 f).

90 Entgegen der hM war auch schon die Vorgängervorschrift des § 284 Abs 3 als zusätzlicher Verzugstatbestand zu verstehen, weil nur das dem Zweck seiner Einführung entsprach, fällige Zahlungen zu beschleunigen (s dazu ausführlich STAUDINGER/ LÖWISCH [2001] § 284 aF Rn 79 ff sowie LÖWISCH, in: FS Stoll [2001] 49 ff).

91 Anders als der frühere § 284 Abs 3 enthält § 286 Abs 3 besondere Regelungen für Schuldner, die Verbraucher sind. Zum Begriff des Verbrauchers s § 13.

92 Für Geldforderungen aus Schuldverhältnissen, die vor dem 1. Januar 2000 entstanden sind, gilt nach Art 229 § 5 S 1 EGBGB der frühere § 284 Abs 3. Danach entstandene Schuldverhältnisse unterstehen dem neuen § 286 Abs 3. S im einzelnen STAUDINGER/ LÖWISCH (2003) Art 229 § 1 EGBGB Rn 2 f.

b) Anwendungsbereich

93 Anders als § 284 Abs 3 gilt § 286 Abs 3 nicht für alle Geldforderungen, sondern **nur für Entgeltforderungen**. Die Forderung muß das Entgelt für eine vom Gläubiger erbrachte oder zu erbringende Leistung sein. In Betracht kommen in erster Linie Kaufpreisforderungen, Werklohnforderungen, Mietforderungen und Vergütungsforderungen aus Dienst- und Arbeitsverträgen. Aber auch beim Zinsanspruch aus einem verzinslichen Darlehen handelt es sich um eine Forderung auf Entgelt, nämlich für die Überlassung des Kapitals. Hingegen stellt der Rückzahlungsanspruch aus einem Darlehen kein Entgelt dar.

94 Wie sich aus § 357 Abs 1 S 2 ergibt, will das Gesetz zu den Entgeltforderungen auch die Ansprüche auf Rückzahlung nach Widerruf oder Rücktritt rechnen (MünchKomm/ ERNST Rn 77). Entgegen JAUERNIG/VOLLKOMMER Rn 37 gilt das nicht nur für Verbraucherverträge: § 357 Abs 2 S 1 setzt die Anwendung von § 286 Abs 3 auf alle Rückzahlungsansprüche voraus und bestimmt nur, daß bei Verbraucherverträgen die 30-Tages-Frist erst mit der Widerrufs- oder Rückgabeerklärung des Verbrauchers beginnt. Gilt § 286 Abs 3 auch für Rückzahlungsansprüche nach Rücktritt, ist es dann auch konsequent, die Vorschrift auch auf Bereicherungsansprüche wegen rechtsgrundloser Leistung anzuwenden (PALANDT/HEINRICHS Rn 27; **aM** MünchKomm/ ERNST Rn 75).

95 Keine Anwendung findet die Vorschrift auf Schadensersatzforderungen und Forderungen aus einer Eingriffskondiktion. Auch Aufwendungsersatzansprüche aus Auftrag, Geschäftsbesorgung und Geschäftsführung ohne Auftrag stellen keine Entgeltforderung dar.

96 Dem Zusammenhang der Vorschrift ist zu entnehmen, daß sie nur solche Entgeltforderungen meint, die in Geldforderungen bestehen. Denn nur über solche kann es eine „Rechnung oder Zahlungsaufstellung" geben. Nur das entspricht auch dem Zweck der Vorschrift, der Vorgabe von Art 3 Abs 1 lit b der Zahlungsverzugsrichtlinie der EG (dazu Rn 79) gerecht zu werden (MünchKomm/ERNST Rn 76). Anzuknüpfen ist dabei, wie auch in § 288 Abs 1, an den allgemeinen Begriff der Geldschuld. Für diesen ist entscheidend, daß **Gegenstand** der Forderung eine Geldleistung ist, während es auf den Rechtsgrund der Forderung nicht ankommt. Ob es sich um eine Geldsummenschuld oder eine Geldwertschuld handelt, spielt auch hier keine Rolle.

S im einzelnen zu Begriff und Abgrenzung der Geldschuld STAUDINGER/K SCHMIDT (1997) Vorbem A 1 und D 42 ff zu §§ 244 ff.

c) Voraussetzungen

Verzugseintritt nach Abs 3 S 1 setzt voraus, daß dem Schuldner über die Entgeltfor- **97** derung eine **Rechnung** oder eine gleichwertige Zahlungsaufstellung zugegangen ist. Hierunter ist nach dem allgemeinen Sprachgebrauch die Fixierung der Entgeltforderung zu verstehen, die der Gläubiger für eine von ihm an den Schuldner oder im Interesse des Schuldners erbrachte Leistung beansprucht. Daß die Rechnung in einzelne Posten aufgegliedert ist, verlangt das Gesetz nicht. § 14 VOB/B, der den Bauunternehmer zur Aufstellung einer prüfbaren Abrechnung verpflichtet, kann nicht verallgemeinert werden (**aA** AnwKommBGB/SCHULTE-NÖLKE Rn 49; FABIS ZIP 2000, 867 f). Auch eine Pauschalrechnung, die lediglich den insgesamt geforderten Geldbetrag ausweist, ist eine Rechnung.

Wenn demgegenüber in der Literatur verlangt wird, die Rechnung müsse so detailliert **98** sein, daß der Schuldner die Berechtigung der Forderung überprüfen könne (Münch-Komm/ERNST Rn 80; JAUERNIG/VOLLKOMMER Rn 33), kann dem nicht gefolgt werden. Die geschilderte Auffassung machte nur Sinn, wenn Abs 3 Ausschließlichkeitscharakter und damit auch Schutzfunktion zugunsten des Schuldners zukäme. Da das aber nicht der Fall ist (oben Rn 89), besteht kein Anlaß, den Schuldner besser zu behandeln, als wenn der Gläubiger mit der Fälligstellung eine Mahnung verbindet. Vielmehr genügt es, daß die Rechnung so wie eine Mahnung Klarheit über die geforderte Leistung und deren Umfang schafft (wie hier AnwKommBGB/SCHULTE-NÖLKE, Rn 49).

Das Gesetz sieht für die Rechnung keine besondere Form, insbesondere keine **99** Schriftform, vor. Auch eine nicht unterschriebene Rechnung genügt deshalb den Anforderungen des Abs 3 S 1. Im übrigen wird man dem Zweck der Vorschrift entsprechend verlangen müssen, daß die geltend gemachte Forderung in einer Weise fixiert ist, daß sie der Schuldner jederzeit in vergegenständlichter Form abrufen kann. Dem genügen Fax- und E-Mail-Mitteilungen, nicht aber mündliche oder rein telefonische.

Mit **gleichwertiger Zahlungsaufstellung** will das Gesetz den Fall erfassen, daß der **100** Gläubiger den geforderten Geldbetrag zwar nicht in Rechnung stellt, dem Schuldner aber eine Mitteilung zukommen läßt, aus der sich ergibt, daß er einen bestimmten Geldbetrag als Entgelt schuldet. Zu denken ist insbesondere an einen Auszug aus einem vom Gläubiger geführten Konto über Soll und Haben des Schuldners, wenn sich aus diesem zugleich ein Zahlungstermin ergibt. Auch ein Anwaltsschreiben, in dem auf eine Forderung des Gläubigers aufmerksam gemacht wird, kann eine Zahlungsaufstellung sein, so daß es auf die Frage, ob in dem Schreiben gleichzeitig eine Mahnung liegt, nicht ankommt (AnwKommBGB/SCHULTE-NÖLKE § 286 Rn 53). Auch die Mitteilung eines Notars, ein Grundstückskaufpreis sei nunmehr fällig, enthält eine Zahlungsaufstellung mit der Folge, daß ohne besondere Mahnung Verzug eintreten kann, selbst wenn die Mitteilung nicht gleichzeitig eine Zahlungsfrist enthält, also der Verzugstatbestand Abs 2 Nr 2 ausscheidet (BASTY DNotZ 2000, 262 f).

Rechnung und Zahlungsaufstellung können die Wirkungen des Abs 3 grundsätzlich **101** nur auslösen, wenn sie **richtig** sind. Ist aus der Rechnung oder Zahlungsaufstellung

Manfred Löwisch

nicht ersichtlich, für was gezahlt werden soll, kann dem Schuldner nicht angelastet werden, wenn er die Zahlung unterläßt. Durch Zuvielforderung braucht sich der Schuldner ebenso wie bei der Mahnung nur dann angesprochen zu fühlen, wenn der überschießende Betrag geringfügig ist, oder auf einem offensichtlichen Rechenfehler beruht (s oben Rn 36). Hingegen sind Zuwenigforderungen auch im Rahmen des Abs 3 in Höhe des geforderten Betrages regelmäßig wirksam, weil der Gläubiger bei Geldforderungen grundsätzlich Teilleistungen verlangen kann (oben Rn 39).

102 Rechnungen oder gleichwertige Zahlungsaufstellungen müssen dem Schuldner **zugehen**. Der Zugang richtet sich, ebenso wie bei der Mahnung, nach den §§ 130 bis 132 BGB. Auch sonst gelten die Vorschriften über Rechtsgeschäfte, weil Rechnungsstellung und Zahlungsaufstellung, nicht anders als die Mahnung, als rechtsgeschäftsähnliche Handlungen aufzufassen sind (s im einzelnen Rn 45 ff).

103 Der Verzug nach Abs 3 tritt 30 Tage nach Fälligkeit und Zugang von Rechnung oder gleichwertiger Zahlungsaufstellung ein. Rechnung und Zahlungsaufforderung können – anders als die Mahnung nach Abs 1 – auch schon vor Fälligkeit erfolgen. Der Lauf der 30-Tages-Frist beginnt aber in jedem Falle erst nach Eintritt der Fälligkeit und wenn Rechnung und Zahlungsaufstellung nach Fälligkeit erfolgen, erst nach deren Zugang.

104 Für die Berechnung der 30-Tages-Frist gelten die §§ 186 ff. Nach § 187 Abs 1 wird für den Anfang der Frist der Tag der Fälligkeit oder des Zugangs nicht mitgerechnet. Nach § 188 Abs 1 endet die Frist mit dem Ablauf des 30. Tages. Fällt der 30. Tag auf einen Sonntag, allgemeinen Feiertag oder Sonnabend, endet die Frist erst mit dem Ablauf des nächsten Werktages (§ 193). S im einzelnen die Erläuterungen zu den §§ 186 ff bei STAUDINGER/WERNER (1995).

105 Abs 3 ist grundsätzlich abdingbar. Insbesondere können Gläubiger und Schuldner **zugunsten des Schuldners** vereinbaren, daß Verzug nur nach Mahnung eintreten soll. Soweit eine solche Vereinbarung in Allgemeinen Geschäftsbedingungen erfolgt, ist allerdings zu beachten, daß Abs 3 iS des § 307 Abs 2 Nr 1 nunmehr zu den wesentlichen Grundgedanken der gesetzlichen Verzugsregelung gehört und deshalb als Leitbild beachtet werden muß. Abweichungen bedürfen deshalb einer sachlichen Rechtfertigung, die sich etwa aus Besonderheiten des jeweiligen Vertragstyps ergeben kann (s hierzu Art 3 Abs 3 Zahlungsverzugsrichtlinie sowie im einzelnen STAUDINGER/ COESTER [1998] § 9 AGB-Gesetz Rn 168 ff).

106 Nach Abs 3 S 1 2. HS wirkt der besondere Verzugstatbestand der Rechnung oder gleichwertigen Zahlungsaufstellung **gegenüber einem Verbraucher** (zum Begriff die Kommentierung zu § 13) nur, wenn auf die in Abs 3 S 1 genannten Folgen besonders hingewiesen worden ist. Notwendig ist danach der Hinweis, daß nach Ablauf von 30 Tagen Verzug eintritt. Ein Aufschlüsselung der Verzugsfolgen ist nicht erforderlich. Das Gesetz sagt nicht, daß auf die Folgen des Verzugs, sondern nur, daß auf „diese" Folgen, also die des Abs 3, hingewiesen werden muß (wie hier MünchKomm/ERNST Rn 84; JAUERNIG/VOLLKOMMER Rn 35; **aM** AnwKommBGB/SCHULTE-NÖLKE Rn 65).

107 Der Hinweis muß **in** der Rechnung oder Zahlungsaufstellung erfolgen und **deutlich** („besonders") hervorgehoben sein. Es gilt nichts anderes wie bei der Belehrung des

Verbrauchers über ein Widerrufsrecht nach § 355 Abs 2: Der Hinweis muß dem Schuldner entsprechend den Erfordernissen des eingesetzten Kommunikationsmittels (Rn 99) deutlich machen, daß nach Ablauf von 30 Tagen der Verzug eintritt (MünchKomm/ERNST Rn 84).

Der Hinweis nach Abs 3 S 1 2. HS hindert nicht eine nachträgliche Mahnung nach **108** Abs 1, doch muß diese dem Schuldner/Verbraucher deutlich machen, daß nunmehr unverzügliche Zahlung verlangt wird (AnwKommBGB/SCHULTE-NÖLKE Rn 67; enger Münch-Komm/ERNST Rn 84, der in einer solchen Mahnung stets ein widersprüchliches Verhalten iS des § 242 erblicken will).

Läßt sich der Zeitpunkt des Zugangs der Rechnung oder Zahlungsaufstellung nicht **109** sicherstellen, kommt gem Abs 3 S 2 ein Schuldner, der nicht Verbraucher ist, spätestens 30 Tage nach Fälligkeit und Empfang der Gegenleistung in Verzug. Die Vorschrift muß ihrem Sinn entsprechend restriktiv ausgelegt werden: Der Gläubiger, der den Zugang von Rechnung oder Zahlungsaufstellung nicht nachweisen kann, soll sich hilfsweise darauf berufen können, daß auch Fälligkeit und Empfang der Gegenleistung schon 30 Tage zurückliegen. 30 Tage vom behaupteten Zugang der Rechnung oder Zahlungsaufstellung stellen also eine Mindestfrist dar, die sich nicht verkürzt, wenn Fälligkeit und Leistung schon vor dem Zeitpunkt des behaupteten Zugangs liegen (OEPEN ZGS 2002, 349, 350; AnwKommBGB/SCHULTE-NÖLKE Rn 69; Münch-Komm/ERNST Rn 90).

Ist streitig, ob dem Schuldner überhaupt eine Rechnung zugegangen ist, kann Abs 3 **110** S 2 keine Anwendung finden, denn das liefe darauf hinaus, daß der Gläubiger sich statt auf den Zugang der Rechnung oder gleichwertigen Zahlungsaufstellung einfach auf Fälligkeit und Empfang der Gegenleistung berufen und damit die Ausnahme des S 2 zur Regel machen könnte (OEPEN aaO, Rn 351; MünchKomm/ERNST Rn 90).

Abs 3 S 2 gilt nur gegenüber Schuldnern, die nicht Verbraucher sind. Ist unsicher, **111** wann einem Verbraucher eine Rechnung oder gleichwertige Zahlungsaufstellung zugegangen ist, bewendet es bei der Anwendung von Abs 3 S 1, was praktisch bedeutet, daß der Verzug erst 30 Tage nach dem Zeitpunkt eintreten kann, zu dem der Zugang feststeht.

III. Ende des Verzugs

1. Durch nachträgliche Leistung

Der Schuldnerverzug wird für die Zukunft dadurch beendet, daß der Schuldner die **112** geschuldete Leistung nachträglich erbringt. Dabei ist, wenn der **Verzug aufgrund einer Mahnung** eingetreten ist, für die Erbringung der Leistung auf die **Vornahme der Leistungshandlung** abzustellen. Wie der Verzug aufgrund einer Mahnung dann nicht eintritt, wenn der Schuldner alsbald die geschuldete Leistungshandlung vornimmt (oben Rn 58), so muß er enden, wenn der Schuldner durch Vornahme der Leistungshandlung das nach dem Schuldverhältnis seinerseits Erforderliche getan hat (OLG Karlsruhe NJW 1955, 504 f; DIEDERICHSEN JuS 1985, 825, 834). Notwendig und ausreichend ist ein Angebot in einer den Annahmeverzug begründenden Weise (OLG Düsseldorf NJW-RR 1999, 1396; HUBER I 478 ff). Bei einer *Bringschuld* ist erforderlich, daß der Schuldner die Leistung dem Gläubiger an dessen Wohn- oder Geschäftssitz anbietet. Bei einer *Schickschuld* ist notwendig, daß die Leistung abgesandt ist. Dabei ist die Leistungshandlung erst dann als abgeschlossen anzusehen, wenn sich der Schuldner der Verfügungsgewalt über den Leistungsgegenstand endgültig begeben hat. Bei *Holschulden* ist die Bereitstellung der Leistung und in aller Regel nach Treu und Glauben zusätzlich die Mitteilung an den Gläubiger erforderlich, daß die Leistung nunmehr bereitsteht. Sieht man mit der in diesem Kommentar vertretenen Auffassung in der *Geldschuld* eine modifizierte Bringschuld (STAUDINGER/BITTNER § 270 Rn 1 ff), muß eine Barzahlung dem Gläubiger an dessen Wohn- oder Geschäftssitz angeboten werden. Gleiches gilt für einen Scheck. Eine Überweisung muß bei der Gläubigerbank eingehen; maßgebend ist dann der Zeitpunkt, an dem diese die Buchung auf das Konto des Gläubigers im ordnungsgemäßen Geschäftsgang vornehmen kann (RGWarn 1925 Nr 130).

113 In allen Fällen ist es notwendig, daß der Schuldner die Leistungshandlung so vornimmt, wie das von einem ordentlichen Schuldner verlangt werden kann. Deshalb genügt ein bloßer Leistungsversuch zur Verzugsbeendigung ebensowenig (RG LZ 1913, 542) wie die Hingabe eines Schecks, der dann nicht eingelöst werden kann (arg § 162, vgl LG Berlin MDR 1988, 55). Aber auch die Wahl eines unangemessenen, insbes zu langsamen Transportweges bei der Schickschuld reicht nicht aus; hier endet der Verzug erst, wenn der Leistungserfolg tatsächlich eingetreten ist.

114 Der *Verzug mit einer Abnahmepflicht* (dazu Vorbem 22 zu §§ 286–292) wird durch einfaches Lieferungsverlangen beendet (RG Recht 1924 Nr 1473). Nimmt allerdings der zur Abnahme Verpflichtete die ihm aufgrund seines Lieferungsverlangens erneut angebotene Leistung wiederum nicht ab, spricht dies regelmäßig dafür, daß das Lieferungsverlangen nicht ernst gemeint war und den Verzug deshalb nicht beenden konnte.

115 Ist der **Verzug ohne Mahnung**, insbesondere wegen Verstreichens des kalendermäßig bestimmten Zeitpunkts für die Leistung (Abs 2 Nr 1), oder wegen Verstreichens der 30-Tages-Frist nach Fälligkeit und Rechnungsstellung (Abs 3), eingetreten, so genügt für die Beendigung des Verzugs die Vornahme der Leistungshandlung nicht. Vielmehr ist der Verzug erst in dem Zeitpunkt beendet, in dem der **Leistungserfolg tatsächlich eingetreten** oder der Gläubiger in Annahmeverzug geraten ist (aA SOERGEL/WIEDEMANN Rn 48; HUBER I 477 f; differenzierend STAUDINGER/OTTO [2001] § 326 aF Rn 115). Es wäre unbillig, wollte man den Schuldner für den Zeitraum zwischen Leistungshandlung und Leistungserfolg aus den Verzugsfolgen entlassen, obwohl er wußte, daß er die Verzugsfolgen nur vermeiden konnte, wenn er rechtzeitig zum kalendermäßig bestimmten Zeitpunkt bzw zum Ablauf der 30-Tages-Frist leistete. Man denke etwa an den Fall, daß in einem Betrieb ein Teil der Produktion stilliegt, weil zum 1. 3. zu liefernde Teile erst am 28. 3. vom Schuldner abgesandt werden und am 2. 4. beim Gläubiger eintreffen. Hier muß der Gläubiger Verzugsschadensersatz nicht nur für die Zeit bis zum 28. 3., sondern bis zum 2. 4. leisten. Auch wäre es unbillig, den Schuldner in diesen Fällen für die Zeit zwischen Leistungshandlung und Leistungserfolg von der Zufallshaftung des § 287 zu befreien. Bedeutsam ist dies freilich nur für die Schickschuld, weil nur dort Leistungshandlung und Leistungserfolg zeitlich auseinanderfallen. Zu den Schickschulden zählt aber auch die Geldschuld. Das Urteil des BGH NJW 1969, 875 ist deshalb nur richtig, weil für die besondere Frist des § 39

VVG nach dem Sinn dieser Vorschrift auf die Zahlungshandlung abgestellt werden muß.

Wenn der Gläubiger die ihm angebotene *Leistung nicht annimmt*, so ändert das **116** grundsätzlich nichts an der Beendigung des Verzugs. Doch darf der Schuldner den Gläubiger auch nicht mit der Leistung gleichsam überfallen. Insbesondere muß bei längerdauerndem Verzug dem Gläubiger ausreichende Zeit gelassen werden, sich auf die Entgegennahme der Leistung einzurichten (BAG BB 1975, 1578 für den Fall des Verzugs mit der Erfüllung eines Ausbildungsvertrages).

Eine **Leistung unter Vorbehalt** beendet den Schuldnerverzug jedenfalls dann, wenn **117** sie *Erfüllungswirkung* gem § 362 hat. Dies ist der Fall, wenn der Schuldner bei der Leistung lediglich erklärt, er behalte sich vor, diese nach § 812 zurückzufordern, falls sich herausstellt, daß die Verpflichtung zur Leistung nicht besteht (STAUDINGER/OLZEN [2000] § 362 Rn 24 ff). Die Nichtannahme der Leistung führt in diesem Fall auch zum Gläubigerverzug (s § 294 Rn 9).

Leistet der Schuldner unter einem Vorbehalt, der den *Eintritt der Erfüllungswirkung* **118** *verhindert*, etwa indem er das Bestehen der Forderung zur Bedingung macht, endet der Schuldnerverzug gleichwohl, wenn der Gläubiger die Leistung annimmt (BGH NJW 1981, 2244 für den Fall, daß der Gläubiger die Leistung in der Zwangsvollstreckung vorläufig durchsetzt; zust ERMAN/BATTES Rn 39). Deshalb sind die Kosten einer Sicherheitsleistung, die der Gläubiger erbringt, um vollstrecken zu können, kein Verzugsschaden, soweit sie nach Erbringung der Leistung entstehen (SOERGEL/WIEDEMANN § 286 Rn 28; allerdings gehören sie nach überwiegender Meinung zu den Vollstreckungskosten nach § 788 ZPO, vgl Rn 230). Bürdete man dem Schuldner der tatsächlich erbrachten Leistung hier zusätzlich die Verzugsfolgen auf, wäre sein Recht, eine streitige Forderung klären zu lassen, stark entwertet (vgl zum parallelen Problem beim Gläubigerverzug § 293 Rn 20). Der Gläubiger ist dadurch genug geschützt, daß er sich eine solche Leistung nicht aufdrängen zu lassen braucht. Nimmt er sie aber an oder setzt er sie in der Zwangsvollstreckung durch und kann damit über sie verfügen, wäre es unangemessen, wenn er zudem noch in den Genuß der Verzugsfolgen käme (aA BRAUN AcP 184 [1984] 152 169 f, der aber die Schadensersatzfolgen zum Teil über eine Schadensabwendungspflicht des Gläubigers wieder repariert).

Hat der Gläubiger seinerseits erklärt, daß er die Leistung nicht annehmen werde, **119** oder ist zur Bewirkung der Leistung eine **Mitwirkungshandlung des Gläubigers** erforderlich, genügt zur Beendigung des Schuldnerverzugs in jedem Fall ein wörtliches Angebot der Leistung (WIRTH JuS 2002, 764, 766). Wie § 295 zeigt, wird vom Schuldner in diesen Fällen nicht mehr erwartet als die Erklärung seiner Leistungsbereitschaft. Erklärt sich der Gläubiger dann nachträglich zur Entgegennahme der Leistung bereit oder nimmt er die Mitwirkungshandlung vor, gerät der Schuldner erneut in Verzug, wenn er nicht alsbald leistet.

Zur Beendigung des Verzugs ist grundsätzlich die Erbringung der **vollständigen Lei-** **120** **stung** erforderlich.

Das Teilleistungsverbot des § 266 gilt auch im Falle des schon eingetretenen Verzugs. **121** Wer eine aus mehreren Teilen bestehende Anlage zu liefern hat, kann nicht gegen den Willen des Gläubigers durch Lieferung einzelner Teile den Verzug teilweise beenden. Der Schuldner einer Kaufpreisforderung von 1000 Euro kann durch eine Zahlung von 500 Euro den Verzug gegen den Willen des Gläubigers nicht auf die übrigen 500 Euro beschränken. Nimmt der Gläubiger eine Teilleistung aber entgegen, so ist damit der Verzug bezüglich des geleisteten Teils beendet.

122 Zur Vollständigkeit der Leistung gehören auch die durch den Verzug entstandenen weiteren Ansprüche auf Verzugschadensersatz und Verzugszinsen (Mot II 66 f; RGZ 147, 377, 382 f; BGB-RGRK/ALFF Rn 30). Der hinter dem *Teilleistungsverbot* des § 266 stehende Gedanke, auf den Schuldner einen gewissen Druck zu vollständiger Leistung auszuüben, um den Gläubiger davor zu bewahren, Restforderungen gerichtlich eintreiben zu müssen, trifft auch hier zu. Wenn demgegenüber auf die Anrechnungsvorschriften der §§ 366 f verwiesen wird (so jetzt insbes MünchKomm/ERNST Rn 96 f; iE übereinstimmend DIEDERICHSEN JuS 1985, 825, 835; SCHERNER JR 1971, 441; ERMAN/BATTES Rn 40; SOERGEL/WIEDEMANN Rn 49; BEUTHIEN/JANSSEN Anm zu BAG AP Nr 2 zu § 284 BGB; HUBER I 479 f), überzeugt das nicht. Diese Vorschriften sind im Verhältnis zu § 266 keine leges speciales, sondern setzen die Entgegennahme der Leistung durch den Gläubiger voraus. Zudem könnte diese Auffassung in Fällen, in denen die Hauptleistung nicht in Geld besteht, von vornherein nicht greifen, weil es sich dann bei der Hauptleistung um Verzugszinsen oder Verzugsschaden nicht um gleichartige Leistungen handelt, wie das § 366 Abs 1 voraussetzt. Wenn § 367 Abs 2 dem Gläubiger ausdrücklich das Recht gibt, die Annahme der Leistung abzulehnen, wenn der Schuldner eine zur Tilgung seiner ganzen Schulden nicht ausreichende Leistung entgegen § 367 Abs 1 nicht zunächst auf die Kosten, dann auf die Zinsen und zuletzt auf die Hauptleistung anrechnen lassen will, hat das nur klarstellende Funktion. Dem Interesse des Schuldners, seine strenge Vertragshaftung durch Leistung des ursprünglich Geschuldeten so schnell wie möglich zu beenden, auf das BITTNER hinweist (STAUDINGER/BITTNER § 266 Rn 9), ist durch eine an § 242 orientierte Auslegung von § 266 Rechnung zu tragen. Insbesondere muß sich der Gläubiger dann zunächst mit der Hauptleistung begnügen, wenn der Verzugsschaden zweifelhaft ist (BAG BB 1975, 1578; für § 266 auch OLG Düsseldorf NJW 1965, 1763 und OLG Hamm VersR 1967, 383). Eine ausdrückliche Regelung besteht insoweit nur für das Verbraucherdarlehen: Nach § 497 Abs 3 S 2 darf der Darlehensgeber Teilzahlungen in keinem Fall zurückweisen.

123 Beim **Kauf** bleibt der Verzug bei Lieferung einer mangelhaften Sache bestehen. Er endet erst, wenn der Verkäufer gem § 439 Abs 1 den Mangel beseitigt oder mangelfrei nachliefert oder der Käufer sich gem §§ 437 Nr 2, 440, 441 für Rücktritt, Minderung oder Schadensersatz entscheidet (HUBER I 482 f; EISENHARDT JuS 1970, 489, 490).

124 Der Schuldner kann den Verzug durch nachträgliche Leistung grundsätzlich auch dann noch beenden, wenn der Gläubiger wegen Vorliegens besonderer Umstände (§§ 323 Abs 2 Nr 3, 281 Abs 2) vom Vertrag zurücktreten oder Schadensersatz statt der Leistung *verlangen kann* (vgl RGZ 104, 27, 28). Erst wenn der Gläubiger tatsächlich jene Rechte geltend gemacht hat, besteht die Leistungspflicht nicht mehr und kommt der Schuldner deshalb zu spät. Ist die Leistung nach Verzugseintritt **unmöglich** geworden, so bestimmen sich von da an die Rechte des Gläubigers nach den Vorschriften über die Unmöglichkeit, vgl Vorbem 14. Gleiches gilt, wenn der Schuldner gem § 275 Abs 2 und 3 die Leistung verweigert, vom Zeitpunkt der Verweigerung ab (Vorbem 17 zu §§ 286–292). Die Eröffnung des **Insolvenzverfahrens** über das Vermögen

des Schuldners beendet dessen Verzug nicht (OLG Hamburg MDR 1959, 223; LG München I NJW 1957, 1562).

Die nachträgliche Vornahme der Leistung beendet den Verzug immer nur *für die* **125** *Zukunft*. Sie schließt den Eintritt weiterer Verzugsfolgen aus, läßt aber die bereits eingetretenen Verzugsfolgen grundsätzlich unberührt (BGH NJW 1995, 2032 ff). Von einer „Heilung" des Verzugs zu sprechen, ist deshalb unscharf. Zur vertraglichen Vereinbarung über bereits eingetretene Verzugsfolgen s Rn 128.

2. Bei Bestehen einer Einrede

Steht dem Schuldner gegen eine Forderung eine Einrede zu, kann er diese auch **126** gegenüber etwaigen Verzugsansprüchen des Gläubigers erheben (s oben Rn 12). Dies hat zur Folge, daß der Gläubiger die Ansprüche nicht durchsetzen kann. **War der Schuldner allerdings zu dem Zeitpunkt, in dem er die Einrede erwirbt, bereits in Verzug**, so kann er mit der Hauptleistung *nur die seit diesem Zeitpunkt* erwachsenen Verzugsforderungen verweigern. Die schon zuvor entstandenen Verzugsansprüche bleiben unberührt. Es geht nicht an, den Schuldner für sein vertragswidriges Verhalten auch noch zu belohnen, indem man diese Ansprüche der Einrede unterstellt (s ausf STAUDINGER/BITTNER § 273 Rn 121; weiter EISENHARDT JuS 1970, 492 f; HUBER I 334; STAUDINGER/PETERS [2001] § 224 aF Rn 3). Die bereits entstandenen Verzugsansprüche unterliegen dabei auch einer neuen selbständigen *Verjährung* (RGZ 111, 102, 104; PALANDT/HEINRICHS § 224 Rn 1; **aA** RGZ 156, 113, 121; ERMAN/HEFERMEHL § 224 Rn 2; BGB-RGRK/JOHANNSEN § 224; offengelassen von BGH NJW 1957, 1436 und BAG NJW 1961, 2371). Zwar gilt für sie dieselbe Verjährungsfrist wie für den Hauptanspruch, da sie letzten Endes demselben Rechtsverhältnis entspringen (RGZ 111, 102, 104; SeuffA 82, 183; BAG aaO). Die Verjährung beginnt aber nicht schon mit der des Hauptanspruchs, sondern erst mit dem Eintritt der Verzugsfolgen, also mit der Entstehung der Verzugsansprüche (RGZ 111, 104; LZ 1928, 1689; BGH MDR 1955, 462). Dabei ist hinsichtlich des Anspruchs auf Ersatz des Verzögerungsschadens gem § 199 Abs 1 grundsätzlich auf die erstmalige Entstehung des Anspruchs und die Kenntnis oder das Kennenmüssen des Gläubigers davon abzustellen, auch wenn der Schaden sich nachträglich noch weiter vergrößert (vgl iE STAUDINGER/PETERS [2001] § 198 aF Rn 29 ff). Wenn über die Hauptforderung ein rechtskräftiges Urteil vorliegt, so daß sie erst in 30 Jahren verjährt (§ 197 Abs 1 Nr 3), so ist es denkbar, daß der Anspruch auf Verzugsschaden vorher verjährt (BGH MDR 1955, 462). Zur Verjährung des gesetzlichen Anspruchs auf Verzugszinsen nach § 288 Abs 1 s § 288 Rn 29.

Erwirbt der Schuldner *nach Verzugseintritt* die **Einrede des nichterfüllten Vertrags,** **127** etwa weil nachträglich die Gegenleistung fällig geworden ist, so endet der Verzug nicht automatisch, sondern erst, wenn der Schuldner die ihm obliegende Leistung Zug um Zug gegen Erbringung der Gegenleistung anbietet (BGH WM 1964, 1247; NJW-RR 1995, 564 f; HUBER I 334). Dies steht nicht im Widerspruch dazu, daß die *von vornherein* bestehende Einrede des nicht erfüllten Vertrages den Verzugseintritt hindert (oben Rn 24): Weil der Schuldner durch die Leistungsverzögerung die Situation, durch die die Einrede entstanden ist, selbst herbeigeführt hat, kann von ihm zur Beseitigung des Verzugs mehr, nämlich das Angebot zur Erbringung seiner Leistung, verlangt werden. Treten während des Verzugs des vorleistungspflichtigen Schuldners die Voraussetzungen des § 321 ein, so genügt es zur Verzugsbeendigung, daß der Schuldner seine Leistung gegen Bewirkung der Gegenleistung anbietet (BGH NJW 1968, 103; krit Huber I 335; s hierzu auch STAUDINGER/OTTO [2001] § 321 aF Rn 23 ff).

3. Durch vertragliche Vereinbarung

128 Der Verzug endet, wenn der Gläubiger dem Schuldner nachträglich ausdrücklich oder stillschweigend die Forderung **stundet** (vgl RGZ 113, 53, 56; BGH NJW-RR 1991, 822). Ob in einer solchen Stundung auch der Verzicht auf die bereits eingetretenen Verzugsfolgen liegt, ist Sache der Auslegung (OLG Hamburg OLGE 22, 194). Zu vermuten ist ein solcher Verzicht nicht (RG SeuffA 54 Nr 143; KG BWNotZ 1967, 201 für den Fall eines Prozeßvergleichs). In der Gewährung einer „letzten Frist" an den seit langem in Verzug befindlichen Schuldner hat das Reichsgericht keinen solchen Verzicht gesehen (Recht 1920 Nr 604), ebensowenig in einer Anfrage, wann nunmehr die Lieferung zu erwarten sei (Recht 1918 Nr 491). Zur Rücknahme der Mahnung s Rn 54.

IV. Beweislast

129 Der Gläubiger hat die Fälligkeit und die Mahnung oder die Tatsachen, aus denen sich die Entbehrlichkeit der Mahnung ergibt, zu beweisen, weil es sich um Voraussetzungen der aus dem Verzug abgeleiteten Ansprüche handelt. Gleiches gilt von Fälligkeit und Zugang einer Rechnung oder gleichwertigen Zahlungsaufstellung, sofern nicht ein Fall des Abs 3 S 2 gegeben ist (oben Rn 109), im Falle des Abs 3 S 1. Dagegen muß der Schuldner, der sich in Verzug befunden hat, beweisen, daß er durch die spätere Erfüllung die Verzugsfolgen wieder ausgeräumt hat (BGH NJW 1969, 875). Zur Beweislast hinsichtlich des Vertretenmüssens der Leistungsverzögerung s Rn 168 f.

V. Nichtvertretbarkeit der Verzögerung

1. Grundsatz

130 Auch wenn die Verzugsvoraussetzungen der Abs 1, 2 oder 3 vorliegen, kommt der Schuldner nach Abs 4 dann nicht in Verzug, wenn er die der rechtzeitigen Leistung entgegenstehenden Hindernisse nicht zu vertreten hat. Damit hat sich das BGB auch bei der Haftung des Schuldners im Falle einer Leistungsverzögerung für das *Verschuldensprinzip* entschieden. Denn zu vertreten hat der Schuldner gem § 276 grundsätzlich nur sein Verschulden. Ohne Verschulden haftet er nur, wenn das vertraglich bestimmt ist oder sich aus dem sonstigen Inhalt des Schuldverhältnisses, insbesondere aus der Übernahme einer Garantie oder eines Beschaffungsrisikos ergibt (§ 276 Rn 143). Zu vertreten hat der Schuldner auch das Verschulden seines gesetzlichen Vertreters oder Erfüllungsgehilfen (§ 278). Praktisch ist das Verschuldensprinzip dadurch abgemildert, daß den Schuldner die Beweislast dafür trifft, daß er das Unterbleiben rechtzeitiger Leistung nicht zu vertreten hat (s Rn 168). S zum Grundsatz etwa abweichend STAUDINGER/OTTO Vorbem 15 zu §§ 280–285.

131 Abs 4 schränkt den Kreis der Umstände, derentwegen sich der Schuldner durch den Nachweis des Nichtvertretenmüssens von den Verzugsfolgen befreien kann, in keiner Weise ein. Es kommen deshalb als zu *prüfende* Leistungshindernisse sowohl *äußere Umstände* wie Einwirkungen Dritter, Ausfall von Hilfspersonen, Betriebsstörungen,

Krankheit des Schuldners, Beschaffungsschwierigkeiten oder andere tatsächliche Schwierigkeiten bei der Vorbereitung der Leistung in Betracht als auch *innere Tatsachen*, insbes die tatsächliche oder vermeintliche Ungewißheit über Bestehen und Umfang der Schuld oder über den Gläubiger.

Die Frage, welche Folgerungen sich daraus ergeben, daß dem Schuldner gegen die **132** Forderungen des Gläubigers eine Einrede zusteht, hat nichts mit Abs 4 zu tun, sondern stellt einen eigenen Problemkreis dar, vgl Rn 12.

2. Hinderung der Leistung durch nicht zu vertretende äußere Umstände

Wann der Schuldner eine in äußeren Umständen begründete Hinderung der Leistung **133** zu vertreten hat, richtet sich in der Hauptsache nach den §§ 276 bis 278, vgl die Erl dort.

Im Rahmen des § 276 hat es der Schuldner vor allem zu vertreten, wenn er mit der **134** **Vorbereitung der Leistung** fahrlässigerweise nicht rechtzeitig begonnen oder diese unsachgemäß durchgeführt hat (vgl den Fall BGH NJW 1963, 1823). Ein Verschulden kann auch darin liegen, daß der Schuldner die Erbringung der Leistung bis zu einem bestimmten Zeitpunkt übernommen hat, obwohl dies in der gesetzten Frist gar nicht möglich ist (sog **Übernahmeverschulden**, vgl § 276 Rn 17). Schätzt ein Werkunternehmer seine Leistungskapazität falsch ein, haftet er für die Verspätung seiner Leistung (Huber I, 673). Wer sich vertraglich zur Verschaffung von Wohnungseigentum verpflichtet, ohne sich zuvor Gewißheit darüber zu verschaffen, daß die vorgesehene Teilung in Wohnungseigentum ohne weiteres durchführbar ist, handelt unter diesem Gesichtspunkt schuldhaft (OLG Karlsruhe NJW-RR 1989, 1245). Auf der anderen Seite kann vom Verkäufer eines Grundstücks, der die Verschaffung lastenfreien Eigentums und damit auch die Löschung von Nacherbenvermerken schuldet, nicht mehr verlangt werden, als daß er dem mit einem umfassenden Vollzugsauftrag ausgestatteten Notar die Liste der Nacherben überreicht und der Notar dann auch tatsächlich tätig wird (OLG Hamm OLGR Hamm 2001, 174).

Eine die Leistung hindernde **Erkrankung** des Schuldners schließt den Verzug regel- **135** mäßig aus (RG JW 1903 Beilage 114; Huber I, 672 f). Dies gilt jedoch nicht, wenn der Schuldner die Verzögerung dadurch hätte abwenden können, daß er rechtzeitig einen Vertreter bestellt oder einen Gehilfen eingeschaltet hätte (Larenz I § 23 I b; s § 276 Rn 17 f). Betriebsstörungen und Verkehrsstockungen schließen den Verzug aus, wenn der Schuldner sie weder selbst vermeiden noch ihre Auswirkungen auf die rechtzeitige Leistung verhindern konnte. Kriegseinwirkungen schließen ebenso wie hoheitliche Beschränkungen des Waren- oder Zahlungsverkehrs (zu letzterem RGZ 107, 173, 175; 161, 100, 105) den Verzug regelmäßig aus.

Der Schuldner muß nicht **unzumutbare Gefahren** für sich in Kauf nehmen, um seiner **136** Leistungspflicht nachzukommen. Die Gefahr einer Verfolgung durch Ost-Berliner Behörden bei Erfüllung eines Herausgabeanspruchs eines nach West-Berlin Geflohenen schloß daher Verzug aus (BGH LM § 985 BGB Nr 21). Die verspätete Rückgabe eines Heimdialysegeräts ist solange nicht zu vertreten, wie ein Ersatzgerät nicht zu beschaffen ist. Es fehlt dann schon die Rechtswidrigkeit (vgl § 276 Rn 16).

137 Aus dem gleichen Grund kann der räumungspflichtige Mieter die verzögerte **Räumung einer Wohnung** dann nicht zu vertreten haben, wenn er keinen Ersatzraum finden kann (OLG Braunschweig NJW 1963, 1108, 1110; OLG Celle MDR 1967, 1013; Schmidt/ Futterer NJW 1962, 475). Dabei ist zusätzlich § 557 Abs 2 und Abs 3 zu beachten. Nach § 557 Abs 2 ist auch bei Vertretenmüssen der Schaden nur insoweit zu ersetzen, als dies der Billigkeit entspricht. Nach § 557 Abs 3 ist während des Laufs einer nach § 721 oder § 794a ZPO gewährten Räumungsfrist ein weiterer Schaden überhaupt nicht zu ersetzen (vgl näher Staudinger/Sonnenschein [1995] § 557 Rn 61). Ist einem Mieter mündlich zugesagt worden, er könne bis zu seiner Verrentung in einer Wohnung bleiben, wird ihm dann aber unter Berufung auf die fehlende Schriftform gekündigt, gerät er mit der Rückgabe des Mietobjekts erst von dem Zeitpunkt ab in Verzug, zu dem er sich auf die Rückgabeverpflichtung einstellen konnte (zu weitgehend OLG Köln OLGR Köln 2001, 107, das in einem solchen Fall den Verzug offenbar überhaupt ausschließen will).

138 Der nicht zu vertretende äußere Umstand kann auch auf der **Seite des Gläubigers** liegen. Ist der Gläubiger mit unbekannter Anschrift verzogen oder dem Schuldner bei einer Abtretung lediglich der neue Gläubiger, nicht aber dessen Anschrift mitgeteilt worden, wird regelmäßig kein Verschulden des Schuldners bestehen. Es ist nicht Aufgabe des Schuldners, Ermittlungen über die **Person des Gläubigers** anzustellen. Vielmehr muß sich dieser annahmebereit halten (vgl die Fälle RG SeuffA 60 Nr 27; 68 Nr 32; BGH MDR 1973, 404). Bleibt eine Mitwirkungshandlung des Gläubigers aus, tritt ohnehin kein Verzug ein, s Rn 56.

139 Wird der Schuldner zur Verzögerung der Leistung durch eine **Willenserklärung des Gläubigers** veranlaßt, die sich später als **unwirksam** herausstellt, kommt er nur in Verzug, wenn er die Unwirksamkeit kannte oder kennen mußte. So kann der Schuldner auf eine Stundung vertrauen, auch wenn der Gläubiger diese nachträglich wegen Irrtums anficht, es sei denn, der Schuldner mußte den Irrtum erkennen. Der Schuldner darf von der Geschäftsfähigkeit des Gläubigers als dem vom Gesetz zugrundegelegten Regelfall ausgehen, solange sich ihm die Geschäftsunfähigkeit nicht aufdrängen mußte. Kündigt ein Arbeitnehmer, dessen Geschäftsunfähigkeit sich erst nachträglich herausstellt, sein Arbeitsverhältnis ordentlich, so kommt der Arbeitgeber erst dann in Verzug, wenn ein aussagekräftiges Gutachten über die Störung der Geistestätigkeit vorliegt (BAG EzA § 285 BGB Nr 1).

140 **Vertragwidriges Verhalten des Gläubigers** kann ein Verschulden des Schuldners am Ausbleiben der Leistung und damit den Eintritt des Verzugs ausschließen. Der Schuldner braucht nicht zu leisten, solange er mit Recht besorgt, daß der Gläubiger die Lieferung vertragswidrig verwenden werde (vgl RG JW 1910, 804; Recht 1910 Nr 2966, Nr 3160). Hat sich der Schuldner etwa mit Rücksicht auf einen anderen Kunden ausbedungen, daß der Gläubiger die zu liefernde Ware nicht in einem bestimmten Gebiet absetzt, und deuten Umstände darauf hin, daß der Gläubiger dies gleichwohl tun will, kann der Schuldner die Leistung zurückhalten, ohne in Verzug zu kommen. Zu den Fällen des nachträglichen gesetzlichen oder behördlichen Verbots der Leistung s § 275 Rn 31 ff.

141 Für das Vorhandensein der zur Erfüllung seiner Schuldpflichten notwendigen **Geldmittel** hat der Schuldner immer einzustehen, vgl § 275 Rn 63, § 276 Rn 159. Vorübergehende Mittellosigkeit kann also weder den Geldschuldner noch den zur Beschaffung von Ware Verpflichteten von den Verzugsfolgen befreien (RGZ 75, 335, 337; BGHZ 36, 344, 345; WM 1982, 399; WALCHSHÖFER JuS 1983, 598, 600; s ausf STAUDINGER/K SCHMIDT [1997] Vorbem C 30 ff zu §§ 244 ff). Auch daß der Mieter von Räumen finanziell nicht in der Lage ist, sich Ersatzraum anzumieten, vermag am Eintritt des Verzugs nichts zu ändern (SOERGEL/WIEDEMANN Rn 7). Allerdings kommt dem Mieter von Wohnraum insoweit die Sonderregel des § 557 Abs 2 und Abs 3 zugute (s Rn 137).

Bei **Beschaffungsschulden** hat der Schuldner gem § 276 ohne Rücksicht auf Verschul- **142** den auch für die rechtzeitige Beschaffung einzustehen (allg Meinung, s ausf COESTER-WALTJEN AcP 183 [1983] 279 ff). Allerdings deckt der Charakter der Schuld als Beschaffungsschuld nur das typische Risiko rechtzeitiger Beschaffung, nicht aber die Umstände, die den Beschaffungsschuldner ebenso unvorbereitet treffen wie den Schuldner eines bei diesem schon vorhandenen Gegenstandes. Für eine Verhinderung durch persönliche Umstände, wie eine Flucht infolge von Kriegsereignissen (vgl den Fall RGZ 99, 1 ff) oder einen Diebstahl, nach dem die Ware erst wieder beschafft werden muß, braucht auch der Beschaffungsschuldner nicht einzustehen (COESTER-WALTJEN 291; zu unvorhergesehenen erheblichen Leistungshindernissen s weiter BGH NJW 1994, 515 f; ausf LARENZ I § 23 I b; MEDICUS, BR Rn 266 ff; aA HUBER I 586 f, der eine Einschränkung nur im Rahmen einer entsprechenden ergänzenden Vertragsauslegung oder bei Wegfall der Geschäftsgrundlage anerkennen will). Auch ist zu beachten, daß die Haftung für das Beschaffungsrisiko vertraglich ausgeschlossen werden kann, etwa durch eine Selbstbelieferungsklausel, vgl § 276 Rn 152.

Hat der Schuldner vertraglich die **Garantie** übernommen, die Leistung bis zu einem **143** bestimmten Zeitpunkt zu erbringen, so kann er auch dann in Verzug kommen, wenn ihn kein Verschulden hinsichtlich der Umstände trifft, welche die rechtzeitige Leistung verhindert haben. Allerdings bedarf es stets einer genauen Vertragsauslegung dahingehend, welche leistungshindernden Umstände wirklich von der Garantie umfaßt sein sollen. Die Garantiehaftung des Verkäufers erstreckt sich auf Sach- und Rechtsmängel (§ 433 Abs 1 S 3). Gelingt dem Verkäufer die rechtzeitige Beseitigung eines solchen Mangels nicht, so gerät er in Verzug.

3. Hinderung der Leistung durch nicht zu vertretende Ungewißheit über Bestehen und Umfang der Schuld

a) Ungewißheit im Tatsächlichen

Ungewißheit über Bestehen und Umfang der Schuld kann für den Schuldner zu- **144** nächst deshalb bestehen, weil der **Sachverhalt ungeklärt** ist. Nur wenn der Schuldner an der fehlenden Klärung des Sachverhalts ein Verschulden trifft, gerät er in Verzug (OLG Köln ZIP 2001, 1821 für einen Sequester, der nur auf die Geschäftsunterlagen und Angaben des Gemeinschuldners zurückgreifen kann; HUBER I 694 ff).

Ist der **Umfang** einer Leistung, etwa eines Pflichtteilsanspruchs, von einer *Werter-* **145** *mittlung* abhängig, tritt solange kein Verzug ein, wie der Wert nicht ermittelt ist, es sei denn, der Schuldner hat die Verzögerung der Wertermittlung zu vertreten (BGHZ 80, 269, 277). Ergibt sich allerdings aus den eigenen Wertangaben des Schuldners bereits eine höhere als die vom Gläubiger geltend gemachte Forderung, tritt Verzug ein (BGH aaO). Fordert der Gläubiger umgekehrt mehr als bereits feststeht, kommt es darauf an, ob darin eine wirksame Mahnung des unstreitigen Betrags zu sehen ist, dazu Rn 36. In diesem Fall muß der Schuldner den feststehenden Betrag leisten, wenn er den Verzug vermeiden will.

146 Was das **Bestehen einer Schuld** anlangt, kommt ein Versicherer mit der fälligen Leistung solange nicht in Verzug, wie er gewichtige tatsächliche Bedenken gegen das Vorliegen eines Versicherungsfalles und damit gegen das Bestehen seiner Leistungspflicht haben kann (BGH BB 1954, 614; BGH r+s 1991, 37). Doch ändert sich dies dann, wenn er aufgrund der Umstände zu dem Ergebnis kommen muß, daß die Tatsachen seine Bedenken nicht nur stützen. Der Versicherer gerät deshalb jedenfalls in dem Moment in Verzug, in dem er aus dem erstinstanzlichen Urteil ersehen kann, daß die nunmehr vorliegenden Tatsachen seinen Standpunkt nicht mehr stützen können (BGH BB 1954, 614; für den Eintritt des Verzugs genügt darüber hinaus schon die Kenntnisnahme von den Ergebnissen der Beweisaufnahme). Kann ein Versicherer aufgrund der Einsichtnahme in die Strafakten den begründeten Verdacht haben, der Versicherungsnehmer habe beim Eintritt des Versicherungsfallen mitgewirkt, trifft ihn kein Verschulden, wenn er die Versicherungsleistung zunächst zurückhält; Verzug tritt aber ein, wenn das Strafverfahren erstinstanzlich abgeschlossen und dabei ein solches Zusammenwirken ausgeschlossen wird (OLG Karlsruhe r+s 1999, 468 f). Auf die übereinstimmenden Auskünfte mehrerer behandelnder Ärzte über die Fähigkeit eines gegen Berufsunfähigkeit Versicherten, eine bestimmte Tätigkeit noch ausüben zu können, kann sich eine Versicherung verlassen (OLG Düsseldorf VersR 2001, 885).

147 Bei Ansprüchen aus unerlaubter Handlung muß dem Schuldner eine angemessene **Frist zur Überprüfung** der tatsächlichen und rechtlichen Grundlagen der Ansprüche zugebilligt werden (BGHZ 35, 256, 261; MDR 1964, 662). Der BGH hat im Falle eines Stationierungsschadens einen Zeitraum von drei bzw vier Monaten seit spezifizierter Anmeldung der Schadenshöhe als Prüfungsfrist eingeräumt. Dies kann jedoch nicht verallgemeinert werden. Der BGH (MDR 1964, 662) weist selbst darauf hin, daß die Prüfungsfrist bei einem am Schadensereignis unmittelbar Beteiligten kürzer zu bemessen sei als bei einem Ersatzverpflichteten, der lediglich für das Verhalten anderer haftet. Und auch im letzteren Fall werden häufig viel kürzere Fristen angemessen sein. So hat insbes ein Versicherer die Feststellung des Schadens, für den er einzutreten hat, tunlichst zu beschleunigen (AG Dingolfing VersR 1971, 335). Vgl auch OLG Karlsruhe (VersR 1974, 582), das einem Haftpflichtversicherer nur „kürzere" Zeit zubilligt, sowie OLG Hamm (VersR 1955, 410), welches bei einem Haftpflichtversicherer einen Verzug drei Wochen nach einem Unfall verneint hat.

148 Ein Arbeitgeber, der einem Arbeitnehmer ohne zureichenden Grund gekündigt hat, weil er von falschen Tatsachen, etwa einer Straftat des Arbeitnehmers oder dem Ausbleiben eines Großauftrages ausgegangen ist, der dann doch erteilt wird, gerät mit dem weiterzuzahlenden Arbeitsentgelt dann nicht in Verzug, wenn er die falsche Tatsachengrundlage auch bei Anwendung der erforderlichen Sorgfalt nicht erkennen konnte. Der Fall ist nicht zu verwechseln mit dem, daß der Arbeitgeber einen feststehenden Sachverhalt fälschlich als zureichenden Kündigungsgrund *bewertet* (dazu Rn 159).

149 Der Unterhaltspflichtige kommt durch eine Leistungsaufforderung nicht in Verzug, solange er die Bedürftigkeit des Berechtigten nicht kennt und auch bei Anwendung der erforderlichen Sorgfalt nicht kennen kann (Hanseatisches OLG Hamburg FamRZ 1997, 621 f).

Auch die begründete **Annahme des Einverständnisses des Gläubigers** mit der Verspä- **150** tung der Leistung kann das Verschulden ausschließen, so etwa, wenn der Schuldner annehmen durfte, der Gläubiger sei damit einverstanden, daß ein kleiner Zinsbetrag erst gemeinsam mit einem anderen Zinsbetrag am nächsten Quartalsersten gezahlt werde (RG LZ 1916, 1292). Daß der Gläubiger das verspätete Eintreffen einer wiederkehrenden Leistung nicht beanstandet, ändert aber nichts am Verzug wegen weiterer Leistungen, die verspätet eintreffen (s Rn 74).

Eine **Ungewißheit über die Person des Gläubigers** hat der Schuldner regelmäßig nicht **151** zu vertreten. Ist der Gläubiger verstorben und hat sich ein neuer Erbe noch nicht gemeldet, ist es nicht Sache des Schuldners, nach diesem zu suchen (vgl BGH LM § 581 BGB Nr 35). Gleiches gilt bei einem Prätendentenstreit; daß der Schuldner eine mögliche Hinterlegung nach § 372 S 2 unterläßt, führt nicht zum Verzug, sondern kann nur Fälligkeitszinsen auslösen (HUBER I 702 f).

b) Ungewißheit in Rechtsfragen
Erhebliche Schwierigkeiten bereiten die Fälle, in denen die Ungewißheit über die **152** Schuld auf rechtlichen Zweifeln des Schuldners (sog **Rechtsirrtum**) beruht. Einerseits steht der Schuldner bei solchen rechtlichen Zweifeln vor der Alternative, entweder auf eine Nichtschuld zu leisten und sich später auf einen Kondiktionsanspruch verwiesen zu sehen oder die Verzugsfolgen in Kauf zu nehmen. Andererseits besteht die Gefahr, daß der nachlässige oder zahlungsunwillige Schuldner die rechtlichen Zweifel nutzt, um die Zahlung sanktionslos hinauszuzögern (zutreffend RITTNER, in: FS vHippel [1967] S 413). Die Problematik ist um so größer, als das BGB anders als das österreichische Recht (§ 1333 ABGB) für Verzugszinsen und die anderen Verzugsfolgen einheitliche Anspruchsvoraussetzungen aufstellt (MAYER-MALY AcP 170 [1970] 133, 148 ff) und unser Schuldrecht anders als das Prozeßrecht (§ 709 ZPO) eine vorläufige Leistungspflicht gegen Sicherheitsleistung des Gläubigers nicht kennt.

Im Grundsatz muß der rechtliche Zweifel als *möglicher Entschuldigungsgrund* für **153** den Schuldner berücksichtigt werden können, weil Abs 4 nun einmal die Frage nach dem Vertretenmüssen des Schuldners für alle denkbaren Leistungshindernisse stellt. Dementsprechend ist dies in der Rechtsprechung seit Mitte der dreißiger Jahre ausdrücklich anerkannt (RGZ 146, 133; 148, 225; 156, 113; OGHZ 4, 177; BGH NJW 1951, 398; BGHZ 17, 266, 295; MDR 1969, 470; LM § 284 BGB Nr 27 = NJW 1993, 2318; BAGE 9, 7, 18 = NJW 1960, 838; AP Nr 1 zu § 285 BGB; AP Nr 1 zu § 291) und entspricht der Auffassung der Literatur (MAYER-MALY AcP 170 [1970] 133, 148 ff; RITTNER 413 ff; DIEDERICHSEN JuS 1985, 825, 834; J MAYER, Der Rechtsirrtum und seine Folgen im Bürgerlichen Recht [1989] S 155; in der Begründung anders JAKOBS 82 ff, dessen Ergebnis, „daß bei objektiver Ungewißheit über das Bestehen einer Verpflichtung dem auf Erfüllung in Anspruch Genommenen das Recht zusteht, die Leistung zu verweigern, bis die Ungewißheit beseitigt ist" [101], praktisch aber nichts wesentlich anderes bedeutet; wie JAKOBS auch ESSER/SCHMIDT, Schuldrecht I 2 § 28 I 1 c). Im einzelnen wird folgendes zu gelten haben:

Auf eine Ungewißheit, die darauf beruht, daß der Schuldner die einschlägigen **154** **Rechtsvorschriften nicht kennt**, kann dieser sich unter keinen Umständen berufen.

Die Verschaffung dieser Kenntnis gehört zu der nach § 276 verkehrserforderlichen Sorgfalt (s § 276 Rn 55). Ebenso gehört es zur verkehrserforderlichen Sorgfalt, daß der Schuldner die Bestimmungen des Vertrages kennt, den er abgeschlossen hat (s hierzu § 276 Rn 56).

155 Beruht die Ungewißheit darauf, daß die **Auslegung einer Rechtsvorschrift** zweifelhaft ist, so ist erster Orientierungspunkt eine etwa vorhandene **höchstrichterliche Rechtsprechung**. Steht der Rechtsauffassung des Schuldners eine solche Rechtsprechung zur Seite, dann kommt er nicht in Verzug, mag sich die Rechtsauffassung auch nachträglich ändern (BGH NJW 1972, 1045; BAG AP Nr 1 zu § 285 BGB; Rittner 416; Reichel JW 1931, 525). Umgekehrt gerät der Schuldner in aller Regel in Verzug, wenn er einer dem Gläubiger günstigen höchstrichterlichen Rechtsprechung zuwiderhandelt. Etwas anderes kann insoweit nur gelten, wenn die bisherige höchstrichterliche Rechtsprechung sehr lange zurückliegt und durch die Entscheidung anderer Gerichte sowie im Schrifttum in erhebliche Zweifel gezogen worden ist.

156 Einer höchstrichterlichen Rechtsprechung muß das Vorliegen einer durch übereinstimmende Urteile von Instanzgerichten und eine einhellige Meinung im Schrifttum **vollkommen gefestigten herrschenden Meinung** gleichbehandelt werden. Daß es aus Zufall oder deshalb, weil Revisionen wegen Fehlens der grundsätzlichen Bedeutung einer Rechtsfrage gar nicht zugelassen worden sind, eine höchstrichterliche Rechtsprechung nicht gibt, darf keinen Unterschied machen.

157 Liegt eine höchstrichterliche Rechtsprechung oder eine solche vollkommen gefestigte hM nicht vor, so neigt die **Rechtsprechung des BGH** meist dazu, den Schuldner nur dann von den Verzugsfolgen zu befreien, wenn er ohne Fahrlässigkeit mit einer abweichenden Beurteilung durch die Gerichte *nicht zu rechnen braucht* (BGH NJW 1951, 398; MDR 1962, 565; BB 1954, 614; NJW 1969, 1064; BGH NJW 1998, 2144 f; BGHZ 119, 365, 369 f: Die letztlich als unzutreffend erkannte Rechtsmeinung muß nicht nur vertretbar, sondern auch aufgrund sorgfältiger rechtlicher und tatsächlicher Prüfung gewonnen worden sein; dieser Rspr im wesentlichen folgend Huber I 710 ff; MünchKomm/Ernst Rn 110 ff). Dies wird etwa dahin konkretisiert, daß ein Schuldner in Verzug gerät, wenn er auf der Leistungsverweigerung beharrt, obwohl er aus einem *erstinstanzlichen Urteil* ersehen kann, daß der Tatsachenvortrag seinen Rechtsstandpunkt bei objektiver Beurteilung nicht stützt (BGH NJW 1954, 614). Andererseits soll sich der Schuldner bei umstrittener Rechtslage auf die ihm günstigere Auffassung solange verlassen dürfen, bis das OLG gegenteilig entschieden und ihn verurteilt hat; erst von diesem Zeitpunkt an müsse er damit rechnen, daß auch der BGH gegen ihn entscheidet, und er handele deshalb fahrlässig, wenn er trotz der ihm ungünstigen *Entscheidung des OLG* nicht zahlt. Von der Verkündung eines OLG-Urteils an komme er folglich in Verzug (BGH NJW 1951, 398; ähnlich für den zur Räumung Verpflichteten BGH LM § 553 BGB Nr 4; vgl auch OLG Celle NdsRpfl 1955, 70). Umgekehrt soll sich der Schuldner auf eine Entscheidung eines OLG, die ihm günstig ist, nicht ohne weiteres verlassen dürfen (BGH NJW 1974, 1903, 1904 f; VersR 1991, 331, 333; für den Schuldner günstiger BGH NJW 1970, 463). Insbes soll sich der Schuldner auf eine solche Entscheidung nicht berufen können, wenn sie sein Verhalten aus Gründen gebilligt hat, die er selbst nicht erwogen hat (BGH NJW 1982, 36) oder wenn es sich um eine Entscheidung im *einstweiligen Rechtsschutz* handelt (BGH LM § 284 BGB Nr 27 = NJW 1983, 2318).

In einer anderen Entscheidung hat der BGH es hingegen bei einer allerdings schwie- **158** rigen Rechtsfrage für unverschuldet gehalten, daß die einer Rechtspflicht zuwider- handelnde Partei trotz Unterlassungsurteil der Tatsacheninstanzen an ihrer Rechts- auffassung festhielt und ihr Verhalten fortsetzte, um erst eine höchstrichterliche Entscheidung abzuwarten (BGHZ 17, 266, 295; dieser Entscheidung deutlich zuneigend auch BGH MDR 1969, 470; vgl auch BGHZ 62, 29, 36).

Demgegenüber lässt es die Rechtsprechung des BAG für den Ausschluß des Verschul- **159** dens genügen, daß der vom Schuldner eingenommene Rechtsstandpunkt *vertretbar* ist. So muß der Arbeitgeber, der nach einer Kündigung keine Arbeitsvergütung mehr zahlt, zum Ausschluß eines Schuldnerverzugs nur darlegen und beweisen, daß aus seiner Sicht Kündigungsgründe vorliegen, die einen sorgfältig abwägenden Arbeit- geber zur Kündigung veranlassen konnten, so daß er auf die Wirksamkeit der Kündi- gung vertrauen durfte (BAG 13.6.02 – 2 AZR 391/01 – AP Nr 97 zu § 615 BGB; zuvor schon BAG EzBAT § 8 Schadensersatzpflicht des Arbeitgebers, BAG vom 27. 5. 1999 – 8 AZR 322/98 – und vom 23. 9. 1999 – 8 AZR 791/98 –, beide nv). Ist zweifelhaft, in welche Tarifgruppe ein Arbeit- nehmer nach seiner Tätigkeit einzugruppieren ist, darf der Arbeitgeber auf die ihm günstigere Rechtsauffassung vertrauen (BAG AP Nr 1 zu § 291; **aA** insoweit LAG Baden- Württemberg LAGE § 4 TVG Beschäftigungssicherung Nr 6). Umgekehrt scheidet ein Ver- schulden des Arbeitnehmers aus, wenn er sich bei einer zweifelhaften Rechtsfrage auf die Rechtsauskunft einer geeigneten neutralen Stelle berufen kann – nicht aber, wenn er auf eine in der Presse geführte Diskussion vertraut (BAG AP Nr 6 zu § 8a MuSchG 1968; kritisch zu dieser Entscheidung KLIEMT/VOLLSTÄDT NZA 2003, 357 ff). Bei recht- lich zweifelhaften Arbeitskampfmaßnahmen fehlt es am Verschulden der sie führen- den Gewerkschaft, weil dieser nicht zumutbar ist, trotz des damit verbundenen Ri- sikos eines Rechtsirrtums die Kampfmaßnahme zu unterlassen (BAG AP Nr 62 zu Art 9 GG Arbeitskampf). Auch das LAG Hamm (NJW 1976, 1119) hat dem Schuldner zuge- billigt, sich auf eine Entscheidung des LAG zu verlassen, und daraus gefolgert, daß der Erstattungsanspruch nach § 717 Abs 3 ZPO mangels Verschulden keine Verzugs- folgen umfaßt (ihm folgend ZÖLLER/HERGET § 717 ZPO Rn 16 f).

Mit der überwiegenden Meinung in der Literatur (RITTNER 416; MAYER-MALY 153; **160** SOERGEL/WIEDEMANN Rn 15) muß die „mildere" Linie des BAG grundsätzlich für zutref- fend erachtet werden. Solange eine umstrittene Rechtsfrage noch nicht durch eine höchstrichterliche Entscheidung geklärt ist, handelt nicht schuldhaft, wer auch nur eine Minderheit von veröffentlichten Entscheidungen für sich hat und darauf ver- traut, die ihm günstige Rechtsauffassung in der höchsten Instanz durchsetzen zu können. Bei objektiv zweifelhafter Rechtslage ist es niemand zuzumuten, ohne wei- teres nachzugeben. Es ist **nicht schuldhaft, eine zweifelhafte Rechtsfrage auszutragen**. Daß dies dem Staat als Schuldner unrichtig erhobener Stempelsteuern recht ist, hat sogar die ältere Rechtsprechung des RG anerkannt (RGZ 110, 435). Der BGH hat denselben Standpunkt für Verpflichtungen der Bundesrepublik aus § 32 AG Lond- SchAbk eingenommen (BGHZ 36, 344, 347). Wenn HUBER gegenüber der überwiegen- den Meinung einwendet, es gehe nicht an, daß der Schuldner in zweifelhaften Fällen einen Prozeß auf Risiko des Gläubigers führe (HUBER I 724), überzeugt das nicht. Die Risikoverteilung zwischen Gläubiger und Schuldner ist von der Verzugshaftung als Verschuldenshaftung zu trennen. Geregelt ist sie einmal in den Kostenregelungen der Prozeßordnung und zum anderen in § 291, der bei Geldschulden eine Zinspflicht des Schuldners ohne Rücksicht auf den Verzug vorsieht. Auch daß der Schuldner, der bei zweifelhafter Rechtslage nicht zahlt, mit bedingtem Vorsatz handele (Huber I 722 f), kann nicht zugegeben werden. Der Schuldner, der einen Rechtsstreit um die geltend gemachte Forderung führt, hofft auf einen für ihn glücklichen Ausgang und handelt damit nicht vorsätzlich (vgl zur Abgrenzung von dolus eventualis und bewußter Fahrlässigkeit BGHSt 36, 1, 9 ff). Nur wenn er bloß zu dem Zweck handelt, die Zahlung zu verzögern, läßt sich von bedingtem Vorsatz sprechen.

161 Hegen beide Parteien eines Vertrages **gemeinsam** eine **irrige Rechtsauffassung**, so kann dem Schuldner jedenfalls solange kein Verschulden vorgeworfen werden, wie der Gläubiger von dieser unrichtigen Rechtsauffassung nicht abgerückt ist (RGZ 96, 313, 316; MünchKomm/Ernst Rn 112).

162 Verfügt der Schuldner nicht selbst über die notwendigen Rechtskenntnisse, so muß er sie sich ggf durch **Einschaltung eines Rechtskundigen**, zB eines Rechtsanwaltes, eines Rechtssekretärs der Gewerkschaft oder eines Verbandfunktionärs verschaffen. Unterläßt er dies, so liegt schon allein darin das Verschulden an der falschen Einschätzung der Rechtslage (BGH NJW 1970, 463; BAGE 9, 7, 18 = NJW 1960, 838; NJW 1973, 166, wonach auch die Einschaltung der eigenen Rechtsabteilung nicht genügt; Hanseatisches OLG Hamburg ZMR 2002, 298).

163 Gibt der eingeschaltete Rechtsberater eine **falsche Auskunft**, so geht dies nach § 278 stets zu Lasten des Schuldners: Der Schuldner bedient sich des Beraters bei der Erfüllung seiner Verbindlichkeit, auch wenn sich diese Dienste im geistigen Bereich bewegen. Es wäre nicht richtig, den Schuldner nur für eine sorgfältige Auswahl seines Beraters haften zu lassen (so aber Reichel JW 1931, 525; Rittner, in: FS vHippel [1967] S 415 Fn 124; Erman/Battes § 285 Rn 5). Denn dies würde nur zu einer ungerechtfertigten Privilegierung der Auskunftsperson führen, die dem Schuldner mangels eines bei diesem eingetretenen Schadens nicht haften müßte (BAG ZIP 1987, 1339, 1341; Hanseatisches OLG Hamburg Wohnungseigentümer 1994, 148 ff). Richtig kann nur sein, daß der Schuldner dem Gläubiger haftet und jener wiederum Regreß bei der Auskunftsperson nehmen kann. Bleiben nach der Rechtsauskunft ersichtliche Zweifel oder erhält der Schuldner gar einander widersprechende Rechtsauskünfte, muß er sich weiter vergewissern (BGH VersR 1968, 148)

164 Die Grundsätze, die bei Zweifeln über die Auslegung von Rechtsvorschriften maßgebend sind, gelten sinngemäß auch bei Zweifeln über die **Auslegung von Vertragsbestimmungen**. Dies gilt insbes in dem Fall, daß ein Vertrag eine Angelegenheit nur lückenhaft regelt (BGH MDR 1969, 470; s auch RG LZ 1907, 342; Recht 1907 Nr 734; OLG Hamburg LZ 1920, 665). Liegt aber eine eindeutige Vertragsbestimmung vor, kann auch ein fehlerhaftes erstinstanzliches Urteil den Verzug nicht ausschließen (BGH NJWE-MietR 1997, 49, 50). Für die Auslegung einer Schlichtungsvereinbarung vgl BAGE 6, 321, 369 f = AP Nr 2 zu § 1 TVG Friedenpflicht = NJW 1959, 356 (LS).

165 Ebenso sind diese Grundsätze anzuwenden, wenn es nicht um eine Auslegungsfrage, sondern darum geht, ob ein bestimmter Sachverhalt **unter eine Rechtsvorschrift subsumiert** werden kann. Verkennt ein Arbeitgeber, daß die Kündigung eines Arbeitsverhältnisses erst zu einem späteren Zeitpunkt zulässig ist, gerät er in Verzug, wenn er die Entgeltzahlung schon zu dem von ihm fälschlich für richtig gehaltenen Zeitpunkt einstellt (LAG Sachsen-Anhalt vom 13. 6. 2002 – 9 Sa 763/01). Sind aber Zweifel, wie das etwa bei der Wertung des Verhaltens von Angehörigen bestimmter Berufe als fahrlässig oder grob fahrlässig der Fall sein kann, nur unter Hinzuziehung von Sachverständigen zu beseitigen, so kann der Verzug erst mit *der Klärung durch diese Sachverständigen* eintreten. Dabei darf der Schuldner aber nicht einfach die Einschaltung von Sachverständigen durch das Gericht abwarten, sondern muß sich selbst unter Beiziehung der ihm zur Verfügung stehenden Experten ein Urteil verschaffen (BGH LM Nr 2 zu ADS).

4. Beginn und Beendigung des Verzugs bei nicht zu vertretenden Umständen

Nach Abs 4 tritt kein Verzug ein, *solange* die Leistung infolge eines vom Schuldner **166** nicht zu vertretenden Umstandes unterbleibt. Hieraus ergibt sich, daß mit dem Wegfallen des die Unterlassung rechtfertigenden Umstandes der **Verzug von selbst eintritt**. Ist zB die Leistung infolge unverschuldeter Ungewißheit des Schuldners über das Bestehen der Verbindlichkeit unterblieben, so tritt Verzug ein, sobald die Ungewißheit behoben ist (OLG Jena SeuffA 73 Nr 212). Eine Wiederholung der Mahnung oder im Falle des § 286 Abs 3 der Rechnungszustellung ist nicht notwendig (Münch-Komm/Ernst Rn 114). Aus der Formulierung des Abs 4 ergibt sich auch nicht, daß iS der Lehre von der überholenden Kausalität etwaige *Reserveursachen* zugunsten des Schuldners zu berücksichtigen wären. Sendet der Schuldner die Ware verspätet ab, gerät er in Verzug, auch wenn die Ware bei rechtzeitiger Absendung infolge eines Poststreiks nicht termingerecht zum Gläubiger gelangt wäre.

Der einmal eingetretene Verzug **endet** nach Abs 4, wenn der Schuldner an der Nach- **167** holung der Leistung ohne sein Verschulden, etwa durch die Beschlagnahme des Leistungsgegenstandes oder eine Erkrankung, gehindert wird. Jedoch sind § 287 S 1 und S 2 zu beachten: Der Schuldner hat während des Verzugs jede Fahrlässigkeit zu vertreten, so daß ihm Haftungsprivilegien nicht zugute kommen (§ 287 Rn 3 ff). Auch erfaßt die in § 287 S 2 angeordnete Haftung für Zufall die weiteren Schadensfolgen der Verzögerung der Leistung (BGH NJW-RR 1996, 460; MünchKomm/Ernst Rn 114). Allerdings steht dem Schuldner der Nachweis offen, daß die weiteren Folgen auch eingetreten wären, wenn er nie in Verzug gekommen wäre (§ 287 Rn 20).

5. Beweislast

Nach allgemeinen Grundsätzen hätte der Gläubiger sämtliche Voraussetzungen des **168** Verzugs zu beweisen. Aus der Fassung des Abs 4 folgt aber, daß, wenn Streit darüber besteht, ob der Schuldner das Ausbleiben seiner Leistung **zu vertreten** hat oder nicht, den Schuldner die Beweislast trifft, er sich also entlasten muß (BGHZ 32, 218, 22; 80, 269, 277; BGH NJW 1999, 1108, 1109 für den Verzug als Voraussetzung für die Verwirkung einer Vertragsstrafe; BGH vom 8. 3. 2001 – VII ZR 470/99 – für mangelndes Verschulden des Unternehmers an der nicht rechtzeitigen Fertigstellung eines Bauwerks; BAG vom 23. 9. 1999 8 AZR 791/98 für den Arbeitgeber, der sich gegenüber dem Verzug mit einem Entgeltanspruch auf die Kündigung des Arbeitsverhältnisses beruft). Der Schuldner, der nicht rechtzeitig geleistet hat, hat also zu beweisen, daß und wie lange die Leistung infolge eines Umstandes unterblieben ist, den er nicht zu vertreten hat. Haftet der Schuldner kraft Gesetzes oder Vertrages nur für grobe Fahrlässigkeit oder die Verletzung eigenüblicher Sorgfalt, so werden auch nur diese vermutet, vgl Staudinger/Otto § 280 Rn F 16 f.

169 Auch das **Ausbleiben der Leistung** braucht der Gläubiger nicht zu beweisen. Denn dem Schuldner obliegt der Beweis der Erfüllung. Deshalb muß nicht der Gläubiger, der Schadensersatz wegen verspäteter Erfüllung fordert, beweisen, wie groß der Rückstand ist. Vielmehr muß in einem Streit hierüber der Schuldner, der behauptet, alles bezahlt zu haben, beweisen, was er bezahlt hat (OLG Köln LZ 1921, 236).

VI. Ersatz des Verzögerungsschadens

1. Ersatz des Verzögerungsschadens und Schadensersatz statt der Leistung

170 Anders als das frühere Recht mit § 286 aF enthalten die Verzugsvorschriften der §§ 286–290 keine eigene Schadensersatznorm mehr. Daß der Gläubiger im Falle des Verzugs Anspruch auf Ersatz des Verzögerungsschadens hat, ergibt sich heute aus § 280 Abs 1 und 2 iVm § 286. Schadensersatz statt der Leistung kann, wie sich aus § 280 Abs 3 ergibt, auch im Falle der Leistungsverzögerung nur unter den zusätzlichen Voraussetzungen des § 281, des § 282 oder des § 283 verlangt werden (Vorbem 4 zu §§ 286–292).

171 Der im Folgenden zu erörternde Anspruch auf Ersatz des Verzögerungsschadens tritt **neben** den Anspruch auf **Erfüllung** der ursprünglichen Forderung, sei es daß diese schon erfüllt ist oder noch erfüllt werden soll. Er tritt grundsätzlich auch neben einen Anspruch auf Schadensersatz statt der Leistung (vgl RGZ 94, 203, 206; BGH NJW 1965, 1740; MDR 1959, 910 [dort auch zur Verjährung beider Ansprüche]; ERMAN/BATTES Rn 2).

172 Der Gläubiger, der Ersatz des *Verzögerungsschadens* verlangt, darf aber nicht denselben Schaden als Bestandteil des *Schadensersatzes statt der Leistung* geltend machen. Er hat insofern nur ein **Wahlrecht:** Verlangt er Ersatz des Verzögerungsschadens, so muß er für einen Anspruch auf Schadensersatz statt der Leistung im Fall des § 281 Abs 1 S 1 den Zeitpunkt des Ablaufs der zur Leistung oder zur Nacherfüllung gesetzten Frist, im Falle des § 281 Abs 2 den Zeitpunkt der Leistungsverweigerung durch den Schuldner oder des Eintritts der besonderen Umstände für die sofortige Geltendmachung des Schadensersatzanspruchs und im Falle des § 283 den Zeitpunkt der Unmöglichkeit (§ 275 Abs 1) oder Leistungsverweigerung (§ 275 Abs 2, 3) zugrundelegen. Verzichtet er auf die Geltendmachung des Verzögerungsschadens, so kann er für die Berechnung des Schadensersatzes statt der Leistung den Zeitpunkt des Eintritts des Verzugs zugrundelegen (RGZ 94, 203, 206; BGH NJW 1997, 1231; ERMAN/ BATTES § 286 Rn 2; aA HUBER II 14 f, der ein Wahlrecht verneint und nur die Berücksichtigung des Verzögerungsschadens bei der Berechnung des Schadensersatzes wegen Nichterfüllung zulassen will; noch anders SCHMIDT-KESSEL, System § 3 I 3, der eine Abrechnung von Verzögerungsschäden ausschließlich nach §§ 280 Abs 2, 286 gestatten will und den bisherigen Weg über den Nichterfüllungsschaden nach neuem Recht für nicht mehr gangbar hält). War etwa ein verkauftes Hausgrundstück zum 1. 3. zu übereignen und verlangt der Käufer nach vergeblicher Fristsetzung Schadensersatz statt der Leistung, so kann er diesen einmal auf den Zeitpunkt des Ablaufs der Nachfrist berechnen und zusätzlich den Verzögerungsschaden, etwa einen Mietausfall für die Zwischenzeit verlangen. Er kann aber auch, vielleicht weil ihm damals gerade ein gutes Angebot vorlag, den Schadensersatz statt der Leistung unter Verzicht auf den Verzögerungsschaden auf den Zeitpunkt des 1. 3. berechnen.

Umgekehrt kann als *Verzögerungsschaden* niemals ein Schadensersatz verlangt wer- **173** den, dessen Berechnung auf der endgültigen Nichterfüllung der Schuldnerverbindlichkeit basiert (ERMAN/BATTES Rn 2; RGZ 105, 280, 281). Deshalb kann der Aufwand für einen **Deckungskauf** nur als Schadensersatz statt der Leistung, nicht aber als Verzögerungsschaden geltend gemacht werden (OLG München NJW 1995, 2363 f; HUBER II 7 ff; MünchKomm/ERNST Rn 118), es sei denn, im Rahmen einer den Schuldner gem § 254 treffenden Pflicht, den Verzögerungsschaden gering zu halten (OLG Sachsen-Anhalt OLGR Naumburg 1998, 333). Gleiches wie für den Deckungskauf muß entgegen der Auffassung des BGH (BGHZ 87, 104, 109 ff) auch für die „Ersatzvornahme" einer Leistung durch den Gläubiger, insbesondere den Aus- und Abbau und den Rücktransport einer zurückgewährenden Leistung im Falle der Wandelung gelten (KAISER, Die Rückabwicklung gegenseitiger Verträge wegen Nicht- und Schlechterfüllung nach BGB [2000] 432 f; HUBER II 10 f).

Daß der Anspruch auf Ersatz des Verzögerungsschadens neben den Schadensersatz- **174** anspruch statt der Leistung tritt, gilt auch dann, wenn der Vertragsteil, der auf Schadensersatz statt der Leistung in Anspruch genommen wird, seinerseits Ersatz des Verzögerungsschadens begehrt. Er darf nicht schlechter stehen, als er stünde, wenn er Erfüllung begehren würde (BGH NJW 1975, 1740).

Im Falle des **Rücktritts** wegen Verzögerung der Leistung nach § 323 kann der Gläu- **175** biger ebenfalls vollen Ersatz des Verzögerungsschadens verlangen. Dies gilt nicht nur, wenn die Kosten einer Ersatzbeschaffung infolge des Verzugs mit der Rückzahlung des Kaufpreises höher sind (BGH NJW 1995, 587, 588), sondern auch für dem Gläubiger infolge der Verzögerung der ursprünglichen Leistung etwa entgangene Nutzungen, insbesondere Gebrauchsvorteile, und etwaige Verzugszinsen (BGHZ 88, 46). Die Gegenauffassung, nach welcher der Gläubiger im Falle des Rücktritts auf die Herausgabe der *vom Schuldner gezogenen Nutzungen* gem § 347 S 2 beschränkt sein soll (HUBER/FAUST, Teil 3, Rn 89 f; zum früheren Recht STAUDINGER/KAISER [1995] Vorbem 57 zu § 346 aF mwNw; ERMAN/BATTES Rn 3; HUBER JZ 1984, 410 ff; TIEDTKE NJW 1984, 770; für das vertragliche Rücktrittsrecht jetzt auch BGH NJW 1998, 3268, 3269 = LM Nr 44 zu § 286 mit ablehnender Anm OTTO), benachteiligt den Gläubiger über Gebühr. Daß der Gläubiger sein Rücktrittsrecht nur um den Preis des Verzichts auf den Ersatz des bis dahin entstandenen Verzögerungsschadens ausüben können soll, ist angesichts des vertragswidrigen Verhaltens des Schuldners unangemessen. Die Beschränkung auf die Nutzungsherausgabe übt einen unangebrachten Zwang auf den Gläubiger aus, von seinem Rücktrittsrecht alsbald Gebrauch zu machen, um nicht Gefahr zu laufen, mit leeren Händen dazustehen, nämlich ohne Ersatz des Verzögerungsschadens, aber auch ohne Ersatz von Nutzungen, die der Schuldner vielleicht schuldlos gar nicht gezogen hat (vgl §§ 347, 987). Richtig ist nur, daß der Gläubiger Ersatz des Verzögerungsschadens und Nutzungsentschädigung *nicht kumulativ* erhalten darf. Deshalb sind beide Ansprüche wechselseitig zu verrechnen.

2. Anwendung der §§ 249 bis 255

Maßgebend für den Inhalt des Anspruchs auf den Ersatz des Verzögerungsschadens **176** sind die §§ 249 ff.

a)   Kausalität zwischen Verzug und Schaden

177 Zu ersetzen ist als Verzögerungsschaden nur der Schaden, der durch den Verzug adäquat kausal verursacht wurde. Adäquate Kausalität zwischen Verzug mit der Lieferung eines Sicherungsschlosses und einem eingetretenen Diebstahlschaden hat das OLG Hamm zu recht in einem Fall verneint (OLGR Hamm 1994, 74), in dem die Zwischentür zwischen Verkaufsraum und Auslagenraum, wäre sie mit dem bestellten Schloß versehen gewesen, dennoch während der Verkaufszeiten offen gelassen worden wäre. Ist ein Verwalter mit seiner Verpflichtung, Baumängel festzustellen und die Wohnungseigentümer darüber zu unterrichten, in Verzug, fehlt es an der Kausalität für den in der Verjährung von Ersatzansprüchen gegen den Bauträger liegenden Schaden, wenn davon auszugehen war, daß die Wohnungseigentümergesellschaft nicht vor Verjährungsablauf gegen den Bauträger gerichtlich vorgegangen wäre (OLG Düsseldorf NJW-RR 2002, 1592). Wird in einem gerichtlichen Vergleich zwischen einem Auftraggeber und dem über ihm stehenden Generalunternehmer eine gegen § 307 unwirksame Vertragsstrafe als wirksam zugrundegelegt und der Auftraggeber zu einer entsprechenden Leistung an den Generalunternehmer verpflichtet, hindert die Unwirksamkeit nicht die Kausalität des in der Leistung der Vertragsstrafe liegenden Schadens im Verhältnis zu dem sich im Verzug befindenden Arbeitnehmer (BGH NJW 2002, 2322).

b)   Naturalrestitution

178 Grundsätzlich hat der Schuldner nach § 249 denjenigen Zustand herzustellen, der bestehen würde, wenn der Verzug nicht eingetreten wäre (Naturalrestitution). Ob Naturalherstellung möglich ist, ist eine Frage des einzelnen Falles: Wenn der Gläubiger durch den Verzug des Schuldners mit einer Verbindlichkeit belastet wurde (BGH BB 1961, 803; LM § 286 BGB Nr 7) oder sich selbst etwa durch einen Deckungskauf belastet hat (BGH LM § 286 BGB Nr 28 = NJW 1989, 1215), liegt die Naturalrestitution in der *Befreiung* des Gläubigers *von der Verbindlichkeit*. Hat der Verzug mit einer Wegeunterhaltpflicht zur Zerstörung des Weges geführt, besteht Anspruch auf *Wiederherstellung des Weges* (RGZ 131, 158, 178). Bei Verzug mit der *Aufnahme als Gesellschafter* in eine OHG kann der Gläubiger die Übertragung des Geschäfts mit Aktiven und Passiven verlangen, wenn während des Verzugszeitraums ein Tatbestand eingetreten ist, der ihn gem § 140 Abs 1 HGB zur Ausschließung aller übrigen Gesellschafter und damit zur Übernahme des Geschäfts gem § 142 HGB berechtigt hätte (RGZ 165, 260, 270). Wenn der Verzug mit der Zahlung der Prämien für eine zugunsten des Arbeitnehmers abgeschlossene sog Direktversicherung dazu geführt hat, daß der Versicherer den Versicherungsvertrag gekündigt hat, kann *Wiederherstellung des Versicherungsschutzes* verlangt werden (BAG AP Nr 2 zu § 1 TVG Tarifverträge Vermögenswirksame Leistungen = NJW 1982, 956). Im Wege der Naturalrestitution kann *nicht mehr und nichts anderes* verlangt werden, als der Gläubiger bei ordnungsgemäßer Abwicklung erhalten hätte (vgl OLG München NJW 1954, 961, wo Naturalrestitution in Form der Überlassung unfertiger Räume an den Mieter der fertigen Räume abgelehnt wurde, weil der Mietanspruch das erstere nicht einschließe).

c)   Geldersatz

179 Weil eine Herstellung nicht möglich ist, wird der Verzögerungsschaden gem § 251 Abs 1 meist in Form von Geld zu leisten sein. Zu ersetzen sind insoweit zunächst Aufwendungen, die der Gläubiger infolge der Verzögerung der Leistung machen mußte. Neben den Kreditkosten (dazu unten Rn 232) und den Mahn- und Rechtsverfolgungskosten (dazu unten Rn 208 ff) ist insbesondere an die Fälle zu denken, in denen der Käufer, Besteller, Pächter oder Mieter einer Sache diese verspätet erhält und sich in der Zwischenzeit anders behelfen, etwa eine *Ersatzsache anmieten* muß (BGHZ 66, 277, 281). Hierher gehören auch die Heizungskosten, die aufgewendet werden müssen, um ein verspätet fertiggestelltes Haus in der schlechten Jahreszeit auszutrocknen (OLG Karlsruhe Justiz 1970, 417). Auch Aufwendungen, die dem Verkäufer einer Mietsache entstehen, weil er vom Erwerber auf deren Herausgabe verklagt wird, sind zu ersetzen, wenn die Verzögerung der Herausgabe darauf zurückzuführen ist, daß der Mieter seinerseits mit der Rückgabe in Verzug ist (OLG Düsseldorf WuM 1998, 219).

Entstehen dem Schuldner bei der Erbringung seiner Leistung Mehraufwendungen, **180** weil der Gläubiger **mit einer Mitwirkungspflicht in Verzug** war (dazu Vorbem 22 zu §§ 286–292), so kann er diese vom Gläubiger ersetzt verlangen. Etwa kann der Bauunternehmer, der infolge verspäteter Lieferung von Plänen Störungen im Bauablauf hinnehmen muß, Ersatz der Mehrkosten verlangen (BGHZ 97, 163, 167 f). Gleiches gilt für den Softwarehersteller, der mehr Arbeitszeit aufwenden muß, weil der Besteller notwendige Daten zunächst unrichtig lieferte.

Zu ersetzen sind nur die Aufwendungen, die durch den Verzug verursacht worden **181** sind. Aufwendungen, die der Gläubiger im Vertrauen darauf gemacht hat, der Schuldner werde rechtzeitig leisten, stellen keinen Verzögerungsschaden dar. Ihr Ersatz kommt nur anstelle des Schadensersatzes statt der Leistung in Betracht (§ 284).

Ein vom Gläubiger in Anspruch genommener **Gesamtschuldner** kann von den an- **182** deren Gesamtschuldnern, soweit diese mit der sie nach § 426 Abs 1 treffenden Mitwirkungspflicht in Verzug sind, Ersatz der Aufwendungen verlangen, die er wegen der ihm auferlegten Prozeßkosten gehabt hat (OLG Neustadt NJW 1963, 494). Allgemein zum Verzug bei Gesamtschulden STAUDINGER/NOACK (1999) § 425 Rn 24 ff.

Zum Verzugsschaden gehört ein durch die verspätete Zahlung entstandener **Steuer- 183 schaden**, wie er eintreten kann, wenn Arbeitsentgelt erst im Folgejahr bezahlt und dann gemeinsam mit dem Arbeitsentgelt dieses Jahres zu einem höheren Satz zu versteuern ist (BAG AP Nr 11 zu § 611 BGB Haftung des Arbeitgebers; vgl ZUMKELLER, Steuerprogressionsschaden als Verzugsschaden, FA 2003, 9 ff). Als Verzögerungsschaden sind dem Gläubiger auch die Beträge zu ersetzen, die er infolge einer **Erhöhung von öffentlichen Abgaben** (etwa der Grunderwerbssteuer oder von Erschließungsbeiträgen) wegen des Verzugs zusätzlich leisten muß (RG JW 1911, 363 Nr 13). Hat der Gläubiger dem Schuldner vertraglich die Erstattung der von diesem zu leistenden Mehrwertsteuer zugesagt und wird die Mehrwertsteuer während des Verzugs erhöht, so braucht der Gläubiger den Differenzbetrag nicht an den Schuldner zu erstatten, weil dieser unter dem Gesichtspunkt des Verzugsschadensersatzes zur alsbaldigen Rückerstattung verpflichtet wäre.

Ob die gemachten Aufwendungen in **adäquatem Kausalzusammenhang** zum Verzug **184** des Schuldners als schadensstiftendem Ereignis stehen, ist nach allgemeinen Grundsätzen zu beurteilen; ob der Schuldner mit dem durch die verzögerte Leistung entstehenden Schaden gerechnet hat, ist unerheblich (BGH NJW 2001, 3114). Entsteht durch den Verzug Unsicherheit darüber, ob der Schuldner seine Pflicht überhaupt erfüllen wird, und macht der Gläubiger deshalb Aufwendungen, um den bei einer endgültigen Pflichterfüllung möglicherweise drohenden Nachteilen zu begegnen, so sind diese Aufwendungen zu ersetzen, wenn sie nach der gesamten Sachlage vernünftig und zweckmäßig waren (BGH NJW 1959, 933). Nicht durch den Verzug des Schuldners adäquat verursacht sind die Aufwendungen, die der Gläubiger macht, um das Geschäft des säumigen Schuldners zu sanieren (RG Recht 1921 Nr 2566 a).

185 Die **Höhe** des Schadens, der nach § 251 Abs 1 in Geld zu ersetzen ist, kann **nur konkret berechnet** werden. Deshalb kann der Unternehmer in dem oben Rn 181 erwähnten Fall erhöhten Bauaufwands nicht nach dem sog *Äquivalenzkostenverfahren* vorgehen, das dem seiner Kalkulation zugrundegelegten „Soll-Bauablauf" den „störungsmodifizierten Bauablauf" gegenüberstellt. Vielmehr muß er seine Kosten im einzelnen darlegen (BGHZ 97, 163, 168 f, der das Äquivalenzkostenverfahren auch für eine Schadensschätzung nach § 287 ZPO nur bedingt für geeignet hält; weitergehend CLEMM, Erstattung der Mehrkosten des Auftragnehmers bei Planlieferverzug des Auftraggebers nach VOB/B, DB 1985, 2597 ff).

d) Entgangener Gewinn

186 Der Verzögerungsschaden umfaßt den entgangenen Gewinn iS des § 252, soweit dieser nicht vom Schadensersatz statt der Leistung umfaßt wird (dazu oben Rn 172). Zu ersetzen ist dabei insbes der Gewinn, der dadurch entgeht, daß eine gekaufte oder bestellte Sache zu spät geliefert oder eine gepachtete oder gemietete Sache zu spät überlassen wird. Liegen etwa Teile eines Produktionsbetriebes brach, weil eine Maschine nicht rechtzeitig geliefert wird, so muß der nachgewiesene Produktionsausfall ersetzt werden, soweit er sich in einem Gewinn niedergeschlagen hätte. Gleiches gilt für infolge verspäteter Fertigstellung eines Wohngebäudes *entgangene Mieteinnahmen*, von denen allerdings Bewirtschaftungs- und Betriebskosten sowie der stetig anfallende Erhaltungsaufwand abzusetzen sind (BGH LM § 286 BGB Nr 31 = NJW-RR 1990, 980). Auch wenn der Verkauf eines Hausgrundstücks wegen verspäteter behördlicher Abnahme infolge des Verzugs des Bauunternehmers mit der Aushändigung der Unternehmerbescheinigung nicht zustande kommt, gehört der entgangene Gewinn zu dem zu ersetzenden Verzugsschaden (OLG Köln OLGR 1999, 382 f).

187 Als Verzugsschaden kann der Gewinn zu ersetzen sein, der einem Verpächter oder Vermieter durch *verspätete Rückgabe der Pacht- oder Mietsache* entgeht (vgl BGH WM 1969, 838; KG ZMR 1970, 362). Doch sind bei der verspäteten Rückgabe von Wohnraum die Besonderheiten des Wohnungsmietrechts, insbesondere § 557 Abs 2 und Abs 3 zu beachten, die diesen Anspruch einschränken (vgl BGH NJW 1996, 1886, 1887; STAUDINGER/ SONNENSCHEIN [1994] § 557 Rn 49, 61 ff).

188 Der Verzugsschaden umfaßt in einem Ausbildungsverhältnis den sog **Ausbildungsschaden**, der dadurch entsteht, daß die Ausbildung, etwa infolge einer sich später als ungerechtfertigt herausstellenden Kündigung, verzögert wird (BAG NJW 1973, 166; s dazu auch BAG BB 1975, 1578). Ebenso ist einem Arbeitnehmer das Arbeitsentgelt zu ersetzen, welches ihm dadurch entgeht, daß er **Arbeitspapiere** nicht vorweisen kann, mit deren Herausgabe sein bisheriger Arbeitgeber in Verzug ist (LAG Düsseldorf BB 1967, 1207).

189 Der entgangene Gewinn und seine Höhe müssen **grundsätzlich konkret nachgewiesen**

werden. Deshalb kann der Käufer einer Eigentumswohnung gegenüber dem Verkäufer, der nach erfolgter Anfechtung des Kaufvertrages mit der Rückzahlung des Kaufpreises in Verzug ist, den Schaden, der ihm durch die Verzögerung des Kaufs einer anderen Eigentumswohnung entsteht, nicht abstrakt durch eine Teuerungsabschlag berechnen, sondern ist auf eine konkrete Schadensberechnung, etwa durch Angabe eines bestimmten Kaufangebots, angewiesen (BGH NJW 1995, 587, 588). Der Bauherr, dessen Bau verspätet hergestellt wird, kann Ersatz entgangener Pacht- oder Mietzinsen nur dann verlangen, wenn er das Haus oder Teile des Hauses tatsächlich vermietet hätte. Doch billigt der BGH im Falle *der verspäteten Fertigstellung eines Mietwohnungsgebäudes* dem Gläubiger eine **abstrakte Schadensberechnung** in der Weise zu, daß er die auf die Verzugszeit entfallenden laufenden Finanzierungskosten ersetzt verlangen kann. Dabei stellt allerdings der konkrete Schaden in Gestalt der entgangenen Nettomiete die Obergrenze dar (BGH LM § 286 BGB Nr 31; BGHZ 121, 210, 213. Wenn dort gesagt wird, es handele sich bei den Kosten nicht um entgangenen Gewinn, kann sich dies nur auf die Begriffsbildung des § 6 Nr 6 VOB/B beziehen; krit zur Entscheidung des BGH KAPELLMANN BauR 1997, 48 ff). Diese Abweichung vom typischen Ablauf hat der Schuldner nachzuweisen. Zur abstrakten Schadensberechnung STAUDINGER/SCHIEMANN (1998) § 252 Rn 21 ff. Zur Sonderfrage der entgangenen Nutzungsmöglichkeit unten Rn 233.

Auch die verspätete Erfüllung einer **Geldschuld** kann zu einem entgangenen Gewinn **190** führen, etwa wenn sich ein Geschäft zerschlägt, das mit den erwarteten Mitteln finanziert werden sollte (BGH Betrieb 1956, 110; HUBER II 51 ff). Das gilt auch für ein *Spekulationsgeschäft*, vorausgesetzt, der Gläubiger hätte den Gewinn aus diesem tatsächlich realisiert (BGH NJW 1983, 758; BGH NJW 2002, 2553). Zu einem etwaigen Mitverschulden s Rn 194.

e) Ersatz immateriellen Schadens

Führt der Verzug beim Gläubiger zu einer Verletzung des Körpers, der Gesundheit, **191** der Freiheit oder der sexuellen Selbstbestimmung, kommt nach § 253 Abs 2 wegen eines eingetretenen immateriellen Schadens eine billige Entschädigung in Geld in Betracht. Praktisch kann dies im Zusammenhang mit der Haftung für den Erfüllungsgehilfen nach § 278 werden: Verzögert etwa der verantwortliche Chefarzt eine Operation, kann eine derartige Haftung beim Krankenhausträger eintreten. Werden eilige Arzneimittel vom Lieferanten verzögert ausgeliefert (vgl MünchKomm/ERNST Rn 120), kann das zu einer Haftung des Apothekers führen.

f) Vorteilsausgleichung

Die allgemeinen Grundsätze der Vorteilsausgleichung gelten auch für den Verzöge- **192** rungsschaden. Gerät der Schuldner etwa mit seiner Verpflichtung in Verzug, eine zu seinen Gunsten eingetragene Auflassungsvormerkung im Grundbuch löschen zu lassen, und entsteht dem Gläubiger daraus ein Schaden, weil er bei rechtzeitiger Löschung das Grundstück alsbald verkauft und mit dem Erlös einen Kredit abgelöst hätte, ist der Vorteil zu berücksichtigen, der darin besteht, daß der Wert des Grundstücks während des Verzugszeitraums gestiegen ist (BGHZ 77, 151; LM § 251 BGB Nr 29; JAUERNIG/VOLLKOMMER § 280 Rn 54).

g) Mitverschulden

Der Anspruch auf Ersatz des Verzögerungsschadens kann gemindert oder aus- **193** geschlossen sein, wenn ein Mitverschulden des Gläubigers gem § 254 vorliegt. In Betracht kommt insbesondere der Fall des § 254 Abs 2 S 1: Vom Gläubiger wird man regelmäßig verlangen müssen, daß er den Schuldner bei der Mahnung oder im Falle des Verzugseintritts ohne Mahnung durch eine besondere Mitteilung auf die **Gefahr eines ungewöhnlich hohen Schadens** aufmerksam macht. Auf die Unterlassung eines derartigen Hinweises kann sich der Schuldner aber dann nicht berufen, wenn er auch dann nicht rechtzeitig geleistet hätte, wenn der Hinweis ergangen wäre. Die Nutzlosigkeit des Hinweises kann aus hartnäckigem Streit über die ursprüngliche Forderung im Prozeß gefolgert werden (BGH Betrieb 1956, 110). Mit einer vom Gläubiger beabsichtigten Aktienanlage in Standardwerten ist nach heutigen Maßstäben in der Regel nicht die Gefahr eines ungewöhnlich hohen Schadens iSv § 254 Abs 2 S 1 verbunden (BGH NJW 2002, 2553). Zur Notwendigkeit, einen Verbraucher auf die Möglichkeit des Verzugseintritts nach Abs 3 hinzuweisen, s Rn 106.

194 Auch ein Mitverschulden wegen **Unterlassung einer zumutbaren Schadensabwendung** oder -minderung kommt in Betracht. Der Schaden, der einem Steuerschuldner dadurch entsteht, daß er infolge nicht fristgerechter Abgabe der Steuererklärung durch seinen Steuerberater mit Verspätungszuschlägen belegt wird, muß durch die zinsgünstige Anlage des erst später zu entrichtenden Betrages für die Steuerschuld gemindert werden (BGH WM 1987, 318). Doch gehen die Anforderungen, die insoweit an den Gläubiger zu stellen sind, beim Verzögerungsschaden nicht weiter als bei anderen Schäden (aA RASEHORN NJW 1960, 661 für den Fall der Ungewißheit der Rechts- oder Tatsachenlage). Zur Berücksichtigung des Mitverschuldens bei den Kosten einer Rechtsverfolgung s unten Rn 211, 220 ff.

h) Schadensberechnung bei Abtretung

195 Kommt der Schuldner in Verzug, nachdem der Gläubiger die Forderung an einen Dritten abgetreten hat, errechnet sich die Höhe des Verzögerungsschadens grundsätzlich aus der Person des Zessionars. Dies ergibt auch § 398 S 2, nach dem mit der Abtretung der neue Gläubiger an die Stelle des bisherigen tritt (BGH LM § 398 BGB Nr 75 = NJW-RR 1992, 219; ie M JUNKER AcP 195 [1995] 12). Anders liegt es bei der Sicherungszession, bei der die Forderung wirtschaftlich dem Zedenten zusteht (BGH NJW 1995, 1282, 1283 f; HUBER II 117 f).

i) Verjährung

196 Für den Schadensersatzanspruch wegen Verzuges gilt dieselbe **Verjährungsfrist** wie für den Hauptanspruch, mit dessen Erfüllung der Schuldner in Verzug geraten ist (BGH LM § 286 BGB Nr 3). Die Frist beginnt gem § 199 Abs 1 grundsätzlich mit der erstmaligen Entstehung des Anspruches und der Kenntnis oder dem Kennenmüssen des Gläubigers davon. Der Anspruch auf Ersatz des Verzugsschadens verjährt aber in jedem Fall mit dem Hauptanspruch; § 217 ist insoweit entsprechend anzuwenden (RGZ 156, 113, 121; BGH NJW 1995, 252 ff) und zwar auch, wenn dessen Verjährung schon einmal unterbrochen war (STAUDINGER/PETERS [1995] § 224 aF Rn 8; aA VALCÀRCEL, Verjährung des Anspruchs auf Verzugsschaden, NJW 1995, 640). Das gilt auch dann, wenn der Verzugsschaden erst nach Ablauf der Verjährungsfrist beziffert werden kann (OLG Köln NJW 1994, 2160).

j) Vertragliche Vereinbarungen

197 Der Anspruch auf Ersatz des Verzögerungsschadens kann, soweit er nicht auf Vor-

satz beruht (§ 276 Abs 2), durch Vertrag **abbedungen** werden (zB durch die Klausel „Schadensersatzansprüche wegen Nichterfüllung oder verspäteter Erfüllung sind ausgeschlossen", BGH NJW 1957, 1760). Doch ist eine entsprechende Bestimmung in AGB gem § 309 Nr 7a und b nur begrenzt zulässig (vgl Vorbem 126 zu § 286–292, dort auch zu der Frage der Freistellung von der Obliegenheit zur Mahnung).

Eine Vereinbarung, durch die ein *Versicherer* von der Verpflichtung, Verzugszinsen **198** zu zahlen, befreit wird, ist gem § 11 Abs 4 VVG unwirksam. Auf der anderen Seite schließt § 4 Abs 1 Nr 6 AHB die Ansprüche aus § 286 von der Deckung durch eine Haftpflichtversicherung insoweit aus, als durch sie das unmittelbare Interesse am eigentlichen Leistungsgegenstand geltend gemacht wird, nicht aber insoweit, als sie einen Folgeschaden zum Gegenstand haben, der über das unmittelbare Erfüllungs-interesse hinausgeht (BGH NJW 1975, 1278; vgl auch BGHZ 23, 349 ff).

3. Einzelfragen

a) Wertverluste

Daß ein zu ersetzender Verzögerungsschaden auch durch **Geldentwertung** entstehen **199** kann, ist nicht zweifelhaft. Wird etwa eine Geldschuld von 2000 Euro um ein Jahr zu spät beglichen und hätte der Gläubiger das Geld für den Erwerb einer Sache oder Leistung verwandt, die nunmehr 2200 Euro kostet, so kann er die 200 Euro als Verzögerungsschaden liquidieren. Dabei muß er sich freilich die gem § 288 Abs 1 zu zahlenden Verzugszinsen als Mindestbetrag des Schadens anrechnen lassen (vMAYDELL, Geldschuld und Geldwert [1974] 140 ff). Das Schadensersatzrecht trägt vermit-tels seines Grundprinzips, die aktuelle Vermögenslage des Ersatzberechtigten mit derjenigen zu vergleichen, die vorliegen würde, wenn das schädigende Ereignis nicht eingetreten wäre, der Geldentwertung Rechnung, ohne daß es einer Durchbrechung des sog Nominalismusprinzips bedürfte (vgl den Hinweis von MEDICUS, Privatrechtliche Fragen zur Geldentwertung, Betrieb 1974, 759, 763; zur Problematik des Nominalismusprinzips aus-führlich STAUDINGER/K SCHMIDT [1997] Vorbem D 19 ff zu § 244).

Freilich entspricht es einem weiteren Prinzip des Schadensersatzrechts, daß der Er- **200** satzberechtigte den **Eintritt des Schadens** auch **nachweisen** muß. Im Falle des durch Geldentwertung entstandenen Verzögerungsschadens liegt es also beim Gläubiger nachzuweisen, daß er den verspätet geleisteten Geldbetrag tatsächlich in einen be-stimmten Sachwert umgesetzt hätte, den er jetzt nur zu erhöhten Preisen bekommt (MünchKomm/ERNST Rn 148; SOERGEL/WIEDEMANN § 288 Rn 29). Die Frage ist, ob ihm dieser Nachweis ganz oder teilweise abgenommen werden kann, indem man entweder eine abstrakte Berechnung des Verzögerungsschadens in Höhe der Geldentwertungsrate zuläßt oder einen prima-facie-Beweis des Inhalts gestattet, daß der Geldbetrag bei rechtzeitiger Zahlung in Sachwerten angelegt worden wäre, deren Preise inzwischen gestiegen sind. Beides ist mE unter den gegenwärtigen wirtschaftlichen Gegeben-heiten nicht zu rechtfertigen. Die Zulassung einer *abstrakten Schadensberechnung* in dem geschilderten Sinne verbietet sich, weil ungeachtet des Phänomens der ständi-gen Inflation sich die Preise für Waren und Leistungen ganz unterschiedlich entwik-keln und für eine ins Gewicht fallende Zahl von Produkten, zB in Massenfertigung gehende Gegenstände, auch sinken. Die für die große Zahl der Fälle zu vermutende gleichmäßige Schadensentwicklung, die Grundlage der abstrakten Schadensberech-nung ist, fehlt hier also (BAUMGÄRTEL/STRIEDER Rn 3; MünchKomm/ERNST Rn 148, die zusätzlich darauf hinweisen, daß die abstrakte Berechnungsweise darauf hinausliefe, daß der Schuldner im Falle verspäteter Zahlung neben den Zinsen noch einen Inflationszuschlag zahlen müßte). Und *eine tatsächliche Vermutung* dafür, daß empfangene Geldleistungen alsbald in Sachwerte umgesetzt werden, besteht in den gegenwärtigen wirtschaftlichen Verhältnissen ebenfalls nicht. Vielmehr können sie durchaus auch anders (zB zur Tilgung von Schulden oder zur Sparanlage) verwendet werden (zust BAUMGÄRTEL/STRIEDER aaO; in die gleiche Richtung wie hier insgesamt auch MANN, Das Recht des Geldes [1960] 84; vMAYDELL, Geldschuld und Geldwert [1974] 134 ff).

201 Die Dinge ändern sich insofern erst bei einem **katastrophalen Verfall der Währung**, wie er in Deutschland zu Beginn der zwanziger Jahre des 20. Jahrhunderts eingetreten war. Hier sprach alles dafür, daß jede Geldleistung sofort in einen Sachwert umgesetzt worden wäre und demzufolge bei rechtzeitiger Leistung ein höherer Sachwert erworben worden wäre, als er infolge der Verspätung erworben werden konnte. Dementsprechend hat damals die Rechtsprechung schon die Geldentwertung selbst als zu ersetzenden Verzögerungsschaden anerkannt (vgl die ausführlichen Nachweise bei STAUDINGER/A WERNER[10/11] Rn 9 ff). Erst wenn ein solcher katastrophaler Währungsverfall wieder eintreten würde, wäre Raum für die Anwendung der damals entwickelten Grundsätze (vgl auch ESSER/SCHMIDT, Schuldrecht I 2 § 28 I 2 a, der einen außergewöhnlichen Geldwertverfall genügen lassen will).

202 Auch der **Kursverlust**, der dem Gläubiger einer in ausländischer Währung ausgedrückten Geldschuld durch Verzug des Schuldners entsteht, kann als Verzögerungsschaden in Betracht kommen. Dabei ist der Klarheit halber zwischen echten und unechten Fremdwährungsschulden zu unterscheiden (näher STAUDINGER/K SCHMIDT [1997] § 244 Rn 6 ff):

203 Liegt eine **unechte Fremdwährungsschuld** vor, lautet die Schuld also zwar auf die ausländische Währung, kann sie aber auch in inländischer Währung erfüllt werden (vgl § 244 Abs 1), so ändert sich an der Beurteilung der Frage des Verzögerungsschadens bei einem Kursverlust der ausländischen Währung nichts, wenn in ausländischer Währung gezahlt wird. Wird dagegen in inländischer Währung gezahlt, kann der Kursverlust nicht zu einem Verzögerungsschaden führen. Denn nach § 244 Abs 2 hat in diesem Falle die Umrechnung nach dem Kurswert zur Zeit der Zahlung zu erfolgen. Zeit der Zahlung in diesem Sinne ist aber nicht etwa die Zeit der Fälligkeit, sondern die der tatsächlichen Zahlung (RGZ 98, 160 ff; 101, 312; STAUDINGER/K SCHMIDT [1997] § 244 Rn 86). Damit wird der Kursverlust, der während der Verzögerung eintritt, stets ausgeglichen.

204 Liegt eine **echte Fremdwährungsschuld** vor, ist die Schuld also nicht nur in ausländischer Währung ausgedrückt, sondern auch durch Zahlung ausländischer Währung zu erfüllen, so hat der Kursverlust der ausländischen Währung während des Verzugs zur Folge, daß der Gläubiger bei Zahlung für den Betrag der ausländischen Währung sich nur einen geringeren Betrag in der eigenen Währung verschaffen kann, als dies bei rechtzeitiger Zahlung der Fall gewesen wäre. Daß dies grundsätzlich einen zu ersetzenden Verzögerungsschaden darstellt, ist seit der späteren Rechtsprechung des RG anerkannt (RGZ 120, 193, 197 f; 147, 377, 381; BGH LM § 284 BGB Nr 25; OLG Hamburg VersR 1975, 660; OLG München NJW 1979, 2480 f; LAG Hamburg Betrieb 1972, 1587 für einen in US-Dollar zahlbaren Gehaltsanspruch; MANN 43). Dabei ist allerdings Voraussetzung, daß der Gläubiger nachweisen kann, daß er den in ausländischer Währung zahlbaren Betrag tatsächlich in inländische Währung umgetauscht oder alsbald sonst im Inland verwendet hätte (RGZ 120, 193, 197; BGH aaO; Alberts, Schadensersatz und Fremdwährungsrisiko, NJW 1989, 609, 614 f; Staudinger/K Schmidt [1997] § 244 Rn 58). Dieser Nachweis kann manchmal leicht zu führen sein, etwa wenn der Gläubiger wegen des drohenden Kursverfalls auf Bezahlung drängte, um alsbald umwechseln zu können (so der Fall RGZ 147, 377; weitergehend Alberts aaO, der immer dann, wenn ein Gläubiger Forderungen in einer für ihn fremden Währung geltend macht, die Vermutung für begründet hält, daß er diese alsbald in seine Währung umtauscht). In anderen Fällen wird er nur schwer gelingen, so insbesondere, wenn der Gläubiger der Fremdwährungsschuld Angehöriger des fremden Staates ist (RGZ 120, 193; JW 1926, 1323; JW 1938, 946).

Auf der anderen Seite ist ein während des Verzugs eintretender **Kursgewinn der** **205** **ausländischen Währung** bei der Berechnung des Verzugsschadens im Wege der Vorteilsausgleichung (dazu oben Rn 193) zu berücksichtigen. Er kann insbesondere gegen die nach § 288 Abs 1 zu ersetzenden Verzugszinsen verrechnet werden.

Für **Wechsel** und **Schecks**, die auf fremde Währung lauten, sind Art 41 Abs 1 S 2 WG **206** und Art 36 Abs 1 S 2 ScheckG zu beachten, nach denen bei einer Zahlungsverzögerung der Inhaber wählen kann, ob die Umrechnung nach dem Kurs des Verfall- bzw Vorlegungstages oder nach dem Kurs des Zahlungstages erfolgen soll.

Auch ein Schaden, der dem Gläubiger dadurch entsteht, daß während des Verzugs **207** des Schuldners eine **Währungsumstellung** erfolgt, ist ein zu ersetzender Verzögerungsschaden (vgl hierzu Staudinger/A Werner[10/11] Rn 14 f).

b)   Mahn- und Rechtsverfolgungskosten
aa)   Mahnkosten, Kosten der Zahlungsaufforderung
Es entspricht heute allgemeiner Auffassung, daß die Kosten derjenigen Mahnungen, **208** bei deren Absendung der **Schuldner bereits in Verzug** war (sei es, weil bereits eine erste Mahnung vorausgegangen war, sei es, weil eine solche für den Eintritt des Verzugs nicht erforderlich war, dazu Rn 167 ff), einen Teil des Verzögerungsschadens bilden. Denn zu diesen Mahnungen wird der Gläubiger durch den Verzug veranlaßt. Aus dem gleichen Grund gehören die Kosten einer durch den Verzug veranlaßten Kündigung zum Verzugsschaden (OLG Köln NJW-RR 1987, 593).

Hat der Gläubiger sich zur Mahnung des bereits in Verzug befindlichen Schuldners **209** eines **Rechtsanwalts** bedient, so sind im allgemeinen auch hierdurch erwachsene Kosten vom Schuldner zu ersetzen. Sie sind durch den Verzug adäquat verursacht. Denn es entspricht nach der Verkehrsauffassung dem normalen Verlauf der Dinge, daß der Gläubiger sich eines Anwalts bedient, um die Forderung gegen den in Verzug befindlichen Schuldner beizutreiben (vgl hierzu OLG Koblenz OLGR Koblenz 2000, 527). Auch wenn die Einschaltung des Rechtsanwalts nicht zum Erfolg führt, sind die Kosten seiner Beauftragung durch den Verzug adäquat kausal verursacht und bis zur Grenze des Mitverschuldens (dazu Rn 211, 220 ff) zu ersetzen (Palandt/Heinrichs Rn 47). Die *Kosten üblicher Eigenbemühungen* dürfen auf diese Weise aber nicht auf den Schuldner abgewälzt werden (vgl Rn 217). Läßt es der Schuldner zum Prozeß kommen, so sind die anwaltlichen Mahnkosten, soweit sie in den Prozeßkosten nicht mitenthalten sind, neben diesen zu ersetzen.

210 Gehört die Geltendmachung der Forderung, mit der der Schuldner in Verzug ist, in die Zuständigkeit der **Arbeitsgerichte**, scheidet ein Anspruch auf Erstattung anwaltlicher Mahnkosten wegen der besonderen Vorschrift des **§ 12a Abs 1 S 1 ArbGG** aus, der das BAG in ständiger Rechtsprechung auch materiell-rechtliche Bedeutung zumißt (BAGE 10, 39 = NJW 1961, 92 für § 61 Abs 1 S 2 ArbGG aF; BAG AP Nr 6 zu § 12a ArbGG 1979; GERMELMANN/MATTHES/PRÜTTING, ArbGG [4. Aufl 2002] § 12a Rn 9 ff; GRUNSKY, ArbGG [7. Aufl 1995] § 12a Rn 3; abl BÖTTICHER, Anm zu BAG AP Nr 3 zu § 61 ArbGG 1953 Kosten).

211 Hinsichtlich der Höhe der als Verzögerungsschaden zu ersetzenden Mahnkosten ist § 254 zu beachten. So ist die **Zahl der Mahnungen**, deren Kosten ersetzt werden können, nicht unbeschränkt. Mehr als drei Mahnungen durch eingeschriebenen Brief sind nur dann angebracht, wenn für die weiteren Mahnungen ein besonderer Grund vorliegt. Die Beauftragung eines Rechtsanwalts eigens mit einer Mahnung ist dann nicht mehr angemessen, wenn der Schuldner schon ernstlich und endgültig die Leistung verweigert hat (BGH VersR 1974, 639, 642, insoweit in BGHZ 62, 103 nicht abgedruckt; SCHNEIDER MDR 1959, 900). Auch ein unnötiger Wechsel des Anwalts zwischen Mahnung und Klagerhebung kann unter dem Gesichtspunkt der Verletzung der Schadensminderungspflicht den Anspruch auf den Ersatz der anwaltlichen Mahnkosten ausschließen.

212 Ein Anspruch auf Ersatz der Kosten derjenigen Mahnung, durch die der Schuldner erst in Verzug gesetzt wird **(Erstmahnung)**, besteht nicht. Ein Verzögerungsschaden liegt nicht vor. Denn die Kosten der Mahnung, die den Verzug erst begründet hat, sind nicht ihrerseits durch den Verzug entstanden. Einen Schadensersatzanspruch wegen Pflichtverletzung direkt nach § 280 Abs 1 scheitert daran, daß § 280 Abs 2 im Falle einer in der Verzögerung bestehenden Pflichtverletzung den Schadensersatz an das Vorliegen der Verzugsvoraussetzungen knüpft (MünchKomm/ERNST Rn 156; PALANDT/HEINRICHS Rn 48).

213 Eine andere Frage ist es, daß bei **Schadensersatzansprüchen aus unerlaubter Handlung** und Gefährdungshaftung die Einschaltung von Rechtsberatern von vornherein vom adäquat verursachten Schaden umfaßt sein kann, insbesondere wenn die Sach- und Rechtslage nicht einfach ist (vgl STAUDINGER/SCHIEMANN [1998] § 251 Rn 120 f mwN). Hier können auch die Kosten einer ersten Mahnung als Teil des Schadens zu ersetzen sein, ohne daß es auf die Voraussetzungen des Verzugs ankäme (vgl BGHZ 30, 154 ff).

214 Zum Ersatz der Kosten vorprozessualer Abmahnungen im Fall von **Wettbewerbsverstößen** vgl STAUDINGER/OTTO § 280 Rn E 99.

215 Auch die Kosten der Zuleitung einer Rechnung oder **Zahlungsaufstellung** iS des Abs 3 sind nur zu ersetzen, wenn diese in einem Zeitpunkt erfolgt, in dem bereits Verzug bestand, sei es, daß eine Mahnung vorangegangen ist oder ein Fall des Abs 2 vorliegt. Auch hinsichtlich der Zahl der Rechnungen oder Zahlungsaufstellungen ist § 254 zu beachten. Die in Rn 211 dargelegten Grundsätze gelten auch hier.

bb) Insbesondere Einschaltung eines Inkassobüros
216 Was die Kosten der Beauftragung eines Inkassobüros angeht, ist zunächst zu beachten, daß § 1 RBerG die geschäftsmäßig betriebene Einziehung fremder oder zu Einziehungszwecken abgetretener Forderungen ausdrücklich von einer *Erlaubnis*

der zuständigen Behörde abhängig macht. Durch die Inanspruchnahme eines nicht zugelassenen Inkassobüros entstandene Kosten sind folglich in keinem Fall durch den Verzug adäquat verursacht. Dagegen müssen die vom Gläubiger einem zugelassenen Inkassobüro erstatteten Bearbeitungsgebühren grundsätzlich als Verzögerungsschaden anerkannt werden. Wenn es dem Gläubiger unbenommen ist, auch diesen Weg zu beschreiten, um zur Erfüllung seines Anspruchs zu kommen, so muß er auch die dadurch entstehenden Kosten als Verzugsschaden geltend machen können (BGH vom 24. 5. 1967, VIII ZR 278/64, zit nach SEITZ Rn 93 Fn 22; OLG Nürnberg JurBüro 1994 Sp 280; OLG München MDR 1988, 407; OLG Düsseldorf JurBüro 1988 Sp 1511 und OLGR Düsseldorf 1997, 139; OLG Frankfurt NJW-RR 1990, 729; OLG Dresden NJW-RR 1996, 1471).

Allerdings erfährt die Ersatzfähigkeit dieser Kosten dadurch eine Einschränkung, **217** daß die Verkehrsauffassung die üblichen persönlichen Bemühungen des Gläubigers um die Einziehung einer Forderung zu seinem eigenen Pflichtenkreis rechnet und die **Kosten üblicher Eigenbemühungen** deshalb nicht ersatzfähig sind (BGHZ 66, 112, 114 f). Dieser Grundsatz darf nicht dadurch umgangen werden, daß die üblichen Eigenbemühungen unterbleiben und statt dessen ein Inkassobüro eingeschaltet wird. Um die Einziehung *geschäftlicher* Forderungen muß sich der Gläubiger deshalb in angemessener Form, etwa durch eine weitere Mahnung oder durch die Androhung der Einschaltung eines Inkassobüros, eines Rechtsanwalts oder gerichtlicher Schritte, erst selbst bemühen, ehe er ein Inkassobüro tatsächlich einschaltet (LÖWISCH NJW 1986, 1725, 1726; HUBER II 112 f; MICHALSKI ZIP 1994, 1501, 1504; DB 1995, 2511 f; für konzerngebundene Inkassounternehmen [gegen MICHALSKI] RIEBLE DB 1995, 2512 f; LG Berlin WM 1990, 62; BGHZ 66, 112, 114). Inkassokosten sind deshalb nur abzüglich des auf die üblichen Eigenbemühungen entfallenden Anteils zu ersetzen.

Wenn GSELL (ZIP 2000, 1861, 1866; ähnlich SCHMIDT-KESSEL NJW 2001, 97, 100, der § 254 für den **218** richtigen Lösungsweg hält) dem entgegenhält, nach Art 3 Abs 1 lit e der **Zahlungsverzugsrichtlinie** seien auch die Kosten der Eigenbemühungen durch den Zahlungsverzug bedingte und deshalb zu ersetzende Beitreibungskosten; folgerichtig könnten sie auch nicht von den Inkassokosten abgesetzt werden, ist dem hinsichtlich der Kosten der üblichen Eigenbemühungen nicht zu folgen: Nach Art 3 Abs 1 lit e S 2 der Zahlungsverzugsrichtlinie ist auf die Beitreibungskosten der Grundsatz der Verhältnismäßigkeit anwendbar. Die kostenüblichen Eigenbemühungen ersetzt zu verlangen, ist aber unverhältnismäßig. Nur die kostennotwendig werdenden außergewöhnlichen Eigenbemühungen müssen bei an der Zahlungsverzugsrichtlinie orientierte Auslegung des § 280 Abs 1, Abs 2, 286 ersetzt werden (MünchKomm/ERNST Rn 159; PALANDT/HEINRICHS Rn 48) und sind dann auch nicht mit den Inkassokosten zu verrechnen.

Ein mit einem Inkassounternehmen vereinbartes **Erfolgshonorar** gehört nicht zum **219** ersatzfähigen Verzugsschaden, denn die Ersatzpflicht würde dazu führen, daß der Schuldner einen Teil der einzuziehenden Forderung zweimal begleichen müßte: Einmal als Erfüllung der ursprünglichen Forderung, das andere mal als Verzugsschadensersatz (LÖWISCH NJW 1986, 1725, 1726; SEITZ Rn 277; DAVID S 84 f; **aA** MünchKomm/ERNST Rn 57: Erfolgshonorar erstattungsfähig bis zur Grenze notwendigerweise anfallende Anwaltskosten; RIEBLE Betrieb 1995, 202 f: Erfolgshonorar als Mißlingensversicherung grundsätzlich voll erstattungsfähig).

220 Was die Höhe der erstattungsfähigen Kosten für die Einschaltung eines Inkassobüros angeht, so ist auch hier § **254** zu beachten. Wie bei jedem Aufwendungsschaden muß gefragt werden, ob der Gläubiger im konkreten Fall die **Aufwendungen** für das Inkassobüro überhaupt und in der gemachten Höhe für **erforderlich** halten durfte (BGH vom 24. 5. 1967, VIII ZR 278/64, zitiert nach Seitz Rn 714 Fn 30; OLG Hamm JurBüro 1984, Spalte 1534; Löwisch aaO). Von einem Mitverschulden ist auszugehen, wenn der Gläubiger unter Berücksichtigung des Verhaltens des Schuldners und der zu erwartenden Beitreibungsmaßnahmen des beauftragten Inkassounternehmens Anlaß hat anzunehmen, der Schuldner werde die Forderung gleich oder in Raten begleichen (Löwisch Rechtsbeistand 1987, 79).

221 Die Erforderlichkeit kann nicht schon im Hinblick auf die Erfolgsquote der Inkassounternehmen verneint werden (so aber Jäckle NJW 1986, 2692, 2693, der eine Erfolgsquote von 20–40% annimmt; vgl auch Hauschildt/Stahrenberg, Zur Effektivität von Inkasso-Unternehmen, BB 1991, 3, die von einer stückorientierten Erfolgsquote von 58,7% und einer wertmäßigen Erfolgsquote von 23,5% ausgehen). Es kann nicht auf die Durchschnittsquote des Erfolgs ankommen, sondern nur darauf, ob im konkreten Fall mit einem Erfolg gerechnet werden durfte oder nicht (näher Löwisch Rechtsbeistand 1987, 79). Erfolg in diesem Sinne ist aber auch die Teilleistung des Schuldners, zumal auch Rechtsanwälte keinen 100%-igen Erfolg garantieren können.

222 Zweckentsprechend ist die Einschaltung eines Inkassobüros sicher dann, wenn es sich nur darum handelt, daß der Schuldner lediglich ein **säumiger Zahler** ist (zur betriebswirtschaftlichen Effektivität siehe Stahrenberg 100 ff). Schwieriger liegen die Dinge, wenn der Schuldner die Forderung bestreitet oder zahlungsschwach ist. Handelt es sich um ein **ernstliches Bestreiten**, so führt der Weg des verständigen Gläubigers nicht zum Inkassounternehmen, sondern zum Rechtsanwalt, der ihn, anders als der Inkassounternehmer, in einem möglichen Gerichtsverfahren vertreten darf (OLG München NJW 1975, 832; OLG Karlsruhe Justiz 1985, 98; OLG Karlsruhe NJW-RR 1987, 15; OLG Köln OLGR Köln 2001, 276). Sind freilich die Einwendungen offensichtlich unbegründet und sollen nur dem Hinhalten dienen, so kann ein verständiger Gläubiger den Weg zum Inkassobüro nach wie vor für den besseren halten (Seitz Rn 716 ff; David S 87 f). Auch bei bekannter **Zahlungsschwäche** des Schuldners kommt es darauf an, ob ein sorgfältig handelnder Gläubiger noch eine Chance sehen kann, die Forderung über das Inkassounternehmen ganz oder teilweise beizutreiben oder doch wenigstens ein nach § 212 Abs 1 Nr 1 zum Neubeginn der Verjährung führendes Anerkenntnis oder eine Sicherheit zu erreichen (Seitz Rn 104). Dabei ist zu berücksichtigen, daß zahlungsschwache Schuldner diejenigen Gläubiger, die die Durchsetzung ihrer Ansprüche mit erheblichem Nachdruck betreiben, in aller Regel mit Vorrang befriedigen (Löwisch NJW 1986, 1725, 1727).

223 Durfte der Gläubiger die Einschaltung des Inkassobüros für erforderlich halten, sind die Aufwendungen dafür auch dann zu ersetzen, wenn dessen Tätigkeit erfolglos geblieben ist und deshalb **anschließend** ein **Rechtsanwalt** mit der gerichtlichen Beitreibung beauftragt werden muß. Das ist im Grunde unbestritten, wenn die Rechtsprechung der Oberlandesgerichte auch unterschiedliche Maßstäbe an die Frage anlegt, ob die Notwendigkeit, später einen Rechtsanwalt beauftragen zu müssen, vorhersehbar war oder nicht (enger OLG Dresden NJW-RR 1994, 1139, wonach „im allgemeinen" in einem solchen Fall kein Anspruch auf Ersatz bestehen soll, weiter – und zutreffend – OLG

Dresden NJW-RR 1996, 1471, wonach ein Ersatz zu erfolgen hat, wenn die Forderung vorgerichtlich nicht bestritten war und auch keine erkennbare Zahlungsunwilligkeit oder Zahlungsunfähigkeit vorlag; weiter OLG Düsseldorf OLGZ 1987, 494; OLG Karlsruhe NJW-RR 1987, 15; OLG München MDR 1988, 407; OLG Düsseldorf JurBüro 1988, Sp 1511; OLG Frankfurt NJW-RR 1990, 729; OLG Nürnberg JurBüro 1994, Sp 280; OLG Dresden JurBüro NJW-RR 1994, 1139 = JurBüro 1994, Sp 548). Heute folgt dies auch aus einer an Art 3 Abs 1 lit e orientierten Auslegung der Zahlungsverzugsrichtlinie. Denn es handelt sich sowohl bei den Inkassokosten wie bei den Kosten des im Falle der Erfolglosigkeit anschließend beauftragten Rechtsanwaltes um durch den Zahlungsverzug bedingte Beitreibungskosten, die dann verhältnismäßig sind, wenn die Notwendigkeit der späteren Beauftragung des Rechtsanwalts nicht vorhersehbar war.

Ist die Einschaltung eines Inkassobüros im Hinblick auf § 254 an sich gerechtfertigt, **224** so können die daraus entstehenden Kosten entgegen einer weit verbreiteten Meinung (OLG Dresden NJW-RR 1996, 1471; OLG Hamm JurBüro 1984, Sp 1534; OLG Bamberg NJW-RR 1994, 412; AG Würzburg MDR 2002, 32; Lappe Rechtspfleger 1985, 284; MünchKomm/Ernst Rn 157; Palandt/Heinrichs Rn 49; Soergel/Wiedemann Rn 27; Peter JurBüro 1999, 174 ff; Huber II, 113; differenzierend Jäckle NJW 1995, 2768 f) **nicht** der Höhe nach **auf die Kosten begrenzt** werden, die bei der Einschaltung **eines Anwalts** nach der BRAGO entstanden wären. Ob sich der Gläubiger eines Anwalts oder eines Inkassobüros bedient, das ebenfalls zu den anerkannten Institutionen des Rechts- und Wirtschaftslebens gehört, hängt von vielschichtigen Erwägungen ab. Erreicht das Inkassobüro mit seinen speziellen Methoden (besonders gestaltete Zahlungsaufforderungen, Telefonkontakt, Abholen des Geldes, Einziehung im Lastschriftverfahren, Hausbesuche beim Schuldner, Versand regelmäßiger Kontostandsmitteilungen, Aufstellung von Tilgungsplänen) den größeren und schnelleren Erfolg? Stellt die Einschaltung eines Anwalts einen zu scharfen Schritt dar, der künftige Geschäftsbeziehungen stört? Führt die Einschaltung des Anwalts dazu, daß sich der Schuldner doch streitig stellt und damit weitere Kosten anfallen? Die Entscheidung für den einen oder anderen Weg kann deshalb nicht durch die Schadensminderungspflicht des § 254 Abs 2 S 2 präjudiziert werden (OLG Hamm MDR 1973, 497; OLG München MDR 1988, 407; einschränkend AG Stuttgart JurBüro 1989, Sp 1276; wie hier: Seitz Rn 238 ff mwNw; Brunner Anm zu AG Bremen vom 11. 9. 2002, JurBüro 2003, 146; s auch OLG Köln vom 17. 10. 2003 – 6 U 60/03 –, nach dem es eine einheitliche Rechtsauffassung zur Frage der Begrenzung nicht gibt und deshalb die Geltendmachung höherer Kosten nicht wettbewerbswidrig iSd § 1 UWG ist). Bestätigt wird dies auch dadurch, daß nach Art 9 IX KostÄndG 1957 in der ab 1. 1. 1981 geltenden Fassung die BRAGO auf die Vergütung von Personen mit der Erlaubnis zur geschäftsmäßigen Besorgung fremder Rechtsangelegenheiten erstreckt wird (Abs 1 S 1), von dieser Erstreckung aber Inkassobüros wiederum ausgenommen werden (Abs 2). Diese Entscheidung des Gesetzgebers, die auf der Bedeutung beruht, welche die Inkassobüros im Bereich der außergerichtlichen Einziehung von Forderungen im Wirtschaftsleben erlangt haben, darf nicht durch eine generelle Begrenzung der Erstattungsfähigkeit von Inkassokosten unter dem Gesichtspunkt des Mitverschuldens auf die Anwaltsgebührensätze unterlaufen werden (Mümmler JurBüro 1984, Spalte 1536, 1537). Die Kosten der Einschaltung eines Anwalts können nur indirekt für die Begrenzung der Erstattungsfähigkeit von Bedeutung sein: Liegen die Kosten der Einschaltung des Inkassobüros im konkreten Fall völlig außer Verhältnis zu den Anwaltskosten, verstößt der Gläubiger gegen seine Schadensminderungspflicht, wenn er gleichwohl den Weg zum Inkassobüro wählt (OLG Hamm JurBüro 1984, 1575;

AG Stuttgart JurBüro 1989, 1276). Nur dann läßt sich auch davon sprechen, daß es sich iSv Art 3 Abs 1 lit e S 1 der Zahlungsverzugsrichtlinie nicht mehr um einen „angemessenen Ersatz" der Beitreibungskosten handelt.

225 Kosten der **notariellen Feststellung einer Zahlungsverweigerung** muß der Schuldner nicht ersetzen, weil eine solche Feststellung nicht verkehrsüblich ist und die dadurch verursachten Kosten deshalb als nicht durch den Verzug adäquat verursacht gelten können (OLG Hamburg Recht 1911 Nr 1514).

cc) Rechtsverfolgungskosten

226 Der Anspruch auf Ersatz des Verzögerungsschadens umfaßt grundsätzlich auch die dem Gläubiger erwachsenden Prozeß- und Vollstreckungskosten. Doch geht diesem materiell-rechtlichen Anspruch die **prozeßrechtliche Kostentragungsregelung** (§§ 91 ff, 788 ZPO) vor (RGZ 130, 217; BGHZ 45, 251, 257; STEIN/JONAS/BORK Vorbem 17 f zu § 91 ZPO, Band 2 [21. Aufl 1994]). Der Anspruch auf Ersatz des Verzögerungsschadens greift deshalb nur in Ausnahmefällen ein.

227 Hinsichtlich der **Prozeßkosten** ist dies etwa der Fall bei einer vor Zustellung durch Erfüllung erledigten Klage (KG NJW-RR 1992, 1298), wenn im Wege der Klagänderung die Prozeßkosten als Verzögerungsschaden geltend gemacht werden (OLG Koblenz NJW-RR 2002, 719) oder die Kostenentscheidung unrichtigerweise unterblieben ist (STEIN/JONAS/BORK Vorbem 17 zu § 91 ZPO, Band 2 [21. Aufl 1994]). Gleiches gilt in bezug auf die Kosten der Beweissicherung, wenn es gar nicht zum Prozeß kommt (OLG Karlsruhe MDR 2000, 199). Auch die Kosten eines einstweiligen Verfügungsverfahrens können als Verzugsschaden zu ersetzen sein, vorausgesetzt, es war zweckdienlich und sachgerecht (OLG Dresden NJW 1998, 1872, 1873).

228 Kosten eines abgelehnten **Prozeßkostenhilfeantrags** des Gläubigers können im allgemeinen nicht als Verzögerungsschaden verlangt werden (LG Berlin I JW 1929, 885 mit zustimmender Anm FRIEDLÄNDER). Denn die Einreichung eines Gesuchs, das sich als unbegründet erweist, kann nicht als durch den Verzug adäquat verursacht gelten, wenn nicht besondere Umstände vorliegen. Hingegen können die dem Gläubiger im Prozeßkostenhilfeverfahren des Schuldners entstandenen Kosten als Verzögerungsschaden zu ersetzen sein (OLG Schleswig SchlHA 1978, 170). Der Schuldner, der es zur Pfändung kommen ließ, haftet unter dem Gesichtspunkt des Verzögerungsschadens für die Kosten eines *Interventionsprozesses* (LG Schneidemühl JW 1929, 887).

229 Wird ein Anspruch auf **Befreiung von einer Verbindlichkeit** gegenüber einem Dritten nur mit Verzögerung befriedigt und der Gläubiger infolgedessen von dem Dritten verklagt, so kann er vom Schuldner auch die ihm entstandenen Prozeßkosten als Verzögerungsschaden verlangen (LG Hannover VRS 4, 84).

230 Was die **Vollstreckung** angeht, so kommt ein Anspruch auf Ersatz des Verzögerungsschadens in Betracht bezüglich der Aufwendungen für die Beschaffung einer zu leistenden *Sicherheit*, insbesondere die Bankprovision zur Erlangung einer Bankbürgschaft, sofern man diese nicht den Vollstreckungskosten iS des § 788 Abs 1 ZPO zurechnet (vgl dazu ZÖLLER/STÖBER § 788 Rn 5; STEIN/JONAS/MÜNZBERG § 788 ZPO Rn 11, Band 7 [22. Aufl 2002]). Gleiches gilt für Aufwendungen, die *mittelbar* der Vollstreckung dienen, wie solche zur Abfindung interventionsberechtigter Dritter, zur

Ablösung vorgehender Pfandrechte oder die Vorlage der Grunderwerbssteuer, um die zur Vollstreckung nötige Eintragung des Schuldners im Grundbuch zu erlangen (vgl näher ZÖLLER/STÖBER § 788 ZPO Rn 13; STEIN/JONAS/MÜNZBERG § 788 ZPO Rn 10). Schließlich sind hierher die Kosten eines mangels Masse erfolglosen Insolvenzantrags zu zählen (LG Essen MDR 1983, 753). Auch die Kosten der Durchsetzung eines Einigungsstellenhonorars iS von § 76a BetrVG können als Verzugsschaden zu ersetzen sein (BAG EzA § 76a BetrVG Nr 8).

Zu beachten ist freilich, daß prozeßrechtliche Kostenvorschriften einen darüber hin- **231** ausgehenden **materiell-rechtlichen Kostenerstattungsanspruch** im Ausnahmefall ausschließen können (BGH MDR 1962, 641, dort im konkreten Fall verneint). Dies ist außer für § 12a Abs 1 S 1 ArbGG (s oben Rn 210) etwa für § 788 Abs 4 ZPO anzunehmen: Wenn die Kosten eines Vollstreckungsschutzverfahrens aus Billigkeitsgründen ganz oder teilweise dem Gläubiger auferlegt werden können, so darf dies nicht auf dem Umweg über den Ersatz des Verzögerungsschadens revidiert werden. Die dem Gläubiger im Prozeßkostenhilfeverfahren des Schuldners entstandenen Kosten können aber trotz § 118 Abs 1 S 4 ZPO als Verzugsschaden zu ersetzen sein (OLG Schleswig SchlHA 1978, 170).

c) Kreditkosten

Der zu ersetzende Verzögerungsschaden umfaßt auch die Kreditkosten, welche der **232** Gläubiger für die Zeit aufwenden muß, in der er die Leistung des Schuldners nicht erhält. Im Vordergrund steht dabei der Fall, daß sich der Gläubiger bei Ausbleiben einer geschuldeten Geldschuld durch Inanspruchnahme von Kredit anderweitig flüssige Mittel beschafft (vgl dazu § 288 Rn 43 ff). In Betracht kommt aber auch, daß der Gläubiger einer anderen als einer Geldforderung Kredit aufnehmen muß oder einen Kredit nicht zurückzahlen kann, weil die Leistung ausbleibt. Wird etwa eine Maschine nicht rechtzeitig geliefert und muß der Gläubiger deshalb zwischenzeitlich eine Ersatzmaschine mieten, so kann er zur Bezahlung der anfallenden Mietzinsen auch Kredit aufnehmen und vom Schuldner zusätzlich zu den anfallenden Mietzinsen auch diese Kreditkosten ersetzt verlangen. Wird die Abrechnung einer Baumaßnahme vom Bauherrn verzögert, kann der Bauunternehmer die Nachteile ersetzt verlangen, die dadurch entstehen, daß er seine Erstattungsansprüche gegen Dritte erst verspätet durchsetzen kann (BGH NJW 1999, 3630, 3631 f). Zur Frage, inwieweit der Gläubiger bei Einsatz eigener Mittel einen Ausgleich dafür verlangen kann, daß er diese nicht anderweitig einsetzen konnte, vgl § 288 Rn 33.

d) Nutzungsentgang

Soweit die entzogene oder entgangene Nutzungsmöglichkeit einer Sache als ersatz- **233** fähiger Schaden anzusehen ist (vgl dazu grundsätzlich BGH GS 98, 212, 216 ff; ausf STAUDINGER/SCHIEMANN [1998] § 251 Rn 73 ff), gilt das auch im Rahmen des Verzugsschadensersatzes. Die §§ 249 ff, deren Interpretation entnommen wird, daß entzogene oder entgangene Nutzungsmöglichkeiten einen Vermögensschaden darstellen, wenn dies der Verkehrsanschauung entspricht, gelten auch hier (Rn 177). Es besteht kein einleuchtender, mit dem Rechtsbegriff des Schadens zu vereinbarender Grund, zwischen deliktischen und vertraglichen Anspruchsgrundlagen zu unterscheiden (BGHZ 88, 11, 15 f; zuvor schon BGHZ 85, 11, 15 f, wo dieser S aber noch darauf gestützt wird, daß der Gläubiger zugleich Eigentümer der Sache war; ausführlich HUBER II 82 f).

234 Dementsprechend umfaßt der Verzögerungsschaden regelmäßig die entgangenen Gebrauchsmöglichkeiten eines KfZ (BGHZ 88 aaO). Der vorübergehende Entzug der Gebrauchsmöglichkeit an einer anderen Sache infolge des Verzugs mit der Verpflichtung zu ihrer Herausgabe ist weiter dann als ein Vermögensschaden anzusehen, wenn die **Gebrauchsmöglichkeit als solche** Gegenstand der vertraglichen Verpflichtung ist; in diesem Fall betrachtet sie die Verkehrsanschauung als selbständiges wirtschaftliches Gut (BGHZ 101, 325, 332). Im übrigen kann die entgangene oder entzogene Nutzungsmöglichkeit nur dann als Vermögensschaden angesehen werden, wenn sie für den Gläubiger von *zentraler Bedeutung* ist und er die Sache auch tatsächlich nutzen wollte (BGH LM § 249 BGB [A] Nr 79 = NJW 1987, 771 im Anschluß an BGH GS 98, 212; die Entscheidungen BGHZ 66, 277; 71, 234, die einen Schaden in solchen Fällen generell verneinten, sind überholt; kritisch hinsichtlich der Notwendigkeit „zentraler Bedeutung" der Nutzungsmöglichkeit MünchKomm/ERNST Rn 127).

§ 287
Verantwortlichkeit während des Verzugs

Der Schuldner hat während des Verzugs jede Fahrlässigkeit zu vertreten. Er haftet wegen der Leistung auch für Zufall, es sei denn, dass der Schaden auch bei rechtzeitiger Leistung eingetreten sein würde.

Materialien: E I §§ 259, 251; II § 243; III § 281; JAKOBS/SCHUBERT, SchR I 307; BGB-KE S 140; DE S 333; KF S 15; RegEntW S 148.

Schrifttum

KNÜTEL, Zum „Zufall" in § 287 S 2 BGB, NJW 1993, 900.

S auch die Angaben zu § 286.

Systematische Übersicht

Alphabetische Übersicht

I. Allgemeines

§ 287 legt zwei weitere dem Schuldner nachteilige Folgen des Verzugs fest: „Reziprok **1** zu § 300 Abs 1" (Esser/Schmidt, Schuldrecht I 2 § 28 I 2 a), der im Falle des Gläubigerverzugs den für den Schuldner geltenden Verschuldensmaßstab herabsetzt, erhöht § 287 S 1 diesen Verschuldensmaßstab während des Schuldnerverzugs. Zudem wird die nach § 275 an sich den Gläubiger treffende Leistungsgefahr im Falle des Schuldnerverzugs auf den Schuldner verlagert. Dies gilt auch für die Fälle der Unzumutbarkeit nach § 275 Abs 2 und 3. Die Neufassung spricht nicht mehr wie die frühere Fassung von durch Zufall eintretende Unmöglichkeit, sondern allgemein von der Zufallshaftung „wegen der Leistung".

Die Vorschrift spielt in der Praxis keine große Rolle. Doch kann, wie sich aus dem **2** weiteren ergeben wird, auch nicht die Ansicht von Heck (Schuldrecht 110) geteilt werden, daß S 1 „überflüssig" sei und S 2 „keine Sondervorschrift enthalte".

II. Erweiterung des Verschuldensmaßstabs (Satz 1)

Nach § 287 S 1 hat der Schuldner während des Verzugs **jede Fahrlässigkeit zu vertreten**. Da der Schuldner im Regelfall schon vor dem Verzug jede Fahrlässigkeit zu **3** vertreten hat (§ 276), ist dieser Satz nur für die Fälle von Bedeutung, in denen der Schuldner an sich nur für Vorsatz, für grobe Fahrlässigkeit oder für die Verletzung der eigenüblichen Sorgfalt (§ 277) haften würde. Seine Haftung ist dann während des Verzugs, dh vom Augenblick des Verzugseintritts bis zu seiner Beendigung (dazu § 286 Rn 58 ff, 112 ff), auf jede Fahrlässigkeit erweitert.

§ 287 S 1 gilt sowohl für die *gesetzlichen* Fälle eingeschränkter Haftung (zB §§ 347 **4** Abs 1 S 2, 521, 690, 708, 723 Abs 1 S 3 Nr 1, 968, 1359, 1664, 2131) als auch für die Fälle, in denen eine solche eingeschränkte Haftung *vertraglich* vereinbart ist. Die Vorschrift ist in den Grenzen des § 309 Nr 7 dispositiv.

§ 287 S 1 hat zur Folge, daß der einmal eingetretene Verzug vom Schuldner nur durch **5** eine Leistungshandlung beendet werden kann, bei der ihm auch nicht leichte Fahrlässigkeit zur Last zu legen ist (zutr Esser/Schmidt, Schuldrecht I 2 § 28 I 2 a). Hat ein Gesellschafter eine ihm nach dem Gesellschaftsvertrag obliegende wesentliche Verpflichtung unter Außerachtlassung der eigenüblichen Sorgfalt nicht rechtzeitig erfüllt und ist damit gem § 708 in Verzug gekommen, kann er den Verzug nur beenden, wenn er nunmehr die verkehrserforderliche Sorgfalt anwendet. Tut er das nicht, setzt er mit der weiteren Verletzung einer wesentlichen Verpflichtung einen wichtigen Grund für die Kündigung der Gesellschaft durch die anderen Gesellschafter, weil sich zugleich der Maßstab des § 723 Abs 1 S 3 Nr 1 von Vorsatz oder grober Fahrlässigkeit auf leichte Fahrlässigkeit reduziert (s § 286 Rn 167).

6 Darin erschöpft sich im wesentlichen schon die Bedeutung der Vorschrift: Für Folgeschäden, die sich aus dem Verzug ergeben, haftet der Schuldner bei adäquater Verursachung stets, ohne daß sich das Verschulden auf die Herbeiführung dieser Folgeschäden beziehen müßte. Und wenn die Leistung während des Verzugs durch Zufall unmöglich wird oder sich weiter verzögert, haftet der Schuldner nach § 287 S 2 ohne Rücksicht auf Verschulden, so daß die Steigerung der Haftung für Fahrlässigkeit nur insoweit ins Gewicht fällt, als es um die in § 287 S 2 angeordnete Berücksichtigung der überholenden Kausalität geht (dazu Rn 20 ff).

7 Soweit den Schuldner hinsichtlich des dem Gläubiger zu leistenden Gegenstands eine Obhutpflicht trifft, gilt § 287 S 1 auch für die Haftung für Folgeschäden. Etwa muß der im Verzug befindliche Verwahrer trotz § 690 schon bei einfacher Fahrlässigkeit dem Gläubiger den Schaden ersetzen, den dieser dadurch erleidet, daß er von einem Dritten nach § 833 in Anspruch genommen wird (zutr insoweit ERMAN/BATTES § 287 Rn 1). Im übrigen ist § 287 S 1 auf eine während des Verzugs begangene **Pflichtverletzung** aber nicht gemünzt (HUBER II 125). Hat etwa ein Bauunternehmer oder ein Handwerker seine Haftung auf grobe Fahrlässigkeit beschränkt und gerät er mit der Durchführung der Arbeiten in Verzug, so ist es nicht Sinn des § 287 S 1, ihn nunmehr für Schäden, die er oder seine Erfüllungsgehilfen bei der nachgeholten Durchführung der Arbeiten an der Person oder den Sachen des Gläubigers anrichten, schon bei leichter Fahrlässigkeit haften zu lassen. Es gilt insoweit nichts anderes als im reziproken Fall des § 300 Abs 1, für den in der Rechtsprechung anerkannt ist, daß sich die Haftungserleichterung für den Schuldner nur auf die Haftung für den Leistungsgegenstand selbst, nicht auf die Haftung für die Verletzung einer Rücksichtnahmepflicht iS des § 241 Abs 2 bezieht (RG SeuffA 76, 96; JW 1921, 394; wohl auch BGH MDR 1958, 335; vgl auch BGHZ 93, 23, 27, wo betont wird, daß von § 276 abweichende Haftungsmaßstäbe differenzierend nach ihrem Zweck angewandt werden; JAUERNIG/VOLLKOMMER Rn 3).

III. Die Verlagerung der Leistungsgefahr auf den Schuldner (Satz 2)

1. Anwendungsbereich

8 Wird die Leistung während des Verzugs **durch Zufall unmöglich oder unzumutbar**, so ist der Schuldner in der Regel verantwortlich (zur Ausnahme der sog überholenden Kausalität vgl Rn 20 ff). Hierin liegt eine praktisch viel wichtigere Steigerung der Haftung des Schuldners durch den Verzug als die in S 1 angeordnete: Wenn die Leistung durch Zufall unmöglich oder unzumutbar wird, wird der Schuldner im Regelfall von jeder Verpflichtung frei (§ 275), sowohl von der Verpflichtung zur ursprünglich geschuldeten Leistung als auch von jeder Ersatzpflicht: Der Schuldner haftet für zufällig eintretende nachträgliche Unmöglichkeit oder Unzumutbarkeit der Leistung grundsätzlich nur in den Ausnahmefällen, in denen er nach dem Inhalt des Schuldverhältnisses zufällige Umstände zu vertreten hat (vgl § 276 Rn 141). Ist er aber bei Eintritt des

zufälligen Ereignisses, das die Unmöglichkeit oder Unzumutbarkeit der Leistung verursacht, in Leistungsverzug, haftet er ohne weiteres für die Leistung.

§ 287 S 2 gilt der durch Zufall eintretenden Unmöglichkeit oder Unzumutbarkeit der **9** Leistung. Hat der Schuldner diese *ohnehin zu vertreten*, so haftet er nach den allgemeinen Vorschriften (§§ 280 ff).

Mit **Zufall** meint die Vorschrift jeden von keiner der Parteien zu vertretenden Fall der **10** Unmöglichkeit oder Unzumutbarkeit. Auch im Falle *höherer Gewalt* ist der Schuldner näher dran, die Unmöglichkeit zu tragen, die nur eingetreten ist, weil er nicht rechtzeitig geleistet hat (Knütel NJW 1993, 900 f; Huber II 127; Palandt/Heinrichs Rn 3). Beruht die Unmöglichkeit der Leistung auf einem *vom Gläubiger zu vertretenden* Umstand, so beruht sie zwischen den Parteien nicht auf Zufall. Deshalb haftet der Schuldner in einem solchen Fall nicht aus § 287 S 2 (RGZ 125, 196, 200; OLG Oldenburg OLGR Oldenburg 2001, 313 = NZG 2002, 98).

§ 287 S 2 bezieht sich nach seinem Wortlaut allgemein auf die Leistung. Er erfaßt **11** damit auch den Fall, daß die *gehörige Leistung* unmöglich geworden ist, zB bei einer durch Zufall eingetretenen **Verschlechterung des Leistungsgegenstandes**, so daß der Verkäufer nach §§ 440, 280 f haftet, wenn während des Verzugs ein Sachmangel auftritt (MünchKomm/Ernst Rn 3). Die Haftung für die Verschlechterung einer Sache geht auch sonst mit der Haftung für völligen Untergang der Sache grundsätzlich Hand in Hand (vgl zB §§ 290 S 2, 989).

Der Verschlechterung einer Sache ist wiederum das **Sinken des Preises** der Sache **12** gleichzustellen (Erman/Battes Rn 3; Planck/Siber Anm 4; Oertmann Anm 6; aM Huber II 133). In beiden Fällen handelt es sich um eine Minderung des Werts der Sache (vgl wiederum § 290 S 2). Ob diese Wertminderung durch eine Veränderung der Substanz der Sache oder durch eine während des Verzugs eingetretene Änderung der Marktlage eingetreten ist, ist für den Gläubiger gleichgültig.

§ 287 S 2 ist auch auf den Fall anzuwenden, daß sich infolge eines zufälligen Ereig- **13** nisses, etwa einer Beschlagnahme oder eines Zahlungsverbotes, die **Leistung weiter hinauszögert**. Der Grundgedanke des § 287 S 2, wegen des Verzugs die Leistungsgefahr vom Gläubiger auf den Schuldner zu verlagern, trifft auch hier zu (RGZ 108, 419, 421; BGH MDR 1955, 462; LM § 286 BGB Nr 3, die insoweit von einer dauernden gleichzustellenden zeitweiligen Unmöglichkeit sprechen; ebenso Huber II 132).

§ 287 S 2 bezieht sich **nur auf die Leistung selbst**. Für andere während des Schuld- **14** nerverzugs durch Zufall eintretende Schäden des Gläubigers haftet der Schuldner nicht, auch wenn diese ohne den Verzug nicht eingetreten wären. Wenn also beispielsweise der Gläubiger sich infolge nicht rechtzeitiger Lieferung von Tafelgeschirr genötigt sieht, sich solches in der nächsten Stadt zum Gesellschaftsabend zu besorgen, und auf der Fahrt zur Stadt verunglückt (Beispiel von Träger, Der Kausalbegriff 262 f), so fällt dies nicht unter § 287 S 2. Denn der eingetretene Schaden betrifft nicht die Leistung selbst. Für diesen Schaden haftet der Schuldner aber auch aus keinem anderen Grund, insbes nicht nach §§ 280 Abs 1, Abs 2, 286. Denn der Schaden ist durch den Verzug zwar bedingt, aber *nicht adäquat verursacht*. Nur für den Fall der zufälligen Beeinträchtigung der Leistung selbst erklärt § 287 S 2 das Erfordernis des adäquaten Kausalzusammenhangs zwischen Verzug und Schaden für entbehrlich (vgl unten Rn 16 ff), nicht aber bei sonstigem Verzugsschaden.

15 Der Verzug mit einer **Abnahmepflicht** (zB §§ 433, 640) fällt nicht in den Anwendungsbereich des § 287 S 2. Die Anforderungen, die § 300 Abs 2 bei Gattungsschulden an den Übergang der Leistungsgefahr stellt, können nicht durch die Anwendung des § 287 S 2 verändert werden (RGZ 57, 402, 406; JW 1918, 380; STEFFENS, Die Abnahmepflicht des Käufers und ihre Verletzung [1912] 78 f; JAUERNIG/VOLLKOMMER Rn 3). Aus der etwas unscharfen Begründung des Urteils des RG (RGZ 57 aaO) darf allerdings nicht gefolgert werden, daß § 287 S 2 nur im Falle des Verzugs mit einer Sachleistung anzuwenden sei. Auch Verpflichtungen zu **Dienstleistungen** fallen unter die Vorschrift. Wer also mit der Verpflichtung, eine Reparatur mittels ihm gehörigen komplizierten Spezialwerkzeugs auszuführen, in Verzug gerät, haftet für die weitere Hinauszögerung seiner Leistung, die dadurch herbeigeführt wird, daß während des Verzugs sein Spezialwerkzeug vernichtet wird.

2. Kausalität

16 Die Unmöglichkeit oder Unzumutbarkeit der Leistung muß nicht infolge, sondern lediglich **während des Verzugs** eintreten. Die Haftung des säumigen Schuldners für Zufall setzt also *nicht den Nachweis des adäquaten Kausalzusammenhangs* zwischen dem Verzug und dem die Unmöglichkeit auslösenden Ereignis voraus (HUBER II 126). Darin liegt die eigentliche Bedeutung des § 287 S 2. Wäre jener Kausalzusammenhang Voraussetzung der Haftung, so wäre § 287 S 2 in der Tat überflüssig. Denn wenn der Kausalzusammenhang vorliegt, folgt die Haftung des Schuldners schon aus § 280 Abs 1, Abs 2, 286.

17 So liegt es etwa bei Eintritt der **Unmöglichkeit einer absoluten Fixschuld im Verzug**. Hier führt schon der Verzug selbst – und kein weiteres Ereignis – zur Verfristung und damit zur Unmöglichkeit (Vorbem 7 zu §§ 286–292). Ein haftungsbegründender Rückgriff auf § 287, wie ihn das BAG im Fall nicht rechtzeitiger Urlaubsgewährung oder -abgeltung vornimmt (BAG EzA § 615 BGB Kurzarbeit Nr 2 = BB 1995, 1039), ist nicht erforderlich (ähnlich STEIN, Schadensersatz oder Vererbung des Urlaubsabgeltungsanspruchs bei Tod des Arbeitnehmers, RdA 2000, 16, 21; insgesamt [unter Ablehnung der Annahme von Unmöglichkeit] zur Frage HERLITZIUS, Der Urlaubsanspruch als schuldrechtlicher Anspruch im Arbeitsverhältnis [2000] S 168 ff). Anders liegt es nur, wenn der Urlaubs- oder Urlaubsabgeltungsanspruch wegen des Todes des Arbeitnehmers nicht mehr erfüllt werden kann (zutreffend BAG AP Nr 71 zu § 7 BurlG Abgeltung = NJW 1997, 2343, 2344).

18 Dem allseits anerkannten Satz, daß zwischen Verzug und dem die Unmöglichkeit oder Unzumutbarkeit auslösenden Ereignis kein adäquater Kausalzusammhang erforderlich ist, wird mitunter (BGB-RGRK/ALFF Rn 3) der weitere Satz hinzugefügt, daß zwischen dem zufälligen Ereignis und der Unmöglichkeit oder Unzumutbarkeit ein solcher adäquater Kausalzusammenhang bestehen müsse. Dies erscheint sinnwidrig. Es gibt keinen mehr oder minder „zufälligen Zufall" (zutr SOERGEL/WIEDEMANN Rn 4; ERMAN/BATTES Rn 2; MünchKomm/ERNST Rn 3).

19 Vorbehaltlich der Berücksichtigung der überholenden Kausalität (dazu sogleich) hat der Schuldner im Falle des § 287 S 2 für jeden durch Zufall entstehenden Schaden einzutreten. Bei der *haftungsausfüllenden Kausalität* ist dann auch wieder Adäquanz erforderlich. Kann sich etwa ein Käufer der gekauften, aber während des Verzugs des Verkäufers zerstörten Turnerkeulen nicht bedienen, um einen Einbrecher abzuwehren (Beispiel von PLANCK/SIBER Anm 1), so haftet der Verkäufer nicht etwa über § 287 S 2 für den durch den Einbruch verursachten Schaden. Hingegen ist adäquant noch zu bejahen, wenn die Nichterbringung von Pflichteinzahlungen in eine Genossenschaft zu deren Insolvenz und damit zur Unmöglichkeit der Zeichnung weiterer Geschäftsanteile durch neue Mitglieder führt (OLG Oldenburg OLGR Oldenburg 2001, 313 = NZG 2002, 98).

Die Haftung des in Verzug befindlichen Schuldners für einen während des Verzugs **20** eintretenden Zufall entfällt, wenn der Schaden auch bei rechtzeitiger Leistung eingetreten wäre. Damit erkennt das Gesetz für diesen Fall die Rechtserheblichkeit sog **überholender Kausalität** oder, anders gesagt, die Erheblichkeit einer sog „Reserveursache" an (HUBER II 130; allgemein zur Erheblichkeit von Reserveursachen STAUDINGER/ SCHIEMANN [1998] § 249 Rn 92 ff). Damit kommt es nicht darauf an, ob der Schaden durch das nämliche Ereignis eingetreten wäre (SOERGEL/WIEDEMANN Rn 5; HUBER II 129 f). Es genügt, daß der Schaden auch bei rechtzeitiger Leistung entstanden wäre (zB durch einen Brand, der die Sache auf dem Grundstück des Gläubigers bei rechtzeitiger Lieferung zerstört hätte).

Daß in diesem Sinne auch Reserveursachen erheblich sein sollen, ergibt sich auch aus **21** der *Entstehungsgeschichte*: Nach E I § 251 war der Schuldner nur dann befreit, wenn er beweisen konnte, daß eben derselbe Zufall, welcher die Leistung unmöglich gemacht hat, auch bei rechtzeitiger Leistung den Schaden bewirkt hätte. Die Beschränkung der Befreiung des Schuldners auf diesen Fall wurde aber in der Zweiten Kommission zugunsten des Schuldners fallengelassen (Prot I 328). Es war also beabsichtigt, den Schuldner von der Zufallshaftung zu befreien, wenn zwar zB der von dem Schuldner zu liefernde Gegenstand nach Eintritt des Verzugs durch Brand zugrunde gegangen ist, der Schuldner aber beweisen kann, daß die an den Gläubiger ausgehändigte Sache bei rechtzeitiger Lieferung auf andere Weise, etwa durch einen Brand auf dem Grundstück des Gläubigers oder durch Hochwasser, ohne Ersatzanspruch zugrundegegangen wäre (s hierzu TRÄGER, Kausalzusammenhang 263).

Daraus, daß § 287 S 2 für den Eintritt der Reserveursache auf den Zeitpunkt „recht- **22** zeitiger" Leistung abstellt, kann entgegen STAUDINGER/A WERNER[10/11] (§ 287 Rn 14 aE) nicht geschlossen werden, daß nur Reserveursachen aus dem Zeitraum *zwischen Fälligkeit und Verzug*, nicht aber solche aus der Zeit *nach Verzugseintritt* zu berücksichtigen wären. Die Ausnahme von der Verlagerung der Leistungsgefahr auf den Schuldner, die mit der Berücksichtigung der Reserveursache gemacht wird, ist nach Verzugsantritt genau so billig wie vorher, besonders, wenn man an die Fälle des Verzugseintritts ohne Mahnung nach § 286 Abs 2 denkt. Auf der anderen Seite ist es aber auch nicht gerechtfertigt, nur solche Reserveursachen zu berücksichtigen, die nach Verzugseintritt liegen (so ERMAN/BATTES Rn 4; SOERGEL/WIEDEMANN Rn 6). Das widerspricht nicht nur dem Wortlaut der Vorschrift, sondern wendet dem Gläubiger einen Vorteil zu, den er bei ordnungsgemäßer Abwicklung des Schuldverhältnisses nicht gehabt hätte. Das Argument der Gegenseite, bei Berücksichtigung der Reserveursachen aus der Zeit zwischen Fälligkeit und Verzug könnte der Schuldner in einem solchen Falle überhaupt nicht mehr mit der Rechtsfolge des § 287 in Verzug gesetzt werden, geht fehl. Denn der Normalfall ist der, daß das Vorliegen von Reserveursachen sich gar nicht auswirkt, weil die Leistung trotz Verspätung noch erbracht werden kann.

23 Wenn das Gesetz auf den Zeitpunkt rechtzeitiger Leistung abhebt, so meint es damit auch, daß nur solche Reserveursachen zu berücksichtigen sind, die zeitlich vor der tatsächlich zur Unmöglichkeit oder Unzumutbarkeit führenden Ursache liegen (Prot I 328). **Nachfolgende Reserveursachen** sind – wie das den allgemein zur überholenden Kausalität im Schadensrecht entwickelten Grundsätzen entspricht (dazu STAUDINGER/SCHIEMANN [1998] § 249 Rn 92 ff) – nur insoweit zu berücksichtigen, als sie den Wert des Leistungsgegenstandes bereits im Augenblick des schädigenden Ereignisses gemindert hatten (ERMAN/BATTES Rn 5; PALANDT/HEINRICHS Rn 4; SOERGEL/WIEDEMANN Rn 6).

24 Die Reserveursache darf auch dann nicht berücksichtigt werden, wenn sie im Falle tatsächlichen Eintritts dem Gläubiger einen **Schadensersatzanspruch gegen einen Dritten** verschafft hätte. Denn dann hätte sie, wirtschaftlich gesehen, nicht endgültig zu dem Schaden geführt, der infolge des Unmöglichwerdens der Leistung nun eingetreten ist (zutreffend STAUDINGER/SCHIEMANN [1998] § 249 Rn 100; ERMAN/BATTES Rn 6). Aus dem gleichen Grund bleibt die Haftung des Schuldners auch dann bestehen, wenn der Gläubiger für das andere Ereignis durch *Versicherung* gedeckt gewesen wäre (DÖRSTLING ZVersWiss 1913, 605).

25 Die bloße **Möglichkeit des Eintritts einer Reserveursache reicht** für die Anwendung des § 287 S 2 HS 2 **nicht** aus. Vielmehr muß feststehen, daß der anderweitige Verlust des Leistungsgegenstandes wirklich eingetreten wäre (zutreffend ERMAN/BATTES Rn 6).

3. Beweislast

26 Aus der Fassung des § 287 S 2 („es sei denn, daß") ergibt sich, daß die Beweislast dafür, daß der Schaden auch bei rechtzeitiger Leistung eingetreten wäre, den Schuldner trifft. Bestritten ist aber, *wieweit* die Beweislast des Schuldners nach § 287 S 2 geht. Bei rechtzeitiger Leistung hätte der Zufallsschaden den Gläubiger immer nur dann getroffen, wenn er den rechtzeitig gelieferten Gegenstand bis zum Eintritt der Reserveursache *behalten hätte*, nicht aber, wenn er ihn inzwischen weiterveräußert hätte. Es fragt sich deshalb, ob der Schuldner auch beweisen muß, daß der Gläubiger den rechtzeitig gelieferten Gegenstand bis zum Eintritt der Reserveursache behalten hätte, oder ob der Gläubiger beweisen muß, daß er ihn inzwischen weiterveräußert hätte. Nach der Fassung des § 287 ist der Ansicht zuzustimmen, die dem Schuldner die **volle Beweislast** auferlegt, also auch die Beweislast dafür, daß der Gläubiger die Sache behalten hätte (PLANCK/SIBER Anm 3; BAUMGÄRTEL/STRIEDER[2] Rn 3; ERMAN/BATTES Rn 7; PALANDT/HEINRICHS Rn 4; aA ESSER/SCHMIDT, Schuldrecht I 2 § 28 I 2 a). Eine Unbilligkeit liegt hierin nicht, obwohl die Beweisführung für den Gläubiger leichter wäre. Es darf nicht übersehen werden, daß der säumige Schuldner nach der Absicht des Gesetzes grundsätzlich für die während des Verzugs durch Zufall eintretende Unmöglichkeit oder Unzumutbarkeit haften soll. Ist der Gläubiger ein Kaufmann, der die vom Schuldner zu liefernde Sache als *Handelsware* zum Zwecke des Weiterverkaufs in seinem Geschäft gekauft hatte, so ist es gewiß nicht unbillig, dem Schuldner den Beweis dafür aufzuerlegen, daß der Gläubiger die Sache nicht vor dem Eintritt der Reserveursache an einen Abnehmer weiterveräußert und geliefert hätte. Wenn aber nach Lage des einzelnen Falles wirklich eine Härte bestehen sollte, kann sie durch richterliches Ermessen nach § 287 ZPO gemildert werden (vgl STAUDINGER/SCHIEMANN [1998] Vorbem 93 zu §§ 249 ff).

Auch im Falle einer **Wertminderung** der geschuldeten Sache während des Schuld- **27** nerverzugs (vgl oben Rn 12) muß der Schuldner beweisen, daß der Gläubiger die rechtzeitig geleistete Sache bis zum Eintritt der Wertminderung behalten hätte, wenn er gegen die Haftung aus § 287 S 2 einwenden will, die Wertminderung wäre auch bei rechtzeitiger Leistung eingetreten (ebenso PLANCK/SIBER Anm 4).

An der Beweislast des Schuldners ändert sich auch dann nichts, wenn der **Wert** der **28** geschuldeten Sache, der nach Eintritt des Verzugs gesunken war, in der Zwischenzeit bis zur mündlichen Verhandlung, auf welche das Urteil ergeht, wieder **gestiegen** ist. Der Gläubiger kann seiner Schadensberechnung den höheren Wert zugrunde legen, solange der Schuldner nicht beweist, daß er die Sache bis zum Sinken des Wertes behalten und vor dem Wiederansteigen veräußert hätte. Dies gilt auch, wenn der Wert der Sache nach dem Wiederansteigen abermals gefallen ist (BAUMGÄRTEL/STRIE-DER[2] Rn 4).

§ 288*
Verzugszinsen

(1) Eine Geldschuld ist während des Verzugs zu verzinsen. Der Verzugszinssatz beträgt für das Jahr fünf Prozentpunkte über dem Basiszinssatz.

(2) Bei Rechtsgeschäften, an denen ein Verbraucher nicht beteiligt ist, beträgt der Zinssatz für Entgeltforderungen acht Prozentpunkte über dem Basiszinssatz.

(3) Der Gläubiger kann aus einem anderen Rechtsgrund höhere Zinsen verlangen.

(4) Die Geltendmachung eines weiteren Schadens ist nicht ausgeschlossen.

Materialien: E I § 248; II § 244; III § 282;
JAKOBS/SCHUBERT SchR I 311; BGB-KE S 141;
DE S 334; KF S 15; RegEntW S 148; Beschluß-
empfehlung und Bericht d Rechtsausschusses
S 284.

Schrifttum

I. Vor der Schuldrechtsreform
BASEDOW, Die Aufgabe der Verzugszinsen in Recht und Wirtschaft. Bemerkungen zu § 288 BGB und § 352 HGB, ZHR 143 (1976) 317

---

* **Amtlicher Hinweis:** Diese Vorschrift dient zum Teil auch der Umsetzung der Richtlinie 2000/35/ EG des Europäischen Parlaments und des Rates vom 29. Juni 2000 zur Bekämpfung von Zahlungsverzug im Geschäftsverkehr (ABl. EG Nr. L 200 S. 35).

Manfred Löwisch

BELKE, Abstrakte Schadensberechnung und Anscheinsbeweis am Beispiel des Zinsschadens, JZ 1969, 586

BRUCHNER, Die abstrakte Berechnung des Verzugsschadens bei gekündigten Krediten auf der Basis marktüblicher Brutto-Sollzinsen, ZHR 153 (1989) 101

CZYBULKA, Verzugs- und Prozeßzinsen im Verwaltungsprozeß, NVwZ 1983, 125

DOMS, Die Zinsbescheinigung – eine Regressfalle?, NJW 1999, 2649

EMMERICH, Der Verzug bei Ratenkrediten und kein Ende, WM 1986, 541

ERNST, Verzugszinsen des § 288 Abs 1 S 2 BGB immer aus dem Brutto-Rechnungsbetrag, BB 1989, 929

GOTTHARDT, Zur Bemessung des nach dem gewöhnlichen Lauf der Dinge zu erwartenden Schadens einer Bank bei Verzug eines Kreditschuldners, WM 1987, 1381

GOTTWALD, Verzugszinsen als schadensrechtliches Problem, JA 1997, 800

ders, Verzugszinsen – zeitlich unbegrenztes Zahlungsurteil auch bei erhöhtem Zinssatz?, MDR 1996, 980

GRIEBELING, Brutto oder Netto – die gesetzliche Verzinsung arbeitsrechtlicher Vergütungsansprüche, NZA 2000, 1249

GRUSS, Zinsen bei Bruttoentgeltforderung, BB 1998, 2167

GRUNSKY, Verzugsschaden und Geldentwertung, in: Gedschr Bruns (1980) 19

HERR, Zur Höhe der Verzugszinsen nach der mündlichen Verhandlung, MDR 1989, 78

KALTER, Die Schuldzinsen von Vergleichsschuldner und Gemeinschuldner, KTS 1978, 1

KINDLER, Die neuere höchstrichterliche Rechtsprechung zum Ersatz entgangener Anlagezinsen im Verzug, WM 1997, 2017

ders, Gesetzliche Zinsansprüche im Zivil- und Handelsrecht (1996)

LEPKE, Klage auf Arbeitsentgelt und gerichtliche Geltendmachung von Verzugszinsen, Betrieb 1978, 839

ders, Zinsen im Arbeitsrecht, AR-Blattei Zinsen I Übersicht, AR-Blattei SD 1860

LÖWISCH, Zinseszinsverbot und Verzugsschadensersatz, NJW 1978, 26

ders, Die Zins- und Schadensersatzansprüche

des Ratenkreditgebers bei Säumnis des Kreditnehmers, BB 1985, 959

MACK, Der Zinsanspruch der Bank im Zahlungsverzug des Darlehensnehmers, WM 1986, 1337

vMAYDELL, Geldschuld und Geldwert (1974) 140

NÄGELE/STUMPF, Zinsen – aus der Brutto- oder Nettovergütung?, FA 1998, 366

NASALL, Vertraglicher Zins- und Verzugsschaden, WM 1989, 705

REICHENBACH, Tenor und Klageantrag bei gesetzlichen Zinssätzen mit variablen Bezugsgrößen, MDR 2001, 13

REIFNER/BURMEISTER, Verzugszins- und Erfüllungsanspruch im Konsumentenratenkreditvertrag, JZ 1987, 952

RIEBLE, Ansprüche des Darlehengebers bei Verzug des Darlehennehmers, ZIP 1988, 1027

SANDROCK, Verzugszinsen vor internationalen Schiedsgerichten: Insbesondere Konflikte zwischen Schuld- und Währungsstatut, Jahrbuch für die Praxis der Schiedsgerichtsbarkeit 1989, 64

SCHALLER/EPPELEIN, Brutto oder Netto – Die gesetzliche Verzinsung arbeitsrechtlicher Vergütungsansprüche, NZA 2001, 193

SCHOLZ, Die Verzugsschadensproblematik bei Ratenkrediten aus der Sicht der Bankpraxis, ZIP 1986, 545

SCHOPP, Verzugszinsen und Verzugsschaden (§ 288 BGB) bei Zession, MDR 1990, 11

STEINER, Verzugsschaden bei Krediten: Finden Juristen und Ökonomen zusammen?, Betrieb 1987, 1977

ders, Betriebswirtschaftlich orientierte Bemessung des Verzugsschadens bei Krediten (1987)

UNGEWITTER, § 11 I VerbrKrG als Vorschrift über den objektiven Schaden, JZ 1994, 701

WEBER, Gedanken zur Verzugsschadenregelung bei Geldschulden, in: FS Max Keller (1989) 323

WOLFF, Zinsen im öffentlichen Recht, DÖV 1998, 872.

II. Zur und nach der Schuldrechtsreform

GRIMM, Zinsen auf den Bruttolohn, EWiR 2002, 143

GSELL, Das neue Zahlungsverzugsrecht nach den §§ 284 Abs 3, 288 BGB – eine im wesentlichen missglückte Reform, NotBZ 2000, 178

HÄNLEIN, Die Richtlinie zur Bekämpfung von Zahlungsverzug im Geschäftsverkehr und ihre Umsetzung in Deutschland, EuZW 2000, 680
KIESEL, Das Gesetz zur Beschleunigung fälliger Zahlungen, NJW 2000, 1673
LÖWISCH, Zweifelhafte Folgen des geplanten Leistungsstörungsrechts für das Arbeitsvertragsrecht, NZA 2001, 465

ders, Zinsen auf Bruttolohn, RdA 2002, 182
SCHACH, Verzugszinsen und zwei Basiszinssätze, Grundeigentum 2002, 452
VOLLMER, Warum das Gesetz zur Beschleunigung fälliger Zahlungen fällige Zahlungen nicht beschleunigt, ZfIR 2000, 421.

Systematische Übersicht

Alphabetische Übersicht

I. Allgemeines

1 § 288 Abs 1 S 1 gewährt dem Gläubiger einer Geldschuld als Ersatz für die Vorenthaltung des Kapitals während des Verzugs einen **Anspruch auf Verzinsung**. Der Zinsanspruch ist aber nur **Mindestbetrag** des Verzögerungsschadens, der wegen der Vorenthaltung des Kapitals zu ersetzen sein kann (§ 288 Abs 4).

2 Ohne Rücksicht auf Verzug sind **Zinsen ab Fälligkeit** nach Eintritt der Rechtshängigkeit (§ 291), bei beiderseitigen Handelsgeschäften (§ 353 HGB) und bei einem dem UN-Kaufrecht unterliegenden Vertrag (Art 78 CISG) zu leisten. Im nichtkaufmännischen Verkehr können im Wege von Allgemeinen Geschäftsbedingungen keine Fälligkeitszinsen vereinbart werden (BGH NJW 1998, 991 f).

3 Das Gesetz zur Beschleunigung fälliger Zahlungen vom 30. März 2000 hatte an die Stelle des bis dahin auch für die Verzugszinsen geltenden gesetzlichen Zinssatzes von vier Prozent (§ 246) einen Zinssatz von fünf Prozentpunkten über dem Basiszinssatz nach dem Diskontsatz-Überleitungs-Gesetz treten lassen (s dazu im einzelnen die Voraufl § 288 Rn 3, 12). Die neue, mit der Schuldrechtsreform eingeführte Fassung knüpft nunmehr den Zinssatz an den Basiszinssatz des § 247 an (dazu im einzelnen STAUDINGER/ K SCHMIDT [2003] § 247). Für Rechtsgeschäfte, an denen ein Verbraucher nicht beteiligt ist, beträgt der Zinssatz acht Prozentpunkte über dem Basiszinssatz (Abs 2), für solche, an denen ein Verbraucher beteiligt ist, fünf Prozentpunkte über dem Basiszinssatz (Abs 1 S 2).

4 Der Anspruch auf Verzugszinsen nach Abs 1 schließt die Geltendmachung eines weiteren Schadens durch den Gläubiger nicht aus (Abs 4). Der Nachweis eines geringeren Schadens durch den Schuldner ist hingegen ausgeschlossen (BAG GS DB 2001, 2196). Der mit dem hohen Zinssatz verbundene Druck, prompt zu zahlen, soll in jedem Fall erhalten bleiben. Etwas anderes gilt nur für das Verbraucherdarlehen. Dort läßt § 497 Abs 1 S 3 auch den Nachweis eines niedrigeren Schadens durch den Darlehensnehmer zu, wie das auch schon § 11 Abs 1 VerbrKrG vorgesehen hatte (dazu STAUDINGER/KESSAL-WULFF [2001] § 11 VerbrkrG Rn 17).

5 Die Neufassung des § 288 gilt grundsätzlich erst für Schuldverhältnisse, die ab dem 1. Januar 2002 entstanden sind (Art 229 § 5 S 1): Jedoch ist gem Art 229 § 5 S 2 für vorher entstandene Dauerschuldverhältnisse ab 1. Januar 2003 die Neufassung getreten (s im einzelnen STAUDINGER/LÖWISCH [2003] Art 229 § 5 EGBGB). Letzteres gilt auch

für Dauerschuldverhältnisse, auf die die zwischenzeitliche Fassung des § 288 durch
das Gesetz zur Beschleunigung fälliger Zahlungen anwendbar war (Staudinger/
Löwisch [2003] Art 229 § 1 Rn 4).

II.   Anspruch auf Verzugszinsen (Abs 1 bis 3)

1.   Anwendungsbereich

§ 288 Abs 1 bezieht sich auf **Geldschulden** (über den Begriff der Geldschulden Staudinger/ **6**
K Schmidt [1997] Vorbem C 1 zu § 244 ff). Andere Schulden, etwa die Verpflichtung zur
Freistellung von einer Verbindlichkeit, werden von der Vorschrift nicht erfaßt (BAG
AP Nr 21 zu § 20 BetrVG 1972). Einen Unterschied zwischen Geldsummenschuld und
Geldwertschuld macht das Gesetz aber nicht (BGH NJW 1965, 531, 532; Staudinger/
K Schmidt [1997] Vorbem D 42 ff zu § 244 ff; Mann NJW 1960, 825). Daraus folgt:

§ 288 Abs 1 ist auf **Schadensersatzansprüche** anzuwenden. Das gilt zunächst für Er- **7**
satzansprüche aus unerlaubter Handlung (BGH NJW 1953, 337). Es gilt für Schmerzensgeldansprüche bereits vor deren endgültiger Bezifferung (vgl für das gleichgelagerte
Problem bei § 291 dort Rn 8). Anwendbar ist § 288 Abs 1 weiter auf den Ersatz des Schadens, der aus der schuldhaften Nichtbeschaffung eines langfristigen zinslosen Darlehens entsteht (BGHZ 74, 231, 234).

Die Vorschrift gilt auch für **Wertersatzansprüche** aus ungerechtfertigter Bereicherung **8**
(RGZ 154, 257, 265). Allerdings ist § 818 Abs 3 zu beachten, weshalb der Ersatz regelmäßig nur in Betracht kommt, wenn der Schuldner, zB durch die Mahnung, Kenntnis
vom Mangel des Rechtsgrundes erlangt hat und damit § 819 Abs 1 anwendbar ist (RG
WarnR 1935 Nr 33; Soergel/Wiedemann Rn 5; Erman/Battes Rn 1).

Ebenso sind **Aufwendungsersatzansprüche**, etwa aus § 670, nach § 288 Abs 1 zu ver- **9**
zinsen. Dies gilt auch für *Kostenvorschüsse* zur Mängelbeseitigung nach § 637 Abs 3
und § 17 Nr 8 Abs 2 VOB/B (BGHZ 77, 62). Solche Zinsen bleiben bei der Abrechnung
des Kostenvorschusses nach der Mängelbeseitigung außer Betracht (BGHZ 94, 330,
333). Auch Kostenerstattungsansprüche von Betriebsratsmitgliedern nach § 40 Abs 1
BetrVG fallen hierunter (BAG BB 1989, 1618 = AP Nr 28 zu § 40 BetrVG 1972 = BAGE 60,
385).

Dagegen ist § 288 Abs 1 nicht anwendbar, wenn **bestimmte Geldstücke** (verschlossene **10**
Depots, bestimmte versiegelte Geldrollen oder in geschlossenen Briefumschlägen
hinterlegtes Papiergeld) Gegenstand der Verbindlichkeit sind; denn hier liegt keine
Geldschuld vor. Die Vorschrift E I § 248 Abs 3, welche die Bestimmung auch auf
diesen Fall ausdehnen wollte, ist von der Zweiten Kommission gestrichen worden.
Bei solchen Verbindlichkeiten kann also lediglich Ersatz desjenigen Verzugsschadens
gefordert werden, dessen Entstehung tatsächlich nachgewiesen wird (**aA** Huber, Leistungsstörungen II 67).

Der Schenker braucht Verzugszinsen nicht zu entrichten (§ 522). Ferner sind Ver- **11**
zugszinsen von Zinsen nicht zu entrichten (§ 289). Zu weiteren **Sondervorschriften**,
welche die Anwendung des § 288 ausschließen, s Vorbem 24 zu §§ 286–292.

2. Zinssatz

a) Allgemeiner Zinssatz

12 Der allgemeine Verzugszinssatz beträgt nach § 288 Abs 1 fünf Prozentpunkte über dem Basiszinssatz. Der Basiszinssatz beträgt nach § 247 Abs 1 S 1 3,62%. Nach § 247 Abs 1 S 2 verändert er sich zum 1. 1. und 1. 7. eines Jahres um die Prozentpunkte, um welche die Bezugsgröße seit der letzten Veränderung des Basiszinssatzes gestiegen oder gefallen ist. Bezugsgröße wiederum ist nach § 247 Abs 1 S 3 der Zinssatz für die jüngste Hauptrefinanzierungsorganisation der Europäischen Zentralbank vor dem 1. Kalenderjahr des betreffenden Halbjahres (s zu der Regelung im einzelnen MünchKomm/ GRUNDMANN Rn 8 ff). Der Basiszinssatz wird gem § 247 Abs 2 von der Deutschen Bundesbank jeweils im Bundesanzeiger bekannt gegeben. Er beträgt seit 1. 5. 2003 1,97%.

13 Ändert sich während des Verzugs der Verzugszinssatz, ist ab dem Zeitpunkt der Änderung der höhere oder niedrigere Zinssatz der Berechnung der Verzugszinsen zugrunde zu legen. Die Veränderungen des Verzugszinssatzes sind **im Prozeß** von Amts wegen zu berücksichtigen. Der Variabilität des Verzugszinssatzes wird vom Gläubiger zweckmäßigerweise dadurch Rechnung getragen, daß er seinen Zinsanspruch entsprechend § 288 Abs 1 S 2 dahin formuliert, daß „Zinsen in Höhe von fünf Prozentpunkten über dem Basiszinssatz" gefordert werden. Ein solcher Antrag ist – auch für die Vergangenheit – hinreichend bestimmt iS des § 253 Abs 2 Nr 2 (BAG AP Nr 37 zu § 253 ZPO; ZÖLLER/GREGER § 253 Rn 16). Krit für die Zeit nach Rechtskraft FRUEHAUF, Zinsprognose und zivilrichterliche Verantwortung, NJW 1999, 1217 ff.

14 Für *Wechsel- und Scheckverzugszinsen* (Art 48, 49 WG, 45 ScheckG) gilt ein Zinssatz von zwei Prozent über dem jeweiligen Basiszinssatz, mindestens aber von sechs Prozent. Für den Zahlungsverzug des Kreditnehmers beim *Verbraucherkredit* sieht § 497 Abs 1 S 2 einen Zinssatz von zweieinhalb Prozentpunkten über dem Basiszinssatz vor (zur Geltendmachung weiteren Schadens in diesem Fall s unten Rn 26 ff).

b) Zinssatz für Entgeltforderungen bei Nicht-Verbrauchergeschäften

15 Nach § 288 Abs 2 beträgt bei Rechtsgeschäften, an denen ein **Verbraucher nicht beteiligt** ist, der Zinssatz für Entgeltforderungen acht Prozentpunkte über dem Basiszinssatz. Ist ein Verbraucher beteiligt, bleibt es bei der Anwendbarkeit des Abs 1 und damit dem Zinssatz von fünf Prozentpunkten über dem Basiszinssatz. Auf welche Seite des Rechtsgeschäfts der Verbraucher beteiligt ist, spielt keine Rolle: Abs 1 gilt für einen gegen den Verbraucher gerichteten Verzugszinsanspruch, etwa auf Kaufpreiszahlung (sofern nicht die Sondervorschrift des § 497 Abs 1 S 2 für den Verbraucherkredit greift). Abs 1 gilt aber auch für Ansprüche von Verbrauchern, etwa aus einem privat gegebenen Darlehen.

16 Für den Verbraucherbegriff ist an sich § 13 maßgebend, nachdem Verbraucher jede natürliche Person ist, die ein Rechtsgeschäft zu einem Zweck abschließt, der weder ihrer gewerblichen noch ihrer selbständigen beruflichen Tätigkeit zugeordnet werden kann. Bleibt man bei diesem Wortlaut stehen, führt das aber zu zweischneidigen Ergebnissen. Der erhöhte Zinssatz wird dann strikt auf Entgeltforderungen zwischen Unternehmern und Selbständigen beschränkt. Etwa käme einem aufgrund eines selbständigen Dienstvertrages Tätigen der erhöhte Zinssatz zugute, während ein

Arbeitnehmer wegen seiner Entgeltforderung auf den niedrigeren Zinssatz des Abs 1 verwiesen wäre. Diese Ungereimtheiten können nur vermieden werden, wenn entweder der Begriff des Verbrauchers einschränkend dahin ausgelegt wird, daß er Arbeitnehmer nicht erfaßt (LÖWISCH, in: FS Wiedemann [2002] 311, 315 ff; **aM** BOEMKE BB 2202, 96) oder es kann § 288 Abs 2 entsprechend dem auf Entgelte im Geschäftsverkehr gerichteten Zweck der Zahlungsverzugsrichtlinie (vgl dazu STAUDINGER/ LÖWISCH [2001] § 284 aF Rn 86) restriktiv dahin ausgelegt werden, daß er nur für Entgeltforderungen zwischen Unternehmern gilt (in diesem Sinne MünchKomm/ERNST Rn 21). Abs 2 bezieht sich nur auf die Verzugszinsen für **Entgeltforderungen**. Die Forderung muß das Entgelt für eine vom Gläubiger erbrachte oder zu erbringende Leistung sein. Es gelten dieselben Grundsätze wie für § 286 Abs 3 (§ 286 Rn 89 ff).

c) Höhere Zinsen

Sofern ein **anderer Rechtsgrund als der Verzug** dem Gläubiger einen Anspruch auf   **17** höhere Zinsen gibt, verbleibt es nach Abs 3 bei diesem höheren Zinssatz. Abs 3 regelt nicht die Konkurrenz zwischen den nach S 1 zu zahlenden Verzugszinsen und einer anderweitigen Verzinslichkeit der Forderung, mit deren Erfüllung der Schuldner in Verzug ist; für eine solche Regelung besteht gar kein Bedürfnis (zutr RIEBLE ZIP 1988, 1028). Vielmehr will sie dem Gläubiger, der Kapital zu einem bestimmten Zinssatz überlassen hat, diesen Zinssatz auch über die eigentliche Vertragszeit hinaus erhalten.

Dies ergibt sich nach der Neufassung der Vorschrift durch die Schuldrechtsreform   **18** zwar nicht mehr aus dem Wortlaut; der Begriff Fortentrichtung der alten Fassung ist nicht übernommen worden (vgl zur alten Fassung die Voraufl Rn 15). Wohl aber folgt diese Auslegung aus dem Sinn der Vorschrift: Der Vertragszins ist der von den Parteien gesetzte Wertmaßstab für die Vorenthaltung des Kapitals und beansprucht deshalb auch im Verzugszeitraum Geltung (RIEBLE ZIP 1988, 1027, 1029; HUBER II 56 ff; MünchKomm/ERNST Rn 25).

Wenn der BGH die entsprechende Auslegung der Vorgängervorschrift für unangemessen hielt, weil sie der Bank einen in einer Hochzinsphase für die vertragliche Nutzung des Kapitals vereinbarten Zinssatz nach Beendigung des Nutzungsrecht weiterhin zubilligte, auch wenn der Marktzins inzwischen gefallen, der Verzugsschaden also niedriger war (BGHZ 104, 337, 338 f; NJW 1992, 109 = LM § 252 BGB Nr 49; dem BGH folgend PALANDT/HEINRICHS Rn 1; SOERGEL/WIEDEMANN Rn 16; ERMAN/BATTES Rn 3; KILIMANN NJW 1987, 618, 625; HUBER/FAUST Kapitel 3 Rn 100 ff), schlägt das nicht durch: Dem Interesse des Schuldners, den inzwischen gefallenen Marktzins zu nutzen, trägt der Gesetzgeber dadurch Rechnung, daß er ihm durch das besondere Kündigungsrecht des § 489 Abs 1 den Weg zur *Umschuldung des Kredits* eröffnet. Der besondere *Schutz des Verbrauchers*, um den es dem BGH wohl in erster Linie geht, verwirklicht jetzt § 497 Abs 1 S 2, der einen Zinssatz von zweieinhalb Prozent über dem Basiszinssatz festlegt und damit zugleich einen Anspruch auf die Vertragszinsen nach Abs 3 ausschließt (STAUDINGER/KESSAL-WULF [1997] § 11 VerbrKrG Rn 11; HUBER II 63).

Wenn ERNST dem BGH für den Fall folgen will, daß ein ursprünglich ratenweise   **20** zurückzuzahlendes Darlehen wegen Zahlungsverzugs insgesamt fällig gestellt wird (MünchKomm/ERNST Rn 26), ist dem nicht zuzustimmen. Die Auffassung von ERNST, für den Gesamtbetrag seien „die Vertragszinsen in der Tat nicht ohne weiteres vereinbart", geht daran vorbei, daß Abs 3 den Vertragszins als den von den Parteien gesetzten Wertmaßstab für die Vorenthaltung des Kapitals ansieht. Den notwendigen Schutz des Verbrauchers gewährleistet auch hier § 497.

21 § 288 Abs 3 S 2 gilt auch für eine für den Fall der Nichtzahlung bei Fälligkeit getroffene **Strafabrede** (OLG Hamburg JR 1926 Nr 1115).

22 Gerät ein Gesamtschuldner mit der Rückzahlung eines Kredits in Verzug, bleibt es bei seiner Verpflichtung zur Zahlung der Vertragszinsen, auch wenn ein anderer Gesamtschuldner in die Insolvenz gerät (BGH NJW 2000, 1408, der allerdings entsprechend der Rn 19 wiedergegebenen Rechtsprechung des BGH den Anspruch auf die Vertragszinsen nicht auf die Vorgängervorschrift des Abs 3, sondern auf die Verpflichtung zum Ersatz des weitergehenden Verzögerungsschadens gestützt hat).

3. Inhalt des Anspruchs im übrigen

23 Bei einer Geldschuld wird fingiert, daß dem Gläubiger durch den Verzug ein Verzögerungsschaden (§ 286 Rn 170 ff) in Höhe der Verzugszinsen entstanden ist. Der Anspruch auf die Verzugszinsen steht dem Gläubiger in allen Fällen zu, **ohne** daß er eine Zinseinbuße oder einen sonstigen **Schaden nachzuweisen** hat. Dies gilt auch dann, wenn die Geldschuld vor dem Verzug zu einem geringeren Zinssatz verzinslich oder unverzinslich war (RG SeuffA 80 Nr 99; BGHZ 74, 231, 235; NJW 1982, 792; MünchKomm/ Ernst Rn 18; Soergel/Wiedemann Rn 10). Eine Ausnahme besteht insoweit nach § 497 Abs 1 S 3 beim Verbraucherkredit. Dort kann der Darlehensnehmer nachweisen, daß dem Darlehensgeber im konkreten Fall ein niedrigerer Zinsausfall entstanden ist.

24 Daß die Entstehung eines Schadens in Höhe der Verzugszinsen fingiert wird, wirkt sich praktisch zugunsten des Empfängers eines **Darlehens**versprechens aus: Dieser braucht sich also nicht den Zinsbetrag abziehen zu lassen, den er hätte zahlen müssen, wenn ihm das Darlehen rechtzeitig ausbezahlt worden wäre (RGZ 92, 283; Flad Recht 1918, 244; Erman/Battes Rn 2; krit Schiller Recht 1918, 381). Ebensowenig braucht sich der Vermieter im Falle des Verzugs des Mieters mit der Kautionszahlung entgegenhalten zu lassen, daß er nach Ende des Mietverhältnisses die Kaution nebst Zinsen an den Mieter zurückzuzahlen hat (OLG Rostock OLGR Rostock 2001, 440; **aA** OLG Düsseldorf NJW-RR 2001, 299).

25 Bei **Unterhaltsansprüchen** kann nicht eingewandt werden, daß der rechtzeitig gezahlte Betrag alsbald verbraucht worden wäre (Soergel/Wiedemann Rn 13).

26 Aus dem gleichen Grund können bei **Lohn- und Gehaltsansprüchen** Verzugszinsen für das *Bruttoarbeitsentgelt* verlangt werden (so jetzt BAG Großer Senat 7. 3. 2001 AP Nr 4 zu § 288 BGB; zuvor schon zutreffend BAG [9. Senat] AP Nr 1 und 3 zu § 288 BGB gegen BAG [4. Senat] AP Nr 2 zu § 21 TVAL II und AP Nr 1 zu § 1 TVG Tarifverträge: Presse und BAG [2. Senat] vom 17. 6. 1999 – 2 AS 39/98; wie das BAG [9. Senat] auch OLG München OLGR München 1998, 305 und OLG Dresden OLGR Dresden 2001, 157; Soergel/Wiedemann Rn 12; Lepke Betrieb 1978, 842; Schaller/Eppelein NZA 2001, 193 ff; **aA** R Weber Anm zu BAG AP Nr 1 zu § 288 BGB). Allerdings muß berücksichtigt werden, daß der ArbG nach § 28g S 1 SGB IV gegen den Arbeitnehmer einen Anspruch auf den von diesem zu tragenden Teil des Gesamtsozialversicherungsbeitrags hat, den er nach § 28g S 2 SGB IV durch Abzug vom

Arbeitsentgelt geltend machen kann. Tut er dies, gilt nach § 389 der Teil des Brutto-arbeitsentgeltes, der dem Beitragsanteil des Arbeitnehmers entspricht, als von An-fang an erloschen, so daß der Verzugszinsenanspruch insoweit rückwirkend wegfällt (ausführlich Löwisch RdA 2002, 182, 183 f; im Ergebnis auch Hanau Anm zu BAG GS aaO; Staudinger/Gursky [2000] § 389 Rn 22; **aA** insoweit BAG Großer Senat aaO). Nicht angerech-net werden kann hingegen mit dem Recht zum Lohnsteuerabzug, weil dieses Recht nach dem das Lohnsteuerrecht beherrschenden Zuflußprinzip erst in dem Moment entsteht, in dem das Arbeitsentgelt ausgezahlt wird, so daß auch erst in diesem Moment die Aufrechnungslage eintritt (zutreffend insoweit BAG GS aaO; ausführlich Löwisch RdA 2002 aaO; anders noch die Voraufl).

Soweit die **Hauptforderung**, mit deren Erfüllung der Schuldner in Verzug ist, **mehr-** **27** **wertsteuerpflichtig** ist, sind die Verzugszinsen aus dem die Mehrwertsteuer umfas-senden Bruttobetrag zu berechnen (BGH NJW-RR 1991, 484; Delcker NJW 1986, 2936; diff Ernst BB 1989, 929).

Der Zinsanspruch aus § 288 Abs 1 besteht **neben** einem Anspruch auf **Schadensersatz** **28** statt der Leistung oder wegen Zerstörung einer Sache. Anders als der Anspruch auf Ersatz des Verzugsschadens (dazu oben § 286 Rn 4) kann der Zinsanspruch auch geltend gemacht werden, wenn der Ersatzberechtigte den Schadensersatz statt der Leistung oder wegen Zerstörung einer Sache auf den Zeitpunkt der mündlichen Verhandlung berechnet (BGH NJW 1953, 337).

Der Anspruch auf Verzugszinsen unterliegt der regelmäßigen **Verjährung**sfrist von **29** drei Jahren (§§ 195, 199). Allerdings verjährt der Verzugszinsanspruch gem § 217 bereits mit dem Hauptanspruch, wenn dieser vorher verjährt, insbesondere, weil wohl bei diesem, nicht aber bei dem Verzugszinsanspruch die Voraussetzungen des § 199 gegeben sind (zur Verjährung eines über die Verzugszinsen hinausgehenden Verzugsscha-densersatzanspruchs § 286 Rn 197). Zur Verjährung von Ansprüchen auf Darlehensrück-erstattung und Zinsen beim Verbraucherkredit s § 497 Abs 3 S 3 bis 5.

Von einer Forderung entstehen auch in der Zeit nach **Insolvenzeröffnung** Verzugs- **30** zinsen, falls der Gemeinschuldner schon vorher in Verzug geraten ist. Im Insolvenz-verfahren sind solche Zinsforderungen nachrangig zu berichtigen (§ 39 Abs 1 Nr 1 InsO).

III. Geltendmachung weiteren Schadens (Abs 4)

1. Allgemeines

§ 288 Abs 4 läßt es dem Gläubiger unbenommen, gem §§ 280 Abs 1, Abs 2, 286 einen **31** Verzögerungsschaden geltend zu machen, der den Betrag der gesetzlichen Verzugs-zinsen übersteigt. Der Zinsanspruch ist insoweit lediglich der anrechenbare Mindest-betrag des Verzögerungsschadens. Als solch **weitergehender Schaden** kommen bei einer Geldschuld (und in gleicher Weise bei anderen geldwerten Verpflichtungen, etwa der Pflicht zur Rechnungserteilung) neben dem aus Wertverlusten entstande-nen Schaden (dazu § 286 Rn 199 ff) vor allem die Kosten aufgenommener Kredite (dazu Rn 43 ff) und die Verluste, die infolge unterbliebener Anlage des Kapitals entstanden sind (dazu Rn 28 ff), in Betracht. Dabei kann der Gläubiger den Schaden nur entweder als Anlageverlust oder als Kreditkosten berechnen, wobei in beiden Fällen sowohl eine konkrete wie eine abstrakt-typisierende Berechnungsmethode zulässig ist. Zudem ist die Möglichkeit der Schadensschätzung nach § 287 ZPO zu beachten.

32 Eine gesetzliche Ausnahme von der Möglichkeit abstrakter Schadensberechnung macht § 497 Abs 1. Der dort festgelegte Anspruch auf Verzugszinsen gilt dann nicht, wenn im Einzelfall der Kreditgeber einen höheren oder der Verbraucher einen niedrigeren Schaden nachweist. Damit ist eine abweichende Schadensberechnung nur zugelassen, wenn sie konkret erfolgt (STAUDINGER/KESSAL-WULF [1997] § 11 VerbrKrG Rn 16 ff). Im einzelnen gilt:

2. Ersatz der Anlageverluste

33 Der Gläubiger kann seine Anlageverluste zunächst **konkret berechnen** (BGH WM 1974, 124, 128; HUBER II 51 f). Dazu muß er darlegen und gegebenenfalls beweisen, wie er den Geldbetrag, wenn er ihn rechtzeitig zur Verfügung gehabt hätte, tatsächlich verwandt und wie sich das für ihn vermögensmäßig ausgewirkt hätte, welcher Schaden ihm mithin durch den Entzug dieser konkreten Verwendungsmöglichkeit entstanden ist (BGH aaO).

34 Daß der Gläubiger seine Anlageverluste auch **abstrakt berechnen** kann, ist in Rechtsprechung und Literatur nunmehr im Grundsatz anerkannt (BGHZ 62, 103, 105; 104, 337, 344 ff; SOERGEL/WIEDEMANN Rn 27; HUBER II 51 f). Dies gilt nicht nur für Gläubiger des Handelsverkehrs, sondern allgemein für Gläubiger größerer Geldbeträge: Nach der zutreffenden Auffassung des BGH ist für den Schaden, der in dem Entgang von Nutzungen des Kapitals liegt, eine typisierende Berechnung stets angebracht und sachgerecht, weil sich der Gläubiger auf die allgemeine Lebenserfahrung berufen kann, nach der ein **größerer Geldbetrag** nicht nutzlos verwahrt, sondern zumindest verzinslich angelegt wird (BGH WM 1974, 128; BGHZ 80, 269, 279). Wann der Geldbetrag so groß ist, daß nach der Lebenserfahrung von einer alsbaldigen Anlage ausgegangen werden kann, muß freilich unter Berücksichtigung der Verhältnisse des Schuldners und der allgemeinen wirtschaftlichen Verhältnisse abgeschätzt werden. Im allgemeinen wird man sagen können, daß jedenfalls ein Betrag von 2500 Euro nicht einfach liegenbleibt (zust BAUMGÄRTEL/STRIEDER Rn 16; MünchKomm/ERNST § 286 Rn 134).

35 Hinsichtlich der Höhe des zu berechnenden Anlageverlusts ist bei einem **Privatanleger** in Rechnung zu stellen, welche Art der Kapitalanlage angesichts der persönlichen Verhältnisse und des in Rede stehenden Betrags in Betracht gekommen wäre und welcher Ertrag zu der in Rede stehenden Zeit zu erwarten war (BGH WM 1974, 128 hat für die seinerzeitigen Verhältnisse eine mögliche Anlage in festverzinsliche Wertpapiere zu sieben Prozent zugrunde gelegt).

36 Ist der Gläubiger eine **Bank**, so muß davon ausgegangen werden, daß die Summe der in ihrem Geschäftbetrieb zur Anlage bestimmten Gelder um die Beträge geschmälert wird, die verspätet gezahlt werden. Deshalb können, wenn die Bank nur eine Geschäftsart betreibt, die für diese Geschäftsart in der fraglichen Zeitspanne banküblichen Sollzinsen zugrunde gelegt werden. Betreibt sie mehrere Geschäftsarten, so kann der Schaden nach dem Durchschnittszinssatz berechnet werden, der sich nach der Zusammensetzung ihres gesamten Aktivkreditgeschäfts richtet (BGHZ 62, 103; 104,

337, 345, 348; ROLL NJW 1974, 1281; ERMAN/BATTES Rn 4; für Teilzahlungsbanken BACHMANN NJW 1978, 867; **abw** BELKE JZ 1969, 594).

Was für Banken gilt, gilt entsprechend auch für andere gewerbsmäßige Kapitalan- **37** leger wie **Investmentgesellschaften** und **Versicherungen**, die eingehende Beiträge, soweit sie nicht für den laufenden Geschäftsbetrieb erforderlich sind, anlegen (zutreffend LG Verden VersR 1967, 969, welches – damals – einen Verzögerungsschaden in Höhe von sechs Prozent Jahreszinsen zugebilligt hat, weil unter den zu beurteilenden Verhältnissen das Versicherungsunternehmen in der Lage war, sein Vermögen zu diesen Bedingungen anzulegen; BELKE JZ 1969, 594; **aA** OLG Köln NJW 1969, 1388).

Auch wenn der Gläubiger ein **Produktions- oder Handelsunternehmen** ist, kann die **38** Höhe der abstrakten Schadensberechnung an sich an dem Durchschnittsgewinn, den das Unternehmen erzielt, ausgerichtet werden (BELKE JZ 1969, 593 f). Daß diese Unternehmen ihre Geschäfte nicht mit Geld, sondern mit Ware zu machen pflegen, ändert nichts daran, daß sie zusätzliches Kapital im Unternehmen arbeiten lassen und dieses damit den durchschnittlichen Ertrag vergrößert (**aA** insoweit ROLL NJW 1974, 1282). Aber ein solches Unternehmen arbeitet heute in aller Regel unter Inanspruchnahme von Krediten, so daß die ausbleibenden Geldbeträge nicht dazu führen, daß Investitionen unterbleiben, sondern dazu, daß sich die Kreditkosten erhöhen. Deshalb kommt insoweit meist kein Ersatz für Anlageverlust, sondern für erhöhte Kreditkosten (dazu unten Rn 43 ff) in Betracht.

Auch bei der abstrakten Schadensberechnung muß der Gläubiger die Umstände **39** **darlegen und beweisen**, von denen die abstrakte Schadensberechnung abhängt (BGHZ 62, 103, 108; LM § 288 BGB Nr 49 = NJW 1992, 109, 110). Der *private Kapitalanleger* muß also insbesondere darlegen und beweisen, daß er sich in solchen persönlichen Verhältnissen befand, in denen die Anlage des verspätet gezahlten Betrags nahelag, und mit welcher Rendite eine solche Anlage zu der betreffenden Zeit möglich war. Dabei wird der erstgenannte Beweis regelmäßig dann nicht zu führen sein, wenn der Gläubiger selbst Kredite in Anspruch genommen hatte, weil es dann naheliegt, daß der Betrag zur Abdeckung dieser Kredite verwendet worden wäre.

Eine Schadensersatz verlangende *Bank* muß die für die Bemessung des Durch- **40** schnittszinssatzes erheblichen Umstände dartun. Dazu gehören die von ihr betriebenen Arten der Kreditgeschäfte und deren Anteil am Gesamtvolumen sowie die marktüblichen Sollzinsen für jede dieser Kreditarten (BGH LM § 288 BGB Nr 49 = NJW 1992, 109). Für die marktüblichen Sollzinsen kann auf die Statistik der Deutschen Bundesbank verwiesen werden (BGHZ 104, 337, 348). Doch kann eine Bank, wenn sie Spezialkredite gewährt, die sich in diese Statistik nicht einordnen lassen, nicht auch für diese auf einen Bundesbankzinssatz verweisen. Vielmehr muß für solche Kredite der marktangemessene Zinssatz auf andere Weise ermittelt werden (BGH LM § 288 Nr 49 = NJW 1992, 109). Vermag die Bank das nicht, muß sie sich mit dem marktüblichen Zinssatz der Anlageart begnügen, die den geringsten Zinsertrag erbringt (BGHZ 104, 337, 348).

Die Rechtsprechung des BGH ist schon bisher davon ausgegangen, daß eine Bank als **41** Mindestschaden Zinsen in Höhe von fünf Prozent über dem Basiszinssatz verlangen kann, da Zinsen in dieser Höhe gewöhnlich als Refinanzierungskosten anfallen

(BGHZ 115, 268, 273 f). Auch hat sie das nicht nur im Verhältnis von Banken zu Verbrauchern, sondern auch gegenüber Gewerbetreibenden und Genossenschaften als Kreditnehmern für richtig gehalten (BGH NJW 1995, 1954). Versagt hat sie diese Form der abstrakten Berechnung eines Mindestschadens aber anderen Handelsunternehmern als gewerbsmäßigen Kapitalanlegern (BGH NJW 1994, 3344, 3345). Diese Differenzierung ist heute durch § 288 Abs 1 S 2 überholt, der für jede Geldschuld einen Verzugszinssatz von fünf Prozentpunkten über dem Basiszinssatz vorsieht.

42 Die abstrakte Schadensberechnung läßt dem Schuldner den **Gegenbeweis** unbenommen, daß der Gläubiger einen derart berechneten Schaden in Wirklichkeit nicht erlitten habe, weil er, auch wenn ihm der geschuldete Geldbetrag rechtzeitig zur Verfügung gestanden hätte, diesen doch nicht gewinnbringend oder wenigstens nicht in der der allgemeinen Lebenserfahrung entsprechenden Höhe gewinnbringend angelegt hätte (BGH WM 1974, 128, 129; BGHZ 104, 337, 348). Der Schuldner kann auch einwenden, daß der Gläubiger die Anlage trotz Ausbleibens des geschuldeten Betrags getätigt hat, sei es, daß ausreichende Finanzmittel zur Verfügung standen oder daß eine Refinanzierung in Anspruch genommen wurde (LÖWISCH BB 1985, 961). Dagegen einzuwenden, die Anlage trotz Ausbleibens des geschuldeten Betrags sei eine überobligationsmäßige Anstrengung der Bank, welche den Schuldner nicht entlasten dürfe (so BGHZ 104, 337, 346 f unter Bezugnahme auf BGHZ 55, 329, 332), wird den tatsächlichen Verhältnissen nicht gerecht: Banken tätigen in der Regel soviele Kreditgeschäfte wie möglich, unabhängig davon, ob und in welcher Höhe Außenstände vorhanden sind. Dementsprechend können sie in solchen Fällen nur die Refinanzierungskosten ersetzt verlangen (LÖWISCH aaO).

3. Ersatz erhöhter Kreditkosten

43 Was den in erhöhten Kreditkosten bestehenden Schaden angeht, so ist wiederum unproblematisch, daß der Gläubiger **konkret nachweisen** kann, daß er zur Abdeckung des verspäteten Geldbetrages eigens einen Kredit aufgenommen hat. Die dafür aufgewandten Kosten sind stets als Verzögerungsschaden zu ersetzen. Zu diesen Kosten gehören in erster Linie die Refinanzierungskosten, sodann aber auch – sofern es sich nicht um den Freizeitausfall eines Privatgläubigers handelt – die Bearbeitungskosten. Zu beachten ist die Schadensabwendungspflicht des § 254 Abs 2.

44 Problematisch sind die Fälle, in denen der Gläubiger geltend macht, daß er ganz allgemein mit Kredit arbeite und ihm der Schuldner deshalb die Kosten dieser Kredite anteilig ersetzen müsse. Die Lösung dieser Fälle ist ebenfalls in der richtigen Anwendung der Grundsätze über die **abstrakte Schadensberechnung** gem § 252 S 2 zu finden. Dabei liegen die Schwergewichte freilich etwas anders als im Fragenkreis der Anlageverluste (dazu oben Rn 33 ff):

45 Grundlage der abstrakten Schadensberechnung ist in diesem Falle der Umstand, daß der Gläubiger überhaupt seinerseits während der gesamten Verzugszeit (dazu OLG Karlsruhe Justiz 1967, 51) **Kredite in Anspruch genommen** hatte. Denn nur dann kann sich überhaupt die Frage stellen, ob der rechtzeitige Eingang des verspäteten Geldbetrages die Kosten solcher Kredite gemindert hätte. Schon aus dem Umstand, daß es sich beim Gläubiger um einen *Teilnehmer am Handelsverkehr* handelt, zu schließen, daß er marktübliche Kreditkosten gehabt habe (so OLG Schleswig NJW 1955, 425; BELKE

JZ 1969, 586, 593, 595; ERMAN/BATTES Rn 4), ist ungerechtfertigt, weil die Dinge angesichts der Vielfältigkeit des Wirtschaftslebens durchaus auch anders liegen können (zutreffend OLG Köln NJW 1961, 30; ROLL DRiZ 1973, 339, 340; insoweit zutreffend auch KG NJW 1957, 1561). Auch für einen entsprechenden prima-facie-Beweis fehlt es an der sicheren Grundlage (BGH NJW-RR 1991, 1406; ROLL aaO; ESSER/SCHMIDT I § 28 I 2 b). Zudem besteht für solche Beweiserleichterungen regelmäßig auch kein Bedürfnis, weil der Umstand, daß der Gläubiger Kredit in Anspruch genommen hat, leicht darzulegen und unter Beweis zu stellen ist.

Steht fest, daß der Gläubiger während der Verzugszeit Kredit in entsprechender **46** Höhe in Anspruch genommen hatte, so kann er, wenn er Teilnehmer am Handelsverkehr ist, seinen Kreditkostenschaden in der Weise typisierend berechnen, daß er diejenigen **Aufwendungen** anteilig ersetzt verlangt, die ihm **für den in Anspruch genommenen Kredit** entstanden sind. Weder ist der Nachweis erforderlich, daß er den Kredit gerade wegen der verspäteten Zahlung aufgenommen hatte, noch daß er den verspätet eingegangenen Geldbetrag tatsächlich zur Verminderung des Kredits genutzt hätte (BGH BB 1965, 305, insoweit in BGHZ 43, 337 ff nicht abgedruckt; LM § 287 ZPO Nr 65 = NJW 1984, 371; NJW-RR 1991, 793; NJW-RR 1991, 1406; **abw** KG NJW 1957, 1561; BASEDOW ZHR 143 [1979] 317, 318 f). Die für Teilnehmer am Handelsverkehr entwickelten Grundsätze müssen in gleicher Weise auch auf freiberuflich Tätige angewandt werden. Es ist nicht einzusehen, warum etwa ein Steuerberater nicht soll geltend machen können, daß von ihm in Anspruch genommene Geschäftskredite niedriger gewesen wären, wenn sein Schuldner rechtzeitig gezahlt hätte (**aA** OLG Düsseldorf GI 1999, 300).

Auch die *Post* ist im Hinblick darauf, daß sie zur Deckung ihres Finanzbedarfs **47** Anleihen aufgenommen hat, zu einer typisierenden Schadensberechnung in der Weise berechtigt, daß sie Zinsen in Höhe des mittleren Anleihezinses geltend macht (BGH VersR 1965, 479, 481; OLG Celle VersR 1975, 1009; KG VersR 1974, 36). Gleiches gilt für die **Bahn AG** (Schleswig-Holsteinisches OLG TranspR 1995, 317 f; OLG Koblenz NZV 2002, 184), für die **Bundesrepublik** (BGH WM 1978, 616, 617) und für ausländische Staaten (BGH NJW-RR 1989, 670, 672).

Der abstrakten Schadensberechnung steht nicht entgegen, daß der Kredit von einer **48** **Tochtergesellschaft** bei ihrer Muttergesellschaft aufgenommen worden ist (BGH NJW 1975, 867). Werden allerdings an die Muttergesellschaft wesentlich höhere als die banküblichen Zinsen gezahlt, so kann dies zu einer Ersatzminderung nach § 254 Abs 2 führen (offengelassen vom BGH aaO).

Für **Privatgläubiger** kommt eine abstrakte Schadensberechnung in der geschilderten **49** Weise in der Regel nur dann in Betracht, wenn der aufgenommene Kredit der Bezahlung kurzfristiger Verbindlichkeiten dient, insbesondere bei Kontokorrentkrediten. Denn bei längerfristigen Krediten kann nicht ohne weiteres davon ausgegangen werden, daß sie durch eingehende Forderungen vermindert werden (zutreffend insoweit BELKE JZ 1969, 586, 595; BAUMGÄRTEL/STRIEDER Rn 10; SOERGEL/WIEDEMANN Rn 25).

Dem Schuldner steht der **Gegenbeweis** offen, daß der Gläubiger den verspätet ein- **50** gegangenen Geldbetrag in Wahrheit gar nicht zur Verminderung seiner Kredite, sondern zu anderen Zwecken verwandt hätte (**aA** unter Verweis auf BGH NJW-RR

1991, 793, 794 MünchKomm/Ernst § 286 Rn 143; indes gibt die herangezogene Entscheidung dafür nichts her). Besteht eine solche nachgewiesene anderweitige Verwendung in einer Investition, kann der Gläubiger freilich Ersatz des entsprechenden Anlageverlusts verlangen (dazu oben Rn 33 ff). Mit dem Einwand, die Außenstände des Gläubigers seien insgesamt sehr viel höher als der von ihm aufgenommene Kredit, weshalb nicht einzusehen sei, warum gerade er zum Ersatz der Kreditkosten herangezogen werden solle, kann der Schuldner nicht gehört werden. Es handelt sich insoweit um den *Einwand alternativer Kausalität*, der im Schadensersatzrecht ausgeschlossen ist (OLG Hamburg MDR 1974, 930).

51 Die **Höhe des Ersatzes** richtet sich nach der Höhe der Kreditkosten, die dem Gläubiger seinerseits entstehen. Muß er etwa für die von ihm in Anspruch genommenen Kredite Zinsen in Höhe von zehn Prozent über dem Basiszinssatz zahlen, müssen ihm diese von seinem Schuldner als Verzugsschaden ersetzt werden. Soweit die vom Gläubiger zu zahlenden Kreditkosten das zulässige Maß überschreiten, insbesondere sittenwidrig sind, brauchen sie auch vom Verzugsschuldner nicht ersetzt zu werden. Grundsätzlich sind auch Kosten eines vom Gläubiger im **Ausland aufgenommenen Kredits** als Verzugsschaden zu ersetzen. Ist der Zinssatz eines solchen Kredits wegen einer in dem betreffenden Staat herrschenden Inflation besonders hoch, mindert sich der zu leistende Ersatz entsprechend der Inflationsrate, weil der Gläubiger sonst entgegen der schadensrechtlichen Differenzbetrachtung mehr erhielte als zum Ausgleich seines Schadens erforderlich ist.

52 Auch hinsichtlich der Höhe kann der Schuldner den **Gegenbeweis** führen. Für den Anspruch aufgrund eines Verbraucherdarlehensvertrags ist das in § 497 Abs 1 S 3 ausdrücklich angeordnet. Es gilt aber auch im übrigen.

4. Keine Mehrwertsteuer auf Verzugsschaden

53 Entsprechend einem Urteil des EuGH (NJW 1983, 505) wird heute auf Verzugszinsen und weitere Verzugsschäden **keine Mehrwertsteuer** erhoben, auch wenn die Hauptforderung an sich mehrwertsteuerpflichtig ist. Damit entfallen die entsprechenden Beträge ihrerseits als Posten des weiteren Verzugsschadens (OLG Frankfurt NJW 1983, 394; BGH WM 1983, 931, 933). Zur Berechnung der Verzugszinsen aus dem Bruttobetrag bei mehrwertsteuerpflichtigen Forderungen s oben Rn 27.

54 Die Leistungen von Verzugszinsen oder Verzugsschadensersatz auf rückständigen Lohn unterliegen nicht der **Lohnsteuer**. Denn ein Schadensausgleich durch den Arbeitgeber führt insoweit nicht zum Lohnzufluß, als er in Höhe des zivilrechtlichen Schadensersatzanspruches des Arbeitnehmers geleistet wird (BSH BSHE 181, 298, 301).

5. Prozessuales

55 Die über den gesetzlichen Zinsfuß hinausgehende Verzinsung, die unter dem Gesichtspunkt des weiteren Verzugsschadens gefordert wird, ist **keine Nebenforderung** im Sinne des § 4 ZPO. Es handelt sich der Sache nach um einen Schadensersatzanspruch, der nur in Form von Zinsen berechnet wird (OLG Breslau JW 1925, 813; Friedlaender JW 1925, 813, 2639; KG JW 1925, 2638; **aA** OLG München JW 1925, 832).

Der Vortrag der Klageschrift, der Kläger nehme Bankkredit in Anspruch, der die **56** Klageforderung übersteige und mit einem bestimmten Prozentsatz zu verzinsen sei, begründet schlüssig den erhobenen Zinsanspruch nach § 288 Abs 4. Denn in ihm liegt auch die für den Anspruch notwendige Behauptung, daß mit der eingehenden Zahlung der Bankkredit zurückgeführt worden wäre (OLG Düsseldorf OLGR Düsseldorf 1994, 292). Ein solcher Vortrag kann deshalb auch Gegenstand eines Versäumnisurteils sein.

Dem Anspruch aus § 288 Abs 4 steht die **Rechtskraft** eines früheren Urteils über **57** einen Anspruch aus § 288 Abs 1 und 2 nicht entgegen (RG JW 1925, 2754). Hat der Kläger aber Zinsen in bestimmter Höhe als Verzugsschaden iS des § 288 Abs 4 geltend gemacht, kann er nicht später noch zusätzlich höhere Zinsen verlangen (OLG Köln ZIP 1994, 1170). Anders liegt es insoweit nur, wenn der Kläger deutlich gemacht hatte, daß er die zuerst geltend gemachten Zinsen nur als Teilanspruch einklagen wollte (BGH NJW 1979, 720).

§ 289
Zinseszinsverbot

Von Zinsen sind Verzugszinsen nicht zu entrichten. Das Recht des Gläubigers auf Ersatz des durch den Verzug entstehenden Schadens bleibt unberührt.

Materialien: E I § 249; II § 245; III § 283; JAKOBS/SCHUBERT, SchR I 314 ff.

Schrifttum

BELKE, Die Strafzinsen im Kreditgewerbe – ihre Begrenzung aus dem Zinseszinsverbot und ihr Verhältnis zu den gesetzlichen Verzugsfolgen, BB 1968, 1219
BRINGEZU, Erbbauzins und Zinseszinsverbot, NJW 1971, 1168
CANARIS, Der Zinsbegriff und seine rechtliche Bedeutung, NJW 1978, 1891
GORNIAK, Regelungen für den Verzugsfall in Kreditverträgen, NJW 1969, 2124

LÖWISCH, Zinseszinsverbot und Verzugsschadensersatz, NJW 1978, 26
REIFNER, Das Zinseszinsverbot im Verbraucherrecht, NJW 1992, 337
K SCHMIDT, Kontokorrent und Zinseszinsverbot, JZ 1981, 126
ders, Das „Zinseszinsverbot", JZ 1982, 829
SCHOLTEN, Die Kreditgebühren der Teilzahlungsbanken und das Zinseszinsverbot, NJW 1968, 385.

Alphabetische Übersicht

I. Zinseszinsverbot (§ 289 S 1)

1 § 289 erweitert in seinem S 1 das in § 248 enthaltene beschränkte Zinseszinsverbot dahin, daß von Zinsen – gleichviel ob sie gesetzliche oder rechtsgeschäftliche Zinsen sind – Verzugszinsen nicht zu entrichten sind. Das Zinseszinsverbot **betrifft nur** den in § 288 Abs 1, 2 fingierten **Mindestverzögerungsschaden** in Gestalt der Verzugszinsen. Wie sich aus § 289 S 2 ergibt, ist der Anspruch auf Schadensersatz wegen verzögerter Zinszahlung nach den §§ 280 Abs 1, 280 Abs 2, 286 nicht ausgeschlossen (OLG Naumburg ZIP 1996, 931, 934; dazu ie Rn 15 ff). Angesichts der Tatsache, daß hinsichtlich des Verzögerungsschadens heute weitgehend eine typisierte Schadensberechnung zugelassen wird, ist die Bedeutung des Zinseszinsverbots deshalb nur noch gering (und durch die Erhöhung der Zinssätze in Abs 1 und Abs 2 auch nicht gewachsen).

2 Auf den **kaufmännischen Kontokorrentverkehr** findet das Zinseszinsverbot keine Anwendung (§ 355 Abs 1 HGB aE). Dies gilt jedoch nur für das echte Kontokorrentverhältnis, bei dem regelmäßig abgerechnet wird, nicht für die bloße laufende Rechnung (RGZ 95, 18, 19; **aA** K Schmidt JZ 1981, 126, 130). Nach Beendigung des Kontokorrentverhältnisses ist § 355 HGB nicht mehr anzuwenden. Eine Bank ist deshalb nicht berechtigt, als Verzugsschaden berechnete Zinsen auf den Endsaldo jeweils quartalsweise dem Saldo zuzuschlagen und in der Folgezeit mitzuverzinsen (BGH LM § 284 BGB Nr 40 = NJW 1991, 1286).

3 Nach § 1107 findet § 289 auch auf die Einzelleistungen aus einer **Reallast** Anwendung (BGH NJW 1990, 2380). Dies gilt nach § 9 Abs 1 ErbbRVO auch für **Erbbauzinsen** (BGH NJW 1970, 243; LM § 289 Nr 9 = NJW-RR 1992, 591; krit Bringezu NJW 1971, 1168). Nicht dem Zinseszinsverbot des § 289 S 1 unterliegt aber ein nur mit schuldrechtlicher Wirkung vereinbarter Erbbauzins, weil er keine Vergütung für eine Kapitalnutzung ist, für die die Vorschrift gedacht ist, sondern die Gegenleistung für die Bestellung des Erbbaurechts (BGH aaO).

4 Das Zinseszinsverbot bezieht sich nur auf **Zinsen im Rechtssinne**, also Vergütungen für die Überlassung eines Kapitalgebrauchs oder für eine entzogene Kapitalnutzung (BGH LM § 248 BGB Nr 2; NJW 1964, 294; LM § 607 BGB Nr 34 = NJW 1979, 540, 541; LM § 289 BGB Nr 9 = NJW-RR 1992, 591; Belke BB 1968, 1219, 1220 ff; vgl näher zum Zinsbegriff Canaris NJW 1978, 1891 ff; Staudinger/K Schmidt [1997] § 246 Rn 6 ff).

5 Damit scheidet ein *verrenteter Kaufpreisanspruch* hier ebenso aus (BGH MDR 1971, 203) wie Entschädigungsleistungen für den *Entzug der Nutzungsmöglichkeit* einer

Sache, auch wenn sie in wiederkehrenden Leistungen erfolgen (BGH NJW 1964, 294 für den Fall der Entschädigung eines Grundstückseigentümers wegen eines Bauverbots). Auch die zusätzlichen Leistungen, die der Verfügungsberechtigte *öffentlich geförderter Wohnungen* zu erbringen hat, wenn er gegen die Vorschriften des Wohnungsbindungsgesetzes verstößt (§ 25 Abs 1 WobindG), sind keine zusätzlichen Vergütungen für die Überlassung des Wohnungsbaudarlehens. Sie stellen vertragsstrafeähnliche Sanktionen dar und unterfallen deshalb nicht dem Zinseszinsverbot (BGH MDR 1994, 214). Dagegen findet § 289 auf die Zinsen für die Entschädigungssumme, die im Falle der *Enteignung* für den dauernden Entzug von Besitz und Nutzung eines Grundstücks zu zahlen ist, Anwendung (BGH NJW 1973, 2284).

Auf **ungerechtfertigt eingezogene Zinsen** bezieht sich das Verbot nicht, denn die **6** Verbindlichkeit zu ihrer Rückzahlung ist keine Zinsschuld mehr (KG OLGE 24, 285). Aus dem gleichen Grund können Verzugszinsen auf eine *hinterlegte Summe* auch dann verlangt werden, wenn in der hinterlegten Summe bereits Zinsen enthalten waren (RG SoergRspr 1916, § 289).

Die Rechtsprechung des Reichsgerichts (RGZ 160, 71, 81; 168, 284, 285) unterscheidet **7** von der dem Zinseszinsverbot unterstehenden Vergütung für die Überlassung des Kapitalgebrauchs **Vergütungen für die Verschaffung und die Hingabe des Kapitals**, welche nicht als Zinsen gewertet werden sollen: Dem ist beizupflichten, soweit es um eine Vergütung für die Verschaffung eines Kapitals bei Dritten, etwa die Vermittlungsprovision eines Kreditmaklers geht (STAUDINGER/K SCHMIDT [1997] § 246 Rn 30 mwNw). Auch für Kosten, die dem Kapitalgeber dafür entstehen, daß er das Kapital zunächst einmal *auf Abruf* durch den Kapitalnehmer bereitstellt, ist dieser Auffassung zuzustimmen (BELKE BB 1968, 1222, 1224).

Soweit es aber um eine Vergütung geht, welche der **Kapitalgeber** dafür in Anspruch **8** nimmt, daß **er** das Kapital dem Kapitalnehmer hingegeben hat, kann dieser Rechtsprechung nicht zugestimmt werden. Die Vergütung für den Kapitalgebrauch und die Vergütung für die Kapitalhingabe lassen sich nicht sinnvoll trennen. Ob der Kapitalgeber das eine oder das andere in Rechnung stellt, läuft wirtschaftlich auf das gleiche hinaus. Der Inhalt des Geschäfts besteht in der Überlassung des Kapitalgebrauchs, und die gesamte Vergütung für diese „Kapitalentbehrung" (STAUDINGER/ K SCHMIDT [1997] § 246 Rn 7) soll unter dem Zinseszinsverbot stehen, um den Schuldner nicht einem unübersehbaren Anwachsen der von ihm zu bezahlenden Vergütung auszusetzen (GORNIAK NJW 1969, 2124, 2125; ausführlich BELKE BB 1968, 1222, der aber zu Unrecht dem Gläubiger die Möglichkeit eröffnen will, die „echten" Geschäftsunkosten anläßlich der Darlehenshingabe aufzuschlüsseln und so vom Zinseszinsverbot auszunehmen; EMMERICH WM 1986, 541, 542; aA SCHOLTEN NJW 1968, 385; SOERGEL/WIEDEMANN Rn 6, der sich aber zu Unrecht auf BGH LM § 138 BGB [Bc] Nr 18, 28, 30, 31 beruft. Der BGH unterscheidet dort zwar Vergütungen für die Kapitalhingabe von denen für den Kapitalgebrauch, zieht daraus aber keine Konsequenzen, sondern stellt sie ebenso wie diese bei der Bewertung der Sittenwidrigkeit von Ratenkrediten in Rechnung. Zum Zinseszinsverbot ist dort nichts gesagt).

Aus diesem Grunde sind zunächst **„Kreditgebühren"**, wie sie heute insbesondere bei **9** Teilzahlungskrediten erhoben werden, dem Zinseszinsverbot zu unterstellen (OLG Köln OLGZ 1966, 392 = NJW 1966, 2217; OLG Hamm NJW 1973, 1002; KG BB 1974, 1505; BB 1979,

447; OLG Frankfurt BB 1979, 446; BELKE aaO; SOERGEL/WIEDEMANN § 289 Rn 9; MünchKomm/
ERNST Rn 4; **aA** SCHOLTEN NJW 1968, 385).

10 Aber auch Bearbeitungs- und **Verwaltungsgebühren**, Antragsgebühren und Provisio-
nen für bankeigene Vermittler unterliegen § 289 S 1 (BELKE aaO; SCHOLZ BB 1974, 1605;
aA OLG Nürnberg WM 1981, 1399; CANARIS NJW 1978, 1891; zweifelnd STAUDINGER/K SCHMIDT
[1997] § 246 Rn 29). Hingegen sind die Kosten einer **Restschuldversicherung** regelmäßig
keine Zinsen (OLG Frankfurt BB 1979, 446), es sei denn, daß der Gläubiger gar keine
Versicherung nimmt (STAUDINGER/K SCHMIDT [1997] § 246 Rn 31).

11 In der Regel wird ein sogenanntes **Damnum** oder **Disagio** als Teil der Vergütung für
den Kapitalgebrauch aufzufassen und deshalb dem Zinseszinsverbot zu unterstellen
sein. Dies gilt insbes dort, wo der Kreditnehmer die Wahl hat, ob er einen Kredit mit
hohem Zins, aber niedrigem Disagio, oder mit niedrigem Zins, aber hohem Disagio
nehmen will (vgl BGH NJW 1981, 2180, 2181; STAUDINGER/K SCHMIDT [1997] § 246 Rn 26 f
mwNw; SOERGEL/WIEDEMANN Rn 7 f; MünchKomm/ERNST Rn 5).

12 Die **Teilzahlungszuschläge** beim Kauf auf Abzahlung unterstehen dem Zinseszinsverbot, weil sie ihrem Zweck nach eine Vergütung für den dem Käufer eingeräumten Kredit darstellen (OLG München NJW 1969, 53, 55; STAUDINGER/K SCHMIDT [1997] § 246
Rn 36).

13 Ob die für Zinsen in Anspruch genommenen Verzugszinsen als solche *bezeichnet*
werden oder als Verzugs- oder Überziehungsgebühren, spielt keine Rolle (GORNIAK
NJW 1969, 2124, 2125; BELKE BB 1968, 1219, 1220, dort auch zu den Folgerungen, die sich aus dem
gleichzeitigen Charakter solcher Gebühren als Vertragsstrafe ergeben).

14 Allerdings ist bei der Anwendung des § 289 S 1 auf die Kreditgebühren zu beachten,
daß nach den vertraglichen Vereinbarungen – wie nach der Auslegungsregel des § 367
Abs 1 – Zahlungen, die der Kapitalnehmer leistet, zunächst auf die Kreditgebühren
zu verrechnen sind, so daß häufig nur mehr Verzugszinsen auf die eigentliche Darlehensforderung in Rede stehen werden (zutreffend SCHOLTEN NJW 1968, 385). Anders liegt
es insoweit beim Verbraucherdarlehen. Dort sind nach § 497 Abs 3 S 1 Zahlungen
des Darlehensnehmers abweichend von § 367 Abs 1 zunächst auf die Kosten der
Rechtsverfolgung, dann auf den übrigen geschuldeten Betrag und erst zuletzt auf
die Zinsen anzurechnen, so daß das Zinseszinsverbot seine Bedeutung behält.

II. Zinsschadensersatz (§ 289 S 2)

15 § 289 S 1 läßt den Anspruch auf Ersatz des nachgewiesenen Verzögerungsschadens
unberührt (§ 289 S 2). Das gilt in gleicher Weise wie für vertragliche Zinsen **auch für
gesetzliche Zinsen**. Die gegenteilige Auffassung von REIFNER (NJW 1992, 337) läßt sich
mit klarem Wortlaut und dem Zusammenhang von S 1 und S 2 der Vorschrift nicht
vereinbaren. § 289 S 2 will gegenüber dem Zinseszinsverbot den allgemeinen Grundsatz, daß jeder durch den Verzug entstehende Schaden zu ersetzen ist, aufrechterhalten. Auch der Gegenschluß aus § 497 Abs 2 S 2 stützt dieses Ergebnis (BGH
LM § 289 BGB Nr 10 = NJW 1993, 1260 f).

16 Hiernach kann der Gläubiger zunächst die **Kreditkosten**, die ihm wegen der Vorenthaltung der Zinsen entstanden sind, als Verzögerungsschaden vom Schuldner ersetzt verlangen (dazu § 288 Rn 43 ff). Er kann Zinsen aus den verspätet gezahlten Zinsen auch unter dem Gesichtspunkt des **Anlageverlustes** mit der Begründung verlangen, daß er die Zinsen zu einem bestimmten Zinssatz hätte anlegen können und angelegt hätte (OLG Hamburg OLGE 28, 70) oder gar hätte anlegen müssen (RGZ 152, 166, 175). Bei Banken kann insoweit eine *abstrakte Schadensberechnung* in der Weise zulässig sein, daß bei nur einer Geschäftsart die banküblichen Sollzinsen und bei mehreren Geschäftsarten der sich aus diesen ergebende Durchschnittszinssatz zugrunde gelegt wird (BGH LM § 289 BGB Nr 10 = NJW 1993, 1260, 1261 im Anschluß an BGHZ 62, 103; BGHZ 104, 337 = LM § 252 BGB Nr 39; OLG Naumburg ZIP 1996, 931, 934; vgl dazu ausführlich § 288 Rn 33 ff). Aus diesem Grund sind Kreditgebühren, Disagio und Teilzahlungszuschläge, auch soweit sie als Zinsen aufzufassen sind, im praktischen Ergebnis trotz § 289 S 1 meist zu verzinsen (Löwisch NJW 1978, 26).

Voraussetzung für den Ersatz des Schadens, der aus der verspäteten Zahlung der **17** Verzugszinsen oder eines entsprechenden Zinsschadens entsteht, ist, daß der Schuldner **insoweit in Verzug** gesetzt wird (BGH LM § 289 BGB Nr 10 = NJW 1993, 1260, 1261). Es handelt sich bei diesem Anspruch nicht einfach um eine weitere Schadensfolge aus dem Verzug mit der Hauptforderung (so aber Koller Anm zu LM § 289 BGB Nr 10). Vielmehr geht es um eine Schadensfolge, die aus der Verzögerung des Verzugsschadensersatzes entsteht. Es liegt insoweit nicht anders als bei jeder Schadensersatzforderung, auf die Verzugszinsen oder Verzugsschadensersatz erst zu entrichten sind, wenn ihretwegen Verzug eingetreten ist.

Für **Verbraucherkredite** enthält § 497 Abs 2 S 2 eine Sondervorschrift. Danach ist der **18** Ersatz des Zinsschadens gem § 289 S 2 auf die Höhe des besonderen gesetzlichen Zinssatzes des § 246 (4%) beschränkt. Der Zinssatz von 4% gilt heute zweifelsfrei auch für beiderseitige Handelsgeschäfte und damit für Existenzgründungsdarlehen, einmal, weil § 497 Abs 2 S 2 § 246 ausdrücklich nennt, zum anderen, weil § 352 Abs 1 HGB die Verzugszinsen ausdrücklich aus dem Zinssatz von 5% ausnimmt.

§ 290
Verzinsung des Wertersatzes

Ist der Schuldner zum Ersatz des Wertes eines Gegenstands verpflichtet, der während des Verzugs untergegangen ist oder aus einem während des Verzugs eingetretenen Grund nicht herausgegeben werden kann, so kann der Gläubiger Zinsen des zu ersetzenden Betrags von dem Zeitpunkt an verlangen, welcher der Bestimmung des Wertes zugrunde gelegt wird. Das Gleiche gilt, wenn der Schuldner zum Ersatz der Minderung des Wertes eines während des Verzugs verschlechterten Gegenstands verpflichtet ist.

Materialien: E I § 252; II § 246; III § 284;
Jakobs/Schubert, SchR I 318.

Manfred Löwisch

1 § 290 stellt zunächst klar, daß der Schuldner, der gem § 280 Abs 1 iVm § 287 S 1 oder S 2 zum Ersatz des Wertes eines während des Verzugs untergegangenen Gegenstandes verpflichtet ist, jedenfalls **Zinsen für diesen Wertersatzanspruch** zu zahlen hat. Ob der Schuldner mit der Ersatzleistung in Verzug ist, spielt für diesen Anspruch keine Rolle (Huber II 133). Auch wenn der Schuldner erst geraume Zeit nach dem Untergang des Gegenstandes in Verzug gerät, weil der Gläubiger sich erst dann für den Schadensersatz und eine entsprechende Mahnung ausspricht, kann er doch schon vorher einer Zinspflicht unterliegen.

2 Zinsen können nach § 290 S 1 von dem **Zeitpunkt** an verlangt werden, welcher der Bestimmung des Wertes des geschuldeten Gegenstandes zugrunde gelegt wird. Bei Schadensersatzansprüchen nach § 280 Abs 1 oder § 280 Abs 1, Abs 2, 286 ist das der Zeitpunkt des Untergangs des geschuldeten Gegenstandes. Bei Schadensersatzansprüchen nach § 280 Abs 3 iVm § 281 ff ist der Zeitpunkt identisch mit demjenigen, den der Gläubiger für die Berechnung seines Schadensersatzanspruchs statt der Leistung wählt. Wählt der Gläubiger den Zeitpunkt des Verzugseintritts, so ist der Ersatzanspruch von diesem Zeitpunkt ab zu verzinsen. Wählt er einen späteren Zeitpunkt, so ist dieser maßgebend. Letzter möglicher Zeitpunkt ist der des Eintritts der Unmöglichkeit nach § 275 Abs 1 oder der Geltendmachung des Leistungsverweigerungsrechts nach § 275 Abs 2 und 3, weil der Gläubiger nur so lange überhaupt Erfüllung beanspruchen konnte (zutr zur Rechtslage vor der Schuldrechtsreform Larenz I § 23 II a Fn 36; vgl zur Wahl des Zeitpunkts für die Berechnung des Schadensersatzes statt der Leistung Staudinger/Otto § 280 Rn E 119 ff).

3 Eine **Wertminderung** des herauszugebenden Gegenstandes hat der säumige Schuldner unter den nämlichen Voraussetzungen zu ersetzen, unter welchen er für den Untergang des Gegenstandes Ersatz zu leisten hat (§ 287 Rn 11 f). Der Anspruch auf Wertersatz tritt hier neben den Anspruch auf Herausgabe. Für den Beginn der Verzinsung gilt auch hier das in Rn 2 Ausgeführte (§ 290 S 2).

4 Für die **Höhe** des Zinsanspruchs aus § 290 ist § 288 Abs 1, nicht § 246 maßgebend. § 290 ist eine Regelung des Verzugsrechts, die den Gläubiger einer während des Verzugs unmöglich oder unzumutbar gewordenen Leistung wirtschaftlich so stellen will, wie wenn die Unmöglichkeit oder die Unzumutbarkeit nicht eingetreten wäre: Das aber ist nur zu erreichen, wenn der Gläubiger statt des Verzugsschadensersatzes wegen der ursprünglichen Leistung Verzugszinsen für den Wertersatz erhält (iE ebenso Erman/Battes § 290 Rn 2; MünchKomm/Ernst Rn 4).

5 § 290 schließt Ansprüche wegen Verzugs nicht aus. Insbesondere kann der Gläubiger, der den Schuldner wegen des Wertersatzanspruchs in Verzug gesetzt hat, einen über den Zinsanspruch hinausgehenden weiteren Schaden geltend machen. Dabei kann der Gläubiger wählen, für welchen Zeitraum er Ersatz des konkreten Verzögerungsschadens und für welchen er den gesetzlichen Zinsanspruch geltend machen will (BGH Betrieb 1983, 2464 für die Parallelvorschrift des § 849). Eine Kumulation beider Ansprüche für den gleichen Zeitraum ist aber ausgeschlossen, da der Zinsanspruch lediglich einen anrechenbaren Mindestschadensersatzanspruch darstellt (BGH aaO).

6 § 290 ist **nicht analog auf** Schadensersatzansprüche wegen **Unmöglichkeit oder Unzumutbarkeit außerhalb des Verzugs** anzuwenden (so aber Planck/Siber Erl zu § 290). Das

Gesetz hat den Zinsanspruch des § 290 unter die Verzugsfolgen eingeordnet und damit zum Ausdruck gebracht, daß er den Schuldner nur treffen soll, wenn er in Verzug ist (ebenso OERTMANN Anm 2). Eine entsprechende Bestimmung für den Fall der **unerlaubten Handlung** enthält § 849, der auch auf Ansprüche aus Gefährdungshaftung, insbes nach dem StVG anzuwenden ist (BGH DB 1983, 2464).

§ 291
Prozesszinsen

Eine Geldschuld hat der Schuldner von dem Eintritt der Rechtshängigkeit an zu verzinsen, auch wenn er nicht im Verzug ist; wird die Schuld erst später fällig, so ist sie von der Fälligkeit an zu verzinsen. Die Vorschriften des § 288 Abs. 1 Satz 2, Abs. 2, Abs. 3 und des § 289 Satz 1 finden entsprechende Anwendung.

Materialien: E II § 247; III § 285; JAKOBS/
SCHUBERT, SchR I 323.

Schrifttum

TREBER, Zinsen ab „Klagerhebung" und
„Rechtshängigkeit", NZA 2002, 1314.

Alphabetische Übersicht

I. Allgemeines

1 § 291 legt eine **materielle Wirkung der Rechtshängigkeit** fest, nämlich die Verpflichtung des Geldschuldners, **Prozeßzinsen** zu zahlen. Prozeßzinsen sind, da sie den Verzug des Schuldners nicht voraussetzen, kein Unterfall der Verzugszinsen. Sie bedeuten vielmehr einen *Risikozuschlag*, den der Schuldner zu entrichten hat, wenn er sich auf einen Prozeß einläßt und unterliegt (BGH NJW 1965, 531, 532; LM § 291 BGB Nr 12 = NJW-RR 1987, 386; MARTENS NJW 1965, 1703; HUBER II 23). Sie müssen deshalb auch dort entrichtet werden, wo eine Verpflichtung zur Zahlung von Verzugszinsen nicht besteht, wie im Falle der Schenkung (§ 522) und nach der hier allerdings abgelehnten Meinung (§ 286 Rn 40) bei nicht angemahnten Unterhaltsschulden (BGH LM § 291 BGB Nr 12 = NJW-RR 1987, 386).

2 Der Anspruch auf Prozeßzinsen stellt wie der Anspruch auf Verzugszinsen einen **selbständigen Anspruch** dar, der dem Gläubiger einen Mindestersatz für die zeitweilige Vorenthaltung der Hauptsumme ohne Rücksicht auf den tatsächlich entstandenen Schaden gewähren soll. Zugleich soll er verhindern, daß der Schuldner, der die Begleichung der Forderung durch einen Prozeß verzögert, daraus einen Vorteil zieht (vgl RECKEN Anm zu BGH LM § 288 BGB Nr 17). Aus diesem Grund können die Prozeßzinsen **nicht auf** die letztlich gezahlte **Hauptforderung verrechnet** werden. Dies gilt auch, soweit Zinsen für einen Kostenvorschuß zur Mängelbeseitigung gem § 17 Nr 2 II VOB/B gezahlt worden sind, der dann nicht in voller Höhe verbraucht wird und zurückzuzahlen ist (BGH LM § 291 BGB Nr 11 = NJW 1985, 2325).

3 Im übrigen ist das **Anwendungsgebiet** des § 291 im Privatrecht beschränkt. Denn in der Regel kommt der Schuldner durch die Klage in Verzug (§ 286 Abs 1 S 2). Das ist nur dann nicht der Fall, wenn die fällige Leistung infolge eines Umstandes unterbleibt, den der Schuldner nicht zu vertreten hat (§ 285). Bei Geldschulden hat aber der Schuldner sein Unvermögen zur Leistung auch dann zu vertreten, wenn ihm ein Verschulden nicht zur Last fällt (vgl dazu § 286 Rn 141 und § 276 Rn 159). Infolgedessen wird die verspätete Leistung einer Geldschuld nur selten auf einem Umstand beruhen, den der Schuldner nicht zu vertreten hat. Sie kann es zB, wenn die Zahlung infolge eines entschuldbaren Irrtums unterblieben ist (dazu § 286 Rn 152 ff). Beispiele: Der Erbe nimmt in entschuldbarer Weise an, daß die Forderung gegen den Erblasser nicht begründet oder bereits beglichen ist (vgl auch RGZ 92, 283). Der Arbeitgeber beurteilt eine komplizierte Eingruppierungsfrage im öffentlichen Dienst falsch (BAG AP Nr 1 zu § 291 BGB). In diesen Fällen bewirkt die Klage ausnahmsweise keinen Verzug, so daß auch ein Anspruch auf Verzugszinsen nach § 288 nicht besteht.

4 Anzuwenden ist § 291 weiter dort, wo das Gesetz eine Haftung nach den Regeln eintreten läßt, die im Falle der Rechtshängigkeit gelten würden. Kennt im Falle der ungerechtfertigten Bereicherung der Empfänger den Mangel des rechtlichen Grundes einer Geldleistung oder erfährt er ihn später, haftet er gem §§ 818 Abs 4, 819 Abs 1, 291 auf Zinsen in Höhe der Prozeßzinsen (Thüringisches OLG OLGR Jena 2001, 328). Das gleiche gilt für die Haftung des unredlichen Besitzers nach § 990 iVm § 987 auf Herausgabe von entgeltbestehenden Nutzungen.

5 Zusätzliche Bedeutung entfaltete § 291 für Fälle aus der Zeit zwischen der Neu-

regelung der Verzugsvoraussetzungen durch das Gesetz zur Beschleunigung fälliger Zahlungen und der Neuregelung durch die Schuldrechtsreform (Vorbem 3 zu §§ 286–292): Soweit mit der herrschenden Meinung dem damaligen § 284 Abs 3 Ausschließlichkeitscharakter zugemessen wurde, konnten bei Begründung von Rechtshängigkeit schon vor Ablauf der 30-Tage-Frist wenigstens Prozeßzinsen verlangt werden (s näher die Voraufl Rn 4).

Zur Anwendung von § 291 im öffentlichen Recht s Vorbem 32 zu §§ 286–292. **6**

II. Zu verzinsender Anspruch

1. Geldschuld

§ 291 bezieht sich auf **Geldschulden** (über den Begriff der Geldschulden STAUDINGER/K **7** SCHMIDT [1997] Vorbem C 1 ff zu §§ 244 ff). Die Vorschrift gilt auch für Fremdwährungsforderungen (K SCHMIDT NJW 1989, 68). Einen Unterschied zwischen Geldsummenschuld und Geldwertschuld macht das Gesetz nicht. Deshalb ist § 291 auch auf **Geld- und Wertersatzansprüche** anzuwenden (dazu näher § 288 Rn 6 ff). Der Rechtsgrund der Schuld spielt keine Rolle (RGZ 153, 171, 173). § 291 gilt zB auch bei Bürgschaftsschulden (OLG Hamburg OLGE 28, 223) und nach Ansicht des BAG auch für den Anspruch eines Betriebsratsmitglieds auf Erstattung aufgewendeter Kosten für seine Betriebsratstätigkeit gem § 40 Abs 1 BetrVG (BAG AP § 40 BetrVG 1972 Nr 28 unter Aufgabe von BAG AP § 37 BetrVG 1972 Nr 35). Auch daß der Gläubiger den geschuldeten Betrag an einen Dritten weiterzuleiten hat, hindert die Anwendung des § 291 nicht (OLG Düsseldorf VersR 1974, 1075).

§ 291 ist auf **Schmerzensgeldansprüche** auch schon vor deren endgültiger Bezifferung **8** anzuwenden, da der schließlich zuerkannte Geldbetrag von Anfang an geschuldet und der Anspruch mit Klageeinreichung rechtshängig geworden ist (BGH NJW 1965, 531; NJW 1965, 1374, 1376; KG VersR 1972, 281; aA OLG Köln NJW 1960, 388 mit abl Anm MANN NJW 1960, 825). Allerdings müssen alle Grundlagen für die Bemessung des Schmerzensgeldes im Zeitpunkt der Klagerhebung vorhanden gewesen sein (OLG Nürnberg VersR 1962, 626). Zum Verzug mit Schmerzensgeldansprüchen § 286 Rn 10.

Für **Prozeßkostenerstattungsansprüche** gilt § 291 nicht. Deren Verzinsung ist in § 104 **9** Abs 1 S 2 ZPO gesondert geregelt. Auch für *Scheck-* und *Wechsel*kosten und -provisionen gilt § 291 nicht. Vielmehr richten sich diese Ansprüche nach den Sonderregeln des Art 48 Abs 1 Nr 2 WG bzw des Art 45 Nr 2 ScheckG.

2. Fälligkeit und Durchsetzbarkeit

Der Anspruch auf die Prozeßzinsen setzt voraus, daß die **Geldforderung bereits ent- 10 standen und fällig** ist. Ein Anspruch auf künftig entgehenden Gewinn ist deshalb erst von dem Zeitpunkt ab zu verzinsen, zu dem der Gewinn erzielt worden wäre (BGHZ 115, 307, 309). Ist die Rechtshängigkeit durch eine Klage auf künftige Leistung gem §§ 257–259 ZPO bereits vorher begründet, tritt die Zinspflicht automatisch mit dem Zeitpunkt der Fälligkeit ein (§ 291 S 1 HS 2). Tritt Fälligkeit erst nach Beendigung der Rechtshängigkeit ein, besteht kein Anspruch auf Prozeßzinsen (BVerfGE 38, 49, 51; MünchKomm/ERNST Rn 9).

11 Wird die Verpflichtung zu einer Leistung erst durch ein **Gestaltungsurteil** des Gerichts ex nunc **begründet**, wie das zB bei Abfindungen nach den §§ 9, 10 KSchG, im Falle der Leistungsbestimmung nach § 315 Abs 3 und in Familiensachen des § 621 ZPO der Fall ist, so ist § 291 erst vom Zeitpunkt der Rechtskraft des Urteils an anwendbar (BAG NJW 1969, 1735; LAG Bremen NJW 1978, 126). Zum Verzugseintritt in diesen Fällen vgl § 286 Rn 10.

12 Wie den Verzug (dazu § 286 Rn 24), so schließt das Bestehen der **Einrede des nichterfüllten Vertrages** iS des § 320 auch den Anspruch auf Prozeßzinsen aus (OLG Düsseldorf NJW 1971, 2310). Die enge Verknüpfung von Leistung und Gegenleistung, wie sie im Fall des § 320 gegeben ist, nimmt auch der Geltendmachung von Prozeßzinsen die innere Rechtfertigung, ohne daß es darauf ankäme, ob der Schuldner die Einrede erhoben hat (SOERGEL/WIEDEMANN § 291 Rn 12; **aA** HUBER II 25). Auch die **Einrede des Zurückbehaltungsrechts** schließt den Anspruch auf Prozeßzinsen aus (MünchKomm/ ERNST Rn 10). Doch ist hier – nicht anders als beim Verzug (dazu § 286 Rn 18 ff) – Voraussetzung, daß der Schuldner die Einrede tatsächlich erhoben hat (BGH WM 1957, 547, 548; BGHZ 55, 198; KG NJW 1971, 144; ungenau insoweit RIETSCHEL in der Anm zu BGHZ 55, 198 in LM Nr 44 zu VOB Teil B).

III. Rechtshängigkeit des Anspruchs

13 Der Zeitpunkt des **Eintritts der Rechtshängigkeit** bestimmt sich nach den Vorschriften der ZPO. Regelmäßig wird die Rechtshängigkeit durch Erhebung der Klage begründet (§ 261 Abs 1 ZPO), die durch die Zustellung der Klageschrift an den Beklagten erfolgt (§ 253 Abs 1 ZPO). Schon die Einreichung der Klageschrift genügen zu lassen, wie das für den Begriff der Rechtshängigkeit in früheren Fassung des § 847 diskutiert wurde (vgl dazu STAUDINGER/SCHÄFER[12] § 847 aF Rn 115), besteht hier keinerlei Anlaß, weil der Beklagte erst mit der Zustellung der Klageschrift Kenntnis von dem Prozeß erhält und damit beurteilen kann, ob er das Risiko der Zahlung von Prozeßzinsen eingehen will (vgl BEHR NJW 1976, 1216).

14 Weitere Fälle des Eintritts der Rechtshängigkeit sind geregelt in § 261 Abs 2 ZPO (Geltendmachung erst während des Prozesses erhobener Ansprüche in der mündlichen Verhandlung [hierzu BGHZ 28, 153, 158] oder durch Zustellung eines dem § 253 Abs 2 Nr 2 ZPO entsprechenden Schriftsatzes), § 302 Abs 4 ZPO (Aufrechnung), § 696 Abs 3, 700 Abs 2 ZPO (Mahnbescheid), § 717 Abs 2 S 2 ZPO (Geltendmachung des Schadensersatzanspruchs bei Abänderung des vorläufig vollstreckbaren Urteils in dem anhängigen Rechtsstreit) sowie § 717 Abs 3 S 4 ZPO (Erstattung des aufgrund vorläufig vollstreckbaren Urteils zu Unrecht Gezahlten oder Geleisteten, dazu LAG Hamm NJW 1976, 1119). Ob das angegangene Gericht für den Rechtsstreit zuständig ist, spielt keine Rolle, wenn dieser an das zuständige Gericht verwiesen wird (§ 17b Abs 1 S 2 GVG).

15 Nicht anders als im Rahmen des § 286 Abs 1 S 2 (dazu § 286 Rn 63) ist Voraussetzung, daß **Klage auf Leistung** (Hilfsantrag genügt: RGZ 117, 112, 114; BGH NJW-RR 1990, 518, 519), nicht etwa nur auf Feststellung erhoben ist (BGHZ 93, 183, 186). Dies gilt auch bei Eingruppierungsstreitigkeiten im öffentlichen Dienst. Der Antrag auf die Feststellung, daß der Arbeitgeber den Arbeitnehmer nach einer bestimmten Entgeltgruppe zu entlohnen hat, macht noch nicht den Zahlungsanspruch selbst rechtshängig (aA ohne Begründung BAG AP Nr 1 zu § 291 BGB).

Die **Einleitung eines Arrestverfahrens** begründet keine Rechtshängigkeit hinsicht- **16** lich der Hauptsache (BGH NJW 1980, 191; SOERGEL/WIEDEMANN Rn 8) und vermag deshalb auch keinen Zinsanspruch gem § 291 auszulösen (aA LAG Frankfurt Betrieb 1965, 188).

Ist Rechtshängigkeit eingetreten, beginnt der Lauf des Zinsanspruchs in entspre- **17** chender Anwendung von § 187 Abs 1 erst mit dem folgenden Tag. Der in § 187 Abs 1 zum Ausdruck kommende Rechtsgedanke, für einfache und klare Berechnung zu sorgen, greift auch hier (BGH NJW-RR 1990, 518, 519; BAG NJW 2001, 1517, 1519; BVerwG NVWZ 2002, 718, 722; MünchKomm/GROTHE § 187 Rn 3; PALANDT/HEINRICHS § 187 Rn 4; aA TREBER NZA 2002, 1314 ff).

Sowohl wenn die **Rechtshängigkeit** nach Maßgabe des § 701 ZPO **erlischt** (Mahnver- **18** fahren), als auch wenn die Klage gem § 269 ZPO zurückgenommen wird, wird die Verpflichtung zur Entrichtung der Prozeßzinsen ebenso wie die Rechtshängigkeit mit rückwirkender Kraft wieder beseitigt.

IV. Zinsanspruch

Auf den Anspruch auf Prozeßzinsen sind die Vorschriften des § 288 Abs 1 S 2, Abs 2, **19** Abs 3 und des § 289 S 1 entsprechend anzuwenden. Dies bedeutet: Der **Zinsfuß** beträgt 5% über dem Basiszinssatz, in den Fällen des § 288 Abs 2 8% über dem Basiszinssatz, auch wenn die Geldschuld aufgrund des Schuldverhältnisses geringer verzinst ist oder unverzinslich war. Die Auffassung von KRÜGER (NJW 2000, 2407), § 291 S 2 müsse „teleologisch" dahin reduziert werden, daß nur der gesetzliche Zinssatz von 4% zu zahlen sei (§ 246), ist durch den differenzierten Verweis auf § 288 Abs 1 S 2 und Abs 2 überholt. Der Gesetzgeber hat sich der Auffassung angeschlossen, daß es nicht unbillig ist, den vom Schuldner zu tragenden Risikozuschlag (Rn 1) nach demselben pauschalen Zinsschaden zu bemessen wie den Verzugszuschlag, ist nicht unbillig.

Kann der Gläubiger aus einem anderen Grund höhere Zinsen verlangen, so sind **20** diese und nur diese zu entrichten (§ 288 Abs 3 S 2).

Verzugszinsen und Prozeßzinsen können nicht nebeneinander geltend gemacht wer- **21** den (RGZ 92, 283; OLG Saarbrücken NJW-RR 1987, 470, 471).

Ein Anspruch auf **Ersatz weiteren Schadens** aus dem Gesichtspunkt der Rechts- **22** hängigkeit kommt nicht in Betracht, weil die Rechtshängigkeit als solche keine Schadensersatzpflicht begründet. Auf der anderen Seite wird der Anspruch auf Prozeßzinsen auch nicht dadurch ausgeschlossen, daß dem Forderungsgläubiger ein Verzugsschaden gar nicht entstehen kann, etwa weil er verspätet gezahlte Beträge unverzüglich an Dritte weiterzuleiten verpflichtet ist (OLG Düsseldorf VersR 1974, 1075).

Prozeßzinsen können auch noch nach rechtskräftiger Entscheidung der Haupt- **23** sache in einem besonderen Rechtsstreit eingeklagt werden (BVerwGE 38, 49, 51).

Zur Anwendung des § 291 auf öffentlich-rechtliche Geldschulden s Vorbem 32 zu
§§ 286–292.

24 Gerät der Schuldner mit der Prozeßzinszahlung in Verzug, greift auch hier das
Zinseszinsverbot: Verzugszinsen sind nicht zu entrichten (§ 289 S 1).

25 Die Verpflichtung zur Zahlung von Prozeßzinsen **endet**, wenn und soweit der Schuld-
ner zahlt. Dabei ist es auch hier ohne Belang, ob die Zahlung nur zur Abwendung der
Zwangsvollstreckung erfolgt und das Schuldverhältnis deshalb nicht erlischt (BGH
LM § 284 BGB Nr 24 = NJW 1981, 2244). Die Gründe, die bei den Verzugszinsen zu diesem
Ergebnis führen (§ 286 Rn 112 ff), gelten auch hier.

§ 292
Haftung bei Herausgabepflicht

**(1) Hat der Schuldner einen bestimmten Gegenstand herauszugeben, so bestimmt
sich von dem Eintritt der Rechtshängigkeit an der Anspruch des Gläubigers auf
Schadensersatz wegen Verschlechterung, Untergangs oder einer aus einem anderen
Grunde eintretenden Unmöglichkeit der Herausgabe nach den Vorschriften, welche
für das Verhältnis zwischen dem Eigentümer und dem Besitzer von dem Eintritt der
Rechtshängigkeit des Eigentumsanspruchs an gelten, soweit nicht aus dem Schuldverhältnis oder dem Verzug des Schuldners sich zugunsten des Gläubigers ein anderes ergibt.**

**(2) Das Gleiche gilt von dem Anspruch des Gläubigers auf Herausgabe oder Ver-
gütung von Nutzungen und von dem Anspruch des Schuldners auf Ersatz von Verwendungen.**

Materialien: E I § 244; III § 248; III § 286;
Jakobs/Schubert, SchR I 327.

Schrifttum

Büdenbender, Rückgewähransprüche im   Natter, Der Anspruch auf Wertersatz wegen Un-
Bürgerlichen Recht, JuS 1998, 38, 135 (dazu möglichkeit der Herausgabe von Sachen und sei-
Bodenbenner JuS 1999, 206)   ne Geltendmachung im Prozeß, WürttZ 1917, 49.

Alphabetische Übersicht

I. Allgemeines

§ 292 bestimmt als **materielle Wirkung der Rechtshängigkeit** bei Ansprüchen auf **1** Herausgabe eines bestimmten Gegenstandes eine **Verschärfung der Haftung** des Schuldners. Auch in dieser Vorschrift liegt wie in § 291 ein Ausdruck des Prozeßrisikos, das jeder übernimmt, der es auf eine Klage ankommen läßt (BGH LM § 987 BGB Nr 3): Der Schuldner muß vom Prozeßbeginn an damit rechnen, daß der Anspruch des Klägers als begründet anerkannt werden kann. Deshalb muß er sich im Hinblick auf den streitigen Gegenstand vom Streitbeginn an als Verwahrer und Verwalter möglicherweise fremden Gutes betrachten und haftet von diesem Zeitpunkt an zwar nicht nach der strengen Vorschrift des § 287, aber unabhängig von etwaigen milderen Bestimmungen des konkreten Schuldverhältnisses mindestens nach den Regeln, nach denen sich die Haftung des Besitzers gegenüber dem Eigentümer vom Zeitpunkt der Rechtshängigkeit der Eigentumsklage an bestimmt.

Die praktische Bedeutung der Vorschrift ist gering, weil sie die Verzugshaftung des **2** Schuldners unberührt läßt (§ 292 Abs 1 letzter HS), die Rechtshängigkeit aber im allgemeinen den Verzug begründet (vgl § 286 Rn 63; § 291 Rn 13).

Die nach § 292 begründete gesetzliche Verpflichtung des Schuldners kann in den **3** Grenzen des § 276 Abs 3 und des § 309 Nr 7 vertraglich eingeschränkt werden.

II. Voraussetzungen

Wie § 291 eine materielle Wirkung der Rechtshängigkeit für Geldforderungen be- **4** stimmt, so bestimmt § 292 Abs 1 eine solche für den **Anspruch auf Herausgabe eines bestimmten Gegenstandes**. Soweit körperliche Gegenstände, also Sachen (§ 90), in Betracht kommen, muß es sich um Speziessachen (Stückschulden) handeln. Auf Gattungssachen bezieht sich die Vorschrift nicht, solange diese nicht nach § 243 Abs 2 oder § 300 Abs 2 konkretisiert sind. Ob es sich um eine einzelne Sache oder um eine Sachgesamtheit handelt, ist gleichgültig. § 292 bezieht sich zB auch auf die Herausgabe einer Apotheke nebst vollständiger Einrichtung und den dazugehörigen Räumen (BGH LM § 987 BGB Nr 3). Ebensowenig kommt es darauf an, ob die Sache selbständiger Verfügung unterliegt. Der Anspruch auf Rückgabe eines Schuldscheins gem § 371 gehört deshalb hierher (PLANCK/SIBER Anm 1 a).

Ein bestimmter Gegenstand kann aber auch ein **unkörperlicher Gegenstand**, insbes **5** ein Recht sein, zB der Anspruch aus einer Gutschrift im Giroverkehr (OGHZ 4, 81, 87), ein Erbteil (RGZ 137, 171, 179), ein Patentrecht (RGZ 62, 320, 321; für die entspr Anwendung des § 292 auch auf die Klage wegen Patentverletzung SCHULZ AcP 105 [1909] 1, 70) oder die Ansprüche auf Einwilligung in die Grundbuchberichtigung (RG WarnR 191 1 Nr 391) und auf Auflassung (RG WarnR 1912 Nr 417).

Unter **Herausgabe** ist sowohl die Rückgabe wie die erstmalige Übergabe zu verste- **6** hen. Auch ein Anspruch auf Gestattung der Wegnahme einer Sache (vgl § 258) zählt hierher (Planck/Siber Anm 1 a). Dagegen ist die Vorschrift nicht anwendbar, wenn es nur um die Verpflichtung des Schuldners zur Vorlegung einer Sache oder einer Urkunde gem §§ 809, 810 geht.

7   Voraussetzung für die Anwendung des § 292 ist, daß sich die Sache beim Eintritt der Rechtshängigkeit im **Besitz des Schuldners** befindet. Hat er den Besitz schon vorher verloren, ist der Gläubiger auf andere Vorschriften – insbes die Verzugsvorschriften – verwiesen (Planck/Siber Anm 1 a).

8   Die verschärfte Haftung gilt nach § 292 **vom Zeitpunkt des Eintritts der Rechtshängigkeit an**. Für die Ermittlung dieses Zeitpunktes kann auf die Erläuterungen zu § 291 Rn 13 ff mit der Maßgabe verwiesen werden, daß hier der § 696 Abs 3 ZPO, der nur für Ansprüche auf Geldleistungen gilt, keine Anwendung findet.

III. Rechtsfolgen

9   Der Schuldner ist von dem Eintritt der Rechtshängigkeit an dem Gläubiger für den **Schaden** verantwortlich, der dadurch entsteht, daß **infolge seines Verschuldens** der herauszugebende Gegenstand verschlechtert wird, untergeht oder aus einem anderen Grunde von ihm nicht herausgegeben werden kann (§ 989). Der Schuldner hat nach § 276 Vorsatz und (jede) Fahrlässigkeit zu vertreten, auch wenn er nach dem besonderen Inhalt des Schuldverhältnisses nur für Vorsatz und grobe Fahrlässigkeit oder für die Sorgfalt, die er in eigenen Angelegenheiten anzuwenden pflegt (§ 277), haften würde. Gerade für diese Fälle bedeutet § 292 eine Steigerung der Haftung vom Eintritt der Rechtshängigkeit an.

10 Der Umfang des Schadensersatzes bestimmt sich nach den §§ 249 ff. Zu ersetzen sind nach der auch hier geltenden Differenzhypothese alle auf die Unmöglichkeit der Herausgabe zurückzuführenden Vermögensnachteile des Gläubigers, einschließlich eines entgangenen Gewinns. S im einzelnen Staudinger/Gursky (1999) § 989 Rn 21 ff.

11 Nach § 292 Abs 2 bestimmen sich auch die Ansprüche des Gläubigers auf Herausgabe und Vergütung von Nutzungen sowie auf Verwendungsersatz nach den Vorschriften über das Eigentümer-Besitzer-Verhältnis. Herauszugeben und, wo das nicht oder nicht mehr möglich ist, zu vergüten sind gem § 987 Abs 1 zunächst die **gezogenen Nutzungen**. Maßgebend ist der Nutzungsbegriff des § 100. Gebrauchsvorteile sind mit ihrem objektiven Wert anzusetzen; bei Sachen ist der marktübliche Miet- oder Pachtzins maßgebend. Auch eine Erhöhung der Nutzungsentschädigung für die nach Beendigung des Mietverhältnisses nicht zurückgegebene *Mietsache* kann uU auf § 292 gestützt werden (s näher LG Kiel NJW 1961, 319). Doch ist insoweit in bezug auf Wohnräume § 557 Abs 2 und 3 zu beachten, s § 286 Rn 137.

12 § 292 bezieht sich auch auf die Herausgabe von unkörperlichen Gegenständen, insbesondere von Rechten. Deshalb umfaßt der Anspruch auf Herausgabe von Nutzungen auch diejenigen, die als Nutzungen der herauszugebenden Rechte anzusehen sind (BGH LM § 987 BGB Nr 3 hinsichtlich der früheren Apotheken-Realkonzession). Daraus folgt aber nicht, daß Unternehmenserträge allgemein als Nutzungen anzusehen wä-

ren. Sie sind Ausfluß unternehmerischer Tätigkeit des Schuldners und werden deshalb richtiger Auffassung nach von § 987 Abs 2 nicht erfaßt. S ausf STAUDINGER/GURSKY (1999) § 987 Rn 20.

Auch für Nutzungen, die er nach dem Eintritt der Rechtshängigkeit **schuldhaft nicht** 13 **gezogen** hat, aber nach den Regeln einer ordnungsmäßigen Wirtschaft hätte ziehen können, ist der Schuldner (§ 987 Abs 2) dem Gläubiger zum Ersatz verpflichtet. Zu ersetzen ist auch hier der objektive Wert der nicht gezogenen Nutzungen, bei Sachen also der marktübliche Pacht- oder Mietzins (BGHZ 137, 128, 133).

Das Urteil, das die Herausgabe eines Gegenstandes anordnet, hat **Rechtskraftwir-** 14 **kung** auch für den Anspruch auf Herausgabe der Nutzungen (BGH LM § 987 BGB Nr 3). Allerdings gilt dies nur für die nach Rechtshängigkeit anfallenden Nutzungen, auf die allein sich der Anspruch nach §§ 292, 987 bezieht (BGH NJW 1983, 164, 165; insoweit auch HACKSPIEL NJW 1986, 1148, 1149 bei Fn 31). Auch ist dem Schuldner nicht der Einwand abgeschnitten, er sei erst zu einem Zeitpunkt nach Rechtshängigkeit zur Herausgabe verpflichtet worden und infolgedessen auch erst von diesem Zeitpunkt ab zur Nutzungsherausgabe verpflichtet (ZEUNER, Die objektiven Grenzen der Rechtskraft im Rahmen rechtlicher Sinnzusammenhänge [1969] 69 f Fn 31; SOERGEL/WIEDEMANN Rn 16). Die Rechtskraft eines Urteils, das die Herausgabeklage abweist, erstreckt sich ebenfalls auf den Nutzungsherausgabeanspruch (BGH NJW 1981, 1517). Bestand allerdings der Herausgabeanspruch zur Zeit der Rechtshängigkeit und ist erst im Verlauf des Prozesses entfallen, kann der Gläubiger die bis dahin angefallenen Nutzungen herausverlangen, ohne daran durch die Rechtskraft gehindert zu sein (SOERGEL/WIEDEMANN aaO).

Macht der Schuldner nach dem Eintritt der Rechtshängigkeit **notwendige Verwen-** 15 **dungen** auf den herauszugebenden Gegenstand oder **Aufwendungen** zur Bestreitung von Lasten des Gegenstandes, so bestimmt sich die Ersatzpflicht des Gläubigers nach den Vorschriften über die *Geschäftsführung ohne Auftrag* (§§ 994 Abs 2, 995, 667 ff). Der Gläubiger hat danach für notwendige Verwendungen oder Aufwendungen nur insoweit Ersatz zu leisten, als diese seinem Interesse und seinem wirklichen oder mutmaßlichen Willen entsprochen haben (§ 683) oder von ihm genehmigt werden (§ 684 S 2). Andernfalls haftet er nur, soweit er bei der Herausgabe noch bereichert ist (§ 684). Für objektiv nicht notwendige Verwendungen haftet er keinesfalls. S im einzelnen STAUDINGER/GURSKY (1999) § 994 Rn 2 ff.

Ist ein landwirtschaftliches Grundstück herauszugeben, so ist § 998 anzuwenden, dh 16 der Gläubiger hat die Kosten, die der Schuldner auf die noch nicht getrennten, jedoch nach den Regeln einer ordnungsmäßigen Wirtschaft vor dem Ende des Wirtschaftsjahrs zu trennenden Früchte verwendet hat, insoweit zu ersetzen, als sie einer ordnungsmäßigen Wirtschaft entsprechen und den Wert dieser Früchte nicht übersteigen.

Auch die §§ 1000–1003 sind entsprechend anwendbar. Das Mittel zur **Geltend-** 17 **machung des Verwendungsanspruchs** ist die Zurückbehaltungseinrede (§ 1000 S 2), jedoch auch die Klage (vgl § 1002). Der Verwendungsanspruch ist ausgeschlossen, wenn der Gläubiger die herauszugebende Sache nicht erlangt oder nicht wiedererlangt, weil sie zB während des Prozesses untergeht. Anders, wenn der Gläubiger die Verwendungen genehmigt hat oder genehmigt (§§ 1001, 1003).

18 Haben die Parteien eines Grundstücksübertragungsvertrages einen durch Vormerkung gesicherten Rückübereignungsanspruch für den Fall der Weiterveräußerung an einen Dritten vereinbart, ist nach Rechtshängigkeit im Verhältnis zwischen vormerkungsberechtigtem Rückübereignungsgläubiger und Rückübertragungsschuldner § 292 anwendbar. Der **Vormerkungsberechtigte** kann aber auch von demjenigen, dessen Eigentumserwerb ihm gegenüber unwirksam ist, in entsprechender Anwendung des § 987 Herausgabe der Nutzungen verlangen (BGHZ 144, 323 ff). Auch der Anspruch auf Ersatz von Verwendungen des Käufers gegen den Vorkaufsberechtigten im Falle der Ausübung eines dinglichen **Vorkaufsrechts** richtet sich, wenn der Käufer bereits Eigentümer geworden war, nach § 292, während vor Eigentumsübergang die §§ 987 f direkt anwendbar sind (BGHZ 87, 296, 297; vgl ausf STAUDINGER/MADER [2002] § 1100 Rn 10).

19 § 292 legt nur das **Mindestmaß der Haftung** des Schuldners gegenüber dem Gläubiger fest. Eine weitergehende Haftung wird sich sehr oft aus Verzug ergeben, nach dessen Eintritt der Schuldner in der Regel sogar für Zufall haftet (§ 287 S 2; s dazu § 287 Rn 8 ff). Beispiele für eine sich aus dem Schuldverhältnis selbst ergebende schärfere Haftung bieten etwa die Rechtsmängelhaftung nach §§ 435 ff BGB und die Bereicherungshaftung ab Kenntnis vom Fehlen des Rechtsgrundes (§ 819 Abs 1).

Titel 2
Verzug des Gläubigers

Vorbemerkungen zu §§ 293–304

Schrifttum

1. Vor der Schuldrechtsreform
FABRICIUS, Leistungsstörungen im Arbeitsverhältnis (1970)
HUBER, Verpflichtungszweck, Vertragsinhalt und Geschäftsgrundlage, JuS 1972, 57
HÜFFER, Leistungsstörungen durch Gläubigerhandeln (1976)
KÖHLER, Unmöglichkeit und Geschäftsgrundlage bei Zweckstörungen im Schuldverhältnis (1971)
KOHLER, Annahme und Annahmeverzug, JherJb 17, 261
ders, Der Gläubigerverzug, ArchBürgR 13, 144
KREUZER/STEHLE, Grundprobleme des Gläubigerverzugs, JA 1984, 69
OERTMANN, Leistungsunmöglichkeit und Annahmeverzug, AcP 116 (1918) 1 und LZ 1927, 1177
PICKER, Arbeitsvertragliche Lohngefahr und dienstvertragliche Vergütungsgefahr – zur Wiederannäherung von Arbeits- und Zivilrecht, in: FS Kissel (1994) 813
ders, Fristlose Kündigung und Unmöglichkeit, Annahmeverzug und Vergütungsgefahr im Dienstvertragsrecht, JZ 1985, 641 ff, 693
ROSENBERG, Der Gläubigerverzug, JherJb 43, 141

SCHAUB, Annahmeverzug, in AR-Blattei SD 80
WAAS, Rechtsfragen des Annahmeverzugs bei Kündigung durch den Arbeitgeber, NZA 1994, 151
WEIMAR, Der An- und Abnahmeverzug, MDR 1967, 23
WERTHEIMER, Der Gläubigerverzug im System der Leistungsstörungen, JuS 1993, 646.
Für ältere Literatur vgl die Vorauflage.

2. Zu und nach der Schuldrechtsreform
FEUERBORN, Der Verzug des Gläubigers – Allgemeine Grundzüge und Besonderheiten im Arbeitsverhältnis, JR 2003, 177
HUHN, Zug um Zugverurteilung, Annahmeverzug und UN-Kaufrecht, IPRax 2001, 557
JANSEN, Gewährleistungsrecht trotz Annahmeverzug und Untergang der Kaufsache?, ZIP 2002, 877
ders, Nochmals – Gewährleistungsrecht trotz Annahmeverzug und Untergang der Kaufsache?, ZIP 2002, 1794
LAMPRECHT, Nochmals – Gewährleistungsrecht trotz Annahmeverzug und Untergang der Kaufsache?, ZIP 2002, 1790
SCHMIDT-KESSEL, Gläubigerfehlverhalten (2004).

Systematische Übersicht

Manfred Löwisch

Alphabetische Übersicht

I.   Allgemeines

1 In den §§ 293 – 304 regelt das Gesetz die Leistungsverzögerung, die dadurch eintritt, daß der Gläubiger die Leistung des Schuldners nicht annimmt. Der **Annahmeverzug** (Gläubigerverzug) ist insofern das Gegenstück zum Schuldnerverzug. Doch bedingt die Stellung des Gläubigers auf der anderen Seite des Schuldverhältnisses sowohl in den Voraussetzungen als auch in den Rechtsfolgen des Annahmeverzugs wesentliche Unterschiede: Da der Gläubiger in der Regel (zu den Ausnahmen unten Rn 12) zur Annahme der Leistung nur berechtigt, nicht aber verpflichtet ist, stellt der Annahmeverzug keine Pflichtverletzung, sondern nur die Nichtausübung eines dem Gläubiger zustehenden Rechts dar. Er setzt deshalb einerseits *kein Verschulden* oder sonstiges Vertretenmüssen voraus (HUBER I 184 ff; s SCHMIDT-KESSEL § 7 II 4) und führt andererseits nicht zu einer Schadensersatzverpflichtung des Gläubigers. Der Annahmeverzug läßt auch die Leistungsverpflichtung des Schuldners unberührt: Er begründet für den Schuldner weder ein Recht, vom Vertrag zurückzutreten, noch ein Recht, Schadensersatz statt der Leistung zu verlangen. Der Annahmeverzug führt lediglich zu einer Reihe anderer Rechtsnachteile für den Gläubiger (unten Rn 11). Ob man wegen des Eintritts dieser Rechtsnachteile von einer Obliegenheit des Gläubigers zur Annahme (R SCHMIDT, Die Obliegenheit [1953] 146 ff; LARENZ I § 25 I; FIKENTSCHER Rn 380; SCHLECHTRIEM, SchR I Rn 381; MünchKomm/ERNST § 293 Rn 1) oder gar von einer Pflicht des Gläubigers mit beschränktem Schutzzweck (SCHMIDT-KESSEL § 15) spricht, begründet für sich noch keinen Unterschied (zutr HÜFFER 19 f).

2 Die **Schuldrechtsreform** hat die Regeln über den Annahmeverzug im wesentlichen unberührt gelassen. Im Gleichklang mit § 286 Abs 2 Nr 2 (dazu § 286 Rn 75 ff) ist lediglich in § 296 S 2 das Wort „Kündigung" durch das Wort „Ereignis" ersetzt worden, damit künftig auch andere Ereignisse als die Kündigung Ausgangspunkt für eine kalendermäßige Berechnung sein können. Systematisch befriedigt dieses unveränderte Bestehenbleiben der Regeln über den Annahmeverzug nicht ohne weiteres. Es wäre auch denkbar gewesen, die Nichtannahme der Leistung durch den Gläubiger als

Pflichtverletzung auszugestalten und so in das Leistungsstörungssystem der §§ 275 ff einzupassen (SCHLECHTRIEM, SchR I Rn 380). Freilich müßte auch eine solche Systematik die besonderen Sachprobleme lösen, die sich bei einer Leistungsstörung auf der Gläubigerseite stellen. Insbesondere müßten die bestehenden Regeln, nach denen die Gegenleistungspflicht zwar aufrecht erhalten, aber angemessen gemindert wird (§§ 326 Abs 2, 537 Abs 1 S 2, 615 S 2), in anderer Form aufrechterhalten werden. S hierzu SCHMIDT-KESSEL § 22 und öfter.

Wesensmerkmal des Annahmeverzugs ist, daß der Gläubiger die Leistung nicht **3** annimmt oder sonst eine zur Bewirkung der Leistung erforderliche Mitwirkung unterläßt (vgl §§ 293, 295). Daraus folgt, daß Annahmeverzug nicht in Betracht kommt, wenn der Gläubiger weder durch Annahme noch in sonstiger Weise an der Leistung mitzuwirken hat. Verpflichtet sich der Schuldner zu einem **Unterlassen** oder zur Abgabe einer Willenserklärung, scheidet deshalb Annahmeverzug regelmäßig aus (ENNECCERUS/LEHMANN § 57 I; ERMAN/BATTES Vor § 293 Rn 2; PLANCK/SIBER § 293 Anm 1 a; OERTMANN AcP 116 [1918] 1, 15; MünchKomm/ERNST § 293 Rn 2; SCHMIDT-KESSEL § 7 II 3 a). Zwingend ist das aber nicht, wie folgendes Beispiel zeigt: Ein wissenschaftliches Forschungsinstitut vereinbart mit einem rund um die Uhr arbeitenden benachbarten Produktionsbetrieb, daß die Produktion für zwei Stunden ruhen soll, damit ein bestimmter Versuch ohne Geräuscheinwirkung durchgeführt werden kann; für das Ruhen der Produktion ist nur ein ungefährer Zeitpunkt angegeben. Legt der Produktionsbetrieb später einen konkreten Zeitpunkt fest, und erklärt das Forschungsinstitut, es könne das Ruhen der Produktion zu dem angekündigten Zeitpunkt nicht nutzen und bestehe auf einem anderen Zeitpunkt, so kann diese Erklärung durchaus als Annahmeverzug gewertet werden. Die unterlassene Produktionseinstellung muß dann später nachgeholt werden; etwaige Mehraufwendungen sind gem § 304 zu ersetzen (ähnlich ENNECCERUS/LEHMANN aaO; **aA** PLANCK/SIBER aaO und OERTMANN aaO, die dem Schuldner in solchen Fällen nur die Wahl lassen wollen, gegen den Willen des Gläubigers zu erfüllen oder eine uneingeschränkte Fortdauer seiner Leistungspflicht in Kauf zu nehmen).

Die Bestimmungen der §§ 293 ff sind **dispositiv**. Insbesondere kann bestimmt werden, **4** daß auch in anderen als den in § 295 geregelten Fällen ein wörtliches Angebot für den Eintritt des Gläubigerverzugs genügt. Auch die Folgen können abweichend von den §§ 300 ff geregelt, etwa ein Schadensersatzanspruch vorgesehen werden. Soweit solche Bestimmungen in Allgemeinen Geschäftsbedingungen getroffen werden, sind die Voraussetzungen des § 307 BGB zu beachten (ausführlich zur Abdingbarkeit CHANG 6 ff).

II. Annahmeverzug und Leistungspflicht

1. Annahmeverzug und Ausschluß der Leistungspflicht

Nicht anders als die Regeln über den Schuldnerverzug sind die Bestimmungen über **5** den Annahmeverzug auf den Fall gemünzt, daß die geschuldete Leistung noch erbracht werden kann. Ist die Leistung iSd § 275 Abs 1 dauernd unmöglich geworden oder hat der Schuldner die Leistung nach § 275 Abs 2 oder Abs 3 verweigert, so muß die Leistungsstörung über die Regeln zum Ausschluß der Leistungspflicht, insbesondere §§ 275 ff, §§ 323 ff abgewickelt werden. Annahmeverzug kann, wie das auch in § 292 zum Ausdruck kommt, nicht mehr eintreten. War Annahmeverzug

schon eingetreten, endet er mit dem Ausschluß der Leistungspflicht, so daß ab diesem
Zeitpunkt die dafür geltenden Regeln, beim gegenseitigen Vertrag insbesondere
§ 326 Abs 2, gelten (BGHZ 117, 1, 6; BAG JZ 1962, 68; ERMAN/BATTES Vor § 293 Rn 14;
SOERGEL/WIEDEMANN § 293 Rn 14; BGB-RGRK/ALFF § 293 Rn 9; abweichend nunmehr zum neuen
Recht SCHMIDT-KESSEL § 7 II 1 b).

6 Die Zuordnung zu den Unmöglichkeitsregeln (an deren Stelle durch die Schuldrechtsreform die Regeln über den Ausschluß der Leistungspflicht getreten sind) ist
früher für den Fall angezweifelt worden, daß die Leistung deshalb unmöglich ist, weil
der **Gläubiger auf Dauer die Leistung nicht mehr annehmen** oder eine sonstige Mitwirkungshandlung nicht mehr vornehmen kann. Aus dem Umstand, daß dem Schuldner die Leistung möglich wäre, „sofern nur der Gläubiger es an seiner Mitwirkung
nicht fehlen ließe", leitete man die Anwendbarkeit der Regeln über den Annahmeverzug ab (sog Abstrahierungsformel, vgl die ausführlichen Nachweise in STAUDINGER/
WERNER[10/11] § 293 Rn 2 ff). Demgegenüber hat sich nunmehr im Gefolge von BEUTHIEN
(230 ff) in Rechtsprechung und Literatur die Auffassung durchgesetzt, daß auch in
diesen Fällen kein Annahmeverzug, sondern allein **Unmöglichkeit** der Leistung anzunehmen ist (BGHZ 60, 14, 16 für den Fall, daß die Erfüllung eines als absolutes Fixgeschäft
aufzufassenden Reisevertrages unmöglich wird, weil ein Familienmitglied des Buchenden ein Impf-
zeugnis braucht, aber nicht geimpft werden darf; BAG NJW 1969, 766 zu einem Arbeitsvertrag für
den Fall, daß die Arbeitsstätte durch Brand zerstört wird; KÖHLER 18 ff; HÜFFER 29; LARENZ I § 25 I c;
FIKENTSCHER Rn 386; ESSER/SCHMIDT I 2 § 23 II; ERMAN/BATTES Vor § 293 Rn 7; PALANDT/
HEINRICHS § 293 Rn 3; **aA** auch insoweit SCHMIDT-KESSEL § 7 II 1 b).

7 Gegen die hM hat sich in neuerer Zeit wiederum PICKER (JZ 1985, 641, 693 ff; ihm folgend
MünchArbR/BOEWER [2. Aufl 2000] § 79 Rn 13 ff) für den *Dienstvertrag* gewandt. Nach
seiner Auffassung tritt, wenn die Dienstleistung aus beim Gläubiger liegenden Gründen unmöglich wird, gleichzeitig Annahmeverzug ein, weil letzterem auch die Funktion einer Risikozuweisung an den Gläubiger zukomme. Dementsprechend habe der
Gläubiger in diesen Fällen gem § 615 stets die Vergütung zu zahlen, selbst eine
Kündigung aus wichtigem Grund nach § 626 sei ihm versagt. Dem kann nicht gefolgt
werden: Die Auffassung PICKERS bevorzugt einseitig den Schuldner. Das grundlegende Interessenausgleichsprinzip für den Fall der Unmöglichkeit der Leistung ist in
§ 326 Abs 1 festgelegt: Keine Leistung, aber auch keine Gegenleistung. Seine Durchbrechung bedarf eines besonderen Grundes. Ein solcher Grund ist vor allem das
Verschulden (§ 326 Abs 2) oder – bei Kündigung aus wichtigem Grund – das vertragswidrige Verhalten des Gläubigers (§ 628 Abs 2). Deshalb hatte der BGH in den
von PICKER kritisierten Internatsfällen zu Recht differenziert und im Fall des Tu-
nichtguts (NJW 1984, 2093) Schadensersatz nach § 628 Abs 2 gewährt, dies im Fall des
selbstmordgefährdeten Schülers (NJW 1984, 2091) aber abgelehnt.

8 Auch in anderen Fällen der Leistungsunmöglichkeit sind die Regeln über den Annahmeverzug zu starr und weniger einseitige Rechtsfolgen angebracht: Hat etwa die
Unmöglichkeit der Arbeitsleistung ihre Ursache in einer irgendwie gearteten **Betriebsstörung beim Arbeitgeber**, so ist es zwar regelmäßig angemessen, den Anspruch
des Arbeitnehmers auf sein Arbeitsentgelt unter dem Gesichtspunkt des Betriebs-
risikos aufrecht zu erhalten (grundlegend RGZ 106, 272; BAGE 3, 346 = NJW 1957, 587; zuletzt
BAG NZA 1991, 519; ausf zum Betriebsrisiko STAUDINGER/OTTO [2004] § 326 Rn C 30 ff; abweichend PICKER, in: FS Kissel 812 ff, der auch diese Fälle dem von ihm als Gefahrtragungsregel ver-

standenen § 615 zuweist) und die Regeln des § 615 S 1 und 2 über den Annahmeverzugslohn anzuwenden, wie das der durch die Schuldrechtsreform neu eingefügte § 615 S 3 nunmehr vorsieht (krit zu der neuen Vorschrift SCHMIDT-KESSEL Gläubigerfehlverhalten § 5 III 3). Das gilt aber nicht in den Fällen, in denen bei fortbestehenden Arbeitnehmeransprüchen die Existenz des Unternehmens gefährdet wäre (RG ARS 3, 116 ff; BAG AP Nr 28 zu § 615 BGB Betriebsrisiko mit zust Anm BEUTHIEN; aA MünchArbR/ BOEWER [2. Aufl 2000] § 79 Rn 20 ff) oder die Betriebsstörung auf einem Verhalten der Repräsentanten der Arbeitnehmer beruht (LÖWISCH/KAISER, BetrVG [5. Aufl 2002] § 87 Rn 21; s auch STAUDINGER/OTTO [2004] § 326 Rn C 37). In diesen Fällen ist es auch nicht immer angebracht, das Arbeitsentgelt nur unter den tatbestandlichen Voraussetzungen des Annahmeverzugs fortzahlen zu lassen. Etwa wäre es lebensfremd, ein wörtliches Angebot des Arbeitnehmers gem § 295 zu verlangen, wenn feststeht, daß aufgrund einer Betriebsstörung an einem bestimmten Tag nicht gearbeitet werden kann. Im Fall eines **Werkvertrages** ist die Anwendung der §§ 644, 645 angemessen (BGHZ 60, 14, 19 ff; KÖHLER 34 ff; s STAUDINGER/PETERS [1994] § 645 aF Rn 5), während beim **Mietvertrag** § 537 (entspricht weitgehend § 552 aF) anzuwenden ist (KÖHLER 30 ff).

Anwendbar bleiben die Vorschriften über den Annahmeverzug, wenn der Gläubiger **9** die ihm angebotene Leistung **nicht annimmt, obwohl er sie annehmen könnte**, und erst dadurch die Unmöglichkeit der Leistung eintritt (BEUTHIEN 237, MünchKomm/ERNST § 293 Rn 9). In diesem Fall auf die Grundregel des § 326 Abs 1 und ihre Ausnahmen zu rekurrieren, wäre unbillig. Deshalb schuldet der Arbeitgeber oder sonstige Dienstgeber, der nach einer unberechtigten Kündigung die ihm angebotenen Dienste nicht annimmt, gem § 615 die Arbeitsvergütung, und zwar unabhängig davon, ob Arbeitsleistung oder Dienste nachgeholt werden können oder ob dies wegen ihrer Zeitgebundenheit ausgeschlossen ist.

Der Ausschluß der Leistungspflicht nach § 275 Abs 2 und Abs 3 tritt nur ein, wenn **10** der Schuldner die Leistung tatsächlich verweigert (§ 275 Rn 93). Verzichtet er auf die Geltendmachung des Leistungsverweigerungsrechts und bietet dem Gläubiger die an sich unzumutbare Leistung ordnungsgemäß an, gerät der Gläubiger in Annahmeverzug, wenn er die Leistung nicht annimmt. Für eine Anwendung über die Regeln des Ausschlusses der Leistungspflicht bleibt dann kein Raum (MünchKomm/ERNST § 293 Rn 7).

Vom dauernden ist auch hier der nur **zeitweise Ausschluß der Leistungspflicht** zu **11** unterscheiden. Liegen seine Gründe auf seiten des Schuldners, so tritt, wenn sie zur Zeit des Angebots gegeben sind, gem § 297 kein Annahmeverzug ein (näher § 297 Rn 1). Liegen die Gründe auf seiten des Gläubigers, ist dieser also an der Annahme oder einer sonstigen Mitwirkungshandlung zeitweise gehindert, so ändert das, vom Ausnahmefall des § 299 abgesehen, nichts an der Anwendbarkeit der Regeln über den Annahmeverzug. Nur diese gewährleisten, insbesondere über die §§ 300–304, eine sachgerechte Abwicklung solcher Fälle (zutr BEUTHIEN 236 f; s weiter noch § 299 Rn 2 f).

2. Annahmeverzug und Schuldnerverzug

Schuldverhältnisse können den Gläubiger auch zur **Abnahme** der ihm angebotenen **12** Leistung **verpflichten**. In diesem Fall gerät der Gläubiger durch die Nichtabnahme nicht nur in Annahmeverzug, sondern – hinsichtlich der Abnahmepflicht – auch in Schuldnerverzug, vgl Vorbem 22 zu §§ 286 ff. Außerdem kann das Unterlassen der Mitwirkung treuwidrig iS des § 162 sein (BGH CR 1989, 102). Dazu, daß der Annahmeverzug des Gläubigers den Verzug des Schuldners ausschließt, § 286 Rn 56.

3. Annahmeverzug und Nebenpflichtverletzung

13 Wo keine besondere Abnahme- oder Mitwirkungspflicht des Gläubigers besteht, stellt die **Nichtannahme** der geschuldeten Leistung oder die fehlende Mitwirkung keine Nebenpflichtverletzung dar. Die gegenteilige Auffassung des BGH, der auch in einem solchen Fall eine positive Forderungsverletzung bejaht hat (BGHZ 11, 81, 88 f; 50, 175, 178 f; unklar BGH CR 1989, 102), ist nicht richtig. Früher die positive Forderungsverletzung und heute die Nebenpflichtverletzung nach § 280 Abs 1 iVm § 241 Abs 2 setzen tatbestandsmäßig die Verletzung einer Schutzpflicht voraus, an der es beim Annahmeverzug nach geltendem Recht gerade fehlt (Rn 2). Zum anderen schießen die Rechtsfolgen der Nebenpflichtverletzung über das Ziel hinaus: Während der Vertragspartner bei Bestehen einer Abnahmepflicht (oben Rn 10 und Vorbem 22 zu § 286–292) in der Regel nur den Verzögerungsschaden nach §§ 280 Abs 2, 286 (§ 286 Rn 170 ff) ersetzt erhielte, könnte er in Konsequenz der Auffassung des BGH auf dem Weg über §§ 280 Abs 1, Abs 3, 283 Schadensersatz statt der Leistung verlangen. Allerdings kann die Nichtannahme der Schuldnerleistung im Einzelfall als Lossagung vom Vertrag zu werten sein oder in ihr eine erhebliche Gefährdung des Vertragszwecks liegen. Das wäre dann in der Tat eine zum Rücktritt gem § 324 und zum Schadensersatz wegen Nichterfüllung berechtigende Nebenpflichtverletzung (KREUZER/STEHLE JA 1984, 69, 76; WERTHEIMER JuS 1993, 646, 650).

14 Zum Verschulden des **Schuldners** an der Nichtannahme vgl § 293 Rn 18.

III. Überblick über die gesetzliche Regelung

15 Das Gesetz regelt in den §§ 293 – 299 die *Voraussetzungen* des Annahmeverzugs. Die *Rechtsfolgen* sind teils in den §§ 300 – 304, teils in anderer Stelle geregelt: §§ 372, 383 BGB, §§ 373 ff HGB gewähren dem Schuldner im Annahmeverzug das Recht zur Hinterlegung und zum Selbsthilfeverkauf; §§ 322 Abs 2, 326 Abs 2, 615, 642 – 644 regeln die Abwicklung gegenseitiger Verträge im Annahmeverzug. Weitere Folgen des Annahmeverzugs sind in § 264 Abs 2 für die Wahlschuld und in § 274 Abs 2 für die Wirkungen des Zurückbehaltungsrechtes festgelegt. Andere als die gesetzlich vorgesehenen Folgen hat der Annahmeverzug regelmäßig nicht. Insbesondere führt er nicht zur Umwandlung von Bring- in Holschulden (so aber zT RIEDINGER JW 1914, 376 f; wie hier PALANDT/HEINRICHS § 304 Rn 1). Ausnahmsweise kann der Annahmeverzug gem § 242 bei der Begrenzung von Rechten des Gläubigers zu berücksichtigen sein; so ist in der Rechtsprechung anerkannt, daß der Besteller, der sich mit einer Mängelbeseitigung im Annahmeverzug befindet, die Zahlung des Werklohnes nur in der Höhe der tatsächlichen Mängelbeseitigungskosten und nicht wie in § 641 Abs 3 für den Regelfall vorgesehen in Höhe des Dreifachen dieser Kosten verweigern kann (BGH NJW-RR 2002, 1025).

IV.   Regelung der Nichtannahme bei grenzüberschreitenden Verträgen

Für grenzüberschreitende **Kaufverträge** ist das **CISG** zu beachten, mit dessen Inkraft- **16**
treten am 1. 1. 1991 das EKG außer Kraft getreten ist. Das CISG enthält kein besonderes Institut des Annahmeverzugs, sondern geht von einer (Schuldner-)Pflicht
des Käufers zur Abnahme der Kaufsache aus. *Abnahmepflicht* in diesem Sinne bedeutet über die eigentliche Übernahme der Ware hinaus, daß der Käufer dazu verpflichtet ist, alle Handlungen vorzunehmen, die vernünftigerweise von ihm erwartet
werden können, damit dem Verkäufer die Lieferung ermöglicht wird (Art 60). Das
CISG regelt die Rechtsfolgen einer Nichtabnahme im einzelnen: Der Verkäufer kann
Erfüllung verlangen (Art 62), unter bestimmten Voraussetzungen die Aufhebung des
Vertrages erklären (Art 64 iVm Art 81), Schadensersatz verlangen (Art 61 Abs 1b,
Abs 2 iVm Art 74 – 77) sowie im Fall des Spezifikationskaufes die Spezifizierung
selbst vornehmen (Art 65). Mit Verletzung der Abnahmepflicht geht auch die Preis-
gefahr auf den Käufer über (Art 69). Diese Rechtsfolgen sind allerdings dann aus-
geschlossen, wenn dem Käufer nach Art 79 Abs 1 der Nachweis gelingt, daß die
Nichtabnahme auf einem außerhalb seines Einflußbereichs liegenden Hinderungs-
grund beruht und daß von ihm vernünftigerweise nicht erwartet werden konnte, den
Hinderungsgrund bei Vertragsabschluß in Betracht zu ziehen oder ihn und seine
Folgen zu vermeiden oder zu überwinden. In jedem Fall hat der Verkäufer Anspruch
auf Ersatz der Aufwendungen, die er zur Erhaltung der Ware gemacht hat (Art 85
S 2) und ist zur Einlagerung der Ware bei Dritten (Art 87) und zum Selbsthilfever-
kauf berechtigt (Art 88). (Zum CISG s Huber, Zug-um-Zug-Verurteilung, Annahmeverzug und
UN-Kaufrecht, IPRax 2001, 557; Schwenzer, Das UN-Abkommen zum Internationalen Warenkauf,
NJW 1990, 602 ff; Schlechtriem, Kommentar zum einheitlichen UN-Kaufrecht [3. Aufl 2000];
Staudinger/Magnus, Wiener UN-Kaufrecht [CISG] [1999]; Schmidt-Kessel § 3).

§ 293
Annahmeverzug

**Der Gläubiger kommt in Verzug, wenn er die ihm angebotene Leistung nicht an-
nimmt.**

Materialien: E I § 254; II § 249; III § 287;
Jakobs/Schubert 331–334.

Schrifttum

Bittner, Zivilrechtliche Folgen von Handelsbeschränkungen, ZVglRWiss 93 (1994) 268

Boer, Leistungsunmöglichkeit und Annahmeverzug, Gruchot 54, 493

Buchka, Die indirekte Verpflichtung zur Leistung (1904)

vCaemmerer, Anleiheschulden und Einlösungsmittel, JZ 1951, 740

Keyssner, Der Quittungsträger, in: Festgabe für
Richard Koch (1903) 139

Kohler, Zwölf Studien zum Bürgerlichen
Gesetzbuch (1900)

ders, Der Gläubigerverzug, ArchBürgR 13, 149

Lehmann, Unterlassungspflicht (1906) 262

Löwisch, Die Beendigung des Annahmeverzugs durch ein Weiterbeschäftigungsangebot

während des Kündigungsrechtsstreits, DB 1986, 2433

MEYER, Zur Lehre von der Gefahrtragung (1906)

REICHEL, Krieg und Annahmeverzug, DJZ 1915, 602

SCHERER, Verzug und Feststellungsklage, JR 2001, 441

WIELAND, Die Ermächtigung zum Leistungsempfang, AcP 95 (1904) 161

ZEITLER, Umstellungsverhältnis für vor dem 21. 6. 1948 gekündigte, aber nicht mehr eingelöste Obligationen, NJW 1949, 845.

S im übrigen die Schrifttumsangaben in den Vorbem zu §§ 293–304.

Systematische Übersicht

Alphabetische Übersicht

I. Allgemeines

§ 293 legt die beiden grundsätzlichen Voraussetzungen des Annahmeverzugs fest: **1** **Angebot** der Leistung durch den Schuldner, **Nichtannahme** der Leistung durch den Gläubiger. Weitere Voraussetzungen werden für den Annahmeverzug nicht gemacht, insbesondere ist ein Verschulden des Gläubigers nicht erforderlich (vgl dazu Vorbem 1 zu §§ 293–304). Nähere Bestimmungen über das Angebot enthalten die §§ 294–297, nähere Bestimmungen über die Nichtannahme die §§ 298, 299.

II. Angebot der Leistung durch den Schuldner

Wie der Schuldner seine Leistung anzubieten hat, regeln die §§ 294, 295 näher. Da- **2** nach ist grundsätzlich ein **tatsächliches Angebot** erforderlich (§ 294). Ein wörtliches Angebot genügt, wenn der Gläubiger erklärt hat, daß er die Leistung nicht annehmen werde, oder wenn für die Leistung eine Mitwirkungshandlung des Gläubigers erforderlich ist (§ 295). Entsprechend der Regelung in § 286 Abs 2 Nr 1 und 2 ist ein Angebot überhaupt überflüssig, wenn für die Gläubigerhandlung eine Zeit nach dem Kalender bestimmt ist (§ 296).

Steht dem Schuldner gegenüber dem Gläubiger die **Einrede** *des nichterfüllten Ver-* **3** *trages oder ein Zurückbehaltungsrecht* zu, so enthebt ihn das nicht der Notwendigkeit, seine Leistung anzubieten, wenn er den Annahmeverzug herbeiführen will. Wie aus § 298 folgt, hat er lediglich die Möglichkeit, sein Angebot mit dem Hinweis auf die Einrede oder das Zurückbehaltungsrecht zu verknüpfen. Damit erreicht er, daß der Gläubiger den Annahmeverzug nicht durch bloße Annahmebereitschaft, sondern nur dadurch verhindern kann, daß er die einredeweise geltend gemachte Leistung seinerseits anbietet (BAG AP Nr 28 zu § 615 BGB = Betrieb 1973, 1605, das allerdings den Zusammenhang mit § 298 nicht sieht). Dazu, daß der Gläubiger die ihm zustehende Einrede des nicht erfüllten Vertrages behält, auch wenn er sich im Gläubigerverzug befindet STAUDINGER/OTTO (2004) § 320 Rn 41.

Nach dem Wortlaut des § 293 muß die Leistung „ihm", also dem **Gläubiger** angeboten **4** werden. Regelfall ist daher das Angebot an den Gläubiger in Person. Vertraglich kann aber auch ein *Dritter* bezeichnet werden, dem die Leistung zu erbringen ist oder erbracht werden kann und dem gegenüber dann auch das Angebot gemacht werden muß oder kann. Wird etwa die Auslieferung der Ware (zB eines Blumenstraußes) an einen Dritten vereinbart und lehnt dieser die Annahme ab, tritt Annahmeverzug ein. Gleiches gilt, wenn vereinbart ist, daß die Leistung oder Zahlung auch an den Prozeßbevollmächtigten des Gläubigers erfolgen kann. Nimmt die auf der Rechnung oder dem Briefbogen des Gläubigers angegebene Bank den überwiesenen Betrag nicht an, so kommt der Gläubiger ebenfalls in Annahmeverzug (OLG Hamburg JR 1949, 411).

5 Nicht zu verwechseln mit der Bestimmung eines dritten Leistungsempfängers ist der Fall, daß der Gläubiger lediglich *im Innenverhältnis einen Dritten* zur Entgegennahme der Leistung ermächtigt hat, wie es etwa unter Nachbarn vorkommt. Wird dem Dritten die Leistung angeboten, so tritt Annahmeverzug nur ein, wenn dieser die Annahme der Leistung ablehnt; der Gläubiger muß sich das Verhalten der von ihm ermächtigten Person zurechnen lassen. Erklärt der Dritte aber, er mache von seiner Ermächtigung keinen Gebrauch, begründet das keinen Annahmeverzug, da die Leistung dann – für den Schuldner erkennbar – nicht ordnungsgemäß, nämlich nicht der richtigen Person angeboten worden ist. Praktisch wird dieser Fall allerdings nur, wenn ein Zeitpunkt für die Leistung nicht festgelegt ist. Ist ein Leistungszeitpunkt fest vereinbart, kommt der Gläubiger in jedem Fall in Verzug, wenn er – oder der von ihm Ermächtigte – die Leistung in diesem Zeitpunkt nicht annimmt.

6 Beim **Vertrag zugunsten eines Dritten** ist das Angebot regelmäßig an diesen zu richten. Denn er ist derjenige, dem die Leistung erbracht werden soll. Daher bewirkt die Nichtannahme durch den Dritten Annahmeverzug. S dazu STAUDINGER/JAGMANN (2004) § 328 Rn 82 und § 334 Rn 19.

7 Sind **mehrere Gläubiger** vorhanden, an welche die Leistung nur gemeinschaftlich bewirkt werden kann, so muß die Leistung auch allen Gläubigern angeboten werden (§ 432). Demgegenüber wirkt der Annahmeverzug im Falle der Gesamtgläubigerschaft auch gegen die übrigen Gläubiger (§ 429 Abs 1).

8 Im Fall der **Forderungsabtretung** kann der Schuldner dem bisherigen Gläubiger die Leistung wirksam anbieten, solange er von der Abtretung keine Kenntnis hat (s STAUDINGER/BUSCHE [1999] § 407 Rn 14).

9 Das Angebot geht regelmäßig **vom Schuldner** aus. Aber auch ein *Dritter* kann Annahmeverzug dadurch herbeiführen, daß er dem Gläubiger die Leistung anbietet (SCHMIDT-KESSEL § 7 II 3 b cc). Die Leistung eines Dritten bewirkt nur dann keinen Annahmeverzug, wenn der Schuldner, wie etwa regelmäßig beim Dienstvertrag (§ 613 S 1), in Person zu leisten hat, oder der Schuldner der Leistung des Dritten widerspricht (§ 267 Abs 2). Eine vorherige Einwilligung des Schuldners in die Drittleistung ist aber nicht erforderlich, um den Annahmeverzug herbeizuführen (§ 267 Abs 1 S 2).

10 Ermächtigt der Schuldner den Gläubiger, die Leistung *bei einem Dritten zu erheben*, zB durch Hingabe eines Schecks oder Wechsels, hindert ihn das entgegen einer früher vertretenen Meinung (WIELAND AcP 95 [1904] 161 ff) nicht daran, die Leistung dem Gläubiger selbst in einer den Annahmeverzug begründenden Weise anzubieten. Etwa kann der Gläubiger, solange er den Scheck dem Bezogenen nicht vorgelegt hat, auch durch ein tatsächliches Angebot der Leistung (Barzahlung) in Annahmeverzug gesetzt werden. Anders ist die Lage nur, wenn die Zahlung durch Scheck als die vertraglich geschuldete Leistung vereinbart worden ist.

11 Wenn der Schuldner die Leistung dem Gläubiger **nicht anbieten kann**, zB weil über

den Aufenthalt des Gläubigers Ungewißheit besteht, und das Gericht die öffentliche
Zustellung eines wörtlichen Angebots ablehnt oder nicht ordnungsgemäß durchführt
(§ 132 BGB iVm §§ 166 ff ZPO), ist der Annahmeverzug ausgeschlossen. In solchen
Fällen kommt für den Schuldner nur die Hinterlegung der geschuldeten Leistung
nach § 372 S 2 in Betracht (wie hier Crome, System des Bürgerlichen Rechts II [1907] 152; aA,
nämlich für den Eintritt der Verzugswirkungen auch ohne Angebot Kohler ArchBürgR 13, 149, 199;
Planck/Siber § 294 Rn 2).

Wie der Schuldnerverzug Fälligkeit der Leistung voraussetzt, setzt der Annahmever-   **12**
zug die **Erfüllbarkeit der Forderung** voraus. Nach § 271 ist die Erfüllbarkeit regelmäßig schon mit der Begründung des Schuldverhältnisses gegeben. Doch kann sich
aus dem Schuldverhältnis etwas anderes ergeben. So hat der Gläubiger einer verzinslichen Schuld meist ein Interesse daran, eine vorzeitige Zahlung zurückweisen zu
können. Der Vermieter braucht sich nicht auf eine vorzeitige Schlüsselrückgabe und
Räumung einzulassen, wenn dadurch Obhutspflichten des Mieters verkürzt werden
(Breckerfeld, Schlüsselrückgabepflicht vor Beendigung des Mietverhältnisses, NZM 2000, 533
unter Bezugnahme auf KG NZM 2000, 92). Ein Arbeitnehmer, der zu einem bestimmten
Zeitpunkt eingestellt ist, kann nicht vor diesem Zeitpunkt seine Arbeitsleistung
erbringen (zu diesen Fällen vgl Staudinger/Bittner § 271 Rn 21 ff). Auch bei einer zwar
erfüllbaren, aber noch nicht fälligen Leistung gerät der Gläubiger durch eine vorübergehende Annahmeverhinderung noch nicht in Annahmeverzug (§ 299).

Das Angebot bewirkt den Eintritt des Annahmeverzugs nur dann, wenn der Schuld-   **13**
ner zur Zeit des Angebots **zur Leistung in der Lage** ist: Ist ihm die Leistung in diesem
Zeitpunkt aus tatsächlichen oder rechtlichen Gründen unmöglich, so schließt das
nach § 297 den Annahmeverzug aus. Zum Verhältnis von Annahmeverzug und Ausschluß der Leistungspflicht vgl Vorbem 5 ff zu §§ 293–304.

III. Nichtannahme der Leistung durch den Gläubiger

Der Annahmeverzug tritt ein, wenn der Gläubiger die ihm angebotene Leistung   **14**
nicht annimmt. Annahme ist **Entgegennahme der Leistung als Erfüllung**. Ist der Gläubiger zwar bereit, die Leistung entgegenzunehmen, erklärt er aber gleichzeitig, es
handele sich nicht um die geschuldete Leistung oder die Leistung sei mangelhaft, und
überläßt der Schuldner ihm daraufhin die Leistung nicht, gerät der Gläubiger in
Verzug. Der Schuldner kann den geschuldeten Gegenstand gem § 372 S 1 hinterlegen. Das gilt allerdings nicht, wenn die Leistung tatsächlich mangelhaft ist; es fehlt
dann schon am Angebot iS des § 294 (s § 294 Rn 4). Wenn der Schuldner dem Gläubiger die Leistung trotz der gemachten Vorbehalte überläßt, tritt ebenfalls kein
Annahmeverzug ein (vgl RGZ 43, 44, 46).

Bestehen gegenüber dem Gläubiger **mehrere Verbindlichkeiten**, bestimmt der Schuld-   **15**
ner, welche er mit seiner Leistung erfüllen will (§ 366 Abs 1). Dementsprechend muß
der Gläubiger die Leistung zum Zwecke der Erfüllung derjenigen Verbindlichkeit
annehmen, die der Schuldner bestimmt hat. Tut er das nicht, und behält der Schuldner deswegen die Leistung, gerät der Gläubiger in Verzug. Überläßt der Schuldner
dem Gläubiger trotz seines Widerspruchs die Leistung, und nimmt der Gläubiger
diese entgegen, wird die vom Schuldner bestimmte Schuld getilgt; der Widerspruch
des Gläubigers ist unerheblich (Staudinger/Olzen [2000] § 366 Rn 3).

16 Soweit das Gesetz für den Fall des Bestehens mehrerer Verbindlichkeiten eine **Tilgungsreihenfolge** festlegt (§ 367 Abs 1, § 497 Abs 3 S 1), kann der Schuldner Annahmeverzug nur herbeiführen, wenn er bei seiner Leistungshandlung diese Reihenfolge beachtet. Sofern der Gläubiger aber von seinem Recht, die Leistung zurückzuweisen (§ 367 Abs 2), keinen Gebrauch macht, tritt Annahmeverzug ein.

17 Die bloße **Nichtannahme** reicht für die Bewirkung des Annahmeverzugs aus. Auf ein Verschulden des Gläubigers oder seiner Hilfspersonen kommt es nicht an (s Vorbem 1 zu §§ 293–304). Ebensowenig kann sich der Gläubiger, abgesehen von dem besonderen Fall des § 299, mit dem Nachweis verteidigen, daß er durch irgendwelche Umstände an der Annahme verhindert war. Deshalb kam während der Besatzungszeit eine GmbH, welche die ihr angebotenen Dienste eines Angestellten nicht in Anspruch nahm, der auf Befehl der Militärregierung in der Britischen Besatzungszone „entlassen" worden war, in Annahmeverzug (BGHZ 2, 117, 123). Ebenso gerät der Unternehmer in Annahmeverzug, der bestellte Ware nicht abnehmen kann, weil seine Arbeitnehmer – aus welchem Grund auch immer – in Streik getreten sind (Löwisch, Arbeitskampf und Vertragserfüllung, AcP 174 [1974] 202, 253 f; MünchArbR/Otto [2. Aufl 2000] § 290 Rn 109 f; aA Kreissl, Zur Haftung des Unternehmens im Arbeitskampf, JZ 1995, 695, 702).

18 Auch daß der **Schuldner die Nichtannahme verursacht**, ändert grundsätzlich nichts am Eintritt des Annahmeverzugs. Hat etwa der Schuldner den Gläubiger bei einem Verkehrsunfall schwer verletzt, so daß der Gläubiger die Leistung nicht wie vorgesehen am folgenden Tag entgegennehmen kann, gerät der Gläubiger gleichwohl in Annahmeverzug (Wertheimer JuS 1993, 646, 650 f). Anders liegt es, wenn der Schuldner die Nichtannahme bewußt herbeiführt. Dann ist die Annahme entsprechend dem Rechtsgedanken des § 162 als erfolgt anzusehen. Deshalb kann etwa der Versuch eines über freie Lagerkapazitäten verfügenden Schuldners, sich Mehraufwendungsersatz nach § 304 dadurch zu verschaffen, daß er den Gläubiger vor Anlieferung der Ware telefonisch vom Lieferort weglockt, keinen Erfolg haben. Die durch den Schuldner bloß fahrlässig verursachte Nichtannahme der Leistung kann im Einzelfall eine Nebenpflichtverletzung nach §§ 280 Abs 1, 241 Abs 2 sein, die den Schuldner im Wege des Schadensersatzes (§ 249) dazu verpflichtet, den Gläubiger von den Folgen des Annahmeverzugs freizustellen. Wird etwa der Gläubiger, der die Ware abholen will, auf dem Werksgelände des Schuldners von dessen Leuten fahrlässig so verletzt, daß er die Ware nicht entgegennehmen kann, und geht die Ware dann unter, wird der Gläubiger trotz § 326 Abs 2 von der Verpflichtung zur Entgeltzahlung frei. Die vom Schuldner fahrlässig verursachte Nichtannahme des Gläubigers über die Grundsätze der §§ 280 Abs 1, 241 Abs 2 zu lösen, ist interessengerechter als der vollständige Ausschluß der Rechtsfolgen des Annahmeverzugs über § 242 (so Wertheimer aaO). Nur so kann ein etwaiges Mitverschulden des Gläubigers berücksichtigt werden.

19 Der Gläubiger kommt nicht in Verzug, wenn er die Leistung **berechtigterweise ablehnt**. Das ist insbesondere dann der Fall, wenn der Schuldner dem Gläubiger die Annahme „gestundet" hat, zB sich damit einverstanden erklärt hat, daß die Leistung erst gemeinsam mit anderen Leistungen abgenommen werden muß (BGH LM § 293 BGB Nr 5). Berechtigt ist die Ablehnung auch dann, wenn der Schuldner die Leistung nicht so anbietet, wie sie tatsächlich zu bewirken ist, zB entgegen § 266 eine Teilleistung oder eine mangelhafte Leistung andient (zu diesen Fällen näher § 294 Rn 2 ff).

Dem Gläubiger kann die Annahme der Leistung auch unzumutbar sein (dazu § 297 Rn 13).

Ist zwischen Gläubiger und Schuldner **streitig, ob** zwischen ihnen überhaupt ein **20** **Schuldverhältnis besteht**, und nimmt der Gläubiger die ihm angebotene Leistung nicht an, gerät er in Annahmeverzug, wenn das Schuldverhältnis tatsächlich besteht. Nimmt der Gläubiger die Leistung unter dem Vorbehalt an, sie dann zurückzugeben, wenn sich das Nichtbestehen des Schuldverhältnisses später herausstellt, tritt kein Annahmeverzug ein. Denn der Gläubiger erklärt in diesem Fall zweierlei: Er nimmt die Leistung für den Fall, daß das Schuldverhältnis besteht, als die vertraglich geschuldete an. Zusätzlich nimmt er sie vorübergehend bis zur Klärung der Rechtslage auch für den Fall an, daß das Schuldverhältnis nicht besteht. Das Recht, auf diese Weise die angebotene Leistung anzunehmen, ist dem Gläubiger ebenso zuzubilligen wie dem Schuldner das Recht, unter dem Vorbehalt späterer Rückforderung der Leistung zu erfüllen (BGH NJW 1984, 2826). Billigte man dem Gläubiger diesen Vorbehalt nicht zu, könnte er die Rechtslage nur um den Preis der Rechtsfolgen des Annahmeverzugs klären lassen. Das wäre nicht interessengerecht, zumal er bei einer etwaigen Rückabwicklung der verschärften Haftung in entsprechender Anwendung des § 820 unterliegt (STAUDINGER/LORENZ [1999] § 820 Rn 5). Entsteht zB bei einem Mietverhältnis noch vor Inbesitznahme der Mietsache durch den Mieter Streit über die Wirksamkeit einer vom Mieter ausgesprochenen Kündigung, kann dieser die Mietsache gleichwohl in einer den Annahmeverzug vermeidenden Weise annehmen. Wollte man ihm die Inbesitznahme nur erlauben, wenn er die Wirksamkeit des Mietvertrags anerkennt, liefe das darauf hinaus, daß er auf einer Klärung der Kündigungsberechtigung nur beharren könnte, wenn er in Kauf nimmt, wegen Teilunmöglichkeit während des Annahmeverzugs nach § 326 Abs 2 den Mietpreis zahlen zu müssen, ohne die Mietsache nutzen zu können (LÖWISCH DB 1986, 2434). Zu diesem Problem bei der Beendigung des Annahmeverzugs in Dauerschuldverhältnissen s ausf unten Rn 26 ff.

Für den Eintritt des Annahmeverzugs ist nicht erforderlich, daß der Gläubiger die **21** Annahme der Leistung ausdrücklich ablehnt. Es genügt ein Verhalten, aus dem **schlüssig** hervorgeht, daß der Gläubiger die Leistung nicht entgegennehmen will. Bei Werk- und Dienstverträgen ist eine solche schlüssige Nichtannahme in der Erteilung eines Hausverbotes an den Unternehmer bzw Dienstverpflichteten gesehen worden (BAG BB 1977, 895; OLG Düsseldorf NJW-RR 2000, 466). Zur Notwendigkeit eines Angebots in diesen Fällen s § 296 Rn 3 ff.

Der Nichtannahme der angebotenen Leistung steht es gleich, wenn der Gläubiger **22** eine für die Leistung notwendige **Mitwirkungshandlung nicht vornimmt**, etwa bei einer Holschuld die geschuldete Sache nicht abholt (dazu § 295 Rn 11 ff).

IV. Beendigung des Annahmeverzugs

Das Gesetz enthält keine ausdrückliche Bestimmung darüber, wie der Annahmever- **23** zug beendet wird. Die Vorschrift in E I § 262, daß der Verzug des Gläubigers mit dem Zeitpunkt aufhöre, in dem der Gläubiger das Versäumte nachholt und sich zum Ersatz der durch den Verzug erwachsenen Mehraufwendungen bereiterklärt, wurde von der II. Komm als entbehrlich erachtet (s Mot II 77 und Prot I 333). Man wird folgendes anzunehmen haben:

24 Ist eine Mitwirkungshandlung des Gläubigers nicht erforderlich, um die Leistung zu erbringen, endet der Annahmeverzug dadurch, daß sich der Gläubiger dem Schuldner gegenüber **zur Annahme der Leistung bereit erklärt**. Diese Erklärung ist eine empfangsbedürftige Willenserklärung (RG SeuffA 60 Nr 176). Im Setzen einer Frist für die Nacherfüllung liegt regelmäßig die Erklärung, zur Annahme bereit zu sein (OLG Sachsen-Anhalt OLGR Naumburg 2002, 427).

25 Entgegen der Auffassung des RG (aaO) und von PLANCK/SIBER (§ 304 Anm 3 b) ist dabei davon auszugehen, daß der Annahmeverzug nicht schon mit dem Zugang der Bereitschaftserklärung endet, sondern erst mit dem *Ablauf des Zeitraumes*, den der Schuldner unter normalen Umständen benötigt, um die *Leistung nunmehr zu erbringen* (OLG Sachsen-Anhalt aaO). Dem Schuldner müssen in diesem Zeitraum die Vergünstigungen des Annahmeverzugs, insbesondere die Haftungsbeschränkung des § 300 Abs 1 zugute kommen. Es wäre vor allem im Falle einer Bringschuld unbillig, den Schuldner, der die Sache schon einmal zum Gläubiger gebracht hat, bei weiteren Erfüllungsversuchen sofort wieder für leichte Fahrlässigkeit haften zu lassen (**aA** HUBER I 195). Aus der Möglichkeit des Schuldners, die Sache im Annahmeverzug zu hinterlegen bzw versteigern zu lassen (§§ 372, 383), folgt nichts anderes: Diese Maßnahmen sollen nur letzte Auswege darstellen. Sie dem Schuldner durch eine Verkürzung des Annahmeverzugs nahezulegen, liegt auch nicht im Interesse des Gläubigers.

26 Die Erklärung des Gläubigers muß die nunmehrige Annahmebereitschaft klar und *unzweideutig* zum Ausdruck bringen (LAG Berlin BB 1969, 834). Auch muß sie sich eindeutig auf die vom Schuldner zu erbringende Leistung beziehen. Deshalb wird der Annahmeverzug des Arbeitgebers gegenüber einem Arbeitnehmer nur dann beseitigt, wenn sich der Arbeitgeber bereit erklärt, den Arbeitnehmer aufgrund der im Arbeitsvertrag festgelegten Arbeitsbedingungen zu beschäftigen (s BAG DB 1994, 2401).

27 Ist zwischen Schuldner und Gläubiger **streitig, ob ein Schuldverhältnis überhaupt besteht**, kann der Gläubiger den Annahmeverzug dadurch beseitigen, daß er die Schuldnerleistung unter dem Vorbehalt annimmt, sie zurückzugeben, wenn sich herausstellt, daß das Schuldverhältnis nicht besteht. Es gilt dasselbe wie bei der Annahme der Leistung, um den Annahmeverzug zu vermeiden (oben Rn 20).

28 Auch im praktisch wichtigen Fall der *Kündigung eines Arbeitsverhältnisses* durch den Arbeitgeber kann der Arbeitgeber den Annahmeverzug – und damit die Verpflichtung zur Zahlung des Annahmeverzugslohnes – durch ein Weiterbeschäftigungsangebot beseitigen, das er unter den Vorbehalt seines endgültigen Obsiegens im Kündigungsrechtsstreit stellt. Die gegenteilige Auffassung des BAG (NJW 1986, 2846) und eines Teils der arbeitsrechtlichen Literatur (MünchArbR/BOEWER [2. Aufl 2000] § 78 Rn 36 mwN) ist aus den in Rn 20 dargelegten Gründen abzulehnen (LÖWISCH DB 1986, 2434; SOERGEL/KRAFT § 615 Rn 43; MünchKomm/SCHAUB § 615 Rn 37; HUBER I, 182 ff; wie das BAG BGB-RGRK/MATTHES § 615 Rn 51). Sie läßt sich auch nicht mit der Argumentation von DENCK aufrechterhalten, der Arbeitnehmer dürfe während des Schwebezustandes des Kündigungsrechtsstreits sowenig einem Zwang zum Eingehen auf das Weiterbeschäftigungsangebot ausgesetzt werden wie der Arbeitgeber einem Zwang zur Weiterbeschäftigung (DENCK, Das vorläufige Weiterbeschäftigungsangebot des Arbeitgebers im Kündigungsrechtsstreit, NJW 1983, 255, 257 f): Inzwischen hat der Große Senat des BAG klargestellt, daß der Kündigungsschutzprozeß keine Sperre für den Beschäftigungsanspruch des Arbeitnehmers ist (BAG MDR 1986, 80 = DB 1985, 2197), der Prozeß also die materielle Rechtslage unberührt läßt. Das muß dann auch für die materiell-rechtliche Frage des Annahmeverzugs gelten. Dem Interesse des Arbeitnehmers, die Arbeitsleistung nicht unter im Einzelfall unzumutbaren Umständen erbringen zu müssen, kann über § 326 Abs 2 (so LÖWISCH DB 1986, 2435) oder durch die Anerkennung eines Zurückbehaltungsrechts (so HUBER I 184) Rechnung getragen werden.

Inzwischen scheint das Bundesarbeitsgericht seine Rechtsprechung zu überdenken. **29** In einem Urteil vom 21. 1. 1993 (AP Nr 53 zu § 615 BGB) geht der 2. Senat, worauf D KAISER (Anm zum BAG aaO) hinweist, ersichtlich davon aus, der Annahmeverzug könne auch bei Festhalten an der Kündigung vermieden oder beendet werden, denn es verlangt vom Arbeitgeber nur, daß er nach Zugang der Kündigungsschutzklage den Arbeitnehmer darauf hinweist, daß er „trotz der Kündigung" auf dessen Arbeitskraft Wert lege, damit er gegebenenfalls „unter Vorbehalt der Entscheidung über die Wirksamkeit der Kündigung" eingesetzt werden könne. Freilich hat sich derselbe Senat in einem Urteil vom 7. 11. 2002 (AP Nr 98 zu § 615 BGB) wieder der früheren Rechtsprechung angeschlossen. Auch der 5. Senat (AP Nr 9 zu § 615 BGB Böswilligkeit = NJW 2004, 316) geht wieder von der früheren Rechtsprechung aus, sieht es jedoch als böswilliges Unterlassen anderweitigen Erwerbs iS des § 615 S 2 an, wenn der Arbeitnehmer, der erstinstanzlich ein Urteil auf vorläufige Weiterbeschäftigung erstritten hat, ein Beschäftigungsangebot des Arbeitnehmers nicht annimmt.

Ist eine Mitwirkung des Gläubigers erforderlich, um die Leistung zu erbringen, endet **30** der Annahmeverzug erst, wenn der Gläubiger die **Mitwirkungshandlung – und zwar vollständig – vornimmt**, er etwa bei einer Holschuld die zu liefernde Sache abholt. Auch die Vornahme der Mitwirkungshandlung muß dem Schuldner zur Kenntnis gelangen: Was für die Erklärung der Annahmebereitschaft gilt (Rn 24 ff), ist auch hier richtig.

Hat der Schuldner wegen des Annahmeverzugs gem § 304 einen Anspruch auf die **31** ihm entstandenen **Mehraufwendungen**, so erwächst ihm aus diesem Anspruch gem § 273 ein Zurückbehaltungsrecht hinsichtlich seiner Leistung. Dies hat gem § 298 zur Folge, daß der Gläubiger im Annahmeverzug bleibt, wenn er den verlangten Ersatz oder Sicherheitsleistung für diesen (§ 273 Abs 3) nicht gleichzeitig mit der Bereitschaftserklärung und gegebenenfalls der Mitwirkungshandlung anbietet. Im Falle des § 298 muß der Gläubiger auch die von ihm Zug um Zug geschuldete Leistung anbieten (BGHZ 116, 244, 249 = NJW 1992, wie hier BGB-RGRK/ALFF Rn 9; ERMAN/BATTES Vorbem 14 zu § 293; SOERGEL/WIEDEMANN Rn 16; HUBER I 195 f).

Der Annahmeverzug endet, wenn das **Schuldverhältnis erlischt**, etwa weil der Schuld- **32** ner die Leistung nach § 378 mit befreiender Wirkung hinterlegt hat, wenn aufgerechnet wird (§ 389) oder der Gläubiger dem Schuldner die Schuld nach § 397 erläßt. Besteht eine Abnahmepflicht des Gläubigers (Vorbem 2 zu §§ 293–304), endet der Annahmeverzug auch, wenn der Schuldner Schadensersatz statt der Leistung nach §§ 280 Abs 1, Abs 3, 281 fordert oder vom Vertrag nach § 323 zurücktritt und so den Erfüllungsanspruch ausschließt (RGZ 57, 105, 107).

33 Der Annahmeverzug endet weiter, wenn der Schuldner das **Angebot der Leistung zurücknimmt** oder im Fall des § 267 Abs 2 der Leistung durch einen Dritten widerspricht.

34 Wird die Leistung dem Schuldner **dauernd unmöglich** oder verweigert dieser die Leistung nach § 275 Abs 2 oder Abs 3, so endet damit der Annahmeverzug; es gelten ab diesem Zeitpunkt die Regeln zum Ausschluß der Leistungspflicht (Vorbem 4 ff zu §§ 293–304). Zum Annahmeverzug bei zeitweiser Unmöglichkeit vgl § 297 Rn 20.

35 Ebensowenig wie die Beendigung des Schuldnerverzuges (hierzu § 286 Rn 125) wirkt die Beendigung des Annahmeverzugs zurück. Die bereits eingetretenen **Rechtsfolgen** des Annahmeverzugs **bleiben** bestehen; dies gilt auch für die bereits eingetretene Konkretisierung der Gattungsschuld nach § 300 Abs 2. Dagegen endet der Übergang der Preisgefahr auf den Gläubiger gem § 326 Abs 2 mit der Beendigung des Annahmeverzugs (PLANCK/SIBER § 304 Anm 3 b).

V. Prozessuales

36 Der **Schuldner hat zu beweisen**, daß er dem Gläubiger die Leistung ordnungsgemäß angeboten, der Gläubiger diese aber nicht angenommen hat. Dagegen trifft nach § 297 den Gläubiger die Beweislast dafür, daß der Schuldner nicht zur Leistung imstande oder bereit gewesen ist (RG Recht 1918 Nr 679; RG SoergRspr 1920 zu § 295). Bei einem wörtlichen Angebot nach § 295 ist der Schuldner für alle Tatbestandsvoraussetzungen beweispflichtig; bei einem nach § 296 entbehrlichen Angebot muß er beweisen, daß die erforderliche Mitwirkungshandlung des Gläubigers unterblieben ist.

37 Eintritt und Bestehen des Annahmeverzugs können als bloße Rechtsfragen nicht Gegenstand einer isolierten Feststellungsklage sein (BGH NJW 2000, 2663). Etwas anderes gilt nur, wenn die Feststellung der erleichterten Vollstreckung eines geltend gemachten Leistungsanspruchs gem § 256 ZPO dient (BGH aaO und ZIP 2002, 576, 578; weitergehend Scherer JR 2001, 441 ff: Zulässig überall dort, wo dies im Interesse der Prozeßökonomie liegt).

§ 294
Tatsächliches Angebot

Die Leistung muss dem Gläubiger so, wie sie zu bewirken ist, tatsächlich angeboten werden.

Materialien: E I § 255 Abs 1; II § 250; III § 288; JAKOBS/SCHUBERT 335–345.

Schrifttum

Siehe die Schrifttumsangaben zu § 293 und zu
den Vorbem zu §§ 293–304.

Systematische Übersicht

Alphabetische Übersicht

I.   Allgemeines

§ 294 bestimmt, daß das den Annahmeverzug begründende Angebot grundsätzlich in **1**
einem **tatsächlichen Andienen** der Leistung zu bestehen hat. Er wird durch § 295
ergänzt, der in bestimmten Fällen ein wörtliches Angebot genügen läßt.

II.   Anzubietende Leistung

Die Leistung muß dem Gläubiger so, wie sie zu bewirken ist, angeboten werden, dh **2**
sie muß den geschuldeten Inhalt haben. Daraus folgt zunächst, daß die Leistung
vollständig angeboten werden muß, denn zu Teilleistungen ist der Schuldner nach
§ 266 idR nicht berechtigt (zu den Ausnahmen STAUDINGER/BITTNER § 266 Rn 18 ff). Wenn

der Schuldner sich zuvor in Schuldnerverzug befunden hat, gehören zur anzubietenden Leistung auch die durch den Verzug entstandenen weiteren Ansprüche, etwa die
Verzugszinsen und der Verzugsschadensersatz (§ 286 Rn 122). Hierher gehört auch der
Fall, daß infolge des Verzugs die Leistungserbringung erschwert wird: Der Schuldner
muß auch anbieten, die Erschwernis auf seine Kosten zu beseitigen, wenn er den
Annahmeverzug des Gläubigers begründen will (BGH LM VOB/B 1973 § 9 Nr 2 = NJW
1986, 987). Verweigert der Schuldner eine ihm obliegende Auskunft (zB gem § 2314),
so daß der Gläubiger nicht erkennen kann, ob die ihm angebotene die ganze geschuldete Leistung ist, bewirkt das Angebot nicht den Annahmeverzug (BGH LM
§ 2314 BGB Nr 2).

3 Auf der anderen Seite muß sich das Angebot auf die geschuldete Leistung **beschränken**. Sind der zu liefernden Ware andere als die bestellten Waren beigemischt, kann
der Gläubiger die ganze Lieferung ablehnen; er braucht nicht die von ihm bestellten
Sachen herauszuklauben (RG Recht 1919 Nr 1336). Doch ist insoweit das Gebot von
Treu und Glauben zu beachten: Ist die Aussonderung leicht möglich, muß der Gläubiger aussondern (RGZ 23, 126, 128). Nach § 242 ist auch zu entscheiden, inwieweit der
Gläubiger auf großes Geld herausgeben muß: Wer achtzig Cent zu fordern hat, muß
nicht darauf vorbereitet sein, auf einen Hunderteuroschein herausgeben zu können
und gerät dann deshalb nicht in Annahmeverzug. Andererseits muß etwa von einem
Taxifahrer, der einen Fahrpreis von Euro 16,20 gefordert hat, erwartet werden können, daß er den Rest auf einen Zwanzigeuroschein zurückgeben kann.

4 Die Zurückweisung einer **mangelhaften Sache** bringt den Gläubiger nicht in Annahmeverzug (RGZ 106, 294, 297; HUBER I 216 ff); dabei ist nicht notwendig, daß sich der
Gläubiger auf die Mangelhaftigkeit beruft, sondern nur, daß der Mangel tatsächlich
vorhanden ist (RGZ 111, 86, 89). Daran hat auch die Neuregelung des Kaufrechts im
Zuge der Schuldrechtsreform nichts geändert. Daß der Verkäufer, wie sich aus § 439
iVm § 440 ergibt, das Recht der Nacherfüllung in Form der Beseitigung des Mangels
oder der Lieferung einer mangelfreien Sache hat, ändert nichts daran, daß er sich auf
die Lieferung einer mangelhaften Sache nicht einzulassen braucht, weil sie, wie sich
aus § 433 Abs 1 S 2 ergibt, keine gehörige Erfüllung darstellt (dazu STAUDINGER/KÖHLER
[1995] § 433 aF Rn 192). Dann wäre es aber unbillig, ihn bei Nichtannahme einer mangelhaften Sache den Rechtsfolgen des Annahmeverzugs auszusetzen (LAMPRECHT ZIP
2002, 1790 ff gegen JANSEN ZIP 2002, 877 ff und 1794 ff; differenzierend SCHMIDT-KESSEL § 3 I 1 c).

5 Allerdings kann sich aus dem Vertrag ergeben, daß der Gläubiger eine mangelhafte
Sache zunächst annehmen muß. So bedeutet etwa die Klausel „cash against docu-
ments" nach internationalem Handelsbrauch, daß der Käufer die ihm angedienten
Dokumente ohne Rücksicht auf die Beschaffenheit der Ware entgegennehmen muß,
so daß seine Zahlungspflicht ausgelöst wird (BGH NJW 1987, 2435 f; SCHMIDT-KESSEL § 3 I
1 c). Ist der Gläubiger ausnahmsweise nur zur Minderung berechtigt, muß er die
mangelhafte Sache ebenfalls annehmen und kommt durch ihre Ablehnung in Annahmeverzug (RGZ 73, 259, 260).

6 Bei der **Gattungsschuld** muß eine Sache mittlerer Art und Güte angeboten werden
(§ 243 Abs 1). Bietet der Schuldner Gattungssachen an, die nicht diesem Standard
entsprechen, wird seine Leistungsverpflichtung weder nach § 243 Abs 2 konkretisiert
noch gerät der Gläubiger in Annahmeverzug (OLG Frankfurt DB 1984, 1521).

Das Angebot einer **Ersatzleistung** an Erfüllungs statt oder erfüllungshalber, zB die 7
Hingabe eines Verrechnungsschecks (BGH WM 1983, 863, 864), ist nicht das Angebot
der geschuldeten Leistung. Deshalb war auch das Angebot an einen Devisenaus-
länder, dem freie Reichsmark geschuldet waren, ihm Geld auf ein Sperrkonto zu
zahlen, kein Angebot der geschuldeten Leistung (BGHZ 13, 324, 331 f). Hingegen ist in
den Fällen *echter Ersetzungsbefugnis* das Angebot der alternativen Leistung ausreichend, weswegen der Gläubiger durch dieses Angebot in Annahmeverzug versetzt
wird, wenn er die Ersatzleistung nicht annimmt.

Bei einem *Arbeitsverhältnis mit einer Gruppe* (zB Orchestermusiker) kann der ein- 8
zelne Schuldner idR eine gehörige Leistung nur unter Mitwirkung der übrigen Grup-
penmitglieder anbieten: Demjenigen, der Orchestermusik bestellt hat, ist nicht damit
gedient, wenn nur der Fagottspieler seine Dienste anbietet. Das Angebot nur einer
Einzelleistung setzt den Gläubiger nicht in Annahmeverzug (KAUFMANN, Der Einfluß
des kollektiven Arbeitsrechts auf das Einzelarbeitsverhältnis, NJW 1961, 204, 205).

Stellt der Schuldner die Leistung unter eine Bedingung oder einen Vorbehalt, die im 9
Vertrag nicht vorgesehen sind, tritt kein Annahmeverzug ein (BGH ZIP 1994, 1839).
Etwas anderes gilt aber, soweit eine **Leistung unter Vorbehalt** Erfüllungswirkung gem
§ 362 hat, dh nur einen etwaigen Rückforderungsanspruch aus § 812 aufrechterhalten
soll (vgl STAUDINGER/OLZEN [2000] § 362 Rn 24 ff); dann begründet ihr Angebot auch den
Annahmeverzug (so auch MünchKomm/ERNST Rn 4).

Bietet der Schuldner seine Leistung an und behauptet zugleich, **Gegenforderungen** zu 10
haben, so kommt der Gläubiger nicht schon dann in Annahmeverzug, wenn der
Schuldner sich lediglich zur Abrechnung der von ihm behaupteten Gegenforderung
erbietet. Er muß mindestens den Betrag der Gegenforderung angeben und den nach
Abzug der behaupteten Gegenforderungen verbleibenden Rest tatsächlich anbieten
(RGZ 49, 38).

III. Tatsächliches Angebot

Die Verpflichtung zum tatsächlichen Angebot der Leistung bedeutet, daß der Schuld- 11
ner alles zu tun hat, was auf seiner Seite zur Bewirkung der Leistung erforderlich ist.
Es darf **nur noch der Annahme durch den Gläubiger** bedürfen, um die Erfüllung des
Schuldverhältnisses herbeizuführen (BGHZ 90, 354, 359).

Bei **Geldschulden** genügt deshalb weder der Umstand, daß die Bank des Schuldners 12
das Geld bereithält (RGZ 108, 158, 160), noch daß diese mitteilt, sie sei vom Schuldner
mit der Zahlung beauftragt (RGZ 109, 324, 328). Geht das Geld allerdings bei der Bank
des Gläubigers ein, liegt darin ein hinreichendes tatsächliches Angebot (vgl § 293
Rn 4). Bringt der Schuldner das Geld persönlich zum Gläubiger, so ist es nicht erforderlich, das Geld vorzuzeigen; es genügt, daß der Schuldner zum Ausdruck bringt,
er habe das Geld bei sich und wolle es aushändigen (RGZ 85, 415, 416). Nachnahme-
sendungen muß die Post vorzeigen (RGZ 102, 370, 372).

Die Leistung muß am **Leistungsort** (§§ 269, 270) angeboten werden (RGZ 108, 158, 160). 13
Das Angebot muß auch zur gehörigen **Zeit** erfolgen. Da Forderungen aber regelmäßig mit der Begründung des Schuldverhältnisses erfüllbar sind, darf der Schuldner

die Leistung sofort anbieten, und kommt der Gläubiger durch die Nichtannahme einer vor Fälligkeit angebotenen Leistung in Verzug. Zu den Fällen, in denen der Schuldner die Leistung nicht vor Fälligkeit anbieten darf, § 293 Rn 12, § 297 Rn 17 und STAUDINGER/BITTNER § 271 Rn 21 ff. Zum Eintritt des Annahmeverzugs in den Fällen, in denen der Schuldner vor der bestimmten Zeit leistet oder in denen eine Leistungszeit gar nicht bestimmt ist, s im übrigen § 299.

14 Ist eine **Sache** zu leisten, so hat der Schuldner diese bei einer *Bringschuld* dem Gläubiger zur Empfangnahme vorzulegen. Tut er das nicht, hat er noch nicht alles getan, was zur Annahme oder Mitwirkung des Gläubigers erforderlich ist. Bei einer *Schickschuld*, insbesondere beim Versendungskauf, ist der Schuldner zwar nur verpflichtet, die Sache an die richtige Anschrift abzusenden. Zum tatsächlichen Angebot gehört aber auch, daß die Sache beim Gläubiger angeliefert wird, denn nur dann hängt die Erfüllung bloß noch davon ab, daß der Gläubiger zugreift (RGZ 106, 294, 297; BGHZ 90, 354, 359; OLG München NJW-RR 1997, 944, 945; MünchKomm/ERNST § 294 Rn 3; PALANDT/HEINRICHS Rn 2; ERMAN/BATTES Rn 1; BGB-RGRK/ALFF § 294 Rn 1; HUBER I 210; aA RG JW 1925, 607 m abl Anm PLUM; PLANCK/SIBER § 293 Anm 1 b a und § 294 Anm 2). Bei *Holschulden* genügt nach § 295 ein wörtliches Angebot, weil die Abholung der Sache eine Mitwirkungshandlung des Gläubigers ist (§ 295 Rn 11). Das bloße Angebot der Faktura oder eines Lieferscheins ist noch kein tatsächliches Angebot der Ware (RGZ 50, 208, 210; OLG Hamburg OLGZ 45, 126).

15 Ist der Schuldner zu einer **Handlung** verpflichtet, so muß er sich am Leistungsort einfinden, um sie vorzunehmen. Ein Handwerker muß sich – erforderlichenfalls gehörig mit Werkzeug ausgerüstet – an die Stelle begeben, wo er seine Werkleistung zu erbringen hat und er muß bereit sein, mit dieser zu beginnen (vgl für die Nachbesserung OLG Köln NJW-RR 1995, 1393; OLG Hamm NJW-RR 1992, 667, 668).

16 Ein **Arbeitnehmer** hat sich zur Arbeitsaufnahme an der Arbeitsstelle zu melden, so daß es an einem Angebot seiner Arbeitsleistung fehlt, wenn er infolge Glatteises seinen Arbeitsplatz nicht erreicht (BAG DB 1983, 395, 396). Daß die Arbeitsleistung erst noch durch Weisungen des Arbeitgebers konkretisiert werden muß, ändert an der Notwendigkeit dieses tatsächlichen Angebots nichts. Die fortlaufend notwendigen Arbeitsanweisungen sind keine „Mitwirkungshandlungen" iS der § 295 S 1 Alt 2 und § 296 (s § 296 Rn 4).

17 Besteht die Leistung in der **Abgabe einer Willenserklärung**, zB einer Auflassung, gerät der Gläubiger in Verzug, wenn er dem ihm unter Wahrung einer angemessenen Frist mitgeteilten Termin zur Entgegennahme der Erklärung einseitig fernbleibt (BGHZ 116, 244, 250 = NJW 1992, 556, 558; HUBER I 211 f).

18 Umstritten ist, ob das tatsächliche Angebot ein bloßer Realakt (so insbes LARENZ I § 25 I a; LEONHARD I 569; ENNECCERUS/LEHMANN § 57; PALANDT/HEINRICHS Rn 2; MünchKomm/ERNST § 293 Rn 13; HUBER I 203 f) oder eine rechtsgeschäftliche Handlung ist (so BLOMEYER § 36 I 2 b). Jedenfalls kann auf das tatsächliche Angebot *§ 130 nicht* angewandt werden: Auch wenn der Schuldner die geschuldete Sache, die er zur vorbestimmten Zeit zum Gläubiger geschafft hat und diesem wegen Abwesenheit nicht übergeben konnte, wieder aus dessen Machtbereich mitnimmt, muß Annahmeverzug eintreten (LARENZ aaO; HUBER I 205 f).

§ 295
Wörtliches Angebot

Ein wörtliches Angebot des Schuldners genügt, wenn der Gläubiger ihm erklärt hat, dass er die Leistung nicht annehmen werde, oder wenn zur Bewirkung der Leistung eine Handlung des Gläubigers erforderlich ist, insbesondere wenn der Gläubiger die geschuldete Sache abzuholen hat. Dem Angebot der Leistung steht die Aufforderung an den Gläubiger gleich, die erforderliche Handlung vorzunehmen.

Materialien: E I § 255 Abs 2, 3 S 1; II § 251 Abs 1; III § 289; Jakobs/Schubert 335–345.

Schrifttum

Klein, Natur des wörtlichen Angebots, Arch-BürgR 33, 269

Langanke, Annahmeverzug bei Kündigung, BuW 1994, 358

Rosenberg, Der Gläubigerverzug, JherJb 43, 141, 161

Schenker, Erfüllungsbereitschaft und Erfüllungsangebot, JherJb 79, 141

Schroeder, Schuldner- und Gläubigerverzug im Arbeitsverhältnis (Diss Münster 1971)

Staab, Rechtsfragen zum Annahmeverzug des Arbeitgebers (Diss Würzburg 1992)

Stahlhacke, Aktuelle Probleme des Annahmeverzuges im Arbeitsverhältnis, ArbuR 1992, 8

Winderlich, Der Annahmeverzug des Arbeitgebers (Diss Bielefeld 1993).

S im übrigen die Schrifttumsangaben zu § 293 und zu den Vorbem zu §§ 293–304.

Systematische Übersicht

Alphabetische Übersicht

I. Allgemeines

1 Entgegen der Grundregel des § 294 genügt nach § 295 ein wörtliches Angebot, wenn der Gläubiger die Annahme der Leistung verweigert oder wenn er an der Leistungsbewirkung mitwirken muß. Hinter beiden Fällen steht die Überlegung, daß dem Schuldner ein tatsächliches Angebot nur zumutbar ist, wenn er bei gewöhnlichem Lauf der Dinge *erwarten kann, daß seine Leistung auch angenommen wird.* Diese Erwartung erscheint dem Gesetz unbegründet, wenn der Gläubiger die Annahme abgelehnt hat, und jedenfalls als zu unsicher, wenn es zur Leistungsbewirkung einer über die bloße Annahme hinausgehenden Mitwirkung des Gläubigers bedarf.

2 § 295 verlangt wenigstens ein **wörtliches Angebot** des Schuldners, um den Annahmeverzug zu begründen. Insoweit ist es gerade anders als beim Schuldnerverzug: Der Schuldner, der die Leistung bereits bestimmt und endgültig verweigert hat, gerät auch ohne Mahnung in Schuldnerverzug (Staudinger/Otto § 284 Rn 75 f). Demgegenüber muß der Schuldner, auch wenn der Gläubiger die Annahme verweigert, die Leistung zumindest wörtlich anbieten, um den Annahmeverzug zu begründen. Der für den Schuldnerverzug von der hM anerkannte Rechtsgrundsatz, daß die Mahnung solchenfalls entbehrlich sei, kann wegen des klaren Wortlauts des § 295 S 1 beim Annahmeverzug nicht angewandt werden (RGZ 50, 210; RG JW 1902 Beil 197; Staub DJZ 1902, 426). Manche (OLG Kassel SeuffA 60 Nr 104; Schenker JherJb 79, 141, 187; Larenz I § 25 I b; Söllner Anm zu BAG AP Nr 27 zu § 615 BGB Kurzarbeit; ähnlich Palandt/Heinrichs Rn 4) meinen zwar, § 295 sage lediglich, daß das wörtliche Angebot genüge, nicht aber, daß es auch erforderlich sei. Aber so kann das Gesetz nicht verstanden werden: Was gerade noch „genügt", ist das Mindestmaß des Erforderlichen. Außerdem sagt das Gesetz ausdrücklich, wann selbst ein wörtliches Angebot nicht erforderlich ist, nämlich in § 296 (zutr insoweit Konzen Anm zu BAG AP Nr 34 und 35 zu § 615 BGB). Der Ansicht des BGH (NJW 2001, 287 = AP Nr 88 zu § 615 BGB), ein GmbH-Geschäftsführer müsse seine Dienstleistung nicht wörtlich anbieten, wenn die GmbH hat erkennen lassen, daß sie unter keinen Umständen bereit ist, den Geschäftsführer weiter zu beschäftigen, kann deshalb nicht gefolgt werden (zum Vorliegen eines konkludenten wörtlichen

Angebots in solchen Fällen s Rn 19). Auch die Versuche, das wörtliche Angebot beim Arbeitsvertrag dadurch entbehrlich zu machen, daß die Arbeitsanweisung des Arbeitgebers als kalendermäßig bestimmte Mitwirkungshandlung iS des § 296 definiert wird, sind abzulehnen (vgl dazu ausführlich § 296 Rn 3 f und § 294 Rn 16). Ebensowenig überzeugen Versuche einer arbeitsvertragsspezifischen Restriktion der Regeln über den Annahmeverzug (dazu § 296 Rn 4). Das hinter den abweichenden Auffassungen steckende Problem, wann Annahmeverzug in Dauerschuldverhältnissen begründet wird, wenn der Gläubiger die Annahme weiterer Leistungen verweigert, kann mit einer zweckentsprechenden Ausgestaltung der Anforderungen an das wörtliche Angebot gelöst werden (s dazu unten Rn 17 ff und § 296 Rn 4). Verhindert der Gläubiger allerdings die Abgabe des Angebots, muß dieses entsprechend dem Rechtsgedanken des § 162 als abgegeben gelten. Dies trifft etwa auf den Fall zu, daß der Arbeitgeber dem Arbeitnehmer nach Kündigung des Arbeitsverhältnisses Hausverbot erteilt und Anweisung gibt, keinerlei Erklärungen des Arbeitnehmers entgegenzunehmen.

II. Erklärung des Nichtannahmewillens durch den Gläubiger

Die Erklärung des Gläubigers, daß er die Leistung nicht annehmen werde, braucht **3** **nicht ausdrücklich** zu erfolgen. Es muß nur der entsprechende Wille des Gläubigers unzweideutig zum Ausdruck kommen. Regelmäßig liegt in der Erklärung des Gläubigers, daß er den Vertrag annulliere oder von dem Vertrag zurücktrete, auch die Annahmeverweigerung (RGZ 57, 106 f). Gleiches gilt, wenn der Gläubiger ein Schreiben und diesem folgende mündliche Anfragen unbeantwortet läßt, in denen er zu Erklärungen über die Abnahme der Leistung aufgefordert wird (BGH LM § 651 BGB Nr 3 = MDR 1958, 335). Im bloßen Vorbehalt der Annahmeverweigerung liegt eine solche Erklärung aber noch nicht (OLG Braunschweig OLGE 43, 28). Verlangt beim Kaufvertrag der Käufer als Nacherfüllung die Lieferung einer mangelfreien Sache anstelle der gelieferten mangelhaften, liegt in der grundlosen Ablehnung der Nachlieferung durch den Verkäufer zugleich die Verweigerung der Rücknahme der mangelhaften Sache.

Weist beim Werkvertrag der Besteller ein Mängelbeseitigungsangebot des Unter- **4** nehmers zurück, weil er die Art der Mängelbeseitigung nicht für zweckmäßig hält, gerät er in Annahmeverzug, weil es Sache des Unternehmers ist, zu bestimmen, wie nachzubessern ist (§ 635 Abs 1). Nur wenn das Mängelbeseitigungsangebot von vornherein ungeeignet ist, kann es der Besteller zurückweisen, ohne in Annahmeverzug zu geraten (BGH ZIP 2002, 576 mit krit Anm SEILER EWiR 2002, 699).

Im Falle **Zug um Zug** zu erbringender Leistungen genügt das wörtliche Angebot, **5** wenn der Gläubiger die Erfüllung der ihm obliegenden Verpflichtung schon vorab bestimmt und eindeutig verweigert hat (BGH NJW 1997, 581). Hingegen reicht die fehlende Reaktion auf die Anmahnung der Gegenleistung nicht aus, um hinsichtlich der Leistung ein wörtliches Angebot genügen zu lassen (BGH NJW 1996, 923, 924). Dazu, daß bei Zug-um-Zug-Leistungen Gläubigerverzug trotz Annahmebereitschaft eintritt, wenn der Gläubiger nicht bereit ist, seine Gegenleistung zu erbringen s § 298.

Bei **Dauerschuldverhältnissen**, etwa einem Arbeitsverhältnis, bedeutet die ungerecht- **6** fertigte Kündigung durch den Gläubiger die Erklärung, die Leistung des Schuldners, etwa die Arbeitsleistung, nicht annehmen zu wollen (BAG NJW 1963, 1517; s auch BGH

NJW-RR 1997, 537, 538, wonach jedenfalls die Einsetzung eines neuen an die Stelle des gekündigten Geschäftsführers die ernsthafte und endgültige Annahmeverweigerung manifestiert und BGH NJW 2002, 3541 für die unbegründet fristlose Kündigung eines Dauerlieferungsvertrages). Auch in der rechtswidrigen Einführung von Feierschichten oder Kurzarbeit durch einen Arbeitgeber liegt ein entsprechendes schlüssiges Verhalten (BAGE 11, 34 = NJW 1961, 1693; BAGE 22, 111 = NJW 1969, 1734). Gleiches gilt, wenn der Arbeitgeber die Umstände der Arbeitsleistung gravierend ändert, ohne dem Arbeitnehmer ausreichend Zeit zu geben, sich darauf einzustellen (BAG RzK I 13 b Nr 27).

7 Die Erklärung des Gläubigers, daß er die Leistung nicht annehmen werde, muß **dem wörtlichen Angebot vorausgehen**. Dies spricht das Gesetz klar aus: „wenn der Gläubiger ihm erklärt hat". Macht der Schuldner vor der Annahmeverweigerung des Gläubigers ein wörtliches Angebot, setzt er den Gläubiger dadurch nicht in Annahmeverzug, und zwar auch dann nicht, wenn der Gläubiger später erklärt, er werde die Leistung nicht annehmen (RGZ 50, 208). Etwas anderes gilt nur in der Zwangsvollstreckung: Nach § 756 Abs 2 ZPO darf bei Zug-um-Zug-Leistungen der Gerichtsvollzieher mit der Zwangsvollstreckung beginnen, wenn der Schuldner auf sein wirkliches Angebot erklärt hat, daß er die Leistung nicht annehmen werde.

8 Die Erklärung, die Leistung nicht annehmen zu wollen, *muß aber nicht mit der Erklärung verbunden sein, an dem Schuldverhältnis überhaupt nicht festhalten zu wollen*: Die Vorschriften über den Annahmeverzug knüpfen allein daran an, daß der Schuldner infolge eines Verhaltens des Gläubigers die Leistung nicht so wie vorgesehen bewirken kann. Annahmeverzug tritt auch dann ein, wenn der Gläubiger die Leistung nur vorübergehend nicht annehmen will. Deshalb kann dem BGH nicht beigepflichtet werden, wenn er das wörtliche Angebot geschuldeter Dienstleistungen trotz einer Annahmeverweigerung des Dienstgebers dann nicht für den Annahmeverzug genügen lassen will, wenn der Schuldner es vor der Kündigung des Dienstverhältnisses gemacht hat (BGH LM § 294 BGB Nr 1 = NJW 1988, 1201).

9 Soweit mit der Erklärung, die Leistung nicht annehmen zu wollen, nicht zugleich der Rücktritt vom Vertrag oder die Kündigung eines Dauerschuldverhältnisses verbunden ist, kann sie **widerrufen** werden (Mot II 71). Hat der Gläubiger zunächst die Annahme verweigert, darauf der Schuldner ein wörtliches Leistungsangebot gemacht, und erklärt der Gläubiger dann, daß er die Leistung jetzt annehmen werde, so muß der Schuldner die Leistung nun tatsächlich anbieten, um den Gläubiger in Annahmeverzug zu setzen (vgl KLEIN ArchBürgR 33, 269 f; vgl auch § 293 Rn 14 f). War der Gläubiger aufgrund des wörtlichen Leistungsangebots des Schuldners schon in Annahmeverzug geraten, kann er diesen durch die Erklärung beenden, die Leistung jetzt anzunehmen; auch dann muß der Schuldner die Leistung tatsächlich anbieten (s § 293 Rn 23 ff zur Beendigung des Annahmeverzugs).

10 Auf die Erklärung des Gläubigers sind die Vorschriften über die Geschäftsfähigkeit, die Stellvertretung und die Irrtumsanfechtung entsprechend anzuwenden (PLANCK/ SIBER Anm 1; OERTMANN Anm 1 a).

III. Notwendigkeit einer Mitwirkungshandlung des Gläubigers

11 Als Beispiel einer notwendigen Mitwirkungshandlung des Gläubigers nennt das Ge-

setz den Fall, daß der Gläubiger die geschuldete Sache abzuholen hat. Bei allen **Holschulden** genügt also ein wörtliches Angebot (OLG Köln ZMR 2002, 423).

Durch **Erklärung** mitzuwirken hat der Gläubiger, wenn ihm bei Wahlschuldverhält- **12** nissen das Wahlrecht zusteht, wenn die geschuldete Leistung durch den Gläubiger gem § 315 noch näher konkretisiert werden muß (BGH NJW 2002, 3541; BayOBLGZ 7, 313; zu den Anforderungen an das wörtliche Angebot in solchen Fällen Rn 24), wenn der Gläubiger die Art und Weise der Erfüllung oder die nähere Beschreibung des Leistungsgegenstandes vorher zu bestimmen hat, zB beim sog Spezifikationskauf (§ 375 HGB), oder der Käufer etwa noch anzugeben hat, in welchen Farbmustern usw die von ihm bestellte Stoffmenge geliefert werden soll (vgl RGZ 14, 1245; 43, 103; RG WarnR 1918 Nr 177). Auch der Kauf auf Abruf gehört hierher; der Abruf ist eine Mitwirkungshandlung des Gläubigers (RG JW 1904, 168; BGH NJW 1954, 385).

Die erforderliche Mitwirkung des Gläubigers kann ferner in rein **tatsächlichen Hand-** **13** **lungen** bestehen, die über die bloße Annahme hinausgehen. In Betracht kommt bei Warenlieferungen etwa, daß der Gläubiger Behältnisse bereitzustellen hat (RG SoergRspr 1917 Nr 1). Bei Werkverträgen kann es so liegen, daß der Besteller dem Unternehmer Zugang zur Baustelle verschaffen, ihn etwa in die Wohnung einlassen muß (OLG Schleswig-Holstein BauR 2001, 115), daß er für Fuhrunternehmerleistungen zB für Beheizung sorgen muß (BGH 19. 12. 2002 III ZR 440/01), daß er die zu bearbeitenden Stoffe liefert (OLG Stuttgart NJW 1947/48, 565 Nr 664 = SJZ 1948, 315 mit Anm WEBER) oder Hilfsmittel wie elektrischer Strom zur Verfügung stellen muß; auch zumutbare Beeinträchtigungen im Zuge von Mängelbeseitigungsarbeiten muß der Gläubiger bereit sein hinzunehmen (OLG Schleswig-Holstein OLGR Schleswig 2002, 378 für wieder verfüllbare Bohrlöcher). Bei einem Vertrag über die Lieferung und Installation neu zu entwickelnder EDV-Programme stellt die Überlassung des Pflichtenheftes durch den Auftraggeber eine solche Mitwirkungspflicht dar (BGH NJW-RR 1994, 1469, 1470). Die Notwendigkeit einer Mitwirkungshandlung kann auch erst nach Begründung des Schuldverhältnisses entstehen. Sind etwa Bauarbeiten auf einem Grundstück auszuführen, das zum Zeitpunkt des Vertragsschlusses ohne Schwierigkeiten zugänglich war, nunmehr aber infolge anderer Bauarbeiten erst nach Errichtung einer Brücke erreicht werden kann, ist es Sache des Gläubigers, diese Brücke herzustellen. Etwas anderes gilt nur, wenn die Erschwernis vom Schuldner zu vertreten ist: Dann gehört deren Beseitigung zu der von ihm anzubietenden Leistung (s § 294 Rn 2). Bietet der Schuldner die Beseitigung nicht mit an, kommt der Gläubiger nicht in Annahmeverzug (BGH LM VOB/B 1973 § 2 Nr 2 = NJW 1986, 987).

Auch **bei Dienstleistungen** sind über die bloße Annahme hinausgehende Mitwir- **14** kungshandlungen des Dienstgebers häufig. Man denke an die Fälle, daß eine Baustelle erst eingerichtet werden muß, daß bei witterungsabhängigen Arbeiten entschieden werden muß, ob die Arbeit fortgeführt bzw wieder aufgenommen werden soll (BAG BB 1962, 596; LAG Düsseldorf BB 1969, 1479), oder daß nach Einführung von Feierschichten oder Kurzarbeit der Arbeitgeber zu erkennen geben muß, ob und wann er wieder voll arbeiten lassen will (BAGE 22, 111 = NJW 1969, 1734). Daß die Leistung erst noch konkretisiert werden muß, ist aber keine Mitwirkungshandlung (s § 296 Rn 4).

Keine Mitwirkungshandlung des Gläubigers iS des § 295 Alt 2 ist die *Quittungsertei-* **15** *lung*, obwohl diese Zug um Zug gegen die Erfüllung des Schuldners zu erfolgen hat (§ 368). Denn die Erteilung der Quittung ist nicht erforderlich, um die Erfüllung des Schuldverhältnisses zu ermöglichen. Andernfalls würde in jedem denkbaren Fall ein wörtliches Angebot des Schuldners genügen, da der Gläubiger bei jedem Schuldverhältnis nach § 368 zur Quittungsleistung verpflichtet ist. S iü § 298 Rn 2.

16 Ein wörtliches Angebot des Schuldners genügt nur, wenn die über die bloße Annahme hinausgehende Mitwirkungshandlung des Gläubigers **noch aussteht**. Hat der Gläubiger seine Mitwirkungshandlung schon vor dem wörtlichen Angebot des Schuldners vorgenommen, etwa der Arbeitgeber die Baustelle eingerichtet, oder der Kunde des Handwerkers von ihm zu beschaffende Stoffe oder Hilfsmittel bereitgestellt, so kann der Schuldner den Annahmeverzug nur durch ein tatsächliches Angebot herbeiführen. Nimmt der Gläubiger die ihm obliegende Mitwirkungshandlung vor, nachdem der Schuldner ein wörtliches Angebot gemacht hat, endet der Annahmeverzug (vgl § 293 Rn 23 ff); der Schuldner muß, wenn er erneut den Annahmeverzug herbeiführen will, seine Leistung tatsächlich anbieten (BGB-RGRK/ALFF § 295 Rn 9).

IV. Wörtliches Angebot des Schuldners

17 Das wörtliche Angebot ist die ausdrückliche oder schlüssige Erklärung des Schuldners, die geschuldete Leistung bewirken zu wollen. Das Angebot muß inhaltlich so bestimmt sein, daß der Gläubiger erkennen kann, mit welcher Leistung er zu rechnen hat. Wie das tatsächliche Angebot (s § 294 Rn 2, 11 ff) muß auch das wörtliche Angebot der geschuldeten Leistung entsprechen (RG HRR 28, 414). Es muß daher auch Neben- und etwaige Ersatzleistungen umfassen (vgl § 294 Rn 2). Bei Gattungsschulden ist es anders als beim tatsächlichen Angebot gem § 294 nicht notwendig, daß der Schuldner die zu leistenden Stücke vorher gem § 243 Abs 2 aussondert (aA RGZ 57, 404; BGH WM 1975, 917, 920); das wäre leere Form. Der Schuldner muß dem Gläubiger aber auch wörtlich Sachen von mittlerer Art und Güte anbieten (§ 243 Abs 1).

18 Schwierigkeiten bereitet die Frage, welche Anforderungen an das wörtliche Angebot bei **Dauerschuldverhältnissen** zu stellen sind. Grundsätzlich wird man davon auszugehen haben, daß in der bisherigen Erfüllung des Dauerschuldverhältnisses durch den Schuldner die Erklärung liegt, seine Leistungen auch weiterhin zu erbringen, und zwar auch dann, wenn der Gläubiger die Leistungen ablehnt oder eine notwendige Mitwirkungshandlung unterläßt. Verweigert beim Verbraucherdarlehen der Darlehensgeber entgegen dem Verbot des § 497 Abs 3 S 2 die Annahme einer Teilzahlung, braucht der Schuldner weitere Teilzahlungen nicht erneut anzubieten, wenn sich der Gläubiger weigert, eine Ratenzahlung anzunehmen (vgl schon RG JW 1910, 804). Unzutreffend dagegen AG Freiburg (ZMR 1953, 84), das vom Mieter verlangt, dem Vermieter die weiteren Monatsmieten jeweils wieder wörtlich anzubieten, auch wenn dieser die Annahme einer Monatsmiete abgelehnt hat.

19 Die Annahme, daß in der bisherigen Erfüllung eines Dauerschuldverhältnisses durch den Schuldner das Angebot weiterer Leistungen zu sehen ist, erscheint aber dann nicht begründet, wenn der **Gläubiger** des Dauerschuldverhältnisses dieses unberechtigt oder nicht fristgerecht **kündigt**. Denn bei jeder unberechtigten Kündigung ist zunächst offen, ob sie der Schuldner akzeptieren wird oder nicht. Deshalb muß der

Schuldner in diesem Fall in irgendeiner Form der Kündigung widersprechen (BGH LM § 295 BGB Nr 3). Bei einem GmbH-Geschäftsführer ist in der Klage auf Gehaltsfortzahlung unter Berufung auf die Unwirksamkeit der Kündigung ein solcher Widerspruch zu erblicken (BGH NJW-RR 1997, 537, 538; s auch BGH NJW 1967, 248 für den Fall eines Handelsvertreters). Gleiches kann man annehmen, wenn der Geschäftsführer, dessen Bestellung widerrufen ist, verbliebene Entgeltansprüche schriftlich geltend macht (BGH NJW 2001, 287).

20 Diese Grundsätze gelten auch für das **Arbeitsverhältnis**. Die neuere Auffassung des BAG, nach § 296 sei ein Angebot des Schuldners überhaupt nicht erforderlich, wenn der Arbeitgeber die Arbeitsleistung abgelehnt habe, geht fehl, s dazu im einzelnen § 296 Rn 4 ff. Vielmehr gilt iS der früheren Rechtsprechung des BAG folgendes: Da in der bisherigen Arbeitsleistung des Arbeitnehmers grundsätzlich ein wörtliches Angebot seiner Leistung liegt, gerät der Arbeitgeber schon ohne weitere Erklärung des Arbeitnehmers in Annahmeverzug, wenn er die Arbeit wegen einer Inventaraufnahme ausfallen läßt (BAG MDR 1963, 532), wegen Absatzmangels unberechtigt eine Feierschicht einlegt (BAGE 11, 34, 41 = NJW 1961, 1693), unberechtigt Kurzarbeit einführt (BAGE 22, 111 = NJW 1969, 1734) oder dem Arbeitnehmer, ohne ihm zu kündigen, Hausverbot erteilt (BAG Betrieb 1976, 1190, 1192 für ein Betriebsratsmitglied, zu dessen außerordentlicher Kündigung die nach § 103 BetrVG erforderliche Zustimmung der übrigen Betriebsratsmitglieder noch ausstand).

21 **Kündigt** der Arbeitgeber dem Arbeitnehmer unberechtigt oder nicht fristgerecht, liegt demgegenüber in der bisherigen Arbeitsleistung kein wörtliches Angebot; vielmehr muß der Arbeitnehmer in irgendeiner Form gegen die Kündigung protestieren. Ein solcher Protest wird regelmäßig im Widerspruch gegen die Kündigung beim Betriebsrat sowie im Erheben einer Kündigungsschutzklage liegen (BAGE 10, 202, 205 f = NJW 1961, 381; BAG NJW 1963, 1517; BAG Betrieb 1976, 2405; ebenso für die Klage auf Urlaubsabgeltung ADAM AiB 2000, 448). Dabei wird das in der Kündigungsschutzklage liegende wörtliche Angebot nicht schon dadurch zurückgenommen, daß der Arbeitnehmer einen zunächst gestellten Antrag auf Abfindung nach §§ 9, 10 KSchG später wieder zurücknimmt (BAG NJW 1963, 1124).

22 Zu Leistungsfähigkeit und -willigkeit als Voraussetzungen des Annahmeverzugs vgl § 297 Rn 3 ff und 15. Zum Annahmeverzug des Arbeitgebers, der seinem Arbeitnehmer unberechtigt gekündigt hat, wenn der Arbeitnehmer erkrankt ist, s § 297 Rn 19.

23 Wie auf die Mahnung (dazu § 286 Rn 45 ff) sind auf das wörtliche Angebot die **Vorschriften über Rechtsgeschäfte** insoweit anzuwenden, als die ratio legis zutrifft. Daraus folgt insbesondere, daß die Vorschriften über die Stellvertretung und über die Geschäftsfähigkeit, aber auch die §§ 130 – 132 Anwendung finden (PALANDT/HEINRICHS Rn 1; ERMAN/BATTES Rn 6; MünchKomm/ERNST Rn 2; LARENZ I § 25 I b; dagegen PLANCK/SIBER Anm 3; ENNECCERUS/LEHMANN § 257 II 2 c mwN). Ist der Aufenthaltsort des Gläubigers unbekannt, kann der Schuldner sein wörtliches Angebot daher öffentlich zustellen lassen (§ 132).

24 Ein wörtliches Angebot muß regelmäßig **vom Schuldner** ausgehen. Ein Dritter, der für den Schuldner die Leistung anbietet (§ 267), kommt demgegenüber nicht in den

Genuß der Vergünstigung des § 295: Dem Gläubiger kann nicht zugemutet werden, sich hinsichtlich der ihm obliegenden Mitwirkungshandlung auf den Dritten statt auf den Schuldner einzulassen (Prot I 329). Wohl aber gilt § 295 zugunsten desjenigen Dritten, der zur Leistung für den Schuldner berechtigt ist (§§ 268, 1150, 1249; RGZ 82, 393; ERMAN/BATTES Rn 5; BGB-RGRK/ALFF Rn 1; PLANCK/SIBER Anm 4; OERTMANN Anm 5; aA für die Holschuld ROSENBERG JherJb 43, 170).

25 Dem wörtlichen Angebot steht die an den Gläubiger gerichtete **Aufforderung** gleich, die von seiner Seite erforderliche Handlung vorzunehmen (S 2). Kann der Gläubiger diese Handlung nur mit Unterstützung des Schuldners vornehmen, muß sich der Schuldner mit der Aufforderung bereit erklären, diese Unterstützung zu leisten. Geht es etwa darum, daß der Gläubiger die zu erbringende Leistung aus einer ihm vom Schuldner zur Verfügung stellende Angebotsliste auswählen soll, muß die Liste beigefügt werden. Etwas anderes gilt nur, wenn der Gläubiger schon erklärt oder sonst zum Ausdruck gebracht hatte, daß er die Leistung nicht annehmen werde, dann muß es genügen, daß der Schuldner dem Gläubiger in allgemeiner Form zur Mitwirkung auffordert; der Gläubiger kann eine Konkretisierung eines Angebotes nicht erwarten, weil er sich damit widersprüchlich verhielte (BGH NJW 2002, 3541, 3542).

26 Verfolgt der Schuldner mit der Aufforderung einen anderen Zweck als den, seiner Leistungspflicht zu genügen, so kann die Aufforderung einem wörtlichen Angebot nicht gleich erachtet werden. Der Gegenbeweis, daß die Aufforderung einen anderen Zweck hat, steht dem Gläubiger offen. Vgl § 297 Rn 22 und § 293 Rn 36.

27 Soweit das wörtliche Angebot genügt, tritt es an die Stelle des tatsächlichen Angebotes iS des § 294. Iü bleiben die Voraussetzungen des Annahmeverzugs unverändert. Das gilt auch für die *Beweislast*, s § 293 Rn 36.

§ 296
Entbehrlichkeit des Angebots

Ist für die von dem Gläubiger vorzunehmende Handlung eine Zeit nach dem Kalender bestimmt, so bedarf es des Angebots nur, wenn der Gläubiger die Handlung rechtzeitig vornimmt. Das Gleiche gilt, wenn der Handlung ein Ereignis vorauszugehen hat und eine angemessene Zeit für die Handlung in der Weise bestimmt ist, dass sie sich von dem Ereignis an nach dem Kalender berechnen lässt.

Materialien: E I § 255 Abs 3 S 2; III § 251 Abs 2; III § 290; JAKOBS/SCHUBERT 335–345; BGB-KE S 141; DE S 337 iVm S 328; KF S 15; RegE BT-Drucks 14/6040 S 341 iVm S 333; Beschlußempfehlung und Bericht d Rechtsausschusses BT-Drucks 14/7052.

Schrifttum

S die Schrifttumsangaben zu § 293 und § 295. STAHLHACKE, Aktuelle Probleme des Annahmeverzuges im Arbeitsverhältnis, AuR 1992, 8.

Alphabetische Übersicht

§ 296 ergänzt § 295 S 1 Alt 2: Ist die Zeit für die Mitwirkungshandlung des Gläubigers **1** kalendermäßig bestimmt oder nach Eintritt eines bestimmten Ereignisses kalendermäßig berechenbar, tritt der Annahmeverzug auch ohne wörtliches Angebot des Schuldners ein, wenn die Mitwirkungshandlung ausbleibt. Grund ist, daß der Gläubiger sich in diesem Falle von selbst sagen muß, daß der Schuldner an der Leistung gehindert ist (zu den Funktionen des Angebots und seiner Entbehrlichkeit s SCHMIDT-KESSEL § 7 II 2). Der Wortlaut des S 2 der Vorschrift ist im Zuge der Schuldrechtsreform an den neuen Wortlaut des § 286 Abs 2 Nr 2 angeglichen worden (vgl Vorbem 2 zu §§ 293–304).

Eine **kalendermäßige Zeitbestimmung** (S 1) für die Mitwirkungshandlung des Gläu- **2** bigers liegt *insbesondere* vor bei kalendermäßig fixierten Holschulden (vgl § 295 S 1 aE). Weiter gehört hierher der kalendermäßig bestimmte Zeitpunkt für den Abruf einer Ware. Ist in einem notariellen Grundstückskaufvertrag vereinbart, daß der Kaufpreis vier Wochen nach Beurkundung des Vertrages fällig wird und auf ein Konto zu überweisen ist, über das Verkäufer und Käufer nur gemeinsam verfügen können, dann kommt der Verkäufer ohne ein wörtliches Angebot durch den Käufer ohne weiteres nach Ablauf von vier Wochen seit der Vertragsbeurkundung in Annahmeverzug, wenn er nur ein eigenes Konto, nicht aber ein Konto mit gemeinsamer Verfügungsbefugnis mit dem Käufer zur Zahlung des Kaufpreises eingerichtet hat (BGH WM 1995, 439).

Werk- und Dienstleistungen, bei denen eine über die bloße Annahme hinausgehende **3** Mitwirkung des Gläubigers erforderlich ist (s dazu § 295 Rn 10 f), können in den Anwendungsbereich des § 296 fallen, wenn etwa für eine Theatervorstellung, eine Fernsehaufnahme, eine Unterrichtsstunde oder einen Arzttermin eine bestimmte Zeit vereinbart ist; der Vergütungsanspruch aus § 615 kann in solchen Fällen allerdings abbedungen sein (LG Hannover NJW 2000, 1799, 1800). Auch bei Dienstverträgen ist aber stets erforderlich, daß für die Mitwirkungshandlung des Gläubigers tatsächlich eine bestimmte Zeit kalendermäßig festgelegt worden ist. Der häufige Charakter der Dienstverträge als Dauerschuldverhältnisse genügt dafür nicht: Daß bei ihnen die Dienste ständig entgegengenommen werden müssen, gibt der Entgegennahme noch nicht den Charakter einer Mitwirkungshandlung (s § 295 Rn 2). Aus diesem Grund bedarf es bei einer unberechtigten Kündigung des Herausgebervertrages durch den Verleger grundsätzlich zumindest eines wörtlichen Angebots weiterer Dienste durch den Herausgeber als Dienstnehmer, um den Verleger in Annahmeverzug zu versetzen (BGH LM § 295 BGB Nr 3).

4 Auch beim **Arbeitsvertrag** kommt die Anwendung des § 296 nur in Betracht, wenn die Arbeitsaufnahme durch den Arbeitnehmer von einer besonderen Maßnahme des Arbeitgebers, etwa der Einrichtung einer Baustelle abhängt (§ 295 Rn 14). Hier muß man regelmäßig davon ausgehen, daß der kalendermäßig bestimmte Termin für die Arbeitsaufnahme zugleich auch den Zeitpunkt für die Mitwirkungshandlung des Arbeitgebers kalendermäßig bestimmt. Unzutreffend ist aber die neuere Auffassung des BAG, § 296 sei auf den Arbeitsvertrag stets anwendbar, da der Arbeitgeber jeden Tag erneut, also kalendermäßig verpflichtet sei, an der vom Arbeitnehmer zu erbringenden Arbeitsleistung dadurch mitzuwirken, daß er diesem einen funktionsfähigen Arbeitsplatz einrichte und Arbeit zuweise (BAG AP Nr 34, 53 und 60 zu § 615 BGB; zuletzt BGH 6. 12. 2001 EzA § 1 KSchG Interessenausgleich Nr 9): Die fortlaufend notwendigen *Arbeitsanweisungen sind keine „Mitwirkungshandlungen"* iS des § 295 S 1 Alt 2 und § 296. Sonst käme man zu dem Ergebnis, daß der Arbeitnehmer sich tatsächlich zur Dienstleistung nur einfinden müßte, wenn ihm der Arbeitgeber vorab mitgeteilt hat, welche Dienste er im einzelnen verrichten soll; ohne eine solche Mitteilung würde sein wörtliches Angebot genügen. Das wäre eine lebensfremde Verkehrung von Regel und Ausnahme (Löwisch Anm zu BAG EzA § 615 BGB Nr 66; Stahlhacke AuR 1992, 8; wie hier auch Schmidt-Kessel § 5 III 4 c, der die gesetzliche Regelung freilich für fragwürdig hält). Keinesfalls kann das an den Arbeitgeber gerichtete Verlangen des Arbeitnehmers, die geschuldete Arbeit zu ändern, etwa den Arbeitsplatz anders zu gestalten, die Anwendbarkeit des § 296 begründen. Denn damit verlangt der Arbeitnehmer auch in der Sicht des BAG mehr als die geschuldete Mitwirkungshandlung (BAG AP Nr 1 zu § 81 SGB IX = NZA 2001, 1020).

5 Daß § 296 den Arbeitnehmer regelmäßig nicht von einem Angebot der Arbeitsleistung entbindet, gilt auch, wenn der Arbeitgeber das Arbeitsverhältnis **gekündigt** hat. Die Auffassung von Konzen, das Angebot der Arbeitsleistung durch den Arbeitnehmer werde nach einer Arbeitgeberkündigung sinnlos und überflüssig, weil der Arbeitgeber durch die Kündigung deutlich gemacht habe, er werde die Arbeitsleistung nicht mehr konkretisieren, dh an ihr nicht mehr mitwirken (gemeinsame Anm zu BAG AP Nr 34 und 35 zu § 615 BGB; ihm zustimmend Huber I 244 ff), ist – soweit es um das ja nur in Rede stehende wörtliche Angebot geht – unzutreffend. Wie § 295 S 1 Alt 1 zeigt, verlangt das Gesetz selbst nach einer Erklärung des Gläubigers, daß er die Annahme der geschuldeten Leistung ablehne, noch ein Angebot des Schuldners. Das Gesetz trägt damit dem Umstand Rechnung, daß sich Gläubiger und Schuldner häufig über die Wirksamkeit des Schuldverhältnisses streiten und es deshalb sinnvoll ist, vom Schuldner die Erklärung zu verlangen, er wolle an ihm festhalten und es weiter erfüllen (Löwisch Anm zu BAG EzA § 615 BGB Nr 66; Kaiser Anm zu BAG EzA § 615 BGB Nr 70). Diese Überlegung gilt gerade auch für den Fall der Kündigung des Arbeitsverhältnisses durch den Arbeitgeber. Ob ein unberechtigt gekündigter Arbeitnehmer gegen die Kündigung vorgeht oder sich mit ihr abfindet, ist, wie die Praxis zeigt, durchaus offen. Das klarzulegen, ist ihm zuzumuten (Löwisch aaO; Stahlhacke AuR 1992, 9 f; Kaiser aaO).

6 Auch daß es für den Arbeitnehmer „entwürdigend" sei, nach einer Arbeitgeberkündigung seine Arbeitsleistung noch einmal anzubieten, kann weder für die ordentliche noch für die außerordentliche Kündigung zugegeben werden. Fälle, in denen es dem Arbeitnehmer wegen der Umstände der Kündigung, etwa wegen beleidigender Äußerungen des Arbeitgebers oder einen durch den Arbeitgeber leichtfertig geäußerten Verdacht, schlechterdings **nicht zumutbar** ist, seine Arbeit alsbald wieder anzubieten, lassen sich auf anderem Wege als dem des Annahmeverzugs bewältigen: Unzumutbar ist dem Arbeitnehmer in solchen Fällen nicht nur das Angebot, sondern auch die Arbeitsleistung selbst. Der Arbeitnehmer kann in einem solchen Fall nach § 275 Abs 3 die Arbeitsleistung verweigern; der Arbeitgeber bleibt dann nach § 326 Abs 2 zur Zahlung des Arbeitsentgelts verpflichtet (Löwisch Anm zu BAG EzA § 615 BGB Nr 66). Dazu, daß auch der historische Gesetzgeber von der Notwendigkeit eines wörtlichen Angebots durch den Arbeitnehmer ausgegangen ist, s Kaiser Anm zu BAG EzA § 615 BGB Nr 70. Zum ganzen auch MünchArbR/Boewer (2. Aufl 2000) § 78 Rn 18 ff mwN.

Bei dem der **Mitwirkungshandlung vorausgehenden Ereignis** (S 2) kann es sich ins- **7** besondere um die Ankündigung der Leistung durch den Schuldner und bei einem Dauerschuldverhältnis um dessen Kündigung handeln. Die für die Mitwirkungshandlung bestimmte Frist muß nicht nur kalendermäßig berechenbar, sondern auch angemessen sein. Dem Gläubiger muß ausreichend Zeit gelassen werden, um die Mitwirkungshandlung vorzunehmen. Wie im Falle fehlender Leistungszeitbestimmung nach § 299 muß ihm auch, wenn er die Ware, deren Lieferung angekündigt wird, abzuholen hat, die notwendige Zeit für Vorbereitung und Transport zur Verfügung stehen. S iü die Erl zu § 286 Abs 2 Nr 2 in § 286 Rn 75 ff.

Nimmt der Gläubiger die von seiner Seite zur Erfüllung erforderliche Handlung (zB **8** den Abruf der Ware) nicht zu der kalendermäßig bestimmten Zeit vor, so gerät er ohne weiteres in Annahmeverzug (BGH WM 1995, 439). Dies ist der Sinn des § 296. Es bedarf weder eines wörtlichen Angebots der Leistung noch einer Aufforderung an den Gläubiger, die Handlung vorzunehmen. Holt der Gläubiger die Mitwirkungshandlung später nach, so **endet** damit der Annahmeverzug. Um ihn von neuem in Annahmeverzug zu versetzen, muß der Schuldner ihm nunmehr die Leistung tatsächlich anbieten (vgl § 295 Rn 16). Zur Anwendung des in § 162 formulierten Rechtsgedankens s § 295 Rn 2.

Handelt es sich bei dem Schuldverhältnis um ein *absolutes Fixgeschäft*, so führt das **9** Verstreichen des fest bestimmten Zeitpunktes für die Leistung zu deren Unmöglichkeit. Die Abwicklung erfolgt sodann nach Unmöglichkeits- und nicht nach Annahmeverzugsregeln (vgl Vorbem 5 ff zu §§ 293–304).

§ 297
Unvermögen des Schuldners

Der Gläubiger kommt nicht in Verzug, wenn der Schuldner zur Zeit des Angebots oder im Falle des § 296 zu der für die Handlung des Gläubigers bestimmten Zeit außerstande ist, die Leistung zu bewirken.

Materialien: E I § 255 Abs 352; II § 251 Abs 3;
III § 291; Jakobs/Schubert 335–345.

Schrifttum

Boer, Leistungsunmöglichkeit und Annahmeverzug, Gruchot 54, 493
Gursky, Schuldnerverzug trotz fehlender Annahmebereitschaft des Gläubigers, AcP 173
(1973) 450
Hüffer, Leistungsstörungen durch Gläubigerhandeln (1976)
Krückmann, Unmöglichkeit und Unmöglichkeitsprozeß, AcP 101 (1907) 130
Marienhagen, Gehaltsfortzahlung während
einer vom Arbeitgeber mitverschuldeten Untersuchungshaft, BB 1967, 795

Oertmann, Leistungsunmöglichkeit und Annahmeverzug, AcP 116 (1918) 1
Schulz, Über die Bedeutung der Leistungsmöglichkeit für das Vorhandensein des Gläubi-
gerverzuges (Diss Breslau 1909)
Westphal, Die Verpflichtung des Arbeitgebers
zur Entlohnung des seine Dienste anbietenden
Arbeitnehmers, auch wenn die Arbeit unausführbar ist, JW 1921, 323.
S im übrigen die Schrifttumsangaben in den
Vorbem zu §§ 293–304.

Systematische Übersicht

Alphabetische Übersicht

I.   Allgemeines

§ 297 macht den Eintritt des Annahmeverzugs davon abhängig, daß der Schuldner zu **1**
der von ihm angebotenen Leistung auch imstande ist: Nach § 297 tritt Annahmeverzug dann nicht ein, wenn der Schuldner (nur) **zeitweise** an der Leistung gehindert ist
(Larenz I § 25 I c; Gursky AcP 173 [1973] 450, 454; abweichend Schmidt-Kessel § 7 II 1 b: auch
endgültige Verhinderung). Ist dem Schuldner die Leistung iS des § 275 Abs 1 *dauernd*
unmöglich oder hat er die Leistung nach § 275 Abs 2 oder Abs 3 endgültig verweigert, so gelten von diesem Zeitpunkt ab die Regeln über den Ausschluß der Leistungspflicht (vgl Vorbem 5 ff §§ 293–304), und zwar auch, wenn die Unmöglichkeit oder
die die Unzumutbarkeit begründenden Umstände ihre Ursache in der Sphäre des
Gläubigers haben (Vorbem 6 f, 9 zu §§ 293–304).

Ursachen aus der **Sphäre des Gläubigers** scheiden für die Anwendung des § 297 aus: **2**
Ist der Gläubiger an der Annahme der Leistung oder einer sonstigen Mitwirkungshandlung zeitweise gehindert, so ändert das nichts an der Anwendbarkeit der Regeln
über den Annahmeverzug. Nur diese gewährleisten, insbesondere über die §§ 300 bis
304 eine sachgerechte Abwicklung dieser Fälle (vgl Vorbem 11 zu §§ 293–304).

II.   Leistungsfähigkeit des Schuldners

Die mangelnde Leistungsbereitschaft kann zunächst auf einer Leistungsunfähigkeit **3**
des Schuldners beruhen. Diese wiederum kann ihre Ursache in tatsächlichen oder in
rechtlichen Leistungshindernissen haben. Bei Lieferverpflichtungen ist der Schuldner **tatsächlich** nicht in der Lage, die Leistung zu erbringen, wenn er den zu liefernden
Gegenstand nicht zur Verfügung hat. Ob dies daran liegt, daß der Gegenstand objektiv nicht zu beschaffen ist oder vom Schuldner mangels entsprechender Geldmittel nicht beschafft werden kann, ist für den Eintritt der Wirkungen des § 297
gleichgültig.

Ist der Schuldner zu einer Werk- oder Dienstleistung **persönlich verpflichtet**, so ist er **4**
zur Leistung tatsächlich außerstande, wenn er durch äußere Umstände, etwa wegen
einer Urlaubsreise oder infolge Freiheitsentzugs (BAG BB 1961, 1128 für den Fall der
Strafverbüßung; BAG BB 1967, 630 für den Fall der Untersuchungshaft, s dazu unten Rn 11)
oder infolge Alkoholgenusses (LAG Schleswig-Holstein NZA 1989, 472), an der Leistung
gehindert ist.

Im Falle einer **Erkrankung** des Arbeitnehmers ist zu unterscheiden: Hat die Erkran- **5**
kung dazu geführt, daß der Arbeitnehmer seine Arbeitsleistung objektiv nicht erbringen kann, hat etwa ein in der Produktion beschäftigter Arbeitnehmer den Arm
oder das Bein gebrochen, liegt ein Fall des § 297 vor; so daß ein Angebot des Arbeitnehmers, die Arbeitsleistung zu erbringen, ins Leere geht. Etwas anderes gilt in
einem solchen Fall nur, wenn der Arbeitgeber dem Arbeitnehmer gem § 315 eine
andere Arbeit zuweisen kann, die noch in dem Rahmen der geschuldeten Arbeitsleistung fällt (BAG EzA § 1 KSchG Interessenausgleich Nr 9 = NZA 2002, 999).

Anders liegt es, wenn der Arbeitnehmer trotz einer Erkrankung die Arbeitsleistung **6**
objektiv gesehen erbringen kann und auch erbringen will. Die Auffassung des BAG,
auch in einem solchen Fall gelte § 297, so daß das Angebot der Arbeitsleistung durch

den Arbeitnehmer unerheblich sei (BAG AP Nr 77 zu § 615 BGB), ist durch die Neuregelung der Unzumutbarkeit bei persönlichen Leistungspflichten durch die Schuldrechtsreform überholt. Unzumutbarkeit ist danach nicht mehr ein Unterfall der
Unmöglichkeit. Vielmehr räumt § 275 Abs 3 dem Schuldner ein Leistungsverweigerungsrecht ein und stellt es damit in dessen Entscheidung, ob er die Leistung
erbringt oder nicht (näher § 275 Rn 68). Macht der erkrankte Arbeitnehmer das Leistungsverweigerungsrecht nicht geltend, sondern bietet seine Arbeitsleistung an, liegt
dementsprechend auch kein Fall vor, in dem er zur Leistung außerstande wäre. Zuzugeben ist nur, daß dem Arbeitgeber im Einzelfall die Entgegennahme der Arbeitsleistung unzumutbar sein kann, weil die Beschäftigung des Arbeitnehmers für ihn mit
Nachteilen verbunden ist. So braucht der Arbeitgeber die Arbeitsleistung eines an
Grippe erkrankten Arbeitnehmers nicht entgegenzunehmen, wenn eine Anstek-
kungsgefahr für andere Belegschaftsangehörige besteht. Bei Auszubildenden und
bei offensichtlich schwer erkrankten Arbeitnehmern kann die Beschäftigung gegen
die ihm gegenüber diesen Arbeitnehmern obliegenden Fürsorgepflicht verstoßen
(BAG AP Nr 25 zu § 1 KSchG 1969 Krankheit unter II 1 b cc). Daß der Arbeitnehmer keine
Bescheinigung über seine Arbeitsfähigkeit vorlegt, macht ihm die Arbeitsleistung in
keinem Fall unmöglich (LAG Düsseldorf 17. 7. 2003 – 11 Sa 183/03).

7 Ein Arbeitnehmer ist zur Arbeitsleistung auch dann tatsächlich nicht in der Lage,
wenn ihm die Arbeit aus Gewissensgründen nicht zugemutet werden kann und er
deshalb gem § 275 Abs 3 die Leistung verweigert (vgl BAG AP Nr 1 zu § 611 BGB Gewissensfreiheit = DB 1989, 2538). Er ist zur Leistung aber nur dann unvermögend, wenn
ihm nicht im Rahmen des Arbeitsvertrages gem § 315 BGB eine andere Arbeit
zugewiesen werden muß (BAG AP Nr 27 zu § 611 BGB Direktionsrecht; BAG EzA § 14
SchwbG Nr 3; RIEBLE Anm zu LAG Köln LAGE § 615 BGB Nr 23).

8 Inwieweit die Leistungsfähigkeit iS des § 297 dadurch ausgeschlossen ist, daß der
Schuldner noch bestimmte **Vorbereitungen für die Leistung** zu treffen hat, ist eine
Frage des Einzelfalles. Bei einem Kaufvertrag braucht der Schuldner im Falle des
wörtlichen Angebotes die Ware weder auszusondern noch versandfertig zu machen
(BGH WM 1975, 920). Er muß sie sich aber jedenfalls beschafft haben, es sei denn, eine
solche Beschaffung ist, etwa bei verderblichen Waren, untunlich oder wird nach der
Verkehrsauffassung nicht erwartet (RGZ 34, 98, 99; 50, 255, 260; RG Recht 1918 Nr 678; BGH
MDR 1958, 335; BGB-RGRK/ALFF Rn 4; STAUB/KOLLER [4. Aufl 1985] § 374 Rn 14). Bei einem
Werk- oder Werklieferungsvertrag wird man vom Schuldner immer dann nicht verlangen können, daß er das Werk im Zeitpunkt des Angebots bereits hergestellt hat,
wenn zweifelhaft ist, ob der Gläubiger das Werk überhaupt abnehmen wird, und ein
anderweitiger Absatz nicht ohne weiteres möglich ist (BGH aaO). Die zur Herstellung
des Werkes notwendigen Materialien müssen aber beschaffbar sein und vom Schuldner beschafft werden können. Dem zur Dienstleistung Verpflichteten muß man
zubilligen, das wörtliche Angebot von seinem Gewerbebetrieb oder seiner Wohnung
aus zu machen.

9 **Rechtlich** ist der Schuldner an der Leistung gehindert, wenn diese von einer *behördlichen Genehmigung* abhängt und diese Genehmigung noch aussteht (BGHZ 13, 329 für
eine nach den Devisengesetzen notwendige Genehmigung). Ist die Erteilung der Genehmigung gänzlich ausgeschlossen, ist die Leistung hingegen dauernd unmöglich, so daß

nicht die Vorschriften über den Annahmeverzug, sondern diejenigen über die Unmöglichkeit Anwendung finden (Vorbem 4 zu §§ 293–304).

Der **Arbeitnehmer** ist in folgenden Fällen rechtlich an seiner Arbeitsleistung gehin- **10** dert: Tätigkeitsverbot nach § 42 Infektionsschutzgesetz vom 20. 7. 2000 (BGBl I 1045); fehlende Berufsausübungserlaubnis, etwa fehlende Approbation eines Arztes (BAG BB 1974, 740) oder fehlender Führerschein eines Aushilfsfahrers (BAG AP Nr 2 zu § 297 BGB) oder Entzug der missio canonica bei einer Religionslehrerin (BAG AP Nr 36 zu Art 140 GG); fehlende Arbeitsgenehmigung nach § 284 SGB III (BAG NJW 1977, 1023). Der Arbeitnehmer ist in diesen Fällen aber nur dann zur Arbeitsleistung unvermögend, wenn er nicht im Rahmen seines Arbeitsverhältnisses anderweitig beschäftigt werden kann (s Rn 7). Ist der Arbeitnehmer von der Arbeitspflicht befreit, weil ihm Urlaub erteilt oder Freizeitausgleich angeordnet ist, kann er die Arbeitsleistung iSd § 297 vorübergehend nicht erbringen (BAG AP Nr 93 zu § 615 BGB = NZA 2001, 597 = NJW 2001, 1964). Die Tatsache, daß ein Arbeitnehmer noch anderweit in einem Arbeitsverhältnis steht, begründet keine rechtliche Leistungsunfähigkeit iS des § 297; dieser Umstand kann aber auf mangelnde Leistungswilligkeit schließen lassen (dazu unten Rn 15).

Bei einem *Sukzessivlieferungsvertrag* muß der Schuldner für jede einzelne Teillei- **11** stung leistungsfähig sein (RG JW 1903, Beil 1 S 79 Nr 180).

Der Schuldner ist zur Leistung nicht in der Lage, wenn er seine Leistung nur **mit Hilfe 12 eines Dritten** erbringen kann, der Dritte zur Mitwirkung aber nicht bereit ist (BAGE 7, 20 = NJW 1959, 693 für den Fall einer Filmdarstellerin, die zu einem Film unter Mitwirkung eines bestimmten Regisseurs verpflichtet war).

An der Leistungsfähigkeit des Schuldners fehlt es auch, wenn dieser die Leistung **13** unter Umständen anbietet, die die Annahme für den Gläubiger **unzumutbar** machen. Das ist etwa der Fall, wenn ein *Arbeitnehmer* sein Angebot der Arbeitsleistung mit Tätlichkeiten oder groben Beschimpfungen gegen den Arbeitgeber oder andere Arbeitnehmer verbindet (BAGE GS 3, 66 = NJW 1956, 1454). Unzumutbar ist die Annahme der Leistung auch, wenn der Arbeitnehmer, der sein Arbeitsverhältnis fortsetzen möchte, besonders grob gegen seine vertraglichen Pflichten verstoßen hat und dadurch Rechtsgüter des Arbeitgebers, seiner Familienangehörigen oder anderer Arbeitnehmer gefährdet, deren Schutz Vorrang vor dem Interesse des Arbeitnehmers an der Erhaltung seines Verdienstes hat (BAG EzA § 615 BGB Nr 54; LAG Hamm LAGE § 615 BGB Nr 10).

Tatsächliche wie rechtliche Leistungsunfähigkeit hindern den Eintritt des Annah- **14** meverzugs dann nicht, wenn sie **vom Gläubiger mit herbeigeführt** werden; die Berufung auf § 297 wäre dann entsprechend dem Rechtsgedanken des § 162 BGB rechtsmißbräuchlich (BAG BB 1967, 630 für den Fall, daß der Arbeitgeber die Untersuchungshaft des Arbeitnehmers mit herbeigeführt hat; zustimmend MARIENHAGEN BB 1967, 795; vgl auch LAG Düsseldorf Betrieb 1977, 547 für den Fall fehlender Mitwirkung des Arbeitgebers an der Arbeitsgenehmigung; s dazu heute § 284 Abs 3 SGB III).

III. Leistungswilligkeit des Schuldners

15 Während sich aus dem tatsächlichen Angebot von selbst ergibt, daß der Schuldner die Leistung erbringen will, ist das beim *wörtlichen Angebot* nicht der Fall. Auch ein wörtliches Angebot ist aber nur wirksam, wenn der Schuldner den ernstlichen Willen hat, die angebotene Leistung in dem geschuldeten zeitlichen Umfang zu erbringen (BAG NJW 1973, 1949; NJW 1974, 1348; NJW 1975, 1336). Stellt sich etwa heraus, daß der Schuldner zur Zeit des wörtlichen Angebotes über seine Leistung schon ganz anders disponiert hatte, tritt deshalb kein Annahmeverzug ein. Auf der anderen Seite genügt der Umstand, daß ein Schuldner Zweifel an der eigenen Leistungsfähigkeit hat, etwa ein Arbeitnehmer an seiner Arbeitsfähigkeit zweifelt, nicht, um den Annahmeverzug auszuschließen, wenn er sich gleichwohl zum Angebot der Leistung entschließt (BAG NJW 1973, 1949). Kündigt ein Arbeitnehmer das Arbeitsverhältnis selbst, bringt er damit regelmäßig seine fehlende Leistungswilligkeit zum Ausdruck. Nimmt er aber später von der Kündigung Abstand und erhebt Klage auf Feststellung des Fortbestehens des Arbeitsverhältnisses, kommt dadurch die Leistungswilligkeit zum Ausdruck und kann dementsprechend Annahmeverzug eintreten (BAG RzK I 13 b Nr 31).

IV. Zeitpunkt der Leistungsbereitschaft

16 Beim **tatsächlichen Angebot** gem § 294 muß der Schuldner im Zeitpunkt des Angebotes leistungsbereit sein. Daraus folgt aber nicht, wie manche meinen (Planck/Siber Anm Abs 1), daß § 297 im Falle des § 294 bedeutungslos sei. Denn einmal vermag auch das tatsächliche Angebot den Annahmeverzug nicht zu begründen, wenn die Leistung rechtlich unmöglich ist (dazu oben Rn 9 f). Zum anderen bleibt auch beim tatsächlichen Angebot die in § 297 enthaltene Beweislastregel (unten Rn 22) von Bedeutung, etwa wenn es um die Leistungsfähigkeit eines Dienstverpflichteten geht.

17 Beim **wörtlichen Angebot** (§ 295) muß der Schuldner im Zeitpunkt der Erklärung des Angebotes zur Leistung in der Lage sein (RGZ 103, 13, 15). Da das Angebot regelmäßig auch vor der Fälligkeit zulässig ist (s § 293 Rn 12), kommt es für die Frage, ob der Schuldner in der Lage ist, die Leistung vertragsgemäß zu bewirken, nicht auf den Zeitpunkt der Fälligkeit der Leistung, sondern auf den Zeitpunkt an, in dem er die Leistung wörtlich anbietet. Dies gilt natürlich nicht, wenn einer der Ausnahmefälle vorliegt, in denen der Schuldner vor Fälligkeit nicht leisten darf (§ 293 Rn 12; Staudinger/Bittner § 271 Rn 21 ff). In diesen Fällen muß der Schuldner die Leistung im Zeitpunkt der Fälligkeit bewirken können; der Gläubiger kann hier vor Fälligkeit gar nicht in Annahmeverzug kommen, auch wenn er die Annahme schon vorher verweigert hat (vgl Schulz AcP 116 [1918] 1, 14). Wenn zB laut Vertrag am 1.4. mit Erdarbeiten begonnen werden soll, so kann der Gläubiger, der am 1.2. absagt, nicht schon am 1.2. in Verzug kommen, sondern erst am 1.4.

18 Ist für die Leistung eine **Mitwirkungshandlung** des Gläubigers erforderlich, so muß der Schuldner zur Zeit des wörtlichen Angebotes imstande sein, die Leistung für den Fall, daß der Gläubiger die Mitwirkungshandlung vornimmt, in gehöriger Weise, insbesondere zur rechten Zeit und am rechten Ort zu bewirken. Es dürfen im Zeitpunkt des wörtlichen Angebotes also nicht schon Umstände vorliegen, die die künftige Erfüllung hindern (Planck/Siber Anm Abs 2). Ist der Zeitpunkt für die Mitwirkungshandlung des Gläubigers *kalendermäßig* bestimmt oder von einem bestimmten Ereignis ab nach dem Kalender zu berechnen (§ 296), muß die Leistungsmöglichkeit in dem nach dem Kalender bestimmten Zeitpunkt bestehen.

Das BAG hat von seiner Rechtsprechung, nach der der Arbeitgeber, welcher einem **19** Arbeitnehmer zu Unrecht gekündigt hat, auch ohne wörtliches Angebot des Arbeitnehmers gem § 296 in Annahmeverzug gerät (§ 296 Rn 5), von Anfang an für den Fall eine Ausnahme gemacht, daß der **Arbeitnehmer bei Ablauf der Kündigungsfrist arbeitsunfähig** erkrankt ist: Da der Arbeitnehmer aufgrund seiner Krankheit nicht leistungsfähig sei, müsse er den Arbeitgeber bei Genesung auffordern, ihm Arbeit zuzuweisen, § 295 S 2 (BAG AP Nr 34 und 35 zu § 615 BGB). Diese Auffassung hat das BAG später (AP Nr 45, 50 und 60 zu § 615 BGB) dahin modifiziert, daß ausreiche, wenn der Arbeitnehmer durch eine Kündigungsschutzklage seine Arbeitswilligkeit anzeige; eine besondere Anzeige der Leistungsfähigkeit nach Genesung sei dann nicht erforderlich. Eine Anzeige der Leistungsbereitschaft durch den Arbeitnehmer hält das BAG nunmehr selbst dann für entbehrlich, wenn der Arbeitnehmer schon bei Erhebung der Kündigungsschutzklage arbeitsunfähig erkrankt, also nicht leistungsfähig war (BAG aaO). Dieser Rechtsprechung kann *nur teilweise zugestimmt* werden: Nach hier vertretener Auffassung muß der Arbeitnehmer dem Arbeitgeber seine Arbeitskraft immer wörtlich anbieten (§ 295 Rn 20 f und § 296 Rn 4 ff), dh nicht nur in den Fällen, in denen er bei Ablauf der Kündigungsfrist arbeitsunfähig erkrankt ist. Für ein solches Angebot genügt eine Kündigungsschutzklage aber nur dann, wenn der Arbeitnehmer bei Zugang der Klage arbeitsfähig ist, da er nur dann ein iS der §§ 295, 297 wirksames Angebot abgibt. War er bei Klagerhebung arbeitsfähig, schadet auch nicht, daß er bei Ablauf der Kündigungsfrist wieder krank ist; das einmal abgegebene Angebot dauert fort (s Rn 17; Kaiser Anm zu BAG EzA § 615 BGB Nr 70). War der Arbeitnehmer aber bei Klagerhebung arbeitsunfähig erkrankt, muß er dem Arbeitgeber seine Arbeitsleistung bei Genesung erneut wörtlich anbieten. Das gilt auch bei mehrfach befristeter Arbeitsunfähigkeit (BAG AP Nr 50 zu § 615 BGB). Für den Fall, daß der Arbeitnehmer *auf unabsehbare Zeit* erkrankt ist, hat auch das BAG offengelassen, ob die in der Kündigungsschutzklage liegende Anzeige der Arbeitswilligkeit genügt (BAG AP Nr 53 zu § 615 BGB mit Anm Kaiser).

Die **Fortdauer** des einmal eingetretenen Annahmeverzugs ist nicht davon abhängig, **20** daß der Schuldner zur Leistung imstande bleibt. Veräußert er etwa die für die Lieferung bereitzuhaltende Ware anderweitig, oder ist er in den Fällen, in denen die jederzeitige Bereithaltung nicht notwendig ist, auch zur jederzeitigen Beschaffung der zu liefernden Ware nicht mehr imstande, weil er vorübergehend zahlungsunfähig geworden ist, bleibt der Annahmeverzug bestehen. Im Unterschied zu § 285, nach dem der Schuldner nicht in Verzug kommt, „solange" er unverschuldet nicht leisten kann, kommt der Gläubiger nach § 297 nur dann nicht in Verzug, wenn der Schuldner *„zur Zeit des Angebots"* nicht leistungsbereit oder -fähig ist (Kaiser Anm zu BAG EzA § 615 BGB Nr 70; Rosenberg JherJb 43, 141, 164 f). Anders ist es, wenn dem Schuldner die Leistung dauernd unmöglich wird. In diesem Fall endet der Annahmeverzug und es sind die Regeln über die Unmöglichkeit anzuwenden, § 326 Abs 2. Für die Haftung des Schuldners ist dann § 300 Abs 1 zu beachten (§ 300 Rn 2 ff).

Daß die Fortdauer des Annahmeverzugs keine Fortdauer der Leistungsbereitschaft **21** voraussetzt, gilt auch für Dauerschuldverhältnisse, insbesondere für **Arbeitsverhält-**

nisse (aA BAG BB 1961, 1128; HUECK/NIPPERDEY, Lehrbuch des Arbeitsrechts Band I [7. Aufl 1963] § 44 II 3 c; TITZE, Ehrenbergs Handbuch des gesamten Handelsrechts e d II 746; krit ZÖLLNER in Anm zu BAG AP Nr 20 zu § 615 BGB). Wird ein Arbeitnehmer während des Annahmeverzugs arbeitsunfähig krank, verreist er oder tritt er eine Haftstrafe an, bleibt der Annahmeverzug also bestehen, solange die Arbeitsleistung nicht dauernd unmöglich wird (dazu § 275 Rn 42 ff). Auch wenn der Arbeitnehmer während des Annahmeverzugs des Arbeitgebers einen neuen Arbeitsvertrag mit einem Dritten abschließt, dauert der Annahmeverzug fort (OLG Frankfurt NZA-RR 1998, 433). Um den Folgen des Annahmeverzugs zu entgehen, muß der Gläubiger diesen beenden (§ 293 Rn 23 ff).

V.   Beweislast

22   Aus der Fassung des § 297 ergibt sich, daß dem **Gläubiger**, der geltend macht, der Schuldner sei zu der maßgeblichen Zeit zur Leistung nicht imstande gewesen, die Beweislast hierfür obliegt (vgl OLG Braunschweig Recht 1905 Nr 1654; RG Recht 1918 Nr 679; RG Recht 1921 Nr 1312; BAG BB 1968, 1383). Das Leistungsvermögen des Schuldners wird also für die Frage, ob Annahmeverzug eingetreten ist, *vermutet*.

§ 298
Zug-um-Zug-Leistungen

Ist der Schuldner nur gegen eine Leistung des Gläubigers zu leisten verpflichtet, so kommt der Gläubiger in Verzug, wenn er zwar die angebotene Leistung anzunehmen bereit ist, die verlangte Gegenleistung aber nicht anbietet.

Materialien: E I § 256; II § 252; III § 292; JAKOBS/SCHUBERT 346–348.

Schrifttum

S die Schrifttumsangaben zu § 293.

Alphabetische Übersicht

1   Bei Leistungen, die **Zug um Zug** zu bewirken sind, gerät der Gläubiger, auch wenn er bereit ist, die Leistung des Schuldners anzunehmen, nach § 298 unter der Voraussetzung in Annahmeverzug, daß er die von ihm geschuldete Gegenleistung trotz Verlangens des Schuldners nicht anbietet. § 298 regelt nicht den Leistungsverzug des Gläubigers mit der von ihm dem Vertragspartner geschuldeten Leistung. Vielmehr bestimmt § 298, daß der Gläubiger dadurch, daß er seine dem Vertragspartner geschuldete Leistung nicht anbietet, in Annahmeverzug hinsichtlich der Leistung gerät, die ihm sein Vertragspartner schuldet.

Voraussetzung des § 298 ist, daß der Schuldner nur **gegen eine Leistung des Gläubigers** **2** zu leisten verpflichtet ist. Dies ist der Fall nicht nur bei Verpflichtungen aus gegenseitigen Verträgen (§§ 320 ff), sondern bei allen Verpflichtungen, die Zug um Zug zu erfüllen sind. § 298 ist in allen Fällen anwendbar, in denen der Schuldner im Zusammenhang mit seiner Leistung vom Gläubiger etwas verlangen kann (ROSENBERG JherJb 43, 198; SOERGEL/WIEDEMANN Rn 2), also besonders in den Fällen der §§ 255, 273, 285, 348, 368, 371, 785, 797, 1144, 1223 BGB, 812 Abs 1 HGB; weitere Beispiele sind §§ 601, 670, 699 und § 994 (dazu besonders ROSENBERG 198 ff) und aus dem Arbeitsrecht etwa § 81 BetrVG und § 21 Abs 6 Nr 2 GefStoffV (BAG AP Nr 4 zu § 273 BGB). Dagegen gehören die zu erstattenden Kosten des Rechtsstreits nicht zu der Zug um Zug zu erbringenden Gegenleistung (LG Hildesheim NJW 1959, 537).

§ 298 gilt erst recht in den Fällen, in denen der Gläubiger **vorzuleisten** hat (Mot II 73; **3** PLANCK/SIBER § 298 m 1; BGB-RGRK/ALFF Rn 1; SOERGEL/WIEDEMANN Rn 3; HUBER I 209).

§ 298 setzt voraus, daß der Schuldner die von ihm zu beanspruchende Gegenleistung **4** **„verlangt"**. Es genügt, daß er zum Ausdruck bringt, er werde nur leisten, wenn auch der Gläubiger bereit sei zu leisten. Verlangt der Schuldner eine höhere Gegenleistung als die vom Gläubiger geschuldete, ist das unschädlich, solange ein Zurückbehaltungsrecht tatsächlich besteht. In diesem Fall genügt, daß der Gläubiger die Gegenleistung im tatsächlich geschuldeten Umfang anbietet, um den Annahmeverzug zu verhindern.

Der Gläubiger gerät nur dann in Annahmeverzug, wenn er es unterläßt, die verlangte **5** Gegenleistung anzubieten. Es ist nicht erforderlich, daß der Gläubiger die Gegenleistung verweigert; ein bloß passives Verhalten des Gläubigers, das **„Nichtanbieten"**, genügt. Ob der Gläubiger die ihm obliegende Gegenleistung tatsächlich oder nur wörtlich anbieten muß, ist nach den entsprechend anzuwendenden §§ 294, 295 zu entscheiden (ebenso PLANCK/SIBER Anm 1 Abs 6). Hat der Gläubiger die Erbringung der Gegenleistung schon vorab eindeutig und bestimmt verweigert, genügt das wörtliche Angebot (s § 295 Rn 5).

Auch wenn der Gläubiger an der von ihm geschuldeten Gegenleistung vorüberge- **6** hend verhindert ist, gerät er trotz Annahmebereitschaft in Gläubigerverzug, es sei denn, diese **vorübergehende Verhinderung** ist nach § 299 entschuldigt: Das Nichtanbieten der geschuldeten Gegenleistung muß insofern der Nichtannahme der angebotenen Leistung iS des § 299 gleichstehen. Ist der Gläubiger an der Erbringung der Gegenleistung dauernd verhindert, gelten die Unmöglichkeitsregeln (vgl Vorbem 4 ff zu §§ 293–304).

Liegen die Voraussetzungen der Rn 2 bis 6 vor, so kommt der Gläubiger in Annah- **7** meverzug **ohne Rücksicht** darauf, ob ihn ein **Verschulden** trifft oder nicht (s Vorbem 1 zu §§ 293–304). Das ist der Inhalt des § 298. Dagegen gerät der Gläubiger durch das Nichtanbieten der von ihm geschuldeten Leistung nicht ohne weiteres in Schuldnerverzug. Vielmehr steht ihm als Schuldner gem § 286 Abs 4 der Beweis offen, daß die ihm obliegende Leistung infolge eines Umstandes unterblieben ist, den er nicht zu vertreten hat (s § 286 Rn 2, 130 ff).

8 Die Wirkungen des Annahmeverzugs folgen wie auch sonst aus §§ 300 – 304. Hat der Schuldner für die ihm vom Gläubiger geschuldete Leistung bereits eine Zug-um-Zug-Verurteilung erlangt, kann er seinen Anspruch nunmehr ohne Bewirkung der ihm obliegenden Leistung vollstrecken, § 274 Abs 2 (BGHZ 90, 354, 359).

9 Dazu, welche Auswirkungen das unterlassene Angebot der vom Gläubiger zu erbringenden Gegenleistung auf den Schuldnerverzug hat, s § 286 Rn 18 ff, 24 ff und 127.

§ 299
Vorübergehende Annahmeverhinderung

Ist die Leistungszeit nicht bestimmt oder ist der Schuldner berechtigt, vor der bestimmten Zeit zu leisten, so kommt der Gläubiger nicht dadurch in Verzug, dass er vorübergehend an der Annahme der angebotenen Leistung verhindert ist, es sei denn, dass der Schuldner ihm die Leistung eine angemessene Zeit vorher angekündigt hat.

Materialien: E II § 253; III § 253; Jakobs/ Schubert 348–349.

Schrifttum

Hirsch, Zur Revision der Lehre vom Gläubi- gerverzug (1895)
Kohler, Annahme und Annahmeverzug, JherJb 17, 265 ff, 401 ff.

S im übrigen die Schrifttumsangaben zu den Vorbem zu §§ 293–304 und zu § 293.

Alphabetische Übersicht

1 § 299 ist nur anwendbar, wenn die **Leistungszeit nicht bestimmt** oder zwar die Leistungszeit bestimmt, der Schuldner aber entsprechend § 271 Abs 2 berechtigt ist, die Leistung auch vor der Leistungszeit zu bewirken. In diesen Fällen kann die Regel des § 293, daß der Gläubiger durch Nichtannahme der angebotenen Leistung auch dann in Annahmeverzug kommt, wenn ihn an der Nichtannahme kein Verschulden trifft (s dazu die Vorbem 1 zu §§ 293–304 und § 293 Rn 17), zu großen Härten führen: Da der

Schuldner die Leistung auch vor Fälligkeit wirksam anbieten kann (s § 293 Rn 12), müßte der Gläubiger ständig zur Annahme der Leistung bereit sein, um nicht in Annahmeverzug zu geraten. Mit Rücksicht hierauf muß sich der Schuldner eine vorübergehende Annahmeverhinderung des Gläubigers gefallen lassen. Kommt es dem Schuldner darauf an, gerade zu einem bestimmten Zeitpunkt zu leisten, so muß er seine Absicht dem Gläubiger eine angemessene Zeit vorher mitteilen; dann greift nach ihrem HS 2 die Regel des § 299 nicht.

Sind die in Rn 1 erörterten Voraussetzungen gegeben, kommt der Gläubiger nicht in **2** Verzug, wenn er infolge dieser vorübergehenden Verhinderung an der Annahme gehindert ist. Das ist der Inhalt des § 299.

Welche Umstände als **vorübergehende Verhinderung** iS des § 299 anzuerkennen sind, **3** läßt sich nicht allgemein sagen. Unter Umständen genügen ein Spaziergang, eine Erholungsreise, eine allgemeine Geschäftsüberhäufung oder ein augenblicklicher Platzmangel (vgl CROME, System des Deutschen Bürgerlichen Rechts II [1907] 148 Note 23). Auch ein jüdischer Sabbat oder ein Trauerfall in der Familie entschuldigt gem § 299, wenn der Gläubiger an diesem Tag sein Geschäftslokal geschlossen hält und nach der Natur der Leistung eine Verhinderung während eines Tages als vorübergehend erachtet werden kann (**aA** OLG Hamburg SeuffA 67 Nr 173 = OLGE 28, 70; OERTMANN Anm 3). Entscheidend ist letzten Endes der Rechtsgrundsatz des *§ 242*, also Treu und Glauben und die Verkehrssitte (HUBER I 188). Etwa kann es durchaus berechtigt sein, daß der Gläubiger bei Annahme der Leistung persönlich anwesend sein möchte, um die Leistung zu kontrollieren. Legt der Gläubiger mit Recht auf seine persönliche Anwesenheit bei der Leistungsbewirkung Wert, ist jeder Umstand, der ihm die persönliche Anwesenheit unmöglich macht, eine vorübergehende Verhinderung iS des § 299. Geht es etwa um eine Heizöllieferung, für deren Abnahme nicht von vornherein ein bestimmter Tag und eine bestimmte Stunde festgesetzt ist, so kann der Gläubiger verlangen, daß das Heizöl nicht zu einem Zeitpunkt geliefert wird, an dem er gerade durch anderweitige Geschäfte gehindert ist, bei der Lieferung anwesend zu sein und nachzuprüfen, ob die vereinbarte Menge vollständig geliefert wird und das Heizöl in Ordnung ist.

Will der Schuldner vor Fälligkeit oder zu einem unbestimmten Zeitpunkt leisten, so **4** muß er die Leistung eine angemessene Zeit vorher **ankündigen**. Annahmeverzug tritt dann ein, wenn der Gläubiger zu dem angekündigten Zeitpunkt nicht annimmt oder – im Falle des § 295 – die erforderliche Mitwirkungshandlung nicht vornimmt, insbesondere bei einer Holschuld die Sache nicht abholt.

Die Ankündigung der Leistung muß regelmäßig **vom Schuldner** ausgehen. Die An- **5** kündigung eines Dritten, der die Leistung bewirken will, braucht der Gläubiger nicht zu beachten. Dies folgt nicht nur aus dem Wortlaut des § 299 („der Schuldner"), sondern auch aus dem Grundgedanken des § 267 iVm § 268: Nach § 267 Abs 1 S 1 kann zwar ein Dritter die Leistung bewirken; der Gläubiger kann nach Abs 2 die Leistung aber ablehnen, wenn der Schuldner widerspricht. Der Unsicherheit, ob der Schuldner der Leistungsbewirkung durch den Dritten widersprechen wird, braucht sich der Gläubiger nicht auszusetzen (vgl § 295 Rn 24). Anders ist es nur, wenn der Dritte gem § 268 zur Leistung für den Schuldner berechtigt ist; der Gläubiger darf die Leistung durch den Dritten dann unter keinen Umständen ablehnen (s STAUDINGER/

BITTNER § 268 Rn 1, 12). Die Ankündigung eines solchen Dritten, zu einer bestimmten Zeit leisten zu wollen, muß deshalb als Ankündigung iS des § 299 anerkannt werden.

6 Kündigt der Schuldner oder der gem § 268 dazu berechtigte Dritte die Leistung für eine **unpassende Zeit** an, führt das den Annahmeverzug erst zu dem Zeitpunkt herbei, zu welchem vom Gläubiger billigerweise die Annahme erwartet werden kann. Teilt der Verkäufer eines Pkw dem Käufer mit, der Wagen stehe am folgenden Tag zur Abholung bereit, und hat der Käufer für diesen Tag bereits eine Geschäftsreise geplant, tritt Annahmeverzug erst am Folgetag ein. S zu dem gleichgelagerten Problem bei der Mahnung als Voraussetzung des Schuldnerverzugs § 286 Rn 44.

7 Ist zwischen den Parteien ein bestimmter Leistungszeitpunkt festgesetzt, gilt nach § 299 dieser. Bestimmungen, nach denen der Gläubiger die Leistung innerhalb einer bestimmten Frist nach Anzeige der Bereitstellung abzuholen hat, sind regelmäßig so zu interpretieren, daß Annahmeverzug erst nach Ablauf der Frist eintritt, mit der Folge, daß der Schuldner noch bis zum Ablauf der Frist uneingeschränkt haftet (HUBER I 190 f).

§ 300
Wirkungen des Gläubigerverzugs

(1) Der Schuldner hat während des Verzugs des Gläubigers nur Vorsatz und grobe Fahrlässigkeit zu vertreten.

(2) Wird eine nur der Gattung nach bestimmte Sache geschuldet, so geht die Gefahr zu dem Zeitpunkt auf den Gläubiger über, in welchem er dadurch in Verzug kommt, dass er die angebotene Sache nicht annimmt.

Materialien: E I § 257; II § 254; III § 294; Jakobs/Schubert 349–354.

Schrifttum

BALLERSTEDT, Zur Lehre vom Gattungskauf, in: FS Nipperdey (1955) 261

vCAEMMERER, Anleiheschulden und Einlösungsmittel, JZ 1951, 740

CUNO, Übergang der Gefahr bei Gattungsschulden nach dem BGB (1901)

HAASE, Umstellungsverhältnis, BB 1951, 212

HÖNN, Zur Dogmatik der Risikotragung im Gläubigerverzug bei Gattungsschulden, AcP 177 (1977) 385

HUBER, Zur Konzentration beim Gattungskauf, in: FS Ballerstedt (1975) 327

KISCH, Gattungsschuld und Wahlschuld (1912)

LORENZ, Die besondere Bedeutung des § 300 II

BGB gegenüber dem § 243 II BGB (Diss Göttingen 1931)

MEDICUS, Die konkretisierte Gattungsschuld, JuS 1966, 297

MERZINGER, Das Verhältnis von Konzentration und Annahmeverzug bei der Gattungsschuld (Diss Leipzig/Trier 1902)

RIEDINGER, Verwandlung von Bringschulden in Holschulden durch Annahmeverweigerung des Gläubigers, JW 1914, 736

SCHRÖDER, Zur Auslegung des § 300 II BGB, MDR 1973, 466

VINS, Die Konzentrationswirkung des Annah-

meverzuges im Fall der Gattungsschuld (Diss Leipzig 1913)
WERTHEIMER, Der Gläubigerverzug im System der Leistungsstörungen, JuS 1993, 646.

S im übrigen die Schrifttumsangaben in den Vorbem zu §§ 293–304.

Systematische Übersicht

Alphabetische Übersicht

I.   Allgemeines

§ 300 legt zwei Wirkungen des Annahmeverzugs fest: Als Gegenstück zu § 287 S 1, **1** der beim Schuldnerverzug den für den Schuldner geltenden Verschuldensmaßstab heraufsetzt, setzt Abs 1 diesen *Verschuldensmaßstab* während des Annahmeverzugs herab. Zum anderen ordnet Abs 2 bei Gattungsschulden den Übergang der *Leistungsgefahr* auf den Gläubiger an.

II. Beschränkung des Verschuldensmaßstabes

2 Der Annahmeverzug befreit den Schuldner zwar nicht von seiner Leistungspflicht. Seine Haftung für die Leistungspflicht ist während des Annahmeverzugs aber gegenüber dem regelmäßigen Verschuldensmaßstab des § 276 Abs 1 gemildert: Der Schuldner haftet vom Eintritt des Annahmeverzugs gem § 300 Abs 1 bis zu dessen Beendigung (dazu § 293 Rn 23 ff) nur für *Vorsatz* und *grobe Fahrlässigkeit*.

3 Die **Haftungseinschränkung** des Abs 1 soll dem Umstand Rechnung tragen, daß der Schuldner während des Annahmeverzugs mit der Sorge für den Leistungsgegenstand belastet bleibt, obwohl er eigentlich damit rechnen konnte, durch Abgabe des Leistungsgegenstandes von seiner Leistungspflicht frei zu werden (RG JW 1921, 394; RG SeuffA 76, 96 abw von RGZ 57, 102; grundsätzlich auch BGH MDR 1958, 335; OLG Saarbrücken NJW-RR 2002, 523; LARENZ I § 25 II a; WERTHEIMER JuS 1993, 647; SCHMIDT-KESSEL § 18 III). Gäbe es Abs 1 nicht, würde der Verkäufer, der den Untergang des Leistungsgegenstandes beim Rücktransport der Sache nach einem vergeblichen Angebot oder bei einem erneuten Transport zum Käufer verschuldet, zwar gem § 275 Abs 1 von seiner Leistungspflicht frei; er schuldete dem Gläubiger für den Sachuntergang aber Schadensersatz statt der Leistung gem §§ 283, 280 Abs 1. Gleiches gälte für den Werkunternehmer, der nach Eintritt des Annahmeverzugs infolge Unachtsamkeit das bestellte Werk beschädigt. Diese Rechtsfolgen gelten wegen § 300 Abs 1 im Annahmeverzug nur dann, wenn der Schuldner den Untergang des Leistungsgegenstandes mindestens grob fahrlässig verursacht hat. Hat er lediglich leicht fahrlässig gehandelt, so behält er gem § 326 Abs 2 seinen Gegenleistungsanspruch (STAUDINGER/OTTO [2004] § 326 Rn C 20 ff, C 52 ff); die Schadensersatzpflicht aus §§ 280 Abs 1, 283 entfällt. § 300 Abs 1 gilt auch, wenn der Gläubiger durch die Nichtannahme der Leistung gleichzeitig in Schuldnerverzug mit einer Abnahmepflicht gerät (dazu Vorbem 12 zu §§ 293–304; HONSELL JuS 1979, 81; BAUMANN/HAUTHAR JuS 1983, 273, 274).

4 § 300 Abs 1 ist bei der Anwendung von § 275 Abs 2 S 2 zu beachten: Nur wenn der Schuldner das Leistungshindernis mindestens grob fahrlässig verschuldet hat, ist dieses Verschulden bei der Bestimmung der ihm zumutbaren Anstrengungen zu berücksichtigen.

5 Zu den Begriffen Vorsatz und grobe Fahrlässigkeit vgl näher § 276 Rn 20 ff, 92 ff. Für § 300 ist es beispielsweise als **grob fahrlässig** angesehen worden, wenn der Verkäufer eines Kfz dieses einfach dem Verfall preisgibt (OLG Oldenburg MDR 1976, 41). Zu dem Fall, daß der Verkäufer während des Annahmeverzugs des Käufers das diesem verkaufte Unternehmen aufgibt vgl RGZ 94, 140. Auch das Einfrierenlassen von Heizkörpern ist regelmäßig grob fahrlässig; daß ein zur Herausgabe einer Mietsache verpflichteter Schuldner irrtümlich gemeint hat, ihn treffe wegen des Annahmeverzugs keine Obhutspflicht, entschuldigt ihn nicht (BGHZ 86, 204, 211). Daß der zur Lieferung und Installation von EDV-Programmen verpflichtete Schuldner nicht hartnäckig auf der Überlassung fehlender Teile des Pflichtenheftes besteht (vgl § 295 Rn 13), begründet regelmäßig noch keine zum Schuldnerverzug führende grobe Fahrlässigkeit (BGH NJW-RR 1994, 1469, 1470 f). In Betracht kommt häufig ein *Mitverschulden* des Gläubigers (BGH aaO), insbes nach § 254 Abs 2. Zu den Folgen beiderseits zu verantwortender Unmöglichkeit für die Gegenleistung STAUDINGER/OTTO (2004) § 326 Rn C 65 ff.

Abs 1 bezieht sich auf **Gattungsschulden** nur, soweit die ganze Gattung, auf die sich **6** das Schuldverhältnis bezieht, untergeht, insbesondere bei einer sog *Vorratsschuld* (dazu § 275 Rn 13). Soweit das Unvermögen des Schuldners zur Beschaffung der geschuldeten Gattungssache überhaupt in Frage steht, ist wegen der verschuldensunabhängigen Einstandspflicht gem § 276 Abs 1 S 1 HS 2 (dazu § 276 Rn 149 ff) für Abs 1 kein Raum.

Der BGH (MDR 1958, 335) hat Abs 1 auch in einem Fall angewandt, in dem der **7** Annahmeverzug ausnahmsweise schon eingetreten war, obwohl der Schuldner den Leistungsgegenstand noch gar nicht in den Händen, nämlich bei einem Werklieferungsvertrag die Sache noch nicht hergestellt hatte. Nach Meinung des BGH soll der Schuldner dafür, daß die **Beschaffung** der für die Werkherstellung notwendigen Teile während des Annahmeverzugs unmöglich wird, nur für Vorsatz und grobe Fahrlässigkeit haften. Denn diese Beschaffung betreffe „die Vorsorge für den Leistungsgegenstand". Dieser ausdehnenden Anwendung des Abs 1 kann *nicht gefolgt* werden: Die Vorschrift will dem Schuldner nur die Last erleichtern, die er zu tragen hat, weil er den Leistungsgegenstand bei sich aufbewahren muß; sie will dem Schuldner nicht die Pflichten erleichtern, die ihn ohnehin aufgrund des Schuldverhältnisses treffen (wie hier nun SCHMIDT-KESSEL § 18 III). Zu diesen Pflichten gehört aber auch die Beschaffung der zu liefernden Ware oder der Teile, die zur Herstellung des Leistungsgegenstandes notwendig sind.

Ist Gegenstand des Schuldverhältnisses eine **Handlung**, insbesondere eine Dienst- **8** oder *Arbeitsleistung*, und gerät der Gläubiger in Annahmeverzug, so ist Abs 1 nicht anwendbar (aA PLANCK/SIBER Anm 2): Der Annahmeverzug bürdet dem Schuldner, etwa einem Berufssportler, im Hinblick auf die Erhaltung seiner persönlichen Leistungsfähigkeit keine über die vertragliche Leistungspflicht hinausgehenden Lasten auf, weswegen es nicht gerechtfertigt ist, ihn während des Annahmeverzugs für die Erhaltung dieser Leistungspflicht nur noch gemindert haften zu lassen.

Die Haftungsmilderung des Abs 1 gilt **nicht für sonstige Pflichten** des Schuldners, die **9** neben seiner Pflicht zur Leistung des geschuldeten Gegenstandes bestehen. Insbesondere haftet der Schuldner bei einem Selbsthilfeverkauf nach den allgemeinen Grundsätzen (RG JW 1921, 394; Gruchot 67, 301, 302 = Recht 1923, 1227 zu § 373 HGB; aA wohl OLG Köln NJW-RR 1995, 52, 54). Auch der Haftungsmaßstab bei Verletzung sonstiger Nebenpflichten im Rahmen von §§ 280 Abs 1, 241 Abs 2 bestimmt sich nach den allgemeinen Verschuldensmaßstäben (PALANDT/HEINRICHS Rn 2; ERMAN/BATTES Rn 3; SOERGEL/WIEDEMANN Rn 8; BGB-RGRK/ALFF Rn 1; MünchKomm/ERNST Rn 2).

Verschuldet der **Verkäufer** während des Annahmeverzugs eine Verschlechterung der **10** bei ihm befindlichen Sache, kommt ihm die Einschränkung des Haftungsmaßstabs nach § 300 Abs 1 zugute (s Rn 3). Dies führt zu einer entsprechenden Einschränkung der Schadensersatzhaftung wegen eines Sachmangels nach § 437 Nr 3 (insoweit zur alten Rechtslage STAUDINGER/HONSELL [1995] Vorbem 20 ff zu §§ 459 ff aF). Auf der anderen Seite schränkt Abs 1 auch die Haftung des Käufers nach erfolgtem Rücktritt ein, wenn der Verkäufer die verkaufte Sache nicht zurücknimmt (RG WarnR 1912 Nr 376; s STAUDINGER/KAISER [2001] § 347 aF Rn 56).

Besteht wegen des Untergangs oder der Verschlechterung des Leistungsgegenstan- **11** des im Annahmeverzug zugleich ein Anspruch aus **unerlaubter Handlung**, so erstreckt sich die Haftungsbeschränkung des Abs 1 auch auf den Anspruch aus unerlaubter Handlung (PALANDT/HEINRICHS Rn 2; SOERGEL/WIEDEMANN Rn 10; MünchKomm/ERNST Rn 2). Dies gilt etwa, wenn die Mietsache nach Ende der Mietzeit zerstört oder beschädigt wird oder wenn ein Gerüst nach der Durchführung von Verputzarbeiten nicht abgeschlagen wird (OLG Koblenz OLGR Koblenz 2002, 93).

12 Erhält ein Unternehmer **Ware, die er nicht bestellt** hat, ist Abs 1 auf etwaige gegen ihn gerichtete Ansprüche aus § 823 Abs 1 wegen Zerstörung oder Beschädigung der Ware entsprechend anzuwenden. Von dem Empfänger der Ware, der keinerlei Anlaß für die Lieferung gegeben hat, kann nicht erwartet werden, daß er den Leistenden mit der Warenrücknahme in Annahmeverzug setzt, ehe sich seine Haftung für den Untergang oder Verlust der Sache mindert (aA SCHROEDER AcP 179 [1979] 562, 592). Hat der Leistende die Ware bewußt unbestellt zugesandt, kann sein Schadensersatzanspruch auch bei grob fahrlässiger Zerstörung oder Beschädigung der Sache durch den Empfänger nach § 254 Abs 1 gemindert oder sogar ausgeschlossen sein. Für die Lieferung nicht bestellter Sachen durch einen Unternehmer an einen Verbraucher gilt nunmehr die Spezialvorschrift des § 241a. S die Erl dort.

13 Abs 1 gilt nicht für die Haftung des Frachtführers. Die Folgen von Ablieferungshindernissen sind in § 419 HGB speziell geregelt. Eine Einschränkung des Haftungsmaßstabs sieht diese Regelung nicht vor (vgl für die frühere EVO RGZ 108, 50, 57; zum Verhältnis der allgemeinen Leistungsstörungen zu den §§ 407 ff HGB KOLLER, Transportrecht [4. Aufl 2000] § 407 HGB Rn 82 ff sowie SCHMIDT-KESSEL § 5 VII).

14 Nach Abs 1 ändert sich nur das Maß der zu beobachtenden Sorgfalt, nicht aber die **Beweislast**. Der Schuldner genügt der ihm beim Untergang des Leistungsgegenstandes nach § 280 Abs 1 S 2 obliegenden Beweislast, wenn er beweist, daß die Leistung während des Annahmeverzugs durch einen Umstand unmöglich geworden ist, der nicht auf seine grobe Fahrlässigkeit zurückzuführen ist oder zurückzuführen sein kann (s STAUDINGER/OTTO § 280 Rn F 16; BAUMGÄRTEL/STRIEDER [2. Aufl 1991] Rn 1; MünchKomm/ERNST Rn 3).

III. Übergang der Leistungsgefahr bei der Gattungsschuld

15 Nach heute nahezu einhelliger Auffassung ist die Gefahr, die nach § 300 Abs 2 bei Gattungsschulden im Annahmeverzug auf den Gläubiger übergeht, die sog *Leistungsgefahr*: Der Schuldner soll gem § 275 Abs 1 von der Leistungspflicht frei werden, wenn die dem Gläubiger angebotene Sache untergeht oder ihm die nachträgliche Lieferung ausnahmsweise, etwa wegen kriegsbedingter extrem gestiegener Transportkosten, nicht mehr zugemutet werden kann, § 275 Abs 1, Abs 2. § 300 Abs 2 tritt neben § 243 Abs 2, der allgemein den Übergang der Leistungsgefahr bei Gattungsschulden regelt. Keine Aussage enthält Abs 2 hingegen über die *Vergütungsgefahr*. Hier bleibt es bei den Regeln des § 326 und – beim Kaufvertrag – der §§ 446, 447; im Annahmeverzug ist insbesondere § 326 Abs 2 von Bedeutung (dazu STAUDINGER/OTTO [2004] § 326 Rn C 20 ff).

16 Für Abs 2 bleibt **neben § 243 Abs 2** nur ein **eingeschränkter Anwendungsbereich**. Um diesen Anwendungsbereich zu verdeutlichen, ist es zweckmäßig, den Fall, in dem der

Annahmeverzug nach Aussonderung der Sache durch den Schuldner eingetreten ist, von dem zu unterscheiden, in dem der Gläubiger bereits vor dieser Aussonderung in Annahmeverzug geraten ist.

Zunächst zum 1. Fall **(Annahmeverzug nach Aussonderung):** Die Konkretisierung **17** nach § 243 Abs 2 setzt voraus, daß der Schuldner das zur Erfüllung der Verbindlichkeit seinerseits Erforderliche getan hat. Dies ist bei *Holschulden* lediglich die Aussonderung verbunden mit der Benachrichtigung an den Gläubiger, daß die Sache zur Abholung bereit stehe (vgl näher STAUDINGER/SCHIEMANN [1995] § 243 Rn 36 f; s aber die bei SCHMIDT-KESSEL § 16 II 3 angesprochenen Fälle). Hier fallen Konkretisierung nach § 243 Abs 2 und Begründung des Annahmeverzugs durch ein wörtliches Angebot nach § 295 zusammen, so daß Abs 2 keine eigene Bedeutung hat. Anders kann es aber bei **Schick- und Bringschulden** liegen. Hier erfordert die Konkretisierung nach § 243 Abs 2 zusätzlich zur Aussonderung die Versendung bzw Anlieferung der Sache. An der Versendung bzw Anlieferung kann der Schuldner aber infolge eines Verhaltens des Gläubigers gehindert sein, nämlich wenn der Gläubiger von vornherein erklärt, er werde die Leistung nicht annehmen, oder wenn er eine notwendige Mitwirkungshandlung, wie etwa die Bereitstellung von Transportbehältern unterläßt. Bietet der Schuldner die Leistung dann durch ein **wörtliches Angebot** nach § 295 an, geht nach Abs 2 die Leistungsgefahr über, obwohl die Leistung noch nicht nach § 243 Abs 2 konkretisiert worden ist (ERMAN/BATTES Rn 5; SOERGEL/WIEDEMANN Rn 13; PALANDT/ HEINRICHS Rn 5; LARENZ I § 25 II b). Weitergehend mißt vCAEMMERER (JZ 1951, 740, 744) Abs 2 Bedeutung auch bei Holschulden und bei der Bringschuld dann zu, wenn der Schuldner die Sache dem Gläubiger an dessen Wohn- oder Geschäftssitz gebracht und angeboten hat. Dies erklärt sich aber aus einem engeren als dem herrschenden Verständnis des § 243 Abs 2: Nach dieser Auffassung ist eine Schuld erst konkretisiert, wenn der Gläubiger bei der Holschuld die Sache tatsächlich abgeholt und bei der Bringschuld tatsächlich abgenommen hat.

Man hat diesem Fall des Abs 2 vielfach auch die **Geldschuld** zugeordnet, weil nach **18** § 270 Abs 1 der Schuldner Geld im Zweifel auf seine Gefahr dem Gläubiger zu übermitteln hat. Dem kann zugestimmt werden, soweit es darum geht, daß übermitteltes Bargeld vom Gläubiger nicht angenommen wird und nun, etwa durch einen Brand, verlorengeht (zutr LARENZ I § 25 II b aE; ESSER/SCHMIDT I 1 § 13 III 3). Soweit aber Rechtsprechung und Lehre mit Hilfe des Abs 2 versucht haben, dem Gläubiger im Annahmeverzug bei gesonderter Aufbewahrung des Geldes auch das *Geldwertrisiko* aufzuerlegen (BGH LM § 12 HöfeO Nr 5; weitere Nachweise für die Rspr des RG und die ältere Lit in STAUDINGER/WERNER[11] Rn 17), kann dem nicht gefolgt werden: Abs 2 betrifft nur die Leistungsgefahr, nicht aber das Risiko von Wertschwankungen einer Sache oder von Geld. Die Wirkungen des Annahmeverzugs bei Geldschulden sind im wesentlichen auf den Wegfall der Verzinsungspflicht (§ 301) beschränkt (vgl OGHZ 3, 85, 88 f; SOERGEL/WIEDEMANN[12] Rn 17; LARENZ aaO, der allerdings in Fn 21 bei Geldwertschulden den Annahmeverzug als spätesten Zeitpunkt für eine summenmäßige Fixierung ansehen will, etwa bei einer Währungsumstellung).

Zum 2. Fall **(Annahmeverzug vor Aussonderung):** Es ist möglich, daß der Gläubiger **19** durch ein wörtliches Angebot gem § 295 in Verzug gesetzt wird, ohne daß der Schuldner vorher oder gleichzeitig die anzubietende Sache aus der Gattung ausgesondert hat (vgl § 297 Rn 8). In diesem Fall erfordert der Gefahrübergang nach Abs 2 zusätzlich

Manfred Löwisch

zum Annahmeverzug **noch die Aussonderung** aus der Gattung, weil erst dann feststeht, auf welche Sache sich der Übergang der Leistungsgefahr bezieht. Dem Schuldner kann nicht zugebilligt werden, sich darauf zu berufen, daß irgendein Teil der
Gattung, aus der er zu leisten hat, während des Annahmeverzugs untergegangen ist
(BGH WM 1975, 917, 920; HÖNN AcP 177 [1977] 396 ff; LARENZ I § 25 II b; PALANDT/HEINRICHS
Rn 4; SOERGEL/WIEDEMANN[12] Rn 15 f; **aA** MEDICUS JuS 1966, 301 f; HUBER, in: FS Ballerstedt [1975]
339 ff).

20 Die hM wird von SCHROEDER (MDR 1973, 466 ff; ebenso nun SCHMIDT-KESSEL § 16 II 3) für
den Fall in Frage gestellt, daß sich das wörtliche Angebot des Schuldners nach § 295
von vornherein auf einen bestimmten Vorrat der Gattungssachen bezogen hat, *ohne
daß* zugleich eine *beschränkte Gattungsschuld* vorlag. Habe etwa der Schuldner einen
bestimmten Posten einer Ware auf Lager genommen und den Gläubiger aufgefordert, die Ware abzuholen, so sei es auch dann gerechtfertigt, die Leistungsgefahr
übergehen zu lassen, wenn der Schuldner den für den Gläubiger bestimmten Teil
zwar noch nicht ausgesondert habe, es aber sicher sei, daß der Gläubiger bei rechtzeitiger Abholung aus dem auf Lager genommenen, später untergegangenen Posten
bedient worden wäre. Dieser Auffassung kann nicht gefolgt werden. Sie übersieht,
daß der Schuldner mit der Konkretisierung der Gattungsschuld zur Stückschuld auch
seinerseits eine Bindung eingehen muß. Diese Bindung besteht darin, daß der
Schuldner die einmal ausgesonderten Sachen nicht mehr ohne weiteres anders verwerten, insbesondere anderweit veräußern kann, sondern auf die dem Gläubiger
anzuzeigende Hinterlegung (§§ 373, 374) und in bestimmten Fällen auf den dem
Gläubiger anzudrohenden Selbsthilfeverkauf (§§ 383, 384 BGB, § 373 HGB) angewiesen ist (zum Streit um die Bindung, der besonders beim Versendungskauf praktisch wird, s
SCHMIDT-KESSEL § 16 II 3). Dem Schuldner die Leistungsgefahr zu nehmen, ohne daß er
selbst eine solche Bindung eingegangen ist, ist nicht gerechtfertigt.

21 Entgegen der hM (RGZ 57, 402, 404; vCAEMMERER JZ 1951, 745; BGB-RGRK/ALFF Rn 6) ist
für den Übergang der Leistungsgefahr nach Abs 2 *nicht zusätzlich erforderlich*, daß
der Schuldner die *Aussonderung an den Gläubiger bekanntgibt* (zutr SOERGEL/
WIEDEMANN Rn 16; SCHMIDT-KESSEL § 16 II): Durch das den Annahmeverzug bewirkende
wörtliche Angebot ist der Gläubiger genug gewarnt; vor Durchführung des Selbsthilfeverkaufes schreibt das Gesetz ohnehin eine weitere Benachrichtigung vor.

22 Abs 2 kann **im Fall des § 296 nicht** angewandt werden, (**aA** LARENZ I § 25 II b; PALANDT/
HEINRICHS Rn 4; MünchKomm/ERNST Rn 4): Es *fehlt* hier schon an einem *Angebot* der
Leistung, welches Abs 2 seinem Wortlaut nach ausdrücklich voraussetzt. Das macht
auch Sinn: Der Gläubiger soll, ehe die Leistungsgefahr auf ihn übergeht, wenigstens
durch das Angebot der Leistung auf diese Möglichkeit hingewiesen werden.

23 Obwohl bei Zug-um-Zug-Leistungen nach § 298 der Annahmeverzug nicht infolge
der Nichtannahme des Angebotes, sondern infolge des **fehlenden Angebots der
Gegenleistung** eintritt, ist Abs 2 hier hingegen anwendbar: Der Gläubiger ist durch
das Angebot des Schuldners auf die Möglichkeit des Übergangs der Leistungsgefahr
hingewiesen worden.

§ 301
Wegfall der Verzinsung

Von einer verzinslichen Geldschuld hat der Schuldner während des Verzugs des Gläubigers Zinsen nicht zu entrichten.

Materialien: E I § 259; II § 255; III § 295;
Jakobs/Schubert 354–356.

Schrifttum

Vgl die Schrifttumsangaben zu den Vorbem zu
§§ 293–304 und zu § 293.

Alphabetische Übersicht

§ 301 bestimmt als weitere Rechtsfolge des Annahmeverzugs die **Beendigung des** **1** **Zinsenlaufs** einer verzinslichen Geldschuld für die Zeit des Verzuges: Da die Zinspflicht mit der Erfüllung der Geldschuld geendet hätte, sieht es das Gesetz nicht als gerechtfertigt an, den Schuldner weitere Zinsen zahlen zu lassen, wenn die Erfüllung nur daran gescheitert ist, daß der Gläubiger die Leistung nicht angenommen hat (zur Vereinbarkeit mit der Zahlungsverzugsrichtlinie der EG s SCHMIDT-KESSEL § 2 II 5 c). Der Schuldner ist für die Zeit des Annahmeverzugs von der Zinspflicht befreit, nicht etwa sind die Zinsen nur gestundet (OLG Hamburg HansGZ 1923, 230).

§ 301 gilt für verzinsliche **Geldschulden**. Zum Begriff der Geldschuld s STAUDINGER/ **2** K SCHMIDT (1997) Vorbem A 44 ff zu § 244. Für *sonstige* verzinsliche Schulden, die selten vorkommen, endet die Verzinsung erst mit der Hinterlegung des Geschuldeten (§ 379 Abs 2). Vgl dazu KOHLER JherJb 17, 261, 382 ff; ders, Zwölf Studien 227 ff.

Auf welchem **Rechtsgrund** die Zinspflicht beruht, ist *gleichgültig*: Weder gesetzliche **3** noch vertragliche Zinsen sind während des Annahmeverzugs zu entrichten. Daß der Schuldner während des Annahmeverzugs keine Verzugszinsen nach § 288 schuldet, ist selbstverständlich, da der Annahmeverzug des Gläubigers den Leistungsverzug des Schuldners hinsichtlich derselben Leistung ausschließt (STAUDINGER/OTTO § 284 Rn 56 f). Nach § 301 wird der Schuldner während des Annahmeverzugs von seiner

Zinsverbindlichkeit auch dann befreit, wenn er die Gegenleistung des Gläubigers aus dem Schuldverhältnis bereits empfangen hat. Ist vereinbart, daß der Käufer ab Lieferung der Kaufsache zusätzlich zum Kaufpreis Fälligkeitszinsen zu entrichten hat, entfallen diese mit dem Annahmeverzug des Verkäufers.

4 § 301 gilt *nicht zugunsten desjenigen, der fremdes Geld für sich selbst verwendet* hat und deshalb – wie etwa gem §§ 668, 1834 – zur Verzinsung dieses Geldes verpflichtet ist: In diesen Fällen, insbesondere wenn der Schuldner das fremde Geld für seine eigene Lebenshaltung verwendet, wäre es unbillig, den Gläubiger allein auf den Nutzungserstattungsanspruch des § 302 zu verweisen. Der Schuldner kann sich hier durch die nach § 372 mögliche Hinterlegung des Geldes von der Zinspflicht befreien, § 379 Abs 2 (wie hier OERTMANN; PALANDT/HEINRICHS Rn 2; iE auch PLANCK/SIBER; aA ERMAN/BATTES Rn 3).

5 Hat der Schuldner aus der geschuldeten Summe während des Annahmeverzugs selbst *tatsächlich* Zinsen gezogen, indem er zB das dem Gläubiger geschuldete Geld bei einer Bank verzinslich angelegt hat, sind die Zinsen trotz § 301 als **tatsächlich gezogene Nutzungen** dann herauszugeben, wenn sich aus allgemeinen Vorschriften (§§ 346 Abs 1, 818, 987 f) eine Herausgabepflicht ergibt (s § 302 Rn 4).

6 § 301 kann keine Pflicht des Darlehensnehmers begründen, eine verzinsliche Geldschuld über den Zeitpunkt der Fälligkeit hinaus bis zum Eintritt des Annahmeverzugs weiter zu verzinsen. § 301 enthält **nur einen Beendigungstatbestand**, nicht aber eine Grundlage für einen Zinsanspruch (BGHZ 104, 337, 341; RIEBLE, Ansprüche des Darlehensgebers bei Verzug des Darlehensnehmers, ZIP 1988, 1027; SOERGEL/WIEDEMANN Rn 2; GOTTHARDT, Zur Bemessung des nach dem gewöhnlichen Lauf der Dinge zu erwartenden Schadens einer Bank bei Verzug eines Kreditschuldners, WM 1987, 1381, 1384; aA RG JW 1936, 2858 Nr 5; München OLGZ 1978, 452; PALANDT/HEINRICHS Rn 1; BGB-RGRK/ALFF Rn 3). Eine solche Zinspflicht kann sich aber aus Vertrag oder aus § 288 ergeben, wenn der Gläubiger mit dem Annahmeverzug auch in Schuldnerverzug mit einer entsprechenden Abnahmepflicht gerät. Folgt weder aus dem Vertrag noch aus dem Gesetz eine Zinspflicht, kommt aber möglicherweise ein Anspruch des Gläubigers auf Nutzungserstattung (s § 302) in Betracht. Das ist insbesondere von Bedeutung, wenn ein Anspruch auf Verzugszinsen (dazu § 288 Rn 6 ff) daran scheitert, daß der Schuldner die Leistungsverzögerung nicht zu vertreten hat (§ 286 Abs 4), wie etwa infolge neu eingeführter, unvorhersehbarer Devisenbeschränkungen (vgl RG aaO; BGH NJW 1958, 137).

§ 302
Nutzungen

Hat der Schuldner die Nutzungen eines Gegenstands herauszugeben oder zu ersetzen, so beschränkt sich seine Verpflichtung während des Verzugs des Gläubigers auf die Nutzungen, welche er zieht.

Materialien: E I § 253; II § 256; III § 296;
JAKOBS/SCHUBERT 354–356.

Schrifttum

Vgl die Schrifttumsangaben zu den Vorbem zu
§§ 293–304 und zu § 293.

Alphabetische Übersicht

§ 302 betrifft den Fall, daß der Schuldner aufgrund des Schuldverhältnisses ver- **1**
pflichtet ist, die Nutzungen eines Gegenstandes herauszugeben, etwa aufgrund des
Rückabwicklungsschuldverhältnisses nach Rücktritt (§ 346 Abs 1), aufgrund des
Bereicherungsverhältnisses (§§ 812 ff) oder des Eigentümer-Besitzer-Verhältnisses
(§§ 987 ff). § 302 **beschränkt** die Herausgabepflicht auf die tatsächlich gezogenen
Nutzungen, auch wenn die Verpflichtung aus dem Schuldverhältnis, zB gem § 347
Abs 1, § 987 Abs 2, weitergeht.

Daß der Schuldner nach § 302 nur die tatsächlich gezogenen Nutzungen herausgeben **2**
muß, bedeutet, daß eine etwaige **Verpflichtung des Schuldners, Nutzungen zu ziehen**,
mit Eintritt des Annahmeverzugs **endet** (Mot II 75). Ob vor Eintritt des Annahmeverzugs eine dahingehende Verpflichtung bestand, richtet sich nach dem Inhalt
des jeweiligen Schuldverhältnisses.

Hinsichtlich seiner Verpflichtung, die tatsächlich gezogenen Nutzungen herauszu- **3**
geben, **haftet** der Schuldner nach allgemeinen Grundsätzen. *§ 300 Abs 1 ist insoweit
nicht* anwendbar, weil der Schuldner die Herausgabepflicht selbst dadurch begründet, daß er tatsächlich Nutzungen zieht.

§ 302 kann *nicht* entnommen werden, daß der Gläubiger ohne Rücksicht auf das **4**
bestehende Schuldverhältnis vom Schuldner Nutzungen herausverlangen kann, die
dieser während des Annahmeverzugs aus dem geschuldeten Gegenstand zieht; die
Vorschrift enthält nur einen Beschränkungstatbestand (SOERGEL/WIEDEMANN Rn 2).
Etwa gebühren dem Käufer die Nutzungen aus der Kaufsache gem § 446 S 2 auch
dann erst ab Übergabe der Kaufsache, wenn er schon vorher in Annahmeverzug
geraten ist. Erst recht kann § 302 nicht entnommen werden, daß der Schuldner einer
fälligen Leistung auch ohne Annahmeverzug tatsächlich gezogene Nutzungen an den
Gläubiger herausgeben muß (**aA** BGH LM § 452 Nr 1 = NJW 1958, 137, 138 für Nutzungen
während einer vorübergehenden Leistungsunmöglichkeit infolge von Transferschwierigkeiten; wie
der BGH PALANDT/HEINRICHS Rn 1). Bei einem im Fälligkeitszeitpunkt nicht zurückge-
zahlten Darlehen ergibt sich ein solcher Herausgabeanspruch allerdings aus §§ 812,
818, 819, 292, 987 ff: Beim Darlehen besteht die Leistung in der Überlassung des
Kapitals auf Zeit bis zur Fälligkeit; nach Fälligkeit erhält der Darlehensnehmer das
Kapital deshalb ohne Rechtsgrund. Ist der Darlehensnehmer mit der Rückzahlung

des Darlehens im Schuldnerverzug, hat der Gläubiger auch Anspruch auf den Verzugsschaden nach §§ 280 Abs 1, Abs 2, 286.

§ 303
Recht zur Besitzaufgabe

Ist der Schuldner zur Herausgabe eines Grundstücks oder eines eingetragenen Schiffs oder Schiffsbauwerks verpflichtet, so kann er nach dem Eintritt des Verzugs des Gläubigers den Besitz aufgeben. Das Aufgeben muss dem Gläubiger vorher angedroht werden, es sei denn, dass die Androhung untunlich ist.

Materialien: E II § 257; III § 297; DVO z
SchiffsRG vom 21. 12. 1940; JAKOBS/SCHUBERT
356–357.

Schrifttum

Vgl die Schrifttumsangaben zu § 293.

Alphabetische Übersicht

1 Nach dem *gemeinen Recht* war der Schuldner vom Eintritt des Annahmeverzugs an allgemein berechtigt, den geschuldeten Gegenstand preiszugeben, sofern ihm andere, dem Gläubiger weniger nachteilige Mittel nicht zur Verfügung standen. Das BGB dagegen kennt bei beweglichen Sachen – abgesehen von eingetragenen **Schiffen oder Schiffsbauwerken**, die den Grundstücken ausdrücklich gleichgestellt sind – ein solches Preisgaberecht des Schuldners nicht (s aber § 419 III 4 HGB: ggf Verrichtung des Transportguts). Der Schuldner von beweglichen Sachen kann sich nur durch Hinterlegung der geschuldeten Sache (§ 372) oder, wenn sich die Sache nicht zur Hinterlegung eignet, durch öffentliche Versteigerung der Sache und Hinterlegung des Erlöses (§ 383) von seiner Leistungspflicht befreien. Bei **Grundstücken** stehen dem Schuldner die Rechtsbehelfe der §§ 372, 383 aber nicht zur Verfügung. Deshalb hat die II. Komm aus Billigkeitsgründen die Bestimmung des § 303 in das Gesetz aufgenommen „weil dem Schuldner nicht zugemutet werden könne, Unkosten aufzuwenden und sich vielleicht sogar in der Wahl des Aufenthaltsortes eine Beschränkung aufzuerlegen, um den Besitz für den säumigen Gläubiger zu bewahren" (Prot I 332).

§ 303 über § 242 auf die Preisgabe von **beweglichen Sachen** auszudehnen, wenn ihr 2
Besitz mit Lasten verbunden und eine Hinterlegung nicht möglich ist (so Planck/Siber
Rn 3), geht angesichts des bei beweglichen Sachen möglichen Selbsthilfeverkaufes
nicht an. Auch die Rechtsprechung hatte nur im Hinblick auf ganz besondere Umstände dem Verkäufer von Kuxen gestattet, sich bei Annahme- und Zahlungsverzug
des Käufers von der Haftung für Zubußen dadurch zu befreien, daß er die Kuxe nach
§ 130 PrABergG der Gewerkschaft zur Verfügung stellte (RGZ 60, 160). Dieser – nach
Abschaffung der bergrechtlichen Gewerkschaft durch § 163 BBergG ohnehin obsolete – Fall darf nicht verallgemeinert werden.

Bewegliche Sachen, die sich auf dem Grundstück befinden und als **Zubehör** mit- 3
veräußert worden sind (vgl § 311c), dürfen regelmäßig zusammen mit dem Grundstück preisgegeben werden (Erman/Battes Rn 2; Palandt/Heinrichs Rn 4; Planck/Siber
Anm 1 aE). Aber auch hier bestehen Grenzen: Wertvolle, vom Grundstück leicht zu
entfernende Zubehörstücke muß der Schuldner hinterlegen oder im Wege des Selbsthilfeverkaufs verkaufen.

§ 303 berechtigt den Schuldner **nur** zur **Aufgabe des Besitzes**, dh der tatsächlichen 4
Gewalt (§ 856), nicht aber zur Aufgabe des Eigentums iS des § 928. Eine Verpflichtung des Schuldners gem §§ 873, 925, dem Gläubiger das Eigentum zu übertragen, besteht deshalb fort (Palandt/Heinrichs Rn 2; Erman/Battes Rn 1; MünchKomm/
Ernst Rn 2). Ist der Gläubiger bereits Eigentümer des Grundstücks, so wird dessen
dinglicher Herausgabeanspruch dadurch ausgeschlossen, daß sich der Schuldner
nicht mehr im Besitz des Grundstücks befindet (§ 985).

Hat der Schuldner den Besitz aufgegeben, so erlischt damit nach § 275 Abs 1 der 5
schuldrechtliche Anspruch des Gläubigers auf die Herausgabe des Grundstücks (RG
JW 1910, 283). Mit dem **schuldrechtlichen Herausgabeanspruch** erlischt auch die Verpflichtung des Schuldners, das Grundstück in ordnungsgemäßem Zustand zu übergeben. Ist etwa das herauszugebende Haus nach der Besitzaufgabe „besetzt" oder
von Dritten beschädigt worden, so ist der Schuldner dem Gläubiger dafür nicht
verantwortlich (vgl RGZ 73, 79, 71). Umgekehrt bleibt die **Obhutpflicht** des Schuldners
für das Grundstück bestehen, solange er den Besitz nicht aufgegeben hat (OLG Düsseldorf MDR 1999, 538). Allerdings wird der Verschuldensmaßstab gem § 300 Abs 1 auf
grobe Fahrlässigkeit beschränkt, wobei der Irrtum über das Bestehen der Obhutspflicht grobe Fahrlässigkeit nicht ausschließt (BGHZ 86, 204, 207 ff).

Daß er den Besitz des Grundstücks aufgeben will, muß der Schuldner dem Gläubiger 6
vorher **androhen**, es sei denn, die Androhung ist untunlich (S 2). Treu und Glauben
erfordern, daß der Schuldner die Besitzaufgabe so zeitig androht, daß der Gläubiger
noch imstande ist, den Besitz zu übernehmen. Auf die Androhung sind die Vorschriften über Rechtsgeschäfte, insbes die §§ 130–132 anzuwenden. Der Schuldner
kann die Androhung mit dem den Annahmeverzug begründenden Angebot verbinden (RGZ 73, 69, 70 f).

7 **Untunlich** ist die Androhung, wenn sie mit einem Aufwand von Kosten, Mühen oder Zeit verknüpft wäre, der dem Schuldner billigerweise nicht zugemutet werden kann. Das ist regelmäßig der Fall, wenn der Schuldner die Androhung nur über die mit erheblichem Zeitaufwand verbundene öffentliche Zustellung erklären könnte (ebenso BGB-RGRK/ALFF Rn 2). Aus der Formulierung des S 2 folgt, daß der Schuldner die Untunlichkeit der Androhung zu beweisen hat (BAUMGÄRTEL/STRIEDER [2. Aufl 1991] Rn 1).

8 Hat der Schuldner den Besitz aufgegeben, ohne dies dem Gläubiger vorher ange-droht zu haben, wird er gem §§ 280 Abs 1, 283 dem Gläubiger **schadensersatzpflichtig**, wenn er infolge der Besitzaufgabe zur Leistung unvermögend geworden ist (§ 275 Abs 1). Für die Verpflichtung, die Besitzaufgabe anzudrohen, gilt die Haftungsmil-derung des § 300 Abs 1 ebensowenig wie für die Schuldnerverpflichtung, den Selbst-hilfeverkauf zuvor anzudrohen (dazu § 300 Rn 9).

§ 304
Ersatz von Mehraufwendungen

Der Schuldner kann im Falle des Verzugs des Gläubigers Ersatz der Mehraufwen-dungen verlangen, die er für das erfolglose Angebot sowie für die Aufbewahrung und Erhaltung des geschuldeten Gegenstands machen musste.

Materialien: E I § 261; II § 258; III § 298; JAKOBS/SCHUBERT 357–364.

Schrifttum

HÖNN, Zur Dogmatik der Risikotragung im Gläubigerverzug bei Gattungsschulden, AcP 177, 385

MÜLLER, Der Anspruch auf Aufwendungsersatz im Rahmen von Schuldverhältnissen, JZ 1968, 769

REICHEL, Mehrkosten des erfolglosen Lei-stungsangebotes, Recht 1910, 811

RIEDINGER, Umwandlung von Bringschulden in Holschulden durch Annahmeverweigerung des Gläubigers, JW 1914, 736.

S im übrigen die Schrifttumsangaben zu den Vorbem zu §§ 293–304.

Alphabetische Übersicht

§ 304 gewährt dem Schuldner im Annahmeverzug einen **beschränkten Ersatzan-** 1
spruch, nämlich einen Anspruch auf Ersatz der Mehraufwendungen, die infolge
des Annahmeverzugs notwendig geworden sind. Ein weitergehender Schadensersatzanspruch wäre beim Annahmeverzug auch nicht berechtigt, weil der Annahmeverzug
ein Vertretenmüssen nicht voraussetzt (RGZ 123, 338, 340 und RG Recht 1924 Nr 14; s
Vorbem 1 zu §§ 293 ff). Für den Werkvertrag wird § 304 durch § 642 ergänzt, der im
Falle des Annahmeverzugs infolge Unterlassung einer Mitwirkungshandlung einen
Anspruch des Unternehmers auf angemessene Entschädigung vorsieht und so sicher-
stellt, daß das Vorhalten von Betrieb und Arbeitskraft des Unternehmers ersatzfähig
wird. Befindet sich der Gläubiger gleichzeitig in *Schuldnerverzug* (Abnahmeverzug, s
Vorbem 12 zu §§ 293–304), ist er dem Schuldner nach §§ 280 Abs 1, Abs 2, 286 zum
Schadensersatz verpflichtet. Dazu, daß der Annahmeverzug keine weiteren als die
gesetzlich vorgesehenen Folgen hat Vorbem 13 zu §§ 293–304.

Die Ersatzpflicht des Gläubigers beschränkt sich auf die **Mehraufwendungen**, die für 2
das erfolglose Angebot und für die Aufbewahrung und Erhaltung des geschuldeten
Gegenstandes erforderlich waren. Der Schuldner kann nur dasjenige ersetzt verlangen, was er notwendigerweise und was er mehr aufgewendet hat, als er ohne den
Annahmeverzug aufgewendet hätte (vgl REICHEL Recht 1910, 811). Die Worte „machen
mußte" sind dabei nicht im Sinne einer gesetzlichen Pflicht, sondern im Sinne einer
praktischen Notwendigkeit aufzufassen. Es genügt, wenn die Mehraufwendungen
tatsächlich erfolgt sind und **objektiv angemessen** waren. Hat der Schuldner, obwohl
eine Holschuld vereinbart worden war, mit Rücksicht auf die Verkehrssitte oder auf
einen ausdrücklichen oder auch nur zu unterstellenden Willen des Gläubigers die
Ware tatsächlich angeboten und für dieses Angebot Transportkosten aufgewendet,
kann er deshalb Ersatz dieser Mehraufwendungen verlangen (krit SOERGEL/WIEDEMANN
Rn 2). Nicht angemessen sind die Aufwendungen aber, wenn eine billigere Art des
Angebots, der Aufbewahrung oder Erhaltung möglich war (RGZ 45, 300, 302). Daß der
Schuldner die Aufwendungen für angemessen halten durfte, reicht anders als in § 670
nicht aus (BGB-RGRK/ALFF Rn 1). Jedoch kann der Schuldner insoweit einen An-
spruch auf Kostenersatz aus Geschäftsführung ohne Auftrag (§ 683) haben.

Zu den für die **Erhaltung des Schuldgegenstandes** notwendigen Aufwendungen ge- 3
hören in erster Linie Aufwendungen, die den geschuldeten Gegenstand vor Beschä-
digungen und Abhandenkommen sichern, zB der Betrieb einer Heizung, um ihr
Einfrieren zu verhindern, die Kühlung verderblicher Ware und die Bewachung des
geschuldeten Gegenstandes. Auch Prämien für eine weitergeführte oder neu abgeschlossene Versicherung über den geschuldeten Gegenstand zählen hierher (SOERGEL/
WIEDEMANN Rn 2; ERMAN/BATTES Rn 2; MünchKomm/ERNST Rn 3). Zu den Kosten und Aufwendungen gehört entsprechend dem Rechtsgedanken des § 1835 Abs 3 der Einsatz

eigener Arbeitskraft nur dann, wenn diese Leistung in den gewerblichen oder beruflichen Tätigkeitskreis des Schuldners fällt (BGH NJW 1971, 609, 612 für den gleichgelagerten Fall des § 683; PALANDT/HEINRICHS Rn 2).

4 **Kosten der Aufbewahrung** sind insbesondere Lagerkosten (RG JW 1926, 1663 mit Anm SCHMIDT/ERNSTHAUSEN; OLG Nürnberg MDR 1975, 52) und Standplatzkosten für ein nicht abgenommenes Fahrzeug (OLG Hamm NJW-RR 1997, 1418, 1419). Lagert der Schuldner die Ware selbst ein, so kann er dafür die üblichen Lagerkosten nur ersetzt verlangen, wenn er Kaufmann ist (BGH NJW 1996, 1464, 1465 unter Anwendung von § 354 HGB; s SCHMIDT-KESSEL § 21 I 1: Verbot der abstrakten Berechnung). Keine Aufbewahrungskosten sind finanzielle Einbußen, die dadurch entstehen, daß die Lagerung des geschuldeten Gegenstandes die weitere Produktion des Schuldners blockiert (LÖWISCH, Arbeitskampf und Vertragserfüllung, AcP 174 [1974] 202, 255); diese sind nur im Schuldnerverzug mit einer Abnahmeverpflichtung (dazu Vorbem 12 zu §§ 293–304) gem §§ 280 Abs 1, Abs 2, 286 zu ersetzen.

5 **Kosten des erfolglosen Angebots** sind alle Aufwendungen, die der Schuldner gemacht hat, um die Leistung tatsächlich oder wörtlich anzubieten. Bei der Holschuld sind das die Kosten der Bereitstellung, bei der Bring- und Schickschuld die Kosten der Aussonderung sowie des Transports und der Versendung. Beim wörtlichen Angebot sind beispielsweise die Portokosten zu ersetzen. Auch die mit einer Androhung der Besitzaufgabe nach § 303 (dazu § 303 Rn 6) verbundenen Kosten werden von § 304 erfaßt. Nicht zu den Kosten des erfolglosen Angebots zählen Schäden, die der Schuldner infolge des Annahmeverzugs zB beim Rücktransport der angedienten Ware erleidet. Das auf Schäden erweiterte Verständnis des Aufwendungsbegriffs in § 670 BGB kann nicht hierher übertragen werden, weil es am Einverständnis hinsichtlich der Risikoübernahme fehlt, das die erweiternde Auslegung beim Auftrag rechtfertigt. In Betracht kommt wiederum nur ein Schadensersatzanspruch nach §§ 280 Abs 1, Abs 2, 286, soweit eine Abnahmeverpflichtung besteht.

6 Zu ersetzen sind **nur** die Kosten des ersten oder weiterer **erfolgloser Angebote** des Schuldners, nicht aber die Kosten des Angebots, das schließlich zum Erfolg führt. Der Wortlaut des § 304 ist insofern eindeutig. Ebensowenig sind die Kosten zu ersetzen, die ohnehin, dh auch dann hätten aufgewandt werden müssen, wenn das Angebot zum Erfolg geführt hätte. Deshalb gehören Wiegekosten dann nicht zu den Kosten eines erfolglosen Angebotes, wenn die Wiegung für die spätere Leistungsbewirkung nicht wiederholt werden muß; andernfalls gehören sie – obgleich sie vor dem Annahmeverzug entstanden sind – dazu, weil diese Aufwendungen dann infolge des Annahmeverzugs zwecklos geworden sind (wie hier HÖLDER Recht 1911, 693; OERTMANN Anm 2).

7 HÖNN (AcP 177 [1977] 402 ff) hat den Vorschlag gemacht, § 304 im Wege einer „teleologischen Extension" bei *noch nicht konkretisierten Gattungsschulden* auf den Fall anzuwenden, daß sich der Schuldner wegen Untergangs des Teils der Gattung, aus dem er leisten wollte, neu eindecken muß. Dem steht nicht nur der Wortlaut des § 304 entgegen. Die Auffassung HÖNNS verlagert die Leistungsgefahr auch weitgehend auf den Gläubiger. Das läßt sich nicht damit vereinbaren, daß der Schuldner vor der Aussonderung keinerlei Bindung hinsichtlich des Vorrats eingeht, aus dem er leisten wird (s dazu auch oben § 300 Rn 20 ff).

Wegen der Verpflichtung des Gläubigers, einen aufgewendeten Mehrbetrag zu ver- **8**
zinsen und den Schuldner von einer zu diesem Zweck eingegangenen Verbindlichkeit
zu befreien, s STAUDINGER/BITTNER § 256 Rn 1, 11 ff.

Der Ersatzanspruch aus § 304 ist ein **selbständiger Anspruch**. Er kann sowohl durch **9**
eine Leistungsklage als auch im Wege des Zurückbehaltungsrechtes nach § 273 geltend gemacht werden. Der Anspruch auf Ersatz der Mehraufwendungen bleibt auch
bestehen, wenn der Gläubiger nachträglich auf seinen Leistungsanspruch verzichtet,
oder der Leistungsgegenstand später untergegangen ist. Will der Gläubiger den Verzug beenden, muß er zusammen mit der Erklärung, die Leistung nunmehr annehmen
zu wollen, und einer etwaigen Mitwirkungshandlung auch den Ersatz der Mehraufwendungen anbieten (§ 293 Rn 31).

Sachregister

Die fetten Zahlen beziehen sich auf die Paragraphen, die mageren Zahlen auf die Randnummern.

J. von Staudingers
Kommentar zum Bürgerlichen Gesetzbuch
mit Einführungsgesetz und Nebengesetzen

Übersicht vom 18. Mai 2004

Die Übersicht informiert über die Erscheinungsjahre der Kommentierungen in der 13. Bearbeitung und deren Neubearbeitungen (= Gesamtwerk STAUDINGER). *Kursiv* geschrieben sind die geplanten Erscheinungsjahre.

Die Übersicht ist für die 13. Bearbeitung und für deren Neubearbeitungen zugleich ein Vorschlag für das Aufstellen des „Gesamtwerk STAUDINGER" (insbesondere für solche Bände, die nur eine Sachbezeichnung haben). Es wird empfohlen, die Austauschbände chronologisch neben den überholten Bänden einzusortieren, um bei Querverweisungen auf diese schnell Zugriff zu haben. Bei Platzmangel sollten die ausgetauschten Bände an anderem Ort in gleicher Reihenfolge verwahrt werden.

	13. Bearb.	Neubearbeitungen	
Buch 1. Allgemeiner Teil			
Einl BGB; §§ 1–12; VerschG	1995		
§§ 21–89; 90–103 (1995)	1995		
§§ 90–103 (2004); 104–133	*2004*		
§§ 134–163	1996	2003	
§§ 164–240	1995	2001	2004
Buch 2. Recht der Schuldverhältnisse			
§§ 241–243	1995		
AGBG	1998		
§§ 244–248	1997		
§§ 249–254	1998		
§§ 255–292	1995		
§§ 293–327	1995		
§§ 255–304			2004
§§ 255–314		2001	
§§ 315–327		2001	
§§ 328–361	1995		
§§ 328–361b		2001	
§§ 362–396	1995	2000	
§§ 397–432	1999		
§§ 433–534	1995		
Wiener UN-Kaufrecht (CISG)	1994	1999	
§§ 535–563 (Mietrecht 1)	1995		
§§ 564–580a (Mietrecht 2)	1997		
2. WKSchG; MÜG (Mietrecht 3)	1997		
§§ 535–562d (Mietrecht 1)		2003	
§§ 563–580a (Mietrecht 2)		2003	
§§ 581–606	1996		
§§ 607–610	./.		
VerbrKrG; HWiG; § 13a UWG	1998		
VerbrKrG; HWiG; § 13a UWG; TzWrG		2001	
§§ 611–615	1999		
§§ 616–619	1997		
§§ 620–630	1995		
§§ 616–630		2002	
§§ 631–651	1994	2000	2003
§§ 651a–651l	2001		
§§ 651a–651m		2003	
§§ 652–704	1995		
§§ 652–656		2003	
§§ 705–740	2003		
§§ 741–764	1996	2002	
§§ 765–778	1997		
§§ 779–811	1997	2002	
§§ 812–822	1994	1999	
§§ 823–825	1999		
§§ 826–829; ProdHaftG	1998	2003	
§§ 830–838	1997	2002	
§§ 839, 839a	2002		
§§ 840–853	2002		
Buch 3. Sachenrecht			
§§ 854–882	1995	2000	
§§ 883–902	1996	2002	
§§ 903–924; UmweltHaftR	1996		
§§ 903–924		2002	
UmweltHaftR		2002	
§§ 925–984	1995		

Dr. Arthur L. Sellier & Co. KG – Walter de Gruyter GmbH & Co. KG oHG, Berlin
Postfach 30 34 21, D-10728 Berlin, Telefon (030) 2 60 05-0, Fax (030) 2 60 05-222